제4판

# 최신보험수리학

오창수 · 김경희 지음

박영사

To Jiyun and Sanghoon

 국제회계기준 1단계가 도입된 후 15년 가까운 기간 동안 많은 논의를 거친 후 2023년부터 드디어 IFRS17이 시행되었다. IFRS17 도입에 따른 보험수리학의 변화는 그동안 수백년 동안의 변화와는 근본적으로 다른 패러다임의 변화이다. 보험부채의 평가와 손익인식과 관련된 이론은 그동안 우리가 공부했던 보험수리학의 이론과는 완전히 다른 내용을 제시하고 있다. 이와 같은 대변화는 이미 시행되고 있기 때문에 새로운 시대의 새로운 내용을 반영하기 위하여 그동안 국내외 최신이론을 소개하였던 본서의 개정 필요성이 너무나 절실하였는데 이제 그 요구에 부응하게 되었다.

 지난 10년 동안 저자는 금융감독원의 IFRS17 도입위원회 위원장과 개인 자격으로는 유일하게 금융위원회의 보험자본건전성 선진화 추진단 위원으로 활동하면서 IFRS17의 주요내용과 변화, IFRS17 도입에 따른 국내 계리제도의 보완 및 개정작업, 새로운 지급여력제도의 제안 및 규정화에 직접적으로 깊게 관여하면서 IFRS17과 새로운 지급여력제도 관련 내용들을 처음부터 끝까지 연구하고 회의하고 토론할 기회가 주어졌다. 저자는 그동안 한국에 CFP 도입을 제안한 논문(2005)을 발표하였으며 새로운 지급여력제도 도입을 제안하는 논문(2015)도 발표하여 현재 시행중에 있다. 지난 15년 동안 저자는 단독으로, 또는 공저자로 또는 한양대학교 대학원생들과 공저자로 IFRS17 관련 국내논문의 90% 이상을 발표하였다. 이러한 발표 논문들과 위원회에서의 수많은 토론과 규정화 작업들이 IFRS17 내용을 담은 본서를 출간하는데 가장 중요한 기초가 되었다.

 IFRS17은 2023년에 처음 시행되는 제도이기 때문에 IFRS17 보험부채 시가평가와 손익인식을 설명하는 국내외 교재는 전무한 실정이다. 더구나 미국이 IFRS17을 채택하지 않았기 때문에 그동안 주로 참고하던 미국의 수험교재들도 IFRS17을 설명하고 있지 않다. IFRS17 부채평가와 손익인식과 관련된 내용의 최초 저술은 기존의 보험수리이론과 패러다임이 다르고 새로운 이론체계가 필요하기 때문에 참으로 대단한 창조성이 필요하다. IFRS17 관련 논문이나 교재는 그동안 저자가 발표한 논문들 외에는 찾을 수 없기 때문에 이론체계를 구현하기 위한 용어의 정의, 산식, 산식을 나타내는 기호들을 처음부터 끝까지 모두 저자가 창의적으로 만들어야 한다. 이러한 이론체계의 구현은 처음부터 끝까지 새롭게 창조하는 창의성이 필요한 상당히 어려운 작업이다. IFRS17 기준서, 우리나라 SAP, PAP(지급여력제도 회계), 국내 보험계리 관련 과거규정들과 변경된 현행규정들을 처음부터 끝까지 체계적으로 정리하고 이해하고 있어야 새로운 용어와 기호들을 일관성 있게 명확히 정의할 수 있기 때문에 IFRS17 관련 교재 작성은 상당한 수준의 지식과 창의성과 용기가 필요한 작업이다, 또한 높은 수준의 지식과 대담한 용기의 차원을 넘어서 보험부채 시가평가를 체계적으로 이해시키는 예시를 만드는 작업도 수많은 새로운 상품 관련 내용과 변화된 규정 들을 이해하고 있는 것을 전제로 알기 쉽고 논리적으로 예시를 전개하여야 하기 때문에 이 또한 상당히 어렵고 창의성이 필요한 작업이다. 본서에서 나타나는 새로운 기호들과 예시들은 저자의 창의성을 기초로 많은 시행착오를 경험하면서 나타난 결과들이다. 이렇게 새로운 이론체계의 구현을 위하여 새롭게 정의하는 용어, 기호들과 예시들이 향후 발전적인 차원에서 진화하길 기대한다. 이런 관점에서 본서는 IFRS17을 이론적으로 소개하고 설명하는 세계 최초의 교재이며 향후 IFRS17 관련 내용들을 학습하는데 좋은 안내서가 되길 기대한다. 저자들이 새로운 이론체계를 구현하기 위해 사용한 여러 가지 정의, 산식, 기호 등은 저자들이 다른 외부의 참고문헌 없이 독자적으로 처음 만든 창조물이기 때문에 관련 내용의 오류가 있다면 전적으로 저자들의 책임이다.

이번 개정판에서 나타난 주요 변화는 기존의 내용들에 대한 개정과 새로운 내용들의 추가로 나눌 수 있다. 기존의 내용들에 대한 개정의 가장 중요한 것은 6장에서 소개했던 순보식 책임준비금이 IFRS17 시대에는 더 이상 우리나라 책임준비금이 아니기 때문에 교재 전체에서 순보식 책임준비금이라는 용어를 전부 삭제하였고 관련 내용들을 수정하였다. 현재 우리나라에서 순보식 책임준비금은 해약환급금 계산의 기초자료인 계약자적립액이라는 용어로 대체되어서 해약환급금을 계산할 때만 사용된다. 과거에 순보식 책임준비금은 보험수리이론에서 가장 핵심적인 내용이었는데 이제는 해약환급금을 계산하는 용도로만 사용되기 때문에 보험수리이론에서 그 중요도는 아주 낮아졌다(해약환급금 계산용으로도 사용되지 않는 나라인 경우는 그 용도가 더 미미해졌다). IFRS17 시대에 핵심적인 내용은 계약자적립액(순보식 책임준비금)이 아니고 보험부채 시가평가이다.

이번 개정판에서 새로 추가되는 내용들은 다음과 같다. 첫째, 순보식 책임준비금을 계약자적립액으로 용어를 변경하면서 많은 부분을 수정하였다. 둘째, 국내에서 사용되는 다중탈퇴이론을 저자들이 체계화하여 7장에서 소개하였다. 그동안 국내 보험상품의 프라이싱을 이해하기 어려웠던 독자들에게 많은 도움이 될 것으로 판단된다. 더구나 이 다중탈퇴이론이 보험부채 시가평가에서 사용되기 때문에 IFRS17 보험부채평가를 설명하는데 필요하다. 셋째, 보험부채시가평가라는 11장을 신설하였다. 11장에서는 다중탈퇴이론을 이용하여 월별 유지자, 납입자, 사망자, 해지자를 구하는 산식들을 제시하였고, 금융공학이론을 이용하여 월별 할인율시나리오를 산출하는 구조를 설명하였다. 이를 기초로 금리확정형상품과 금리연동형상품의 보험부채를 시가평가하는 모형과 새로운 기호들을 체계적으로 제시하였으며 예시를 통하여 보험부채를 시가평가하는 과정을 자세히 설명하였다. 이 부분들이 저자들의 창의성이 최대로 필요했던 내용들이다. 넷째, 보험부채 변동분

석과 손익인식이라는 12장을 신설하였다. 12장에서는 보험부채 시가평가를 위한 장래현
금흐름을 모두 예시하기 위하여 3년만기 생사혼합보험을 이용하였으며, 부채의 시가평가
와 변동분석을 통하여 보험부채의 변동과 손익인식을 연계시키면서 IFRS17 보험부채와
재무제표를 설명하였다. 12장을 설명하면서 이론체계를 구현하는 많은 용어들, 산식들과
기호들을 저자들이 새롭게 만들었다.

　　　이번 개정판에서 순보식 책임준비금이라는 용어를 삭제하고 보험부채 시가평가를
소개하는 11장과 12장을 추가하였지만 향후 보완하고 추가할 내용이 많을 것으로 생각
된다. 정호승 시인의 산문집을 읽다가 '막걸리를 먹으면서 와인 향을 그리워하지 마라'
라는 제목의 산문이 현재의 보험수리학 교재나 보험수리학과 관련된 상황들을 잘 표현하
고 있다는 생각이 들었다. 산문의 내용은 오늘보다 과거(와인 향)를 그리워하면 결국 오늘
을 잃는다는 내용인데 최신보험수리학 4판을 보면 시대는 IFRS17로 완전히 바뀌었는데
교재의 많은 곳에서 순보식 책임준비금이 용어만 계약자적립액으로 바뀌어서 그대로 남
아있다. 순보식 책임준비금(계약자적립액)은 과거에 너무 중요했고 너무 익숙하기 때문에
저자를 비롯한 많은 전문가들이 버리지 못하고 계약자적립액(과거 와인 향)에 자꾸 연연
해 하고 있다고 생각한다. 현재의 보험수리학 4개정판 교재가 그런 상태에 있다고 생각
된다. 최신보험수리학 교재도 다음 개정판에서 해약환급금 단순 계산 외에는 사용용도가
없는 계약자적립액은 6장에서 적절한 수준으로 소개하고 나머지 장에서는 과감하게 버
릴 필요가 있다. 계약자적립액(순보식 책임준비금)은 이제 보험수리학의 근간이 아니다. 보
험수리학의 강의나 출제에서도 이제 계약자적립액을 해약환급금 단순 산출용도 정도의
비중만 남겨 두고 과감히 버릴 필요가 있다. 버리고 난 빈자리에는 보험부채 시가평가와
관련된 내용들이 채워져야 한다. 보험부채 시가평가 이론과 이와 관련된 손익인식, 이에
기초한 수익성분석, 위험관리, 신지급여력제도 관련 내용들이 현시대의 보험수리학 핵심
내용이어야 한다. 다음 개정판에서는 7장 이후에 등장하는 사용용도가 없어진 계약자적
립액을 과감히 삭제하고 그 대신 보험부채 시가평가와 관련된 새로운 장들을 추가하려고
한다.

　　　본 개정판을 발간하는데는 한양대학교 대학원 교수님들과 졸업생들의 많은 도움을
받았다. 우선 대학원의 최양호 교수, 심현우 교수, 장철 교수에게 동료 교수로서 많은 도
움을 주신데 대하여 감사드린다. 또 저자들과 IFRS 도입단계 초기에 관련 논문들을 발표
한 조석희 교수, 이윤구 부장, 박종현 부장, 오수연 부장, 오창영 실장, 이성호 박사, 이
창욱 박사, 문성철 부장, 박수원 부장, 전용석 부장, 김규용 부장, 이재득 부장, 강명수
부장, 강범수 부장, 이성용 이사, 이행근 이사, 변재웅 박사, 김세중 박사, 정희문 박사,
박영준 박사에게 감사드린다. 또 IFRS 도입단계 중후기에 관련 논문들을 발표한 서유남
과장, 박규서 박사, 강원재 부장, 박종각 팀장, 백진욱 부장, 임현수 차장, 김성수 차장,

은재경 전무, 이현정 차장, 김수은 부장, 정종국 전무, 송상욱 박사, 최판균 박사, 김동국 박사, 김형조 차장, 이용승 과장, 박호균 과장께 감사드린다. 지난 15년 동안 이분들과 관련 논문들을 공동집필하면서 연구하였던 지식들이 본서의 출판에 중요한 밑거름이기 때문에 이분들에게 우선 감사를 전한다. 한양대학교 대학원과 업계에서 연구에 많은 도움을 준 오홍석 차장, 김정남 대표, 김형조 부장, 유인현 박사, 김지운 컨설턴트, 이은중 주임, 구본승 과장, 곽재구 과장, 김용권 부장, 이홍용 상무, 엄윤경 과장, 김자경 과장에게도 감사드린다. 지난 15년 넘게 매년 2회씩 신제도와 관련하여 많은 세미나를 한양대 대학원과 공동 개최한 생보선임계리사협의회 변인철 회장을 비롯한 많은 역대 선임계리사분들께도 진심으로 감사드린다. 개정판 관련하여 많은 자료제공과 교정을 도와주시고 저술작업을 격려해주신 강영구 이사장, 오승철 실장, 이종훈 상무, 이준섭 부원장, 유혁 대표, 안형준 감사, 김정철 감사, 박상래 위원, 채희성 상무, 목진영 실장, 정근환 이사, 박찬재 선임, 박규홍 대표, 김연수 회장, 유홍림 박사, 신동욱 박사, 이상일 위원에게도 감사드린다. 또 2015년 K-ICS를 논문으로 제안한 저자와 그 후 오랜 기간 동안 (2015~2022) 함께 세미나를 개최하고, 함께 회의, 심의 및 토론을 진행하면서 감독규정을 만들어간 금융감독원의 박진해 국장과 이태기 실장을 비롯한 리스크제도실 관계자분들에게도 깊은 감사를 드린다. 마지막으로 까다로운 원고가 잘 마무리 될 수 있도록 노력해주신 박영사의 조성호 이사님, 김선민 이사님께 감사드린다.

2023. 8. 30.

저 자

## 제 3 보정판 서문

　　현재 보험산업의 최대 이슈는 국제회계기준(IFRS4) 2단계의 도입에 따른 보험사의 영향에 관련된 제반 사항들이다. 최근 보험업계에서는 IFRS4 2단계의 도입에 따른 영향 분석 및 경영관리의 변화에 대한 논의가 진행되고 있으며, 감독당국은 IFRS4 2단계와 일관성을 갖는 감독회계와 지급여력제도의 제정에 관심을 기울이고 있다. 이러한 환경변화에 맞추어 저자들은 작년에 본서를 대대적으로 개정하였고 거의 새로운 책으로 발간하였다. 그 결과 본서는 IFRS4 시대에 부응하는 새로운 내용들을 풍부히 담고 있는 보험수리학 교재로 거듭났다고 생각한다.

　　올해 발간되는 제3보정판은 다음과 같은 부분에서 제3판을 보완하였다.

　　첫째, 그동안 변경된 제도들에 대한 내용을 보완하였다. 이러한 내용들에 대해서는 제7장과 제11장에 변경된 제도들을 소개하였다.

　　둘째, 그동안 연습문제에서 소개되었던 새로운 기호들에 대한 일부 보완을 수행하였다. 이러한 내용들은 제2장과 부록 등에 반영하였다.

　　셋째, 너무 방대한 연습문제들은 어느 정도 체계에 맞게 정비를 하였다. 특히 제7장과 제10장의 많은 연습문제들을 정비하였다.

　　넷째, 각 장마다 새로운 연습문제들이 추가되었고 그 문제 순서도 많은 변화를 주었으며 이러한 작업은 거의 모든 부분에서 수행되었다. 그동안 본서의 자매서인 「최신보험수리학 연습」과 내용이 달랐던 연습문제들을 정비하였다. 따라서 제3보정판 연습문제들은 모두 「최신보험수리학 연습」에서 해당 문제에 대한 풀이가 제공되도록 수정을 하여 독자들이 일관성 있게 공부하고 연습문제를 풀 수 있도록 하였다.

　　제3판이 나온 후 보여준 독자들의 크나큰 관심과 사랑 덕분에 좀 더 나은 교재를 만들기 위하여 제3보정판을 발간하게 되었다. 향후에도 새로운 이론들을 소개하고 발전시켜서 우리나라 보험수리학 분야의 발전에 기여할 수 있도록 계속 노력하고자 한다. 더 나은 교재를 만들기 위한 저자들의 노력은 앞으로도 계속될 것임을 약속드린다. 또 본서의 제3보정판 작업에 수고해 주신 한양대 대학원의 김지운 군과 유인현 박사, 박영사의 김선민 부장님, 배우리 님을 비롯한 박영사 임직원분들께 감사를 드린다.

2015. 3. 18.

저　자

## 제 3 판 서문

본서가 처음 발간된 지 22년이라는 세월이 흘렀다. 그 당시는 일본교재를 번역하여 사용하던 시절이었고 계산기수만을 사용하여 보험료와 책임준비금을 산출하고 있었다. 이러한 시절에 보험수리학이라는 용어를 처음으로 만들어 사용하였던 본서는 확률론적 접근방법을 국내에 소개함으로써 우리나라 보험수리학을 국제적 수준으로 올리는데 상당한 기여를 한 것으로 평가되고 있다. 현재 보험수리학 분야는 국제회계기준 2단계의 도입을 앞두고 큰 변혁의 시점에 놓여 있다. 기존의 계산식에 의한 보험료산출과 책임준비금산출이 국제회계기준의 도입과 함께 현금흐름방식의 보험료산출과 부채의 평가로 바뀌는 대 변혁기에 놓여 있다. 이러한 변화는 보험수리학의 패러다임의 변화이기 때문에 그동안 우리가 경험해보지 못했던 근본적인 대 변혁이다. 저자들이 이번 개정작업을 수행하게 된 동기는 이러한 변화에 능동적으로 대처하는데 필요한 새로운 이론들을 본서에 대거 포함하기 위해서이다.

이번 개정판에서는 기존의 내용에 특수한 생존분포들에 대한 이론을 각 장마다 추가하고 모든 계산문제들을 시대의 변화에 맞게 제7회 경험생명표와 이자율 5%를 기준으로 다시 작성하는 등 대규모 개정작업을 수행하였다.

본서가 그동안 다루었던 내용은 기본적인 책임준비금산출까지이다. 이번 개정판에서는 그동안 꾸준히 이론이 발전한 영업보험료식 책임준비금, 연생보험, 다중탈퇴모형, 다중상태모형, 현금흐름분석 등의 내용들을 각각 새로운 장으로 추가하였다. 영업보험료식 책임준비금은 향후 국제회계기준 도입시 필요한 이론들이기 때문에 7장, 10장과 11장에서 자세히 다루었다. 또 최근에 마르코프모형에 기초한 다중상태모형의 개념이 보험수리학에 도입되었고 그 응용분야를 넓히고 있다. 국내에서 다중상태모형을 접하기 어려운 독자들을 위하여 본서의 10장은 다중상태모형의 기본적 이론과 응용부분에 대하여는 전 세계적으로 기존에 출간된 어떤 교재보다도 훨씬 더 광범위하고 자세히 설명하고 있다. 개정판의 10장은 단행본으로 출간할 수 있을 정도로 내용이 풍부하기 때문에 향후 이 분야의 발전에 일조할 것으로 생각한다.

우리나라의 보험산업은 그동안 꾸준한 성장을 하고 있으며 최근 보험산업의 발전은 이론적으로는 현금흐름을 이용한 보험계리제도의 도입과 현금흐름분석을 이용한 경영성과의 측정에 기초하고 있다. 과거 우리나라의 보험료산출, 책임준비금평가 및 경영분석 등 계리적 주요 사항은 공식 위주의 정태적 산출과 분석에 기초하고 있었다. 그러나 보험료산출, 책임준비금평가, 수익성분석, 내재가치평가 등과 관련된 국제적 기준은 현금흐름을 이용한 산출과 평가이다. 우리나라의 경우 현재 일부 제도는 국제적 정합성을 맞추고 있고, 일부 제도는 맞추려고 노력 중인 것으로 평가된다. 이러한 현금흐름분석에 대한 이론적 기초를 제공하기 위하여 본서에서는 11장에 현금흐름분석이라는 장을 신설하여 기초부터 자세히 설명하였다. 본서 11장의 현금흐름분석은 저자가 과거 15년 동안 발표한 수많은 논문들과 연구보고서들을 기초로 최신의 이론들과 제도들을 설명하고 있다. 본서의 현금흐름분석은 우리나라 제도의 특성 등도 반영하고 있기 때문에 향후 우리나라의 보험수리학 발전과 보험계리제도 발전에 큰 기여를 할 것으로 기대한다.

본 개정판은 이러한 새로운 분야에 대한 설명을 충실히 하고 있기 때문에 본 개정판의 전체 분량이 상당히 커졌다. 본 개정판은 추가내용이 기존내용보다 훨씬 많기 때문에 새로운 저서라고 보아도 될 것 같다. 본 개정판에서는 최신의 보험수리학 이론을 학습하기에 필요한 연습문제들을 충분히 제공하고 있으며, 여러 가지 자료를 참고로 하여 연습문제들의 대부분을 저자들이 새롭게 만들었다. 연습문제 풀이와 추가적인 심화학습문제들을 자세히 설명한 내용들을 모아서 「최신보험수리학 연습」이라는 자매서를 본서와 동시에 출간할 예정이다. 본서와 「최신보험수리학 연습」을 학습하면 미국의 보험계리사시험과 국내보험계리사시험을 완벽하게 준비할 수 있을 것으로 판단된다. 본 교재의 내용과 문제들은 그 내용이 방대하고 저자들이 새롭게 만든 설명이나 문제들이 많기 때문에 설명과정이나 문제풀이에 오류 등이 있을 수 있다. 이러한 오류나 더 좋은 설명방법 등에 대하여 독자들의 적극적인 의견들을 기대하며 좋은 코멘트들은 적극적으로 수용할 예정이다. 본서는 독자들의 의견을 항상 들을 수 있게 하는 개방형 시스템으로 운영할 예정이며, 독자들의 좋은 의견들은 다음 개정판에 반영하여 더 좋은 보험수리학 교재로 만들어 갈 계획이다. 많은 보험수리학도들의 참여로 우리나라 보험수리학이 더 높은 단계로 발전하기를 소망한다.

그동안 본서는 독자들로부터 너무나 큰 사랑을 받아왔다. 현재 보험계리나 상품분야에서 근무하는 거의 모든 분들이 그동안 본서를 통해 보험수리학을 학습하였고 이를 바탕으로 보험계리실무업무를 발전시키고 있다. 저자들은 이러한 사실을 큰 보람으로 생각하고 있으며 이에 보답하기 위하여 본 개정판에서는 최근에 발전된 새로운 이론들과 국제적 기준의 보험계리제도에 응용될 수 있는 이론들을 충실히 반영하려고 노력하였다. 또 어려운 내용들에 대한 설명을 자세히, 이해하기 쉽게 표현하려고 노력하였다. 너무나 긴긴 시간 동안 저자들은 보험수리학 저술작업에 몰두하면서 그동안 어떻게 수년의 시간이 흘렀는지도 모를 정도로 이번 개정판과 자매서의 저술작업에 온 힘을 쏟았다. 본서의 추가내용 한줄 한줄마다 온 정성을 쏟았으며, 연습문제 하나 하나에 심혈을 기울였다. 보험수리학도의 학습에 조금이라도 도움을 주기 위하여 편집과 교정에도 반년 가까운 시간을 투입하면서 읽기 편한 개정판 교재로 만들어 나갔다. 이러한 혼신의 노력으로 탄생된 본서가 향후 우리나라 보험수리학의 발전에 그동안의 공헌에 못지 않게 더 큰 기여를 할 것으로 기대한다.

본서의 저술 작업은 국내 유일의 대학원 보험학과/보험계리학과인 한양대학교 일반대학원 금융보험학과와 관련된 많은 분들의 전폭적인 도움과 지원을 받았다. 본서의 개정 작업에 도움을 준 최양호 교수, 심현우 박사, 유인현 박사, 김지운 군, 곽재구 군, 김혜경 양에게 감사드린다. 이 분들의 헌신적인 노력이 없었으면 본서가 지금과 같이 발간되기는 어려웠을 정도로 많은 노력을 해 주셨다. 그리고 7장과 11장의 저술과 관련된 실무적 자료제공과 도움 말씀을 해주신 안치홍 대표, 오승철 박사, 서재영 본부장, 김훈기 부장, 김형근 대표, 김상범 팀장, 강범수 팀장, 서유남 대리에게도 고마움을 전한다. 또한 본서를 출간하는데 도움을 주신 박영사의 안종만 회장님, 안상준 상무님, 조성호 부장님, 박광서 대리님, 까다로운 편집과 교정에 너무 고생하시고 애써 주신 김선민 부장님, 이재홍 님, 배우리 님을 비롯한 박영사 직원분들께 진심으로 감사를 드린다.

2014. 7. 17.

저 자

## 제 2 판 서문

본서가 발간된 지 그동안 많은 시간이 흘렀다. 보험료율 산정시 계산기수만을 사용하던 시절에 발간된 본서는 확률론적 접근법을 소개함으로써 우리나라 보험수리학을 국제적 수준으로 올리는 데 기여를 한 것으로 보인다. 금융위기를 겪으면서 우리나라 금융산업은 국제적 기준에 맞게 모든 제도가 변화하였으며 보험산업도 국제적 기준을 따르려는 노력을 계속하고 있다. 또 최근에는 국제회계기준이 도입되고 2단계가 몇 년 후면 시행될 것으로 보인다. 이러한 변화에 대처하기 위하여 보험수리학을 확률론적으로 고찰하는 방법은 이제 대세가 되고 또 이러한 이론적 배경을 근거로 국제회계기준에 맞는 보험료산출 및 준비금산출을 할 수 있을 것으로 보인다.

그동안 본서를 읽으면서 많은 젊은 독자들로부터 한자로 표현된 문구를 읽는 것이 부담스럽다는 말을 많이 들어왔다. 이러한 시대적 변화에 맞추어 늦게나마 본서의 표현을 한글 위주로 바꾸고 문장의 내용들을 쉽게 바꾸는 작업을 이번에 진행하게 되었다. 그러나 많은 용어들이 본서가 발간되기 전에 이미 사용되고 있었으며 그 용어들이 일본식 용어이기 때문에 한자를 아는 것이 용어 이해에 도움이 될 것으로 판단된다. 따라서 본서에서는 처음 나타나는 용어는 괄호 안에 한자로 표기하고 그 이후에는 한글로만 표기하여 독자의 이해를 돕고자 하였다. 또 용어의 대부분이 영어를 번역한 것이기 때문에 처음 나오는 용어는 한자와 함께 영어로 표기하였다. 독자들도 한글과 함께 영어, 한자도 같이 공부하면 용어의 의미를 더 정확히 음미할 수 있을 것으로 생각된다.

그동안 본서가 발간된 후 독자들로부터 너무나 과분한 사랑을 받아왔다. 이러한 후원에 보답하기 위하여 빠른 시일 내에 본서를 완성하기에 필요한 몇 개의 장을 추가하고 현재 진행 중인 새로운 보험료산출방법 등에 대하여도 개정판을 통하여 설명하고자 한다. 마지막으로 본 제2판을 발행하는 데 여러 가지 지원을 해주신 박영사의 안종만 회장님, 마찬옥 이사님, 조성호 부장님, 우석진 부장님, 전채린 씨를 비롯한 직원분들께 깊은 감사를 드린다.

2011. 2. 16.

저 자

# 머 리 말

보험수리학(actuarial science)의 접근방법의 변화 중에서 최근 가장 두드러진 것은 확률론의 입장에서 보험수리학을 이해하고 분석하는 것이다. 보험수리학을 확률론적으로 고찰하면 보험수리학의 학문적 토대를 마련할 수 있고 다른 학문분야와의 연계가 가능하다. 또 확률론적 고찰을 통하여 보험수리학을 보다 깊게 이해할 수 있으며 새로운 분야로의 영역확대도 가능하다. 최근 보험수리학을 위험이론(risk theory)과 연계시키는 시도가 많음에도 유의할 필요가 있다.

이와 같은 최근의 학문적 경향에도 불구하고 우리 나라의 보험수리학에 대한 접근방법은 1970년대 초에 구미에서 접근하던 방식만을 그대로 사용하고 있으며 이는 일본의 보험수리학 교재들의 영향으로 볼 수 있다. 과거의 접근방법을 전통적 접근방법이라고 부르기로 할 때 전통적 접근방법은 보험수리학의 영역을 좁게 설정하고 있으며 학문적 기초가 약하다고 볼 수 있다. 전통적 접근방법에서는 특히 단수부분에 대한 가정이 없이 수학적 근사치에 의존하고 있으며 계산기수를 이용한 계산에 치중하고 있는 느낌이 든다.

이러한 관점에서 본서에서는 보험수리학의 확률론적 접근방법을 소개하고 있다. 물론 초급자를 위하여 전통적 접근방법도 알기 쉽게 풀어서 설명하였다. 즉 본서의 각 장은 I. 기초이론과 II. 일반이론으로 구성되어 있으며 기초이론에서는 전통적 접근방법을 초보자가 독학으로 이해할 수 있을 정도로 쉽게 설명하였으며 일반이론에서는 제1장을 제외하고 확률론적 접근방법을 가능한 많은 예제를 통하여 쉽게 설명하려고 노력하였다.

본서를 읽는 방법은 초보자는 각 장의 I. 기초이론만을 먼저 읽고 그 후에 II. 일반이론을 읽는 것이 효과적일 것이다. 각 장의 기초이론들은 그 나름대로 계속적인 일관성을 유지하도록 하였으며 각 장의 일반이론도 마찬가지이다. 확률론적 접근방법을 원하지 않는 독자는 각 장의 기초이론 전체와 일반이론의 예제와 연습문제 중에서 *를 한 부분만을 읽으면 되도록 세심한 주의를 기울였다. 그러나 이 책의 일반이론의 내용을 이해하지 못하면 구미에서 발간되는 최근의 보험수리학에 관한 논문들을 이해하기 힘들다는 것에 유의하여야 할 것이다. 본서의 수준은 각 장의 기초이론 전체와 일반이론의 * 표시가 된 예제와 연습문제를 이해하면 현행 한국과 일본의 보험계리인 시험에, 각 장의 일반이론을 이해하면 미국의 보험계리인 시험에 완벽하게 준비할 수 있도록 하였다. 또 본서를 대학교재로 사용하는 경우 한 학기 강의를 위하여는 기초이론 중에서 중요한 부분만을 선별적으로 강의하면 되고 두 학기 강의를 위하여는 기초이론 전체와 일반이론 중에서 기본적인 개념만을 함께 강의하면 되도록 구성하였다.

이 책을 집필하기로 결심한 것은 우리 보험업계와 학계에서 보험수리학에 대하여는 최근의 이론을 소개하지 못하고 있고 또 이해하기 어려운 일본의 교재를 그대로 번역하여 사용하고 있는 현실이 너무 안타까웠기 때문이다. 따라서 이 책을 통하여 보험수리학을 공부하는 학생들과 보험실무자들이 보험수리학을 쉽게 이해하고 또 우리 나라의 보험수리학도 세계적인 학문의 흐름에 동참하는 기초가 된다면 저자들로서는 더 이상의 보람은 없을 것이다.

저자들이 최근의 이론을 담고 있는 본서를 집필할 수 있었던 것은 저자들에게 보험수리학을 지도해 주신 Iowa대학의 Klugman, Broffitt, Meyer, Hogg 교수님들의 덕분이다. 특히 J. D. Broffitt 교수님과 S. A. Klugman 교수님의 강의와 그분들과의 토론은 본서의 내용을 구성하는 가장 큰 기초가 되었으며 그분들께 깊은 감사를 드린다.

끝으로 이 책의 발간을 위하여 도움을 주신 조해균 보험학회 회장님, 김용달 보험연수원장님, 생보협회의 김명환 이사님, 유비룡 부장님, 코오롱 메트의 유기재 수리팀 팀장을 비롯한 수리팀 직원들, 부록의 표를 작성하는 데 도움을 주신 대신생명의 강종환 부장님, 안용운 과장께 깊은 감사를 드린다. 그리고 전문서적임에도 불구하고 보험업계와 학계의 발전을 위하여 집필의 기회를 주신 박영사의 안종만 사장님, 황인욱 차장님, 정성껏 편집과 교정에 애써 주신 마찬옥 과장님께도 진심으로 감사를 드린다. 또 지난 2년간 이 책을 집필하기 위하여 항상 시간에 쫓기면서 함께 시간을 보내 주지 못한 지윤과 상훈에게는 미안함과 고마움을 함께 전한다.

1992. 9. 14.

저  자

# 차 례

**부록**

제 **1** 장
# 이 자 론

# Ⅰ. 기초이론

## 1. 단위종가함수

자금을 이용하는 사람이 자금을 제공하는 사람에게 지급하는 보수를 이자(interest)라고 하며 이자를 얻기 위하여 처음 투자된 자본을 원금(principal)이라고 한다. 어느 시점에서의 원금과 이자의 합계를 그 시점에서의 종가(終價 ; accumulated value) 혹은 원리합계(元利合計)라고 한다.

$t$를 원금이 투자된 기간이라고 하면 $t$시점에서의 종가 혹은 원리합계는 $A(t)$로 표시된다. 이때 $A(t)$를 종가함수(amount function)라고 한다. $A(t)$의 정의상 $t = 0$일 때의 종가함수의 값인 $A(0)$는 원금임을 알 수 있다.

여러 가지 가능한 종가함수의 값을 비교하기 위하여 종가함수로부터 단위종가함수(單位終價函數 ; accumulation function)를 정의하는 것이 필요하며 이는 종가함수보다 단위종가함수를 사용하는 것이 편리하기 때문이다. 단위종가함수 $a(t)$는 다음과 같이 정의된다.

$$a(t) = \frac{A(t)}{A(0)} \tag{1.1.1.1}$$

식 (1.1.1.1)로부터 $a(0) = 1$임을 알 수 있다. 따라서 단위종가함수는 원금이 1원인 종가함수이다. 식 (1.1.1.1)로부터

$$A(t) = A(0)a(t) \tag{1.1.1.2}$$

원금을 $k$라고 하면

$$A(0) = k \tag{1.1.1.3}$$
$$A(t) = ka(t) \tag{1.1.1.4}$$

$a(t)$의 형태는 어떤 것이 가능한가? 이론적으로 $a(0) = 1$을 만족하는 모든 형태의 $a(t)$는 가능하다. 그러나 현실적으로 $a(t)$는 이자의 역할로 증가함수임을 알 수 있다. 대부분의 현실적인 경우 1분 1초에 해당하는 이자까지 지급되지는 않는다는 관점에서 $a(t)$는 연속함수는 아니다. 그러나 여기서는 $a(t)$를 연속함수라고 가정하기로 하자.

단위종가함수의 형태 중에서 세 가지만 고찰해 보자.

그림 [1.1.1.1]  단위종가함수의 형태

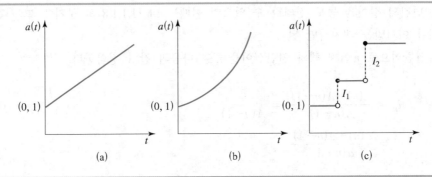

(a)                    (b)                    (c)

　　(a)의 경우는 매년(혹은 일정기간)의 이자가 일정한 경우이다. (b)의 경우는 매년(혹은 일정기간)의 이자가 증가하는 경우이다. (b)의 경우는 이자가 이자를 만드는 현실을 나타 내 주므로 (b)의 경우는 (a)의 경우보다 현실적이다. (b)의 형태를 나타낼 수 있는 함수는 여러 가지가 있다(예 : $t^2+1$, $t^2+t+1$ 등). (c)의 경우는 이자가 어떤 주어진 기간(예 : 1 일, 1주일, 한달)을 기준으로 지급되는 경우이다. 따라서 주어진 기간 안에서는 이자가 발 생하지 않는다. (c)와 (b)의 경우처럼 시간이 지남에 따라 이자가 증가하는 경우는 $I_2$가 $I_1$보다 크다.

　　투자일로부터 $n$번째 해에 부리(附利)된 이자(the amount of interest)를 $I_n$으로 표시하면

$$I_n = A(n) - A(n-1), \ n \geq 1 \tag{1.1.1.5}$$

식 (1.1.1.5)가 의미하는 것은

　　$n$번째 해의 이자 = $n$번째 해의 말의 종가 − $n$번째 해의 초의 원금　　(1.1.1.6)

인데 이와 같은 개념은 현실적으로 여러 투자대상이 있을 때 어느 투자종목이 가장 유리 한 종목인지를 찾는 기준이 되지는 못한다. 이때 우리가 필요로 하는 것은 이자의 표준화 된 측정이다. 이를 위하여 실이율(實利率)을 정의한다. 연간실이율(年間實利率 ; effective rate of interest per annum) $i$는 후에 설명될 명목이율(名目利率; nominal rate of interest)과 대비되 는 개념으로 원금 1원이 1년 동안 투자되었을 때 부리된 이자를 말한다. 즉,

$$i = a(1) - 1 \tag{1.1.1.7}$$

$$= \frac{a(1)-a(0)}{a(0)} = \frac{A(1)-A(0)}{A(0)} \tag{1.1.1.8}$$

식 (1.1.1.8)에서 알 수 있듯이 연간실이율이란 1년 동안 부리된 이자를 투자한 원금으로

나눈 값이다. 실이율의 개념은 반드시 1년에 한정되는 것은 아니다. 따라서 6개월, 3개월, 2년간의 실이율 등도 정의할 수 있으며 이때는 식 (1.1.1.8)의 분자에 그 기간 동안 부리된 이자만을 대치하면 된다.

일반적으로 $n$번째 해의 연간실이율 $i_n$을 다음과 같이 정의한다.

$$i_n = \frac{A(n)-A(n-1)}{A(n-1)} = \frac{I_n}{A(n-1)} \tag{1.1.1.9}$$

$$= \frac{a(n)-a(n-1)}{a(n-1)} \tag{1.1.1.10}$$

식 (1.1.1.10)에서 $n=1$인 경우인 $i_1$은 식 (1.1.1.8)과 같음을 알 수 있다. 현실적으로 쓰이는 복리라는 이자의 체계에서는 $i_n$은 $n$에 관계없이 항상 일정하다는 것은 후에 설명될 것이다.

**예제 1.1.1.1**

$a(t) = 1+t^2$, $t \geq 0$일 때 몇 번째 해의 실이율이 30%가 되는지 구하시오.

**풀이**

$$i_n = \frac{a(n)-a(n-1)}{a(n-1)} = \frac{[1+n^2]-[1+(n-1)^2]}{1+(n-1)^2} = \frac{2n-1}{n^2-2n+2} = 0.3$$

$$3n^2 - 6n + 6 = 20n - 10$$

$$(3n-2)(n-8) = 0$$

정수의 $n$을 택하면 $n = 8$

따라서 8번째 해의 실이율이 30%가 된다.

**예제 1.1.1.2**

$A(t) = 100 + 10t + t^{1.5}$, $t \geq 0$일 때 다음을 구하시오.

(a) $A(0)$, 즉, 원금            (b) $a(t)$

(c) $I_1, I_2, I_3$            (d) $i_1, i_2, i_3$

**풀이**

(a) $A(0) = 100 + 10(0) + (0)^{1.5} = 100$

(b) $a(t) = \dfrac{A(t)}{A(0)} = 1 + \dfrac{1}{10}t + \dfrac{1}{100}t^{1.5}$

(c), (d)

| $n$ | $A(n)$ | $I_n$ | $i_n$ |
|---|---|---|---|
| 0 | 100.00 | | |
| 1 | 111.00 | 11.00 | 0.1100(11.00%) |
| 2 | 122.83 | 11.83 | 0.1066(10.66%) |
| 3 | 135.20 | 12.37 | 0.1007(10.07%) |

표에서 알 수 있듯이 $I_n$은 증가하나 실이율 $i_n$은 감소하는데 이는 매해 초의 원금 $A(n)$이 증가하기 때문이다.

## 2. 단리와 복리

단위종가함수 $a(t)$의 특수한 형태인 단리(單利)와 복리(複利)에 대하여 고찰해 보자.

### (1) 단   리

자산운영의 기간이 아무리 길어도 그 원금이 증가하지 아니하는 것으로 하여 계산된 이자를 단리(單利 ; simple interest)라고 한다. 즉 투자기간중에 부리된 이자가 재투자되지 않는 것으로 계산한 것이 단리이다. 그림 [1.1.1.1]의 (a)가 단리에 해당된다. 단리하에서의 단위종가함수는

$$a(t) = 1 + it, \ \ t \geq 0 \tag{1.1.2.1}$$

그림 [1.1.1.1]의 (a)와 식 (1.1.2.1)에서 알 수 있듯이 단리하에서 매년 부리되는 이자는 일정하다.

$t=0$에서 투자된 원금이 $k$라면 $t$시점에서의 종가는 단리하에서

$$A(t) = k(1 + it), \ \ t \geq 0 \tag{1.1.2.2}$$

단리이율(單利利率)이 $i$일 때 실이율을 구하여 보자. $n$번째의 실이율 $i_n$은

$$i_n = \frac{a(n)-a(n-1)}{a(n-1)} = \frac{1+in-[1+i(n-1)]}{1+i(n-1)} = \frac{i}{1+i(n-1)} \tag{1.1.2.3}$$

식 (1.1.2.3)에서 알 수 있듯이 단리하에서의 실이율 $i_n$은 $n$이 증가함에 따라 감소한다. 이는 매년 부리되는 이자는 동일한데 매년초의 원금은 증가하기 때문이다.

(예제 1.1.2.1)

$A(0) = 100$, 단리이율이 0.1일 때 다음을 구하시오.

(a) $I_1, I_2, I_3$                          (b) $i_1, i_2, i_3$(실이자율)

**풀이**

| $n$ | $A(n)$ | $I_n$ | $i_n$ |
|---|---|---|---|
| 0 | 100 | | |
| 1 | $100(1+0.1) = 110$ | 10 | 0.1 |
| 2 | $100(1+0.2) = 120$ | 10 | 0.091 |
| 3 | $100(1+0.3) = 130$ | 10 | 0.083 |

표에서 알 수 있듯이 단리하에서의 실이율은 감소함을 알 수 있다. ■

## (2) 복    리

일정기간이 끝날 때마다 이자를 원금에 전입하여 이 합계를 다음 기간의 초의 원금으로 하여 이자를 계산하는 방법을 복리(複利 ; compound interest)라고 한다. 복리하에서의 단위종가함수는 다음과 같다.

$$a(t) = (1+i)^t, \quad t \geq 0 \tag{1.1.2.4}$$

복리하에서의 단위종가함수는 그림 [1.1.1.1]의 (b)에 해당한다. $t = 0$에서 투자된 원금이 $k$라면 $t$시점에서의 종가는

$$A(t) = k(1+i)^t, \quad t \geq 0 \tag{1.1.2.5}$$

복리하에서의 이자율을 구하여 보자. $n$번째 해의 실이율 $i_n$은

$$i_n = \frac{A(n) - A(n-1)}{A(n-1)} = \frac{I_n}{A(n-1)} \tag{1.1.2.6}$$

$$= \frac{a(n) - a(n-1)}{a(n-1)} = \frac{(1+i)^n - (1+i)^{n-1}}{(1+i)^{n-1}} = i \tag{1.1.2.7}$$

식 (1.1.2.7)에서 알 수 있듯이 복리하에서의 실이율 $i_n$은 $n$에 관계없이 일정하다.

(예제 1.1.2.2)

$A(0) = 100$, 복리이율 $i = 0.1$일 때 다음을 구하시오.

(a) $I_1, I_2, I_3$                          (b) 연간실이율 $i_1, i_2, i_3$

**풀이**

| $n$ | $A(n)$ | $I_n$ | $i_n$ |
|---|---|---|---|
| 0 | 100 | | |
| 1 | $100(1+0.1)=110$ | 10.00 | 0.1 |
| 2 | $100(1+0.1)^2=121$ | 11.00 | 0.1 |
| 3 | $100(1+0.1)^3=133.1$ | 12.10 | 0.1 |

표에서 알 수 있듯이 매년 부리되는 이자는 증가하나 연간 실이율은 $i=0.1$로서 동일하다는 것을 알 수 있으며 이는 복리의 특징이다.

**예제 1.1.2.3**

단리이율 5%하에서 원금은 $n$년 후에 2배가 된다. 복리이율 $i$하에서는 원금은 같은 $n$년 후에 3배가 된다고 할 때 복리이율 $i$를 구하시오.

**풀이**

$$1+0.05n = 2 \quad \cdots\cdots ①$$
$$(1+i)^n = 3 \quad \cdots\cdots ②$$

①식에서

$$0.05n = 1 \quad \therefore\ n = 20$$

따라서

$$(1+i)^{20} = 3 \ \Rightarrow\ (1+i) = 3^{\frac{1}{20}} = 1.05647$$

따라서 $i = 0.05647$

**(3) 단리와 복리의 비교**

단리이율 $i$와 복리이율 $i$로 투자하였을 경우 어느 것이 더 높은 수익률을 얻는지를 비교하여 보자. 단리이율 $i$와 복리이율 $i$하에서의 단위종가함수를 하나의 그래프에 나타내면 그림 [1.1.2.1]과 같다.

그림 [1.1.2.1]  단리와 복리의 비교

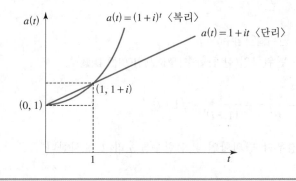

그림 [1.1.2.1]에서 알 수 있듯이 단리와 복리 사이의 관계는

$$(1+i)^t < 1+it, \quad 0 < t < 1 \tag{1.1.2.8}$$

$$(1+i)^t \geq 1+it, \quad t \geq 1 \tag{1.1.2.9}$$

따라서 단리이율 $i$와 복리이율 $i$로 투자되었을 경우 항상 복리하에서의 수익률이 높은 것은 아니며 $0 < t < 1$에서는 단리하에서의 수익률이 높음을 알 수 있다.

## 3. 현가와 할인

종가(원리합계)의 개념은 현재 원금이 투자되어서 미래에 원리합계가 얼마나 되는가이다. 이와는 반대로 미래에 $x$원을 얻기 위하여 현재 어느 정도의 금액을 투자하여야 하는가 하는 문제를 생각할 수 있다. 종가의 경우에는 현재가 기준이므로 현재의 원금 1원에 대한 종가를 나타내는 단위종가함수를 정의하였다. 이와는 반대로 현가(現價)의 경우에는 미래가 기준이므로 미래의 1원을 얻기 위하여 현재 투자하여야 하는 금액을 나타내는 단위현가(할인)함수(discount function)의 정의가 필요하다.

단위현가(할인)함수는 단위종가함수를 이용하여 구할 수 있다. $t = 0$시점에서 원금 $P$가 투자되어서 $t$년 후에 종가가 1원이 되었다고 하자. 지금까지 고찰한 단위종가함수의 개념을 이용하면

$$P a(t) = 1 \tag{1.1.3.1}$$

따라서 $t$년 후의 1원을 적립하기 위하여 현재 투자하여야 하는 금액은

$$P = \frac{1}{a(t)} = a^{-1}(t) \tag{1.1.3.2}$$

식 (1.1.3.2)에서 $\dfrac{1}{a(t)}$ 또는 $a^{-1}(t)$를 단위현가(할인)함수라고 한다.

### (1) 복리하의 단위할인함수

복리의 경우 단위할인(현가)함수(單位割引(現價)函數)는

$$a^{-1}(t) = \frac{1}{a(t)} = \frac{1}{(1+i)^t} = (1+i)^{-t} \tag{1.1.3.3}$$

여기서 $t = 1$인 경우의 단위할인(현가)함수를 $v$라고 표시한다.

$$a^{-1}(1) = \frac{1}{a(1)} = \frac{1}{1+i} = v \tag{1.1.3.4}$$

여기서 $v$를 할인요소(割引要素) 혹은 현가율(現價率 ; discount factor)이라고 하며 앞으로 계속하여 반복 사용될 중요한 개념이다. $v$는 복리하에서 1년 후에 1원을 얻기 위하여 현재 투자하여야 하는 금액, 즉 현가이다. $v$를 이용하여 단위할인(현가)함수를 표시하면

$$a^{-1}(t) = \frac{1}{a(t)} = v^t \tag{1.1.3.5}$$

예제 1.1.3.1

3년 후에 1,000원을 적립하기 위하여 현재 투자하여야 하는 금액을 구하시오.

(a) 복리 5%를 가정할 때 　　　　　　 (b) 단리 5%를 가정할 때

**풀이**

(a) 식 (1.1.3.2)는 $t$년 후에 1원을 적립하기 위한 단위할인함수이다. 따라서 3년 후의 1,000원을 적립하기 위하여는 단위할인함수×1000을 하면 된다. 따라서 구하는 금액을 $PV$(present value ; 현가)라고 하면

$$PV = 1000 \times \frac{1}{a(3)} = 1000 \times \frac{1}{(1+0.05)^3} = 1000v^3 = 863.84$$

(b) $PV = 1000 \times \dfrac{1}{a(3)} = \dfrac{1000}{1+(0.05)\times 3} = 869.57$

　　복리의 경우 1년 후에(나중에 언급이 되겠지만 더 정확히는 하나의 전화기간 후에) 1원을 얻기 위하여 현재 투자되어야 하는 금액은 $v$이다. 이때 1원과 $v$의 차이를 $d$라고 하며 이를 할인율(割引率 ; rate of discount)이라고 한다. 또 복리하의 할인을 복할인(複割引 ; compound discount)이라고 한다.

　　실할인율(effective rate of discount) $d$는 다음과 같이 정의된다.

$$d = \frac{a(1)-a(0)}{a(1)} \tag{1.1.3.6}$$

식 (1.1.3.6)의 $d$는 식 (1.1.1.8)의 실이자율 $i$와 비교하면 분모에 $a(0)$ 대신에 $a(1)$이 쓰인 것이 다르다. 일반적으로 $n$번째 해의 실할인율 $d_n$은 다음과 같이 정의된다.

$$d_n = \frac{a(n)-a(n-1)}{a(n)} = \frac{A(n)-A(n-1)}{A(n)} = \frac{I_n}{A(n)} \tag{1.1.3.7}$$

식 (1.1.3.7)과 식 (1.1.1.9)와 비교하면 실할인율과 실이율의 차이점을 쉽게 알 수 있다.

즉, $i_n$은 $n$번째 해에 부리된 이자를 $n$번째 해의 초의 금액($A(n-1)$ 혹은 $a(n-1)$)으로 나눈 값이고 $d_n$은 $n$번째 해에 부리된 이자를 $n$번째 해의 말의 금액($A(n)$ 혹은 $a(n)$)으로 나눈 값이다. 이와 같은 실할인율과 실이율의 정의를 이용하면 복리하에서 $i$와 $d$의 관계를 쉽게 유도할 수 있다.

그림 [1.1.3.1]   $i$와 $d$의 관계

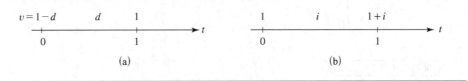

(a)        (b)

그림 [1.1.3.1]의 (a)는 $t=0$시점에서 원금 $v$가 투자되어서 $d$만큼의 이자가 부리되어서 $t=1$시점에서 종가가 1원이 된 것을 의미한다. 즉 1년 후의 1원의 현가가 $v$이고 할인액이 $d$임을 의미한다. 그림 [1.1.3.1]의 (b)는 $t=0$시점에서 원금 1원이 투자되어서 $i$만큼의 이자가 부리되어서 $t=1$시점에서 종가가 $1+i$가 된 것을 의미한다. 즉 1년 후의 $1+i$의 현가가 1이고 할인액이 $i$임을 의미한다. 그림 [1.1.3.1]의 (a)에서 실이율의 정의상

$$i = \frac{d}{v} = \frac{d}{1-d} \tag{1.1.3.8}$$

그림 [1.1.3.1]의 (b)에서 실할인율의 정의상

$$d = \frac{i}{1+i} \tag{1.1.3.9}$$

$$= i\left(\frac{1}{1+i}\right) = iv \tag{1.1.3.10}$$

식 (1.1.3.10)은 1년 후의 $i$원의 복리하에서 현가가 $d$원임을 의미한다. $i$와 $d$의 다른 관계식은

$$d = 1 - v \tag{1.1.3.11}$$
$$d = iv = i(1-d) = i - id \tag{1.1.3.12}$$
$$i - d = id \tag{1.1.3.13}$$

식 (1.1.3.13)은 식 (1.1.3.12)에서 바로 유도되며 다음과 같이 해석할 수 있다. 그림 [1.1.3.1]과 같이 어떤 사람이 연초에 1원을 차입하면 연말에 $(1+i)$원을 상환하여야 한다. 또 연초에 $(1-d)$원을 차입하면 연말에 1원을 상환하여야 한다. 식 (1.1.3.13)의 좌변인 $i-d$는 두 경우의 지불하는 이자의 차이이다. 이 이자의 차이인 $i-d$는 원금이 $d$만큼 다르기

때문에 발생하므로 원금 $d$에 대한 1년의 이자는 식 (1.1.3.13)의 우변인 $id$이다.

　　$d$를 이용하여 복리하에서 단위할인(현가)함수를 표시하면 식 (1.1.3.5)로부터

$$a^{-1}(t) = \frac{1}{a(t)} = v^t = (1-d)^t \qquad (1.1.3.14)$$

복리하에서 투자한 후 $n$번째 해의 실할인율 $d_n$은 다음과 같이 $n$에 관계없이 일정하다.

$$d_n = \frac{a(n)-a(n-1)}{a(n)} = \frac{(1+i)^n-(1+i)^{n-1}}{(1+i)^n} = \frac{i}{1+i} = d \qquad (1.1.3.15)$$

따라서 $n$년 후에 1원을 적립하기 위한 단위할인(현가)함수는 그림 [1.1.3.2]와 같고 식 (1.1.3.14)는 이것을 나타낸다.

그림 [1.1.3.2]  복리하의 단위할인함수

(2) 단리하의 단위할인(현가)함수

단리하의 단위할인(현가)함수는 다음과 같이 정의된다.

$$a^{-1}(t) = \frac{1}{a(t)} = 1-dt \qquad (1.1.3.16)$$

식 (1.1.3.16)에서 알 수 있듯이 단리하에서 매년 할인되는 할인액(the amount of discount)은 $d$로서 일정하다. $n$년 후에 1원을 적립하기 위한 단리하의 단위할인함수는 그림 [1.1.3.3]과 같다.

그림 [1.1.3.3]  단리하의 단위할인함수

　　단리하의 실할인율 $d_n$은 $n$이 증가함에 따라 감소하는데 이는 그림 [1.1.3.3]과 다음 식에서 알 수 있다.

$$d_n = \frac{a(n)-a(n-1)}{a(n)} = \frac{1+in-[1+i(n-1)]}{1+in} = \frac{i}{1+in} \qquad (1.1.3.17)$$

(3) $d$를 이용한 단위종가함수

$d$를 이용하여 단위종가함수를 표시하면 다음과 같다.

$$\text{단리} : a(t) = \frac{1}{a^{-1}(t)} = \frac{1}{1-dt} = (1-dt)^{-1} \qquad (1.1.3.18)$$

$$\text{복리} : a(t) = \frac{1}{a^{-1}(t)} = \frac{1}{v^t} = \frac{1}{(1-d)^t} = (1-d)^{-t} \qquad (1.1.3.19)$$

따라서 $i$나 $d$ 중에서 어느 하나만 주어지면 $a(t)$나 $a^{-1}(t)$를 구할 수 있다.

> 예제 1.1.3.2

3년 후에 1,000원을 적립하기 위하여 현재 투자하여야 하는 금액을 구하시오.

(a) 단할인율 5%를 가정할 때          (b) 복할인율 5%를 가정할 때

**풀이**

식 (1.1.3.16)과 식 (1.1.3.14)는 $t$년 후에 1원을 적립하기 위한 단위할인함수이므로

(a)  $1000 \times \dfrac{1}{a(t)} = 1000[1-(0.05)(3)] = 850$

(b)  $1000 \times \dfrac{1}{a(t)} = 1000(1-0.05)^3 = 857.38$

> 예제 1.1.3.3

0시점에서 100원을 투자하였다. $d_1 = 0.05$, $d_2 = 0.1$일 때 2년 후의 종가(원리합계)를 구하시오.

**풀이**

$$A(1) = 100\, a(1) = (100)\frac{1}{1-0.05}$$

$$A(2) = A(1)\left(\frac{1}{1-d_2}\right) = A(1)\left(\frac{1}{1-0.1}\right)$$

$$= (100)\left(\frac{1}{1-0.05}\right)\left(\frac{1}{1-0.1}\right) = 116.96$$

## 4. 명목이율과 명목할인율

### (1) 명목이율

지금부터는 다른 언급이 없는 한 $a(t) = (1+i)^t$ 즉, 복리를 가정한다.

**예제 1.1.4.1**

어떤 사람이 한 달의 실이율(월실이율) 2%로 1,000원을 차입하였을 때 3년 후의 상환금액을 구하시오.

**풀이**

3년은 36개월이므로 상환금액은

$$1000(1.02)^{36} = 2039.89$$

예제 (1.1.4.1)에서 알 수 있듯이 실이율은 반드시 1년을 단위로 주어질 필요는 없다. 실이율은 어떤 기간을 기준으로 하든지 정의될 수 있다.

명목이율(名目利率 ; nominal rate of interest) $i^{(2)} = 0.1$이란 $i^{(2)}/2 = 0.05$가 6개월간의 실이율이란 의미이다. 이때 $i^{(2)} = 0.1$은 연간이율의 형태로 나타낸 명목이율이고 0.1이 연간실이율이 아니다. 1년은 12개월이므로 12/2＝6(6개월)을 전화기간(轉化期間 ; interest conversion period: i.c.p.)이라고 한다. 전화(轉化)라는 것은 이자가 원금에 전입되어서 원금화되는 것을 의미한다. 명목이율 $i^{(m)}$이란 다음을 의미한다.

$m = $ 전화횟수

$12/m$(개월) = 전화기간(i.c.p.)

$i^{(m)}/m = $ 전화기간당 실이율  (1.1.4.1)

예를 들어 신용카드회사가 명목이율 $i^{(12)} = 18\%$(18% per year convertible monthly)를 부과한다고 하자. 이는 한 달의 실이율이 0.18/12＝0.015(1.5%)임을 의미한다. 신용카드회사로부터 차입한 1원은 1년 후에 $(1.015)^{12} = 1.1956$이 된다. 따라서 연간실이율 $i$는 19.56%가 된다. 이 예에서 알 수 있듯이 $i^{(12)} = 18\%$일 때 18%는 연간이율의 형태이지만 연간실이율은 아니므로 이런 의미에서 명목이율이라고 한다. 이 예에서 $i^{(12)} = 18\%$나 $i = 19.56\%$나 1원을 현재 투자했을 때 1년 후에 동일한 종가를 얻는다. 이때 $i^{(12)} = 18\%$와 $i = 19.56\%$는 상등한(equivalent) 관계라고 한다. 즉 $i^{(12)} = 18\%$에 상등한 $i$는 19.56%이고 $i = 19.56\%$에 상등한 $i^{(12)}$은 18%이다.

명목이율 $i^{(m)}$이 사용될 때 이에 상등한 연간실이율 $i$와 $i^{(m)}$의 관계식은 앞의 예에서도 알 수 있듯이 다음과 같다.

$$1+i = \left[1 + \frac{i^{(m)}}{m}\right]^m \tag{1.1.4.2}$$

따라서

$$i = \left[1 + \frac{i^{(m)}}{m}\right]^m - 1 \tag{1.1.4.3}$$

식 (1.1.4.3)에서 이항정리를 이용하면

$$i = \left[1 + \frac{i^{(m)}}{m}\right]^m - 1$$

$$= \left[1 + m\frac{i^{(m)}}{m} + \frac{m(m-1)}{2!}\left(\frac{i^{(m)}}{m}\right)^2 + \cdots\right] - 1 \tag{1.1.4.4}$$

$$= i^{(m)} + \frac{m-1}{2m}[i^{(m)}]^2 + \cdots \tag{1.1.4.5}$$

식 (1.1.4.5)로부터 $i$와 상등한 $i^{(m)}$의 관계는

$$i > i^{(m)} \tag{1.1.4.6}$$

**예제 1.1.4.2**

$i^{(12)} = 0.24$일 때 현재 투자된 1,000원의 3년 후의 종가를 구하시오.

**풀이**

(a) $i^{(12)}/12 = 0.02$/한 달. 한 달의 실이율이 2%이므로

종가 $= 1000(1.02)^{36} = 2039.89$

(b) 이 예제는 다른 방법으로도 풀 수 있다. 즉, $i^{(12)} = 0.24$에 상등한 연간실이율 $i$를 구하면 식 (1.1.4.3)으로부터

$$i = \left(1 + \frac{0.24}{12}\right)^{12} - 1 = 0.26824$$

따라서

종가 $= 1000(1+i)^3 = 1000(1+0.26824)^3 = 2039.89$

(a)와 (b)의 결과가 일치함을 확인할 수 있다.

**예제 1.1.4.3**

$i^{(6)} = 0.15$일 때 이에 상등한(equivalent) $i^{(2)}$를 구하시오.

풀이

식 (1.1.4.2)로부터

$$\left[1+\frac{i^{(6)}}{6}\right]^6 = 1+i = \left[1+\frac{i^{(2)}}{2}\right]^2$$

따라서

$$1+\frac{i^{(2)}}{2} = \left[1+\frac{i^{(6)}}{6}\right]^3$$

$$i^{(2)} = \left[\left(1+\frac{0.15}{6}\right)^3 - 1\right] \times 2 = 0.15378$$

(2) 명목할인율

명목이율을 정의한 것과 같은 방법으로 명목할인율(名目割引率 ; nominal rate of discount)을 정의할 수 있다. 명목할인율 $d^{(m)}$이란 다음을 의미한다.

$m$ = 전화횟수

$12/m$(개월) = 전화기간(i.c.p.)

$d^{(m)}/m$ = 전화기간당 실할인율                                                (1.1.4.7)

식 (1.1.4.2)와 유사하게 다음이 성립한다.

$$1-d = \left[1-\frac{d^{(m)}}{m}\right]^m \tag{1.1.4.8}$$

$$d = 1 - \left[1-\frac{d^{(m)}}{m}\right]^m \tag{1.1.4.9}$$

식 (1.1.4.9)에서 이항정리를 이용하면

$$d = 1 - \left[1-\frac{d^{(m)}}{m}\right]^m$$

$$= 1 - \left[1 - (m)\frac{d^{(m)}}{m} + \frac{m(m-1)}{2!}\left(\frac{d^{(m)}}{m}\right)^2 \cdots\right] \tag{1.1.4.10}$$

$$= d^{(m)} - \frac{m-1}{2m}[d^{(m)}]^2 + \cdots \tag{1.1.4.11}$$

식 (1.1.4.11)로부터 $d$와 상등한 $d^{(m)}$의 관계는

$$d^{(m)} > d \tag{1.1.4.12}$$

지금까지 고찰한 바를 종합하면 모든 양의 정수 $m$과 $p$에 대하여 다음이 성립한다.

$$\left[1 + \frac{i^{(m)}}{m}\right]^m = 1 + i = (1-d)^{-1} = \left[1 - \frac{d^{(p)}}{p}\right]^{-p} \tag{1.1.4.13}$$

식 (1.1.3.13)과 같이 $i^{(m)}$과 $d^{(m)}$ 사이에는 다음과 같은 관계가 있다.

$$\frac{i^{(m)}}{m} - \frac{d^{(m)}}{m} = \frac{i^{(m)}}{m} \cdot \frac{d^{(m)}}{m} \tag{1.1.4.14}$$

예제 1.1.4.4

$i^{(12)} = 12\%$에 상등한 $d^{(2)}$의 값을 구하시오.

풀이

식 (1.1.4.13)으로부터

$$\left[1 - \frac{d^{(2)}}{2}\right]^{-2} = \left[1 + \frac{i^{(12)}}{12}\right]^{12}$$

$$1 - \frac{d^{(2)}}{2} = (1.01)^{-6} = 0.94204$$

따라서 $d^{(2)} = 2(1 - 0.94204) = 0.11592$

명목이율과 명목할인율은 단위종가함수와 연관시켜서 생각해 볼 수 있다. 다음 그림으로부터 다음 식들이 성립한다. 지금까지 고찰한 내용을 재음미하기 바란다. $m=2$인 경우를 예로 들어 보자.

그림 [1.1.4.1]  명목이율, 명목할인율과 종가함수의 관계

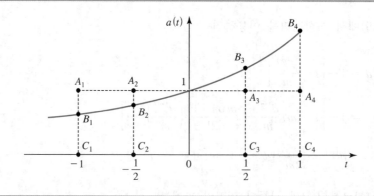

그림 [1.1.4.1]로부터 다음이 성립한다.

$$A_1B_1 = d, \qquad B_1C_1 = v = \left(1 - \frac{d^{(2)}}{2}\right)^2$$

$$A_2B_2 = \frac{d^{(2)}}{2}, \qquad B_2C_2 = v^{\frac{1}{2}} = 1 - \frac{d^{(2)}}{2}$$

$$B_3A_3 = \frac{i^{(2)}}{2}, \qquad B_3C_3 = (1+i)^{1/2} = 1 + \frac{i^{(2)}}{2}$$

$$B_4A_4 = i, \qquad B_4C_4 = 1+i = \left[1 + \frac{i^{(2)}}{2}\right]^2$$

## 5. 이력과 할인력

### (1) 이  력

$t$시점에서의 이력(利力 ; force of interest)을 $\delta_t$로 표시하면 $\delta_t$의 정의는 다음과 같다.

$$\delta_t = \frac{DA(t)}{A(t)} = \frac{A'(t)}{A(t)}$$
$$= \frac{Da(t)}{a(t)} = \frac{a'(t)}{a(t)} = \frac{d}{dt} \ln a(t) \tag{1.1.5.1}$$

식 (1.1.5.1)로부터 이력의 의미를 살펴보자.

$$\delta_t = \frac{\displaystyle\lim_{h \to 0} \frac{a(t+h) - a(t)}{h}}{a(t)} \tag{1.1.5.2}$$

$$= \lim_{h \to 0} \frac{\dfrac{a(t+h) - a(t)}{a(t)}}{h} \tag{1.1.5.3}$$

식 (1.1.5.3)에서 분자는 아주 작은 기간($h$)(예 : 1일인 경우 $h = 1/365$)의 실이율이다. 따라서 이 실이율을 $h$로 나눈 것(즉 $1/h = 365$를 곱한 것)은 연간이율로 나타난 명목이율이다. 예를 들어 $h = \dfrac{1}{365}$인 경우

$$\frac{i^{(365)}}{365} = \frac{a\left(t + \dfrac{1}{365}\right) - a(t)}{a(t)} \tag{1.1.5.4}$$

$$i^{(365)} = \frac{\left[a\left(t + \dfrac{1}{365}\right) - a(t)\right] \Big/ a(t)}{1/365} \tag{1.1.5.5}$$

식 (1.1.5.3)과 식 (1.1.5.5)로부터 다음을 알 수 있다.

$$\lim_{m \to \infty} i^{(m)} = \delta \text{ (복리인 경우)} \tag{1.1.5.6}$$

이력 $\delta_t$는 다음의 두 가지 의미를 갖는다.

(i) $\delta_t$는 $t$시점에서 측정되는 순간이율이다.

(ii) $\delta_t$는 연간이율로 표시된다.

---

**예제 1.1.5.1**

$A(t) = 100(1 + \sqrt{t})$일 때 이력을 구하고 $\delta_1$의 의미를 설명하시오.

**풀이**

$$A'(t) = 100\left(\frac{1}{2\sqrt{t}}\right)$$

따라서

$$\delta_t = \frac{A'(t)}{A(t)} = \frac{1}{2(\sqrt{t} + t)}$$

$$\delta_1 = \frac{1}{4} = 0.25$$

$\delta_1$의 의미는 $t = 1$ 시점에서 100원 투자당 연간 25원의 이자를 얻는 연간이율로 표시된 순간이율이다.

---

**예제 1.1.5.2**

$\int_0^n A(t)\, \delta_t\, dt = A(n) - A(0)$임을 증명하고 그 의미를 설명하시오.

**풀이**

$$\int_0^n A(t)\, \delta_t\, dt = \int_0^n A(t)\left[\frac{A'(t)}{A(t)}\right]dt = \int_0^n A'(t)dt = A(n) - A(0)$$

의미는 다음과 같다. $\delta_t dt$(예 $dt = 1/365 = 1$일)는 아주 작은 기간 $dt$ 동안의 실이율을 나타낸다. 따라서 $A(t)\delta_t dt$는 이 아주 작은 기간($dt$) 동안에 부리된 이자를 의미한다. $\int_0^n A(t)\, \delta_t\, dt$는 $[0, n]$ 기간 동안 부리된 총이자를 나타내고 이는 $A(n) - A(0)$이다.

복리하의 이력을 구해 보면

$$\delta_t = \frac{a'(t)}{a(t)} = \frac{d}{dt} \ln a(t) = \frac{d}{dt}[\ln (1+i)^t] \tag{1.1.5.7}$$

$$= \ln(1+i) = \delta \tag{1.1.5.8}$$

복리하의 이력은 식 (1.1.5.8)에서 알 수 있듯이 $t$에 관계없이 $\delta$로서 일정함을 알 수 있다. 또 식 (1.1.5.8)로부터

$$1+i = e^{\delta} \tag{1.1.5.9}$$

단리하의 이력을 구해보면

$$\delta_t = \frac{a'(t)}{a(t)} = \frac{i}{1+it} \tag{1.1.5.10}$$

이제 이력과 단위종가함수의 관계식을 고찰해 보자. 식 (1.1.5.1)로부터

$$\int_0^t \delta_s \, ds = \int_0^t d\ln a(s) = \ln a(t) - \ln a(0) \tag{1.1.5.11}$$

$\ln a(0) = \ln 1 = 0$이므로

$$\int_0^t \delta_s \, ds = \ln a(t) \tag{1.1.5.12}$$

그러므로

$$a(t) = e^{\int_0^t \delta_s \, ds} \tag{1.1.5.13}$$

식 (1.1.5.13)으로부터 $\delta_t$를 알면 $a(t)$를 구할 수 있다.

예제 1.1.5.3

$\delta_t = \dfrac{2}{1+t}$, $t \geq 0$일 때 $a(t)$를 구하시오.

풀이

$$\int_0^t \delta_s \, ds = \int_0^t \frac{2}{1+s} \, ds = 2\ln(1+s)\Big|_0^t = \ln(1+t)^2$$

따라서

$$a(t) = e^{\int_0^t \delta_s \, ds} = (1+t)^2$$

예제 1.1.5.4

$$e^{\delta} = 1 + \delta + \frac{\delta^2}{2!} + \frac{\delta^3}{3!} + \frac{\delta^4}{4!} + \cdots \tag{1.1.5.14}$$

임을 이용하여 다음을 증명하시오.

(a) $\lim_{m \to \infty} i^{(m)} = \delta$

(b) $\lim_{m \to \infty} d^{(m)} = \delta$ (1.1.5.15)

(c) $i > i^{(m)} > \delta > d^{(m)} > d$ (각각은 상등한 관계임) (1.1.5.16)

**풀이**

(a) $\left[1 + \dfrac{i^{(m)}}{m}\right]^m = 1 + i = e^{\delta}$

$$i^{(m)} = m[e^{\frac{\delta}{m}} - 1] = m\left\{\left[1 + \left(\frac{\delta}{m}\right) + \frac{1}{2!}\left(\frac{\delta}{m}\right)^2 + \frac{1}{3!}\left(\frac{\delta}{m}\right)^3 + \cdots\right] - 1\right\}$$

$$= \delta + \frac{\delta^2}{2m} + \frac{\delta^3}{6m^2} + \cdots$$ (1.1.5.17)

따라서

$$\lim_{m \to \infty} i^{(m)} = \delta$$

(b) $\left[1 - \dfrac{d^{(m)}}{m}\right]^m = (1 + i)^{-1} = e^{-\delta}$

$$d^{(m)} = m[1 - e^{-\delta/m}] = m\left\{1 - \left[1 + \left(-\frac{\delta}{m}\right) + \frac{1}{2!}\left(-\frac{\delta}{m}\right)^2 + \frac{1}{3!}\left(-\frac{\delta}{m}\right)^3 + \cdots\right]\right\}$$

$$= \delta - \frac{\delta^2}{2m} + \frac{\delta^3}{6m^2} + \cdots$$ (1.1.5.18)

따라서

$$\lim_{m \to \infty} d^{(m)} = \delta$$

(c) 식 (1.1.5.17)과 식 (1.1.5.18)로부터 다음을 알 수 있다.

$$i^{(m)} > \delta > d^{(m)}$$ (1.1.5.19)

식 (1.1.5.19), 식 (1.1.4.6)과 식 (1.1.4.12)를 종합하면 다음과 같다.

$$i > i^{(m)} > \delta > d^{(m)} > d$$

## (2) 할 인 력

할인력(割引力 ; force of discount)은 다음과 같이 정의된다.

$$\delta_t{}' = -\frac{Da^{-1}(t)}{a^{-1}(t)}$$ (1.1.5.20)

식 (1.1.5.20)에 $-$부호가 붙은 것은 $Da^{-1}(t)$가 음수이기 때문이다. 왜냐하면 $a^{-1}(t)$ 는 감소함수이기 때문이다. $\delta_t{}'$는 $\delta_t$와 동일하기 때문에 $\delta_t$만을 이용하면 된다.

예제 1.1.5.5

$\delta_t{}' = \delta_t$ 를 증명하시오.

풀이

$$\delta_t{}' = -\frac{Da^{-1}(t)}{a^{-1}(t)} = \frac{a^{-2}(t)\,Da(t)}{a^{-1}(t)}$$

$$= \frac{a^{-2}(t)\,a(t)\,\delta_t}{a^{-1}(t)} = \delta_t$$

(3) 총 정 리

지금까지 고찰한 $a(t)$와 $\frac{1}{a(t)}$을 정리하면 다음과 같다.

표 [1.1.5.1]  $a(t)$와 $a^{-1}(t)$

| 이자율, 할인율 | 단위종가함수 $a(t)$ | 단위할인함수 $\frac{1}{a(t)}$ |
|---|---|---|
| 복리 $i$ | $(1+i)^t$ | $v^t = (1+i)^{-t}$ |
| $i^{(m)}$ | $\left[1+\frac{i^{(m)}}{m}\right]^{mt}$ | $\left[1+\frac{i^{(m)}}{m}\right]^{-mt}$ |
| $d$ | $(1-d)^{-t}$ | $(1-d)^t$ |
| $d^{(m)}$ | $\left[1-\frac{d^{(m)}}{m}\right]^{-mt}$ | $\left[1-\frac{d^{(m)}}{m}\right]^{mt}$ |
| $\delta$ | $e^{\delta t}$ | $e^{-\delta t}$ |
| 단리 $i$ | $1+it$ | $(1+it)^{-1}$ |
| $d$ | $(1-dt)^{-1}$ | $1-dt$ |

6. 확정연금(전화기간＝매회 지급기간)

사전에 정해진 기간(연금지급기간)중에 일정한 간격(1년 혹은 1개월 등)을 두고 일련의 지급이 계속적으로 이루어지는 형태를 연금(年金 ; annuity)이라고 한다. 연금은 크게 확정연금(確定年金 ; annuity certain)과 생명연금(生命年金 ; life annuity)으로 나눌 수 있다. 확정연금이란 소정의 기간이 미리 확정되어 그 기간중에는 연금수급자의 생사에 관계없이 무조건적으로 지급되는 연금을 말하며 생명연금은 어느 특정인(주로 연금수급자)의 생존을 조건으로 하여 지급되는 연금이다. 생명연금에 대하여는 제4장에서 논하기로 하고 여기서는 확정연금에 대하여 설명하기로 한다.

### (1) 기말급연금과 기시급연금

시간적으로 정하여진 일정간격의 말에 연금이 지급되는 경우를 기말급연금(期末給年金; annuity-immediate)이라고 하며, 일정간격의 초에 지급되는 연금을 기시급연금(期始給年金; annuity-due)이라고 한다.

그림 [1.1.6.1]  시 간 선

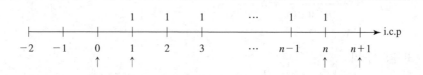

그림 [1.1.6.1]은 시간선(time diagram)을 나타내고 있으며 그 단위는 보통 이자의 전화기간(interest conversion period: i.c.p.)으로 하는 것이 편리하다. 경우에 따라서는 단위를 년으로 할 수도 있으나 그 때에는 연이율을 사용하여 연금을 평가하여야 한다. 여기서는 이자의 전화기간과 연금의 매회 지급기간이 같다고 가정한다. 시간선에 나타난 $-2$, $-1$, 0, 1, 2 등에 대하여는 $-2$는 $-1$ 보다 한 전화기간 앞선 것을, $-1$은 0보다, 0은 1보다 각각 한 전화기간 앞선 것을 표시할 뿐이며 숫자 자체가 어떤 의미를 갖는 것은 아니다. 그러나 보통 0시점을 현재 혹은 연금평가의 시점으로 생각하는 경우가 많다.

0시점에서 볼 때 1시점은 첫 번째 전화기간의 말에 해당하고(또 2번째 전화기간의 초에 해당), 1시점에서 볼 때 1시점은 첫 번째 전화기간의 초에 해당한다. 그러므로 그림 [1.1.6.1]과 같이 지급을 하는 확정연금은 0시점에서 평가하면 $n$년 기말급연금이 되지만 1시점에서 보면 $n$년 기시급연금이 된다. 일반적으로 어느 시점에서나 그림 [1.1.6.1]과 같은 지급을 하는 확정연금을 평가할 수 있다.

그림 [1.1.6.2]  기말급연금과 기시급연금

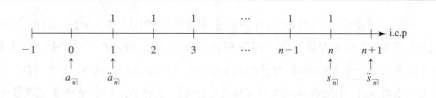

우선 기말급연금을 고찰하여 보자. 0시점에서 볼 때 그림 [1.1.6.2]의 연금은 기말급연금이 된다. 매기말 1원씩 $n$년 동안 확정적으로 지급되는 연금의 현가를 $a_{\overline{n}|}$으로 표시하면

$$a_{\overline{n}|} = v + v^2 + v^3 + \cdots + v^{n-1} + v^n \qquad (1.1.6.1)$$

$$= \frac{v(1-v^n)}{1-v} = \frac{v(1-v^n)}{iv} = \frac{1-v^n}{i} \qquad (1.1.6.2)$$

그림 [1.1.6.2]의 연금을 $n$시점에서(즉, 마지막 $n$번째 지급이 있은 바로 다음에서) 평가하면 기말급연금의 종가가 된다. 이를 $s_{\overline{n}|}$으로 표시한다.

$$s_{\overline{n}|} = 1 + (1+i) + (1+i)^2 + \cdots + (1+i)^{n-1} \qquad (1.1.6.3)$$

$$= \frac{(1+i)^n - 1}{(1+i) - 1} = \frac{(1+i)^n - 1}{i} \qquad (1.1.6.4)$$

같은 연금지급을 0시점과 $n$시점에서 평가한 것만이 $s_{\overline{n}|}$과 $a_{\overline{n}|}$의 차이이므로

$$s_{\overline{n}|} = a_{\overline{n}|} (1+i)^n \qquad (1.1.6.5)$$

$$a_{\overline{n}|} = s_{\overline{n}|} v^n \qquad (1.1.6.6)$$

이제 기시급연금을 고찰해 보자. 1시점에서 보면 그림 [1.1.6.2]의 연금은 기시급연금이 된다. 매기초에 1원씩 $n$년 동안 확정적으로 지급되는 연금의 현가를 $\ddot{a}_{\overline{n}|}$이라고 하면

$$\ddot{a}_{\overline{n}|} = 1 + v + v^2 + \cdots + v^{n-1} \qquad (1.1.6.7)$$

$$= \frac{1-v^n}{1-v} = \frac{1-v^n}{d} \qquad (1.1.6.8)$$

그림 [1.1.6.2]의 연금을 $n+1$시점에서(즉, 마지막 $n$번째 지급시점부터 한 전화기간 후) 평가하면 기시급연금의 종가가 되는데 이를 $\ddot{s}_{\overline{n}|}$으로 표시한다.

$$\ddot{s}_{\overline{n}|} = (1+i) + (1+i)^2 + (1+i)^3 + \cdots + (1+i)^n \qquad (1.1.6.9)$$

$$= \frac{(1+i)[(1+i)^n - 1]}{(1+i) - 1} = \frac{1+i}{i}[(1+i)^n - 1]$$

$$= \frac{(1+i)^n - 1}{d} \qquad (1.1.6.10)$$

같은 지급의 흐름을 1시점에서 평가한 것이 $\ddot{a}_{\overline{n}|}$, $n+1$시점에서 평가한 것이 $\ddot{s}_{\overline{n}|}$이므로

$$\ddot{s}_{\overline{n}|} = \ddot{a}_{\overline{n}|}(1+i)^n \qquad (1.1.6.11)$$

같은 이치로 다음의 관계식들도 성립한다.

$$\ddot{a}_{\overline{n}|} = a_{\overline{n}|}(1+i) \tag{1.1.6.12}$$

$$a_{\overline{n}|} = \ddot{a}_{\overline{n}|}\, v \tag{1.1.6.13}$$

$$\ddot{s}_{\overline{n}|} = s_{\overline{n}|}(1+i) \tag{1.1.6.14}$$

$$s_{\overline{n}|} = \ddot{s}_{\overline{n}|}\, v \tag{1.1.6.15}$$

부록 3의 표 1을 보면 $a_{\overline{n}|}$과 $s_{\overline{n}|}$의 값은 나타나 있지만 $\ddot{a}_{\overline{n}|}$과 $\ddot{s}_{\overline{n}|}$의 값은 나타나 있지 않다. 그러나 $\ddot{a}_{\overline{n}|}$과 $\ddot{s}_{\overline{n}|}$의 값은 $a_{\overline{n}|}$과 $s_{\overline{n}|}$의 값으로부터 쉽게 구할 수 있다.

그림 [1.1.6.2] 1시점의 1원이 잠시 없는 것으로, $n+1$ 시점의 1원이 잠시 있는 것으로 생각하면 다음을 알 수 있다.

$$\ddot{a}_{\overline{n}|} = a_{\overline{n-1}|} + 1 \tag{1.1.6.16}$$

$$\ddot{s}_{\overline{n}|} = s_{\overline{n+1}|} - 1 \tag{1.1.6.17}$$

( 예제 1.1.6.1 )

다음의 관계식을 증명하시오.

(a) $\dfrac{1}{a_{\overline{n}|}} = \dfrac{1}{s_{\overline{n}|}} + i$ \hfill (1.1.6.18)

(b) $\dfrac{1}{\ddot{a}_{\overline{n}|}} = \dfrac{1}{\ddot{s}_{\overline{n}|}} + d$ \hfill (1.1.6.19)

**풀이**

(a) $\dfrac{1}{s_{\overline{n}|}} + i = \dfrac{i}{(1+i)^n - 1} + i = \dfrac{i + i(1+i)^n - i}{(1+i)^n - 1}$

$\qquad = \dfrac{i}{1 - v^n}$ (분모, 분자를 $(1+i)^n$으로 나눔)

$\qquad = \dfrac{1}{a_{\overline{n}|}}$

이 식의 의미는 '제1장 Ⅱ의 7. 할부상환과 감채기금'에서 설명될 것이다.

(b) $\dfrac{1}{\ddot{s}_{\overline{n}|}} + d = \dfrac{d}{(1+i)^n - 1} + d = \dfrac{d + d(1+i)^n - d}{(1+i)^n - 1}$

$\qquad = \dfrac{d}{1 - v^n} = \dfrac{1}{\ddot{a}_{\overline{n}|}}$

이 식의 의미는 연습문제 (1.1)의 문제 42번을 참고하기 바란다. 여기서 $\dfrac{1}{\ddot{s}_{\overline{n}|}} = P_{\overline{n}|}$ 임에 유의하기 바란다.

⎯⎯⎯⎯⎯⎯⎯⎯⎯
예제 1.1.6.2
⎯⎯⎯⎯⎯⎯⎯⎯⎯

  어떤 사람이 자동차를 매년초에 1,000,000원씩 6년 동안의 할부로 구입할 수 있다면 일시금으로 구입할 때의 가격을 구하시오. 단, 이자율은 5%이다.

**풀이**

매년초에 1원씩 6년을 지급하는 연금의 현가가 $\ddot{a}_{\overline{6}|}$ 이므로 구하는 일시금은

$$1000000\ddot{a}_{\overline{6}|} = 1000000(a_{\overline{5}|} + 1)$$

부록 3의 표 1에서 $a_{\overline{5}|}$ 을 찾으면(표가 없을 때는 식 (1.1.6.2)를 이용하여 직접 계산할 것)

$$a_{\overline{5}|} = 4.3294767$$

일시금 $= 1000000(4.3294767 + 1) = 5329476.7$

⎯⎯⎯⎯⎯⎯⎯⎯⎯
예제 1.1.6.3
⎯⎯⎯⎯⎯⎯⎯⎯⎯

  생명보험의 수익자가 보험회사로부터 보험금에 대하여 두 가지 제안을 받았다. (i) 5,000,000원 현금 즉시 지급 (ii) 매년말에 일정금액 $x$씩을 20년 지급. (i)과 (ii)가 동일한 제안이라면 $x$를 구하시오. 단 $i = 5\%$이다.

**풀이**

$x$원씩 20년간 지급하는 기말급연금의 현가는 사망보험금과 같아야 하므로

$$xa_{\overline{20}|} = 5000000$$

$$x = \frac{5000000}{a_{\overline{20}|}} = 401212.94$$

⎯⎯⎯⎯⎯⎯⎯⎯⎯
예제 1.1.6.4
⎯⎯⎯⎯⎯⎯⎯⎯⎯

다음과 같은 연금의 0시점에서의 현가를 구하시오. $(i = 5\%)$

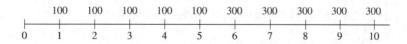

**풀이**

현가(Present value: PV)는 두 가지 방법으로 구할 수 있다.

(a) $PV = 100a_{\overline{5}|} + 300a_{\overline{5}|}v^5 = 1450.63$

(b) 시점 1부터 시점 5까지의 $100 = 300 - 200$으로 생각하면

$$PV = 300a_{\overline{10}|} - 200a_{\overline{5}|} = 1450.63$$

## (2) 거치연금

$m$년 거치연금(据置年金)이란 $m$년 동안은 연금의 지급이 없고 그 다음부터 연금지급

이 있는 연금을 말한다. $m$년거치 $n$년 기말급 거치연금의 현가를 $_{m|}a_{\overline{n}|}$으로 표시하면(연금 지급액＝1원)

$$_{m|}a_{\overline{n}|} = v^m\, a_{\overline{n}|} \tag{1.1.6.20}$$

$$= a_{\overline{m+n}|} - a_{\overline{m}|} \tag{1.1.6.21}$$

$m$년거치 $n$년 기시급 거치연금의 현가를 $_{m|}\ddot{a}_{\overline{n}|}$으로 표시하면(연금 지급액 ＝ 1원)

$$_{m|}\ddot{a}_{\overline{n}|} = v^m\, \ddot{a}_{\overline{n}|} \tag{1.1.6.22}$$

$$= \ddot{a}_{\overline{m+n}|} - \ddot{a}_{\overline{m}|} \tag{1.1.6.23}$$

다음 예제에서 구체적인 것을 살펴보기로 한다.

> **예제 1.1.6.5**
> 다음 그림에서 0시점과 6시점과 12시점에서의 연금의 가치를 평가하시오.

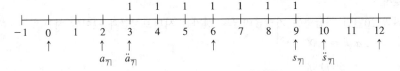

**풀이**

(a) 0시점에서의 연금의 현가

0시점에서 볼 때 이 연금은 거치연금이 된다.

(i) 2시점에서의 연금의 현가는 $a_{\overline{7}|}$이므로 0시점에서의 현가는 $PV = a_{\overline{7}|}v^2$임을 알 수 있다.

(ii) 2시점에서의 연금의 현가가 $a_{\overline{7}|}$이므로 0시점에서 볼 때는 이 연금은 2년거치 7년 기말급연금으로 볼 수 있으며 0시점에서 현가는 $_{2|}a_{\overline{7}|}$이다.

$$PV = {_{2|}a_{\overline{7}|}} = a_{\overline{7}|}v^2 = a_{\overline{9}|} - a_{\overline{2}|}$$

(iii) 3시점에서의 연금의 현가가 $\ddot{a}_{\overline{7}|}$이므로 0시점에서 볼 때 이 연금은 3년거치 7년 기시급연금으로 볼 수 있으며 0시점에서의 현가는 $_{3|}\ddot{a}_{\overline{7}|}$으로 나타낸다.

$$PV = {_{3|}\ddot{a}_{\overline{7}|}} = \ddot{a}_{\overline{7}|}v^3 = \ddot{a}_{\overline{10}|} - \ddot{a}_{\overline{3}|}$$

(b) 6시점에서의 연금가치의 평가

(i) 같은 지급의 흐름에 대하여 평가시점만이 다르므로

6시점에서의 연금가치 $= a_{\overline{7}|}(1+i)^4 = \ddot{a}_{\overline{7}|}(1+i)^3 = s_{\overline{7}|}v^3 = \ddot{s}_{\overline{7}|}v^4$

(ii) 6시점에서 볼 때 6시점 앞의 연금은 종가로 6시점 후의 연금은 현가로 나타낼 수 있다. 즉,

$$s_{\overline{4}|} + a_{\overline{3}|} \qquad \text{또는} \qquad \ddot{s}_{\overline{3}|} + \ddot{a}_{\overline{4}|}$$

(c) 12시점에서의 연금가치의 평가

(i) 같은 지급의 흐름에 대하여 평가시점만이 다르므로

12시점에서의 연금가치 $= s_{\overline{7}|}(1+i)^3 = \ddot{s}_{\overline{7}|}(1+i)^2 = a_{\overline{7}|}(1+i)^{10} = \ddot{a}_{\overline{7}|}(1+i)^9$

(ii) 10, 11, 12 시점에 잠시 1원의 지급이 있는 것으로 생각하면

12시점에서의 연금가치 $= s_{\overline{10}|} - s_{\overline{3}|} = \ddot{s}_{\overline{9}|} - \ddot{s}_{\overline{2}|}$

## (3) 영구연금

식 (1.1.6.2)와 식 (1.1.6.8)에서 $n \to \infty$인 경우, 즉 연금지급이 영구히 이루어지는 연금을 영구연금(永久年金 ; perpetuities)이라고 한다. 영구연금의 현가를 $\ddot{a}_{\overline{\infty}|}$와 $a_{\overline{\infty}|}$로 표시하면

$$\ddot{a}_{\overline{\infty}|} = \lim_{n \to \infty} \ddot{a}_{\overline{n}|} = \lim_{n \to \infty} \frac{1 - v^n}{d} = \frac{1}{d} \tag{1.1.6.24}$$

$$a_{\overline{\infty}|} = \lim_{n \to \infty} a_{\overline{n}|} = \lim_{n \to \infty} \frac{1 - v^n}{i} = \frac{1}{i} \tag{1.1.6.25}$$

예제 1.1.6.6

$n$번째 해의 말부터 100원씩 영구히 지급되는 거치영구연금의 현가(Present value: PV)를 구하시오.

풀이

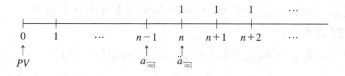

$$PV = \ddot{a}_{\overline{\infty}|} v^n = v^n \frac{1}{d} = \frac{v^n}{d}$$

$PV$를 기호로 표시하면

$$PV = {}_{n-1|} a_{\overline{\infty}|}$$

$$= {}_{n|} \ddot{a}_{\overline{\infty}|}$$

따라서 100원씩 지급되는 $n$년거치 영구연금의 현가는

$$100 \times {}_{n|} \ddot{a}_{\overline{\infty}|} = \frac{100 v^n}{d}$$

(4) 이율이 변동하는 경우

지금까지는 연금지급기간 동안의 이율은 일정하다고 가정하였다. 이제 연금지급기간중에 이율이 변동하는 경우를 예제를 통하여 고찰하여 보자.

( 예제 1.1.6.7 )

(a) 매기말 100원씩 지급되는 10년 기말급연금의 종가를 구하시오.
 (처음 6년간의 실이율=5%. 다음 4년간의 실이율=4%)

(b) 매기말 100원씩 지급되는 15년 기말급연금의 현가를 구하시오.
 (처음 5년간의 실이율=5%. 다음 5년간의 실이율=4%, 그 다음 5년간의 실이율=3%일 때)

( 풀이 )

(a)

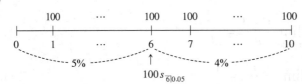

1시점부터 6시점까지의 연금지급의 6시점에서의 종가는 $100s_{\overline{6}|0.05}$이고 6시점에서의 원금을 $100s_{\overline{6}|0.05}$라고 생각하면 10시점에서의 종가는 $100s_{\overline{6}|0.05} \cdot (1.04)^4$이다.

7시점부터 10시점까지의 연금의 종가는

$$100s_{\overline{4}|0.04}$$

따라서 구하는 답은

$$100[s_{\overline{6}|0.05}(1.04)^4 + s_{\overline{4}|0.04}] = 100[(6.8019)(1.04)^4 + 4.2465] = 1220.38$$

(b) 같은 사고방식으로

$$현가 = 100[a_{\overline{5}|0.05} + (a_{\overline{5}|0.04})(v_{0.05}^5) + (a_{\overline{5}|0.03})(v_{0.04}^5)(v_{0.05}^5)] = 1076.70$$

여기서 $s_{\overline{4}|0.04}$는 $i=0.04$일 때의 $s_{\overline{4}|}$를 의미하고 $v_{0.04}^5$는 $i=0.04$일 때의 $v^5$을 의미한다.

$n$년 기말급연금의 현가는 일반적으로 단위종가함수나 단위할인함수를 이용하여 나타낼 수 있다. 식 (1.1.6.1)의 일반식은

$$a_{\overline{n}|} = \sum_{t=1}^{n} \frac{1}{a(t)} \qquad\qquad (1.1.6.26)$$

$n$년 기말급연금의 종가는

$$s_{\overline{n}|} = a_{\overline{n}|}\, a(n) = a(n)\sum_{t=1}^{n}\frac{1}{a(t)} \qquad (1.1.6.27)$$

$n$년 기시급연금의 현가와 종가는

$$\ddot{a}_{\overline{n}|} = \sum_{t=0}^{n-1}\frac{1}{a(t)} \qquad (1.1.6.28)$$

$$\ddot{s}_{\overline{n}|} = \ddot{a}_{\overline{n}|}\, a(n) = a(n)\sum_{t=0}^{n-1}\frac{1}{a(t)} \qquad (1.1.6.29)$$

예제 1.1.6.8

$\delta_t = \dfrac{2}{1+t}$ 일 때 $\ddot{a}_{\overline{4}|}$ 를 구하시오.

풀이

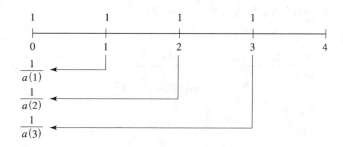

$\delta_t = \delta$(상수)가 아니므로 복리가 적용되지 않는다. 따라서 $\ddot{a}_{\overline{4}|}$ 는 $1+v+v^2+v^3$이 아니다.

$$\ddot{a}_{\overline{4}|} = \sum_{t=0}^{3}\frac{1}{a(t)}$$

$$a(t) = e^{\int_0^t \delta_s\, ds} = e^{\int_0^t \frac{2}{1+s}\, ds} = (1+t)^2$$

따라서 $\ddot{a}_{\overline{4}|} = 1 + \dfrac{1}{a(1)} + \dfrac{1}{a(2)} + \dfrac{1}{a(3)} = 1 + \dfrac{1}{4} + \dfrac{1}{9} + \dfrac{1}{16} = \dfrac{205}{144}$

## 7. 확정연금(전화기간 > 매회 지급기간)

앞에서 고찰한 확정연금은 이자의 전화기간과 매회 지급기간이 같은 경우이다. 여기서는 전화기간이 매회 지급기간보다 큰 경우를 고찰하기로 한다. 전화기간이 매회 지급기간보다 큰 것은 현실적으로 많이 발생될 수 있는데 예를 들면 전화기간이 1년이고 매회 지급기간이 한 달인 경우는 우리 주위에서 흔히 발견될 수 있다.

(1) 기 말 급

앞으로의 논의를 전개시키기 위하여 다음을 정의한다.

> $m$ : 1개의 전화기간당 매회 지급기간의 수 =전화기간당 지급횟수(정수)
>
> $n$ : 전화기간을 단위로 측정된 연금의 기간
>
> $i$ : 전화기간당 이자율
>
> $mn$ : 연금의 총 지급횟수                                    (1.1.7.1)

하나의 전화기간을 $m$회로 분할하여 매 $\frac{1}{m}$전화기간($\frac{1}{m} \times$전화기간)의 말에 $\frac{1}{m}$씩 $n$전화기간을 지급하는 연금의 현가를 $a_{\overline{n}|}^{(m)}$으로 표시한다. 따라서 하나의 전화기간당 지급되는 총액은 1원($\frac{1}{m} \times m = 1$)을 기준으로 한다. $a_{\overline{n}|}^{(m)}$을 구하면

$$a_{\overline{n}|}^{(m)} = \frac{1}{m}\left[v^{\frac{1}{m}} + v^{\frac{2}{m}} + \cdots + v^{n-\frac{1}{m}} + v^n\right] \tag{1.1.7.2}$$

$$= \frac{1}{m}\left[\frac{v^{\frac{1}{m}} - v^{n+\frac{1}{m}}}{1 - v^{\frac{1}{m}}}\right] = \frac{1 - v^n}{m\left[(1+i)^{\frac{1}{m}} - 1\right]}$$

$$= \frac{1 - v^n}{i^{(m)}} \tag{1.1.7.3}$$

이러한 연금의 마지막 지급(즉, $mn$번의 지급)이 있은 직후 그 시점에서의 종가를 $s_{\overline{n}|}^{(m)}$으로 표시한다. $s_{\overline{n}|}^{(m)}$을 구하면

$$s_{\overline{n}|}^{(m)} = a_{\overline{n}|}^{(m)}(1+i)^n \tag{1.1.7.4}$$

$$= \frac{(1+i)^n - 1}{i^{(m)}} \tag{1.1.7.5}$$

이제 $a_{\overline{n}|}^{(m)}$과 $a_{\overline{n}|}$, $s_{\overline{n}|}^{(m)}$과 $s_{\overline{n}|}$의 관계식을 구해 보면

$$a_{\overline{n}|}^{(m)} = \frac{i}{i^{(m)}} a_{\overline{n}|} = s_{\overline{1}|}^{(m)} a_{\overline{n}|} \tag{1.1.7.6}$$

$$s_{\overline{n}|}^{(m)} = \frac{i}{i^{(m)}} s_{\overline{n}|} = s_{\overline{1}|}^{(m)} s_{\overline{n}|} \tag{1.1.7.7}$$

또 $a_{\overline{n}|}^{(m)}$과 $s_{\overline{n}|}^{(m)}$의 관계식은 $a_{\overline{n}|}$과 $s_{\overline{n}|}$의 관계식과 유사하다.

$$\frac{1}{a\frac{(m)}{\overline{n}|}} = \frac{1}{s\frac{(m)}{\overline{n}|}} + i^{(m)} \tag{1.1.7.8}$$

(2) 기 시 급

하나의 전화기간을 $m$회로 분할하여 매 $\frac{1}{m}$ 전화기간의 초에 $\frac{1}{m}$ 씩 $n$ 전화기간을 지급하는 연금의 현가를 $\ddot{a}\frac{(m)}{\overline{n}|}$ 으로 표시한다. 따라서 하나의 전화기간당 지급되는 총액은 1원($\frac{1}{m} \times m = 1$)을 기준으로 한다. $\ddot{a}\frac{(m)}{\overline{n}|}$ 을 구하면

$$\ddot{a}\frac{(m)}{\overline{n}|} = \frac{1}{m}[1 + v^{\frac{1}{m}} + v^{\frac{2}{m}} + \cdots + v^{n - \frac{1}{m}}] \tag{1.1.7.9}$$

$$= \frac{1 - v^n}{m[1 - v^{\frac{1}{m}}]} = \frac{1 - v^n}{m[1 - (1-d)^{\frac{1}{m}}]} \tag{1.1.7.10}$$

$$= \frac{1 - v^n}{d^{(m)}} \tag{1.1.7.11}$$

이러한 연금의 마지막 지급(즉, $mn$번의 지급)시점부터 $\frac{1}{m}$ 전화기간 후의 시점에서의 종가를 $\ddot{s}\frac{(m)}{\overline{n}|}$ 으로 나타낸다. 따라서

$$\ddot{s}\frac{(m)}{\overline{n}|} = \ddot{a}\frac{(m)}{\overline{n}|}(1+i)^n \tag{1.1.7.12}$$

$$= \frac{(1+i)^n - 1}{d^{(m)}} \tag{1.1.7.13}$$

기시급과 기말급연금의 현가와 종가를 그림으로 표시하면 그림 [1.1.7.1]과 같다. 그림 [1.1.7.1]에서도 알 수 있듯이 기시급과 기말급의 관계는

$$\ddot{a}\frac{(m)}{\overline{n}|} = a\frac{(m)}{\overline{n}|}(1+i)^{\frac{1}{m}} \tag{1.1.7.14}$$

$$\ddot{s}\frac{(m)}{\overline{n}|} = s\frac{(m)}{\overline{n}|}(1+i)^{\frac{1}{m}} \tag{1.1.7.15}$$

그림 [1.1.7.1] 기시급과 기말급연금의 현가와 종가

$$
\begin{array}{c}
\dfrac{1}{m} \quad \dfrac{1}{m} \quad \cdots \quad \dfrac{1}{m} \quad \dfrac{1}{m} \quad \cdots \quad \cdots \quad \dfrac{1}{m} \quad \dfrac{1}{m} \quad \cdots \quad \dfrac{1}{m}
\end{array}
$$

$$
0 \quad \frac{1}{m} \quad \frac{2}{m} \quad \cdots \quad \frac{m-1}{m} \quad \frac{m}{m}=1 \quad \cdots \quad 2 \quad \cdots \quad n-1 \quad \cdots \quad n \quad n+\frac{1}{m}
$$

$$
\uparrow \quad\quad \uparrow \quad\quad\quad\quad\quad\quad\quad\quad\quad\quad\quad\quad\quad\quad\quad\quad\quad \uparrow \quad\quad \uparrow
$$

$$
a_{\overline{n}|}^{(m)} \quad \ddot{a}_{\overline{n}|}^{(m)} \quad\quad\quad\quad\quad\quad\quad\quad\quad\quad\quad\quad\quad\quad\quad\quad\quad s_{\overline{n}|}^{(m)} \quad \ddot{s}_{\overline{n}|}^{(m)}
$$

또 그림 [1.1.7.1]에서 다음을 알 수 있다.

$$
\ddot{a}_{\overline{n}|}^{(m)} = \frac{1}{m} + a_{\overline{n-1/m}|}^{(m)} \tag{1.1.7.16}
$$

$$
\ddot{s}_{\overline{n}|}^{(m)} = s_{\overline{n+1/m}|}^{(m)} - \frac{1}{m} \tag{1.1.7.17}
$$

다른 방법으로 기시급과 기말급의 관계를 구하면

$$
\ddot{a}_{\overline{n}|}^{(m)} = (1+i)^{\frac{1}{m}} a_{\overline{n}|}^{(m)} = \left(1+\frac{i^{(m)}}{m}\right) \frac{i}{i^{(m)}} a_{\overline{n}|}
$$

$$
= \left(\frac{i}{i^{(m)}} + \frac{i}{m}\right) a_{\overline{n}|} \tag{1.1.7.18}
$$

$$
\ddot{s}_{\overline{n}|}^{(m)} = \left(\frac{i}{i^{(m)}} + \frac{i}{m}\right) s_{\overline{n}|} \tag{1.1.7.19}
$$

또 식 (1.1.7.6), 식 (1.1.7.7)과 같은 형태로 나타내면

$$
\ddot{a}_{\overline{n}|}^{(m)} = \frac{i}{d^{(m)}} a_{\overline{n}|} = \ddot{s}_{\overline{1}|}^{(m)} a_{\overline{n}|} \tag{1.1.7.20}
$$

$$
\ddot{s}_{\overline{n}|}^{(m)} = \frac{i}{d^{(m)}} s_{\overline{n}|} = \ddot{s}_{\overline{1}|}^{(m)} s_{\overline{n}|} \tag{1.1.7.21}
$$

또는

$$
\ddot{a}_{\overline{n}|}^{(m)} = \frac{d}{d^{(m)}} \ddot{a}_{\overline{n}|} \tag{1.1.7.22}
$$

$$
\ddot{s}_{\overline{n}|}^{(m)} = \frac{d}{d^{(m)}} \ddot{s}_{\overline{n}|} \tag{1.1.7.23}
$$

보통 $s_{\overline{n}|}$과 $a_{\overline{n}|}$의 표(table)가 작성되어 있고 $\ddot{s}_{\overline{n}|}$과 $\ddot{a}_{\overline{n}|}$의 표는 작성되어 있지 않기 때문

에 식 (1.1.7.20)과 식 (1.1.7.21)이 식 (1.1.7.22)와 식 (1.1.7.23)보다 많이 쓰인다. 또 식 (1.1.7.8)과 비슷한 관계식으로

$$\frac{1}{\ddot{a}\frac{(m)}{n|}} = \frac{1}{\ddot{s}\frac{(m)}{n|}} + d^{(m)} \tag{1.1.7.24}$$

그림 [1.1.7.1]과 같은 기말급연금은 매전화기간 말에 $s\frac{(m)}{1|}$씩 $n$번 지급되는 연금의 현가와 같다.

그림 [1.1.7.2]  전화기간당 $m$번 지급되는 기말급연금의 해석

따라서 전화기간당 $m$번 지급되는(매회 지급금액 $= \frac{1}{m}$) 기말급연금의 현가는

$$\begin{aligned}
a\frac{(m)}{n|} &= \frac{1}{m}[v^{\frac{1}{m}} + v^{\frac{2}{m}} + \cdots + v^{n-\frac{1}{m}} + v^n] \\
&= s\frac{(m)}{1|}[v + v^2 + \cdots + v^{n-1} + v^n] \\
&= s\frac{(m)}{1|} a_{n|} \tag{1.1.7.25} \\
&= \frac{i}{i^{(m)}} \frac{1-v^n}{i} = \frac{1-v^n}{i^{(m)}} \tag{1.1.7.26}
\end{aligned}$$

이와 비슷하게 전화기간당 $m$번 지급(매회 지급금액 $= \frac{1}{m}$, 즉, 연액 $= m \times \frac{1}{m} = 1$)되는 기시급연금의 현가는 매전화기간의 초에 $\ddot{a}\frac{(m)}{1|}$이 지급되는 것과 같다.

$$\begin{aligned}
\ddot{a}\frac{(m)}{n|} &= \ddot{a}\frac{(m)}{1|} \ddot{a}_{n|} \tag{1.1.7.27} \\
&= \frac{d}{d^{(m)}} \frac{1-v^n}{d} \\
&= \frac{1-v^n}{d^{(m)}} \tag{1.1.7.28}
\end{aligned}$$

## (3) 영구연금

하나의 전화기간을 $m$회로 분할하여 매 $\dfrac{1}{m}$ 전화기간당 $\dfrac{1}{m}$ 씩 지급되는 영구연금의 현가는

$$a_{\overline{\infty}|}^{(m)} = \lim_{n \to \infty} a_{\overline{n}|}^{(m)} = \frac{1}{i^{(m)}} \tag{1.1.7.29}$$

$$\ddot{a}_{\overline{\infty}|}^{(m)} = \lim_{n \to \infty} \ddot{a}_{\overline{n}|}^{(m)} = \frac{1}{d^{(m)}} \tag{1.1.7.30}$$

예제 1.1.7.1

어떤 사람이 자동차를 구입하고자 한다. 이 사람이 매월초에 100,000원씩을 6년간 지급하는 할부로 구입하고자 한다면 일시금으로 구입할 때 지불하여야 하는 금액을 구하시오. ($i = 5\%$)

풀이

매월 100,000원이므로 연액은 1,200,000원이 된다. 자동차의 가격(일시금)은 연금의 현가이므로

$$\text{일시금} = 1200000\,\ddot{a}_{\overline{6}|}^{(12)} = (1200000)\left(\frac{i}{d^{(12)}}\right) a_{\overline{6}|}$$

$$d^{(12)} = 12(1 - v^{\frac{1}{12}}) = 0.0487$$

따라서

$$\text{일시금} = (1200000)\left(\frac{0.05}{0.0487}\right)(5.0756907) = 6253418$$

예제 1.1.7.2

생명보험의 수익자가 보험금에 대하여 보험회사로부터 두 가지 제안을 받았다. (i) 5,000,000원을 현금으로 즉시 지급, (ii) 매월말에 일정금액 ($x$)씩을 20년간 확정적으로 지급. (i)과 (ii)가 동일하다면 $x$를 구하시오. ($i = 5\%$)

풀이

(a)

$$5000000 = 12x\,a_{\overline{20}|}^{(12)}$$

매월 지급되는 금액이 $x$이므로 전화기간 총액은 $12x$이다. 따라서

$$5000000 = 12x\,a_{\overline{20}|}^{(12)} = x \cdot \left[ 12 \cdot \left( \frac{i}{i^{(12)}} \right) a_{\overline{20}|} \right]$$

$$x = \left[ \frac{5000000}{12} \right] \left[ \frac{1}{\left( \dfrac{i}{i^{(12)}} \right) a_{\overline{20}|}} \right] \qquad \cdots\cdots ①$$

$i^{(12)} = 12[(1+i)^{1/12} - 1] = 0.048890$ 이므로

$$x = 32691.823$$

(b) 이 문제를 좀 더 고찰해보자. 매월말 $x$씩 지급되는 것은 매 전화기간말에 $12x\,s_{\overline{1}|}^{(12)}$씩 지급되는 것과 같다.

따라서 이 연금의 현가는

$$[12x\,s_{\overline{1}|}^{(12)}]\,a_{\overline{20}|} = 5000000$$

$$x = \left( \frac{5000000}{12} \right) \left( \frac{1}{s_{\overline{1}|}^{(12)}\,a_{\overline{20}|}} \right) = \left[ \frac{5000000}{12} \right] \left[ \frac{1}{\left( \dfrac{i}{i^{(12)}} \right) a_{\overline{20}|}} \right] \qquad \cdots\cdots ②$$

$$= 32691.823$$

①식과 ②식은 같음을 알 수 있다.

(c) 또 매 전화기간말에 지급되는 금액은

$$12x\,s_{\overline{1}|}^{(12)} = (12)(32691.823)\left( \frac{i}{i^{(12)}} \right) = 401212.94$$

으로 예제 (1.1.6.3)의 연간지급액과 같음을 알 수 있다.

---

**예제 1.1.7.3**

다음을 증명하시오.

(a) $s_{\overline{1}|}^{(m)} = \dfrac{i}{i^{(m)}} \fallingdotseq \dfrac{1}{1 - \dfrac{m-1}{2m}i} \fallingdotseq 1 + \dfrac{m-1}{2m}i = s_{\overline{1}|} + \dfrac{m-1}{2m}i$ \hfill (1.1.7.31)

(b) $a_{\overline{n}|}^{(m)} \fallingdotseq a_{\overline{n}|} + \dfrac{m-1}{2m}(1 - v^n)$ \hfill (1.1.7.32)

**풀이**

(a) 이항정리를 이용하면

$$\frac{i}{i^{(m)}} = \frac{i}{m[(1+i)^{1/m} - 1]} = \frac{i}{m\left[ 1 + \dfrac{i}{m} + \dfrac{1}{m}\left( \dfrac{1}{m} - 1 \right)\left( \dfrac{1}{2} \right)i^2 + \cdots - 1 \right]}$$

$$= \frac{i}{i + \left(\frac{1}{m} - 1\right)\left(\frac{1}{2}\right)i^2 + \cdots} \fallingdotseq \frac{1}{1 - \frac{m-1}{2m}i}$$

$$= \left(1 - \frac{m-1}{2m}i\right)^{-1} \quad \cdots\cdots \text{①}$$

①식을 다시 이항정리를 이용하면

$$\frac{i}{i^{(m)}} \fallingdotseq \left(1 - \frac{m-1}{2m}i\right)^{-1} \fallingdotseq 1 + \frac{m-1}{2m}i = s_{\overline{1}|} + \frac{m-1}{2m}i$$

(b)  $a_{\overline{n}|}^{(m)} = \dfrac{i}{i^{(m)}}\, a_{\overline{n}|} \fallingdotseq \left[1 + \dfrac{m-1}{2m}i\right]a_{\overline{n}|} = a_{\overline{n}|} + \dfrac{m-1}{2m}(1-v^n)$

식 (1.1.7.31)과 식 (1.1.7.32)의 형태는 후에 생명연금을 고찰할 때 나오는 형태와 비슷하며 그 의미도 비슷하다. $\dfrac{m-1}{2m}$ 은 앞으로 자주 나타나는 형태이다. ■

## 8. 기본적인 변동연금(전화기간＝매회지급기간)

지금까지는 연금지급액이 항상 일정한 경우를 고찰하였다. 여기서는 연금지급액이 변동하는 경우의 현가와 종가를 구해보자.

일반적인 경우로 연금지급기간이 $n$ 전화기간인 기말급연금으로 처음 지급액이 $P$이고 그 후 매전화기간당 $Q$씩 증가한다고 할 때($P$는 양수, $Q$는 양수 혹은 음수, $P+(n-1)Q>0$) 이 연금의 현가 $A$를 구하면

$$A = Pv + (P+Q)v^2 + (P+2Q)v^3 + \cdots + [P+(n-2)Q]v^{n-1} + [P+(n-1)Q]v^n$$
$$(1.1.8.1)$$

식 (1.1.8.1)의 양변에 $(1+i)$를 곱하면

$$(1+i)A = P + (P+Q)v + (P+2Q)v^2 + \cdots + [P+(n-2)Q]v^{n-2} + [P+(n-1)Q]v^{n-1}$$
$$(1.1.8.2)$$

식 (1.1.8.2)에서 식 (1.1.8.1)을 차감하면

$$iA = P + Q(v+v^2+v^3+\cdots+v^{n-1}) - Pv^n - (n-1)Qv^n$$
$$= P(1-v^n) + Q(v+v^2+v^3+\cdots+v^{n-1}+v^n) - Qnv^n \quad (1.1.8.3)$$

따라서

$$A = P\frac{1-v^n}{i} + Q\frac{a_{\overline{n}|} - nv^n}{i} \quad\quad (1.1.8.4)$$

$$= Pa_{\overline{n}|} + Q\frac{a_{\overline{n}|} - nv^n}{i} \tag{1.1.8.5}$$

이 연금의 종가는

$$A(1+i)^n = Ps_{\overline{n}|} + Q\frac{s_{\overline{n}|} - n}{i} \tag{1.1.8.6}$$

(1) 누가확정연금

일반적인 경우의 $P=1$, $Q=1$인 경우를 누가확정연금(累加確定年金 ; increasing annuity) 이라고 한다.

그림 [1.1.8.1]  누가확정연금

$$(Ia)_{\overline{n}|} = \frac{1 - v^n + a_{\overline{n}|} - nv^n}{i} = \frac{\ddot{a}_{\overline{n+1}|} - (n+1)v^n}{i}$$

$$= \frac{\ddot{a}_{\overline{n}|} - nv^n}{i} \tag{1.1.8.7}$$

누가확정연금의 현가와 종가는 그림 [1.1.8.1]에서 나타난 것 중에서 어느 하나만 구하면 관계식을 이용하여 전부 구할 수 있다. 식 (1.1.8.5)를 기억하지 못하고 있을 때에는 $(Is)_{\overline{n}|}$ 을 먼저 구하는 것이 편리하다.

$$(Is)_{\overline{n}|} = s_{\overline{n}|} + s_{\overline{n-1}|} + s_{\overline{n-2}|} + \cdots + s_{\overline{1}|} \tag{1.1.8.8}$$

$$= \frac{(1+i) + (1+i)^2 + \cdots + (1+i)^n - n}{i}$$

$$= \frac{\ddot{s}_{\overline{n}|} - n}{i} \tag{1.1.8.9}$$

이와 같이 $(Is)_{\overline{n}|}$ 을 쉽게 구한 후 다음을 구할 수 있다.

$$(Ia)_{\overline{n}|} = (Is)_{\overline{n}|} v^n = \frac{\ddot{a}_{\overline{n}|} - nv^n}{i} \tag{1.1.8.10}$$

$$(I\ddot{a})_{\overline{n}|} = (Ia)_{\overline{n}|}(1+i) = \frac{\ddot{a}_{\overline{n}|} - nv^n}{d} \tag{1.1.8.11}$$

$$(I\ddot{s})_{\overline{n}|} = (Is)_{\overline{n}|}(1+i) = \frac{\ddot{s}_{\overline{n}|} - n}{d} \tag{1.1.8.12}$$

예제 1.1.8.1

$$n + i(Is)_{\overline{n}|} = \ddot{s}_{\overline{n}|} \tag{1.1.8.13}$$

의 의미를 설명하시오.

풀이

| | 1 | 1 | 1 | 1 | $\cdots$ | 1 | |
|---|---|---|---|---|---|---|---|
| 0 | 1 | 2 | 3 | $\cdots$ | $n-1$ | $n$ | |
| | $i$ | $2i$ | $3i$ | $\cdots$ | $(n-1)i$ | $ni$ | |

매 전화기간초에 1원씩이 지급되었다고 가정하자. 0시점에서 지급된 1은 1시점에서 $1+i$가 되고, 이 중 $i$만이 1시점에서 이자만을 담당하는 계좌에 적립된다. 0시점의 원금 1원은 1시점에서 다시 지급된 1과 합하여 2원이 된다. 1시점의 2원은 2시점에서 $2+2i$가 되고, 이 중 $2i$는 이자만을 담당하는 계좌에 적립된다. 이와 같은 과정을 계속 거치면 그림과 같이 되고 결국 $n$시점에서는 원금 $n$과 $ni$가 되며, 이 중 $ni$는 이자만을 담당하는 계좌에 적립된다. 따라서 $n$시점에서의 이 연금의 가치를 구하면 $n+i(Is)_{\overline{n}|}$이 되며 또 이것은 $\ddot{s}_{\overline{n}|}$을 의미한다. 따라서

$$n + i(Is)_{\overline{n}|} = \ddot{s}_{\overline{n}|}$$

식 (1.1.8.13)으로부터 $(Is)_{\overline{n}|} = \dfrac{\ddot{s}_{\overline{n}|} - n}{i}$ 임을 알 수 있다.

예제 1.1.8.2

연금의 지급이 다음과 같을 때 0시점에서의 현가를 구하시오. ($i = 5\%$)

| | 100 | 110 | 120 | $\cdots$ | 190 |
|---|---|---|---|---|---|
| 0 | 1 | 2 | 3 | $\cdots$ | 10 |

풀이

이와 같은 연금에서 $(Ia)_{\overline{n}|}$을 이용하려고 하면 다음과 같이 생각하면 가능하다.

| | 10 | 20 | 30 | $\cdots$ | 100 | $\leftarrow 10(Ia)_{\overline{10}|}$ |
|---|---|---|---|---|---|---|
| | 90 | 90 | 90 | $\cdots$ | 90 | $\leftarrow 90a_{\overline{10}|}$ |
| 0 | 1 | 2 | 3 | $\cdots$ | 10 | |

따라서

$$\text{현가} = 10(Ia)_{\overline{10|}} + 90a_{\overline{10|}} = (10)\frac{\ddot{a}_{\overline{10|}} - 10v^{10}}{i} + 90a_{\overline{10|}}$$

$$= (10)\frac{a_{\overline{9|}} + 1 - 10v^{10}}{i} + 90a_{\overline{10|}} = 1088.69397$$

### 예제 1.1.8.3

연금의 지급이 다음과 같을 때 0시점에서의 현가를 구하시오. ($i = 5\%$)

| | 800 | 800 | 800 | $\cdots$ | 800 | 750 | 700 | 650 | $\cdots$ | 350 | 300 |
|---|---|---|---|---|---|---|---|---|---|---|---|
| 0 | 1 | 2 | 3 | $\cdots$ | 10 | 11 | 12 | 13 | $\cdots$ | 19 | 20 |

### 풀이

다음과 같이 생각할 수 있다.

| | | | | | $-50$ | $-100$ | $-150$ | $\cdots$ | $-450$ | $-500$ |
|---|---|---|---|---|---|---|---|---|---|---|
| | 800 | 800 | $\cdots$ | 800 | 800 | 800 | 800 | $\cdots$ | 800 | 800 |
| 0 | 1 | 2 | $\cdots$ | 10 | 11 | 12 | 13 | $\cdots$ | 19 | 20 |

따라서

$$\text{현가} = 800a_{\overline{20|}} - 50(Ia)_{\overline{10|}}v^{10} = 800a_{\overline{20|}} - (50)(v^{10})\frac{a_{\overline{9|}} + 1 - 10v^{10}}{i}$$

$$= 8761.16$$

## (2) 누감확정연금

일반적인 경우에서 $P = n$, $Q = -1$인 경우를 누감확정연금(累減確定年金 ; decreasing annuity)이라고 한다.

그림 [1.1.8.2]  누감확정연금

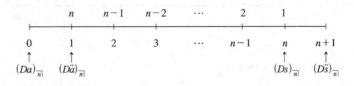

우선 식 (1.1.8.4)를 이용하면

$$(Da)_{\overline{n}|} = \frac{n - nv^n - a_{\overline{n}|} + nv^n}{i}$$

$$= \frac{n - a_{\overline{n}|}}{i} \tag{1.1.8.14}$$

식 (1.1.8.5)가 기억이 나지 않을 때는 $(Da)_{\overline{n}|}$을 다음과 같이 쉽게 구할 수 있다.

$$(Da)_{\overline{n}|} = a_{\overline{n}|} + a_{\overline{n-1}|} + a_{\overline{n-2}|} + \cdots + a_{\overline{1}|} \tag{1.1.8.15}$$

$$= \frac{n - (v + v^2 + \cdots + v^n)}{i} \tag{1.1.8.16}$$

$$= \frac{n - a_{\overline{n}|}}{i} \tag{1.1.8.17}$$

식 (1.1.8.17)을 이용하면 다음을 구할 수 있다.

$$(Ds)_{\overline{n}|} = (Da)_{\overline{n}|}(1+i)^n = \frac{n(1+i)^n - s_{\overline{n}|}}{i} \tag{1.1.8.18}$$

$$(D\ddot{a})_{\overline{n}|} = (Da)_{\overline{n}|}(1+i) = \frac{n - a_{\overline{n}|}}{d} \tag{1.1.8.19}$$

$$(D\ddot{s})_{\overline{n}|} = (D\ddot{a})_{\overline{n}|}(1+i)^n = \frac{n(1+i)^n - s_{\overline{n}|}}{d} \tag{1.1.8.20}$$

---

예제 1.1.8.4

예제 (1.1.8.2)에서 누감연금을 이용하여 0시점에서의 현가를 구하시오. ($i = 5\%$)

풀이

다음과 같이 생각할 수 있다.

| | | | | | |
|---|---|---|---|---|---|
| $-10(Da)_{\overline{10}|} \rightarrow$ | $-100$ | $-90$ | $-80$ | $\cdots$ | $-10$ |
| $200a_{\overline{10}|} \rightarrow$ | $200$ | $200$ | $200$ | $\cdots$ | $200$ |
| | 0 | 1 | 2 | 3 | $\cdots$ | 10 |

따라서

$$현가 = 200a_{\overline{10}|} - 10(Da)_{\overline{10}|}$$

$$= 200a_{\overline{10}|} - 10\left(\frac{10 - a_{\overline{10}|}}{i}\right) = 1088.69397$$

예제 (1.1.8.2)와 비교하면 동일한 결과를 얻는다.

예제 1.1.8.5

다음 연금의 0시점에서의 현가를 구하시오. ($i=5\%$)

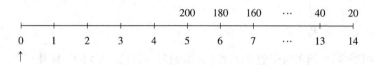

풀이

(a) 4시점에서의 현가는 $20(Da)_{\overline{10|}}$ 이므로 구하는 현가는

$$현가 = 20(Da)_{\overline{10|}}\,v^4$$

$$= (20)\frac{10-a_{\overline{10|}}}{i}(v^4) = 749.734$$

(b) 다음과 같이 생각할 수도 있다.

| $(20\times)$ | $-4$ | $-3$ | $-2$ | $-1$ | | | | | | |
| $(20\times)$ | $-10$ | $-10$ | $-10$ | $-10$ | | | | | | |
| $(20\times)$ | 14 | 13 | 12 | 11 | 10 | 9 | 8 | $\cdots$ | 2 | 1 |
| 0 | 1 | 2 | 3 | 4 | 5 | 6 | 7 | $\cdots$ | 13 | 14 |

$$현가 = 20(Da)_{\overline{14|}} - 200a_{\overline{4|}} - 20(Da)_{\overline{4|}}$$

$$= (20)\frac{14-a_{\overline{14|}}}{i} - 200a_{\overline{4|}} - (20)\frac{4-a_{\overline{4|}}}{i} = 749.734$$

(3) 영구연금

(a) 연금지급이 1, 2, 3, 4, …로 무한대까지 계속되는 영구연금(永久年金)을 고려해보자.

기말급인 경우

$$(Ia)_{\overline{\infty|}} = \lim_{n\to\infty}(Ia)_{\overline{n|}} = \lim_{n\to\infty}\frac{\ddot{a}_{\overline{n|}} - nv^n}{i} \tag{1.1.8.21}$$

$$= \lim_{n\to\infty}\frac{\dfrac{1-v^n}{d} - nv^n}{i}$$

$$= \frac{1}{id} \tag{1.1.8.22}$$

기시급인 경우

$$(I\ddot{a})_{\overline{\infty}|} = \lim_{n \to \infty} (I\ddot{a})_{\overline{n}|} = \lim_{n \to \infty} \frac{\ddot{a}_{\overline{n}|} - nv^n}{d} \tag{1.1.8.23}$$

$$= \frac{1}{d^2} \tag{1.1.8.24}$$

(b) 이번에는 거치영구연금(据置永久年金)의 현가를 구하여 보자.

$n$년거치 기시급 영구연금(期始給 永久年金)의 현가를 $L_n$이라고 표시하면

$$L_n = v^n \ddot{a}_{\overline{\infty}|} \tag{1.1.8.25}$$

$$= \frac{v^n}{d} \tag{1.1.8.26}$$

또 $n$년거치 기시급 누가영구연금(期始給 累加永久年金)의 현가를 $I_n$이라고 하면

$$I_n = v^n (I\ddot{a})_{\overline{\infty}|} \tag{1.1.8.27}$$

$$= \frac{v^n}{d^2} \tag{1.1.8.28}$$

$L_n$과 $I_n$을 이용하여 $(Ia)_{\overline{n}|}$을 구해 보기로 한다.

그림 [1.1.8.3] $L_n$, $I_n$과 $(Ia)_{\overline{n}|}$

그림 [1.1.8.3]에서 알 수 있듯이

$$(Ia)_{\overline{n}|} = I_1 - I_{n+1} - nL_{n+1} \tag{1.1.8.29}$$

$$= \frac{v}{d^2} - \frac{v^{n+1}}{d^2} - n\frac{v^{n+1}}{d}$$

$$= \frac{v(1+i)^2}{i^2} - \frac{v^{n+1}(1+i)^2}{i^2} - n\frac{v^{n+1}(1+i)}{i}$$

$$= \frac{\left(\dfrac{1-v^n}{d}\right)}{i} - \frac{nv^n}{i}$$

$$= \frac{\ddot{a}_{\overline{n}|} - nv^n}{i} \tag{1.1.8.30}$$

**예제 1.1.8.6**

예제 (1.1.8.3)에서 $I_n$과 $L_n$을 이용하여 0시점에서의 현가를 구하시오. ($i = 5\%$)

**풀이**

$$\text{현가} = 800L_1 - 50I_{11} + 50I_{21} - 300L_{21}$$

$$= 800\frac{v^1}{d} - 50\frac{v^{11}}{d^2} + 50\frac{v^{21}}{d^2} - 300\frac{v^{21}}{d}$$

$$= 16000.000 - 12892.178 + 7914.679 - 2261.337 = 8761.164$$

따라서 예제 (1.1.8.3)의 결과와 일치한다.

```
                                          -300 -300 -300  → (-300L₂₁)
                                             50  100  150  →  (50I₂₁)
                       -50 -100 -150    -450 -500 -550 -600 -650 → (-50I₁₁)
  (800L₁)→800  800  ···  800  800  800  800  ···  800  800  800  800  800  ···
          800  800       800  750  700  650       350  300    0    0    0    0
       ├────┼────┼───┼────┼────┼────┼────┼───┼────┼────┼────┼────┼────┤
        0    1    2  ···  10   11   12   13  ···  19   20   21   22   23
```

**예제 1.1.8.7**

다음 연금의 0시점에서의 현가를 $I_n$과 $L_n$을 이용하여 나타내시오. ($i = 5\%$)

```
         3    5    7   ···  21   21   21   21   21   22   23  ···  37
       ├────┼────┼───┼────┼────┼────┼────┼────┼────┼────┼───┼────┼
        0    1    2    3  ···  10   11   12   13   14   15   16  ···  30   31   32
       ↑
```

**풀이**

$$\text{현가} = L_1 + 2I_1 - 2I_{11} + I_{15} - I_{31} - 37L_{31}$$

또는

$$\text{현가} = 3L_1 + 2I_2 - 2I_{11} + I_{15} - I_{31} - 37L_{31}$$

$$= (3)\left(\frac{v^1}{d}\right) + (2)\left(\frac{v^2}{d^2}\right) - (2)\left(\frac{v^{11}}{d^2}\right) + \left(\frac{v^{15}}{d^2}\right) - \left(\frac{v^{31}}{d^2}\right) - (37)\left(\frac{v^{31}}{d}\right) = 288.0436$$

따라서 $d$를 구하면 현가를 쉽게 구할 수 있다.

## 연습문제 1.1

1. 일정액(즉, $A(0)$)이 4년 동안 투자되었다. $d_1 = 0.1$, $i_2 = 0.2$, $A(2) = 100$, $d_3 = 0.2$, $i_4 = 0.1$일 때 4년 동안 부리된 이자의 총액을 구하시오.

2. 10,000원을 3년 동안 은행으로부터 대출받을 경우, 다음 가정하에서 $I_1$, $I_2$, $A(3)$을 구하시오.
   (a) 단리이율 $i = 0.05$                          (b) 복리이율 $i = 0.05$

3. 어떤 복리체계의 이율하에서 투자된 1원이 $x + 2y$년 후에 20원이 되고, 투자된 1원이 $2x + y$년 후에 50원이 된다. 이때 1원이 투자되었을 때 $x + y$년 후의 금액을 구하시오.

4. 복리 $i$하에서 투자된 금액이 $n$년 후에 2배가 된다. 복리 $2.04i$에서 투자된 금액은 $\frac{n}{2}$년 후에 2배가 될 때 $i$를 구하시오.

5. A는 10,000원을 3년 동안 은행에 예금하였다. B는 10,000원을 A와 동일한 은행에 예금한 후 2년 후에 원금과 이자를 인출하여 바로 같은 은행에 예금하였다. 적용되는 모든 예금이자가 단리이율 5%일 때, A와 B가 예금한 10,000원의 3년 후의 종가를 구하시오.

6. 생명보험의 보험수익자가 보험금에 대하여 다음과 같이 두 가지 제안을 받았다.
   (i) 10시점에 10,000원을 지급.
   (ii) 0시점에 1,000원을, $n$시점에 3,000원을, $2n$시점에 5,000원을 지급.
   연간이자율이 $i$일 때, 두 가지 제안은 동일하다고 한다. $v^n = 0.85$를 이용하여 $i$를 구하시오.

7. A는 0시점에 100원을 적립하고 5시점에 300원을 적립하였다. 적용되는 이자율은 단리이율 10%이다. B는 $n$시점에 100원을 적립하고 $2n$시점에 300원을 적립하였다. 적용되는 이자율은 복리이율 8%이다. 12시점에서 A와 B의 적립금이 동일하다고 할 때 $n$을 구하시오. (단, $2n < 12$)

8. 25세인 A는 3,000원씩 두 번의 지급액을 받기로 하였다. $n$시점에 처음 지급을 받고 $n + 10$시점에 두 번째의 지급을 받는다고 할 때, 두 번째 지급을 받을 때의 A의 나이를 구하시오. 단, $i = 0.05$이고 각 지급액의 현가의 합은 3,500원이다.

9. $\left( \dfrac{d}{dv} \delta \right) \cdot \left( \dfrac{d}{di} d \right) = -v$가 성립됨을 보이시오.

10. 다음 각각의 가정하에서 $a(5)$를 구하시오.

    (a) 단할인율(simple discount rate)은 5%이다.

    (b) 단리(simple interest rate)는 5%이다.

    (c) 복리하에서 실이율(effective rate of interest)은 5%이다.

    (d) 복리하에서 명목이율 $i^{(12)}$는 5%이다.

    (e) 복리하에서 명목할인율 $d^{(4)}$는 5%이다.

11. A은행에서 100만원을 대출받을 경우, 명목이율 $i^{(4)} = 0.06$이 적용되고, B은행에서 100만원을 대출받을 경우, 연간실이율 $i = 0.061$가 적용된다고 하자. 두 은행의 대출조건의 차이를 설명하시오.

12. 100원을 $\delta_t = \dfrac{1}{1+2t}$로 4년간 적립했을 때의 종가와 같게 만드는 $d^{(4)}$를 구하시오.

13. A는 현재($t = 0$시점) 은행으로부터 70,000원을 대출하였다. 그 후 1년 후($t = 1$)에 20,000원을, 5년 후($t = 5$)에 10,000원을 추가로 대출하였다. 이때 A가 은행으로부터 대출한 총 대출금액 100,000원에 대한 현가를 PV1이라고 하자. 한편 B는 $t$시점에 은행으로부터 100,000원을 대출하였다. B가 은행으로부터 대출한 100,000원에 대한 현가를 PV2라고 할 때 PV1 = PV2가 되는 $t$를 구하시오. $i^{(12)} = 0.1$를 이용하시오.

14. 기금 A는 $i^{(12)} = 12\%$로 적립되고 기금 B는 $\delta_t = \dfrac{t}{6}$로 적립된다. $t = 0$에서 기금 A와 기금 B의 금액이 같을 때 두 기금의 종가가 같아지는 시간인 $t^*$ $(t^* > 0)$의 값을 구하시오. ($\ln 1.01 = 0.00995$)

15. $\dfrac{\left[1+\dfrac{i^{(2)}}{2}\right]\left[1+\dfrac{i^{(3)}}{3}\right]\left[1+\dfrac{i^{(6)}}{6}\right]}{\left[1-\dfrac{d^{(2)}}{2}\right]\left[1-\dfrac{d^{(3)}}{3}\right]\left[1-\dfrac{d^{(6)}}{6}\right]} = (1+i)^2$임을 증명하시오.

16. 2022년 7월 1일에 A는 1,000원을 이력 $\delta_t = \dfrac{3+2t}{50}$로 투자하였다. 여기서 $t$는 2022년 1월 1일부터 경과한 시간(단위: 년)을 말한다. 2023년 1월 1일의 종가를 구하시오.

17. 1원이 투자되어서 8원이 될 때까지의 시간 $n$을 구하시오. 단 이력 $\delta = 0.04$이고 $\ln 2 = 0.693$이다.

18. $t = 0$에서 투자된 원금이 $t = 7$에서 1,000원이 되었다. $\delta_t = 0.03 + 0.001t$, $(t > 0)$일 때, $t = 4$에서의 종가를 구하시오.

19. $t$시점에서의 이력 $\delta_t$가 다음과 같을 때, (a)와 (b)를 구하시오.

$$\delta_t = \begin{cases} 0.03, & 0 < t \le 3 \\ 0.01\,(t^2 - t), & t > 3 \end{cases}$$

  (a) $a(7)$

  (b) $t = 7$시점의 100원에 대한 $t = 0$에서의 현재가치

20. $a(t) = Kt^2 + Lt + M\,(0 \le t \le 2)$이고, $a(0) = 100$, $a(1) = 110$, $a(2) = 136$일 때 $t = \dfrac{1}{2}$에 서의 이력 $\delta_{1/2}$을 구하시오.

21. 다음 자료를 이용하여 (기금 A $-$ 기금 B)가 최대가 되는 시점 $t$를 구하시오.

  (i) $\delta_t = \dfrac{3t^2 + 2}{t^3 + 2t + 5}$, $\quad 0 \le t \le 1$ $\qquad$ (ii) $i$는 $\delta_t$와 상등한 값이다.

  (iii) 기금 A는 단리이율 $i$로 적립하고, 기금 B는 $\delta_t$로 적립한다.

  (iv) 시점 $t = 0$에서 1원이 기금 A와 기금 B에 투자된다.

22. $\ddot{a}_{\overline{n}|} = 7.536$, $\ddot{s}_{\overline{n}|} = 18.997$일 때 $d$의 값을 구하시오.

23. 0시점에서의 현가를 (a), (b), (c)로 나타냈을 때 틀린 것을 각각 고치시오.

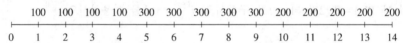

  (a) $100a_{\overline{4}|} + 300v^5 a_{\overline{5}|} + 200v^{14} s_{\overline{5}|}$

  (b) $(300s_{\overline{10}|} - 100s_{\overline{5}|})v^{14} - 100a_{\overline{4}|}$

  (c) $200a_{\overline{14}|} + 100a_{\overline{10}|} - 200a_{\overline{4}|}$

24. A기업은 55세에 퇴직하는 종업원에 대하여 매해말에 100,000원씩 10년간 지급하는 퇴직 연금을 고려하고 있다. 이를 위해 지금부터 매해초 $x$원씩 7년간 적립하여 퇴직연금을 지급할 수 있는 기금을 마련하려고 한다. 지급과 적립에 적용되는 이자율을 5%라고 가정할 때, $x$를 구하시오.

25. 처음 15년 동안 적용되는 이자율이 5%, 그 이후에 적용되는 이자율이 4%라고 할 때, 매 연도초에 100원씩 20년 동안 지급되는 기시급연금의 현가를 구하시오.

26. $a_{\overline{n}|} = x$, $a_{\overline{2n}|} = y$라고 할 때, $a_{\overline{kn}|}$을 $x$와 $y$를 이용하여 나타내시오. 단 $k > 0$이다.

27. 어떤 사람이 지금부터 10년 후부터 매해말에 10,000원씩 10년 동안 확정연금을 지급받기 위하여 매해초에 $x$원씩 8년간 적립하려고 할 때, $x$를 구하시오. $i^{(4)} = 0.08$을 이용하시오.

28. 다음과 같은 연금 지급이 있을 때 $y$를 구하시오. $i = 0.05$를 이용하시오.

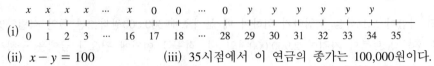

(ii) $x - y = 100$     (iii) 35시점에서 이 연금의 종가는 100,000원이다.

29. 어떤 물건의 현재 가격은 10,000원이며, 매년 4%씩 물건의 가격이 인상된다고 한다. 지금부터 12년 후에 이 물건을 구매하기 위해 지금부터 8년간 적립하려고 한다. 8년 동안 매년초에 1,000원씩 예금하고, 제6, 7, 8연도초에는 추가로 $x$원을 예금하기로 하였다. 예금이율이 7%일 때, $x$를 구하시오.

30. $x = a_{\overline{7|}}$, $y = a_{\overline{11|}}$, $z = a_{\overline{18|}}$일 때 $i$를 $x$, $y$, $z$를 이용하여 나타내시오.

31. $a_{\overline{5|}} + a_{\overline{10|}} + a_{\overline{15|}} + \cdots + a_{\overline{100|}} = \dfrac{1}{i\,s_{\overline{5|}}}[20s_{\overline{5|}} - a_{\overline{100|}}]$임을 증명하시오.

32. 다음을 증명하시오. (Hint : $(v^n s_{\overline{n|}})^2 = (a_{\overline{n|}})^2$을 이용할 것)

$$\frac{[(s_{\overline{n|}})^2 - (a_{\overline{n|}})^2](1+i)^{2n}}{i(i\,s_{\overline{n|}}+1)^2(s_{\overline{n|}})^2} = a_{\overline{2n|}}$$

33. $\displaystyle\sum_{t=1}^{50} s_{\overline{2t|}\,i} = \dfrac{1}{i}\left[\dfrac{s_{\overline{100|}}}{a_{\overline{2|}}} - 50\right]$임을 증명하시오.

34. 은행에서 대출받은 1,000,000원을 매달말에 15,000원씩 상환하기로 하였다. $n$번 상환한 후 15,000원보다 작은 금액 $x$원을 그 다음달에 상환할 때 $n$과 $x$를 구하시오. $i^{(4)} = 0.16$를 이용하시오.

35. $\displaystyle\sum_{n=20}^{50} a_{\overline{n|}} = \dfrac{1}{i}[31 - a_{\overline{50|}} + a_{\overline{19|}}]$이 성립함을 보이시오.

36. 6개월마다 100원씩 10년 동안 지급하는 연금이 있다. 마지막 지급을 하였을 시점에서의 종가를 $\delta$를 써서 나타내시오.

37. 매달 50원씩 6년 동안 매달말에 지급되는 기말급연금의 현가를 구하시오. $i^{(6)} = 0.18$를 이용하시오.

38. A는 매년초에 1,000원씩 은행에 입금한다고 하자. 매해 적용되는 예금이자율은 5%로 동일하다. 매년말에 A는 예금에서 생기는 이자를 인출하여 반년마다 3%의 수익률을 갖는

기금에 투자한다고 한다. 이때 8번째 해의 첫 반기 동안 기금에서 발생한 이자를 구하시오.

39. 어떤 사람이 노트북을 구입하기 위하여 매 분기초에 300,000원씩 2년 동안 적립하였다. 2년 후의 노트북의 가격이 2,900,000원일 때, 적립금 이외에 필요한 금액을 구하시오. $i^{(2)} = 0.08$를 이용하시오.

40. 2015년부터 2025년까지 매년 1월 1일과 7월 1일에 적립금이 납입된다. 7월 1일에 적립되는 금액은 같은 연도의 1월 1일에 적립되는 금액보다 10.25%가 더 크며, 1월 1일에 적립되는 금액은 전년도 7월 1일에 적립된 금액과 같다(2015년 1월 1일은 예외). 적립시 적용되는 이자율은 $i^{(2)} = 10\%$이다. 2025년 12월 31일에 적립금의 종가가 11,000일 때 2015년 1월 1일에 적립된 금액을 구하시오. (자료: $(1.05)^{22} = 2.925$, $(1.05)^{23} = 3.0715$)

41. 어떤 $p$값에 대하여 $a_{\overline{n}|}^{(p)} = 30$, $s_{\overline{n}|}^{(p)} = 50$이 성립한다. $n$을 $i^{(2)}$를 이용하여 나타내면

$$\frac{\ln \sqrt{5} - \ln \sqrt{3}}{\ln \left[ 1 + \dfrac{i^{(2)}}{2} \right]}$$ 가 됨을 유도하시오.

42. 은행에서 행하는 정기적금(定期積金)과 같이 일정년수 후에 일정의 목표액을 얻는 것으로 하여 매회 일정액을 적립하는 경우 외국의 보험회사에서는 이를 원금상환보험(元金償還保險)이라고 칭하고 판매하는 경우가 있다. 이것은 사람의 생사에 관한 요소를 포함하지 아니하므로 진정한 의미의 보험은 아니다. 이 경우 만기시에 지급되는 금액을 보험금, 매회 납입금액(적립금액)을 보험료라고 부른다. 보험금 1원, 만기시까지의 기간을 $n$년으로 하고 연 $m$회의 보험료를 납입하는 것을 가정하자. 보험료의 연액을 $P_{\overline{n}|}^{(m)}$으로 표시하면 매회 납입금액은 $\dfrac{1}{m} P_{\overline{n}|}^{(m)}$이다. $n$년 후에 지불하는 보험금(적립금) 1원의 계약시에 있어서의 현가, 즉 일시납순보험료(一時納純保險料)를 $A_{\overline{n}|}$으로 표시하면

$$A_{\overline{n}|} = v^n, \quad P_{\overline{n}|}^{(m)} = \frac{1}{\ddot{s}_{\overline{n}|}^{(m)}}, \quad P_{\overline{n}|} = \frac{1}{\ddot{s}_{\overline{n}|}} = \frac{A_{\overline{n}|}}{\ddot{a}_{\overline{n}|}}$$

1원을 투자하여 매년 선급이자 $d$를 수령한다면 매년말의 원금은 1원이므로 $n$년 후에 투자를 회수하면 1원이다. $n$년 후의 회수금 1원을 매년 정액으로 회수하려면 $P_{\overline{n}|}$씩을 매년 회수하면 되므로 매년 $d + P_{\overline{n}|}$씩을 수령하여 가면 $n$년 후에 투자금은 0원이 된다. 한편 1원을 투자하여 연금을 구입하는 경우 매년 $\dfrac{1}{\ddot{a}_{\overline{n}|}}$씩 수령하면 $n$년 후에 0원이 되므로

$$\frac{1}{\ddot{a}_{\overline{n}|}} = d + P_{\overline{n}|} = d + \frac{1}{\ddot{s}_{\overline{n}|}}, \quad A_{\overline{n}|} = 1 - d\ddot{a}_{\overline{n}|}$$

$$\frac{1}{\ddot{a}\,\frac{(m)}{n|}} = d^{(m)} + P_{n|}^{(m)}, \quad A_{n|} = 1 - d^{(m)}\ddot{a}\,\frac{(m)}{n|}$$

$t$년 경과 후의 원리합계는 보험료를 수취한 보험회사가 미래의 지급을 위하여 보유하지 않으면 안 되는 금액으로 보험의 경우와 유사하게 책임준비금(責任準備金)이라고 부르며 $_tV_{n|}$, $_tV_{n|}^{(m)}$으로 표시한다. 이때

$$_tV_{n|} = P_{n|}\,\ddot{s}_{t|} = \frac{\ddot{s}_{t|}}{\ddot{s}_{n|}} = v^{n-t} - P_{n|}\,\ddot{a}_{\overline{n-t|}} = 1 - \left(\frac{\ddot{a}_{\overline{n-t|}}}{\ddot{a}_{n|}}\right)$$

$$_tV_{n|}^{(m)} = P_{n|}^{(m)}\,\ddot{s}\,\frac{(m)}{t|} = \frac{\ddot{s}\,\frac{(m)}{t|}}{\ddot{s}\,\frac{(m)}{n|}} = v^{n-t} - P_{n|}^{(m)}\,\ddot{a}\,\frac{(m)}{n-t|} = 1 - \left(\frac{\ddot{a}\,\frac{(m)}{n-t|}}{\ddot{a}\,\frac{(m)}{n|}}\right)$$

위 두 식이 성립함을 증명하시오.

43. 다음과 같은 연금의 0시점에서의 현가를 구하시오. $i = 0.05$를 이용하시오.

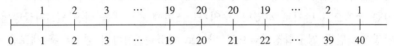

44. 영구연금의 지급이 다음과 같을 때 이 연금의 0시점에서의 현가를 구하시오. $v = 0.8$을 이용하시오.

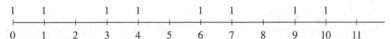

45. 어떤 사람이 현재 시점에 100원을 적립하고, 10년 뒤에 300원을 적립하기로 하였다. 처음 5년 동안은 명목할인율 $d^{(2)}$를 적용받고, 그 이후에는 명목이율 $i^{(4)} = 8\%$를 적용받는다고 한다. 현재시점부터 20년 후의 종가가 1,200원이 되게 하는 $d^{(2)}$를 구하시오.

46. 기말급연금의 지급이 제1연도말에 100원, 제2연도말에 150원 등 매년 50원씩 증가하여 연금지급액이 600원이 될 때까지 지급한다. $i = 5\%$를 이용하여 이 연금의 현가와 제7연도말에서의 가치를 구하시오.

47. 다음을 하나의 기호를 이용하여 나타내시오.

(a) $(Da)_{5|} + _{5|}(Da)_{5|} + 5a_{5|}$  (b) $\ddot{a}_{5|}\,s_{4|} - (Is)_{4|}$

48. 기말급연금의 지급이 제1연도의 말에 1원, 제2연도의 말에 2원 등 매년 1원씩 증가하여 20원이 된 후 1원씩 감소하여 0원이 될 때까지 지급된다. 이때 이 연금의 현가가 $\ddot{a}_{\overline{20|}}\,a_{\overline{20|}}$으로 나타낼 수 있음을 보이시오.

49. 실이율 $i = 10\%$하에서 $(Ia)_{\overline{n}|} = 55.00$, $a_{\overline{n}|} = 8.08$이다. $\dfrac{\partial a_{\overline{n}|}}{\partial i}$의 결과를 이용하여 실이율 $j = 10.20\%$하에서의 $a_{\overline{n}|}$의 값의 근사치를 구하시오. (Hint : $\dfrac{\partial a_{\overline{n}|}}{\partial i} \fallingdotseq \dfrac{a_{\overline{n}| \, 0.102} - a_{\overline{n}| \, 0.1}}{0.002}$)

50. 기말급 영구연금의 처음 지급액은 150원이고 33원이 될 때까지 매해 1원씩 감소한다. 33원이 된 후에는 더 이상 감소하지 않고 계속 33원이 지급된다. 이 기말급 영구연금의 현가가 매년 $x$원씩 지급하는 기말급 영구연금의 현가와 동일하다고 할 때, $i = 0.05$를 이용하여 $x$를 구하시오.

51. 0시점에 기금 A에는 10,000원이 있고 연간실이율 5%를 적립한다. 기금 A에서 매해말에 발생하는 이자와 1,250원이 매년말에 기금 A에서 기금 B로 이전된다. 기금 B에 적용되는 연간실이율은 7%이다. 이때 기금 B의 제8연도말 종가를 구하시오.

52. 생명보험의 보험수익자가 보험회사로부터 1,000,000원의 보험금을 15년 동안 매년초에 동일한 금액으로 받기로 하였다. 수익자는 5번째 지급액을 받은 날, 지급방법을 변경하여 매달말에 $x$원씩 영구확정연금으로 받기로 하였다. 정확히 한 달 후 새로운 지급이 시작될 때, $x$를 구하시오. 단, $i = 5\%$이다.

53. 다음을 증명하시오.

    (a) $(Ia)_{\overline{n-1}|} = \dfrac{a_{\overline{n}|} - n v^n}{d}$ \qquad (b) $(I\ddot{s})_{\overline{n}|} + (D\ddot{s})_{\overline{n}|} = (n+1)\ddot{s}_{\overline{n}|}$

    (c) $\displaystyle\sum_{t=1}^{n} (\ddot{a}_{\overline{t}|} - a_{\overline{t}|}) = n - a_{\overline{n}|}$

54. 다음을 증명하고 그 의미를 설명하시오.
    $$(Is)_{\overline{n+1}|} - (I\ddot{s})_{\overline{n}|} = n+1$$

55. 기말급 변동연금의 지급기간은 $2n$년이다. 처음 지급액은 1원이며 매년 1원씩 증가하여 $n$연도말에는 $n$원이 된다. $n+1$연도말의 지급액은 $n$원이며 그 후 매년 1원씩 감소하여 $2n$연도말에는 1원이 된다. 이러한 연금의 현가가 $a_{\overline{n}|}\left[\dfrac{1}{d} - \dfrac{v^n}{i}\right]$가 됨을 보이시오.

56. 다음을 증명하시오.

    (a) $\dfrac{i^{(m)}}{m} - \dfrac{d^{(m)}}{m} = \left(\dfrac{i^{(m)}}{m}\right)\left(\dfrac{d^{(m)}}{m}\right)$ \qquad (b) $i^{(m)} d^{(m)} = m i^{(m)} - m d^{(m)}$

# Ⅱ. 일반이론

## 1. 확정연금(전화기간 < 매회 지급기간)

앞에서 고찰한 확정연금은 이자의 전화기간과 매회 지급기간이 같은 경우와 이자의 전화기간이 매회 지급기간보다 큰 경우이었다. 여기서는 이자의 전화기간보다 매회 지급기간이 큰 경우를 고찰하기로 한다.

### (1) 기 말 급

앞으로의 논의를 전개하기 위하여 다음을 정의한다.

$k =$ 매회 지급기간 사이의 전화기간의 수

$n =$ 전화기간을 단위로 측정된 연금의 지급기간

$i =$ 전화기간당 이율

$\dfrac{n}{k} =$ 연금의 총 지급횟수

예를 들어 $k = 2$, $n = 10$인 경우를 고찰해 보자.

그림 [1.2.1.1]  확정연금($k = 2$, $n = 10$)

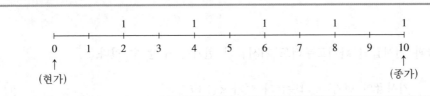

그림 [1.2.1.1]에서 알 수 있듯이 총 지급횟수는 $10/2 = 5$이다. 이 연금의 현가는

$$\text{현가} = v^2 + v^4 + v^6 + v^8 + v^{10} = \frac{v^2(1 - v^{10})}{1 - v^2} \tag{1.2.1.1}$$

$$= \frac{v^2(1 - v^{10})}{1 - v^2} \frac{(1 + i)^2}{(1 + i)^2} = \frac{1 - v^{10}}{(1 + i)^2 - 1}$$

$$= \frac{(1 - v^{10})/i}{[(1 + i)^2 - 1]/i} = \frac{a_{\overline{10}|}}{s_{\overline{2}|}} \tag{1.2.1.2}$$

$$= \frac{(1-v^{10})/d}{[(1+i)^2-1]/d} = \frac{\ddot{a}_{\overline{10}|}}{\ddot{s}_{\overline{2}|}} \tag{1.2.1.3}$$

일반적인 연금의 현가는

$$\text{현가} = v^k + v^{2k} + \cdots + v^{\frac{n}{k} \cdot k} = \frac{v^k - v^{n+k}}{1 - v^k} \tag{1.2.1.4}$$

$$= \frac{1-v^n}{(1+i)^k - 1} = \frac{a_{\overline{n}|}}{s_{\overline{k}|}} = \frac{\ddot{a}_{\overline{n}|}}{\ddot{s}_{\overline{k}|}} \tag{1.2.1.5}$$

이러한 기말급연금의 종가는

$$\text{종가} = \frac{a_{\overline{n}|}}{s_{\overline{k}|}}(1+i)^n = \frac{s_{\overline{n}|}}{s_{\overline{k}|}} \tag{1.2.1.6}$$

(2) 기 시 급

기시급인 경우의 현가는

$$\text{현가} = 1 + v^k + v^{2k} + \cdots + v^{n-k} = \frac{1-v^n}{1-v^k} \tag{1.2.1.7}$$

$$= \frac{a_{\overline{n}|}}{a_{\overline{k}|}} = \frac{\ddot{a}_{\overline{n}|}}{\ddot{a}_{\overline{k}|}} \tag{1.2.1.8}$$

기말급과 기시급의 관계로부터도 기시급의 현가를 구할 수 있다.

$$\text{기시급의 현가} = \text{기말급의 현가} \times (1+i)^k \tag{1.2.1.9}$$

$$= \left[\frac{a_{\overline{n}|}}{s_{\overline{k}|}}\right](1+i)^k = \frac{a_{\overline{n}|}}{a_{\overline{k}|}} \tag{1.2.1.10}$$

(3) 영구연금

영구연금의 현가는 기말급인 경우

$$v^k + v^{2k} + v^{3k} + \cdots\cdots = \frac{v^k}{1-v^k} = \frac{1}{(1+i)^k - 1} \tag{1.2.1.11}$$

$$= \frac{1}{i\,s_{\overline{k}|}} \tag{1.2.1.12}$$

$$= \lim_{n \to \infty} \frac{a_{\overline{n}|}}{s_{\overline{k}|}} \tag{1.2.1.13}$$

기시급인 경우의 현가는

$$1 + v^k + v^{2k} + \cdots\cdots = \lim_{n \to \infty} \frac{a_{\overline{n}|}}{a_{\overline{k}|}} = \frac{1}{i a_{\overline{k}|}} \tag{1.2.1.14}$$

( 예제 1.2.1.1 )

매 2년 말마다 $x$원씩 20년간 적립하여 30년 후에 1,000원을 얻으려고 한다. $i^{(2)}$ $= 0.15$라고 할 때 $x$를 구하시오.

( 풀이 )

전화기간은 $i^{(2)}$이므로 6개월이고 6개월(전화기간)당 이율은 $j = \dfrac{i^{(2)}}{2} = 0.075$이다.

따라서 기말급연금($k = 4$, $n = 40$)의 종가를 40시점에서 구하면 $x \cdot \dfrac{s_{\overline{40}|}}{s_{\overline{4}|}}$이다.

따라서 60시점에서의 종가는

$$x \cdot \frac{s_{\overline{40}|}}{s_{\overline{4}|}} (1+j)^{20}$$

이며 이것이 1,000원이다.

$$x \cdot \frac{s_{\overline{40}|}}{s_{\overline{4}|}} (1+j)^{20} = 1000$$

$$x = (1000)(v^{20}) \left( \frac{s_{\overline{4}|}}{s_{\overline{40}|}} \right) = 4.6335$$

## 2. 연속확정연금(continuous annuities)

앞에서 고찰한 확정연금중에서 전화기간이 매회 지급기간보다 큰 경우에서 $m$이 점점 커져서 무한대로 가는 경우, 즉 연금지급이 연속적으로 이루어지는 경우의 연금을 연속연금(連續年金)이라고 한다. 현실적으로 이러한 연금의 형태는 발견하기 어려우나 학문적으로 매우 중요하고 흥미가 있다. 또 연속연금은 $m = 365$와 같이 매일 지급되는 연금의 근사치를 구할 때 사용될 수 있다.

(1) 전화기간당 지급회수 $m$이 무한대(연금지급이 연속적)이고, 전화기간당 지급액이 1원이며 연금지급기간이 $n$전화기간인 경우 연속연금의 현가를 $\bar{a}_{\overline{n}|}$으로 나타낸다.

$$\bar{a}_{\overline{n}|} = \lim_{m \to \infty} a_{\overline{n}|}^{(m)} = \lim_{m \to \infty} \sum_{k=1}^{mn} \left(\frac{1}{m}\right) v^{\frac{k}{m}} \tag{1.2.2.1}$$

$$= \int_0^n v^t \, dt \tag{1.2.2.2}$$

식 (1.2.2.2)에서 $v^t dt$는 전화기간당 지급액이 1원인 것을 생각하면 $t$시점에서 지급되는 금액의 현가를 나타낸다.

$$\bar{a}_{\overline{n}|} = \int_0^n v^t \, dt$$

$$= \frac{v^t}{\ln v}\Big|_0^n = \frac{1-v^n}{\delta} \tag{1.2.2.3}$$

식 (1.2.2.3)은 다음과 같이 얻을 수도 있다.

$$\bar{a}_{\overline{n}|} = \lim_{m \to \infty} a_{\overline{n}|}^{(m)} = \lim_{m \to \infty} \frac{1-v^n}{i^{(m)}} = \frac{1-v^n}{\delta}$$

$$\bar{a}_{\overline{n}|} = \lim_{m \to \infty} \ddot{a}_{\overline{n}|}^{(m)} = \lim_{m \to \infty} \frac{1-v^n}{d^{(m)}} = \frac{1-v^n}{\delta} \tag{1.2.2.4}$$

$\bar{a}_{\overline{n}|}$의 값을 구할 때는 다음의 관계식을 이용할 수 있다.

$$\bar{a}_{\overline{n}|} = \frac{i}{\delta} a_{\overline{n}|} = \bar{s}_{\overline{1}|} \, a_{\overline{n}|} \tag{1.2.2.5}$$

연속연금의 종가는 $\bar{s}_{\overline{n}|}$으로 나타낸다.

$$\bar{s}_{\overline{n}|} = \lim_{m \to \infty} s_{\overline{n}|}^{(m)} = \lim_{m \to \infty} \ddot{s}_{\overline{n}|}^{(m)} \tag{1.2.2.6}$$

$$= \int_0^n (1+i)^t \, dt \tag{1.2.2.7}$$

$$= \frac{(1+i)^t}{\ln(1+i)}\Big|_0^n = \frac{(1+i)^n - 1}{\delta} \tag{1.2.2.8}$$

$$= \frac{i}{\delta} s_{\overline{n}|} = \bar{s}_{\overline{1}|} \, s_{\overline{n}|} \tag{1.2.2.9}$$

(2) 전화기간당 지급회수 $m$이 무한대(연금지급이 연속적)인 경우, 이력 $\delta$만을 이용한 연속연금의 현가와 종가는 식 (1.2.2.3)과 식 (1.2.2.8)로부터

$$\bar{a}_{\overline{n}|} = \frac{1 - e^{-n\delta}}{\delta} \tag{1.2.2.10}$$

$$\bar{s}_{\overline{n}|} = \frac{e^{n\delta} - 1}{\delta} \tag{1.2.2.11}$$

(3) 지금까지 고찰한 바를 정리하면 다음과 같다.

$$i s_{\overline{n}|} = i^{(m)} s_{\overline{n}|}^{(m)} = \delta \bar{s}_{\overline{n}|} = d^{(m)} \ddot{s}_{\overline{n}|}^{(m)} = d \ddot{s}_{\overline{n}|} \tag{1.2.2.12}$$

$$i a_{\overline{n}|} = i^{(m)} a_{\overline{n}|}^{(m)} = \delta \bar{a}_{\overline{n}|} = d^{(m)} \ddot{a}_{\overline{n}|}^{(m)} = d \ddot{a}_{\overline{n}|} \tag{1.2.2.13}$$

식 (1.2.2.12)의 각 항은 전부 $(1+i)^n - 1$과 같고 식 (1.2.2.13)의 각 항은 전부 $1 - v^n$과 같다. 또

$$i > i^{(m)} > \delta > d^{(m)} > d \tag{1.2.2.14}$$

이므로

$$s_{\overline{n}|} < s_{\overline{n}|}^{(m)} < \bar{s}_{\overline{n}|} < \ddot{s}_{\overline{n}|}^{(m)} < \ddot{s}_{\overline{n}|} \tag{1.2.2.15}$$

$$a_{\overline{n}|} < a_{\overline{n}|}^{(m)} < \bar{a}_{\overline{n}|} < \ddot{a}_{\overline{n}|}^{(m)} < \ddot{a}_{\overline{n}|} \tag{1.2.2.16}$$

예제 1.2.2.1

(a) 매일 말에 1원씩 1년 동안 지급되는 연금의 종가(accumulated value)를 구하고
(b) 연속연금을 이용하여 구한 값과 그 결과를 비교하시오. ($i = 5\%$)

풀이

(a) 종가 $= 365 s_{\overline{1}|}^{(365)} = 365 \dfrac{i}{i^{(365)}}$

$\quad i^{(365)} = 365[(1+i)^{1/365} - 1] = 0.04879343$

따라서 종가 $= 365\left(\dfrac{0.05}{0.04879343}\right) = 374.0257654$

(b) 연속연금(1년 지급액 $= 365$)을 이용하면

$\quad 365\bar{s}_{\overline{1}|} = 365\left(\dfrac{i}{\delta}\right) = 365\left(\dfrac{i}{\ln(1+i)}\right) = 374.0508012$

(a)와 (b)를 비교하면 (b)가 (a)의 근사치로 사용될 수 있음을 알 수 있다.

예제 1.2.2.2

1년 지급액이 1원이고 지급기간이 $n$년인 연속연금의 종가를 구하시오. 단, $i^{(4)} = 0.3$

**풀이**

이 문제를 푸는 방법은 여러 가지가 있을 수가 있다.

(a) 전화기간(i.c.p.)을 기준으로 하는 경우

전화기간당 이율 $j = \dfrac{i^{(4)}}{4} = 0.075$이다.

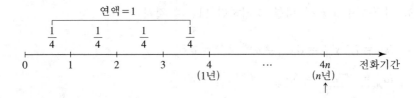

전화기간을 기준으로 하면 하나의 전화기간당 총지급액은 1/4이며 총전화기간 수는 $4n$이 된다. 따라서 $4n$시점에서의 종가는

$$\frac{1}{4}\,\bar{s}\,_{\overline{4n}|j} = \frac{1}{4}\,\frac{(1.075)^{4n}-1}{\ln(1.075)} \qquad \cdots\cdots ①$$

(b) 1년을 기준으로 하는 경우

이때는 $i^{(4)} = 0.3$에 상등하는(equivalent) 1년간의 실이율 $i$를 먼저 구하여야 한다.

$$1+i = \left(1+\frac{i^{(4)}}{4}\right)^4 = (1.075)^4$$

$$\delta = \ln(1+i) = \ln(1.075)^4 = 4\ln(1.075)$$

따라서 종가는

$$\bar{s}\,_{\overline{n}|i} = \frac{(1+i)^n-1}{\delta} = \frac{(1+i)^n-1}{\ln(1+i)} = \frac{(1.075)^{4n}-1}{\ln(1.075)^4} = \frac{(1.075)^{4n}-1}{4\ln(1.075)} \qquad \cdots\cdots ②$$

①식과 ②식은 일치함을 알 수 있다.

전화기간을 기준으로 하는 편이 훨씬 문제를 풀기에 수월하므로 모든 문제는 전화기간을 기준으로 하여 전개하는 것이 편리하다.

(c) 전화기간을 기준으로 하고 다른 방법으로 풀 수 있다. 즉 매 전화기간말 시점에서 각 전화기간의 연속연금의 종가를 기준으로 생각하면 다음 그림과 같다.

따라서 종가는

$$\frac{1}{4}\,\bar{s}\,_{\fbox{1}j}\,s_{\fbox{4n}j} = \frac{1}{4}\,\frac{0.075}{\ln(1.075)}\cdot\frac{(1+0.075)^{4n}-1}{0.075}$$

$$= \frac{1}{4}\,\frac{(1.075)^{4n}-1}{\ln(1.075)} \qquad \cdots\cdots \text{③}$$

③식은 ①식과 ②식과 같음을 알 수 있다.

(d) 다른 방법으로 생각하면 다음 그림과 같다(전화기간 기준).

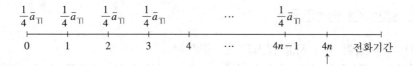

따라서 종가는

$$\frac{1}{4}\,\bar{a}\,_{\fbox{1}j}\,\ddot{s}\,_{\fbox{4n}j} = \frac{1}{4}\,\frac{d_j}{\ln(1.075)}\,\frac{(1+0.075)^{4n}-1}{d_j}$$

$$= \frac{(1.075)^{4n}-1}{4\ln(1.075)} \qquad \cdots\cdots \text{④}$$

④식도 ①, ②, ③식과 같음을 알 수 있다.

(e) 1년 기준

1년 기준으로 하고 (c)와 비슷한 방법으로 풀면

여기에 적용되는 연실이자율 $i$는 이미 (b)에서 고찰한 바와 같이

$$1+i = \left(1+\frac{i^{(4)}}{4}\right)^4 = (1+j)^4 = (1.075)^4$$

이다. 종가는

$$\bar{s}\,_{\fbox{1}i}\,s_{\fbox{n}i} = \frac{i}{\ln(1+i)}\,\frac{(1+i)^n-1}{i}$$

$$= \frac{(1.075)^{4n}-1}{4\ln(1.075)} \qquad \cdots\cdots \text{⑤}$$

(f) 1년 기준

1년을 기준으로 하고 (d)와 비슷한 방법으로 풀면

따라서 종가는

$$\bar{a}_{\overline{1}|i}\,\ddot{s}_{\overline{n}|i} = \frac{d_i}{\ln(1+i)}\,\frac{(1+i)^n - 1}{d_i}$$

$$= \frac{(1.075)^{4n} - 1}{4\ln(1.075)} \quad \cdots\cdots ⑥$$

⑤, ⑥식도 ①, ②, ③, ④식과 같음을 알 수 있다.

## 3. 일반적인 변동연금

### (1) 전화기간이 매회 지급기간보다 큰 경우(Ⅰ)

하나의 전화기간 내에 지급이 여러 번($m$번) 이루어지는 경우를 고찰해보기로 한다. 여기서는 각 전화기간 내의 연금지급액이 일정한 경우를 고찰한다. 따라서 지급금액은 전화기간이 바뀌어야 증가한다.

그림 [1.2.3.1]   전화기간>매회지급기간(Ⅰ)

따라서 그림 [1.2.3.1]과 같이 첫 번째 전화기간 내의 지급액은 모두 $\dfrac{1}{m}$(전화기간당 총액 $= \dfrac{1}{m} \times m = 1$)이고 두 번째 전화기간 내의 지급액은 모두 $\dfrac{2}{m}$이고 $n$번째 전화기간 내의 지급액은 모두 $\dfrac{n}{m}$인 경우 0시점에서의 현가를 $(Ia)_{\overline{n}|}^{(m)}$으로 나타내고 $\dfrac{1}{m}$시점에서의 현가를 $(I\ddot{a})_{\overline{n}|}^{(m)}$으로 나타낸다. 이와 같은 연금은 매전화기간말에 $s_{\overline{1}|}^{(m)}$이 지급되는 것으로 볼 수 있으므로

$$(Ia)_{\overline{n}|}^{(m)} = s_{\overline{1}|}^{(m)}(Ia)_{\overline{n}|} \tag{1.2.3.1}$$

$$= \frac{i}{i^{(m)}}\,\frac{\ddot{a}_{\overline{n}|} - nv^n}{i} = \frac{\ddot{a}_{\overline{n}|} - nv^n}{i^{(m)}} \tag{1.2.3.2}$$

따라서

$$(I\ddot{a})_{\overline{n}|}^{(m)} = (Ia)_{\overline{n}|}^{(m)}(1+i)^{\frac{1}{m}} = \frac{\ddot{a}_{\overline{n}|} - nv^n}{d^{(m)}} \tag{1.2.3.3}$$

$$(Is)_{\overline{n}|}^{(m)} = (Ia)_{\overline{n}|}^{(m)}(1+i)^n = \frac{\ddot{s}_{\overline{n}|} - n}{i^{(m)}} \tag{1.2.3.4}$$

$$(I\ddot{s})_{\overline{n}|}^{(m)} = (Is)_{\overline{n}|}^{(m)}(1+i)^{\frac{1}{m}} = \frac{\ddot{s}_{\overline{n}|} - n}{d^{(m)}} \tag{1.2.3.5}$$

---

( 예제 1.2.3.1 )

은행에서 $R$원을 대출받았다. 대출금은 첫해에는 상환하지 않고 두 번째 해부터 3년 간 상환하기로 하였다. 두 번째 해에는 매월말에 200원씩 3번째 해에는 매월말에 300 원씩 4번째 해에는 매월말에 400원씩 상환할 때 $R$을 구하시오. 단 $i = 5\%$이다.

( 풀이 )

(a) $R$을 구하기 위해 $i^{(12)}$를 구해보자.

$$i^{(12)} = 12[(1+i)^{1/12} - 1] = 0.04888949$$

그림에서 알 수 있듯이

$$R = \left[1200 a_{\overline{3}|}^{(12)} + 1200(Ia)_{\overline{3}|}^{(12)}\right]v$$

$$= 1200\left(\frac{1-v^3}{i^{(12)}} + \frac{\ddot{a}_{\overline{3}|} - 3v^3}{i^{(12)}}\right)v = 9445.44$$

(b) 다른 방법으로 구하면

$$R = 1200(Ia)_{\overline{4}|}^{(12)} - 1200 a_{\overline{1}|}^{(12)}$$

$$= (1200)\frac{\ddot{a}_{\overline{4}|} - 4v^4}{i^{(12)}} - (1200)\frac{d}{i^{(12)}} = 9445.44$$

(2) 전화기간이 매회 지급기간보다 큰 경우(Ⅱ)

이번에는 연금지급액이 지급시마다(따라서 전화기간당 $m$번) 증가하는 경우를 고려해 보자. 처음 $\frac{1}{m}$ 전화기간 말에 지급되는 금액은 전화기간 총액이 $\frac{1}{m}$, 두 번째 $\frac{1}{m}$ 전화기 간 말에 지급되는 금액은 전화기간 총액이 $\frac{2}{m}$ 등으로 하나의 전화기간에 지급되는 총액

이 $\frac{1}{m}$씩 증가한다. 이때 처음 $\frac{1}{m}$전화기간 말에 지급되는 실제금액은 $\frac{1}{m} \times \frac{1}{m}$(전화기간 총액$\times \frac{1}{m}$(기간)), 두 번째 $\frac{1}{m}$전화기간 말에 지급되는 실제금액은 $\frac{2}{m} \times \frac{1}{m} = \frac{2}{m^2}$(전화기간 총액 $\times$ 기간) 등 실제지급금액은 $\frac{1}{m^2}$씩 증가하는 연금의 현가를 $(I^{(m)}a)\frac{(m)}{n|}$으로 나타낸다.

$$(I^{(m)}a)\frac{(m)}{n|} = \frac{1}{m^2}[v^{\frac{1}{m}} + 2v^{\frac{2}{m}} + \cdots + nm \cdot v^{\frac{mn}{m}}] \tag{1.2.3.6}$$

식 (1.2.3.6)의 양변에 $(1+i)^{1/m}$을 곱하면

$$(I^{(m)}a)\frac{(m)}{n|}(1+i)^{\frac{1}{m}} = \frac{1}{m^2}[1 + 2v^{\frac{1}{m}} + \cdots + nm \cdot v^{n-\frac{1}{m}}] \tag{1.2.3.7}$$

식 (1.2.3.7)에서 식 (1.2.3.6)을 차감하면

$$(I^{(m)}a)\frac{(m)}{n|}[(1+i)^{\frac{1}{m}} - 1] = \frac{1}{m^2}[1 + v^{\frac{1}{m}} + v^{\frac{2}{m}} + \cdots + v^{n-\frac{1}{m}} - nm \cdot v^n]$$

$$= \frac{1}{m}\left[\ddot{a}\frac{(m)}{n|} - nv^n\right] \tag{1.2.3.8}$$

따라서

$$(I^{(m)}a)\frac{(m)}{n|} = \frac{\ddot{a}\frac{(m)}{n|} - nv^n}{m[(1+i)^{1/m} - 1]} = \frac{\ddot{a}\frac{(m)}{n|} - nv^n}{i^{(m)}} \tag{1.2.3.9}$$

그림 [1.2.3.2] 전화기간> 매회 지급기간(Ⅱ)

예제 1.2.3.2

매달말에 연금이 지급되며 지급기간이 10년인 연금으로서 매달말에 지급되는 연금의 금액이

(a) 1, 2, 3, 4, ⋯, 120일 때

(b) 2, 4, 6, 8, ⋯, 240일 때

(c) 1, 3, 5, 7, ⋯, 239일 때

각각의 경우 연금의 현가를 구하시오. ($i = 5\%$)

**풀이**

(a) $m = 12$인 경우이므로 기본지급액 $= \dfrac{1}{m^2} = \dfrac{1}{144}$ 이다. 따라서 구하는 현가는

$$144\,(I^{(12)}a)^{(12)}_{\overline{10|}} = (144)\left(\frac{\ddot{a}^{(12)}_{\overline{10|}} - 10v^{10}}{i^{(12)}}\right) = 5272.81$$

$$i^{(12)} = [(1+i)^{\frac{1}{12}} - 1] \cdot 12 = 0.04888949$$

$$d^{(12)} = [1 - v^{\frac{1}{12}}] \cdot 12 = 0.04869111$$

$$\ddot{a}^{(12)}_{\overline{10|}} = \frac{i}{d^{(12)}} a_{\overline{10|}} = (1.0268815)a_{\overline{10|}}$$

(b) 현가 $= 288\,(I^{(12)}a)^{(12)}_{\overline{10|}} = 10545.62$

(c) 현가 $= 288\,(I^{(12)}a)^{(12)}_{\overline{10|}} - 12a^{(12)}_{\overline{10|}} = 10450.86$

**예제 1.2.3.3**

8년 확정연금의 지급액은 2020년부터 2027년까지 다음과 같다.

　　매년　1월　1일 ⋯⋯ 10원

　　매년　4월　1일 ⋯⋯ 20원

　　매년　7월　1일 ⋯⋯ 30원

　　매년 10월　1일 ⋯⋯ 40원

이때 2020년 1월 1일에서의 이 연금의 현가가

$$160\,\ddot{a}_{\overline{8|}}\,(I^{(4)}\ddot{a})^{(4)}_{\overline{1|}}$$

임을 보이시오.

**풀이**

1년을 하나의 전화기간으로 보면 $m = 4$이다. 기본지급액은 $\dfrac{1}{m^2} = \dfrac{1}{16}$ 이다. 따라서 매년초에 지급되는 금액은 $160(I^{(4)}\ddot{a})^{(4)}_{\overline{1|}}$ 이고 이 금액이 매년초에 8년간 지급된다. 따라서 현가는

$$160(I^{(4)}\ddot{a})^{(4)}_{\overline{1|}} \cdot \ddot{a}_{\overline{8|}}$$

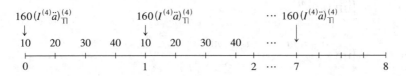

(3) 매회 지급기간이 전화기간보다 큰 경우

제1장 Ⅱ의 1에서 정의된 기호를 그대로 사용하고 또 제1장 Ⅰ의 8에서 사용된 기호를 그대로 사용할 경우의 연금의 현가는

$$P\,\frac{a_{\overline{n}|}}{s_{\overline{k}|}} + Q\,\frac{\dfrac{a_{\overline{n}|}}{s_{\overline{k}|}} - \dfrac{n}{k}v^n}{i\,s_{\overline{k}|}} \tag{1.2.3.10}$$

과 같이 나타낼 수 있다. 식 (1.2.3.10)의 유도는 연습문제를 참고하기 바란다.

## 4. 연속변동연금(continuous varying annuities)

여기서는 전화기간을 1년으로 하여 설명하기로 한다. $r(t)$를 $t$시점에서 지급되는 연액이라고 하면 $t$시점(즉 $t$와 $t+dt$ 사이)에서 지급되는 금액은 $r(t)dt$이고 그 현가는 $v^t r(t)dt$이다. 따라서 연금지급기간이 $n$년인 연속연금의 현가 $(PV)$는

$$PV = \int_0^n v^t r(t)\,dt \tag{1.2.4.1}$$

(1) $r(t) = 1$인 경우

$$PV = \int_0^n v^t\,dt = \frac{1-v^n}{\delta} = \bar{a}_{\overline{n}|} \tag{1.2.4.2}$$

(2) $\left.\begin{array}{ll} r(t) = 1, & 0 < t \le 1 \\ r(t) = 2, & 1 < t \le 2 \\ \quad\vdots & \quad\vdots \\ r(t) = n, & n-1 < t \le n \end{array}\right\}$인 경우

이 경우는 매년 지급되는 연액이 1, 2, 3, …으로 증가하는 경우이다.

$$\begin{aligned} PV &= \int_0^n v^t r(t)\,dt = (I\bar{a})_{\overline{n}|} \\ &= \lim_{m \to \infty} (Ia)_{\overline{n}|}^{(m)} \\ &= \lim_{m \to \infty} \frac{\ddot{a}_{\overline{n}|} - nv^n}{i^{(m)}} = \frac{\ddot{a}_{\overline{n}|} - nv^n}{\delta} \end{aligned} \tag{1.2.4.3}$$

또

$$(I\bar{a})_{\overline{n|}} = \frac{i^{(m)}}{\delta} (Ia)^{(m)}_{\overline{n|}} \tag{1.2.4.4}$$

(3) $r(t) = t$인 경우

$$PV = \int_0^n t \cdot v^t \, dt = (\bar{I}\bar{a})_{\overline{n|}} \tag{1.2.4.5}$$

또 $(\bar{I}\,\bar{a})_{\overline{n|}}$은

$$(\bar{I}\,\bar{a})_{\overline{n|}} = \lim_{m \to \infty} (I^{(m)}a)^{(m)}_{\overline{n|}} \tag{1.2.4.6}$$

$$= \lim_{m \to \infty} \frac{\ddot{a}^{(m)}_{\overline{n|}} - nv^n}{i^{(m)}} \tag{1.2.4.7}$$

$$= \frac{\bar{a}_{\overline{n|}} - nv^n}{\delta} \tag{1.2.4.8}$$

더 일반적인 경우는 이력이 변하는 경우(즉 복리가 아님)의 연속연금의 현가는

$$PV = \int_0^n r(t)\, a^{-1}(t)\, dt \tag{1.2.4.9}$$

$$= \int_0^n r(t)\, e^{-\int_0^t \delta_r \, dr} \, dt \tag{1.2.4.10}$$

그림 [1.2.4.1] $(I^{(m)}a)^{(m)}_{\overline{n|}}$과 $(\bar{I}\,\bar{a})_{\overline{n|}}$의 연액

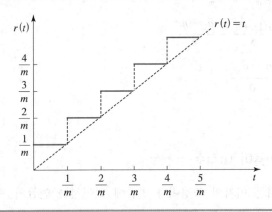

┌─ 예제 1.2.4.1 ─┐

2년거치 연속변동연금의 지급은 $t=10$까지이다. $t$시점에서의 지급되는 연액은 $t^2-1$ 이고 $t$시점에서의 이력은 $(1+t)^{-1}$이다. 이 연금의 현가를 구하시오.

**풀이**

$$a(t) = e^{\int_0^t \frac{1}{1+r} dr} = e^{\ln(1+r)|_0^t} = 1+t$$

따라서

$$a^{-1}(t) = \frac{1}{1+t}$$

연금의 현가는

$$PV = \int_2^{10} (t^2-1)a^{-1}(t)\, dt = \int_2^{10} \frac{t^2-1}{1+t}\, dt = \int_2^{10}(t-1)\, dt = 40$$

┌─ 예제 1.2.4.2 ─┐

(a) $(\bar{D}\bar{a})_{\overline{n}|}$ 을 적분을 이용하여 표시하시오.

(b) $(\bar{D}\bar{a})_{\overline{n}|}$ 을 적분을 사용하지 말고 표시하시오.

**풀이**

(a) $(\bar{D}\bar{a})_{\overline{n}|} = n\bar{a}_{\overline{n}|} - (\bar{I}\bar{a})_{\overline{n}|}$    (1.2.4.11)

$$= n\int_0^n v^t dt - \int_0^n t\, v^t dt \qquad (1.2.4.12)$$

$$= \int_0^n (n-t)\, v^t\, dt \qquad (1.2.4.13)$$

(b) $(\bar{D}\bar{a})_{\overline{n}|} = n\bar{a}_{\overline{n}|} - (\bar{I}\bar{a})_{\overline{n}|}$

$$= \frac{n(1-v^n)}{\delta} - \frac{\bar{a}_{\overline{n}|} - nv^n}{\delta} \qquad (1.2.4.14)$$

$$= \frac{n - \bar{a}_{\overline{n}|}}{\delta} \qquad (1.2.4.15)$$

## 5. 기간과 이율이 미지수인 경우

지금까지 살펴본 이자의 측정이나 연금에 있어서는 연금의 지급기간인 $n$이나 이율 $i$가 주어지고 알려진 경우 연금의 현가나 매회 지급액을 구하는 방법을 고찰하였다. 여기서는 연금의 현가와 매회 지급액이 주어졌을 때 연금의 지급기간이나 이율을 구하는 방법에 대하여 고찰하기로 한다.

(1) 기간이 미지수인 경우

기간이 미지수인 경우 기간을 찾는 구체적인 방법을 다음의 예제들을 통하여 알아보기로 한다.

( 예제 1.2.5.1 )

1,000원의 기금을 마련하기 위하여 매년말에 100원씩 적립되고 마지막 100원이 적립된 후 1년 후에는 100원보다 작은 금액(이러한 금액을 drop payment라고 한다)이 합하여져서 1,000원이 된다고 할 때 정상적인 100원이 적립되는 기간($n$)과 drop payment($R$)를 구하시오.($i = 4\%$)

**풀이**

$$100 s_{\overline{n}|} = 1000$$

$$s_{\overline{n}|} = 10$$

부록 3의 표를 이용하면

$$s_{\overline{8}|} = 9.214226, \quad s_{\overline{9}|} = 10.582795$$

따라서 $8 < n < 9$이므로 정상적인 100원을 8번 적립하고 drop payment를 9번째 해에 더하면 1000원의 기금이 된다.

따라서

$$100 \ddot{s}_{\overline{8}|} + R = 1000$$

$$R = 1000 - 100(s_{\overline{9}|} - 1) = 41.7205$$

$$\therefore \ n = 8, \quad R = 41.7205$$

( 예제 1.2.5.2 )

10,000원의 대출금을 매분기말에 300원씩을 상환해 나가기로 하였다. 이때

(a) 마지막 300원을 상환하고 모자라는 금액은 다음 분기에 300원보다 작은 금액(drop payment)인 $R$을 상환하기로 하였을 때 정상적인 300원을 상환하는 기간과 $R$을 구하시오.

(b) 이번에는 마지막 300원에 모자라는 금액($x$)을 합하여 한꺼번에 지급할 때(이를 balloon payment라고 한다) 마지막 지급 금액인 $Y$(즉, $Y = 300 + x$)를 구하시오.

(a), (b)에 적용되는 이율은 $i^{(4)} = 0.1$을 사용하시오.

**풀이**

$i^{(4)} = 0.1$이므로 분기당 이율은 $j = \dfrac{0.1}{4} = 0.025$이다.

```
                                    300+x
         300     300     300     300   ...   300       R
    ├──────┼──────┼──────┼──────┼── ... ──┼──────┼──────→
    0      1      2      3      4    ...   n     n+1   전화기간
                               (1년)      (n/4년)
```

여기서 $R$을 drop payment라고 하고 $300+x$를 balloon payment라고 한다.

(a) $300a_{\overline{n}|} \leq 10000$을 만족하는 $n$의 최대치를 찾으면 된다.

$$a_{\overline{n}|} = \frac{100}{3} \Rightarrow \frac{1-v^n}{j} = \frac{100}{3} \Rightarrow v^n = \frac{1}{6}$$

$$(1+j)^n = 6$$

$$\therefore n = \frac{\ln 6}{\ln(1+j)} = \frac{\ln 6}{\ln 1.025} = 72.56$$

따라서 $n = 72$(72분기)이므로

$$300s_{\overline{73}|} - 300 + R = 10000(1.025)^{73}$$

$$R = 169.68$$

(b)    $300s_{\overline{72}|} + x = 10000(1.025)^{72}$

$$x = 165.54$$

따라서 $Y = 300 + x = 465.54$

$x(1.025) = R$이 성립하여야 하므로 $165.54(1.025) = 169.68$이 됨을 확인할 수 있다.

---

**예제 1.2.5.3**

5,000원을 보험회사로부터 대출을 받아서 매년말 1,000원씩을 상환하고 모자라는 금액 $R$(drop payment)은 마지막 1,000원이 상환된 다음 해에 상환될 때 $R$을 구하시오. 단, $i^{(4)} = 0.12$를 이용하시오.

**풀이**

$i^{(4)} = 0.12$이므로 분기당 이율은 $j = \dfrac{0.12}{4} = 0.03$이다.

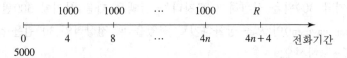

```
           1000    1000    ...    1000       R
    ├───────┼───────┼── ... ──┼───────┼───────→
    0       4       8    ...   4n     4n+4   전화기간
   5000
```

0시점에서의 현가가

$$1000\frac{a_{\overline{4n}|}}{s_{\overline{4}|}} \leq 5000$$을 만족하는 $n$의 최대값을 찾으면 된다.

$$\Rightarrow a_{\overline{4n}|} \leq 20.918$$

(i) 이율 3%의 (표)에서

$$a_{\overline{32}|} = 20.3887655$$

$$a_{\overline{36}|} = 21.8322525$$

이므로

$$4n = 32 \qquad \therefore n = 8$$

(ii) 이율 3%의 (표)가 주어지지 않을 때는 다음과 같이 구한다.

$$\frac{1-v^{4n}}{j} = 20.918 \Rightarrow v^{4n} = 0.37246 \qquad \therefore n = \frac{\ln 0.37246}{4 \ln v} = 8.353$$

따라서 $n = 8$

$n = 8$이므로 $4n + 4 = 36$시점에서의 종가는

$$1000 \frac{s_{\overline{36}|}}{s_{\overline{4}|}} - 1000 + R = 5000(1.03)^{36}$$

따라서 $R = 366.728$

---

예제 1.2.5.4

보험회사로부터 5,000원을 대출받아서 매달말에 200원씩을 상환하고 모자라는 금액 $R$(drop payment)은 마지막 200원이 상환된 다음 달에 상환될 때 $R$을 구하시오. 단 $i^{(4)} = 0.12$를 이용하시오.

**풀이**

$j$를 3개월당 이자라면 $j = \dfrac{0.12}{4} = 0.03$이다.

| | 200 | 200 | 200 | 200 | 200 | 200 | $\cdots$ | 200 | $R$ | |
|---|---|---|---|---|---|---|---|---|---|---|
| 0 | $\frac{1}{3}$ | $\frac{2}{3}$ | 1 (3달) | | | 2 (6달) | $\cdots$ | $\frac{n}{3}$ | $\frac{n+1}{3}$ | 전화기간 |

$600 a^{(3)}_{\overline{n/3}|} \leq 5000$이 되는 최대값 $n$을 찾으면 된다.

$$600 a^{(3)}_{\overline{n/3}|} = 5000$$

$$\frac{j}{j^{(3)}} a_{\overline{n/3}|} = \frac{5000}{600}$$

여기서 $j^{(3)} = 3[(1+j)^{\frac{1}{3}} - 1] = 0.0297$

$$a_{\overline{n/3}|} = \frac{1 - v^{\frac{n}{3}}}{j} = 8.25$$

$$\Rightarrow v^{\frac{n}{3}} = 0.7525$$

$$n = (3)\frac{\ln 0.7525}{\ln v} = 28.86 \Rightarrow n = 28$$

따라서

$$600 s^{(3)}_{\overline{29/3}|} - 200 + R = 5000(1.03)^{\frac{29}{3}} \quad \text{(이자율 } j = 0.03 \text{ 적용)}$$

$$s^{(3)}_{\overline{29/3}|} \frac{(1+j)^{29/3} - 1}{j^{(3)}} = 11.136 \text{이므로}$$

$$R = 172.0994$$

(2) 이율이 미지수일 때

이율이 미지수일 때 이율을 구하는 방법은 대체로 다음의 두 가지 방법을 이용할 수 있다.

(a) 첫 번째 방법은 이자표를 이용한 직선(선형)보간(直線(線型)補間 ; linear interpolation)의 방법이다.

(b) 두 번째 방법은 $n$차 다항식을 이용하여 이율을 구하는 방법이다. 즉,

$$a_{\overline{n}|} = v + v^2 + v^3 + \cdots + v^n \tag{1.2.5.1}$$

식 (1.2.5.1)은 $v$에 대한 $n$차 다항식이므로 컴퓨터를 이용하면 $v$를 구할 수 있고 $v$를 구하면 $i$를 구할 수 있다. 이와 유사하게 $a_{\overline{n}|}$이나 $\frac{1}{a_{\overline{n}|}}$을 $i$를 이용하여 나타내면 다음과 같다.

$$a_{\overline{n}|} = n - \frac{n(n+1)}{2!}i + \frac{n(n+1)(n+2)}{3!}i^2 - \cdots \tag{1.2.5.2}$$

$$\frac{1}{a_{\overline{n}|}} = \frac{1}{n}\left[1 + \frac{n+1}{2}i + \frac{n^2-1}{12}i^2 + \cdots\right] \tag{1.2.5.3}$$

식 (1.2.5.2)나 식 (1.2.5.3)에서 $i^3$ 이하의 항을 생략하면 $i$에 대한 2차방정식이 되므로 $i$의 근사치를 구할 수 있다.

예제 1.2.5.5

보험회사로부터 16,000원을 대출받았다. 이 16,000원이 매분기 말에 1,000원씩 5년 동안 상환된다면 이때 적용된 이자율 $i^{(4)}$를 구하시오.

풀이

$j = \frac{i^{(4)}}{4}$ 라면

$$1000 a_{\overline{20}|j} = 16000$$

$$a_{\overline{20}|j} = 16$$

(a) 이자표를 이용한 직선보간 방법

$f(j) = a_{\overline{20}|j} - 16$이라고 하면 우리는 $f(j) = 0$이 되는 $j$를 찾으면 된다.

$$f(0.0200) = 16.3514 - 16 = 0.3514$$
$$f(0.0225) = 15.9637 - 16 = -0.0363$$

직선보간을 하면

$$j = 0.0200 + 0.0025 \frac{0.3514}{0.3514 + 0.0363} = 0.0223$$

따라서

$$i^{(4)} = 4(0.0223) = 0.08924 = 8.92\%$$

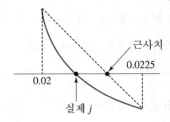

(b) 식 (1.2.5.3)을 이용하면

$$\frac{1}{16} \fallingdotseq \frac{1}{20}\left[1 + \frac{21}{2}j + \frac{399}{12}j^2\right]$$
$$532j^2 + 168j - 4 = 0$$
$$j = \frac{-168 \pm \sqrt{28224 + 8512}}{1064} = 0.0222$$

따라서  $i^{(4)} = 4(0.0222) = 0.0888 = 8.88\%$

## 6. 수익률(이회율)의 측정

생명보험회사에서는 보유하는 자산을 투자하여 투자수익(이자)을 얻고 그 수익을 또 투자하는데 자산은 투자수익에 의한 수입뿐만 아니라 보험료 수입, 보험금 지출, 사업비 지출 등의 원인에 의하여 항상 증감하고 있다. 그 경우 자산의 수익률을 측정하는 방법으로서 G. F. Hardy가 유도한 다음 식이 잘 이용될 수 있다. 연시의 자산을 $A$, 연말의 자산을 $B$, 연간투자수입(이자)을 $I$라고 하면 그 연도의 자산의 수익률 $i$는 근사적으로

$$i = \frac{2I}{A + B - I} \tag{1.2.6.1}$$

로 나타낼 수 있다. 식 (1.2.6.1)을 Hardy의 공식이라고 부른다. 식 (1.2.6.1)의 해석은 다

음과 같다. $B-I$는 연말자산 중에서 이자(투자수입)에 의한 증가분을 차감한 것으로 투자대상이 되는 자산이 되므로 $\frac{A+B-I}{2}$는 연간의 평균투자자산이 된다. 이것이 1년간에 $I$의 투자수익(이자)을 생기게 하면 $I \div \frac{A+B-I}{2}$는 투자된 자산의 수익률을 나타낸다.

(1) 공식의 유도( I )

앞으로의 논의를 전개시키기 위하여 다음을 정의한다.

> $A$ : 연시의 기금(자산)
>
> $B$ : 연말의 기금(자산)
>
> $I$ : 연간 이자수입
>
> $n_t$ : $t$시점에서 유입된 새로운 원금$(0 \leq t \leq 1)$
>
> $n$ : 1년 동안 유입된 새로운 원금의 합계
>
> $$n = \sum_t n_t \tag{1.2.6.2}$$
>
> $w_t$ : $t$시점에서 유출된 원금$(0 \leq t \leq 1)$
>
> $w$ : 1년 동안 유출된 원금의 합계
>
> $$w = \sum_t w_t \tag{1.2.6.3}$$
>
> $_a i_b$ : $b$시점에서 투자된 1원이 그 후 $a$년 동안 부리된 이자
>
> $(a \geq 0, \quad b \geq 0, \quad a+b \leq 1)$

연말의 기금(자산)은 연시의 기금(자산)에 유입된 원금의 합계에서 유출된 원금의 합을 차감하고 연간 이자수입을 합한 금액이다. 즉

$$B = A + n - w + I \tag{1.2.6.4}$$

앞에서 설명한 실이율의 정의를 따라 부리된 이자는 연말에 지불된다면

$$I = iA + \sum_t (n_t)(_{1-t}i_t) - \sum_t (w_t)(_{1-t}i_t) \tag{1.2.6.5}$$

식 (1.2.6.5)에서 $i$를 바로 구할 수 없다. $_{1-t}i_t$의 값을 구하기 위하여 복리를 가정하면

$$_{1-t}i_t = (1+i)^{1-t} - 1 \tag{1.2.6.6}$$

식 (1.2.6.6)을 식 (1.2.6.5)에 대입하면 $i$에 대한 방정식이 되므로 $i$를 구하면 된다. 그러나 $i$를 구하는 과정은 간단하지 않다.

이제 식 (1.2.6.5)를 만족시키는 $i$의 근사치를 구해 보자. $_{1-t}i_t$를 다음과 같이 가정한다.

$$_{1-t}i_t = (1-t)i \tag{1.2.6.7}$$

식 (1.2.6.7)을 식 (1.2.6.5)에 대입하고 $i$에 대하여 풀면

$$i = \frac{I}{A + \displaystyle\sum_t n_t(1-t) - \sum_t w_t(1-t)} \tag{1.2.6.8}$$

식 (1.2.6.8)의 분자는 연간 기금에 대한 이자수입이며 분모는 투자된 실제 원금을 의미한다. 식 (1.2.6.8)은 식 (1.2.6.7)의 가정하에서 도출된 것이므로 정확한 $i$의 값은 아니지만 $n$과 $w$가 $A$에 비하여 작을 때에는 비교적 정확한 결과를 제공한다. 식 (1.2.6.8)은 계산이 가능한 식이지만 더욱 간략히 해보기 위하여 유입되는 원금과 유출되는 원금은 1년을 통하여 균등하게 분포되어 있다는 가정을 또 추가하여 보자. 그렇다면 유입되는 모든 원금과 유출되는 모든 원금은 평균적으로 보아서 $t = \frac{1}{2}$에서 발생한다고 볼 수 있다. 따라서 식 (1.2.6.8)은

$$i = \frac{I}{A + \dfrac{1}{2}n - \dfrac{1}{2}w} \tag{1.2.6.9}$$

$$= \frac{I}{A + \dfrac{1}{2}(B-A-I)} \quad \text{(식 (1.2.6.4)로부터)}$$

$$= \frac{I}{\dfrac{A+B-I}{2}} \tag{1.2.6.10}$$

$$= \frac{2I}{A+B-I} \tag{1.2.6.11}$$

그림 [1.2.6.1]은 식 (1.2.6.11)에 대한 시간선에 관한 그림이다.

그림 [1.2.6.1]  $i$에 대한 시간선

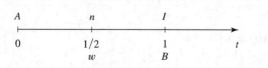

식 (1.2.6.11)은 대단히 편리한 공식이지만 이 공식의 유도가 유입되는 원금과 유출되는 원금(자산)이 일년을 통하여 균등하다는 가정하에 이루어진 것이므로 이와 같은 가정이 충족되지 않는 상황이면 식 (1.2.6.8)을 이용하여야 한다.

(2) 공식의 유도(Ⅱ)

다른 방법으로 식 (1.2.6.1)을 유도하여 보자. 앞에서와 같이 $I$는 연말에 지불되고 이자를 고려하지 않은 유입된 원금과 유출된 원금의 차이(즉, $B-A-I$)가 일년을 통하여 균등하게 분포되어 회사 내로 유입된다고 가정하면

$$A(1+i) + (B-A-I)\bar{s}_{\overline{1}|} = B \tag{1.2.6.12}$$

여기서

$$\bar{s}_{\overline{1}|} = \frac{i}{\delta} = \frac{i}{i - \dfrac{i^2}{2} + \dfrac{i^3}{3} \cdots} = \frac{1}{1 - \dfrac{i}{2} + \dfrac{i^2}{3} \cdots}$$

$$\doteqdot \frac{1}{\left(1 + \dfrac{1}{2}i\right)^{-1}} = 1 + \frac{1}{2}i \tag{1.2.6.13}$$

식 (1.2.6.13)을 식 (1.2.6.12)에 대입하면

$$A(1+i) + (B-A-I)\left(1 + \frac{1}{2}i\right) = B \tag{1.2.6.14}$$

따라서

$$i = \frac{2I}{A+B-I} \tag{1.2.6.15}$$

(3) 공식의 유도(Ⅲ)

또 다른 방법으로 식 (1.2.6.1)을 유도하여 보자. 시간 $t$에서($0 \le t \le 1$) 그 회사의 자산을 $A(t)$로 하고(따라서 $A(0)=A$, $A(1)=B$) 그 때의 이력을 $\delta_t$로 하면

$$I = \int_0^1 A(t)\, \delta_t\, dt \tag{1.2.6.16}$$

여기서 $\delta_t = \delta$라고 가정하고 또 $A(t)$를 $t$에 대한 1차함수로 보면

$$A(t) = \alpha + \beta t \tag{1.2.6.17}$$

따라서

$$I = \int_0^1 \delta(\alpha + \beta t)\, dt = \delta\left(\alpha + \frac{\beta}{2}\right) \tag{1.2.6.18}$$

여기서

$$A(0) = A = \alpha \tag{1.2.6.19}$$

$$A(1) = B = \alpha + \beta \tag{1.2.6.20}$$

이므로 $I$는

$$I = \delta\,\frac{A+B}{2} \tag{1.2.6.21}$$

따라서

$$\delta = \frac{2I}{A+B} \tag{1.2.6.22}$$

이제 수익률 $i$를 구하면

$$i = e^\delta - 1 = \delta + \frac{\delta^2}{2!} + \frac{\delta^3}{3!} + \cdots \tag{1.2.6.23}$$

$$\fallingdotseq \delta\left(1 + \frac{\delta}{2}\right) \tag{1.2.6.24}$$

$$\fallingdotseq \delta\left(1 - \frac{\delta}{2}\right)^{-1} \quad \text{(이항정리에 의하여)} \tag{1.2.6.25}$$

식 (1.2.6.22)를 식 (1.2.6.25)에 대입하면 식 (1.2.6.1)을 얻는다.

$$i \fallingdotseq \frac{2I}{A+B} \cdot \frac{1}{1 - \dfrac{I}{A+B}} = \frac{2I}{A+B-I}$$

### (4) 일 반 식

각 월말의 자산을 $A(0) = A,\ A\left(\dfrac{1}{12}\right),\ A\left(\dfrac{2}{12}\right),\ \cdots,\ A(1) = B$라고 하고 1년을 12등분한 각 구간에서 $A(t)$를 1차함수로 보면

$$I = \sum_{k=0}^{11} \int_{\frac{k}{12}}^{\frac{k+1}{12}} A(t)\delta\, dt \tag{1.2.6.26}$$

$$= \sum_{k=0}^{11} (\delta) \frac{A\left(\dfrac{k}{12}\right) + A\left(\dfrac{k+1}{12}\right)}{2}\left(\frac{1}{12}\right) \tag{1.2.6.27}$$

$$= \delta \frac{\dfrac{1}{2}A(0) + A\left(\dfrac{1}{12}\right) + A\left(\dfrac{2}{12}\right) + \cdots + A\left(\dfrac{11}{12}\right) + \dfrac{1}{2}A(1)}{12} \tag{1.2.6.28}$$

식 (1.2.6.28)의 분수부분을 $\bar{A}$로 표시하면

$$\delta = \frac{I}{\bar{A}} \tag{1.2.6.29}$$

식 (1.2.6.29)를 식 (1.2.6.25)에 대입하면

$$i = \left(\frac{I}{\bar{A}}\right)\left(\frac{1}{1 - \dfrac{I}{2\bar{A}}}\right) = \frac{I}{\bar{A} - \dfrac{I}{2}} \tag{1.2.6.30}$$

1년을 $n$등분하여 그 각각의 시점에 있어서의 총자산을 $A_0(=A)$, $A_1$, $A_2$, $\cdots$, $A_n(=B)$라고 하면 일반식은 다음과 같다.

$$i = \frac{2nI}{A + 2\sum_{k=1}^{n-1} A_k + B - nI} \tag{1.2.6.31}$$

식 (1.2.6.31)에서 분모·분자를 $2n$으로 나누면

$$i = \frac{I}{\dfrac{\dfrac{A}{2} + \sum_{k=1}^{n-1} A_k + \dfrac{B}{2}}{n} - \dfrac{I}{2}} \tag{1.2.6.32}$$

식 (1.2.6.32)에서 $n=12$인 경우는 식 (1.2.6.30)이 되는 것을 알 수 있다.

┌─ 예제 1.2.6.1 ─┐

연초에 투자기금 1,000원이 설정되었다. 4번째 달의 말에 새로운 투자금 500원이 유입되고 투자금 200원과 100원이 6번째와 8번째 달의 말에 유출되었다. 연말의 투자기금은 1,272일 때 식 (1.2.6.8)을 이용하여 수익률을 구하시오.

##### 풀이

$$I = 1272 - (1000 + 500 - 200 - 100) = 72$$

식 (1.2.6.8)을 이용하면

$$i = \frac{72}{1000 + \left(\frac{2}{3}\right)(500) - \left[\left(\frac{1}{2}\right)(200) + \left(\frac{1}{3}\right)(100)\right]}$$

$$= \frac{72}{1200} = 0.06 = 6\%$$

##### 예제 1.2.6.2

2020년의 보험회사의 자료가 다음과 같을 때 2020년도의 수익률을 구하시오.

| | |
|---|---|
| 2019년 12월 31일의 자산 | = 10,000,000 |
| 보험료 수입 | = 1,000,000 |
| 총 투자 수입 | = 530,000 |
| 투자에 수반된 비용 | = 20,000 |
| 보험금 지급 | = 420,000 |
| 기타 비용 | = 180,000 |

##### 풀이

$$A = 10000000$$

$$B = 10000000 + 1000000 + 530000 - 420000 - 20000 - 180000 = 10910000$$

$$I = 530000 - 20000 = 510000$$

식 (1.2.6.1)을 이용하여

$$i = \frac{2(510000)}{10000000 + 10910000 - 510000} = 0.05 = 5\%$$

## 7. 할부상환(원리금 균등상환)과 감채기금

은행이나 보험회사로부터 대출을 받은 경우 대출금을 상환하는 방법에는 여러 가지가 있을 수 있으나 여기서는 다음의 두 가지만을 고찰해보기로 한다.

(ⅰ) 할부상환(割賦償還)(원리금 균등상환(元利金 均等償還), amortization method) : 대출금의 상환기간을 나누어 각 기간마다 원리를 포함하여 등액으로 상환하는 방법이다. 각 회의 할부금 중에는 이자 및 원금의 일부상환이 포함되고 따라서 원금은 순차적으로 감액되어 예정연도의 말에 가서는 원금이 모두 상환된다.

(ⅱ) 감채기금(減債期金) : 원금은 원래대로 부채로 남겨 두고 할부금 중에서 원금의 이자를 지급하고 그 잔액은 별도계정으로 적립하여 예정연도 말에 원금에 도달하도록 하

여 원금을 일시에 상환하는 방법을 말한다. 여기서 적립금을 감채기금(sinking fund)이라고 한다.

(1) 잔존원금(Outstanding Principal: OP)

대출금을 10년 동안 할부상환(割賦償還)하기로 한 경우를 고려해 보자. 이 때 5년이 경과한 후 남은 대출금 잔액을 일시금으로 상환하고자 하는 경우 그 일시금을 5년 시점에서의 잔존원금($OP_5$)이라고 한다. 잔존원금(殘存元金)을 계산하는 방법은 미래법(未來法 ; prospective method)과 과거법(過去法 ; retrospective method)의 두 가지가 있다. 미래법은 미래의 지급(상환)을 고려하는 방법이고 과거법은 과거의 지급(상환)을 고려하는 방법이다.

미래법에서의 잔존원금은 앞으로 상환하여야 할 할부금의 현가를 말하고 과거법에서의 잔존원금은 원금의 종가에서 상환한 할부금들의 종가를 차감한 금액이다.

예를 들어 보험회사로부터 $a_{\overline{n}|}$원의 대출을 받고 $n$년 동안 1원씩 매년말에 상환하기로 하였다. 대출받은 시점부터 $t$년 후의 잔존원금은 미래법으로부터

$$OP_t = a_{\overline{n-t}|}$$  (1.2.7.1)

과거법으로부터

$$OP_t = a_{\overline{n}|}(1+i)^t - s_{\overline{t}|}$$  (1.2.7.2)

식 (1.2.7.2)로부터 식 (1.2.7.1)을 유도하여 과거법과 미래법은 동일한 결과를 갖는 것을 증명할 수 있다. 즉

$$a_{\overline{n}|}(1+i)^t - s_{\overline{t}|} = \frac{1-v^n}{i}(1+i)^t - \frac{(1+i)^t-1}{i}$$  (1.2.7.3)

$$= \frac{1-v^{n-t}}{i}$$

$$= a_{\overline{n-t}|}$$  (1.2.7.4)

(2) 할부상환(원리금 균등상환)

(a) 이자의 전화기간과 매회 지급기간이 같을 때

만일 대출금이 할부상환(割賦償還)으로 상환된다면 각각의 할부금은 원금상환액(repaid principal)과 할부금에 포함된 이자(interest paid)로 나눌 수 있다. 앞으로의 논의를 전개하기 위하여 다음을 정의한다.

$L$ = 대출금(원금)

$i$ = 전화기간당 이자율

$n$ = 전화기간을 기준으로 한 상환기간

$R_t$ = 대출받은 후 $t$시점에서의 할부금

$OP_t$ = 대출받은 후 $t$시점에서의 잔존원금($R_t$ 지급 후)

$P_t$ = 대출받은 후 $t$시점에서의 원금상환액

$I_t$ = 대출받은 후 $t$시점에서의 이자상환액 　　　　　　　　　　(1.2.7.5)

　대출금 $a_{\overline{n}|}$원이 매년말에 1원씩 $n$년 동안 상환된다고 가정하자. 첫 번째 해의 말에서 원금 $a_{\overline{n}|}$에 대한 이자는 $I_1 = ia_{\overline{n}|} = 1-v^n$이다. 따라서 $1-(1-v^n)=v^n$이 $P_1$이 된다. 또 $OP_1$는 $a_{\overline{n}|}-v^n = a_{\overline{n-1}|}$이 된다. 이와 같은 과정을 계속 거치면 표 [1.2.7.1]과 같은 할부상환표를 작성할 수 있다. 표 [1.2.7.1]은 이자율이 전기간 동안 일정하고, 매회 지급기간과 이자의 전화기간이 같고, 할부금이 일정하다는 가정하에 작성되었다. 표 [1.2.7.1]은 원금이 $a_{\overline{n}|}$이라는 가정하에 작성된 것이므로 예를 들어 원금이 1,000원인 경우는 표 [1.2.7.1]의 각각의 값에 $1000/a_{\overline{n}|}$을 곱하면 된다.

표 [1.2.7.1]　**할부상환표**(전화기간＝매회 지급기간)

| $t$ | 상환액 | $I_t$ | $P_t$ | $OP_t$ |
|---|---|---|---|---|
| 0 | | | | $a_{\overline{n}|}$ |
| 1 | 1 | $ia_{\overline{n}|} = 1-v^n$ | $v^n$ | $a_{\overline{n}|}-v^n = a_{\overline{n-1}|}$ |
| 2 | 1 | $ia_{\overline{n-1}|} = 1-v^{n-1}$ | $v^{n-1}$ | $a_{\overline{n-1}|}-v^{n-1} = a_{\overline{n-2}|}$ |
| ⋮ | ⋮ | ⋮ | ⋮ | ⋮ |
| $t$ | 1 | $ia_{\overline{n-t+1}|} = 1-v^{n-t+1}$ | $v^{n-t+1}$ | $a_{\overline{n-t+1}|}-v^{n-t+1} = a_{\overline{n-t}|}$ |
| ⋮ | ⋮ | ⋮ | ⋮ | ⋮ |
| $n-1$ | 1 | $ia_{\overline{2}|} = 1-v^2$ | $v^2$ | $a_{\overline{2}|}-v^2 = a_{\overline{1}|}$ |
| $n$ | 1 | $ia_{\overline{1}|} = 1-v$ | $v$ | $a_{\overline{1}|}-v = 0$ |
| 합계 | $n$ | $n - a_{\overline{n}|}$ | $a_{\overline{n}|}$ | |

다음의 관계식들이 성립함을 알 수 있다.

(i) $OP_{t-1} = \sum_{k=t}^{n} v^{k-t+1} R_k = vR_t + \sum_{k=t+1}^{n} v^{k-t+1} R_k = vR_t + vOP_t$

가 성립하므로

$$OP_{t-1}(1+i) - R_t = OP_t \tag{1.2.7.6}$$

(ii)  $R_t = I_t + P_t$ $\tag{1.2.7.7}$

$$= OP_{t-1} \cdot i + (OP_{t-1} - OP_t) \tag{1.2.7.8}$$

(iii)  $\sum R_t = \sum I_t + \sum P_t$ $\tag{1.2.7.9}$

$$\sum I_t = \sum R_t - L \tag{1.2.7.10}$$

(iv)  $R_t = R$이 성립하면

$$P_t = P_s(1+i)^{t-s} \tag{1.2.7.11}$$

(v)  $I_t = i \cdot OP_{t-1}$ $\tag{1.2.7.12}$

(vi)  $P_t = R_t - I_t$ $\tag{1.2.7.13}$

$$= OP_{t-1} - OP_t \tag{1.2.7.14}$$

(vii)  $OP_{t-1} = P_t + P_{t+1} + \cdots + P_n$ $\tag{1.2.7.15}$

특히 $t = 1$일 때

$$OP_0 = \sum_{t=1}^{n} P_t = L \tag{1.2.7.16}$$

예제 1.2.7.1

(a) 대출금이 매년말 100원씩 할부상환된다. 이율이 3%이고 6번째 할부금 중 이자상
환액 $I_6 = 21.06$일 때 대출 원금을 구하시오.

(b) $P_6$, $P_1$, $I_1$을 구하시오.

풀이

(a) $21.06 = I_6 = 0.03[OP_5] = 0.03[L(1.03)^5 - 100s_{\overline{5}|}]$

따라서 $L = 1063.52$

(b) $P_6 = R_6 - I_6 = 100 - 21.06 = 78.94$

$P_1 = P_6 \cdot v^5 = 78.94 \cdot v^5 = 68.09$

$I_1 = R_1 - P_1 = 100 - 68.09 = 31.91$

예제 1.2.7.2

대출금이 매년말 1,000원씩 40년 동안 할부상환된다. $i = 5\%$일 때 짝수년에 상환된
원금상환액의 합을 구하시오.

풀이

표 [1.2.7.1]을 이용하여 간단히 구할 수도 있으나 표 [1.2.7.1]이 기억이 나지 않을 때는 표

[1.2.7.1]을 작성할 때의 기본개념으로 돌아가면 된다.

(a) $P_t = OP_{t-1} - OP_t$

$$= 1000a_{\overline{40-t+1}|} - 1000a_{\overline{40-t}|}$$

$$= \frac{1000}{i}\{1-v^{40-t+1}-(1-v^{40-t})\}$$

$$= \frac{1000v^{40-t+1}}{i}(1+i-1) = 1000v^{40-t+1}$$

구하는 답은

$$P_2 + P_4 + \cdots + P_{40} = 1000[v^{39}+v^{37}+\cdots+v]$$

$$= 1000v[1+v^2+v^4+\cdots+v^{38}]$$

$$= 1000v\left[\frac{a_{\overline{40}|}}{a_{\overline{2}|}}\right] = 8789$$

홀수년에 상환된 원금상환액의 합은

$$P_1 + P_3 + \cdots + P_{39} = 1000a_{\overline{40}|} - 8789 = 8370$$

(b) $P_t$를 다른 방법으로 구하여 보자.

$$P_1 = R_1 - I_1 = 1000 - i \cdot 1000a_{\overline{40}|} = 1000(1-1+v^{40}) = 1000v^{40}$$

$$P_2 = P_1(1+i) = 1000v^{39}$$

$$P_4 = P_2(1+i)^2 = 1000v^{37}$$

$$\vdots$$

$$P_{40} = P_2(1+i)^{38} = 1000v$$

따라서 (a)와 동일한 결과를 얻을 수 있다.

### (b) 이자의 전화기간과 매회 지급기간이 다를 때

대출금이 $k$전화기간 말에 1원씩이 $n$전화기간 동안 상환된다고 하면 총지급(상환)횟수는 $\frac{n}{k}$이다. 이런 경우(전화기간<매회 지급기간)의 할부상환표를 작성하면 표 [1.2.7.2]와 와 같다.

다음에 이자의 전화기간이 매회 지급(상환)기간보다 큰 경우를 고찰해 보자. 매 $\frac{1}{m}$ 전화기간 말에 상환되는 금액이 $\frac{1}{m}$이고 총 $n$전화기간 동안 상환된다면 총지급횟수는 $mn$이다. 이런 경우의 할부상환표는 표 [1.2.7.3]과 같은데 이는 표 [1.2.7.1]을 일반화한 것이다.

표 [1.2.7.2]  할부상환표(전화기간< 매회 지급기간)

| $t$ | 상환액 | $I_t$ | $P_t$ | $OP_t$ |
|---|---|---|---|---|
| 0 | | | | $\dfrac{a_{\overline{n}|}}{s_{\overline{k}|}}$ |
| $k$ | 1 | $[(1+i)^k - 1]\dfrac{a_{\overline{n}|}}{s_{\overline{k}|}} = 1 - v^n$ | $v^n$ | $\dfrac{a_{\overline{n}|}}{s_{\overline{k}|}} - v^n = \dfrac{a_{\overline{n-k}|}}{s_{\overline{k}|}}$ |
| $2k$ | 1 | $[(1+i)^k - 1]\dfrac{a_{\overline{n-k}|}}{s_{\overline{k}|}} = 1 - v^{n-k}$ | $v^{n-k}$ | $\dfrac{a_{\overline{n-k}|}}{s_{\overline{k}|}} - v^{n-k} = \dfrac{a_{\overline{n-2k}|}}{s_{\overline{k}|}}$ |
| $\vdots$ | $\vdots$ | | $\vdots$ | $\vdots$ |
| $tk$ | 1 | $[(1+i)^k - 1]\dfrac{a_{\overline{n-(t-1)k}|}}{s_{\overline{k}|}}$ | | $\dfrac{a_{\overline{n-(t-1)k}|}}{s_{\overline{k}|}} - v^{n-(t-1)k}$ |
| $\vdots$ | $\vdots$ | $= 1 - v^{n-(t-1)k}$ | $v^{n-(t-1)k}$ | $= \dfrac{a_{\overline{n-tk}|}}{s_{\overline{k}|}}$ |
| $\vdots$ | $\vdots$ | $\vdots$ | $\vdots$ | $\vdots$ |
| $n-k$ | 1 | $[(1+i)^k - 1]\dfrac{a_{\overline{2k}|}}{s_{\overline{k}|}} = 1 - v^{2k}$ | $v^{2k}$ | $\dfrac{a_{\overline{2k}|}}{s_{\overline{k}|}} - v^{2k} = \dfrac{a_{\overline{k}|}}{s_{\overline{k}|}}$ |
| $n$ | 1 | $[(1+i)^k - 1]\dfrac{a_{\overline{k}|}}{s_{\overline{k}|}} = 1 - v^k$ | $v^k$ | $\dfrac{a_{\overline{k}|}}{s_{\overline{k}|}} - v^k = 0$ |
| 합계 | $\dfrac{n}{k}$ | $\dfrac{n}{k} - \dfrac{a_{\overline{n}|}}{s_{\overline{k}|}}$ | $\dfrac{a_{\overline{n}|}}{s_{\overline{k}|}}$ | |

표 [1.2.7.3]  할부상환표(전화기간> 매회 지급기간)

| $t$ | 상환액 | $I_t$ | $P_t$ | $OP_t$ |
|---|---|---|---|---|
| 0 | | | | $a_{\overline{n}|}^{(m)}$ |
| $\dfrac{1}{m}$ | $\dfrac{1}{m}$ | $\dfrac{i^{(m)}}{m}a_{\overline{n}|}^{(m)} = \dfrac{1}{m}(1-v^n)$ | $\dfrac{1}{m}v^n$ | $a_{\overline{n}|}^{(m)} - \dfrac{1}{m}v^n = a_{\overline{n-1/m}|}^{(m)}$ |
| $\dfrac{2}{m}$ | $\dfrac{1}{m}$ | $\dfrac{i^{(m)}}{m}a_{\overline{n-1/m}|}^{(m)} = \dfrac{1}{m}(1-v^{n-\frac{1}{m}})$ | $\dfrac{1}{m}v^{n-\frac{1}{m}}$ | $a_{\overline{n-1/m}|}^{(m)} - \dfrac{1}{m}v^{n-\frac{1}{m}} = a_{\overline{n-2/m}|}^{(m)}$ |
| $\vdots$ | $\vdots$ | $\vdots$ | $\vdots$ | $\vdots$ |
| $\dfrac{t}{m}$ | $\dfrac{1}{m}$ | $\dfrac{i^{(m)}}{m}a_{\overline{n-(t-1)/m}|}^{(m)} = \dfrac{1}{m}(1-v^{n-\frac{t-1}{m}})$ | $\dfrac{1}{m}v^{n-\frac{t-1}{m}}$ | $a_{\overline{n-(t-1)/m}|}^{(m)} - \dfrac{1}{m}v^{n-\frac{t-1}{m}} = a_{\overline{n-t/m}|}^{(m)}$ |
| $\vdots$ | $\vdots$ | $\vdots$ | $\vdots$ | $\vdots$ |
| $n-\dfrac{1}{m}$ | $\dfrac{1}{m}$ | $\dfrac{i^{(m)}}{m}a_{\overline{2/m}|}^{(m)} = \dfrac{1}{m}(1-v^{\frac{2}{m}})$ | $\dfrac{1}{m}v^{\frac{2}{m}}$ | $a_{\overline{2/m}|}^{(m)} - \dfrac{1}{m}v^{\frac{2}{m}} = a_{\overline{1/m}|}^{(m)}$ |
| $n$ | $\dfrac{1}{m}$ | $\dfrac{i^{(m)}}{m}a_{\overline{1/m}|}^{(m)} = \dfrac{1}{m}(1-v^{\frac{1}{m}})$ | $\dfrac{1}{m}v^{\frac{1}{m}}$ | $a_{\overline{1/m}|}^{(m)} - \dfrac{1}{m}v^{\frac{1}{m}} = 0$ |
| 합계 | $n$ | $n - a_{\overline{n}|}^{(m)}$ | $a_{\overline{n}|}^{(m)}$ | |

예제 1.2.7.3

대출금 1,000원이 12년 동안 할부상환된다. $i^{(4)} = 0.12$일 때 8번째 해에 상환된 이자의 총액을 구하시오.

(a) 할부상환이 1년에 두 번씩 이루어질 때

(b) 할부상환이 매달 이루어질 때

풀이

(a) 3개월당 실이율 $j = 0.12/4 = 0.03$이다.

구하는 값은 $I_{30} + I_{32}$이다.

$$R \frac{a_{\overline{48|}}}{s_{\overline{2|}}} = 1000 \Rightarrow R = 80.343$$

$$I_{30} = OP_{28}[(1+j)^2 - 1] = [(1.03)^2 - 1]R \cdot \frac{a_{\overline{20|}}}{s_{\overline{2|}}} = 0.03R \cdot a_{\overline{20|}}$$

$$I_{32} = OP_{30}[(1+j)^2 - 1] = 0.03Ra_{\overline{18|}}$$

따라서 $I_{30} + I_{32} = 0.03R(a_{\overline{20|}} + a_{\overline{18|}}) = 69.01$

(b)

$$Ra^{(3)}_{\overline{48|}} = 1000 \Rightarrow R = \frac{1000}{a^{(3)}_{\overline{48|}}} = 25.5177$$

$$I_{28\frac{1}{3}} + I_{28\frac{2}{3}} + \cdots + I_{32} = \left(\frac{R}{3}\right)(12) - [P_{28\frac{1}{3}} + P_{28\frac{2}{3}} + \cdots + P_{32}]$$

$$= 4R - [OP_{28} - OP_{32}] = 4R - \left[Ra^{(3)}_{\overline{20|}} - Ra^{(3)}_{\overline{16|}}\right] = 42.3747$$

(3) 감채기금

대출금을 상환(일반적으로 부채를 상환)할 때 감채기금(減債基金)을 이용한다면 보통 원금에 대한 이자는 매회 지급되므로 원금은 항상 일정하게 남는다. 앞으로의 논의를 전개시키기 위하여 다음을 정의한다.

　　　$IP_t$ : 대출받은 후 $t$시점에서의 원금에 대한 이자의 상환액

$D$ : 감채기금 적립을 위한 매회 적립금

$SFI_t$ : 대출받은 후 $t$시점에서의 감채기금 적립액들로부터의 이자($SFB_{t-1} \cdot i$)

$SFB_t$ : 대출받은 후 $t$시점에서의 감채기금의 종가

$NAL_t$ : 대출받은 후 $t$시점에서의 잔존원금(대출금)

$PR_t$ : 대출받은 후 $t$시점에서의 원금(대출금)의 감소액

$NAI_t$ : 대출받은 후 $t$시점에서의 순이자지급액( : $i'L - SFI_t$)

$i$ : 감채기금 적립시 적용되는 이율

$i'$ : 대출금에 적용되는 이율

$L$ : 대출금(원금)　　　　　　　　　　　　　　　　　　　　　　(1.2.7.17)

대출금을 상환하기 위하여 감채기금을 이용할 때는 감채기금 적립시 적용되는 이율 $i$와 대출금에 적용되는 이율 $i'$가 다를 수 있다. 이때 보통 $i$는 $i'$보다 작거나 같다. 따라서 여기서는 $i$와 $i'$가 같을 때와 다를 때를 구분하여 고찰하기로 한다.

(a) $i = i'$인 경우

$t$시점에서 $NAL_t$은 $L$에서 $SFB_t$를 차감한 것과 같다. 이 개념은 할부상환에서 $OP_t$를 구하는 방법과 유사하다. 실제로 $i = i'$인 경우 감채기금방법은 할부상환방법과 완전히 일치한다.

식 (1.1.6.18)로부터 다음과 같은 식이 성립함을 알고 있다.

$$\frac{1}{a_{\overline{n}|}} = \frac{1}{s_{\overline{n}|}} + i \qquad\qquad\qquad (1.2.7.18)$$

이제 대출금(원금) 1원(할부상환을 논할 때는 기본 원금은 $a_{\overline{n}|}$원이었음)을 $n$년 동안 상환한다고 가정한다. $\frac{1}{a_{\overline{n}|}}$은 할부상환방법에 의한 매회(여기서 매회는 정확히 하나의 전화기간을 의미하고 보통 전화기간이 1년이면 매년을 의미) 상환되는 할부금이다. $\frac{1}{s_{\overline{n}|}}$은 $n$년 후에 1원을 적립하기 위한 감채기금의 매회 적립금이다. 또 $i$는 원금에 대하여 매년 지급되는 이자이다. 따라서 $i = i'$일 때 할부상환방법과 감채기금방법은 일치한다.

$i = i'$일 때 두 방법이 일치하는 것을 다르게 증명하여 보자. 이번에는 원금 $a_{\overline{n}|}$이 매년 1원씩 $n$년 동안 상환된다고 가정하자. $IP_t$는 $t$에 관계없이 항상 $ia_{\overline{n}|}$이다. 따라서 $1 - ia_{\overline{n}|}$이 매년 감채기금의 적립금($D$)이다. 따라서

$$(1 - ia_{\overline{n}|})s_{\overline{n}|} = v^n s_{\overline{n}|} = a_{\overline{n}|} \qquad\qquad (1.2.7.19)$$

표 [1.2.7.1]에서 알 수 있듯이 할부상환방법에서 매년 지급되는 이자($I_t$)는 $1 - v^n$, $1 - v^{n-1}$,

…, $1-v$로 매회 감소하고, 감채기금방법에서 지급되는 이자($IP_t$)는 항상 $ia_{\overline{n}|}=1-v^n$으로 일정하므로 두 방법이 같지 않다고 생각될지 모른다. 그러나 감채기금방법에서 매년 $D$로부터 이자가 부리되므로 $NAI_t$는 할부상환방법에서의 $I_t$와 일치하게 된다. 예를 들어 $t$번째 해에서 $t$시점에서의 $NAI_t$은

$$NAI_t = i'L - SFI_t = i'a_{\overline{n}|} - SFI_t \tag{1.2.7.20}$$
$$= ia_{\overline{n}|} - SFI_t \tag{1.2.7.21}$$
$$= ia_{\overline{n}|} - iDs_{\overline{t-1}|} = ia_{\overline{n}|} - i(1-ia_{\overline{n}|})s_{\overline{t-1}|}$$
$$= (1-v^n) - v^n[(1+i)^{t-1}-1]$$
$$= 1-v^{n-t+1} = i\,OP_{t-1} = I_t \tag{1.2.7.22}$$

식 (1.2.7.22)는 할부상환방법에서 $I_t$이므로 $i=i'$일 때 두 방법은 일치한다.

예제 1.2.7.4

1,000원의 대출금을 4년 동안 매년말에 상환하기로 하였다. $i=4\%$일 때 다음을 작성하시오.

(a) 할부상환표　　　　(b) 감채기금표($i'=i=4\%$)

(c) 두 표를 비교하시오.

풀이

(a) $R = \dfrac{1000}{a_{\overline{4}|}} = 1000\left(\dfrac{1}{s_{\overline{4}|}} + 0.04\right) = 275.49$

할부상환표

| $t$ | $R_t$ | $I_t$ | $P_t$ | $OP_t$ |
|---|---|---|---|---|
| 0 | | | | 1000 |
| 1 | 275.49 | 40.00 | 235.49 | 764.51 |
| 2 | 275.49 | 30.58 | 244.91 | 519.60 |
| 3 | 275.49 | 20.78 | 254.71 | 264.89 |
| 4 | 275.49 | 10.60 | 264.89 | 0 |

(b) $\dfrac{1000}{s_{\overline{4}|}} = 1000(0.235490) = 235.49$

$i'L = iL = 0.04(1000) = 40$

감채기금표

| t | $IP_t$ | D | $SFI_t$ | $SFB_t$ | $NAL_t$ |
|---|--------|---|---------|---------|---------|
| 0 |        |   |         |         | 1000    |
| 1 | 40.00  | 235.49 | 0    | 235.49  | 764.51  |
| 2 | 40.00  | 235.49 | 9.42 | 480.40  | 519.60  |
| 3 | 40.00  | 235.49 | 19.22 | 735.11 | 264.89  |
| 4 | 40.00  | 235.49 | 29.40 | 1000   | 0       |

(c) $i = i'$ 일 때

(i) $i'L + D = iL + D = IP + D = R$

(ii) $NAI_t = i'L - SFI_t = iL - SFI_t = IP - SFI_t = I_t$

(iii) $PR_t = SFI_t + D = P_t$

(iv) $NAL_t = L - SFB_t = OP_t$

가 성립함을 알 수 있다.


(b) $i \neq i'$ 인 경우

$i$와 $i'$가 다른 경우를 고찰해 본다. 여기서 $i'$를 보수이율(報酬利率; renumerative rate of interest)이라고 하고 $i$를 증식이율(增殖利率; reproductive rate of interest)이라고 한다. 일반적으로 $i$는 $i'$보다 작다. 왜냐하면 $i$가 $i'$보다 크다면 대출금의 이자보다 더 많은 투자수익을 올릴 수 있다는 것을 의미하기 때문이다.

$i$와 $i'$가 다를 때 매회 이자지급액($IP_t$)과 매회 적립금($D$)의 합계가 1인 $n$년 확정연금의 현가를 $a_{\overline{n}| \, i' \& i}$라고 표시한다. 이때 원금이 1원이라면 할부상환방법에 의한 매회 상환액은 $\dfrac{1}{a_{\overline{n}| \, i' \& i}}$이다. 그러나 감채기금방법에서 이 매회 상환액은 원금에 대한 이자 ($i'L = i' \cdot 1 = i'$)와 감채기금의 매회 적립액인 $\dfrac{1}{s_{\overline{n}|i}}$의 합이다. 즉

$$\frac{1}{a_{\overline{n}| \, i' \& i}} = \frac{1}{s_{\overline{n}|i}} + i' \tag{1.2.7.23}$$

$$= \frac{1}{a_{\overline{n}|i}} + (i' - i) \tag{1.2.7.24}$$

따라서

$$a_{\overline{n}| \, i' \& i} = \frac{a_{\overline{n}|i}}{1 + (i' - i)a_{\overline{n}|i}} \tag{1.2.7.25}$$

식 (1.2.7.25)에서 $i' = i$일 때 $a_{\overline{n}|\, i'\,\&\, i} = a_{\overline{n}|\, i}$이다. 또 감채기금의 매회 적립금은

$$D = \frac{1}{a_{\overline{n}|\, i'\,\&\, i}} - i' \tag{1.2.7.26}$$

따라서

$$Ds_{\overline{n}|\, i} = \left( \frac{1}{a_{\overline{n}|\, i'\,\&\, i}} - i' \right) s_{\overline{n}|\, i} = 1 \tag{1.2.7.27}$$

또는

$$a_{\overline{n}|\, i'\,\&\, i} = \frac{s_{\overline{n}|\, i}}{1 + i' s_{\overline{n}|\, i}} \tag{1.2.7.28}$$

감채기금표를 만들 때는 $i' = i$인 경우와 거의 동일하다. 예제 (1.2.7.4)의 예에서 $i' = 0.045$라면 매년 필요한 금액은

$$\frac{1000}{a_{\overline{4}|\, 0.045\,\&\, 0.04}} = \frac{1000}{s_{\overline{4}|\, 0.04}} + 1000(0.045)$$

$$= 235.49 + 45.00 = 280.49$$

따라서 예제 (1.2.7.4)의 감채기금표에서 $IP_t$를 40에서 45로만 바꾸면 $i \neq i'$일 때의 감채기금표가 된다. $i \neq i'$일 때 원금이 1원인 경우의 감채기금표를 만들면 표 [1.2.7.4]와 같다.

일반적으로 다음의 관계식이 성립한다.

(i) $NAL_t = L - SFB_t = 1 - SFB_t$ 〈표 [1.2.7.4]〉

(ii) $NAI_t = i'L - SFI_t = i' - i \dfrac{s_{\overline{t-1}|}}{s_{\overline{n}|}}$ 〈표 [1.2.7.4]〉

(iii) $PR_t = NAL_{t-1} - NAL_t = (L - Ds_{\overline{t-1}|}) - (L - Ds_{\overline{t}|})$

$$= SFB_t - SFB_{t-1} = \frac{s_{\overline{t}|}}{s_{\overline{n}|}} - \frac{s_{\overline{t-1}|}}{s_{\overline{n}|}}$$ 〈표 [1.2.7.4]〉

$$= SFI_t + D = \frac{(1+i)^{t-1}}{s_{\overline{n}|}}$$ 〈표 [1.2.7.4]〉

표 [1.2.7.4] 감채기금표($i \neq i'$일 때)

| $t$ | $IP_t$ | $D$ | $SFI_t$ | $SFB_t$ | $NAL_t$ |
|---|---|---|---|---|---|
| 0 | | | | | 1 |
| 1 | $i'$ | $\dfrac{1}{s_{\overline{n}|}}$ | 0 | $\dfrac{1}{s_{\overline{n}|}} = \dfrac{s_{\overline{1}|}}{s_{\overline{n}|}}$ | $1 - \dfrac{s_{\overline{1}|}}{s_{\overline{n}|}}$ |
| 2 | $i'$ | $\dfrac{1}{s_{\overline{n}|}}$ | $\dfrac{i s_{\overline{1}|}}{s_{\overline{n}|}}$ | $\dfrac{s_{\overline{1}|}(1+i)+1}{s_{\overline{n}|}} = \dfrac{s_{\overline{2}|}}{s_{\overline{n}|}}$ | $1 - \dfrac{s_{\overline{2}|}}{s_{\overline{n}|}}$ |
| $\vdots$ | $\vdots$ | $\vdots$ | $\vdots$ | $\vdots$ | $\vdots$ |
| $t$ | $i'$ | $\dfrac{1}{s_{\overline{n}|}}$ | $\dfrac{i s_{\overline{t-1}|}}{s_{\overline{n}|}}$ | $\dfrac{s_{\overline{t-1}|}(1+i)+1}{s_{\overline{n}|}} = \dfrac{s_{\overline{t}|}}{s_{\overline{n}|}}$ | $1 - \dfrac{s_{\overline{t}|}}{s_{\overline{n}|}}$ |
| $\vdots$ | $\vdots$ | $\vdots$ | $\vdots$ | $\vdots$ | $\vdots$ |
| $n-1$ | $i'$ | $\dfrac{1}{s_{\overline{n}|}}$ | $\dfrac{i s_{\overline{n-2}|}}{s_{\overline{n}|}}$ | $\dfrac{s_{\overline{n-2}|}(1+i)+1}{s_{\overline{n}|}} = \dfrac{s_{\overline{n-1}|}}{s_{\overline{n}|}}$ | $1 - \dfrac{s_{\overline{n-1}|}}{s_{\overline{n}|}}$ |
| $n$ | $i'$ | $\dfrac{1}{s_{\overline{n}|}}$ | $\dfrac{i s_{\overline{n-1}|}}{s_{\overline{n}|}}$ | $\dfrac{s_{\overline{n-1}|}(1+i)+1}{s_{\overline{n}|}} = \dfrac{s_{\overline{n}|}}{s_{\overline{n}|}} = 1$ | $1 - \dfrac{s_{\overline{n}|}}{s_{\overline{n}|}} = 0$ |
| 합계 | $ni'$ | $\dfrac{n}{s_{\overline{n}|}}$ | $\dfrac{s_{\overline{n}|}-n}{s_{\overline{n}|}} = 1 - \dfrac{n}{s_{\overline{n}|}}$ | | |

**예제 1.2.7.5**

100원의 대출금을 감채기금방법에 의하여 상환하려고 한다. 대출금에 적용되는 이율은 5%이고 이자는 매년말에 지급된다. 감채기금의 적립금은 6개월마다 적립되며 감채기금에 적용되는 이율은 $i^{(4)} = 0.04$이다. $n=2$일 때 감채기금표를 작성하시오.

**풀이**

$$D \frac{s_{\overline{8}|\, 0.01}}{s_{\overline{2}|\, 0.01}} = 100$$

따라서 $D = 100 \dfrac{s_{\overline{2}|\, 0.01}}{s_{\overline{8}|\, 0.01}} = 100(2.01)(0.12069) = 24.26$

감채기금표

| $t$ | $IP_t$ | $D$ | $SFI_t$ | $SFB_t$ | $NAL_t$ |
|---|---|---|---|---|---|
| 0 | | | | | 100.00 |
| $\frac{1}{4}$ | 0 | 0 | 0 | 0 | 100.00 |
| $\frac{2}{4}$ | 0 | 24.26 | 0 | 24.26 | 75.74 |
| $\frac{3}{4}$ | 0 | 0 | 0.24 | 24.50 | 75.50 |
| 1 | 5.00 | 24.26 | 0.25 | 49.01 | 50.99 |
| $1\frac{1}{4}$ | 0 | 0 | 0.49 | 49.50 | 50.50 |
| $1\frac{2}{4}$ | 0 | 24.26 | 0.49 | 74.25 | 25.75 |
| $1\frac{3}{4}$ | 0 | 0 | 0.74 | 74.99 | 25.01 |
| 2 | 5.00 | 24.26 | 0.75 | 100.00 | 0 |

예제 1.2.7.6

대출금이 감채기금방법에 의하여 상환된다. 상환은 매년 1회이며 $i' = 0.08$, $i = 0.05$이며 처음 5년간의 감채기금 적립액은 $D$, 다음 5년간의 감채기금 적립액은 $2D$, 다음 5년간의 감채기금 적립액은 $3D$이고 $NAI_8 = 60.44$일 때 대출금 $L$을 구하시오.

**풀이**

$$NAI_8 = 0.08L - 0.05SFB_7$$
$$= 0.08L - 0.05[Ds_{\overline{7|}} + Ds_{\overline{2|}}] = 60.44 \quad \cdots\cdots ①$$

또

$$L = Ds_{\overline{15|}} + Ds_{\overline{10|}} + Ds_{\overline{5|}} \quad \cdots\cdots ②$$

①과 ②의 연립방정식을 풀면

$$D = 22.68$$
$$L = 899.97$$

## 8. 채권과 주식

### (1) 채 권

#### (a) 채권의 가격

여기서 고찰하는 채권의 가격은 지금까지 살펴본 이자론의 개념을 기초로 하여 고찰한다. 따라서 다음의 가정들을 기초로 한다.

 (i) 모든 이자(coupon)의 지급과 원금 등은 정해진 시간에 상환된다. 실제적으로 채권의 가격은 이자와 원금의 지급불능(default)의 확률에 의존하게 되지만 여기서는 이와 같은 지급불능을 고려하지 않는다.

 (ii) 채권은 상환기간이 정해져 있는 것을 가정한다.

 (iii) 채권가격의 평가시점은 이자가 지급된 바로 다음으로 한다.

 앞으로의 논의를 전개시키기 위하여 다음을 정의한다.

$P$ : 채권의 가격(the price of a bond)

$F$ : 액면가(par value)

$C$ : 상환일에 지급되기로 약속된 금액(the redemption value of a bond)

$r$ : 채권이자를 적용하는 이율(the coupon rate of a bond)

 즉, 지급기간당 이자율(interest rate per payment period)

$Fr$ : 매회 지급되는 채권의 이자(the amount of coupon)

$g$ : $Fr = Cg$를 성립하게 하는 이율. $g = \dfrac{F \cdot r}{C}$ 로서 상환약속된 금액 1원

 에 대한 채권이자율(modified coupon rate of a bond)

$i$ : 채권의 투자수익률(the yield rate of a bond)

$n$ : 상환될 때까지의 기간(전화기간 기준)

$K$ : 상환일에 지급되기로 약속된 금액의 현가, 즉, $K = Cv^n$(이율 $i$ 적용)

$$(1.2.8.1)$$

 채권의 가격은 미래에 지급될 이자(coupon)와 상환일에 지급하기로 약속된 금액의 현가이다. 따라서

$$P = Fr a_{\overline{n}|} + Cv^n = Fr a_{\overline{n}|} + K \qquad (1.2.8.2)$$

식 (1.2.8.2)에 적용된 이율은 채권의 투자수익률인 $i$이다. 식 (1.2.8.2)를 변형하면

$$
\begin{aligned}
P &= Fr a_{\overline{n}|} + Cv^n \\
  &= Fr a_{\overline{n}|} + C(1 - ia_{\overline{n}|}) \\
  &= C + (Fr - Ci)a_{\overline{n}|} \qquad (1.2.8.3)
\end{aligned}
$$

식 (1.2.8.2)를 달리 변형하면

$$P = Cv^n + Fr\,a_{\overline{n}|}$$

$$= Cv^n + Cg\left(\frac{1-v^n}{i}\right)$$

$$= Cv^n + \frac{g}{i}(C - Cv^n)$$

$$= K + \frac{g}{i}(C - K) \tag{1.2.8.4}$$

채권은 통상 액면으로 상환되지만(즉, $C = F$) 때에 따라서 $C \neq F$인 경우도 있다.

---

( 예제 1.2.8.1 )

액면가 100원, 채권상환기간 10년, 상환약속금액 105원, 이자는 6개월마다 한번씩 지급되고 적용되는 이율은 $j^{(2)} = 5.25\%$이고 이 채권의 투자수익률이 $i^{(2)} = 6\%$일 때 채권의 가격을 구하시오.

풀이

$$F = 100, \quad C = 105, \quad r = \frac{0.0525}{2} = 0.02625$$

$$g = \frac{100}{105}(0.02625) = 0.025$$

$$i = \frac{0.06}{2} = 0.03, \quad n = 20$$

$$K = 105(1.03)^{-20} = 105(0.55368) = 58.1364$$

따라서

$$P = Fr\,a_{\overline{n}|} + K = 2.625\,a_{\overline{20}|\,0.03} + 58.1364 = 97.19$$

또는 식 (1.2.8.3)을 이용하여

$$P = C + (Fr - Ci)a_{\overline{n}|}$$

$$= 105 + (2.625 - 3.150)a_{\overline{20}|\,0.03} = 97.19$$

또는 식 (1.2.8.4)를 이용하여

$$P = K + \frac{g}{i}(C - K)$$

$$= 58.1364 + \frac{0.025}{0.03}(105 - 58.1364) = 97.19$$

(b) Premium부와 할인

채권을 액면가 이상으로 매입하였을 때(즉, $P > C$) 이를 premium부 매입이라 하고 액면가 이하로 매입하였을 때(즉, $P < C$) 이를 할인매입이라고 한다. 식 (1.2.8.3)을 이용하면

$$\text{premium} = P - C = (Fr - Ci)a_{\overline{n}|i} = C(g-i)a_{\overline{n}|i} \quad (g>i \text{일 때}) \tag{1.2.8.5}$$

$$\text{할인} = C - P = (Ci - Fr)a_{\overline{n}|i} = C(i-g)a_{\overline{n}|i} \quad (i>g \text{일 때}) \tag{1.2.8.6}$$

premium과 할인은 비록 이름은 다르지만 실제상으로는 동일한 개념이다. 이는 할인이란 premium의 음수값이기 때문이다. 대부분의 경우 $F=C$이므로 $g=r$이다.

　　채권의 가격은 두 개의 요소에 의존한다. 즉, 이자의 현가와 $C$의 현가이다. $P$는 보통 $C$보다 크거나 작기 때문에 채권상환시점(redemption date)에서는 할인(discount)만큼의 이익이 있거나 premium만큼의 손실이 있다. 이와 같은 손실과 이익은 채권의 수익률인 $i$에 반영되어 있다. 채권상환시점에서의 이익과 손실 때문에 매회 지급되는 채권의 이자는 채권 투자자에게는 전부 수입으로 간주될 수 없다. 따라서 매회 지급되는 채권의 이자를 이자부분(interest-paid)과 투자금액, 즉, 원금의 조정부분(principal-adjustment portions)으로 나누어 생각할 수 있다. 이와 같은 관점에서는 채권의 가격 $P$는 채권매입시점부터 연속적으로 조정되어서 $C$로 접근하여 간다. 이와 같이 조정된 채권의 가격을 채권의 장부가격(book values of the bond)이라고 하고 재무제표상의 채권의 가치를 나타낼 때 쓰일 수 있다.

### (c) 채권의 수익률

채권의 수익률을 구하는 방법은 다음의 네 가지가 있다.

첫째, 채권표(bond table)를 기초로 한 선형보간을 이용한다.

둘째, 식 (1.2.8.4)를 이용하여

$$i = \frac{Cg[1-(1+i)^{-n}]}{P-C(1+i)^{-n}} \tag{1.2.8.7}$$

즉,

$$f(i) = \frac{Cg[1-(1+i)^{-n}]}{P-C(1+i)^{-n}} \tag{1.2.8.8}$$

식 (1.2.8.8)에서 $Cg$, $P$, $C$가 주어진 값이므로 수치해석기법을 이용한 연속적인 근사치를 구해나가는 방법이다.

　　셋째, 식 (1.2.8.3)을 이용하여

$$P = C + (Fr - Ci)a_{\overline{n}|}$$
$$= C + C(g-i)a_{\overline{n}|}$$

여기서

$$k = \frac{P-C}{C} \tag{1.2.8.9}$$

라고 하면

$$(g-i)a_{\overline{n|}} = \frac{P-C}{C} = k$$

따라서

$$i = g - \frac{k}{a_{\overline{n|}}} \tag{1.2.8.10}$$

앞에서 고찰한 바와 같이

$$\frac{1}{a_{\overline{n|}}} = \frac{1}{n}\left[1 + \frac{n+1}{2}i + \frac{n^2-1}{12}i^2 + \cdots\right]$$

이므로 세 번째 항 이후를 생략하면

$$i = g - \frac{k}{a_{\overline{n|}}}$$

$$= g - \frac{k}{n}\left[1 + \frac{n+1}{2}i\right] \tag{1.2.8.11}$$

식 (1.2.8.11)에서 $i$를 구하면

$$i = \frac{g - \frac{k}{n}}{1 + \frac{n+1}{2n}k} \tag{1.2.8.12}$$

식 (1.2.8.12)에서 $\frac{n+1}{2n} \fallingdotseq \frac{1}{2}$로 하며 다음의 근사치를 얻는다.

$$i = \frac{g - \frac{k}{n}}{1 + \frac{1}{2}k} \tag{1.2.8.13}$$

식 (1.2.8.13)을 bond salesman's method라고 한다.

넷째, 식 (1.2.8.3)과 이자표에 기초하여 선형보간을 이용한다.

⎰ 예제 1.2.8.2 ⎱

$F = 100$, 채권상환기간 10년, 이자의 지급은 6개월에 한 번, 채권 이자에 적용되는 이자율 $k^{(2)} = 0.04$일 때 채권의 수익률인 $i^{(2)}$를 구하시오. 단 채권의 가격은 90이다.

**풀이**

(a) 네 번째 방법

식 (1.2.8.3)을 이용하여

$$90 = 100 + (2 - 100j)\,a_{\overline{20}|\,j}$$

여기서 $j$는 6개월당 수익률이다.

$f(j) = 10 + (2 - 100j)\,a_{\overline{20}|\,j}$라면 $f(j) = 0$이 되는 $j$의 값을 찾으면 된다.

이자표에서

$$f(0.0250) = 10 + (2 - 2.50)(15.5892) = 2.2054$$
$$f(0.0275) = 10 + (2 - 2.75)(15.2273) = -1.4205$$

선형보간을 이용하면

$$j = 0.025 + 0.0025\,\frac{2.2054 + 0}{2.2054 + 1.4205} = 0.0265$$

따라서 $i^{(2)} = 2j = 0.0530 = 5.30\%$

(b) 세 번째 방법

식 (1.2.8.12)를 이용하면 $k = \dfrac{90 - 100}{100} = \dfrac{-1}{10}$

$$j = \frac{0.02 + \dfrac{1}{200}}{1 + \dfrac{21}{40}\left(-\dfrac{1}{10}\right)} = 0.0264$$

따라서 $i^{(2)} = 0.0528 = 5.28\%$

(d) 일 반 식

지금까지 살펴본 것은 이자지급기간(p.p.)과 수익률 적용시 사용되는 전화기간(i.c.p.)이 같은 경우를 살펴보았다. 이에 대한 일반식을 고찰하여 보자. 우선 p.p. > i.c.p.인 경우를 고찰해 본다. 채권의 기간이 $n$ i.c.p.이고 $Fr$의 지급이 매 $k$ i.c.p.마다 발생하면 $\dfrac{n}{k}$번의 채권이자의 지급이 있다. 따라서

$$P = Fr\,\frac{a_{\overline{n}|}}{s_{\overline{k}|}} + Cv^n \tag{1.2.8.14}$$

$$P = C + \left(\frac{Fr}{s_{\overline{k}|}} - Ci\right)a_{\overline{n}|} \tag{1.2.8.15}$$

$$P = K + \frac{g}{is_{\overline{k}|}}(C - K) \tag{1.2.8.16}$$

다음으로 i.c.p.>p.p.인 경우로서 i.c.p.당 $m$회의 이자지급이 있는 경우를 고려해보자. 각 전환기간의 $\frac{1}{m}$기간의 말에 지급되는 이자가 $\frac{Fr}{m}$이면 이자의 총지급횟수는 $mn$이다. 따라서 다음 식들이 성립한다.

$$P = Fra_{\overline{n}|}^{(m)} + Cv^n \tag{1.2.8.17}$$

$$P = C + (Fr - Ci^{(m)})a_{\overline{n}|}^{(m)} \tag{1.2.8.18}$$

$$P = K + \frac{g}{i^{(m)}}(C - K) \tag{1.2.8.19}$$

예제 1.2.8.3

$F = C = 1000$, 채권상환기간 10년, 채권이자에 적용되는 이자율 $j^{(4)} = 8\%$, 채권수익률은 $i^{(2)} = 6\%$일 때 채권의 가격을 구하시오.

풀이

$$P = 1000v^{20} + 40a_{\overline{20}|}^{(2)} \quad (3\% \text{ 기준})$$
$$= 553.68 + 40(1.007445)(14.8775) = 1153.21$$

### (2) 주 식

이론적으로 보통주의 가격은 배당금들의 현재가치로 볼 수 있다. 먼저 배당금이 매년 동일할 것으로 기대되는 제로성장주식(zero growth stock)의 경우를 생각해 본다. 배당금이 $D$로서 일정하다면 보통주의 주가는($r$은 수익률)[1]

$$P = \frac{D}{1+r} + \frac{D}{(1+r)^2} + \frac{D}{(1+r)^3} + \cdots + \frac{D}{(1+r)^\infty}$$
$$= Da_{\overline{\infty}|} = \frac{D}{r} \tag{1.2.8.20}$$

식 (1.2.8.20)에서

$$r = \frac{D}{P} \tag{1.2.8.21}$$

따라서 수익률 $r$은 $\frac{D}{P}$(배당수익률)임을 알 수 있다

이와 같은 제로성장 주가모델은 현실적으로 많은 경우에 적용하기 어렵다. 왜냐하면 대부분의 기업의 수익력은 장기적으로 해마다 성장하게 마련이다. 따라서 배당금도 함께

---

1) 재무이론에서는 $i$대신 보통 $r$을 사용한다.

성장하는 것이 보통이다. 만일 어느 특정기업의 주식에 대한 배당금이 매년 일정한 비율 $g$로 성장한다고 가정할 수 있다면 주가는

$$P = \frac{D}{1+r} + \frac{D(1+g)}{(1+r)^2} + \frac{D(1+g)^2}{(1+r)^3} + \cdots$$

$$= \frac{D}{r-g} \tag{1.2.8.22}$$

식 (1.2.8.22)는 $r > g$인 것을 가정하고 있고 $g$가 $r$에 가까워질수록 $P$는 무한히 커진다.

채권과 주식에 대한 보다 자세한 것은 재무관리이론으로 미루고 여기서는 이자론의 응용으로서만 고찰하는 데 그친다.

## 연습문제 1.2

1. 1년에 600원씩 매년말에 6년 동안 지급되는 연금의 현가를 구하시오. 단, $i^{(6)} = 0.18$ 이다.

2. 연금가입 후 5년마다 연도말에 10원씩 지급하는 영구연금의 현가가 15원이라고 하자. 이 때 연간실이율 $i$를 구하시오.

3. $n$지급기간 동안 $k$전화기간마다 1, 2, 3, …으로 연금이 지급되는 기말급누가연금의 현가 $A$가 다음과 같음을 보이시오. 전화기간당 이자율은 $i$이다.

$$A = \frac{\dfrac{a_{\overline{n}|}}{a_{\overline{k}|}} - \dfrac{n}{k}\,v^n}{i\,s_{\overline{k}|}}$$

4. 매회 지급기간이 전화기간보다 큰 경우의 연금의 현가(PV)가 다음과 같음을 유도하시오. 여기서 $P$는 처음 지급액이고 $k$전화기간당 $Q$씩 증가하는 경우이다. (기호는 제1장 II의 1에서 정의된 기호와 제1장 I의 8에서 사용된 기호를 그대로 사용한다)

$$PV = P\,\frac{a_{\overline{n}|}}{s_{\overline{k}|}} + Q\left( \frac{\dfrac{a_{\overline{n}|}}{s_{\overline{k}|}} - \dfrac{n}{k}\,v^n}{i\,s_{\overline{k}|}} \right)$$

5. A는 제2연도말에 100원, 제4연도말에 100원 등으로 2년마다 100원씩 20년 동안 입금하

였다. 적용되는 연간실이율은 $i$이다. 제20연도말의 적립금은 $x$원으로 제10연도말의 적립금의 3배라고 할 때, $x$를 구하시오.

6. 다음 그림과 같은 지급이 있을 때 6시점에서의 연금의 가치는 $c_1 \dfrac{s_{\overline{8|}}}{s_{\overline{2|}}} + c_2 a^{(2)}_{\overline{4|}} + c_3 a^{(2)}_{\overline{3|}}$ 로 주어진다. 이 때 $c_1$, $c_2$, $c_3$를 구하시오.

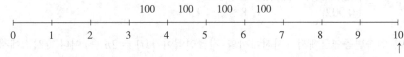

7. 다음을 증명하시오.

$$\frac{d}{dn} a_{\overline{n|}} = \frac{v^n}{s_{\overline{1|}}}$$

8. $t$시점에서의 연속영구연금의 연속적 연액이 $r(t) = 100\,e^{-t}$일 때 이 연속영구연금의 현가를 구하시오. 단, $\delta = 0.2$이다.

9. 어떤 사람이 10년 후, 20년 동안 매 연도말에 연금을 받기 위해, 10년 동안 연속적 연액(연속연금의 지급금의 연액) 1,500원씩을 적립하였다. 적립시 적용되는 이력 $\delta = 0.05$이고, 확정연금을 받을 때 적용되는 연간실이율 $i$는 $\delta$와 상등하다고 할 때, 10년 후 20년간 매해 받게 되는 연금액을 구하시오. 연금개시시점은 마지막 적립이 완료되고 1년 후이다.

10. 다음 자료를 이용하여 $\bar{s}_{\overline{1|}}$을 구하시오.

(i) $\ddot{a}_{\overline{n+2|}} = 9.3064$　　　　　　(ii) $\ddot{s}_{\overline{n|}} = 13.2068$

11. 다음과 같은 연속연금의 10시점에서의 종가를 구하시오. $i = 0.05$를 이용하시오.

12. 현재 기금에는 100,000원이 적립되어 있고, 이 기금은 $\delta = 0.05$로 연속적으로 부리된다. 이 기금으로부터 매년 연속적 연액(연속연금의 연지급액) 15,000원을 인출하면 $n$년 후 기금이 고갈된다고 할 때, $n$을 구하시오.

13. 다음을 증명하시오.

$$\frac{d}{dn} \bar{s}_{\overline{n|}} = 1 + \delta\,\bar{s}_{\overline{n|}}$$

14. 연금지급이 지금 30, 6개월 후 60, 1년 후 90, 1년반 후 120, …… 등 매 6개월마다 30씩 증가하며 연금지급기간이 10년인 경우 이 연금의 현가를 구하시오. $d^{(2)} = 0.12$를 이용하시오.

15. 다음과 같은 영구연금의 현가를 구하시오. $v^3 = 0.8$을 이용하시오.

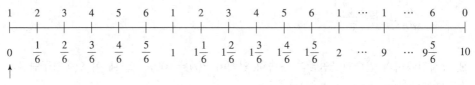

16. 다음 그림과 같은 지급이 있을 때, 0시점에서 이 연금의 현가를 보험수리기호를 이용하여 나타내시오.

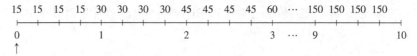

17. 연금지급액이 매 분기말에 1, $(1.02)$, $(1.02)^2$, $(1.02)^3$ 등으로 증가하는 영구연금의 현가를 구하시오. 단, 연간실이율 $i = 10\%$이다.

18. 다음 그림과 같이 연금을 지급할 때, 0시점에서 이 연금의 현가를 구하시오. ($i^{(12)} = 12\%$)

15  15  15  15  30  30  30  30  45  45  45  45  60  …  150 150 150 150
├──────┼──────┼──────┼──────┼──────┼──────┤
0        1        2        3  …  9        10
↑

19. 다음 자료를 이용하여 15년 연속변동연금의 현가를 구하시오.

   (i) $r(t) = \begin{cases} 0, & 0 < t < 8 \\ 1.5t^2 + 5t, & 8 < t < 15 \end{cases}$

   (ii) $\delta_t = \begin{cases} 0.0001t + 0.004, & 0 \leq t < 8 \\ 0.002, & 8 \leq t \leq 15 \end{cases}$

20. $n$년 연속변동연금에서 $t$시점에서의 지급연액이 $r(t) = 2n - t$이다. $t$시점에서의 이력 $\delta_t = \dfrac{1}{1+t}$일 때 이 연금의 현가는 $[(2n + 1) \ln(n + 1)] - n$임을 유도하시오.

21. (a) $(\bar{I}\bar{a})_{\overline{n}|} = \dfrac{\bar{a}_{\overline{n}|} - n\,v^n}{\delta}$ 을 적분을 이용하여 유도하시오.

    (b) $\delta = 0.05$일 때, $(\bar{I}\bar{a})_{\overline{\infty}|}$의 값을 구하시오.

22. (a) $\dfrac{d}{di} a_{\overline{n}|} = -v(Ia)_{\overline{n}|}$을 증명하시오.

(b) $i = 0$에서 $\dfrac{d}{di} a_{\overline{n}|}$의 값을 구하시오.

(c) $\dfrac{d}{di} \bar{a}_{\overline{n}|} = -v(\bar{I}\bar{a})_{\overline{n}|}$ 을 증명하시오.

(d) $i = 0$에서 $\dfrac{d}{di} \bar{a}_{\overline{n}|}$의 값을 구하시오.

23. $a_{\overline{n}|}$에 관한 부록의 표는 $i$의 한정된 값(예 : $i = 5\%$)에 대한 표이다. $i$와 가까운 $j$(예: $j = 5.01\%$)에 대하여는 $a_{\overline{n}|}$의 표가 없기 때문에 근사값을 이용할 수 있다. 연습문제 22번의 (a)를 이용하여 이율 $j$에서의 $a_{\overline{n}|}$의 근사값은 다음과 같음을 증명하시오.

$$a_{\overline{n}|j} = a_{\overline{n}|i} - \frac{j-i}{1+i} (Ia)_{\overline{n}|i}$$

24. 연시자산이 100,000원이고, 연말자산은 140,000원이다. 총 이자수입은 10,000원이고 $t$ 시점에 ($0 \leq t \leq 1$) 한번의 자금유입이 있었다고 한다. 연간수익률이 8%일 때, $t$를 구하시오.

25. 연시자산이 1,000원이고 4번째 달의 말에 1,000원이 유입되었다. 5번째 달의 말에 300원이 유출되고 8번째 달의 말에 700원이 유출되었다. 연간수익률이 7%일 때, $_{1-t}i_t = (1-t)i$를 이용하여 연말자산을 구하시오.

26. 연시자산을 A, 연중(年中)자산을 B, 연말자산을 C라고 하고 $A(t) = \alpha + \beta t + \gamma t^2$임을 가정할 때 수익률 $i$를 구하는 식을 유도하시오.

27. (a) $_{1-t}i_t = (1-t)i$라고 가정할 때 $_t i_0$를 구하시오.

(b) $_t i_0 = ti$라고 가정할 때 $_{1-t}i_t$를 구하시오.

28. $a_t$를 $t$시점에서의 지출, $b_t$를 $t$시점에서의 수입이라고 하면

$$\sum_{t=1}^{n} a_t v^t = \sum_{t=1}^{n} b_t v^t \quad (\text{즉, 지출의 현가} = \text{수입의 현가})$$

를 성립하게 하는 $i$를 수익률(yield rate)이라고 한다. 원금 $P$가 투자되어서 매년말 $jP$의 수입이 $n$년간 발생하고 마지막 해인 $n$년 후에 $P$의 수입이 있을 때 수익률 $i = j$임을 증명하시오.

| $b_t$: | | $jP$ | $jP$ | $\cdots$ | $jP$ | $jP + P$ |
|---|---|---|---|---|---|---|
| | 0 | 1 | 2 | $\cdots$ | $n-1$ | $n$ |
| $a_t$: | $P$ | | | | | |

29. 대출금 $L$원이 매년말에 500원씩 20년 동안 상환된다고 가정하자. 20년 동안의 이자상환액의 총합이 $L$과 같을 때, 첫 해의 이자상환액 $I_1$을 구하시오.

30. A기업은 은행으로부터의 대출금 15,000원을 매 분기말에 800원씩 할부상환하려고 한다. 이때 적용되는 명목이율 $i^{(4)} = 12\%$이다. 10번의 할부금을 상환한 후, A기업은 명목이율 $i^{(12)} = 10\%$를 적용하여 매달말에 $R$원씩 20번의 할부금을 상환하여 대출금을 모두 상환하려고 한다. 이때 $R$을 구하시오.

31. 대출금 10,000원이 매달말에 $x$원씩 상환되며, $x$원보다 작은 금액 $y$원이 마지막 $x$원이 상환된 1년 후에 상환된다. 10번의 할부금의 상환이 이루어진 후 잔존원금이 $4x$원이라고 할 때, $i = 5\%$를 이용하여 $x$를 구하시오.

32. 대출금 $L$을 18년 동안 할부상환하기로 하였다. 상환은 매년말에 이루어지고, 처음 6년 동안 상환하는 금액은 $3R$, 다음 6년 동안 상환하는 금액은 $R$, 마지막 6년 동안 상환하는 금액은 $2R$이다. 적용되는 연간실이율을 $i$라고 하고 $I_7 = 1.2I_{13}$일 때, $i$를 구하시오.

33. 대출금 1,000원을 4년 동안 할부상환하기로 하였다. 상환은 매년말에 이루어지고 $i = 0.1$이다. 이때 표 [1.2.7.1]과 같은 표를 작성하시오.

34. 대출금이 매달 100원씩 36개월 동안 할부상환된다. 처음 상환되는 시기는 대출받은 후 1개월 후이다. 마지막 12개월 동안의 이자의 총액이 109.20원일 때 13번째 상환부터 24번째 상환사이의 이자의 총액을 구하시오. 단, $a_{\overline{24}|} = 20.0304$

35. 대출금이 매년말 1,000원씩 20년 동안 이율 6%하에서 할부상환 된다고 하자. 11번의 할부금을 상환한 후 이율이 6%에서 5%로 감소하였다. 앞으로 4년 동안 남은 대출금을 상환하려면(즉, 상환기간을 20년에서 15년 동안으로 변경하여 상환하려고 함) 매년말에 $R$원씩 상환한다고 할 때, $R$을 구하시오.

36. 다음 자료를 이용하여 15번째 할부상환액에서 지급된 이자를 구하시오. $n$은 총 상환횟수이고 $B_k$는 $k$번째 상환 후 잔존원금이다.

    (i) 매 분기말의 할부상환액은 100원이고, 적용되는 명목이율을 $i^{(4)}$라고 하자.
    (ii) $n = 40$　　　　　　　　　　　　(iii) $B_8 = 2490.08$,　$B_{24} = 1402.06$

37. 대출금이 30년 동안 매년말 할부상환된다. 제11연도말의 11번째 상환액 중 이자지급액은 2,500원, 제21연도말의 21번째 상환액 중 이자지급액은 2,000원일 때 제26연도말의 26번째 상환액 중 이자지급액을 구하시오.

38. $R_t = R$일 때 $P_t = P_s(1+i)^{t-s}$을 증명하시오.

39. 대출금 $L = 1000$이 4년 동안 매년말에 상환된다. $i = 0.1$이라고 가정하고, 매년 상환되는 원금상환액 $P_t$가 항상 일정할 때 표 [1.2.7.1]과 같은 표를 작성하시오. 이때 이자상환액들의 현가(대출금 수령시)가 $25(Da)_{\overline{4}|}$임을 증명하시오.

40. 10,000원의 대출금이 매년말에 1번씩 20년 동안 상환되며 적용되는 이율은 4%이다. 처음 10년간의 할부금(원금상환액+잔존원금의 이자)을 $P$라고 하면 그 다음 5년간의 할부금은 $P + 100$이고 마지막 5년간의 할부금은 $P + 150$이다. 이때 다음을 구하시오.
    (a) $P_{12}$(12번째 할부금에서 원금상환액)
    (b) 총이자 지급액이 4,978원일 때(즉, $\sum_{t=1}^{20} I_t = 4978$), 잔존원금의 총합계(즉, $\sum_{t=0}^{19} OP_t$)

41. 대출금이 매년말에 1, 2, 3, $\cdots$, 10 등으로 10년에 걸쳐서 상환된다. 각 연도의 상환금액은 원금상환액과 잔존원금에 대한 이자를 포함한다. 제5연도말의 5번째 상환액($R_5$) 중에서 원금상환액($P_5$)의 값이 $11v^6 - a_{\overline{6}|}$임을 보이시오.

42. 50,000원의 대출금이 15년 동안 매년말에 일정금액이 감채기금방법으로 상환된다. 대출금에 적용되는 이율은 7%이고, 감채기금 적립시 적용되는 이율은 5%이다. 대출받은 후 제10연도초에 감채기금 적립시 적용되는 이율이 4%로 감소하였다고 할 때, 감채기금의 매회 적립금($D$)의 증가분을 구하시오.

43. 400,000원의 대출원금이 매년말에 50,000원씩(이자+감채기금적립액) 10년 동안 감채기금방법으로 상환된다. 대출금에 적용되는 이율이 5%일 때, 감채기금 적립시 적용되는 이율을 구하시오.

44. A와 B는 같은 은행으로부터 10,000원을 대출받았다. A는 대출금을 10년 동안 매년말에 한번씩 할부상환한다. B는 대출금을 10년 동안 감채기금방법으로 상환한다. 대출금에 적용되는 이율은 모두 5%이고, 감채기금 적립시 적용되는 이율은 3%일 때, A와 B의 연간 상환액의 차이를 구하시오.

45. A는 대출금 30,000원을 20년 동안 감채기금방법에 의하여 상환하려고 한다. 상환은 6개월마다 되며, 대출금에 적용되는 이율은 $i^{(2)} = 12\%$, 감채기금 적립시 적용되는 이율은 $i^{(2)} = 8\%$이다. A는 6개월마다 800원씩 이자를 상환한다. 상환하지 못한 이자의 적립분과 대출금은 감채기금방법을 이용하여 D원씩 적립하여 20년 후 전부 상환하려고 할 때 D를 구하시오.

46. 어떤 사람이 금광을 $P$ 원에 인수하였다. 이 금광으로부터의 수입은 매년말 100,000원씩 10년 동안 발생하고 10년 후 금광의 가치는 0원이다. 또 투자한 사람은 투자금인 $P$ 원을 이율 5%인 감채기금을 이용하여 적립하려 할 때 수익률 $i = 10\%$를 얻기 위한 $P$의 값을 구하시오. (Hint : 연습문제 28번을 이용하시오)

47. (a) 식 (1.2.8.15)와 식 (1.2.8.16)을 유도하시오.
    (b) 식 (1.2.8.18)과 식 (1.2.8.19)를 유도하시오.

48. $F = 1000$이고 $F$에 적용된 채권이자에 대한 이율은 $j^{(2)} = 9\%$이다. $C = 1100$이고 채권 매입시 투자수익률은 $i^{(2)} = 8\%$이고 $K = 190$일 때 채권의 가격 $P$를 구하시오.

제 **2** 장
# 생존분포와 생명표

# Ⅰ. 기초이론

## 1. 확률의 개념

사람이 태어나서 사망하는 것은 진리이나 사람의 사망시점을 정확히 예측할 수는 없다. 개개인의 사망시점을 예측하기는 어려워도 어느 집단에서 일정기간 동안의 평균 사망자수(平均 死亡者數)는 비교적 쉽게 예측이 가능하다. 즉, 개인의 사망시점의 예측은 어렵지만 과거의 경험을 기초로 하여 일정기간 동안의 개인의 사망확률은 예측이 가능하다.

### (1) 확률의 계산

하나의 사상(事象 ; event)이 $n$개의 가능한 경우에서 $m$번 일어난 것이 관찰되었다면 $m/n$을 그 사상의 확률의 추정치(推定値)로 사용할 수 있을 것이다. $n$이 커질수록 이 추정치의 신뢰성은 높아진다. 예를 들어 20세의 남자 100,000명에서 다음 해에 사망한 사람의 수가 162명이라면 20세 남자가 다음해에 사망할 확률은 0.00162가 될 것이다.

이와 같이 경험론적 관점에서 확률을 정의하려면 $n$이 무한히 증가함에 따라 $m/n$의 극한이 존재하여야 한다. $m/n$의 극한이 존재하는 것을 가정할 때 어떤 사상(event)이 일어날 확률은 다음과 같이 정의된다.

$$p = \lim_{n \to \infty} \frac{m}{n} \tag{2.1.1.1}$$

예를 들어 동전을 계속적으로 반복하여 던져 그 결과를 관찰·기록하는 실험을 통해 동전의 앞면이 나오는 확률을 계산하는 것을 생각해 보자. 처음 단계에서는 앞면이 나올 확률의 추정치는 심하게 변할 수 있지만 충분히 많은 횟수를 거듭하면 앞면이 나올 확률의 추정치는 어느 수치(즉, 0.5)에 점차 접근하게 된다. 여기서 $n \to \infty$은 동전을 던지는 실험의 시행횟수($n$)가 무한에 접근함을 의미한다.

이와 같이 $n$이 무한대에 가까워지면 표본(標本)의 평균(여기서는 $m/n$)이 실제의 알려지지 않은 평균(여기서는 0.5)에 수렴하게 되는데 이런 현상을 대수의 법칙(大數 法則 ; the law of large numbers)이라고 한다. 그러나 현실적으로는 수많은 실험이나 관찰을 하기가 힘드므로 일정수의 실험이나 관찰을 통하여 원하는 사상의 확률의 추정치를 얻는다. 행하는 실험이나 관찰의 횟수($n$)가 클수록 더욱 정확한 확률의 추정치를 얻을 수 있다.

(2) 확률에 관한 법칙

(a) 여사상의 확률법칙

사상 $A$가 발생하지 않을 확률은 1에서 사상 $A$가 발생할 확률을 뺀 것과 같다. 이를 여사상(餘事象)의 확률법칙이라고 한다. $A^c$가 $A$의 여사상이라면 다음이 성립한다.

$$\Pr(A^c) = 1 - \Pr(A) \tag{2.1.1.2}$$

예를 들어 사상 $A$가 20세 남자가 앞으로 일년 안에 사망하는 것이라고 정의하면 20세 남자가 일년 안에 사망할 확률은 $\Pr(A)$이고 20세 남자가 앞으로 일년 안에 사망하지 않을 확률은 $\Pr(A^c)$이다. 따라서 $\Pr(A) = 0.1$이라면 $\Pr(A^c) = 0.9$가 된다.

(b) 합의 일반법칙

$A$, $B$를 2개의 사상이라고 하면 $A \cup B$를 구성하는 단순사상은 $A$를 구성하는 단순사상과 $B$를 구성하는 단순사상을 합한 것이지만 어느 단순사상도 $A \cup B$를 구성하는 데 1회 밖에 들어가지 못하므로 $A \cap B$를 구성하는 단순사상이 2회 들어가는 경우를 빼지 않으면 안 된다. 즉 $\Pr(A \cup B)$는 $\Pr(A) + \Pr(B)$에서 $\Pr(A \cap B)$를 뺀 것과 같다. 즉,

$$\Pr(A \cup B) = \Pr(A) + \Pr(B) - \Pr(A \cap B) \tag{2.1.1.3}$$

2개의 사상 $A$와 $B$가 $A \cap B = \phi$일 때 $A$와 $B$는 서로 배반(排反)인 사상이라고 말한다. $A$와 $B$가 배반이면 $\Pr(A \cap B) = \Pr(\phi) = 0$이므로 다음이 성립한다.

$$\Pr(A \cup B) = \Pr(A) + \Pr(B) \tag{2.1.1.4}$$

(c) 곱의 일반법칙

곱의 일반법칙은 조건부확률을 설명한 후에 고찰하기로 한다.

(3) 조건부확률

몇 개의 사건이 동시에 공동으로 발생하는 확률을 결합확률(結合確率 ; joint probability)이라고 한다. 결합확률을 이해하려면 먼저 조건부확률(條件附確率 ; conditional probability)의 개념을 이해하여야 한다. 아래의 표 [2.1.1.1]에서는 100명을 남녀, 그리고 연령별로 구분한 것이다. 여기서 $A_1$은 남자, $A_2$는 여자, $B_1$은 30세 미만 그리고 $B_2$는 30세 이상을 나타낸다.

표 [2.1.1.1]  성별 및 연령에 의한 분류

| 구 분 | 30세 미만($B_1$) | 30세 이상($B_2$) | 합    계 |
|---|---|---|---|
| 남  ($A_1$) | 15 | 25 | 40 |
| 여  ($A_2$) | 20 | 40 | 60 |
| 합    계 | 35 | 65 | 100 |

표 [2.1.1.1]에서 남자이면서 동시에 30세 미만인 경우는 $(A_1 \cap B_1)$으로 표시할 수 있다. 또 남자인 조건하에서 30세 미만인 경우를 $(B_1|A_1)$으로 표시한다. 그러므로 $\Pr(A_1 \cap B_1) = 15/100$이고 $\Pr(B_1|A_1) = 15/40$가 된다. $\Pr(B_1|A_1)$과 같이 어떤 조건하에서 확률을 구할 때 이를 조건부확률이라고 한다. $\Pr(B_1|A_1)$은 다음과 같이 표시된다.

$$\Pr(B_1|A_1) = \frac{15}{40} = \frac{\frac{15}{100}}{\frac{40}{100}} = \frac{\Pr(\text{남자} \cap 30\text{세미만})}{\Pr(\text{남자})} \tag{2.1.1.5}$$

식 (2.1.1.5)를 일반화시키면 다음과 같다.

$$\Pr(B_1|A_1) = \frac{\Pr(B_1 \cap A_1)}{\Pr(A_1)} = \frac{\Pr(A_1 \cap B_1)}{\Pr(A_1)} \tag{2.1.1.6}$$

$\Pr(A_1) \neq 0$, $\Pr(B_1) \neq 0$이면 식 (2.1.1.6)으로부터 곱의 법칙을 얻는다.

$$\Pr(A_1 \cap B_1) = \Pr(A_1) \cdot \Pr(B_1|A_1) = \frac{40}{100} \cdot \frac{15}{40}$$

$$= \Pr(B_1) \cdot \Pr(A_1|B_1) = \frac{35}{100} \cdot \frac{15}{35} = \frac{15}{100} \tag{2.1.1.7}$$

이제 $A \cap B = D$라 하고 $\Pr(D) \neq 0$이면 $\Pr(D \cap C)$는 어떻게 $A$, $B$, $C$로 표시할 수 있는가를 살펴보자.

$$\begin{aligned}
\Pr(A \cap B \cap C) &= \Pr(D \cap C) \\
&= \Pr(D) \cdot \Pr(C|D) \\
&= \Pr(A \cap B) \cdot \Pr(C|A \cap B) \\
&= \Pr(A) \cdot \Pr(B|A) \cdot \Pr(C|A \cap B) \tag{2.1.1.8}
\end{aligned}$$

식 (2.1.1.8)을 일반화하면 다음과 같다. 즉, $A_1$, $A_2$, $A_3$, $\cdots$ $A_n$의 사상들이 공동으로 일어날 확률은 다음과 같다.

$$\Pr(A_1 \cap A_2 \cap A_3 \cap \cdots \cap A_n) = \Pr(A_1) \cdot \Pr(A_2|A_1) \cdot \Pr(A_3|A_1 \cap A_2)$$
$$\cdots \cdot \Pr(A_n|A_1 \cap A_2 \cap A_3 \cap \cdots \cap A_{n-1}) \qquad (2.1.1.9)$$

지금까지 살펴본 곱의 법칙은 앞으로 고찰할 사망률의 계산에 많이 사용될 것이므로 예제를 몇 개 들어보기로 한다.

예제 2.1.1.1

52장으로 된 트럼프 놀이에서 킹은 4장이 있다. 두 장을 차례로 뽑을 때 모두 킹일 확률은 얼마인가?

풀이

첫 번째 킹카드를 뽑는 경우를 $A_1$, 두 번째로 킹카드를 뽑는 경우를 $A_2$라고 하자. 곱의 법칙을 이용하면

$$\Pr(A_1 \cap A_2) = \Pr(A_1) \cdot \Pr(A_2|A_1)$$
$$= \left(\frac{4}{52}\right)\left(\frac{3}{51}\right) = \frac{1}{221}$$

예제 2.1.1.2

생명표로부터 다음의 자료를 얻었다고 가정하자.

| $x$(나이) | 0 | 20 | 21 | 22 | 23 |
|---|---|---|---|---|---|
| $l_x$(생존자수) | 10,000 | 8,000 | 7,000 | 6,500 | 6,200 |

(i) 0세의 사람이 20세까지 생존하였다는 가정하에 다음 1년 안에 사망할 확률은 얼마인가?

(ii) 0세 사람이 22세까지 생존할 확률은 얼마인가?

풀이

(i) 20세까지 생존하였다는 가정은 생존자 수가 8,000임을 의미하므로 구하는 확률은

$$\frac{1000}{8000} = \frac{1}{8}$$

(ii) 20세까지 생존하는 경우를 $A_1$, 20~21세에 생존하는 경우를 $B_2$, 21~22세에 생존하는 경우를 $B_3$라고 하면 0세에서 22세까지 생존하는 것은 0~20세, 20~21세, 21~22세 사이에 모두 생존하는 것을 의미하므로

$$\Pr(A_1 \cap B_2 \cap B_3) = \Pr(A_1) \cdot \Pr(B_2|A_1) \cdot \Pr(B_3|A_1 \cap B_2)$$
$$= \left(\frac{8000}{10000}\right)\left(\frac{7000}{8000}\right)\left(\frac{6500}{7000}\right) = \frac{65}{100}$$

(4) 독립사상

어떤 사상 $A$와 사상 $B$가 상호 독립적이라는 뜻은 $B$가 일어나든지 않든지 $A$의 확률에 아무런 영향을 미치지 않는다는 의미이다. 예를 들면 동전을 두 번 던지는 경우 두 번째에 던진 동전이 앞면이 나오는 확률은 첫 번째 던진 동전과는 아무런 관계가 없다. 첫 번째 던지는 결과를 $A$, 두 번째 던지는 결과를 $B$라 하고 $A$, $B$가 독립적 사상이면 다음이 성립한다.

$$\Pr(B|A) = \Pr(B) \tag{2.1.1.10}$$

식 (2.1.1.10)을 이용하면 식 (2.1.1.7)과 식 (2.1.1.9)는 다음과 같다. $A_1$, $B_1$과 $A_1$, $A_2$, $\cdots$, $A_n$이 서로 독립적 사상이면

$$\Pr(A_1 \cap B_1) = \Pr(A_1) \cdot \Pr(B_1) \tag{2.1.1.11}$$
$$\Pr(A_1 \cap A_2 \cap \cdots \cap A_n) = \Pr(A_1) \cdot \Pr(A_2) \cdot \Pr(A_3) \cdot \cdots \cdot \Pr(A_n) \tag{2.1.1.12}$$

## 2. 생 명 표

(1) 생명표의 종류

어떤 집단의 사람들의 연령별 사망률에 기초하여 사망·생존의 상태를 표시하는 표를 생명표(生命表) 혹은 사망표(死亡表)라고 한다. 생명표는 보험료, 책임준비금 등을 계산하는 경우에 사용되는 기본자료로 보험수리학을 연구하는 데 가장 필수적인 것이며 생명표의 작성 자체도 보험수리학의 중요한 분야이다. 생명보험의 기초는 생명표이며 생명표는 주로 과거의 자료를 기초로 하여 만들어진다. 생명표를 사용하여 보험료를 산정한다는 것은 미래의 사망률은 과거의 사망률과 비슷할 것이라는 가정에 근거한다.

생명표에는 국민생명표(國民生命表)와 경험생명표(經驗生命表)가 있다. 국민생명표는 국민 전체에 대한 생존·사망을 일정기간 동안 관찰하여 작성된 국민 전체에 대한 통계이며 경험생명표는 특정한 범위의 생명보험가입자를 관찰하여 작성된 생명보험회사의 사망률에 관한 기록이다.

국민생명표는 국민 전체의 경험을 나타내기 때문에 생명보험회사가 사용하기에는 적당치 않다. 생명보험회사는 생명보험의 가입자에 대하여 신체검사를 실시하여 건강한 피보험자를 가입시키고 허약한 피보험자를 배제시키고 있으며 피보험자(被保險者)의 입장에서는 허약한 사람은 생명보험을, 건강한 사람은 연금이나 생존보험을 선택하는 역선택(逆選擇 ; adverse selection)이 있기 때문에 국민 전체의 경험을 기초로 하는 국민생명표와 경험생명표는 다르다. 따라서 생명보험, 연금의 각각의 경우에 대하여 각각 다른 경험생

명표가 작성될 수도 있다.

(2) 우리나라의 생명표

우리나라는 상당한 기간 동안 일본의 국민생명표를 수정하여 사용하였다. 1959년 이전에는 특정생명표를 사용하였고, 1960~1968년에는 일본 제9회 국민생명표(남)를 수정한 일본 제9회 수정생명표, 1969~1975년에는 일본 제10회 국민생명표(남)를 기준으로 한 일본 제10회 생명표, 1976년 3월~1981년 2월에는 경제기획원 조사통계국의 1970년 국민생명표를 한국보험계리사회에서 보정한 제1회 조정국민생명표, 1981년 3월~1986년 1월에는 경제기획원 조사통계국의 1978~1979년 한국인의 생명표를 한국보험계리사회에서 보정한 제2회 조정국민생명표, 1986년 2월 이후에는 6개 생명보험회사의 82관찰연도 사망률에 의한 '85 간이경험생명표(簡易經驗生命表)를 사용하여 왔다. 그 후 83관찰연도, 84관찰연도 사망률을 계속 산출하여 1988년도에 1982~84관찰연도 사망률(3개 관찰연도 사망률)에 기초한 제1회 경험생명표를 완성하여 사용하는 것을 시작으로 2012년에 2006~2008 관찰연도의 사망률을 기초로 제7회 경험생명표를 완성하여 사용하고 있다.

(3) 생명표의 작성

연령별 사망률을 알고 있으면 생명표는 쉽게 작성될 수 있다. 맨 처음 생명표의 초기연령을 선택하고 초기연령의 생존자수를 편리한 수로 정한다. 초기연령의 생존자수를 기초생존자수(基礎生存者數 ; radix)라고 하며 보통 100,000이나 1,000,000 등을 사용한다. 0세를 초기연령으로 하고 기초생존자수를 100,000으로 하는 제7회 경험생명표(남)의 일부를 나타내면 다음과 같다.

표 [2.1.2.1]　제7회 경험생명표(일부, 男)

| $x$(연령) | $l_x$(생존자수) | $d_x$(사망자수) | $p_x$(생존율) | $q_x$(사망률) | $e_x$(평균여명) |
|---|---|---|---|---|---|
| 0 | 100000.00 | 416.00 | 0.99584 | 0.00416 | 79.86 |
| 1 | 99584.00 | 40.83 | 0.99959 | 0.00041 | 79.19 |
| 2 | 99543.17 | 32.85 | 0.99967 | 0.00033 | 78.22 |
| ⋮ | ⋮ | ⋮ | ⋮ | ⋮ | ⋮ |
| 50 | 96244.38 | 271.41 | 0.99718 | 0.00282 | 31.73 |
| 51 | 95972.97 | 296.56 | 0.99691 | 0.00309 | 30.82 |
| ⋮ | ⋮ | ⋮ | ⋮ | ⋮ | ⋮ |
| 109 | 0.01 | 0.01 | 0.11519 | 0.88481 | 0.62 |
| 110 | 0.00098 | 0.00098 | 0.00000 | 1.00000 | 0.50 |

0세의 사망률인 0.00416이 0세의 생존자인 100,000에 적용되면 0세와 1세 사이의 사망자수인 416이 계산되며 따라서 1세의 생존자수는 99,584가 된다. 1세의 사망률인 0.00041이 1세의 생존자수인 99,584에 적용되면 1세와 2세 사이의 사망자수 40.83이 계산되며 2세의 생존자수는 99,543.17이 된다. 이와 같은 과정이 연령별로 반복되어 생존자수가 0이 되는 처음 나이까지 계속된다. 생존자수가 0이 되는 처음 나이는 $\omega$로 표시되며 제7회 경험생명표(남)의 경우 $\omega=111$이다. 생명표에 나타난 $\omega$는 인간이 살 수 있는 최대수명을 의미하는 것이 아니라 생명표 작성상 편의를 위하여 설정된 것이다.

생명표에 나타난 기호의 의미를 살펴보면 처음 0세에서 출발한 100,000 중에서 그동안 사망하지 않고 정확히 $x$세가 될 때까지 생존한 사람의 수를 $l_x$로 표시하며 $x$세가 된 그룹이 $x+1$세가 되기 전까지 사망한 사람의 수를 $d_x$로 표시한다. 여기서 $x$는 연령(나이)을 의미한다. 따라서 $x+1$세의 생존자수는 $x$세의 생존자수에서 $x$세와 $x+1$세 사이의 사망자수를 뺀 수이다.

$$l_{x+1} = l_x - d_x \tag{2.1.2.1}$$

이제 정확히 50세의 사람이 51세까지 사망하지 않고 생존할 확률을 구해보기로 한다. 표 [2.1.2.1]에서 50세에 도달한 사람의 수는 96,244.38이고 51세의 생존자수는 95,972.97이며 따라서 50세와 51세 사이의 사망자수는 271.41이다. 이것은 항아리 속에 96,244.38개의 공이 들어 있고 그중에 95,972.97개는 흰 공이고 271.41개는 검은 공이라는 가정과 동일하다. 만일 어느 하나의 공을 선택하는 확률이 모두 동일하다면 50세의 사람이 1년간 생존할 확률은 항아리에서 흰 공을 꺼낼 확률과 같으며 그 확률은 95,972.97/96,244.38이된다.

일반적으로 $x$세에 도달한 사람이 $x+1$세까지 생존할 확률은 $p_x$로 표시한다.

$$p_x = \frac{l_{x+1}}{l_x} \tag{2.1.2.2}$$

또 $x$세의 사람이 $x+1$세에 도달하기 전에 사망할 확률은 $q_x$로 표시한다.

$$q_x = \frac{d_x}{l_x} \tag{2.1.2.3}$$

식 (2.1.2.1)에 의하여 $l_{x+1} + d_x = l_x$이므로 다음이 성립한다.

$$p_x + q_x = \frac{l_{x+1} + d_x}{l_x} = 1 \tag{2.1.2.4}$$

$$p_x = 1 - q_x \tag{2.1.2.5}$$

$$q_x = 1 - p_x \tag{2.1.2.6}$$

식 (2.1.2.5)와 식 (2.1.2.6)은 $x$세의 사람이 1년간 생존하는 경우와 $x$세 사람이 1년 안에 사망하는 경우는 서로 여사상이므로 식 (2.1.1.2)의 여사상의 확률법칙으로도 자명한 사실이다.

우리 나라 제7회 경험생명표를 참고로 하여 연령별 사망률을 그래프로 표시하면 그림 [2.1.2.1]과 같다.

그림 [2.1.2.1]  사망률($q_x$)곡선(제7회 경험생명표(남))

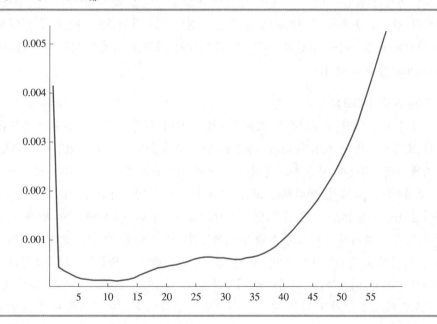

예제 2.1.2.1

다음을 증명하고 그 의미를 설명하시오.

(a) $l_x = d_x + d_{x+1} + d_{x+2} + d_{x+3} + \cdots + d_{\omega-1}$

(b) $l_x - l_{x+n} = d_x + d_{x+1} + d_{x+2} + \cdots + d_{x+n-1}$

풀이

(a) $d_x = l_x - l_{x+1}$

$\quad d_{x+1} = l_{x+1} - l_{x+2}$

$\quad \vdots \qquad \vdots \qquad \vdots$

$$d_{\omega-1} = l_{\omega-1} - l_{\omega}$$
$$d_x + d_{x+1} + \cdots + d_{\omega-1} = l_x - l_{\omega} = l_x \,(l_{\omega}=0 \text{이므로})$$

0세부터 $x$세까지 생존한 사람의 수를 나타내는 $x$세의 생존자수($l_x$)는 결국에는 다 사망할 것이다. 따라서 $x$세의 생존자수는 $x$세부터 연령별 사망자수의 합과 같다.

(b) 같은 방법으로 증명이 가능하다. $x$세의 생존자수와 $x+n$의 생존자수의 차이는 $x$세와 $x+n$세 사이에 사망한 사람의 수와 같은데 이는 $x$세부터 $x+n$세 사이에 연령별 사망자수를 합한 것이다.

### (4) 보정이론

급변하는 환경에 따라 보다 더 정확한 자료를 바탕으로 각 연령의 사망률을 다시 조정하려 할 때, 통계적 추정이론에 근거해 사전의견을 감안하고 관찰치를 반영하여 실제의 사망률에 접근하는 일련의 추정치를 얻어내는 과정을 거치게 되는데 이를 보정(補整 ; graduation)이라고 한다.

#### (a) 보정의 필요성

생명표는 어떤 일정기간의 표본조사를 통하여 일정시점에 작성된 사망률을 나타내므로 조사시기와 표본크기(sample size)에 따라 조사결과에 오차가 있을 수 있다. 또 조사시기에 어떤 집단의 사망률을 정확히 추정한 생명표를 만들었다 하더라도 이 생명표가 그 당시 혹은 그 후에 변화하는 모든 상태를 항상 반영한다고 볼 수는 없다. 예를 들어 관찰당시에는 상상할 수 없던 어떤 질병(예 : AIDS)이 대상집단에 많이 발생하여 그 집단의 사망률이 높아지는 새로운 상태가 발생하였다면 이러한 새로운 상황을 어떤 형식으로든지 생명표에 반영하여야 한다. 이런 경우 그 집단의 사망률을 다시 조정하고 적정한 통계적 기법을 이용하여 그 집단의 사망률을 체계적으로 보완하여야 할 것이다. 또 어느 특정집단의 표본크기가 작을 때는 조사결과의 신뢰도가 떨어지므로 이를 보완하기 위해 다른 어떤 방법이 사용되어야 한다. 이렇게 표본크기와 상황의 변동 등을 새로운 생명표에 반영하기 위하여 생명표의 작성에 보정의 과정이 필요한 것이다.

#### (b) 보정의 개념

밀러(Miller)는 보정을 "연속변수(continuous variable)의 불규칙적인 일련의 관찰치로부터 일반적으로 일련의 관찰치와 모순되지 않는(consistent) 평활한(smooth) 일련의 규칙적인 값을 구하는 과정"으로 정의하였다. 밀러는 다음 두 가지 중요한 점을 지적하였다. 첫째, 보정된 값(revised values)은 관찰된 값(observed or original values)과 큰 차이가 있어서는 안 된다는 것으로 적합도(適合度 ; fitness)에 대한 지적이다. 둘째, 사망률의 원법칙(原法則 ; underlying law)은 평활도(平滑度 ; smoothness)를 가정한다는 것이다. 따라서 보정이란 단순히 데이터를 새로 수집하는 것이 아니라 원법칙을 보다 잘 나타내게 하기 위하여 관찰치를 보완하고 개정(revision)해 나가는 과정으로 볼 수 있다.

보정에 대한 밀러(Miller)의 이와 같은 정의는 기술적으로는 옳으나 보정과정의 통계학적 성격을 나타내지는 못했다. 이에 대해 키멜도르프(Kimeldorf)와 존스(Jones)는 "보정은 단지 평활도의 문제로만 볼 수 없으며 모집단의 실제 사망률을 추정하는 일반적인 과정으로 보아야 한다"고 지적하였으며, 위태커(Whittaker)는 "보정의 문제는 본질적으로 확률이론의 영역이다"라고까지 하며 통계학적 관점에서 보정을 설명하였다. 실제로 우리가 원하는 것은 각 연령의 일련의 사망률이므로 그 사망률을 구하는 과정은 통계학적 추정의 영역으로 보아야 할 것이다.

통계학적 관점에서 볼 때, 모집단의 실제치(true value)의 추정치는 모집단의 표본자료를 이용한 통계적 추정과정을 거쳐 얻어진다. 아주 단순한 상황을 제외하면 추정치는 단순히 관찰에 의하여 얻어지는 것이 아니라 최대우도추정법(最大尤度推定法 ; maximum likelihood estimation)이나 적률추정법(積率推定法) 등과 같은 추정기법을 통하여 얻어지므로 관찰치라는 용어 대신에 초추정치(初推定値 ; initial estimate)라고도 부를 수 있다. 따라서 보정의 과정은 초추정치로부터 개정된 추정치(revised estimate)를 구하는 통계적 과정으로 볼 수 있으며 이러한 과정이 각 연령마다 연속적으로 행하여진다는 데 특징이 있다.

### (c) 사전의견과 보정

생명표를 작성할 때 초추정치를 가장 정확한 추정치로 보지 않고 왜 개정하려는 것일까? 사람들은 인접하는 연령의 사망률 사이에는 어떤 관계가 있다고 믿고 있다. 예를 들면 70세의 사망률은 69세(혹은 65세)의 사망률보다는 높을 것이고 71세(혹은 75세)의 사망률보다는 낮을 것이라고 일반적으로 알려져 있다. 그러나 경우에 따라서는 표본크기가 작다든가 하는 이유로 초추정치인 69세(혹은 65세)의 사망률이 70세 사망률보다 높게 나타나거나 71세(혹은 75세)의 사망률이 70세 사망률보다 낮게 나타날 수도 있다. 이것은 우리가 원하는 것은 각 연령마다의 일련의 사망률인데 각 연령의 사망률이 각각 서로 다른 표본으로부터 독립적으로 얻어지기 때문에 인접하는 연령의 사망률의 관계가 전혀 고려되지 않은 채 초추정치가 얻어지기 때문이다. 보정이론은 인접하는 연령의 사망률의 관계에 대한 이론이라고 말한 엘핀스톤(Elphinstone)의 지적에서 볼 수 있듯이, 인접하는 연령의 사망률긴의 관계가 고려되지 않은 초추정치는 개정될 필요가 있다.

일반적으로 인접하는 연령 사이에 어떤 관계가 존재한다는 것은 우리의 지식이나 혹은 믿음에 따른 것이며 초추정치에 나타난 결과와는 별개의 것이다. 따라서 우리는 초추정치를 구하기 전에 가지고 있던 지식이나 믿음 혹은 의견을 중요시하며 이러한 지식의 총체를 사전의견(prior opinion)이라고 한다.

대부분의 경우 통계적 추정은 전적으로 관찰된 데이터에 기초하는데 이 경우 초추
정치는 더 이상 수정이 안 되는 추정치이다. 그러나 보정을 할 때 최후의 추정치는 초추
정치(관찰치)에도 의존하지만 사람들의 사전의견에도 의존한다. 즉 69세(또는 65세)의 사
망률이 70세의 사망률보다 훨씬 높게 초추정치가 얻어질 경우 일반의 사전의견과 상충되
므로 그 사전의견을 반영하여 개정된 추정치를 구하게 된다. 이렇게 사전의견을 반영하
는 것이 다른 전통적인 통계추정과 보정이 구별되는 점이다. 모든 보정방법은 정도의 차
이는 있지만 이러한 사전의견의 원리를 반영하고 있으며 반영하는 형태나 정도는 각각의
보정방법에 따라 다르다.

### (d) 평활도와 적합도

밀러(Miller)가 지적한 바와 같이 평활도와 적합도는 보정을 논하는 데 가장 중요한
요소들이며 모든 보정방법들은 어떤 형태로든 이 두 가지 요소를 적절히 반영하고 있다.
그러나 평활도와 적합도는 동시에 달성할 수 없는 요소들이기 때문에 적합도를 강조하면
평활도가 약화되고 평활도가 강조되면 적합도가 약화된다. 따라서 상황에 맞게 또는 원
자료의 상태에 따라 평활도와 적합도를 적절히 조화시켜야 할 것이다. 통계학적 관점에
서 볼 때 보정이 다른 추정과 다른 점은 사전의견을 반영하는 데 있으며 이 사전의견은
주로 평활도를 어떻게 반영하느냐 하는 문제로 집약된다.

생명표에 대한 사전의견은 각 연령의 사망률을 함께 고려하면 부드러운 형태의 곡
선일 것이라는 믿음이며 이것은 실증적으로도 검증되어 있다. 논리적인 면에서나 관찰적
인 면에서나 보정에 있어서 사전의견이라는 것은 주로 평활도를 의미하는 것으로 이해되
고 발전되어 왔으며, 많은 사람들이 보정과 평활도를 동의어로 생각할 정도로 평활도가
강조되어 왔다. 또 생명표에 있어서 평활도라는 것은 보험료, 연금, 책임준비금 등 모든
것을 계산할 때, 불규칙성을 완화한다는 의미에서나 상식적인 관점에서나 바람직한 것으
로 이해될 수 있다. 다만 평활도를 너무 강조하다 보면 새로운 데이터를 수집해서 반영
할 수 있는 적합도가 상대적으로 반영이 덜 되기 때문에 이 두 요소를 적절히 고려하는 것
이 중요할 것이다.

평활도를 측정하는 가장 간단한 방법은 일련의 값들을 그래프에 표시하여 눈으로
확인하는 방법이다. 그러나 평활도의 정도를 서로 비교하기 힘든 경우가 있으므로 어떤
값들을 평활도의 척도로 사용하면 편리할 것이다. 이럴 경우 여러 차수의 차분을 계산하
여 얻은 값들을 합한 값(예 : $\sum_i (\Delta^4 v_i)^2$)을 평활도의 척도로 사용할 수 있으며 그 값이 작
을수록 평활도가 큰 것으로 볼 수 있다.

## 3. 생명확률

생존율과 사망률을 총칭하여 생명확률이라고 한다.

(1) $(x)$가 $n$년간 생존하는 확률 $_np_x$는 다음과 같다($(x)$는 $x$세의 사람).

$$_np_x = \frac{l_{x+n}}{l_x} \tag{2.1.3.1}$$

(2) $(x)$가 $n$년 이내에 사망할 확률 $_nq_x$는 다음과 같다.

$$\begin{aligned}
_nq_x &= \frac{d_x + d_{x+1} + \cdots + d_{x+n-1}}{l_x} \\
&= \frac{l_x - l_{x+n}}{l_x} \\
&= 1 - {_np_x}
\end{aligned} \tag{2.1.3.2}$$

식 (2.1.3.1)과 식 (2.1.3.2)에서 $n = 1$인 경우 보통 1을 생략하고 $p_x$, $q_x$로 나타낸다.

(3) $(x)$가 $m$년간 생존하고 다음 $n$년 이내에 사망할 확률은 다음과 같다.

$$\begin{aligned}
_{m|n}q_x &= \frac{d_{x+m} + d_{x+m+1} + \cdots + d_{x+m+n-1}}{l_x} \\
&= \frac{l_{x+m} - l_{x+m+n}}{l_x}
\end{aligned} \tag{2.1.3.3}$$

여기서 $n = 1$인 경우는 $(x)$가 $m$년간 생존하고 다음 1년 이내에(즉, $x+m$과 $x+m+1$ 사이에) 사망할 확률을 나타낸다. 이때 1은 생략하고 다음과 같이 나타낸다.

$$\begin{aligned}
_{m|}q_x &= \frac{d_{x+m}}{l_x} \\
&= \frac{l_{x+m} - l_{x+m+1}}{l_x}
\end{aligned} \tag{2.1.3.4}$$

$_{m|n}q_x$는 일반적인 표시이고 특수한 경우를 고찰하면 다음과 같다.

$$q_x = {_{0|1}q_x} \tag{2.1.3.5}$$

$$_nq_x = {_{0|n}q_x} \tag{2.1.3.6}$$

$$_{m|}q_x = {_{m|1}q_x} \tag{2.1.3.7}$$

$_np_x$는 $(x)$가 $n$년간 생존하는 확률을 의미한다. 이것을 달리 해석하면 $_np_x$는 $(x)$가 $x+n$세 이후에 사망할 확률을 의미한다.

그림 [2.1.3.1]   $_np_x$의 해석

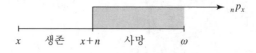

(4) $(x)$가 $m$년간 생존하고 다음 $n$년 이내에 사망할 확률은 다음과 같다.

$$_{m|n}q_x = \frac{l_{x+m} - l_{x+m+n}}{l_x}$$

$$= {}_mp_x - {}_{m+n}p_x \tag{2.1.3.8}$$

$_mp_x$는 $(x)$가 $x+m$세 이후에 사망할 확률이고 $_{m+n}p_x$는 $(x)$가 $x+m+n$세 이후에 사망할 확률이라고 해석하면 다음 그림의 빗금친 부분이 $_{m|n}q_x$임을 알 수 있다.

그림 [2.1.3.2]   $_{m|n}q_x$의 해석

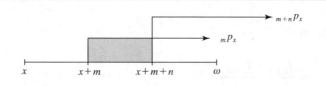

$n=1$인 경우도 물론 다음 식이 성립한다.

$$_{m|}q_x = {}_mp_x - {}_{m+1}p_x \tag{2.1.3.9}$$

(5) 그림 [2.1.3.2]에서 $_{m|n}q_x$는 빗금친 부분에서 사망할 확률이므로 이것은 다음과 같이 생각할 수 있다. 즉, 빗금친 부분에서 사망하기 위하여는 $(x)$가 일단 $x+m$세까지는 생존하여야 하며(사상 $A$) 또 $x+m$세까지의 생존을 조건으로 $x+m$세와 $x+m+n$세 사이에서 사망하여야 한다(사상 $B$). $_{m|n}q_x$는 사상 $A$와 사상 $B$가 동시에 일어나는 것을 의미하므로 식 (2.1.1.7)의 곱의 법칙으로부터 다음을 얻는다.

$$_{m|n}q_x = \Pr(A \cap B) = \Pr(A) \cdot \Pr(B|A) \tag{2.1.3.10}$$

$$\Pr(A) = {}_mp_x \tag{2.1.3.11}$$

$$\Pr(B|A) = {}_nq_{x+m} \tag{2.1.3.12}$$

따라서

$$_{m|n}q_x = \frac{l_{x+m} - l_{x+m+n}}{l_x}$$

$$= \frac{l_{x+m}}{l_x} \cdot \frac{l_{x+m} - l_{x+m+n}}{l_{x+m}}$$

$$= {}_mp_x \cdot {}_nq_{x+m} \tag{2.1.3.13}$$

$n = 1$인 경우는 다음과 같다.

$$_{m|}q_x = {}_mp_x \cdot q_{x+m} \tag{2.1.3.14}$$

(6) $_{m+n}p_x$는 곱의 법칙을 이용하면 다음과 같이 나타낼 수 있다.

$$_{m+n}p_x = {}_mp_x \cdot {}_np_{x+m} = {}_np_x \cdot {}_mp_{x+n} \tag{2.1.3.15}$$

그림 [2.1.3.3]  $_{m+n}p_x$의 해석

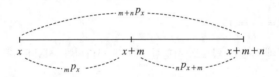

식 (2.1.3.15)는 $(x)$가 $m+n$년간 생존할 확률은 $(x)$가 $m$년간 생존하고(사상 $A$) $x+m$세가 되었다는 가정하에 $(x+m)$이 다시 $n$년간 생존하는(사상 $B$) 두 개의 사상이 동시에 일어나는 것을 의미한다. 따라서 $_np_x$는 다음과 같이 나타낼 수 있다.

$$_np_x = p_x \cdot p_{x+1} \cdot p_{x+2} \cdot \cdots \cdot p_{x+n-1} \tag{2.1.3.16}$$

( 예제 2.1.3.1 )

30세의 남자와 50세의 남자가 동시에 20년간 생존할 확률은 0.4이다. 30세의 남자 48,000명 중에서 40세가 되기 전의 사망자수는 3,000이다. 이와 같은 자료를 이용하여 40세의 남자가 다음 30년 이내에 사망할 확률을 구하시오. 단, 사망사건은 서로 독립적이다.

( 풀이 )

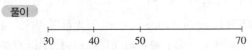

$$_{20}p_{30} \cdot {}_{20}p_{50} = {}_{40}p_{30} = 0.4$$

$$_{40}p_{30} = {}_{10}p_{30} \cdot {}_{30}p_{40}$$

$$_{10}q_{30} = \frac{3000}{48000} = \frac{1}{16}, \quad _{10}p_{30} = \frac{15}{16}$$

따라서 $_{30}p_{40} = \dfrac{_{40}p_{30}}{_{10}p_{30}} = \dfrac{(0.4)}{(15/16)} = 0.4267$

$$_{30}q_{40} = 1 - {}_{30}p_{40} = 0.5733$$

■

**예제 2.1.3.2**

다음을 증명하고 그 의미를 설명하시오.

$$q_x + p_x \cdot q_{x+1} + {}_2p_x \cdot q_{x+2} + {}_3p_x \cdot q_{x+3} + \cdots = 1$$

**풀이**

$$\text{윗 식} = \frac{d_x}{l_x} + \frac{l_{x+1}}{l_x}\frac{d_{x+1}}{l_{x+1}} + \frac{l_{x+2}}{l_x}\frac{d_{x+2}}{l_{x+2}} + \cdots$$

$$= \frac{d_x + d_{x+1} + d_{x+2} + d_{x+3} + \cdots}{l_x}$$

$$= \frac{l_x}{l_x} = 1$$

윗 식은 $x$세의 사람이 앞으로 사망할 확률을 나타낸다. 사람은 반드시 죽으므로 그 확률은 1이다.

$q_x$는 $x$세의 사람이 $x$세와 $x+1$세 사이에서 사망할 확률이며 $p_x \cdot q_{x+1}$은 $x$세의 사람이 $x+1$세와 $x+2$세 사이에서 사망할 확률이며 $_2p_x \cdot q_{x+2}$는 $x$세의 사람이 $x+2$세와 $x+3$세 사이에서 사망할 확률이다. 따라서 $x$세의 사람이 연령별로 사망할 확률을 다 더하면 $x$세의 사람이 앞으로 사망할 확률을 나타내므로 그 값은 1이다.

■

## 4. 평균여명

$x$세의 평균여명(平均餘命 ; expectation of life at age $x$)이란 $x$세에 도달한 사람이 그 후 생존하는 연수의 평균을 의미한다.

생명표에서 $x$세의 생존자수는 $l_x$이다. 이 $l_x$의 사람이 앞으로 생존하는 총연수를 구할 경우 생존하는 연수의 단수부분(端數部分 ; fraction of the year)을 고려하지 않는 경우와 생존하는 연수의 단수부분을 고려하는 경우의 두 가지 방법이 있다. 이에 따라 평균여명에는 개산평균여명(槪算平均餘命)과 완전평균여명(完全平均餘命)의 두 가지가 있다.

(1) 개산(약산)평균여명(curtate expectation of life)

생존하는 연수의 단수부분을 고려하지 않는 경우를 살펴보자. $x$세의 생존자 $l_x$ 중에서 $d_x$만큼은 $x+1$세 전에 사망을 하게 되는데 사망자의 생존기간은 사망자에 따라 1개월, 6개월, 9개월, 11개월 29일 등이 있을 수 있다. 이러한 단수부분도 마땅히 $l_x$의 사람이 앞으로 생존하는 총연수에 합산되어야 하지만 계산의 편의상 고려하지 않을 수 있다. 이러한 단수부분이 고려되지 않을 때 $l_x$의 사람들이 다음 1년 말에 생존하는 연수는 $l_{x+1}$년일 것이고 같은 이유로 $l_{x+1}$의 사람들이 다음 1년간 생존하는 연수는 $l_{x+2}$년일 것이며 이와 같은 과정이 계속 반복될 것이다. 따라서 이러한 단수부분이 고려되지 않을 때 $l_x$의 사람들이 앞으로 생존하는 총연수는 그림 [2.1.4.1]에서 $l_{x+1}$부터 각 연령별 생존자수를 합한 수이며 이는 빗금친 부분을 나타낸다.

$l_x$의 사람들이 앞으로 생존하는 총연수를 $x$세의 생존자수 $l_x$로 나누면 $x$세의 사람의 평균여명을 구할 수 있다. 단수부분이 고려되지 않을 때의 평균여명을 개산(약산)평균여명이라고 하며 $e_x$로 표시한다.

$$e_x = \frac{l_{x+1} + l_{x+2} + l_{x+3} + \cdots + l_{\omega-1}}{l_x} \tag{2.1.4.1}$$

그림 [2.1.4.1]  단수부분이 고려되지 않은 경우 총생존연수

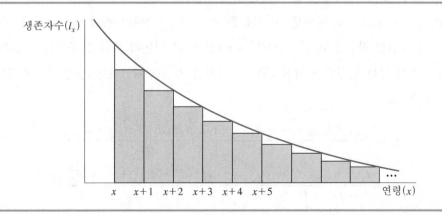

따라서 $e_x$는 평균여명을 개산 혹은 약산한 것이며 정확한 값이라고 할 수 없는데 그 이유는 단수부분을 고려하지 않았기 때문이다.

### (2) 완전평균여명(complete expectation of life)

생존하는 연수의 단수부분을 고려한 평균여명을 완전평균여명이라고 한다. 따라서 완전평균여명은 개산평균여명보다 그 값이 큰 것은 당연하다.

각 연령별로 생각할 때 사망자수가 일년을 기준으로 고르게 분포되어 있다고 가정 (Uniform Distribution of Deaths throughout the year: UDD)하고 이러한 UDD가정이 모든 연령에 적용된다면 연령에 따른 생존자수의 그래프는 그림 [2.1.4.2]와 같다. UDD란 예를 들어 $x$세의 사망자 $d_x$가 120명이면 매달 10명의 사망자가 있는 경우를 말한다.

그림 [2.1.4.2] 단수부분이 고려되는 경우(모든 연령에서 UDD가정)

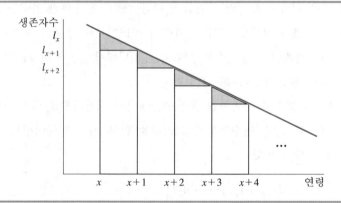

단수부분이 고려된다는 의미는 그림 [2.1.4.1]의 빗금친 부분 외에 그림 [2.1.4.2]의 빗금친 부분도 고려되는 것을 의미한다. $l_x$사람들은 모두 사망할 것이므로 $l_x = d_x + d_{x+1} + d_{x+2} + \cdots + d_{\omega-1}$로 나타낼 수 있음은 예제 (2.1.2.1)에서 이미 살펴보았다. $x$와 $x+1$ 사이의 빗금친 부분은 $d_x$의 1/2이며 $x+1$과 $x+2$ 사이의 빗금친 부분은 $d_{x+1}$의 1/2이다. 따라서 모든 연령에 있어서 UDD를 가정할 때 완전평균여명($\mathring{e}_x$)은 다음과 같이 계산할 수 있다.

$$
\begin{aligned}
\mathring{e}_x &= \frac{l_{x+1} + l_{x+2} + \cdots + l_{\omega-1} + 1/2(d_x + d_{x+1} + \cdots + d_{\omega-1})}{l_x} \\
&= \frac{l_{x+1} + l_{x+2} + \cdots + l_{\omega-1}}{l_x} + \frac{1/2(d_x + d_{x+1} + \cdots + d_{\omega-1})}{l_x} \\
&= e_x + 1/2
\end{aligned}
\tag{2.1.4.2}
$$

식 (2.1.4.2)는 다음과 같이 해석할 수 있다. 개인의 입장에서 보면 단수부분이 고려됨으로써 UDD가정하에서는 평균 1/2년이 생존연수에 더 포함이 되는 것을 말하며 이는 개인은 언젠가는 사망하고 사망하는 평균시점은 사망하는 연령의 중간시점일 것을 생각하면 쉽게 이해가 될 수 있다.

> ( 예제 2.1.4.1 )
>
> 다음을 증명하시오.
>
> (a) $e_x = p_x + {_2}p_x + {_3}p_x + \cdots$  (b) $e_x = p_x(1 + e_{x+1})$
>
> **풀이**
>
> (a) 우변 $= \dfrac{l_{x+1}}{l_x} + \dfrac{l_{x+2}}{l_x} + \dfrac{l_{x+3}}{l_x} + \cdots = e_x$
>
> (b) 우변 $= \dfrac{l_{x+1}}{l_x}\left(1 + \dfrac{l_{x+2} + l_{x+3} + \cdots}{l_{x+1}}\right)$
>
> $\qquad\quad = \dfrac{l_{x+1}}{l_x} + \dfrac{l_{x+2} + l_{x+3} + \cdots}{l_x} = e_x$
>
> 증명은 이와 같이 간단하나 그 의미를 각각 말로 표현해 보기 바란다. ■

## 5. 선 택 표

선택집단(選擇集團 ; select group)이란 임의로 선택된 집단이 아니다. 선택집단의 예로는 보험가입 전에 신체검사를 통과한 보험가입자집단, 외국으로 이민을 가는 집단, 또는 생명연금(生命年金 ; annuities)을 사는 집단 등을 들 수 있으며 이들 집단의 사람들은 보통 사람들보다 건강한 사람들이라고 생각될 수 있다. 따라서 선택집단의 사망률은 보통 사람들보다 낮기 때문에 경우에 따라서는 달리 고찰할 필요가 있다.

보험가입자라는 선택집단의 경우를 살펴보면 보험계약시부터 시간이 경과함에 따라 선택에 의한 사망률 감소효과가 작아진다. 예를 들어 5년 내지 10년의 기간이 지나면 그 효과는 거의 없어져서 사망률은 보통사람의 경우와 같게 되는 것을 알 수 있다. 즉, 30세에 보험에 가입하여 15년 지난 사람과 35세에 보험에 가입하여 10년 지난 사람의 나이는 모두 45세이지만 이들의 사망률은 같다고 가정해도 무리가 없을 것이다. 그러나 44세에 보험에 가입하여 1년이 경과한 사람은 나이는 45세이지만 사망률은 앞의 두 사람보다 낮을 것이라는 것을 예측할 수 있다. 이와 같이 사망률이 연령 외에도 계약시부터의 경과 연수에도 영향을 받을 때 영향이 미치는 기간을 선택기간(選擇期間)이라고 한다. 신택기간의 사망률을 나타낸 표를 선택표(選擇表 ; select table)라 하고 선택기간이 지난 후의 사망률을 나타내는 표를 종국표(終局表 ; ultimate table)라고 한다. 선택표와 종국표가 동시에 나타나 있는 표를 예를 들면 표 [2.1.5.1]과 같다.

표 [2.1.5.1]에 의하면 37세에 보험에 가입한 사람의 사망자수는 $d_{[37]}$, $d_{[37]+1}$, $d_{[37]+2}$,

표 [2.1.5.1]  선택표와 종국표(1,000명당 사망자수)

| 보험가입<br>연령 | 제1<br>보험연도 | 제2<br>보험연도 | 제3<br>보험연도 | 제4<br>보험연도 | 제5<br>보험연도 | 6년도<br>이상 | 도달연령 |
|---|---|---|---|---|---|---|---|
| $[x]$ | $d_{[x]}$ | $d_{[x]+1}$ | $d_{[x]+2}$ | $d_{[x]+3}$ | $d_{[x]+4}$ | $d_{x+5}$ | $x+5$ |
| 30 | 0.78 | 0.88 | 0.99 | 1.10 | 1.25 | 1.41 | 35 |
| 31 | 0.80 | 0.91 | 1.02 | 1.17 | 1.33 | 1.53 | 36 |
| 32 | 0.82 | 0.94 | 1.08 | 1.24 | 1.44 | 1.68 | 37 |
| 33 | 0.84 | 0.98 | 1.14 | 1.33 | 1.57 | 1.87 | 38 |
| 34 | 0.88 | 1.03 | 1.22 | 1.45 | 1.74 | 2.10 | 39 |
| 35 | 0.92 | 1.10 | 1.33 | 1.61 | 1.95 | 2.36 | 40 |
| 36 | 0.97 | 1.19 | 1.46 | 1.79 | 2.19 | 2.64 | 41 |
| 37 | 1.04 →| 1.30 →| 1.62 →| 2.00 →| 2.44 →| 2.95 ↓| 42 |
| 38 | 1.13 | 1.44 | 1.80 | 2.22 | 2.72 | 3.28 ↓| 43 |
| 39 | 1.24 | 1.59 | 1.99 | 2.47 | 3.02 | 3.63 ↓| 44 |
| 40 | 1.36 | 1.74 | 2.20 | 2.72 | 3.32 | 4.02 ↓| 45 |
| 41 | 1.48 | 1.91 | 2.41 | 2.99 | 3.67 | 4.45 ↓| 46 |
| 42 | 1.61 | 2.09 | 2.64 | 3.29 | 4.05 | 4.92 ↓| 47 |
| 43 | 1.74 | 2.27 | 2.89 | 3.61 | 4.46 | 5.46 ↓| 48 |
| 44 | 1.87 | 2.46 | 3.16 | 3.97 | 4.93 | 6.06 ↓<br>⋮<br>종국표 | 49 |

자료 : James C. H. Anderson, "Gross Premium Calculations and Profit Measurement for Nonparticipating Insurance," *Transactions of Societyof Actuaries*, XI, pp. 393–394.

$d_{[37]+3}$, $d_{[37]+4}$로 나타나고 있으며 선택기간이 5년이므로 5년이 지난 후에 $d_{[37]+5}$는 $d_{42}$와 같음을 알 수 있다. 따라서 이 표에서는 5년이 지나면 선택의 효과가 없어지기 때문에 더 이상 선택의 효과를 나타내는 [  ]표시를 할 필요가 없다. 이 표의 우측에서 두 번째 열인 $d_{x+5}$열의 생명표를 종국표(ultimate table)라고 하며 [  ]표시가 사용되지 않는다.

37세에 보험에 가입한 사람은 제3보험연도의 초에 39세가 된다. 따라서 보험가입연령이 37세인 사람의 제3보험연도를 찾아보면 1.62라는 수가 있는데 이는 2년전 37세에 보험에 가입한 사람이 39세와 40세 사이에서 사망할 확률이 0.00162라는 것을 의미하며

$$q_{[37]+2} = 0.00162 \tag{2.1.5.1}$$

라고 표시한다. $q_{[37]+2}$는 39세 사람의 사망률을 나타내지만 $q_{39}$와는 다르다. 표 [2.1.5.1]

에서 $q_{39}$를 찾으려면 가입연령 34인 사람이 5년 지난 후인 도달연령 39에서 찾을 수 있는데 $q_{39} = 0.0021$임을 알 수 있다. 예상했던 바와 같이 $q_{[37]+2}$가 $q_{39}$보다 작음을 알 수 있다.

선택기간이 5년인 경우에 다음의 관계가 성립한다.

$$l_{[x]+t} - d_{[x]+t} = l_{[x]+t+1} \quad (t = 0,\ 1,\ 2,\ 3,\ 4) \tag{2.1.5.2}$$

$$p_{[x]+t} = \frac{l_{[x]+t+1}}{l_{[x]+t}} \qquad (t = 0,\ 1,\ 2,\ 3,\ 4) \tag{2.1.5.3}$$

$$q_{[x]+t} = \frac{d_{[x]+t}}{l_{[x]+t}} \qquad (t = 0,\ 1,\ 2,\ 3,\ 4) \tag{2.1.5.4}$$

일반적으로 계약 직후의 사망률이 낮고 그 후에는 종국표에 접근하므로 동일한 연령의 사망률 사이에서는 다음이 성립한다.

$$q_{[x]} < q_{[x-1]+1} < q_{[x-2]+2} < \cdots \tag{2.1.5.5}$$

향후에 보험이나 연금의 보험수리적 현가(Actuarial Present Value; APV)를 구할 때 선택기간이 존재하므로 선택표가 주어지는 경우 선택표의 기호로 표시해주는 것이 맞다. 하지만 본서에서는 선택표의 기호를 사용하여야 하는 경우에도 표현의 편의상 대부분의 경우 선택표의 기호를 사용하지 않기로 한다.

( 예제 2.1.5.1 )

1년 전에 보험에 가입되어 현재 36세인 사람이 38세에 도달할 확률을 구하시오. 표 [2.1.5.1]을 이용하시오.

풀이

35세에 보험에 가입한 사람이 36세가 되어 1년 안에 사망할 확률은 0.0011이다. 따라서 1년 동안 생존할 확률은 $p_{[35]+1} = 1 - 0.0011 = 0.9989$ 또 $q_{[35]+2} = 0.00133$이므로 $p_{[35]+2} = 1 - 0.00133 = 0.99867$. 따라서 곱의 법칙에 의하여 구하는 확률은

$$p_{[35]+1} \cdot p_{[35]+2} = (0.9989)(0.99867) = 0.997571$$

( 예제 2.1.5.2 )

30세에 보험에 가입하여 현재 32세가 된 사람이 40세에 도달할 때까지 생존할 확률을 구하시오. 표 [2.1.5.1]을 이용하시오.

풀이

구하는 확률 $= {}_{8}p_{[30]+2} = {}_{3}p_{[30]+2} \cdot {}_{5}p_{35}$

$$= (1-0.00099)(1-0.00110)(1-0.00125)(1-0.00141)$$
$$\cdot (1-0.00153)(1-0.00168)(1-0.00187)(1-0.00210) = 0.98911 \quad \blacksquare$$

예제 2.1.5.3

32세에 보험에 가입하여 현재 40세가 된 사람에 대하여 다음을 구하시오.

(a) 1년 안에 사망할 확률          (b) 45세가 되기 전에 사망할 확률

풀이

(a) 선택기간이 다 지나서 선택의 효과가 없으므로 $d_{x+5}$의 열에서 찾아야 한다. 답 = 0.00236

(b) $_5q_{40} = 1 - {_5p_{40}}$

$_5p_{40} = p_{40} \cdot p_{41} \cdot p_{42} \cdot p_{43} \cdot p_{44}$

답 $= 1 - (1-0.00236)(1-0.00264)(1-0.00295)(1-0.00328)(1-0.00363) = 0.014772 \quad \blacksquare$

## 연습문제 2.1

1. $x$세의 $A$와 $y$세의 $B$라는 사람이 어떤 기간 동안(예 : $n$년) 생존할 확률은 각각 0.7과 0.8이고 $A$와 $B$의 사망은 독립적일 때 다음을 구하시오.
   (a) $A$와 $B$가 동시에 생존할 확률          (b) 적어도 한 사람이 사망할 확률

2. 30세의 사람이 10년을 생존할 확률은 0.9이고 40세의 사람이 10년을 생존할 확률은 0.8이다. 다음을 구하시오.
   (a) 30세의 사람이 50세까지 생존할 확률
   (b) 30세의 사람이 40세와 50세 사이에서 사망할 확률
   (c) 30세의 사람이 40세 전에 사망할 확률

3. 25세의 사람과 45세의 사람이 20년간 동시에 생존할 확률은 0.7이다. 25세의 사람이 10년간 생존할 확률이 0.9일 때 35세 사람이 65세까지 생존할 확률을 구하시오.

4. 30세 사람, 40세 사람, 50세 사람이 각각 10년간 생존할 확률이 0.8, 0.7, 0.6일 때 30세 사람이 50세와 60세 사이에서 사망할 확률을 구하시오.

5. 다음을 증명하시오.
   (a) $_{m+1}p_x + {_{m|}q_x} = {_mp_x}$          (b) $_{m+n}p_x + {_{m|n}q_x} = {_mp_x}$
   (c) $_{m+n}p_x = {_mp_x}\,{_np_{x+m}} = {_np_x}\,{_mp_{x+n}}$

6. 각 연령 사이의 사망자수가 균등하게 분포되어 있을 때(UDD가정) 다음을 증명하시오.

$$\mathring{e}_x = \frac{1}{2}(q_x + 3 \cdot {}_{1|}q_x + 5 \cdot {}_{2|}q_x + 7 \cdot {}_{3|}q_x + \cdots)$$

7. 다음을 증명하시오.

$$\frac{e_x \cdot e_{x+1} \cdot e_{x+2} \cdots e_{x+n-1}}{(1+e_{x+1})(1+e_{x+2})(1+e_{x+3}) \cdots (1+e_{x+n})} = {}_np_x$$

8. 다음을 증명하시오.

$$1 + e_x = q_x + p_x(1 + q_{x+1}) + {}_2p_x(1 + q_{x+2}) + \cdots$$

9. 생명표가 다음과 같이 주어질 때 $e_{92}$와 $\mathring{e}_{93}$을 구하시오. 단, 모든 연령에서 UDD가정이 성립된다.

| $x$ | 92 | 93 | 94 | 95 | 96 | 97 | 98 |
|-----|------|-----|-----|----|----|----|----|
| $l_x$ | 1000 | 500 | 230 | 92 | 29 | 6 | 0 |

10. 각 연령 사이의 사망자수가 균등하게 분포되어 있을 때(UDD가정) 다음을 증명하시오.

$$({}_{1/2}p_x - p_x) + ({}_{3/2}p_x - {}_2p_x) + ({}_{5/2}p_x - {}_3p_x) + \cdots = \frac{1}{2}$$

11. $l_x = 1000\left(1 - \dfrac{x}{105}\right)$ 일 때 다음을 구하시오.

   (a) $l_0$  (b) $l_{35}$  (c) $q_{20}$  (d) ${}_{15}p_{35}$  (e) ${}_{15}q_{25}$

   (f) 30세 사람이 55세와 60세 사이에서 사망할 확률

   (g) 30세 사람이 70세까지 생존할 확률

   (h) 15세 사람이 110세까지 생존할 확률

   (i) 20세 사람과 30세 사람 중 오직 한 사람만이 70세까지 생존할 확률

12. 표 [2.1.5.1]을 이용하여 다음을 구하시오.

   (a) 41세에 보험에 가입한 사람이 45세까지 생존할 확률

   (b) 2년 전에 보험에 가입하여 35세가 된 사람이 36세와 37세 사이에서 사망할 확률

   (c) 35세에 보험에 가입한 사람이 40세 전에 사망할 확률

13. 표 [2.1.5.1]을 이용하여 다음을 구하시오.

   35세의 두 명의 피보험자를 가정한다. 한 명은 바로 보험에 가입한 사람이고 다른 한 명은 10년 전에 보험에 가입한 사람일 때

   (a) 두 명 모두 37세까지 생존할 확률

(b) 적어도 한 명이 38세 전에 사망할 확률

(c) 두 명 모두 36세 전에 사망할 확률

14. 연령이 모두 40세인 두 집단의 피보험자들을 가정한다. 첫 번째 단체는 모두 방금 보험에 가입한 1,000명의 피보험자들이고 두 번째 단체는 모두 35세에 보험에 가입한 1,000명의 피보험자들일 때 앞으로 5년간 두 집단의 사망자수의 차이를 구하시오. (표 [2.1.5.1]을 이용하시오.)

15. $l_x = k(100-x)$일 때 다음을 구하시오.

(a) $_3p_{65}$  (b) $_{10|5}q_{50}$

16. $_{10}p_{30} = 0.8$, $_{20}p_{30} = 0.6$일 때 30세인 세 사람 중에서 적어도 2명이 40세와 50세 사이에서 사망할 확률을 구하시오.

17. 선택기간이 2년인 다음의 생명표와 자료를 이용하여 $l_{[94]}$를 구하시오.

(i)

| $[x]$ | $l_{[x]}$ | $l_{[x]+1}$ | $l_{[x]+2}$ | $x+2$ |
|---|---|---|---|---|
| 92 | ... | ... | 6300 | 94 |
| 93 | ... | ... | 5040 | 95 |
| 94 | ... | ... | 3024 | 96 |

(ii) 모든 $x$에 대하여 다음이 성립한다.

$$2 \cdot q_{[x]+1} = 3 \cdot q_{[x+1]}, \quad 3 \cdot q_{x+2} = 4 \cdot q_{[x+1]+1}$$

# Ⅱ. 일반이론

제2장부터 각 장의 'Ⅱ. 일반이론'은 보험수리학의 이론을 확률론적으로 고찰한다.

## 1. 확률이론

여기서는 확률이론의 전반적인 것은 다룰 수 없고 앞으로 사용될 개념과 이론들을 증명없이 간단히 제한적으로 소개한다.

### (1) 확률변수(random variable)

확률변수 $X$는 각각의 결과치에 실수를 연결시켜 주는 함수를 말한다. 확률변수 $X$가 $x_1$, $x_2$, $\cdots$, $x_k$와 같이 셀 수 있고 양의 정수와 1대 1로 대응될 수 있을 때 $X$를 이산확률변수(離散確率變數; discrete random variable)라고 한다. $X$가 $x_1$, $x_2$, $\cdots$, $x_k$의 값을 취할 때 이들 개개 수치와 연관된 확률이 $p_1$, $p_2$, $\cdots$, $p_k$일 때 이들을 쌍으로 배열한 집합 $(x_1, p_1)$, $(x_2, p_2)$, $\cdots$, $(x_k, p_k)$을 $X$의 확률함수(probability function: p.f.) 혹은 확률질량함수(確率質量函數; probability mass function)라고 한다. 확률변수 $X$가 취하는 값 $x_i$의 확률을 $f(x_i)$로 표기하면 $X$의 p.f.는 다음과 같다.

$$f(x_i) = \Pr(X = x_i) \tag{2.2.1.1}$$

$X$가 취할 수 있는 값이 $x_1$, $x_2$, $\cdots$, $x_N$과 같이 $N$개만 존재하면

$$\sum_{i=1}^{N} f(x_i) = 1 \tag{2.2.1.2}$$

이 성립한다.

확률변수의 논의와 연관해서 확률변수가 어떤 특정한 값보다 작거나 같은 값을 취할 경우의 확률을 구해 보자. 이러한 경우에 사용되는 것이 누적분포함수(累積分布函數; cumulative distribution function: c.d.f.) 혹은 분포함수(分布函數; distribution function: d.f.)이다. $X$의 누적분포함수를 $F(x)$로 표시하면

$$F(x) = \Pr(X \leq x), \quad -\infty < x < \infty \tag{2.2.1.3}$$

확률변수 $X$가 시간, 길이, 무게 등과 같이 연속적인 표본공간 위에 정의되어 있는 경우에 $X$가 취할 수 있는 값은 연속적이 될 수 있다. $X$가 연속적이면 $X$는 무한한 값을 취하며 $X$를 연속확률변수(連續確率變數 ; continuous random variable)라고 한다. $X$가 연속확률변수일 때 $X$의 확률분포를 $f(x)$로 표시하면 $f(x)$를 확률밀도함수(確率密度函數 ; probability density function: p.d.f.)라고 한다.

연속확률변수 $X$가 취할 수 있는 하나의 점에서의 확률은 0이다. 즉,

$$\Pr(X=x) = 0 \tag{2.2.1.4}$$

연속확률변수 $X$가 어느 값$(x)$보다 작거나 같을 확률을 누적분포함수(c.d.f.)라고 부르고 다음과 같이 표기한다.

$$F(x) = \Pr(X \le x) \tag{2.2.1.5}$$

$X$가 연속확률변수일 때 $X$가 $b$와 $c$ 사이에 있을 확률과 $F(x)$는 그림 [2.2.1.1]과 같다.

그림 [2.2.1.1] **연속확률변수의 구간확률**

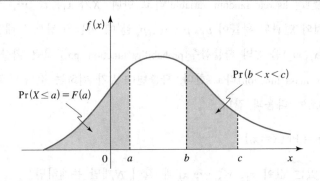

누적분포함수(c.d.f.)의 성질을 살펴보자.
(i) $\Pr(X > x) = 1 - F(x)$ $\qquad$ (2.2.1.6)
(ii) $\Pr(x_1 < X \le x_2) = F(x_2) - F(x_1)$ $\qquad$ (2.2.1.7)
(iii) $X$가 연속확률변수일 때 $F(x)$를 미분하면 $f(x)$가 된다.

$$F'(x) = \frac{dF(x)}{dx} = f(x) \tag{2.2.1.8}$$

(iv) $F(-\infty) = \Pr(X < -\infty) = 0$ $\qquad$ (2.2.1.9)
$\quad\ F(\infty) = \Pr(X < \infty) = 1$ $\qquad$ (2.2.1.10)

(2) 기대값과 분산

$X$가 이산확률변수일 때 $X$의 기대값은

$$E(X) = \sum_x x f(x) \tag{2.2.1.11}$$

$X$가 연속확률변수일 때 $X$의 기대값은

$$E(X) = \int_{-\infty}^{\infty} x f(x)\,dx \tag{2.2.1.12}$$

확률변수 $X$의 분산은 다음과 같이 정의된다.

$$\mathrm{Var}(X) = E[X - E(X)]^2 \tag{2.2.1.13}$$
$$= E[X^2] - [E(X)]^2 \tag{2.2.1.14}$$

기대값의 성질을 증명없이 살펴보기로 하자.

(i) $Y = aX + b\,(a$와 $b$는 상수)라면
$$E(Y) = aE(X) + b \tag{2.2.1.15}$$

(ii) $X_1, X_2, \cdots, X_n$이 확률변수라면
$$E(X_1 + X_2 + \cdots + X_n) = E(X_1) + E(X_2) + \cdots + E(X_n) \tag{2.2.1.16}$$

(iii) $X_1, X_2, \cdots, X_n$이 서로 독립적인 확률변수라면
$$E\left(\prod_{i=1}^{n} X_i\right) = \prod_{i=1}^{n} E(X_i) \tag{2.2.1.17}$$

(iv) $c$가 상수일 때
$$E(c) = c \tag{2.2.1.18}$$

분산의 성질을 증명없이 살펴보기로 하자.

(i) $c$가 상수일 때
$$\mathrm{Var}(c) = 0 \tag{2.2.1.19}$$

(ii) $\mathrm{Var}(X+c) = \mathrm{Var}(X)$ \hfill (2.2.1.20)

(iii) $a, b$가 상수일 때
$$\mathrm{Var}(aX+b) = a^2\,\mathrm{Var}(X) \tag{2.2.1.21}$$

(iv) $X_1, X_2, \cdots, X_n$이 독립적인 확률변수이면
$$\mathrm{Var}(X_1 + X_2 + \cdots + X_n) = \mathrm{Var}(X_1) + \cdots + \mathrm{Var}(X_n)$$
$$\mathrm{Var}(a_1 X_1 + \cdots + a_n X_n + b) = a_1^2\,\mathrm{Var}(X_1) + \cdots + a_n^2\,\mathrm{Var}(X_n) \tag{2.2.1.22}$$

두 개의 확률변수 사이의 관계는 공분산(共分散 ; covariance)으로 측정할 수 있다. $X$, $Y$의 공분산 $\text{Cov}(X, Y)$는 다음과 같이 정의된다.

$$\text{Cov}(X, Y) = E[(X - \mu_X)(Y - \mu_Y)] \qquad (2.2.1.23)$$

여기서 $\mu_X = E(X)$, $\mu_Y = E(Y)$를 의미한다.

공분산의 성질을 증명없이 고찰해 보자.

$$\text{Cov}(X, Y) = E(XY) - E(X)E(Y)$$

$$\text{Cov}(aX + b, cY + d) = ac\,\text{Cov}(X, Y)$$

$$\text{Cov}(aX + bY + c, Z) = a\,\text{Cov}(X, Z) + b\,\text{Cov}(Y, Z)$$

$$\text{Var}(X + Y) = \text{Var}(X) + \text{Var}(Y) + 2\,\text{Cov}(X, Y)$$

$$\text{Var}(aX + bY + c) = a^2\,\text{Var}(X) + b^2\,\text{Var}(Y) + 2ab\,\text{Cov}(X, Y) \qquad (2.2.1.24)$$

### (3) 조건부 확률분포

두 개의 확률변수 $X$와 $Y$에 대하여 $X = x$, $Y = y$일 때의 결합확률(joint probability)은 다음과 같이 표시한다.

$$\text{Pr}(X = x \text{ and } Y = y) = f(x, y)$$

$Y$가 발생하는 것을 조건으로 $X$가 발생하는 확률을 조건부 확률이라고 하며 그 분포를 조건부 확률분포(conditional distribution)라고 한다. $X$, $Y$가 이산확률변수일 때

$$\text{Pr}(X = x \mid Y = y) = \frac{\text{Pr}(X = x \text{ and } Y = y)}{\text{Pr}(Y = y)}$$

$$= \frac{f(x, y)}{f_Y(y)} \qquad (2.2.1.25)$$

$X$와 $Y$가 연속확률변수일 때 $Y = y$가 주어진 조건하의 $X$의 분포는

$$f(x \mid y) = \frac{f(x, y)}{f_Y(y)} \qquad (2.2.1.26)$$

으로 나타낼 수 있다.

조건부 확률분포는 보험수리학에서 자주 이용되는 중요한 개념 중의 하나이다.

(4) 각종 확률분포

(a) 베르누이 분포(Bernoulli distribution)

이산확률변수 $X$가 성공이면 1, 실패면 0으로 표시하며 이때 각각의 확률을 $p$와 $q(=1-p)$라고 하자. 즉

$$\Pr(X=1) = p$$
$$\Pr(X=0) = 1-p = q \tag{2.2.1.27}$$

확률함수(p.f.)는

$$f(x) = \begin{cases} p^x q^{1-x}, & x=0, \ 1 \\ \\ 0 & , \ \text{기타값} \end{cases} \tag{2.2.1.28}$$

$X$의 기대값과 분산은

$$E(X) = p \tag{2.2.1.29}$$
$$\mathrm{Var}(X) = pq \tag{2.2.1.30}$$

(b) 이항분포(binomial distribution)

확률변수 $X_1, X_2, \cdots, X_n$이 베르누이 분포를 따르면

$$X = X_1 + X_2 + \cdots + X_n \tag{2.2.1.31}$$

는 이항분포(二項分布)를 따른다.

$X$의 확률함수(p.f.)는

$$f(x) = \begin{cases} \binom{n}{x} p^x q^{n-x}, & x=0, \ 1, \ 2, \ \cdots, \ n \\ \\ 0 & , \ \text{기타값} \end{cases} \tag{2.2.1.32}$$

$X$의 기대값과 분산은

$$E(X) = np \tag{2.2.1.33}$$
$$\mathrm{Var}(X) = npq \tag{2.2.1.34}$$

(c) 다항분포(multinomial distribution)

$X_i$를 $N$번의 실험 중에 $i$번째 결과가 발생하는 횟수라고 하고 $p_i$를 $X_i$의 결과가 나타날 확률이라고 하면 $\sum_{i=1}^{n} x_i = N$, $\sum_{i=1}^{n} p_i = 1$이다.

확률변수의 집합인 $X_1, X_2, \cdots, X_n$이 다음과 같은 분포를 하면 $X_1, X_2, \cdots, X_n$의 결합

분포는 다항분포를 따른다.

$$\text{Pr}\,(X_1 = x_1,\ X_2 = x_2,\ \cdots,\ X_n = x_n)$$

$$= f\,(X_1 = x_1,\ X_2 = x_2,\ \cdots,\ X_n = x_n) = N! \prod_{i=1}^{n} \frac{p_i^{x_i}}{x_i!} \tag{2.2.1.35}$$

$$= \frac{N!}{x_1!\,x_2!\,\cdots\,x_n!}\, p_1^{x_1} p_2^{x_2} \cdots p_n^{x_n} \tag{2.2.1.36}$$

$X_i$의 기대값과 분산은

$$E(X_i) = \mu_i = N\,p_i \tag{2.2.1.37}$$

$$\text{Var}\,(X_i) = \sigma_i^2 = N\,p_i\,(1 - p_i) \tag{2.2.1.38}$$

이고 $X_i$와 $X_j$의 공분산은 다음과 같다.

$$\text{Cov}(X_i,\ X_j) = \sigma_{ij}^2 = -N\,p_i\,p_j \tag{2.2.1.39}$$

### (d) 포아송분포(Poisson distribution)

$X$가 이산확률변수($X \geq 0$)이며 다음과 같은 분포를 갖으면 $X$는 포아송분포를 따른다.

$$f\,(x) = \begin{cases} \dfrac{e^{-\lambda}\,\lambda^x}{x!}, & x = 0,\ 1,\ 2,\ \cdots \\[2mm] 0, & \text{기타} \end{cases} \tag{2.2.1.40}$$

여기서 $\lambda$는 포아송분포의 모수(母數 ; parameter)이다. $X$의 기대값과 분산은

$$E(X) = \lambda \tag{2.2.1.41}$$

$$\text{Var}\,(X) = \lambda \tag{2.2.1.42}$$

### (e) 균등분포(uniform distribution)

연속확률변수 $X$의 p.d.f.가 다음과 같을 때 $X$는 $[a,\ b]$에서 균등분포(均等分布)를 따른다($X \sim U(a,\ b)$로 표시).

$$f\,(x) = \begin{cases} \dfrac{1}{b-a}, & a \leq x \leq b \\[2mm] 0, & \text{기타값} \end{cases} \tag{2.2.1.43}$$

$f\,(x)$를 그림으로 표시하면 그림 [2.2.1.2]와 같다.

그림 [2.2.1.2]  균등분포

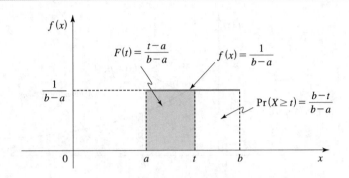

$X$의 c.d.f.는

$$F(x) = \begin{cases} 0 & , \ x \le a \\ \dfrac{x-a}{b-a} & , \ a < x < b \\ 1 & , \ x \ge b \end{cases} \qquad (2.2.1.44)$$

$X$의 기대값과 분산은

$$E(X) = \frac{a+b}{2} \qquad (2.2.1.45)$$

$$\mathrm{Var}(X) = \frac{(b-a)^2}{12} \qquad (2.2.1.46)$$

(f) 지수분포(exponential distribution)

연속확률변수 $X$의 p.d.f.가 다음과 같을 때 $X$는 지수분포를 따른다.

$$f(x) = \begin{cases} \beta e^{-\beta x} , & x > 0 \, (\beta > 0) \\ 0 & , \ x \le 0 \end{cases} \qquad (2.2.1.47)$$

$f(x)$를 그림으로 표시하면 그림 [2.2.1.3]과 같다.

그림 [2.2.1.3] 지수분포

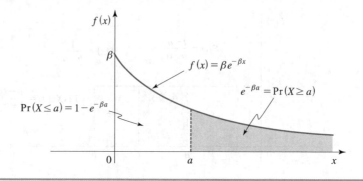

$X$의 기대값과 분산은

$$E(X) = \frac{1}{\beta}$$

$$\mathrm{Var}(X) = \frac{1}{\beta^2} \tag{2.2.1.48}$$

지수분포의 중요한 성질로 no memory property가 있다. 즉

$$\Pr(X > x+y \,|\, X > x) = \Pr(X > y) \tag{2.2.1.49}$$

식 (2.2.1.49)를 예제를 통하여 살펴보자.

━━( 예제 2.2.1.1 )━━

형광등의 수명은 평균수명이 500시간인 지수분포를 따른다고 한다. $X$를 형광등의 수명을 나타내는 확률변수라고 하면 다음을 구하시오.

(a) $\Pr(X > 600)$

(b) $\Pr(X > 900 \,|\, X > 300) = \Pr(X > 300 + 600 \,|\, X > 300)$

━━( 풀이 )━━

(a) $E(X) = 500 = \dfrac{1}{\beta}$  따라서  $\beta = \dfrac{1}{500}$

$$\Pr(X > 600) = \int_{600}^{\infty} \frac{1}{500} e^{-\frac{1}{500}t} dt = e^{-\frac{1}{500}(600)} = e^{-\frac{6}{5}}$$

(b) $\Pr(X > 900 \,|\, X > 300) = \dfrac{\Pr(X > 900)}{\Pr(X > 300)} = \dfrac{e^{-\frac{1}{500}(900)}}{e^{-\frac{1}{500}(300)}} = e^{-\frac{6}{5}}$

즉, (a)와 (b)의 결과가 같다. (b)의 경우 이미 300시간을 사용한 조건하에서 앞으로 600시간 이상 수명이 지속될 확률은 새 형광등의 수명이 앞으로 600시간 이상 수명이 지속될 확률과 같다. 이제까지 이미 300시간을 사용한 조건을 기억을 못한다는 관점에서 이러한 성질을 no memory property라고 한다.

## (g) 감마분포(gamma distribution)

연속확률변수 $X$가 다음과 같은 분포를 할 때 $X$는 모수가 $\alpha$와 $\beta$ $(\alpha>0,\ \beta>0)$인 감마분포를 따른다.

$$f(x) = \begin{cases} \dfrac{\beta^{\alpha}}{\Gamma(\alpha)}\, x^{\alpha-1}\, e^{-\beta x}, & x>0 \\[2mm] 0, & x\le 0 \end{cases} \tag{2.2.1.50}$$

여기서 $\Gamma(\alpha)$는

$$\Gamma(\alpha) = \int_0^\infty x^{\alpha-1}\, e^{-x}\, dx \tag{2.2.1.51}$$

를 의미하고

$$\Gamma(\alpha) = (\alpha-1)\,\Gamma(\alpha-1) \tag{2.2.1.52}$$
$$\Gamma(n) = (n-1)! \tag{2.2.1.53}$$

의 성질을 갖는다.
$X$의 기대값과 분산은 다음과 같다.

$$E(X) = \frac{\alpha}{\beta} \tag{2.2.1.54}$$
$$\mathrm{Var}(X) = \frac{\alpha}{\beta^2} \tag{2.2.1.55}$$

## (h) 베타분포(beta distribution)

연속확률변수 $X$의 p.d.f.가 다음과 같을 때 $X$는 모수가 $\alpha,\ \beta$ $(\alpha>0,\ \beta>0)$인 베타분포를 따른다.

$$f(x) = \begin{cases} \dfrac{\Gamma(\alpha+\beta)}{\Gamma(\alpha)\Gamma(\beta)}\, x^{\alpha-1}(1-x)^{\beta-1}, & 0<x<1 \\[2mm] 0, & 기타 \end{cases} \tag{2.2.1.56}$$

$X$의 기대값과 분산은 다음과 같다.

$$E(X) = \frac{\alpha}{\alpha+\beta} \tag{2.2.1.57}$$

$$\mathrm{Var}(X) = \frac{\alpha\beta}{(\alpha+\beta)^2(\alpha+\beta+1)} \tag{2.2.1.58}$$

식 (2.2.1.51)로부터 다음의 중요한 성질을 얻는다.

$$\int_0^1 x^{\alpha-1}(1-x)^{\beta-1}\,dx = \frac{\Gamma(\alpha)\Gamma(\beta)}{\Gamma(\alpha+\beta)} \tag{2.2.1.59}$$

(ⅰ) 정규분포(normal distribution)

연속확률변수 $X$의 p.d.f.가 다음과 같을 때 $X$는 모수가 기대값 $\mu$와 분산 $\sigma^2$인 $(-\infty<\mu<\infty,\ \sigma>0)$ 정규분포를 따른다.

$$f(x) = \frac{1}{\sqrt{2\pi}\,\sigma}\exp\left[-\frac{1}{2}\left(\frac{x-\mu}{\sigma}\right)^2\right],\ -\infty<x<\infty \tag{2.2.1.60}$$

$X$의 기대값과 분산은

$$E(X) = \mu \tag{2.2.1.61}$$
$$\mathrm{Var}(X) = \sigma^2 \tag{2.2.1.62}$$

$X$가 기대값 $\mu$와 분산 $\sigma^2$인 정규분포를 다음과 같이 나타낸다.

$$X \sim N(\mu,\ \sigma^2) \tag{2.2.1.63}$$

$\mu=0$, $\sigma^2=1$인 정규분포를 표준정규분포(標準正規分布 ; standard normal distribution)라고 한다. 표준정규분포 $[X \sim N(0,\ 1)]$에서 $\Phi(x)$를 다음과 같이 정의한다.

$$\Phi(x) = \int_{-\infty}^x f(y)\,dy \tag{2.2.1.64}$$

여기서 $f(x)$는 $N(0,\ 1)$의 p.d.f.이다. 즉,

$$f(x) = \frac{1}{\sqrt{2\pi}}\exp\left(-\frac{1}{2}x^2\right) \tag{2.2.1.65}$$

따라서

$$\Phi(x) = \mathrm{Pr}(X \le x) = \mathrm{Pr}(X \ge -x) \tag{2.2.1.66}$$

식 (2.2.1.64)를 그림으로 표시하면 그림 [2.2.1.4]와 같다.

그림 [2.2.1.4]  누적표준정규분포

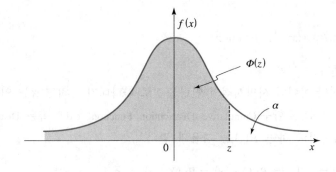

표준정규분포에서는 보통 확률변수를 $X$대신 $Z$를 써서 나타낸다. 즉,

$$\Phi(z) = \Pr(Z \leq z) = \Pr(Z \geq -z) \tag{2.2.1.67}$$

많이 쓰이는 $z$의 값을 표시하면 다음과 같다.

$$\Phi(1.282) = \Pr(Z \leq z_{0.1}) = 0.9, \qquad z_{0.1} = 1.282$$
$$\Phi(1.645) = \Pr(Z \leq z_{0.05}) = 0.95, \qquad z_{0.05} = 1.645$$
$$\Phi(1.96) = \Pr(Z \leq z_{0.025}) = 0.975, \qquad z_{0.025} = 1.96$$
$$\Phi(2.326) = \Pr(Z \leq z_{0.01}) = 0.99, \qquad z_{0.01} = 2.326$$
$$\Phi(3.09) = \Pr(Z \leq z_{0.001}) = 0.9990, \qquad z_{0.001} = 3.09 \tag{2.2.1.68}$$

이제 정규분포를 이용하여 근사치를 구하는 방법을 고찰해 보자.

[정리 2.2.1.1]  **중심극한정리**(中心極限定理)

$X_1, X_2, \cdots, X_n$이 서로 독립적인 확률변수이고 각각 동일한 분포를 따르고
$E(X_i) = \mu$, $\mathrm{Var}(X_i) = \sigma^2$, $i = 1, 2, \cdots, n$이라고 가정하자.
$\bar{X} = \dfrac{1}{n} \sum\limits_{i=1}^{n} X_i$라고 하면

$$W = \frac{\bar{X} - \mu}{\sigma / \sqrt{n}}$$

의 분포는 $n \to \infty$에 따라 표준정규분포 $N(0, 1)$을 따른다. 즉, $\sum\limits_{i=1}^{n} X_i$은 평균이 $n\mu$
이고 분산이 $n\sigma^2$인 정규분포 $N(n\mu, n\sigma^2)$를 따른다.

정리 [2.2.1.1]은 앞으로 자주 사용되는 유용한 정리이다.

## 2. 생존함수(survival function)

### (1) 생존함수의 개념

새로 태어난 아이의 사망시점의 연령을 $X$로 나타내기로 하면 $X$는 연속확률변수이다. $F(x)$를 $X$의 누적분포함수(Cumulative Distribution Function: c.d.f. 혹은 Distribution Function: d.f.)라고 표시하기로 하면 $F(x)$는 다음과 같다.

$$F(x) = F_0(x) = \Pr(X \le x) = \Pr(X < x) = {}_xq_0, \quad x \ge 0 \qquad (2.2.2.1)$$

$F(x)$는 사망시점의 연령이 $x$보다 작을 확률이므로 0세부터 $x$세 사이에서 사망할 확률을 나타낸다. 따라서 $F(x)$는 ${}_xq_0$이다.

$s(x)$를 다음과 같이 정의한다.

$$s(x) = S_0(x) = 1 - F(x) = \Pr(X > x) = {}_xp_0, \quad x \ge 0 \qquad (2.2.2.2)$$

$s(x)$는 사망시점의 연령이 $x$보다 클 확률이므로 신생아가 0세부터 $x$세 사이에서 생존하는 확률을 나타낸다. 따라서 $s(x)$는 ${}_xp_0$이다. 식 (2.2.2.2)로부터 다음이 성립한다.

$$s(x) = S_0(x) = {}_xp_0 = \frac{l_x}{l_0} \qquad (2.2.2.3)$$

$$l_x = l_0 \, s(x) \qquad (2.2.2.4)$$

식 (2.2.2.2)의 $s(x)$를 생존함수라고 부르며 $s(x)$의 특성은 다음과 같다.

그림 [2.2.2.1] 생존함수의 형태

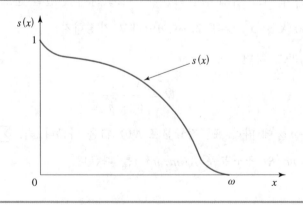

(i) 연속함수이다.

(ii) $F(0)=0$이므로 $s(0)=1$, $s(\omega)=0$이다.

여기서 $\omega$는 생존가능한 최대연령 혹은 $\infty$이다.

(iii) $s(x) \geq s(x+h)$,     $h \geq 0$

따라서 $s(x)$는 증가하지 않는(non-increasing) 함수이다. 이와 같은 특성을 나타내는 생존함수의 한 형태는 그림 [2.2.2.1]과 같다.

새로 태어난 아이가 연령 $x$와 $z(x<z)$ 사이에서 사망할 확률은 다음과 같다.

$$\Pr(x<X \leq z) = F(z)-F(x) \tag{2.2.2.5}$$
$$= s(x)-s(z) \tag{2.2.2.6}$$

(2) 확률밀도함수

$X$의 확률밀도함수(probability density function: p.d.f.)는 정의상 다음과 같다.

$$f(x) = f_0(x) = \frac{d}{dx}F(x) \tag{2.2.2.7}$$
$$= -\frac{d}{dx}s(x) \tag{2.2.2.8}$$

식 (2.2.2.7)과 식 (2.2.2.8)로부터 다음이 성립한다.

$$F(x) = \int_0^x f(y)\,dy \tag{2.2.2.9}$$
$$s(x) = \int_x^\infty f(y)\,dy \tag{2.2.2.10}$$

따라서 다음이 항상 성립한다.

$$\int_0^\infty f(x)\,dx = 1 \tag{2.2.2.11}$$

예제 2.2.2.1

$s(x)$가 다음과 같을 때 $f(x)$를 구하시오.

(a) $s(x) = S_0(x) = 1-\frac{x}{\omega}$,     $0 \leq x \leq \omega$   (b) $s(x) = S_0(x) = e^{-\mu x}$,   $x \geq 0$

풀이

(a) $f(x) = f_0(x) = -\frac{d}{dx}s(x) = \begin{cases} \frac{1}{\omega}, & 0 \leq x \leq \omega \\ 0, & \text{기타} \end{cases}$

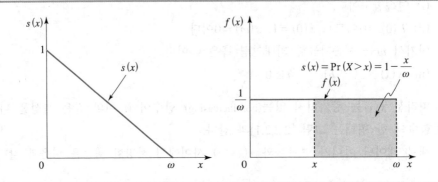

따라서 $X$는 $(0, \omega)$의 균등분포(uniform distribution)를 따르며 이를 De Moivre의 법칙이라고 한다. 즉,

$$X \sim U(0, \omega)$$

(b) $f(x) = f_0(x) = -\dfrac{d}{dx} s(x) = \begin{cases} \mu e^{-\mu x}, & x > 0 \\ 0, & \text{기타} \end{cases}$

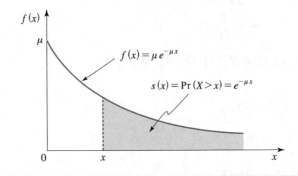

따라서 $X$는 모수가 $\mu$인 지수분포(exponential distribution)를 따른다.

### (3) 조건부 확률

지금까지 살펴본 $s(x)$나 $F(x)$는 0세에 생존하는 것을 기초로 한 0세부터 측정된 확률의 개념이다. 지금부터는 어떤 연령 $x$세$(x > 0)$까지 생존하는 것을 조건으로 하여 $x$세부터 측정되는 생존확률에 대하여 고찰하기로 한다. $x$세까지 생존한 것이 알려진 사람이 $x+n$세까지 생존할 확률은 $_np_x$임은 이미 살펴보았다. 따라서

$$_np_x = \mathrm{Pr}(x\text{세까지 생존한 조건하에서 } x+n\text{세까지 생존})$$
$$= \frac{l_{x+n}}{l_x} = \frac{l_{x+n}/l_0}{l_x/l_0} = \frac{_{x+n}p_0}{_xp_0} = \frac{s(x+n)}{s(x)} \qquad (2.2.2.12)$$

$$_np_x = \Pr(X > x+n \mid X > x) = s(x+n \mid X > x) = \frac{s(x+n)}{s(x)} \tag{2.2.2.13}$$

$$_nq_x = 1 - {}_np_x = \frac{s(x) - s(x+n)}{s(x)} \tag{2.2.2.14}$$

$$_nq_x = \Pr(X \le x+n \mid X > x) = \Pr(x < X \le x+n \mid X > x)$$
$$= \frac{s(x) - s(x+n)}{s(x)} = \frac{F(x+n) - F(x)}{1 - F(x)} \tag{2.2.2.15}$$

$$_{t|u}q_x = \Pr(x+t < X < x+t+u \mid X > x) = \frac{\Pr(x+t < X < x+t+u)}{\Pr(X > x)}$$
$$= \frac{s(x+t) - s(x+t+u)}{s(x)} = {}_tp_x - {}_{t+u}p_x \tag{2.2.2.16}$$

$$= \frac{s(x+t)}{s(x)} \frac{s(x+t) - s(x+t+u)}{s(x+t)} = {}_tp_x \cdot {}_uq_{x+t} \tag{2.2.2.17}$$

## 3. $(x)$의 미래생존기간

연속확률변수 $T(x)$ 또는 $T$를 다음과 같이 정의한다$(X > x)$.

$$T(x) = T_x = T = (x)의 \ 미래생존기간(未來生存期間 ; \text{future lifetime of } (x))$$
$$= (x)의 \ 장래생존기간(將來生存期間 ; \text{future lifetime of } (x))$$
$$= (x)의 \ 잔여생존기간(殘餘生存期間 ; \text{remaining lifetime of } (x))$$
$$= (x)의 \ 사망시까지의 \ 기간(\text{Time-Until-Death of } (x))$$
$$= (x)의 \ 여명(餘命)$$
$$= X - x \tag{2.2.3.1}$$

여기서 $(x)$는 $x$세의 사람을 의미하고 $X$는 사망시점의 연령을 나타내는 확률변수, 소문자 $x$는 $X$의 특정한 값을 나타낸다. 식 (2.2.3.1)에서 $x = 30$이면 다음의 식이 성립한다.

$$T_{30} = T(30) = (30)의 \ 미래생존기간$$
$$= X - 30 \tag{2.2.3.2}$$

$T(x)$의 누적분포함수(c.d.f.)를 $G(t)$라고 하면 $G(t)$는 다음과 같다.

$$G(t) = \Pr[T(x) \le t] = \Pr(X \le x+t \mid X > x)$$
$$= \frac{\Pr(x < X \le x+t)}{\Pr(X > x)} = \frac{s(x) - s(x+t)}{s(x)} = \frac{S_0(x) - S_0(x+t)}{S_0(x)}$$
$$= {}_tq_x = \Pr(T_x \le t) = F_x(t) = 1 - S_x(t) \tag{2.2.3.3}$$

식 (2.2.3.3)으로부터 $_t q_x$가 $T(x)$의 누적분포함수인 $G(t)$임을 알 수 있다. 따라서 다음이 성립한다.

$$\begin{aligned}
_t p_x &= \Pr\left[T(x) > t\right], \quad t \geq 0 \\
&= 1 - {_t q_x} = 1 - G(t) \\
&= \Pr\left(T_x > t\right) = S_x(t) = \frac{S_0(x+t)}{S_0(x)}
\end{aligned} \tag{2.2.3.4}$$

특별한 경우로 $x = 0$인 경우 $T(0) = X$가 된다. 따라서

$$_x p_0 = s(x) = S_0(x), \quad x \geq 0 \tag{2.2.3.5}$$

예제 2.2.3.1

$s(x)$가 다음과 같이 주어질 때 각각 $T(x)$의 누적분포함수와 확률밀도함수를 구하시오.

(a) $s(x) = S_0(x) = 1 - \dfrac{x}{\omega}, \quad 0 < x < \omega$   (b) $s(x) = S_0(x) = e^{-\mu x}, \quad x \geq 0$

풀이

(a) $s(x+t) = 1 - \dfrac{x+t}{\omega}$

따라서 식 (2.2.3.3)을 이용하면

$$G(t) = F_x(t) = \frac{\left(1 - \dfrac{x}{\omega}\right) - \left(1 - \dfrac{x+t}{\omega}\right)}{1 - \dfrac{x}{\omega}} = \frac{t}{\omega - x}$$

$T(x)$의 c.d.f.는

$$G(t) = \begin{cases} \dfrac{t}{\omega - x}, & 0 \leq t \leq \omega - x \\[2mm] 1, & t > \omega - x \end{cases}$$

$T(x)$의 p.d.f.를 $g(t)$라고 하면 $g(t)$는 다음과 같다.

$$g(t) = f_x(t) = \frac{d}{dt} G(t) = \frac{1}{\omega - x}, \quad 0 < t < \omega - x$$

$T(x)$는 $(0,\ \omega - x)$의 균등분포를 따른다. 즉,

$$T(x) \sim U(0,\ \omega - x)$$

(b) $s(x+t) = e^{-\mu(x+t)}$

$$G(t) = F_x(t) = \frac{e^{-\mu x} - e^{-\mu(x+t)}}{e^{-\mu x}} = 1 - e^{-\mu t}, \quad t \geq 0$$

따라서

$$g(t) = f_x(t) = \frac{d}{dt}G(t) = \mu e^{-\mu t}$$

$T(x)$는 모수가 $\mu$인 $\left(\text{즉}, E[T] = \frac{1}{\mu}\right)$ 지수분포를 따른다. 즉,

$$T(x) \sim \exp(\mu)$$

$_{t|u}q_x$를 $T(x)$를 사용하여 나타내면 다음과 같다.

$$\begin{aligned}
_{t|u}q_x &= \Pr(t < T(x) \le t+u) = G(t+u) - G(t) \\
&= {}_{t+u}q_x - {}_{t}q_x = F_x(t+u) - F_x(t) \\
&= 1 - \frac{s(x+t+u)}{s(x)} - \left[1 - \frac{s(x+t)}{s(x)}\right] \\
&= \frac{s(x+t) - s(x+t+u)}{s(x)} = S_x(t) - S_x(t+u)
\end{aligned} \tag{2.2.3.6}$$

$_{t|u}q_x$는 그림 [2.2.3.1]의 빗금친 부분을 나타낸다.

그림 [2.2.3.1]  $_{t|u}q_x$의 의미

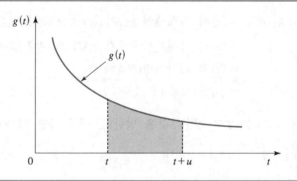

식 (2.2.3.6)은 식 (2.2.2.16)과 같음을 알 수 있다. 양식을 종합하면 $_{t|u}q_x$는 다음과 같이 나타낼 수 있음을 알 수 있다.

$$\begin{aligned}
_{t|u}q_x &= {}_{t}p_x - {}_{t+u}p_x \\
&= {}_{t+u}q_x - {}_{t}q_x \\
&= {}_{t}p_x \cdot {}_{u}q_{x+t}
\end{aligned} \tag{2.2.3.7}$$

예제 2.2.3.2

$_{1|}q_{x+1} = 0.095$, $_{2|}q_{x+1} = 0.171$, $q_{x+3} = 0.200$일 때 $q_{x+1}+q_{x+2}$의 값을 구하시오.

풀이

$$_{1|}q_{x+1} = p_{x+1} \cdot q_{x+2} = p_{x+1} - _2p_{x+1} = p_{x+1} - p_{x+1} \cdot p_{x+2} = 0.095$$

$$_{2|}q_{x+1} = _2p_{x+1} \cdot q_{x+3} = p_{x+1} \cdot p_{x+2} \cdot q_{x+3} = 0.171$$

$q_{x+3} = 0.2$이므로

$$p_{x+1} \cdot p_{x+2} = \frac{0.171}{0.2} = 0.855$$

$$p_{x+1} = 0.095 + 0.855 = 0.95$$

$$p_{x+2} = \frac{0.855}{0.95} = 0.9$$

따라서 $q_{x+1} + q_{x+2} = (1 - 0.95) + (1 - 0.9) = 0.15$

## 4. $(x)$의 미래개산생존기간(curtate-future-lifetime)

이산확률변수 $K(x)$ 혹은 $K$를 다음과 같이 정의한다.

$$K(x) = K_x = K = (x)의 \text{ 미래개산생존기간}(未來槪算生存期間)$$
$$= (x)의 \text{ 장래개산생존기간}(將來槪算生存期間)$$
$$= (x)의 \text{ 개산여명}(槪算餘命)$$
$$= \lfloor T(x) \rfloor = \lfloor T_x \rfloor = \lfloor T \rfloor \tag{2.2.4.1}$$

식 (2.2.4.1)에서 $\lfloor T \rfloor$는 $T$의 정수부분을 말한다. 예를 들면 다음과 같다.

$$\lfloor 7.45 \rfloor = 7$$
$$\lfloor 7 \rfloor = 7 \tag{2.2.4.2}$$

따라서

$$\Pr[K(x) = k] = \Pr[k \le T(x) < k+1] = \frac{s(x+k) - s(x+k+1)}{s(x)}$$
$$= _{k|1}q_x = _{k|}q_x = _kp_x - _{k+1}p_x$$
$$= _kp_x \cdot q_{x+k}, \quad k = 0, 1, 2, \cdots \tag{2.2.4.3}$$

$\Pr[T(x) = k] = \Pr[T(x) = k+1] = 0$이므로 $\Pr[K(x) = k]$는 다음과 같이 나타낼 수도 있다.

$$\Pr[K = k] = \Pr[k < T(x) \le k+1] \tag{2.2.4.4}$$

$\Pr[K = k]$의 의미를 그림으로 표시하면 그림 [2.2.4.1]과 같다. $\Pr[K = k]$는 $(x)$의 사

그림 [2.2.4.1]  Pr[K=k]의 의미

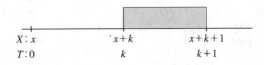

망시점의 연령이 $x+k$와 $x+k+1$ 사이에 있는 것, 즉, $(x)$의 미래생존기간인 $T(x)$가 $k$와 $k+1$ 사이에 있는 것을 의미하며 빗금친 부분은 이를 나타낸다.

예제 2.2.4.1

$K$를 (96)의 미래개산생존기간이라고 할 때 다음 표를 이용하여 $\mathrm{Var}[K(96)]$을 구하시오.

| $x$ | $l_x$ |
|---|---|
| 96 | 180 |
| 97 | 130 |
| 98 | 73 |
| 99 | 31 |
| 100 | 0 |

풀이

$$q_{96} = \frac{50}{180}, \ _{1|}q_{96} = \frac{57}{180}, \ _{2|}q_{96} = \frac{42}{180}, \ _{3|}q_{96} = \frac{31}{180}$$

$$E(K^2) = \frac{1}{180}[(0)(50) + (1)(57) + (2^2)(42) + (3^2)(31)] = \frac{14}{5}$$

$$E(K) = \frac{1}{180}[(0)(50) + (1)(57) + (2)(42) + (3)(31)] = \frac{13}{10}$$

$$\mathrm{Var}(K) = E(K^2) - [E(K)]^2 = 1.11$$

예제 2.2.4.2

| $x$ | $q_x$ | $l_x$ | $d_x$ |
|---|---|---|---|
| 0 | 0.2 | 10000 | 2000 |
| 1 | 0.4 | 8000 | 3200 |
| 2 | 0.6 | 4800 | 2880 |
| 3 | 0.8 | 1920 | 1536 |
| 4 | 1.0 | 384 | 384 |
| 5 | | 0 | |

위와 같은 자료가 주어졌을 때 다음을 구하시오.

(a) $_{2|}q_1$                                  (b) $K(1)$이 홀수일 확률

**풀이**

(a) $_{2|}q_1 = \dfrac{d_3}{l_1} = \dfrac{1536}{8000} = 0.192$

$$\begin{array}{c} \underset{d_3}{\phantom{x}} \\ \vdash\!\!\!\!-\!\!\!\!-\!\!\!\!-\!\!\!\!-\!\!\!\!-\!\!\!\!-\!\!\!\!\dashv \\ 1 \quad\; 2 \quad\; 3 \quad\; 4 \quad\; 5 \end{array}$$

(b) $\Pr[K(1)$이 홀수$] = \dfrac{2880 + 384}{8000} = \dfrac{3264}{8000} = 0.408$

$$\begin{array}{c} K(1)=0 \quad K(1)=1 \quad K(1)=2 \quad K(1)=3 \quad K(1)=4 \\ \vdash\!\!\!\!-\!\!\!\!-\!\!\!\!-\!\!\!\!-\!\!\!\!-\!\!\!\!-\!\!\!\!-\!\!\!\!\dashv \\ 1 \qquad 2 \qquad 3 \qquad 4 \qquad 5 \qquad 6 \end{array}$$

## 5. 사력(force of mortality)

$x$세의 사력(死力)은 다음과 같이 정의된다.

$$\mu_x = \frac{-s'(x)}{s(x)} = \frac{-S_0{}'(x)}{S_0(x)}$$

$$= -\frac{d}{dx}\ln s(x) = -\frac{d}{dx}\ln S_0(x) \tag{2.2.5.1}$$

$$= \frac{f(x)}{s(x)} = \frac{f_0(x)}{S_0(x)} \tag{2.2.5.2}$$

식 (2.2.5.2)로부터 $\mu_x$는 $x$세까지 생존한 것을 조건으로 하는 $X$의 조건부 확률밀도함수를 말한다. reliability이론에서는 $\mu_x$를 failure rate 혹은 hazard rate 혹은 hazard rate function이라고 부른다. $s(x)$ 대신에 $l_x$를 사용하여 $\mu_x$를 나타내면 다음과 같다.

$$\mu_x = \frac{-s'(x)l_0}{s(x)l_0} = \frac{-l_x{}'}{l_x}$$

$$= -\frac{d}{dx}\ln l_x \tag{2.2.5.3}$$

$$= \lim_{\Delta x \to 0} \frac{-1}{l_x}\frac{l_{x+\Delta x} - l_x}{\Delta x} \tag{2.2.5.4}$$

식 (2.2.5.4)로부터 사력의 의미를 고찰할 수 있다.

$l_{x+\Delta x} - l_x$는 $x$세와 $x+\Delta x$세 사이의 사망자수를 말하며 $(l_{x+\Delta x} - l_x)/\Delta x$는 1년 단위로 보았을 경우의 $x$세와 $x+\Delta x$세 사이의 사망자수를 말한다. 예를 들어 $l_{x+\Delta x} - l_x = 20$

이고 $\Delta x = 1/100$년이라면 $(l_{x+\Delta x} - l_x)/\Delta x = 2000$이 된다. $(l_{x+\Delta x} - l_x)/\Delta x$를 $l_x$로 나눈 값은 사망률을 의미하며 $\lim\limits_{\Delta x \to 0}$ 은 순간사망률을 의미한다. $l_x$ 함수는 감소함수이므로 미분값은 음수이다. 따라서 $-$는 음수값을 양수값으로 바꿔주는 역할을 한다. 따라서 $x$세의 사력이란 연간사망률의 형태로 표시한 순간사망률을 말한다. 사력을 이용하여 $x$세와 $x+\Delta x$세 사이의 사망률의 근사치$(\mu_x \Delta x)$를 구할 수 있으며 따라서 $x$와 $x+\Delta x$ 사이의 사망자수의 근사치$(l_x \mu_x \Delta x)$도 구할 수 있다.

사망률과 이율을 비교하면 표 [2.2.5.1]과 같다.

표 [2.2.5.1]  이율과 사망률의 비교

| 이율(복리) | 사 망 률 |
|---|---|
| $A(t) = t$시점의 기금의 크기($t$는 년수) | $l_x = x$세의 그룹의 크기($x$는 년수) |
| 연실이율($A(t)$의 증가) $$i_t = \frac{A(t+1)-A(t)}{A(t)}$$ | 연사망률($l_x$의 감소) $$q_x = \frac{l_x - l_{x+1}}{l_x}$$ |
| $n$년간 실이율($t$시점 시작) $$_n i_t = \frac{A(t+n)-A(t)}{A(t)}$$ | $n$년간 사망률($x$시점 시작) $$_n q_x = \frac{l_x - l_{x+n}}{l_x}$$ |
| $A(t)$의 변화율 $$\frac{dA(t)}{dt} = A(t)\delta_t$$ | $l_{x+t}$의 변화율 $$\frac{dl_{x+t}}{dt} = -l_{x+t}\mu_{x+t}$$ |
| $[t, t+1]$ 사이의 기금의 증가액 $$\int_t^{t+1} A(s)\delta_s ds = A(s)\big|_t^{t+1}$$ $$= A(t+1) - A(t) = I_{t+1}$$ | $l_x$로부터 1년간 감소인원 $$\int_0^1 l_{x+t}\mu_{x+t}dt = -l_{x+t}\big|_0^1$$ $$= -l_{x+1} + l_x = d_x$$ |
| $t$시점에서 이력 $$\delta_t = \lim_{\Delta t \to 0}\left[\frac{A(t+\Delta t)-A(t)}{A(t)\Delta t}\right]$$ $$= \frac{1}{A(t)}\frac{dA(t)}{dt}$$ | $x$세의 사력 $$\mu_x = \lim_{\Delta t \to 0}\left[\frac{l_x - l_{x+\Delta x}}{l_x \Delta x}\right]$$ $$= -\frac{1}{l_x}\frac{dl_x}{dx}$$ |

( 예제 2.2.5.1 )

$$s(x) = S_0(x) = \frac{20000 - 100x - x^2}{20000}, \quad 0 \le x \le 100$$

일 때 $q_{50}$과 $\mu_{50}$의 의미를 비교하시오. (예제 (2.2.8.1)을 참조)

풀이

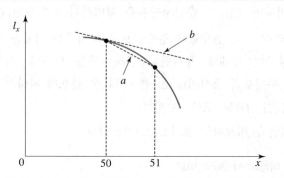

$$l_0 = 20000, \qquad l_x = 20000 - 100x - x^2$$

$$l_{50} = 12500, \qquad l_{51} = 12299, \qquad d_{50} = 201$$

$$q_{50} = \frac{201}{12500} = 0.01608$$

$$q_{50} = \frac{-(a\text{의 기울기})}{l_{50}} = \frac{d_{50}}{l_{50}} = 0.01608$$

$$= (50)\text{의 1인당 평균 사망자수}$$

$$-l'_{x|x=50} = 200 = 50\text{에서 볼 때 연사망자수가 평균 200임}$$

그런데 $l_0$가 20,000에서 40,000이 되면 $-l'_{50}$도 400으로 2배가 된다. 따라서 $l_x$의 영향을 받지 않으려면 $l_x$로 나눈 어떤 값이 필요하다.

$$\mu_{50} = \frac{200}{12500} = 0.016 = \frac{-(b\text{의 기울기})}{l_{50}}$$

$$= 50\text{세에서 연간사망률은 50세의 생존자 1,000명당 16명이다.}$$

결국 $\mu_{50}$과 $q_{50}$의 차이는 $b$와 $a$의 기울기의 절대치에 의존한다.[1]

예제 2.2.5.2

생명표로부터 $l_{30} = 10000$을 얻었다고 가정하자. $\mu_{30} = 0.2$라고 주어졌을 때 30세와 $30\frac{1}{100}$ 세 사이의 사망자수의 근사치를 구하시오.

풀이

$(x)$가 $x$와 $x+\varDelta x$ 사이에서 사망할 확률은

---

1) $-l'_{x|x=51} = 202$

$\mu_{51} = \frac{202}{12500} = 0.01616$으로 $\mu_{51} > q_{50}$임을 알 수 있다. 이때의 기울기도 비교하기 바란다. $s(x)$의 형태가 바뀌면 결과가 다르게 나올 수도 있는 것에 유의하기 바란다.

$$\Pr(x < X < x + \Delta x | X > x) = \frac{F(x + \Delta x) - F(x)}{1 - F(x)} \doteqdot \frac{f(x)\Delta x}{1 - F(x)}$$

$$= \mu_x \cdot \Delta x$$

여기서 $x = 30$, $\Delta x = \dfrac{1}{100}$ 이므로 구한 근사치는

$$l_{30} \cdot \mu_{30} \cdot \Delta x = 10000 \times 0.2 \times \frac{1}{100} = 20$$

예제 2.2.5.3

$$s(x) = S_0(x) = \frac{1}{10}\sqrt{100 - x}, \quad 0 \le x \le 100$$

일 때 $\mu_x$를 구하시오.

풀이

$$s'(x) = -\frac{1}{20}\frac{1}{\sqrt{100 - x}}$$

$$\mu_x = \frac{-s'(x)}{s(x)} = \frac{1}{2(100 - x)}, \quad 0 \le x < 100$$

$s(x)$와 $\mu_x$를 그림으로 나타내면 다음과 같다.

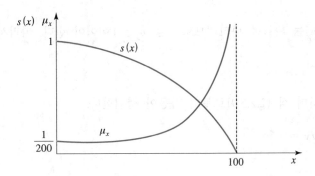

위의 그림에서 알 수 있듯이 사력 $\mu_x$는 확률이 아니므로 1보다 클 수 있다.

식 (2.2.5.1)로부터

$$-\int_x^{x+t} \mu_y \, dy = \ln\left[\frac{s(x+t)}{s(x)}\right]$$

$$= \ln {}_tp_x \tag{2.2.5.5}$$

식 (2.2.5.5)로부터 다음을 얻는다.

$$
_tp_x = e^{-\int_x^{x+t} \mu_y \, dy}
$$
$$
= \exp\left[-\int_x^{x+t} \mu_y \, dy\right] \tag{2.2.5.6}
$$

$s = y - x$라고 하면 식 (2.2.5.6)은 다음과 같다.

$$
_tp_x = \exp\left[-\int_0^t \mu_{x+s} \, ds\right] \tag{2.2.5.7}
$$

식 (2.2.5.6)에서 $t = x$, $x = 0$인 경우는 다음이 성립한다.

$$
_xp_0 = \exp\left[-\int_0^x \mu_y \, dy\right] \tag{2.2.5.8}
$$
$$
= s(x) = S_0(x)
$$

식 (2.2.5.6)에서 $t = \omega - x$인 경우는 $(x)$가 $\omega$까지 생존할 확률을 나타내므로 이 확률은 0이다.

$$
_{\omega - x}p_x = \exp\left[-\int_x^\omega \mu_y \, dy\right] = 0 \tag{2.2.5.9}
$$

식 (2.2.5.6)의 $_tp_x$는 확률을 나타내므로 $0 \le {}_tp_x \le 1$이어야 한다. 따라서

$$
\mu_x \ge 0 \tag{2.2.5.10}
$$

이 성립하여야 하며 식 (2.2.5.9)로부터 다음이 성립한다.

$$
\int_x^\omega \mu_y \, dy = +\infty \tag{2.2.5.11}
$$

예제 2.2.5.4

$\mu_x = \dfrac{1}{4+x}$, $x \ge 0$일 때 $_5p_0$를 구하시오.

풀이

$$
s(x) = {}_xp_0 = e^{-\int_0^x \mu_y \, dy} = e^{-\int_0^x \frac{1}{4+y} \, dy} = e^{-\ln(4+y)|_0^x} = \frac{4}{4+x}
$$
$$
_5p_0 = s(5) = \frac{4}{9}
$$

( 예제 2.2.5.5 )

생명표 $A$에 기초한 사력은 $\mu_{x+t}$, 사망률은 $q_x$이고 생명표 $B$에 기초한 사력은 $\mu_{x+t}^*$, 사망률은 $q_x^*$이다.

$\mu_{x+t}^* = 0.5\mu_{x+t}$  $(0 \le t \le 1)$일 때 $q_x^*$를 $q_x$를 이용하여 나타내시오.

풀이

$$q_x^* = 1 - p_x^* = 1 - e^{-\int_0^1 \mu_{x+t}^* \, dt} = 1 - e^{-\int_0^1 \frac{1}{2}\mu_{x+t} \, dt} = 1 - \left[ e^{-\int_0^1 \mu_{x+t} \, dt} \right]^{\frac{1}{2}}$$

$$= 1 - (p_x)^{\frac{1}{2}} = 1 - \sqrt{1 - q_x}$$

( 예제 2.2.5.6 )

표준단체의 사망률이 다음과 같이 주어졌다.

$$q_{86} = 0.14, \quad q_{87} = 0.15, \quad q_{88} = 0.16$$

모든 연령에 있어서 결함이 있는 단체(예 : 암에 걸린 집단)의 사력이 표준단체의 사력의 2배라는 가정하에서 결함이 있는 단체의 $_3p_{86}^*$을 구하시오.

풀이

결함이 있는 단체의 사력과 생존확률을 $\mu_x^*$, $_3p_{86}^*$이라고 하자.

$$\mu_x^* = 2\mu_x$$

$$_3p_{86}^* = \exp\left[ -\int_{86}^{89} \mu_y^* \, dy \right] = \exp\left[ -2\int_{86}^{89} \mu_y \, dy \right] = \left[ \exp\left( -\int_{86}^{89} \mu_y \, dy \right) \right]^2$$

$$= (_3p_{86})^2 = (p_{86} \cdot p_{87} \cdot p_{88})^2$$

$$= [(0.86)(0.85)(0.84)]^2 = 0.377045122$$

식 (2.2.5.8)의 $_xp_0$를 $x$에 대하여 미분을 하면 다음과 같다.

$$\frac{d}{dx}\,_xp_0 = \frac{d}{dx}\exp\left[ -\int_0^x \mu_y \, dy \right] = \exp\left[ -\int_0^x \mu_y \, dy \right](-)(\mu_x - 0)$$

$$= -\,_xp_0 \cdot \mu_x \tag{2.2.5.12}$$

$X$의 확률밀도함수는 다음과 같이 표시될 수 있다.

$$F(x) = 1 - s(x) = 1 - \exp\left[ -\int_0^x \mu_y \, dy \right]$$

$$f(x) = F'(x) = \,_xp_0 \cdot \mu_x = s(x) \cdot \mu_x \tag{2.2.5.13}$$

$_tp_x$를 $x$에 대하여 미분을 하면 다음과 같다.

$$\frac{d \, {}_tp_x}{dx} = \frac{d}{dx} \exp\left[-\int_x^{x+t} \mu_y \, dy\right] = \exp\left[-\int_x^{x+t} \mu_y \, dy\right](-)(\mu_{x+t} - \mu_x)$$

$$= {}_tp_x(\mu_x - \mu_{x+t}) \tag{2.2.5.14}$$

$_tp_x$를 $t$에 대하여 미분을 하면 다음과 같다.

$$\frac{d}{dt} \, {}_tp_x = \frac{d}{dt} \exp\left[-\int_x^{x+t} \mu_y \, dy\right] = \exp\left[-\int_x^{x+t} \mu_y \, dy\right][-\mu_{x+t} + 0]$$

$$= -{}_tp_x \, \mu_{x+t} \tag{2.2.5.15}$$

식 (2.2.5.15)를 $l_{x+t}$를 이용하여 나타내면

$$\frac{d}{dt} l_{x+t} = -l_{x+t} \cdot \mu_{x+t} \tag{2.2.5.16}$$

식 (2.2.5.15)와 식 (2.2.5.16)으로부터

$$\mu_{x+t} = -\frac{1}{{}_tp_x}\frac{d}{dt}\, {}_tp_x = -\frac{1}{l_{x+t}}\frac{d}{dt} l_{x+t} = \frac{-S_x{}'(t)}{S_x(t)} = \frac{f_x(t)}{S_x(t)} \tag{2.2.5.17}$$

$$= -\frac{d}{dt} \ln {}_tp_x = -\frac{d}{dt} \ln l_{x+t} \tag{2.2.5.18}$$

이제 $T(x)$의 확률밀도함수 $g(t)$를 구하여 보자. $T(x)$의 누적분포함수는 $G(t) = {}_tq_x$임은 이미 고찰하였다.

$$G(t) = F_x(t) = {}_tq_x = 1 - {}_tp_x$$

$$g(t) = f_x(t) = \frac{d}{dt}(1 - {}_tp_x) = -\frac{d}{dt}\, {}_tp_x \cdot \frac{1}{{}_tp_x} \cdot {}_tp_x$$

$$= \mu_{x+t} \cdot {}_tp_x = {}_tp_x \cdot \mu_{x+t} \tag{2.2.5.19}$$

식 (2.2.5.19)로부터 다음 식들이 성립한다.

$$q_x = \int_0^1 {}_tp_x \, \mu_{x+t} \, dt \tag{2.2.5.20}$$

$$_{m|}q_x = \int_m^{m+1} {}_tp_x \, \mu_{x+t} \, dt \tag{2.2.5.21}$$

$$_tq_x = \int_0^t {}_tp_x \, \mu_{x+t} \, dt \tag{2.2.5.22}$$

$$_{m|r}q_x = \int_m^{m+r} {}_tp_x \, \mu_{x+t} \, dt \tag{2.2.5.23}$$

식 (2.2.5.17)에 의하여 $_tp_x \, \mu_{x+t}$의 부정적분은

$$\int {}_tp_x \, \mu_{x+t} \, dt = - {}_tp_x + C \tag{2.2.5.24}$$

따라서

$$\int_0^t {}_tp_x \, \mu_{x+t} \, dt = 1 - {}_tp_x = {}_tq_x \tag{2.2.5.25}$$

식 (2.2.5.25)는 식 (2.2.5.22)와 같음을 알 수 있다.

( 예제 2.2.5.7 )

$\mu_{x+t}$가 다음과 같을 때 각각 $T(x)$의 확률밀도함수를 구하시오.

(a) $\mu_{x+t} = \dfrac{1}{\omega - x - t}, \quad 0 \le t < \omega - x$   (b) 모든 $t$에 대하여 $\mu_{x+t} = \mu$

풀이

(a) $g(t) = {}_tp_x \, \mu_{x+t}$이므로 $_tp_x$만 구하면 된다.

$$_tp_x = \exp\left[ -\int_x^{x+t} \mu_y \, dy \right] = \exp\left[ -\int_x^{x+t} \frac{1}{\omega - y} \, dy \right]$$

$$= \exp\left[ \ln(\omega - y)\big|_x^{x+t} \right] = \exp\left[ \ln\left( \frac{\omega - x - t}{\omega - x} \right) \right]$$

$$= \frac{\omega - x - t}{\omega - x}$$

따라서

$$g(t) = {}_tp_x \, \mu_{x+t} = \frac{1}{\omega - x}, \quad 0 \le t < \omega - x$$

$T(x)$는 $(0, \, \omega - x)$의 균등분포를 따른다.

(b) $_tp_x = \exp\left[ -\int_x^{x+t} \mu_y \, dy \right] = \exp\left[ -\int_x^{x+t} \mu \, dy \right] = e^{-\mu t}$

따라서

$$g(t) = {}_tp_x \, \mu_{x+t} = \mu e^{-\mu t}, \quad t \ge 0$$

$T(x)$는 모수가 $\mu$인 지수분포를 따른다.

$$T(x) \sim \exp(\mu)$$

예제 (2.2.2.1)과 예제 (2.2.3.1)을 예제 (2.2.5.7)과 함께 비교하기 바란다.

## 6. 생 명 표

$l_0$의 새로 태어난 아이들이 있다고 가정하고 확률변수 $I_j$를 다음과 같이 정의한다.

$$I_j = \begin{cases} 1, & j\text{라는 사람이 } x\text{세까지 생존할 경우} \\ 0, & j\text{라는 사람이 } x\text{세까지 생존하지 못할 경우} \end{cases} \qquad (2.2.6.1)$$

확률변수 $L(x)$를 $x$세까지 생존한 사람의 수라고 하면 다음과 같이 정의된다.

$$L(x) = \sum_{j=1}^{l_0} I_j \qquad (2.2.6.2)$$

$I_j$는 베르누이분포를 따르므로 식 (2.2.1.29)에 의하여 $I_j$의 기대값은

$$E(I_j) = 1 \times s(x) + 0 \times [1 - s(x)] = s(x) \qquad (2.2.6.3)$$

$L(x)$는 모수가 $n = l_0$, $p = s(x)$인 이항분포를 따르므로 식 (2.2.1.33)에 의하여

$$E[L(x)] = \sum_{j=1}^{l_0} E[I_j] = l_0\, s(x) \qquad (2.2.6.4)$$

$E[L(x)]$를 $l_x$라고 표시하기로 하면 $l_x$는 $l_0$의 새로 태어난 아이들이 $x$세까지 생존한 생존자수의 기대값을 의미한다. 즉

$$l_x = E[L(x)] = l_0\, s(x) \qquad (2.2.6.5)$$

$_nD_x$를 $x$세의 생존자 $l_x$ 중에서 $x$세와 $x+n$세 사이에서 사망하는 사망자수를 나타낸다고 하면 확률변수 $_nD_x$는 다음과 같이 정의된다.

$$_nD_x = L(x) - L(x+n) \qquad (2.2.6.6)$$

$E[_nD_x]$를 $_nd_x$로 나타내기로 하면 다음과 같다.

$$\begin{aligned} _nd_x &= E[_nD_x] = E[L(x) - L(x+n)] \\ &= l_x - l_{x+n} \end{aligned} \qquad (2.2.6.7)$$

식 (2.2.5.3)으로부터 $l_x$와 $\mu_x$의 관계를 알 수 있다.

$$-\frac{1}{l_x}\frac{dl_x}{dx} = -\frac{1}{s(x)}\frac{ds(x)}{dx} = \mu_x \tag{2.2.6.8}$$

따라서

$$-dl_x = l_x\,\mu_x\,dx \tag{2.2.6.9}$$

$l_x\,\mu_x = l_0\,s(x)\,\mu_x$이므로 $l_x\,\mu_x\,dx$는 $x$세와 $x+dx$세 사이의 사망자수의 기대값으로 볼 수 있다. 따라서

$$\int_x^{x+n} l_y\,\mu_y\,dy = \int_0^n l_{x+t}\,\mu_{x+t}\,dt = l_x - l_{x+n} = {}_n d_x \tag{2.2.6.10}$$

$$\int_x^{x+1} l_y\,\mu_y\,dy = \int_0^1 l_{x+t}\,\mu_{x+t}\,dt = l_x - l_{x+1} = d_x \tag{2.2.6.11}$$

예제 2.2.6.1

$l_0 = 50,000$이고 $0 \le x < \omega$ 사이에서 $l_x\,\mu_x$는 상수로 일정한 값이다. $x=58$에서 $\frac{d^6}{dx^6}\mu_x = \frac{45}{8}$가 성립할 때 $l_{42}$를 구하시오.

풀이

식 (2.2.6.9)로부터 $l_x\,\mu_x = -\frac{dl_x}{dx}$이므로 $l_x\,\mu_x$는 $x$세와 $x+1$세 사이의 $l_x$의 변화값의 음수 값이다. 따라서 $l_x\,\mu_x$는 $x$세와 $x+1$세 사이의 사망자수를 의미한다. $l_x\,\mu_x$가 상수로 일정하다는 것은 매 연령 사망자수가 일정한 것이므로 De Moivre의 법칙을 의미한다. 따라서

$$s(x) = 1 - \frac{x}{\omega}$$

$$\mu_x = \frac{-s'(x)}{s(x)} = \frac{1}{\omega-x} = (\omega-x)^{-1}$$

$$\frac{d}{dx}\mu_x = (\omega-x)^{-2} \qquad\qquad \frac{d^2}{dx^2}\mu_x = 2(\omega-x)^{-3}$$

$$\frac{d^3}{dx^3}\mu_x = 3!\,(\omega-x)^{-4}\cdots \qquad\qquad \frac{d^6}{dx^6}\mu_x = 6!\,(\omega-x)^{-7}$$

$x=58$에서

$$\frac{6!}{(\omega-58)^7} = \frac{45}{8}$$

$$(\omega-58)^7 = 128 = 2^7$$

따라서 $\omega = 60$

$$l_{42} = l_0\, s\,(42) = 50000\left(1 - \frac{42}{60}\right) = 15000$$

## 7. 생명표에 관한 함수

### (1) 평균여명

앞으로 논의될 사항들의 기본이 되는 $T(x)$나 $K(x)$의 기대값을 구하는 데 유용한 정리를 먼저 살펴보기로 한다(증명은 연습문제 참조).

[정리 2.2.7.1]

연속확률변수 $T(T \geq 0)$의 누적분포함수는 $G(t)$이고 $G(0) = 0$이다. $T$의 확률밀도함수는 $G'(t) = g(t)$이고 $Z(t)$의 특성이 다음과 같다면

(i) $Z(t) \geq 0$

(ii) $Z(t)$는 단조함수(monotonic)이고 미분가능함수

(iii) $E[Z(T)]$가 존재

이때 $E[Z(T)] = \displaystyle\int_0^\infty Z(t)\, g(t)\, dt$

$$= Z(0) + \int_0^\infty Z'(t)\, [1 - G(t)]\, dt$$

[정리 2.2.7.2]

이산확률변수 $K(K \geq 0$인 정수$)$의 누적분포함수는 $G(k)$이다. $K$의 확률함수는 $g(k) = \Delta G(k-1)$이고 $Z(k)$의 특성이

(i) $Z(k) \geq 0$

(ii) $Z(k)$는 단조함수

(iii) $E[Z(K)]$가 존재

일 때

$$E[Z(K)] = \sum_{k=0}^\infty Z(k)\, g(k)$$

$$= Z(0) + \sum_{k=0}^\infty [1 - G(k)]\, \Delta Z(k)$$

　　정리 [2.2.7.1]은 완전평균여명인 $\mathring{e}_x$를 구하는 데 이용될 수 있고 정리 [2.2.7.2]는 개산평균여명인 $e_x$를 구하는 데 이용될 수 있다.

　　정리 [2.2.7.1]을 이용하기 위하여

$$Z(t) = t \tag{2.2.7.1}$$
$$G(t) = 1 - {}_tp_x \tag{2.2.7.2}$$

라고 생각하면

$$E[Z(T)] = E(T) = \mathring{e}_x$$
$$= Z(0) + \int_0^\infty Z'(t)\,[1 - G(t)]\,dt = 0 + \int_0^\infty {}_tp_x\,dt$$
$$= \int_0^\infty {}_tp_x\,dt \tag{2.2.7.3}$$

$T(x)$의 분산을 구하기 위하여

$$Z(t) = t^2 \tag{2.2.7.4}$$

라고 생각하면

$$E[Z(T)] = E(T^2) = \int_0^\infty t^2 \cdot {}_tp_x\,\mu_{x+t}\,dt$$
$$= 2\int_0^\infty t \cdot {}_tp_x\,dt \tag{2.2.7.5}$$

따라서

$$\text{Var}\,[T(x)] = E(T^2) - [E(T)]^2$$
$$= 2\int_0^\infty t \cdot {}_tp_x\,dt - (\mathring{e}_x)^2 \tag{2.2.7.6}$$

　　정리 [2.2.7.1]을 이용하지 않고 $\mathring{e}_x$의 값을 구해 보자. $l_{x+t}\,\mu_{x+t}\,dt$는 $x+t$와 $x+t+dt$ 사이의 사망자수라고 생각할 수 있으므로 그들의 생존연수 $t \cdot l_{x+t}\,\mu_{x+t}\,dt$를 모든 $t$에 대하여 합계하여 $l_x$로 나눈 값이 $\mathring{e}_x$이다. 따라서

$$\mathring{e}_x = \frac{1}{l_x} \int_0^{\omega - x} t \cdot l_{x+t}\,\mu_{x+t}\,dt \tag{2.2.7.7}$$

$$= \frac{1}{l_x} \int_0^{\omega-x} t \cdot \left( -\frac{dl_{x+t}}{dt} \right) dt = \frac{1}{l_x} \left\{ -t \, l_{x+t} \Big|_0^{\omega-x} + \int_0^{\omega-x} l_{x+t} \, dt \right\}$$

$$= \frac{1}{l_x} \int_0^{\omega-x} l_{x+t} \, dt$$

$$= \int_0^{\omega-x} {}_t p_x \, dt = \int_0^{\infty} {}_t p_x \, dt \tag{2.2.7.8}$$

예제 2.2.7.1

생존함수가 $s(x) = S_0(x) = \left( \dfrac{1}{1+x} \right)^4$, $x \geq 0$일 때 $\mathring{e}_{41}$을 구하시오.

풀이

$$s(41) = \frac{1}{(42)^4}, \quad s(41+t) = \frac{1}{(42+t)^4}$$

$${}_t p_{41} = \frac{s(41+t)}{s(41)} = \left( \frac{42}{42+t} \right)^4$$

$$\mathring{e}_{41} = \int_0^{\infty} {}_t p_{41} \, dt = (42)^4 \int_0^{\infty} (42+t)^{-4} \, dt = (42)^4 \frac{-1}{3(42+t)^3} \Big|_0^{\infty} = \frac{42}{3} = 14$$

정리 [2.2.7.2]를 이용하면 $(x)$의 개산평균여명을 구할 수 있다. 즉,

$$Z(k) = k^n \tag{2.2.7.9}$$

이라고 생각하면

$$E[Z(K)] = E[K^n] = \sum_{k=0}^{\infty} [(k+1)^n - k^n][1 - G(k)] \tag{2.2.7.10}$$

$$1 - G(k) = 1 - \Pr(K \leq k) = \Pr(K > k)$$

$$= \Pr(K \geq k+1) = \Pr(T \geq k+1) \tag{2.2.7.11}$$

$$= {}_{k+1} p_x \tag{2.2.7.12}$$

식 (2.2.7.10)으로부터 $n=1$인 경우를 고려하면 $E(K)$를 구할 수 있다.

$$E(K) = e_x = \sum_{k=0}^{\infty} (1) \, {}_{k+1} p_x \tag{2.2.7.13}$$

$$= \sum_{k=1}^{\infty} {}_k p_x \tag{2.2.7.14}$$

$e_x$는 다음과 같이 나타낼 수도 있다.

$$e_x = \sum_{k=0}^{\infty} k \cdot \Pr(K=k) \tag{2.2.7.15}$$

$$= \sum_{k=0}^{\infty} k \cdot {}_{k|}q_x \tag{2.2.7.16}$$

$K(x)$의 분산은 다음과 같다.

$$E[K^2] = \sum_{k=0}^{\infty} k^2 \cdot \Pr(K=k) = \sum_{k=0}^{\infty} k^2 \cdot {}_{k|}q_x \tag{2.2.7.17}$$

$$= \sum_{k=0}^{\infty} (2k+1)\,{}_{k+1}p_x \tag{2.2.7.18}$$

$$= \sum_{k=1}^{\infty} (2k-1)\,{}_{k}p_x \tag{2.2.7.19}$$

따라서

$$\mathrm{Var}(K) = E(K^2) - [E(K)]^2$$

$$= \sum_{k=0}^{\infty} (2k+1)\,{}_{k+1}p_x - e_x^2 \tag{2.2.7.20}$$

( 예제 2.2.7.2 )

$\mu_x = \dfrac{1}{2(100-x)}$, $0 \leq x < 100$일 때 (97)의 개산평균여명과 $K(97)$의 분산을 구하시오.

풀이

$${}_{t}p_x = \exp\left(-\int_{x}^{x+t} \mu_y\, dy\right)$$

$$\int_{x}^{x+t} \mu_y\, dy = -\frac{1}{2}\ln(100-y)\Big|_{x}^{x+t} = \ln\left(\frac{100-x}{100-x-t}\right)^{\frac{1}{2}}$$

$${}_{t}p_x = \begin{cases} \left(\dfrac{100-x-t}{100-x}\right)^{\frac{1}{2}}, & 0 \leq t < 100-x \\[2mm] \quad\quad 0 \quad\quad, & 기타 \end{cases}$$

따라서

$$_tp_{97} = \begin{cases} \left(\dfrac{3-t}{3}\right)^{\frac{1}{2}}, & 0 \le t < 3 \\[2mm] 0 \quad, & \text{기타} \end{cases}$$

$$e_{97} = E(K) = \sum_{k=0}^{\infty} {}_{k+1}p_{97} = {}_{}p_{97} + {}_2p_{97} + {}_3p_{97} + 0 + 0 + \cdots$$

$$= \sqrt{\frac{2}{3}} + \sqrt{\frac{1}{3}} + 0 + 0 + \cdots = 1.393847$$

$$E(K^2) = \sum_{k=0}^{\infty} (2k+1)\,{}_{k+1}p_{97} = (1) \cdot {}_{}p_{97} + (3) \cdot {}_2p_{97} + (5) \cdot {}_3p_{97} + 0 + 0 + \cdots$$

$$= \sqrt{\frac{2}{3}} + (3)\sqrt{\frac{1}{3}} + 0 + 0 + \cdots = 2.548548$$

$$\text{Var}(K) = E(K^2) - [E(K)]^2 = 0.605739$$

예제 2.2.7.3

$l_x = 50-x,\ 0 \le x \le 50$일 때 $e_z = 21$이다. 이때 $z$의 값을 구하시오.

풀이

$l_x = 50-x$는 De Moivre의 법칙을 의미한다.

$$_{k+1}p_z = \frac{l_{z+k+1}}{l_z} = \frac{50-z-k-1}{50-z}$$

$$e_z = \sum_{k=0}^{\infty} {}_{k+1}p_z = \sum_{k=0}^{\infty} \frac{50-z-k-1}{50-z}$$

$$= \frac{1}{50-z}[(50-z-1) + (50-z-2) + \cdots + 2 + 1 + 0 + \cdots]$$

$$= \frac{1}{50-z}\frac{(50-z-1)(50-z)}{2} = 21$$

따라서 $z = 7$

　　$x$세에 도달한 사람을 $n$년간의 관찰기간으로 본 때의 생존연수의 평균을 정기평균여명(定期平均餘命 ; partial life expectancy)이라고 한다. 이때도 개산(약산)평균여명과 완전평균여명이 있다($e_{x:\overline{n}|}$과 $\mathring{e}_{x:\overline{n}|}$은 $_ne_x$과 $_n\mathring{e}_x$으로도 표시된다).

$$e_{x:\overline{n}|} = \frac{1}{l_x}(l_{x+1} + l_{x+2} + \cdots + l_{x+n}) \qquad (2.2.7.21)$$

$$= p_x + {}_2p_x + \cdots + {}_np_x \qquad (2.2.7.22)$$

$$\mathring{e}_{x:\overline{n}|} = \frac{1}{l_x}\int_0^n l_{x+t}\,dt \qquad (2.2.7.23)$$

$$= \int_0^n {}_t p_x \, dt \tag{2.2.7.24}$$

$n$년 후의 생존자의 생존연수만을 고려할 때에는 거치평균여명(据置平均餘命)이라고 한다. 이때는 $n$년 내에 사망하는 사람의 생존연수는 모두 0으로 한다.

$$_{n|}e_x = \frac{1}{l_x}(l_{x+n+1} + l_{x+n+2} + \cdots) \tag{2.2.7.25}$$

$$= {}_{n+1}p_x + {}_{n+2}p_x + \cdots \tag{2.2.7.26}$$

$$= {}_n p_x \, e_{x+n}$$

$$_{n|}\overset{\circ}{e}_x = \frac{1}{l_x}\int_n^{\omega-x} l_{x+t} \, dt$$

$$= \int_n^{\omega-x} {}_t p_x \, dt \tag{2.2.7.27}$$

$$= {}_n p_x \, \overset{\circ}{e}_{x+n} \tag{2.2.7.28}$$

이와 같은 고찰을 종합하면 다음 식이 성립한다.

$$e_x = e_{x:\overline{n|}} + {}_{n|}e_x = e_{x:\overline{n|}} + {}_n p_x \, e_{x+n} \tag{2.2.7.29}$$

$$\overset{\circ}{e}_x = \overset{\circ}{e}_{x:\overline{n|}} + {}_{n|}\overset{\circ}{e}_x = \overset{\circ}{e}_{x:\overline{n|}} + {}_n p_x \, \overset{\circ}{e}_{x+n} \tag{2.2.7.30}$$

( 예제 2.2.7.4 )

$$\overset{\circ}{e}_{x:\overline{n|}} = \int_0^n t \cdot {}_t p_x \, \mu_{x+t} \, dt + n \cdot {}_n p_x \tag{2.2.7.31}$$

$$= \int_0^n {}_t p_x \, dt$$

가 성립함을 확률변수 $T(x)$를 사용하여 유도하시오.

풀이

$T(x)$를 미래생존기간이라고 하면

$$T(x) = T_x = \begin{cases} t, & t \le n \\ n, & t > n \end{cases}$$

따라서

$$\overset{\circ}{e}_{x:\overline{n|}} = E[\min(T_x, n)] = \int_0^n t \cdot g(t) \, dt + \int_n^\infty n \cdot g(t) \, dt$$

$$= \int_0^n t \cdot {}_t p_x \, \mu_{x+t} \, dt + n \cdot \int_n^\infty {}_t p_x \, \mu_{x+t} \, dt$$

$$= \int_0^n t \cdot {}_t p_x \, \mu_{x+t} \, dt + n \cdot {}_n p_x$$

부분적분을 이용하여

$$\mathring{e}_{x:\overline{n|}} = -n \cdot {}_n p_x + \int_0^n {}_t p_x \, dt + n \cdot {}_n p_x$$

$$= \int_0^n {}_t p_x \, dt$$

**예제 2.2.7.5**

다음을 증명하시오.

(a) $\dfrac{d}{dx} \mathring{e}_x = \mu_x \mathring{e}_x - 1$  (b) $\mu_x = \dfrac{1}{\mathring{e}_x} + \dfrac{1}{\mathring{e}_x} \dfrac{d \mathring{e}_x}{dx}$

(c) $\Delta e_x = q_x \, e_{x+1} - p_x$

**풀이**

(a) $\dfrac{d}{dx} \mathring{e}_x = \dfrac{d}{dx} \int_0^\infty {}_t p_x \, dt = \int_0^\infty \dfrac{d}{dx} {}_t p_x \, dt$

식 (2.2.5.14)로부터

$$= \int_0^\infty {}_t p_x (\mu_x - \mu_{x+t}) dt = \mu_x \int_0^\infty {}_t p_x \, dt - \int_0^\infty {}_t p_x \, \mu_{x+t} \, dt$$

$$= \mu_x \mathring{e}_x - 1$$

(b) (a)로부터 양변을 $\mathring{e}_x$로 나누면 원하는 결과를 얻는다.

(c) $\Delta e_x = e_{x+1} - e_x$

$$e_x = \sum_{k=1}^\infty {}_k p_x = p_x + \sum_{k=2}^\infty {}_k p_x = p_x + \sum_{k=1}^\infty {}_{k+1} p_x$$

$$= p_x + p_x \sum_{k=1}^\infty {}_k p_{x+1} = p_x + p_x \, e_{x+1}$$

따라서 $\Delta e_x = e_{x+1}(1-p_x) - p_x = q_x \, e_{x+1} - p_x$

**(2) $L_x, m_x, T_x$**

함수 $L_x$를 $x$세의 생존자 $l_x$ 사람들의 $x$세와 $x+1$세 사이의 총생존연수(總生存年數)라고 정의한다. $l_{x+t} \mu_{x+t} dt$를 $x+t$와 $x+t+dt$ 사이의 사망자수의 기대값으로 볼 수 있으므로 $L_x$는 다음과 같이 나타낼 수 있다(그림 2.2.7.1을 참조).

$$L_x = l_{x+1} + \int_0^1 t \cdot l_{x+t} \cdot \mu_{x+t} \, dt \tag{2.2.7.32}$$

$$= l_{x+1} + \int_0^1 t\left(\frac{-dl_{x+t}}{dt}\right)dt = l_{x+1} - t \cdot l_{x+t}\Big|_0^1 + \int_0^1 l_{x+t}\,dt$$

$$= \int_0^1 l_{x+t}\,dt \tag{2.2.7.33}$$

$$= \int_x^{x+1} l_y\,dy \tag{2.2.7.34}$$

식 (2.2.7.34)를 이용하면

$$\frac{d}{dx}L_x = \frac{d}{dx}\int_x^{x+1} l_y\,dy = l_{x+1} - l_x = -d_x \tag{2.2.7.35}$$

$$\frac{d}{dx}L_{x+t} = l_{x+t+1} - l_{x+t} \tag{2.2.7.36}$$

생명표상의 연령사이의 사망자수가 균등하게 분포되어 있다면(즉 UDD가정)

$$l_{x+t} = l_x - t \cdot d_x \tag{2.2.7.37}$$

이 성립한다. UDD가정하에서 $L_x$를 구해 보자.

$$L_x = \int_0^1 l_{x+t}\,dt = \int_0^1 l_x - t \cdot d_x\,dt$$

$$= l_x - \frac{1}{2}d_x \tag{2.2.7.38}$$

$$= l_{x+\frac{1}{2}} = \frac{1}{2}(l_x + l_{x+1}) \tag{2.2.7.39}$$

UDD가정하의 $L_x$는 그림 [2.2.7.1]의 빗금친 부분을 나타낸다.

그림 [2.2.7.1] $L_x$의 의미(UDD가정)

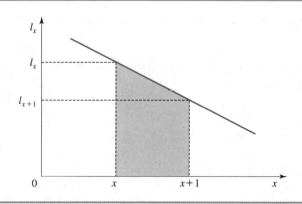

중앙사망률(中央死亡率 ; central death rate) $m_x$를 다음과 같이 정의한다. 식 (2.2.7.40)으로부터 중앙사망률 $m_x$는 가중치(加重値)가 $l_{x+t}$인 $\mu_{x+t}$의 가중평균(加重平均)임을 알 수 있다.

$$m_x = \frac{\displaystyle\int_0^1 l_{x+t}\,\mu_{x+t}\,dt}{\displaystyle\int_0^1 l_{x+t}\,dt} = \frac{\displaystyle\int_0^1 {}_t p_x\,\mu_{x+t}\,dt}{\displaystyle\int_0^1 {}_t p_x\,dt} \tag{2.2.7.40}$$

$$= \frac{l_x - l_{x+1}}{L_x} = \frac{d_x}{L_x} \tag{2.2.7.41}$$

$$= \frac{-\dfrac{d}{dx} L_x}{L_x} = -\frac{d}{dx} \ln L_x \tag{2.2.7.42}$$

UDD가정하에서 $m_x$를 구해 본다.

$$m_x = \frac{d_x}{L_x} = \frac{d_x}{l_x - \dfrac{1}{2} d_x} \tag{2.2.7.43}$$

$$= \frac{q_x}{1 - \dfrac{1}{2} q_x} \tag{2.2.7.44}$$

또 식 (2.2.7.42)로부터 UDD가정하에서

$$m_x = \frac{-1}{L_x} \frac{dL_x}{dx} = -\frac{-1}{l_{x+\frac{1}{2}}} \frac{dl_{x+\frac{1}{2}}}{dx} = \mu_{x+\frac{1}{2}} \tag{2.2.7.45}$$

식 (2.2.7.44)로부터 UDD가정하에서

$$q_x = \frac{m_x}{1 + \dfrac{1}{2} m_x} = \frac{2 m_x}{2 + m_x} \tag{2.2.7.46}$$

$$p_x = 1 - q_x = \frac{2 - m_x}{2 + m_x} \tag{2.2.7.47}$$

식 (2.2.7.42)를 다시 표현하면

$$m_{x+t} = -\frac{d}{dt}\ln L_{x+t} \tag{2.2.7.48}$$

따라서

$$L_{x+1} = L_x \exp\left[-\int_0^1 m_{x+t}\,dt\right] \tag{2.2.7.49}$$

식 (2.2.7.49)를 다음 식과 비교하기 바란다.

$$l_{x+1} = l_x \cdot \exp\left[-\int_0^1 \mu_{x+t}\,dt\right]$$

그림 [2.2.7.1]에서 알 수 있듯이 $l_x > L_x > l_{x+1}$ 이다. 따라서 식 (2.2.7.41)로부터

$$q_x < m_x < \frac{q_x}{p_x} = \frac{d_x}{l_{x+1}} \tag{2.2.7.50}$$

$T_x$를 $l_x$사람들의 $x$세 이후의 총생존연수라고 정의하면

$$T_x = \int_0^\infty t \cdot l_{x+t}\,\mu_{x+t}\,dt$$

$$= -\int_0^\infty t\,dl_{x+t} = \int_0^\infty l_{x+t}\,dt \tag{2.2.7.51}$$

또 $Y_x$는

$$Y_x = \int_0^\infty T_y\,dy = \int_0^\infty T_{x+t}\,dt \tag{2.2.7.52}$$

로 정의된다.

식 (2.2.7.51)로부터도 $\mathring{e}_x$를 구할 수 있다.

$$\mathring{e}_x = \frac{T_x}{l_x} = \frac{\displaystyle\int_0^\infty l_{x+t}\,dt}{l_x} = \int_0^\infty {}_t p_x\,dt \tag{2.2.7.53}$$

예제 2.2.7.6

$\mu_x = \dfrac{2}{100-x}$, $0 \le x < 100$일 때 $m_{95}$를 구하시오.

풀이

$$_tp_x = e^{-\int_x^{x+t} \mu_y\, dy} = e^{-\int_x^{x+t} \frac{2}{100-y}\, dy} = \frac{(100-x-t)^2}{(100-x)^2}$$

$$m_x = \frac{\int_0^1 {}_tp_x\, \mu_{x+t}\, dt}{\int_0^1 {}_tp_x\, dt} = \frac{\int_0^1 2(100-x-t)\, dt}{\int_0^1 (100-x-t)^2\, dt} = \frac{3\left[(100-x-1)^2 - (100-x)^2\right]}{(100-x-1)^3 - (100-x)^3}$$

$$m_{95} = (3)\frac{4^2 - 5^2}{4^3 - 5^3} = \frac{27}{61}$$

(3) $a(x)$

$a(x)$를 $x$와 $x+1$ 사이에서 사망한 사람들이 생존한 평균연수라고 정의하면 $a(x)$는 다음과 같다.

$$a(x) = \frac{\int_0^1 t \cdot l_{x+t}\, \mu_{x+t}\, dt}{\int_0^1 l_{x+t}\, \mu_{x+t}\, dt} = \frac{L_x - l_{x+1}}{d_x} \tag{2.2.7.54}$$

확률론적 관점에서 보면

$$a(x) = E(T|T<1)$$

사망자수가 연령 $x$에 대하여 균등하게(uniformly) 분포되어 있다면, 즉, UDD가정하에서는

$$l_{x+t}\, \mu_{x+t}\, dt = d_x\, dt, \quad 0 \le t \le 1 \tag{2.2.7.55}$$

따라서 UDD가정하에서는

$$a(x) = \int_0^1 t\, dt = \frac{1}{2} \tag{2.2.7.56}$$

식 (2.2.7.56)의 결과를 UDD가정하에서 완전평균여명과 개산평균여명의 관계식인 식 (2.1.4.2)와 비교를 하면 같다는 것을 알 수 있다. 즉, UDD가정하에서

$$\overset{\circ}{e}_x = e_x + \frac{1}{2} \tag{2.2.7.57}$$

(예제 2.2.7.7)

다음의 자료가 주어졌을 때 $\mathring{e}_{40}$ 을 구하시오.

$$\sum_{x=40}^{\infty} L_x = 5900, \quad a(40) = 0.75, \quad l_{42} = 360$$

$$\sum_{x=41}^{\infty} L_x = 5400, \quad a(41) = 0.5, \quad l_{43} = 240$$

$$\sum_{x=42}^{\infty} L_x = 5000, \quad a(42) = 0.65, \quad l_{44} = 150$$

(풀이)

$$\mathring{e}_{40} = \frac{\sum\limits_{x=40}^{\infty} L_x}{l_{40}} = \frac{5900}{l_{40}}$$

이제 $l_{40}$ 을 구해 본다.

$$L_{40} = \sum_{x=40}^{\infty} L_x - \sum_{x=41}^{\infty} L_x = 5900 - 5400 = 500$$

$$L_{41} = 5400 - 5000 = 400$$

$$a(41) = \frac{L_{41} - l_{42}}{d_{41}} = \frac{400 - 360}{l_{41} - 360} = 0.5$$

따라서 $l_{41} = 440$

$$a(40) = \frac{L_{40} - l_{41}}{d_{40}} = \frac{500 - 440}{l_{40} - 440} = 0.75 \text{이므로}$$

$$l_{40} = 520$$

따라서

$$\mathring{e}_{40} = \frac{5900}{l_{40}} = 11.35$$

(4) $m(x)$

$m(x)$ 를 $(x)$ 의 메디안 미래생존기간(median future lifetime of $(x)$)이라고 하면 $m(x)$ 는 다음을 만족시키는 값이다.

$$\Pr[T(x) > m(x)] = \frac{1}{2} \tag{2.2.7.58}$$

또는

$$\frac{s[x + m(x)]}{s(x)} = \frac{1}{2} \tag{2.2.7.59}$$

## 8. 사력과 평균여명의 근사치

### (1) 사력의 근사치
(a) Taylor의 $n$차 다항식을 $l_x$ 함수에 적용하면

$$l_{x+h} = l_x + h\frac{dl_x}{dx} + \frac{h^2}{2!}\frac{d^2l_x}{dx^2} + \frac{h^3}{3!}\frac{d^3l_x}{dx^3} + \frac{h^4}{4!}\frac{d^4l_x}{dx^4} + \frac{h^5}{5!}\frac{d^5l_x}{dx^5} + \cdots \quad (2.2.8.1)$$

$$l_{x-h} = l_x - h\frac{dl_x}{dx} + \frac{h^2}{2!}\frac{d^2l_x}{dx^2} - \frac{h^3}{3!}\frac{d^3l_x}{dx^3} + \frac{h^4}{4!}\frac{d^4l_x}{dx^4} - \frac{h^5}{5!}\frac{d^5l_x}{dx^5} + \cdots \quad (2.2.8.2)$$

식 (2.2.8.1)과 식 (2.2.8.2)로부터

$$l_{x+h} - l_{x-h} = 2\left(h\frac{dl_x}{dx} + \frac{h^3}{3!}\frac{d^3l_x}{dx^3} + \frac{h^5}{5!}\frac{d^5l_x}{dx^5} + \cdots\right) \quad (2.2.8.3)$$

$l_x$를 $x$의 2차함수로 가정하면 $\dfrac{h^3}{3!}\dfrac{d^3l_x}{dx^3}$부터는 0이므로 $h=1$일 때

$$\frac{dl_x}{dx} = \frac{1}{2}(l_{x+1} - l_{x-1}) \quad (2.2.8.4)$$

따라서

$$\mu_x = -\frac{1}{l_x}\frac{dl_x}{dx} = \frac{l_{x-1} - l_{x+1}}{2l_x} = \frac{d_{x-1} + d_x}{2l_x} \quad (2.2.8.5)$$

식 (2.2.8.5)는 $l_x$가 2차함수일 때는 정확한 식이다. $l_x$를 4차 다항식이라고 가정하고 $h=1$과 $h=2$일 때

$$l_{x+1} - l_{x-1} = 2\frac{dl_x}{dx} + \frac{1}{3}\frac{d^3l_x}{dx^3} \quad (2.2.8.6)$$

$$l_{x+2} - l_{x-2} = 4\frac{dl_x}{dx} + \frac{8}{3}\frac{d^3l_x}{dx^3} \quad (2.2.8.7)$$

식 (2.2.8.6)과 식 (2.2.8.7)로부터 $\dfrac{d^3l_x}{dx^3}$ 항을 소거하고 $\dfrac{dl_x}{dx}$를 구하면

$$\mu_x = -\frac{1}{l_x}\frac{dl_x}{dx}$$

$$= \frac{8\left(l_{x-1} - l_{x+1}\right) - \left(l_{x-2} - l_{x+2}\right)}{12\,l_x} \tag{2.2.8.8}$$

$$= \frac{7\left(d_{x-1} + d_x\right) - \left(d_{x-2} + d_{x+1}\right)}{12\,l_x} \tag{2.2.8.9}$$

(b) 다른 방법으로 $\mu_x$의 근사치를 구해보자.

$$p_x = e^{-\int_0^1 \mu_{x+t}\, dt}$$

로부터

$$\ln p_x = -\int_0^1 \mu_{x+t}\, dt \tag{2.2.8.10}$$

$x$세와 $x+1$세 사이의 $\mu$의 중간값(mean value)인 $\mu_{x+\frac{1}{2}}$로 근사치를 잡으면

$$\mu_{x+\frac{1}{2}} \fallingdotseq -\ln p_x = \int_0^1 \mu_{x+t}\, dt \tag{2.2.8.11}$$

$\mu_{x+t}$를 $t=-1$부터 $t=1$까지 적분을 하면

$$\int_{-1}^1 \mu_{x+t}\, dt = -\ln p_{x-1} - \ln p_{x+1} \tag{2.2.8.12}$$

식 (2.2.8.12)의 적분값은 $x-1$세와 $x+1$세 사이의 $\mu$의 중간값의 2배이다. 따라서

$$\mu_x \fallingdotseq -\frac{1}{2}\left(\ln p_{x-1} + \ln p_{x+1}\right) \tag{2.2.8.13}$$

$$= \frac{1}{2}\left(\ln l_{x-1} - \ln l_{x+1}\right) \tag{2.2.8.14}$$

(c) 식 (2.2.8.5)나 식 (2.2.8.4) 등은 $\mu_0$를 구하는 데는 사용될 수 없다. 또 신생아의 사망률은 출생 후에 매우 높기 때문에 생명표도 예를 들면 $l_{7일}$, $l_{14일}$ 등을 이용하여 $\mu_0$를 구할 수 있다. 생명표상의 $l_0$ 외에 $l_{1/m}$, $l_{2/m}$가 주어졌다고 하고 $l_t$를 $t$의 2차함수로 가정하면

$$l_t = a + bt + ct^2 \tag{2.2.8.15}$$

이때 사력 $\mu_t$는

$$\mu_t = -\frac{dl_t}{l_t\,dt} = -\frac{b+2ct}{a+bt+ct^2} \tag{2.2.8.16}$$

식 (2.2.8.15)와 식 (2.2.8.16)으로부터

$$\mu_0 = -\frac{b}{a}$$

$$l_0 = a$$

$$l_{\frac{1}{m}} = a + \frac{b}{m} + \frac{c}{m^2}$$

$$l_{\frac{2}{m}} = a + \frac{2}{m}b + \frac{4}{m^2}c$$

위의 4개의 식으로부터 $b$를 구하면

$$\mu_0 \fallingdotseq -\frac{b}{a} = \frac{m}{2l_0}(3l_0 - 4l_{\frac{1}{m}} + l_{\frac{2}{m}}) \tag{2.2.8.17}$$

예를 들어 $l_{7일}$, $l_{14일}$이 주어질 경우 $m = \dfrac{365}{7}$를 대입하면 된다. 또 $m$이 클 경우 예를 들어 $m = 365$일 경우에는 사력의 정의상

$$\mu_0 \fallingdotseq \frac{l_0 - l_{\frac{1}{365}}}{l_0} \times 365 \tag{2.2.8.18}$$

를 사용할 수도 있다.

---

( 예제 2.2.8.1 )

식 (2.2.8.5)를 이용하여 다음을 증명하시오.

(a) $\mu_x \fallingdotseq \dfrac{1}{2}\left(\dfrac{q_{x-1}}{p_{x-1}} + q_x\right)$

(b) $d_{x-1} \gtreqless d_x$에 따라 $\mu_x \gtreqless q_x$가 된다. (예제 (2.2.5.1)을 참조)

**풀이**

(a) $\mu_x \fallingdotseq \dfrac{d_{x-1}+d_x}{2l_x} = \dfrac{1}{2}\left[\dfrac{d_{x-1}}{l_x} + q_x\right] = \dfrac{1}{2}\left[\dfrac{d_{x-1}}{l_{x-1}} \cdot \dfrac{l_{x-1}}{l_x} + q_x\right] = \dfrac{1}{2}\left[\dfrac{q_{x-1}}{p_{x-1}} + q_x\right]$

(b) $\mu_x - q_x \fallingdotseq \dfrac{d_{x-1}+d_x}{2l_x} - \dfrac{d_x}{l_x} = \dfrac{d_{x-1}-d_x}{2l_x}$

따라서 $d_{x-1} \gtreqless d_x \Leftrightarrow \mu_x \gtreqless q_x$

**예제 2.2.8.2**

식 (2.2.8.11)을 이용하여 다음이 성립함을 보이시오.

(a) $q_x \fallingdotseq \mu_{x+\frac{1}{2}}\left(1 - \frac{1}{2}\mu_{x+\frac{1}{2}}\right)$   (b) $\mu_{x+\frac{1}{2}} \fallingdotseq q_x\left(1 + \frac{q_x}{2}\right)$

**풀이**

(a) $p_x = e^{-\int_0^1 \mu_{x+t}\,dt} \fallingdotseq e^{-\mu_{x+\frac{1}{2}}}$

$q_x = 1 - p_x \fallingdotseq 1 - e^{-\mu_{x+\frac{1}{2}}}$

$\left(e^x = 1 + \dfrac{x}{1!} + \dfrac{x^2}{2!} + \dfrac{x^3}{3!} + \cdots \text{을 이용하여}\right)$

$\fallingdotseq 1 - \left\{1 - \mu_{x+\frac{1}{2}} + \dfrac{1}{2!}(\mu_{x+\frac{1}{2}})^2 - \dfrac{1}{3!}(\mu_{x+\frac{1}{2}})^3\right\}$

$\fallingdotseq \mu_{x+\frac{1}{2}}\left(1 - \dfrac{1}{2}\mu_{x+\frac{1}{2}}\right)$

(b) (a)로부터

$-\mu_{x+\frac{1}{2}} \fallingdotseq \ln p_x = \ln(1 - q_x)$

$\left(\ln(1+x) = x - \dfrac{x^2}{2} + \dfrac{x^3}{3} \cdots \text{을 이용하여}\right)$

$\fallingdotseq -q_x - \dfrac{1}{2}(q_x)^2$

따라서 $\mu_{x+\frac{1}{2}} \fallingdotseq q_x\left(1 + \dfrac{1}{2}q_x\right)$

**(2) 평균여명의 근사치**

$T_x$의 정의로부터

$$T_x = \int_0^\infty l_{x+t}\,dt$$

Euler-Maclaurin의 공식을 이용하면

$$T_x = \int_0^\infty l_{x+t}\,dt$$

$$= \sum_{t=1}^\infty l_{x+t} + \frac{1}{2}l_x + \frac{1}{12}\frac{dl_x}{dx} - \frac{1}{720}\frac{d^3 l_x}{dx^3} + \cdots \qquad (2.2.8.19)$$

식 (2.2.8.19)에서 제4항 이후는 작은 값이므로 생략하면

$$T_x \fallingdotseq \frac{1}{2}l_x + \sum_{t=1}^{\infty} l_{x+t} - \frac{1}{12}l_x\,\mu_x \qquad\qquad (2.2.8.20)$$

따라서 완전평균여명의 근사치는

$$\mathring{e}_x = \frac{T_x}{l_x}$$

$$\fallingdotseq \frac{1}{2} + \frac{1}{l_x}\sum_{t=1}^{\infty} l_{x+t} - \frac{1}{12}\mu_x \qquad\qquad (2.2.8.21)$$

$$= \frac{1}{2} + e_x - \frac{1}{12}\mu_x \qquad\qquad (2.2.8.22)$$

또 $\dfrac{1}{12}\mu_x$도 충분히 작은 값이라면

$$\mathring{e}_x = e_x + \frac{1}{2}$$

을 얻고 이는 UDD가정하에서 성립하는 식임은 이미 설명되었다.

___예제 2.2.8.3___

매 연령마다 사망이 일률적으로 분포한다고 가정(UDD 가정)할 때 다음이 성립함을 보이시오. 식 (2.2.8.22)를 이용하시오.

$$\mathring{e}_{x:\overline{n|}} \fallingdotseq e_{x:\overline{n|}} + \frac{1}{2}(1 - {}_np_x) - \frac{1}{12}(\mu_x - {}_np_x\,\mu_{x+n})$$

**풀이**

$$\mathring{e}_{x:\overline{n|}} = \frac{1}{l_x}\int_0^n l_{x+t}\,dt = \frac{1}{l_x}\left[\int_0^\infty l_{x+t}\,dt - \int_n^\infty l_{x+t}\,dt\right]$$

$$= \frac{1}{l_x}\int_0^\infty l_{x+t}\,dt - \frac{l_{x+n}}{l_x}\frac{1}{l_{x+n}}\int_0^\infty l_{x+n+t}\,dt$$

$$= \mathring{e}_x - {}_np_x\,\mathring{e}_{x+n} \text{ (식 (2.2.7.29) 참조)}$$

$$\fallingdotseq \left(\frac{1}{2} + e_x - \frac{1}{12}\mu_x\right) - {}_np_x\left(\frac{1}{2} + e_{x+n} - \frac{1}{12}\mu_{x+n}\right)$$

$$= e_x - {}_np_x\,e_{x+n} + \frac{1}{2}(1 - {}_np_x) - \frac{1}{12}(\mu_x - {}_np_x\,\mu_{x+n})$$

$$= e_{x:\overline{n|}} + \frac{1}{2}(1 - {}_np_x) - \frac{1}{12}(\mu_x - {}_np_x\,\mu_{x+n})$$

## 9. 단수부분(소수연령) 에 대한 가정(assumptions for fractional ages)

지금까지 연속확률변수인 $T$와 이산확률변수인 $K$에 대하여 고찰하였다. 생명표는 $K$의 확률분포를 나타내 주고 있다. $T$의 분포를 정확히 알기 위하여는 ① 지금까지 고찰한 바와 같이 $T$에 대한 확률밀도함수나 누적분포함수가 주어지거나 구할 수 있어야 하며 또는 ② 생명표에 나타난 연령 사이의(예 : 35세와 36세 사이) 단수부분에 대한 가정과 생명표가 주어져야 한다. 첫 번째 경우는 이미 고찰하였고 여기서는 두 번째 경우를 살펴보기로 한다.

단수부분(端數部分) 혹은 소수부분(소수연령)에 대한 가정으로는 보통 세 가지가 사용되고 있으며 이 가정들은 생존함수(生存函數)를 사용하여 표시될 수 있다. $x$가 정수이며 $0 \le t \le 1$이라고 할 때 중요한 세 가지 가정은 다음과 같다.

### (1) 사망자수의 균등분포(Uniform Distribution of Deaths: UDD)

$x$와 $x+1$ 사이의 사망자수가 균등하게 분포되어 있을 때 이를 UDD라고 표시하기로 한다. 생존함수는 다음과 같다.

$$s(x+t) = (1-t)s(x) + t \cdot s(x+1) \tag{2.2.9.1}$$

따라서

$$l_{x+t} = (1-t)l_x + t \cdot l_{x+1} \tag{2.2.9.2}$$
$$= l_x - t(l_x - l_{x+1}) \tag{2.2.9.3}$$
$$= l_x - t \cdot d_x \tag{2.2.9.4}$$

UDD가정하에서 생명확률들을 구해 보자.

$$_tq_x = \frac{s(x) - s(x+t)}{s(x)}$$
$$= \frac{s(x) - [(1-t)s(x) + t \cdot s(x+1)]}{s(x)}$$
$$= \frac{t[s(x) - s(x+1)]}{s(x)} = t \cdot q_x \tag{2.2.9.5}$$
$$_tp_x = 1 - {_tq_x} = 1 - t \cdot q_x \tag{2.2.9.6}$$
$$_yq_{x+t} = \frac{s(x+t) - s(x+t+y)}{s(x+t)}, \quad 0 \le t \le 1,\ 0 \le y \le 1,\ y+t \le 1$$

식 (2.2.9.1)을 이용하여

$$= \frac{y \cdot q_x}{1 - t \cdot q_x} \tag{2.2.9.7}$$

$$\mu_{x+t} = \frac{-s'(x+t)}{s(x+t)} = \frac{[s(x) - s(x+1)]}{[(1-t)s(x) + t \cdot s(x+1)]} \tag{2.2.9.8}$$

분모, 분자를 $s(x)$ 로 나누면

$$= \frac{q_x}{(1 - t \cdot q_x)} \tag{2.2.9.9}$$

$$g(t) = {}_t p_x \, \mu_{x+t} = q_x \tag{2.2.9.10}$$

(2) 사력이 일정한 경우(Constant Force of Mortality: CFM)

사력이 일정한 경우는 모든 $t$ 에 대하여$(0 \le t \le 1)$

$$\mu_{x+t} = \mu, \qquad 0 \le t \le 1 \tag{2.2.9.11}$$

이 성립하는 경우이다(앞으로 CFM으로 표시하기로 한다). 여기서 예를 들어 $\mu_{12+t} = c_1$, $\mu_{13+t} = c_2$ 라면 $c_1$ 과 $c_2$ 는 다른 상수이다.

$$\frac{s(x+1)}{s(x)} = p_x = e^{-\int_x^{x+1} \mu_y \, dy} = e^{-\mu} \tag{2.2.9.12}$$

따라서

$$\mu = -\ln p_x \tag{2.2.9.13}$$

이제 ${}_t p_x$ 를 CFM가정하에서 구해 보자.

$$\frac{s(x+t)}{s(x)} = {}_t p_x = e^{-\int_x^{x+t} \mu_y \, dy}$$
$$= e^{-\mu t} = (p_x)^t \tag{2.2.9.14}$$

따라서

$$s(x+t) = s(x) \, {}_t p_x$$
$$= s(x) e^{-\mu t} = s(x) (p_x)^t \tag{2.2.9.15}$$

식 (2.2.9.15)는 다음과 같이 표시가 가능하다.

$$l_{x+t} = l_x (p_x)^t \tag{2.2.9.16}$$

예제 2.2.9.1

$\mu_{x+t} = \mu$ $(0 \le t \le 1)$, $_k p_x = \dfrac{1}{2}$, $d_x = \dfrac{3}{4} l_x$ 일 때 $k$를 구하시오.

풀이

$$q_x = \frac{d_x}{l_x} = \frac{\dfrac{3}{4} l_x}{l_x} = \frac{3}{4}, \quad p_x = 1 - q_x = \frac{1}{4}$$

CFM가정하에서

$$_k p_x = (p_x)^k = \left( \frac{1}{4} \right)^k = \frac{1}{2}$$

따라서 $k = \dfrac{1}{2}$

(3) 발두치가정(Balducci Assumption: BA)

발두치가정에서는 다음 식이 성립한다.

$$\frac{1}{s(x+t)} = (1-t) \frac{1}{s(x)} + t \cdot \frac{1}{s(x+1)} \tag{2.2.9.17}$$

세 가지 가정들을 정리하면 표 [2.2.9.1]과 같다.

표 [2.2.9.1] 단수부분에 대한 가정

| 함수 ＼ 가정 | UDD | CFM | BA |
|---|---|---|---|
| $_t q_x$ | $t \cdot q_x$ | $1 - e^{-\mu t}$ | $\dfrac{t \cdot q_x}{1-(1-t)q_x}$ |
| $_t p_x$ | $1 - t \cdot q_x$ | $e^{-\mu t}$ | $\dfrac{p_x}{1-(1-t)q_x}$ |
| $_y q_{x+t}$ | $\dfrac{y \cdot q_x}{1 - t \cdot q_x}$ | $1 - e^{-\mu y}$ | $\dfrac{y \cdot q_x}{1-(1-y-t)q_x}$ |
| $\mu_{x+t}$ | $\dfrac{q_x}{1 - t \cdot q_x}$ | $\mu$ | $\dfrac{q_x}{1-(1-t)q_x}$ |
| $_t p_x \mu_{x+t}$ | $q_x$ | $\mu e^{-\mu t}$ | $\dfrac{p_x q_x}{[1-(1-t)q_x]^2}$ |

주 : $x$ : 정수, $0 \le t \le 1$, $0 \le y \le 1$, $y+t \le 1$, $\mu = -\ln p_x$

세 가지 가정들을 그림으로 표시하면 다음과 같다.

그림 [2.2.9.1]  $s(x+t)$ 와 단수부분에 대한 가정

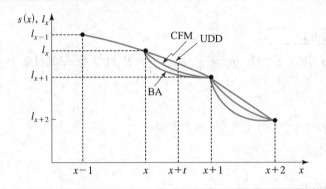

그림 [2.2.9.2]  $\mu_{x+t}$ 와 단수부분에 대한 가정

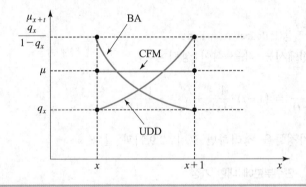

세 가지 가정 모두에서  $0 \leq t \leq 1$ 이므로 다음이 항상 성립하여야 한다.

$$\int_0^1 {}_t p_x\, \mu_{x+t}\, dt = q_x \tag{2.2.9.18}$$

UDD가정하에서는

$$\int_0^1 {}_t p_x\, \mu_{x+t}\, dt = \int_0^1 q_x\, dt = q_x \tag{2.2.9.19}$$

CFM가정하에는

$$\int_0^1 \mu\, e^{-\mu t}\, dt = 1 - e^{-\mu} = 1 - p_x = q_x \tag{2.2.9.20}$$

예제 2.2.9.2

UDD가정하에서 $_2q_{10} = 0.1$, $q_{12} = 0.2$가 주어졌을 때 $_{2\frac{1}{2}}q_{10}$을 구하시오.

풀이

$$_{2\frac{1}{2}}q_{10} = {}_2q_{10} + (1 - {}_2q_{10}){}_{1/2}q_{12}$$

$$= {}_2q_{10} + (1 - {}_2q_{10})\left(\frac{1}{2}\right)q_{12}$$

$$= 0.1 + (0.9)\left(\frac{1}{2}\right)(0.2) = 0.19$$

예제 2.2.9.3

세 가지 가정하에서 $_{1/2}p_{65}$와 $_{1/2}q_{65}$를 구하고 크기를 비교하시오. 단, $p_{65} = 0.97505$, $q_{65} = 0.02495$

풀이

$$\text{UDD} : \ _{1/2}p_{65} = 1 - {}_{1/2}q_{65} = 1 - \left(\frac{1}{2}\right)q_{65} = 1 - \frac{1}{2}(0.02495) = 0.987525$$

$$\text{CFM} : \ _{1/2}p_{65} = (p_{65})^{\frac{1}{2}} = 0.987446$$

$$\text{BA} : \ _{1/2}q_{65} = \frac{\left(\dfrac{1}{2}\right)q_{65}}{1 - \left(\dfrac{1}{2}\right)q_{65}} = 0.012633$$

|       | $_{1/2}q_{65}$ | $_{1/2}p_{65}$ |
|-------|----------------|----------------|
| BA    | 0.012633       | 0.98736741     |
| CFM   | 0.012554       | 0.987446       |
| UDD   | 0.012475       | 0.987525       |

예상과 같이 $_{1/2}q_{65}$의 크기는 BA＞CFM＞UDD이고 이는 그림 [2.2.9.1]에서도 확인할 수 있다.

예제 2.2.9.4

$1000 \cdot {}_{1/4}q_x = 2$일 때 세 가지 가성하에서 $_{1/4}q_{x+(3/4)}$의 값의 크기를 비교하시오.

풀이

$$\text{CFM} : \ _{1/4}q_{x+(3/4)} = {}_{1/4}q_{x+s} = 1 - (e^{-\mu})^{\frac{1}{4}} = 1 - {}_{1/4}p_x = {}_{1/4}q_x = 0.002$$

$s$의 증가에 관계없이 $_{1/4}q_{x+s}$는 일정

$$\text{BA}: \ _{1/4}q_{x+s} = \frac{\left(\dfrac{1}{4}\right)q_x}{1-\left(\dfrac{3}{4}-s\right)q_x}$$

$s$가 증가하면 $_{1/4}q_{x+s}$는 감소한다. 따라서 $_{1/4}q_{x+(3/4)} < 0.002$

$$\text{UDD}: \ _{1/4}q_{x+s} = \frac{\left(\dfrac{1}{4}\right)q_x}{1-s \cdot q_x}$$

$s$가 증가하면 $_{1/4}q_{x+s}$는 증가한다. 따라서 $_{1/4}q_{x+(3/4)} > 0.002$

따라서 $_{1/4}q_{x+(3/4)}$의 값은 BA < CFM < UDD이며 이는 그림 [2.2.9.1]과 그림 [2.2.9.2]에 의하여도 예측할 수 있다.

$T$를 정수부분과 단수부분(소수부분)으로 나누어 생각하면 $T$는 다음과 같이 표시될 수 있다. 여기서 $S$는 단수부분을 나타내고$(0 \le s \le 1)$ $K$는 정수이다.

$$T = K + S \qquad\qquad\qquad (2.2.9.21)$$

따라서

$$\Pr[S \le s \,|\, K = k] = \frac{\Pr[S \le s \cap K = k]}{\Pr[K = k]}$$

$$= \frac{_kp_x \cdot {}_sq_{x+k}}{_kp_x \cdot q_{x+k}} \qquad\qquad (2.2.9.22)$$

UDD가정하에서 식 (2.2.9.22)는

$$\Pr[S \le s \,|\, K = k] = \frac{s \cdot q_{x+k}}{q_{x+k}} = s \qquad\qquad (2.2.9.23)$$

식 (2.2.9.23)은 UDD가정하에서 $K$와 $S$는 서로 독립적(independent)인 것을 나타낸다. 또 $\Pr[S \le s] = s$인 것은 $S$가 $(0, 1)$의 균등분포를 따르는 것을 나타낸다. 즉,

$$S \sim U(0, 1) \qquad\qquad\qquad (2.2.9.24)$$

( 예제 2.2.9.5 )

UDD가정하에서 다음을 증명하시오.

(a) $\overset{\circ}{e}_x = e_x + \dfrac{1}{2}$  (b) $\mathrm{Var}(T) = \mathrm{Var}(K) + \dfrac{1}{12}$

**풀이**

(a) $\overset{\circ}{e}_x = E(T) = E(K+S) = E(K) + E(S) = e_x + \dfrac{1}{2}$

여기서 $E(S) = \int_0^1 s \cdot 1\, ds = \dfrac{1}{2}$ 이다(식(2.2.1.45) 참조).

(b) $\text{Var}(T) = \text{Var}(K+S)$

$K$와 $S$는 독립적이므로 식 (2.2.1.22)를 이용하여

$$\text{Var}(T) = \text{Var}(K) + \text{Var}(S) = \text{Var}(K) + \dfrac{1}{12}$$

## 10. 사망법칙(analytical laws of mortality)

사력이나 생존함수를 간단한 함수의 형태를 가정하여 표시한 것을 사망법칙이라고 한다. 생존함수가 간단한 함수로 표시되므로 여러 가지 편리한 점이 많다. 표 [2.2.10.1] 은 사망법칙을 정리한 표이다.

표 [2.2.10.1]  **사망법칙**

| 주 창 자 | $\mu_x$ | $s(x)$ | 조 건 |
|---|---|---|---|
| De Moivre (1729) | $(\omega - x)^{-1}$ | $1 - \dfrac{x}{\omega}$ | $0 \leq x < \omega$ |
| Gompertz (1825) | $Bc^x$ | $\exp[-m(c^x - 1)]$ | $B > 0,\ c \geq 1,\ x \geq 0$ |
| Makeham (1860) | $A + Bc^x$ | $\exp[-Ax - m(c^x - 1)]$ | $B > 0,\ A \geq -B,\ c \geq 1,\ x \geq 0$ |
| Weibull (1939) | $kx^n$ | $\exp[-ux^{n+1}]$ | $k > 0,\ n > 0,\ x \geq 0,\ u = \dfrac{k}{n+1}$ |

### (1) De Moivre 법칙

De Moivre의 법칙은 $s(x)$가 직선으로 표시되는 식으로 앞에서 많은 예제를 통하여 이미 고찰하였다.

### (2) Gompertz 법칙

$s(x)$는 $\mu_x$로부터 다음과 같이 구할 수 있다.

$$s(x) = \exp\left[-\int_0^x \mu_y\, dy\right] = \exp\left[-\int_0^x Bc^y\, dy\right] = \exp\left[-\dfrac{B}{\ln c}(c^x - 1)\right]$$
$$= \exp[-m(c^x - 1)] \tag{2.2.10.1}$$

여기서

$$m = \dfrac{B}{\ln c} \tag{2.2.10.2}$$

( 예제 2.2.10.1 )

$s(x) = \exp\left[\left(\dfrac{-3}{\ln 2}\right)(2^x - 1)\right]$ 일 때 $\mu_A = 24$ 이다. 이때 $A$를 구하시오.

**풀이**

$$\mu_x = \frac{-s'(x)}{s(x)} = \frac{-\exp\left[\left(\dfrac{-3}{\ln 2}\right)(2^x - 1)\right]\left[2^x\left(\dfrac{-3}{\ln 2}\right)(\ln 2)\right]}{\exp\left[\left(\dfrac{-3}{\ln 2}\right)(2^x - 1)\right]} = (3)(2^x)$$

$\mu_A = (3)(2^A) = 24$   따라서 $A = 3$

이 예제는 Gompertz 법칙에서 $B = 3$, $c = 2$인 경우이고 연령 3세 때의 사력이 24임을 나타낸다.

## (3) Makeham 법칙

$s(x)$는 $\mu_x$로부터 다음과 같이 구할 수 있다.

$$s(x) = \exp\left[-\int_0^x (A + Bc^y)\,dy\right]$$
$$= \exp[-Ax - m(c^x - 1)] \tag{2.2.10.3}$$

따라서 Gompertz 법칙은 Makeham 법칙에서 $A = 0$인 경우이다. 또 Gompertz 법칙과 Makeham 법칙에서 $c = 1$인 경우는 $\mu_x$가 상수가 되므로 $X$는 지수분포를 따른다.

( 예제 2.2.10.2 )

$\mu_x = Bc^x$이고 $c = 1.01$, $_tp_x = 0.9$, $_tp_{2x} = 0.8$일 때 $x$를 구하시오.

**풀이**

$$_tp_x = \frac{s(x+t)}{s(x)} = \frac{\exp[-m(c^{x+t} - 1)]}{\exp[-m(c^x - 1)]}$$
$$= \exp[-m(c^{x+t} - c^x)] = \exp[-mc^x(c^t - 1)]$$
$$0.9 = \exp[-mc^x(c^t - 1)]$$
$$0.8 = \exp[-mc^{2x}(c^t - 1)] = [\exp\{-mc^x(c^t - 1)\}]^{c^x} = (0.9)^{c^x}$$

따라서

$$c^x = \frac{\ln 0.8}{\ln 0.9}$$

$$x = \ln\left[\frac{\ln 0.8}{\ln 0.9}\right]\Big/ \ln c = \frac{\ln(2.117905)}{\ln(1.01)} = 75.417331$$

## 11. 특수한 생존분포

여기서는 상수사력(Constant force of mortality)가정과 De Moivre 법칙에 대해서 다루기로 한다.

### (1) 상수사력(Constant force of mortality, CFM)가정하의 생존분포

상수사력이란 사력이 연령에 의존하지 않고, 연령별 사력이 $\mu_x = \mu_{x+1} = \mu_{x+2} = \cdots = \mu_{x+t} = \cdots\cdots = \mu$로 상수인 경우이다. 식 (2.2.5.6)으로부터

$$
\begin{aligned}
{}_t p_x &= \exp\left(-\int_x^{x+t} \mu_y \, dy\right) = \exp\left(-\int_x^{x+t} \mu \, dy\right) \\
&= e^{-\mu[(x+t)-(x)]} = e^{-\mu t} \tag{2.2.11.1} \\
&= \left(e^{-\mu}\right)^t \tag{2.2.11.2} \\
&= (p)^t \tag{2.2.11.3}
\end{aligned}
$$

임을 알 수 있다. 1년간 생존하는 확률을 $p$라고 하면, ${}_t p_x$는 식 (2.2.11.3)과 같이 나타낼 수 있다. $t=1$인 경우 ${}_t p_x = {}_1 p_x = p$이므로 $p$는 연령에 의존하지 않고, 매 연령마다 동일한 1년간 생존하는 확률이다.

$$
{}_1 p_x = e^{-\mu} = p \tag{2.2.11.4}
$$

$$
\mu = -\ln {}_1 p_x = -\ln p \tag{2.2.11.5}
$$

$$
p = {}_1 p_x = {}_1 p_{x+1} = {}_1 p_{x+2} = \cdots = {}_1 p_{x+t} = \cdots \tag{2.2.11.6}
$$

이므로 $p$는 $(x)$가 1년간 생존할 확률이며, $p$는 $(x+t)$가 1년간 생존할 확률이기도 하다. CFM가정하에서 ${}_t p_x$는 $x$에는 의존하지 않고 $t$에만 의존하므로 기간만 같다면 (30)의 보험료나 (40)의 보험료나 동일하다. 즉, $\bar{A}^{\,1}_{30:\,\overline{n}|} = \bar{A}^{\,1}_{40:\,\overline{n}|}$이다.

생존함수 ${}_t p_x$로부터 누적분포함수 $F_x(t)$와 확률밀도함수 $f_x(t)$는 다음과 같이 나타낼 수 있다.

$$
F_x(t) = {}_t q_x = 1 - {}_t p_x = 1 - e^{-\mu t} \tag{2.2.11.7}
$$

$$
f_x(t) = \frac{d}{dt} F_x(t) = \mu\, e^{-\mu t} \tag{2.2.11.8}
$$

식 (2.2.11.8)로부터 연속확률변수 $T_x$는 모수가 $\mu$인 지수분포(exponential distribution with parameter $\mu$)를 따른다는 것을 알 수 있다. 지수분포의 성질로부터 $T_x$의 기대값과 분산은

$$E(T_x) = \frac{1}{\mu} \tag{2.2.11.9}$$

$$\mathrm{Var}(T_x) = \frac{1}{\mu^2} \tag{2.2.11.10}$$

이산확률변수 $K_x$의 경우도 사력이 매 연령마다 상수 $\mu$로 동일한 경우, 기대값과 분산을 구하면 다음과 같이 나타낼 수 있다.

$$E(K_x) = e_x = \sum_{k=1}^{\infty} ({}_kp_x) = \sum_{k=1}^{\infty} e^{-\mu k} = \frac{e^{-\mu}}{1 - e^{-\mu}} \tag{2.2.11.11}$$

$$= \frac{p}{1-p} \tag{2.2.11.12}$$

$$\mathrm{Var}(K_x) = E(K_x^{\,2}) - [E(K_x)]^2$$

$$= \sum_{k=0}^{\infty} (2k+1)\,{}_{k+1}p_x - (e_x)^2$$

$$= \frac{p}{(1-p)^2} = \frac{p}{q^2} \tag{2.2.11.13}$$

여기서 $q = 1 - p$를 의미한다. 식 (2.2.11.13)의 증명은 연습문제를 참고하기 바란다.

(2) De Moivre 법칙하의 생존분포

$l_0 = \omega$인 경우 De Moivre 법칙은 다음을 의미한다.

$$l_x = l_0 \left( \frac{\omega - x}{\omega} \right) = \omega - x \qquad (0 \le x < \omega) \tag{2.2.11.14}$$

식 (2.2.11.14)를 사용하면 사력 $\mu_x$를 다음과 같이 나타낼 수 있다.

$$\mu_x = \frac{-l_x{}'}{l_x} = \frac{-(-1)}{\omega - x} = \frac{1}{\omega - x} \qquad (0 \le x < \omega) \tag{2.2.11.15}$$

식 (2.2.5.6)으로부터

$$_tp_x = \exp\left( -\int_x^{x+t} \mu_y\, dy \right) = \exp\left( -\int_x^{x+t} \frac{1}{\omega - y}\, dy \right) \tag{2.2.11.16}$$

$$= \exp\left( \left[ \ln(\omega - y) \right]_x^{x+t} \right) = \exp\left( \ln\left[ \frac{\omega - x - t}{\omega - x} \right] \right) \tag{2.2.11.17}$$

$$= \frac{\omega - x - t}{\omega - x} = 1 - \frac{t}{\omega - x} \tag{2.2.11.18}$$

임을 알 수 있다. $\mu_{x+t}$는 식 (2.2.11.15)에서 $x$대신 $x+t$를 대입하면 바로

$$\mu_{x+t} = \frac{1}{\omega - x - t} \qquad (0 \le t < \omega - x) \tag{2.2.11.19}$$

로 구할 수 있으나, 식 (2.2.11.18)로부터 $\mu_{x+t}$를 $_tp_x$를 이용하여 구하면

$$\mu_{x+t} = -\frac{1}{_tp_x}\left( \frac{d}{dt}\,_tp_x \right) = -\frac{\omega - x}{\omega - x - t}\left( -\frac{1}{\omega - x} \right) \tag{2.2.11.20}$$

$$= \frac{1}{\omega - x - t} \qquad (0 \le t < \omega - x) \tag{2.2.11.21}$$

로 식 (2.2.11.19)와 동일함을 알 수 있다. 생존함수 $_tp_x$로부터 누적분포함수 $F_x(t)$와 확률밀도함수 $f_x(t)$는 다음과 같이 나타낼 수 있다.

$$F_x(t) = \,_tq_x = 1 - \,_tp_x = \frac{t}{\omega - x} \tag{2.2.11.22}$$

$$f_x(t) = \frac{d}{dt}F_x(t) = \frac{1}{\omega - x} \tag{2.2.11.23}$$

식 (2.2.11.23)으로부터 연속확률변수 $T_x$는 구간 $[0, \omega - x]$에서 균등분포(uniform distribution)를 따른다는 것을 알 수 있다. 균등분포의 성질로부터 $T_x$의 기대값과 분산은

$$E(T_x) = \frac{\omega - x}{2}, \tag{2.2.11.24}$$

$$\text{Var}(T_x) = \frac{(\omega - x)^2}{12} \tag{2.2.11.25}$$

임을 알 수 있으나, $T_x$의 기대값은 완전평균여명 $\mathring{e}_x$이므로 식 (2.2.7.3)을 이용해서 구하면 다음과 같다.

$$E(T_x) = \mathring{e}_x = \int_0^{\omega - x} \,_tp_x\, dt = \int_0^{\omega - x} 1 - \frac{t}{\omega - x}\, dt \tag{2.2.11.26}$$

$$= \left[ t - \frac{t^2}{2(\omega - x)} \right]_0^{\omega - x} = \frac{\omega - x}{2} \tag{2.2.11.27}$$

또한 식 (2.2.7.5)를 이용하면

$$E(T_x^2) = \int_0^{\omega-x} t^2 \, {}_t p_x \, \mu_{x+t} \, dt \tag{2.2.11.28}$$

$$= 2 \int_0^{\omega-x} t \, {}_t p_x \, dt = 2 \int_0^{\omega-x} t \left( 1 - \frac{t}{\omega-x} \right) dt$$

$$= 2 \left[ \frac{t^2}{2} - \frac{t^3}{3(\omega-x)} \right]_0^{\omega-x} = \frac{(\omega-x)^2}{3} \tag{2.2.11.29}$$

이므로

$$\text{Var}(T_x) = E(T_x^2) - [E(T_x)]^2$$

$$= \frac{(\omega-x)^2}{3} - \left( \frac{\omega-x}{2} \right)^2 = \frac{(\omega-x)^2}{12} \tag{2.2.11.30}$$

완전정기평균여명 $\mathring{e}_{x:\overline{n}|}$ 의 경우는 식 (2.2.7.24)로부터

$$\mathring{e}_{x:\overline{n}|} = \int_0^n {}_t p_x \, dt = \int_0^n 1 - \frac{t}{\omega-x} \, dt \tag{2.2.11.31}$$

$$= \left[ t - \frac{t^2}{2(\omega-x)} \right]_0^n = n - \frac{n^2}{2(\omega-x)} \tag{2.2.11.32}$$

이산확률변수 $K_x$의 경우도 De Moivre 법칙하에서 기대값과 분산을 구할 수 있으며, 이는 다음과 같이 나타낼 수 있다.

$$E(K_x) = e_x = \frac{\omega-x-1}{2}, \tag{2.2.11.33}$$

$$\text{Var}(K_x) = \frac{(\omega-x)^2-1}{12} \tag{2.2.11.34}$$

식 (2.2.11.33), 식 (2.2.11.34)의 증명은 연습문제를 참고하기 바란다.

## 연습문제 2.2

1. $l_x = (100-x)^{2/3}$, $0 \le x \le 100$일 때 40세의 사람이 52세와 65세 사이에 사망할 확률을 구하시오.

2. 다음의 자료를 이용하여 $\mathrm{Var}(X)$를 구하시오.

   (i) $l_x = \omega^3 - x^3$ $(0 \le x \le \omega)$  (ii) $E(X) = \dfrac{3}{4}\omega$

3. 50세의 특정한 집단을 고려해보자. 이 집단의 20%는 암에 걸린 사람이고 80%는 건강한 사람이다. 50세의 집단에 대하여 다음과 같은 가정이 주어졌다.
   (i) 건강한 사람의 미래생존기간은 [0, 50]의 균등분포를 따른다.
   (ii) 암에 걸린 사람의 미래생존기간은 [0, 30]의 균등분포를 따른다.
   70세까지 생존한 사람들 중에서 임의로 선택된 사람의 $_3p_{70}$을 구하시오.

4. 신생아의 미래생존기간 $T_0$는 다음과 같은 분포를 따른다.
   (i) $f^\alpha(t)$는 생명표를 따른다.
   (ii) $f^\beta(t)$는 $\omega = 110$인 De Moivre 법칙을 따른다.
   (iii) $T_0$의 확률밀도함수는 $f_0(t) = \begin{cases} c\,f^\alpha(t), & 0 \le t \le 70 \\ 1.1\,f^\beta(t), & t > 70 \end{cases}$

   $_{15}p_{55}$을 구하시오.

5. 100,000명의 인구집단을 고려해보자. 이 인구집단은 다음과 같이 세 개의 집단(집단 A, 집단 B, 집단 C)으로 나눌 수 있다.
   (i) 집단 A에는 50,000명의 사람이 있으며 나이는 모두 25세이다. 이 사람들의 미래생존기간은 구간 [25, 105]인 균등분포를 따른다.
   (ii) 집단 B에는 30,000명의 사람이 있으며 나이는 모두 35세이다. 이 사람들의 미래생존기간은 구간 [35, 95]인 균등분포를 따른다.
   (iii) 집단 C에는 20,000명의 사람이 있으며 나이는 모두 40세이다. 이 사람들의 미래생존기간은 구간 [40, 90]인 균등분포를 따른다.
   이때, 전체 인구집단에서 55세에서 65세 사이에 예상되는 사망자 수를 구하시오.

6. 다음과 같은 비율의 인구 집단을 고려하자. 이 집단의 25%는 흡연자이며, 사력은 0.1로 전 연령에서 동일하다. 이 집단의 나머지 75%는 비흡연자이며 사력은 0.05로 전 연령에서 동일하다. 이 인구 집단에서 임의로 한명을 선택했을 때, 그 사람의 미래생존기간에

대한 분포의 75백분위수를 구하시오.

7. $l_x = 1000 - 2x,\ 0 \le x \le 500$일 때 $K(497)$의 분산을 구하시오.

8. $_{k|}q_x = \dfrac{1+k}{55},\ k = 0,\ 1,\ \cdots,\ 9$일 때 $_2p_{x+5}$를 구하시오.

9. 다음과 같은 자료를 이용하여 $\mathrm{Var}(W)$를 구하시오.
   (i) $K$는 $(x)$의 미래개산생존기간이다.    (ii) $W = \min(K, 2)$
   (iii) $q_{x+k} = 0.2(k+1),\quad k = 0, 1, 2, 3, 4$

10. 모든 $x$에 대하여 $\mu_x = 2$일 때 $E(T^5)$을 구하시오.

11. $\mu_{[x]+t} = \dfrac{1}{2(64-t)}$ 일 때 $\dfrac{d}{dt}{}_tp_{[x]}$를 구하시오.

12. 모든 $x$에 대하여 $\mu_x = kx$이고 $_{10}p_{35} = 0.81$일 때 $_{20}p_{40}$을 구하시오.

13. 다음과 같은 함수가 사력을 나타낼 수 있는 함수임을 보이고 각각의 경우 생존함수 $s(x) = S_0(x)$를 구하시오.
    (a) $kx^n\ (n > 0,\ k > 0)$ (Weibull)      (b) $a(b+x)^{-1}\ (a > 0,\ b > 0)$ (Pareto)

14. 50세의 피보험자가 50세와 51세 사이에서 예상치 못했던 특별위험으로 인하여 사력이 $\mu'_{50+t} = \mu_{50+t} + 0.03(1-t)$ ($\mu_{50+t}$는 특별위험이 없을 때의 사력)으로 증가되었을 때 50세의 사람이 특별위험하에서 1년간 생존할 확률 $p'_{50}$을 구하시오. 단, 특별위험이 없을 때의 $q_{50} = 0.006$이다.

15. (a) $l_x\,\mu_x$의 값이 $x$에 대하여 증가함수일 때 $\mu_x < q_x$임을 증명하시오.
    (b) $\mu_x$가 $x$의 증가함수일 때 $q_{x-1} < \mu_x < \dfrac{q_x}{p_x}$임을 증명하시오.

16. 다음을 증명하시오.
    (a) $\displaystyle\int_0^1 (\mu_{x+t} + \delta)dt = -\ln(vp_x)$      (b) $\dfrac{d}{dx}q_x = p_x(\mu_{x+1} - \mu_x)$

17. $\mu_{x+t} = \dfrac{a}{1+at}\ (0 \le t \le 1)$일 때 $a$를 $q_x$로 표시하시오.

18. $\mu_x = \dfrac{1}{110-x}$, $0 \le x < 110$을 이용하여 다음을 구하시오.

    (a) $0 \le t < 85$일 때, $S_{25}(t)$      (b) $_{30}p_{25}$      (c) $0 \le t < 85$일 때, $f_{25}(t)$

19. $\mu_x = \begin{cases} 0.02 & 30 \le x < 40 \\ 0.05 & 40 \le x < 50 \end{cases}$ 일 때 $_{8|7}q_{30}$을 구하시오.

20. 다음과 같은 자료를 이용하여 $\mu$를 구하시오.

    (i) 사력 $\mu_x = \mu$, $(x \ge 0)$로 상수이다.     (ii) $\mu \le 1$     (iii) $_{2|2}q_{40} = 0.005$

21. 태어날 때 남자의 수와 여자의 수가 동일한 인구집단을 고려해보자. 남자의 사력은 $\mu_x^m = 0.12$ $(x \ge 0)$이고 여자의 사력은 $\mu_x^f = 0.08$ $(x \ge 0)$이라고 가정할 때, 이 인구집단의 $q_{65}$를 구하시오.

22. 다음과 같은 자료를 이용하여 $_{10}p_{40}$을 구하시오.

    (i) $_3p_{40} = 0.98$     (ii) $_2p_{43} = 0.97$     (iii) $\displaystyle\int_{45}^{50} \mu_x \, dx = 0.09387$

23. $f_0(t) = \left(\dfrac{3}{5}\right) \dfrac{12t^2(90-t)}{90^4}$, $0 < t \le 90$일 때 $\mu_{60}$을 구하시오.

24. 다음을 증명하시오.

    (a) $q_x + p_x\, q_{x+1} + {}_2p_x\, q_{x+2} + \cdots = 1$

    (b) $\displaystyle\int_0^{\omega-x} {}_tp_x\, \mu_{x+t}\, dt = 1$     (c) $\displaystyle\int_0^{\omega-x} l_{x+t}\, \mu_{x+t}\, dt = l_x$

25. 다음과 같은 자료가 주어졌을 때 $e_{48:\overline{5|}}$를 구하시오.

| $x$ | $l_x$ | $d_x$ | $q_x$ | $p_x$ |
|---|---|---|---|---|
| 48 | 400 | | | |
| 49 | | | | 0.8 |
| 50 | 288 | | | |
| 51 | | 108 | 0.5 | |
| 52 | | | | 1/3 |
| 53 | 36 | | | 0.0417 |

26. $s(x) = S_0(x) = 1 - \dfrac{x}{200}$ $(0 \le x \le 200)$일 때, $\mathring{e}_{50:\overline{10|}}$을 구하시오.

27. $s(x) = S_0(x) = \left(1 - \dfrac{x}{\omega}\right)^\alpha$, $0 \le x \le \omega$, $\alpha > 0$일 때 다음을 구하시오.

    (a) $\mu_x$                                        (b) $\mathring{e}_x$

28. (a) $\mu_x = \dfrac{1}{\omega - x}$ $(0 \le x < \omega)$일 때 $l_x$를 구하시오. 또 $q_x = \dfrac{2\mu_{x+(1/2)}}{2 + \mu_{x+(1/2)}}$임을 증명하시오.

    (b) $\mu_x = \dfrac{\alpha}{\omega - x}$ $(0 \le x < \omega, \alpha$는 상수)일 때 $l_x$, $_tp_x$, $\mathring{e}_x$를 구하시오.

    (c) 연습문제 27번과 비교하여 다음이 성립함을 확인하시오.

        (i) $\mu_x = \dfrac{\alpha}{\omega - x}$일 때

$$_tp_x = S_x(t) = \left[\frac{\omega - x - t}{\omega - x}\right]^\alpha, \quad s(x) = S_0(x) = {}_xp_0 = \left[1 - \frac{x}{\omega}\right]^\alpha$$

$$l_x = l_0\left[1 - \frac{x}{\omega}\right]^\alpha, \quad \mathring{e}_x = \frac{\omega - x}{\alpha + 1}$$

        (ii) $\alpha = 1$일 때 De Moivre의 법칙

$$\mu_x = \frac{1}{\omega - x}$$일 때

$$_tp_x = S_x(t) = \frac{\omega - x - t}{\omega - x}, \quad s(x) = S_0(x) = {}_xp_0 = 1 - \frac{x}{\omega}$$

$$l_x = l_0\left(1 - \frac{x}{\omega}\right), \quad \mathring{e}_x = \frac{\omega - x}{2}$$

29. 다음 자료를 이용하여 $l_{71}$을 구하시오.

    (i) $l_{70} = 1055$            (ii) $a(70) = 0.45$           (iii) $m_{70} = 0.1$

30. 다음 자료를 이용하여 $\displaystyle\int_0^{28} t \, {}_tp_{36} \, \mu_{36+t} \, dt$를 구하시오.

    (i) $l_x = (100 - x)^{0.5}, 0 \le x \le 100$        (ii) $\mathring{e}_{36:\overline{28}|} = 24.67$

31. $T$의 누적분포함수인 $_tq_x = G(t)$가 다음과 같을 때 (a), (b), (c)를 구하시오.

$$G(t) = \begin{cases} \dfrac{t}{100 - x}, & 0 \le t < 100 - x \\ 1, & t \ge 100 - x \end{cases}$$

    (a) $\mathring{e}_x$             (b) $T$의 분산           (c) $T$의 메디안값 $[m(x)]$

32. $\mu_x = \dfrac{Ac^x}{1 + Bc^x}$ $(x > 0)$일 때, 다음을 구하시오.

    (a) 생존함수 $s(x)$                  (b) $X$(사망시 연령)의 분포의 최빈치(mode)

33. (a) $e_x = p_x(1 + e_{x+1})$을 증명하시오.

    (b) $q_x \leq q_{x+1} \leq q_{x+2} \leq \cdots$일 때 다음을 증명하시오.

        (i) $e_x \geq e_{x+1} \geq e_{x+2} \geq \cdots$                (ii) $e_x \leq \dfrac{p_x}{q_x}$

34. $\displaystyle {}_n m_x = \frac{\int_0^n l_{x+t}\,\mu_{x+t}\,dt}{\int_0^n l_{x+t}\,dt}$ 라고 정의된다.

    (a) $l_{x+t}$가 $0 \leq t \leq n$에서 직선을 가정할 때 ${}_n m_x$와 ${}_n q_x$를 구하시오.

    (b) $l_x = 100 - x \ (0 \leq x \leq 100)$일 때 ${}_{10}m_{50}$을 구하시오.

35. 정리 [2.2.7.1]과 정리 [2.2.7.2]를 증명하시오.

36. 다음과 같은 자료를 이용하여 $\mathring{e}_{60\,:\,\overline{1.5|}}$를 구하시오.

    (i) $q_{60} = 0.020$                      (ii) $q_{61} = 0.022$

    (iii) 매 연령마다 단수부분에 대한 가정은 UDD이다.

37. $s(x) = S_0(x) = \dfrac{\sqrt{100-x}}{10}$, $0 \leq x \leq 100$일 때 다음을 구하시오.

    (a) ${}_{17}p_{19}$     (b) ${}_{15}q_{36}$     (c) ${}_{15|13}q_{36}$     (d) $\mu_{36}$     (e) $\mathring{e}_{36}$

38. $s(x) = S_0(x) = 1 - \dfrac{x}{\omega}$, $0 \leq x < \omega$, $\mathring{e}_{30} = 30$일 때 $q_{30}$을 구하시오.

39. (a) $\mathring{e}_x = a + bx$일 때 $\mu_x = \dfrac{1+b}{a+bx}$ 임을 증명하시오.

    (b) $l_x = \dfrac{2}{e^x}$일 때 $m_x$의 값을 구하시오.

    (c) $l_x = l_0\left(1 - \dfrac{x^2}{\omega^2}\right)$, $0 \leq x \leq \omega$일 때 $\mathring{e}_0$의 값을 구하시오.

40. $\mu_x = \begin{cases} 0.03, & 0 < x < 50 \\ 0.08, & x > 50 \end{cases}$일 때, $\mathring{e}_{40\,:\,\overline{30|}}$을 구하시오.

41. 다음의 조건들을 이용하여 $\mathrm{Var}(T_{20})$을 구하시오.

   (i) $\overset{\circ}{e}_{10} = 45$  (ii) $\mu_x = \dfrac{1}{\omega - x}$, $0 \le x < \omega$

   (iii) $T_x$는 $(x)$의 미래생존기간을 나타낸다.

42. A가 사용하고 있는 노트북에 대한 자료는 다음과 같다.

   (i) $s(x) = S_0(x) = 1 - \dfrac{x}{\omega}$, $0 \le x \le \omega$  (ii) $\overset{\circ}{e}_0 = 5$

   새로운 노트북에 대해서 $\omega$는 같고 새로운 생존함수가 다음과 같을 때, 0시점에서의 새로운 $\overset{\circ}{e}_0$를 구하시오.

   $$s^*(x) = \begin{cases} 1, & 0 \le x \le 2 \\ \dfrac{\omega - x}{\omega - 2}, & 2 < x \le \omega \end{cases}$$

43. $(30)$의 미래생존기간은 균등분포를 따른다고 가정하자. 다음과 같은 자료를 이용하여 $\overset{\circ}{e}_{30:\overline{3n|}}$을 구하시오.

   (i) $\overset{\circ}{e}_{30:\overline{2n|}} = 20$  (ii) $\overset{\circ}{e}_{30:\overline{4n|}} = 32$  (iii) $n < (\omega - 30)/4$

44. 다음과 같은 자료가 주어졌을 때 $E(X)$를 구하시오.
   (i) $T_x$는 $(x)$의 미래생존기간을 나타낸다.

   (ii) $\mu_x = \mu$, $x \ge 0$  (iii) $\mathrm{Var}(T_x) = 144$  (iv) $X = \min(T_x, 20)$

45. 다음과 같은 자료를 이용하여 (a)~(e)를 구하시오.

| $x$ | 97 | 98 | 99 | 100 | 101 |
|---|---|---|---|---|---|
| $l_x$ | 800 | 500 | 200 | 100 | 0 |

   (a) $e_{97}$  (b) $\mathrm{Var}(K_{97})$  (c) $e_{97:\overline{2|}}$

   (d) UDD가정하에서 $\overset{\circ}{e}_{97}$  (e) $e_{98}$(단, 재귀식을 이용하시오.)

46. $\mu_x = \dfrac{2}{100 - x}$, $0 \le x < 100$일 때 $e_{40}$을 구하시오.

47. $\mu_x = \left( \dfrac{1}{110 - x} \right)^{1/2}$, $0 \le x < 110$일 때, 다음을 구하시오.
   (a) 0세 사람의 $m(x)$  (b) 60세 사람의 $m(x)$

48. 특정 질병에 걸려있는 집단을 고려해보자. 이 집단은 질병에 걸려있는 2년 동안 정상 사망률보다 높은 사망률을 가지고 있다. 이 집단의 사망률은 1차연도 동안에는 정상 사망률보다 20%가 높고, 2차연도 동안에는 7%가 높으며, 그 후의 사망률은 정상 사망률과 동일하다. 다음의 자료를 이용하여 정상집단과 특정질병에 걸린 집단의 개산평균여명의 차이를 구하시오.

(i) 정상 사망률

| $t$ | 0 | 1 | 2 |
|---|---|---|---|
| $q_{x+t}$ | 0.10 | 0.15 | 0.20 |

(ii) $e_{x+3} = 10$

49. 선택기간 1년인 생명표가 다음과 같고 매 연령마다 단수부분에 대한 가정이 UDD일 때 $\overset{\circ}{e}_{[86]}$을 구하시오.

| $x$ | $l_{[x]}$ | $d_{[x]}$ | $\overset{\circ}{e}_{[x]}$ |
|---|---|---|---|
| 85 | 1000 | 100 | 5.556 |
| 86 | 850 | 100 | |

50. 표 [2.2.9.1]에서 CFM과 Balducci가정하의 결과들을 유도하시오.

51. $q_{70} = 0.04$, $q_{71} = 0.05$일 때 70세의 사람이 $70\frac{1}{2}$세와 $71\frac{1}{2}$세 사이에서 사망할 확률을 각각 구하시오.

(a) 매 연령마다 단수부분의 가정이 UDD일 때

(b) 매 연령마다 단수부분의 가정이 Balducci가정일 때

52. CFM가정하에서 다음이 성립함을 증명하시오.

(a) $a(x) = \dfrac{[(1-e^{-\mu})/\mu] - e^{-\mu}}{1 - e^{-\mu}}$

(b) $a(x) \fallingdotseq \dfrac{1}{2} - \dfrac{q_x}{12}$

53. Balducci가정하에서 다음이 성립함을 증명하시오.

(a) $a(x) = -\dfrac{p_x}{q_x^2}(q_x + \ln p_x)$

(b) $a(x) \fallingdotseq \dfrac{1}{2} - \dfrac{q_x}{6}$

54. 다음과 같은 3년 선택표와 종국표가 주어졌다.

| $x$ | $l_{[x]}$ | $l_{[x]+1}$ | $l_{[x]+2}$ | $l_{x+3}$ | $x+3$ |
|---|---|---|---|---|---|
| 70 | – | – | – | 7600 | 73 |
| 71 | – | 7984 | – | – | 74 |
| 72 | 8016 | – | 7592 | – | 75 |

다음과 같은 가정하에서 $1000(_{2|2}q_{[71]})$을 구하시오.

(i) 종국표는 De Moivre의 법칙을 따른다.

(ii) $d_{[x]} = d_{[x]+1} = d_{[x]+2}$, $x = 70, 71, 72$

여기서 $d_{[x]+t} = l_{[x]+t} - l_{[x]+t+1}$을 의미한다.

55. 다음의 자료를 이용하여 50세의 남자가 50세의 여자보다 나중에 사망할 확률을 구하시오.

(i) 남자의 사망법칙은 $\mu = 0.04$인 CFM이다.

(ii) 여자의 사망법칙은 $\omega = 100$인 De Moivre의 법칙이다.

(iii) $e^{-2} = 0.135335$

56. 매 연령마다 단수부분의 가정이 UDD가정일 때 생명표(부록의 제7회 경험생명표)를 이용하여 다음을 구하시오.

(a) 0세 사람의 $m(x)$         (b) 50세 사람의 $m(x)$

57. 다음과 같은 생명표를 고려해 보자.

| $x$ | $l_x$ | $d_x$ |
|---|---|---|
| 35 | 10000 | 100 |
| 36 | 9900 | 140 |
| 37 | 9760 | 180 |
| 38 | 9580 | 230 |
| 39 | 9350 | 300 |

매 연령마다 단수부분의 가정이 CFM일 때 다음을 구하시오.

(a) $_{0.4}p_{36}$     (b) $_{3.1}q_{35}$     (c) $_{0.2|0.5}q_{38}$     (d) $_{0.7}q_{37.5}$

58. $l_x = 100\left[1 - \left(\dfrac{x}{80}\right)^2\right]$, $0 \le x < 80$이라고 할 때, $\mu_x$는 이 생존분포에 대한 실제 사력을, $\mu_x{}'$은 구간 $[45, 46)$에서 UDD가정에 근거한 사력의 근사치를 나타낸다고 하자. 이때 $\mu_{45.4} - \mu'_{45.4}$를 구하시오.

59. 사망법칙이 De Moivre의 법칙을 따를 때$(0 \leq x \leq \omega)$ 다음이 성립함을 보이시오.

(a) $\dfrac{m_x}{1+0.5m_x} = \mu_x$, $x \leq \omega - 1$

(b) $_{n|}q_x = \mu_x$, $0 \leq n \leq \omega - x - 1$         (c) $1/\mathring{e}_x = 2\mu_x$

60. 상수사력(CFM)하에서 이산확률변수 $K_x$에 대하여 $\mathrm{Var}(K_x) = \dfrac{p}{q^2}$를 증명하시오. 여기서 $p$는 연령에 의존하지 않고 1년간 생존할 확률이며 $q = 1-p$이다.

61. De Moivre 법칙하에서 $\mathring{e}_{x:\overline{n}|} = \dfrac{\omega - x - n}{\omega - x}(n) + \dfrac{n}{\omega - x}\left(\dfrac{n}{2}\right)$의 의미를 설명하시오.

62. De Moivre 법칙하에서 다음을 증명하시오.

(a) $E(K_x) = \dfrac{\omega - x - 1}{2}$            (b) $\mathrm{Var}(K_x) = \dfrac{(\omega-x)^2 - 1}{12}$

63. 단수부분에 대한 가정이 CFM인 경우 다음을 증명하시오.

(a) $_rp_x = (p_x)^r$, $\quad 0 \leq r < 1$

(b) $_rp_{x+u} = (p_x)^r$, $\quad 0 \leq r < 1,\ r + u \leq 1$

(c) $\ln(l_{x+r}) = (1-r)\ln(l_x) + r\ln(l_{x+1})$

64. $x$세까지 생존하였다는 조건하에서 새로운 기호들을 정의할 수 있다. 다음에 답하시오.

(a) $x = 0$인 경우 $f_0(t)$, $S_0(t)$, $F_0(t)$를 정의하시오.

(b) $f_x(t)$, $S_x(t)$, $F_x(t)$를 정의하고 관련 기호를 설명하시오.

제 **3** 장
# 생명보험

# Ⅰ. 기초이론

## 1. 보험료계산의 기초

생명보험의 보험료를 계산하기 위하여는 다음의 세 가지 요소가 필요하다.

(1) 사망발생의 확률을 가정하여야 한다. 사망 또는 생존을 보험금의 지급사유로 하는 계약에서 사용되는 생명표가 나타내는 사망률을 예정사망률(豫定死亡率)이라고 한다.

(2) 생명보험의 계약은 보통 장기보장인 경우가 많으므로 이자를 고려하여야 하며 보험료의 계산시 주어진 이자율을 예정이율(豫定利率)이라고 한다.

(3) 보험제도의 운영에 필요한 경비를 사전에 고려하여야 한다. 보험료를 계산할 때 경비는 보험금액 또는 보험료의 일정비율로 정해지는데 이를 예정사업비율(豫定事業比率)이라고 한다.

앞에서 설명한 예정사망률, 예정이율 및 예정사업비율을 총칭하여 보험료계산의 기초라고 한다. 장래 실제로 발생되는 사망률, 이율 및 사업비율은 계산의 기초인 예정률과는 다르게 나타날 수 있다. 생명보험 계약은 보통 장기에 걸치는 경우가 많으므로 예정률은 보수적으로 안전하게 설정하는 것이 일반적이다. 즉, 예정사망률은 실제보다 약간 높게(사망보험의 경우), 예정이율은 실제보다 약간 낮게 또 예정사업비율은 실제보다 약간 높게 설정한다.

사망보험의 경우 실제사망률이 예정사망률을 초과하는 경우가 발생한다면 예정사망률을 이용하여 계산된 보험료는 보험금을 지급하기에 부족하다. 반대로 실제사망률이 예정사망률보다 낮을 때에는 보험료에서 보험금을 지급하고도 잉여금이 생긴다. 이 잉여금을 사차익(死差益)이라고 한다.

예정이율은 실제의 시중금리보다 낮게 정해지므로 실제로 수입된 이자가 예정된 이자보다 많은 것이 보통이며 이 많은 부분을 이차익(利差益)이라고 한다.

사차익과 이차익의 반대의 경우를 사차손(死差損)과 이차손(利差損)이라고 한다.

세 가지 계산의 기초 중에서 예정사망률과 예정이율에 기초하여 계산된 보험료를 순보험료(純保險料 ; net premium)라고 하며 예정사업비율에 기초하여 계산된 보험료부분을 부가보험료(附加保險料 ; loading)라고 한다. 이 두 가지를 합한 것이 보험계약자가 지급하는 영업보험료(營業保險料 ; gross premium)이다. 즉,

$$순보험료 + 부가보험료 = 영업보험료 \tag{3.1.1.1}$$

여기서는 순보험료만을 우선 고찰하며 부가보험료와 영업보험료 부분은 제7장에서 고찰하기로 한다.[1)]

보험계약시에 일시에 납입하는 순보험료를 일시납순보험료(一時納純保險料 ; net single premium ; NSP)라고 하며 여러 번에 걸쳐서 납입하는 순보험료를 분할납순보험료(分割納純保險料)라고 한다. 분할납순보험료의 경우 매회 납입하는 보험료가 동액일 경우가 대부분인데 이를 평준순보험료(平準純保險料 ; net level premium)라고 하며 특히 연납일 경우를 연납평준순보험료(年納平準純保險料 ; net level annual premium)라고 한다.

보험료를 계산할 때에는 계약시점에 있어서 사망보험금(지출)의 보험수리적 현가(保險數理的 現價 ; Actuarial Present Value: APV)와 분할납순보험료들(수입)의 보험수리적 현가(APV)가 일치하여야 하는데 이를 수지상등(收支相等)의 원칙(原則)이라고 한다. 보험수리적 현가(APV)란 이자율 외에 사망률(생존율)이 함께 고려된 현가를 의미한다.

사망보험금의 보험수리적 현가(지출)

= 일시납순보험료

= 분할납순보험료들의 보험수리적 현가(수입)    (3.1.1.2)

## 2. 생존보험

생존보험(生存保險 ; pure endowment)이란 피보험자가 계약시부터 일정기간을 생존한 경우에 일정액의 보험금이 지급되는 보험이다. $x$세에 보험에 가입한 피보험자가 $n$년을 생존하는 경우에 보험금 1원을 지급하는 보험의 일시납순보험료(NSP)를 $A_{x:\overline{n}|}^{\ 1}$ 또는 $_nE_x$ 로 나타낸다.

$A_{x:\overline{n}|}^{\ 1}$ 또는 $_nE_x$를 생명표를 이용하여 유도해보자. $x$세의 사람들 $l_x$가 동시에 보험금 1원의 $n$년만기 생존보험에 가입하였다고 가정하면 $n$년 후의 생존자수는 $l_{x+n}$이 된다. 따라서 $n$년 후에 필요한 금액은 $l_{x+n}$원이 되며 이 지출의 현가는 $v^n l_{x+n}$원이 된다. 한편 $x$시점에서 수입되는 보험료의 총액은 $l_x \cdot A_{x:\overline{n}|}^{\ 1}$ 이므로 수지상등의 원칙에 의하여 다음이 성립한다.

---

1) 제3장, 4장, 5장, 6장에서는 순보험료에 관하여만 고찰한다. 따라서 제3장~6장에서 별도의 언급이 없으면 보험료는 순보험료를 의미한다.

그림 [3.1.2.1] 생존보험의 일시납순보험료

$$l_x \cdot A_{x:\overline{n|}}^{\phantom{x}1} = v^n l_{x+n} \tag{3.1.2.1}$$

따라서

$$A_{x:\overline{n|}}^{\phantom{x}1} = {}_nE_x = \frac{v^n l_{x+n}}{l_x} \tag{3.1.2.2}$$

$$= v^n {}_np_x \tag{3.1.2.3}$$

식 (3.1.2.3)에서 알 수 있듯이 지출의 보험수리적 현가(APV)는 $v^n$이라는 이자율 외에 ${}_np_x$라는 생존율(사망률)이 함께 고려된 현가의 개념이다.

식 (3.1.2.2)의 분모와 분자에 $v^x$를 곱하면 다음과 같다.

$$A_{x:\overline{n|}}^{\phantom{x}1} = {}_nE_x = \frac{v^{x+n} l_{x+n}}{v^x l_x} \tag{3.1.2.4}$$

계산기수(計算基數 ; commutation symbols) $D_x$를 다음과 같이 정의한다.

$$D_x = v^x l_x \tag{3.1.2.5}$$

계산기수를 이용하면 식 (3.1.2.4)는

$$A_{x:\overline{n|}}^{\phantom{x}1} = {}_nE_x = \frac{D_{x+n}}{D_x} \tag{3.1.2.6}$$

예제 3.1.2.1 [1]

30세의 피보험자에게 1,000원이 5년 후와 10년 후에 각각 지급되는 경우에(이자율 $i = 5\%$ 부록의 표 이용) 다음을 구하시오.

---

[1] 앞으로 나오는 계산들은 특별한 언급이 없으면 $i = 5\%$, 제7회 경험생명표(남)를 기초로 한다. 이를 기초로 한 계산기수, NSP는 부록 3에 나타나 있다. (제3, 4, 5, 6, 7, 8장에 모두 적용된다)

(a) 생사에 관계없이 2번의 지급이 확실한 경우의 현가($PV$)

(b) 각각의 지급이 생존할 경우에만 이루어지는 경우의 현가($PV$)

**풀이**

(a) $PV = 1000v^5 + 1000v^{10} = 783.52617 + 613.91325 = 1397.43942$

(b) $_5E_{30}$은 5년을 생존하면 1원을 지급받는 것의 보험수리적 현가이므로

$$PV = 1000\,_5E_{30} + 1000\,_{10}E_{30} = 781.2409 + 609.7452 = 1390.9861$$

$_5E_{30} = \dfrac{D_{35}}{D_{30}}$인 점을 이용하여 부록 3의 표 4에서 $D_{30}$과 $D_{35}$의 값을 찾아서 구할 수 있다.

(a)와 (b)값을 비교하면 (b)값이 작은데 이는 사망할 경우 1,000원을 받지 못할 가능성이 있기 때문이며 이를 고려한 현가를 보험수리적 현가라고 한다.

( **예제 3.1.2.2** )

다음을 증명하시오

(a) $_mE_x \cdot {_nE_{x+m}} = {_{m+n}E_x}$

(b) $_nE_x = {_1E_x} \cdot {_1E_{x+1}} \cdot {_1E_{x+2}} \cdot \,\cdots\, \cdot {_1E_{x+n-1}}$

**풀이**

(a) 좌변 $= \dfrac{D_{x+m}}{D_x} \cdot \dfrac{D_{x+m+n}}{D_{x+m}} = {_{m+n}E_x}$

(b) 우변 $= \dfrac{D_{x+1}}{D_x}\dfrac{D_{x+2}}{D_{x+1}}\dfrac{D_{x+3}}{D_{x+2}} \cdots \dfrac{D_{x+n}}{D_{x+n-1}} = \dfrac{D_{x+n}}{D_x} = {_nE_x}$

## 3. 사망보험

피보험자의 사망에 대하여 보험금이 지급되는 보험을 사망보험(死亡保險)이라고 하며 앞에서 설명한 생존보험에 대비되는 개념이다. 피보험자가 사망을 하였을 경우 보험금은 사망 즉시 지급될 수도 있고(이를 보험금 사망즉시급(死亡卽時給)이라고 한다), 사망한 보험연도의 말에 지급될 수도 있다(이를 보험금 연말급(年末給)이라고 한다). 보험금의 지급시점을 언제로 하느냐에 따라 보험료 계산이 다르다. 제3장의 'Ⅰ. 기초이론'에서는 그림 [3.1.3.1]에서와 같은 보험금 연말급을 가정하기로 한다. 보험금 연말급의 경우는 생명표를 이용할 수 있기 때문에 보험료 계산의 원리를 설명하는 데 효과적이고 또 계산이 간편하다.

그림 [3.1.3.1] 보험금 연말급의 경우

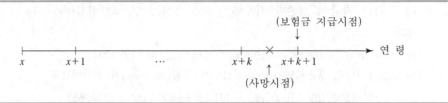

### (1) 정기보험(보험금 연말급)

정기보험(定期保險 ; term insurance)이라는 것은 피보험자가 계약일로부터 일정기간 내에 사망을 할 경우에 일정액의 보험금을 지급하는 보험이다.

$x$세의 피보험자가 $n$년 이내에 사망할 경우에 보험금 1원을 사망연도말에 지급하는 정기보험의 일시납순보험료(NSP)를 $A^1_{x:\overline{n}|}$ 으로 표시한다. $A^1_{x:\overline{n}|}$ 을 mutual fund methods 를 이용하여 구해 보기로 한다.

어떤 보험회사가 어느 일정한 시점에서 $x$세가 된 $l_x$사람들에게(예 : $x=30$, 따라서 부록 3의 (표 2)에서 $l_{30}=98613.62$) 보험기간 3년의 정기보험(즉 $n=3$)을 판매하였다고 가정하자. 제1보험연도에는 $l_x$(예 : $l_{30}=98613.62$)사람들 중에서 $d_x$(예 : $d_{30}=57.20$)사람들만큼의 사망자수가 발생하여 $d_x$원(예 : 57.20원)만큼의 보험금이 제1보험연도말에 지급될 것이고 그 현가는 $vd_x$원(예 : $57.20v$원)이다. 제2보험연도에는 $d_{x+1}$(예 : $d_{31}=56.18$명)만큼의 사망자수가 발생하여 $d_{x+1}$원(예 : 56.18원)만큼의 보험금이 제2보험연도말에 지급될 것이고 그 현가는 $v^2 d_{x+1}$원(예 : $56.18v^2$원)이다. 제3보험연도에는 $d_{x+2}$(예 : $d_{32}=56.15$명)만큼의 사망자수가 발생하며 보험금 연말급의 가정하이므로 제3보험연도말에 $d_{x+2}$원(예 : 56.15 원)만큼의 보험금이 지급될 것이며 이의 현가는 $v^3 d_{x+2}$원이다. 제4보험연도에는 $d_{x+3}$ (예 : $d_{33}=58.08$명)이 사망하나 보험기간 3년의 정기보험을 가정하였으므로 제4보험연도 말부터는 보험금이 지급되지 않는다.

그림 [3.1.3.2] 3년만기 정기보험의 일시납순보험료

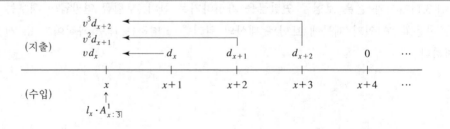

지급되는 보험금들의 현가의 합은 지출의 현가가 되며 이것은 보험료수입의 현가와 같아야 하므로 다음 식이 성립한다.

$$l_x A^1_{x:\overline{3}|} = v d_x + v^2 d_{x+1} + v^3 d_{x+2} \tag{3.1.3.1}$$

따라서

$$A^1_{x:\overline{3}|} = \frac{v d_x + v^2 d_{x+1} + v^3 d_{x+2}}{l_x} \tag{3.1.3.2}$$

일반적으로 보험기간 $n$년의 정기보험의 경우는 다음이 성립한다.

$$l_x A^1_{x:\overline{n}|} = v d_x + v^2 d_{x+1} + v^3 d_{x+2} + \cdots + v^n d_{x+n-1} \tag{3.1.3.3}$$

따라서

$$A^1_{x:\overline{n}|} = \frac{v d_x + v^2 d_{x+1} + v^3 d_{x+2} + \cdots + v^n d_{x+n-1}}{l_x} \tag{3.1.3.4}$$

식 (3.1.3.4)의 분모와 분자에 $v^x$를 곱하면 다음과 같다.

$$A^1_{x:\overline{n}|} = \frac{v^{x+1} d_x + v^{x+2} d_{x+1} + v^{x+3} d_{x+2} + \cdots + v^{x+n} d_{x+n-1}}{v^x l_x} \tag{3.1.3.5}$$

계산을 간편히 하기 위하여 계산기수 $C_x$를 다음과 같이 정의한다.

$$C_x = v^{x+1} d_x \tag{3.1.3.6}$$

계산기수를 이용하면 식 (3.1.3.5)는

$$A^1_{x:\overline{n}|} = \frac{C_x + C_{x+1} + C_{x+2} + \cdots + C_{x+n-1}}{D_x} \tag{3.1.3.7}$$

식 (3.1.3.7)을 간단히 표기하기 위하여 계산기수 $M_x$를 다음과 같이 정의한다.

$$M_x = C_x + C_{x+1} + \cdots + C_{x+n-1} + C_{x+n} + \cdots + C_{\omega-1} \tag{3.1.3.8}$$

또

$$M_{x+n} = \qquad\qquad\qquad C_{x+n} + \cdots + C_{\omega-1} \tag{3.1.3.9}$$

따라서

$$M_x - M_{x+n} = C_x + C_{x+1} + C_{x+2} + \cdots + C_{x+n-1} \tag{3.1.3.10}$$

식 (3.1.3.10)을 이용하여 식 (3.1.3.7)을 다시 표시하면

$$A^1_{x:\overline{n}|} = \frac{M_x - M_{x+n}}{D_x} \tag{3.1.3.11}$$

식 (3.1.3.11)에서 $n=1$인 경우, 즉, 1년만기 정기보험의 일시납순보험료를 자연보험료 (natural premium)라고 하며 소문자를 사용하여 $c_x$로 표시하기도 한다. 즉,

$$c_x = A^1_{x:\overline{1}|} = \frac{M_x - M_{x+1}}{D_x} \tag{3.1.3.12}$$

$$= \frac{C_x}{D_x} \tag{3.1.3.13}$$

---

( 예제 3.1.3.1 )

(a) 피보험자 (50), 보험금 연말급, 보험금 1,000,000원인 3년만기 정기보험의 일시납 순보험료(NSP)를 구하시오.

(b) 피보험자 (50), 보험금 연말급, 보험금 1,000,000원인 1년만기 정기보험의 일시납 순보험료를 구하시오. 피보험자 (51), (52)도 구하시오.

(c) (a)와 (b)의 자연보험료들의 합을 비교하시오.

( 풀이 )

(a) 보험금 1원에 대한 3년만기 정기보험의 NSP가 $A^1_{50:\overline{3}|}$ 이므로 보험금 1백만원에 대한 3년 만기 정기보험의 NSP는

$$1000000 A^1_{50:\overline{3}|} = 1000000 \frac{M_{50} - M_{53}}{D_{50}} = 8400.2$$

   ($D_{50}$, $M_{50}$, $M_{53}$은 부록 3의 표 4에서 구할 수 있다)

   앞으로의 계산은 계산기수를 이용하여 연습을 하는 것이 좋다.

(b) $1000000 A^1_{50:\overline{1}|} = 2685.7$

   $1000000 A^1_{51:\overline{1}|} = 2942.9$

   $1000000 A^1_{52:\overline{1}|} = 3238.1$

(c) $A^1_{50:\overline{1}|} + A^1_{51:\overline{1}|} + A^1_{52:\overline{1}|} = 8866.7 > A^1_{50:\overline{3}|}$

**예제 3.1.3.2**

피보험자 (30), 보험금 연말급, 10년만기 정기보험의 일시납순보험료가 2,000원일 때 사망보험금을 구하시오.

**풀이**

사망보험금을 $R$이라고 하면

$$R \cdot A^{\,1}_{30:\,\overline{10|}} = 2000$$

$$R = \frac{2000}{A^{\,1}_{30:\,\overline{10|}}} = \frac{2000}{\left(\dfrac{M_{30}-M_{40}}{D_{30}}\right)} = 390144.54$$

**(2) 종신보험**(보험금 연말급)

정기보험에서 $n = \infty$ (또는 $x+n=\omega$)인 경우, 즉, 피보험자의 사망의 시기를 일정기간에 한정하지 않고 어느 때에 사망하더라도 보험금을 지급하는 보험을 종신보험(終身保險; whole life insurance)이라고 한다.

피보험자 $(x)$, 보험금 1원인 종신보험의 일시납순보험료를 $A_x$로 표시하며 식 (3.1.3.3)에서

$$l_x \cdot A_x = v d_x + v^2 d_{x+1} + v^3 d_{x+2} + \cdots + v^{\omega-x} d_{\omega-1} \tag{3.1.3.14}$$

따라서

$$A_x = \frac{v d_x + v^2 d_{x+1} + v^3 d_{x+2} + \cdots + v^{\omega-x} d_{\omega-1}}{l_x} \tag{3.1.3.15}$$

식 (3.1.3.15)의 분모, 분자에 $v^x$를 곱하면

$$A_x = \frac{v^{x+1} d_x + v^{x+2} d_{x+1} + \cdots + v^{\omega} d_{\omega-1}}{v^x l_x} \tag{3.1.3.16}$$

계산기수를 이용하면

$$A_x = \frac{M_x}{D_x} \tag{3.1.3.17}$$

$A_x$는 보험금 1원에 대한 일시납순보험료이므로 보험금의 $R$원의 종신보험의 일시납순보험료는

$$R \cdot A_x = R \cdot \frac{M_x}{D_x} \tag{3.1.3.18}$$

예제 3.1.3.3

피보험자 (30), 보험금 연말급인 종신보험의 일시납순보험료가 2,000원일 때 사망 보험금을 구하시오.

풀이

사망보험금을 $R$이라고 하면

$$R \cdot A_{30} = 2000$$

$$R = \frac{2000}{A_{30}} = \frac{2000}{\left(\dfrac{M_{30}}{D_{30}}\right)} = 19837.25$$

(3) 거치보험(보험금 연말급)

거치기간 $m$년을 경과한 후 그 다음 $n$년 안에 사망할 경우에 보험금을 지급하는 정 기보험을 거치정기보험(据置定期保險)이라고 하며 보험금 1원의 거치정기보험의 일시납순 보험료를 $_{m|}A^{1}_{x:\overline{n}|}$ 이라고 표시한다.

그림 [3.1.3.3]  거치보험

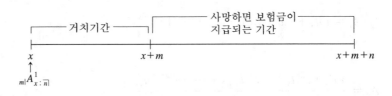

그림 [3.1.3.3]에서 거치기간에 사망을 하면 보험금의 지급은 없으므로 $_{m|}A^{1}_{x:\overline{n}|}$ 은 $m+n$년만기 정기보험의 일시납순보험료와 $m$년만기 정기보험의 일시납순보험료의 차이 와 같다.

$$_{m|}A^{1}_{x:\overline{n}|} = A^{1}_{x:\overline{m+n}|} - A^{1}_{x:\overline{m}|} \tag{3.1.3.19}$$

$$= \frac{M_x - M_{x+m+n}}{D_x} - \frac{M_x - M_{x+m}}{D_x}$$

$$= \frac{M_{x+m} - M_{x+m+n}}{D_x} \tag{3.1.3.20}$$

또 식 (3.1.3.20)을 변형하면

$$_{m|}A^{1}_{x:\overline{n}|} = \frac{D_{x+m}}{D_x} \frac{M_{x+m} - M_{x+m+n}}{D_{x+m}}$$

$$= {}_{m}E_x \; A^{1}_{x+m:\overline{n}|} \tag{3.1.3.21}$$

$$= A^{\;1}_{x:\overline{m}|} \; A^{1}_{x+m:\overline{n}|} \tag{3.1.3.22}$$

식 (3.1.3.19)로부터

$$A^{1}_{x:\overline{m+n}|} = A^{1}_{x:\overline{m}|} + {}_{m|}A^{1}_{x:\overline{n}|} \tag{3.1.3.23}$$

$$= A^{1}_{x:\overline{m}|} + {}_{m}E_x \; A^{1}_{x+m:\overline{n}|} \tag{3.1.3.24}$$

$$= A^{1}_{x:\overline{m}|} + A^{\;1}_{x:\overline{m}|} \; A^{1}_{x+m:\overline{n}|} \tag{3.1.3.25}$$

---

예제 3.1.3.4

 피보험자 (40), 보험금 연말급인 20년거치 정기보험의 보험금은 60세와 70세 사이에 사망하면 보험금 100,000원이다. 이때의 일시납순보험료를 구하시오.

 풀이

$$100000 \cdot {}_{20|}A^{1}_{40:\overline{10}|} = \frac{100000\,(M_{60} - M_{70})}{D_{40}}$$

$$= \frac{100000\,(1735.0214811 - 1366.5386820)}{13912.538} = 2648.5663443$$

거치기간 $m$년, 보험금 1원의 종신보험의 일시납순보험료를 ${}_{m|}A_x$로 표시하며

$$_{m|}A_x = A_x - A^{1}_{x:\overline{m}|} \tag{3.1.3.26}$$

$$= \frac{M_{x+m}}{D_x} \tag{3.1.3.27}$$

식 (3.1.3.27)을 변형하면

$$_{m|}A_x = \frac{D_{x+m}}{D_x} \frac{M_{x+m}}{D_{x+m}}$$

$$= {}_{m}E_x \; A_{x+m} \tag{3.1.3.28}$$

$$= A^{\;1}_{x:\overline{m}|} \; A_{x+m} \tag{3.1.3.29}$$

(4) 보험금 변동보험

(a) 피보험자 $(x)$, 보험금 연말급인 종신보험에서 제1보험연도에 사망하면 보험금

1원, 제2보험연도에 사망하면 보험금 2원, 제3보험연도에 사망하면 보험금 3원 등 매년 보험금이 1원씩 증가하는 종신보험을 누가종신보험(累加終身保險 ; increasing whole life insurance)이라고 하며 그 일시납순보험료를 $(IA)_x$로 표시한다.

그림 [3.1.3.4]  누가종신보험

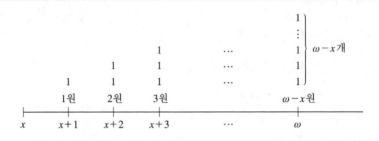

그림 [3.1.3.4]에서 알 수 있듯이 누가종신보험은 거치종신보험들의 합으로 생각할 수 있다. 즉,

$$(IA)_x = A_x + {}_{1|}A_x + {}_{2|}A_x + \cdots + {}_{\omega-x-1|}A_x \tag{3.1.3.30}$$

$$= \frac{M_x}{D_x} + \frac{M_{x+1}}{D_x} + \frac{M_{x+2}}{D_x} + \cdots + \frac{M_{\omega-1}}{D_x}$$

$$= \frac{M_x + M_{x+1} + M_{x+2} + \cdots + M_{\omega-1}}{D_x} \tag{3.1.3.31}$$

여기서 계산기수 $R_x$를 다음과 같이 정의한다.

$$R_x = M_x + M_{x+1} + M_{x+2} + \cdots + M_{\omega-1} \tag{3.1.3.32}$$

따라서

$$(IA)_x = \frac{R_x}{D_x} \tag{3.1.3.33}$$

보험기간이 $n$년인 누가보험을 $n$년만기 누가정기보험이라고 하며 그 일시납순보험료를 $(IA)^1_{x:\overline{n|}}$으로 표시한다.

$$(IA)^1_{x:\overline{n|}} = \frac{M_x + M_{x+1} + \cdots + M_{x+n-1} - n \cdot M_{x+n}}{D_x} \tag{3.1.3.34}$$

$$= \frac{R_x - R_{x+n} - n \cdot M_{x+n}}{D_x} \tag{3.1.3.35}$$

그림 [3.1.3.5]  누가정기보험

| (계산) | | | | | | | $-n$ | $-n$ | $\cdots \leftarrow$ | $(-n \cdot M_{x+n})$ |
|---|---|---|---|---|---|---|---|---|---|---|
| | | | | | | | $-1$ | $-2$ | $\cdots \leftarrow$ | $(-R_{x+n})$ |
| | 1 | 2 | 3 | $\cdots$ | $n$ | $n+1$ | $n+2$ | | $\cdots \leftarrow$ | $(R_x)$ |
| $x$ | $x+1$ | $x+2$ | $x+3$ | $\cdots$ | $x+n$ | $x+n+1$ | $x+n+2$ | $\cdots$ | | |
| (지급흐름) | 1 | 2 | 3 | $\cdots$ | $n$ | 0 | 0 | $\cdots$ | | |

**예제 3.1.3.5**

피보험자 $(x)$, 보험금 연말급인 종신보험에서 제1보험연도에 사망하면 보험금 1원, 제2보험연도에 사망하면 보험금 2원 등 매년 보험금이 1원씩 증가하여 제 $n$ 보험연도에는 $n$ 원이 되고 그 이후에는 사망시까지 계속 $n$ 원을 지급하는 종신보험의 일시납순보험료를 구하시오.

**풀이**

| (계산) | | | | | | | $-1$ | $-2 \cdots \leftarrow$ | $(-R_{x+n})$ |
|---|---|---|---|---|---|---|---|---|---|
| | 1 | 2 | 3 | $\cdots$ | $n$ | $n+1$ | $n+2 \cdots \leftarrow$ | $(R_x)$ | |
| $x$ | $x+1$ | $x+2$ | $x+3$ | $\cdots$ | $x+n$ | $x+n+1$ | $x+n+2$ | $\cdots$ | |
| (지급흐름) | 1 | 2 | 3 | $\cdots$ | $n$ | $n$ | $n$ | $\cdots$ | |

이와 같은 보험의 NSP를 $(I_{\overline{n}|}A)_x$ 로 표시한다. 그림에서 보면

$$(I_{\overline{n}|}A)_x = \frac{R_x - R_{x+n}}{D_x} \tag{3.1.3.36}$$

식 (3.1.3.36)과 식 (3.1.3.35)를 비교하기 바란다.

(b) 피보험자 $(x)$, 보험금 연말급인 정기보험에서 제1보험연도에 사망하면 보험금 $n$ 원, 제2보험연도에 사망하면 보험금 $n-1$ 원 등 매년 1원씩 보험금이 감소하여서 제 $n$ 보험연도에는 보험금이 1원이 되고 그 이후는 보험금이 지급되지 않는 보험을 고려해 보자. 이러한 보험을 누감정기보험(累減定期保險 ; decreasing term insurance)이라고 하며 그 일시납순보험료를 $(DA)^1_{x:\overline{n}|}$ 로 표시한다.

그림 [3.1.3.6]  누감정기보험

| (계산) | | | | | | | | $+1$ | $+2$ | $\cdots \leftarrow (+R_{x+n+1})$ |
|---|---|---|---|---|---|---|---|---|---|---|
| | $-1$ | $-2$ | $\cdots$ | $-(n-2)$ | $-(n-1)$ | $-n$ | $-(n+1)$ | $-(n+2)$ | | $\cdots \leftarrow (-R_{x+1})$ |
| $n$ | $n$ | $n$ | $\cdots$ | $n$ | $n$ | $n$ | $n$ | $n$ | | $\cdots \leftarrow (n \cdot M_x)$ |
| $x$ | $x+1$ | $x+2$ | $x+3$ | $\cdots$ | $x+n-1$ | $x+n$ | $x+n+1$ | $x+n+2$ | $x+n+3$ | $\cdots$ |
| (지급흐름) | $n$ | $n-1$ | $n-2$ | $\cdots$ | 2 | 1 | 0 | 0 | 0 | $\cdots$ |

그림 [3.1.3.6]에서 알 수 있듯이 일시납순보험료는

$$(DA)^1_{x:\,\overline{n}|} = \frac{n \cdot M_x - (R_{x+1} - R_{x+n+1})}{D_x} \tag{3.1.3.37}$$

또 그림 [3.1.3.4]와 반대의 그림을 그리면

$$(DA)^1_{x:\,\overline{n}|} = A^1_{x:\,\overline{n}|} + A^1_{x:\,\overline{n-1}|} + \cdots + A^1_{x:\,\overline{2}|} + A^1_{x:\,\overline{1}|} \tag{3.1.3.38}$$

임을 쉽게 확인할 수 있다.

( 예제 3.1.3.6 )

피보험자 $(x)$, 보험금 연말급의 종신보험에서 제1보험연도에 사망하면 보험금 $n$원, 제2보험연도에 사망하면 보험금 $n-1$원 등 매년 1원씩 감소하여 $n$년 후에 보험금이 1원에 도달한 후에는 보험금이 계속 1원인 종신보험의 일시납순보험료를 구하시오.

풀이

이와 같은 보험의 NSP를 $(D_{\overline{n}|}A)_x$로 나타낸다.

$$(D_{\overline{n}|}A)_x = \frac{1}{D_x}\{nC_x + (n-1)C_{x+1} + \cdots + 2 \cdot C_{x+n-2} + C_{x+n-1} + C_{x+n} + \cdots \}$$

그림 [3.1.3.6]을 약간 변형하면

$$(D_{\overline{n}|}A)_x = \frac{1}{D_x}\{n \cdot M_x - (R_{x+1} - R_{x+n})\} \tag{3.1.3.39}$$

( 예제 3.1.3.7 )

피보험자 $(30)$, 보험금 연말급의 종신보험에서 제1보험연도에서 사망하면 보험금 500원, 제2보험연도에서 사망하면 보험금 600원 등 매년 100원씩 보험금이 증가하는 종신보험의 일시납순보험료(NSP)를 구하시오.

풀이

$$\begin{aligned}
\text{NSP} &= \frac{500v\,d_{30} + 600v^2 d_{31} + 700v^3 d_{32} + \cdots}{l_{30}} \\[2mm]
&= \frac{500C_{30} + 600C_{31} + 700C_{32} + \cdots}{D_{30}} \\[2mm]
&= \frac{500(C_{30} + C_{31} + \cdots) + 100(C_{31} + C_{32} + \cdots) + 100(C_{32} + C_{33} + \cdots) + \cdots}{D_{30}} \\[2mm]
&= \frac{500M_{30} + 100(M_{31} + M_{32} + \cdots)}{D_{30}}
\end{aligned}$$

$$= \frac{500M_{30} + 100R_{31}}{D_{30}}$$

$M_{30} = R_{30} - R_{31}$ 이므로

$$\text{NSP} = \frac{400M_{30} + 100R_{30}}{D_{30}}$$

$$= \frac{400(2300.4163012) + 100(96023.888749)}{22816.968} \quad \text{(부록의 계산기수표 이용)}$$

$$= 461.1724$$

이와 같은 문제들은 그림을 그려서 생각하면 편리하다.

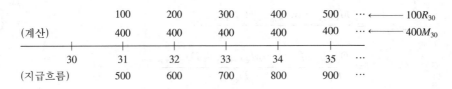

그림으로부터 간단히

$$\text{NSP} = \frac{400M_{30} + 100R_{30}}{D_{30}} \text{ 임을 쉽게 알 수 있다.}$$

## 4. 생사혼합보험

생사혼합보험(生死混合保險 ; endowment insurance)은 생존보험과 정기보험의 조합으로서 피보험자가 정해진 보험기간 내에 사망하거나 또는 보험기간의 종료시점에 생존하고 있는 경우에 일정액의 보험금을 지급한다.

피보험자 $(x)$, 보험금 연말급, 보험금 1원, 보험기간 $n$년인 생사혼합보험의 일시납 순보험료를 $A_{x:\overline{n}|}$ 으로 표시한다.

$$A_{x:\overline{n}|} = A^{1}_{x:\overline{n}|} + A_{x:\frac{1}{n}|} \tag{3.1.4.1}$$

$$= \frac{M_x - M_{x+n}}{D_x} + \frac{D_{x+n}}{D_x}$$

$$= \frac{M_x - M_{x+n} + D_{x+n}}{D_x} \tag{3.1.4.2}$$

예제 3.1.4.1

피보험자 (30), 보험금 연말급인 생사혼합보험은 피보험자가 10년 안에 사망을 하면 1,000원, 10년을 생존하여 40세가 되면 2,000원을 지급할 때 이 보험의 일시납순 보험료를 구하시오.

**풀이**

이러한 보험을 만기배액지급(滿期倍額支給) 생사혼합보험(double endowment policy)이라고 한다.

$$\text{NSP} = \frac{1000(M_{30} - M_{40}) + 2000D_{40}}{D_{30}}$$

$$= 1244.6168 \ (\text{부록의 계산기수표 이용})$$

피보험자 $(x)$, 보험금 연말급, 보험금 1원, 거치기간 $m$년, 보험기간 $n$년인 거치생사 혼합보험의 일시납순보험료는 $_{m|}A_{x:\overline{n|}}$ 으로 표시한다.

$$_{m|}A_{x:\overline{n|}} = \frac{M_{x+m} - M_{x+m+n} + D_{x+m+n}}{D_x} \tag{3.1.4.3}$$

$$= \frac{D_{x+m}}{D_x} \frac{M_{x+m} - M_{x+m+n} + D_{x+m+n}}{D_{x+m}}$$

$$= {_mE_x} \, A_{x+m:\overline{n|}} \tag{3.1.4.4}$$

$$= A_{x:\overline{m|}}^{\;\;1} \, A_{x+m:\overline{n|}} \tag{3.1.4.5}$$

## 5. 적립보험비용

어느 시점에서 $x$세가 된 $l_x$ 사람들이 앞으로 $n$년 안에 사망하는 사람들에게 사망하는 보험연도말에 1원씩의 보험금을 지급하기로 합의하였다고 가정하자. 보험금을 지급하는 데 필요한 금액을 $x$세 시점에서 생존한 $l_x$ 사람들이 분담할 때 1인당 분담액(즉, 일시납순보험료)을 $A_{x:\overline{n|}}^{\;\;1}$ 으로 표시하였다. 이제 다른 분담시점을 고려해보자. 보험금을 지급하는 데 필요한 금액을 보험기간이 끝난 $x+n$세 시점에서 생존한 $l_{x+n}$ 사람들이 분담한다고 할 때 1인당 분담액(즉, $x+n$세 시점에서의 일시납순보험료)을 $_nk_x$로 표시한다. 생명표를 이용하여 $_3k_x$를 구해 보기로 한다.

정기보험의 일시납순보험료인 $A_{x:\overline{3|}}^{\;\;1}$ 을 유도할 때와 같이 제1보험연도말에는 $d_x$ 원이 필요하며, 제2보험연도말에는 $d_{x+1}$ 원이 필요하며 제3보험연도말에는 $d_{x+2}$ 원이 필요하다.

그림 [3.1.5.1]이 그림 [3.1.3.2]와 다른 점은 분담하는 시점의 차이이다. 지급되는 보험금들의 종가의 합은 지출의 종가가 되며 이것은 $x+3$세 시점에서의 보험료 수입과 같아야 하므로

$$l_{x+3} \cdot {_3k_x} = d_{x+2} + d_{x+1}(1+i) + d_x(1+i)^2 \tag{3.1.5.1}$$

그림 [3.1.5.1]  적립보험비용 $_nk_x$  $(n=3)$

따라서

$$_3k_x = \frac{d_{x+2} + d_{x+1}(1+i) + d_x(1+i)^2}{l_{x+3}}$$  (3.1.5.2)

일반적으로

$$l_{x+n} \cdot {}_nk_x = d_{x+n-1} + d_{x+n-2}(1+i) + \cdots + d_x(1+i)^{n-1}$$  (3.1.5.3)

따라서

$$_nk_x = \frac{d_{x+n-1} + d_{x+n-2}(1+i) + \cdots + d_x(1+i)^{n-1}}{l_{x+n}}$$  (3.1.5.4)

식 (3.1.5.4)의 분모와 분자에 $v^{x+n}$을 곱하면

$$_nk_x = \frac{v^{x+n}d_{x+n-1} + v^{x+n-1}d_{x+n-2} + \cdots + v^{x+1}d_x}{v^{x+n}l_{x+n}}$$  (3.1.5.5)

계산기수를 이용하여 나타내면

$$_nk_x = \frac{C_{x+n-1} + C_{x+n-2} + \cdots + C_{x+1} + C_x}{D_{x+n}}$$  (3.1.5.6)

식 (3.1.5.6)과 $A^1_{x:\overline{n}|}$ 을 나타내는 식 (3.1.3.7)과 비교하면 분모만이 $D_x$와 $D_{x+n}$으로 다른데 이는 분담하는 시점이 다르기 때문이다. 분담하는 시점이 보험기간 말인 경우 $x+n$세에서의 일시납순보험료를 적립보험비용(積立保險費用 ; accumulated cost of insurance)이라고 하며 $_nk_x$로 표시한다.

  $n$년이라는 보험기간 안에 사망한 피보험자는 보험기간말에 보험료를 납입할 수 없고 또한 보험기간 동안 생존한 피보험자로부터도 보험기간이 끝난 보험기간말에 보험료를 받기가 어려우므로 앞에서 설명된 보험기간말에 보험료를 일시납으로 납입하는 보험

은 현실적으로는 곤란한 보험의 형태이다. 그러나 적립보험비용인 $_nk_x$의 개념은 제6장의 과거법 책임준비금을 설명할 때 사용되는 중요한 개념이다.

피보험자가 보험기간 동안 생존하여야만 보험기간말에($x+n$ 시점에) 일시납순보험료인 $_nk_x$을 납부할 수 있기 때문에 $x$시점에서의 $_nk_x$의 보험수리적 현가는 $_nk_x \cdot {_nE_x}$이다. 따라서

$$_nk_x \cdot {_nE_x} = A^{1}_{x:\overline{n}|} \tag{3.1.5.7}$$

따라서

$$_nk_x = \left( \frac{1}{_nE_x} \right) A^{1}_{x:\overline{n}|} \tag{3.1.5.8}$$

그림 [3.1.5.2]에서 알 수 있듯이 $A^{1}_{x:\overline{n}|}$ 과 $_nk_x$는 같은 사망보험금의 흐름을 평가하는 시점만이 다르므로 식 (3.1.5.7)과 식 (3.1.5.8)과 같은 관계식이 존재한다. $_nE_x = v^n {_np_x}$이므로 $_nE_x$는 이자만을 고려한 $v^n$과 사망률(생존율)을 고려한 $_np_x$의 조합임을 알 수 있다.

$n=1$인 경우의 $_nk_x$는 $k_x$로 표시하며

$$k_x = {_1k_x} = \frac{M_x - M_{x+1}}{D_{x+1}} = \frac{C_x}{D_{x+1}} \tag{3.1.5.9}$$

그림 [3.1.5.2] $A^{1}_{x:\overline{n}|}$ 과 $_nk_x$

## 6. 계산기수와 일반식

지금까지 사용한 $C_x$, $M_x$, $R_x$, $D_x$, $N_x$, $S_x$ 등을 계산기수(計算基數)라고 부르며 계산기수는 일시납순보험료의 계산뿐 아니라 연납보험료, 책임준비금 등의 계산 등 보험수리의 모든 분야에서 중요한 역할을 한다. 생명표와 이자율이 주어질 때 계산기수의 정의는

$$D_x = v^x l_x \tag{3.1.6.1}$$

$$C_x = v^{x+1}d_x \tag{3.1.6.2}$$

$$M_x = C_x + C_{x+1} + C_{x+2} + \cdots + C_{\omega-1} \tag{3.1.6.3}$$

$$R_x = M_x + M_{x+1} + M_{x+2} + \cdots + M_{\omega-1} \tag{3.1.6.4}$$

일반적으로 연령 $a$세와 연령 $b$세$(a<b)$ 사이에서 사망할 경우에 $R$원의 보험금을 피보험자가 사망하는 보험연도말에 지급하는 생명보험의 연령 $c$에서의 일시납순보험료는

$$\text{NSP} = R \cdot \frac{M_a - M_b}{D_c} \tag{3.1.6.5}$$

식 (3.1.6.5)에서 $b$가 $\omega-1$보다 클 경우에는 $M_b = 0$이므로 $M_b$항은 나타나지 않는다(예: $A_x$의 경우). $R=1$인 경우에 $a$, $b$, $c$를 알맞게 선택하면 $A_x$, $A^1_{x:\overline{n}|}$, $_{m|}A^1_{x:\overline{n}|}$, $_nk_x$, $k_x$ 등의 일시납순보험료를 쉽게 계산할 수 있다.

( 예제 3.1.6.1 )

피보험자 (40), 보험금 연말급인 보험금이 다음과 같을 때 일시납순보험료를 구하시오. $(i=5\%)$

(i) 앞으로 20년 안에 사망하면 보험금 50,000원

(ii) 60세와 70세 사이에 사망하면 보험금 100,000원

(iii) 70세 이후에 사망하면 보험금 30,000원

풀이

앞에서 설명한 일반식을 이용하면

$$\text{NSP} = \frac{50000(M_{40}-M_{60}) + 100000(M_{60}-M_{70}) + 30000M_{70}}{D_{40}}$$

$$= \frac{50000M_{40} + 50000M_{60} - 70000M_{70}}{D_{40}}$$

윗 식은 40세부터 사망보험금이 50,000원이고 60세가 되면 50,000원이 더 증가하고 계속되다가 70세부터는 70,000원이 감소되는 것을 의미한다.

다른 방법으로 생각하면 문제의 보험을 보험금 30,000원의 종신보험, 보험금 20,000원의 30년 정기보험과 보험금 50,000원의 20년거치 10년 정기보험의 합으로 생각할 수도 있다. 따라서

$$\text{NSP} = \frac{30000M_{40} + 20000(M_{40}-M_{70}) + 50000(M_{60}-M_{70})}{D_{40}}$$

$$= \frac{50000M_{40} + 50000M_{60} - 70000M_{70}}{D_{40}}$$

$$= 7206.869387$$

예제 3.1.6.2

$\text{NSP} = \dfrac{M_{50} - M_{70} + D_{80}}{D_{40}}$ 인 보험의 형태를 설명하시오.

**풀이**

$\dfrac{M_{50} - M_{70}}{D_{40}}$ 은 10년거치 20년 정기보험에 대한 피보험자 (40)의 일시납순보험료이다. $\dfrac{D_{80}}{D_{40}}$ 은 40년 생존보험에 대한 피보험자 (40)의 일시납순보험료이다. 따라서 이 보험은 피보험자 (40)이 50세와 70세 사이에 사망을 하면 보험금 1원이 보험연도말에 지급되며 10년을 더 생존하여 80세가 되면 생존보험금 1원이 지급되는 보험이다.

## 연습문제 3.1

※ 특별한 언급이 없으면 부록의 제7회 경험생명표와 계산기수를 이용하여 답하시오.

1. 다음을 증명하시오.

   (a) $A^{1}_{x:\overline{1}|} = v q_x$  (b) $A_x = v(q_x + p_x A_{x+1})$

   (c) $A^{1}_{x:\overline{n}|} = v q_x + v^2 \,_{1|}q_x + v^3 \,_{2|}q_x + \cdots + v^n \,_{n-1|}q_x$

2. 다음을 증명하시오.

   (a) $A_x = A^{1}_{x:\overline{1}|} + {}_{1}E_x \, A^{\phantom{1}}_{x+1:\overline{1}|} {}^{1} + {}_{2}E_x \, A^{\phantom{1}}_{x+2:\overline{1}|} {}^{1} + \cdots$

   (b) $A_x = A^{1}_{x:\overline{n}|} + {}_{n}E_x \, A^{\phantom{1}}_{x+n:\overline{n}|} {}^{1} + {}_{2n}E_x \, A^{\phantom{1}}_{x+2n:\overline{n}|} {}^{1} + \cdots$

3. 피보험자 $(x)$, 제1보험연도에는 보험금 $a$원, 그 후 매년 $b$원씩 보험금이 증가하는 보험금 연말급인 보험금 변동보험의 일시납순보험료(NSP)를 $a$, $b$, $D_x$, $M_x$, $R_x$를 사용하여 나타내시오.

4. 피보험자 (45), 보험금 연말급인 보험의 지급이 다음과 같을 때 일시납순보험료(NSP)를 구하시오.

   | 보험연도 | 1 | 2 | 3 | 4 | 5 | 6 | 7 | 8 | 9 | 그 이후 |
   |---|---|---|---|---|---|---|---|---|---|---|
   | 보험금 | 1000 | 1200 | 1400 | 1600 | 1800 | 2000 | 1500 | 1000 | 500 | 0 |

5. 일시납순보험료가 다음과 같이 표시될 때 각각의 보험의 형태를 설명하시오.

   (a) $\dfrac{1000}{D_x}(M_x + 3R_{x+1})$  (b) $\dfrac{1000}{D_{25}}[M_{25} + 2(R_{30} - R_{35})]$

(c) $\dfrac{1000}{D_x}\,(M_x + 3R_{x+1} + 3R_{x+2})$

6. 피보험자 $(x)$, 보험금 연말급인 종신보험의 보험금이 피보험자가 사망하는 보험연도말에 5,000원과 그 후 9년 동안 매년말에 5,000원씩 확정적으로 지급될 때 일시납순보험료(NSP)를 계산기수를 이용하여 나타내시오.

7. $(DA)^1_{x:\,\overline{n}|} + (IA)^1_{x:\,\overline{n}|} = (n+1)A^1_{x:\,\overline{n}|}$ 을 증명하시오.

8. $_{n|}A_x < A_x\ (n \geq 1)$임을 증명하시오.

9. 모든 $x$와 $n$에 대하여 $A^1_{x:\,\overline{n}|} < A_x < A_{x:\,\overline{n}|}$임을 증명하시오.

10. 피보험자 (30), 보험금 연말급인 보험의 보험금이 다음과 같을 때 일시납순보험료(NSP)를 구하시오. (하나의 보험임)
    (i) 30세부터 49세(시간선상으로는 50세)까지는 사망시 50,000원
    (ii) 50세부터 69세(시간선상으로는 70세)까지는 사망시 100,000원
    (iii) 70세부터는 보험금 50,000원의 10년만기 생사혼합보험

11. 신생아(연령 0세)가 보험금 연말급의 종신보험에 가입하였다. 보험금은 제1보험연도에는 1,000원, 제2보험연도에는 2,000원 등 매년 1,000원씩 증가하여 제10보험연도에는 10,000원이다. 그 후 51세까지는 보험금은 10,000원으로 동일하고 그 이후는 50,000원의 보험금이 지급된다. 이 종신보험의 일시납순보험료(NSP)를 계산기수를 이용하여 나타내시오.

12. 피보험자 (45), 보험금 연말급인 종신보험에서
    보험금 = 피보험자의 사망시 연령 × 2000
    일 때, 일시납순보험료(NSP)를 구하시오($R_{45}=1300$, $M_{45}=75$, $D_{45}=350$을 이용하시오).

13. 연습문제 12번에서 보험금=피보험자의 사망시 연령×2000이 적용되는 것은 65세까지이고 그 이후는 보험금이 0원이 될 때까지 보험금이 매년 13,000원씩 감소할 때 일시납순보험료(NSP)를 구하시오($M_{65}=28$, $R_{65}=235$, $R_{66}=220$, $R_{76}=38$, $R_{45}=1300$, $M_{45}=75$, $D_{45}=350$을 이용하시오).

14. 피보험자 (60), 보험금 연말급인 종신보험의 보험금이 다음과 같을 때 일시납순보험료(NSP)를 구하시오.
    (i) 65세 전까지는 보험금 50,000원
    (ii) 65세의 보험금은 25,000원 그 후 5,000원이 될 때까지 매년 2,500원씩 감소

(iii) 그 이후는 5,000원으로 일정

($M_{60} = 50$, $M_{65} = 28$, $D_{60} = 95$, $R_{65} = 230$, $R_{74} = 60$을 이용하시오)

15. 피보험자 (0), 보험금 연말급인 종신보험의 보험금이 다음 표와 같을 때 일시납순보험료 (NSP)를 계산기수로 이용하여 나타내시오.

| 나이 | 0 | 1 | 2 | 3 | 4 | 5~20 | 21이상 |
|---|---|---|---|---|---|---|---|
| 보험금(원) | 1000 | 2000 | 4000 | 6000 | 8000 | 10000 | 50000 |

16. 이자율 $i = 5\%$, 제7회 경험생명표(남)에 의하면 $D_{40} = 13912.538$, $N_{40} = 246310.858$, $S_{40} = 3628177.407$, $v = 0.95$이다. 이 자료를 이용하여 $(IA)_{40}$을 구하시오.

(Hint : $M_{40} = vN_{40} - N_{41}$, $R_{40} = vS_{40} - S_{41}$, $S_{41} = S_{40} - N_{40}$을 이용하시오)

# Ⅱ. 일반이론

## 1. 보험금 연말급

보험금 연말급의 모델은 제2장에서 설명된 미래개산생존기간인 $K$를 이용하여 보험료를 계산하는 것이다. $K$의 분포는 생명표를 이용하면 알 수 있으므로 결국 생명표를 이용하여 보험료를 계산하는 것이 된다.

$K$는 0부터 시작되는 점을 고려하여 보험금함수를 $b_{k+1}$로 표시하고(일반적으로 보험금은 $k$에 따라 다를 수 있음을 나타냄) 할인함수(割引函數)를 $v_{k+1}$로 표시하고(일반적으로 할인함수는 $a^{-1}(t)$이고 반드시 복리하의 $v^{k+1}$일 필요는 없음) 사망시까지의 개산생존기간을 $K$로 표시하기로 한다.

보험가입시점에서의 보험금 현가함수(現價函數)를 $z_{k+1}$이라고 하면

$$z_{k+1} = b_{k+1} v_{k+1} \tag{3.2.1.1}$$

로 나타낼 수 있다. $z_{k+1}$은 지급되는 보험금의 현가를 보험가입시점에서 평가한 값이며 $k$의 값에 따라 달라지는 값이다. $k$를 확률변수 $K$의 하나의 구체적인 값으로 보면 확률변수 $Z_{K+1}$을 다음과 같이 정의할 수 있다.

$$Z_{K+1} = b_{K+1} v_{K+1} \tag{3.2.1.2}$$

특별한 언급이 없는 한 $Z_{K+1}$을 $Z$로 나타내기로 한다.

$$Z = b_{K+1} v_{K+1} \tag{3.2.1.3}$$

여기서 이산확률변수 $Z$를 보험가입시점에서 평가한 보험금 현가함수 또는 보험금현가 (present value of the benefit payment at policy issue)라고 부르기로 한다. $Z$의 값은 $K$(또는 $T$)의 값에 따라 변하는 확률변수이므로 $Z$의 기대값(보험회사의 지출의 기대값)은 수지상등의 원칙이 적용될 경우 보험회사의 수입이어야 한다. $Z$의 기대값을 기대현가(EPV) 또는 보험수리적 현가(APV)라고 하며 이는 곧 일시납순보험료(NSP)이다.

### (1) 정기보험
보험금 1원인 $n$년만기 정기보험의 확률변수 $Z$는 다음과 같다.

$$b_{k+1} = \begin{cases} 1, & k=0,\ 1,\ 2,\ \cdots,\ n-1 \\ 0, & 기타 \end{cases}$$

$$v_{k+1} = v^{k+1}$$

$$Z = \begin{cases} v^{K+1}, & K=0,\ 1,\ 2,\ \cdots,\ n-1 \\ 0, & 기타 \end{cases} \tag{3.2.1.4}$$

$n$년만기 정기보험의 일시납순보험료(Net Single Premium: NSP, 앞으로 일시납순보험료라는 용어 대신에 NSP가 사용되는 경우가 많을 것이다. 또 경우에 따라서는 APV(Actuarial Present Value), 또는 EPV(Expected Present Value)라는 용어가 사용될 수도 있다)를 $K$의 분포를 사용하여 구하면 다음과 같다.

$$A^{1}_{x:\overline{n}|} = E(Z) = \sum_{k=0}^{n-1} v^{k+1} \Pr(K=k) \tag{3.2.1.5}$$

$$= \sum_{k=0}^{n-1} v^{k+1}{}_{k}p_{x} \cdot q_{x+k} \tag{3.2.1.6}$$

$$= \sum_{k=0}^{n-1} v^{k+1}{}_{k|}q_{x} \tag{3.2.1.7}$$

$$= \frac{1}{l_{x}} \sum_{k=0}^{n-1} v^{k+1} d_{x+k} \tag{3.2.1.8}$$

$$= \frac{1}{v^{x} l_{x}} \sum_{k=0}^{n-1} v^{x+k+1} d_{x+k}$$

$$= \frac{1}{D_{x}} \sum_{k=0}^{n-1} C_{x+k} = \frac{M_{x} - M_{x+n}}{D_{x}} \tag{3.2.1.9}$$

이미 3장 I에서 설명한 바와 같이

$$C_{x} = v^{x+1} d_{x}, \qquad M_{x} = \sum_{t=0}^{\infty} C_{x+t}$$

를 의미한다.

예를 들어 $K=3$인 경우 사망시점은 $x+3$과 $x+4$ 사이이고 보험금의 지급시점은 보험금 연말급의 경우 $x+4$시점이다. 따라서 보험금의 현가는 $v^{4}$인 것을 알 수 있다. 일반적으로 사망시점이 $x+k$와 $x+k+1$ 사이인 경우 보험금의 지급시점은 $x+k+1$이고 보험금의 현가는 $v^{k+1}$임을 알 수 있다. $v^{k+1}$을 지급하는 확률은 $\Pr(K=k)$이므로 $v^{k+1} = Z$

의 기대값은 식 (3.2.1.5)와 같음을 알 수 있다.

식 (3.1.3.4)에서 $A^1_{x:\overline{n}|}$ 은 다음과 같았다.

$$A^1_{x:\overline{n}|} = \frac{vd_x + v^2 d_{x+1} + v^3 d_{x+2} + \cdots + v^n d_{x+n-1}}{l_x} \tag{3.1.3.4}$$

식 (3.1.3.4)를 다시 쓰면

$$= v\frac{d_x}{l_x} + v^2 \frac{d_{x+1}}{l_x} + v^3 \frac{d_{x+2}}{l_x} + \cdots + v^n \frac{d_{x+n-1}}{l_x}$$

$$= v \cdot \Pr(K=0) + v^2 \cdot \Pr(K=1) + v^3 \cdot \Pr(K=2) + \cdots + v^n \cdot \Pr(K=n-1)$$

$$= \sum_{k=0}^{n-1} v^{k+1} \Pr(K=k) \tag{3.2.1.5}$$

따라서 식 (3.1.3.4)와 식 (3.2.1.5)는 동일함을 알 수 있다. 두 식의 다른 점은 식 (3.1.3.4)는 생명표를 이용하여 단체 전체에 필요한 총보험료(기금, Fund)를 계산한 후에 1인당 보험료를 계산한 것이고(이와 같은 방법을 Mutual Fund Methods라고 한다) 식 (3.2.1.5)는 단체를 이용하지 않고 바로 1인당 순보험료를 확률론에 기초하여 계산한 것이다.

$Z$의 분산을 구해보자. $Z$의 $j$번째 적률(積率; moment)은

$$E[Z^j] = \sum_{k=0}^{n-1} Z^j \Pr(K=k) \tag{3.2.1.10}$$

$$= \sum_{k=0}^{n-1} (v^{k+1})^j \Pr(K=k)$$

$$= \sum_{k=0}^{n-1} (e^{-j\delta})^{k+1} \Pr(K=k) \tag{3.2.1.11}$$

식 (3.2.1.11)로부터 $Z$분포의 $j$번째 적률은 이력(利力)이 $\delta$ 대신 $j\delta$가 사용되어 계산된 경우의 일시납순보험료(NSP)를 말한다. $j=2$인 경우는 $E(Z^2) = {}^2A$, $j=3$인 경우는 $E(Z^3) = {}^3A$의 형태로 표시된다.

$$\text{Var}(Z) = E(Z^2) - [E(Z)]^2 \tag{3.2.1.12}$$

$$= {}^2A^1_{x:\overline{n}|} - (A^1_{x:\overline{n}|})^2$$

여기서

$$^2A_{x\,:\,\overline{n}|}^{\;1} = \sum_{k=0}^{n-1} e^{-2\delta(k+1)}\,{}_{k|}q_x \tag{3.2.1.13}$$

를 의미한다.

---

( 예제 3.2.1.1 )

피보험자 (50), 보험금 연말급, 보험금 100,000원인 30년만기 정기보험을 고려한다. $l_x = 1000\left(1 - \dfrac{x}{105}\right)$와 $i = 0.08$을 가정할 때 이 보험의 일시납순보험료(NSP)를 구하시오.

**풀이**

주어진 $l_x$로부터 $0 \le t \le 55$임을 알 수 있으며 $t > 55$인 경우의 ${}_t p_{50} = 0$이다.

$$_k p_{50} = \frac{l_{50+k}}{l_{50}} = \frac{105-50-k}{105-50} = \frac{55-k}{55}$$

$$q_{50+k} = 1 - p_{50+k} = 1 - \frac{105-51-k}{105-50-k} = \frac{1}{55-k}$$

$$\Pr(K=k) = {}_k p_{50} \cdot q_{50+k} = \frac{1}{55}$$

$$100000 A_{50\,:\,\overline{30}|}^{\;1} = 100000 \sum_{k=0}^{29} {}_k p_{50} \cdot q_{50+k}(1.08)^{-(k+1)} = 100000 \sum_{k=0}^{29} \frac{1}{55}(1.08)^{-(k+1)}$$

$$= \left(\frac{100000}{55}\right)\left(\frac{1}{1.08}\right)\left[\frac{1 - \left(\dfrac{1}{1.08}\right)^{30}}{1 - \left(\dfrac{1}{1.08}\right)}\right] = 20468.70$$

---

( 예제 3.2.1.2 )

피보험자 $(x)$, 보험금 연말급, 보험금 1원의 2년만기 정기보험을 고려한다. 다음 자료를 이용하여 $q_{x+1}$을 구하시오.

(i) $q_x = 0.5$ \qquad (ii) $i = 0$

(iii) $\mathrm{Var}(Z) = 0.1771$. 여기서 $Z$는 고려되는 보험의 보험금현가

**풀이**

$$E(Z) = v\,q_x + v^2 p_x\,q_{x+1} = q_x + p_x\,q_{x+1}$$

$$(i = 0\text{이므로 } v = 1)$$

$$E(Z^2) = v^2 q_x + v^4 p_x\,q_{x+1} = q_x + p_x\,q_{x+1}$$

$$\mathrm{Var}(Z) = E(Z^2) - [E(Z)]^2 = 0.1771$$

$$= q_x + (1-q_x)q_{x+1} - [q_x + (1-q_x)q_{x+1}]^2$$

$q_x = \dfrac{1}{2}$ 이므로

$$= \frac{1}{2} + \left(\frac{1}{2}\right)q_{x+1} - \left[\frac{1}{2} + \left(\frac{1}{2}\right)q_{x+1}\right]^2$$

$$= \frac{1}{2} + \left(\frac{1}{2}\right)q_{x+1} - \left[\frac{1}{4} + \frac{1}{2}q_{x+1} + \frac{1}{4}(q_{x+1})^2\right]$$

$$= \frac{1}{4} - \frac{1}{4}(q_{x+1})^2 = 0.1771$$

따라서 $q_{x+1} = 0.54$

**(2) 종신보험**

종신보험은 $n$년만기 정기보험에서 $n \to \infty$인 경우이므로

$$A_x = \sum_{k=0}^{\infty} v^{k+1} \, \mathrm{Pr}\,(K=k) = E(Z) \tag{3.2.1.14}$$

$$= \sum_{k=0}^{\infty} v^{k+1} \, {}_k p_x \, q_{x+k} = \sum_{k=0}^{\infty} v^{k+1} \, {}_{k|}q_x \tag{3.2.1.15}$$

식 (3.2.1.15)의 양변에 $l_x$를 곱하면

$$l_x A_x = \sum_{k=0}^{\infty} v^{k+1} \, d_{x+k} \tag{3.2.1.16}$$

식 (3.2.1.16)의 좌변은 보험가입시의 보험료 수입의 현가이고 우변은 보험금 지출의 현가를 나타내므로 수지상등의 원칙을 나타내고 있음을 알 수 있다.

Z의 분산을 구하면

$$\mathrm{Var}(Z) = E(Z^2) - [E(Z)]^2$$

$$= {}^2A_x - (A_x)^2 \tag{3.2.1.17}$$

$\boxed{\text{예제 3.2.1.3}}$

$l_x = 100 - x$, $0 \le x \le 100$일 때 $A_{97}$을 $v$로 표시하시오.

$\boxed{\text{풀이}}$

$${}_k p_{97} = \frac{l_{97+k}}{l_{97}} = \frac{3-k}{3}$$

$$q_{97+k} = 1 - \frac{l_{97+k+1}}{l_{97+k}} = 1 - \frac{2-k}{3-k} = \frac{1}{3-k}$$

즉, $\Pr(K = k) = {}_k p_{97} \cdot q_{97+k} = \dfrac{1}{3}$

$$A_{97} = \sum_{k=0}^{2} v^{k+1} \, {}_k p_{97} \, q_{97+k}$$

$$= v\left(\frac{1}{3}\right) + v^2\left(\frac{1}{3}\right) + v^3\left(\frac{1}{3}\right)$$

$$= \frac{1}{3}(v + v^2 + v^3) = \frac{1}{3} a_{\overline{3}|}$$

---

( **예제 3.2.1.4** )

피보험자 (95)의 앞으로 5년간의 사망률은 다음과 같다.

$$_{k|}q_{95} = 0.14 + 0.03k, \quad k = 0, 1, 2, 3, 4$$

이력 $\delta_t = \dfrac{1}{1+t}$ 인 경우 보험금 10,000원, 보험금 연말급인 종신보험의 NSP를 구하시오.

**풀이**

$\delta_t$가 상수가 아니므로 할인함수는 $v^t$가 아니다.

$$a^{-1}(t) = e^{-\int_0^t \delta_r \, dr} = e^{-\int_0^t \frac{1}{1+r} \, dr} = \frac{1}{1+t}$$

$$\text{NSP} = 10000\left[(0.14)\left(\frac{1}{2}\right) + (0.17)\left(\frac{1}{3}\right) + (0.2)\left(\frac{1}{4}\right) + (0.23)\left(\frac{1}{5}\right) + (0.26)\left(\frac{1}{6}\right)\right]$$

$$= 2660$$

(3) 생존보험

보험금 1원인 $n$년만기 생존보험의 $Z$를 표시하면 다음과 같다.

$$b_t = \begin{cases} 0, & t < n \\ 1, & t \geq n \end{cases}$$

$$v_t = v^n, \quad t \geq 0$$

$$Z = \begin{cases} 0, & T < n \\ v^n, & T \geq n \end{cases} \tag{3.2.1.18}$$

식 (3.2.1.18)로부터

$$A_{x:\overline{n}|}^{\,1} = {}_n E_x = E(Z)$$

$$= 0 \cdot {}_n q_x + v^n \cdot {}_n p_x = v^n \, {}_n p_x \tag{3.2.1.19}$$

식 (3.2.1.18)은

$$Z = v^n Y \tag{3.2.1.20}$$

로도 나타낼 수 있고 이때 $Y$는

$$Y = \begin{cases} 0, & T < n \\ 1, & T \geq n \end{cases} \tag{3.2.1.21}$$

을 의미하는 확률변수이다. 즉, $Y$는 베르누이분포를 갖는 확률변수이다. 식 (3.2.1.20)을 이용하면

$$A_{x:\overline{n}|}^{\;1} = {}_nE_x = E(Z) = v^n E(Y) = v^n {}_np_x \tag{3.2.1.22}$$

$$\mathrm{Var}(Z) = v^{2n} \mathrm{Var}(Y) = v^{2n} {}_np_x {}_nq_x \tag{3.2.1.23}$$

$$= {}^2A_{x:\overline{n}|}^{\;1} - (A_{x:\overline{n}|}^{\;1})^2 \tag{3.2.1.24}$$

(4) 생사혼합보험

보험금 1원인 $n$년만기 생사혼합보험의 $Z$는 다음과 같다.

$$b_{k+1} = 1, \qquad k = 0, 1, 2, \cdots$$

$$v_{k+1} = v^{\min(k+1,n)} = v^{(k+1) \wedge n}$$

$$= \begin{cases} v^{k+1}, & k = 0, 1, \cdots, n-1 \\ v^n, & k = n, n+1, \cdots \end{cases}$$

$$Z = v^{\min(K+1,n)} = v^{(K+1) \wedge n} \tag{3.2.1.25}$$

$$= \begin{cases} v^{K+1}, & K = 0, 1, \cdots, n-1 \\ v^n, & K = n, n+1, \cdots \end{cases} \tag{3.2.1.26}$$

식 (3.2.1.26)을 이용하여 일시납순보험료를 구하면

$$A_{x:\overline{n}|} = E(Z) = \sum_{k=0}^{n-1} v^{k+1} \Pr(K=k) + v^n \cdot \Pr(K \geq n) \tag{3.2.1.27}$$

$$= \sum_{k=0}^{n-1} v^{k+1} {}_kp_x \, q_{x+k} + v^n {}_np_x \tag{3.2.1.28}$$

$Z$의 분산을 구하면

$$\mathrm{Var}(Z) = {}^{2}A_{x:\overline{n}|} - (A_{x:\overline{n}|})^{2} \tag{3.2.1.29}$$

**예제 3.2.1.5**

제 $t$ 연도$(1 \le t \le n)$에 사망시에는 보험금 $(1+r)^{t}$를 사망하는 연도말에 지급하고 $n$년 동안 생존할 때는 보험금 $(1+r)^{n}$을 지급하는 $n$년만기인 보험의 일시납순보험료 (NSP)는 이자율 $j = \dfrac{i-r}{1+r}$로 하여 계산된 $n$년만기 생사혼합보험의 일시납순보험료인 $A_{x:\overline{n}|j}$와 같음을 증명하시오.

**풀이**

$$\mathrm{NSP} = v \cdot q_{x}(1+r) + v^{2} \cdot {}_{1|}q_{x}(1+r)^{2} + \cdots + v^{n} \cdot {}_{n-1|}q_{x}(1+r)^{n} + v^{n}{}_{n}p_{x}(1+r)^{n}$$

$$= \left(\frac{1+r}{1+i}\right)q_{x} + \left(\frac{1+r}{1+i}\right)^{2}{}_{1|}q_{x} + \cdots + \left(\frac{1+r}{1+i}\right)^{n}{}_{n-1|}q_{x} + \left(\frac{1+r}{1+i}\right)^{n}{}_{n}p_{x}$$

여기서

$$\frac{1+r}{1+i} = v'$$

라고 하면

$$v' = \frac{1}{1+i'} = \frac{1+r}{1+i} = \frac{1}{\dfrac{1+i}{1+r}}$$

따라서

$$1+i' = \frac{1+i}{1+r}$$

$$i' = \frac{1+i}{1+r} - 1 = \frac{i-r}{1+r}$$

$i' = j$라고 하면 $\dfrac{1+r}{1+i}$는 $j = \dfrac{i-r}{1+r}$을 새로운 이자율로 할 때의 현가율을 의미한다.

따라서 $\mathrm{NSP} = v' \cdot q_{x} + v'^{2} \cdot {}_{1|}q_{x} + \cdots + v'^{n} \cdot {}_{n-1|}q_{x} + v'^{n} \cdot {}_{n}p_{x}$

$$= A_{x:\overline{n}|j}$$

**예제 3.2.1.6**

제 $t$ 보험연도$(1 \le t \le n)$에서 사망할 때는 보험금 $\ddot{a}_{\overline{t}|}$을 사망하는 연도말에 지급하고 $n$년 동안 생존시에는 보험금 $\ddot{a}_{\overline{n}|}$을 지급하는 $n$년만기의 보험에서 일시납순보험료(NSP)는

$$\frac{1}{d}(A_{x:\overline{n}|} - A'_{x:\overline{n}|})$$

의 형태로 나타나는 것을 보이시오. 여기서 $A'_{x:\overline{n}|}$는 새로운 이자율로 계산된 일시납

순보험료이다.

**풀이**

$$\ddot{a}_{\overline{tm}|} = \frac{1-v^{tm}}{d}$$

$$\text{NSP} = v \cdot q_x \cdot \ddot{a}_{\overline{m}|} + v^2 \cdot {}_{1|}q_x \cdot \ddot{a}_{\overline{2m}|} + \cdots + v^n \cdot {}_{n-1|}q_x \cdot \ddot{a}_{\overline{mn}|} + v^n \cdot {}_np_x \cdot \ddot{a}_{\overline{mn}|}$$

$$= \frac{1}{d}[v \cdot q_x(1-v^m) + v^2 \cdot {}_{1|}q_x(1-v^{2m}) + \cdots$$

$$+ v^n \cdot {}_{n-1|}q_x(1-v^{nm}) + v^n \cdot {}_np_x(1-v^{nm})]$$

$$= \frac{1}{d}(A_{x:\overline{n}|} - A'_{x:\overline{n}|})$$

여기서

$$A'_{x:\overline{n}|} = v^{m+1}q_x + v^{2(m+1)}{}_{1|}q_x + \cdots + v^{n(m+1)}{}_{n-1|}q_x + v^{n(m+1)}{}_np_x$$

이다. $A'_{x:\overline{n}|}$에 사용된 이자율을 $j$라고 하면

$$v' = v^{m+1}$$

즉,

$$\frac{1}{1+j} = \frac{1}{(1+i)^{m+1}}$$

따라서 $j = (1+i)^{m+1} - 1$

## (5) 거치보험

보험금 1원, $m$년거치 $n$년만기 정기보험의 $Z$는 다음과 같다.

$$Z = \begin{cases} v^{K+1}, & K = m, m+1, \cdots, m+n-1 \\ 0, & \text{기타} \end{cases} \tag{3.2.1.30}$$

$$_{m|n}A_x = {}_{m|}A^1_{x:\overline{n}|} = E(Z) = \sum_{k=m}^{m+n-1} v^{k+1}{}_kp_x\, q_{x+k} \tag{3.2.1.31}$$

$j = k - m$이라고 하면

$$_{m|n}A_x = {}_{m|}A^1_{x:\overline{n}|} = \sum_{j=0}^{n-1} v^{j+m+1}{}_{j+m}p_x\, q_{x+m+j}$$

$$= v^m{}_mp_x \sum_{j=0}^{n-1} v^{j+1}{}_jp_{x+m}\, q_{x+m+j}$$

$$= A_{x:\overline{m}|}^{\phantom{1}1}\, A^1_{x+m:\overline{n}|} = {}_mE_x\, A^1_{x+m:\overline{n}|} \tag{3.2.1.32}$$

또

$$A_x = \sum_{k=0}^{\infty} v^{k+1} \, _kp_x \, q_{x+k}$$

$$= \sum_{k=0}^{m-1} v^{k+1} \, _kp_x \, q_{x+k} + \sum_{k=m}^{\infty} v^{k+1} \, _kp_x \, q_{x+k}$$

$$= A_{x:\overline{m|}}^{1} + \, _{m|}A_x \qquad\qquad (3.2.1.33)$$

$$= A_{x:\overline{m|}}^{1} + A_{x:\overline{m|}}^{\phantom{1}1} A_{x+m} \qquad\qquad (3.2.1.34)$$

( 예제 3.2.1.7 )

(a) $A_{40:\overline{20|}} = 0.5$, $A_{40:\overline{10|}}^{1} = 0.1$, $A_{40:\overline{10|}} = 0.6$일 때 $A_{50:\overline{10|}}$ 을 구하시오.

(b) $A_x = 0.25$, $A_{x+20} = 0.4$, $A_{x:\overline{20|}} = 0.55$일 때 $A_{x:\overline{20|}}^{\phantom{x}1}$ 과 $A_{x:\overline{20|}}^{1}$ 을 구하시오.

**풀이**

(a) $A_{40:\overline{20|}} = A_{40:\overline{10|}}^{1} + A_{40:\overline{10|}}^{\phantom{40}1} A_{50:\overline{10|}}$

여기서

$A_{40:\overline{10|}}^{\phantom{40}1} = A_{40:\overline{10|}} - A_{40:\overline{10|}}^{1} = 0.6 - 0.1 = 0.5$

따라서

$A_{50:\overline{10|}} = \dfrac{0.5 - 0.1}{0.5} = 0.8$

(b) $A_{x:\overline{20|}} = A_{x:\overline{20|}}^{1} + A_{x:\overline{20|}}^{\phantom{x}1} = 0.55$   ······ ①

$A_x = A_{x:\overline{20|}}^{1} + A_{x:\overline{20|}}^{\phantom{x}1} A_{x+20}$

$\phantom{A_x} = A_{x:\overline{20|}}^{1} + 0.4 A_{x:\overline{20|}}^{\phantom{x}1} = 0.25$   ······ ②

①식과 ②식의 연립방정식을 풀면

$A_{x:\overline{20|}}^{\phantom{x}1} = 0.5$,      $A_{x:\overline{20|}}^{1} = 0.05$

( 예제 3.2.1.8 )

피보험자 (50), 보험금 연말급, 보험금 1원의 종신보험을 고려한다. 60세의 사망률이 원래보다 2배 증가하고 다른 나이의 사망률은 동일한 조건하에 계산된 NSP의 증가를 $I$라고 표시하기로 한다.

(a) $I = \dfrac{C_{60}}{D_{50}}(1 - A_{61})$임을 보이시오.

여기서 $C_{60}$, $D_{50}$, $A_{61}$은 원래의 사망률로 계산된 값이다.

(b) 원래의 사망률이 $\omega$가 61보다 큰 De Moivre의 법칙하에 기초를 두었다고 가정하자. 60세의 사망률이 원래보다 2배 증가한 경우의 NSP는 다음과 같음을 보이

시오.

$$\frac{1}{\omega-50}\left[a_{\overline{\omega-50|}}+v^{11}-\frac{v^{11}a_{\overline{\omega-61|}}}{\omega-61}\right]$$

**풀이**

(a) 〈원래기준〉

$$A_{50}=A_{50:\overline{10|}}^{1}+v^{10}\,{}_{10}p_{50}\,A_{60}$$

$$=A_{50:\overline{10|}}^{1}+v^{10}\,{}_{10}p_{50}\,[vq_{60}+v(1-q_{60})A_{61}]$$

〈변경된 기준〉

$$q'_{60}=2\cdot q_{60}$$

따라서

$$A'_{50}=A_{50:\overline{10|}}^{1}+v^{10}\,{}_{10}p_{50}\,[v(2)(q_{60})+v\{1-(2)(q_{60})\}A_{61}]$$

$$I=A'_{50}-A_{50}$$

$$=v^{10}\,{}_{10}p_{50}(v\cdot q_{60}-v\cdot q_{60}A_{61})=v^{11}\,{}_{10}p_{50}\,q_{60}(1-A_{61})$$

$$=v^{11}\frac{l_{60}}{l_{50}}\frac{d_{60}}{l_{60}}(1-A_{61})=\frac{v^{61}}{v^{50}}\frac{d_{60}}{l_{50}}(1-A_{61})=\frac{C_{60}}{D_{50}}(1-A_{61})$$

(b) $A'_{50}=A_{50}+I$

De Moivre의 법칙

$$_{k}p_{x}=\frac{\omega-x-k}{\omega-x},\qquad q_{x+k}=\frac{1}{\omega-x-k}$$

$$A_{50}=\sum_{k=0}^{\omega-51}v^{k+1}\,{}_{k}p_{50}\,q_{50+k}=\sum_{k=0}^{\omega-51}v^{k+1}\frac{\omega-50-k}{\omega-50}\frac{1}{\omega-50-k}$$

$$=\frac{1}{\omega-50}(v+v^{2}+\cdots+v^{\omega-50})=\frac{1}{\omega-50}a_{\overline{\omega-50|}}$$

$$A_{61}=\frac{1}{\omega-61}a_{\overline{\omega-61|}}$$

$$\frac{C_{60}}{D_{50}}=\frac{v^{61}d_{60}}{v^{50}l_{50}}=v^{11}\frac{1}{\omega-50}$$

$$A'_{50}=\frac{1}{\omega-50}a_{\overline{\omega-50|}}+\frac{v^{11}}{\omega-50}\left(1-\frac{1}{\omega-61}a_{\overline{\omega-61|}}\right)$$

$$=\frac{1}{\omega-50}\left[a_{\overline{\omega-50|}}+v^{11}-\frac{v^{11}a_{\overline{\omega-61|}}}{\omega-61}\right]$$

(6) 보험금 변동보험(varying insurance)

보험금 1원인 누가종신보험(the increasing whole life insurance)의 보험금현가를 나타내는 확률변수 Z는 다음과 같다.

$$b_{k+1} = k+1, \qquad k = 0, 1, 2, \cdots$$

$$v_{k+1} = v^{k+1}, \qquad k = 0, 1, 2, \cdots$$

$$Z = (K+1)v^{K+1}, \qquad K = 0, 1, 2, \cdots \qquad (3.2.1.35)$$

누가종신보험의 일시납순보험료는

$$(IA)_x = E(Z) = \sum_{k=0}^{\infty} (k+1)v^{k+1} \, _k p_x \, q_{x+k} \qquad (3.2.1.36)$$

$$= \frac{1}{l_x} \sum_{k=0}^{\infty} (k+1)v^{k+1} \, d_{x+k} \qquad (3.2.1.37)$$

$$= \frac{1}{D_x} \sum_{k=0}^{\infty} (k+1)C_{x+k}$$

$$= \frac{R_x}{D_x} \qquad (3.2.1.38)$$

여기서

$$R_x = \sum_{t=0}^{\infty} M_{x+t} = \sum_{t=0}^{\infty} (t+1)C_{x+t} \qquad (3.2.1.39)$$

를 의미하는 것은 이미 고찰한 바 있다.

$n$년만기 누감정기보험(the decreasing $n$-year term insurance)의 보험금현가를 나타내는 확률변수 $Z$는 다음과 같다.

$$b_{k+1} = \begin{cases} n-k, & k = 0, 1, 2, \cdots, n-1 \\ 0, & k = n, n+1, \cdots \end{cases}$$

$$v_{k+1} = v^{k+1}, \qquad k = 0, 1, \cdots$$

$$Z = \begin{cases} (n-K)v^{K+1}, & K = 0, 1, \cdots, n-1 \\ 0, & K = n, n+1, \cdots \end{cases} \qquad (3.2.1.40)$$

$n$년만기 누감정기보험의 일시납순보험료는

$$(DA)^1_{x:\,\overline{n}|} = E(Z) = \sum_{k=0}^{n-1} (n-k)v^{k+1} \, _k p_x \, q_{x+k} \qquad (3.2.1.41)$$

$$= \sum_{k=0}^{n-1} (n-k)(v^k \, _k p_x)(v \, q_{x+k})$$

$$= \sum_{k=0}^{n-1} (n-k)_{k|}A^{1}_{x:\overline{1|}} \tag{3.2.1.42}$$

여기서

$$n-k = \sum_{j=0}^{n-k-1} (1) \tag{3.2.1.43}$$

이므로 식 (3.2.1.43)을 식 (3.2.1.41)에 대입하면

$$
\begin{aligned}
(DA)^{1}_{x:\overline{n|}} &= \sum_{k=0}^{n-1} \sum_{j=0}^{n-k-1} (1)v^{k+1}{}_{k}p_{x}\,q_{x+k} \\
&= \sum_{j=0}^{n-1} \sum_{k=0}^{n-j-1} (1)v^{k+1}{}_{k}p_{x}\,q_{x+k} \\
&= \sum_{j=0}^{n-1} A^{1}_{x:\overline{n-j|}} \\
&= A^{1}_{x:\overline{n|}} + A^{1}_{x:\overline{n-1|}} + \cdots + A^{1}_{x:\overline{2|}} + A^{1}_{x:\overline{1|}}
\end{aligned}
\tag{3.2.1.44}
$$

식 (3.2.1.42)와 식 (3.2.1.44)를 그림으로 확인하기 바란다.

$(I^{(m)}A)_{x}$에 관한 설명은 3장의 Ⅱ의 3의 (5)를 참조하기 바란다.

⌐ 예제 3.2.1.9 ⌐

(a) $l_{30} = 100$, $d_{30} = 20$, $d_{31} = 40$일 때 $(IA)^{1}_{30:\overline{2|}}$를 $v$로 표시하시오.

(b) $l_{x} = 100-x$, $0 \le x \le 100$일 때 $(IA)_{40}$을 구하시오. 단, $i = 7.5\%$

▣ 풀이

(a) $(IA)^{1}_{30:\overline{2|}} = vq_{30} + 2v^2 p_{30}\,q_{31}$

$$= v\left(\frac{20}{100}\right) + 2v^2\left(\frac{80}{100}\right)\left(\frac{40}{80}\right) = 0.2v + 0.8v^2$$

(b) $(IA)_{40} = \displaystyle\sum_{k=0}^{59} (k+1)v^{k+1}{}_{k|}q_{40}$

$$= \frac{1}{60}\sum_{k=0}^{59}(k+1)v^{k+1} = \frac{1}{60}(Ia)_{\overline{60|}} = \frac{1}{60}\left(\frac{\ddot{a}_{\overline{60|}} - 60v^{60}}{0.075}\right)$$

$$= \frac{1}{60}\left[\frac{14.1463343 - 60(0.01304644)}{0.075}\right] = 2.969678$$

**예제 3.2.1.10**

피보험자 $(x)$, 보험금 연말급, 보험금 1원의 종신보험의 보험금현가를 나타내는 확률변수를 $Z$라고 하자. $0 \le y < \infty$에서 $\mu_y = 0.01$, $\delta = 0.10$, NSP $= E(Z)$일 때 NSP가 보험금을 지급하기에 충분하지 못할 확률을 구하시오.

**풀이**

$$Z = e^{-\delta(K+1)} = v^{K+1}$$

$$\Pr(T > t) = e^{-0.01t}, \ \Pr(K = k) = \Pr(k \le T < k+1) = e^{-0.01k}(1 - e^{-0.01})$$

$$E(Z) = \sum_{k=0}^{\infty} e^{-\delta(k+1)} \Pr(K = k)$$

$$= (1 - e^{-0.01}) \sum_{k=0}^{\infty} e^{-0.1(k+1)} e^{-0.01k} = (1 - e^{-0.01}) \sum_{k=0}^{\infty} e^{-0.11k} e^{-0.1}$$

$$= (e^{-0.1} - e^{-0.11}) \frac{1}{1 - e^{-0.11}} = 0.08643 = \text{NSP}$$

$$\Pr[Z > \text{NSP}] = \Pr[e^{-0.1(K+1)} > E(Z)] = \Pr[-0.1(K+1) > \ln\{E(Z)\}]$$

$$= \Pr[K < -10\ln\{E(Z)\} - 1] = \Pr(K < 23.48)$$

$$= \sum_{k=0}^{23} e^{-0.01k}(1 - e^{-0.01}) = (1 - e^{-0.01}) \left[ \frac{1 - e^{-0.24}}{1 - e^{-0.01}} \right]$$

$$= 1 - e^{-0.24} = 0.21337$$

**2. 보험금 $\frac{1}{m}$ 연말급**(insurance payable at the $\frac{1}{m}$th part of a year)

1년을 $m$개로 나누어서 각 $\frac{1}{m}$년에 사망하는 사람의 보험금을 그 $\frac{1}{m}$년말에 지급하는 종신보험을 고려해보자. 예를 들어 $m = 4$인 경우 처음 3개월간의 사망에 대하여는 제1분기말(3개월말)에 보험금이 지급된다. 보험금 1원인 이런 보험의 일시납순보험료를 $A_x^{(m)}$으로 표시한다.

$$A_x^{(m)} = \frac{1}{l_x} \left[ v^{\frac{1}{m}} (l_x - l_{x+\frac{1}{m}}) + v^{\frac{2}{m}} (l_{x+\frac{1}{m}} - l_{x+\frac{2}{m}}) + \cdots \right] \tag{3.2.2.1}$$

$$= -\frac{1}{l_x} \sum_{t=1}^{\infty} v^{\frac{t}{m}} \Delta l_{x+\frac{t-1}{m}} \tag{3.2.2.2}$$

$$= -\frac{1}{l_x v^x} \sum_{t=1}^{\infty} v^{x+\frac{t}{m}} \Delta l_{x+\frac{t-1}{m}} \tag{3.2.2.3}$$

여기서

$$\Delta l_{x+\frac{t-1}{m}} = l_{x+\frac{t}{m}} - l_{x+\frac{t-1}{m}}$$

$$-\Delta l_{x+\frac{t-1}{m}} = l_{x+\frac{t-1}{m}} - l_{x+\frac{t}{m}} \tag{3.2.2.4}$$

을 의미한다.

이제 $A_x^{(m)}$ 이나 $A_{x:\overline{n}|}^{1\,(m)}$ 을 구하기 위한 보험금현가 $Z$ 를 구해보자. 1년을 $m$ 개의 구간으로 나눈 것 중에서 완전히 생존한 구간의 수를 $j$ 라고 하면(자세한 것은 4장 Ⅱ의 2 참조) $n$ 년만기 정기보험의 경우

$$Z = \begin{cases} v^{K+\frac{J+1}{m}}, & \begin{cases} K = 0, 1, \cdots, n-1 \\ J = 0, 1, \cdots, m-1 \end{cases} \\ 0, & \text{기타 } K \end{cases} \tag{3.2.2.5}$$

$n$ 년만기 정기보험의 경우 일시납순보험료를 $A_{x:\overline{n}|}^{1\,(m)}$ 이라고 하면

$$A_{x:\overline{n}|}^{1\,(m)} = E(Z) \tag{3.2.2.6}$$

$n$ 년만기 생사혼합보험의 경우

$$Z = v^{\min\left(K+\frac{J+1}{m},\,n\right)} = v^{\left(K+\frac{J+1}{m}\right)\wedge n} \tag{3.2.2.7}$$

$$Z = \begin{cases} v^{K+\frac{J+1}{m}}, & \begin{cases} K = 0, 1, \cdots, n-1 \\ J = 0, 1, \cdots, m-1 \end{cases} \\ v^n, & \text{기타 } K \end{cases} \tag{3.2.2.8}$$

따라서

$$A_{x:\overline{n}|}^{(m)} = E(Z) \tag{3.2.2.9}$$

여기서도 다음 식이 성립한다.

$$A_{x:\overline{n}|}^{(m)} = A_{x:\overline{n}|}^{1\,(m)} + A_{x:\overline{n}|}^{\phantom{1}1} \tag{3.2.2.10}$$

## (1) UDD가정하의 근사치

UDD가정하에서 $A_{x:\overline{n}|}^{1\,(m)}$의 근사치를 구해 본다.

$$A_{x:\overline{n}|}^{1\,(m)} = \sum_{k=0}^{n-1} \sum_{j=0}^{m-1} v^{k+\frac{j+1}{m}} \cdot {}_{k+\frac{j}{m}}p_x \cdot {}_{\frac{1}{m}}q_{x+k+\frac{j}{m}} \qquad (3.2.2.11)$$

$$= \sum_{k=0}^{n-1} v^{k+1} {}_{k}p_x \sum_{j=0}^{m-1} (1+i)^{1-\frac{j+1}{m}} {}_{\frac{j}{m}|\frac{1}{m}}q_{x+k} \qquad (3.2.2.12)$$

UDD가정하에서는

$$_{\frac{j}{m}|\frac{1}{m}}q_{x+k} = \frac{1}{m} \cdot q_{x+k} \qquad (3.2.2.13)$$

이 성립하므로 식 (3.2.2.12)는

$$A_{x:\overline{n}|}^{1\,(m)} = \sum_{k=0}^{n-1} v^{k+1} {}_{k|}q_x \sum_{j=0}^{m-1} \frac{1}{m}(1+i)^{1-\frac{j+1}{m}} \qquad (3.2.2.14)$$

$$= \sum_{k=0}^{n-1} v^{k+1} \cdot {}_{k|}q_x \cdot s_{\overline{1}|}^{(m)}$$

$$= \frac{i}{i^{(m)}} \sum_{k=0}^{n-1} v^{k+1} \cdot {}_{k|}q_x$$

$$= \frac{i}{i^{(m)}} A_{x:\overline{n}|}^{1} \qquad (3.2.2.15)$$

$n=\infty$인 경우 UDD의 가정하에서는

$$A_x^{(m)} = \frac{i}{i^{(m)}} A_x \qquad (3.2.2.16)$$

$n$년만기 생사혼합보험의 경우 다음이 성립한다.

$$A_{x:\overline{n}|}^{(m)} = \frac{i}{i^{(m)}} A_{x:\overline{n}|}^{1} + A_{x:\overline{n}|}^{\;\;\;1} \qquad (3.2.2.17)$$

$$\neq \frac{i}{i^{(m)}} A_{x:\overline{n}|} \qquad (3.2.2.18)$$

예제 3.2.2.1

$T=K+S$라고 할 때 UDD가정하에서 $K$와 $S$가 독립적인 것을 이용하여 UDD하에

서 식 (3.2.2.16)이 성립함을 증명하시오.

풀이

$K$와 $S$가 독립적이므로 $S$를 $m$개의 구간으로 나눈 $J$도 $K$와 독립적이다. 따라서

$$v^{K+\frac{J+1}{m}} = (1+i)^{1-\frac{J+1}{m}} \cdot v^{K+1}$$

$$A_x^{(m)} = E\left(v^{K+\frac{J+1}{m}}\right) = E(v^{K+1}) \cdot E\left[(1+i)^{1-\frac{J+1}{m}}\right] \tag{3.2.2.19}$$

여기서는 $J$는 0, 1, 2, $\cdots$, $m-1$의 값을 갖는 이산확률변수이다.

$$\Pr(J=j) = \Pr\left[\frac{j}{m} \le S < \frac{j+1}{m}\right] \tag{3.2.2.20}$$

UDD하에서 $S \sim U(0,\ 1)$의 분포를 따르므로

$$\Pr(J=j) = \frac{1}{m} \tag{3.2.2.21}$$

따라서 $J$는 이산균등분포(離散均等分布)를 갖는 이산확률변수(離散確率變數)이다.

$$E\left[(1+i)^{1-\frac{J+1}{m}}\right] = \frac{1}{m}\left[(1+i)^{1-\frac{1}{m}} + (1+i)^{1-\frac{2}{m}} + \cdots + (1+i)^0\right]$$

$$= s_{\overline{1}|}^{(m)} = \frac{(1+i)-1}{i^{(m)}} = \frac{i}{i^{(m)}} \tag{3.2.2.22}$$

따라서

$$A_x^{(m)} = E(v^{K+1})E\left[(1+i)^{1-\frac{J+1}{m}}\right]$$

$$= s_{\overline{1}|}^{(m)} A_x = \frac{i}{i^{(m)}} A_x$$

## (2) 전통적인 근사치

$A_{x:\overline{1}|}^{1\ (m)}$의 근사치를 구해보자. 보험금을 지급하는 시점은 $\frac{1}{m}$, $\frac{2}{m}$, $\cdots$, $\frac{m-1}{m}$, 1이므로 지급하는 시점의 평균치는

$$\left[\frac{1}{m} + \frac{2}{m} + \cdots + \frac{m-1}{m} + 1\right] \div m = \frac{m+1}{2m} \tag{3.2.2.23}$$

로 생각할 수 있다. 따라서 근사적으로 평균시점인 $\frac{m+1}{2m}$ 시점에서 1년간의 사망보험금이 모두 지급되는 것으로 생각할 수 있다. 따라서

$$A_{x:\overline{1}|}^{1\ (m)} \fallingdotseq v^{\frac{m+1}{2m}} \frac{d_x}{l_x} \tag{3.2.2.24}$$

$$= v^{\frac{m+1}{2m}-1} v \frac{d_x}{l_x} = (1+i)^{\frac{m-1}{2m}} A_{x:\overline{1}|}^{1} \tag{3.2.2.25}$$

$$\fallingdotseq \left(1 + \frac{m-1}{2m} i\right) A_{x:\overline{1}|}^{1} \qquad (3.2.2.26)$$

$n$년만기 정기보험의 경우는

$$A_{x:\overline{n}|}^{1\ (m)} \fallingdotseq v^{\frac{m+1}{2m}-1} \left(v \cdot \frac{d_x}{l_x} + v^2 \cdot \frac{d_{x+1}}{l_x} + \cdots + v^n \cdot \frac{d_{x+n-1}}{l_x}\right)$$

$$= (1+i)^{\frac{m-1}{2m}} A_{x:\overline{n}|}^{1} \qquad (3.2.2.27)$$

$$\fallingdotseq \left(1 + \frac{m-1}{2m} i\right) A_{x:\overline{n}|}^{1} \qquad (3.2.2.28)$$

또

$$A_{x:\overline{n}|}^{(m)} \fallingdotseq A_{x:\overline{n}|} + \frac{m-1}{2m} i\ A_{x:\overline{n}|}^{1} \qquad (3.2.2.29)$$

## 3. 보험금 사망즉시급

지금까지는 주로 보험금이 사망한 보험연도말에 지급되는 것을 가정하였다. 그러나 실제의 경우에 있어서는 사망한 시점과 보험금을 지급하는 시점 사이의 기간이 그렇게 긴 것은 아니다. 여기서는 사망보험금이 사망즉시 지급되는 형태의 보험인 보험금 사망즉시급(保險金 死亡卽時給 ; insurance payable at the moment of death)의 일시납순보험료(NSP)를 구하는 방법을 확률론에 기초하여 설명하기로 한다. 이때의 일시납순보험료는 $\bar{A}$의 형태로 표시되며 $A$위의 $-$는 보험금 사망즉시급, 즉 연속확률변수와 관련된 것을 의미한다.

보험금함수를 $b_t$로, 할인함수를 $v_t$, $t$를 보험가입시점부터 사망시까지의 기간, $Z_t$(간단히 $Z$)를 보험금의 현가를 나타내는 확률변수라고 하면 $Z_t(Z)$는 $t$의 값에 따라 달라진다. 따라서 $T(x)$의 확률분포를 이용하여 $Z_t$의 기대값을 구하면 원하는 생명보험의 일시납순보험료를 구할 수 있다. $Z_t$의 기대값을 보험수리적 현가(APV)라고 한다.

(1) 정기보험

보험금 1원의 $n$년만기 정기보험의 보험금현가(함수) $Z$는 다음과 같다.

$$b_t = \begin{cases} 1, & t \le n \\ 0, & t > n \end{cases}$$

$$v_t = v^t, \qquad t \geq 0$$

$$Z = \begin{cases} v^T, & T \leq n \\ 0, & T > n \end{cases} \qquad\qquad (3.2.3.1)$$

식 (3.2.3.1)에서 $T > n$인 경우의 사망보험의 현가는 정기보험의 정의상 0이다. 보험금현가를 나타내는 $Z$를 그림으로 표시하면 그림 [3.2.3.1]과 같다. $Z$는 $t$가 증가함에 따라 감소하여 $t \geq n$일 때는 0임을 알 수 있다.

그림 [3.2.3.1]　$n$년만기 정기보험의 $Z$

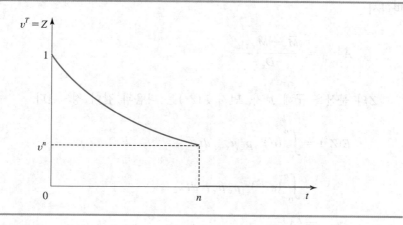

보험금 1원의 $n$년만기 정기보험의 NSP를 $\bar{A}^{\,1}_{x:\overline{n}|}$으로 표시한다.

$$\bar{A}^{\,1}_{x:\overline{n}|} = E(Z) = \int_0^n v^t \cdot {}_tp_x \cdot \mu_{x+t}\, dt \qquad\qquad (3.2.3.2)$$

$$= \frac{1}{l_x} \int_0^n v^t\, l_{x+t}\, \mu_{x+t}\, dt$$

$$= \frac{1}{v^x\, l_x} \int_0^n v^{x+t}\, l_{x+t}\, \mu_{x+t}\, dt$$

$$= \frac{1}{v^x\, l_x} \sum_{k=0}^{n-1} \int_k^{k+1} v^{x+t}\, l_{x+t}\, \mu_{x+t}\, dt \qquad\qquad (3.2.3.3)$$

식 (3.2.3.3)으로부터 다음과 같은 계산기수의 정의를 유추할 수 있다.

$$\bar{C}_x = \int_0^1 v^{x+t}\, l_{x+t}\, \mu_{x+t}\, dt \qquad\qquad (3.2.3.4)$$

$$= \int_0^1 D_{x+t}\, \mu_{x+t}\, dt \qquad\qquad (3.2.3.5)$$

$$\bar{M}_x = \sum_{t=0}^{\infty} \bar{C}_{x+t} = \int_0^{\infty} D_{x+t}\, \mu_{x+t}\, dt \tag{3.2.3.6}$$

$$= \int_0^{\infty} v^{x+t}\, l_{x+t}\, \mu_{x+t}\, dt$$

$$\bar{R}_x = \sum_{t=0}^{\infty} \bar{M}_{x+t} = \sum_{y=x}^{\infty} \bar{M}_y \tag{3.2.3.7}$$

$$= \sum_{t=0}^{\infty} (t+1)\bar{C}_{x+t} \tag{3.2.3.8}$$

따라서

$$\bar{A}_{x:\overline{n}|}^{\,1} = \frac{\bar{M}_x - \bar{M}_{x+n}}{D_x} \tag{3.2.3.9}$$

$Z$의 분산을 구해 보자. 먼저 $E(Z^j)$은 다음과 같이 정의된다.

$$E(Z^j) = \int_0^n (v^t)^j\, {}_t p_x\, \mu_{x+t}\, dt$$

$$= \int_0^n (e^{-j\delta})^t\, {}_t p_x\, \mu_{x+t}\, dt \tag{3.2.3.10}$$

$$= {}^j \bar{A}_{x:\overline{n}|}^{\,1} \tag{3.2.3.11}$$

따라서

$$\mathrm{Var}(Z) = E(Z^2) - [E(Z)]^2$$

$$= {}^2 \bar{A}_{x:\overline{n}|}^{\,1} - (\bar{A}_{x:\overline{n}|}^{\,1})^2 \tag{3.2.3.12}$$

여기서 ${}^2\bar{A}_{x:\overline{n}|}^{\,1}$은 이력이 $2\delta$로 계산된 보험금 1원의 $n$년만기 정기보험(보험금 사망즉시급)의 일시납순보험료를 말한다.

예제 3.2.3.1

$s(x) = 1 - \dfrac{x}{100}$, $0 \le x \le 100$이고 $i = 0.1$일 때 다음을 구하시오.

(a) $\bar{A}_{30:\overline{10}|}^{\,1}$  (즉 $Z$의 기대값)  (b) (a)를 구하기 위한 $Z$의 분산

풀이

$T \sim U(0, 70)$의 분포를 따르므로

$$_t p_x \, \mu_{x+t} = \frac{1}{70}, \qquad 0 \le t < 70$$

(a) $\displaystyle \bar{A}\,^{1}_{30:\,\overline{10|}} = \frac{1}{70} \int_0^{10} (1.10)^{-t}\, dt = \frac{1}{70} \left[ -\frac{1}{\ln 1.1}(1.1)^{-t} \Big|_0^{10} \right]$

$$= \frac{1}{70} \left[ \frac{1}{\ln 1.1} \left\{ 1 - (1.1)^{-10} \right\} \right] = 0.092099$$

(b) $\displaystyle {}^{2}\bar{A}\,^{1}_{30:\,\overline{10|}} = \int_0^{10} (e^{-2\delta})^t \frac{1}{70}\, dt = \int_0^{10} (1.1)^{-2t} \frac{1}{70}\, dt$

$$= \frac{1}{70} \left[ \frac{1}{\ln (1.1)^2} \left\{ 1 - (1.1)^{-20} \right\} \right] = 0.063803$$

따라서

$$\mathrm{Var}(Z) = {}^{2}\bar{A}\,^{1}_{30:\,\overline{10|}} - (\bar{A}\,^{1}_{30:\,\overline{10|}})^2 = 0.055321$$

(2) 종신보험

보험금 1원의 종신보험의 $Z$를 구해보자.

$$b_t = 1, \qquad t \ge 0$$
$$v_t = v^t, \qquad t \ge 0$$
$$Z = v^T, \qquad T \ge 0 \tag{3.2.3.13}$$

$Z$의 기대값은

$$\bar{A}_x = E(Z) = \int_0^\infty v^t \,_t p_x \, \mu_{x+t}\, dt \tag{3.2.3.14}$$

$$= \frac{1}{v^x l_x} \int_0^\infty v^{x+t}\, l_{x+t}\, \mu_{x+t}\, dt$$

$$= \frac{\bar{M}_x}{D_x} \tag{3.2.3.15}$$

예제 3.2.3.2

다음 식을 증명하시오.

(a) $\dfrac{d}{dx} D_x = -D_x(\mu_x + \delta)$    (b) $\dfrac{d}{dx} \bar{M}_x = -\mu_x D_x$    (c) $\dfrac{d\bar{A}_x}{dx} = \bar{A}_x(\mu_x + \delta) - \mu_x$

풀이

(a) $\dfrac{d}{dx} D_x = \dfrac{d}{dx} l_x v^x = v^x l'_x + v^{x'} l_x = v^x(-l_x \mu_x) + v^x(-\delta) l_x$

$$= -v^x l_x(\mu_x + \delta) = -D_x(\mu_x + \delta)$$

(b) $\dfrac{d}{dx}\bar{M}_x = \dfrac{d}{dx}\displaystyle\int_0^\infty D_{x+t}\,\mu_{x+t}\,dt = \dfrac{d}{dx}\displaystyle\int_x^\infty D_y\,\mu_y\,dy$

$$= 0 - D_x\,\mu_x = -\mu_x D_x$$

(c) $\dfrac{d}{dx}\bar{A}_x = \dfrac{d}{dx}\left(\dfrac{\bar{M}_x}{D_x}\right) = \dfrac{D_x\dfrac{d}{dx}\bar{M}_x - \bar{M}_x\dfrac{d}{dx}D_x}{(D_x)^2}$

$$= -(D_x)^2\mu_x + \dfrac{\bar{M}_x D_x(\mu_x + \delta)}{(D_x)^2}$$

$$= -\mu_x + \dfrac{\bar{M}_x}{D_x}(\mu_x + \delta) = \bar{A}_x(\mu_x + \delta) - \mu_x$$

---

**예제 3.2.3.3**

피보험자 $(x)$, 보험금 사망즉시급, 보험금 10원의 종신보험의 보험금현가를 $Z$라고 할 때 $E(Z)$와 $\mathrm{Var}(Z)$를 구하시오. 단, 사력은 $\mu = 0.04$로 모든 나이에 있어서 일정하고 $\delta = 0.06$이다.

**풀이**

사력이 $\mu$로서 일정한 것은 제2장에서 살펴본 바와 같이 $g(t) = {}_t p_x\,\mu_{x+t} = \mu e^{-\mu t}$인 것을 의미한다. 따라서

$$\bar{A}_x = E(v^t) = \int_0^\infty e^{-\delta t}\,e^{-\mu t}\cdot \mu\,dt$$

$$= \mu\int_0^\infty e^{-(\mu+\delta)t}dt = \dfrac{\mu}{\mu+\delta}\int_0^\infty (\mu+\delta)e^{-(\mu+\delta)t}dt$$

식 (2.2.1.47)을 이용하여

$$\bar{A}_x = \dfrac{\mu}{\mu+\delta}(1) = \dfrac{\mu}{\mu+\delta} = \dfrac{0.04}{0.04+0.06} = \dfrac{4}{10}$$

$Z = 10\,v^T$, $\quad T \geq 0$이므로

$$E(Z) = E(10v^T) = 10E(v^T) = 10\bar{A}_x = 10\left(\dfrac{4}{10}\right) = 4$$

$$E(Z^2) = E(10^2\,v^{2T}) = 10^2\int_0^\infty (e^{-2\delta})^t\,g(t)\,dt = 10^2\cdot {}^2\bar{A}_x$$

($\delta$ 대신 $2\delta$를 대입한 값이 ${}^2\bar{A}_x$이므로)

$$= 100\,\dfrac{\mu}{\mu+2\delta} = 100\,\dfrac{0.04}{0.04+2(0.06)} = 25$$

따라서 $\mathrm{Var}(Z) = 25 - 4^2 = 9$

예제 3.2.3.4

100명의 사람이 모두 연령 $x$인 단체가 있다. 각각이 NSP로 $N$원을 갹출하여 기금을 만들었다(이 기금에 적용되는 이자율은 10%이다). 이 기금으로부터 이 단체의 사람들이 사망하면 1,000원의 사망보험금을 사망 즉시 지급한다. 1,000원의 보험금에 대한 현가함수(확률변수 $Y$로 정의)의 100명에 대한 합(확률변수 $W$로 정의)이 100명으로부터 받은 NSP총액보다 작을 확률이 0.95가 되도록 $N$은 결정되었다. 보험료 산출에 사용되는 이자율은 $i = 10\%$이다. 다음의 자료를 이용하여 $N$을 구하시오.

(i) $\bar{A}_x = 0.06$  (ii) $^2\bar{A}_x = 0.01$

(iii) 100명의 사람들의 사망은 동질적이고 독립적이다.

(iv) $Z$를 표준정규분포의 확률변수라고 하면 $\Pr(Z < 1.645) = 0.95$

풀이

기금 대신 보험회사에 보험료를 납입하는 것으로 하면 보험회사에서 보험료를 산출하는 문제가 된다. 이 문제는 보험료 산출의 원리가 수지상등의 원칙이 아닌 것을 의미한다. $Y$를 사망 즉시 지급되는 1,000원의 보험금에 대한 현가를 나타낸다고 하자.

$$Y = 1000\,v^T, \qquad T \geq 0$$
$$E(Y) = 1000\bar{A}_x = 60$$
$$\mathrm{Var}(Y) = 1000^2(\,^2\bar{A}_x - \bar{A}_x^2) = 6400$$

$W = Y_1 + Y_2 + \cdots + Y_{100}$으로 정의하면

$$E(W) = 6000, \ \mathrm{Var}(W) = 640000, \ SD(W) = 800$$

이때 찾고자 하는 $N$은 다음을 만족하여야 한다.

$$\Pr(W \leq 100N) = 0.95$$
$$\Rightarrow \Pr\left[\frac{W - E(W)}{SD(W)} \leq \frac{100N - E(W)}{SD(W)}\right] = 0.95$$

$\dfrac{W - E(W)}{SD(W)} = Z$라고 하면 $Z$는 정리 (2.2.1.1)에 의하여 표준정규분포를 따른다. 따라서

$$\Pr\left[Z \leq \frac{100N - E(W)}{SD(W)}\right] = 0.95$$
$$\frac{100N - E(W)}{SD(W)} = 1.645$$

따라서 $N = 73.16$

$N = 73.16 > 1000\bar{A}_x = 60$인 것은 당연하다.

예제 3.2.3.5

피보험자 $(x)$, 보험금 사망즉시급인 종신보험을 고려한다. 다음과 같은 조건하에서 NSP를 구하시오.

(i) 사망보험금은 1원 + ($\delta = 0.04$)로 부리된 NSP

(ii) NSP는 $\mu = 0.04$, 이력이 $2\delta = 0.08$을 기준으로 계산된다.

**풀이**

$$\text{NSP} = \bar{A}_x + \int_0^\infty \text{NSP}\, e^{0.04t}\, e^{-0.08t}\, e^{-0.04t}\, 0.04\, dt$$

$$\text{NSP} = \frac{\bar{A}_x}{1 - \int_0^\infty e^{-0.08t}\, 0.04\, dt}$$

$$\bar{A}_x = \int_0^\infty e^{-0.08t}\, e^{-0.04t}\, 0.04\, dt = \frac{0.04}{0.12} \int_0^\infty 0.12\, e^{-0.12t}\, dt = \frac{1}{3}$$

$$\int_0^\infty e^{-0.08t}\, 0.04\, dt = \frac{0.04}{0.08} \int_0^\infty 0.08\, e^{-0.08t}\, dt = \frac{1}{2}$$

따라서 $\text{NSP} = \dfrac{\dfrac{1}{3}}{1 - \dfrac{1}{2}} = \dfrac{2}{3}$

## (3) 생사혼합보험

보험금 1원의 $n$년만기 생사혼합보험의 보험금현가 $Z$는 다음과 같다.

$$b_t = 1, \qquad t \geq 0$$

$$v_t = v^{\min(t,n)} = v^{t \wedge n}$$

$$= \begin{cases} v^t, & t \leq n \\ v^n, & t > n \end{cases}$$

$$Z = v^{\min(T,n)} = v^{T \wedge n} \tag{3.2.3.16}$$

$$= \begin{cases} v^T = e^{-\delta T}, & T \leq n \\ v^n = e^{-\delta n}, & T > n \end{cases} \tag{3.2.3.17}$$

$Z$의 기대값을 $\bar{A}_{x:\overline{n}|}$으로 표시한다.

$$\bar{A}_{x:\overline{n}|} = E(Z) \tag{3.2.3.18}$$

$$= \int_0^n v^t\, {}_t p_x\, \mu_{x+t}\, dt\ +\ v^n \Pr(T > n)$$

$$= \bar{A}_{x:\overline{n}|}^{\,1}\ +\ A_{x:\overline{n}|}^{\ \ 1} \tag{3.2.3.19}$$

$$= \frac{\bar{M}_x - \bar{M}_{x+n} + D_{x+n}}{D_x} \tag{3.2.3.20}$$

예제 3.2.3.6

$s(x) = 1 - \dfrac{x}{100}$, $0 \le x \le 100$이고 $\delta_t = \dfrac{1}{30-t}$, $0 \le t < 30$이다. 피보험자 (35), 보험금 1원, 보험금 사망즉시급인 25년만기 생사혼합보험의 일시납순보험료를 구하시오.

**풀이**

$\delta_t = \dfrac{1}{30-t}$인 것은 이자의 체계가 복리가 아님을 의미한다.

따라서

$$Z = a^{-1}(\min(T,\ 25)) = \begin{cases} a^{-1}(T), & T \le 25 \\[2mm] a^{-1}(25), & T > 25 \end{cases}$$

$$a(t) = e^{\int_0^t \delta_s\, ds} = e^{\int_0^t \frac{1}{30-s}\, ds} = e^{-\ln(30-s)\big|_0^t} = e^{\ln\left(\frac{30}{30-t}\right)} = \frac{30}{30-t}$$

따라서

$$E(Z) = \int_0^{25} \frac{30-t}{30}\, \frac{1}{65}\, dt + \frac{5}{30} \cdot \frac{40}{65}$$

$$= \frac{1}{65}\left[ t - \frac{1}{60} t^2 \Big|_0^{25} \right] + \frac{4}{39} = 0.3269$$

## (4) 거치보험

보험금 1원의 $m$년거치 종신보험의 일시납순보험료는 $_{m|}\bar{A}_x$로 표시한다. 보험금현가 $Z$는 다음과 같다.

$$b_t = \begin{cases} 1, & t > m \\[2mm] 0, & t \le m \end{cases}$$

$$v_t = v^t, \qquad t > 0$$

$$Z = \begin{cases} v^T, & T > m \\[2mm] 0, & T \le m \end{cases} \tag{3.2.3.21}$$

$Z$의 기대값을 구하면 다음과 같다.

$$E(Z) = {}_{m|}\bar{A}_x = \int_m^\infty v^t\, {}_tp_x\, \mu_{x+t}\, dt = \frac{\bar{M}_{x+m}}{D_x} \tag{3.2.3.22}$$

$$= \int_0^\infty v^t\, {}_tp_x\, \mu_{x+t}\, dt - \int_0^m v^t\, {}_tp_x\, \mu_{x+t}\, dt$$

$$= \bar{A}_x - \bar{A}^{\,1}_{x:\overline{m|}} \tag{3.2.3.23}$$

$Z$를 그림으로 표시하면 그림 [3.2.3.2]와 같다.

그림 [3.2.3.2]   $m$년거치 종신보험의 $Z$

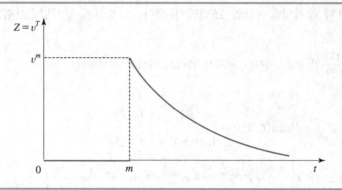

예제 3.2.3.7

다음과 같은 두 가지 보험을 고려한다.

(i) 보험 $A$: $n$년 안에 사망하면 보험금 2원을 사망 즉시 지급하고 $n$년 후에 사망하면 보험금 1원을 사망 즉시 지급한다.

(ii) 보험 $B$: $n$년 안에 사망하면 보험금 1원을 사망 즉시 지급하고 $n$년 후에 사망하면 보험금 2원을 사망 즉시 지급한다.

$Z^A$와 $Z^B$를 각각의 보험금현가를 나타내는 확률변수라고 정의한다. 이때 다음 식이 성립한다.

$$E(Z^A) = E(Z^B)$$

(a) $Z^A$와 $Z^B$를 $v^T$를 사용하여 표시하시오. ($T = T(x)$).

(b) $E(Z^A)$를 EPV(APV) 기호를 사용하여 표시하시오.

(c) $E[(Z^A)^2]$과 $E[(Z^B)^2]$을 EPV(APV) 기호를 사용하여 표시하시오.

(d) 다음이 성립함을 보이시오.

$$\text{Var}(Z^A) - \text{Var}(Z^B) = 3\left( {}^2\bar{A}_{x:\overline{n}|}^{\ 1} - {}_{n|}{}^2\bar{A}_x \right)$$

풀이

(a)

| 확률변수 | $0 \le T < n$ | $T \ge n$ |
|---|---|---|
| $Z^A$ | $2v^T$ | $v^T$ |
| $Z^B$ | $v^T$ | $2v^T$ |

(b) $E[Z^A] = \displaystyle\int_0^n 2v^t {}_t p_x \, \mu_{x+t} \, dt + \int_n^\infty v^t {}_t p_x \, \mu_{x+t} \, dt$

$$= 2\bar{A}^{\,1}_{x:\overline{n}|} + {}_{n|}\bar{A}_x$$

(c) $E[(Z^A)^2] = \int_0^n (2v^t)^2 \, {}_tp_x \, \mu_{x+t} \, dt + \int_n^\infty (v^t)^2 \, {}_tp_x \, \mu_{x+t} \, dt$

$$= 4 \, {}^2\bar{A}^{\,1}_{x:\overline{n}|} + {}_{n|}{}^2\bar{A}_x$$

$E[(Z^B)^2] = \int_0^n (v^t)^2 \, {}_tp_x \, \mu_{x+t} \, dt + \int_n^\infty (2v^t)^2 \, {}_tp_x \, \mu_{x+t} \, dt$

$$= {}^2\bar{A}^{\,1}_{x:\overline{n}|} + 4 \, {}_{n|}{}^2\bar{A}_x$$

(d) $\mathrm{Var}(Z^A) = E[(Z^A)^2] - [E(Z^A)]^2$

$\mathrm{Var}(Z^B) = E[(Z^B)^2] - [E(Z^B)]^2$

$\mathrm{Var}(Z^A) - \mathrm{Var}(Z^B) = E[(Z^A)^2] - E[(Z^B)^2]$

$$= 3 \, {}^2\bar{A}^{\,1}_{x:\overline{n}|} - 3 \, {}_{n|}{}^2\bar{A}_x = 3({}^2\bar{A}^{\,1}_{x:\overline{n}|} - {}_{n|}{}^2\bar{A}_x)$$

(5) 보험금 변동보험(varying insurance)

우선 3장 Ⅱ-1-(6)에서 설명되었어야 할 $(I^{(m)}A)_x$에 대하여 고찰해 본다. 1년을 $m$개로 나누어서 첫번째 $\frac{1}{m}$년에 사망하면 사망보험금이 $\frac{1}{m}$, 두 번째 $\frac{1}{m}$년에 사망하면 사망보험금이 $\frac{2}{m}$ 등으로 매 $\frac{1}{m}$년마다 $\frac{1}{m}$씩 증가하고, 사망보험금이 지급되는 시점은 매 보험연도말에 이루어지는 종신보험의 일시납순보험료를 $(I^{(m)}A)_x$로 표시한다. 보험금현가 $Z$는 다음과 같다.

$$Z = \left(K + \frac{J+1}{m}\right) v^{K+1}, \qquad K = 0, 1, 2, \cdots, J = 0, 1, \cdots, m-1 \quad (3.2.3.24)$$

$Z$의 기대값은

$$(I^{(m)}A)_x = E(Z) \tag{3.2.3.25}$$

$(I^{(m)}A)_x$는 처음 지급액이 $\frac{1}{m}$을 가정하고 있으므로 처음 지급액이 1원이고 매 $\frac{1}{m}$년마다 1씩 증가하는 보험의 NSP는 $m(I^{(m)}A)_x$이다.

보험금 사망즉시급, 보험금 1원인 누가종신보험의 일시납순보험료를 $(I\bar{A})_x$로 나타내며 보험금현가 $Z$는

$$Z = \lfloor T+1 \rfloor \, v^T, \quad T \ge 0 \tag{3.2.3.26}$$

$Z$의 기대값은

$$(I\bar{A})_x = E(Z) = \int_0^\infty \lfloor t+1 \rfloor \, v^t \,_t p_x \, \mu_{x+t} \, dt \tag{3.2.3.27}$$

$$= \frac{\bar{R}_x}{D_x} \tag{3.2.3.28}$$

1년을 $m$개로 나누어서 첫 번째 $\frac{1}{m}$년에 사망하면 사망보험금 $\frac{1}{m}$이 사망 즉시 지급되고, 두 번째 $\frac{1}{m}$년에 사망하면 사망보험금 $\frac{2}{m}$가 사망 즉시 지급되는 등 사망 즉시 지급되는 보험금이 매 $\frac{1}{m}$년마다 $\frac{1}{m}$씩 증가하는 보험($m$thly increasing whole life insurance)의 일시납순보험료를 $(I^{(m)}\bar{A})_x$로 표시한다. 보험금현가 $Z$를 나타내면 다음과 같다.

$$b_t = \frac{\lfloor t\,m+1 \rfloor}{m}, \qquad t \geq 0$$

$$v_t = v^t, \qquad\qquad t \geq 0$$

$$Z = \frac{v^T \lfloor T\,m+1 \rfloor}{m}, \qquad T \geq 0 \tag{3.2.3.29}$$

여기서 $\lfloor t \rfloor$는 $t$의 정수부분을 말한다.

$$\lfloor t \rfloor = k, \qquad k \leq t < k+1 \tag{3.2.3.30}$$

$Z$의 기대값은

$$(I^{(m)}\bar{A})_x = E(Z) \tag{3.2.3.31}$$

식 (3.2.3.29)와 식 (3.2.3.31)에서 $m \to \infty$인 경우의 $Z$와 NSP는 다음과 같다.

$$b_t = t, \qquad t \geq 0$$

$$v_t = v^t, \qquad t \geq 0$$

$$Z = T\,v^T, \qquad T \geq 0 \tag{3.2.3.32}$$

$Z$의 기대값은

$$(\bar{I}\bar{A})_x = E(Z) = \int_0^\infty t \cdot v^t \cdot \,_t p_x \, \mu_{x+t} \, dt \tag{3.2.3.33}$$

$$= \frac{1}{D_x} \int_0^\infty t \, D_{x+t} \, \mu_{x+t} \, dt \tag{3.2.3.34}$$

$$= -\frac{1}{D_x} \int_0^\infty t \cdot \frac{d}{dt} \bar{M}_{x+t} \, dt \qquad \left( \frac{d}{dx} \bar{M}_{x+t} = \frac{d}{dt} \bar{M}_{x+t} \right)$$

$$= -\frac{1}{D_x}\left[\left[t\,\bar{M}_{x+t}\right]_0^\infty - \int_0^\infty \bar{M}_{x+t}\,dt\right]$$

$$= \frac{1}{D_x}\int_0^\infty \bar{M}_{x+t}\,dt \doteqdot \frac{\bar{R}_x}{D_x} = \frac{1}{D_x}\sum_{t=0}^\infty \bar{M}_{x+t} \qquad (3.2.3.35)$$

### 예제 3.2.3.8

다음을 증명하시오.

(a) $(I\bar{A})_x = \sum_{j=0}^\infty {}_{j|}\bar{A}_x$ $\qquad\qquad$ (3.2.3.36)

(b) $(\bar{I}\bar{A})_x = \int_0^\infty {}_{s|}\bar{A}_x\,ds$ $\qquad\qquad$ (3.2.3.37)

**풀이**

(a) $(I\bar{A})_x = \int_0^\infty \lfloor t+1 \rfloor\,v^t\,{}_tp_x\,\mu_{x+t}\,dt = \sum_{k=0}^\infty \int_k^{k+1} (k+1)v^t\,{}_tp_x\,\mu_{x+t}\,dt$

$\qquad = \sum_{k=0}^\infty (k+1)\int_k^{k+1} v^t\,{}_tp_x\,\mu_{x+t}\,dt = \sum_{k=0}^\infty \left(\sum_{j=0}^k 1\right)\int_k^{k+1} v^t\,{}_tp_x\,\mu_{x+t}\,dt$

$\qquad = \sum_{j=0}^\infty \sum_{k=j}^\infty \int_k^{k+1} v^t\,{}_tp_x\,\mu_{x+t}\,dt = \sum_{j=0}^\infty \int_j^\infty v^t\,{}_tp_x\,\mu_{x+t}\,dt$

$\qquad = \sum_{j=0}^\infty {}_{j|}\bar{A}_x = \bar{A}_x + {}_{1|}\bar{A}_x + {}_{2|}\bar{A}_x + \cdots$

(b) $(\bar{I}\bar{A})_x = \int_0^\infty t\,v^t\,{}_tp_x\,\mu_{x+t}\,dt$

$\qquad = \int_0^\infty \left(\int_0^t ds\right) v^t\,{}_tp_x\,\mu_{x+t}\,dt$

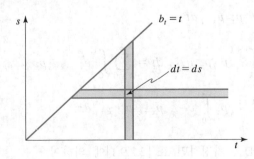

앞의 그림을 참조하면

$$(\bar{I}\bar{A})_x = \int_0^\infty \int_s^\infty v^t\,{}_tp_x\,\mu_{x+t}\,dt\,ds = \int_0^\infty {}_{s|}\bar{A}_x\,ds$$

보험금 1원, 보험금 사망즉시급인 $n$년만기 누감정기보험의 일시납순보험료는 $(D\bar{A})^1_{x:\overline{n}|}$ 으로 표시하며 보험금현가 $Z$는 다음과 같다.

$$b_t = \begin{cases} n - \lfloor t \rfloor, & t \le n \\ 0, & t > n \end{cases}$$

$$v_t = v^t, \qquad t > 0$$

$$Z = \begin{cases} v^T(n - \lfloor T \rfloor), & T \le n \\ 0, & T > 0 \end{cases} \tag{3.2.3.38}$$

$Z$의 기대값은

$$E(Z) = (D\bar{A})^1_{x:\overline{n}|} = \int_0^n v^t(n - \lfloor t \rfloor)\, {}_tp_x\, \mu_{x+t}\, dt \tag{3.2.3.39}$$

## 4. 보험금 사망즉시급과 보험금 연말급의 관계

양자의 관계를 UDD가정과 전통적인 근사치로 나누어 고찰한다.

### (1) UDD가정하의 근사치

보험금 사망즉시급과 보험금 연말급의 일시납순보험료(NSP) 사이에는 단수부분(소수연령)에 대한 가정에 따라 일정한 관계가 성립될 수 있다. 보험금 사망즉시급인 종신보험을 고찰해보자.

$$\begin{aligned} \bar{A}_x &= \int_0^\infty v^t\, {}_tp_x\, \mu_{x+t}\, dt \\ &= \sum_{k=0}^\infty \int_k^{k+1} v^t\, {}_tp_x\, \mu_{x+t}\, dt = \sum_{k=0}^\infty \int_0^1 v^{k+s}\, {}_{k+s}p_x\, \mu_{x+k+s}\, ds \\ &= \sum_{k=0}^\infty v^{k+1}\, {}_kp_x \int_0^1 v^{s-1}\, {}_sp_{x+k}\, \mu_{x+k+s}\, ds \end{aligned} \tag{3.2.4.1}$$

식 (3.2.4.1)에서 UDD를 가정하면 표 [2.2.9.1]에 의하여

$${}_sp_{x+k}\, \mu_{x+k+s} = q_{x+k}, \quad 0 \le s \le 1 \tag{3.2.4.2}$$

식 (3.2.4.2)를 식 (3.2.4.1)에 대입하면

$$\bar{A}_x = \sum_{k=0}^{\infty} v^{k+1} \, _kp_x \, q_{x+k} \int_0^1 (1+i)^{1-s} \, ds$$

$$= \sum_{k=0}^{\infty} v^{k+1} \, _kp_x \, q_{x+k} \, \bar{s}_{\overline{1}|}$$

$$= \frac{i}{\delta} A_x \tag{3.2.4.3}$$

다른 방법으로 근사치를 구해 보자.

$$T = K + S$$

라고 하면 식 (2.2.9.23)에 의하여 UDD가정하에서 $K$와 $S$는 독립적이며 $S \sim U(0, 1)$이다. $K$와 $S$가 독립적이라면 $K+1$과 $1-S$도 독립적이다. 따라서

$$\bar{A}_x = E(v^T) = E[v^{K+1}(1+i)^{1-S}] \tag{3.2.4.4}$$

UDD가정하에서

$$\bar{A}_x = E(v^{K+1})E[(1+i)^{1-S}] \tag{3.2.4.5}$$

여기서

$$E[(1+i)^{1-S}] = \int_0^1 (1+i)^{1-s} g(s) \, ds = \int_0^1 (1+i)^{1-s} (1) \, ds$$

$$= \bar{s}_{\overline{1}|} = \frac{i}{\delta} \tag{3.2.4.6}$$

식 (3.2.4.6)을 식 (3.2.4.5)에 대입하면

$$\bar{A}_x = \frac{i}{\delta} A_x$$

일반적으로 UDD가정하에서 보험금 사망즉시급과 보험금 연말급의 일시납순보험료 사이의 관계에 $\bar{s}_{\overline{1}|} = \frac{i}{\delta}$를 곱하는 관계가 성립하려면 다음의 두 가지 조건이 필요하다.

(i) $v_T = v^T$, 즉, 보험금이 사망즉시급이어야 한다.

(ii) $b_T = b^*_{K+1}$, 즉, 보험금이 $K$의 함수이어야 한다($T$의 함수이어서는 안 됨).

이와 같은 두 가지 조건이 충족되면

$$Z = b^*_{K+1} \cdot v^T$$

$$= b_{K+1}^* \, v^{K+1} (1+i)^{1-S} \tag{3.2.4.7}$$

$$E(Z) = E[b_{K+1}^* \, v^{K+1} (1+i)^{1-S}] \tag{3.2.4.8}$$

식 (3.2.4.8)은 UDD가정하에서 $K$와 $S$가 독립적이므로

$$E(Z) = E(b_{K+1}^* \, v^{K+1}) E[(1+i)^{1-S}] \tag{3.2.4.9}$$

$$= \frac{i}{\delta} \, E(b_{K+1}^* \, v^{K+1}) \tag{3.2.4.10}$$

따라서 두 가지 조건이 충족될 때 $\frac{i}{\delta}$ 가 매개체가 될 수 있다. 이와 같은 두 가지 조건의 관점에서 다음이 성립한다.

$$(I\bar{A})_x = \frac{i}{\delta} (IA)_x \tag{3.2.4.11}$$

$$(I\bar{A})^1_{x:\overline{n}|} = \frac{i}{\delta} (IA)^1_{x:\overline{n}|} \tag{3.2.4.12}$$

$$(\bar{I}\bar{A})_x \neq \frac{i}{\delta} (IA)_x \tag{3.2.4.13}$$

$$\bar{A}_{x:\overline{n}|} \neq \frac{i}{\delta} A_{x:\overline{n}|} \tag{3.2.4.14}$$

UDD가정하에서 다음이 성립한다(증명은 연습문제 참조).

$$(I^{(m)}A)_x = (IA)_x - \frac{m-1}{2m} A_x \tag{3.2.4.15}$$

$$(\bar{I}\bar{A})_x = \frac{i}{\delta} \left[ (IA)_x - \left( \frac{1}{d} - \frac{1}{\delta} \right) A_x \right] \tag{3.2.4.16}$$

$$\fallingdotseq \frac{i}{\delta} \left[ (IA)_x - \frac{1}{2} A_x \right] \tag{3.2.4.17}$$

$$(\bar{I}\bar{A})^1_{x:\overline{n}|} = \frac{i}{\delta} \left[ (IA)^1_{x:\overline{n}|} - \left( \frac{1}{d} - \frac{1}{\delta} \right) A^1_{x:\overline{n}|} \right] \tag{3.2.4.18}$$

$$\fallingdotseq \frac{i}{\delta} \left[ (IA)^1_{x:\overline{n}|} - \frac{1}{2} A^1_{x:\overline{n}|} \right] \tag{3.2.4.19}$$

(2) 전통적인 근사치

식 (3.2.2.25)에서 $m \to \infty$로 하면

$$\bar{A}^{\;1}_{x:\overline{1}|} \;\fallingdotseq\; (1+i)^{\frac{1}{2}}\, A^{\;1}_{x:\overline{1}|} \tag{3.2.4.20}$$

$$\fallingdotseq \left(1+\frac{i}{2}\right) A^{\;1}_{x:\overline{1}|} \tag{3.2.4.21}$$

즉, 사망보험금 1원이 사망 즉시 지급되는 것은 $(1+i)^{\frac{1}{2}}$ 의 보험금이 연말에 지급되는 것과 같은 의미이다.

식 (3.2.2.27)에서 $m\to\infty$ 로 하면

$$\bar{A}^{\;1}_{x:\overline{n}|} \;\fallingdotseq\; (1+i)^{\frac{1}{2}} A^{\;1}_{x:\overline{n}|} \tag{3.2.4.22}$$

$$\fallingdotseq \left(1+\frac{i}{2}\right) A^{\;1}_{x:\overline{n}|} \tag{3.2.4.23}$$

식 (3.2.2.29)에서 $m\to\infty$ 로 하면

$$\bar{A}_{x:\overline{n}|} \;\fallingdotseq\; A_{x:\overline{n}|} + \frac{i}{2} A^{\;1}_{x:\overline{n}|} \tag{3.2.4.24}$$

이제 계산기수를 비교하여 보자.
UDD가정하에서

$$\bar{A}^{\;1}_{x:\overline{1}|} = \frac{\bar{C}_x}{D_x} = \frac{i}{\delta} A^{\;1}_{x:\overline{1}|} = \frac{i}{\delta}\frac{C_x}{D_x}$$

$$\bar{A}_x = \frac{\bar{M}_x}{D_x} = \frac{i}{\delta} A_x = \frac{i}{\delta}\frac{M_x}{D_x}$$

$$(I\bar{A})_x = \frac{\bar{R}_x}{D_x} = \frac{i}{\delta}(IA)_x = \frac{i}{\delta}\frac{R_x}{D_x}$$

따라서 UDD가정하에서

$$\bar{C}_x = \frac{i}{\delta} C_x \tag{3.2.4.25}$$

$$\bar{M}_x = \frac{i}{\delta} M_x \tag{3.2.4.26}$$

$$\bar{R}_x = \frac{i}{\delta} R_x \tag{3.2.4.27}$$

가 성립한다.
전통적인 근사치에서는

$$\bar{A}^{\,1}_{x\,:\,\overline{1}|} = \frac{\bar{C}_x}{D_x} \fallingdotseq (1+i)^{\frac{1}{2}} A^{\,1}_{x\,:\,\overline{1}|} \fallingdotseq (1+i)^{\frac{1}{2}} \frac{C_x}{D_x}$$

$$\fallingdotseq \left(1+\frac{i}{2}\right) A^{\,1}_{x\,:\,\overline{1}|} \fallingdotseq \left(1+\frac{i}{2}\right) \frac{C_x}{D_x}$$

따라서 전통적인 근사치로는

$$\bar{C}_x \fallingdotseq (1+i)^{\frac{1}{2}} C_x \fallingdotseq \left(1+\frac{i}{2}\right) C_x \tag{3.2.4.28}$$

$$\bar{M}_x \fallingdotseq (1+i)^{\frac{1}{2}} M_x \fallingdotseq \left(1+\frac{i}{2}\right) M_x \tag{3.2.4.29}$$

$$\bar{R}_x \fallingdotseq (1+i)^{\frac{1}{2}} R_x \fallingdotseq \left(1+\frac{i}{2}\right) R_x \tag{3.2.4.30}$$

가 성립한다.

이제 보험금 변동보험의 전통적 근사치를 구해보자. $(I^{(m)}A)_x$의 경우 $x+t$세와 $x+t+1$세 사이의 1년 평균 사망보험금 지급액은 $t+\dfrac{m+1}{2m}$이므로

$$(I^{(m)}A)_x \fallingdotseq \frac{1}{D_x} \sum_{t=0}^{\infty} \left(t+\frac{m+1}{2m}\right) C_{x+t} \tag{3.2.4.31}$$

$$= \frac{R_{x+1} + \dfrac{m+1}{2m} M_x}{D_x}$$

$$= \frac{R_x - \dfrac{m-1}{2m} M_x}{D_x}$$

$$= (IA)_x - \frac{m-1}{2m} A_x \tag{3.2.4.32}$$

식 (3.2.4.32)는 UDD가정하의 식과 일치한다.

$(I^{(m)}\bar{A})_x$의 경우는 식 (3.2.4.31)로부터

$$(I^{(m)}\bar{A})_x \fallingdotseq \frac{\bar{R}_x - \dfrac{m-1}{2m} \bar{M}_x}{D_x}$$

$$= (I\bar{A})_x - \frac{m-1}{2m} \bar{A}_x \tag{3.2.4.33}$$

$(\bar{I}\bar{A})_x$의 경우는 식 (3.2.4.33)에서 $m \to \infty$로 하면

$$(\bar{I}\bar{A})_x \fallingdotseq \frac{\bar{R}_x - \frac{1}{2}\bar{M}_x}{D_x} = (I\bar{A})_x - \frac{1}{2}\bar{A}_x \tag{3.2.4.34}$$

**예제 3.2.4.1**

피보험자 (45), 보험금 사망즉시급, 보험금 1,000원인 20년만기 정기보험의 보험금 현가 $Z$의 기댓값(즉, NSP)과 분산을 UDD가정하에서 구하시오. 단 $E(Z^2)$은 $^2A_x$를 이용하여 나타내시오. ($i=5\%$)

**풀이**

$$Z = \begin{cases} 1000v^T, & T < 20 \\ 0, & T > 20 \end{cases}$$

$$E(Z) = 1000\,\bar{A}_{45:\overline{20|}}^{\,1} = 1000\,\frac{i}{\delta}A_{45:\overline{20|}}^{\,1}$$

$$= 1000\left(\frac{0.05}{0.0488}\right)\left(\frac{M_{45}-M_{65}}{D_{45}}\right) = 50.48$$

$$E(Z^2) = 1000^2 \,{}^2\bar{A}_{45:\overline{20|}}^{\,1}$$

$${}^2\bar{A}_{45:\overline{20|}}^{\,1} = {}^2\bar{A}_{45} - {}^2A_{45:\overline{20|}}^{\;\;1}\,{}^2\bar{A}_{65} \quad \cdots\cdots ①$$

여기에서

$$^2\bar{A}_x = \left(\frac{2i+i^2}{2\delta}\right){}^2A_x \tag{3.2.4.35}$$

식 (3.2.4.35)가 성립하는 이유는 다음과 같다.

이자율 $i$일 때, 즉, 이력이 $\delta$일 때 $\bar{A}_x$와 $A_x$의 관계식은

$$\bar{A}_x = \frac{i}{\delta}A_x$$이다.

그런데 이력이 $2\delta$일 때의 이자율 $j$는

$$e^{2\delta} = 1+j$$
$$(e^\delta)^2 = (1+i)^2 = i^2+2i+1 = 1+j$$

따라서 $j = i^2+2i$

이력이 $2\delta$일 때

$$^2\bar{A}_x = \frac{j}{2\delta}\,{}^2A_x = \left(\frac{i^2+2i}{2\delta}\right){}^2A_x$$

한편

$$^2A_{x:\overline{n|}}^{\;\;1} = \frac{{}^2D_{x+n}}{{}^2D_x}$$

$$^2D_x = v^{2x} l_x = \frac{D_x^2}{l_x}$$

$$^2\bar{A}^1_{x:\overline{n}|} = \left(\frac{2i+i^2}{2\delta}\right)\left[^2A_x - \left(\frac{D_{x+n}}{D_x}\right)^2\left(\frac{l_x}{l_{x+n}}\right)(^2A_{x+n})\right]$$

$$^2\bar{A}^1_{45:\overline{20}|} = \left(\frac{2i+i^2}{2\delta}\right)\left[^2A_{45} - \left(\frac{D_{65}}{D_{45}}\right)^2\left(\frac{l_{45}}{l_{65}}\right)(^2A_{65})\right] \quad \cdots\cdots ②$$

②식은 $^2A_x$의 값만 있으면 $^2\bar{A}^1_{45:\overline{20}|}$의 값을 구할 수 있음을 나타낸다. 식 ②를 이용하여 $^2\bar{A}^1_{45:\overline{20}|}$의 값을 구해보자.

식 ②로부터 
$$^2\bar{A}^1_{45:\overline{20}|} = \left(\frac{2i+i^2}{2\delta}\right)\left[^2A_{45} - \left(\frac{D_{65}}{D_{45}}\right)^2\left(\frac{l_{45}}{l_{65}}\right)(^2A_{65})\right]$$

$$= \left(\frac{0.1025}{0.0976}\right)\left[(0.056143) - \left(\frac{3714.04}{10828.32}\right)^2\left(\frac{97292.55}{88542.28}\right)(0.209199)\right]$$

$$= 0.030561$$

$$\text{Var}(Z) = 1000^2\left[^2\bar{A}^1_{45:\overline{20}|} - (\bar{A}^1_{45:\overline{20}|})^2\right]$$

$$= 1000^2\left[(0.030561) - (0.05048)^2\right] = 28012.77$$

---

예제 3.2.4.2

35세의 $A$가 은행으로부터 주택자금을 대출받았다. 대출금은 연액 1(단위 천만원)인 연속연금으로 25년간에 걸쳐서 상환된다. $A$가 사망하여 대출금을 회수하지 못할 위험을 회피하기 위하여 은행은 25년만기 정기보험을 $A$에게 요구한다고 가정하자. 이 보험의 보험금은 대출금 잔액에 상당하며(즉, 시간이 지남에 따라 보험금은 감소) 사망 즉시 지급된다. $A$가 보험에 가입하는 시점과 대출받는 시점은 동일하다. 이 보험의 NSP를 다음과 같은 식으로 나타낼 수 있음을 보이시오.

(i) $\dfrac{1}{\delta}\left[\bar{A}^1_{35:\overline{25}|} - v^{25}\,_{25}q_{35}\right]$

(ii) $\dfrac{1}{\delta}\left[\dfrac{\bar{M}_{35} - \bar{M}_{60}}{D_{35}} - \dfrac{v^{25}D_{35}}{D_{35}} + \dfrac{D_{60}}{D_{35}}\right]$

(iii) $\dfrac{i}{\delta^2}\left[\dfrac{M_{35} - M_{60}}{D_{35}}\right] - \dfrac{1}{\delta}\left[\dfrac{v^{25}D_{35}}{D_{35}} - \dfrac{D_{60}}{D_{35}}\right]$ (UDD가정)

풀이

$$DB_t = OB_t = \bar{a}_{\overline{25-t}|\,i}$$

(i) $\text{NSP} = \displaystyle\int_0^{25} OB_t\, v^t\,_t p_{35}\,\mu_{35+t}\,dt = \int_0^{25} \frac{v^t(1-v^{25-t})}{\delta}\,_t p_{35}\,\mu_{35+t}\,dt$

$$= \frac{1}{\delta} \left[ \bar{A}^{\,1}_{35\,:\,\overline{25}|} - v^{25}\,_{25}q_{35} \right]$$

(ii) NSP $= \dfrac{1}{\delta} \left[ \dfrac{\bar{M}_{35} - \bar{M}_{60}}{D_{35}} - \dfrac{v^{25}(l_{35}-l_{60})}{l_{35}} \right] = \dfrac{1}{\delta} \left[ \dfrac{\bar{M}_{35} - \bar{M}_{60}}{D_{35}} - \dfrac{v^{25}D_{35}}{D_{35}} + \dfrac{D_{60}}{D_{35}} \right]$

(iii) UDD가정하에서

$$\bar{M}_x = \frac{i}{\delta} M_x$$

$$\text{NSP} = \frac{i}{\delta^2} \left[ \frac{M_{35} - M_{60}}{D_{35}} \right] - \frac{1}{\delta} \left[ \frac{v^{25}D_{35}}{D_{35}} - \frac{D_{60}}{D_{35}} \right]$$

## 5. 재귀식(점화식)(再歸式(漸化式))

$A_x$와 $A_{x+1}$ 사이에는 일정한 관계식이 성립한다.

$$A_x = A^{\,1}_{x\,:\,\overline{1}|} + A_{x\,:\,\overline{1}|} A_{x+1}$$
$$= v\,q_x + v\,p_x\,A_{x+1} \tag{3.2.5.1}$$

식 (3.2.5.1)의 양변에 $(1+i)$를 곱하면

$$(1+i)A_x = q_x + p_x\,A_{x+1} \tag{3.2.5.2}$$

식 (3.2.5.2)의 양변에 $l_x$를 곱하면

$$l_x(1+i)A_x = d_x + l_{x+1}\,A_{x+1} \tag{3.2.5.3}$$

식 (3.2.5.2)와 식 (3.2.5.3)은 다음과 같이 해석할 수 있다. 즉, $x$세의 $l_x$사람들이 납부한 일시납순보험료의 1년 후의 원리합계는 1년 동안 사망한 사람들($d_x$)에게는 1원씩을 연말급으로 지불하고 생존한 사람들에게는 보험을 계속 유지시키는 금액인 $A_{x+1}$을 지급하는 데 사용된다.

식 (3.2.5.2)는 $p_x = 1 - q_x$를 이용하면

$$A_{x+1} = (1+i)A_x - q_x(1 - A_{x+1}) \tag{3.2.5.4}$$

또는

$$(1+i)A_x = A_{x+1} + q_x(1 - A_{x+1}) \tag{3.2.5.5}$$

식 (3.2.5.5)의 양변에 $l_x$를 곱하면

$$l_x(1+i)A_x = l_x A_{x+1} + d_x(1-A_{x+1})\tag{3.2.5.6}$$

식 (3.2.5.6)으로부터 식 (3.2.5.5)는 다음과 같이 해석될 수 있다. 즉, $x$세의 $l_x$사람들이 납부한 일시납순보험료의 1년 후의 원리합계는 생존한 사람과 사망한 사람 모두에게 $A_{x+1}$을 지급하고 사망한 사람들에게는 $1-A_{x+1}$을 지급하는 데 사용된다. 사망한 사람들은 결국 $A_{x+1}+(1-A_{x+1})=1$을 지급받는다. 이때 식 (3.2.5.6)의 $1-A_{x+1}$은 보험금 1원의 종신보험(보험금 연말급)을 제공받기 위한 1년보험비용(annual cost of insurance)으로 생각할 수 있다. 1년보험비용은 사망한 사람들을 도와주는 데 사용되는 것이므로 $A_y$는 피보험자 $(y)$의 전생애 기간의 1년보험비용의 현가의 합으로 생각할 수 있다. 즉,

$$A_y = \sum_{x=y}^{\infty} v^{x-y+1}\, q_x(1-A_{x+1})\tag{3.2.5.7}$$

예제 3.2.5.1

30세 남자 110명이 보험금 1,000원의 종신보험에 가입하였다. $A_{30}=0.2$, $i=0.1$, $l_{30}=110$, $l_{31}=100$일 때 $A_{31}$을 구하시오.

풀이

$$A_{30} = v\,q_{30} + v p_{30}\, A_{31}$$
$$0.2 = \left(\frac{1}{1.1}\right)\left(\frac{10}{110}\right)+\left(\frac{1}{1.1}\right)\left(\frac{100}{110}\right)A_{31}$$
$$A_{31} = \frac{(0.2)(1.1)-\left(\frac{1}{11}\right)}{\left(\frac{10}{11}\right)} = 0.142$$

## 6. 특수한 생존분포와 생명보험

2장에서 살펴보았던 상수사력(CFM)가정과 De Moivre 법칙을 이용하여 생명보험의 APV(EPV)를 구해보자.

(1) CFM가정하의 생명보험의 APV(EPV)
(a) 보험금 1원, 사망즉시급의 경우
식 (3.2.3.14)로부터 종신보험의 APV(EPV)를 구하면

$$\bar{A}_x = \int_0^\infty v^t {}_t p_x \, \mu_{x+t} \, dt = \int_0^\infty e^{-\delta t} \, e^{-\mu t} \, \mu \, dt \tag{3.2.6.1}$$

$$= \frac{\mu}{\mu + \delta} \tag{3.2.6.2}$$

식 (3.2.1.19)로부터 $n$년만기 생존보험의 APV(EPV)는

$$A_{x:\overline{n}|}^{\;\;1} = {}_n E_x = v^n {}_n p_x$$

$$= e^{-\delta n} e^{-\mu n} = e^{-(\mu+\delta)n} \tag{3.2.6.3}$$

$n$년거치 종신보험과 $n$년만기 정기보험, $n$년만기 생사혼합보험의 경우, 위에서와 같이 정의로부터 구할 수도 있으나 여기서는 각 보험들의 APV간의 관계식을 이용하여 구하기로 한다. 각각의 보험에 대하여 APV(EPV)를 구하면 다음과 같다.

$$_{n|}\bar{A}_x = A_{x:\overline{n}|}^{\;\;1} \, \bar{A}_{x+n} = A_{x:\overline{n}|}^{\;\;1} \, \bar{A}_x = e^{-(\mu+\delta)n} \left( \frac{\mu}{\mu+\delta} \right) \tag{3.2.6.4}$$

$$= \frac{\mu \, (e^{-(\mu+\delta)n})}{\mu+\delta} \tag{3.2.6.5}$$

$$\bar{A}_{x:\overline{n}|}^{\;1} = \bar{A}_x - {}_{n|}\bar{A}_x = \frac{\mu}{\mu+\delta} - \frac{\mu \, (e^{-(\mu+\delta)n})}{\mu+\delta} \tag{3.2.6.6}$$

$$= \frac{\mu \, (1 - e^{-(\mu+\delta)n})}{\mu+\delta} \tag{3.2.6.7}$$

$$\bar{A}_{x:\overline{n}|} = \bar{A}_{x:\overline{n}|}^{\;1} + \bar{A}_{x:\overline{n}|}^{\;\;1} \tag{3.2.6.8}$$

$$= \frac{\mu \, (1 - e^{-(\mu+\delta)n})}{\mu+\delta} + e^{-(\mu+\delta)n} \tag{3.2.6.9}$$

$$= \frac{\mu + \delta \, e^{-(\mu+\delta)n}}{\mu+\delta} \tag{3.2.6.10}$$

각 보험의 APV(EPV)를 구할 때 정의되는 보험금현가 Z의 2차적률(second moment)은 $\delta$ 대신에 $2\delta$가 사용되어 계산된 경우의 일시납순보험료를 의미하며, Z의 분산의 계산시 이용된다. 예를 들어 보험금 1원, 사망즉시급의 경우, 이력이 $2\delta$로 계산된 종신보험의 일시납순보험료는 식 (3.2.6.2)로부터

$$^2\bar{A}_x = \frac{\mu}{\mu + 2\delta} \tag{3.2.6.11}$$

임을 알 수 있다. 또한 보험금 1원, 사망즉시급의 경우, 종신보험의 APV를 구할 때 정의

한 보험금현가를 $Z$라고 하면, $Z$의 분산은

$$\mathrm{Var}(Z) = E(Z^2) - [E(Z)]^2$$

$$= {}^2\bar{A}_x - \left(\bar{A}_x\right)^2 = \frac{\mu}{\mu + 2\delta} - \left(\frac{\mu}{\mu + \delta}\right)^2 \qquad (3.2.6.12)$$

임을 알 수 있다.

### (b) 보험금 1원, 연말급의 경우

매 연령마다의 사력이 $\mu$로 동일한 경우 보험금 1원, 연말급의 APV를 고찰해보자. 각각의 보험에 대해서 APV를 표로 정리하면 다음과 같다. 여기서 $p$는 연령에 의존하지 않고 매 연령마다 동일한 값이다. 따라서 $p$는 $(x)$, 또는 $(x+t)$가 1년간 생존하는 확률을 나타내며, $q = 1 - p$이다. 각 보험의 APV의 유도는 연습문제를 참고하기 바란다.

표 [3.2.6.1] CFM가정하에서 생명보험의 APV(EPV)

| 보험의 종류 | CFM가정하에서 APV |
|---|---|
| 종신보험 | $A_x = \dfrac{q}{q+i}$ |
| $n$년만기 생존보험 | $A_{x:\overline{n}|} = (vp)^n$ |
| $n$년거치 종신보험 | $_{n|}A_x = (vp)^n \dfrac{q}{q+i}$ |
| $n$년만기 정기보험 | $A^1_{x:\overline{n}|} = \dfrac{q}{q+i}\left(1 - (vp)^n\right)$ |
| $n$년만기 생사혼합보험 | $A_{x:\overline{n}|} = \dfrac{q + (vp)^n i}{q+i}$ |

### (2) De Moivre 법칙하의 생명보험의 APV(EPV)

### (a) 보험금 1원, 사망즉시급의 경우

식 (3.2.3.14)로부터 종신보험의 APV(EPV)를 구하면

$$\bar{A}_x = \int_0^{\omega - x} v^t\, {}_t p_x\, \mu_{x+t}\, dt \qquad (3.2.6.13)$$

$$= \int_0^{\omega - x} e^{-\delta t} \left(\frac{\omega - x - t}{\omega - x}\right)\left(\frac{1}{\omega - x - t}\right) dt \qquad (3.2.6.14)$$

$$= \frac{1}{\omega - x} \int_0^{\omega - x} e^{-\delta t}\, dt^{1)} \qquad (3.2.6.15)$$

---

1) 식 (1.2.2.2)로부터 $\bar{a}_{\overline{\omega - x}|} = \displaystyle\int_0^{\omega - x} e^{-\delta t}\, dt$임을 알 수 있다.

$$= \frac{\bar{a}_{\overline{\omega-x}|}}{\omega-x} \tag{3.2.6.16}$$

식 (3.2.1.19)로부터 $n$년만기 생존보험의 APV(EPV)는

$$A_{x:\frac{1}{n|}} = {}_n E_x = v^n {}_n p_x$$

$$= e^{-\delta n}\left(1-\frac{n}{\omega-x}\right) = \frac{e^{-\delta n}(\omega-x-n)}{\omega-x} \tag{3.2.6.17}$$

식 (3.2.3.2)로부터 $n$년만기 정기보험의 APV(EPV)는

$$\bar{A}^1_{x:\overline{n|}} = \int_0^n v^t {}_t p_x \, \mu_{x+t} \, dt \tag{3.2.6.18}$$

$$= \int_0^n e^{-\delta t}\left(\frac{\omega-x-t}{\omega-x}\right)\left(\frac{1}{\omega-x-t}\right) dt \tag{3.2.6.19}$$

$$= \frac{1}{\omega-x}\int_0^n e^{-\delta t} \, dt^{1)} \tag{3.2.6.20}$$

$$= \frac{\bar{a}_{\overline{n|}}}{\omega-x} \tag{3.2.6.21}$$

$n$년거치 종신보험과 $n$년만기 생사혼합보험의 경우, 위에서 구했듯이 정의로부터 구할 수도 있으나 여기서는 각 보험들의 APV간의 관계식을 이용하여 구하기로 한다. 각각의 보험에 대하여 APV(EPV)를 구하면 다음과 같다.

$$_{n|}\bar{A}_x = A_{x:\frac{1}{n|}} \bar{A}_{x+n} = \frac{e^{-\delta n}(\omega-x-n)}{\omega-x}\frac{\bar{a}_{\overline{\omega-x-n|}}}{\omega-x-n} \tag{3.2.6.22}$$

$$= \frac{e^{-\delta n}\left(\bar{a}_{\overline{\omega-x-n|}}\right)}{\omega-x} \tag{3.2.6.23}$$

$$\bar{A}_{x:\overline{n|}} = \bar{A}^1_{x:\overline{n|}} + A_{x:\frac{1}{n|}}$$

$$= \frac{\bar{a}_{\overline{n|}}}{\omega-x} + \frac{e^{-\delta n}(\omega-x-n)}{\omega-x} \tag{3.2.6.24}$$

$$= \frac{\bar{a}_{\overline{n|}} + e^{-\delta n}(\omega-x-n)}{\omega-x} \tag{3.2.6.25}$$

---

1) 식 (1.2.2.2)로부터 $\bar{a}_{\overline{n|}} = \int_0^n e^{-\delta t} \, dt$임을 알 수 있다.

(b) 보험금 1원, 연말급의 경우

각각의 보험에 대해서 APV(EPV)를 표로 정리하면 다음과 같다. 각 보험의 APV(EPV)의 유도는 연습문제를 참고하기 바란다.

표 [3.2.6.2] De Moivre 법칙하에서 생명보험의 APV(EPV)

| 보험의 종류 | De Moivre 법칙하에서 APV |
|---|---|
| 종신보험 | $A_x = \dfrac{a_{\overline{\omega-x}\rvert}}{\omega-x}$ |
| $n$년만기 생존보험 | $A_{x:\overline{n}\rvert}^{\phantom{1}1} = \dfrac{v^n(\omega-x-n)}{\omega-x}$ |
| $n$년거치 종신보험 | $_{n\rvert}A_x = \dfrac{v^n a_{\overline{\omega-x-n}\rvert}}{\omega-x}$ |
| $n$년만기 정기보험 | $A_{x:\overline{n}\rvert}^{1} = \dfrac{a_{\overline{n}\rvert}}{\omega-x}$ |
| $n$년만기 생사혼합보험 | $A_{x:\overline{n}\rvert} = \dfrac{a_{\overline{n}\rvert}+v^n(\omega-x-n)}{\omega-x}$ |

## 연습문제 3.2

※ 특별한 언급이 없으면 부록의 제7회 경험생명표와 계산기수를 이용하여 답하시오.

1. 피보험자 (38)이 보험금 연말급인 종신보험에 가입하였다. 보험금은 5만원, $i=0.12$, 모든 $x$에 대하여 $p_x = 0.94$일 때 일시납순보험료를 구하시오. ($\omega = \infty$라고 가정)

2. 연습문제 1번에서 종신보험 대신에 30년만기 정기보험이라고 가정할 때 일시납순보험료를 구하시오.

3. $A_x$를 할인율 $d$로 미분하면 $-(1+i)(IA)_x$이 됨을 증명하시오.

4. 보험금 연말급, 보험금 1원, $l_x = 50$, $l_{x+10} = 40$일 때 피보험자 $(x+10)$의 20년만기 정기보험의 NSP는 0.25원이고, 피보험자 $(x)$의 10년거치 20년만기 정기보험의 NSP는 0.16이다. 이때 적용된 이자율 $i$를 구하시오. ($(1.25)^{\frac{1}{10}} = 1.022565$를 이용)

5. 다음을 증명하시오.

$$(IA)^1_{x:\overline{n}|} = \sum_{k=0}^{n-1} (k+1)\,_{k|}A^1_{x:\overline{1}|}$$

$$= \sum_{k=1}^{n}\,_{k-1|}A^1_{x:\overline{n-(k-1)}|}$$

(Hint: $\displaystyle\sum_{k=j}^{n-1} v^{k+1}\,_{k|}q_x = \sum_{k=j}^{n-1}\,_{k|}A^1_{x:\overline{1}|} = \,_{j|}A^1_{x:\overline{n-j}|}$ )

6. $x+t$세에 대한 사망률만을 높게 하여 $q'_{x+t} = q_{x+t} + c$라고 하면 이와 같은 생명표를 이용하여 계산한 $A'_x$는 다음과 같음을 보이시오.

$$A'_x = A_x + cv^{t+1}\,_tp_x(1-A_{x+t+1})$$

7. 피보험자 (40)에게 보험금 연말급인 두 개의 보험이 판매되었다. 두 개의 보험의 NSP는 모두 100원이다. 하나의 보험은 보험금이 매년 증가하는 20년만기 누가정기보험이고 다른 하나는 보험금이 매년 감소하는 20년만기 누감정기보험이다. NSP는 다음 표를 이용하여 계산한다.

| $x$ | $D_x$ | $R_x$ |
|---|---|---|
| 40 | 9054 | 37788 |
| 41 | – | 36327 |
| 60 | 2482 | 13459 |
| 61 | – | 12943 |

위에서 설명된 누가정기보험의 사망보험금이 누감정기보험의 사망보험금보다 작은 기간(연수로 나타내시오)을 구하시오.

8. 1년 선택표와 종국표에서 $q_{[x]} = (0.5)q_x$일 때 $A_x - A_{[x]} = A^1_{[x]:\overline{1}|}(1-A_{x+1})$이 성립함을 증명하시오.

9. 피보험자 $(x)$, 보험금 연말급, 보험금 1원의 $n$년만기 생사혼합보험의 NSP를 다음 자료를 이용하여 $a$와 $b$로 나타내시오.
   (i) $\mathrm{Var}(Z) = a$, $Z$는 보험금 현가함수
   (ii) $\mathrm{Var}(_0L) = b$, $_0L$은 보험회사의 미래손실 확률변수(보험가입시)

10. 피보험자 (92)의 사망이 $k$번째 보험연도에서 발생하면 보험연도말에 $\ddot{s}_{\overline{k}|0.05}$ $(j=5\%)$를 보험금으로 지급한다. $\omega = 95$인 De Moivre의 법칙을 가정할 때 NSP를 구하시오. 단, 보험료 계산시 사용되는 $i=6\%$이다.

11. 1,000명의 사람이 모두 40세인 단체가 있다. 각각은 동일한 금액을 한번만 갹출하여 기금을 만들었다. 이 기금으로부터 이 단체의 사람들이 사망하면 100원의 사망보험금을 사망연도말에 지급한다. 다음의 가정을 이용하여 95%의 확률로 모든 사망보험금을 지급하기에 충분한 기금의 최소값을 구하시오.

(i) $l_x = 100 - x$, $0 \le x \le 100$       (ii) 이자율 $i = 0.05$이다.

(iii) 1,000명의 사람들의 사망은 동질적이고 독립적이다.

(iv) $Z$를 표준정규분포의 확률변수라고 하면 $\Pr(Z < 1.645) = 0.95$이다.

12. 다음과 같은 자료를 이용하여 (a)~(e)를 구하시오($i = 0.05$).

| $x$ | 97 | 98 | 99 | 100 | 101 |
|---|---|---|---|---|---|
| $l_x$ | 800 | 500 | 200 | 100 | 0 |
| $d_x$ | 300 | 300 | 100 | 100 | |

(a) $A_{97}$    (b) $A^1_{97:\overline{2|}}$    (c) $A_{97:\overline{2|}}$    (d) $_{1|}A_{98}$    (e) $(IA)_{98}$

13. 구성원이 모두 40세인 집단을 고려해보자. 다음과 같은 자료를 이용하여 이 집단에서 임의로 한 명을 선택했을 경우, 그 사람에 대한 $1000A^1_{x:\overline{3|}}$ 을 구하시오($i = 0.05$).

(i) 집단의 70%는 건강한 사람이고, 30%는 암에 걸린 사람이다.

(ii) $q$는 건강한 사람의 사망률, $q'$는 암에 걸린 사람의 사망률이다.

| $k$ | $q_{40+k}$ | $q'_{40+k}$ |
|---|---|---|
| 0 | 0.05 | 0.1 |
| 1 | 0.07 | 0.15 |
| 2 | 0.1 | 0.22 |
| 3 | 0.15 | 0.3 |

14. 피보험자 (45)가 가입한 보험금 연말급, 종신보험의 보험금현가를 $Z$라고 하자. 부록의 생명표와 다음의 가정을 이용하여 이 종신보험의 일시납순보험료(NSP)를 구하시오. ($i = 0.05$)

$$Z = \begin{cases} 1500v^{K+1}, & K = 0, 1, 2, \cdots, 29 \\ 1000v^{K+1}, & K = 30, 31, 32, \cdots \end{cases}$$

15. 다음과 같은 3년 선택표와 종국표가 주어졌다.

| $x$ | $l_{[x]}$ | $l_{[x]+1}$ | $l_{[x]+2}$ | $l_{x+3}$ | $x+3$ |
|---|---|---|---|---|---|
| 55 | 10000 | 9200 | 9000 | 8700 | 58 |
| 56 | 9100 | 8900 | 8600 | 8200 | 59 |
| 57 | 8800 | 8500 | 8100 | 7900 | 60 |
| 58 | 8400 | 8000 | 7800 | 7600 | 61 |

55세에 가입한 보험금 10,000원의 5년만기 생존보험의 일시납순보험료가 6,113원일 때,
56세에 가입한 보험금 10,000원의 4년만기 생존보험의 일시납순보험료를 구하시오.

16. 보험금 연말급인 종신보험 두 개를 고려해보자. 각 보험의 내용은 다음과 같다.

(i) A 종신보험은 30세가 가입하여 첫 번째 보험연도에 사망하면 보험금 1원을 지급하며,
그 다음해부터 39세 보험금 10원이 될 때까지 매년 보험금이 1원씩 증가한다. 그 후 40
세 보험금 10원부터 49세 보험금 1원이 될 때까지 보험금이 매년 1원씩 감소하고 50세부
터 보험금은 1원으로 유지된다.

(ii) B 종신보험은 30세가 가입하여 첫 번째 보험연도에 사망하면 보험금 15원을 지급하
며, 그 다음해부터는 매년 보험금이 1원씩 감소하여 44세 보험금은 1원이 된다. 그 후 45
세부터 보험금은 1원으로 유지된다.

이 두 종신보험의 일시납순보험료(NSP)의 차이를 구하시오.

17. $A_{40} = 0.16$, $A_{20:\overline{20}|}^{1} = 0.3$, $A_{20:\overline{20}|} = 0.32$, $i = 0.06$이고 UDD를 가정할 때 $A_{20}^{(4)}$를 구하
시오.

18. 피보험자 (20)이 다음과 같은 보험금 사망즉시급의 보험에 가입하였을 때의 일시납순보
험료(NSP)를 계산기수를 사용하여 나타내시오.

(i) 처음 10년간 사망시 1,000원의 보험금

(ii) 다음 20년간 보험금이 매년 100원씩 증가

(iii) 그 후 60세까지 증액되지 않고 일정

(iv) 그 후 보험금이 0원이 될 때까지 매년 200원씩 보험금이 감소

19. $s(x) = S_0(x) = 1 - \dfrac{x}{96}$ (즉, $\omega = 96$인 De Moivre의 법칙)이고 $E(Z) = {}_{n|}\bar{A}_{26}$이다. $Z$의
메디안(median) 값이 0.453이고 $i = 0.02$일 때 $n$의 값을 구하시오.
(Hint: $Z$의 메디안을 $z_m$이라고 하면 메디안의 정의상 $\Pr(Z \le z_m) = \dfrac{1}{2}$이다. 보험금현가($Z$)
를 $y$축, $T$를 $x$축으로 하는 그래프를 그리고 생각할 것)

20. $\int_0^\infty l_{x+t}\, dt = 100$, $l_x = 200$이고 $\delta = 0$일 때 $\int_0^\infty {}_{m|}\bar{A}_x\, dm$의 값을 구하시오.

21. $i = 0.05$, $\bar{A}^{1}_{20:\overline{2|}} = 0.576$, $l_{20} = L$, $l_{21} = L - 4$, $l_{22} = L - 6$일 때 UDD가정하에서 $L$을 구하시오.

22. $s(x) = S_0(x) = 1 - \dfrac{x}{100}$, $0 \le x \le 100$라고 하자. 피보험자 (20), 보험금 사망즉시급, 보험금 1원인 종신보험을 고려할 때, 다음을 구하시오.
    (a) 일시납순보험료(NSP)  (b) 보험금현가 $Z$의 분산
    (c) $\Pr(Z \le z_{0.9}) = 0.9$인 $z_{0.9}$

23. 확률변수 $Z_1$은 $\bar{A}_{x:\overline{n|}}$을 구하기 위한 보험금 현가함수이고, $Z_2$는 $\bar{A}^{1}_{x:\overline{n|}}$을 구하기 위한 보험금 현가함수이다. 다음의 자료를 이용하여 $\mathrm{Var}(Z_1)$을 구하시오.
    (i) $\mathrm{Var}(Z_2) = 0.01$   (ii) $v^n = 0.30$
    (iii) ${}_n p_x = 0.80$   (iv) $E(Z_2) = 0.04$

24. 피보험자 $(x)$, 보험금 사망즉시급, 보험금 50원의 종신보험을 고려한다. 미래생존기간 $T_x$의 확률밀도함수가 다음과 같을 때 NSP를 구하시오. 단, $\delta = 0.10$이다.
$$f(t) = \begin{cases} \dfrac{t}{5000}, & 0 \le t \le 100 \\ 0, & \text{다른 범위의 } t \end{cases}$$

25. 피보험자 $(x)$, 보험금 사망즉시급, 10년거치, 20년만기 생사혼합보험의 사망보험금은 1,000원이고 생존보험금은 2,000원이다. 이 보험의 보험금현가를 $Z$라고 할 때 $Z$의 기대값과 분산을 구하시오. 단, $\delta = 0.10$, 모든 $y$ $(y \ge 0)$에 대하여 $\mu_y = 0.01$을 이용하시오.

26. 피보험자 (50), 보험금 사망즉시급, 보험금 $b_t$($t$에 따라 변동)인 종신보험의 보험금현가를 $Z$라고 하자. 다음과 같은 자료를 이용하여 $E(Z)$를 구하시오.
    (i) 사망법칙은 $\omega = 100$인 De Moivre 법칙을 따른다.
    (ii) 이자율은 단리 $i = 0.01$   (iii) $b_t = 1000 - 0.1t^2$

27. 피보험자 $(x)$, 보험금 사망즉시급, 보험금 1원의 보험금현가(함수)를 $Z = v^T$, $T \ge 0$이라고 하자. 다음 자료를 이용하여 $\mathrm{Var}(Z)$를 구하시오.
    (i) $E(Z) = 0.25$   (ii) 이력과 사력은 각각 일정한 상수이다.

28. 다음 식을 증명하시오.

$$A_{x\,:\,\overline{n}|}^{\phantom{1}1} = \exp\left[-\int_0^n (\mu_{x+t} + \delta)\,dt\right]$$

29. 모든 $x \geq 0$에 대하여 $\mu_x = 0.02$일 때 다음을 구하시오. 단, $\delta = 0.05$이다.

    (a) $\bar{A}_{40\,:\,\overline{15}|}^{\;\;1}$        (b) $\bar{A}_{40\,:\,\overline{15}|}$        (c) $_{15|}\bar{A}_{40}$

30. 다음과 같은 자료를 이용하여 $(\bar{I}\bar{A})_x$를 구하시오.

    (i) 모든 $x$에 대하여 $\mu_x = \mu$로 상수이다.

    (ii) $\delta = 0.05$        (iii) $^2\bar{A}_x = 0.2$

31. $l_x = 100 - x$, $0 \leq x < 100$으로 주어졌을 때 다음을 구하시오. 단, $\delta = 0.05$이다.

    (a) $\bar{A}_{25}$        (b) $A_{25\,:\,\overline{5}|}^{\;\;1}$        (c) $_{5|}\bar{A}_{25}$

32. 피보험자 (30)은 사망즉시급 종신보험에 가입하였다. 보험내용이 다음과 같을 때, $\mathrm{Var}(Z)$를 구하시오.

    (i) 사망이 보험가입시로부터 $t$시점 후에 발생하면 사망보험금 $1000e^{0.01t}$를 지급한다.

    (ii) 모든 $x \geq 0$에 대해 $\mu_x = 0.03$이고, $\delta = 0.05$이다.

    (iii) 이 보험의 보험금현가를 $Z$라고 한다.

33. 다음과 같은 가정하에서 $1000\bar{A}_{x\,:\,\overline{30}|}$을 구하시오.

    (i) $\mu_{x+t} = \begin{cases} 0.02, & 0 \leq t \leq 10 \\ 0.03, & t > 10 \end{cases}$        (ii) $\delta_t = \begin{cases} 0.05, & 0 \leq t \leq 10 \\ 0.07, & t > 10 \end{cases}$

34. 다음과 같은 자료를 이용하여 $\bar{A}_{x\,:\,\overline{15}|}$를 구하시오.

    (i) 모든 $x \geq 0$에 대하여 $\mu_x = \mu$로 상수이다.

    (ii) $\mathring{e}_x = 40$        (iii) $\bar{A}_x = 0.25$

35. 피보험자 $(x)$는 다음과 같은 가정하에서 보험금 사망즉시급, 보험금 1원의 종신보험에 가입하였다.

    (i) 모든 $x \geq 0$에 대하여 사력 $\mu_x = \mu$로 상수이다.    (ii) $\delta = 0.05$    (iii) $\bar{A}_x = 0.5$

    이 보험에 대해 사력 $\mu$가 0.02만큼 증가하고 $\delta$가 0.02만큼 감소한다고 가정할 때, 변화된 보험의 APV를 구하시오.

36. 피보험자 $(x)$, 보험금 사망즉시급, 보험금 $b$원인 종신보험의 보험금현가를 $Z$라고 하자. 다음과 같은 가정을 이용하여 $b$를 구하시오.
    (i) $\delta = 0.05$            (ii) $\mu_{x+t} = 0.03$, $t \geq 0$
    (iii) 이 종신보험의 일시납순보험료는 $\text{Var}(Z)$와 동일하다.

37. 모든 $x \geq 0$에 대해 사력 $\mu_x = \mu$로 상수이고, 이력 $\delta$도 상수라고 가정하자. 이때 보험금 사망즉시급, 보험금 1원인 $n$년만기 정기보험의 일시납순보험료와 보험금 1원의 $n$년만기 생존보험의 일시납순보험료가 동일하다고 할 때, $n$을 사력 $\mu$와 이력 $\delta$를 이용하여 나타내시오.

38. 보험금 사망즉시급, 보험금 1원인 종신보험의 일시납순보험료(NSP)가 보험금 사망즉시급, 보험금 4원인 $n$년거치 종신보험의 일시납순보험료(NSP)와 같다고 가정하자. $\mu = 0.03$, $\delta = 0.05$일 때 $n$을 구하시오.

39. 피보험자 (70)은 다음과 같은 보험금 사망즉시급, 3년만기 정기보험에 가입하였다. 이 보험의 보험금현가를 $Z$라고 할 때 $\text{Var}(Z)$를 구하시오.
    (i) 사망급부는 제1보험연도 동안에 사망하면 10원을 지급하고, 그 이후에는 30원을 지급한다.
    (ii) 사망법칙은 $\omega = 80$인 De Moivre 법칙을 따른다.      (iii) $i = 0$

40. 피보험자 (40)은 보험금 사망즉시급, 보험금 $b_t$원인 종신보험에 가입하였다. 다음의 가정들을 이용하여 이 종신보험의 일시납순보험료(NSP)를 구하시오
    (i) $b_t = \dfrac{60}{60-t}$ , $0 \leq t < 60$     (ii) $\mu_x = \dfrac{2}{100-x}$ , $0 \leq x < 100$     (iii) $\delta = 0.05$

41. $n$명의 사람으로 구성된 단체를 고려해보자. 만약 이 단체의 사람이 10년 내에 사망하면 10,000원의 사망보험금을 사망즉시 지급하고 10년 생존시 10,000원의 생존보험금을 지급한다. 한번만 제공되는 기금에의 1인당 기여액이 6,720원이라고 하면, 다음의 가정을 이용하여 95% 신뢰도로 기금이 사망보험금을 지급하기에 충분한 피보험자 수 $n$을 구하시오.
    (i) $\delta = 0.05$      (ii) $\mu = 0.04$      (iii) $n$명의 사망은 동질적이고 독립적이다.
    (iv) $Z$를 표준정규분포의 확률변수라고 하면 $\text{Pr}(Z < 1.645) = 0.95$

42. 피보험자 (40)이 가입한 보험금 사망즉시급 종신보험은 피보험자가 사망시 보험금 1원과 일시납순보험료를 이자없이 지급한다. 이 종신보험의 보험금현가를 $Z$라고 할 때, 주어진 자료를 이용하여 $\text{Pr}(Z > 0.7)$을 구하시오.
    (i) $\mu_x = \dfrac{1}{90-x}$ , $0 \leq x < 90$      (ii) $\delta = 0.05$

43. 피보험자 $(x)$, 보험금 사망즉시급인 누가종신보험의 보험금현가를 $Z$라고 하자. 다음과 같은 자료를 이용하여 $Z$의 최대값을 구하시오.

(i) $\mu_{x+t} = 0.03,\ t \geq 0$                      (ii) $\delta = 0.04$

44. 피보험자 $(40)$, 보험금 사망즉시급인 종신보험의 보험금현가를 $Z$라고 하자. 다음과 같은 자료를 이용하여 $\Pr(Z > 500)$을 구하시오.

(i) 사망법칙은 $\omega = 90$인 De Moivre 법칙을 따른다.      (ii) $\delta = 0.05$

(iii) 보험가입 후 15년 안에 사망하면 사망보험금 1,000원을 지급하고 그 이후에 사망하면 1,500원을 지급한다.

45. 피보험자 $(x)$는 보험금 사망즉시급 종신보험에 가입하였다. 다음의 가정을 이용하여 이 종신보험의 일시납순보험료(NSP)를 구하시오.

(i) 사망이 보험가입후 7년 안에 발생하면 $\delta' = 0.02$로 부리된 일시납순보험료(NSP)를 사망급부로 지급한다.

(ii) 사망이 보험가입후 7년이 지나서 발생하면 2,000원을 사망급부로 지급한다.

(iii) $\mu_{x+t} = \begin{cases} 0.01, & 0 \leq t \leq 7 \\ 0.03, & t > 7 \end{cases}$          (iv) $\delta = 0.05$

46. 다음과 같이 두 개의 보험금현가 $Z_1$과 $Z_2$를 정의할 때, (a)~(c)를 구하시오.

$$Z_1 = \begin{cases} 10000 v^{T_x}, & T_x \leq 10 \\ 15000 v^{10}, & T_x > 10 \end{cases} \qquad Z_2 = \begin{cases} 0, & T_x \leq 15 \\ 10000 v^{T_x}, & T_x > 15 \end{cases}$$

(a) $Z_1$과 $Z_2$에 관한 보험을 설명하시오.

(b) $E(Z_1)$과 $E(Z_2)$를 보험수리기호를 이용하여 나타내시오.

(c) 이자율 $i = 0.05$이고 $\bar{A}_x = 0.10587$, $\bar{A}_{x+10} = 0.16480$, $\bar{A}_{x+15} = 0.19912$라고 하자. $l_x = 93411$, $l_{x+10} = 84035$, $l_{x+15} = 75640$일 때, $E(Z_1)$과 $E(Z_2)$를 구하시오.

47. 다음과 같은 자료를 이용하여 $\bar{A}_{40\,:\,\overline{10|}}^{\,1}$과 $A_{40\,:\,\overline{10|}}^{\;\;\;\;1}$을 구하시오.

(i) $\bar{A}_{40} = 0.16480$      (ii) $\bar{A}_{50} = 0.25074$      (iii) $\bar{A}_{40\,:\,\overline{10|}} = 0.61681$

48. UDD가정에서 다음과 같은 자료가 주어졌을 때 $A_{x\,:\,\overline{n|}}^{\,1}$을 구하시오.

(i) $A_x = 0.3$                  (ii) $A_{x\,:\,\overline{n|}} = 0.55$

(iii) $\bar{A}_x = 0.31476$             (iv) $\bar{A}_{x\,:\,\overline{n|}} = 0.55738$

49. UDD가정하에서 다음을 증명하시오.

  (a) $(I\bar{A})^1_{x:\overline{n}|} = \dfrac{i}{\delta}(IA)^1_{x:\overline{n}|} - (\bar{D}\bar{s})_{\overline{1}|}\, A^1_{x:\overline{n}|}$

  $\qquad\qquad = \dfrac{i}{\delta}(IA)^1_{x:\overline{n}|} - \left(\dfrac{1+i}{\delta} - \dfrac{i}{\delta^2}\right) A^1_{x:\overline{n}|}$

  $\qquad\qquad = (I\bar{A})^1_{x:\overline{n}|} - \left(\dfrac{1}{d} - \dfrac{1}{\delta}\right) \bar{A}^1_{x:\overline{n}|}$

  $\qquad\qquad \fallingdotseq (I\bar{A})^1_{x:\overline{n}|} - \dfrac{1}{2}\bar{A}^1_{x:\overline{n}|}$

  (b) $(I^{(m)}A)_x = (IA)_x - \dfrac{m-1}{2m}A_x$ 　　　　　(c) $(I\bar{A})_x = \dfrac{i}{\delta}\left[(IA)_x - \left(\dfrac{1}{d} - \dfrac{1}{\delta}\right)A_x\right]$

50. 각 연령(정수)사이의 사망률 가정이 CFM(사력이 일정)일 때

$$\bar{A}_x = \sum_{k=0}^{\infty} v^{k+1}\, {}_kp_x \int_0^1 v^{s-1}\, {}_sp_{x+k}\, \mu_{x+k+s}\, ds$$

가 다음과 같이 표시됨을 유도하시오.

$$\bar{A}_x = \sum_{k=0}^{\infty} v^{k+1}\, {}_kp_x\, \mu_{x+k}\, \dfrac{i+q_{x+k}}{\delta+\mu_{x+k}}$$

여기서 $\mu_{x+k} = -\ln p_{x+k}$ 이다.

51. $x$는 정수이고($x = 0, 1, 2, \cdots$) $t$는 $0 \le t \le 1$의 값이다. 단수부분에 대하여는 다음의 가정이 성립한다.

$$s(x+t) = (1-t^2)s(x) + t^2 s(x+1)$$

  (a) $\mu_{x+t}$를 $t$와 $q_x$를 이용하여 나타내시오.

  (b) ${}_yq_{x+t}$를 $y$, $t$, $q_x$를 이용하여 나타내시오.

  　　단, $0 \le y+t \le 1$, $0 \le y \le 1$

  (c) $K$와 $S$는 독립적인 확률변수임을 증명하고 $E(S)$를 구하시오.

  　　($T = K+S$임)

  (d) $\bar{A}_x$를 $A_x$를 이용하여 나타내면

$$\bar{A}_x = \dfrac{2(e^\delta - 1 - \delta)}{\delta^2} A_x$$

가 되는 것을 증명하시오.

52. 다음과 같은 가정을 이용하여 $\bar{A}_{x:\overline{2}|}$를 구하시오.

  (i) $i = 0.05$ 　　　　　(ii) $q_x = 0.1$ 　　　　　(iii) $q_{x+1} = 0.15$

  (iv) 매 연령마다 단수부분은 UDD가정을 따른다.

53. 다음과 같은 가정을 이용하여 (a), (b), (c)를 구하시오.

    (i) $i = 0.05$

    (ii) $q_x = 0.05,\ q_{x+1} = 0.1$

    (iii) 매 연령마다 단수부분은 UDD가정을 따른다.

    (a) $\bar{A}_{x:\overline{2}|}$

    (b) $A_{x:\overline{2}|}^{(4)}$

    (c) $\mathrm{Var}(Z)$    단, $Z = \begin{cases} v^{K_x^{(4)}+1/4} & T_x \le 2 \\ v^2 & T_x > 2 \end{cases}$

54. 다음과 같은 자료를 이용하여 $A_{84}$를 구하시오.

    (i) $A_{83} = 0.747$    (ii) $D_{83} = 874$    (iii) $D_{84} = 764$    (iv) $i = 0.05$

55. 피보험자 $(60)$은 60세와 61세 사이에서 예상치 못했던 특별위험으로 인하여 사망률이 특별위험이 없을 때(표준사망률)보다 2배로 증가하였다고 한다. 이외의 연령에서의 사망률은 표준사망률과 동일하다고 할 때, 다음과 같은 자료를 이용하여 이 피보험자에 대한 $A_{60:\overline{15}|}^{1}$를 구하시오. $(i = 0.05)$

    (i) 표준사망률 $q_{60} = 0.06$    (ii) 표준사망률 적용하에서 $A_{60:\overline{15}|}^{1} = 0.65$

56. 매 연령마다의 사력이 $\mu$로 동일한 경우(CFM 가정하에서) 다음 보험들의 일시납순보험료를 구하시오.

    (a) 보험금 연말급, 보험금 1원인 종신보험

    (b) 보험금 연말급, 보험금 1원인 $n$년만기 생존보험

    (c) 보험금 연말급, 보험금 1원인 $n$년거치 종신보험

    (d) 보험금 연말급, 보험금 1원인 $n$년만기 정기보험

    (e) 보험금 연말급, 보험금 1원인 $n$년만기 생사혼합보험

57. De Moivre 법칙하에서 다음 보험들의 일시납순보험료를 구하시오.

    (a) 보험금 연말급, 보험금 1원인 종신보험

    (b) 보험금 연말급, 보험금 1원인 $n$년만기 생존보험

    (c) 보험금 연말급, 보험금 1원인 $n$년거치 종신보험

    (d) 보험금 연말급, 보험금 1원인 $n$년만기 정기보험

    (e) 보험금 연말급, 보험금 1원인 $n$년만기 생사혼합보험

58. 보험금 $\dfrac{1}{m}$연말급이나 연 $m$회 지급의 생명연금에서 $Z$나 $Y$를 나타낼 때 $K$와 $J$를 이용하지 않고 $K_x^{(m)}$을 이용하여 나타낼 수 있다. $K_x^{(m)}$이라는 확률변수를 $K_x^{(m)} = \dfrac{1}{m}\lfloor mT_x \rfloor$로 정의한다. 다음을 나타내시오.

(a) $\Pr\left[K_x^{(m)} = k\right]$, $k = 0, \dfrac{1}{m}, \dfrac{2}{m}, \cdots$

(b) $m = 12$인 경우 $A_x^{(m)}$을 구하기 위한 보험금현가 $Z$와 $\mathrm{Var}(Z)$

(c) $A_{x:\overline{n}|}^{1\,(m)}$와 $A_{x:\overline{n}|}^{(m)}$을 구하기 위한 확률변수 $Z$와 $E(Z)$

(d) $\ddot{a}_x^{(m)}$과 $\ddot{a}_{x:\overline{n}|}^{(m)}$을 구하기 위한 확률변수 $Y$와 $E(Y)$ (4장)

제 **4** 장
# 생명연금

# Ⅰ. 기초이론

제1장에서는 확정연금에 관하여 설명하였다. 여기서는 생명연금에 관련된 사항들을 고찰하기로 한다. 가장 기본적인 연 1회 지급의 생명연금을 고려하면 생명연금의 현가라는 것은 계약시에 그 금액을 징수하여 투자수익을 올리면 약정된 모든 연금을 지불하고 과부족이 없이 종료될 수 있는 금액이다. 따라서 생명연금의 보험수리적 현가는 일시납 순보험료이다.

## 1. 종신연금

피보험자(연금수급자)가 생존하는 한 정해진 금액의 연금을 지급하는 것을 종신연금 (whole life annuity)이라고 하며 기말급 종신연금(期末給 終身年金 ; whole life annuity immediate) 과 기시급 종신연금(期始給 終身年金 ; whole life annuity due)이 있다.

우선 기말급 종신연금의 일시납순보험료를 구해 보기로 한다. 연령이 모두 $x$인 $l_x$ 사람들이 각각의 구성원이 생존하는 한 매년말에 1원씩을 지급받을 수 있는 기금(fund)을 만들려고 한다. 사망자들에게는 연금이 지급되지 않는 것을 고려하면 그림 [4.1.1.1]에서 와 같이 $x+1$, $x+2$, …의 각 시점에서 생명표상의 생존자수인 $l_{x+1}$원, $l_{x+2}$원, … 만큼 의 금액이 필요하다.

$x+1$시점에서의 $l_{x+1}$원의 현가는 $vl_{x+1}$원이며, $x+2$시점에서의 $l_{x+2}$원의 현가는 $v^2 l_{x+2}$ 원이므로 생존자에게 연말에 1원씩을 지급하기에 충분한 기금은

$$vl_{x+1} + v^2 l_{x+2} + v^3 l_{x+3} + \cdots + v^{\omega-x-1} l_{\omega-1} \qquad (4.1.1.1)$$

식 (4.1.1.1)의 기금을 현재 $x$세인 $l_x$사람들이 납부하는 일시납보험료로 만들어야 한다. 따라서 $x$세 사람의 일시납순보험료(즉, 기금을 조성하기 위하여 1인당 일시에 납부하여야 하는 금액)를 $a_x$라고 하면

그림 [4.1.1.1] 기말급 종신연금

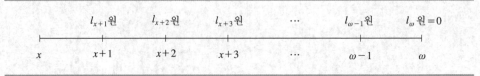

$$l_x \cdot a_x \tag{4.1.1.2}$$

는 식 (4.1.1.1)의 지출을 충당하기 위한 수입이 된다. 수입과 지출을 일치시키면

$$l_x\, a_x = v l_{x+1} + v^2 l_{x+2} + v^3 l_{x+3} + \cdots + v^{\omega-x-1} l_{\omega-1} \tag{4.1.1.3}$$

식 (4.1.1.3)으로부터

$$a_x = \frac{v l_{x+1} + v^2 l_{x+2} + v^3 l_{x+3} + \cdots + v^{\omega-x-1} l_{\omega-1}}{l_x} \cdot \tag{4.1.1.4}$$

$a_x$는 개인이 생존하는 한 매기말에 1원씩을 지급받을 수 있는 기말급 종신연금의 일시납 순보험료이다.

식 (4.1.1.4)의 분모와 분자에 $v^x$를 곱하면

$$a_x = \frac{v^{x+1} l_{x+1} + v^{x+2} l_{x+2} + v^{x+3} l_{x+3} + \cdots + v^{\omega-1} l_{\omega-1}}{v^x\, l_x} \tag{4.1.1.5}$$

여기서

$$D_x = v^x l_x, \qquad D_{x+1} = v^{x+1} l_{x+1} \tag{4.1.1.6}$$
$$N_x = D_x + D_{x+1} + D_{x+2} + \cdots + D_{\omega-1} \tag{4.1.1.7}$$

라고 정의하면

$$a_x = \frac{D_{x+1} + D_{x+2} + D_{x+3} + \cdots + D_{\omega-1}}{D_x} \tag{4.1.1.8}$$

$$= \frac{N_{x+1}}{D_x} \tag{4.1.1.9}$$

제3장에서 살펴본 생존보험의 개념에서(식 (3.1.2.6) 참고)

$$_nE_x - A_{x\,:\,\overline{n}|}^{\,1} = \frac{D_{x+n}}{D_x} \tag{4.1.1.10}$$

임을 이용하면 식 (4.1.1.8)은 다음과 같이 표시될 수도 있다.

$$a_x = {}_1E_x + {}_2E_x + {}_3E_x + \cdots + {}_{\omega-x-1}E_x \tag{4.1.1.11}$$

기시급 종신연금이란 매기초에 생존하는 한 연금이 지급되는 경우를 말하므로 기시

급 종신연금과 기말급 종신연금과의 차이는 제1보험연도의 초에 지급되는 연금액뿐이며 다른 모든 지급은 완전히 동일하다. 연금액 1원인 기시급 종신연금의 일시납순보험료를 $\ddot{a}_x$라고 표시하면

$$\ddot{a}_x = 1 + a_x \tag{4.1.1.12}$$
$$= 1 + \frac{N_{x+1}}{D_x}$$
$$= \frac{N_x}{D_x} \tag{4.1.1.13}$$

부록 3의 표 6은 이자율 5%와 제7회 경험생명표(남)하에서의 $\ddot{a}_x$의 값을 나타낸다.

예제 4.1.1.1

피보험자 (30)에 대하여 다음 종신연금들의 일시납순보험료를 구하시오. 연금금액은 1,000원씩이고 이자율은 5%임.
(a) 첫번째 연금지급이 31세부터인 경우
(b) 첫번째 연금지급이 30세부터인 경우

풀이

(a) 기말급 종신연금을 의미한다. 연금지급액이 1원인 경우의 일시납순보험료가 $a_x$이므로 연금지급액이 1,000원인 경우의 일시납순보험료는 $1000\,a_x$이다. 그런데 부록의 표에는 $\ddot{a}_x$의 값만 있을 뿐 $a_x$의 값은 없다. 따라서 식 (4.1.1.12)를 변형하여 $a_x = \ddot{a}_x - 1$을 이용한다.
$$\text{NSP} = 1000\,a_{30} = 1000(\ddot{a}_{30} - 1) = 1000(18.882771 - 1) = 17882.71$$

(b) $\text{NSP} = 1000\,\ddot{a}_{30} = 18882.271$

예제 4.1.1.2

35세의 사람이 매년초에 100원씩 64세까지 보험회사에 이자율 5%로 적립하고 적립된 금액으로 65세부터 사망시까지 매년초에 $R$원씩을 지급받기로 보험회사와 계약을 맺었다. 만약 65세 전에 사망을 할 경우 유족에게 적립된 원리합계가 지급되며 다른 사망보험금은 없다. 이때 $R$을 구하시오.

풀이

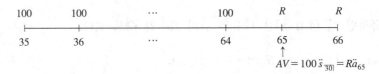

$$AV = 100\,\ddot{s}_{\overline{30}|} = R\ddot{a}_{65}$$

사망하는 사람은 자기가 적립한 금액을 찾아가므로 생존한 사람의 경우만을 65세 시점에서

고려하면 된다. 생존한 사람은 65세에 $100\ddot{s}_{\overline{30}|}$ 만큼을 적립하고 이 금액이 65세부터의 종신연금의 일시납순보험료가 되므로

$$100\ddot{s}_{\overline{30}|} = NSP = R\ddot{a}_{65}$$

$$R = \frac{100\ddot{s}_{\overline{30}|}}{\ddot{a}_{65}} = \frac{100(69.76079)}{12.119082} = 575.628$$

## 2. 유기생명연금

연금을 지급하는 기간이 종신이 아니고 미리 정해진 일정한 기간일 경우를 유기생명연금(有期生命年金) 또는 정기생명연금(定期生命年金 ; temporary life annuity)이라고 한다.

연금지급액 1원, 기간 $n$년인 유기생명연금의 일시납순보험료를 기말급인 경우는 $a_{x:\overline{n}|}$, 기시급인 경우는 $\ddot{a}_{x:\overline{n}|}$ 으로 표시한다. 기간 $n$년인 유기생명연금에서는 연금수급자가 $n$년 이상을 생존할 경우는 연금지급이 이루어지지 않으므로

$$\ddot{a}_{x:\overline{n}|} = {}_0E_x + {}_1E_x + {}_2E_x + \cdots + {}_{n-1}E_x \tag{4.1.2.1}$$

또는

$$\ddot{a}_{x:\overline{n}|} = \frac{D_x + D_{x+1} + \cdots + D_{x+n-1}}{D_x} \tag{4.1.2.2}$$

그런데

$$N_x = D_x + D_{x+1} + \cdots + D_{x+n-1} + D_{x+n} + D_{x+n+1} + \cdots + D_{\omega-1}$$
$$N_{x+n} = \qquad\qquad\qquad\qquad\qquad D_{x+n} + D_{x+n+1} + \cdots + D_{\omega-1}$$

이므로

$$N_x - N_{x+n} = D_x + D_{x+1} + \cdots + D_{x+n-1}$$

따라서 식 (4.1.2.2)는

$$\ddot{a}_{x:\overline{n}|} = \frac{N_x - N_{x+n}}{D_x} \tag{4.1.2.3}$$

$$= \frac{D_x + N_{x+1} - N_{x+n}}{D_x} = 1 + a_{x:\overline{n-1}|} \tag{4.1.2.4}$$

같은 방법으로 기말급 유기생명연금의 일시납순보험료는

$$a_{x:\overline{n}|} = \frac{N_{x+1} - N_{x+n+1}}{D_x} \tag{4.1.2.5}$$

**예제 4.1.2.1**

어떤 생명보험의 보험료 납입방식은 매년초에 100원씩 최고 20년 납입이다. 피보험자의 나이가 30세일 때 이 생명보험의 일시납순보험료를 구하시오.

**풀이**

보험료의 납입형태는 생명연금의 형태이다. 왜냐하면 보험료 납입자가 사망하면 보험료를 납입하지 않기 때문이다.

```
     100        100(?)      ...      100(?)
     ├──────────┼───────── ... ─────────┼──────────┤
     30          31         ...         49          50
     ↑
```

$$\text{NSP} = 100 \times \ddot{a}_{30:\overline{20}|} = 100 \times \frac{N_{30} - N_{50}}{D_{30}}$$

$$= 100 \times \frac{430837.593 - 134166.445}{22816.968} \quad \text{(부록의 계산기수표 이용)}$$

$$= 1300.22$$

여기서도 $\ddot{a}_{30:\overline{20}|}$ 이 적용되는 경우는 연금지급액이 1원인 경우임을 유의하여야 한다.

앞에서 설명된 식들을 이용하면 다음 식들이 성립함을 알 수 있다.

$$a_{x:\overline{n}|} = \ddot{a}_{x:\overline{n}|} - 1 + v^n \, {}_n p_x \tag{4.1.2.6}$$

$$a_{x:\overline{n-1}|} = \ddot{a}_{x:\overline{n}|} - 1 \tag{4.1.2.7}$$

$$a_{x:\overline{n}|} = v \, p_x \, \ddot{a}_{x+1:\overline{n}|} \tag{4.1.2.8}$$

$$\ddot{a}_{x:\overline{n}|} = 1 + v p_x \, \ddot{a}_{x+1:\overline{n-1}|} \tag{4.1.2.9}$$

## 3. 거치연금

연금지급액이 1원이며 거치기간이 $n$년인 생명연금의 일시납순보험료는 각 생명연금의 일시납순보험료를 나타내는 기호의 왼편에 $_{n|}$를 붙여서 사용한다.

$_{n|}\ddot{a}_x$는 연금지급액이 1원인 경우 $n$년거치 기시급 종신생명연금(deferred whole life annuity due)의 일시납순보험료를 나타낸다.

$$_{n|}\ddot{a}_x = {}_nE_x + {}_{n+1}E_x + {}_{n+2}E_x + \cdots + {}_{\omega-x-1}E_x \qquad (4.1.3.1)$$

또는

$$_{n|}\ddot{a}_x = \frac{D_{x+n} + D_{x+n+1} + \cdots + D_{\omega-1}}{D_x} \qquad (4.1.3.2)$$

따라서

$$_{n|}\ddot{a}_x = \frac{N_{x+n}}{D_x} \qquad (4.1.3.3)$$

식 (4.1.3.3)을 약간 변형하면

$$_{n|}\ddot{a}_x = \frac{N_x - (N_x - N_{x+n})}{D_x} = \ddot{a}_x - \ddot{a}_{x:\overline{n|}} \qquad (4.1.3.4)$$

$_{n|}\ddot{a}_{x:\overline{m|}}$은 연금 지급액이 1원인 경우 $n$년거치 $m$년 기시급 유기생명연금의 일시납 순보험료를 나타낸다.

$$_{n|}\ddot{a}_{x:\overline{m|}} = {}_nE_x + {}_{n+1}E_x + \cdots + {}_{n+m-1}E_x \qquad (4.1.3.5)$$

$$= \frac{D_{x+n}}{D_x} + \frac{D_{x+n+1}}{D_x} + \cdots + \frac{D_{x+n+m-1}}{D_x}$$

$$= \frac{N_{x+n} - N_{x+n+m}}{D_x} \qquad (4.1.3.6)$$

$$= \frac{(N_x - N_{x+n+m}) - (N_x - N_{x+n})}{D_x} = \ddot{a}_{x:\overline{n+m|}} - \ddot{a}_{x:\overline{n|}} \qquad (4.1.3.7)$$

기말급인 경우를 살펴보면

$$a_{x:\overline{n|}} = {}_{1|}\ddot{a}_{x:\overline{n|}} = \frac{N_{x+1} - N_{x+n+1}}{D_x} \qquad (4.1.3.8)$$

$$_{n|}a_x = {}_{n+1|}\ddot{a}_x = \frac{N_{x+n+1}}{D_x} \qquad (4.1.3.9)$$

$$= \frac{N_{x+1} - (N_{x+1} - N_{x+n+1})}{D_x} = a_x - a_{x:\overline{n|}} \qquad (4.1.3.10)$$

$$_{n|}a_{x:\overline{m|}} = {}_{n+1|}\ddot{a}_{x:\overline{m|}} = \frac{N_{x+n+1} - N_{x+n+m+1}}{D_x} \qquad (4.1.3.11)$$

$$= a_{x:\overline{n+m}|} - a_{x:\overline{n}|} \tag{4.1.3.12}$$

( 예제 4.1.3.1 )

아들의 장래 대학 학비를 위하여 아버지가 보험회사에 10,000,000원을 지불하고 8년거치 4년 유기생명연금을 아들에게 마련해 주었다. 이 생명연금의 첫번째 지급은 18세이며 아들의 현재 나이는 10세라고 할 때, 이 연금의 매년 지급액을 구하시오. ($i = 5\%$)

( 풀이 )

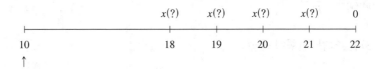

$$10000000 = (x)_{8|}\ddot{a}_{10:\overline{4}|}$$

따라서 $x = \dfrac{10000000}{_{8|}\ddot{a}_{10:\overline{4}|}} = \dfrac{10000000}{(N_{18} - N_{22})/D_{10}} = \dfrac{(10000000)D_{10}}{N_{18} - N_{22}}$ (부록의 계산기수표 이용)

$$= 3976930.25$$

## 4. 보증기간부 생명연금

연금 지급이 개시된 후 처음의 몇 년은 생사에 관계없이 확정연금(確定年金)을 지급하고 그 이후에는 통상의 생명연금을 지급하는 연금을 보증기간부(保證期間附) 생명연금(生命年金)이라고 한다. 확정연금을 지급하는 기간을 보증기간이라고 부른다. $x$세의 피보험자에 대하여 $h$년의 보증기간부로서 그 후 $n$년의 유기생명연금을 지급하는 기시급연금에서의 일시납순보험료는 다음과 같다.

$$\ddot{a}_{\overline{h}|} + {}_{h|}\ddot{a}_{x:\overline{n}|} \tag{4.1.4.1}$$

( 예제 4.1.4.1 )

어떤 생명보험 계약은 피보험자가 50세가 되면 다음의 두 가지 중에서 피보험자가 선택할 수 있다.

(i) 10,000원 현금 지급

(ii) 매년초에 $R$원씩 10년은 확정적으로 지급하고(즉, 처음 10년 안에 피보험자가 사망하면 유족이 나머지 부분을 수취) 그 이후에는 사망시까지 매년초에 $R$원씩 지급

이런 보험계약에서 $R$을 구하시오. ($i = 5\%$)

풀이

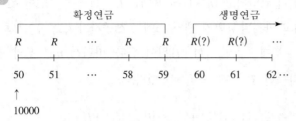

위 그림에서 50시점에서의 확정연금의 현가와 10년거치 종신생명연금의 현가의 합이 10,000
이 되어야 한다.

$$10000 = R(\ddot{a}_{\overline{10|}} + {}_{10|}\ddot{a}_{50})$$

$$R = \frac{10000}{\ddot{a}_{\overline{10|}} + \dfrac{N_{60}}{D_{50}}} = \frac{10000}{16.106} = 620.89$$

## 5. forborne annuity

$x$세의 $l_x$사람들이 매년초에 1원씩을 납입하여서 $n$년 후에 기금을 만들기로 하였다
고 가정하자. 각자가 납입한 금액은 이자율 $i$로 적립이 되고 $n$년 후에 적립된 기금은
$n$년 후의 생존자 수인 $l_{x+n}$사람들에게 나누어 지급되는 경우를 생각한다. 기금의 적립
기간중에 사망한 사람들에게는 사망한 사람들이 적립한 금액이 반환되지 않으며 사망
한 사람들이 적립한 금액은 $n$년 후에 생존한 사람들의 1인당 몫을 증가하는 데 기여
한다. 이런 형태의 기금을 tontine fund라고 한다. $n$년 후에 $l_{x+n}$사람들 각각은 소위
forborne annuity를 지급받는다. 이제 $n$년 후의 생존자 1인당 지급받는 금액을 계산해
보기로 한다.

$n$년 후의 1인당 지급받는 금액을 $\ddot{s}_{x:\overline{n|}}$ 또는 ${}_nu_x$라고 표시한다. 각 시점에서의 생존
자들만 1원씩을 납입할 수 있으므로 첫해의 초에는 $l_x$원이 납입되며 이 금액은 $n$년 후에
는 $l_x(1+i)^n$원이 된다. 두 번째 해의 초에는

그림 [4.1.5.1]  forborne annuity

생존자가 $l_{x+1}$이므로 $l_{x+1}$원이 납입되고 $(n-1)$년 후에는 $l_{x+1}(1+i)^{n-1}$원이 된다. 이런 방법으로 계속 기금이 형성되고 마지막 $n$번째 해의 초에는 생존자가 $l_{x+n-1}$이므로 $l_{x+n-1}$원이 납입되고 이 금액은 1년 후에는 $l_{x+n-1}(1+i)$원이 된다. 따라서 $n$년 후의 총적립금액을 생존자수인 $l_{x+n}$으로 나누면 $\ddot{s}_{x:\overline{n}|}$을 얻을 수 있다.

$$\ddot{s}_{x:\overline{n}|} = \frac{l_x(1+i)^n + l_{x+1}(1+i)^{n-1} + \cdots + l_{x+n-1}(1+i)}{l_{x+n}} \tag{4.1.5.1}$$

식 (4.1.5.1)의 분모와 분자에 $v^{x+n}$을 곱하면

$$\ddot{s}_{x:\overline{n}|} = \frac{D_x + D_{x+1} + D_{x+2} + \cdots + D_{x+n-1}}{D_{x+n}} \tag{4.1.5.2}$$

따라서

$$\ddot{s}_{x:\overline{n}|} = {}_nu_x = \frac{N_x - N_{x+n}}{D_{x+n}} \tag{4.1.5.3}$$

이자론에서 설명된 $\ddot{s}_{\overline{n}|}$은 이자라는 하나의 요소로 적립된 $n$년 후의 종가(원리합계)인 데 비하여 $\ddot{s}_{x:\overline{n}|}$은 이자와 생존이라는 두 가지 요소로 적립된 $n$년 후의 종가(원리합계)를 말한다. $\ddot{s}_{x:\overline{n}|}$은 제6장에서 고찰할 과거법 책임준비금을 계산할 때 사용되는 중요한 개념이다.

또 $\ddot{s}_{x:\overline{n}|}$와 $\ddot{a}_{x:\overline{n}|}$의 관계에 대하여 살펴보기로 한다.

$$\begin{aligned} \ddot{a}_{x:\overline{n}|} &= \frac{N_x - N_{x+n}}{D_x} \\ &= \frac{D_{x+n}}{D_x} \frac{N_x - N_{x+n}}{D_{x+n}} \\ &= {}_nE_x \cdot \ddot{s}_{x:\overline{n}|} \end{aligned} \tag{4.1.5.4}$$

따라서

$$\ddot{s}_{x:\overline{n}|} = \left(\frac{1}{{}_nE_x}\right)\ddot{a}_{x:\overline{n}|} \tag{4.1.5.5}$$

이자론에서 다음의 관계식이 성립함을 살펴보았다. 앞의 두 식과 비교하기 바란다.

$$\ddot{a}_{\overline{n}|} = v^n \ddot{s}_{\overline{n}|} \qquad (4.1.5.6)$$

$$\ddot{s}_{\overline{n}|} = (1+i)^n \ddot{a}_{\overline{n}|} \qquad (4.1.5.7)$$

제3장에서 다음 식이 성립함을 고찰하였다.

$$_nE_x = v^n \,_np_x \qquad (4.1.5.8)$$

$$\frac{1}{_nE_x} = (1+i)^n \left( \frac{1}{_np_x} \right) \qquad (4.1.5.9)$$

여기서 $_nE_x$는 $v^n$과 $\dfrac{1}{_nE_x}$는 $(1+i)^n$과 비교될 수 있는 개념이다.

그림 [4.1.5.2]　$_nE_x$와 $v^n$의 비교

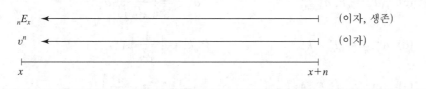

그림 [4.1.5.2]에서 나타난 것과 같이 $x$세의 사람이 $x+n$세에 생사에 관계 없이 1원을 받는 것의 현가(즉, 이자만을 고려함)는 $v^n$이며 $x$세 사람이 $x+n$세에 생존할 경우에만 1원을 받는 것의 현가(이것을 보험수리적 현가(保險數理的 現價)라고 하며 즉, 이자와 생존이 고려됨)는 $_nE_x$이다. 식 (4.1.5.4)와 식 (4.1.5.6)을 비교하기 바란다.

그림 [4.1.5.3]　$\dfrac{1}{_nE_x}$와 $(1+i)^n$의 비교

그림 [4.1.5.3]에서 알 수 있듯이 $x$세에 투자된 1원은 생사를 고려하지 않는다면 $x+n$세에서는 종가가 $(1+i)^n$이 된다(즉, 이자만을 고려). $x$세에 투자된 1원이 $x+n$세까지 생존할 경우에만 적립된 원리합계를 받을 수 있다면 투자한 사람이 사망하여 원리합계를 받지 못하는 경우가 발생할 수 있으므로 그 대가로 원리합계는 $(1+i)^n$보다 커야 하며 이자와 생존이 함께 고려된 종가(원리합계)는 $\dfrac{1}{_nE_x}$이다. 식 (4.1.5.5)와 식 (4.1.5.7)을 비교하기 바

란다.

이자론에서 현가와 종가를 계산할 때 $v^n$과 $(1+i)^n$을 사용한 것과 같이 이자율과 사망률을 함께 고려하는 보험료계산에서는 $v^n$과 $(1+i)^n$ 대신에 $_nE_x$와 $\dfrac{1}{_nE_x}$를 사용한다. 식 (4.1.1.11), 식 (4.1.2.1)과 식 (4.1.3.1) 등을 참고하기 바란다.

> **예제 4.1.5.1**

다음 식들의 의미를 $_nE_x$와 $\left(\dfrac{1}{_nE_x}\right)$를 이용하여 설명하시오.

(a) $a_x = v p_x \ddot{a}_{x+1} = {}_1E_x\, \ddot{a}_{x+1},$ $\qquad \ddot{a}_{x+1} = \left(\dfrac{1}{_1E_x}\right) a_x$

(b) $a_{x:\overline{n}|} = \ddot{a}_{x:\overline{n}|} - 1 + {}_nE_x$

(c) $_{n|}\ddot{a}_x = {}_nE_x\, \ddot{a}_{x+n},$ $\qquad \ddot{a}_{x+n} = \left(\dfrac{1}{_nE_x}\right) {}_{n|}\ddot{a}_x$

(d) $A^{\,1}_{x:\overline{n}|} = {}_nE_x \cdot {}_nk_x,$ $\qquad {}_nk_x = \left(\dfrac{1}{_nE_x}\right) A^{\,1}_{x:\overline{n}|}$

(e) $_{m|}A^{\,1}_{x:\overline{n}|} = {}_mE_x\, A^{\,1}_{x+m:\overline{n}|},$ $\qquad A^{\,1}_{x+m:\overline{n}|} = \left(\dfrac{1}{_mE_x}\right) {}_{m|}A^{\,1}_{x:\overline{n}|}$

(f) $A_x = A^{\,1}_{x:\overline{1}|} + {}_1E_x\, A_{x+1} = A^{\,1}_{x:\overline{2}|} + {}_2E_x\, A_{x+2}$

> **풀이**

(a)

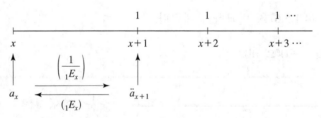

같은 연금의 흐름을 $a_x$는 $x$시점에서, $\ddot{a}_{x+1}$은 $x+1$시점에서 이자와 생존을 고려한 현가이다. 따라서 $x+1$시점에서 $x$시점으로 갈 때는 $_1E_x$를 곱하여 주고 $x$시점에서 $x+1$시점으로 갈 때는 $\dfrac{1}{_1E_x}$를 곱하여 준다.

(b)

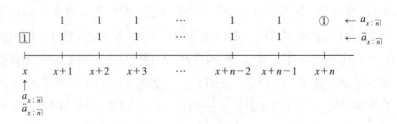

$a_{x:\overline{n}|}$과 $\ddot{a}_{x:\overline{n}|}$은 연금의 흐름을 평가한 시점은 같으나 연금의 흐름이 다르다. 다른 점은 ▯
과 ①로 표시된 부분이다. 따라서

$$a_{x:\overline{n}|} = \ddot{a}_{x:\overline{n}|} - \text{▯의 현가} + \text{①의 현가}$$

여기서 현가란 보험수리적 현가(actuarial present value)로서 생존과 이자가 고려된 현가이
다. ▯의 현가는 $x$시점에서 평가하므로 그대로 1이고 ①의 현가는 생존하면 $x+n$시점에서
1을 받는 것의 현가이므로 $_nE_x$이다. 따라서 (b)식이 성립한다.

(c)

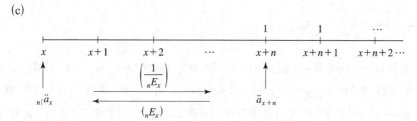

같은 연금의 지급을, $\ddot{a}_{x+n}$은 $x+n$시점에서 $_{n|}\ddot{a}_x$는 $x$시점에서 평가한 보험수리적 현가이
다. 따라서 $x+n$시점에서 $x$시점으로 갈 때에는 $_nE_x$를, $x$시점에서 $x+n$시점으로 갈 때에는
$\left(\dfrac{1}{_nE_x}\right)$를 곱해 준다.

(d)

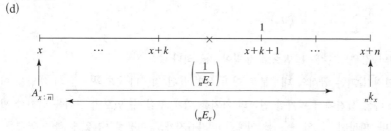

$n$년 안에 사망을 할 경우 보험금 1원을 지급하는 $n$년만기 정기보험의 보험금 1원의 $x$시점
에서의 보험수리적 현가(일시납순보험료)는 $A^1_{x:\overline{n}|}$이고, $x+n$시점에서의 일시납순보험료
(즉, $l_{x+n}$사람만이 보험료부담)는 $_nk_x$이다. $n$년 안에 사망을 하면 1원을 지급한다는 같은
조건의 지급을, 하나는 $x$시점에서 다른 하나는 $x+n$시점에서 생존과 이자를 고려하여 평가
한 것에 불과하다. 따라서 $x$시점에서 $x+n$시점으로 갈 때에는 $\left(\dfrac{1}{_nE_x}\right)$를 곱해 주고 $x+n$시
점에서 $x$시점으로 갈 때에는 $_nE_x$를 곱한다.

(e)

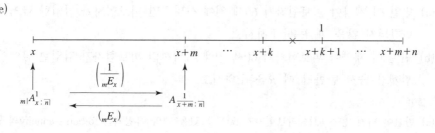

보험금이 지급되는 기간은 $x+m$시점부터 $x+m+n$시점까지이다. 따라서 같은 기간에 사망을 하면 1원을 지급한다는 같은 조건을, 하나는 $x$시점에서 다른 하나는 $x+m$시점에서 평가한 것이다. 따라서 (e)식이 성립한다.

(f)

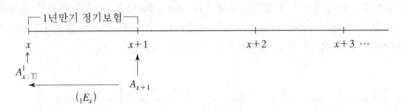

전기간을 $[x, x+1]$과 $[x+1, \omega]$로 나누어 생각하면 $x$시점에서는 $[x, x+1]$ 사이의 보험금 1원에 대한 현가는 $A^1_{x:\overline{1}|}$이고 $x+1$시점에서 $[x+1, \omega]$ 사이의 보험금 1에 대한 현가는 $A_{x+1}$이다. $x+1$시점에서의 $A_{x+1}$은 생존과 이자를 고려하면 $x$시점에서는 $A_{x+1} \cdot {}_1E_x$가 됨을 알 수 있다. 따라서 (f)식이 성립한다(연습문제 (3.1)의 1번을 참조).

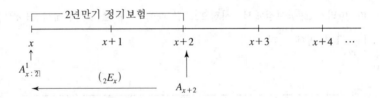

두 번째의 경우도 같은 방법으로 설명이 가능하다.

지금까지 살펴본 공식의 대부분은 이미 설명이 된 것이다. ${}_nE_x$와 $\dfrac{1}{{}_nE_x}$의 개념을 이해하면 각각 다른 시점에서 평가한 연금의 가치를 쉽게 구할 수 있으며 공식을 암기할 필요가 없게 된다. 따라서 ${}_nE_x$와 $\dfrac{1}{{}_nE_x}$를 이해하고 자유자재로 이용할 수 있게 하는 연습은 보험수리학을 공부하는 데 있어서 필수적이다. ■

### 예제 4.1.5.2

피보험자 (30)이 60세부터 매년 1,000원씩의 종신생명연금을 지급받기를 원한다. 이를 위하여 피보험자는 매년초에 일정액($R$원)을 30년 동안 보험회사에 납입하기로 계약을 하였다. ($i=5\%$)

(a) 만일 이 계약이 피보험자가 60세 전에 사망하면 피보험자가 납입한 금액이 전혀 반환되지 않을 때 $R$을 구하시오.

(b) 만일 이 계약이 피보험자가 60세 전에 사망하면 피보험자가 납입한 금액의 원리합계가 즉시 반환될 때 $R$을 구하시오.

### 풀이

(a) 반환이 되지 않는 때는 피보험자가 60세 되었을 때의 적립액은 forborne annuity의 종가(원

리합계)이다.

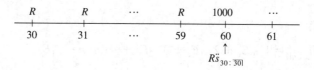

따라서

$$R\ddot{s}_{\,30\,:\,\overline{30}|} = 1000\,\ddot{a}_{\,60}$$

$$R = \frac{1000\,\ddot{a}_{\,60}}{\ddot{s}_{\,30\,:\,\overline{30}|}} = \frac{1000(13.611659)}{73.7552} = 184.55$$

또는

$$R = \frac{1000\ddot{a}_{\,60}}{\ddot{s}_{\,30\,:\,\overline{30}|}} = \frac{1000\,(N_{60}/D_{60})}{(N_{30}-N_{60})/D_{60}} = \frac{1000\,(67125.609)}{430847.593-67125.609} = 184.55$$

(b) 이 경우는 사망한 사람들은 사망한 사람들이 적립한 금액을 이자와 함께 찾아가므로 60세에 이르러 생존한 사람들의 몫을 증가시키지 않는다. 60세에 도달한 사람은 결국 자신이 적립한 금액만으로 60세 이후의 연금에 대한 보험료를 충당하여야 한다.

| R | R | ⋯ | R | 1000 | ⋯ |

$$R\ddot{s}_{\,\overline{30}|}$$

따라서

$$R\ddot{s}_{\,\overline{30}|} = 1000\,\ddot{a}_{\,60}$$

$$R = \frac{1000\,\ddot{a}_{\,60}}{\ddot{s}_{\,\overline{30}|}} = \frac{1000\,\ddot{a}_{\,60}}{s_{\,\overline{31}|}-1} = 195.12$$

(a)와 (b)를 비교하면 (a)의 R이 작은 것은 당연한데 이는 사망한 사람들이 적립한 금액이 반환되지 않고 60세까지 생존한 사람들을 도와주기 때문이다.

## 6. 변동연금

변동연금(變動年金 ; varying annuity)이라는 것은 지급되는 연금액이 매회 일정한 것이 아니고 변동하는 경우의 연금을 말한다. 제3장에서는 사망보험금이 일정하지 않고 사망이 발생한 연도에 따라 변동하는 보험금변동보험을 고찰하였다.

$x$세의 피보험자에 대한 기시급연금(期始給年金)으로 연금액이 제1연도에는 1원, 제2연도에는 2원, ⋯ 등 매년 1원씩 증가하는 생명연금을 누가생명연금(累加生命年金 ; increasing life annuities)이라고 하여 연금지급기간이 $n$년일 때의 일시납순보험료를 $(I\ddot{a})_{x:\overline{n}|}$으로 표시한다.

$$(I\ddot{a})_{x:\overline{n}|} = 1 \cdot {}_0E_x + 2 \cdot {}_1E_x + 3 \cdot {}_2E_x + \cdots + n \cdot {}_{n-1}E_x \tag{4.1.6.1}$$

$$= \frac{D_x + 2D_{x+1} + 3D_{x+2} + \cdots + n \cdot D_{x+n-1}}{D_x} \tag{4.1.6.2}$$

그런데

$$D_x + D_{x+1} + D_{x+2} + \cdots + D_{x+n-1} = N_x - N_{x+n}$$
$$D_{x+1} + D_{x+2} + \cdots + D_{x+n-1} = N_{x+1} - N_{x+n}$$
$$D_{x+2} + \cdots + D_{x+n-1} = N_{x+2} - N_{x+n}$$
$$\vdots$$
$$D_{x+n-1} = N_{x+n-1} - N_{x+n} \tag{4.1.6.3}$$

식 (4.1.6.3)의 각 식들을 더하면

$$D_x + 2D_{x+1} + 3D_{x+2} + \cdots + n \cdot D_{x+n-1}$$
$$= N_x + N_{x+1} + N_{x+2} + \cdots + N_{x+n-1} - n \cdot N_{x+n} \tag{4.1.6.4}$$

계산기수 $S_x$를 다음과 같이 정의한다.

$$S_x = N_x + N_{x+1} + N_{x+2} + \cdots + N_{\omega-1} \tag{4.1.6.5}$$

따라서

$$S_{x+n} = N_{x+n} + N_{x+n+1} + \cdots + N_{\omega-1} \tag{4.1.6.6}$$

식 (4.1.6.5)에서 식 (4.1.6.6)을 차감하면

$$S_x - S_{x+n} = N_x + N_{x+1} + N_{x+2} + \cdots + N_{x+n-1} \tag{4.1.6.7}$$

그러므로

$$D_x + 2D_{x+1} + 3D_{x+2} + \cdots + nD_{x+n-1} = S_x - S_{x+n} - nN_{x+n} \tag{4.1.6.8}$$

이와 같은 결과를 이용하면

$$(I\ddot{a})_{x:\overline{n}|} = \frac{S_x - S_{x+n} - nN_{x+n}}{D_x} \tag{4.1.6.9}$$

식 (4.1.6.9)에서 $x+n$을 $\omega$보다 크게 할 때는

$$(I\ddot{a})_x = \frac{S_x}{D_x} \tag{4.1.6.10}$$

이 되며 $(I\ddot{a})_x$는 누가종신생명연금의 일시납순보험료(the net single premium for regulary increasing whole life annuity)가 된다.

기말급인 경우를 살펴보면

$$(Ia)_{x:\overline{n}|} = \frac{1}{D_x}(S_{x+1} - S_{x+n+1} - nN_{x+n+1}) \tag{4.1.6.11}$$

$$(Ia)_x = \frac{S_{x+1}}{D_x} \tag{4.1.6.12}$$

$(I\ddot{a})_{x:\overline{n}|}$은 연금지급기간이 $n$년이므로 $n$년 후에는 연금지급이 없다. 한편 연금액이 1원, 2원, … $n$원으로 증가한 후 그 이후에는 계속 $n$원으로 종신토록 지급되는 연금의 일시납순보험료는 $(I_{\overline{n}|}\ddot{a})_x$로 나타낸다.

$$(I_{\overline{n}|}\ddot{a})_x = \frac{1}{D_x}(D_x + 2D_{x+1} + \cdots + nD_{x+n-1} + nD_{x+n} + \cdots) \tag{4.1.6.13}$$

$$= \frac{1}{D_x}(N_x + N_{x+1} + \cdots + N_{x+n-1})$$

$$= \frac{1}{D_x}(S_x - S_{x+n}) \tag{4.1.6.14}$$

예제 4.1.6.1

50세의 피보험자가 51세에 5,000원, 52세에 5,500원, … 같이 매년 500원씩 지급이 증가하는 생명연금에 가입하였다. 다음을 구하시오.
(a) 이 생명연금이 종신연금일 때의 NSP
(b) 이 생명연금은 최고 8,000원이 될 때까지 증가하고 그 이후의 연금지급액이 계속 8,000원인 경우의 NSP
(c) (b)에서 8,000원이 된 후 그 이후는 연금지급이 없는 경우의 NSP

**풀이**

(a)

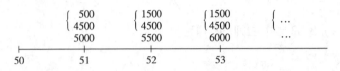

이와 같은 연금은 4,500원씩의 균등 연금액을 기초로 하고 500원씩 증가하는 연금으로 생각할 수 있으므로

$$\text{NSP} = 4500a_{50} + 500(Ia)_{50} = \frac{4500N_{51} + 500S_{51}}{D_{50}} = 161682.3614$$

(b)

```
                                                         [ -500    [ -1000 → -500S_58
        { 500   { 1500  { 1500              { 3500  { 4000   { 4500    → 500S_51
        { 4500  { 4500  { 4500     ...      { 4500  { 4500   { 4500    → 4500N_51
          5000    5500    6000               8000    8000     8000
       +-----+-------+-------+-----...----+-------+-------+
        50    51      52      53            57      58      59
```

$$\text{NSP} = \frac{1}{D_{50}}(4500N_{51} + 500S_{51} - 500S_{58}) = 110717.9698$$

(c)

```
                                                    [ -8000  [ -8000 ← -8000N_58
                                                    { -500   { -1000 ← -500S_58
        { 500   { 1000  { 1500              { 3500  { 4000   { 4500  ← 500S_51
        { 4500  { 4500  { 4500     ...      { 4500  { 4500   { 4500  ← 4500N_51
          5000    5500    6000               8000     0        0
       +-----+-------+-------+-----...----+-------+-------+
        50    51      52      53            57      58      59
```

$$\text{NSP} = \frac{1}{D_{50}}(4500N_{51} + 500S_{51} - 500S_{58} - 8000N_{58}) = 36524.01849$$

$x$세의 피보험자에 대한 기시급연금으로 제1연도의 연금액은 $n$원, 제2연도의 연금액은 $n-1$원… 등 매년 1원씩 감소하는 경우의 생명연금을 누감생명연금(累減生命年金 ; decreasing life annuity)이라고 한다. 연금지급기간이 $n$년일 경우, 즉, $n$년 후에는 연금지급액이 없는 경우의 일시납순보험료를 $(D\ddot{a})_{x:\overline{n}|}$ 이라고 표시한다.

$$(D\ddot{a})_{x:\overline{n}|} = \frac{1}{D_x}\{nD_x + (n-1)D_{x+1} + \cdots + D_{x+n-1}\}$$

$$= \frac{1}{D_x}\{nN_x - (S_{x+1} - S_{x+n+1})\} \tag{4.1.6.15}$$

앞에서 살펴본 누감연금에서 연금액이 1원에 도달한 후에는 연금액이 계속 1원인

경우의 일시납순보험료는 $(D_{\overline{n}|}\ddot{a})_x$로 표시한다.

$$(D_{\overline{n}|}\ddot{a})_x = \frac{1}{D_x}\{nD_x + (n-1)D_{x+1} + \cdots + D_{x+n-1} + D_{x+n} + \cdots\}$$

$$= \frac{1}{D_x}\{nN_x - (S_{x+1} - S_{x+n})\} \tag{4.1.6.16}$$

예제 4.1.6.2

30세의 피보험자에 대한 유기생명연금의 매년도 지급액이 다음과 같다. 500, 450, 400, 350, 300, 250. 처음 지급액인 500은 30세에 지급될 때 NSP를 구하시오. $(i = 5\%)$

풀이 1

| 500 | 450 | 400 | 350 | 300 | 250 | 0 | 0 |
|---|---|---|---|---|---|---|---|
| 30 | 31 | 32 | 33 | 34 | 35 | 36 | 37 |

$$\text{NSP} = 500 \,_0E_{30} + 450 \,_1E_{30} + 400 \,_2E_{30} + 350 \,_3E_{30} + 300 \,_4E_{30} + 250 \,_5E_{30}$$

$$= \frac{50}{D_{30}}(10D_{30} + 9D_{31} + 8D_{32} + 7D_{33} + 6D_{34} + 5D_{35})$$

$$5(D_{30} + D_{31} + D_{32} + D_{33} + D_{34} + D_{35}) = 5(N_{30} - N_{36})$$

$$D_{30} + D_{31} + D_{32} + D_{33} + D_{34} \quad\quad = \quad N_{30} - N_{35}$$

$$D_{30} + D_{31} + D_{32} + D_{33} \quad\quad = \quad N_{30} - N_{34}$$

$$D_{30} + D_{31} + D_{32} \quad\quad = \quad N_{30} - N_{33}$$

$$D_{30} + D_{31} \quad\quad = \quad N_{30} - N_{32}$$

$$D_{30} \quad\quad = \quad N_{30} - N_{31}$$

위의 여섯 식을 더하면

$$10D_{30} + 9D_{31} + 8D_{32} + 7D_{33} + 6D_{34} + 5D_{35}$$

$$= 10N_{30} - (N_{31} + N_{32} + N_{33} + N_{34} + N_{35} + 5N_{36})$$

$$= 10N_{30} - (S_{31} - S_{36}) - 5N_{36}$$

따라서

$$\text{NSP} = \frac{50}{D_{30}}\{10N_{30} - (S_{31} - S_{36}) - 5N_{36}\} = 2034.1$$

풀이 2

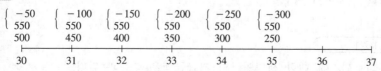

| $\begin{cases} -50 \\ 550 \end{cases}$ | $\begin{cases} -100 \\ 550 \end{cases}$ | $\begin{cases} -150 \\ 550 \end{cases}$ | $\begin{cases} -200 \\ 550 \end{cases}$ | $\begin{cases} -250 \\ 550 \end{cases}$ | $\begin{cases} -300 \\ 550 \end{cases}$ | | |
|---|---|---|---|---|---|---|---|
| 500 | 450 | 400 | 350 | 300 | 250 | | |
| 30 | 31 | 32 | 33 | 34 | 35 | 36 | 37 |

그림에서와 같이 문제의 연금은 550원을 매년도 초에 지급하는 6년 유기생명연금에서 매년 초에 50원씩 증가하는 6년 누가유기생명연금의 차와 같다. 따라서

$$\text{NSP} = 550\,\ddot{a}_{30:\,\overline{6|}} - 50(I\ddot{a})_{30:\,\overline{6|}}$$

$$= 550\frac{N_{30} - N_{36}}{D_{30}} - 50\frac{S_{30} - S_{36} - 6N_{36}}{D_{30}}$$

$$= \frac{1}{D_{30}}(550N_{30} - 50S_{30} + 50S_{36} - 250N_{36})$$

$S_{30} = N_{30} + S_{31}$ 이므로

$$\text{NSP} = \frac{1}{D_{30}}(500N_{30} - 50S_{31} + 50S_{36} - 250N_{36}) = 2034.1$$

## 7. 계산기수와 일반식

생명보험에 대한 계산기수는 제3장에서 살펴보았다. 생명연금에서 사용되는 계산기수는 $D_x$, $N_x$, $S_x$들이다. 생명표와 이자율이 주어질 때 계산기수는 다음과 같이 정의된다.

$$D_x = v^x l_x \tag{4.1.7.1}$$

$$N_x = D_x + D_{x+1} + \cdots + D_{\omega-1} \tag{4.1.7.2}$$

$$S_x = N_x + N_{x+1} + \cdots + N_{\omega-1} \tag{4.1.7.3}$$

생명연금의 일시납순보험료를 계산하는 일반식을 유도하여 보자. 매년 $R$원씩을 지급하는 연금으로 처음 지급이 연령 $a$에서 이루어지고 마지막 지급이 연령 $b-1$에서 이루어지는 연금에 대한 연령 $c$에서의 일시납순보험료는

$$\text{NSP} = R\frac{N_a - N_b}{D_c} \tag{4.1.7.4}$$

식 (4.1.7.4)에서 $b$가 $\omega$ 이상일 경우(즉, 종신연금 경우)에는 $N_b = 0$이 된다. 또 $b-a$는 매년 한 번씩 지급되는 연금지급의 횟수(즉, 연금지급기간)가 된다. 적당한 $a$, $b$, $c$를 택하고 $R=1$인 경우 $\ddot{a}_x$, $a_x$, $\ddot{a}_{x:\,\overline{n|}}$, $_{n|}\ddot{a}_{x:\,\overline{m|}}$, $_nE_x$, $\ddot{s}_{x:\,\overline{n|}}$ 등의 값을 얻을 수 있다. 계산기수는 부록 3의 표 4를 참고하기 바란다.

┌─────────────────┐
│ 예제 4.1.7.1 │
└─────────────────┘

50세의 피보험자에 대한 생명연금의 지급금액은 다음과 같다.

(i) 처음 5년간 매년 5,000원          (ii) 다음 5년간 매년 3,000원

(iii) 그 다음해부터는 매년 8,000원

연금이 처음 지급되는 시점이 51세라면 이 연금의 NSP를 계산기수를 이용하여 나타내시오.

**풀이 1**

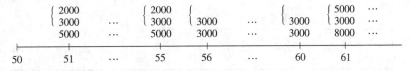

그림과 같이 생각하면

$$\text{NSP} = \frac{1}{D_{50}} \{3000 N_{51} + 2000 (N_{51} - N_{56}) + 5000 N_{61}\}$$

$$= \frac{1}{D_{50}} (5000 N_{51} + 5000 N_{61} - 2000 N_{56})$$

**풀이 2**

```
        ⎰ +2000        ⎰ +2000  ⎰                    ⎰ -5000  ⎰
        ⎱ -5000  ⋯     ⎱ -5000  ⎱ -5000   ⋯          ⎱ 8000   ⎱
          8000            8000     8000                 8000    8000
          5000            5000     3000                 3000    8000
    ├───────┼────⋯────────┼────────┼──────⋯──────────────┼──────┤
    50      51            55       56                    60     61
```

위의 그림과도 같이 생각할 수 있으므로

$$\text{NSP} = \frac{8000 N_{51} - 5000 (N_{51} - N_{61}) + 2000 (N_{51} - N_{56})}{D_{50}}$$

$$= \frac{1}{D_{50}} (5000 N_{51} + 5000 N_{61} - 2000 N_{56})$$

## 8. 연 $m$회 지급하는 경우의 생명연금

제1장에서 살펴본 확정연금의 경우와 같이 1년을 $m$회로 분할하여 매회 $\frac{1}{m}$ 원씩을 지급하는 생명연금을 고려할 수 있다. 그 현가의 기호는 확정연금의 경우와 동일하게 우측에 $(m)$을 써서 나타낸다. 1년을 $m$회로 분할하였을 때 분할된 기간의 초에 $\frac{1}{m}$ 원씩을 (즉, 1년의 지급액은 $\frac{1}{m} \times m = 1$원) 피보험자 $(x)$가 사망할 때까지 지급하는 연금의 일시납 순보험료를 $\ddot{a}_x^{(m)}$으로 표시한다. 즉,

$$\ddot{a}_x^{(m)} = \frac{1}{m} \left( 1 + {}_{\frac{1}{m}} E_x + {}_{\frac{2}{m}} E_x + {}_{\frac{3}{m}} E_x + \cdots \right) \tag{4.1.8.1}$$

또는

$$\ddot{a}_x^{(m)} = \frac{1}{m}\left(1 + v^{\frac{1}{m}} {}_{\frac{1}{m}}p_x + v^{\frac{2}{m}} {}_{\frac{2}{m}}p_x + v^{\frac{3}{m}} {}_{\frac{3}{m}}p_x + \cdots\right) \tag{4.1.8.2}$$

그림 [4.1.8.1]  연 $m$회 지급의 생명연금

생명표는 매 연령의 생존분포만을 나타내고 단수부분에 대한 것은 나타내지를 않기 때문에 식 (4.1.8.2)를 계산하기란 쉽지 않다. 따라서 여기서는 $\ddot{a}_x^{(m)}$의 근사치를 구하여 보기로 한다. 다음의 두 식을 고려해 보자.

$$_{0|}\ddot{a}_x = \ddot{a}_x - 0 \tag{4.1.8.3}$$

$$_{1|}\ddot{a}_x = \ddot{a}_x - 1 \tag{4.1.8.4}$$

$_{\frac{k}{m}|}\ddot{a}_x$의 근사치를 구하기 위하여 $_{0|}\ddot{a}_x$와 $_{1|}\ddot{a}_x$의 선형보간(linear interpolation)의 값을 구하면

$$\begin{aligned} _{\frac{1}{m}|}\ddot{a}_x &\fallingdotseq \frac{1}{m}(\ddot{a}_x - 1) + \left(1 - \frac{1}{m}\right)\ddot{a}_x \\ &= \ddot{a}_x - \frac{1}{m} \end{aligned} \tag{4.1.8.5}$$

$$_{\frac{2}{m}|}\ddot{a}_x \fallingdotseq \ddot{a}_x - \frac{2}{m} \tag{4.1.8.6}$$

일반적으로

$$_{\frac{k}{m}|}\ddot{a}_x \fallingdotseq \ddot{a}_x - \frac{k}{m} \quad (k \le m) \tag{4.1.8.7}$$

예제 4.1.8.1

어떤 사람이 60세에 퇴직하면서 퇴직일시금 대신에 매월초에 1,000원씩 사망시까지 지급하는 기업연금을 선택하였을 때 이 사람의 퇴직일시금을 구하시오. ($i = 5\%$)

풀이

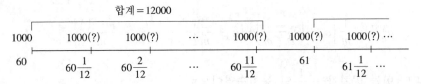

$\ddot{a}_{60}^{(12)}$는 매월 지급되는 금액이 $\dfrac{1}{12}$, 즉, 1년간 지급총액이 1인 경우의 NSP이므로

퇴직일시금 $= 12000\ddot{a}_{60}^{(12)}$

이제 $\ddot{a}_x^{(m)}$의 근사치를 구해보기로 한다.

그림 [4.1.8.2]  $\ddot{a}_x^{(m)}$의 근사치

![그림 4.1.8.2 시간선 위의 연금 지급 표시]

그림 [4.1.8.2]와 같이 연 1회 지급되는 연금 $m$개를 생각해 보자. 각 연금의 매회 지급액은 $\dfrac{1}{m}$이다.

     제1연금 : $x$시점에서 지급 시작(지급시점 : $x$, $x+1$, $x+2$, ⋯⋯ )

     제2연금 : $x + \dfrac{1}{m}$ 시점에서 지급 시작(지급시점 : $x+\dfrac{1}{m}$, $x+1+\dfrac{1}{m}$, ⋯⋯)

     제3연금 : $x + \dfrac{2}{m}$ 시점에서 지급 시작(지급시점 : $x+\dfrac{2}{m}$, $x+1+\dfrac{2}{m}$, ⋯⋯)

     제$m$연금 : $x + \dfrac{m-1}{m}$ 시점에서 지급 시작(지급시점 : $x + \dfrac{m-1}{m}$, $x+1+\dfrac{m-1}{m}$, ⋯⋯)

이와 같은 $m$개의 생명연금의 일시납순보험료의 합은 결국 연 $m$회 지급하는 생명연금 (매회 지급액은 $\dfrac{1}{m}$)의 일시납순보험료이다. 즉,

$$\ddot{a}_x^{(m)} = \frac{1}{m}\left[ \ddot{a}_x + {}_{\frac{1}{m}|}\ddot{a}_x + {}_{\frac{2}{m}|}\ddot{a}_x + \cdots + {}_{\frac{m-1}{m}|}\ddot{a}_x \right] \tag{4.1.8.8}$$

식 (4.1.8.7)을 이용하면 식 (4.1.8.8)은

$$\ddot{a}_x^{(m)} = \frac{1}{m}\left[\ddot{a}_x + \left(\ddot{a}_x - \frac{1}{m}\right) + \left(\ddot{a}_x - \frac{2}{m}\right) + \cdots + \left(\ddot{a}_x - \frac{m-1}{m}\right)\right] \tag{4.1.8.9}$$

식 (4.1.8.9)는 공차가 $-\dfrac{1}{m}$인 등차수열이므로

$$\ddot{a}_x^{(m)} \fallingdotseq \frac{1}{m}\left[m\ddot{a}_x - \frac{m(m-1)}{2m}\right] \tag{4.1.8.10}$$

따라서

$$\ddot{a}_x^{(m)} \fallingdotseq \ddot{a}_x - \frac{m-1}{2m} \tag{4.1.8.11}$$

기말급인 경우

$$a_x^{(m)} = \ddot{a}_x^{(m)} - \frac{1}{m} \fallingdotseq \ddot{a}_x - \frac{m-1}{2m} - \frac{1}{m} \tag{4.1.8.12}$$

$$= a_x + 1 - \frac{m+1}{2m}$$

$$= a_x + \frac{m-1}{2m} \tag{4.1.8.13}$$

식 (4.1.8.11)과 식 (4.1.8.13)을 이용하면 다음 근사치가 가능하다.

$$\ddot{a}_x^{(2)} \fallingdotseq \ddot{a}_x - \frac{1}{4} \tag{4.1.8.14}$$

$$\ddot{a}_x^{(4)} \fallingdotseq \ddot{a}_x - \frac{3}{8} \tag{4.1.8.15}$$

$$\ddot{a}_x^{(12)} \fallingdotseq \ddot{a}_x - \frac{11}{24} \tag{4.1.8.16}$$

$$a_x^{(2)} \fallingdotseq a_x + \frac{1}{4} \tag{4.1.8.17}$$

$$a_x^{(4)} \fallingdotseq a_x + \frac{3}{8} \tag{4.1.8.18}$$

$$a_x^{(12)} \fallingdotseq a_x + \frac{11}{24} \tag{4.1.8.19}$$

지금까지 설명한 것을 기초로 $\ddot{a}_{x:\overline{n}|}^{(m)}$의 근사치를 구해 보자.

$$\ddot{a}_{x:\overline{n}|}^{(m)} = \ddot{a}_{x}^{(m)} - {}_{n|}\ddot{a}_{x}^{(m)} = \ddot{a}_{x}^{(m)} - {}_{n}E_{x}\,\ddot{a}_{x+n}^{(m)} \tag{4.1.8.20}$$

$$\fallingdotseq \ddot{a}_{x} - \frac{m-1}{2m} - {}_{n}E_{x}\left(\ddot{a}_{x+n} - \frac{m-1}{2m}\right)$$

$$= \left[\ddot{a}_{x} - {}_{n}E_{x}\,\ddot{a}_{x+n}\right] - \frac{m-1}{2m}\,(1 - {}_{n}E_{x})$$

$$= \ddot{a}_{x:\overline{n}|} - \frac{m-1}{2m}\,(1 - {}_{n}E_{x}) \tag{4.1.8.21}$$

기말급인 경우 같은 방식으로

$$a_{x:\overline{n}|}^{(m)} \fallingdotseq a_{x:\overline{n}|} + \frac{m-1}{2m}\,(1 - {}_{n}E_{x}) \tag{4.1.8.22}$$

거치연금인 경우에는

$$_{n|}a_{x}^{(m)} \fallingdotseq {}_{n|}a_{x} + \left(\frac{m-1}{2m}\right){}_{n}E_{x} \tag{4.1.8.23}$$

$$_{n|}\ddot{a}_{x}^{(m)} \fallingdotseq {}_{n|}\ddot{a}_{x} - \left(\frac{m-1}{2m}\right){}_{n}E_{x} \tag{4.1.8.24}$$

forborne annuity의 경우에는

$$\ddot{s}_{x:\overline{n}|}^{(m)} \fallingdotseq \ddot{s}_{x:\overline{n}|} - \frac{m-1}{2m}\left(\frac{1}{{}_{n}E_{x}} - 1\right) \tag{4.1.8.25}$$

제1연도의 연간 총지급액이 1원, 제2연도의 연간 총지급액이 2원 등으로 연간 총지급액이 매년 1원씩 증가하는 누가생명연금으로서 1년에 $m$회 지급되는 경우(즉, 제1년도는 $\frac{1}{m}$씩, 제2년도는 $\frac{2}{m}$씩 등)의 일시납순보험료는 $(I\ddot{a})_{x}^{(m)}$으로 나타내며

$$(I\ddot{a})_{x}^{(m)} \fallingdotseq (I\ddot{a})_{x} - \frac{m-1}{2m}\,\ddot{a}_{x} \tag{4.1.8.26}$$

식 (4.1.8.23)부터 식 (4.1.8.26)까지의 증명은 연습문제를 참고하기 바란다.

⎛ 예제 4.1.8.2 ⎞

어떤 사람이 60세부터 매년 100원씩 사망시까지 지급받을 수 있는 생명연금계약이 60세에 도달한 때

(a) 매년 지급받는 대신에 매월초에 $R$원씩 사망시까지 지급받고자 할 때 $R$을 구하시오. ($i = 5\%$)

(b) (a)에서 매월초 대신에 매분기 초라면 이때의 $R$을 구하시오. ($i = 5\%$)

[풀이]

(a)

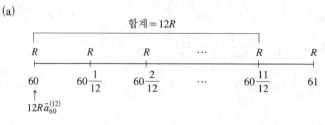

$$12 R \ddot{a}_{60}^{(12)} = 100 \ddot{a}_{60}$$

$$R = \frac{100 \ddot{a}_{60}}{12 \ddot{a}_{60}^{(12)}} = \frac{100 \ddot{a}_{60}}{12\left(\ddot{a}_{60} - \dfrac{11}{24}\right)} = \frac{100(13.611659)}{12\left(13.611659 - \dfrac{11}{24}\right)} = 8.6237$$

(b)

$$4 R \ddot{a}_{60}^{(4)} = 100 \ddot{a}_{60}$$

$$R = \frac{100 \ddot{a}_{60}}{4\left(\ddot{a}_{60} - \dfrac{3}{8}\right)} = 25.708$$

1년에 $m$회 지급되는 경우의 계산기수에 대하여 살펴보기로 한다. 선형보간(linear interpolation)을 이용하여 $D_{x+(h/m)}$의 근사값을 구하면

$$D_{x+(h/m)} \fallingdotseq D_x + \frac{h}{m}(D_{x+1} - D_x) \tag{4.1.8.27}$$

$$D_{x+i+(h/m)} \fallingdotseq D_{x+i} + \frac{h}{m}(D_{x+i+1} - D_{x+i}) \tag{4.1.8.28}$$

$\ddot{a}_x^{(m)}$을 계산기수를 이용하여 나타내면

$$\ddot{a}_x^{(m)} = \frac{1}{mD_x} \sum_{h=0}^{\infty} D_{x+(h/m)} \tag{4.1.8.29}$$

$$= \frac{1}{mD_x} \sum_{i=0}^{\infty} \sum_{h=0}^{m-1} D_{x+i+(h/m)} \tag{4.1.8.30}$$

계산기수 $N_x^{(m)}$을 다음과 같이 정의한다.

$$N_x^{(m)} = \frac{1}{m} \sum_{h=0}^{\infty} D_{x+(h/m)} \tag{4.1.8.31}$$

따라서

$$\ddot{a}_x^{(m)} = \frac{N_x^{(m)}}{D_x} \tag{4.1.8.32}$$

식 (4.1.8.11)에서의 $\ddot{a}_x^{(m)}$의 근사값을 계산기수를 이용하여 나타내면

$$\ddot{a}_x^{(m)} \fallingdotseq \frac{N_x}{D_x} - \frac{m-1}{2m} \tag{4.1.8.33}$$

$$= \frac{N_x - \frac{m-1}{2m} D_x}{D_x} \tag{4.1.8.34}$$

식 (4.1.8.32)와 식 (4.1.8.34)를 비교하면 $N_x^{(m)}$의 근사값은 다음과 같다.

$$N_x^{(m)} \fallingdotseq N_x - \frac{m-1}{2m} D_x \tag{4.1.8.35}$$

1년 $m$회 지급되는 기시급 유기생명연금을 $N_x^{(m)}$을 이용하여 나타내면

$$\ddot{a}_{x:\overline{n}|}^{(m)} = \frac{N_x^{(m)} - N_{x+n}^{(m)}}{D_x} \tag{4.1.8.36}$$

또 식 (4.1.8.26)으로부터

$$(I\ddot{a})_x^{(m)} \fallingdotseq (I\ddot{a})_x - \frac{m-1}{2m} \ddot{a}_x = \frac{S_x}{D_x} - \frac{\frac{m-1}{2m} N_x}{D_x} \tag{4.1.8.37}$$

$$= \frac{S_x^{(m)}}{D_x} \tag{4.1.8.38}$$

따라서 식 (4.1.8.37)과 식 (4.1.8.38)을 비교하면

$$S_x^{(m)} \fallingdotseq S_x - \frac{m-1}{2m} N_x \tag{4.1.8.39}$$

예제 4.1.8.3

$\ddot{a}_x^{(m)} \fallingdotseq \ddot{a}_x - \dfrac{m-1}{2m}$ 을 계산기수를 이용하여 유도하시오.

풀이

식 (4.1.8.30)을 이용하여

$$\ddot{a}_x^{(m)} = \frac{1}{mD_x} \sum_{i=0}^{\infty} \sum_{h=0}^{m-1} D_{x+i+\frac{h}{m}}$$

$$\fallingdotseq \frac{1}{mD_x} \sum_{i=0}^{\infty} \sum_{h=0}^{m-1} \left[ D_{x+i} + \frac{h}{m}(D_{x+i+1} - D_{x+i}) \right]$$

$$= \frac{1}{mD_x} \left[ -\sum_{h=0}^{m-1} \frac{h}{m} D_x \right] + \frac{1}{mD_x} \left[ \sum_{i=0}^{\infty} mD_{x+i} \right]$$

$$= \ddot{a}_x - \frac{1}{m^2} \sum_{h=0}^{m-1} h = \ddot{a}_x - \frac{m(m-1)}{2m^2} = \ddot{a}_x - \frac{m-1}{2m}$$

지금까지 설명된 근사값을 구하는 식을 계산기수를 이용하여 나타내면

$$a_x^{(m)} \fallingdotseq \frac{1}{D_x} \left[ N_{x+1} + \frac{m-1}{2m} D_x \right] \tag{4.1.8.40}$$

$$\ddot{a}_x^{(m)} \fallingdotseq \frac{1}{D_x} \left[ N_x - \frac{m-1}{2m} D_x \right] \tag{4.1.8.41}$$

$$a_{x:\overline{n}|}^{(m)} \fallingdotseq \frac{1}{D_x} \left[ (N_{x+1} - N_{x+n+1}) + \frac{m-1}{2m} (D_x - D_{x+n}) \right] \tag{4.1.8.42}$$

$$\ddot{a}_{x:\overline{n}|}^{(m)} \fallingdotseq \frac{1}{D_x} \left[ (N_x - N_{x+n}) - \frac{m-1}{2m} (D_x - D_{x+n}) \right] \tag{4.1.8.43}$$

$$\left. \frac{1}{t} \right| \ddot{a}_x \fallingdotseq \frac{1}{D_x} \left[ N_x - \frac{1}{t} D_x \right] \tag{4.1.8.44}$$

$$\left. \frac{1}{t} \right| \ddot{a}_x^{(m)} \fallingdotseq \frac{1}{D_x} \left[ N_x - \left( \frac{m-1}{2m} + \frac{1}{t} \right) D_x \right] \tag{4.1.8.45}$$

## 9. 생명보험과 생명연금의 일시납순보험료의 관계

계산기수들 사이에 또 $A_x$와 $\ddot{a}_x$ 사이에는 기본적인 관계식이 성립한다.

$$d_x = l_x - l_{x+1} \tag{4.1.9.1}$$

식 (4.1.9.1)의 양변에 $v^{x+1}$을 곱하면

$$v^{x+1} d_x = v v^x l_x - v^{x+1} l_{x+1} \tag{4.1.9.2}$$

$C_x$와 $D_x$의 정의를 이용하면 식 (4.1.9.2)는

$$C_x = v \cdot D_x - D_{x+1} \tag{4.1.9.3}$$

따라서

$$
\begin{aligned}
C_x \quad &= v D_x - D_{x+1} \\
C_{x+1} &= v D_{x+1} - D_{x+2} \\
C_{x+2} &= v D_{x+2} - D_{x+3} \\
\vdots \qquad & \quad \vdots \qquad \vdots
\end{aligned}
$$

$$\text{(합계)} \ M_x = v N_x - N_{x+1} \tag{4.1.9.4}$$

식 (4.1.9.4)의 양변을 $D_x$로 나누면

$$A_x = v \ddot{a}_x - a_x \tag{4.1.9.5}$$

식 (4.1.9.5)의 $a_x$를 $\ddot{a}_x - 1$로 대치하면

$$
\begin{aligned}
A_x &= 1 - (1-v) \ddot{a}_x \\
&= 1 - d \ddot{a}_x
\end{aligned} \tag{4.1.9.6}
$$

식 (4.1.9.5)를 해석하면 다음과 같다. 다음과 같은 두 개의 연금을 생각해보자.
(i) $x$세부터 매년초에 $v$씩 지급되는 생명연금
(ii) $x$세부터 매년말에 1씩 지급되는 생명연금

그림 [4.1.9.1]  $A_x = v\ddot{a}_x - a_x$의 해석

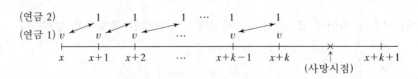

그림 [4.1.9.1]에서와 같이 연금 1은 연금 2보다 사망하는 해의 초에 지급된 $v$만큼이 더 많은 연금이다. 사망하는 해의 초에 지급된 $v$는 사망하는 해의 말에 지급되는 1원과 같다. 사망하는 해의 말에 지급되는 1원의 가치는 $A_x$이다. 따라서 식 (4.1.9.5)가 성립된다.

식 (4.1.9.6)을 해석하면 다음과 같다. $x$시점에서 1원이 투자되고 피보험자($x$)가 사망하는 해의 말에 투자된 1원이 반환된다고 가정하자.

그림 [4.1.9.2]  $A_x = 1 - d\ddot{a}_x$의 해석

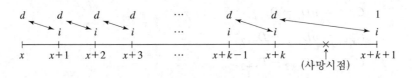

1년이 지나면 이자 $i$가 발생하고 이자 $i$는 다른 계좌에 적립된다고 가정하자. $x+1$ 시점에서 원금과 이자가 분리되면 원금 1원에 대한 이자 $i$가 $x+2$시점에 발생한다. 연말의 $i$의 가치는 연초의 $iv = d$와 같으므로 $d\ddot{a}_x$와 $A_x$(사망하는 해의 말에 지급되는 1원의 가치)의 합은 처음에 투자된 1원의 원금과 같다.

> **예제 4.1.9.1**

피보험자 (40)이 보험금이 50,000원인 종신보험을 구입하였다. $N_{40} = 5000$, $N_{41} = 4500$, $i = 0.08$일 때 이 보험의 NSP를 구하시오.

**풀이**

$$A_{40} = v\ddot{a}_{40} - a_{40}$$
$$= \left(\frac{1}{1.08}\right)\left(\frac{N_{40}}{D_{40}}\right) - \frac{N_{41}}{D_{40}}$$
$$= \left(\frac{1}{1.08}\right)\left(\frac{5000}{500}\right) - \left(\frac{4500}{500}\right) = 0.25925$$

따라서 $50000A_{40} = 12962.5$

예제 4.1.9.2

$A_{35} = 0.358$, $a_{35} = 21.019$일 때 $i$를 구하시오.

풀이

$$d = \frac{1-A_x}{\ddot{a}_x} = \frac{1-A_x}{1+a_x} = \frac{1-0.358}{22.019} = 0.029156637$$

$$i = \frac{d}{1-d} = \frac{0.029156637}{1-0.029156637} = 0.03004(약\ 3\%)$$

예제 4.1.9.3

$A_{x:\overline{n}|} = 1 - d\ddot{a}_{x:\overline{n}|}$을 증명하고 그 의미를 설명하시오.

풀이

$$M_x = vN_x - N_{x+1}$$
$$= (1-d)N_x - (N_x - D_x)$$
$$= D_x - dN_x \qquad \cdots\cdots ①$$
$$M_{x+n} = D_{x+n} - dN_{x+n} \qquad \cdots\cdots ②$$

①-②를 하면

$$M_x - M_{x+n} = D_x - D_{x+n} - d(N_x - N_{x+n}) \qquad \cdots\cdots ③$$

③의 양변에 $D_{x+n}$을 더하면

$$M_x - M_{x+n} + D_{x+n} = D_x - d(N_x - N_{x+n}) \qquad \cdots\cdots ④$$

④의 양변을 $D_x$로 나누면

$$A_{x:\overline{n}|} = 1 - d\ddot{a}_{x:\overline{n}|} \qquad\qquad (4.1.9.7)$$

식 (4.1.9.7)을 해석하면 다음과 같다.

$x$시점에서 1원은 피보험자 $(x)$가 사망하는 해의 말이나 $x+n$시점에서 반환된다고 가정한다 (늦어도 $x+n$시점에서 원금은 반환되어야 함).

(i) $n-1$년 안에 사망할 때에는 그림 [4.1.9.2]를 이용하면 식 (4.1.9.7)이 성립한다.

(ii) $\ddot{a}_{x:\overline{n}|}$은 $n$년 안에 연금지급이 종료된다. 즉, $n$번째 해에 생존을 하여도 $x+n$시점에서 연금 이 지급되지 않는다. 따라서 $x+n$시점에서는 생존하거나 사망하거나 원금 1원이 반환되는 것 을 생각해 보자. $n$번째 해에서 사망하거나 생존하거나 $x+n$시점에서 반환되는 1원의 가치는 $A_{x:\overline{n}|}$이므로 $A_{x:\overline{n}|} + d\ddot{a}_{x:\overline{n}|}$은 투자한 원금인 1원이다.

예제 4.1.9.4

다음을 증명하시오.

(a) $A_{x:\overline{n}|}^{1} = v\ddot{a}_{x:\overline{n}|} - a_{x:\overline{n}|}$ (4.1.9.8)

(b) $A_{x:\overline{n}|} = v\ddot{a}_{x:\overline{n}|} - a_{x:\overline{n-1}|}$ (4.1.9.9)

(c) $1 = ia_x + (1+i)A_x$ (4.1.9.10)

**풀이**

(a) 식 (4.1.9.5)와 유사한 형태이다.

$$C_x \quad = vD_x \quad - D_{x+1}$$
$$C_{x+1} = vD_{x+1} - D_{x+2}$$
$$\vdots \qquad \vdots \qquad \vdots$$
$$C_{x+n-1} = vD_{x+n-1} - D_{x+n}$$

(합계) $\overline{M_x - M_{x+n} = v(N_x - N_{x+n}) - (N_{x+1} - N_{x+n+1})}$ ······ ①

①의 양변을 $D_x$로 나누면

$$A_{x:\overline{n}|}^{1} = v\ddot{a}_{x:\overline{n}|} - a_{x:\overline{n}|}$$

(b) 연습문제 참조

(c) 식 (4.1.9.6)으로부터

$$1 = d\ddot{a}_x + A_x$$

$$1 = \frac{i}{1+i}(a_x + 1) + A_x \quad \text{······ ②}$$

②의 양변에 $(1+i)$를 곱하면

$$1 = ia_x + (1+i)A_x$$

## 연습문제 4.1

※ 특별한 언급이 없으면 부록의 제7회 경험생명표와 계산기수를 이용하여 답하시오.

1. 피보험자 $(x)$에 대한 기말급 종신연금의 지급액이 $1.03$, $(1.03)^2$, $(1.03)^3$, ⋯ 으로 지급된다. 보험료를 계산할 때 적용되는 이자율이 3%라면 이와 같은 연금의 보험수리적 현가(일시납순보험료)는 $e_x$임을 증명하시오.

2. $\ddot{a}_x = 1 + vp_x\ddot{a}_{x+1}$임을 증명하시오.

3. $i = 0\%$일 때 $a_x = e_x$임을 증명하시오.

4. 35세의 피보험자가 보험회사에 10,000원을 지불하고 그 대가로 55세부터 매 연도초에 $R$원씩을 사망시까지 지급받는다. 55세 전에 사망할 경우에는 보험회사는 사망보험금을 지급하지 않는다. $i = 5\%$일 때 $R$을 구하시오.

5. (a) 20세의 사람이 매년초에 100원씩 사망시까지 지급받기 위하여 납부하여야 하는 일시납순보험료(NSP)를 구하시오.
   (b) 마지막 지급이 84세까지일 경우 일시납순보험료(NSP)를 구하시오.

6. 65세부터 매년초에 1,000원씩을 사망시까지 지급받기 위하여 33세의 피보험자가 매년초에 $R$원씩을 20년 동안 적립하려고 한다. 만약 65세 이전에 사망할 경우에는 아무런 보상도 이루어지지 않는다면, 이때의 $R$을 구하시오.

7. 연습문제 6번에서 65세 이전에 사망할 경우에는 피보험자가 적립한 금액의 원리합계가 반환된다면, 이때의 $R$을 구하시오($i = 0.05$).

8. 45세의 피보험자가 처음 연금지급이 65세부터인 거치종신연금계약을 체결하였다. 매년 지급되는 연금액은 1,000원이다. 피보험자가 이와 같은 연금계약을 20년 기시급 유기생명연금으로(즉, 처음 지급이 바로 이루어짐) 바꾸고자 할 때, 매년 지급되는 연금액 $x$를 구하시오.

9. $\dfrac{N_{35} - N_{55}}{D_{20}}$ 은 어떤 연금계약을 의미하는지 설명하시오.

10. $N_x = 5000$, $N_{x+1} = 4900$, $N_{x+2} = 4810$, $q_x = 0.005$일 때 $i$를 구하시오.

11. $N_x = 2000$, $N_{x+1} = 1900$, $N_{x+2} = 1820$, $i = 0.11$일 때 $q_x$를 구하시오.

12. 다음 네 가지 중에서 서로 같지 않은 것을 찾고 이유를 설명하시오.

   (i) $a_{x:\overline{n|}} - \ddot{a}_{x:\overline{n|}} + 1$        (ii) $\dfrac{N_{x+n} - N_{x+n+1}}{D_x}$

   (iii) $v^n p_{x+n}$        (iv) $_n E_x$

13. 다음을 증명하시오.

   (a) $_{n|}\ddot{a}_x = {_n E_x}\, \ddot{a}_{x+n}$        (b) $_{n|}\ddot{a}_{x:\overline{m|}} = {_n E_x}\, \ddot{a}_{x+n:\overline{m|}}$

   (c) $\ddot{a}_{x:\overline{m+n|}} = \ddot{a}_{x:\overline{m|}} + {_m E_x}\, \ddot{a}_{x+m:\overline{n|}}$

14. 다음을 증명하시오.

    (a) $\ddot{a}_{x:\overline{n}|} = 1 + a_{x:\overline{n-1}|}$     (b) $_{n|}\ddot{a}_x = \ddot{a}_x - \ddot{a}_{x:\overline{n}|}$     (c) $\ddot{a}_{x:\overline{n}|} = \ddot{a}_x - {}_nE_x\,\ddot{a}_{x+n}$

15. 현재 20세인 피보험자가 25, 26, 27, 28, 29세에 생존하면 각각 5,000원씩을 지급받을 수 있는 생명연금계약을 보유하고 있다. 만일 이와 같은 연금을 현재부터 매년 지급되는 종신생명연금으로 바꾸고자 한다면 매년 지급되는 금액 $S$를 구하시오. $(i = 5\%)$

16. 40세의 사람이 매년 1,000원씩 지급되는 거치종신연금을 구입하려고 한다. 이때 첫번째 지급은 20년 후에 이루어진다. 이와 같은 연금을 위하여 이 사람은 앞으로 10년간 매년 초에 $R$원씩을 적립하려고 한다. 60세 전에 사망시에는 반환금이 전혀 없다는 가정하에서 $R$을 구하시오. $(i = 5\%)$

17. 17세가 된 소년이 25세가 되는 생일날에 생존하면 10,000원을 받을 수 있는 유산을 받았다. 이 소년이 이 유산을 매년말에 지급되는 4년 유기생명연금으로(즉, 18세에 처음 지급이 됨) 교환하고자 할 때 매년 지급되는 금액을 계산기수를 이용하여 나타내시오.

18. 35세의 사람이 생존하거나 사망하거나 앞으로 10년간 매년말에 10,000원씩의 수입이 보장되었다고 한다. 이 사람이 이것을 처음 지급이 65세에 이루어지는 거치생명연금과 교환하고자 할 때 매년 지급받을 수 있는 금액을 구하시오. $(i = 5\%)$

19. 30세의 피보험자에 대한 기시급 종신생명연금은 처음 10년간은 매해 500원씩을 지급하고 그 다음부터는 매해 1,000원씩을 지급한다. 이때 NSP를 계산기수를 이용하여 나타내시오.

20. 26세 사람들의 단체에서는 매년초에 생존자들이 각각 100원씩을 15년간 납입하였다. 또 15년간 적립된 기금이 연 5%의 이자로 60세에 도달할 때까지 적립이 되어서 60세까지 생존한 사람들에게만 공평하게 나누어진다면 60세의 생존자 1인당 몫을 계산기수를 이용하여 나타내시오.

21. $\ddot{s}_{x:\overline{n}|} > \ddot{s}_{\overline{n}|}$ 을 증명하고 그 의미를 말로 설명하시오.

22. 30세 사람들로 구성된 단체에서는 매년말에 생존자들이 각각 250원씩을 납입하여 기금을 만들기로 하였으며 마지막 납입시기는 65세에 달할 때이다. 그 이후에 생존자들은 66세부터 매년 $R$원씩 지급되는 연금을 사망시까지 받게 된다. 이때 $R$을 구하시오. $(i = 5\%)$

23. 다음 연금의 NSP를 계산기수를 이용하여 나타내시오.

    (a) 24세의 피보험자가 가입한 생명연금으로 연금급부가 24세에 10원이고 25원이 될 때까지 매년 1원씩 증가하고 그 다음은 계속 25원으로 남을 경우

(b) 30세의 피보험자가 가입한 생명연금으로 연금급부가 30세에 100원이고 0원이 될 때까지 매년 5원씩 감소하는 경우

24. 어떤 연금의 NSP가 다음과 같이 표현될 때 연금의 형태를 설명하시오.

(a) $\dfrac{S_{x+1} - S_{x+n+1}}{D_x}$
(b) $\dfrac{N_{50} - N_{70}}{D_{30}} + 10\,_{40}E_{30}$

25. 50세의 피보험자가 가입한 생명연금의 급부는 50세에 100원이고 1,000원이 될 때까지 매년 100원씩 증가하고 그 다음에는 500원이 생존하는 한 계속 지급된다. 이 연금의 가입시 NSP를 계산기수를 이용하여 나타내시오.

26. $x$세의 피보험자가 가입한 생명연금의 급부는 $x+1$세에 100원이고, $x+2$세에 400원, $x+3$세에 700원 등 1,600원이 될 때까지 매년 300원씩 증가하고 그 이후는 400원이 될 때까지 매년 400원씩 감소하고 그 이후는 사망시까지 400원이 지급된다. 이 연금의 NSP를 계산기수를 이용하여 나타내시오.

27. 다음을 증명하시오.

(a) $_{n|}a_x^{(m)} \doteqdot\, _{n|}a_x + \left(\dfrac{m-1}{2m}\right)\,_nE_x$
(b) $_{n|}\ddot{a}_x^{(m)} \doteqdot\, _{n|}\ddot{a}_x - \left(\dfrac{m-1}{2m}\right)\,_nE_x$

(c) $\ddot{s}_{x:\overline{n}|}^{(m)} \doteqdot \ddot{s}_{x:\overline{n}|} - \dfrac{m-1}{2m}\left(\dfrac{1}{_nE_x}-1\right)$
(d) $(I\ddot{a})_x^{(m)} \doteqdot (I\ddot{a})_x - \dfrac{m-1}{2m}\ddot{a}_x$

28. $a_x^{(m)} \doteqdot a_x + \dfrac{m-1}{2m}$ 임을 계산기수를 이용하여 증명하시오.

29. $_{n|}a_x^{(m)} \doteqdot \dfrac{1}{D_x}\left[N_{x+n+1} + \dfrac{m-1}{2m}\,D_{x+n}\right]$

$\doteqdot \dfrac{1}{D_x}\left[N_{x+n}^{(m)} - \dfrac{1}{m}\,D_{x+n}\right]$ 임을 증명하시오.

30. 다음을 증명하시오.

(a) $_{r|}\ddot{a}_{x:\overline{n}|}^{(m)} \doteqdot\, _{r|}\ddot{a}_{x:\overline{n}|} - \dfrac{m-1}{2m}\,(_rE_x - _{n+r}E_x)$

(b) $(I\ddot{a})_{x:\overline{n}|}^{(m)} \doteqdot (I\ddot{a})_{x:\overline{n}|} - \dfrac{m-1}{2m}\,(\ddot{a}_{x:\overline{n}|} - n\,_nE_x)$

31. $M_x = D_x - d\,N_x$ 임을 증명하시오.

32. $A_x = 0.21$ 이고 $i = 4\%$ 일 때 $a_x$ 의 값을 구하시오.

33. 40세의 피보험자가 가입한 거치종신연금은 65세에 처음 연금이 지급되고 매달 100원씩 종신토록 지급된다. 이때의 NSP를 구하시오. ($i = 5\%$)

34. 다음을 유도하시오.

   (a) $(IA)_x = v(I\ddot{a})_x - (Ia)_x$                  (b) $(IA)_x = \ddot{a}_x - d(I\ddot{a})_x$

35. (a) $a_x = 9.8$, $A_x = 0.2$일 때 $i$를 구하시오.

   (b) $N_x = 10000$, $N_{x+1} = 8000$, $i = 0.05$일 때 $A_x$의 값을 구하시오.

   (c) $A_x = 0.4$, $\ddot{a}_x = 10.66$일 때 $i$를 구하시오.

36. 다음 식을 증명하시오.

$$i \sum_{t=0}^{\infty} a_{x+t}\, {}_t p_x + a_x = e_x$$

37. (a) $a_x = 12.36$, $A_x = 0.738$일 때 $i$의 값을 구하시오.

   (b) $i = 0.04$, $\ddot{a}_{x:\overline{1}|}^{(12)} = 0.95417$일 때 $q_x$의 값을 구하시오.

38. $i = 0.05$이고 $\ddot{a}_x$의 값이 $\ddot{a}'_x$로 변화할 때 $A_x$도 $A'_x$로 변화한다고 한다. $\ddot{a}'_x - \ddot{a}_x = 0.1$일 때 $A'_x - A_x$의 값을 구하시오.

39. 다음 식을 증명하시오.

$$A_{x:\overline{n}|} = v\ddot{a}_{x:\overline{n}|} - a_{x:\overline{n-1}|}$$

# Ⅱ. 일반이론

## 1. 연 1회 지급의 생명연금

1년에 한 번씩 지급되는 연금을 연 1회 지급의 생명연금 또는 이산생명연금(discrete life annuity)이라고 부른다. 이산생명연금의 일시납순보험료는 이산확률변수(discrete random variable)의 기대값이며 제2장에서 설명된 미래개산생존기간인 $K(x)$의 분포를 이용하여 보험료를 계산한다.

지급되는 연금의 현가, 또는 현가함수를 $Y$라고 하면 $Y$를 어떻게 정의해서 $Y$의 기대값을 구하느냐에 따라 시점지급방법(時點支給方法 ; current payment technique)과 총지급방법(總支給方法 ; aggregate payment technique)으로 나눌 수 있다.

### (1) 종신생명연금

생존하면 매년 1원씩 지급되는 기시급 종신생명연금을 시점지급방법과 총지급방법으로 고찰해 본다.

### (a) 시점지급방법

이 방법에서는 매년초에 지급되는 1원의 현가를 고려하여 구한다. 현재 1원(즉, $v^0$)은 생존하고 있으므로 당연히 지급받는다(즉, 현재 1원을 받을 확률은 $_0p_x=1$이다). 1년 후에 1원(즉, 현가는 $v$)을 지급받을 확률은 $p_x$이고 2년 후에 1원(즉, 현가는 $v^2$)을 지급받을 확률은 $_2p_x$, 3년 후에 1원(즉, 현가는 $v^3$)을 지급받을 확률은 $_3p_x$ 등이며 $k$년후에 1원(즉, 현가는 $v^k$)을 지급받을 확률은 $_kp_x$이다. 따라서 $\ddot{a}_x$는 다음과 같다.

$$\ddot{a}_x = v^0 \cdot {}_0p_x + v^1 \cdot {}_1p_x + v^2 \cdot {}_2p_x + \cdots + v^k \cdot {}_kp_x + \cdots \tag{4.2.1.1}$$

$$= \sum_{k=0}^{\infty} v^k \, {}_kp_x \tag{4.2.1.2}$$

$k$년을 생존하면 1원을 지급받는 $k$년만기 생존보험의 일시납순보험료인 $_kE_x$는

$$_kE_x = v^k \, {}_kp_x \tag{4.2.1.3}$$

$$= \frac{v^k l_{x+k}}{l_x} = \frac{D_{x+k}}{D_x} \tag{4.2.1.4}$$

식 (4.2.1.3)을 이용하면 식 (4.2.1.2)를 $_kE_x$를 이용하여 표시할 수 있다.

$$\ddot{a}_x = \sum_{k=0}^{\infty} v^k {}_k p_x = \sum_{k=0}^{\infty} {}_k E_x$$

$$= {}_0E_x + {}_1E_x + {}_2E_x + {}_3E_x + \cdots$$

$$= \sum_{k=0}^{\infty} \frac{v^k l_{x+k}}{l_x} = \frac{1}{l_x v^x} \sum_{k=0}^{\infty} v^{x+k} l_{x+k} \tag{4.2.1.5}$$

$$= \frac{N_x}{D_x} \tag{4.2.1.6}$$

### (b) 총지급방법

시점지급방법의 확률변수는 매년초에 지급되는 1원의 현가인 데 비하여 총지급방법의 확률변수는 사망시점까지 지급된 총지급액의 현가이다. 사망시점을 $K(x) = k$라고 하면 총지급연금액의 현가는 $\ddot{a}_{\overline{k+1}}$이며 $\ddot{a}_{\overline{k+1}}$을 지급받기 위한 확률은 $\Pr(K=k)$이다. 따라서 총지급액의 현가 또는 현가함수를 $Y$라고 하면 $Y$는 이산확률변수이다.

$$Y = \ddot{a}_{\overline{K+1}} \quad K = 0, 1, 2, \cdots \tag{4.2.1.7}$$

$Y$의 기대값은 $\ddot{a}_x$이므로

$$\ddot{a}_x = E(Y) = \sum_{k=0}^{\infty} \ddot{a}_{\overline{k+1}} \cdot \Pr(K=k) \tag{4.2.1.8}$$

$$= \sum_{k=0}^{\infty} \ddot{a}_{\overline{k+1}} {}_{k|}q_x \tag{4.2.1.9}$$

(예제 4.2.1.1)

식 (4.2.1.2)와 식 (4.2.1.9)는 같은 식임을 증명하시오.

**풀이**

$$\ddot{a}_x = \sum_{k=0}^{\infty} \ddot{a}_{\overline{k+1}} \Pr(K=k)$$

$$= \sum_{k=0}^{\infty} \ddot{a}_{\overline{k+1}} \frac{d_{x+k}}{l_x} \tag{4.2.1.10}$$

$$= \sum_{k=0}^{\infty} \sum_{j=0}^{k} v^j \frac{d_{x+k}}{l_x} \tag{4.2.1.11}$$

$$= \sum_{j=0}^{\infty} v^j \sum_{k=j}^{\infty} \frac{d_{x+k}}{l_x} \tag{4.2.1.12}$$

$$= \sum_{j=0}^{\infty} v^j \frac{l_{x+j}}{l_x}$$

$$= \sum_{j=0}^{\infty} v^j{}_j p_x = \sum_{k=0}^{\infty} v^k{}_k p_x \qquad (4.2.1.13)$$

식 (4.2.1.11)에서 식 (4.2.1.12)로 이행하는 과정은 다음 그림을 참고하기 바란다.

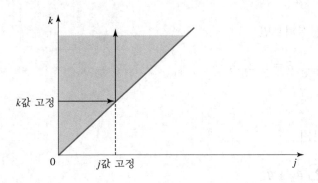

식 (4.2.1.8)을 이용하면 다음 관계식을 쉽게 얻는다.

$$\ddot{a}_x = E(Y) = E(\ddot{a}_{\overline{K+1}|})$$

$$= E\left(\frac{1-v^{K+1}}{d}\right) \qquad (4.2.1.14)$$

$$= \frac{1-E(v^{K+1})}{d} \qquad (4.2.1.15)$$

제3장에서 이미 고찰한 바와 같이

$$E(v^{K+1}) = A_x \qquad (4.2.1.16)$$

이므로

$$\ddot{a}_x = E(Y) = \frac{1-A_x}{d} \qquad (4.2.1.17)$$

따라서

$$1 = d\ddot{a}_x + A_x \qquad (4.2.1.18)$$

또 $Y$의 분산을 구해 보면

$$\mathrm{Var}(Y) = \mathrm{Var}\left(\frac{1-v^{K+1}}{d}\right) \qquad (4.2.1.19)$$

$$= \frac{1}{d^2} \mathrm{Var}(v^{K+1}) \tag{4.2.1.20}$$

$$= \frac{1}{d^2}[\,^2A_x - (A_x)^2] \tag{4.2.1.21}$$

기말급인 경우를 살펴보면

$$Y = a_{\overline{K}|}, \quad K = 1, 2, 3, \cdots \tag{4.2.1.22}$$

따라서

$$a_x = E[Y]$$

$$= \sum_{k=1}^{\infty} a_{\overline{k}|}\,_{k|}q_x \tag{4.2.1.23}$$

또는

$$a_x = \ddot{a}_x - 1$$

$$= \sum_{k=1}^{\infty} v^k\,_k p_x \tag{4.2.1.24}$$

식 (4.2.1.23)으로부터

$$a_x = E\left[\frac{1-v^K}{i}\right] \tag{4.2.1.25}$$

$$= E\left[\frac{1-(1+i)v^{K+1}}{i}\right] \tag{4.2.1.26}$$

$$= \frac{1}{i}[1-(1+i)A_x] \tag{4.2.1.27}$$

식 (4.2.1.25)에서 식 (4.2.1.26)으로 바꾼 이유는 식 (4.2.1.16)을 이용하기 위함이다. 식 (4.2.1.27)은 다음과 같이 변형될 수 있다.

$$a_x = a_{\overline{\infty}|} - \ddot{a}_{\overline{\infty}|} A_x \tag{4.2.1.28}$$

또는

$$1 = ia_x + (1+i)A_x \tag{4.2.1.29}$$

기말급 $Y$의 분산을 식 (4.2.1.26)으로부터 구하면

$$\text{Var}(Y) = \frac{1}{d^2}[\,{}^2A_x - (A_x)^2\,]$$

(4.2.1.30)

식 (4.2.1.30)과 식 (4.2.1.21)로부터 기말급 $Y$와 기시급 $Y$의 분산은 동일함을 알 수 있다.

**예제 4.2.1.2**

다음과 같은 자료가 주어졌을 때 ${}_8q_{30}$을 구하시오.

(i) 모든 $x$(정수)에 대하여 $\ddot{a}_x = 8$　　　(ii) $i = 0.08$

**풀이**

식 (4.2.1.5)로부터

$$\ddot{a}_x = \sum_{k=0}^{\infty} v^k \,{}_kp_x = 1 + \sum_{k=1}^{\infty} v^k \,{}_kp_x = 1 + vp_x \sum_{k=0}^{\infty} v^k \,{}_kp_{x+1}$$

$$= 1 + vp_x \,\ddot{a}_{x+1} = 1 + {}_1E_x \,\ddot{a}_{x+1}$$

$$vp_x = \frac{7}{8}, \ vp_{x+1} = \frac{7}{8}, \ \cdots, \ vp_{x+7} = \frac{7}{8}$$

따라서

$$v^8 \,{}_8p_{30} = \left(\frac{7}{8}\right)^8$$

$$_8p_{30} = \left(\frac{7/8}{1/1.08}\right)^8 = 0.636$$

$$_8q_{30} = 1 - 0.636 = 0.364$$

**예제 4.2.1.3**

모든 $t \geq 0$에 대하여 $\mu_{x+t} = 0.4055$이고, $i = 0$일 때 $x$세인 두 사람에게 $\ddot{a}_x$를 제공하기 위한 기금을 구하시오.

**풀이**

$$2\ddot{a}_x = 2\left[\sum_{k=0}^{\infty} v^k \,{}_kp_x\right] = 2\left[\sum_{k=0}^{\infty} e^{-\mu k}\right] = \frac{2}{1 - e^{-\mu}}$$

$$= \frac{2}{1 - 0.667143} = 6.0086$$

**예제 4.2.1.4**

피보험자 (45), 기말급 종신연금의 지급액은 처음 10년은 매년 2,000원씩을, 그 이후는 매년 1,000원씩이다. $Y$를 이와 같은 연금의 지급액(총지급방법의 이용)의 현가라고 하면 NSP $= E(Y)$이다. $i = 5\%$. 제7회 경험생명표를 이용하여 NSP가 연금지급액을 지급하기에 충분하지 못할 확률을 구하시오(즉, $\Pr(Y > \text{NSP})$을 구하시오).

풀이

$$Y = \begin{cases} 2000a_{\overline{K|}}, & K = 0, 1, 2, \cdots, 10 \\ 1000(a_{\overline{10|}} + a_{\overline{K|}}), & K = 11, 12, \cdots \end{cases}$$

$$E(Y) = 2000a_{45\,:\,\overline{10|}} + 1000a_{55}v^{10}\,{}_{10}p_{45}$$

$$= 1000a_{45} + 1000a_{45\,:\,\overline{10|}} = 1000\left(\frac{N_{46}}{D_{45}} + \frac{N_{46} - N_{56}}{D_{45}}\right) = 23548.08843$$

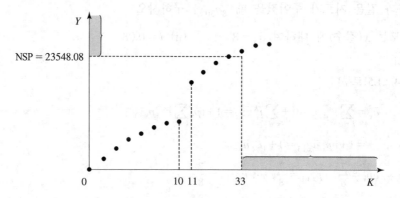

(i) 만약 $K = 0, 1, 2, \cdots, 10$ 범위라고 가정하면

$$\Pr\left[2000a_{\overline{K|}} > 23548.08843\right] = \Pr\left[\frac{2000(1 - v^K)}{i} > 23548.08843\right]$$

$$= \Pr\left[v^K < 0.41129779\right]$$

$$= \Pr\left[K > \frac{\ln 0.41129779}{\ln\left(\frac{1}{1.05}\right)}\right] = \Pr\left[K > 18.20936232\right]$$

따라서 $K = 0, 1, 2, \cdots, 10$ 범위 내에서는 $Y$가 NSP보다 크지 않다.

(ii) $K = 11, 12, \cdots$ 일 때

$$\Pr\left[1000\left(a_{\overline{10|}} + \frac{1 - v^K}{i}\right) > 23548.08843\right] = \Pr\left[v^K < 0.208682325\right]$$

$$= \Pr\left[K > \frac{\ln 0.208682325}{\ln\left(\frac{1}{1.05}\right)}\right]$$

$$= \Pr\left[K > 32.11594357\right] = \Pr\left(K \geq 33\right)$$

$$= {}_{33}p_{45} = \frac{l_{78}}{l_{45}} = \frac{67770.94}{97292.55} = 0.696568648$$

생명연금은 생존하는 동안 연금이 지급되므로 생명보험과는 반대의 경우다. 보험회사의 입장에서 볼 때 NSP가 연금지급액으로 부족할 경우는 연금수급자가 너무 오래 살아서 연금지급을 너무 많이 받을 경우이다. 따라서

$$\Pr(Y > \text{NSP}) \iff \Pr(t > t_0)$$

인 경우이다. 이것은 생명보험의 경우와 반대이다.

(예제 (3.2.1.11), 식 (5.2.2.28)을 참조하시오.)

## (2) 유기생명연금

$n$년 기시급 유기생명연금의 확률변수 $Y$는 $K$의 값(즉, 사망지점)이 $n$이상일 때에는 $Y = \ddot{a}_{\overline{n}|}$ 이므로

$$Y = \ddot{a}_{\overline{\min(K+1,\,n)}|} = \ddot{a}_{\overline{(K+1)\wedge n}|} \tag{4.2.1.31}$$

$$= \begin{cases} \ddot{a}_{\overline{K+1}|} = \dfrac{1-v^{K+1}}{d}, & K = 0,\,1,\,2,\,\cdots,\,n-1 \\[3mm] \ddot{a}_{\overline{n}|} = \dfrac{1-v^{n}}{d}, & K = n,\,n+1,\,n+2,\,\cdots \end{cases} \tag{4.2.1.32}$$

식 (4.2.1.32)는 $Y$의 값이 하나가 아니므로 $E(Y)$를 구하기가 곤란하다. 따라서 새로운 확률변수 $Z$를 다음과 같이 정의한다.

$$Z = v^{\min(K+1,\,n)} = v^{(K+1)\wedge n} \tag{4.2.1.33}$$

$$= \begin{cases} v^{K+1}, & K = 0,\,1,\,2,\,\cdots,\,n-1 \\[2mm] v^{n}, & K = n,\,n+1,\,n+2,\,\cdots \end{cases} \tag{4.2.1.34}$$

식 (4.2.1.34)를 이용하여 식 (4.2.1.32)를 나타내면

$$Y = \frac{1-Z}{d} \tag{4.2.1.35}$$

여기서 $Z$는 $n$년만기 생사혼합보험의 현가함수임은 제3장에서 살펴보았다. $n$년 기시급 유기생명연금의 일시납순보험료 $\ddot{a}_{x:\overline{n}|}$ 는 $Y$의 기대값이므로

$$\ddot{a}_{x:\overline{n}|} = E(Y) \tag{4.2.1.36}$$

$$= E\left(\frac{1-Z}{d}\right) \tag{4.2.1.37}$$

$$= \frac{1-E(Z)}{d} \tag{4.2.1.38}$$

$$= \frac{1-A_{x:\overline{n}|}}{d} \tag{4.2.1.39}$$

식 (4.2.1.39)로부터

$$1 = d\,\ddot{a}_{x:\overline{n}|} + A_{x:\overline{n}|} \tag{4.2.1.40}$$

$Y$의 분산을 구하여 보면

$$\text{Var}(Y) = \frac{1}{d^2}\text{Var}(Z) = \frac{1}{d^2}\left[{}^2A_{x:\overline{n}|} - (A_{x:\overline{n}|})^2\right] \tag{4.2.1.41}$$

기말급인 경우를 살펴보면

$$Y = a_{\overline{\min(K,n)}|} = a_{\overline{K \wedge n}|} \tag{4.2.1.42}$$

$$= \begin{cases} a_{\overline{K}|} = \dfrac{1-v^K}{i}, & K = 1,\, 2,\, 3,\, \cdots,\, n \\[3mm] a_{\overline{n}|} = \dfrac{1-v^n}{i}, & K = n+1,\, n+2,\, \cdots \end{cases} \tag{4.2.1.43}$$

식 (4.2.1.43)은 $Y$의 값이 하나가 아니므로 $E(Y)$를 구하기 곤란하므로 새로운 확률변수 $Z$를 다음과 같이 정의한다.

$$Z = v^{\min(K+1,\,n+1)} = v^{(K+1) \wedge (n+1)} \tag{4.2.1.44}$$

$$= \begin{cases} v^{K+1}, & K = 0,\, 1,\, 2,\, \cdots,\, n-1,\, n \\[2mm] v^{n+1}, & K = n+1,\, n+2,\, \cdots \end{cases} \tag{4.2.1.45}$$

식 (4.2.1.45)를 이용하여 식 (4.2.1.43)을 다시 나타내면

$$Y = \frac{1 - v^{\min(K+1,\,n+1)}(1+i)}{i} \tag{4.2.1.46}$$

$$= \begin{cases} \dfrac{1 - v^{K+1}(1+i)}{i}, & K = 0,\, 1,\, \cdots,\, n \\[3mm] \dfrac{1 - v^{n+1}(1+i)}{i}, & K = n+1,\, n+2,\, \cdots \end{cases} \tag{4.2.1.47}$$

식 (4.2.1.47)을 $Z$를 이용하여 나타내면

$$Y = \frac{1 - (1+i)Z}{i} \tag{4.2.1.48}$$

여기에서 $Z$는 $n+1$년만기 생사혼합보험의 현가함수이다. $n$년 기말급 유기생명연금의 일시납순보험료 $a_{x:\overline{n}|}$은 $Y$의 기대값이다.

$$a_{x\,:\,\overline{n|}} = E(Y) \tag{4.2.1.49}$$

$$= E\left[\frac{1-(1+i)Z}{i}\right] \tag{4.2.1.50}$$

$$= \frac{1-(1+i)\,E(Z)}{i} \tag{4.2.1.51}$$

$$= \frac{1-(1+i)\,A_{x\,:\,\overline{n+1|}}}{i} \tag{4.2.1.52}$$

식 (4.2.1.52)를 정리하면

$$1 = i\,a_{x\,:\,\overline{n|}} + (1+i)\,A_{x\,:\,\overline{n+1|}} \tag{4.2.1.53}$$

또는

$$a_{x\,:\,\overline{n|}} = a_{\overline{\infty|}} - \ddot{a}_{\overline{\infty|}}\,A_{x\,:\,\overline{n+1|}} \tag{4.2.1.54}$$

식 (4.2.1.53)에서 $n$ 대신 $n-1$을 대입하면

$$1 = i\,a_{x\,:\,\overline{n-1|}} + (1+i)\,A_{x\,:\,\overline{n|}} \tag{4.2.1.55}$$

예제 4.2.1.5

$s(x) = \dfrac{100-x}{100}$, $0 \le x \le 100$ 이고 $i = 0.05$ 일 때 확률변수 $Y$는 다음과 같이 정의된다.

$$Y = \begin{cases} a_{\overline{K|}}, & K=0,\,1,\,2,\,3,\,4,\,5 \\ a_{\overline{5|}}, & K=6,\,7,\,8,\,\cdots \end{cases}$$

피보험자가 25세일 때 다음을 구하시오.

(a) $Y$의 기대값  (b) $Y$의 분산

풀이

(a) $Y' = \ddot{a}_{\overline{\min(K+1,6)|}}$

$$= \begin{cases} \ddot{a}_{\overline{K+1|}}, & K=0,\,1,\,2,\,3,\,4,\,5 \\ \ddot{a}_{\overline{6|}}, & K=6,\,7,\,8,\,\cdots \end{cases}$$

$Y = Y' - 1$

$$E(Y) = E(Y') - 1 = \ddot{a}_{25\,:\,\overline{6|}} - 1 = \frac{1-A_{25\,:\,\overline{6|}}}{d} - 1$$

$$A_{25\,:\,\overline{6|}} = \sum_{k=0}^{5} v^{k+1}\left(\frac{1}{75}\right) + v^6\,{}_6p_{25} = \left(\frac{1}{75}\right)a_{\overline{6|}\,0.05} + \left(\frac{1}{1.05}\right)^6\left(\frac{75-6}{75}\right)$$

$$= \frac{5.076}{75} + (0.7462)\left(\frac{69}{75}\right) = 0.754184$$

$$E(Y) = \frac{1 - 0.754184}{0.05/1.05} - 1 = 4.16$$

(b) $\mathrm{Var}(Y) = \mathrm{Var}(Y') = \frac{1}{d^2}\left[{}^2A_{25:\overline{6}|} - (A_{25:\overline{6}|})^2\right]$

$$= \left(\frac{1.05}{0.05}\right)^2 [(0.569902) - (0.754184)^2] = 0.489$$

여기서

$${}^2A_{25:\overline{6}|} = \sum_{k=0}^{5} v^{2(k+1)}\left(\frac{1}{75}\right) + v^{12}\,{}_6p_{25}$$

$$= \left(\frac{1}{75}\right)\left(\frac{a_{\overline{12}|}}{s_{\overline{2}|}}\right) + \left(\frac{1}{1.05}\right)^{12}\left(\frac{69}{75}\right) = \left(\frac{1}{75}\right)\left(\frac{8.863}{2.05}\right) + (0.5568)\left(\frac{69}{75}\right) = 0.569902 \ \blacksquare$$

---

**예제 4.2.1.6**

$D_{20} = 2284763.5$, $M_{20} = 128807.6$, $M_{41} = 83962.1$, $D_{41} = 478061.4$일 때 다음 식의 값을 구하시오.

$$1 + \sum_{k=0}^{20} v^{k+1}\,{}_kp_{20} - \sum_{k=0}^{20} v^k\,{}_kp_{20}$$

**풀이**

원식 $= 1 + v\ddot{a}_{20:\overline{21}|} - \ddot{a}_{20:\overline{21}|} = 1 - (1-v)\ddot{a}_{20:\overline{21}|}$

$$= 1 - d\,\ddot{a}_{20:\overline{21}|} = 1 - (1 - A_{20:\overline{21}|})$$

$$= A_{20:\overline{21}|} = \frac{M_{20} - M_{41} + D_{41}}{D_{20}} = 0.228867 \ \blacksquare$$

## (3) 거치생명연금

$n$년거치 생명연금의 일시납순보험료 ${}_{n|}\ddot{a}_x$ 는

$${}_{n|}\ddot{a}_x = \sum_{k=n}^{\infty} v^k\,{}_kp_x \tag{4.2.1.56}$$

$$= \sum_{k=0}^{\infty} v^k\,{}_kp_x - \sum_{k=0}^{n-1} v^k\,{}_kp_x$$

$$= \ddot{a}_x - \ddot{a}_{x:\overline{n}|} \tag{4.2.1.57}$$

$$= \frac{A_{x:\overline{n}|} - A_x}{d} \tag{4.2.1.58}$$

$$= {}_nE_x \, \ddot{a}_{x+n} = \frac{N_{x+n}}{D_x} \tag{4.2.1.59}$$

기말급인 경우는

$$_{n|}a_x = \sum_{k=n+1}^{\infty} v^k \, {}_kp_x \tag{4.2.1.60}$$

$$= a_x - a_{x:\overline{n}|} \tag{4.2.1.61}$$

$$= {}_nE_x \, a_{x+n} = \frac{N_{x+n+1}}{D_x} \tag{4.2.1.62}$$

기시급의 확률변수 $Y$는

$$Y = \begin{cases} 0, & 0 \le K < n \\ \ddot{a}_{\overline{K+1}|} - \ddot{a}_{\overline{n}|}, & K \ge n \end{cases} \tag{4.2.1.63}$$

기말급의 확률변수 $Y$는

$$Y = \begin{cases} 0, & 0 \le K < n \\ a_{\overline{K}|} - a_{\overline{n}|}, & K \ge n \end{cases} \tag{4.2.1.64}$$

예제 4.2.1.7

1년에 1원씩 지급되는 10년거치 기시급 생명연금을 고려한다. 다음과 같은 조건하에서 이 연금의 지급액의 합이 이 연금의 보험수리적 현가보다 클 확률을 구하시오.
(i) $i = 0$      (ii) 사망법칙은 $\omega = 100$인 De Moivre의 법칙이다.

풀이

$$_tp_{50} = \frac{50-t}{50}$$

$$\text{APV} = \sum_{t=10}^{49} \frac{50-t}{50} = 40 - \frac{49(50)}{50(2)} + \frac{9(10)}{50(2)} = 40 - 24.5 + 0.9 = 16.4$$

연금지급액의 합이 APV보다 크다는 것은 연금지급이 적어도 17번 이루어져야 한다. 즉, (50)이 76세까지 생존하면 된다.

따라서 $_{26}p_{50} = \dfrac{24}{50} = 0.48$

(4) 누가생명연금

(a) 누가종신생명연금(累加終身生命年金)

시점지급방법으로 고찰하면

$$(I\ddot{a})_x = \sum_{k=0}^{\infty} (k+1)v^k {}_kp_x \tag{4.2.1.65}$$

$$= {}_0E_x + 2 \cdot {}_1E_x + 3 \cdot {}_2E_x + \cdots \tag{4.2.1.66}$$

총지급방법으로 고찰하면 확률변수 $Y$는 다음과 같다.

$$Y = (I\ddot{a})_{\overline{K+1|}}, \quad K = 0, 1, 2, 3, \cdots \tag{4.2.1.67}$$

$$= \frac{\ddot{a}_{\overline{K+1|}} - (K+1)v^{K+1}}{d} \tag{4.2.1.68}$$

$(I\ddot{a})_x$는 $Y$의 기대값이므로

$$(I\ddot{a})_x = E(Y) = E[(I\ddot{a})_{\overline{K+1|}}] \tag{4.2.1.69}$$

$$= \frac{E[\ddot{a}_{\overline{K+1|}}] - E[(K+1)v^{K+1}]}{d} \tag{4.2.1.70}$$

$$= \frac{\ddot{a}_x - (IA)_x}{d} \tag{4.2.1.71}$$

식 (4.2.1.71)을 정리하면

$$\ddot{a}_x = d(I\ddot{a})_x + (IA)_x \tag{4.2.1.72}$$

(b) 누가유기생명연금(累加有期生命年金)

시점지급방법으로 고찰하면

$$(I\ddot{a})_{x:\overline{n|}} = \sum_{k=0}^{n-1} (k+1)v^k {}_kp_x \tag{4.2.1.73}$$

$$= \sum_{k=0}^{n-1} (k+1){}_kE_x \tag{4.2.1.74}$$

총지급방법으로 고찰하면 확률변수 $Y$는

$$Y = (I\ddot{a})_{\overline{\min(K+1,n)|}} = \frac{\ddot{a}_{\overline{\min(K+1,n)|}} - \min(K+1,n)\,v^{\min(K+1,n)}}{d} \tag{4.2.1.75}$$

$$= \begin{cases} (I\ddot{a})_{\overline{K+1|}} = \dfrac{\ddot{a}_{\overline{K+1|}} - (K+1)\,v^{K+1}}{d}, & K=0,\,1,\,\cdots,\,n-1 \\[3mm] (I\ddot{a})_{\overline{n|}} = \dfrac{\ddot{a}_{\overline{n|}} - n\,v^{n}}{d}, & K=n,\,n+1,\,\cdots \end{cases} \tag{4.2.1.76}$$

따라서

$$(I\ddot{a})_{x:\overline{n|}} = E(Y)$$

$$= \frac{\ddot{a}_{x:\overline{n|}} - (IA)_{x:\overline{n|}}}{d} \tag{4.2.1.77}$$

식 (4.2.1.77)을 정리하면

$$\ddot{a}_{x:\overline{n|}} = d\,(I\ddot{a})_{x:\overline{n|}} + (IA)_{x:\overline{n|}} \tag{4.2.1.78}$$

**예제 4.2.1.8**

$q_x < q_{x+t}$ $(t=1,\,2,\,\cdots)$일 때 다음을 증명하시오.

(a) $a_x < \dfrac{p_x}{q_x+i}$ \qquad (b) $\ddot{a}_x < \dfrac{1+i}{q_x+i}$

(c) $(I\ddot{a})_x < \dfrac{\ddot{a}_x}{v\,q_x+d} < \left(\dfrac{1+i}{q_x+i}\right)^2$ \qquad (d) $(Ia)_x < \dfrac{\ddot{a}_x p_x}{q_x+i} < \dfrac{p_x(1+i)}{(q_x+i)^2}$

**풀이**

(a) $a_x = v p_x + v^2\,_2p_x + v^3\,_3p_x + \cdots$

$= (vp_x) + (vp_x)(vp_{x+1}) + (vp_x)(vp_{x+1})(vp_{x+2}) + \cdots < (vp_x) + (vp_x)^2 + (vp_x)^3 + \cdots$

$= \dfrac{vp_x}{1-vp_x} = \dfrac{p_x}{(1+i)-p_x} = \dfrac{p_x}{q_x+i}$

(b) $a_x + 1 = \ddot{a}_x < \dfrac{p_x}{q_x+i} + 1 = \dfrac{p_x+q_x+i}{q_x+i} = \dfrac{1+i}{q_x+i}$

(c) 식 (4.2.1.72)로부터

$$\ddot{a}_x - d\,(I\ddot{a})_x = (IA)_x$$

$$= vq_x + 2v^2 p_x q_{x+1} + \cdots > vq_x(1 + 2vp_x + 3v^2\,_2p_x + \cdots) = vq_x(I\ddot{a})_x$$

따라서

$$(I\ddot{a})_x < \frac{\ddot{a}_x}{vq_x+d} = \frac{1+i}{q_x+i}\ddot{a}_x$$

(a)에 의하여 두 번째 부등식이 성립한다.

(d) $(Ia)_x = (I\ddot{a})_x - \ddot{a}_x < \left(\frac{1+i}{q_x+i}-1\right)\ddot{a}_x = \frac{p_x}{q_x+i}\ddot{a}_x$

(a)에 의하여 두 번째 부등식이 성립한다.

(5) 기타 관계식

확률변수의 기대값을 이용하면

$$A_x = E(v^{K+1}) \tag{4.2.1.79}$$
$$= E(a_{\overline{K+1}|} - a_{\overline{K}|}) \tag{4.2.1.80}$$
$$= E(v\ddot{a}_{\overline{K+1}|} - a_{\overline{K}|}) \tag{4.2.1.81}$$
$$= v\ddot{a}_x - a_x \tag{4.2.1.82}$$

식 (4.2.1.82)와 비슷한 형태로

$$A^1_{x:\overline{n}|} = v\ddot{a}_{x:\overline{n}|} - a_{x:\overline{n}|} \tag{4.2.1.83}$$

또

$$A_{x:\overline{n}|} = A^1_{x:\overline{n}|} + {}_nE_x \tag{4.2.1.84}$$
$$a_{x:\overline{n}|} = a_{x:\overline{n-1}|} + {}_nE_x \tag{4.2.1.85}$$

식 (4.2.1.83)과 식 (4.2.1.85)를 식 (4.2.1.84)에 대입하면

$$A_{x:\overline{n}|} = v\ddot{a}_{x:\overline{n}|} - a_{x:\overline{n-1}|} \tag{4.2.1.86}$$

forborne annuity를 생존보험의 형태로 나타내면 다음과 같다.

$$\ddot{s}_{x:\overline{n}|} = \frac{1}{{}_nE_x}\ddot{a}_{x:\overline{n}|} \tag{4.2.1.87}$$
$$= \sum_{k=0}^{n-1}\frac{{}_kE_x}{{}_nE_x} \tag{4.2.1.88}$$
$$= \sum_{k=0}^{n-1}\frac{1}{{}_{n-k}E_{x+k}} \tag{4.2.1.89}$$

예제 4.2.1.9

다음 식을 증명하시오.

(a) $\dfrac{1}{i} - \dfrac{a_{x:\overline{n}|}}{d\,\ddot{a}_{x:\overline{n}|}} = \dfrac{A^1_{x:\overline{n}|}}{1-A_{x:\overline{n}|}}$

(b) $\dfrac{v\ddot{a}_{x:\overline{n}|} - a_{x:\overline{n}|}}{\ddot{a}_{x:\overline{n}|} - a_{x:\overline{n}|}} = \dfrac{A^1_{x:\overline{n}|}}{1-A_{x:\frac{1}{\overline{n}|}}}$

**풀이**

(a) $\dfrac{1}{i} - \dfrac{a_{x:\overline{n}|}}{d\,\ddot{a}_{x:\overline{n}|}} = \dfrac{v\ddot{a}_{x:\overline{n}|} - a_{x:\overline{n}|}}{iv\ddot{a}_{x:\overline{n}|}} = \dfrac{A^1_{x:\overline{n}|}}{d\,\ddot{a}_{x:\overline{n}|}} = \dfrac{A^1_{x:\overline{n}|}}{1-A_{x:\overline{n}|}}$

(b) $v\ddot{a}_{x:\overline{n}|} - a_{x:\overline{n}|} = A^1_{x:\overline{n}|}$ 이고

$\ddot{a}_{x:\overline{n}|} - a_{x:\overline{n}|} = 1 - v^n\,{}_np_x = 1 - A_{x:\frac{1}{\overline{n}|}}$ 이므로

$$\dfrac{v\ddot{a}_{x:\overline{n}|} - a_{x:\overline{n}|}}{\ddot{a}_{x:\overline{n}|} - a_{x:\overline{n}|}} = \dfrac{A^1_{x:\overline{n}|}}{1-A_{x:\frac{1}{\overline{n}|}}}$$

예제 4.2.1.10

De Moivre의 법칙하에서 $\ddot{s}_{20:\overline{2}|} = 5$이고 $l_{20} = b$, $l_{21} = b-1$, $l_{22} = b-2$일 때 $b$를 구하시오. 단, $i = 0$이다.

**풀이**

$$\ddot{s}_{20:\overline{2}|} = \dfrac{1+p_{20}}{{}_2E_{20}} = \dfrac{l_{20}+l_{21}}{l_{22}} = \dfrac{2b-1}{b-2} = 5$$

따라서 $b = 3$

## 2. 연 $m$회 지급의 생명연금

### (1) 종신연금(연 $m$회 지급)

1년을 $m$회로 분할하였을 때 분할된 기간의 초에 $\dfrac{1}{m}$원씩을(즉, 1년의 지급액은 $\dfrac{1}{m}\times m$ =1원) 피보험자 $(x)$가 사망할 때까지 지급하는 연금의 일시납순보험료를 $\ddot{a}_x^{(m)}$으로 표시한다. 여기서는 확률변수를 이용하여 $\ddot{a}_x^{(m)}$을 구하여 보기로 한다.

(a) 시점지급방법 : 이 방법을 이용하면

$$\ddot{a}_x^{(m)} = \sum_{h=0}^{\infty} \dfrac{1}{m} v^{\frac{h}{m}} {}_{\frac{h}{m}}p_x \tag{4.2.2.1}$$

(b) 총지급방법 : 사망시점까지의 기간을 $T$라고 하면

$$T = K + S \tag{4.2.2.2}$$

1년을 $m$회로 분할하였을 때 $J$를 다음과 같이 정의한다.

$$J = \text{사망연도에서 완전하게 생존한 횟수} \tag{4.2.2.3}$$

따라서

$$\frac{J}{m} \leq S < \frac{J+1}{m} \tag{4.2.2.4}$$

$$J \leq mS < J+1 \tag{4.2.2.5}$$

$J$는 정수이므로

$$j = \lfloor ms \rfloor \tag{4.2.2.6}$$

이제 확률변수 $Y$를 다음과 같이 정의할 수 있다.

$$Y = \ddot{a}\,_{\overline{k+\frac{J+1}{m}}|}^{(m)}, \quad \begin{cases} J = 0,\ 1,\ \cdots,\ m-1 \\ K = 0,\ 1,\ \cdots \end{cases} \tag{4.2.2.7}$$

$$= \frac{1 - v^{K+\frac{J+1}{m}}}{d^{(m)}} \tag{4.2.2.8}$$

$Y$의 기대값이 $\ddot{a}_x^{(m)}$이므로 식 (3.2.2.5)에서 $n \to \infty$인 경우를 생각하면

$$\ddot{a}_x^{(m)} = E(Y) = \frac{1 - A_x^{(m)}}{d^{(m)}} \tag{4.2.2.9}$$

식 (4.2.2.9)를 변형하면

$$1 = d^{(m)}\ddot{a}_x^{(m)} + A_x^{(m)} \tag{4.2.2.10}$$

$$\ddot{a}_x^{(m)} = \ddot{a}\,_{\overline{\infty}|}^{(m)} - \ddot{a}\,_{\overline{\infty}|}^{(m)} A_x^{(m)} \tag{4.2.2.11}$$

UDD가정하에서는 다음 식이 성립함은 이미 살펴보았다.

$$A_x^{(m)} = \frac{i}{i^{(m)}} A_x = s\,_{\overline{1}|}^{(m)} A_x \tag{4.2.2.12}$$

식 (4.2.2.12)를 식 (4.2.2.9)에 대입하여 정리하면

$$\ddot{a}_x^{(m)} = \frac{1 - \dfrac{i}{i^{(m)}} A_x}{d^{(m)}} = \frac{1 - i/i^{(m)}(1 - d\,\ddot{a}_x)}{d^{(m)}}$$

$$= \frac{id}{i^{(m)} d^{(m)}} \ddot{a}_x - \frac{i/i^{(m)} - 1}{d^{(m)}}$$

$$= \frac{id}{i^{(m)} d^{(m)}} \ddot{a}_x - \frac{i - i^{(m)}}{i^{(m)} d^{(m)}} \tag{4.2.2.13}$$

여기서

$$\alpha(m) = s_{\overline{1}|}^{(m)} \ddot{a}_{\overline{1}|}^{(m)} = \frac{id}{i^{(m)} d^{(m)}} \tag{4.2.2.14}$$

$$\beta(m) = \frac{s_{\overline{1}|}^{(m)} - 1}{d^{(m)}} = \frac{i - i^{(m)}}{i^{(m)} d^{(m)}} \tag{4.2.2.15}$$

이라고 정의하면 식 (4.2.2.13)은 UDD가정하에서

$$\ddot{a}_x^{(m)} = \alpha(m)\,\ddot{a}_x - \beta(m) \tag{4.2.2.16}$$

여기서 $m = 1$인 경우는 $\alpha(1) = 1$, $\beta(1) = 0$이므로 식 (4.2.2.16)은 당연히 성립한다. $\ddot{a}_x^{(m)}$의 근사치를 전통적인 방법으로 구할 때는 Woolhouse의 공식을 이용하여

$$\ddot{a}_x^{(m)} = \ddot{a}_x - \frac{m - 1}{2m} - \frac{m^2 - 1}{12m^2}(\mu_x + \delta) \tag{4.2.2.17}$$

또는 간단히

$$\ddot{a}_x^{(m)} = \ddot{a}_x - \frac{m - 1}{2m} \tag{4.2.2.18}$$

UDD가정하에 유도된 식 (4.2.2.16)과 전통적인 근사치인 식 (4.2.2.17)과 식 (4.2.2.18)을 비교해 보기 바란다. 제4장의 I에서 사용한 근사치는 식 (4.2.2.18)이며 이는

$$D_{x + (h/m)} = D_x + \frac{h}{m}(D_{x+1} - D_x) \tag{4.2.2.19}$$

를 이용하여 구할 수 있다.

또 식 (4.2.2.9)를 변형하면

$$\ddot{a}_x^{(m)} = \frac{1 - A_x^{(m)}}{d^{(m)}} = \frac{d\,\ddot{a}_x + A_x - A_x^{(m)}}{d^{(m)}}$$

$$= \frac{d}{d^{(m)}}\ddot{a}_x - \frac{1}{d^{(m)}}[A_x^{(m)} - A_x] \tag{4.2.2.20}$$

$$= \ddot{a}_{\overline{1}|}^{(m)}\,\ddot{a}_x - \ddot{a}_{\overline{\infty}|}^{(m)}[A_x^{(m)} - A_x] \tag{4.2.2.21}$$

(UDD 가정)

$$= \ddot{a}_{\overline{1}|}^{(m)}\,\ddot{a}_x - \ddot{a}_{\overline{\infty}|}^{(m)}\left[\frac{i}{i^{(m)}}A_x - A_x\right] \tag{4.2.2.22}$$

$$= \ddot{a}_{\overline{1}|}^{(m)}\,\ddot{a}_x - \frac{s_{\overline{1}|}^{(m)} - 1}{d^{(m)}}A_x \tag{4.2.2.23}$$

$$= \ddot{a}_{\overline{1}|}^{(m)}\,\ddot{a}_x - \beta(m)\,A_x \tag{4.2.2.24}$$

**예제 4.2.2.1**

식 (4.2.2.24)의 의미와 $\beta(m)$의 의미를 설명하시오.

**풀이**

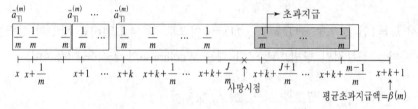

그림에서 알 수 있듯이 1년을 $m$회로 분할하여 매기간 초에 $\frac{1}{m}$씩을 $m$번 지급하는 것의 현가는 $\ddot{a}_{\overline{1}|}^{(m)}$이다. 따라서 어느 일년을 단위로 볼 때 피보험자가 그 일년 동안 생존한다면 매기간 초에 $\frac{1}{m}$씩을 지급하는 것이나 연초에 $\ddot{a}_{\overline{1}|}^{(m)}$을 지급하는 것이나 동일하다. 그러나 사망하는 연도에서는 두 가지가 동일하지 않다. 즉, $\ddot{a}_x^{(m)}$의 개념에는 사망시점 이후의 지급액(그림의 초과지급 ▨부분)은 포함이 안 된다. 그러나 $\ddot{a}_{\overline{1}|}^{(m)}\,\ddot{a}_x$는 사망하는 연도의 초과지급 부분도 포함한다. 따라서 $\ddot{a}_x^{(m)}$과 $\ddot{a}_{\overline{1}|}^{(m)}\,\ddot{a}_x$의 차이는 그림의 초과지급 부분만큼 차이가 난다. 초과지급 부분은 $x+k+1$ 시점에서 평가하면 평균초과지급액은

$$E\left[\ddot{s}_{\overline{1 - \frac{J+1}{m}}|}^{(m)}\right] = E\left[\frac{(1+i)^{1 - \frac{J+1}{m}} - 1}{d^{(m)}}\right]$$

$$= \frac{s_{\overline{1}|}^{(m)} - 1}{d^{(m)}} = \frac{i/i^{(m)} - 1}{d^{(m)}} = \beta(m)$$

사망하는 연도의 말에서 1원의 $x$시점에서의 가치는 $A_x$이므로 사망하는 연도의 말에서(즉,

$x+k+1$) $\beta(m)$의 $x$시점에서의 가치는 $\beta(m)A_x$이다. 이 $\beta(m)A_x$가 $x$시점에서 평가한 $\ddot{a}_x^{(m)}$과 $\ddot{a}_{\overline{1}|}^{(m)}\,\ddot{a}_x$의 차이가 된다. 따라서

$$\ddot{a}_x^{(m)} = \ddot{a}_{\overline{1}|}^{(m)}\,\ddot{a}_x - \beta(m)\,A_x$$

예제 4.2.2.2

피보험자 (60), 매달 1,000원씩 지급되는 기시급 종신연금의 일시납순보험료를 식 (4.2.2.16), 식 (4.2.2.24), 식 (4.2.2.17) 및 식 (4.2.2.18)을 이용하여 구하고 그 결과를 비교하시오.

풀이

$$\alpha(12) = s_{\overline{1}|}^{(12)}\,\ddot{a}_{\overline{1}|}^{(12)} = \frac{i \cdot d}{i^{(m)}\,d^{(m)}} = 1.00019701$$

$$i = 0.05$$

$$d = 1 - (1+i)^{-1} = 0.04761905$$

$$i^{(12)} = [(1+i)^{\frac{1}{12}} - 1] \times 12 = 0.04888949$$

$$d^{(12)} = [1 - (1+i)^{-\frac{1}{12}}] \times 12 = 0.04869111$$

$$\beta(12) = \frac{s_{\overline{1}|}^{(12)} - 1}{d^{(12)}} = \frac{i - i^{(12)}}{i^{(12)}\,d^{(12)}} = 0.46650802$$

$$\ddot{a}_{60} = 13.611659$$

$$A_{60} = 0.351826$$

$$\mu_x = \frac{-1}{l_x}\,\frac{d}{dx}\,l_x \fallingdotseq \frac{-1}{l_x}\left[ -\frac{l_{x-1}-l_{x+1}}{2} \right] = \frac{l_{x-1}-l_{x+1}}{2l_x}$$

$$\mu_{60} = \frac{l_{59}-l_{61}}{2l_{60}} = 0.006376$$

$$\delta = \ln(1.05) = 0.04879016$$

$$\ddot{a}_{\overline{1}|}^{(12)} = \frac{d}{d^{(12)}} = 0.97798234$$

식 (4.2.2.16)에 의하여

$$12000\ddot{a}_{60}^{(12)} = 12000[\alpha(12)\ddot{a}_{60} - \beta(12)]$$

$$= 12000[(1.00019701)(13.611659) - 0.46650802] = 157773.9914$$

식 (4.2.2.24)에 의하여

$$12000\ddot{a}_{60}^{(12)} = 12000[\ddot{a}_{\overline{1}|}^{(12)}\,\ddot{a}_{60} - \beta(12)A_{60}]$$

$$= 12000[(0.97798234)(13.611659) - (0.46650802)(0.351826)]$$

$$= 157773.9896$$

식 (4.2.2.17)에 의하여

$$12000\ddot{a}_{60}^{(12)} = 12000\left[\ddot{a}_{60} - \frac{m-1}{2m} - \frac{m^2-1}{12m^2}(\mu_{60}+\delta)\right]$$

$$= 12000\left[(13.611659) - \frac{11}{24} - \frac{143}{1728}(0.006376+0.04879016)\right]$$

$$= 157785.1249$$

식 (4.2.2.18)에 의하여

$$12000\ddot{a}_{60}^{(12)} = 12000\left[\ddot{a}_{60} - \frac{m-1}{2m}\right] = 157839.908$$

식 (4.2.2.16)과 식 (4.2.2.24)는 수학적으로 같은 식이므로 결과가 같아야 한다. 예제의 답에서 약간 차이가 나는 것은 $\ddot{a}_{60}$과 $A_{60}$ 등에서의 약간의 오차 때문이다. 식 (4.2.2.18)에 의한 결과는 당연히 식 (4.2.2.17)에 의한 결과보다 크다. UDD 가정하의 두 식과 Woolhouse 공식에서 유도된 두 식의 결과는 큰 차이가 없음을 이 예제를 통하여 알 수 있다.

부록 3의 표 3에 있는 $\alpha(12)$, $\beta(12)$의 값과 예제에서 실제로 계산된 값의 약간의 오차는 계산과정에서 소수점 이하의 처리 때문에 발생한 것이다. 표 3에 $\alpha(m)$, $\beta(m)$의 값이 주어졌음에도 불구하고 예제에서 실제로 구해 본 것은 그 과정을 보이기 위함이다. 부록 3의 표 2의 $\mu_{60}$과 예제의 $\mu_{60}$이 다른 것은 $\mu_{60}$을 구하는 공식이 다름에 유의하여야 한다. 표 2의 $\mu_x$는 식 (2.2.8.9)에 의하여 계산된 것이다.

UDD가정하의 두 식의 결과와 전통적 근사치(Woolhouse 공식이용)가 큰 차이가 없음에도 이 책에서 주로 UDD로 접근하는 이유는 전통적 근사치가 단수부분(소수연령)에 대한 가정이 없는 데 반하여 UDD는 단수부분에 대한 가정을 하고 있고 단수부분에 대한 가정이 다를 때에도 이 교재에서 접근하는 방식으로 NSP를 계산할 수 있으므로 더 일반적인 접근방법이기 때문이다.

( 예제 4.2.2.3 )

$l_x$ $(x \geq 0)$가 $ax+b$의 형태로 나타난다($a$, $b$는 상수). $e_x = 40$, $i = 0$일 때 $\ddot{a}_x^{(12)}$의 값을 구하시오.

**풀이**

$$e_x = \sum_{k=0}^{\infty} {}_{k+1}p_x = 40$$

$$\ddot{a}_x^{(12)} = \sum_{k=0}^{\infty} \frac{1}{12} v^{\frac{k}{12}} {}_{\frac{k}{12}}p_x = \frac{1}{12}\sum_{k=0}^{\infty} {}_{\frac{k}{12}}p_x = \frac{1}{12}\sum_{k=0}^{\infty}\sum_{s=0}^{11} {}_kp_x {}_{\frac{s}{12}}p_{x+k}$$

$$= \frac{1}{12}\sum_{k=0}^{\infty} {}_kp_x\left[\sum_{s=0}^{11}(1 - {}_{\frac{s}{12}}q_{x+k})\right] = \frac{1}{12}\sum_{k=0}^{\infty} {}_kp_x\left[\sum_{s=0}^{11}\left\{1 - \frac{s}{12}(1-p_{x+k})\right\}\right]$$

$$= \frac{1}{12}\sum_{k=0}^{\infty} {}_kp_x\sum_{s=0}^{11}\frac{12-s}{12} + \frac{1}{12}\sum_{k=0}^{\infty} {}_kp_x\sum_{s=0}^{11}\frac{s}{12}p_{x+k}$$

$$= \frac{1}{12}\frac{12(13)}{12(2)}\sum_{k=0}^{\infty} {}_kp_x + \frac{1}{12}\sum_{k=0}^{\infty} {}_kp_x\,p_{x+k}\frac{11(12)}{12(2)}$$

$$= \frac{13}{24}(e_x+1) + \frac{1}{12}\sum_{k=0}^{\infty} {}_{k+1}p_x\left(\frac{11}{2}\right) = \frac{13}{24}(e_x+1) + \frac{11}{24}e_x$$

$$= \frac{1}{24}(13\times41+40\times11) = 40\frac{13}{24}$$

기말급 종신연금의 경우 확률변수 $Y$는

$$Y = a_{\overline{K+J/m}}^{(m)} \tag{4.2.2.25}$$

$$= \frac{1-v^{K+\frac{J}{m}}}{i^{(m)}} \tag{4.2.2.26}$$

$$= \frac{1-v^{K+\frac{J+1}{m}}\cdot v^{-\frac{1}{m}}}{i^{(m)}} \tag{}$$

$$= \frac{1-(1+i)^{\frac{1}{m}}v^{K+\frac{J+1}{m}}}{i^{(m)}} = \frac{1-\left(1+\frac{i^{(m)}}{m}\right)v^{K+\frac{J+1}{m}}}{i^{(m)}} \tag{4.2.2.27}$$

$Y$의 기대값을 구하면 $a_x^{(m)}$이므로

$$a_x^{(m)} = E(Y) = \frac{1-\left(1+\frac{i^{(m)}}{m}\right)A_x^{(m)}}{i^{(m)}} \tag{4.2.2.28}$$

따라서

$$1 = i^{(m)}a_x^{(m)} + \left(1+\frac{i^{(m)}}{m}\right)A_x^{(m)} \tag{4.2.2.29}$$

식 (4.2.2.29)를

$$1 = i\,a_x + (1+i)A_x \tag{4.2.2.30}$$

과 비교하기 바란다.

(2) 유기생명연금과 거치생명연금(연 $m$회 지급)

지금까지는 연 $m$회 지급의 종신연금을 살펴보았다. 이제 연 $m$회 지급의 유기생명연금과 거치생명연금을 고찰해 보자. 식 (4.2.2.24)를 이용하면 UDD가정하에서

$$\ddot{a}_{x\,:\,\overline{n}|}^{(m)} = \ddot{a}_x^{(m)} - {}_nE_x\,\ddot{a}_{x+n}^{(m)} \tag{4.2.2.31}$$

$$= \ddot{a}_{\overline{1}|}^{(m)}\,\ddot{a}_x - \beta(m)\,A_x - {}_nE_x\,[\ddot{a}_{\overline{1}|}^{(m)}\,\ddot{a}_{x+n} - \beta(m)\,A_{x+n}] \tag{4.2.2.32}$$

$$= \ddot{a}_{\overline{1}|}^{(m)}\,\ddot{a}_{x\,:\,\overline{n}|} - \beta(m)\,A_{x\,:\,\overline{n}|}^{1} \tag{4.2.2.33}$$

같은 원리로 식 (4.2.2.33)을 이용하여

$$_{n|}\ddot{a}_x^{(m)} = \ddot{a}_x^{(m)} - \ddot{a}_{x\,:\,\overline{n}|}^{(m)} \tag{4.2.2.34}$$

$$= \ddot{a}_{\overline{1}|}^{(m)}\,{}_{n|}\ddot{a}_x - \beta(m)\,{}_{n|}A_x \tag{4.2.2.35}$$

식 (4.2.2.16)을 이용하면

$$\ddot{a}_{x\,:\,\overline{n}|}^{(m)} = \ddot{a}_x^{(m)} - {}_nE_x\,\ddot{a}_{x+n}^{(m)}$$

$$= \alpha(m)\ddot{a}_x - \beta(m) - {}_nE_x\,[\alpha(m)\,\ddot{a}_{x+n} - \beta(m)]$$

$$= \alpha(m)\ddot{a}_{x\,:\,\overline{n}|} - \beta(m)[1 - {}_nE_x] \tag{4.2.2.36}$$

식 (4.2.2.36)을 이용하여

$$_{n|}\ddot{a}_x^{(m)} = \ddot{a}_x^{(m)} - \ddot{a}_{x\,:\,\overline{n}|}^{(m)}$$

$$= \alpha(m)[\ddot{a}_x - \ddot{a}_{x\,:\,\overline{n}|}] - \beta(m)\,{}_nE_x$$

$$= \alpha(m)\,{}_{n|}\ddot{a}_x - \beta(m)\,{}_nE_x \tag{4.2.2.37}$$

식 (4.2.2.35)를 이용하여

$$_{h|}\ddot{a}_{x\,:\,\overline{n}|}^{(m)} = \ddot{a}_{x\,:\,\overline{h+n}|}^{(m)} - \ddot{a}_{x\,:\,\overline{h}|}^{(m)} \tag{4.2.2.38}$$

$$= {}_{h|}\ddot{a}_x^{(m)} - {}_{h+n|}\ddot{a}_x^{(m)} \tag{4.2.2.39}$$

$$= \ddot{a}_{\overline{1}|}^{(m)}\,{}_{h|}\ddot{a}_x - \beta(m)\,{}_{h|}A_x - \ddot{a}_{\overline{1}|}^{(m)}\,{}_{h+n|}\ddot{a}_x - \beta(m)\,{}_{h+n|}A_x \tag{4.2.2.40}$$

$$= \ddot{a}_{\overline{1}|}^{(m)}\,{}_{h|}\ddot{a}_{x\,:\,\overline{n}|} - \beta(m)\,{}_{n|}A_{x\,:\,\overline{n}|}^{1} \tag{4.2.2.41}$$

(3) 기시급연금과 기말급연금의 관계(연 $m$회 지급의 경우)

기시급과 기말급의 관계식은 다음과 같다.

$$a_x^{(m)} = \ddot{a}_x^{(m)} - \frac{1}{m} \tag{4.2.2.42}$$

$$a_{x:\overline{n}|}^{(m)} = \ddot{a}_{x:\overline{n}|}^{(m)} - \frac{1}{m}(1 - {}_nE_x) \qquad (4.2.2.43)$$

$$_{h|}a_{x:\overline{n}|}^{(m)} = {}_{h|}\ddot{a}_{x:\overline{n}|}^{(m)} - \frac{1}{m}({}_hE_x - {}_{h+n}E_x) \qquad (4.2.2.44)$$

위의 관계식은 그림을 그리고 예제 (4.1.5.1)을 참고로 하면 쉽게 유도될 수 있다. 식 (4.2.2.42)를 이용하면 UDD가정하에서

$$a_x^{(m)} = \ddot{a}_x^{(m)} - \frac{1}{m}$$

$$= \alpha(m)\,\ddot{a}_x - \beta(m) - \frac{1}{m} \qquad (4.2.2.45)$$

$$= \alpha(m)(a_x + 1) - \beta(m) - \frac{1}{m} \qquad (4.2.2.46)$$

$$= \alpha(m)\,a_x + \left[\alpha(m) - \beta(m) - \frac{1}{m}\right] \qquad (4.2.2.47)$$

여기서

$$\gamma(m) = \alpha(m) - \beta(m) - \frac{1}{m} \qquad (4.2.2.48)$$

$$= \frac{d^{(m)} - d}{i^{(m)}\,d^{(m)}} \qquad (4.2.2.49)$$

$$= \frac{1 - \ddot{a}_{\overline{1}|}^{(m)}}{i^{(m)}} \qquad (4.2.2.50)$$

이라고 하면

$$a_x^{(m)} = \alpha(m)a_x + \gamma(m) \qquad (4.2.2.51)$$

( 예제 4.2.2.4 )

식 (4.2.2.16)에서 $m \to \infty$일 때 $\bar{a}_x = \alpha(\infty)\ddot{a}_x - \beta(\infty)$와 식 (4.2.2.51)에서 $m \to \infty$일 때 $\bar{a}_x = \alpha(\infty)a_x + \gamma(\infty)$이 일치함을 보이시오.

**풀이**

식 (4.2.2.51)로부터

$$\lim_{m \to \infty} a_x^{(m)} = \bar{a}_x = \alpha(\infty)(\ddot{a}_x - 1) + \gamma(\infty) = \alpha(\infty)\ddot{a}_x - [\alpha(\infty) - \gamma(\infty)]$$

$$= \alpha(\infty)\ddot{a}_x - \left[\frac{i\,d}{\delta^2} - \frac{\delta - d}{\delta^2}\right] = \alpha(\infty)\ddot{a}_x - \frac{i - \delta}{\delta^2}$$

$$= \alpha(\infty)\ddot{a}_x - \beta(\infty) = \lim_{m \to \infty} \ddot{a}_x^{(m)}$$

(4) 변동생명연금

(a) 1년에 $m$회 지급되는 변동연금의 경우 제1연도의 매회 지급액은 $\frac{1}{m}$원(즉, 연총 지급액은 1원), 제2연도의 매회 지급액은 $\frac{2}{m}$원(즉, 연총지급액은 2원) 등 연총지급액이 1 원씩 증가하는 연금의 일시납순보험료를 $(I\ddot{a})_x^{(m)}$으로 나타낸다.

그림 [4.2.2.1]  연총지급액이 1원씩 증가하는 경우

시점지급방법으로 고찰하면

$$(I\ddot{a})_x^{(m)} = \sum_{k=0}^{\infty} \sum_{j=0}^{m-1} \left(\frac{k+1}{m}\right) \cdot v^{k+\frac{j}{m}} \cdot {}_{k+\frac{j}{m}}p_x \tag{4.2.2.52}$$

여기서 $m \to \infty$인 경우에는 $(I\bar{a})_x$가 된다.

$$(I\bar{a})_x = \lim_{m \to \infty} (I\ddot{a})_x^{(m)} \tag{4.2.2.53}$$

(b) 1년에 $m$회 지급되는 변동연금으로 1년에 $m$번 증액(감액)되는 연금을 고려해 보자. 매 $\frac{1}{m}$년 초에 지급되는 금액은 처음 $\frac{1}{m}$년 초에는 1년 지급액으로 $\frac{1}{m}$, 두 번째 $\frac{1}{m}$년 초에는 1년 지급액으로 $\frac{2}{m}$ 등으로 증액된다. 피보험자 $(x)$를 가정하면 $x$시점의 지급액은 $\frac{1}{m^2}\left[\frac{1}{m}(1년)\times\frac{1}{m}(기간)\right]$, $x+\frac{1}{m}$시점의 지급액은 $\frac{2}{m^2}\left[\frac{2}{m}(1년)\times\frac{1}{m}(기간)\right]$, $x+\frac{2}{m}$ 시점의 지급액은 $\frac{3}{m^2}\left[\frac{3}{m}(1년)\times\frac{1}{m}(기간)\right]$ 등으로 증액된다.

그림 [4.2.2.2]  1년에 $m$번 증가, $m$번 지급의 경우

이런 생명연금의 일시납순보험료를 $(I^{(m)}\ddot{a})_x^{(m)}$로 표시한다. 시점지급방법으로 고찰하면

$$(I^{(m)}\ddot{a})_x^{(m)} = \sum_{t=0}^{\infty} \left( \frac{t+1}{m^2} \right) v^{\frac{t}{m}} \cdot {}_{\frac{t}{m}} p_x \qquad (4.2.2.54)$$

식 (4.2.2.54)에서 $m \to \infty$인 경우는 $(\bar{I}\bar{a})_x$가 된다.

$$(\bar{I}\bar{a})_x = \lim_{m \to \infty} (I^{(m)}\ddot{a})_x^{(m)} \qquad (4.2.2.55)$$

예제 4.2.2.5

다음과 같은 자료를 이용하여 $(I\ddot{a})_{70:\overline{10|}}^{(12)}$를 구하시오.

(i)

| $x$ | $S_x$ |
|---|---|
| 69 | 77938 |
| 70 | 67117 |
| 71 | 57520 |
| 72 | 49043 |
| ⋮ | ⋮ |
| 79 | 13483 |
| 80 | 10875 |
| 81 | 8691 |
| 82 | 6875 |

(ii) $\alpha(12) = 1.00028$  (iii) $\beta(12) = 0.46812$  (iv) 각 연령마다 UDD가정

풀이

$$(I\ddot{a})_{70:\overline{10|}}^{(12)} = \ddot{a}_{70:\overline{10|}}^{(12)} + {}_{1|}\ddot{a}_{70:\overline{9|}}^{(12)} + \cdots + {}_{9|}\ddot{a}_{70:\overline{1|}}^{(12)}$$

$$= [\alpha(12)\ddot{a}_{70:\overline{10|}} - \beta(12)(1 - {}_{10}E_{70})] + [\alpha(12) {}_{1|}\ddot{a}_{70:\overline{9|}} - \beta(12)({}_{1}E_{70} - {}_{10}E_{70})]$$

$$+ \cdots + [\alpha(12) {}_{9|}\ddot{a}_{70:\overline{1|}} - \beta(12)({}_{9}E_{70} - {}_{10}E_{70})]$$

$$= \alpha(12)(I\ddot{a})_{70:\overline{10|}} - \beta(12)(\ddot{a}_{70:\overline{10|}} - 10 \cdot {}_{10}E_{70})]$$

$$= \alpha(12)\frac{S_{70} - S_{80} - 10N_{80}}{D_{70}} - \beta(12)\frac{N_{70} - N_{80} - 10D_{80}}{D_{70}}$$

주어진 표로부터

$$N_{80} = S_{80} - S_{81} = 2184$$

$$N_{70} = S_{70} - S_{71} = 9597$$

$$D_{80} = N_{80} - N_{81} = (S_{80} - S_{81}) - (S_{81} - S_{82}) = 368$$

$$D_{70} = 1120$$

$$(I\ddot{a})_{70:\overline{10|}}^{(12)} = 30.724672 - 1.560261 = 29.164411$$

## 3. 연속생명연금

제1장의 이자론에서 고찰한 확정연금의 경우처럼 생명연금에서도 연속지급의 경우를 고려할 수 있다. 연속생명연금(連續生命年金 ; continuous life annuities)이란 앞에서 고찰한 분할납생명연금의 분할횟수를 무한히 늘린 경우의 극한을 말한다. 피보험자 $(x)$, 1년간 총지급액이 1원인 연속종신연금의 일시납순보험료를 $\bar{a}_x$라고 표시하면

$$\bar{a}_x = \lim_{m \to \infty} \ddot{a}_x^{(m)} = \lim_{m \to \infty} a_x^{(m)} \tag{4.2.3.1}$$

### (1) 연속종신생명연금

### (a) 시점지급방법

1년의 총지급액이 1원이므로 $[t, t+dt]$ 사이에서 지급되는 금액은 $dt$이다. $dt$의 현가는 $v^t\,dt$원이고, $v^t\,dt$를 지급받을 확률은 $_tp_x$이다. 따라서 $\bar{a}_x$는

$$\bar{a}_x = \int_0^\infty {}_tp_x v^t\,dt$$
$$= \int_0^\infty v^t\,{}_tp_x\,dt \tag{4.2.3.2}$$

그림 [4.2.3.1]  시점지급방법과 $\bar{a}_x$

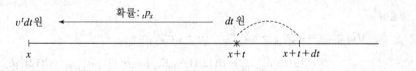

### (b) 총지급방법

사망하는 시점까지의 총지급액의 $x$시점에서의 현가를 $Y$라고 하면

그림 [4.2.3.2]  총지급방법과 $\bar{a}_x$

$$Y = \bar{a}_{\overline{T}|} = \frac{1 - v^T}{\delta} \tag{4.2.3.3}$$

인 연속확률변수(continuous random variable)이다.

$T$의 확률밀도함수(probability density function: p.d.f.)인 $g(t)$에 대하여는 제2장에서 고찰하였다. $Y$의 기대값을 구하면 $\bar{a}_x$이므로

$$\bar{a}_x = E(Y) = E(\bar{a}_{\overline{T}|}) \tag{4.2.3.4}$$

$$= \int_0^\infty \bar{a}_{\overline{T}|} \, g(t) \, dt \tag{4.2.3.5}$$

$$= \int_0^\infty \bar{a}_{\overline{T}|} \, {}_tp_x \, \mu_{x+t} \, dt \tag{4.2.3.6}$$

여기서 $\bar{a}_{\overline{T}|}$ 는 제1장에서 고찰한 바와 같이 다음을 의미한다.

$$\bar{a}_{\overline{T}|} = \int_0^\infty v^s \, ds \tag{4.2.3.7}$$

$\bar{A}_x$와 $\bar{a}_x$의 관계식을 고찰해 보기로 한다.

$$\bar{A}_x = \int_0^\infty v^t \, {}_tp_x \, \mu_{x+t} \, dt \tag{4.2.3.8}$$

$$= -\int_0^\infty v^t \frac{d \, {}_tp_x}{dt} \, dt = -\left[ v^t \, {}_tp_x \, \big|_0^\infty + \delta \int_0^\infty {}_tp_x \, v^t \, dt \right]$$

$$= 1 - \delta \, \bar{a}_x \tag{4.2.3.9}$$

식 (4.2.3.9)는 $Y$라는 연속확률변수를 이용하면 더욱 쉽게 구할 수 있다.

$$\bar{a}_x = E(Y) = E\left( \frac{1 - v^T}{\delta} \right)$$

$$= \frac{1 - \bar{A}_x}{\delta} \tag{4.2.3.10}$$

식 (4.2.3.10)으로부터 식 (4.2.3.9)가 성립하며 식을 약간 변형하면

$$1 = \delta \, \bar{a}_x + \bar{A}_x \tag{4.2.3.11}$$

식 (4.2.3.11)을 제1장에서 고찰한 다음 식과 비교하기 바란다.

$$1 = \delta \, \bar{a}_{\overline{T}|} + v^t$$

식 (4.2.3.10)을 다르게 표현하면

$$\bar{a}_x = \bar{a}_{\overline{\infty}} - \bar{a}_{\overline{\infty}|}\bar{A}_x \tag{4.2.3.12}$$

식 (4.2.3.12)를 그림을 그려서 해석을 하기 바란다.

$Y$의 분산을 구하여 보면

$$\text{Var}(Y) = \text{Var}(\bar{a}_{\overline{T}|}) = \text{Var}\left(\frac{1-v^T}{\delta}\right) \tag{4.2.3.13}$$

$$= \frac{1}{\delta^2}\,\text{Var}(v^T) \tag{4.2.3.14}$$

$$= \frac{1}{\delta^2}\,[^2\bar{A}_x - \bar{A}_x^2] \tag{4.2.3.15}$$

(예제 4.2.3.1)

$\mu_x$가 모든 $x$에 대하여 $\mu = 0.04$이고 $\delta = 0.06$일 때 다음을 구하시오.

(a) $\bar{a}_x$        (b) $\bar{a}_{\overline{T}|}$의 분산        (c) $\bar{a}_{\overline{T}|}$가 $\bar{a}_x$보다 클 확률

**풀이**

(a) $\bar{a}_x = \displaystyle\int_0^\infty v^t\,_tp_x\,dt = \int_0^\infty e^{-0.06t}\,e^{-0.04t}\,dt$

$\qquad = \displaystyle\int_0^\infty e^{-0.10t}\,dt = 10$

(b) $\bar{A}_x = E[e^{-0.06T}] = \displaystyle\int_0^\infty e^{-0.06t}\,g(t)dt$

$\qquad = \displaystyle\int_0^\infty e^{-0.06t}\cdot e^{-0.04t}\,(0.04)dt = 0.4$

$\qquad{}^2\bar{A}_x = \displaystyle\int_0^\infty e^{-2\delta t}\,g(t)dt$

$\qquad = \displaystyle\int_0^\infty e^{-0.12t}\cdot e^{-0.04t}\,(0.04)dt = 0.04 \times \frac{1}{0.16} = 0.25$

따라서 $\text{Var}(\bar{a}_{\overline{T}|}) = \dfrac{1}{\delta^2}\,(^2\bar{A}_x - \bar{A}_x^2) = \dfrac{1}{(0.06)^2}\,[0.25 - (0.4)^2] = 25$

(c) $\Pr(\bar{a}_{\overline{T}|} > \bar{a}_x) =$ 사망시까지의 총지급의 현가가 일시납순보험료보다 클 확률

$$\Pr(\bar{a}_{\overline{T}|} > 10) = \Pr\left(\frac{1-v^T}{0.06} > 10\right) = \Pr(0.4 > e^{-0.06T})$$

$$= \Pr\left[T > \left(-\frac{\ln 0.4}{0.06}\right)\right] = \Pr(T > 15.27)$$

$g(t) = 0.04e^{-0.04t}$이므로 $\Pr(\bar{a}_{\overline{T}} > \bar{a}_x)$인 것은 $\Pr(T > 15.27)$인 경우이다. 즉, $(x)$가 15.27년 이상 생존할 때는 일시납순보험료보다 더 많은 금액을 지급받는다.

따라서 $\Pr(\bar{a}_{\overline{T}} > \bar{a}_x) = \Pr(T > 15.27)$

$$= \int_{15.27}^{\infty} 0.04 \, e^{-0.04t} \, dt = e^{-0.04(15.27)} = 0.54291636$$

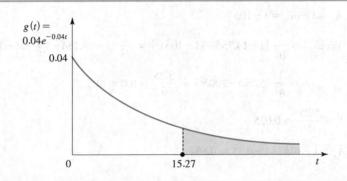

### 예제 4.2.3.2

$$\frac{d\bar{a}_x}{dx} = (\mu_x + \delta)\bar{a}_x - 1 \tag{4.2.3.16}$$

을 증명하시오.

**풀이**

$$\frac{d\bar{a}_x}{dx} = \int_0^{\infty} v^t \left( \frac{\partial}{\partial x} \, {}_tp_x \right) dt$$

식 (2.2.5.14)로부터

$$\frac{d}{dx} \, {}_tp_x = {}_tp_x (\mu_x - \mu_{x+t}) \text{이다.}$$

따라서

$$\frac{d\bar{a}_x}{dx} = \int_0^{\infty} v^t \, {}_tp_x \, (\mu_x - \mu_{x+t}) dt = \mu_x \bar{a}_x - \bar{A}_x = \mu_x \, \bar{a}_x - (1 - \delta\bar{a}_x)$$

따라서

$$\frac{d\bar{a}_x}{dx} = (\mu_x + \delta)\bar{a}_x - 1$$

### 예제 4.2.3.3

다음과 같은 자료를 이용하여 $\bar{A}_x$를 구하시오.

(i) $\bar{a}_x = 10$                       (ii) $\mathrm{Var}(\bar{a}_{\overline{T|}}) = 50$

(iii) $^2\bar{a}_x = 7.375$ ($^2\bar{a}_x$는 $\delta$ 대신 $2\delta$ 사용한 NSP)

**풀이**

$$\mathrm{Var}(\bar{a}_{\overline{T|}}) = \frac{1}{\delta^2}\,[^2\bar{A}_x - (\bar{A}_x)^2] = 50$$

$$^2\bar{A}_x = 1 - 2\delta\,^2\bar{a}_x = 1 - 14.75\delta$$

$$\bar{A}_x = 1 - \delta\bar{a}_x = 1 - 10\delta$$

$$\mathrm{Var}(\bar{a}_{\overline{T|}}) = \frac{1}{\delta^2}\,[1 - 14.75\delta - (1-10\delta)^2] = \frac{1}{\delta^2}\,(1 - 14.75\delta - 1 + 20\delta - 100\delta^2)$$

$$= \frac{1}{\delta^2}\,(5.25\delta - 100\delta^2) = \frac{5.25}{\delta} - 100 = 50$$

따라서 $\delta = \dfrac{5.25}{150} = 0.035$

$$\bar{A}_x = 1 - 10\delta = 1 - 0.35 = 0.65$$

## (2) 연속유기생명연금

### (a) 시점지급방법

피보험자 $(x)$, 1년 총연금액 1원인 연속유기생명연금(連續有期生命年金)의 일시납순보험료를 $\bar{a}_{x:\overline{n|}}$ 으로 표시한다.

$$\bar{a}_{x:\overline{n|}} = \int_0^n v^t\,{}_tp_x\,dt \tag{4.2.3.17}$$

### (b) 총지급방법

연속확률변수 $Y$를 다음과 같이 정의한다.

$$Y = \bar{a}_{\overline{\min(T,n)|}} = \frac{1 - v^{\min(T,n)}}{\delta} \tag{4.2.3.18}$$

$$= \begin{cases} \bar{a}_{\overline{T|}} = \dfrac{1 - v^T}{\delta}, & 0 \le T < n \\[2mm] \bar{a}_{\overline{n|}} = \dfrac{1 - v^n}{\delta}, & T \ge n \end{cases} \tag{4.2.3.19}$$

$Y$의 기대값이 $\bar{a}_{x:\overline{n|}}$ 이므로

$$\bar{a}_{x:\overline{n|}} = E(Y) \tag{4.2.3.20}$$

$$= \int_0^n \bar{a}_{\overline{t}|}\,_t p_x\, \mu_{x+t}\, dt + \bar{a}_{\overline{n}|}\,_n p_x \qquad (4.2.3.21)$$

예제 4.2.3.4

식 (4.2.3.21)과 식 (4.2.3.17)이 같은 식임을 증명하시오.

풀이

식 (4.2.3.21)으로부터

$$\bar{a}_{x:\overline{n}|} = \int_0^n \bar{a}_{\overline{t}|}\,_t p_x\, \mu_{x+t}\, dt + \bar{a}_{\overline{n}|}\,_n p_x = \int_0^n \bar{a}_{\overline{t}|}\left(-\frac{d\,_t p_x}{dt}\right) dt + \bar{a}_{\overline{n}|}\,_n p_x$$

$$= -\left[\left.\bar{a}_{\overline{t}|}\,_t p_x\right|_0^n - \int_0^n {}_t p_x\, v^t\, dt\right] + \bar{a}_{\overline{n}|}\,_n p_x$$

$$\left[U = \bar{a}_{\overline{t}|} = \frac{1-v^t}{\delta},\ dU = \left(-\frac{1}{\delta}\right)(\ln v)v^t\, dt = v^t\, dt\right]$$

$$= \int_0^n v^t\,_t p_x\, dt$$

$\bar{A}_{x:\overline{n}|}$ 과 $\bar{a}_{x:\overline{n}|}$ 의 관계식을 구해보기로 한다.

$$\bar{A}_{x:\overline{n}|}^1 = \int_0^n v^t\,_t p_x\, \mu_{x+t}\, dt \qquad (4.2.3.22)$$

$$= \int_0^n v^t\left(-\frac{d}{dt}\,_t p_x\right) dt \qquad (4.2.3.23)$$

$$= 1 - v^n\,_n p_x - \delta\,\bar{a}_{x:\overline{n}|} \qquad (4.2.3.24)$$

식 (4.2.3.24)을 약간 변형하면

$$1 = \delta\,\bar{a}_{x:\overline{n}|} + \bar{A}_{x:\overline{n}|} \qquad (4.2.3.25)$$

식 (4.2.3.25)는 연속확률변수 $Y$를 사용하면 더욱 쉽게 구할 수 있다. 식 (4.2.3.18)과 식 (4.2.3.19)에서 $Y$를 하나의 식으로 표현하기 위하여 $Z$를 다음과 같이 정의한다.

$$Z = v^{\min(T,n)} = v^{T \wedge n} \qquad (4.2.3.26)$$

$$= \begin{cases} v^T, & 0 \le T < n \\ v^n, & T \ge n \end{cases} \qquad (4.2.3.27)$$

$Z$를 이용하여 $Y$를 다시 표시하면

$$Y = \frac{1-Z}{\delta} \tag{4.2.3.28}$$

$Y$의 기대값이 $\bar{a}_{x:\overline{n}|}$ 이므로

$$\bar{a}_{x:\overline{n}|} = E(Y) = \frac{1-E(Z)}{\delta} \tag{4.2.3.29}$$

$$= \frac{1-\bar{A}_{x:\overline{n}|}}{\delta} \tag{4.2.3.30}$$

식 (4.2.3.30)을 정리하면 식 (4.2.3.25)를 얻는다.

$Y$의 분산을 구해보면

$$\mathrm{Var}(Y) = \frac{1}{\delta^2}\mathrm{Var}(Z) \tag{4.2.3.31}$$

$$= \frac{1}{\delta^2}\left[{}^2\bar{A}_{x:\overline{n}|} - (\bar{A}_{x:\overline{n}|})^2\right] \tag{4.2.3.32}$$

${}^2\bar{A}_{x:\overline{n}|}$은 $\delta$ 대신 $2\delta$가 쓰인 경우의 일시납순보험료이므로

$$\mathrm{Var}(Y) = \frac{1}{\delta^2}\left[1-(2\delta)({}^2\bar{a}_{x:\overline{n}|}) - (1-\delta\bar{a}_{x:\overline{n}|})^2\right] \tag{4.2.3.33}$$

$$= \frac{2}{\delta}(\bar{a}_{x:\overline{n}|} - {}^2\bar{a}_{x:\overline{n}|}) - (\bar{a}_{x:\overline{n}|})^2 \tag{4.2.3.34}$$

**예제 4.2.3.5**

다음 식을 증명하시오.

(a) $\dfrac{d}{dx}\bar{a}_{x:\overline{n}|} = (\mu_x+\delta)\bar{a}_{x:\overline{n}|} - (1-{}_nE_x)$  (4.2.3.35)

(b) $\dfrac{d\bar{A}_{x:\overline{n}|}}{dx} = \delta(\bar{A}^1_{x:\overline{n}|} - \mu_x\bar{a}_{x:\overline{n}|})$

**풀이**

(a) $\dfrac{d}{dx}\bar{a}_{x:\overline{n}|} = \int_0^n v^t\left(\dfrac{\partial}{\partial x}{}_tp_x\right)dt = \int_0^n v^t\,{}_tp_x(\mu_x-\mu_{x+t})dt$

$= \mu_x\bar{a}_{x:\overline{n}|} - \bar{A}^1_{x:\overline{n}|} = \mu_x\bar{a}_{x:\overline{n}|} - (1-\delta\bar{a}_{x:\overline{n}|} - {}_nE_x)$

$= (\mu_x+\delta)\bar{a}_{x:\overline{n}|} - (1-{}_nE_x)$

(b) $\dfrac{d\bar{A}_{x:\overline{n}|}}{dx} = \dfrac{d}{dx}(1-\delta\bar{a}_{x:\overline{n}|}) = -\delta(\mu_x\bar{a}_{x:\overline{n}|} - \bar{A}^1_{x:\overline{n}|}) = \delta(\bar{A}^1_{x:\overline{n}|} - \mu_x\bar{a}_{x:\overline{n}|})$

(3) 연속거치생명연금
(a) 시점지급방법
피보험자 $(x)$, 1년 총연금지급액 1원인 $n$년 연속거치생명연금(連續据置生命年金)의
일시납순보험료를 $_{n|}\bar{a}_x$로 나타낸다.

$$_{n|}\bar{a}_x = \int_n^\infty v^t {}_t p_x \, dt \tag{4.2.3.36}$$

$$= \int_0^\infty v^t {}_t p_x \, dt - \int_0^n v^t {}_t p_x \, dt$$

$$= \bar{a}_x - \bar{a}_{x:\overline{n}|} \tag{4.2.3.37}$$

$$= \frac{\bar{A}_{x:\overline{n}|} - \bar{A}_x}{\delta} \tag{4.2.3.38}$$

(b) 총지급방법
연속확률변수 $Y$는 다음과 같이 정의된다.

$$Y = \begin{cases} 0 = \bar{a}_{\overline{T}|} - \bar{a}_{\overline{T}|}, & 0 \le T < n \\ v^n \bar{a}_{\overline{T-n}|} = \bar{a}_{\overline{T}|} - \bar{a}_{\overline{n}|}, & T \ge n \end{cases} \tag{4.2.3.39}$$

$_{n|}\bar{a}_x$는 $Y$의 기대값이므로

$$_{n|}\bar{a}_x = E(Y) = \int_n^\infty v^n \bar{a}_{\overline{t-n}|} {}_t p_x \, \mu_{x+t} \, dt \tag{4.2.3.40}$$

$$= \int_0^\infty v^n \bar{a}_{\overline{s}|} {}_{n+s} p_x \, \mu_{x+n+s} \, ds \tag{4.2.3.41}$$

$$= v^n {}_n p_x \int_0^\infty \bar{a}_{\overline{s}|} {}_s p_{x+n} \, \mu_{x+n+s} \, ds \tag{4.2.3.42}$$

$$= {}_n E_x \, \bar{a}_{x+n} \tag{4.2.3.43}$$

$Y$의 분산을 구해 보면

$$\mathrm{Var}(Y) = \int_n^\infty v^{2n} \left(\bar{a}_{\overline{t-n}|}\right)^2 {}_t p_x \, \mu_{x+t} \, dt - \left(_{n|}\bar{a}_x\right)^2 \tag{4.2.3.44}$$

$$= v^{2n} {}_n p_x \int_0^\infty \left(\bar{a}_{\overline{s}|}\right)^2 {}_s p_{x+n} \, \mu_{x+n+s} \, ds - \left(_{n|}\bar{a}_x\right)^2 \tag{4.2.3.45}$$

정리 (2.2.7.1)을 이용하기 위하여 다음을 구한다.

$$Z(s) = \left(\frac{1-v^s}{\delta}\right)^2$$

$$Z'(s) = 2\left(\frac{1-v^s}{\delta}\right)\left[\left(-\frac{1}{\delta}\right)(\ln v)\,v^s\right]$$

$$= 2\,\bar{a}_s\,v^s \tag{4.2.3.46}$$

식 (4.2.3.46)을 이용하면

$$\text{Var}(Y) = v^{2n}\,_n p_x \int_0^\infty 2\bar{a}_{\overline{s}|}\,v^s\,_s p_{x+n}\,ds - (_{n|}\bar{a}_x)^2$$

$$= \frac{2}{\delta}\,v^{2n}\,_n p_x \int_0^\infty (v^s - v^{2s})\,_s p_{x+n}\,ds - (_{n|}\bar{a}_x)^2$$

$$= \frac{2}{\delta}\,v^{2n}\,_n p_x (\bar{a}_{x+n} - {}^2\bar{a}_{x+n}) - (_{n|}\bar{a}_x)^2 \tag{4.2.3.47}$$

**예제 4.2.3.6**

$$\frac{\partial}{\partial n}\,_{n|}\bar{a}_x = -v^n\,_n p_x \tag{4.2.3.48}$$

을 증명하시오.

**풀이**

$$\frac{\partial}{\partial n}\,_{n|}\bar{a}_x = \frac{\partial}{\partial n}\int_n^\infty v^t\,_t p_x\,dt$$

$$= -v^n\,_n p_x$$

$m$년거치 $n$년 유기생명연금에서 총지급방법의 확률변수 $Y$는

$$Y = \begin{cases} 0, & 0 \le T < m \\[1mm] \bar{a}_{\overline{T}|} - \bar{a}_{\overline{m}|}, & m \le T < m+n \\[1mm] \bar{a}_{\overline{m+n}|} - \bar{a}_{\overline{m}|}, & T \ge m+n \end{cases} \tag{4.2.3.49}$$

$$_{m|n}\bar{a}_x = {}_{m|}\bar{a}_{x:\overline{n}|} = E(Y) \tag{4.2.3.50}$$

시점지급방법으로 $_{m|n}\bar{a}_x$를 구해 보면

$$_{m|n}\bar{a}_x = {}_{m|}\bar{a}_{x:\overline{n|}} = \int_m^{m+n} v^t {}_t p_x \, dt \tag{4.2.3.51}$$

$$= \bar{a}_{x:\overline{m+n|}} - \bar{a}_{x:\overline{m|}} \tag{4.2.3.52}$$

$$= \frac{\bar{A}_{x:\overline{m|}} - \bar{A}_{x:\overline{m+n|}}}{\delta} \tag{4.2.3.53}$$

$$= {}_mE_x \, \bar{a}_{x+m:\overline{n|}} \tag{4.2.3.54}$$

예제 4.2.3.7

피보험자 (20), 연금지급액 1원의 10년거치 연속종신연금의 사망시까지의 연금지급총액을 $Y$라는 확률변수로 정의한다. 따라서 $E(Y) = {}_{10|}\bar{a}_{20}$이다.

$\Pr(Y > {}_{10|}\bar{a}_{20})$을 구하시오(즉, 연금지급총액이 NSP보다 클 확률). 단, $\mu = 0.02$, $\delta = 0.04$이다.

풀이

$$Y = \begin{cases} 0, & T < 10 \\ \bar{a}_{\overline{T|}} - \bar{a}_{\overline{10|}}, & T \geq 10 \end{cases}$$

$$_{10|}\bar{a}_{20} = \int_{10}^\infty e^{-\delta t} e^{-\mu t} \, dt = \frac{1}{\mu+\delta} e^{-10(\mu+\delta)} = \frac{1}{0.06} e^{-0.6}$$

$$= \bar{a}_{\overline{h|}} - \bar{a}_{\overline{10|}} = \frac{1 - e^{-\delta h}}{\delta} - \bar{a}_{\overline{10|}}$$

$$h = 29.73157$$

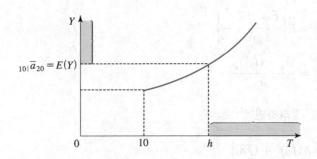

$$\Pr(Y > {}_{10|}\bar{a}_{20}) = \Pr(T > h) = {}_h p_{20} = e^{-(0.02)(29.73157)} - 0.55$$

(4) 연속누가생명연금

피보험자 $(x)$에게 $x+t$에서 연액 $t$원을(at the rate of $t$ per annum) 연속적으로 지급하는 연금을 연속누가생명연금(連續累加生命年金)이라고 한다.

(a) 연속누가종신연금

연속누가연금이 종신연금의 형태일 때를 말하며 그 일시납순보험료를 $(\bar{I}\bar{a})_x$로 나타낸다.

시점지급방법으로 고찰하면

$$(\bar{I}\bar{a})_x = \lim_{m \to \infty} (I^{(m)}a)_x^{(m)} \tag{4.2.3.55}$$

$$= \int_0^\infty t v^t {}_t p_x \, dt \tag{4.2.3.56}$$

$$= \frac{1}{D_x} \int_0^\infty t \cdot D_{x+t} \, dt \tag{4.2.3.57}$$

총지급방법으로 고찰하면 확률변수 $Y$는 다음과 같다.

$$Y = (\bar{I}\bar{a})_{\overline{T}|} \tag{4.2.3.58}$$

$Y$의 기대값을 구하면 $(\bar{I}\bar{a})_x$가 된다.

$$(\bar{I}\bar{a})_x = E(Y) = E[(\bar{I}\bar{a})_{\overline{T}|}] \tag{4.2.3.59}$$

$$= E\left[\frac{\bar{a}_{\overline{T}|} - T v^T}{\delta}\right] \tag{4.2.3.60}$$

$$= \frac{\bar{a}_x - (\bar{I}\bar{A})_x}{\delta} \tag{4.2.3.61}$$

식 (4.2.3.61)을 정리하면

$$\bar{a}_x = \delta (\bar{I}\bar{a})_x + (\bar{I}\bar{A})_x \tag{4.2.3.62}$$

$$(\bar{I}\bar{A})_x = \bar{a}_x - \delta (\bar{I}\bar{a})_x \tag{4.2.3.63}$$

$\boxed{\text{예제 4.2.3.8}}$

$\bar{a}_x = \dfrac{1}{D_x} \displaystyle\int_0^\infty D_{x+t} \, dt$ 로부터 식 (4.2.3.62)를 유도하시오.

**풀이**

$$\bar{a}_x = \frac{1}{D_x} \int_0^\infty D_{x+t}\, dt$$

$$= \frac{1}{D_x} \left\{ \left[ t D_{x+t} \big|_0^\infty \right] - \int_0^\infty t\, \frac{d\, D_{x+t}}{dt}\, dt \right\}$$

$$= \frac{1}{D_x} \left\{ \left[ t D_{x+t} \big|_0^\infty \right] + \int_0^\infty t\, D_{x+t}(\mu_{x+t} + \delta)\, dt \right\}$$

$$= \frac{1}{D_x} \left[ \int_0^\infty t\, D_{x+t}\, \mu_{x+t}\, dt + \delta \int_0^\infty t\, D_{x+t}\, dt \right]$$

$$= (\bar{I}\bar{A})_x + \delta\, (\bar{I}\bar{a})_x$$

## (b) 연속누가유기연금

연속누가연금이 유기연금의 형태일 때를 말하며 그 일시납순보험료를 $(\bar{I}\bar{a})_{x:\,\overline{n}|}$ 으로 나타낸다.

시점지급방법으로 고찰하면

$$(\bar{I}\bar{a})_{x:\,\overline{n}|} = \lim_{m \to \infty} (I^{(m)}a)_{x:\,\overline{n}|}^{(m)} \tag{4.2.3.64}$$

$$= \int_0^n t\, v^t\, {}_tp_x\, dt \tag{4.2.3.65}$$

$$= \frac{1}{D_x} \int_0^n t D_{x+t}\, dt \tag{4.2.3.66}$$

총지급방법으로 고찰하면 확률변수 $Y$ 는 다음과 같다.

$$Y = (\bar{I}\bar{a})_{\overline{\min(T,n)}|} = \frac{\bar{a}_{\,\overline{\min(T,n)}|} - \min(T,n)\, v^{\min(T,n)}}{\delta} \tag{4.2.3.67}$$

$$= \begin{cases} (\bar{I}\bar{a})_{\overline{T}|} = \dfrac{\bar{a}_{\,\overline{T}|} - T v^T}{\delta}, & 0 \le T \le n \\[4mm] (\bar{I}\bar{a})_{\overline{n}|} = \dfrac{\bar{a}_{\,\overline{n}|} - n\, v^n}{\delta}, & T > n \end{cases} \tag{4.2.3.68}$$

$Y$ 의 기대값을 구하면 $(\bar{I}\bar{a})_{x:\,\overline{n}|}$ 이 된다.

$$(\bar{I}\bar{a})_{x:\,\overline{n}|} = E(Y) \tag{4.2.3.69}$$

$$= \frac{\bar{a}_{x:\,\overline{n}|} - (\bar{I}\bar{A})_{x:\,\overline{n}|}}{\delta} \tag{4.2.3.70}$$

식 (4.2.3.70)을 정리하면

$$\bar{a}_{x:\overline{n}|} = \delta(\overline{I}\bar{a})_{x:\overline{n}|} + (\overline{I}\overline{A})_{x:\overline{n}|} \tag{4.2.3.71}$$

## 4. 계산기수

(1) 새로운 계산기수 $D_x^{(m)}$, $N_x^{(m)}$, $S_x^{(m)}$을 다음과 같이 정의한다.

$$D_x^{(m)} = \frac{1}{m}\left[ D_x + D_{x+\frac{1}{m}} + D_{x+\frac{2}{m}} + \cdots + D_{x+\frac{m-1}{m}} \right] \tag{4.2.4.1}$$

$$N_x^{(m)} = D_x^{(m)} + D_{x+1}^{(m)} + D_{x+2}^{(m)} + \cdots + D_{\omega-1}^{(m)} \tag{4.2.4.2}$$

$$= \frac{1}{m}\sum_{h=0}^{\infty} D_{x+\frac{h}{m}} \tag{4.2.4.3}$$

$$S_x^{(m)} = N_x^{(m)} + N_{x+1}^{(m)} + N_{x+2}^{(m)} + \cdots + N_{\omega-1}^{(m)} \tag{4.2.4.4}$$

$$= \sum_{y=x}^{\infty} N_y^{(m)} \tag{4.2.4.5}$$

따라서

$$D_x^{(m)} = N_x^{(m)} - N_{x+1}^{(m)} \tag{4.2.4.6}$$

$$N_x^{(m)} = S_x^{(m)} - S_{x+1}^{(m)} \tag{4.2.4.7}$$

$\ddot{a}_x^{(m)}$을 계산기수를 이용하여 나타내면

$$\ddot{a}_x^{(m)} = \frac{1}{mD_x}\sum_{h=0}^{\infty} D_{x+\frac{h}{m}} \tag{4.2.4.8}$$

$$= \frac{N_x^{(m)}}{D_x} \tag{4.2.4.9}$$

UDD가정하에서

$$\ddot{a}_x^{(m)} = \alpha(m)\,\ddot{a}_x - \beta(m) \tag{4.2.4.10}$$

$$= \frac{\alpha(m)N_x - \beta(m)D_x}{D_x} \tag{4.2.4.11}$$

따라서 UDD가정하에서

$$N_x^{(m)} = \alpha(m)N_x - \beta(m)D_x \qquad (4.2.4.12)$$

UDD가정이 아닌 식 (4.2.2.18)을 이용하면

$$N_x^{(m)} \fallingdotseq N_x - \frac{m-1}{2m}D_x \qquad (4.2.4.13)$$

또 UDD가정하에서

$$\begin{aligned}
D_x^{(m)} &= N_x^{(m)} - N_{x+1}^{(m)} \\
&= \alpha(m)N_x - \beta(m)D_x - \alpha(m)N_{x+1} + \beta(m)D_{x+1} \qquad (4.3.4.14) \\
&= \alpha(m)D_x - \beta(m)(D_x - D_{x+1}) \qquad (4.2.4.15)
\end{aligned}$$

UDD가정하에서

$$\begin{aligned}
S_x^{(m)} &= \sum_{y=x}^{\infty} N_y^{(m)} \qquad (4.2.4.16) \\
&= \sum_{y=x}^{\infty} [\alpha(m)N_y - \beta(m)D_y] \qquad (4.2.4.17) \\
&= \alpha(m)S_x - \beta(m)N_x \qquad (4.2.4.18)
\end{aligned}$$

유기생명연금의 경우는

$$\ddot{a}_{x:\overline{n}|}^{(m)} = \frac{N_x^{(m)} - N_{x+n}^{(m)}}{D_x} \qquad (4.2.4.19)$$

( 예제 4.2.4.1 )

피보험자 (25), 매월초에 100원씩 65세까지 생존하는 한 지급되는 연금의 일시납순보험료를 계산기수를 이용하여 나타내시오(UDD가정).

**풀이**

한달에 100이므로 1년 총지급액은 1200이다. 식 (4.2.4.19)로부터

$$\text{NSP} = \frac{1200}{D_{25}} [N_{25}^{(12)} - N_{65}^{(12)}]$$

여기서 $N_{25}^{(12)} = \alpha(12)N_{25} - \beta(12)D_{25}$   (UDD가정)

$\qquad\quad N_{65}^{(12)} = \alpha(12)N_{65} - \beta(12)D_{65}$   (UDD가정)

UDD가정이 아닐 때는 식 (4.2.4.13)의 공식을 이용하여

$$N_{25}^{(12)} \doteqdot N_{25} - \frac{11}{24} D_{25}, \qquad N_{65}^{(12)} \doteqdot N_{65} - \frac{11}{24} D_{65}$$

변동연금을 계산기수를 이용하여 나타내 보기로 한다.

$$(I\ddot{a})_x^{(m)} = \frac{N_x^{(m)} + N_{x+1}^{(m)} + N_{x+2}^{(m)} + \cdots + N_{\omega-1}^{(m)}}{D_x}$$

$$= \frac{S_x^{(m)}}{D_x} \tag{4.2.4.20}$$

$$(I\ddot{a})_{x:\overline{n}|}^{(m)} = \sum_{k=0}^{n-1} {}_{k|}\ddot{a}_{x:\overline{n-k}|}^{(m)} \tag{4.2.4.21}$$

$$= \frac{1}{D_x} \sum_{k=0}^{n-1} (k+1) D_{x+k}^{(m)} \tag{4.2.4.22}$$

$$= \frac{1}{D_x} \sum_{k=0}^{n-1} [N_{x+k}^{(m)} - N_{x+n}^{(m)}] \tag{4.2.4.23}$$

$$= \frac{1}{D_x} [S_x^{(m)} - S_{x+n}^{(m)} - n \cdot N_{x+n}^{(m)}] \tag{4.2.4.24}$$

$$(D\ddot{a})_{x:\overline{n}|}^{(m)} = \sum_{k=1}^{n} \ddot{a}_{x:\overline{k}|}^{(m)} \tag{4.2.4.25}$$

$$= \frac{1}{D_x} \sum_{k=0}^{n-1} (n-k) D_{x+k}^{(m)} \tag{4.2.4.26}$$

$$= \frac{1}{D_x} \sum_{k=1}^{n} [N_x^{(m)} - N_{x+k}^{(m)}] \tag{4.2.4.27}$$

$$= \frac{1}{D_x} [n N_x^{(m)} - (S_{x+1}^{(m)} - S_{x+n+1}^{(m)})] \tag{4.2.4.28}$$

$$(I_{\overline{n}|}\ddot{a})_x^{(m)} = \sum_{k=0}^{n-1} {}_{k|}\ddot{a}_x^{(m)} \tag{4.2.4.29}$$

$$= \frac{1}{D_x} \left[ \sum_{k=0}^{n-1} (k+1) D_{x+k}^{(m)} + n \cdot N_{x+n}^{(m)} \right] \tag{4.2.4.30}$$

$$= \frac{1}{D_x} \sum_{k=0}^{n-1} N_{x+k}^{(m)} \tag{4.2.4.31}$$

$$= \frac{1}{D_x} [S_x^{(m)} - S_{x+n}^{(m)}] \tag{4.2.4.32}$$

$(I_{\overline{n}|}\ddot{a})_x^{(m)}$ 은 연금지급이 첫 번째 해는 연액 1원, 두 번째 해는 연액 2원 등 매년 연액

으로 1원씩 증가하고 $x+n$세에 달하여서는 $(x)$가 생존하는 한 계속 매년 연액으로 $n$원
이 지급되는 연금의 일시납순보험료이다.(따라서 $x+n$세부터 매회 지급액은 $\dfrac{n}{m}$원씩임)

---

예제 4.2.4.2

　피보험자 (40), 1년에 4번씩 매 분기초에 연금이 지급되며 연금지급기간은 50세부
터 60세 전까지이다. 50세에는 매 분기초에 100원씩, 51세에는 110원씩 등 매년 10원
씩 증가하여 59세에는 매 분기초에 190원이 지급된다. 이때의 일시납순보험료를 계
산기수를 이용하여 나타내시오.

풀이

$$\text{NSP} = \frac{400N_{50}^{(4)} + 40S_{51}^{(4)} - 40S_{60}^{(4)} - 760N_{60}^{(4)}}{D_{40}}$$

$N_{50}^{(4)}$, $S_{51}^{(4)}$ 등을 구할 때는 UDD가정하에서는 식 (4.2.4.12)와 식 (4.2.4.18)을 이용한다. 전통
적인 근사치로는 식 (4.2.4.13)과 식 (4.2.4.16)으로부터

$$S_{51}^{(4)} = S_{51} - \frac{3}{8}N_{51} \text{ 을 이용한다.}$$

(2) 새로운 계산기수 $\tilde{D}_x^{(m)}$, $\tilde{N}_x^{(m)}$, $\tilde{S}_x^{(m)}$을 다음과 같이 정의한다.

$$\tilde{D}_x^{(m)} = \frac{1}{m}\left[ D_{x+\frac{1}{m}} + D_{x+\frac{2}{m}} + \cdots + D_{x+\frac{m}{m}} \right] \tag{4.2.4.33}$$

$$\tilde{N}_x^{(m)} = \tilde{D}_x^{(m)} + \tilde{D}_{x+1}^{(m)} + \cdots + \tilde{D}_{\omega-1}^{(m)} \tag{4.2.4.34}$$

$$\tilde{S}_x^{(m)} = \tilde{N}_x^{(m)} + \tilde{N}_{x+1}^{(m)} + \cdots + \tilde{N}_{\omega-1}^{(m)} \tag{4.2.4.35}$$

기말급 생명연금의 정의로부터

$$a_x^{(m)} = \frac{\tilde{N}_x^{(m)}}{D_x} \tag{4.2.4.36}$$

$$a_{x:\,\overline{n}|}^{(m)} = \frac{\tilde{N}_x^{(m)} - \tilde{N}_{x+n}^{(m)}}{D_x} \tag{4.2.4.37}$$

$$(Da)_{x:\,\overline{n}|}^{(m)} = \frac{n\tilde{N}_x^{(m)} - \tilde{S}_{x+1}^{(m)} + \tilde{S}_{x+n+1}^{(m)}}{D_x} \tag{4.2.4.38}$$

UDD가정하에서 $\tilde{N}_x^{(m)}$을 구하여 보자.

$$a_x^{(m)} + \frac{1}{m} = \frac{\tilde{N}_x^{(m)}}{D_x} + \frac{1}{m} = \frac{\tilde{N}_x^{(m)} + \frac{1}{m}D_x}{D_x} \tag{4.2.4.39}$$

$$= \ddot{a}_x^{(m)} = \frac{N_x^{(m)}}{D_x} \tag{4.2.4.40}$$

따라서

$$\tilde{N}_x^{(m)} = N_x^{(m)} - \frac{1}{m}D_x \tag{4.2.4.41}$$

식 (4.2.4.33)으로부터

$$\tilde{D}_x^{(m)} = D_x^{(m)} - \frac{1}{m}(D_x - D_{x+1}) \tag{4.2.4.42}$$

UDD가정하에서

$$\tilde{N}_x^{(m)} = \alpha(m)N_x - \beta(m)D_x - \frac{1}{m}D_x \tag{4.2.4.43}$$

$$= \alpha(m)(N_{x+1} + D_x) - \beta(m)D_x - \frac{1}{m}D_x$$

$$= \alpha(m)N_{x+1} + \left[\alpha(m) - \beta(m) - \frac{1}{m}\right]D_x \tag{4.2.4.44}$$

$$= \alpha(m)N_{x+1} + \gamma(m)D_x \tag{4.2.4.45}$$

$$\tilde{D}_x^{(m)} = \alpha(m)D_x - \left[\beta(m) + \frac{1}{m}\right](D_x - D_{x+1})$$

식 (4.2.4.45)는 식 (4.2.2.51)을 이용하여서도 구할 수 있다.

**예제 4.2.4.3**

다음을 $\tilde{N}_x^{(12)}$를 이용하여 나타내시오.

(a) $a_{60}^{(12)}$
(b) $a_{40:\,\overline{25}|}^{(12)}$
(c) $_{30|}a_{40}^{(12)}$

**풀이**

(a) $a_{60}^{(12)} = \dfrac{\tilde{N}_{60}^{(12)}}{D_{60}}$

(b) $a_{40\,:\,\overline{25|}}^{(12)} = \dfrac{\tilde{N}_{40}^{(12)} - \tilde{N}_{65}^{(12)}}{D_{40}}$

(c) $_{30|}a_{40}^{(12)} = \dfrac{\tilde{N}_{70}^{(12)}}{D_{40}}$

**예제 4.2.4.4**

다음을 증명하시오.

$$D_{40}^{(4)} - \tilde{D}_{40}^{(4)} = \frac{1}{4}(D_{40} - D_{41})$$

**풀이**

$$D_{40}^{(4)} - \tilde{D}_{40}^{(4)} = D_{40}^{(4)} - \left[ D_{40}^{(4)} - \frac{1}{4}D_{40} + D_{41} \right]$$
$$= \frac{1}{4}(D_{40} - D_{41})$$

**예제 4.2.4.5**

연령 $x$세인 사람이 구입한 생명연금의 NSP가 다음과 같다.

$$\text{NSP} = \frac{40\left[100\tilde{N}_x^{(4)} + 10S_x^{(4)} - 40\tilde{S}_{x+1}^{(4)}\right]}{D_x}$$

이 사람이 연령 $x+1$세의 두 번째 분기에서 사망하였다면 이 사람이 사망 전에 지급받은 연금의 총액을 구하시오.

**풀이**

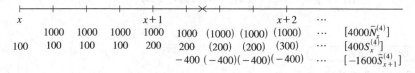

그림에서 ( )부분은 사망으로 인하여 지급받지 못한 것을 나타낸다. 따라서 지급받은 연금 총액은

$$(1000)(5) + (100)(4) + (200)(2) - 400 = 5400$$

(3) 식 (4.2.4.8)에서 $m \to \infty$로 하면

$$\bar{a}_x = \frac{1}{D_x} \int_0^\infty D_{x+t}\, dt = \frac{\bar{N}_x}{D_x} \tag{4.2.4.46}$$

새로운 계산기수를 다음과 같이 정의한다.

$$\bar{D}_x = \int_0^1 D_{x+t}\, dt \tag{4.2.4.47}$$

$$\bar{N}_x = \sum_{t=0}^\infty \bar{D}_{x+t}$$

$$= \int_x^\infty D_y\, dy = \int_0^\infty D_{x+t}\, dt \tag{4.2.4.48}$$

식 (4.2.4.12)에서 $m \to \infty$ 하면

$$\bar{N}_x = \lim_{m \to \infty} N_x^{(m)} \tag{4.2.4.49}$$

$$= \alpha(\infty) N_x - \beta(\infty) D_x \tag{4.2.4.50}$$

여기서

$$\alpha(\infty) = \lim_{m \to \infty} s_{\overline{1}|}^{(m)}\, \ddot{a}_{\overline{1}|}^{(m)} = \bar{s}_{\overline{1}|}\, \bar{a}_{\overline{1}|} = \frac{id}{\delta^2} \tag{4.2.4.51}$$

$$\beta(\infty) = \lim_{m \to \infty} \frac{s_{\overline{1}|}^{(m)} - 1}{d^{(m)}} = \frac{i - \delta}{\delta^2} \tag{4.2.4.52}$$

UDD가정이 아닌 전통적인 $\bar{N}_x$의 근사치는 식 (4.2.4.13)을 이용하여

$$\bar{N}_x = \lim_{m \to \infty} N_x^{(m)} = N_x - \frac{1}{2} D_x = N_{x+1} + \frac{1}{2} D_x \tag{4.2.4.53}$$

( 예제 4.2.4.6 )

다음을 증명하시오.

(a) $\dfrac{d\bar{N}_x}{dx} = -D_x$ $\tag{4.2.4.54}$

(b) $\dfrac{d\bar{a}_x}{dx} = \bar{a}_x(\mu_x + \delta) - 1$ $\tag{4.2.4.55}$

풀이

(a) $\dfrac{d\bar{N}_x}{dx} = \dfrac{d}{dx}\displaystyle\int_0^\infty D_{x+t}\,dt$

$\qquad = \displaystyle\int_0^\infty \dfrac{d}{dx}D_{x+t}\,dt = \int_0^\infty \dfrac{d}{dt}D_{x+t}\,dt = -D_x$

(b) $\dfrac{d\bar{a}_x}{dx} = \dfrac{d}{dx}\dfrac{\bar{N}_x}{D_x} = \dfrac{D_x\dfrac{d}{dx}\bar{N}_x - \bar{N}_x\dfrac{d}{dx}D_x}{(D_x)^2} = \dfrac{-(D_x)^2 + \bar{N}_x\cdot D_x(\mu_x+\delta)}{(D_x)^2}$

$\qquad = \bar{a}_x(\mu_x+\delta) - 1$

$\bar{a}_{x:\overline{n}|}$ 을 계산기수를 이용하여 나타내면

$$\bar{a}_{x:\overline{n}|} = \dfrac{\bar{N}_x - \bar{N}_{x+n}}{D_x} \tag{4.2.4.56}$$

예제 4.2.4.7

UDD가정하에서 다음 두 식이 일치함을 보이시오.

$$\bar{N}_x = \lim_{m\to\infty}\left[\alpha(m)\,N_x - \beta(m)\,D_x\right] \tag{4.2.4.57}$$

$$\bar{N}_x = \lim_{m\to\infty}\left[\alpha(m)\,N_{x+1} + \gamma(m)\,D_x\right] \tag{4.2.4.58}$$

풀이

두 번째 식으로부터

$\qquad \bar{N}_x = \alpha(\infty)(N_x - D_x) + \gamma(\infty)D_x$

$\qquad\quad = \alpha(\infty)N_x - [\alpha(\infty) - \gamma(\infty)]D_x$

여기서

$$\alpha(\infty) - \gamma(\infty) = \dfrac{id}{\delta^2} - \dfrac{\delta-d}{\delta^2} = \dfrac{d(1+i)-\delta}{\delta^2} = \dfrac{i-\delta}{\delta^2} = \beta(\infty)$$

따라서 두 식은 일치한다.

## 5. 재귀식(점화식)(再歸式(漸化式))

1년에 $m$회 분할 지급되는 기시급연금으로 1년 총지급액이 각각 $b_x$, $b_{x+1}$, $\cdots$, $b_y$, $\cdots$, $b_{x+n-1}$일 때 $x$시점에서의 보험수리적 현가를 $(\text{APV})_x$로 나타내기로 한다. 연령 $(y, y+1)$ 사이에 지급된 금액을 $y$시점에서 평가한 보험수리적 현가는 $b_y\ddot{a}_{y:\overline{1}|}^{(m)}$이다. 따라서

$$(\text{APV})_x = \sum_{y=x}^{x+n-1} b_y\, \ddot{a}_{y:\overline{1|}}^{(m)}\, {}_{y-x}E_x \tag{4.2.5.1}$$

$$= \frac{1}{D_x} \sum_{y=x}^{x+n-1} b_y\, D_y^{(m)} \tag{4.2.5.2}$$

연령 $y$에서 $x+n$ 사이의 지급을 $y$시점에서 평가한 보험수리적 현가를 $(\text{APV})_y$로 나타내면 식 (4.2.5.1)로부터

$$(\text{APV})_y = b_y\, \ddot{a}_{y:\overline{1|}}^{(m)} + {}_1E_y (\text{APV})_{y+1} \tag{4.2.5.3}$$

$(\text{APV})_{x+n} = 0$이므로 식 (4.2.5.3)을 이용하면 $y = x+n-1,\ x+n-2,\ \cdots,\ x$ 등의 값을 순차적으로 얻을 수 있다.

예를 들어 연령 $x = c,\ c+1,\ \cdots,\ \omega-1$에 대하여 $\ddot{a}_x^{(m)}$의 표(table)를 작성하려고 하면 식 (4.2.5.3)의 재귀식으로부터

$$\ddot{a}_y^{(m)} = \ddot{a}_{y:\overline{1|}}^{(m)} + {}_1E_y\, \ddot{a}_{y+1}^{(m)} \tag{4.2.5.4}$$

UDD가정하에서는 식 (4.2.2.33)으로부터

$$\ddot{a}_{y:\overline{1|}}^{(m)} = \ddot{a}_{\overline{1|}}^{(m)} - \beta(m)\, v\, q_y \tag{4.2.5.5}$$

식 (4.2.5.5)를 식 (4.2.5.4)에 대입하면

$$\ddot{a}_y^{(m)} = \ddot{a}_{\overline{1|}}^{(m)} - \beta(m)\, v\, q_y + v\, p_y\, \ddot{a}_{y+1}^{(m)} \tag{4.2.5.6}$$

$\ddot{a}_\omega^{(m)} = 0$이므로 식 (4.2.5.6)을 이용하면 연령 $y = \omega-1,\ \omega-2,\ \cdots,\ c+1,\ c$에 대하여 $\ddot{a}_y^{(m)}$의 값을 순차적으로 얻을 수 있다. $m = 1$인 경우는 예상할 수 있는 바와 같이

$$\ddot{a}_\omega = 0 \tag{4.2.5.7}$$

$$\ddot{a}_y = 1 + v\, p_y\, \ddot{a}_{y+1} \tag{4.2.5.8}$$

식 (4.2.5.6)의 양변에 $(1+i)$를 곱하고 $p_y$를 $1-q_y$로 대체시키면

$$\ddot{a}_y^{(m)}(1+i) - \ddot{s}_{\overline{1|}}^{(m)} + q_y[\beta(m) + \ddot{a}_{y+1}^{(m)}] = \ddot{a}_{y+1}^{(m)} \tag{4.2.5.9}$$

를 얻을 수 있다. 이 식을 해석해 보기 바란다.

UDD가정을 사용하지 않고 전통적인 근사치 공식인

$$\ddot{a}_y^{(m)} \fallingdotseq \ddot{a}_y - \frac{m-1}{2m} \tag{4.2.5.10}$$

$$\ddot{a}_{y:\overline{n}|}^{(m)} \fallingdotseq \ddot{a}_{y:\overline{n}|} - \frac{m-1}{2m}(1 - {}_nE_y) \tag{4.2.5.11}$$

을 이용하면 식 (4.2.5.4)는

$$\ddot{a}_y^{(m)} \fallingdotseq \ddot{a}_{y:\overline{1}|} - \frac{m-1}{2m}(1 - vp_y) + vp_y\,\ddot{a}_{y+1}^{(m)} \tag{4.2.5.12}$$

식 (4.2.5.12)의 양변에 $(1+i)$를 곱하고 $p_y$를 $1-q_y$로 대치하면

$$(1+i)\,\ddot{a}_y^{(m)} \fallingdotseq (1+i) - \frac{m-1}{2m}[(1+i) - (1-q_y)] + (1-q_y)\,\ddot{a}_{y+1}^{(m)} \tag{4.2.5.13}$$

식 (4.2.5.13)을 정리하면

$$\ddot{a}_y(1+i) - \left(1 + \frac{m+1}{2m}i\right) + q_y\left[\frac{m-1}{2m} + \ddot{a}_{y+1}^{(m)}\right] \fallingdotseq \ddot{a}_{y+1}^{(m)} \tag{4.2.5.14}$$

## 6. 단수기간지급연금(완전연금)과 단수기간반환연금

### (1) 단수기간지급연금(complete annuities immediate)

㈎ 매년 일정액을 지급하는 기말급 생명연금에서 연금수급자(피보험자)가 다음 번 지급시점 한달 전에 사망하였을 경우 마지막 지급시점부터 생존한 11개월 동안에 상당하는 금액을 고려하는 연금을 가정하면 11개월에 해당하는 금액은 일종의 사망보험금으로 생각할 수 있다. 이런 연금을 완전연금(完全年金) 또는 단수기간지급연금(端數期間支給年金)이라고 한다. 먼저 ㈎에서는 단수기간지급액을 연속연금을 이용하여 고찰해 보자.

(a) 매년 1원씩 지급되는 기말급 종신연금을 고려하자.

그림 [4.2.6.1] $c_1$의 의미

$c_1$을 그림에서와 같이 연속확정연금의 연간 총지급액으로 연말에 1과 동등한 금액이라고 하면

$$c_1 \, \bar{s}_{\overline{1}|} = 1 \tag{4.2.6.1}$$

따라서

$$c_1 = \frac{1}{\bar{s}_{\overline{1}|}} = \frac{\delta}{i} \tag{4.2.6.2}$$

그림 [4.2.6.2] 단수기간지급연금(기말급)

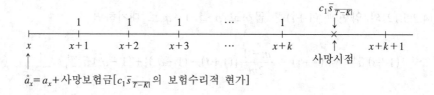

그림에서와 같이 사망시점에 $c_1 \, \bar{s}_{\overline{T-K}|}$ 만큼을 지급하므로 단수기간지급연금을 계산하기 위한 확률변수 $Y$는

$$Y = a_{\overline{K}|} + c_1 \, \bar{s}_{\overline{T-K}|} \, v^T \tag{4.2.6.3}$$

$$= \frac{1-v^K}{i} + \frac{\delta}{i} \frac{\{(1+i)^{T-K} - 1\} v^T}{\delta}$$

$$= \frac{1-v^T}{i} = a_{\overline{T}|} \tag{4.2.6.4}$$

$$= \frac{\delta}{i} \frac{1-v^T}{\delta} = c_1 \, \bar{a}_{\overline{T}|} \tag{4.2.6.5}$$

$Y$의 기대값을 구하면 $\mathring{a}_x$가 된다.

$$\mathring{a}_x = c_1 \, E(\bar{a}_{\overline{T}|}) = \frac{\delta}{i} \, \bar{a}_x \tag{4.2.6.6}$$

$$\mathring{a}_x = c_1 \, E(\bar{a}_{\overline{T}|}) = \frac{1-\bar{A}_x}{i} \tag{4.2.6.7}$$

식 (4.2.6.7)로부터

$$1 = i\mathring{a}_x + \bar{A}_x \tag{4.2.6.8}$$

식 (4.2.6.8)을 해석하면 원금 1원이 투자되어 연말에 $i$씩이 적립되어 나갈 때 마지막 $i$지급 후 사망시점까지의 기간에 해당하는 지급도 고려된 연금의 현가(즉 $i\mathring{a}_x$)와 사망하는 시점에 1원의 원금이 반환 지급되는 현가(즉 $\bar{A}_x$)의 합은 투자된 원금 1원을 말한다.

그림 [4.2.6.3]　$1 = i\mathring{a}_x + \bar{A}_x$의 의미

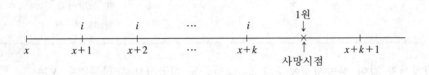

(b) 1년을 $m$회로 분할하여 매회 말에 $\dfrac{1}{m}$씩을 지급하는 기말급 종신연금을 고려하자.

그림 [4.2.6.4]　$c_2$의 의미

$c_2$를 그림에서와 같이 연속확정연금의 연간 총지급액으로 $\dfrac{1}{m}$년 말에 $\dfrac{1}{m}$원과 동등한 금액이라면

$$c_2 \, \bar{s}_{\overline{1/m}|} = \frac{1}{m} \tag{4.2.6.9}$$

따라서

$$c_2 = \frac{1}{\bar{s}_{\overline{1/m}|}} \, \frac{1}{m} \tag{4.2.6.10}$$

$$= \frac{\delta}{m\left[(1+i)^{\frac{1}{m}} - 1\right]} = \frac{\delta}{i^{(m)}} \tag{4.2.6.11}$$

그림 [4.2.6.5]  단수기간지급연금(연 $m$회 지급)

그림에서와 같이 사망시점에 $c_2\, \bar{s}\, _{\overline{S-J/m|}}$ 만큼을 지급하므로 확률변수 $Y$는

$$Y = a^{(m)}_{\overline{K+J/m|}} + c_2\, \bar{s}\, _{\overline{S-J/m|}}\, v^{K+S} \tag{4.2.6.12}$$

$$= c_2\, \bar{a}\, _{\overline{T|}} = \frac{\delta}{i^{(m)}}\, \bar{a}\, _{\overline{T|}} \tag{4.2.6.13}$$

$$= \frac{1-v^T}{i^{(m)}} \tag{4.2.6.14}$$

따라서

$$\mathring{a}^{(m)}_x = E(Y)$$

$$= c_2\, \bar{a}_x = \frac{\delta}{i^{(m)}}\, \bar{a}_x \tag{4.2.6.15}$$

$$\mathring{a}^{(m)}_x = E(Y) = E\left[\frac{1-v^T}{i^{(m)}}\right]$$

$$= \frac{1-\bar{A}_x}{i^{(m)}} \tag{4.2.6.16}$$

식 (4.2.6.16)으로부터

$$1 = i^{(m)}\, \mathring{a}^{(m)}_x + \bar{A}_x \tag{4.2.6.17}$$

예제 4.2.6.1

$i = 0.06$, $a_x = 16$이고, UDD가정일 때 $1000\mathring{a}^{(6)}_x$의 값을 구하시오.

풀이

$$a_x = \frac{1-(1+i)A_x}{i} = \frac{1-1.06A_x}{0.06} = 16$$

$$A_x = 0.0377358$$

$$\bar{A}_x = \frac{i}{\delta} A_x = \frac{0.06}{\ln(1.06)}(0.0377358) = 0.0388569$$

$$i^{(6)} = 6[(1.06)^{\frac{1}{6}} - 1] = 0.058553$$

$$1000\mathring{a}_x^{(6)} = 1000\frac{\delta}{i^{(6)}}\bar{a}_x = 1000\frac{1-\bar{A}_x}{i^{(6)}} = 16415$$

(내) (갠)에서 살펴본 방법은 단수기간 지급액인 일종의 사망보험금을 연속연금의 개념으로 살펴보았다. 이번에는 단수기간 지급액을 연지급액의 비례로 생각해 보자. 즉, 마지막 지급 후 $\frac{1}{2}$년 되는 시점에서 (갠)에서 접근한 방법은 사망보험금으로 $c_1 \bar{s}_{\overline{0.5}} = \frac{\delta}{i}\bar{s}_{\overline{0.5}}$를 지급하고 (내)에서 접근하는 방법은 사망보험금으로 $\frac{1}{2}$을 지급한다. $i = 10\%$를 가정할 때 $x+k+\frac{1}{2}$과 $x+k+\frac{3}{4}$ 시점에서 지급되는 금액은 그림 [4.2.6.6]과 같다.

그림 [4.2.6.6]  단수기간 지급액(연지급액의 비례)

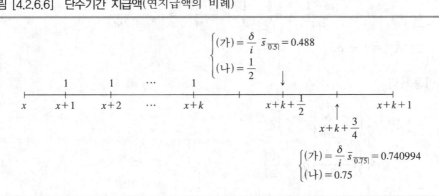

$\mathring{a}_x^{(m)}$은 다음과 같이 구할 수 있다. $\mathring{a}_x^{(m)}$의 현가는 단수불지급연금(端數不支給年金; curtate annuity)의 현가 $a_x^{(m)}$에 단수기간의 지급액에 대한 현가를 합한 것과 같다. 계약시부터 사망시까지의 기간을 $t$라고 하면 단수기간의 지급액은

첫 번째 $\frac{1}{m}$년에 사망; $t$ $\qquad \left[= t - \left(\frac{1}{m} - \frac{1}{m}\right)\right]$

두 번째 $\frac{1}{m}$년에 사망; $t - \frac{1}{m}$ $\left[= t - \left(\frac{2}{m} - \frac{1}{m}\right)\right]$

세 번째 $\frac{1}{m}$년에 사망; $t - \frac{2}{m}$ $\left[= t - \left(\frac{3}{m} - \frac{1}{m}\right)\right]$

등이다. 이 단수기간의 지급액의 보험수리적 현가는

$$(\bar{I}\bar{A})_x - \left[ (I^{(m)}\bar{A})_x - \frac{1}{m}\bar{A}_x \right] \qquad (4.2.6.18)$$

이므로

$$\mathring{a}_x^{(m)} = a_x^{(m)} + (\bar{I}\bar{A})_x - (I^{(m)}\bar{A})_x + \frac{1}{m}\bar{A}_x \qquad (4.2.6.19)$$

식 (3.2.4.33)과 식 (3.2.4.34)의 $(I^{(m)}\bar{A})_x$와 $(\bar{I}\bar{A})_x$의 근사치를 식 (4.2.6.19)에 대입하면 다음을 얻는다.

$$\mathring{a}_x^{(m)} \fallingdotseq a_x^{(m)} + \frac{1}{2m}\bar{A}_x \qquad (4.2.6.20)$$

또

$$a_x^{(m)} \fallingdotseq a_x + \frac{m-1}{2m} \fallingdotseq \bar{a}_x - \frac{1}{2} + \frac{m-1}{2m} = \bar{a}_x - \frac{1}{2m} \qquad (4.2.6.21)$$

$$\bar{A}_x = 1 - \delta\bar{a}_x$$

를 이용하면

$$\mathring{a}_x^{(m)} \fallingdotseq \left( 1 - \frac{\delta}{2m} \right)\bar{a}_x \qquad (4.2.6.22)$$

$$\fallingdotseq \left( 1 - \frac{\delta}{2m} \right)\left( a_x + \frac{1}{2} \right) \qquad (4.2.6.23)$$

을 얻는다.

$\mathring{a}_x^{(m)}$의 정의상 $\mathring{a}_x^{(m)}$은 다음과 같이 나타낼 수 있다.

$$\mathring{a}_x^{(m)} = a_x^{(m)} + \frac{1}{D_x}\left[ \int_0^\infty \bar{M}_{x+t}\, dt - \frac{1}{m}\sum_{t=1}^\infty \bar{M}_{x+\frac{t}{m}} \right] \qquad (4.2.6.24)$$

식 (4.2.6.24)의 $\int_0^\infty \bar{M}_{x+t}\, dt$를 근사치로 전개하면

$$\mathring{a}_x^{(m)} = a_x^{(m)} + \frac{1}{D_x}\left[ \frac{1}{m}\sum_{t=1}^\infty \bar{M}_{x+\frac{t}{m}} + \frac{1}{2m}\bar{M}_x + \frac{1}{12m^2}\frac{d\bar{M}_x}{dx} - \frac{1}{m}\sum_{t=1}^\infty \bar{M}_{x+\frac{t}{m}} \right]$$

$$= a_x^{(m)} + \frac{1}{2m}\bar{A}_x - \frac{\mu_x}{12m^2} \qquad (4.2.6.25)$$

식 (4.2.6.25)에서 제 3 항을 생략하면 식 (4.2.6.20)을 얻는다.

$$\mathring{a}_x^{(m)} = a_x^{(m)} + \frac{1}{2m}\bar{A}_x = a_x + \frac{m-1}{2m} + \frac{1}{2m}A_x\left(1+\frac{i}{2}\right)$$

또

$$a_x^{(m)} = \frac{1}{m}\frac{1}{D_x}\sum_{t=1}^{\infty}D_{x+\frac{t}{m}}$$

이므로 식 (4.2.6.24)는 다음과 같이 나타낼 수 있다.

$$\mathring{a}_x^{(m)} = \frac{1}{D_x}\left[\frac{1}{m}\sum_{t=1}^{\infty}(D-\bar{M})_{x+\frac{t}{m}} + \int_0^{\infty}\bar{M}_{x+t}\,dt\right] \qquad (4.2.6.26)$$

$$= \frac{1}{D_x}\left[\int_0^{\infty}(D-\bar{M})_{x+t}\,dt - \frac{1}{2m}(D-\bar{M})_x - \frac{1}{12m^2}\frac{d(D-\bar{M})_x}{dx} + \int_0^{\infty}\bar{M}_{x+t}\,dt\right]$$
$$(4.2.6.27)$$

여기서

$$\frac{(D-\bar{M})_x}{D_x} = 1-\bar{A}_x = \delta\bar{a}_x$$

$$\frac{d(D-\bar{M})_x}{dx} = \frac{dD_x}{dx} - \frac{d\bar{M}_x}{dx} = -D_x(\mu_x+\delta) + D_x\mu_x = -\delta D_x$$

이므로

$$\mathring{a}_x^{(m)} = \bar{a}_x\left(1-\frac{\delta}{2m}\right) + \frac{\delta}{12m^2} \qquad (4.2.6.28)$$

식 (4.2.6.28)에서 제 2 항을 생략하면 식 (4.2.6.22)를 얻을 수 있다.

$\mathring{a}_{x:\overline{n}|}^{(m)}$의 근사치는 $\mathring{a}_{x:\overline{n}|}^{(m)} = \mathring{a}_x^{(m)} - {}_nE_x\,\mathring{a}_{x+n}^{(m)}$을 이용하면 구할 수 있다.

$$\mathring{a}_{x:\overline{n}|}^{(m)} = \mathring{a}_x^{(m)} - {}_nE_x\,\mathring{a}_{x+n}^{(m)}$$

$$\fallingdotseq \left[a_x + \frac{m-1}{2m} + \frac{1}{2m}\bar{A}_x\right] - {}_nE_x\left[a_{x+n} + \frac{m-1}{2m} + \frac{1}{2m}\bar{A}_{x+n}\right]$$

$$= a_{x:\overline{n}|} + \frac{m-1}{2m}(1-{}_nE_x) + \frac{1}{2m}\bar{A}_{x:\overline{n}|}^{1} \qquad (4.2.6.29)$$

또

$$\mathring{a}_{x:\overline{n}|}^{(m)} \coloneqq a_{x:\overline{n}|}\left(1 - \frac{\delta}{2m}\right) + \frac{\delta}{12m^2}\left(1 - {}_nE_x\right)$$

$$\coloneqq \left[a_{x:\overline{n}|} + \frac{1}{2}\left(1 - {}_nE_x\right)\right]\left(1 - \frac{\delta}{2m}\right) \tag{4.2.6.30}$$

(2) 단수기간반환연금(apportionable annuities due)

(a) 매년 1원씩 지급되는 기시급 종신연금을 고려하자. $c_3$를 연속확정연금(連續確定年金)의 연간 총지급액으로 연초에 1원과 동등한 금액이라고 하면

$$c_3\,\bar{a}_{\overline{1}|} = 1$$

$$c_3 = \frac{1}{\bar{a}_{\overline{1}|}} = \frac{\delta}{d} \tag{4.2.6.31}$$

그림 [4.2.6.7]  단수기간 반환연금(기시급)

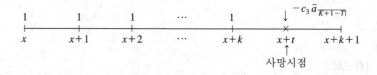

그림에서 알 수 있듯이 $c_3\,\bar{a}_{\overline{K+1-T}|}$ 만큼은 초과 지급된 부분이므로 확률변수 $Y$는

$$Y = \ddot{a}_{\overline{K+1}|} - c_3\,\bar{a}_{\overline{K+1-T}|}\,v^T \tag{4.2.6.32}$$

$$= c_3\,\bar{a}_{\overline{T}|} = \frac{\delta}{d}\,\bar{a}_{\overline{T}|} \tag{4.2.6.33}$$

$$= \ddot{a}_{\overline{T}|} = \frac{1 - v^T}{d} \tag{4.2.6.34}$$

$Y$의 기대값을 구하면

$$\ddot{a}_x^{\{1\}} = E(Y) = E(c_3\,\bar{a}_{\overline{T}|}) \tag{4.2.6.35}$$

$$= c_3\,\bar{a}_x = \frac{\delta}{d}\,\bar{a}_x \tag{4.2.6.36}$$

식 (4.2.6.34)를 이용하면

$$\ddot{a}_x^{\{1\}} = \frac{1-\bar{A}_x}{d} \tag{4.2.6.37}$$

따라서

$$1 = d\,\ddot{a}_x^{\{1\}} + \bar{A}_x \tag{4.2.6.38}$$

(b) 1년을 $m$회로 분할하여 매회 초에 $\dfrac{1}{m}$씩을 지급하는 기시급 종신연금을 고려하자. $c_4$를 연속확정연금의 연간 총지급액으로서 $\dfrac{1}{m}$년초에 $\dfrac{1}{m}$원과 동일한 금액이라면

$$c_4\,\bar{a}\,_{\overline{1/m}|} = \frac{1}{m} \tag{4.2.6.39}$$

따라서

$$c_4 = \frac{1}{m\bar{a}\,_{\overline{1/m}|}} = \frac{\delta}{m\left[1-v^{\frac{1}{m}}\right]} = \frac{\delta}{d^{(m)}} \tag{4.2.6.40}$$

확률변수 $Y$는

$$Y = \ddot{a}^{(m)}_{\overline{K+\frac{J+1}{m}}|} - c_4\,\bar{a}\,_{\overline{\frac{J+1}{m}-s}|}v^T \tag{4.2.6.41}$$

$$= c_4\,\bar{a}\,_{\overline{T}|} = \frac{\delta}{d^{(m)}}\,\bar{a}\,_{\overline{T}|} \tag{4.2.6.42}$$

$$= \frac{1-v^T}{d^{(m)}} \tag{4.2.6.43}$$

$Y$의 기대값을 구하면

$$\ddot{a}_x^{\{m\}} = E(Y) = E(c_4\,\bar{a}\,_{\overline{T}|}) = c_4\,\bar{a}_x = \frac{\delta}{d^{(m)}}\bar{a}_x \tag{4.2.6.44}$$

식 (4.2.6.43)으로부터

$$1 = d^{(m)}\ddot{a}_x^{\{m\}} + \bar{A}_x \tag{4.2.6.45}$$

예제 4.2.6.2

$\delta = 0.06$, 모든 $x$에 대하여 $\mu_x = 0.02$일 때 매달 1원씩 지급되는 단수기간 반환연

금의 현가, 즉, $12\ddot{a}_{30}^{\{12\}}$를 구하시오.

**풀이**

$$d^{(12)} = 12[1 - e^{-\frac{1}{12}(0.06)}] = 0.05985$$

$$12\ddot{a}_{30}^{\{12\}} = \frac{12\delta}{d^{(12)}}\,\bar{a}_{30} = \frac{12(0.06)}{0.05985}\,\frac{1}{(0.02)+(0.06)} = 150.38$$

---

**예제 4.2.6.3**

$i > 0$일 때 $\mathring{a}_x^{(2)}$, $\ddot{a}_x^{\{4\}}$, $\ddot{a}_x^{(2)}$, $\mathring{a}_x^{(4)}$, $\ddot{a}_x^{\{2\}}$의 크기를 비교하시오.

**풀이**

$$\mathring{a}_x^{(m)} = \frac{\delta}{i^{(m)}}\,\bar{a}_x, \quad \ddot{a}_x^{\{m\}} = \frac{\delta}{d^{(m)}}\,\bar{a}_x$$

$$d^{(2)} < d^{(4)} < \delta < i^{(4)} < i^{(2)}\text{이므로}$$

$$\mathring{a}_x^{(2)} < \mathring{a}_x^{(4)} < \ddot{a}_x^{\{4\}} < \ddot{a}_x^{\{2\}}$$

그런데

$$\ddot{a}_x^{\{2\}} < \ddot{a}_x^{(2)}$$

따라서

$$\mathring{a}_x^{(2)} < \mathring{a}_x^{(4)} < \ddot{a}_x^{\{4\}} < \ddot{a}_x^{\{2\}} < \ddot{a}_x^{(2)}$$

---

**예제 4.2.6.4**

다음을 증명하시오.

(a) $\mathring{a}_{x:\overline{n}|}^{(m)} = \dfrac{\delta}{i^{(m)}}\,\bar{a}_{x:\overline{n}|}$  
　　　　　　　　　　　　　　　　　(b) $\ddot{a}_{x:\overline{n}|}^{\{m\}} = \dfrac{\delta}{d^{(m)}}\,\bar{a}_{x:\overline{n}|}$

(c) $\ddot{a}_{x:\overline{n}|}^{\{m\}} = (1+i)^{\frac{1}{m}}\,\mathring{a}_{x:\overline{n}|}^{(m)}$  
　　　　　　　　　　　　　　　　(d) $\mathring{a}_x^{(m)} = v^{\frac{1}{m}}\,\ddot{a}_x^{\{m\}}$

**풀이**

(a) $\mathring{a}_{x:\overline{n}|}^{(m)} = \mathring{a}_x^{(m)} - {}_nE_x\,\mathring{a}_{x+n}^{(m)}$

$$= \frac{\delta}{i^{(m)}}\,[\bar{a}_x - {}_nE_x\,\bar{a}_{x+n}] = \frac{\delta}{i^{(m)}}\,\bar{a}_{x:\overline{n}|}$$

(b) $\ddot{a}_{x:\overline{n}|}^{\{m\}} = \ddot{a}_x^{\{m\}} - {}_nE_x\,\ddot{a}_{x+n}^{\{m\}} = \dfrac{\delta}{d^{(m)}}\,[\bar{a}_x - {}_nE_x\,\bar{a}_{x+n}] = \dfrac{\delta}{d^{(m)}}\,\bar{a}_{x:\overline{n}|}$

(c) $\ddot{a}_{x:\overline{n}|}^{\{m\}} = \dfrac{\delta}{d^{(m)}}\,\bar{a}_{x:\overline{n}|} = \dfrac{\delta}{v^{\frac{1}{m}} i^{(m)}}\,\bar{a}_{x:\overline{n}|} = (1+i)^{\frac{1}{m}}\,\mathring{a}_{x:\overline{n}|}^{(m)}$

(d) $\mathring{a}_x^{(m)} = \dfrac{\delta}{d^{(m)}}\,\dfrac{d^{(m)}}{i^{(m)}}\,\bar{a}_x = \dfrac{d^{(m)}}{i^{(m)}}\,\ddot{a}_x^{\{m\}}$

$$d^{(m)} = i^{(m)} \, v^{\frac{1}{m}} \text{ 이므로}$$

$$\mathring{a}_x^{(m)} = v^{\frac{1}{m}} \, \ddot{a}_x^{(m)}$$

## 7. 전통적인 근사치

생명연금의 일시납순보험료를 전통적인 방법으로 근사치를 구해 보자. 전통적인 근사치는 단수부분에 대한 가정이 없는 단순한 수학적인 근사치를 말하며 주로 Woolhouse의 공식을 이용하면 쉽게 구할 수 있다.

### (1) 분할납생명연금
분할납생명연금의 근사치를 구하여 본다.

$$\ddot{a}_x^{(m)} = \frac{1}{m} \sum_{t=0}^{\infty} {}_{\frac{t}{m}} E_x = \frac{1}{mD_x} \sum_{t=0}^{\infty} D_{x+\frac{t}{m}}$$

Woolhouse의 공식을 이용하면

$$\begin{aligned}
\ddot{a}_x^{(m)} &= \frac{1}{mD_x} \sum_{t=0}^{\infty} D_{x+\frac{t}{m}} \\
&= \frac{1}{D_x} \left[ \sum_{t=0}^{\infty} D_{x+t} - \frac{m-1}{2m} D_x + \frac{m^2-1}{12m^2} \frac{dD_x}{dx} - \cdots \right] \\
&\fallingdotseq \ddot{a}_x - \frac{m-1}{2m} - \frac{m^2-1}{12m^2} (\mu_x + \delta)
\end{aligned}$$

(4.2.7.1)

Woolhouse의 공식을 이용하면

$$\begin{aligned}
a_x^{(m)} &= \frac{1}{mD_x} \sum_{t=1}^{\infty} D_{x+\frac{t}{m}} \\
&= \frac{1}{D_x} \left[ \sum_{t=1}^{\infty} D_{x+t} + \frac{m-1}{2m} D_x + \frac{m^2-1}{12m^2} \frac{dD_x}{dx} \right] \\
&\fallingdotseq a_x + \frac{m-1}{2m} - \frac{m^2-1}{12m^2} (\mu_x + \delta)
\end{aligned}$$

(4.2.7.2)

또 $\dfrac{dD_x}{dx} \fallingdotseq \dfrac{1}{2}(D_{x+1} - D_{x-1})$을 이용하면

$$a_x^{(m)} \fallingdotseq a_x + \frac{m-1}{2m} - \frac{m^2-1}{12m^2}\frac{D_{x-1}-D_{x+1}}{2D_x} \tag{4.2.7.3}$$

Lubbock의 공식을 이용하면

$$a_x^{(m)} = \frac{1}{D_x}\left(\sum_{t=1}^{\infty} D_{x+t} + \frac{m-1}{2m}D_x + \frac{m^2-1}{12m^2}\Delta D_x - \frac{m^2-1}{24m^2}\Delta^2 D_x + \cdots\right)$$

$$\fallingdotseq a_x + \frac{m-1}{2m} + \frac{m^2-1}{12m^2}\frac{\Delta D_x - \frac{1}{2}\Delta^2 D_x}{D_x}$$

$$= a_x + \frac{m-1}{2m} - \frac{m^2-1}{12m^2}\frac{3D_x-4D_{x+1}+D_{x+2}}{D_x} \tag{4.2.7.4}$$

식 (4.2.7.1)부터 식 (4.2.7.4)까지에서 미분이나 차분이 들어간 항 이후를 생략하면 다음의 근사식을 얻는다.

$$a_x^{(m)} \fallingdotseq a_x + \frac{m-1}{2m} \tag{4.2.7.5}$$

$$\ddot{a}_x^{(m)} \fallingdotseq \ddot{a}_x - \frac{m-1}{2m} \tag{4.2.7.6}$$

$$= a_x + \frac{m+1}{2m} \tag{4.2.7.7}$$

거치연금의 근사치를 구해 보면

$$_{n|}a_x^{(m)} = {}_nE_x\, a_{x+n}^{(m)}$$

$$\fallingdotseq {}_nE_x\left(a_{x+n} + \frac{m-1}{2m}\right)$$

$$= {}_{n|}a_x + \frac{m-1}{2m}\,{}_nE_x \tag{4.2.7.8}$$

$$_{n|}\ddot{a}_x^{(m)} = {}_nE_x\,\ddot{a}_{x+n}^{(m)}$$

$$\fallingdotseq {}_nE_x\left(\ddot{a}_{x+n} - \frac{m-1}{2m}\right)$$

$$= {}_{n|}\ddot{a}_x - \frac{m-1}{2m}\,{}_nE_x \tag{4.2.7.9}$$

유기연금의 근사치를 Woolhouse의 공식을 이용하여 구하면

$$a_{x:\overline{n}|}^{(m)} = \frac{1}{m \cdot D_x} \sum_{t=1}^{mn} D_{x+\frac{t}{m}}$$

$$= \frac{1}{D_x} \left\{ \sum_{t=1}^{n} D_{x+t} + \frac{m-1}{2m}(D_x - D_{x+n}) + \frac{m^2-1}{12m^2}\left(\frac{dD_x}{dx} - \frac{dD_{x+n}}{dx}\right) + \cdots \right\}$$

$$\fallingdotseq a_{x:\overline{n}|} + \frac{m-1}{2m}\left(1 - \frac{D_{x+n}}{D_x}\right) - \frac{m^2-1}{12m^2}\left\{(\mu_x+\delta) - \frac{D_{x+n}}{D_x}(\mu_{x+n}+\delta)\right\}$$

$$(4.2.7.10)$$

식 (4.2.7.10)에서 미분계수의 항을 생략하면

$$a_{x:\overline{n}|}^{(m)} = a_{x:\overline{n}|} + \frac{m-1}{2m}(1 - {_nE_x}) \tag{4.2.7.11}$$

식 (4.2.7.11)은 거치연금을 이용하면 더욱 쉽게 구할 수 있다.

$$a_{x:\overline{n}|}^{(m)} = a_x^{(m)} - {_{n|}a_x^{(m)}} \fallingdotseq \left(a_x + \frac{m-1}{2m}\right) - \left({_{n|}a_x} + \frac{m-1}{2m}{_nE_x}\right)$$

$$= a_{x:\overline{n}|} + \frac{m-1}{2m}(1 - {_nE_x})$$

또

$$\ddot{a}_{x:\overline{n}|}^{(m)} = \ddot{a}_x^{(m)} - {_{n|}\ddot{a}_x^{(m)}}$$

$$\fallingdotseq \ddot{a}_{x:\overline{n}|} - \frac{m-1}{2m}(1 - {_nE_x}) \tag{4.2.7.12}$$

지금까지 고찰한 근사치는 다음과 같은 계산기수의 근사치로 나타낼 수 있다.

$$\ddot{a}_x^{(m)} = \frac{N_x^{(m)}}{D_x} \fallingdotseq \frac{N_x - \frac{m-1}{2m}D_x}{D_x} = \ddot{a}_x - \frac{m-1}{2m}$$

$$(I\ddot{a})_x^{(m)} = \frac{S_x^{(m)}}{D_x} \fallingdotseq \frac{S_x - \frac{m-1}{2m}N_x}{D_x} = (I\ddot{a})_x - \frac{m-1}{2m}\ddot{a}_x$$

$$\ddot{a}_{x:\overline{1}|}^{(m)} = \frac{N_x^{(m)} - N_{x+1}^{(m)}}{D_x} = \frac{D_x^{(m)}}{D_x} \fallingdotseq \frac{D_x - \frac{m-1}{2m}(D_x - D_{x+1})}{D_x}$$

$$\fallingdotseq \ddot{a}_{x:\overline{1}|} - \frac{m-1}{2m}(1 - {_1E_x})$$

따라서 전통적 근사치에서는 주로 다음의 계산기수의 근사치가 많이 사용된다. 물론 식 (4.2.7.1) 등이 사용될 때에는 근사치도 달라진다.

$$D_x^{(m)} \fallingdotseq D_x - \frac{m-1}{2m}(D_x - D_{x+1}) \tag{4.2.7.13}$$

$$N_x^{(m)} \fallingdotseq N_x - \frac{m-1}{2m}D_x \tag{4.2.7.14}$$

$$S_x^{(m)} \fallingdotseq S_x - \frac{m-1}{2m}N_x \tag{4.2.7.15}$$

여기서 $m \to \infty$인 경우 $\frac{m-1}{2m} = \frac{1}{2}$이 되므로 식 (4.2.7.21), 식 (4.2.7.23), 식 (4.2.7.32)를 각각 얻는다.

예제 4.2.7.1

식 (4.2.7.12)의 근사치를 이용하여 다음 식을 증명하시오.

$$(I\ddot{a})_{x:\,\overline{n}|}^{(m)} \fallingdotseq (I\ddot{a})_{x:\,\overline{n}|} - \frac{m-1}{2m}(\ddot{a}_{x:\,\overline{n}|} - nA_{x:\,\overline{n}|}^{\,1})$$

풀이 1

식 (4.2.7.12)로부터

$$\ddot{a}_{x+t:\,\overline{1}|}^{(m)} = 1 - \frac{m-1}{2m}(1 - vp_{x+t})$$

이 성립한다.

$$\begin{aligned}
(I\ddot{a})_{x:\,\overline{n}|}^{(m)} &= \ddot{a}_{x:\,\overline{1}|}^{(m)} + vp_x \cdot 2\,\ddot{a}_{x+1:\,\overline{1}|}^{(m)} + v^2\,{}_2p_x \cdot 3\,\ddot{a}_{x+2:\,\overline{1}|}^{(m)} + \cdots + v^{n-1}\,{}_{n-1}p_x\, n\,\ddot{a}_{x+n-1:\,\overline{1}|}^{(m)} \\
&= (1 + 2vp_x + 3v^2\,{}_2p_x + \cdots + nv^{n-1}\,{}_{n-1}p_x) \\
&\quad - \frac{m-1}{2m}\Big\{(1 - vp_x) + 2vp_x(1 - vp_{x+1}) + 3v^2\,{}_2p_x(1 - vp_{x+2}) \\
&\qquad + \cdots + nv^{n-1}\,{}_{n-1}p_x(1 - vp_{x+n-1})\Big\} \\
&= (I\ddot{a})_{x:\,\overline{n}|} - \frac{m-1}{2m}\Big\{1 + vp_x + v^2\,{}_2p_x + \cdots + v^{n-1}\,{}_{n-1}p_x - nv^n\,{}_np_x\Big\} \\
&= (I\ddot{a})_{x:\,\overline{n}|} - \frac{m-1}{2m}(\ddot{a}_{x:\,\overline{n}|} - nA_{x:\,\overline{n}|}^{\,1})
\end{aligned}$$

풀이 2

계산기수를 이용하면

$$(I\ddot{a})_{x:\,\overline{n}|}^{(m)} = \frac{S_x^{(m)} - S_{x+n}^{(m)} - nN_{x+n}^{(m)}}{D_x} \fallingdotseq \frac{S_x - S_{x+n} - nN_{x+n} - \dfrac{m-1}{2m}(N_x - N_{x+n} - nD_{x+n})}{D_x}$$

$$= (I\ddot{a})_{x:\,\overline{n}|} - \frac{m-1}{2m}\left(\ddot{a}_{x:\,\overline{n}|} - nA_{x:\,\frac{1}{n}|}\right)$$

(2) 연속생명연금

식 (4.2.7.1)부터 식 (4.2.7.6)까지에서 $m \to \infty$ 하면

$$\bar{a}_x = a_x + \frac{1}{2} - \frac{1}{12}(\mu_x + \delta)$$

$$\bar{a}_x = a_x + \frac{1}{2} \qquad\qquad (4.2.7.16)$$

$$\bar{a}_x = \ddot{a}_x - \frac{1}{2} - \frac{1}{12}(\mu_x + \delta)$$

$$\bar{a}_x = \ddot{a}_x - \frac{1}{2} \qquad\qquad (4.2.7.17)$$

계산기수에 대하여 고찰하기로 한다. 먼저 $\bar{D}_x$를 다음과 같이 정의한다.

$$\bar{D}_x = \int_0^1 D_{x+t}\,dt \qquad\qquad (4.2.7.18)$$

$$= \lim_{m \to \infty} \frac{1}{m} \sum_{t=0}^{m-1} D_{x+\frac{t}{m}}$$

$$\bar{N}_x = \sum_{t=0}^{\infty} \bar{D}_{x+t} \qquad\qquad (4.2.7.19)$$

$$= \int_0^{\infty} D_{x+t}\,dt$$

$$\bar{S}_x = \sum_{t=0}^{\infty} \bar{N}_{x+t} \qquad\qquad (4.2.7.20)$$

따라서

$$\bar{a}_x = \frac{\bar{N}_x}{D_x}$$

$\bar{D}_x$와 $\bar{N}_x$를 계산하기 위하여 먼저 식 (4.2.7.18)의 근사치를 구해 보자. $D_{x+t}$가 $0 \le t \le 1$ 에서 1차함수라면

$$\int_0^1 D_{x+t}\, dt \doteqdot D_{x+\frac{1}{2}} \doteqdot \frac{1}{2}(D_x + D_{x+1})$$

따라서

$$\bar{D}_x \doteqdot \frac{1}{2}(D_x + D_{x+1}) \tag{4.2.7.21}$$

식 (4.2.7.21)로부터

$$\bar{N}_x \doteqdot \frac{1}{2}(N_x + N_{x+1}) \tag{4.2.7.22}$$

$$= N_x - \frac{1}{2}D_x \tag{4.2.7.23}$$

$$= N_{x+1} + \frac{1}{2}D_x \tag{4.2.7.24}$$

식 (4.2.7.23)과 식 (4.2.7.24)를 이용하면 식 (4.2.7.17)과 식 (4.2.7.16)의 결과와 일치한다.

### (3) 변동생명연금
변동생명연금의 경우를 고찰하면

$$(Ia)_x^{(m)} = \sum_{t=0}^{\infty} {}_{t|}a_x^{(m)} \doteqdot \sum_{t=0}^{\infty} \frac{N_{x+t+1} + \frac{m-1}{2m}D_{x+t}}{D_x}$$

$$= \frac{S_{x+1} + \frac{m-1}{2m}N_x}{D_x} \tag{4.2.7.25}$$

$$(I^{(m)}a)_x^{(m)} = \frac{1}{D_x} \sum_{t=1}^{\infty} \frac{t}{m^2} D_{x+\frac{t}{m}} \tag{4.2.7.26}$$

식 (4.2.7.26)에서 Woolhouse의 공식을 이용하면

$$(I^{(m)}a)_x^{(m)} = \frac{1}{D_x}\left\{ \sum_{t=1}^{\infty} t\cdot D_{x+t} + \frac{m-1}{2m}\left[t\cdot D_{x+t}\right]_{t=0} \right.$$
$$\left. + \frac{m^2-1}{12m^2}\left[\frac{d}{dt}\left(t\cdot D_{x+t}\right)\right]_{t=0} - \cdots \right\} \tag{4.2.7.27}$$

그런데

$$\left[\frac{d}{dt}(t \cdot D_{x+t})\right]_{t=0} = [D_{x+t} - t \cdot D_{x+t}(\mu_{x+t} + \delta)]_{t=0} = D_x \tag{4.2.7.28}$$

따라서

$$(I^{(m)}a)_x^{(m)} \fallingdotseq (Ia)_x + \frac{m^2-1}{12m^2} \tag{4.2.7.29}$$

식 (4.2.7.25)에서 $m \to \infty$ 로 하면

$$(I\bar{a})_x \fallingdotseq \frac{S_{x+1} + \frac{1}{2}N_x}{D_x} = (Ia)_x + \frac{1}{2}\ddot{a}_x \tag{4.2.7.30}$$

$$\fallingdotseq \frac{S_x - \frac{1}{2}N_x}{D_x} = (I\ddot{a})_x - \frac{1}{2}\ddot{a}_x \tag{4.2.7.31}$$

그런데

$$(I\bar{a})_x = \frac{\sum_{t=0}^{\infty} \bar{N}_{x+t}}{D_x} = \frac{\bar{S}_x}{D_x}$$

이므로

$$\bar{S}_x \fallingdotseq S_x - \frac{1}{2}N_x \tag{4.2.7.32}$$

식 (4.2.7.29)에서 $m \to \infty$ 로 하면

$$(\bar{I}\bar{a})_x = \lim_{m \to \infty}(I^{(m)}a)_x^{(m)} = \int_0^{\infty} t\, v^t\, {}_t p_x\, dt$$

$$= \frac{1}{D_x}\int_0^{\infty} t D_{x+t}\, dt \tag{4.2.7.33}$$

$$\fallingdotseq (Ia)_x + \frac{1}{12} \tag{4.2.7.34}$$

## 8. 특수한 생존분포와 생명연금

2장에서 살펴보았던 상수사력(CFM)가정과 De Moivre 법칙을 이용하여 생명연금의

APV(EPV)를 구해보자.

### (1) CFM가정하의 생명연금의 APV(EPV)

### (a) 연속적 연액 1원의 경우

식 (4.2.3.2)로부터 연속종신연금의 APV(EPV)를 구하면

$$\bar{a}_x = \int_0^\infty v^t \, {}_t p_x \, dt = \int_0^\infty e^{-\delta t} \, e^{-\mu t} \, dt \tag{4.2.8.1}$$

$$= \frac{1}{\mu + \delta} \tag{4.2.8.2}$$

식 (4.2.3.17)로부터 $n$년 연속유기생명연금의 APV를 구하면($\bar{a}_{x+n} = \bar{a}_x$ 이용)

$$\bar{a}_{x:\overline{n}|} = \int_0^n v^t \, {}_t p_x \, dt = \int_0^n e^{-\delta t} \, e^{-\mu t} \, dt = \frac{1 - e^{-(\mu+\delta)n}}{\mu + \delta} \tag{4.2.8.3}$$

$$\bar{a}_{x:\overline{n}|} = \bar{a}_x - {}_nE_x \, \bar{a}_{x+n} = \bar{a}_x - {}_nE_x \, \bar{a}_x = \bar{a}_x (1 - {}_nE_x)$$

$$= \frac{1 - e^{-(\mu+\delta)n}}{\mu + \delta} \tag{4.2.8.4}$$

식 (4.2.3.34)로부터 $n$년 연속거치생명연금의 APV를 구하면($\bar{a}_{x+n} = \bar{a}_x$ 이용)

$$_n|\bar{a}_x = \int_n^\infty v^t \, {}_t p_x \, dt = \int_n^\infty e^{-\delta t} \, e^{-\mu t} \, dt = \frac{e^{-(\mu+\delta)n}}{\mu + \delta} \tag{4.2.8.5}$$

$$_n|\bar{a}_x = {}_nE_x \, \bar{a}_{x+n} = {}_nE_x \, \bar{a}_x = \frac{e^{-(\mu+\delta)n}}{\mu + \delta} \tag{4.2.8.6}$$

### (b) 연금지급액 매년 1원 기시급의 경우

매 연령마다의 사력이 $\mu$로 동일한 경우 연금지급액 매년 1원 기시급의 APV를 고찰해 보자. 각각의 생명연금에 대해서 APV를 표로 정리하면 다음과 같다. 여기서 $p$는 연령에 의존하지 않고 매 연령마다 동일한 값이다. 따라서 $p$는 $(x)$, 또는 $(x+t)$가 1년간 생존하는 확률을 나타내며, $q = 1 - p$이다. 각 연금의 APV의 유도는 연습문제를 참고하기 바란다. 그리고 연금지급액 매년 1원 기말급의 경우는 기시급 연금의 APV와 기말급 연금의 APV 사이의 관계식($a_x = \ddot{a}_x - 1$ 등)을 이용하면 기시급 연금의 APV로부터 기말급 연금의 APV를 구할 수 있으므로 여기서는 생략하기로 한다.

표 [4.2.8.1]  CFM가정하에서 생명연금의 APV(EPV)

| 연금의 종류 | CFM가정하에서 APV |
|---|---|
| 종신생명연금 | $\ddot{a}_x = \dfrac{1+i}{q+i}$ |
| $n$년 유기생명연금 | $\ddot{a}_{x:\overline{n}\rvert} = \dfrac{(1+i)\left[1-(vp)^n\right]}{(q+i)}$ |
| $n$년거치 생명연금 | $_{n\rvert}\ddot{a}_x = (vp)^n\,\dfrac{1+i}{q+i}$ |

(2) De Moivre 법칙하의 생명연금의 APV(EPV)

(a) 연속적 연액 1원의 경우

식 (4.2.3.6)으로부터 연속종신연금의 APV(EPV)를 구하면

$$\bar{a}_x = \int_0^{\omega-x} \bar{a}_{\overline{t}\rvert}\, {}_t p_x\, \mu_{x+t}\, dt \tag{4.2.8.7}$$

$$= \int_0^{\omega-x} \bar{a}_{\overline{t}\rvert} \left(\frac{\omega-x-t}{\omega-x}\right)\left(\frac{1}{\omega-x-t}\right) dt \tag{4.2.8.8}$$

$$= \frac{1}{\omega-x} \int_0^{\omega-x} \bar{a}_{\overline{t}\rvert}\, dt$$

$$= \frac{1}{\omega-x} \int_0^{\omega-x} \frac{1-v^t}{\delta}\, dt^{1)} \tag{4.2.8.9}$$

$$= \frac{1}{\omega-x}\,\frac{1}{\delta} \int_0^{\omega-x} 1-v^t\, dt = \frac{1}{\omega-x}\,\frac{(\omega-x)-\bar{a}_{\overline{\omega-x}\rvert}}{\delta}{}^{2)} \tag{4.2.8.10}$$

$$= \frac{1}{\omega-x}\,(\bar{D}\bar{a})_{\overline{\omega-x}\rvert} = \frac{(\bar{D}\bar{a})_{\overline{\omega-x}\rvert}}{\omega-x}{}^{3)} \tag{4.2.8.11}$$

식 (4.2.3.20)으로부터 $n$년 연속유기생명연금의 APV(EPV)를 구하면

$$\bar{a}_{x:\overline{n}\rvert} = \int_0^n \bar{a}_{\overline{t}\rvert}\, {}_t p_x\, \mu_{x+t}\, dt + \bar{a}_{\overline{n}\rvert}\, {}_n p_x \tag{4.2.8.12}$$

---

1) 식 (4.2.3.3)으로부터 $\bar{a}_{\overline{t}\rvert} = \dfrac{1-v^t}{\delta}$ 임을 알 수 있다.

2) 식 (1.2.2.2)로부터 $\bar{a}_{\overline{\omega-x}\rvert} = \displaystyle\int_0^{\omega-x} v^t\, dt$ 임을 알 수 있다.

3) 식 (1.2.4.15)로부터 $(\bar{D}\bar{a})_{\overline{\omega-x}\rvert} = \dfrac{\omega-x-\bar{a}_{\overline{\omega-x}\rvert}}{\delta}$ 임을 알 수 있다.

$$= \frac{(\bar{D}\bar{a})_{\overline{n|}}}{\omega - x} + (\bar{a}_{\overline{n|}})\left(\frac{\omega - x - n}{\omega - x}\right)^{1)} \tag{4.2.8.13}$$

$$= \frac{(\bar{D}\bar{a})_{\overline{n|}} + (\omega - x - n)\bar{a}_{\overline{n|}}}{\omega - x} \tag{4.2.8.14}$$

식 (4.2.3.36)으로부터 $n$년 연속거치생명연금의 APV(EPV)를 구하면

$$_{n|}\bar{a}_x = \bar{a}_x - \bar{a}_{x:\overline{n|}} \tag{4.2.8.15}$$

$$= \frac{(\bar{D}\bar{a})_{\overline{\omega - x|}}}{\omega - x} - \frac{(\bar{D}\bar{a})_{\overline{n|}} + (\omega - x - n)\bar{a}_{\overline{n|}}}{\omega - x} \tag{4.2.8.16}$$

$$= \frac{(\bar{D}\bar{a})_{\overline{\omega - x|}} - (\bar{D}\bar{a})_{\overline{n|}} - (\omega - x - n)\bar{a}_{\overline{n|}}}{\omega - x} \tag{4.2.8.17}$$

## (b) 연금지급액 매년 1원 기시급의 경우

각각의 생명연금에 대해서 APV를 표로 정리하면 다음과 같다. 각 연금의 APV의 유도는 연습문제를 참고하기 바란다. 그리고 연금지급액 매년 1원 기말급의 경우는 기시급 연금의 APV와 기말급 연금의 APV 사이의 관계식($a_x = \ddot{a}_x - 1$ 등)을 이용하면 기시급 연금의 APV로부터 기말급 연금의 APV를 구할 수 있으므로 여기서는 생략하기로 한다.

표 [4.2.8.2] De Moivre 법칙하에서 생명연금의 APV(EPV)

| 연금의 종류 | De Moivre 법칙하에서 APV |
|---|---|
| 종신생명연금 | $\ddot{a}_x = \dfrac{(D\ddot{a})_{\overline{\omega - x|}}}{\omega - x}$ |
| $n$년 유기생명연금 | $\ddot{a}_{x:\overline{n|}} = \dfrac{(D\ddot{a})_{\overline{n|}} + (\omega - x - n)\ddot{a}_{\overline{n|}}}{\omega - x}$ |
| $n$년거치 생명연금 | $_{n|}\ddot{a}_x = \dfrac{v^n(D\ddot{a})_{\overline{\omega - x - n|}}}{\omega - x}$ |

---

1) 식 (4.2.8.13)의 첫 번째항은 식 (4.2.8.11)에서 $\omega - x$ 대신 $n$을 대입하면 구할 수 있다.

## 연습문제 4.2

※ 특별한 언급이 없으면 부록의 제7회 경험생명표와 계산기수를 이용하여 답하시오.
  단수기간 지급연금(완전연금)에 관하여는 특별한 언급이 없는 한 본문의 ㈎에 의할 것.

1. 다음과 같은 자료가 주어졌다.

| $x$ | 97 | 98 | 99 | 100 | 101 |
|-----|-----|-----|-----|-----|-----|
| $l_x$ | 800 | 500 | 200 | 100 | 0 |

   위의 자료를 이용하여 다음을 구하시오. ($i = 0.05$)

   (a) $\ddot{a}_{97}$　　　　　　　　　(b) $\ddot{a}_{97:\overline{3}|}$　　　　　　　　　(c) $_{2|}\ddot{a}_{97}$

2. 피보험자 (40)이 가입한 3년 기시급 유기생명연금에서 사망전까지 지급되는 총지급액의
   현가를 $Y$라고 하자. 다음과 같은 자료를 이용하여 $\mathrm{Var}(Y)$를 구하시오.
   (i) 매년 지급하는 연금지급액은 다음과 같다.

| 나이 | 40 | 41 | 42 |
|------|-----|-----|-----|
| 연금 지급액 | 5 | 10 | 15 |

   (ii) $p_{40} = 0.95$, $p_{41} = 0.9$　　　　　(iii) $i = 0.05$

3. 피보험자 $(x)$에 대하여 다음과 같은 자료를 이용하여 $p_x$를 구하시오.
   (i) $a_x = 7.5$　　　　　　　　　(ii) $i = 0.05$
   (iii) 사력은 매 연령마다 상수 $\mu$로 동일하다.

4. 매년 1원씩 지급되는 30년 기시급 유기생명연금에서 사망전까지 지급되는 총지급액의 현
   가를 $Y$라고 하자. $E(Y^2)$을 다음 자료를 이용하여 구하시오.
   (i) $i = 0.05$　　　　　　　　　(ii) $_{30}p_x = 0.7$
   (iii) $A^{1}_{x:\overline{30}|} = 0.1443$　　　　　　(iv) $^{2}A^{1}_{x:\overline{30}|} = 0.0694$

5. 가격이 100,000원인 건물을 매입할 때 건물값은 25년에 걸쳐서 매년말에 일정한 금액씩
   을 지불하기로 하였다. 보증보험이나 보증인이 없는 경우 건물 매도인은 매수인에게 어
   떤 특정한 25년만기 정기보험을 요구한다고 가정한다. 이 특정한 보험은 보험금 연말급
   인 보험으로 보험금은 건물값으로 지불하기로 되어 있는 금액 중에서 미지불된 금액들의
   현가이다(즉, 매수인이 사망할 경우 매도인은 정기보험의 보험금을 사망연도말에 받으면 건
   물의 잔금을 모두 받게 된다). 다음 자료들이 주어졌다.

(i) $i = 0.05$       (ii) $\ddot{a}_{40:\overline{25|}} = 14$       (iii) $_{25}q_{40} = 0.2$

이때 다음을 구하시오.

(a) 25년만기 정기보험의 NSP

(b) 보험료 납입기간이 25년인 경우 연납평준순보험료(NAP)

6. 다음 자료를 이용하여, 피보험자 (30), 연금지급액 1원의 20년거치 기시급 생명연금의 일시납순보험료(NSP)를 구하시오.

(i) $A_{50} = 0.24$     (ii) $A_{30:\overline{20|}} = 0.38$     (iii) $A_{30:\overline{20|}}^{1} = 0.02$     (iv) $d = 0.05$

(v) 사망이 거치기간 동안 발생하면, 사망연도말에 일시납순보험료는 이자없이 반환된다.

7. 피보험자 (40), 매년 1원씩 지급되는 10년거치 기시급 종신연금을 고려한다. 다음의 가정을 이용하여 $\Pr(S > _{10|}\ddot{a}_{40})$을 구하시오. 여기서 $S$는 실제로 지급된 연금지급액의 합을 의미한다.

(i) 사망법칙은 $\omega = 90$인 De Moivre 법칙을 따른다.       (ii) $i = 0$

8. 다음이 성립함을 보이시오.

$$(I\ddot{a})_{x:\overline{n|}} - (Ia)_{x:\overline{n|}} + n \,_{n}E_{x} = \ddot{a}_{x:\overline{n|}}$$

9. 피보험자 (40), 매년 1원씩 지급되는 4년 기시급 유기생명연금에서 사망전까지 지급되는 총지급액의 현가를 $Y$라고 하자. 다음의 자료를 이용하여 $\mathrm{Var}(Y)$를 구하시오.

(i) $Y = \begin{cases} \ddot{a}_{\overline{K_{40}+1|}} & K_{40} = 0,1,2,3 \\ \ddot{a}_{\overline{4|}} & K_{40} = 4,5,6,\cdots \end{cases}$       (ii) $l_x = 90 - x, \quad 0 \le x \le 90$

(iii) $i = 0.05$

10. 피보험자 (60)이 가입한 기시급 종신생명연금에서 사망전까지 지급되는 총지급액의 현가를 $Y$라고 하자. 다음의 자료를 이용하여 $\mathrm{Var}(Y)$를 구하시오.

(i) $l_x = 100 - x, \quad 0 \le x \le 100$       (ii) $i = 0.05$

(iii) 연금은 가입시점(60세)부터 지급되며, 15년에 한번씩 지급된다.

(iv) 가입시 연금지급액은 10원이며, 15년마다 연금지급액은 20원씩 증가한다.

11. 피보험자 $(x)$는 매년 1원씩 지급되는 기시급 종신연금에 가입하였다.

(a) 다음과 같은 자료를 이용하여 $\ddot{a}_x$를 구하시오.

(i) $q_x = 0.03, \ q_{x+1} = 0.04$       (ii) $\ddot{a}_{x+1} = 8.227$       (iii) $i = 0.05$

(b) 위의 자료에서 $p_{x+1}$이 0.02 증가하였을 때의 $\ddot{a}_x$를 구하시오.

12. 매년 1,000원씩 지급되는 기시급 종신연금을 고려한다. 여기에 사망시 사망연도말에 사망보험금 $B$원을 지급하는 사망급부를 추가하기로 할 때, 이 새로운 보험상품에서 지급되는 급부의 현가를 $Y$라고 하자. $i = 0.05$일 때, $Y$의 분산을 최소화시키는 사망보험금 $B$를 구하시오.

13. 60세가 된 종업원의 퇴직연금(기업연금)으로 다음의 두 가지 대안이 제시되었다.

(i) 65세부터 매년 12,000원씩 사망시까지 지급

(ii) 60세부터 10년간 확정적으로 $x$원씩 지급하고 그 이후에는 $1.5x$원씩 사망시까지 지급

두 개의 대안이 보험수리적으로 동일할 때 $x$를 구하시오.

(이자율 5%, 제7회 경험생명표를 이용하시오)

14. 다음 식을 증명하시오.

$$\ddot{a}_{\overline{n}|} - \ddot{a}_{x:\overline{n}|} = \frac{1}{D_x} \sum_{t=1}^{n-1} C_{x+t-1} \, \ddot{a}_{\overline{n-t}|}$$

15. 다음과 같은 자료를 이용하여 이자율 $i$를 구하시오.

(i) $_{10}p_{50} = 0.92$, $_{10}p_{60} = 0.88$

(ii) 피보험자 (50)이 가입한 매년 2,500원씩 지급하는 기시급 종신생명연금의 일시납순보험료와 피보험자 (70)이 가입한 매년 3,900원씩 지급하는 기시급 종신생명연금의 일시납순보험료, 피보험자 (50)이 가입한 매년 3,200원씩 지급하는 20년 기시급 유기생명연금의 일시납순보험료는 모두 40,000원이다.

16. A 보험회사는 40세의 B라는 사람에게 일시납순보험료가 40,000원인 기시급 종신생명연금을 판매하고자 한다. 보험회사의 경험통계상 일반적인 40세의 연금수급자의 완전평균여명은 30년이다. 하지만 건강진단결과 B의 완전평균여명은 20년이었다. 계약체결시 B의 완전평균여명을 고려한다고 할 때, 다음의 가정을 이용하여 B가 매년 받을 수 있는 연금지급액을 구하시오.

(i) 모든 일반적인 연금수급자의 사망법칙은 De Moivre 법칙을 따른다.

(ii) $i = 0.05$

17. 다음에 답하시오.

(a) $p_x = \dfrac{(1+i)a_x}{1 + a_{x+1}}$ 임을 증명하시오.

(b) $a_{30} = 17.882771$, $a_{31} = 17.787807$, $a_{32} = 17.687849$, $a_{33} = 17.582834$, $a_{34} = 17.472874$, $l_{34} = 98386.02$일 때 이율 $i = 5$%하에서 $l_{33}$, $l_{32}$, $l_{31}$, $l_{30}$을 구하시오.

(Hint : (a)의 결과를 이용하여 $p_x$를 구한 후 $l_x$를 구할 것)

18. 피보험자 $(x)$, 매년 1원씩 지급하는 5년거치 기시급 종신생명연금에서 사망전까지 지급되는 총지급액의 현가를 $Y$라고 하자. 피보험자 $(x)$, 보험금 연말급, 보험금 1원인 종신보험의 보험금현가를 $Z_1$, 피보험자 $(x)$, 보험금 연말급, 보험금 1원인 5년만기 생사혼합보험의 보험금현가를 $Z_2$라고 하자. 다음 자료들이 주어졌다.

   (i) $A_x = 0.16$, $A_{x:\overline{5|}} = 0.77$, $_{5|}A_x = 0.15$    (ii) $^2A_x = 0.04$, $^2A_{x+5} = 0.06$

   (iii) $i = 0.05$

   다음을 구하시오.

   (a) $Y$를 $Z_1$과 $Z_2$를 이용하여 나타내시오.

   (b) $E(Z_1 Z_2)$를 구하시오.                    (c) $\mathrm{Var}(Y)$를 구하시오.

19. 회사는 종업원 복지프로그램으로 장해를 입은 종업원에 대하여 매 연도말에 장해급부로 3,000원씩 종업원의 사망시까지 지급하기로 하였다. 10,000원까지는 회사가 지급한 후, 초과금액에 대해서는 보험사가 지급한다고 한다. 다음 가정을 이용하여 어떤 종업원 $(x)$가 장해를 입었을 때, 보험사가 지급하는 보험급부의 보험수리적 현가(APV)를 구하시오.

   (i) $_tP_x = \begin{cases} 1, & t = 0 \\ 1 - 0.1(t+1), & 0 < t \leq 6.2 \\ 0, & t > 6.2 \end{cases}$    (ii) $i = 0.05$

20. 100명의 사람이 모두 $x$세인 단체가 있다. 각각은 사망시까지 매년 10원씩 지급하는 기시급 종신연금을 구매하였다. 다음의 가정을 이용하여 95%신뢰도로 모든 연금지급액들을 지급하기에 충분한 시작시 기금의 크기를 구하시오.

   (i) 모든 $x$에 대하여 사력 $\mu_x = 0.02$이다.    (ii) $d = 0.05$

   (iii) 100명의 사람들의 사망은 동질적이며 독립적이다.

   (iv) $Z$를 표준정규분포의 확률변수라고 하면 $\Pr(Z < 1.645) = 0.95$이다.

21. 100명의 연금수익자에게 사망전까지 지급되는 총지급액의 현가를 $S$라고 하자. 다음 자료를 이용하여 $S$의 90백분위수를 구하시오($i = 0.05$).

   (i) 100명의 미래생존기간은 각각 동질적이고 독립이며, 각 연금수익자는 기시급 종신생명연금의 형태로 연금을 지급받는다.

   (ii)

   | $x$ | 연금수익자수 | 연금지급액 | $\ddot{a}_x$ | $A_x$ | $^2A_x$ |
   |-----|-----|-----|-----|-----|-----|
   | 60 | 70 | 3 | 13.6117 | 0.3518 | 0.1522 |
   | 70 | 30 | 2 | 10.4639 | 0.5017 | 0.2816 |

22. 피보험자 (60), 매달말 100원씩 지급되는 30년 유기생명연금을 고려한다. 다음과 같은 자료를 이용하여 이 연금의 일시납순보험료를 구하시오.

    (i) 사망법칙은 $\omega = 110$인 De Moivre 법칙을 따른다.  (ii) $i = 0.05$

23. 매 연령마다 UDD를 가정할 때 다음 자료를 이용하여 $\ddot{a}^{(4)}_{x:\overline{n|}}$를 구하시오.

    (i) $A^{1}_{x:\overline{n|}} = 0.01419$  (ii) $_nE_x = 0.54733$  (iii) $i = 0.05$

    (iv) $\alpha(4) = 1.00019$  (v) $\beta(4) = 0.38272$

24. 다음과 같은 자료를 이용하여 $\ddot{a}^{(12)}_x$를 구하시오.

    (i) 매 연령마다 단수부분은 UDD가정을 따른다.

    (ii) $\ddot{a}^{(12)}_{\overline{\infty|}} = 20.927$  (iii) $A_x = 0.1608$

25. (a) 연 $m$회 지급하는 $h$년 기시급 유기생명연금의 일시납순보험료를 구하기 위한 확률변수 $Y$를 정의하고 그 기대값을 구하시오.

    (b) (a)를 이용하여 $1 = d^{(m)} \ddot{a}^{(m)}_{x:\overline{h|}} + A^{(m)}_{x:\overline{h|}}$을 증명하시오.

26. 피보험자의 연령이 30이고 45세부터 매 분기말에 50원씩 최고 20년 동안 지급되는 생명연금의 현가가 다음과 같을 때 $K$를 계산기수로 표시하시오.

    $$PV = \frac{K}{D_{30}}$$

27. (a) $\ddot{a}^{(m)}_x = \ddot{a}^{(m)}_{\overline{1|}} \ddot{a}_x - \ddot{a}^{(m)}_{\overline{\infty|}} \left[ A^{(m)}_x - A_x \right]$와 유사한 다음 식을 증명하시오.

    $$a^{(m)}_x = s^{(m)}_{\overline{1|}} a_x + \frac{1}{i^{(m)}} \left[ (1+i)A_x - \left(1 + \frac{i^{(m)}}{m}\right) A^{(m)}_x \right]$$

    (b) UDD가정하에서 (a)는 다음과 같음을 증명하시오.

    $$a^{(m)}_x = s^{(m)}_{\overline{1|}} a_x + (1+i) \frac{1 - \ddot{a}^{(m)}_{\overline{1|}}}{i^{(m)}} A_x$$

    (Hint : $\left[ 1 + \frac{i^{(m)}}{m} \right] \Big/ i^{(m)} = v^{-\frac{1}{m}} / i^{(m)} = \frac{1}{d^{(m)}}$임을 이용하시오.)

28. (a) 식 (4.2.2.16), 식 (4.2.2.51), 식 (4.2.2.42)와 식 (4.1.1.12)를 이용하여 다음 식이 성립함을 보이시오.

    $$\gamma(m) = \alpha(m) - \beta(m) - \frac{1}{m}$$

    (b) 식 (4.2.2.14), 식 (4.2.2.15)와 식 (4.2.2.50)을 이용하여 (a)의 식이 성립함을 확인하시오.

29. $\mu = 0.03$, $\delta = 0.09$일 때 다음을 구하시오.

  (a) $E(\bar{a}_{\overline{T}|})$  (b) $\text{Var}(\bar{a}_{\overline{T}|})$  (c) $\text{Pr}(2\bar{a}_{\overline{T}|} - \bar{a}_x < 0)$

30. 다음과 같은 자료가 주어졌다.

  (i) $\bar{A}_{60} = 0.37$  (ii) $\bar{A}^{\,1}_{60:\,\overline{5}|} = 0.03$  (iii) $A_{60:\,\frac{1}{5}|} = 0.75$  (iv) $\delta = 0.05$

  위의 자료를 이용하여 다음을 구하시오.

  (a) $\bar{a}_{60}$  (b) $\bar{a}_{60:\,\overline{5}|}$  (c) $_{5|}\bar{a}_{60}$  (d) $\bar{a}_{65}$

31. 다음과 같은 자료를 이용하여 $\bar{a}_x$를 구하시오.

  (i) 매 연령마다 단수부분은 UDD가정을 따른다.

  (ii) $\ddot{a}_x = 13.6$,  (iii) $i = 0.05$

32. 다음과 같은 가정하에서 $\bar{a}_x$를 구하시오.

  (i) $\mu_{x+t} = \begin{cases} 0.02, & 0 \le t \le 10 \\ 0.04, & t > 10 \end{cases}$  (ii) $\delta_t = \begin{cases} 0.05, & 0 \le t \le 10 \\ 0.04, & t > 10 \end{cases}$

33. 다음의 자료를 이용하여 $\bar{a}_{60}$을 구하시오.

  (i) 사망법칙이 60세와 80세 사이에서 균등분포를 따른다.

  (ii) $x \ge 80$에 대하여 사력 $\mu_x = 0.04$이다.  (iii) $\delta = 0.05$  (iv) $_{20}p_{60} = 0.8$

34. 피보험자 (60)은 연속적 연액 1원을 지급하는 10년 보증기간부 연속종신생명연금에 가입하였다. 다음과 같은 가정이 주어졌다.

  (i) $_tp_{60} = \left(\dfrac{40-t}{40}\right)^2$, $0 \le t \le 40$,  (ii) $\delta = 0$

  위의 가정을 이용하여 다음을 구하시오.

  (a) 이 연금의 일시납순보험료(NSP)

  (b) 이 연금에서 사망전까지 지급되는 총지급액의 현가를 $Y$라고 할 때, $\text{Pr}(Y < 25)$

35. De Moivre 법칙하에서 $\bar{a}_{30:\,\overline{2}|} = 1.5$, $\bar{s}_{30:\,\overline{2}|} = 3.0$, $l_{30} = k$, $l_{31} = k - 2$, $l_{32} = k - 4$일 때 $k$를 구하시오. 단, $i = 0$이다.

36. 피보험자 (40), $s(x) = 1 - \dfrac{x}{80}$, $\delta = 0.1$일 때 $\text{Pr}\left[\bar{a}_{\overline{T}|} < E(\bar{a}_{\overline{T}|})\right]$을 구하시오.

37. 피보험자 $(x)$에 대해서 4년 보증기간부 연속종신생명연금에서 사망전까지 지급되는 총지급액의 현가를 $Y$라고 하자. 다음과 같은 가정을 이용하여 $F(25) - F(4)$를 구하시오.
   (i) $F(y)$는 $Y$의 누적분포함수이다.
   (ii) $t \geq 0$에 대하여 사력 $\mu_{x+t} = 0.03$이다.
   (iii) 이력 $\delta = 0.05$이다.

38. 피보험자 $(x)$에 대하여 다음과 같은 가정이 주어졌다.
   (i) 모든 $x$에 대하여 $\mu_x = 0.03$      (ii) $\delta = 0.05$
   (iii) $T_x$는 $(x)$의 미래생존기간을 나타낸다.

   위의 가정을 이용하여 다음을 구하시오.

   (a) $\dfrac{\partial}{\partial n}(_nE_x)$      (b) $\bar{a}_{\overline{T_x}|}$의 표준편차      (c) $\bar{a}_{x:\overline{n}|}$      (d) $\dfrac{\partial}{\partial n}(\bar{a}_{x:\overline{n}|})$

39. 다음 식이 성립함을 증명하시오.

   (a) $\displaystyle\lim_{m\to\infty} \ddot{a}_x^{(m)} = \delta(\bar{I}\bar{a})_x + (\bar{I}\bar{A})_x$      (b) $\dfrac{d}{di} a_x = -v(Ia)_x$

40. 다음 식들을 증명하시오.

   (a) $\dfrac{d}{dx}(l_x \bar{a}_x) = -l_x \bar{A}_x$      (b) $\displaystyle\sum_{t=1}^{\infty} l_{x+t} A_{x+t} = l_x a_x$

41. 다음을 증명하시오.

   (a) $\dfrac{d\bar{a}_{x:\overline{n}|}}{di} = -v(\bar{I}\bar{a})_{x:\overline{n}|}$      (b) $\dfrac{d\bar{a}_{x:\overline{n}|}}{d\delta} = -(\bar{I}\bar{a})_{x:\overline{n}|}$

   (c) $\dfrac{d}{dx}(\bar{I}\bar{a})_{x:\overline{n}|} = \mu_x(\bar{I}\bar{a})_{x:\overline{n}|} - (\bar{I}\bar{A})^1_{x:\overline{n}|}$

   (d) $\dfrac{d}{dx}(\bar{I}\bar{A})_x = -\bar{A}_x + (\delta + \mu_x)(\bar{I}\bar{A})_x$

42. $[x, x+n]$에서 $l_{x+t} = l_x(1-kt)$일 때 다음 식을 증명하시오.

   $$\bar{a}_{\overline{n}|} - \bar{a}_{x:\overline{n}|} = \dfrac{k}{\delta}(\bar{a}_{\overline{n}|}  nv^n)$$

43. $t$시점 경과시 연액 $\mathring{e}_{x+t}$를 지급하는 연속종신연금의 보험수리적 현가(APV)는
   $\dfrac{1}{\delta}(\mathring{e}_x - \bar{a}_x)$임을 보이시오.

44. 생명연금의 NSP가 $B = 0.0001$, $c = 1.1$인 Gompertz 사망법칙에 기초한 생명표로부터 계산된다. 사망률의 변화에 따라서 Gompertz의 모수가 $B' = 2Bc^2$, $c' = c^2$으로 변경되고 이에 기초하여 변경된 생명연금의 NSP가 계산된다고 가정하자. 이력도 원래 0.1에서 0.2로 변경된다고 가정하자. 변경된 Gompertz의 모수에 기초한 생명연금의 현가를 $\bar{a}'_{50:\overline{10|}}$으로 표시할 때 $\bar{a}'_{50:\overline{10|}}$을 원래의 Gompertz 모수에 기초한 생명연금의 현가(NSP)로 표시하면 $\frac{1}{2}\bar{a}_{102:\overline{20|}}$가 됨을 보이시오.

45. $\int_0^n \bar{a}_{\overline{t|}}\, {}_tp_x\, \mu_{x+t}\, dt = \frac{1}{\delta}\left[{}_nq_x - \bar{A}^1_{x:\overline{n|}}\right] = \bar{a}_{x:\overline{n|}} - {}_np_x\,\bar{a}_{\overline{n|}}$ 이 성립함을 유도하시오.

46. 다음을 증명하시오.

   (a) $a_x < \dfrac{1}{i}$, $a_x^{(m)} < \dfrac{1}{i^{(m)}}$, $\bar{a}_x < \dfrac{1}{\delta}$   (b) $\dfrac{d}{dt}\left({}_tp_x\,\mathring{e}_{x+t}\right) = -{}_tp_x$

47. 노블카운티의 A동에 거주하는 모든 거주자들은 연속적 연액 1,000원을 지급하는 연속종신생명연금에 가입하였다. 다음과 같은 가정을 이용하여 이 연금의 일시납순보험료(NSP)를 구하시오.
   (i) 각 거주자는 상수 $\mu$인 다른 사력을 가지고 있으며, 각 거주자의 $\mu$는 구간 [0.75, 1]인 균등분포로부터 추출된다.
   (ii) 각 거주자의 종신생명연금의 일시납순보험료는 동일하다.
   (iii) $\delta = 0.04$

48. $n$년 연속유기생명연금에서 사망시까지 지급되는 총지급액의 현가를 $Y$라고 할 때 $\text{Var}(Y) = \dfrac{2}{\delta}\left(\bar{a}_{x:\overline{n|}} - {}^2\bar{a}_{x:\overline{n|}}\right) - \left(\bar{a}_{x:\overline{n|}}\right)^2$ 임을 보이시오.

49. $n$년 보증기간부 연속종신생명연금에서 지급액의 현가를 $Y_1$이라고 하고 $n$년거치 연속종신생명연금에서 지급액의 현가를 $Y$라고 할 때
   (a) 확률변수 $Y$와 $Y_1$를 정의하고 $E(Y_1)$를 구하시오.
   (b) $\text{Var}(Y_1) = \text{Var}(Y)$가 성립함을 보이시오.
   (c) $\text{Var}(Y) = \dfrac{2}{\delta}\left(v^n\,{}_{n|}\bar{a}_x - {}_{n|}{}^2\bar{a}_x\right) - \left({}_{n|}\bar{a}_x\right)^2$을 보이시오.

50. 매 연령마다의 사력이 $\mu$로 동일한 경우 다음 연금들의 일시납순보험료를 구하시오.
   (a) 연금지급액이 매년 1원인 기시급 종신생명연금
   (b) 연금지급액이 매년 1원인 $n$년 기시급 유기생명연금
   (c) 연금지급액이 매년 1원인 $n$년거치 기시급 생명연금

51. De Moivre 법칙하에서 다음 연금들의 일시납순보험료를 구하시오.
    (a) 연금지급액이 매년 1원인 기시급 종신생명연금
    (b) 연금지급액이 매년 1원인 $n$년 기시급 유기생명연금
    (c) 연금지급액이 매년 1원인 $n$년거치 기시급 생명연금

52. 다음의 자료를 이용하여 $\mathring{a}_{x:\overline{n}|}^{(2)}$ 를 계산하시오.

    (i) $\bar{a}_{x:\overline{n}|} = 10$ 　　　　(ii) $\ddot{a}_{x:\overline{n}|}^{\{2\}} = 10.25$ 　　　　(iii) $\delta = 0.10$

53. 사망시에는 $t$원을 지급하고 사망할 때까지는 매년말에 1원씩 지급하는 보험상품에서 급부의 현가를 $Y$라고 하자. 여기서 $t$는 연금의 마지막 지급시점과 사망시점 사이의 기간을 말한다. 매 연령마다 UDD를 가정할 때 $E(Y)$, 즉, 이 상품의 NSP를 $a_x + A_x\left(\dfrac{i-\delta}{\delta^2}\right)$으로 나타낼 수 있음을 보이시오.

54. 다음 식을 간략히하면 $11\,\ddot{a}_{20:\overline{10}|}^{(2)}$ 가 됨을 유도하시오.

$$\frac{1}{D_{20}}\left[\sum_{k=0}^{9}(k+1)D_{20+k}^{(2)} + \sum_{k=1}^{10}\left\{N_{20}^{(2)} - N_{20+k}^{(2)}\right\}\right] \quad \text{(UDD가정)}$$

55. (a) $\delta > 0$일 때 다음을 증명하시오.
    (i) $\bar{a}_x < \bar{a}_{\overline{\mathring{e}_x}|}$ 　　　(ii) $a_x < a_{\overline{e_x}|}\ (x < \omega-1)$ 　　　(iii) $A_{\overline{1+e_x}|} < A_x$

    (iv) $\bar{A}_x > A_{\overline{\mathring{e}_x}|}\ (A_{\overline{n}|} = v^n$임$)$

    (b) $\delta \to 0$으로 갈 때 $\mathring{a}_x = \bar{a}_x = \mathring{e}_x = \bar{a}_{\overline{\mathring{e}_x}|}$ 임을 증명하시오.

56. 단수기간지급연금(완전연금)의 정의를 본문에서 두 가지로 나누어서 설명하였다. 본문의 ⑷부분의 정의에 따를 때 $\mathring{a}_x = \dfrac{\delta}{i}\bar{a}_x$는 근사치 공식에 해당한다. 완전연금을 본문의 ⑷의 정의에 따를 때 다음의 근사치를 증명하시오.

    (a) $\mathring{a}_x \fallingdotseq \dfrac{\delta}{i}\bar{a}_x \quad (\bar{A}_x \fallingdotseq 1 - i\,\mathring{a}_x)$ 　　　　(b) $\mathring{a}_{x:\overline{n}|} \fallingdotseq \dfrac{\delta}{i}\bar{a}_{x:\overline{n}|} \quad (\bar{A}_{x:\overline{n}|} \fallingdotseq 1 - i\,\mathring{a}_{x:\overline{n}|})$

    (c) $\mathring{a}_{x:\overline{n}|}^{(m)} \fallingdotseq \dfrac{\delta}{i^{(m)}}\bar{a}_{x:\overline{n}|}$ 　　　　(d) $\mathring{a}_{x:\overline{n}|}^{(m)} \fallingdotseq \left(1 - \dfrac{i^{(m)}}{2m}\right)\bar{a}_{x:\overline{n}|} \fallingdotseq v^{\frac{1}{2m}}\bar{a}_{x:\overline{n}|}$

제 **5** 장
# 순보험료

# I. 기초이론

## 1. 연납평준순보험료

생명보험의 보험료를 일시납으로 납입할 경우에는 보험료의 부담이 크므로, 실제로는 연납보험료(年納保險料 ; annual premium) 또는 1년을 분할하여 보험료를 납입하는 경우(예: 월납보험료(月納保險料))가 일반적이다. 여기서는 우선 연납보험료의 계산에 대하여 설명하고자 한다.

연납보험료는 각 보험연도초에 납입하는 것으로 그 납입횟수를 전보험기간(全保險期間)의 연수(年數)로 하는 경우와 계약시로부터 일정연수(一定年數)에 한정하는 경우가 있다. 전자를 전기납입(全期納入), 후자를 유한납입(有限納入) 혹은 단기납입(短期納入)이라고 한다.

각 연도의 보험료는 일정액의 경우와 변화하는 경우가 있다. 전자를 평준보험료(平準保險料 ; level premium), 후자를 변동보험료(變動保險料 ; varying premium)라고 한다. 여기서는 우선 평준보험료만을 고려하기로 한다. 따라서 여기서 우선 설명될 보험료는 연납평준순보험료(年納平準純保險料 ; net level annual premium)이다.[1]

계약자의 입장에서 보면 피보험자가 생존하는 기간 동안만 보험료를 지불하고 사망한 이후에는 보험료를 지불하지 않으므로 보험료의 납입형태는 생명연금의 형태와 같다. 연납평준순보험료를 $P$라고 하면 매년 $P$씩 지급되는 생명연금의 현가는 일시납순보험료와 같아야 한다. 즉,

연납평준순보험료의 보험수리적 현가

= 보험금의 보험수리적 현가(즉, 일시납순보험료)                    (5.1.1.1)

식 (5.1.1.1)을 수지상등(收支相等)의 원칙(原則)이라고 한다.

### (1) 생존보험

피보험자 $(x)$가 $n$년 동안 생존하는 경우에 보험금 1원을 지급하는 $n$년만기 생존보험의 전기납입(즉 보험료 납입기간이 $n$년) 연납평준순보험료를 $P_{x:\overline{n}|}^{1}$으로 표시한다. 식 (5.1.1.1)에 따라

---

[1] 본서에서는 문맥에 따라서 연납평준순보험료를 연납순보험료로 나타내는 경우가 많을 것이다. $P$라는 기호가 나오면 평준의 개념으로 보면 된다.

$$P_{x:\overline{n}|}^{\frac{1}{}}\,\ddot{a}_{x:\overline{n}|} = A_{x:\overline{n}|}^{\frac{1}{}} \tag{5.1.1.2}$$

따라서

$$P_{x:\overline{n}|}^{\frac{1}{}} = \frac{A_{x:\overline{n}|}^{\frac{1}{}}}{\ddot{a}_{x:\overline{n}|}} \tag{5.1.1.3}$$

$$= \frac{D_{x+n}/D_x}{(N_x - N_{x+n})/D_x} = \frac{D_{x+n}}{N_x - N_{x+n}} \tag{5.1.1.4}$$

보험료 납입기간 $h$가 보험기간 $n$보다 작을 때(즉, 유한납입일 때) 연납평준순보험료는 $_hP_{x:\overline{n}|}^{\frac{1}{}}$ 으로 표시한다.

$$_hP_{x:\overline{n}|}^{\frac{1}{}} = \frac{A_{x:\overline{n}|}^{\frac{1}{}}}{\ddot{a}_{x:\overline{h}|}} \tag{5.1.1.5}$$

$$= \frac{D_{x+n}}{N_x - N_{x+h}} \tag{5.1.1.6}$$

(2) 정기보험

피보험자 $(x)$, $n$년만기 정기보험에서 보험금 1원이 보험연도말에 지급되는 경우의 전기납입 연납순보험료를 $P_{x:\overline{n}|}^1$ 이라고 표시하면[1]

$$P_{x:\overline{n}|}^1\,\ddot{a}_{x:\overline{n}|} = A_{x:\overline{n}|}^1 \tag{5.1.1.7}$$

따라서

$$P_{x:\overline{n}|}^1 = \frac{A_{x:\overline{n}|}^1}{\ddot{a}_{x:\overline{n}|}} \tag{5.1.1.8}$$

$$= \frac{M_x - M_{x+n}}{N_x - N_{x+n}} \tag{5.1.1.9}$$

$h$년 단기납입일 경우는

$$_hP_{x:\overline{n}|}^1 = \frac{A_{x:\overline{n}|}^1}{\ddot{a}_{x:\overline{h}|}} \tag{5.1.1.10}$$

---

1) 더 정확한 표현은 전기납입 연납평준순보험료이다.

$$= \frac{M_x - M_{x+n}}{N_x - N_{x+h}} \tag{5.1.1.11}$$

정기보험에서 $n = 1$인 경우의 연납보험료를 자연보험료(自然保險料; natural premium)라고 하며 소문자 $c$를 써서 $c_x$로 표시한다. 즉,

$$c_x = A_{x:\overline{1|}}^1 = P_{x:\overline{1|}}^1 \tag{5.1.1.12}$$

$$= \frac{M_x - M_{x+1}}{D_x} = \frac{C_x}{D_x} \tag{5.1.1.13}$$

 예제 5.1.1.1 

피보험자 (30), 보험금 연말급, 보험금 1,000원의 다음과 같은 정기보험의 연납순보험료(Net Annual Premium: NAP)를 각각 구하시오. ($i = 5\%$, 제7회 경험생명표 기준)

(a) 전기납입, 10년만기 정기보험

(b) 10년납입, 20년만기 정기보험

 풀이 

(a) $P_{30:\overline{10|}}^1$ 은 보험금 1원에 대한 NAP이므로 구하는 값은 $1000P_{30:\overline{10|}}^1$ 이다.

$$\text{NSP} = 1000A_{30:\overline{10|}}^1 = \text{NAP} \times \ddot{a}_{30:\overline{10|}}$$

따라서

$$\text{NAP} = \frac{1000(M_{30} - M_{40})}{N_{30} - N_{40}} = \frac{1000(116.967)}{184536.735} = 0.633841$$

(b) $_{10}P_{30:\overline{20|}}^1$ 은 보험금 1원에 대한 NAP이므로 구하는 값은 $1000\,_{10}P_{30:\overline{20|}}^1$ 이다.

$$\text{NSP} = 1000A_{30:\overline{20|}}^1 = \text{NAP} \times \ddot{a}_{30:\overline{10|}}$$

$$\text{NAP} = \frac{1000A_{30:\overline{20|}}^1}{\ddot{a}_{30:\overline{10|}}} = \frac{1000(M_{30} - M_{50})}{N_{30} - N_{40}} = 1.6063$$

(3) 종신보험

피보험자 $(x)$, 보험금 연말급, 보험금 1원인 종신보험의 종신납입 연납순보험료를 $P_x$로 표시한다. 식 (5.1.1.1)로부터

$$P_x \ddot{a}_x = A_x \tag{5.1.1.14}$$

$$P_x = \frac{A_x}{\ddot{a}_x} \tag{5.1.1.15}$$

$$= \frac{M_x}{N_x} \tag{5.1.1.16}$$

$h$년 단기납입일 경우의 연납순보험료는 $_hP_x$로 표시한다.

$$_hP_x = \frac{A_x}{\ddot{a}_{x:\overline{h|}}} \tag{5.1.1.17}$$

$$= \frac{M_x}{N_x - N_{x+h}} \tag{5.1.1.18}$$

종신납입 종신보험을 보통종신보험(普通終身保險 ; ordinary life insurance)이라고 한다.

**예제 5.1.1.2**

연납순보험료 100원, 25년 유한납입으로 가입할 수 있는 종신생명보험의 보험금을 구하시오. 피보험자의 나이는 40이다($i=5\%$).

**풀이**

보험금액을 $R$이라고 하면

$$\text{NSP} = R \cdot A_{40}$$

보험료의 현가는 $100\ddot{a}_{40:\overline{25|}}$ 이므로

$$R \cdot A_{40} = 100\ddot{a}_{40:\overline{25|}}$$

$$R = \frac{100\ddot{a}_{40:\overline{25|}}}{A_{40}} = \frac{100(N_{40}-N_{65})}{M_{40}} = 9219.36$$

**(4) 생사혼합보험**

피보험자 $(x)$, 보험금 연말급, 보험금 1원에 대한 $n$년만기 생사혼합보험의 전기납입 연납순보험료를 $P_{x:\overline{n|}}$으로 표시한다. 식 (5.1.1.1)에 따라

$$P_{x:\overline{n|}}\ddot{a}_{x:\overline{n|}} = A_{x:\overline{n|}} \tag{5.1.1.19}$$

$$P_{x:\overline{n|}} = \frac{A_{x:\overline{n|}}}{\ddot{a}_{x:\overline{n|}}} \tag{5.1.1.20}$$

$$= \frac{M_x - M_{x+n} + D_{x+n}}{N_x - N_{x+n}} \tag{5.1.1.21}$$

$h$년 단기납입일 경우는

$$_hP_{x:\overline{n|}} = \frac{A_{x:\overline{n|}}}{\ddot{a}_{x:\overline{h|}}} \tag{5.1.1.22}$$

$$= \frac{M_x - M_{x+n} + D_{x+n}}{N_x - N_{x+h}} \tag{5.1.1.23}$$

식 (5.1.1.4)와 식 (5.1.1.9)의 합은 식 (5.1.1.21)과 같으므로

$$P_{x:\overline{n|}} = P_{x:\overline{n|}}^{\;\;1} + P_{x:\overline{n|}}^{1} \tag{5.1.1.24}$$

즉, 생사혼합보험에서는 일시납순보험료의 경우와 같이 연납순보험료에 대해서도 정기보험과 생존보험의 합으로 생각할 수 있다.

---

**예제 5.1.1.3**

피보험자 (40), 보험금 연말급, 보험기간 15년인 생사혼합보험에 대하여 매년 100원씩 10년 유한납입으로 순보험료를 납부한다면 이 생사혼합보험의 보험금을 구하시오. ($i = 5\%$)

**풀이**

보험금을 $R$이라고 하면 식 (5.1.1.1)에 따라

$$R A_{40:\overline{15|}} = 100 \cdot \ddot{a}_{40:\overline{10|}}$$

$$R = \frac{100 \cdot \ddot{a}_{40:\overline{10|}}}{A_{40:\overline{15|}}} = \frac{100(N_{40} - N_{50})}{M_{40} - M_{55} + D_{55}} = 1657.43$$

### (5) 보험금변동보험

제3장에서 살펴본 보험금변동보험에 대하여 연납평준순보험료를 구할 때에도 식 (5.1.1.1)을 이용할 수 있다. 예를 들어 $n$년만기 누가정기보험에서 보험금 연말급, 보험료 납입기간이 $h$년($h < n$)일 때 연납순보험료를 $P$라고 하면

$$\text{NSP} = (IA)_{x:\overline{n|}}^{1} = P \ddot{a}_{x:\overline{h|}} \tag{5.1.1.25}$$

따라서

$$P = \frac{(IA)_{x:\overline{n|}}^{1}}{\ddot{a}_{x:\overline{h|}}} \tag{5.1.1.26}$$

$$= \frac{R_x - R_{x+n} - n M_{x+n}}{N_x - N_{x+h}} \tag{5.1.1.27}$$

예제 5.1.1.4

피보험자 (30), 보험금 연말급인 종신보험의 보험금이 다음과 같다.

(i) 65세 전에 사망하면 보험금 1,000원

(ii) 65세 이후에 사망하면 보험금 500원

이때 보험료는 매 연령초에 납입된다고 할 때 다음을 구하시오.

(a) 보험료 납입기간이 종신일 때의 연납순보험료 $P$

(b) 보험료 납입기간이 10년일 때의 연납순보험료 $P$

풀이

$$\text{NSP} = 1000\frac{M_{30}-M_{65}}{D_{30}} + 500\frac{M_{65}}{D_{30}} = \frac{1}{D_{30}}(1000M_{30}-500M_{65})$$

(a) $P\ddot{a}_{30} = \text{NSP}$

따라서 $P = \dfrac{\text{NSP}}{\ddot{a}_{30}} = \dfrac{1000M_{30}-500M_{65}}{N_{30}} = 3.5165$

(b) $P\ddot{a}_{30:\overline{10|}} = \text{NSP}$

$P = \dfrac{1000M_{30}-500M_{65}}{N_{30}-N_{40}} = 8.2102$　　（부록의 계산기수표 이용）

(6) 생명연금

$m$년 동안 연납보험료를 납입하고 연금지급은 보험료 납입 후부터 시작되는 $m$년거치 $n$년 기시급 유기생명연금(따라서 보험료 납입기간 중에 사망할 경우 사망자에게는 연금지급이 없음)의 연납순보험료를 $P(_{m|}\ddot{a}_{x:\overline{n|}})$으로 표시하면

$$P(_{m|}\ddot{a}_{x:\overline{n|}})\,\ddot{a}_{x:\overline{m|}} = {_{m|}}\ddot{a}_{x:\overline{n|}} \tag{5.1.1.28}$$

따라서

$$P(_{m|}\ddot{a}_{x:\overline{n|}}) = \frac{_{m|}\ddot{a}_{x:\overline{n|}}}{\ddot{a}_{x:\overline{m|}}} \tag{5.1.1.29}$$

$$= \frac{N_{x+m}-N_{x+m+n}}{N_x-N_{x+m}} \tag{5.1.1.30}$$

종신연금의 경우는

$$P\left({}_{m|}\ddot{a}_x\right) = \frac{{}_{m|}\ddot{a}_x}{\ddot{a}_{x:\overline{m|}}} = \frac{A_{x:\overline{m|}}^{\ 1}\ \ddot{a}_{x+m}}{\ddot{a}_{x:\overline{m|}}} \tag{5.1.1.31}$$

$$= \frac{N_{x+m}}{N_x - N_{x+m}} \tag{5.1.1.32}$$

예제 5.1.1.5

40세의 피보험자가 20년거치 종신생명연금을 구입하였다. 이 연금은 60세부터 매년 300원씩 지급되며 피보험자는 20년 동안 매년초에 $R$원씩의 순보험료를 납부하였다. 보험료 납입기간중 사망할 때에는 아무런 반환금도 없을 때 $R$을 구하시오.

풀이

$$R \cdot \ddot{a}_{40:\overline{20|}} = 300 \times {}_{20|}\ddot{a}_{40}$$

$$R = \frac{{}_{20|}\ddot{a}_{40}}{\ddot{a}_{40:\overline{20|}}} \times 300 = 300 \times \frac{N_{60}}{N_{40} - N_{60}} = 112.385 = 300P\left({}_{20|}\ddot{a}_{40}\right)$$

이번에는 $n$년 거치연금의 보험료 납입기간이 $h$년$(h<n)$일 경우를 고찰해 보자. 이 경우의 연납순보험료는 ${}_hP\left({}_{n|}\ddot{a}_x\right)$로 나타낸다. 따라서

$${}_hP\left({}_{n|}\ddot{a}_x\right) \cdot \ddot{a}_{x:\overline{h|}} = {}_{n|}\ddot{a}_x \tag{5.1.1.33}$$

식 (5.1.1.33)으로부터 연납순보험료는

$${}_hP\left({}_{n|}\ddot{a}_x\right) = \frac{{}_{n|}\ddot{a}_x}{\ddot{a}_{x:\overline{h|}}} \tag{5.1.1.34}$$

$$= \frac{N_{x+n}}{N_x - N_{x+h}} \tag{5.1.1.35}$$

예제 5.1.1.6

피보험자 (25), 20년거치 종신생명연금의 매월 지급액이 500원이다. 보험료의 납입은 20년 전기납입 연납보험료이고 보험료 납입기간중 사망하면 반환금은 없다. 이때 연납순보험료를 구하시오(자료: $D_{25} = 9000$, $D_{45} = 5000$, $\ddot{a}_{25} = 15$, $\ddot{a}_{45} = 11.5$).

풀이

연금의 연액이 1원일 경우의 연납순보험료는 ${}_{20}P\left({}_{20|}\ddot{a}_{25}^{(12)}\right)$ 또는 $P\left({}_{20|}\ddot{a}_{25}^{(12)}\right)$이다. 문제의 연납순보험료를 $P$라고 하면 $P = 6000P\left({}_{20|}\ddot{a}_{25}^{(12)}\right)$이다.

$$P \cdot \ddot{a}_{25:\overline{20|}} = 6000 \,_{20|}\ddot{a}_{25}^{(12)}$$

$$P = \frac{6000\left(\ddot{a}_{45} - \dfrac{11}{24}\right)(D_{45}/D_{25})}{\ddot{a}_{25} - \ddot{a}_{45}(D_{45}/D_{25})} = \frac{6000(11.0417)(0.556)}{15 - (11.5)(0.556)} = 4280.166$$

(7) 연납순보험료와 일시납순보험료의 관계식

식 (4.1.9.6)으로부터 다음이 성립함을 살펴보았다.

$$d\,\ddot{a}_x + A_x = 1 \tag{5.1.1.36}$$

따라서 다음 식들이 성립한다.

$$d + P_x = \frac{1}{\ddot{a}_x} \tag{5.1.1.37}$$

$$P_x = \frac{1}{\ddot{a}_x} - d \tag{5.1.1.38}$$

$$= \frac{1 - d\,\ddot{a}_x}{\ddot{a}_x} \tag{5.1.1.39}$$

$$= \frac{dA_x}{1 - A_x} \tag{5.1.1.40}$$

예제 (4.1.9.3)으로부터 다음 식이 성립한다.

$$d\,\ddot{a}_{x:\overline{n|}} + A_{x:\overline{n|}} = 1 \tag{5.1.1.41}$$

따라서 다음 식들이 성립한다.

$$d + P_{x:\overline{n|}} = \frac{1}{\ddot{a}_{x:\overline{n|}}} \tag{5.1.1.42}$$

$$P_{x:\overline{n|}} = \frac{1}{\ddot{a}_{x:\overline{n|}}} - d \tag{5.1.1.43}$$

$$= \frac{1 - d\,\ddot{a}_{x:\overline{n|}}}{\ddot{a}_{x:\overline{n|}}} \tag{5.1.1.44}$$

$$= \frac{d\,A_{x:\overline{n|}}}{1 - A_{x:\overline{n|}}} \tag{5.1.1.45}$$

예제 5.1.1.7

$P_x = 0.010809$이고 $A_x = 0.18500$일 때 이자율 $i$를 구하시오.

풀이

식 (5.1.1.40)에서 $0.010809 = \dfrac{d(0.18500)}{1 - 0.18500}$

$$d = 0.047618$$

따라서 $i = \dfrac{d}{1-d} = 0.05(5\%)$

예제 5.1.1.8

(a) 피보험자 $(x)$, 보험금 연말급, 보험금 1원의 종신보험의 순보험료를 다음의 두 가지 방법으로 납입할 수 있다고 가정하자. 두 경우의 보험수리적 현가는 같다.

   (i) 처음 5년간은 매년 0.04, 그 이후부터는 사망시까지 매년 0.02

   (ii) 처음 5년간은 매년 0.0475, 그 이후부터는 사망시까지 매년 0.0175

   이때 이 보험의 종신납입 연납평준순보험료(즉, $P_x$)를 구하시오.

(b) $_5P_x$를 구하시오.

(c) $P_{x:\overline{5}|}$를 $d$를 사용하여 나타내시오.

풀이

(a) $P_x \ddot{a}_x = A_x = 0.04\ddot{a}_{x:\overline{5}|} + 0.02\,_{5|}\ddot{a}_x = 0.0475\ddot{a}_{x:\overline{5}|} + 0.0175\,_{5|}\ddot{a}_x$

따라서

$$_{5|}\ddot{a}_x = 3\ddot{a}_{x:\overline{5}|}$$

이 성립한다. 한편

$$\ddot{a}_x = \ddot{a}_{x:\overline{5}|} + {}_{5|}\ddot{a}_x = 4\ddot{a}_{x:\overline{5}|}$$

이 성립하므로

$$P_x \ddot{a}_x = 4P_x \ddot{a}_{x:\overline{5}|} = 0.04\ddot{a}_{x:\overline{5}|} + 0.06\ddot{a}_{x:\overline{5}|}$$

따라서 $P_x = 0.025$

(b) $_5P_x = \dfrac{A_x}{\ddot{a}_{x:\overline{5}|}} = \dfrac{0.1\ddot{a}_{x:\overline{5}|}}{\ddot{a}_{x:\overline{5}|}} = 0.1$

(c) $P_x = \dfrac{1}{\ddot{a}_x} - d = \dfrac{1}{4\ddot{a}_{x:\overline{5}|}} - d = 0.025$

$$\dfrac{1}{\ddot{a}_{x:\overline{5}|}} = (0.025 + d)(4) = 0.1 + 4d$$

따라서 $P_{x:\overline{5}|} = \dfrac{1}{\ddot{a}_{x:\overline{5}|}} - d = 0.1 + 3d$

## 2. 연 $m$ 회 분할납순보험료

분할납순보험료는 분할납진보험료(分割納眞保險料 ; true $m$thly payment premium)와 분할부납보험료(分割賦納保險料)로 나눌 수 있다. 전자는 보험연도의 중도에서 사망이 발생하는 경우에 그 보험연도의 나머지의 보험료는 징수하지 않는 것으로 계산한 분할납순보험료이고 후자는 사망의 경우에 보험연도의 나머지의 보험료를 징수하는 것으로 하여 계산한 분할납순보험료이다. 여기서는 분할납진보험료를 고찰하기로 한다.

(1) 피보험자 $(x)$, 보험금 1원인 보통종신보험의 연 $m$ 회납의 순보험료의 연액을 $P_x^{(m)}$ 으로 표시한다. 즉, 매회 납입하는 분할납순보험료는 $\frac{1}{m} P_x^{(m)}$ 이다.

그림 [5.1.2.1]  $m = 4$ 인 경우 $P_x^{(4)}$

그림 [5.1.2.1]과 같은 생명연금의 일시납순보험료는 $P_x^{(4)} \ddot{a}_x^{(4)}$ 이므로 식 (5.1.1.1)에 의하여

$$P_x^{(4)} \ddot{a}_x^{(4)} = A_x$$

일반적으로 $m$ 회 납입의 경우는

$$P_x^{(m)} \ddot{a}_x^{(m)} = A_x \tag{5.1.2.1}$$

따라서

$$P_x^{(m)} = \frac{A_x}{\ddot{a}_x^{(m)}} = \frac{M_x}{N_x^{(m)}} \tag{5.1.2.2}$$

$$\fallingdotseq \frac{A_x}{\ddot{a}_x - \dfrac{m-1}{2m}} = \frac{M_x}{N_x - \left(\dfrac{m-1}{2m}\right) D_x} \tag{5.1.2.3}$$

$$= \frac{P_x}{1 - \dfrac{m-1}{2m}\dfrac{1}{\ddot{a}_x}} = \frac{P_x}{1 - \dfrac{m-1}{2m}(P_x + d)} \tag{5.1.2.4}$$

식 (5.1.2.4)를 정리하면

$$P_x^{(m)} \fallingdotseq P_x + \frac{m-1}{2m} P_x^{(m)}(P_x+d) \qquad\qquad (5.1.2.5)$$

식 (5.1.2.5)로부터 $P_x^{(m)}$ 은 $P_x$ 보다 큰 것을 알 수 있다. $P_x^{(m)}$ 이 $P_x$ 보다 큰 이유는 다음의 두 가지이다.

(a) 사망연도의 보험료의 결손 $\left(\text{즉, } \frac{m-1}{2m} P_x^{(m)} \cdot P_x\right)$

(b) 분할납으로 인하여 보험료납입이 지연됨으로써 발생하는 이자의 결손 $\left(\text{즉, } \frac{m-1}{2m} P_x^{(m)} \cdot d\right)$

보험료의 결손에 대하여 먼저 설명한다. 사망이 첫번째 $\frac{1}{m}$ 년에 발생하면 보험회사는 1년의 나머지 보험료 $\frac{m-1}{m} P_x^{(m)}$ 을 받을 수 없다. 사망이 두 번째 $\frac{1}{m}$ 년에 발생하면 보험회사는 1년 $m$ 회 중에서 두 번밖에 보험료를 받지 못했으므로 1년의 나머지 보험료 $\frac{m-2}{m} P_x^{(m)}$ 을 받을 수 없다. 또 $m-1$ 번째 $\frac{1}{m}$ 년에 사망하면 1년의 나머지 보험료는 $\frac{1}{m} P_x^{(m)}$ 이다. 사망자 수가 일년을 통하여 균등하게 분포되어 있다고 가정하면(UDD가정) 매 $\frac{1}{m}$ 년에 사망할 확률은 그해 사망률의 $\frac{1}{m}$ 이다. 따라서 사망이 발생하는 연도의 보험료의 평균결손은

$$\frac{m-1}{m} P_x^{(m)} \cdot \frac{1}{m} + \frac{m-2}{m} P_x^{(m)} \cdot \frac{1}{m} + \cdots + \frac{1}{m} P_x^{(m)} \cdot \frac{1}{m}$$

$$= P_x^{(m)} \cdot \frac{1}{m}\left(\frac{m-1}{m} + \frac{m-2}{m} + \cdots + \frac{1}{m}\right)$$

$$= \frac{m-1}{2m} P_x^{(m)} \qquad\qquad (5.1.2.6)$$

따라서 $\frac{m-1}{2m} P_x^{(m)}$ 을 사망보험금으로 추가하면 이로 인하여 보험회사가 $P_x$ 보다 더 받아야 하는 보험료는 $\frac{m-1}{2m} P_x^{(m)} \cdot P_x$ 이다.

이자의 결손을 고려해 보자. 처음 납부하는 보험료는 이자의 결손이 없다. 두 번째 $\left(\text{두 번째 } \frac{1}{m} \text{ 년 초}\right)$ 에 납입되는 보험료의 이자의 결손은

$$\frac{1}{m} P_x^{(m)} - \frac{1}{m} P_x^{(m)}(1-d)^{\frac{1}{m}} \fallingdotseq \frac{1}{m} P_x^{(m)} \frac{1}{m} d$$

이고 세 번째$\left(\text{세 번째 } \frac{1}{m}\text{년 초}\right)$에 납입되는 보험료에 대한 이자의 결손은 약 $\frac{1}{m}P_x^{(m)}\frac{2}{m}d$, $\cdots$, 그리고 $m$번째 $\frac{1}{m}$년 초에 납입되는 보험료에 대한 이자의 결손은 약 $\frac{1}{m}P_x^{(m)}\frac{m-1}{m}d$ 가 된다. 따라서 이자의 총결손액은

$$\frac{1}{m}P_x^{(m)}\left(\frac{1}{m}d + \frac{2}{m}d + \cdots + \frac{m-1}{m}d\right) = \frac{m-1}{2m}P_x^{(m)}d \tag{5.1.2.7}$$

따라서 (a)와 (b)를 고려하여 $P_x$에 추가로 가산하여야 하는 보험료의 연액은

$$\frac{m-1}{2m}P_x^{(m)}P_x + \frac{m-1}{2m}P_x^{(m)}d$$

이다.

피보험자 $(x)$, 보험금 연말급, 보험금 1원인 $h$년납입 종신보험의 연 $m$회 납입순보험료의 연액을 $_hP_x^{(m)}$으로 표시한다. 식 (5.1.1.1)을 이용하면

$$_hP_x^{(m)}\ddot{a}_{x:\overline{h}|}^{(m)} = A_x \tag{5.1.2.8}$$

따라서

$$_hP_x^{(m)} = \frac{A_x}{\ddot{a}_{x:\overline{h}|}^{(m)}} = \frac{M_x}{N_x^{(m)} - N_{x+h}^{(m)}} \tag{5.1.2.9}$$

$$\fallingdotseq \frac{A_x}{\ddot{a}_{x:\overline{h}|} - \frac{m-1}{2m}(1 - {_hE_x})} \tag{5.1.2.10}$$

$$= \frac{_hP_x}{1 - \frac{m-1}{2m}(P_{x:\overline{h}|} + d - P_{x:\frac{1}{h}|})}$$

$$= \frac{_hP_x}{1 - \frac{m-1}{2m}(P_{x:\overline{h}|}^1 + d)} \tag{5.1.2.11}$$

계산기수를 이용하여 나타내면 식 (5.1.2.10)으로부터

$$_hP_x^{(m)} \fallingdotseq \frac{M_x}{(N_x - N_{x+h}) - \frac{m-1}{2m}(D_x - D_{x+h})} \tag{5.1.2.12}$$

식 (5.1.2.11)로부터

$$_hP_x^{(m)} \fallingdotseq {_hP_x} + \frac{m-1}{2m} {_hP_x^{(m)}}(P_{x:\overline{n}|}^1 + d)$$ (5.1.2.13)

예제 5.1.2.1

피보험자 (30), 보험금 연말급, 보험금 10,000원의 종신보험의 보험료를 매월 사망시까지 납입하려고 할 때, 월납순보험료를 구하시오.

풀이

월납순보험료를 $P$라고 하면 순보험료의 연액은 $12P$이다. 따라서

$$12P \cdot \ddot{a}_{30}^{(12)} = 10000A_{30}$$

$$P = \frac{10000A_{30}}{12\ddot{a}_{30}^{(12)}} = \frac{10000M_{30}}{12\left(N_{30} - \frac{11}{24}D_{30}\right)} = \frac{10000}{12}P_{30}^{(12)} = 4.5601$$

보험금 1원에 대한 월납순보험료는 $\frac{1}{12}P_{30}^{(12)}$이다. 따라서 보험금 10,000원에 대한 월납순보험료는 $\left[\frac{1}{12}P_{30}^{(12)}\right] \times 10000$이다. 따라서 $P = \frac{10000}{12}P_{30}^{(12)}$

(2) 피보험자 $(x)$, 보험금 연말급, 보험금 1원, 전기납입, $n$년만기 생사혼합보험의 연 $m$회납의 순보험료의 연액을 $P_{x:\overline{n}|}^{(m)}$으로 표시한다. 매 $\frac{1}{m}$년마다 납입되는 순보험료는 $\frac{1}{m}P_{x:\overline{n}|}^{(m)}$이다. 식 (5.1.1.1)을 이용하여

$$P_{x:\overline{n}|}^{(m)}\ddot{a}_{x:\overline{n}|}^{(m)} = A_{x:\overline{n}|}$$ (5.1.2.14)

$$P_{x:\overline{n}|}^{(m)} = \frac{A_{x:\overline{n}|}}{\ddot{a}_{x:\overline{n}|}^{(m)}} = \frac{M_x - M_{x+n} + D_{x+n}}{N_x^{(m)} - N_{x+n}^{(m)}}$$ (5.1.2.15)

$$\fallingdotseq \frac{P_{x:\overline{n}|}}{1 - \frac{m-1}{2m}(P_{x:\overline{n}|}^1 + d)}$$ (5.1.2.16)

식 (5.1.2.16)을 정리하면

$$P_{x:\overline{n}|}^{(m)} \fallingdotseq P_{x:\overline{n}|} + \frac{m-1}{2m}P_{x:\overline{n}|}^{(m)}(P_{x:\overline{n}|}^1 + d)$$ (5.1.2.17)

식 (5.1.2.17)로부터

$$P^{(m)}_{x:\overline{n}|} > P_{x:\overline{n}|} \tag{5.1.2.18}$$

$h$년 단기납입 $n$년만기 생사혼합보험에 대하여는

$$_hP^{(m)}_{x:\overline{n}|} = \frac{A_{x:\overline{n}|}}{\ddot{a}^{(m)}_{x:\overline{h}|}} = \frac{M_x - M_{x+n} + D_{x+n}}{N^{(m)}_x - N^{(m)}_{x+h}} \tag{5.1.2.19}$$

$$\fallingdotseq \frac{_hP_{x:\overline{n}|}}{1 - \dfrac{m-1}{2m}(P^1_{x:\overline{h}|} + d)} \tag{5.1.2.20}$$

예제 5.1.2.2

피보험자 (30), 보험금 연말급, 보험금 100,000원의 10년만기 생사혼합보험의 전기납입 연납순보험료는 6689.7984원이고, 10년만기 생존보험의 전기납입 연납순보험료는 6466.0208원이고 $i=5\%$일 때 10년만기 생사혼합보험의 전기납입 월납순보험료를 구하시오.

풀이

$$100000P^{(12)}_{30:\overline{10}|} = 100000\frac{A_{30:\overline{10}|}}{\ddot{a}^{(12)}_{30:\overline{10}|}} = 100000\frac{P_{30:\overline{10}|}}{1 - \dfrac{11}{24}(P^1_{30:\overline{10}|} + d)}$$

$$= 100000\frac{6689.7984/100000}{1 - \dfrac{11}{24}\left(\dfrac{223.7776}{100000} + \dfrac{0.05}{1.05}\right)}$$

$$= 100000 \times \frac{0.066897984}{0.977149} = 6846.241873$$

예상대로 $100000P^{(12)}_{30:\overline{10}|} > 100000P_{30:\overline{10}|}$

따라서 월납순보험료는 $\dfrac{1}{12}(100000P^{(12)}_{30:\overline{10}|}) = 570.52$

(3) 피보험자 $(x)$, 보험금 연말급, 보험금 1원, $n$년만기 정기보험의 경우 연 $m$회납의 전기납입 순보험료의 연액을 $P^{1(m)}_{x:\overline{n}|}$으로 표시한다. 매 $\dfrac{1}{m}$년마다 납입되는 순보험료는 $\dfrac{1}{m}P^{1(m)}_{x:\overline{n}|}$이다. 식 (5.1.1.1)을 이용하여

$$P^{1(m)}_{x:\overline{n}|} \ddot{a}^{(m)}_{x:\overline{n}|} = A^1_{x:\overline{n}|} \tag{5.1.2.21}$$

따라서

$$P^{1\,(m)}_{x:\overline{n}|} = \frac{A^{1}_{x:\overline{n}|}}{\ddot{a}^{(m)}_{x:\overline{n}|}} = \frac{M_x - M_{x+n}}{N^{(m)}_x - N^{(m)}_{x+n}} \tag{5.1.2.22}$$

$$\fallingdotseq \frac{M_x - M_{x+n}}{N_x - N_{x+n} - \dfrac{m-1}{2m}(D_x - D_{x+n})} \tag{5.1.2.23}$$

$$= \frac{P^{1}_{x:\overline{n}|}}{1 - \dfrac{m-1}{2m}(P^{1}_{x:\overline{n}|} + d)} \tag{5.1.2.24}$$

식 (5.1.2.24)로부터

$$P^{1\,(m)}_{x:\overline{n}|} \fallingdotseq P^{1}_{x:\overline{n}|} + \frac{m-1}{2m} P^{1\,(m)}_{x:\overline{n}|}(P^{1}_{x:\overline{n}|} + d) \tag{5.1.2.25}$$

예제 5.1.2.3

피보험자 (30), 보험금 연말급, 보험금 10,000원, 전기납입 10년만기 정기보험의 보험료를 매월 납부하려고 할 때 월납순보험료를 구하시오($i = 7.5\%$).

풀이

합계 $= 12P$

| $P$ | $P(?)$ | $P(?)$ | $\cdots$ | $P(?)$ | $P(?)$ | $\cdots$ |
|---|---|---|---|---|---|---|
| 30 | $30\frac{1}{12}$ | $30\frac{2}{12}$ | $\cdots$ | $30\frac{11}{12}$ | 31 | $\cdots$ |

월납보험료를 $P$라고 하면 보험료의 연액은 $12P$이다. 따라서

$$12P\ddot{a}^{(12)}_{30:\overline{10}|} = 10000A^{1}_{30:\overline{10}|}$$

$$12P = \frac{10000A^{1}_{30:\overline{10}|}}{\ddot{a}^{(12)}_{30:\overline{10}|}} = \frac{10000A^{1}_{30:\overline{10}|}}{\ddot{a}_{30:\overline{10}|} - \dfrac{11}{24}\left(1 - \dfrac{D_{40}}{D_{30}}\right)}$$

$$= \frac{10000(M_{30} - M_{40})}{(N_{30} - N_{40}) - \dfrac{11}{24}(D_{30} - D_{40})}$$

$$= \frac{10000(116.967)}{(184536.735) - \dfrac{11}{24}(8904.43)}$$

$$= 6.4818$$

따라서 $P = 0.5401$

## 3. 보험료 반환부 보험(return of premium policy)

보통종신보험에서 피보험자가 사망하면 보험금 1원 외에 피보험자가 납부한 순보험료를 이자없이 반환해 주는 경우를 생각해 보자. 이러한 보험의 연납순보험료를 $P$라고 하면 사망시 받는 급부는 그림 [5.1.3.1]과 같다.

그림 [5.1.3.1]  보험료 반환부 보험

따라서 이자를 고려하지 않는 경우 순보험료의 반환금은 누가보험의 형태를 나타내고 있다. 수지상등의 원칙에 의하여

$$P\ddot{a}_x = A_x + P \cdot (IA)_x \tag{5.1.3.1}$$

따라서

$$P = \frac{A_x}{\ddot{a}_x - (IA)_x} \tag{5.1.3.2}$$

$$= \frac{M_x}{N_x - R_x} \tag{5.1.3.3}$$

이번에는 보통종신보험 대신에 $n$년만기 생존보험의 경우를 고려해보자. $n$년만기 생존보험에서 $t$년도의 사망에 대하여는 순보험료의 $t$배를 반환해 주는 경우의 평준순보험료를 $P$라고 하면 수지상등의 원칙에 의하여

$$P\ddot{a}_{x:\overline{n}|} = P \cdot (IA)^1_{x:\overline{n}|} + A_{x:\frac{1}{n}|} \tag{5.1.3.4}$$

따라서

$$P = \frac{A_{x:\frac{1}{n}|}}{\ddot{a}_{x:\overline{n}|} - (IA)^1_{x:\overline{n}|}} \tag{5.1.3.5}$$

$$= \frac{D_{x+n}}{(N_x - N_{x+n}) - (R_x - R_{x+n} - nM_{x+n})} \tag{5.1.3.6}$$

예제 5.1.3.1

피보험자 $(x)$, 보험금 연말급, 보통종신보험에서 사망을 할 경우 보험금 1원과 일시납순보험료를 이자없이 반환해 준다면

(a) 이와 같은 보험의 일시납순보험료를 계산기수를 이용하여 나타내시오.

(b) $x = 30$일 때의 일시납순보험료를 구하시오.

**풀이**

(a)

NSP 〰〰〰〰〰〰〰 NSP + 1

보험금 연말급, 보험금 1원인 경우의 NSP는 $A_x$이므로 보험금 연말급, 보험금이 (NSP+1)인 경우의 NSP는 $(NSP+1)A_x$이다. 이것이 결국 NSP와 일치하여야 하므로

$$NSP = (NSP+1)A_x$$

따라서

$$NSP = \frac{A_x}{1-A_x} = \frac{M_x}{D_x - M_x}$$

(b) $NSP = \dfrac{M_{30}}{D_{30} - M_{30}} = 0.1121249$

예제 5.1.3.2

30세의 피보험자에 판매된 종신생명연금은 60세부터 매년 1,000원씩을 지급한다. 이 연금의 보험료 지급은 30년간 매년초에 납부된다. 피보험자가 60세 전에 사망을 하면 납부된 보험료를 이자없이 반환해 줄 때 연납평준순보험료는 얼마인지 구하시오.

**풀이**

연납평준순보험료를 $P$라고 하면

$$P\ddot{a}_{30:\overline{30|}} = P \cdot (IA)^{1}_{30:\overline{30|}} + ({}_{30|}\ddot{a}_{30}) \times 1000$$

$$P = \frac{1000({}_{30|}\ddot{a}_{30})}{\ddot{a}_{30:\overline{30|}} - (IA)^{1}_{30:\overline{30|}}} = \frac{1000N_{60}}{(N_{30}-N_{60})-(R_{30}-R_{60}-30M_{60})}$$

$$= \frac{1000(67125.609)}{353288.5524} = 190.00 \quad \text{(부록의 계산기수표 이용)}$$

예제 5.1.3.3

$n$년만기 생존보험에서 제$t$연도의 사망에 대하여 생존보험금의 $t/n$를 사망연도의 말에 지불한다면 전기납입 보험료 $P$를 계산기수를 이용하여 나타내시오. 단, 생존보

험금은 $R$원이다.

**풀이**

$$P\ddot{a}_{x:\overline{n}|} = \frac{R}{n} \cdot (IA)^1_{x:\overline{n}|} + R \cdot A_{x:\frac{1}{n}|}$$

$$P = \frac{\dfrac{R}{n} \cdot (IA)^1_{x:\overline{n}|} + R \cdot A_{x:\frac{1}{n}|}}{\ddot{a}_{x:\overline{n}|}} = \frac{R\left[\dfrac{1}{n}(R_x - R_{x+n} - nM_{x+n}) + D_{x+n}\right]}{N_x - N_{x+n}}$$

## 연습문제 5.1

※ 특별한 언급이 없으면 부록의 제7회 경험생명표와 계산기수를 이용하여 답하시오. 또한 보험료의 계산시 특별한 언급이 없으면 수지상등의 원칙에 의하여 구하시오.

1. 피보험자 (40), 보험금 연말급인 종신보험에 대한 연납평준순보험료가 매년 100원씩 25년 유한납입일 때 구입 가능한 종신보험의 보험금을 구하시오.

2. 피보험자 (35)가 가입한 종신보험에서 보험금은 사망연도말에 1,000원과 그 다음연도말부터 9년간 1,000원씩 확정적으로 지급된다. 이때 연납평준순보험료는 $R$원씩 매년초에 사망시까지 납부된다고 할 때 $R$을 구하시오. ($i = 5\%$)

3. 피보험자 (30), 보험금 연말급인 10년만기 정기보험의 보험금은 7,500원이다. 보험료의 납입방식은 매년초에 $R$원씩 5년 단기납입일 때 $R$을 구하시오.

4. 피보험자 (30), 보험금 연말급인 종신보험의 보험금은 처음 10년간은 1,000원, 그 다음 10년간은 750원, 그 다음부터는 계속 500원이다. 보험료의 납입이 20년 단기납입일 때 연납평준순보험료를 구하시오.

5. 피보험자 (25)에게 판매된 보험은 65세 전에 사망을 하면 사망하는 해의 말에 10,000원의 보험금을 지급하고 65세까지 생존할 경우 65세부터 매년초에 500원씩의 종신생명연금을 지급한다. 보험료는 25세부터 64세까지 매년초에 동일한 금액을 납부할 때, 연납평준순보험료를 구하시오.

6. 피보험자 (30), 20년납입, 20년만기 완전이산 생사혼합보험의 사망보험금은 5,000원이고 생존보험금은 10,000원이다(이런 보험을 double endowment라고 한다). 이 보험의 연납평준순보험료를 구하시오.

7. 다음을 증명하시오.

(a) $A_x = \dfrac{P_x}{P_x + d}$

(b) $\dfrac{d\,P_x}{\dfrac{1}{\ddot{a}_x} - P_x} = P_x$

8. 다음을 증명하시오.

(a) $P_x = \dfrac{v\,q_x + P_{x+1} \cdot a_x}{\ddot{a}_x}$

(b) $P^1_{x:\overline{n}|} = v - \dfrac{a_{x:\overline{n}|}}{\ddot{a}_{x:\overline{n}|}}$

(c) $a_{x:\overline{n}|} = \dfrac{v - A_{x:\overline{n+1}|}}{d}$

(d) $\dfrac{1 - i\,a_{x:\overline{n-1}|}}{1+i} = \dfrac{M_x - M_{x+n} + D_{x+n}}{D_x}$

9. 피보험자 (30), 보험금 연말급의 종신보험의 보험금은 다음과 같다.
   (i) 30세와 40세 사이에 사망시 1,000원
   (ii) 40세와 50세 사이에 사망시 2,000원
   (iii) 50세 이후에 사망시 3,000원
   보험료는 매년초에 $R$원씩 20년 동안 납입될 때 $R$을 구하시오.

10. 피보험자 (30), 보험금 연말급의 종신보험의 보험금은 5,000원이다. 보험료는 매년초에 납부되며 처음 10년간의 보험료는 그 이후의 보험료의 $\dfrac{1}{2}$일 때 처음 10년간의 연납순보험료를 구하시오.

11. $P_{40:\overline{20}|} = 0.04$, $_{20}P_{40} = 0.03$, $A_{60} = 0.6$일 때 $P^1_{40:\overline{20}|}$ 의 값을 구하시오.

12. 다음을 증명하시오.

(a) $A_x = ({_m}k_x + A_{x+m})\,{_m}E_x$

(b) $A^1_{x:\overline{n}|} = ({_m}k_x + A^1_{x+m:\overline{n-m}|})\,{_m}E_x$

(c) $A_{x:\overline{n}|} = ({_m}k_x + A_{x+m:\overline{n-m}|})\,{_m}E_x$

13. 다음을 증명하시오.

(a) $c_x\,u_x = k_x$  $\left(c_x = A^1_{x:\overline{1}|},\ u_x = \ddot{s}_{x:\overline{1}|}\right)$

(b) $P_{x+1} = P_x + \dfrac{P_{x+1} - c_x}{\ddot{a}_x}$

(c) $P^1_{x:\overline{n}|} = \dfrac{{_n}k_k}{\ddot{s}_{x:\overline{n}|}}$

14. 다음을 증명하시오.

(a) $\ddot{s}_{x:\overline{n}|} = \ddot{s}_{x+1:\overline{n-1}|} + \dfrac{1}{{_n}E_x}$

(b) $_n k_x = {_{n-1}}k_{x+1} + \dfrac{c_x}{{_n}E_x}$  $\left(c_x = A^1_{x:\overline{1}|}\right)$

15. 피보험자 (30), 보험금 연말급, 보험금 10,000원의 종신보험에서 보험료는 매년초에 사망시까지 동일한 금액이 납입될 때 연납평준순보험료를 구하시오.
   단, $N_{30} = 120000$, $D_{30} = 10000$, $i = 0.07$의 자료만을 이용하여 구하시오.

16. 피보험자 (40), 보험금 연말급의 종신보험에서 보험금은 첫 번째 해에는 1,000원, 두 번째 해에는 2,000원 등 최고 10,000원이 될 때까지 매해 1,000원씩 증가하고 그 이후는 계속 10,000원이다. 보험료는 제1회 연납순보험료가 $x$이고 제2회부터 사망시까지의 연납순보험료는 $2x$일 때, $x$를 구하시오.
   단, $D_{40} = 390$, $N_{40} = 7500$, $R_{40} = 5000$, $R_{50} = 3500$의 자료만을 이용하시오.

17. 피보험자 $(x)$, 보험금 연말급의 종신보험에서 $n$번째 해의 보험금은 $(1.01)^n$이다. 보험료를 계산할 때 사용되는 이자율 $i = 3.5\%$라고 할 때, 종신납입 연납평준순보험료 $P$는 근사값으로 $\dfrac{A_x}{\ddot{a}_x}$이 됨을 증명하시오. 여기서 $A_x$는 이자율 2.5%가 적용된 경우의 $A_x$이고 $\ddot{a}_x$는 이자율 3.5%가 적용된 경우의 $\ddot{a}_x$이다.

18. 연납순보험료가 다음과 같이 표시될 때 보험의 형태를 설명하시오.
   (a) $1000\dfrac{M_x + R_{x+1}}{N_x - N_{x+10}}$
   (b) $\dfrac{1000(M_x - M_{x+15})}{N_x}$
   (c) $\dfrac{1000(R_{40} - R_{50})}{N_{40} + N_{41}}$
   (d) $\dfrac{N_{x+n}}{N_x - N_{x+t}}$     $(n > t)$

19. 다음을 증명하시오.
   (a) $R_x = vS_x - S_{x+1}$
   (b) $R_x = N_x - dS_x$
   (c) $\ddot{a}_x = (IA)_x + d\,(I\ddot{a})_x$

20. 다음을 생명연금의 기호와 $v$를 이용하여 표시하시오.
   (a) 전기납입, 20년만기 정기보험의 연납순보험료
   (b) 전기납입, 20년만기 생존보험의 연납순보험료

21. 모든 $x$에 대하여 $A_x = 0.01x$, $i = 0.04$일 때 $\ddot{a}_x$와 $P_x$를 $x$를 이용하여 나타내시오.

22. 피보험자 (30), 보험금 연말급, 보험금 10,000원의 종신보험에서 보험료는 매월초에 사망시까지 동일한 금액이 납입될 때 월납평준순보험료를 구하시오.
   단, $N_{30} = 120000$, $D_{30} = 10000$, $i = 0.07$의 자료만을 이용하여 구하시오.

23. 피보험자 (30), 보험금 연말급, 보험금 100,000원인 10년만기 정기보험의 전기납입 연납순보험료는 223.7776원, 10년만기 생존보험의 전기납입 연납순보험료는 6,466.0208원, 5년만기 정기보험의 전기납입 연납순보험료는 190.5997원, 5년만기 생사혼합보험의 전기

납입 연납순보험료는 11,295.6389원, 10년만기 정기보험의 5년 단기납입 연납순보험료는
337.8463원이고 10년만기 생사혼합보험의 5년 단기납입 연납순보험료는 11,295원일 때,
(a)~(d)를 구하시오($i = 7.5\%$).
(a) 보험금 100,000원의 10년만기 정기보험의 전기납입 월납순보험료
(b) 보험금 100,000원의 10년만기 정기보험의 5년 단기납입 월납순보험료
(c) 보험금 100,000원의 10년만기 생사혼합보험의 전기납입 월납순보험료
(d) 보험금 100,000원의 10년만기 생사혼합보험의 5년 단기납입 월납순보험료

24. 연습문제 9번에서 보험료가 매월초에 $P$원씩 20년 동안 납입될 때 월납평준순보험료 $P$를
구하시오.

25. 피보험자 $(x)$, 보험금 연말급인 보험에서 $n$년 동안 생존시에는 1,000원을 지급하고 $n$년
안에 사망시에는 일시납순보험료를 이자없이 반환할 때 일시납순보험료를 계산기수를 이
용하여 나타내시오.

26. 피보험자 $(x)$, 보험금 연말급인 20년만기 생사혼합보험에서 20년 안에 사망할 경우에는
1원의 보험금과 납부된 전기납입 연납평준순보험료의 합을 이자없이 반환하고 20년간 생
존하면 1원의 보험금을 지급할 때 연납평준순보험료를 구하시오.

27. 피보험자 (40), 보험금 연말급의 종신보험의 보험금은 60세 전에 사망하면 사망연도말에
납입한 20년 단기납입 연납평준순보험료의 합을 이자없이 반환하고 60세 이후에 사망하
면 사망연도말에 20,000원을 지급한다. 이때 연납평준순보험료를 구하시오. $i = 0.05$,
$N_{60} = 13000$, $N_{61} = 12010$, $N_{40} = 61000$, $R_{40} = 31000$, $R_{60} = 11500$만을 이용하여
구하시오.

28. 피보험자 $(x)$, 보험기간 $n$년의 경우 연납순보험료가 다음과 같다.
(i) 보험금 1원의 생사혼합보험에 대하여는 0.0405
(ii) 생존보험금이 2원, 사망보험금이 1원인 생사혼합보험에 대하여는 0.07
(iii) 사망의 경우 기납입순보험료를 반환하고 $n$년 생존시 보험금 1원을 지급하는 보험에
대하여는 0.036
이때 사망의 경우 기납입보험료의 $\frac{1}{3}$을 반환하고 $n$년 생존시 보험금 1원을 지급하는 보
험에 대한 연납순보험료를 구하시오.

29. 다음 식들의 의미를 설명하시오.

(a) $\dfrac{1}{\ddot{a}_x} = d + P_x$　　　　　(b) $P_x = \dfrac{d\,A_x}{1 - A_x}$

(c) $\dfrac{1}{\ddot{a}_{x:\overline{n}|}} = d + P_{x:\overline{n}|}$        (d) $P_{x:\overline{n}|} = \dfrac{dA_{x:\overline{n}|}}{1 - A_{x:\overline{n}|}}$        (e) $\dfrac{1}{\ddot{a}_{\overline{n}|}} = \dfrac{1}{\ddot{s}_{\overline{n}|}} + d$

30. 다음 식을 증명하고 그 의미를 설명하시오.

$$P_{x:\overline{n}|} = {}_nP_x + P_{x:\overline{n}|}^{\,1}(1 - A_{x+n})$$

31. $P_{x:\overline{2}|}^{\,1} = \dfrac{A_{x:\overline{1}|}^{\,1} + A_{x+1:\overline{1}|}^{\,1}}{2}$ 일 때 $q_x = q_{x+1}$ 임을 증명하시오.

32. 25년만기 생사혼합보험에서 연납순보험료가 최초 5년은 $P_x$(보통종신보험의 연납순보험료)로 하고 그 이후 20년간은 연납평준순보험료를 $P$로 할 때 $P$는 다음과 같음을 유도하시오.

$$P = \dfrac{P_x N_{x+5} - M_{x+25} + D_{x+25}}{N_{x+5} - N_{x+25}}$$

33. $P_x$, $P_{x+1}$, $i$가 주어졌을 때 $x$세의 생존율 $p_x$는 다음과 같음을 증명하시오.

(Hint : $\ddot{a}_x = 1 + v p_x \ddot{a}_{x+1}$ 을 이용)

$$p_x = [1 - (1+i)P_x]\,\dfrac{(1+i)P_{x+1} + i}{(1+i)P_x + i}$$

34. 다음 (   )안에 적당한 값이나 기호를 구하시오.

(a) $P_x^{(m)} \fallingdotseq P_x + \dfrac{m-1}{2m} P_x^{(m)}\{(\ \ ) + d\}$        (b) $P_{x:\overline{n}|}^{(m)} \fallingdotseq \dfrac{P_{x:\overline{n}|}}{1 - \dfrac{m-1}{2m}\{(\ \ ) + d\}}$

35. (a) $v - \dfrac{a_{x:\overline{n-1}|}}{\ddot{a}_{x:\overline{n}|}} = P_{x:\overline{n}|}$ 임을 증명하시오.

(b) $v - \dfrac{a_{x:\overline{n}|}}{\ddot{a}_{x:\overline{n}|}} = P_{x:\overline{n}|}^{\,1}$ 임을 증명하시오.

(c) $5v - \dfrac{a_{x:\overline{n-1}|} + 4a_{x:\overline{n}|}}{\ddot{a}_{x:\overline{n}|}} = P_{x:\overline{n}|} + 4P_{x:\overline{n}|}^{\,1}$ 임을 증명하시오.

36. $P_{40} = 0.01393117$, $a_{40} = 10.94763$, $p_{40} = 0.996$일 때 $A_{41}$을 구하시오.

37. 보험금 연말급, 보험금 1원의 종신보험의 연납순보험료를 최초의 $m$년간은 $3P_x$, 그 후에는 계속 $0.5P_x$로 사망시까지 매년초에 납입한다. 이때 ${}_mP_x = 5P_x$임을 보이시오.

38. 주어진 이자율과 생명표하에서 피보험자 (30)의 $A_{30} = 0.10082$이고 $P_{30} = 0.0053392$이다. 또 보험금 천만원에 대하여 10년 후부터는 처음 10년간의 보험료의 $\frac{1}{3}$을 납입하기로 하였을 경우 처음 10년간의 연납순보험료는 86,273.28원이다. 동일한 이자율과 생명표하에서

   (a) $\ddot{a}_{30:\overline{10}|}$과 $A_{30:\overline{10}|}$을 구하시오.

   (b) 위에서 주어진 자료는 $i = 5\%$, 제7회 경험생명표에 기초한 자료이다. (a)에서 구한 값과 부록의 계산기수를 이용하여 구한 값이 일치하는 것을 확인하시오.

# Ⅱ. 일반이론

## 1. 보험료계산의 원칙

보험료의 계산과 관련하여 보험회사의 입장에서 생각하면 납입되는 보험료는 수입이 되고 사망보험금은 지출이 된다. 피보험자가 보험에 가입하는 시점을 기준으로 하여 보험회사가 수지를 고려하려면 수입의 현가와 지출의 현가를 비교하여야 한다. 피보험자가 보험에 가입하는 시점에서의 보험회사의 순미래손실현가(net future loss)를 확률변수 $_0L$로 표시하면 $_0L$은 다음과 같이 정의된다.[1] 본서에서는 표현의 편의상 순미래손실현가를 미래손실로 표현하기로 한다.

$$_0L = \text{보험급부 지출의 현가} - \text{순보험료 수입의 현가} \tag{5.2.1.1}$$

이제 보험료계산의 하나의 원칙(다른 원칙도 가능)으로

$$E(_0L) = 0 \tag{5.2.1.2}$$

을 이용할 때 이를 수지상등의 원칙이라고 한다. 식 (5.2.1.2)를 다시 표현하면

$$E[\text{보험급부 지출의 현가} - \text{순보험료 수입의 현가}] = 0 \tag{5.2.1.3}$$

식 (5.2.1.3)을 변형하면

$$E[\text{보험급부 지출의 현가}] = E[\text{순보험료 수입의 현가}] \tag{5.2.1.4}$$

식 (5.2.1.4)는 식 (5.1.1.1)과 일치하는 식이다. 지출(보험금)의 현가의 기대값은 제3장의 Ⅱ에서 고찰한 일시납순보험료이고 수입(보험료)의 현가의 기대값은 보험료가 $P$라면 제4에서 고찰한 바와 같이 $P\ddot{a}$의 형태로 나타나므로 $P$의 계산이 가능하다. 따라서 제5장에서 고찰할 내용들은 제3장과 4장에서 고찰된 내용들을 이해하고 있으면 쉽게 이해할 수 있다.

보험료의 납입방법과 보험금의 지급시점에 따라 다음과 같은 플랜(plan)의 명칭을 사용하기로 한다.[2]

---

[1] 영업보험료와 관련된 $t$시점의 총미래손실현가는 $_tL^g$로 나타낸다. 순보험료와 관련된 $t$시점의 미래손실현가는 $_tL$로 표시하기로 한다. $_tL$은 $_tL^n$으로 표현할 수도 있으나 본서에서는 $_tL$로 표기하기로 한다. $t=0$일 때 $_0L$과 $_0L^g$가 된다.

[2] 플랜(plan)은 보험과 연금을 포함한다.

표 [5.2.1.1]　**보험료의 납입방법과 보험금의 지급시점에 따른 플랜의 명칭**

| 명칭 | 보험료 납입방법 | 보험금 지급시점 |
|---|---|---|
| 완전이산<br>(Fully discrete) | 매 보험연도*초에 납입 | 사망한 보험연도*말에 지급 |
| 완전연속<br>(Fully continuous) | 연속적으로 납입 | 사망즉시 지급 |
| 반(半)연속<br>(Semi-continuous) | 매 보험연도*초에 납입 | 사망즉시 지급 |

*월이나 분기, 반기인 경우도 가능.

생명보험의 경우 보험료의 납입방법은 연납, 1년 $m$회납, 연속납으로 생각할 수 있고 보험금의 지급방법도 연말급, $\frac{1}{m}$년말급, 사망즉시급 등으로 생각할 수 있으므로 다음과 같은 여러 가지 조합이 가능하다. 생명연금에 대하여도 같은 방법으로 생각할 수 있다.

표 [5.2.1.2]　**보험료의 납입방법과 보험금의 지급방법**

| 보험료의 납입 | 보험금의 지급 | 조합 |
|---|---|---|
| 연납 | 연말급 | 1 |
| | $\frac{1}{m}$년말급 | 2 |
| | 사망즉시급 | 3 |
| 1년 $m$회납 | 연말급 | 4 |
| | $\frac{1}{m}$년말급 | 5 |
| | 사망즉시급 | 6 |
| 연속납 | 연말급 | 7 |
| | $\frac{1}{m}$년말급 | 8 |
| | 사망즉시급 | 9 |

## 2. 연납평준순보험료

### (1) 보험금 연말급, 연납보험료의 경우(조합 1)

보험료 $\pi$는 매년초에 납입되고 사망하면 보험금 1원이 사망연도의 말에 지급되는 종신보험(완전이산 종신보험)의 확률변수 $_0L$은

$$_0L = v^{K+1} - \pi\ddot{a}_{\overline{K+1}|}, \quad K = 0, 1, 2, \cdots \tag{5.2.2.1}$$

수지상등의 원칙에 의하여 $E(_0L) = 0$가 되어야 한다.

$$E(_0L) = E(v^{K+1}) - \pi E(\ddot{a}_{\overline{K+1}|}) = 0 \qquad (5.2.2.2)$$

식 (5.2.2.2)를 만족시키는 $\pi$를 $P_x$라 하며

$$\pi = P_x = \frac{A_x}{\ddot{a}_x} \qquad (5.2.2.3)$$

이제 $_0L$의 분산을 구해 보자.

$$\text{Var}(_0L) = \text{Var}[v^{K+1} - P_x \ddot{a}_{\overline{K+1}|}] \qquad (5.2.2.4)$$

$$= \text{Var}\left[v^{K+1} - \frac{P_x(1 - v^{K+1})}{d}\right]$$

$$= \text{Var}\left[v^{K+1}\left(1 + \frac{P_x}{d}\right) - \frac{P_x}{d}\right]$$

$$= \text{Var}(v^{K+1})\left(1 + \frac{P_x}{d}\right)^2 \qquad (5.2.2.5)$$

$$= \left(1 + \frac{P_x}{d}\right)^2 [{}^2A_x - (A_x)^2] \qquad (5.2.2.6)$$

$$= \frac{{}^2A_x - (A_x)^2}{(d\ddot{a}_x)^2} \qquad (5.2.2.7)$$

$$= \frac{{}^2A_x - (A_x)^2}{(1 - A_x)^2} \qquad (5.2.2.8)$$

예제 5.2.2.1

$$_{k|}q_x = c(0.96)^{k+1}, \qquad k = 0, 1, 2, \cdots$$

여기서 $c = \dfrac{0.04}{0.96}$ 이다. $i = 0.06$일 때 $P_x$와 $\text{Var}(_0L)$을 구하시오.

풀이

$$A_x = c\sum_{k=0}^{\infty} (1.06)^{-(k+1)}(0.96)^{k+1} = 0.4$$

$$\ddot{a}_x = \frac{1 - A_x}{d} = 10.60$$

따라서 $P_x = \dfrac{A_x}{\ddot{a}_x} = 0.0377$

$\mathrm{Var}(_0L)$을 구하기 위하여 $\delta$ 대신 $2\delta$를 사용한 $^2A_x$을 구하면

$$^2A_x = c\sum_{k=0}^{\infty}\left[(1.06)^2\right]^{-(k+1)}(0.96)^{k+1} = 0.2445$$

따라서

$$\mathrm{Var}(_0L) = \dfrac{^2A_x - (A_x)^2}{(d\,\ddot{a}_x)^2} = \dfrac{0.2445-0.16}{\left[\left(\dfrac{0.06}{1.06}\right)(10.60)\right]^2} = 0.2347$$

이 예제와 후에 설명되는 예제 (5.2.4.3)과는 연관이 있다.

$$_{k|}q_x = \int_{k}^{k+1} {}_tp_x\,\mu_{x+t}\,dt, \qquad k = 0,\ 1,\ 2,\ \cdots \qquad\qquad \cdots\cdots ①$$

$$= \dfrac{0.04}{0.96}(0.96)^{k+1} = {}_kp_x\,q_{x+k}$$

여기서 사력이 모든 나이에 일정하다면

$$\dfrac{0.04}{0.96}(0.96)^{k+1} = (e^{-\mu})^{k+1}(e^{\mu}-1)$$

따라서 $e^{-\mu} = 0.96 \Rightarrow \mu = 0.0408$

따라서 등비급수로 표시된 $_{k|}q_x = c(0.96)^{k+1}$는 $\mu = 0.0408$인 지수분포의 이산형이다. 따라서 ① 식은 사력이 일정한 경우인 지수분포의 연속형과 이산형을 연결시켜 주는 식이다. ∎

---

( **예제 5.2.2.2** )

$_tp_x = \dfrac{\omega-x-t}{\omega-x}$, $i = 0$, $P^1_{20:\,\overline{2|}} = \dfrac{2}{9}$일 때 $\omega$를 구하시오.

**풀이**

$_tp_x = \dfrac{\omega-x-t}{\omega-x}$는 De Moivre의 법칙을 나타낸다.

따라서

$$_{k|}q_x = \dfrac{1}{\omega-x},$$

$$A^1_{20:\,\overline{2|}} = v\,q_{20} + v^2\,{}_{1|}q_{20} = q_{20} + {}_{1|}q_{20} \qquad (v = 1\text{이므로})$$

$$\ddot{a}_{20:\,\overline{2|}} = 1 + v\,p_{20} = 1 + p_{20}$$

$$P^1_{20:\,\overline{2|}} = \dfrac{A^1_{20:\,\overline{2|}}}{\ddot{a}_{20:\,\overline{2|}}} = \dfrac{q_{20} + {}_{1|}q_{20}}{1 + p_{20}} = \dfrac{\dfrac{1}{\omega-20} + \dfrac{1}{\omega-20}}{1 + \dfrac{\omega-21}{\omega-20}} = \dfrac{2}{9}$$

따라서 $\omega = 25$ ∎

각각의 보험의 확률변수 $_0L$은 식 (5.2.2.1)과 같이 간단히 나타낼 수 있고 보통 다음과 같은 형태를 취한다. 예를 들어 $n$년만기 생사혼합보험($n$년만기 완전이산 생사혼합보험)의 경우 연납순보험료를 $\pi$라고 하면

$$_0L = Z - \pi Y \tag{5.2.2.9}$$

여기서

$$Z = v^{\min(K+1,n)} = v^{(K+1) \wedge n} \tag{5.2.2.10}$$

$$= \begin{cases} v^{K+1}, & K = 0, 1, 2, \cdots, n-1 \\ v^n, & K = n, n+1, \cdots \end{cases} \tag{5.2.2.11}$$

$$Y = \ddot{a}_{\overline{\min(K+1,n)|}} = \ddot{a}_{\overline{(K+1) \wedge n|}} \tag{5.2.2.12}$$

$$= \begin{cases} \ddot{a}_{\overline{K+1|}}, & K = 0, 1, 2, \cdots, n-1 \\ \ddot{a}_{\overline{n|}}, & K = n, n+1, \cdots \end{cases} \tag{5.2.2.13}$$

따라서

$$_0L = v^{\min(K+1,n)} - \pi \ddot{a}_{\overline{\min(K+1,n)|}} \tag{5.2.2.14}$$

$$= \begin{cases} v^{K+1} - \pi \ddot{a}_{\overline{K+1|}}, & K = 0, 1, 2, \cdots, n-1 \\ v^n - \pi \ddot{a}_{\overline{n|}}, & K = n, n+1, n+2, \cdots \end{cases} \tag{5.2.2.15}$$

수지상등의 원칙에 의하여

$$E(_0L) = E(Z) - \pi E(Y) = 0 \tag{5.2.2.16}$$

따라서

$$\pi = P_{x:\overline{n|}} = \frac{A_{x:\overline{n|}}}{\ddot{a}_{x:\overline{n|}}} \tag{5.2.2.17}$$

$_0L$의 분산을 구해보자.

$$_0L = \left(1 + \frac{P_{x:\overline{n|}}}{d}\right) v^{\min(K+1,n)} - \frac{P_{x:\overline{n|}}}{d} \tag{5.2.2.18}$$

$$= \begin{cases} \left(1 + \dfrac{P_{x:\overline{n}|}}{d}\right)v^{K+1} - \dfrac{P_{x:\overline{n}|}}{d}, & K = 0,\ 1,\ 2,\ \cdots,\ n-1 \\[2ex] \left(1 + \dfrac{P_{x:\overline{n}|}}{d}\right)v^{n} - \dfrac{P_{x:\overline{n}|}}{d}, & K = n,\ n+1,\ \cdots \end{cases} \tag{5.2.2.19}$$

따라서

$$_0L = \left(1 + \frac{P_{x:\overline{n}|}}{d}\right)Z - \frac{P_{x:\overline{n}|}}{d} \tag{5.2.2.20}$$

$_0L$의 분산은 식 (5.2.2.20)을 이용하여

$$\text{Var}(_0L) = \left(1 + \frac{P_{x:\overline{n}|}}{d}\right)^2 [^2A_{x:\overline{n}|} - (A_{x:\overline{n}|})^2] \tag{5.2.2.21}$$

$$= \frac{^2A_{x:\overline{n}|} - (A_{x:\overline{n}|})^2}{(d\,\ddot{a}_{x:\overline{n}|})^2} \tag{5.2.2.22}$$

$$= \frac{^2A_{x:\overline{n}|} - (A_{x:\overline{n}|})^2}{(1 - A_{x:\overline{n}|})^2} \tag{5.2.2.23}$$

식 (5.2.2.21)은 연납순보험료일 때의 $_0L$의 분산이다. 이제 일시납순보험료일 때의 $_0L$의 분산을 구해 보기로 한다. 보험료의 납입형태가 일시납일 때 $_0L$은

$$_0L = Z - A_{x:\overline{n}|} \tag{5.2.2.24}$$

여기서

$$Z = v^{\min(K+1,n)} = v^{(K+1)\wedge n}$$
$$= \begin{cases} v^{K+1}, & K = 0,\ 1,\ 2,\ \cdots,\ n-1 \\ v^{n}, & K = n,\ n+1,\ \cdots \end{cases}$$

따라서

$$\text{Var}(_0L) = {}^2A_{x:\overline{n}|} - (A_{x:\overline{n}|})^2 \tag{5.2.2.25}$$

식 (5.2.2.23)과 식 (5.2.2.25)를 비교하면 식 (5.2.2.25)의 $\text{Var}(_0L)$이 작다. 즉, 보험회사의 입장에서는 연납보험료보다 일시납보험료일 때 손실의 분산(위험의 척도)이 작기 때문에 연납보다 일시납을 선호할 수 있지만 현실적인 문제로 인하여 보통 일시납보다 연납 또

는 분할납이 더 많이 사용되고 있다.

각각의 보험과 관련된 확률변수 $_0L$과 보험금 연말급인 경우의 연납평준순보험료를 정리하면 표 [5.2.2.1]과 같다.

표 [5.2.2.1]  확률변수 $_0L$과 연납평준순보험료(조합 1)

| 보험의 종류 | 확률변수 $_0L$ | | 연납평준순보험료 |
|---|---|---|---|
| 종신보험 | $v^{K+1} - \pi\ddot{a}_{\overline{K+1}\rceil},$ | $K=0, 1, 2, \cdots$ | $P_x = \dfrac{A_x}{\ddot{a}_x}$ |
| $n$년만기 정기보험 | $v^{K+1} - \pi\ddot{a}_{\overline{K+1}\rceil},$ | $K=0, 1, \cdots, n-1$ | $P^1_{x:\overline{n}\rceil} = \dfrac{A^1_{x:\overline{n}\rceil}}{\ddot{a}_{x:\overline{n}\rceil}}$ |
|  | $0 - \pi\ddot{a}_{\overline{n}\rceil},$ | $K=n, n+1, \cdots$ |  |
| $h$년납입 종신보험 | $v^{K+1} - \pi\ddot{a}_{\overline{K+1}\rceil},$ | $K=0, 1, \cdots, h-1$ | $_hP_x = \dfrac{A_x}{\ddot{a}_{x:\overline{h}\rceil}}$ |
|  | $v^{K+1} - \pi\ddot{a}_{\overline{h}\rceil},$ | $K=h, h+1, \cdots$ |  |
| $h$년납입 $n$년만기 생사혼합보험 | $v^{K+1} - \pi\ddot{a}_{\overline{K+1}\rceil},$ | $K=0, 1, \cdots, h-1$ | $_hP_{x:\overline{n}\rceil} = \dfrac{A_{x:\overline{n}\rceil}}{\ddot{a}_{x:\overline{h}\rceil}}$ |
|  | $v^{K+1} - \pi\ddot{a}_{\overline{h}\rceil},$ | $K=h, h+1, \cdots, n-1$ |  |
|  | $v^n - \pi\ddot{a}_{\overline{h}\rceil},$ | $K=n, n+1, \cdots$ |  |
| $n$년만기 생존보험 | $0 - \pi\ddot{a}_{\overline{K+1}\rceil},$ | $K=0, 1, \cdots, n-1$ | $P_{x:\overline{n}\rceil}^{\ 1} = \dfrac{A_{x:\overline{n}\rceil}^{\ 1}}{\ddot{a}_{x:\overline{n}\rceil}}$ |
|  | $v^n - \pi\ddot{a}_{\overline{n}\rceil},$ | $K=n, n+1, \cdots$ |  |
| $n$년거치 종신연금 | $0 - \pi\ddot{a}_{\overline{K+1}\rceil},$ | $K=0, 1, \cdots, n-1$ | $P(_{n\vert}\ddot{a}_x) = \dfrac{A_{x:\overline{n}\rceil}^{\ 1}\,\ddot{a}_{x+n}}{\ddot{a}_{x:\overline{n}\rceil}}$ |
|  | $\ddot{a}_{\overline{K+1-n}\rceil}\,v^n - \pi\ddot{a}_{\overline{n}\rceil},$ | $K=n, n+1, \cdots$ |  |

**예제 5.2.2.3**

피보험자 $(x)$, 보험금 연말급, 보험금 1원의 2년만기 완전이산 정기보험에 대하여 보험가입 시점에서 보험회사의 미래손실을 나타내는 확률변수를 $_0L$이라고 정의한다. 연납평준순보험료는 수지상등의 원칙에 의하여 계산된다. 다음의 자료를 이용하여 $\text{Var}(_0L)$을 구하시오.

(i)  $q_x = 0.1$    (ii)  $q_{x+1} = 0.2$    (iii)  $v = 0.9$

**풀이**

$$A^1_{x:\overline{2}\rceil} = vq_x + v^2p_x\,q_{x+1} = (0.9)(0.1) + (0.81)(0.9)(0.2) = 0.2358$$

$$\ddot{a}_{x:\overline{2}\rceil} = 1 + vp_x = 1 + (0.9)(0.9) = 1.81$$

$$P^1_{x:\overline{2}\rceil} = \frac{A^1_{x:\overline{2}\rceil}}{\ddot{a}_{x:\overline{2}\rceil}} = \frac{0.2358}{1.81} = 0.1303$$

$$_0L = \begin{cases} v^{K+1} - P^1_{x:\overline{2}|}\,\ddot{a}_{\overline{K+1}|}, & K = 0,\ 1 \\ 0 - P^1_{x:\overline{2}|}\,\ddot{a}_{\overline{2}|}, & K \geq 2 \end{cases}$$

$$\mathrm{Var}(L) = E(_0L^2) - [E(_0L)]^2 = E(_0L^2)$$

$$= (v - P^1_{x:\overline{2}|}\,\ddot{a}_{\overline{1}|})^2\,q_x + (v^2 - P^1_{x:\overline{2}|}\,\ddot{a}_{\overline{2}|})^2\,p_x\,q_{x+1} + (-P^1_{x:\overline{2}|}\,\ddot{a}_{\overline{2}|})^2\,_2p_x$$

$$= [(0.9) - (0.1303)(1)]^2(0.1) + [(0.81) - (0.1302)(1.9)]^2(0.9)(0.2)$$

$$+ [-(0.1303)(1.9)]^2(0.9)(0.8) = 0.160$$

---

예제 5.2.2.4

$P^A_x$는 생명표 $A$와 이자율 $i$에 기초한 보험금 1원의 완전이산 종신보험의 연납평준순보험료, $P^B_x$는 생명표 $B$와 이자율 $i$에 기초한 보험금 1원의 완전이산 종신보험의 연납평준순보험료이다. 모든 연령에 있어서 $x$와 $x+1$ 사이의 사망률은 다음의 관계가 있다.

$$(1 - q^A_x) = (1+c)(1 - q^B_x)$$

여기서 $q^A_x$와 $q^B_x$는 각각 생명표 $A$와 생명표 $B$에 기초한 사망률이다. 이때 $P^A_x - P^B_x$를 생명표 $B$에 기초한 식으로 나타내면

$$\frac{1}{\ddot{a}_x}(\text{이자율 } \frac{i-c}{1+c} \text{에 기초}) - \frac{1}{\ddot{a}_x}\ (\text{이자율 } i \text{에 기초})$$

이 됨을 보이시오.

**풀이**

$$P^A_x - P^B_x = \left(\frac{1}{\ddot{a}^A_x} - d\right) - \left(\frac{1}{\ddot{a}^B_x} - d\right) = \frac{1}{\ddot{a}^A_x} - \frac{1}{\ddot{a}^B_x}$$

$$\ddot{a}^A_x = \sum_{k=0}^{\omega-x-1} v^k_i\,_kp^A_x = \sum_{k=0}^{\omega-x-1} v^k_i(1+c)^k\,_kp^B_x = \sum_{k=0}^{\omega-x-1} v'^k_i\,_kp^B_x$$

여기서

$$v'^k_i = v^k_i(1+c)^k = \left(\frac{1+c}{1+i}\right)^k = \left[\frac{1}{\left(\frac{1+i}{1+c}\right)}\right]^k$$

$$\frac{1+i}{1+c} = 1 + i',\ i' = \frac{1+i}{1+c} - 1 = \frac{i-c}{1+c}$$

따라서

$$P^A_x - P^B_x = \frac{1}{\ddot{a}^B_x}(\text{이자율 } i' = \frac{i-c}{1+c} \text{에 기초}) - \frac{1}{\ddot{a}^B_x}(\text{이자율 } i \text{에 기초})$$

---

예제 5.2.2.5

$n$년만기 완전이산 정기보험을 가정하자. 보험료는 $n$년 납입한다. 사망보험금은 제1

연도말에는 1원이고 그 후 매년 $a$씩 증가하여 제$t$연도 말에는 $1+(t-1)a$가 된다. 또 보험료는 제1연도에는 $P$이고 그 후부터는 매년 $b$씩 감소하여 제$t$연도에는 $P-(t-1)b$가 된다. 이때 $P$를 계산기수를 이용하여 나타내시오.

**풀이**

$$\text{NSP} = \sum_{t=1}^{n} v^t {}_{t-1|}q_x [1+(t-1)a] = A^1_{x:\overline{n}|} + a\sum_{t=1}^{n} (t-1)v^t {}_{t-1|}q_x$$

$$= A^1_{x:\overline{n}|} + a(vp_x)\sum_{t=1}^{n-1} t \cdot v^t \cdot {}_{t-1|}q_{x+1} = A^1_{x:\overline{n}|} + (a)\left(\frac{D_{x+1}}{D_x}\right)(IA)^1_{x+1:\overline{n-1}|}$$

$$= \frac{1}{D_x}\left[(M_x - M_{x+n}) + a\{R_x - R_{x+n} - (n-1)M_{x+n}\}\right]$$

$$
\begin{array}{ccccccc}
0 & 1 & 2 & \cdots & n-2 & n-1 \\
\vdash\!\!\!\!\mid & \!\!\!\!\mid & \!\!\!\!\mid & \cdots & \!\!\!\!\mid & \!\!\!\!\dashv \\
\uparrow & \uparrow & & & & \\
x & x+1 & x+2 & \cdots & x+n-1 & x+n \\
& \uparrow & & & & \\
\end{array}
$$

$$vp_x(IA)^1_{x+1:\overline{n-1}|} \qquad (IA)^1_{x+1:\overline{n-1}|}$$

보험료수입의 현가 $A$는

$$A = \sum_{t=0}^{n-1} v^t {}_tp_x(P-bt) = P\ddot{a}_{x:\overline{n}|} - b(vp_x)\sum_{t=1}^{n-1} t \cdot v^{t-1} {}_tp_{x+1}$$

$$= P\ddot{a}_{x:\overline{n}|} - b(vp_x)(I\ddot{a})_{x+1:\overline{n-1}|}$$

$$= \frac{1}{D_x}\left[P(N_x - N_{x+n}) - b\{S_{x+1} - S_{x+n} - (n-1)N_{x+n}\}\right]$$

$\text{NSP} = A$로부터

$$P = \frac{1}{N_x - N_{x+n}}\left[(M_x - M_{x+n}) + a\{R_x - R_{x+n} - (n-1)M_{x+n}\}\right.$$
$$\left. + b\{S_{x+1} - S_{x+n} - (n-1)N_{x+n}\}\right]$$

## (2) 보험금 사망즉시급, 연납보험료의 경우(조합 3)

현실적으로 보험금은 사망연도말에 지급되는 것보다는 사망 후 짧은 기간 안에 지급되므로 보험금 사망즉시급과 연납보험료의 관계를 고찰해 볼 필요가 있다. 보험금 사망즉시급인 종신보험의 전기납입 연납보험료인 경우(반연속 종신보험) 확률변수 ${}_0L$은

$$
{}_0L = v^T - \pi\ddot{a}_{\overline{K+1}|}, \quad T>0, \ K=0, 1, 2, \cdots \tag{5.2.2.26}
$$

${}_0L$의 기대값을 구하고 $E({}_0L)=0$로 하면

$$
E({}_0L) = E(v^T) - \pi E(\ddot{a}_{\overline{K+1}|}) = 0 \tag{5.2.2.27}
$$

식 (5.2.2.27)을 만족시키는 $\pi$를 $P(\bar{A}_x)$라고 하면

$$\pi = P(\bar{A}_x) = \frac{\bar{A}_x}{\ddot{a}_x} = \frac{\bar{M}_x}{N_x} \tag{5.2.2.28}$$

표 [5.2.2.1]에서 보험금 사망즉시급일 경우 연납평준순보험료는 각각 $P(\bar{A}_{x:\overline{n|}}^1)$, $_hP(\bar{A}_x)$, $_hP(\bar{A}_{x:\overline{n|}})$으로 표시되며 전기납입 $n$년만기 생사혼합보험의 경우는 $P(\bar{A}_{x:\overline{n|}})$으로 표시된다. 또 생존보험의 경우는 사망보험금이 없기 때문에 다른 표시가 없다. 보험금 사망즉시급, 연납보험료에 대한 표 [5.2.2.1]과 같은 확률변수 $_0L$은 연습문제를 참고하기 바란다.

UDD가정하에서는 다음이 성립한다.

$$P(\bar{A}_x) = \frac{\bar{A}_x}{\ddot{a}_x} = \frac{i}{\delta}\frac{A_x}{\ddot{a}_x} = \frac{i}{\delta}P_x \tag{5.2.2.29}$$

$$P(\bar{A}_{x:\overline{n|}}^1) = \frac{i}{\delta}P_{x:\overline{n|}}^1 \tag{5.2.2.30}$$

$$P(\bar{A}_{x:\overline{n|}}) = \frac{i}{\delta}P_{x:\overline{n|}}^1 + P_{x:\overline{n|}}^{\phantom{1}1} \tag{5.2.2.31}$$

---

**예제 5.2.2.6**

보험금 사망즉시급인 $h$년납입(연납보험료) $n$년만기 생사혼합보험의 확률변수 $_0L$을 표시하고 $x$축을 $t$, $y$축을 $_0L$로 하는 그림을 그리고 그 의미를 설명하시오.

**풀이**

$$_0L = Z - \pi Y$$

여기서

$$Z = v^{\min(T,n)} = v^{T \wedge n} = \begin{cases} v^T, & T < n \\ v^n, & T > n \end{cases}$$

$$Y = \ddot{a}_{\overline{\min(K+1,h)|}} = \ddot{a}_{\overline{(K+1)\wedge h|}} = \begin{cases} \ddot{a}_{\overline{K+1|}}, & K = 0, 1, \cdots, h-1 \\ \ddot{a}_{\overline{h|}}, & K = h, h+1, \cdots \end{cases}$$

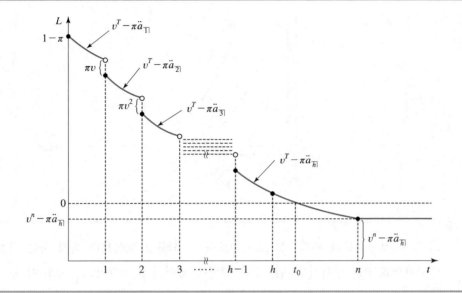

따라서

$$_0L = \begin{cases} v^T - \pi\ddot{a}_{\overline{K+1|}}, & T < h \\ v^T - \pi\ddot{a}_{\overline{h|}}, & h \le T < n \\ v^n - \pi\ddot{a}_{\overline{h|}}, & T \ge n \end{cases}$$

　그림에서 보는 바와 같이 $_0L$은 연속함수가 아니다. 그 이유는 보험료 $\pi$가 납입될 때(보험료는 연납임) $_0L$이 점프(jump)를 해서 감소하기 때문이다. 점프의 크기는 보험료 $\pi$의 현가에 해당한다. $h$년납입이기 때문에 $h$시점 이후에서는 더 이상의 점프가 없다. 또 $n$년만기 생사혼합보험이기 때문에 $n$년부터는 $_0L$의 값은 $v^n - \pi\ddot{a}_{\overline{h|}}$로 일정하다.

　그림에서 보는 바와 같이 $_0L = 0$이 되는 $t$의 값 즉, $t_0$를 찾을 수 있다. 즉, 피보험자가 $t_0$ 이전에 사망하면 보험회사의 미래손실인 $_0L$이 양의 값(+)을 갖고 $t_0$ 이후에 사망하면 $_0L$은 음의 값(−)을 갖는다. $_0L$이 양수라는 의미는 피보험자가 일찍 사망하여 보험금의 현가가 커지고 보험료가 적게 납입되어서 보험회사가 손실을 본 것을 의미한다. 따라서 경우에 따라서는 보험회사의 미래손실 $_0L$이 0보다 클 확률을 작게(예 : 0.1) 하게 하는 $\pi$의 값을 구할 수 있고 이는 $T$가 $t_0$보다 작을 확률이 0.1에 해당하므로 $T$의 확률분포로부터 $t_0$를 구하면 $\pi$를 구할 수 있다. 즉,

$$\Pr(_0L > 0) = 0.1 \iff \Pr(T < t_0) = 0.1 \tag{5.2.2.32}$$

---

（예제 5.2.2.7）

　피보험자 $(x)$, 보험금 연말급, 연납보험료, 보험금 100,000원의 완전이산 종신보험

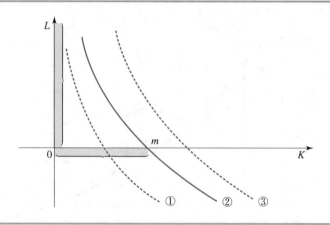

의 경우 보험회사의 미래손실 $_0L$이 0보다 클 확률을 30%보다 작게 하는 최소한의 연납보험료 $P$를 구하시오. 단, 모든 연령에 있어서 $\mu_x = 0.05$, $\delta = 0.10$이다.

**풀이**

이 문제는 $E(_0L) = 0$가 되게 하는 연납보험료를 구하는 문제가 아니다. 즉, 수지상등의 원칙에 의하여 연납보험료를 구하는 것이 아니다.

$$_0L = 100000 v^{K+1} - P\ddot{a}_{\overline{K+1}|}, \qquad K = 0, 1, 2, \cdots$$

$$\Pr(_0L > 0) < 0.3$$

$$\Pr(100000 v^{K+1} - P\ddot{a}_{\overline{K+1}|} > 0) < 0.3$$

$_0L$이 0보다 크다는 것은 $K$가 $m$보다 작다는 것을 의미한다.

따라서

$\Pr(K < m) < 0.3$을 만족시키는 $m$의 값을 찾으면 된다.

$$\Pr(K < m) < 0.3 \Rightarrow \Pr(K \geq m) > 0.7$$

$$\Pr(K \geq m) = {}_mp_x = e^{-0.05m} > 0.7$$

$$m < \frac{\ln 0.7}{-0.05} = 7.13$$

따라서 $k = 7$

$$100000 v^8 - P\ddot{a}_{\overline{8}|} = 0$$

$$P = \frac{100000}{\ddot{s}_{\overline{8}|}} = \frac{100000}{\left(\dfrac{e^{0.8} - 1}{1 - e^{-0.1}}\right)} = 7764.95$$

$$(d = 1 - v = 1 - e^{-0.1})$$

이 문제의 과정을 거꾸로 생각하면 $P$의 값이 정해져야 문제의 그림을 정확히 그릴 수 있다. 즉, $P$의 값이 달라지면 그림도 ①, ②, ③ 등으로 달라진다. $K$는 확률분포를 가지므로 $K$가 $m$보다 작은 확률이 0.3이 되게 하는 $m$을 구할 수 있고 이것은 바로 $_0L$이 0보다 클 확률이 0.3이다. 이 과정의 순서를 반대로 추적한 것이 이 예제이다.                               ■

  피보험자 $(x)$, 보험금 연말급, 보험금 1,000원의 완전이산 종신보험의 연납순보험료를 $\pi(n)$으로 표시하기로 하자. 보험회사가 $n$개의 동일한 보험을 판매하였을 때 각각의 미래손실을 나타내는 확률변수를 ${}_0L_1, {}_0L_2, \cdots, {}_0L_n$($L_i$는 독립적이고 동질적 분포)으로 표시한다. $S$를 이와 같은 $n$개 보험의 미래손실의 합으로 정의한다. 즉,

$$S = \sum_{i=1}^{n} {}_0L_i$$

$\pi(n)$은 $S$가 0보다 클 확률이 0.05가 되게 하는 연납순보험료이다(즉, 수지상등의 원칙 $E({}_0L)=0$, $E(\sum_{i=1}^{n} {}_0L_i)=0$에 의하여 계산된 보험료가 아님). 다음의 자료를 이용하여 답하시오.

(i) $A_x = 0.125$          (ii) ${}^2A_x = 0.035$          (iii) $d = 0.05$

(iv) $\Pr(Z \ge 1.645) = 0.05$, 여기서 $Z$는 표준정규분포를 따르는 확률변수이다.

(a) 하나의 보험에 대한 보험가입시점에서의 보험회사의 미래손실을 나타내는 확률변수 ${}_0L$을 $\pi(n)$을 사용하여 나타내시오.

(b) $\pi(n)$을 사용하여 $E({}_0L)$과 $\mathrm{Var}({}_0L)$을 표시하시오.

(c) $n$을 사용하여 $\pi(n)$을 표시하시오.

(d) $H = \lim_{n \to \infty} \pi(n)$이라고 정의할 때 $H$를 구하시오. 수지상등의 원칙을 이용하여 구한 연납순보험료와 $H$가 일치함을 보이시오.

**풀이**

(a) ${}_0L = 1000v^{K+1} - \pi(n)\ddot{a}_{\overline{K+1}|}$

$\qquad = \left(1000 + \dfrac{\pi(n)}{d}\right)v^{K+1} - \dfrac{\pi(n)}{d}$

(b) $E({}_0L) = E\left[\left(1000 + \dfrac{\pi(n)}{d}\right)v^{K+1} - \dfrac{\pi(n)}{d}\right]$

$\qquad\qquad = \left(1000 + \dfrac{\pi(n)}{d}\right)A_x - \dfrac{\pi(n)}{d} = 125 - 17.5\pi(n)$

$\qquad \mathrm{Var}({}_0L) = \mathrm{Var}\left[\left(1000 + \dfrac{\pi(n)}{d}\right)v^{K+1} - \dfrac{\pi(n)}{d}\right] = \left(1000 + \dfrac{\pi(n)}{d}\right)^2 \mathrm{Var}(v^{K+1})$

$\qquad\qquad\quad = \left(1000 + \dfrac{\pi(n)}{d}\right)^2 [{}^2A_x - (A_x)^2] = [1000 + 20\pi(n)]^2 (0.019375)$

(c) $S = \sum_{i=1}^{n} {}_0L_i$, $E(S) = nE({}_0L)$, $\mathrm{Var}(S) = n\mathrm{Var}({}_0L)$

$\qquad \Pr(S > 0) = 0.05$

$$\Pr\left[\frac{S-E(S)}{SD(S)} > \frac{0-E(S)}{SD(S)}\right] = 0.05$$

$$\frac{0-E(S)}{\sqrt{\mathrm{Var}(S)}} = 1.645$$

$$\frac{0-\left(1000+\dfrac{\pi(n)}{d}\right)(n)A_x+\dfrac{\pi(n)}{d}n}{\sqrt{n}\left(1000+\dfrac{\pi(n)}{d}\right)\sqrt{^2A_x-(A_x)^2}} = 1.645$$

$$\pi(n) = \frac{1000\sqrt{n}\,\sqrt{^2A_x-(A_x)^2}\,(1.645)+(n)1000A_x}{n\left(\dfrac{1-A_x}{d}\right)-\dfrac{\sqrt{n}}{d}\sqrt{^2A_x-(A_x)^2}\,(1.645)}$$

$$= \frac{\dfrac{1}{\sqrt{n}}(1000)\sqrt{^2A_x-(A_x)^2}\,(1.645)+1000A_x}{\ddot{a}_x-\dfrac{1}{d\sqrt{n}}\sqrt{^2A_x-(A_x)^2}\,(1.645)} \qquad \cdots\cdots ①$$

$$= \frac{228.9743+125\sqrt{n}}{17.5\sqrt{n}-4.5794859}$$

(d) ①식에서 $n\to\infty$로 하면 ①로부터

$$H = \lim_{n\to\infty}\pi(n) = \frac{1000A_x}{\ddot{a}_x} = \frac{125}{17.5} = 7.14$$

$$1000P_x = \frac{1000A_x}{\ddot{a}_x} = \frac{125}{\left(\dfrac{1-0.125}{d}\right)} = 7.14 = H$$

따라서

$$H = 1000\,P_x$$

## 3. 연 $m$회 분할납 진보험료(평준인 경우)

여기에서 논의될 분할납 진보험료(分割納眞保險料)란 보험연도 중도에서 사망이 발생하는 경우 그 보험연도의 나머지의 보험료는 징수하지 아니하는 경우를 말하며 분할납 진보험료(true $m$thly payment premiums)에 대응되는 개념인 분할부납 보험료(分割賦納保險料 ; installment premium)는 나중에 설명될 것이다.

보험금 연말급인 종신보험의 보험료 납입방법이 1년 $m$회 분할납인 경우의 $_0L$은 다음과 같다.

$$_0L = v^{K+1} - \pi\,\ddot{a}^{(m)}_{\overline{K+\frac{J+1}{m}}|}, \quad \begin{matrix} J=0,\,1,\,\cdots,\,m-1 \\ K=0,\,1,\,2,\,\cdots \end{matrix} \tag{5.2.3.1}$$

수지상등의 원칙에 의하여

$$E(_0L) = E(v^{K+1}) - \pi E\left[\ddot{a}\,^{(m)}_{\overline{K+\frac{J+1}{m}}}\right] = 0 \tag{5.2.3.2}$$

따라서

$$\pi = P_x^{(m)} = \frac{A_x}{\ddot{a}\,_x^{(m)}} = \frac{M_x}{N_x^{(m)}} \tag{5.2.3.3}$$

보험금 사망즉시급인 종신보험의 보험료 납입방법이 1년 $m$회 분할납인 경우의 $_0L$ 은 다음과 같다.

$$_0L = v^T - \pi \ddot{a}\,^{(m)}_{\overline{K+\frac{J+1}{m}}} \quad \begin{matrix} J = 0,\ 1,\ \cdots,\ m-1 \\ K = 0,\ 1,\ \cdots \end{matrix} \tag{5.2.3.4}$$

수지상등의 원칙에 의하여

$$\pi = P^{(m)}(\bar{A}_x) = \frac{\bar{A}_x}{\ddot{a}\,_x^{(m)}} \tag{5.2.3.5}$$

이때 유의하여야 할 점은 $P_x^{(m)}$이나 $P^{(m)}(\bar{A}_x)$는 순보험료의 연액이다. 따라서 각각 $\frac{1}{m}$년마다 납입되는 보험료는 $\frac{1}{m}P_x^{(m)}$, $\frac{1}{m}P^{(m)}(\bar{A}_x)$이다.

분할납 진보험료를 보험금 연말급과 보험금 사망즉시급으로 나누어 표시하면 표 [5.2.3.1]과 같다.

표 [5.2.3.1]  분할납 진보험료

| 보험의 종류 | 보험금 연말급 (조합 4의 경우) | 보험금 사망즉시급 (조합 6의 경우) |
|---|---|---|
| 종신보험 | $P_x^{(m)} = \dfrac{A_x}{\ddot{a}\,_x^{(m)}}$ | $P^{(m)}(\bar{A}_x) = \dfrac{\bar{A}_x}{\ddot{a}\,_x^{(m)}}$ |
| $n$년만기 정기보험 | $P_{x:\overline{n}|}^{1\,(m)} = \dfrac{A_{x:\overline{n}|}^{1}}{\ddot{a}\,_{x:\overline{n}|}^{(m)}}$ | $P^{(m)}(\bar{A}_{x:\overline{n}|}^{1}) = \dfrac{\bar{A}_{x:\overline{n}|}^{1}}{\ddot{a}\,_{x:\overline{n}|}^{(m)}}$ |
| $n$년만기 생사혼합보험 | $P_{x.\overline{n}|}^{(m)} = \dfrac{A_{x:\overline{n}|}}{\ddot{a}\,_{x:\overline{n}|}^{(m)}}$ | $P^{(m)}(\bar{A}_{x:\overline{n}|}) = \dfrac{\bar{A}_{x:\overline{n}|}}{\ddot{a}\,_{x:\overline{n}|}^{(m)}}$ |
| $h$년납입 종신보험 | $_hP_x^{(m)} = \dfrac{A_x}{\ddot{a}\,_{x:\overline{h}|}^{(m)}}$ | $_hP^{(m)}(\bar{A}_x) = \dfrac{\bar{A}_x}{\ddot{a}\,_{x:\overline{h}|}^{(m)}}$ |
| $h$년납입 $n$년만기 생사혼합보험 | $_hP_{x:\overline{n}|}^{(m)} = \dfrac{A_{x:\overline{n}|}}{\ddot{a}\,_{x:\overline{h}|}^{(m)}}$ | $_hP^{(m)}(\bar{A}_{x:\overline{n}|}) = \dfrac{\bar{A}_{x:\overline{n}|}}{\ddot{a}\,_{x:\overline{h}|}^{(m)}}$ |

피보험자 (40), 보험금 1,000원의 종신보험에 대하여 보험료는 사망시까지 월납으로 납입될 때 다음의 각각의 경우의 월납순보험료를 구하시오(UDD 가정).

(a) 보험금 연말급의 경우($i=5\%$)　　　　(b) 보험금 사망즉시급의 경우($i=5\%$)

**풀이**

(a) $1000P_{40}^{(12)} = 1000\dfrac{A_{40}}{\ddot{a}_{40}^{(12)}}$

(i) UDD가정하에서

$\ddot{a}_{40}^{(12)} = \alpha(12)\ddot{a}_{40} - \beta(12)$

$i = 5\% = 0.05, \quad d = 1-v = 0.04761905$

$i^{(12)} = 12[(1+i)^{\frac{1}{12}}-1] = 0.04888949, \quad d^{(12)} = 12[1-v^{\frac{1}{12}}] = 0.04869111$

$\delta = \ln(1+i) = 0.04879016$

$\alpha(12) = \dfrac{i\cdot d}{i^{(12)}d^{(12)}} = 1.000197, \quad \beta(12) = \dfrac{i-i^{(12)}}{i^{(12)}d^{(12)}} = 0.46650606$

$\ddot{a}_{40} = 17.70424, \quad 1000A_{40} = 156.9411$

따라서

$\ddot{a}_{40}^{(12)} = 17.24122168$

$1000P_{40}^{(12)} = 9.10266702,$ 　월납순보험료 $= \dfrac{1000P_{40}^{(12)}}{12} = 0.75855559$

(ii) UDD가정이 아닌 전통적인 근사치

$\ddot{a}_{40}^{(12)} \fallingdotseq \ddot{a}_{40} - \dfrac{11}{24} = 17.24590667$

따라서 $1000P_{40}^{(12)} \fallingdotseq 9.10019421$

월납순보험료 $= \dfrac{9.10019421}{12} = 0.75834952$

(b) (i) UDD가정

$1000P^{(12)}(\bar{A}_{40}) = 1000\dfrac{\bar{A}_{40}}{\ddot{a}_{40}^{(12)}} = 1000\dfrac{\left(\dfrac{i}{\delta}\right)A_{40}}{\ddot{a}_{40}^{(12)}}$

$1000\dfrac{i}{\delta}A_{40} = 160.8327376$

$1000P^{(12)}(\bar{A}_{40}) = \left(\dfrac{i}{\delta}\right)1000P_{40}^{(12)} = 9.32838406$

따라서 월납순보험료 $= \dfrac{9.32838406}{12} = 0.77736534$

(ii) UDD가정이 아닌 전통적인 근사치

$$1000\bar{A}_{40} = 1000(1+i)^{\frac{1}{2}}A_{40} = 160.8167725$$

따라서

$$1000P^{(12)}(\bar{A}_{40}) = \frac{1000\left[(1+i)^{\frac{1}{2}}A_{40}\right]}{\ddot{a}_{40} - \dfrac{11}{24}} = 9.3249242$$

따라서 월납순보험료 = 0.77707702

UDD가정하나 전통적인 근사치나 큰 차이는 없다. 또 (a)보다는 (b)의 보험료가 큰데 이는 보험금의 현가가 (b)의 경우가 더 크기 때문이다.

예제에서 살펴본 바와 같이 연 $m$회 분할납 진보험료를 구할 때 제4장에서 고찰한 내용들이 전부 적용이 된다. 따라서 UDD가정하에서 연 $m$회 분할납 진보험료를 구할 수 있고 연 $m$회 분할납 진보험료의 전통적 근사치는 제5장 Ⅰ에서 이미 고찰되었다.

## 4. 연속납순보험료

### (1) 보험금 사망즉시급, 연속납보험료(조합 9)

피보험자 $(x)$, 보험금 사망즉시급인 종신보험의 보험료 납입형태가 사망시까지 연속납일 때(완전연속 종신보험) 보험회사의 미래손실을 나타내는 확률변수를 $_0L$이라고 하면

$$_0L = l(T) = v^T - \pi\,\bar{a}_{\overline{T}|} \tag{5.2.4.1}$$

$_0L = l(T)$를 그림으로 표시하면 그림 [5.2.4.1]과 같다.

그림 [5.2.4.1]에서 알 수 있듯이 $_0L = 0$이 되는 $T$의 값을 $t_0$라고 하면 피보험자가 $t_0$보다 빨리 사망할 때 $_0L$이 양수이고 피보험자가 $t_0$보다 늦게 사망할 때 $_0L$은 음수임을 알 수 있다.

수지상등의 원칙에 의하여

$$E(_0L) = E(v^T) - \pi\,E(\bar{a}_{\overline{T}|}) = 0 \tag{5.2.4.2}$$

따라서

$$\pi = \bar{P}(\bar{A}_x) = \frac{\bar{A}_x}{\bar{a}_x} = \frac{\bar{M}_x}{N_x} \tag{5.2.4.3}$$

그림 [5.2.4.1]   $_0L = l(T)$의 형태

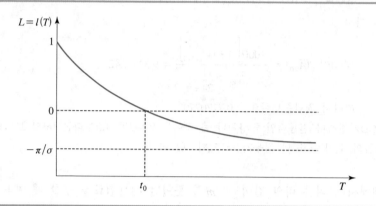

$_0L$의 분산을 구하여 보자.

$$\mathrm{Var}(_0L) = \mathrm{Var}(v^T - \bar{P}\bar{a}_{\overline{T}|})^{1)}$$

$$= \mathrm{Var}\left[v^T - \frac{\bar{P}(1-v^T)}{\delta}\right] \tag{5.2.4.4}$$

$$= \mathrm{Var}(v^T)\left(1 + \frac{\bar{P}}{\delta}\right)^2 \tag{5.2.4.5}$$

$$= [{}^2\bar{A}_x - (\bar{A}_x)^2]\left(1 + \frac{\bar{P}}{\delta}\right)^2 \tag{5.2.4.6}$$

$$= \frac{{}^2\bar{A}_x - (\bar{A}_x)^2}{(\delta\bar{a}_x)^2} \tag{5.2.4.7}$$

$$= \frac{{}^2\bar{A}_x - (\bar{A}_x)^2}{(1-\bar{A}_x)^2} \tag{5.2.4.8}$$

$n$년만기 생사혼합보험의 경우 $_0L$은

$$_0L = Z - \pi Y \tag{5.2.4.9}$$

여기서

$$Z = v^{\min(T,n)} = v^{T \wedge n} \tag{5.2.4.10}$$

---

1) $\bar{P}(\bar{A}_x)$를 여기서는 간단히 $\bar{P}$로 표시하기로 한다.

$$= \begin{cases} v^T, & T < n \\ v^n, & T \geq n \end{cases} \tag{5.2.4.11}$$

$$Y = \bar{a}_{\overline{\min(T,n)|}} = \bar{a}_{\overline{T \wedge n|}} \tag{5.2.4.12}$$

$$= \begin{cases} \bar{a}_{\overline{T|}}, & T < n \\ \bar{a}_{\overline{n|}}, & T > n \end{cases} \tag{5.2.4.13}$$

식 (5.2.4.11)과 식 (5.2.4.13)을 이용하면

$$_0L = v^{\min(T,n)} - \pi \bar{a}_{\overline{\min(T,n)|}} \tag{5.2.4.14}$$

$$= \begin{cases} v^T - \pi \bar{a}_{\overline{T|}} = \left(1 + \dfrac{\pi}{\delta}\right) v^T - \dfrac{\pi}{\delta}, & T < n \\ v^n - \pi \bar{a}_{\overline{n|}} = \left(1 + \dfrac{\pi}{\delta}\right) v^n - \dfrac{\pi}{\delta}, & T \geq n \end{cases} \tag{5.2.4.15}$$

수지상등의 원칙에 의하여

$$E(_0L) = E(Z) - \pi E(Y) = 0 \tag{5.2.4.16}$$

따라서

$$\pi = \bar{P}(\bar{A}_{x:\overline{n|}}) = \frac{\bar{A}_{x:\overline{n|}}}{\bar{a}_{x:\overline{n|}}} = \frac{\bar{M}_x - \bar{M}_{x+n} + D_{x+n}}{\bar{N}_x - \bar{N}_{x+n}} \tag{5.2.4.17}$$

$_0L$의 분산을 구해보면 $\pi$대신 구체적인 값인 $\bar{P}(\bar{A}_{x:\overline{n|}})$이 사용되어

$$\mathrm{Var}(_0L) = \mathrm{Var}\left[\left(1 + \frac{\bar{P}(\bar{A}_{x:\overline{n|}})}{\delta}\right) Z - \frac{\bar{P}(\bar{A}_{x:\overline{n|}})}{\delta}\right] \tag{5.2.4.18}$$

$$= \left(1 + \frac{\bar{P}(\bar{A}_{x:\overline{n|}})}{\delta}\right)^2 [^2\bar{A}_{x:\overline{n|}} - (\bar{A}_{x:\overline{n|}})^2] = \frac{^2\bar{A}_{x:\overline{n|}} - (\bar{A}_{x:\overline{n|}})^2}{(\delta \bar{a}_{x:\overline{n|}})^2} \tag{5.2.4.19}$$

보험금 사망즉시급, 연속납순보험료의 경우 식 (5.1.1.40)과 식 (5.1.1.45)와 같은 연납순보험료와 일시납순보험료의 관계를 구해보자.

식 (4.2.3.11)로부터

$$\delta \bar{a}_x + \bar{A}_x = 1 \tag{5.2.4.20}$$

식 (5.2.4.20)을 약간씩 변형하면 다음 식들을 얻는다.

$$\delta + \bar{P}(\bar{A}_x) = \frac{1}{\bar{a}_x} \tag{5.2.4.21}$$

$$\bar{P}(\bar{A}_x) = \frac{1}{\bar{a}_x} - \delta$$

$$= \frac{1 - \delta\bar{a}_x}{\bar{a}_x} \tag{5.2.4.22}$$

$$= \frac{\delta\bar{A}_x}{1 - \bar{A}_x} \tag{5.2.4.23}$$

식 (4.2.3.25)로부터

$$\delta\bar{a}_{x:\overline{n}|} + \bar{A}_{x:\overline{n}|} = 1 \tag{5.2.4.24}$$

식 (5.2.4.24)를 약간씩 변형하면 다음 식들을 얻는다.

$$\delta + \bar{P}(\bar{A}_{x:\overline{n}|}) = \frac{1}{\bar{a}_{x:\overline{n}|}} \tag{5.2.4.25}$$

$$\bar{P}(\bar{A}_{x:\overline{n}|}) = \frac{1}{\bar{a}_{x:\overline{n}|}} - \delta$$

$$= \frac{1 - \delta\bar{a}_{x:\overline{n}|}}{\bar{a}_{x:\overline{n}|}} \tag{5.2.4.26}$$

$$= \frac{\delta\bar{A}_{x:\overline{n}|}}{1 - \bar{A}_{x:\overline{n}|}} \tag{5.2.4.27}$$

피보험자 $(x)$, 보험금 사망즉시급, 연속납입 보험료일 때 각각의 보험에 대하여 $_0L$ 과 평준순보험료는 표 [5.2.4.1]과 같다.

표 [5.2.4.1]   연속납순보험료(조합 9의 경우)

| 보험의 종류 | 확률변수 $_0L$ | 연속납순보험료의 연액 |
|---|---|---|
| 종신보험 | $v^T - \pi\bar{a}_{\overline{T}\vert}$ | $\bar{P}(\bar{A}_x) = \dfrac{\bar{A}_x}{\bar{a}_x}$ |
| $n$년만기 정기보험 | $v^T - \pi\bar{a}_{\overline{T}\vert},\ T \le n$<br>$0 - \pi\bar{a}_{\overline{n}\vert},\ T > n$ | $\bar{P}(\bar{A}^{1}_{x:\overline{n}\vert}) = \dfrac{\bar{A}^{1}_{x:\overline{n}\vert}}{\bar{a}_{x:\overline{n}\vert}}$ |
| $h$년납입 종신보험 | $v^T - \pi\bar{a}_{\overline{T}\vert},\ T \le h$<br>$v^T - \pi\bar{a}_{\overline{h}\vert},\ T > h$ | $_h\bar{P}(\bar{A}_x) = \dfrac{\bar{A}_x}{\bar{a}_{x:\overline{h}\vert}}$ |
| $h$년납입 $n$년만기<br>생사혼합보험<br>$(h < n)$ | $v^T - \pi\bar{a}_{\overline{T}\vert},\ T \le h$<br>$v^T - \pi\bar{a}_{\overline{h}\vert},\ h < T \le n$<br>$v^n - \pi\bar{a}_{\overline{h}\vert},\ T > n$ | $_h\bar{P}(\bar{A}_{x:\overline{n}\vert}) = \dfrac{\bar{A}_{x:\overline{n}\vert}}{\bar{a}_{x:\overline{h}\vert}}$ |
| $n$년만기 생존보험 | $0 - \pi\bar{a}_{\overline{T}\vert},\ T \le n$<br>$v^n - \pi\bar{a}_{\overline{n}\vert},\ T > n$ | $\bar{P}(A_{x:\overline{n}\vert}^{\ \ 1}) = \dfrac{A_{x:\overline{n}\vert}^{\ \ 1}}{\bar{a}_{x:\overline{n}\vert}}$ |
| $n$년거치 종신연금 | $0 - \pi\bar{a}_{\overline{T}\vert},\ T \le n$<br>$\bar{a}_{\overline{T-n}\vert}v^n - \pi\bar{a}_{\overline{n}\vert},\ T > n$ | $\bar{P}(_{n\vert}\bar{a}_x) = \dfrac{A_{x:\overline{n}\vert}^{\ \ 1}\,\bar{a}_{x+n}}{\bar{a}_{x:\overline{n}\vert}}$ |

(2) 보험금 연말급, 연속납순보험료(조합 7)

보험료 납입이 예를 들어 매주 혹은 매일 납입될 경우 보험료를 연속납으로 생각하여 근사치를 구할 수 있다. 보험금 연말급, 보험금 1원의 종신보험의 보험료납입이 연속납일 때 순보험료의 연액을 $\bar{P}_x$로 나타낸다.

$$\bar{P}_x = \frac{A_x}{\bar{a}_x} = \frac{M_x}{\bar{N}_x} \tag{5.2.4.28}$$

이 경우(조합 7)는 보험금 연말급, 연 $m$회 분할납 진보험료(조합 4)의 보험료 형태인 $P^{(m)}$에서 $m \to \infty$인 경우이다. 따라서 $\bar{P}_x$의 근사치는 식 (5.1.2.4)를 이용하면 $\displaystyle\lim_{m\to\infty}\frac{m-1}{2m} = \frac{1}{2}$이므로

$$\bar{P}_x \fallingdotseq \frac{P_x}{1 - \dfrac{1}{2}(P_x + d)} \tag{5.2.4.29}$$

다른 보험의 형태도 쉽게 근사치를 구할 수 있다.

예제 5.2.4.1

피보험자 (50), $\delta = 0.05$, $s(x) = 1 - \dfrac{x}{100}$ 이고 보험금 1000원, 보험금 사망즉시급인 종신보험의 보험료 납입방법은 연속납입일 때

(a) 수지상등의 원칙을 이용하여(즉, $E({}_0L) = 0$) 순보험료의 연액인 $\pi_a$를 구하시오.

(b) $\pi_a$를 사용하였을 경우 ${}_0L = 1000v^T - \pi_a \bar{a}_{\overline{T}|}$ 가 된다. 이때 ${}_0L > 0$인 확률을 구하시오.

(c) 보험회사가 손실의 위험성을 줄이기 위하여 $\Pr({}_0L > 0) = 0.3$이 되게 보험료를 산정하려 할 때의 보험료 $\pi_b$를 구하시오.

풀이

(a) $\pi_a = \dfrac{1000\bar{A}_{50}}{\bar{a}_{50}} = \dfrac{1000\bar{A}_{50}}{\left(\dfrac{1 - \bar{A}_{50}}{\delta}\right)}$

$0 \le t < 50$에서 $T$는 $U(0, 50)$의 분포를 따르므로

$$\bar{A}_{50} = E(v^T) = \int_0^{50} e^{-0.05t} \frac{1}{50} dt = \frac{1}{50} \frac{1}{0.05} \int_0^{50} 0.05 e^{-0.05t} dt$$

$$= \frac{1}{2.5}[1 - e^{-0.05(50)}] = 0.367166$$

따라서

$\pi_a = 29.00966130$

(b) $\Pr[{}_0L > 0] = \Pr[1000v^T - \pi_a \bar{a}_{\overline{T}|} > 0]$

$$= \Pr\left[v^T\left(1000 + \frac{\pi_a}{\delta}\right) > \frac{\pi_a}{\delta}\right] = \Pr\left[T < \ln\left(\frac{\pi_a/\delta}{1000 + \pi_a/\delta}\right) \cdot \frac{1}{\ln v}\right]$$

$$= \Pr\left[T < (\ln 0.367166)\left(-\frac{1}{\delta}\right)\right] = \Pr[T < 20.03882440]$$

$T$는 $U(0, 50)$을 하므로

$$\Pr(T < 20.03882440) = \frac{1}{50}(20.03882440) = 0.40077649$$

(c) $\Pr({}_0L > 0) = \Pr[1000v^T - \pi_b \bar{a}_{\overline{T}|} > 0] = 0.3$

$$\Rightarrow \Pr\left[T < \ln\left(\frac{\pi_b/\delta}{1000 + \pi_b/\delta}\right) \cdot \left(\frac{1}{-\delta}\right)\right] = 0.3$$

$\ln\left(\dfrac{\pi_b/\delta}{1000 + \pi_b/\delta}\right) \cdot \left(\dfrac{1}{-\delta}\right) = t_b$라면 $T$는 $U(0, 50)$의 분포를 하므로 $\Pr[T < t_b] = 0.3$을 만족시키는 $t_b$는 15이다. 따라서

$t_b = 15$를 풀면 $\pi_b = 44.76$

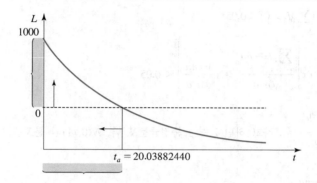

$t_a = 20.03882440$

따라서 보험회사가 보험료를 $\pi_a = 29.01$에서 $\pi_b = 44.76$으로 높이면 $\Pr({}_0L > 0)$이 0.4에서 0.3으로 줄어든다. 보험료를 올리지 않고 보험회사가 전체손실의 확률을 줄이는 방법은 보험회사가 많은 가입자를 모집하면 가능한데 이에 대하여는 다음 예제를 참고하기 바란다. 예제 (5.2.4.1)은 보험회사가 가입자 1명을 대상으로 하였을 때의 분석이다.

예제 5.2.4.2

예제 (5.2.4.1)에서 보험금 1원일 때 이번에는 보험회사가 $n$개의 보험증권을 판매(가입자가 $n$명)하였다. 각각의 가입자의 미래손실 확률변수를 ${}_0L_1, {}_0L_2, {}_0L_3, \cdots, {}_0L_n$이라고 할 때

$$\Pr\left(\sum_{i=1}^{n} {}_0L_i > 0\right) < 0.05 \tag{5.2.4.30}$$

를 만족시키는 보험료 $\pi$를 구하시오.

풀이

먼저 ${}_0L_i$의 분산을 구해 보자.

$$\begin{aligned}\mathrm{Var}({}_0L_i) = \sigma^2 &= \mathrm{Var}\left(v^T - \pi\frac{1-v^T}{\delta}\right)\\ &= \left(1+\frac{\pi}{\delta}\right)^2 [{}^2\bar{A}_x - (\bar{A}_x)^2]\end{aligned}$$

한편 $\sum_{i-1}^{n} {}_0L_i$는 중심극한정리에 의하여 정규분포를 따르므로

$$\sum_{i=1}^{n} {}_0L_i \sim N(n\mu,\ n\sigma^2)$$

$$\text{여기서}\ \mu = E({}_0L_i) = \bar{A}_x - \pi\bar{a}_x$$

$$\sigma^2 = \mathrm{Var}({}_0L_i)$$

따라서

$$\Pr\left(\sum_{i=1}^{n} {}_0L_i > 0\right) < 0.05$$

$$\Rightarrow \Pr\left[\frac{\sum_{i=1}^{n} {}_0L_i - n\mu}{\sqrt{n}\,\sigma} > \frac{0 - n\mu}{\sqrt{n}\,\sigma}\right] < 0.05$$

$$\frac{\sum_{i=1}^{n} {}_0L_i - n\mu}{\sqrt{n}\,\sigma} = Z$$ 라고 하면 $Z$는 표준정규분포 즉, $N(0,\,1)$의 분포를 따른다.

따라서

$$\frac{-n\mu}{\sqrt{n}\,\sigma} = 1.645$$

$$\Rightarrow \sqrt{n}\,(\pi\bar{a}_x - \bar{A}_x) = 1.645(1 + \pi/\delta)\sqrt{{}^2\bar{A}_x - (\bar{A}_x)^2}$$

따라서

$$\pi = \frac{\sqrt{n}\,\bar{A}_x + 1.645\sqrt{{}^2\bar{A}_x - (\bar{A}_x)^2}}{\sqrt{n}\,\bar{a}_x - \dfrac{1.645}{\delta}\sqrt{{}^2\bar{A}_x - (\bar{A}_x)^2}}$$

$$= \frac{\bar{A}_x + \left[1.645\sqrt{{}^2\bar{A}_x - (\bar{A}_x)^2}\,\right]/\sqrt{n}}{\bar{a}_x - \left[1.645\sqrt{{}^2\bar{A}_x - (\bar{A}_x)^2}\,\right]/\delta\sqrt{n}} \tag{5.2.4.31}$$

식 (5.2.4.31)로부터 다음과 같은 결과를 얻을 수 있다.

(i) $n$을 크게 하면 $\pi$는 작아진다. 즉, 보험회사가 보험을 많이 판매할수록 보험회사의 전체 미래손실(즉, $\sum {}_0L_i$)이 0보다 클 확률이 0.05보다 작게 하는 보험료를 인하할 수 있다. 이는 $n$이 클수록 위험이 작아지는 것을 의미한다.

(ii) 일반적으로 $\pi$는 $E({}_0L) = 0$이 되게 하는 $\bar{P}(\bar{A}_x)$보다 큰 것을 알 수 있다.

(iii) $n \to \infty$일 때 $\pi = \bar{P}(\bar{A}_x)$

(iv) $\Pr(\sum {}_0L_i > 0)$을 0.05보다 작게 하고 싶은 경우는 1.645의 값이 증가하므로 $\pi$를 높여야 한다.

**예제 5.2.4.3.**

피보험자 $(x)$, 보험금 100원인 완전연속 종신보험에 대하여 (a) $100\bar{P}(\bar{A}_x)$와 (b) ${}_0L$의 분산을 구하시오. 단, 모든 나이에 있어서 사력은 $\mu = 0.04$로 일정하고 $\delta = 0.06$ 이다.

**풀이**

(a) $\bar{A}_x = \displaystyle\int_0^\infty e^{-\delta t}\mu e^{-\mu t}\,dt = \frac{\mu}{\delta + \mu}\int_0^\infty (\delta + \mu)\,e^{-(\delta + \mu)t}\,dt = \frac{\mu}{\mu + \delta}$ $\qquad$ (5.2.4.32)

$$\bar{a}_x = \int_0^\infty e^{-\delta t}\, e^{-\mu t}\, dt = \frac{1}{\delta+\mu} \tag{5.2.4.33}$$

$$\bar{P}(\bar{A}_x) = \frac{\bar{A}_x}{\bar{a}_x} = \mu \tag{5.2.4.34}$$

따라서 $100\bar{P}(\bar{A}_x) = 100\mu = 4$

(b) $\mathrm{Var}(_0L) = \mathrm{Var}\left[100v^T\left(1+\frac{\bar{P}(\bar{A}_x)}{\delta}\right) - \frac{100\bar{P}(\bar{A}_x)}{\delta}\right]$

$$= 100^2\left(1+\frac{\bar{P}(\bar{A}_x)}{\delta}\right)^2 [^2\bar{A}_x - (\bar{A}_x)^2] = 100^2\left(\frac{1}{(\delta\,\bar{a}_x)^2}\right)[^2\bar{A}_x - (\bar{A}_x)^2]$$

여기서

$$^2\bar{A}_x = \int_0^\infty e^{-2\delta t}\mu e^{-\mu t}\, dt = \frac{\mu}{\mu+2\delta} \tag{5.2.4.35}$$

$$= \frac{0.04}{0.16} = 0.25$$

따라서

$$\mathrm{Var}(_0L) = (100^2)\frac{0.25-0.16}{(0.6)^2} = 2500$$

**예제 5.2.4.4**

다음의 자료를 이용하여 $\bar{P}(\bar{A}_x)$를 구하시오.

(i) 매 연령마다 UDD가정          (ii) $i = 0.05$

(iii) $\bar{s}_{\overline{1}} = 1.0248$          (iv) $\ddot{a}_x = 1.68$

**풀이**

UDD가정하에서 $\bar{A}_x = \frac{i}{\delta}A_x$

$$\bar{a}_x = \frac{1-\bar{A}_x}{\delta}, \quad \bar{a}_x = \frac{1-\frac{i}{\delta}A_x}{\delta}$$

$$\bar{P}(\bar{A}_x) = \frac{\left(\frac{i}{\delta}\right)A_x}{\frac{1}{\delta}\left[1-\left(\frac{i}{\delta}\right)A_x\right]} = \frac{iA_x}{1-\left(\frac{i}{\delta}\right)A_x} = \frac{iA_x}{1-\bar{s}_{\overline{1}}A_x} = \frac{0.05(1-d\ddot{a}_x)}{1-\bar{s}_{\overline{1}}(1-d\ddot{a}_x)}$$

$$= \frac{0.05\left[1-\left(\frac{0.05}{1.05}\right)1.68\right]}{1-1.0248\left[1-\left(\frac{0.05}{1.05}\right)1.68\right]} = 0.8044$$

예제 5.2.4.5

$s(x) = 1 - \dfrac{x}{90} \ (0 \le x \le 90)$, $\delta = 0$일 때, $x = 40$에서 $\dfrac{d}{dx}\bar{P}(\bar{A}_x)$를 구하시오.

풀이

$$\bar{a}_x = \int_0^{90-x} \frac{90-x-t}{90-x}\,dt = \frac{90-x}{2}$$

$$\frac{d}{dx}\bar{P}(\bar{A}_x) = \frac{d}{dx}\frac{\bar{A}_x}{\bar{a}_x} = \frac{d}{dx}\frac{2}{90-x} = 2(-1)(90-x)^{-2}(-1) = \frac{2}{(90-x)^2}$$

$x = 40$에서 구하는 값은 $\dfrac{2}{50^2} = \dfrac{1}{1250}$

## 5. 분할부납 보험료

앞에서 설명한 분할납 진보험료(true $m$thly payment premium; true fractional premium)와는 달리 보험연도의 중도에서 사망이 발생하는 경우에 그 보험연도의 나머지 보험료를 징수하는 것으로 하여 계산한 분할납보험료를 분할부납 보험료(分割賦納保險料 ; installment premium)라고 한다. 이 경우에 나머지 보험료는 보험금에서 공제하는 것이 보통이다. 분할부납 보험료를 두 가지 방법으로 유도하여 보자.

(1) 피보험자 $(x)$, 보험금 1원, 보험금 연말급인 보통종신보험의 연 $m$회납의 분할부납 순보험료의 연납입액을 $P_x^{[m]}$으로 표시한다. 보험연도의 초에 분할부납 순보험료의 현가는 연납보험료와 같아야 하므로

$$P_x = \frac{1}{m}P_x^{[m]}\sum_{t=0}^{m-1} v^{\frac{t}{m}} \tag{5.2.5.1}$$

$$\fallingdotseq \frac{1}{m}P_x^{[m]}\sum_{t=0}^{m-1}\left(1 - \frac{t}{m}d\right)$$

$$= P_x^{[m]}\left(1 - \frac{m-1}{2m}d\right) \tag{5.2.5.2}$$

따라서

$$P_x^{[m]} \fallingdotseq \frac{P_x}{1 - \dfrac{m-1}{2m}d} \tag{5.2.5.3}$$

식 (5.2.5.2)로부터

$$P_x^{[m]} \fallingdotseq P_x + \frac{m-1}{2m} P_x^{[m]} d \qquad (5.2.5.4)$$

식 (5.2.5.4)로부터

$$P_x^{[m]} > P_x$$

식 (5.2.5.4)와 식 (5.1.2.5)와 비교하면 사망으로 인한 결손은 없음을 알 수 있다. 같은 방법으로

$$_t P_x^{[m]} \fallingdotseq \frac{_t P_x}{1 - \dfrac{m-1}{2m} d} \qquad (5.2.5.5)$$

$$P_{x:\overline{n}|}^{[m]} \fallingdotseq \frac{P_{x:\overline{n}|}}{1 - \dfrac{m-1}{2m} d} \qquad (5.2.5.6)$$

$$_t P_{x:\overline{n}|}^{[m]} \fallingdotseq \frac{_t P_{x:\overline{n}|}}{1 - \dfrac{m-1}{2m} d} \qquad (5.2.5.7)$$

여기서 $P^{[m]}$은 연액이므로 매 $\dfrac{1}{m}$년 초에 납입되는 보험료는 $\dfrac{1}{m} P^{[m]}$이다.

    (2) 분할부납 보험료에 대하여는 피보험자가 사망한 보험연도의 미납보험료는 보통 사망보험금에서 차감되는데 사망이 1년을 통하여 균등하게 발생한다고 하면 평균하여 보험금에서 차감되는 보험료는 $\dfrac{m-1}{2m} P^{[m]}$(이자 고려 안함)이므로 보험금을 $1 - \dfrac{m-1}{2m} P^{[m]}$으로 하여 계산하면 된다. 따라서

$$P_x^{[m]} \fallingdotseq \frac{A_x \left(1 - \dfrac{m-1}{2m} P_x^{[m]}\right)}{\ddot{a}_x^{(m)}} \qquad (5.2.5.8)$$

$$= P_x^{(m)} \left(1 - \frac{m-1}{2m} P_x^{[m]}\right) \qquad (5.2.5.9)$$

식 (5.2.5.9)와 식 (5.1.2.4)로부터

$$P_x^{[m]} \fallingdotseq \frac{P_x}{1 - \dfrac{m-1}{2m} d} \qquad (5.2.5.10)$$

식 (5.2.5.10)으로부터

$$P_x^{[m]} \fallingdotseq P_x + \frac{m-1}{2m} P_x^{[m]} d \tag{5.2.5.11}$$

따라서 앞에서 설명한 것과 같은 결과를 얻는다.

## 6. 미사용보험료 반환부 보험

어떤 보험회사나 보험상품에서는 사망이 발생할 때 사망시부터 다음 보험료 납입시점까지의 기간에 해당하는 보험료를 반환해 주는 경우가 있다. 예를 들어 매 3개월마다 보험료를 납입하는 경우 보험료납입 후 1개월 만에 피보험자가 사망을 하였다면 3개월 보험료의 2/3를 사망보험금과 같이 지급한다. 실무상으로는 보통 보험료에 대한 이자를 고려하지 않으나 여기서는 학문적으로 이자를 포함하여 보험료가 반환되는 것으로 한다. 이런 종류의 보험료를 미사용보험료 반환부 보험(未使用保險料 返還賦保險)의 순보험료(apportionable premiums)라고 하며 제4장에서 설명된 단수기간 반환부 연금(apportionable annuities-due)의 이론이 그대로 적용이 된다.

보험료가 1년에 $m$회 납입될 때의 미사용보험료 반환부 보험의 순보험료를 $P^{\{m\}}$으로 나타내며 1년에 1번 납입될 때는 $P^{\{1\}}$으로 나타낸다. $P^{\{m\}}$은 보험료의 연액이며 $\frac{1}{m}$년마다 납입되는 보험료는 $\frac{1}{m} P^{\{m\}}$이다.

### (1) $\ddot{a}_{x:\overline{n}|}^{\{m\}}$를 이용한 접근방법

일반적인 경우를 고찰하기 위하여 $h$년납입 $n$년만기 생사혼합보험(보험금 사망 즉시급)을 가정할 때 $_hP^{\{m\}}(\bar{A}_{x:\overline{n}|})$은 제4장에서 고찰한 바를 따르면

$$_hP^{\{m\}}(\bar{A}_{x:\overline{n}|}) \, \ddot{a}_{x:\overline{h}|}^{\{m\}} = \bar{A}_{x:\overline{n}|} \tag{5.2.6.1}$$

따라서

$$_hP^{\{m\}}(\bar{A}_{x:\overline{n}|}) = \frac{\bar{A}_{x:\overline{n}|}}{\ddot{a}_{x:\overline{h}|}^{\{m\}}} \tag{5.2.6.2}$$

$$= \frac{\bar{A}_{x:\overline{n}|}}{(\delta/d^{(m)})\bar{a}_{x:\overline{h}|}} = \frac{d^{(m)}}{\delta} \, _h\bar{P}(\bar{A}_{x:\overline{n}|}) \tag{5.2.6.3}$$

$\dfrac{1}{m}$년마다 납입되는 보험료는

$$\frac{1}{m}\,_{h}P^{\{m\}}(\bar{A}_{x\,:\,\overline{n}|}) = \,_{h}\bar{P}(\bar{A}_{x\,:\,\overline{n}|})\,\frac{1-v^{\frac{1}{m}}}{\delta} = \,_{h}\bar{P}(\bar{A}_{x\,:\,\overline{n}|})\,\bar{a}_{\overline{1/m}|}$$

$$= \frac{1}{m}\,_{h}\bar{P}(\bar{A}_{x\,:\,\overline{n}|})\,\frac{d^{(m)}}{\delta} \tag{5.2.6.4}$$

특히 $m = 1$일 때

$$_{h}P^{\{1\}}(\bar{A}_{x\,:\,\overline{n}|}) = \,_{h}\bar{P}(\bar{A}_{x\,:\,\overline{n}|})\,\bar{a}_{\overline{1}|} = \bar{P}(\bar{A}_{x\,:\,\overline{n}|})\,\frac{d}{\delta} \tag{5.2.6.5}$$

식 (5.2.6.4)와 식 (5.2.6.5)의 의미는 미사용보험료 반환부 보험의 순보험료는 보험금 사망즉시급, 연속납보험료(이런 형태를 fully continuous premiums라고 한다)인 순보험료의 연액 [즉, $_{h}\bar{P}(\bar{A}_{x\,:\,\overline{n}|})$]의 현가를 의미하는데 이때 현가를 평가하는 시점은 각각의 보험료 납입기간의 초에 해당하고 현가를 구할 때는 이자만이 고려된 경우이다.

식 (5.2.6.5)에서 $h$와 $n$을 $\infty$로 하면

$$P^{\{1\}}(\bar{A}_{x}) = \bar{P}(\bar{A}_{x})\,\bar{a}_{\overline{1}|} = \bar{P}(\bar{A}_{x})\,\frac{d}{\delta} \tag{5.2.6.6}$$

(2) 확률변수와 $\bar{A}^{PR}$를 이용한 방법

(a) 우선 $P^{\{1\}}(\bar{A}_{x})$에 대하여 조금 더 고찰하기로 한다. 사망시점에서 사용되지 않은 보험료가 반환(refund of unused premiums)되는 금액의 현가를 $Z^{PR}$라는 확률변수로 나타내면 제4장에서 고찰한 바와 같이

$$Z^{PR} = \frac{\delta}{d}P^{\{1\}}(\bar{A}_{x}) \cdot \bar{a}_{\overline{K+1-T}|} \cdot v^{T} \tag{5.2.6.7}$$

$$= \frac{P^{\{1\}}(\bar{A}_{x})}{d}(v^{T} - v^{K+1}) \tag{5.2.6.8}$$

$Z^{PR}$의 기대값을 구하면

$$E(Z^{PR}) = \bar{A}_{x}^{PR} \tag{5.2.6.9}$$

$$= \frac{P^{\{1\}}(\bar{A}_{x})}{d}(\bar{A}_{x} - A_{x}) \tag{5.2.6.10}$$

$$= \frac{P^{\{1\}}(\bar{A}_x)}{d}(d\ddot{a}_x - \delta\bar{a}_x)$$

$$= P^{\{1\}}(\bar{A}_x)\left(\ddot{a}_x - \frac{\delta}{d}\bar{a}_x\right) \tag{5.2.6.11}$$

$$= P^{\{1\}}(\bar{A}_x)(\ddot{a}_x - \ddot{a}_x^{\{1\}}) \tag{5.2.6.12}$$

식 (5.2.6.12)를 정리하면

$$P^{\{1\}}(\bar{A}_x)\ddot{a}_x = P^{\{1\}}(\bar{A}_x)\ddot{a}_x^{\{1\}} + \bar{A}_x^{PR} \tag{5.2.6.13}$$

사망시점에서 사용되지 않은 보험료가 반환된다는 것은 원래의 보험(즉, $\bar{A}_x$에 해당) 외에도 반환되는 보험료만큼의 추가보험(즉, $\bar{A}_x^{PR}$에 해당)을 $P^{\{1\}}(\bar{A}_x)\ddot{a}_x$(수입)로 충당하여야 한다는 것을 의미한다.

$$P^{\{1\}}(\bar{A}_x)\ddot{a}_x = \bar{A}_x + \bar{A}_x^{PR} \tag{5.2.6.14}$$

$$= \bar{A}_x + P^{\{1\}}(\bar{A}_x)\left(\ddot{a}_x - \frac{\delta}{d}\bar{a}_x\right) \tag{5.2.6.15}$$

식 (5.2.6.15)를 정리하면

$$P^{\{1\}}(\bar{A}_x) = \frac{d}{\delta}\bar{P}(\bar{A}_x) = \bar{a}_{\overline{1|}}\bar{P}(\bar{A}_x) \tag{5.2.6.16}$$

임을 알 수 있고 이는 식 (5.2.6.6)과 일치한다. 식 (5.2.6.14)와 식 (5.2.6.13)을 비교하면 다음을 알 수 있다.

$$P^{\{1\}}(\bar{A}_x)\ddot{a}_x^{\{1\}} = \bar{A}_x \tag{5.2.6.17}$$

사망시 반환되는 보험료에 상당하는 보험금에 대한 연납보험료[즉, $P(\bar{A}_x^{PR})$]는 결국 $P^{\{1\}}(\bar{A}_x)$와 $P(\bar{A}_x)$의 차이에 해당한다. 식 (5.2.6.14)를 $\ddot{a}_x$로 나누면

$$P(\bar{A}_x^{PR}) = P^{\{1\}}(\bar{A}_x) - P(\bar{A}_x) \tag{5.2.6.18}$$

또

$$P(\bar{A}_x^{PR}) = \frac{\bar{A}_x^{PR}}{\ddot{a}_x} = \frac{\bar{P}(\bar{A}_x)(\bar{A}_x - A_x)}{\delta\ddot{a}_x} \tag{5.2.6.19}$$

식 (5.2.6.5)와 식 (5.2.6.6)으로부터

$$_h\bar{P}(\bar{A}_{x:\overline{n}|}) > _hP^{\{1\}}(\bar{A}_{x:\overline{n}|}) \tag{5.2.6.20}$$

$$\bar{P}(\bar{A}_x) > P^{\{1\}}(\bar{A}_x) \tag{5.2.6.21}$$

지금까지의 내용을 정리하면 다음 두 식과 같다. 그 의미를 이해하기 바란다.

$$P^{\{1\}}(\bar{A}_x)\,\ddot{a}_x = \bar{A}_x + \bar{A}_x^{PR}$$

$$P^{\{1\}}(\bar{A}_x)\,\ddot{a}_x^{\{1\}} = \bar{A}_x$$

(b) $P^{\{m\}}(\bar{A}_x)$에 대하여도 같은 논리로 전개할 수 있다. 즉,

$$P^{\{m\}}(\bar{A}_x) - P^{(m)}(\bar{A}_x) = P^{(m)}(\bar{A}_x^{PR}) \tag{5.2.6.22}$$

가 성립됨을 알 수 있다. 이 경우에서도 $Z^{PR}$를 정의하여서 $P^{\{m\}}(\bar{A}_x)$도 구할 수 있는데 상세한 것은 연습문제 (5.2)의 문제 56번을 참고하기 바란다.

(c) 보다 일반적인 경우로 $_hP^{\{m\}}(\bar{A}_{x:\overline{n}|})$를 구할 때도 $Z^{PR}$라는 확률변수를 정의하여 $E(Z^{PR})$를 구하고

$$_hP^{\{m\}}(\bar{A}_{x:\overline{n}|})\,\ddot{a}_{x:\overline{h}|}^{(m)} = \bar{A}_{x:\overline{n}|} + E(Z^{PR}) \tag{5.2.6.23}$$

을 이용하여 $_hP^{\{m\}}(\bar{A}_{x:\overline{n}|})$을 구할 수 있다. 상세한 것은 연습문제 (5.2)의 문제 57번을 참고하기 바란다.

(예제 5.2.6.1)

피보험자 (40), 보험금 10,000원, 보험금 사망즉시급인 종신보험에 대하여 다음 각 각의 경우의 보험료를 구하시오(UDD가정, $i = 5\%$).

(a) 전기납입 연납순보험료

(b) 전기납입 월납순보험료

(c) 전기납입 미사용보험료 반환부 보험의 연납순보험료

(d) 전기납입 미사용보험료 반환부 보험의 월납순보험료

풀이

(a) 연납순보험료를 NAP(net annual premium)라고 하면

$$\mathrm{NAP} = 10000P(\bar{A}_{40}) = 10000\,\frac{\bar{A}_{40}}{\ddot{a}_{40}} = 10000\,\frac{i}{\delta}\,\frac{A_{40}}{\ddot{a}_{40}}$$

$$= 10000(1.02479672)\left(\frac{0.1569411}{17.70424}\right) = 90.84418451$$

(b) 월납보험료를 NMP라고하면(net monthly premium)

$$12 \cdot \text{NMP} = 10000 P^{(12)}(\bar{A}_{40}) = 100000 \frac{(i/\delta)A_{40}}{\alpha(12)\ddot{a}_{40} - \beta(12)}$$

$$= 10000 \cdot \frac{(1.02479672)(0.1569411)}{(1.00019701)(17.70424) - (0.46650802)}$$

$$= 93.28384274$$

따라서 NMP = 7.77365356

(c) $\text{NAP} = 10000 P^{(1)}(\bar{A}_{40}) = 10000 \, \frac{d}{\delta} \, \frac{\bar{A}_{40}}{\bar{a}_{40}}$

$$= 10000 \left(\frac{d}{\delta}\right)\left(\frac{i}{\delta}\right) \frac{A_{40}}{\alpha(\infty)\ddot{a}_{40} - \beta(\infty)} = 91.26520662$$

(d) $12 \cdot \text{NMP} = 10000 P^{\{12\}}(\bar{A}_{40}) = 10000 \, \frac{d^{(12)}}{\delta} \, \frac{\bar{A}_{40}}{\bar{a}_{40}} = 93.3198871$

NMP = 7.77665726

(a)와 (c)를 비교하면 예상대로 (c)가 크고 (b)와 (d)를 비교하면 (d)가 크다. 또 순보험료의 연액을 기준으로 할 때 (a) < (b), (c) < (d)임을 알 수 있다.

예제 5.2.6.2

피보험자 (40), 보험금 10,000원의 반연속 종신보험은 사망시에 영업보험료 $G$의 미사용 보험료가 반환된다. 이때의 연납순보험료를 $\pi$라고 할 때 $\pi$를 구하시오. 단, $G = 1.1\pi$이다.

풀이

$G = c\,\bar{a}_{\overline{1}|} = c\frac{d}{\delta}$   따라서 $c = \frac{\delta}{d}\,G$

반환보험료 $= c\,\bar{a}_{\overline{K+1-T}|}$

반환보험료의 현가 $= c\,\bar{a}_{\overline{K+1-T}|}\,v^T = \frac{G}{d}(v^T - v^{K+1})$

반환보험료의 APV $= \frac{G}{d}(\bar{A}_x - A_x) = \frac{G}{d}(d\ddot{a}_x - \delta\bar{a}_x) = G\left(\ddot{a}_x - \frac{\delta}{d}\bar{a}_x\right)$

따라서

$$\pi\ddot{a}_{40} = 10000\bar{A}_{40} + (\text{반환보험료의 APV})$$

$$= 10000\bar{A}_{40} + G\left(\ddot{a}_{40} - \frac{\delta}{d}\bar{a}_{40}\right) = 10000\bar{A}_{40} + 1.1\pi\left(\ddot{a}_{40} - \frac{\delta}{d}\bar{a}_{40}\right)$$

따라서

$$\pi = \frac{10000\bar{A}_{40}}{\frac{\delta}{d}\bar{a}_{40} - 0.1\ddot{a}_{40}} = \frac{1726.109455}{10.70776231} = 161.2016970$$

예제 (5.2.6.1)의 (c)와 비교하기 바란다.

(3) 간편한 근사치

미사용보험료 반환부 보험의 순보험료를 직관적으로 알기 쉽게 설명해 보기로 한다. 미사용된 보험료가 반환된다는 것은 대략적으로 평균 $\frac{1}{2m}P^{\{m\}}$이 사망보험금에 가산되어 지급되는 것을 말한다. 따라서 보통종신보험의 경우

$$P_x^{\{m\}} \fallingdotseq \frac{A_x\left(1 + \frac{1}{2m}P_x^{\{m\}}\right)}{\ddot{a}_x^{(m)}} \tag{5.2.6.24}$$

$$= P_x^{(m)}\left(1 + \frac{1}{2m}P_x^{\{m\}}\right) \tag{5.2.6.25}$$

식 (5.1.2.5)를 이용하면 식 (5.2.6.25)는

$$P_x^{\{m\}} \fallingdotseq \frac{P_x}{1 - \frac{m-1}{2m}d - \frac{1}{2}P_x} \tag{5.2.6.26}$$

$m = 1$인 경우는

$$P_x^{\{1\}} \fallingdotseq \frac{P_x}{1 - \frac{1}{2}P_x} \tag{5.2.6.27}$$

식 (5.2.6.26)을 변형하면

$$P_x^{\{m\}} \fallingdotseq P_x + \frac{m-1}{2m}P_x^{\{m\}}d + \frac{1}{2}P_x^{\{m\}}P_x \tag{5.2.6.28}$$

연납순보험료 $P_x$를 기준으로 생각할 때 피보험자가 사망하는 해의 보험료의 손실에 대한 소정은 $\frac{1}{2}P_x^{\{m\}}$에 대한 연납보험료임을 식 (5.2.6.28)에서 알 수 있다. 따라서 피보험자가 사망하는 해의 보험료의 손실의 근사치인 $\frac{1}{2}P^{\{m\}}$은 보험료 지급기간 동안의 정기보험에 의하여 충당된다. 다음과 같은 근사치공식도 이를 반영한다.

$$P_{x:\overline{n|}}^{\{m\}} \fallingdotseq \frac{P_{x:\overline{n|}}}{1 - \dfrac{m-1}{2m}d - \dfrac{1}{2}P_{x:\overline{n|}}^1} \tag{5.2.6.29}$$

$$_tP_x^{\{m\}} \fallingdotseq \frac{_tP_x}{1 - \dfrac{m-1}{2m}d - \dfrac{1}{2}P_{x:\overline{t|}}^1} \tag{5.2.6.30}$$

예제 5.2.6.3

다음 보험료들의 크기를 비교하고 그 이유를 말로 설명하시오.

$$P^{(2)}(\bar{A}_{40:\overline{25|}}), \ \bar{P}(\bar{A}_{40:\overline{25|}}), \ P^{\{4\}}(\bar{A}_{40:\overline{25|}}), \ P(\bar{A}_{40:\overline{25|}}), \ P^{\{12\}}(\bar{A}_{40:\overline{25|}})$$

풀이

$P < P^{(2)}$ : 식 (5.1.2.5) 참조. 이자와 사망의 결손으로 인하여 $P^{(2)}$가 $P$보다 커야 한다.

$P^{(2)} < P^{\{4\}}$ : 식 (5.2.6.22) 참조. 사망시 일종의 사망보험금을 $P^{\{4\}}$는 포함하고 있다. 또 이자의 결손도 있다.

$P^{\{4\}} < P^{\{12\}}$ : 이자의 결손을 고려하면 $P^{(2)}$가 크다. $i > \delta > d^{(12)} > d^{(4)}$이므로

$$\ddot{a}_x > \ddot{a}_x^{(4)} > \ddot{a}_x^{(12)} > \bar{a}_x$$가 성립한다. 이것은

$$P(\bar{A}_{40:\overline{25|}}) < P^{\{4\}}(\bar{A}_{40:\overline{25|}}) < P^{\{12\}}(\bar{A}_{40:\overline{25|}}) < \bar{P}(\bar{A}_{40:\overline{25|}})$$를 의미한다.

$P^{\{12\}} < \bar{P}$ : 이자의 결손을 고려하면 $\bar{P}$가 크다.

종합하면

$$P < P^{(2)} < P^{\{4\}} < P^{\{12\}} < \bar{P}$$

## 7. 보험료 반환부 정기보험과 생사혼합보험의 보험료

### (1) 보험료 반환부 정기보험

### (a) $i$와 $j$가 다를 때

제$t$연도에 사망하면 납입한 평준순보험료의 $t$배를 이자없이 반환해 주는 보험에 대하여는 제5장 I에서 이미 고찰하였다. 여기서는 $t$연도에 사망하면 납입된 평준순보험료들을 이자율 $j$로(보험료 계산시 사용되는 이자율은 $i$이다) 적립해서 사망연도말에 반환해주는 정기보험을 고려해 보자.

가장 기본적인 경우로서 보험료가 매년 1원씩 납입되는 경우를 가정하면 $k+1$년의 사망보험금은 $\ddot{s}_{\overline{k+1|}}$이다. 이와 같은 보험의 현가확률변수를 $W$라고 표시하면

$$W = \begin{cases} v^{K+1}\ddot{s}_{\overline{K+1|}j} = \dfrac{1}{d_{(j)}}[v^{K+1}(1+j)^{K+1} - v^{K+1}], & 0 \le K < n \\ 0, & K \ge n \end{cases} \tag{5.2.7.1}$$

여기서 $d_{(j)}$는 이자율 $j$에 상등한(equivalent) 할인율을 나타내며 $v^{K+1}$에 사용된 이자율은 $i$이다.

$W$의 기대값을 구하면 일시납순보험료가 된다.

$$\text{NSP} = E(W) = \frac{A'^{1}_{x:\overline{n}|} - A^{1}_{x:\overline{n}|}}{d_{(j)}} \tag{5.2.7.2}$$

여기서 $A'^{1}_{x:\overline{n}|}$은 이자율 $i' = (i-j)/(1+j)$로 계산된 것을 의미한다.

만일 $i=j$라면

$$E(W) = \frac{{}_{n}q_{x} - A^{1}_{x:\overline{n}|}}{d} \tag{5.2.7.3}$$

$$= \frac{1 - {}_{n}p_{x} - A_{x:\overline{n}|} + v^{n}{}_{n}p_{x}}{d}$$

$$= \ddot{a}_{x:\overline{n}|} - {}_{n}p_{x}\,\ddot{a}_{\overline{n}|} \tag{5.2.7.4}$$

$$= \ddot{a}_{x:\overline{n}|} - {}_{n}E_{x}\,\ddot{s}_{\overline{n}|} \tag{5.2.7.5}$$

(예제 5.2.7.1)

피보험자 $(x)$, $n$년만기 생존보험에서 $t$연도에 사망하면 납입된 연납평준순보험료가 이자율 $j$로 적립되어 사망연도말에 지급된다고 할 때 연납평준순보험료 $P$를 구하시오. 단, 생존보험금은 1원이다(보험료 계산은 $i$로 함).

**풀이**

$t$연도($k+1$연도)의 말에 사망보험금은 $\ddot{s}_{\overline{t}|j}(=\ddot{s}_{\overline{k+1}|j})$이므로

$$P\ddot{a}_{x:\overline{n}|} = (P\ddot{s}_{\overline{1}|j}\,vq_{x} + P\ddot{s}_{\overline{2}|j}\,v\,{}_{1|}q_{x} + \cdots + P\ddot{s}_{\overline{n}|j}\,v^{n}\,{}_{n-1|}q_{x}) + A^{1}_{x:\overline{n}|}$$

따라서

$$P = \frac{A^{1}_{x:\overline{n}|}}{\ddot{a}_{x:\overline{n}|} - \sum_{t=1}^{n}\ddot{s}_{\overline{t}|j}\,v^{t}\,{}_{t-1|}q_{x}}$$

만일 $i=j$라면 분모는 $\ddot{a}_{\overline{n}|}\,{}_{n}p_{x}$가 된다(다음 페이지의 $E(Y_{1})$을 참조).

(b) $i$와 $j$가 같을 때

보험료 산정시 사용되는 이자율 $i$와 반환되는 보험료의 적립시 사용되는 이자율 $j$가 같을 때 일시납순보험료를 계산하기 위한 현가확률변수 $W$는 연납보험료가 1원인 경우

다음과 같다.

$$W = \begin{cases} \ddot{a}_{\overline{K+1}}, & K = 0, 1, \cdots, n-1 \\ 0, & K = n, n+1, \cdots \end{cases} \tag{5.2.7.6}$$

식 (5.2.7.6)은 다음과 같이 변형이 가능하다.

$$W = \begin{cases} \ddot{a}_{\overline{K+1}} - 0, & K = 0, 1, \cdots, n-1 \\ \ddot{a}_{\overline{n}} - \ddot{a}_{\overline{n}}, & K = n, n+1, \cdots \end{cases} \tag{5.2.7.7}$$

식 (5.2.7.7)로부터 새로운 두 개의 현가확률변수 $Y_1$, $Y_2$를 정의하면

$$Y_1 = \begin{cases} \ddot{a}_{\overline{K+1}}, & K = 0, 1, \cdots, n-1 \\ \ddot{a}_{\overline{n}}, & K = n, n+1, \cdots \end{cases} \tag{5.2.7.8}$$

$$Y_2 = \begin{cases} 0, & K = 0, 1, \cdots, n-1 \\ \ddot{a}_{\overline{n}}, & K = n, n+1, \cdots \end{cases} \tag{5.2.7.9}$$

따라서 $W$는

$$W = Y_1 - Y_2 \tag{5.2.7.10}$$

$W$의 기대값을 구하면(예제 (5.2.7.5)를 참조)

$$E(W) = E(Y_1) - E(Y_2)$$
$$= \ddot{a}_{x:\overline{n}} - \ddot{s}_{\overline{n}} \, {}_nE_x \tag{5.2.7.11}$$

---

예제 5.2.7.2

피보험자 $(x)$, 보험료 납입기간은 $n$년일 때 어떤 보험의 사망보험금은 보험료 납입기간 중에 피보험자가 사망하면 이미 납입된 연납순보험료가 사망연도말에 지급되고 보험료 납입기간 후에 피보험자가 사망하면 1,000원의 보험금이 연말급으로 지급된다. 이런 보험의 연납순보험료(NAP)를 다음의 경우에 구하시오.
(a) 납입된 연납순보험료가 이자 없이 반환될 때
(b) 납입된 연납순보험료가 이자율 $i$(보험료 계산시 사용되는 이자율)로 적립될 때

**풀이**

(a) NAP를 $\pi$ 라고 하면

$$\pi\ddot{a}_{x:\,\overline{n}|} = 1000\,{}_{n|}A_x + \pi\,(IA)^1_{x:\,\overline{n}|}$$

따라서

$$\pi = \frac{1000\,{}_{n|}A_x}{\ddot{a}_{x:\,\overline{n}|} - (IA)^1_{x:\,\overline{n}|}}$$

(b) $\pi\ddot{a}_{x:\,\overline{n}|} = 1000\,{}_{n|}A_x + \pi\,(\ddot{a}_{x:\,\overline{n}|} - \ddot{s}_{\,\overline{n}|}\,{}_nE_x)$

따라서

$$\pi = \frac{1000\,{}_{n|}A_x}{\ddot{s}_{\,\overline{n}|}\,{}_nE_x} = \frac{1000A_{x+n}}{\ddot{s}_{\,\overline{n}|}}$$

마지막 식은 다음과 같이 나타낼 수 있다.

$$\pi\ddot{s}_{\,\overline{n}|} = 1000A_{x+n}$$

따라서 이런 보험은 $x+n$ 시점까지 생존한 사람이 자기의 구좌에서 보험금 1,000원의 종신보험을 $x+n$ 세에 구입하는 것을 의미한다.

---

**예제 5.2.7.3**

예제 (5.2.7.2)의 (b)에서 보험금 사망즉시급일 때의 연납순보험료를 구하시오.

**풀이**

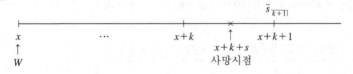

보험료 반환부 정기보험의 확률변수 $W$는 이자율 $i$로 적립된 보험료가 사망 즉시 지급될 때

$$W = \begin{cases} \ddot{s}_{\,\overline{K+1}|}\,v^{1-S}\,v^{K+S} = \ddot{a}_{\,\overline{K+1}|}, & T < n\,(K=0,\,1,\,\cdots,\,n-1) \\ 0, & T \ge n\,(K=n,\,n+1,\,\cdots) \end{cases}$$

따라서 이 경우의 $W$도 식 (5.2.7.6)과 같으므로 $E(W) = $ NSP도 같음을 알 수 있다. 그러므로

$$\pi\ddot{a}_{x:\,\overline{n}|} = 1000\,{}_{n|}\bar{A}_x + \pi\,(\ddot{a}_{x:\,\overline{n}|} - \ddot{s}_{\,\overline{n}|}\,{}_nE_x)$$

$\pi$는

$$\pi = \frac{1000\,{}_{n|}\bar{A}_x}{\ddot{s}_{\,\overline{n}|}\cdot{}_nE_x} = \frac{1000\bar{A}_{x+n}}{\ddot{s}_{\,\overline{n}|}}$$

마지막 식은

$$\pi\ddot{s}_{\,\overline{n}|} = 1000\bar{A}_{x+n}$$

이므로 예제 (5.2.7.2)의 (b)와 같은 해석이 가능하다.

<hr/>

예제 5.2.7.4

피보험자 $(x)$, $n$년거치 종신연금의 지급액은 월 1,000원이다. 이 연금에 대한 보험료가 처음 $n$년간 연납으로 납입될 때 다음 각각의 경우 연납순보험료를 구하시오.

(a) 보험료 납입기간 중에 피보험자가 사망하면 연납보험료가 이자율 $i$로 적립되어 사망연도말에 지급될 때

(b) 보험료 납입기간 중에 피보험자가 사망하면 연납순보험료가 이자율 $i$로 적립되어 사망연도말에 지급되고 추가로 12,000원의 보험금이 사망연도말에 지급될 때

(c) 보험료 납입기간 중에 피보험자가 사망하면 연납영업보험료 $G$가 이자율 $i$로 적립되어 사망연도말에 지급될 때(단, 연납영업보험료는 연납순보험료의 120%임)

**풀이**

(a) 연납순보험료를 $\pi_a$라면

$$\pi_a \ddot{a}_{x:\overline{n}|} = 12000\,_{n|}\ddot{a}_x^{(12)} + \pi_a(\ddot{a}_{x:\overline{n}|} - \ddot{s}_{\overline{n}|}\,_nE_x)$$

따라서

$$\pi_a = \frac{12000\,_nE_x\,\ddot{a}_{x+n}^{(12)}}{\ddot{s}_{\overline{n}|}\,_nE_x} = \frac{12000\ddot{a}_{x+n}^{(12)}}{\ddot{s}_{\overline{n}|}}$$

(a)와 같은 형태를 savings plan이라고 한다.

(b) 연납순보험료를 $\pi_b$라면

$$\pi_b \ddot{a}_{x:\overline{n}|} = 12000\,_{n|}\ddot{a}_x^{(12)} + 12000A_{x:\overline{n}|}^{\,1} + \pi_b(\ddot{a}_{x:\overline{n}|} - \ddot{s}_{\overline{n}|}\,_nE_x)$$

따라서

$$\pi_b = \frac{12000(_nE_x\,\ddot{a}_{x+n}^{(12)} + A_{x:\overline{n}|}^{\,1})}{\ddot{s}_{\overline{n}|}\,_nE_x} = \frac{12000(\ddot{a}_{x+n}^{(12)} + \,_nk_x)}{\ddot{s}_{\overline{n}|}}$$

마지막 식이 의미하는 것은 (a)와는 달리 생존한 사람들은 보험의 대가로 12,000원의 사망보험금에 대한 보험비용이 들었음을 의미한다.

(c) 연납순보험료를 $\pi_c$라면

$G = 1.2\pi_c$이므로

$$\pi_c \ddot{a}_{x:\overline{n}|} = 12000\,_{n|}\ddot{a}_x^{(12)} + G(\ddot{a}_{x:\overline{n}|} - \ddot{s}_{\overline{n}|}\,_nE_x)$$

따라서

$$\pi_c = \frac{12000\,_{n|}\ddot{a}_x^{(12)}}{\left(\frac{12}{10}\right)\ddot{s}_{\overline{n}|}\,_nE_x - \left(\frac{2}{10}\right)\ddot{a}_{x:\overline{n}|}} = \frac{12000\,_{n|}\ddot{a}_x^{(12)}}{\ddot{s}_{\overline{n}|}\,_nE_x - \left(\frac{2}{10}\right)(\ddot{a}_{x:\overline{n}|} - \ddot{s}_{\overline{n}|}\,_nE_x)}$$

마지막 식을 (a)와 비교하면 $\pi_c$가 $\pi_a$보다 큼을 알 수 있다. $\pi_c$를 구하는 식의 분모를 각자 음미하기 바란다.

### (2) 생사혼합보험 보험료의 분해

피보험자 $(x)$가 1원의 생사혼합보험을 구입하는 경우의 연납순보험료는 $P_{x:\overline{n}|}$이다. 이 생사혼합보험과 동일한 급부를 제공하게 하는 두 가지 형태의 조합을 생각해 보자.

(i) 매년초에 $\dfrac{1}{\ddot{s}_{\overline{n}|}}$씩을 $n$년간 적립하는 적금형태

(ii) $k+1$연도에 사망하면 사망보험금이

$$1 - \frac{\ddot{s}_{\overline{K+1}|}}{\ddot{s}_{\overline{n}|}}, \quad K = 0,\ 1,\ 2,\ \cdots,\ n-1 \tag{5.2.7.12}$$

인 특수한 감액정기보험(減額定期保險)의 형태

(i)의 적금형태에 적용되는 이자율이 보험료 계산시 적용되는 이자율 $i$와 같을 때 $k+1$연도말에 적립되는 적금은 $\dfrac{\ddot{s}_{\overline{K+1}|}}{\ddot{s}_{\overline{n}|}}$이 된다. 따라서 피보험자 $(x)$가 $k+1$연도에 사망할 할 경우 (i)로부터 $\dfrac{\ddot{s}_{\overline{K+1}|}}{\ddot{s}_{\overline{n}|}}$이, (ii)로부터 $1 - \dfrac{\ddot{s}_{\overline{K+1}|}}{\ddot{s}_{\overline{n}|}}$이 지급되어 합계 1원이 된다. 피보험자가 $n$년을 생존할 때는 (ii)로부터는 지급이 없고 (i)로부터

$$\left(\frac{1}{\ddot{s}_{\overline{n}|}}\right)\ddot{s}_{\overline{n}|} = 1$$

이 지급된다. 즉, (i)과 (ii)를 조합하면 생사혼합보험과 동일한 급부를 제공받게(하게) 된다. 따라서 다음이 성립한다.

생사혼합보험의 연납순보험료 $P_{x:\overline{n}|}$

$$= \text{형태 (ii)의 연납순보험료} + \text{형태 (i)의 연적립금} \left(\frac{1}{\ddot{s}_{\overline{n}|}}\right) \tag{5.2.7.13}$$

이와 같은 설명을 확인하기 위하여 형태 (ii)의 보험에 대한 확률변수를 $\widetilde{W}$이라고 표시하면

$$\widetilde{W} = \begin{cases} v^{K+1}\left(1 - \dfrac{\ddot{s}_{\overline{K+1}|}}{\ddot{s}_{\overline{n}|}}\right) = v^{K+1} - \dfrac{\ddot{a}_{\overline{K+1}|}}{\ddot{s}_{\overline{n}|}}, & 0 \le K < n \\[2ex] 0, & K \ge n \end{cases} \tag{5.2.7.14}$$

형태 (ii)의 일시납순보험료를 $\widetilde{A}^1_{x:\overline{n}|}$이라고 표시하면

$$\tilde{A}^1_{x:\overline{n}|} = E(\tilde{W}) \tag{5.2.7.15}$$

$$= A^1_{x:\overline{n}|} - \frac{\ddot{a}_{x:\overline{n}|}}{\ddot{s}_{\overline{n}|}} + \frac{\ddot{a}_{\overline{n}|}}{\ddot{s}_{\overline{n}|}} \cdot {}_np_x \tag{5.2.7.16}$$

$$= A^1_{x:\overline{n}|} - \frac{\ddot{a}_{x:\overline{n}|} - {}_nE_x\,\ddot{s}_{\overline{n}|}}{\ddot{s}_{\overline{n}|}} \tag{5.2.7.17}$$

따라서 형태 (ii)의 연납순보험료는

$$\tilde{P}^1_{x:\overline{n}|} = \frac{\tilde{A}^1_{x:\overline{n}|}}{\ddot{a}_{x:\overline{n}|}} = P^1_{x:\overline{n}|} - \frac{1}{\ddot{s}_{\overline{n}|}} + P_{x:\frac{1}{n}|}$$

$$= P_{x:\overline{n}|} - \frac{1}{\ddot{s}_{\overline{n}|}} \tag{5.2.7.18}$$

식 (5.2.7.18)을 정리하면

$$P_{x:\overline{n}|} = \tilde{P}^1_{x:\overline{n}|} + \frac{1}{\ddot{s}_{\overline{n}|}} \tag{5.2.7.19}$$

따라서 식 (5.2.7.13)이 성립함을 알 수 있다. 또 $P_{x:\overline{n}|}$은

$$P_{x:\overline{n}|} = P^1_{x:\overline{n}|} + P_{x:\frac{1}{n}|} \tag{5.2.7.20}$$

으로 나누어질 수 있음도 이미 고찰하였다. 같은 $P_{x:\overline{n}|}$에 대하여 식 (5.2.7.19)와 식 (5.2.7.20)은 그 접근방법에 차이가 있다.

예제 5.2.7.5

(a) $\dfrac{1}{D_x\,\ddot{s}_{\overline{n}|}}[C_x\,\ddot{s}_{\overline{1}|} + C_{x+1}\,\ddot{s}_{\overline{2}|} + \cdots + C_{x+n-1}\,\ddot{s}_{\overline{n}|}]$

$$= \frac{\ddot{a}_{x:\overline{n}|}}{\ddot{s}_{\overline{n}|}} - \frac{D_{x+n}}{D_x} \tag{5.2.7.21}$$

을 증명하시오(양변에 $\ddot{s}_{\overline{n}|}$을 곱하면 식 (5.2.7.11)의 증명이 된다).

(b) 식 (5.2.7.21)을 이용하여 식 (5.2.7.19)를 증명하시오.

풀이

(a) $C_x = vD_x - D_{x+1}$이므로

$$C_{x+t}\,\ddot{s}_{\overline{t+1}|} = D_{x+t}\,v\,\ddot{s}_{\overline{t+1}|} - D_{x+t+1}\,\ddot{s}_{\overline{t+1}|}$$

$$= D_{x+t}\,s_{\overline{t+1}|} - D_{x+t+1}(s_{\overline{t+2}|}-1)\ \text{이므로}$$

$$\text{원식} = \sum_{t=0}^{n-1} C_{x+t}\,\ddot{s}_{\overline{t+1}|} = \sum_{t=1}^{n} C_{x+t+1}\,\ddot{s}_{\overline{t}|}$$

$$= \sum_{t=0}^{n-1}(D_{x+t}\,s_{\overline{t+1}|} - D_{x+t+1}\,s_{\overline{t+2}|} + D_{x+t+1})$$

$$= D_x\,s_{\overline{1}|} - D_{x+n}\,s_{\overline{n+1}|} + (D_{x+1}+D_{x+2}+\cdots+D_{x+n})$$

$$= (D_x+D_{x+1}+D_{x+2}+\cdots+D_{x+n-1}) - D_{x+n}(s_{\overline{n+1}|}-1)$$

$$= (N_x - N_{x+n}) - D_{x+n}\,\ddot{s}_{\overline{n}|}$$

양변을 $D_x\,\ddot{s}_{\overline{n}|}$으로 나누면 식 (5.2.7.21)이 성립한다.

(b) 제$t$연도에 사망하면 $1 - \dfrac{\ddot{s}_{\overline{t}|}}{\ddot{s}_{\overline{n}|}}$만큼을 연도말에 지불하는 정기보험(보험금변동)의 NSP를 본문과 같이 $\tilde{A}^1_{x:\overline{n}|}$이라고 하면

$$\tilde{A}^1_{x:\overline{n}|} = \sum_{t=1}^{n} v^t{}_{t-1|}q_x\left(1-\frac{\ddot{s}_{\overline{t}|}}{\ddot{s}_{\overline{n}|}}\right) = \sum_{t=1}^{n}\frac{C_{x+t-1}}{D_x}\left(1-\frac{\ddot{s}_{\overline{t}|}}{\ddot{s}_{\overline{n}|}}\right) = A^1_{x:\overline{n}|} - \sum_{t=1}^{n}\frac{C_{x+t-1}\,\ddot{s}_{\overline{t}|}}{D_x\,\ddot{s}_{\overline{n}|}}$$

식 (5.2.7.21)을 이용하여

$$= A^1_{x:\overline{n}|} - \left(\frac{\ddot{a}_{x:\overline{n}|}}{\ddot{s}_{\overline{n}|}} - \frac{D_{x+n}}{D_x}\right) = A_{x:\overline{n}|} - \frac{\ddot{a}_{x:\overline{n}|}}{\ddot{s}_{\overline{n}|}}$$

$\tilde{A}^1_{x:\overline{n}|}$에 대한 연납순보험료를 $\tilde{P}^1_{x:\overline{n}|}$이라고 하면

$$\tilde{P}^1_{x:\overline{n}|} = P_{x:\overline{n}|} - \frac{1}{\ddot{s}_{\overline{n}|}}$$

따라서 $P_{x:\overline{n}|} = \tilde{P}^1_{x:\overline{n}|} + \dfrac{1}{\ddot{s}_{\overline{n}|}}$

예제 5.2.7.6

대출금 1원을 $n$년 동안 매년초에 동일한 금액씩 상환한다.

(a) 매년 상환금액을 구하시오.

(b) 대출을 받은 사람이 대출받은 시점부터 제$t$연도에 사망하였을 경우 $t$연도말에서의 대출금의 잔액을 구하시오.

(c) 대출받은 사람의 사망시 대출금 잔액을 회수하기 위하여 $n$년만기 정기보험을 고려한다. 대출기관에서 매년말 대출잔액만큼의 보험금을 제공하는 $n$년만기 정기보험을 요구할 때 이 보험의 연납평준순보험료는 다음과 같음을 증명하시오.

$$\frac{1}{N_x - N_{x+n}}\sum_{t=1}^{n}\frac{\ddot{a}_{\overline{n-t}|}}{\ddot{a}_{\overline{n}|}}C_{x+t-1} = \frac{1}{\ddot{a}_{x:\overline{n}|}} - \frac{1}{\ddot{a}_{\overline{n}|}} \qquad (5.2.7.22)$$

**풀이**

(a) 매년 상환금액을 $A$라면 $A\ddot{a}_{\overline{n}|} = 1$   따라서 $A = \dfrac{1}{\ddot{a}_{\overline{n}|}}$

(b) 대출금잔액은

$$A\ddot{a}_{\overline{n-t}|} = \frac{\ddot{a}_{\overline{n-t}|}}{\ddot{a}_{\overline{n}|}}$$

(c) 따라서 연납평준순보험료는

$$\text{NAP} = \frac{1}{N_x - N_{x+n}} \sum_{t=1}^{n} \frac{\ddot{a}_{\overline{n-t}|}}{\ddot{a}_{\overline{n}|}} C_{x+t-1}$$

이다.

$$\text{NAP} = \frac{1}{(N_x - N_{x+n})\ddot{a}_{\overline{n}|}} \sum_{t=1}^{n-1} \ddot{a}_{\overline{n-t}|} C_{x+t-1}$$

여기서

$$\begin{aligned}
\sum_{t=1}^{n-1} C_{x+t-1} \ddot{a}_{\overline{n-t}|} &= \sum_{t=1}^{n-1} \ddot{a}_{\overline{n-t}|}(vD_{x+t-1} - D_{x+t}) \\
&= v\ddot{a}_{\overline{n-1}|}D_x - (\ddot{a}_{\overline{n-1}|} - v\ddot{a}_{\overline{n-2}|})D_{x+1} - (\ddot{a}_{\overline{n-2}|} - v\ddot{a}_{\overline{n-3}|})D_{x+2} \\
&\quad \cdots - (\ddot{a}_{\overline{2}|} - v\ddot{a}_{\overline{1}|})D_{x+n-2} - \ddot{a}_{\overline{1}|}D_{x+n-1} \\
&= v\ddot{a}_{\overline{n-1}|}D_x - (D_{x+1} + D_{x+2} + \cdots + D_{x+n-2} + D_{x+n-1}) \\
&= (1 + v\ddot{a}_{\overline{n-1}|})D_x - (D_x + D_{x+1} + \cdots + D_{x+n-1}) \\
&= \ddot{a}_{\overline{n}|}D_x - (N_x - N_{x+n})
\end{aligned}$$

따라서

$$\text{NAP} = \frac{D_x}{N_x - N_{x+n}} - \frac{1}{\ddot{a}_{\overline{n}|}} = \frac{1}{\ddot{a}_{x:\overline{n}|}} - \frac{1}{\ddot{a}_{\overline{n}|}}$$

계산기수를 이용하여 구해 본다.

$$\begin{aligned}
\frac{1}{N_x - N_{x+n}} \sum_{t=1}^{n} \frac{\ddot{a}_{\overline{n-t}|}}{\ddot{a}_{\overline{n}|}} C_{x+t-1} &= \frac{1}{N_x - N_{x+n}} \sum_{t=1}^{n} \frac{1 - v^{n-t}}{1 - v^n} C_{x+t-1} \\
&= \frac{1}{N_x - N_{x+n}} \frac{M_x - M_{x+n} - \sum_{t=1}^{n} v^{n-t} v^{x+t} d_{x+t-1}}{1 - v^n} \\
&= \frac{1}{N_x - N_{x+n}} \frac{M_x - M_{x+n} - v^n \cdot D_x + D_{x+n}}{1 - v^n} \\
&= \frac{1}{N_x - N_{x+n}} \frac{(1 - v^n)D_x - D_x + M_x - M_{x+n} + D_{x+n}}{1 - v^n}
\end{aligned}$$

여기서 $M_x = vN_x - N_{x+1} = D_x - dN_x$를 이용하면

$$= \frac{D_x}{N_x - N_{x+n}} - \frac{d(N_x - N_{x+n})}{(N_x - N_{x+n})(1-v^n)}$$

$$= \frac{1}{\ddot{a}_{x:\overline{n}|}} - \frac{1}{\ddot{a}_{\overline{n}|}}$$

예제 5.2.7.7

$\omega = 100$인 De Moivre의 법칙하에서

$1000\tilde{P}^{\,1}_{50:\overline{15}|}$ 의 값을 구하시오. 단, $i=0\%$

**풀이**

$i=0\%$은 $v=1$을 의미한다.

$$1000\tilde{P}^{\,1}_{50:\overline{15}|} = 1000\left(P_{50:\overline{15}|} - \frac{1}{\ddot{s}_{\overline{15}|}}\right) = 1000\left(\frac{1}{12.9} - \frac{1}{15}\right) = 10.85$$

여기서

$$P_{50:\overline{15}|} = \frac{A_{50:\overline{15}|}}{\ddot{a}_{50:\overline{15}|}} = \frac{1}{\displaystyle\sum_{k=0}^{14} \frac{50-k}{50}} = \frac{1}{\frac{1}{50}[50+49+\cdots+36]} = \frac{1}{12.9}$$

$$\ddot{s}_{\overline{15}|} = 15 \,(i=0\%\text{이므로})$$

## 8. 특수한 생존분포와 평준순보험료

3장과 4장에서 살펴보았던 상수사력(CFM)가정과 De Moivre 법칙하에서의 생명보험의 APV(EPV)와 생명연금의 APV(EPV)의 결과를 이용하여 평준순보험료를 구해보자.

### (1) CFM가정하의 평준순보험료

### (a) 완전연속의 경우

식 (5.2.4.3)으로부터 종신보험의 연속납평준순보험료의 연액을 구하면

$$\bar{P}(\bar{A}_x) = \frac{\bar{A}_x}{\bar{a}_x} = \frac{\dfrac{\mu}{\mu+\delta}}{\dfrac{1}{\mu+\delta}} = \mu \tag{5.2.8.1}$$

표 [5.2.4.1]로부터 $n$년만기 정기보험의 연속납평준순보험료의 연액을 구하면

$$\bar{P}(\bar{A}^{\,1}_{x:\overline{n}|}) = \frac{\bar{A}^{\,1}_{x:\overline{n}|}}{\bar{a}_{x:\overline{n}|}} = \frac{\dfrac{\mu(1-e^{-(\mu+\delta)n})}{\mu+\delta}}{\dfrac{1-e^{-(\mu+\delta)n}}{\mu+\delta}} = \mu \tag{5.2.8.2}$$

위의 결과로부터 CFM가정하에서 완전연속 종신보험과 $n$년만기 완전연속 정기보험의 연속납평준순보험료의 연액이 모두 $\mu$임을 알 수 있으며, 의미는 다음과 같다. 2장에서 연속확률변수 $T_x$는 CFM가정하에서 모수가 $\mu$인 지수분포를 따른다는 것을 보았다. 지수분포의 중요한 성질로는 no memory property가 있다. 따라서 보험료의 계산시 과거에 대해서 기억이 없으므로(no memory) 보험기간과 보험료 납입기간이 동일한 경우, CFM가정하에서 생존급부가 없는 보험의 $x$세에서의 연속납평준순보험료는 현재($x+t$세, $t \geq 0$) 사망률에 대한 대가(current mortality cost)이다. $x$세는 $x+t(t \geq 0)$세에서도 적용된다. $\mu$는 어느 시점($x+t$세)에서 1년사망률을 나타내므로 어느 시점($x+t$세)에서 보험금 1원에 대한 연속납평준순보험료의 연액(1원$\times \mu = \mu$)를 나타낸다.[1] $\bar{P}$는 보험금 1원에 대한 연속납평준순보험료의 연액이다.

표 [5.2.4.1]로부터 $n$년만기 생존보험의 연속납평준순보험료의 연액을 구하면

$$\bar{P}(A_{x:\overline{n}|}^{\ 1}) = \frac{A_{x:\overline{n}|}^{\ 1}}{\bar{a}_{x:\overline{n}|}} = \frac{e^{-(\mu+\delta)n}}{\dfrac{1-e^{-(\mu+\delta)n}}{\mu+\delta}} \tag{5.2.8.3}$$

$$= \frac{(\mu+\delta)\,e^{-(\mu+\delta)n}}{1-e^{-(\mu+\delta)n}} \tag{5.2.8.4}$$

$$= \frac{(\mu+\delta)A_{x:\overline{n}|}^{\ 1}}{1-A_{x:\overline{n}|}^{\ 1}} \tag{5.2.8.5}$$

표 [5.2.4.1]로부터 $n$년거치 종신연금의 연속납평준순보험료의 연액을 구하면

$$\bar{P}(_{n|}\bar{a}_x) = \frac{A_{x:\overline{n}|}^{\ 1}\,\bar{a}_{x+n}}{\bar{a}_{x:\overline{n}|}} = \frac{A_{x:\overline{n}|}^{\ 1}\,\bar{a}_x}{\bar{a}_{x:\overline{n}|}} \tag{5.2.8.6}$$

$$= \frac{e^{-(\mu+\delta)n}\left(\dfrac{1}{\mu+\delta}\right)}{\dfrac{1-e^{-(\mu+\delta)n}}{\mu+\delta}} = \frac{e^{-(\mu+\delta)n}}{1-e^{-(\mu+\delta)n}} \tag{5.2.8.7}$$

$$= \frac{A_{x:\overline{n}|}^{\ 1}}{1-A_{x:\overline{n}|}^{\ 1}} \tag{5.2.8.8}$$

지금까지 보험료의 납입이 전기납인 경우를 고려하였는데, 보험기간과 보험료 납입

---

1) $\mu dt$는 $dt$기간의 사망률이고 $dt$기간의 보험료이다. 따라서 $\mu$는 보험료의 연액이다. 또한 $\bar{P}dt$는 $dt$기간의 보험료에 해당된다.

기간이 다른 경우(예: $h$년납입 종신보험 등)는 위 식들에서 분모의 $\ddot{a}_{x:\overline{n}|}$ 대신에 $\ddot{a}_{x:\overline{h}|}$를 대입하면 되므로, 이 경우의 연속납평준순보험료의 연액의 계산은 생략하기로 한다.

### (b) 완전이산의 경우

완전연속의 경우와 같은 보험과 연금에 대한 평준순보험료를 표로 정리하면 다음과 같다. 여기서도 보험료의 납입은 전기납인 경우만 고려하며, $p$는 연령에 의존하지 않고 매 연령마다 동일한 값이다. 따라서 $p$는 $(x)$, 또는 $(x+t)$가 1년간 생존하는 확률을 나타내며, $q = 1-p$이다.

표 [5.2.8.1]  CFM가정하에서 연납평준순보험료

| 종류 | CFM가정하에서 연납평준순보험료 |
|---|---|
| 종신보험 | $P_x = \dfrac{A_x}{\ddot{a}_x} = vq$ |
| $n$년만기 정기보험 | $P^{1}_{x:\overline{n}|} = \dfrac{A^{1}_{x:\overline{n}|}}{\ddot{a}_{x:\overline{n}|}} = vq$ |
| $n$년만기 생존보험 | $P_{x:\overline{n}|}^{\;\;\;1} = \dfrac{A_{x:\overline{n}|}^{\;\;\;1}}{\ddot{a}_{x:\overline{n}|}} = \dfrac{(q+i)\,(vp)^n}{(1+i)\left[1-(vp)^n\right]}$ |
| $n$년거치 종신보험 | $P({}_{n|}\ddot{a}_x) = \dfrac{{}_{n|}\ddot{a}_x}{\ddot{a}_{x:\overline{n}|}} = \dfrac{(vp)^n}{1-(vp)^n}$ |

### (c) 반연속의 경우

식 (5.2.2.28)로부터 종신보험의 연납평준순보험료를 구하면

$$P(\bar{A}_x) = \frac{\bar{A}_x}{\ddot{a}_x} = \frac{\dfrac{\mu}{\mu+\delta}}{\dfrac{1+i}{q+i}} \tag{5.2.8.9}$$

$$= \frac{\mu\,(q+i)}{\mu+\delta\,(1+i)} \tag{5.2.8.10}$$

다른 종류의 보험에 대해서도 같은 방식으로 평준순보험료를 구할 수 있다.

### (2) De Moivre 법칙하의 평준순보험료

### (a) 완전연속의 경우

식 (5.2.4.3)으로부터 종신보험의 연속납평준순보험료의 연액을 구하면

$$\bar{P}(\bar{A}_x) = \frac{\bar{A}_x}{\bar{a}_x} = \frac{\dfrac{\bar{a}_{\overline{\omega-x}|}}{\omega-x}}{\dfrac{(\bar{D}\bar{a})_{\overline{\omega-x}|}}{\omega-x}} \qquad (5.2.8.11)$$

$$= \frac{\bar{a}_{\overline{\omega-x}|}}{(\bar{D}\bar{a})_{\overline{\omega-x}|}} \qquad (5.2.8.12)$$

표 [5.2.4.1]로부터 $n$ 년만기 정기보험의 연속납평준순보험료의 연액을 구하면

$$\bar{P}(\bar{A}^1_{x:\overline{n}|}) = \frac{\bar{A}^1_{x:\overline{n}|}}{\bar{a}_{x:\overline{n}|}} = \frac{\dfrac{\bar{a}_{\overline{n}|}}{\omega-x}}{\dfrac{(\bar{D}\bar{a})_{\overline{n}|}+(\omega-x-n)\bar{a}_{\overline{n}|}}{\omega-x}} \qquad (5.2.8.13)$$

$$= \frac{\bar{a}_{\overline{n}|}}{(\bar{D}\bar{a})_{\overline{n}|}+(\omega-x-n)\bar{a}_{\overline{n}|}} \qquad (5.2.8.14)$$

표 [5.2.4.1]로부터 $n$ 년만기 생존보험의 연속납평준순보험료의 연액을 구하면

$$\bar{P}(A_{x:\overline{n}|}^{\ \ 1}) = \frac{A_{x:\overline{n}|}^{\ \ 1}}{\bar{a}_{x:\overline{n}|}} = \frac{\dfrac{e^{-\delta n}(\omega-x-n)}{\omega-x}}{\dfrac{(\bar{D}\bar{a})_{\overline{n}|}+(\omega-x-n)\bar{a}_{\overline{n}|}}{\omega-x}} \qquad (5.2.8.15)$$

$$= \frac{e^{-\delta n}(\omega-x-n)}{(\bar{D}\bar{a})_{\overline{n}|}+(\omega-x-n)\bar{a}_{\overline{n}|}} \qquad (5.2.8.16)$$

표 [5.2.4.1]로부터 $n$ 년거치 종신연금의 연속납평준순보험료의 연액을 구하면

$$\bar{P}(_{n|}\bar{a}_x) = \frac{A_{x:\overline{n}|}^{\ \ 1}\ \bar{a}_{x+n}}{\bar{a}_{x:\overline{n}|}} = \frac{_{n|}\bar{a}_x}{\bar{a}_{x:\overline{n}|}} \qquad (5.2.8.17)$$

$$= \frac{\dfrac{(\bar{D}\bar{a})_{\overline{\omega-x}|}-(\bar{D}\bar{a})_{\overline{n}|}-(\omega-x-n)\bar{a}_{\overline{n}|}}{\omega-x}}{\dfrac{(\bar{D}\bar{a})_{\overline{n}|}+(\omega-x-n)\bar{a}_{\overline{n}|}}{\omega-x}} \qquad (5.2.8.18)$$

$$= \frac{(\bar{D}\bar{a})_{\overline{\omega-x}|}-(\bar{D}\bar{a})_{\overline{n}|}-(\omega-x-n)\bar{a}_{\overline{n}|}}{(\bar{D}\bar{a})_{\overline{n}|}+(\omega-x-n)\bar{a}_{\overline{n}|}} \qquad (5.2.8.19)$$

지금까지 보험료의 납입이 전기납인 경우를 고려하였는데, 보험기간과 보험료 납입기간이 다른 경우(예: $h$년납입 종신보험 등)는 위 식들에서 분모의 $\ddot{a}_{x:\overline{n}|}$ 대신에 $\ddot{a}_{x:\overline{h}|}$ 가 사용되므로, 이 경우의 연속납평준순보험료의 연액의 계산은 생략하기로 한다.

(b) 완전이산의 경우

식 (5.2.2.3)으로부터 종신납 종신보험의 연납평준순보험료를 구하면

$$P_x = \frac{A_x}{\ddot{a}_x} = \frac{a_{\overline{\omega-x}|}}{(D\ddot{a})_{\overline{\omega-x}|}} \tag{5.2.8.20}$$

다른 종류의 보험에 대해서도 같은 방식으로 평준순보험료를 구할 수 있다.

(c) 반연속의 경우

식 (5.2.2.24)로부터 종신납 종신보험의 연납평준순보험료를 구하면

$$P(\bar{A}_x) = \frac{\bar{A}_x}{\ddot{a}_x} = \frac{\dfrac{\bar{a}_{\overline{\omega-x}|}}{\omega-x}}{\dfrac{(D\ddot{a})_{\overline{\omega-x}|}}{\omega-x}} \tag{5.2.8.21}$$

$$= \frac{\bar{a}_{\overline{\omega-x}|}}{(D\ddot{a})_{\overline{\omega-x}|}} \tag{5.2.8.22}$$

다른 종류의 보험에 대해서도 같은 방식으로 평준순보험료를 구할 수 있다.

## 연습문제 5.2

※ 특별한 언급이 없으면 부록의 제7회 경험생명표를 이용하여 답하시오. 또한 보험료의 계산에 있어서 특별한 언급이 없으면 수지상등의 원칙에 의하여 계산한다.

1. $_{k|}q_0 = \dfrac{k}{10}$, $k = 0, 1, 2, 3, 4$이고 $i = 0.05$일 때 $P_0\left(\text{즉}, \dfrac{A_0}{\ddot{a}_0}\right)$ 의 값을 구하시오.

2. 다음 자료를 이용하여 $_{10}P_x$를 구하시오

   (i) $P_{x:\overline{10}|} = 0.07923$      (ii) $P_{x:\frac{1}{10}|} = 0.07185$      (iii) $P\left(_{10|}\ddot{a}_x\right) = 0.82438$

   (iv) $d = 0.05$

3. 다음의 자료를 이용하여 $P_{x+n}$을 구하시오.

   (i) $P^{\ 1}_{x:\overline{n}|} = 0.010$    (ii) $_nP_x = 0.030$    (iii) $P_{x:\overline{n}|} = 0.042$    (iv) $d = 0.020$

4. 다음이 성립함을 보이시오.

   (a) $\dfrac{_mP_{x:\overline{m+n}|} - {}_mP_x}{P^{\ 1}_{x:\overline{m}|}} = A_{x+m:\overline{n}|} - A_{x+m}$    (b) $\dfrac{\ddot{a}_{x:\overline{21}|} - \ddot{a}_{x:\overline{20}|}}{\ddot{a}_{x:\overline{20}|}} = P^{\ 1}_{x:\overline{20}|}$

5. 피보험자 (30)이 가입한 30년납입, 30년만기 완전이산 정기보험을 고려한다. 다음의 가정을 이용하여 이 보험의 연납평준순보험료를 구하시오.

   (i) 사망방식은 $\omega = 110$인 De Moivre 법칙을 따른다.    (ii) $i = 0.05$

   (iii) 보험금은 30세부터 45세 사이에 사망하면 3,000원을, 45세부터 55세 사이에 사망하면 2,000원을, 55세부터 60세 사이에 사망하면 1,000원을 지급한다.

6. 피보험자 $(x)$가 가입한 3년납입, 3년만기 완전이산 정기보험을 고려한다. 다음의 가정을 이용하여 이 보험의 연납평준순보험료를 구하시오.

   (i) 제$k$보험연도 동안 사망하면 사망연도말에 $b_k$의 사망보험금을 지급하며 $b_k$는

$$b_k = \begin{cases} 0, & k = 1 \\ 5000(k-1), & k = 2, 3 \end{cases}$$

   (ii) $q_x = 0.1$, $q_{x+1} = 0.15$, $q_{x+2} = 0.2$    (iii) $i = 0.05$

7. 피보험자 (40)이 가입한 20년납입 완전이산 종신보험을 고려한다. 보험내용은 다음과 같을 때, 부록의 생명표를 이용하여 $\pi$를 구하시오. ($i = 0.05$)

   (i) 사망보험금은 1,000원으로 피보험자가 사망시 사망연도말에 지급한다.

   (ii) 보험료는 처음 10년 동안은 매년초에 $1000P_{40}$원씩 납입되며, 나머지 10년 동안은 매년초에 $\pi$원씩 납입된다.

8. 피보험자 (50), 보험금 10,000원 전기납입 완전이산 종신보험에 가입하였다. 보험금과 연납순보험료는 매년 복리로 5%씩 증가하고 이자율이 5%, $e_{50} = 27$일 때, 처음에 납입하는 연납순보험료를 구하시오.

9. 피보험자 (30), $n$년납입, $n$년만기 생존보험(pure endowment)의 경우 생존시 $30+n$세에 $1-A_{30+n}$을 생존보험금으로 수취한다. 이 생존보험의 연납평준순보험료가 $P_{30:\overline{n}|} - {}_nP_{30}$ 이됨을 유도하시오.

10. De Moivre의 법칙하에서 $l_{20}=10$, $l_{21}=8$, $l_{22}=6$이 주어졌다.

$$P_{20:\overline{3}|}^{1} = \frac{K}{e^{\delta}(10\,e^{2\delta}+8\,e^{\delta}+6)}$$ 일 때 $K$를 구하시오.

11. 피보험자 $(x)$, 보험금 사망즉시급인 종신보험의 보험료는 20년간 연납으로 납입된다. 처음 20년 안에 사망하면 사망보험금은 10,000원과 납입된 총순보험료(이자가 부리 안 된 개념임)의 합이고 그 이후에 사망하면 20,000원이 지급된다. 이때 연납순보험료를 계산기수를 이용하여 나타내시오.

12. 예제 (5.2.2.1)의 일반식은 다음과 같다.

$$_{k|}q_x = (1-r)\,r^{k}, \ k=0,\ 1,\ 2,\ \cdots$$

다음 식을 유도하시오.

(a) $A_x = \dfrac{1-r}{1+i-r}$

(b) $\ddot{a}_x = \dfrac{1+i}{1+i-r}$

(c) $P_x = \dfrac{1-r}{1+i}$

(d) $\dfrac{{}^{2}A_x - (A_x)^2}{(d\ddot{a}_x)^2} = \dfrac{(1-r)r}{1+2i+i^2-r}$

13. 피보험자 (40)은 전기납입, 20년만기 완전이산 정기보험에 가입하였다. 다음의 자료를 이용하여 연납평준순보험료 $P$를 구하시오.

(i) $i = 0.05$  (ii) $l_x = 100 - x$

(iii) 보험금은 10,000원과 기납입보험료의 70%에 이자부리한 값을 합한 금액을 지급한다. 이때 기납입보험료에 이자부리시 적용되는 이자율은 5%이다.

14. 피보험자 (30)은 40년납입, 40년만기 보험에 가입하였다. 보험료는 연납보험료 $P$를 납입하며, 사망보험금은 피보험자가 사망시 사망연도말에 기납입보험료의 $k$%를 이자없이 지급하며, 생존보험금은 10,000원이다. 주어진 자료를 이용하여 $k$를 구하시오.

(i) $i = 0.05$  (ii) $l_x = 100 - x$  (iii) $P = 52$

15. 피보험자 (40)이 가입한 연금지급액 1,000원, 20년거치, 20년납입 완전이산 종신생명연금을 고려한다. 만일 거치기간 내에 사망이 발생하면 사망연도말에 기납입보험료를 이자없이 지급한다. 다음의 자료를 이용하여 이 연금의 연납평준순보험료를 구하시오. 단, 보험료는 수지상등의 원칙을 따른다.

| $t$ | 0 | 1 | 20 | 21 |
|---|---|---|---|---|
| $_{t|}\ddot{a}_{40}$ | 17.70 | 16.70 | 4.82 | 4.47 |
| $_{t|}(IA)_{40}$ | 5.42 | 5.25 | 2.47 | 2.34 |

16. 피보험자 (35), 보험금 10,000원의 보통종신보험에서 $\pi$를 이 보험의 연납순보험료라고 하고 $L(\pi)$를 보험증권 하나당 보험회사의 미래손실현가를 나타내는 확률변수라고 할 때 다음을 구하시오(이자율 5%, 부록의 생명표 사용).

   (a) $E[L(\pi_a)] = 0$이 되게 하는 (즉, 수지상등의 원칙에 의하여) $\pi_a$를 구하시오. 또 $L(\pi_a)$의 분산을 구하시오.

   (b) $\Pr[L(\pi_b) > 0] < 0.5$가 되게 하는 최소한의 연납순보험료 $\pi_b$를 구하시오. $L(\pi_b)$의 분산을 구하시오.

   (c) 보험회사가 이와 같은 보험을 100개 판매하였다. 보험회사의 전체 미래손실 $\left( \sum_{i=1}^{100} {}_0L_i \right)$ 이 0보다 클 확률을 0.05로 하려고 할 때 부과하여야 하는 연납순보험료 $\pi_c$를 구하시오. 여기서 ${}_0L_i$는 1개의 보험에 대한 보험회사의 미래손실을 의미한다.

17. 모든 $x$에 대하여 $A_x = 0.4$이고 $i = 0.06$이다. 피보험자 (30), 보험금 1,000원, 전기납입 완전이산 종신보험의 연납평준순보험료와 관련된 확률변수 ${}_0L$의 분산을 구하시오.

18. ${}_{k|}q_x = A \cdot B^{k+1}$, $k = 0, 1, 2, \cdots$ 이고 $P_x = 0.20$, $i = 0.25$일 때 $A \cdot B$의 값을 구하시오.

19. 피보험자 $(x)$가 가입한 보험금 1원, 전기납입 완전연속 종신보험의 미래손실을 ${}_0L$이라고 하자. 다음 자료를 이용하여 $E({}_0L^2)$을 최소화시키는 연속납평준순보험료의 연액 $P$를 구하시오.

   (i) $\bar{A}_x = 0.4$          (ii) ${}^2\bar{A}_x = 0.3$          (iii) $\delta = 0.05$

20. 매년 $R$원의 소득이 있는 피보험자 (50)이 보통종신보험에 가입하였다. 피보험자 (50)은 매년 $R$원의 소득 중에서 $P$원을 매년 보험료로서 납부한다. 피보험자 (50)이 사망 후에 그 상속인이 보험금으로 예정이율 $i$인 영구연금을 구입하여 그 연금액이 $(R-P)$의 1/4 이 되도록 하고자 한다. 이때 $P$를 구하면 $P$가 다음과 같음을 보이시오 $\left( P_{50} = \dfrac{A_{50}}{\ddot{a}_{50}} \text{임} \right)$.

$$ P = \frac{RP_{50}}{P_{50} + 4i} $$

21. 보험금 연말급, 연납보험료, 보험금 1원의 종신보험에서 $\mu_x = \mu$, $i = 100\%$를 가정한다. ${}_0L$의 분산이 $\dfrac{1}{14}$일 때 $q_x$의 가능한 값들을 구하시오.

22. 보험금 사망즉시급, 연납평준순보험료(즉, semicontinuous의 경우)가 적용될 때 표 [5.2.2.1] 과 같은 표를 작성하시오.

23. 보험회사는 생사혼합보험을 동질적이고 독립적인 900명에게 판매하기로 예정되어 있다. 이 900명 모두 연령이 25세이며 이 생사혼합보험은 보험금 10,000원, 보험기간 40년, 보험금 연말급, 보험료는 연납보험료이다. 적용되는 이자율은 $i=6\%$이고 $^2A_{25:\overline{40|}}=0.024435$, $A_{25:\overline{40|}}=0.124549$이다. 보험회사는 연납순보험료 $\pi$를 900개 보험의 전체 미래손실(전체 미래손실을 $S$ 라고 하면 $S=\sum_{i=1}^{900} {}_0L_i$)이 0보다 클 확률을 0.001보다 작게 하는 수준에서 결정하려고 한다(즉, $\Pr(S>0)\le 0.001$). 900명에게 판매할 경우 정규분포를 이용할 수 있으며 $Z$를 표준정규분포의 확률변수라고 하면 $\Pr(Z<3.1)=0.999$이다. 이와 같은 조건하에서 $\pi$를 구하시오(Hint : 보험료 $\pi$는 수지상등의 원칙에 의하여 계산되는 것이 아님에 유의).

24. 40세 피보험자 100명, 60세 피보험자 80명으로 이루어진 단체의 사람들이 모두 가입한 4년납입, 20년만기 반연속 정기보험을 고려해보자. 처음 2년 동안의 보험료는 다음 2년 동안의 보험료의 절반이며 보험료는 수지상등의 원칙에 의해 계산된다. 다음 가정을 이용하여 이 단체의 제1보험연도의 보험료의 합을 구하시오.
    (i) $\delta=0.05$         (ii) $\mu_{40+t}=0.03$, $\mu_{60+t}=0.05$
    (iii) 단체 내의 모든 사망은 독립적이다.    (iv) 보험금 $=10,000$

25. 피보험자 (25), 보험금 연말급, 보험금 1,000원의 종신보험의 보험료는 처음 $P$원에서 매년 $P$원씩 증가하며 납입기간은 15년이다. 처음 15년 안에 피보험자가 사망하면 1,000원의 사망보험금 외에 납입된 보험료가 이자없이 반환된다. 이때의 NSP는 $\text{NSP}=1000A_{25}+K$로 표시된다. 여기서 $K$는 보험료 반환에 대한 NSP이다. $K$를 계산기수로 표시하면 다음과 같음을 보이시오.

$$\frac{P}{D_{25}}\left[(R_{25}+R_{26}+\cdots+R_{39})-15R_{40}-120M_{40}\right]$$

26. 다음을 증명하시오.
    (a) $A_{40}P_{40:\overline{25|}}+(1-A_{40})P_{40}={}_{25}P_{40}$      (b) $\dfrac{1}{\ddot{a}_{65:\overline{10|}}}-\dfrac{1}{\ddot{s}_{65:\overline{10|}}}=P^1_{65:\overline{10|}}+d$

    (c) $\dfrac{1}{\ddot{a}^{(12)}_{65:\overline{10|}}}-\dfrac{1}{\ddot{s}^{(12)}_{65:\overline{10|}}}=P^{(12)}(A^{1(12)}_{65:\overline{10|}})+d^{(12)}$

27. 피보험자 $(x)$가 가입한 30년납입, 30년만기 완전이산 정기보험을 고려한다. 보험의 내용은 다음과 같다.
    (i) $t$시점에 사망하면 사망연도말에 사망보험금 $b_t$를 지급하며, $b_t$는
    $$b_t=\begin{cases}1000, & t\le 15\\ 2000, & 15<t\le 30\end{cases}$$

(ii) 보험료는 매 분기초마다 2원씩 납입된다.

피보험자 $(x)$가 $x+17.5$세에 분기납보험료를 납입하기 바로 전에 사망한다면, $t=0$시점에서 미래손실을 구하시오. $(i=0.05)$

28. 피보험자 (65)가 가입한 보험금 10,000원, 전기납입, 20년만기 반연속 생사혼합보험을 고려한다. 다음 자료를 이용하여 분기납 평준순보험료를 구하시오.

(i) 사망률은 제7회 경험생명표를 이용하여 구하며, 매 연령마다 단수부분은 UDD가정을 따른다.

(ii) $\alpha(4)=1.00019,$    $\beta(4)=0.38272$              (iii) $i=0.05$

29. 피보험자 (60)이 가입한 1년납입, 3년만기 완전이산 정기보험을 고려한다. 다음 가정을 이용하여 이 보험의 반기납(6개월납) 평준순보험료를 구하시오. 사망률은 경험생명표를 이용한다.

(i) 피보험자가 제$k$보험연도에 사망시 사망연도말에 보험금 $b_k=1000(k-1)$을 지급한다. $(k=1,2,3)$

(ii) 매 연령마다 단수부분은 UDD가정을 따른다.        (iii) $i=0.05$

30. 피보험자 (40)이 가입한 보험금 10,000원, 전기납입, 20년만기 완전이산 정기보험을 고려한다. 다음 가정을 이용하여 이 보험의 연납평준순보험료를 구하시오.

(i) 50세까지의 사망률은 제7회 경험생명표를 이용하여 구한다.

(ii) $\mu_{50+t}=\dfrac{1}{40-t},$    $0<t<40$              (iii) $i=0.05$

31. 다음 자료를 이용하여 $P_{40:\overline{20|}}$을 구하시오.

(i) $A_{60}^{(4)}=0.52$            (ii) $_{20}p_{40}=0.94$        (iii) $i=0.05$

(iv) 매 연령마다 단수부분은 UDD가정을 따른다.

(v) $_{20}P_{40}^{(4)}=0.05$            (vi) $d^{(4)}=0.04849$        (vii) $i/i^{(4)}=1.01856$

32. 피보험자 $(x)$가 가입한 보험금 10,000원, 종신납입 반연속 종신보험을 고려한다. 보험료는 매달초에 납입된다. 다음 두 가지 방법으로 보험료를 산출한다고 한다.

 (i) 사망법칙은 사력 $\mu_x=0.03$ $(x\geq0)$인 CFM을 따른다고 가정하고 보험금과 보험료를 산출하는 방법.

 (ii) 보험금 산출시에는 사망법칙이 사력 $\mu_x=0.03$ $(x\geq20)$인 CFM을 따르고, 보험료 산출시에는 단수부분에서 UDD가정을 따른다고 하고 보험료를 산출하는 방법.

$\delta=0.05,$ $\alpha(12)=1.00020,$ $\beta(12)=0.46651$이라고 할 때, 두 가지 방법으로 산출된 보험료의 차이를 구하시오.

33. 피보험자 (40)은 보험금 1원, 전기납입, 완전연속 종신보험에 가입하였다. $Z$를 보험금 현가, $_0L$을 이 보험의 미래손실이라고 하자. $\dfrac{\text{Var}(Z)}{\text{Var}(_0L)} = 0.390625$이고 사망법칙은 CFM을 따르고 $\delta = 0.05$일 때, 수지상등의 원칙으로 계산된 이 보험의 연속납평준순보험료의 연액을 구하시오.

34. 피보험자 $(x)$가 가입한 보험금 1원의 전기납입 종신보험을 고려한다. 다음의 자료를 이용하여 $\pi$를 구하시오,

    (i) $\bar{A}_x = 0.45$  (ii) $\delta = 0.05$

    (iii) 수지상등의 원칙으로 계산된 보험료가 적용된 이 보험의 미래손실을 $_0L$이라고 할 때, $\text{Var}(_0L) = 0.25$

    (iv) 보험료 $\pi$가 적용된 이 보험의 미래손실을 $_0L'$이라고 할 때, $\text{Var}(_0L') = 0.4$

35. 피보험자 $(x)$, 보험금 1원인 전기납입 완전연속 종신보험을 고려한다. 다음과 같은 가정이 주어졌을 때, 이 종신보험의 연속납평준순보험료의 연액을 구하시오.

    (i) $\mu_{x+t} = \begin{cases} 0.02, & 0 \le t \le 10 \\ 0.03, & t > 10 \end{cases}$  (ii) $\delta_t = \begin{cases} 0.03, & 0 \le t \le 10 \\ 0.05, & t > 10 \end{cases}$

36. $i = 0.25$, $_{k|}q_x = 0.2(0.8)^k$, $k = 0, 1, 2, \cdots$일 때 $\bar{A}_x$를 구하시오

    (Hint : $\mu = -\ln p_x = -\ln 0.8$, $\delta = \ln(1+i)$를 이용할 것).

37. 연납평준순보험료가 $\dfrac{\bar{M}_{20} - \bar{M}_{50} + D_{50}}{\bar{N}_{20} - \bar{N}_{30}}$으로 표시될 때 연납평준순보험료(NAP)를 구하시오. 단, 모든 연령에서 $\mu_x = 0.005$, $\delta = 0.075$이다.

38. 피보험자 $(x)$의 미래생존기간은 다음과 같다.

    (i) $T_x$는 0.3의 확률로 제7회 경험생명표를 따르며 단수부분은 UDD가정을 따른다.

    (ii) $T_x$는 0.7의 확률로 사력 $\mu_x = 0.03$ $(x \ge 0)$인 CFM을 따른다.

    이러한 가정하에서 피보험자 (60)이 가입한 보험금 10,000원, 전기납인 완전연속 종신보험의 연속납평준순보험료의 연액을 구하시오. 단, 이자율 $i = 0.05$이다.

39. 피보험자 (30), 보험금 1,000원, 3년거치, 4년납입 완전연속 종신보험을 고려해보자. 다음 가정을 이용하여 연속납평준순보험료의 연액을 구하시오.

    (i) $\delta = 0.05$  (ii) $l_x = 80 - x$

40. 피보험자 (40)은 보험금 1,000원, 전기납입 완전연속 종신보험에 가입하였다. (40)에게 모든 미래보험료의 납입을 면제했을 때의 미래손실의 분산은 보험료를 납입할 때의 미래

손실의 분산의 64%라고 한다. 보험료를 납입하는 경우, 이 보험의 연속납평준순보험료의 연액을 구하시오. $\delta = 0.05$를 이용하시오.

41. 태어날 때 남자의 수와 여자의 수가 동일한 인구집단을 고려한다. 남자의 사력은 $\mu_x^m = 0.12\,(x \geq 0)$이고, 여자의 사력은 $\mu_x^f = 0.08\,(x \geq 0)$이라고 가정하자. 이 인구집단에서 임의로 선택된 30세의 사람에 대하여 $1000\bar{P}\left(\bar{A}\,{}_{30:\overline{10|}}^{\;1}\right)$을 구하시오($\delta = 0.05$).

42. 피보험자 (30)이 가입한 연금지급액이 연속적 연액 1,000원, 20년거치, 완전연속 종신생명연금을 고려한다. 피보험자가 연금가입 후 20년 내에 사망하면 기납입보험료가 이자없이 사망즉시 지급된다. 다음의 가정을 이용하여 이 연금의 20년납입 연속납평균순보험료의 연액을 구하시오.
    (i) 모든 $x$에 대하여 $\mu_x = 0.03$        (ii) $\delta = 0.05$

43. 피보험자 (60), 보험금 10,000원, 전기납입, 완전연속 종신보험을 고려해보자. 보험료 산출시에는 $\mu = 0.1$인 CFM가정을 이용하였지만, 실제 사망률은 경험생명표를 따른다고 알려져 있다. 보험료는 변하지 않고 실제사망률이 경험생명표를 따를 때 보험가입시의 미래손실 $_0L$의 기대값을 구하시오. 단, 매 연령마다 단수부분은 UDD가정을 따르며 $i = 0.05$이다.

44. 피보험자 $(x)$, 보험금 사망즉시급, 연속납보험료인 종신보험을 고려한다. 보험금은 $b_t = (1+i)^t$이고 보험료는 이자율 $i$하에서 수지상등의 원칙에 의하여 결정된다. $_0L$을 보험회사의 미래손실을 나타내는 확률변수라고 할 때 $_0L$은 다음과 같이 표시됨을 유도하시오.

$$_0L = \frac{v^t - \bar{A}_x}{1 - \bar{A}_x}$$

45. 보험금 1원, 보험금 사망즉시급, 연속납보험료인 종신보험을 고려한다. $\mu_{x+t} = \mu\,(t > 0)$, 이력 $\delta$일 때 $_0L$의 분산이 다음과 같음을 유도하시오.

$$\mathrm{Var}(_0L) = \frac{\mu}{\mu + 2\delta} = {}^2\bar{A}_x$$

46. $T$의 확률밀도함수가
$$f_x(t) = 0.08\,e^{-0.08t}, \quad t \geq 0$$
이고 $\delta = 0.12$이다. 피보험자 $(x)$가 보험금 1원, 전기납입 완전연속 종신보험에 가입하였다. 다음을 구하시오.
    (a) $\bar{P}(\bar{A}_x)$        (b) $\mathrm{Var}(_0L)$ ($_0L$은 보험회사의 미래손실을 나타내는 확률변수)

47. 피보험자 $(60)$은 보험금 1원, 전기납입 완전연속 종신보험에 가입하였다. 다음의 자료를 이용하여 $\mathrm{Var}(_0L)$을 구하시오.

    (i) $\mu = 0.05$                           (ii) $\bar{A}_{60} = 0.625$

48. 표 [5.2.4.1]과 같이 보험금 사망즉시급, 연속납보험료인 경우 $h$년 단기납입 종신보험의 미래손실확률변수 $_0L$은

    $$_0L = Z - \pi Y \quad (\pi\text{는 연속납순보험료의 연액})$$

    로 나타낼 수 있다. 이때

    (a) $Z$와 $Y$를 정의하시오(표 [5.2.4.1]의 2번째 참고).
    (b) $E(Z)$와 $E(Y)$, $\mathrm{Var}(Z)$와 $\mathrm{Var}(Y)$를 구하시오.
    (c) $E(ZY)$를 구하시오.
    (d) $\mathrm{Cov}(Z, Y) = E[Z-E(Z)][Y-E(Y)]$
    $= E(ZY) - E(Z)E(Y)$로 정의된다. 이때 $\mathrm{Cov}(Z, Y)$를 구하시오.

49. $\delta = 0.1$, $\bar{A}_x = 0.6$일 때

    $$-\Phi \frac{d}{dx}\bar{P}(\bar{A}_x) = \frac{d}{dx}\bar{a}_x$$

    가 성립한다. 이때 $\Phi$를 구하시오.

50. 피보험자 $(x)$, 보험금 사망즉시급인 10년만기 정기보험의 사망보험금은 다음과 같다.
    (i) 사고(accident)에 의하여 사망할 경우 2,000원
    (ii) 사고 이외의 원인에 의하여 사망할 경우 1,000원
    사고로 인한 사망의 경우 사력은 0.01로 일정하다. $\delta = 0.09$일 때 이와 같은 보험의 NSP는 다음과 같음을 보이시오.

    $$\mathrm{NSP} = 1000\bar{A}^{\,1}_{x:\overline{10|}} + 10\bar{a}_{x:\overline{10|}}$$

51. 피보험자 $(40)$이 가입한 보험금 10원, 전기납입, 40년만기 완전연속 정기보험을 고려한다. 다음의 자료를 이용하여 연속납평준순보험료의 연액 $P$를 구하시오.
    (i) 사망법칙은 $\omega = 100$인 De Moivre 법칙을 따른다.    (ii) $\delta = 0.05$
    (iii) $P$는 $\mathrm{Pr}(_0L > 0) \le 0.3$을 만족하는 연속납평준순보험료의 연액의 최소값이다. 여기서 $_0L$은 피보험자가 보험에 가입하는 시점에서의 보험회사의 미래손실을 의미한다.

52. 피보험자 $(30)$이 가입한 보험금 1원, 전기납입 완전연속 종신보험을 고려한다. 다음 자료를 이용하여 이 보험의 연속납평준순보험료의 연액을 구하시오.
    (i) 0세의 미래생존기간의 누적분포함수 $F_0(x)$는 0세에서 50세 사이, 그리고 50세에서

100세 사이에서 서로 다른 선형함수의 형태를 띠고 있다.

(ii) $F_0(50) = 0.4$, $F_0(100) = 1$       (iii) $\delta = 0.05$

53. 다음을 계산기수를 이용하여 나타내시오.

(a) 피보험자 (30), 보험금 연말급, 40년만기 누감정기보험의 연납보험료는 20년 동안 납입되며 미사용보험료 반환부 보험의 순보험료이다. 제1보험연도의 보험금은 200,000으로 시작하여 매년 5,000씩 감소하여 70세에 이르러서는 계약이 끝난다. 미사용보험료 반환부 보험의 연납순보험료를 계산기수를 이용하여 나타내시오.

(b) $_{20}P^{(12)}\left(\bar{A}_{x\,:\,\overline{30|}}\right)$    (c) $_{20}\bar{P}\left(\bar{A}_{x\,:\,\overline{30|}}\right)$    (d) $_{20}P^{\{4\}}\left(\bar{A}_{x\,:\,\overline{30|}}\right)$    (e) $_{20}P\left(_{40|}\ddot{a}_{25}\right)$

54. 매 연령마다 UDD를 가정한다. $i = 7\%$, $\ddot{a}_{60} = 10.2780$을 이용하여 다음을 구하시오.

(a) $10000\bar{P}\left(\bar{A}_{60}\right)$       (b) $10000P^{(4)}\left(\bar{A}_{60}\right)$       (c) $10000P^{\{4\}}\left(\bar{A}_{60}\right)$

55. $\alpha$, $\beta$, $\gamma$가 다음과 같이 정의될 때 $\alpha$, $\beta$, $\gamma$의 크기를 부등호로 나타내시오.

(i) $\alpha = P^{(m)}\left(\bar{A}_{x\,:\,\overline{n|}}\right)$       (ii) $\beta = P^{\{m\}}\left(\bar{A}_{x\,:\,\overline{n|}}\right)$       (iii) $\gamma = P^{\{m+1\}}\left(\bar{A}_{x\,:\,\overline{n|}}\right)$

56. $P^{\{m\}}\left(\bar{A}_x\right)$를 구하기 위하여 $Z^{PR}$라는 확률변수를 정의하고 $E(Z^{PR})$을 구하시오. 또 $P^{(m)}\left(\bar{A}_x^{PR}\right) = P^{\{m\}}\left(\bar{A}_x\right) - P^{(m)}\left(\bar{A}_x\right)$가 성립함을 보이시오.

57. $_hP^{\{m\}}\left(\bar{A}_{x\,:\,\overline{n|}}\right)$을 구하기 위하여 $Z^{PR}$이라는 확률변수를 정의한 후에 $E(Z^{PR})$을 구하고 식 $_hP^{\{m\}}\left(\bar{A}_{x\,:\,\overline{n|}}\right)\ddot{a}_{x\,:\,\overline{h|}}^{(m)} = \bar{A}_{x\,:\,\overline{n|}} + E(Z^{PR})$을 이용하여 $_hP^{\{m\}}\left(\bar{A}_{x\,:\,\overline{n|}}\right) = \dfrac{d^{(m)}}{\delta}\,_h\bar{P}(\bar{A}_{x\,:\,\overline{n|}})$이 성립함을 증명하시오.

58. 20세의 사람이 종신보험을 종신납입 연납평준순보험료($P$)로 매입하였다. 이 보험은 25세에 도달하기 전에 사망하면 기납입보험료를 사망연도말까지 이자율 $i$로 부리한 금액을 지급하고 25세 이후에 사망하면 보험금 1원을 지급한다. 보험금 연말급, 보험료 계산시 사용되는 이율은 $i$로 할 때 $P$를 구하면 다음과 같음을 증명하시오. (Hint: 식 (5.2.7.21)과 그 의미를 이해할 것)

$$P = \frac{M_{25}}{\ddot{s}_{\,\overline{5|}}\,D_{25} + N_{25}}$$

59. $P(\bar{A}_x)$, $P^{(12)}(\bar{A}_x)$, $P^{\{12\}}(\bar{A}_x)$, $\bar{P}(\bar{A}_x)$의 크기를 비교하시오.

60. 식 (5.2.7.14)와 유사한 확률변수를 다음과 같이 정의한다.

$$\widetilde{W} = \begin{cases} v^T \left( 1 - \dfrac{\bar{s}_{\overline{T|}}}{\bar{s}_{\overline{n|}}} \right), & 0 \le T < n \\ 0, & T \ge n \end{cases}$$

보험회사의 미래손실을 $_0L = \widetilde{W} - \widetilde{A}^{\,1}_{x:\overline{n|}}$ 이라고 하고 수지상등의 원칙에 의하여 NSP가 계산된다면(즉, $E(L)=0$), 이와 같은 보험의 NSP는 $\widetilde{A}^{\,1}_{x:\overline{n|}} = E(\widetilde{W})$이다. 다음을 증명하시오.

(a) $\widetilde{A}^{\,1}_{x:\overline{n|}} = \bar{A}^{\,1}_{x:\overline{n|}} - \dfrac{\bar{a}_{x:\overline{n|}} - {}_np_x\,\bar{a}_{\overline{n|}}}{\bar{s}_{\overline{n|}}}$

(b) $E(\widetilde{W}^2) = \dfrac{(1+i)^{2n}\,{}^2\bar{A}^{\,1}_{x:\overline{n|}} - 2(1+i)^n\,\bar{A}^{\,1}_{x:\overline{n|}} + (1-{}_np_x)}{[(1+i)^n-1]^2}$

61. $P^{\{m\}}_{x:\overline{n|}}$ 과 $_tP^{\{m\}}_x$ 의 간편한 근사치를 표시하는

(a) $P^{\{m\}}_{x:\overline{n|}} \doteqdot \dfrac{P_{x:\overline{n|}}}{1 - \dfrac{m-1}{2m}d - \dfrac{1}{2}P^{\,1}_{x:\overline{n|}}}$                                              (5.2.6.29)

(b) $_tP^{\{m\}}_x = \dfrac{_tP_x}{1 - \dfrac{m-1}{2m}d - \dfrac{1}{2}P^{\,1}_{x:\overline{t|}}}$                                               (5.2.6.30)

을 유도하시오. 또 $P^{[m]}$과 $P^{\{m\}}$을 구하는 간편한 방법의 차이를 설명하시오.

제 **6** 장
# 계약자적립액

# I. 기초이론

## 1. 책임준비금의 산출(평가)방법[1]

IFRS17이 도입되면서 책임준비금의 산출(평가)방법에 보험제도 역사상 가장 큰 변화가 발생하였다. 향후 보험수리를 학습하거나 연구할 때 책임준비금의 산출방법에 대한 명확한 이해가 필수적이며 이를 기초로 우리나라의 현행 책임준비금제도와 해약환급금 제도를 이해할 수 있을 것이다. 6장의 1-4절의 내용은 보험수리학을 처음 공부하는 독자들은 이해하기 어려울 것이지만 6장에서 계약자적립액을 설명하기 위하여 여기에서 설명하는 것이므로 7장과 11, 12장을 학습한 후 다시 한번 학습하길 바란다. 처음 학습하는 독자는 6장의 1-4절 내용을 개략적으로 읽고 5절부터 학습하는 것도 좋은 방법이다.

보험회사는 책임준비금을 산출하여 재무제표에 기표할 의무가 있다.[2] 책임준비금은 보험회사의 장래지급의무에 대한 평가를 평가시점에서 수행하는 것이기 때문에 책임준비금의 산출방법은 여러 가지 기준과 방법이 있을 수 있다. 우리나라에서 그동안 사용되었거나 현재 사용되고 있는 여러 가지 책임준비금의 산출방법을 고찰해보자.

### (1) 원가법과 시가법
### (a) 적용기초율과 현행추정치

적용기초율은 보험료산출시 시산보험료(=최종보험료) 산출에 적용한 기초율을 의미한다.[3] 한번 적용된 적용기초율은 변하지 않고 고정된다. 적용기초율(CFP 도입전의 예정기초율)은 ( i ) 보험료산출시의 최적기초율과 ( ii ) 마진등의 버퍼를 포함하여 보수적으로 산출된다. 적용위험률에서 마진등은 최적기초율의 변동성과 마진을 의미하고 적용사업비율의 마진등은 적용사업비의 마진을 의미한다. 적용이율의 마진등은 보험료산출시의 시장이율[4]보다 보수적으로 적용한 부분을 의미한다. 이러한 관점에서 볼 때 적용기초율은 마진등을 포함한 보수적인 기초율이다.

현행추정치는 최신자료에 기초한 위험률, 해지율, 사업비율 및 할인율 등을 의미하

---

1) 1-4절의 내용은 오창수·김경희, "IFR17 시행에 따른 계약자배당제도 운용방안", 「계리학연구」, 2023. 6. 참조 인용하였음.
2) 보험업법 제120조(책임준비금 등의 적립).
3) 7장에서 설명하지만 CFP 도입 이후 '적용기초율'이란 시산보험료 산출에 사용되고, 순보식 원가법책임준비금과 해약환급금에 동일하게 적용한 기초율을 의미한다. 이는 CFP 도입 이전 보험료산출에 사용한 예정기초율과 동일한 개념이라고 볼 수 있다.
4) 시장이율을 보험료산출시의 최적이율(할인율)로 생각하면, 적용이율(할인율)을 시장이율보다 낮게 설정하면 보험료가 커지기 때문에 보수적이 된다.

므로 현행추정치는 매 평가시점마다 변동되는 값이다. 할인율 이외의 현행추정치는 버퍼(마진등을 의미)를 포함하지 않는 평가시점의 최신자료에 기초한 최선추정치를 의미한다. 현행추정치로서의 할인율은 평가시점의 시장수익률곡선에 기초한 시장금리[1]를 의미한다.

적용기초율에서의 최적기초율은 보험료 산출시점을 기준으로 하며 현행추정치는 책임준비금 평가시점을 기준으로 한다. 최적기초율이나 최선추정치는 보험료 산출시점이나 책임준비금 평가시점에서 판단할 때 기초율의 평균값(기댓값)이다. 따라서 최적기초율이나 최선추정치에는 마진등이 포함되지 않은 값이다.[2]

### (b) 원가법책임준비금과 시가법책임준비금

본서에서 원가법의 의미는 시가법(IFRS17 도입 후의 책임준비금)에 대응되는 용어로 책임준비금 산출기준이 보험료 산출기준과 동일한 경우를 의미하며 IFRS17 도입 전의 책임준비금을 지칭하기 위하여 사용된다. 원가법책임준비금의 책임준비금 산출기준(reserve basis)은 시산보험료(=최종보험료) 산출기준(premium basis)과 동일하다. 따라서 원가법책임준비금의 책임준비금 산출기준은 적용기초율이 된다. 시가법책임준비금의 책임준비금 산출기준은 현행추정치이기 때문에 보험료산출기준과 동일하지 않다.

표 [6.1.1.1]  **적용기초율과 현행추정치의 비교**

| | 산출기준(basis) | 특성 |
|---|---|---|
| 적용기초율 | ( ⅰ ) 시산보험료(=최종보험료) 산출기준<br>( ⅱ ) 원가법책임준비금 산출기준 | 보험료산출시 결정되면 향후 변경되지 않음 → 결산시마다 동일한 적용기초율 사용 |
| 현행추정치 | 시가법책임준비금 산출기준 | 최신자료에 기초하므로 매 시점마다 변동 → 결산시마다 다른 현행추정치 사용 |

---

1) 더 정확히 표현하면 부채평가시의 할인율은 시장금리 +LP(유동성프리미엄)를 이용한 조정무위험금리 기간구조를 이용한다. 부채평가시 할인율에만 LP를 고려하고, 보험료산출시 적용이율(할인율)에는 LP를 고려하지 않는다.

2) 위험률이라는 기초율을 하나의 확률변수로 볼 때 위험률의 기댓값은 최적위험률이고 변동성이나 마진등은 기댓값을 초과하는 표준편차($2\sigma$, $3\sigma$) 등으로 나타낼 수 있을 것이다. 최적위험률은 향후 예상되는 사망보험금 지급을 위한 것이다.

표 [6.1.1.2]   원가법책임준비금과 시가법책임준비금 산출

| | 책임준비금 산출 |
|---|---|
| 원가법책임준비금 (적용기초율 사용) | (i) 적용기초율이 사용되므로 매결산시점의 원가법책임준비금은 보험 료산출시에 이미 고정되기 때문에 결산시점마다 변동되지 않음 <br> (ii) 보험료산출시의 적용기초율(최적기초율과 마진등을 포함)을 이용 하여 하나의 항목으로 책임준비금 산출 |
| 시가법책임준비금 (현행추정치 사용) | (i) 현행추정치가 사용되므로 시가법책임준비금은 결산시점마다 변동됨 <br> (ii) 평가시점의 현행추정치(최선추정치) → BEL <br> 변동성 → RA(비금융위험(위험률, 해지율, 사업비율)의 변동성) <br> 마진 → CSM <br> 3개의 항목으로 분리하여 책임준비금 산출 |

(2) 장래법과 과거법

'장래법' 방식은 장래지출의 현가에서 장래수입의 현가를 차감하여 책임준비금을 산출하는 방법이다. 그러나 금리연동형상품과 같이 책임준비금 산출시점까지의 실적이율을 반영해야 하는 경우, 과거수입의 종가에서 과거지출의 종가를 차감하여 책임준비금을 산출하며 이를 '과거법' 방식이라고 한다.

장래법책임준비금

= 장래지출의 보험수리적 현가 – 장래수입의 보험수리적 현가          (6.1.1.1)

과거법책임준비금

= 과거수입의 보험수리적 종가 – 과거지출의 보험수리적 종가          (6.1.1.2)

(3) 순보험료식과 영업보험료식

장래법 책임준비금 산출방식을 적용한다고 가정해보자. 책임준비금 산출목적의 장래현금흐름(CF) 전망시 장래지출 중 급부만을 고려(사업비 제외)하고, 장래수입은 순보험료만을 고려하여 책임준비금을 산출하는 방식을 '순보험료식'이라고 한다. 반면, 장래현금흐름(CF) 전망시 장래지출은 장래급부를 포함하여 사업비 등 모든 지출을 고려(사업비 포함)하고, 장래수입은 영업보험료를 고려하여 책임준비금을 산출하는 방식을 '영업보험료식'이라고 한다.

순보험료식 책임준비금(장래법)

= 장래지출(급부)의 보험수리적 현가 – 장래 순보험료의 보험수리적 현가 (6.1.1.3)

영업보험료식 책임준비금(장래법)

= 장래지출(급부+사업비)의 보험수리적 현가 – 장래 영업보험료의 보험수리적 현가

(6.1.1.4)

(1) 원가법/시가법, (2) 장래법/과거법, (3) 순보험료식/영업보험료식 세 가지 평가 방법의 조합을 이용하여 IFRS4 기준 책임준비금과 IFRS17 기준 책임준비금을 설명하기로 한다. 또 동일한 방법으로 IFRS4 기준 해약환급금과 IFRS17 기준 해약환급금이 동일한 것을 설명할 수 있다.

## 2. IFRS4 기준 책임준비금과 IFRS17 기준 책임준비금

### (1) IFRS17의 도입

국제적으로 통일된 신뢰성 있는 회계정보 요구가 증대되면서 국제회계기준위원회(International Accounting Standards Board: IASB)는 국제회계기준, 즉 IFRS(International Financial Reporting Standards)를 제정하였다. IFRS 도입 시, 재무제표의 비교 가능성이 높아지고 이에 따라 회계정보에 대한 신뢰도를 제고할 수 있다는 장점이 있다. 이에 따라 2011년부터 국내 모든 상장사는 IFRS를 의무 적용하도록 전면 도입되었다. 이에 따라, 국내 보험사는 각국의 보험 관행을 허용하는 IFRS4 1단계를[1] 2011년부터 2022년까지 적용해왔다. 2020년 6월 IASB는 IFRS17 최종안을 확정하여 발표하였으며, 우리나라의 IFRS17 적용일은 2023년 1월 1일이다. 본서에서 IFRS4 기준은 2023년 IFRS17 도입 전의 회계기준을 의미하므로 2022년까지의 회계기준을 의미하고, IFRS17 기준은 2023년 이후의 회계기준을 의미한다. IFRS4라는 용어는 2011년부터 적용된 용어이나 본서에는 IFRS4 기준이란 용어를 IFRS17 기준에 대응되는 용어로 사용하며, 따라서 2023년 이전의 모든 기간을 포함하는 용어로 사용하기로 한다.

### (2) IFRS4 기준의 책임준비금[2]

IFRS4 기준의 책임준비금은 보험료적립금·미경과보험료·지급준비금·계약자배당준비금·계약자이익배당준비금·배당보험손실보전준비금·재보험료적립금·보증준비금으로 구분하여 적립한다.[3] 본장에서의 IFRS4 기준의 책임준비금은 보험료적립금으로 한정한다.[4]

---

1) 2011년 당시에는 IFRS4를 IFRS4 1단계와 2단계로 나누어서 구분하였다. 그 당시에는 국제보험회계기준서(IFRS17)가 발표되기 전이기 때문에 17이라는 숫자가 부여되기 전이라 IFRS17이라는 용어를 사용할 수 없었다. 따라서 IFRS17 도입되기 전 준비단계를 IFRS4 1단계라고 지칭했고, 나중에 발표될 국제회계기준서의 시기를 IFRS4 2단계라고 불렀다. 회계기준서는 확정 순서에 따라 기준서 번호가 매겨지는데 IFRS4와 17은 보험계약에 적용되는 회계기준서이다.
2) IFRS4 기준은 더 이상 유효하지 않으므로 IFRS4 기준을 설명하는 규정 및 시행세칙 등은 2023년 IFRS17 도입 전 기준이다. 현재 삭제·개정된 규정은 (구)를 붙여 표시하기로 한다. 이것은 후술할 IFRS4 기준의 해약환급금에서도 동일하다.
3) (구)보험업감독규정 제6-11조(책임준비금의 적립) 〈2022.12.21. 개정〉.
4) 보험료적립금 이외의 책임준비금과 IFRS4 1단계에 적용했던(IFRS4 2단계 준비하기 위하여) 책임준비금

**(a) 순보험료식(감독규정)**

책임준비금 중 장래의 보험금 지급을 위하여 적립하고 있는 보험료적립금은 감독규정 상 순보험료식 준비금으로 적립[1]하도록 규정되어 있으므로 IFRS4 기준의 책임준비금은 감독규정에 의거하여 '순보험료식' 방식에 따라 산출된다고 볼 수 있다.

> **(구) 보험업감독규정 제7-65조(생명보험 책임준비금의 계산) 〈삭제 2022.12.21.〉**
> 생명보험회사는 영 별표7 제2호에 따라 책임준비금을 산출·적립하려는 경우 다음 각 호의 사항을 지켜야 한다.
> 1. 보험료적립금은 순보험료식준비금으로 적립하며 회계연도말 보험료적립금은 경과기간 등을 고려하여 감독원장이 정하는 바에 따라 산출할 것
> 3. 보험료적립금은 연납보험료를 기준으로 하여 산출할 수 있다.
> **(구) 보험업감독규정 제6-12조(보험료적립금의 적용 이율 및 위험률 등) 〈삭제 2022.12.21.〉**
> ① 보험료적립금은 보험료 및 책임준비금 산출방법서에 따라 계산한 금액으로 적립한다.
> ③ 금리연동형보험의 이율 중 보험회사가 공시하는 형태의 이율(이하 "공시이율"이라 한다)은 공시기준이율에 조정률을 반영하여 다음 각호의 방법에 따라 결정하여야 한다.

**(b) 원가법**(보험료 및 책임준비금 산출방법서)

감독규정에서는 보험료 및 책임준비금 산출방법서에 책임준비금의 적용이율 및 위험률 등을 포함하여 보험료, 책임준비금 및 해약환급금 계산에 관한 사항을 필수로 기재하도록 규정하고 있다.[2] IFRS17 도입 전에는, 국내 보험회사의 모든 산출방법서에서 시산보험료 산출 시 사용한 기초율을 책임준비금 산출 시 기초율로 적용하였으므로,[3] IFRS4 기준의 책임준비금은 산출방법서에 따라 '원가법' 방식을 적용하여 산출한 것으로 볼 수 있다.[4] 또한 '시가법'은 IFRS17에 따라 도입된 개념이므로[5] 국내 보험감독규정은

---

적정성평가(Liability Adequacy Test: LAT)로 인한 추가적립액은 고려하지 않는다.

1) (구)보험업감독규정 제7-65조(생명보험 책임준비금의 계산) 〈삭제〉.
2) (구)보험업감독규정 제7-64조(보험료 및 책임준비금 산출방법서의 필수 기재사항). IFRS17 도입 후 보험료 및 책임준비금 산출방법서의 명칭은 보험료 및 해약환급금 산출방법서로 명칭이 바뀌었고, 따라서 IFRS17 기준에서는 산출방법서에 책임준비금에 관한 사항들은 기재하지 않는다. 제7-64조의 제목은 '보험료 및 해약환급금 산출방법서의 필수 기재사항'으로 변경되었다.
3) 자세한 내용은 7장의 우리나라 보험료산출제도를 참고하기 바란다.
4) IFRS17 도입 전의 경우에도 우리나라에서 일정 기간 동안(2000년~2015년) 적용하였던 「순보식 표준책임준비금」 제도하에서는 '보험료산출 기초율=책임준비금산출 기초율'이 성립하지 않을 수 있다. '순보식 표준책임준비금' 제도는 보험료산출 기초율(예정기초율, 적용기초율)을 적용하여 산출한 순보식 원가법 책임준비금과 표준이율 및 표준위험률(표준기초율)을 적용하여 산출한 순보식 표준책임준비금 중 큰 값을 최종 책임준비금으로 적립하는 제도이다. 자사기준 순보식 원가법책임준비금이란 적용이율을 적용하여 산출한 책임준비금이다.
실제 적립 책임준비금=Max(자사기준 순보식 원가법책임준비금, 순보식 표준책임준비금)
자사기준 순보식 원가법책임준비금 > 순보식 표준책임준비금
  : 보험료 산출기준=책임준비금 산출기준
자사기준 순보식 원가법책임준비금 < 순보식 표준책임준비금
  : 보험료 산출기준≠책임준비금 산출기준
그러나, (i) 책임준비금을 보수적으로 적립하기 위한 표준기초율(표준이율 및 표준위험률)이 적용기초율

초기부터 IFRS17 도입 이전까지 규정상 언급하지 않더라도 당연히 '원가법' 기준을 적용해왔다고 볼 수 있다.

본서에서는 순보험료식 보험료적립금을 '순보식 원가법책임준비금'으로 표기하기로 한다.[1] 원가법의 의미는 시가법에 대응되는 용어로 책임준비금 산출기준이 보험료 산출기준과 동일한 경우를 의미하므로 순보식 원가법책임준비금이라는 용어에는 책임준비금 산출기준으로 보험료 산출기준을 사용한다는 의미가 내포되어 있다.

(c) 장래법/과거법(보험료 및 책임준비금 산출방법서)

장래법 및 과거법과 관련된 감독규정이 존재하지 않으므로 보험료 및 책임준비금 산출방법서에 따라 장래법과 과거법을 적용한다. 금리의 적용형태에 따라 순보식 원가법책임준비금의 산출방법이 다르다.

금리확정형보험은 장래법 또는 과거법으로 순보식 원가법책임준비금을 산출한다. 금리확정형보험의 순보식 원가법책임준비금을 산출하는 경우, 적용이율을 포함하여 보험료 산출 시의 적용기초율을 책임준비금 산출시에도 동일하게 적용한다. (i) 수지상등의 원칙에 의하여 보험료를 산출하며, (ii) 과거법과 장래법 책임준비금 산출기준이 모두 보험료 산출기준과 동일한 조건하에서, 장래법으로 산출한 순보식 원가법책임준비금과 과거법으로 산출한 순보식 원가법책임준비금은 동일하다. 그러므로 일정 조건이 성립하는 경우 이론적으로는 장래법 또는 과거법 중 어떠한 방식으로 책임준비금을 산출해도 무방하지만, 대부분의 금리확정형보험의 보험료 및 책임준비금 산출방법서에서는 장래법을 사용하여 정의하고 있다.

금리연동형보험의 경우 보험료 및 책임준비금 산출방법서에 따라 과거법으로 적립한다. 과거법에 관련된 내용은 본장의 마지막 부분에서 설명한다.

감독규정 및 산출방법서에 따를 때 IFRS4 기준의 책임준비금 산출방식은 다음과 같다.

금리확정형보험: 원가법 + 장래법(일정 조건하 과거법) + 순보험료식        (6.1.2.1)

금리연동형보험: 원가법 + 과거법 + 순보험료식        (6.1.2.2)

---

과 비교하여 큰 차이가 없었으며 (ii) 표준기초율도 보험료 산출시점의 표준기초율로 고정하여 책임준비금 산출시점마다 동일하게 적용하였으므로(이 부분이 시가법책임준비금과 대비되는 원가법책임준비금의 큰 특징임) 순보식 표준책임준비금도 넓은 의미의 원가법책임준비금이라고 볼 수 있다.

5) IFRS 2단계(후에 IFRS17로 명명)를 대비하기 위하여 시행되었던 IFRS 1단계의 책임준비금적정성평가(LAT) 혹은 보증준비금 등에서 시가법의 형태(완전한 시가법이 아니므로 준시가법이라고 할 수 있다)를 도입한 책임준비금이 일부 존재하였다.

1) '순보식 원가법책임준비금'에는 (월납이 아닌) 연납보험료 등이 납입되는 경우 미경과보험료를 포함하지 않는 개념이다. 우리나라 규정에서는 미경과보험료는 별도로 적립한다.

(3) IFRS17 기준의 책임준비금

IFRS17 기준의 책임준비금은 보험계약부채·재보험계약부채·투자계약부채로 구분하며, 보험계약부채와 재보험계약부채는 다시 잔여보장요소와 발생사고요소로 구분하여 적립한다.[1] 본 연구에서의 IFRS17 기준의 책임준비금은 보험계약부채의 잔여보장요소로 한정한다.

IFRS17 기준 책임준비금은

( ⅰ ) 보험업법시행령 제63조와 시행규칙 제29조에 따르면 과거 사건, 현재 상태 그리고 미래 예측정보를 활용한 '현행추정치'를 적용하여 산출하므로 시가법 방식이며,

( ⅱ ) 보험업법시행령 제63조에서 미래현금흐름에 대한 현행추정치를 적용하여 적립하도록 규정하고 있으므로 장래법 방식이라고 볼 수 있다.

( ⅲ ) 또한 보험업법 시행규칙 제29조에 따르면 미래현금흐름 반영 시, 해약률, 위험률 뿐만 아니라 사업비를 포함한 모든 정보를 반영해야 하므로 영업보험료방식이다.

그러므로 IFRS17 기준 책임준비금 산출방식은 금리의 적용형태와 무관하게 아래와 같이 동일하다.

$$금리확정형보험: 시가법 + 장래법 + 영업보험료식 \tag{6.1.2.3}$$
$$금리연동형보험: 시가법 + 장래법 + 영업보험료식 \tag{6.1.2.4}$$

---

**보험업법시행령 제63조(책임준비금 등의 계상)**
　① 보험회사는 법 제120조제1항에 따라 장래에 지급할 보험금·환급금 및 계약자배당금(이하 이 조에서 "보험금등"이라 한다)의 지급에 충당하기 위해 다음 각 호의 구분에 따라 산출한 금액을 책임준비금으로 계상해야 한다.
　1. 보험계약부채: 다음 각 목의 구분에 따른 금액을 합한 금액
　　가. 발생사고요소: 매 결산기 말 현재 보험계약 상 지급사유가 발생한 보험금등을 지급하기 위해 미래현금흐름에 대한 현행추정치를 적용하여 적립한 금액
　　나. 잔여보장요소: 매 결산기 말 현재 보험계약 상 보험금등의 지급사유가 발생하지 않았으나 장래에 그 보험금등을 지급하기 위해 미래현금흐름에 대한 현행추정치를 적용하여 적립한 금액
　2. 투자계약부채: 보험계약 중 「주식회사 등의 외부감사에 관한 법률」 제5조 제1항 제1호에 따른 회계처리기준 제1117호의 적용을 받지 않아 투자계약으로 분류된 보험계약에 대해 보험회사가 장래에 보험금등을 지급하기 위해 적립한 금액
**보험업법 시행규칙 제29조(책임준비금 등의 계산)〈개정 2022.12.30.〉**
　① 보험회사는 영 제63조제1항제1호 및 제3호에 따라 미래현금흐름에 대한 현행추정치를 적용할 때에는 과거 발생한 사건에 대한 정보와 현재 상태에 대한 정보 및 미래 상태에 대한 예측 정보로서 사업비, 해약률 및 위험률 등 합리적이고 그 근거가 충분히 있는 모든 정보를 중립적으로 반영해야 한다.

---

[1] 보험업법시행령 제63조(책임준비금 등의 계상).

각 회계기준에 따른 책임준비금 산출방법을 비교하면 표 [6.1.2.1]과 같으며, IFRS17 도입으로 인하여 책임준비금 산출기준이 완전히 변경되었음을 알 수 있다.

표 [6.1.2.1] IFRS4와 IFRS17 기준의 책임준비금 비교

|  | IFRS4 | IFRS17 |
|---|---|---|
| (1) 원가법/시가법 | 적용기초율 사용 → 원가법 | 현행추정치 사용 → 시가법 |
| (2) 장래법/과거법 | 금리확정형: 장래법(일정조건하 과거법)<br>금리연동형: 과거법 | 장래법 |
| (3) 순보험료식/<br>영업보험료식 | 순보험료식 | 영업보험료식 |

## 3. IFRS4 기준의 해약환급금과 IFRS17 기준의 해약환급금

### (1) IFRS4 기준의 해약환급금

해약환급금이란 보험계약자가 보험계약을 해지 시 보험회사가 지급해야 할 금액으로 IFRS4 기준의 해약환급금은 순보험료식 보험료적립금(순보식 원가법책임준비금)에서 해약공제액을 차감하여 산출한다.[1] [2]

> (구) 보험업감독규정 제7-66조(생명보험 해약환급금의 계산) 〈개정 2022.12.21.〉
> ① 생명보험회사는 영 별표 7 제2호에 따라 해약환급금을 산출·적립하려는 경우 다음 각 호의 사항을 지켜야 한다.
> 1. 해약환급금은 제7-65조제1호에 따른 보험료적립금에서 다음과 같이 해약공제액을 공제하여 계산한 금액이상으로 산출할 수 있다. 다만, 순보험료식 보험료적립금에서 해약공제액을 공제한 금액이 음(陰)의 값인 경우에는 이를 영(零)으로 처리한다.
>
> $$W = V(N) - (\frac{12m-t}{12m}) \times \alpha$$
>
> 단, $W$: 해약환급금, $V(N)$: 순보험료식 보험료적립금, $\alpha$: 표준해약공제액,
>   $t$: 납입경과월수, $m$: 해약공제기간(년)

---

1) (구)보험업감독규정 제7-66조(생명보험 해약환급금의 계산) 〈개정〉.
2) 표준해약환급규 제도(2003~2015년)하에서는 보험료산출 기초율(예정기초율 또는 적용기초율)로 계산한 해약환급금(자사기준 해약환급금)과 표준기초율로 계산한 해약환급금(표준해약환급금) 중 큰 값을 해약환급금으로 지급한다. 실지급 해약환급금=Max(자사기준 해약환급금, 표준해약환급금)
이때 표준해약환급금이란 계약일자를 기준으로 ( i ) 2003~2009년: 표준이율의 125%, 예정위험률로 산출한 순보험료식 보험료적립금에서 표준해약공제액을 기초로 한 해약공제액 차감, ( ii ) 2010~2015년: 표준이율의 125%, 표준위험률로 산출한 순보험료식 보험료적립금에서 표준해약공제액을 기초로 한 해약공제액 차감. 표준책임준비금제도가 2016년부터 폐지되었으므로 2016년부터는 적용기초율로 산출한 순보험료식 보험료적립금에서 표준해약공제액을 기초로 한 해약공제액을 차감하여 해약환급금을 계산하며, 이 방법은 IFRS17 기준에서도 동일하다.

## (2) IFRS17 기준의 해약환급금

### (a) IFRS17 기준의 해약환급금

IFRS17이 도입된 후에도 해약환급금을 구하는 식은 변경되지 않고 동일하다. 다만 $V(N)$의 명칭이 순보험료식 보험료적립금(순보식 원가법책임준비금)에서 계약자적립액으로 변경되었을 뿐이다.

---

**보험업감독규정 제7-66조(생명보험 해약환급금의 계산) 〈개정 2022.12.21.〉**

① 생명보험회사는 영 별표 7 제2호에 따라 해약환급금을 산출하려는 경우 다음 각 호의 사항을 지켜야 한다. 〈개정 2022.12.21.〉

1. 해약환급금은 계약자적립액에서 다음과 같이 해약공제액을 공제하여 계산한 금액 이상으로 산출할 수 있다. 다만, 계약자적립액에서 해약공제액을 공제한 금액이 음(陰)의 값인 경우에는 이를 영(零)으로 처리한다.

$$W= V(N) - (\frac{12m-t}{12m})\times \alpha$$

단, $W$: 해약환급금, $V(N)$: 계약자적립액, $\alpha$: 표준해약공제액,
　　$t$: 납입경과월수, $m$: 해약공제기간(년)

---

위 규정은 계약자적립액을 기초로 하므로, 계약자적립액에 관한 규정을 살펴보면 다음과 같으며 이 규정은 앞에서 고찰한 순보식 원가법책임준비금 관련 규정과 동일함을 알 수 있다.[1] 즉 계약자적립액은 순보식 원가법책임준비금과 동일함을 확인할 수 있다.

---

**보험업감독규정 제7-65조(계약자적립액의 계산) 〈신설 2022.12.21.〉**

① 계약자적립액은 보험료 및 책임준비금 산출방법서에 따라 계산한 금액으로 한다.

② 제1항의 계약자적립액은 연납보험료를 기준으로 하여 산출할 수 있다.

③ 공시이율은 공시기준이율에 조정률을 반영하여 다음 각호의 방법에 따라 결정하여야 한다. 〈이하생략〉

---

보험업감독규정 제7-65조와 제7-66조에 따르면 보험연도말(기말) 계약자적립액은 계약의 납입주기와 관계없이 연납보험료를 기초로 계산할 수 있다.[2] 이 규정을 근거로 우리나라에서는 월납보험료를 납입할 때도 연납보험료를 기초로 보험연도말(기말) 계약자적립액을 계산할 수 있다(월납보험료를 기초로도 가능).[3] 또한, 납입기간중에는 보험연도말 계약자적립액을 월단위로 직선보간하여 사용하므로 동일경과월에는 (경과일수와 상관없이) 동일한 값을 갖는 반면, 납입기간이 종료되면 보험연도말 계약자적립액을 일단위로 직선보간하여 사용한다. 이러한 규정들은 IFRS4 기준의 해약환급금을 산출하기 위한 순

---

1) (구)보험업감독규정 제7-65조(생명보험 책임준비금의 계산), (구)보험업감독규정 제6-12조(보험료적립금의 적용이율 및 위험률 등)와 동일하다.

2) 장래급부가 납입주기에 따라 다른 경우(예를 들면 기납입보험료를 지급)는 납입주기별 보험료를 기준으로 계약자적립액을 산출한다.

3) 6장 I. 5절 (7) 분할납보험료 납입의 경우 계약자적립액을 참조하기 바람.

보식 원가법책임준비금의 경우에도 존재했던 동일한 규정들이다.[1]

보험회사의 실제 계약체결비용의 집행은 계약 초기에 이루어지나, 해당 재원은 보험료 납입기간에 걸쳐 평준하게 부과되어 있다. 그러므로 계약체결비용의 재원이 확보되기 전에 해약하는 경우, 보험회사는 계약자적립액에서 해약공제를 차감하고 해약환급금을 지급함으로써 미수취한 계약체결비용의 재원을 확보한다. 보험업감독규정 제7-66조는 이러한 원리를 나타내고 있으며 해약공제는 다음과 같다.

$$해약공제 = (\frac{12m-t}{12m}) \times \alpha \qquad (6.1.3.1)$$

다만 보험회사의 계약체결비용의 과대계상으로 인하여 보험계약자의 해약환급금이 과도하게 작아지는 것을 방지하기 위하여 '표준해약공제액'이라는 한도를 부여하고 있다. 표준해약공제액에 관한 규정[2]은 회계제도의 변경과 관계없이 동일하다.

### (b) 해약환급금준비금

보험업법 및 시행령에 따라 보험회사는 보험금 지급능력을 확보하기 위하여 재무건전성 기준을 지켜야 하는데, 이 중 해지에 대한 위험을 고려하여 마련한 제도가 '해약환급금준비금'이다. 해약환급금준비금을 통하여 보험회사 전체단위로 결산시점에 모든 계약자가 해약하더라도 회사는 이를 지급할 수 있을 만큼 충분한 금액을 적립할 수 있다.

IFRS17 기준 보험계약부채의 잔여보장요소(A)와 해약환급금과 미경과보험료의 합계(B)를 이용하여 해약환급금준비금을 나타내면 다음과 같다.

$$해약환급금준비금 = Max(B-A, 0) \qquad (6.1.3.2)$$

해약환급금은 회계제도와 무관하게 보험료산출시의 기초율을 사용하여 계산한 계약자의 몫이다. IFRS4 기준에서는 순보식 원가법책임준비금을 적립하였으므로 책임준비금이 해약환급금보다 작은 경우는 발생할 수 없었다. 그러나, IFRS17 기준에서는 계약자에게 지급하는 해약환급금의 산출기준(적용기초율)과 책임준비금 산출기준(현행추정치)이 다르기 때문에 IFRS17 기준 영업보험료식 시가법책임준비금이 해약환급금보다 작은 상황이 발생할 수 있다.

평가성 책임준비금제도에서는 장래의 낙관적인 장래현금흐름을 예상하여 해약환급금보다 작은 IFRS17 기준 영업보험료식 시가법책임준비금을 적립함으로써 해당 차액인 (B-A) 만큼 이익잉여금을 추가로 인식할 수 있고, 주주배당의 형태로 사외유출이 가능

---

1) (구)보험업감독규정 제7-65조(생명보험 책임준비금의 계산), (구)보험업감독업무시행세칙 제5-20조(생명보험 책임준비금의 계산).
2) 보험업감독규정 별표14(표준해약환급금 계산시 적용되는 해약공제액).

하다. 만일 대량 해지가 발생한다면 계약자에게 지급할 해약환급금 총금액이 $(B-A)$만큼 부족한 사태가 발생할 가능성이 있으므로 IFRS17 도입에도 불구하고 해약환급금준비금을 부채가 아닌 자본에 별도로 적립하도록 규정하였다. 이는 계약자를 보호하고 회사의 정상적인 운영을 도모하기 위한 제도적 장치라고 볼 수 있다.

## 4. 순보식 원가법책임준비금과 계약자적립액

IFRS4 기준 해약환급금은 순보험료식 보험료적립금(순보식 원가법책임준비금)에서 해약공제를 차감하여 산출하였고, IFRS17 기준 해약환급금은 계약자적립액에서 해약공제를 차감하여 산출하므로 용어상으로는 회계기준 변경에 따라 해약환급금 산출기준도 변경된 것으로 보일 수 있다. 그러나 규정을 면밀히 검토해보면 IFRS4 기준 순보험료식 보험료적립금(순보식 원가법책임준비금)이 IFRS17 기준 계약자적립액으로 명칭만 변경되었기 때문에 IFRS17 기준 해약환급금과 IFRS4 기준 해약환급금은 동일하다고 말할 수 있다. 6장에서 주로 고찰할 IFRS17 기준하의 계약자적립액은 IFRS4 기준의 순보험료식 보험료적립금(순보식 원가법책임준비금)을 명확히 알 수 있다.

IFRS17 기준의 계약자적립액=IFRS4 기준의 순보식 원가법책임준비금 (6.1.4.1)

IFRS17 기준의 해약환급금 산출시, IFRS4 기준의 해약환급금 산출방법과 동일하게 보험료 산출기준이 해약환급금 산출기준으로 사용된다. 따라서 IFRS17 기준의 해약환급금은 순보식 원가법해약환급금이며 IFRS4 기준의 해약환급금과 동일하다.

IFRS17 기준의 계약자적립액 산출기준=적용기초율=보험료 산출기준 (6.1.4.2)
IFRS17 기준의 해약환급금=순보식 원가법해약환급금
=IFRS4 기준의 해약환급금[1]                    (6.1.4.3)

## 5. 금리확정형상품의 장래법 계약자적립액의 산출

### (1) 평준순보험료와 계약자적립액

본장에서 계속 언급되는 순보식 원가법책임준비금은 IFRS4 기준이 적용되던 2023년 이전 시대의 책임준비금을 의미한다(순보식 원가법책임준비금은 IFRS17 기준의 책임준비금이 아님). 또 2023년부터 적용되는 IFRS17 기준의 계약자적립액은 IFRS4 기준의 순보식 원

---

1) 순보식 원가법해약환급금도 순보식 원가법책임준비금과 같이 해약환급금 산출기준=보험료 산출기준을 내포하는 것으로 정의한다. 이런 관점에서 보면 표준해약환급금이 적용되던 시기(2003~2015년)에는 등식이 성립하지 않을 수 있다. 그러나 순보식 표준책임준비금에서 설명한 논리와 동일하게 순보식 표준해약환급금도 넓은 의미의 원가법해약환급금으로 볼 수 있다.

가법책임준비금을 의미한다. 본장에서는 IFRS4 기준의 순보험료식 원가법책임준비금을 순보식 원가법책임준비금 또는 간단히 원가법책임준비금으로도 표기하기로 한다. 본장에서는 IFRS17 기준의 계약자적립액의 원래 의미(원래 의미는 IFRS4 기준의 순보식 원가법책임준비금임)를 이해시키고 강조하기 위하여 본장의 전반부에서는 순보식 원가법책임준비금과 계약자적립액의 용어를 병행하여 사용하고 후반부에서는 계약자적립액이라는 용어를 주로 사용할 예정이다. 7장 이후에서는 계약자적립액 또는 계약자적립액(순보식 원가법책임준비금)이라는 용어를 병행하여 사용하기로 한다.

$$\text{IFRS17 기준의 계약자적립액} = \text{IFRS4 기준의 순보식 원가법책임준비금} \quad (6.1.5.1)$$

피보험자 $(x)$가 평생 동안 생명보험의 혜택을 받고 싶은 경우 다음의 두 가지 방법이 가능하다. 첫째는 매년 1년만기 정기보험을 계속 구입하는 방법이고 둘째는 보통종신보험을 구입하는 것이다.

1년만기 정기보험을 매년 구입하는 경우 나이가 증가함에 따라 자연보험료(natural premium)는 증가한다. 이는 어린 나이를 제외하고는 나이가 증가함에 따라 사망률도 증가하기 때문이다. 보통종신보험에서 연납평준보험료를 고려하면 연납평준보험료는 초기의 보험연도에서는 자연보험료를 초과하고 후기의 보험연도에서는 자연보험료보다 작다. 예를 들어 피보험자 $(30)$의 연납평준순보험료는 보험금이 $10,000$원일 때

$$10000\, P_{30} = 10000 \frac{M_{30}}{N_{30}} = 53.39$$

이고 매년 자연보험료는

$$10000\, c_{30} = 5.524$$
$$10000\, c_{31} = 5.429$$
$$10000\, c_{32} = 5.429$$
$$10000\, c_{33} = 5.619$$
$$\vdots \qquad \vdots$$
$$10000\, c_{57} = 50.476$$
$$10000\, c_{58} = 54.381$$
$$10000\, c_{59} = 58.381$$
$$\vdots \qquad \vdots$$
$$10000\, c_{64} = 89.714$$
$$10000\, c_{65} = 99.905$$

그림 [6.1.5.1]  연납평준순보험료와 자연보험료(보험금 10,000원)

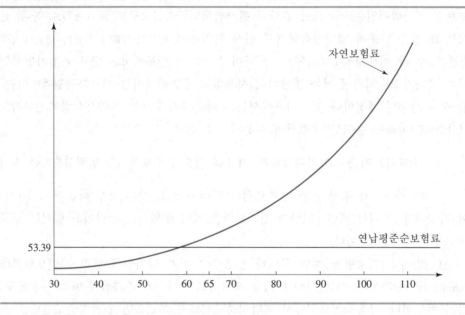

임을 알 수 있다. 이것을 그림으로 표시하면 그림 [6.1.5.1]과 같다.

그림 [6.1.5.1]에서 보는 바와 같이 나이가 많은 시점에서는 자연보험료가 연납평준순보험료보다 훨씬 비싼 것을 알 수 있다. 따라서 보통종신보험의 경우 보험회사가 파산하지 않고 정상적으로 운영이 되려면, 후기 보험연도들에서 발생하는 순보험료 부족분(즉, 자연보험료 – 연납평준순보험료)들에 대비하여 초기 보험연도들에서 발생하는 순보험료 초과분(즉, 연납평준순보험료 – 자연보험료)들을 적립해 놓아야 한다. 과거에 발생한 순보험료 초과분들의 적립금(과거법)을 IFRS4 기준의 순보험료식 원가법책임준비금(純保險料式原價法責任準備金)이라고 하며, 또 IFRS17 기준의 계약자적립액(契約者積立額)이라고 한다.

계약자적립액(순보식 원가법책임준비금)을 적립하는 이유를 다른 관점(장래법)에서 설명하면 다음과 같다. 보험 가입시점에서 연납평준순보험료는 미래 순보험료수입의 보험수리적 현가와 미래 보험금지출의 보험수리적 현가가 일치하게 하는 값임은 이미 살펴보았다. 이와 같은 수지상등의 원칙은 보험가입시에만 적용이 된다. 보험가입시점 이후에는 보험료를 이미 어느 정도 납입하였기 때문에 일반적으로 미래 순보험료수입의 보험수리적 현가는 보험가입시점보다 작아지고, 미래 보험금지출의 보험수리적 현가는 보험금지급시점이 가까워지므로 보험가입시점보다 커진다. 따라서 보험가입시점 이후의 시점에서 커진 미래 보험금지출의 보험수리적 현가와 작아진 미래 순보험료수입의 보험수리적 현가의 차이를 IFRS4 기준에서는 보험회사가 순보식 원가법책임준비금으로 적립하여야 하며, IFRS17 기준에서는 보험회사가 해약환급금을 지급하기 위한 계약자적립액으로 적립하여야 한다.

처음 설명한 순보식 원가법책임준비금(계약자적립액)은 과거의 현금흐름(cash flow)만을 고려하여 산출하였는데, 이와 같이 산출된 원가법책임준비금을 과거법(過去法) 원가법책임준비금(retrospective reserve)이라고 한다. 두 번째 설명한 순보식 원가법책임준비금(계약자적립액)은 미래의 현금흐름만을 고려하여 산출하였는데, 이와 같이 산출된 원가법책임준비금을 장래법(將來法) 또는 미래법(未來法) 원가법책임준비금(prospective reserve)이라고 한다. 두 방법으로 산출된 원가법책임준비금은 일정한 조건하에서 동일하다.

제6장에서 설명되는 원가법책임준비금을 IFRS4 기준의 순보험료식(純保險料式) 원가법책임준비금(Net Premium Reserve)이라고 하는데 이는 원가법책임준비금을 장래법으로 산출할 때 장래지출은 보험금만을 고려하고(사업비는 고려하지 않음) 장래수입은 순보험료만을 고려한다는(부가보험료는 고려하지 않음) 의미이다. 특히 장래수입의 순보험료가 평준순보험료인 경우 평준순보험료식 원가법책임준비금(Net Level Reserve)이라고 한다. 6장에서 $_tV_x$ 등과 같이 $V$를 이용하여 표기되는 기호는 대부분 평준순보험료식 원가법책임준비금을 의미하는데 본서에서는 편의상 순보식 원가법책임준비금이라고 대부분 표기하기로 한다.[1] 금리확정형상품의 계약자적립액은 평준순보험료식 원가법책임준비금을 의미하며, 금리연동형상품의 계약자적립액은 평준순보험료식 원가법책임준비금이 아니고 순보험료식 원가법책임준비금이다.[2] 본서에서는 보험료산출의 기초율을 이용하여 책임준비금을 산출하는 경우의 책임준비금을 원가법책임준비금이라고 용어를 정의하기로 한다.[3] 즉 원가법책임준비금에서는 책임준비금산출의 기초율(책임준비금 산출기준)과 보험료산출의 기초율(보험료 산출기준)이 동일하다.

## (2) 생명표를 이용한 계약자적립액의 산출

생명표를 이용하여 순보식 원가법책임준비금(계약자적립액)을 과거법으로 산출해보

---

1) 향후 평준순보험료식 원가법책임준비금은 많은 경우에 순보식 원가법책임준비금으로 표현되고 있다. 평준순보험료식이 아닌 경우는 당연히 순보식 원가법책임준비금으로 표현한다. 따라서 순보식 원가법책임준비금이라고 표현되는 경우 평준순보험료식 원가법책임준비금을 의미할 수도 있고, 순보식 원가법책임준비금(평준이 아님)일 수도 있다. 금리확정형상품의 장래법 원가법책임준비금의 경우 순보식 원가법책임준비금은 대부분 평준순보험료식 원가법책임준비금을 의미한다.

2) 금리연동형상품의 계약자적립액은 과거법으로 구한다. 과거법 산출은 과거 보험료수입의 보험수리적 종가에서 과거 보험금지급의 보험수리적 종가를 차감하여 구한다. 과거 보험료수입의 현금흐름 작성과정을 살펴보면, 영업보험료에서 사업비를 차감하여 계산한다는 의미에서 순보험료를 사용하지만 매월 차감되는 사업비가 공시이율에 따라 변동되는 사업비가 있기 때문에 차감되는 사업비가 평준부가보험료가 아니다. 따라서 계약자적립액에 사용되는 과거 보험료수입은 순보험료로 볼 수 있지만 평준순보험료는 아니다.

3) 11장에서는 시가법책임준비금을 고찰한다. 시가법책임준비금을 산출할 때는 보험료산출 기초율을 이용하지 않고 현행추정치를 이용한다. 즉 시가법책임준비금에서는 책임준비금 산출기준≠보험료 산출기준이다. 원가법은 시가법에 대응되는 용어이며 시가법이 도입(2023년)되기 전에 사용하였던 책임준비금 적립방법을 의미한다.

자. 보험회사가 보험금 1원의 5년만기 생사혼합보험을 30세의 $l_{30}$ 사람들에게 판매하였
다고 가정하자. 3년 유한납입 연납보험료를 가정하면 연납순보험료는

$$_3P_{30:\overline{5}|} = \frac{M_{30}-M_{35}+D_{35}}{N_{30}-N_{33}} = 0.27425260$$

표 [6.1.5.1]　계약자적립액의 계산

| (1)<br>보험<br>연도 | (2)<br>총보험료<br>수입 | (3)<br>보험연도<br>초의 기금 | (4)<br>연초기금의<br>종가 | (5)<br>사망<br>보험금 | (6)<br>보험연도말<br>의 기금 | (7)<br>연말<br>생존자 | (8)<br>1인당<br>계약자<br>적립액 |
|---|---|---|---|---|---|---|---|
| $t$ | $l_{30+t-1} \cdot$<br>$_3P_{30:\overline{5}|}$ | (2) + 전년도(6) | (3) × (1+i) | $d_{30+t-1}$ 원 | (4)−(5) | $l_{30+t}$ | (6)/(7) |
| 1 | 27045.04 | 27045.04 | 28397.29 | 57.20 | 28340.09 | 98556.43 | 0.287552 |
| 2 | 27029.36 | 55369.45 | 58137.92 | 56.18 | 58081.74 | 98500.25 | 0.589661 |
| 3 | 27013.95 | 85095.69 | 89350.47 | 56.15 | 89294.32 | 98444.10 | 0.907056 |
| 4 | | 89294.32 | 93759.04 | 58.08 | 93700.96 | 98386.02 | 0.952381 |
| 5 | | 93700.96 | 98386.01 | 60.02 | 98325.99 | 98326.01 | 1.000000 |

　　표 [6.1.5.1]의 산출과정을 설명하여 보자. (2) 제1보험연도에 초에 $l_{30}$(=98613.62명)
사람이 각각 0.27425260원의 보험료를 납부하므로 제1보험연도의 총보험료 수입은 $l_{30}$
×0.2745260=27045.04가 된다. (3) 제1보험연도초의 기금은 전년도에서 이월된 금액이
없으므로 총보험료 수입과 같다. (4) 연초기금의 종가는 보험연도초의 기금에 (1+i)를
곱한다. 여기서는 $i$=5%를 가정하였다. (5) 사망보험금은 연말에 지급한다고 하면 보험
금이 1원이므로 제1보험연도말에 지급되는 사망보험금은 1원×$d_{30}$(=57.20명)=57.20원
이 된다. (6) 보험연도말의 기금은 연초기금의 종가에서 사망보험금을 차감한 금액으로
해약환급금 지급을 위하여 제1보험연도말에 보험회사 내에 적립되어 있는 금액이다. (7)
연말 생존자 수는 30세 사람들이 31세가 된 시점이므로 $l_{31}$(=98556.43명)이다. (8) 1인당
순보식 원가법책임준비금(계약자적립액)은 보험회사 내에 있는 총적립금액을 생존자 수인
$l_{31}$로 나눈 값이다.

　　제2, 3보험연도에서는 보험연도초의 기금은 전년도의 보험연도말의 기금에 해당 보
험연도의 보험료 수입을 합한 금액이다. 제4, 5보험연도에서는 보험연도초의 기금은 해
당 보험연도의 보험료 수입이 없으므로 보험연도말 기금과 같다.

　　(8)번 항에 나오는 순보식 원가법책임준비금(계약자적립액)은 보험연도말에 있어서의
원가법책임준비금으로 이를 보험연도말(기말) 원가법책임준비금(terminal reserve)이라고

한다. 제5년도 기말 원가법책임준비금은 1원인데 이는 생존한 사람들에게 생존보험금 1원을 지급하여야 하기 때문이다. 표 [6.1.5.1]을 작성할 때에는 생존자 모두가 계약을 유지하는 것으로 가정하였다. 그러나 실제로는 생존자의 일부가 계약을 중도에서 해약하는 경우가 있는데 이때 해약하는 사람들에게 해약환급금을 지급한다. 해약환급금은 순보식 원가법책임준비금(계약자적립액)에서 해약공제를 차감하여 산출한다. 따라서 실제 지급되는 해약환급금은 순보식 원가법책임준비금(계약자적립액)보다 작을 수 있다.

### (3) 과거법으로 산출한 계약자적립액

표 [6.1.5.1]과 같은 방식으로 순보식 원가법책임준비금(계약자적립액)을 계산하는 것은 너무 시간이 오래 걸리고 현실성이 없으므로 좀더 간편한 방법을 생각해 보자. 과거법 책임준비금의 관점에서 보면 제 $t$ 보험연도말의 순보식 원가법책임준비금(계약자적립액)은 과거 보험료의 $x+t$ 시점에서의 적립액과 과거 보험금 지급의 $x+t$ 시점에서의 적립액의 차액이다. 과거법으로 순보식 원가법책임준비금(계약자적립액) 산출시 당기말과 차기초는 같은 $x+t$ 시점이지만, $x+t$ 시점의 현금흐름 작성원칙은 당기말의 사망보험금은 포함하고 차기초의 보험료는 포함하지 않는다.

(i) $x$ 세의 $l_x$ 사람들이 보통종신보험에 가입하였다고 가정하자. $x+t$ 시점에서의 보험료의 총적립금액은

$$A = P_x[l_x(1+i)^t + l_{x+1}(1+i)^{t-1} + \cdots + l_{x+t-1}(1+i)] \tag{6.1.5.1}$$

이고 지출된 사망보험금들의 $x+t$ 시점에서의 종가는(사망보험금은 1원)

$$B = 1 \times [d_x(1+i)^{t-1} + d_{x+1}(1+i)^{t-2} + \cdots + d_{x+t-1}] \tag{6.1.5.2}$$

이다. 따라서 총보험료 수입 중에서 사망보험금으로 사용되지 않고 $x+t$ 시점에서 보험회사 내에 적립되어 있는 금액은 $A-B$ 이다. $x+t$ 시점에서 생존자수는 $l_{x+t}$ 이므로 $x+t$ 시점에서 생존자 1인당 순보식 원가법책임준비금(계약자적립액)은 다음과 같다.

$$1인당\ 계약자적립액 = \frac{A-B}{l_{x+t}} \tag{6.1.5.3}$$

보통종신보험의 계약 후 $t$ 시점에서의 1인당 순보식 원가법책임준비금(계약자적립액)을 $_tV_x$ 라고 하면 식 (6.1.5.3)으로부터

$$_tV_x = P_x\ \ddot{s}_{x:\overline{t}|} - {_tk_x} \tag{6.1.5.4}$$

$$= \frac{1}{D_{x+t}} \left[ P_x (N_x - N_{x+t}) - (M_x - M_{x+t}) \right] \tag{6.1.5.5}$$

식 (6.1.5.4)가 의미하는 것은 제$t$보험연도말 순보식 원가법책임준비금(계약자적립액)은 생존자들이 매년 $P_x$씩 납입한 보험료들의 적립액을 제$t$보험연도말 생존자들이 나누어 가질 때의 1인당 몫인 $P_x \ddot{s}_{x:\overline{t}|}$에서 지급된 사망보험금들의 적립액을 제$t$보험연도말 생존자들이 1인당 분담하는 비용인 적립보험비용(積立保險費用 ; accumulated cost of insurance)을 차감한 것임을 나타낸다.

(ii) $h$년 유한납입 종신보험의 제$t$보험연도말의 순보식 원가법책임준비금(계약자적립액)을 구해보자. 이때의 순보식 원가법책임준비금(계약자적립액)을 $_t^h V_x$라고 표시한다. $t \le h$일 때

$$_t^h V_x = {}_h P_x \, \ddot{s}_{x:\overline{t}|} - {}_t k_x \tag{6.1.5.6}$$

$t > h$일 때는

$$_t^h V_x = \frac{{}_h P_x \, \ddot{s}_{x:\overline{h}|}}{{}_{t-h}E_{x+h}} - {}_t k_x \tag{6.1.5.7}$$

$$= \frac{1}{D_{x+t}} \left[ {}_h P_x (N_x - N_{x+h}) - (M_x - M_{x+t}) \right] \tag{6.1.5.8}$$

$t > h$일 경우를 설명하면 다음과 같다. 제$h$보험연도말부터 제$t$보험연도까지는 보험료의 납입이 없다. 제$h$보험연도말에서의 보험료의 적립액은 $_h P_x \, \ddot{s}_{x:\overline{h}|}$이다. 이 금액이 제$t$보험연도말까지 이자와 생존을 고려하여 적립이 되면

$$_h P_x \ddot{s}_{x:\overline{h}|} \cdot \frac{1}{{}_{t-h}E_{x+h}} \tag{6.1.5.9}$$

이 된다. 따라서 $t > h$일 때 식 (6.1.5.7)이 성립한다. 모든 기호는 보험금 1원인 것을 기본으로 한다.

(iii) 피보험자 $(x)$, 보험금 연말급, 보험금 1원의 $n$년만기 생사혼합보험에서 전기납입 연납보험료일 때 제$t$보험연도말 순보식 원가법책임준비금(계약자적립액)은

$$_t V_{x:\overline{n}|} = P_{x:\overline{n}|} \ddot{s}_{x:\overline{t}|} - {}_t k_x \tag{6.1.5.10}$$

$$= \frac{1}{D_{x+t}} \left[ P_{x:\overline{n}|} (N_x - N_{x+t}) - (M_x - M_{x+t}) \right] \tag{6.1.5.11}$$

여기서 $\ddot{s}_{x:\overline{t}|}$를 $_tu_x$로도 나타낸다.

⟨ 예제 6.1.5.1 ⟩

피보험자 (30), 보험금 1원, 3년 단기납입의 5년만기 생사혼합보험에서

(a) 제3보험연도말의 계약자적립액($^3_3V_{30:\overline{5}|}$)

(b) 제4보험연도말의 계약자적립액($^3_4V_{30:\overline{5}|}$)

을 과거법으로 구하고 표 [6.1.5.1]과 비교하시오.

**풀이**

(a) 앞에서 계산한 바와 같이

$$_3P_{30:\overline{5}|} = 0.2742526$$

$$\begin{aligned}^3_3V_{30:\overline{5}|} &= {_3P_{30:\overline{5}|}}\, _3u_{30} - {_3k_{30}}\\ &= \frac{1}{D_{33}}\left[{_3P_{30:\overline{5}|}}(N_{30}-N_{33}) - (M_{30}-M_{33})\right]\\ &= 0.90705625 \quad (≒ 0.907056)\end{aligned}$$

따라서 표 [6.1.5.1]과 일치함을 알 수 있다.

(b) $$\begin{aligned}^3_4V_{30:\overline{5}|} &= \frac{_3P_{30:\overline{5}|}\, _3u_{30}}{_1E_{33}} - {_4k_{30}}\\ &= \frac{1}{D_{34}}\left[{_3P_{30:\overline{5}|}}(N_{30}-N_{33}) - (M_{30}-M_{34})\right]\\ &= 0.95238096 \quad (≒ 0.952381)\end{aligned}$$

따라서 표 [6.1.5.1]과 일치함을 알 수 있다.

(4) 장래법으로 산출한 계약자적립액

장래법(미래법)으로 산출한 계약자적립액(契約者積立額)이란 장래(미래)에 지급될 보험금의 보험수리적 현가에서 장래(미래)에 납입될 순보험료의 보험수리적 현가를 차감한 금액이다.

보험금 1원의 보통종신보험을 고려해보자. 제$t$보험연도말에서 미래의 보험료는 매년초에 $P_x$씩 지급되는 생명연금의 형태이므로 $x+t$시점에서의 보험수리적 현가는 $P_x\ddot{a}_{x+t}$이다. 또 제$t$보험연도말에서 종신보험의 보험수리적 현가(즉, 일시납순보험료)는 $A_{x+t}$이다. 따라서 제$t$보험연도말에서 장래법 계약자적립액(평준순보식 원가법책임준비금)[1]은

$$_tV_x = A_{x+t} - P_x\,\ddot{a}_{x+t} \tag{6.1.5.12}$$

---

1) 장래법으로 산출한 계약자적립액을 표기의 편의상 장래법 계약자적립액으로 표기하기로 한다.

$$= \frac{1}{D_{x+t}} \left[ M_{x+t} - P_x N_{x+t} \right] \tag{6.1.5.13}$$

$h$년 단기납입 종신보험의 경우 제$t$보험연도말 장래법 계약자적립액(평준순보식 원가법책임준비금)은 $t \le h$일 때

$$_t^h V_x = A_{x+t} - {_h}P_x\, \ddot{a}_{x+t\,:\,\overline{h-t|}} \tag{6.1.5.14}$$

이때 미래 보험료의 납입은 $(h-t)$년 유기생명연금이 된다. 또 $t > h$일 때는 미래 보험료의 수입이 없으므로

$$_t^h V_x = A_{x+t} \tag{6.1.5.15}$$

각종 보험의 장래법 계약자적립액을 정리하면 표 [6.1.5.2]와 같다.

표 [6.1.5.2]  완전이산보험의 장래법 계약자적립액(보험금 1원)

| 보험의 종류 | 계약자적립액 기호 | 장래법 계약자적립액 |
|---|---|---|
| 보통종신보험 | $_t V_x$ | $A_{x+t} - P_x\, \ddot{a}_{x+t}$ |
| $h$년 유한납입 종신보험 | $_t^h V_x$ | $A_{x+t} - {_h}P_x\, \ddot{a}_{x+t\,:\,\overline{h-t|}}$ ,  $\quad t \le h$ <br> $A_{x+t}$ ,  $\quad\quad\quad\quad t > h$ |
| $n$년만기 정기보험 | $_t V_{x\,:\,\overline{n|}}^{1}$ | $A_{x+t\,:\,\overline{n-t|}}^{1} - P_{x\,:\,\overline{n|}}^{1}\, \ddot{a}_{x+t\,:\,\overline{n-t|}}$ ,  $t < n$ <br> $0$ ,  $\quad\quad\quad\quad\quad\quad t \ge n$ |
| $n$년만기 생사혼합보험 | $_t V_{x\,:\,\overline{n|}}$ | $A_{x+t\,:\,\overline{n-t|}} - P_{x\,:\,\overline{n|}}\, \ddot{a}_{x+t\,:\,\overline{n-t|}}$ ,  $t < n$ <br> $1$ ,  $\quad\quad\quad\quad\quad\quad t = n$ |
| $h$년 유한납입 $n$년만기 생사혼합보험 | $_t^h V_{x\,:\,\overline{n|}}$ | $A_{x+t\,:\,\overline{n-t|}} - {_h}P_{x\,:\,\overline{n|}}\, \ddot{a}_{x+t\,:\,\overline{h-t|}}$ ,  $t < h$ <br> $A_{x+t\,:\,\overline{n-t|}}$ ,  $\quad\quad\quad h \le t < n$ <br> $1$ ,  $\quad\quad\quad\quad\quad\quad t = n$ |
| $n$년만기 생존보험 | $_t V_{x\,:\,\overline{n|}}^{\;\;1}$ | $A_{x+t\,:\,\overline{n-t|}}^{\;\;1} - P_{x\,:\,\overline{n|}}^{\;\;1}\, \ddot{a}_{x+t\,:\,\overline{n-t|}}$ ,  $t < n$ <br> $1$ ,  $\quad\quad\quad\quad\quad\quad t = n$ |
| $n$년거치 생명연금 | $_t V(_{n|}\ddot{a}_x)$ | $A_{x+t\,:\,\overline{n-t|}}^{\;\;1}\, \ddot{a}_{x+n} - P(_{n|}\ddot{a}_x)\, \ddot{a}_{x+t\,:\,\overline{n-t|}}$ ,  $t < n$ <br> $\ddot{a}_{x+t}$ ,  $\quad\quad\quad\quad\quad\quad t \ge n$ |

주 : 여기서 $P(_{n|}\ddot{a}_x)$는 $n$년거치 생명연금의 $n$년납입 연납순보험료를, $_t V(_{n|}\ddot{a}_x)$는 $n$년거치 생명연금에 대한 계약 후 제$t$연도말의 계약자적립액을 의미함.

⎛ 예제 6.1.5.2 ⎞

피보험자 (30), 보험금 1원, 3년 단기납입, 5년만기 생사혼합보험에서

(a) 제3보험연도말의 계약자적립액

(b) 제4보험연도말의 계약자적립액

을 장래법으로 구하고 표 [6.1.5.1] 및 예제 (6.1.5.1)과 비교하시오.

**풀이**

(a) $_3P_{30:\,\overline{5}|} = 0.27425260$

$$_3^3V_{30:\,\overline{5}|} = A_{33:\,\overline{2}|} = \frac{1}{D_{33}}(M_{33} - M_{35} + D_{35}) = 0.90705625$$

(b) $_4^3V_{30:\,\overline{5}|} = A_{34:\,\overline{1}|} = \frac{M_{34} - M_{35} + D_{35}}{D_{34}} = 0.95238094$

따라서 표 [6.1.5.1], 예제 (6.1.5.1)의 계약자적립액과 일치함을 알 수 있다.  ■

**예제 6.1.5.3**

피보험자 (40), 보험금 10,000원 보험금 연말급인 종신보험의 보험료 납입형태는 20년 단기납입 연납보험료이다. 다음 각각의 나이에서 보험연도말 계약자적립액을 장래법으로 구하시오(자료 : $M_{40} = 1100$, $N_{40} = 57000$, $N_{60} = 28000$).

(a) 50세(자료 : $M_{50} = 820$, $N_{50} = 41000$, $D_{50} = 2010$)

(b) 70세(자료 : $M_{70} = 290$, $D_{70} = 750$)

(c) 보험료 납입 바로 전의 40세

(d) 보험료 납입 바로 후의 40세

**풀이**

(a) 연납보험료를 $P$라고 하면

$$P\ddot{a}_{40:\,\overline{20}|} = 10000A_{40}$$

$$P = \frac{10000M_{40}}{N_{40} - N_{60}} = 379.31$$

50세에서 미래 보험금의 현가는 $10000A_{50}$이고 미래 보험료의 현가는 $379.31\ddot{a}_{50:\,\overline{10}|}$이다. 따라서 계약자적립액은

$$\frac{(10000)(820) - (379.31)(13000)}{2010} = 1626.35$$

(b) 70세에서는 미래 보험료의 수입이 없으므로 계약자적립액은

$$10000A_{70} = 10000\left(\frac{290}{750}\right) = 3866.67 = 10000\,_{30}^{20}V_{40}$$

($_{30}^{20}V_{40}$은 보험금 1원에 대한 계약자적립액임)

(c) $10000\,_0^{20}V_{40} = 10000A_{40} - P\ddot{a}_{40:\,\overline{20}|} = 0$

(수지상등의 원칙에 의함)

(d) 계약자적립액 $= 10000A_{40} - Pa_{40:\,\overline{19}|}$

$$= 10000A_{40} - P\ddot{a}_{40:\,\overline{20}|} + P = 0 + P = P = 379.31$$  ■

예제 6.1.5.4

피보험자 (50), 보험금 연말급, 종신보험의 보험금은 제1보험연도에는 50,000원, 제2보험연도에는 55,000원 등 매년 5,000원씩 증가하여 최고 100,000원에 도달한 후에는 더 이상 증가하지 않고 계속 100,000원이다. 보험료의 납입방법은 연납보험료로서 50세에 $P$, 51세에 $2P$ 등 생존하는 한 $P$씩 증가한다. 이때 55세에서의 보험연도말 계약자적립액(평준순보식 원가법책임준비금)을 계산기수를 이용하여 나타내시오.

풀이

| 50,000 | ... | 75,000 | 80,000 | 85,000 | 90,000 | 95,000 | 100,000 | 100,000 | ... |
|---|---|---|---|---|---|---|---|---|---|
| 50 | 51 ... 55 | 56 | 57 | 58 | 59 | 60 | 61 | 62 | |
| $1P$ | $2P$ ... $6P$ | $7P$ | $8P$ | $9P$ | $10P$ | $11P$ | $12P$ | ... | |

55세에서 사망보험금은 75,000원이다. 따라서 사망보험금의 현가는 $70000A_{55} + 5000(IA)^{1}_{55:\,\overline{5}|} + 30000A_{60}\left(\dfrac{D_{60}}{D_{55}}\right)$ 이다.

미래 보험료의 현가는 $(5P)\ddot{a}_{55} + P \cdot (I\ddot{a})_{55}$ 이다.

이제 $P$를 구해 보자.

$$P \cdot (I\ddot{a})_{50} = 45000A_{50} + 5000(IA)^{1}_{50:\,\overline{10}|} + 55000A_{60}\left(\dfrac{D_{60}}{D_{50}}\right)$$

따라서

$$P = \frac{45000M_{50} + 5000(R_{50} - R_{60} - 10M_{60}) + 55000M_{60}}{S_{50}}$$

따라서 55세에서의 계약자적립액은

$$\frac{1}{D_{55}}(70000M_{55} + 5000R_{55} - 5000R_{60} + 5000M_{60})$$

$$-\left(\frac{5N_{55} + S_{55}}{D_{55}}\right)\left(\frac{45000M_{50} + 5000R_{50} - 5000R_{60} + 5000M_{60}}{S_{50}}\right)$$

## (5) 과거법과 장래법의 일치

### (a) 과거법과 장래법의 일치

과거법 계약자적립액[1]과 장래법 계약자적립액이 일치함을 증명하여 보자. 먼저 보험계약시에는 수지상등의 원칙에 의하여

$$\begin{bmatrix} \text{모든 순보험료의} \\ \text{보험수리적 현가} \end{bmatrix} = \begin{bmatrix} \text{사망 보험금의} \\ \text{보험수리적 현가} \end{bmatrix} \qquad (6.1.5.16)$$

$$\text{(계약시)} \qquad\qquad \text{(계약시)}$$

---

1) 과거법으로 산출한 계약자적립액을 표기의 편의상 과거법 계약자적립액으로 표기하기로 한다.

식 (6.1.5.16)의 양변을 이자와 생존을 고려하여 계약자적립액을 계산하는 $x+t$시점(즉, 제$t$보험연도말)까지 적립하면

$$\begin{bmatrix} 모든\ 순보험료의 \\ 보험수리적\ 가치(종가+현가) \\ (x+t시점) \end{bmatrix} = \begin{bmatrix} 사망\ 보험금의 \\ 보험수리적\ 가치(종가+현가) \\ (x+t시점) \end{bmatrix} \qquad (6.1.5.17)$$

식 (6.1.5.17)에서 보험수리적 가치는 $x+t$시점 이전의 보험료와 보험금에 대하여는 보험수리적 종가를, $x+t$시점 이후의 보험료와 보험금에 대하여는 보험수리적 현가를 합한 것을 의미한다. 따라서 식 (6.1.5.17)는 다음과 같이 변형된다.
$x+t$시점에서

$$\begin{bmatrix} 과거\ 보험료의 \\ 보험수리적\ 종가 \end{bmatrix} + \begin{bmatrix} 미래\ 보험료의 \\ 보험수리적\ 현가 \end{bmatrix}$$
$$= \begin{bmatrix} 과거\ 보험금의 \\ 보험수리적\ 종가 \end{bmatrix} + \begin{bmatrix} 미래\ 보험금의 \\ 보험수리적\ 현가 \end{bmatrix} \qquad (6.1.5.18)$$

식 (6.1.5.18)을 정리하면 $x+t$시점에서

$$\begin{bmatrix} 과거\ 보험료의 \\ 보험수리적\ 종가 \end{bmatrix} - \begin{bmatrix} 과거\ 보험금의 \\ 보험수리적\ 종가 \end{bmatrix}$$
$$= \begin{bmatrix} 미래\ 보험금의 \\ 보험수리적\ 현가 \end{bmatrix} - \begin{bmatrix} 미래\ 보험료의 \\ 보험수리적\ 현가 \end{bmatrix} \qquad (6.1.5.19)$$

식 (6.1.5.19)는 다음을 의미한다.

$$[과거법\ 계약자적립액] = [장래법\ 계약자적립액] \qquad (6.1.5.20)$$

---

예제 6.1.5.5

　20년 단기납입 연납평준보험료에 대한 종신보험의 사망보험금은 다음과 같다.
(i) 처음 5년 동안에 사망하면 1,000원
(ii) 그 다음 5년 동인에 사망하면 2,000원
(iii) 그 이후에 사망하면 3,000원

이때 다음을 계산기수를 이용하여 나타내시오.
(a) 연납평준순보험료
(b) 과거법으로 계산한 제7보험연도말 계약자적립액

(c) 장래법으로 계산한 제7보험연도말 계약자적립액

(d) (b)와 (c)가 동일함을 증명하시오.

**풀이**

(a) 수지상등의 원칙에 의하여

$$P \cdot \ddot{a}_{x:\overline{20|}} = 1000A_x + 1000 \cdot {}_{5|}A_x + 1000 \cdot {}_{10|}A_x$$

따라서

$$P = \frac{1000(M_x + M_{x+5} + M_{x+10})}{N_x - N_{x+20}}$$

(b) 적립보험비용을 구할 때 주의를 요한다. 사망보험금이 제5보험연도말에 1,000원에서 2,000원으로 증가하였으므로 제7보험연도말에서 볼 때 7년간 사망보험금 1,000원, 그리고 나중의 2년간 사망보험금 1,000원이라고 생각할 수 있다.

따라서 적립보험비용은 $1000({}_7k_x + {}_2k_{x+5})$ 이다. 과거법 계약자적립액 공식을 이용하면

$$_7V = P \cdot \ddot{s}_{x:\overline{7|}} - 1000({}_7k_x + {}_2k_{x+5})$$

$$= P\frac{N_x - N_{x+7}}{D_{x+7}} - 1000\frac{M_x + M_{x+5} - 2M_{x+7}}{D_{x+7}}$$

(c) 제7보험연도말에서 생각할 때 미래의 사망보험금은 보험금 2,000원의 종신보험과 보험금 1,000원의 3년거치 종신보험의 합이다. 장래법 계약자적립액 공식을 이용하면

$$_7V = 2000A_{x+7} + 1000 \cdot {}_{3|}A_{x+7} - P \cdot \ddot{a}_{x+7:\overline{13|}}$$

$$= 1000\frac{2M_{x+7} + M_{x+10}}{D_{x+7}} - P\frac{N_{x+7} - N_{x+20}}{D_{x+7}}$$

(d) 본문에서 설명한 방식을 그대로 따라가면서 증명하기로 한다.

(a)로부터

$$\frac{P}{D_x}(N_x - N_{x+20}) = \frac{1000}{D_x}(M_x + M_{x+5} + M_{x+10})$$

양변에 $D_x/D_{x+7}\left(\text{즉}, \dfrac{1}{_7E_x}\right)$ 을 곱하면

$$\frac{P}{D_{x+7}}N_x - 1000\frac{M_x + M_{x+5}}{D_{x+7}} = \frac{1000M_{x+10}}{D_{x+7}} + P\frac{N_{x+20}}{D_{x+7}}$$

양변에서

$$\frac{PN_{x+7} - 2000M_{x+7}}{D_{x+7}}$$

을 차감하면

$$P\frac{N_x - N_{x+7}}{D_{x+7}} - 1000\frac{M_x + M_{x+5} - 2M_{x+7}}{D_{x+7}}$$

$$= 1000\frac{2M_{x+7} + M_{x+10}}{D_{x+7}} - P\frac{N_{x+7} - N_{x+20}}{D_{x+7}}$$

윗 식은 '제7보험연도말의 과거법 계약자적립액 = 제7보험연도말의 장래법 계약자적립액'
인 것을 나타낸다.

### (b) 과거법과 장래법의 일치 조건

과거법 계약자적립액과 장래법 계약자적립액이 일치하려면 다음의 두 가지 조건이
충족되어야 한다.

(i) 보험료가 수지상등의 원칙하에서 계산되어야 한다.

(ii) 과거법 계약자적립액 산출기준, 장래법 계약자적립액 산출기준 및 수지상등의
원칙이 적용되는 보험료 산출기준(premium basis)등 세 가지 산출기준(basis)이 동일하여야
한다. 산출기준이란 산출하는데 사용되는 기초율(예정이율, 예정위험률, 예정사업비 등)을 의
미한다.

이러한 조건이 충족되지 않으면 과거법 계약자적립액과 장래법 계약자적립액은 일
치하지 않는다. 보험실무에서는 금리확정형상품의 경우 주로 장래법을 이용하여 계약자
적립액을 구하며 과거법은 거의 사용되지 않는다. 본서에서 금리확정형상품에 과거법을
적용하고 설명하는 이유는 계약자적립액을 이해하기 위한 학습 목적이다. 금리연동형상
품의 경우에는 과거법만을 이용하여 계약자적립액을 산출한다.

### (6) 계약자적립액과 관련된 공식

보험연도말 계약자적립액은 여러 가지 형태로 표현이 가능하다. 여러 가지 형태의
표현은 표현 자체가 말로 설명될 수 있는 의미가 있든지 또는 계산시 편리함 때문에 많
이 이용된다.

(a) 보통종신보험의 경우 장래법을 이용하면

$$_tV_x = A_{x+t} - P_x \ddot{a}_{x+t} \tag{6.1.5.21}$$

$$(A_{x+t} = 1 - d\ddot{a}_{x+t}이므로)$$

$$= 1 - (P_x + d)\ddot{a}_{x+t} \tag{6.1.5.22}$$

$$\left(\frac{1}{\ddot{a}_x} = P_x + d이므로\right)$$

$$= 1 - \frac{\ddot{a}_{x+t}}{\ddot{a}_x} \tag{6.1.5.23}$$

$$= \frac{\ddot{a}_x - \ddot{a}_{x+t}}{\ddot{a}_x} \tag{6.1.5.24}$$

$$\left( \ddot{a}_x = \frac{1 - A_x}{d} \text{이므로} \right)$$

$$= \frac{A_{x+t} - A_x}{1 - A_x} \tag{6.1.5.25}$$

또 식 (6.1.5.21)로부터

$$_tV_x = A_{x+t} \left( 1 - \frac{P_x \ddot{a}_{x+t}}{A_{x+t}} \right) \tag{6.1.5.26}$$

$$= A_{x+t} \left( 1 - \frac{P_x}{P_{x+t}} \right) \tag{6.1.5.27}$$

또는 $A_{x+t} = P_{x+t} \, \ddot{a}_{x+t}$ 를 이용하면

$$_tV_x = (P_{x+t} - P_x) \, \ddot{a}_{x+t} \tag{6.1.5.28}$$

$$= \frac{P_{x+t} - P_x}{P_{x+t} + d} \tag{6.1.5.29}$$

(b) 생사혼합보험의 경우에도 동일한 공식을 유도할 수 있다.

$$_tV_{x:\overline{n|}} = A_{x+t:\overline{n-t|}} - P_{x:\overline{n|}} \ddot{a}_{x+t:\overline{n-t|}} \tag{6.1.5.30}$$

$$= 1 - (P_{x:\overline{n|}} + d) \, \ddot{a}_{x+t:\overline{n-t|}} \tag{6.1.5.31}$$

$$= 1 - \frac{\ddot{a}_{x+t:\overline{n-t|}}}{\ddot{a}_{x:\overline{n|}}} \tag{6.1.5.32}$$

$$= \frac{\ddot{a}_{x:\overline{n|}} - \ddot{a}_{x+t:\overline{n-t|}}}{\ddot{a}_{x:\overline{n|}}} \tag{6.1.5.33}$$

$$= \frac{A_{x+t:\overline{n-t|}} - A_{x:\overline{n|}}}{1 - A_{x:\overline{n|}}} \tag{6.1.5.34}$$

또 식 (6.1.5.30)으로부터

$$_tV_{x:\overline{n|}} = A_{x+t:\overline{n-t|}} \left( 1 - \frac{P_{x:\overline{n|}} \ddot{a}_{x+t:\overline{n-t|}}}{A_{x+t:\overline{n-t|}}} \right) \tag{6.1.5.35}$$

$$= A_{x+t:\overline{n-t|}} \left( 1 - \frac{P_{x:\overline{n|}}}{P_{x+t:\overline{n-t|}}} \right) \tag{6.1.5.36}$$

$$= (P_{x+t:\overline{n-t|}} - P_{x:\overline{n|}}) \, \ddot{a}_{x+t:\overline{n-t|}} \tag{6.1.5.37}$$

$$= \frac{P_{x+t\,:\,\overline{n-t|}} - P_{x\,:\,\overline{n|}}}{P_{x+t\,:\,\overline{n-t|}} + d} \qquad\qquad (6.1.5.38)$$

예제 6.1.5.6

다음 식을 간략히 하시오.

$$1 - (1 - {}_1V_x)(1 - {}_1V_{x+1}) \cdots (1 - {}_1V_{x+k-1})$$

풀이

$$\text{원식} = 1 - \left(\frac{\ddot{a}_{x+1}}{\ddot{a}_x}\right)\left(\frac{\ddot{a}_{x+2}}{\ddot{a}_{x+1}}\right)\left(\frac{\ddot{a}_{x+3}}{\ddot{a}_{x+2}}\right) \cdots \left(\frac{\ddot{a}_{x+k}}{\ddot{a}_{x+k-1}}\right)$$

$$= 1 - \frac{\ddot{a}_{x+k}}{\ddot{a}_x} = {}_kV_x$$

예제 6.1.5.7

$A_x + A_{x+2t} = 2A_{x+t}$ 이고, ${}_tV_x = 0.2$일 때 ${}_{2t}V_x$의 값을 구하시오.

풀이

$${}_tV_x = \frac{A_{x+t} - A_x}{1 - A_x} \text{ 이므로}$$

$${}_{2t}V_x = \frac{A_{x+2t} - A_x}{1 - A_x} = \frac{(2A_{x+t} - A_x) - A_x}{1 - A_x} = \frac{2(A_{x+t} - A_x)}{1 - A_x}$$

$$= 2\,{}_tV_x = 2 \times 0.2 = 0.4$$

예제 6.1.5.8

$k < \dfrac{n}{2}$이고 ${}_kV_{x\,:\,\overline{n|}} = \dfrac{1}{6}$, $\ddot{a}_{x\,:\,\overline{n|}} + \ddot{a}_{x+2k\,:\,\overline{n-2k|}} = 2\ddot{a}_{x+k\,:\,\overline{n-k|}}$ 일 때 ${}_kV_{x+k\,:\,\overline{n-k|}}$를 구하시오.

풀이

$${}_kV_{x\,:\,\overline{n|}} = 1 - \frac{\ddot{a}_{x+k\,:\,\overline{n-k|}}}{\ddot{a}_{x\,:\,\overline{n|}}} = \frac{1}{6}$$

따라서 $\dfrac{\ddot{a}_{x+k\,:\,\overline{n-k|}}}{\ddot{a}_{x\,:\,\overline{n|}}} = \dfrac{5}{6}$

문제에서 주어진 식을 $\ddot{a}_{x+k\,:\,\overline{n-k|}}$ 로 나누면

$$\frac{\ddot{a}_{x\,:\,\overline{n|}}}{\ddot{a}_{x+k\,:\,\overline{n-k|}}} + \frac{\ddot{a}_{x+2k\,:\,\overline{n-2k|}}}{\ddot{a}_{x+k\,:\,\overline{n-k|}}} = 2$$

따라서 $\dfrac{\ddot{a}_{x+2k:\,\overline{n-2k|}}}{\ddot{a}_{x+k:\,\overline{n-k|}}} = \dfrac{4}{5}$

$${}_kV_{x+k:\,\overline{n-k|}} = 1 - \dfrac{\ddot{a}_{x+2k:\,\overline{n-2k|}}}{\ddot{a}_{x+k:\,\overline{n-k|}}} = \dfrac{1}{5}$$

예제 6.1.5.9

보험금 연말급의 생사혼합보험의 평준순보험료와 계약자적립액을 다음의 두 가지 방법으로 산출하였다.

(i) 선택기간이 있는 생명표를 이용하여 선택기간의 생존율과 종국표의 생존율 이용

(ii) 종국표만을 이용

선택기간 경과 후의 양자의 계약자적립액을 비교하면 (i)의 경우가 (ii)의 경우보다 큰 것을 증명하시오.

풀이

선택기간의 사망률은 종국표보다 낮으므로 생존율은 높다. 선택기간을 이용한 것을 $'$로 표시하고 종국표만을 이용한 것은 아무 표시가 없는 것으로 하면

$$\ddot{a}'_{x:\,\overline{n|}} > \ddot{a}_{x:\,\overline{n|}}$$

$$ {}_tV'_{x:\,\overline{n|}} - {}_tV_{x:\,\overline{n|}} = \left(1 - \dfrac{\ddot{a}'_{x+t:\,\overline{n-t|}}}{\ddot{a}'_{x:\,\overline{n|}}}\right) - \left(1 - \dfrac{\ddot{a}_{x+t:\,\overline{n-t|}}}{\ddot{a}_{x:\,\overline{n|}}}\right) $$

$x+t$의 시점은 선택기간 경과 후의 시점이므로

$$\ddot{a}'_{x+t:\,\overline{n-t|}} = \ddot{a}_{x+t:\,\overline{n-t|}}$$

따라서

$$ {}_tV'_{x:\,\overline{n|}} - {}_tV_{x:\,\overline{n|}} = \ddot{a}_{x+t:\,\overline{n-t|}} \left(\dfrac{1}{\ddot{a}_{x:\,\overline{n|}}} - \dfrac{1}{\ddot{a}'_{x:\,\overline{n|}}}\right) > 0 $$

따라서 ${}_tV'_{x:\,\overline{n|}} > {}_tV_{x:\,\overline{n|}}$

예제 6.1.5.10

동일한 종신보험의 보험료를 두 개의 다른 사망률과 이자율의 가정하에서 계산하였다. 다음과 같은 자료가 주어졌을 때 $t = 10$, 11, 12, 13, 14에서 ${}_tV_x$와 ${}_tV_x'$의 크기를 비교하시오.

| $t$ | $\ddot{a}_{x+t}$ | $\ddot{a}'_{x+t}$ |
|-----|------------------|-------------------|
| 0   | 16.00            | 20.00             |
| ⋮   | ⋮                | ⋮                 |
| 10  | 13.12            | 16.10             |
| 11  | 12.80            | 15.80             |
| 12  | 12.40            | 15.30             |
| 13  | 11.92            | 14.80             |
| 14  | 11.36            | 14.30             |

풀이

$$_{t}V_{x} = 1 - \frac{\ddot{a}_{x+t}}{\ddot{a}_{x}}\ \text{이다.}$$

| $t$ | $\ddot{a}_{x+t}/\ddot{a}_{x}$ | $\ddot{a}'_{x+t}/\ddot{a}'_{x}$ |
|-----|-------------------------------|--------------------------------|
| 10  | 0.82( = 13.12/16)             | 0.805( = 16.10/20)             |
| 11  | 0.80                          | 0.79                           |
| 12  | 0.775                         | 0.765                          |
| 13  | 0.745                         | 0.740                          |
| 14  | 0.71                          | 0.715                          |

$t = 10,\ 11,\ 12,\ 13$에서는 $\dfrac{\ddot{a}_{x+t}}{\ddot{a}_{x}} > \dfrac{\ddot{a}'_{x+t}}{\ddot{a}'_{x}}$ 이므로 $_{t}V_{x} < {_{t}V'_{x}}$

$t = 14$에서는 $\dfrac{\ddot{a}_{x+14}}{\ddot{a}_{x}} < \dfrac{\ddot{a}'_{x+14}}{\ddot{a}'_{x}}$ 이므로 $_{t}V_{x} > {_{t}V'_{x}}$

(7) 분할납보험료 납입인 경우 계약자적립액

(a) 분할납보험료 납입인 경우 보험연도말(기말) 계약자적립액

보험연도말(기말) 계약자적립액 산출시 장래보험료 수입부분을 보험료 납입주기(산출주기)와 일치시키는 것이 원칙이지만, 과거부터 시스템 및 결산 복잡성 등 보험실무상의 어려움을 이유로 감독규정에서는 다양한 보험료 납입주기(산출주기)와 관계없이 연납보험료를 기준으로 보험연도말(기말) 계약자적립액을 산출하는 것을 허용해 왔었고, IFRS17 이후의 감독규정에서도 여전히 허용하고 있다. 즉 우리나라에서는 월납보험료 등 분할납보험료를 납입하는 경우도 연납보험료를 기준으로 보험연도말(기말) 계약자적립액을 산출할 수 있다.[1]

---

1) 보험업감독규정 제7-65조(계약자적립액의 계산) ② 계약자적립액은 연납보험료를 기준으로 하여 산출할 수 있다. 일부회사는 보험료 납입주기가 다양한 상품은 실무편의상 연납보험료를 이용하여 보험연도말(기말) 계약자적립액을 산출하고, 월납만 운영하는 상품(예: 종신보험)에 대해서는 월납보험료를 이용하여 보험연도말(기말) 계약자적립액을 산출한다. 장래 급부가 납입주기에 따라 다른 경우(예를 들면 기납입보험료를 지급)는 납입주기별 보험료를 기준으로 계약자적립액을 산출한다.

월납보험료를 이용하여 보험연도말(기말) 계약자적립액을 산출하는 경우는 장래보험료 수입부분을 연납순보험료에서 월납순보험료로 대체하면 된다. 월납순보험료를 이용하여 보험연도말(기말) 계약자적립액을 구하는 실무상 산식을 다음에서 고찰해보자.

### (b) 완납후 유지비 포함 월납순보험료 사용시 계약자적립액 계산[1]

감독당국의 지침에 따라 우리나라에서 실제로 적립되는 계약자적립액은 완납후 유지비를 장래지출에 포함하고 장래수입에는 완납후 유지비를 포함하는 순보험료를 사용하여 산출한다. 완납후 유지비 포함 월납순보험료($_m P_x^{(\beta')\langle 12\rangle}$)를 이용하여 보험연도말(기말) 계약자적립액을 구해보자.[2]

보험금 1원, 보험금 사망즉시금, 월납보험료, $m$년 납입 종신보험의 $k$년 경과시의 계약자적립액은 $_k^m V_x^{\langle 12\rangle}(\bar{A}_x)$로 나타내야 하나, 표기의 편의상 이후부터는 $_k^m V_x$로 나타내기로 한다. 따라서, 이후부터 $_k^m V_x$는 보험금 S원, 보험금 사망즉시금, 월납보험료, $m$년 납입, $k$년 경과시의 계약자적립액을 의미한다. 금리확정형 일반형 종신보험('일확')의 계약자적립액은 $_k^m V_x^{일확}$으로 표기하기로 한다.

국내 보험실무에서는 $_k^m V_x^{일확}$ 산출시 완납후 유지비($\beta'$)를 포함하여 산출하는데, 이는 완납후 유지비($\beta'$)를 보험금과 동일하게 장래에 지출되는 예상금액으로 간주하여 보험료 납입기간 동안 사전에 $_k^m V_x^{일확}$에 포함하여 산출하고, 실제 비용(유지비)이 발생하는 시점(보험료 납입기간 이후)에 $_k^m V_x^{일확}$의 경감(Release)을 통해 해당 비용을 충당하기 위함이다. 완납후 유지비 포함 월납순보험료($_m P_x^{(\beta')\langle 12\rangle}$)를 이용하여 보험연도말(기말) 계약자적립액을 나타내면 다음과 같다.

$$_k^m V_x^{일확} = \frac{\bar{M}_{x+k}^{(T)일확} + \beta' \times N_{x+Max(k,m)} - 12 \times {}_m P_x^{(\beta')\langle 12\rangle 일확} \times N'^{(12)}_{(Max,\,x+k,\,x+m)}}{D_{x+k}} \tag{6.1.5.39)[3]}$$

---

1) 7장의 I. 기초이론을 이해한 후에 학습하길 바람.

2) 월납보험료 기호의 의미와 완납후 유지비 포함 월납순보험료 계산은 7장 I. 기초이론을 참조

3) '일확'의 $_k^m V_x^{일확}$에서 '$\beta' \times N_{x+Max(k,m)}$'는 매년 계약해당일을 기준으로 연간 책정된 완납후 유지비($\beta'$)가 연초의 $_k^m V_x^{일확}$에서 일시 차감된다는 의미의 산출식이다(보험료 산출시에도 동일). 그러나, 금리연동형 종신보험의 계약자적립액($_t V_x$)을 계산할 때에는 연간 책정된 완납후 유지비($\beta'$)를 12로 나누어 $\beta'/12$만큼 매월 계약해당일 기준으로 부과한다. 만약, 연간 책정된 완납후 유지비($\beta'$)를 일시에 차감하는 경우에는 차감시점에 계약자적립액($_t V_x$) 및 해약환급금($_t W_x$)이 일시에 하락하게 되므로 이를 방지하기 위해 매월 계약해당일을 기준으로 $\beta'/12$만큼 부과하여 계산한다(2001년 2월에 금감원은 '금융형상품의 일시납계약'을 대상으로 해약환급금 지급수준과 관련된 보험가입자의 권익을 보호하기 위해 연간 책정된 납입후 유지비를 경과월수를 기준으로 차감하도록 공문(보험료적립금 및 예정사업비 계상 관련 통보)을 업계에 전송하였으며, 금리연동형 종신보험도 동일하게 적용하고 있다). 즉, ( i ) 보험료 산출, 계약자적립액 산출시에는 연액 $\beta'$를 1회 지급하는 것으로 처리하고 ( ii ) 월대체보험료로 차감할 때에는 월액 $\beta'/12$를 적용한다(확정형, 연동형). 식 (6.1.5.39)에서 '$\beta' \times N_{x+Max(k,m)}$'은 $\beta'$가 연초 1회 발생가정이고, '$12 \times {}_m P_x^{(\beta')\langle 12\rangle 일확}$

$$단, \ N'^{(12)}_{(Max, \, x+k, \, x+m)} = Max\left\{(N'_{x+k} - N'_{x+m}) - \frac{11}{24} \times (D'_{x+k} - D'_{x+m}), 0\right\} \qquad (6.1.5.40)$$

여기서는 우리나라 보험실무에서 적용되는 완납후 유지비포함 월납순보험료를 이용한 보험연도말 계약자적립액 산출에 대하여 고찰하였다. 6장의 기초이론에서는 대부분 완납후 유지비를 포함하지 않는 순보험료를 사용하여 보험연도말(기말) 계약자적립액을 산출하였다. 6장의 일반이론과 향후 장에서도 대부분 완납후 유지비를 포함하지 않는 순보험료를 이용하여 보험연도말(기말) 계약자적립액을 산출하기로 한다.

## 6. 금리연동형보험의 계약자적립액

금리연동형보험의 경우 보험료 및 해약환급금 산출방법서에 따라 과거법으로 적립한다. 금리연동형보험의 적립이율은 변동되는데, 변동되는 적립이율을 '공시이율'이라고 한다. 보험료 및 해약환급금 산출방법서상 금리연동형보험의 계약자적립액은 아래와 같은 방식으로 산출한다. 금리연동형보험은 과거의 실적(실적 공시이율)을 반영하여 계약자적립액($_{h+1}V$)을 산출해야 하기 때문에 과거법만 이용하여야 한다(장래법으로는 산출 불가능). 산식에서 $h$는 경과월을 나타내고 영업보험료, 위험보험료 및 사업비는 월별로 적용되는 것으로 가정하고 공시이율도 표기의 편의상 월별로 부리되는 것으로 표기하였다.[1] 금리연동형보험의 계약자적립액을 $_{h+1}V$로 표기하면

$$_{h+1}V = (_hV + P_h' - RP_h - VE_h) \times (1 + i_h')^{1/12}, \quad h = 0, 1, 2, \cdots \qquad (6.1.6.1)$$

$_0V = 0$

$P_h' = $ 영업보험료,

$RP_h = $ 적용위험률을 적용한 위험보험료($S_h$: 보험금)

$RP_h = (S_h \times v^{1/24} - {}_hV) \times (q_{x+k}/12)$

---

$\times N'^{(12)}_{(Max, \, x+k, \, x+m)}$ 은 $\beta'/12$가 매월 발생한다는 가정이다. 또한, '일확'의 ${}^m_kV$일확 에서 '$12 \times {}_mP_x^{(\beta')\langle 12 \rangle 일확}$ $\times N'^{(12)}_{(Max, \, x+k, \, x+m)}$'는 완납후 유지비 포함 월납순보험료($_mP_x^{(\beta')\langle 12 \rangle 일확}$)가 납입기간 동안 매월 납입된다는 의미의 산출식인데, 보험업감독규정(제7-65조)에 따라 실제 보험료 납입주기(월납)과 무관하게 완납후 유지비 포함 연납순보험료 기준으로 산출할 수도 있다(즉, '$12 \times {}_mP_x^{(\beta')\langle 12 \rangle 일확} \times N'^{(12)}_{(Max, \, x+k, \, x+m)}$' 대신에 '${}_mP_x^{(\beta')일확} \times N'_{(Max, \, x+k, \, x+m)}$'으로 대체하여 ${}^m_kV$일확 을 산출할 수 있다). 보험료 납입(산출)주기에 맞게 산출하는 경우와 연납보험료로 산출하는 경우를 비교할 때, 결과값 차이는 크지 않으며 특히, 납입기간 이후는 계약자적립액 산출식에서 장래수입 현가가 제외되므로 두 방식의 결과값은 동일하다. 금리확정형의 계약자적립액에 관해서는 보험연도말($k$) 계약자적립액 산출만 고려해야 한다.

1) UL기능이 없는 것을 가정하였다. 보험료와 위험보험료와 사업비는 응당일에 납입 및 지출되는 것으로 가정하여 단순화하였다.

$$VE_h = \text{사업비(평준신계약비 + 계약관리비용)}$$

$$i_h{}' = h\text{월에 적용하는 연실이율 형태의 공시이율}[1]$$

식 (6.1.6.1)에 영업보험료가 나타나지만 영업보험료에서 사업비를 차감하여 부리·적립하므로 감독규정에 따른 순보험료(평준순보험료는 아님) 방식으로 볼 수 있다.

## 연습문제 6.1

※ 특별한 언급이 없으면 부록의 계산기수를 이용하여 답하시오.

1. 과거법과 장래법을 이용하여 다음 보험들의 제$n$보험연도말 계약자적립액을 간단한 형태로 표시하시오.

   (a) $n$년만기 정기보험         (b) $n$년 단기납입 종신보험

   (c) $n$년만기 생사혼합보험

2. 피보험자 (40), 보험금 연말급, 보험금 1,000원일 때, 다음 경우에서 제15보험연도말 계약자적립액을 과거법과 장래법으로 구하시오($i = 0.05$).

   (a) 10년 단기납입 연납보험료인 경우의 종신보험

   (b) 10년 단기납입 연납보험료인 경우의 20년만기 생사혼합보험

   (c) 20년 단기납입 연납보험료인 경우의 30년만기 생사혼합보험

3. 피보험자 (40), 보험금 연말급, 보통종신보험의 보험금은 처음 10년간은 50,000원이고 그 이후는 100,000원이다. 다음을 구하시오.

   (자료 : $M_{40} = 740$, $M_{50} = 580$, $N_{40} = 59000$)

   (a) 연납순보험료를 구하시오.

   (b) 45세에서의 보험연도말 계약자적립액을 구하시오.

      (자료 : $M_{45} = 675$, $N_{45} = 42000$, $D_{45} = 1700$)

   (c) 55세에서의 보험연도말 계약자적립액을 구하시오.

      (자료 : $M_{55} = 475$, $D_{55} = 1150$, $N_{55} = 27000$)

4. 피보험자 (20), 보험금 연말급, 종신보험의 보험금은 제1보험연도에는 5,000원, 제2보험연도에는 10,000원 등 매년 5,000원씩 증가한다. 보험료는 연납으로 처음 10년간은 $X$이

---

1) 금리연동형보험의 실제적립액 산출은 일복리로 산출한다. 따라서 실제적립액은 위 식을 일복리 공시이율로 변경하고, 해당 일수만큼 부리한다. 장래현금흐름을 모델링하는 경우 $i_h{}'$는 할인율시나리오로부터 산출되는 연이율형태의 월별할인율로부터 유도되는 월단위 공시이율이다.

고 그 다음부터는 $3X$이다. 이때 다음을 계산기수를 이용하여 나타내시오.

(a) $X$의 값  (b) 첫 번째 보험료를 납입한 바로 다음 시점에서의 계약자적립액

(c) 제5보험연도말 계약자적립액  (d) 제30보험연도말 계약자적립액

5. 피보험자 (35), 보험금 연말급, 보험금 50,000원의 30년만기 정기보험의 보험료 납입형태
는 20년 단기납입 연납보험료이다. 다음을 구하시오($i = 0.03$).

(자료 : $N_{35} = 7300$, $N_{36} = 7000$, $N_{45} = 4200$, $N_{46} = 4000$, $N_{55} = 2400$, $N_{56} = 2265$, $N_{65} = 1050$,
$N_{66} = 960$)

(a) 연납보험료  (b) 제10보험연도말 계약자적립액

(c) 제20보험연도말 계약자적립액  (d) 제30보험연도말 계약자적립액

6. 연습문제 5번에서 보험금이 50,000원 대신에 사망연도말부터 지급되는 20년 확정연금(매
년 지급액은 5,000원)일 때 (a), (b), (c), (d)를 구하시오.

7. 피보험자 (40)이 보험금 연말급, 보험금 100,000원인 종신보험을 36,000원의 일시납순보험
료(NSP)로 가입하였다. 또 피보험자 (40)이 보험금 연말급, 보험금 100,000원인 보통종신
보험에 연납보험료 2,200원으로 가입하였다. 두 보험에 적용되는 이자율은 같다고 가정한
다. 「위험보험금(net amount at risk) = 보험금 − 보험연도말 계약자적립액」이라고 정의할 때
첫 번째 보험의 제10보험연도에서의 위험보험금을 $R$이라고 하고 두 번째 보험의 제10보험
연도에서의 위험보험금을 $W$라고 할 때 $R/W$의 값을 구하시오. 단, $100000A_{50} = 48600$
임을 이용하시오.

8. 다음을 증명하고 설명하시오.

$$_{\omega-x-1}V_x = v - P_x \qquad \text{(여기서 } \omega \text{는 생명표상 최대연령)}$$

9. 다음을 증명하시오.

(a) $_tV_x = \dfrac{P_x(N_x - N_{x+t})}{D_{x+t}} - \dfrac{M_x - M_{x+t}}{D_{x+t}}$

(b) $_tV_x = A_{x+t}\left(1 + \dfrac{1+i}{i}P_x\right) - \dfrac{1+i}{i}P_x$

10. 피보험자 (30), 보험금 연말급인 종신보험의 보험금은 제1보험연도에 100원, 제2보험연
도에 200원 등 매년 100원씩 증가한다. 보험료는 연납으로 종신납입이다. 이때 다음을 계
산기수를 이용하여 나타내시오.

(a) 연납순보험료  (b) 제10보험연도말 계약자적립액을 장래법으로 구하시오.

(c) 제10보험연도말 계약자적립액을 과거법으로 구하시오.

11. 피보험자 (30), 보험금 연말급인 종신보험의 보험금은 30세와 41세 사이에는 10,000원, 41세와 42세 사이에는 9,700원, 42세와 43세 사이에는 9,400원 등 매년 300원씩 감소하여 70세와 71세 사이(지급시점은 71시점)에는 1,000원이 되고 그 이후는 계속 1,000원이다. 보험료는 35년 단기납입 연납보험료일 때 제20보험연도말 계약자적립액을
    (a) 과거법으로 구하시오.　　　　　　　　(b) 장래법으로 구하시오.

12. $\ddot{a}_x + \ddot{a}_{x+2t} = 2\ddot{a}_{x+t}$ 일 때 다음을 ${}_tV_x$ 를 이용하여 나타내시오.
    (a) ${}_tV_{x+t}$ 　　　　　　　　　　　　(b) ${}_{2t}V_x$

13. $1 - A_{x+2t} = A_{x+2t} - A_{x+t} = A_{x+t} - A_x$ 가 성립할 때
    (a) ${}_tV_{x+t}$ 를 ${}_tV_x$ 를 이용하여 나타내시오.
    (b) ${}_tV_x$ 와 ${}_tV_{x+t}$ 의 값을 구하시오.

14. $n$년만기 정기보험의(보험금 연말급, 보험금 1원) 제$t$보험연도말 계약자적립액은 다음과 같음을 보이고 그 의미를 설명하시오.
$$ {}_tV^{\,1}_{x:\overline{n|}} = (P^{\,1}_{x+t:\overline{n-t|}} - P^{\,1}_{x:\overline{n|}})\ddot{a}_{x+t:\overline{n-t|}} $$

15. 양의 정수 $k$, $m$, $n\,(k<m<n)$ 에 대하여
$$ 1 - A_{x+m:\overline{n-m|}} = A_{x+k:\overline{n-k|}} - A_{x:\overline{n|}} $$
$$ = A_{x+m:\overline{n-m|}} - A_{x+k:\overline{n-k|}} $$
가 성립할 때 ${}_kV_{x:\overline{n|}}$ 과 ${}_{m-k}V_{x+k:\overline{n-k|}}$ 의 값을 구하시오.

16. $t<m<n$일 때 다음을 증명하시오.
$$ {}^m_t V_{x:\overline{n|}} = A_{x:\overline{n|}}\,{}_tV_{x:\overline{m|}} + (1 - A_{x:\overline{n|}})\,{}_tV_{x:\overline{n|}} $$

17. ${}_{10}V_{35} = 0.150$, ${}_{20}V_{35} = 0.354$일 때 ${}_{10}V_{45}$를 구하시오.

18. (a) $A_x = 0.2$, $A_{x+t} = 0.3$일 때 ${}_tV_x$의 값을 구하시오.
    (b) ${}_tV_x = 0.150$, $A_{x+t} = 0.300$, $i = 0.05$일 때 $P_x$의 값을 구하시오.

19. 다음 (　)속에 들어갈 적당한 값이나 기호를 구하시오.
    (a) ${}_tV_{x:\overline{n|}} = \dfrac{P_{x+t:\overline{n-t|}} - P_{x:\overline{n|}}}{(\qquad)}$
    (b) ${}_tV_{x:\overline{n|}} = \dfrac{P_{x:\overline{n|}} - (\qquad)}{{}_tE_x} \times \ddot{a}_{x:\overline{t|}}$

20. $n$년만기 생사혼합보험을 가입 후 $t$년 경과시에 $m$년만기 생사혼합보험으로 변경하고자 한다$(n>m)$. 변경에 따른 추가 필요금액은 $t$시점 이후의 전기납입$(m-t$년$)$ 연납평준순보험료로 충당하고자 한다. 변경 후의 연납평준순보험료를 $P$라고 할 때

   (a) $P = P_{x+t:\overline{m-t}|} - \dfrac{{}_tV_{x:\overline{n}|}}{\ddot{a}_{x+t:\overline{m-t}|}}$ 임을 증명하시오

   (b) (a)를 이용하여 $P = P_{x:\overline{m}|} + \dfrac{{}_tV_{x:\overline{m}|} - {}_tV_{x:\overline{n}|}}{\ddot{a}_{x+t:\overline{m-t}|}}$ 임을 증명하시오.

21. $p_x = 0.5$, $A^1_{x:\overline{1}|} = 0.4$, ${}_1V_x = 0.05$일 때 $P_x$를 구하시오.

22. 동일한 순보험료 $P$를 매년 납입하는 계약 Ⅰ과 Ⅱ를 고려한다. 계약 Ⅰ은 $x$세 가입의 $n$년만기 생사혼합보험(보험금 연말급, 연납), 계약 Ⅱ는 $x$세 가입의 $m$년만기 생사혼합보험(보험금 연말급, 연납)이다. 제$t$보험연도의 계약자적립액을 각각 ${}_tV^{(Ⅰ)}$과 ${}_tV^{(Ⅱ)}$라고 표시할 때 ${}_tV^{(Ⅰ)} \ge {}_tV^{(Ⅱ)}$임을 증명하시오. 단, $m>n$이고 $0 \le t \le n$이다.

23. 다음 식을 증명하시오.

   (a) $P^1_{x:\overline{1}|} = \dfrac{P_x - {}_tV_x \cdot P_{x:\overline{1}|}}{1 - {}_tV_x}$　　　　　　(b) $P_{x:\overline{1}|}^{\ 1} = \dfrac{P_{x:\overline{1}|} - P_x}{1 - {}_tV_x}$

24. $\ddot{a}_{x+t} + \ddot{a}_{x+3t} = 3\ddot{a}_{x+2t}$일 때 다음을 증명하시오.

   $${}_tV_{x+2t} = \dfrac{2\,{}_tV_{x+t} - 1}{1 - {}_tV_{x+t}}$$

25. $2A_x + A_{x+3t} = 3A_{x+t}$이고, ${}_tV_x = 0.2$일 때 ${}_{3t}V_x$의 값을 구하시오.

26. 금리확정형보험과 금리연동형보험의 계약자적립액을 산출하는 방법을 비교 설명하시오.

27. 금리확정형 일반형 종신보험의 경우를 예로 들어, 완납후 유지비 포함 월납순보험료 $({}_mP_x^{(\beta')\langle 12 \rangle 일확})$ 또는 완납후 유지비 포함 연납순보험료$({}_mP_x^{(\beta')일확})$ 기준으로 보험연도 말 계약자적립액을 구하는 우리나라에서 계약자적립액 산출방법을 설명하고 그 의미를 설명하시오.

## Ⅱ. 일반이론

### 1. 확률변수의 정의

보험계약시점에서 보험회사와 보험계약자 사이에는 수지상등의 원칙이 성립하였다. 그러나 보험계약 후 일정한 시간이 지난 어떤 시점에서는 보험회사와 보험계약자의 미래의 금전적 의무 관계는 수지상등이 아니다. 경우에 따라서는 보험계약자는 미래의 금전적 의무를 이미 완료한 상태이고 보험회사만이 미래의 금전적 의무를 가지고 있을 수도 있다. 또 양측이 미래의 금전적 의무를 동시에 가지고 있을 수도 있으나 이때의 상태는 보험계약시처럼 수지가 상등한 것은 분명히 아니다.

보험계약 후 $t$시점(보험계약을 $x$세에 체결했다면 $x+t$ 시점)에서 양측의 미래의 금전적 의무를 측정하기 위하여 미래보험금(또는 연금)의 현가(未來保險金의 現價 ; Present Value of Future Benefits: PVFB)와 미래순보험료의 현가(未來純保險料의 現價 ; Present Value of Future Premiums: PVFP)라는 두 개의 확률변수를 도입하고 전자와 후자의 차이를 보험회사의 미래손실(未來損失 ; Prospective Loss: PL)이라는 확률변수로 정의한다. 즉,

$$_tPL = PVFB_t - PVFP_t \tag{6.2.1.1}$$

예를 들어 피보험자 (60), 보험금 1,000원, 보험금 연말급인 5년만기 생사혼합보험의 전기납입 연납순보험료는 이자율 5%하에서

$$1000P_{60:\overline{5}|} = \pi = 1000 \frac{A_{60:\overline{5}|}}{\ddot{a}_{60:\overline{5}|}} = 175.375 \tag{6.2.1.2}$$

보험계약 후 2년이 지난 시점인 피보험자 62세에서 확률변수인 미래손실은 다음과 같다.

표 [6.2.1.1]  62세 시점의 미래손실

| 사망 연령 | $\Pr(J=j)$ | PVFB | PVFP | PL |
|---|---|---|---|---|
| $62(j=0)$ | 0.00775 | $1000v$ | $\pi\ddot{a}_{\overline{1}|}$ | $1000v - \pi\ddot{a}_{\overline{1}|}$ |
| $63(j=1)$ | 0.00844 | $1000v^2$ | $\pi\ddot{a}_{\overline{2}|}$ | $1000v^2 - \pi\ddot{a}_{\overline{2}|}$ |
| $64$이상$(j\geq2)$ | 0.98381 | $1000v^3$ | $\pi\ddot{a}_{\overline{3}|}$ | $1000v^3 - \pi\ddot{a}_{\overline{3}|}$ |
| | 1.0 | $E(PVFB_2) = 864.89$ | $E(PVFP_2) = 497.61$ | $E(_2PL) = 367.28$ |

$t = 2$ 시점에서 보험회사의 평균미래손실(즉, $E(_2PL)$)을 구해 보면

$$E(_2PL) = 0.00775\,(1000v - \pi\ddot{a}_{\overline{1}}) + 0.00844\,(1000v^2 - \pi\ddot{a}_{\overline{2}})$$
$$+ 0.98381\,(1000v^3 - \pi\ddot{a}_{\overline{3}}) = 367.2890 \qquad (6.2.1.3)$$

$t$시점에서 미래보험금의 현가 및 미래순보험료의 현가의 기대값을 미래보험금의 보험수리적 현가(Actuarial Present Value of Future Benefits: APVFB) 및 미래순보험료의 보험수리적 현가(APVFP)라고 한다. 따라서

$$E(_tPL) = E(PVFB_t - PVFP_t) \qquad (6.2.1.4)$$
$$= E(PVFB_t) - E(PVFP_t) \qquad (6.2.1.5)$$
$$= APVFB_t - APVFP_t \qquad (6.2.1.6)$$

만일 식 (6.2.1.6)이 보험계약시(0시점)에 적용이 된다면 보험계약시에는 보험회사나 계약자나 금전적 의무와 권리가 동등한 수지상등의 원칙에 의하여

$$APVFB_0 = APVFP_0 \qquad \text{(계약시)} \qquad (6.2.1.7)$$

이 성립하며 이는 식 (5.2.1.2)의 $E(_0L) = 0$과 같다. 그러나 계약 후 $t$시점에서는

$$APVFB_t > APVFP_t \qquad \text{(계약 후)} \qquad (6.2.1.8)$$

이 되는 것이 일반적이다. 식 (6.2.1.8)의 의미는 $E(_tPL) > 0$이고 앞의 예에서 $E(_2PL) = 367.2890$임을 알 수 있다.

　계약시의 수지상등의 원칙을 유지하기 위하여 계약 후 $t$시점(예; 62세)에서 보험회사는 향후 계약자에게 해약환급금을 지급할 목적으로 $E(_tPL)$만큼을 보유하여야 하는데 이를 계약자적립액(순보식 원가법책임준비금)이라고 한다. 계약 후 $(x+t)$시점에서의 미래손실을 $_tPL$ 또는 간단히 $_tL$로 표시하고 계약 후 $(x+t)$시점에서의 계약자적립액을 $_tV$로 표시하면

$$_tL = {}_tPL = (PVFB)_t - (PVFP)_t \qquad (6.2.1.9)$$
$$E(_tL) = {}_tV \qquad (6.2.1.10)$$

앞의 예에서는 $t = 2$이므로

$$E(_2L) = {}_2V = 367.2890 \qquad (6.2.1.11)$$

앞의 예를 이용하여 지금까지 설명한 것을 그림으로 표시하면 다음과 같다.

그림 [6.2.1.1]   계약자적립액의 산출

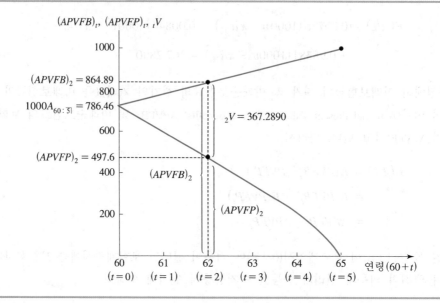

식 (6.2.1.7)을 이용하면 $t=0$일 때, 즉, 계약시점에서는

$$_0V = 0 \tag{6.2.1.12}$$

또 생사혼합보험의 경우 생존자에게 생존보험금(예; 1,000원)을 지급하기 때문에

$$_5V = 1000 \quad \text{(생존보험금)} \tag{6.2.1.13}$$

이 됨을 알 수 있다.

## 2. 계약자적립액(보험금 사망즉시급, 연속납보험료)

### (1) 장래법 계약자적립액

피보험자 $(x)$, 보험금 1원, 보험금 사망즉시급, 보험료는 전기납입 연속납일 때의 종신보험의 연액보험료는 $\bar{P}(\bar{A}_x)$이다. 이와 상응하는 계약자적립액(순보식 원가법책임준비금)을 $_t\bar{V}(\bar{A}_x)$로 나타낸다.

$_t\bar{V}(\bar{A}_x)$를 구하기 위하여 새로운 확률변수 $U$를 정의한다.

$$U = (X+t)\text{의 미래생존기간} \tag{6.2.2.1}$$

따라서

$$U = \begin{cases} T - t, & T > t \\ \text{정의 안됨}, & T < t \end{cases} \tag{6.2.2.2}$$

$U$의 확률밀도함수(p.d.f.)는

$$g(u) = {}_u p_{x+t} \cdot \mu_{x+t+u}, \qquad u \geq 0 \tag{6.2.2.3}$$

보험회사의 $t$시점(즉, 연령 $x+t$)에서의 미래손실 ${}_t L$은

$${}_t L = v^U - \bar{P}(\bar{A}_x)\, \bar{a}_{\overline{U}|} \tag{6.2.2.4}$$

$$= v^U \left[ 1 + \frac{\bar{P}(\bar{A}_x)}{\delta} \right] - \frac{\bar{P}(\bar{A}_x)}{\delta} \tag{6.2.2.5}$$

${}_t L$의 기대값을 구하면

$${}_t \bar{V}(\bar{A}_x) = E({}_t L) = \bar{A}_{x+t} - \bar{P}(\bar{A}_x)\, \bar{a}_{x+t} \tag{6.2.2.6}$$

$$= \frac{\bar{A}_{x+t} - \bar{A}_x}{1 - \bar{A}_x}$$

${}_t L$의 분산을 구하면

$$\text{Var}({}_t L) = \left[ 1 + \frac{\bar{P}(\bar{A}_x)}{\delta} \right]^2 \text{Var}(v^U)$$

$$= \left[ 1 + \frac{\bar{P}(\bar{A}_x)}{\delta} \right]^2 \left[ {}^2\bar{A}_{x+t} - (\bar{A}_{x+t})^2 \right] \tag{6.2.2.7}$$

$$= \left( \frac{1}{\delta\, \bar{a}_x} \right)^2 \left[ {}^2\bar{A}_{x+t} - (\bar{A}_{x+t})^2 \right] \tag{6.2.2.8}$$

---

**예제 6.2.2.1**

피보험자 (30), $i = 0.06$, $s(x) = 1 - \dfrac{x}{100}$, $0 < x \leq 100$일 때 다음을 구하시오.
($v^{50} = 0.05428836$, $v^{70} = 0.01692737$, $v^{100} = 0.00294723$)

(a) $\bar{P}(\bar{A}_{30})$  (b) ${}_{20}\bar{V}(\bar{A}_{30})$와 $\text{Var}({}_{20}L)$

**풀이**

$$\Pr(U > u) = \Pr(X > x+t+u \,|\, X > x+t)$$

$$= \frac{s(x+t+u)}{s(x+t)} = \frac{100-x-t-u}{100-x-t}$$

따라서

$$g(u) = \frac{1}{100-x-t}, \quad 0 < u < 100-x-t \quad \cdots\cdots ①$$

①식은 $U$가 $U(0, 100-x-t)$임을 보여 준다. 이 문제에서 $x=30$, $t=20$이므로
$$U \sim U(0, 50)$$

$$\bar{A}_y = E(v^T) = \int_0^{100-y} v^U \frac{1}{100-y} \, du = \frac{\bar{a}_{\overline{100-y}|}}{100-y} \quad \cdots\cdots ②$$

$$\bar{a}_y = \frac{1-\bar{A}_y}{\delta} \quad \cdots\cdots ③$$

(a) 식 ②와 ③을 이용하면

$\bar{A}_{30} = 0.24101867, \quad \bar{a}_{30} = 13.0254943$

$\bar{A}_{50} = 0.32460249, \quad \bar{a}_{50} = 11.59104455$

$$\bar{P}(\bar{A}_{30}) = \frac{\bar{A}_{30}}{\bar{a}_{30}} = 0.0185$$

(b) $_{20}\bar{V}(\bar{A}_{30}) = \bar{A}_{50} - \bar{P}(\bar{A}_{30})\bar{a}_{50} = 0.1101$

$$\text{Var}(_{20}L) = \left(1 + \frac{\bar{P}(\bar{A}_{30})}{\delta}\right)^2 (^2\bar{A}_{50} - \bar{A}_{50}^2)$$

여기서 $^2\bar{A}_{50} = \int_0^{50} e^{-2\delta u} \frac{1}{50} \, du = \frac{^2\bar{a}_{\overline{50}|}}{50} = \frac{1-v^{100}}{(2\delta)(50)} = 0.17111231$

따라서 $\text{Var}(_{20}L) = 0.11412$

표준편차는 $SD(_{20}L) = \sqrt{\text{Var}(_{20}L)} = 0.3378$

여러 가지 보험의 장래법 계약자적립액을 정리하면 표 [6.2.2.1]과 같다.

표 [6.2.2.1]  완전연속보험의 장래법 계약자적립액의 기호 표기

| 보험의 종류 | 계약자적립액 기호 | 장래법 계약자적립액 |
|---|---|---|
| 종신보험 | $_t\bar{V}(\bar{A}_x)$ | $\bar{A}_{x+t} - \bar{P}_x\,\bar{a}_{x+t}$ |
| $n$년만기 정기보험 | $_t\bar{V}(\bar{A}^{\,1}_{x:\overline{n}})$ | $\bar{A}^{\;1}_{x+t:\,\overline{n-t}} - \bar{P}(\bar{A}^{\,1}_{x:\overline{n}})\,\bar{a}_{x+t:\,\overline{n-t}}$ , $\quad t<n$ <br> $0 \qquad\qquad\qquad\qquad\qquad\qquad\quad ,\quad t=n$ |
| $n$년만기 생사혼합보험 | $_t\bar{V}(\bar{A}_{x:\overline{n}})$ | $\bar{A}_{x+t:\,\overline{n-t}} - \bar{P}(\bar{A}_{x:\overline{n}})\,\bar{a}_{x+t:\,\overline{n-t}}$ , $\quad t<n$ <br> $1 \qquad\qquad\qquad\qquad\qquad\qquad\quad ,\quad t=n$ |
| $h$년 유한납입 종신보험 | $_t^{\,h}\bar{V}(\bar{A}_x)$ | $\bar{A}_{x+t} - {}_h\bar{P}(\bar{A}_x)\,\bar{a}_{x+t:\,\overline{h-t}}$ , $\quad t<h$ <br> $\bar{A}_{x+t} \qquad\qquad\qquad\qquad\qquad\;\; ,\quad t\geq h$ |
| $h$년 유한납입 $n$년만기 생사혼합보험 | $_t^{\,h}\bar{V}(\bar{A}_{x:\overline{n}})$ | $\bar{A}_{x+t:\,\overline{n-t}} - {}_h\bar{P}(\bar{A}_{x:\overline{n}})\,\bar{a}_{x+t:\,\overline{h-t}}$ , $\quad t<h$ <br> $\bar{A}_{x+t:\,\overline{n-t}} \qquad\qquad\qquad\qquad\;\;\; ,\quad h\leq t<n$ <br> $1 \qquad\qquad\qquad\qquad\qquad\qquad\quad ,\quad t=n$ |
| $n$년만기 생존보험 | $_t\bar{V}(A_{x:\overline{n}}^{\;\;1})$ | $A_{x+t:\,\overline{n-t}}^{\;\;\;\;1} - \bar{P}(A_{x:\overline{n}}^{\;\;1})\,\bar{a}_{x+t:\,\overline{n-t}}$ , $\quad t<n$ <br> $1 \qquad\qquad\qquad\qquad\qquad\qquad\quad ,\quad t=n$ |
| $n$년거치 종신연금 | $_t\bar{V}(_{n|}\bar{a}_x)$ | $A_{x+t:\,\overline{n-t}}^{\;\;\;\;1}\,\bar{a}_{x+n} - \bar{P}(_{n|}\bar{a}_x)\,\bar{a}_{x+t:\,\overline{n-t}}$ , $\quad t<n$ <br> $\bar{a}_{x+t} \qquad\qquad\qquad\qquad\qquad\quad\;\; ,\quad t\geq n$ |

(2) 과거법 계약자적립액

장래법 계약자적립액으로부터 과거법 계약자적립액을 유도하여 보자. 장래법 계약자적립액으로부터 $n$년만기 생사혼합보험의 경우

$$_t\bar{V}(\bar{A}_{x:\overline{n}}) = \bar{A}_{x+t:\,\overline{n-t}} - \bar{P}(\bar{A}_{x:\overline{n}})\,\bar{a}_{x+t:\,\overline{n-t}} \quad\text{(장래법)} \qquad\qquad (6.2.2.9)$$

수지상등의 원칙으로부터

$$\bar{A}_{x:\overline{n}} - \bar{P}(\bar{A}_{x:\overline{n}})\,\bar{a}_{x:\overline{n}} = 0 \qquad\qquad\qquad\qquad (6.2.2.10)$$

식 (6.2.2.10)은 다음과 같이 표현이 가능하다.

$$\bar{A}^{\,1}_{x:\overline{t}} + A_{x:\overline{t}}^{\;\;1}\,\bar{A}_{x+t:\,\overline{n-t}} - \bar{P}(\bar{A}_{x:\overline{n}})[\bar{a}_{x:\overline{t}} + A_{x:\overline{t}}^{\;\;1}\,\bar{a}_{x+t:\,\overline{n-t}}] = 0 \qquad (6.2.2.11)$$

식 (6.2.2.11)을 정리하면

$$\bar{A}_{x+t:\,\overline{n-t}} - \bar{P}(\bar{A}_{x:\overline{n}})\,\bar{a}_{x+t:\,\overline{n-t}}$$
$$= \frac{1}{{}_tE_x}\left[\bar{P}(\bar{A}_{x:\overline{n}})\,\bar{a}_{x:\overline{t}} - \bar{A}^{\,1}_{x:\overline{t}}\right]$$

$$= \bar{P}(\bar{A}_{x:\overline{n}|})\,\bar{s}_{x:\overline{t}|} - {}_t\bar{k}_x \tag{6.2.2.12}$$

식 (6.2.2.12)의 처음 식은 장래법 계약자적립액을 나타내고 마지막 식은 과거법 계약자적립액을 나타낸다. 여기서 ${}_t\bar{k}_x$는 다음을 의미한다.

$$
\begin{aligned}
{}_t\bar{k}_x &= \frac{\bar{A}^{1}_{x:\overline{t}|}}{{}_tE_x} = \int_0^t \frac{v^s\,{}_sp_x\,\mu_{x+s}}{v^t\,{}_tp_x}ds \\
&= \frac{\displaystyle\int_0^1 (1+i)^{t-s}\,l_{x+s}\,\mu_{x+s}\,ds}{l_{x+t}}
\end{aligned}
\tag{6.2.2.13}
$$

예제 6.2.2.2

$h$년 유한납입 $m$년거치 $n$년 유기연속연금$(h \leq m)$에서 ${}_t^h\bar{V}({}_{m|}\bar{a}_{x:\overline{n}|})$을 과거법과 장래법으로 각각 구하시오.

풀이

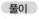

$x \qquad x+h \qquad x+m \qquad x+m+n$

연납보험료를 계산하면

$$
{}_h\bar{P}({}_{m|}\bar{a}_{x:\overline{n}|}) = \frac{{}_{m|}\bar{a}_{x:\overline{n}|}}{\bar{a}_{x:\overline{h}|}}
$$

(a) $t \leq h$

장래법 ${}_t^h\bar{V}({}_{m|}\bar{a}_{x:\overline{n}|}) = {}_{m-t|}\bar{a}_{x+t:\overline{n}|} - {}_h\bar{P}({}_{m|}\bar{a}_{x:\overline{n}|})\bar{a}_{x+t:\overline{h-t}|}$

과거법 ${}_t^h\bar{V}({}_{m|}\bar{a}_{x:\overline{n}|}) = {}_h\bar{P}({}_{m|}\bar{a}_{x:\overline{n}|})\bar{s}_{x:\overline{t}|}$

(b) $h < t \leq m$

장래법 계약자적립액 $= {}_{m-t|}\bar{a}_{x+t:\overline{n}|}$

과거법 계약자적립액 $= \dfrac{{}_h\bar{P}({}_{m|}\bar{a}_{x:\overline{n}|})\bar{s}_{x:\overline{h}|}}{{}_{t-h}E_{x+h}}$

(c) $m < t < m+n$

장래법 계약자적립액 $= \bar{a}_{x+t:\overline{m+n-t}|}$

과거법 계약자적립액 $= \dfrac{{}_h\bar{P}({}_{m|}\bar{a}_{x:\overline{n}|})\bar{s}_{x:\overline{h}|}}{{}_{t-h}E_{x+h}} - \bar{s}_{x+m:\overline{t-m}|}$

예제 6.2.2.3

$_{10}^{15}V(_{5|}A_{35:\overline{25|}})$를

(a) 장래법으로 나타내시오.          (b) 과거법으로 나타내시오.

(c) (a)와 (b)가 일치함을 증명하시오.

풀이

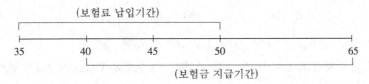

(보험료 납입기간)

35      40      45      50      65

(보험금 지급기간)

(a) $_{10}^{15}V(_{5|}A_{35:\overline{25|}}) = A_{45:\overline{20|}} - _{15}P(_{5|}A_{35:\overline{25|}})\ddot{a}_{45:\overline{5|}}$

(b) $_{15}P(_{5|}A_{35:\overline{25|}})\ddot{s}_{35:\overline{10|}} - _5k_{40}$

(c)

$$(a) = \frac{M_{45}-M_{65}+D_{65}}{D_{45}} - \frac{P(N_{45}-N_{50})}{D_{45}} \qquad [P = _{15}P(_{5|}A_{35:\overline{25|}})]$$

$$(b) = \frac{P(N_{35}-N_{45})}{D_{45}} - \frac{M_{40}-M_{45}}{D_{45}}$$

$$(a)-(b) = \frac{(M_{40}-M_{65}+D_{65})-P(N_{35}-N_{50})}{D_{45}}$$

여기서 $P = \dfrac{M_{40}-M_{65}+D_{65}}{N_{35}-N_{50}}$ 이므로

$(a)-(b)=0$

따라서 (a)와 (b)의 결과는 같다.

예제 6.2.2.4

$t < n-s$ 일 때

(a) $_{s}\bar{V}(\bar{A}_{x:\overline{n|}}) = \bar{A}_{\overset{1}{x+s:\overline{t|}}} - \bar{P}(\bar{A}_{x:\overline{n|}})\,\bar{a}_{x+s:\overline{t|}} + _{t}E_{x+s}\cdot _{s+t}\bar{V}(\bar{A}_{x:\overline{n|}})$      (6.2.2.14)

임을 증명하시오.

(b) 식 (6.2.2.14)를 이용하여 과거법 계약자적립액 공식을 유도하시오.

풀이

(a)

보험료 Ⅰ          보험료 Ⅱ

$x$          $x+s$      $x+s+t$      $x+n$

보험금 Ⅰ          보험금 Ⅱ

제3장과 4장에서 고찰한 바와 같이

$$\bar{A}_{x+s:\,\overline{n-s|}} = \bar{A}\,\frac{1}{x+s:\,\overline{t|}} + {}_tE_{x+s}\cdot\bar{A}_{x+s+t:\,\overline{n-s-t|}} \qquad \cdots\cdots ①$$

$$\bar{a}_{x+s:\,\overline{n-s|}} = \bar{a}_{x+s:\,\overline{t|}} + {}_tE_{x+s}\cdot\bar{a}_{x+s+t:\,\overline{n-s-t|}} \qquad \cdots\cdots ②$$

①과 ②를 장래법 계약자적립액 공식에 대입하면

$$
\begin{aligned}
{}_s\bar{V}(\bar{A}_{x:\,\overline{n|}}) &= \bar{A}\,\frac{1}{x+s:\,\overline{t|}} - \bar{P}(\bar{A}_{x:\,\overline{n|}})\bar{a}_{x+s:\,\overline{t|}} \\
&\quad + {}_tE_{x+s}[\bar{A}_{x+s+t:\,\overline{n-s-t|}} - \bar{P}(\bar{A}_{x:\,\overline{n|}})\bar{a}_{x+s+t:\,\overline{n-s-t|}}] \\
&= \bar{A}\,\frac{1}{x+s:\,\overline{t|}} - \bar{P}(\bar{A}_{x:\,\overline{n|}})\bar{a}_{x+s:\,\overline{t|}} + {}_tE_{x+s}\cdot {}_{s+t}\bar{V}(\bar{A}_{x:\,\overline{n|}})
\end{aligned}
$$

${}_s\bar{V}(\bar{A}_{x:\,\overline{n|}})$은 보험금 Ⅰ+보험금 Ⅱ와 보험료 Ⅰ+보험료 Ⅱ의 보험수리적 현가의 차이를 의미하고 ${}_{s+t}\bar{V}(\bar{A}_{x:\,\overline{n|}})$은 보험금 Ⅱ와 보험료 Ⅱ의 보험수리적 현가의 차이를 의미하므로 식 (6.2.2.14)의 우변의 처음 두 항은 보험금 Ⅰ과 보험료 Ⅰ의 보험수리적 현가의 차이를 의미한다.

(b) 식 (6.2.2.14)에서 $s\rightarrow0$로 하면

$${}_s\bar{V}(\bar{A}_{x:\,\overline{n|}}) = 0$$이므로

$$
\begin{aligned}
{}_t\bar{V}(\bar{A}_{x:\,\overline{n|}}) &= \frac{1}{{}_tE_x}[\bar{P}(\bar{A}_{x:\,\overline{n|}})\bar{a}_{x:\,\overline{t|}} - A\,\frac{1}{x:\,\overline{t|}}] \\
&= \bar{P}(\bar{A}_{x:\,\overline{n|}})\bar{s}_{x:\,\overline{t|}} - {}_t\bar{k}_x
\end{aligned}
$$

(3) 계약자적립액과 관련된 공식

(a) 보험료 차액 공식(premium-difference formula)

장래법 계약자적립액 공식으로부터

$$
\begin{aligned}
{}_t\bar{V}(\bar{A}_{x:\,\overline{n|}}) &= \bar{A}_{x+t:\,\overline{n-t|}} - \bar{P}(\bar{A}_{x:\,\overline{n|}})\,\bar{a}_{x+t:\,\overline{n-t|}} \\
&= \left[\frac{\bar{A}_{x+t:\,\overline{n-t|}}}{\bar{a}_{x+t:\,\overline{n-t|}}} - \bar{P}(\bar{A}_{x:\,\overline{n|}})\right]\bar{a}_{x+t:\,\overline{n-t|}} \\
&= [\bar{P}(\bar{A}_{x+t:\,\overline{n-t|}}) - \bar{P}(\bar{A}_{x:\,\overline{n|}})]\,\bar{a}_{x+t:\,\overline{n-t|}} \qquad\qquad (6.2.2.15)
\end{aligned}
$$

식 (6.2.2.15)에서 알 수 있듯이 $t$시점에서의 계약자적립액은 남은 보험료 납입기간 동안의 두 보험료 차이의 보험수리적 현가로 이해할 수 있다.

$h$년 단기납입의 경우($t\le h$)에는

$$
\begin{aligned}
{}_t^h\bar{V}(\bar{A}_{x:\,\overline{n|}}) &= \bar{A}_{x+t:\,\overline{n-t|}} - {}_h\bar{P}(\bar{A}_{x:\,\overline{n|}})\,\bar{a}_{x+t:\,\overline{h-t|}} \\
&= [{}_{h-t}\bar{P}(\bar{A}_{x+t:\,\overline{n-t|}}) - {}_h\bar{P}(\bar{A}_{x:\,\overline{n|}})]\,\bar{a}_{x+t:\,\overline{h-t|}} \qquad (6.2.2.16)
\end{aligned}
$$

(b) 납제(보험료 전액납입; 납입필)보험의 공식(paid-up insurance formula)

장래법 계약자적립액으로부터

$$
{}_t\bar{V}(\bar{A}_{x:\overline{n}|}) = \left[ 1 - \bar{P}(\bar{A}_{x:\overline{n}|}) \, \frac{\bar{a}_{x+t:\overline{n-t}|}}{\bar{A}_{x+t:\overline{n-t}|}} \right] \bar{A}_{x+t:\overline{n-t}|}
$$

$$
= \left[ 1 - \frac{\bar{P}(\bar{A}_{x:\overline{n}|})}{\bar{P}(\bar{A}_{x+t:\overline{n-t}|})} \right] \bar{A}_{x+t:\overline{n-t}|} \tag{6.2.2.17}
$$

이와 유사한 공식을 정리하면 표 [6.2.2.2]와 같다.

표 [6.2.2.2]  납제(보험료 전액납입)보험의 공식

| 보험의 종류 | 납제보험의 공식 |
|---|---|
| 전기납입<br>종신보험 | $${}_k\bar{V}(\bar{A}_x) = \left[ 1 - \frac{\bar{P}(\bar{A}_x)}{\bar{P}(A_{x+k})} \right] \bar{A}_{x+k}$$<br><br>$${}_kV_x = \left[ 1 - \frac{P_x}{P_{x+k}} \right] A_{x+k}$$ |
| $n$년 단기납입<br>종신보험 | $${}_k^n\bar{V}(\bar{A}_x) = \left[ 1 - \frac{{}_n\bar{P}(\bar{A}_x)}{{}_{n-k}P(\bar{A}_{x+k})} \right] \bar{A}_{x+k}$$<br><br>$${}_k^nV_x = \left[ 1 - \frac{{}_nP_x}{{}_{n-k}P_{x+k}} \right] A_{x+k}$$ |
| $n$년만기<br>생사혼합보험 | $${}_k\bar{V}(\bar{A}_{x:\overline{n}|}) = \left[ 1 - \frac{\bar{P}(\bar{A}_{x:\overline{n}|})}{\bar{P}(\bar{A}_{x+k:\overline{n-k}|})} \right] \bar{A}_{x+k:\overline{n-k}|}$$<br><br>$${}_kV_{x:\overline{n}|} = \left[ 1 - \frac{P_{x:\overline{n}|}}{P_{x+k:\overline{n-k}|}} \right] A_{x+k:\overline{n-k}|}$$ |

표 [6.2.2.2]의 결과가 가능한 이유는 다음과 같다. 보통종신보험의 경우 $x+k$세에서의 연납보험료는 $P_{x+k}$이다. 따라서 $x+k$세에서 납입되는 연납보험료 $P_x$는 $P_x/P_{x+k}$만큼의 보험금만을 위한 것이다. $P_x$는 1원의 보험금에 대한 연납보험료이므로 보험금의 차이인 $1-P_x/P_{x+k}$는 계약사적립액에서 지급되어야 한다.

(c) 기타 관계식

계약자적립액과 관련된 공식들을 더 고찰해 보자. 여기에서 고찰되는 공식들은 종신보험에 관한 것이나 $n$년만기 생사혼합보험에도 적용될 수 있다. 그러나 모든 보험에 일반적으로 적용되지는 않는다.

장래법 계약자적립액으로부터

$$_t\bar{V}(\bar{A}_x) = 1 - \delta\,\bar{a}_{x+t} - \left(\frac{1}{\bar{a}_x} - \delta\right)\bar{a}_{x+t}$$

$$= 1 - \frac{\bar{a}_{x+t}}{\bar{a}_x} \tag{6.2.2.18}$$

보험료 차액 공식을 이용하면

$$_t\bar{V}(\bar{A}_x) = [\bar{P}(\bar{A}_{x+t}) - \bar{P}(\bar{A}_x)]\,\bar{a}_{x+t}$$

$$= \frac{\bar{P}(\bar{A}_{x+t}) - \bar{P}(\bar{A}_x)}{\bar{P}(\bar{A}_{x+t}) + \delta} \tag{6.2.2.19}$$

식 (6.2.2.18)을 $\bar{A}_{x+t} = 1 - \delta\,\bar{a}_{x+t}$를 이용하면

$$_t\bar{V}(\bar{A}_x) = 1 - \frac{1 - \bar{A}_{x+t}}{1 - \bar{A}_x} = \frac{\bar{A}_{x+t} - \bar{A}_x}{1 - \bar{A}_x} \tag{6.2.2.20}$$

$n$년만기 생사혼합보험의 경우는 식 (6.1.5.10)부터 식 (6.1.5.18)의 공식과 유사하다. 다음 예제를 참고하기 바란다.

**예제 6.2.2.5**

(a) $_{10}^{20}\bar{V}(\bar{A}_{40})$을 4가지의 공식으로 나타내시오.

(b) $_{10}\bar{V}(\bar{A}_{40:\overline{20|}})$을 7가지의 공식으로 나타내시오.

**풀이**

(a) ① 장래법 : $_{10}^{20}\bar{V}(\bar{A}_{40}) = \bar{A}_{50} - {}_{20}\bar{P}(\bar{A}_{40})\bar{a}_{50:\overline{10|}}$

② 과거법 : $_{10}^{20}\bar{V}(\bar{A}_{40}) = {}_{20}\bar{P}(\bar{A}_{40})\bar{s}_{40:\overline{10|}} - {}_{10}\bar{k}_{40}$

③ 장래법으로부터

$$_{10}^{20}\bar{V}(\bar{A}_{40}) = \left[1 - {}_{20}\bar{P}(\bar{A}_{40})\frac{\bar{a}_{50:\overline{10|}}}{\bar{A}_{50}}\right]\bar{A}_{50} = \left[1 - \frac{{}_{20}\bar{P}(\bar{A}_{40})}{{}_{10}\bar{P}(\bar{A}_{50})}\right]\bar{A}_{50}$$

④ 장래법으로부터

$$_{10}^{20}\bar{V}(\bar{A}_{40}) = \left[\frac{\bar{A}_{50}}{\bar{a}_{50:\overline{10|}}} - {}_{20}\bar{P}(\bar{A}_{40})\right]\bar{a}_{50:\overline{10|}} = [{}_{10}\bar{P}(\bar{A}_{50}) - {}_{20}\bar{P}(\bar{A}_{40})]\bar{a}_{50:\overline{10|}}$$

(b) ① 장래법 : $_{10}\bar{V}(\bar{A}_{40:\overline{20|}}) = \bar{A}_{50:\overline{10|}} - \bar{P}(\bar{A}_{40:\overline{20|}})\bar{a}_{50:\overline{10|}}$

② 과거법 : $_{10}\bar{V}(\bar{A}_{40:\overline{20|}}) = \bar{P}(\bar{A}_{40:\overline{20|}})\bar{s}_{40:\overline{10|}} - {}_{10}\bar{k}_{40}$

③ 장래법으로부터

$$_{10}\bar{V}(\bar{A}_{40:\overline{20|}}) = \left[1 - \frac{\bar{P}(\bar{A}_{40:\overline{20|}})}{\bar{P}(\bar{A}_{50:\overline{10|}})}\right]\bar{A}_{50:\overline{10|}}$$

④ 장래법으로부터

$$_{10}\bar{V}(\bar{A}_{40:\overline{20|}}) = [\bar{P}(\bar{A}_{50:\overline{10|}}) - \bar{P}(\bar{A}_{40:\overline{20|}})]\bar{a}_{50:\overline{10|}}$$

⑤ $\bar{A}_{50:\overline{10|}} = 1 - \delta\,\bar{a}_{50:\overline{10|}}$

장래법으로부터

$$_{10}\bar{V}(\bar{A}_{40:\overline{20|}}) = 1 - \delta\,\bar{a}_{50:\overline{10|}} - \bar{P}(\bar{A}_{40:\overline{20|}})\bar{a}_{50:\overline{10|}} = 1 - [\bar{P}(\bar{A}_{40:\overline{20|}}) + \delta]\bar{a}_{50:\overline{10|}}$$

⑥ $\bar{P}(\bar{A}_{40:\overline{20|}}) + \delta = \dfrac{1}{\bar{a}_{40:\overline{20|}}}$ 이므로

⑤로부터

$$_{10}\bar{V}(\bar{A}_{40:\overline{20|}}) = 1 - \frac{\bar{a}_{50:\overline{10|}}}{\bar{a}_{40:\overline{20|}}}$$

⑦ ⑥으로부터

$$_{10}\bar{V}(\bar{A}_{40:\overline{20|}}) = \frac{\bar{a}_{40:\overline{20|}} - \bar{a}_{50:\overline{10|}}}{\bar{a}_{40:\overline{20|}}} = \frac{\bar{A}_{50:\overline{10|}} - \bar{A}_{40:\overline{20|}}}{1 - \bar{A}_{40:\overline{20|}}}$$

$$\left(\bar{a}_{x:\overline{n|}} = \frac{1 - \bar{A}_{x:\overline{n|}}}{\delta} \text{을 이용}\right)$$

(b)의 문제를 식 (6.1.5.10)부터 (6.1.5.18)까지의 보험금 연말급인 $_tV_{x:\overline{n|}}$ 과 비교하기 바란다.

---

(예제 6.2.2.6)

$0 < t \le m$, $0 < k \le m$일 때 다음을 증명하시오.

(a) $\bar{P}(\bar{A}_{x:\overline{m+n|}}) = \bar{P}(\bar{A}^{1}_{x:\overline{m|}}) + \bar{P}_{x:\overline{m|}}^{\;\;1}\,{}_m\bar{V}(\bar{A}_{x:\overline{m+n|}})$ \hfill (6.2.2.21)

(b) $_t\bar{V}(\bar{A}_{x:\overline{m+n|}}) = {}_t\bar{V}(\bar{A}^{1}_{x:\overline{m|}}) + {}_t\bar{V}_{x:\overline{m|}}^{\;\;1}\,{}_m\bar{V}(\bar{A}_{x:\overline{m+n|}})$ \hfill (6.2.2.22)

(c) $P_{x:\overline{m+n|}} = P^{1}_{x:\overline{m|}} + P_{x:\overline{m|}}^{\;\;1}\,{}_mV_{x:\overline{m+n|}}$ \hfill (6.2.2.23)

(d) $_kV_{x:\overline{m+n|}} = {}_kV^{1}_{x:\overline{m|}} + {}_kV_{x:\overline{m|}}^{\;\;1}\,{}_mV_{x:\overline{m+n|}}$ \hfill (6.2.2.24)

풀이

(a) 과거법 계약자적립액으로부터

$$_m\bar{V}(\bar{A}_{x:\overline{m+n|}}) = \bar{P}(\bar{A}_{x:\overline{m+n|}})\bar{s}_{x:\overline{m|}} - {}_m\bar{k}_x \qquad \cdots\cdots ①$$

①식의 양변에 $\bar{P}_{x:\overline{m}|}^{\,1} = \dfrac{{}_mE_x}{\bar{a}_{x:\overline{m}|}}$ 을 곱하면

$$\bar{P}_{x:\overline{m}|}^{\,1}\ {}_m\bar{V}(\bar{A}_{x:\overline{m+n}|}) = \bar{P}(\bar{A}_{x:\overline{m+n}|})\bar{s}_{x:\overline{m}|}\left(\frac{{}_mE_x}{\bar{a}_{x:\overline{m}|}}\right) - {}_m\bar{k}_x\left(\frac{{}_mE_x}{\bar{a}_{x:\overline{m}|}}\right)\ \ \cdots\cdots\ ②$$

그런데

$${}_mE_x\cdot\bar{s}_{x:\overline{m}|} = \bar{a}_{x:\overline{m}|}$$
$${}_mE_x\cdot{}_m\bar{k}_x = \bar{A}_{x:\overline{m}|}^{\,1}$$

이 성립하므로 ②식은

$$\bar{P}_{x:\overline{m}|}^{\,1}\ {}_m\bar{V}(\bar{A}_{x:\overline{m+n}|}) = \bar{P}(A_{x:\overline{m+n}|}) - \bar{P}(\bar{A}_{x:\overline{m}|}^{\,1})$$

이 되며 정리하면 식 (6.2.2.21)을 얻는다.

(b) 식 (6.2.2.21)의 양변에 $\bar{s}_{x:\overline{t}|}$ 를 곱하고 양변에서 ${}_t\bar{k}_x$ 를 차감하면

$$\bar{P}(\bar{A}_{x:\overline{m+n}|})\bar{s}_{x:\overline{t}|} - {}_t\bar{k}_x = \bar{P}(\bar{A}_{x:\overline{m}|}^{\,1})\bar{s}_{x:\overline{t}|} - {}_t\bar{k}_x + \bar{P}_{x:\overline{m}|}^{\,1}\bar{s}_{x:\overline{t}|}\cdot{}_m\bar{V}(\bar{A}_{x:\overline{m+n}|})$$

여기서

$$\bar{P}(\bar{A}_{x:\overline{m+n}|})\bar{s}_{x:\overline{t}|} - {}_t\bar{k}_x = {}_t\bar{V}(\bar{A}_{x:\overline{m+n}|})$$
$$\bar{P}(\bar{A}_{x:\overline{m}|}^{\,1})\bar{s}_{x:\overline{t}|} - \bar{k}_x = {}_t\bar{V}(\bar{A}_{x:\overline{m}|}^{\,1})$$
$$\bar{P}_{x:\overline{m}|}^{\,1}\bar{s}_{x:\overline{t}|} = {}_t\bar{V}_{x:\overline{m}|}^{\,1}\quad\text{(과거지급이 없으므로 과거법공식으로부터)}$$

이 성립하므로 식 (6.2.2.22)를 얻는다.

(c) (a)와 약간 다르게 유도하여 본다.

$${}_mV_{x:\overline{m}|}^{\,1} = P_{x:\overline{m}|}^{\,1}\ \ddot{s}_{x:\overline{m}|} = 1 \qquad\Rightarrow\ \ddot{s}_{x:\overline{m}|} = \frac{1}{P_{x:\overline{m}|}^{\,1}}$$

$${}_mV_{x:\overline{m}|}^{\,1} = P_{x:\overline{m}|}^{\,1}\ \ddot{s}_{x:\overline{m}|} - {}_mk_x = 0 \quad\Rightarrow\ {}_mk_x = P_{x:\overline{m}|}^{\,1}\ \ddot{s}_{x:\overline{m}|}$$

따라서

$${}_mV_{x:\overline{m+n}|} = P_{x:\overline{m+n}|}\ \ddot{s}_{x:\overline{m}|} - {}_mk_x = (P_{x:\overline{m+n}|} - P_{x:\overline{m}|}^{\,1})\frac{1}{P_{x:\overline{m}|}^{\,1}}$$

$$\Rightarrow P_{x:\overline{m+n}|} = P_{x:\overline{m}|}^{\,1} + P_{x:\overline{m}|}^{\,1}\ {}_mV_{x:\overline{m+n}|}$$

(d) ${}_kV_{x:\overline{m+n}|} = P_{x:\overline{m+n}|}\ \ddot{s}_{x:\overline{k}|} - {}_kk_x$

$\qquad = (P_{x:\overline{m}|}^{\,1} + P_{x:\overline{m}|}^{\,1}\ {}_mV_{x:\overline{m+n}|})\ddot{s}_{x:\overline{k}|} - {}_kk_x$

$\qquad = (P_{x:\overline{m}|}^{\,1}\ \ddot{s}_{x:\overline{k}|} - {}_kk_x) + (P_{x:\overline{m}|}^{\,1}\ \ddot{s}_{x:\overline{k}|})\ {}_mV_{x:\overline{m+n}|}$

$\qquad = {}_kV_{x:\overline{m}|}^{\,1} + {}_kV_{x:\overline{m}|}^{\,1}\ {}_mV_{x:\overline{m+n}|}$

각 식들의 의미를 말로 설명해 보면 유용한 결과를 얻는다.

## 3. 계약자적립액(보험금 연말급, 연납보험료)

### (1) 장래법 계약자적립액

피보험자 $(x)$, 보험금 1원, 보험금 연말급, 연납보험료(전기납입)일 때 완전이산 종신보험의 연납순보험료는 $P_x$이다. 이에 상응하는 계약자적립액을 $_kV_x$로 나타낸다. $_kV_x$를 구하기 위한 새로운 확률변수 $J$을 정의한다.

$$J = (x+k) 의 \ 미래개산생존기간(未來槪算生存期間) \tag{6.2.3.1}$$

$x+k$시점에서의 보험회사의 미래손실 $_kL$은

$$_kL = v^{J+1} - P_x \ddot{a}_{\overline{J+1}|}, \quad J = 0, \ 1, \ 2, \ \cdots \tag{6.2.3.2}$$

$$= v^{J+1}\left(1 + \frac{P_x}{d}\right) - \frac{P_x}{d} \tag{6.2.3.3}$$

$J$의 확률함수는

$$\Pr(J=j) = _jp_{x+k} \cdot q_{x+k+j} \tag{6.2.3.4}$$

$$= \frac{_{k+j}p_x \cdot q_{x+k+j}}{_kp_x} \tag{6.2.3.5}$$

$_kL$의 기대값을 구하면

$$_kV_x = E(_kL) = A_{x+k} - P_x \ \ddot{a}_{x+k} \tag{6.2.3.6}$$

$_kL$의 분산을 구하면

$$\mathrm{Var}(_kL) = \mathrm{Var}\left[v^{J+1}\left(1 + \frac{P_x}{d}\right)\right]$$

$$= \left(1 + \frac{P_x}{d}\right)^2 \mathrm{Var}(v^{J+1}) \tag{6.2.3.7}$$

$$= \left(1 + \frac{P_x}{d}\right)^2 [^2A_{x+k} - (A_{x+k})^2] \tag{6.2.3.8}$$

보험금 연말급, 연납보험료의 가정에서 각종 보험의 계약자적립액 형태는 제6장 Ⅰ의 표 [6.1.5.2]에서 이미 살펴보았다.

예제 6.2.3.1

$n$년만기 생사혼합보험의 $_kL$의 분산을 구하시오.

**풀이**

$$_kL = v^{\min(J+1,\,n-k)} - P_{x:\overline{n}|}\,\ddot{a}\,_{\overline{\min(J+1,\,n-k)|}}$$

$$= \begin{cases} v^{J+1} - P_{x:\overline{n}|}\,\ddot{a}\,_{\overline{J+1|}}, & J=0,\,1,\,\cdots,\,n-k-1 \\[2mm] v^{n-k} - P_{x:\overline{n}|}\,\ddot{a}\,_{\overline{n-k|}}, & J=n-k,\,n-k+1,\,\cdots \end{cases}$$

$$= \begin{cases} v^{J+1}\left(1+\dfrac{P_{x:\overline{n}|}}{d}\right) - \dfrac{P_{x:\overline{n}|}}{d}, & J=0,\,1,\,\cdots,\,n-k-1 \\[4mm] v^{n-k}\left(1+\dfrac{P_{x:\overline{n}|}}{d}\right) - \dfrac{P_{x:\overline{n}|}}{d}, & J=n-k,\,n-k+1,\,\cdots \end{cases}$$

확률변수 $Z$를

$$Z = v^{\min(J+1,\,n-k)}$$

$$= \begin{cases} v^{J+1}, & J<n-k \\[2mm] v^{n-k}, & J\geq n-k \end{cases}$$

라고 하면

$$_kL = Z\left(1+\dfrac{P_{x:\overline{n}|}}{d}\right) - \dfrac{P_{x:\overline{n}|}}{d}$$

따라서

$$\mathrm{Var}(_kL) = \left(1+\dfrac{P_{x:\overline{n}|}}{d}\right)^2 [\,^2A_{x+k:\overline{n-k|}} - (A_{x+k:\overline{n-k|}})^2\,]$$

$$= \dfrac{^2A_{x+k:\overline{n-k|}} - (A_{x+k:\overline{n-k|}})^2}{(d\,\ddot{a}_{x:\overline{n}|})^2}$$

## (2) 과거법 계약자적립액

식 (6.2.2.14)에서 설명한 바와 같은 방식으로 $h<n-j$(즉, $j+h<n$)일 때

$$_jV_{x:\overline{n}|} = A^{1}_{x+j:\overline{h}|} - P_{x:\overline{n}|}\,\ddot{a}_{x+j:\overline{h}|} + {}_hE_{x+j}\cdot{}_{j+h}V_{x:\overline{n}|} \tag{6.2.3.9}$$

이 성립함을 알 수 있으며 여기서 $j=0$일 때

$$_hV_{x:\overline{n}|} = \dfrac{1}{{}_hE_x}(P_{x:\overline{n}|}\,\ddot{a}_{x:\overline{h}|} - A^{1}_{x:\overline{h}|}) \tag{6.2.3.10}$$

$$= P_{x:\overline{n}|}\,\ddot{s}_{x:\overline{h}|} - {}_hk_x \tag{6.2.3.11}$$

여기서

$$_h k_x = \frac{A^1_{x:\overline{h}|}}{_h E_x}$$

(6.2.3.12)

(3) 계약자적립액과 관련된 공식

(a) 보험료 차액 공식

장래법 계약자적립액으로부터

$$\begin{aligned} _k V_{x:\overline{n}|} &= A_{x+k:\overline{n-k}|} - P_{x:\overline{n}|}\, \ddot{a}_{x+k:\overline{n-k}|} \\ &= \left( \frac{A_{x+k:\overline{n-k}|}}{\ddot{a}_{x+k:\overline{n-k}|}} - P_{x:\overline{n}|} \right) \ddot{a}_{x+k:\overline{n-k}|} \\ &= (P_{x+k:\overline{n-k}|} - P_{x:\overline{n}|})\, \ddot{a}_{x+k:\overline{n-k}|} \end{aligned}$$

(6.2.3.13)

$h$년 단기납입일 경우($k < h$)에는

$$\begin{aligned} _k^h V_{x:\overline{n}|} &= A_{x+k:\overline{n-k}|} - {_h}P_{x:\overline{n}|}\, \ddot{a}_{x+k:\overline{h-k}|} \\ &= ({_{h-k}}P_{x+k:\overline{n-k}|} - {_h}P_{x:\overline{n}|})\, \ddot{a}_{x+k:\overline{h-k}|} \end{aligned}$$

(6.2.3.14)

(b) 납제(納濟)(보험료 전액납입)보험 공식(paid-up insurance formula)

표 [6.2.2.2]를 참고하기 바란다.

(c) 기타 관계식

과거법 계약자적립액 공식을 이용하면 의미 있는 여러 가지 공식을 유도할 수 있다. 피보험자 $(x)$에게 두 개의 다른 보험이 판매되었다고 가정하자. 각각의 보험은 보험금이 1원이다. $h$가 두 보험의 보험료 납입기간보다 크지 않다면 과거법 계약자적립액 공식으로부터

$$_h V^{\mathrm{I}} = P_1 \ddot{s}_{x:\overline{h}|} - {_h}k_x$$

(6.2.3.15)

$$_h V^{\mathrm{II}} = P_2 \ddot{s}_{x:\overline{h}|} - {_h}k_x$$

(6.2.3.16)

식 (6.2.3.15)와 식 (6.2.3.16)의 차를 구하면

$$_h V^{\mathrm{I}} - {_h}V^{\mathrm{II}} = (P_1 - P_2)\ddot{s}_{x:\overline{h}|}$$

(6.2.3.17)

식 (6.2.3.17)은 두 보험의 계약자적립액의 차이는 각각의 보험료 차액의 보험수리적 종

가와 같음을 보여 준다. 또

$$\frac{1}{\ddot{s}_{x:\overline{h}|}} = \frac{{}_h E_x}{\ddot{a}_{x:\overline{h}|}} = P_{x:\frac{1}{h|}} \qquad (6.2.3.18)$$

이므로 식 (6.2.3.17)은 다음과 같이 나타낼 수 있다.

$$P_1 - P_2 = P_{x:\frac{1}{h|}} \left( {}_h V^{\mathrm{I}} - {}_h V^{\mathrm{II}} \right) \qquad (6.2.3.19)$$

식 (6.2.3.19)에서 $P_1 = P_x$, $P_2 = P^1_{x:\overline{n}|}$ 으로 하고 $h = n$으로 하면

$$_h V^{\mathrm{I}} = {}_n V_x \qquad (6.2.3.20)$$

$$_h V^{\mathrm{II}} = {}_n V^1_{x:\overline{n}|} = 0 \qquad (6.2.3.21)$$

이므로

$$P_x = P^1_{x:\overline{n}|} + P_{x:\frac{1}{n|}} \, {}_n V_x \qquad (6.2.3.22)$$

식 (6.2.3.19)에서 $P_1 = {}_n P_x$, $P_2 = P^1_{x:\overline{n}|}$ 으로 하고 $h = n$이면

$$_n P_x = P^1_{x:\overline{n}|} + P_{x:\frac{1}{n|}} \, A_{x+n} \qquad (6.2.3.23)$$

식 (6.2.3.19)에서 $P_1 = P_{x:\overline{n}|}$, $P_2 = {}_n P_x$으로 하고 $h = n$이면

$$P_{x:\overline{n}|} = {}_n P_x + P_{x:\frac{1}{n|}} \left( 1 - A_{x+n} \right) \qquad (6.2.3.24)$$

식 (6.2.3.19)에서 $P_1 = P_{x:\overline{m}|}$, $P_2 = P_{x:\overline{n}|}$, ${}_h V^{\mathrm{I}} = {}_t V_{x:\overline{m}|}$, ${}_h V^{\mathrm{II}} = {}_t V_{x:\overline{n}|}$으로 하면 다음의 결과를 얻는다($m < n$).

$$_t V_{x:\overline{m}|} - {}_t V_{x:\overline{n}|} = (P_{x:\overline{m}|} - P_{x:\overline{n}|}) \, \ddot{s}_{x:\overline{t}|} \qquad (6.2.3.25)$$

지금까지 유도된 4개의 식을 말로 설명하면 유용한 결과를 얻는다.

( 예제 6.2.3.2 )

다음의 자료가 주어졌을 때 ${}_6 V_{44}$를 구하시오.

(i) $P_{40:\overline{10}|} = 0.038$ \qquad (ii) $P_{40} = 0.024$

(iii) $\ddot{s}_{40:\overline{10}|} = 30$ \qquad (iv) ${}_4 V_{40} = 0.2$

풀이

$$P_{40} = P^1_{40:\overline{10|}} + P_{40:\frac{1}{10|}} \, _{10}V_{40}$$

$$\ddot{s}_{40:\overline{10|}} = \frac{\ddot{a}_{40:\overline{10|}}}{_{10}E_{40}} = \frac{1}{P_{40:\frac{1}{10|}}} = 30$$

$$P_{40:\frac{1}{10|}} = \frac{1}{30}$$

식 (6.2.3.22)로부터

$$0.024 = 0.005 + \frac{1}{30} \, _{10}V_{40}$$

$$_{10}V_{40} = 0.57 = 1 - \frac{\ddot{a}_{50}}{\ddot{a}_{40}} \qquad \cdots\cdots ①$$

$$_{4}V_{40} = 0.2 = 1 - \frac{\ddot{a}_{44}}{\ddot{a}_{40}} \qquad \cdots\cdots ②$$

①로부터

$$\ddot{a}_{50} = 0.43 \, \ddot{a}_{40}$$

②로부터

$$\ddot{a}_{44} = 0.8 \, \ddot{a}_{40}$$

따라서

$$_{6}V_{44} = 1 - \frac{\ddot{a}_{50}}{\ddot{a}_{44}} = 1 - \frac{0.43 \, \ddot{a}_{40}}{0.8 \, \ddot{a}_{40}} = 0.4625$$

예제 6.2.3.3

$_{n}k_x = 0.4$, $_{n}V_x = 0.5$, $P^1_{x:\overline{n|}} = 0.1$일 때 $P_x$를 계산하시오.

풀이

$$_{n}V^1_{x:\overline{n|}} = P^1_{x:\overline{n|}} \ddot{s}_{x:\overline{n|}} - _{n}k_x$$

$$0 = (0.1)\ddot{s}_{x:\overline{n|}} - 0.4$$

$$\ddot{s}_{x:\overline{n|}} = 4$$

$$_{n}V_x = P_x \ddot{s}_{x:\overline{n|}} - _{n}k_x$$

$$0.5 = P_x(4) - (0.4)$$

$$P_x = \frac{0.9}{4} = 0.225$$

⌐ 예제 6.2.3.4 ⌐

처음 $k$년간은 예정이율 $i$가, 그 이후는 예정이율 $j$가 적용되는 $m$년납입 완전이산 종신보험의 연납평준순보험료와 계약자적립액을 구하시오.

**[ 풀이 ]**

(1) $m \leq k$인 경우

연납보험료를 $P$라고 하면 계약시점에서

$$\text{지출의 현가} = A^{(i)1}_{x:\,\overline{k}|} + v^k{}_k p_x A^{(j)}_{x+k} \qquad \left( v = \frac{1}{1+i} \right)$$

$$\text{수입의 현가} = P \ddot{a}^{(i)}_{x:\,\overline{m}|}$$

따라서

$$P = \frac{A^{(i)1}_{x:\,\overline{k}|} + [D^{(i)}_{x+k}/D^{(i)}_x] A^{(j)}_{x+k}}{\ddot{a}^{(i)}_{x:\,\overline{m}|}}$$

① 보험료 납입기간중 $\quad (t \leq m \leq k)$

$$_tV = A^{(i)\,1}_{x+t:\,\overline{k-t}|} + v^{k-t}{}_{k-t} p_{x+t} A^{(j)}_{x+k} - P\,\ddot{a}^{(i)}_{x+t:\,\overline{m-t}|}$$

$$= A^{(i)\,1}_{x+t:\,\overline{k-t}|} + [D^{(i)}_{x+k}/D^{(i)}_{x+t}] A^{(j)}_{x+k} - P\ddot{a}^{(i)}_{x+t:\,\overline{m-t}|}$$

② 보험료 납입완료 후

  (i) $t \leq k$일 때    (즉, $m < t \leq k$)

$$_tV = A^{(i)\,1}_{x+t:\,\overline{k-t}|} + [D^{(i)}_{x+k}/D^{(i)}_{x+t}] \cdot A^{(j)}_{x+k}$$

  (ii) $t > k$일 때    (즉, $m < k < t$)

$$_tV = A^{(j)}_{x+t}$$

(2) $m > k$인 경우

보험료를 $\pi$라고 하면

$$\text{지출의 현가} = A^{(i)1}_{x:\,\overline{k}|} + [D^{(i)}_{x+k}/D^{(i)}_x] A^{(j)}_{x+k}$$

$$\text{수입의 현가} = \pi [\ddot{a}^{(i)}_{x:\,\overline{k}|} + \{D^{(i)}_{x+k}/D^{(i)}_x\} \ddot{a}^{(j)}_{x+k:\,\overline{m-k}|}]$$

따라서

$$\pi = \frac{A^{(i)1}_{x:\,\overline{k}|} + [D^{(i)}_{x+k}/D^{(i)}_x] A^{(j)}_{x+k}}{\ddot{a}^{(i)}_{x:\,\overline{k}|} + [D^{(i)}_{x+k}/D^{(i)}_x] \ddot{a}^{(j)}_{x+k:\,\overline{m-k}|}}$$

① 보험료 납입기간중 $\quad (t \leq m)$

  (i) $t \leq k$일 때    (즉, $t \leq k < m$)

$$_tV = A^{(i)\,1}_{x+t:\,\overline{k-t}|} + [D^{(i)}_{x+k}/D^{(i)}_{x+t}] A^{(j)}_{x+k} - \pi [\ddot{a}^{(i)}_{x+t:\,\overline{k-t}|} + \{D^{(i)}_{x+k}/D^{(i)}_{x+t}\} \ddot{a}^{(j)}_{x+k:\,\overline{m-k}|}]$$

  (ii) $t > k$일 때    (즉, $k < t < m$)

$$_tV = A_{x+t}^{(j)} - \pi\,\ddot{a}_{x+t:\,\overline{m-t}|}^{(j)}$$

② 보험료 납입완료 후   (즉, $k < m < t$)

$$_tV = A_{x+t}^{(j)}$$

예제 6.2.3.5

보험금 1,000원의 완전이산 종신보험을 고려한다. $_nL$을 보험가입 후 $n$시점에서의 미래손실을 나타내는 확률변수로 정의한다. 다음과 같은 자료가 주어졌다.

(i) $A_x = 0.125$,　　　　　　(ii) $A_{x+n} = 0.400$

(iii) $^2A_{x+n} = 0.2$　　　　　(iv) $d = 0.05$

(v) $\Pr(Z \ge 1.645) = 0.05$   ($Z$는 표준정규분포의 확률변수)

(a) 보험료는 수지상등의 원칙에 의하여 계산된다. 다음을 구하시오.

① $E(_nL)$　　　　　　　② $\mathrm{Var}(_nL)$

③ 가입 후 $n$시점에서 이와 같은 보험 100개에 대한 계약자적립액의 합

(b) 보험회사는 $n$년 전에 판매한 이와 같은 보험 100개를 보유하고 있다. 100개의 미래손실은 동질적이며 독립적이다. 전체 미래손실은 정규분포를 따른다고 가정한다.

① 100개의 보험에 대하여 미래의 해약환급금 지급의무를 충족시킬 확률이 0.95가 되게 하기 위하여 $n$시점에서 보험회사가 보유하여야 하는 총재원을 구하시오.

② $n$시점에서 보험료는 변경될 수 있다고 한다. (a)의 ③에서 계산된 계약자적립액($n$시점에서 보험회사가 보유하고 있음)과 $n$시점부터 변경되는 연납평준순보험료($\hat{P}$)로 보험회사가 미래의 해약환급금 지급의무를 충족시킬 확률을 0.95로 하고자 할 때 $n$시점부터 부과되는 새로운 연납평준순보험료($\hat{P}$)를 구하시오.

풀이

(a) $\ddot{a}_x = \dfrac{1-A_x}{d} = \dfrac{0.875}{0.05} = 17.5$

$1000P_x = \dfrac{1000A_x}{\ddot{a}_x} = \dfrac{125}{17.5} = 7.14286$

$\ddot{a}_{x+n} = \dfrac{1-A_{x+n}}{d} = \dfrac{0.6}{0.05} = 12$

① $E(_nL) = 1000A_{x+n} - 1000P_x\,\ddot{a}_{x+n} = 314.28571$

② $\mathrm{Var}(_nL) = 1000^2\left(1+\dfrac{P_x}{d}\right)^2(^2A_{x+n} - A_{x+n}^2) = 52244.898$

③ $100E(_nL) = 31428.571$

(b) ① $S = \displaystyle\sum_{k=1}^{100} {_nL}^{(k)}$

$$\mu = E(S) = 100 E(_nL) = 31428.571$$

$$\text{Var}(S) = 100 \text{Var}(_nL) = 100(52244.898) = 5224489.8$$

$$\sigma = \sqrt{\text{Var}(S)} = 2285.7143$$

보유하여야 하는 금액을 $s^*$라고 하면

$$\Pr(S < s^*) = 0.95 \quad \Rightarrow \quad \Pr(S \geq s^*) = 0.05$$

따라서

$$\frac{s^* - \mu}{\sigma} = 1.645$$

$$s^* = 1.645\sigma + \mu = 35188.571$$

② 새로운 보험료 $\hat{P}$이 적용될 때의 미래손실을 $_n\hat{L}$으로 표시한다.

$$_n\hat{L} = 1000v^J - \hat{P}\ddot{a}_{\overline{J}|}, \qquad J = 1, 2, \cdots$$

$$E(_n\hat{L}) = 1000A_{x+n} - \hat{P}\ddot{a}_{x+n} = 400 - 12\hat{P}$$

$$\text{Var}(_n\hat{L}) = \left(1000 + \frac{\hat{P}}{d}\right)^2 (^2A_{x+n} - A_{x+n}^2) = (200 + 4\hat{P})^2$$

$$\hat{S} = \sum_{k=1}^{100} {}_n\hat{L}^{(k)}$$

$$\hat{\mu} = E(\hat{S}) = 100 E(_n\hat{L}) = 40000 - 1200\hat{P}$$

$$\text{Var}(\hat{S}) = 100 \text{Var}(_n\hat{L}) = (2000 + 40\hat{P})^2$$

$$\hat{\sigma} = \sqrt{\text{Var}(\hat{S})} = 2000 + 40\hat{P}$$

$$\Pr(\hat{S} < \mu) = 0.95 \quad \Rightarrow \quad \Pr(\hat{S} > \mu) = 0.05$$

$$\frac{\mu - \hat{\mu}}{\hat{\sigma}} = 1.645 \qquad (\mu = 31428.571 = \text{보유 계약자적립액})$$

$$31428.571 = (40000 - 1200\hat{P}) + 1.645(2000 + 40\hat{P})$$

따라서 $\hat{P} = 10.46$

$1000P_x = 7.14286$과 비교하면 $\hat{P}$이 크다.

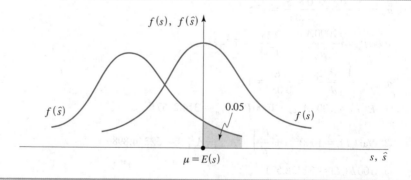

### 4. 계약자적립액(보험금 사망즉시급, 연납보험료)

이 경우의 계약자적립액을 산출하기 위하여 사용되는 연납보험료는 $P(\bar{A}_x)$, $P(\bar{A}_{x\,:\,\overline{n}|}^{1})$, $P(\bar{A}_{x\,:\,\overline{n}|})$, $_hP(\bar{A}_x)$ 및 $_hP(\bar{A}_{x\,:\,\overline{n}|})$ 등임을 이미 살펴보았다. 이 경우의 계약자적립액은 보험금 연말급, 연납보험료의 계약자적립액 공식에서 $A$를 $\bar{A}$로, $P$를 $P(\bar{A})$로 바꾸면 된다. 예를 들어 $h$년 단기납입 $n$년만기 반연속 생사혼합보험의 경우

$$_k^hV(\bar{A}_{x\,:\,\overline{n}|}) = \begin{cases} \bar{A}_{x+k\,:\,\overline{n-k}|} - {}_hP(\bar{A}_{x\,:\,\overline{n}|})\,\ddot{a}_{x+k\,:\,\overline{h-k}|}, & k < h \\ \bar{A}_{x+k\,:\,\overline{n-k}|}, & h \le k < n \end{cases} \tag{6.2.4.1}$$

반연속 종신보험의 경우 UDD를 가정하면

$$_kV(\bar{A}_x) = \bar{A}_{x+k} - P(\bar{A}_x)\,\ddot{a}_{x+k} \tag{6.2.4.2}$$

$$= \frac{i}{\delta}A_{x+k} - \frac{i}{\delta}P_x\,\ddot{a}_{x+k}$$

$$= \frac{i}{\delta}[A_{x+k} - P_x\,\ddot{a}_{x+k}]$$

$$= \frac{i}{\delta} \cdot {}_kV_x \tag{6.2.4.3}$$

모든 종류의 보험에서 식 (6.2.4.3)과 같은 관계가 성립하는 것은 아니다. 예를 들어 반연속 생사혼합보험의 경우 UDD가정시

$$_kV(\bar{A}_{x\,:\,\overline{n}|}) = {}_kV(\bar{A}_{x\,:\,\overline{n}|}^{1}) + {}_kV_{x\,:\,\overline{n}|}^{\phantom{x}1} \tag{6.2.4.4}$$

$$= \frac{i}{\delta}\,{}_kV_{x\,:\,\overline{n}|}^{1} + {}_kV_{x\,:\,\overline{n}|}^{\phantom{x}1} \tag{6.2.4.5}$$

$$\ne \frac{i}{\delta}\,{}_kV_{x\,:\,\overline{n}|} \tag{6.2.4.6}$$

또

$$_k^hV(\bar{A}_{x\,:\,\overline{n}|}) = \frac{i}{\delta}\,{}_k^hV_{x\,:\,\overline{n}|}^{1} + {}_k^hV_{x\,:\,\overline{n}|}^{\phantom{x}1} \tag{6.2.4.7}$$

$$\ne {}_k^hV_{x\,:\,\overline{n}|} \tag{6.2.4.8}$$

반연속보험의 계약자적립액을 구하는 식을 계산기수를 이용하여 나타내면 표 [6.2.4.1]과 같다.

표 [6.2.4.1]  반연속보험의 계약자적립액의 분자(계산기수 이용, 분모는 $D_{x+k}$이다)

| 계약자적립액 표시 | 장래법 계약자적립액 | 과거법 계약자적립액 |
|---|---|---|
| $_kV(\bar{A}_x)$ | $\bar{M}_{x+k} - P(\bar{A}_x)N_{x+k}$ | $P(\bar{A}_x)(N_x - N_{x+k}) - (\bar{M}_x - \bar{M}_{x+k})$ |
| $_kV(\bar{A}_{x:\overline{n}\|}^{1})$ | $\bar{M}_{x+k} - \bar{M}_{x+n}$ <br> $\qquad - P(\bar{A}_{x:\overline{n}\|}^{1})(N_{x+k} - N_{x+n})$ | $P(\bar{A}_{x:\overline{n}\|}^{1})(N_x - N_{x+k})$ <br> $\qquad - (\bar{M}_x - \bar{M}_{x+k})$ |
| $_kV(\bar{A}_{x:\overline{n}\|})$ | $\bar{M}_{x+k} - \bar{M}_{x+n} + D_{x+n}$ <br> $\qquad - P(\bar{A}_{x:\overline{n}\|})(N_{x+k} - N_{x+n})$ | $P(\bar{A}_{x:\overline{n}\|})(N_x - N_{x+k})$ <br> $\qquad - (\bar{M}_x - \bar{M}_{x+k})$ |
| $_k^hV(\bar{A}_x)$ | $\bar{M}_{x+k} - {}_hP(\bar{A}_x)(N_{x+k} - N_{x+h}),$ <br> $\qquad\qquad\qquad\qquad k < h$ <br> $\bar{M}_{x+k}, \qquad\qquad\qquad k \geq h$ | $_hP(\bar{A}_x)(N_x - N_{x+k})$ <br> $\qquad - (\bar{M}_x - \bar{M}_{x+k}), \qquad k < h$ <br> 미래법 사용, $\qquad\qquad k \geq h$ |
| $_k^hV(\bar{A}_{x:\overline{n}\|})$ | $\bar{M}_{x+k} - \bar{M}_{x+n} + D_{x+n}$ <br> $\quad - {}_hP(\bar{A}_{x:\overline{n}\|})(N_{x+k} - N_{x+h}), \; k < h$ <br> $\bar{M}_{x+k} - \bar{M}_{x+n} + D_{x+n}, \quad h \leq k < n$ | $_hP(\bar{A}_{x:\overline{n}\|})(N_x - N_{x+k})$ <br> $\qquad - (\bar{M}_x - \bar{M}_{x+k}), \qquad k < h$ <br> 미래법 사용, $\qquad\qquad h \leq k < n$ |
| $_kV_{x:\overline{n}\|}^{\;1}$ | $D_{x+n} - P_{x:\overline{n}\|}^{\;1}(N_{x+k} - N_{x+n})$ | $P_{x:\overline{n}\|}^{\;1}(N_x - N_{x+k})$ |

## 5. 순보험료의 분해와 재귀식

### (1) 순보험료의 분해

피보험자 $(x)$, $j+1$번째 보험연도의 사망보험금이 $j+1$연도 말에서 $b_{j+1}$, $j+1$번째 보험연도초에 납입되는 연납보험료를 $\pi_j$라고 하고 $t$번째 보험연도말에서의 계약자적립액을 $_tV$, $t+1$번째 보험연도말의 계약자적립액을 $_{t+1}V$라고 하면

$$_tV = \sum_{j=0}^{\infty} b_{t+1+j} \cdot v^{j+1} \cdot {}_jp_{x+t} \cdot q_{x+t+j} - \sum_{j=0}^{\infty} \pi_{t+j} \cdot v^j \cdot {}_jp_{x+t} \qquad (6.2.5.1)$$

식 $(6.2.5.1)$에서 $j=0$인 항만을 별도로 표시하면

$$_tV = b_{t+1} \cdot v \cdot q_{x+t} - \pi_t + v \cdot p_{x+t} \left( \sum_{j=1}^{\infty} b_{t+1+j} \cdot v^j \cdot {}_{j-1}p_{x+t+1} \cdot q_{x+t+j} \right.$$

$$\left. - \sum_{j=1}^{\infty} \pi_{t+j} \cdot v^{j-1} \cdot {}_{j-1}p_{x+t+1} \right) \qquad (6.2.5.2)$$

식 (6.2.5.2)의 괄호는 $_{t+1}V$이므로

$$_tV = b_{t+1} \cdot v \cdot q_{x+t} - \pi_t + v \cdot p_{x+t} \cdot {}_{t+1}V$$

또는

$$_tV + \pi_t = b_{t+1} \cdot v \cdot q_{x+t} + v \cdot p_{x+t} \cdot {}_{t+1}V \tag{6.2.5.3}$$

식 (6.2.5.3)이 의미하는 것은 $t+1$번째 보험연도의 초에 필요한 재원은 $t+1$번째 보험연도말에 필요한 재원의 보험수리적 현가와 같음을 나타낸다.

설명을 쉽게 하기 위하여 $\pi_{t+1} = P$(연납평준순보험료), $b_{t+1} = 1$(보험금 1원)을 가정하면 식 (6.2.5.3)은

$$_tV + P = v \cdot q_{x+t} + v \cdot p_{x+t} \cdot {}_{t+1}V \tag{6.2.5.4}$$

$$(_tV + P)(1 + i) = q_{x+t} + p_{x+t} \cdot {}_{t+1}V \tag{6.2.5.5}$$

식 (6.2.5.4)에서 $_tV+P$를 $t+1$번째 보험연도의 기시적립액(期始積立額)이라고 용어를 정의한다.[1] 즉,

$$_tI = {}_tV + P \tag{6.2.5.6}$$

식 (6.2.5.4)가 의미하는 것은 $t$번째 보험연도말 기말계약자적립액(期末契約者積立額)과 $t+1$번째 보험연도초의 보험료의 합, 즉, $t+1$번째 보험연도의 기시적립액($_tI$)은 1년만기 정기보험의 일시납순보험료($vq_{x+t}$)와 $t+1$보험연도말의 계약자적립액을 생존보험금으로 하는 1년만기 생존보험의 일시납순보험료($v \cdot p_{x+t} \cdot {}_{t+1}V$)의 합임을 의미한다.

식 (6.2.5.4)의 양변에 $(1+i)l_{x+t}$를 곱하면

$$l_{x+t}(_tV+P)(1+i) = d_{x+t} + l_{x+t+1} \cdot {}_{t+1}V \tag{6.2.5.7}$$

식 (6.2.5.7)이 의미하는 것은 $l_{x+t}$사람들의 기시적립액($_tI$)이 1년 동안 이자가 부리된 종가는 1년 동안 사망한 사람들에게 연말에 1원씩을 지급하고(즉 $d_{x+t}$) 또, 1년 동안 생존한 사람들 각각에게 $t+1$보험연도말 계약자적립액($l_{x+t+1} \cdot {}_{t+1}V$)을 지급하는 데 사용되는 것을 의미한다.

식 (6.2.5.5)에서 $p_{x+t}$를 $1-q_{x+t}$로 대체하면

---

1) 원가법책임준비금을 설명할 때는 기말원가법책임준비금과 대응되는 용어로 기시원가법책임준비금이라는 용어를 사용하였다. 우리나라 계약자적립액은 기말계약자적립액만 존재한다. 따라서 계약자적립액을 설명할 때는 기말계약자적립액에 대응되는 용어로 기시계약자적립액이라는 용어를 사용하기 어려울 것으로 생각된다. 본서에서는 기말계약자적립액에 대응되는 용어로 '기시적립액'이라는 용어를 사용하기로 한다.

$$(_tV+P)(1+i) = {}_{t+1}V + q_{x+t}(1 - {}_{t+1}V) \tag{6.2.5.8}$$

$$l_{x+t}(_tV+P)(1+i) = l_{x+t} \cdot {}_{t+1}V + d_{x+t}(1 - {}_{t+1}V) \tag{6.2.5.9}$$

식 (6.2.5.8)이나 식 (6.2.5.9)가 의미하는 것은 $l_{x+t}$사람들의 기시적립액($_tI$)이 1년 동안 이자가 부리된 종가는 $l_{x+t}$사람들 모두에게 $_{t+1}V$을 지급하고 사망한 사람들인 $d_{x+t}$에게 $(1-{}_{t+1}V)$를 지급하는 데 사용되는 것을 의미한다. 즉, 사망한 사람들은 $(_{t+1}V)+(1-{}_{t+1}V)$ $=1$을 사망보험금으로 받는다. 여기서 $(1-{}_{t+1}V)$를 위험보험금(危險保險金 ; net amount at risk)이라고 하고 $q_{x+t}(1-{}_{t+1}V)$를 제$t+1$ 보험연도의 위험보험금에 기초한 보험비용(cost of insurance based upon the net amount at risk)이라고 한다.

식 (6.2.5.4)나 식 (6.2.5.8) 등은 일시납순보험료가 적용되는 경우나 $h$년 유한납입의 경우 $t>h$인 경우에도 적용이 되는데 이때는 $P=0$가 된다.

식 (6.2.5.8)을 $P$에 대하여 풀면

$$P = vq_{x+t}(1 - {}_{t+1}V) + (v\,{}_{t+1}V - {}_tV) \tag{6.2.5.10}$$

여기서

$$vq_{x+t}(1 - {}_{t+1}V) = P^r \tag{6.2.5.11}$$

$$v\,{}_{t+1}V - {}_tV = P^s \tag{6.2.5.12}$$

라고 정의하면

$$P = P^r + P^s \tag{6.2.5.13}$$

$$(_tV + P^s)(1+i) = {}_{t+1}V \tag{6.2.5.14}$$

식 (6.2.5.14)에서 알 수 있듯이 $P^s$에 전기의 계약자적립액을 더하여 이자만으로 부리되면(즉, 생존이 고려 안 됨) 다음기의 계약자적립액이 된다. 이때의 $P^s$를 저축보험료(貯蓄保險料)라고 칭한다. 또 $P^r$은

$$P^r = (1 - {}_{t+1}V)vq_{x+t} = (1 - {}_{t+1}V)\,A_{\frac{1}{x+t:\,\overline{1|}}} \tag{6.2.5.15}$$

식 (6.2.5.15)에서 알 수 있듯이 $P^r$은 위험보험금에 대한 자연보험료로서 이는 위험보험료(危險保險料)라고 한다. 따라서 식 (6.2.5.13)과 같이 연납순보험료는 저축보험료와 위험보험료의 두 가지로 분해할 수 있다.

식 (6.2.5.8)이나 식 (6.2.5.10)은 보험금이 1원인 경우이고 보험금이 $b_{t+1}$($t+1$년도 말

의 보험금)이고 연납보험료가 평준이 아닌 일반적인 경우, 즉, $\pi_t(t+1$년도 초의 보험료)일 때는 다음이 성립한다.[1]

$$({}_tV + \pi_t)(1+i) = {}_{t+1}V + (b_{t+1} - {}_{t+1}V)\, q_{x+t} \qquad (6.2.5.16)$$

$$_tV + \pi_t = v\,{}_{t+1}V + (b_{t+1} - {}_{t+1}V)\, q_{x+t}\, v$$

$$\pi_t = v\, q_{x+t}(b_{t+1} - {}_{t+1}V) + (v\,{}_{t+1}V - {}_tV) \qquad (6.2.5.17)$$

식 (6.2.5.17)의 양변에 $(1+i)$를 곱하고 정리하면

$$\pi_t + ({}_tV + \pi_t)\, i + {}_{t+1}V\, q_{x+t} = b_{t+1}\, q_{x+t} + \Delta({}_tV)$$

$$\pi_t + ({}_tV + \pi_t)\, i = (b_{t+1} - {}_{t+1}V)\, q_{x+t} + \Delta({}_tV) \qquad (6.2.5.18)$$

식 (6.2.5.18)의 양변에 $l_{x+t}$를 곱하여 해석하면 그 의미를 쉽게 이해할 수 있을 것이다.

( 예제 6.2.5.1 )

피보험자 (20), 보험금 1,000원의 보통종신보험에서 피보험자가 11번째 보험연도에 원래의 보험에서 보상받지 못하는 특수위험에 직면하게 되었다. 이 특수위험은 11번째 보험연도의 사망률($q_{30}$)만을 2배로 증가시킨다. $i=0.06$, $q_{30}=0.008$, $1000({}_{11}V_{20})=80$ 일 때

(a) 피보험자는 11번째 보험연도의 특수위험에 의한 사망도 보상받고자 할 때 11번째 보험연도의 보험료를 증액시키지 않을 때는 사망보험금을 감액시켜야 한다. 이때 11번째 보험연도의 감액된 사망보험금을 구하시오.

(b) 만일 피보험자가 11번째 보험연도의 특수위험에 의한 사망도 보상받고 사망보험금도 동일하게 받고자 할 때 제11보험연도의 보험료의 증액을 구하시오.

**풀이**

(a) 식 (6.2.5.5)부터

$$({}_{10}V_{20} + P_{20})(1+i) = q_{30} + {}_{11}V_{20} \cdot p_{30} \quad \cdots\cdots ①$$

11번째 보험연도의 특수위험을 포함하는 사망률을 $q'_{30}$, 사망보험금을 $b$라면

$$({}_{10}V_{20} + P_{20})(1+i) = b \cdot q'_{30} + {}_{11}V_{20} \cdot p'_{30} \quad \cdots\cdots ②$$

①$-$②로부터

$$0.008 + 0.08(1-0.008) = b(0.016) + 0.08(1-0.016)$$

따라서 $b=0.54$. 따라서 구하는 보험금 $= 1000 \times 0.54 = 540$

(b) 제11보험연도의 보험료를 $\pi$라면(보험금 1원에 대한)

---

1) 여기서 사용되는 ${}_tV$는 보험금 1원에 대한 계약자적립액이 아니고 실제보험금에 대한 계약자적립액이다.

$$({}_{10}V_{20}+\pi)(1+i) = q'_{30}+{}_{11}V_{20}\cdot p'_{30} \quad \cdots\cdots \text{③}$$

③－①로부터

$$(\pi-P_{20})(1+0.06) = 0.008 + (0.08)(-0.008)$$

따라서 $\pi-P_{20} = 0.00694$

구하는 보험료의 증액 $= 1000(\pi-P_{20}) = 6.94$

### (2) 재귀식의 응용

식 (6.2.5.17)을 약간 변형하면

$$v\,{}_tV - {}_{t-1}V = \pi_{t-1} - v\,q_{x+t-1}(b_t - {}_tV) \tag{6.2.5.19}$$

식 (6.2.5.19)의 양변에 $v^{t-1}$을 곱하면

$$\Delta(v^{t-1}{}_{t-1}V) = \pi_{t-1}\,v^{t-1} - v^t\,q_{x+t-1}(b_t - {}_tV) \tag{6.2.5.20}$$

식 (6.2.5.20)을 $t=1, 2, \cdots, k$까지 합하면

$$v^k{}_kV = \sum_{t=1}^{k} \pi_{t-1}\,v^{t-1} - \sum_{t=1}^{k} v^t\,q_{x+t-1}(b_t - {}_tV) \tag{6.2.5.21}$$

따라서

$$_kV = \sum_{t=1}^{k} \pi_{t-1}(1+i)^{k-t+1} - \sum_{t=1}^{k} q_{x+t-1}(b_t - {}_tV)(1+i)^{k-t} \tag{6.2.5.22}$$

또는

$$_kV = \sum_{t=0}^{k-1} \pi_t(1+i)^{k-t} - \sum_{t=1}^{k} q_{x+t-1}(b_t - {}_tV)(1+i)^{k-t} \tag{6.2.5.23}$$

식 (6.2.5.23)은 적금(유입과 유출이 있음)과 유사한 형태로 생각할 수 있다. $x+t$세의 저축액이 $\pi_t$, $x+t$세에서 저축액에서 빠져 나오는 금액이 $q_{x+t-1}(b_t-{}_tV)$일 때, $x+k$세의 잔고를(생존, 사망 고려 안함) $_kV$라고 생각하면 식 (6.2.5.23)을 유도할 수 있다.

**예제 6.2.5.2**

피보험자 $(x)$가 $n$년거치 종신연금에 가입하였다. 연금은 매년초 1원씩 사망시까지 지급되고 $n$년 안에 사망하면 계약자적립액을 사망연도말에 지급받는다. 보험료는 $n$년 동안 연납으로 납부할 때 다음을 구하시오.

(a) 연납보험료 $\pi$  (b) $k$번째 보험연도말의 계약자적립액

**풀이**

(a) $b_t = {}_tV$이고 ${}_nV = \ddot{a}_{x+n}$이므로 식 (6.2.5.23)에서

$$\_nV = \pi \ddot{s}_{\,\overline{n|}} - 0 = \ddot{a}_{x+n}$$

따라서

$$\pi = \frac{\ddot{a}_{x+n}}{\ddot{s}_{\,\overline{n|}}}$$

(b) $\_kV = \pi \ddot{s}_{\,\overline{k|}} - 0 = \left(\dfrac{\ddot{a}_{x+n}}{\ddot{s}_{\,\overline{n|}}}\right)\ddot{s}_{\,\overline{k|}}$

---

**예제 6.2.5.3**

피보험자 $(x)$, $n$년만기 생사혼합보험의 생존보험금은 1원이고, 사망보험금은 사망연도말에 1 + 계약자적립액이다. 이때 연납순보험료($n$년 납입)와 $k$보험연도말의 계약자적립액을 구하시오.

**풀이**

$$b_t = {}_tV + 1$$

따라서 $b_t - {}_tV = 1$로 일정

$\_nV = 1$이므로 식 (6.2.5.23)에서

$$\_nV = \pi \ddot{s}_{\,\overline{n|}} - \sum_{t=1}^{n} q_{x+t-1}(1+i)^{n-t} = 1$$

따라서

$$\pi = \frac{1 + \sum_{t=1}^{n} q_{x+t-1}(1+i)^{n-t}}{\ddot{s}_{\,\overline{n|}}}$$

또

$$\_kV = \pi \ddot{s}_{\,\overline{k|}} - \sum_{t=1}^{k} (1+i)^{k-t} q_{x+t-1}$$

---

**예제 6.2.5.4**

(a) 피보험자 $(x)$, 종신보험에서 $n$년 안에 사망하면 보험금이 계약자적립액, $n$년 후에 사망하면 보험금 1원이 지급된다. 보험료는 처음 $n$년 동안은 연납보험료 $\pi$, $n$년 후에는 연납보험료 $P$일 때 $\pi$를 구하시오.

(b) (a)에서 $n$년 후의 연납보험료도 $\pi$일 때 $\pi$를 구하시오.

풀이

(a) $b_h - {}_hV = 0$

$$_nV = \pi\ddot{s}\,_{\overline{n}|} = A_{x+n} - P\ddot{a}_{x+n}$$

따라서

$$\pi = \frac{A_{x+n} - P\ddot{a}_{x+n}}{\ddot{s}\,_{\overline{n}|}}$$

(b) 만일 $P = \pi$ 라면

$$_nV = \pi\ddot{s}\,_{\overline{n}|} = A_{x+n} - \pi\ddot{a}_{x+n}$$

따라서

$$\pi = \frac{A_{x+n}}{\ddot{s}\,_{\overline{n}|} + \ddot{a}_{x+n}}$$

### (3) Fackler의 공식

어느 특정한 보험에 대하여 계약자적립액을 연속적으로 구할 수 있는 공식을 유도해 보자. 보험금이 1원인 경우 식 (6.2.5.5)부터

$$_{t+1}V = \frac{({}_tV+P)(1+i) - q_{x+t}}{p_{x+t}} \tag{6.2.5.24}$$

여기서

$$\frac{1+i}{p_{x+t}} = u_{x+t} = \ddot{s}\,_{x+t:\overline{1}|} = \frac{(1+i)\,l_{x+t}}{l_{x+t+1}} = \frac{D_{x+t}}{D_{x+t+1}} \tag{6.2.5.25}$$

$$\frac{q_{x+t}}{p_{x+t}} = k_{x+t} = {}_1k_{x+t} = \frac{d_{x+t}}{l_{x+t+1}} = \frac{C_{x+t}}{D_{x+t+1}} \tag{6.2.5.26}$$

라고 하면 식 (6.2.5.24)는

$$_{t+1}V = ({}_tV + P)\,u_{x+t} - k_{x+t} \tag{6.2.5.27}$$

식 (6.2.5.27)을 Fackler의 적립공식(Fackler's accumulation formula)이라고 한다.
$t = 0$일 때 $_0V = 0$이므로

$$P\,u_x - k_x = {}_1V \tag{6.2.5.28}$$

$t = 1$일 때

$$({}_1V + P)\,u_{x+1} - k_{x+1} = {}_2V \tag{6.2.5.29}$$

등으로 계속 계약자적립액을 구할 수 있다. $h$년 유한납입 보험료일 경우 $t > h$이면 식 (6.2.5.27)에서 $P$가 생략된다.

또 식 (6.2.5.27)의 일반식은 다음과 같다.[1]

$$_{t+1}V = (_tV + \pi_t)\, u_{x+t} - b_{t+1} \cdot k_{x+t} \tag{6.2.5.30}$$

━━━ 예제 6.2.5.5 ━━━

피보험자 (45), 보험금 사망즉시급, 보험금은 첫해 100,000, 그 다음해부터 매년 5,000씩 감소하여 20년 후에는 보험계약이 끝난다. 보험료는 15년 단기납입 연납보험료이다. UDD가정하에서 제1보험연도말, 제2보험연도말, 제3보험연도말에서의 계약자적립액을 구하시오. 단, $i = 5\%$와 제7회 경험생명표(남)를 이용하시오.

**풀이**

연납보험료를 NAP라고 하면

$$\text{NAP} = \frac{100000\overline{M}_{45} - 5000(\overline{R}_{46} - \overline{R}_{66})}{N_{45} - N_{60}}$$

$$= 5000\frac{i}{\delta}\frac{20M_{45} - (R_{46} - R_{66})}{N_{45} - N_{60}} = 216.45812\left(\frac{i}{\delta}\right) = 221.82557$$

Fackler의 공식을 이용하여

$$_1V = (221.82557)\frac{D_{45}}{D_{46}} - 100000\frac{i}{\delta}\frac{C_{45}}{D_{46}}$$

$$= 233.33218 - 182.73909 = 50.59309$$

$$_2V = (221.82557 + 50.59309)\frac{D_{46}}{D_{47}} - 95000\frac{i}{\delta}\frac{C_{46}}{D_{47}}$$

$$= 286.60135 - 191.19188 = 95.40947$$

$$_3V = (221.82557 + 95.40947)\frac{D_{47}}{D_{48}} - 90000\frac{i}{\delta}\frac{C_{47}}{D_{48}}$$

$$= 333.81447 - 198.72542 = 135.08905$$

## 6. 단수경과 경우의 계약자적립액

연납보험료가 납입되는 경우, 순보식 원가법책임준비금을 「이론상 순보식 원가법책임준비금」과 「규정상 순보식 원가법책임준비금」으로 구분하기로 한다. 「이론상 순보식 원가법책임준비금」은 「규정상 순보식 원가법책임준비금」(보험료적립금)과 미경과보험료를 합

---

1) 여기서 사용되는 $_tV$는 보험금 1원에 대한 계약자적립액이 아니고 실제 보험금에 대한 계약자적립액을 의미한다.

한 개념이고 「규정상 순보식 원가법책임준비금」은 보험료적립금만을 의미한다. IFRS4 시대의 보험수리이론에서는 연납보험료가 납입되는 경우, 보험료적립금과 미경과보험료를 합한 「이론상 순보식 원가법책임준비금」을 원가법책임준비금이라고 정의하고 책임준비금 이론을 전개하였다. 이러한 이론전개를 후술하는 (1)에서 살펴보기로 한다.

지금까지 살펴본 $_kV$라고 표시된 계약자적립액은 $k$가 정수인 것을 가정하였다. 이때의 $_kV$를 보험연도말(기말) 계약자적립액이라고 한다. $k$가 정수인 경우 보험연도말(기말) 계약자적립액은 「이론상 순보식 원가법책임준비금」과 동일하다. 그러나 $k+s$($k$는 정수, $0 < s < 1$)인 경우의 계약자적립액은 「이론상 순보식 원가법책임준비금」과 동일하지 않으며 구별하여 표기할 필요가 있다. 연납보험료가 납입되는 경우, $k+s$ 시점의 「이론상 순보식 원가법책임준비금」을 $_{k+s}V^*$로 표기하고, $k+s$ 시점의 계약자적립액을 $_{k+s}V$로 표기하기로 한다.

우선 IFRS4 시대의 보험수리이론에서 사용되던 단수경과 경우의 「이론상 순보식 원가법책임준비금」을 먼저 살펴보기로 한다.

(1) 연납보험료 납입시 단수경과 「이론상 순보식 원가법책임준비금」(IFRS4 기준)

피보험자 $(x)$, $b_{j+1}$을 제 $j+1$ 보험연도말의 사망보험금, $\pi_j$를 제 $j+1$ 보험연도의 연납순보험료라고 하고 보험수리이론에서 사용되는 「이론상 순보식 원가법책임준비금」 $_{k+s}V^*$을 구하는 시점을 $k+s$($k$는 정수, $0 < s < 1$)라고 하자. $_kV^* = {_kV}$이고 $_{k+1}V^* = {_{k+1}V}$이므로 이하의 식에서 $_{k+1}V^*$는 $_{k+1}V$로, $_kV^*$는 $_kV$로 나타내고 이론을 전개하기로 한다.

$$_{k+s}V^* = b_{k+1} \cdot v^{1-s} \cdot {_{1-s}q_{x+k+s}} + {_{k+1}V} \cdot v^{1-s} \cdot {_{1-s}p_{x+k+s}} \tag{6.2.6.1}$$

UDD가정하에서

$$_sp_{x+k} \cdot {_{1-s}q_{x+k+s}} = {_{s|1-s}q_{x+k}} = (1-s)q_{x+k} \tag{6.2.6.2}$$

따라서

$$_{1-s}q_{x+k+s} = \frac{(1-s)q_{x+k}}{1 - s \cdot q_{x+k}} \tag{6.2.6.3}$$

$$_{1-s}p_{x+k+s} = \frac{p_{x+k}}{1 - s \cdot q_{x+k}} \tag{6.2.6.4}$$

식 (6.2.6.1)을 변형하면

$$_{k+s}V^* = \frac{v^{1-s}}{1-s \cdot q_{x+k}} [b_{k+1}(1-s)q_{x+k} + {}_{k+1}V \cdot p_{x+k}] \tag{6.2.6.5}$$

그런데

$$b_{k+1} \cdot q_{x+k} = ({}_kV + \pi_k)(1+i) - {}_{k+1}V \cdot p_{x+k} \tag{6.2.6.6}$$

이므로 식 (6.2.6.5)는 다음과 같다.

$$_{k+s}V^* = \frac{v^{1-s}}{1-s \cdot q_{x+k}} [(1-s)({}_kV + \pi_k)(1+i) + s \cdot {}_{k+1}V \cdot p_{x+k}] \tag{6.2.6.7}$$

$$= \frac{1-s}{1-s \cdot q_{x+k}}({}_kV + \pi_k)(1+i)^s + \left(1 - \frac{1-s}{1-s \cdot q_{x+k}}\right) {}_{k+1}V \cdot v^{1-s} \tag{6.2.6.8}$$

식 (6.2.6.7)이나 식 (6.2.6.8)에서 $i$와 $q_{x+k}$를 아주 작은 값으로 생각하면 $1+i$, $p_{x+k}$, $v^{1-s}$, $1-s \cdot q_{x+k}$ 등을 1로 간주할 수 있으므로 $_{k+s}V^*$의 근사치는

$$_{k+s}V^* \fallingdotseq (1-s)({}_kV + \pi_k) + s \cdot {}_{k+1}V \tag{6.2.6.9}$$

$$= (1-s) \cdot {}_{k+1}I + s \cdot {}_{k+1}V \tag{6.2.6.10}$$

식 (6.2.6.9)에서 알 수 있듯이 $_{k+s}V^*$의 근사치는 기시적립액인 $_kI$와 기말계약자적립액 $_{k+1}V$를 직선(선형)보간(linear interpolation)한 값이다. 식 (6.2.6.9)를 변형하면

$$_{k+s}V^* \fallingdotseq (1-s) \cdot {}_kV + s \cdot {}_{k+1}V + (1-s)\pi_k \tag{6.2.6.11}$$

식 (6.2.6.11)의 $_{k+s}V^*$은 다음의 두 부분으로 나누어진다.

$$보험료적립금 = {}_{k+s}V = (1-s) \cdot {}_kV + s \cdot {}_{k+1}V \tag{6.2.6.12}$$

$$= {}_kV + s({}_{k+1}V - {}_kV) \tag{6.2.6.13}$$

$$미경과보험료 = (1-s)\pi_k \tag{6.2.6.14}$$

각 나라의 규정에 따라 IFRS4 시대의 $_{k+s}V^*$는 세부적으로 나눌 수도 있다. IFRS4 시대에 우리나라에서는 $_{k+s}V^*$를 두 부분으로 나누어 $_{k+s}V$를 보험료직립금, $(1-s)\pi_k$를 미경과보험료로 구분하여 책임준비금을 적립하였다.[1] 본서에서는 식 (6.2.6.13)의 보험료적립금을 순보식 원가법책임준비금이라고 정의하고[2] 이 보험료적립금을 IFRS17 기

---

1) (구)보험업감독규정 제6-11조(책임준비금의 적립): (IFRS4 기준의) "책임준비금은 보험료적립금·미경과 보험료·지급준비금·계약자배당준비금·계약자이익배당준비금·배당보험손실보전준비금·재보험료적립 금·보증준비금으로 구분하여 적립한다"로 규정하고 있다.

준의 계약자적립액으로 정의한다.

$$\text{IFRS17 기준의 계약자적립액} = \text{IFRS4 기준 순보식 보험료적립금}$$
$$= \text{IFRS4 기준 순보식 원가법책임준비금} \quad (6.2.6.15)$$

IFRS17 시대에도 미경과보험료는 계약자적립액과 별도로 구분하도록 감독규정에 명시되어 있다.[1]

식 (6.2.6.9)로부터 다음을 알 수 있다.

$$\lim_{s \to 0} {}_{k+s}V^* = {}_kV + \pi_k \neq {}_kV \quad (6.2.6.16)$$
$$\lim_{s \to 1} {}_{k+s}V^* = {}_{k+1}V \quad (6.2.6.17)$$

그림 [6.2.6.1]에서 실선은 ${}_{k+s}V^*$를 나타내고, 실선 밑의 점선은 단수경과 경우의 계약자적립액(보험료적립금) ${}_{k+s}V$를 나타내고 있다.

---

2) 연납보험료 등을 납입하는 경우 보험료적립금에는 미경과보험료가 포함되지 않는 개념이다. 따라서 본장에서 IFRS4 기준 순보식 원가법책임준비금은 미경과보험료를 포함하지 않는 개념으로 정의한다. 「이론상 순보식 원가법책임준비금」 = 「규정상 순보식 원가법책임준비금」 + 미경과보험료 = 보험료적립금 + 미경과보험료 가 성립한다. 본서에서는 「규정상 순보식 원가법책임준비금」 = 보험료적립금 = 순보식 원가법책임준비금 으로 정의한다. IFRS4 시대의 보험수리이론에서는 연납보험료가 납입되는 경우 $k+s$ 시점의 「이론상 순보식 원가법책임준비금」으로 원가법책임준비금을 설명하고 이론을 전개하였다. $k+s$ 시점의 「이론상 순보식 원가법책임준비금」은 각국의 규정에 따라 보험료적립금과 미경과보험료를 별도 명칭의 원가법책임준비금으로 각각 적립하도록 할 수 있고 우리나라가 그 예이다. 명칭만 별도로 적립하는 것이기 때문에 둘을 합한 것이 $k+s$ 시점의 실질적인 원가법책임준비금 적립액이다. 연납보험료가 납입되는 경우, IFRS4 시대의 보험수리교재에서 다루는 $k+s$ 시점의 원가법책임준비금은 보통 「이론상 순보식 원가법책임준비금」을 의미하는 경우가 대부분이었고 「이론상 순보식 원가법책임준비금」은 보험료적립금과 미경과보험료가 통합된 개념이라고 말하면 문제가 없었다(IFRS4 시대에는 순보식 원가법책임준비금이 제도상 책임준비금이었기 때문에 통합되어 있거나 분리되어 있거나 크게 문제가 되지 않았다). 그러나 IFRS17 시대의 우리나라에서는 연납보험료가 납입되는 경우 $k+s$ 시점의 「이론상 순보식 원가법책임준비금」은 산출한다 하더라도 사용될 용도가 없다. IFRS4 시대의 보험수리교재에서는 연납보험료가 납입되는 경우 단수경과 경우의 「이론상 순보식 원가법책임준비금」 ${}_{1.5}V^*$을 산출하는 연습문제도 많이 있었는데, 이 경우는 보험료적립금과 미경과보험료가 통합된 개념으로서의 ${}_{1.5}V^*$를 산출하는 연습문제이다. IFRS17 시대에는 미경과보험료는 처음부터 분리하여 따로 구하기 때문에 「이론상 순보식 원가법책임준비금」 ${}_{1.5}V^*$를 용어만 변경하여 계약자적립액 ${}_{1.5}V^*$라는 표현은 존재하지 않는 개념이다. 보험연도말 「이론상 순보식 원가법책임준비금」은 미경과보험료가 0이므로 보험료적립금과 동일하기 때문에 보험연도말의 경우는 용어만 변경해도 된다. IFRS17 시대의 우리나라에서는 연납보험료가 납입되는 경우 보험연도말 계약자적립액 ${}_kV$을 구하는 연습문제만 필요한 실정이다(월납보험료가 납입되는 경우에도 보험연도말 계약자적립액 ${}_kV$을 구하는 연습문제만 필요한 실정이다). 우리나라에서 단수경과 계약자적립액을 구할 때, ${}_1V$과 ${}_2V$를 구하고 두 값을 직선보간하여 1.5시점(1 + 단수경과 시점, 해약시점)의 계약자적립액을 구하기 때문이다.

1) 보험업감독규정 제7-66조(생명보험 해약환급금의 계산) ⑤ 보험회사는 보험계약이 해지되는 경우 해약환급금에 미경과보험료 등을 가산한 금액을 보험계약자에게 지급하여야 한다.

그림 [6.2.6.1]  연납보험료 납입시 단수경과 $_{k+s}V^*$(실선)과 $_{k+s}V$(실선 밑의 점선)

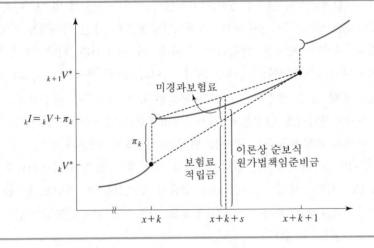

(2) 연납보험료 납입시 단수경과 계약자적립액

보험계약자는 보험연도말에만 해약을 하는 것이 아니고 연중 어느 때나 해약을 할 수 있으므로 보험연도말 계약자적립액 이외에도 단수경과(해약시점을 의미) 경우의 계약자적립액이 필요하게 된다. $_{k+s}V$를 단수(소수)경과 경우의 계약자적립액으로 표기하기로 한다.

연납보험료 납입시 단수경과 계약자적립액은 식 (6.2.6.13)의 $_{k+s}V$를 의미한다. 식 (6.2.6.13)에서 알 수 있듯이 단수(소수)경과의 계약자적립액이란 보험연도말 계약자적립액들을 직선보간한 값이다. 식 (6.2.6.13)은 0과 1 사이의 어느 시점(s)에서도 계약자적립액을 구할 수 있는 일반식이다. 그러나 우리나라 감독규정에서는 (i) 보험료납입이 완료되기 이전에는 단수경과를 월별경과로 규정해 월별 기간경과에 따라 계약자적립액을 산출하며(동일 경과월수에서는 경과일수와 상관없이 동일하다) (ii) 보험료납입이 완료된 후에는 단수경과를 일별경과로 규정해 일별 기간경과에 따라 계약자적립액을 산출한다. 우리나라 실무에서 적용되는 각각의 산출식은 식 (6.2.6.19)와 식 (6.2.6.20)에 나타나 있다.

미경과보험료는 아직 경과하지 않은 부분에 대한 보험료인데, 보험회사는 보험계약이 해지되는 경우 해약환급금에 미경과보험료 등을 가산한 금액을 보험계약자에게 지급하여야 한다. 우리나라의 감독규정에서는 분기납, 반기납, 연납보험료인 경우는 미경과보험료가 발생하나 월납보험료의 경우는 미경과보험료가 발생하지 않는다.[1]

---

1) 보험업감독규정 제7-66조(생명보험 해약환급금의 계산) ⑤ 보험회사는 보험계약이 해지되는 경우 해약환급금에 미경과보험료 등을 가산한 금액을 보험계약자에게 지급하여야 한다

미경과보험료$=\dfrac{P \times m' - t}{m'}$  ($m'$ = 납입주기(월), $t$ = 납입경과월수, $P$ = 납입주기별 영업보험료),

### (3) 월납보험료 납입시 단수경과 계약자적립액

우리나라 감독규정의 단수경과 계약자적립액을 나타내는 식 (6.2.6.19)와 식 (6.2.6.20)은 연납보험료를 납입하는 경우에도, 월납보험료를 납입하는 경우에도 동일하게 적용되는 단수경과 계약자적립액을 산출하는 식이다. 즉 단수경과 계약자적립액의 일반식인 $_{k+s}V$는 우리나라 규정에서는 $s \rightarrow (m/12)$ 나 $s \rightarrow (d/365)$로 바뀌어 $_{k+(m/12)}V$ 또는 $_{k+(d/365)}V$로 표기하게 된다. $m$을 결정하는 방법은 후술한다. 해약시점을 단수경과로 표현하면, 해약시점의 계약자적립액을 단수경과 계약자적립액으로 표현할 수 있다. 단수경과 계약자적립액을 구하고 해약환급금을 구하는 단계를 기술하면 다음과 같다.

(i) 1단계: 우리나라에서는 월납보험료를 납입하는 경우 월납보험료를 이용하여 보험연도말(기말) 계약자적립액($_kV$, $_{k+1}V$)을 산출할 수 있다. 또 월납보험료를 납입하는 경우에도 월납보험료에 상응하는 연납보험료를 기준으로 보험연도말(기말) 계약자적립액($_kV$, $_{k+1}V$)을 산출할 수 있다.[1]

(ii) 2단계: 보험연도말(기말) 계약자적립액을 직선보간하여 식 (6.2.6.18)에서 필요한 단수경과 계약자적립액인 $V(N)$을 산출한다(즉 해약하는 시점의 계약자적립액은 단수경과 계약자적립액 $V(N)$이다). 이 때 보험료납입이 완료되기 이전의 단수경과 계약자적립액($V(N)$)은 월별경과기간에 따라 식 (6.2.6.19)와 같이 산출하고(동일 경과월수에서는 경과일수와 상관없이 동일하다), 보험료납입이 완료된 후의 단수경과 계약자적립액($V(N)$)은 일별경과기간에 따라 식 (6.2.6.20)과 같이 산출한다.

(iii) 3단계: 이와 같이 산출된 단수경과(해약하는 시점의) 계약자적립액($V(N)$)을 식 (6.2.6.18)에 대입하면 해약환급금을 구할 수 있다.

### (4) 감독규정에 따른 해약환급금 산출

(i) 감독규정에 따르면 해약환급금은 다음과 같이 산출된다.[2] 여기서 $V(N)$은 단수경과 계약자적립액을 의미한다.

---

$m'$은 계약자가 1회에 납입하는 보험료가 몇 개월치의 보험료인지를 나타내는 값이다. 즉, 월납인 경우에는 $m' = 1$, 연납인 경우 $m' = 12$, 6개월납은 $m' = 6$, 3개월납은 $m' = 3$이다. $t$는 계약별 납입주기 내에서의 경과월수를 의미한다. 계약응당일이 1월 15일인 6개월납 계약의 10월 20일 미경과보험료 산출 시, 가장 최근의 납입응당일은 7월 15일이므로 7월 15일로부터의 경과월수(월미만은 올림) $t = 4$이다. 즉, 6개월납 보험료의 $(6-4)/6$를 미경과보험료로 계산한다. 월납인 경우는 $m' = 1$, $t = 1$이므로 $(m'-t)/m = 0$이 된다. 따라서 월납보험료인 경우 미경과보험료는 0이다. 연납일 경우 $m = 12$이므로, $(m-t)/m = 1 - t/m = 1 - t/12$은 식 (6.2.6.14)에서 $s$를 월단위로 환산하면 $(1-s) = (1-t/12)$와 동일하다.

1) 보험업감독규정 제7-65조(계약자적립액의 계산) ② 계약자적립액은 연납보험료를 기준으로 하여 산출할 수 있다

2) 보험업감독규정 제7-66조(생명보험 해약환급금의 계산).

$$W = V(N) - \left(\frac{12t - m}{12t}\right) \times \alpha \qquad (6.2.6.18)$$

단, $W$: 해약환급금, $V(N)$: 단수경과 계약자적립액, $\alpha$: 표준해약공제액,

　　$m$: 납입경과월수, $t$: 해약공제기간(년)

(ii) 보험료납입이 완료되기 이전에는 단수경과 계약자적립액 $V(N)$은 월별 기간경과에 따라 다음과 같이 산출한다.[1] 동일 경과월수에서는 경과일수와 상관없이 동일하다.

$$V(N) = {}_{t+(m/12)}V = {}_tV + \frac{m}{12}({}_{t+1}V - {}_tV) \qquad (6.2.6.19)$$

(단, $m$: 납입경과월수, ${}_tV$＝보험년도말 계약자적립액)

(iii) 보험료납입이 완료된 이후에는 단수경과 계약자적립액 $V(N)$은 일별 기간경과에 따라 다음과 같이 산출한다.

$$V(N) = {}_{t+(d/365)}V = {}_tV + \frac{d}{365}({}_{t+1}V - {}_tV) \qquad (6.2.6.20)$$

(단, $d$: 경과일수, ${}_tV$＝보험년도말 계약자적립액)

## 7. 계약자적립액과 미분방정식

6장의 Ⅱ-5에서는 보험금 연말급, 연납보험료인 보험의 계약자적립액의 재귀식에 대하여 고찰하였다. 보험금 사망즉시급, 연속납보험료인 보험의 계약자적립액에 대하여는 미분방정식을 통하여 고찰할 수 있으며 그 결과는 6장의 Ⅱ-5에서 고찰한 내용과 비슷하다.

사망이 $t(t \geq 0)$시점에서 발생하면 $b_t$의 보험금이 지급되고 $t$시점의 보험료는 연액이 $\pi_t$인 보험금 사망즉시급, 연속납보험료인 일반적인 보험을 가정하자. $t$시점의 계약자적립액은 ${}_t\bar{V}$로 표시하기로 하면 $(t, t+dt)$기간의 보험료납입액은 $\pi_t\, dt$이다.

$$_t\bar{V} = \int_0^\infty b_{t+s}\, v^s\, {}_sp_{x+t}\, \mu_{x+t+s}\, ds - \int_0^\infty \pi_{t+s}\, v^s\, {}_sp_{x+t}\, ds \qquad (6.2.7.1)$$

계산을 간단히 하기 위하여 $u = t + s$로 하고 식 (6.2.7.1)의 두 개의 적분을 하나로 하면

---

1) $m$은 계약별 보험년도의 경과월(월미만은 올림)과 보험료 납입횟수 중 작은 값을 의미하며, 1부터 12까지의 값을 갖는다. 예를 들어, 계약응당일이 1월 15일인 계약이 10월분 보험료를 납입한 경우, 10월 20일 기준, $m$=min(경과월 10, 납입횟수 10)＝10이다. 11월분 보험료를 납입했더라도 $m$=min(경과월 10, 납입횟수 11)＝10이며, 10월분 보험료를 미납했다면 $m$=min(경과월 10, 납입횟수 9)＝9이다. 연납 계약으로 1년치 보험료를 납입했다면 $m$=min(경과월 10, 납입횟수 12)＝10이다. 이렇게 계산된 $m$을 식 (6.2.6.19)와 식 (6.2.6.18)에 적용한다. 앞의 예에서 10월분 보험료를 미납한 경우 $m$=9가 되기 때문에 납입한 경우의 $m$=10인 경우보다 (i) $V(N)$은 작아지고, (ii) 차감하는 해약공제액은 커진다.

$$_t\bar{V} = \int_t^\infty (b_u \ \mu_{x+u} \ - \ \pi_u) \ e^{\delta(t-u)} \ _{u-t}p_{x+t} \ du \qquad (6.2.7.2)$$

여기서

$$\frac{d}{dt} \ _{u-t}p_{x+t} = \frac{d}{dt} \exp\left[-\int_{x+t}^{x+u} \mu_y \ d_y\right] = \mu_{x+t} \cdot \ _{u-t}p_{x+t}$$

이므로 Leibniz 공식을 이용하면

$$\frac{d \ _t\bar{V}}{dt} = -(b_t \ \mu_{x+t} - \pi_t) \ + \ \delta I \ + \ \mu_{x+t} \cdot I$$

여기서 $I$는 식 (6.2.7.2)의 $_t\bar{V}$를 의미하므로

$$\frac{d \ _t\bar{V}}{dt} = \pi_t \ + \ (\delta \ + \ \mu_{x+t}) \ _t\bar{V} \ - \ b_t \ \mu_{x+t} \qquad (6.2.7.3)$$

식 (6.2.7.3)으로부터 계약자적립액의 변화율은 다음의 세 가지 요소로 구성되어 있는 것을 알 수 있다(각 요소는 $t$시점에서 단위기간당 금액).
(i) 보험료
(ii) 이자($\delta$)와 사망($\mu_{x+t}$)과 관련된 계약자적립액의 증가
(iii) 보험금 지급($b_t \mu_{x+t}$)

식 (6.2.5.18)과 대응되는 유사한 공식은

$$\pi_t + \ _t\bar{V} \ \delta + \ _t\bar{V} \mu_{x+t} = b_t \mu_{x+t} + \frac{d \ _t\bar{V}}{dt} \qquad (6.2.7.4)$$

$$\pi_t + \ _t\bar{V} \ \delta = (b_t - \ _t\bar{V}) \ \mu_{x+t} + \frac{d \ _t\bar{V}}{dt} \qquad (6.2.7.5)$$

식 (6.2.7.5)는 계약자적립액을 적금과 유사한 형태로 생각한 것이다.

─ 예제 6.2.7.1 ─

$n$년을 생존하면 생존보험금 1원이 지급되며 $n$년 안에 사망하면 사망시 계약자적립액의 30%(즉, $0.3 \ _t\bar{V}$) 가 사망 즉시 지급된다. 보험료는 일시납으로 납입할 때 일시납 순보험료를 구하시오.

풀이

$$\frac{d}{dt}\,_t\bar{V} = (\mu_{x+t}+\delta)\,_t\bar{V} - 0.3\mu_{x+t}\cdot\,_t\bar{V} \qquad (\text{일시납이므로 } \pi_t=0)$$

$$\frac{1}{_t\bar{V}}\,\frac{d\,_t\bar{V}}{dt} = \delta + 0.7\mu_{x+t}$$

$$\left[\ln\,_t\bar{V}\right]_0^n = \int_0^n (\delta + 0.7\mu_{x+t})\,dt$$

$_0\bar{V} = \text{NSP} = A$이고, $_n\bar{V} = 1$, $\int_0^n \mu_{x+t}\,dt = -\ln\,_np_x$이므로

$$\left[\ln\,_t\bar{V}\right]_0^n = -\ln\,_0\bar{V} = -\ln A = \delta n + 0.7(-\ln\,_np_x) = \ln e^{\delta n} - \ln(_np_x)^{0.7}$$

따라서 $A = e^{-\delta n}(_np_x)^{0.7}$

## 8. 특수한 생존분포와 계약자적립액

3장과 4장, 5장에서 살펴보았던 상수사력(CFM)가정과 De Moivre 법칙하에서의 생명보험의 APV와 생명연금의 APV, 그리고 순보험료의 결과를 이용하여 계약자적립액을 구해보자.

### (1) CFM가정하의 계약자적립액
### (a) 완전연속의 경우

식 (6.2.2.6)으로부터 완전연속 종신납 종신보험의 $t$시점에서의 계약자적립액을 구하면

$$_t\bar{V}(\bar{A}_x) = \bar{A}_{x+t} - \bar{P}(\bar{A}_x)\,\bar{a}_{x+t} \tag{6.2.8.1}$$

$$= \frac{\mu}{\mu+\delta} - \mu\,\frac{1}{\mu+\delta} = 0 \tag{6.2.8.2}$$

표 [6.2.2.1]로부터 $n$년납입, $n$년만기 정기보험의 $t$시점에서의$(t<n)$ 계약자적립액을 구하면

$$_t\bar{V}(\bar{A}^{\,1}_{x:\overline{n}|}) = \bar{A}^{\,1}_{x+t:\overline{n-t}|} - \bar{P}(\bar{A}^{\,1}_{x:\overline{n}|})\,\bar{a}_{x+t:\overline{n-t}|} \tag{6.2.8.3}$$

$$= \frac{\mu(1-e^{-(n+\delta)(n-t)})}{\mu+\delta} - \mu\,\frac{(1-e^{-(\mu+\delta)(n-t)})}{\mu+\delta} = 0 \tag{6.2.8.4}$$

표 [6.2.2.1]로부터 $n$년납입, $n$년만기 생존보험의 $t$시점에서의$(t<n)$ 계약자적립액을 구하면

$$_{t}\overline{V}(\overline{A}_{x\,:\,\overline{n}|}^{\;1}) = A_{x+t\,:\,\overline{n-t}|}^{\;1} - \overline{P}(A_{x\,:\,\overline{n}|}^{\;1})\bar{a}_{x+t\,:\,\overline{n-t}|} \tag{6.2.8.5}$$

$$= e^{-(\mu+\delta)(n-t)} - \frac{e^{-(\mu+\delta)n}}{[1-e^{-(\mu+\delta)n}]/(\mu+\delta)}\;\frac{1-e^{-(\mu+\delta)(n-t)}}{\mu+\delta} \tag{6.2.8.6}$$

$$= e^{-(\mu+\delta)(n-t)} - \frac{e^{-(\mu+\delta)n}\left[1-e^{-(\mu+\delta)(n-t)}\right]}{1-e^{-(\mu+\delta)n}} \tag{6.2.8.7}$$

$$= \frac{\left[1-e^{-(\mu+\delta)n}\right]e^{-(\mu+\delta)(n-t)}}{1-e^{-(\mu+\delta)n}} - \frac{e^{-(\mu+\delta)n}\left[1-e^{-(\mu+\delta)(n-t)}\right]}{1-e^{-(\mu+\delta)n}}$$

$$= \frac{e^{-(\mu+\delta)(n-t)}-e^{-(\mu+\delta)n}}{1-e^{-(\mu+\delta)n}}$$

$$= \frac{e^{-(\mu+\delta)n}\left[e^{-(\mu+\delta)t}-1\right]}{1-e^{-(\mu+\delta)n}} \tag{6.2.8.8}$$

다른 종류의 보험에 대해서도 같은 방식으로 $t$시점에서의 계약자적립액을 구할 수 있다.

(b) 완전이산의 경우

완전이산보험의 경우 $k$시점에서의 계약자적립액을 표로 정리하면 다음과 같다. 표에 나타나 있지 않은 다른 종류의 보험에 대해서도 본문에 있는 계약자적립액을 구하는 식을 이용하여 구할 수 있다.

표 [6.2.8.1]  완전이산보험의 CFM가정하에서 계약자적립액($k < n$)

| 종류 | CFM가정하에서 APV |
|---|---|
| 종신납 종신보험 | $_{k}V_{x} = 0$ |
| $n$년납입, $n$년만기 정기보험 | $_{k}V_{x\,:\,\overline{n}|}^{\;1} = 0$ |
| $n$년납입, $n$년만기 생존보험 | $_{k}V_{x\,:\,\overline{n}|}^{\;\;1} = \dfrac{(vp)^{n}\left[1-(vp)^{-k}\right]}{(vp)^{n}-1}$ |

(c) 반연속의 경우

식 (6.2.4.2)로부터 반연속 종신보험의 $k$시점에서의 계약자적립액을 구하면

$$_{k}V(\overline{A}_{x}) = \overline{A}_{x+k} - P(\overline{A}_{x})\ddot{a}_{x+k} \tag{6.2.8.9}$$

$$= \frac{\mu}{\mu+\delta} - \frac{\mu(q+i)}{\mu+\delta(1+i)}\;\frac{1+i}{q+i} = 0 \tag{6.2.8.10}$$

다른 종류의 보험에 대해서도 같은 방식으로 $k$시점에서의 계약자적립액을 구할

수 있다.

(2) De Moivre 법칙하의 계약자적립액

(a) 완전연속의 경우

식 (6.2.2.6)으로부터 완전연속 종신보험의 $t$시점에서의($0 \le t < \omega - x$) 계약자적립액을 구하면

$$_t\bar{V}(\bar{A}_x) = \bar{A}_{x+t} - \bar{P}(\bar{A}_x)\bar{a}_{x+t}$$

$$= \frac{\bar{a}_{\overline{\omega-x-t}}}{\omega-x-t} - \frac{\bar{a}_{\overline{\omega-x}}}{(\bar{D}\bar{a})_{\overline{\omega-x}}} \frac{(\bar{D}\bar{a})_{\overline{\omega-x-t}}}{\omega-x-t} \qquad (6.2.8.11)$$

다른 종류의 보험에 대해서도 같은 방식으로 $t$시점에서의 계약자적립액을 구할 수 있다.

(b) 완전이산의 경우

식 (6.2.3.6)으로부터 완전이산 종신보험의 $k$시점에서의($0 \le k < \omega - x$) 계약자적립액을 구하면

$$_kV_x = A_{x+k} - P_x\ddot{a}_{x+k}$$

$$= \frac{a_{\overline{\omega-x-k}}}{\omega-x-k} - \frac{a_{\overline{\omega-x}}}{(D\ddot{a})_{\overline{\omega-x}}} \frac{(D\ddot{a})_{\overline{\omega-x-k}}}{\omega-x-k} \qquad (6.2.8.12)$$

다른 종류의 보험에 대해서도 같은 방식으로 $k$시점에서의 계약자적립액을 구할 수 있다.

(c) 반연속의 경우

식 (6.2.4.2)로부터 반연속 종신보험의 $k$시점에서의($0 \le k < \omega - x$) 계약자적립액을 구하면

$$_kV(\bar{A}_x) = \bar{A}_{x+k} - P(\bar{A}_x)\ddot{a}_{x+k}$$

$$= \frac{\bar{a}_{\overline{\omega-x-k}}}{\omega-x-k} - \frac{\bar{a}_{\overline{\omega-x}}}{(D\ddot{a})_{\overline{\omega-x}}} \frac{(D\ddot{a})_{\overline{\omega-x-k}}}{\omega-x-k} \qquad (6.2.8.13)$$

다른 종류의 보험에 대해서도 같은 방식으로 $k$시점에서의 계약자적립액을 구할 수 있다.

## 연습문제 6.2

※ 특별한 언급이 없으면 부록의 계산기수를 이용하여 답하시오.

1. 피보험자 (50)이 가입한 보험금 1원, 전기납입, 완전연속 종신보험을 고려한다. 다음 자료를 이용하여 제15보험연도말 계약자적립액 $_{15}\bar{V}(\bar{A}_{50})$를 구하시오.

   (i) 사망법칙은 $\omega = 110$인 De Moivre 법칙을 따른다.

   (ii) $\bar{a}_{\overline{45}|} = 16.92$, $\bar{a}_{\overline{60}|} = 13.61$

2. 피보험자 (25), 보험금 사망즉시급, 연속납보험료, 보험금 1원의 종신보험을 고려한다. $_0L$을 보험회사의 미래손실을 나타내는 확률변수라고 하면 다음 자료를 이용하여 $_{20}\bar{V}(\bar{A}_{25})$를 구하시오.

   (i) $\text{Var}(_0L) = 0.2$    (ii) $\bar{A}_{45} = 0.7$    (iii) $^2\bar{A}_{25} = 0.3$

3. (a) 보험금 사망즉시급, 연속납보험료, 보험금 1원의 종신보험의 경우 $\mu = \delta = 0.06$일 때 $E(_tL)$과 $\text{Var}(_tL)$을 구하시오.

   (b) 피보험자 (30), 보험금 사망즉시급, 연속납보험료, 보험금 1원의 종신보험의 경우 사망법칙은 $\omega = 90$인 De Moivre의 법칙을 따르고 $\delta = 0.03$이다. 연납평준순보험료는 수지상등의 원칙에 의하여 결정될 때 $E(_{30}L)$과 $\text{Var}(_{30}L)$을 구하시오($v^{30} = 0.4$를 이용하시오).

4. 보험금 사망즉시급, 연속납보험료, 보험금 1원의 종신보험의 경우 $\text{Var}(_tL) = \dfrac{11}{10}E(_tL)$이 성립한다. $^2\bar{A}_{x+t} = 0.6$, $\bar{A}_{x+t} = 0.7$일 때 $\bar{A}_x$를 구하시오.

5. 피보험자 (50)이 가입한 보험금 $b_t$원, 전기납입, 완전연속 종신보험을 고려한다. 다음 자료를 이용하여 제5보험연도말 계약자적립액 $_5V$를 구하시오.

   (i) $t$시점의 사망보험금 $b_t = 1000\,e^{0.03t}$, 사력 $\mu_{50+t} = 0.03$, $t \geq 0$

   (ii) $\delta = 0.05$

6. 피보험자 (40)이 가입한 연금지급액이 연속적 연액 1원, 10년거치, 10년납입 완전연속 종신연금을 고려한다. 다음 가정을 이용하여 제5보험연도말 계약자적립액을 구하시오.
   (i) 사망법칙은 $\omega = 100$인 De Moivre 법칙을 따른다.    (ii) $i = 0$

7. 피보험자 (40)은 보험금 1,000원, 전기납입 완전연속 종신보험에 가입하였다. 다음 자료를 이용하여 제10보험연도말 계약자적립액을 구하시오.

(i) $\mu_{40+t} = \begin{cases} 0.004, & t < 20 \\ 0.004\,e^{0.15(t-20)}, & t \geq 20 \end{cases}$   (ii) $\delta = 0.05$   (iii) $_{20}V = 245$

(iv) 처음 20년간의 연속납보험료의 연액은 $\pi_1$이고, 그 이후부터는 $\pi_2$이다.

8. 피보험자 (40)이 가입한 보험금 1원, 전기납입, 10년만기 완전연속 생사혼합보험을 고려한다. 다음 가정을 이용하여 (a)~(d)를 구하시오.

(i) $\mu_{40+t} = 0.04$, $t \geq 0$, $\delta = 0.05$   (ii) $_tL$은 $t$시점의 미래손실을 나타낸다.

(a) $\bar{A}_{40:\overline{10}|}$   (b) $^2\bar{A}_{40:\overline{10}|}$   (c) $E(_7L \,|\, T_{40} > 7)$   (d) $\mathrm{Var}(_0L)$

9. 피보험자 (30), $i = 0.06$, $s(x) = 1 - \dfrac{x}{100}\,(0 \leq x \leq 100)$일 때 $_{20}\bar{V}(\bar{A}_{30})$을 구하기 위한 미래손실을 $_{20}L$이라고 할 때(예제 (6.2.2.1)을 참고하시오)

(a) 보험회사가 이런 보험을 하나만 판매하였을 때 $\Pr[_{20}L > l] = 0.1$을 만족시키는 $l$의 값을 구하시오.

(b) 보험회사가 많은 보험을 판매하여서 $t = 20$ 즉, 50세에 100개의 보험이 유효할 때
$$\Pr\left[ \frac{1}{100}\left( \sum_{i=0}^{100} {}_{20}L_i \right) > l \right] = 0.1$$ 을 만족시키는 $l$의 값을 구하시오.

10. 생명보험회사가 보유한 9개의 보험으로 이루어진 포트폴리오(portfolio)를 가정하자. 9개의 보험 모두는 피보험자 $(x)$, 보험금 사망즉시급, 연속납보험료, 보험금 1원의 종신보험이다. 이 중 3개는 1년 전에, 3개는 2년 전에, 3개는 3년 전에 판매한 것이다. 계약자적립액은 보험회사가 미래에 지급할 금액을 충족시킬 확률을 95%가 되게 하는 수준에서 결정될 때 9개 보험의 총계약자적립액을 구하시오. 단, $\mu_{x+t} = 0.02$, $\delta_t = 0.03$(모든 $t$)이고 정규분포를 이용하여 근사치를 구하시오.

11. 나이가 $x$세로 동일한 100명의 피보험자 집단을 고려한다. 피보험자 집단은 남자 50명, 여자 50명으로 구성되어 있으며 피보험자가 사망시 보험금 1원을 지급하는 전기납입, 완전연속 종신보험에 단체로 가입하였다(요율은 남녀 구별없이 단일요율임). 다음 자료를 이용하여 제10보험연도말에 집단에서 생존해 있는 피보험자 1인당 계약자적립액(집단계약자적립액/생존자수)을 구하시오.

(i) 모든 $x$에 대하여 남자의 사력은 $\mu_x^m = 0.12$이고, 여자의 사력은 $\mu_x^f = 0.08$이다.

(ii) $\delta = 0.05$   (iii) 보험료는 평준보험료이다.

12. UDD가정하에서 $_t\bar{V}(\bar{A}_x) = k \cdot {}_tV_x$가 성립할 때 $k = \dfrac{i}{\delta} + \dfrac{i-\delta}{\delta^2}\,\bar{P}(\bar{A}_x)$임을 보이시오.

13. (a) ${}_{10}^{20}V_{40}$ 을 4가지의 공식으로 나타내시오.

    (b) ${}_{10}V_{40:\overline{20}|}$ 을 7가지의 공식으로 나타내시오.

    (c) ${}_{20}^{30}\overline{V}({}_{30|}\bar{a}_{35})$ 를 과거법으로 표시하시오.

14. ${}_nV_x = 0.080$, $P_x = 0.024$, $P_{x:\overline{n}|}^{\phantom{1}1} = 0.2$ 일 때 $P_{x:\overline{n}|}^1$ 의 값을 구하시오.

15. 피보험자 (45), 보험금 연말급, 보험금 1원의 종신보험의 전기납입 연납보험료는 0.3이다. $\omega = 50$ 인 De Moivre의 법칙이 적용되고 $i = 0.1$ 일 때 $E({}_2L)$ 을 구하시오.

16. 피보험자 (50)이 가입한 전기납입, 4년만기 완전이산 생사혼합보험을 고려한다. 다음 자료를 이용하여 (a)와 (b)를 구하시오.

    (i) 피보험자의 사망이 제1보험연도 또는 제2보험연도에 발생하면 사망연도말에 보험금 1,000원을 지급한다.

    (ii) 피보험자의 사망이 제3보험연도 또는 제4보험연도에 발생하면 사망연도말에 보험금 1,500원을 지급한다.

    (iii) 피보험자가 4년 동안 생존해 있으면 제4보험연도말에 생존보험금 2,000원을 지급한다.

    (iv) $q_{50} = q_{51} = 0.1$ , $q_{52} = q_{53} = 0.15$     (v) $i = 0.05$

    (a) 연납평준순보험료를 구하시오.
    (b) 제2보험연도말 계약자적립액을 구하시오.

17. 선택기간이 5년인 선택표의 사망률을 적용받는 피보험자 [50]을 고려한다. 선택기간이 지나면 사망률은 제7회 경험생명표(남)를 따른다고 할 때, 피보험자 [50]이 가입한 보험금 1,000원, 전기납입 완전이산 종신보험의 제10보험연도말 계약자적립액을 구하시오(단, $1000A_{[50]} = 225.5$ 이다).

18. 피보험자 (50)이 가입한 전기납입, 30년만기 완전이산 생사혼합보험을 고려한다. 다음 자료를 이용하여 제15보험연도말 계약자적립액을 구하시오.

    (i) 피보험자가 보험가입 후 15년 안에 사망하면 사망연도말에 1,000원을 지급하고, 그 이후에 사망하면 사망연도말에 2,500원을 지급한다. 30년 동안 생존해 있으면 생존보험금 2,500원을 지급한다.

    (ii) 보험료는 보험가입 후 처음 15년 동안은 50원씩을, 그 이후에는 100원씩을 매 보험연도초에 납입한다.

    (iii) $q_{50+k} = 0.002 + 0.001k$, $k = 0, 1, 2, \cdots, 29$

    (iv) $\ddot{a}_{66:\overline{14}|} = 9.42$                              (v) $i = 0.05$

19. 피보험자 $(x)$가 가입한 4년거치, 4년납입, 완전이산 기시급 종신연금을 고려한다. 다음 자료를 이용하여 $_3V$를 구하시오($i = 0.05$).

(i) 처음 연금지급액은 1,000원이며, 그 다음해부터는 1,000원에 5%씩 증가되는 금액을 받는다. 또한 사망보험금은 없다.

(ii)

| $n$ | 0 | 1 | 2 | 3 |
|---|---|---|---|---|
| $e_{x+n}$ | 50.2 | 49.2 | 48.6 | 48.4 |

20. 표 [6.2.2.2]에서 [ ] 속에 있는 $1 - \dfrac{P_x}{P_{x+k}}$ 의 모양을 차례로 $_kW(\bar{A}_x)$, $_kW_x$, $_k^nW(\bar{A}_x)$, $_k^nW_x$, $_kW(\bar{A}_{x:\overline{n}|})$, $_kW_{x:\overline{n}|}$으로 표시한다. 피보험자 $(x)$의 $x + t$시점에서의 해약환급금을 $_tCV$라고 하면 $_tCV$의 특별한 경우로 $_tCV = {_tV}$인 경우를 생각할 수 있다. 이때 $_tCV$를 해약 전과 동일한 보험의 NSP로 하면 보험금은 작아진다. 이 작아진 보험금액을 앞에서 정의한 $_kW$ 형태로 표시할 때 표 [6.2.2.2]의 [ ] 속의 값이 $_kW$ 형태로 되는 것을 유도하시오.

21. 다음과 같은 자료를 이용하여 $\text{Var}(_tL) \div \text{Var}(_{t+1}L)$를 구하시오.

(i) $v^2 = 0.75$      (ii) $q_{x+t} = 0.2$      (iii) $A_{x+t+1} = 0.5$, $^2A_{x+t+1} = 0.3$

(iv) 피보험자 $(x)$, 보험금 연말급, 연납보험료, 보험금 1원의 종신보험의 제$t$보험연도말의 미래손실을 $_tL$로 정의한다.

22. 피보험자 $(x)$, 보험금 연말급, 연납보험료, 보험금 1원의 종신보험을 고려한다. 다음과 같은 자료를 이용하여 사용된 이자율 $i$를 구하시오.

(i) $P_x = \dfrac{4}{11}$ (보험료)      (ii) $_tV_x = 0.5$      (iii) $\ddot{a}_{x+t} = 1.1$

23. 피보험자 (35), 보험금 연말급, 연납보험료, 제10보험연도의 사망보험금 2,500원인 종신보험의 연납보험료를 $P$라고 표시하기로 한다. 계약자적립액은 $i = 0.10$을 이용하여 계산된다. $_9V + P = {_{10}V} = 500$일 때 $q_{44}$를 구하시오.

24. 5년전 35세에 판매된 종신보험의 보험료 납입기간은 20년이고 매년초에 납입된다. 피보험자의 현재 나이는 40세이고 종신보험을 20년만기 생사혼합보험으로 바꾸려 한다. 새로운 보험의 보험료는 종신보험의 보험료와 같고 20년 동안 납입된다. 보험을 바꾸는 시점에서 종신보험의 계약자적립액과 보험금이 $X$인 생사혼합보험의 계약자적립액은 같다고 가정한다(즉, 종신보험의 계약자적립액 $^{20}_5V_{35}$와 20년간 납입될 $_{20}P_{35}$으로 생사혼합보험의 보험금 $X$를 충당한다). 종신보험의 보험금이 1원일 때 생사혼합보험의 보험금 $X$는 다음

과 같음을 보이시오.

$$X = \frac{M_{40}(N_{35}-N_{55})+M_{35}(N_{55}-N_{60})}{(M_{40}-M_{60}+D_{60})(N_{35}-N_{55})}$$

25. (a) $P_{x:\overline{n|}} = {}_tV_{x:\overline{n|}}\,P_{x:\overline{t|}} + (1 - {}_tV_{x:\overline{n|}})\,P^{\,1}_{x:\overline{t|}}$ 를 증명하시오.

   (b) ${}_tV_x = \dfrac{P_x - P^{\,1}_{x:\overline{t|}}}{P^{\,1}_{x:\overline{t|}}}$ , ${}_tV_{x:\overline{n|}} = \dfrac{P_{x:\overline{n|}} - P^{\,1}_{x:\overline{t|}}}{P^{\,1}_{x:\overline{t|}}}$ 를 증명하시오.

   (c) ${}_tV_x = 0.19$, $P_x = 0.02$, $P^{\,1}_{x:\overline{t|}} = 0.072$일 때 $P^{\,1}_{x:\overline{t|}}$ 와 $P_{x:\overline{t|}}$ 를 구하시오.

26. 피보험자 (35)는 일시납순보험료(NSP)를 납부하고 보험에 가입하였다. 가입한 보험은 피보험자가 65세까지 생존하면 100,000원을 지급하고 65세 전에 사망하면 사망하는 연도말에 일시납순보험료를 이자없이 반환해 준다. 일시납순보험료를 $S$라고 할 때 다음을 계산기수를 이용하여 나타내시오.

   (a) $S$                                (b) 제$k$보험연도말 계약자적립액(장래법)

   (c) 제$k$보험연도말 계약자적립액(과거법)

27. 피보험자 (90), 보험금 연말급, 연납보험료($\pi$)인 보험을 고려해보자. 이 보험의 보험금은 제1보험연도에는 1원, 제2보험연도에는 2원, 제3보험연도에는 3원이다. ${}_{k|}q_{90} = \dfrac{k+1}{6}$, $k = 0, 1, 2$이고 $i = 0$일 때 $\mathrm{Var}({}_1L)$을 구하시오. $\pi$는 수지상등의 원칙에 의하여 결정된다.

28. 피보험자 (25), 보험금 1원, 40년납입 완전이산 종신보험을 고려해보자. 처음 10년간의 보험료는 $P_{25}$이고 다음 30년간의 보험료는 $\pi$로서 일정하다. 다음과 같은 자료를 이용하여 제10보험연도말 계약자적립액을 구하시오.

   (i) $A_{35} = 0.3$            (ii) $P_{25} = 0.01$            (iii) $d = 0.06$

29. 다음 식이 성립함을 보이시오.

   (a) $\dfrac{{}_{10}P_{30} - P^{\,1}_{30:\overline{10|}}}{P^{\,1}_{30:\overline{10|}}} = A_{40} + {}_{10}k_{30} - 1$

   (b) $P_{20} - P^{\,1}_{20:\overline{15|}}\,{}_{15}k_{20} = ({}_{12}V_{20} - {}_{12}V^{\,1}_{20:\overline{15|}})\,P_{20:\overline{12|}}$

30. 보험금이 1원일 때 다음을 증명하시오.

   (a) ${}_kV_x = \displaystyle\sum_{h=0}^{k-1} \dfrac{P_x - v\,q_{x+h}}{{}_{k-h}E_{x+h}}$

(b) $\displaystyle {}_kV_x = \sum_{h=0}^{k-1}[P_x - vq_{x+h}(1 - {}_{h+1}V_x)](1+i)^{k-h}$

31. 피보험자 (25), 보험금 연말급, 보험금 1원의 종신보험을 고려한다. 보험료는 65세까지 연납으로 납부된다. 처음 10년간의 보험료는 $P_{25}$이고 다음 30년간의 보험료는 $P_{25}$보다 증가된 매년 $R$원씩이다. 다음을 계산기수를 이용하여 나타내시오.

   (a) $R$을 구하시오.

   (b) 제10보험연도말 계약자적립액을 구하시오.

   (c) 제10보험연도말에서 피보험자는 보험료를 $P_{25}$에서 $R$로 올리지 않고 65세까지 계속 $P_{25}$로 유지할 수 있는 선택권이 부여되었다. 그 대신 보험금은 35세부터 $B$로 낮아진 다면 이때의 $B$를 구하시오.

   (d) (c)의 선택이 행하여졌을 때 제20보험연도말 계약자적립액을 구하시오.

32. 피보험자 (60)이 가입한 보험금 1원, 전기납입, 완전이산 종신보험을 고려한다. 다음 자료를 이용하여 제7보험연도말 계약자적립액을 구하시오.

   (i) $a_{60} = 13.97$, $a_{67} = 11.9$  (ii) $\alpha(12) = 1.0002$, $\beta(12) = 0.46651$

   (iii) $i = 0.05$  (iv) 매 연령마다 단수부분은 UDD가정을 따른다.

   (v) 보험료는 매달초에 납입한다.

33. $n$년만기 생존보험에서 $n$년을 생존하면 보험금 3원을 지급하고 $n$년 안에 사망하면 보험 연도말에 $1 +$ 계약자적립액을 지급한다. $q_{x+t} = 0.003(1+i)^t$로 가정할 때 연납평준순보 험료를 $\ddot{s}_{\overline{n}|}$ 등을 이용하여 나타내시오.

34. 사망보험금이 $b_h = \ddot{a}_{\overline{n-h}|}$, $h = 1, 2, \cdots, n$인 $n$년만기 정기보험의 연납평준순보험료를 $\pi$라고 하자. ${}_0V = {}_nV = 0$일 때 다음을 증명하시오.

   (a) $\displaystyle \pi = \frac{\ddot{a}_{\overline{n}|} - \ddot{a}_{x:\overline{n}|}}{\ddot{a}_{x:\overline{n}|}}$  (b) ${}_kV = \ddot{a}_{\overline{n-k}|} - \ddot{a}_{x+k:\overline{n-k}|} - \pi\ddot{a}_{x+k:\overline{n-k}|}$

35. 피보험자 (55), 보험금 100,000원, 보험금 연말급인 종신보험의 보험료는 연납으로 10년 동안 납입된다. 다음 자료를 이용하여 ${}_{10}V$를 구하시오.

   (i) 제11보험연도의 위험보험금(net amount at risk)은 30,000원이다.

   (ii) $30000A^1_{65:\overline{1}|} = 1000$  (iii) $i = 3\%$

36. $a < b$일 때 다음을 증명하시오.

$$_t^a V_{x\,:\,\overline{n}|} \geq {}_t^b V_{x\,:\,\overline{n}|}$$

37. 다음과 같은 급부를 제공하는 보험상품이 있다.

(i) $n$년거치 종신생명연금(매년초 1원씩 지급)

(ii) 생명연금의 지급이 시작되기 전에 사망하면 납입된 순보험료가 이자없이 연말에 지급된다.

보험료는 $n$년 동안 연납으로 납입되며 $\pi_{x\,:\,\overline{n}|}$으로 표시하기로 할 때 제$t$보험연도말 계약자적립액($t<n$)이 다음과 같은 두 식으로 나타낼 수 있음을 보이시오.

$$_t V = t\,\pi_{x\,:\,\overline{n}|}\,A^{1}_{x+t\,:\,\overline{n-t}|} - \pi_{x\,:\,\overline{n}|}\left[\ddot{a}_{x+t\,:\,\overline{n-t}|} - (IA)^{1}_{x+t\,:\,\overline{n-t}|}\right] + {}_{n-t|}\ddot{a}_{x+t\,:\,\overline{n-t}|}$$

$$= t\,\pi_{x\,:\,\overline{n}|}\,A^{1}_{x+t\,:\,\overline{n-t}|} + \left[1 - \frac{\pi_{x\,:\,\overline{n}|}}{\pi_{x+t\,:\,\overline{n-t}|}}\right]{}_{n-t|}\ddot{a}_{x+t}$$

38. 피보험자 (62)가 가입한 3년거치, 3년납입, 5년만기 생명연금을 고려한다. 다음 자료를 이용하여 제3보험연도말 계약자적립액을 구하시오.

(i) $\mu = 0.03$, $\delta = 0.05$　　　　　　(ii) 연금은 매 보험연도초에 지급된다.

(iii) 보험료는 연속적 연액 P원을 3년 동안 납입한다.

(iv)

| 보험연도 | 1 | 2 | 3 | 4 | 5 | 6 | 7 | 8 | 9, 10, 11, ⋯ |
|---|---|---|---|---|---|---|---|---|---|
| 연금지급액 | 0 | 0 | 0 | 100 | 75 | 50 | 25 | 10 | 0 |

39. $_kV(\bar{A}_x)$를 구하기 위한 $_kL$의 확률변수를 정의하고 UDD가정하에서 $_kL$의 분산을 구하시오.

40. 보험금 사망즉시급, 전기납입 연납보험료, $n$년만기 생사혼합보험에서 $n$년 안에 사망할 경우에는 만기보험금(1원) 외에 기납입보험료가 이자없이 반환된다. 이 보험의 연납순보험료와 계약자적립액을 계산기수를 이용하여 나타내시오.

41. 피보험자 (40)는 보험금 $b$원 완전이산 종신보험을 가입하였다. 다음의 자료를 이용하여 제14보험연도말 계약자적립액을 구하시오.

(i) $q_{54} = 0.00412$　　　　(ii) $i = 0.05$　　　　(iii) $_{14}V + P = 232$

(iv) 제15보험연도의 위험보험금은 1,262원이다.　　　　(v) $\ddot{a}_{40} = 17.704236$

42. 피보험자 (30)은 완전이산 종신보험에 가입하였다. 사망보험금은 처음 30년 동안은 1,000원이고 그 다음 5년 동안은 2,000원이고 그 후부터는 3,000원이다. 보험료는 수지상등의 원칙을 적용하여 결정되고 매년 순보험료는 평준이 아니다. 처음 30년 동안의 연납순보험료는 $1000P_{30}$이고 그 다음 5년 동안의 연납순보험료는 $2000P_{30}$이고 그 후 연납순보험료는 $\pi$이다. $P_{30} = A_{30}/\ddot{a}_{30}$이다. 다음의 자료를 이용하여 $_{31}V$를 구하시오.

(i) $i = 0.05$             (ii) $q_{60} = 0.0066$

(iii) $A_{30} = 0.1$, $_{30}E_{30} = 0.216$, $A_{60} = 0.352$

43. 피보험자 (30)은 40년거치 40년납입 완전이산 종신생명연금에 가입하였다. 연금액은 70세부터 매년초 1,000원씩 지급된다. 만약 피보험자가 거치기간 내 사망하면 연 5%씩 부리한 기납입보험료를 지급한다. $i = 5\%$이고 부록의 생명표를 이용하여 다음을 구하시오.

(a) 연납보험료                  (b) 제10보험연도말 계약자적립액

44. 피보험자 (40)이 가입한 보험금 100,000원 완전이산 종신보험을 고려해보자. 보험료 산출기준은 $i = 5\%$, $q_{59} = 0.006$이고 보험료 산출기준과 계약자적립액 산출기준은 동일하다고 가정한다. 주어진 제20보험연도말 계약자적립액($_{20}V$)은 23,000원이다. 다른 모든 가정은 동일하고, 20연도의 사망률만 $q_{59} = 0.016$로 증가되었다고 할 때 증가된 위험률을 반영한 19연도말 미래손실의 기대값과 처음 산출된 $_{19}V$의 차이를 구하시오. 단, 보험료는 변경되지 않고 동일하게 사용하였으며 20연도 외의 구간에서는 모든 가정이 동일하다.

45. 피보험자 (55)가 가입한 5년납입, 10년만기 완전이산 정기보험을 고려한다. 다음 자료를 이용하여 제2보험연도말 계약자적립액을 구하시오.

(i) 보험급부 $b_{k+1} = 1000(10 - k)$, $k = 0, 1, 2, \cdots, 9$

(ii) 연납평준순보험료는 150.53원이다.

(iii) $q_{55+k} = 0.01 + 0.001k$, $k = 0, 1, 2, \cdots, 9$        (iv) $i = 0.05$

※ 연습문제 46번과 47번은 다음 자료를 이용하여 구하시오.

피보험자 (60)이 가입한 전기납입, 15년만기 완전이산 생사혼합보험을 고려한다.

(i) $\ddot{a}_{60} = 13.03971$, $\ddot{a}_{63} = 12.11908$, $\ddot{a}_{68} = 10.46365$

(ii) $q_{66} = 0.01451$, $_{9|}q_{60} = 0.04591$, $l_{60} = 90856$, $l_{66} = 85458$, $l_{68} = 82871$

(iii) $\pi_6 > 0$, $b_{10} > 0$, $i = 0.05$

(iv) $k \neq 6$에 대하여 연납순보험료는 $\pi_k = 1000 P_{60}$, $k = 0, 1, 2, 3, 4, 5, 7, \cdots, 14$

(v) 사망보험금은 $k+1 \neq 10$인 $b_{k+1} = 1000$,

     $k = 0, 1, 2, \cdots, 8, 10, 11, \cdots, 14$

(vi) 생존보험금은 1,000원이다.

(vii) $1000 P_{60} = 29.79$, $1000 A_{60:\overline{15|}} = 521.43$

(viii) $\ddot{a}_{60:\overline{15|}} = 10.12546$, $\ddot{a}_{72:\overline{3|}} = 2.78926$

46. 위의 자료를 이용하여 다음을 구하시오.

(a) 제3보험연도말 계약자적립액   (b) 제12보험연도말 계약자적립액

(c) 제6보험연도말 계약자적립액을 310원, 제7보험연도말 계약자적립액을 425원이라고 가정할 때, $\pi_6$

47. $\pi_6 = 350$이라고 가정할 때 (a)와 (b)를 구하시오.

(a) $b_{10}$   (b) 제8보험연도말 계약자적립액

48. 피보험자 $(x)$가 가입한 전기납입 완전이산 종신보험을 고려한다.

(i)

| $k$ | 제 $k$ 보험연도초 보험료($\pi_{k-1}$) | 제 $k$ 보험연도말 보험금($b_k$) | 제 $k$ 보험연도 동안의 이자율($i$) | $q_{x+k-1}$ | 제 $k$ 보험연도말 계약자적립액($_k V$) |
|---|---|---|---|---|---|
| 2 | – | – | – | – | 320 |
| 3 | 55 | 750 | 0.05 | – | 380 |
| 4 | 67 | 1000 | 0.04 | 0.06 | – |

(ii) 매 연령마다 단수부분은 UDD가정을 따른다.

위의 자료를 이용하여 (a)와 (b)를 구하시오.

(a) $q_{x+2}$   (b) $_4 V$

49. 피보험자 $(x)$, 보험금 연말급인 종신보험의 보험료 납입은 연납으로 20년 동안 납입된다. 다음과 같은 자료가 주어졌다.

(i) 제 $t$ 보험연도의 보험금은 $b_t = 1 + {}_t V - {}_t V_x$

여기서 $_t V$는 이 보험의 계약자적립액, $_t V_x$는 보통종신보험의 계약자적립액을 의미한다.

(ii) $\omega - x > 20$이고 $t = \omega - x$에서 생존시 생존보험금 1원을 지급받는다(즉, $_{\omega-x} V = {}_{\omega-x} V_x = 1$).

다음에 답하시오.

(a) $_h V_x$의 재귀식을 이용하여 $v^h \, {}_h V_x - v^{h-1} \, {}_{h-1} V_x$를 $v$, $q_{x+h-1}$, $_h V_x$와 $P_x$를 사용하여 나타내시오.

(b) $v^h \, {}_h V - v^{h-1} \, {}_{h-1} V$를 $v$, $q_{x+h-1}$, $_h V_x$와 $\pi_{h-1}$을 사용하여 나타내시오. $\pi_{h-1}$은 이 보험의 제 $h$ 보험연도초에 납입되는 연납평준순보험료이다.

(c) $\pi_{h-1} = \begin{cases} P_x \left( \dfrac{\ddot{a}_{\overline{\omega-x}|}}{\ddot{a}_{\overline{20}|}} \right), & h = 1, 2, \cdots, 20 \\ 0, & h = 21, 22, \cdots, \omega - x \end{cases}$ 임을 유도하시오.

50. 피보험자 $(50)$이 가입한 전기납입, 완전이산 종신보험을 고려한다. 다음 자료를 이용하여 연납평준순보험료를 구하시오.

(i) $l_x = 100 - x, \quad 0 \le x \le 100$      (ii) $i = 0.05$

(iii) 보험금은 피보험자가 사망시 사망연도말에 10,000원과 사망연도말 시점의 계약자적립액을 지급한다. 이 조건에 따르면 사망이 제50보험연도에 발생하면 사망연도말에 20,000원이 지급된다.

(iv) $\displaystyle\sum_{j=1}^{50} \frac{(1.05)^j}{j} = 9.895203$

51. $\dfrac{d\,_t\bar{V}}{dt} = \pi_t + (\delta + \mu_{x+t})\,_t\bar{V} - b_t\,\mu_{x+t}$ 를 이용하여 다음을 구하시오.

(a) $\dfrac{d}{dt}(_tp_x \,_t\bar{V})$      (b) $\dfrac{d}{dt}(v^t \,_t\bar{V})$      (c) $\dfrac{d}{dt}(v^t\,_tp_x \,_t\bar{V})$

제 **7** 장
# 영업보험료

# I. 기초이론

## 1. 영업보험료 산출(I)

순보험료(純保險料)와 부가보험료(附加保險料)를 합하여 영업보험료(營業保險料)라고 한다. 영업보험료 산출(I)에서는 영업보험료 산출의 기본적인 식들을 먼저 살펴보고, 영업보험료 산출(II)에서 보험업계에서 일반적으로 사용되는 사업비 부과체계를 적용하여 영업보험료를 산출하기로 한다.

### (1) 부가보험료

부가보험료는 크게 계약체결비용(契約締結費用)과 계약관리비용(契約管理費用)으로 나눌 수 있다. 신계약을 체결하기 위하여는 모집인의 활동 등 여러 가지 비용이 드는데 이를 계약체결비용이라고 한다. 일단 계약이 체결되면 그 후에는 계약의 관리·운용에 비용이 필요한데 이를 계약관리비용이라고 한다.

부가보험료를 결정하는 방법에는 여러 가지가 있을 수 있으나 보험금액에 비례시키는 방법과 보험료에 비례시키는 방법이 혼합되어 사용될 수 있다. 예를 들어 생사혼합보험의 경우 다음의 사업비들을 고려할 수 있다.

계약체결비용 : 신계약시에만 보험금액 1원에 대하여 $\alpha$[1]

  (예: $\alpha = 0.03 = 30/1000$)

계약관리비용 : 보험료 납입기간중에는 보험금액 1원에 대하여 매년 $\beta$

(유지관리비용) (예: $\beta = 0.004$)

  보험료 납입완료 후에는 보험금액 1원에 대하여 매년 $\beta'$

  (예: $\beta' = 0.003$)

계약관리비용 : 보험료 납입시마다 영업보험료 1원에 대하여 $\beta_c$

(기타비용)  (예: $\beta_c = 0.03 = 3\%$)

### (2) 연납영업보험료

영업보험료를 $P'$라고 표기하기로 한다. 보험금 1원인 $h$년 유한납입 생사혼합보험을 가정하면 수지상등의 원칙에 의하여

---

1) 여기서의 $\alpha$는 표 [7.2.1.2]에서 $\alpha_1$에 해당된다. $\alpha_3$는 없으므로 $\alpha = \alpha_1$이 된다.

$$_hP'_{x:\overline{n}|}\ddot{a}_{x:\overline{h}|} = A_{x:\overline{n}|} + \alpha + \beta\ddot{a}_{x:\overline{h}|} + \beta'(\ddot{a}_{x:\overline{n}|} - \ddot{a}_{x:\overline{h}|}) + \beta_c\ {_hP'}_{x:\overline{n}|}\ddot{a}_{x:\overline{h}|}$$

$$(7.1.1.1)$$

가 성립한다. 식 (7.1.1.1)로부터 $_hP'_{x:\overline{n}|}$ 를 구하면

$$_hP'_{x:\overline{n}|} = \frac{A_{x:\overline{n}|} + \alpha + \beta\ddot{a}_{x:\overline{h}|} + \beta'(\ddot{a}_{x:\overline{n}|} - \ddot{a}_{x:\overline{h}|})}{(1-\beta_c)\ddot{a}_{x:\overline{h}|}} \tag{7.1.1.2}$$

$$= \frac{1}{1-\beta_c}\left\{ {_hP}_{x:\overline{n}|} + \frac{\alpha}{\ddot{a}_{x:\overline{h}|}} + \beta + \beta'\frac{\ddot{a}_{x:\overline{n}|} - \ddot{a}_{x:\overline{h}|}}{\ddot{a}_{x:\overline{h}|}} \right\} \tag{7.1.1.3}$$

식 (7.1.1.3)의 { }안의 첫항은 순보험료이고 그 다음 항부터는 각 사업비가 연납보험료 중에 평준사업비의 형태로 나타나 있다.

(3) 일시납 영업보험료

일시납보험료의 영업보험료에 대하여는 $\beta$나 $\beta_c$가 없으므로

$$A'_{x:\overline{n}|} = A_{x:\overline{n}|} + \alpha + \beta'\ddot{a}_{x:\overline{n}|} \tag{7.1.1.4}$$

이 사용된다.

(4) 분할납 영업보험료

분할납 영업보험료인 경우에는 식 (7.1.1.1)에서 $\ddot{a}_{x:\overline{h}|}$ 대신에 $\ddot{a}_{x:\overline{h}|}^{(m)}$ 을 대입하면 된다. 이때의 $\beta$는 분할납보험료의 각 납입시점에서 사용되는 예정유지비의 연액이고(월납인 경우 매월 $\beta/12$), 납입완료 후에는 계약의 유지비에 대하여는 매년 초에 $\beta'$를 사용[1]하고, 분할납보험료의 각 납입시점에서 사용되는 기타유지비가 $\beta_c$라고 가정하자.[2] 이때 수지상등의 원칙에 의하여

$$_hP'^{(m)}_{x:\overline{n}|}\ddot{a}^{(m)}_{x:\overline{h}|} = A_{x:\overline{n}|} + \alpha + \beta\ddot{a}^{(m)}_{x:\overline{h}|} + \beta'(\ddot{a}_{x:\overline{n}|} - \ddot{a}_{x:\overline{h}|}) + \beta_c\ {_hP'}^{(m)}_{x:\overline{n}|}\ddot{a}^{(m)}_{x:\overline{h}|}$$

$$(7.1.1.5)$$

식 (7.1.1.5)로부터 분할납 영업보험료는

---

1) 매월 사용한다면 납입중 계약관리비용 식과 같이 연금기호가 달라져야 한다. 여기서는 연1회 $\beta'$가 사용된다.

2) 월납인 경우 매월 기타유지비의 연액은 연액= $12\times(\beta_c\times$월납보험료) = $\beta_c\times(12\times$월납보험료) = $\beta_c\ {_hP}^{(m)'}_{x:\overline{n}|}$ 이 된다.

$$(\frac{1}{m})\,_hP_{x:\overline{n}|}^{'(m)} = \frac{A_{x:\overline{n}|} + \alpha + \beta\,\ddot{a}_{x:\overline{h}|}^{(m)} + \beta'(\ddot{a}_{x:\overline{n}|} - \ddot{a}_{x:\overline{h}|})}{(1-\beta_c)\,\ddot{a}_{x:\overline{h}|}^{(m)}} \tag{7.1.1.6}$$

$$= \frac{1}{m(1-\beta_c)}\left\{\,_hP_{x:\overline{n}|}^{(m)} + \frac{\alpha}{\ddot{a}_{x:\overline{h}|}^{(m)}} + \beta + \beta'\frac{\ddot{a}_{x:\overline{n}|} - \ddot{a}_{x:\overline{h}|}}{\ddot{a}_{x:\overline{h}|}^{(m)}}\right\} \tag{7.1.1.7}$$

$_hP_{x:\overline{n}|}^{'(m)}$ 은 분할납 영업보험료의 연액을 나타내므로 $(\frac{1}{m})\,_hP_{x:\overline{n}|}^{'(m)}$ 이 매회 분할납 영업보험료가 된다. 월납의 경우 $m=12$이므로 $(\frac{1}{12})\,_hP_{x:\overline{n}|}^{'(12)}$ 가 월납영업보험료가 된다. 향후 월납보험료를 직접 사용하면서 설명하거나 논의를 전개할 때 $(\frac{1}{12})\,_hP_{x:\overline{n}|}^{'(12)}$ 과 같은 기호를 사용하면 불편하므로 본서에서는 월납순보험료와 월납영업보험료를 < >를 사용하여 $_hP_{x:\overline{n}|}^{\langle12\rangle}$ 와 $_hP_{x:\overline{n}|}^{'\langle12\rangle}$ 등과 같이 하나의 기호로 나타내기로 한다.

---

예제 7.1.1.1

순보험료를 $P$라고 하면 영업보험료 $P'$는

$$P' = P(1+k) + C$$

로 나타낼 수 있다(식 (7.1.1.3)이나 식 (7.1.1.7)도 이 형태이다). 중도에 사망하면 기납입 영업보험료를 이자없이 반환하는 $n$년 생존보험의 연납영업보험료 $P'$를 구하는 식을 유도하시오.

풀이

수지상등의 원칙에 의하여

$$P\,\ddot{a}_{x:\overline{n}|} = P'(IA)_{x:\overline{n}|}^1 + A_{x:\overline{n}|}^{\;\;1}$$

$$= \{P(1+k) + C\} \cdot (IA)_{x:\overline{n}|}^1 + A_{x:\overline{n}|}^{\;\;1}$$

이 되고 따라서 순보험료 $P$는

$$P = \frac{A_{x:\overline{n}|}^{\;\;1} + C(IA)_{x:\overline{n}|}^1}{\ddot{a}_{x:\overline{n}|} - (1+k)(IA)_{x:\overline{n}|}^1}$$

따라서 영업보험료 $P'$는

$$P' = P(1+k) + C$$

$$= \frac{A_{x:\overline{n}|}^{\;\;1} + C(IA)_{x:\overline{n}|}^1}{\ddot{a}_{x:\overline{n}|} - (1+k)(IA)_{x:\overline{n}|}^1}(1+k) + C$$

$$= \frac{(1+k)D_{x+n} + C(N_x - N_{x+n})}{(N_x - N_{x+n}) - (1+k)(R_x - R_{x+n} - nM_{x+n})}$$

## 2. 영업보험료 산출(II)

### (1) 보험상품의 급부와 사업비 기준

여기서는 금리확정형 일반형 종신보험을 이용하여 영업보험료를 설명하기로 한다. 금리확정형 일반형 종신보험(일확, 이하 '일확'으로 표기한다)은 사망위험을 보장하는 상품으로 보험업법상 생명보험으로 분류되며, 보험기간(종신) 동안 확정금리를 적용한다.[1]

표 [7.1.2.1]  **보험상품의 급부 및 가입조건**

| 구 분 | 세부 내용('일확') |
|---|---|
| 보장급부 | 사망시 보험가입금액(S) 지급하고 계약 소멸 |
| 납입면제 | 장해50%이상 발생시 보험료 납입면제 |
| 가입조건 | 남자 40세, 20년 월납, 종신, 보험가입금액(S) 1억원, 적용이율 2.25%(연). 제9회 보험개발원 참조요율(II) 적용(납입면제 포함). |

보험업계에서 사용하는 실제적인 사업비의 형태는 표 [7.1.2.2]와 표 [7.1.2.3]과 같으며, 사업비 중 계약체결비용은 업계의 계약체결비용 부과체계 현황($\alpha_1$: 초년도 보험가입금액 비례, $\alpha_2$: 초년도 20년납 순보험료 비례, $\alpha_3$: 초년도 영업보험료 비례)을 고려하여 다음과 같이 두 가지 Case를 가정한다. Case1과 Case2 모두 $\alpha_1$을 동일하게 부과하고, $\alpha_2$와 $\alpha_3$ 중에서 Case1은 $\alpha_2$만 부과하고 Case2는 $\alpha_3$만 부과한다. 계약체결비용 이외 사업비는 Case1과 Case2가 동일하다.

표 [7.1.2.2]  **Case1) 계약체결비용을 ($\alpha_1$, $\alpha_2$) 기준으로 부과한 경우**

| 구 분 | | | | 사업비율 |
|---|---|---|---|---|
| 계약체결비용 | | 초년도 보험가입금액[2] | $\alpha_1$ | 14/1000 |
| | | 초년도 20년납 연납순보험료 | $\alpha_2$ | 140% |
| | | 초년도 월납영업보험료 | $\alpha_3$ | 0 |
| 계약 관리비용 | 유지 비용 | 납입기간 중 | 매월 보험가입금액의 $\beta_1/12$ ($\beta_1$: 연액) | $\beta_1$ | 1.4/1000 (연액) |
| | | 매월 월납영업보험료 | $\beta_2$ | 8.7% |
| | | 납입기간 후 | 매년 보험가입금액 | $\beta'$ | 0.6/1000 |
| | 기타비용(납입기간 중) | 매월 월납영업보험료 | $\beta_c$ | 2.5% |

---

1) 최근 종신보험은 보험기간(종신) 동안 확정금리 적용에 따른 부담으로 '일확'보다는 해지율 반영을 통해 보험료를 낮춘 금리확정형 저해지형 종신보험('저확')이 판매되고 있다. '저확'은 연습문제 9.1을 참고하기 바람. 저해지형 종신보험은 주로 금리연동형 형태로 판매되고 있다.

표 [7.1.2.3] Case2) 계약체결비용을 $(\alpha_1, \alpha_3)$ 기준으로 부과한 경우

| 구 분 | | | | 사업비율 |
|---|---|---|---|---|
| 계약체결비용 | | 초년도 보험가입금액 | $\alpha_1$ | 14/1000 |
| | | 초년도 20년납 연납순보험료 | $\alpha_2$ | 0 |
| | | 초년도 월납영업보험료 | $\alpha_3$ | 100% |
| 계약 관리비용 | 유지 비용 | 납입기간 중 | 매월 보험가입금액의 $\beta_1/12$ ($\beta_1$: 연액) | $\beta_1$ | 1.4/1000 (연액) |
| | | | 매월 월납영업보험료 | $\beta_2$ | 8.7% |
| | | 납입기간 후 | 매년 보험가입금액 | $\beta'$ | 0.6/1000 |
| | 기타비용(납입기간 중) | | 매월 월납영업보험료 | $\beta_c$ | 2.5% |

보험업감독규정[1])에 따라 '기준연령 요건에서 계약체결비용이 보험업감독규정[2])에서 정한 표준해약공제액의 1.4배보다 큰 경우 사업비 관련 지표(계약체결비용지수 및 부가보험료지수)를 공시해야 된다는 점'을 감안하여 상기 사업비율은 공시하지 않는 수준(case1이 공시하지 않는 최대 수준임)으로 책정하였다. 감독규정상 공시하지 않는 직접적인 최대 수준(표준해약공제액의 1.4배)을 나타내는 것이 case1이므로 case1의 사업비 부과 형태가 실제적으로 더 많이 사용되고 있다.

(2) 월납순보험료와 월납영업보험료의 기호 표기

영업보험료 산출(I)에서 고찰한 바와 같이 월납보험료의 연액을 나타내는 보험수리기호는 있으나 월납순보험료 및 월납영업보험료를 나타내는 공식적인 보험수리기호는 없다. 월납순보험료와 월납영업보험료의 기호가 산식 등에서 필요하기 때문에 본서에서

---

2) 초년도의 의미는 보험가입금액 부과기준의 $\alpha_1$을 초년도에만 부과한다는 의미이다. 2차년도부터는 $\alpha_1$을 부과하지 않는다.
1) 보험업감독규정 제7-45조(보험상품의 공시 등) 제11항
   ⑪ 보험회사는 기준연령 요건 등에서 보험료에 부가된 보험계약체결에 사용할 비용(이하 "계약체결비용" 이라 한다)이 표준해약공제액보다 더 큰 보장성보험(자동차보험은 제외)에 대해 상품설명서와 상품요약서에 계약체결비용지수(영업보험료에서 계약체결비용이 차지하는 비율을 말한다) 및 부가보험료지수(영업보험료에서 순보험료를 제외한 금액이 차지하는 비율을 말한다)를 기재하여야 한다. 다만, 보험기간이 종신이고 사망을 보장하는 보장성보험(자동차보험은 제외)은 계약체결비용이 표준해약공제액 대비 1.4배 이내(사망보장과 사망이외 보장이 동시 존재하는 경우에는 사망보장부분에 한하여 1.4배를 적용한다)인 경우에는 상품설명서와 상품요약서에 계약체결비용지수와 부가보험료지수를 기재하지 아니할 수 있다.
2) 보험업감독규정[별표14] 표준해약환급금 계산시 적용되는 해약공제액(제7-66조관련)
   표준해약공제액 산출식 = 연납순보험료의 5% × 해약공제계수 + 보장성보험의 보험가입금액의 10/1000
   1. 보장성보험의 연납순보험료
      = 전기납(단, 보험기간이 20년 이상인 경우 20년납)으로 조정하여 산출한 연납순보험료
   2. 보장성보험의 해약공제계수 = 보험기간(최대 20년)

는 월납순보험료 및 월납영업보험료를 나타내는 기호를 정의하고 도입하고자 한다.

m년 납입 종신보험의 월납순보험료와 월납영업보험료를 $_mP_x^{\langle 12 \rangle}$와 $_mP'^{\langle 12 \rangle}_x$으로 표기하기로 한다. $_mP_x^{\langle 12 \rangle}$와 $_mP'^{\langle 12 \rangle}_x$는 다음과 같은 의미를 갖는 것으로 정의한다.

( i ) 보험수리이론에서는 $_mP_x^{(12)}$는 월납순보험료의 연액, $_mP'^{(12)}$는 월납영업보험료의 연액을 의미하나, 이후부터 $_mP_x^{\langle 12 \rangle}$와 $_mP'^{\langle 12 \rangle}_x$는 월납순보험료와 월납영업보험료를 의미한다. 〈12〉는 연단위 기준으로 보험료 납입횟수가 12회인 월납을 의미한다.

( ii ) $_mP_x^{(12)}$, $_mP'^{(12)}_x$ 등은 보험금 1원에 대한 월납순보험료의 연액 또는 월납영업보험료의 연액을 의미하나 이후부터 $_mP_x^{\langle 12 \rangle}$와 $_mP'^{\langle 12 \rangle}_x$는 보험가입금액 S원에 대한 월납보험료를 의미한다.

( iii ) 보험실무에서 주로 사용될 가정은 보험금 사망즉시급인 월납보험료가 대부분이다. 이 경우 $_mP_x^{\langle 12 \rangle} = {_mP}^{\langle 12 \rangle}(\bar{A}_x)$, $_mP'^{\langle 12 \rangle}_x = {_mP'}^{\langle 12 \rangle}(\bar{A}_x)$로 보험금 사망즉시급을 표현하는 것이 바람직하나 기호 표기의 편의상 간단하게 $_mP_x^{\langle 12 \rangle}$와 $_mP'^{\langle 12 \rangle}_x$로 표기하기로 한다. 보험금 연말급 등 다른 모든 경우도 동일한 기호로 표기하기로 한다. 필요한 경우에는 보험의 형태(종신, 정기보험 등), 보험금지급정보(연말급, 사망즉시급) 등을 괄호안에 나타낼 수 있다.

따라서, 이후부터 $_mP_x^{\langle 12 \rangle}$와 $_mP'^{\langle 12 \rangle}_x$는 보험금 사망즉시급(보험금 연말급 등 모든 경우도 가능), 보험가입금액 S원인 월납순보험료, 월납영업보험료를 의미하는 것으로 기호를 정의한다. 월납보험료의 기호는 향후 금리연동형보험의 적립액 산출식, 보증비용의 산출식, 시가법책임준비금과 관련된 식에서 많이 사용될 예정이다.

(3) 납입면제 조건

우리나라의 거의 모든 생명보험상품은 장해50%이상 발생시 보험료납입을 면제한다. 따라서 유지자($l_x$)가 납입자($l'_x$)보다 크다. 보험료는 납입자($l'_x$)만 납입하고 일부 유지비($\beta_c$)를 제외하고는 대부분 유지비는 유지자($l_x$)가 부담한다. 유지자($l_x$)와 납입자($l'_x$)를 도출하는 산식은 9장의 다중탈퇴이론에서 고찰할 예정이다. 9장에서는 유지자($l_x$)를 이용하여 유지자기수인 $D_x, N_x, N^{(12)}_{(x,\,x+m)}$ 등을 구하고 납입자($l'_x$)를 이용하여 납입자기수인 $D'_x, N'_x, N'^{(12)}_{(x,\,x+m)}$ 등을 각각 구한다. 그 다음 보험료($N'^{(12)}_{(x,\,x+m)}$ 사용) 및 표 [7.1.2.4]의 사업비 가정에 따라 각각의 기수를 사용하여 영업보험료를 산출한다. 7장에서는 다중탈퇴이론을 아직 학습하기 전이므로 보험료납입면제가 없는 것으로 가정하면 된다. 즉 7장에서는 납입자($l'_x$) = 유지자($l_x$)를 가정하며, 따라서 $D'_x = D_x$, $N'_x = N_x$, $N'^{(12)}_{(x,\,x+m)} = N^{(12)}_{(x,\,x+m)}$ 이 성립한다고 가정하고 보험료산출식을 이해하면 된다. 그러나 7장의 영업보험료를 구하는 산식에서는 일반식을 유도하기 위하여 유지자 기수($N^{(12)}_{(x,\,x+m)}$)와 납입자 기수($N'^{(12)}_{(x,\,x+m)}$)를 구분하여 표기하기로 한다(9장을 학습하고 유지자 기수와 납입자 기수를 구분하면서 다시 한번 확인하길 바란다).

표 [7.1.2.4] 가입자, 유지자 및 납입자별 사업비 부과기준

| 구분 | 사업비 부과대상 | 부과기준 | 계산기수 |
|------|----------------|----------|----------|
| $\alpha_1$ | 가입자 | 초년도 보험가입금액 기준 | $D_x$ |
| $\alpha_2$ | | 초년도 20년납 연납순보험료 기준 | |
| $\alpha_3$ | | 초년도 월납영업보험료 기준 | |
| $\beta_1$ | 유지자<br>(납입기간 이내) | 매월 보험가입금액의 $\beta_1/12$<br>($\beta_1$: 연액) (월기준) | $N^{(12)}_{(x,\,x+m)}$ |
| $\beta_2$ | | 월납영업보험료 기준 (월기준) | |
| $\beta'$ | 유지자<br>(납입기간 이후) | 매년 보험가입금액 기준 (연기준) | $N_{x+m}$ |
| $\beta_c$[1] | 보험료 납입자 | 월납영업보험료 기준 (월기준) | $N'^{(12)}_{(x,\,x+m)}$ |

(4) 순보험료($_mP_x^{\langle 12\rangle}$, $_{20}P_x$, $_mP_x^{(\beta')\langle 12\rangle}$) 산출식

순보험료의 산출식은 수지상등의 원칙에 따라 다음과 같이 도출된다.

$$12 \times {_mP_x^{\langle 12\rangle \text{일확}}} \times N'^{(12)}_{(x,\,x+m)} = \bar{M}_x \tag{7.1.2.1}$$

$$\text{단, } N'^{(12)}_{(x,\,x+m)} = (N'_x - N'_{x+m}) - \frac{11}{24} \times (D'_x - D'_{x+m}) \tag{7.1.2.2}$$

$$_mP_x^{\langle 12\rangle \text{일확}} = \frac{\bar{M}_x}{12 \times N'^{(12)}_{(x,\,x+m)}} \tag{7.1.2.3}$$

$$_{20}P_x^{\text{일확}} = \frac{\bar{M}_x}{N'_{(x,\,x+20)}} \tag{7.1.2.4}$$

$$\text{단, } N'_{(x,\,x+20)} = N'_x - N'_{x+20} \tag{7.1.2.5}$$

$$_mP_x^{(\beta')\langle 12\rangle \text{일확}} = \frac{\bar{M}_x^{(T)\text{일확}} + \beta' \times N_{x+m}}{12 \times N'^{(12)}_{(x,\,x+m)}} \tag{7.1.2.6}$$

$$_{20}P_{40}^{\langle 12\rangle \text{일확}} = 0.00201275 \quad (\text{S}=1,\ \text{Full 값})[2]$$

---

1) $\beta_c$는 2010년(유예기간 후 2013년 완전 시행) 4월 CFP(현금흐름방식 보험료 산출체계) 제도 도입 이전에 보험료 산출시 사용되었던 수금비($\gamma$)에 해당하는 사업비율이다. 이런 이유에서 보통 납입자에게만 부과한다.

2) 제9회 보험개발원 참조요율(II) 적용. $_{20}P_{40}^{\langle 12\rangle \text{일확}}$ 은 $_{20}P'^{\langle 12\rangle \text{일확}}_{40}$ 을 산출하는 과정에서 쓰이는 중간결과물이기 때문에 실제로는 Full 값을 적용하고 있으나, 표기의 편의를 위해 소수점 이하 여덟째 자리까지만 표기한다(납입면제 반영 값).

$$_{20}P_{40}^{일확} = 0.02388545 \;\; (S=1, \; Full \; 값)^{1)}$$

$$_{20}P_{40}^{(\beta')\langle 12 \rangle 일확} = 0.00205057 \;\; (S=1, \; Full \; 값)^{2)}$$

$_{20}P_x^{일확}$ 은 '일확'의 20년납 연납순보험료로 사업비($\alpha_2$)를 $_{20}P_x^{일확}$ 기준으로 부과하는 경우에 영업보험료 산출시 사용되고, 표준해약공제액 산출시에도 사용된다.3) $_mP_x^{(\beta')\langle 12 \rangle 일확}$ 은 보험연도말(기말) 계약자적립액($_k^mV_x^{일확}$) 산출시 사용되고 금리연동형 일반형 종신보험 (UL상품)의 월대체보험료 구성요소인 '납입면제 순보험료' 산출시에도 사용된다.

(ⅰ) '일확'의 월납순보험료($_mP_x^{\langle 12 \rangle}$) $= _mP_x^{\langle 12 \rangle 일확}$        (7.1.2.7)

(ⅱ) '일확'의 20년납 연납순보험료($_{20}P_x$) $= _{20}P_x^{일확}$       (7.1.2.8)

(ⅲ) '일확'의 완납후 유지비 포함 월납순보험료($_mP_x^{(\beta')\langle 12 \rangle}$)

   $= _mP_x^{(\beta')\langle 12 \rangle 일확}$             (7.1.2.9)

## (5) 월납영업보험료($_mP'^{\langle 12 \rangle}_x$) 산출식

표 [7.1.2.4]의 사업비를 이용하여 월납영업보험료($_mP'^{\langle 12 \rangle}_x$)를 산출하기로 한다. 표 [7.1.2.4]에서 계산기수 $N^{(12)}_{(x, x+m)}$ 를 적용한다는 것은 연액 사업비를 1/12로 나누어 매월 유지자에게 부과한다는 의미이다. 예를 들어, $\beta_1$의 경우 매월 $\beta_1/12$를 매월 유지자에게 부과한다.

$$12 \times _mP'^{\langle 12 \rangle 일확}_x \times N'^{(12)}_{(x, x+m)}$$

$$= 12 \times _mP_x^{\langle 12 \rangle 일확} \times N'^{(12)}_{(x, x+m)}$$

$$+ (\alpha_1 + \alpha_2 \times _{20}P_x^{일확} + \alpha_3 \times 12 \times _mP'^{\langle 12 \rangle 일확}_x) \times D_x$$

$$+ (\beta_1 + 12 \times \beta_2 \times _mP'^{\langle 12 \rangle 일확}_x) \times N^{(12)}_{(x, x+m)} + \beta' \times N_{x+m}$$

$$+ 12 \times \beta_c \times _mP'^{\langle 12 \rangle 일확}_x \times N'^{(12)}_{(x, x+m)} \tag{7.1.2.10}$$

---

1) $_{20}P_{40}^{일확}$ 은 $\alpha_2$를 20년납 연납순보험료 비례로 부과했을 때 $_{20}P'^{\langle 12 \rangle 일확}_{40}$ 을 산출하는 과정에서 쓰이는 중간 결과물이기 때문에 실제로는 Full 값을 적용하고 있으나, 표기의 편의를 위해 소수점 이하 여덟째 자리까지만 표기한다(납입면제 반영 값).

2) $_{20}P_{40}^{(\beta')\langle 12 \rangle 일확}$ 은 $_k^{20}V_{40}^{일확}$ 을 산출하는 과정에서 쓰이는 중간결과물이기 때문에 실제로는 Full 값을 적용하고 있으나, 표기의 편의를 위해 소수점 이하 여덟째 자리까지만 표기한다.

3) 표준해약공제액 산출에 사용되는 순보험료는 '완납후 유지비를 포함하지 않은 연납순보험료($_{20}P_x^{일확}$)'를 사용한다. 만약, '완납후 유지비를 포함한 순보험료($_{20}P_x^{일확}$)'를 사용하게 되는 경우 '완납후 유지비를 포함하지 않은 순보험료'를 사용한 경우와 비교시 표준해약공제액이 높아지게 되어 해약환급금이 낮아지게 될 수 있다. $_{20}P_x^{(\beta')일확}$ ($_{20}P_{40}^{(\beta')\langle 12 \rangle 일확}$)은 감독규정에 따라 계약자적립액 $_k^{20}V_{40}^{일확}$ 을 산출하는 과정에서 사용된다.

$$단,\ N^{(12)}_{(x,\ x+m)} = (N_x - N_{x+m}) - \frac{11}{24} \times (D_x - D_{x+m}) \tag{7.1.2.11}$$

$$_mP'^{\langle 12 \rangle 일확}_x = \frac{12 \times {}_mP^{\langle 12 \rangle 일확}_x \times N'^{(12)}_{(x,\ x+m)} + (\alpha_1 + \alpha_2 \times {}_{20}P^{일확}_x) \times D_x + \beta_1 \times N^{(12)}_{(x,\ x+m)} + \beta' \times N_{x+m}}{12 \times \left[ (1 - \beta_c) \times N'^{(12)}_{(x,\ x+m)} - \alpha_3 \times D_x - \beta_2 \times N^{(12)}_{(x,\ x+m)} \right]}$$

$$\tag{7.1.2.12}$$

Case1)과 Case2) 모두 $_{20}P'^{\langle 12 \rangle 일확}_{40} = 0.00272$ (S=1, Round 값)[1]

보험가입금액 1억인 경우, $_{20}P'^{\langle 12 \rangle 일확}_{40} = 272{,}000$원

## 3. 현금흐름방식의 보험료산출[2]

전통적인 보험료산출방식은 3이원방식으로 영업보험료는 예정위험률, 예정이율, 예정사업비를 이용하여 계산된다. 저해지보험이 등장하면서 전통적인 3이원방식은 예정해약률이 추가되면서 4이원방식이 되었다. 전통적인 보험료산출방식은 예정기초율을 기준으로 수지상등의 원칙이 적용된다. 예정기초율(예정사업비율, 예정위험률, 예정이율, 예정해약률)은 마진등을 포함하여 보수적으로 책정되고, 실제 경험치와의 차이를 이익으로 실현하도록 되어 있다. 예정기초율과 수지상등의 원칙을 이용하는 전통적인 3이원(4이원)방식은 상품별 목표수익의 달성을 위한 적정 수준의 보험료를 산정하기가 어렵고(목표이익을 만족하는 보험료를 산출하는 것이 아니기 때문) 상품의 손익관리가 곤란하다. 또 매기의 손익흐름을 계산하지 않기 때문에 보험료 산출과정에서 판매규모, 자산운용이익률, 위험률의 변동에 따른 미래현금흐름의 변동성 등을 반영하기 어려운 단점이 있다.

이러한 단점을 보완하고자 선진 외국에서는 현금흐름방식의 보험료산출방법이 오래 전부터 사용되고 있다. 3이원 보험료산출 체계하에서는 보험료가 결정된 후에 수익성분석을 수행하지만 현금흐름방식의 보험료산출방법에서는 그 반대이다. 현금흐름방식의 보험료산출방법에서는 수익성분석을 통하여 목표이익을 달성하기 위한 보험료를 찾는다. 즉 현금흐름방식의 보험료산출방법에서는 목표이익을 명시적으로 별도로 정하고 그 목표이익을 달성하는 보험료를 찾는다. 이때 사용되는 보험료산출 기초율(보험료 산출기준)은 보수적으로 책정되는 것이 아니고 최적기초율을 사용하며, 그 대신 달성하고자 하는

---

1) Case1)의 $_{20}P'^{\langle 12 \rangle 일확}_{40}$ (Full 값)=0.00272126(보험가입금액 S=1 기준)이고, Case2)의 $_{20}P'^{\langle 12 \rangle 일확}_{40}$ (Full 값)=0.00271628(보험가입금액 S=1 기준)이나, 라운드 5 처리하면 모두 0.00272이다. 라운드 5 처리를 하는 이유는 보험실무적으로 보험가입금액(100,000원) 기준으로 보험료를 산출한 다음에 최종 보험료는 100,000원 기준의 보험료×(실제 보험가입금액÷100,000)로 산출하기 때문이다. 예를 들어, 100,000원 기준의 보험료(=100,000×0.00272=272원)에 (1,000=1억÷100,000)을 곱하면 272,000원이 산출된다.

2) 우리나라에 현금흐름방식의 보험료산출제도의 도입을 제안한 다음의 논문을 참고하기 바람. 오창수, "자산할당방법을 이용한 보험료산출에 관한 연구", 「보험학회지」, 2005. 8, pp 105-113.

이익은 명시적으로 목표이익으로 설정한다. 목표이익은 여러 가지 종류가 있지만 프로핏 마진(profit margin)이 주로 사용된다. 목표이익을 달성하는 보험료는 보험료산출식에 나타나 있는 변수이기 때문에 한번에 구해지는 것이 아니고 시행착오과정(trial and error)을 거치면서 산출된다.

앞에서 고찰한 수익성분석에 필요한 최적가정, 목표이익, 현금흐름을 이용한 수익성분석들에 대한 다양한 내용들은 보험료분석보고서에 명시하여야 한다.[1] 현금흐름방식의 보험료산출은 한국에서 CFP(Cash Flow Pricing)이라고 부르고 있다.[2]

## 4. 우리나라의 보험료산출제도[3]

### (1) CFP 도입 이전의 보험료산출제도

CFP 도입 이전의 보험료 산출기준은 예정기초율이었다. 예정기초율은 예정위험률, 예정이율, 예정사업비율을 의미한다. 예정기초율을 보험료 산출기준(보험료 산출시의 기초율)으로 적용하고 수지상등의 원칙을 이용하는 보험료산출방식을 3이원방식 또는 전통적인 3이원방식이라고 한다.[4] 예정기초율은 최적기초율에 마진등이 포함된 보수적인 기초율이다. 예정기초율이란 명칭은 감독규정에 명시되었던 공식적인 용어이다.[5] 이 시기의 책임준비금 산출기준(=해약환급금 산출기준)은 보험료산출기준과 동일하였다.[6]

---

〈CFP 도입 이전(2010년 이전)〉
(구)보험업감독규정 제7-64조 (필수기재사항) 〈2010.4.1. 이전 규정〉
보험료 및 책임준비금 산출방법서를 작성함에 있어 다음 각호의 사항을 기재하여야 한다.
1. 예정위험률에 관한 사항
2. 예정이율에 관한 사항
3. 예정사업비율에 관한 사항
4. 해약환급금의 계산에 관한 사항
5. 보험료의 계산에 관한 사항

---

[1] 우리나라에 보험료분석보고서가 처음 제안된 형태와 다양한 상품에 대한 보험료분석보고서 및 최적가정 산출에 대한 자세한 사항들은 다음 연구보고서를 참고하기 바람. 현재 사용되는 보험료분석보고서는 연구보고서에서 제안한 보험료분석보고서와 거의 동일하다. 오창수 외, 「현금흐름에 의한 보험료산출(CFP) 활성화를 위한 계리제도 및 감독방향」, 2011. 11, 한국계리학회.

[2] 이 용어는 한국에서 만든 영어 용어로 실제 영미에서는 이러한 용어를 사용하지 않는다. 현금흐름방식의 보험료산출제도의 한국 도입을 제안한 논문에서도 CFP라는 용어는 등장하지 않는다. CFP는 논문발표 이후 제도 도입 과정에서 제도의 성격을 이해하기 쉽게 할 목적으로 우리나라에서 만든 국내용 영어 용어이다.

[3] 4절의 내용은 오창수·김경희, "IFR17 시행에 따른 계약자배당제도 운용방안", 「계리학연구」, 2023. 6. 참조 인용하였음.

[4] 저해지상품이 등장하면서 예정해약률(적용해약률)이 이용되는 경우 4이원방식이라고 할 수 있다.

[5] CFP도입 이후 (시산)보험료 산출기준의 공식적인 용어는 감독규정 등에 나타나 있지 않다. 본서에서는 (시산)보험료의 산출기준을 적용기초율로 명명하기로 한다.

[6] 표준책임준비금과 표준해약환급금이 적용되는 경우는 예외로 한다(6장에서 설명).

> 6. 책임준비금의 계산에 관한 사항
> 7. 보험금액·보험종료 또는 보험기간을 변경하는 경우의 계산에 관한 사항
> 8. 그 밖에 보험수리상 필요한 사항

### (2) CFP 도입 이후의 보험료산출제도

유연한 보험료 산출을 통하여 경쟁력 있는 보험상품을 만들고, 현금흐름을 이용하는 부채평가제도인 국제회계기준 등에 대비하기 위하여 2005년 CFP 도입을 제안하는 논문[1]이 발표된 이후 논의 과정을 거쳐 2010년 4월 1일 현금흐름방식의 보험료산출방법(이하 "CFP")이 도입되었다. 다만, 보험업계의 연착륙을 위하여 부칙[2]을 통하여 3년간 유예기간 후 실제로는 2013년 4월 1일부터 적용되었다. CFP 도입 논문과 논의 과정에서는 외국에서 사용하는 실질적 CFP가 제시되었지만, 나중에 국내에 정착된 것은 형식적 CFP이다.

#### (a) 외국에서 사용하는 실질적 CFP

외국에서 사용하는 실질적 CFP는 다음과 같은 단계를 거쳐서 보험료(영업보험료)를 산출한다.

(i) 목표수익률을 별도로 명시적으로 설정(목표수익률: 사전결정)

(ii) 모르는 보험료(구하고자 하는 변수) + 최적기초율(마진등이 포함되지 않은 기초율)을 적용하여 수익성분석 목적의 미래CF를 전망(이때 보험료는 unknown)

(iii) [(i) = (ii)의 자료를 이용한 수익률]의 산식을 설정하면 이 산식이 보험료를 산출하는 산식임(이 산식 안에 보험료가 모르는 변수로 설정됨)

(iv) (iii)을 만족하는 모르는 변수인 보험료를 'trial and error' 방식으로 산출(보험료: 사후결정)

#### (b) 현재 국내 보험회사가 사용하는 형식적 CFP

CFP 도입 당시 보험업계는 급격한 보험료 변동으로 인한 혼란과 실무적인 어려움 등을 이유로 실질적 CFP 대신 전통적인 3이원방식을 보완하는 보험료산출체계를 건의하였으며 결과적으로 형식적 CFP가 정착되었다. 현재 국내 보험사들이 사용하는 CFP는 다음과 같은 단계를 거쳐서 보험료(영업보험료)를 산출한다.

(i) 적용기초율[3](마진등이 포함된 보수적 기초율)을 적용하여 3이원(혹은 4이원) 방식으로 보험료를 산출하며 이 보험료를 시산보험료라고 함(시산보험료: 사전결정).

---

1) 오창수, "자산할당방법을 이용한 보험료산출에 관한 연구", 「보험학회지」, 2005. 8, pp 105-113.
2) (구)보험업감독규정 부칙〈제2010-7호, 2010.4.1.〉
   제3조(현금흐름방식 도입 등에 관한 특례) ① 제7-64조 외 24개 규정의(기존 규정에 '예정기초율'이 포함된 모든 규정이 개정되어 해당 규정을 나열함. 본 각주에서는 생략) 개정규정에도 불구하고 보험회사가 보험료를 현금흐름방식으로 산출하지 않는 경우에는 2012년 1월 1일 이후 시작되는 사업연도까지 종전의 규정을 적용한다.
3) 시산보험료 산출에 사용한 기초율이다.

(ii) 알고 있는 값인 시산보험료＋최적기초율을 적용하여 수익성분석 목적의 미래CF 전망(이때 시산보험료는 known).

(iii) (ii)의 자료를 이용하면 시산수익률(시산보험료를 이용한 수익률)이 하나의 값으로 산출됨.[1] 시산수익률 산출시 필요한 정보가 모두 알려져 있으므로 실질적 CFP에서 사용하는 trial & error 방식은 어느 단계에서든 사용될 필요가 없음.

(iv) (iii)의 시산수익률이 회사의 목표수익률을 만족하면 시산보험료가 최종보험료가 된다(목표수익률을 만족하는 시산수익률: 사후결정). 최적기초율을 기초로 시산보험료의 적정성을 분석하는 결과(앞의 (ii), (iii), (iv)의 과정)를 산출방법서에 기재하면 CFP를 적용한 것으로 인정해 줌[2](형식적 CFP).

(v) 회사의 목표수익률을 만족하지 못하는 경우, 새로운 시산보험료를 적용하는 과정을 반복하는 형식적인 절차를 진행하면 되지만, 실제 보험실무 적용시 처음부터 적절한 적용기초율을 적용하여 시산보험료를 산출하면 처음 산출한 시산보험료가 최종보험료가 된다.

---

〈CFP 도입 후 IFRS4 기준(2010년–2022년)〉
(구)보험업감독규정 제7-64조 (보험료 및 책임준비금 산출방법서의 필수기재사항)[3]
보험회사는 영 별표 7 제3호에 따라 보험료 및 책임준비금 산출방법서를 작성하려는 경우 다음 각 호의 사항을 기재하여야 한다.
1. 보험료의 계산에 관한 사항(보험기간이 3년을 초과하는 등 현금흐름방식을 적용해야 하는 보험계약의 경우 최적기초율을 기초로 장래 현금흐름을 고려하여 보험료의 적정성을 분석한 결과를 포함한다)
2. 책임준비금의 계산에 관한 사항(보험료적립금 산출시에 적용한 이율, 위험률 등에 관한 사항을 포함한다)
3. 해약환급금의 계산에 관한 사항(해약환급금 계산시에 적용한 이율, 위험률, 해약공제액 및 기준연령 요건에서 표준해약공제액을 초과하여 계약체결비용을 적용한 경우 해약공제액의 비교 등에 관한 사항을 포함한다)
4. 보험금 및 보험료가 변경되는 경우 그 계산에 관한 사항
5. 보증비용을 부과하는 경우 그 계산에 관한 사항

---

1) 실질적 CFP (iii)에서는 보험료가 모르는 변수이므로 실질적 CFP (ii)의 자료를 이용한 수익률이 하나의 값(상수)으로 산출될 수 없고 모르는 변수가 포함된 형태로 나타남.
2) 『2014년 생명보험상품 심사매뉴얼』 금융감독원 보험상품감독국 pp. 257~258 참조.
  ① 보험료 계산에 관한 세부 기준
  ※ ① Goal-Seek은 현금흐름분석을 통해서 목표이익을 만족하는 보험료를 해찾기(Trial & Error)로 찾아가는 방식이며, ② Bench-Mark는 시산보험료(현재와 동일하게 3이원방식으로 결정)를 산정한 후 현금흐름을 이용한 수익성분석을 통해 시산보험료의 목표수익 충족여부를 검토하고, 불충족시 이를 조정하여 최종보험료를 결정하는 방식으로,
  → (연착륙방안) 둘다 현금흐름방식을 적용한 것으로 인정(다만, 3이원으로 보험료를 산출하고 최적가정 등을 이용한 수익성분석 없이 단순 보험료 분석보고서만 첨부한 상품은 CFP로 인정하지 않으며, 경험률 부족 등으로 불가피한 경우에만 사전신고).
3) 보험업감독규정 제7-64조는 보험료 및 책임준비금 산출방법서에 필수적으로 기재해야 하는 사항을 담은

---

**〈CFP 도입 후 IFRS17 기준(2023년 이후)〉**

**보험업감독규정 제7-64조 (보험료 및 해약환급금 산출방법서의 필수기재사항)[1]**

보험회사는 영 별표 7 제3호에 따라 보험료 및 해약환급금 산출방법서를 작성하려는 경우 다음 각 호의 사항을 기재하여야 한다.

1. 보험료의 계산에 관한 사항(보험기간이 3년을 초과하는 등 현금흐름방식을 적용해야 하는 보험계약의 경우 최적기초율을 기초로 장래 현금흐름을 고려하여 보험료의 적정성을 분석한 결과를 포함한다)
3. 해약환급금의 계산에 관한 사항(해약환급금 계산시에 적용한 이율, 위험률, 해약공제액 및 기준연령 요건에서 표준해약공제액을 초과하여 계약체결비용을 적용한 경우 해약공제액의 비교 등에 관한 사항을 포함한다)
4. 보험금 및 보험료가 변경되는 경우 그 계산에 관한 사항
5. 보증비용을 부과하는 경우 그 계산에 관한 사항

---

## (c) CFP 도입 이후 한국의 보험료산출제도

CFP 도입 이후의 한국의 보험료산출체계를 정리하면 다음과 같다.

(i) 결과적으로 시산보험료가 최종 영업보험료가 되므로 시산보험료를 산출하는 방법이 한국의 실질적인 보험료산출방법이다. 국내 보험사의 '보험료 및 해약환급금 산출방법서'에는 시산보험료를 산출하는 산식이 3(4)이원 방식으로 나타나 있고 이 시산보험료가 목표수익률을 만족하므로 최종 영업보험료가 된다고 명시하고 있다. 즉 영업보험료를 산출하는 산식은 3(4)이원의 적용기초율과 계산기수를 이용하는 방식을 여전히 유지하고 있으며 따라서 CFP 도입 이전과 실질적으로 달라진 것이 없다.

(ii) 시산수익률이 목표수익률을 만족하는지를 체크하는 단계는 형식적인 절차이므로 형식적 CFP 제도이다. 그 이유는 이 단계가 영업보험료를 산출하는 산식에 들어가 있지 않기 때문이다. 실질적 CFP 제도에서는 목표수익률을 만족시키는 보험료(변수)를 찾는 산식이 영업보험료를 산출하는 산식이다. 따라서 목표수익률이 영업보험료를 산출하는 산식에 들어가 있다. 이러한 관점에서 볼 때, 한국의 보험료산출체계는 형식적인 CFP 제도하에서 실질적인 3(4)이원 방식이라고 할 수 있다.

(iii) 다만 CFP 제도 도입 이전에는 보험료산출 기초율(보험료 산출기준)로 예정기초율이라는 용어를 감독규정 등에서 공식적으로 사용하였는데 CFP 도입으로 예정이란 용어를 사용할 수 없게 되었다. 왜냐하면 실질적 CFP에는 최적기초율과 마진이 별도로 존재하기 때문에 (최적기초율＋마진)이 하나로 나타나는 예정기초율이라는 용어를 감독규정에서 모두 삭제하였기 때문이다. 그런데 형식적 CFP가 정착되면서 시산보험료에 사용된 (최적기초율＋마진)이 하나로 나타나는 기초율(마진등이 포함된 기초율이라고 부르기로

---

규정으로 2010. 4. 1. CFP의 감독규정상 도입으로 현금흐름방식 등의 용어가 등장하게 된다.

1) IFRS17 시행 후(2023년) 보험업감독규정 제7-64조의 '보험료 및 책임준비금 산출방법서'는 '보험료 및 해약환급금 산출방법서'로 그 명칭이 변경되었다.

한다)에 대한 용어가 필요하게 되었다. 예정기초율은 마진등이 포함된 기초율을 나타나는 용어이지만 CFP 이전의 용어이기 때문에 사용할 수 없고, 따라서 용어를 변경하여 적용기초율이라는 용어를 사용하기로 한다. 적용기초율이라는 용어가 감독규정 등에 공식적으로 나타나 있지는 않지만 시산보험료산출시 마진등을 포함하는 기초율(또한 원가법책임준비금 및 해약환급금 산출의 기초율)을 의미하는 용어는 필요하기 때문에 본서에서는 적용기초율이라는 용어를 사용하기로 한다.[1] 예정기초율이나 적용기초율은 마진등이 포함된 보수적인 기초율이고 최적기초율은 마진등이 포함되지 않은 최선추정치로서의 기초율이다.

　(iv) 시산보험료를 산출하는 3(4)이원방식의 산출기초율을 나타내고자 할 때 '적용기초율'이라는 용어를 사용하기로 한다. CFP 도입 이후 IFRS4 기준하에서 보험료 및 책임준비금 산출방법서에서는 원가법책임준비금과 해약환급금 산출 시에 적용기초율을 동일하게 사용하였다. CFP 도입 이후 IFRS17 기준하에서 보험료 및 해약환급금 산출방법서에서는 해약환급금 산출 시에 적용기초율을 동일하게 사용한다(책임준비금 산출시에는 적용기초율을 사용하지 않고 현행추정치를 사용한다).

## (3) CFP 도입 이전과 이후의 보험료산출제도 비교

　(i) 예정기초율은 마진등이 포함된 기초율이며, 적용기초율도 마진등이 포함된 기초율로서 최적기초율과는 다르다. CFP 도입 이후에도 CFP 도입 이전과 동일하게 마진등이 포함된 기초율을 보험료산출에 사용한다. CFP 도입 이전에 보험료산출에 사용되는 기초율을 예정기초율이라고 하고, CFP 도입 이후 시산보험료산출에 사용되는 기초율을 적용기초율이라고 한다. 시산보험료는 형식적 CFP 과정(시산수익률이 목표수익률 만족하는지 체크)을 거쳐 최종영업보험료가 된다.

　(ii) CFP 도입 이후의 보험료산출방법은 CFP 도입 이전의 보험료산출방법과 실질적으로 동일하다. 즉 CFP 도입 이전에 사용되던 예정기초율이 CFP 도입 이후 적용기초율로 용어만 변경되었을뿐 실제적인 보험료산출방법은 동일하다. 다만 CFP 도입 이후의 보험료산출제도에는 시산보험료가 목표수익률 만족하는지 체크하는 형식적인 절차가 추가되어 있다.

　(iii) CFP 도입 이전에는 보험료 산출기준인 예정기초율이 원가법책임준비금과 해약환급금 산출기준으로 이용되었다. CFP 도입 이후 IFRS4 기준에서는 보험료 산출기준인 적용기초율이 원가법책임준비금과 해약환급금 산출기준으로 이용되었다.[2] CFP 도입 이

---

　1) 그러나 CFP 도입 이후에도 적절한 대체 용어가 공식적으로 없으므로 예정기초율(예정이율, 예정사망률, 예정사업비율)이라는 용어는 종종 사용되고 있는 실정이다.
　2) 표준책임준비금제도(2000-2015)와 표준해약환급금제도(2003-2015)가 시행되던 시기에는 표준기초율 사

후 IFRS17 기준(2023년 이후)에서는 보험료 산출기준인 적용기초율은 해약환급금 산출기준(계약자적립액 산출기준)으로만 이용이 되고 IFRS17 기준의 시가법책임준비금 산출기준으로는 이용되지 않는다.[1]

〈CFP 도입 이전 IFRS4 기준(2010년 이전)〉
책임준비금 산출기준＝보험료 산출기준(예정기초율)＝해약환급금 산출기준
〈CFP 도입 이후 IFRS4 기준(2010년－2022년)〉
책임준비금 산출기준＝보험료 산출기준(적용기초율)＝해약환급금 산출기준
〈CFP 도입 이후 IFRS17 기준(2023년 이후)〉
책임준비금 산출기준≠보험료 산출기준(적용기초율)＝해약환급금 산출기준

(4) IFRS4와 IFRS17 기준의 보험료산출제도 비교

앞에서 고찰한 내용들을 종합해 보면, 보험료산출제도 관점에서 볼 때 IFRS4 기준하의 보험료산출제도와 IFRS17 기준하의 보험료산출제도는 동일하다.

보험료산출제도와 무관하게, IFRS17 기준이 적용되는 경우 (i) 책임준비금 산출기준은 보험료 산출기준인 적용기초율을 사용하지 않고 현행추정치를 사용하며, (ii) 보험료 및 책임준비금 산출방법서의 명칭이 보험료 및 해약환급금 산출방법서[2]로 명칭이 변경되었다.

---

용. 6장 참조.

1) 표준책임준비금제도(2000-2015)와 표준해약환급금제도(2003-2015)가 시행되던 시기에는 표준책임준비금이나 표준해약환급금 산출기준이 보험료 산출기준과 다르기 때문에 일정 기간 동안에는 등식이 성립하지 않을 수 있는 것은 IFRS4 기준 책임준비금에서 고찰한 바와 같다.

2) 보험료 및 해약환급금 산출방법서에서는 IFRS4 시대에 사용되던 보험료 및 책임준비금 산출방법서에서 필수기재사항이었던 책임준비금과 관련된 내용은 없다.

그림 [7.1.4.1]   CFP 도입 이전과 이후의 보험료 산출체계

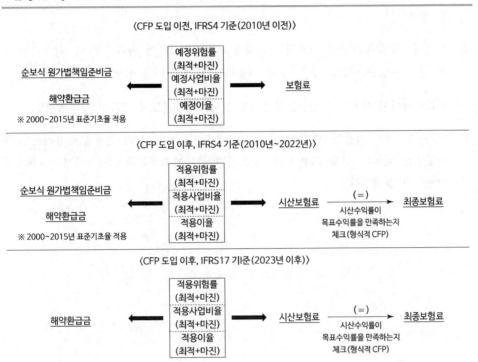

## 연습문제 7.1

1. 금리확정형종신보험은 금리확정형 일반형 종신보험('일확')과 금리확정형 저해지형 종신 보험('저확')으로 나눌 수 있다. 두 보험의 차이를 설명하시오

2. 금리확정형 저해지형 종신보험의 보험료산출에 대하여 설명하시오. 특히 저해지형 종신 보험의 보험료산출 기초율에 해지율이 적용되는 관점에서 설명하시오.

3. 보험업계에서 실제로 사용하는 보험상품의 사업비 기준 case1과 case2의 관계에 대하여 설명하시오

4. 금리확정형 일반형 종신보험(일확)에서 완납후 유지비 포함 월납순보험료($_{20}P_{40}^{(\beta')\langle 12\rangle 일확}$) 와 연납순보험료($_{20}P_{40}^{(\beta')일확}$)의 의미와 구하는 과정을 설명하시오.

5. 완납후 유지비 포함 순보험료(연납순보험료 또는 월납순보험료)는 감독규정에 따라 계약

자적립액 ${}_k^{20}V_{40}^{일확}$ 을 산출하는 과정에서 사용되는데 그 의미를 설명하시오(6장의 기초이론 참조).

6. 표준해약공제액 산출에 사용되는 순보험료는 감독규정에 따라 '완납후 유지비를 포함하지 않은 연납순보험료(${}_{20}P_x^{일확}$)'를 사용하는데 그 의미를 설명하시오.

7. 우리나라에서 사용되는 현금흐름방식의 보험료산출제도에 대하여 설명하시오.

8. 5장과 7장에서 사용한 예정기초율(적용기초율)과 수지상등의 원칙을 이용하는 보험료산출방법은 한국의 현행 CFP제도(현금흐름방식의 보험료산출제도)하에서도 적용 가능한 방법인지 설명하시오.

# Ⅱ. 일반이론

## 1. 영업보험료의 계산

### (1) 사업비의 종류와 부과형태

제6장까지 고찰한 내용들은 보험회사의 사업비(expenses)를 고려하지 않고 보험급부들만을 대상으로 한 순보험료(benefit premium, net premium)만을 고찰하였다. 보험상품이 판매될 때 보험자는 여러 가지 형태로 사업비를 부과한다. 보험상품에 부과되는 사업비의 종류를 설명하면 다음과 같다.

(i) 계약체결비용(acquisition expenses) : 계약체결비용은 보험상품이 판매되는 시점에 부과된다. 보험상품을 판매하는데 사용된 건강검진비용, 사무비용, 광고비용 및 모집인에 대한 수당 등이 계약체결비용에 해당된다. 전통적인 모집인 판매채널인 경우 계약체결비용에서 모집인수당이 큰 비중을 차지한다. 보험상품의 현금흐름을 만드는 경우 계약체결비용은 보험상품을 판매하는 시점에 발생하는 것으로 가정하는 것이 일반적이다. 계약체결비용은 보통 보험금액당 일정금액($e_0 - e = \alpha_1$)이나 영업보험료의 일정비율을 적용한 값($\gamma_0 G - \gamma G = \alpha_3$)을 사용하는데 두 개를 동시에 사용하는 경우가 많다.

(ii) 계약관리비용(maintenance expenses) : 보험계약을 유지 관리하는데 소요되는 비용으로 보험료가 납입될 때마다 보험료의 일정비율($\gamma_t$)이나 일정금액($e_t$)씩 부과된다. 대부분 연도별로 동일하므로 $\gamma_t = \gamma$, $e_t = e$로 설정된다.

(iii) 보험금지급비용(settlement expenses) : 보험계약이 종료(termination)될 때 사무처리비용 등이 발생할 수 있고, 또 보험금이 지급되는 경우 보험금청구 조사비용이나 기타 사무비용 등이 발생할 수 있다. 보험금지급비용($R_t$)은 보통 일시금으로 지급되고 계약체결비용이나 계약관리비용보다 훨씬 작은 금액인 경우가 일반적이다.

이러한 보험회사의 사업비는 다음과 같은 형태로 부과된다. 이러한 부과형태는 보험상품의 현금흐름(cash flow)을 만들 때 필요한 가정들이다.

(i) 계약건당 사업비(per policy expenses) : 계약금액이나 보험료에 관계없이 상품 한 건당 고정비용(fixed amount)을 부과하는 경우로 보험증권발행비나 보험료징수비용 등이 이에 해당된다. 계약건당 사업비는 보험료납입이 끝난 후에도 보험이 유지되고 있다면 일정금액($e$)씩 부과된다.

(ii) 보험료 비례 사업비(per premium expenses) : 보험료 비례 사업비는 보험료의 일정비율(percent)로 부과되는 사업비로 계약체결비용이나 계약관리비용 등에 이용된다.

(iii) 보험금액에 따른 사업비(per face amount expense) : 보험금액의 크기에 따라 변하

는 사업비이며 보통 보험금액 1,000원당 일정금액으로 표현하는 경우가 많다. 보장성보험의 계약체결비용에 많이 사용되고 있다.

앞으로 사용할 사업비 기호와 연도별 사업비 기호는 표 [7.2.1.1]와 표 [7.2.1.2]와 같다.

표 [7.2.1.1]   사업비 기호

| 연도 | 보험료비율 | 보험금액 | 계약건당 (사망, 해약시) |
|---|---|---|---|
| 1차연도초<br>2차연도초<br>3차연도초<br>⋮<br>$n$차연도초 | $\gamma_0$<br>$\gamma_1$<br>$\gamma_2$<br>⋮<br>$\gamma_{n-1}$ | $e_0$<br>$e_1$<br>$e_2$<br>⋮<br>$e_{n-1}$ | $R_t^{(d)}$<br>(보험금 지급비용)<br>$R_t^{(w)}$<br>(해약시 지급비용) |
| 특별한 언급이 없으면: $\gamma_1 = \gamma_2 = \cdots = \gamma$ , $e_1 = e_2 = \cdots = e$ | | | |

표 [7.2.1.2]   연도별 사업비 기호

| 연도 | 연도별 총사업비 | 부과형태 | 부과형태별 총액 | 계약체결 비용 | 계약관리 비용 |
|---|---|---|---|---|---|
| 1차연도초 | $E_0$ | 보험금액 | $e_0 = \alpha_1 + e$ | $e_0 - e = \alpha_1$ | $e$ |
| | | 보험료비율 | $\gamma_0 = \alpha_3 + \gamma$ | $\gamma_0 - \gamma = \alpha_3$ | $\gamma$ |
| 2차연도초 | $E_1$ | 보험금액 | $e_1 = e$ | | $e$ |
| | | 보험료비율 | $\gamma_1 = \gamma$ | | $\gamma$ |
| ⋮ | ⋮ | | ⋮ | ⋮ | ⋮ |
| $n$차연도초 | $E_{n-1}$ | 보험금액 | $e_{n-1} = e$ | | $e$ |
| | | 보험료비율 | $\gamma_{n-1} = \gamma$ | | $\gamma$ |
| 계약체결비용: $\alpha = \alpha_1 + \alpha_3 G$ | | | | | |

(2) 총미래손실과 영업보험료

계약시점(보험증권 발생시점)의 총미래손실현가(gross future loss)라는 확률변수를 다음과 같이 정의한다. 여기서 총(gross)은 사업비를 포함하는 미래손실현가를 의미한다. 본서에서는 표현의 편의상 총미래손실현가를 총미래손실로 표현하기로 한다.

$$_0L^g = \text{보험급부 지출의 현가} + \text{사업비의 현가} - \text{영업보험료 수입의 현가}$$

$$(7.2.1.1)$$

수지상등의 원칙이 적용되어 $E(_0L^g) = 0$을 만족시키는 보험료가 사업비가 부가된 보험료

(expense-loaded premium, expense-augmented premium)이다. 사업비가 부가된 보험료가 마진이 포함된 적용기초율로 산출되었다면[1] 이 보험료가 최종 영업보험료(contract premium)이다.

$t$시점의 영업보험료를 $G_t$, 순보험료를 $P_t$로 하여 $t$시점별 보험료를 다르게 하는 형태도 가능하지만 여기서는 평준영업보험료(level gross premium)를 주로 이용하기로 한다. 영업보험료를 산출하는 경우 수지상등의 원칙 외에도 (포트폴리오)백분위 보험료, 프로핏 마진이 추가된 영업보험료 산출도 가능하나 여기서는 별다른 언급이 없는 한 수지상등의 원칙을 이용하여 평준영업보험료를 계산하기로 한다. 7~11장에서는 영업보험료 또는 평준영업보험료는 대부분 연납평준영업보험료를 의미하고 순보험료 또는 평준순보험료는 연납평준순보험료를, 평준부가보험료는 연납평준부가보험료를 의미한다.

피보험자 $(x)$, 보험금 $S$원, $n$년납입, $n$년만기 완전이산(fully discrete) 생사혼합보험을 고려한다. 사업비는 표 [7.2.1.1]과 같이 주어지고 $i = 0.05$라고 가정한다. 계약시점의 총 미래손실은

$$_{0}L^g = S\,v^{\min(K_x+1,\,n)} + e_0 + \gamma_0 G + (\gamma G + e)\left(\ddot{a}_{\overline{\min(K_x+1,n)|}} - 1\right) - G\,\ddot{a}_{\overline{\min(K_x+1,n)|}}$$
$$(7.2.1.2)$$

$$= S\,v^{\min(K_x+1,\,n)} + (e_0 - e) + (\gamma_0 - \gamma)G - \left[(1-\gamma)G - e\right]\ddot{a}_{\overline{\min(K_x+1,n)|}}$$
$$(7.2.1.3)$$

로 나타낼 수 있다. $_{0}L^g$의 기대값을 구하면

$$E(_{0}L^g) = SA_{x:\overline{n|}} + (e_0 - e) + (\gamma_0 - \gamma)G - \left[(1-\gamma)G - e\right]\ddot{a}_{x:\overline{n|}} \qquad (7.2.1.4)$$

$$= SA_{x:\overline{n|}} + (e_0 - e) + (\gamma_0 - \gamma)G + e\ddot{a}_{x:\overline{n|}} - (1-\gamma)G\,\ddot{a}_{x:\overline{n|}} \qquad (7.2.1.5)$$

$$= SA_{x:\overline{n|}} + (e_0 - e) + e\ddot{a}_{x:\overline{n|}} - G\left[(1-\gamma)\ddot{a}_{x:\overline{n|}} - (\gamma_0 - \gamma)\right] \qquad (7.2.1.6)$$

$E(_{0}L^g) = 0$이 되는 영업보험료 $G$를 구하면

$$G = \frac{SA_{x:\overline{n|}} + (e_0 - e) + e\ddot{a}_{x:\overline{n|}}}{(1-\gamma)\ddot{a}_{x:\overline{n|}} - (\gamma_0 - \gamma)} \qquad (7.2.1.7)$$

식 (7.2.1.7)은 식 (7.1.1.2)와 유사한 형태임을 알 수 있다. 다만 식 (7.1.1.2)에서는 $\gamma_0 - \gamma = \alpha_3 = 0$인 경우이다. 다음 예제를 통하여 평준영업보험료를 구하는 방법을 고찰해 보자.

---

[1] 우리나라의 경우는 형식적 CFP제도이므로 실질적으로 마진이 포함된 적용기초율로 영업보험료가 산출된다.

**예제 7.2.1.1**

피보험자 (40)이 보험금 100,000원, 20년납입, 20년만기 생사혼합보험에 가입하였다. 이 보험의 1차연도 총사업비는 2,000원과 영업보험료의 60%이고 2차연도부터 보험료의 3%와 100원씩이 매 연도초에 계약관리비용으로 부과된다. $i=5\%$이다.

(a) 계약시점의 총미래손실인 $_0L^g$를 나타내시오

(b) 제7회 경험생명표를 이용하여 보험금 연말급인 경우와 보험금 사망즉시급인 경우로 나누어서 영업보험료를 구하시오. 영업보험료는 수지상등의 원칙을 이용하여 구하시오.

(c) 평준영업보험료 $G$를 평준순보험료 $P^n$와 평준부가보험료 $P^e$로 나타내시오.

**풀이**

(a) 사업비가정은 $e_0=2000$, $\gamma_0=0.6$, $e_1=e_2=\cdots=e=100$, $\gamma_1=\gamma_2=\cdots=\gamma=0.03$에 해당된다. 영업보험료를 $G$로 표시하면

$$_0L^g = 100000v^{\min(K_{40}+1,\,20)} + 2000 + 0.6G + (0.03G+100)\left(\ddot{a}_{\overline{\min(K_{40}+1,\,20)|}} - 1\right)$$
$$- G\ddot{a}_{\overline{\min(K_{40}+1,\,20)|}}$$
$$= 100000v^{\min(K_{40}+1,\,20)} + 1900 + 0.57G - (0.97G - 100)\ddot{a}_{\overline{\min(K_{40}+1,\,20)|}}$$

(b) $E(_0L^g)=0$이 되게 하는 $G$를 구하면 된다. 현금흐름의 유입과 유출로 나누어서 $E(_0L^g)$의 구성요소를 구해보자. 보험료수입의 EPV는

$$\text{EPV} = G\ddot{a}_{40:\overline{20|}} = 12.879408G$$

보험금 연말급인 경우 보험급부의 APV1은

$$\text{APV1} = 100000A_{40:\overline{20|}} = 100000\left(A^{\,1}_{40:\overline{20|}} + A_{40:\overline{20|}}^{\phantom{1}1}\right)$$
$$= 100000 \times (0.032232 + 0.3544629) = 38669.48728$$

보험금 사망즉시급인 경우 보험급부의 APV1은 UDD가정하에서

$$\text{APV1} = 100000\bar{A}_{40:\overline{20|}} = 100000\left(\frac{i}{\delta}A^{\,1}_{40:\overline{20|}} + A_{40:\overline{20|}}^{\phantom{1}1}\right)$$
$$= 100000 \times (0.033031 + 0.3544629) = 38749.41191$$

사업비의 APV2는

$$\text{APV2} = 1900 + 0.57G + (0.03G + 100)\ddot{a}_{40:\overline{20|}} = 3187.9408 + 0.95638224G$$

수지상등의 원칙에 의하여

보험료수입의 EPV = 보험급부의 APV1 + 사업비의 APV2

(i) 보험금 연말급인 경우

$$12.879408G = 38669.48728 + 3187.9408 + 0.95638224G$$
$$G = \frac{38669.48728 + 3187.9408}{12.879408 - 0.95638224} = 3510.638065$$

(ii) 보험금 사망즉시급인 경우

$$12.879408G = 38749.41191 + 3187.9408 + 0.95638224G$$

$$G = \frac{38749.41191 + 3187.9408}{12.879408 - 0.95638224} = 3517.34145$$

보험금 연말급인 경우 식 (7.2.1.7)을 이용하여 $G$를 구해보면

$$G = \frac{100000A_{40:\overline{20}|} + (2000-100) + 100\ddot{a}_{40:\overline{20}|}}{(1-0.03)\ddot{a}_{40:\overline{20}|} - (0.6-0.03)}$$

$$= \frac{38669.48728 + 1900 + 1287.9408}{12.49302576 - 0.57} = 3510.638065$$

가 되는 것을 확인할 수 있다.

(c) 평준순보험료 $P^n$은

$$P^n = \text{보험급부의 APV1}/\ddot{a}_{40:\overline{20}|}$$

(i) 보험금 연말급인 경우

$$P^n = \frac{38669.48728}{12.879408} = 3002.427385$$

따라서 평준부가보험료 $P^e$는

$$P^e = G - P^n = 3510.638065 - 3002.427385 = 508.21068$$

(ii) 보험금 사망즉시급인 경우

$$P^n = \frac{38749.41191}{12.879408} = 3008.632999$$

따라서 평준부가보험료 $P^e$는

$$P^e = G - P^n = 3517.34145 - 3008.632999 = 508.708451$$

## 2. 보험료산출방법과 추가위험 산출방법

### (1) 보험료산출방법

제7장에서는 보험료산출에 대하여 고찰하고 있다. 보험료산출시에는 어떤 원칙이나 방법들이 있을 수 있으며 이 원칙이나 방법들은 어떤 목표(objectives)를 갖는 것으로 표현할 수 있다. 그 목표들을 소개하면 다음과 같다.

### (a) 수지상등의 원칙

수지상등의 원칙(the equivalence principle)은 확률변수인 총미래손실의 APV가 0이 되는 보험료를 산출하는 원칙이다. 수지상등의 원칙에서는

$$E(_0L^g) = 0 \tag{7.2.2.1}$$

이 성립하는 영업보험료 $G$를 구하면 된다.

(b) 리스크를 고려한 보험료산출

보험사업자는 리스크를 인수하므로 이 리스크에 대한 보상을 요구할 수 있을 것이다. 보험료산출시 리스크에 대한 보상을 보험료에 부과하는 방식이 리스크를 고려한 보험료산출원칙(risk-based objectives)이다. 리스크를 고려한 보험료는

$$G + c \operatorname{Var}({}_0 L^g) \tag{7.2.2.2}$$

$$G + k \sqrt{\operatorname{Var}({}_0 L^g)} \tag{7.2.2.3}$$

의 형태로 나타낸다. 앞으로 고찰할 포트폴리오 백분위 보험료 산출원칙은 식 (7.2.2.3)에 해당하는 원칙으로 볼 수 있다.

(c) 목표이익을 고려하는 보험료산출

보험료산출시의 기초율은 최적기초율을 사용하고 프로핏마진 같은 목표이익을 명시적으로 설정하고 목표이익을 달성하는 보험료를 산출하는 방법이다. 이 산출방법이 7장의 기초이론에서 고찰한 외국의 현금흐름방식의 보험료산출방법이다.

(d) 펀드의 목적을 고려하는 보험료산출[1]

보험료수입으로 구성된 어떤 펀드의 목표액을 $K$ 라고 하면 $K > {}_{20}AS$와 같은 목표를 달성하는 보험료를 산출하는 방법이다. 펀드의 목표액은 보통 자산할당(asset share)방법으로 구하는 것이 일반적이다.

(2) 추가위험 산출방법

보험을 인수할 때 피보험자의 위험률이 표준위험률(standard rate)보다 높을 경우 피보험자는 표준위험률보다 높은 위험률을 적용받아서 보험가입이 이루어질 수 있다. 이 추가적인 위험(extra risks)이 보험료산출에 반영되는 세 가지 방법을 간단히 고찰해 보자.

(a) 연령조정

생명보험에서는 보통 연령이 많은 사람이 대부분 높은 위험률을 가지므로 추가위험이 있는 피보험자 $(x)$의 위험률을 표준체 피보험자 $(x+n)$의 위험률로 책정하는 방법이 연령조정방법이다(예 : $n = 5$).

(b) 표준위험률에 일정비율을 곱하는 방법

추가적인 위험을 $q'_{x+t} = (1+c) q_{x+t}$ 등으로 설정하는 방법으로 표준위험률 $q_{x+t}$에 $(1+c)$를 곱해서 산출하는 방법이다(예: $c = 10\%$). 이 방법은 계산과정이 약간 복잡한 과

---

1) 오창수, "자산할당방법을 이용한 보험료산출에 관한 연구", 「보험학회지」 제71집 2005. 8.을 참조.

정을 거치게 된다. 이 방법에서는

$$_tp'_x = \prod_{u=0}^{t-1} [1 - (1+c)\, q_{x+u}] \tag{7.2.2.4}$$

를 이용하여 연금과 보험의 APV를 구한다. 연금의 APV는

$$\ddot{a}'_{x:\overline{n}|} = \sum_{t=0}^{n-1} v^t\, {}_tp'_x \tag{7.2.2.5}$$

이 되고 보험의 APV는

$$\left(A^{\,1}_{x:\overline{n}|}\right)' = \left(A_{x:\overline{n}|}\right)' - \left(A_{x:\overline{n}|}^{\;\;1}\right)' \tag{7.2.2.6}$$

$$= \left(1 - d\,\ddot{a}'_{x:\overline{n}|} - v^n\, {}_np'_x\right) \tag{7.2.2.7}$$

와 같은 방법을 이용하여 구한다.

### (c) 표준위험률에 상수를 더하는 방법

이 방법은 표준위험률에 일정한 상수를 더하여 추가위험을 반영하는 방법이다. 즉

$$\mu'_{x+t} = \mu_{x+t} + c \tag{7.2.2.8}$$

$\mu'_{x+t}$는 추가위험이 있는 경우의 사력을 나타낸다. $_tp'_x$를 구해보면

$$_tp'_x = \exp\left[-\int_0^t \mu'_{x+s}\, ds\right] = \exp\left[-\int_0^t (\mu_{x+s}+c)\, ds\right]$$

$$= e^{-c\,t}\, {}_tp_x \tag{7.2.2.9}$$

추가위험이 반영된 연금의 APV는

$$\ddot{a}'_{x:\overline{n}|} = \sum_{t=0}^{n-1} e^{-\delta t}\, {}_tp'_x = \sum_{t=0}^{n-1} e^{-(\delta+c)\,t}\, {}_tp_x \tag{7.2.2.10}$$

$$= \ddot{a}_{x:\overline{n}|\, j} \tag{7.2.2.11}$$

여기서 $j$는

$$j = e^{\delta+c} - 1 \tag{7.2.2.12}$$

을 나타낸다. 따라서 $\ddot{a}_{x:\overline{n}|\, j}$는 이자율 $j$와 표준위험률을 이용하여 계산한 연금현가이다. 추가위험을 갖는 피보험자의 개산생존기간을 $K_x'$라고 하면

$$\ddot{a}'_{x:\overline{n}|} = E\left[\ddot{a}_{\min\overline{(K'_x+1,n)}|}\right] \tag{7.2.2.13}$$

$$= \frac{1-E\left[v^{\min(K'_x+1,n)}\right]}{d} = \frac{1-A'_{x:\overline{n}|}}{d} \tag{7.2.2.14}$$

이 성립한다. 따라서

$$A'_{x:\overline{n}|} = 1 - d\,\ddot{a}'_{x:\overline{n}|} \tag{7.2.2.15}$$

$$= 1 - d\,\ddot{a}_{x:\overline{n}|j} \tag{7.2.2.16}$$

$\ddot{a}'_{x:\overline{n}|}$ 을 구할 때만 표준위험률과 이자율 $j$로 계산을 하고 계산된 값을 얻은 후에는 원래의 형태(높은 위험률과 이자율 $i$ 또는 $d$)로 돌아와야 한다. $A'_{x:\overline{n}|}$ 은 높은 위험률과 이자율 $i$(또는 $d$)가 적용된 값이다. 따라서 $\ddot{a}'_{x:\overline{n}|}$ 의 값을 구한 후에는 높은 위험률과 이자율 $i$(또는 $d$)로 돌아와서 보험료를 계산한다. $d$는 원래 이자율 $i$로 계산된 것으로 $d=\dfrac{i}{1+i}$ 이다. $_nE_x'$ 를 고려해 보면

$$_nE_x' = v^n\,_np'_x = e^{-\delta n}\,e^{-c\,n}\,_np_x$$

$$= e^{-(\delta+c)n}\,_np_x = v_j^n\,_np_x$$

이 성립한다. $_nE_x'$ 는 표준위험률과 이자율 $j$로 계산하면 된다.

### 예제 7.2.2.1

피보험자 (40)이 보험금 100,000원, 20년납입, 20년만기 완전이산 생사혼합보험에 가입하였다. 이 보험의 제1보험연도 총사업비는 2,000원과 영업보험료의 60%이고 2차연도부터 보험료의 3%와 100원씩이 매 연도초에 계약관리비용으로 부과된다. 사력이 $\mu'_{40+t} = \mu_{40+t}+0.01$로 주어지고 $i=5\%$, 제7회 경험생명표를 이용하여 영업보험료 $G'$를 구하시오. $\mu_{40+t}$는 표준위험률이 적용되는 사력이다. 단, $j=6.055\%$일 때 $\ddot{a}_{40:\overline{20}|j}$는 11.929490이다.

#### 풀이

$$_tp'_x = \exp\left[-\int_0^t \mu'_{x+s}\,ds\right] = e^{-c\,t}\,_tp_x$$

$$\ddot{a}'_{40:\overline{20}|} = \sum_{t=0}^{19} e^{-\delta t}\,_tp'_{40} = \sum_{t=0}^{19} e^{-(\delta+c)t}\,_tp_{40}$$

$$j = e^{c+\delta}-1 = e^{\delta}e^c-1 = 1.05\,e^{0.01}-1 = 0.06055$$

따라서

$$\ddot{a}'_{40:\overline{20|}} = \ddot{a}_{40:\overline{20|}\,j} = 11.929490 \quad (j = 0.06055)$$

$$\ddot{a}_{40:\overline{20|}} = \ddot{a}_{40:\overline{20|}\,i} = 12.879408 \quad (i = 0.05)$$

보험료수입의 EPV는

$$\text{EPV} = G' \sum_{t=0}^{19} \upsilon^t \,_t p'_{40} = G' \ddot{a}_{40:\overline{20|}\,j} = 11.929490\,G'$$

사업비의 APV1은

$$\text{APV1} = 1900 + 0.57G' + (0.03G' + 100)\ddot{a}_{40:\overline{20|}\,j} = 3092.949 + 0.927885G'$$

보험급부의 APV2는 $d = \dfrac{0.05}{1.05} = 0.047619048$를 이용하면

$$\text{APV2} = 100000A'_{40:\overline{20|}} = 100000\left(1 - d\,\ddot{a}'_{40:\overline{20|}}\right) = 43192.90431$$

따라서

$$\text{보험료수입의 EPV} = \text{사업비의 APV1} + \text{보험급부의 APV2}$$

$$11.929490\,G' = 3092.949 + 0.927885\,G' + 43192.90431$$

$$G' = \frac{3092.949 + 43192.90431}{11.929490 - 0.927885} = \frac{46285.85331}{11.001605} = 4207.190979$$

이 결과는 예제 7.2.1.1의 $G = 3510.638065$와 비교하면 높은 것을 알 수 있다.

( 예제 7.2.2.2 )

표준체위험률을 적용받는 피보험자에 대해서 다음이 적용된다.

(i) $\delta = 0.05$인 경우 $\bar{A}_{40} = \dfrac{1}{5}$      (ii) $\delta = 0.06$인 경우 $\bar{A}_{40} = \dfrac{3}{16}$

표준하체(substandard)의 피보험자 (40)의 사력이 $\mu'_{40+t} = \mu_{40+t} + 0.01$로 주어졌다. $\delta = 0.05$일 때 보험금 1원의 완전연속 종신보험의 순보험료(benefit premium)를 구하시오.

풀이

$c = 0.01$인 경우이므로

$$\,_t p'_{40} = e^{-0.01t} \,_t p_{40}$$

이다. 따라서

$$\bar{a}'_{40} = \int_0^\infty \upsilon^t \,_t p'_x \, dt = \int_0^\infty e^{-0.05t} e^{-0.01t} \,_t p_{40} \, dt$$

$\bar{a}'_{40}$은 표준위험률과 $\delta = 0.06$을 적용한 연금현가이다. 따라서 표준위험률과 $\delta = 0.06$인 $\bar{A}_{40}$ $= 3/16$을 이용하여 $\bar{a}'_{40}$을 구할 수 있다.

$$\bar{a}'_{40} = \frac{1 - 3/16}{0.06} = 13.541667$$

표준위험률과 $\delta = 0.06$을 적용하여 $\bar{a}'_{40}$의 값(13.541667)을 얻은 후에는 표준위험률과 $\delta = 0.06$

을 버리고 원래의 모습인 높은 위험률과 $\delta = 0.05$로 돌아오면 된다. 그러나 그 결과 값 $\bar{a}'_{40} = 13.541667$은 유효하다. $\bar{a}'_{40}$(높은 위험률과 $\delta = 0.05$ 사용)과 $\bar{A}'_{40}$(높은 위험률과 $\delta = 0.05$ 사용)을 이용하여 이 보험의 연납순보험료 $P$를 구해야 한다. $\bar{a}'_{40}$과 $\bar{A}'_{40}$의 관계식은 이 보험에서는 $\delta = 0.05$를 통하여서만 이루어진다. 따라서

$$P' = \frac{\bar{A}'_{40}}{\bar{a}'_{40}} = \frac{1 - \delta\,\bar{a}'_{40}}{\bar{a}'_{40}} = \frac{1}{\bar{a}'_{40}} - \delta = \frac{1}{13.541667} - 0.05 = 0.02384615$$

만일 위 식에서 $\bar{A}'_{40}$을 구할 때 $\delta = 0.06$을 이용한다면 $\bar{a}'_{40}$은 표준위험률과 $\delta = 0.06$이 되어 $\bar{A}'_{40}$은 표준위험률과 $\delta = 0.06$이 적용된 보험료이다. 우리가 원하는 $\bar{A}'_{40}$은 높아진 위험률이 $\delta = 0.05$로 적용되는 것이다. 따라서 위 식과 같이 $\delta = 0.05$로 관계식이 이루어져야 한다.

## 3. 미래손실의 분산

제5장과 제7장 1절에서는 수지상등의 원칙을 이용하여 보험료를 산출하였다. 수지상등의 원칙은 미래급부의 현가와 보험료의 현가를 일치하게 하는 보험료산출원칙이다. 즉, 미래손실[1] 확률변수의 기대값이 0이 되게 하는 원칙이다.[2]

$$E({}_0L) = 0 \ \ \text{또는} \ \ E({}_0L^g) = 0 \tag{7.2.3.1}$$

보험회사가 보험사업에서 리스크를 인수하고 이 리스크에 대한 대가를 보상받으려고 할 때 기준이 될 수 있는 척도(measure)를 고려해 보자. 확률변수의 분산이나 표준편차는 리스크의 척도로 많이 사용되므로 $\text{Var}({}_0L^g)$를 인수한 보험의 리스크에 대한 척도로 사용할 수 있을 것이다. 이런 경우 리스크가 고려된 보험료(risk adjusted premium)는 개략적으로

$$E({}_0L^g) + k\,\sqrt{\text{Var}({}_0L^g)} \tag{7.2.3.2}$$

가 어떤 조건을 만족시키는 형태로 표시가 가능할 것이다. 이런 이유로 미래손실의 분산을 고찰할 필요가 있다.

---

1) 본절에서는 순보험료와 관련된 미래손실과 영업보험료와 관련된 총미래손실을 모두 고찰한다. 본절에서는 가능한 한, 두 가지 표현을 구별하여 사용하나 경우에 따라서는 미래손실이 총미래손실을 의미하는 경우도 있다.
2) 이 원칙으로 최종보험료를 산출하는 경우 보험료산출에 사용되는 기초율은 보수적으로 설정(변동성 고려와 마진 확보)하는 경우가 대부분이다.

(1) 완전연속보험(순보험료)

(a) 종신보험

보험금 사망즉시급, 보험료 연속납인 경우를 완전연속(fully continuous)으로 표현하기로 한다. 완전연속 종신보험의 전기납 순보험료를 $P$라고 하고 보험금을 $S$라고 하면 0시점의 미래손실 확률변수는

$$_0L = S\,v^{T_x} - P\,\bar{a}_{\overline{T_x}|} \tag{7.2.3.3}$$

$$= S\,v^{T_x} - P\left(\frac{1-v^{T_x}}{\delta}\right)$$

$$= v^{T_x}\left(S + \frac{P}{\delta}\right) - \frac{P}{\delta} \tag{7.2.3.4}$$

가 된다. 따라서 미래손실의 분산은 다음과 같다.

$$\mathrm{Var}(_0L) = \mathrm{Var}(v^{T_x})\left(S + \frac{P}{\delta}\right)^2 \tag{7.2.3.5}$$

$$= \left[^2\bar{A}_x - (\bar{A}_x)^2\right]\left(S + \frac{P}{\delta}\right)^2 \tag{7.2.3.6}$$

보험료 $P$ 가 수지상등의 원칙에 의하여 산출된 보험금 1원($S=1$)의 보험료인 경우 $P=\dfrac{\delta\bar{A}_x}{1-\bar{A}_x}$ 이므로

$$\mathrm{Var}(_0L) = \frac{^2\bar{A}_x - (\bar{A}_x)^2}{(1-\bar{A}_x)^2} \tag{7.2.3.7}$$

이 된다.

예제 7.2.3.1

$_0L$을 완전연속(fully continuous) 종신보험의 0시점의 미래손실이라고 하자. 보험금이 10원인 경우 보험료의 연액은 0.6으로 주어졌다. 다음과 같은 가정하에서 $\mathrm{Var}(_0L)$을 구하시오.

(i) $\mu_{x+t} = 0.06, \quad t \geq 0$      (ii) $\delta = 0.04$

풀이

$$\bar{A}_x = \frac{\mu}{\mu+\delta} = \frac{0.06}{0.1} = \frac{3}{5}$$

$${}^{2}\bar{A}_x = \frac{\mu}{\mu+2\delta} = \frac{0.06}{0.06+0.08} = \frac{6}{14} = \frac{3}{7}$$

따라서 ${}_0L$의 분산은

$$\mathrm{Var}({}_0L) = \left[{}^{2}\bar{A}_x - (\bar{A}_x)^2\right]\left(S + \frac{P}{\delta}\right)^2 = \left(\frac{3}{7} - \frac{9}{25}\right)\left(10 + \frac{0.6}{0.04}\right)^2 = 42.85714$$

( 예제 7.2.3.2 )

보험금 1원의 완전연속 종신보험의 보험료가 수지상등의 원칙에 의하여 산출되었고
사력 $\mu$와 이력 $\delta$가 상수로 주어졌을 때 $\mathrm{Var}({}_0L)$을 구하시오.

풀이

$\bar{A}_x = \dfrac{\mu}{\mu+\delta}$, ${}^{2}\bar{A}_x = \dfrac{\mu}{\mu+2\delta}$ 이므로

$$\mathrm{Var}({}_0L) = \frac{\dfrac{\mu}{\mu+2\delta} - \left(\dfrac{\mu}{\mu+\delta}\right)^2}{\left(1 - \dfrac{\mu}{\mu+\delta}\right)^2} = \frac{\dfrac{\mu(\mu+\delta)^2}{\mu+2\delta} - \mu^2}{\delta^2} = \frac{\mu}{\mu+2\delta} \tag{7.2.3.8}$$

따라서 사력이 상수인 경우 보험금 1원의 완전연속 종신보험의 $\mathrm{Var}({}_0L)$은 $\delta$ 대신 $2\delta$를 사용하
는 ${}^{2}\bar{A}_x$인 것을 알 수 있다.

### (b) 생사혼합보험

완전연속 생사혼합보험의 0시점의 미래손실 확률변수는

$$
{}_0L = S\,v^{\min(T_x,\,n)} - P\,\bar{a}_{\overline{\min(T_x,\,n)}|} \tag{7.2.3.9}
$$

$$
= v^{\min(T_x,\,n)}\left(S + \frac{P}{\delta}\right) - \frac{P}{\delta} \tag{7.2.3.10}
$$

가 된다. 미래손실의 분산은 다음과 같다.

$$
\mathrm{Var}({}_0L) = \left[{}^{2}\bar{A}_{x:\overline{n}|} - (\bar{A}_{x:\overline{n}|})^2\right]\left(S + \frac{P}{\delta}\right)^2 \tag{7.2.3.11}
$$

보험료 $P$가 수지상등의 원칙에 의하여 산출된 보험금 1원($S=1$)의 보험료인 경우 $P = \dfrac{\delta\bar{A}_{x:\overline{n}|}}{1-\bar{A}_{x:\overline{n}|}}$ 이므로 $\mathrm{Var}({}_0L)$은 다음과 같다.

$$
\mathrm{Var}({}_0L) = \frac{{}^{2}\bar{A}_{x:\overline{n}|} - \left(\bar{A}_{x:\overline{n}|}\right)^2}{\left(1 - \bar{A}_{x:\overline{n}|}\right)^2} \tag{7.2.3.12}
$$

(예제 7.2.3.3)

보험금 1원, 10년만기 완전연속 생사혼합보험을 고려한다. $\mu = 0.03$, $\delta = 0.05$ 일 때
(a) 0시점의 미래손실의 기대값이 $-0.3$이 되는 순보험료의 연액 $P$를 구하시오.
(b) $P$를 이용하여 미래손실의 분산을 구하시오.

**풀이**

(a) $_0L = v^{\min(T_x, 10)} - P\,\bar{a}_{\overline{\min(T_x, 10)|}}$

$$\bar{A}^{\,1}_{x:\,\overline{n}|} = \frac{\mu\left[1-e^{-(\mu+\delta)n}\right]}{\mu+\delta}, \quad A_{x:\,\overline{n}|}^{\;\;\;1} = e^{-(\mu+\delta)n} \text{이므로}$$

$$\bar{A}_{x:\,\overline{10}|} = \frac{0.03(1-e^{-0.08\times10})}{0.08} + e^{-(0.08)\times10} = \frac{3}{8}(1-e^{-0.8}) + e^{-0.8} = 0.65583$$

이제 $E(_0L) = -0.3$이 되는 $P$ 값을 구하고자 한다.

$$E(_0L) = \bar{A}_{x:\,\overline{10}|} - P\bar{a}_{x:\,\overline{10}|} = -0.3$$

$$P = \frac{\bar{A}_{x:\,\overline{10}|}+0.3}{\bar{a}_{x:\,\overline{10}|}} = \frac{\delta\,(\bar{A}_{x:\,\overline{10}|}+0.3)}{1-\bar{A}_{x:\,\overline{10}|}} = \frac{0.05\,(0.65583+0.3)}{1-0.65583} = 0.13886$$

(b) 미래손실의 분산은

$$\mathrm{Var}(_0L) = (^2\bar{A}_{x:\,\overline{10}|} - (\bar{A}_{x:\,\overline{10}|})^2)\left(1+\frac{P}{\delta}\right)^2$$

여기서 $^2\bar{A}_{x:\,\overline{10}|}$ 은 $\delta$ 대신 $2\delta$를 대입한 값이므로

$$^2\bar{A}^{\,1}_{x:\,\overline{n}|} = \frac{\mu\left[1-e^{-(\mu+2\delta)n}\right]}{\mu+2\delta} \tag{7.2.3.13}$$

$$^2A_{x:\,\overline{n}|}^{\;\;\;1} = e^{-(\mu+2\delta)n} \tag{7.2.3.14}$$

$$^2\bar{A}_{x:\,\overline{10}|} = \frac{0.03}{0.13}(1-e^{-(0.03+0.05\times2)\times10}) + e^{-(0.03+0.05\times2)\times10}$$

$$= 0.16788 + 0.27253 = 0.44041$$

$$\mathrm{Var}(_0L) = (0.44041 - 0.65583^2)\left(1+\frac{0.13886}{0.05}\right)^2 = 0.14691$$

(2) 완전이산보험(순보험료)

보험금 연말급, 연납보험료인 경우를 완전이산(fully discrete)으로 표현하기로 한다. 완전이산 종신보험의 전기납 순보험료를 $P$라고 하고 보험금을 $S$라고 하면 0시점의 미래손실 확률변수는

$$_0L = Sv^{K+1} - P\ddot{a}_{\overline{K+1|}} \tag{7.2.3.15}$$

가 되고 $_0L$의 분산은

$$\mathrm{Var}(_0L) = \left[{}^2A_x - (A_x)^2\right]\left(S + \frac{P}{d}\right)^2 \tag{7.2.3.16}$$

이 된다. $n$년만기 완전이산 생사혼합보험의 순보험료를 $P$라고 하고 보험금을 $S$라고 하면

$$_0L = S\,v^{\min(K_x+1,\,n)} - P\ddot{a}_{\overline{\min(K_x+1,\,n)|}} \tag{7.2.3.17}$$

$$\mathrm{Var}(_0L) = \left[{}^2A_{x:\overline{n}|} - (A_{x:\overline{n}|})^2\right]\left(S + \frac{P}{d}\right)^2 \tag{7.2.3.18}$$

이 된다. 수지상등의 원칙에 의하여 $P$가 산출된 경우 보험금 1원$(S=1)$의 완전이산 종신보험과 생사혼합보험의 $\mathrm{Var}(_0L)$은 다음과 같다.

$$\mathrm{Var}(_0L) = \frac{{}^2A_x - (A_x)^2}{(1 - A_x)^2} \tag{7.2.3.19}$$

$$\mathrm{Var}(_0L) = \frac{{}^2A_{x:\overline{n}|} - (A_{x:\overline{n}|})^2}{(1 - A_{x:\overline{n}|})^2} \tag{7.2.3.20}$$

(3) 완전이산보험(영업보험료)
총미래손실의 분산을 다음 예제를 이용하여 직접 구해보기로 한다.

예제 7.2.3.4

피보험자 (60)이 가입한 보험금 1,000원의 4년만기 완전이산 정기보험을 고려한다. 다음과 같은 가정이 주어졌다.
(i) $q_{60} = 0.01$, $q_{61} = 0.02$, $q_{62} = 0.03$, $q_{63} = 0.04$   (ii) $i = 0.05$
(iii) 사업비 가정

| 연도 | 보험료의 비율 | 보험금액(1,000원 당) |
|---|---|---|
| 1차연도 | 30%$(\gamma_0)$ | 20원$(e_0)$ |
| 2차연도 이후 | 5%$(\gamma)$ | 5원$(e)$ |

(a) 총미래손실 $_0L^g$를 정의하시오.
(b) 수지상등의 원칙을 적용한 영업보험료 $G$를 구하시오.
(c) $G$를 이용하여 총미래손실의 분산을 구하시오.

**풀이**

(a) 총미래손실 $_0L^g$는

$$_0L^g = \begin{cases} Sv^{K_x+1} + (e_0-e) + (\gamma_0-\gamma)G - [(1-\gamma)G - e]\ddot{a}_{\overline{K_x+1}|}, & K_x = 0, 1, 2, 3 \\ (e_0-e) + (\gamma_0-\gamma)G - [(1-\gamma)G - e]\ddot{a}_{\overline{4}|}, & K_x = 4, 5, 6, \cdots \end{cases}$$

$$\hspace{8cm}(7.2.3.21)$$

$$_0L^g = \begin{cases} 1000v^{K_{60}+1} + (20-5) + (0.3-0.05)G - [(1-0.05)G-5]\ddot{a}_{\overline{K_{60}+1}|}, & K_{60} = 0, 1, 2, 3 \\ (20-5) + (0.3-0.05)G - [(1-0.05)G-5]\ddot{a}_{\overline{4}|}, & K_{60} = 4, 5, 6, \cdots \end{cases}$$

(b) 먼저 $A^{1}_{60:\overline{4}|}$ 와 $\ddot{a}_{60:\overline{4}|}$ 을 구해보자.

$$A^{1}_{60:\overline{4}|} = 0.01v + (0.99)(0.02)v^2 + (0.99)(0.98)(0.03)v^3 + (0.99)(0.98)(0.97)(0.04)v^4$$
$$= 0.083595$$

$$\ddot{a}_{60:\overline{4}|} = 1 + 0.99v + (0.99)(0.98)v^2 + (0.99)(0.98)(0.97)v^3 = 3.63581$$

총미래손실 확률변수의 기대값인 $E(_0L^g) = 0$이 되는 값을 찾으면

$$SA^{1}_{x:\overline{n}|} + (e_0-e) + e\ddot{a}_{x:\overline{n}|} - G\big[(1-\gamma)\ddot{a}_{x:\overline{n}|} - (\gamma_0-\gamma)\big] = 0$$

$$1000A^{1}_{60:\overline{4}|} + (20-5) + 5\ddot{a}_{60:\overline{4}|} - G\big[(1-0.05)\ddot{a}_{60:\overline{4}|} - (0.3-0.05)\big] = 0$$

이 되고 이 식을 만족하는 $G$를 구하면

$$G = \frac{SA^{1}_{x:\overline{n}|} + (e_0-e) + e\ddot{a}_{x:\overline{n}|}}{(1-\gamma)\ddot{a}_{x:\overline{n}|} - (\gamma_0-\gamma)} = \frac{1000A^{1}_{60:\overline{4}|} + (20-5) + 5\ddot{a}_{60:\overline{4}|}}{(1-0.05)\ddot{a}_{60:\overline{4}|} - (0.3-0.05)} = 36.44626$$

(c) 표의 총미래손실의 현가는 다음의 식을 이용하여 작성하였다.

$$_0L^g = Sv^{K_{60}+1} + (e_0-e) + (\gamma_0-\gamma)G + e\ddot{a}_{\overline{K_{60}+1}|} + \gamma G\ddot{a}_{\overline{K_{60}+1}|} - G\ddot{a}_{\overline{K_{60}+1}|},$$

$$K = 0, 1, 2, 3 \hspace{2cm}(7.2.3.22)$$

$$= (e_0-e) + (\gamma_0-\gamma)G + e\ddot{a}_{\overline{4}|} + \gamma G\ddot{a}_{\overline{4}|} - G\ddot{a}_{\overline{4}|}, \quad K = 4, 5, 6, \cdots$$

| 사망연도 | 총미래손실의 현가 | | | |
|---|---|---|---|---|
| | (1)보험금 | (2)사업비 | (3)보험료 | $_0L^g = (1)+(2)-(3)$ |
| 1 | 952.38095 | 30.93388 | 36.44626 | 946.86857 |
| 2 | 907.02948 | 37.43132 | 71.15698 | 873.30381 |
| 3 | 863.83760 | 43.61936 | 104.21482 | 803.24214 |
| 4 | 822.70247 | 49.51273 | 135.69847 | 736.51674 |
| >4 | | 49.51273 | 135.69847 | −86.18574 |

총미래손실의 기대값과 $E[(_0L^g)^2]$을 다음과 같이 구해보자.

| 사망연도 | 사망확률 | $_0L^g$ | $(_0L^g)^2$ |
|---|---|---|---|
| 1 | 0.01000 | 946.86857 | 896560.08907 |
| 2 | 0.01980 | 873.30381 | 762659.54979 |
| 3 | 0.02911 | 803.24214 | 645197.93473 |
| 4 | 0.03764 | 736.51674 | 542456.90278 |
| >4 | 0.90345 | −86.18574 | 7427.98153 |
| $E(_0L^g)$, $E[(_0L^g)^2]$ | | 0 | 69976.32022 |

위 표를 이용하면 정기보험의 총미래손실 $_0L^g$의 분산은

$$\mathrm{Var}(_0L^g) = E\left[(_0L^g)^2\right] - \left[E\left(_0L^g\right)\right]^2 \tag{7.2.3.23}$$
$$= 69976.32022 - 0 = 69976.32022$$

예제 7.2.3.5

피보험자 (60)이 가입한 보험금 1,000원의 4년만기 완전이산 생사혼합보험을 고려한다. 다음과 같은 가정이 주어졌다.

(i) $q_{60} = 0.01$, $q_{61} = 0.02$, $q_{62} = 0.03$, $q_{63} = 0.04$    (ii) $i = 0.05$

(iii) 사업비 가정

| 연도 | 보험료의 비율 | 보험금액(1,000원당) |
|---|---|---|
| 1차연도 | 30%($\gamma_0$) | 20원($e_0$) |
| 2차연도 이후 | 5%($\gamma$) | 5원($e$) |

(a) 총미래손실 $_0L^g$를 정의하시오.

(b) 수지상등의 원칙을 적용한 영업보험료 $G$를 구하시오.

(c) $G$를 이용하여 총미래손실의 분산을 구하시오.

풀이

(a) 총미래손실 $_0L^g$는

$$_0L^g = Sv^{\min(K_x+1,\,n)} + (e_0-e) + (\gamma_0-\gamma)G - [(1-\gamma)G - e]\ddot{a}_{\overline{\min(K_x+1,\,n)}|} \tag{7.2.3.24}$$

$$_0L^g = 1000v^{\min(K_{60}+1,\,4)} + (20-5) + (0.3-0.05)G - [(1-0.05)G-5]\ddot{a}_{\overline{\min(K_{60}+1,\,4)}|}$$

(b) 먼저 $A_{60:\overline{4}|}$와 $\ddot{a}_{60:\overline{4}|}$을 구해보자.

$$A_{60:\overline{4}|}^{\,1} = 0.083595$$

$$A_{60:\overline{4}|}^{\ \ 1} = (0.99)(0.98)(0.97)(0.96)v^4 = 0.74327$$

$$A_{60:\overline{4}|} = 0.083595 + 0.74327 = 0.82687$$

$$\ddot{a}_{60:\overline{4|}} = 3.63581$$

총미래손실 확률변수의 기대값인 $E(_0L^g) = 0$이 되는 값을 찾으면

$$SA_{x:\overline{n|}} + (e_0 - e) + e\ddot{a}_{x:\overline{n|}} - G\left[(1-\gamma)\ddot{a}_{x:\overline{n|}} - (\gamma_0 - \gamma)\right] = 0$$

$$1000A_{60:\overline{4|}} + (20-5) + 5\ddot{a}_{60:\overline{4|}} - G\left[(1-0.05)\ddot{a}_{60:\overline{4|}} - (0.3-0.05)\right] = 0$$

이 되고 이 식을 만족하는 $G$를 구하면

$$G = \frac{SA_{x:\overline{n|}} + (e_0 - e) + e\ddot{a}_{x:\overline{n|}}}{(1-\gamma)\ddot{a}_{x:\overline{n|}} - (\gamma_0 - \gamma)} = \frac{1000A_{60:\overline{4|}} + (20-5) + 5\ddot{a}_{60:\overline{4|}}}{(1-0.05)\ddot{a}_{60:\overline{4|}} - (0.3-0.05)}$$

$$= 268.42701$$

(c) 표의 총미래손실의 현가는 다음의 식을 이용하여 작성하였다.

$$_0L^g = S\,v^{\min(K_{60}+1,\,4)} + (e_0 - e) + (\gamma_0 - \gamma)G + e\ddot{a}_{\overline{\min(K_{60}+1,\,4)|}}$$

$$+ \gamma\,G\ddot{a}_{\overline{\min(K_{60}+1,\,4)|}} - G\ddot{a}_{\overline{\min(K_{60}+1,\,4)|}} \tag{7.2.3.25}$$

| 사망연도 | 총미래손실의 현가 | | | |
|---|---|---|---|---|
| | (1)보험금 | (2)사업비 | (3)보험료 | $_0L^g = (1)+(2)-(3)$ |
| 1 | 952.38095 | 100.52810 | 268.42701 | 784.48204 |
| 2 | 907.02948 | 118.07225 | 524.07179 | 501.02994 |
| 3 | 863.83760 | 134.78096 | 767.54300 | 231.07555 |
| 4 | 822.70247 | 150.69401 | 999.42035 | −26.02386 |
| >4 | 822.70247 | 150.69401 | 999.42035 | −26.02386 |

총미래손실의 기대값과 $E\left[(_0L^g)^2\right]$을 다음과 같이 구해보자.

| 사망연도 | 사망확률 | $_0L^g$ | $(_0L^g)^2$ |
|---|---|---|---|
| 1 | 0.01000 | 784.48204 | 615412.07684 |
| 2 | 0.01980 | 501.02994 | 251031.00021 |
| 3 | 0.02911 | 231.07555 | 53395.91187 |
| 4 | 0.03764 | −26.02386 | 677.24128 |
| >4 | 0.90345 | −26.02386 | 677.24128 |
| $E(_0L^g)$, $E[(_0L^g)^2]$ | | 0 | 13316.02369 |

위 표를 이용하면 생사혼합보험 $_0L^g$의 분산은

$$\mathrm{Var}(_0L^g) = E\left[(_0L^g)^2\right] - \left[E\left(_0L^g\right)\right]^2 = 13316.02369 - 0 = 13316.02369$$

앞의 두 예제를 그림으로 표시하면 그림 [7.2.3.1]과 같다. 그림에서는 $n=4$로 표시하지 않고 일반적인 $n$으로, 보험금 1원의 완전연속보험으로 표시하였다.

그림 [7.2.3.1]   정기보험과 생사혼합보험의 $_0L^g$

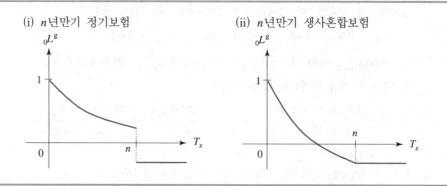

(i) $n$년만기 정기보험     (ii) $n$년만기 생사혼합보험

총미래손실의 분산을 공식으로 유도해 보자. 첫해의 사업비를 $e_0 + \gamma_0 G$로 표시하고 2차연도부터의 사업비를 $e + \gamma G$로 표시하기로 한다. 완전이산 종신보험의 $_0L^g$는

$$_0L^g = S\,v^{K_x+1} + [(e_0 - e) + (\gamma_0 - \gamma)G] - [(1-\gamma)G - e]\,\ddot{a}_{\overline{K_x+1}|} \qquad (7.2.3.26)$$

이 된다. $(e_0 - e) + (\gamma_0 - \gamma)G$는 상수이므로 $_0L^g$의 분산에 영향을 미치지 않으며

$$\mathrm{Var}(_0L^g) = \left[{}^2A_x - (A_x)^2\right]\left(S + \frac{(1-\gamma)G - e}{d}\right)^2 \qquad (7.2.3.27)$$

이 된다. 완전이산 생사혼합보험의 경우도 다음과 같은 유사한 식을 유도할 수 있다.

$$\mathrm{Var}(_0L^g) = \left[{}^2A_{x:\overline{n}|} - (A_{x:\overline{n}|})^2\right]\left(S + \frac{(1-\gamma)G - e}{d}\right)^2 \qquad (7.2.3.28)$$

### 4. 미래손실의 확률

우리는 3절에서 정기보험과 생사혼합보험에 대한 $_0L$의 정의와 분포의 형태를 고찰하였다. 본 절에서는 미래손실 $_0L$의 확률에 대하여 고찰해 보자.

### (1) 완전연속 종신보험

완전연속(fully continuous) 종신보험의 $_0L$을 고려해 보자. 완전연속 종신보험의 $_0L$은 다음과 같다.

$$_0L = S\,v^{T_x} - P\,\bar{a}_{\overline{T_x}|} \qquad (7.2.4.1)$$

$$= S\, v^{T_x} - P\, \frac{1-v^{T_x}}{\delta} \tag{7.2.4.2}$$

$$= \left(S + \frac{P}{\delta}\right) v^{T_x} - \frac{P}{\delta} \tag{7.2.4.3}$$

$_0L$는 $T_x$의 감소함수이다. 만일 사망이 계약시점에서 빠른 시간 내에 이루어진다면(즉, $t$ 가 아주 작은 경우) 보험료수입이 작기 때문에 보험자는 손실을 볼 것이고, 피보험자가 아주 오래 살아서(즉, $t$가 아주 큰 경우) 보험료수입이 큰 경우 보험자는 이익을 볼 것이다. 따라서 미래손실이 어떤 값 $c$보다 작을 확률은 사망시점 $T$가 $t_c$보다 클 확률이고, 미래 손실이 어떤 값 $c$보다 클 확률은 사망시점 $T$가 $t_c$보다 작을 확률이다. 즉,

$$\Pr({}_0L < c) = \Pr(T > t_c) \tag{7.2.4.4}$$

$$\Pr({}_0L > c) = \Pr(T < t_c) \tag{7.2.4.5}$$

$c=0$인 경우 $\Pr({}_0L > 0)$을 구해보자. $_0L > 0$은

$$\left(S + \frac{P}{\delta}\right) e^{-\delta T_x} - \frac{P}{\delta} > 0 \tag{7.2.4.6}$$

$$T_x < -\frac{1}{\delta}\ln\frac{P}{S\,\delta+P} = t_* \tag{7.2.4.7}$$

와 동일하다. 따라서

$$\Pr({}_0L > 0) = \Pr(T_x < t_*) \tag{7.2.4.8}$$

이 성립한다. $_0L > 0$은 보험사의 손실을 나타내므로 $T_x < t_*$인 구간은 보험사의 손실구간 이다.

그림 [7.2.4.1]  완전연속 종신보험에서 $\Pr({}_0L > 0) = \Pr(T_x < t_*)$인 $t_*$

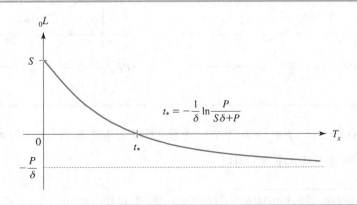

(2) 완전연속 정기보험

완전연속 정기보험의 $_0L$을 나타내면 다음과 같다.

$$_0L = S v^T - P \bar{a}_{\overline{T_x|}}, \quad T_x \leq n$$

$$= 0 - P \bar{a}_{\overline{n|}}, \quad T_x > n \tag{7.2.4.9}$$

$$_0L = \left(S + \frac{P}{\delta}\right) v^{T_x} - \frac{P}{\delta}, \quad T_x \leq n$$

$$= \left(0 + \frac{P}{\delta}\right) v^n - \frac{P}{\delta}, \quad T_x > n \tag{7.2.4.10}$$

종신보험과 동일하게 정기보험의 $_0L$도 $T_x$의 감소함수이다. 수지상등의 원칙하에서 계산된 $P$나 $G$를 이용할 경우 $n$이 크지 않다면 $_nq_x$가 크지 않기 때문에 대부분 그림 [7.2.4.2]의 (ii)의 형태를 가질 것이다. $n$이 아주 큰 정기보험의 경우[1] 그림 [7.2.4.2]의 (i)의 형태를 나타낼 수 있을 것이다.

$T_x = n$인 경우의 $_0L$을 $_0L(n)$으로 표시하기로 하자. $n$이 주어진 경우 완전연속 정기보험은 $_0L(n) = S v^n - P \bar{a}_{\overline{n|}}$이 0보다 작은 경우와 큰 경우로 나누어 $\Pr(_0L > 0)$을 분석할 수 있다. 완전연속 정기보험의 $\Pr(_0L > 0)$을 고찰해보자.

그림 [7.2.4.2] 완전연속 정기보험에서 $\Pr(_0L > 0) = \Pr(T_x < t_*)$인 $t_*$

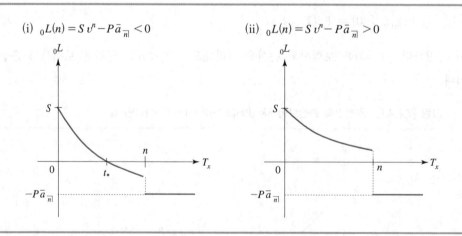

(i) $_0L(n) = S v^n - P \bar{a}_{\overline{n|}} < 0$ 경우는 종신보험과 동일하게 $\Pr(_0L > 0) = \Pr(T_x < t_*)$이고 $t_*$의 값은 종신보험과 동일하다.

---

1) $n$이 충분히 큰 경우는 정기보험은 종신보험으로 접근해 간다.

(ii) $_0L(n) = S\,v^n - P\bar{a}_{\overline{n}|} > 0$인 경우는 그림 [7.2.4.2]의 (ii)에서 알 수 있듯이 $t_*$가 $n$년 안에 위치해 있지 않으므로 $\Pr(_0L > 0) = {}_nq_x$이고[1] $\Pr(_0L < 0) = {}_np_x$이다. $_0L(n) > 0$인 경우 보험사가 손실볼 확률인 $\Pr(_0L > 0)$은 $_nq_x$이다. $n$이 아주 크지 않을 때의 정기보험은 그림 [7.2.4.2]의 (ii)의 형태를 나타내는 경우가 대부분이며 이 경우 보험사가 이익을 볼 확률이 $_np_x$이다.[2]

그림 [7.2.4.2]의 (ii)에서 $_0L(n) > 0$은 보험료 $P$가 $P \le \dfrac{S}{s_{\overline{n}|}}$인 것을 의미한다. (ii)의 경우 $\Pr(_0L > 0)$은 $_nq_x$인데, $\Pr(_0L > 0)$을 $_nq_x$보다 낮추려면 보험료 $P$를 인상하여[3] (ii)의 곡선을 (i)의 곡선 쪽으로 이동시켜야 한다. 그러면 $n$보다 작은 $t_*$가 만들어져서 $\Pr(_0L > 0) = \Pr(T_x < t_*)$가 되어 손실확률이 $_nq_x$보다 작아지게 된다.[4]

## (3) 완전이산 종신보험

완전이산 종신보험의 미래손실 $_0L^g$을 고려해 보자. 보험금을 $S$, 1차연도의 총사업비를 $e_0 + \gamma_0 G$, 2차연도부터 지급되는 계약관리비용을 $e + \gamma G$, 영업보험료를 $G$라고 하면 $_0L^g$는

$$_0L^g = S\,v^{K_x+1} + (e_0 - e) + (\gamma_0 - \gamma)G + e\ddot{a}_{\overline{K_x+1}|} - (1-\gamma)G\,\ddot{a}_{\overline{K_x+1}|} \quad (7.2.4.11)$$

로 나타낼 수 있다. 보험자가 이 계약에 대하여 이익을 볼 확률은 $\Pr(_0L^g < 0)$이며

$$\Pr(_0L^g < 0)$$
$$= \Pr\left[S\,v^{K_x+1} + (e_0 - e) + (\gamma_0 - \gamma)G + e\ddot{a}_{\overline{K_x+1}|} - (1-\gamma)G\,\ddot{a}_{\overline{K_x+1}|} < 0\right] \quad (7.2.4.12)$$

이 식을 $v^{K_x+1}$에 대하여 정리하면

$$\Pr(_0L^g < 0) = \Pr\left[v^{K_x+1} < \frac{\dfrac{(1-\gamma)G - e}{d} - (e_0 - e) - (\gamma_0 - \gamma)G}{S + \dfrac{(1-\gamma)G - e}{d}}\right.$$

---

1) $P$를 0이라 해도 $\Pr(_0L > 0) = {}_nq_x$이다.
2) $n = 5, 10, 15, 20$ 등 대부분의 정기보험에서 $(x)$에 따라 달라지기는 하지만 $_np_x$가 $_nq_x$보다 훨씬 큰 값을 갖기 때문에 (ii)의 형태에서도 이익을 낼 수 있고 (ii)의 형태가 일반적인 형태이다.
3) 대부분 아주 큰 폭으로 인상하여야 가능할 것이다.
4) 이론적으로는 가능하나 보험료의 인상이 엄청나게 크게 나타나면 현실성이 없는 보험료가 될 것이다. 따라서 이와 같은 논리는 보험료를 대폭 인상하면 곡선이 (ii)에서 (i)로 이동할 수 있는 정도로 이해하면 될 것이다.

$$= \Pr\left[v^{K_x+1} < \frac{(1-\gamma)G - e - (e_0-e)d - (\gamma_0-\gamma)Gd}{(1-\gamma)G - e + Sd}\right]$$

$$= \Pr\left[v^{K_x+1} < \frac{[(1-\gamma)-(\gamma_0-\gamma)d]G - e - (e_0-e)d}{(1-\gamma)G - e + Sd}\right]$$

$$= \Pr\left[K_x+1 > \frac{1}{\delta}\ln\left[\frac{(1-\gamma)G - e + Sd}{[(1-\gamma)-(\gamma_0-\gamma)d]G - e - (e_0-e)d}\right]\right]$$

$$(7.2.4.13)$$

식 (7.2.4.13)의 오른쪽을 $k_*$로 표시하면 이 계약은 $K_x+1 > k_*$인 경우 이익을 발생시킨다. 일반적으로 $k_*$는 정수가 아니다. $k_*$의 정수부분을 $\lfloor k_* \rfloor$ 라고 하면 보험자가 이익을 볼 확률은 피보험자가 적어도 $\lfloor k_* \rfloor$년을 생존해야 하므로

$$\Pr(_0L^g < 0) = {}_{\lfloor k_* \rfloor}p_x \tag{7.2.4.14}$$

가 된다.

<hr>

**예제 7.2.4.1**

피보험자 (40)이 가입한 완전이산 종신보험을 고려한다. 보험금을 $S$, 1차연도의 사업비 총액을 $e_0+\gamma_0 G$, 2차연도부터 지급되는 계약관리비용을 $e+\gamma G$, 영업보험료를 $G$ 라고 가정한다. $S=100{,}000$, $e_0=2{,}000$, $e=100$, $\gamma_0=0.6$, $\gamma=0.03$, $i=0.05$이며 제7회 경험생명표를 이용한다.

(a) 총미래손실 $_0L^g$를 정의하시오.

(b) 수지상등의 원칙을 적용한 영업보험료 $G$를 구하시오.

(c) 이 보험을 판매한 후 보험자가 이익을 볼 확률을 구하시오.

(d) $\Pr(_0L^g < -B)$을 구하고 $-B$의 제약조건을 설명하시오.

(e) 이 보험에서 이익이 1,000보다 클 확률을 구하시오.

(f) $_0L^g$를 $y$축으로 하는 그림을 그려 설명하시오.

**풀이**

(a) $_0L^g$를 구하면

$$_0L^g = Sv^{K_x+1} + (e_0-e) + (\gamma_0-\gamma)G + e\ddot{a}_{\overline{K_x+1}} - (1-\gamma)G\ddot{a}_{\overline{K_x+1}}$$

$$_0L^g = 100000v^{K_{40}+1} + 1900 + 0.57G + 100\ddot{a}_{\overline{K_{40}+1}} - 0.97G\ddot{a}_{\overline{K_{40}+1}}$$

(b) $E(_0L^g) = 0$이 되는 $G$값을 찾으면 된다.

$$E\left({}_0L^g\right) = 100000\,A_{40} + 1900 + 100\,\ddot{a}_{40} - G(0.97\,\ddot{a}_{40} - 0.57) = 0$$

제7회 경험생명표를 이용할 경우

$$A_{40} = 0.15694, \quad \ddot{a}_{40} = 17.70424$$

이므로 $G = 1166.31286$이다.

(c) $\delta = \ln(1+i) = \ln(1.05) = 0.048790, \quad d = i/(1+i) = 0.05/1.05 = 0.047619$

식 (7.2.4.13)를 이용하여 $k_*$를 구해보자.

$$k_* = \frac{1}{\delta}\ln\left[\frac{(1-\gamma)G - e + S\,d}{[(1-\gamma) - (\gamma_0-\gamma)\,d]G - e - (e_0-e)d}\right]$$

$$= \frac{1}{0.048790}\ln\left[\frac{0.97\,G + 4661.9}{0.94286\,G - 190.4761}\right] = 37.95626$$

따라서 $K_{40} + 1 > 37.95626$인 경우 이익이 발생하고 $\lfloor k_* \rfloor = 37$이므로 그 확률은

$$\lfloor k_* \rfloor p_{40} = {}_{37}p_{40} = 0.71762$$

가 된다. 이 문제는 (d)를 먼저 고찰한 경우라면 (d)에서 $B = 0$으로 설정하면 동일한 결과를 얻을 수 있다.

(d) $${}_0L^g = S\,v^{K_{40}+1} + (e_0-e) + (\gamma_0-\gamma)G + e\frac{1 - v^{K_{40}+1}}{d} - (1-\gamma)G\frac{1 - v^{K_{40}+1}}{d} < -B \qquad (7.2.4.15)$$

$$v^{K_{40}+1} < \frac{\dfrac{(1-\gamma)G - e}{d} - B - (e_0-e) - (\gamma_0-\gamma)G}{S + \dfrac{(1-\gamma)G - e}{d}} \qquad (7.2.4.16)$$

$$v^{K_{40}+1} < \frac{(1-\gamma)G - e - Bd - (e_0-e)d - (\gamma_0-\gamma)G\,d}{(1-\gamma)G - e + S\,d}$$

$$v^{K_{40}+1} < \frac{[(1-\gamma) - (\gamma_0-\gamma)\,d]G - e - [B+(e_0-e)]d}{(1-\gamma)G - e + S\,d} \qquad (7.2.4.17)$$

$\ln v = -\ln(1+i) = -\delta$이므로 다음 식에서 부등호가 바뀌어서

$$K_{40} + 1 > \ln\left[\frac{[(1-\gamma) - (\gamma_0-\gamma)\,d]G - e - [B+(e_0-e)]\,d}{(1-\gamma)G - e + S\,d}\right]/\ln v$$

$$K_{40} + 1 > \frac{1}{\delta}\ln\left[\frac{(1-\gamma)G - e + S\,d}{[(1-\gamma) - (\gamma_0-\gamma)\,d]G - e - [B+(e_0-e)]\,d}\right] \qquad (7.2.4.18)$$

생명표상 최대나이가 110세이므로 $K_{40}+1$은 70보다 클 수 없다. 따라서

$$\frac{1}{\delta}\ln\left[\frac{(1-\gamma)G - e + S\,d}{[(1-\gamma) - (\gamma_0-\gamma)\,d]G - e - [B+(e_0-e)]\,d}\right] = 70 \qquad (7.2.4.19)$$

을 만족하는 $B$를 찾으면

$$B = 15094.52471$$

따라서 $B$는 $15094.52471$보다 작아야 한다. 즉 미래손실은 $-B$보다 작을 수 없다(이익은 $B$보다 클 수 없다). 따라서 그림 [7.2.4.3]은 이러한 제약을 표시하고 있다.

(e) (d)에서 $B = 1000$으로 설정하면 식 (7.2.3.18)의 우변은 $k_* = 39.059$가 된다. 따라서

$$\Pr\left[-{}_0L^g > 1{,}000\right] = \Pr\left[{}_0L^g < -1000\right] = \lfloor k_* \rfloor p_{40} = {}_{39}p_{40} = 0.66270744$$

(f) $y$축을 $T_x$에 따른 이익과 총미래손실($_0L^g$)로 하고 (c), (d), (e)를 표시하면 그림 [7.2.4.3]과 그림 [7.2.4.4]와 같다. ■

그림 [7.2.4.3]　$T_x$에 따른 이익

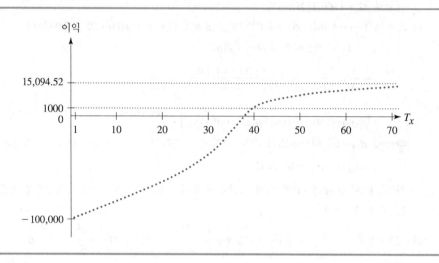

그림 [7.2.4.4]　$T_x$에 따른 총미래손실($_0L^g$)

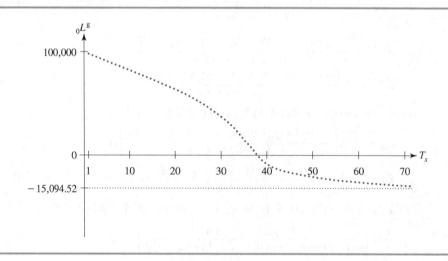

## (4) 연　금

일반적으로 생명보험의 경우 피보험자가 오래 살수록 보험자에게는 더 이익이 된다. 이러한 사실은 그림 [7.2.4.3]에서 확인할 수 있다. 그러나 연금의 경우는 연금수급자가 오래 살수록 보험자에게는 더 큰 손실이 된다. 이런 연금의 성격을 미래손실의 분석을 통하여 고찰해 보자.

**예제 7.2.4.2**

연금의 분석에서는 20년거치, 20년납입, 기시급 종신생명연금을 고려한다. 연금상품의 가입자는 (40)이고, 20년 후부터 1년에 1,000원씩 지급되며 연금보험료는 20년 동안 납입된다($i = 0.05$).

(a) 미래손실 $_0L$을 정의하시오.

(b) 수지상등의 원칙을 적용한 연납순보험료 $P$를 구하시오.

(c) 보험자가 이 계약에서 이익을 볼 확률을 구하시오.

(d) 미래손실이 1,000을 초과할 확률을 구하시오.

(e) 보험자의 최대손실 $B$를 구하시오.

(f) $_0L$을 $y$축으로 하는 그림을 그려 설명하시오.

**풀이**

(a) $_0L(k)$를 $K_{40} = k$ $(k = 0, 1, 2, \cdots)$가 주어진 경우의 미래손실의 현가라고 하면

$$_0L(k) = 0 - P\,\ddot{a}_{\overline{K_{40}+1|}}, \quad k = 0, 1, 2, \cdots, 19$$

$$= 1000\,_{20|}\ddot{a}_{\overline{K_{40}-19|}} - P\,\ddot{a}_{\overline{20|}}, \quad k = 20, 21, \cdots \qquad (7.2.4.20)$$

$$= 1000\,_{20|}\ddot{a}_{\overline{(K_{40}+1)-20|}} - P\,\ddot{a}_{\overline{20|}}, \quad k = 20, 21, \cdots \qquad (7.2.4.21)$$

(b) 수지상등의 원칙을 적용하여 $P$를 구하면

$$1000\,_{20|}\ddot{a}_{40} - P\,\ddot{a}_{40:\overline{20|}} = 0$$

부록의 생명표를 이용하면 $_{20|}\ddot{a}_{40} = 4.824828$, $\ddot{a}_{40:\overline{20|}} = 12.879408$이므로

$$P = 374.6156656$$

(c) $P\,\ddot{a}_{\overline{20|}} = 374.6156656(13.0853) = 4901.958369$

미래손실이 0보다 작게 하는 $K$를 구하면

$$1000\,_{20|}\ddot{a}_{\overline{K_{40}-19|}} - 4901.958369 < 0$$

$$1000\,\frac{v^{20}(1 - v^{K_{40}-19})}{0.05/1.05} < 4901.958369$$

$$v^{20} - v^{K_{40}+1} < (4.901958)\left(\frac{0.05}{1.05}\right) = 0.23343$$

$$v^{K_{40}+1} > \frac{1}{1.05^{20}} - 0.23343 = 0.143459$$

$$K_{40} + 1 < \frac{\ln 0.143459}{-\ln 1.05} = 39.79707861$$

따라서 연금수급자가 39년 안에 사망을 하면 보험자가 이익을 본다. 연금수급자가 39년 안

에 사망할 확률은

$$1 - _{39}p_{40} = 0.33729$$

이 된다. 이 확률이 보험자가 이 계약에서 이익을 볼 확률이다. 연금수급자가 39년 이상을 생존한다면 보험자는 손실을 보고 연금수급자가 생명표에서 예정된 것보다 더 오래 사는 것이 추세적이라면 보험사는 장수위험(longevity risk)에 노출되게 된다.

(d) 미래손실이 1,000을 초과하는 사상은

$$1000 \,_{20|}\ddot{a}_{\overline{K_{40}-19|}} - (374.6156656)\,\ddot{a}_{\overline{20|}} > 1000$$

$(374.6156656)\,\ddot{a}_{\overline{20|}}/1000 = 4.901958$이므로 (c)에서와 유사하게

$$v^{20} - v^{K_{40}+1} > (5.901958)\left(\frac{0.05}{1.05}\right) = 0.281045619$$

$$v^{K_{40}+1} < \frac{1}{1.05^{20}} - 0.281045619 = 0.09584386$$

$$K_{40} + 1 > \frac{\ln 0.09584386}{-\ln 1.05} = 48.06368066$$

따라서 연금수급자가 48년보다 오래 생존하면 보험자의 손실은 1,000보다 커지고 이 확률은

$$_{48}p_{40} = 0.2943562$$

(e) 보험자가 부담하는 최대손실을 $B$라 하자. $B$를 구해보면

$$1000\,_{20|}\ddot{a}_{\overline{K_{40}-19|}} - (374.6156656)\,\ddot{a}_{\overline{20|}} > B$$

$$v^{20} - v^{K_{40}+1} > \left(4.901958 + \frac{B}{1000}\right)\left(\frac{0.05}{1.05}\right) = 0.23343 + \frac{0.05B}{1050}$$

$$v^{K_{40}+1} < \frac{1}{1.05^{20}} - 0.23343 - \frac{0.05B}{1050} = 0.143459 - \frac{0.05B}{1050}$$

$$K_{40} + 1 > \frac{\ln\left[0.143459 - \dfrac{0.05B}{1050}\right]}{-\ln 1.05}$$

생명표상 최대연령이 110세이므로 $K_{40}+1$의 최대값은 70이다. 따라서

$$\frac{\ln\left[0.143459 - \dfrac{0.05B}{1050}\right]}{-\ln 1.05} = 70$$

만족시키는 $B$를 찾으면 된다. 그러므로 $B = 2322.449546$

(f) $y$축을 미래손실 $_0L$로 하고 (b), (c), (d)의 결과를 나타내면 위의 그림과 같다. ▪

그림 [7.2.4.5]   20년거치 20년납입 거치연금의 $_0L$

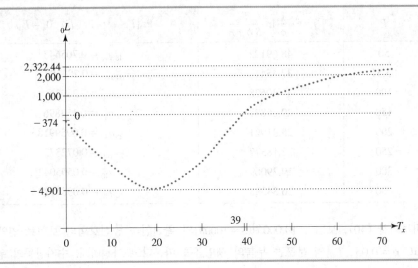

## 5. 백분위 보험료

### (1) 완전연속보험

백분위 보험료(percentile premium) $P_\alpha$는 $\Pr(_0L > 0) \le \alpha$를 만족하는 최소보험료이다. 완전연속 종신보험을 이용하여 백분위 보험료의 개념을 그림 [7.2.5.1]과 표 [7.2.5.1]을 이용하여 설명해보자.

그림 [7.2.5.1]   보험료의 변경과 손실확률의 변화

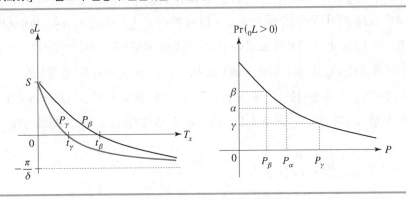

표 [7.2.5.1]  보험료의 변화에 따른 $t$와 $\Pr[T<t]$

| $P$ | $t = -\dfrac{1}{\delta}\ln\dfrac{P}{S\,\delta + P}$ | $\Pr[T \le t] = \Pr({}_0L > 0) = F_{40}(t)$ |
|---|---|---|
| 50 | 48.69122 | ${}_{48}q_{40} = 0.705643$ |
| 93.51 | 37.45412 | ${}_{37}q_{40} = 0.28238$ |
| 100 | 36.30628 | ${}_{36}q_{40} = 0.25936$ |
| 150 | 29.66887 | ${}_{30}q_{40} = 0.153896$ |
| 200 | 25.31921 | ${}_{25}q_{40} = 0.0959918$ |
| 250 | 22.18377 | ${}_{22}q_{40} = 0.072373$ |
| 300 | 19.79069 | ${}_{20}q_{40} = 0.0595043$ |
| 400 | 16.34338 | ${}_{16}q_{40} = 0.0384770$ |

피보험자 (40), 보험금 10,000원($S = 10000$)의 완전연속 종신보험의 보험료 연액을 $P$ 라고 하고, $\delta = 0.05$, $T_{40}$의 분포는 부록의 생명표를 따른다고 가정하자. 수지상등의 원칙을 적용하면 $10000\bar{P}_{40} = 93.5098$ 이다. 앞에서 설명했듯이 $\Pr({}_0L > 0) = \Pr\left[T_x < -\dfrac{1}{\delta}\ln\dfrac{P}{S\,\delta + P}\right]$ 이다. $t = -\dfrac{1}{\delta}\ln\dfrac{P}{S\,\delta + P}$ 는 $\delta$와 $S$는 주어진 것이므로 오로지 $P$ 의 함수이다. 표 [7.2.5.1] 에서 알 수 있듯이 $P$ 가 증가하면 $t = -\dfrac{1}{\delta}\ln\dfrac{P}{S\,\delta + P}$ 가 감소하는 것을 확인할 수 있다. 즉, 보험료를 올리면($P_\beta = 93 \to P_\gamma = 200$) 손실을 발생시키는 $t$들의 최대값은 감소($t_\beta = 37.45412$ $\to t_\gamma = 25.31921$)하고 $t$ 가 감소하면($37.45412 \to 25.31921$) $\Pr({}_0L > 0) = F_{40}(t)$도 감소한다(${}_{37}q_{40}$ $= 0.28 = \beta \to {}_{25}q_{40} = 0.096 = \gamma$). 즉, 표 [7.2.5.1]은 $P \uparrow \to t \downarrow \to \Pr({}_0L > 0) \downarrow$ 의 관계를 보여준다.

백분위 보험료는 이와 같은 논리를 반대로 적용하여 찾는 보험료이다. $\alpha = 0.153896$ 이 원하는 $\alpha$로 먼저 주어질 때 $\Pr({}_0L > 0) = \Pr(T \le t_\alpha) = \alpha$(예: $\alpha = 0.153896$)가 되게 하는 보험료가 $100\alpha$ 번째 백분위 보험료이다.[1] 백분위 보험료를 구하는 순서는 (i) $\Pr({}_0L > 0)$ $= \alpha$가 되게 하는 $t_\alpha$를 찾는다($t_\alpha = 29.66887$).[2] $F_x(t) = {}_tq_x = \alpha$를 만족시키는 $t$가 $t_\alpha$이다. (ii) 그 후에 $t_\alpha$가 적용되는 $P_\alpha(P_\alpha = 150)$를 찾으면 된다.[3] 이 $P_\alpha(P_\alpha = 150)$가 $100\alpha$ 번째 백분위 보험료이다. 이 $P_\alpha$는 $\Pr({}_0L > 0) \le \alpha$를 만족시키는 최소보험료이다. 따라서

$$t = -\frac{1}{\delta}\ln\frac{P}{S\,\delta + P} \le t_\alpha \tag{7.2.5.1}$$

---

1) $t$를 기준으로 평가할 때 $100\alpha$번째 백분위이다.

2) $t_\alpha$는 생명표에서도 찾을 수 있고, 혹은 $T_x$의 분포가 주어지면(예: 지수분포, 균등분포) $P(T<t_\alpha) = \alpha$를 만족시키는 $t_\alpha$를 찾을 수 있다.

3) 정기보험의 경우 ${}_0L = S\,v^T - P\,\bar{a}_{\overline{T}|}$ $(T_x \le n)$이므로 $t_\alpha$가 정해지면 ${}_0L = S\,v^{t_\alpha} - P\,\bar{a}_{\overline{t_\alpha}|} = 0$이 되는 $P_\alpha$를 구할 수 있다.

$$t = \frac{1}{\delta} \ln \left( \frac{P}{S\delta + P} \right)^{-1} \le t_\alpha \tag{7.2.5.2}$$

가 성립하여야 하고 보험료 $P$ 는

$$P \ge \frac{S\delta}{e^{\delta t_\alpha} - 1} = \frac{S}{\bar{s}\,_{\overline{t_\alpha}|}} \tag{7.2.5.3}$$

를 만족해야 한다. 백분위 보험료 $P_\alpha$는 식 (7.2.5.3)을 만족시키는 최소보험료이므로 다음과 같다.

그림 [7.2.5.2]  $\alpha$에 따른 백분위 보험료(종신보험)

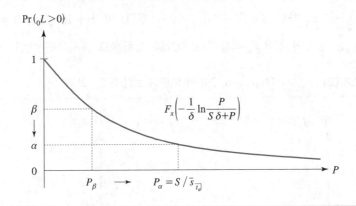

$$P_\alpha = \frac{S\delta}{e^{\delta t_\alpha} - 1} = \frac{S}{\bar{s}\,_{\overline{t_\alpha}|}} \tag{7.2.5.4}$$

그림 [7.2.5.2]에서 $P_\beta$를 수지상등의 원칙을 적용하여 구한 보험료라고 할 때 $P_\beta$를 사용하는 경우 $\Pr({}_0L > 0) = \beta$이다. 백분위 보험료의 $\alpha < \beta$인 경우 $\alpha$에 상응하는 $P_\alpha$는 $P_\beta$보다 큰 값을 가져야 하며 $P_\alpha - P_\beta$를 리스크에 대한 보상으로 생각할 수 있다. $\alpha$가 먼저 주어지고 $P_\alpha$를 구하는 것이기 때문에 그림 [7.2.5.2]에서 $F_x(t_\alpha) = F_x\left(-\frac{1}{\delta} \ln \frac{P}{S\delta + P}\right)$의 그래프 관계식을 이용하여 $P_\alpha$를 구한다. 백분위 보험료 $P_\alpha$를 나타내면 표 [7.2.5.2]와 같다.

$_nq_x \le \alpha$인 경우를 고찰해 보자. $n$년만기 정기보험에서 $T_x > n$인 경우 $_0L = -P\,\bar{a}\,_{\overline{n}|} \le 0$이다. $P = 0$이라도 $\Pr({}_0L > 0) = {}_nq_x \le \alpha$이다. 정기보험의 경우 $\Pr({}_0L > 0)$일 최대 확률이 $_nq_x$인 점을 생각하면[1] $\Pr({}_0L > 0) = \alpha\,(\alpha > {}_nq_x)$를 만족하는 $P$를 구할 수 없다는 것을 알

---

1) 정기보험이기 때문에 $n$년 이상은 고려할 필요가 없다.

표 [7.2.5.2] 백분위 보험료 $P_\alpha$

| 보험종류 | $_nq_x > \alpha \ (t_\alpha < n)$ | $_nq_x \le \alpha \ (t_\alpha \ge n)$ |
|---|---|---|
| 종신보험 | $\dfrac{S}{\bar{s}_{\overline{t_\alpha}}}$ | $\dfrac{S}{\bar{s}_{\overline{t_\alpha}}}$ |
| $n$년만기 정기보험 | $\dfrac{S}{\bar{s}_{\overline{t_\alpha}}}$ | $0$ |
| $n$년만기 생사혼합보험 | $\dfrac{S}{\bar{s}_{\overline{t_\alpha}}}$ | $\dfrac{S}{\bar{s}_{\overline{n}}}$ |

수 있다. $n$년만기 생사혼합보험에서 $_0L$의 가능한 가장 작은 값은 $_0L = S\,e^{-\delta n} - P\,\bar{a}_{\overline{n}} \le 0$ 이다. $P = \dfrac{S}{\bar{s}_{\overline{n}}}$ 으로 하면 $S\,e^{-\delta n} - P\,\bar{a}_{\overline{n}} = 0$ 이 된다. 따라서 $\Pr(_0L > 0) = {_nq_x} \le \alpha$ 이다. $_nq_x > \alpha$ 와 $_nq_x \le \alpha$ 인 경우의 백분위 보험료를 그림으로 표시하면 그림 [7.2.5.3]과 같다.

그림 [7.2.5.3]  $_nq_x > \alpha$ 와 $_nq_x \le \alpha$ 경우의 백분위 보험료(정기보험)

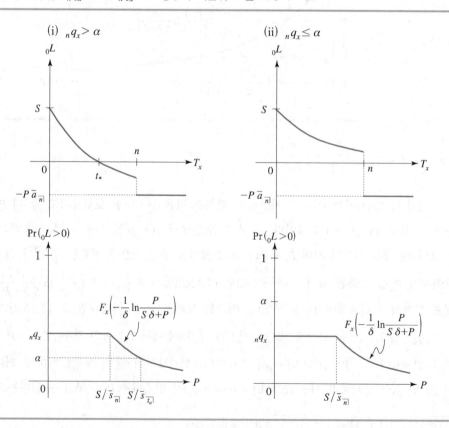

그림 [7.2.5.4]  $_nq_x > \alpha$ 와  $_nq_x \leq \alpha$  경우의 백분위 보험료(생사혼합보험)

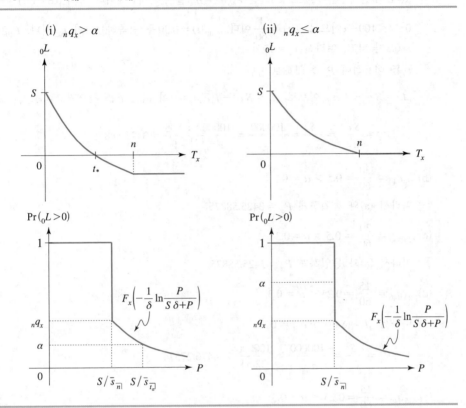

예제 7.2.5.1

피보험자 $(x)$의 사력이 $\mu_{x+t} = \dfrac{1}{100-x-t}$, $0 < t < 100-x$일 때 다음 보험의 $\Pr(_0L > 0)$ $\leq 0.3$를 만족시키는 최소보험료인 30번째 백분위 보험료($30^{th}$ percentile premium)를 구하시오. $x = 40$, $\delta = 0.05$이고 완전연속(fully continuous)보험을 가정한다.

(a) 보험금 100,000원의 종신보험
(b) 보험금 100,000원의 30년만기 생사혼합보험
(c) 보험금 100,000원의 30년만기 정기보험
(d) 보험금 100,000원의 15년만기 생사혼합보험
(e) 보험금 100,000원의 15년만기 정기보험

풀이

(a) 백분위 보험료를 구하는 과정은 (i) $\alpha$에 상응하는 $t_\alpha$를 구하고 (ii) $t_\alpha$를 이용하여 $P_\alpha$를 구한다. $t_\alpha$를 구할 때 $T$에 대한 분포가 주어지기 때문에 $\Pr(T \leq t_\alpha) = \alpha$인 $t_\alpha$를 구할 수

있다. 우선 $t_{0.3}$을 구해보자. $t_{0.3}$은 $F_{40}(t) = 0.3$을 만족하는 $t$이다. $T$의 p.d.f $g(t) = \dfrac{1}{100-x}$,

$0 \le t \le 100-x$이므로 $g(t) = \dfrac{1}{60}$이다. $F_{40}(t) = 0.30$을 만족하는 $t$가 $t_{0.3}$이다. $F_{40}(t) = \dfrac{t_a}{60}$

$= 0.3$이 되고, 따라서 $t_a = 18$이다.

$t_a$를 이용하여 $P_a$를 구해보자.

$_0L = S v^{T_x} - P \bar{a}_{\overline{T_x}|}$이므로 $_0L = S v^{t_a} - P \bar{a}_{\overline{t_a}|} = 0$이 되는 $P$를 찾으면 된다.

$$P_a = \frac{S v^{t_a}}{\bar{a}_{\overline{t_a}|}} = \frac{S}{\bar{s}_{\overline{t_a}|}} = \frac{100000}{\bar{s}_{\overline{18}|}} = \frac{100000 \times 0.05}{e^{0.05(18)} - 1} = 3425.58875$$

(b) $_{30}q_{40} = \dfrac{30}{60} = 0.5 > \alpha = 0.3$

따라서 (a)와 동일하게 $P_a = 3425.58875$

(c) $_{30}q_{40} = \dfrac{30}{60} = 0.5 > \alpha = 0.3$

따라서 (a)와 동일하게 $P_a = 3425.58875$

(d) $_{15}q_{40} = \dfrac{15}{60} = 0.25 < \alpha = 0.3$

따라서 $_0L = S v^n - P \bar{a}_{\overline{n}|} = 0$

$$P_a = \frac{S}{\bar{s}_{\overline{n}|}} = \frac{100000}{\bar{s}_{\overline{15}|}} = \frac{100000}{22.34} = 4476.27574$$

(e) $_{15}q_{40} = \dfrac{15}{60} = 0.25 < \alpha = 0.3$

따라서 $P_a = 0$


## (2) 완전이산보험

완전이산보험의 백분위 보험료를 다음 예제를 통하여 고찰해 보자.


### 예제 7.2.5.2

보험금 100,000원의 40세의 피보험자가 완전이산(fully discrete) 종신보험에 가입하였다. $i = 0.05$이고 부록의 생명표를 이용하시오.

(a) $\Pr(_0L > 0) \le 0.3$이 되게 하는 백분위 보험료를 구하시오.

(b) $\Pr(_0L > 0) \le 0.1$이 되게 하는 백분위 보험료를 구하시오.

**풀이**

(a) 미래손실 $_0L$은

$$_0L = 100000 v^{K+1} - P \ddot{a}_{\overline{K+1}|}$$

가 되므로 $\alpha = 0.3$을 만족시키는 $t_{0.3}$을 생명표에서 찾아보자.

$F_{40}(t_\alpha) = \Pr(T < t_{0.3}) = 0.3$이므로

$\Pr(T > t_{0.3}) = 0.7$을 만족시키는 값들을 찾아보면

$$_{37}p_{40} = 0.717618, \quad _{37}q_{40} = 0.282381$$

$$_{38}p_{40} = 0.691934, \quad _{38}q_{40} = 0.308065$$

임을 알 수 있다. 따라서 $_aq_x < \alpha <\,_{a+1}q_x$인 경우 $K+1 = a+1$로 택한다. 따라서 $a+1 = 38 = K+1$이 $\Pr(_0L > 0) \le 0.3$을 만족시키는 값이다. 따라서

$$_0L = 100000v^{38} - P\,\ddot{a}_{\overline{38|}} = 0$$

을 만족시키는 $P$가 30번째 백분위 보험료이다.

$$P = \frac{100000v^{38}}{\ddot{a}_{\overline{38|}}} = \frac{100000}{\ddot{s}_{\overline{a+1|}}} = \frac{100000}{\ddot{s}_{\overline{38|}}} = \frac{100000}{113.0950} = 884.21238$$

(b) 미래손실 $_0L$은

$$_0L = 100000v^{K+1} - P\,\ddot{a}_{\overline{K+1|}}$$

가 되므로 $\alpha = 0.1$을 만족시키는 $t_{0.1}$을 생명표에서 찾아보자.

$F_{40}(t_\alpha) = \Pr(T < t_{0.1}) = 0.1$이므로

$\Pr(T > t_{0.1}) = 0.9$을 만족시키는 값들을 찾아보면

$$_{25}p_{40} = 0.904008, \quad _{25}q_{40} = 0.095992$$

$$_{26}p_{40} = 0.894525, \quad _{26}q_{40} = 0.105475$$

임을 알 수 있다. $_aq_x < \alpha <\,_{a+1}q_x$인 경우 $K+1 = a+1$로 택한다. 따라서 $a+1 = 26 = K+1$이 $\Pr(_0L > 0) \le 0.1$을 만족시키는 값이다. 따라서

$$_0L = 100000v^{26} - P\,\ddot{a}_{\overline{26|}} = 0$$

을 만족시키는 $P$가 10번째 백분위 보험료이다.

$$P = \frac{100000v^{26}}{\ddot{a}_{\overline{26|}}} = \frac{100000}{\ddot{s}_{\overline{a+1|}}} = \frac{100000}{\ddot{s}_{\overline{26|}}} = \frac{100000}{53.66913} = 1863.26864$$

## 6. 포트폴리오 백분위 보험료 산출원칙

포트폴리오 백분위 보험료 산출원칙(portfolio percentile premium principle)은 수지상등의 원칙과는 다른 보험료 산출원칙이다. 이 원칙에서는 보험계약에 대한 동질적이고 독립적인 큰 포트폴리오(large portfolio of identical and independent policies)를 가정한다. 포트폴리오 내의 계약건수를 $n$이라고 하고 $_0L_i^g$를 $i$번째 계약의 총미래손실이라고 정의하자.[1]

---

1) 영업보험료인 경우 $_0L_i^g$로 순보험료인 경우 $_0L_i$로 표시하기로 한다.

포트폴리오의 총미래손실의 합을 $L^g$로 표시하면

$$L^g = \sum_{i=1}^{n} {}_0L_i^g \tag{7.2.6.1}$$

가 된다. $L^g$의 기대값과 분산을 구하면

$$E(L^g) = \sum_{i=1}^{n} E({}_0L_i^g) = n E({}_0L_1^g) \tag{7.2.6.2}$$

$$\text{Var}(L^g) = \sum_{i=1}^{n} \text{Var}({}_0L_i^g) = n \text{Var}({}_0L_1^g) \tag{7.2.6.3}$$

포트폴리오 백분위 보험료 산출원칙에서는 $L^g > 0$인 확률이 $\alpha$가 되도록 보험료를 산정한다. 즉

$$\Pr(L^g > 0) = \alpha \tag{7.2.6.4}$$
$$\Pr(L^g < 0) = 1 - \alpha \tag{7.2.6.5}$$

가 되는 보험료 $G$를 구한다. $N$이 30이상의 충분히 큰 수이면 중심극한정리에 의하여 $Z = \dfrac{L^g - E(L^g)}{\sqrt{\text{Var}(L^g)}}$ 은 근사적 표준정규분포를 따른다. 따라서

$$\Pr(L^g < 0) = \Pr\left(\frac{L^g - E(L^g)}{\sqrt{\text{Var}(L^g)}} < \frac{0 - E(L^g)}{\sqrt{\text{Var}(L^g)}}\right)$$
$$= \Pr\left(Z < \frac{0 - E(L^g)}{\sqrt{\text{Var}(L^g)}}\right) = \Phi\left(\frac{-E(L^g)}{\sqrt{\text{Var}(L^g)}}\right) = 1 - \alpha \tag{7.2.6.6}$$

을 만족하는 $G$를 찾으면 된다. 따라서

$$\frac{-E(L^g)}{\sqrt{\text{Var}(L^g)}} = \Phi^{-1}(1-\alpha) = z_\alpha \tag{7.2.6.7}$$

$$\frac{-nE({}_0L_i^g)}{\sqrt{n \text{Var}({}_0L_i^g)}} = \frac{-E({}_0L_i^g)}{\sqrt{\text{Var}({}_0L_i^g)/n}} = \frac{-E({}_0L_i^g)}{SD({}_0L_i^g)/\sqrt{n}} = z_\alpha \tag{7.2.6.8}$$

이 성립한다. 여기서 $z_\alpha$는 일반적으로 $\Pr(Z < z_\alpha) = 1 - \alpha$로 정의되며 부록의 표준정규분포표를 이용하면 $z_\alpha$를 구할 수 있다. $\Phi$는 표준정규분포의 누적분포함수이다. $E(L^g)$과 $\text{Var}(L^g)$은 $G$의 함수이기 때문에 식 (7.2.6.8)을 만족하는 $G$를 찾을 수 있다.

피보험자 $(x)$, $n$년납입, $n$년만기 생사혼합보험을 이용하여 $\Pr(L^g > 0) = \alpha$를 만족시키는 영업보험료 $G$를 찾아보자. 이 보험의 보험금을 $S$라 하고 사업비 가정은 표 [7.2.1.1]을 따른다고 가정한다. 식 (7.2.1.6)에 의하여 $E({}_0L^g_i)$는

$$E({}_0L^g_i) = SA_{x:\overline{n}|} + (e_0 - e) + e\ddot{a}_{x:\overline{n}|} - G\big[(1-\gamma)\ddot{a}_{x:\overline{n}|} - (\gamma_0 - \gamma)\big] \qquad (7.2.6.9)$$

이다. ${}_0L^g_i$의 분산과 표준편차는 다음과 같다.

$$\mathrm{Var}({}_0L^g_i) = \big[{}^2A_{x:\overline{n}|} - (A_{x:\overline{n}|})^2\big]\Big(S + \frac{(1-\gamma)G - e}{d}\Big)^2 \qquad (7.2.6.10)$$

$$\sqrt{\mathrm{Var}({}_0L^g_i)} = \Big(S + \frac{(1-\gamma)G - e}{d}\Big)\sqrt{{}^2A_{x:\overline{n}|} - (A_{x:\overline{n}|})^2} \qquad (7.2.6.11)$$

식 (7.2.6.8)에서

$$\frac{-E({}_0L^g_i)}{\sqrt{\mathrm{Var}({}_0L^g_i)/n}} = z_\alpha$$

이므로 $E({}_0L^g_i)$와 $\sqrt{\mathrm{Var}({}_0L^g_i)}$을 대입하면

$$z_\alpha = \frac{-SA_{x:\overline{n}|} - (e_0 - e) - e\ddot{a}_{x:\overline{n}|} + G\big[(1-\gamma)\ddot{a}_{x:\overline{n}|} - (\gamma_0 - \gamma)\big]}{\Big(S + \dfrac{(1-\gamma)G - e}{d}\Big)\sqrt{{}^2A_{x:\overline{n}|} - (A_{x:\overline{n}|})^2}\,/\,\sqrt{n}} \qquad (7.2.6.12)$$

이 된다. 이 식을 $G$에 대하여 정리하면 다음과 같은 $z_\alpha$와 $n$이 나타난 포트폴리오 백분위 영업보험료를 구하는 식을 얻을 수 있다(유도는 연습문제 참조).

$$G = \frac{SA_{x:\overline{n}|} + (e_0 - e) + e\ddot{a}_{x:\overline{n}|} + z_\alpha\Big(S - \dfrac{e}{d}\Big)\sqrt{{}^2A_{x:\overline{n}|} - (A_{x:\overline{n}|})^2}\,/\,\sqrt{n}}{(1-\gamma)\ddot{a}_{x:\overline{n}|} - (\gamma_0 - \gamma) - z_\alpha(1-\gamma)\sqrt{{}^2A_{x:\overline{n}|} - (A_{x:\overline{n}|})^2}\,/\,d\sqrt{n}}$$

$$(7.2.6.13)$$

( 예제 7.2.6.1 )

피보험자 (40)이 보험금 100,000원, 20년납입, 20년만기 완전이산 생사혼합보험에 가입하였다. 이 보험의 1차연도 총사업비는 2,000원과 영업보험료의 60%이고 2차연도부터 보험료의 3%와 100원씩이 매 연도초에 계약관리비용으로 부과된다. $i = 5\%$이며 부록의 제7회 생명표를 이용하시오.

(a) 총미래손실 확률변수를 정의하고 기대값을 구하시오.

(b) $E({}_0L^g) = 0$이 되는 영업보험료 $G_1$을 구하시오.

(c) 다음 조건이 주어질 때 포트폴리오 백분위 보험료 산출원칙을 이용하여 영업보험료 $G_2$를 구하시오. 단, 포트폴리오 내의 각각의 보험계약의 미래손실은 동질적이고 독립적이다.

  (i) 포트폴리오의 총미래손실이 양수가 될 확률이 $\alpha = 5\%$가 되는 영업보험료 $G_2$ (즉, $\Pr(L^g > 0) \leq 0.05$가 되는 보험료 $G_2$)

  (ii) 포트폴리오 계약수 $n = 1000$     (iii) ${}^2A_{40:\overline{20|}} = 0.152407$

**풀이**

(a) 총미래손실 확률변수 ${}_0L_i^g$는

$$_0L_i^g = 100000 v^{\min(K_{40}+1,20)} + 1900 + 0.57G - (0.97G - 100)\ddot{a}_{\overline{\min(K_{40}+1,20)|}}$$

이다. 부록의 생명표를 이용하면 $A_{40:\overline{20|}} = 0.386695$, $\ddot{a}_{40:\overline{20|}} = 12.879408$이므로 ${}_0L_i^g$의 기대값은

$$E({}_0L_i^g) = 100000 A_{40:\overline{20|}} + 1900 + 100\ddot{a}_{40:\overline{20|}} - G(0.97\ddot{a}_{40:\overline{20|}} - 0.57)$$
$$= 41857.4408 - 11.923026G$$

(b) $E({}_0L_i^g) = 41857.4408 - 11.923026G$이므로

$$41857.4408 - 11.923026G_1 = 0$$

$$G_1 = \frac{41857.4408}{11.923026} = 3510.64$$

(c) ${}_0L_i^g$의 분산을 구하기 위하여 ${}_0L_i^g$를 정리하면

$$_0L_i^g = \left(100000 + \frac{0.97G - 100}{d}\right) v^{\min(K_{40}+1,20)} + 1900 + 0.57G - \frac{0.97G - 100}{d}$$

이다. ${}^2A_{40:\overline{20|}} = 0.152407$을 이용하면

$$\mathrm{Var}({}_0L_i^g) = \left({}^2A_{40:\overline{20|}} - \left(A_{40:\overline{20|}}\right)^2\right)\left(100000 + \frac{0.97G - 100}{d}\right)^2$$

$$\mathrm{Var}({}_0L_i^g) = [0.152407 - (0.386695)^2](97900 + 20.37G)^2$$

${}_0L_i^g$의 표준편차는

$$\sqrt{\mathrm{Var}({}_0L_i^g)} = \sqrt{\left({}^2A_{40:\overline{20|}} - \left(A_{40:\overline{20|}}\right)^2\right)\left(100000 + \frac{0.97G - 100}{d}\right)^2}$$

$$\sqrt{\mathrm{Var}({}_0L_i^g)} = \sqrt{(0.00287398)(97900 + 20.37G)^2}$$

전체 포트폴리오의 총미래손실은

$$L^g = \sum_{i=1}^{n} {}_0L_i^g$$

이고 $L^g$의 기대값과 분산은

$$E(L^g) = n(41857.4408 - 11.923026G)$$

$$\mathrm{Var}\,(L^g) = n(0.00287398)\,(97900 + 20.37G)^2$$

확률변수 $L^g$의 분포를 구하기 위하여 중심극한정리를 이용한다. 구하는 영업보험료 $G$는 주어진 조건에 의하여 다음을 만족시켜야 한다.

$$\Pr(L^g < 0) = \Pr\left(\frac{L^g - E(L^g)}{\sqrt{\mathrm{Var}\,(L^g)}} < \frac{0 - E(L^g)}{\sqrt{\mathrm{Var}\,(L^g)}}\right) = 1 - \alpha$$

따라서

$$\frac{-E(L^g)}{\sqrt{\mathrm{Var}\,(L^g)}} = \Phi^{-1}(1 - \alpha) = z_\alpha$$

을 만족시키는 $G$를 찾아야 한다.

$$\frac{0 - (41857.4408 - 11.923026G)}{\sqrt{(0.00287398)\,(97900 + 20.37G)^2/n}} = z_\alpha = 1.645$$

$G$에 대하여 정리하면

$$G = G_2 = \frac{41857.4408 + z_\alpha(5248.368666)/\sqrt{n}}{11.923026 - z_\alpha(1.092025802)/\sqrt{n}}$$

$n = 1000,\ z_\alpha = 1.645$를 대입하면

$$G = G_2 = 3550.453327$$

위 예제에서 $\alpha$와 $n$이 변할 때 포트폴리오 백분위 보험료를 구하면 표 [7.2.6.1]과 같다.

표 [7.2.6.1]  $\alpha$와 $n$에 따른 포트폴리오 백분위 영업보험료

| $\alpha$ | $z_\alpha$ | $n$ | | | |
|---|---|---|---|---|---|
| | | 1 | 10 | 100 | 1,000 |
| 0.5 | 0 | 3510.64 | 3510.64 | 3510.64 | 3510.64 |
| 0.4 | 0.253 | 3707.89 | 3572.02 | 3529.95 | 3516.74 |
| 0.3 | 0.524 | 3929.83 | 3638.78 | 3550.74 | 3523.28 |
| 0.2 | 0.841 | 4204.58 | 3718.24 | 3575.19 | 3530.94 |
| 0.1 | 1.282 | 4616.87 | 3831.30 | 3609.44 | 3541.63 |
| 0.05 | 1.645 | 4985.65 | 3926.63 | 3637.84 | 3550.45 |
| 0.025 | 1.96 | 5329.89 | 4011.08 | 3662.64 | 3558.11 |
| 0.01 | 2.326 | 5761.55 | 4111.28 | 3691.64 | 3567.04 |
| 0.005 | 2.576 | 6078.17 | 4181.04 | 3711.57 | 3573.14 |

| $\alpha$ | $z_\alpha$ | $n$ | | | |
|---|---|---|---|---|---|
| | | 10,000 | 100,000 | 1,000,000 | 10,000,000 |
| 0.5 | 0 | 3510.64 | 3510.64 | 3510.64 | 3510.64 |
| 0.4 | 0.253 | 3512.57 | 3511.25 | 3510.83 | 3510.70 |
| 0.3 | 0.524 | 3514.63 | 3511.90 | 3511.04 | 3510.77 |
| 0.2 | 0.841 | 3517.05 | 3512.67 | 3511.28 | 3510.84 |
| 0.1 | 1.282 | 3520.41 | 3513.73 | 3511.62 | 3510.95 |
| 0.05 | 1.645 | 3523.19 | 3514.60 | 3511.89 | 3511.04 |
| 0.025 | 1.96 | 3525.59 | 3515.36 | 3512.13 | 3511.11 |
| 0.01 | 2.326 | 3528.39 | 3516.24 | 3512.41 | 3511.20 |
| 0.005 | 2.576 | 3530.30 | 3516.85 | 3512.60 | 3511.26 |

포트폴리오 백분위 보험료 산출원칙을 적용할 경우 다음과 같은 사실들을 알 수 있다.

(i) 포트폴리오 백분위 보험료 산출원칙을 적용한 영업보험료 $G_2$는 수지상등원칙을 적용한 영업보험료 $G_1$보다 크다. 이러한 사실은 표 [7.2.6.1]에서 확인할 수 있다.

(ii) $\alpha$가 작아질수록 영업보험료 $G$는 커진다. 예를 들어 $\alpha$를 예제($\alpha = 5\%$)보다 작은 값인 0.01(1%)을 원할 경우 $z_\alpha$가 커지므로 식 (7.2.6.13)에 의하면 $G_2$가 커진다 ($G_2 = 3567.04$).

(iii) $n$이 증가함에 따라 포트폴리오 백분위 영업보험료인 $G_2$는 작아진다. $n$의 크기에 따른 포트폴리오 백분위 영업보험료인 $G_2$의 값은 표 [7.2.6.1]에 나타나 있다.

(iv) $n$이 커질수록 $G_2$는 수지상등의 원칙을 이용하여 계산한 영업보험료인 $G_1$에 근접해가는 것을 알 수 있다. 식 (7.2.6.13)에서 $n \to \infty$이면 분모와 분자에서 $\sqrt{n}$과 관련된 부분이 0이 되므로 $G_2$는 수지상등의 원칙에 따라 산출된 영업보험료($G_1$)가 된다. 표 [7.2.6.1]은 포트폴리오 백분위 영업보험료인 $G_2$가 $n$이 커짐에 따라 수지상등의 원칙에 따라 계산된 $G_2 = 3510.64$에 근접해 가는 것을 보여주고 있다.


## 7. 영업보험료식 책임준비금

### (1) 영업보험료식 책임준비금의 정의

금리확정형상품의 영업보험료식 책임준비금을 장래법을 이용하여 설명해보자. $t$시점의 미래보험금의 현가를 $PVFB_t$, 미래사업비의 현가를 $PVFE_t$, 미래영업보험료의 현가를 $PVFG_t$라고 할 때, $t$시점의 총미래손실(gross future loss) $_tL^g$를 두 가지 형태로 고찰해보자. 두 가지 형태는 (i) 적용이율이라는 단일할인율을 사용하는 결정론적 할인율시나리오하에서 미래현금흐름 생성시 적용기초율을 사용하는 경우의 $_t^{(적)}L^{g적}$, (ii) 1,000개의 시나리오 중 하나의 할인율시나리오 $j$하에서 미래현금흐름의 생성시 현행추정치를 사용하는 경우의 $_t^{(j)}L^{g현}$이며 각각을 나타내면 다음과 같다.

$$_t^{(적)}L^{g적} = {}^{(적)}PVFB_t^{적} + {}^{(적)}PVFE_t^{적} - {}^{(적)}PVFG_t^{적} \tag{7.2.7.1}$$

$$_t^{(j)}L^{g현} = {}^{(j)}PVFB_t^{현} + {}^{(j)}PVFE_t^{현} - {}^{(j)}PVFG_t^{현} \tag{7.2.7.2}$$

적용이율이라는 단일할인율을 사용하는 결정론적 시나리오하에서 적용기초율을 적용한 현금흐름의 보험수리적 현가(적용이율로 할인)를 $_t^{(적)}V^{g적}$로 표기하면 다음과 같다.

적용할인율, 적용기초율을 적용하는 영업보험료식 책임준비금

$$= {}_t^{(적)}V^{g적} = E({}_t^{(적)}L^{g적} = |T_x \geq t) \tag{7.2.7.3}$$

1,000개의 시나리오 중 하나의 할인율을 나타내는 시나리오 $j$하에서 현행추정치를 적용한 현금흐름의 보험수리적 현가(시나리오 $j$로 할인)를 $_t^{(j)}V^{g현}$로 표기하면 다음과 같다.

할인율시나리오 $j$, 현행추정치를 적용하는 영업보험료식 책임준비금

$$= {}_t^{(j)}V^{g현} = E({}_t^{(j)}L^{g현}|T_x \geq t) \tag{7.2.7.4}$$

영업보험료식 책임준비금을 계산할 때 사용되는 사망률, 이자율, 사업비 등의 가정들을 책임준비금 산출기준(reserve basis)이라고 한다. 보험료를 계산할 때 사용되는 사망률, 이자율, 사업비 등의 가정들을 보험료 산출기준(premium basis)이라고 한다.

### (2) IFRS4 기준하의 영업보험료식 원가법책임준비금

IFRS4 기준하의 순보식 원가법책임준비금의 경우 순보식 원가법책임준비금 산출기준은 적용기초율이므로 보험료 산출기준과 동일하다. 동일한 논리로 책임준비금 산출기준이 적용기초율로 보험료 산출기준과 동일한 경우의 영업보험료식 책임준비금을 IFRS4 기준하의 영업보험료식 원가법책임준비금이라고 정의하기로 한다. 식 (7.2.7.3)의 $_t^{(적)}V^{g적}$는 이러한 정의하에서 IFRS4 기준의 영업보험료식 원가법책임준비금을 나타내고 있다. $_t^{(적)}V^{g적}$는 적용이율이라는 1개의 결정론적 할인율시나리오하에서 적용기초율(적용위험률, 적용사업비율)을 책임준비금 산출기준으로 사용한다. IFRS4 기준의 영업보험료식 원가법책임준비금은 결정론적 할인율시나리오 1개(적용이율)만을 이용하므로, 시나리오 1,000개를 표시하는 $j$를 사용할 필요가 없다.

$$\text{IFRS4 기준의 } t \text{시점 영업보험료식 원가법책임준비금} = {}_t^{(적)}V^{g적} \tag{7.2.7.5}$$

IFRS4 기준의 순보식 원가법책임준비금은 IFRS17 기준의 계약자적립액으로 사용되기 때문에 IFRS17 시대에도 계속 사용되는 중요한 개념이나, 식 (7.2.7.3)의 IFRS4 기준의 영업보험료식 원가법책임준비금 ${}_t^{(적)}V^{g적}$ 은 IFRS17 시대에는 사용되지 않는 책임준비금의 형태이고 학습목적상 연습문제에서나 사용될 수 있다. IFRS17 시대에는 식 (7.2.7.4)의 ${}_t^{(j)}V^{g현}$ 가 사용된다.

### (3) IFRS17 기준하의 영업보험료식 시가법책임준비금

IFRS17 기준하의 시가법책임준비금은 다음과 같은 특징을 갖는다.

(i) IFRS17 시가법책임준비금은 보험급부와 사업비가 미래지출CF에 사용되고 영업보험료가 미래수입CF에 사용되므로 영업보험료식 책임준비금의 형태이다.

(ii) IFRS17하에서도 보험료 산출기준은 적용기초율이다. 그러나 IFRS17 기준하에서 영업보험료식 시가법책임준비금 계산시 산출기준은 현행추정치이다. 식 (7.2.7.2)와 식 (7.2.7.4)는 할인율시나리오 $j$하에서 현행추정치를 사용하는 식이다. 현행추정치(할인율 포함)는 평가시점마다 변동되므로 적용기초율과는 다른 것이 일반적이다.

(iii) IFRS17 기준의 책임준비금 산출시 할인율은 평가시점의 시장수익률을 반영한 조정무위험금리 기간구조에 기반한 $j=1, 2, \cdots, 1,000$의 1,000개의 할인율 시나리오(확률론적 시나리오)를 이용하여 시가법책임준비금을 산출한다.[1] 시나리오 1,000개 각각 식 (7.2.7.4)의 ${}_t^{(j)}V^{g현}$ 값을 구하고 이 1,000개 값들의 위험중립하의 기댓값을 구하면 IFRS17 기준의 영업보험료식 시가법책임준비금이 산출된다. 따라서 IFRS17 기준 영업보험료식 시가법책임준비금은 다음과 같이 나타낼 수 있다.

IFRS17 기준 영업보험료식 시가법책임준비금

$$= E^Q[{}_t^{(j)}V^{g현}] = E^Q[E({}_t^{(j)}L^{g현} \,|\, T_x \geq t)] \tag{7.2.7.6}$$

금리확정형상품의 미래현금흐름(사망보험금 $S$, 해약환급금 $W$, 사업비 $E$)은 할인율시나리오 $j$에 따라 변하지 않으므로[2] 식 (7.2.7.7)과 같이 평가시점($t$시점)의 조정무위험금리 기간구조(결정론적 시나리오) $y_t$를 이용하여 산출해도 동일한 값을 얻을 수 있다.

---

1) 각 시나리오에서 사용되는 할인율 이외의 현행추정치는 동일하다.
2) 할인율시나리오 $j$에 따라서 장래계약자적립액(${}^{(j)}V$)이 변하기 때문에 금리연동형상품의 경우 장래사망보험금(${}^{(j)}S_h$), 장래해약환급금(${}^{(j)}W_h$) 및 장래사업비(${}^{(j)}E_h$) 등은 할인율시나리오 $j$에 따라 변할 수 있다. 따라서 금리연동형상품의 경우는 식 (7.2.7.7)의 우측식이 성립하지 않아서 식 (7.2.7.6)만 이용하여야 한다.

IFRS17 기준 영업보험료식 시가법책임준비금(금리확정형상품)

$$= E^Q[_t^{(j)}V^{g현}] = E^Q[E(_t^{(j)}L^{g현}|T_x \geq t)] = E(_t^{(y_t)}L^{g현}|T_x \geq t)] \qquad (7.2.7.7)$$

지금까지는 7장에서 사용한 $_tL^g$와 $_tV^g$의 연장선상에서 $_t^{(j)}L^{g현}$와 $_t^{(j)}V^{g현}$을 정의하여 IFRS17의 영업보험료식 시가법책임준비금을 설명하였다. 그러나 11장에서 IFRS17의 영업보험료식 시가법책임준비금을 설명할 때는 $_t^{(j)}L^{g현}$ 대신에 $^{(j)}NC_h^V(^{(j)}N_h^V)$를 정의하여 영업보험료식 시가법책임준비금을 산출한다. 그동안 6장과 7장에서 사용하는 $_tL$, $_tL^g$, $_t^{(j)}L^{g현}$는 (i) 금리확정형상품에서 (ii) 장래지출을 사망보험금과 사업비만을 가정하고 (iii) $K(T)$만의 분포를 기초로 한 총지급방법을 주로 이용하는 단순한 형태의 모형에 사용되었다(사망률 정보만 있으면 모든 장래지출과 장래수입을 나타낼 수 있음). 그러나 IFRS17 시가법책임준비금 산출에서는 (i) 금리연동형상품도 포함하는 일반식을 고려해야 하고 (ii) 금리연동형상품의 장래지출은 사망보험금만이 아니고 해약환급금, 계약자적립액에 비례하는 보증비용 등 여러 가지 형태의 사업비, 위험보험료, 중도인출, 보험계약대출 등도 가정해야 하며 (iii) 복잡한 모든 장래지출과 장래수입을 $K(T)$만의 분포에 기초한 총지급방법으로 나타내기 어렵다(미래현금흐름의 생성에 사망률 외에 해지율, 대출률, 인출률, 납입률(계약자행동 등) 등이 이용되어야 하고 시나리오 $j$에 따라 위험보험료, 해약환급금, 사업비 등이 영향을 받음). 따라서 복잡한 모든 장래지출과 장래수입에 각각의 발생확률을 곱하여 현금흐름을 나타내는 시점지급방법을 이용하여 기댓값을 구할 필요가 있다. 이러한 필요에 따라 영업보험료식 시가법책임준비금을 산출하기 위한 확률변수를 총미래손실을 나타내는 $_t^{(j)}L^{g현}$에서 순장래현금(Net Cash)을 나타내는 $^{(j)}NC_h^V(^{(j)}N_h^V)$로 변경하여($h$는 경과월) 영업보험료식 시가법책임준비금을 산출하기로 한다. 7장에서는 $^{(j)}NC_h^V(^{(j)}N_h^V)$를 $_t^{(j)}L^{g현}$로 나타냈다고 생각하고 식 (7.2.7.2), (7.2.7.4), (7.2.7.6) 및 (7.2.7.7)을 이해하면 된다.[1]

앞으로의 예제와 연습문제에서는 보험료 산출기준과 영업보험료식 책임준비금 산출기준이 다른 경우의 문제들이 제시된다. 할인율시나리오 $j$와 현행추정치를 실제상황과 동일하게 구현하여 연습문제를 만들기는 불가능하므로 할인율시나리오는 단일할인율이 주어지는 경우가 대부분이다. 그러나 7장에서 이러한 예제와 연습문제를 통하여 영업보험료식 책임준비금을 구하는 과정을 숙지하면 IFRS17 기준의 영업보험료식 시가법책임준비금을 이해하는 데 많은 도움이 될 것으로 판단된다.

---

1) $_t^{(j)}L^{g현}$에 실질적으로 대응되는 개념은 현가가 적용된 $^{(j)}PVNC_h^V(^{(j)}PVN_h^V)$이다.

( 예제 7.2.7.1 )

피보험자 (60)이 가입한 보험금 1,000원의 4년만기 완전이산 정기보험을 고려한다. 보험료 산출기준과 책임준비금 산출기준이 다음과 같이 주어졌다.

(1) 보험료 산출기준

   (i) $q_{60} = 0.01$, $q_{61} = 0.02$, $q_{62} = 0.03$, $q_{63} = 0.04$    (ii) $i = 0.05$

   (iii) 사업비 가정

| 연도 | 보험료의 비율 | 보험금액(1,000원당) |
|---|---|---|
| 1차연도 | 30%($\gamma_0$) | 20원($e_0$) |
| 2차연도 이후 | 5%($\gamma$) | 5원($e$) |

(2) 0시점(보험료 산출시점)의 책임준비금 산출기준

   (i) $q_{60} = 0.005$, $q_{61} = 0.015$, $q_{62} = 0.025$, $q_{63} = 0.035$(최선추정치라고 가정)

   (ii) $i = 0.06$(시가법책임준비금과 일치시키는 단일할인율이라고 가정)

위의 가정들을 이용하여 다음을 구하시오.

(a) 수지상등의 원칙을 이용하여 영업보험료를 구하시오.

(b) (a)에서 구한 영업보험료와 보험료 산출기준을 이용하여 $_0V^g$를 구하시오.

(c) (a)에서 구한 영업보험료와 책임준비금 산출기준을 이용하여 $_0V^g$를 구하시오.

풀이

(a) 앞의 예제 (7.2.3.4)에서

$$A^1_{60:\overline{4|}} = 0.083595, \quad \ddot{a}_{60:\overline{4|}} = 3.63581, \quad G = 36.44626을 \ 구하였다.$$

(b) 보험료 산출기준을 이용하여 $_0V^g$를 구하면

$$_0V^g = 1000A^1_{60:\overline{4|}} + (e_0 - e) + G(\gamma_0 - \gamma) + e\ddot{a}_{60:\overline{4|}} - G(1-\gamma)\ddot{a}_{60:\overline{4|}}$$

$$= 1000(0.083595) + 15 + 36.44626(0.25) + 5(3.63581) - 36.44626(0.95)(3.63581)$$

$$= 0^{1)}$$

보험료 산출기준을 이용하여 책임준비금을 구하면 $_0V^g$는 0이다. 그러나 책임준비금 산출기준이 보험료 산출기준과 다를 때는 $_0V^g$는 0이 아니며, $_0V^g$는 0보다 작을 수도 있고 클 수도 있다.

(c) 책임준비금 산출기준을 이용하여 수정된 $A^1_{60:\overline{4|}}$ 와 $\ddot{a}_{60:\overline{4|}}$을 구해보면

$$\ddot{a}_{60:\overline{4|}} = 1 + (0.995)\left(\frac{1}{1.06}\right) + (0.995)(0.985)\left(\frac{1}{1.06^2}\right) + (0.995)(0.985)(0.975)\left(\frac{1}{1.06^3}\right)$$

$$= 3.61326013$$

---

1) 계산시 소숫점처리로 정확히 0이 나타나지 않을 수 있음.

$$A_{60:\,\overline{4}|}^1 = 0.005\left(\frac{1}{1.06}\right) + (0.995)(0.015)\left(\frac{1}{1.06^2}\right) + (0.995)(0.985)(0.025)\left(\frac{1}{1.06^3}\right)$$

$$+ (0.995)(0.985)(0.975)(0.035)\left(\frac{1}{1.06^4}\right) = 0.06506405$$

책임준비금 산출기준을 이용할 때 0시점에서의 영업보험료식 책임준비금은

$$_0V^g = 1{,}000A_{60:\,\overline{4}|}^1 + (e_0 - e) + G(\gamma_0 - \gamma) + e\ddot{a}_{60:\,\overline{4}|} - G(1-\gamma)\ddot{a}_{60:\,\overline{4}|}$$

$$= 1{,}000(0.06506405) + 15 + 36.44626(0.25) + 5(3.61326013)$$

$$- 36.4426(0.95)(3.61326013) = -17.86341159$$

책임준비금 산출기준의 위험률은 최적위험률, 할인율은 평가시점의 시가법책임준비금과 일치하게 하는 단일할인율(이 단일할인율이 1차연도의 유효수익률이 된다)이라고 생각하면 책임준비금 산출기준은 현행추정치를 사용했다고 생각할 수 있다. IFRS17 기준으로 볼 때 0시점(보험료 산출시점)에서 책임준비금 산출기준을 이용하여 영업보험료식 시가법책임준비금을 구해보면 $_0V^g$가 음수가 나오는 경우가 일반적이다. 예제의 결과와 같이 $_0V^g$가 음수가 나오는 경우 분석상품은 이익이 나는 상품으로 생각할 수 있다.[1] 만일 $_0V^g$가 양수가 나오는 경우 분석상품은 적자가 나는 상품으로 생각할 수 있다(연습문제 참조). ■

## 연습문제 7.2

※ 제7장에서 별다른 언급이 없는 한 영업보험료와 평준영업보험료는 연납평준영업보험료를 의미하고, 순보험료와 평준순보험료는 연납평준순보험료를 의미한다.

1. 피보험자 (40)이 보험금 100,000원, 사망즉시급(UDD가정), 20년납입, 30년만기 정기보험에 가입하였다. 이 보험의 1차연도 총사업비는 1,000원과 영업보험료의 20%이고 2차연도부터 영업보험료의 2%와 20원씩이 보험료 납입기간 동안만 매 연도초에 계약관리비용으로 부과된다. $i = 5\%$이다.

   (a) 계약시점의 총미래손실 $_0L^g$를 나타내시오.

   (b) 제7회 경험생명표를 이용하여 수지상등의 원칙을 만족하는 평준영업보험료 $G$를 구하시오.

   (c) 평준영업보험료 $G$를 평준순보험료 $P^n$과 평준부가보험료 $P^e$로 나타내시오.

---

1) IFRS 17에서는 $_0V^g$가 음수인 경우(예: $-17.86$), $_0V^g$가 0이 되게 보험계약마진(CSM)을 17.86으로 하고 보험계약마진 17.86을 보험기간(예: 4년) 동안 예를 들어 4.465씩 상각해 이익으로 처리한다(다른 방법 가능).

2. 피보험자 (40)은 보험금 100,000원, 종신납입, 완전이산(fully discrete) 종신보험에 가입하였다. 다음과 같은 가정하에서 계약자가 70.2세에 사망할 때 40세 시점에서의 총미래손실(gross future loss)을 구하시오.

   (i) $i = 0.05$

   (ii) 1차연도 총사업비는 1,000원과 영업보험료의 30%이다.

   (iii) 2차연도부터 영업보험료의 3%와 30원이 매 연도초에 계약관리비용으로 부과된다.

   (iv) 영업보험료는 1,020원이다.

3. 피보험자 (40)은 15년거치, 일시납보험료, 기시급 종신생명연금에 가입하였다. 보험급부는 다음과 같다.

   (a) 15년간 생존하면 그 후 매 연도초에 1,000원씩 생존하는 한 연금을 지급한다.

   (b) 사망이 처음 15년 내 발생하면($T_{40} < 15$) 사망즉시 일시납 영업보험료에 연 10%씩 부리한 값을 지급한다.

   사업비는 다음과 같다.

   (c) 계약체결비용은 영업보험료의 3%이다.

   (d) 계약관리비용($e$)은 연금 지급시부터 매년 발생하고, 첫 번째 비용은 2원이고 매년 7%씩 복리로 증가한다.

   다음 가정을 이용하여 일시납 영업보험료를 구하시오.

   (i) 일시납 영업보험료는 수지상등의 원칙을 이용해서 구한다.

   (ii) 보험료계산시 $i = 0.1$이다.　　　　(iii) $_{15}p_{40} = 0.96$

   (iv) $\ddot{a}_{55} = 9.74 (i = 0.1$ 사용시)　　(v) $\ddot{a}'_{55} = 19 (i' = 0.028037$ 사용시)

4. 피보험자 (40)은 전기납입 종신보험에 가입했다. 다음의 가정을 이용하여 $a_{40}$을 구하시오.

   (i) 일시납순보험료(NSP)는 15,700원이다.

   (ii) 수지상등의 원칙에 따라 계산된 영업보험료는 1,071원이다.

   (iii) 사업비 가정

   | 연도 | 보험료의 비율 | 일정금액 |
   |------|------|------|
   | 1차연도 | 50%($\gamma_0$) | 1,000원($e_0$) |
   | 2차연도 이후 | 5%($\gamma$) | 50원($e$) |

5. 피보험자 (40)은 10년납입 완전이산(fully discrete) 종신보험에 가입하였다.
   다음의 가정을 이용하여 영업보험료 $G$를 구하시오.
   (i) $i = 0.05$         (ii) $q_{40+k} = 0.02$, $k \geq 0$

   (iii) 사망보험금은 $100000(1.04^{K_{40}})$이다.
   (iv) 이 보험의 1차연도 총사업비는 1,000원과 영업보험료의 30%이고 2차연도부터
   영업보험료의 5%와 50원씩 매 연도초에 계약관리비용으로 부과된다. 단, 보험료비
   율 사업비는 보험료 납입기간 중에만 부과된다.

6. 피보험자 (40)은 보험금 100,000원, 종신납입, 완전이산(fully discrete) 종신보험에
   가입했다. 1차연도 총사업비는 400원이고 2차연도부터 40원씩 매 연도초에 계약관
   리비용으로 부과된다. 보험금지급비용은 50원이며 보험금이 지급될 때 부과한다. 다
   음의 가정을 이용하여 영업보험료 $G$를 구하시오.
   (i) $i = 0.05$         (ii) $l_x = 1000(120-x)$, $0 \leq x \leq 120$

7. 피보험자 (40)이 가입한 보험금 10원, 10년납입, 10년만기 완전연속(fully continuous)
   생사혼합보험을 고려한다. 다음의 가정을 이용하여 보험료가 0.8일 때 미래손실의
   분산을 구하시오.
   (i) 보험료가 0.6원일 때 미래손실의 분산은 0.2286이다.
   (ii) 보험료가 0.7원일 때 미래손실의 분산은 0.2721이다.

8. 피보험자 (40)은 보험금 1원, 종신납입, 완전연속(fully continuous) 종신보험에 가입
   했다. 다음의 가정을 이용하여 $E({}_0L^2)$을 구하시오.
   (i) ${}_0L$은 0시점의 미래손실 확률변수이며, 다음과 같이 정의한다. 여기서 $T_x \geq 0$, $c$
   는 상수, $\bar{P}(\bar{A}_x)$는 수지상등의 원칙에 의한 종신보험의 순보험료이다.

   $${}_0L = v^{T_x} - [\bar{P}(\bar{A}_x) + c]\,\bar{a}_{\overline{T_x}|}$$

   (ii) $\mu_{40+t} = 0.05$, $t \geq 0$      (iii) $\delta = 0.05$      (iv) $E({}_0L) = -0.15$

9. 피보험자 (40)은 보험금 100원, 종신납입, 완전연속(fully continuous) 종신보험에 가
   입했다. 다음의 가정을 이용하여 $\mathrm{Var}({}_0L)$을 구하시오.
   (i) 보험료는 수지상등의 원칙을 적용한다.
   (ii) 사망법칙은 $\omega = 100$인 De Moivre 법칙을 따른다.   (iii) $\delta = 0.05$

10. 피보험자 (40)은 보험금 1원, 종신납입, 완전연속(fully continuous) 종신보험에 가입
    했다. 다음의 가정을 이용하여 $\dfrac{P}{\delta}$ 를 구하시오.

    (i) 보험료가 수지상등의 원칙에 의해 산출되었을 때 $\text{Var}(_0L) = 0.0207$이다.

    (ii) $^2\bar{A}_{40} = 0.05$    (iii) $P$는 실제로 부과된 보험료이며 $E(_0L) = -0.12$

11. 피보험자 (40)은 보험금 1원, 30년납입, 30년만기 완전연속(fully continuous) 정기보
    험에 가입하였고, $_0L$은 피보험자 (40)이 가입한 정기보험의 가입당시 미래손실 확
    률변수이다. 다음의 가정을 이용하여 $\text{Var}(_0L)$을 구하시오.

    (i) 보험료는 수지상등의 원칙을 이용하여 구한다.

    (ii) $\bar{A}^{\,1}_{40:\,\overline{30|}} = 0.06$, $^2\bar{A}^{\,1}_{40:\,\overline{30|}} = 0.028$, $\bar{A}_{40:\,\overline{30|}} = 0.264$, $^2\bar{A}_{40:\,\overline{30|}} = 0.0765$

12. 피보험자 (40)은 보험금 100,000원, 10년거치, 10년납입, 30년만기 완전연속(fully
    continuous) 정기보험에 가입하였다.

    (i) $\mu_{40+t} = 0.03$    (ii) $\delta = 0.06$

    위의 가정을 이용하여 다음을 구하시오.

    (a) 수지상등의 원칙에 의해 계산된 순보험료 $P$를 구하시오.

    (b) $_0L$을 정의하시오.

    (c) $\Pr(_0L < 0)$을 구하시오.

13. 피보험자 (30)은 15년거치, 일시납보험료, 기시급 종신생명연금에 가입하였다.

    (i) 사망법칙은 $\omega = 100$인 De Moivre 법칙을 따른다.

    (ii) 연금액은 45세부터 매 연도초에 1원씩 지급된다.    (iii) $i = 0.05$

    위의 가정을 이용하여 다음을 구하시오.

    (a) 수지상등의 원칙에 의해 계산된 보험료를 구하시오.

    (b) (a)에서 계산된 보험료를 이용하여 보험가입시 손실이 0보다 작을 확률을 구하
        시오.

14. 피보험자 (60)은 보험금 1,000원, 전기납입, 완전이산(fully discrete) 종신보험에 가
    입하였다. 다음과 같은 가정을 이용하여 연납보험료가 25원일 때 미래손실이 0보다
    작을 확률을 구하시오.

    (i) 사망법칙은 $\omega = 100$인 De Moivre 법칙을 따른다.    (ii) $i = 0.05$

(iii) 이 보험의 1차연도 총사업비는 10원과 영업보험료의 60%이고 2차연도부터 영업보험료의 3%와 3원씩이 매 연도초에 계약관리비용으로 부과된다.

15. 피보험자 남자 (40)이 가입한 20년납입, 20년만기 완전이산 정기보험을 고려한다. 보험금을 $S$, 영업보험료를 $G$, 1차연도 총사업비를 $e_0 + \gamma_0 G$, 2차연도부터 지급되는 계약관리비용을 $e + \gamma G$라고 가정한다. $S = 100000$, $e_0 = 1000$, $e = 300$, $\gamma_0 = 0.3$, $\gamma = 0.03$, $i = 0.05$이며 제7회 경험생명표를 이용한다.

(a) 총미래손실 $_0L^g$를 정의하시오.

(b) 수지상등의 원칙을 적용한 영업보험료 $G$를 구하시오.

(c) (b)에서 구한 $G$를 이용하여 이 보험을 판매한 후 보험자가 손실을 볼 확률을 구하시오.

(d) $_0L^g(20) = 0$이 되는 영업보험료 $G$를 구하시오.

(e) $G = 3000, 4000, 4500$일 때의 $_0L^g(20)$의 값을 구하시오.

(f) $G = 4000, 4500$일 때의 $\Pr(_0L^g > 0)$을 구하시오.

(g) $_0L^g$를 $y$축으로 하는 그림을 그려 설명하시오.

16. 피보험자 남자 (30)이 가입한 60년납입, 60년만기 완전이산 정기보험을 고려한다. 보험금을 $S$, 영업보험료를 $G$, 1차연도 총사업비를 $e_0 + \gamma_0 G$, 2차연도부터 지급되는 계약관리비용을 $e + \gamma G$라고 가정한다. $S = 100000$, $e_0 = 1000$, $e = 300$, $\gamma_0 = 0.3$, $\gamma = 0.03$, $i = 0.05$이며 제7회 경험생명표를 이용한다.

(a) 총미래손실 $_0L^g$를 정의하시오.

(b) 수지상등의 원칙을 적용한 영업보험료 $G$를 구하시오.

(c) (b)에서 구한 $G$를 이용하여 이 보험을 판매한 후 보험자가 손실을 볼 확률을 구하시오.

(d) $_0L^g(60) = 0$이 되는 영업보험료 $G$를 구하시오.

(e) (b)에서 구한 $G$를 이용하여 이 보험에서 이익이 1,000보다 클 확률을 구하시오.

(f) $_0L^g$를 $y$축으로 하는 그림을 그려 설명하시오.

17. 30세 피보험자가 보험금 100,000원, 30년납입, 30년만기 완전이산(fully discrete) 생사혼합보험에 가입하였다. $i = 0.05$이고 부록의 생명표를 이용하시오.

(a) $\Pr(_0L > 0) \leq 0.3$이 되게 하는 백분위 보험료를 구하시오.

(b) $\Pr(_0L > 0) \le 0.1$이 되게 하는 백분위 보험료를 구하시오.

(c) $\Pr(_0L > 0) \le 0.05$가 되게 하는 백분위 보험료를 구하시오.

18. 피보험자 (35)는 보험금 10,000원, 종신납입, 완전이산 종신보험에 가입하였다.
    (i) 사망법칙은 $\omega = 120$인 De Moivre 법칙을 따른다.   (ii) $i = 0.05$

    위의 가정을 이용하여 다음을 구하시오.
    (a) 수지상등의 원칙에 의해 계산된 보험료 $\pi$를 구하시오.
    (b) $\Pr(_0L > 0) \le 0.25$가 되게 하는 백분위 보험료 $P_{0.25}$를 구하시오.
    (c) $P_{0.25}$를 이용할 때 $E(_0L)$을 구하시오.

19. 피보험자 (40)은 보험금 10,000원, 종신납입, 완전연속(fully continuous) 종신보험에
    가입하였다. 다음의 가정을 이용하여 미래손실이 양수일 확률이 25%가 되는 보험료
    를 구하시오.

    (i) $\delta = 0.05$         (ii) $\mu = \begin{cases} 0.02, & t \le 10 \\ 0.04, & t > 10 \end{cases}$

20. 피보험자 (40)은 보험금 1,000원, 15년거치, 완전연속 종신보험을 가입하였다. 다음
    의 가정을 이용하여 $\Pr(_0L > 0) = 0.15$인 보험료를 구하시오.
    (i) 사망법칙은 $\omega = 100$인 De Moivre 법칙을 따른다.
    (ii) $\delta = 0.06$          (iii) 보험료는 20년간 납입한다.

21. 식 (7.2.6.9)와 식 (7.2.6.10)을 이용하여 포트폴리오 백분위 영업보험료를 구하는 식
    인 식 (7.2.6.13)을 유도하시오.

22. 다음의 가정과 정규근사법을 이용하여 계약 가입시점에 전체 포트폴리오의 이익의
    현가가 72보다 클 확률을 구하시오. 즉, $\Pr(L < -72)$을 구하시오. 단 $_0L_{1i}$와 $_0L_{2j}$는
    각각의 포트폴리오 안에서 독립적이고 동질적이다. 이때 $_0L_{1i}$는 보험금 1원, 종신납
    입, 완전이산 종신보험의 가입시점에서 미래손실이고, $_0L_{2j}$는 보험금 4원, 종신납입,
    완전이산 종신보험의 가입시점 미래손실이다.
    (i) $d = 0.06$          (ii) $A_x = 0.4$          (iii) $^2A_x = 0.2$
    (iv) 연납보험료는 보험금의 6%이다.
    (v) 250개의 계약이 있으며 분포는 다음 표와 같다.

| 미래손실 | 보험금 | 계약의 수 |
|---|---|---|
| $_0L_{1i}$ | 1원 | 240 |
| $_0L_{2j}$ | 4원 | 10 |

23. 피보험자 (40)은 일시납보험료를 납입하고 제1보험연도말부터 매년말에 연금 1원씩을 지급하는 완전이산 종신연금에 가입하였다. 보험료는 1,000개의 계약으로 이루어진 포트폴리오의 미래손실이 0보다 클 확률이 5%가 되는 보험료로 결정된다. 다음의 가정을 이용하여 일시납보험료를 구하시오. 단, 포트폴리오 내의 각각의 보험계약의 미래손실은 동질적이고 독립적이다(i.i.d.).

(i) $A_{40} = 0.156941$,    $^2A_{40} = 0.039148$    (ii) $d = 0.05$

24. $n$명의 피보험자 (60)이 보험금 1,000원, 전기납입, 4년만기 완전이산 생사혼합보험에 가입하였다. 다음의 가정과 정규근사법을 이용하여 포트폴리오 미래손실($L^g$)이 양수가 될 확률이 5%가 되는 최저 보험계약건수 $n$을 구하시오. 단, 포트폴리오 내의 각각의 보험계약의 미래손실은 동질적이고 독립적이다.

(i) $q_{60} = 0.01$,   $q_{61} = 0.02$,   $q_{62} = 0.03$,   $q_{63} = 0.04$

(ii) $i = 0.05$                    (iii) 보험료는 275원이다.

(iv) 사업비 가정

| 연도 | 보험료의 비율 | 보험금액(1000원당) |
|---|---|---|
| 1차연도 | 30%$(\gamma_0)$ | 20원$(e_0)$ |
| 2차연도 이후 | 5%$(\gamma)$ | 5원$(e)$ |

25. 피보험자 (50)은 보험금 100,000원, 사망즉시급(UDD가정), 종신보험에 가입하였다. 이 보험의 1차연도 총사업비는 영업보험료의 20%와 1,000원이고 2차연도부터 영업보험료의 5%와 50원씩 매 연도초에 보험기간 동안 계약관리비용으로 부과된다. 또한, 보험금지급비용은 500원이다. 보험료는 연납으로 전기납입이다.

〈보험료 산출기준〉

(i) 사망법칙은 $\omega = 120$인 De Moivre 법칙을 따른다.    (ii) $i = 0.05$

(iii) 영업보험료는 수지상등의 원칙을 이용하여 구한다.

〈10보험연도말 책임준비금 산출기준〉

(i) 사망법칙은 $\omega = 100$인 De Moivre 법칙을 따른다.

(ii) $i = 0.02$

(iii) 다른 책임준비금 산출기준은 보험료 산출기준과 동일하다

위의 가정을 이용하여 다음을 구하시오.

(a) 영업보험료($G$)를 구하시오.

(b) 제10보험연도말 계약자적립액($_{10}V$)

(c) 제10보험연도말 영업보험료식 책임준비금을 구하시오($i = 0.02$라는 하나의 할인율시나리오에서의 책임준비금).

26. 피보험자 (30)이 가입한 보험금 1,000원, 3년납입, 3년만기 완전이산 생사혼합보험을 고려한다. 보험료 산출기준과 책임준비금 산출기준은 다음과 같이 주어졌다.

〈보험료 산출기준〉

(i) $q_{30} = 0.0025$, $q_{31} = 0.0030$, $q_{32} = 0.0035$　　(ii) $i = 0.05$

(iii) 사업비 가정

| 연도 | 보험료의 비율 | 보험금액(1000원당) |
|---|---|---|
| 1차연도 | 30%($\gamma_0$) | 10원($e_0$) |
| 2차연도 이후 | 3%($\gamma$) | 3원($e$) |

〈제1보험연도말 책임준비금 산출기준〉

(i) $q_{30} = 0.0020$, $q_{31} = 0.0025$, $q_{32} = 0.0030$　　(ii) $i = 0.06$

(iii) 사업비 가정은 보험료 산출기준과 동일

위의 가정을 이용하여

(a) 영업보험료($G$)를 구하시오

(b) 제1보험연도말 계약자적립액($_1V$)

(c) 제1보험연도말 영업보험료식 책임준비금($_1V^g$)을 구하시오($i = 0.06$이라는 하나의 할인율시나리오에서의 책임준비금).

27. 피보험자 (40)은 보험금 10,000원, 전기납입, 4년만기 완전이산 정기보험에 가입하였다. 다음의 가정을 이용하여 제1보험연도말 영업보험료식 책임준비금을 구하시오.

(a) 영업보험료($G$)를 구하시오

(b) 제1보험연도말 계약자적립액($_1V$)

(c) 제1보험연도말 영업보험료식 책임준비금을 구하시오($i = 0.04$이라는 하나의 할인율시나리오에서의 책임준비금).

〈보험료 산출기준〉

(i) 사망률 가정

| $t$ | $q_{40+t-1}$ |
|---|---|
| 1 | 0.01 |
| 2 | 0.02 |
| 3 | 0.03 |
| 4 | 0.04 |

(ii) 사업비 가정

| 연도 | 보험료의 비율 | 보험금액(10,000원당) |
|---|---|---|
| 1차연도 | 20%($\gamma_0$) | 100원($e_0$) |
| 2차연도 이후 | 4%($\gamma$) | 20원($e$) |

(iii) $i = 0.05$

(iv) 영업보험료는 수지상등의 원칙을 이용하여 구한다.

〈제1보험연도말 책임준비금 산출기준〉

(i) $i = 0.04$

(ii) 그 외의 책임준비금 산출기준은 보험료 산출기준과 동일하다.

28. 피보험자 (60)이 가입한 보험금 1,000원의 4년만기 완전이산 정기보험을 고려한다. 보험료 산출기준과 책임준비금 산출기준이 다음과 같이 주어졌다.

(1) 보험료 산출기준

　　(i) $q_{60} = 0.01$, $q_{61} = 0.02$, $q_{62} = 0.03$, $q_{63} = 0.04$　　(ii) $i = 0.05$

　　(iii) 사업비 가정

| 연도 | 보험료의 비율 | 보험금액(1,000원당) |
|---|---|---|
| 1차연도 | 30%($\gamma_0$) | 20원($e_0$) |
| 2차연도 이후 | 5%($\gamma$) | 5원($e$) |

(2) 0시점(보험료 산출시점)의 책임준비금 산출기준

　　(i) $q_{60} = 0.02$, $q_{61} = 0.04$, $q_{62} = 0.06$, $q_{63} = 0.08$　　(ii) $i = 0.06$

　　(iii) 사업비 가정은 동일

　　위의 가정들을 이용하여 다음을 구하시오.

(a) 수지상등의 원칙을 이용하여 영업보험료를 구하시오.

(b) (a)에서 구한 영업보험료와 보험료 산출기준을 이용하여 $_0V^g$를 구하시오.

(c) (a)에서 구한 영업보험료와 책임준비금 산출기준을 이용하여 $_0V^g$를 구하시오.

(d) (c)에서 구한 $_0V^g$가 0보다 크다면 그 의미를 설명하시오(예제 7.2.7.1과 비교).

제 **8** 장
# 연생모형

# Ⅰ. 기초이론

1인의 피보험자의 생존 또는 사망을 보험금지급의 조건으로 하는 보험계약을 단생명보험(單生命保險)이라고 한다. 이와는 다르게, 2인 이상의 피보험자의 생명을 결합(結合)하여 결합된 구성원들의 생사(生死)를 연관시키고, 일정한 조건을 만족시킬 때 보험금을 지급하는 보험계약을 연생보험(聯生保險)이라고 한다. 또 연금의 경우 연생연금(聯生年金)이라고 한다. 연생보험과 연생연금을 합하여 연생보험이라고 총칭하기도 한다. 2인 이상의 생명을 결합하여 생각할 때 이들의 생명을 연합생명(聯合生命)이라고 한다. 연합생명을 간단히 연생(聯生)이라고 부른다. 연생보험의 피보험자는 연합생명이다. 연생보험과 연생연금에서는 피보험자인 연합생명의 생사의 조합에 따라 보험금 지급의 조건이 달라지고 이 조건에 따라 연생보험과 연생연금의 명칭이 달라진다. 기초이론에서는 확률변수를 정의하지 않고 이론을 전개하며, 연생보험과 연생연금에 대하여 기본적인 사항들을 고찰하고자 한다. 일반이론에서는 연합생명의 사망이 종속적인 경우를 포함하여 고찰할 것이나, 기초이론에서는 연합생명의 사망은 항상 서로 독립적이라고 가정한다.

## 1. 연합생명의 생명확률

$x$세의 피보험자를 $(x)$로 표현하기로 한다. $(x)$가 속한 생명표와 $(y)$가 속한 생명표는 동일한 생명표일 수도 있고 다른 생명표일 수도 있다. 예를 들어 $(x)$가 30세의 남자, $(y)$가 27세의 여자인 경우 각각 다른 생명표가 이용되는 경우이다. 기초이론에서는 $(x)$와 $(y)$의 사망은 서로 독립적으로 발생한다고 가정하고 연생생명확률을 구하고 연생보험과 연생연금의 보험료를 계산하기로 한다.[1]

### (1) 연생생명표의 해석
### (a) 해석 1

$(x)$와 $(y)$의 조합을 고려할 때, $(x)$와 $(y)$의 사망은 독립적으로 발생하므로 1년 후에 $(x)$, $(y)$ 모두 생존할 확률은

$$p_x\, p_y = \frac{l_{x+1}}{l_x}\, \frac{l_{y+1}}{l_y} \tag{8.1.1.1}$$

이다. 식 (8.1.1.1)의 우변을 해석해보자. 처음 출발할 때 $(x)$가 $l_x$명이고 $(y)$가 $l_y$명이

---

1) $(x)$와 $(y)$의 사망이 종속적인 경우는 일반이론을 참조하기 바람.

면[1] 그 조합의 총수는 $l_x\,l_y$개이다. 1년 경과 후 조합의 총수는 $l_{x+1}\,l_{y+1}$개가 된다. 그 차이를

$$d_{xy} = l_x\,l_y - l_{x+1}\,l_{y+1} \tag{8.1.1.2}$$

라고 정의하면 $d_{xy}$는 1년 사이에 $(x)$나 $(y)$나 누군가가 사망하여 소멸된 조합의 수를 나타낸다고 볼 수 있다. 조합은 $(x)$, $(y)$ 둘 다 생존해야 유지(존속)된다. 따라서 식 (8.1.1.1)의 우변은 1년 경과 후 조합이 존속하는 확률로 해석할 수 있다. 따라서

$$\{l_{x+t:y+t}\} = \{l_{x+t}\,l_{y+t}\}, \quad t = 0, 1, 2, \cdots \tag{8.1.1.3}$$

을 고려하면 이것은 조합된 피보험자집단의 존속을 나타내는 일종의 탈퇴잔존표[2]라고 볼 수 있으며, 이 표를 연생생명표(聯生生命表)로 부른다. 이 피보험자집단은 $(x)$의 사망 혹은 $(y)$의 사망이라는 두 탈퇴원인에 의하여 감소한다. 이 2인 조합 하나를 하나의 구성원으로 보는 피보험자집단을 주집단이라고 하면, 부집단은 $(x)$가 사망하고 $(y)$만 생존하는 집단과, $(y)$가 사망하고 $(x)$만 생존하는 집단의 두 종류가 있게 된다.

### (b) 해석 2

부집단을 고려하지 않고 주집단만을 고려할 때는 $(x)$와 $(y)$의 동시생존(同時生存) 혹은 공존(共存)을 단일생명표에서의 생존으로 생각하고, $(x)$나 $(y)$ 중 누군가의 사망을 단일생명표에서의 사망으로 생각하는 방법을 생각할 수 있다. 이런 경우 연생생명확률의 해석을 단생명처럼 한다. 이 방법은 앞에서 설명한 방법보다 간단명료하다.

### (2) 동시생존자 연생생명확률

$(x)$, $(y)$ 2인으로 이루어진 연합생명을 고려한다. 동시생존자상태(同時生存者狀態, joint-life status)는 $(x)$, $(y)$ 둘 다 생존하면 그 상태가 유지되고 $(x)$, $(y)$ 중 어느 한 명만 사망해도 그 상태가 소멸되는(깨지는) 특성을 갖는 상태이다.

---

1) 기호표시의 간편화를 위하여 동일한 생명표를 사용하는 것으로 표시한다.
2) 9장의 다중탈퇴모형을 참조하기 바람.

그림 [8.1.1.1] 연생생명확률의 영역

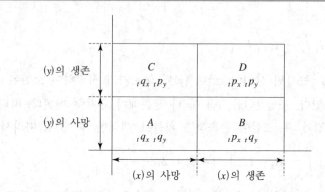

(i) $(x)$와 $(y)$가 $t$년 후에 동시생존(공존)할 확률은 영역 $D$로 나타나며

$$_tp_{xy} = \frac{l_{x+t:y+t}}{l_{xy}} = \frac{l_{x+t}}{l_x}\frac{l_{y+t}}{l_y} \tag{8.1.1.4}$$

$$= {}_tp_x\ {}_tp_y \tag{8.1.1.5}$$

단생명확률과 유사하게 다음 식이 성립한다.

$$_{s+t}p_{xy} = {}_sp_{xy}\ {}_tp_{x+s:y+s} \tag{8.1.1.6}$$

(ii) $(x)$와 $(y)$ 중 적어도 한 명이 $t$년 내에 사망할 확률($t$년 내에 공존하지 않을 확률, 동시생존자상태가 깨질 확률)은 영역 $C+B+A$이며 다음 식이 성립한다.

$$_tq_{xy} = 1 - {}_tp_{xy} \tag{8.1.1.7}$$

$$= 1 - {}_tp_x\ {}_tp_y \tag{8.1.1.8}$$

$$= 1 - (1-{}_tq_x)(1-{}_tq_y) \tag{8.1.1.9}$$

$$= {}_tq_x + {}_tq_y - {}_tq_x\ {}_tq_y \tag{8.1.1.10}$$

지금까지 고찰한 것을 그림 [8.1.1.1]의 영역으로 나타내면

$$_tp_{xy}(D) = {}_tp_x\ {}_tp_y(D) \tag{8.1.1.11}$$

$$_tq_{xy}(C+B+A) = {}_tq_x(C+A) + {}_tq_y(A+B) - {}_tq_x\ {}_tq_y(A) \tag{8.1.1.12}$$

(iii) $(t, t+1)$ 기간에 최초로 어느 한 사람이 사망할 확률(공존하지 않을 확률, 동시생존자상태가 소멸할 확률)은 $_{t|}q_{xy}$로 나타내며

$$_{t|}q_{xy} = \frac{l_{x+t:y+t} - l_{x+t+1:y+t+1}}{l_{xy}} \tag{8.1.1.13}$$

$$= \frac{l_{x+t}\, l_{y+t}}{l_x\, l_y} \frac{l_{x+t}\, l_{y+t} - l_{x+t+1}\, l_{y+t+1}}{l_{x+t}\, l_{y+t}} \tag{8.1.1.14}$$

$$= {}_tp_{xy}\left(1 - p_{x+t:y+t}\right) \tag{8.1.1.15}$$

$$= {}_tp_{xy} - {}_{t+1}p_{xy} \tag{8.1.1.16}$$

그림 [8.1.1.2]  $_{t|}q_{xy}$

이 된다. $_tq_{xy}$는

$$_tq_{xy} = q_{xy} + {}_{1|}q_{xy} + {}_{2|}q_{xy} + \cdots\cdots + {}_{t-1|}q_{xy} \tag{8.1.1.17}$$

로도 나타낼 수 있다.

(iv) $(t, t+1)$ 기간 동안 최초로 누군가의 사망이 발생할 확률은

$$_{t|}q_{xyz\cdots(m)} = {}_tp_{xyz\cdots(m)} - {}_{t+1}p_{xyz\cdots(m)} \tag{8.1.1.18}$$

(v) $(x)$, $(y)$ 2인의 조합이 아닌 $(x)$, $(y)$, $(z)$, $\cdots$ 인 $m$인의 조합을 고려하는 경우도 2인의 경우와 유사하다. $(x)$, $(y)$, $(z)$, $\cdots$ 의 $m$인이 $t$년 후에 모두 생존할 확률은

$$_tp_{xyz\cdots(m)} = {}_tp_x\, {}_tp_y\, {}_tp_z \cdots {}_tp_m \tag{8.1.1.19}$$

(vi) $m$인 중 적어도 1인이 $t$년 내에 사망할 확률(동시생존자상태가 소멸될 확률)은

$$_tq_{xyz\cdots(m)} = 1 - {}_tp_{xyz\cdots(m)} \tag{8.1.1.20}$$

(3) 최종생존자 연생생명확률

$(x)$와 $(y)$의 어느 한쪽이 생존하고 있는 경우도 단생명의 생존처럼 생각하고, $(x)$와 $(y)$가 모두 사망하는 경우를 단생명의 사망에 해당한다고 생각하여 정의하는 생명확률을 최종생존자 생명확률이라고 한다. 즉 $(x)$, $(y)$ 모두 생존하거나, $(x)$, $(y)$ 중 어느 한쪽이 생존하는 경우 최종생존자상태(last-survivor status)가 유지되고, $(x)$, $(y)$ 중 마지막 생존자

가 사망하여 그 결과로 둘 다 사망하게 되면 최종생존자상태(最終生存者狀態)가 소멸한다고 정의한다. 이런 정의에 기초하여 생명확률의 개념을 그림 [8.1.1.1]에 나타난 영역들을 생각하면서 완전히 이해하는 것이 필요하다. 그림의 영역들과 연관시켜서 이해만 정확히 한다면 앞으로 연생모형에서 나오는 수많은 생명확률 산식들을 자연스럽게 유도할 수 있다.

(i) $(x)$, $(y)$의 2인 모두 $t$년 내에 사망할 확률은

$$_tq_{\overline{xy}} = {_tq_x} \, {_tq_y} = (1 - {_tp_x})(1 - {_tp_y}) \tag{8.1.1.21}$$

과 같으며 영역 $A$에 해당한다.

(ii) $(x)$, $(y)$ 중 적어도 1인이 $t$년간 생존할 확률은 영역 $B+C+D$에 해당하며

$$_tp_{\overline{xy}} = 1 - {_tq_{\overline{xy}}} = 1 - (1 - {_tp_x})(1 - {_tp_y}) \tag{8.1.1.22}$$

$$= {_tp_x} + {_tp_y} - {_tp_{xy}} \tag{8.1.1.23}$$

$$_tp_{\overline{xy}}(B+C+D) = {_tp_x}(B+D) + {_tp_y}(C+D) - {_tp_{xy}}(D) \tag{8.1.1.24}$$

$_tp_{\overline{xy}}$는 그림 [8.1.1.1]에서 영역 $B+C+D$에 해당되므로

$$_tp_{\overline{xy}} = {_tp_{xy}}(D) + {_tq_x} \, {_tp_y}(C) + {_tq_y} \, {_tp_x}(B) \tag{8.1.1.25}$$

이 성립한다(증명은 연습문제 참조).

(iii) $(x)$와 $(y)$ 중 최종생존자가 $(t, t+1)$ 구간에서 사망할 확률은

$$_{t|}q_{\overline{xy}} = {_tp_{\overline{xy}}} - {_{t+1}p_{\overline{xy}}} \tag{8.1.1.26}$$

$$= ({_tp_x} + {_tp_y} - {_tp_{xy}}) - ({_{t+1}p_x} + {_{t+1}p_y} - {_{t+1}p_{xy}}) \tag{8.1.1.27}$$

$$= ({_tp_x} - {_{t+1}p_x}) + ({_tp_y} - {_{t+1}p_y}) - ({_tp_{xy}} - {_{t+1}p_{xy}}) \tag{8.1.1.28}$$

$$= {_{t|}q_x} + {_{t|}q_y} - {_{t|}q_{xy}} \tag{8.1.1.29}$$

그림 [8.1.1.3]  $_{t|}q_{\overline{xy}}$의 의미

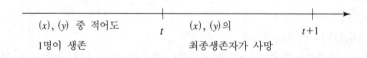

$(x)$, $(y)$ 중 적어도 1명이 생존  $t$  $(x)$, $(y)$의 최종생존자가 사망  $t+1$

$_{t|}q_{\overline{xy}}$를 그림으로 표시하면 그림 [8.1.1.3]과 같다 최종생존자상태가 $(t, t+1)$ 구간에서 소멸하는 경우는 다음의 3가지이다.

① $_tq_y \; _{t|}q_x$ ($t$시점까지 $(y)$사망, $(x)$생존 → $(t,t+1)$에 $(x)$ 사망)

② $_tq_x \; _{t|}q_y$ ($t$시점까지 $(x)$사망, $(y)$생존 → $(t,t+1)$에 $(y)$ 사망)

③ $_{t|}q_x \; _{t|}q_y$ ($t$시점까지 $(x)$, $(y)$ 생존 → $(t,t+1)$에 $(x)$, $(y)$ 둘 다 사망)

①, ②, ③의 확률을 계산하면

$$① \quad _tq_y \; _{t|}q_x = (1 - {_tp_y})({_tp_x} - {_{t+1}p_x}) \tag{8.1.1.30}$$
$$= {_tp_x} - {_tp_x} \, {_tp_y} - {_{t+1}p_x} + {_tp_y} \, {_{t+1}p_x}$$

$$② \quad _tq_x \; _{t|}q_y = (1 - {_tp_x})({_tp_y} - {_{t+1}p_y}) \tag{8.1.1.31}$$
$$= {_tp_y} - {_tp_x} \, {_tp_y} - {_{t+1}p_y} + {_tp_x} \, {_{t+1}p_y}$$

$$③ \quad _{t|}q_x \; _{t|}q_y = ({_tp_x} - {_{t+1}p_x})({_tp_y} - {_{t+1}p_y}) \tag{8.1.1.32}$$
$$= {_tp_x} \, {_tp_y} - {_{t+1}p_x} \, {_tp_y} - {_tp_x} \, {_{t+1}p_y} + {_{t+1}p_x} \, {_{t+1}p_y}$$

이 되고

$$① + ② + ③ = ({_tp_x} - {_{t+1}p_x}) + ({_tp_y} - {_{t+1}p_y}) - ({_tp_x} \, {_tp_y} - {_{t+1}p_x} \, {_{t+1}p_y})$$
$$= {_{t|}q_x} + {_{t|}q_y} - {_{t|}q_{xy}} \tag{8.1.1.33}$$

이 성립함을 알 수 있다.

(iv) 식 (8.1.1.17)과 유사하게

$$_tq_{\overline{xy}} = q_{\overline{xy}} + {_{1|}q_{\overline{xy}}} + {_{2|}q_{\overline{xy}}} + \cdots\cdots + {_{t-1|}q_{\overline{xy}}} \tag{8.1.1.34}$$

$$= \sum_{s=0}^{t-1} {_{s|}q_{\overline{xy}}} = \sum_{s=0}^{t-1} ({_sp_{\overline{xy}}} - {_{s+1}p_{\overline{xy}}}) \tag{8.1.1.35}$$

$$= 1 - {_tp_{\overline{xy}}} \tag{8.1.1.36}$$

식 (8.1.1.29)와 유사하게 다음 식도 성립한다.

$$_tq_{\overline{xy}} = 1 - {_tp_{\overline{xy}}} = 1 - ({_tp_x} + {_tp_y} - {_tp_{xy}}) \tag{8.1.1.37}$$
$$= (1 - {_tp_x}) + (1 - {_tp_y}) - (1 - {_tp_{xy}})$$
$$= {_tq_x} + {_tq_y} - {_tq_{xy}} \tag{8.1.1.38}$$

그림 [8.1.1.4] $_tq_{xy}$의 해석

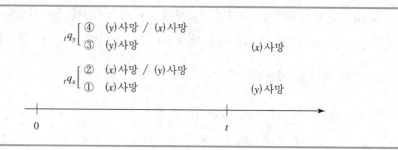

식 (8.1.1.38)의 의미를 그림 [8.1.1.4]를 보면서 생각해보자. $_tq_x$는 그림의 Case ①과 ②를 의미하고, $_tq_y$는 Case ③과 ④를 의미한다. Case ①은 $(y)$가 $t$년 안에 사망을 하지 않으므로 $_tq_{\overline{xy}}$의 범주에 속하지 않고, Case ③은 $(x)$가 $t$년 안에 사망을 하지 않으므로 $_tq_{\overline{xy}}$의 범주에 속하지 않는다. $_tq_{\overline{xy}}$는 Case ②나 ④에 해당되나 두 번 포함되므로 하나는 차감해 줄 필요가 있다. Case ①은 $_tq_x {}_tp_y$로 $C$영역, Case ③은 $_tq_y {}_tp_x$로 $B$영역, Case ②나 ④는 $_tq_x {}_tq_y$로 $A$영역에 속한다. Case ①+③+④는 $C+B+A$영역으로 $_tq_{xy}$의 확률 대상 영역이다. 따라서 Case ②=[ Case ①+②+③+④]－[ Case ①+③+④]이므로 식 (8.1.1.38)이 성립한다. 그러나 $_tq_{\overline{xy}}$는 $_tq_x$와 $_tq_y$를 곱한 영역 $A$를 의미하는 것을 기준으로 생각하는 것이 좋다. 그림 [8.1.1.1]을 이용하여 영역으로 생각하면 이해하기가 쉽다. $_tq_{\overline{xy}}$의 두 식을 영역으로 표시하면

$$_tq_{\overline{xy}}(A) = {}_tq_x {}_tq_y(A) \tag{8.1.1.39}$$

$$_tq_{\overline{xy}}(A) = {}_tq_x(A+C) + {}_tq_y(A+B) - {}_tq_{xy}(A+B+C) \tag{8.1.1.40}$$

가 되어 계산식이 성립하는 것을 확인할 수 있다.

⎛ 예제 8.1.1.1 ⎞

$(x)$, $(y)$ 중 두 번째 사망이 $k+1$차연도에서 발생할 확률의 계산식을 나타내고 해석하시오.

**풀이**

$(x)$, $(y)$중 두 번째 사망이 $k+1$차연도에 발생하는 확률은 $_{k|}q_{\overline{xy}}$이고

$$_{k|}q_{\overline{xy}} = {}_{k|}q_x + {}_{k|}q_y - {}_{k|}q_{xy}$$

이다. $_{k|}q_{\overline{xy}}$의 산식을 그림을 이용하여 설명하면 다음과 같다.

그림 [8.1.1.5]  $_{k|}q_{\overline{xy}}$의 해석

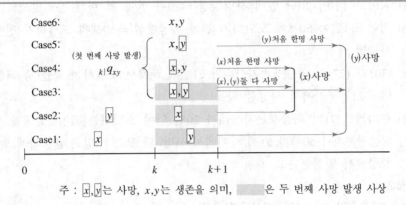

주 : $\boxed{x}, \boxed{y}$는 사망, $x, y$는 생존을 의미, ▨은 두 번째 사망 발생 사상

(i) $_{k|}q_{xy}$는 $k+1$연도에 첫 번째 사망이 발생하는 확률로 Case3,[1] Case4, Case5의 조합이고, $_{k|}q_{\overline{xy}}$는 $k+1$연도에 2번째 사망이 발생하는 확률로 Case1, Case2, Case3의 조합이다. 또한 $(x)$가 $k+1$연도에 사망하는 확률 $_{k|}q_x$는 Case2, Case3, Case4의 조합이고, $(y)$가 $k+1$연도에 사망하는 확률 $_{k|}q_y$는 Case1, Case3, Case5의 조합이다. $_{k|}q_x + _{k|}q_y$에는 $(x)$만 사망하는 경우, $(y)$만 사망하는 경우, $(x),(y)$가 동시에 사망하는 경우(두 번 포함)도 포함하고 있다. 따라서 이 값들을 제거해야 $_{k|}q_{\overline{xy}}$를 얻을 수 있다. 즉,

$$\text{Case}(1+2+3) = \text{Case}(2+3+4) + \text{Case}(1+3+5) - \text{Case}(3+4+5)$$

$(k, k+1)$에서 $x$가 사망하는 Case(2, 3, 4)로부터 $x$만 사망하는 (i) (4)를 차감하고, $(k, k+1)$에서 $y$가 사망하는 Case(1, 3, 5)로부터 $y$만 사망하는 (ii) (5)를 차감하고, 둘다 사망하지만 두 번 포함된 (iii) (3)을 차감하면, $_{k|}q_{\overline{xy}}$가 된다. 차감하는 값을 합하면 (i) + (ii) + (iii) = (4) + (5) + (3)은 $_{k|}q_{xy}$이다. 즉, $_{k|}q_{\overline{xy}} = _{k|}q_x + _{k|}q_y - _{k|}q_{xy}$가 성립한다.

$_kq_{xy}$는 $k$년 안에 첫 번째 사망이 발생하는 확률로 $k$년 안에 적어도 한 명이 사망하는 확률과 같다. 그러나 $(k+1)$번째 해에서 적어도 한 명이 사망하는 확률은 case1과 case2도 포함한다. 따라서 $k+1$번째 해에서 첫 번째 사망이 발생하는 확률은 $k+1$번째 해에서 적어도 한 명이 사망하는 확률과 동일하지 않다. $_{k|}q_{xy}$는 $(k+1)$번째 해에서 첫 번째 사망이 발생하는 확률이다. $_{k|}q_{xy}$는 $(k+1)$번째 해에 적어도 한 명이 사망하는 확률이 아니다(연습문제 참조). ■

( 예제 8.1.1.2 )

(30)과 (27)의 두 사람에 대하여 다음의 사상이 발생하는 확률을 구하시오. 단, (30)

---

[1] 첫 번째 사망하는 사상은 둘 다 사망하는 사상을 포함한다. 둘 다 사망하려면 첫 번째 사망이 발생해야 한다. 첫 번째 사망하는 사상은 처음 사망하는 것에만 관심이 있지, 두 번째 사망은 상관이 없으므로 둘 다 사망도 첫 번째 사망의 사상에 포함된다.

과 (27)은 동일한 생명표를 사용한다.

(a) 적어도 1인이 20년 안에 사망발생(=20년 안에 첫 번째 사망발생)

(b) 적어도 1인이 50세에 도달하기 전에 사망발생(=50세에 도달하기 전에 첫 번째 사망발생)

(c) (30)과 (27)의 최종생존자상태가 21번째 해에서 소멸하는 확률(즉 최종생존자가 $(20,21)$ 구간에서 사망할 확률)

(d) (30)과 (27)의 최종생존자상태가 20년 안에 소멸하는(깨지는) 확률

(e) 최종생존자가 50세와 51세 사이에서 사망. 단 모든 사망은 균등하게 발생하며 연중앙에서 발생한다고 가정

**풀이**

(a) (30)과 (27)의 동시생존자상태의 확률 $_{20}p_{30:27}$은

$$_{20}p_{30:27} = \frac{l_{50}}{l_{30}} \frac{l_{47}}{l_{27}} = \frac{96244.38}{98613.62} \frac{96929.02}{98791.34}$$

$$= (0.975974)(0.981149) = 0.957576$$

따라서 구하는 확률은

$$1 - {_{20}p_{30:27}} = 1 - 0.957576 = 0.042424$$

(b) 구하는 확률은

$$1 - {_{20}p_{30}}\,{_{23}p_{27}} = 1 - \frac{l_{50}}{l_{30}} \frac{l_{50}}{l_{27}} = 1 - 0.950813 = 0.049187$$

(c) 두 가지 방법으로 $_{20|}q_{\overline{30:27}}$을 구해보자.

(i) $_{20}q_{30}\,{_{20|}q_{27}} = \left(1 - \frac{l_{50}}{l_{30}}\right)\left(\frac{l_{47}-l_{48}}{l_{27}}\right) = \left(1 - \frac{96244.38}{98613.62}\right)\left(\frac{96929.02 - 96720.62}{98791.34}\right)$

$$= (0.024026)(0.002109) = 0.0000506812$$

$_{20}q_{27}\,{_{20|}q_{30}} = \left(1 - \frac{l_{47}}{l_{27}}\right)\left(\frac{l_{50}-l_{51}}{l_{30}}\right) = \left(1 - \frac{96929.02}{98791.34}\right)\left(\frac{96244.38 - 95972.97}{98613.62}\right)$

$$= (0.018851)(0.002752) = 0.0000518828$$

$_{20|}q_{27}\,{_{20|}q_{30}} = \left(\frac{l_{47}-l_{48}}{l_{27}}\right)\left(\frac{l_{50}-l_{51}}{l_{30}}\right) = \left(\frac{96929.02 - 96720.62}{98791.34}\right)\left(\frac{96244.38 - 95972.97}{98613.62}\right)$

$$= (0.002109)(0.002752) = 0.0000058058$$

식 (8.1.1.33)를 이용하면

$$_{20|}q_{\overline{30:27}} = {_{20}q_{30}}\,{_{20|}q_{27}} + {_{20}q_{27}}\,{_{20|}q_{30}} + {_{20|}q_{27}}\,{_{20|}q_{30}}$$

$$= 0.0000506812 + 0.0000518828 + 0.0000058058 = 0.0001083697$$

(ii) $_{20|}q_{30} = \frac{l_{50}-l_{51}}{l_{30}} = 0.002752$

$$_{20|}q_{27} = \frac{l_{47} - l_{48}}{l_{27}} = 0.002109$$

$$_{20|}q_{30:27} = \frac{l_{50}\,l_{47} - l_{51}\,l_{48}}{l_{30}\,l_{27}} = \frac{(96244.38)(96929.02) - (95972.97)(96720.62)}{(98613.62)(98791.34)}$$

$$= 0.004753$$

식 (8.1.1.29)를 이용하면

$$_{20|}q_{\overline{30:27}} = {}_{20|}q_{30} + {}_{20|}q_{27} - {}_{20|}q_{30:27}$$

$$= 0.002752 + 0.002109 - 0.004753 = 0.0001083697$$

두 가지 방법으로 구한 $_{20|}q_{\overline{30:27}}$ 은 일치함을 알 수 있다.

(d) 두 가지 방법으로 $_{20}q_{\overline{30:27}}$ 을 구해보자.

(i) $\quad _{20}q_{30} = 1 - \dfrac{l_{50}}{l_{30}} = \left(1 - \dfrac{96244.38}{98613.62}\right) = 0.024026$

$$_{20}q_{27} = 1 - \frac{l_{47}}{l_{27}} = \left(1 - \frac{96929.02}{98791.34}\right) = 0.018851$$

$$_{20}q_{30:27} = 1 - {}_{20}p_{30:27} = 0.042424$$

식 (8.1.1.38)을 이용하면

$$_{20}q_{\overline{30:27}} = {}_{20}q_{30} + {}_{20}q_{27} - {}_{20}q_{30:27}$$

$$= 0.024026 + 0.018851 - 0.042424 = 0.000453$$

(ii) $\quad _{20}q_{\overline{30:27}} = {}_{20}q_{30}\ {}_{20}q_{27} = \left(1 - \dfrac{l_{50}}{l_{30}}\right)\left(1 - \dfrac{l_{47}}{l_{27}}\right)$

$$= (0.024026)(0.018851) = 0.000453$$

두 번째 방법이 간편한 것을 알 수 있다.

(e) (50, 51) 구간 사이에서 두 번째 사망이 발생하여야 한다. 첫 번째 사망은 적어도 $50\frac{1}{2}$ 세 이전에 발생되어야 한다. 따라서 구하는 확률은

$$\frac{d_{50}}{l_{30}}\left(1 - \frac{l_{27+23.5}}{l_{27}}\right) + \frac{d_{50}}{l_{27}}\left(1 - \frac{l_{30+20.5}}{l_{30}}\right)$$

$$\left(d_{50} = l_{50} - l_{51} = 271.41,\ l_{50.5} = \frac{l_{50} + l_{51}}{2} = 96108.67\right)$$

$$= \frac{l_{50} - l_{51}}{l_{30}}\left(1 - \frac{l_{50.5}}{l_{27}}\right) + \frac{l_{50} - l_{51}}{l_{27}}\left(1 - \frac{l_{50.5}}{l_{30}}\right)$$

$$= (0.000074737) + (0.000069786) = 0.000144523$$

(v) $(t, t+1)$ 기간 동안 $(x), (y), (z), \cdots$ 의 최종생존자가 사망할 확률은

$$_{t|}q_{\overline{xyz\cdots(m)}} = {}_t p_{\overline{xyz\cdots(m)}} - {}_{t+1}p_{\overline{xyz\cdots(m)}} \tag{8.1.1.41}$$

(vi) $(x)$, $(y)$, $(z)$, $\cdots$ 의 $m$인이 $t$년 내에 모두 사망할 확률은 다음과 같다.

$$_t q_{\overline{xyz\cdots(m)}} = {}_t q_x \, {}_t q_y \, {}_t q_z \cdots {}_t q_m \tag{8.1.1.42}$$

$$= (1 - {}_t p_x)(1 - {}_t p_y)(1 - {}_t p_z) \cdots (1 - {}_t p_m) \tag{8.1.1.43}$$

예를 들어 $(x)$, $(y)$, $(z)$ 3인인 경우

$$_t q_{\overline{xyz}} = {}_t q_x + {}_t q_y + {}_t q_z - ({}_t q_{xy} + {}_t q_{yz} + {}_t q_{xz}) + {}_t q_{xyz} \tag{8.1.1.44}$$

(vii) $(x)$, $(y)$, $(z)$, $\cdots$ 가운데 적어도 1인이 $t$년 후에 생존할 확률은

$$_t p_{\overline{xyz\cdots(m)}} = 1 - {}_t q_{xyz\cdots(m)} \tag{8.1.1.45}$$

예를 들어 $(x)$, $(y)$, $(z)$ 3인인 경우

$$_t p_{\overline{xyz}} = {}_t p_x + {}_t p_y + {}_t p_z - ({}_t p_{xy} + {}_t p_{xz} + {}_t p_{yz}) + {}_t p_{xyz} \tag{8.1.1.46}$$

가 성립한다.

### (4) 평균여명

단생명의 평균여명과 유사한 식을 유도해보자. $(x)$와 $(y)$의 동시생존(공존)을 고려하면 다음이 성립한다.

$$e_{xy} = \frac{1}{l_{xy}} \sum_{t=1}^{\infty} l_{x+t:y+t} \tag{8.1.1.47}$$

$$= \sum_{t=1}^{\infty} {}_t p_{xy} \tag{8.1.1.48}$$

$$\mathring{e}_{xy} = \frac{1}{l_{xy}} \int_0^{\infty} l_{x+s:y+s} \, ds \tag{8.1.1.49}$$

$$= \int_0^{\infty} {}_s p_{xy} \, ds \tag{8.1.1.50}$$

$$\mathring{e}_{xy} \fallingdotseq e_{xy} + \frac{1}{2} - \frac{1}{12} \mu_{xy} \tag{8.1.1.51}$$

$$e_{\overline{xy}} = \sum_{t=1}^{\infty} {}_t p_{\overline{xy}} \tag{8.1.1.52}$$

$$\mathring{e}_{\overline{xy}} = \int_0^{\infty} {}_s p_{\overline{xy}} \, ds \tag{8.1.1.53}$$

$$\overset{\circ}{e}_{\overline{xy}} = e_{\overline{xy}} + \frac{1}{2} - \frac{1}{12}\mu_{\overline{xy}} \qquad (8.1.1.54)$$

(5) 특수한 생명확률

(i) $m$명 중 $r$명이 $t$년 후에 생존하고 나머지 $m-r$명이 $t$년 내에 사망할 확률은

$$_t p_{\overline{xyz\cdots(m)}}^{[r]} = \sum {_t p_{xy\cdots(r)}} \, {_t q_{\overline{zw\cdots(m-r)}}} \qquad (8.1.1.55)$$

이다. $\sum$ 는 $m$명 중 $r$명의 조합(combination) 모두에 대하여 합하는 것을 의미한다. $r=1$ 인 경우, $t$년 후에 1명만이 생존할 확률은

$$_t p_{\overline{xyz\cdots(m)}}^{[1]} = \sum {_t p_x} \, {_t q_{\overline{yz\cdots(m-1)}}} \qquad (8.1.1.56)$$

이다.

------

#### 예제 8.1.1.3

식 (8.1.1.55)를 이용하여 다음의 확률을 구하시오.

(a) $_t p_{\overline{xy}}^{[1]}$  (b) $_t p_{\overline{xyz}}^{[2]}$  (c) $_t p_{\overline{wxyz}}^{[2]}$

**풀이**

(a) $(x)$, $(y)$중 1인만이 $t$년 후에 생존할 확률은

$$_t p_{\overline{xy}}^{[1]} = {_t p_x}(1 - {_t p_y}) + {_t p_y}(1 - {_t p_x}) \qquad (8.1.1.57)$$

$$= {_t p_x} + {_t p_y} - 2\,{_t p_{xy}} \qquad (8.1.1.58)$$

$$_t p_{\overline{xy}}^{[1]}(B+C) = {_t p_x}(B+D) + {_t p_y}(C+D) - 2\,{_t p_x}(2D) \qquad (8.1.1.59)$$

(b) $(x)$, $(y)$, $(z)$의 3인 중 2인이 $t$년 후에 생존할 확률은

$$_t p_{\overline{xyz}}^{[2]} = {_t p_{xy}}(1 - {_t p_z}) + {_t p_{xz}}(1 - {_t p_y}) + {_t p_{yz}}(1 - {_t p_x}) \qquad (8.1.1.60)$$

$$= {_t p_{xy}} + {_t p_{xz}} + {_t p_{yz}} - 3\,{_t p_{xyz}} \qquad (8.1.1.61)$$

(c) $(w)$, $(x)$, $(y)$, $(z)$의 4인 중 2인이 $t$년 후에 생존할 확률은

$$_t p_{\overline{wxyz}}^{[2]} = {_t p_{wx}}(1 - {_t p_y})(1 - {_t p_z}) + {_t p_{wy}}(1 - {_t p_x})(1 - {_t p_z})$$
$$+ {_t p_{wz}}(1 - {_t p_x})(1 - {_t p_y}) + {_t p_{xy}}(1 - {_t p_w})(1 - {_t p_z})$$
$$+ {_t p_{xz}}(1 - {_t p_w})(1 - {_t p_y}) + {_t p_{yz}}(1 - {_t p_w})(1 - {_t p_x}) \qquad (8.1.1.62)$$

(ii) $m$명 중 적어도 $r$명이 $t$년 후에 생존할 확률은 다음과 같이 나타낸다.

$$_tp_{\overline{xyz\cdots\,(m)}}^{\quad r} = \sum_{k=r}^{m} {}_tp_{\overline{xyz\cdots\,(m)}}^{\quad[k]} \tag{8.1.1.63}$$

**예제 8.1.1.4**

식 (8.1.1.63)를 이용하여 다음의 확률을 구하시오.

(a) $_tp_{\overline{xyz}}^{\,2}$  (b) $_tp_{\overline{wxyz}}^{\,3}$

**풀이**

(a) 3인 중 적어도 2인이 $t$년 후에 생존할 확률은

$$_tp_{\overline{xyz}}^{\,2} = {}_tp_{\overline{xyz}}^{\,[2]} + {}_tp_{xyz} \tag{8.1.1.64}$$

$$= {}_tp_{xy}(1 - {}_tp_z) + {}_tp_{xz}(1 - {}_tp_y) + {}_tp_{yz}(1 - {}_tp_x) + {}_tp_{xyz}$$

$$= {}_tp_{xy} + {}_tp_{xz} + {}_tp_{yz} - 2{}_tp_{xyz} \tag{8.1.1.65}$$

(b) 4인 중 적어도 3인이 $t$년 후에 생존할 확률은

$$_tp_{\overline{wxyz}}^{\,3} = {}_tp_{\overline{wxyz}}^{\,[3]} + {}_tp_{\overline{wxyz}}^{\,[4]} \tag{8.1.1.66}$$

$$= {}_tp_{wxy}(1 - {}_tp_z) + {}_tp_{wxz}(1 - {}_tp_y) + {}_tp_{wyz}(1 - {}_tp_x)$$

$$+ {}_tp_{xyz}(1 - {}_tp_w) + {}_tp_{wxyz} \tag{8.1.1.67}$$

(iii) $(x)$, $(y)$, $(z)$, $\cdots$ 가운데 제 $r$번째 사망이 $(t, t+1)$ 구간에서 발생할 확률은

$$_tp_{\overline{xyz\cdots\,(m)}}^{\quad m-r+1} - {}_{t+1}p_{\overline{xyz\cdots\,(m)}}^{\quad m-r+1} \tag{8.1.1.68}$$

예를 들어 $m=5$, $r=2$라고 하자. 이것은 적어도 $m-r+1$명(4인)이 $t$년 후에 생존하는 확률에서 $m-r+1$명(4인)이 $t+1$년 후에 생존하는 확률을 차감한 것이다.[1] 이것은 $r-1$명(1명)[2]까지밖에 사망하지 않는 확률에서 그 다음 해에 $r-1$명(1명)까지밖에 사망하지 않는 확률을 차감한 것이므로 이것은 $t$와 $t+1$ 사이에서 $r$명째의 사망이 일어날 확률을 나타내고 있다. 식 (8.1.1.68)은 $r$번째의 사망이 발생할 확률만을 고려하고 있으며 $r+1$번째 사망이 발생하는지에 대한 것은 고려하지 않는다. 즉, $(t, t+1)$에서 $r+1$번째 사망이 발생해도 상관이 없다는 것을 의미한다.

(iv) $(x)$가 $(y)$, $(z)$의 최종생존자[3]와 공존할 확률을 구해보자.

---

1) [4인 생존그룹*1인 사망 or 5인 생존그룹*0인 사망]을 합하여 하나의 status로 보면 $(t, t+1)$에 그 status가 깨지는 확률이 식 (8.1.1.68)에 해당하며 이 확률이 2번째 사망이 $(t, t+1)$에서 발생할 확률이다. 4인 생존 그룹이 or로 존재하므로 식 (8.1.1.68)은 두 번째 사망이 발생할 확률이 된다. $(t, t+1)$에서 2명, 3명 등이 사망해도 상관이 없다.

2) [4인 생존그룹*1인 사망 or 5인 생존그룹*0인 사망]에서 사망부분만 언급한 것.

3) $(x)$와 매칭되는 최종생존자는 $(y)$만 생존, $(z)$만 생존 $(y)$, $(z)$ 생존의 3가지이다. 즉 앞의 3가지 경우 최

$$_tp_{x:\overline{yz}} = {}_tp_x \, {}_tp_{\overline{yz}} = {}_tp_x({}_tp_y + {}_tp_z - {}_tp_{yz}) \tag{8.1.1.69}$$

$$= {}_tp_{xy} + {}_tp_{xz} - {}_tp_{xyz} \tag{8.1.1.70}$$

로 나타낼 수 있다. 또

$$_tq_{x:\overline{yz}} = 1 - {}_tp_{x:\overline{yz}} \tag{8.1.1.71}$$

$$_{t|}q_{x:\overline{yz}} = {}_tp_{x:\overline{yz}} - {}_{t+1}p_{x:\overline{yz}} \tag{8.1.1.72}$$

위 식에 식 (8.1.1.70)을 대입하면

$$_{t|}q_{x:\overline{yz}} = {}_{t|}q_{xy} + {}_{t|}q_{xz} - {}_{t|}q_{xyz} \tag{8.1.1.73}$$

## 2. 연합생명의 사력

### (1) 동시생존자상태에서의 사력

$l_x$와 $l_y$가 미분가능한 함수라고 하고 $t$시점에서 동시생존자상태가 소멸되는(깨지는) 확률을 표현해보자.

그림 [8.1.2.1]   $\mu_{x+t:y+t}$의 유도

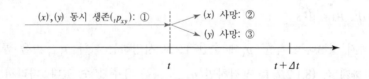

이 문제는 $t$시점까지는 $(x)$, $(y)$가 동시생존(공존)하고, 그 후 $(t, \, t+\Delta t)$에서 $(x)$가 사망하거나 $(y)$가 사망하는 경우를 고려하면 된다. 그림 [8.1.2.1]에서 ① → ②의 경로이거나 ① → ③의 경로이면 동시생존상태가 소멸된다(깨진다). $(t, \, t+\Delta t)$ 기간 동안 ②의 확률은, $\Delta t \rightarrow 0$으로 하면

$$\frac{l_{x+t} - l_{x+t+\Delta t}}{l_{x+t}} = \frac{l_{x+t} - l_{x+t+\Delta t}}{l_{x+t} \, \Delta t} \, \Delta t = \frac{-d \, l_{x+t}}{l_{x+t} \, dt} \, dt = \mu_{x+t} \, dt \tag{8.1.2.1}$$

$(t, t+\Delta t)$ 기간 동안 ③의 확률은, $\Delta t \rightarrow 0$으로 하면

$$\frac{l_{y+t} - l_{y+t+\Delta t}}{l_{y+t}} = \frac{l_{y+t} - l_{y+t+\Delta t}}{l_{y+t} \, \Delta t} \, \Delta t = \frac{-d \, l_{y+t}}{l_{y+t} \, dt} \, dt = \mu_{y+t} \, dt \tag{8.1.2.2}$$

---

종생존자상태가 유지된다.

가 된다. 따라서 구하는 확률은

$$[① \to ②]확률 \; + \; [① \to ③]확률 = {}_tp_{xy}\left(\frac{-d\,l_{x+t}}{l_{x+t}\,dt}\,dt + \frac{-d\,l_{y+t}}{l_{y+t}\,dt}\,dt\right) \tag{8.1.2.3}$$

$$= {}_tp_{xy}\left(\frac{-d\,l_{x+t}}{l_{x+t}\,dt} + \frac{-d\,l_{y+t}}{l_{y+t}\,dt}\right)dt \tag{8.1.2.4}$$

$$= {}_tp_{xy}\left(\frac{-l_{y+t}\dfrac{d\,l_{x+t}}{dt} - l_{x+t}\dfrac{d\,l_{y+t}}{dt}}{l_{x+t}\,l_{y+t}}\right)dt \tag{8.1.2.5}$$

$$= {}_tp_{xy}\,\frac{-1}{l_{x+t}\,l_{y+t}}\,\frac{d}{dt}\left(l_{x+t}\,l_{y+t}\right)dt \tag{8.1.2.6}$$

식 (8.1.2.6)은 $t$시점까지 동시생존(공존)할 확률인 ${}_tp_{xy}$(①의 확률)와 그 이후 $(t,\,t+dt)$ 기간 동안 동시생존상태가 소멸하는 확률(②+③의 확률)

$$\frac{-1}{l_{x+t}\,l_{y+t}}\,\frac{d}{dt}\left(l_{x+t}\,l_{y+t}\right)dt \;=\; \frac{-1}{l_{x+t}\,l_{y+t}}\,\frac{d\,l_{x+t:y+t}}{dt}\,dt \tag{8.1.2.7}$$

로 되어 있다. 단생명의 경우에

$${}_tp_x\,\mu_{x+t}\,dt \tag{8.1.2.8}$$

는 $t$시점까지 생존하는 확률 ${}_tp_x$에 순간적으로 사망하는 확률 $\mu_{x+t}\,dt$을 곱해서 표현하는 것과 유사하게 식 (8.1.2.7)를 생각하면 $\mu_{x+t:y+t}$를 유추할 수 있다. 따라서 식 (8.1.2.6)과 식 (8.1.2.8)로부터 단생명의 $\mu_{x+t}$에 해당되는

$$\frac{-1}{l_{x+t}\,l_{y+t}}\,\frac{d}{dt}\left(l_{x+t}\,l_{y+t}\right) = \frac{-1}{l_{x+t}\,l_{y+t}}\,\frac{d\,l_{x+t:y+t}}{dt} \tag{8.1.2.9}$$

를 동시생존상태가 소멸하는(깨지는) 의미에서의 사력으로 생각하고 사력을 정의할 수 있을 것이다. 제2장에서 설명된 단생명의 사력과 유사하게 연합생명의 사력을 정의해 보자.

(i) $(x)$와 $(y)$의 동시생존자상태를 고려할 경우 연합생명의 사력은 다음과 같이 정의한다.

$$\mu_{x+t:y+t} = -\frac{1}{l_{x+t:y+t}}\,\frac{d\,l_{x+t:y+t}}{dt} \tag{8.1.2.10}$$

$$= -\frac{l_{xy}}{l_{x+t:y+t}}\frac{d\,l_{x+t:y+t}}{l_{xy}\,dt} \tag{8.1.2.11}$$

$$= -\frac{1}{{}_tp_{xy}}\frac{d\,{}_tp_{xy}}{dt} \tag{8.1.2.12}$$

식 (2.2.8.4)와 동일한 가정을 하면 다음과 같은 근사치를 구할 수 있다.

$$\mu_{x+t:y+t} \doteqdot \frac{l_{x+t-1:y+t-1}-l_{x+t+1:y+t+1}}{2\,l_{x+t:y+t}} \tag{8.1.2.13}$$

(ii) 식 (8.1.2.10)의 우변에서 $l_{x+t:y+t}=l_{x+t}\,l_{y+t}$일 때

$$\mu_{x+t:y+t} = -\frac{1}{l_{x+t:y+t}}\frac{d\,l_{x+t:y+t}}{dt}$$

$$= -\frac{d}{dt}\ln l_{x+t:y+t} \tag{8.1.2.14}$$

$$= -\frac{d}{dt}(\ln l_{x+t}+\ln l_{y+t}) \tag{8.1.2.15}$$

$$= \mu_{x+t}+\mu_{y+t} \tag{8.1.2.16}$$

이 성립한다(다른 방법으로 증명은 연습문제 참조).

(iii) $\mu_{x+t:y+t}$를 이용하면 ${}_{t|}q_{xy}$, ${}_tq_{xy}$ 및 ${}_tp_{xy}$ 등을 구할 수 있다.

$$_{t|}q_{xy} = \int_t^{t+1} {}_sp_{xy}\,\mu_{x+s:y+s}\,ds \tag{8.1.2.17}$$

$$_tq_{xy} = \int_0^t {}_sp_{xy}\,\mu_{x+s:y+s}\,ds \tag{8.1.2.18}$$

(iv) ${}_tp_{xy}$를 구해보자.

$$_tp_{xy} = \exp\left[-\int_0^t \mu_{x+s:y+s}\,ds\right] \tag{8.1.2.19}$$

가 성립하는데 이를 증명해보자.

$$\exp\left[-\int_0^t \mu_{x+t:y+t}\,ds\right] = \exp\left[-\int_0^t -\frac{d}{ds}\ln l_{x+s:y+s}\,ds\right]$$

$$= \exp\left[\ln l_{x+t:y+t} - \ln l_{xy}\right] = \exp\left[\ln \frac{l_{x+t:y+t}}{l_{xy}}\right]$$

$$= {}_tp_{xy}$$

(2) 최종생존자상태에서의 사력

2인의 연생보험에서 최종생존자가 $t$시점에서 사망하는 확률($H$)을 표현하고 이를 통하여 사력을 고찰해보자. 이 확률은

(i) $(x)$가 $t$시점까지 먼저 사망하고 $(y)$가 $(t, t+dt)$에서 사망하는 확률과

(ii) $(y)$가 $t$시점까지 먼저 사망하고 $(x)$가 $(t, t+dt)$에서 사망하는 확률

의 합으로 생각할 수 있다.

$$H = \left[\frac{l_x - l_{x+t}}{l_x} \frac{l_{y+t}}{l_y} \frac{l_{y+t} - l_{y+t+\triangle t}}{l_{y+t}}\right] + \left[\frac{l_y - l_{y+t}}{l_y} \frac{l_{x+t}}{l_x} \frac{l_{x+t} - l_{x+t+\triangle t}}{l_{x+t}}\right]$$

(8.1.2.20)

식 (8.1.2.1)과 식 (8.1.2.2)와 동일하게 $\triangle t \to 0$으로 하는 경우

$$\frac{l_{x+t} - l_{x+t+\triangle t}}{l_{x+t}} = \frac{-d\,l_{x+t}}{l_{x+t}dt}\,dt = \frac{-d\ln l_{x+t}}{dt}\,dt = \mu_{x+t}\,dt$$

(8.1.2.21)

$$\frac{l_{y+t} - l_{y+t+\triangle t}}{l_{y+t}} = \frac{-d\,l_{y+t}}{l_{y+t}dt}\,dt = \frac{-d\ln l_{y+t}}{dt}\,dt = \mu_{y+t}\,dt$$

(8.1.2.22)

이 되므로

$$H = {}_tq_x\,{}_tp_y(-d\ln l_{y+t}) + {}_tq_y\,{}_tp_x(-d\ln l_{x+t})$$

$$= ({}_tq_x\,{}_tp_y\,\mu_{y+t} + {}_tq_y\,{}_tp_x\,\mu_{x+t})\,dt$$

(8.1.2.23)

여기서

$${}_tq_x\,{}_tp_y\,\mu_{y+t} + {}_tq_y\,{}_tp_x\,\mu_{x+t}$$

$$= (1 - {}_tp_x)\,{}_tp_y\,\mu_{y+t} + (1 - {}_tp_y)\,{}_tp_x\,\mu_{x+t}$$

(8.1.2.24)

$$= {}_tp_y\,\mu_{y+t} + {}_tp_x\,\mu_{x+t} - {}_tp_{xy}(\mu_{x+t} + \mu_{y+t})$$

(8.1.2.25)

$$= {}_tp_y\,\mu_{y+t} + {}_tp_x\,\mu_{x+t} - {}_tp_{xy}\,\mu_{x+t:y+t}$$

(8.1.2.26)

$$= -\frac{d}{dt}({}_tp_y + {}_tp_x - {}_tp_{xy})$$

(8.1.2.27)

여기서 ${}_tp_x + {}_tp_y - {}_tp_{xy} = {}_tp_{\overline{xy}}$이므로

$$H = -\frac{d}{dt}\,{}_tp_{\overline{xy}}\,dt \tag{8.1.2.28}$$

$$= {}_tp_{\overline{xy}}\,\frac{-1}{{}_tp_{\overline{xy}}}\,\frac{d\,{}_tp_{\overline{xy}}}{dt}\,dt \tag{8.1.2.29}$$

로 표현이 가능하고 여기서

$$-\frac{1}{{}_tp_{\overline{xy}}}\,\frac{d\,{}_tp_{\overline{xy}}}{dt} \tag{8.1.2.30}$$

를 사력으로 정의할 수 있다.

(i) $(x)$와 $(y)$의 최종생존자를 고려하는 경우의 사력은

$$\mu_{\overline{x+t\,:\,y+t}} = -\frac{1}{{}_tp_{\overline{xy}}}\,\frac{d\,{}_tp_{\overline{xy}}}{dt} \tag{8.1.2.31}$$

로 정의된다.

(ii) 식 (8.1.2.27)의 ${}_tp_{\overline{xy}}$의 산식을 이용하면

$${}_tp_{\overline{xy}}\,\mu_{\overline{x+t\,:\,y+t}} = -\frac{d}{dt}\,{}_tp_{\overline{xy}} \tag{8.1.2.32}$$

$$= -\frac{d}{dt}({}_tp_x + {}_tp_y - {}_tp_{xy}) \tag{8.1.2.33}$$

$$= {}_tp_x\,\mu_{x+t} + {}_tp_x\,\mu_{y+t} - {}_tp_{xy}\,\mu_{x+t\,:\,y+t} \tag{8.1.2.34}$$

$$= {}_tp_x\,\mu_{x+t}(1-{}_tp_y) + {}_tp_y\,\mu_{y+t}(1-{}_tp_x) \tag{8.1.2.35}$$

$$= {}_tq_y\,{}_tp_x\,\mu_{x+t} + {}_tq_x\,{}_tp_y\,\mu_{y+t} \tag{8.1.2.36}$$

이 성립한다.

(iii) 최종생존자상태에서의 사력을 이용하면 다음 식이 성립한다.

$${}_{t|}q_{\overline{xy}} = \int_t^{t-1} {}_sp_{\overline{xy}}\,\mu_{\overline{x+s\,:\,y+s}}\,ds \tag{8.1.2.37}$$

$${}_tq_{\overline{xy}} = \int_0^t {}_sp_{\overline{xy}}\,\mu_{\overline{x+s\,:\,y+s}}\,ds \tag{8.1.2.38}$$

(iv) 식 (8.1.2.19)와 유사하게

$$_tp_{\overline{xy}} = \exp\left[-\int_0^t \mu_{\overline{x+s:y+s}}\, ds\right] \tag{8.1.2.39}$$

가 성립한다.

### 3. 조건부 생명확률

2인 이상의 연합생명에 대하여 사망의 순서와 관련하여 생명확률을 고려하는 경우를 조건부 생명확률(條件附 生命確率, contingent probability)이라고 한다.

(i) $(x)$가 $(t, t+1)$ 기간 동안 사망하고, 동시에 그 순간에 $(y)$가 생존하고 있을 확률은

$$_{t|}q_{xy}^1 = \int_t^{t+1} {}_sp_{xy}\, \mu_{x+s}\, ds \tag{8.1.3.1}$$

이다. $x$ 위의 1표시는 $(x)$의 사망이 첫번째로 발생하고, 동시에 관찰기간 내에 발생하는 것을 의미한다. 식 (8.1.3.1)을 이용하면

$$_{t|}q_{xy}^1 = \int_t^{t+1} {}_sp_y\, {}_sp_x\, \mu_{x+s}\, ds \tag{8.1.3.2}$$

$$\fallingdotseq {}_{t+1/2}p_y \int_t^{t+1} {}_sp_x\, \mu_{x+s}\, ds = {}_{t+1/2}p_y\, {}_{t|}q_x \tag{8.1.3.3}$$

로 표시된다. 식 (8.1.3.3)은 $_{t|}q_{xy}^1$의 근사식으로 계산기수 작성시 사용된다. 식 (8.1.2.16)과 식 (8.1.2.17)을 이용하면

$$_{t|}q_{xy} = {}_{t|}q_{xy}^1 + {}_{t|}q_{xy}^{\;1} \tag{8.1.3.4}$$

(ii) $(x)$가 $t$년 내에 사망하고 동시에 그 순간에 $(y)$가 생존하고 있을 확률은 식 (8.1.3.4)를 합하면 된다.

$$_tq_{xy}^1 = \sum_{s=0}^{t-1} {}_{s|}q_{xy}^1 \tag{8.1.3.5}$$

$$= \int_0^1 {}_rp_{xy}\, \mu_{x+r}\, dr + \int_1^2 {}_rp_{xy}\, \mu_{x+r}\, dr + \cdots + \int_{t-1}^t {}_rp_{xy}\, \mu_{x+r}\, dr \tag{8.1.3.6}$$

$$= \int_0^t {}_rp_{xy}\, \mu_{x+r}\, dr \tag{8.1.3.7}$$

식 (8.1.3.4)와 동일하게 다음 식이 성립한다.

$$_tq_{xy} = \int_0^t {}_sp_{xy}\,\mu_{x+s:y+s}\,ds = \int_0^t {}_sp_{xy}(\mu_{x+s} + \mu_{y+s})\,ds \qquad (8.1.3.8)$$

$$= {}_tq_{xy}^1 + {}_tq_{xy}^{\,1} \qquad (8.1.3.9)$$

(iii) $(x)$가 $(y)$보다 먼저 사망할 확률은 식 (8.1.3.8)에서 $t \to \infty$로 하면 된다.

$$_\infty q_{xy}^1 = \int_0^\infty {}_sp_{xy}\,\mu_{x+s}\,ds \qquad (8.1.3.10)$$

(iv) $(x)$, $(y)$, $(z)$ 3인인 경우는

$$_{t|}q_{xyz}^1 = \int_t^{t+1} {}_sp_{xyz}\,\mu_{x+s}\,ds \qquad (8.1.3.11)$$

$$\fallingdotseq {}_{t+\frac{1}{2}}p_{yz}\,{}_{t|}q_x \qquad (8.1.3.12)$$

$$_{t|}q_{xyz} = {}_{t|}q_{xyz}^1 + {}_{t|}q_{xyz}^{\,1} + {}_{t|}q_{xyz}^{\,\,1} \qquad (8.1.3.13)$$

$$_tq_{xyz}^1 = \sum_{s=0}^{t-1} {}_{s|}q_{xyz}^1 = \int_0^t {}_sp_{xyz}\,\mu_{x+s}\,ds \qquad (8.1.3.14)$$

$$_tq_{xyz} = {}_tq_{xyz}^1 + {}_tq_{xyz}^{\,1} + {}_tq_{xyz}^{\,\,1} \qquad (8.1.3.15)$$

(v) $(x)$가 $(t, t+1)$ 기간 동안에 사망하고 동시에 $(y)$가 그 이전에 사망할 확률은[1]

$$_{t|}q_{xy}^2 = \int_t^{t+1} {}_sq_y\,{}_sp_x\,\mu_{x+s}\,ds \qquad (8.1.3.16)$$

$$= \int_t^{t+1} (1 - {}_sp_y)\,{}_sp_x\,\mu_{x+s}\,ds \qquad (8.1.3.17)$$

$$= {}_{t|}q_x - {}_{t|}q_{xy}^1 \qquad (8.1.3.18)$$

위 식과 유사하게 $t$년 내에 $(x)$가 사망하고 동시에 $(y)$가 그 이전에 사망할 확률은

$$_tq_{xy}^2 = \sum_{s=0}^{t-1} {}_{s|}q_{xy}^2 \qquad (8.1.3.19)$$

$$= {}_tq_x - {}_tq_{xy}^1 \qquad (8.1.3.20)$$

---

1) 숫자가 위에 표시된 $(x)$가 두 번째 사망일 때 보험금이 지급된다. 숫자가 위에 표시된 $(x)$는 보험금 지급의 대상이 되는 피보험자를 의미하며 주피보험자(failing life)라고 한다. $(y)$를 연대피보험자(counter life)라고 한다.

이다(다른 방법으로 증명은 연습문제 참조). 지금까지는 $(x)$의 사망을 기준으로 계산식들을 유도하였다.

(vi) $_t q_{xy}^2$의 계산식을 $(y)$의 사망을 기준으로 유도해보자.

$$_t q_{xy}^2 = \int_0^t {}_s p_{xy}\, \mu_{y+s}\, {}_{t-s}q_{x+s}\, ds \tag{8.1.3.21}$$

$$= \int_0^t {}_s p_{xy}\, \mu_{y+s}(1 - {}_{t-s}p_{x+s})\, ds$$

$$= \int_0^t {}_s p_{xy}\, \mu_{y+s}\, ds - \int_0^t {}_s p_{xy}\, \mu_{y+s}\, {}_{t-s}p_{x+s}\, ds \tag{8.1.3.22}$$

$$= {}_t q_{xy}^1 - \int_0^t \frac{l_{x+s}}{l_x}\frac{l_{y+s}}{l_y}\frac{l_{x+t}}{l_{x+s}}\mu_{y+s}\, ds$$

$$= {}_t q_{xy}^1 - {}_t p_x \int_0^t {}_s p_y\, \mu_{y+s}\, ds \tag{8.1.3.23}$$

$$= {}_t q_{xy}^1 - {}_t p_x\, {}_t q_y \tag{8.1.3.24}$$

$$_t q_{xy}^2(①의\ 확률) = {}_t q_{xy}^1(①+②의\ 확률) - {}_t p_x\, {}_t q_y(②의\ 확률) \tag{8.1.3.25}$$

그림 [8.1.3.1]　$_t q_{xy}^2$의 의미$((y)$의 사망 기준)

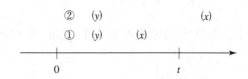

식 (8.1.3.24)에는 $(y)$의 사망을 기준으로 하기 때문에 $_t q_{xy}^1$와 $_t q_y$가 나타나고 있다. 식 (8.1.3.24)는 $(y)$가 $s$시점에 사망하고 나머지 $t-s$ 기간 동안 $(x)$가 사망하는 확률을 나타내는 식으로부터 출발하여 최종적으로 「$t$시점까지 $(y)$가 먼저 사망하는 확률 - $t$시점까지 $(y)$가 사망하고 $(x)$가 생존해 있는 확률」의 식으로 $_t q_{xy}^2$를 나타내고 있다. 즉, 그림 [8.1.3.1]에서, $_t q_{xy}^2$(①의 확률)은 $_t q_{xy}^1$(①+②의 확률)에서 $_t p_x\, {}_t q_y$(②의 확률)을 차감하면 구할 수 있는 것을 나타내고 있다. 식 (8.1.3.25)를 이용하면 $(y)$의 사망을 기준으로

$$_{t|}q_{xy}^2 = {}_{t+1}q_{xy}^2 - {}_t q_{xy}^2 \tag{8.1.3.26}$$

$$= ({}_{t+1}q_{xy}^1 - {}_{t+1}p_x\, {}_{t+1}q_y) - ({}_t q_{xy}^1 - {}_t p_x\, {}_t q_y) \tag{8.1.3.27}$$

$$= {}_{t|}q_{xy}^{\,1} + {}_{t}p_x\,{}_{t}q_y - {}_{t+1}p_x\,{}_{t+1}q_y \tag{8.1.3.28}$$

$${}_{t|}q_{xy}^{\,2}(①+③) = {}_{t|}q_{xy}^{\,1}(①+②) + {}_{t}p_x\,{}_{t}q_y(③+④) - {}_{t+1}p_x\,{}_{t+1}q_y(②+④) \tag{8.1.3.29}$$

그림 [8.1.3.2]에서 ${}_{t|}q_{xy}^{\,2}$(①+③의 확률)은 ${}_{t|}q_{xy}^{\,1}$(①+②의 확률)과 ${}_{t}p_x\,{}_{t}q_y$(③+④의 확률)를 합한 후, $t+1$년까지 $(x)$가 생존하는 확률을 고려한 ${}_{t+1}p_x\,{}_{t+1}q_y$(②+④의 확률)를 차감하면[1] 구할 수 있는 것을 나타내고 있다.

그림 [8.1.3.2]  ${}_{t|}q_{xy}^{\,2}$의 의미($(y)$의 사망기준)

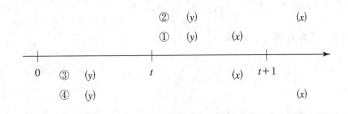

(vii) $(x)$, $(y)$, $(z)$ 3인의 경우에 $(y)$가 $(t, t+1)$ 기간 동안에 사망하고 동시에 $(x)$가 그 시점 이전에 이미 사망하며, $(z)$는 그 시점에 생존하고 있을 확률은

$$\underset{1}{{}_{t|}q_{xyz}^{\,2}} = \int_t^{t+1} {}_{s}q_x\,{}_{s}p_{yz}\,\mu_{y+s}\,ds \tag{8.1.3.30}$$

$$= \int_t^{t+1} (1 - {}_{s}p_x)\,{}_{s}p_{yz}\,\mu_{y+s}\,ds \tag{8.1.3.31}$$

$$= {}_{t|}q_{yz}^{\,1} - {}_{t|}q_{xyz}^{\,1} \tag{8.1.3.32}$$

식 (8.1.3.30)에서 $x$ 아래 쓰인 1은 $(x)$의 사망이 첫 번째이면 관찰기간 이외라도 상관이 없음을 나타내고 있다.

(viii) $(x)$, $(y)$, $(z)$ 순으로 사망이 발생하고, 동시에 $(z)$의 사망이 $(t, t+1)$ 기간 동안에 발생할 확률은

$$\underset{12}{{}_{t|}q_{xyz}^{\,3}} = \int_t^{t+1} {}_{s}q_{xy}^{\,2}\,{}_{s}p_z\,\mu_{z+s}\,ds \tag{8.1.3.33}$$

$(y)$의 사망을 기준으로 하면

---

1) ${}_{t|}q_{xy}^{\,2}$가 성립하려면 $t+1$년까지 $(x)$가 생존하면 안된다.

$$
{}_{t}q_{\substack{x\,y\,z\\1\,2}}^{3} = \int_0^t {}_{s}q_x \; {}_{s}p_{yz} \; \mu_{y+s} \; {}_{t-s}q_{z+s} \, ds \tag{8.1.3.34}
$$

$$
= \int_0^t (1 - {}_{s}p_x) \, {}_{s}p_{yz} \, \mu_{y+s} (1 - {}_{t-s}p_{z+s}) \, ds \tag{8.1.3.35}
$$

$$
= \int_0^t ({}_{s}p_{yz} - {}_{s}p_{xyz})(1 - {}_{t-s}p_{z+s}) \, \mu_{y+s} \, ds \tag{8.1.3.36}
$$

$$
= \int_0^t ({}_{s}p_{yz} - {}_{s}p_{xyz} - {}_{s}p_y \, {}_{t}p_z + {}_{s}p_{xy} \, {}_{t}p_z) \, \mu_{y+s} \, ds \tag{8.1.3.37}
$$

$$
= {}_{t}q_{yz}^{1} - {}_{t}q_{xyz}^{1} - {}_{t}q_y \, {}_{t}p_z + {}_{t}q_{xy}^{1} \, {}_{t}p_z \tag{8.1.3.38}
$$

식 (8.1.3.32)를 이용하면 위 식은

$$
{}_{t}q_{\substack{x\,y\,z\\1\,2}}^{3} = {}_{t}q_{\substack{x\,y\,z\\1}}^{2} - ({}_{t}q_y - {}_{t}q_{xy}^{1}) \, {}_{t}p_z \tag{8.1.3.39}
$$

$$
= {}_{t}q_{\substack{x\,y\,z\\1}}^{2} - {}_{t}q_{xy}^{2} \, {}_{t}p_z \tag{8.1.3.40}
$$

${}_{t+1}q_{\substack{x\,y\,z\\1\,2}}^{3} - {}_{t}q_{\substack{x\,y\,z\\1\,2}}^{3}$을 하면

$$
{}_{t|}q_{\substack{x\,y\,z\\1\,2}}^{3} = {}_{t|}q_{\substack{x\,y\,z\\1}}^{2} + {}_{t}q_{xy}^{2} \, {}_{t}p_z - {}_{t+1}q_{xy}^{2} \, {}_{t+1}p_z \tag{8.1.3.41}
$$

(ix) $t$년 내에 $(x)$, $(y)$, $(z)$가 순차적으로 사망하는 확률은 두 번째 사망하는 $(y)$의 사망을 기준으로, $(y)$ 전에 $(x)$가 사망하고, $(y)$ 후에 $(z)$가 사망하는 것을 고려해서

$$
{}_{t}q_{\substack{x\,y\,z}}^{1\,2\,3} = \int_0^t {}_{s}q_x \; {}_{s}p_{yz} \; \mu_{y+s} \; {}_{t-s}q_{z+s} \, ds \tag{8.1.3.42}
$$

$$
= {}_{t}q_{yz}^{1} - {}_{t}p_z \, {}_{t}q_y - {}_{t}q_{xyz}^{1} + {}_{t}p_z \, {}_{t}q_{xy}^{1} \tag{8.1.3.43}
$$

이 된다(증명은 연습문제 참조).

(x) ${}_{n}q_{\substack{w\,x\,y\,z\\1\,2}}^{3}$을 각각의 사망을 기준으로 적분을 이용하여 나타내면 다음과 같다.

$$
{}_{n}q_{\substack{w\,x\,y\,z\\1\,2}}^{3} = \int_0^n {}_{t}p_{xyz} \; {}_{n-t}q_{\substack{x+t:y+t:z+t\\1}}^{2} \; {}_{t}p_w \, \mu_{w+t} \, dt \tag{8.1.3.44}
$$

$$
= \int_0^n {}_{t}q_w \; {}_{t}p_{yz} \; {}_{n-t}q_{y+t:z+t}^{1} \; {}_{t}p_x \, \mu_{x+t} \, dt \tag{8.1.3.45}
$$

$$= \int_0^n {}_t q_{wx}^2 \ {}_t p_z \ {}_t p_y \ \mu_{y+t} \ dt \tag{8.1.3.46}$$

$$= \int_0^n {}_t q_{wxy}^3 \ {}_t p_z \ \mu_{z+t} \ dt \ + \ {}_n q_{wxy}^3 \ {}_n p_z \tag{8.1.3.47}$$

위의 식들은 각각 $(w)$, $(x)$, $(y)$, $(z)$의 사망을 기준으로 나타낸 식들이다. 식 $(8.1.3.44)$는 $(z)$의 사망이 $n$보다 작을 때와 $n$보다 클 때로 나누어서 얻은 것이다.

(xi) ${}_t q_{\overline{xy}}$를 ${}_t q_{xy}^2$와 ${}_t q_{xy}^2$를 이용하여 나타내면

$$_t q_{\overline{xy}} = \int_0^t {}_s p_{\overline{xy}} \ \mu_{\overline{x+s:y+s}} \ ds \tag{8.1.3.48}$$

$$= \int_0^t ({}_s q_y \ {}_s p_x \ \mu_{x+s} \ + \ {}_s q_x \ {}_s p_y \ \mu_{y+s}) \ ds \tag{8.1.3.49}$$

$$= {}_t q_{xy}^2 \ + \ {}_t q_{xy}^2 \tag{8.1.3.50}$$

$(t, t+1)$ 기간 동안에 $(x)$가 사망하고, 동시에 $(y)$, $(z)$는 그 이전에 이미 사망하고 있을 확률은

$$_{t|} q_{xyz}^3 = \int_t^{t+1} {}_s q_{\overline{yz}} \ {}_s p_x \ \mu_{x+s} \ ds \tag{8.1.3.51}$$

$$= \int_t^{t+1} ({}_s q_{yz}^2 \ + \ {}_s q_{yz}^2) {}_s p_x \ \mu_{x+s} \ ds \tag{8.1.3.52}$$

$$= \int_t^{t+1} {}_s q_{yz}^2 \ {}_s p_x \ \mu_{x+s} \ ds \ + \int_t^{t+1} {}_s q_{yz}^2 \ {}_s p_x \ \mu_{x+s} \ ds \tag{8.1.3.53}$$

$$= {}_{t|} q_{\substack{xyz \\ 12}}^3 \ + \ {}_{t|} q_{\substack{xyz \\ 21}}^3 \tag{8.1.3.54}$$

(xii) $(t, t+1)$ 기간 동안에 $(x)$가 사망하는 확률은 그 정의상

$$_{t|} q_x = {}_{t|} q_{xyz}^1 \ + \ {}_{t|} q_{xyz}^2 \ + \ {}_{t|} q_{xyz}^3 \tag{8.1.3.55}$$

이 되고 ${}_{t|} q_{x:\overline{yz}}^1$는 정의상 ${}_{t|} q_{xyz}^1 + {}_{t|} q_{xyz}^2$이므로

$$_{t|} q_x = {}_{t|} q_{x:\overline{yz}}^1 \ + \ {}_{t|} q_{xyz}^3 \tag{8.1.3.56}$$

(xiii) $(x)$, $(y)$, $(z)$ 중에서 $(y)$의 사망이 $(t, t+1)$ 기간 동안에 발생하고, $(x)$는 $(y)$의 사망 전에 사망하며, $(z)$의 사망은 $(x)$의 사망보다는 후에 발생하지만 $(y)$보다 앞 또는 뒤에 사망하더라도 상관없는 사상의 확률은

$$_t q_{\underset{1}{x}\ \underset{}{y}\ z}^{2:3} = {}_t q_{\underset{1}{xyz}}^{2} + {}_t q_{\underset{1\ 2}{xyz}}^{3} \tag{8.1.3.57}$$

이다. 여기서 $2:3$은 2 또는 3의 의미로 사용된다.

(xiv) $m$사람의 피보험자 $(x)$, $(y)$, $(z)\cdots$ 가운데 $(x)$가 $(t, t+1)$ 기간 동안에 사망하고, 동시에 $(x)$의 사망이 $r$번째$(r<m)$가 되는 확률을 고려한다. $(x)$가 시점 $s$에서 사망할 확률은 $_s p_x \mu_{x+s} ds$이며, 그 시점에서 나머지 $m-1$명 중 $r-1$명이 이미 사망하고, $m-r$명이 생존하고 있는 경우를 조건으로 하므로 구하는 확률은

$$_{t|}q_{xyz\cdots(m)}^{r} = \int_t^{t+1} {}_s p_{\overline{yz\cdots(m-1)}}^{[m-r]}\ {}_s p_x\ \mu_{x+s}\ ds \tag{8.1.3.58}$$

가 된다. 또 $(x)$가 $t$년 내에 사망하고 그 사망이 $r$번째일 확률은

$$_t q_{xyz\cdots(m)}^{r} = \sum_{s=0}^{t-1} {}_{s|}q_{xyz\cdots(m)}^{r} \tag{8.1.3.59}$$

예를 들어 $(x)$, $(y)$, $(z)$ 중에서 $(x)$의 사망이 2번째 있을 확률을 구해보면

$$_{t|}q_{xyz}^{2} = \int_t^{t+1} {}_s p_{\overline{yz}}^{[1]}\ {}_s p_x\ \mu_{x+s}\ ds \tag{8.1.3.60}$$

$$= \int_t^{t+1} ({}_s p_y\ {}_s q_z + {}_s p_z\ {}_s q_y)\ {}_s p_x\ \mu_{x+s}\ ds \tag{8.1.3.61}$$

$$= {}_{t|}q_{\underset{1}{xyz}}^{2} + {}_{t|}q_{\underset{1}{xyz}}^{2} \tag{8.1.3.62}$$

(xv) $(t, t+1)$ 기간 동안에 $(x)$가 사망하고, 그 시점에서 $(y)$, $(z)$ 중 최종생존자가 생존하고 있을 확률은

$$_{t|}q_{x:\overline{yz}}^{1} = \int_t^{t+1} {}_s p_x\ {}_s p_{\overline{yz}}\ \mu_{x+s}\ ds \tag{8.1.3.63}$$

$$= \int_t^{t+1} {}_s p_x ({}_s p_y + {}_s p_z - {}_s p_{yz})\ \mu_{x+s}\ ds \tag{8.1.3.64}$$

$$= {}_{t|}q_{xy}^{1} + {}_{t|}q_{xz}^{1} - {}_{t|}q_{xyz}^{1} \tag{8.1.3.65}$$

또 $_{t|}q_{x:\overline{yz}}^{1}$는 정의상으로 $(x)$, $(y)$, $(z)$ 중 $(x)$가 첫 번째 사망하거나, 두 번째 사망하는 확률의 합이다.

$$_{t|}q^1_{x:\overline{yz}} = {}_{t|}q^1_{xyz} + {}_{t|}q^2_{xyz} \tag{8.1.3.66}$$

$$= {}_{t|}q_x - {}_{t|}q^3_{xyz} \tag{8.1.3.67}$$

(xvi) $(t, t+1)$ 기간 동안에 $(x)$가 사망하고, 그 시점에서 $(y)$, $(z)$ 중에서 최종생존자가 이미 사망하고 있을 확률은

$$_{t|}q^2_{x:\overline{yz}} = \int_t^{t+1} (1 - {}_sp_{\overline{yz}})\,{}_sp_x\,\mu_{x+s}\,ds \tag{8.1.3.68}$$

$$= {}_{t|}q_x - {}_{t|}q^1_{x:\overline{yz}} \tag{8.1.3.69}$$

(xvii) $(t, t+1)$ 기간 동안에 $(x)$가 사망하고, 동시에 $(y)$, $(z)$가 이미 그 이전에 사망할 확률은

$$_{t|}q^3_{xyz} = \int_t^{t+1} {}_sp_x\,\mu_{x+s}\,{}_sq_y\,{}_sq_z\,ds \tag{8.1.3.70}$$

$$= \int_t^{t+1} {}_sp_x\,\mu_{x+s}\,{}_sq_{\overline{yz}}\,ds = {}_{t|}q^2_{x:\overline{yz}} \tag{8.1.3.71}$$

(xviii) $(x)$, $(y)$ 중 최종생존자가 $(t, t+1)$ 기간 동안 사망하고 동시에 그 시점에서 $(z)$가 생존할 확률은

$$_{t|}q^1_{\overline{xy}:z} = \int_t^{t+1} {}_sp_{\overline{xy}}\,\mu_{\overline{x+s:y+s}}\,{}_sp_z\,ds \tag{8.1.3.72}$$

$$= \int_t^{t+1} ({}_sq_y\,{}_sp_x\,\mu_{x+s} + {}_sq_x\,{}_sp_y\,\mu_{y+s})\,{}_sp_z\,ds \tag{8.1.3.73}$$

$$= {}_{t|}q^2_{\substack{xyz\\1}} + {}_{t|}q^2_{\substack{xyz\\1}} \tag{8.1.3.74}$$

(xix) $(t, t+1)$ 기간 동안 최초로 $(x)$, $(y)$ 중 누군가가 사망하고(동시생존상태가 소멸됨), 그 시점에서 $(z)$가 생존할 확률은

$$_{t|}q^1_{\overline{xy}:z} = \int_t^{t+1} {}_sp_{xy}\,\mu_{x+s:y+s}\,{}_sp_z\,ds \tag{8.1.3.75}$$

$$= \int_t^{t+1} ({}_sp_{xy}\,\mu_{x+s} + {}_sp_{xy}\,\mu_{y+s})\,{}_sp_z\,ds \tag{8.1.3.76}$$

$$= {}_{t|}q^1_{xyz} + {}_{t|}q^1_{xyz} \tag{8.1.3.77}$$

## 4. 동시생존자 연생연금과 연생보험

앞에서 고찰한 동시생존자 생명확률을 이용하여 동시생존자보험과 연금의 일시납보험료와 연납보험료를 구해보자. 동시생존자보험은 $(x)$와 $(y)$ 중 한 명이 사망하면 보험금을 지급하는 보험이다.

### (1) 동시생존자 연생연금

(i) $(x)$, $(y)$ 모두 $n$년간 생존하는 경우 보험금 1원을 지급하는 동시생존자 생존보험의 일시납보험료는

$$A_{xy:\frac{1}{n\rceil}} = v^n {}_n p_{xy} \tag{8.1.4.1}$$

이다.

(ii) $(x)$, $(y)$가 동시생존(공존)하는 한 급부가 지급되는 동시생존자 정기연금의 현가는

$$a_{xy:\overline{n\rceil}} = \sum_{t=1}^{n} v^t {}_t p_{xy} \tag{8.1.4.2}$$

$$\ddot{a}_{xy:\overline{n\rceil}} = \sum_{t=0}^{n-1} v^t {}_t p_{xy} \tag{8.1.4.3}$$

$n = \infty$이면 종신연금 $a_{xy}$, $\ddot{a}_{xy}$가 된다.

(iii) 연 $m$회 지급하는 연생연금에 대하여도 단생명연금과 유사한 식을 도출할 수 있다.

$$\ddot{a}_{xy:\overline{n\rceil}}^{(m)} = \frac{1}{m} \sum_{t=0}^{nm-1} v^{\frac{t}{m}} {}_{\frac{t}{m}} p_{xy} \tag{8.1.4.4}$$

$$\fallingdotseq \ddot{a}_{xy:\overline{n\rceil}} - \frac{m-1}{2m}(1 - v^n {}_n p_{xy}) \tag{8.1.4.5}$$

(iv) 연속연금에 대하여도 유사한 식을 유도할 수 있다.[1]

$$\bar{a}_{xy:\overline{n\rceil}} = \int_0^n v^t {}_t p_{xy} \, dt \tag{8.1.4.6}$$

$$\fallingdotseq \ddot{a}_{xy:\overline{n\rceil}} - \frac{1}{2}(1 - v^n {}_n p_{xy}) \tag{8.1.4.7}$$

---

1) UDD가정의 경우는 두 가지로 나누어 볼 수 있는데 일반이론을 참조하기 바람.

$n = \infty$이면 종신연속연금 $\bar{a}_{xy}$가 된다.

### (2) 동시생존자 연생보험

(i) 일정기간 내에 최초의 사망이 발생한 경우(동시생존자상태가 깨진 경우; 공존이 없어진 경우)에 보험금을 지급하는 보험을 동시생존자 정기보험이라고 한다. 보험금연말급의 일시납순보험료를 $A^{1}_{\overline{xy}:\,\overline{n}|}$ 으로 표시하면($\overline{xy}$은 $(x)$, $(y)$의 동시생존자상태가 먼저 소멸된다는 의미이고 최종생존자상태에 적용되는 $\overline{xy}$와 대비된다.)

$$A^{1}_{\overline{xy}:\,\overline{n}|} = \sum_{t=0}^{n-1} v^{t+1}\,_{t|}q_{xy} \tag{8.1.4.8}$$

$$= 1 - d\,\ddot{a}_{xy:\,\overline{n}|} - v^{n}\,_{n}p_{xy} \tag{8.1.4.9}$$

$$= v\,\ddot{a}_{xy:\,\overline{n}|} - a_{xy:\,\overline{n}|} \tag{8.1.4.10}$$

(ii) 보험금 사망즉시급인 정기보험의 경우[1]

$$\bar{A}^{1}_{\overline{xy}:\,\overline{n}|} = \int_{0}^{n} v^{t}\,_{t}p_{xy}\,\mu_{x+t:y+t}\,dt \tag{8.1.4.11}$$

$$= 1 - \delta\,\bar{a}_{xy:\,\overline{n}|} - v^{n}\,_{n}p_{xy} \tag{8.1.4.12}$$

$$\fallingdotseq (1+i)^{\frac{1}{2}} A^{1}_{\overline{xy}:\,\overline{n}|} \tag{8.1.4.13}$$

(iii) 보험금 연말급인 종신보험의 경우

$$A_{xy} = \sum_{t=0}^{\infty} v^{t+1}\,_{t|}q_{xy} \tag{8.1.4.14}$$

$$= v\,\ddot{a}_{xy} - a_{xy} \tag{8.1.4.15}$$

$$= 1 - d\,\ddot{a}_{xy} \tag{8.1.4.16}$$

(iv) 일정기간 내에 동시생존(공존)이 없게 되는 경우나 만기까지 동시생존(공존)이 유지되는 경우에 보험금을 지급하는 보험을 동시생존자 생사혼합보험이라고 한다. 이 보험의 일시납보험료는

$$A_{xy:\,\overline{n}|} = A^{1}_{\overline{xy}:\,\overline{n}|} + A_{xy:\,\overline{n}|}^{\;\;1} \tag{8.1.4.17}$$

$$= 1 - d\,\ddot{a}_{xy:\,\overline{n}|} \tag{8.1.4.18}$$

---

1) UDD가정의 경우는 일반이론을 참조하기 바람.

$$= v\,\ddot{a}_{xy:\overline{n}|} - a_{xy:\overline{n-1}|} \tag{8.1.4.19}$$

$$A^{(m)}_{xy:\overline{n}|} = A^{1\,(m)}_{\overline{xy}:\overline{n}|} + A_{xy:\frac{1}{n}|} \tag{8.1.4.20}$$

$$= 1 - d^{(m)}\,\ddot{a}^{(m)}_{xy:\overline{n}|} \tag{8.1.4.21}$$

$$\fallingdotseq A_{xy:\overline{n}|} + \left(\frac{m-1}{2m}\,i\right) A^{1}_{\overline{xy}:\overline{n}|} \tag{8.1.4.22}$$

$$\bar{A}_{xy:\overline{n}|} = \bar{A}^{1}_{\overline{xy}:\overline{n}|} + A_{xy:\frac{1}{n}|} \tag{8.1.4.23}$$

$$= 1 - \delta\,\bar{a}_{xy:\overline{n}|} \tag{8.1.4.24}$$

$$\fallingdotseq A_{xy:\overline{n}|} + \frac{i}{2}\,A^{1}_{\overline{xy}:\overline{n}|} \tag{8.1.4.25}$$

(3) 동시생존자보험의 연납보험료와 계약자적립액

(i) 동시생존자보험의 연납보험료도 단생명보험과 유사하게 산식을 유도할 수 있다.

$$P_{xy:\overline{n}|} = \frac{A_{xy:\overline{n}|}}{\ddot{a}_{xy:\overline{n}|}} \tag{8.1.4.26}$$

$$= P^{1}_{\overline{xy}:\overline{n}|} + P_{xy:\frac{1}{n}|} \tag{8.1.4.27}$$

$$= \frac{1}{\ddot{a}_{xy:\overline{n}|}} - d \tag{8.1.4.28}$$

(ii) 보험금 사망즉시급인 경우

$$\bar{P}_{xy:\overline{n}|} = \frac{\bar{A}_{xy:\overline{n}|}}{\ddot{a}_{xy:\overline{n}|}} \tag{8.1.4.29}$$

로 나타낼 수 있다.

(iii) 보험금 연말급 생사혼합보험의 계약자적립액(순보식 원가법책임준비금)은 단생명보험과 유사하게

$$_{t}V_{xy:\overline{n}|} = A_{x+t:y+t:\overline{n-t}|} - P_{xy:\overline{n}|}\,\ddot{a}_{x+t:y+t:\overline{n-t}|} \tag{8.1.4.30}$$

$$= 1 - \frac{\ddot{a}_{x+t:y+t:\overline{n-t}|}}{\ddot{a}_{xy:\overline{n}|}} \tag{8.1.4.31}$$

가 되고 보험금 사망즉시급의 경우도 단생명보험과 유사하게 나타낼 수 있다.

### (4) 계산기수

단생명보험의 경우와 유사하게 계산기수를 사용하면 연생연금과 보험에 관한 보험료계산 등을 편하게 할 수 있다. 동시생존자보험에 사용되는 계산기수를 다음과 같이 정의한다. 연합생명의 피보험자가 $m$명인 경우는

$$D_{xyz\cdots(m)} = v^{\frac{1}{m}(x+y+z+\cdots+(m))} l_{xyz\cdots(m)} \tag{8.1.4.32}$$

$$N_{xyz\cdots(m)} = \sum_{t=0}^{\infty} D_{x+t,\,y+t,\,z+t,\cdots,(m)+t} \tag{8.1.4.33}$$

$$C_{xyz\cdots(m)} = v^{\frac{1}{m}(x+y+z+\cdots+(m))+1} d_{xyz\cdots(m)} \tag{8.1.4.34}$$

$$M_{xyz\cdots(m)} = \sum_{t=0}^{\infty} C_{x+t,\,y+t,\,z+t,\cdots,(m)+t} \tag{8.1.4.35}$$

로 정의할 수 있다.

연생보험에서 계산기수는 $(x)$, $(y)$가 1세씩 증가할 때 $v$의 지수도 1만큼 증가하게 정의되어 있다. 피보험자가 2인인 경우는

$$D_{xy} = v^{\frac{1}{2}(x+y)} l_{xy} \tag{8.1.4.36}$$

$$N_{xy} = \sum_{t=0}^{\infty} D_{x+t:y+t} \tag{8.1.4.37}$$

$$C_{xy} = v^{\frac{1}{2}(x+y)+1} d_{xy} \tag{8.1.4.38}$$

$$M_{xy} = \sum_{t=0}^{\infty} C_{x+t:y+t} \tag{8.1.4.39}$$

$$\bar{C}_{xy} = v^{\frac{1}{2}(x+y)+\frac{1}{2}} d_{xy}{}^{1)} \tag{8.1.4.40}$$

$$\bar{M}_{xy} = \sum_{t=0}^{\infty} \bar{C}_{x+t:y+t} \tag{8.1.4.41}$$

계산기수를 이용하여 동시생존자보험과 연금의 APV를 나타내면

$$\ddot{a}_{xy:\overline{n}|} = \frac{N_{xy} - N_{x+n:y+n}}{D_{xy}} \tag{8.1.4.42}$$

---

1) 실무에서는 보험금 사망즉시급인 경우 식 (8.1.2.40)을 이용한다. UDD가정은 일반이론을 참조하기 바람.

$$\ddot{a}_{xy} = \frac{N_{xy}}{D_{xy}} \qquad\qquad (8.1.4.43)$$

$$A_{xy:\overline{n}|} = \frac{M_{xy} - M_{x+n:y+n} + D_{x+n:y+n}}{D_{xy}} \qquad\qquad (8.1.4.44)$$

$$_h\bar{P}_{xy:\overline{n}|} = \frac{\bar{M}_{xy} - \bar{M}_{x+n:y+n} + D_{x+n:y+n}}{N_{xy} - N_{x+h:y+h}} \qquad\qquad (8.1.4.45)$$

3생명 이상의 동시생존자상태를 고려하는 경우 $\ddot{a}_{xyz:\overline{n}|}$, $A^{1}_{xyz:\overline{n}|}$ 등과 같이 나타내고 유사한 관계식들이 성립한다.

---

**예제 8.1.4.1**

다음과 같은 경험생명표 (남), (여)가 주어졌다.

| 연령(남) $x$ | 50 | 51 | 52 | 53 | 54 |
|---|---|---|---|---|---|
| $l_x$ | 96244.38 | 95972.97 | 95676.41 | 95351.11 | 94993.54 |

| 연령(여) $y$ | 47 | 48 | 49 | 50 | 51 |
|---|---|---|---|---|---|
| $l_y^f$ | 97889.92 | 97794.96 | 97692.28 | 97581.89 | 97462.84 |

두 명의 독립적인 피보험자 $(x)$, $(y)$를 고려한다. $x$(남)$= 50$, $y$(여)$= 47$이다. $i = 5\%$일 때 다음을 구하시오.

(a) $A^{1}_{50:47:\overline{3}|}$ \qquad\qquad (b) $A_{50:47:\overline{3}|}$

(c) $\ddot{a}_{50:47:\overline{3}|}$ \qquad\qquad (d) $\ddot{a}_{50:47:\overline{3}|}$ 을 이용하여 $A_{50:47:\overline{3}|}$ 을 구하시오.

(e) (a), (b), (c)를 계산기수를 이용하여 구하시오. \qquad (f) $P_{50:47:\overline{3}|}$

**풀이**

여자의 생명표, 계산기수 및 APV는 $f$의 첨자를 사용하여 나타내기로 한다.

(a) $A^{1}_{50:47:\overline{3}|} = \displaystyle\sum_{k=0}^{2} v^{k+1} {}_{k|}q_{xy}$

$_{k|}q_{xy} = {}_kp_{xy} - {}_{k+1}p_{xy}$

$_{0|}q_{50:47} = {}_0p_{50:47} - {}_1p_{50:47} = 1 - \dfrac{l_{51}}{l_{50}}\dfrac{l^f_{48}}{l^f_{47}} = 1 - 0.996212657 = 0.003787343$

$_{1|}q_{50:47} = {}_1p_{50:47} - {}_2p_{50:47} = 0.996212657 - \dfrac{l_{52}}{l_{50}}\dfrac{l^f_{49}}{l^f_{47}}$

$\qquad = 0.996212657 - 0.99209158 = 0.004121077$

$$_{2|}q_{50:47} = {}_2p_{50:47} - {}_3p_{50:47} = 0.99209158 - \frac{l_{53}}{l_{50}}\frac{l_{50}}{l_{47}}$$

$$= 0.99209158 - 0.987601238 = 0.004490342$$

$$A^{1}_{50:47:\,\overline{3|}} = \sum_{k=0}^{2} v^{k+1}\,_{k|}q_{40:47} = \frac{0.003787343}{1.05} + \frac{0.004121077}{1.05^2} + \frac{0.004490342}{1.05^3}$$

$$= 0.011223857$$

(b) $A_{50:47:\,\overline{3|}}^{\phantom{1}1} = {}_3p_{50:47}\,v^3 = 0.987601238\,\frac{1}{1.05^3} = 0.853127081$

$$A_{50:47:\,\overline{3|}} = A^{1}_{50:47:\,\overline{3|}} + A_{50:47:\,\overline{3|}}^{\phantom{1}1} = 0.011223857 + 0.853127081 = 0.864350938$$

(c) $\ddot{a}_{50:47:\,\overline{3|}} = \sum_{k=0}^{2} v^k\,_kp_{50:47} = 1 + \frac{0.996212657}{1.05} + \frac{0.99209158}{1.05^2} = 2.848630267$

(d) $A_{50:47:\,\overline{3|}} = 1 - d\,\ddot{a}_{50:47:\,\overline{3|}} = 1 - \left(\frac{0.05}{1.05}\right)(2.848630267) = 0.864350939$

(b)에서 구한 값과 일치함을 알 수 있다.

(e) $A^{1}_{50:47:\,\overline{3|}} = \frac{C_{50:47} + C_{51:48} + C_{52:49}}{D_{50:47}} = \frac{M_{50:47} - M_{53:50}}{D_{50:47}}$

부록의 연생기수표를 이용하면

$$= \frac{2524.6511608525 - 2417.3786296011}{9557.5842206725} = 0.011223812$$

$$A_{50:47:\,\overline{3|}} = A^{1}_{50:47:\,\overline{3|}} + A_{50:47:\,\overline{3|}}^{\phantom{1}1} = 0.011223812 + \frac{D_{53:50}}{D_{50:47}}$$

$$= 0.011223812 + \frac{8153.8343090366}{9557.5842206725} = 0.864350933$$

$$\ddot{a}_{50:47:\,\overline{3|}} = \frac{D_{50:47} + D_{51:48} + D_{52:49}}{D_{50:47}} = \frac{N_{50:47} - N_{53:50}}{D_{50:47}}$$

$$= \frac{147691.5942562190 - 120465.5692681440}{9557.5842206725} = 2.848630404$$

(a), (b), (c)의 결과와 계산기수를 이용하여 구한 결과는 같음을 알 수 있다. (약간의 오차는 라운딩에러이다) 전산기능이 발전하여 계산기수가 과거처럼 집중적으로 사용되지는 않지만 확률적으로 표현된 계산을 프로그래밍하면 계산기수의 형태로 나타남을 확인해 보길 바란다. 그런 의미에서 계산기수를 사용하면 편리하고 실수할 가능성이 적어진다.

(f) 식 (8.1.4.26)을 이용하면

$$P_{50:47:\,\overline{3|}} = \frac{A_{50:47:\,\overline{3|}}}{\ddot{a}_{50:47:\,\overline{3|}}} = \frac{M_{50:47} - M_{53:50} + D_{53:50}}{N_{50:47} - N_{53:50}}$$

$$= \frac{2524.6511608525 - 2417.3786296011 + 8153.8343090366}{147691.5942562190 - 120465.5692681440}$$

$$= 0.303426844$$

## 5. 최종생존자 연생연금과 연생보험

최종생존자상태(最終生存者狀態)는 연합생명 중 최소한 1인이 생존하고 있는 경우의 상태를 말한다. 따라서 $(x)$, $(y)$ 중 한 명만 생존해 있어도 최종생존자상태가 유지되고 $(x)$, $(y)$ 두 명 모두 사망해야 최종생존자상태가 소멸된다.

### (1) 최종생존자 연생연금

연합생명의 2생명 중에서 한 명만 생존하고 있어도 급부가 지급되는 연금을 최종생존자 연생연금이라고 한다.

(i) 최종생존자 연생생존보험의 일시납보험료는

$$A_{\overline{xy}:\,\overline{n}|}^{\;\;1} = v^n{}_n p_{\overline{xy}} \tag{8.1.5.1}$$

(ii) 최종생존자 연생연금의 APV는

$$a_{\overline{xy}:\,\overline{n}|} = \sum_{t=1}^{n} v^t{}_t p_{\overline{xy}} \tag{8.1.5.2}$$

$$= a_{x:\,\overline{n}|} + a_{y:\,\overline{n}|} - a_{xy:\,\overline{n}|} \tag{8.1.5.3}$$

$$\ddot{a}_{\overline{xy}:\,\overline{n}|} = \sum_{t=0}^{n-1} v^t{}_t p_{\overline{xy}} \tag{8.1.5.4}$$

$$= \ddot{a}_{x:\,\overline{n}|} + \ddot{a}_{y:\,\overline{n}|} - \ddot{a}_{xy:\,\overline{n}|} \tag{8.1.5.5}$$

$$\ddot{a}_{\overline{xy}} = \sum_{t=0}^{\infty} v^t{}_t p_{\overline{xy}} = \sum_{t=0}^{\infty} v^t ({}_t p_x + {}_t p_y - {}_t p_{xy}) \tag{8.1.5.6}$$

$$= \ddot{a}_x + \ddot{a}_y - \ddot{a}_{xy} \tag{8.1.5.7}$$

으로 나타낼 수 있다.

### (2) 최종생존자 연생보험

연합생명의 2생명 중에서 최종생존자가 사망하는 경우에 보험금을 지급하는 보험이 최종생존자 연생보험이다.

(i) 보험금 연말급인 정기보험의 경우

$$A_{\overline{xy}:\,\overline{n}|}^{\;\;1} = \sum_{t=0}^{n-1} v^{t+1}{}_{t|}q_{\overline{xy}} \tag{8.1.5.8}$$

$_{t|}q_{\overline{xy}}$를 대체하면

$$A^1_{\overline{xy}:\overline{n|}} = A^1_{x:\overline{n|}} + A^1_{y:\overline{n|}} - A^1_{\overline{xy}:\overline{n|}} \qquad (8.1.5.9)$$

단생명보험과 유사하게

$$A^1_{\overline{xy}:\overline{n|}} = v\ddot{a}_{\overline{xy}:\overline{n|}} - a_{\overline{xy}:\overline{n|}} \qquad (8.1.5.10)$$

$$= 1 - d\,\ddot{a}_{\overline{xy}:\overline{n|}} - v^n{}_np_{\overline{xy}} \qquad (8.1.5.11)$$

(ii) 보험금 연말급인 종신보험의 경우

$$A_{\overline{xy}} = \sum_{t=0}^{\infty} v^{t+1}{}_{t|}q_{\overline{xy}} = \sum_{t=0}^{\infty} v^{t+1}\left({}_{t|}q_x + {}_{t|}q_y - {}_{t|}q_{xy}\right) \qquad (8.1.5.12)$$

$$= A_x + A_y - A_{xy} \qquad (8.1.5.13)$$

(iii) 보험금 연말급인 생사혼합보험의 경우

$$A_{\overline{xy}:\overline{n|}} = A^1_{\overline{xy}:\overline{n|}} + A_{\overline{xy}:\overline{n|}}^{\ 1} \qquad (8.1.5.14)$$

$$= 1 - d\,\ddot{a}_{\overline{xy}:\overline{n|}} \qquad (8.1.5.15)$$

$$A_{\overline{xy}:\overline{n|}} = A_{x:\overline{n|}} + A_{y:\overline{n|}} - A_{xy:\overline{n|}} \qquad (8.1.5.16)$$

(iv) $A_{\overline{xy}:\overline{n|}}^{\ 1}$의 정의상

$$A_{\overline{xy}:\overline{n|}}^{\ 1} = v^n{}_np_{\overline{xy}} = v^n\left({}_np_x + {}_np_y - {}_np_{xy}\right) \qquad (8.1.5.17)$$

$$= v^n{}_np_x + v^n{}_np_y - v^n{}_np_{xy} \qquad (8.1.5.18)$$

$$= A_{x:\overline{n|}}^{\ 1} + A_{y:\overline{n|}}^{\ 1} - A_{xy:\overline{n|}}^{\ 1} \qquad (8.1.5.19)$$

가 된다. 또 식 (8.1.5.9), (8.1.5.14), (8.1.5.16)을 이용하면

$$A_{\overline{xy}:\overline{n|}}^{\ 1} = A_{\overline{xy}:\overline{n|}} - A^1_{\overline{xy}:\overline{n|}} \qquad (8.1.5.20)$$

$$= \left(A_{x:\overline{n|}} - A^1_{x:\overline{n|}}\right) + \left(A_{y:\overline{n|}} - A^1_{y:\overline{n|}}\right) - \left(A_{xy:\overline{n|}} - A^1_{\overline{xy}:\overline{n|}}\right) \qquad (8.1.5.21)$$

$$= A_{x:\overline{n|}}^{\ 1} + A_{y:\overline{n|}}^{\ 1} - A_{xy:\overline{n|}}^{\ 1} \qquad (8.1.5.22)$$

가 되는 것을 확인할 수 있다.

(v) 3생명 이상의 최종생존자보험과 연금도 $\ddot{a}_{\overline{xyz}:\overline{n|}}$, $A^1_{\overline{xyz}:\overline{n|}}$ 등과 같이 표현할 수 있고 다

음과 같은 산식이 성립한다.

$$a_{\overline{xyz}:\overline{n}|} = \sum_{t=1}^{n} v^t \,_t p_{\overline{xyz}} \tag{8.1.5.23}$$

$$a_{\overline{xyz}:\overline{n}|} = a_{x:\overline{n}|} + a_{y:\overline{n}|} + a_{z:\overline{n}|} - a_{xy:\overline{n}|} - a_{yz:\overline{n}|} - a_{xz:\overline{n}|} + a_{xyz:\overline{n}|} \tag{8.1.5.24}$$

$$A_{\overline{xyz}:\overline{n}|} = A_{x:\overline{n}|} + A_{y:\overline{n}|} + A_{z:\overline{n}|} - A_{xy:\overline{n}|} - A_{yz:\overline{n}|} - A_{xz:\overline{n}|} + A_{xyz:\overline{n}|} \tag{8.1.5.25}$$

**예제 8.1.5.1**

부록의 경험생명표(여)를 이용하여 $y=47$에 대하여 $y+t(t=0,\cdots,20)$의 계산기수표를 작성하시오. $(i=0.05)$

**풀이**

계산기수의 정의는 다음과 같다.

$$D_x = v^x l_x \qquad\qquad N_x = \sum_{t=0}^{\infty} D_{x+t}$$

$$C_x = v^{x+1} d_x \qquad\qquad M_x = \sum_{t=0}^{\infty} C_{x+t}$$

이 계산기수의 정의에 따라 여자 47세에 대한 계산기수표를 작성하면 표 [8.1.5.1]과 같다. 첨자 $f$는 여자의 계산기수표를 의미한다.

표 [8.1.5.1] 단생명 여자의 계산기수($y=47$세)

| $t$ | $D^f_{47+t}$ | $N^f_{47+t}$ | $C^f_{47+t}$ | $M^f_{47+t}$ |
|---|---|---|---|---|
| 0 | 9881.910144 | 175022.789778 | 9.1290027 | 1547.4915834 |
| 1 | 9402.213992 | 165140.879634 | 9.4022140 | 1538.3625807 |
| 2 | 8945.087302 | 155738.665642 | 9.6266178 | 1528.9603667 |
| 3 | 8509.504146 | 146793.578340 | 9.8872334 | 1519.3337489 |
| 4 | 8094.402430 | 138284.074194 | 10.0216411 | 1509.4465156 |
| 5 | 7698.933054 | 130189.671765 | 10.1919209 | 1499.4248745 |
| 6 | 7322.125273 | 122490.738711 | 10.2509754 | 1489.2329536 |
| 7 | 6963.201666 | 115168.613438 | 10.3453282 | 1478.9819782 |
| 8 | 6621.275306 | 108205.411772 | 10.4679210 | 1468.6366500 |
| 9 | 6295.508561 | 101584.136466 | 10.6124287 | 1458.1687290 |
| 10 | 5985.110010 | 95288.627906 | 10.8301991 | 1447.5563003 |
| 11 | 5689.274572 | 89303.517895 | 11.1076313 | 1436.7261012 |
| 12 | 5407.249104 | 83614.243323 | 11.3294743 | 1425.6184699 |
| 13 | 5138.431577 | 78206.994219 | 11.6471116 | 1414.2889956 |
| 14 | 4882.097248 | 73068.562641 | 11.9495142 | 1402.6418840 |
| 15 | 4637.666912 | 68186.465393 | 12.4112800 | 1390.6923698 |
| 16 | 4404.414351 | 63548.798481 | 12.9615622 | 1378.2810898 |
| 17 | 4181.718772 | 59144.384130 | 13.7001072 | 1365.3195276 |
| 18 | 3968.889199 | 54962.665358 | 14.6281916 | 1351.6194204 |
| 19 | 3765.266284 | 50993.776159 | 15.5631006 | 1336.9912287 |
| 20 | 3570.404789 | 47228.509875 | 16.5598774 | 1321.4281281 |

---

예제 8.1.5.2

남자 (50), 여자 (47)의 피보험자에 대하여 다음을 구하시오. 단 남자 $(x)$의 단생명 기수표와 남자 $(x)$, 여자 $(y)$의 연생기수표$(y = x - 3)$는 부록을 이용하면 된다. 여자의 생명표를 이용한 단생명 기수표는 부록에 나타나 있지 않기 때문에 별도로 작성해야 한다. 여자 (47)의 기수표는 표 [8.1.5.1]를 이용하시오. $(i = 0.05)$

(a) $A_{\overline{50:47}:\overline{10|}}^{\,1}$                           (b) $\ddot{a}_{\overline{50:47}:\overline{10|}}$

**풀이**

(a)
$$A_{\overline{50:47}:\overline{10|}}^{\,1} = A_{50:\overline{10|}}^{1} + {}^{f}A_{47:\overline{10|}}^{1} - A_{50:47:\overline{10|}}^{\,1}$$

$$A_{50:\overline{10|}}^{1} = \frac{M_{50} - M_{60}}{D_{50}} = \frac{2003.9299566 - 1735.0214811}{8392.868298} = 0.032040116$$

$${}^{f}A_{47:\overline{10|}}^{1} = \frac{M_{47}^{f} - M_{57}^{f}}{D_{47}^{f}} = \frac{1547.4915834 - 1447.5563003}{9881.910144} = 0.010112952$$

$$A_{50:47:\overline{10|}}^{\,1} = \frac{M_{50:47} - M_{60:57}}{D_{50:47}} = \frac{2524.6511608525 - 2125.5047082746}{9557.5842206725} = 0.041762274$$

따라서

$$A_{\overline{50:47}:\overline{10|}}^{\,1} = 0.032040116 + 0.010112952 - 0.041762274 = 0.000390794$$

(b)
$$\ddot{a}_{\overline{50:47}:\overline{10|}} = \ddot{a}_{50:\overline{10|}} + {}^{f}\ddot{a}_{47:\overline{10|}} - \ddot{a}_{50:47:\overline{10|}}$$

$$\ddot{a}_{50:\overline{10|}} = \frac{N_{50} - N_{60}}{D_{50}} = \frac{134166.445179 - 67125.608831}{8392.868298} = 7.987833705$$

$${}^{f}\ddot{a}_{47:\overline{10|}} = \frac{N_{47}^{f} - N_{57}^{f}}{D_{47}} = \frac{175022.789778 - 95288.627906}{9881.910144} = 8.068699334$$

$$\ddot{a}_{50:47:\overline{10|}} = \frac{N_{50:47} - N_{60:57}}{D_{50:47}} = \frac{147691.5942562190 - 71712.2718771411}{9557.5842206725}$$

$$= 7.949636705$$

따라서

$$\ddot{a}_{\overline{50:47}:\overline{10|}} = 7.987833705 + 8.068699334 - 7.949636705 = 8.106896334$$

(3) 연납보험료

(a) 최종생존자의 사망시까지 보험료 납입

최종생존자보험의 연납보험료를 구해보면

$$P_{\overline{xy}:\overline{n|}} = \frac{A_{\overline{xy}:\overline{n|}}}{\ddot{a}_{\overline{xy}:\overline{n|}}} \tag{8.1.5.26}$$

$$= P_{\overline{xy}:\overline{n|}}^{\,1} + P_{\overline{xy}:\overline{n|}}^{\,\,\,1} \tag{8.1.5.27}$$

$$= \frac{1}{\ddot{a}_{\overline{xy}:\,\overline{n}|}} - d \tag{8.1.5.28}$$

$$= \frac{d\,A_{\overline{xy}:\,\overline{n}|}}{1 - A_{\overline{xy}:\,\overline{n}|}} \tag{8.1.5.29}$$

$$\bar{P}_{\overline{xy}:\,\overline{n}|} = \frac{\bar{A}_{\overline{xy}:\,\overline{n}|}}{\bar{a}_{\overline{xy}:\,\overline{n}|}} \tag{8.1.5.30}$$

### (b) 최초사망자 발생시까지 보험료 납입

최초사망자가 발생하면 보험료 납입이 없는 경우(즉, 동시생존일 경우만 보험료 납입)의 연납보험료 $P$는

$$P = \frac{A_{\overline{xy}}}{\ddot{a}_{xy}} = \frac{A_x + A_y - A_{xy}}{\ddot{a}_{xy}} \tag{8.1.5.31}$$

$$P = \frac{A_{\overline{xy}:\,\overline{n}|}}{\ddot{a}_{xy:\,\overline{n}|}} \tag{8.1.5.32}$$

---

**예제 8.1.5.3**

두 명의 독립적인 피보험자 $(x)$, $(y)$를 고려한다. $x(\text{남}) = 50$, $y(\text{여}) = 47$이다. $i = 5\%$이고 경험생명표(남, 여)가 예제 $(8.1.4.1)$과 같이 주어졌을 때 다음을 구하시오.

(a) $A_{\overset{1}{50:47}:\,\overline{3}|}$      (b) $A_{50:47:\,\overset{1}{\overline{3}|}}$      (c) $A_{\overline{50:47}:\,\overline{3}|}$      (d) $\ddot{a}_{\overline{50:47}:\,\overline{3}|}$

(e) $\ddot{a}_{\overline{50:47}:\,\overline{3}|}$ 을 이용하여 $A_{\overline{50:47}:\,\overline{3}|}$ 을 구하시오.

(f) (a), (b), (c), (d)를 계산기수를 이용하여 구하시오.

**풀이**

(a)
$$A_{\overline{50:47}:\,\overline{3}|} = \sum_{k=0}^{2} v^{k+1}{}_{k|}q_{\overline{xy}}$$

$${}_{k|}q_{\overline{xy}} = {}_{k+1}q_x\,{}_{k+1}q_y - {}_{k}q_x\,{}_{k}q_y$$

$${}_{0|}q_{\overline{50:47}} = {}_{1}q_{50}\,{}_{1}q_{47} - {}_{0}q_{50}\,{}_{0}q_{47}$$

$$= \left(1 - \frac{l_{51}}{l_{50}}\right)\left(1 - \frac{l_{48}^f}{l_{47}^f}\right) - 0$$

$$= 0.0000027356038 - 0 = 0.0000027356038$$

$${}_{1|}q_{\overline{50:47}} = {}_{2}q_{50}\,{}_{2}q_{47} - {}_{1}q_{50}\,{}_{1}q_{47}$$

$$= \left(1 - \frac{l_{52}}{l_{50}}\right)\left(1 - \frac{l_{49}^f}{l_{47}^f}\right) - 0.0000027356038$$

$$= 0.00001191480364 - 0.0000027356038 = 0.00000917919984$$

$$_{2|}q_{\overline{50:47}} = {}_3q_{50}\,{}_3q_{47} - {}_2q_{50}\,{}_2q_{47}$$

$$= \left(1 - \frac{l_{53}}{l_{50}}\right)\left(1 - \frac{l_{50}^f}{l_{47}^f}\right) - 0.00001191480364$$

$$= 0.00002920534977 - 0.00001191480364 = 0.00001729054613$$

$$A^{\,1}_{\overline{50:47}:\overline{3|}} = \sum_{k=0}^{2} v^{k+1}{}_{k|}q_{\overline{50:47}}$$

$$= \frac{0.0000027356038}{1.05} + \frac{0.00000917919984}{1.05^2} + \frac{0.00001729054613}{1.05^3}$$

$$= 0.00002586736564$$

(b) $\quad A_{\overline{50:47}:\overline{3|}}^{\;\;\;1} = v^3\,{}_3p_{\overline{50:47}} = v^3(1 - {}_3q_{\overline{50:47}})$

$$= v^3(1 - {}_3q_{50}\,{}_3q_{47}) = v^3(1 - 0.00002920534977) = 0.863812369$$

(c) $\quad A_{\overline{50:47}:\overline{3|}} = A^{\,1}_{\overline{50:47}:\overline{3|}} + A_{\overline{50:47}:\overline{3|}}^{\;\;\;1} = 0.00002586736564 + 0.863812369 = 0.863838236$

(d) $\quad \ddot{a}_{\overline{50:47}:\overline{3|}} = \sum_{k=0}^{2} v^k{}_kp_{\overline{50:47}} = \sum_{k=0}^{2} v^k({}_kp_{50} + {}_kp_{47} - {}_kp_{50:47})$

$$= \ddot{a}_{50:\overline{3|}} + {}^f\ddot{a}_{47:\overline{3|}} - \ddot{a}_{50:47:\overline{3|}}$$

$$\ddot{a}_{50:\overline{3|}} = \sum_{k=0}^{2} v^k{}_kp_{50} = 1 + \frac{1}{1.05}\frac{l_{51}}{l_{50}} + \frac{1}{1.05^2}\frac{l_{52}}{l_{50}} = 2.851372026$$

여자의 생명표, 계산기수 및 APV는 $f$ 의 첨자를 사용하여 나타내기로 한다.

$$^f\ddot{a}_{47:\overline{3|}} = \sum_{k=0}^{2} v^k{}_kp_{47} = 1 + \frac{1}{1.05}\frac{l_{48}^f}{l_{47}^f} + \frac{1}{1.05^2}\frac{l_{49}^f}{l_{47}^f} = 2.856655261$$

$\ddot{a}_{50:47:\overline{3|}}$ 는 예제 (8.1.4.1)의 (c)와 같으므로 $\ddot{a}_{50:47:\overline{3|}} = 2.848630267$ 이다. 따라서

$$\ddot{a}_{\overline{50:47}:\overline{3|}} = 2.851372026 + 2.856655261 - 2.848630267 = 2.85939702$$

(e) $\quad A_{\overline{50:47}:\overline{3|}} = 1 - d\,\ddot{a}_{\overline{50:47}:\overline{3|}} = 1 - \frac{0.05}{1.05}(2.85939702) = 0.863838237$

$A_{\overline{50:47}:\overline{3|}}$ 의 정의에 의하여 구한 값과 동일함을 알 수 있다.

(f) $\quad A^{\,1}_{\overline{50:47}:\overline{3|}} = A^{\,1}_{50:\overline{3|}} + {}^fA^{\,1}_{47:\overline{3|}} - A^{\,1}_{\overline{50:47}:\overline{3|}}$

$$= \frac{M_{50} - M_{53}}{D_{50}} + \frac{M_{47}^f - M_{50}^f}{D_{47}^f} - \frac{M_{50:47} - M_{53:50}}{D_{50:47}}$$

$$= \frac{2003.9899566 - 1933.4877883}{8392.868298} + \frac{1547.4915834 - 1519.3337489}{9881.910144}$$

$$- \frac{2524.6511608525 - 2417.3786296011}{9557.5842206725} = 0.0000258672904$$

$$A_{\overline{50:47}:\overline{3|}} = A_{50:\overline{3|}} + {}^fA_{47:\overline{3|}} - A_{\overline{50:47}:\overline{3|}}$$

$$= \frac{M_{50}-M_{53}+D_{53}}{D_{50}} + \frac{M_{47}^f - M_{50}^f + D_{50}^f}{D_{47}^f} - \frac{M_{50:47}-M_{53:50}+D_{53:50}}{D_{50:47}}$$

$$= \frac{2003.9899566 - 1933.4877883 + 7182.785640}{8392.868298}$$

$$+ \frac{1547.4915834 - 1519.3337489 + 8509.504146}{9881.910144}$$

$$- \frac{2524.6511608525 - 2417.3786296011 + 8153.8343090366}{9557.5842206725}$$

$$= 0.863838237$$

$$A_{\overline{50:47}:\,\overline{3|}}^{\;1} = A_{50:\,\overline{3|}}^{\;1} + {}^f A_{47:\,\overline{3|}}^{\;1} - A_{50:47:\,\overline{3|}}^{\;\;\;\;1} = \frac{D_{53}}{D_{50}} + \frac{D_{50}^f}{D_{47}^f} - \frac{D_{53:50}}{D_{50:47}}$$

$$= \frac{7182.786540}{8392.868298} + \frac{8509.504146}{9881.910144} - \frac{8153.8343090366}{9557.5842206725} = 0.863812478$$

$$\ddot{a}_{\overline{50:47}:\,\overline{3|}} = \ddot{a}_{50:\,\overline{3|}} + {}^f \ddot{a}_{47:\,\overline{3|}} - \ddot{a}_{50:47:\,\overline{3|}} = \frac{N_{50}-N_{53}}{D_{50}} + \frac{N_{47}^f - N_{50}^f}{D_{47}^f} - \frac{N_{50:47}-N_{53:50}}{D_{50:47}}$$

$$= \frac{134166.445179 - 110235.254875}{8392.868298} + \frac{175022.789778 - 146793.578340}{9881.910144}$$

$$- \frac{147691.5942562190 - 120465.5692681440}{9557.5842206725} = 2.859397013$$

구하는 방법에 따라 값들이 조금씩 다른 것은 라운딩 에러이다.    ▪

---

( 예제 8.1.5.4 )

예제 (8.1.5.3)에서 $A_{\overline{50:47}:\,\overline{3|}}$ 에 대하여 다음의 보험료를 구하시오. 보험료 납입기간은 3년이다.

(a) 최종생존자의 사망시까지 보험료를 납입할 경우의 연납보험료 $P_{\overline{50:47}:\,\overline{3|}}$

(b) 최초사망자 발생시까지 보험료를 납입할 경우의 연납보험료 $P$

(c) 피보험자 두 명이 생존해 있는 동안 $4P$의 보험료를 납입하고, 피보험자 한 명만 생존해 있으면 $P$의 보험료를 납입할 때의 보험료 $P$

풀이

(a) 최종생존자의 사망시까지 보험료 납입할 경우 식 (8.1.5.26)을 이용하여 계산하면

$$P_{\overline{50:47}:\,\overline{3|}} = \frac{A_{\overline{50:47}:\,\overline{3|}}}{\ddot{a}_{\overline{50:47}:\,\overline{3|}}} = \frac{0.863838237}{2.859397013} = 0.302105035$$

(b) 최초사망자 발생시까지 보험료 납입할 경우 식 (8.1.5.31)을 이용하여 계산하면

$$P = \frac{A_{\overline{50:47}:\,\overline{3|}}}{\ddot{a}_{50:47:\,\overline{3|}}} = \frac{0.863838237}{2.848630404} = 0.303246864$$

(c) 보험료납입의 현가인 EPV를 두 가지 방법으로 구해보자.

[방법 1]

이 보험료의 납입을 살펴보면, (i) $P$를 납입하는 최종생존자연금에 (ii) $3P$를 납입하는 동시생존자연금을 합하면 문제에서 주어진 납입구조가 된다. (i)+(ii)의 형태이면 동시생존시 $3P+P=4P$를 납입하고, 혼자만 생존시 $P$를 납입하게 되고, 둘 다 사망시 납입이 없게 된다. 따라서 보험료의 EPV는

$$\text{EPV1} = P(3\ddot{a}_{50:47:\overline{3|}} + \ddot{a}_{\overline{50:47}:\overline{3|}})$$
$$= P[3(2.848630267) + (2.85939702)] = 11.40528782\,P$$

[방법 2]

보험료의 EPV를 다음과 같이 구할 수도 있다. $(x)$, $(y)$ 중 한 명만이 생존해 있을 확률은 두 가지 방법으로 생각해서 구할 수 있으며 결과는 동일하다.

(i) $_kp_{\overline{xy}} - {}_kp_{xy} = ({}_kp_x + {}_kp_y - {}_kp_{xy}) - {}_kp_{xy} = {}_kp_x + {}_kp_y - 2{}_kp_{xy}$

(ii) $_kp_x\,{}_kq_y + {}_kq_x\,{}_kp_y = {}_kp_x(1 - {}_kp_y) + {}_kp_y(1 - {}_kp_x) = {}_kp_x + {}_kp_y - 2{}_kp_x\,{}_kp_y$

이다. 시점지급방법을 이용하여 보험료납입의 연금현가를 구하면

$$\text{EPV2} = 4P\sum_{k=0}^{2} v^k\,{}_kp_{50:47} + P\sum_{k=0}^{2} v^k({}_kp_{50} + {}_kp_{47} - 2{}_kp_{50}\,{}_kp_{47})$$
$$= 2P\sum_{k=0}^{2} v^k\,{}_kp_{50:47} + P\sum_{k=0}^{2} v^k\,{}_kp_{50} + P\sum_{k=0}^{2} v^k\,{}_kp_{47}$$
$$= 2P\ddot{a}_{50:47:\overline{3|}} + P\ddot{a}_{50:\overline{3|}} + P^f\ddot{a}_{47:\overline{3|}}$$
$$= 2P(2.848630267) + P(2.851372026) + P(2.856655261) = 11.40528782\,P$$

피보험자 한 명만 생존해 있는 경우의 보험료의 현가는 두 가지 방법으로 생각할 수 있다.

(i) $P\left(\ddot{a}_{\overline{xy}:\overline{n|}} - \ddot{a}_{xy:\overline{n|}}\right) = P\left[\left(\ddot{a}_{x:\overline{n|}} + {}^f\ddot{a}_{y:\overline{n|}} - \ddot{a}_{xy:\overline{n|}}\right) - \ddot{a}_{xy:\overline{n|}}\right] = P\left(\ddot{a}_{x:\overline{n|}} + {}^f\ddot{a}_{y:\overline{n|}} - 2\ddot{a}_{xy:\overline{n|}}\right)$

(ii) $P\left(\sum_{k=0}^{2} {}_kp_{50}\,{}_kq_{47} + {}_kq_{50}\,{}_kp_{47}\right) = P\sum_{k=0}^{2} v^k({}_kp_{50} + {}_kp_{47} - 2{}_kp_{50}\,{}_kp_{47})$
$$= P\left(\ddot{a}_{50:\overline{3|}} + {}^f\ddot{a}_{47:\overline{3|}} - 2\ddot{a}_{50:47:\overline{3|}}\right)$$
$$= P(\ddot{a}_{50:\overline{3|}} - \ddot{a}_{50:47:\overline{3|}}) + P({}^f\ddot{a}_{47:\overline{3|}} - \ddot{a}_{50:47:\overline{3|}})$$

로서 유족연금에서 학습할 (iii) $P\ddot{a}_{47|50:\overline{3|}} + P\ddot{a}_{50|47:\overline{3|}}$ (3번째 방법)과 동일한 것을 알 수 있다.

[방법 1]과 [방법 2]로 구한 보험료의 현가인 EPV1과 EPV2는 동일함을 알 수 있다. 따라서

$$11.40528782\,P = A_{\overline{50:47}:\overline{3|}}$$

$$P - \frac{A_{\overline{50:47}:\overline{3|}}}{11.40528782} = \frac{0.863838237}{11.40528782} = 0.075740152$$

(4) 계약자적립액

최종생존자 생사혼합보험의 계약자적립액은 식 (8.1.4.30)과 같은 형태인

$$_tV_{\overline{xy}:\overline{n|}} = A_{\overline{x+t:y+t}:\overline{n-t|}} - P_{\overline{xy}:\overline{n|}} \ddot{a}_{\overline{x+t:y+t}:\overline{n-t|}}$$

로 나타낼 수 없다. 위 식은 $(x)$와 $(y)$가 동시에 생존해 있는 경우만 성립하는 식이다. 최종생존자상태가 유지된다는 사실만으로 (i) $(x)$, $(y)$가 동시에 생존해 있는지 (ii) $(x)$사망, $(y)$생존인지, (iii) $(y)$사망, $(x)$생존인지 알 수가 없다. 따라서 최종생존자보험의 계약자적립액을 구하는 경우에는 (i), (ii), (iii)의 3가지 경우로 구분하여 고찰하여야 한다.

(a) 최종생존자의 사망시까지 보험료 납입

완전이산 생사혼합보험을 고려해보자.

(i) $(x)$, $(y)$ 모두 생존해 있는 경우

$$_tV_{\overline{xy}:\overline{n|}} = A_{\overline{x+t:y+t}:\overline{n-t|}} - P_{\overline{xy}:\overline{n|}} \ddot{a}_{\overline{x+t:y+t}:\overline{n-t|}} \tag{8.1.5.33}$$

$$= 1 - \frac{\ddot{a}_{\overline{x+t:y+t}:\overline{n-t|}}}{\ddot{a}_{\overline{xy}:\overline{n|}}} \tag{8.1.5.34}$$

(ii) $(y)$ 사망 후 $(x)$가 생존해 있는 경우

$$_tV = A_{x+t:\overline{n-t|}} - P_{\overline{xy}:\overline{n|}} \ddot{a}_{x+t:\overline{n-t|}} \tag{8.1.5.35}$$

(iii) $(x)$ 사망 후 $(y)$가 생존해 있는 경우

$$_tV = A_{y+t:\overline{n-t|}} - P_{\overline{xy}:\overline{n|}} \ddot{a}_{y+t:\overline{n-t|}} \tag{8.1.5.36}$$

(b) 최초사망자 발생시까지 보험료 납입

완전이산 생사혼합보험을 고려해보자.

(i) $(x)$, $(y)$ 모두 생존해 있는 경우

$$_tV = A_{\overline{x+t:y+t}:\overline{n-t|}} - P \ddot{a}_{x+t:y+t:\overline{n-t|}} \tag{8.1.5.37}$$

(ii) $(y)$ 사망 후 $(x)$가 생존해 있는 경우

$$_tV = A_{x+t:\overline{n-t|}} \tag{8.1.5.38}$$

(iii) $(x)$ 사망 후 $(y)$가 생존해 있는 경우

$$_tV = A_{y+t:\overline{n-t|}} \tag{8.1.5.39}$$

### (5) 특수한 연생연금과 연생보험

(i) $(x)$, $(y)$, $(z)$ $\cdots$의 $m$명 중 정확히 $r$명이 생존하는 경우에만 지급되는 기시급연금의 현가는 식 (8.1.1.55)를 이용하여

$$\ddot{a}_{\overline{xyz\cdots(m)}:\overline{n}}^{[r]} = \sum_{t=0}^{n-1} v^t \, {}_tp_{\overline{xyz\cdots(m)}}^{[r]} \tag{8.1.5.40}$$

이 된다. 예를 들어 $m=3$, $r=2$인 경우는 식 (8.1.1.61)을 이용하여

$$a_{\overline{xyz}:\overline{n}}^{[2]} = a_{xy:\overline{n}} + a_{xz:\overline{n}} + a_{yz:\overline{n}} - 3a_{xyz:\overline{n}}$$

(ii) $m$명의 연합생명 중 적어도 $r$명이 생존하는 한 지급되는 기말급연금의 현가는 식 (8.1.1.63)을 이용하여

$$a_{\overline{xyz\cdots(m)}:\overline{n}}^{\overline{r}} = \sum_{t=1}^{n} v^t \, {}_tp_{\overline{xyz\cdots(m)}}^{\overline{r}} \tag{8.1.5.41}$$

$$a_{\overline{xyz\cdots(m)}:\overline{n}}^{\overline{r}} = \sum_{k=r}^{n} a_{\overline{xyz\cdots(m)}:\overline{n}}^{[k]} \tag{8.1.5.42}$$

예를 들어 $m=3$, $r=2$인 경우는 식 (8.1.1.65)를 이용하여

$$a_{\overline{xyz}:\overline{n}}^{\overline{2}} = a_{xy:\overline{n}} + a_{xz:\overline{n}} + a_{yz:\overline{n}} - 2a_{xyz:\overline{n}}$$

(iii) $m$명의 연합생명 중 제 $r$번째 사망이 발생할 때 그 보험연도말에 보험금 1원을 지급하는 $n$년만기 정기보험의 일시납순보험료(NSP)는 식 (8.1.1.68)을 이용하면

$$A = \sum_{t=0}^{n-1} v^{t+1} \left( {}_tp_{\overline{xyz\cdots(m)}}^{\overline{m-r+1}} - {}_{t+1}p_{\overline{xyz\cdots(m)}}^{\overline{m-r+1}} \right) \tag{8.1.5.43}$$

이 성립한다. 예를 들어 $m=3$, $r=2$인 경우 식 (8.1.1.65)를 이용하면

$$A = A_{\overline{xy}:\overline{n}}^{1} + A_{\overline{xz}:\overline{n}}^{1} + A_{\overline{yz}:\overline{n}}^{1} - 2A_{\overline{xyz}:\overline{n}}^{1}$$

(iv) $(x)$와 $(y)$, $(z)$의 최종생존자가 공존하는 경우에 1원을 지급하는 기말급연금의 APV는

$$a_{x:\overline{yz}:\overline{n}} = \sum_{t=1}^{n} v^t \, {}_tp_{x:\overline{yz}} = \sum_{t=1}^{n} v^t \left( {}_tp_{xy} + {}_tp_{xz} - {}_tp_{xyz} \right) \tag{8.1.5.44}$$

$$= a_{xy:\overline{n}} + a_{xz:\overline{n}} - a_{xyz:\overline{n}} \tag{8.1.5.45}$$

## 6. 조건부 연생보험

2인 이상의 연합생명을 피보험자로 하고 피보험자의 사망순서를 급부지급의 중요한 조건으로 하는 보험계약을 조건부 연생보험(contingent insurance)이라고 한다. 조건부 연생보험(條件附 聯生保險)에서는 특정 피보험자의 사망이 다른 피보험자보다 먼저 발생하는 경우, 또는 미리 지정한 순서에 따라 사망이 발생하는 경우 등과 같이 사망순서가 보험금 지급의 조건이 된다. 조건부 연생보험의 APV나 연납보험료 등의 계산에는 앞에서 고찰한 조건부 생명확률이 이용된다.

(i) $(x)$, $(y)$의 2인을 피보험자로 하고 $n$년 내에 $(x)$가 $(y)$보다 먼저 사망한 경우만 보험금 1원을 지급하는 보험금 연말급인 보험의 일시납순보험료는

$$A^1_{xy:\overline{n}|} = \sum_{t=0}^{n-1} v^{t+1} {}_{t|}q^1_{xy} \tag{8.1.6.1}$$

식 (8.1.3.9)에 의하여

$$A^1_{\overline{xy}:\overline{n}|} = A^1_{xy:\overline{n}|} + A_{xy:\overline{n}|}^{\ \ 1} \tag{8.1.6.2}$$

식 (8.1.6.1)을 실제로 계산하기 위해서는 식 (8.1.3.3)을 이용하여

$$A^1_{xy:\overline{n}|} \fallingdotseq \sum_{t=0}^{n-1} v^{t+1} {}_{t+1/2}p_y \, {}_{t|}q_x \tag{8.1.6.3}$$

와 같이 근사치를 구한다. 조건부 연생보험의 계산기수를 고려해보자. 계산기수를

$$C^1_{xy} = v^{\frac{x+y}{2}+1} d_x \, l_{y+1/2} \tag{8.1.6.4}$$

$$C_{x+t:y+t}^{\ \ \ \ 1} = v^{\frac{x+y}{2}+t+1} d_{x+t} \, l_{y+t+1/2} \tag{8.1.6.5}$$

$$M^1_{xy} = \sum_{t=0}^{\infty} C_{x+t:y+t}^{\ \ \ \ 1} \tag{8.1.6.6}$$

로 정의하면

$$A^1_{xy:\overline{n}|} = \frac{M^1_{xy} - M^1_{x+n:y+n}}{D_{xy}} \tag{8.1.6.7}$$

이 된다. 이 보험의 연납보험료는

$$P_{xy:\overline{n|}}^1 = \frac{A_{xy:\overline{n|}}^1}{\ddot{a}_{xy:\overline{n|}}} = \frac{M_{xy}^1 - M_{x+n:y+n}^1}{N_{xy} - N_{x+n:y+n}} \tag{8.1.6.8}$$

보험금 사망즉시급인 경우는

$$\bar{A}_{xy:\overline{n|}}^1 = \int_0^n v^s{}_s p_{xy}\, \mu_{x+s}\, ds \tag{8.1.6.9}$$

$$\doteqdot \sum_{t=0}^{n-1} v^{t+1/2}{}_{t|}q_{xy}^1 = (1+i)^{\frac{1}{2}} A_{xy:\overline{n|}}^1 \tag{8.1.6.10}$$

으로 나타낼 수 있다. 보험금 사망즉시급의 근사치를 구하기 위하여

$$\bar{C}_{xy}^1 = v^{\frac{x+y}{2}+\frac{1}{2}} d_x\, l_{y+1/2} \tag{8.1.6.11}$$

$$\bar{M}_{xy}^1 = \sum_{t=0}^\infty \bar{C}_{x+t:y+t}^1 \tag{8.1.6.12}$$

으로 정의하면

$$\bar{A}_{xy:\overline{n|}}^1 = \frac{\bar{M}_{xy}^1 - \bar{M}_{x+n:y+n}^1}{D_{xy}} \tag{8.1.6.13}$$

로 나타낼 수 있다. 보험금 사망즉시급인 경우 보험금 연말급에서 설명했던 내용들을 모두 유사하게 정의할 수 있다.

(ii) $(x)$가 $n$년 내에 사망하고, 동시에 $(x)$의 사망 전에 이미 $(y)$가 사망한 경우에만 보험금 1원을 지급하는 보험의 일시납순보험료는

$$A_{xy:\overline{n|}}^2 = \sum_{t=0}^{n-1} v^{t+1}{}_{t|}q_{xy}^2 \tag{8.1.6.14}$$

$$= \sum_{t=0}^{n-1} v^{t+1}\left({}_{t|}q_x - {}_{t|}q_{xy}^1\right) \tag{8.1.6.15}$$

$$= A_{x:\overline{n|}}^1 - A_{xy:\overline{n|}}^1 \tag{8.1.6.16}$$

이 보험에서 연납보험료를 계산하는 경우 $(x)$의 사망시에만 계약이 소멸되므로

$$P = \frac{A_{xy:\overline{n|}}^2}{\ddot{a}_{x:\overline{n|}}} = \frac{\dfrac{M_x - M_{x+n}}{D_x} - \dfrac{M_{xy}^1 - M_{x+n:y+n}^1}{D_{xy}}}{\dfrac{N_x - N_{x+n}}{D_x}} \tag{8.1.6.17}$$

로 표현할 수 있다. 보험금 사망즉시급인 경우도 유사하게 산식들을 유도할 수 있다. 계약자적립액 $_tV^2_{xy:\overline{n}|}$ 은 $(x)$, $(y)$가 동시생존 중과 $(y)$의 사망 후의 두 경우로 나누어 계산한다.

앞에서 유도한 식들은 $A^2_{xy:\overline{n}|}$ 를 $A^1_{xy:\overline{n}|}$ 을 이용하여 나타내고 있다. 즉 주피보험자가 2번째 또는 그 이후에 사망하는 경우에 보험금이 지급되는 조건부 연생보험의 APV는 주피보험자가 최초에 사망한 경우 보험금을 지급하는 조건부 연생보험의 APV(단순조건부 APV: 첨자 1이 붙은 APV)로 표시하여 구하는 것이 일반적이다.

(iii) $A^1_{\overline{xy}:\overline{n}|}$ 을 $A^2_{xy:\overline{n}|}$ 와 $A^2_{xy:\overline{n}|}$ 을 이용하여 나타내 보자. 지금까지 고찰한 내용을 다시 살펴보면

$$_t|q_{\overline{xy}} = {_t|q_x} + {_t|q_y} - {_t|q_{xy}}$$

$$A^1_{\overline{xy}:\overline{n}|} = A^1_{x:\overline{n}|} + A^1_{y:\overline{n}|} - A^1_{\overline{xy}:\overline{n}|}$$

$$A^1_{\overline{xy}:\overline{n}|} = A^1_{xy:\overline{n}|} + A^1_{xy:\overline{n}|}$$

이다. 이 식들을 이용하면

$$A^1_{\overline{xy}:\overline{n}|} = (A^1_{x:\overline{n}|} - A^1_{xy:\overline{n}|}) + (A^1_{y:\overline{n}|} - A^1_{xy:\overline{n}|}) \qquad (8.1.6.18)$$

$$= A^2_{xy:\overline{n}|} + A^2_{xy:\overline{n}|} \qquad (8.1.6.19)$$

를 유도할 수 있다. 보험금 사망즉시급인 경우도 위의 계산식들이 성립한다.

예제 8.1.6.1

$y = x - 3$인 피보험자 남자 $(x)$, 여자 $(y)$를 고려한다. 부록의 경험생명표 (남, 여)를 이용하여 $x = 50$, $y = 47$인 경우 조건부 연생기수표를 작성하시오. ($i = 0.05$)

풀이

조건부 연생계산기수의 공식은 다음과 같다.

$$C^1_{xy} = v^{\frac{x+y}{2}+1} d_x \, l_{x+1/2}, \qquad C^1_{x+t:y+t} = v^{\frac{x+y}{2}+t+1} d_{x+t} \, l_{y+t+1/2}$$

$$M^1_{xy} = \sum_{t=0}^{\infty} C^1_{x+t:y+t}$$

이 공식에 따라 조건부 연생계산기수표를 만들면 다음과 같다. 부록의 연생계산기수표는 $l_{xy}$의 처음 출발이 100,000이고 표 [8.1.6.1]의 기수표는 단생명 생명표를 그대로 사용하기 위하여 $l_x = 100,000$, $l_y = 100,000$으로 출발한 기수표이다. $D_{xy}$로 나누기 때문에 APV의 값들은 같다.

표 [8.1.6.1]  조건부 연생계산기수표($x=50$, $y=47$)

| $t$ | $C^{\;1}_{50+t:\,47+t}$ | $M^{\;1}_{50+t:\,47+t}$ | $C^{\;\;1}_{50+t:\,47+t}$ | $M^{\;\;1}_{50+t:\,47+t}$ |
|---|---|---|---|---|
| 0 | 2372910.941958 | 177075167.248866 | 815458.683066 | 56424119.709339 |
| 1 | 2466812.950788 | 174702256.306908 | 837381.959191 | 55608661.026274 |
| 2 | 2574243.831563 | 172235443.356121 | 854585.901995 | 54771279.067083 |
| 3 | 2691677.537187 | 169661199.524557 | 874583.998373 | 53916693.165087 |
| 4 | 2802337.693322 | 166969521.987370 | 882985.188182 | 53042109.166715 |
| 5 | 2905581.082529 | 164167184.294048 | 894113.716370 | 52159123.978533 |
| 6 | 2994774.170440 | 161261603.211519 | 895059.159680 | 51265010.262162 |
| 7 | 3058954.931080 | 158266829.041079 | 898686.630817 | 50369951.102482 |
| 8 | 3116996.935437 | 155207874.109998 | 904330.722214 | 49471264.471665 |
| 9 | 3163290.517468 | 152090877.174561 | 911387.851772 | 48566933.749451 |
| 10 | 3217845.480434 | 148927586.657093 | 924170.465224 | 47655545.897679 |
| 11 | 3282366.623067 | 145709741.176659 | 941338.395195 | 46731375.432455 |
| 12 | 3366499.278175 | 142427374.553592 | 952996.555003 | 45790037.037260 |
| 13 | 3485319.210595 | 139060875.275417 | 971751.477337 | 44837040.482257 |
| 14 | 3634015.539908 | 135575556.064822 | 988045.782106 | 43865289.004920 |
| 15 | 3807517.101539 | 131941540.524914 | 1016013.404925 | 42877243.222814 |
| 16 | 3993660.856750 | 128134023.423375 | 1049286.299752 | 41861229.817889 |
| 17 | 4172216.214029 | 124140362.566625 | 1095353.791746 | 40811943.518137 |
| 18 | 4347872.373029 | 119968146.352596 | 1153451.192232 | 39716589.726392 |
| 19 | 4481320.463421 | 115620273.979567 | 1208456.140847 | 38563138.534159 |
| 20 | 4569591.347471 | 111138953.216146 | 1264330.756337 | 37354682.393312 |

$D_{50:47}=883959390.182216$, $D_{55:52}=676936132.841963$, $D_{60:57}=512416758.717078$

---

( 예제 8.1.6.2 )

예제 (8.1.5.1)의 계산기수표(여)와 예제 (8.1.6.1)의 조건부 연생기수표를 이용하여 다음을 구하시오. ($i=0.05$)

(a) $A^{1}_{50:47:\overline{20|}}$  (b) $A^{2}_{50:47:\overline{20|}}$  (c) $A^{\;\;1}_{50:47:\overline{20|}}$

(d) $A^{\;\;2}_{50:47:\overline{20|}}$  (e) $A^{\;1}_{\overline{50:47}:\overline{20|}}$  (f) $A^{\;\;1}_{\overline{50:47}:\overline{20|}}$

**풀이**

(a) $\quad A^{1}_{50:47:\overline{20|}}=\dfrac{M^{1}_{50:47}-M^{1}_{70:67}}{D_{50:47}}$

$$= \frac{177075167.248866 - 111138953.216146}{883959390.182216} = 0.074591904$$

(b) $\quad A^{2}_{50:\overline{47}:\overline{20|}} = A^{1}_{50:\overline{20|}} - A^{1}_{50:47:\overline{20|}} = \frac{M_{50} - M_{70}}{D_{50}} - \frac{M^{1}_{50:47} - M^{1}_{70:67}}{D_{50:47}}$$

$$= \frac{2003.9899566 - 1366.5386820}{8392.868} - 0.074591904$$

$$= 0.075951542 - 0.074591904 = 0.001359638905$$

$A^{1}_{50:\overline{20|}}$ 과 $A^{1}_{50:47:\overline{20|}}$ 을 비교하면 $A^{1}_{50:\overline{20|}} > A^{1}_{50:47:\overline{20|}}$ 임을 알 수 있다. $\frac{C_{50}}{D_{50}}$ 과 $\frac{C^{1}_{50:47}}{D_{50:47}}$ 의 산식을 비교하면 $\frac{C_{50+t}}{D_{50}} > \frac{C^{1}_{50+t:47+t}}{D_{50:47}}$ 이다. $\frac{C^{1}_{50:47}}{D_{50:47}}$ 에는 $d_{x+t} \frac{l_{y+t+1/2}}{l_y}$ 이 들어가는데 $\frac{l_{y+t+1/2}}{l_y} < 1$ 이기 때문이다.

(c) $\quad A^{\,1}_{50:47:\overline{20|}} = \frac{M^{1}_{50:47} - M^{1}_{70:67}}{D_{50:47}} = \frac{56424119.709339 - 37354682.393312}{883959390.182216}$

$$= 0.021572752$$

(d) $\quad A^{\,2}_{50:47:\overline{20|}} = {}^{f}A^{1}_{47:\overline{20|}} - A^{1}_{50:47:\overline{20|}} = \frac{M^{f}_{47} - M^{f}_{67}}{D^{f}_{47}} - \frac{M^{1}_{50:47} - M^{1}_{70:67}}{D_{50:47}}$

$$= \frac{1547.4915834 - 1321.4281281}{9881.910144} - 0.021572752$$

$$= 0.022876493 - 0.021572752 = 0.001303741685$$

(e) (i) $A^{1}_{\overline{50:47}:\overline{20|}} = \frac{M_{50:47} - M_{70:67}}{D_{50:47}}$ 의 방법으로 부록의 연생기수표$(y=x-3)$를 이용하면

$$A^{1}_{\overline{50:47}:\overline{20|}} = \frac{2524.6511608525 - 1605.5493547941}{9557.5842206725} = 0.096164656$$

(ii) $A^{1}_{\overline{50:47}:\overline{20|}} = A^{1}_{50:47:\overline{20|}} + A^{\,1}_{50:47:\overline{20|}}$ 의 방법으로 위에서 구한 값들을 이용하면

$$A^{1}_{\overline{50:47}:\overline{20|}} = 0.074591904 + 0.021572752 = 0.096164656$$

으로 (i)과 같은 값을 구할 수 있다.

(f) (i) $A^{\,1}_{\overline{50:47}:\overline{20|}} = A^{1}_{50:\overline{20|}} + {}^{f}A^{1}_{47:\overline{20|}} - A^{1}_{\overline{50:47}:\overline{20|}}$ 의 방법으로 위에서 구한 값들을 이용하면

$$A^{\,1}_{\overline{50:47}:\overline{20|}} = 0.075951542 + 0.022876493 - 0.096164656 = 0.00266338$$

(ii) 식 (8.1.6.19)를 이용하여 구해보면

$$A^{\,1}_{\overline{50:47}:\overline{20|}} = A^{2}_{50:47:\overline{20|}} + A^{\,2}_{50:47:\overline{20|}}$$

$$= 0.001359638905 + 0.001303741685 = 0.00266338$$

으로 (i)과 같은 값을 구할 수 있다.

(iv) 피보험자가 3인 중에서 $n$년 내에 $(x)$가 두 번째로 사망하고, 동시에 $(x)$의 사망시에 $(y)$는 이미 사망해 있으며, $(z)$는 생존하고 있는 때에 보험금 1원을 지급하는 보험의 일시납순보험료는

$$\bar{A}^{\,2}_{\underset{1}{xyz}:\overline{n}|} = \int_0^n v^n (1 - {}_tp_y)\, {}_tp_{xz}\, \mu_{x+t}\, dt \tag{8.1.6.20}$$

$$= \bar{A}^{\,1}_{xz:\overline{n}|} - \bar{A}^{\,1}_{xyz:\overline{n}|} \tag{8.1.6.21}$$

보험금 연말급인 경우

$$A^{2}_{\underset{1}{xyz}:\overline{n}|} = \sum_{t=0}^{n-1} v^{t+1}\, {}_{t|}q^{2}_{\underset{1}{xyz}} \tag{8.1.6.22}$$

$$= \sum_{t=0}^{n-1} v^{t+1} ({}_{t|}q^{1}_{xz} - {}_{t|}q^{1}_{xyz}) \tag{8.1.6.23}$$

$$= A^{1}_{xz:\overline{n}|} - A^{1}_{xyz:\overline{n}|} \tag{8.1.6.24}$$

이 성립한다. 피보험자의 기호 밑에 붙어 있는 숫자는 그 피보험자의 사망은 보험금 지급과 관계가 없다는 것을 나타내고, 기호 위에 붙어 있는 숫자는 그 피보험자(주피보험자)의 사망시에 보험금이 지급되는 것을 나타낸다. 이 보험의 연납보험료는 일시납보험료를 $\ddot{a}_{xz:\overline{n}|}$으로 나누어 구한다.

(ⅴ) $n$년 내에 $(y)$와 $(z)$의 최종생존자보다 $(x)$가 먼저 사망한 경우($(y)$와 $(z)$의 최종생존자가 사망하기 전에 $(x)$가 사망하는 경우)에 한하여 보험금 1원이 지급되는 보험의 APV는, 사망즉시급인 경우

$$\bar{A}^{\,1}_{x:\overline{yz}:\overline{n}|} = \int_0^n v^n\, {}_sp_{\overline{yz}}\, {}_sp_x\, \mu_{x+s}\, ds \tag{8.1.6.25}$$

$$= \int_0^n v^t ({}_tp_y + {}_tp_z - {}_tp_{yz})\, {}_sp_x\, \mu_{x+s}\, ds \tag{8.1.6.26}$$

$$= \bar{A}^{\,1}_{xy:\overline{n}|} + \bar{A}^{\,1}_{xz:\overline{n}|} - \bar{A}^{\,1}_{xyz:\overline{n}|} \tag{8.1.6.27}$$

보험금 연말급인 경우

$$A^{1}_{x:\overline{yz}:\overline{n}|} = \sum_{t=0}^{n-1} v^{t+1}\, {}_{t|}q^{1}_{x:\overline{yz}} \tag{8.1.6.28}$$

$$= \sum_{t=0}^{n-1} v^{t+1} ({}_{t|}q^{1}_{xy} + {}_{t|}q^{1}_{xz} - {}_{t|}q^{1}_{xyz}) \tag{8.1.6.29}$$

$$= A^{1}_{xy:\overline{n}|} + A^{1}_{xz:\overline{n}|} - A^{1}_{xyz:\overline{n}|} \tag{8.1.6.30}$$

이 성립한다.

(vi) $n$년 내에 $(x)$, $(y)$ 중 최종생존자가 사망하고 그 때 $(z)$가 생존하고 있으면 보험금 1원을 지급하는 보험의 APV는, 사망즉시급인 경우

$$\bar{A}^{1}_{\overline{xy}:z:\overline{n|}} = \int_{0}^{n} v^{s}\, {}_{s}p_{z}\, {}_{s}p_{\overline{xy}}\, \mu_{\overline{x+s:y+s}}\, ds \qquad (8.1.6.31)$$

$$= \int_{0}^{n} v^{s}\, ({}_{t}q_{y}\, {}_{t}p_{x}\, \mu_{x+s} + {}_{t}q_{x}\, {}_{t}p_{y}\, \mu_{y+s})\, {}_{s}p_{z}\, ds \qquad (8.1.6.32)$$

$$= \bar{A}^{2}_{\substack{xyz:\overline{n|}\\1}} + \bar{A}^{2}_{\substack{xyz:\overline{n|}\\1}} \qquad (8.1.6.33)$$

보험금 연말급인 경우

$$A^{1}_{\overline{xy}:z:\overline{n|}} = \sum_{t=0}^{n-1} v^{t+1}\, {}_{t|}q_{\overline{xy}:z:\overline{n|}} \qquad (8.1.6.34)$$

$$= \sum_{t=0}^{n-1} v^{t+1}\, ({}_{t|}q^{2}_{\substack{xyz\\1}} + {}_{t|}q^{2}_{\substack{xyz\\1}}) \qquad (8.1.6.35)$$

$$= A^{2}_{\substack{xyz:\overline{n|}\\1}} + A^{2}_{\substack{xyz:\overline{n|}\\1}} \qquad (8.1.6.36)$$

(vii) 조건부 연생생명확률에서 고찰하였던 내용들을 이용하면 다른 조건부 연생보험의 보험료를 구할 수 있다. 즉, $A^{1}_{\overline{xy}:\overline{n|}}$, $A^{2}_{\substack{xyz:\overline{n|}\\1}}$, $A^{3}_{\substack{xyz:\overline{n|}\\1}}$, $A_{\substack{xyz:\overline{n|}\\12\ 3}}$ 등과 같은 보험을 정의하고 조건부 연생생명확률을 이용하여 APV를 구할 수 있다. $A^{2}_{\substack{xy:\overline{n|}\\1}}$ 의 계산과 같은 원리로 이와 같은 보험료들도 단순조건부 APV(첨자 1이 붙은 APV)의 형태로 표시하여 구하는 것이 좋다(연습문제 참조).

## 7. 유족연금

유족연금(遺族年金, reversionary annuity) 또는 복귀연금(復歸年金)은 누군가의 사망을 전제로 그 이외의 사람의 생존시 지급되는 연금을 말한다. 조금 더 일반적으로 정의하면 유족연금이란 연금수급자의 생사에 의존하여 (일정기간 동안) 지급되는 연금이며, 주어진 기간 또는 어느 특정 사람의 사망시까지는 지급되지 않는다. 주어진 기간이라는 조건도 있어서, reversionary annuity가 유족연금으로 번역되면 좁게 번역된 느낌도 있으나 이해하기가 쉽기 때문에 본서에서는 유족연금 혹은 복귀연금이란 용어를 사용하기로 한다. 이 연금은 남편이 사망 후 부인을 위하여, 부모가 사망 후 자식을 위하여 생명연금으로 재산을 남기는데 적당한 형태이다.

(1) 유족연금(1)

$(x)$의 사망시부터 $(y)$가 연액 1원의 연속연금을 받는 유족연금의 APV를 $\bar{a}_{x|y}$라고 표시한다. $x|y$ 기호는 $(x)$의 사망을 전제로 $(y)$에게 연금을 지급하는 것을 의미한다. $t$년 경과시 $(x)$는 이미 그 이전에 사망해 있고, 또한 $(y)$가 생존하고 있으면 유족연금의 지급을 받는다. 이 급부의 현가는 $v^t(1 - {}_t p_x)\,{}_t p_y\,dt$이다. 여기서 $dt$는 순간의 지급액이다. 따라서 유족연금의 APV는

$$\bar{a}_{x|y} = \int_0^\infty v^t(1 - {}_t p_x)\,{}_t p_y\ dt \tag{8.1.7.1}$$

$$= \bar{a}_y - \bar{a}_{xy} \tag{8.1.7.2}$$

$\bar{a}_{x|y}$는 다른 형태로 표시가 가능하다. $t$시점에 $(x)$가 사망하면 $(y)$가 받는 연금의 현가는 $\bar{a}_{y+t}$이다. 따라서

$$\bar{a}_{x|y} = \int_0^\infty v^t\,{}_t p_{xy}\,\mu_{x+t}\,\bar{a}_{y+t}\ dt \tag{8.1.7.3}$$

$$= \bar{a}_y - \bar{a}_{xy}$$

으로 나타낼 수 있다(증명은 연습문제 참조).

$(x)$, $(y)$ 중 $(x)$가 사망한 연도의 연도말부터 매연도말에 $(y)$가 생존하는 한 1원의 연금을 최대 $n$년간 지급하는 유족연금의 APV는

$$a_{x|y:\overline{n}|} = \sum_{t=1}^n {}_t p_y\,v^t\,{}_t q_x = \sum_{t=1}^n v^t(1 - {}_t p_x)\,{}_t p_y \tag{8.1.7.4}$$

$$= a_{y:\overline{n}|} - a_{xy:\overline{n}|} \tag{8.1.7.5}$$

로 나타낼 수 있다(증명은 연습문제 참조).

⎛ 예제 8.1.7.1 ⎞

3세의 아들과 34세의 부친을 피보험자로 하는 다음과 같은 보험을 고려한다.

(ⅰ) 아들이 23세에 도달하면 만기보험금(생존보험금) 100,000원을 지급한다.

(ⅱ) 아들이 만기 전에 사망하면 사망한 $t$연도말에 $tG$를 지급한다(부친이 $t$연도 전에 사망하더라도 상관없이 $tG$ 지급).

(ⅲ) 아들이 사망하면 보험계약은 소멸하고 부친이 사망하면 사망 이후 보험료납입이 면제된다(즉 보험료는 아들과 부친의 동시생존 기간중에 납입).

(iv) 부친이 사망하면 사망한 연도말부터 매연말 10,000원씩 아들이 생존하는 한 만기 1년 전까지 지급한다.

(v) 순보험료 $P$에 대하여 영업보험료 $G$는

$G = P(1+0.05)+100$이다.

다음을 구하시오.

(a) 이 보험의 연납순보험료를 구하시오.

(b) 이 보험의 제5보험연도말 계약자적립액을 구하시오.

**풀이**

급부의 APV를 구하면

$$\text{APV} = 100000 A_{3:\overline{20}|}^{\ 1} + [P(1+0.05)+100](IA)_{3:\overline{20}|}^{1} + 10000 \, a_{34|3:\overline{19}|}$$

(iii)의 조건과 수지상등의 원칙에 의하여

$$P\ddot{a}_{3:34:\overline{20}|} = \text{APV}$$

$$P = \frac{100000 A_{3:\overline{20}|}^{\ 1} + 100(IA)_{3:\overline{20}|}^{1} + 10000 \, a_{34|3:\overline{19}|}}{\ddot{a}_{3:34:\overline{20}|} - 1.05(IA)_{3:\overline{20}|}^{1}}$$

기말급과 기시급에 유의하여 계산기수를 사용하여야 한다. $x$는 아들, $y$는 부친이므로 둘다 경험생명표(남)을 사용하여 계산한다. 부록의 연생계산기수는 $x$(남자), $y$(여자)$= x-3$만 나와 있으므로 본 예제의 연금현가를 계산하기 위하여는 (3)과 (34)의 연생기수표를 별도로 작성하여야 한다. (3)과 (34)의 연생기수표는 계산기수의 정의에 충실히 따를 경우, 간단한 프로그래밍 과정을 거치면 쉽게 작성할 수 있다. (3)과 (34)의 연생기수표는 연습문제를 참조하기 바란다.

$$(IA)_{3:\overline{20}|}^{1} = \frac{R_3 - R_{23} - 20M_{23}}{D_3}$$

$$= \frac{163314.149353 - 112546.844859 - 20(2408.5450520)}{85960.757} = 0.03020452$$

$$a_{3:\overline{19}|} = \frac{N_4 - N_{23}}{D_3} = \frac{1663605.033 - 626398.885}{85960.757} = 12.06604251$$

$$a_{3:34:\overline{19}|} = \frac{N_{4:35} - N_{23:54}}{D_{3:34}} = \frac{1737821.987 - 542684.094}{100000} = 11.95137893$$

$$\ddot{a}_{3:34:\overline{20}|} = \frac{N_{3:34} - N_{23:54}}{D_{3:34}} = \frac{1837821.987 - 542684.094}{100000} = 12.95137893$$

$$a_{34|3:\overline{19}|} = a_{3:\overline{19}|} - a_{3:34:\overline{19}|} = 12.06604251 - 11.95137893 = 0.11466358$$

$$A_{3:\overline{20}|}^{\ 1} = \frac{D_{23}}{D_3} = \frac{32237.063}{85960.757} = 0.375020696$$

따라서

$$P = \frac{100000(0.375020696) + 100(0.03020452) + 10000(0.11466358)}{(12.95137893) - 1.05(0.03020452)} = 2991.697408$$

$$G = P(1+0.05) + 100 = 2991.697408(1.05) + 100 = 3241.282278$$

(b) 5연도말에서는 아들이 8세가 되고 부친이 39세가 된다.

$$6\frac{C_8}{D_8} + 7\frac{C_9}{D_8} + 8\frac{C_{10}}{D_8} + \cdots + 20\frac{C_{22}}{D_8} = \frac{5M_8 + R_8 - R_{23} - 20M_{23}}{D_8}$$

$$= \frac{5(2578.5839771) + 150241.395932 - 112546.844859 - 20(2408.5450520)}{67290.561}$$

$$= 0.035912465$$

(i) 부친이 생존 중일 때

$${}_5V = 100000A_{8:\overline{15}|}^{\;1} + G\frac{5M_8 + R_8 - R_{23} - 20M_{23}}{D_8} + 10000a_{34+5|3+5:\overline{19-5}|}$$

$$\qquad - P\ddot{a}_{3+5:34+5:\overline{20-5}|}$$

$$= 100000A_{8:\overline{15}|}^{\;1} + G\frac{5M_8 + R_8 - R_{23} - 20M_{23}}{D_8} + 10000a_{39|8:\overline{14}|} - P\ddot{a}_{8:39:\overline{15}|}$$

기말급과 기시급에 유의하여 계산기수를 사용하여야 한다.

$$A_{8:\overline{15}|}^{\;1} = \frac{D_{23}}{D_8} = \frac{32237.063}{67290.561} = 0.479072584$$

$$a_{8:\overline{14}|} = \frac{N_9 - N_{23}}{D_8} = \frac{1291660.948 - 626398.885}{67290.561} = 9.886409819$$

$$a_{8:39:\overline{14}|} = \frac{N_{9:40} - N_{23:54}}{D_{8:39}} = \frac{1305974.451 - 542684.094}{78002.27} = 9.785489025$$

$$a_{39|8:\overline{14}|} = a_{8:\overline{14}|} - a_{8:39:\overline{14}|} = 9.886409819 - 9.785489025 = 0.100920794$$

$$\ddot{a}_{8:39:\overline{15}|} = \frac{N_{8:39} - N_{23:54}}{D_{8:39}} = \frac{1383976.725 - 542684.094}{78002.27} = 10.78548908$$

$${}_5V = 100000(0.479072584) + (3241.282278)(0.035912465) + 10000(0.100920794)$$

$$\qquad - (2991.697408)(10.78548908) = 16765.94905$$

(ii) 부친이 사망한 경우

보험료납입이 없으므로

$${}_5V = 100000A_{8:\overline{15}|}^{\;1} + G\frac{5M_8 + R_8 - R_{23} - 20M_{23}}{D_8} + 10000a_{3+5:\overline{19-5}|}$$

$$= 100000A_{8:\overline{15}|}^{\;1} + G\frac{5M_8 + R_8 - R_{23} - 20M_{23}}{D_8} + 10000a_{8:\overline{14}|}$$

$${}_5V = 100000(0.479072584) + (3241.282278)(0.035912465) + 10000(9.886409819)$$

$$= 146887.759$$

(2) 유족연금(2)

$(x)$와 $(y)$의 동시생존자상태 또는 최종생존자상태와 연금지급을 연계시키는 형태의

연금을 고찰해보자.

(i) $(x)$가 사망한 연도의 말부터 유족연금이 개시되고, $(y)$와 $(z)$가 공존하는 한 제 $n$ 연도 말까지 매년 1원을 지급하는 연금의 APV는

$$a_{x|yz:\overline{n|}} = a_{yz:\overline{n|}} - a_{xyz:\overline{n|}} \tag{8.1.7.6}$$

(ii) $(x)$와 $(y)$의 공존이 없게 된 때(즉, $(x)$, $(y)$ 중 한명이 사망한 때), 그 연도말부터 $(z)$가 생존하는 한 제 $n$ 연도말까지 매년 1원을 지급하는 연금의 APV는

$$a_{xy|z:\overline{n|}} = a_{z:\overline{n|}} - a_{xyz:\overline{n|}} \tag{8.1.7.7}$$

(iii) $(x)$가 사망한 연도의 연도말부터 연금이 시작되고, $(y)$와 $(z)$ 중 한 명이 생존하는 한 제 $n$ 보험연도말까지 매년 1원을 지급하는 연금의 APV는

$$a_{x|\overline{yz}:\overline{n|}} = a_{\overline{yz}:\overline{n|}} - a_{x:\overline{yz}:\overline{n|}} \tag{8.1.7.8}$$

### 예제 8.1.7.2

$(x)$, $(y)$, $(z)$에 대하여 매연도말에 연금을 지급하는데 3인이 동시생존(공존) 중에는 각각에게 $\frac{1}{3}$ 원씩 지급하고, 그 중에 1인이 사망하면 나머지 2인에게 $\frac{1}{2}$ 원씩 지급하고, 2인이 사망하면 최종생존자 1인에게 1원을 지급한다. 이때 $(x)$, $(y)$, $(z)$가 각각 받는 연금의 APV를 구하시오.

**풀이**

$(x)$에 대하여 고려해본다. $(x)$가 받는 연금급부의 APV는

$$\text{APV1} = \frac{1}{3}a_{xyz} + \frac{1}{2}(a_{y|xz} + a_{z|xy}) + a_{\overline{yz}|x}$$

여기서

$$a_{y|xz} = a_{xz} - a_{xyz}$$
$$a_{z|xy} = a_{xy} - a_{xyz}$$
$$a_{\overline{yz}|x} = a_x - a_{x:\overline{yz}} = a_x - (a_{xy} + a_{xz} - a_{xyz})$$

이므로

$$\text{APV1} = \frac{1}{3}a_{xyz} + \frac{1}{2}(a_{xz} - a_{xyz} + a_{xy} - a_{xyz}) + a_x - (a_{xy} + a_{xz} - a_{xyz})$$

$$= a_x - \frac{1}{2}(a_{xy} + a_{xz}) + \frac{1}{3}a_{xyz}$$

$(y)$, $(z)$에 대해서도 같은 방법을 적용하면 $(y)$에 대한 연금급부의 APV는

$$\text{APV2} = a_y - \frac{1}{2}(a_{xy} + a_{yz}) + \frac{1}{3}a_{xyz}$$

$(z)$에 대한 연금급부의 APV는

$$\text{APV3} = a_z - \frac{1}{2}(a_{xz} + a_{yz}) + \frac{1}{3}a_{xyz}$$

3인이 받는 연금급부의 APV를 모두 합하면

$$\text{APV} = \text{APV1} + \text{APV2} + \text{APV3}$$

$$= a_x + a_y + a_z - \frac{1}{2}(a_{xy} + a_{xz} + a_{xy} + a_{yz} + a_{xz} + a_{yz}) + a_{xyz}$$

$$= a_x + a_y + a_z - a_{xy} - a_{yz} - a_{xz} + a_{xyz}$$

문제와 같은 각각의 급부를 합한 APV는 연금액 1원의 $a_{\overline{xyz}}$와 일치함을 알 수 있다. ■

## (3) 유족연금(3)

$(x)$가 최초로 사망한 때부터 연금을 지급하거나, 혹은 $(x)$가 2번째로 사망한 때부터 연금을 지급하는 것과 같이 사망의 순서를 전제로 한 유족연금을 조건부 연생유족연금이라고 한다.

(i) $(x)$가 $(y)$보다 먼저 사망한 해의 말부터 $(z)$가 생존하는 한 계약시부터 $n$년간 매년 1원을 지급하는 연금의 APV를 $a^1_{xy|z:\overline{n}|}$으로 나타낸다. $x$위의 1은 $(x)$의 사망에 의해 연금지급이 시작되는 것을 의미한다.

$$a^1_{xy|z:\overline{n}|} = \sum_{t=1}^{n} v^t \,_{t-1|}q^1_{xy} \,_t p_z \, \ddot{a}_{z+t:\overline{n-t+1}|} \tag{8.1.7.9}$$

$$= \sum_{t=1}^{n} v^t \,_t q^1_{xy} \,_t p_z \tag{8.1.7.10}$$

$_{t|}q_{xy} = \,_{t|}q^1_{xy} + \,_{t|}q^1_{xy}$이므로

$$a_{xy|z:\overline{n}|} = a^1_{xy|z:\overline{n}|} + a^1_{xy|z:\overline{n}|} \tag{8.1.7.11}$$

이 성립한다.

(ii) $(y)$가 $(x)$보다 먼저 사망하고, $(x)$의 사망연도말부터 $(z)$의 연금지급이 시작될 때의 APV를

$$a^2_{xy|z:\overline{n}|} = \sum_{t=1}^{n} v^t \,_{t-1|}q^2_{xy} \,_t p_z \, \ddot{a}_{z+t:\overline{n-t+1}|} \tag{8.1.7.12}$$

$$= \sum_{t=1}^{n} v^t \,_t q^2_{xy} \,_t p_z \tag{8.1.7.13}$$

$_{t|}q_x = {}_{t|}q_{xy}^1 + {}_{t|}q_{xy}^2$ 이므로

$$a_{xy|z:\overline{n|}}^1 + a_{xy|z:\overline{n|}}^2 = a_{x|z:\overline{n|}} \tag{8.1.7.14}$$

이 성립한다.

(iii) $a_{xy|z:\overline{n|}}^1$ 과 $a_{xy|z:\overline{n|}}^2$ 의 차이점은 연금개시 시점이 전자는 $(x)$의 사망 후, 후자는 $(y)$의 사망 후이다. 두 연금 모두 $(x)$가 $(y)$보다 빨리 사망하는 조건이 내포되어 있다. 두 연금의 APV의 차이는 앞에서 고찰한 관계식들을 이용하면

$$a_{xy|z:\overline{n|}}^1 - a_{xy|z:\overline{n|}}^2 = a_{xy|z:\overline{n|}}^1 - (a_{y|z:\overline{n|}} - a_{xy|z:\overline{n|}}^1) \tag{8.1.7.15}$$

$$= a_{xy|z:\overline{n|}} - a_{y|z:\overline{n|}} \tag{8.1.7.16}$$

$$= a_{yz:\overline{n|}} - a_{xyz:\overline{n|}} \tag{8.1.7.17}$$

$$= a_{x|yz:\overline{n|}} \tag{8.1.7.18}$$

등으로 다양하게 표시될 수 있다(이 의미는 연습문제 참조).

(iv) 연속연금의 경우

$$\bar{a}_{xy|z}^1 = \int_0^\infty v^t \, {}_tp_x \, \mu_{x+t} \, {}_tp_y \, {}_tp_z \, \bar{a}_{z+t} \, dt \tag{8.1.7.19}$$

$$= \int_0^\infty {}_tp_x \, \mu_{x+t} \, {}_tp_y \left( \int_0^\infty v^s \, {}_sp_z \, ds \right) dt \tag{8.1.7.20}$$

$$= \int_0^\infty v^s \, {}_sp_z \left[ \int_0^s {}_tp_x \, \mu_{x+t} \, {}_tp_y \, dt \right] ds \tag{8.1.7.21}$$

$$= \int_0^\infty v^s \, {}_sp_z \, {}_sq_{xy}^1 \, ds \tag{8.1.7.22}$$

이와 같은 계산식 과정을 보면 유족연금의 일반식은 $u$의 상태의 실패(the failure of status $(u)$)가 조건부 연생확률도 포함하는 등 광범위하게 적용될 수 있다는 것을 알 수 있다. 일반적으로

$$\bar{a}_{u|v} = \int_0^\infty v^t \, {}_tp_v \, {}_tq_u \, dt \tag{8.1.7.23}$$

$$= \int_0^\infty v^t \, {}_tp_v \, (1 - {}_tp_u) \, dt \tag{8.1.7.24}$$

$$= \bar{a}_v - \bar{a}_{uv} \tag{8.1.7.25}$$

가 성립한다.

(4) 유족연금(4)

(x)와 (y)에 대하여 단생명 혹은 2생명 이상과 확정기간을 결합한 유족연금을 고려해 본다.

$$\bar{a}_{u|v} = \bar{a}_v - \bar{a}_{uv}$$

에서 u와 v는 둘 다 단생명이어도, 확정기간과 2생명이어도, 둘 다 유기생명연금이어도 광범위하게 성립한다.

(i) u가 확정기간이거나 유기생명연금인 경우 등과 같이

$$a_{\overline{n}|x} = a_x - a_{x:\overline{n}|} \tag{8.1.7.26}$$

$$a_{x|\overline{n}|} = a_{\overline{n}|} - a_{x:\overline{n}|} \tag{8.1.7.27}$$

$$\bar{a}_{x:\overline{n}|\,|y} = \bar{a}_y - \bar{a}_{xy:\overline{n}|} \tag{8.1.7.28}$$

$$\bar{a}_{x\,|y:\overline{n}|} = \bar{a}_{y:\overline{n}|} - \bar{a}_{xy:\overline{n}|} \tag{8.1.7.29}$$

등이 성립한다.

(ii) 계약시부터 m년 이내에 (x)가 사망한 때는 그 연도말부터, 또한 m년 후에 (x)가 생존하고 있는 때에는 그 때부터 매년 (y)에게 (y)가 생존하는 한 연액 1원의 연금을 지급하고, 그 연금은 제n연도말까지 지급될 때 APV를 구해보자. m−1연도말까지 각 연금이 지급되는 조건은 각각의 지급시점까지 (x)가 사망하고, 동시에 (y)가 그 시점에서 생존하고 있는 경우이고, 또 제m연도말부터는 (x)의 생사에 관계없이 (y)가 생존하고 있는 경우이므로 APV는

$$a_{x:\overline{m}|\,|y:\overline{n}|} = \sum_{t=1}^{m-1} v^t (1 - {}_tp_x)\,{}_tp_y + \sum_{t=m}^{n} v^t\,{}_tp_y \tag{8.1.7.30}$$

$$= \sum_{t=1}^{n} v^t\,{}_tp_y - \sum_{t=1}^{m-1} v^t\,{}_tp_{xy} \tag{8.1.7.31}$$

$$= a_{y:\overline{n}|} - a_{xy:\overline{m-1}|} \tag{8.1.7.32}$$

이 된다.

## 연습문제 8.1

1. 모두가 $x$세인 3인 중에서 특정한 사람 $A$가 1년 이내에 최초로 사망할 확률을 $q_x$로 표시하시오.

2. $l_{x+t:y+t} = l_{x+t}\, l_{y+t}$인 경우 식 (8.1.2.10)을 이용하여 $\mu_{x+t:y+t} = \mu_{x+t} + \mu_{y+t}$를 유도하시오.

3. $\exp\left[-\displaystyle\int_0^t \mu_{\overline{x+t:y+t}}\, ds\right] = {}_t p_{\overline{xy}}$를 유도하시오.

4. $l_{30} = 22400,\ \mu_x = \dfrac{2x-4}{12000+4x-x^2}$로 주어졌을 때 다음을 구하시오.

   (a) ${}_{30}q_{30:27}$  (b) ${}_{30}q_{\overline{30:27}}$

5. ${}_{t|}q_{xyz} = {}_{t|}q^1_{xyz} + {}_{t|}q^{\;1}_{xyz} + {}_{t|}q^{\;\;1}_{xyz}$을 유도하시오.

6. ${}_t p_y\, {}_{t|}q_x + {}_{t+1}p_x\, {}_{t|}q_y = {}_{t|}q_{xy}$를 유도하시오.

7. 식 (8.1.3.17)은 $(y)$는 이미 사망해 있고 $(x)$의 사망시를 기준으로 ${}_{t|}q^2_{xy} = {}_{t|}q_x - {}_{t|}q^1_{xy}$을 유도한 식이다. ${}_{t|}q^2_{xy} = {}_{t|}q_x - {}_{t|}q^1_{xy}$를 $(y)$의 사망을 인식하고 그 시점 이후에 $(x)$의 사망이 발생한다는 산식을 만들어서 유도하시오.

8. ${}_t q^{123}_{xyz} = {}_t q^1_{yz} - {}_t p_z\, {}_t q_y - {}_t q^{\;1}_{xyz} + {}_t p_z\, {}_t q^1_{xy}$을 유도하시오.

9. ${}_t q^{\;\;\;3}_{xyz}$을 각각의 사망을 기준으로 적분을 이용하여 나타내고 주피보험자가 첫 번째 사망하는 기호로 나타내시오.

10. $(20)$이 $(50)$보다 먼저 사망하는 확률은 0.25, $(20)$이 15년 이내에 사망하는 확률은 0.08, $(35)$가 15년 이내에 사망하는 확률은 0.15이다. $(20)$과 $(35)$의 사망시점의 차이가 15년 이하일 확률을 구하시오.

11. $\bar{A}_{xy} = 1 - \delta \bar{a}_{xy}$를 증명하시오.

12. $\bar{A}^{1}_{xy:\overline{n|}} = 1 - v^{n}{}_{n}p_{xy} - \delta \bar{a}_{xy:\overline{n|}}$를 증명하시오.

13. $A_{xy} = v\ddot{a}_{xy} - a_{xy} = 1 - d\ddot{a}_{xy}$를 증명하시오.

14. $(x)$, $(y)$가 동시생존(공존) 중 $(y)$의 사망후에도 $h$년간은 $(x)$가 생존하고 있으면 지급되는 기말급연금의 APV를 구하시오.

15. $A_{xy}$, $P_{xy}$, $A^{1}_{xy:\overline{n|}}$, $P^{1}_{\overline{xy}:\overline{n|}}$을 계산기수를 이용하여 나타내시오.

16. 부록의 경험생명표(여)를 이용하여 $y = 27$, 57에 대하여 $y + t\,(t = 0, \cdots, 20)$의 계산기수표를 작성하시오. $(i = 0.05)$

17. 남자 (30), 여자 (27)의 피보험자에 대하여 다음을 구하시오. 단 남자 $(x)$의 단생명기수표와 남자 $(x)$, 여자 $(y)$의 연생기수표$(y = x - 3)$는 부록을 이용하면 된다. 여자의 생명표를 이용한 단생명기수표는 부록에 나타나 있지 않기 때문에 별도로 작성해야 한다. 연습문제 16번을 이용하여 다음을 구하시오.

   (a) $A^{1}_{30:27:\overline{10|}}$  (b) $\ddot{a}_{30:27:\overline{10|}}$

18. $(x)$, $(y)$ 중 적어도 1인이 생존하는 동안 지급되는 연금으로, 제1회의 지급이 계약 후 $n + 1$번째 해의 말에서부터 지급되는 연금을 $n$년거치 최종생존자 연생연금이라고 하고, APV를 ${}_{n|}a_{\overline{xy}}$로 표시한다. ${}_{n|}a_{\overline{xy}} = {}_{n|}a_{x} + {}_{n|}a_{y} - {}_{n|}a_{xy}$임을 증명하시오.

19. $\bar{a}_{\overline{wx}:\overline{yz}}$를 동시생존자 연생연금현가로 나타내시오.

20. 다음을 유도하시오.
   (a) $A_{\overline{xy}} = A_{x} + A_{y} - A_{xy}$
   (b) $A_{\overline{xyz}} = A_{x} + A_{y} + A_{z} - A_{xy} - A_{xz} - A_{yz} + A_{xyz}$

21. $\bar{P}_{xy} = \dfrac{1}{\bar{a}_{xy}} - \delta$ 를 증명하시오.

22. 다음의 경우 주어진 계산식이 성립하는지 설명하시오.

    (a) $P^1_{\overline{xy}:\overline{n}|} = P^1_{x:\overline{n}|} + P^1_{y:\overline{n}|} - P^1_{\overline{xy}:\overline{n}|}$ 이 성립하는지 설명하시오.

    (b) $P_{\overline{xy}} = P_x + P_y - P_{xy}$ 가 성립하는지 설명하시오.

23. 연합생명 $(x)$, $(y)$의 최종생존자 종신보험에 대하여 (a) 최종생존자의 사망시까지 보험료 납입, (b) 최초사망자 발생시까지 보험료납입의 두 가지 경우로 나누어서 계약자적립액을 나타내시오.

24. 보험료가 $h$년 단기납인 경우 $_tV^1_{\overline{xy}:\overline{n}|}$, $_tV_{xy}$, $_tV_{xy:\overline{n}|}$의 계약자적립액 계산식을 구하시오.

25. 3년만기 생사혼합보험, 보험료는 $P_{50:47:\overline{3}|}$인 경우 예제 (8.1.4.1)의 조건에서 $_1V$, $_2V$, $_3V$를 계산하시오.

26. 예제 (8.1.5.3)과 예제 (8.1.5.4)에서 최종생존자의 사망시까지 보험료를 납입할 경우 $_1V$ 를 계산하시오.

27. $(w)$, $(x)$, $(y)$, $(z)$ 중 누군가가 생존하는 한 지급되는 조건의 연속연금을 고려한다. 각 각의 사망시 연금연액이 50%씩 감소된다고 할 때 이 연금의 APV를 $\bar{a}^{[k]}_{wxyz}(k=1, 2, 3, 4)$를 이용하여 나타내시오.

28. 다음 식을 유도하시오.

    (a) $\bar{A}_{xy} = \bar{A}^1_{xy} + \bar{A}^1_{xy}$     (b) $\bar{A}_{\overline{xy}} = \bar{A}^2_{xy} + \bar{A}^2_{xy}$

29. (i) $(x)$가 $(y)$ 이전에 사망하거나, (ii) 또는 $(y)$의 사망후 $t$년 내에 $(x)$가 사망하는 경우 보험금을 지급하는 보험의 APV를 구하시오.

30. $\dfrac{\partial \bar{a}_{xy}}{\partial x} = \mu_x \bar{a}_{xy} - \bar{A}^1_{xy}$ 임을 증명하시오.

31. 다음 조건부 연생보험을 정의하고 가능하면 단순조건부 APV(1이 붙은 APV)의 형태로 나타내시오. 그리고 그 의미를 해석하시오.

    (a) $_{n|}\bar{A}^{1}_{xy}$            (b) $_{n|}\bar{A}^{2}_{xy}$            (c) $_{n|}\bar{A}^{2}_{\underset{1}{xyz}}$

32. $(y)$의 사망을 기준으로 하여 다음 식을 유도하시오.

    (a) $A^{2}_{xy:\overline{n}|} = A^{1}_{xy:\overline{n}|} - d\,a_{y|x:\overline{n}|} - v^{n+1}\,{}_{n}p_{x}\,{}_{n}q_{y}$

    (b) $A^{2}_{xy} = A^{1}_{xy} - d\,a_{y|x}$

33. $n$년 내에 $(x)$, $(y)$ 중 누군가 1명이 사망하고 그 때에 $(z)$가 생존하고 있으면 보험금 1원을 지급하는 보험의 APV를 $A^{1}_{\overline{xy}:z:\overline{n}|}$ 과 $\bar{A}^{1}_{\overline{xy}:z:\overline{n}|}$ 으로 나타낸다. 각각을 단순조건부 APV로 나타내시오.

34. $(x)$가 3인 중 두 번째에 사망하는 경우에 보험금 1원이 지급되는 보험의 APV는 $\bar{A}^{2}_{xyz}$로 나타낸다. $\bar{A}^{2}_{xyz}$를 단순조건부 APV를 이용하여 나타내시오.

35. $(x)$가 3인 중 세 번째에 사망하는 경우에 보험금 1원이 지급되는 보험의 APV는 $\bar{A}^{3}_{xyz}$과 $A^{3}_{xyz}$으로 나타낸다. $\bar{A}^{3}_{xyz}$와 $A^{3}_{xyz}$을 단순조건부 APV를 이용하여 나타내시오.

36. 일시납순보험료가 $\bar{A}^{3}_{xyz:\overline{n}|}$인 경우 (a) 보험료 납입기간이 $n$년일 때 연납보험료 $P$를 구하고 (b) $t$시점에서의 계약자적립액을 구하시오.

37. 4인의 연합생명 $(w)$, $(x)$, $(y)$, $(z)$ 중에서 주피보험자인 $(x)$가 3번째 사망하는 경우에 보험금 1원을 지급하는 보험의 APV를 $\bar{A}^{3}_{wxyz}$으로 나타낸다. $\bar{A}^{3}_{wxyz}$를 단순조건부 APV로 나타내시오.

38. $(x)$와 $(y)$의 최종생존자의 사망이 $(z)$의 생존 중에 생기는 경우 보험금 1원을 지급하는 보험의 NSP는 $\bar{A}^{1}_{\overline{xy}:z}$로 표시된다. $\bar{A}^{1}_{\overline{xy}:z}$를 단순조건부 NSP로 나타내시오.

39. 서로 독립적인 피보험자 (3), (34)의 연생계산기수표($t = 0, \cdots, 20$)를 작성하시오. $(x)$와 $(y)$ 모두 경험생명표(남)와 $i = 0.05$를 이용하여 작성하시오.

40. $\bar{a}_{x|y} = \int_0^\infty v^t {}_t p_{xy} \mu_{x+t} \bar{a}_{y+t} \, dt = \bar{a}_y - \bar{a}_{xy}$ 를 유도하시오.

41. $a_{x|y:\overline{n|}} = a_{y:\overline{n|}} - a_{xy:\overline{n|}}$ 을 $n=3$ 을 이용하여 증명하시오.

42. 다음의 APV를 구하시오.

    (a) $a_{z|xy}$      (b) $a_{yz|x}$      (c) $a_{z|\overline{xy}}$      (d) $a_{\overline{yz}|x}$

43. 계약시부터 고려해서 $\dfrac{1}{m}$ 년마다의 기간을 정하여, $(x)$ 가 어떤 $\dfrac{1}{m}$ 년 기간 중에 사망하였을 때, 그 $\dfrac{1}{m}$ 년 기간의 말에서 최초의 $\dfrac{1}{m}$ 원이 $(y)$ 에게 지급되고, $(y)$ 가 생존하는 한 그 때부터 매 $\dfrac{1}{m}$ 년 기간말에 $\dfrac{1}{m}$ 원씩 지급되는 유족연금의 APV를 $a_{x|y}^{(m)}$ 으로 표시한다. $a_{x|y}^{(m)}$ 을 구하는 식을 유도하고 근사치를 Woolhouse공식을 이용하여 나타내시오.

44. $a_{\overline{yz}|x}^{(m)} = a_{\overline{yz}|x}$ 임을 증명하시오.

45. $a_{wx|\overline{yz}} = a_y + a_z - a_{yz} - (a_{wxy} + a_{wxz} - a_{wxyz})$ 임을 보이시오.

46. $\bar{a}_{yz|x}^{1} + \bar{a}_{yz|x}^{1} = \bar{a}_{yz|x}$ 를 증명하시오.

47. $a_{xy|z}^{1}$ 와 $a_{xy|z}^{2}$ 의 관계를 설명하고 관계식을 나타내시오.

48. $(y)$ 가 사망시 $(x)$ 가 생존하고 있으면 지급되는 연금으로, $n$년 후부터 지급되는 연금(연액 1원)의 APV를 $\bar{a}_{y:\overline{n|}|x}$ 로 나타낼 수 있다. $\bar{a}_{y:\overline{n|}|x}$ 를 구하시오.

# Ⅱ. 일반이론

## 1. 확률모형의 개요

연생보험에 대한 확률모형은 어떠한 status(지위, 상태)가 생존 혹은 유지되는지(survive) 혹은 소멸되는지(fail)를 고찰하는 모형이다. 전통적 확률모형[1]에서는 어떤 status가 survive 하는지 fail 하는지를 다루기 때문에 status와 survive의 정의에 따라 여러 가지 확률변수 들을 고찰할 수 있다. 여기서 status란 어떤 지위나 상태를 의미한다고 볼 수 있는데 상태 라고 번역될 경우 제10장에서 고찰할 다중상태모형의 상태(state)와는 다른 의미이다. 다 중상태모형의 상태(state)와 구별하기 위하여 상태라는 용어보다는 지위나 그냥 스테이터 스(status)라는 용어를 사용하기로 한다. "fail"이라는 용어는 종료(終了), 소멸(消滅), 깨짐 등의 의미인데 본서에는 소멸이라는 용어를 사용하기로 한다. 또 "survive"라는 용어는 유지(維持) 또는 생존(生存)이라는 용어를 사용하기로 한다.

7장까지는 "survive"를 "$(x)$세의 사람이 살아있는 동안"이라고 정의한 단생명 status (single life status)에 대하여 고찰하였다. 이러한 정의에 기초할 경우 $(x)$의 미래생존기간을 나타내는 확률변수 $T_x$는 그 status의 생존기간(the period of survival of the status) 혹은 그 staus의 소멸시까지의 기간(the time-until-failure of the status)이라고 해석될 수 있다. survive 의 정의를 꼭 사람이 생존하는 것으로 정의할 필요가 없기 때문에 어떤 status가 survive 한다고 표현하는 것이 일반적인 표현일 것이다.

7장까지는 단생명(single life)의 사망시점에 의존하는(contingent) 급부의 분석에 대한 이 론을 전개하였다. 8장에서는 이러한 이론을 여러 생명들(연합생명, several lives)을 포함하는 급부이론으로 확장시키고자 한다. 연합생명(예: $x$, $y$)이 포함된 status의 survival과 연계된 확률이나 보험수리적 현가(APV)를 계산하기 위하여는 미래생존기간(未來生存期間)이란 확 률변수들(예: $T_x$, $T_y$)의 결합확률분포(結合確率分布)가 필요하다. 연생보험의 확률모형에서는 분석하고자 하는 status와 survival을 먼저 정의하고, 그 정의를 이용하여 연생연금과 연생 보험의 이론을 전개한다. 연생연금이란 분석하고자 하는 연합생명의 status가 survive하는 한 급부가 지급되는 상품이고 연생보험은 그 status가 fail하면 급부가 지급되는 상품이다.

본서에서 연생보험(聯生保險)은 뒤에서 설명되는 동시생존자보험, 최종생존자보험, 조건부 연생보험 등을 통칭하는 용어이고 연생연금(聯生年金)은 뒤에서 설명되는 동시생 존자연금, 최종생존자연금, 유족연금 등을 통칭하는 용어이다. 또 연생보험과 연생연금

---

1) 전통적이라는 표현을 쓴 것은 새로운 이론인 다중상태모형과 대비되는 개념으로 표시한 것이다. 따라서 확률모형이라고 표현해도 동일한 의미이다.

등 연합생명들이 포함되는 모든 보험이나 연금들의 상품들을 대표하는 용어로 연생보험이란 용어를 경우에 따라서는 사용하기로 한다.

## 2. 미래생존기간의 결합분포[1]

어떤 status의 소멸시까지의 기간(time-until-failure) $T$는 관계된 여러 생명들의 미래생존기간들(예: $T_x$, $T_y$)의 함수이다. 여러 생명들(연합생명) 각각의 미래생존기간들은 종속확률변수들(dependent random variables)로 생각할 수 있기 때문에 여기서는 변수들이 종속확률변수(從屬確率變數)들인 경우를 가정하여 이론을 전개하고자 한다. 그 후 변수들이 독립확률변수(independent random variables)인 경우를 고찰하기로 한다. 실무상에서는 서로 영향을 미치는 종속확률변수들의 자료를 확보하기가 어렵기 때문에 변수들을 독립확률변수(獨立確率變數)로 가정하는 경우가 많다. 독립확률변수를 가정하는 경우 단생명의 생명표(즉, 주변확률함수)의 숫자들을 이용할 수 있어서 편리하다.

본 장에서 사용되는 기호들을 정리하면 표 [8.2.2.1]과 같다. 표 [8.2.2.1]에서 등호 좌측의 기호를 사용하는 것이 원칙이나, 식이나 기호표시가 복잡한 경우 시각적 효과 때문에 표 [8.2.2.1]의 등호 우측편에 나타난 기호들을 적절히 사용하기로 한다. 표에 나타난 두 기호들은 동일한 의미를 갖는다.

표 [8.2.2.1] 동일한 의미의 연생변수와 연생함수의 표시

| | |
|---|---|
| $T_x = T(x)$ | $\mu_{x+t:\,y+t} = \mu_{xy}(t)$ |
| $T_{xy} = T(xy)$ | $F_{T_{xy}}(t) = F_{T(xy)}(t)$ |
| $T_{\overline{xy}} = T(\overline{xy})$ | $S_{T_{xy}}(t) = S_{T(xy)}(t)$ |
| $F_{T_x T_y}(s,\,t) = F_{T(x)T(y)}(s,\,t)$ | $f_{T_{xy}}(t) = f_{T(xy)}(t)$ |
| $S_{T_x T_y}(s,\,t) = S_{T(x)T(y)}(s,\,t)$ | $F_{T_{\overline{xy}}}(t) = F_{T(\overline{xy})}(t)$ |
| $f_{T_x T_y}(s,\,t) = f_{T(x)T(y)}(s,\,t)$ | $S_{T_{\overline{xy}}}(t) = S_{T(\overline{xy})}(t)$ |
| $\mu_{x+t} = \mu_x(t)$ | $f_{T_{\overline{xy}}}(t) = f_{T(\overline{xy})}(t)$ |

---

1) 제 8장 일반이론의 앞부분에서는 $T_x$와 $T_y$가 종속적인 경우를 가정하고 미래생존기간의 결합분포를 이용하여 연생모형을 접근하고 있다. 그러나 현실에서는 $T_x$와 $T_y$의 종속모형이 거의 이용되지 않고 있으므로 결합분포에 관련된 부분들은 크게 신경쓰지 않고 학습을 진행해도 될 것이다. 일반이론에서는 예제 (8.2.2.1)의 결합 p.d.f를 계속 이용하여 여러 가지 새로운 연생변수의 분포, 연생확률과 APV 등을 구하고 있다. 이와 같은 종속모형이 부담스러운 독자는 관련부분(주로 2절, 3절 앞부분 및 예제 (8.2.2.1)과 관련하여 매절마다 계속되는 예제들)을 크게 신경쓰지 않고, 즉 $T_x$와 $T_y$가 독립적인 경우만을 고려하면서, 8장 끝까지 학습을 해도 상관이 없다. 그러나 이론적인 측면에서 볼 때 $T_x$와 $T_y$의 결합분포로 연생모형을 접근하는 것은 현실성은 없어도, 이론적인 측면에서는 개념정립에 좋은 접근방법이다. 연생모형에서는 실제적으로 $T_x$와 $T_y$가 독립적이라는 가정하에서 대부분 모든 이론이 전개된다. 실무상에서는 더욱더 그러하다.

$(x)$의 미래생존기간을 $T_x$, $(y)$의 미래생존기간을 $T_y$라고 하고 $(x)$와 $(y)$의 결합확률밀도 함수(joint p.d.f.)를 $f_{T(x)T(y)}(s, t)$, 결합(누적)분포함수(joint distribution function)를 $F_{T(x)T(y)}(s, t)$, 주변확률밀도함수(marginal p.d.f.)와 주변분포함수(marginal distribution function)를 각각 $f_{T(x)}(s)$, $f_{T(y)}(t)$, $F_{T(x)}(s)$, $F_{T(y)}(t)$라고 표현하기로 하면 다음과 같이 정의된다.

$$F_{T_x T_y}(s, t) = F_{T(x)T(y)}(s, t) = \Pr(T_x \leq s \text{ and } T_y \leq t) \qquad (8.2.2.1)$$

$$= \int_{-\infty}^{t} \int_{-\infty}^{s} f_{T(x)T(y)}(u, v) \, du \, dv \qquad (8.2.2.2)$$

$$F_{T_x}(s) = F_{T(x)}(s) = \int_{-\infty}^{s} f_{T(x)}(u) \, du = F_{T(x)T(y)}(s, \infty)^{1)} \qquad (8.2.2.3)$$

$$F_{T_y}(t) = F_{T(y)}(t) = \int_{-\infty}^{t} f_{T(y)}(v) \, dv = F_{T(x)T(y)}(\infty, t)^{2)} \qquad (8.2.2.4)$$

( 예제 8.2.2.1 )

$T_x$와 $T_y$의 결합확률밀도함수(joint p.d.f.)가 다음과 같을 때[3]

$$f_{T_x T_y}(s, t) = f_{T(x)T(y)}(s, t) = \begin{cases} \dfrac{s+t}{125}, & 0 < s < 5,\ 0 < t < 5 \\ \\ 0, & \text{그외 구간} \end{cases}$$

(a) $T_x$와 $T_y$의 결합누적분포함수(joint d.f.)를 구하시오.

(b) $T_x$의 확률밀도함수(p.d.f), 누적분포함수(d.f.), $_s p_x$ 그리고 사력 $\mu_{x+s} = \mu_x(s)$을 구하시오.

(c) $T_x$와 $T_y$의 상관계수를 구하시오.

**풀이**

(a) 　　$F_{T_x T_y}(s, t) = F_{T(x)T(y)}(s, t) = \Pr(T_x \leq s \text{ and } T_y \leq t)$

$$= \int_{-\infty}^{t} \int_{-\infty}^{s} f_{T(x)T(y)}(u, v) \, du \, dv$$

$$= \int_{0}^{t} \int_{0}^{s} \frac{u+v}{125} \, du \, dv = \int_{0}^{t} \frac{1}{125} \left[ \frac{1}{2} u^2 + vu \right]_{0}^{s} dv$$

$$= \frac{1}{125} \int_{0}^{t} \left( \frac{1}{2} s^2 + sv \right) dv = \frac{1}{125} \left[ \frac{1}{2} s^2 v + \frac{1}{2} sv^2 \right]_{0}^{t}$$

---

1) $\infty$는 그 외 구간이 아닌 $t$범위의 최대값.

2) $\infty$는 그 외 구간이 아닌 $s$범위의 최대값.

3) 적분하기도 편하면서 현실을 반영하는 $T_x$와 $T_y$의 결합 p.d.f는 실제로 찾기가 어려운 실정이다. 이런 이유 때문에 결합 p.d.f로 연생모형을 접근하는 것은 한계가 있다.

$$= \frac{1}{125}\left(\frac{1}{2}s^2t + \frac{1}{2}st^2\right) = \frac{1}{250}st(s+t), \quad 0<s\le 5, \ 0<t\le 5 \ (\text{A영역})$$

그림 [8.2.2.1] $T_x$와 $T_y$의 표본공간(Sample Space)

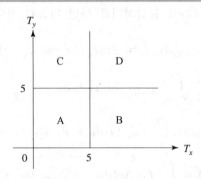

C, B, D영역에서는 결합확률분포가 0이므로

$$F_{T(x)T(y)}(s, \ t) = F_{T(x)T(y)}(s, \ 5) = F_{T(x)}(s) = \frac{1}{50}s(s+5) \ (\text{C영역})$$

$$F_{T(x)T(y)}(s, \ t) = F_{T(x)T(y)}(5, \ t) = F_{T(y)}(t) = \frac{1}{50}t(t+5) \ (\text{B영역})$$

$$F_{T(x)T(y)}(s, \ t) = 1 \ (\text{D영역})$$

(b) $s$와 $t$의 대칭성으로 인하여 $T_x$와 $T_y$는 동일한 분포를 갖는다.

$$F_{T(x)T(y)}(s, \ 5) = F_{T_x}(s) = F_{T(x)}(s)$$

$$\begin{aligned} &= 0, && s\le 0 \\ &= \frac{1}{50}s(s+5), && 0<s\le 5 \\ &= 1, && s>5 \end{aligned}$$

$$\begin{aligned} f_{T(x)}(s) = F'_{T(x)}(s) &= \frac{1}{50}(2s+5), && 0<s\le 5 \\ &= 0, && \text{그 외 구간} \end{aligned}$$

$$\begin{aligned} {}_sp_x &= 1 - F_{T(x)}(s) \\ &= 1 - \frac{1}{50}s(s+5), && 0<s\le 5 \\ &= 0, && s>5 \end{aligned}$$

$$\mu_{x+s} = \mu_x(s) = \frac{f_{T(x)}(s)}{1 - F_{T(x)}(s)} = \frac{2s+5}{50 - s(s+5)}, \qquad 0<s\le 5$$

(c) $T_x$와 $T_y$의 상관계수를 구하기 위해 필요한 $E(T_x)$, $E(T_y)$, $\text{Var}(T_x)$ 등을 순차적으로 구해 보자.

$$E(T_x) = \int_0^5 s\frac{1}{50}(2s+5)\,ds = \frac{1}{50}\int_0^5 2s^2+5s\,ds$$

$$= \frac{1}{50}\left[\frac{2}{3}s^3+\frac{5}{2}s^2\right]_0^5 = \frac{35}{12} = E(T_y)$$

$$E(T_x^2) = \int_0^5 s^2\frac{1}{50}(2s+5)\,ds = \frac{1}{50}\int_0^5 2s^3+5s^2\,ds$$

$$= \frac{1}{50}\left[\frac{2}{4}s^4+\frac{5}{3}s^3\right]_0^5 = \frac{125}{12} = E(T_y^2)$$

$$\mathrm{Var}(T_x) = E(T_x^2) - [E(T_x)]^2 = \frac{125}{12} - \left(\frac{35}{12}\right)^2 = \frac{275}{144} = \mathrm{Var}(T_y)$$

$$E(T_xT_y) = \int_0^5\int_0^5 st\frac{s+t}{125}\,ds\,dt = \frac{1}{125}\int_0^5\int_0^5 s^2t+st^2\,ds\,dt$$

$$= \frac{1}{125}\int_0^5\left[\frac{1}{3}s^3t+\frac{1}{2}s^2t^2\right]_0^5 dt = \frac{1}{125}\int_0^5 \frac{5^3}{3}t+\frac{5^2}{2}t^2\,dt$$

$$= \frac{1}{125}\left[\frac{5^3}{6}t^2+\frac{5^2}{6}t^3\right]_0^5 = \frac{25}{3}$$

$$\mathrm{Cov}(T_x,T_y) = E(T_xT_y) - E(T_x)E(T_y) = \frac{25}{3} - \left(\frac{35}{12}\right)^2 = -\frac{25}{144}$$

$$\rho_{T_xT_y} = \rho_{T(x)T(y)} = \frac{\mathrm{Cov}(T_x,\,T_y)}{\sigma_{T(x)}\sigma_{T(y)}} = \frac{\mathrm{Cov}(T_x,\,T_y)}{\sqrt{\mathrm{Var}(T_x)}\,\sqrt{\mathrm{Var}(T_y)}}$$

$$= \frac{-25/144}{275/144} = -\frac{1}{11} = -0.09091$$

결합생존함수(結合生存函數, joint survival function)를 다음과 같이 정의한다.

$$S_{T_xT_y}(s,\,t) = S_{T(x)T(y)}(s,\,t) = \Pr(T_x>s \text{ and } T_y>t) \tag{8.2.2.5}$$

앞에서 정의한 결합분포함수(joint d.f.)는 그림 [8.2.2.2]에서 A영역이고 결합생존함수는 D영역이기 때문에 두 함수의 합이 반드시 1이 되는 것은 아니다. 즉, $F_{T(x)T(y)}(s,\,t)$ (A영역) $\neq 1-S_{T(x)T(y)}(s,\,t)$ (1-D영역)이다.

$1-F_{T(x)T(y)}(s,\,t) = \Pr(T_x>s \text{ or } T_y>t)$이므로 B, C, D영역이고, $1-S_{T(x)T(y)}(s,\,t)$ $= \Pr(T_x<s \text{ or } T_y<t)$이므로 A, B, C영역이다.

우리는 제 3절과 제 4절에서 동시생존자상태의 확률변수인 $T_{xy} = \min(T_x,\,T_y) = T_x \wedge T_y$와 최종생존자상태의 확률변수인 $T_{\overline{xy}} = \max(T_x,\,T_y) = T_x \vee T_y$를 정의할 것이다. 향후 $T_{xy}$에 대한 모든 계산은 $S_{T(x)T(y)}(t,\,t)$인 D영역을 기준으로 수행하며,[1] $T_{\overline{xy}}$에 대한 모든 계

---

1) 제3절 이후부터는 보통 $s=t$인 경우를 주로 고찰한다.

산을 $F_{T(x)T(y)}(t, t)$인 A영역을 기준으로 수행할 것이기 때문에 그림 [8.2.2.2]를 잘 이해하고 기억하는 것이 필요하다.

그림 [8.2.2.2]  $S_{T(x)T(y)}(s, t)$와 $F_{T(x)T(y)}(s, t)$의 영역

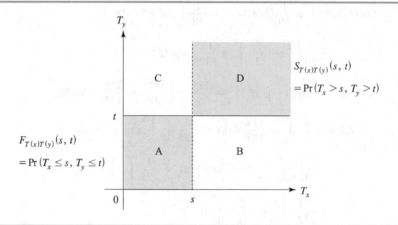

예제 8.2.2.2

예제 (8.2.2.1)에 있는 $T_x$, $T_y$의 결합 p.d.f를 이용하여 결합생존함수를 구하시오.

**풀이**

$0 < s < 5$, $0 < t < 5$(A영역)에서는

$$S_{T_x T_y}(s, t) = S_{T(x)T(y)}(s, t) = \Pr(T_x > s \cap T_y > t)$$

$$= \int_t^\infty \int_s^\infty f_{T(x)T(y)}(u,v)\, du\, dv$$

$$= \int_t^5 \int_s^5 \frac{u+v}{125}\, du\, dv = \frac{1}{125} \int_t^5 \left[\frac{1}{2}u^2 + vu\right]_s^5 dv$$

$$= \frac{1}{125} \int_t^5 \left(\frac{5^2}{2} + 5v - \frac{1}{2}s^2 - vs\right) dv = \frac{1}{125} \left[\frac{5^2}{2}v + \frac{5}{2}v^2 - \frac{1}{2}s^2 v - \frac{1}{2}v^2 s\right]_t^5$$

$$= \frac{1}{250} \left[(t-5)s^2 + (t^2 - 5^2)s - 5t^2 - 5^2 t + 2 \times 5^3\right]$$

$$= \frac{1}{250} (5-t)(5-s)(10+s+t)$$

그림 [8.2.2.1]의 B영역에서 $S_{T(x)T(y)}(5, t) = S_{T(y)}(t) = {}_t p_y$가 된다. $0 < s < 5$이고 $0 < t < 5$인 경우(A영역)는 $s$값에 따라 $T_y$의 p.d.f.가 달라진다. 즉, $T_y$는 $T_x$에 의존한다(종속적). $s > 5$이고 $0 < t < 5$인 경우(B영역)는 $T_y$의 p.d.f.는 $T_x$에 의존하지 않고 동일하다. B영역의 경우는 $(x)$가 사망한 경우가 되므로 $T_y$의 분포는 $T_x$에 의존하지 않고 동일하게 된다. 즉 $T_y$만의 분포인

$f_{T(y)}(t)$가 된다.[1] C영역에서 $S_{T(x)T(y)}(s, 5) = S_{T(x)}(s) = {}_s p_x$가 되며, $T_x$와 $T_y$의 관계는 $s$와 $t$의 범위에 따라 위와 비슷하게 해석할 수 있다.[2] 따라서 B, C, D영역에서는 $S_{T(x)T(y)}(s, t)$는 0이 된다.[3]

앞에서 두 개의 종속적인 미래생존기간 확률변수들의 결합확률밀도함수가 주어지고 이를 이용하여 각각의 주변분포와 변수들 간의 상관관계를 구하였다. 그러나 두 변수들의 종속정도를 추정하기 위한 자료가 부족하기 때문에 실제 적용시에는 두 변수들이 독립적이라고 가정하는 경우가 대부분이다.

### 3. 동시생존자상태(The Joint-Life Status)

"survive"가 "분석대상 생명들에 대하여 모든 생명들이 생존하는 동안"이고 "fail"은 "그 중 첫 번째 사망이 발생하는 경우"의 status[4]를 연합생명 status(joint-life status)라고 부른다. joint-life status를 본서에서는 동시생존자 status 또는 동시생존자상태(同時生存者狀態)라고 표현하기로 한다.[5]

동시생존자상태의 소멸시(消滅時)까지의 기간($T$: time-until-failure)의 분포를 생각해

---

1) 10장에서 고찰할 다중상태모형 6(종속적 연생모형)에서 $0<s<5$, $0<t<5$이거나 $(x)$, $(y)$ 둘 다 생존시는 상태 0을, $t>5$, $0<s<5$나 $(y)$가 사망한 경우는 상태 1을, $s>5$, $0<t<5$나 $(x)$가 사망한 경우는 상태 2를, $s>5$, $t>5$나 $(x)$, $(y)$ 둘 다 사망인 경우는 상태 3을 의미한다. 따라서 상태 0에서는 종속적 모형이 되고 상태 1과 상태 2에서는 독립적 모형이 된다.

2) $0<t<5$이고 $0<s<5$인 경우(A영역)는 $t$값에 따라 $T_x$의 p.d.f.가 달라진다. 즉 $T_x$는 $T_y$에 의존한다(종속적). $t>5$이고 $0<s<5$인 경우(C영역)는 $T_x$의 p.d.f.는 $T_y$에 의존하지 않고 동일하다. C영역의 경우는 $(y)$가 사망한 경우가 되므로 $T_x$의 분포는 $T_y$에 의존하지 않고 동일하게 된다. 즉 $T_x$만의 분포인 $f_{T(x)}(t)$가 된다.

3) 그 외의 구간에 대하여 $S_{T(x)T(y)}(s, t)$는 다음과 같다. $s<0$, $t<0$인 경우는 $S_{T(x)T(y)}(s, t)=1$. $s<0$, $t>0$인 경우는 $S_{T(x)T(y)}(s, t)=S_{T(y)}(t)={}_t p_y$, $s>0$, $t<0$인 경우는 $S_{T(x)T(y)}(s, t)=S_{T(x)}(s)={}_s p_x$이다. 일반적으로 생존함수의 경우 $s>0$, $t>0$인 경우이므로 $s<0$ 또는 $t<0$인 경우는 고려할 필요가 적을 것이다.

4) 여기서 상태는 status를 번역한 용어로 다중상태모형의 상태(state)와는 다른 의미를 갖는다. 여기서의 status는 어떤 "지위" 등을 의미하는데 이미 상태라는 용어가 쓰이고 있으므로 본서에서는 상태(status) 혹은 명확히 할 경우 status란 용어를 사용하기로 한다.

5) joint-life status를 동시생존이나 공존 등으로 번역한 것은 올바른 것이 아니라고 생각된다. 그 이유는 두 가지로 제시할 수 있다. (1) 우리는 joint-life status가 survive하느냐 fail하느냐를 고려하는데 어떤 life(생명, 생존자)가 survive냐 fail이냐를 고려하는 것이지 어떤 survival(생존)이 survive냐 fail이냐를 고려하는 것이 아니다. 어떤 생존(survival)이 survive한다는 것은 맞지 않다. 즉 life는 어떤 생명(생존자)이지 생존(survival)이 아니다. (2) joint-life status와 대응되는 용어가 last-survivor status다. 따라서 최종생존자상태에 대응되는 용어는 동시생존자 상태이지 동시생존상태는 아니다. 여기서도 최종생존자가 survive하느냐 fail하느냐를 고려하지 최종생존(last survival)이 survive하느냐 fail하느냐를 고려하지는 않는다. 따라서 향후 joint-life status는 동시생존자상태나 연합생명상태, 공존자상태 등으로 용어를 통일하는 것이 올바른 방향일 것이다.

보기로 한다. $T_{x_i}$를 개인 $i$의 미래생존기간이라고 할 때, $m$개의 생명에 대하여

$$T = T_{x_1, x_2, \cdots, x_m} = \min(T_{x_1}, T_{x_2}, \cdots, T_{x_m}) \tag{8.2.3.1}$$

라고 나타낼 수 있다. 두 개의 생명 $(x)$와 $(y)$를 고려하는 경우, 즉, $m=2$인 경우는

$$T = T_{xy} = \min(T_x, T_y) = T_x \wedge T_y \tag{8.2.3.2}$$

로 나타낸다. $t > 0$인 경우 동시생존자상태를 나타내는 $T_{xy}(=T)$라는 단일변수$(T)$의 분포함수와 생존함수(single-variable distribution and survival function)를 $T_x$와 $T_y$의 결합분포의 형태로 나타내 보자.

그림 [8.2.3.1]   $T_x$와 $T_y$의 표본공간과 $_tp_{xy}$, $_tq_{xy}$의 영역

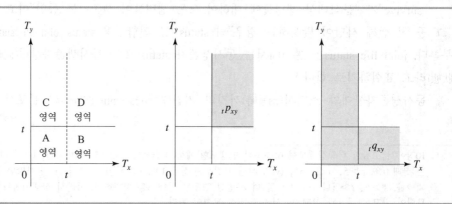

동시생존자상태를 고찰할 경우 $S_{T(xy)}(t)$를 먼저 고찰하고 다른 함수들을 생각하는 것이 이해하기 쉽고 명확하다. $T_x$와 $T_y$가 독립적이지 않은 일반적인 가정하에서 $S_{T(xy)}(t)$를 다음과 같이 정의한다.

$$S_{T(xy)}(t) = \Pr(T_{xy} > t) = {}_tp_{xy} \tag{8.2.3.3}$$
$$= \Pr(\min(T_x, T_y) > t) \tag{8.2.3.4}$$
$$= \Pr(T_x > t \text{ and } T_y > t) \tag{8.2.3.5}$$
$$= S_{T(x)T(y)}(t, t) \tag{8.2.3.6}$$

$S_{T(x)T(y)}(s, t)$영역은 그림 [8.2.2.2]에서 D영역에 속하므로 $S_{T(xy)}(t)$는 D영역을 의미하고 D영역이 $_tp_{xy}$가 된다. 동시생존자상태의 모든 확률계산은 $S_{T(xy)}(t)$의 D영역을 기준으로 생각하는 것이 편리하다. $S_{T(xy)}(t)$를 D영역으로 볼 때 $F_{T(xy)}(t)$는 $1 - S_{T(xy)}(t)$로 C,

B, A영역이 된다.

$$F_{T_{xy}}(t) = F_{T(xy)}(t) = {}_t q_{xy} = \Pr(T_{xy} \le t) \tag{8.2.3.7}$$

$$= 1 - S_{T(x)T(y)}(t, t) \tag{8.2.3.8}$$

$$= 1 - S_{T(xy)}(t) = 1 - {}_t p_{xy} \tag{8.2.3.9}$$

$T_x$와 $T_y$가 독립적인 경우

$$S_{T(xy)}(t) = {}_t p_{xy} = S_{T(x)T(y)}(t, t) \tag{8.2.3.10}$$

$$= S_{T(x)}(t) \, S_{T(y)}(t) = {}_t p_x \, {}_t p_y \tag{8.2.3.11}$$

가 된다. 두 변수가 독립적인 경우 $S_{T(xy)}(t)$를 기준으로 생각하면

$$_t q_{xy} = F_{T(xy)}(t) = 1 - S_{T(xy)}(t) \tag{8.2.3.12}$$

$$= 1 - {}_t p_{xy} \tag{8.2.3.13}$$

$$= 1 - (1 - {}_t q_x)(1 - {}_t q_y) \tag{8.2.3.14}$$

$$= {}_t q_x + {}_t q_y - {}_t q_x \, {}_t q_y \tag{8.2.3.15}$$

가 성립한다.

### 예제 8.2.3.1

예제 (8.2.2.1)의 결합확률밀도함수를 이용하여, 동시생존자상태(joint-life status) $T_{xy}$에 대한 누적분포함수, 생존함수, 완전평균여명을 구하시오.

**풀이**

$t \le 0$과 $t > 5$에서 $F_{T_{xy}}(t)$는 각각 0과 1이다. $0 < t \le 5$에서 예제 (8.2.2.2)의 결과와 식 (8.2.3.6)을 이용하면,

$$S_{T_{xy}}(t) = {}_t p_{xy} = \frac{1}{250} \left[ (5-t)^2 (10+2t) \right] = \frac{1}{125} \left[ (t-5)^2 (t+5) \right]$$

$$= \frac{1}{125} (t^3 - 5t^2 - 25t + 125), \quad 0 < t \le 5$$

$$F_{T_{xy}}(t) = F_{T(xy)}(t) = 1 - S_{T(xy)}(t) = \frac{1}{125} (-t^3 + 5t^2 + 25t)$$

식 (2.2.7.3)으로부터 $T_{xy}$의 완전평균여명은

$$\mathring{e}_{xy} = E(T_{xy}) = \int_0^\infty {}_t p_{xy} \, dt = \int_0^5 1 - \frac{1}{125} (-t^3 + 5t^2 + 25t) \, dt$$

$$= \frac{1}{125} \left[ 125t + \frac{1}{4}t^4 - \frac{5}{3}t^3 - \frac{25}{2}t^2 \right]_0^5 = \frac{25}{12}$$

예제 8.2.3.2

Leibniz의 정리를 사용하여 다음을 증명하시오.

(a) $\dfrac{d}{dt} S_{T(x)T(y)}(t,\, t) = -\left[\displaystyle\int_t^\infty f_{T(x)T(y)}(t,\, v)\,dv + \int_t^\infty f_{T(x)T(y)}(u,\, t)\,du\right]$ (8.2.3.16)

(b) $\dfrac{d}{dt} F_{T(x)T(y)}(t,\, t) = \left[\displaystyle\int_0^t f_{T(x)T(y)}(t,\, v)\,dv + \int_0^t f_{T(x)T(y)}(u,\, t)\,du\right]$ (8.2.3.17)

**풀이**

(a) $S_{T(x)T(y)}(t,\, t) = \displaystyle\int_t^\infty \int_t^\infty f_{T(x)T(y)}(u,\, v)\,dv\,du$ 이므로 $\displaystyle\int_t^\infty f_{T(x)T(y)}(u,\, v)\,dv = g(u,\, t)$ 라고 하면,

$S_{T(x)T(y)}(t,\, t) = \displaystyle\int_t^\infty g(u,\, t)\,du$ 로 나타낼 수 있다. 여기에 Leibniz의 정리를 적용하면

$$\frac{d}{dt} S_{T(x)T(y)}(t,\, t) = \int_t^\infty \frac{\partial}{\partial t} g(u,\, t)\,du + g(\infty,\, t)\frac{d}{dt}(\infty) - g(t,\, t)\frac{d}{dt}(t)\ ^{1)}$$

여기서 $\dfrac{\partial}{\partial t} g(u,\, t) = \dfrac{\partial}{\partial t}\displaystyle\int_t^\infty f_{T(x)T(y)}(u,\, v)\,dv = -f_{T(x)T(y)}(u,\, t)$ 이고,

$g(t,t) = \displaystyle\int_t^\infty f_{T(x)T(y)}(t,\, v)\,dv$ 이므로 위 식에 대입해서 정리하면

$$\frac{d}{dt} S_{T(x)T(y)}(t,\, t) = -\left[\int_t^\infty f_{T(x)T(y)}(t,\, v)\,dv + \int_t^\infty f_{T(x)T(y)}(u,\, t)\,du\right]$$ 가 된다.

(b) 풀이방식은 (a)와 동일하다.

$F_{T(x)T(y)}(t,\, t) = \displaystyle\int_0^t \int_0^t f_{T(x)T(y)}(u,\, v)\,dv\,du$ 이므로 $\displaystyle\int_0^t f_{T(x)T(y)}(u,\, v)\,dv = g(u,\, t)$ 라고 하면,

$F_{T(x)T(y)}(t,\, t) = \displaystyle\int_0^t g(u,\, t)\,du$ 로 나타낼 수 있다. 여기에 Leibniz의 정리를 적용하면

$$\frac{d}{dt} F_{T(x)T(y)}(t,\, t) = \int_0^t \frac{\partial}{\partial t} g(u,\, t)\,du + g(t,t)\frac{d}{dt}(t) - g(0,\, t)\frac{d}{dt}(0)$$

여기서 $\dfrac{\partial}{\partial t} g(u,\, t) = \dfrac{\partial}{\partial t}\displaystyle\int_0^t f_{T(x)T(y)}(u,\, v)\,dv = f_{T(x)T(y)}(u,\, t)$ 이고,

$g(t,\, t) = \displaystyle\int_0^t f_{T(x)T(y)}(t,\, v)\,dv$ 이므로 위 식에 대입해서 정리하면

$$\frac{d}{dt} F_{T(x)T(y)}(t,\, t) = \left[\int_0^t f_{T(x)T(y)}(t,\, v)\,dv + \int_0^t f_{T(x)T(y)}(u,\, t)\,du\right]$$ 가 된다. ∎

이제 $T_{xy}$의 p.d.f.를 구해보자. $T_{xy}$의 p.d.f.는 식 (8.2.3.16)으로부터

---

1) 여기서 $\infty$는 앞에서와 같이 그 외 구간이 아닌 범위의 최대값을 의미하므로 결국 어떠한 상수로 취급하면 될 것이다.

$$f_{T(xy)}(t) = -\frac{d}{dt} S_{T(x)T(y)}(t, t) \qquad (8.2.3.18)$$

$$= \int_t^\infty f_{T(x)T(y)}(t, v)\,dv + \int_t^\infty f_{T(x)T(y)}(u, t)\,du \qquad (8.2.3.19)$$

을 구할 수 있다. 또 식 (8.2.4.35)와 식 (8.2.3.17)을 이용하면 $T_{xy}$의 p.d.f.는 다음과 같이 표현할 수 있다.

$$f_{T(xy)}(t) = f_{T(x)}(t) + f_{T(y)}(t)$$
$$- \left[ \int_0^t f_{T(x)T(y)}(t, v)\,dv + \int_0^t f_{T(x)T(y)}(u, t)\,du \right] \qquad (8.2.3.20)$$

$T_x$와 $T_y$가 독립적인 경우

$$f_{T(x)T(y)}(u, v) = {}_u p_x\, \mu_{x+u}\, {}_v p_y\, \mu_{y+v} \qquad (8.2.3.21)$$

이다. 식 (8.2.3.21)을 식 (8.2.3.19)에 대입하면

$$f_{T(xy)}(t) = \int_t^\infty {}_t p_x\, \mu_{x+t}\, {}_v p_y\, \mu_{y+v}\,dv + \int_t^\infty {}_u p_x\, \mu_{x+u}\, {}_t p_y\, \mu_{y+t}\,du \qquad (8.2.3.22)$$

이 된다. ${}_v p_y\, \mu_{y+v} = -\frac{d}{dv}\, {}_v p_y$와 ${}_u p_x\, \mu_{x+u} = -\frac{d}{du}\, {}_u p_x$를 식 (8.2.3.22)에 대입하여 전개하면, $T_x$와 $T_y$가 독립적인 경우 $f_{T(xy)}(t)$는 다음과 같이 나타낼 수 있다.

$$f_{T(xy)}(t) = ({}_t p_x\, \mu_{x+t})\, {}_t p_y + {}_t p_x\, ({}_t p_y\, \mu_{y+t}) \qquad (8.2.3.23)$$
$$= {}_t p_{xy}(\mu_{x+t} + \mu_{y+t}) \qquad (8.2.3.24)$$
$$= {}_t p_{xy}\, \mu_{x+t\,:\,y+t} = {}_t p_{xy}\, \mu_{xy}(t) \qquad (8.2.3.25)$$

식 (8.2.3.21)을 식 (8.2.3.20)에 대입하여 전개하여도 위식과 동일한 결과를 얻을 수 있다.

---

 예제 8.2.3.3 

$f_{T(xy)}(t) = \int_t^\infty f_{T(x)T(y)}(t, v)\,dv + \int_t^\infty f_{T(x)T(y)}(u, t)\,du$를 이용하여 예제 (8.2.2.1)에 대하여 $T_{xy}$의 확률밀도함수를 구하시오. 그리고 예제 (8.2.3.1)에서 구한 누적분포함수와 비교하시오.

**풀이**

위 식을 이용하면($u \to t$, $v \to t$를 대입)

$$f_{T(xy)}(t) = \int_t^5 \frac{t+v}{125} \, dv + \int_t^5 \frac{u+t}{125} \, du = \frac{1}{125}\left[tv + \frac{1}{2}v^2\right]_t^5 + \frac{1}{125}\left[tv + \frac{1}{2}v^2\right]_t^5$$

$$= \frac{1}{125}\left(-\frac{3}{2}t^2 + 5t + \frac{25}{2}\right) + \frac{1}{125}\left(-\frac{3}{2}t^2 + 5t + \frac{25}{2}\right)$$

$$= \frac{1}{125}(-3t^2 + 10t + 25), \qquad 0 < t < 5$$

$$f_{T(xy)}(t) = 0, \qquad\qquad\qquad \text{그 외 구간}$$

이것은 예제 (8.2.3.1)에서 구한 누적분포함수를 $t$에 대해서 미분하면 얻는 값과 동일하다.[1]

제2장에서 우리는 단생명의 미래생존기간 $T_x$의 분포를 사력[2] $\mu_{x+t}$를 이용하여 나타낼 수 있는 것을 고찰하였다. 연생모형에서도 $t$시점에서 어떤 status에서의 사력 또는 소멸력(消滅力, force of failure)을 생각할 수 있다. 동시생존자상태에서의 사력은 전통적으로 $\mu_{x+t:y+t}$를 사용하여 나타내고 있다. 본서에서는 연생모형의 사력을 $\mu_{x+t:y+t}$나 $\mu_{xy}(t)$로 표현하고자 한다. 연생모형에서 미분이나 적분 등 경과기간의 표시가 중요한 경우 $\mu_{xy}(t)$로 표시하면 시각적으로 좋은 효과가 있기 때문에 많은 경우 $\mu_{xy}(t)$로 표현하고자 한다.

2장에서 고찰한 사력의 정의에 따라 $\mu_{xy}(t)$를 정의하면

$$\mu_{x+t:y+t} = \mu_{xy}(t) = \frac{f_{T(xy)}(t)}{1 - F_{T(xy)}(t)} = \frac{f_{T(xy)}(t)}{S_{T(xy)}(t)} \tag{8.2.3.26}$$

$T_x$와 $T_y$가 종속적인 경우 식 (8.2.3.26)은 간단한 식으로 표시되지 않는다. 그러나 $T_x$와 $T_y$가 독립적인 경우는 식 (8.2.3.26)을 간단한 식으로 표시할 수 있다. 식 (8.2.3.11) 과 식 (8.2.3.24)를 이용하면 $T_x$와 $T_y$가 독립적인 경우 다음 식이 성립한다.

---

[1] $T_x$와 $T_y$의 미래생존기간의 결합확률분포가 다르더라도 동시생존자상태의 $T_{xy} = \min(T_x, T_y)$의 분포는 동일할 수 있다. 이와 같은 가능성은 동시생존자상태에서는 첫 번째 사망자만 관찰될 수 있다는 점에서 중요한 지적일 수 있다. 이와 같은 경우에는 동시생존자상태의 분포가 주어진다고 해서 동시생존자상태의 분포를 발생시킨 원래의 결합확률분포가 유일하게 결정될 수 없는 것을 의미한다. 즉 관찰되는 동일한 데이터에 대하여 그 데이터를 발생시킨 원래의 모델이나 분포를 구별하기 어려울 수 있다. 이와 같은 특성은 다중탈퇴모형에서도 나타난다.

[2] 사력(force of mortality)의 더 일반적인 표현은 force of failure(소멸력)이다. 본서에서는 연생모형에서 force of failure도 사력으로 표현하기로 한다.

$$\mu_{xy}(t) = \frac{f_{T(xy)}(t)}{1 - F_{T(xy)}(t)} = \frac{f_{T(xy)}(t)}{S_{T(xy)}(t)} \tag{8.2.3.27}$$

$$= \frac{{}_t p_{xy}(\mu_{x+t} + \mu_{y+t})}{{}_t p_{xy}} \tag{8.2.3.28}$$

$$= \mu_{x+t} + \mu_{y+t} \tag{8.2.3.29}$$

$T_x$와 $T_y$가 독립적인 경우 $T_{xy}$의 확률밀도함수 $f_{T(xy)}(t)$는 다음과 같이 나타낼 수 있다.

$$f_{T(xy)}(t) = {}_t p_{xy}\,\mu_{xy}(t) = {}_t p_{xy}\,\mu_{x+t:y+t} = {}_t p_{xy}(\mu_{x+t} + \mu_{y+t}) \tag{8.2.3.30}$$

---

### 예제 8.2.3.4

예제 (8.2.2.1)에 대하여 $T_{xy}$의 사력(소멸력: force of failure)을 구하시오.

**풀이**

예제 (8.2.3.1), 예제 (8.2.3.3)의 결과를 이용하면 $T_{xy}$의 사력은

$$\mu_{xy}(t) = \frac{f_{T(xy)}(t)}{1 - F_{T(xy)}(t)} = \frac{\frac{1}{125}(-3t^2 + 10t + 25)}{1 - \frac{1}{125}(-t^3 + 5t^2 + 25t)} = \frac{-3t^2 + 10t + 25}{t^3 - 5t^2 - 25t + 125}$$

동시생존자상태(joint-life status)가 $k$와 $k+1$ 사이에서 소멸하는(fail) 확률은 2장에서 고찰한 바와 같이

$$\Pr(k < T_{xy} \le k+1) = \Pr(T_{xy} \le k+1) - \Pr(T_{xy} \le k) \tag{8.2.3.31}$$

$$= {}_k p_{xy} - {}_{k+1} p_{xy} \tag{8.2.3.32}$$

$$= {}_k p_{xy}\, q_{x+k:y+k} \tag{8.2.3.33}$$

$(x)$와 $(y)$의 미래생존기간이 독립적인 경우 동시생존자상태 $(x+k:y+k)$가 다음 보험연도에 소멸(fail)되는 확률은 다음과 같이 $(x)$, $(y)$의 개별 사망확률로 나타낼 수 있다.

$$q_{x+k:y+k} = 1 - p_{x+k:y+k} \tag{8.2.3.34}$$

$$= 1 - (1 - q_{x\,|\,k})(1 - q_{y+k}) \tag{8.2.3.35}$$

$$= q_{x+k} + q_{y+k} - q_{x+k}\,q_{y+k} \tag{8.2.3.36}$$

$$= q_{x+k} + (1 - q_{x+k})\,q_{y+k} \tag{8.2.3.37}$$

2장에서 고찰 한 바와 같은 논리로 동시생존자상태의 미래개산생존기간 $K$의 확률함수 (p.f.)는 다음과 같이 나타낼 수 있다.

$$\Pr(K_{xy}=k) = {}_{k|}q_{xy} = \Pr(k < T_{xy} \le k+1) \tag{8.2.3.38}$$

$$= {}_{k}p_{xy}\ q_{x+k:y+k} \tag{8.2.3.39}$$

( 예제 8.2.3.5 )

예제 (8.2.3.1)의 누적분포함수를 이용하여, $K_{xy}$의 확률함수와 개산평균여명을 구하시오.

풀이

예제 (8.2.3.1)의 결과로부터 ${}_{k}p_{xy} = 1 - \dfrac{1}{125}(-k^3 + 5k^2 + 25k)$ 이다.

$$
\begin{aligned}
\Pr(K_{xy}=x) &= {}_{k}p_{xy} - {}_{k+1}p_{xy}\\
&= 1 - \frac{1}{125}(-k^3 + 5k^2 + 25k)\\
&\quad - \left[1 - \frac{1}{125}(-(k+1)^3 + 5(k+1)^2 + 25(k+1))\right]\\
&= \frac{1}{125}(-3k^2 + 7k + 29), \qquad\qquad k = 0,\ 1,\ 2,\ 3,\ 4
\end{aligned}
$$

$$
\begin{aligned}
e_{xy} = E(K_{xy}) &= \sum_{k=0}^{4} k\,\Pr(K_{xy}=k) = \sum_{k=0}^{4} k\,\frac{1}{125}(-3k^2 + 7k + 29)\\
&= \sum_{k=0}^{4} \frac{1}{125}(-3k^3 + 7k^2 + 29k)\\
&= \frac{1}{125}\left[-3\sum_{k=0}^{4}k^3 + 7\sum_{k=0}^{4}k^2 + 29\sum_{k=0}^{4}k\right]^{1)}\\
&= \frac{1}{125}\left[-3\sum_{k=1}^{4}k^3 + 7\sum_{k=1}^{4}k^2 + 29\sum_{k=1}^{4}k\right]\\
&= \frac{1}{125}(-300 + 210 + 290) = 1.6
\end{aligned}
$$

( 예제 8.2.3.6 )

$(x)$와 $(y)$가 독립적이고 사력이 다음과 같다고 가정하자.

(i) $\mu_x = \ln\dfrac{10}{8}$, 모든 $x$                 (ii) $\mu_y = \dfrac{1}{100-y}$, $0 \le y < 100$

$x = 60$, $y = 90$의 연합생명에서 첫 번째 사망이 3차연도나 4차연도에서 발생할 확률을 구하시오.

---

1) $\displaystyle\sum_{k=1}^{n} k = \frac{1}{2}n(n+1),\ \sum_{k=1}^{n} k^2 = \frac{1}{6}n(n+1)(2n+1),\ \sum_{k=1}^{n} k^3 = \frac{1}{4}n^2(n+1)^2$ 이다(부록 1 참조).

**풀이**

첫 번째 사망이 3차연도나 4차연도에 발생한다는 의미는 $2 < T_{60:90} < 4$를 의미한다. 각각의 사력으로부터 생존함수를 구해보면,

$$_tp_x = \exp\left[-\int_0^t \ln\left(\frac{10}{8}\right) ds\right] = \left(\frac{10}{8}\right)^{-t} = (0.8)^t,$$

$$_tp_y = \exp\left[-\int_0^t (100-y-s)^{-1} ds\right] = 1 - \frac{t}{100-y}\text{이다.}$$

그러므로 첫 번째 사망이 3차연도나 4차연도에 발생할 확률은

$$_{2|2}q_{xy} = \Pr(K_{60:90}=2 \text{ or } K_{60:90}=3) = \Pr(2 < T_{60:90} < 4)$$

$$= {}_{2|2}q_{60:90} = {}_2p_{60:90} - {}_4p_{60:90}$$

$$= (0.8)^2 \times \frac{8}{10} - (0.8)^4 \times \frac{6}{10} = 0.26624$$

## 4. 최종생존자상태(The Last-Survivor Status)

분석대상 생명들(a set of lives) 중에서 적어도 한명이 생존하는 한 "survive"로, 그들 중 최종사망자가 발생하면 "fail"로 정의되는 status를 최종생존자상태(last-survivor status) 라고 한다.

동시생존자상태의 분포를 구한 것처럼 최종생존자상태(最終生存者狀態)의 소멸시까지 의 기간 $T$(time-until-failure)의 분포를 구해보자. 최종생존자상태의 확률변수 $T$는 $T_{\overline{x_1 x_2 \cdots x_m}}$ 로 표시하며 최종생존자상태의 정의상 $T_{\overline{x_1 x_2 \cdots x_m}} = \max(T_{x_1}, T_{x_2}, \cdots, T_{x_m})$이다. 여기서 $T_{x_i}$ 는 구성원 $i$의 사망시까지의 기간을 나타내며 $m$개의 확률변수들은 반드시 독립적이거나 동일한 분포를 가질 필요는 없다. $(x)$와 $(y)$의 두 생명을 고려하는 경우$(m=2)$

$$T_{\overline{xy}} = \max(T_x, T_y) = T_x \vee T_y \tag{8.2.4.1}$$

로 나타낼 수 있다.

최종생존자상태를 고찰하는 경우 $F_{T(\overline{xy})}(t)$를 먼저 생각하고 다른 함수들을 생각하는 것이 이해하기 쉽고 명확하다. $F_{T(\overline{xy})}(t)$를 다음과 같이 정의한다.

$$F_{T(\overline{xy})}(t) = \Pr(T_{\overline{xy}} \leq t) = \Pr(T_x \leq t \cap T_y \leq t) = {}_tq_{\overline{xy}} \tag{8.2.4.2}$$

최종생존자상태에서는 $F_{T(\overline{xy})}(t) = {}_tq_{\overline{xy}}$가 두 사람 모두가 사망할 확률(A영역)을 나타내고 $_tp_{\overline{xy}} = S_{T(\overline{xy})}(t) = 1 - {}_tq_{\overline{xy}}$는 두 사람 중 적어도 한 명이 생존하는 확률(B, C, D영역)을 나 타낸다.

$$S_{T(\overline{xy})}(t) = {}_t p_{\overline{xy}} = \Pr(T_{\overline{xy}} > t) \tag{8.2.4.3}$$

$$= 1 - F_{T(\overline{xy})}(t) \tag{8.2.4.4}$$

$${}_t p_{\overline{xy}} = {}_t p_x + {}_t p_y - {}_t p_{xy} \tag{8.2.4.5}$$

**예제 8.2.4.1**

예제 (8.2.2.1)에 대하여 $T_{\overline{xy}}$의 누적분포함수, 생존함수 그리고 확률밀도함수를 구하시오.

**풀이**

식 (8.2.4.30)과 예제 (8.2.2.1)의 (b), 예제 (8.2.3.1)의 결과로부터

$$F_{T(\overline{xy})}(t) = \frac{1}{50}t(t+5) + \frac{1}{50}t(t+5) - \frac{1}{125}(-t^3 + 5t^2 + 25t)$$

$$= \frac{1}{125}(5t^2 + 25t) - \frac{1}{125}(-t^3 + 5t^2 + 25t)$$

$$= \frac{1}{125}t^3 = F_{T(x)T(y)}(t, t), \quad 0 < t \le 5$$

$${}_t p_{\overline{xy}} = 1 - F_{T(\overline{xy})}(t) = 1 - \frac{1}{125}t^3, \quad 0 < t \le 5$$

$$f_{T(\overline{xy})}(t) = \frac{d}{dt}F_{T(\overline{xy})}(t) = \frac{3}{125}t^2, \quad 0 < t < 5$$

**그림 [8.2.4.1]** ${}_t q_{\overline{xy}}$와 ${}_t p_{\overline{xy}}$의 영역

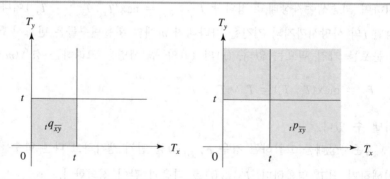

그림 [8.2.4.2]  미래생존기간 $T_x$와 $T_y$의 표본공간

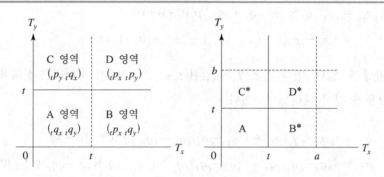

$T_x$와 $T_y$가 독립적인 경우, $T_{xy}$와 $T_{\overline{xy}}$의 분포를 그림을 이용하여 설명해보자. 동시생존자상태($T_{xy}$)의 확률영역을 생각할 때는 $(x)$, $(y)$가 동시에 생존하는 확률($_tp_{xy} = {_tp_x}\,{_tp_y}$)인 D영역을 기준으로 생각한다. $1 - {_tp_{xy}} = {_tq_{xy}}$는 A, B, C영역이고, $(x)$, $(y)$ 중 적어도 한 명이 $t$기간 안에 사망(첫 번째 사망이 $t$기간 안에 발생)할 확률이므로 $_tq_{xy} = {_tq_x} + {_tq_y} - {_tq_x}\,{_tq_y}$의 산식을 유추할 수 있다.

최종생존자상태($T_{\overline{xy}}$)의 확률영역을 생각할 때는 $(x)$, $(y)$가 동시에 사망하는 확률($_tq_{\overline{xy}} = {_tq_x}\,{_tq_y}$)인 A영역을 기준으로 생각한다. $1 - {_tq_{\overline{xy}}} = {_tp_{\overline{xy}}}$는 B, C, D영역이고, $(x)$, $(y)$ 중 적어도 한 명이 $t$기간 동안 생존하는 확률이므로 $_tp_{\overline{xy}} = {_tp_x} + {_tp_y} - {_tp_{xy}}$의 산식을 유추할 수 있다.

D영역의 확률은 $_tp_x\,{_tp_y}$, A영역의 확률은 $_tq_x\,{_tq_y}$, B영역의 확률은 $_tp_x\,{_tq_y}$, C영역의 확률은 $_tp_y\,{_tq_x}$이다. $_tp_y$는 C+D영역, $_tp_x$는 B+D영역이므로 다음 식들이 성립한다.

$$_tp_{xy}(\mathrm{D}) = {_tp_x}\,{_tp_y} \ (\mathrm{D}\text{영역},\ T_{xy}\text{의 기준}) \tag{8.2.4.6}$$

$$_tq_{\overline{xy}}(\mathrm{A}) = {_tq_x}\,{_tq_y} \ (\mathrm{A}\text{영역},\ T_{\overline{xy}}\text{의 기준}) \tag{8.2.4.7}$$

$$_tp_y\,{_tq_x} = {_tp_y}(1 - {_tp_x}) = {_tp_y} - {_tp_{xy}} \tag{8.2.4.8}$$

$$(\mathrm{C}) = (\mathrm{C+D}) - (\mathrm{D}) \tag{8.2.4.9}$$

$$_tp_x\,{_tq_y} = {_tp_x}(1 - {_tp_y}) = {_tp_x} - {_tp_{xy}} \tag{8.2.4.10}$$

$$(\mathrm{B}) = (\mathrm{B+D}) - (\mathrm{D}) \tag{8.2.4.11}$$

A, B, C, D영역의 확률은 상호배타적인 사상의 확률이므로

$$_tq_{xy} = {_tp_y}\,{_tq_x} + {_tp_x}\,{_tq_y} + {_tq_x}\,{_tq_y}(\mathrm{C+B+A}) \tag{8.2.4.12}$$

$$= ({}_tp_x - {}_tp_{xy}) + ({}_tp_y - {}_tp_{xy}) + {}_tq_x \; {}_tq_y(\text{C+B+A}) \tag{8.2.4.13}$$

$${}_tp_{\overline{xy}} = {}_tp_y \; {}_tq_x + {}_tp_x \; {}_tq_y + {}_tp_x \; {}_tp_y(\text{C+B+D}) \tag{8.2.4.14}$$

$$= ({}_tp_x - {}_tp_{xy}) + ({}_tp_y - {}_tp_{xy}) + {}_tp_x \; {}_tp_y(\text{C+B+D}) \tag{8.2.4.15}$$

로도 나타낼 수 있다. 만약 $T_x$와 $T_y$의 범위($T_x < a$, $T_y < b$)가 주어지는 상황에서는 ${}_tq_{xy}$와 ${}_tp_{\overline{xy}}$는 다음과 같이 나타낼 수 있다.

$${}_tq_{xy} = ({}_bq_y - {}_tq_y){}_tq_x + ({}_aq_x - {}_tq_x){}_tq_y + {}_tq_x \; {}_tq_y(\text{C*+B*+A}) \tag{8.2.4.16}$$

$${}_tp_{\overline{xy}} = ({}_bq_y - {}_tq_y){}_tq_x + ({}_aq_x - {}_tq_x){}_tq_y + ({}_aq_x - {}_tq_x)({}_bq_y - {}_tq_y)(\text{C*+B*+D*})$$
$$\tag{8.2.4.17}$$

${}_{m|n}q_{xy}$는 다음 식으로 구할 수 있다.

$${}_{m|n}q_{xy} = {}_mp_{xy} \; {}_nq_{x+m:y+m} \tag{8.2.4.18}$$

그러나 ${}_{m|n}q_{\overline{xy}}$는 동일한 관계식이 성립하지 않는다. 즉

$${}_{m|n}q_{\overline{xy}} \neq {}_mp_{\overline{xy}} \; {}_nq_{\overline{x+m:y+m}} \tag{8.2.4.19}$$

이다. ${}_{m|n}q_{\overline{xy}}$를 구해보자. ${}_{m|n}q_{\overline{xy}}$는 다음과 같이 나타낼 수 있다.

$${}_{m|n}q_{\overline{xy}} = \Pr(m \leq K_{\overline{xy}} < m+n) = \Pr(m \leq T_{\overline{xy}} < m+n) \tag{8.2.4.20}$$

$(x)$, $(y)$가 독립적이라면 ${}_{m|n}q_{\overline{xy}}$는 두 가지 방법으로 구할 수 있다. 처음 방법은

$${}_{m|n}q_{\overline{xy}} = {}_{m+n}q_{\overline{xy}} - {}_mq_{\overline{xy}} \tag{8.2.4.21}$$

$$= {}_{m+n}q_x \; {}_{m+n}q_y - {}_mq_x \; {}_mq_y \tag{8.2.4.22}$$

으로 나타낼 수 있다. 두 번째 방법은 연생의 관계식들을 이용하여

$${}_{m|n}q_{\overline{xy}} = {}_{m|n}q_x + {}_{m|n}q_y - {}_{m|n}q_{xy} \tag{8.2.4.23}$$

$$= {}_mp_x \; {}_nq_{x+m} + {}_mp_y \; {}_nq_{y+m} - {}_mp_{xy} \; {}_nq_{x+m:y+m} \tag{8.2.4.24}$$

$$= {}_mp_x \; {}_nq_{x+m} + {}_mp_y \; {}_nq_{y+m} - {}_mp_x \; {}_mp_y(1 - {}_np_{x+m} \; {}_np_{y+m}) \tag{8.2.4.25}$$

로 나타낼 수 있다.

#### 예제 8.2.4.2

독립적인 $(x)$, $(y)$의 생명표가 다음과 같이 주어졌다. $(x)$, $(y)$는 동일한 생명표를 적용받는다. $x = 50$, $y = 55$이고 최종생존자의 사망이 3, 4, 5차연도에서 발생할 확률을 구하시오.

| $x$ | $l_x$ | $x$ | $l_x$ |
|---|---|---|---|
| 50 | 10000 | 56 | 9000 |
| 51 | 9900 | 57 | 8500 |
| 52 | 9800 | 58 | 8000 |
| 53 | 9600 | 59 | 7500 |
| 54 | 9400 | 60 | 7000 |
| 55 | 9200 | 61 | 6500 |

##### 풀이

구하는 확률은 $_{2|3}q_{\overline{50:55}}$이다. 2가지 방법으로 구해보자.

(i) $_2q_{\overline{50:55}} = {_2q_{50}} \, {_2q_{55}} = \left(1 - \dfrac{l_{52}}{l_{50}}\right)\left(1 - \dfrac{l_{57}}{l_{55}}\right) = 0.00152173913$

$\qquad _5q_{\overline{50:55}} = {_5q_{50}} \, {_5q_{55}} = \left(1 - \dfrac{l_{55}}{l_{50}}\right)\left(1 - \dfrac{l_{60}}{l_{55}}\right) = 0.019130434783$

따라서

$\qquad _{2|3}q_{\overline{50:55}} = {_5q_{\overline{50:55}}} - {_2q_{\overline{50:55}}} = 0.019130434783 - 0.00152173913 = 0.017608695653$

(ii) $_{2|3}q_{\overline{50:55}} = {_{2|3}q_{50}} + {_{2|3}q_{55}} - {_{2|3}q_{50:55}}$

$\qquad\qquad = {_2p_{50}} \, {_3q_{52}} + {_2p_{55}} \, {_3q_{57}} - {_2p_{50}} \, {_2p_{55}}(1 - {_3p_{52}} \, {_3p_{57}})$

$\qquad\qquad = \left(\dfrac{l_{52}}{l_{50}}\right)\left(1 - \dfrac{l_{55}}{l_{52}}\right) + \left(\dfrac{l_{57}}{l_{55}}\right)\left(1 - \dfrac{l_{60}}{l_{57}}\right) - \left(\dfrac{l_{52}}{l_{50}}\right)\left(\dfrac{l_{57}}{l_{55}}\right)\left(1 - \left(\dfrac{l_{55}}{l_{52}}\right)\left(\dfrac{l_{60}}{l_{57}}\right)\right)$

$\qquad\qquad = 0.017608695652$

(i)와 (ii)의 방법으로 얻은 결과는 동일함을 알 수 있다.

#### 예제 8.2.4.3

예제 (8.2.3.6)의 조건에서 $(x)$, $(y)$가 (60), (90)인 경우 $(x)$, $(y)$ 중 두 번째 사망이 3자연노나 4차연도에서 발생할 확률을 구하시오.

##### 풀이

방법 1을 이용하면 다음과 같다.

$\qquad _{2|2}q_{\overline{xy}} = {_4q_{\overline{xy}}} - {_2q_{\overline{xy}}} = {_4q_x} \, {_4q_y} - {_2q_x} \, {_2q_y}$

$\qquad _{2|2}q_{\overline{60:90}} = {_4q_{60}} \, {_4q_{90}} - {_2q_{60}} \, {_2q_{90}} = \left[1 - (0.8)^4\right]\left(\dfrac{4}{10}\right) - \left[1 - (0.8)^2\right]\left(\dfrac{2}{10}\right)$

$$= 0.23616 - 0.072 = 0.16416$$

방법 2를 이용하면 다음과 같다.

$$_{2|2}q_{\overline{xy}} = {}_{2|2}q_x + {}_{2|2}q_y - {}_{2|2}q_{xy}$$

(i) $\quad _{2|2}q_{60} = {}_2p_{60} - {}_4p_{60} = (0.8)^2 - (0.8)^4 = 0.2304$

(ii) $\quad _{2|2}q_{90} = {}_2p_{90} - {}_4p_{90} = \left(1 - \dfrac{2}{10}\right) - \left(1 - \dfrac{4}{10}\right) = \dfrac{2}{10} = 0.2$

(iii) $\quad _{2|2}q_{xy} = {}_2p_{xy}\,{}_2q_{x+2:y+2}$

$$_2p_x = {}_2p_{60} = (0.8)^2, \qquad\qquad\qquad {}_2p_y = {}_2p_{90} = 1 - \dfrac{2}{10} = \dfrac{8}{10}$$

$$_2p_{x+2} = {}_2p_{62} = (0.8)^2, \qquad\qquad\qquad {}_2p_{y+2} = {}_2p_{92} = \left(1 - \dfrac{2}{8}\right) = \dfrac{6}{8}$$

따라서

$$_2q_{x+2:y+2} = 1 - {}_2p_{x+2:y+2} = 1 - {}_2p_{x+2}\,{}_2p_{y+2}$$

$$= 1 - {}_2p_{62}\,{}_2p_{92} = 1 - (0.8)^2\left(\dfrac{6}{8}\right) = 0.52$$

$$_{2|2}q_{xy} = {}_{2|2}q_{60:90} = (0.8)^2\left(\dfrac{8}{10}\right)(0.52) = 0.26624$$

따라서

$$_{2|2}q_{\overline{xy}} = 0.2304 + 0.2 - 0.26624 = 0.16416$$


$T_{xy}$, $T_{\overline{xy}}$, $T_x$, $T_y$ 사이에는 대칭적인 관계식이 성립된다. $T_{xy}$의 값은 $T_x$이거나 $T_y$의 값이고 $T_{\overline{xy}}$의 값은 $T_{xy}$에서 선택이 되지 않는 나머지 변수의 값이다. 따라서 $T_x$와 $T_y$의 결합확률분포에서 다음의 대칭적 관계식(symmetric relations)이 성립한다.[1]

$$T_{xy} + T_{\overline{xy}} = T_x + T_y \tag{8.2.4.26}$$

$$T_{xy}\,T_{\overline{xy}} = T_x\,T_y \tag{8.2.4.27}$$

$$T_{xy}^2 + T_{\overline{xy}}^2 = T_x^2 + T_y^2 \tag{8.2.4.28}$$

$$a^{T(xy)} + a^{T(\overline{xy})} = a^{T(x)} + a^{T(y)}, \;\; a > 0 \tag{8.2.4.29}$$

사상 $A$를 $(T_x \le t)$, 사상 $B$를 $(T_y \le t)$라고 하면 $A \cap B = (T_{\overline{xy}} \le t)$이고 $A \cup B = (T_{xy} \le t)$이기 때문에 다음의 대칭적 관계식이 성립한다.[2]

$$F_{T(xy)}(t) + F_{T(\overline{xy})}(t) = F_{T(x)}(t) + F_{T(y)}(t) \tag{8.2.4.30}$$

---

1) 식 (8.2.4.28)은 식 (8.2.4.27)로부터 성립하며 $\mathrm{Var}(T_{\overline{xy}})$ 계산시 이용된다.

2) $\Pr(A \cup B) = \Pr(A) + \Pr(B) - \Pr(A \cap B)$가 성립한다.

$$_tq_{xy} + {_tq_{\overline{xy}}} = {_tq_x} + {_tq_y} \tag{8.2.4.31}$$

$$_tp_{xy} + {_tp_{\overline{xy}}} = {_tp_x} + {_tp_y} \tag{8.2.4.32}$$

$$f_{T(xy)}(t) + f_{T(\overline{xy})}(t) = f_{T(x)}(t) + f_{T(y)}(t) \tag{8.2.4.33}$$

앞의 식들을 살펴보면 최종생존자상태의 분포는 동시생존자상태의 분포를 이용하여 나타낼 수 있다는 것을 알 수 있다.

$$F_{T(\overline{xy})}(t) = F_{T(x)}(t) + F_{T(y)}(t) - F_{T(xy)}(t) = F_{T(x)T(y)}(t,\, t) \tag{8.2.4.34}$$

$$f_{T(\overline{xy})}(t) = f_{T(x)}(t) + f_{T(y)}(t) - f_{T(xy)}(t) \tag{8.2.4.35}$$

$$= {_tp_x}\,\mu_{x+t} + {_tp_y}\,\mu_{y+t} - {_tp_{xy}}\,\mu_{xy}(t) \tag{8.2.4.36}$$

최종생존자상태의 사력(force of failure: 소멸력)은

$$\mu_{\overline{xy}}(t) = \frac{f_{T(\overline{xy})}(t)}{1 - F_{T(\overline{xy})}(t)} = \frac{f_{T(\overline{xy})}(t)}{_tp_{\overline{xy}}} \tag{8.2.4.37}$$

$$= \frac{_tp_x\,\mu_{x+t} + {_tp_y}\,\mu_{y+t} - {_tp_{xy}}\,\mu_{xy}(t)}{_tp_{\overline{xy}}} \tag{8.2.4.38}$$

로 정의된다. $T_x$와 $T_y$가 독립적이라면 $\mu_{xy}(t) = \mu_{x+t} + \mu_{y+t}$를 이용하면

$$f_{T(\overline{xy})}(t) = {_tp_x}\,\mu_{x+t} + {_tp_y}\,\mu_{y+t} - {_tp_x}\,{_tp_y}\big(\mu_{x+t} + \mu_{y+t}\big) \tag{8.2.4.39}$$

$$= {_tq_y}\,{_tp_x}\,\mu_{x+t} + {_tq_x}\,{_tp_y}\,\mu_{y+t} \tag{8.2.4.40}$$

이 된다. 따라서 $T_{(\overline{xy})}$의 확률밀도함수 $f_{T(\overline{xy})}(t)$는

$$f_{T(\overline{xy})}(t) = {_tp_{\overline{xy}}}\,\mu_{\overline{xy}}(t) = {_tq_y}\,{_tp_x}\,\mu_{x+t} + {_tq_x}\,{_tp_y}\,\mu_{y+t} \tag{8.2.4.41}$$

이 된다. $T_x$와 $T_y$가 독립적일 때 $\mu_{\overline{xy}}(t)$는 다음과 같이 나타낼 수 있다.[1]

$$\mu_{\overline{xy}}(t) = \frac{f_{T(\overline{xy})}(t)}{_tp_{\overline{xy}}} = \frac{_tq_y\,{_tp_x}\,\mu_{x+t} + {_tq_x}\,{_tp_y}\,\mu_{y+t}}{_tq_y\,{_tp_x} + {_tq_x}\,{_tp_y} + {_tp_x}\,{_tp_y}} \tag{8.2.4.42}$$

식 (8.2.4.42)로부터 최종생존자상태의 사력은 사력들의 가중평균임을 알 수 있다. 사력은 조건부 p.d.f.이므로 $(x)$와 $(y)$가 $t$시점에서 동시에 사망할 확률밀도는 0이다. 따라서 가중평균 계산시 ${_tp_x}\,{_tp_y}$와 관련된 사력은 0으로 생각할 수 있으므로 분자에 ${_tp_x}\,{_tp_y}$

---

1) ${_tp_{\overline{xy}}}$의 유도는 예제 (8.2.4.4)를 참조.

와 관련된 항은 나타나지 않고 있다.

### 예제 8.2.4.4

$$_tp_{\overline{xy}} = \;_tq_y \;_tp_x + \;_tq_x \;_tp_y + \;_tp_x \;_tp_y \tag{8.2.4.43}$$

임을 보이고 해석하시오($T_x$와 $T_y$는 독립적임).

**풀이**

식 (8.2.4.5)로부터

$$_tp_{\overline{xy}} = \;_tp_x + \;_tp_y - \;_tp_{xy} = (_tp_x - \;_tp_{xy}) + (_tp_y - \;_tp_{xy}) + \;_tp_{xy}$$

$$= \;_tp_x(1 - \;_tp_y) + \;_tp_y(1 - \;_tp_x) + \;_tp_{xy} = \;_tq_y \;_tp_x + \;_tq_x \;_tp_y + \;_tp_x \;_tp_y$$

이 식을 해석하면, $_tp_{\overline{xy}}$ 즉, $(x)$, $(y)$ 중 적어도 1명이 $t$년을 생존할 확률은 (i) $x$는 $t$년을 생존하고 $y$는 사망하고 (ii) $y$는 $t$년을 생존하고 $x$는 사망하고, 혹은 (iii) $(x)$, $(y)$ 모두 $t$년을 생존하는 확률의 합을 의미한다.

### 예제 8.2.4.5

예제 (8.2.2.1)에 대하여 $T_{\overline{xy}}$의 사력(force of failure)을 구하시오.

**풀이**

식 (8.2.4.37)과 예제 (8.2.4.1)의 결과를 이용하면

$$\mu_{\overline{xy}}(t) = \frac{f_{T(\overline{xy})}(t)}{_tp_{\overline{xy}}} = \frac{\dfrac{3}{125}t^2}{1 - \dfrac{1}{125}t^3} = \frac{3t^2}{125 - t^3}$$

### 예제 8.2.4.6

다음의 사망률 가정하에서 최종생존자상태의 사력을 구하시오.

(a) 독립적인 $(50)$, $(50)$의 사망률이 $l_x = 110 - x$, $0 \le x \le 110$을 따를 때 $\mu_{\overline{50:50}}(10)$을 구하시오.

(b) 독립적인 $(50)$, $(50)$이 상수사력(CFM) 0.02를 각각 갖는다고 할 때 $\mu_{\overline{50:50}}(10)$을 구하시오.

**풀이**

(a) $_tp_{50} = 1 - \dfrac{t}{60}$ 이므로

$$_{10}p_{50} = \frac{50}{60}, \quad _{10}p_{50:50} = \left(\frac{5}{6}\right)\left(\frac{5}{6}\right) = \frac{25}{36}$$

$$_{10}p_{\overline{50:50}} = \;_{10}p_{50} + \;_{10}p_{50} - \;_{10}p_{50} \;_{10}p_{50} = \frac{5}{6} + \frac{5}{6} - \frac{25}{36} = 0.9722222$$

각 (50)에 대하여

$$\mu_{60} = \frac{1}{110-60} = \frac{1}{50}$$

따라서 식 (8.2.4.42)를 이용하면

$$_{10}q_{50}\,_{10}p_{50}\,\mu_{50+10} = \left(\frac{1}{6}\right)\left(\frac{5}{6}\right)\left(\frac{1}{50}\right) = 0.002777778$$

$$\mu_{50:50}(10) = \frac{2\left(_{10}q_{50}\,_{10}p_{50}\,\mu_{50+10}\right)}{_{10}p_{50:50}} = \frac{2(0.002777778)}{0.9722222} = 0.005714286$$

(b) $(x)$가 상수사력을 가지면

$$_{t}p_{x} = e^{-\int_{0}^{t}\mu\,dt} = e^{-\mu t}$$

$$_{10}p_{50} = e^{-0.02 \times 10} = e^{-0.2}$$

$$_{10}p_{50:50} = \,_{10}p_{50} + \,_{10}p_{50} - \,_{10}p_{50}\,_{10}p_{50} = 2e^{-0.2} - e^{-0.4} = 0.9671415$$

식 (8.2.4.42)를 이용하면

$$_{10}q_{50}\,_{10}p_{50}\,\mu_{50+10} = (1 - e^{-0.2})\,e^{-0.2}\,(0.02) = 0.002968214$$

$$\mu_{50:50}(10) = \frac{2(1 - e^{-0.2})\,e^{-0.2}\,(0.02)}{2e^{-0.2} - e^{-0.4}} = \frac{2(0.002968214)}{0.9671415} = 0.006138117$$

이산확률변수인 미래개산생존기간 $K_{\overline{xy}}$에 대한 관계식들은 앞에서 고찰한 내용들과 비슷하게 다음의 대칭적 관계식들이 성립한다.

$$K_{xy} + K_{\overline{xy}} = K_x + K_y \tag{8.2.4.44}$$

$$K_{xy}\,K_{\overline{xy}} = K_x\,K_y \tag{8.2.4.45}$$

$$a^{K(xy)} + a^{K(\overline{xy})} = a^{K(x)} + a^{K(y)} \text{ for } a > 0 \tag{8.2.4.46}$$

$$F_{K(xy)}(k) + F_{K(\overline{xy})}(k) = F_{K(x)}(k) + F_{K(y)}(k) \tag{8.2.4.47}$$

$$f_{K(xy)}(k) + f_{K(\overline{xy})}(k) = f_{K(x)}(k) + f_{K(y)}(k) \tag{8.2.4.48}$$

$K_{xy}$의 확률함수는 식 (8.2.4.24)를 이용하면 다음과 같다.

$$\Pr(K_{\overline{xy}} = k) = f_{K(\overline{xy})}(k) = \,_{k|}q_{\overline{xy}} \tag{8.2.4.49}$$

$$= \,_{k}p_x\,q_{x+k} + \,_{k}p_y\,q_{y+k} - \,_{k}p_{xy}\,q_{x+k\,:\,y+k} \tag{8.2.4.50}$$

$(x)$와 $(y)$가 독립적인 경우 $_{t}p_{xy} = \,_{t}p_x\,_{t}p_y$, $\Pr[K = k] = \,_{k|}q_{xy}$를 이용하면 $K_{\overline{xy}}$의 확률함수는 다음과 같이 나타낼 수 있다.

$$\Pr(K_{\overline{xy}} = k) = \,_{k|}q_{\overline{xy}}$$

$$= {}_kp_x\ q_{x+k} + {}_kp_y\ q_{y+k} - {}_kp_x\ {}_kp_y(q_{x+k} + q_{y+k} - q_{x+k}\ q_{y+k})$$

$$\text{(8.2.4.51)}$$

$$= (1 - {}_kp_y){}_kp_x\ q_{x+k} + (1 - {}_kp_x){}_kp_y\ q_{y+k} + {}_kp_x\ {}_kp_y\ q_{x+k}\ q_{y+k}$$

$$\text{(8.2.4.52)}$$

식 (8.2.4.52)에서 첫 번째와 두 번째 항은 두 번째 사망이 $k$ 와 $k+1$ 사이에서 발생하는 것을 나타내고, 세 번째 항은 첫 번째 사망과 두 번째 사망 모두 $k$ 와 $k+1$ 사이에서 발생하는 확률이다. 식 (8.2.4.52)와 식 (8.2.4.41)을 비교하면, 식 (8.2.4.41)의 ${}_tp_{\overline{xy}}\,\mu_{\overline{xy}}(t)$ 에서는 $t$ 시점에서 동시에 두 명의 사망이 발생하는 확률은 0이므로 두 개의 항만 나타나지만 식 (8.2.4.52)에서는 1년 기간의 확률이므로 ${}_kp_x\ {}_kp_y\ q_{x+k}\ q_{y+k}$ 의 항이 나타나고 있는 것이 다르다.

---

( 예제 8.2.4.7 )

독립적인 $(x)$ 와 $(y)$ 의 사망률이 다음과 같이 주어졌을 때 $(\overline{xy})$ 의 미래개산생존기간 $K_{\overline{xy}} = 1$ 인 확률을 구하시오.

| $t$ | $q_{x+t}$ | $q_{y+t}$ |
|:---:|:---:|:---:|
| 0 | 0.010 | 0.05 |
| 1 | 0.015 | 0.06 |
| 2 | 0.020 | 0.07 |

**풀이**

$(\overline{xy})$ 의 미래개산생존기간이 1이 되기 위해서는 최종생존자가 1년 이상 살고, 또 2년보다는 작게 살아야 한다. 즉 ${}_1p_{\overline{xy}} - {}_2p_{\overline{xy}}$ 를 계산해야 한다.

$$\Pr(K_{\overline{xy}} = 1) = {}_{1|}q_{\overline{xy}} = {}_1p_{\overline{xy}} - {}_2p_{\overline{xy}}$$

$$ {}_1p_{\overline{xy}} = p_x + p_y - p_{xy} = (1 - 0.01) + (1 - 0.05) - (1 - 0.01)(1 - 0.05) = 0.9995$$

$$ {}_2p_{\overline{xy}} = {}_2p_x + {}_2p_y - {}_2p_{xy} = (1 - 0.01)(1 - 0.015) + (1 - 0.05)(1 - 0.06)$$

$$\qquad\qquad - (1 - 0.01)(1 - 0.015)(1 - 0.05)(1 - 0.06) = 0.99734105$$

$$\Pr(K_{\overline{xy}} = 1) = {}_1p_{\overline{xy}} - {}_2p_{\overline{xy}} = 0.9995 - 0.99734105 = 0.00215895$$

## 5. 연생변수들의 기대값

2장에서 단생명 $(x)$ 의 사망시까지 기간 $T$ 의 분포에 대한 기대값을 살펴보았다. 이러한 고찰방법은 status $(u)$ 의 소멸시까지 기간 $T = T_u$ 에 대하여도 그대로 적용이 된다.

식 (2.2.7.3)으로부터 $\mathring{e}_u = E(T_u)$는 다음의 식으로 구하였다.

$$\mathring{e}_u = \int_0^\infty {}_t p_u \, dt \tag{8.2.5.1}$$

$(u)$가 동시생존자상태 $(xy)$라고 하면

$$\mathring{e}_{xy} = \int_0^\infty {}_t p_{xy} \, dt \tag{8.2.5.2}$$

$(u)$가 최종생존자상태 $(\overline{xy})$라고 하면

$$\mathring{e}_{\overline{xy}} = \int_0^\infty {}_t p_{\overline{xy}} \, dt \tag{8.2.5.3}$$

식 (8.2.4.26)의 양변에 기대값을 취하면 다음 식이 성립한다.

$$\mathring{e}_{\overline{xy}} = \mathring{e}_x + \mathring{e}_y - \mathring{e}_{xy} \tag{8.2.5.4}$$

식 (2.2.7.14)로부터 $K = K_u$의 기대값은

$$e_u = \sum_{k=1}^\infty {}_k p_u \, dt \tag{8.2.5.5}$$

같은 방식으로 다음이 성립한다.

$$e_{xy} = \sum_{k=1}^\infty {}_k p_{xy} \tag{8.2.5.6}$$

$$e_{\overline{xy}} = \sum_{k=1}^\infty {}_k p_{\overline{xy}} \tag{8.2.5.7}$$

$$e_{\overline{xy}} = e_x + e_y - e_{xy} \tag{8.2.5.8}$$

생존 status $(u)$의 분산은 2장에서와 같이

$$\mathrm{Var}(T_{xy}) = 2 \int_0^\infty t \, {}_t p_{xy} \, dt - (\mathring{e}_{xy})^2 \tag{8.2.5.9}$$

$$\mathrm{Var}(T_{\overline{xy}}) = 2 \int_0^\infty t \, {}_t p_{\overline{xy}} \, dt - (\mathring{e}_{\overline{xy}})^2 \tag{8.2.5.10}$$

우리는 앞에서 $T_x$와 $T_y$가 종속적인 관계인 경우를 고찰하였다. 여기서는 $T_{xy}$와 $T_{\overline{xy}}$의 공분산을 구해보기로 하자.

$$\mathrm{Cov}(T_{xy},\ T_{\overline{xy}}) = E(T_{xy}\, T_{\overline{xy}}) - E(T_{xy})\, E(T_{\overline{xy}}) \tag{8.2.5.11}$$

식 (8.2.4.27)을 이용하면

$$E(T_{xy}\, T_{\overline{xy}}) = E(T_x\, T_y)$$

식 (8.2.5.4)를 이용하면

$$\mathrm{Cov}(T_{xy},\ T_{\overline{xy}}) = E(T_x\, T_y) - E(T_{xy})\,[E(T_x) + E(T_y) - E(T_{xy})]$$
$$= \mathrm{Cov}(T_x, T_y) + [E(T_x) - E(T_{xy})]\,[E(T_y) - E(T_{xy})] \tag{8.2.5.12}$$

만일 $T_x$와 $T_y$가 독립적이면

$$\mathrm{Cov}(T_{xy},\ T_{\overline{xy}}) = [E(T_x) - E(T_{xy})]\,[E(T_y) - E(T_{xy})] \tag{8.2.5.13}$$
$$= (\mathring{e}_x - \mathring{e}_{xy})(\mathring{e}_y - \mathring{e}_{xy}) \tag{8.2.5.14}$$
$$= \mathring{e}_x\,\mathring{e}_y - \mathring{e}_{xy}\,\mathring{e}_{\overline{xy}} \tag{8.2.5.15}$$

식 (8.2.5.14)의 우변 두 요소가 모두 양수이므로 $T_x$와 $T_y$가 독립적인 경우에도 $T_{xy}$와 $T_{\overline{xy}}$는 양의 상관관계를 갖는다. $T_x$, $T_y$, $T_{xy}$, $T_{\overline{xy}}$의 분산의 관계식을 고찰해보자. $T_{xy} + T_{\overline{xy}} = T_x + T_y$가 성립하므로

$$\mathrm{Var}(T_{xy}) + 2\,\mathrm{Cov}(T_{xy}, T_{\overline{xy}}) + \mathrm{Var}(T_{\overline{xy}})$$
$$= \mathrm{Var}(T_x) + 2\,\mathrm{Cov}(T_x, T_y) + \mathrm{Var}(T_y) \tag{8.2.5.16}$$

식 (8.2.5.12)를 이용하면

$$\mathrm{Var}(T_{xy}) + \mathrm{Var}(T_{\overline{xy}})$$
$$= \mathrm{Var}(T_x) + \mathrm{Var}(T_y) - 2\,[E(T_x) - E(T_{xy})]\,[E(T_y) - E(T_{xy})] \tag{8.2.5.17}$$

식 (8.2.5.17)에서 알 수 있듯이 $T_x$, $T_y$가 독립적인 경우에도

$$\mathrm{Var}(T_{xy}) + \mathrm{Var}(T_{\overline{xy}}) \neq \mathrm{Var}(T_x) + \mathrm{Var}(T_y) \tag{8.2.5.18}$$

인 것을 알 수 있다.

( 예제 8.2.5.1 )

예제 (8.2.2.1)의 $T_x$와 $T_y$에 대해서 다음을 구하시오.

(a) $\mathrm{Cov}(T_{xy}, T_{\overline{xy}})$
(b) $\mathrm{Var}(T_{xy})$, $\mathrm{Var}(T_{\overline{xy}})$
(c) $T_{xy}$와 $T_{\overline{xy}}$의 상관계수

**풀이**

(a) $\mathrm{Cov}(T_{xy}, T_{\overline{xy}})$를 구하기 위해서는 $E(T_{\overline{xy}})$를 구해보자. 예제 (8.2.4.1)로부터 $f_{T(\overline{xy})}(t) = \dfrac{3}{125} t^2$

이므로

$$E(T_{\overline{xy}}) = \int_0^5 t\left(\frac{3}{125} t^2\right) dt = \frac{3}{125}\left[\frac{1}{4} t^4\right]_0^5 = \frac{15}{4}$$

따라서 식 (8.2.4.27)과 식 (8.2.5.4), 예제 (8.2.2.1)과 예제 (8.2.3.1)의 결과를 이용하면

$$\mathrm{Cov}(T_{xy}, T_{\overline{xy}}) = E(T_{xy} T_{\overline{xy}}) - E(T_{xy})E(T_{\overline{xy}}) = E(T_x T_y) - E(T_{xy})E(T_{\overline{xy}})$$
$$= \frac{25}{3} - \left(\frac{25}{12}\right)\left(\frac{15}{4}\right) = \frac{25}{48}$$

(b) $\mathrm{Var}(T_{xy})$와 $\mathrm{Var}(T_{\overline{xy}})$를 구하기 위해서 $E(T_{xy}^2)$와 $E(T_{\overline{xy}}^2)$를 구해보자.

$$E(T_{xy}^2) = \int_0^5 t^2 f_{T(xy)}(t)\, dt = \int_0^5 t^2 \frac{1}{125}(-3t^2 + 10t + 25)\, dt$$
$$= \frac{1}{125}\int_0^5 -3t^4 + 10t^3 + 25t^2\, dt = \frac{35}{6}$$

$$E(T_{\overline{xy}}^2) = \int_0^5 t^2 f_{T(\overline{xy})}(t)\, dt = \int_0^5 t^2 \frac{3}{125} t^2\, dt = \frac{3}{125}\int_0^5 t^4\, dt = 15$$

따라서 예제 (8.2.2.1)과 (a)의 결과를 이용하면

$$\mathrm{Var}(T_{xy}) = E[(T_{xy})^2] - [E(T_{xy})]^2 = \frac{35}{6} - \left(\frac{25}{12}\right)^2 = \frac{215}{144}$$

$$\mathrm{Var}(T_{\overline{xy}}) = E[(T_{\overline{xy}})^2] - [E(T_{\overline{xy}})]^2 = 15 - \left(\frac{15}{4}\right)^2 = \frac{15}{16}$$

(c)
$$\rho_{T(xy)T(\overline{xy})} = \frac{\mathrm{Cov}(T_{xy}, T_{\overline{xy}})}{\sigma_{T(xy)}\,\sigma_{T(\overline{xy})}} = \frac{\mathrm{Cov}(T_{xy}, T_{\overline{xy}})}{\sqrt{\mathrm{Var}(T_{xy})}\,\sqrt{\mathrm{Var}(T_{\overline{xy}})}}$$

$$= \frac{\dfrac{25}{48}}{\sqrt{\dfrac{215}{144}}\sqrt{\dfrac{15}{16}}} = \frac{5}{\sqrt{129}} = 0.44023$$

( 예제 8.2.5.2 )

$\mu(x) = \dfrac{1}{100-x}$, $0 \le x < 100$이고 (70)과 (80)이 독립적일 때 다음을 구하시오.

(a) $\overset{\circ}{e}_{70:80}$
(b) $\overset{\circ}{e}_{\overline{70:80}}$
(c) $\mathrm{Var}(T_{70:80})$

(d) $\text{Var}(T_{\overline{70:80}})$ (e) $\text{Cov}(T_{70:80}, T_{\overline{70:80}})$ (f) $T_{70:80}$과 $T_{\overline{70:80}}$의 상관계수

**풀이**

각각을 계산하기에 앞서 계산에 필요한 $_tp_x$와 $_tp_x\,\mu_x(t)$를 구해보면,

$$_tp_x = \exp\left[-\int_0^t \mu_x(s)\,ds\right] = \exp\left[-\int_0^t (100-x-s)^{-1}\,ds\right]$$

$$= \exp\left[\left[\ln(100-x-s)\right]_0^t\right] = 1 - \frac{t}{100-x}$$

$$\mu_x(t) = \frac{1}{100-x-t}$$

$$_tp_x\,\mu_x(t) = \left(\frac{1}{100-x-t}\right)\left(\frac{100-x-t}{100-x}\right) = \frac{1}{100-x}$$

$$_tp_{70} = 1 - \frac{t}{30}, \qquad\qquad _tp_{80} = 1 - \frac{t}{20},$$

$$\mu_{70}(t) = \frac{1}{30-t}, \qquad\qquad \mu_{80}(t) = \frac{1}{20-t},$$

$$_tp_{70}\,\mu_{70}(t) = \frac{1}{30}, \qquad\qquad _tp_{80}\,\mu_{80}(t) = \frac{1}{20}$$

이를 이용하면,

(a) $T_{70:80}$의 확률밀도함수는

$$f_{T(70:80)}(t) = {_tp_{70:80}}\,\mu_{70:80}(t) = {_tp_{70}}\,{_tp_{80}}\left[\mu_{70}(t) + \mu_{80}(t)\right]$$

$$= \left(\frac{30-t}{30}\right)\left(\frac{20-t}{20}\right)\left(\frac{1}{30-t} + \frac{1}{20-t}\right) = \frac{25-t}{300},\ 0 \le t \le 20$$

그러므로 $\overset{\circ}{e}_{70:80} = E(T_{70:80}) = \int_0^{20} t\,f_{T(70:80)}(t)\,dt = \int_0^{20} t\,\frac{25-t}{300}\,dt$

$$= \frac{1}{300}\left[\frac{25}{2}t^2 - \frac{1}{3}t^3\right]_0^{20} = \frac{70}{9} = 7.78$$

(b) $\qquad \overset{\circ}{e}_{70} = \int_0^{30} {_tp_{70}}\,dt = \int_0^{30}\left(1 - \frac{t}{30}\right)dt = \left[30 - \frac{(30)^2}{60}\right] = 15$

$$\overset{\circ}{e}_{80} = \int_0^{20} {_tp_{80}}\,dt = \int_0^{20}\left(1 - \frac{t}{20}\right)dt = \left[20 - \frac{(20)^2}{40}\right] = 10$$

$$\overset{\circ}{e}_{\overline{70:80}} = \overset{\circ}{e}_{70} + \overset{\circ}{e}_{80} - \overset{\circ}{e}_{70:80} = 15 + 10 - 7.78 = 17.22$$

(c) $\qquad E(T_{70:80}^2) = \int_0^{20} t^2\,f_{T(70:80)}(t)\,dt = \int_0^{20} t^2\,\frac{25-t}{300}\,dt$

$$= \frac{1}{300}\left[\frac{25}{3}t^3 - \frac{1}{4}t^4\right]_0^{20} = \frac{800}{9} = 88.89$$

$$\text{Var}(T_{70:80}) = E(T_{70:80}^2) - (\overset{\circ}{e}_{70:80})^2 = 88.99 - (7.78)^2 = 28.46$$

다른 방법으로 구하면

$$_tp_{70:80} = {}_tp_{70}\,{}_tp_{80} = \left(\frac{30-t}{30}\right)\left(\frac{20-t}{20}\right)$$

$$\overset{\circ}{e}_{70:80} = \int_0^{20} t\, f_{T(70:80)}(t)\, dt = \int_0^{20} {}_tp_{70:80}\, dt = \int_0^{20} \left(\frac{30-t}{30}\right)\left(\frac{20-t}{20}\right) dt$$

$$= \int_0^{20} 1 - \frac{5}{60}t + \frac{t^2}{600}\, dt = 7.78$$

(d) $E(T_{70:80}^2)$을 두 가지 방법으로 구해보자.

[방법 1]

식 (8.2.4.28)을 이용하면

$$E(T_{\overline{70:80}}^2) = E(T_x^2) + E(T_y^2) - E(T_{xy}^2) = \int_0^{30} t^2\, \frac{1}{30}\, dt + \int_0^{20} t^2\, \frac{1}{20}\, dt - 88.89$$

$$= \frac{30^3}{90} + \frac{20^3}{60} - 88.89 = 344.44$$

[방법 2]

$f_{T(\overline{70:80})}(t)$는 $0 \le t < 20$과 $20 \le t < 30$으로 나누어야 한다.

(i) $20 \le t < 30$에서는 (70)만이 생존하고 있으므로

$$f_{T(70)}(t) = {}_tp_{70}\,\mu_{70+t} = \left(\frac{30-t}{30}\right)\left(\frac{1}{30-t}\right) = \frac{1}{30}$$

이 적용되어야 한다.

(ii) $0 \le t < 20$에서 식 (8.2.4.40)을 이용하여 구한다.

$$f_{T(\overline{70:80})}(t) = {}_tq_{80}\,{}_tp_{70}\,\mu_{70+t} + {}_tq_{70}\,{}_tp_{80}\,\mu_{80+t}$$

$$= \left(\frac{t}{20}\right)\left(\frac{30-t}{30}\right)\left(\frac{1}{30-t}\right) + \left(\frac{t}{30}\right)\left(\frac{20-t}{20}\right)\left(\frac{1}{20-t}\right) = \frac{t}{600} + \frac{t}{600} = \frac{t}{300}$$

따라서

$$f_{T(\overline{70:80})}(t) = \begin{cases} \dfrac{t}{300}, & 0 \le t < 20 \\[2mm] \dfrac{1}{30}, & 20 \le t < 30 \end{cases}$$

$$E(T_{\overline{70:80}}^2) = \int_0^{20} t^2\, \frac{t}{300}\, dt + \int_{20}^{30} t^2\, \frac{1}{30}\, dt$$

$$= \frac{t^4}{(300)(4)}\Big|_0^{20} + \frac{t^3}{(30)(3)}\Big|_{20}^{30} = 133.33 + 211.11 = 344.44$$

방법 1과 방법 2의 결과는 동일하다. 이 결과를 이용하면

$$\text{Var}(T_{\overline{70:80}}) = E(T_{\overline{70:80}}^2) - (\overset{\circ}{e}_{\overline{70:80}})^2 = 344.44 - (17.22)^2 = 47.91$$

(e) $\text{Cov}(T_{70:80}, T_{\overline{70:80}}) = \overset{\circ}{e}_{70}\,\overset{\circ}{e}_{80} - \overset{\circ}{e}_{70:80}\,\overset{\circ}{e}_{\overline{70:80}} = (15)(10) - (7.78)(17.22) = 16.03$

또는 $\text{Cov}(T_{70:80}, T_{\overline{70:80}}) = (\overset{\circ}{e}_{70} - \overset{\circ}{e}_{70:80})(\overset{\circ}{e}_{80} - \overset{\circ}{e}_{70:80}) = (15 - 7.78)(10 - 7.78) = 16.03$

(f) $\rho_{T(70:80)T(\overline{70:80})} = \dfrac{\mathrm{Cov}(T_{70:80},\ T_{\overline{70:80}})}{\sqrt{\mathrm{Var}(T_{70:80})\ \mathrm{Var}(T_{\overline{70:80}})}} = \dfrac{16.03}{\sqrt{28.46}\ \sqrt{47.91}} = 0.4349$

## 6. 공통충격모형

앞에서 $T_x$와 $T_y$의 결합분포에 대하여 고찰하였으며 $T_x$와 $T_y$가 종속적(從屬的)인 경우와 독립적(獨立的)인 경우로 나누어 기본 개념들을 살펴보았다. 여기서는 $T_x$와 $T_y$의 종속적 생존기간모형(dependent lifetime models)을 고찰해보자. 종속적 생존기간모형(從屬的 生存期間模型)으로 고찰할 수 있는 모형으로는 코퓰라(copula)와 공통충격모형(共通衝擊模型)이 있다. 코퓰라는 함께 연결하거나 결합하는 어떤 것을 의미한다. 코퓰라는 다변량 통계분석에서 정해진 주변분포를 갖는 이변량분포 군(class)을 정의하는데 사용되며 종속적 생존기간모형으로 볼 수 있다. 본 절에서는 공통충격모형만을 고찰하기로 한다. $(x)$와 $(y)$가 종속적인 생존기간을 갖는 예는 부부나 여행을 같이 하는 사업 동업자 등을 들 수 있다. 이러한 사람들은 공통적인 위험요소에 노출될 수 있는데 이러한 공통적 위험을 공통충격(common shock)이라고 한다.

$T_x^*$와 $T_y^*$를 공통충격이 배제된 미래생존기간을 나타내는 확률변수로 정의하자. $T_x^*$는 공통충격이 배제되었기 때문에 $(y)$와는 관계없이 $(x)$에만 고유한(specific) 미래생존기간을 나타내고 $T_y^*$는 $(x)$와는 관계없이 $(y)$에만 고유한 미래생존기간을 나타낸다. $\mu_{x+t}^*$는 공통충격이 배제된 $(x)$에만 고유한 사력이고, $\mu_{y+t}^*$는 공통충격이 배제된 $(y)$에만 고유한 사력을 나타낸다. 여기서는 $T_x^*$와 $T_y^*$가 독립적인 것을 가정한다. $T_x^*$와 $T_y^*$가 독립적이라면

$$S_{T^*(x)T^*(y)}(s,\ t) = \mathrm{Pr}\,(T_x^* > s\ \cap\ T_y^* > t) \tag{8.2.6.1}$$

$$= S_{T^*(x)}(s)\ S_{T^*(y)}(t) \tag{8.2.6.2}$$

가 성립한다. 공통충격 확률변수를 $Z$라고 하면 $Z$는 $(x)$와 $(y)$의 사망시까지 기간의 결합분포에 영향을 미친다. $Z$는 지진이나 비행기사고와 같은 대재해가 발생하는 시간과 관련된 확률변수로 생각할 수 있다. $Z$는 $T_x^*$와 $T_y^*$와 독립적이며 모수 $\lambda$를 갖는 다음과 같은 지수분포를 한다고 가정한다.

$$S_Z(z) = e^{-\lambda z}, \quad z > 0,\ \lambda \geq 0 \tag{8.2.6.3}$$

이와 같은 가정하에서 분석하고자 하는 $T_x$와 $T_y$의 정의는 다음과 같다.

$$T_x = \min(T_x^*, Z) \tag{8.2.6.4}$$

$$T_y = \min(T_y^*, Z) \tag{8.2.6.5}$$

$T_x$와 $T_y$의 결합생존함수는 $T_x^*$, $T_y^*$ 및 $Z$가 독립적이라는 가정하에서 다음과 같이 나타낼 수 있다.

$$S_{T(x)T(y)}(s, t) = \Pr\left[\min(T_x^*, Z) > s \ \cap \ \min(T_y^*, Z) > t\right] \tag{8.2.6.6}$$

$$= \Pr\left[(T_x^* > s \ \cap \ Z > s) \ \cap \ (T_y^* > t \ \cap \ Z > t)\right] \tag{8.2.6.7}$$

$$= \Pr\left[T_x^* > s \ \cap \ T_y^* > t \ \cap \ Z > \max(s, t)\right] \tag{8.2.6.8}$$

$$= S_{T^*(x)}(s) \ S_{T^*(y)}(t) \ e^{-\lambda(\max(s, t))} \tag{8.2.6.9}$$

주변생존함수들(marginal survival functions)은 다음과 같다.

$$_tp_x = S_{T(x)}(s) = \Pr\left[(T_x > s) \ \cap \ (T_y > 0)\right] \tag{8.2.6.10}$$

$$= S_{T^*(x)}(s) \ e^{-\lambda s} \tag{8.2.6.11}$$

$$_tp_y = S_{T(y)}(t) = \Pr\left[(T_x > 0) \ \cap \ (T_y > t)\right] \tag{8.2.6.12}$$

$$= S_{T^*(y)}(t) \ e^{-\lambda t} \tag{8.2.6.13}$$

$T_x^*$와 $T_y^*$는 독립적이라고 가정하였지만 식 (8.2.6.9)와 식 (8.2.6.11), 식 (8.2.6.13)을 비교하면 $S_{T(x)T(y)}(s,t)$와 $S_{T(x)}(s) S_{T(y)}(t)$가 일치하지 않으므로 공통충격모형에서 $T_x$와 $T_y$는 종속적임을 알 수 있다.

공통충격모델에서 $T_{xy} = \min(T_x, T_y)$의 분포는

$$_tp_{xy} = S_{T(xy)}(t) = S_{T^*(x)}(t) \ S_{T^*(y)}(t) \ e^{-\lambda t}, \ t > 0 \tag{8.2.6.14}$$

$$\mu_{xy}(t) = -\frac{d}{dt}\ln\left[S_{T^*(x)}(t) \ S_{T^*(y)}(t) \ e^{-\lambda t}\right] \tag{8.2.6.15}$$

$$= -\frac{d}{dt}\left[\ln S_{T^*(x)}(t) + \ln S_{T^*(y)}(t) + \ln e^{-\lambda t}\right] \tag{8.2.6.16}$$

$$= \mu_{x+t}^* + \mu_{y+t}^* + \lambda \tag{8.2.6.17}$$

이 된다. $\mu_{x+t}^* = \mu_1$, $\mu_{y+t}^* = \mu_2$라면 식 (8.2.11.5)에 의하여 $T_{xy}$는 모수가 $\mu_1 + \mu_2 + \lambda$인 지수분포를 따른다. 앞에서 구한 $S_{T(x)}(t)$, $S_{T(y)}(t)$, $S_{T(xy)}(t)$를 이용하면, 공통충격모델에서 $T_{\overline{xy}} = \max(T_x, T_y)$의 분포는

$$_tp_{\overline{xy}} = S_{T(\overline{xy})}(t) \tag{8.2.6.18}$$

$$= \left[S_{T^*(x)}(t) + S_{T^*(y)}(t) - S_{T^*(x)T^*(y)}(t, t)\right]e^{-\lambda t}, \ t > 0 \tag{8.2.6.19}$$

이 된다. $\lambda = 0$일 경우 식 (8.2.6.14)와 식 (8.2.6.19)는 $T_x$와 $T_y$가 독립적인 경우와 동일하게 된다. $\lambda > 0$인 경우 $e^{-\lambda t} < 1$이므로 공통충격모델의 $S_{T(xy)}(t)$와 $S_{T(\overline{xy})}(t)$는 공통충격을 고려하지 않은 경우($\lambda = 0$인 경우)의 $S_{T(xy)}(t)$와 $S_{T(\overline{xy})}(t)$보다 작아진다.

---

( 예제 8.2.6.1 )

$T_x^*$, $T_y^*$, $Z$가 독립적이고 각각 모수가 $\mu_{x+t}^* = \mu_1$, $\mu_{y+t}^* = \mu_2$, $\lambda$인 지수분포를 따른다고 가정하고 이 세 변수가 공통충격모델(common shock model)을 구성한다고 할 때 다음을 구하시오.

(a) $f_{T(x)}(s)$ 　　　　　 (b) $f_{T(y)}(t)$ 　　　　　 (c) $f_{T(xy)}(t)$

**풀이**

(a) $T_x^*$가 지수분포를 따르므로 $S_{T^*(x)}(s) = e^{-\mu_1 s}$

　　따라서 $S_{T(x)}(s) = e^{-\mu_1 s} e^{-\lambda s} = e^{-(\mu_1+\lambda)s}$

　　　　$f_{T(x)}(s) = -S'_{T(x)}(s) = (\mu_1+\lambda)e^{-(\mu_1+\lambda)s}$

　　따라서 $T_x$는 모수가 $\mu_1+\lambda$인 지수분포를 따른다.

(b) (a)와 동일한 방법을 따르면

　　　　$f_{T(y)}(t) = -S'_{T(y)}(t) = (\mu_2+\lambda)e^{-(\mu_2+\lambda)t}$

　　따라서 $T_y$는 모수가 $\mu_2+\lambda$인 지수분포를 따른다.

(c) $S_{T(x)T(y)}(t,\, t) = e^{-\mu_1 t} e^{-\mu_2 t} e^{-\lambda t} = e^{-(\mu_1+\mu_2+\lambda)t}$이므로

　　　　$f_{T(xy)}(t) = -S'_{T(x)T(y)}(t,\, t) = (\mu_1+\mu_2+\lambda)e^{-(\mu_1+\mu_2+\lambda)t}$

　　따라서 $T_{xy}$는 모수가 $\mu_1+\mu_2+\lambda$인 지수분포를 따른다.

---

( 예제 8.2.6.2 )

$(x)$, $(y)$에 대한 보험금 1,000원의 최종생존자보험과 연액 1,000원의 최종생존자연금을 고려한다. $T_x^*$, $T_y^*$, $Z$는 공통충격(common shock)모형의 독립적인 변수들(각각 $t \geq 0$)이고, 각각 $\mu_{x+t}^* = \mu_1 = 0.04$, $\mu_{y+t}^* = \mu_2 = 0.05$, $\lambda = 0.02$인 지수분포를 따른다. $\delta = 0.07$인 경우,

(a) 이 최종생존자 종신보험의 APV($1,000\ \overline{A}_{\overline{xy}}$)를 구하시오.

(b) 이 최종생존자 종신연금의 APV($1,000\ \overline{a}_{\overline{xy}}$)를 구하시오.

**풀이**

(a) $\mu_{x+t} = \mu_1+\lambda$, $\mu_{y+t} = \mu_2+\lambda$, $\mu_{xy}(t) = \mu_{x+t:y+t} = \mu_1+\mu_2+\lambda$

$T_x$, $T_y$, $T_{xy}$가 상수사력(CFM)을 가지므로 보험금 1원의 경우,

$$\bar{A}_x = \frac{\mu_1 + \lambda}{\mu_1 + \lambda + \delta} = \frac{0.04 + 0.02}{0.04 + 0.02 + 0.07} = \frac{6}{13}$$

$$\bar{A}_y = \frac{\mu_2 + \lambda}{\mu_2 + \lambda + \delta} = \frac{0.05 + 0.02}{0.05 + 0.02 + 0.07} = \frac{7}{14}$$

$$\bar{A}_{xy} = \frac{\mu_1 + \mu_2 + \lambda}{\mu_1 + \mu_2 + \lambda + \delta} = \frac{0.04 + 0.05 + 0.02}{0.04 + 0.05 + 0.02 + 0.07} = \frac{11}{18}$$

이다. 따라서

$$\bar{A}_{\overline{xy}} = \bar{A}_x + \bar{A}_y - \bar{A}_{xy} = \frac{6}{13} + \frac{7}{14} - \frac{11}{18} = \frac{41}{117} = 0.3504$$

따라서 $1000\,\bar{A}_{\overline{xy}} = 350.4$

(b) 식 (8.2.6.19)에 의하여

$$\bar{a}_{\overline{xy}} = \int_0^\infty e^{-\delta t}\, e^{-\lambda t}\, S_{T^*(x)}(t)\, dt + \int_0^\infty e^{-\delta t}\, e^{-\lambda t}\, S_{T^*(y)}(t)\, dt - \int_0^\infty e^{-\delta t}\, e^{-\lambda t}\, S_{T^*(x)}(t)\, S_{T^*(y)}(t)\, dt$$

$$= \int_0^\infty e^{-\delta t}\, e^{-\lambda t}\, e^{-\mu_1 t}\, dt + \int_0^\infty e^{-\delta t}\, e^{-\lambda t}\, e^{-\mu_2 t}\, dt - \int_0^\infty e^{-\delta t}\, e^{-\lambda t}\, e^{-\mu_1 t}\, e^{-\mu_2 t}\, dt$$

$$= \frac{1}{\mu_1 + \lambda + \delta} + \frac{1}{\mu_2 + \lambda + \delta} - \frac{1}{\mu_1 + \mu_2 + \lambda + \delta} = \frac{1}{0.13} + \frac{1}{0.14} - \frac{1}{0.18} = 9.2796$$

또는 식 (8.2.6.10), 식 (8.2.6.12)와 식 (8.2.6.14)의 $_t p_x$, $_t p_y$, $_t p_{xy}$를 이용하면

$$\bar{a}_{\overline{xy}} = \int_0^\infty e^{-\delta t} e^{-(\mu_1 + \lambda)t}\, dt + \int_0^\infty e^{-\delta t} e^{-(\mu_2 + \lambda)t}\, dt - \int_0^\infty e^{-\delta t} e^{-(\mu_1 + \mu_2 + \lambda)t}\, dt$$

$$= \frac{1}{\mu_1 + \lambda + \delta} + \frac{1}{\mu_2 + \lambda + \delta} - \frac{1}{\mu_1 + \mu_2 + \lambda + \delta} = \frac{1}{0.13} + \frac{1}{0.14} - \frac{1}{0.18} = 9.2796$$

따라서 $1000\,\bar{a}_{\overline{xy}} = 9279.6$

---

( 예제 8.2.6.3 )

$(x)$와 $(y)$의 사망률이 $T_x^*$, $T_y^*$, $Z$의 공통충격모델을 따른다고 가정한다. $T_x^*$, $T_y^*$, $Z$는 독립적이며 각각 $\mu_{x+t}^* = \mu_1$, $\mu_{y+t}^* = \mu_2$, $\lambda$의 사력을 갖는 지수분포를 따른다. $p_x = 0.95$, $p_y = 0.9$, $\lambda = 0.02$일 때 $_3 p_{xy}$를 구하시오.

**풀이**

$p_x = p_x^*\, e^{-\lambda} = e^{-\mu_x^*}\, e^{-\lambda}$이므로, $p_x = 0.95 = p_x^*\, e^{-0.02}$

그러므로 $p_x^* = 0.95\, e^{0.02} = 0.9692$

같은 방식으로 $p_y^* = 0.9\, e^{0.02} = 0.9182$

$T_x^*$와 $T_y^*$가 지수분포를 따르므로

$$_3p_x^* = (p_x^*)^3 = (0.9692)^3 = 0.9104, \quad _3p_y^* = (p_y^*)^3 = (0.9182)^3 = 0.7741$$

따라서 $_3p_{xy} = {_3p_x^*} \, {_3p_y^*} \, e^{-3\lambda} = (0.9104)(0.7741) e^{-0.06} = 0.6637$

또는 다음과 같이 생각할 수도 있다.

$p_x = e^{-(\mu_1 + 0.02) \times 1} = 0.95$ 이므로, 여기서 직접 $\mu_1$을 구하면 $\mu_1 = 0.0313$이고

같은 방법으로 $\mu_2$를 구하면 $\mu_2 = 0.0854$이다.

$T_{xy}$는 $\exp(\mu_1 + \mu_2 + \lambda)$의 분포를 따르므로

$\Pr(T_{xy} > 3) = e^{-(0.0313 + 0.0854 + 0.02) \times 3} = e^{-0.4101} = 0.6637$

## 7. 연생보험과 연생연금의 보험수리적 현가

2장에서 고찰한 단생명 상태 $(x)$를 두 사람 이상의 생명상태 $(u)$로 대체하면 3장과 4장에서 고찰한 공식들을 그대로 사용할 수 있다. $(u)$의 "survival" status가 소멸(fail)되면 연말에 1원을 지급하는 생명보험의 경우 3장의 이론들이 적용된다. $K$를 $(u)$의 개산생존기간을 나타낸다고 하면 지급하는 시점은 $K+1$이므로 보험금지급의 현가를 나타내는 확률변수 $Z$와 $Z$의 기대현가(EPV: Expected Present Value)나 보험수리적 현가(APV: Actuarial Present Value) $A_u$는

$$Z = v^{K+1}$$

$$A_u = E(Z) = \sum_{k=0}^{\infty} v^{k+1} \Pr(K=k) \tag{8.2.7.1}$$

$$\mathrm{Var}(Z) = {}^2A_u - (A_u)^2 \tag{8.2.7.2}$$

이 된다. 예를 들어 $(x)$, $(y)$ 중 두 번째 사망자가 발생하면 연말에 보험금 1원을 지급하는 최종생존자 종신보험의 일시납순보험료는

$$A_{\overline{xy}} = \sum_{k=0}^{\infty} v^{k+1} \, _{k|}q_{\overline{xy}} \tag{8.2.7.3}$$

이 된다. 4장에서 고찰한 $x$를 $u$로 대체할 경우 단생명상태의 연금에 관한 공식들도 두 사람 이상의 상태에 관한 연금 공식으로 그대로 적용될 수 있다. $K$를 $(u)$의 미래개산생존기간으로 정의하면 4장에서 고찰한 식들을 다음과 같이 다시 정의할 수 있다. $n$년 유기생명연금의 경우를 고찰하면 다음 식들이 성립한다.

$$Y = \ddot{a}_{\overline{\min(K(u)+1,\,n)|}} = \ddot{a}_{\overline{(K(u)+1) \wedge n|}} \tag{8.2.7.4}$$

$$\ddot{a}_{u:\overline{n}|} = \sum_{k=0}^{n-1} \ddot{a}_{\overline{K(u)+1}|} \, {}_{k|}q_u + \ddot{a}_{\overline{n}|} \, {}_np_u \tag{8.2.7.5}$$

$$\ddot{a}_{u:\overline{n}|} = \sum_{k=0}^{n-1} v^k \, {}_kp_u \tag{8.2.7.6}$$

$$\ddot{a}_{u:\overline{n}|} = \frac{1}{d} \left( 1 - A_{u:\overline{n}|} \right) \tag{8.2.7.7}$$

$$\mathrm{Var}(Y) = \frac{1}{d^2} \left[ {}^2A_{u:\overline{n}|} - (A_{u:\overline{n}|})^2 \right] \tag{8.2.7.8}$$

보험금 사망즉시급인 경우 $(u)$ status가 소멸되는 때에 보험금 1원을 즉시 지급하는 연생 종신보험의 확률변수 Z와 APV(EPV)는 다음과 같다.

$$Z = v^T$$

$$\bar{A}_u = \int_0^\infty v^t \, {}_tp_u \, \mu_u(t) \, dt \tag{8.2.7.9}$$

$$\mathrm{Var}(Z) = {}^2\bar{A}_u - (\bar{A}_u)^2 \tag{8.2.7.10}$$

예를 들어 $(u)$가 동시생존자상태인 경우 APV는

$$\bar{A}_{xy} = \int_0^\infty v^t \, {}_tp_{xy} \, \mu_{xy}(t) \, dt \tag{8.2.7.11}$$

이 된다. 연액 1원을 $(u)$ status가 소멸될 때까지 연속적으로 지급하는 연생종신연금의 확 률변수 $Y$와 APV 및 관계식은 다음과 같다.

$$Y = \bar{a}_{\overline{T}|}$$

$$\bar{a}_u = \int_0^\infty \bar{a}_{\overline{t}|} \, {}_tp_u \, \mu_u(t) \, dt \tag{8.2.7.12}$$

$$= \int_0^\infty v^t \, {}_tp_u \, dt \tag{8.2.7.13}$$

예를 들어 $(x)$, $(y)$ 중 적어도 한명이 생존하는 한 연액 1원이 연속적으로 지급되는 동 시생존자 종신연금의 경우 다음 식들이 성립한다.

$$Y = \bar{a}_{\overline{T}|} = \bar{a}_{\overline{T(xy)}|} \tag{8.2.7.14}$$

$$\bar{a}_{xy} = \int_0^\infty \bar{a}_{\overline{t}|} \, {}_tp_{xy} \, \mu_{xy}(t) \, dt \tag{8.2.7.15}$$

$$= \int_0^\infty v^t {}_t p_{xy} \, dt \tag{8.2.7.16}$$

식 (8.2.4.44)에서 $K(xy)$와 $K(\overline{xy})$의 관계를 고찰하였는데 그 관계식들로부터 다음이 성립한다. □

$$v^{K(xy)+1} + v^{K(\overline{xy})+1} = v^{K(x)+1} + v^{K(y)+1} \tag{8.2.7.17}$$

$$\ddot{a}_{\overline{K(xy)+1|}} + \ddot{a}_{\overline{K(\overline{xy})+1|}} = \ddot{a}_{\overline{K(x)+1|}} + \ddot{a}_{\overline{K(y)+1|}} \tag{8.2.7.18}$$

앞의 식들의 기대값을 구하면 다음의 관계식을 구할 수 있으며 이러한 관계식은 두 변수가 종속적이라도 모든 결합확률분포에 적용이 된다. 최종생존자보험이나 최종생존자연금의 APV는 동시생존자보험이나 동시생존자연금의 APV로 나타낼 수 있다.

$$A_{xy} + A_{\overline{xy}} = A_x + A_y \tag{8.2.7.19}$$

$$\ddot{a}_{xy} + \ddot{a}_{\overline{xy}} = \ddot{a}_x + \ddot{a}_y \tag{8.2.7.20}$$

식 (8.2.4.29)로부터 다음이 성립한다.

$$v^{T(xy)} + v^{T(\overline{xy})} = v^{T(x)} + v^{T(y)} \tag{8.2.7.21}$$

$$\bar{a}_{\overline{T(xy)|}} + \bar{a}_{\overline{T(\overline{xy})|}} = \bar{a}_{\overline{T(x)|}} + \bar{a}_{\overline{T(y)|}} \tag{8.2.7.22}$$

$$v^{T(xy)} \, v^{T(\overline{xy})} = v^{T(x)} \, v^{T(y)} \tag{8.2.7.23}$$

위 공식들의 양변에 기대값을 취한 결과는 여러 status의 APV, 분산 및 공분산 등을 구할 때 많이 이용될 수 있다. 예를 들면,

$$\bar{A}_{xy} + \bar{A}_{\overline{xy}} = \bar{A}_x + \bar{A}_y \tag{8.2.7.24}$$

$$\bar{A}^1_{\overline{xy}:\,\overline{n|}} + \bar{A}^1_{xy:\,\overline{n|}} = \bar{A}^1_{x:\,\overline{n|}} + \bar{A}^1_{y:\,\overline{n|}} \tag{8.2.7.25}$$

$$\bar{a}_{xy} + \bar{a}_{\overline{xy}} = \bar{a}_x + \bar{a}_y \tag{8.2.7.26}$$

$$\text{Cov}(v^{T(xy)}, \, v^{T(\overline{xy})}) = \text{Cov}(v^{T(x)}, \, v^{T(y)}) + (\bar{A}_x - \bar{A}_{xy})(\bar{A}_y - \bar{A}_{xy}) \tag{8.2.7.27}$$

이 성립한다. 최종생존자보험에서 $n$년만기 정기보험의 경우 기호를 $\bar{A}^1_{\overline{xy}:\,\overline{n|}}$로 표시하며 동시생존자보험에서 $n$년만기 정기보험의 경우 기호를 $\bar{A}^1_{xy:\,\overline{n|}}$로 표시한다. 식 (8.2.7.27)의 우변에서 $T_x$와 $T_y$가 독립이고, $\bar{A}_x$나 $\bar{A}_y$가 $\bar{A}_{xy}$와 동일한 경우에만 $\text{Cov}(v^{T(xy)}, v^{T(\overline{xy})})$는 0이 되고 그 이외의 경우에는 양의 값을 갖는다.

앞에서 고찰했던 동시생존자연금과 보험은 단생명에서 고찰했던 이론들을 일반화시
킨 것이다. 즉

$$\ddot{a}_{xy:\overline{n}|} = 1 + vp_{xy}\ddot{a}_{x+1:y+1:\overline{n-1}|} \tag{8.2.7.28}$$

$$A_{xy} = vq_{xy} + vp_{xy}\,A_{x+1:y+1} \tag{8.2.7.29}$$

$$= vq_{xy} + v^2 p_{xy}\,q_{x+1:y+1} + {}_2E_{xy}\,A_{x+2:y+2} \tag{8.2.7.30}$$

$$a_{xy:\overline{n}|} = \ddot{a}_{xy:\overline{n+1}|} - 1 \tag{8.2.7.31}$$

$$A^{1}_{xy:\overline{n}|} = A_{xy} - {}_nE_{xy}\,A_{x+n:y+n} \tag{8.2.7.32}$$

$$\ddot{a}_{xy:\overline{n}|} = \ddot{a}_{xy} - {}_nE_{xy}\,\ddot{a}_{x+n:y+n} \tag{8.2.7.33}$$

그러나 최종생존자보험이나 연금에서는 위에서와 같은 재귀식 형태의 공식이 성립하지
않는다. 또 $xy$를 $\overline{xy}$로 교체할 때 다른 공식들도 성립하지 않는다. 식 (8.2.7.28)이나 식
(8.2.7.29)와 유사한 형태로 $A_{\overline{xy}}$나 $\ddot{a}_{\overline{xy}}$를 나타내 보자. $(x)$, $(y)$가 독립적인 경우 ${}_tp_{\overline{xy}} =
{}_tp_y\,{}_tq_x + {}_tp_x\,{}_tq_y + {}_tp_x\,{}_tp_y$이고, 1년 후에는 $q_{\overline{xy}}$나 $p_{\overline{xy}}$를 적용하면 되므로

$$A_{\overline{xy}} = vq_{\overline{xy}} + vp_x\,q_y\,A_x + vq_x\,p_y\,A_y + vp_{xy}\,A_{\overline{x+1:y+1}} \tag{8.2.7.34}$$

$$\ddot{a}_{\overline{xy}} = 1 + vq_y\,p_x\,\ddot{a}_{x+1} + vq_x\,p_y\,\ddot{a}_{y+1} + vp_{xy}\,\ddot{a}_{\overline{x+1:y+1}} \tag{8.2.7.35}$$

로 나타낼 수 있다. 단생명에서 적용되었던 많은 공식들과 논리는 동시생존자상태에는
일반화시킬 수 있으나 최종생존자상태에는 적용하기 어렵다는 것을 알 수 있다. 최종생
존자상태의 APV는 대칭적 관계식(symmetric relation)을 이용하여 구해야 한다.

### 예제 8.2.7.1

예제 (8.2.2.1)의 $(x)$와 $(y)$ 중 최종생존자의 사망이 발생하는 경우, 그 즉시 사망보험
금 1을 지급하는 3년만기 정기보험의 보험수리적 현가를 다음의 두 가지 방법으로
구하시오. 단, $\delta = 0.05$이다.

(a) $\bar{A}^{1}_{\overline{xy}:\overline{n}|} = \bar{A}^{1}_{x:\overline{n}|} + \bar{A}^{1}_{y:\overline{n}|} - \bar{A}^{1}_{xy:\overline{n}|}$를 이용하여 구하시오.

(b) $f_{T(\overline{xy})}(t)$를 이용하여 구하시오.

#### 풀이

(a) 예제 (8.2.2.1)의 결과로부터 $T_x$와 $T_y$는 동일한 분포를 가지며, 확률밀도함수 $f_{T(x)}(t) = f_{T(y)}(t) = \dfrac{1}{50}(2t+5)$, $0 \le t < 5$이다. 따라서

$$\bar{A}^{\;1}_{x:\,\overline{3|}} = \int_0^3 v^t f_{T(x)}(t)\,dt = \int_0^3 e^{-0.05t}\left[\frac{1}{50}(2t+5)\right]dt\,^{1)}$$

$$= \frac{1}{50}\left\{\left[\frac{-1}{0.05}e^{-0.05t}(2t+5)\right]_0^3 - \int_0^3 \frac{-1}{0.05}e^{-0.05t}(2)\,dt\right\} = 0.44156 = \bar{A}^{\;1}_{y:\,\overline{3|}}$$

$\bar{A}^{\;1}_{\overline{xy}:\,\overline{3|}}$를 구하기 위해 $\int_0^3 e^{-0.05t}(-6t+10)\,dt$를 구해보자.

$u' = e^{-0.05t},\ v = -6t+10$로 부분적분법을 사용하면

$$\int_0^3 e^{-0.05t}(-6t+10)\,dt = \left\{\left[\frac{-1}{0.05}e^{-0.05t}(-6t+10)\right]_0^3 - \int_0^3 \frac{-1}{0.05}e^{-0.05t}(-6)\,dt\right\}$$

$$= 3.41242$$

예제 (8.2.3.3)의 결과로부터 결합확률밀도함수 $f_{T(xy)}(t) = \dfrac{1}{125}(-3t^2+10t+25),\ 0<t<5$이다. 따라서 위의 결과를 이용하면

$$\bar{A}^{\;1}_{\overline{xy}:\,\overline{3|}} = \int_0^3 v^t f_{T(xy)}(t)\,dt = \int_0^3 e^{-0.05t}\left[\frac{1}{125}(10t+25-3t^2)\right]dt\,^{2)}$$

$$= \frac{1}{125}\left\{\left[\frac{-1}{0.05}e^{-0.05t}(-3t^2+10t+25)\right]_0^3 - \int_0^3 \frac{-1}{0.05}e^{-0.05t}(-6t+10)\,dt\right\}$$

$$= \frac{1}{125}\left[(18.00353) + \frac{1}{0.05}(3.41242)\right] = 0.69002$$

식 (8.2.7.25)로부터

$$\bar{A}^{\;1}_{\overline{xy}:\,\overline{3|}} = \bar{A}^{\;1}_{x:\,\overline{3|}} + \bar{A}^{\;1}_{y:\,\overline{3|}} - \bar{A}^{\;1}_{\overline{xy}:\,\overline{3|}} = 2(0.44156) - 0.69002 = 0.1931$$

(b) $\bar{A}^{\;1}_{\overline{xy}:\,\overline{3|}}$를 구하기 위해 $\int_0^3 e^{-0.05t}\,t\,dt$를 구해보자.

$u' = e^{-0.05t},\ v = t$로 부분적분법을 사용하면

$$\int_0^3 e^{-0.05t}\,t\,dt = \left[\frac{-1}{0.05}e^{-0.05t}t\right]_0^3 - \int_0^3 \frac{-1}{0.05}e^{-0.05t}(1)\,dt = 4.07433$$

예제 (8.2.2.1)의 결과로부터 $T_{\overline{xy}}$의 확률밀도함수 $f_{T(\overline{xy})}(t) = \dfrac{3}{125}t^2$이다. 따라서 위의 결과를 이용하면

$$\bar{A}^{\;1}_{\overline{xy}:\,\overline{3|}} = \int_0^3 v^t f_{T(\overline{xy})}(t)\,dt = \int_0^3 e^{-0.05t}\frac{3}{125}t^2\,dt = \frac{3}{125}\int_0^3 e^{-0.05t}\,t^2\,dt\,^{3)}$$

$$= \frac{3}{125}\left[\left[\frac{-1}{0.05}e^{-0.05t}t^2\right]_0^3 - \int_0^3 \frac{-1}{0.05}e^{-0.05t}2t\,dt\right]$$

$$= \frac{3}{125}\left[(-154.92744) + \frac{2}{0.05}(4.07433)\right] = 0.1931$$

---

1) $u' = e^{-0.05t},\ v = 2t+5$로 부분적분법을 사용함.

2) $u' = e^{-0.05t},\ v = -3t^2+10t+25$로 부분적분법을 사용함.

3) $u' = e^{-0.05t},\ v = t^2$으로 부분적분법을 사용함.

$(x)$와 $(y)$가 모두 살아있는 동안에는 연액 1을 연속적으로 지급하고, $(x)$와 $(y)$ 중 한 사람만 살아있는 동안에는 연액 7/10을 연속적으로 지급하는 연금의 APV를 구하시오.

**풀이**

연금의 APV를 여러 가지 방법으로 고찰해보자.

(ⅰ) 이 연금은 $(x)$와 $(y)$ 중 적어도 한 사람이 살아있으면, 즉 기간 $T_{\overline{xy}}$까지 연액 7/10을 연속적으로 받는 것과 $(x)$와 $(y)$ 모두 살아있으면, 즉 기간 $T_{xy}$까지 연액 3/10을 연속적으로 받는 것이 합쳐진 연금이다. 그러므로 이 연금의 현가확률변수는

$$ Z = \frac{7}{10}\,\bar{a}_{\overline{T(\overline{xy})}} + \frac{3}{10}\,\bar{a}_{\overline{T(xy)}} \quad (1) $$

로 나타낼 수 있다. 이 연금의 보험수리적 현가는

$$ E(Z) = \frac{7}{10}\,\bar{a}_{\overline{xy}} + \frac{3}{10}\,\bar{a}_{xy} \quad (2) $$

이다. 식 (8.2.7.26)을 $\bar{a}_{\overline{xy}}$에 적용하면

$$ E(Z) = \left(\frac{7}{10}\bar{a}_x + \frac{7}{10}\bar{a}_y - \frac{7}{10}\bar{a}_{xy}\right) + \frac{3}{10}\bar{a}_{xy} $$

$$ = \frac{7}{10}\bar{a}_x + \frac{7}{10}\bar{a}_y - \frac{4}{10}\bar{a}_{xy} \quad (3) $$

(ⅱ) 다른 방법으로 생각해보자. 식 (1)의 기대값은 다음과 같이 나타낼 수 있다.

$$ E(Z) = \frac{7}{10}\int_0^\infty v^t\,{}_tp_{\overline{xy}}\,dt + \frac{3}{10}\int_0^\infty v^t\,{}_tp_{xy}\,dt \quad (4) $$

$(\overline{xy})$의 status가 $t$년 뒤에 유지되고 있을 때, 이것을 각각 상호배타적인 사상들로 나누어서 생각하면

$$ {}_tp_{\overline{xy}} = {}_tp_{xy} + ({}_tp_x\,{}_tq_y) + ({}_tp_y\,{}_tq_x) \quad (5) $$

$$ {}_tp_{\overline{xy}} = {}_tp_{xy} + ({}_tp_x - {}_tp_{xy}) + ({}_tp_y - {}_tp_{xy}) \quad (6) $$

로 나타낼 수 있다(그림 [8.2.4.1] 참조). 식 (5)를 식 (4)에 대입하여 정리하면,

$$ E(Z) = \int_0^\infty v^t\,{}_tp_{xy}\,dt + \frac{7}{10}\int_0^\infty v^t\,({}_tp_x\,{}_tq_y)\,dt + \frac{7}{10}\int_0^\infty v^t\,({}_tp_y\,{}_tq_x)\,dt \quad (7) $$

식 (7)을 해석해보자. 먼저 첫 번째 항은 $(x)$, $(y)$가 모두 생존해 있을 경우 연액 1을 연속적으로 받는 것의 APV이다. 두 번째 항은 $(x)$가 $t$년 동안 생존하고 $(y)$는 사망하는 경우 연액 7/10을 연속적으로 받는 것의 APV이다. 세 번째 항은 $x$와 $y$를 바꿔서 생각하면 두 번째 항과 동일하게 해석할 수 있다.

식 (6)을 식 (4)에 대입하여 정리하면

$$ E(Z) = \frac{7}{10}\bar{a}_x + \frac{7}{10}\bar{a}_y - \frac{4}{10}\bar{a}_{xy} $$

를 얻을 수 있으며 처음 앞에서 구한 식 (3)과 동일하다.

(iii) 한 사람만 살아있는 확률은 (5)에서 $_tp_x \, _tq_y + \, _tp_y \, _tq_x = \, _tp_{\overline{xy}} - \, _tp_{xy}$ 이다. 따라서 한 사람만 살아있는 동안 받는 연금의 현가는 $\bar{a}_{\overline{xy}} - \bar{a}_{xy}$ 가 되므로 연금의 APV는

$$\text{APV} = 1 \cdot \bar{a}_{xy} + \frac{7}{10} \left( \bar{a}_{\overline{xy}} - \bar{a}_{xy} \right) = \bar{a}_{xy} + \frac{7}{10} \left( \bar{a}_x + \bar{a}_y - \bar{a}_{xy} - \bar{a}_{xy} \right)$$

$$= \frac{7}{10} \bar{a}_x + \frac{7}{10} \bar{a}_y - \frac{4}{10} \bar{a}_{xy}$$

로서 식 (3)과 동일한 결과를 얻는다.

---

( 예제 8.2.7.3 )

다음 연금의 APV를 구하시오

(a) (55)와 (60)중 최소한 한명이 70세 이하에서 생존하는 경우만 연속적 연액 1원이 지급되는 최종생존자연속연금의 APV를 구하시오.

(b) (55)와 (60)중 (55)나 (60)이 70세를 초과해서 생존하는 한 매년초에 1원이 지급되는 거치연금의 APV를 구하시오.

**풀이**

(a) $\displaystyle \text{APV} = \int_0^{10} v^t \, _tp_{\overline{55:60}} \, dt + \int_{10}^{15} v^t \, _tp_{55} dt = \int_0^{15} v^t \, _tp_{55} \, dt + \int_0^{10} v^t \, _tp_{60} \, dt - \int_0^{10} v^t \, _tp_{55:60} \, dt$

$\displaystyle = \bar{a}_{55:\,\overline{15|}} + \bar{a}_{60:\,\overline{10|}} - \bar{a}_{55:60:\,\overline{10|}}$

(b) $\displaystyle \text{APV} = \sum_{k=10}^{14} v^k \, _kp_{60} + \sum_{k=15}^{\infty} v^k \, _kp_{\overline{55:60}} = \sum_{k=10}^{\infty} v^k \, _kp_{60} + \sum_{k=15}^{\infty} v^k \, _kp_{55} - \sum_{k=15}^{\infty} v^k \, _kp_{55:60}$

$\displaystyle = {}_{10|}\ddot{a}_{60} + {}_{15|}\ddot{a}_{55} - {}_{15|}\ddot{a}_{55:60}$

## 8. 사망률 가정에 따른 보험수리적 현가

앞에서는 여러 생명들과 관련된 보험과 연금의 보험수리적 현가를 구하는 방법들을 설명하였다. 보험수리적 현가를 구하는 방식은 대부분 적분이나 어떤 항들의 합을 구하는 방법을 사용한다. 본 절에서는 보험수리적 현가를 구하는 방법을 간략히 할 수 있는 $T_u$의 분포에 대한 가정들을 고찰하고자 한다.

### (1) Gompertz 법칙과 Makeham 법칙

사망확률이 Gompertz 법칙을 따른다고 가정하는 경우 여러 생명들과 관련된 보험과 연금의 보험수리적 현가를 구해보자. 확률변수 $T_x$와 $T_y$는 독립적이라고 가정한다. $(x)$와 $(y)$의 사망확률이 각각 Gompertz 법칙인 $\mu_x = Bc^x$를 따른다고 가정하자. 이러한 가정하에서 동시생존자상태(joint-life status)의 사력이 단생명인 $(w)$의 사력과 일치하는 $w$를 구

해보자. 이를 위해서는 다음 식을 만족하는 $w$를 구하면 된다.

$$\mu_{x+s:y+s} = \mu_{xy}(s) = \mu(w+s) = \mu_{w+s} \qquad s \geq 0 \tag{8.2.8.1}$$

식 (8.2.8.1)은 Gompertz 법칙하에서는 다음과 같다.

$$Bc^{x+s} + Bc^{y+s} = Bc^{w+s} \tag{8.2.8.2}$$

$$c^x + c^y = c^w \tag{8.2.8.3}$$

이렇게 구한 $w$를 이용하면 $t>0$일 때 다음 식이 성립한다.

$$_tp_w = \exp\left[-\int_0^t \mu_{w+s}\,ds\right] \tag{8.2.8.4}$$

$$= \exp\left[-\int_0^t \mu_{xy}(s)\,ds\right] \tag{8.2.8.5}$$

$$= {}_tp_{xy} \tag{8.2.8.6}$$

앞에서 구한 $w$를 이용할 경우 동시생존자상태 $(xy)$의 확률, 기대값 및 분산 등은 단생명 상태 $(w)$의 확률, 기대값 및 분산 등과 일치한다. $w$의 값은 정수가 아닌 경우가 대부분일 것이기 때문에 $w$의 근처값들을 이용하여 직선보간하여 APV를 계산한다.

사망률이 Makeham 법칙인 $\mu_x = A + Bc^x$를 따르는 경우 동시생존자상태(joint-life status)의 사력은 다음과 같다.

$$\mu_{xy}(s) = \mu_{x+s} + \mu_{y+s} = 2A + Bc^s(c^x+c^y) \tag{8.2.8.7}$$

이 경우 앞의 식에서 $2A$가 있기 때문에 단생명 $w$로 대체할 수 없다. 이 경우 $(xy)$를 다른 동시생존자상태인 $(ww)$로 대체하여 사용할 수 있다. 즉, $w$는 다음 식을 만족하는 값이다.

$$\mu_{ww}(s) = 2\mu_{w+s} = 2(A + Bc^sc^w) \tag{8.2.8.8}$$

$$2c^w = c^x + c^y \tag{8.2.8.9}$$

식 (8.2.8.9)에서 $w$를 구해보면, 식 (8.2.8.9)는 $c^{x-y}+1 = 2c^{w-y}$이므로 $w$는 다음과 같다.

$$\ln(c^{x-y}+1) = \ln 2 + (w-y)\ln c$$

$$w = y + \frac{\ln(c^{x-y}+1) - \ln 2}{\ln c} \tag{8.2.8.10}$$

예제 8.2.8.1

생명표가 Makeham 법칙을 따른다고 가정하고 $(xy)$가 $(ww)$로 동등하게 대체된다고 할 때 $\bar{a}_{\overline{xy}} > \bar{a}_{\overline{ww}}$를 증명하시오.

**풀이**

$(ww)$는 $(xy)$이므로,

$$_t p_{ww} = (_t p_w)^2 = {}_t p_{xy} = {}_t p_x \, {}_t p_y$$

따라서 $_t p_w = (_t p_x \, {}_t p_y)^{1/2}$

$(_t p_x^{1/2} - {}_t p_y^{1/2})^2 = {}_t p_x - 2(_t p_x \, {}_t p_y)^{1/2} + {}_t p_y > 0$이므로

$$_t p_x + {}_t p_x > 2(_t p_{xy})^{1/2} = 2(_t p_{ww})^{1/2} = 2\, {}_t p_w$$

$_t p_x + {}_t p_x > 2\, {}_t p_w$이고 $_t p_{xy} = {}_t p_{ww}$이므로

$$_t p_x + {}_t p_x - {}_t p_{xy} > {}_t p_w + {}_t p_w - {}_t p_{ww}$$

따라서 $_t p_{\overline{xy}} > {}_t p_{\overline{ww}}$이며 $\bar{a}_{\overline{xy}} > \bar{a}_{\overline{ww}}$이다.

### (2) 사망자수의 균등분포(UDD) 가정

UDD가정하에서 $T_x$와 $T_y$는 독립적이라고 가정한다. UDD가정이란 동시생존자상태의 각 개인 $(x)$, $(y)$가 각 연도마다 UDD가정을 따른다는 것을 의미한다. 각 개인 $T_x$와 $T_y$가 UDD가정을 따른다는 것과 $T_{xy}$가 UDD가정을 따른다는 것은 차이가 있기 때문에 가정을 명확히 할 필요가 있다. UDD가정을 이용하면 일년에 여러 번 지급되는 연금이나 보험금 사망즉시급인 경우의 APV를 구할 수 있다.

예제 8.2.8.2

독립적인 연합생명 $(x)$와 $(y)$에 대한 가정이 다음과 같다.

(i) $q_{50} = 0.05$, $q_{47} = 0.04$

(ii) 각 연령구간에서 사망가정은 각각 UDD이다.

주어진 가정을 이용하여 다음을 구하시오.

(a) $_{0.6}q_{50:47}$  (b) $_{0.2}q_{50.6:47.6}$

(c) $T_{50}$과 $T_{47}$가 UDD가정으로 주어졌는데 $T_{50:47}$도 UDD가 성립하는지 검증하시오.

**풀이**

(a) UDD가정하에서 $_t p_x = 1 - {}_t q_x = 1 - t q_x$이므로

$$_{0.6}q_{50:47} = 1 - {}_{0.6}p_{50:47} = 1 - (_{0.6}p_{50})(_{0.6}p_{47}) = 1 - (1-0.6 q_{50})(1-0.6 q_{47})$$

$$= 1 - [1-(0.6)(0.05)][1-(0.6)(0.04)] = 0.05328$$

(b) $_{0.2}q_{50.6\,:\,47.6}$를 구하기 위하여 다음 식을 이용한다.

$$_{0.6|0.2}q_{50\,:\,47} = {}_{0.8}q_{50\,:\,47} - {}_{0.6}q_{50\,:\,47} = {}_{0.6}p_{50\,:\,47}\; {}_{0.2}q_{50.6\,:\,47.6}$$

$$_{0.8}q_{50\,:\,47} = 1 - {}_{0.8}p_{50\,:\,47} = 1 - [1-(0.8)(0.05)][1-(0.8)(0.04)] = 0.07072$$

$$_{0.6|0.2}q_{50\,:\,47} = 0.07072 - 0.05328 = (1-0.05328)\,{}_{0.2}q_{50.6\,:\,47.6}$$

따라서

$$_{0.2}q_{50.6\,:\,47.6} = 0.018421497$$

(c) $q_{50\,:\,47} = 1 - p_{50\,:\,47} = 1 - (0.95)(0.96) = 0.088$

$T_{50\,:\,47}$이 UDD를 따른다면

$_{0.6}q_{50\,:\,47} = 0.6(0.088) = 0.0528$이 성립해야 한다.

$T_{50}$과 $T_{47}$이 각각 UDD를 따를 때

$_{0.6}q_{50\,:\,47} = 0.05328$이다.

$(0.6)\,q_{50\,:\,47} \neq {}_{0.6}q_{50\,:\,47} = 0.05328$이므로 $T_{50}$과 $T_{47}$이 UDD가정을 따를 때 $T_{50\,:\,47}$은 UDD가정을 따르지 않는 것을 알 수 있다. 따라서 $T_{50}$과 $T_{47}$이 각각 UDD가정을 따른다고 해서 $T_{50\,:\,47}$의 UDD가정이 성립하는 것은 아니다. ■

$T_x$와 $T_y$가 매 연도(매 연령)마다 각각 UDD가정을 따른다고 가정하면 $_tp_x = 1 - tq_x$가 되고 다음이 성립한다.

$$_tp_x\,\mu_{x+t} = \frac{d}{dt}(1 - {}_tp_x) = q_x \qquad (8.2.8.11)$$

동시생존자상태인 $(xy)$에 이 식을 이용하면, $0 \le t \le 1$에 대하여

$$_tp_{xy}\,\mu_{xy}(t) = {}_tp_x\,{}_tp_y(\mu_{x+t} + \mu_{y+t}) \qquad (8.2.8.12)$$
$$= {}_tp_y\,{}_tp_x\,\mu_{x+t} + {}_tp_x\,{}_tp_y\,\mu_{y+t} \qquad (8.2.8.13)$$
$$= (1-tq_y)q_x + (1-tq_x)q_y \qquad (8.2.8.14)$$
$$= q_x + q_y - q_xq_y + (1-2t)q_xq_y \qquad (8.2.8.15)$$
$$= q_{xy} + (1-2t)q_xq_y \qquad (8.2.8.16)$$

( 예제 8.2.8.3 )

다음 식이 성립하는 것을 증명하시오.

$$\int_0^1 (1+i)^{1-s}(1-2s)\,ds = \frac{i}{\delta}\left(1 - \frac{2}{\delta} + \frac{2}{i}\right) \qquad (8.2.8.17)$$

**풀이**

$u' = (1+i)^{1-s}$, $v = 1-2s$인 부분적분법을 사용하면 $\int u'v = uv - \int uv'$이므로

먼저 $u = \int u' \, ds$를 구해보자.

$(1+i)^{1-s} = \exp\left[\ln(1+i)^{1-s}\right]$이므로 $\dfrac{d}{ds}(1+i)^{1-s} = (1+i)^{1-s}\left[-\ln(1+i)\right]$이다.

$e^{\delta} = 1+i$, $\delta = \ln(1+i)$, $\ln v = -\delta$, $\bar{s}_{\overline{1|}} = \dfrac{i}{\delta}$를 이용하면

$$\int_0^1 (1+i)^{1-s}(1-2s)\,ds$$

$$= \left[\frac{-1}{\ln(1+i)}(1+i)^{1-s}(1-2s)\right]_0^1 - \int_0^1 \frac{-1}{\ln(1+i)}(1+i)^{1-s}(-2)\,ds$$

$$= \frac{1}{\delta} - \frac{-(1+i)}{\delta} - \frac{2}{\delta}\int_0^1 (1+i)^{1-s}ds = \frac{2}{\delta} + \frac{i}{\delta} - \frac{2i}{\delta^2}$$

$$= \frac{i}{\delta}\left(1 - \frac{2}{\delta} + \frac{2}{i}\right)$$

어떤 생존상태 $(u)$에 대한 보험급부의 APV은 다음과 같이 나타낼 수 있다.

$$\bar{A}_u = \sum_{k=0}^{\infty} v^{k+1} \, {}_kp_u \int_0^1 (1+i)^{1-s} \frac{{}_{k+s}p_u}{{}_kp_u} \, \mu_{u+k+s} \, ds \qquad (8.2.8.18)$$

식 (8.2.8.16)을 이용하면

$$\frac{{}_{k+s}p_u}{{}_kp_u} = {}_sp_{u+k} \qquad (8.2.8.19)$$

$${}_sp_{x+k:y+k}\, \mu_{x+k:y+k}(s) = q_{x+k:y+k} + (1-2s)\,q_{x+k}\,q_{y+k} \qquad (8.2.8.20)$$

이 된다. $T_x$와 $T_y$가 각각 UDD가정을 따를 때 식 (8.2.8.18)은 동시생존자상태 $(xy)$의 경우 다음과 같이 나타낼 수 있다.

$$\bar{A}_{xy} = \sum_{k=0}^{\infty} v^{k+1} \, {}_kp_{xy} \left[ q_{x+k:y+k} \int_0^1 (1+i)^{1-s}\,ds \right.$$

$$\left. + q_{x+k}\, q_{y+k} \int_0^1 (1+i)^{1-s}(1-2s)\,ds \right] \qquad (8.2.8.21)$$

$$= \frac{i}{\delta}A_{xy} + \frac{i}{\delta}\left(1 - \frac{2}{\delta} + \frac{2}{i}\right)\sum_{k=0}^{\infty} v^{k+1}\,{}_kp_{xy}\,q_{x+k}\,q_{y+k} \qquad (8.2.8.22)$$

$T_{xy}$가 UDD가정을 따른다면 다음이 성립한다.

$$\bar{A}_{xy} = \frac{i}{\delta} A_{xy} \tag{8.2.8.23}$$

식 (8.2.8.22)는 $T_x$와 $T_y$가 각각 각 연령마다 UDD가정을 따른다는 가정하의 $A_{xy}$를 나타내고 있으며 다음의 두 가지 항으로 구성되어 있음을 알 수 있다.

(i) $T_{xy}$가 UDD가정인 경우의 APV

(ii) $T_x$와 $T_y$가 각각 UDD가정이고 다른 연도구간에 있다는 조건하의 $T_{xy}$의 조건부 분포는 각연도마다 UDD이다. 그러나 $T_x$와 $T_y$가 동일 연도구간에 있다면 분석이 달라진다. $T_{xy} = \min(T_x, T_y)$이기 때문에 사망이 같은 연도에서 발생할 경우 최소값은 연령초 쪽으로 이동할 가능성이 크다. 그럴 경우 그 연도에서 더 일찍 status의 소멸이 실현되는 것에 대한 추가적인 보상(cost)이 필요한데 이 보상의 기대값이 두 번째 항으로 나타나고 있다.

$\bar{a}_{xy}$를 구하기 위해서는 4장에서 고찰한 관계식에서 $(x)$를 $(xy)$로 대체하면 되는데 다음과 같다.

$$\bar{a}_{xy} = \frac{1}{\delta}(1 - \bar{A}_{xy}) \tag{8.2.8.24}$$

이 식에 식 (8.2.8.22)를 대입하면

$$\bar{a}_{xy} = \frac{1}{\delta}\left[1 - \frac{i}{\delta}\left[A_{xy} + \left(1 - \frac{2}{\delta} + \frac{2}{i}\right)\sum_{k=0}^{\infty} v^{k+1}\,_k p_{xy}\, q_{x+k}\, q_{y+k}\right]\right] \tag{8.2.8.25}$$

이 되고 $T_x$와 $T_y$가 독립적이고 각각 UDD가정인 경우 다음과 같이 정리될 수 있다.[1]

$$\bar{a}_{xy} = [\alpha(\infty)\ddot{a}_{xy} - \beta(\infty)]$$
$$- \frac{i}{\delta^2}\left(1 - \frac{2}{\delta} + \frac{2}{i}\right)\sum_{k=0}^{\infty} v^{k+1}\,_k p_{xy}\, q_{x+k}\, q_{y+k} \tag{8.2.8.26}$$

$T_{xy}$가 각 연도마다 UDD라고 가정할 경우 다음 식이 성립한다.

$$\bar{a}_{xy} = \alpha(\infty)\ddot{a}_{xy} - \beta(\infty) \tag{8.2.8.27}$$

식 (8.2.8.26)의 우변도 $A_{xy}$와 같은 해석이 가능하다. 즉, 식 (8.2.8.26)의 우변 두 번째 항

---

1) $T_{xy}$가 각 연도마다 UDD인 경우 $\bar{a}_{xy} = \frac{1}{\delta}\left(1 - \bar{A}_{xy}\right)$, $\frac{i}{\delta}A_{xy} = \bar{A}_{xy}$이 성립하며 이를 이용하면 식 (8.2.8.26)을 유도할 수 있다.

은 $T_x$와 $T_y$가 동일연도에서 사망하는 경우에 대한 보상(cost)이라고 생각할 수 있으며 보험과는 반대의 부호를 가지고 있다.

보험금이 $1/m$연말급인 경우, $T_x$와 $T_y$가 각각 UDD가정인 경우 보험금 사망즉시급인 경우와 유사하게 유도할 수 있다.

$$A_{xy}^{(m)} = \sum_{k=0}^{\infty} v^k {}_kp_{xy} \sum_{j=1}^{m} v^{j/m} \left( {}_{(j-1)/m}p_{x+k:y+k} - {}_{j/m}p_{x+k:y+k} \right) \tag{8.2.8.28}$$

$T_x$와 $T_y$가 독립적이고 각각 UDD 가정을 따를 때 다음 식이 성립한다(연습문제 참조).

$$A_{xy}^{(m)} = \frac{i}{i^{(m)}} A_{xy} + \frac{i}{i^{(m)}} \left( 1 + \frac{1}{m} - \frac{2}{d^{(m)}} + \frac{2}{i} \right) \sum_{k=0}^{\infty} v^{k+1} {}_kp_{xy} \, q_{x+k} \, q_{y+k} \tag{8.2.8.29}$$

$m \to \infty$이면 식 (8.2.8.29)는 식 (8.2.8.22)에 근접해 간다. 식 (8.2.8.29)의 우변 첫 번째 항은

$$A_{xy}^{(m)} = \frac{i}{i^{(m)}} A_{xy} \tag{8.2.8.30}$$

인데 이 식은 $T_{xy}$가 각연도마다 UDD인 가정하에서의 관계식이다. $T_{xy}$가 각 연도마다 UDD가정인 경우

$$\ddot{a}_{xy}^{(m)} = \alpha(m) \, \ddot{a}_{xy} - \beta(m) \tag{8.2.8.31}$$

이 성립하고 $T_x$와 $T_y$가 각각 UDD인 경우는 식 (8.5.8.29)를 이용하면 다음과 같이 연속연금의 경우와 유사한 결과를 얻을 수 있다.

$$\ddot{a}_{xy}^{(m)} = \left[ \alpha(m) \, \ddot{a}_{xy} - \beta(m) \right]$$
$$- \frac{1}{d^{(m)}} \frac{i}{i^{(m)}} \left( 1 + \frac{1}{m} - \frac{2}{d^{(m)}} + \frac{2}{i} \right) \left( \sum_{k=0}^{\infty} v^{k+1} {}_kp_{xy} \, q_{x+k} \, q_{y+k} \right) \tag{8.2.8.32}$$

(3) Woolhouse공식

Woolhouse공식을 이용하면 단생명과 유사하게

$$\ddot{a}_{xy}^{(m)} \fallingdotseq \ddot{a}_{xy} - \frac{m-1}{2m} - \frac{m^2-1}{12m^2} (\delta + \mu_{xy}) \tag{8.2.8.33}$$

$$\bar{a}_{xy} \fallingdotseq \ddot{a}_{xy} - \frac{1}{2} - \frac{1}{12} (\delta + \mu_{xy}) \tag{8.2.8.34}$$

를 유도할 수 있다. 유기생명연금의 경우 다음 관계식

$$\ddot{a}^{(m)}_{xy:\overline{n}|} = \ddot{a}^{(m)}_{xy} - {}_nE_{xy}\ddot{a}^{(m)}_{x+n:y+n} \tag{8.2.8.35}$$

을 이용하고 Woolhouse공식을 이용하면

$$\ddot{a}^{(m)}_{xy:\overline{n}|} \fallingdotseq \ddot{a}_{xy} - \frac{m-1}{2m} - \frac{m^2-1}{12m^2}(\delta + \mu_{xy})$$

$$- {}_nE_{xy}\left[\ddot{a}_{x+n:y+n} - \frac{m-1}{2m} - \frac{m^2}{12m}(\delta + \mu_{x+n:y+n})\right]$$

$$= \ddot{a}_{xy:\overline{n}|} - \frac{m-1}{2m}(1 - {}_nE_{xy}) - \frac{m^2-1}{12m^2}\left[(\delta + \mu_{xy}) - {}_nE_{xy}(\delta + \mu_{x+n:y+n})\right]$$

$$\tag{8.2.8.36}$$

을 구할 수 있다.

### 9. 조건부 연생보험

지금까지는 어떤 status의 소멸시간(time of failure)에 따른 보험과 연금에 대하여 고찰하였다. 여기서는 소멸시간뿐만 아니라 어느 그룹에서 개인의 사망순서에 의존하는 (contingent) 보험과 연금을 고찰하고자 한다.

#### (1) 조건부 연생확률

$n$년 안에 $(x)$가 $(y)$보다 먼저 사망하는 확률, 혹은 다른 표현으로 $n$년 안에 $(x)$가 사망하고 동시에 그 순간에 $(y)$가 생존하고 있을 확률을 ${}_nq^1_{xy}$으로 표현한다. 보험수리기호에서 $x$ 위의 1은 $(x)$가 $(y)$보다 먼저 사망한다는 표시이고 $n$은 그 사건이 $n$년 안에 발생한다는 것을 의미한다. 이러한 확률계산은 $T_x < T_y$, $T_x < n$ 범위에서 $T_x$와 $T_y$의 결합 p.d.f.를 이중적분하여 계산할 수 있다.

$$_nq^1_{xy} = \int_0^n \int_s^\infty f_{T(x)T(y)}(s, t)\,dt\,ds \tag{8.2.9.1}$$

$$= \int_0^n \int_s^\infty f_{T(y)|T(x)}(t|s)\,dt\, f_{T(x)}(s)\,ds \tag{8.2.9.2}$$

$$= \int_0^n \Pr(T_y > s | T_x = s) f_{T(x)}(s)\,ds \tag{8.2.9.3}$$

$$= \int_0^n \Pr(T_y > s | T_x = s)\, {}_sp_x\, \mu_{x+s}\,ds \tag{8.2.9.4}$$

두 변수가 독립적이라면 $\Pr(T_y \geq s \mid T_x = s) = {}_s p_y$이므로

$$_n q^1_{xy} = \int_0^n {}_s p_y \, {}_s p_x \, \mu_{x+s} \, ds \tag{8.2.9.5}$$

으로 나타낼 수 있다. 조건부 연생확률을 적분으로 계산시에는 번호가 붙어 있는 생명(여기서는 $x$)을 조건으로 계산한다. 위 식에서 적분 안에 있는 식은 $s$ 시점에서 $(y)$가 생존해 있는 확률$({}_s p_y)$과 $(x)$가 $(s, s+ds)$ 구간에서 사망하는 확률$({}_s p_x \, \mu_{x+s} ds)$의 곱으로 해석할 수도 있고, $(x)$, $(y)$가 동시에 s시점까지 생존하고$({}_s p_x \, {}_s p_y)$, $(x)$가 $(s, s+ds)$ 구간에서 사망하는 확률$(\mu_{x+s} ds)$의 곱으로 해석할 수도 있을 것이다.

그림 [8.2.9.1]  $_t q^1_{xy}$과 $_t q^1_{xy}$의 영역

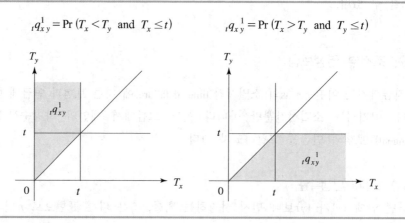

$$_t q^1_{x\,y} = \Pr(T_x < T_y \text{ and } T_x \leq t) \qquad _t q^{\ 1}_{x\,y} = \Pr(T_x > T_y \text{ and } T_y \leq t)$$

그림 [8.2.9.2]  $_t q^2_{xy}$과 $_t q^2_{xy}$의 영역

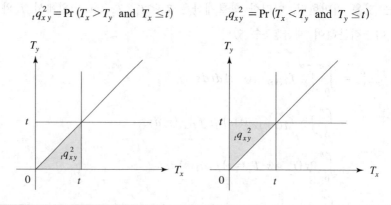

$$_t q^2_{x\,y} = \Pr(T_x > T_y \text{ and } T_x \leq t) \qquad _t q^{\ 2}_{x\,y} = \Pr(T_x < T_y \text{ and } T_y \leq t)$$

예제 8.2.9.1

예제 (8.2.2.1)을 이용하여 $_3q_{xy}^1$을 구하시오.

풀이

식 (8.2.9.1)로부터,

$$_3q_{xy}^1 = \int_0^3 \int_s^5 \frac{1}{125}(s+t)\,dt\,ds = \int_0^3 \frac{1}{125}\left[st + \frac{1}{2}t^2\right]_s^5 ds$$

$$= \frac{1}{125}\int_0^3 -\frac{3}{2}s^2 + 5s + \frac{25}{2}\,ds = \frac{1}{125}\left[-\frac{1}{2}s^3 + \frac{5}{2}s^2 + \frac{25}{2}s\right]_0^3 = 0.372$$

$n$년 안에 $(x)$가 사망한 후에 $(y)$가 사망할 확률, 혹은 $n$년 동안 $(y)$가 사망하고 동시에 $(x)$가 그 이전에 사망할 확률을 $_nq_{xy}^2$로 나타낸다. $y$ 위의 2는 $(y)$가 두 번째로 사망한다는 것을 표시하고 n은 이런 사건이 n년 안에 발생한다는 것을 나타낸다. $_nq_{xy}^2$의 정의상 $T_x$와 $T_y$의 결합 p.d.f.를 $0 \le T_x \le T_y \le n$ 범위에서 이중적분하여 계산할 수 있다.

$$_nq_{xy}^2 = \int_0^n \int_0^t f_{T(x)T(y)}(s,\,t)\,ds\,dt \tag{8.2.9.6}$$

$$= \int_0^n \int_0^t f_{T(x)|T(y)}(s\,|\,t)\,ds\,f_{T(y)}(t)\,dt \tag{8.2.9.7}$$

$$= \int_0^n \Pr(T_x \le t\,|\,T_y = t)f_{T(y)}(t)\,dt \tag{8.2.9.8}$$

$$= \int_0^n \Pr(T_x \le t\,|\,T_y = t)\,{_tp_y}\,\mu_{y+t}\,dt \tag{8.2.9.9}$$

두 변수가 독립적이라면 $\Pr(T_x \le t\,|\,T_y = t) = {_tq_x}$이므로

$$_nq_{xy}^2 = \int_0^n {_tq_x}\,{_tp_y}\,\mu_{y+t}\,dt \tag{8.2.9.10}$$

$$= \int_0^n (1 - {_tp_x})\,{_tp_y}\,\mu_{y+t}\,dt \tag{8.2.9.11}$$

$$= {_nq_y} - {_nq_{xy}^1} \tag{8.2.9.12}$$

으로 나타낼 수 있다. 조건부 연생확률을 적분으로 계산시에는 번호가 붙어 있는 생명(여기서는 $y$)을 조건으로 계산한다. 식 (8.2.9.10)은 $t$시점까지 $(x)$가 사망할 확률($_tq_x$)과 동시에 $(y)$가 $(t,\,t+dt)$ 구간에서 사망하는 확률($_tp_y\,\mu_{y+t}\,dt$)의 곱으로 해석할 수 있다.

식 (8.2.9.6)의 적분을 순서를 바꾸어서 하면

$$_nq_{xy}^2 = \int_0^n \int_s^n f_{T(x)T(y)}(s,\,t)\,dt\,ds \tag{8.2.9.13}$$

$$= \int_0^n \int_s^n f_{T(y)|T(x)}(t\,|\,s)\,dt\,f_{T(x)}(s)\,ds \tag{8.2.9.14}$$

$$= \int_0^n \Pr\,(s < T_y \le n\,|\,T_x = s)\,_sp_x\,\mu_{x+s}\,ds \tag{8.2.9.15}$$

$T_x$와 $T_y$가 독립적이라면

$$_nq_{xy}^2 = \int_0^n (_sp_y - _np_y)\,_sp_x\,\mu_{x+s}\,ds \tag{8.2.9.16}$$

$$= _nq_{xy}^1 - _np_y\,_nq_x \tag{8.2.9.17}$$

식 (8.2.9.16)은 $(x)$가 $s\,(0 < s < n)$시점에서 사망하고$(_sp_x\,\mu_{x+s}\,ds)$, 동시에 $(y)$가 $s$시점까지 생존하지만 고려대상 기간인 $n$년보다는 생존기간이 작을 확률$(_sp_y - _np_y)$의 곱으로 해석할 수 있다. 식 (8.2.9.17)로부터 다음 관계식이 성립함을 알 수 있다.

$$_nq_{xy}^1 = _nq_{xy}^2 + _np_y\,_nq_x \tag{8.2.9.18}$$

$$= _nq_{xy}^2 + _nq_x - _nq_{\overline{xy}} \tag{8.2.9.19}$$

$$_nq_{xy}^1 \ge _nq_{xy}^2 \tag{8.2.9.20}$$

식 (8.2.9.19)와 식 (8.2.9.12)를 이용하고, $n \to \infty$로 하면 $_\infty q_x = 1$, $_\infty q_{\overline{xy}} = 1$이므로

$$_\infty q_{xy}^1 = _\infty q_{xy}^2 = \Pr\,(T_x < T_y) \tag{8.2.9.21}$$

$$_\infty q_{xy}^1 + _\infty q_{xy}^2 = 1 \tag{8.2.9.22}$$

이 성립함을 알 수 있다.

> **예제 8.2.9.2**
>
> (70)과 (80)은 서로 독립적인 피보험자이며 생존분포가 각각 $\omega = 100$인 De Moivre의 법칙을 따른다고 할 때 다음을 구하시오.
>
> (a) $_\infty q_{70:80}^2$         (b) $_\infty q_{70:80}^1$         (c) $_\infty q_{70:80}^1$

**풀이**

De Moivre의 법칙을 따르므로 $T_{70}$과 $T_{80}$의 $f(t)$는 각각 균등분포를 따른다.

$$f_x(t) = \frac{1}{\omega - x} = \frac{1}{30}, \; f_y(t) = \frac{1}{\omega - y} = \frac{1}{20}$$

(a) (80)을 조건으로 적분을 수행하므로

$$_\infty q_{xy}^{\;\;\;2} = \int_0^\infty {}_tq_x \; {}_tp_y \; \mu_{y+t} \, dt = \int_0^{\omega - y} {}_tq_x \frac{1}{\omega - y} \, dt$$

$$= \frac{1}{\omega - y} \int_0^{\omega - y} \frac{t}{\omega - x} \, dt = \frac{1}{\omega - y} \frac{(\omega - y)^2}{2(\omega - x)} = \frac{\omega - y}{2(\omega - x)}$$

따라서

$$_\infty q_{70:80}^{\;\;\;\;\;2} = \frac{100 - 80}{2(100 - 70)} = \frac{20}{60} = \frac{1}{3}$$

(b) $_\infty q_{70:80}^{\;\;\;\;\;1} = 1 - {}_\infty q_{70:80}^{\;\;\;\;\;2} = 1 - \frac{1}{3} = \frac{2}{3}$

(c) $_\infty q_{70:80}^{\;\;\;\;\;1} = {}_\infty q_{70:80}^{\;\;\;\;\;2} = \frac{1}{3}$ 또는 $_\infty q_{70:80}^{\;\;\;\;\;1} = 1 - {}_\infty q_{70:80}^{\;\;\;\;\;1} = \frac{1}{3}$

## (2) 조건부 연생보험

$(y)$가 생존하고 있는 동안 $(x)$가 사망하는 즉시 보험금 1원을 지급하는 보험의 APV는 $\bar{A}_{xy}^{\,1}$로 나타낸다. 이 보험의 급부를 나타내는 확률변수 $Z$는

$$Z = \begin{cases} v^{T_x}, & T_x \le T_y \\ 0, & T_x > T_y \end{cases} \tag{8.2.9.23}$$

$Z$는 $T_x$와 $T_y$의 함수이므로 $Z$의 기대값은 $T_x$와 $T_y$의 결합 p.d.f.를 이용하여 구할 수 있다.

$$\bar{A}_{xy}^{\,1} = \int_0^\infty \int_s^\infty v^s f_{T(x)T(y)}(s, t) \, dt \, ds \tag{8.2.9.24}$$

$$= \int_0^\infty \int_s^\infty v^s f_{T(y)|T(x)}(t|s) \, dt \, f_{T(x)}(s) \, ds \tag{8.2.9.25}$$

$$= \int_0^\infty \left[ \int_s^\infty f_{T(y)|T(x)}(t|s) \, dt \right] v^s \, {}_sp_x \, \mu_{x+s} \, ds \tag{8.2.9.26}$$

$T_x$와 $T_y$가 독립적이라면

$$\bar{A}_{xy}^{\,1} = \int_0^\infty \left[ \int_s^\infty {}_tp_y \, \mu_{y+t} \, dt \right] v^s \, {}_sp_x \, \mu_{x+s} \, ds \tag{8.2.9.27}$$

$$= \int_0^\infty v^s \, {}_sp_y \, {}_sp_x \, \mu_{x+s} \, ds \tag{8.2.9.28}$$

식 (8.2.9.28)의 해석은 앞에서 한 것과 동일하며, $\delta = 0$인 경우 $\bar{A}_{xy}^1 = {}_\infty q_{xy}^1$가 된다. $(x)$가 먼저 사망한 후 $(y)$가 사망할 때 보험금 1을 지급하는 생명보험의 APV를 $\bar{A}_{xy}^{\,2}$로 나타낸다. $\bar{A}_{xy}^{\,2}$의 현가확률변수를 $Z$라고 하면, $Z$는 다음과 같이 나타낼 수 있다.

$$Z = \begin{cases} v^{T_y}, & T_x \le T_y \\ 0, & T_x > T_y \end{cases} \tag{8.2.9.29}$$

$Z$의 APV는 $\bar{A}_{xy}^{\,2}$이므로

$$\bar{A}_{xy}^{\,2} = \int_0^\infty \int_0^t v^t f_{T(x)T(y)}(s,\,t)\,ds\,dt \tag{8.2.9.30}$$

$$= \int_0^\infty v^t \int_0^t f_{T(x)|T(y)}(s\,|\,t)\,ds \, f_{T(y)}(t)\,dt \tag{8.2.9.31}$$

$$= \int_0^\infty v^t \Pr(T_x \le t \,|\, T_y = t) f_{T(y)}(t)\,dt \tag{8.2.9.32}$$

$T_x$와 $T_y$가 독립적이라면

$$\bar{A}_{xy}^{\,2} = \int_0^\infty v^t {}_tq_x \, {}_tp_y \, \mu_{y+t} \, dt \tag{8.2.9.33}$$

$$= \int_0^\infty v^t (1 - {}_tp_x) \, {}_tp_y \, \mu_{y+t} \, dt \tag{8.2.9.34}$$

$$= \bar{A}_y - \bar{A}_{xy}^1 \tag{8.2.9.35}$$

$T_x$와 $T_y$가 독립적인 경우 $\bar{A}_{xy}^{\,2}$(두번째 사망의 APV)는 $\bar{A}_{xy}^1$(첫번째 사망의 APV)로 나타낼 수 있다는 것을 알 수 있다.

(3) 사망법칙과 UDD가정하에서 조건부 연생보험의 APV[1]

$(x)$가 $n$년 안에 $(y)$보다 먼저 사망할 경우 보험금 1원을 지급하는 조건부 연생보험의 APV를 Gompertz 법칙하에서 구해보면 $c^w = c^x + c^y$인 경우 다음과 같다.

---
1) 아래 식들의 증명은 연습문제를 참조.

$$\bar{A}^{\,1}_{xy:\,\overline{n}|} = \frac{c^x}{c^w}\,\bar{A}^{\,1}_{w:\,\overline{n}|} \tag{8.2.9.36}$$

$2\,c^w = c^x + c^y$인 경우 조건부 연생보험을 Makeham 법칙하에서 구해보면 다음과 같다.

$$\bar{A}^{\,1}_{xy:\,\overline{n}|} = A\left(1 - \frac{c^x}{c^w}\right)\bar{a}_{ww:\,\overline{n}|} + \frac{c^x}{2\,c^w}\,\bar{A}^{\,1}_{\overline{ww}:\,\overline{n}|} \tag{8.2.9.37}$$

$(x)$가 $(y)$보다 먼저 사망하는 경우에 보험금 1원이 연말에 지급되는 보험금 연말급의 조건부 연생연금의 APV는 다음과 같다.[1]

$$A^{\,1}_{xy} = \sum_{k=0}^{\infty} v^{k+1}\,{}_kp_{xy}\,q^{\,1}_{\overline{x+k}:\,y+k} \tag{8.2.9.38}$$

$T_x$와 $T_y$가 독립이고 각각이 UDD가정을 따른다고 하면 보험금 사망즉시급인 조건부 연생보험의 APV는 다음과 같다.

$$\bar{A}^{\,1}_{xy} = \frac{i}{\delta}A^{\,1}_{xy} + \frac{1}{2}\frac{i}{\delta}\left(1 - \frac{2}{\delta} + \frac{2}{i}\right)\sum_{k=0}^{\infty} v^{k+1}\,{}_kp_{xy}\,q_{x+k}\,q_{y+k} \tag{8.2.9.39}$$

식 (8.2.9.39)의 해석은 식 (8.2.8.22)의 해석과 유사하게 할 수 있다. 조건부 연생보험의 경우 $(x)$가 먼저 사망하는 경우만 고려하므로 식 (8.2.9.39)의 두 번째 항은 식 (8.2.8.22)의 두 번째 항의 1/2만큼만 고려해주면 된다.

### 10. 유족연금(reversionary annuities)

유족연금은 복귀연금(復歸年金)이라고도 하는데 계승(繼承, reversionary)이라는 단어는 자기의 재산이 상속승계된다는 의미이므로 상속연금(相續年金), 계승연금(繼承年金), 유족연금(遺族年金) 등으로 표현하는 것이 적절할 것이다. 이러한 연금은 남편이 사망 후 부인을 위하여, 또는 부모가 사망 후 자녀를 위하여 재산을 남기는데 적절한 연금형태이다.

유족연금은 두 번째 status $(v)$가 소멸한 후에만 첫 번째 status $(u)$가 survive하는 동안 지급되는 연금이다. 유족연금은 거치연금으로 거치기간은 보통 확정되어 있지 않은 확률변수이고 두 번째 status의 소멸시까지 기간(time until failure)인 경우가 많다. 유족연금의 APV는 $\bar{a}_{v|u}$로 표시되며 복잡한 연금을 단생명연금과 연생연금의 형태로 나타내는데 유용하다. $(x)$가 사망한 이후부터 $(y)$가 생존하는 동안 연금연액 1원을 매년 지급하는

---

1) $q^{\,1}_{\overline{x+k}:\,y+k}$에서 ___는 사용하지 않고 $q^{\,1}_{x+t:\,y+t}$로도 나타낸다.

연속연금을 $\bar{a}_{x|y}$로 나타낸다. 0시점에서 유족연금의 확률변수를 Z라고 하면

$$Z = \begin{cases} T(x)|\bar{a}\,_{\overline{T(y)-T(x)}|}\,, & T_x \le T_y \\ 0, & T_x > T_y \end{cases} \tag{8.2.10.1}$$

으로 나타낼 수 있으며, 다르게 표현하면

$$Z = \begin{cases} \bar{a}\,_{\overline{T(y)}|} - \bar{a}\,_{\overline{T(x)}|}\,, & T_x \le T_y \\ 0\,, & T_x > T_y \end{cases} \tag{8.2.10.2}$$

으로도 나타낼 수 있다. 식 (8.2.10.2)를 연생기호를 사용하기 위하여 약간 변형하면

$$Z = \begin{cases} \bar{a}\,_{\overline{T(y)}|} - \bar{a}\,_{\overline{T(x)}|}\,, & T_x \le T_y \\ \bar{a}\,_{\overline{T(y)}|} - \bar{a}\,_{\overline{T(y)}|}\,, & T_x > T_y \end{cases} \tag{8.2.10.3}$$

으로 나타낼 수 있다. 위 식은 다음과 같이 나타낼 수 있다.

$$Z = \bar{a}\,_{\overline{T(y)}|} - \bar{a}\,_{\overline{T(xy)}|} \tag{8.2.10.4}$$

따라서 Z의 APV는 다음과 같다.

$$\bar{a}_{x|y} = E(Z) = E(\bar{a}\,_{\overline{T(y)}|}) - E(\bar{a}\,_{\overline{T(xy)}|}) = \bar{a}_y - \bar{a}_{xy} \tag{8.2.10.5}$$

식 (8.2.10.2)를 그림으로 표현하면 그림 [8.2.10.1]과 같다.

그림 [8.2.10.1] 유족연금의 지급기간

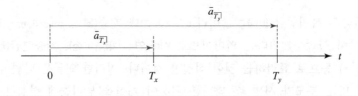

그림 [8.2.10.1]로부터도 $\bar{a}_{x|y} = a_y - \bar{a}_{xy}$인 것을 알 수 있다. 시점지급방법으로 $\bar{a}_{x|y}$를 고찰하면

$$\bar{a}_{x|y} = \int_0^\infty v^t \Pr(T_y > t, T_x < t)\, dt \tag{8.2.10.6}$$

$$= \int_0^\infty v^t \left[ \Pr(T_y > t) - \Pr(T_y > t, T_x > t) \right] dt \tag{8.2.10.7}$$

$$= \int_0^\infty v^t ({}_t p_y - {}_t p_{xy}) \, dt \tag{8.2.10.8}$$

$$= \bar{a}_y - \bar{a}_{xy} \tag{8.2.10.9}$$

가 성립하는 것을 알 수 있다.

( 예제 8.2.10.1 )

독립적인 피보험자 $(x)$, $(y)$가 가입한 보험금 1원의 종신납입 완전이산 최종생존자 종신보험을 고려한다. 두 명이 생존했을 때 납입하는 연납평준순보험료는 $P$이고, $(x)$, $(y)$ 중 한 명만 생존했을 때 납입하는 보험료는 30%가 감액된 $0.7P$이다. 다음과 같은 조건이 주어졌을 때 $P$를 구하시오.

(i) $\ddot{a}_x = 14.81661$       (ii) $\ddot{a}_y = 13.26683$

(iii) $A_{xy} = 0.2936755$       (iv) $i = 0.06$

풀이

주어진 조건으로부터 $A_x$, $A_y$, $\ddot{a}_{xy}$를 구해보자.

$$A_x = 1 - d\ddot{a}_x = 1 - \frac{0.06}{1.06}(14.81661) = 0.16132$$

$$A_y = 1 - d\ddot{a}_y = 1 - \frac{0.06}{1.06}(13.26683) = 0.24905$$

$$\ddot{a}_{xy} = \frac{1 - A_{xy}}{d} = \frac{1 - 0.2936755}{0.06/1.06} = 12.4784$$

보험급부의 APV는

$$APV = A_{\overline{xy}} = A_x + A_y - A_{xy}$$
$$= 0.16132 + 0.24905 - 0.2936755 = 0.1166945$$

보험료의 현가 EPV를 구해보자.

$$EPV1 = P\ddot{a}_{xy} + 0.7P(\ddot{a}_{x|y} + \ddot{a}_{y|x}) = P\left[\ddot{a}_{xy} + 0.7(\ddot{a}_y - \ddot{a}_{xy} + \ddot{a}_x - \ddot{a}_{xy})\right]$$
$$= P\left[12.4784 + 0.7(14.81661 + 13.26683 - 2(12.4784))\right] = 14.667048P$$

보험료의 현가 EPV를 다른 방법으로 구해보자. 한명만 생존했을 때 납입하는 보험료의 현가는

$$0.7P\left(\ddot{a}_{\overline{xy}} - \ddot{a}_{xy}\right)$$

이므로 전체 보험료의 현가 EPV는

$$EPV2 = P\ddot{a}_{xy} + 0.7P\left(\ddot{a}_{\overline{xy}} - \ddot{a}_{xy}\right) = P\ddot{a}_{xy} + 0.7\left(\ddot{a}_x + \ddot{a}_y - \ddot{a}_{xy} - \ddot{a}_{xy}\right)$$

로 EPV1과 동일함을 알 수 있다. 따라서

$$P = \frac{0.1166945}{14.667048} = 0.00795624$$

$(y)$가 생존하는 동안 지급되는 연금으로 가입 후 $n$년 이후부터 지급되고, $(x)$가 사망한 경우에만 지급되는 유족연금은 $\bar{a}_{\overline{x:\overline{n}|}|y}$로 나타낸다. 이 연금은 $(y)$가 생존하는 동안 지급되는 연금으로 (i) $(x)$가 $n$년 이전에 사망한 경우에는 n년 이후부터 연금이 지급되고 (ii) $(x)$가 $n$년 이후에 사망하는 경우에는 $(x)$가 사망한 이후부터 연금이 지급된다. $\overline{x:\overline{n}|}$ 는 $x$와 $n$중 최종 발생하는 것을 의미하므로 앞의 (i), (ii)와 같이 해석할 수 있다. 이런 관점에서 $\bar{a}_{\overline{x:\overline{n}|}|y}$는 $\overline{x:\overline{n}|}$ 후에 $(y)$에게 연액 1원이 생존하는 동안 지급되는 연금으로도 표현할 수 있다. 이 유족연금에 대한 확률변수는 다음과 같이 나타낼 수 있다.

$$Z = \bar{a}_{\overline{T(y)|}} - \bar{a}_{\overline{\min[T(y),\max[T(x),n]]|}} \tag{8.2.10.10}$$

$Z$의 기대값을 구하면

$$E(Z) = \bar{a}_{\overline{x:\overline{n}|}|y} = \bar{a}_y - \bar{a}_{y:\overline{x:\overline{n}|}} \tag{8.2.10.11}$$

$$= \bar{a}_y - (\bar{a}_{xy} + \bar{a}_{y:\overline{n}|} - \bar{a}_{xy:\overline{n}|}) \tag{8.2.10.12}$$

## 11. 특수한 생존분포

### (1) 상수사력(CFM)

$X_1, X_2, X_3, \cdots, X_n$이 독립적이고 각각이 모수 $\mu_i$인 지수분포를 따르는 것을 가정한다. 즉 $X_i$의 p.d.f는

$$f(x_i) = \mu_i e^{-\mu_i x_i} \tag{8.2.11.1}$$

이다. 여기서 $X_M$을

$$X_M = \min(X_1, X_2, \cdots, X_n) \tag{8.2.11.2}$$

라고 정의하면 $X_M$의 생존함수는

$$\Pr(X_M \geq x) = \Pr(X_1 \geq x)\Pr(X_2 \geq x)\cdots \Pr(X_n \geq x) \tag{8.2.11.3}$$

이다. $X_i$는 지수분포를 따르므로

$$\Pr(X_i \geq x) = e^{-\mu_i x} \qquad (8.2.11.4)$$

이다. 따라서 $X_M$의 생존함수는 $\mu = \sum_{i=1}^{n} \mu_i$라면,

$$\Pr(X_M \geq x) = \prod_{i=1}^{n} e^{-\mu_i x} = e^{-\mu x} \qquad (8.2.11.5)$$

이다. 따라서 $X_M$은 모수가 $\mu$인 지수분포를 따른다.

(2) De Moivre의 법칙

독립적인 $(x)$와 $(y)$가 각각 최대 연령이 $\omega_x$와 $\omega_y$인 De Moivre의 법칙을 따른다고 가정하자.

$$E(T_x) = \frac{\omega_x - x}{2} \qquad (8.2.11.6)$$

$$E(T_y) = \frac{\omega_y - y}{2} \qquad (8.2.11.7)$$

$$_tp_x = \begin{cases} 1 - \dfrac{t}{\omega_x - x}, & 0 \leq t < \omega_x - x \\ 0, & \text{그 외} \end{cases} \qquad (8.2.11.8)$$

$$_tp_y = \begin{cases} 1 - \dfrac{t}{\omega_y - y}, & 0 \leq t < \omega_y - y \\ 0, & \text{그 외} \end{cases} \qquad (8.2.11.9)$$

$T_{xy}$의 기대값을 구하기 위하여 $\omega$를

$$\omega = \min(\omega_x - x, \omega_y - y) \qquad (8.2.11.10)$$

로 정의하면

$$E(T_{xy}) = \int_0^\infty {_tp_{xy}}\, dt = \int_0^\infty {_tp_x}\, {_tp_y}\, dt \qquad (8.2.11.11)$$

$$= \int_0^\omega \left[ 1 - \left( \frac{1}{\omega_x - x} + \frac{1}{\omega_y - y} \right) t + \frac{t^2}{(\omega_x - x)(\omega_y - y)} \right] dt$$

$$= \omega - \frac{1}{2}\left(\frac{1}{\omega_x-x} + \frac{1}{\omega_y-y}\right)\omega^2 + \frac{1}{3}\left(\frac{\omega^3}{(\omega_x-x)(\omega_y-y)}\right)$$

$\omega_x-x < \omega_y-y$인 경우

$$E(T_{xy}) = (\omega_x-x) - \frac{1}{2}\left(\frac{1}{\omega_x-x} + \frac{1}{\omega_y-y}\right)(\omega_x-x)^2 + \frac{1}{3}\frac{(\omega_x-x)^3}{(\omega_x-x)(\omega_y-y)}$$

$$= \frac{\omega_x-x}{2} - \frac{1}{6}\frac{(\omega_x-x)^2}{\omega_y-y} \tag{8.2.11.12}$$

$\omega_x-x = \omega_y-y$인 경우

$$E(T_{xy}) = \frac{\omega_x-x}{3} = \frac{\omega_y-y}{3} \tag{8.2.11.13}$$

$$E(T_{\overline{xy}}) = E(T_x) + E(T_y) - E(T_{xy})$$

$$= \frac{\omega_x-x}{2} + \frac{\omega_y-y}{2} - \frac{\omega_x-x}{3} \tag{8.2.11.14}$$

$$= \frac{2(\omega_x-x)}{3} = \frac{2(\omega_y-y)}{3} \tag{8.2.11.15}$$

특수한 생존분포를 이용하는 연생연금과 연생보험의 구체적인 케이스들은 연습문제에서 고찰하기로 한다.

## 연습문제 8.2

※ (1~8) 다음의 가정을 이용하여 구하시오.

$T_x$와 $T_y$는 독립적이고 각각 다음과 같은 확률밀도함수(p.d.f.)를 가지고 있다.

$$f(s) = \begin{cases} 0.01(s+5), & 0 < s < 10 \\ 0, & 그외 구간 \end{cases}$$

1. 이 분포의 분포함수(d.f.), 생존함수(survival function), 사력을 구하시오.

2. $T_x$와 $T_y$의 결합확률밀도함수와 결합생존함수를 구하시오.

3. $T_{xy}$에 대한 누적분포함수, 생존함수, 완전평균여명을 구하시오.

4. $T_{xy}$의 사력(force of failure)을 구하시오.

5. $T_{\overline{xy}}$의 누적분포함수, 생존함수 그리고 확률밀도함수를 구하시오.

6. $T_{\overline{xy}}$의 사력(force of failure)을 구하시오.

7. $\mathrm{Cov}(T_{xy},\ T_{\overline{xy}})$, $\mathrm{Var}(T_{xy})$와 $\mathrm{Var}(T_{\overline{xy}})$, $T_{xy}$와 $T_{\overline{xy}}$의 상관계수를 구하시오.

8. $(y)$는 살아있고, $(x)$가 사망할 때, 사망보험금 1,000원을 사망시 즉시지급하는 생명보험의 APV를 구하시오. 단, $\delta = 0.05$라고 가정한다.

9. $T_x$와 $T_y$가 독립적이고 다음과 같은 가정하에서 $_{3|}q_{xy}$를 구하시오.

| k | $q_{x+k}$ | $q_{y+k}$ |
|---|---|---|
| 0 | 0.05 | 0.1 |
| 1 | 0.06 | 0.15 |
| 2 | 0.07 | 0.20 |
| 3 | 0.08 | 0.25 |

10. 독립적인 (60)과 (70)의 사력이 다음과 같이 주어졌다.

   (i) $\mu_{60+t} = \dfrac{1}{2(100-t)}, \quad 0 < t < 100$   (ii) $\mu_{70+t} = \dfrac{1}{3(50-t)}, \quad 0 < t < 50$

   첫 번째 사망이 2번째 해와 3번째 해에 발생할 확률을 구하시오.

11. 독립적인 $(x)$, $(y)$의 사력이 다음과 같이 주어졌다.

   (i) $\mu_x = \dfrac{1}{100-x}, \quad 0 < x < 100$     (ii) $\mu_y = \dfrac{1}{120-y}, \quad 0 < y < 120$

   $x = 30$, $y = 40$일 때 $F_{T_{xy}}(t) = F_{T(xy)}(t) = F_{T_{30:40}}(10) = F_{T(30:40)}(10)$을 구하시오.

12. (50)과 (47)의 미래생존기간이 독립이라고 가정하고, 다음의 확률에 대해서 단생명함수의 표현으로 나타내시오.

(a) 첫 번째 사망이 지금으로부터 5년 이후, 10년 이전에 일어날 확률.

(b) 마지막 사망이 지금으로부터 5년 이후, 10년 이전에 일어날 확률.

13. 두 명의 독립적인 피보험자 (50)과 (47)이 각각 $l_x = 100 - x$, $l_y = 120 - y$를 따른다고 할 때 $_{10}p_{\overline{50:47}}$을 구하시오.

14. 독립적인 (50)과 (60)의 사망률이 각각 $\omega = 110$인 De Moivre 법칙을 따른다. (50)과 (60) 중 적어도 한 명이 10년 후에 생존해 있다는 조건에서 15년 후에 둘 다 사망할 확률을 구하시오.

15. 독립적인 남자 $(x)$, 여자 $(y)$에 대하여 다음과 같은 생명표의 자료가 주어졌다.

| $x$ | $l_x$ | $y$ | $l_y^f$ |
|---|---|---|---|
| 50 | 96244.38 | 40 | 98390.62 |
| 51 | 95972.97 | 41 | 98334.53 |
| 52 | 95676.41 | 42 | 98273.57 |
| 53 | 95351.11 | 43 | 98202.72 |
| 54 | 94993.54 | 44 | 98137.01 |
| 55 | 94602.17 | 45 | 98060.47 |
| 56 | 94175.51 | 46 | 97978.10 |

다음을 구하시오. (b)는 두 가지 방법으로 구하시오.

(a) $_{3|2}q_{50:40}$                    (b) $_{3|2}q_{\overline{50:40}}$

16. $_tq_{xy} = {}_tq_x + {}_tq_y - {}_tq_x\,{}_tq_y$가 성립한다. 이와 유사하게 $_{k|}q_{xy} = {}_{k|}q_x + {}_{k|}q_y - {}_{k|}q_x\,{}_{k|}q_y$ 가 성립하는지를 검증하고 검증결과를 설명하시오.

17. 다음에 답하시오.

(a) $(x)$, $(y)$ 중에서 $k+1$번째 해에 적어도 한 명이 사망할 확률을 구하시오.

(b) 이 확률과 $_{n|}q_{\overline{xy}}$, $_{n|}q_{xy}$를 비교하시오.

18. 두 명의 독립적인 피보험자 (50)과 (47)이 각각 $l_x = 100 - x$, $l_y = 120 - y$를 따른다고 할 때 $\mu_{\overline{50:47}}(t) = \mu_{\overline{50:47}}(10)$을 구하시오.

19. 독립적인 (50), (60)의 사력이 다음과 같이 주어졌을 때 $\mathring{e}_{50:60}$을 구하시오.

    (i) $\mu_{50+t} = \dfrac{1}{2(60-t)}$, $0 < t < 60$    (ii) $\mu_{60+t} = \dfrac{1}{60-t}$, $0 < t < 60$

20. $\dfrac{d}{dx}\mathring{e}_{xx}$를 구하시오.

21. 독립적인 $(x)$와 $(x)$의 생존함수가 $l_x = \omega - x$, $0 \le x < \omega$일 때 다음을 구하시오.

    (a) $\mathring{e}_x$    (b) $\mathring{e}_{xx}$    (c) $\mathring{e}_{\overline{xx}}$

22. 독립적인 (60), (60)의 생존함수는 $l_x = 110 - x$를 따른다. $\mathrm{Var}(T_{60:60})$을 구하시오.

23. 독립적인 $(x)$, $(y)$의 사력이 다음과 같이 주어질 때 $\mathrm{Cov}(T_{xy}, T_{\overline{xy}})$를 구하시오.

    (i) $\mu_{x+t} = 0.02$    (ii) $\mu_{y+t} = 0.04$

24. 두 명의 독립적인 피보험자 $(x)$, $(y)$가 각각 상수사력을 갖는다. $\mu_x = 0.05$, $\mu_y = 0.04$일 때 $\mathrm{Var}(T_{xy})$와 $\mathrm{Cov}(T_{xy}, T_{\overline{xy}})$를 구하시오.

25. 다음과 같은 조건하에서 $\mathrm{Cov}(v^{T(xy)}, v^{T(\overline{xy})})$를 구하시오.
    (a) $T_x$와 $T_y$가 독립이 아닌 경우    (b) $T_x$와 $T_y$가 독립인 경우

26. 식 (8.2.7.8)의 $\mathrm{Var}(Y) = \dfrac{1}{d^2}\left[{}^2A_{xy:\overline{n}|} - \left(A_{xy:\overline{n}|}\right)^2\right]$에서 ${}^2A_{xy:\overline{n}|}$을 $d$와 ${}^2\ddot{a}_{xy:\overline{n}|}$을 이용하여 나타내시오.

27. 독립적인 두 피보험자 $(x)$와 $(y)$가 각각 $\mu_x = 0.02$, $\mu_y = 0.03$인 상수사력을 따를 때 다음을 구하시오. $\delta = 0.05$이다.

    (a) $A^1_{xy:\overline{10}|}$    (b) $\mathrm{Var}(v^{T(xy)})$    (c) $\mathrm{Cov}(v^{T(xy)}, v^{T(\overline{xy})})$

28. 독립적인 $(x)$와 $(y)$가 종신연금에 가입하였다. 이 종신연금은 $(x)$와 $(y)$의 동시생존시 연초에 2,000을 지급하고, $(x)$와 $(y)$ 중 한 명이 생존하면 1,400을 지급하고 둘 다 사망하면 지급이 없다. 다음과 같은 조건하에서 이 연금급부의 APV를 구하시오($x = 65$, $y = 62$).

(i) $\mu_x = 0.04$        (ii) $\mu_y = 0.02$        (iii) $\delta = 0.05$

29. $(x)$와 $(y)$의 미래생존기간은 독립적이다. 다음과 같은 가정이 주어졌다.
    (i) $\mu_x = 0.02$        (ii) $\mu_y = 0.01$        (iii) $\delta = 0.05$
    $(x)$, $(y)$가 가입한 완전연속 정기보험은 10년 안에 두 번째 사망이 발생하면 1,000원을 지급한다. 보험료는 $(x)$, $(y)$가 동시생존시 최대 10년 납입될 때 연납평준순보험료를 구하시오.

30. $T_x$와 $T_y$가 독립적이고 다음 연도에 각각 UDD가정을 따른다고 가정한다. $(x)$와 $(y)$가 모두 다음 연도에 사망한다는 조건하에서 $T_{xy}$는 다음 연도에 UDD가정이 성립하지 않는 것을 보이시오.

31. 남자 $(x)$와 남자 $(y)$의 미래생존기간은 독립적이다. 다음과 같은 가정들이 주어졌다.
    (i) $x = 40$, $y = 40$        (ii) 각 연령구간에서 사망은 UDD이다.
    (iii) $l_{40} = 97944.11$,     $l_{50} = 96244.38$,     $l_{51} = 95972.97$

    다음을 구하시오.
    (a) $_{10.6}p_{40:40}$                         (b) $\mu_{40+10.6 \, : \, 40+10.6}$

32. 독립적인 $(60)$, $(60)$은 경험생명표(남)의 생존분포를 따르고 매 연령마다 UDD를 가정한다. 다음의 자료를 이용하여 $\mu_{\overline{60:60}}(10.5)$를 구하시오.
    (i) $l_{60} = 92116.01$        (ii) $l_{70} = 82870.92$        (iii) $l_{71} = 81421.50$

33. $\dfrac{i}{\delta}\left(1 - \dfrac{2}{\delta} + \dfrac{2}{i}\right) \fallingdotseq \dfrac{i}{6} - \dfrac{i^3}{360}$ 임을 보이시오.

34. $T_x$와 $T_y$가 각 연령구간마다 각각 UDD가정을 가질 때 다음을 증명하시오.

    (a) $_{(j-1)/m}p_{xy} - _{j/m}p_{xy} = \dfrac{1}{m}q_{xy} + \dfrac{m+1-2j}{m^2}q_x q_y$

    (b) $A_{xy}^{(m)} = \dfrac{i}{i^{(m)}}A_{xy} + \dfrac{i}{i^{(m)}}\left(1 + \dfrac{1}{m} - \dfrac{2}{d^{(m)}} + \dfrac{2}{i}\right)\sum_{k=0}^{\infty} v^{k+1} \, _{k}p_{xy} \, q_{x+k} \, q_{y+k}$

35. 독립적인 $(x)$, $(y)$의 생존분포가 $\omega_x$, $\omega_y$를 갖는 De Moivre의 법칙을 따른다. $a = \omega_x - x$,

$b = \omega_y - y$일 때 $_nq^1_{xy}$의 일반식을 $a$, $b$, $n$을 이용하여 나타내시오.

36. 독립적인 $(x)$, $(y)$가 $\mu_{y+t} = h\,\mu_{x+t}$인 상수사력(CFM)을 가질 때 다음을 증명하시오.

(a) $_nq^1_{xy} = \left(\dfrac{1}{h}\right){_nq^1_{xy}}$ (b) $_nq^1_{xy} = \dfrac{_nq_{xy}}{1+h}$ (c) $_nq^1_{xy} = \dfrac{\mu_x[1-e^{-n(\mu_x+\mu_y)}]}{\mu_x+\mu_y}$

37. 독립적인 $(50)$과 $(60)$의 사력이

(i) $\mu_{50+t} = 0.01$  (ii) $\mu_{60+t} = 0.02$

일 때 다음을 구하시오.

(a) $_\infty q^1_{50:60}$  (b) $_{10}q^2_{50:60}$

38. 다음 식에서 틀린 곳이 있으면 지적하고 맞는 식으로 표현하시오.

(a) $_\infty q^1_{xy} = {_\infty q^2_{xy}}$  (b) $_\infty q^1_{xy} + {_\infty q^1_{xy}} = 0$

(c) $_\infty q^2_{xy} + {_\infty q^2_{xy}} = 0$  (d) $_nq^1_{xy} = {_nq^2_{xy}} + {_nq_x}\,{_np_y}$

(e) $_nq^1_{xy} + {_nq^1_{xy}} = {_nq_{xy}}$  (f) $_nq^2_{xy} + {_nq^2_{xy}} = {_nq_{\overline{xy}}}$

(g) $_nq_x = {_nq^1_{xy}} + {_nq^2_{xy}}$

39. 다음 관계식들 중 틀린 식이 있으면 맞게 고치시오.

(a) $\bar{A}^1_{xy} + \bar{A}^1_{xy} = \bar{A}_{\overline{xy}}$  (b) $\bar{A}^2_{xy} + \bar{A}^2_{xy} = \bar{A}_{\overline{xy}}$

(c) $\bar{A}^1_{xy} + \bar{A}^2_{xy} = \bar{A}_x$  (d) $\bar{A}^1_{xy} - \bar{A}^2_{xy} = \bar{A}_x - \bar{A}_{\overline{xy}} = \bar{A}_{xy} - \bar{A}_y$

40. $(x)$와 $(y)$의 미래생존기간은 독립적이다. 다음과 같은 가정이 주어졌다.

(i) $\mu_x = 0.01$  (ii) $\mu_y = 0.03$  (iii) $\delta = 0.05$

다음을 순서대로 구하시오.

(a) $\bar{A}_x$  (b) $\bar{A}^1_{xy}$  (c) $\bar{A}^2_{xy}$

41. 독립적인 $(x)$, $(y)$의 사력은 다음과 같다($x=40$, $y=60$).

(i) $\mu_x = 0.01,\ 0 \le t < 10$  (ii) $\mu_y = 0.02,\ 0 \le t < 10$  (iii) $\delta = 0.05$

$(x)$와 $(y)$는 완전연속 10년만기 정기보험에 가입하였고 $(x)$가 $(y)$보다 먼저 사망할 때 보험금 1원이 지급된다. 이 보험의 NSP를 구하시오.

42. 독립적인 $(x)$와 $(y)$에 대하여 $(x=40, y=50)$
    (i) $\mu_{x+t}=0.03$      (ii) $l_y=100-y,\ 0\le y<100$      (iii) $\delta=0.05$
    이 주어졌다. 사망시점을 $t$라고 하고 $(x)$가 두 번째에 사망할 때 보험금을 받는다. 보험금이 다음과 같을 때 보험급부의 APV를 구하시오.
    (a) 보험금 $1000$          (b) 보험금 $1000t$          (c) 보험금 $1000t^2$

43. Gompertz 법칙하에서 식 (8.2.9.36)을 유도하시오.

44. Makeham 법칙하에서 식 (8.2.9.37)을 유도하시오.

45. $T_x$와 $T_y$가 독립이고 각각이 UDD가정을 따를 때, 식 (8.2.9.39)를 유도하시오.

46. $\dfrac{\partial}{\partial x}\bar{a}_{y|x}=\mu_x\,\bar{a}_{y|x}-\bar{A}^2_{xy}$을 증명하시오.

47. 독립적인 피보험자 $(x)$, $(x)$가 가입한 보험금 1원의 종신납입 완전이산 최종생존자 종신보험을 고려한다. 연납평준순보험료가 두 명이 생존하는 경우 $3P$이고 한 명만 생존하는 경우는 $P$이다. 다음과 같은 조건이 주어졌을 때 $P$를 구하시오.
    (i) $A_x=0.2490475$      (ii) $A_{xx}=0.3404941$      (iii) $\ddot{a}_x=13.26683$

48. 독립적인 $(x)$, $(y)$가 완전연속 종신연금에 가입하였다. 이 종신연금은 둘 중 하나가 사망한 후에 생존한 다른 사람에게 연액 1,000원을 생존시 지급한다. 다음과 같은 가정하에서 이 연금의 APV를 구하시오.
    (i) $\mu_{x+t}=0.001$      (ii) $\mu_{y+t}=0.002$      (iii) $\delta=0.05$

49. 독립적인 $(x)$, $(y)$가 가입한 완전연속 종신연금은 $(x)$, $(y)$가 동시생존시 연속적 연액 1,000을 지급하고 한 명만 생존시 연속적 연액 700을 지급한다. 다음과 같은 조건하에서 이 연금의 APV를 구하시오.
    (i) $(x)$, $(y)$는 상수사력을 갖는다.      (ii) $\mu_{x+t}=0.01$
    (iii) $_{20}q_y=0.2$      (iv) $\delta=0.05$

50. 독립적인 (30), (50)에 대하여 다음의 가정하에서 $a_{\overline{30:\overline{10}|}|50}$를 구하시오. 그리고 그 의미를 기술하시오.

   (i) $\mu_{30+t} = 0.01$      (ii) $\mu_{50+t} = 0.02$      (iii) $\delta = 0.05$

51. $a_{\overline{\overline{xy}:\overline{n}|}} = a_{\overline{n}|} + {}_{n|}a_{xy}$을 증명하시오.

52. $\bar{a}^{\,1}_{x:\overline{n}|\,|y} = \bar{a}_y - \bar{a}_{xy:\overline{n}|} - v^n\,{}_np_{xy}\,\bar{a}_{y+n}$을 보이시오.

제 7

# 다중탈퇴모형

# 이론

## 1. 다중탈퇴잔존표(다중탈퇴표)

제2장에서 고찰한 생명표는 $l_0$ 사람들의 집단이 사망이라는 유일한 원인에 의하여 감소하는 과정과 상태를 나타낸 것이다. $l_x$로 표시되는 이 집단은 생존이라는 속성을 가지고 있고 그 집단의 구성원들은 사망이라는 원인에 의하여 집단을 떠나게 된다. 일반적으로 일정한 속성을 지닌 사람들의 집단을 생명보험에서는 피보험자집단(被保險者集團)이라고 한다. 피보험자집단은 폐집단(閉集團)과 개집단(開集團)으로 구분될 수 있다. 폐집단은 신규로 그 집단에 참여하는 사람이 없는 집단으로 그 구성원들이 일정한 속성을 상실함에 따라 피보험자집단이 점차 감소한다. 일반적으로 생명보험에 나타나는 분석대상 피보험자집단은 폐집단이다. 이런 관점에서 생명표는 동시에 출생한 $l_0$ 사람들의 폐집단이 시간의 경과에 따라 감소해 가는 상태를 나타내는 표라고 생각할 수 있다. 개집단은 구성원들이 피보험자집단을 떠나기도 하지만 신규로 그 집단에 참여하는 사람이 있는 집단이다. 국민연금의 피보험자집단은 개집단이라고 볼 수 있다.

피보험자집단을 정의하는 속성을 모두 갖는 사람들의 집단을 주집단(主集團)이라고 하고, 주집단을 이탈한 구성원들로 특정의 속성을 갖는 집단을 부집단(部集團)이라고 한다. 구성원들의 이탈로 인하여 폐집단인 주집단이 감소해 나가는 상태를 탈퇴원인별로 표시한 표를 다중탈퇴잔존표(多重脫退殘存表) 혹은 다중탈퇴표(多重脫退表, multiple decrement table)라고 한다. 탈퇴원인이 2개인 경우 이중탈퇴잔존표(double decrement table), 3개인 경우 삼중탈퇴잔존표(triple decrement table)라고 한다. 생명표와 같이 단일탈퇴원인인 경우 단일탈퇴잔존표(single decremental table)라고 한다.

다중탈퇴잔존표는 표 [9.1.1.1]과 같이 일정 연령의 기초잔존자(基礎殘存者)에서 시작하여 각 연도별로 원인별 감소자수 및 각 연령의 잔존자를 나타내고 있다.

표 [9.1.1.1]  다중탈퇴잔존표(다중탈퇴표)

| $x$ | $l_x^{(\tau)}$ | $d_x^{(1)}$ | $d_x^{(2)}$ | $d_x^{(3)}$ | $d_x^{(\tau)}$ |
|---|---|---|---|---|---|
| 30 | 100000 | 1440 | 2903 | 4889 | 9232 |
| 31 | 90768 | 1734 | 2615 | 5311 | 9660 |
| 32 | 81108 | 1927 | 2318 | 5524 | 9769 |
| 33 | 71339 | 2023 | 2023 | 5538 | 9584 |
| ⋮ | ⋮ | ⋮ | ⋮ | ⋮ | ⋮ |

표 [9.1.1.1]은 30세의 $l_{30}^{(\tau)}$ 의 주집단이 3개의 탈퇴원인에 의하여 감소되어 가는 과정과 상태를 나타내고 있다. 생명표와 같이 탈퇴원인이 하나인 경우 $l_x$로 나타내며, 다중탈퇴표와 같이 탈퇴원인이 여러 개인 경우 $l_x^{(\tau)}$로 나타낸다. 표 [9.1.1.1]에서 $l_x^{(\tau)}$는 $x$세의 주집단의 피보험자수를 나타내고 있고 탈퇴원인 1에 의하여 탈퇴하는 사람의 수를 $d_x^{(1)}$, 탈퇴원인 2와 3에 의하여 탈퇴하는 사람의 수를 $d_x^{(2)}$, $d_x^{(3)}$로 나타내고 있다. 다중탈퇴잔존표는 $l_x^{(\tau)}$, $d_x^{(1)}$, $d_x^{(2)}$, $d_x^{(3)}$ 대신 $p_x^{(\tau)}$, $q_x^{(1)}$, $q_x^{(2)}$, $q_x^{(3)}$ 등을 이용하여 나타낼 수도 있다. 표 [9.1.1.1]에서

$$l_{x+t+1}^{(\tau)} = l_{x+t}^{(\tau)} - d_{x+t}^{(1)} - d_{x+t}^{(2)} - d_{x+t}^{(3)} \tag{9.1.1.1}$$

$$d_{x+t}^{(\tau)} = d_{x+t}^{(1)} + d_{x+t}^{(2)} + d_{x+t}^{(3)} \tag{9.1.1.2}$$

$$l_{x+t+1}^{(\tau)} = l_{x+t}^{(\tau)} - d_{x+t}^{(\tau)} \tag{9.1.1.3}$$

가 성립함을 알 수 있다. 또 앞의 식들의 양변을 $l_{x+t}^{(\tau)}$로 나누면

$$p_{x+t}^{(\tau)} = 1 - q_{x+t}^{(1)} - q_{x+t}^{(2)} - q_{x+t}^{(3)} \tag{9.1.1.4}$$

$$q_{x+t}^{(\tau)} = q_{x+t}^{(1)} + q_{x+t}^{(2)} + q_{x+t}^{(3)} \tag{9.1.1.5}$$

$$p_{x+t}^{(\tau)} = 1 - q_{x+t}^{(\tau)} \tag{9.1.1.6}$$

가 성립함을 알 수 있다.

## 2. 다중탈퇴확률

### (1) 다중탈퇴표와 다중탈퇴확률

다중탈퇴표를 이용하여 다중탈퇴확률을 구해보자. 다중탈퇴표로부터

$$q_x^{(1)} = \frac{d_x^{(1)}}{l_x^{(\tau)}}, \quad q_{30}^{(1)} = \frac{d_{30}^{(1)}}{l_{30}^{(\tau)}} = \frac{1440}{100000} = 0.0144 \tag{9.1.2.1}$$

$$q_x^{(2)} = \frac{d_x^{(2)}}{l_x^{(\tau)}}, \quad q_{30}^{(2)} = \frac{d_{30}^{(2)}}{l_{30}^{(\tau)}} = \frac{2903}{100000} = 0.02903 \tag{9.1.2.2}$$

$$q_x^{(3)} = \frac{d_x^{(3)}}{l_x^{(\tau)}}, \quad q_{30}^{(3)} = \frac{d_{30}^{(3)}}{l_{30}^{(\tau)}} = \frac{4889}{100000} = 0.04889 \tag{9.1.2.3}$$

를 구할 수 있는데 $q_{30}^{(1)}$ 을 탈퇴원인 1에 의한 다중탈퇴율이라고 한다.

　질병(1), 질병(2), 질병(3) 중 어느 하나라도 먼저 발생할 경우(사망보장급부는 없음) 보험가입금액을 지급하고 계약이 소멸되는(즉 하나의 질병만 발생하여도 피보험집단에서 탈퇴된다) 건강보험상품을 이용하여 설명해 보자.[1] 질병(1), 질병(2), 질병(3) 각각의 탈퇴율이 절대탈퇴율로 데이터가 주어졌다고 가정하고 절대탈퇴율과 다중탈퇴율의 관계를 고찰해보자.[2]

　다중탈퇴표의 다중탈퇴율과는 달리 탈퇴원인 1에 의한 절대탈퇴율(絶對脫退率) $q_{30}'^{(1)}$ 은 탈퇴원인 2나 3이 존재하지 않는 경우에 주집단에서 탈퇴원인 1에 의하여만 탈퇴하는 확률이다. 절대탈퇴율을 $q_x'^{(1)}$, $q_x'^{(2)}$, $q_x'^{(3)}$ 으로 표기하기로 하자. 사망은 대표적인 절대탈퇴율이다. 즉 생명표에 나타나는 $x$세의 사망률 $q_x'$는 $x$세인 사람이 1년 동안 사망만의 원인으로 인하여 1년간 사망하는 확률로 절대탈퇴율에 해당한다. 사망이 탈퇴원인 중 하나인 경우 다른 탈퇴율들은 절대탈퇴율로 주어지기 어려우므로(일반적으로 상대탈퇴율로 주어진다) 여기서는 사망을 탈퇴원인으로 이용하지 않고 다른 탈퇴원인들을 절대탈퇴율로 사용하여 설명하고자 한다.

　다중탈퇴율 $q_{30}^{(1)}$ 은 질병(2)나 질병(3)이 발생하여 급부를 받고 피보험집단에서 탈퇴한 사람들 중에서 31세에 도달하기까지 질병(1)이 발생한 사람들은 포함하고 있지 않는 개념이다. 식 (9.1.2.1)의 $q_{30}^{(1)}$ 의 계산시 사용한 1,440은 다중탈퇴모형에서 질병(1)로 관찰된 발생자수이다. 다중탈퇴모형에서 관찰된 질병(2) 발생자수(2,903명)와 질병(3) 발생자수(4,889명) 중에서 31세에 도달하기 전에 발생한 질병(1) 발생자수는 $q_{30}^{(1)}$ 의 계산시 고려되지 않는다. 2,903명과 4,889명은 보험급부를 받고 피보험자 집단을 떠났기 때문에 그 사람들 중에서 질병(1) 발생자수는 자료가 없는 경우가 대부분이다.

---

1) 우리나라에서 판매되는 건강보험상품에서 질병(1), 질병(2), 질병(3)을 보장하는 경우 어느 하나가 발생시 계약이 소멸되는 경우(여기서 제시한 예)는 감독규정상 상품설계가 제한된다. 이런 경우는 질병(1), 질병(2), 질병(3) 발생시 각각 1회 지급하는 상품이 판매되고 있다. 즉 질병(1)이 발생해도 피보험집단에서 탈퇴되지 않는다(질병(2), 질병(3)의 급부를 받을 수 있기 때문이다). 질병(2)나 질병(3)의 경우도 동일하다. 그러나 여기서는 절대탈퇴율과 다중탈퇴율의 개념과 관계식을 유도하기 위하여 어느 하나의 질병이라도 발생하면 피보험집단에서 탈퇴되는 경우를 가정하며, 이러한 가정하에서만 다중탈퇴모형이 적용된다. 따라서 다중탈퇴모형이 적용되는 9장에서는 탈퇴원인(1), (2), (3) 중 어느 하나라도 먼저 발생하면 그 발생원인으로 인하여 피보험집단에서 탈퇴되는 것을 가정해야 한다. 그렇지 않은 경우(앞에서 언급한 우리나라 건강보험상품처럼 각각 1회씩 지급하는 상품의 경우)에는 다중탈퇴모형을 적용할 수 없고 다른 모형이 적용된다.

2) 보험실무상 질병(1), 질병(2), 질병(3)의 탈퇴율은 상대탈퇴율(뒤에서 설명)로 주어지나, 사망급부가 없는 건강보험상품에서는 각각을 절대탈퇴율로 간주하여 보험료를 계산한다.

## (2) 다중탈퇴율과 절대탈퇴율의 관계(탈퇴원인 2개)

다중탈퇴율과 절대탈퇴율의 관계를 고찰해보자. 질병(1)과 질병(2) 중 어느 하나가 먼저 발생하면 급부를 지급받고 피보험집단에서 탈퇴되는 상품(앞의 예에서 두 개의 질병만 가정)을 설계하는 경우 보험료산출을 위하여 다중탈퇴율을 구해야 한다. 기초데이터로 주어진 절대탈퇴율의 자료로부터 다중탈퇴율을 생성하는 것이 필요한데 이 때 사용되는 것이 다중탈퇴율과 절대탈퇴율의 관계식이다. 절대탈퇴율로부터 다중탈퇴율을 생성하는 관계식의 유도를 위해서 다음의 두 가지 가정을 하자.

(i) 가정 1: 절대탈퇴원인 1, 2는 각각 독립적으로 발생한다.

(ii) 가정 2: 절대탈퇴의 발생은 1년을 통하여 균등하게 발생한다(UDD가정).[1]

$d'^{(1)}_x(=l_x q'^{(1)}_x)$은 $d^{(1)}_x(=l_x q^{(1)}_x)$보다 크다. 즉, $d'^{(1)}_x - \alpha = d^{(1)}_x$가 성립한다. 여기서 $\alpha$는 다중탈퇴표에서 $d^{(2)}_x$의 탈퇴자가 있는데 이 사람들 중에서 탈퇴원인 1이 발생하는 사람 수이다.

탈퇴원인 1과 2가 질병(1)과 질병(2)를 나타내는 이중탈퇴표를 이용하여 절대탈퇴율과 다중탈퇴율의 관계식을 유도해보자. $\alpha$는 질병(2)가 먼저 발생하고, 그 질병(2) 발생자 중에서 $x+1$세 이전에 질병(1)이 발생한 사람의 수로 다중탈퇴모형 하에서 질병(1)로 관찰되지 않는 부분이며, 다음과 같이 구할 수 있다. $0<s<1$, $0<t<1$, $s<t$일 때 시점 $s$에서 먼저 질병(2)가 발생하고 $t$시점에서 후에 질병(1)이 발생하는 경우를 고려한다. $(s, s+ds)$ 구간에서 질병(2)가 발생할 확률은 $q'^{(2)}_x ds$이고 1년 중 남은 기간인 $(s, 1)$ 구간 중 $(t, t+dt)$ 구간에서 질병(1)이 발생할 확률은 $q'^{(1)}_x dt$이다. $(s, 1)$ 구간에서 질병(1)의 절대탈퇴율을 적용하는 경우 질병(1) 발생자수는

$$\int_s^1 l_x\, q'^{(1)}_x\, dt = (1-s)\, l_x\, q'^{(1)}_x \tag{9.1.2.4}$$

이고, 질병(2)가 발생하였기 때문에 다중탈퇴표에서 관찰되지 않는 질병(1) 발생자수는 $\int_0^1 \left( \int_s^1 l_x\, q'^{(1)}_x\, dt \right) q'^{(2)}_x\, ds$이다. 따라서

$$\alpha = \int_0^1 \left( \int_s^1 l_x\, q'^{(1)}_x\, dt \right) q'^{(2)}_x\, ds = \int_0^1 (1-s)\, l_x\, q'^{(1)}_x\, q'^{(2)}_x\, ds \tag{9.1.2.5}$$

$$= l_x \int_0^1 (1-s)\, q'^{(1)}_x\, q'^{(2)}_x\, ds \tag{9.1.2.6}$$

$$= \frac{1}{2}\, l_x\, q'^{(1)}_x\, q'^{(2)}_x \tag{9.1.2.7}$$

---

1) 이 가정을 절대탈퇴표하에서의 UDD가정(UDDSD; Uniform Distribution of Decrement in Single Decrement table)이라고 한다.

식 (9.1.2.6)에서 $q'^{(2)}_x ds$는 $(s, s+ds)$에 질병(2)가 발생할 확률이고 가정 (ii)를 적용한 경우 $(1-s)q'^{(1)}_x$은 질병(2)가 발생한 시점 $s$에서 평가할 때, 남은 기간인 $1-s$ 기간 동안 질병(1)이 발생할 확률이다. $l_x(1-s)q'^{(1)}_x$은 시점 $s$에서 평가할 때, $1-s$ 기간 동안 발생될 것으로 예상되는 질병(1)의 절대발생자수이다.[1] 가정 1을 이용하여 두 확률을 곱하고 $l_x$를 곱한 값을

$$A = l_x(1-s)q'^{(1)}_x q'^{(2)}_x ds \tag{9.1.2.8}$$

라고 하자. $A$는 $s$시점에서 평가할 때, $1-s$ 기간 동안, 질병(1)의 절대탈퇴율을 이용한다면 나타났어야 하는데, 다중탈퇴사망률을 사용한 이유로, 미리 발생한 질병(2) 때문에 관찰되지 못하는 질병(1)의 예상발생자수이다. $s$는 0부터 1까지의 모든 값을 가질 수 있으므로 식 (9.1.2.5)와 같이 $A$를 0부터 1까지 적분하면 $\alpha$를 구할 수 있다. 따라서

$$l_x q^{(1)}_x = l_x q'^{(1)}_x - \frac{1}{2} l_x q'^{(1)}_x q'^{(2)}_x \tag{9.1.2.9}$$

$$q^{(1)}_x = q'^{(1)}_x - \frac{1}{2} q'^{(1)}_x q'^{(2)}_x \tag{9.1.2.10}$$

$$= q'^{(1)}_x \left(1 - \frac{1}{2} q'^{(2)}_x\right) \tag{9.1.2.11}$$

를 유도할 수 있다. $q^{(2)}_x$에 대하여도 동일한 과정을 거치면

$$q^{(2)}_x = q'^{(2)}_x \left(1 - \frac{1}{2} q'^{(1)}_x\right) \tag{9.1.2.12}$$

이 된다.

### (3) 다중탈퇴율과 절대탈퇴율의 관계(탈퇴원인 3개)

탈퇴원인 1, 2, 3이 질병(1), 질병(2), 질병(3)인 삼중탈퇴잔존표를 고려해보자. 탈퇴원인 1인 질병(1)을 예로 들어 설명해보자. $(0, 1)$ 구간에서 사망(탈퇴원인 1)에 도달하는 경로를 표시하면 다음과 같다. 아래의 숫자는 탈퇴원인이며 화살표는 탈퇴원인이 나타나는 순서이다.

(i)  1

(ii)  2 → 1[탈퇴원인 1과 2 관계에서 2가 선발생하는 부분](① + ② + ③)

① 2 → 1(3과 연결되지 않고 2에서 직접 1로)

---

[1] 절대발생자수는 절대발생율을 적용한 발생자수이다.

② $2 \rightarrow 3 \rightarrow 1$

③ $3 \rightarrow 2 \rightarrow 1$

(iii) $3 \rightarrow 1$[탈퇴원인 1과 3 관계에서 3이 선발생하는 부분](④+③+②)

④ $3 \rightarrow 1$(2와 연결되지 않고 3에서 직접 1로)

③ $3 \rightarrow 2 \rightarrow 1$

② $2 \rightarrow 3 \rightarrow 1$

그림 [9.1.2.1]  ①, ②, ③, ④의 영역

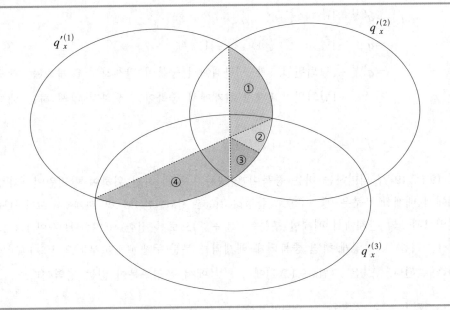

그림 [9.1.2.1]에서 다음이 성립함을 알 수 있다.

$$\frac{1}{2} q'^{(1)}_x q'^{(2)}_x = (① + ② + ③) \tag{9.1.2.13}$$

$$\frac{1}{2} q'^{(1)}_x q'^{(3)}_x = (④ + ③ + ②) \tag{9.1.2.14}$$

$q^{(1)}_x$은 $q'^{(1)}_x$에서 중복되지 않게 배제되어야 하는 부분(①+②+③+④)을 차감하면 구할 수 있다. 이런 관점에서 $q^{(1)}_x$을 식 (9.1.2.15)와 같이 표기하면 안되는데 그 이유는 (②+③)이 중복되게 배제(두번 배제)되었기 때문이다.

$$q^{(1)}_x = q'^{(1)}_x - \frac{1}{2} q'^{(1)}_x q'^{(2)}_x - \frac{1}{2} q'^{(1)}_x q'^{(3)}_x \tag{9.1.2.15}$$

$$= q'^{(1)}_x - (① + ② + ③) - (④ + ③ + ②) \tag{9.1.2.16}$$

$$= q'^{(1)}_x - (① + ② + ③ + ④) - (③ + ②) \tag{9.1.2.17}$$

이기 때문에 $q^{(1)}_x$을 식 (9.1.2.15)를 이용해서 나타낼 수는 없다. $q^{(1)}_x$을 나타내는 식은 식 (9.1.2.21)이어야 하기 때문에 식 (9.1.2.15)에 조정을 해주어야 한다. 즉 식 (9.1.2.16)이나 식 (9.1.2.17)에 중복부분인 [③+②]를 조정해 주어야 한다([③+②]가 두 번 배제되었기 때문에 [③+②]를 더해주어야 한다).

$$q^{(1)}_x = q'^{(1)}_x - [(① + ② + ③ + ④) - (③ + ②)] + [③ + ②] \tag{9.1.2.18}$$

$$= q'^{(1)}_x - [(① + ② + ③) - ③] - [(④ + ③ + ②) - ②] \tag{9.1.2.19}$$

$$= q'^{(1)}_x - [탈퇴원인\ 1과\ 2\ 관계에서\ 중복이\ 발생하지\ 않게\ 하는\ 배제부분]$$
$$- [탈퇴원인\ 1과\ 3\ 관계에서\ 중복이\ 발생하지\ 않게\ 하는\ 배제부분] \tag{9.1.2.20}$$

$$= q'^{(1)}_x - [① + ②] - [④ + ③]\} \tag{9.1.2.21}$$

식 (9.1.2.19)가 의미하는 바는 중복이 발생하지 않게 하기 위하여 탈퇴원인 1과 2의 관계에서 배제할 부분은 (①+②)로 한정하고(③은 탈퇴원인 1과 3의 관계에서 고려한다), 탈퇴원인 1과 3의 관계에서 배제할 부분은 (④+③)으로 한정한다(②는 탈퇴원인 1과 2의 관계에서 고려한다). 이렇게 하면 중복되게 배제되는 부분(두번 배제된 부분)인 [③+②]의 문제가 해결된다. $q^{(1)}_x$은 그림 [9.1.2.1]에서 $q'^{(1)}_x$에서 음영부분이 없는 영역이다.

그림 [9.1.2.2]  탈퇴원인별 탈퇴의 발생(3 → 2 → 1의 경우)

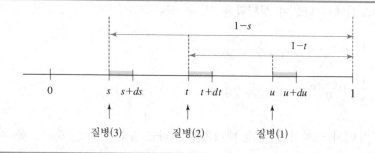

이제 ③(3 → 2 → 1)의 확률을 계산해 보자. 시점 $s$, $t$, $u$ $(0 < s < t < u < 1)$를 질병(3)(탈퇴원인 3), 질병(2)(탈퇴원인 2), 질병(1)(탈퇴원인 1)이 발생한 시점이라고 하자. $(u, u+du)$ 구간에서 질병(1)이 발생하는 확률은 $q'^{(1)}_x du$이고 $(t, 1)$ 구간에서 발생하는 확률은

$$\int_t^1 q'^{(1)}_x du = (1-t) q'^{(1)}_x \tag{9.1.2.22}$$

이다. $(s, 1)$ 구간에서 질병(2)의 발생을 같이 고려하는 확률은

$$\int_s^1 (1-t) q'^{(1)}_x q'^{(2)}_x dt = \left(\frac{1}{2} - s + \frac{1}{2}s^2\right) q'^{(1)}_x q'^{(2)}_x \tag{9.1.2.23}$$

이다. 여기에 질병(3)가 발생할 확률까지 고려하면 ③$(3 \rightarrow 2 \rightarrow 1)$의 확률은

$$\int_0^1 \left(\frac{1}{2} - s + \frac{1}{2}s^2\right) q'^{(1)}_x q'^{(2)}_x q'^{(3)}_x ds \tag{9.1.2.24}$$

$$= \frac{1}{2}s - \frac{1}{2}s^2 + \frac{1}{6}s^3 \Big|_0^1 q'^{(1)}_x q'^{(2)}_x q'^{(3)}_x$$

$$= \frac{1}{6} q'^{(1)}_x q'^{(2)}_x q'^{(3)}_x \tag{9.1.2.25}$$

이 된다. ②$(2 \rightarrow 3 \rightarrow 1)$의 확률도 동일하게 유도할 수 있다. 따라서 중복이 발생하지 않게 하기 위한 조정분인 ③$(3 \rightarrow 2 \rightarrow 1)$과 ②$(2 \rightarrow 3 \rightarrow 1)$를 고려하면 다중탈퇴율 $q^{(1)}_x$은 식 $(9.1.2.19)$에 의하여

$$q^{(1)}_x = q'^{(1)}_x - \left(\frac{1}{2} q'^{(2)}_x q'^{(1)}_x - \frac{1}{6} q'^{(1)}_x q'^{(2)}_x q'^{(3)}_x\right)$$

$$\quad - \left(\frac{1}{2} q'^{(3)}_x q'^{(1)}_x - \frac{1}{6} q'^{(1)}_x q'^{(3)}_x q'^{(2)}_x\right) \tag{9.1.2.26}$$

$$= q'^{(1)}_x - \frac{1}{2} q'^{(3)}_x q'^{(1)}_x - \frac{1}{2} q'^{(2)}_x q'^{(1)}_x + \frac{1}{3} q'^{(1)}_x q'^{(2)}_x q'^{(3)}_x \tag{9.1.2.27)[1]}$$

$$= q'^{(1)}_x \left[1 - \frac{1}{2}(q'^{(2)}_x + q'^{(3)}_x) + \frac{1}{3} q'^{(2)}_x q'^{(3)}_x\right] \tag{9.1.2.28}$$

식 $(9.1.2.27)$은 식 $(9.1.2.18)$을 구체적으로 나타낸 식이다. 식 $(9.1.1.28)$은 절대탈퇴율들이 UDD가정을 하는 경우인데 9장의 일반이론에서는 다른 방법으로 유도되어 있다.[2]

---

[1] $P(A \cup B \cup C) = P(A) + P(B) + P(C)$  <$I$ 부분>
  $\quad - [P(A \cap B) + P(A \cap C) + P(B \cap C)]$ <$II$ 부분>
  $\quad + P(A \cap B \cap C)$  <$III$ 부분>
  〈I부분〉은 조정없이 , 〈II부분〉 각항목에 1/2를 곱하고 정리, 〈III부분〉 항목에 1/3을 곱함. A, B, C 각각에 관련된 항목을 〈I부분〉, 〈II부분〉, 〈III부분〉으로부터 추출하여 정리하면 A(탈퇴원인1)와 관련된 항목은 식 $(9.1.2.27)$이 되고 다음과 같다.
  $P(A) - (1/2)P(A \cap B) - (1/2)P(A \cap C) + (1/3)P(A \cap B \cap C)$
[2] 일반이론 식 $(9.2.5.22)$를 참조하기 바람.

(4) 중앙탈퇴율

$L_x$를 $x$세의 잔존자 $l_x^{(\tau)}$ 사람들의 $x$세와 $x+1$세 사이의 총잔존연수라고 하면[1]

$$L_x \doteqdot \frac{1}{2}\left(l_x^{(\tau)} + l_{x+1}^{(\tau)}\right) \tag{9.1.2.29}$$

이 되고[2] 식 (9.1.1.1)과 식 (9.1.1.2)에 의하여

$$L_x \doteqdot l_x^{(\tau)} - \frac{1}{2}\left(d_x^{(1)} + d_x^{(2)} + d_x^{(3)}\right) \tag{9.1.2.30}$$

$$= l_x^{(\tau)} - \frac{1}{2}d_x^{(\tau)} \tag{9.1.2.31}$$

이 된다. 중앙탈퇴율(中央脫退率)을 다음과 같이 정의한다.

$$m_x^{(\tau)} = \frac{d_x^{(\tau)}}{L_x} \tag{9.1.2.32}$$

$$m_x^{(1)} = \frac{d_x^{(1)}}{L_x} \tag{9.1.2.33}$$

$$= \frac{d_x^{(1)}}{l_x^{(\tau)} - \frac{1}{2}\left(d_x^{(1)} + d_x^{(2)} + d_x^{(3)}\right)} = \frac{d_x^{(1)}}{l_x^{(\tau)} - \frac{1}{2}d_x^{(\tau)}} \tag{9.1.2.34}$$

$$= \frac{q_x^{(1)}}{1 - \frac{1}{2}\left(q_x^{(1)} + q_x^{(2)} + q_x^{(3)}\right)} = \frac{q_x^{(1)}}{1 - \frac{1}{2}q_x^{(\tau)}} \tag{9.1.2.35}$$

이 가정(UDDMD)하에서 $q_x^{(1)}$는

$$q_x^{(1)} = \frac{d_x^{(1)}}{l_x^{(\tau)}} = \frac{d_x^{(1)}}{L_x + \frac{1}{2}d_x^{(\tau)}} \tag{9.1.2.36}$$

$$= \frac{m_x^{(1)}}{1 + \frac{1}{2}m_x^{(\tau)}} = \frac{2m_x^{(1)}}{2 + m_x^{(\tau)}} \tag{9.1.2.37}$$

$m_x^{(2)}$, $m_x^{(3)}$, $q_x^{(2)}$, $q_x^{(3)}$은 1 대신 2와 3을 표시하면 된다.

---

1) 다중탈퇴표가 정상상태(연령구성이 시간의 경과에 관계없이 일정 불변한 개집단을 정상상태에 있다고 한다)의 개집단을 나타낸다고 생각할 때, $L_x$는 임의의 어느 시점에 대해 $x$세와 $x+1$세 사이에 있는 사람의 총수를 나타낸다.

2) 식 (9.1.2.29)가 성립하는 것은 다중탈퇴표하에서 UDD가정을 나타낸다. 이 가정을 UDDMD(Uniform Distribution of Decrements in Multiple Decrement table)이라고 한다.

## 3. 다중탈퇴표를 이용한 보험료 계산

절대탈퇴율들이 주어진 경우 이를 이용하여 다중탈퇴표를 만들고 보험료계산에 이용하는 방법을 고찰해보자. 탈퇴원인 1과 2를 질병(1)과 질병(2)라고 할 때 절대탈퇴율은 표 [9.1.3.1]과 같다. $q_x'^{(1)}$은 부록의 경험사망률을 이용하고, $q_x'^{(2)}$는 다중탈퇴율로 변화될 때 변화의 정도를 잘 인식하기 위한 목적으로 상수로 가정한다.

표 [9.1.3.1]  질병(1)과 질병(2)의 절대탈퇴율

| $x$ | $q_x'^{(1)}$ | $q_x'^{(2)}$ | $p_x'^{(1)}$ | $p_x'^{(2)}$ | $p_x'^{(1)} p_x'^{(2)}$ |
|---|---|---|---|---|---|
| 40 | 0.00106 | 0.03 | 0.99894 | 0.97 | 0.96897 |
| 41 | 0.00119 | 0.03 | 0.99881 | 0.97 | 0.96885 |
| 42 | 0.00133 | 0.03 | 0.99867 | 0.97 | 0.96871 |
| 43 | 0.00147 | 0.03 | 0.99853 | 0.97 | 0.96857 |
| 44 | 0.00162 | 0.03 | 0.99838 | 0.97 | 0.96843 |
| 45 | 0.00178 | 0.03 | 0.99822 | 0.97 | 0.96827 |

표 [9.1.3.1]의 자료와 식 (9.1.2.11)과 식 (9.1.2.12)를 이용하여 다중탈퇴율을 구해보자.

$$q_x^{(1)} = q_x'^{(1)} \left(1 - \frac{1}{2} q_x'^{(2)}\right) \tag{9.1.3.1}$$

$$q_x^{(2)} = q_x'^{(2)} \left(1 - \frac{1}{2} q_x'^{(1)}\right) \tag{9.1.3.2}$$

$$d_x^{(1)} = l_x^{(\tau)} q_x^{(1)} = l_x^{(\tau)} q_x'^{(1)} \left(1 - \frac{1}{2} q_x'^{(2)}\right) \tag{9.1.3.3}$$

$$d_x^{(2)} = l_x^{(\tau)} q_x^{(2)} = l_x^{(\tau)} q_x'^{(2)} \left(1 - \frac{1}{2} q_x'^{(1)}\right) \tag{9.1.3.4}$$

$$l_{x+1}^{(\tau)} = l_x^{(\tau)} - d_x^{(1)} - d_x^{(2)} \tag{9.1.3.5}$$

표 [9.1.3.2]  다중탈퇴표

| $x$ | $l_x^{(\tau)}$ | $d_x^{(1)}$ | $d_x^{(2)}$ | $q_x^{(1)}$ | $q_x^{(2)}$ | $p_x^{(\tau)}$ |
|---|---|---|---|---|---|---|
| 40 | 100000 | 104.41 | 2998.41 | 0.0010441 | 0.0299841 | 0.9689718 |
| 41 | 96897 | 113.58 | 2905.19 | 0.0011722 | 0.0299822 | 0.9688457 |
| 42 | 93878 | 122.99 | 2814.48 | 0.0013101 | 0.0299801 | 0.9687099 |
| 43 | 90941 | 131.68 | 2726.22 | 0.0014480 | 0.0299780 | 0.9685741 |
| 44 | 88083 | 140.55 | 2640.35 | 0.0015957 | 0.0299757 | 0.9684286 |
| 45 | 85302 | 149.56 | 2556.79 | 0.0017533 | 0.0299733 | 0.9682734 |

가정 1과 가정 2를 전제로, 다중탈퇴표에서 $l_{x+1}^{(\tau)}$와 $l_x^{(\tau)}$의 관계를 살펴보자.

$$l_{x+1}^{(\tau)} = l_x^{(\tau)} - d_x^{(1)} - d_x^{(2)} \tag{9.1.3.6}$$

$$= l_x^{(\tau)} - l_x^{(\tau)} q_x'^{(1)}\left(1 - \frac{1}{2}q_x'^{(2)}\right) - l_x^{(\tau)} q_x'^{(2)}\left(1 - \frac{1}{2}q_x'^{(1)}\right)$$

$$= l_x^{(\tau)}\left[1 - \left(q_x'^{(1)} + q_x'^{(2)}\right) + q_x'^{(1)} q_x'^{(2)}\right]$$

$$= l_x^{(\tau)}\left(1 - q_x'^{(1)}\right)\left(1 - q_x'^{(2)}\right) \tag{9.1.3.7}$$

식 (9.1.3.7)로부터

$$p_x^{(\tau)} = \frac{l_{x+1}^{(\tau)}}{l_x^{(\tau)}} = \left(1 - q_x'^{(1)}\right)\left(1 - q_x'^{(2)}\right) \tag{9.1.3.8}$$

$$= p_x'^{(1)} p_x'^{(2)} \tag{9.1.3.9}$$

실제로 표 [9.1.3.1]의 $p_x'^{(1)} p_x'^{(2)}$의 값과 표 [9.1.3.2]의 $p_x^{(\tau)}$값이 같은 것을 확인할 수 있으므로 식 (9.1.3.9)가 성립함을 알 수 있다. 식 (9.1.3.9)를 확장하면

$$_t p_x^{(\tau)} = {}_t p_x'^{(1)} \, {}_t p_x'^{(2)} \tag{9.1.3.10}$$

$$_t p_x^{(\tau)} = \prod_{j=1}^{m} {}_t p_x'^{(j)} \tag{9.1.3.11}$$

가 성립한다. 절대탈퇴율의 자료가 주어지면 식 (9.1.3.10)이나 식 (9.1.3.11)을 이용하여 다중탈퇴표의 $l_{x+t}^{(\tau)}$나 $_t p_x^{(\tau)}$를 구할 수 있다.

질병(1) 발생시 연말에 1원, 질병(2) 발생시 연말에 1원을 지급하는(어떤 질병이든지 먼저 발생하면 급부를 받고 피보험집단에서 탈퇴된다고 가정), 피보험자 (40)이 가입한 5년납입, 5년만기 정기보험을 고려해보자. 절대탈퇴율이 표 [9.1.3.1]과 같이 주어졌을 때 이 보험의 연납순보험료 $P$를 구해보자. 우선 절대탈퇴율과 식 (9.1.2.11)과 식 (9.1.2.12)를 이용하여 표 [9.1.3.2]의 다중탈퇴표를 작성하고 다중탈퇴율을 이용하여 보험료를 구하면 된다. 수지상등의 원칙에 의하여 연납보험료 $P$는 다음 식을 만족한다.

$$P\left(l_{40}^{(\tau)} + v l_{41}^{(\tau)} + v^2 l_{42}^{(\tau)} + v^3 l_{43}^{(\tau)} + v^4 l_{44}^{(\tau)}\right)$$

$$= \left(v d_{40}^{(1)} + v^2 d_{41}^{(1)} + v^3 d_{42}^{(1)} + v^4 d_{43}^{(1)} + v^5 d_{44}^{(1)}\right)$$

$$+ \left(v d_{40}^{(2)} + v^2 d_{41}^{(2)} + v^3 d_{42}^{(2)} + v^4 d_{43}^{(2)} + v^5 d_{44}^{(2)}\right) \tag{9.1.3.12}$$

식 (9.1.3.12)를 풀면 연납순보험료 $P$를 구할 수 있다.

다중탈퇴모형에서 계산기수를 다음과 같이 정의한다.

$$D_x^{(\tau)} = v^x l_x^{(\tau)} \tag{9.1.3.13}$$

$$C_x^{(1)} = d_x^{(1)} v^{x+1} \tag{9.1.3.14}$$

$$M_x^{(1)} = \sum_{k=0}^{\infty} C_{x+k}^{(1)} \tag{9.1.3.15}$$

$$C_x^{(2)} = d_x^{(2)} v^{x+1} \tag{9.1.3.16}$$

$$M_x^{(2)} = \sum_{k=0}^{\infty} C_{x+k}^{(2)} \tag{9.1.3.17}$$

$C_x^{(1)}$는 제3장에서 $d_x$ 대신 $d_x^{(1)}$가 사용된 계산기수이고 $C_x^{(2)}$는 제3장에서 $d_x$ 대신 $d_x^{(2)}$가 사용된 계산기수이며 다른 것은 다 동일하기 때문에 쉽게 구할 수 있다. 보험료를 계산할 때 $D_x^{(\tau)}$가 분모에, $C_x^{(1)}$가 분자에 나타나서, $v^x$가 없어지므로 $v^x$를 처음부터 고려하지 않는 $D_x^{*(\tau)}$, $C_x^{*(1)}$, $C_x^{*(2)}$를 다음과 같이 정의하자. 보험실무에서는 $D_x^{(\tau)}$, $C_x^{(1)}$, $C_x^{(2)}$ 대신에 $D_x^{*(\tau)}$, $C_x^{*(1)}$, $C_x^{*(2)}$의 산식을 계산기수로 이용하고 있다.

$$D_{x+t}^{*(\tau)} = v^t l_{x+t}^{(\tau)} \tag{9.1.3.18}$$

$$\sum_{t=0}^{n-1} D_{x+t}^{*(\tau)} = N_x^{*(\tau)} - N_{x+n}^{*(\tau)} \tag{9.1.3.19}$$

$$C_{x+t}^{*(1)} = d_{x+t}^{(1)} v^{t+1} \tag{9.1.3.20}$$

$$C_{x+t}^{*(2)} = d_{x+t}^{(2)} v^{t+1} \tag{9.1.3.21}$$

$$\sum_{t=0}^{n-1} C_{x+t}^{*(1)} = M_x^{*(1)} - M_{x+n}^{*(1)} \tag{9.1.3.22}$$

$$\sum_{t=0}^{n-1} C_{x+t}^{*(2)} = M_x^{*(2)} - M_{x+n}^{*(2)} \tag{9.1.3.23}$$

로 정의하면 $i = 0.05$인 경우 $C_{x+t}^{*(1)}$과 $C_{x+t}^{*(2)}$를 구하면 다음 표와 같다.

표 [9.1.3.3] 다중탈퇴율을 이용한 계산기수

| $t$ | $D_{40+t}^{*(\tau)}$ | $\sum_{k=0}^{t} D_{40+k}^{*(\tau)}$ | $C_{40+t}^{*(1)}$ | $\sum_{k=0}^{t} C_{40+k}^{*(1)}$ | $C_{40+t}^{*(2)}$ | $\sum_{k=0}^{t} C_{40+k}^{*(2)}$ |
|---|---|---|---|---|---|---|
| 0 | 100000.00 | | 99.43810 | | 2855.62857 | |
| 1 | 92283.03 | | 103.01862 | | 2635.08915 | |
| 2 | 85150.49 | | 106.23943 | | 2431.25331 | |
| 3 | 78558.21 | | 108.33178 | | 2242.87064 | |
| 4 | 72466.14 | 428457.88 | 110.12783 | 527.15575 | 2068.78416 | 12233.62583 |
| 5 | 66836.46 | | 111.60416 | | 1907.91366 | |

식 (9.1.3.12)에 다중탈퇴표에서 구한 값을 대입하면

$$P(428458) = (527.15575) + (12233.62583)$$

따라서 식 (9.1.3.12)로부터 $P = 0.029783$이다. 계산기수를 이용하여 연납보험료 $P$를 구해보자. 주어진 보험의 일시납보험료를 $A$라고 하면

$$A = \frac{\left[M_{40}^{*(1)} - M_{45}^{*(1)}\right] + \left[M_{40}^{*(2)} - M_{45}^{*(2)}\right]}{D_{40}^{*(\tau)}} = \frac{\displaystyle\sum_{t=0}^{4} C_{40+t}^{*(1)} + \sum_{t=0}^{4} C_{40+t}^{*(2)}}{D_{40}^{*(\tau)}}$$

$$= \frac{527.15575 + 12233.62583}{100000} = 0.127607816$$

따라서 연납보험료 $P$는

$$P = \frac{\left[M_{40}^{*(1)} - M_{45}^{*(1)}\right] + \left[M_{40}^{*(2)} - M_{45}^{*(2)}\right]}{N_{40}^{*(\tau)} - N_{45}^{*(\tau)}} = \frac{\displaystyle\sum_{t=0}^{4} C_{40+t}^{*(1)} + \sum_{t=0}^{4} C_{40+t}^{*(2)}}{\displaystyle\sum_{t=0}^{4} D_{40+t}^{*(\tau)}}$$

$$= \frac{527.15575 + 12233.62583}{428457.88} = 0.029783$$

으로 동일한 $P$를 구할 수 있다.

## 4. 실무에서 사용되는 다중탈퇴모형

### (1) 절대탈퇴율, 상대탈퇴율 및 다중탈퇴율의 개념

'절대탈퇴율'은 다른 탈퇴원인이 고려되지 않은 기초데이터로서의 탈퇴율을 말하며,

사망률이 대표적이다. '상대탈퇴율'은 선발생 사망이 고려(배제)된 기초데이터로서의 탈퇴율을 의미한다. 여기서 기초데이터는 관찰·생성된 원데이터(탈퇴율)를 의미한다. 사망률을 제외한 나머지 탈퇴율들은 '상대탈퇴율'로 산출되는 경우가 많다. 따라서, 관찰되어 생성된 기초데이터로서의 탈퇴율에는 '절대탈퇴율'과 '상대탈퇴율'의 두 가지가 있다.

　　전통적인 보험수리이론에서는 절대탈퇴율들이 기초데이터로 주어지고 절대탈퇴율들이 결합하여 다중탈퇴율들로 변환되는 이론들을 설명하고 있다. 그러나, 보험실무에서는 절대탈퇴율 외에도 상대탈퇴율이 기초데이터로 주어지고 두 종류의 탈퇴율들이 결합하여 다중탈퇴율들로 변환하는 경우가 많다. 보험실무에서는 이렇게 변환된 '다중탈퇴율'을 이용하여 장래 보험금 지출 및 장래 수입보험료를 계산하기 위한 기수표(Commutation Table)를 작성하고, 실제 보험료 및 해약환급금을 산출한다.

　　실제 보험상품을 설계시 절대탈퇴율들만이 주어지고 보험료를 산출하는 경우는 우리나라 상품구조에서는 거의 없는 것으로 파악된다. 우리나라 보험상품의 대부분은 절대탈퇴율(사망)과 상대탈퇴율(암, 해지 등)을 동시에 이용하면서 보험상품의 보험료를 구하는 경우가 대부분이다. 따라서 앞에서 고찰한 절대탈퇴율 이론만으로는 우리나라 보험상품의 보험료산출을 이해하기 어렵다. 우리나라 보험상품의 보험료산출을 이해하기 위하여는 상대탈퇴율의 개념이 필요한데 기존의 보험수리교재에서는 이에 대한 어떤 언급도 없는 실정이다. 본서에서는 상대탈퇴율이라는 용어를 정의하고 이 용어를 제시하고자 한다. 본서에서는 앞에서 설명된 절대탈퇴율과 추가적으로 제시하는 상대탈퇴율의 개념을 이용하여 우리나라 보험상품의 보험료산출에 필요한 이론을 전개하고자 한다.[1]

### (2) 절대탈퇴율과 다중탈퇴율

　　절대탈퇴율의 이론에 대하여는 앞에서도 살펴보았지만 여기서는 그 의미에 대하여 더 근본적으로 설명하기로 한다. 탈퇴원인이 하나인 경우 단일탈퇴표(Single Decrement Table)가 적용되며, 경험생명표가 대표적인 예이다. 탈퇴원인이 2개인 경우는 이중탈퇴표(Double Decrement Table)가 적용되고, 탈퇴율 간의 관계를 고려하여 '다중탈퇴율'로 변환하는 과정이 필요하다. 탈퇴율의 종류('절대탈퇴율', '상대탈퇴율')에 따라 '다중탈퇴율'로 변환되는 산출식이 다르게 적용된다.

### (a) 다중탈퇴율의 산출식 유도(Ⅰ)

　　탈퇴원인 1과 2의 절대탈퇴율과 다중탈퇴율을 아래와 같이 표시하기로 하자.

---

[1] 상대탈퇴율이라는 용어가 적절하지 않다면 향후 더 적절한 용어가 필요할 것이다. 이론전개에서도 발전적인 토론과 보완이 있길 기대한다. 4절은 오창수·김경희, "다중탈퇴율모형의 이론과 월별 다중탈퇴율에의 적용", 「계리학연구」 제15권 제1호, 한국계리학회, 2023. 6.을 참조 인용하였음.

$q'^{(1)}_x =$ 탈퇴원인(1)의 절대탈퇴율,    $q'^{(2)}_x =$ 탈퇴원인(2)의 절대탈퇴율

$q^{(1)}_x =$ 탈퇴원인(1)의 다중탈퇴율,    $q^{(2)}_x =$ 탈퇴원인(2)의 다중탈퇴율

다음과 같은 두 개의 가정하에서 절대탈퇴율과 다중탈퇴율의 관계식을 유도해 보자.

( i ) $q'^{(1)}_x$과 $q'^{(2)}_x$는 각각 독립적으로 발생한다.

(ii) $q'^{(1)}_x$과 $q'^{(2)}_x$ 발생은 1년 동안 균등하게 발생한다(UDD 가정).

이와 같은 가정하에서 '절대탈퇴율'과 '다중탈퇴율'과의 관계는 앞에서 설명한 바와 같이 다음과 같다.

$$q^{(1)}_x = q'^{(1)}_x \times (1 - \frac{1}{2} \times q'^{(2)}_x) \tag{9.1.4.1}$$

$$q^{(2)}_x = q'^{(2)}_x \times (1 - \frac{1}{2} \times q'^{(1)}_x) \tag{9.1.4.2}$$

탈퇴원인(1)과 탈퇴원인(2)가 '중복발생(모두발생)'한다는 것은 [x, x+1]의 1년 기간에서 탈퇴원인(1)과 탈퇴원인(2)가 모두 발생한다는 의미로서 '중복발생(모두발생)'을 다중탈퇴율 관점에서 고찰해보자. $q'^{(2)}_x$가 선행적으로 발생하면 탈퇴원인(2)로 인하여 이미 탈퇴가 발생하므로 $q'^{(2)}_x$의 선행발생 부분은 $q^{(1)}_x$에 포함될 수 없으며, $q'^{(1)}_x$이 선행적으로 발생하면 탈퇴원인(1)로 인하여 이미 탈퇴가 발생하므로 $q'^{(1)}_x$의 선행발생 부분은 $q^{(2)}_x$에 포함될 수 없다. 식 (9.1.4.1)과 (9.1.4.2)의 다중탈퇴율은 이러한 선행발생 부분을 배제시킨(−로 표기된 부분) 식이다.

### (b) 다중탈퇴율의 산출식 유도(Ⅱ)

절대탈퇴율을 이용한 다중탈퇴율 산출식의 유도를 그림을 이용하여 설명해 보자. 다중탈퇴표에서 탈퇴원인(1)이나 (2)가 발생하면 관찰집단에서 탈퇴가 이루어진다. 즉, 탈퇴원인(1)로 보험급부를 받은 경우 관찰집단에서 탈퇴가 되므로 탈퇴원인(2)로는 보험급부를 받을 수 없다.[1]

탈퇴원인이 암 발생(탈퇴원인 1)과 뇌출혈 발생(탈퇴원인 2)인 경우로 예를 들어 설명한다. $q'^{(1)}_x =$암 발생률(절대탈퇴율), $q'^{(2)}_x =$뇌출혈 발생률(절대탈퇴율)이라고 하자. 암과 뇌출혈의 중복발생(모두발생)률은 $q'^{(1)}_x \times q'^{(2)}_x$이며, '암 발생후 뇌출혈 발생률(1→2)' 및 '뇌출혈 발생후 암 발생률(2→1)'은 각각 $\frac{1}{2} \times (q'^{(1)}_x \times q'^{(2)}_x)$가 되는 것을 이용하면 다음 식이 성립한다.

---

1) 앞에서 기술한 '$q'^{(1)}_x$의 선행발생 부분은 $q^{(2)}_x$에 포함될 수 없다'는 것과 동일한 의미이다.

$$\text{다중탈퇴 암 발생자} = l_x \times q_x^{(1)} = l_x \times q_x'^{(1)} \times (1 - \frac{1}{2} \times q_x'^{(2)}) \qquad (9.1.4.3)$$

$$\text{다중탈퇴 뇌출혈 발생자} = l_x \times q_x^{(2)} = l_x \times q_x'^{(2)} \times (1 - \frac{1}{2} \times q_x'^{(1)}) \qquad (9.1.4.4)$$

가 된다. 상기 다중탈퇴 발생자 산출식에 대한 도출 근거는 다음과 같다.

그림 [9.1.4.1]  다중탈퇴 암 발생자와 다중탈퇴 뇌출혈 발생자

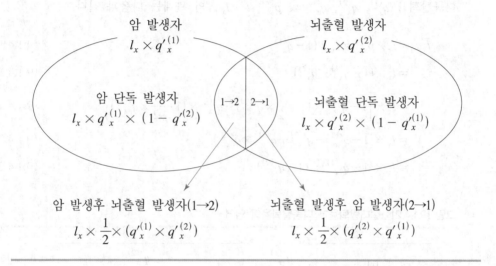

그림에서 다음이 성립한다.

다중탈퇴 암 발생자=암 단독 발생자+암 발생후 뇌출혈 발생자(1→2)  (9.1.4.5)

$$= l_x \times q_x'^{(1)} \times (1 - q_x'^{(2)}) + l_x \times \frac{1}{2} \times (q_x'^{(1)} \times q_x'^{(2)}) \qquad (9.1.4.6)$$

$$= \text{암 발생자} - \text{뇌출혈 발생후 암 발생자}(2 \to 1) \qquad (9.1.4.7)$$

$$= l_x \times q_x'^{(1)} - l_x \times \frac{1}{2} \times (q_x'^{(2)} \times q_x'^{(1)}) \qquad (9.1.4.8)$$

$$= l_x \times q_x'^{(1)} \times (1 - \frac{q_x'^{(2)}}{2}) \qquad (9.1.4.9)$$

$$= l_x \times q_x^{(1)} \qquad (9.1.4.10)$$

다중탈퇴 뇌출혈 발생자
=뇌출혈 단독 발생자+뇌출혈 발생후 암 발생자(2→1)  (9.1.4.11)

$$= l_x \times q_x'^{(2)} \times (1 - q_x'^{(1)}) + l_x \times \frac{1}{2} \times (q_x'^{(2)} \times q_x'^{(1)}) \qquad (9.1.4.12)$$

$$= 뇌출혈\ 발생자 - 암\ 발생\ 후\ 뇌출혈\ 발생자(1{\to}2) \tag{9.1.4.13}$$

$$= l_x \times q'^{(2)}_x - l_x \times \frac{1}{2} \times (q'^{(1)}_x \times q'^{(2)}_x) \tag{9.1.4.14}$$

$$= l_x \times q'^{(2)}_x \times (1 - \frac{q'^{(1)}_x}{2}) \tag{9.1.4.15}$$

$$= l_x \times q^{(2)}_x \tag{9.1.4.16}$$

다중탈퇴율 $q^{(1)}_x$, $q^{(2)}_x$, $q^{(\tau)}_x$ 및 $p^{(\tau)}_x$, $l_x$, $l_{x+1}$의 관계는 다음과 같다.

$$l_{x+1} = l_x \times p^{(\tau)}_x = l_x \times (1 - q^{(\tau)}_x) \tag{9.1.4.17}$$

$$= l_x \times (1 - q^{(1)}_x - q^{(2)}_x) \tag{9.1.4.18}$$

$$= l_x \times \left[ 1 - q'^{(1)}_x \times (1 - \frac{1}{2} \times q'^{(2)}_x) - q'^{(2)}_x \times (1 - \frac{1}{2} \times q'^{(1)}_x) \right] \tag{9.1.4.19}$$

$$= l_x \times (1 - q'^{(1)}_x - q'^{(2)}_x + q'^{(1)}_x \times q'^{(2)}_x) \tag{9.1.4.20}$$

$$= l_x \times (1 - q'^{(1)}_x) \times (1 - q'^{(2)}_x) \tag{9.1.4.21}$$

**그림 [9.1.4.2]  절대탈퇴율과 다중탈퇴율의 영역**

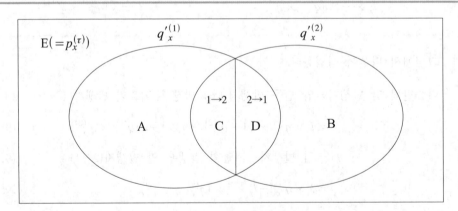

$q'^{(1)}_x = A + C + D =$기초데이터[1]로 주어진 탈퇴원인(1)의 영역

$q'^{(2)}_x = B + D + C =$기초데이터로 주어진 탈퇴원인(2)의 영역

$q^{(1)}_x = A + C =$중복이 제거된 탈퇴원인(1)의 영역(다중탈퇴 암 발생자)

---

1) $q'_x$(절대탈퇴율)과 $q^*_x$(상대탈퇴율)는 관찰·생성된 기초데이터로 주어지는 탈퇴율이고, $q^{(i)}_x, i=1,2,\cdots$(다중탈퇴율)는 절대탈퇴율과 상대탈퇴율이 결합하여 변환된 탈퇴율을 말한다.

$q_x^{(2)} = B + D =$ 중복이 제거된 탈퇴원인(2)의 영역(다중탈퇴 뇌출혈 발생자)

$p_x^{(\tau)} = E$

$q'^{(1)}_x \times q'^{(2)}_x = C + D$  (중복영역)                                    (9.1.4.22)

$\dfrac{1}{2} \times (q'^{(1)}_x \times q'^{(2)}_x) = C$ 또는 $D$                      (9.1.4.23)

　　$=$ 중복영역이 각 탈퇴원인별로 동일하게 배분된 영역               (9.1.4.24)

$q_x^{(\tau)} = q_x^{(1)} + q_x^{(2)} = (A + C) + (B + D)$                        (9.1.4.25)

　　$= [(A + C + D) - D] + [(B + D + C) - C]$                      (9.1.4.26)[1]

　　$=$ 중복(D)이 제거된 탈퇴원인(1)의 영역(A + C)

　　　$+$ 중복(C)이 제거된 탈퇴원인(2)의 영역(B + D)              (9.1.4.27)

　절대탈퇴율 $q'^{(1)}_x$과 $q'^{(2)}_x$는 $(C + D)$라는 중복부분이 각 탈퇴율마다 포함되어 있는 탈퇴율이고 다중탈퇴율 $q_x^{(1)}$과 $q_x^{(2)}$는 $(C + D)$라는 중복부분이 배분(C 또는 D)되어 중복이 제거된 탈퇴율이다. 식 (9.1.4.3)과 식 (9.1.4.4)는 절대탈퇴율을 이용하여 다중탈퇴율을 구하는 관계식인데 이 식들은 중복부분을 배분하여 중복이 제거되게 만드는 관계식이다. $q_x^{(1)}$, $q_x^{(2)}$는 중복이 제거되어 있으므로 단순히 합하면 $q_x^{(\tau)}$가 된다. 다중탈퇴표에서 탈퇴하는 각 탈퇴원인의 영역은 $q_x^{(1)} = A + C$, $q_x^{(2)} = B + D$이므로, 전체 원의 면적($q_x^{(\tau)}$)을 제외한 나머지 부분(E)은 $p_x^{(\tau)}$가 된다.

　다른 관점에서 $q_x^{(\tau)}$와 $p_x^{(\tau)}$를 설명해보자. 절대탈퇴율($q'^{(1)}_x = A + C + D$, $q'^{(2)}_x = B + D + C$)이 주어졌을 때, 'C + D'가 중복되므로,

$$q_x^{(\tau)} = q'^{(1)}_x + q'^{(2)}_x - q'^{(1)}_x \times q'^{(2)}_x \qquad\qquad (9.1.4.28)$$

가 되며, $p_x^{(\tau)}$는 다음과 같이 나타난다.

$$p_x^{(\tau)} = 1 - q_x^{(\tau)} \qquad\qquad (9.1.4.29)$$

$$= 1 - \left( q'^{(1)}_x + q'^{(2)}_x - q'^{(1)}_x \times q'^{(2)}_x \right) \qquad\qquad (9.1.4.30)$$

$$= 1 - q'^{(1)}_x - q'^{(2)}_x + q'^{(1)}_x \times q'^{(2)}_x \qquad\qquad (9.1.4.31)$$

---

1) $(A+C+D) = q'^{(1)}_x$,  $D = \dfrac{1}{2} \times q'^{(1)}_x \times q'^{(2)}_x$,  $(B+D+C) = q'^{(2)}_x$,  $C = \dfrac{1}{2} \times q'^{(2)}_x \times q'^{(1)}_x$

　$(A+C+D) - D = q'^{(1)}_x - \dfrac{1}{2} \times q'^{(1)}_x \times q'^{(2)}_x = q'^{(1)}_x \times (1 - \dfrac{1}{2} \times q'^{(2)}_x) = q_x^{(1)}$

　$(B+D+C) - C = q'^{(2)}_x - \dfrac{1}{2} \times q'^{(2)}_x \times q'^{(1)}_x = q'^{(2)}_x \times (1 - \dfrac{1}{2} \times q'^{(1)}_x) = q_x^{(2)}$

$$= (1 - q'^{(1)}_x) \times (1 - q'^{(2)}_x) \tag{9.1.4.32}$$

$$= p'^{(1)}_x \times p'^{(2)}_x \tag{9.1.4.33}$$

### (3) 상대탈퇴율과 다중탈퇴율

#### (a) 상대탈퇴율의 개념

'상대탈퇴율'은 중복발생(모두발생)에서 선발생 사망이 고려(배제)된 기초데이터로서의 탈퇴율을 의미한다. 예를 들어, 탈퇴원인 1이 사망, 2를 암 발생이라고 하자. 상대탈퇴율 $q_x^{*(2)}$는 탈퇴원인(1)과 탈퇴원인(2)가 중복발생(모두발생)하는 확률의 배분 관점에서 볼 때, ( i ) 탈퇴원인 1(사망)에 의해 탈퇴가 발생하기 전에 탈퇴원인 2(암 발생)에 의해 먼저 탈퇴가 발생(2→1발생)할 확률은 포함하나, ( ii ) 탈퇴원인 1(사망)에 의해 탈퇴가 먼저 발생하고 탈퇴원인 2(암 발생)가 나중에 발생(1→2발생)하는 관찰(확률)이 기초데이터 생성시에 처음부터 배제된 탈퇴율을 말한다. 절대탈퇴율 $q'^{(2)}_x$는 ( i ) 뿐만 아니라 ( ii )가 발생(1→2발생)할 확률도 포함한 탈퇴율이다.

그림 [9.1.4.3] 다중탈퇴 사망자와 다중탈퇴 암 발생자 ($q'^{(1)}_x$, $q'^{(2)}_x$ 절대탈퇴율 가정)

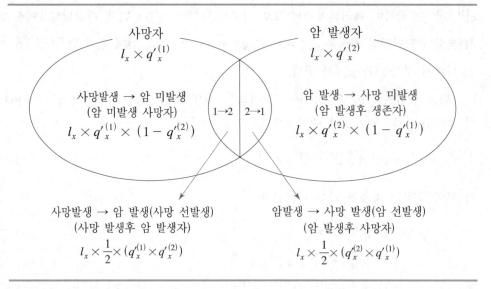

만약, 절대탈퇴율로서 $q'^{(1)}_x$와 $q'^{(2)}_x$가 주어졌다면($q'^{(2)}_x$는 존재하지 않고 $q_x^{*(2)}$가 존재하는데 설명 목적상 가정) 다중탈퇴 암 발생자는 다음과 같다.

$$l_x \times q^{(2)}_x = l_x \times \left[ q'^{(2)}_x \times (1 - q'^{(1)}_x) + \frac{1}{2} \times (q'^{(2)}_x \times q'^{(1)}_x) \right] \tag{9.1.4.34}$$

$$= l_x \times \left[ q'^{(2)}_x - \frac{1}{2} \times (q'^{(2)}_x \times q'^{(1)}_x) \right] \qquad (9.1.4.35)$$

$$= l_x \times \left[ q'^{(2)}_x \times (1 - \frac{q'^{(1)}_x}{2}) \right] \qquad (9.1.4.36)$$

식 (9.1.4.36)의 $q'^{(2)}_x \times (1 - \frac{q'^{(1)}_x}{2})$이 $q^{*(2)}_x$라는 기초데이터로 처음부터 관찰되어 생성되었다면

$$l_x \times q^{(2)}_x = l_x \times q^{*(2)}_x \qquad (9.1.4.37)$$

가 된다. 이 경우 $q^{*(2)}_x$를 탈퇴원인(2)의 상대탈퇴율이라고 하며, $q^{*(2)}_x$는 다음의 그림에서 음영 부분을 의미한다.

（ⅰ） $q^{*(2)}_x$는 암이 선발생한 후 사망이 발생하는(2→1: 중복발생에서 암 선발생) 사건(확률)이 포함되어 관찰·생성된 기초데이터로서의 암 발생률이다. 식 (9.1.4.34)이 이러한 의미를 나타내는 식이다.

（ⅱ） $q^{*(2)}_x$는 사망 발생 후 암이 발생하는(1→2발생: 중복발생에서 사망 선발생) 사건(확률)이 배제되어 관찰·생성된 기초데이터로서의 암 발생률이다. '사망 발생 후 암이 발생하는 사건(확률)이 배제되어'의 의미는 사망 발생 →암 발생(1→2발생: 중복발생에서 사망 선발생)이 암 발생의 기초데이터가 관찰·생성될 때 배제되었다는 의미이다.[1] 식 (9.1.4.35)가 이러한 의미를 나타내는 식이다.

그림 [9.1.4.4]  상대탈퇴율 $q^{*(2)}_x$의 영역

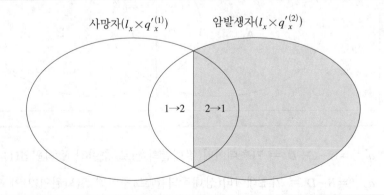

사망자($l_x \times q'^{(1)}_x$)　　　암발생자($l_x \times q'^{(2)}_x$)

1→2　2→1

---

1) 많은 기초데이터가 이와 같은 방법으로 관찰·생성된다.

## (b) 상대탈퇴율과 다중탈퇴율

$q'^{(1)}_x$ 은 절대탈퇴율(사망), $q^{*(2)}_x$ 는 상대탈퇴율(암)이 기초데이터로 주어질 때, 사망률과 암발생률을 다중탈퇴율로 모두 고려하는 상품의 경우 다중탈퇴율은 다음과 같이 적용한다.

( i ) $q^{(2)}_x = q^{*(2)}_x$             (9.1.4.38)

( ii ) $q^{(1)}_x = q'^{(1)}_x \times (1 - \dfrac{1}{2} \times q'^{(2)}_x)$로 구하는 것이 정확하다. 그러나, $q^{*(2)}_x$ 가 기초데이터로 주어질 때 $q'^{(2)}_x$ 는 알 수 없으므로 보험실무에서는 $q'^{(2)}_x \rightarrow q^{*(2)}_x$ 로 대체하여 다음과 같이 적용하고 있다.

$$q^{(1)}_x = q'^{(1)}_x \times (1 - \frac{1}{2} \times q'^{(2)}_x) \;\; \rightarrow \;\; q^{(1)}_x \approx q'^{(1)}_x \times (1 - \frac{1}{2} \times q^{*(2)}_x) \qquad (9.1.4.39)$$

변환된 다중탈퇴율 $q^{(1)}_x$ 과 $q^{(2)}_x$ 를 나타내는 식 (9.1.4.38)과 (9.1.4.39)는 국내 보험상품의 보험료 산출시 많이 사용되는 식이다.

절대탈퇴율 $q'^{(1)}_x$, 상대탈퇴율 $q^{*(2)}_x$, 다중탈퇴율 $q^{(1)}_x$, $q^{(2)}_x$, $q^{(\tau)}_x$ 및 $p^{(\tau)}_x$의 관계를 그림 [9.1.4.5]를 이용하여 설명해보자.

그림 [9.1.4.5] 상대탈퇴율과 다중탈퇴율의 영역

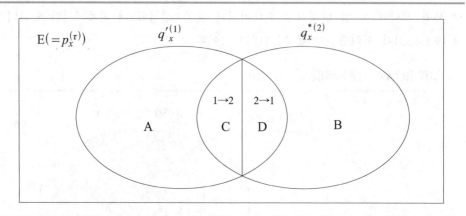

$q'^{(1)}_x = A + C + D$ = 기초데이터(절대탈퇴율)로 주어진 탈퇴원인(1)의 영역

$q^{*(2)}_x = B + D$ = 기초데이터(상대탈퇴율)로 주어진 탈퇴원인(2)의 영역[1]

---

[1] $q^{(2)}_x = q^{*(2)}_x$는 기초데이터가 관찰·생성될 때부터(처음부터) 사망 선발생의 중복이 제거된 탈퇴율이고(상대탈퇴율 $q^{*(2)}_x$), $q^{(1)}_x = q'^{(1)}_x \times (1 - \frac{1}{2} \times q'^{(2)}_x)$은 기초데이터가 관찰·생성될 때부터(처음부터) 중복이 제거된

$$q_x^{(1)} = A + C = \text{다중탈퇴율 변환을 통해 중복이 제거된 탈퇴원인(1)의 영역}$$

$$q_x^{(2)} = B + D = q_x^{*(2)} = \text{기초데이터에서 중복이 제거된 탈퇴원인(2)의 영역}$$

$$p_x^{(\tau)} = E$$

$$q_x^{(\tau)} = q_x^{(1)} + q_x^{(2)} = (A + C) + (B + D) \tag{9.1.4.40}$$

$$= [(A + C + D) - D] + (B + D) \tag{9.1.4.41)$^{1)}$}$$

$$= \text{중복이 제거된 각 탈퇴원인 영역의 합} \tag{9.1.4.42}$$

$$q_x^{(\tau)} = q_x^{(1)} + q_x^{(2)} \tag{9.1.4.43}$$

$$= q_x'^{(1)} \times (1 - \frac{1}{2} \times q_x^{*(2)}) + q_x^{*(2)} \tag{9.1.4.44}$$

$$= q_x'^{(1)} + q_x^{*(2)} - \frac{1}{2} \times q_x'^{(1)} \times q_x^{*(2)} \tag{9.1.4.45)$^{2)}$}$$

$$p_x^{(\tau)} = 1 - q_x^{(\tau)} \tag{9.1.4.46}$$

$$= 1 - \left[ q_x'^{(1)} \times (1 - \frac{1}{2} \times q_x^{*(2)}) + q_x^{*(2)} \right] \tag{9.1.4.47}$$

$$= 1 - q_x'^{(1)} - q_x^{*(2)} + \frac{1}{2} \times q_x'^{(1)} \times q_x^{*(2)} \tag{9.1.4.48)$^{3)}$}$$

$$= (1 - q_x'^{(1)}) \times (1 - \frac{q_x^{*(2)} \times (1 - q_x'^{(1)}/2)}{1 - q_x'^{(1)}}) \tag{9.1.4.49}$$

$$\fallingdotseq (1 - q_x'^{(1)}) \times (1 - q_x'^{(2)}) \tag{9.1.4.50}$$

$$l_{x+1} = l_x \times (1 - q_x'^{(1)}) \times (1 - \frac{q_x^{*(2)} \times (1 - q_x'^{(1)}/2)}{1 - q_x'^{(1)}}) \tag{9.1.4.51}$$

식 (9.1.4.49)로부터 $q_x'^{(2)}$의 근사치는 다음과 같음을 유추할 수 있다.

---

것이 아니고, 다중탈퇴율로의 변환을 통해서(나중에) 중복을 제거한 것이다.

1) $(A + C + D) = q_x'^{(1)}$, $D = \frac{1}{2} \times q_x'^{(1)} \times q_x^{*(2)}$,

$(A + C + D) - D = q_x'^{(1)} - \frac{1}{2} \times q_x'^{(1)} \times q_x^{*(2)} = q_x'^{(1)} \times (1 - \frac{1}{2} \times q_x^{*(2)}) = q_x^{(1)}$

2) $q_x'^{(1)}$와 $q_x^{*(2)}$의 공통부분은 $q_x^{*(2)}$가 1→2를 포함하고 있지 않기 때문에 2→1만이다. 따라서, 공통부분은 $q_x'^{(1)} \times q_x^{*(2)}$가 아니고 $1/2 \times q_x'^{(1)} \times q_x^{*(2)}$이며, 식 (9.1.4.45)와 식 (9.1.4.48)은 이러한 공통부분을 나타내는 식이다. 탈퇴원인2가 절대탈퇴율인 경우 식 (9.1.4.27)에서 알 수 있듯이 공통부분은 $q_x'^{(1)} \times q_x^{*(2)}$이다.

3) 식 (9.1.4.30)과 비교하길 바란다. 절대탈퇴율 $q_x'^{(2)}$를 사용한 식 (9.1.4.30)의 경우 인수분해가 간단하게 되나 식 (9.1.4.47)에서는 간단하게 되지 않는데 그 이유는 $q_x^{*(2)}$를 사용하였기 때문이다.

$$q'^{(2)}_x \approx \frac{q^{*(2)}_x \times (1 - q'^{(1)}_x/2)}{1 - q'^{(1)}_x}$$  (9.1.4.52)

(c) 상대탈퇴율이 있는 경우 $l_{x+k+1}$ 산출식(실무)

$\dfrac{q^{*(2)}_x \times (1 - q'^{(1)}_x/2)}{1 - q'^{(1)}_x}$ 는 $q'^{(2)}_x$ 의 근사치로 볼 수 있다. 따라서, 사망의 절대탈퇴율($q'^{(1)}_x$)

과 선발생 사망이 고려(배제)된 상대탈퇴율($q^{*(m)}_x$)이 여러 개가 주어지는 경우에 $q'^{(m)}_x$ 의

근사치인 $\dfrac{q^{*(m)}_x \times (1 - q'^{(1)}_x/2)}{1 - q'^{(1)}_x}$ 을 적용하여 보험실무에서는 $l_{x+k+1}$ 를 다음과 같이 나타낸

다. 식 (9.1.4.51)과 식 (9.1.4.53)은 국내 보험상품의 보험료 산출시 많이 사용되는 식이

다.[1] 실제 보험상품의 보험료산출 예시는 연습문제를 참고하기 바란다.

$$l_{x+k+1}$$  (9.1.4.53)
$$= l_{x+k} \times (1 - q'^{(1)}_{x+k}) \times (1 - \frac{q^{*(2)}_{x+k} \times (1 - q'^{(1)}_{x+k}/2)}{1 - q'^{(1)}_{x+k}}) \times (1 - \frac{q^{*(3)}_{x+k} \times (1 - q'^{(1)}_{x+k}/2)}{1 - q'^{(1)}_{x+k}}) \times \cdots$$

## 연습문제 9.1

1. 다음과 같은 절대탈퇴율들이 주어졌을 때 다중탈퇴표를 작성하시오. 탈퇴원인 1은 질병
(1), 탈퇴원인 2는 질병(2)이고 아래와 같이 절대탈퇴율이 주어졌다.

| $x$ | $q'^{(1)}_x$ | $q'^{(2)}_x$ |
|---|---|---|
| 45 | 0.00178 | 0.001 |
| 46 | 0.00196 | 0.002 |
| 47 | 0.00215 | 0.003 |
| 48 | 0.00235 | 0.004 |
| 49 | 0.00258 | 0.005 |
| 50 | 0.00282 | 0.006 |

2. $i = 0.05$와 연습문제 1번에서 작성한 다중탈퇴표를 이용하여 $D^{*(\tau)}_x$, $C^{*(1)}_x$, $C^{*(2)}_x$ 등의
계산기수표를 작성하시오.

---

[1] $q'^{(1)}_{x+k}$ = 사망률, $q^{*(2)}_{x+k}$ = 해지율, $q^{*(3)}_{x+k}$ = 장해50%이상 발생률(납입면제용)인 경우 식 (9.1.4.51)은 유지
자를 나타내는 식이 되고 식 (9.1.4.53)은 납입자를 나타내는 식이 된다. 연습문제 9.1의 문제 9번을 참고
하시오.

3. 연습문제 1번에서 작성한 다중탈퇴표를 이용하여 피보험자 (45)가 가입한 5년납입 5년 만기 정기보험의 일시납순보험료와 연납순보험료를 구하시오. 보험급부는 질병(1) 발생시 100,000원, 질병(2) 발생시 50,000원을 지급한다. 보험급부는 급부지급사유 발생시 즉시 지급되며 피보험자는 어느 질병이든 발생하면 급부를 지급받고 피보험집단에서 탈퇴된다. 위험률은 매연령마다 균등분포를 따른다고 가정한다. $i = 0.05$ 이다.

4. 탈퇴원인이 1, 2, 3인 절대탈퇴율이 다음 표와 같이 주어졌을 때 이 표를 이용하여 다중탈퇴표를 작성하시오.

| $x$ | $q_x'^{(1)}$ | $q_x'^{(2)}$ | $q_x'^{(3)}$ |
|---|---|---|---|
| 35 | 0.00065 | 0.001 | 0.05 |
| 36 | 0.00070 | 0.002 | 0.05 |
| 37 | 0.00076 | 0.003 | 0.05 |
| 38 | 0.00084 | 0.004 | 0.05 |
| 39 | 0.00094 | 0.005 | 0.05 |
| 40 | 0.00106 | 0.006 | 0.05 |
| 41 | 0.00119 | 0.007 | 0.05 |
| 42 | 0.00133 | 0.008 | 0.05 |
| 43 | 0.00147 | 0.009 | 0.05 |
| 44 | 0.00162 | 0.010 | 0.05 |
| 45 | 0.00178 | 0.011 | 0.05 |

5. $i = 0.05$ 와 연습문제 4번에서 작성한 다중탈퇴표를 이용하여 $D_x^{*(\tau)}$, $C_x^{*(1)}$, $C_x^{*(2)}$, $C_x^{*(3)}$ 등의 계산기수표를 작성하시오.

6. 연습문제 3번에서 작성한 다중탈퇴표를 이용하여 피보험자 (35)가 가입한 10년납입 10년만기 정기보험의 일시납순보험료와 연납순보험료를 구하시오. 보험급부는 연말급이며 탈퇴원인 1이 발생시 100,000원, 탈퇴원인 2가 발생시 50,000원, 탈퇴원인 3이 발생시 30,000원을 지급한다. 피보험자는 어느 탈퇴원인이든 발생하면 급부를 지급받고 피보험집단에서 탈퇴된다. $i = 0.05$ 이다.

7. 연습문제 6번의 보험상품을 이용하여 제7보험연도말 보험료적립금(순보식 원가법책임준비금)을 구하시오.

8. 탈퇴원인 1은 질병(1)을, 탈퇴원인 2는 질병(2)를, 탈퇴원인 3은 질병(3)을 나타낸다. 피

보험자 (50)이 가입한 완전이산 3년만기 정기보험은 질병(1) 발생시 100,000원, 질병(2) 발생시 200,000원, 질병(3) 발생시 300,000원을 지급한다. $i = 0.05$ 이고 다음의 자료가 주어졌다.

| $x$ | $l_x^{(\tau)}$ | $d_x^{(1)}$ | $d_x^{(2)}$ | $d_x^{(3)}$ |
|---|---|---|---|---|
| 50 | 100000 | 10 | 20 | 30 |
| 51 | 99940 | 20 | 30 | 40 |
| 52 | 99830 | 50 | 60 | 70 |
| 53 | 99630 | 50 | 70 | 80 |
| 54 | 99420 | 50 | 80 | 80 |

보험료가 수지상등의 원칙에 의하여 계산될 때 이 보험의 일시납순보험료를 구하시오.

9. (실제 보험료산출 예시) 금리확정형 종신보험상품의 급부와 가입조건이 다음과 같다.

[표] 보험상품의 급부 및 가입조건

| 구 분 | 세부 내용('일확') |
|---|---|
| 보장급부 | 사망시 보험가입금액(S) 지급하고 계약 소멸 |
| 납입면제 | 장해50%이상 발생시 보험료 납입면제 |
| 가입조건 | 남자 40세, 20년 월납, 종신, 보험가입금액(S) 1억원, 적용이율 2.25%(연) |

탈퇴율 자료가 다음과 같이 주어졌다. $q'^{(1)}_{x+k}$ = 사망률, $q^{*(2)}_{x+k}$ = 해지율(미적용), $q^{*(3)}_{x+k}$ = 장해50%이상 발생률(납입면제용)을 이용한다. $q^{*(3)}_{x+k}$ 탈퇴율은 보험급부 산정 목적으로 사용되지 않고, 보험료 납입면제를 반영하는 납입자 기수를 산출할 때만 사용된다.

[표] $q'^{(1)}_x$, $q^{*(2)}_x$ 및 $q^{*(3)}_x$

| $x$(남자) | $q'^{(1)}_x$ | $q^{*(2)}_x$ | $q^{*(3)}_x$ |
|---|---|---|---|
| 40 | 0.000780 | 0.00 | 0.000167 |
| 41 | 0.000830 | 0.00 | 0.000173 |
| 42 | 0.000900 | 0.00 | 0.000180 |
| 43 | 0.000970 | 0.00 | 0.000187 |
| 44 | 0.001050 | 0.00 | 0.000194 |
| 45 | 0.001140 | 0.00 | 0.000206 |
| ... | ... | ... | ... |

주) 사망률 및 장해50%이상 발생률: 제9회 보험개발원 참조순보험요율(Ⅱ) 적용[1]
   해지율: 미적용

---

1) 참조순보험요율(Ⅰ)는 할증전 순보험요율이고, 참조순보험요율(Ⅱ)는 할증 후 순보험요율이다. 보험료 산출시에는 참조순보험요율(Ⅱ)를 사용한다.

$l_{x+k}$ = 사망자를 제외한 유지자

$l'_{x+k}$ = 사망자 및 장해50%이상 발생자를 제외한 납입자

$$l'_{x+k+1} = l'_{x+k} \times (1-q'^{(1)}_{x+k}) \times (1 - \frac{q^{*(3)}_{x+k} \times (1-q'^{(1)}_{x+k}/2)}{1-q'^{(1)}_{x+k}})$$

일 때 보험료산출을 위한 다음의 급부표가 산출되는지를 확인하시오. $l_x$를 이용하여 $N^{(12)}_{(x,x+m)}$, $N_x$, $D_x$ 등(유지자 기수)을 구하고 $l'_x$를 이용하여 $N'^{(12)}_{(x,x+m)}$, $N'_x$, $D'_x$ 등(납입자 기수)을 구하고 표 [7.1.2.4]를 적용한다.

**[표] 급부탈퇴표**

| $x$(남자) | $l_x(q'^{(1)}_x)$ | $q'^{(1)}_x$ | $q^{*(2)}_x$ | $l'_x(q'^{(1)}_x, q^{*(3)}_x)$ |
|---|---|---|---|---|
| 40 | 100,000.0 | 0.000780 | 0.00 | 100,000.0 |
| 41 | 99,922.0 | 0.000830 | 0.00 | 99,905.3 |
| 42 | 99,839.1 | 0.000900 | 0.00 | 99,805.1 |
| 43 | 99,749.2 | 0.000970 | 0.00 | 99,697.3 |
| 44 | 99,652.5 | 0.001050 | 0.00 | 99,582.0 |
| 45 | 99,547.8 | 0.001140 | 0.00 | 99,458.1 |
| ... | ... | ... | ... | ... |

10. (실제 보험료산출 예시) 금리확정형 저해지형 종신보험(저확, 이하 '저확'으로 표기한다)은 '일확'과 동일하게 사망위험을 보장하는 상품이나, 해지급부가 추가로 있어 보험료 산출시 해지율을 반영한다는 점에서 '일확'과 차이가 있다.

**[표] 보험상품의 급부 및 가입조건**

| 구 분 | 세부 내용('저확') |
|---|---|
| 보장급부 | 사망시 보험가입금액(S)을 지급하고 계약 소멸 |
| 해지급부 | 보험료 납입기간 이내: 표준형상품의 해약환급금의 50% 지급<br>보험료 납입기간 이후: 해지급부 없음 |
| 납입면제 | 장해50%이상 발생시 보험료 납입면제 |
| 가입조건 | 남자 40세, 20년 월납, 종신, 보험가입금액(S) 1억원,<br>적용이율 2.25%(연) |

보험료산출을 위한 기초데이터가 다음과 같이 주어졌다.

[표] $q'^{(1)}_x$, $q^{*(2)}_x$ 및 $q^{*(3)}_x$(기초 데이터)

| $x$(남자) | $q'^{(1)}_x$ | $q^{*(2)}_x$ | $q^{*(3)}_x$ |
|---|---|---|---|
| 40 | 0.000780 | 0.05 | 0.000167 |
| 41 | 0.000830 | 0.08 | 0.000173 |
| 42 | 0.000900 | 0.04 | 0.000180 |
| 43 | 0.000970 | 0.04 | 0.000187 |
| 44 | 0.001050 | 0.04 | 0.000194 |
| 45 | 0.001140 | 0.04 | 0.000206 |
| ... | ... | ... | ... |

주) 사망률 및 장해50%이상 발생률: 제9회 보험개발원 참조순보험요율(Ⅱ) 적용

해지율: 초년도(5%), 2차년도(8%), 3차년도 이후(4%) 단, 납입기간 이후(0%)

$q'^{(1)}_{x+k}$ =사망률, $q^{*(2)}_{x+k}$ =해지율, $q^{*(3)}_{x+k}$ =장해50%이상 발생률(납입면제용)을 이용한다.

$q^{*(3)}_{x+k}$ 탈퇴율은 보험급부 산정 목적으로 사용되지 않고, 보험료 납입면제를 반영하는 납입자 기수를 산출할 때만 사용된다.

$$q^{(1)}_{x+k} = q'^{(1)}_{x+k} \times (1 - \frac{1}{2} \times q^{*(2)}_{x+k})$$

$$q^{(2)}_{x+k} = q^{*(2)}_{x+k}$$

$l_{x+k+1}$는 사망자, 해지자가 제외된 $x+k+1$시점의 유지자를 의미하며, $l'_{x+k+1}$은 사망자, 해지자, 장해50%이상 발생자가 제외된 $x+k+1$시점의 납입자를 의미한다. $q^{*(3)}_{x+k}$이 장해50%이상 발생률(납입면제용)인 경우 식 (9.1.4.53)은 납입자를 나타내는 식이 되고, 식 (9.1.4.51)은 유지자를 나타내는 식이 된다.

$$l_{x+k+1} = l_{x+k} \times (1 - q'^{(1)}_{x+k}) \times (1 - \frac{q^{*(2)}_{x+k} \times (1 - q'^{(1)}_{x+k}/2)}{1 - q'^{(1)}_{x+k}})$$

$$l'_{x+k+1}$$

$$= l'_{x+k} \times (1 - q'^{(1)}_{x+k}) \times (1 - \frac{q^{*(2)}_{x+k} \times (1 - q'^{(1)}_{x+k}/2)}{1 - q'^{(1)}_{x+k}}) \times (1 - \frac{q^{*(3)}_{x+k} \times (1 - q'^{(1)}_{x+k}/2)}{1 - q'^{(1)}_{x+k}})^{1)}$$

(1) 다중탈퇴표는 다음과 같음을 확인하시오.

---

1) $q'^{(1)}_{x+k}$ 과 $q^{*(2)}_{x+k}$ 는 계약소멸사유이며, $q^{*(3)}_{x+k}$ 는 납입면제 발생률이기 때문에 납입자수를 산출하는 식에만 나타난다.

[표] 다중탈퇴표

| $x$ | $l_x(q'^{(1)}_x q^{*(2)}_x)$ | $q^{(1)}_x$ | $q^{(2)}_x$ | $l'_x(q'^{(1)}_x, q^{*(2)}_x, q^{*(3)}_x)$ |
|---|---|---|---|---|
| 40 | 100,000.0 | 0.000761 | 0.05 | 100,000.0 |
| 41 | 94,924.0 | 0.000797 | 0.08 | 94,908.1 |
| 42 | 87,254.4 | 0.000882 | 0.04 | 87,224.7 |
| 43 | 83,687.3 | 0.000951 | 0.04 | 83,643.7 |
| 44 | 80,260.2 | 0.001029 | 0.04 | 80,203.5 |
| 45 | 76,967.2 | 0.001117 | 0.04 | 76,897.9 |
| ... | ... | ... | ... | ... |

(2) $l_x$를 이용하여 $N^{(12)}_{(x,\,x+m)}$, $N_x$, $D_x$ 등(유지자 기수)을 구하고 $l'_x$를 이용하여 $N'^{(12)}_{(x,\,x+m)}$, $N'_x$, $D'_x$ 등(납입자 기수)을 구하고 표 [7.1.2.4]를 적용한다. '저확'의 사업비가 표 [7.1.2.2.] 또는 표 [7.1.2.3]과 같이 주어질 때 '저확'의 영업보험료가 다음과 같음을 유도하시오. 7장의 영업보험료를 구하는 식이 $N^{(12)}_{(x,\,x+m)}$, $N_x$, $D_x$ 와 $N'^{(12)}_{(x,\,x+m)}$, $N'_x$, $D'_x$ 이 구별되어 있으므로 이제 다시 한번 학습하고 다음 식과 다른 점을 확인하시오.

$$_mP'^{\langle12\rangle저확}_x = \frac{12\times {_mP}^{\langle12\rangle저확}_x\times N'^{(12)저확}_{(x,\,x+m)} + (\alpha_1+\alpha_2\times {_{20}P}^{저확}_x)\times D_x + \beta_1\times N^{(12)저확}_{(x,\,x+m)} + \beta'\times N^{저확}_{x+m}}{12\times\left[(1-\beta_c)\times N'^{(12)저확}_{(x,\,x+m)} - \alpha_3\times D_x - \beta_2\times N^{(12)저확}_{(x,\,x+m)}\right]}$$

(3) '일확'과 '저확'의 계산기수는 다른 값들이 적용된다. 7장 2. 영업보험료 산출(Ⅱ)에서 구한 '일확'의 계산기수(7장에서는 계산기수에는 '일확'이 표기되지 않았으나 아래의 '일확'의 계산기수로 보면 된다)와 연습문제에서 구한 '저확'의 계산기수가 다음과 같은 차이점이 있는 것을 설명하시오.(해지율 적용이란 $q^{(2)}_x$가 포함된 위에서 구한 다중 탈퇴표를 이용하여 계산기수를 산출한다는 의미)

$$N^{(12)일확}_{(x,\,x+m)} = (N^{일확}_x - N^{일확}_{x+m}) - \frac{11}{24}\times(D^{일확}_x - D^{일확}_{x+m})\,(\text{해지율 미적용})$$

$$N'^{(12)일확}_{(x,\,x+m)} = (N'^{일확}_x - N'^{일확}_{x+m}) - \frac{11}{24}\times(D'^{일확}_x - D'^{일확}_{x+m})\,(\text{해지율 미적용})$$

$$N^{(12)저확}_{(x,\,x+m)} = (N^{저확}_x - N^{저확}_{x+m}) - \frac{11}{24}\times(D^{저확}_x - D^{저확}_{x+m})\,(\text{해지율 적용})$$

$$N'^{(12)저확}_{(x,\,x+m)} = (N'^{저확}_x - N'^{저확}_{x+m}) - \frac{11}{24}\times(D'^{저확}_x - D'^{저확}_{x+m})\,(\text{해지율 적용})$$

11. (실제 보험료산출 예시) 다음과 같은 자료를 이용하여 다중탈퇴 사망자(사망률), 다중탈 퇴 암발생자(암발생률), 다중탈퇴 뇌출혈발생자(발생률), 탈퇴자를 제외한 유지자, 탈퇴 자 및 장해50%이상 발생자를 제외한 납입자를 구하는 식을 작성하시오(Hint: 다중탈퇴율 을 구하면 되는데, 다중탈퇴율로 변환시 질병은 사망에 대해서 상대탈퇴율 방식을 적용

하나, 질병 상호간에는 절대탈퇴율 방식을 적용한다).

[표] 보험상품의 급부 및 가입조건

| 구분 | 세부 내용 |
|---|---|
| 보장급부 | 사망, 암, 뇌출혈 중 어느 하나가 발생할 경우 보험금을 지급하고 계약 소멸이 때, 사망시에는 S1을 지급, 암 발생시에는 S2를 지급, 뇌출혈 발생시에는 S3을 지급한다(어느 하나가 발생할 경우 피보험집단에서 탈퇴되는 건강보험상품은 우리나라에서 판매되지 않고 있으나 다중탈퇴모형의 학습목적임). |
| 납입면제 | 장해50%이상 발생시 보험료 납입면제 |
| 가입조건 | 남자 40세, 20년 월납, 100세 만기(n=60), 보험가입금액(S) 1억원, 적용이율 2.25%(연) |

$q'^{(1)}_{x+k}$ = 사망률, $q^{*(2)}_{x+k}$ = 암발생률, $q^{*(3)}_{x+k}$ = 뇌출혈 발생률,

$q^{*(4)}_{x+k}$ = 장해50%이상 발생률(납입면제용)

# Ⅱ. 일반이론[1]

## 1. 다중탈퇴모형

지금까지 살펴본 단생명(單生命)과 연생에 관련된 보험과 연금은 사망이라는 단일
탈퇴원인에 따른 분석이었다. 여기서는 탈퇴원인이 여러 가지인 경우를 고찰하고자 한다.
예를 들어 기업의 종업원복지제도를 고려해보자. 기업의 종업원수는 사직, 장해, 사망 혹
은 퇴직 등의 탈퇴 원인으로 감소하기 때문에 기업은 향후 매년 계속 근무하는 종업원수
를 추정하는 것이 필요할 것이며 각 원인별로 탈퇴하는 사람수의 추정도 필요할 것이다.
9장까지는 동시에 출생한 $l_0$사람들의 집단이 단일탈퇴원인인 사망에 의해 감소하는 상황
을 나타내는 생명표를 이용하여 분석하였다. 종업원복지제도에서는 종업원집단에서 여
러 가지 원인으로 탈퇴하는 사람수와 잔존자수 등을 나타내주는 표가 필요한데 이 표를
다중탈퇴표라고 한다. 다중탈퇴모형(多重脫退模型)에서는 근무종료시까지 기간(time-until-
termination of employment)과 종료원인(cause of termination)의 확률변수들이 사용된다. 보험
수리학에서는 어떤 status로부터의 종료를 탈퇴(decrement)로 표현하므로 종료원인은 탈퇴
원인(cause of decrement)으로 표현하기로 한다. 다중탈퇴이론이 보험상품에 적용되는 경
우, 탈퇴원인은 사망 이외에 질병, 재해, 해약 등 여러 가지 원인들을 고려할 수 있다.

2장에서는 사망시까지 기간 $T_x$의 분포를 사용하였는데 여기서는 사망 이외의 원인
도 있으므로 종료시까지 기간이라는 용어를 사용하기로 한다. 기호는 $T_x$나 혹은 $T$를 사
용하기로 한다. 다중탈퇴모형에서는 탈퇴원인이라는 새로운 확률변수가 필요한데 이를
$J_x = J$로 사용하기로 한다. $J$는 이산확률변수이다. 종업원복지제도(예: 퇴직연금)에서 $J =$
1, 2, 3, 4라고 하면 종료(termination) 원인이 사망, 장해, 사직, 퇴직 등이라는 것을 의미
한다.

여기서는 $T$와 $J$의 결합분포, 그와 관련된 주변분포 및 조건부 분포를 고찰하고자
한다. $T$와 $J$의 결합 p.d.f.를 $f_{T,J}(t,j)$, $J$의 주변분포를 $f_J(j)$, $T$의 주변분포를 $f_T(t)$로 표
시하기로 한다. 그림 [9.2.2.1]은 $J$와 $T$의 결합분포인 $f_{T,J}(t,j)$를 나타내고 있으며 $J$는
이산확률변수이고 $T$는 연속확률변수이다.

---

[1] 제9장에서는 다중탈퇴모형과 관련하여 절대탈퇴율과 다중탈퇴율의 계산, 다중탈퇴급부의 APV, 다중탈퇴
모형과 해약급부, 계약의 변경 및 퇴직연금 등에 대하여 고찰한다. 다중탈퇴모형의 현금흐름분석(수익성
분석), 손익분석, 자산할당 등에 대하여는 제11장에서 고찰한다.

그림 [9.2.2.1]　$f_{T,J}(t,j)$의 그래프

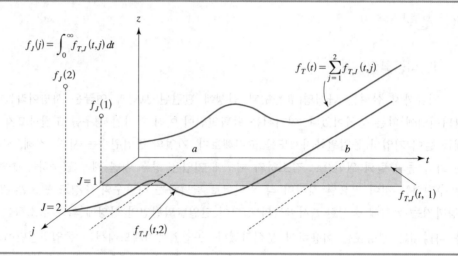

그림 [9.2.2.1]에서 $m=2$이므로 다음 관계식이 성립한다.

$$\sum_{j=1}^{2} f_J(j) = 1 \tag{9.2.1.1}$$

$$\int_0^\infty f_T(t)\ dt = 1 \tag{9.2.1.2}$$

결합 p.d.f. $f_{T,J}(t,j)$를 이용하면 $T$와 $J$로 정의된 확률을 구할 수 있다. 원인 $j$로 인하여 $T$가 $t$와 $t+dt$ 사이에 있을 확률은 다음과 같다.

$$f_{T,J}(t,j)\,dt = \Pr\left\{(t < T \le t+dt)\cap(J=j)\right\} \tag{9.2.1.3}$$

따라서 원인 $j$로 인하여 $T$가 $t$ 이하일 확률($t$ 전에 발생할 확률)은

$$\int_0^t f_{T,J}(s,j)\,ds = \Pr\{(0 < T \le t)\cap(J=j)\} \tag{9.2.1.4}$$

으로 나타낼 수 있으며 모든 원인을 다 포함하여($\sum_{j=1}^{m}$) $T$가 $a$와 $b$ 사이에 있을 확률은 다음과 같다.

$$\sum_{j=1}^{m}\int_a^b f_{T,J}(t,j)\,dt = \Pr(a < T \le b) \tag{9.2.1.5}$$

원인 $j$로 인하여 $t$년 안에 탈퇴할 확률을 $_tq_x^{(j)}$로 나타내며 $_tq_x^{(j)}$는

$$_tq_x^{(j)} = \int_0^t f_{T,J}(s,j)\,ds \quad t\geq 0, \ j=1, 2, \cdots, m,$$ (9.2.1.6)

로 표시될 수 있다. 보험수리기호 위의 기호 $j$는 다중탈퇴이론에서 탈퇴원인을 나타낸다. $J$의 주변분포의 정의에 의하여 미래 모든 시간을 합하여($t$의 모든 값) 원인 $j$로 인한 탈퇴 확률은 $f_J(j)$로 나타낼 수 있으며 다음과 같이 정의된다.

$$f_J(j) = \int_0^\infty f_{T,J}(s,j)\,ds = \,_\infty q_x^{(j)} \quad j=1, 2, \cdots, m$$ (9.2.1.7)

모든 원인을 다 포함한 $T$의 분포인 $f_T(t)$와 $F_T(t)$는 다음과 같이 정의된다. $t\geq 0$인 경우

$$f_T(t) = \sum_{j=1}^m f_{T,J}(t,j)$$ (9.2.1.8)

$$F_T(t) = \int_0^t f_T(s)\,ds$$ (9.2.1.9)

다중탈퇴모형에서는 $T$는 탈퇴시까지 기간(time-until-decrement)을 나타내는 확률변수이다. 보험수리기호에서 $(\tau)$는 모든 원인을 나타낸다고 할 때 2장에서와 동일하게 다음 식들이 성립한다.

$$_tq_x^{(\tau)} = \Pr(T\leq t) = F_T(t) = \int_0^t f_T(s)\,ds$$ (9.2.1.10)

$$_tp_x^{(\tau)} = \Pr(T>t) = 1 - \,_tq_x^{(\tau)}$$ (9.2.1.11)

$$\mu_{x+t}^{(\tau)} = \frac{f_T(t)}{1-F_T(t)} = \frac{1}{_tp_x^{(\tau)}}\frac{d}{dt}\,_tq_x^{(\tau)}$$ (9.2.1.12)

$$= -\frac{1}{_tp_x^{(\tau)}}\frac{d}{dt}\,_tp_x^{(\tau)}$$ (9.2.1.13)

$$= -\frac{d}{dt}\ln{_tp_x^{(\tau)}}$$ (9.2.1.14)

$$_tp_x^{(\tau)} = \exp\left(-\int_0^t \mu_{x+s}^{(\tau)}\,ds\right)$$ (9.2.1.15)

이러한 $T$의 함수들은 2장에서 고찰한 함수들과 수학적으로는 동일하다. 다만 해석에 있어서 사용되어지는 환경에 따라 적절히 해석하면 된다. $\mu_{x+t}^{(\tau)}$는 총탈퇴력(總脫退力)을 나

타내며 탈퇴원인들은 연령 $(x)$에 의존한다(dependent)는 것을 보여준다.

식 (9.2.1.3)을 $t$까지 탈퇴발생 없음$(T>t)$을 조건으로 표현하면 다음과 같다.

$$f_{T,J}(t,j)\,dt = \Pr(T>t)\,\Pr\left[[(t<T\le t+dt)\cap(J=j)]\,|\,T>t\right] \tag{9.2.1.16}$$

2장에서 고찰한 사력의 정의와 유사하게 적용하면 원인 $j$로 인한 탈퇴력 $\mu_{x+t}^{(j)}$은 다음과 같이 정의된다.

$$\mu_{x+t}^{(j)} = \frac{f_{T,J}(t,j)}{1-F_T(t)} = \frac{f_{T,J}(t,j)}{{}_tp_x^{(\tau)}} \tag{9.2.1.17}$$

$\mu_{x+t}^{(j)}$은 원인 $j$로 인한 연령 $x+t$에서의 탈퇴력을 의미한다. $\mu_{x+t}^{(j)}$의 의미는 $x+t$까지 생존했다는 조건하에서 어떤 시점 $x+t$와 특정원인 $j$에서의 $T$와 $J$의 조건부 결합 p.d.f.이다. 식 (9.2.1.17)은 다음과 같이 표현할 수 있다.

$$f_{T,J}(t,j)\,dt = {}_tp_x^{(\tau)}\,\mu_{x+t}^{(j)}\,dt \quad j=1,\,2,\,\cdots,\,m,\ t\ge 0 \tag{9.2.1.18}$$

식 (9.2.1.18)의 좌변은 원인 $j$로 인하여 $t$와 $t+dt$ 사이에서 탈퇴가 발생하는 확률을 의미하고, 식 (9.2.1.18)의 우변에서 ${}_tp_x^{(\tau)}$는 $(x)$가 $t$시점까지 주어진 status에서 계속 있는(탈퇴가 발생하지 않은) 확률을, $\mu_{x+t}^{(j)}\,dt$는 $t$시점까지 탈퇴가 발생하지 않았다는 조건하에(즉, $T>t$) 원인 $j$로 인하여 $t$와 $t+dt$ 사이에서 탈퇴가 발생하는 조건부 확률을 의미한다. 따라서 식 (9.2.1.17)이 성립한다.

식 (9.2.1.6)을 $t$에 대하여 미분하면 $f_{T,J}(t,j)$가 되므로 식 (9.2.1.17)은 다음과 같이 나타낼 수 있다.

$$\mu_{x+t}^{(j)} = \frac{1}{{}_tp_x^{(\tau)}}\frac{d}{dt}{}_tq_x^{(j)} \tag{9.2.1.19}$$

식 (9.2.1.8)로부터

$$_tq_x^{(\tau)} = \int_0^t f_T(s)\,ds = \int_0^t \sum_{j=1}^m f_{T,J}(s,j)\,ds \tag{9.2.1.20}$$

$$= \sum_{j=1}^m \int_0^t f_{T,J}(s,j)\,ds = \sum_{j=1}^m {}_tq_x^{(j)} \tag{9.2.1.21}$$

또 식 (9.2.1.12)와 식 (9.2.1.21)을 이용하면

$$\mu_{x+t}^{(\tau)} = \sum_{j=1}^{m} \mu_{x+t}^{(j)} \tag{9.2.1.22}$$

이 성립하며, 이는 즉 총탈퇴력은 $m$개의 원인에 의한 탈퇴력들의 합을 의미한다. 지금까지 살펴본 결합 p.d.f., 주변분포 및 조건부 p.d.f.를 정리하면 다음과 같다.

$$f_{T,J}(t, j) = {}_tp_x^{(\tau)} \mu_{x+t}^{(j)} \tag{9.2.1.23}$$

$$f_J(j) = {}_\infty q_x^{(j)} \tag{9.2.1.24}$$

$$f_T(t) = {}_tp_x^{(\tau)} \mu_{x+t}^{(\tau)} \tag{9.2.1.25}$$

$t$시점의 탈퇴가 주어진 조건하에서 $J$의 조건부 p.f.은

$$f_{J|T}(j|t) = \frac{f_{T,J}(t,j)}{f_T(t)} = \frac{{}_tp_x^{(\tau)} \mu_{x+t}^{(j)}}{{}_tp_x^{(\tau)} \mu_{x+t}^{(\tau)}} \tag{9.2.1.26}$$

$$= \frac{\mu_{x+t}^{(j)}}{\mu_{x+t}^{(\tau)}} \tag{9.2.1.27}$$

식 (9.2.1.6)은 보험수리기호를 이용하면 다음과 같이 표현할 수 있다.

$$_tq_x^{(j)} = \int_0^t {}_sp_x^{(\tau)} \mu_{x+s}^{(j)} \, ds \tag{9.2.1.28}$$

---

(예제 9.2.1.1)

다음과 같은 두 가지 원인으로 탈퇴하는 다중탈퇴모형을 생각해보자. 탈퇴력(force of decrement)은 다음과 같다.

(i) $\mu_{x+t}^{(1)} = \dfrac{1}{50-x-t}$, $\quad t < 50-x$ $\qquad$ (ii) $\mu_{x+t}^{(2)} = \dfrac{2}{50-x-t}$, $\quad t < 50-x$

이 모형에 대하여 결합확률밀도함수, 주변확률(밀도)함수, 조건부 확률분포를 구하시오.

풀이

$\mu_{x+s}^{(\tau)} = \mu_{x+s}^{(1)} + \mu_{x+s}^{(2)} = \dfrac{3}{50-x-s}$ 이므로,

$${}_tp_x^{(\tau)} = \exp\left(-\int_0^t \frac{3}{50-x-s} \, ds\right) = \exp\left([-3 \times (-1) \ln(50-x-s)]_0^t\right)$$

$$= \exp\left([3\ln(50-x-s)]_0^t\right) = \exp\left(3[\ln(50-x-t) - \ln(50-x)]\right)$$

$$= \exp\left(3\left[\ln\frac{50-x-t}{50-x}\right]\right) = \exp\left(\ln\left(\frac{50-x-t}{50-x}\right)^3\right)$$

$$= \left(\frac{50-x-t}{50-x}\right)^3 = \left(1-\frac{t}{50-x}\right)^3, \ 0\leq t < 50-x$$

그러므로 $T$와 $J$의 결합확률밀도함수는 식 (9.2.1.23)을 이용하면

$$f_{T,J}(t,j) = \begin{cases} \dfrac{1}{50-x}\left(\dfrac{50-x-t}{50-x}\right)^2 & 0\leq t < 50-x, \ j=1 \\[3mm] \dfrac{2}{50-x}\left(\dfrac{50-x-t}{50-x}\right)^2 & 0\leq t < 50-x, \ j=2 \end{cases}$$

$T$의 주변확률밀도함수는

$$f_T(t) = \sum_{j=1}^{2} f_{T,J}(t,j) = \frac{3}{50-x}\left(\frac{50-x-t}{50-x}\right)^2, \ 0\leq t < 50-x$$

$J$의 주변확률함수는

$$f_J(j) = \begin{cases} \displaystyle\int_0^{50-x} f_{T,J}(t,1)\,dt = \int_0^{50-x}\frac{1}{(50-x)^3}(50-x-t)^2\,dt = \frac{1}{3} & j=1 \\[4mm] \displaystyle\int_0^{50-x} f_{T,J}(t,2)\,dt = \int_0^{50-x}\frac{2}{(50-x)^3}(50-x-t)^2\,dt = \frac{2}{3} & j=2 \end{cases}$$

마지막으로 $t$에서의 탈퇴가 주어졌을 때, $J$의 조건부 확률함수는

$$f_{J|T}(1|t) = \frac{\mu_{x+t}^{(1)}}{\mu_{x+t}^{(\tau)}} = \frac{1}{3}$$

$$f_{J|T}(2|t) = \frac{\mu_{x+t}^{(2)}}{\mu_{x+t}^{(\tau)}} = \frac{2}{3}$$

( 예제 9.2.1.2 )

예제 (9.2.1.1)에서의 $T$와 $J$의 결합분포를 이용하여, $E(T)$와 $E(T\,|\,J=2)$를 계산하시오. 단, $x=20$이다.

**풀이**

앞에서 구한 주변확률밀도함수 $f_T(t)$를 이용하면

$$E(T) = \int_0^\infty t\,\frac{3}{50-x}\left(\frac{50-x-t}{50-x}\right)^2 dt = \int_0^{50-x} t\,\frac{3}{50-x}\left(\frac{50-x-t}{50-x}\right)^2 dt$$

$$= \frac{3}{(50-x)^3}\int_0^{50-x}(50-x)^2 t - 2(50-x)\,t^2 + t^3\,dt$$

$$= \frac{3}{(50-x)^3}\left[\frac{t^4}{4} - \frac{2}{3}(50-x)\,t^3 + \frac{1}{2}(50-x)^2 t^2\right]_0^{50-x} = \frac{50-x}{4} = \frac{30}{4} = 7.5$$

먼저 조건부 확률밀도함수 $f_{T,J}(t,2)\,/\,f_J(2)$를 구해보면,

$$f_{T,J}(t,2)\,/\,f_J(2) = \frac{2(50-x-t)^2/(50-x)^3}{2/3} = 3\frac{(50-x-t)^2}{(50-x)^3}$$

이를 이용하면,

$$E(T \mid J=2) = \int_0^{50-x} t \, \frac{3\,(50-x-t)^2}{(50-x)^3}\, dt = \frac{3}{(50-x)^3} \int_0^{50-x} t\,(50-x-t)^2\, dt$$

$$= \frac{50-x}{4} = E(T) = 7.5$$

**예제 9.2.1.3**

다음을 구하시오.

(a) $\dfrac{d}{dx}\,{}_tq_x^{(\tau)}$   (b) $\dfrac{d}{dx}\,{}_tq_x^{(j)}$   (c) $\dfrac{d}{dt}\,{}_tq_x^{(j)}$

**풀이**

$l_{x+t}^{(\tau)}$(혹은 $l_{x+t}^{(j)}$)를 $t$로 미분하나 $x$로 미분하나 결과가 동일하다. 사력의 정의를 이용하면

$$\frac{d}{dx}l_x^{(\tau)} = -l_x^{(\tau)}\mu_x^{(\tau)}, \quad \frac{d}{dx}l_x^{(j)} = -l_x^{(\tau)}\mu_x^{(j)}, \quad \frac{d}{dx}l_{x+t}^{(\tau)} = \frac{d}{dt}l_{x+t}^{(\tau)} = -l_{x+t}^{(\tau)}\mu_{x+t}^{(\tau)},$$

$$\frac{d}{dx}l_{x+t}^{(j)} = \frac{d}{dt}l_{x+t}^{(j)} = -l_{x+t}^{(\tau)}\mu_{x+t}^{(j)} \text{이다.}$$

(a) $$\frac{d}{dx}\,{}_tq_x^{(\tau)} = \frac{d}{dx}\left(1 - {}_tp_x^{(\tau)}\right) = -\frac{d}{dx}\,{}_tp_x^{(\tau)} = -\frac{d}{dx}\exp\left(-\int_0^t \mu_{x+s}^{(\tau)}\, ds\right)$$

여기서 $x+s=y$로 치환하면 $\int_0^t \mu_{x+s}^{(\tau)}\, ds = \int_x^{x+t} \mu_y^{(\tau)}\, dy$이므로

$$-\frac{d}{dx}\exp\left(-\int_x^{x+t}\mu_y^{(\tau)}\, dy\right) = -\exp\left(-\int_x^{x+t}\mu_y^{(\tau)}\, dy\right)\left(-\frac{d}{dx}\int_x^{x+t}\mu_y^{(\tau)}\, dy\right)$$

여기서 부록 1의 식 (Ⅰ-27)을 이용하면

$$= -\exp\left(-\int_x^{x+t}\mu_y^{(\tau)}\, dy\right)\left(-\mu_{x+t}^{(\tau)} + \mu_x^{(\tau)}\right)$$

$$= {}_tp_x^{(\tau)}\left(\mu_{x+t}^{(\tau)} - \mu_x^{(\tau)}\right)$$

또는 $l_x^{(\tau)}$ 등을 이용하여 증명하면 다음과 같다.

$$\frac{d}{dx}\,{}_tq_x^{(\tau)} = -\frac{d}{dx}\frac{l_{x+t}^{(\tau)}}{l_x^{(\tau)}}$$

여기서 부록 1의 식 (Ⅰ-30)을 이용하면

$$= -\frac{l_x^{(\tau)}\left[-l_{x+t}^{(\tau)}\mu_{x+t}^{(\tau)}\right] - l_{x+t}^{(\tau)}\left[-l_x^{(\tau)}\mu_x^{(\tau)}\right]}{(l_x^{(\tau)})^2} = \frac{l_{x+t}^{(\tau)}\left(\mu_{x+t}^{(\tau)} - \mu_x^{(\tau)}\right)}{l_x^{(\tau)}}$$

$$= {}_tp_x^{(\tau)}\left(\mu_{x+t}^{(\tau)} - \mu_x^{(\tau)}\right)$$

(b) 결정론적 생존그룹 접근법에서 $l_x^{(j)}$를 $x$세 그룹에서 탈퇴원인 $j$로 인하여 $x$세 이후에 탈퇴하는 모든 사람수라고 정의하면 ${}_td_x^{(j)} = l_x^{(j)} - l_{x+t}^{(j)}$이다. 예제 (9.2.1.4)에서 $l_x^{(1)} = 50$, $l_x^{(2)} = 170$

등이다. $_tp_x^{(j)}$는 사용되지 않지만, 만약 $_tp_x^{(j)} = \dfrac{l_{x+1}^{(j)}}{l_x^{(j)}}$로 정의하더라도 $_tq_x^{(j)} = \dfrac{l_x^{(j)} - l_{x+t}^{(j)}}{l_x^{(\tau)}}$이므로 $_tq_x^{(j)} \neq 1 - {_tp_x^{(j)}}$가 되어 (a)에서와 같이 $\dfrac{d}{dx}\exp\left(-\displaystyle\int_0^t \mu_{x+s}^{(j)}\, ds\right)$를 사용할 수 없다. 그러므로 $l_x^{(\tau)}$ 등을 이용하여 나타내면 다음과 같다.

$$\frac{d}{dx}\,_tq_x^{(j)} = \frac{d}{dx}\frac{l_x^{(j)} - l_{x+t}^{(j)}}{l_x^{(\tau)}}$$

부록 1의 식 ( I − 30)을 이용하면

$$= \frac{l_x^{(\tau)}\left(-l_x^{(\tau)}\mu_x^{(j)} + l_{x+t}^{(\tau)}\mu_{x+t}^{(j)}\right) - \left(l_x^{(j)} - l_{x+t}^{(j)}\right)\left(-l_x^{(\tau)}\mu_x^{(\tau)}\right)}{(l_x^{(\tau)})^2}$$

$$= \frac{-l_x^{(\tau)}\mu_x^{(j)} + l_{x+t}^{(\tau)}\mu_{x+t}^{(j)} + \left(l_x^{(j)} - l_{x+t}^{(j)}\right)\mu_x^{(\tau)}}{l_x^{(\tau)}}$$

$$= {_tp_x^{(\tau)}}\mu_{x+t}^{(j)} + {_tq_x^{(j)}}\mu_x^{(\tau)} - \mu_x^{(j)}$$

(c) 먼저 $\mu_{x+t}^{(j)}$의 정의에 의해 $\dfrac{d}{dt}\,_tq_x^{(j)} = {_tp_x^{(\tau)}}\mu_{x+t}^{(j)}$이다. 이를 $l_x^{(\tau)}$ 등을 이용하여 나타내면 다음과 같다.

$$\frac{d}{dt}\,_tq_x^{(j)} = \frac{d}{dt}\frac{l_x^{(j)} - l_{x+t}^{(j)}}{l_x^{(\tau)}} = \frac{l_{x+t}^{(\tau)}\,\mu_{x+t}^{(j)}}{l_x^{(\tau)}} = {_tp_x^{(\tau)}}\,\mu_{x+t}^{(j)}$$

$K$를 $(x)$의 탈퇴 전 미래개산잔존기간(즉 $K = \lfloor T \rfloor$)이라고 하면 $K$와 $J$의 결합 p.f.는 다음과 같다.

$$\Pr\left[(K = k) \cap (J = j)\right] = \Pr\left[(k < T \leq k+1) \cap (J = j)\right]$$

$$= \int_k^{k+1} {_tp_x^{(\tau)}}\,\mu_{x+t}^{(j)}\, dt \tag{9.2.1.29}$$

앞의 식에서 $_tp_x^{(\tau)} = {_kp_x^{(\tau)}}\,{_{t-k}p_{x+k}^{(\tau)}}$를 이용하고 $r = u - k$, $s = t - k$로 변환하여 식 (9.2.1.29)를 정리하면 다음과 같은 식을 얻는다.

$$\Pr\left[(K = k) \cap (J = j)\right] = {_kp_x^{(\tau)}}\int_k^{k+1}\exp\left(-\int_k^t \mu_{x+u}^{(\tau)}\, du\right)\mu_{x+t}^{(j)}\, dt \tag{9.2.1.30}$$

$$= {_kp_x^{(\tau)}}\int_0^1\exp\left(-\int_0^s \mu_{x+k+r}^{(\tau)}\, dr\right)\mu_{x+k+s}^{(j)}\, ds \tag{9.2.1.31}$$

$$= {_kp_x^{(\tau)}}\int_0^1 {_sp_{x+k}^{(\tau)}}\,\mu_{x+k+s}^{(j)}\, ds \tag{9.2.1.32}$$

$$= {_kp_x^{(\tau)}}\,q_{x+k}^{(j)} \tag{9.2.1.33}$$

탈퇴원인 $j$로 $x+k$와 $x+k+1$ 사이에서 탈퇴할 확률은 총탈퇴력인 $_sp_{x+k}^{(\tau)}$ $(0 \le s \le 1)$에 의존(dependent)한다. 만일 다른 원인의 탈퇴력이 증가한다면 $_sp_{x+k}^{(\tau)}$는 감소할 것이고 따라서 $q_{x+k}^{(j)}$도 또한 감소할 것이다. 이런 이유로 다중탈퇴이론은 다른 학문분야에서 경쟁위험이론(theory of competing risk)으로 부르고 있다.

$x+k$까지 탈퇴하지 않은 것을 조건으로 $x+k$와 $x+k+1$ 사이에서 모든 원인에 의한 탈퇴확률은 $q_{x+k}^{(\tau)}$로 표시하며 다음과 같이 계산된다.

$$q_{x+k}^{(\tau)} = \int_0^1 {_sp_{x+k}^{(\tau)}} \ \mu_{x+k+s}^{(\tau)} \ ds \tag{9.2.1.34}$$

$$= \int_0^1 {_sp_{x+k}^{(\tau)}} \sum_{j=1}^m \mu_{x+k+s}^{(j)} \ ds \tag{9.2.1.35}$$

$$= \sum_{j=1}^m q_{x+k}^{(j)} \tag{9.2.1.36}$$

---

(예제 9.2.1.4)

올림픽선수촌에 $x$세 남자 1,000명이 입촌해서 4년간을 보낸다고 가정한다. $J = 1$은 질병을, $J = 2$는 장해를, $J = 3$은 자발적 퇴촌을 $J = 4$는 만기퇴촌의 탈퇴원인을 나타낸다. 다음과 같은 다중탈퇴표를 이용하여 답하시오.

|  | (a) | (b) | (c) | (d) | (e) | (f) | (g) |
|---|---|---|---|---|---|---|---|
|  | $K$ | $l_{x+k}^{(\tau)}$ | $d_{x+k}^{(1)}$ | $d_{x+k}^{(2)}$ | $d_{x+k}^{(3)}$ | $d_{x+k}^{(4)}$ | $d_{x+k}^{(\tau)}$ |
| (1) | 0 | 1000 | 10 | 20 | 30 | 0 | 60 |
| (2) | 1 | 940 | 10 | 30 | 40 | 0 | 80 |
| (3) | 2 | 860 | 10 | 50 | 60 | 0 | 120 |
| (4) | 3 | 740 | 20 | 70 | 80 | 0 | 170 |
| (5) | 4 | 570 | 0 | 0 | 0 | 570 | 570 |
|  |  |  | 50 | 170 | 210 | 570 | 1000 |

(a) $\Pr\{(K = 2) \cap (J = j)\}$를 구하시오.

(b) $_3q_x^{(1)}$, $_4q_x^{(1)}$를 구하시오.

(c) 확률변수 $J$의 주변분포를 구하시오.

(d) $_2q_x^{(\tau)}$를 구하시오.

(e) $K = 2$가 주어진 조건하에서 $J$의 조건부확률 $f_{J|T}(j|t)$을 구하시오.

(f) $_kp_x^{(\tau)}$, $q_{x+k}^{(j)}$, $q_{x+k}^{(\tau)}$ 를 표시하는 다중탈퇴표를 만드시오.

(g) (f)로부터 $_4q_x^{(1)}$, $q_{x+2}^{(\tau)}$를 구하시오.

**풀이**

(a) $\Pr\{(K=k) \cap (J=j)\}$ 가 연속함수의 경우 $f_{T,J}(t,j)\,dt$에 해당된다고 보고 결합 p.d.f.를 이용한 식들을 본예제와 결합시켜 설명하고자 한다. 식 (9.2.1.18)의 $f_{T,J}(t,j)\,dt = {}_tp_x^{(\tau)}\mu_{x+t}^{(j)}\,dt$ 에서 $T$를 사용하는 경우 관찰기간이 $dt$인데 $K$를 사용하는 경우 관찰기간이 1년이 되고, $dt$동안의 확률인 $\mu_{x+t}^{(j)}\,dt$가 1년 동안의 확률인 $q_{x+k}^{(j)}$로 바뀌어서 $_kp_x^{(\tau)}q_{x+k}^{(j)}$가 된다. 따라서 식 (9.2.1.33)에 의하여

$$\Pr[(K=2) \cap (J=j)] = {}_2p_x^{(\tau)}q_{x+2}^{(j)} = \frac{l_{x+2}^{(\tau)}}{l_x^{(\tau)}}\frac{d_{x+2}^{(j)}}{l_{x+2}^{(\tau)}}$$

$$\Pr[(K=2) \cap (J=1)] = \frac{860}{1000}\frac{10}{860} = \frac{10}{1000}$$

$$\Pr[(K=2) \cap (J=2)] = \frac{860}{1000}\frac{50}{860} = \frac{50}{1000}$$

$$\Pr[(K=2) \cap (J=3)] = \frac{860}{1000}\frac{60}{860} = \frac{60}{1000}$$

$$\Pr[(K=2) \cap (J=4)] = \frac{860}{1000}\frac{0}{860} = 0$$

즉 표에서 (c), (d), (e), (f)열과 (1), (2), (3), (4)행이 만나는 각각의 탈퇴자수를 $l_x^{(\tau)} = 1000$으로 나누어준 값들이 결합 p.f.이 된다.

(b) $_tq_x^{(1)} = \int_0^t f_{T,J}(s,1)\,ds$이므로 여기서는 $\int$ 대신에 $\sum$ 을 사용하면 $_3q_x^{(1)}$은 $t=3$인 경우로 (c)열의 (1), (2), (3)행에 해당하는 확률을 합하면 된다.

$$_3q_x^{(1)} = \frac{10}{1000} + \frac{10}{1000} + \frac{10}{1000} = \frac{30}{1000}$$

$$_4q_x^{(1)} = \frac{10}{1000} + \frac{10}{1000} + \frac{10}{1000} + \frac{20}{1000} = \frac{50}{1000}$$

(c) $f_J(j) = \int_0^\infty f_{T,J}(s,j)\,ds = {}_\infty q_x^{(j)}$, $f_J(1) = \int_0^\infty f_{T,J}(s,1)\,ds$이므로 (c)열의 (1), (2), (3), (4), (5)행에 해당하는 확률을 모두 합하면 된다. 따라서

$$f_J(1) = \frac{10}{1000} + \frac{10}{1000} + \frac{10}{1000} + \frac{20}{1000} + \frac{0}{1000} = \frac{50}{1000} = 0.05$$

$$f_J(2) = \frac{20}{1000} + \frac{30}{1000} + \frac{50}{1000} + \frac{70}{1000} + \frac{0}{1000} = \frac{170}{1000} = 0.17$$

$$f_J(3) = \frac{30}{1000} + \frac{40}{1000} + \frac{60}{1000} + \frac{80}{1000} + \frac{0}{1000} = \frac{210}{1000} = 0.21$$

$$f_J(4) = \frac{570}{1000} = 0.57$$

그러므로 $f_J(1) = {}_\infty q_x^{(1)} = {}_4 q_x^{(1)}$, $\sum_{j=1}^{4} f_J(j) = 1$임을 알 수 있다.

(d) $\qquad f_T(t) = \sum_{j=1}^{m} f_{T,J}(t, j)$, $F_T(t) = \int_0^t f_T(s)\,ds$

$f_T(t)$는 $J = 1,\ 2,\ 3,\ 4$를 합한 (g)열을 이용하여 구한다.

${}_2 q_x^{(\tau)}$는 $t = 2$이므로 ${}_2 q_x^{(\tau)}$는 (g)열의 (1), (2)행에 해당하는 확률을 합하면 된다.

$${}_2 q_x^{(\tau)} = \frac{60}{1000} + \frac{80}{1000} = \frac{140}{1000}$$

또는 $\quad {}_t q_x^{(\tau)} = \sum_{j=1}^{m} \int_0^t f_{T,\,J}(s,\,j)\,ds = \sum_{j=1}^{m} {}_t q_x^{(j)}$

${}_2 q_x^{(1)} = \dfrac{20}{1000}$, ${}_2 q_x^{(2)} = \dfrac{50}{1000}$, ${}_2 q_x^{(3)} = \dfrac{70}{1000}$, ${}_2 q_x^{(4)} = \dfrac{0}{1000}$ 이므로

$${}_2 q_x^{(\tau)} = \sum_{j=1}^{m} {}_2 q_x^{(j)} = \frac{140}{1000}$$

(e) $f_{J|T}(j|t) = \dfrac{f_{T,J}(t,j)}{f_T(t)} = \dfrac{\Pr\{(K=2)\ \cap\ (J=j)\}}{\Pr(K=2)}$ 이며 $\Pr(K=2)$는 $f_T(t)$에서 (g)열의 (3)행에

해당하는 확률이므로 $\dfrac{120}{1000}$ 이다.

$f_{J|T}(1|K=2) = \dfrac{10/1000}{120/1000} = \dfrac{10}{120}$ $\qquad f_{J|T}(2|K=2) = \dfrac{50/1000}{120/1000} = \dfrac{50}{120}$

$f_{J|T}(3|K=2) = \dfrac{60/1000}{120/1000} = \dfrac{60}{120}$ $\qquad f_{J|T}(4|K=2) = \dfrac{0/1000}{120/1000} = 0$

$K = 2$가 주어진 가정하에 위 4개의 조건부 확률의 합은 1이다.

(f)

| $K$ | ${}_k p_x^{(\tau)}$ | $q_{x+k}^{(1)}$ | $q_{x+k}^{(2)}$ | $q_{x+k}^{(3)}$ | $q_{x+k}^{(4)}$ | $q_{x+k}^{(\tau)}$ |
|---|---|---|---|---|---|---|
| 0 | 1 | $\dfrac{10}{1000}$ | $\dfrac{20}{1000}$ | $\dfrac{30}{1000}$ | 0 | $\dfrac{60}{1000}$ |
| 1 | $\dfrac{940}{1000}$ | $\dfrac{10}{940}$ | $\dfrac{30}{940}$ | $\dfrac{40}{940}$ | 0 | $\dfrac{80}{940}$ |
| 2 | $\dfrac{860}{1000}$ | $\dfrac{10}{860}$ | $\dfrac{50}{860}$ | $\dfrac{60}{860}$ | 0 | $\dfrac{120}{860}$ |
| 3 | $\dfrac{740}{1000}$ | $\dfrac{20}{740}$ | $\dfrac{70}{740}$ | $\dfrac{80}{740}$ | 0 | $\dfrac{170}{740}$ |
| 4 | $\dfrac{570}{1000}$ | 0 | 0 | 0 | 1 | 1 |

(g) $_tq_x^{(j)} = \int_0^t f_{T,J}(s,j)\,ds$, $j=1, 2, 3$이므로 모든 $t$에 대한 확률을 합하면

$$_4q_x^{(1)} = q_x^{(1)} + p_x^{(\tau)}\,q_{x+1}^{(1)} + {}_2p_x^{(\tau)}\,q_{x+2}^{(1)} + {}_3p_x^{(\tau)}\,q_{x+3}^{(1)}$$

$$= \frac{10}{1000} + \left(\frac{940}{1000}\right)\left(\frac{10}{940}\right) + \left(\frac{860}{1000}\right)\left(\frac{10}{860}\right) + \left(\frac{740}{1000}\right)\left(\frac{20}{740}\right)$$

$$= \frac{10+10+10+20}{1000} = \frac{50}{1000}$$

이 표는 결합 p.f.을 나타내 주는 표는 아니고 $x+k$세까지 잔존한 가정하의 조건부 확률을 나타내 주는 표이다. 따라서 $\Pr\{(K=2) \cap (J=1)\}$인 결합 p.f.는 $_2p_x^{(\tau)}\,q_{x+2}^{(1)}$으로 계산된다.

$$q_{x+2}^{(\tau)} = \sum_{j=1}^{3} q_{x+2}^{(j)} = \frac{10}{860} + \frac{50}{860} + \frac{60}{860} = \frac{120}{860}$$

## 2. 다중탈퇴표

다중탈퇴표(multiple decrement table)는 확률론적 생존그룹으로도 접근할 수 있고, 결정론적 생존그룹으로도 접근할 수 있다. 결정론적 생존그룹 접근법은 조건부 확률밀도함수로 접근하는 것이 아니라 주어진 탈퇴율들을 이용하여 다중탈퇴표(多重脫退表)를 만들고 해석하는 방법이다. 결정론적 생존그룹 접근법은 2장에서 살펴본 생명표의 작성 및 해석과 유사하다. 확률론적 생존그룹 접근법은 앞에서 고찰한 결합 p.d.f. 등을 이용하여 다중탈퇴표를 만들고 해석하는 방법이다. 확률론적 접근법을 이용하면 다음에서 설명하는 확률변수들의 기대값, 분산 및 공분산 등을 구하고 분석할 수 있다. 여기서는 확률론적 생존그룹 접근법을 간단하게 고찰하고 다중탈퇴표의 예와 해석방법을 예제를 통하여 설명하고자 한다.

연령 $a$세의 $l_a^{(\tau)}$ 그룹을 가정하자. 각 생명들은 탈퇴원인과 탈퇴시까지 기간의 다음과 같은 결합 p.d.f.를 갖는다.

$$f_{T,J}(t,j) = {}_tp_a^{(\tau)}\,\mu_{a+t}^{(j)} \qquad t \geq 0, \quad j=1, 2, \cdots, m \tag{9.2.2.1}$$

$L_x^{(\tau)}$를 연령 $a$의 출발그룹인 $l_a^{(\tau)}$부터 $x$세에 탈퇴하지 않고 잔존하는 사람수(survivors)를 나타내는 확률변수라고 하면 $L_x^{(\tau)}$는 $n=l_a^{(\tau)}$, $p = {}_{x-a}p_a^{(\tau)}$인 이항분포를 따른다고 볼 수 있다. 따라서

$$l_x^{(\tau)} = E\left[L_x^{(\tau)}\right] = l_a^{(\tau)}\,{}_{x-a}p_a^{(\tau)} \tag{9.2.2.2}$$

이다. 확률변수 $_nD_x^{(j)}$를 연령 $x$와 $x+n$세 사이에서 탈퇴원인 $j$로 인하여 그룹을 떠난 사

람들이라고 정의한다($x \geq a$). $E\left[{}_n D_x^{(j)}\right]$를 ${}_n d_x^{(j)}$로 정의하고, ${}_t p_a^{(\tau)} = {}_{x-a} p_a^{(\tau)} {}_{t-(x-a)} p_x^{(\tau)}$를 이용하면

$$
{}_n d_x^{(j)} = E\left[{}_n D_x^{(j)}\right] = \int_{x-a}^{x+n-a} l_a^{(\tau)} f_{T,\,J}(t,j)\, dt \tag{9.2.2.3}
$$

$$
= l_a^{(\tau)} \int_{x-a}^{x+n-a} {}_t p_a^{(\tau)} \mu_{a+t}^{(j)}\, dt \tag{9.2.2.4}
$$

$$
= l_a^{(\tau)} \int_{x-a}^{x+n-a} {}_{x-a} p_a^{(\tau)} {}_{t-(x-a)} p_x^{(\tau)} \mu_{a+t}^{(j)}\, dt
$$

$s = t - (x-a)$라고 하면

$$
= l_a^{(\tau)} {}_{x-a} p_a^{(\tau)} \int_0^n {}_s p_x^{(\tau)} \mu_{x+s}^{(j)}\, ds \tag{9.2.2.5}
$$

$$
= l_a^{(\tau)} {}_{x-a} p_a^{(\tau)} {}_n q_x^{(j)} \tag{9.2.2.6}
$$

으로 나타낼 수 있다. 이 식은 ${}_n D_x^{(j)}$가 $n = l_a^{(\tau)}$, $p = {}_{x-a} p_a^{(\tau)} {}_n q_x^{(j)}$인 이항분포를 따르는 것을 보여주고 있다. 이러한 관계를 확장하면 $X_1 = {}_n D_x^{(1)}$, $\cdots$, $X_m = {}_n D_x^{(m)}$, $X_{m+1} = l_a^{(\tau)} - \sum_{j=1}^m {}_n D_x^{(j)}$는 $N = l_a^{(\tau)}$, $p_i = {}_{x-a} p_a^{(\tau)} {}_n q_x^{(i)}$, $p_j = {}_{x-a} p_a^{(\tau)} {}_n q_x^{(j)}$인 다항분포[1]를 따른다. $X_{m+1}$을 제외한, 각 $X_j = {}_n D_x^{(j)}$의 기대값은 식 (9.2.2.6)과 같고, $X_i$와 $X_j$의 공분산은 $i \neq j$인 경우 식 (2.2.1.39)에 의하여

$$
\mathrm{Cov}\left({}_n D_x^{(i)}, {}_n D_x^{(j)}\right) = -l_a^{(\tau)} \left({}_{x-a} p_a^{(\tau)} {}_n q_x^{(i)}\right)\left({}_{x-a} p_a^{(\tau)} {}_n q_x^{(j)}\right) \tag{9.2.2.7}
$$

가 성립한다. 공분산이 음수인 것은 다중탈퇴이론의 성격상 예측할 수 있었던 변수들 간의 관계이며 이 관계는 앞에서 이미 고찰한 바와 같이 다중탈퇴이론이 다른 학문분야에서 경쟁위험이론(theory of competing risk)으로 부르는 것을 설명하고 있다.[2]

식 (9.2.2.6)에서 $n = 1$로 하면

$$
d_x^{(j)} = l_a^{(\tau)} {}_{x-a} p_a^{(\tau)} q_x^{(j)} = l_x^{(\tau)} q_x^{(j)} \tag{9.2.2.8}
$$

이와 같은 결과를 이용하면 $p_x^{(\tau)}$와 $q_x^{(j)}$의 값들을 표로 나타낼 수 있으며 또 이를 이용하여 $l_x^{(\tau)}$와 $d_x^{(j)}$의 값들도 표로 나타낼 수 있다. 이러한 표를 다중탈퇴표라고 한다. 다중탈퇴표를 이용하는 경우 다음과 같은 기본적인 식들이 이용될 수 있다.

---

1) 제2장의 다항분포의 정의와 특성을 참조.
2) 9장 1절 뒷부분을 참조하기 바람.

$$_n d_x^{(j)} = E\left[_n D_x^{(i)}\right] = \sum_{t=0}^{n-1} d_{x+t}^{(j)} \tag{9.2.2.9}$$

$$_n d_x^{(\tau)} = E\left[_n D_x^{(\tau)}\right] = \sum_{j=1}^{m} {}_n d_x^{(j)} \tag{9.2.2.10}$$

$$d_x^{(\tau)} = \sum_{j=1}^{m} d_x^{(j)} \tag{9.2.2.11}$$

$$_n q_x^{(\tau)} = \frac{_n d_x^{(\tau)}}{l_x^{(\tau)}} = \frac{\displaystyle\sum_{j=1}^{m} {}_n d_x^{(j)}}{l_x^{(\tau)}} = \sum_{j=1}^{m} {}_n q_x^{(j)} \tag{9.2.2.12}$$

다중탈퇴표를 해석하는 방법을 예제를 통하여 살펴보자.

**예제 9.2.2.1**

다음과 같이 탈퇴확률(probabilities of decrement)이 주어진 상황에서 $l_x^{(\tau)}$와 $d_x^{(j)}$에 관한 다중탈퇴표를 만들고 다중탈퇴표를 이용한 확률들 $_3 p_{55}^{(\tau)}$, $_{3|}q_{56}^{(1)}$, $_3 q_{56}^{(2)}$를 구하시오.

| $x$ | $q_x^{(1)}$ | $q_x^{(2)}$ |
|---|---|---|
| 55 | 0.010 | 0.04 |
| 56 | 0.015 | 0.05 |
| 57 | 0.020 | 0.06 |
| 58 | 0.025 | 0.07 |
| 59 | 0.030 | 0.08 |
| 60 | 0.000 | 1.00 |

**풀이**

계산을 위해 $l_{55}^{(\tau)} = 100{,}000$으로 하고, 식 (9.2.2.8)을 이용하면 다음과 같은 다중탈퇴표를 얻을 수 있다.

표 [9.2.2.1]  다중탈퇴표(1) 예시

| $x$ | $q_x^{(1)}$ | $q_x^{(2)}$ | $q_x^{(\tau)}$ | $p_x^{(\tau)}$ |
|---|---|---|---|---|
| 55 | 0.010 | 0.04 | 0.050 | 0.950 |
| 56 | 0.015 | 0.05 | 0.065 | 0.935 |
| 57 | 0.020 | 0.06 | 0.080 | 0.920 |
| 58 | 0.025 | 0.07 | 0.095 | 0.905 |
| 59 | 0.030 | 0.08 | 0.110 | 0.890 |
| 60 | 0.000 | 1.00 | 1.000 | 0.000 |

표 [9.2.2.2]  다중탈퇴표(2) 예시

| $x$ | $l_x^{(\tau)} = l_{x-1}^{(\tau)}\, p_{x-1}^{(\tau)}$ | $d_x^{(\tau)} = d_x^{(1)} + d_x^{(2)}$ | $d_x^{(1)} = l_x^{(\tau)} q_x^{(1)}$ | $d_x^{(2)} = l_x^{(\tau)} q_x^{(2)}$ |
|---|---|---|---|---|
| 55 | 100000.00 | 5000.00 | 1000.00 | 4000.00 |
| 56 | 95000.00 | 6175.00 | 1425.00 | 4750.00 |
| 57 | 88825.00 | 7106.00 | 1776.50 | 5329.50 |
| 58 | 81719.00 | 7763.31 | 2042.98 | 5720.33 |
| 59 | 73955.69 | 8135.13 | 2218.67 | 5916.46 |
| 60 | 65820.56 | 65820.56 | 0 | 65820.56 |

$$_{3}p_{55}^{(\tau)} = p_{55}^{(\tau)}\, p_{56}^{(\tau)}\, p_{57}^{(\tau)} = (0.95)(0.935)(0.92) = 0.81719$$

$$= \frac{l_{58}^{(\tau)}}{l_{55}^{(\tau)}} = \frac{81719}{100000} = 0.81719$$

$$_{3|}q_{56}^{(1)} = p_{56}^{(\tau)}\, p_{57}^{(\tau)}\, p_{58}^{(\tau)}\, q_{59}^{(1)} = (0.935)(0.92)(0.905)(0.03) = 0.02335443$$

$$= \frac{_{4}d_{56}^{(1)} - {}_{3}d_{56}^{(1)}}{l_{56}^{(\tau)}} = \frac{d_{59}^{(1)}}{l_{56}^{(\tau)}} = \frac{2218.67}{95000} = 0.02335442$$

$$_{3}q_{56}^{(2)} = q_{56}^{(2)} + p_{56}^{(\tau)}\, q_{57}^{(2)} + p_{56}^{(\tau)}\, p_{57}^{(\tau)}\, q_{58}^{(2)}$$

$$= (0.05) + (0.935)(0.06) + (0.935)(0.92)(0.07) = 0.166314$$

$$= \frac{_{3}d_{56}^{(2)}}{l_{56}^{(\tau)}} = \frac{d_{56}^{(2)} + d_{57}^{(2)} + d_{58}^{(2)}}{l_{56}^{(\tau)}} = \frac{4750 + 5329.5 + 5720.33}{95000} = 0.166314$$

## 3. 다중탈퇴율 관련 기본 관계식

다중탈퇴모형의 각 탈퇴원인에 대하여 각 탈퇴원인에만 의존하는 단일탈퇴모형을 정의할 수 있다. 단일탈퇴모형(單一脫退模型)을 다음과 같이 정의한다.[1]

$$_{t}p_x'^{(j)} = \exp\left[ -\int_0^t \mu_{x+s}^{(j)}\, ds \right] \tag{9.2.3.1}$$

$$_{t}q_x'^{(j)} = 1 - {}_{t}p_x'^{(j)} \tag{9.2.3.2}$$

$$= \int_0^t {}_{s}p_x'^{(j)}\, \mu_{x+s}^{(j)}\, ds \tag{9.2.3.3}$$

$_{t}q_x'^{(j)}$는 $_{t}q_x'^{(j)}$를 결정할 때 다른 탈퇴원인들과 경쟁하지 않기 때문에 독립탈퇴율(indepen-

---

1) 이 정의에 따르면, 절대탈퇴력을 $\mu_{x+t}'^{(j)}$라고 하면 $\mu_{x+t}'^{(j)} = \mu_{x+t}^{(j)}$이다. 따라서 앞으로 $\mu_{x+t}'^{(j)}$를 사용하지 않고 $\mu_{x+t}^{(j)}$만을 사용하기로 한다.

dent rate of decrement)이라고도 부른다. 본서에서는 $_tq'^{(j)}_x$를 절대탈퇴율(absolute rate of decrement)이라고 표현하기로 한다. $_tq^{(j)}_x$가 연령 $x$와 $x+t$ 사이에서 탈퇴원인 $j$로 인하여 탈퇴할 확률(probability of decrement)을 나타내는데 비하여 $_tq'^{(j)}_x$는 율(rate)이라는 단어를 사용하고 있어서 그 개념이 약간 다를 수 있다. $_tp^{(\tau)}_x$는 $\lim_{t \to \infty} {}_tp^{(\tau)}_x = 0$이 요구된다.[1] 그러나 $_tp'^{(j)}_x$는 $\lim_{t \to \infty} {}_tp'^{(j)}_x = 0$이 요구되지 않으므로[2] 반드시 생존함수(survivorship function)일 필요가 없다.

다중탈퇴모형에서 많이 사용될 기본 관계식을 살펴보자. $_tp^{(\tau)}_x$는 다음과 같이 정의된다.

$$_tp^{(\tau)}_x = \exp\left(-\int_0^t \mu^{(\tau)}_{x+s}\,ds\right) \tag{9.2.3.4}$$

$$= \exp\left[-\int_0^t \left(\mu^{(1)}_{x+s} + \mu^{(2)}_{x+s} + \cdots + \mu^{(m)}_{x+s}\right)ds\right] \tag{9.2.3.5}$$

따라서 다음 식이 성립한다.

$$_tp^{(\tau)}_x = \prod_{j=1}^m {}_tp'^{(j)}_x \tag{9.2.3.6}$$

식 (9.2.3.6)은 절대탈퇴력($\mu'^{(j)}_{x+t}$)이 다중탈퇴모형의 탈퇴력($\mu^{(j)}_{x+t}$)과 동일하다는 정의에[3] 기초한 식이며, 절대탈퇴율을 이용하여 다중탈퇴표를 작성하는데 기본적으로 사용될 관계식이다. $j$ 이외의 다른 탈퇴원인들이 있다면 식 (9.2.3.6)으로부터 율(rate) $_tp'^{(j)}_x$와 확률 $_tp^{(\tau)}_x$의 대소를 비교하면 $i \neq j$인 $_tp'^{(i)}_x < 1$이므로

$$_tp'^{(j)}_x \geq {}_tp^{(\tau)}_x \tag{9.2.3.7}$$

이 되고, 다음 식이 성립한다.

$$_tp'^{(j)}_x \,\mu^{(j)}_{x+t} \geq {}_tp^{(\tau)}_x \,\mu^{(j)}_{x+t} \tag{9.2.3.8}$$

식 (9.2.3.10)을 $t$에 대하여 $(0, 1)$ 구간에서 적분하면

---

1) 확률 $_tp^{(\tau)}_x$에 대하여는 $\int_0^\infty \mu^{(\tau)}_{x+t}\,dt = \infty$이 필요하다.

2) 식 (9.2.1.22)로부터 적어도 하나의 원인에 대하여 $\int_0^\infty \mu^{(j)}_{x+t}\,dt = \infty$가 성립하면 된다. 이 식이 성립하지 않는 탈퇴원인이 있을 수 있다(예: 퇴직연금에서 탈퇴원인이 사직인 경우).

3) 식 (9.2.3.1).

$$q'^{(j)}_x = \int_0^1 {}_tp'^{(j)}_x \, \mu^{(j)}_{x+t} \, dt \geq \int_0^1 {}_tp^{(\tau)}_x \, \mu^{(j)}_{x+t} \, dt = q^{(j)}_x \tag{9.2.3.9}$$

각각의 연관된 단일탈퇴환경에서 $T_j(x)$를 탈퇴시까지 기간을 나타내는 확률변수로 정의하면 $T_j(x)$의 생존함수는 $S_{T_j}(t) = \mathrm{Pr}\,(T_j(x) > t)$, $j = 1,\ 2$로 나타낼 수 있다. 두 개의 탈퇴원인을 가정할 때 $T_1(x)$와 $T_2(x)$의 결합생존함수는

$$S_{T_1,T_2}(t_1,\ t_2) = \mathrm{Pr}\,[(T_1(x) > t_1) \cap (T_2(x) > t_2)] \tag{9.2.3.10}$$

다중탈퇴환경에서 탈퇴시까지 기간이라는 확률변수 $T$는 $\min[T_1(x),\ T_2(x)]$이므로 이 생존함수는

$$S_T(t) = S_{T_1,T_2}(t,t) \tag{9.2.3.11}$$

이다. 이러한 결합확률분포인 환경하에서 식 (9.2.3.6)이 항상 성립하기 위하여는 $T_j(x)$가 독립적이어야 한다(증명은 연습문제 참조). 따라서 앞으로 절대탈퇴율의 분포로부터 다중 탈퇴율의 분포를 작성하는 경우 단일탈퇴환경에서의 변수들은 독립적이라고 가정하기로 한다.

### 4. 절대탈퇴율의 계산[1]

(1) 중앙탈퇴율

다중탈퇴표에서 주어진 탈퇴율을 이용하여 다중탈퇴율과 연관된 절대탈퇴율[2](associated single decrement rate)을 구해보자. 우선 중앙탈퇴율을 살펴보자. 총중앙탈퇴율(central rate of decrement from all causes) $m^{(\tau)}_x$는 다음과 같이 정의된다.

$$m^{(\tau)}_x = \frac{\displaystyle\int_0^1 {}_tp^{(\tau)}_x \, \mu^{(\tau)}_{x+t} \, dt}{\displaystyle\int_0^1 {}_tp^{(\tau)}_x \, dt} \tag{9.2.4.1}$$

$m^{(\tau)}_x$는 $0 \leq t < 1$에서 $\mu^{(\tau)}_{x+t}$의 가중평균이다. 유사하게 $m^{(j)}_x$는 원인 $j$로 인한 중앙탈퇴율을

---

1) 이 절에서는 다중탈퇴율을 이용하여 절대탈퇴율을 계산하는 방법을 고찰한다. 이때 다중탈퇴표하에서의 가정들이 이용된다.

2) 연관된 절대탈퇴율이란 다중탈퇴율과 서로 매칭되는 절대탈퇴율이다. 따라서 절대탈퇴율이라고 표현해도 대부분 연관된 절대탈퇴율을 의미한다.

의미하며

$$m_x^{(j)} = \frac{\displaystyle\int_0^1 {}_tp_x^{(\tau)}\,\mu_{x+t}^{(j)}\,dt}{\displaystyle\int_0^1 {}_tp_x^{(\tau)}dt} \tag{9.2.4.2}$$

로 정의되며, $0 \le t < 1$에서 $\mu_{x+t}^{(j)}$의 가중평균이다. 식 (9.2.4.2)와 식 (9.2.4.1)을 이용하면

$$m_x^{(\tau)} = \sum_{j=1}^m m_x^{(j)} \tag{9.2.4.3}$$

이 성립한다. 연관된 절대탈퇴율에 대응되는 중앙탈퇴율은 $m'_x^{(j)}$로 나타내며 다음과 같이 정의된다.

$$m'_x^{(j)} = \frac{\displaystyle\int_0^1 {}_tp'_x^{(j)}\,\mu_{x+t}^{(j)}\,dt}{\displaystyle\int_0^1 {}_tp'_x^{(j)}dt} \tag{9.2.4.4}$$

$m'_x^{(j)}$는 $0 \le t < 1$에서 $\mu_{x+t}^{(j)}$의 가중평균이지만 가중치는 ${}_tp'_x^{(j)}$가 사용되기 때문에 ${}_tp_x^{(\tau)}$가 가중치로 사용된 $m_x^{(j)}$와는 다르다. 중앙사망률은 다중탈퇴율로 절대탈퇴율을 구할 때나 그 반대일 때에 편리한 근사치를 구하는 경우 사용될 수 있다. 식 (2.2.7.38)로부터 $l_x \ge L_x$이므로 다음이 성립한다.

$$m'_x^{(j)} \ge q'_x^{(j)} \ge q_x^{(j)} \tag{9.2.4.5}$$

### (a) UDDMD가정하의 중앙탈퇴율

다중탈퇴환경하에서 탈퇴자수가 균등분포(UDDMD)를 할 경우 중앙탈퇴율과 다중탈퇴율 간의 관계를 고찰해보자. UDDMD가정하에서 ${}_tp_x^{(\tau)}\,\mu_{x+t}^{(\tau)} = q_x^{(\tau)}$이므로

$$m_x^{(\tau)} = \frac{\displaystyle\int_0^1 {}_tp_x^{(\tau)}\,\mu_{x+t}^{(\tau)}\,dt}{\displaystyle\int_0^1 {}_tp_x^{(\tau)}dt} \tag{9.2.4.6}$$

$$= \frac{q_x^{(\tau)}}{\int_0^1 1 - t \, q_x^{(\tau)} \, dt} = \frac{q_x^{(\tau)}}{1 - \frac{1}{2} q_x^{(\tau)}} \tag{9.2.4.7}$$

따라서

$$q_x^{(\tau)} = \frac{m_x^{(\tau)}}{1 + \frac{1}{2} m_x^{(\tau)}} \tag{9.2.4.8}$$

이와 유사하게 UDDMD에서 $_t p_x^{(\tau)} \, \mu_{x+t}^{(j)} = q_x^{(j)}$ 이므로

$$m_x^{(j)} = \frac{q_x^{(j)}}{1 - \frac{1}{2} q_x^{(\tau)}} \tag{9.2.4.9}$$

$q_x^{(j)}$를 UDDMD가정하에서 중앙탈퇴율을 이용하여 나타내면 다음과 같다.

$$q_x^{(j)} = \frac{d_x^{(j)}}{l_x^{(\tau)}} = \frac{d_x^{(j)}}{L_x^{(\tau)} + \frac{1}{2} d_x^{(\tau)}} \tag{9.2.4.10}$$

$$= \frac{m_x^{(j)}}{1 + \frac{1}{2} m_x^{(\tau)}} \tag{9.2.4.11}$$

### (b) UDDSD가정하의 중앙탈퇴율

탈퇴자수가 단일탈퇴표에서 균등분포(UDDSD)를 하는 경우 중앙탈퇴율과 절대탈퇴율의 관계를 고찰해보자. UDDSD가정하에서 다음이 성립한다.

$$m'^{(j)}_x = \frac{d'^{(j)}_x}{L'^{(j)}_x} = \frac{d'^{(j)}_x}{l'^{(j)}_x - \frac{1}{2} d'^{(j)}_x} \tag{9.2.4.12}$$

$$= \frac{q'^{(j)}_x}{1 - \frac{1}{2} q'^{(j)}_x} \tag{9.2.4.13}$$

$$q'^{(j)}_x = \frac{m'^{(j)}_x}{1 + \frac{1}{2} m'^{(j)}_x} \tag{9.2.4.14}$$

예제 9.2.4.1

이중탈퇴표에서 $m_{30}^{(\tau)} = 0.04$, $q'^{(2)}_{30} = 0.02$라고 할 때, 다음을 구하시오.

(a) UDDMD가정하에서 $q'^{(1)}_{30}$  (b) UDDSD가정하에서 $q'^{(1)}_{30}$

**풀이**

(a)  $q_{30}^{(\tau)} = \dfrac{m_{30}^{(\tau)}}{1 + \dfrac{1}{2} m_{30}^{(\tau)}} = \dfrac{0.04}{1.02} = \dfrac{2}{51}$

따라서 $p_{30}^{(\tau)} = \dfrac{49}{51} = p'^{(1)}_{30} \, p'^{(2)}_{30} = p'^{(1)}_{30} \dfrac{98}{100}$

그러므로 $p'^{(1)}_{30} = \dfrac{49}{51} \dfrac{100}{98} = \dfrac{50}{51}$

따라서 $q'^{(1)}_{30} = \dfrac{1}{51} = 0.019608$

(b)  $\mu_{30+t}^{(1)} = \dfrac{q'^{(1)}_{30}}{1 - t \, q'^{(1)}_{30}}$, $\mu_{30+t}^{(2)} = \dfrac{0.02}{1 - 0.02t}$ 이므로

$\mu_{30+t}^{(\tau)} = \dfrac{q'^{(1)}_{30}}{1 - t \, q'^{(1)}_{30}} + \dfrac{0.02}{1 - 0.02t}$

$_t p_{30}^{(\tau)} = \exp\left( -\int_0^t \dfrac{q'^{(1)}_{30}}{1 - t \, q'^{(1)}_{30}} + \dfrac{0.02}{1 - 0.02t} \, dt \right) = (1 - t \, q'^{(1)}_{30})(1 - 0.02t)$

$m_x^{(\tau)} = \dfrac{\displaystyle\int_0^1 {}_t p_x^{(\tau)} \, \mu_{x+t}^{(\tau)} \, dt}{\displaystyle\int_0^1 {}_t p_x^{(\tau)} \, dt} = \dfrac{\displaystyle\int_0^1 q'^{(1)}_{30}(1 - 0.02t) + 0.02(1 - t \, q'^{(1)}_{30}) \, dt}{\displaystyle\int_0^1 (1 - t \, q'^{(1)}_{30})(1 - 0.02t) \, dt}$

$= \dfrac{\displaystyle\int_0^1 (q'^{(1)}_{30} + 0.02) - 0.04 \, q'^{(1)}_{30} \, t \, dt}{\displaystyle\int_0^1 1 - (q'^{(1)}_{30} + 0.02) \, t + 0.02 \, q'^{(1)}_{30} \, t^2 \, dt} = \dfrac{0.98 \, q'^{(1)}_{30} + 0.02}{0.99 - (1/2) q'^{(1)}_{30} + (0.02/3) q'^{(1)}_{30}}$

$= 0.04$

이것을 $q'^{(1)}_{30}$에 대하여 풀면 $q'^{(1)}_{30} = 0.019606$.

(2) CFDMD가정에서 절대탈퇴율의 계산

구간 $(x, x+1)$에서 각 탈퇴원인 j의 탈퇴력과 총탈퇴력이 상수(constant force of decrement for multiple decrements: CFDMD가정)라고 가정하면

$$\mu_{x+t}^{(j)} = \mu_{x+0}^{(j)} = \mu_x^{(j)}, \ \ 0 \le t < 1 \tag{9.2.4.15}$$

$$\mu_{x+t}^{(\tau)} = \mu_{x+0}^{(\tau)} = \mu_x^{(\tau)}, \ \ 0 \le t < 1 \tag{9.2.4.16}$$

$0 \leq s \leq 1$에서 $p_x = e^{-\mu}$를 이용하면 $_s p_x^{(\tau)}$는

$$_s p_x^{(\tau)} = \exp\left(-\int_0^s \mu_{x+r}^{(\tau)} \, dr\right) = \exp(-\mu_x^{(\tau)} s) \tag{9.2.4.17}$$

$$= (e^{-\mu_x^{(\tau)}})^s = (p_x^{(\tau)})^s \tag{9.2.4.18}$$

$0 \leq s \leq 1$에서 $_s q_x^{(j)}$는

$$_s q_x^{(j)} = \int_0^s {}_t p_x^{(\tau)} \, \mu_{x+t}^{(j)} \, dt \tag{9.2.4.19}$$

$$= \frac{\mu_{x+0}^{(j)}}{\mu_{x+0}^{(\tau)}} \int_0^s {}_t p_x^{(\tau)} \, \mu_{x+t}^{(\tau)} \, dt \tag{9.2.4.20}$$

$$= \frac{\mu_{x+0}^{(j)}}{\mu_{x+0}^{(\tau)}} \, {}_s q_x^{(\tau)} \tag{9.2.4.21}$$

식 (9.2.4.21)로부터 $0 \leq r \leq 1$에서 다음 식과 같은 비율공식을 얻을 수 있다.

$$\frac{_s q_x^{(j)}}{_s q_x^{(\tau)}} = \frac{\mu_x^{(j)}}{\mu_x^{(\tau)}} = \frac{\mu_{x+r}^{(j)}}{\mu_{x+r}^{(\tau)}} \tag{9.2.4.22}$$

식 (9.2.4.21)에서 $s \to 1$로 하면

$$\frac{\mu_x^{(j)}}{\mu_x^{(\tau)}} = \frac{q_x^{(j)}}{q_x^{(\tau)}} \tag{9.2.4.23}$$

$\mu_x^{(j)}/\mu_x^{(\tau)}$는 1년간 총탈퇴확률($q_x^{(\tau)}$) 중에서 탈퇴원인 $j$로 인한 1년간 탈퇴확률($q_x^{(j)}$)의 점유비율을 의미한다. 따라서 이런 관점에서 식 (9.2.4.21)의 $_s q_x^{(j)}$를 해석할 수 있을 것이다. (0, 1) 구간에서 어떤 $r$에 대하여

$$r \mu_{x+0}^{(\tau)} = -\ln {}_r p_x^{(\tau)} \tag{9.2.4.24}$$

$$r \mu_{x+0}^{(j)} = -\ln {}_r p'{}_x^{(j)} \tag{9.2.4.25}$$

이므로 식 (9.2.4.21)은 다음과 같이 표시되고

$$_s q_x^{(j)} = \frac{\ln {}_r p'{}_x^{(j)}}{\ln {}_r p_x^{(\tau)}} \, {}_s q_x^{(\tau)} \tag{9.2.4.26}$$

위 식을 $_rp'^{(j)}_x$로 정리하면

$$_rp'^{(j)}_x = (_rp^{(\tau)}_x)^{_sq^{(j)}_x/_sq^{(\tau)}_x} \tag{9.2.4.27}$$

$$_rp'^{(j)}_x = (_rp^{(\tau)}_x)^{q^{(j)}_x/q^{(\tau)}_x} \tag{9.2.4.28}$$

$r$이 1로 가면 $q'^{(j)}_x$는 다음과 같이 나타낼 수 있다.

$$p'^{(j)}_x = (p^{(\tau)}_x)^{_sq^{(j)}_x/_sq^{(\tau)}_x} \tag{9.2.4.29}$$

$$p'^{(j)}_x = (p^{(\tau)}_x)^{q^{(j)}_x/q^{(\tau)}_x} \tag{9.2.4.30}$$

$$q'^{(j)}_x = 1 - p'^{(j)}_x \tag{9.2.4.31}$$

위 식들을 이용하면 CFDMD가정하에서 다중탈퇴율이 주어지는 경우 절대탈퇴율을 구할 수 있다. 식 (9.2.4.30)은 다중탈퇴율이 주어졌을 때 연관된 절대탈퇴율을 구하는 식이다.

### (3) UDDMD가정에서 절대탈퇴율의 계산

탈퇴자수가 다중탈퇴표에서 균등분포를 한다는 것과 탈퇴자수가 각각의 단일탈퇴표에서 균등분포를 한다는 것은 차이가 있기 때문에 구분하여 분석할 필요가 있다. 탈퇴자수가 다중탈퇴표에서 균등분포를 하는 가정을 UDDMD(uniform distribution of decrement in multiple decrements table)로 표시하고, 탈퇴자수가 단일탈퇴표에서 균등분포를 하는 가정을 UDDSD(uniform distribution of decrement in single decrements table)로 표시하기로 한다.

다중탈퇴환경에서 각 탈퇴원인 $j$와 총탈퇴가 $(x, x+1)$ 구간에서 모두 균등분포를 하는 UDDMD가정의 경우를 고찰한다. 이 경우

$$_tq^{(j)}_x = t\,q^{(j)}_x \tag{9.2.4.32}$$

$$_tq^{(\tau)}_x = t\,q^{(\tau)}_x \tag{9.2.4.33}$$

가 성립하고 식 (9.2.4.32)를 미분하면

$$_tp^{(\tau)}_x\,\mu^{(j)}_{x+t} = q^{(j)}_x \tag{9.2.4.34}$$

$$\mu^{(j)}_{x+t} = \frac{\frac{d}{dt}\,_tq^{(j)}_x}{_tp^{(\tau)}_x} = \frac{\frac{d}{dt}\left(t\,q^{(j)}_x\right)}{1-_tq^{(\tau)}_x} = \frac{q^{(j)}_x}{1-t\,q^{(\tau)}_x}. \tag{9.2.4.35}$$

이 성립한다. UDDMD가정에서도 CFDMD와 같이 비율공식이 성립한다. $0 \le r \le 1$인 모

든 $r$에 대하여

$$\frac{_sq_x^{(j)}}{_sq_x^{(\tau)}} = \frac{q_x^{(j)}}{q_x^{(\tau)}} = \frac{_rp_x^{(\tau)}\,\mu_{x+r}^{(j)}}{_rp_x^{(\tau)}\,\mu_{x+r}^{(\tau)}} = \frac{\mu_{x+r}^{(j)}}{\mu_{x+r}^{(\tau)}} \tag{9.2.4.36}$$

이 성립한다. 다중탈퇴율로부터 절대탈퇴율을 구할 수 있는 공식을 유도하면 다음과 같으며 CFDMD가정인 경우와 동일한 결과를 얻는다.

$$_sp'^{(j)}_x = \exp\left[-\int_0^s \mu_{x+t}^{(j)}\,dt\right] \tag{9.2.4.37}$$

$$= \exp\left[-\int_0^s \frac{q_x^{(j)}}{1-t\,q_x^{(\tau)}}\,dt\right] \tag{9.2.4.38}$$

$$= \exp\left[\frac{q_x^{(j)}}{q_x^{(\tau)}}\ln\left(1-s\,q_x^{(\tau)}\right)\right] \tag{9.2.4.39}$$

$$= \left(_sp_x^{(\tau)}\right)^{q_x^{(j)}/q_x^{(\tau)}}. \tag{9.2.4.40}$$

식 (9.2.4.40)에서 $s=1$을 대입하면 $q_x^{(j)}$와 $q_x^{(\tau)}$가 주어지는 경우 $q'^{(j)}_x$를 구할 수 있다.

### 예제 9.2.4.2

예제 9.2.2.1의 $q_x^{(1)}$, $q_x^{(2)}$를 가지고 식 (9.2.4.30)과 식 (9.2.4.40)을 이용하여 $q'^{(1)}_x$과 $q'^{(2)}_x$를 구하시오.

**풀이**

식 (9.2.4.30)을 이용하면 다음과 같은 결과를 얻을 수 있다.

| $x$ | $q_x^{(1)}$ | $q_x^{(2)}$ | $q'^{(1)}_x$ | $q'^{(2)}_x$ |
|---|---|---|---|---|
| 55 | 0.010 | 0.04 | 0.01021 | 0.04020 |
| 56 | 0.015 | 0.05 | 0.01539 | 0.05039 |
| 57 | 0.020 | 0.06 | 0.02063 | 0.06062 |
| 58 | 0.025 | 0.07 | 0.02593 | 0.07091 |
| 59 | 0.030 | 0.08 | 0.03128 | 0.08126 |
| 60 | 0.000 | 1.00 | – | – |

### 예제 9.2.4.3

예제 (9.2.1.4)의 표를 이용하고, 다중탈퇴모형에서 모든 탈퇴원인은 UDDMD를 따른다고 가정할 때 다음을 계산하시오.

(a) $q'^{(j)}_{x+k}$, $J=1, 2, 3$, $K=1$    (b) $m^{(j)}_{x+k}$, $J=1, 2, 3$, $K=1$

**풀이**

(a)
$$q'^{(1)}_{x+1} = 1-(p^{(\tau)}_{x+1})^{q^{(1)}_{x+1}/q^{(\tau)}_{x+1}} = 1-\left(\frac{860}{940}\right)^{(10/940)/(80/940)} = 0.01106$$

$$q'^{(2)}_{x+1} = 1-(p^{(\tau)}_{x+1})^{q^{(2)}_{x+1}/q^{(\tau)}_{x+1}} = 1-\left(\frac{860}{940}\right)^{(30/940)/(80/940)} = 0.03281$$

$$q'^{(3)}_{x+1} = 1-(p^{(\tau)}_{x+1})^{q^{(3)}_{x+1}/q^{(\tau)}_{x+1}} = 1-\left(\frac{860}{940}\right)^{(40/940)/(80/940)} = 0.04350$$

(b)
$$m^{(j)}_x = \frac{\int_0^1 {}_tp^{(\tau)}_x \mu^{(j)}_{x+t}\,dt}{\int_0^1 {}_tp^{(\tau)}_x\,dt} = \frac{q^{(j)}_x}{\int_0^1 1-t\,q^{(\tau)}_x\,dt} = \frac{q^{(j)}_x}{1-\frac{1}{2}q^{(\tau)}_x}$$

$$m^{(1)}_{x+1} = \frac{q^{(1)}_{x+1}}{1-\frac{1}{2}q^{(\tau)}_{x+1}} = \frac{10/940}{1-(1/2)(80/940)} = \frac{10}{900} = 0.0111111$$

$$m^{(2)}_{x+1} = \frac{q^{(2)}_{x+1}}{1-\frac{1}{2}q^{(\tau)}_{x+1}} = \frac{30/940}{1-(1/2)(80/940)} = \frac{30}{900} = 0.0333333$$

$$m^{(3)}_{x+1} = \frac{q^{(3)}_{x+1}}{1-\frac{1}{2}q^{(\tau)}_{x+1}} = \frac{40/940}{1-(1/2)(80/940)} = \frac{40}{900} = 0.0444444$$

## 5. 다중탈퇴율의 계산[1]

만일 연령과 탈퇴원인별 탈퇴자수의 데이터가 주어져서 $q^{(j)}_x$를 직접 추정할 수 있다면 제일 좋지만, 대부분의 경우 그런 데이터가 존재하지 않는 경우가 많다. 이런 경우 단일탈퇴표의 절대탈퇴율을 이용하여 다중탈퇴율을 추정할 수 있다.

### (1) CFDMD와 UDDMD가정에서 다중탈퇴율의 계산

CFDMD가정하에서 혹은 UDDMD가정하에서 다중탈퇴표를 작성해보자. 식 (9.2.4.26)으로부터

---

[1] 5절에서는 절대탈퇴율이 주어진 경우, 이 자료를 이용하여 다중탈퇴율을 계산하는 방법을 고찰한다. 이 때 절대탈퇴율의 UDD가정이 사용된다.

$$_sq_x^{(j)} = \frac{\ln {_rp'}_x^{(j)}}{\ln {_rp}_x^{(\tau)}} \; _sq_x^{(\tau)} \tag{9.2.5.1}$$

를 얻을 수 있다. 절대탈퇴율 $_rp'_x^{(j)}(j=1, 2, \cdots, m)$의 데이터가 있으면

$$\prod_{j=1}^{m} {_rp'}_x^{(j)} = \prod_{j=1}^{m} \exp\left(-\int_0^r \mu_{x+t}^{(j)} \, dt\right) \tag{9.2.5.2}$$

$$= \exp\left(-\int_0^r \sum_{j=1}^{m} \mu_{x+t}^{(j)} \, dt\right) \tag{9.2.5.3}$$

$$= {_rp}_x^{(\tau)} \tag{9.2.5.4}$$

를 이용하여 CFDMD나 UDDMD가정하에서 $_sq_x^{(j)}(j=1, 2, \cdots, m)$을 구할 수 있다. $s=1$인 경우 $q_x^{(j)}$가 된다. $s=1$, $r=1$인 경우, $p'_x^{(j)}$의 절대탈퇴율 데이터를 이용하여 $p_x^{(\tau)}$와 $q_x^{(\tau)}$를 구하고 다중탈퇴확률 $q_x^{(j)}$를 구할 수 있다.

$$q_x^{(\tau)} = 1 - p_x^{(\tau)} \tag{9.2.5.5}$$

$$q_x^{(j)} = \frac{\ln p'_x^{(j)}}{\ln p_x^{(\tau)}} q_x^{(\tau)} \tag{9.2.5.6}$$

( 예제 9.2.5.1 )

다음과 같이 절대탈퇴율이 주어져 있을 때 CFDMD가정하에서 식 (9.2.5.4)와 식 (9.2.5.6)을 이용하여 다중탈퇴표를 만드시오. 탈퇴원인은 사망(J=1), 장해(J=2), 퇴직(J=3)이며 60세에서는 모두 퇴직한다고 가정한다.

| $x$ | $q'^{(1)}_x$ | $q'^{(2)}_x$ | $q'^{(3)}_x$ |
|---|---|---|---|
| 55 | 0.015 | 0.03 | 0.05 |
| 56 | 0.020 | 0.03 | 0.06 |
| 57 | 0.025 | 0.03 | 0.07 |
| 58 | 0.030 | 0.03 | 0.08 |
| 59 | 0.035 | 0.03 | 0.09 |
| 60 | 0.000 | 0.00 | 1.00 |

풀이

식 (9.2.5.4)는 다음과 같이 다시 표현할 수 있다.

$$q_x^{(\tau)} = 1 - \prod_{j=1}^{3} (1 - q'_x^{(j)})$$

이 식과 예제 (9.2.2.1)을 이용하면 다음과 같은 다중탈퇴표를 만들 수 있다.

| $x$ | $q_x^{(\tau)}$ | $q_x^{(1)}$ | $q_x^{(2)}$ | $q_x^{(3)}$ |
|---|---|---|---|---|
| 55 | 0.09232 | 0.01440 | 0.02903 | 0.04889 |
| 56 | 0.10644 | 0.01911 | 0.02881 | 0.05852 |
| 57 | 0.12045 | 0.02376 | 0.02859 | 0.06811 |
| 58 | 0.13437 | 0.02836 | 0.02836 | 0.07764 |
| 59 | 0.14819 | 0.03292 | 0.02814 | 0.08714 |
| 60 | 1.00000 | 0.00000 | 0.00000 | 1.00000 |

| $x$ | $l_x^{(\tau)}$ | $d_x^{(\tau)}$ | $d_x^{(1)}$ | $d_x^{(2)}$ | $d_x^{(3)}$ |
|---|---|---|---|---|---|
| 55 | 100000.00 | 9232.00 | 1440.00 | 2903.00 | 4889.00 |
| 56 | 90768.00 | 9661.35 | 1734.58 | 2615.03 | 5311.74 |
| 57 | 81106.65 | 9770.10 | 1927.09 | 2318.84 | 5524.17 |
| 58 | 71336.55 | 9584.77 | 2023.10 | 2023.10 | 5538.57 |
| 59 | 61751.78 | 9151.62 | 2032.87 | 1737.70 | 5381.05 |
| 60 | 52600.16 | 52600.16 | 0.00000 | 0.00000 | 52600.16 |

### (2) UDDSD가정에서 다중탈퇴율의 계산

$p'_x^{(j)} = 0$ 혹은 $p_x^{(\tau)} = 0$인 경우 식 (9.2.4.26)이나 식 (9.2.5.6)은 이용될 수 없기 때문에 다른 산출식이 필요하다. 이제 단일탈퇴표에서 매 연령마다 탈퇴자수가 균등분포를 한다는 가정(UDDSD가정)을 이용하여 주어진 절대탈퇴율로부터 다중탈퇴율을 추정해보자. UDDSD가정으로부터

$$_tp'_x^{(j)} = 1 - t\,q'_x^{(j)} \qquad j = 1,\, 2,\, 3, \quad 0 \le t \le 1 \tag{9.2.5.7}$$

$$_tp'_x^{(j)}\, \mu_{x+t}^{(j)} = \frac{d}{dt}(-_tp'_x^{(j)}) = q'_x^{(j)} \tag{9.2.5.8}$$

$$\mu_{x+t}^{(j)} = \frac{-\dfrac{d}{dt}\,_tp'_x^{(j)}}{_tp'_x^{(j)}} = \frac{q'_x^{(j)}}{1 - t\,q'_x} \tag{9.2.5.9}$$

이 성립한다. UDDSD가정에서 $q_x^{(j)}$를 구해보면

$$_sq_x^{(j)} = \int_0^s {}_tp_x^{(\tau)}\, \mu_{x+t}^{(j)}\, dt \tag{9.2.5.10}$$

$$= \int_0^s \left( \prod_{j=1}^m {}_tp_x^{'(j)} \right) \mu_{x+t}^{(j)}\, dt \tag{9.2.5.11}$$

$$= \int_0^s {}_tp_x^{'(j)}\, \mu_{x+t}^{(j)} \left( \prod_{i=1,i\neq j}^m {}_tp_x^{'(i)} \right) dt \tag{9.2.5.12}$$

$$= q_x^{'(j)} \int_0^s \prod_{i=1,i\neq j}^m (1 - t\, q_x^{'(i)})\, dt \tag{9.2.5.13}$$

$m = 3$인 경우 $_sq_x^{(1)}$을 구해보면

$$_sq_x^{(1)} = \int_0^s q_x^{'(1)}\, {}_tp_x^{'(2)}\, {}_tp_x^{'(3)}\, dt \tag{9.2.5.14}$$

$$= \int_0^s q_x^{'(1)} (1 - t\, q_x^{'(2)})(1 - t\, q_x^{'(3)})\, dt \tag{9.2.5.15}$$

$$= q_x^{'(1)} \left( s - \frac{q_x^{'(2)} + q_x^{'(3)}}{2} s^2 + \frac{q_x^{'(2)}\, q_x^{'(3)}}{3} s^3 \right) \tag{9.2.5.16}$$

이 되고 $_sq_x^{'(2)}$를 동일한 방법으로 유도하면

$$_sq_x^{(2)} = q_x^{'(2)} \left( s - \frac{q_x^{'(1)} + q_x^{'(3)}}{2} s^2 + \frac{q_x^{'(1)}\, q_x^{'(3)}}{3} s^3 \right) \tag{9.2.5.17}$$

이 성립한다. $m = 2$인 경우 $q_x^{'(3)} = 0$으로 하면

$$_sq_x^{(1)} = q_x^{'(1)} \left( s - \frac{q_x^{'(2)}}{2} s^2 \right) \tag{9.2.5.18}$$

$$_sq_x^{(2)} = q_x^{'(2)} \left( s - \frac{q_x^{'(1)}}{2} s^2 \right) \tag{9.2.5.19}$$

이 성립한다. $s = 1$인 경우를 고찰하면 $m = 2$인 경우

$$q_x^{(1)} = q_x^{'(1)} \left( 1 - \frac{1}{2} q_x^{'(2)} \right) \tag{9.2.5.20}$$

이 성립하고 $m = 3$인 경우

$$q_x^{(1)} = q_x'^{(1)} \int_0^1 (1 - t\, q_x'^{(2)})(1 - t\, q_x'^{(3)})\, dt \tag{9.2.5.21}$$

$$= q_x'^{(1)} \left[ 1 - \frac{1}{2}(q_x'^{(2)} + q_x'^{(3)}) + \frac{1}{3} q_x'^{(2)} q_x'^{(3)} \right] \tag{9.2.5.22}$$

이 성립하며, $q_x^{(2)}$와 $q_x^{(3)}$에 대하여도 유사한 결과를 얻을 수 있다.

### 예제 9.2.5.2

UDDSD가정하에서 예제 (9.2.5.1)의 데이터를 이용하여 다중탈퇴확률을 구하시오.

**풀이**

식 (9.2.5.22)와 식 (9.2.5.17) 등을 적용하면 다음과 같은 다중탈퇴표를 얻을 수 있다. 각 원인별 다중탈퇴율은 앞 예제에서 구한 값과 상당히 근사한 값을 가지는 것을 확인할 수 있다.

| $x$ | $q_x'^{(1)}$ | $q_x'^{(2)}$ | $q_x'^{(3)}$ | $q_x^{(1)}$ | $q_x^{(2)}$ | $q_x^{(3)}$ |
|-----|------|------|------|---------|---------|---------|
| 55 | 0.015 | 0.03 | 0.05 | 0.01441 | 0.02903 | 0.04888 |
| 56 | 0.020 | 0.03 | 0.06 | 0.01911 | 0.02881 | 0.05851 |
| 57 | 0.025 | 0.03 | 0.07 | 0.02377 | 0.02859 | 0.06809 |
| 58 | 0.030 | 0.03 | 0.08 | 0.02837 | 0.02837 | 0.07762 |
| 59 | 0.035 | 0.03 | 0.09 | 0.03293 | 0.02816 | 0.08711 |
| 60 | 0.000 | 0.00 | 1.00 | 0.00000 | 0.00000 | 1.00000 |

### 예제 9.2.5.3

탈퇴원인은 사망(J=1), 장해(J=2), 해약(J=3)이며 절대탈퇴율($q_x'^{(1)}$, $q_x'^{(2)}$)의 UDDSD 가정이 성립된다고 하고, 해약은 절대탈퇴율 $q_x'^{(3)}$로 연도말에만 발생한다고 가정하자. 이 경우 다중탈퇴율 $q_x^{(1)}$, $q_x^{(2)}$, $q_x^{(3)}$를 구하시오.

**풀이**

식 (9.2.5.4)에 의하여 $_t p_x^{(\tau)} = {}_t p_x'^{(1)} \, {}_t p_x'^{(2)} \, {}_t p_x'^{(3)}$,  $t \geq 0$

해약은 연도말에만 일어나므로 $t = 1$에서 $_t q_x'^{(3)}$, $_t q_x^{(\tau)}$및 $_t p_x'^{(3)}$, $_t p_x^{(\tau)}$는 불연속이다. 따라서 $t$의 범위에 따른 $_t p_x^{(\tau)}$는

$$0 \leq t < 1, \quad _t p_x^{(\tau)} = {}_t p_x'^{(1)} \, {}_t p_x'^{(2)} \tag{1}$$

$$1 \leq t < 2, \quad _t p_x^{(\tau)} = {}_t p_x'^{(1)} \, {}_t p_x'^{(2)} (1 - q_x'^{(3)})$$

그림 [9.2.5.1]  연도말에만 발생하는 탈퇴율

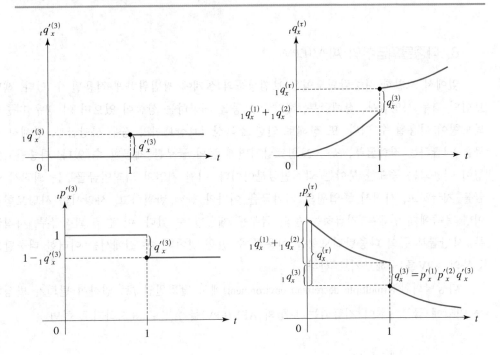

UDDSD가정을 이용하면

$$q_x^{(1)} = \int_0^1 {}_t p_x^{(\tau)} \, \mu_{x+t}^{(1)} \, dt = \int_0^1 {}_t p'_x^{(1)} \, {}_t p'_x^{(2)} \,(1)\, \mu_{x+t}^{(1)} \, dt$$

$$= q'_x^{(1)} \int_0^1 (1 - t \, q'_x^{(2)}) \, dt = q'_x^{(1)} \left(1 - \frac{1}{2} q'_x^{(2)}\right)$$

이와 유사하게

$$q_x^{(2)} = q'_x^{(2)} \left(1 - \frac{1}{2} q'_x^{(1)}\right)$$

이제 $q_x^{(3)}$를 구해보자.

$q_x^{(\tau)} = q_x^{(1)} + q_x^{(2)} + q_x^{(3)} = 1 - p_x^{(\tau)} = 1 - p'_x^{(1)} \, p'_x^{(2)} (1 - q'_x^{(3)})$ 을 이용하면

$$q_x^{(3)} = q_x^{(\tau)} - (q_x^{(1)} + q_x^{(2)})$$

$$= \left[1 - p'_x^{(1)} \, p'_x^{(2)} (1 - q'_x^{(3)})\right] - \left[q'_x^{(1)} + q'_x^{(2)} - q'_x^{(1)} \, q'_x^{(2)}\right] \text{이 되고}$$

$$= \left[1 - q'_x^{(1)} - q'_x^{(2)} + q'_x^{(1)} \, q'_x^{(2)}\right] - p'_x^{(1)} \, p'_x^{(2)} (1 - q'_x^{(3)})$$

$1 - q'_x^{(1)} - q'_x^{(2)} + q'_x^{(1)} \, q'_x^{(2)} = p'_x^{(1)} \, p'_x^{(2)}$ 이므로,

$$q_x^{(3)} = p'_x^{(1)} \, p'_x^{(2)} \, q'_x^{(3)}$$

$t = 1$에서 $_t p_x^{(\tau)}$는 $q_x^{(3)}$ 크기만큼 감소하고, $_t q_x^{(\tau)}$는 $q_x^{(3)}$ 크기만큼 증가한다.

## 6. 다중탈퇴급부의 APV(EPV)

앞에서 고찰한 다중탈퇴모형은 보험상품의 설계에 광범위하게 적용될 수 있다. 생명보험의 경우 사망급부, 장해급부, 해약급부 등을 제공하는 상품이 있으며 이 경우 다중탈퇴모형이 이용될 수 있다. 또 장해로 인한 소득상실보상보험의 경우 사망급부, 장해시 연금을 지급하는 장해급부, 또는 보험료납입면제 등의 급부를 제공할 수 있다. 다중탈퇴모형이 이용되는 중요한 분야는 퇴직연금분야이다. 어떤 기업의 퇴직연금급부는 퇴직시 연금을 지급하고, 사직시 종업원의 기여금을 이자와 함께 반환하고, 사망시는 사망보험금이나 유족에게 연금을 지급하는 등의 급부를 제공할 수 있다. 이 경우 퇴직급부, 사직급부, 사망급부 등의 다중탈퇴모형을 이용할 수 있을 것이다. 본 절에서는 이러한 다중탈퇴급부의 APV를 구해보기로 한다.

다중탈퇴환경(multiple decrement environment)에서 탈퇴원인 $j$로 인하여 탈퇴가 발생하는 연말에 급부 1원이 지급되는 보험의 APV(EPV)를 $A_x^{(j)}$로 표시하기로 하면

$$A_x^{(j)} = \sum_{k=0}^{\infty} v^{k+1} \Pr(K_x = k \cap J_x = j) \tag{9.2.6.1}$$

탈퇴원인과 종료시까지 기간이 독립적이라면

$$A_x^{(j)} = \sum_{k=0}^{\infty} v^{k+1} \Pr(K_x = k) \Pr(J_x = j) \tag{9.2.6.2}$$

$$= \sum_{k=0}^{\infty} v^{k+1} \, _k p_x^{(\tau)} \, q_{x+k}^{(j)} \tag{9.2.6.3}$$

급부가 발생즉시 지급된다고 할 때 APV는 다음과 같이 표시될 수 있다.

$$\bar{A}_x^{(j)} = \int_0^{\infty} v^t \, _t p_x^{(\tau)} \, \mu_{x+t}^{(j)} \, dt \tag{9.2.6.4}$$

모든 탈퇴원인을 고려하는 일반식을 고찰해보자. $B_{x+t}^{(j)}$를 $x+t$ 시점에서 탈퇴원인 $j$로 인한 급부금액이라고 할 때 모든 탈퇴원인들로 인한 급부들의 APV를 $\bar{A}$로 표시하면

$$\bar{A} = \sum_{j=1}^{m} \int_0^{\infty} B_{x+t}^{(j)} \, v^t \, _t p_x^{(\tau)} \, \mu_{x+t}^{(j)} \, dt \tag{9.2.6.5}$$

로 나타낼 수 있다. $m=1$, $B_{x+t}^{(1)}=1$인 경우 $\bar{A}$는 $\bar{A}_x$가 된다.

### (1) 사고배액급부

사고로 인한 사망의 경우 사망급부가 2배인 보험을 고려해보자. $J=1$은 사고로 인한 탈퇴원인, $J=2$는 사고 이외의 다른 탈퇴원인을 나타낸다고 하면 $B_{x+t}^{(1)}=2$, $B_{x+t}^{(2)}=1$이 된다. 종신보험의 경우 APV는

$$\bar{A} = 2\int_0^\infty v^t \,_tp_x^{(\tau)} \mu_{x+t}^{(1)} \, dt + \int_0^\infty v^t \,_tp_x^{(\tau)} \mu_{x+t}^{(2)} \, dt \tag{9.2.6.6}$$

적분계산을 위하여 첫 번째 항을 분해해서 표시하면 다음과 같다.

$$2\int_0^\infty v^t \,_tp_x^{(\tau)} \mu_{x+t}^{(1)} \, dt = 2\sum_{k=0}^\infty v^k \,_kp_x^{(\tau)} \int_0^1 v^s \,_sp_{x+k}^{(\tau)} \mu_{x+k+s}^{(1)} \, ds \tag{9.2.6.7}$$

이제 각 탈퇴가 다중탈퇴환경에서 각 연령마다 UDDMD라고 가정하면 $_sp_{x+k}^{(\tau)} \mu_{x+k+s}^{(1)} = q_{x+k}^{(1)}$이므로

$$2\int_0^\infty v^t \,_tp_x^{(\tau)} \mu_{x+t}^{(1)} \, dt = 2\sum_{k=0}^\infty v^{k+1} \,_kp_x^{(\tau)} q_{x+k}^{(1)} \int_0^1 (1+i)^{1-s} \, ds \tag{9.2.6.8}$$

$$= \frac{2i}{\delta} \sum_{k=0}^\infty v^{k+1} \,_kp_x^{(\tau)} q_{x+k}^{(1)} \tag{9.2.6.9}$$

두 번째 항도 비슷하게 유도하면

$$\bar{A} = \frac{i}{\delta}\left[\sum_{k=0}^\infty v^{k+1} \,_kp_x^{(\tau)} (2q_{x+k}^{(1)} + q_{x+k}^{(2)})\right] \tag{9.2.6.10}$$

$$= \frac{i}{\delta}\left[\sum_{k=0}^\infty v^{k+1} \,_kp_x^{(\tau)} (q_{x+k}^{(1)} + q_{x+k}^{(\tau)})\right] \tag{9.2.6.11}$$

$$= \bar{A}_x^{(1)} + \bar{A}_x \tag{9.2.6.12}$$

$\bar{A}_x^{(1)}$은 탈퇴원인이 $J=1$인 즉 사고로 인한 탈퇴인 경우의 종신보험의 APV를 나타내고, $\bar{A}_x$는 모든 탈퇴원인으로 인한 종신보험의 APV를 나타낸다. 사고로 인한 사망의 경우 보험금을 두 배로 주는 보험은 사고로 인한 사망보험을 특약으로 가입하는 경우가 많으며 이 경우 앞에서 분석한 것과 동일한 효과를 발생시킨다.

예제 9.2.6.1

$J=1$은 사고로 인한 사망, $J=2$는 사고 이외의 원인으로 인한 사망을 나타낸다고 한다. 40세 피보험자는 사고로 인한 경우 보험금이 4원, 사고 이외의 원인으로 사망한 경우 보험금 1원을 주는 보험금 사망즉시급인 30년만기 정기보험에 가입하였다. 40세의 피보험자의 사력이 $\mu_{40+t}^{(1)} = 0.001 \, (t \geq 0)$, $\mu_{40+t}^{(2)} = 0.02 \, (t \geq 0)$이고 $\delta = 0.04$라고 가정한다. 보험금 현가함수(benefits random variable) $Z$의 기대값과 분산을 구하시오.

풀이

$$E(Z) = \int_0^{30} 4 e^{-0.04t} \, e^{-0.021t} \, 0.001 \, dt + \int_0^{30} e^{-0.04t} \, e^{-0.021t} \, 0.02 \, dt$$

$$= 0.024 \int_0^{30} e^{-0.061t} \, dt \ = \ \left[ \frac{0.024}{-0.061} e^{-0.061t} \right]_0^{30} = 0.33033$$

$$E(Z^2) = \int_0^{30} 16 e^{-0.08t} \, e^{-0.021t} \, 0.001 \, dt + \int_0^{30} e^{-0.08t} \, e^{-0.021t} \, 0.02 \, dt$$

$$= 0.036 \int_0^{30} e^{-0.101t} \, dt \ = \ \left[ \frac{0.036}{-0.101} e^{-0.101t} \right]_0^{30} = 0.33921$$

따라서 $\text{Var}(Z) = E(Z^2) - [E(Z)]^2$
$$= 0.33921 - 0.33033^2 = 0.23009$$

(2) 장해급부

장해급부(disability benefits)는 생명보험상품에 포함되는 경우가 많다. 장해급부(障害給付)는 장해가 발생하였을 경우 연금으로 지급될 수도 있고(장해로 인한 소득상실보험 형태), 일시금으로 지급될 수도 있다. 또 장해가 발생한 경우 보험료납입이 면제될 수도 있다. 장해급부를 받기 위해서는 장해등급을 받아야 하고 보통 계약에 명시된 대기기간을 기다려야 할 수도 있다. 여기서는 대기기간이 0이라고 가정한다. 이러한 장해급부가 포함된 생명보험상품은 다중탈퇴모형이 적용될 수 있다. 다중탈퇴모형이 적용된다는 의미는 장해상태에서 건강한 원래의 상태로 다시 돌아오지 않는다는 가정을 내포하고 있다. 다중탈퇴모형은 탈퇴원인으로 탈퇴가 되었을 경우 처음의 상태로 다시 돌아오지 않는다는 가정을 가지고 있는 모형이다.

$(x)$가 가입한 보험은 $m$세까지 보장되고 장해연금은 $l$세까지 지급된다. $J=i$를 장해로 인한 탈퇴원인으로 표현할 때 장해급부가 매달 1원씩 연금으로 지급되는 장해급부에 대한 APV는

$$\bar{A} = \int_0^{m-x} v^t \,_t p_x^{(\tau)} \,\mu_{x+t}^{(i)} \left(12 \,^{i}\ddot{a}_{[x+t]:\overline{l-x-t}|}^{(12)}\right) dt \tag{9.2.6.13}$$

이다. 위 식에서 첨자 $i$는 장해상태에 있는 사람의 생존확률로 계산된 연금이라는 의미이며 [ ]는 장해자들의 선택표를 적용하는 것을 의미한다. 위 식에서 $t$를 $k+s$로 대체하면 $v^t \,_t p_x^{(\tau)} \,\mu_{x+t}^{(i)} = v^{k+s} \,_k p_x^{(\tau)} \,_s p_{x+k}^{(\tau)} \,\mu_{x+k+s}^{(i)}$ 이므로

$$\bar{A} = 12 \sum_{k=0}^{m-x-1} v^k \,_k p_x^{(\tau)} \int_0^1 v^s \,_s p_{x+k}^{(\tau)} \,\mu_{x+k+s}^{(i)} \,^{i}\ddot{a}_{[x+k+s]:\overline{l-x-k-s}|}^{(12)} \, ds \tag{9.2.6.14}$$

장해탈퇴가 UDDMD라고 가정하면 $\,_s p_{x+k}^{(\tau)} \,\mu_{x+k+s}^{(i)} = q_{x+k}^{(i)}$ 이므로

$$\bar{A} = 12 \sum_{k=0}^{m-x-1} v^k \,_k p_x^{(\tau)} \,q_{x+k}^{(i)} \int_0^1 v^s \,^{i}\ddot{a}_{[x+k+s]:\overline{l-x-k-s}|}^{(12)} \, ds \tag{9.2.6.15}$$

위 식의 근사치는 장해탈퇴가 연중앙에서 발생한다고 가정하여 $s=1/2$을 대입하면 구할 수 있다.

---

예제 9.2.6.2

$x=50$인 사람이 장해급부 $(J=i)$와 사망급부 $(J=d)$를 제공하는 보험상품에 가입하였다. 장해급부는 장해시 즉시 지급되며 연액 1,000인 연속연금$(^{i}\bar{a})$의 형태이다(총장해급부 = 연속연금현가 × 1000). 이중탈퇴모형이 다음과 같이 정의되고 $\delta=0.04$를 가정할 때 장해급부의 APV를 구하시오. 또한 일시납보험료가 납입되었다고 가정할 때 장해급부에 대한 계약자적립액(순보식 원가법책임준비금) $_{40}V$를 구하시오.

(i) $\mu_{50+t}^{(i)} = \mu_{50+t}^{(d)} = \dfrac{1}{50-t}, \ 0<t<50$    (ii) $^{i}\bar{a}_{50+t} = 20e^{-0.01t}$

풀이

$$\text{APV} = \int_0^{50} v^t \,_t p_{50}^{(\tau)} \,\mu_{50+t}^{(i)} \,1000 \,^{i}\bar{a}_{50+t} \, dt$$

$\mu_{50+t}^{(\tau)} = \mu_{50+t}^{(i)} + \mu_{50+t}^{(d)} = \dfrac{2}{50-t}$ 이므로

$$_t p_{50}^{(\tau)} = \exp\left(-\int_0^t \frac{2}{50-s} \, ds\right) = \exp\left(2\ln(50-s)\Big|_0^t\right)$$

$$= \exp\left[\ln\left(\frac{50-t}{50}\right)^2\right] = \left(\frac{50-t}{50}\right)^2 \text{이므로}$$

$$\text{APV} = \int_0^{50} v^t \,_t p_{50}^{(\tau)} \,\mu_{50+t}^{(i)} \,1000 \,^{i}\bar{a}_{50+t} \, dt$$

$$= \int_0^{50} e^{-0.04t} \left( \frac{50-t}{50} \right)^2 \left( \frac{1}{50-t} \right) (1000)(20) \, e^{-0.01t} \, dt$$

$$= \frac{20000}{50^2} \int_0^{50} e^{-0.05t} \, (50-t) \, dt$$

$$= \frac{20000}{50^2} \left[ \left[ \frac{-1}{0.05} \, e^{-0.05t} \, (50-t) \right]_0^{50} - \int_0^{50} \frac{-1}{0.05} \, e^{-0.05t} \, (-1) \, dt \right]$$

$$= 5062.67$$

$$_tV = 1000 \int_0^{50-t} v^s \, {}_sp_{x+t}^{(\tau)} \, \mu_{x+t+s}^{(i)} \, {}^i\bar{a}_{x+t+s} \, ds$$

$$= 1000 \int_0^{50-t} e^{-0.04s} \left( \frac{50-t-s}{50-t} \right)^2 \left( \frac{1}{50-t-s} \right) (20) \, e^{-0.01s} \, ds$$

$$= \frac{20000}{(50-t)^2} \int_0^{50-t} e^{-0.05s} \, (50-t-s) \, ds$$

$$= \frac{20000}{(50-t)^2} \left[ \left[ \frac{-1}{0.05} \, e^{-0.05s} \, (50-t-s) \right]_0^{50-t} - \int_0^{50-t} \frac{-1}{0.05} \, e^{-0.05s} \, (-1) \, ds \right]$$

$$= \frac{20000}{(50-t)^2} \left[ \frac{50-t}{0.05} + \frac{e^{-0.05(50-t)}-1}{0.05^2} \right] \text{이므로}$$

$$_{40}V = 8522.45$$

## 7. 다중탈퇴모형과 해약급부

지금까지 고찰한 단생명과 연생보험에서는 보험급부가 피보험자의 사망시점에 의하여 결정되고 보험료는 사망시점까지 납입되거나 계약에서 정해진 보험료 납입기간이 끝날 때까지 납입되는 것을 가정하고 보험료를 산정하였다. 그러나 실제로는 보험계약자가 사망 전이나 보험료 납입기간의 종료 전에 보험료 납입을 중단하는 것을 막을 방법이 없다. 따라서 다중탈퇴이론을 이용한 모델이 잘 작동되려면 해약환급금 수준에 대하여 계약당사자들의 이해관계를 조정하는 방법이 중요한 이슈가 된다.

이러한 이슈는 보험계약이 완료되기 전에 계약을 해지하는 보험계약자 그룹과 계약을 계속 유지하는 보험계약자 그룹 간의 이해관계이다. 이에 대한 견해는 보험계약을 해지하는 사람은 계약을 이행하지 않았기 때문에 해약급부(解約給付)를 받을 자격이 없다는 주장으로부터 계약을 해지하는 사람도 납입된 보험료의 종가를, 보험코스트를 차감한 후 반환받아야 된다는 주장까지 많을 수 있다. 대부분의 국가에서는 이러한 극단적인 주장들의 중간 정도에 해당되는 해약급부의 수준에 대한 원칙을 수립하고 있다. 즉 해약급부의 수준에 대한 원칙은 생명보험을 해약하는 보험계약자는 해약급부(nonforfeiture benefits)를 받을 자격이 있지만 이러한 해약급부가 계약을 유지하는 보험계약자들의 가격과 급부구조의 변화를 강제할 정도여서는 안된다는 것이다. 대부분의 국가에서는 이러한 원칙을 반영하여, 해약하는 계약자가 실제로 받는 해약환급금(cash value, surrender value)은 해약급부에서 해약하는데 따른 불이익을 차감하는 형식으로 나타나고 있다.

미국 등 많은 나라에서 채택되고 있는 해약급부(해약환급금)에 대한 운영원칙은 해약하는 피보험자에 대하여 단일탈퇴모형을 사용하여 산출된 급부, 보험료 및 계약자적립액(순보식 원가법책임준비금)이 다중탈퇴환경에서도 잘 적용될 수 있는 정도로 다중탈퇴모형에서의 해약급부(해약환급금)를 정하는 원칙이다. 즉 이 운영원칙은 사망급부와 해약급부를 포함하는 다중탈퇴환경의 보험료 및 계약자적립액이 사망률만을 사용하는 단일탈퇴모형에서 결정된 보험료 및 계약자적립액과 일치하게 하는 조건을 정하는 것을 의미한다. 이 조건은 다중탈퇴환경에서 해약환급금을 어떻게 정하는냐에 대한 것이다. 이러한 운영원칙이 잘 적용되는 해약급부를 해약급부(2)와 해약급부(3)에서 살펴보고자 한다.

해약급부(2)와 해약급부(3)을 살펴보기 전에 이러한 운영원칙과는 상관없이 다중탈퇴모형에서 해약급부가 제공되는 보험상품의 APV를 구해보기로 한다.

### (1) 해약급부(1)

앞에서 고찰한 운영원칙을 고려함이 없이 해약급부를 다른 탈퇴원인에 따른 급부와 동일하게 취급하는 경우를 다음 예제를 통해 우선 고찰해보자.

#### 예제 9.2.7.1

연납영업보험료와 사업비가 매년초에 발생되고 급부(보험급부, 해약급부)는 연도 말에 발생하는 4년만기 생사혼합보험을 고려한다. 다음과 같은 자료를 이용하여 수지상등의 원칙이 적용되는 사업비가 추가된 보험료(영업보험료)를 구하시오. ($i = 5\%$)

| 연도 $k+1$ | 1 | 2 | 3 | 4 |
|---|---|---|---|---|
| 영업보험료의 비율(사업비1) | 0.03 | 0.03 | 0.03 | 0.03 |
| 일정금액(사업비2) | 60 | 10 | 10 | 10 |
| 사망급부($j=1$) | 1000 | 1000 | 1000 | 1000 |
| 생존급부($j=1$) | 0 | 0 | 0 | 1000 |
| 해약급부($j=2$) | 100 | 300 | 600 | 0 |
| $q_{x+k}^{(1)}$ | 0.01 | 0.02 | 0.03 | 0.04 |
| $q_{x+k}^{(2)}$ | 0.30 | 0.20 | 0.10 | 0.00 |
| $q_{x+k}^{(\tau)}$ | 0.31 | 0.22 | 0.13 | 0.04 |
| $p_{x+k}^{(\tau)}$ | 0.69 | 0.78 | 0.87 | 0.96 |

**풀이**

보험급부에 대한 APV는

$$\text{APV}(1) = \sum_{k=0}^{3} B_{k+1}^{(1)} \, v^{k+1} \,_k p_x^{(\tau)} \, q_{x+k}^{(1)}$$

$$= 1000 \left[ \frac{0.01}{1.05} + \frac{(0.69)(0.02)}{(1.05)^2} + \frac{(0.69)(0.78)(0.03)}{(1.05)^3} + \frac{(0.69)(0.78)(0.87)(0.04)}{(1.05)^4} \right]$$

$$= 51.397$$

생존급부에 대한 APV는

$$\text{APV}(2) = 1000 \, v^4 \,_4 p_x^{(\tau)} = 1000 \, \frac{(0.69)(0.78)(0.87)(0.96)}{(1.05)^4} = 369.81$$

해약급부에 대한 APV는

$$\text{APV}(3) = \sum_{k=0}^{2} B_{k+1}^{(2)} \, v^{k+1} \,_k p_x^{(\tau)} \, q_{x+k}^{(2)}$$

$$= 100 \left( \frac{0.3}{1.05} \right) + 300 \left( \frac{(0.69)(0.2)}{(1.05)^2} \right) + 600 \left( \frac{(0.69)(0.78)(0.1)}{(1.05)^3} \right) = 94.017$$

사업비에 대한 APV는

$$\text{APV}(4) = 50 + (10 + 0.03 \, G) \, \ddot{a}_{x:\,\overline{4}|}^{(\tau)}$$

$$= 50 + (10 + 0.03 \, G) \left[ 1 + \frac{0.69}{1.05} + \frac{(0.69)(0.78)}{(1.05)^2} + \frac{(0.69)(0.78)(0.87)}{(1.05)^3} \right]$$

$$= 75.497 + 0.07649 \, G$$

영업보험료를 계산하기 위한 연금의 현가는

$$\ddot{a}_{x:\,\overline{4}|}^{(\tau)} = 1 + \frac{0.69}{1.05} + \frac{(0.69)(0.78)}{1.05^2} + \frac{(0.69)(0.78)(0.87)}{1.05^3} = 2.54978$$

영업보험료의 APV는

$$\text{APV}(5) = G \, \ddot{a}_{x:\,\overline{4}|}^{(\tau)} = 2.54978 \, G$$

따라서

$$\text{APV}(5) = \text{APV}(1) + \text{APV}(2) + \text{APV}(3) + \text{APV}(4)$$

$$G = 238.84$$

---

**예제 9.2.7.2**

예제 (9.2.7.1)의 가정을 약간 변형하여 사용한다. 연납영업보험료와 연비용이 매년초에 지급되고 보험급부가 연도 말에 발생하는 4년만기 생사혼합보험을 고려한다. 보험계약자가 보험계약기간 동안 해약을 하면 해약급부는 없다. 다음과 같은 자료를 이용하여 수지상등의 원칙이 적용되는 사업비가 추가된 보험료(영업보험료)를 구하려고 한다. ( )는 해약률이 고려되지 않는 경우이다. 다음의 두 가지 경우에 연납보험료를 구하고 비교하시오. ($i = 5\%$)

| 연도 $k+1$ | 1 | 2 | 3 | 4 |
|---|---|---|---|---|
| 영업보험료의 비율(사업비1) | 0.03 | 0.03 | 0.03 | 0.03 |
| 일정금액(사업비2) | 60 | 10 | 10 | 10 |
| 사망급부($j=1$) | 1000 | 1000 | 1000 | 1000 |
| 생존급부($j=1$) | 0 | 0 | 0 | 1000 |
| 해약급부($j=2$) | 0 | 0 | 0 | 0 |
| $q_{x+k}^{(1)}$ | 0.01(0.01) | 0.02(0.02) | 0.03(0.03) | 0.04(0.04) |
| $q_{x+k}^{(2)}$ | 0.30(0.00) | 0.20(0.00) | 0.10(0.00) | 0.00(0.00) |
| $q_{x+k}^{(\tau)}$ | 0.31(0.01) | 0.22(0.02) | 0.13(0.03) | 0.04(0.04) |
| $p_{x+k}^{(\tau)}$ | 0.69(0.99) | 0.78(0.98) | 0.87(0.97) | 0.96(0.96) |

(a) 보험료 산출시 해약률이 고려되지 않는 경우(no allowance is made for lapse)

(b) 보험료 산출시 해약률을 고려하는 경우(allowance for lapse)

(c) (a)와 (b)의 결과를 비교하고 설명하시오.

**풀이**

(a) 보험료 계산시 해약률이 무시되므로 이 모형은 단일탈퇴모형이 된다.

보험급부에 대한 APV는

$$\text{APV}(1a) = \sum_{k=0}^{3} B_{k+1}^{(1)} \, v^{k+1} \, {}_k p_x^{(\tau)} \, q_{x+k}^{(1)}$$

$$= 1000 \left[ \frac{0.01}{1.05} + \frac{(0.99)(0.02)}{(1.05)^2} + \frac{(0.99)(0.98)(0.03)}{(1.05)^3} + \frac{(0.99)(0.98)(0.97)(0.04)}{(1.05)^4} \right]$$

$$= 80.78$$

생존급부에 대한 APV는

$$\text{APV}(2a) = 1000 \, v^4 \, {}_4 p_x^{(\tau)} = 1000 \, \frac{(0.99)(0.98)(0.97)(0.96)}{(1.05)^4} = 743.27$$

사업비에 대한 APV는

$$\text{APV}(4a) = 50 + (10 + 0.03 \, G_a) \ddot{a}_{x:\overline{4|}}^{(\tau)}$$

$$= 50 + (10 + 0.03 \, G_a) \left[ 1 + \frac{0.99}{1.05} + \frac{(0.99)(0.98)}{(1.05)^2} + \frac{(0.99)(0.98)(0.97)}{(1.05)^3} \right]$$

$$= 86.358 + 0.10907 \, G_a$$

영업보험료를 계산하기 위한 연금의 현가는

$$\ddot{a}_{x:\overline{4|}}^{(\tau)} = 1 + \frac{0.99}{1.05} + \frac{(0.99)(0.98)}{1.05^2} + \frac{(0.99)(0.98)(0.97)}{1.05^3} = 3.63581$$

영업보험료의 APV는

$$\text{APV}(5a) = G_a \, \ddot{a}_{x:\overline{4|}}^{(\tau)} = 3.63581 \, G_a$$

따라서

$$\text{APV}(5a) = \text{APV}(1a) + \text{APV}(2a) + \text{APV}(4a) \quad (\text{해약 고려 안함: } \text{APV}(3a) = 0)$$

$$G_a = 258.14$$

(b) 보험료계산시 해약률이 허용되므로 다중탈퇴모형이 된다.

보험급부에 대한 APV는

APV(1b) = APV(1) (예제 9.2.7.1)

생존급부에 대한 APV는

APV(2b) = APV(2) (예제 9.2.7.1)

사업비에 대한 APV는

APV(4b) = APV(4) (예제 9.2.7.1)

영업보험료의 APV는

APV(5b) = APV(5) (예제 9.2.7.1)

따라서

$$\text{APV}(5b) = \text{APV}(1b) + \text{APV}(2b) + \text{APV}(4b) \quad (\text{해약급부가 } 0: \text{APV}(3b)=0)$$

$$= \text{APV}(1) + \text{APV}(2) + \text{APV}(4)$$

$$G_b = 200.83$$

(c) 해약급부가 0인 경우를 고려한다. 보험료산출시 해약률이 허용되지 않는 경우의 영업보험료를 $G_a$라고 하고 해약률이 허용되는 경우의 영업보험료를 $G_b$라고 하면 $G_b$가 $G_a$보다 작다. 해약률이 허용되지 않는 경우 각 시점에서 계약자적립액(순보식 원가법책임준비금)은 양수이다. 따라서 해약급부가 0일 때 해약발생은 계약자적립액만큼 보험자에게 이익(profit)이 된다. 만일 보험료산출시 해약률이 허용되면 이 이익은 보험료의 수준을 $G_a$에서 $G_b$로 낮추는데 사용될 수 있을 것이다. 해약률이 사용되어 보험료의 수준이 낮아질 때 이러한 보험료 산출방법을 해약률을 고려하는 보험료산출(lapse supported pricing)이라고 한다. 해약률은 보험계약자의 옵션이므로 보험자의 입장에서 예측하기 어렵다는 측면에서 이러한 보험료산출방법은 리스크가 많고 논란이 많은 방법이다.[1] 해약률이 허용되는 다중탈퇴모형에서는 사망을 "해약 전에 사망하는 것"이라고 해석한다. 이 확률은 해약의 강도(해약력, intensity of lapsing)에 영향을 받는다. 해약력이 높아진다면(예를 들어 표에서 $q_{x+1}^{(2)}$의 값이 0.3에서 0.6으로 높아진다면) 사망률(해약전 사망률이다)은 낮아질 것이다. 왜냐하면 사망하기 전에 더 많은 사람들이 해약을 해서 사망자수가 적어져서[2] 다중탈퇴표의 사망률을 낮추기 때문이다.

---

1) 보험업감독규정 제7-66조(생명보험 해약환급금의 계산) 제4항을 참고하기 바람. 우리나라의 경우, 보험료 및 보험금(생존연금의 경우 연금개시시점의 계약자적립액) 산출시 최적해지율을 사용한 순수보장성보험 및 보험기간이 종신인 생존연금의 경우에는 1항에서 정한 해약환급금 미만으로 지급할 수 있다(저해지, 무해지상품 등장).

2) 유지자수×사망률이 사망자수가 되는데 해약이 증가하면 유지자수가 감소하고, 따라서 사망자수가 감소한다. APV(1a)의 산출과정과 APV(1b)(예제 (9.2.7.1)의 APV(1))의 산출과정을 비교하면 알 수 있다.

표 [9.2.7.1]  해약률의 고려여부에 따른 보험료산출

|  | 해약률 고려 안함($h=a$) | 해약률 고려($h=b$) |
|---|---|---|
| APV($1h$) | 80.78 | 51.397 |
| APV($2h$) | 743.27 | 369.81 |
| APV($4h$) | $86.358+0.10907\,G_a$ | $75.497+0.07649\,G_b$ |
| 급부합계 TAPV($h$) | $910.408+0.10907\,G_a$ | $496.704+0.07649\,G_b$ |
| APV($5h$) | $3.63581\,G_a$ | $2.54978\,G_b$ |
| $G_h = \dfrac{\text{TAPV}(h)}{\text{APV}(5h)}$ | 258.14 | 200.83 |

해약률의 고려여부에 따른 보험료산출을 표 [9.2.7.1]에 정리하였다. 해약률을 고려하는 보험료 $G_b$를 기준으로 분석하면 해약률이 고려되면서 (i) 급부인 TAPV($b$)는 감소하여서 보험료를 낮추는 효과가 발생하고 (ii) 동시에 APV($5b$)가 감소하면서 보험료를 증가시키는 효과가 발생한다. 이 두 가지 효과 중에서 (i)의 효과가 더 커서 해약률이 고려되지 않는 경우보다 $G_b$는 낮아진다. $G_a$를 기준으로 하는 경우는 반대의 해석이 가능하다.  ▪

(2) 해약급부(2)

해약급부(2)는 다중탈퇴모형의 해약급부가 단일탈퇴모형하의 계약자적립액(평준순보식 원가법책임준비금)인 경우이다. 해약급부(2)를 고찰하기 위하여 사망급부와 해약급부를 제공하는 완전연속 종신보험인 경우를 고려한다. 해약으로 인한 해약력(force of withdrawal)을 $\mu_{x+t}^{(2)}$으로 나타내면 $\mu_{x+t}^{(\tau)} = \mu_{x+t}^{(1)} + \mu_{x+t}^{(2)}$이 성립한다. 다중탈퇴모형에서는

$$\int_0^\infty \mu_{x+t}^{(\tau)}\,dt = \infty \tag{9.2.7.1}$$

이 성립해야 하고 따라서

$$\lim_{t \to \infty}\, {}_tp_x^{(\tau)} = 0 \tag{9.2.7.2}$$

가 성립한다. 그러나 $\mu_{x+t}^{(2)}$와 도출된 절대탈퇴율 ${}_tp'^{(2)}_x$는 위와 같은 성질을 반드시 만족시키지는 않는다.

해약급부(2)의 분석에서는 해약이라는 탈퇴원인이 추가되더라도 사력은 변하지 않는다고 가정한다. 즉 사망시까지 기간과 해약시까지 기간은 독립적이라고 가정한다. 따라서 단일탈퇴모형과 다중탈퇴모형에서 사망을 원인으로 하는 사력을 $\mu_{x+t}^{(1)}$로 동일하게 나타낼 수 있다. 종신보험과 단일탈퇴모형을 가정하면 식 (6.2.10.5)와 유사하게 ${}_t\bar{V} = {}_t\bar{V}(\bar{A}_x)$의 변

화는

$$\frac{d}{dt}{}_t\bar{V} = \bar{P} + \delta\,{}_t\bar{V} - \mu_{x+t}^{(1)}\left(1 - {}_t\bar{V}\right) \tag{9.2.7.3}$$

이 성립한다. 여기서 $\bar{P} = \bar{P}(\bar{A}_x)$를 의미한다. 이중탈퇴모형하의 해약급부가 ${}_t\bar{V}$이면, 이중탈퇴모형하의 계약자적립액 ${}_t\bar{V}^* = {}_t\bar{V}(\bar{A}_x)^*$의 변화는 식 (9.2.7.3)과 유사하게

$$\frac{d}{dt}{}_t\bar{V}^* = \bar{P}^* + \delta\,{}_t\bar{V}^* - \mu_{x+t}^{(1)}\left(1 - {}_t\bar{V}^*\right) - \mu_{x+t}^{(2)}\left({}_t\bar{V} - {}_t\bar{V}^*\right) \tag{9.2.7.4}$$

로 표시될 수 있다. 여기서 $*$는 이중탈퇴모형에 기반을 둔 보험료와 계약자적립액을 나타내며 $\bar{P}^* = \bar{P}(\bar{A}_x)^*$를 의미한다. 식 (9.2.7.4)에서 ${}_t\bar{V} - {}_t\bar{V}^*$는 해약급부와 이중탈퇴모형에서의 계약자적립액과의 차이를 나타내며 ${}_t\bar{V}^*$를 해약급부를 상쇄시킬 저축형태로 생각하면 ${}_t\bar{V} - {}_t\bar{V}^*$는 해약으로 인한 순비용(net cost of withdrawal)이다.

식 (9.2.7.3)과 식 (9.2.7.4)를 이용하고, $\frac{d}{dt}\left(v^t\,{}_tp_x^{(\tau)}\,{}_t\bar{V}\right)$의 결과에서 $\frac{d}{dt}\left(v^t\,{}_tp_x^{(\tau)}\,{}_t\bar{V}^*\right)$의 결과를 차감하고 $t = 0$에서 $t = \infty$까지 적분을 하면

$$\bar{P}^* = \bar{P} \tag{9.2.7.5}$$
$$_t\bar{V}^* = {}_t\bar{V} \tag{9.2.7.6}$$

를 유도할 수 있다(연습문제 참조). 식 (9.2.7.5)와 식 (9.2.7.6)이 의미하는 것은 이중탈퇴모형하에서 완전연속 종신보험(보험금 사망즉시급, 보험료 연속납)의 해약급부가 단일탈퇴모형의 계약자적립액(평준순보식 원가법책임준비금)과 동일하다면, 이중탈퇴모형하의 보험료와 계약자적립액은 단일탈퇴모형하의 보험료와 계약자적립액과 동일하다. 이 결과는 적절한 해약급부(nonfor-feiture benefits)를 정의하는 현실적인 문제에 직접적으로 바로 적용될 수는 없으나 해약급부가 보험료와 계약자적립액에 미치는 영향을 최소화하는 기본적인 사고의 틀을 제공해 주고 있다.

이러한 사고방법은 예제 (6.2.8.2)에서 고찰한 결과와 밀접하게 연관되어 있다. 예제 (6.2.8.2)의 결과는 거치연금에서 보험료 납입기간 중의 사망보험금이 보험료의 적립금액(즉 계약자적립액)이라면, 보험료와 계약자적립액은 거치기간 동안 사망가정에 의존하지 않는다는 것이었다. 예제 (6.2.8.2)를 해석하면 거치기간 동안의 보험료와 계약자적립액은 사망률을 고려하지 않고 이자만을 고려하므로, 탈퇴원인이 없는 모델(zero decrement model)에서 유도된 것으로 생각해 볼 수 있다.

### (3) 해약급부(3)

앞에서 살펴본 해약급부(2)는 사업비를 포함하지 않은 분석이었다. 해약급부(2)에서 살펴본 내용이 해약급부(nonforfeiture benefits)의 금액을 결정하는 일반원칙이 된다면 사업비가 도입되는 경우 해약급부(2)는 약간의 조정이 필요할 것이다. 계약체결비용 중 보험료로 회수되지 못한 부분과, 보험자 입장에서 볼 때 적절하지 못한 시점에서 발생하는 해약으로 인한 리스크 등을 고려하면 계약자적립액(평준순보식 원가법책임준비금)을 다음과 같이 조정하여 해약환급금(解約還給金)을 산출하는 것을 생각할 수 있다.

$$_kCV = {}_kV - {}_kSC, \qquad k = 1, 2, 3, \cdots, \quad {}_kCV \ge 0 \tag{9.2.7.7}$$

여기서 $_kCV$는 해약급부의 해약환급금(cash value of nonforfeiture benefits), $_kV$는 계약자적립액, $_kSC$는 해약공제(surrender charge)를 나타낸다. 식 (9.2.7.7)이 해약급부로 표시되었던 $B_{x+t}^{(2)}$에 해당하는 금액이다. 이 해약급부는 반드시 현금으로 지급될 필요는 없으며 다음 절에서 고찰하는 보험수리적으로 동등한 다른 형태의 보험급부로도 대체될 수 있다.

보험감독분야에서도 해약환급금에 대한 규정들은 식 (9.2.7.7)에서 $_kSC$를 어떻게 정하느냐에 관심을 가지고 있다. 이를 위한 하나의 방법으로 보험금 1원에 대한 최저해약환급금을 다음과 같이 정의하기로 한다.

$$_kCV = {}_kV - (P^a - P)\ddot{a}(k) \tag{9.2.7.8}$$

$A(k)$와 $\ddot{a}(k)$는 시점 $k(k = 1, 2, 3, \cdots)$에서 보험과 생명연금의 보험수리적 현가를, $_kV$는 시점 $k(k = 1, 2, 3, \cdots)$에서의 계약자적립액을, $P$는 평준순보험료를 나타낸다. 여기서 $P^a$는 조정보험료(adjusted premium)를 나타내며 $A(0)$와 $\ddot{a}(0)$는 $A$와 $\ddot{a}$으로 나타내기로 한다. $(P^a - P)\ddot{a}(k)$는 확보하지 못한 초년도 사업비(미상각된 계약체결비용)를 나타내고 있다. 따라서 해약환급금은 계약자적립액(평준순보식 원가법책임준비금)에서 확보되지 못한 신계약비를 차감한 값으로 해석할 수 있다.

식 (9.2.7.8)에서 $P^a$를 제외한 다른 변수들은 정해져 있으므로 해약환급금에 대한 감독의 관심은 조정보험료(調整保險料)를 정의하는 문제가 된다. 조정보험료를 정의하는데 두 가지 종류의 사업비를 생각할 수 있다. 하나는 보험금 1원에 대한 평준연납사업비 ($E$라고 표시)로[1] 보험료 납입기간 중 매년 발생하는 사업비이고, 다른 하나는 한번 발생하는 초년도 계약체결비용($\alpha$라고 표시)이다.[2] 영업보험료 $G$는 조정보험료와 평준연납사

---

1) 7장의 평준부가보험료 $P^e$는 계약체결비용까지 고려된 평준부가보험료이다. 여기서 $E$는 계약체결비용이 고려하지 않은 매연도 사업비이다. 즉 7장 기준으로 보면 $E = e + r$에 해당된다.

2) 표 [7.2.1.2]에 따르면 계약체결비용은 $\alpha_1 + \alpha_3$이다. $\alpha_1 + \alpha_3 = \alpha$로 표기하기로 한다.

업비인 $E$ 로 구성된다고 하면 초년도 계약체결비용 $\alpha$ 는 조정보험료에 포함되어 있다고 생각할 수 있다. 이와 같은 정의에 의하여

$$G = P^a + E \tag{9.2.7.9}$$

$$G\ddot{a} = (P^a + E)\ddot{a} = A + \alpha + E\ddot{a} \tag{9.2.7.10}$$

위 식으로부터

$$P^a = \frac{A+\alpha}{\ddot{a}} = P + \frac{\alpha}{\ddot{a}} \tag{9.2.7.11}$$

위 식은 $\ddot{a} = a + 1$ 를 이용하면 다음과 같이 나타낼 수 있다.

$$P^a - \alpha + P^a a = A \tag{9.2.7.12}$$

위 식에서 $P^a - E$ 는 초년도 순보험료, $P^a$ 는 2차연도 이후의 순보험료를 나타낸다. 식 (9.2.7.8)을 다시 정리해 보면 식 (9.2.7.11)이 나타난 식으로 다음과 같이 나타낼 수 있다.

$$_kCV = {_kV} - (P^a - P)\,\ddot{a}(k) \tag{9.2.7.13}$$

$$= A(k) - P\,\ddot{a}(k) - (P^a - P)\ddot{a}(k) \tag{9.2.7.14}$$

$$= A(k) - P^a\,\ddot{a}(k) \tag{9.2.7.15}$$

$$= A(k) - \left(P + \frac{\alpha}{\ddot{a}}\right)\ddot{a}(k) \tag{9.2.7.16}$$

식 (9.2.7.16)에서 해약환급금은 향후 납입되는 보험료를 조정보험료로 하는 계약자적립액의 형태로 해석할 수 있다.

$\boxed{\text{예제 } 9.2.7.3}$

예제 (9.2.7.1)에서는 해약급부를 임의로 설정하였다. 여기서는 해약급부(3)을 만족시키는 해약환급금($_kCV$)을 다음의 순서로 구해보기로 한다.

(a) 예제 (9.2.7.2)에서 단일탈퇴모형을 가정하고(탈퇴확률=0 가정) $1000 P_{x:\overline{4|}}$ 을 구하시오.

(b) 예제 (9.2.7.2)에서 단일탈퇴모형을 가정하고(탈퇴확률=0 가정) $\alpha/\ddot{a}$ 을 구하시오.

(c) $1000 P^A_{x:\overline{4|}}$ 을 구하시오.

(d) $B^{(2)}_{x+t} = 1000(A_{x+t:\overline{4-t|}} - P^A_{x:\overline{4|}}\,\ddot{a}_{x+t:\overline{4-t|}})$ 을 이용하여 해약급부(3)을 구하시오.

**풀이**

(a)  $1000 P_{x:\overline{4|}} = 1000 \dfrac{A_{x:\overline{4|}}}{\ddot{a}_{x:\overline{4|}}} = 1000 \dfrac{A^{1}_{x:\overline{4|}} + A_{x:\overline{4|}}^{\phantom{1}\frac{1}{}}}{\ddot{a}_{x:\overline{4|}}}$

$A^{1}_{x:\overline{4|}} = \sum_{k=0}^{3} v^{k+1}\,_{k}p_x\, q_{x+k}$

$= \left[ \dfrac{0.01}{1.04} + \dfrac{(0.99)(0.02)}{(1.04)^2} + \dfrac{(0.99)(0.98)(0.03)}{(1.04)^3} \right] = 0.08597$

$A_{x:\overline{4|}}^{\;\frac{1}{}} = v^4\,_{4}p_x = \dfrac{(0.99)(0.98)(0.97)(0.96)}{(1.04)^4} = 0.77227$

그러므로  $1000 A^{1}_{x:\overline{4|}} = 85.97,\;\; 1000 A_{x:\overline{4|}}^{\;\frac{1}{}} = 772.27$

$\ddot{a}_{x:\overline{4|}} = \sum_{k=0}^{3} v^{k}\,_{k}p_x$

$= \left[ 1 + \dfrac{0.99}{1.04} + \dfrac{(0.99)(0.98)}{(1.04)^2} + \dfrac{(0.99)(0.98)(0.97)}{(1.04)^3} \right] = 3.6856$

따라서  $1000 P_{x:\overline{4|}} = 232.87,$

(b)  $\alpha = 60 - 10 = 50$으로 하면 $50/\ddot{a}_{x:\overline{4|}} = 13.56631$

(c)  $1000 P^{A}_{x:\overline{4|}} = 1000 P_{x:\overline{4|}} + 50/\ddot{a}_{x:\overline{4|}} = 246.43631$

(d)  $B^{(2)}_{x+1} = 1000 (A_{x+1:\overline{3|}} - P^{A}_{x:\overline{4|}}\,\ddot{a}_{x+1:\overline{3|}})$

$= 891.49 - (246.43631)(2.8212) = 196.24388$

$B^{(2)}_{x+2} = 1000 (A_{x+2:\overline{2|}} - P^{A}_{x:\overline{4|}}\,\ddot{a}_{x+2:\overline{2|}})$

$= 925.67 - (246.43631)(1.9327) = 449.3825$

$B^{(2)}_{x+3} = 1000 (A_{x+3:\overline{1|}} - P^{A}_{x:\overline{4|}}\,\ddot{a}_{x+3:\overline{1|}})$

$= 961.54 - 246.43631 = 715.10369$

## 8. 계약의 변경

### (1) 해약환급금과 보험옵션

해약되기 전의 계약이 보험계약이므로 해약급부 중 적어도 하나는 보험급부가 되는 것이 타당하다고 생각할 수 있다. 이런 경우 해약환급금이 새로운 보험급부를 정의하는 기초자료가 될 수 있다. 새로운 보험급부는 해약환급금과 보험수리적 현가가 동일하여야 한다.

### (a) 납제보험(감액완납보험)

보험료 납입이 어려운 계약자는 해약환급금을 이용하여 보험기간이나 조건을 변경시키지 않고 이후의 납입을 중지하면서(보험료납제, 보험료완납) 감액된 보험금을 선택할 수 있다. 변경후의 이와 같은 보험을 감액완납보험(減額完納保險, reduced paid-up insurance) 또는 납제보험((納濟保險; paid-up insurance)이라고 부른다. $k$ 시점에서 납제보험의 보험금을 $b_k$ 라고 표시하면

$$_kCV = b_k\,A(k),\tag{9.2.8.1}$$

$$b_k = \frac{_kCV}{A(k)}\tag{9.2.8.2}$$

여기서 $_kCV$는 보험금 1원에 대한 해약환급금을, $A(k)$는 $k$ 시점에서 미래보험금 1원에 대한 APV를 나타낸다.

보험금 1원에 대한 보험에서 $_kCV = {_kV}$인 특별한 경우(즉 해약환급금이 계약자적립액과 같은 경우)에 대하여는 표 [9.2.8.1]에 정리하였다. 우리나라의 경우 대략 7년 경과 후부터는 $_kCV = {_kV}$이다.

표 [9.2.8.1]  $b_k = {_kW} = {_kV}/A(k)$인 경우 보험옵션

| 보험금 사망즉시급, 보험료 연속납 | 보험금 연말급, 보험료 연납 |
|---|---|
| 종신보험 | |
| $_k\overline{W}(\overline{A}_x) = \dfrac{\overline{A}_{x+k} - \overline{P}(\overline{A}_x)\,\ddot{a}_{x+k}}{\overline{A}_{x+k}}$ $= 1 - \dfrac{\overline{P}(\overline{A}_x)}{\overline{P}(\overline{A}_{x+k})}$ | $_kW_x = \dfrac{A_{x+k} - P_x\,\ddot{a}_{x+k}}{A_{x+k}}$ $= 1 - \dfrac{P_x}{P_{x+k}}$ |
| h년납입 종신보험 $(k < h)$ | |
| $_k^h\overline{W}(\overline{A}_x) = \dfrac{\overline{A}_{x+k} - {_h\overline{P}}(\overline{A}_x)\,\ddot{a}_{x+k:\overline{h-k}|}}{\overline{A}_{x+k}}$ $= 1 - \dfrac{{_h\overline{P}}(\overline{A}_x)}{{_{h-k}\overline{P}}(\overline{A}_{x+k})}$ | $_k^hW_x = \dfrac{A_{x+k} - {_hP_x}\,\ddot{a}_{x+k:\overline{h-k}|}}{A_{x+k}}$ $= 1 - \dfrac{{_hP_x}}{{_{h-k}P_{x+k}}}$ |
| n년만기 생사혼합보험 $(k < n)$ | |
| $_k\overline{W}(\overline{A}_{x:\overline{n}|}) = \dfrac{\overline{A}_{x+k:\overline{n-k}|} - \overline{P}(\overline{A}_{x:\overline{n}|})\,\ddot{a}_{x+k:\overline{n-k}|}}{\overline{A}_{x+k:\overline{n-k}|}}$ $= 1 - \dfrac{\overline{P}(\overline{A}_{x:\overline{n}|})}{\overline{P}(\overline{A}_{x+k:\overline{n-k}|})}$ | $_kW_{x:\overline{n}|} = \dfrac{A_{x+k:\overline{n-k}|} - P_{x:\overline{n}|}\,\ddot{a}_{x+k:\overline{n-k}|}}{A_{x+k:\overline{n-k}|}}$ $= 1 - \dfrac{P_{x:\overline{n}|}}{P_{x+k:\overline{n-k}|}}$ |

### (b) 연장정기보험

연장정기보험(延長定期保險, extended term insurance)에서는 보험금액은 그대로 하고 변

경 후의 보험을 어느 정해진 기간의 정기보험으로 계약을 변경하는 것을 말한다.[1) 연장 정기보험의 보험기간은 다음 식에 의하여 구할 수 있다.

$$_kCV = \bar{A}_{x+k\,:\,\overline{s|}}^{\,1} \qquad (9.2.8.3)$$

생사혼합보험의 경우 $s > n-k$(원보험계약의 남은 기간)인 경우가 있다. 이런 경우 사용되지 않은 해약환급금은 다음과 같은 금액의 생존보험을 구입할 수 있다.

$$\frac{_kCV - \bar{A}_{x+k\,:\,\overline{n-k|}}^{\,1}}{A_{x+k\,:\,\overline{n-k|}}^{\,1}} \qquad (9.2.8.4)$$

원래 보험의 보험금은 $b$이지만, 보험료 미납시 계약자대출금액 $L$이 설정되어 있다면 연장정기보험에서는 보통 보험금액을 $b-L$로 설정한다. 이 경우 연장정기보험의 보험기간은 다음 식을 만족하는 값이다.

$$b\,_kCV - L = (b-L)\,\bar{A}_{x+k\,:\,\overline{s|}}^{\,1} \qquad (9.2.8.5)$$

### (c) 보험료자동대출

보험계약자가 보험료납입이 곤란하게 된 경우 보험사가 해약환급금을 재원으로 해서 보험료를 납부하고 보험계약을 유효하게 존속시키는 제도를 보험료자동대출(automatic premium loan)이라고 한다. 이 제도는 해약급부(nonforfeiture benefits)의 보험옵션으로 분류되지는 않으나 해약환급금을 기초로 하므로 여기서 고찰하기로 한다.

$k$시점에서 보험료가 미납된 경우 보험료자동대출(保險料自動貸出)의 최대 기간은 다음 식을 만족시키는 기간 $t$이다.

$$G\,\bar{s}_{\overline{t|}\,i} = {}_{k+t}CV \qquad (9.2.8.6)$$

여기서 $G$는 보험금 1원에 대한 영업보험료, $_{k+t}CV$ 보험금 1원에 대한 해약환급금, $i$는 계약자대출(policy loan)의 이자율을 의미한다. 실제 계산에서 $t$는 다음 식들을 만족시키는 정수이며

$$G\,\ddot{s}_{\overline{t|}\,i} \le {}_{k+t}CV \qquad (9.2.8.7)$$

$$G\,\ddot{s}_{\overline{t+1|}\,i} > {}_{k+t+1}CV \qquad (9.2.8.8)$$

남는 해약환급금 $_{k+t}CV - G\,\ddot{s}_{\overline{t|}\,i}$는 연장정기보험을 구입하는데 사용될 수 있다.

---

1) 원래의 계약이 종신보험이나 생사혼합보험을 가정.

### (2) 계약의 변경

보험계약자의 요청에 의하여 보험기간의 변경 또는 보험종류이 변경 등이 이루어질 수 있다. 앞에서 고찰한 납제보험이나 연장정기보험도 계약변경의 하나의 예에 해당되지만, 이보다 더 많은 다른 종류의 계약변경이 가능하다. 예를 들어 보험료를 증가시키거나 감소시키는 변경, 종신보험을 생사혼합보험으로의 변경 등 많은 계약변경을 고려할 수 있다.

이러한 계약의 변경은 해약환급금 $_kCV$를 기초로 한다. 즉 해약환급금 $_kCV$를 일시납보험료처럼 생각하고 다음의 산식을 만족하는 변경되는 계약의 보험급부를 결정할 수 있다($_kCV$는 과거계약의 주어진 보험금에 대한 해약환급금을 나타냄).

$$_kCV + k\text{시점의 미래보험료의 APV(변경되는 계약)}$$
$$= k\text{시점의 미래 급부와 사업비의 APV(변경되는 계약)} \qquad (9.2.8.9)$$

보험계약의 변경을 결정하는 식 (9.2.8.9)의 계산시 사용하는 가정은 보험료산출시 가정과 다를 수도 있다.

## 9. 퇴직연금

다중탈퇴모형이 가장 잘 적용될 수 있는 분야는 퇴직연금(退職年金, private pension plan)분야이다. 퇴직연금은 종업원 혹은 기업주가 기여금(contributions)을 납입하고 그 납입된 기여금이 회사 외부에서 적립되어서, 종원들이 사직(辭職), 정상퇴직, 조기퇴직, 장해, 사망 등의 탈퇴원인으로 회사를 떠나는 경우 적립된 기금으로 급부를 제공하는 종업원복지제도이다. 퇴직연금제도는 확정기여형제도(defined contribution plan)와 확정급여형제도(defined benefit plan)가 있다. 확정기여형제도(確定寄與型制度)는 연급여의 일정 비율(기여율, contribution rate) 등과 같이 기업주의 기여금을 정하는 제도로 종업원의 미래급부는 연금펀드의 수익률에 따라 달라진다. 확정기여제도는 미래급부가 확정된 것이 아니고 변동되며, 따라서 다중탈퇴모형이 적용될 필요성이 적다. 확정급여형제도(確定給與型制度)는 기업주가 퇴직시 정해진 급부를 약속하는(defined) 제도로 미래급부가 사전에 정해진다. 미래급부가 정해졌기 때문에 확정급여형제도에서는 다중탈퇴모형을 이용하여 급부에 대한 보험수리적 현가를 구할 수 있고 이에 따라 기업주의 기여금을 정할 수 있다. 따라서 본절에서는 확정급여형제도에 대하여만 고찰하기로 한다.

### (1) 승급표의 작성

퇴직연금의 여러 급부에 대한 APV를 계산하기 위해 제일 먼저 해야 할 작업은 미래급여를 예측하는 일이다. 여기서는 미래급여의 증가를 보여주는 결정론적 방법인 승급표 (昇給表, salary scale) $s_x$를 이용하고자 한다. 퇴직연금의 여러 급부는 급부를 받는 시점의 미래급여가 기준이 되는 경우가 많기 때문에 미래급여의 예측을 위하여 승급표의 사용이 필요하다. 승급함수(salary scale function)는 표 [9.2.9.1]의 승급표를 이용하여 다음과 같이 정의할 수 있다.

$$\frac{s_y}{s_x} = \frac{(y,\, y+1)\ \text{기간 동안 급여}}{(x,\, x+1)\ \text{기간 동안 급여}} \tag{9.2.9.1}$$

표 [9.2.9.1]  승급표(salary scale)의 예

| $x$ | $s_x$ | $x$ | $s_x$ | $x$ | $s_x$ |
|---|---|---|---|---|---|
| 30 | 1.00 | 40 | 1.85 | 50 | 3.41 |
| 31 | 1.06 | 41 | 1.96 | 51 | 3.63 |
| 32 | 1.13 | 42 | 2.09 | 52 | 3.86 |
| 33 | 1.20 | 43 | 2.22 | 53 | 4.10 |
| 34 | 1.28 | 44 | 2.36 | 54 | 4.35 |
| 35 | 1.36 | 45 | 2.51 | 55 | 4.62 |
| 36 | 1.44 | 46 | 2.67 | 56 | 4.91 |
| 37 | 1.54 | 47 | 2.84 | 57 | 5.21 |
| 38 | 1.63 | 48 | 3.02 | 58 | 5.53 |
| 39 | 1.74 | 49 | 3.21 | 59 | 5.86 |

(2) 퇴직연금액의 계산 플랜

확정급여형 퇴직연금에서 퇴직자의 퇴직연금액(退職年金額)은 종업원의 가입연령, 퇴직시점 및 근무기간에 지급받았던 급여에 따라 영향을 받는다. 퇴직연금액을 결정하는 공식이 퇴직시 급여나 퇴직시점과 가까운 기간(예: 3년, 5년 등)의 급여와 관련이 있는 확정급여형 플랜을 최종급여플랜(final salary plan)이라고 부른다. 퇴직연금액을 결정하는 공식이 전체 근무기간의 급여와 관련이 있는 경우는 근무기간 평균급여플랜(career average plan)이라고 한다.

종업원이 정확히 $x$세에 기업에 입사하여 정확히 $x+t$세에 퇴직한다고 가정할 때, 연령 $(x,\, x+1)$, $(x+1,\, x+2)$, ……, $(x+t-1,\, x+t)$ 각 기간 동안 종업원의 연간급여(AS: annual salary)를 $AS_x$, $AS_{x+1}$, ……, $AS_{x+t-1}$로 나타내기로 하자. 최종급여플랜(final salary plan)에서는 연간퇴직연금액이 최종급여의 일정비율(100$d$%)이다.

$$\text{연간퇴직연금액} = d\,(AS_{x+t-1}) \tag{9.2.9.2}$$

최종 $m$년 평균급여플랜(final $m$-year average plan)에서는 연간퇴직연금액이 최종 $m$년 급여평균의 일정비율이다. 보통 $m=3$, 4, 5 등을 이용한다.

$$연간퇴직연금액 = d \times \frac{AS_{x+t-1} + AS_{x+t-2} + \cdots\cdots + AS_{x+t-m}}{m} \tag{9.2.9.3}$$

근무기간 평균급여플랜(career average salary plan)에서는 연간퇴직금액이 근무기간 평균급여의 일정비율이다.

$$연간퇴직연금액 = d \times \frac{AS_{x+t-1} + AS_{x+t-2} + \cdots\cdots + AS_x}{t} \tag{9.2.9.4}$$

어떤 플랜에서는 연간퇴직연금액이 근무기간연수 $t$를 곱하는 방식이 이용되기도 한다. 종업원의 미래급여를 승급표를 이용하여 구해보자.

그림 [9.2.9.1] 연령에 따른 연간 급여

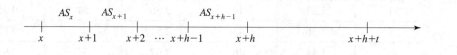

감독의 목적상 대부분 기업은 종업원들이 근무중이더라도 어떤 시점(평가시점)에서 퇴직연금급부의 APV를 추정해야 할 경우가 발생한다. 평가시점에서 종업원의 나이가 정확히 $x+h$세라고 가정하자. $x+h$세($h$시점) 이후의 종업원 미래급여와 퇴직시점 $t$가 알려져 있지 않기 때문에 $h$시점에서 연간퇴직연금액과 퇴직급부에 대한 APV를 계산하기 위하여 다음의 단계별 작업이 필요하다.

(i) 종업원의 미래급여 예측

(ii) 모든 $t$에 대하여 종업원이 $x+h+t$세에 퇴직할 확률을 구하고, 재직자 그룹에서 탈퇴하는 $t$에 대한 다중탈퇴모형을 만든다.

(iii) 퇴직연금의 급부는 퇴직 이외에도 사망, 사직, 장해 등이 있을 수 있으므로 이런 탈퇴원인에 대하여도 (ii)와 동일한 절차를 수행한다.

(iv) 앞의 절차들을 이용하여 퇴직연금 총급부의 APV를 구한다.

승급표를 이용하여 종업원의 미래급여를 추정해보자. 평가시점 $h$에서 $(x+h-1, x+h)$기간 동안의 급여를 알고 있다면 미래급여는 다음과 같다.

$$(x+h, x+h+1) \text{ 기간 미래급여} = AS_{x+h-1} \frac{s_{x+h}}{s_{x+h-1}} \tag{9.2.9.5}$$

최종급여플랜에서, 종업원이 $x+h+t$ 세에 퇴직한다면 예상연간퇴직연금액은

$$d \times AS_{x+h-1} \frac{s_{x+h+t-1}}{s_{x+h-1}} \tag{9.2.9.6}$$

이 된다. 최종 3년 평균급여플랜에서 예상연간퇴직연금액은

$$d \times AS_{x+h-1} \frac{s_{x+h+t-1} + s_{x+h+t-2} + s_{x+h+t-3}}{3 s_{x+h-1}}, \qquad t \geq 3 \tag{9.2.9.7}$$

이 된다. 근무기간 평균급여플랜에서 예상연간퇴직금액은

$$\frac{d}{t} \left( AS_{x+h-1} \frac{s_{x+h+t-1} + \cdots\cdots + s_{x+h}}{s_{x+h-1}} + AS_{x+h-1} + \cdots + AS_{x} \right) \tag{9.2.9.8}$$

앞의 식에서 괄호 안의 첫 번째 부분은 미래예상급여의 합이고 두 번째 부분은 과거급여의 합이다. 때에 따라 $AS_{x+h}$ 가 주어지는 경우에는 $AS_{x+h}$ 를 이용하여 위 식들을 조정하면 된다. 예를 들어 최종 3년 평균급여플랜은 다음과 같이 조정될 수 있다.

$$AS_{x+h} \frac{s_{x+h+t-1} + s_{x+h+t-2} + s_{x+h+t-3}}{3 s_{x+h}} \tag{9.2.9.9}$$

### 예제 9.2.9.1

31세에 신입사원이 된 A의 첫해 연급여는 4,000(만원)으로 보험사에서 근무를 시작하였다. A의 급여는 매년 3%씩 인상되는 것으로 가정하고, 근무시작 처음 3년간은 매년 보너스로 4%씩 추가로 급여가 인상되는 것으로 하였다. 퇴직연금의 매년 지급액이 「최종 5년 연급여 평균의 2% × 재직연수」라고 할 때 다음을 구하시오.

(a) A가 60세에 퇴직을 한다면 최종 5년 평균급여 예상액 $AS$ 를 구하시오.

(b) A의 60세에서의 예상되는 연간퇴직연금액 R(31, 0, 29)을 구하시오.[1]

(c) A의 예상되는 연간퇴직연금액의 소득대체율을 구하시오.

(d) A의 근무기간 총급여(career salary)의 2%를 예상되는 연간퇴직연금액으로 할 경우 예상되는 연간퇴직연금액 $R^{*}$(31, 0, 29)을 구하고 (b)의 결과와 비교하시오.

(e) 표 [9.2.9.1]의 승급표를 이용하여 (a), (b), (c)를 구하시오.

---

1) $x$ 세에 입사해서 현재 $x+h$ 세인 사람이 지금부터 $t$ 년 후에 퇴직하는 경우 예상되는 연간퇴직연금액을 $R(x, h, t)$ 로 나타낸다.

풀이

(a) $AS = 4000 \times 1.04^3 \times \dfrac{1.03^{24} + 1.03^{25} + 1.03^{26} + 1.03^{27} + 1.03^{28}}{5}$

$= 4000 \times 1.04^3 \times 1.03^{24} \times \dfrac{1 + 1.03 + 1.03^2 + 1.03^3 + 1.03^4}{5} = 9711.97$

(b) $R(31,\ 0,\ 29) = 2\% \times 9711.97 \times 29 = 5632.94$

(c) 최종연도소득은 $4000 \times 1.04^3 \times 1.03^{28} = 10294.43$ 이다.

따라서 소득대체율은

$$\dfrac{5632.94}{10294.43} = 54.72\%$$

(d) $R^*(31,\ 0,\ 29) = 2\% \times 4000[1 + 1.04 \times 1.03 + 1.04^2 \times 1.03^2 + 1.04^3 \times 1.03^3$

$+ 1.04^3(1.03^4 + \cdots + 1.03^{28})]$

$= 80[4.447839 + 1.04^3 \times 1.03^4(1 + 1.03 + \cdots + 1.03^{24})]$

$= 80\left[4.447839 + 1.04^3 \times 1.03^4 \times \left(\dfrac{1.03^{25} - 1}{0.03}\right)\right] = 4048.55$

$\dfrac{(d)\text{의 } R^*(31,0,29)}{(b)\text{의 } R(31,0,29)} = \dfrac{4048.55}{5632.94} = 71.87\%$

(e) (a) $AS = 4000 \times 1.04^3 \times \dfrac{s_{55} + s_{56} + s_{57} + s_{58} + s_{59}}{5\,s_{30}}$

$= 4000 \times 1.04^3 \times \dfrac{4.62 + 4.91 + 5.21 + 5.53 + 5.86}{5} = 23514.16$

(b) $R(31,\ 0,\ 29) = 2\% \times 23514.16 \times 29 = 13638.21$

(c) 최종연도소득은 $4000 \times 1.04^3 \times \dfrac{s_{59}}{s_{31}} = 4000 \times 1.04^3 \times \dfrac{5.86}{1.06} = 24874.35$ 이다.

따라서 소득대체율은

$$\dfrac{13638.21}{24874.35} = 54.83\%$$

### (3) 퇴직연금과 다중탈퇴모형

퇴직연금제도에서 어떤 종업원들은 정상퇴직연령(예: 60세) 전에 재직자 그룹에서 탈퇴할 수 있다. 정상퇴직 이외에도 탈퇴원인은 사직(辭職, withdrawal), 재직 중 사망, 조기퇴직, 장해 등이 있을 수 있다.

탈퇴원인 중 하나인 퇴직은 조기퇴직(早期退職)과 정상퇴직(正常退職)으로 나누어 생각할 수 있다. 조기퇴직은 기업이 정하는 조기퇴직에 대한 최소한의 근무기간을 충족시키고 정상퇴직연령보다 일찍 퇴직하는 것을 말한다. 보통의 확정급여형제도에서는 조기퇴직의 경우 1년당 일정비율씩을 감액하여 퇴직연금액을 계산한다. 사직(withdrawal)의 경우 사직급부가 보통 제공되지만 근무기간이 짧은 경우 조기퇴직급부보다 현저히 작다.

표 [9.2.9.2]   종업원재직잔존표(service table) 예시

| $x$ | $l_x^{(\tau)}$ | $d_x^{(d)}$ | $d_x^{(w)}$ | $d_x^{(i)}$ | $d_x^{(r)}$ |
|---|---|---|---|---|---|
| 30 | 100000 | 100 | 19900 | 0 | 0 |
| 31 | 79910 | 80 | 14376 | 0 | 0 |
| 32 | 65454 | 72 | 9858 | 0 | 0 |
| 33 | 55524 | 61 | 5702 | 0 | 0 |
| 34 | 49761 | 60 | 3971 | 0 | 0 |
| 35 | 45730 | 64 | 2693 | 46 | 0 |
| 36 | 42927 | 64 | 1927 | 43 | 0 |
| 37 | 40893 | 65 | 1431 | 45 | 0 |
| 38 | 39352 | 71 | 1181 | 47 | 0 |
| 39 | 38053 | 72 | 989 | 49 | 0 |
| 40 | 36943 | 78 | 813 | 52 | 0 |
| 41 | 36000 | 83 | 720 | 54 | 0 |
| 42 | 35143 | 91 | 633 | 56 | 0 |
| 43 | 34363 | 96 | 550 | 58 | 0 |
| 44 | 33659 | 104 | 505 | 61 | 0 |
| 45 | 32989 | 112 | 462 | 66 | 0 |
| 46 | 32349 | 123 | 421 | 71 | 0 |
| 47 | 31734 | 133 | 413 | 79 | 0 |
| 48 | 31109 | 143 | 373 | 87 | 0 |
| 49 | 30506 | 156 | 336 | 95 | 0 |
| 50 | 29919 | 350 | 592 | 214 | 0 |
| 51 | 28763 | 407 | 510 | 253 | 0 |
| 52 | 27593 | 466 | 431 | 300 | 0 |
| 53 | 26396 | 535 | 360 | 352 | 0 |
| 54 | 25149 | 613 | 268 | 412 | 0 |
| 55 | 23856 | 611 | 0 | 0 | 5139 |
| 56 | 18106 | 555 | 0 | 0 | 4042 |
| 57 | 13509 | 461 | 0 | 0 | 6454 |
| 58 | 6594 | 266 | 0 | 0 | 2824 |
| 59 | 3504 | 132 | 0 | 0 | 2385 |
| 60 | 987 | 0 | 0 | 0 | 987 |

근무기간이 경과하면서 퇴직급부가 쌓여서 그 쌓인 금액에 대하여 종업원이 연금급부를 받을 수 있는 권리가 발생되는 것을 vesting이라고 한다. 종업원이 연금급부를 받을 자격은 보통 일정기간(최소 수년)이 지나야 되는 경우가 많다.[1] 근무 중의 종업원에 대하여 현재시점까지 경과한 근무기간에 따라 발생된 연금액에 수급권이 부여되는 급부를 수급권(受給權)이 부여된 급부(vested benefits)라고 한다. 퇴직급부로 확정되어서 종업원이 그 금액을 받을 권리 즉 연금수급권을 vested right라고 한다.

연금수리에서는 다중탈퇴표를 종업원재직잔존표(service table)라고 부른다. 종업원재직잔존표(從業員在職殘存表)에서 $d$는 사망을, $w$는 사직을, $i$는 장해를, $r$은 퇴직을 나타낸다. 표 [9.2.9.2]에서 정년연령을 60세로 하였기 때문에 모든 근무자는 60세에 재직자 그룹을 떠나 퇴직하는 것으로 한다. 종업원재직자잔존표에서 다음이 성립한다.

$$l_{x+1}^{(\tau)} = l_x^{(\tau)}[1-(q_x^{(w)}+q_x^{(d)}+q_x^{(i)}+q_x^{(r)})] = l_x^{(\tau)}p_x^{(\tau)} \qquad (9.2.9.10)$$

$$_kp_x^{(\tau)} = \frac{l_{x+k}^{(\tau)}}{l_x^{(\tau)}} \qquad (9.2.9.11)$$

$$q_{x+k}^{(j)} = \frac{d_{x+k}^{(j)}}{l_{x+k}} \qquad (9.2.9.12)$$

$$l_{61}^{(\tau)} = 0 \qquad (9.2.9.13)$$

위 식들은 향후 퇴직연금의 급부를 구할 때 사용될 것이다.

### (4) 퇴직연금급부에 대한 APV

다중탈퇴모형을 이용하여 퇴직에 대한 APV를 구할 수 있다. 다른 급부(사망, 사직, 장해 등)의 APV를 구하는 방식도 유사하다.

$x$세에 입사해서 현재 $x+h$세인 사람이 지금부터 $t$년 후에 퇴직하는 경우 예상되는 연간퇴직연금액을 $R(x, h, t)$로 나타내기로 한다. 이 경우 $t$시점에서의 APV는 $R(x, h, t)$ $\times {}^r\ddot{a}_{x+t}^{(12)}$로 나타낼 수 있다. 각 탈퇴원인별로 탈퇴력을 알고 있다면 퇴직으로 인한 급부의 APV는 다음과 같다.

---

[1] 우리나라의 경우 과거 퇴직일시금제도에서는 1년이 경과되어야만 퇴직금을 받을 자격이 있다. 외국의 경우 일정기간은 퇴직연금플랜에 따라 다르며 1년, 3년, 5년 등 다양하다.

그림 [9.2.9.2]  시간과 연령에 따른 급여와 퇴직연금액

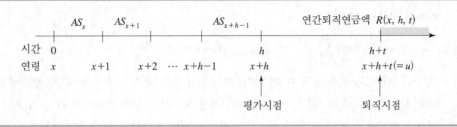

$$\int_{u-x-h}^{\infty} v^t \ _tp_{x+h}^{(\tau)} \ \mu_{x+h+t}^{(r)} \ R(x,h,t) \ ^r\ddot{a}_{x+h+t}^{(12)} \ dt \tag{9.2.9.14}$$

종업원재직잔존표만 주어지는 경우 위 식의 적분의 근사치를 구해야 하는데 가능한 방법은 연중앙값을 이용한 근사치 추정(midpoint approximation)이다. 퇴직이 $(x+h+k, \ x+h+k+1)$ 에서 발생하고 그 확률이 $_kp_{x+h}^{(\tau)} \ q_{x+h+k}^{(r)}$ 이면 퇴직급부는 종업원의 나이가 $x+h+k+\dfrac{1}{2}$ 세에 지급된다고 생각할 수 있다. 퇴직이 일년 기간 동안 균등하게 일어난다면 합리적인 근사치로 볼 수 있으며 이 경우 퇴직으로 인한 급부의 APV 근사값은 다음과 같다.

$$\text{APV} \doteqdot \sum_{k=u-x-h}^{\infty} v^{k+1/2} \ _kp_{x+h}^{(\tau)} \ q_{x+h+k}^{(r)} \ R(x, h, k+\tfrac{1}{2}) \ ^r\ddot{a}_{x+h+k+1/2}^{(12)} \tag{9.2.9.15}$$

퇴직급부 외에도 사망, 장해, 사직 등에도 일정한 급부가 제공될 수 있다. 이러한 급부도 퇴직급부와 유사한 방법으로 APV를 구할 수 있다. 만일 이런 급부가 연금형태로 지급된다면 연금현가 계산시 장해자들의 단생명모델이 적용된 연금사망률이 사용된다. 이것은 퇴직급부가 연금형태로 지급될 때 퇴직자들의 단생명모델이 적용된 연금사망률이 사용되는 것과 유사한 것이다.

#### 예제 9.2.9.2

어떤 기업의 퇴직연금액은 근무연수당 월 100씩에 해당하는 종신연금을 퇴직시부터 지급한다. 퇴직할 수 있는 연령은 55세부터 60세까지이다. 40세인 A라는 종업원은 30세에 이 기업에 입사하였다. 퇴직은 각 연령의 중앙에서 발생한다고 가정한다. 퇴직연금액의 APV를 구하시오.

#### 풀이

퇴직이 $(40+k, \ 40+k+1)$ 에서 발생한다면 퇴직은 $40+k+\dfrac{1}{2}$ 에서 발생한다고 생각할 수 있다. 매근무연수마다 월 100이므로 연액으로는 1,200이다. 종업원의 나이가 $40+k+\dfrac{1}{2}$ 인 경우 퇴직

연금액의 APV는 $(10+k+\frac{1}{2}) \times 1200 \times {}^r\ddot{a}^{(12)}_{40+k+\frac{1}{2}}$

따라서 구하는 APV는

$$\text{APV} = 1200 \sum_{k=15}^{20} v^{k+\frac{1}{2}} \; {}_k p^{(\tau)}_{40} \; q^{(r)}_{40+k} \; (10+k+\frac{1}{2}) \; {}^r\ddot{a}^{(12)}_{40+k+\frac{1}{2}}$$

가 된다. 퇴직연금액을 구할 때 퇴직연령의 조건을 주의 깊게 보아야 한다. 이 예제와 같이 60세에 퇴직한다고 하면 대부분 $(60, 61)$구간에서 퇴직하는 것을 의미하고 $60\frac{1}{2}$세에 퇴직하는 것으로 생각할 수 있다. 그러나 문제의 조건이 60세에 도달하는 순간 반드시 퇴직한다고 하면 퇴직연령이 60세가 된다. ∎

## 연습문제 9.2

1. 다음과 같은 탈퇴력과 총탈퇴력을 갖는 이중탈퇴모형을 고려해보자.

   (i) $\mu^{(1)}_{30+t} = \dfrac{1}{50-t}$, $0 \le t < 50$   (ii) $\mu^{(\tau)}_{30+t} = \dfrac{90-2t}{2000-90t+t^2}$, $0 \le t < 40$

   (30)에 대해서 탈퇴시까지의 기간이라는 확률변수를 $T$, 탈퇴원인이라는 확률변수를 $J$라고 할 때 다음을 구하시오.

   (a) (30)이 40세와 41세 사이에 탈퇴원인 2로 인해 탈퇴할 확률
   (즉, $\Pr\left[(10 < T \le 11) \cap (J=2)\right] = {}_{10|}q^{(2)}_{30}$)

   (b) (30)이 탈퇴원인 1로 인해 탈퇴할 확률(즉, $\Pr(J=1) = {}_\infty q^{(1)}_{30}$)

   (c) $f_{J|T}(1|20)$

2. 다음과 같이 $l^{(\tau)}_x$와 $d^{(j)}_x$가 나타나는 삼중탈퇴표를 완성시키고, $q^{(j)}_x$, $q^{(\tau)}_x$, $p^{(\tau)}_x$가 나타나는 삼중탈퇴표를 만드시오. 그리고 두 개의 삼중탈퇴표를 이용하여 ${}_2p^{(\tau)}_{35}$, ${}_{2|3}q^{(3)}_{35}$를 계산하여 동일한 결과가 나오는 것을 확인하시오.

   | $x$ | $l^{(\tau)}_x$ | $d^{(1)}_x$ | $d^{(2)}_x$ | $d^{(3)}_x$ | $d^{(\tau)}_x$ |
   |---|---|---|---|---|---|
   | 35 | 10000 | – | 70 | 100 | – |
   | 36 | 9800 | 54 | – | 150 | 294 |
   | 37 | – | 70 | – | 200 | – |
   | 38 | 9126 | 86 | 130 | | |
   | 39 | 8670 | 100 | 160 | – | 520 |

3. 탈퇴원인이 사고로 인한 사망($J=1$), 질병으로 인한 사망($J=2$)인 이중탈퇴모형을 고려한다. 다음의 자료를 이용하여

   (i) $\mu_{x+t}^{(1)} = \begin{cases} 0.015, & t \le 20 \\ 0.02, & t > 20 \end{cases}$  (ii) $\mu_{x+t}^{(2)} = \begin{cases} 0.025, & t \le 20 \\ 0.04, & t > 20 \end{cases}$

   $_{30}q_x^{(\tau)}$, $_{25|10}q_x^{(1)}$ 을 구하시오.

4. 다음과 같은 이중탈퇴표와 조건이 주어졌을 때 $q_{41}^{(1)}$ 을 구하시오.

   (i) $_{1|}q_{40}^{(2)} = 0.08$

   (ii)

   | $x$ | $l_x^{(\tau)}$ | $q'^{(1)}_x$ | $q'^{(2)}_x$ |
   |---|---|---|---|
   | 40 | 10000 | 0.1 | 0.2 |
   | 42 | 5900 | – | – |

5. 각각의 연관된 단일탈퇴환경에서 $T_j(x)$를 탈퇴시까지의 기간을 나타내는 확률변수로 정의하고, 다중탈퇴환경에서 탈퇴시까지의 기간을 나타내는 확률변수를 $T = \min[T_1(x), T_2(x)]$ 로 정의하자. $\mu_{x+t}^{(\tau)} = \mu_{x+t}^{(1)} + \mu_{x+t}^{(2)}$ 가 성립하여 $_tp_x^{(\tau)} = \prod_{j=1}^{2} {}_tp'^{(j)}_x$ 가 성립하기 위한 조건을 설명하시오.

6. $T_1(x)$와 $T_2(x)$의 결합 p.d.f가 다음과 같다.
   $$f_{T_1, T_2}(s, t) = \begin{cases} \dfrac{s+t}{125}, & 0 < s < 5, 0 < t < 5 \\ 0, & \text{그외구간} \end{cases}$$
   $T = \min(T_1, T_2)$ 라고 할 때
   $$-\frac{d}{dt}\ln S_T(t) \ne -\left[\frac{d}{dt}\ln S_{T_1, T_2}(t, 0) + \frac{d}{dt}S_{T_1, T_2}(0, t)\right]$$
   이 성립하는지를 검증하시오.

7. $T_1(x)$와 $T_2(x)$는 독립적이고 각각 다음과 같은 확률밀도함수를 가지고 있다.
   $$f(s) = \begin{cases} 0.01(s+5), & 0 < s < 10 \\ 0, & \text{그외구간} \end{cases}$$
   $T = \min(T_1, T_2)$ 라고 할 때
   $$-\frac{d}{dt}\ln S_T(t) = -\left[\frac{d}{dt}\ln S_{T_1, T_2}(t, 0) + \frac{d}{dt}\ln S_{T_1, T_2}(0, t)\right]$$
   이 성립하는지를 검증하시오.

8. 다음과 같은 삼중탈퇴모형을 고려한다. 탈퇴원인은 질병1($J=1$), 질병2($J=2$), 질병3($J=3$) 이다.

| $x$ | $q'^{(1)}_x$ | $q'^{(2)}_x$ | $q'^{(3)}_x$ |
|---|---|---|---|
| 50 | 0.01 | 0.02 | 0.05 |
| 51 | 0.02 | 0.03 | 0.05 |
| 52 | 0.03 | 0.04 | 0.05 |

각 탈퇴원인이 CFDMD가정을 따른다고 할 때, $_2q^{(2)}_{51}$를 구하시오.

9. 다음과 같은 삼중탈퇴모형을 고려한다. 탈퇴원인은 질병1($J=1$), 질병2($J=2$), 질병3($J=3$) 이다.

| $x$ | $l^{(\tau)}_x$ | $d^{(1)}_x$ | $d^{(2)}_x$ | $d^{(3)}_x$ |
|---|---|---|---|---|
| 30 | 1000 | 12 | 25 | 33 |
| 31 | — | 15 | 32 | — |
| 32 | 837 | — | — | — |

각 탈퇴원인이 UDDMD가정을 따른다고 할 때, $q'^{(3)}_{31}$을 구하시오.

10. 다음과 같은 이중탈퇴모형하에서 $q^{(1)}_{30}$을 구하시오.

    (i)  $\mu^{(1)}_{30.4} = \dfrac{5}{198}$  (ii)  $q^{(2)}_{30} = 0.05$

    (iii) $(30, 31)$ 구간에서 각 탈퇴원인은 UDDSD가정을 따른다.

11. 다음과 같은 절대탈퇴율이 주어졌다.

    (i)  $q'^{(1)}_x = 0.1$  (ii)  $q'^{(2)}_x = 0.5$

    이를 이용하여 다음의 3가지 가정하에서 $_{0.7}q^{(1)}_x$과 $_{0.7}q'^{(1)}_x$을 구하시오.

    (a) 구간 $(x, x+1)$에서 각 탈퇴원인과 총탈퇴가 이중탈퇴표에서 균등분포를 하는 가정 (UDDMD가정)

    (b) 구간 $(x, x+1)$에서 각 탈퇴원인이 단일탈퇴표에서 균등분포를 하는 가정(UDDSD가정)

    (c) 구간 $(x, x+1)$에서 각 탈퇴원인의 탈퇴력과 총탈퇴력이 상수인 가정(CFDMD가정)

12. 다음과 같은 다중탈퇴율이 주어졌다.

(i) $q_x^{(1)} = 0.15$  (ii) $q_x^{(2)} = 0.3$

이를 이용하여 다음의 3가지 가정하에서 $_{0.3}q_{x+0.2}^{(2)}$와 $_{0.3}q'^{(2)}_{x+0.2}$를 구하시오.

(a) 구간 $(x, x+1)$에서 각 탈퇴원인과 총탈퇴가 이중탈퇴표에서 균등분포를 하는 가정(UDDMD가정)

(b) 구간 $(x, x+1)$에서 각 탈퇴원인이 단일탈퇴표에서 균등분포를 하는 가정(UDDSD가정)

(c) 구간 $(x, x+1)$에서 각 탈퇴원인의 탈퇴력과 총탈퇴력이 상수인 가정(CFDMD가정)

13. 탈퇴원인이 사망$(J=1)$, 해약$(J=2)$인 이중탈퇴모형을 고려해보자. 사망은 UDDSD가정을 따르며, 해약은 절대탈퇴율 $q'^{(2)}_x$로 (a) 연중앙에서만 발생, (b) 연도 $\frac{3}{4}$시점에서만 발생한다고 가정하자. 다음의 가정을 이용하여 $d_x^{(1)}$을 구하시오.

(i) $l_x^{(\tau)} = 10000$  (ii) $q'^{(2)}_x = 0.25$  (iii) $l_{x+1}^{(\tau)} = 6375$

14. 탈퇴원인이 사망$(J=1)$, 장해$(J=2)$, 해약$(J=3)$인 삼중탈퇴모형을 고려해보자. 탈퇴원인 1과 2는 각각 절대탈퇴율이 $q'^{(1)}_x$, $q'^{(2)}_x$이고 UDDSD가정을 따르며, 해약은 절대탈퇴율 $q'^{(3)}_x$로 연도말에만 발생한다고 가정하자. 다음의 주어진 조건을 이용하여 다중탈퇴율 $q_x^{(1)}$, $q_x^{(2)}$, $q_x^{(3)}$을 구하시오.

(i) $q'^{(1)}_x = 0.015$  (ii) $q'^{(2)}_x = 0.04$  (iii) $q'^{(3)}_x = 0.15$

15. 탈퇴원인은 사망$(J=1)$, 장해$(J=2)$, 해약$(J=3)$이며 절대탈퇴율$(q'^{(1)}_x, q'^{(2)}_x)$의 UDDSD가정이 성립된다고 하고, 해약은 절대탈퇴율 $q'^{(3)}_x$로 연도중앙과 연도말에만 각각 $(1/2)$ $q'^{(3)}_x$씩 발생한다고 가정하자. 이 경우 다중탈퇴율 $q_x^{(1)}$, $q_x^{(2)}$, $q_x^{(3)}$를 구하시오.

16. 피보험자 $(x)$가 가입한 보험은 $r$세 전에 사고$(J=1)$로 사망하면 $3B$를, $r$세 전에 사고 이외의 원인$(J=2)$으로 사망하면 $B$를 지급하고, $r$세 이후에 사망하면 $B$를 지급한다. 보험금 현가함수 $Z$를 이용하여 다음을 구하시오.

(a) 일시납순보험료 $\pi$  (b) $\text{Var}(Z)$

17. 피보험자 $(x)$가 가입한 보험은 $r$세 전에 사고$(J=1)$로 사망하면 $3B$를, $r$세 전에 사고 이외의 원인$(J=2)$으로 사망하면 $B$를 지급하고, $r$세 이후에 사망하면 $B$를 지급한다. 미래손실 $_0L$을 이용하여 다음을 구하시오.

(a) $E({}_0L) = 0$이 되는 일시납순보험료 $\pi$          (b) $\text{Var}({}_0L)$

18. 탈퇴원인이 사고로 인한 사망$(J = 1)$, 질병으로 인한 사망$(J = 2)$인 이중탈퇴모형을 고려하자. 피보험자 $(30)$은 보험가입후 처음 20년 안에 사고로 인하여 사망하게 되면 300,000원의 사망보험금을 지급하고 보험가입후 20년 이후에 사고나 질병으로 사망하게 되면 150,000원의 사망보험금을 지급하는 사망즉시급 종신보험에 가입하였다. 피보험자 $(30)$의 사력이 $\mu_{30+t}^{(1)} = 0.002\,(t \geq 0)$이고, $\mu_{30+t}^{(\tau)} = 0.01$, $\delta = 0.05$라고 가정할 때 이 보험의 일시납순보험료를 구하시오.

19. 탈퇴원인이 사고로 인한 사망$(J = 1)$, 질병으로 인한 사망$(J = 2)$인 이중탈퇴모형을 고려해보자. 피보험자 $(45)$는 사고로 인한 사망의 경우 보험금 20원을, 질병으로 인해 사망한 경우 보험금 10원을 사망즉시 지급하는 일시납 종신보험에 가입하였다.
    (i) $\mu_{45+t}^{(1)} = 0.003$, $t \geq 0$    (ii) $\bar{A}_{45} = 0.13793$    (iii) ${}^{2}\bar{A}_{45} = 0.07407$    (iv) $\delta = 0.05$
    (v) 수지상등의 원칙에 의해서 계산된 일시납순보험료를 $P$로 나타내기로 한다.
    위 가정들을 이용하여 다음을 구하시오.
    (a) 이 보험에 대해서 미래손실 확률변수 ${}_0L$을 $P$를 이용하여 나타내시오.
    (b) $P$를 구하시오.
    (c) $E({}_0L)$, $E({}_0L^2)$, $\text{Var}({}_0L)$을 구하시오.

20. 식 $(9.2.6.5)$에서 보험기간 $n$년, $B_{x+t}^{(1)} = t$, $B_{x+t}^{(2)} = 0$, $t > 0$일 때 UDDMD가정하에서
$$\bar{A} = \sum_{k=0}^{n-1} v^{k+1}\,{}_kp_x^{(\tau)}\,q_{x+k}^{(1)}\left(\frac{i}{\delta}\right)\left(k + \frac{1}{\delta} - \frac{1}{i}\right)$$
로 나타낼 수 있음을 보이시오.

21. 보험금 연말급, 연납보험료를 가정한다. 모든 탈퇴원인$(J = 1, 2)$으로 인한 보험금 1원의 종신보험을 주계약으로 하고 사고$(J = 1)$로 인한 보험금 1원의 종신보험을 특약으로 가입한 경우로 가정하여 연납평준순보험료와 계약자적립액을 구하시오.

22. 탈퇴원인이 사망$(J = 1)$, 해약$(J = 2)$인 이중탈퇴모형을 고려한다. 피보험자 $(35)$는 3년만기 완전이산 정기보험에 가입하였다. 보험급부는 사망시 10,000원의 사망보험금을 지급하고 해약급부는 없다. 해약률을 고려하여 보험료를 산출할 때, 다음과 같은 가정하에서 이 보험의 연납평준순보험료를 구하시오. $(i = 0.05)$

| $x$ | $l_x^{(\tau)}$ | $d_x^{(1)}$ | $d_x^{(2)}$ |
|------|------|------|------|
| 35 | 1000 | – | 40 |
| 36 | 950 | 20 | 50 |
| 37 | – | 30 | 0 |

23. 탈퇴원인이 사망($J=1$), 해약($J=2$)인 이중탈퇴모형을 고려해보자. 피보험자 (60)은 보험금 10,000원인 3년만기 완전이산 정기보험에 가입하였다. 사망은 절대탈퇴율 $q'^{(1)}_{60+t}$로 UDDSD가정이 성립하고 해약은 절대탈퇴율 $q'^{(2)}_{60+t}$로 연도말에만 발생한다고 가정하자. 이 계약은 해약환급금을 지급하지 않는다. 다음과 같은 가정이 주어졌다.

    (i) 각 탈퇴원인에 대한 절대탈퇴율은 다음과 같다.

| $t$ | $q'^{(1)}_{60+t}$ | $q'^{(2)}_{60+t}$ |
|------|------|------|
| 0 | 0.10 | 0.12 |
| 1 | 0.15 | 0.16 |
| 2 | 0.20 | 0.18 |

    (ii) 사업비는 매 보험연도초에 영업보험료의 6%씩 부과된다.      (iii) $i=0.05$

    보험료산출시 해약률을 고려할 때 다음을 구하시오.
    (a) 사망급부에 대한 APV를 구하시오.
    (b) 수지상등의 원칙을 이용하여 영업보험료를 구하시오.

24. 탈퇴원인이 사망($J=1$), 장해($J=2$)인 이중탈퇴모형을 고려해보자. 피보험자 (50)은 이중탈퇴모형을 이용해서 만든 보험에 가입하였다. 다음과 같은 가정이 주어졌을 때 이 보험급부에 대한 APV를 구하시오.

    (i) $\mu_{50+t}^{(1)} = \dfrac{0.3}{60-t}$, $\mu_{50+t}^{(2)} = \dfrac{0.7}{60-t}$, $0<t<60$

    (ii) $^i\bar{a}_{50+t} = 25\,e^{-0.02t}$      (iii) $i=0.05$

    (iv) 사망급부는 사망시 보험금 10,000원을 사망즉시 지급하며, 장해급부는 장해시 연속적 연액 1,000원을 연속연금($^i\bar{a}$)의 형태로 즉시 지급한다.

25. 식 (9.2.7.5)와 식 (9.2.7.6)을 유도하기 위하여 다음을 구하시오.

    (a) $\dfrac{d}{dt}\,_t\bar{V} = \bar{P} + \delta\,_t\bar{V} - \mu_{x+t}^{(1)}(1-\,_t\bar{V})$와 $\dfrac{d}{dt}\,_tp_x^{(\tau)} = -\,_tp_x^{(\tau)}[\mu_{x+t}^{(1)} + \mu_{x+t}^{(2)}]$을 이용하여

$$\frac{d}{dt}[v^t\,_tp_x^{(\tau)}\,_t\bar{V}] = v^t\,_tp_x^{(\tau)}[\bar{P} - \mu_{x+t}^{(1)} - \mu_{x+t}^{(2)}\,_t\bar{V}]$$임을 보이시오.

(b) $\frac{d}{dt}\,_t\bar{V}^* = \bar{P}^* + \delta\,_t\bar{V}^* - \mu_{x+t}^{(1)}(1 - \,_t\bar{V}^*) - \mu_{x+t}^{(2)}(\,_t\bar{V} - \,_t\bar{V}^*)$와

$$\frac{d}{dt}\,_tp_x^{(\tau)} = -\,_tp_x^{(\tau)}[\mu_{x+t}^{(1)} + \mu_{x+t}^{(2)}]$$을 이용하여

$$\frac{d}{dt}[v^t\,_tp_x^{(\tau)}\,_t\bar{V}^*] = v^t\,_tp_x^{(\tau)}[\bar{P}^* - \mu_{x+t}^{(1)} - \mu_{x+t}^{(2)}\,_t\bar{V}]$$임을 보이시오.

26. 연습문제 25번에서 구한 (a)결과 − (b)결과를 $t=0$부터 $t=\infty$까지 적분을 하여서 식 (9.2.7.5), 식 (9.2.7.6)으로 나타난 $\bar{P}^* = \bar{P}$, $_t\bar{V}^* = \,_t\bar{V}$임을 보이시오.

27. $(x)$가 가입한 연속생명연금은 $x+n$세부터 연액 1원의 연금을 지급한다. $n$년의 거치기간 중의 사망급부$(J=1)$와 해약급부$(J=2)$는 보험료 계산시 사용된 이자율로 부리된 순보험료의 원리금합계이다. 보험료는 $x$와 $x+n$ 기간 동안 연속적으로 납입되는데 $x+n$보다 작은 경우 탈퇴가 일어날 때까지 납입된다. 연금지급이 개시된 후부터는 해약은 없다고 가정할 때 다음을 구하시오.

    (a) 연납순보험료        (b) $t$연도말 계약자적립액

28. 현재 50세인 피보험자(남)는 20년 전에 보험금 10,000원, 30년납입, 30년만기 완전이산 생사혼합보험에 가입하였다. 다음과 같은 가정이 주어졌을 때, 감액된 생존보험급부를 구하시오.

    (i) 보험금 및 보험료의 APV의 계산시 제7회 경험생명표(남)와 $i=0.05$를 사용하였다.
    (ii) 보험가입시 보험료는 수지상등의 원칙에 의해서 계산되었다.
    (iii) 피보험자는 보험가입후 20년이 지난 시점에서 보험료는 더 이상 납입하지 않고 해약환급금(계약자적립액과 동일)을 기초로 보험금을 조정하기로 하였다. 조정 내용은 50세에서의 미래손실의 기대값을 변화시키지 않는 조건하에서 사망보험금은 10,000원을 유지하고 생존보험급부는 감액된 금액을 받기로 하였다.

29. 피보험자 (30)은 보험금 10,000원의 완전연속 종신보험에 가입하였다. 다음과 같은 가정들이 주어졌을 때,

    (i) $\mu_{30+t} = \begin{cases} 0.02 & t < 10 \\ 0.04 & t \geq 10 \end{cases}$    (ii) $\delta = 0.05$

    (iii) 20시점의 해약환급금은 20시점의 계약자적립액의 100%이다.
    피보험자는 보험가입 후 20년이 지난 시점에서 보험료를 더 이상 납부하지 않기로 결정

하고, 종신보험은 유지하되 감액된 보험금을 받기로 하였다. 이 때 감액된 보험금을 구하시오.

30. 피보험자 (30)은 보험금 100,000원의 50년만기 완전연속 생사혼합보험에 가입하였다. 다음과 같은 가정과 조건이 주어졌을 때,

    (i) $l_x = 110 - x$,        $0 \le x < 110$             (ii) $\delta = 0.05$

    (iii) $\bar{A}_{30:\overline{50|}} = 0.26026$, $\bar{A}_{45:\overline{35|}} = 0.31924$, $\bar{A}_{60:\overline{20|}} = 0.47358$

    (iv) $k$시점의 해약환급금은 $k$시점의 계약자적립액과 동일하다.

    (a) 제15보험연도말 계약자적립액과 제30보험연도말 계약자적립액을 구하시오.

    (b) $k$시점에 피보험자는 보험료는 더 이상 납입하지 않고 해약환급금을 이용하여 보험금 100,000원의 연장정기보험(extended term insurance)으로 계약을 변경하고자 한다. $k = 15$, $k = 30$인 경우, 연장정기보험의 보험기간을 구하시오. 만약 연장정기보험의 보험기간이 원보험계약의 남은 기간보다 큰 경우는 사용되지 않은 해약환급금으로 구입할 수 있는 생존보험의 생존보험급부를 구하시오.

31. 피보험자 (20)은 보험금 10,000원의 50년만기 완전연속 생사혼합보험에 가입하였다. 다음과 같은 가정이 주어졌을 때,

    (i) $\mu_x = 0.02$, $x \ge 0$        (ii) $\delta = 0.05$

    (iii) $k$시점의 해약환급금은 $k$시점의 계약자적립액과 동일하다.

    (a) 제20보험연도말 계약자적립액과 제35보험연도말 계약자적립액을 구하시오.

    (b) $k$시점에 피보험자는 보험료는 더 이상 납입하지 않고 해약환급금을 이용하여 보험금 10,000원의 연장정기보험(extended term insurance)으로 계약을 변경하고자 한다. $k = 20$, $k = 35$인 경우, 연장정기보험의 보험기간을 구하시오. 만약 연장정기보험의 보험기간이 원보험계약의 남은 기간보다 큰 경우는 사용되지 않은 해약환급금으로 구입할 수 있는 생존보험의 생존보험급부를 구하시오.

32. 피보험자 (30)은 보험금 10,000원의 25년납입, 30년만기 완전연속 생사혼합보험에 가입하였다. 보험가입 20년 후 피보험자는 보험료의 납부는 그대로 하고 생존보험으로 계약을 변경하기로 하였다. 다음의 가정을 이용하여 변경된 계약의 생존보험급부를 구하시오.

    (i) $\mu_x = 0.01$, $x \ge 0$        (ii) $\delta = 0.05$

    (iii) 20시점의 해약환급금과 20시점의 계약자적립액은 동일하다.

33. 2020년 연초에 56세인 A의 연급여는 10,000이다. A의 연급여는 매년 연말에 변경된다. 탈퇴원인 $J = d$ 는 사망을, 탈퇴원인 $J = r$ 은 퇴직을 나타내며 다른 탈퇴원인은 56세 이후에는 표 [9.2.9.2]에 따라 발생하지 않는 것으로 가정한다. A의 퇴직연금플랜은 재직 중 60세 이전에 사망시 연급여의 5배를 사망즉시 지급한다. 사망은 연 중앙에 발생한다고 가정하고 APV 계산시 사용하는 이자율은 4%이다. 표 [9.2.9.1]의 승급표(salary scale)와 표 [9.2.9.2]의 종업원재직잔존표를 이용하여 사망급부의 APV를 구하시오.

제 **10** 장
# 다중상태모형

# Ⅰ. 기초이론

## 1. 확률과정

확률변수들의 모임(collection of random variables) $Y = \{Y(t), t \in T\}$ 를 확률과정(確率過程, stochastic process, random process)이라고 한다. 즉, 각각의 $t \in T$에 대하여 $Y(t)$는 확률변수이다. $t$는 보통 시간을 나타내고 따라서 $Y(t)$는 $t$시점에서 과정의 상태(state of the process at time $t$)를 나타낸다. 예를 들어 $Y(t)$는 $t$시점에 슈퍼마켓에 있는 손님 수를 나타낼 수도 있고 $t$시점의 주가일 수도 있다. 즉, 확률과정은 시간에 따른 어떤 과정의 진전 (the evolution through time of some (physical) process)을 나타내주는 확률변수들의 모임이다.

집합 $T$는 과정의 첨수집합(添數集合, index set)이다. $T$가 이산적일 때 확률과정 $Y$를 이산시간 확률과정(discrete-time stochastic process)이라고 하고 $T$가 연속적일 때 연속시간 확률과정(continuous-time stochastic process)이라고 한다. 예를 들어 $\{Y_n, n = 0, 1, 2, \cdots\}$는 이산시간 확률과정이고 $\{Y(t), t \geq 0\}$은 연속시간 확률과정을 나타낸다. 매개변수집합 $T$는 여러 가지 의미를 지닐 수 있지만 향후 다루는 대부분의 문제에서 $T$는 시간을 나타내므로 앞으로 $T$를 시간공간(time space)이라 부르고 각 $t \in T$를 시점 또는 시각이라고 표현하기로 한다. 확률과정 $Y = \{Y(t), t \in T\}$에서 확률변수 $Y(t)$들이 취하는 값을 상태(狀態, state)라 하며 상태 전체 집합을 확률과정 $Y$의 상태공간(state space)이라고 한다. 일반적으로 $Y(t)$가 이산확률변수일 때 확률과정 $Y$는 이산상태공간(離散狀態空間, discrete state space)을 갖는다고 하고, $Y(t)$가 연속확률변수일 때 연속상태공간(連續狀態空間, continuous state space)을 갖는다고 한다.

> **예제 10.1.1.1**

앞면이 나올 확률이 $p(0 < p < 1)$이고 뒷면이 나올 확률이 $q = 1 - p$인 동전을 던지는 실험에서 $X_n$을

$$X_n = \begin{cases} 1, & n\text{번째 시행결과가 앞면}(H)\text{인 경우} \\ -1, & n\text{번째 시행결과가 뒷면}(T)\text{인 경우} \end{cases}$$

라 하고

$$Y_n = Y_{n-1} + X_n = X_1 + X_2 + \cdots + X_n, \ n = 1, 2, \cdots \ (단, \ Y_0 = 0)$$

이라 하면 $Y_n$은 확률과정임을 설명하시오.

풀이

$Y_n$은 시간에 따른 어떤 과정의 진전을 보여주는 확률과정이다. $Y_n$은 원점에서 출발하여 $n$번 움직였을 때 수직선상의 위치로 생각할 수 있다. 이때 확률과정 $Y = \{Y_0, Y_1, \cdots\}$ 을 단순확률보행(simple random walk)이라 한다. 확률과정 $Y$의 상태공간은 $\{\cdots, -2, -1, 0, 1, 2, \cdots\}$ 이므로 $Y$는 이산시간 이산상태공간을 갖는 확률과정이다. 예를 들어 실험의 결과가

$$w_1 = (H, T, H, H, T, T, T, H, T, T, H, T, H, T, T, H, H, H, \cdots)$$

일 때 각각의 경우에 대하여 점 $(n, Y_n)$을 차례로 연결하면 다음과 같은 그림을 얻을 수 있다.

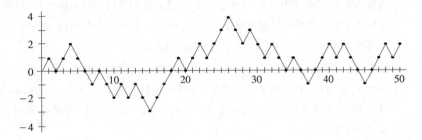

다음 예제에서는 기본적인 확률과정을 간단히 살펴보자.

**예제 10.1.1.2**

독립증분과 정상증분이 다음과 같이 정의될 때

(i) 모든 시각 $0 \le t_0 < t_1 < \cdots < t_n$에 대하여

$$Y(t_1) - Y(t_0),\ Y(t_2) - Y(t_1),\ \cdots,\ Y(t_n) - Y(t_{n-1})$$

이 서로 독립일 때 $Y = \{Y(t), t \in T\}$ 는 독립증분(獨立增分, independent increments)을 갖는다고 한다.

(ii) 모든 $t \in T$에 대하여 $Y(t+s) - Y(t)$가 같은 분포를 가질 때 $Y = \{Y(t), t \in T\}$ 는 정상증분(定常增分, stationary increments)을 갖는다고 한다.

(a) 독립증분의 예를 설명하시오.

(b) 정상증분의 예를 설명하시오.

(c) 브라운운동(Brownian motion)을 설명하시오.

(d) 마팅게일(martingale)을 설명하시오.

(e) 마르코프연쇄(Markov chain)를 설명하시오.

풀이

(a) 확률과정 $Y$가 독립증분을 갖는다는 것은 서로 겹치지 않는 시간구간에서 확률과정의 변화량이 서로 독립이라는 것을 의미한다. $Y_n$을 주식시장 개장 후 $n$거래일의 종합주가지수를 나타

낸다고 하자. $Y_{18} - Y_{10}$은 10거래일부터 8일간의 종합주가지수 변동량을 나타내고 $Y_{24} - Y_{20}$은 20거래일 이후 4일간의 종합주가지수 변동량을 나타낸다. 이때 $\{Y_n, n = 0, 1, 2, \cdots\}$가 독립증분을 갖는다고 가정하면 $Y_{18} - Y_{10}$과 $Y_{24} - Y_{20}$은 서로 겹치지 않는 거래일 사이의 변동량이므로 서로 독립이다.

(b) 정상증분을 갖는다는 것은 구간 $(s, t+s]$에서 확률과정의 변화량 $Y(t+s) - Y(s)$의 분포가 오직 구간의 길이 $t$에만 의존하고 시작 시점 $s$에는 의존하지 않는다는 것을 의미한다. (a)에서 $Y = \{Y_n, n = 0, 1, 2, \cdots\}$가 정상증분을 갖는다면 어느 시점부터 시작하든 4일간의 거래일 동안의 종합주가지수 변동량은 같은 분포를 따른다. 예를 들어 100거래일이 지난 날부터 4일간의 주가지수 변동량 $Y_{104} - Y_{100}$과 101일 거래일이 지난 날부터 4일간의 종합주가지수 변동량 $Y_{105} - Y_{101}$은 같은 분포를 따른다.

(c) 확률과정 $Y = \{Y(t), t \geq 0\}$ ($Y(0) = 0$)가 독립증분과 정상증분을 가지며 각각의 $t > 0$에 대하여 $Y(t) \sim N(0, t)$일 때 $Y$를 브라운운동과정 또는 간단히 브라운운동(Brownian motion)이라고 한다. 브라운운동은 연속시간 연속상태공간을 가지며 정상증분과 독립증분을 갖는 확률과정이다.

(d) $Y = \{Y_n, n = 1, 2, \cdots\}$가 $n = 1, 2, \cdots$에 대하여 $E[|Y_n|] < \infty$과

$$E[Y_{n+1} | Y_1, \cdots, Y_n] = Y_n \qquad (10.1.1.1)$$

을 만족할 때 $Y$를 마팅게일(martingale)이라 한다. $Y_n$을 $n$번째 게임이 끝난 후에 도박사가 가지고 있는 돈의 액수라 하면 조건 (10.1.1.1)은 $n+1$번째 게임을 마친 후 그 도박사가 가지고 있는 돈의 액수의 기대값은 과거에 가지고 있는 액수에 관계없이 $n$번째 게임 후에 가지고 있는 돈의 액수와 같다는 것을 뜻한다. 이러한 의미에서 마팅게일은 공정한 게임에 대한 모형으로 여겨진다.

(e) 마르코프연쇄는 다음절에서 설명한다. 그 이외에도 대표적인 확률과정은 포아송과정(Poisson process)이 있다.

## 2. 이산시간 마르코프연쇄

### (1) 이산시간 마르코프연쇄의 정의

$Y$의 상태공간 $S$는 다른 언급이 없는 한 $\{0, 1, 2, \cdots, n\}$의 부분집합을 나타내고 확률과정 $Y$가 $n$시점에서 상태 $j$에 있을 사건을 $\{Y_n = j\}$ 또는 $Y_n = j$로 나타낸다. 확률과정 $Y$가

$$\Pr(Y_{n+1} = j \mid Y_0 = i_0, \cdots, Y_{n-1} = i_{n-1}, Y_n = i)$$
$$= \Pr(Y_{n+1} = j \mid Y_n = i) \qquad (10.1.2.1)$$

를 만족할 때 $Y$를 이산시간 마르코프연쇄(discrete time Markov chain)라고 한다. 이와 같이 확률과정 $Y$가 과거로부터 현재까지의 정보인 $Y_0, Y_1, \cdots, Y_n$이 주어졌을 때 미래의 상태

$Y_{n+1}$이 오직 현재의 상태 $Y_n$에만 의존하는 성질을 마르코프 성질(Markov property)이라고 한다. 마르코프 성질을 갖는 확률과정을 마르코프 과정(Markov process)이라고 하며, 특히 이산상태공간을 갖는 마르코프 과정을 마르코프연쇄(마르코프連鎖, Markov chain)라고 한다. 새로운 상태로 옮겨가면서 과거에 어느 상태에 있었는지는 완전히 잊어버린다는 특징 때문에 마르코프연쇄는 기억력 없는 확률과정(memoryless stochastic process)이라고도 불리운다.

### (2) 전이확률

조건부확률 $\Pr(Y_{n+1}=j \mid Y_n=i)$를 $Y$의 일단계 전이확률(one-step transition probability) 또는 간단히 전이확률(轉移確率, transition probability)이라고 한다.

상태 $i$에서 상태 $j$로 이동하는 일단계 전이확률이 시점 $n$에 의존하지 않을 때, 마르코프연쇄 $Y$는 시간동질(時間同質, time homogeneous)이라고 한다. 이와는 달리 $n$에 따라(즉 시점에 따라) 전이확률이 달라지는 경우 마르코프연쇄 $Y$는 시간비동질(時間非同質, time non-homogeneous)이라고 한다. 시간동질 전이확률은

$$p^{ij} = \Pr(Y_{n+1}=j \mid Y_n=i) \tag{10.1.2.2}$$

로 표시되는데 $p^{ij}$는 시점 $n$에 관계없이 일정하므로 기호표시에 $n$이 들어가지 않아도 된다.[1] 시간비동질 전이확률은 기호표시에 $n$이 들어가서 $p_n^{ij}$으로 표시하면 된다.

$$p_n^{ij} = \Pr(Y_{n+1}=j \mid Y_n=i) \tag{10.1.2.3}$$

시간동질인 경우 전이확률 $p^{ij}$를 $(i,j)$성분으로[2] 갖는 행렬인

$$P = \begin{bmatrix} p^{00} & p^{01} & p^{02} & \cdots & p^{0m} \\ p^{10} & p^{11} & p^{12} & \cdots & p^{1m} \\ p^{20} & p^{21} & p^{22} & \cdots & p^{2m} \\ \vdots & \vdots & \vdots & \ddots & \vdots \\ p^{m0} & p^{m1} & p^{m2} & \cdots & p^{mm} \end{bmatrix} \tag{10.1.2.4}$$

를 $Y$의 (일단계) 전이확률행렬(transition probability matrix)이라고 한다. 전이확률은 조건부확률이므로 다음과 같은 성질이 있으며 이런 성질을 만족하는 행렬을 확률행렬(確率行列,

---

1) 시간비동질인 경우 기호표시에 $n$이 반드시 들어가야 하지만 시간동질인 경우 기호표시에 $n$이 들어가도 되고 안들어가도 된다. 시간동질인 경우 $n$에 상관없이 매기의 전이확률이 동일하므로 $n$을 표시하지 않아도 된다는 의미이다.

2) 시간비동질인 경우는 시점 $n$에 따라 전이확률이 달라지므로 $P$는 $P_n$으로 표시되고 성분들 $p^{ij}$는 $p_n^{ij}$로 시점 $n$을 표시하면 된다.

stochastic matrix)이라고 한다.

$$0 \leq p^{ij} \leq 1$$

$$\sum_{j=0}^{m} p^{ij} = 1 \tag{10.1.2.5}$$

$p^{ii} = 0$이란 상태 $i$에 남아있는 것이 불가능한 것을 의미하고, $p^{ii} \neq 0$인 것은 다음 시점에서 상태 $i$에 남아있는 것이 가능하다는 것을 의미한다. $p^{ii} = 1$은 상태 $i$에서 다른 상태로 이동하는 것이 불가능한 것을 의미하는데, 이때 상태 $i$를 흡수상태(吸收狀態, absorbing state)라고 하며 앞으로 자주 등장한다.

⎛ 예제 10.1.2.1 ⎞

전이확률행렬이 다음과 같이 주어졌을 때 전이확률행렬 $P$의 성분(成分, element) $p^{ij}$를 해석하시오. 이산상태공간은 {0(건강), 1(질병), 2(사망)} 이다.

$$P = \begin{matrix} & \begin{matrix} 0 & 1 & 2 \end{matrix} \\ \begin{matrix} 0 \\ 1 \\ 2 \end{matrix} & \begin{bmatrix} 0.7 & 0.2 & 0.1 \\ 0.3 & 0.6 & 0.1 \\ 0 & 0 & 1 \end{bmatrix} \end{matrix}$$

**풀이**

이 마르코프연쇄는 3개의 상태 0(건강), 1(질병), 2(사망)를 가지고 있다. $p^{00} = 0.7$은 0시점에 상태 0(건강)에서 시작하여 1시점에 상태 0(건강)에 있을 확률, $p^{01} = 0.2$는 0시점에 상태 0(건강)에서 시작하여 1시점에 상태 1(질병)에 있을 확률, $p^{02} = 0.1$은 0시점에 상태 0(건강)에서 시작하여 1시점에 상태 2(사망)에 있을 확률을 나타낸다. $p^{10} = 0.3$은 0시점에 상태 1(질병)에서 시작하여 1시점에 상태 0(건강)에 있을 확률, $p^{11} = 0.6$은 0시점에 상태 1(질병)에서 시작하여 1시점에 상태 1(질병)에 있을 확률을 나타낸다. $p^{20} = 0$은 상태 2(사망)에서 상태 0(건강)으로 이동하는 것이 불가능하고, $p^{21} = 0$은 상태 2(사망)에서 상태 1(질병)로 이동하는 것이 불가능한 것을 나타낸다. $p^{22} = 1$은 상태 2(사망)가 흡수상태인 것을 나타낸다.

그림 [10.1.2.1]　전이확률

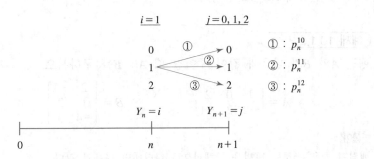

그림 [10.1.2.1]을 이용하여 $p_n^{ij}$를 설명해 보자. 상태공간이 {0(건강), 1(질병), 2(사망)}이라고 하면 어떤 사람이 $n$시점에 상태 1(질병)에 있는 경우는 $Y_n = 1$이다. 다음 해인 $n+1$시점에 가능한 상태는 0, 1, 2이며 $Y_{n+1} = 0, 1, 2$를 의미한다. $n$시점에 상태 1(질병)에서 시작하여 $n+1$시점에 상태 0(건강)에 있을 확률은 $\Pr(Y_{n+1} = 0 | Y_n = 1) = p_n^{10}$, $n$시점에 상태 1(질병)에서 시작하여 $n+1$시점에 상태 1(질병)에 있을 확률은 $\Pr(Y_{n+1} = 1 | Y_n = 1) = p_n^{11}$, $n$시점에 상태 1(질병)에서 시작하여 $n+1$시점에 상태 2(사망)에 있을 확률은 $\Pr(Y_{n+1} = 2 | Y_n = 1) = p_n^{12}$로 나타낸다. 앞의 예제에서 $p_n^{10} = 0.3$, $p_n^{11} = 0.6$, $p_n^{12} = 0.1$로 나타나고 있다.

### 예제 10.1.2.2

어떤 기계의 상태는 '작동 중'이거나 '수리 중' 둘 중 하나의 상태로 있다고 하자. $n$번째 날에 작동 중인 기계가 그 다음날에도 작동 중일 확률은 $\alpha$이고 $n$번째 날에 수리 중인 기계가 다음날 작동 중인 상태에 있을 확률은 $1 - \beta$라 하자. 내일의 기계 상태는 오늘의 상태에만 의존하고 그 이전의 상태에는 의존하지 않는다고 가정하자. 이 때의 전이확률행렬을 구하시오.

**풀이**

$Y_n$을 $n$번째 날 기계가 작동 중이면 0, 수리중이면 1의 값을 갖는 확률변수라 하자. 그러면 확률과정 $\{Y_n, n \geq 0\}$은 상태공간이 {0, 1}이고 전이확률행렬이 다음과 같은 마르코프연쇄가 된다.

$$P = \begin{array}{c} 0 \\ 1 \end{array} \begin{bmatrix} \alpha & 1-\alpha \\ 1-\beta & \beta \end{bmatrix}$$

지금부터는 행렬의 곱에 관한 계산이 많이 등장하므로 다음 예제를 통하여 행렬의 곱에 대하여 연습해 보기로 한다.

**( 예제 10.1.2.3 )**

행렬 $A$와 $B$가 다음과 같이 주어질 때 $A \times B$를 구하시오.

$$A = \begin{bmatrix} 1 & 0 & 2 \\ -2 & 3 & -1 \end{bmatrix}, \qquad B = \begin{bmatrix} 2 & -1 \\ 1 & 2 \\ -4 & 3 \end{bmatrix}$$

**풀이**

행렬의 곱을 구하는 방법을 구체적으로 나타내면 다음과 같다.

$$A \times B = \begin{bmatrix} A의 1행 \times B의 1열 & A의 1행 \times B의 2열 \\ A의 2행 \times B의 1열 & A의 2행 \times B의 2열 \end{bmatrix}$$

$$= \begin{bmatrix} (1)(2) + (0)(1) + (2)(-4) & (1)(-1) + (0)(2) + (2)(3) \\ (-2)(2) + (3)(1) + (-1)(-4) & (-2)(-1) + (3)(2) + (-1)(3) \end{bmatrix}$$

$$= \begin{bmatrix} -6 & 5 \\ 3 & 5 \end{bmatrix}$$

$n$시점에 상태 $i$에서 시작하여 $n+2$시점에 상태 $j$에 있을 확률을 구하기 위해서는 2단계 전이확률(two-step transition probability)이 필요하다. 2단계 전이확률인

$$_2 p_n^{ij} = \Pr(Y_{n+2} = j | Y_n = i) \tag{10.1.2.6}$$

를 구하고자 한다면 $P_n \times P_{n+1} = {_2}P_n$ 행렬의 $(i, j)$성분을 찾으면 된다. 시간동질적인 경우는 $P \times P = P^2$가 2단계 전이확률행렬이 된다. 일반적으로 $m$단계 전이확률은

$$_m p_n^{ij} = \Pr(Y_{n+m} = j | Y_n = i) \tag{10.1.2.7}$$

로 표시되고 조건부확률이다. 행렬 $_m P_n = ({_m}p_n^{ij})$을 $m$단계 전이확률행렬이라 하며 $m$단계 전이확률행렬 $_m P_n$도 확률행렬이 된다. $_1 P_n$은 1을 생략하여 $P_n$으로 나타낼 수도 있다. 시간동질적인 경우 $m$단계 전이확률 $_m p_n^{ij}$는 $_m P_n = P P \cdots P = P^m$의 $(i, j)$성분이다. 시간비동질적인 경우 $m$단계 전이확률 $_m p_n^{ij}$는 $_m P_n = P_n P_{n+1} P_{n+2} \cdots P_{n+m-1}$의 $(i, j)$성분이다.

**( 예제 10.1.2.4 )**

시간동질인 전이확률행렬 $P$가 다음과 같이 주어질 때 $P^2 = P \times P$를 구하고 $_2 p_n^{02}$와 $_2 p_n^{10}$을 구하시오.

$$P = \begin{array}{c} \\ 0 \\ 1 \\ 2 \end{array} \begin{array}{ccc} 0 & 1 & 2 \\ \begin{bmatrix} 0.7 & 0.2 & 0.1 \\ 0.5 & 0.3 & 0.2 \\ 0 & 0 & 1 \end{bmatrix} \end{array}$$

**풀이**

$$P^2 = P \times P$$

$$= \begin{bmatrix} 0.7 & 0.2 & 0.1 \\ 0.5 & 0.3 & 0.2 \\ 0 & 0 & 1 \end{bmatrix} \begin{bmatrix} 0.7 & 0.2 & 0.1 \\ 0.5 & 0.3 & 0.2 \\ 0 & 0 & 1 \end{bmatrix} = \begin{bmatrix} 0.59 & 0.20 & 0.21 \\ 0.50 & 0.19 & 0.31 \\ 0 & 0 & 1 \end{bmatrix}$$

$_2p_n^{02} = \Pr(Y_{n+2} = 2 \mid Y_n = 0)$ 으로 $P^2$의 $(0,2)$성분인 0.21이고

$_2p_n^{10} = \Pr(Y_{n+2} = 0 \mid Y_n = 1)$ 으로 $P^2$의 $(1,0)$성분인 0.5이다.

**예제 10.1.2.5**

시간동질 마르코프연쇄를 가정한다. 카드회사의 고객 신용등급은 A등급과 B등급으로 분류된다. 다음과 같은 조건이 주어질 때, $n$시점에 B등급에 있는 고객이 $n+1$시점에 A등급으로 재분류될 확률을 구하시오. 재분류는 매년말에 이루어진다.

(i) $n$시점에서 A등급의 고객이 $n+1$시점에서 B등급으로 재분류될 확률은 0.3

(ii) $n$시점에서 B등급의 고객이 $n+2$시점에서 B등급일 확률은 0.70

**풀이**

A등급을 상태 0이라 하고, B등급을 상태 1이라고 하자. 상태가 0과 1 두 개밖에 없으므로 상태 0에 있을 확률과 상태 1에 있을 확률의 합은 1이다. 조건 (i)로부터 다음과 같은 전이확률행렬을 구할 수 있다.

$$P = \begin{bmatrix} 0.7 & 0.3 \\ x & 1-x \end{bmatrix}$$

조건 (ii)로부터 $_2p_n^{11} = \Pr(Y_{n+2} = 1 \mid Y_n = 1) = 0.7$이라는 것을 알 수 있으며 $_2p_n^{11}$은 $P$의 두 번째 행과 $P$의 두 번째 열의 곱의 합이다. 따라서

$$x(0.3) + (1-x)^2 = 0.7$$

이 식을 정리하면

$$x^2 - 1.7x + 0.3 = 0$$

과 같은 이차방정식을 얻게 되며 이를 풀면

$$x = \frac{1.7 \pm \sqrt{(1.7)^2 - 4(0.3)}}{2} = \frac{1.7 \pm 1.3}{2} = 1.5 \text{ 또는 } 0.2$$

확률은 1보다 작아야 하기 때문에 $x = 0.2$

따라서 $n$시점에 B등급의 고객이 $n+1$시점에 A등급으로 재분류될 확률은 0.2이다.

## (3) 채프만–콜모고로프 방정식

마르코프연쇄에서 많이 사용되는 채프만–콜모고로프 방정식(Chapman-Kolmogorov equation)은 다음과 같다.[1]

$$_{m+n}p_0^{ij} = \sum_{k \in S} {}_np_0^{ik} {}_mp_n^{kj}, \quad m, n \geq 0, \quad i, j \in S \tag{10.1.2.8}$$

여기서 $S$는 앞에서도 설명했듯이 확률과정 $Y$의 상태공간을 의미하며 다른 언급이 없는 한 $\{0, 1, 2, \cdots, n\}$의 부분집합이다. 위 식에서 $_np_0^{ik} {}_mp_n^{kj}$는 $i$에서 출발하여 $n$단계 후에 $k$에 도달하고 다시 $k$에서 출발하여 $m$단계 후에 $j$에 있을 확률이다. 따라서 채프만–콜모고로프 방정식에서, $Y_0 = i$에서 출발하여 $(m+n)$단계 후에 $j$에 있을 확률은 중간단계에서 방문하는 모든 상태에 대한 확률을 합한 것과 같다. 이를 그림으로 나타내면 그림 [10.1.2.2]와 같다.

그림 [10.1.2.2]  채프만–콜모고로프 방정식

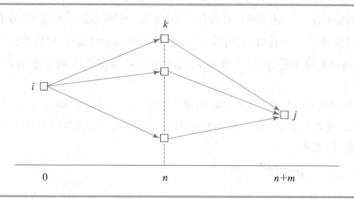

식 (10.1.2.8)을 $n$단계 전이확률행렬을 이용하여 표현하면 다음과 같다.

$$_{n+m}\boldsymbol{P}_0 = {}_n\boldsymbol{P}_0 \, {}_m\boldsymbol{P}_n \tag{10.1.2.9}$$

특히 시간동질인 경우 $_1\boldsymbol{P}_0 = {}_1\boldsymbol{P}_1 = \cdots = {}_1\boldsymbol{P}_{n-1} = \boldsymbol{P}$이므로

$$_2\boldsymbol{P}_0 = {}_1\boldsymbol{P}_0 \, {}_1\boldsymbol{P}_1 = \boldsymbol{PP} = \boldsymbol{P}^2 \tag{10.1.2.10}$$

$$_n\boldsymbol{P}_0 = {}_{n-1}\boldsymbol{P}_0 \, {}_1\boldsymbol{P}_{n-1} = \boldsymbol{P}^{n-1}\boldsymbol{P} = \boldsymbol{P}^n \tag{10.1.2.11}$$

---

1) 기호표시를 편하게 하기 위하여 기준(출발)시점을 0으로 하였다. 앞에서 고찰할 때는 기준시점을 $n$으로 하였지만 이론 전개는 동일하다.

이므로 시간동질인 경우 $n$단계 전이확률행렬은 일단계 전이확률행렬 $P$를 $n$번 곱한 것과 같다.

(예제 10.1.2.6)

예제 (10.1.2.4)에서 $_2p_0^{02}$를 채프만-콜모고로프 방정식을 이용하여 구하시오.

**풀이**

상태공간 $S = \{0, 1, 2\}$ 이므로 $k = 0,1,2$이다. 그림 [10.1.2.2]와 식 (10.1.2.8)로부터

$$_2p_0^{02} = \sum_{k=0}^{2} {_1}p_0^{0k} \, {_1}p_1^{k2}$$

$$= {_1}p_0^{00} \, {_1}p_1^{02} + {_1}p_0^{01} \, {_1}p_1^{12} + {_1}p_0^{02} \, {_1}p_1^{22}$$

$$= (0.7)(0.1) + (0.2)(0.2) + (0.1)(1) = 0.21$$

이 됨을 확인할 수 있다. 출발시점을 0 대신 $n$으로 보면 $_2p_0^{02} = {_2}p_n^{02}$이다. ∎

시간동질 이산시간 마르코프연쇄에서는 전이확률 $P$가 과정 내내 상수로 동일하다고 가정하는 경우가 많다. 그러나 일반적으로 전이확률이 계속되는 구간마다 동일하다는 시간동질성은 상황에 맞지 않을 수 있다. 예를 들어 마르코프연쇄가 보험수리학에 응용될 경우 전이확률은 계속되는 구간마다 연령이 증가하므로 시간비동질(time non-homogeneous)인 경우가 대부분이다. 시간비동질인 경우 식 (10.1.2.11)의 $_nP_0$는

$$_nP_0 = P_0 \, P_1 \, P_2 \cdots P_{n-1} \tag{10.1.2.12}$$

으로 표시할 수 있다.

보험수리학에서는 0 대신 피보험자 $(x)$가 사용되고 $n$이나 $m$ 대신 $s$나 $t$가 많이 사용된다. 보험수리학에 응용될 때 피보험자의 연령 $x$세는 현재 주어지는 것이므로 식 (10.1.2.12)에서 0을 $x$로 대체하면 식 (10.1.2.13)과 같은 채프만-콜모고로프 방정식으로 나타낼 수 있다. 마르코프연쇄가 보험수리학에 응용되는 경우 식 (10.1.2.12)보다는 피보험자 $(x)$가 표시되는 식 (10.1.2.13)의 형태가 많이 사용된다.

$$_{t+s}P_x = {_s}P_x \, {_t}P_{x+s} \tag{10.1.2.13}$$

그림 [10.1.2.3] 채프만–콜모고로프 방정식의 적용

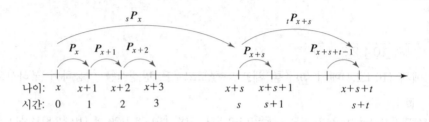

간단한 예를 들어 채프만–콜모고로프 방정식을 설명해 보자. 다음과 같이 상태공간이 3개인 마르코프 모형을 고려하자. 상태 0은 건강, 상태 1은 질병, 상태 2는 사망을 의미하는 경우 피보험자 $(x)$에 대한 1년 전이확률행렬을 $P_x$, 피보험자 $(x+1)$에 대한 1년 전이확률행렬을 $P_{x+1}$이라고 하면

$$P_x = \begin{bmatrix} p_x^{00} & p_x^{01} & p_x^{02} \\ p_x^{10} & p_x^{11} & p_x^{12} \\ 0 & 0 & 1 \end{bmatrix}, \qquad P_{x+1} = \begin{bmatrix} p_{x+1}^{00} & p_{x+1}^{01} & p_{x+1}^{02} \\ p_{x+1}^{10} & p_{x+1}^{11} & p_{x+1}^{12} \\ 0 & 0 & 1 \end{bmatrix}$$

로 나타낼 수 있으며, 행렬의 곱 $P_x \times P_{x+1}$은 채프만–콜모로고프 방정식의 우변을 나타내준다. 즉

$$_2P_x = P_x \times P_{x+1} = \begin{bmatrix} p_x^{00} & p_x^{01} & p_x^{02} \\ p_x^{10} & p_x^{11} & p_x^{12} \\ 0 & 0 & 1 \end{bmatrix} \begin{bmatrix} p_{x+1}^{00} & p_{x+1}^{01} & p_{x+1}^{02} \\ p_{x+1}^{10} & p_{x+1}^{11} & p_{x+1}^{12} \\ 0 & 0 & 1 \end{bmatrix} \tag{10.1.2.14}$$

$$= \begin{bmatrix} p_x^{00} p_{x+1}^{00} + p_x^{01} p_{x+1}^{10} & p_x^{00} p_{x+1}^{01} + p_x^{01} p_{x+1}^{11} & p_x^{00} p_{x+1}^{02} + p_x^{01} p_{x+1}^{12} + p_x^{02} \\ p_x^{10} p_{x+1}^{00} + p_x^{11} p_{x+1}^{10} & p_x^{10} p_{x+1}^{01} + p_x^{11} p_{x+1}^{11} & p_x^{10} p_{x+1}^{02} + p_x^{11} p_{x+1}^{12} + p_x^{12} \\ 0 & 0 & 1 \end{bmatrix}$$

$$\tag{10.1.2.15}$$

식 (10.1.2.15)의 $(i,j)$성분은 $_2P_x$의 $(i,j)$성분과 동일하다.

$$P_x P_{x+1} = {}_2P_x = \begin{bmatrix} _2p_x^{00} & _2p_x^{01} & _2p_x^{02} \\ _2p_x^{10} & _2p_x^{11} & _2p_x^{12} \\ 0 & 0 & 1 \end{bmatrix} \tag{10.1.2.16}$$

예를 들면 $_2p_x^{00} = p_x^{00} p_{x+1}^{00} + p_x^{01} p_{x+1}^{10}$, $_2p_x^{12} = p_x^{10} p_{x+1}^{02} + p_x^{11} p_{x+1}^{12} + p_x^{12}$임을 알 수 있다. 일

반적으로 상태 2가 사망이 아닌 경우에는 상태 2에서 다른 상태로의 전이확률이 0이 아닐 수 있으므로 이를 일반화시키면 다음과 같다. 피보험자 $(x)$에 대한 1년 전이확률행렬을 $\boldsymbol{P}_x$, 피보험자 $(x+1)$에 대한 1년 전이확률행렬을 $\boldsymbol{P}_{x+1}$이라고 하면

$$\boldsymbol{P}_x = \begin{bmatrix} p_x^{00} & p_x^{01} & p_x^{02} \\ p_x^{10} & p_x^{11} & p_x^{12} \\ p_x^{20} & p_x^{21} & p_x^{22} \end{bmatrix}, \qquad \boldsymbol{P}_{x+1} = \begin{bmatrix} p_{x+1}^{00} & p_{x+1}^{01} & p_{x+1}^{02} \\ p_{x+1}^{10} & p_{x+1}^{11} & p_{x+1}^{12} \\ p_{x+1}^{20} & p_{x+1}^{21} & p_{x+1}^{22} \end{bmatrix}$$

로 나타낼 수 있으며, 행렬의 곱 $\boldsymbol{P}_x \times \boldsymbol{P}_{x+1}$ 은

$$\boldsymbol{P}_x \times \boldsymbol{P}_{x+1} = \begin{bmatrix} p_x^{00} & p_x^{01} & p_x^{02} \\ p_x^{10} & p_x^{11} & p_x^{12} \\ p_x^{20} & p_x^{21} & p_x^{22} \end{bmatrix} \begin{bmatrix} p_{x+1}^{00} & p_{x+1}^{01} & p_{x+1}^{02} \\ p_{x+1}^{10} & p_{x+1}^{11} & p_{x+1}^{12} \\ p_{x+1}^{20} & p_{x+1}^{21} & p_{x+1}^{22} \end{bmatrix} \tag{10.1.2.17}$$

로 식 (10.1.2.15)와 같이 계산한 결과식으로 표현할 수 있으며 $\boldsymbol{P}_x \times \boldsymbol{P}_{x+1}$ 의 $(i, j)$성분은 $_2\boldsymbol{P}_x$의 $(i, j)$성분과 동일하다. 따라서 다음과 같이 표시할 수 있다.

$$\boldsymbol{P}_x\,\boldsymbol{P}_{x+1} = {}_2\boldsymbol{P}_x = \begin{bmatrix} {}_2p_x^{00} & {}_2p_x^{01} & {}_2p_x^{02} \\ {}_2p_x^{10} & {}_2p_x^{11} & {}_2p_x^{12} \\ {}_2p_x^{20} & {}_2p_x^{21} & {}_2p_x^{22} \end{bmatrix} \tag{10.1.2.18}$$

$x$세의 $t$년 전이확률을 구해보자. $x$세의 $t$년 전이확률행렬은 $x$세, $x+1$세, $x+2$세,$\cdots$, $x+t-1$세에 대하여 각 나이에서의 1년 전이확률행렬들을 계속 곱해 나가면 구할 수 있다. $x$세의 $t$년 전이확률행렬 $_t\boldsymbol{P}_x$는 다음과 같다.

$$\boldsymbol{P}_x\,\boldsymbol{P}_{x+1}\,\boldsymbol{P}_{x+2}\,\cdots\,\boldsymbol{P}_{x+t-1} = {}_t\boldsymbol{P}_x = \begin{bmatrix} {}_tp_x^{00} & {}_tp_x^{01} & {}_tp_x^{02} \\ {}_tp_x^{10} & {}_tp_x^{11} & {}_tp_x^{12} \\ {}_tp_x^{20} & {}_tp_x^{21} & {}_tp_x^{22} \end{bmatrix} \tag{10.1.2.19}$$

$x$세의 $t$년 전이확률행렬은 $t$년 후 보험금청구건수나 피보험자 $(x)$가 $t$년 후 어떤 상태에 속하는 경우 지급되는 보험급부를 평가하는데 사용될 수 있다.

(4) 상태벡터

시점 $n$(주로 현재)에서 이산시간 마르코프연쇄는 $m$개의 가능한 상태 중 한 상태에 속한다. 시점 $n$에서 상태 $i$에 있을 확률을 $\pi_{in}$으로 $(i = 0, 1, \cdots, m-1)$ 나타내면

$$\boldsymbol{\pi}_n = (\pi_{0n}\ \pi_{1n} \dots \pi_{(m-1)n}) \tag{10.1.2.20}$$

$$\sum_{i=0}^{m-1} \pi_{in} = 1 \tag{10.1.2.21}$$

이다. $\pi_n$은 모든 $\pi_{in}$을 성분으로 갖는 벡터를 나타낸다. 벡터 $\pi_n$을 $n$시점의 상태벡터 (state vector)라고 한다. $\pi_n$의 성분은 $n$시점에서 각 상태에 있을 확률을 나타낸다. 시점 $n$에서 확률과정이 상태 $i$에 속해 있다고 하면 $\pi_{in} = 1$이고 $\pi_{jn} = 0 \ (j \neq i)$이다. 예를 들어 3개의 상태$(m=3)$가 존재하는 확률과정(a 3-state process)이 시점 $n$에서 상태 $1(i=1)$에 속해 있다고 하면 $\pi_n = (0 \ 1 \ 0)$이 된다. $n+1$시점의 상태벡터는 $n$시점의 전이확률행렬 $P_n$을 이용하여

$$\pi_{n+1} = \pi_n \, P_n \tag{10.1.2.22}$$

로 정의되고 전이확률행렬 $P_n$이 시간동질이면 $P_n = P$이므로

$$\pi_{n+1} = \pi_n \, P \tag{10.1.2.23}$$

로 정의된다. 따라서 $n+1$시점의 상태벡터 $\pi_{n+1}$을 전이확률행렬 $P$의 성분들로 나타내면

$$\pi_{n+1} = (0 \ 1 \ 0) \begin{bmatrix} p^{00} & p^{01} & p^{02} \\ p^{10} & p^{11} & p^{12} \\ p^{20} & p^{21} & p^{22} \end{bmatrix} = (p^{10} \ p^{11} \ p^{12}) \tag{10.1.2.24}$$

가 된다. $P$의 두 번째 행(row)이 시점 $n$에서 상태 1에 있다는 조건하에 $n+1$시점에 상태 0, 1, 2에 있을 확률을 각각 나타내기 때문에 위 식은 쉽게 이해가 될 수 있을 것이다. $\pi_{n+1}$이 구해진 경우 $\pi_{n+2}$는

$$\pi_{n+2} = \pi_{n+1} \, P \tag{10.1.2.25}$$

로 구할 수 있고, 식 (10.1.2.23)을 식 (10.1.2.25)에 대입하면

$$\pi_{n+2} = (\pi_n P) P = \pi_n P P = \pi_n P^2 \tag{10.1.2.26}$$

이 된다. $\pi_n = (0 \ 1 \ 0)$이 시점 $n$에서 상태 1에 있다는 것이 알려진 것이므로 $\pi_{n+2}$의 성분들은 $P^2 = P \times P$의 두 번째 행의 성분들과 같다. 시간동질인 경우 일반적으로

$$\pi_{n+r} = \pi_n \, P^r \tag{10.1.2.27}$$

이 성립한다. $\pi_n$은 $\pi_{in} = 1$이고 $\pi_{jn} = 0 \ (j \neq i)$이기 때문에 $\pi_{n+r}$은 $P^r$의 제 $i$행과 같다.

시간비동질 이산시간 마르코프연쇄에서 상태벡터 $\pi_{n+r}$은

$$\pi_{n+r} = \pi_n P_n P_{n+1} P_{n+2} \cdots P_{n+r-1} \qquad (10.1.2.28)$$

로 나타낼 수 있다.

상태벡터 $\pi_n$은 (0 1 0)과 같이 0과 1로만 구성되는 것은 아니다. 예를 들어 다음과 같이 3개의 상태를 갖는 이산시간 마르코프 모형을 고려해 보자. 여기서 상태 0은 건강, 상태 1은 장해, 상태 2는 사망을 나타낸다. 이와 같은 모형을 갖는 어떤 피보험자 집단에서 현재 피보험자 집단의 90%가 건강하고 10%가 장해라고 가정하면 초기 상태에서 피보험자 집단의 분포를 나타내는 상태벡터는 (0.9 0.1 0)이 된다.

**예제 10.1.2.7**

$n$시점의 상태벡터가 $\pi_n = (0\ 1\ 0)$이고

$$P_n = \begin{bmatrix} 0.7 & 0.2 & 0.1 \\ 0.5 & 0.3 & 0.2 \\ 0 & 0 & 1 \end{bmatrix}, \quad P_{n+1} = \begin{bmatrix} 0.6 & 0.3 & 0.1 \\ 0.5 & 0.2 & 0.3 \\ 0 & 0 & 1 \end{bmatrix}$$

일 때 $\pi_{n+2}$를 구하시오.

**풀이**

$$\pi_{n+2} = \pi_n P_n P_{n+1}$$

$$= (0\ 1\ 0) \begin{bmatrix} 0.7 & 0.2 & 0.1 \\ 0.5 & 0.3 & 0.2 \\ 0 & 0 & 1 \end{bmatrix} \begin{bmatrix} 0.6 & 0.3 & 0.1 \\ 0.5 & 0.2 & 0.3 \\ 0 & 0 & 1 \end{bmatrix}$$

$$= (0.5\ 0.3\ 0.2) \begin{bmatrix} 0.6 & 0.3 & 0.1 \\ 0.5 & 0.2 & 0.3 \\ 0 & 0 & 1 \end{bmatrix}$$

$$= (0.45\ 0.21\ 0.34).$$

여기서는 $\pi_n \times P_n$을 먼저 계산하고 그 결과인 $\pi_{n+1}$에 $P_{n+1}$을 곱하는 것이, $P_n \times P_{n+1}$을 먼저 계산하고 그 결과를 $\pi_n$에 곱하는 것보다 계산이 간편하다.

**예제 10.1.2.8**

자동차보험의 피보험자를 보험기간 1년 동안 무사고 그룹과 사고를 낸 그룹으로 분류한다. 현재 무사고 그룹에 있는 피보험자가 1년 후에 무사고 그룹에 있을 확률은 0.8이고, 현재 사고를 낸 그룹에 있는 피보험자가 1년 후에 무사고 그룹에 있을 확률은 0.7이다. 전이확률은 매해 동일하며(시간동질), 1년 후의 사고발생은 현재의 경험에만 의존하고 그 이전의 경험에는 의존하지 않는다고 가정하자. 현재(0시점) 무사고 그

룹에 있는 피보험자가 4년 후에 사고를 낸 그룹에 있을 확률을 구하시오.

**풀이**

무사고 그룹을 상태 0, 사고를 낸 그룹을 상태 1이라고 하자. 문제의 조건을 이용하여 전이확률 행렬을 구하면 다음과 같다.

$$P = \begin{bmatrix} 0.8 & 0.2 \\ 0.7 & 0.3 \end{bmatrix}$$

현재(0시점) 무사고 그룹에 있으므로 상태벡터로 표시하면 (1 0)이다.

따라서 첫 번째 연도말에서의 상태벡터를 식 (10.1.2.23)을 이용하여 구하면 (0.8 0.2)이다.

두 번째 연도말에서의 상태벡터를 식 (10.1.2.25)를 이용하여 구하면

$$(0.8 \ \ 0.2) \begin{bmatrix} 0.8 & 0.2 \\ 0.7 & 0.3 \end{bmatrix} = (0.78 \ \ 0.22) \text{이며}$$

세 번째 연도말에서의 상태벡터는

$$(0.78 \ \ 0.22) \begin{bmatrix} 0.8 & 0.2 \\ 0.7 & 0.3 \end{bmatrix} = (0.778 \ \ 0.222) \text{이다.}$$

따라서 4년 후에(네 번째 연도말에) 사고를 낸 그룹에 있을 확률은

$$0.778(0.2) + 0.222(0.3) = 0.2222 \text{이다.}$$

### (5) 연속시간 마르코프모형

앞으로의 이론전개를 위하여 여기서는 연속시간 마르코프모형(continuous time Markov model)의 개념만을 간단히 설명하기로 한다. 연속시간 마르코프모형은 Ⅱ. 일반이론에서 구체적으로 고찰될 것이다.

연속시간 마르코프연쇄에서 확률과정 $Y = \{Y(t), \ t \geq 0\}$ 으로 나타나는데 $t \geq 0$이라는 의미는 전이(transition)가 $t \geq 0$인 어느 시점에서나 발생할 수 있다는 의미이다. $Y$의 상태공간 $S$는 $\{0, 1, 2, \cdots, n\}$의 부분집합을 나타내고 확률과정 $Y$가 임의의 $t_0 < t_1 < \cdots < t_n < s < t+s$에 대하여

$$\Pr[Y(t+s) = j \mid Y(t_0) = i_0, \cdots, Y(t_n) = i_n, Y(s) = i]$$
$$= \Pr[Y(t+s) = j \mid Y(s) = i] \tag{10.1.2.29}$$

를 만족할 때 $Y$를 연속시간 마르코프연쇄라고 한다. 연속시간 마르코프연쇄는 현재의 $Y(s)$와 과거의 $Y(t_i)$가 주어진 조건하에서 미래의 $Y(t+s)$의 조건부분포는 오직 현재의 $Y(s)$에만 의존하는 마르코프성질을 갖는 확률과정이다. 즉 $Y(t+s)$는 과거와는 독립적이다. 마르코프모형에서는 마르코프성질로 인하여 현재 상태 $i$에 있는 확률과정이 미래에 다른 상태 $j(j=i$도 가능)에 있을 확률은 현재 상태 $i$에 있었던 시간의 양(amount of time)이나 현재 상태 $i$에 진입하게 된 여러 경로(how the process arrived at the current state) 등에 의존하지 않는다.

> 예제 10.1.2.9

연속시간 마르코프연쇄에서 $T_i$가 다른 상태로 이동(전이)하기 전에 확률과정이 상태 $i$에 머무르는(stay) 시간의 양(amount of time)이라고 할 때 $\Pr(T_i > s+t \mid T_i > s) = \Pr(T_i > t)$ 가 성립한다. 이러한 성질을 예를 들어 설명하시오.

> **풀이**

연속시간 마르코프연쇄가 0시점에 상태 $i$로 진입했다고 가정하자. 다음 10분 동안 확률과정이 상태 $i$를 떠나지 않는다(즉 전이가 일어나지 않는다)라고 가정한다. 이런 가정에서 확률과정이 다음 5분 동안 상태 $i$를 떠나지 않을 확률을 구해보자. 마르코프성질에 의하여 시간간격 [10, 15] 사이에 상태 $i$에 남아 있을 확률은 적어도 5분을 상태 $i$에 남아 있을 비조건부확률과 동일하다. 즉 $\Pr(T_i > 15 \mid T_i > 10) = \Pr(T_i > 5)$가 성립한다. 따라서 상태 $i$를 떠나는 확률은 상태 $i$에 머물렀던 시간의 양(amount of time)의 함수가 아니다. 같은 논리로 일반적으로 $\Pr(T_i > s+t \mid T_i > s) = \Pr(T_i > t)$가 성립한다. 이 경우 확률변수 $T_i$는 기억력이 없고 (memoryless) 지수분포를 따른다. 상태공간을 {0(건강), 1(질병), 2(사망)} 으로 정의할 때 상태 1(질병)에 있는 사람이 상태 0(건강)으로 전이하는 확률 $p^{10}$가 상태 1에 머물렀던 시간의 양(amount of time)과는 독립적이라는 마르코프연쇄의 성질은 현실적이 아닐 수 있다.[1]

마르코프연쇄 $Y$가 상태 $i$에서 머물다가 상태 $j$로 이동하였을 때 $i$에서 $j$로 전이(轉移, transition)가 일어났다고 한다. 조건부확률 $\Pr[Y(t+s) = j \mid Y(s) = i]$을 $Y$의 전이확률이라고 한다.

전이확률이 시작시점 $s$에 의존하지 않고(independent of $s$) 변화한 시간의 길이 $t$에만 의존할 때 $Y$는 시간동질(time homogeneous or stationary)이라 하고 그렇지 않은 경우 $Y$는 시간비동질(time non-homogeneous)이라고 한다.[2] 시간동질인 경우 전이확률을

$$p^{ij}(t) = \Pr[Y(t+s) = j \mid Y(s) = i] \tag{10.1.2.30}$$

로 나타낸다. $t$의 함수로서 $p^{ij}(t)$를 전이함수(transition function)라고 한다.[3] 행렬 $P(t) = (p^{ij}(t))$를 $Y$의 전이확률행렬이라고 하면

$$p^{ij}(0) = \begin{cases} 1, & i = j \\ 0, & i \neq j \end{cases} \tag{10.1.2.31}$$

---

1) 그림 [10.1.3.3] 참조.

2) 예제 (10.2.2.10)에서 $\mu_x^{01} = \dfrac{0.8}{100-x}$ 등으로 주어질 때(전이력이 상수가 아님) $_t p_x^{01} = \dfrac{0.8(100-x-t)}{100-x} \ln\left(\dfrac{100-x}{100-x-t}\right)$ 는 $x$에 의존하므로 시간비동질이다.

3) 예제 (10.2.2.3)에서 전이력들이 상수로 주어진 경우 $_t p_{50}^{01} = {}_t p_s^{01} = 0.025 e^{-0.03t}\left(\dfrac{1-e^{-0.015t}}{0.015}\right)$로 계산된다. 이때 $_t p_{50}^{01}$은 $s(s=50)$에 의존하지 않고 시간의 길이 $t$에만 의존하므로 시간동질이다.

이므로  $P(0) = I$(단위행렬)이다.

전이함수가 보험수리학에서 사용되는 경우를 고찰해 보자. 보험수리학에서는 보험에 가입하는 피보험자 $(x)$에 대하여 고찰하므로  $_tp_x^{ij}$라는 기호를 사용하며[1]

$$_tp_x^{ij} = \Pr\left[Y(x+t) = j \,|\, Y(x) = i\right]$$
$$P(0) = {_0P_s} = {_0P_x}$$

등으로 나타낼 수 있다.

## 3. 다중상태모형의 형태

제2장에서 9장까지 우리는 확률모형(probabilistic model)에 대하여 고찰하였다. 확률모형에서는 피보험자 개인의 미래생존기간이라는 확률변수 $T_x$의 불확실성(uncertainty)을 모형화하고 $f_{T(x)}(t)$, $F_{T(x)}(t)$, $S_{T(x)}(t)$ 등을 이용하여 이론을 전개하였다. 본 절에서는 다중상태모형의 개념을 도입하여 지금까지 고찰했던 모형들을 다른 관점에서 살펴보고자 한다.

### (1) 단일탈퇴모형

그림 [10.1.3.1]에서 피보험자가 어떤 시점(at any time)에 생존과 사망이라는 두 개의 상태(states) 중 하나에 속해 있다고 보자. 여기서 생존상태를 0으로 사망상태를 1로 표시하기로 한다. 상태 0에서 상태 1로 가는 것이 가능하다는 것은 화살표로 표시되고 있다. 그러나 상태 1에서 상태 0으로 가는 것은 화살표 표시가 없으므로 가능하지 않으며 따라서 상태 1은 흡수상태이다. 그림 [10.1.3.1]은 두 개의 상태를 갖는 다중상태모형을 나타낸다. 단일탈퇴모형을 다중상태모형 1로 부르기로 한다.

그림 [10.1.3.1]  단일탈퇴모형(다중상태모형 1)

다중상태모형을 설명하기 위하여 앞에서 설명한 확률과정과 마르코프연쇄를 이용하고자 한다. $t \geq 0$인 확률변수 $Y(t)$를 두 개의 상태 0과 1을 갖는 확률변수로 정의하면 $Y(t) = 0$은 $x$세의 피보험자가 $x+t$세에 생존하는 상태를 나타내고 $Y(t) = 1$은 $x$세의 피보

---

1) $_tp_x^{ij}$는 $x$에 의존하지 않을 수도 있고(시간동질), $x$에 의존할 수도 있다(시간비동질).

험자가 $x+t$세에 사망인 상태를 나타낸다. 따라서 $Y(t)$라는 확률변수의 모임은 앞에서 고찰한 바와 같이 연속시간 확률과정이다. 확률모형에서 사용된 $T_x$는 $Y(t)$가 0에서 1로 전이하는 시간이라는 매개변수로 역할을 한다. 즉, $T_x = \max\{t, Y(t) = 0\}$를 나타내고 있다.

앞으로 설명할 다중상태모형들은 $Y(t) = 0, 1, 2, \cdots, n$의 유한값을 갖는 것을 가정하고 화살표는 상태들 간의 이동가능함을 나타내는데 사용된다. 각 모형의 상태에 속하는 사람들은 개인, 피보험자 집단, 회사의 재직자 등 상황에 맞게 설정될 것이다. 다중상태모형에서 보험료, 연금, 보험금 및 기타 급부들을 지급하는 조건은 일반적으로 (i) 피보험자가 어떤 시점에 특정 상태에 있는 경우, (ii) 피보험자가 어떤 시점에서 어떤 상태에서 다른 상태로 순간적 전이(enter)가 발생한 경우, 혹은 일정 기간 동안 어떤 상태에서 다른 상태로 전이(enter)가 발생한 경우 등이다.

### (2) 영구장해모형(permanent disability model)

영구장해모형은 영구장해인 경우 보험금을 지급하는 보험이다. 이 보험은 상태 0에서 상태 1로 전이될 때 급부를 제공하는 것보다는 상태 1에 있는 경우 급부가 제공되는 것이 일반적이다. 영구장해모형에서는 (i) 상태 1에 있으면 급부 지급, (ii) 상태 1에서 상태 2로 전이하면 급부 지급, (iii) 상태 0에서 상태 2로 전이하면 급부 지급을 생각할 수 있다. 영구장해모형에서는 그림 [10.1.3.2]의 화살표 표시에서 알 수 있듯이 상태 1에서 상태 0으로는 이동할 수 없다. 또 상태 0에서 상태 2로 가는 경로는 2개($0 \to 2$, $0 \to 1 \to 2$)가 있는데 전이확률 계산시 2개의 경로를 모두 고려해야 한다. 영구장해모형을 앞으로 다중상태모형 2로 부르기로 한다.

그림 [10.1.3.2] **영구장해모형**(다중상태모형 2)

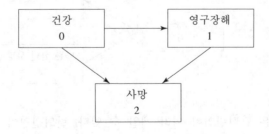

### (3) 질병모형(Disability income model)

소득상실보상보험(disability income insurance)은 질병(sickness)이나 장해(disability)로 인한 소득상실을 보상해 주는 보험이다.[1] 이 모형에서는 질병상태인 상태 1에서 건강상태

---

1) 장해모형이나 질병모형은 소득상실보상보험의 모형으로 사용될 수 있을 것이다.

인 상태 0으로 다시 진입(reentry)할 수 있다는 점에서 앞에서 고찰한 모형들과 차이가 있다. 소득상실보상모형의 전이확률계산은 상태 0과 상태 1 사이에서 전이가 여러 번 발생할 수 있으므로 앞에서 고찰한 모형들과 달리 전이확률 계산시 복잡한 과정을 거치게 된다. 상태 1에서 상태 0으로 전이가 가능한 소득상실보상모형을 앞으로 간단히 질병모형(다중상태모형 3)으로 부르기로 한다.

그림 [10.1.3.3]  질병모형(다중상태모형 3)

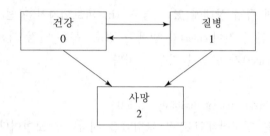

(4) 다중탈퇴모형과 퇴직연금모형

사고배액보험은 사고 이외의 원인으로 인한 사망은 보험금 $B$를 지급하고, 사고로 인한 사망은 보험금 2B를 지급하는 탈퇴원인이 $m=2$(상태는 3개)인 가장 간단한 다중탈퇴모형이다. 이 경우 그림 [10.1.3.4]와 같이 생존상태를 0, 사고로 인한 사망상태를 1, 사고 이외의 원인으로 인한 사망상태를 2로 표시할 수 있다.

그림 [10.1.3.4]  $m=2$인 다중탈퇴모형(다중상태모형 4)

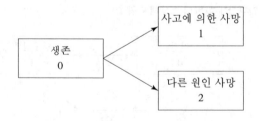

다중탈퇴모형은 탈퇴원인이 여러 개일 수 있다. 탈퇴원인이 $m=4$인 경우(상태는 5개) 다중탈퇴모형은 그림 [10.1.3.5]와 같다. 그림 [10.1.3.5]에서 알 수 있듯이 다중탈퇴모형은 생존(상태 0)으로 재진입이 허용되지 않는 모형이다. 즉 다중탈퇴모형은 상태 0에서 각 상태(상태 1, 2, 3, … 등)로의 출구만 있는 모형이다. 탈퇴원인이 $m$개인 일반적인 다중탈퇴모형을 앞으로 다중상태모형 4로 부르기로 한다.

그림 [10.1.3.5]   $m = 4$인 다중탈퇴모형(다중상태모형 4)

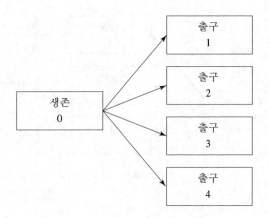

그림 [10.1.3.6]과 같은 퇴직연금은 $m = 4$인 다중탈퇴모형이지만 퇴직연금이라는 특수한 형태이기 때문에 다중상태모형 5로 표시하기로 한다.

그림 [10.1.3.6]   퇴직연금모형(1)(다중상태모형 5)

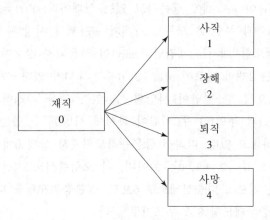

그림 [10.1.3.7]은 퇴직연금을 다중탈퇴모형이 아닌 형태로 표시하였다. 다중탈퇴모형은 출구(exit)만 있는 모형이기 때문에 그림 [10.1.3.7]의 다중상태모형은 퇴직연금을 다른 관점에서 표시한다고 볼 수 있다.

그림 [10.1.3.7] 퇴직연금모형(2)

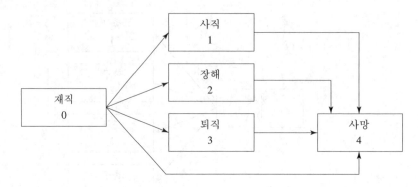

(5) 연생모형

연생모형에서는 남편($x$)과 부인($y$)의 두 피보험자를 고려한다. $Y(t)=0$ 즉 $t$시점에서 상태 0은 남편($x$)과 부인($y$)이 각각 $x+t$세, $y+t$세에 생존하고 있는 것을 나타낸다. $Y(t)=1$은 남편($x$)이 $x+t$세에 생존하고 있고, 부인($y$)이 $y+t$세에[1] 사망해 있는 상태이다. $Y(t)=2$는 $t$시점에 상태 2에 있는 것으로 남편($x$)이 $x+t$세에 사망해 있고 ($x+t$세 전에 사망하고) 부인($y$)이 $y+t$세에 생존하고 있는 상태이다. $Y(t)=3$은 $t$시점에 상태 3에 있는 것으로 남편($x$)과 부인($y$) 모두 $x+t$세와 $y+t$세에 사망해 있는 상태이다.

일반적인 연생모형[2])에서는 재진입(reentry)이 허용되지 않으며, 상태 0에서 상태 3으로 이동하는 데에는 2개의 경로($0 \rightarrow 1 \rightarrow 3$, $0 \rightarrow 2 \rightarrow 3$)가 있다. 그림 [10.1.3.8]의 연생모형에서는 한번에 오직 한 명만이 사망할 수 있는 것을 가정하고 있다. 그러나 그림 [10.1.3.9]는 남편($x$)과 부인($y$) 두 사람이 동시에 사망할 수 있는 공통충격모형(common shock model)을 나타내고 있다. 따라서 공통충격모형에서 상태 0에서 상태 3으로 가는 경로는 3개($0 \rightarrow 1 \rightarrow 3$, $0 \rightarrow 2 \rightarrow 3$, $0 \rightarrow 3$)이며, 이 모형에서도 재진입은 허용되지 않는다. 종속적 연생모형을 앞으로 다중상태모형 6으로, 공통충격모형을 다중상태모형 7로, 독립적 연생모형을 다중상태모형 8로 부르기로 한다.

---

1) 사망은 한번 사망하면 계속되므로 "$y+t$세에"를 "$y+t$세 이전에"로도 표현이 가능하다.
2) 공통충격모형이 아닌 연생모형.

그림 [10.1.3.8] 종속적 연생모형(다중상태모형 6)

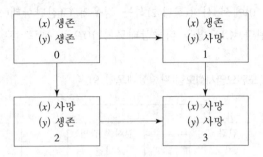

그림 [10.1.3.9] 공통충격모형(다중상태모형 7)

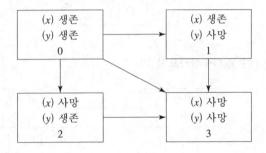

그림 [10.1.3.10] 독립적 연생모형(다중상태모형 8)

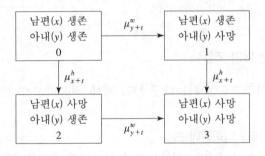

(6) 노인요양시설모형과 CI모형

지금까지 살펴본 다중상태모형이 약간씩 변형된 모형들을 고찰해 본다. 우리나라 노인요양시설에서는 건강한 노인들 그룹과 간병이 필요한 그룹으로 나누어 운영하는 곳이 있다. 또 간병이 필요한 그룹을 일시적 간병이 필요한 그룹과 영구적 간병이 필요한 그룹으로 간병요양시설(health center)을 나누어 운영하는 곳이 있다. 이 경우의 다중상태모형을 그림으로 표시하면 그림 [10.1.3.11]과 같다. 노인요양시설모형을 앞으로 다중상태모형 9로 부르기로 한다.

 CI(Critical Illness)모형은 CI진단시 급부를 지급하고 사망시에도 급부를 지급한다. 사망은 건강상태(상태 0)에서 사망(상태 2)하는 경우와 CI진단상태(상태 1)에서 사망(상태 3)하는 경우로 구분된다. CI모형을 다중상태모형 10으로 부르기로 한다.

그림 [10.1.3.11]  노인요양시설모형(다중상태모형 9)

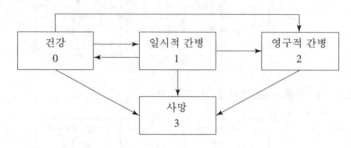

그림 [10.1.3.12]  CI모형(다중상태모형 10)

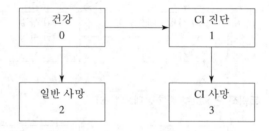

## 4. 마르코프연쇄의 적용

이 절에서는 마르코프연쇄를 다중상태모형에 적용하고자 한다.

### (1) 마르코프연쇄와 다중상태모형

 마르코프연쇄를 이용한 다중상태모형에서는 어떤 상태를 떠나는 확률은 (i) 그 상태에 있었던 시간의 양(amount of time)의 함수가 아니며, (ii) 그 상태에 진입한 경로(how the process arrived at the current state)에도 의존하지 않는 특징을 가지고 있다. 마르코프연쇄에서 $_tp_x^{ij}$는 확률과정의 시작시점인 $x$에는 의존할 수 있지만(시간비동질인 경우), 상태 $i$에 있었던 시간의 양에는 의존하지 않고, 어떻게 상태 $i$로 진입했는지(경로, 여러번 재진입 등 그간의 과정)에도 의존하지 않는다.

 시간동질 마르코프연쇄에서는 어떤 상태를 떠나는 확률은 상수로서 $x$에도 독립적이며, 시간비동질 마르코프연쇄에서는 어떤 상태를 떠나는 확률은 $x$에 따라 달라질 수 있다. 보험수리학에서는 $x$는 피보험자의 연령을 의미하므로 $x$에 따라 어떤 상태를 떠나는 확률(예: 사망확률)이 달라질 수 있으므로 시간동질 마르코프연쇄는 현실적인 가정은 아니지만 확률계산이 간편하기 때문에 예시용으로 많이 사용될 수 있다.

다중상태모형에서 마르코프연쇄의 사용이 현실적인지 고찰해보자.

(a) 단일탈퇴모형: 이 모형에서는 그림 [10.1.3.1]에서 알 수 있듯이 상태 0에서 상태 1로의 전이가 유일한 전이이다. 상태 0에서의 시간의 양은 나이로 반영된다. 시간비동질 마르코프연쇄는 나이에 따른 변동을 허용하므로 단일탈퇴모형에서는 마르코프연쇄를 가정해도 무리가 없다. 이 모형에서 사력이 상수라고 가정하면 시간동질 마르코프연쇄가 된다.

(b) 영구장해모형: 이 모형에서는 마르코프성질로 인하여 그림 [10.1.3.2]에서 알 수 있듯이 상태 1에서 상태 2로 가는 확률은 영구장해자의 나이에만 의존하고 장해가 지속된 시간의 양에는 의존하지 않는다. 이러한 가정은 현실적이 아닐 수 있다. 왜냐하면 59세에 장해를 입어 60세가 된 사람과 40세에 장해를 입어 60세가 된 사람의 사망률이 같을지는 의문이 들 수 있기 때문이다.

(c) 질병모형: 마르코프성질로 인하여 질병자의 건강상태로의 회복확률과 사망률은 오직 나이에만 의존하고 질병이 지속된 시간의 양에는 의존하지 않는다. 이러한 가정은 현실적이 아닐 수 있다. 즉 59세에 질병상태가 되어 60세가 된 사람이 40세에 질병상태가 되어 60세가 된 사람보다 더 빨리 건강상태로 회복될 가능성이 크기 때문이다. 또 마르코프성질로 인하여 다른 상태를 몇 차례 방문한 경험, 질병을 경험한 횟수 등의 과거 경로도 전이확률에 영향을 주지 않는다. 이러한 가정도 현실적이 아닐 수 있다.

(d) 다중탈퇴모형과 퇴직연금모형: 이 모형에서는 그림 [10.1.3.5]와 그림 [10.1.3.6]에서 알 수 있듯이 상태 0으로부터의 전이만 있고 전이확률이 나이의 함수로 나타나므로 마르코프연쇄를 가정해도 무리가 없다.

(e) 연생모형: 마르코프성질에 의하여 그림 [10.1.3.8], 그림 [10.1.3.9]와 그림 [10.1.3.10]에서 알 수 있듯이 상태 1과 상태 2에 있는 생존자가 사망하는 확률은 속해 있는 상태와 나이에는 의존하지만, 혼자있는 시간(widowhood)의 양에는 의존하지 않는다. 이러한 가정은 현실적인 것으로도 보이지만 반론도 있을 수 있을 것으로 보인다.

(f) 노인요양시설모형과 CI모형: 일시적 간병으로부터 건강상태로의 회복확률은 일시적 간병상태에 있었던 시간의 양에는 의존하지 않고, 또 그림 [10.1.3.11]에서 알 수 있듯이 상태 1과 상태 2에서 상태 3으로 전이하는 확률도 일시적 간병과 영구적 간병에 있었던 시간의 양에는 의존하지 않는다는 마르코프성질은 현실적이 아닐 수 있다. 또 CI모형에서 상태 1에서 상태 3으로 전이하는 확률이 CI진단상태에 있었던 시간의 양에 의존하지 않는다는 가정은 현실적이 아닐 수 있다.

(2) 전이확률행렬

$Y_n = 0, 1, 2$ 등과 같이 상태의 개수가 유한인 경우 전이확률은 전이확률행렬로 나타낼 수 있다. 시간동질 마르코프연쇄에서는 단 하나의 행렬($P$)이 필요하고, 시간비동질 마르코프연쇄에서는 매 기간마다 하나씩의 행렬($P_{x+t}$, $t = 0, 1, 2, \cdots$)이 필요하다.

다중상태모형을 전이확률행렬을 이용하여 나타내면 다음과 같다. (a), (b), (c), (d)의 다중상태모형에서는 피보험자 (45)를 고려하기로 하자. 피보험자의 연령 45세는 보험가입시의 연령이므로 주어지는 값이고, 시간의 경과에 따라($t = 0, 1, 2, \cdots$) 피보험자의 연령이 45세(45+0=45), 46세(45+1=46), 47세(45+2=47) 등으로 증가하므로 보험가입 이후 피보험자의 연령은 일반적으로 45+$t$로 표현할 수 있다.

(a) 단일탈퇴모형(다중상태모형 1): 이 모형에서는 상태 1에서 상태 0으로 가는 확률은 0이고 상태 1에서 상태 1로 가는 확률은 1이다. 따라서 상태 1은 흡수상태이다. 0시점(가입시점)에 상태 0에 있는 피보험자 (45)를 고려한다. $t$년 후($t = 0, 1, 2, \cdots$) 피보험자 (45+$t$)가 상태 0에서 1년 후[1] 상태 1에 있을 확률은 $p_{45+t}^{01}$이고, 다중상태모형의 세계가 아닌 전통적 기호로는 $q_{45+t}$이다. 또 피보험자 (45+$t$)가 상태 0에서 1년 후 상태 0에 있을 확률은 $p_{45+t}^{00}$이고, 전통적 기호로는 $p_{45+t}$이다. 따라서 단일탈퇴모형의 전이확률행렬 $P_{45+t}$는 다음과 같다.

$$P_{45+t} = \begin{bmatrix} p_{45+t}^{00} & p_{45+t}^{01} \\ 0 & 1 \end{bmatrix} = \begin{bmatrix} p_{45+t} & q_{45+t} \\ 0 & 1 \end{bmatrix} \tag{10.1.4.1}$$

(b) 영구장해모형(다중상태모형 2): 다중상태모형 2에서는 상태 1에서 상태 0으로 가는 확률, 상태 2에서 상태 0으로 가는 확률, 그리고 상태 2에서 상태 1로 가는 확률은 0이고 상태 2에서 상태 2로 가는 확률은 1이다. 따라서 상태 2는 흡수상태이다. 따라서 전이확률행렬 $P_{45+t}$는

$$P_{45+t} = \begin{bmatrix} p_{45+t}^{00} & p_{45+t}^{01} & p_{45+t}^{02} \\ 0 & p_{45+t}^{11} & p_{45+t}^{12} \\ 0 & 0 & 1 \end{bmatrix} \tag{10.1.4.2}$$

로 나타낼 수 있다.

(c) 질병모형(다중상태모형 3): 다중상태모형 3에서는 앞의 두 모형에 비하여 상태 1과 상태 0 사이의 전이가 여러 번 일어날 수 있다. 따라서 전이확률행렬 $P_{45+t}$는

---

1) 정확히는 1기간 후. 이후의 표현에서는 1년이나 1기간은 생략하고 나타내기로 한다.

$$P_{45+t} = \begin{bmatrix} p_{45+t}^{00} & p_{45+t}^{01} & p_{45+t}^{02} \\ p_{45+t}^{10} & p_{45+t}^{11} & p_{45+t}^{12} \\ 0 & 0 & 1 \end{bmatrix} \tag{10.1.4.3}$$

로 나타낼 수 있다.

(d) 다중탈퇴모형: 사고배액보험(다중상태모형 4)에서 전이확률행렬 $P_{45+t}$는 다음과 같다.

$$P_{45+t} = \begin{bmatrix} p_{45+t}^{00} & p_{45+t}^{01} & p_{45+t}^{02} \\ 0 & 1 & 0 \\ 0 & 0 & 1 \end{bmatrix} = \begin{bmatrix} p_{45+t}^{(\tau)} & q_{45+t}^{(1)} & q_{45+t}^{(2)} \\ 0 & 1 & 0 \\ 0 & 0 & 1 \end{bmatrix} \tag{10.1.4.4}$$

(e) 연생모형: 종속적 연생모형(다중상태모형 6)에서 피보험자 (43)과 (40)을 고려하면 $p^{03} = 0$이므로 전이확률행렬 $P_t$는 다음과 같다.

$$P_t = \begin{bmatrix} p_{43+t:40+t}^{00} & p_{43+t:40+t}^{01} & p_{43+t:40+t}^{02} & 0 \\ 0 & p_{43+t}^{11} & 0 & p_{43+t}^{13} \\ 0 & 0 & p_{40+t}^{22} & p_{40+t}^{23} \\ 0 & 0 & 0 & 1 \end{bmatrix} \tag{10.1.4.5}$$

공통충격모형(다중상태모형 7)에서 피보험자 (43)과 (40)을 고려하면 $p^{03}$이 0이 아니므로 전이확률행렬 $P_t$는 다음과 같다.

$$P_t = \begin{bmatrix} p_{43+t:40+t}^{00} & p_{43+t:40+t}^{01} & p_{43+t:40+t}^{02} & p_{43+t:40+t}^{03} \\ 0 & p_{43+t}^{11} & 0 & p_{43+t}^{13} \\ 0 & 0 & p_{40+t}^{22} & p_{40+t}^{23} \\ 0 & 0 & 0 & 1 \end{bmatrix} \tag{10.1.4.6}$$

(f) 노인요양시설모형: 노인요양시설모형(다중상태모형 9)을 65세의 노인에게 적용하면 각 상태별간의 전이는 앞의 모형들보다 복잡하지만 전이확률행렬 $P_{65+t}$를 표현하면 다음과 같다.

$$P_{65+t} = \begin{bmatrix} p_{65+t}^{00} & p_{65+t}^{01} & p_{65+t}^{02} & p_{65+t}^{03} \\ p_{65+t}^{10} & p_{65+t}^{11} & p_{65+t}^{12} & p_{65+t}^{13} \\ 0 & 0 & p_{65+t}^{22} & p_{65+t}^{23} \\ 0 & 0 & 0 & 1 \end{bmatrix} \tag{10.1.4.7}$$

(g) CI모형: CI모형(다중상태모형 10)을 40세의 피보험자에 적용할 때 전이확률행렬 $P_{40+t}$는 다음과 같다.

$$P_{40+t} = \begin{bmatrix} p_{40+t}^{00} & p_{40+t}^{01} & p_{40+t}^{02} & 0 \\ 0 & p_{40+t}^{11} & 0 & p_{40+t}^{13} \\ 0 & 0 & 1 & 0 \\ 0 & 0 & 0 & 1 \end{bmatrix} \tag{10.1.4.8}$$

$P_{45+t}$, $P_{65+t}$ 그리고 $P_{40+t}$는 $45+t$세의 피보험자, $65+t$세의 노인 그리고 $40+t$세의 피보험자의 전이확률행렬을 나타낸다. 보험수리학에서는 계속되는 구간마다 피보험자의 연령에 따른 위험률이 증가한다. 따라서 확률과정은 시간비동질 마르코프연쇄가 되어 매 구간(연령)마다 전이확률행렬($P_{45}$, $P_{46}$, $P_{47}$, …등)이 필요하다. 그러나 가정의 단순화를 위하여 전이확률이 계속되는 구간마다 상수로 동일하다고 가정하고 논의를 전개하는 경우가 많다. 이산시간 마르코프연쇄를 이용한 다중상태모형의 분석을 예제를 통하여 고찰해 보자.

### 예제 10.1.4.1

다음과 같이 3개의 상태를 갖는 이산시간 마르코프연쇄를 이용한 모형을 고려한다. 상태 0은 활동 중을, 상태 1은 질병을, 상태 2는 사망을 나타낸다. 매 연도의 전이확률행렬이

$$P = \begin{bmatrix} 0.7 & 0.2 & 0.1 \\ 0.5 & 0.3 & 0.2 \\ 0 & 0 & 1 \end{bmatrix}$$

로 주어지고 현재 80%의 피보험자가 활동 중(active)이고 20%의 피보험자가 질병상태에 있는 피보험자 집단을 가정할 때 다음을 구하시오.

(a) 현재부터 3년 후에 활동 중(상태 0), 질병상태(상태 1), 사망상태(상태 2)에 있을 피보험자 수를 피보험자 집단의 비율로 나타내시오.

(b) 현재 질병상태에 있는 피보험자가 3년 후에 활동 중일 확률을 구하시오.

(c) 현재 질병상태에 있는 피보험자가 3번째 해에 사망할 확률을 구하시오.

**풀이**

(a) 현재부터 1년 후에 활동 중일 피보험자 집단의 비율이 어떻게 되는지를 먼저 살펴보자. 현재 피보험자 집단의 80%가 활동 중이고 그들 중 70%는 다음해에도 활동 중일 것이다. 그리고 현재 피보험자 집단의 20%가 질병상태에 있고, 그들 중 50%는 다음해에 활동 중일 것이다. 따라서 $(0.8)(0.7) + (0.2)(0.5) = 0.66$, 즉 피보험자 집단의 66%는 다음해에 활동 중일 것이다. 1년 후에 질병상태에 있는 피보험자 집단의 비율은 현재 활동 중인 피보험자 집단 중 20%가 질병상태로 전이할 것이고 현재 질병상태에 있는 피보험자 집단의 30%가 다음해에도 질병상태에 있을 것이다. 그러므로 $(0.8)(0.2) + (0.2)(0.3) = 0.22$, 즉 1년 후 질병상태에 있을 사람 수는 피보험자 집단의 22%이다. 남은 비율 $1 - 0.66 - 0.22 = 0.12$, 즉,

1년 후 사망자 수는 피보험자 집단의 12%이다.

이러한 계산은 행렬을 이용하면 훨씬 간단하게 수행할 수 있다. 초기상태에서 피보험자 집단의 분포를 나타내는 상태벡터는 $(0.8\ 0.2\ 0)$이고 매 연도의 전이확률행렬 $P$가 주어져 있으므로 식 (10.1.2.23)을 이용하면 다음해의 상태벡터는

$$(0.8\ 0.2\ 0)\begin{bmatrix}0.7 & 0.2 & 0.1\\0.5 & 0.3 & 0.2\\0 & 0 & 1\end{bmatrix} = (0.66\ 0.22\ 0.12)$$

로서 위에서 설명한 내용과 같음을 알 수 있다. 동일한 방법으로(식 (10.1.2.27)을 이용해도 됨) 현재부터 2년 후의 상태벡터를 구하면

$$(0.66\ 0.22\ 0.12)\begin{bmatrix}0.7 & 0.2 & 0.1\\0.5 & 0.3 & 0.2\\0 & 0 & 1\end{bmatrix} = (0.572\ 0.198\ 0.23),$$

현재부터 3년 후의 상태벡터는

$$(0.572\ 0.198\ 0.23)\begin{bmatrix}0.7 & 0.2 & 0.1\\0.5 & 0.3 & 0.2\\0 & 0 & 1\end{bmatrix} = (0.4994\ 0.1738\ 0.3268)$$

임을 알 수 있다. 그러므로 현재부터 3년 후에 활동 중, 질병상태, 사망상태에 있을 피보험자 집단의 비율은 각각 49.94%, 17.38%, 32.68%이다.

(b) 현재 질병상태에 있는 피보험자이므로 상태벡터로 표시하면 $(0\ 1\ 0)$이다. 따라서 1년 후의 상태벡터는

$$(0\ 1\ 0)\begin{bmatrix}0.7 & 0.2 & 0.1\\0.5 & 0.3 & 0.2\\0 & 0 & 1\end{bmatrix} = (0.5\ 0.3\ 0.2)$$

이며, 2년 후의 상태벡터는

$$(0.5\ 0.3\ 0.2)\begin{bmatrix}0.7 & 0.2 & 0.1\\0.5 & 0.3 & 0.2\\0 & 0 & 1\end{bmatrix} = (0.5\ 0.19\ 0.31)$$

이고, 3년 후의 상태벡터는

$$(0.5\ 0.19\ 0.31)\begin{bmatrix}0.7 & 0.2 & 0.1\\0.5 & 0.3 & 0.2\\0 & 0 & 1\end{bmatrix} = (0.445\ 0.157\ 0.398)$$

이다. 따라서 현재 질병상태에 있는 피보험자가 3년 후에 활동 중일 확률은 3년 후의 상태벡터의 첫 번째 성분인 0.445이다.

(c) 현재 질병상태에 있는 피보험자가 3년째 해에 사망할 확률은 2년 말까지는 사망하지 않고 2년 말에서 3년 말 사이에 사망을 해야 하므로 2년 말에 활동 중이거나 질병인 확률에서 그 다음해에 사망하는 확률을 곱한 $(0.5)(0.1)+(0.19)(0.2)=0.088$로 직접 구할 수 있다. 또는 현재 질병 중인 피보험자가 3년 후 사망인 상태로 되는 상태벡터에서의 확률 $\pi_{23}=0.398$에서 2년 후 사망인 상태로 되는 상태벡터에서의 확률 $\pi_{22}=0.31$을 차감한 확률 $\pi_{23}-\pi_{22}$ $=0.398-0.31=0.088$로 구할 수도 있다.

**예제 10.1.4.2**

다음과 같은 3개의 상태를 갖는 이산시간 마르코프모형을 고려한다. 상태 0은 건강을, 상태 1은 질병을, 상태 2는 사망을 나타낸다. $k = 0, 1$에 대하여 전이확률은 $p_{x+k}^{00} = 0.6$, $p_{x+k}^{02} = 0.2$, $p_{x+k}^{10} = 0.1$, $p_{x+k}^{12} = 0.2$으로 가정한다. 각각의 피보험자의 상태전이는 독립적이며 출발시점에 1000명의 피보험자 집단이 상태 0에 있다고 가정할 때 다음을 구하시오.

(a) 전이확률행렬 $P$와 $_2P_x$

(b) 처음 2년간 사망하는 사람 수 $_2D_0$의 기대값과 분산

(c) 2년 후에 건강상태에 있는 사람 수 $_2H_0$의 기대값과 분산

(d) $\text{Cov}(_2D_0, \ _2H_0)$

**풀이**

(a) 문제에 주어진 전이확률을 가지고 전이확률행렬 $P$를 구하면 다음과 같다.

$$P = \begin{array}{c} 0 \\ 1 \\ 2 \end{array} \begin{array}{c} \begin{array}{ccc} 0 & 1 & 2 \end{array} \\ \begin{bmatrix} 0.6 & ? & 0.2 \\ 0.1 & ? & 0.2 \\ ? & ? & ? \end{bmatrix} \end{array}$$

식 (10.1.2.5)로부터 $p_{x+k}^{01} = 0.2$, $p_{x+k}^{11} = 0.7$임을 알 수 있다. 또한 사망을 하게 되면 다시 건강해지거나 질병 상태로 돌아갈 수 없기 때문에 $p_{x+k}^{20} = 0$, $p_{x+k}^{21} = 0$, $p_{x+k}^{22} = 1$임을 알 수 있다. 따라서 전이확률행렬 $P$를 구하면 다음과 같다.

$$P = \begin{array}{c} 0 \\ 1 \\ 2 \end{array} \begin{array}{c} \begin{array}{ccc} 0 & 1 & 2 \end{array} \\ \begin{bmatrix} 0.6 & 0.2 & 0.2 \\ 0.1 & 0.7 & 0.2 \\ 0 & 0 & 1 \end{bmatrix} \end{array}$$

$_2P_x$는 $P$를 두 번 곱해서 나오는 행렬이므로

$$_2P_x = \begin{bmatrix} 0.6 & 0.2 & 0.2 \\ 0.1 & 0.7 & 0.2 \\ 0 & 0 & 1 \end{bmatrix} \begin{bmatrix} 0.6 & 0.2 & 0.2 \\ 0.1 & 0.7 & 0.2 \\ 0 & 0 & 1 \end{bmatrix} = \begin{bmatrix} 0.38 & 0.26 & 0.36 \\ 0.13 & 0.51 & 0.36 \\ 0 & 0 & 1 \end{bmatrix}$$

(b) 처음 2년간 사망하는 확률은 $_2P_x$의 $(0, 2)$성분의 값이므로 0.36이다. 피보험자 집단에서 2년간 사망하는 사람 수는 이항확률변수(피보험자는 사망했거나 혹은 사망 이외(건강+질병)로 본다)로 볼 수 있으며 $n = 1000$, $p = 0.36$인 이항분포를 따른다. 따라서 $_2D_0$의 기대값은 $np = 1000\,(0.36) = 360$이고, 분산은 $np(1-p) = 1000\,(0.36)\,(0.64) = 230.4$가 된다.

(c) 2년 후에 건강상태에 있을 확률은 $_2P_x$의 $(0,0)$성분의 값이므로 0.38이다. 피보험자 집단에서 2년 후에 건강상태에 있는 사람 수는 이항확률변수(피보험자는 건강하거나 혹은 건강 이외(질병+사망)로 본다)로 볼 수 있으며 $n = 1000$, $p = 0.38$인 이항분포를 따른다. 따라서 $_2H_0$의 기대값은 $np = 1000\,(0.38) = 380$이고, 분산은 $np(1-p) = 1000\,(0.38)\,(0.62) = 235.6$이 된다.

(d) $_2S_0$를 출발시점에 1000명의 피보험자 집단에서 2년 후에 질병상태에 있는 사람 수라고 하면 $_2H_0 + {}_2D_0 = 1000 - {}_2S_0$이다. 2년 후에 질병상태에 있을 확률은 $_2P_x$의 (0, 1)성분의 값이므로 0.26이다. $_2S_0$ 또한 $_2D_0$, $_2H_0$와 같이 이항확률변수로 볼 수 있으므로 $n = 1000$, $p = 0.26$인 이항분포를 따른다. 따라서 분산은 $np(1-p) = 1000\,(0.26)\,(0.74) = 192.4$가 된다.

$$\text{Var}(_2H_0 + {}_2D_0) = \text{Var}(1000 - {}_2S_0) = \text{Var}(_2S_0)\text{이고}$$

$$\text{Var}(_2H_0) + 2\,\text{Cov}(_2H_0,\ {}_2D_0) + \text{Var}(_2D_0) = \text{Var}(_2S_0)\text{이므로}$$

$$\text{Cov}(_2D_0,\ {}_2H_0) = \frac{1}{2}(192.4 - 230.4 - 235.6) = -136.8\text{이다.}[1]$$

---

( **예제 10.1.4.3** )

다음과 같이 3개의 상태를 갖는 이산시간 마르코프모형을 고려한다. 상태 0은 건강을, 상태 1은 영구장해를, 상태 2는 사망을 나타낸다. 전이는 매년말에만 발생하고 전이확률은 다음과 같은 전이확률행렬로 주어진다.

$$\boldsymbol{P} = \begin{array}{c} \\ 0 \\ 1 \\ 2 \end{array} \begin{array}{ccc} 0 & 1 & 2 \end{array} \\ \boldsymbol{P} = \begin{array}{c} 0 \\ 1 \\ 2 \end{array} \begin{bmatrix} 0.7 & 0.2 & 0.1 \\ 0 & 0.7 & 0.3 \\ 0 & 0 & 1 \end{bmatrix}$$

건강상태(상태 0)에 있는 피보험자 $(x)$가 가입한 3년납입 3년만기 보험은 피보험자가 사망하면 사망하는 해의 연말에 사망보험금 1,000원을 지급한다. 보험료는 건강상태(상태 0)에 있는 피보험자가 매 보험연도초에 납입하고, 장해상태에서는 보험료납입이 면제된다. 이자율은 5%일 때,

(a) 제1보험연도, 제2보험연도 및 제3보험연도에서 사망할 확률을 구하시오.

(b) 연납평준순보험료를 구하시오.

(c) (i) $t = 0$에서 건강했던 사람이 $t = 1$에서도 건강상태인 경우의 계약자적립액 $_1V^{(0)}$

  (ii) $t = 0$에서 건강했던 사람이 $t = 1$에서 영구장해가 된 경우의 계약자적립액 $_1V^{(1)}$

**풀이**

(a) 보험금 급부의 APV를 구하기 위하여 급부가 발생할 확률(사망할 확률)을 구해보자. 보험가입시점을 0이라고 하고, 제1보험연도에서 사망할 확률을 Pr 1이라고 하면

$$\text{Pr}\,1 = \text{Pr}(Y_1 = 2 \mid Y_0 = 0) = p_0^{02} = 0.1\text{이다.}$$

제2보험연도와 제3보험연도에서 사망할 확률을 각각 Pr 2, Pr 3라고 하면, 이 확률들을 구하기 위해 $_2P_0$, $_3P_0$를 구해보면 다음과 같다.

---

[1] $_2H_0$, $_2S_0$, $_2D_0$가 다항분포를 따른다고 보면 식 (2.2.1.39)에 의하여 $\text{Cov}(_2H_0, {}_2D_0) = -1000(0.36)(0.38) = -136.8$이 된다.

$$_2P_0 = P^2 = \begin{bmatrix} 0.7 & 0.2 & 0.1 \\ 0 & 0.7 & 0.3 \\ 0 & 0 & 1 \end{bmatrix} \begin{bmatrix} 0.7 & 0.2 & 0.1 \\ 0 & 0.7 & 0.3 \\ 0 & 0 & 1 \end{bmatrix} = \begin{bmatrix} 0.49 & 0.28 & 0.23 \\ 0 & 0.49 & 0.51 \\ 0 & 0 & 1 \end{bmatrix}$$

$$_3P_0 = P^3 = \begin{bmatrix} 0.49 & 0.28 & 0.23 \\ 0 & 0.49 & 0.51 \\ 0 & 0 & 1 \end{bmatrix} \begin{bmatrix} 0.7 & 0.2 & 0.1 \\ 0 & 0.7 & 0.3 \\ 0 & 0 & 1 \end{bmatrix} = \begin{bmatrix} 0.343 & 0.294 & 0.363 \\ 0 & 0.343 & 0.657 \\ 0 & 0 & 1 \end{bmatrix}$$

〈제2보험연도에서 사망할 확률 계산〉

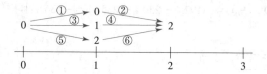

(i) 제2보험연도에서 사망할 확률 $\Pr 2 = \Pr(Y_2=2, Y_1 \neq 2 \mid Y_0=0)$는 위의 그림에서 화살표 ①, ②와 ③, ④의 경우이다. 화살표 ⑤는 첫 번째 해에서 사망할 확률[1]이므로 화살표 ⑤, ⑥은 포함하면 안된다.

따라서 $\Pr 2 = {}_1p_0^{00}\,{}_1p_1^{02} + {}_1p_0^{01}\,{}_1p_1^{12} = (0.7)(0.1) + (0.2)(0.3) = 0.13$이다.

(ii) $_2P_0$의 $(0, 2)$성분 $_2p_0^{02}$를 이용하여 $\Pr 2$를 구해보면 CK방정식으로부터 $_2p_0^{02} = {}_{1+1}p_0^{02}$ $= {}_1p_0^{00}\,{}_1p_1^{02} + {}_1p_0^{01}\,{}_1p_1^{12} + {}_1p_0^{02}\,{}_1p_1^{22}$ 이므로 $\Pr 2 = {}_1p_0^{00}\,{}_1p_1^{02} + {}_1p_0^{01}\,{}_1p_1^{12} = {}_2p_0^{02} - {}_1p_0^{02}\,{}_1p_1^{22}$ 이다. $_1p_1^{22} = 1$이므로 $_1p_0^{02}\,{}_1p_1^{22} = {}_1p_0^{02}$이다. $_1p_0^{02}\,{}_1p_1^{22}(= {}_1p_0^{02})$는 첫 번째 해에 사망할 확률이고 $_2p_0^{02}$는 2번째 해의 말에 사망상태에 있을 확률이다. 따라서 $_2p_0^{02} - {}_1p_0^{02}$는 두 번째 해에서 사망할 확률이고 앞에서 유도되었다. 따라서 $\Pr 2 = {}_2p_0^{02} - {}_1p_0^{02} = 0.23 - 0.1 = 0.13$으로도 구할 수 있다.

〈제3보험연도에서 사망할 확률 계산〉

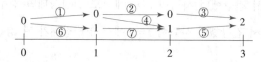

(i) 제3보험연도에서 사망할 확률은 $\Pr 3 = \Pr(Y_3=2, Y_1 \neq 2, Y_2 \neq 2 \mid Y_0=0)$이다. 위의 그림을 이용하여 $\Pr 3 = (0.7)(0.7)(0.1) + (0.7)(0.2)(0.3) + (0.2)(0.7)(0.3) = 0.133$으로 구하면 되는데 이 방법은 모든 경로를 다 고려해 주는 초보적 방법이다.

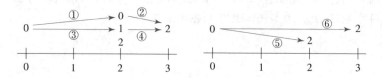

---

(ii) 두 번째 방법은 시점 1을 고려하지 않고 계산하며 위 그림의 왼쪽에 해당한다. $_2P_0$로부터 2시점에 상태 0에 있을 확률 0.49(①)에 상태 0에서 사망할 확률 0.1(②)을 곱하고 $_2P_0$로부터 2시점에 상태 1에 있을 확률 0.28(③)에 상태 1에서 사망할 확률 0.3(④)를 곱해서 합하면 된다. 즉

$$\text{Pr}3 = {}_2p_0^{00}(0.1) + {}_2p_0^{01}(0.3) = (0.49)(0.1) + (0.28)(0.3) = 0.133$$

(iii) 세 번째 방법은 $_2P_0$의 $_2p_0^{02}$와 $_3P_0$의 $_3p_0^{02}$를 이용하는 방법이다. 위 그림의 오른쪽에 해당한다. 상태 2는 흡수상태이므로

$$\text{Pr}3 = {}_3p_0^{02}(\text{화살표 ⑥}) - {}_2p_0^{02}(\text{화살표 ⑤}) = 0.363 - 0.23 = 0.133$$

(b) (a)에서 구한 급부가 발생할 확률인 Pr1, Pr2, Pr3을 이용하면, 보험금부의 APV는

$$\text{APV} = 1000\left(\frac{\text{Pr}1}{1.05} + \frac{\text{Pr}2}{1.05^2} + \frac{\text{Pr}3}{1.05^3}\right) = 1000\left(\frac{0.1}{1.05} + \frac{0.13}{1.05^2} + \frac{0.133}{1.05^3}\right) = 328.04$$

다음으로 보험료의 계산을 위해 각 연도별 상태 0에 있을 확률인 $_0p_0^{00}$, $_1p_0^{00}$, $_2p_0^{00}$을 구해보자.

$$\text{Pr}(Y_0 = 0 \mid Y_0 = 0) = {}_0p_0^{00} = 1$$

$$\text{Pr}(Y_1 = 0 \mid Y_0 = 0) = {}_1p_0^{00} = 0.7$$

$$\text{Pr}(Y_2 = 0 \mid Y_0 = 0) = {}_2p_0^{00} = 0.7 \times 0.7 = 0.49\text{이므로}$$

보험료 1원의 납입에 대한 EPV는

$$\text{EPV} = {}_0p_0^{00} + \frac{{}_1p_0^{00}}{1.05} + \frac{{}_2p_0^{00}}{1.05^2} = 1 + \frac{0.7}{1.05} + \frac{0.49}{1.05^2} = 2.11$$

따라서 수지상등의 원칙에 의하여 연납평준순보험료 $P$는

$$P = \frac{\text{APV}}{\text{EPV}} = \frac{328.04}{2.11} = 155.47\text{이다.}$$

(c) (i) 시점 1에서 건강한 것을 조건으로 생각해야 하므로 시점 1이 (a)에서 시점 0에 해당된다. 즉 평가하는 시점을 0으로 생각하여 전이확률행렬 $P$를 이용해야 한다. 피보험자가 시점 1에서 건강하다면

$$\text{Pr}(Y_2 = 2 \mid Y_1 = 0) = \text{Pr}(Y_1 = 2 \mid Y_0 = 0) = {}_1p_0^{02} = 0.1$$

$$\text{Pr}(Y_3 = 2, Y_2 \neq 2 \mid Y_1 = 0) = \text{Pr}(Y_2 = 2, Y_1 \neq 2 \mid Y_0 = 0) = 0.23 - 0.1 = 0.13$$

따라서 보험급부의 APV1은

$$\text{APV}1 = 1000\left(\frac{0.1}{1.05} + \frac{0.13}{1.05^2}\right) = 213.15$$

각 연도별 상태 0에 있을 확률인 $_0p_1^{00}$, $_1p_1^{00}$을 구해보자.

$$\text{Pr}(Y_1 = 0 \mid Y_1 = 0) = {}_0p_1^{00} = 1$$

$$\text{Pr}(Y_2 = 0 \mid Y_1 = 0) = \text{Pr}(Y_1 = 0 \mid Y_0 = 0) = {}_1p_0^{00} = 0.7$$

따라서 보험료 납입에 대한 EPV2는

$$\text{EPV2} = 155.47 \left(1 + \frac{0.7}{1.05}\right) = 259.12$$

따라서 $_1V^{(0)} = \text{APV1} - \text{EPV2} = 213.15 - 259.12 = -45.97$

(ii) 피보험자가 시점 1에서 영구장해상태(상태 1)이면 피보험자는 건강상태(상태 0)로 돌아갈 수 없다. 영구장해시 보험료 납입이 면제되므로 향후 납입되는 보험료는 없다.

$$\Pr(Y_2 = 2 \mid Y_1 = 1) = 0.3$$

$$\Pr(Y_3 = 2, Y_2 \neq 2 \mid Y_1 = 1) = 0.7 \times 0.3 = 0.21 \text{[1]}$$

혹은 $_2\boldsymbol{P}_0$의 (1, 2)성분 $_2p_0^{12}$를 이용하면

$$\Pr(Y_3 = 2, Y_2 \neq 2 \mid Y_1 = 1) = \Pr(Y_2 = 2, Y_1 \neq 2 \mid Y_0 = 1)$$

$$= {}_2p_0^{12} - {}_1p_0^{12} = 0.51 - 0.3 = 0.21 \text{이다.}$$

따라서 보험급부의 APV3은

$$\text{APV3} = 1000 \left(\frac{0.3}{1.05} + \frac{0.21}{1.05^2}\right) = 476.19$$

향후 납입되는 보험료는 없으므로

$$_1V^{(1)} = \text{APV3} - 0 = 476.19$$

---

### 예제 10.1.4.4

2020. 1. 1.(현재 시점)부터 2024. 12. 31.까지 보장되는 보험으로 사망보험금, 질병급부1, 질병급부2를 제공하는 5년납입 보험을 고려한다. 보험기간은 5년이다.

(i) 사망보험금은 사망하는 해의 연말에 10,000원이 지급되고,

(ii) 질병이 $n$번째 해에 발생하면 발생하는 연도말에 $1000n$을 지급한다(질병급부1).

(iii) 또 질병이 발생하는 연도말 바로 다음 연도 초(같은 시점임)부터 매해 초에 장해상태에 있으면(each year the insured is sick) 1,000원을 보험기간 동안 매해 초에 지급한다(질병급부2).

이 보험이 질병에 걸리지 않은 건강한(상태 0) 피보험자에게 판매되었고 다음과 같은 3개의 상태를 갖는 이산시간 마르코프모형을 고려한다. 상태 0은 건강을, 상태 1은 질병을, 상태 2는 사망을 나타낸다. 전이확률행렬이

$$\boldsymbol{P} = \begin{bmatrix} 0.8 & 0.1 & 0.1 \\ 0.5 & 0.3 & 0.2 \\ 0 & 0 & 1 \end{bmatrix}$$

로 주어지고 $i = 0.05$이다. 연납평준순보험료 $P$는 건강상태에 있는 피보험자만 납부한다고 할 때 다음을 구하시오.

---

[1] $Y_1 = 1$인 조건하에서 $Y_2 \neq 2$일 확률($_1p_{x+1}^{10} + {}_1p_{x+1}^{11}$)은 0.7이고, 그 조건하에서 $Y_3 = 2$일 확률($_1p_{x+2}^{12}$)은 0.3이다.

(a) 이 보험급부에 대한 APV       (b) 연납평준순보험료 $P$

(c) 건강상태에 있는 피보험자에 대한 제3보험연도말 계약자적립액 $_3V^{(0)}$

**풀이**

(a) (i) 먼저 사망급부에 대한 APV1을 구해보자. 현재 건강한 피보험자이므로 상태벡터로 표시하면 $(1\ 0\ 0)$이다. 따라서 매 연도말 상태벡터는 앞의 예제들에서 계산했듯이

$$(1\ 0\ 0)\begin{bmatrix}0.8 & 0.1 & 0.1\\0.5 & 0.3 & 0.2\\0 & 0 & 1\end{bmatrix}=(0.8\ 0.1\ 0.1) \qquad \langle1연도말\rangle$$

$$(0.8\ 0.1\ 0.1)\begin{bmatrix}0.8 & 0.1 & 0.1\\0.5 & 0.3 & 0.2\\0 & 0 & 1\end{bmatrix}=(0.69\ 0.11\ 0.2) \qquad \langle2연도말\rangle$$

$$(0.69\ 0.11\ 0.2)\begin{bmatrix}0.8 & 0.1 & 0.1\\0.5 & 0.3 & 0.2\\0 & 0 & 1\end{bmatrix}=(0.607\ 0.102\ 0.291) \qquad \langle3연도말\rangle$$

$$(0.607\ 0.102\ 0.291)\begin{bmatrix}0.8 & 0.1 & 0.1\\0.5 & 0.3 & 0.2\\0 & 0 & 1\end{bmatrix}=(0.5366\ 0.0913\ 0.3721) \qquad \langle4연도말\rangle$$

$$(0.5366\ 0.0913\ 0.3721)\begin{bmatrix}0.8 & 0.1 & 0.1\\0.5 & 0.3 & 0.2\\0 & 0 & 1\end{bmatrix}=(0.47493\ 0.08105\ 0.44402) \qquad \langle5연도말\rangle$$

로 구할 수 있다.

예를 들어 3차연도말과 2차연도말의 $\pi_{2n}$의 차이는 $\pi_{23}-\pi_{22}=(0.69\times0.1+0.11\times0.2+0.2\times1)-0.2$로 나타낸다. $\pi_{23}$의 계산시 3번째 항인 $0.2\times1$은 $\pi_{22}\times1$이다. 따라서 상태 2가 흡수상태인 경우 $\pi_{23}-\pi_{22}$는 3차연도에 발생하는 사망확률(3차연도에 상태 2로 전이되는 확률)이다. 상태 2(사망)는 흡수상태이므로 사망상태로 들어가면 그 상태를 떠날 수 없다. 따라서 각 연도의 상태 2로 전이하는 확률은 당 연도의 상태벡터의 $\pi_{2n}$과 전 연도의 $\pi_{2(n-1)}$의 차이이다. 각 연도별 사망으로의 전이확률을 구해보면 1차연도는 0.1, 2차연도는 $0.2-0.1=0.1$, 3차연도는 $0.291-0.2=0.091$, 4차연도는 $0.3721-0.291=0.0811$, 5차연도는 $0.44402-0.3721=0.07192$가 된다. 따라서 사망급부에 대한 APV1은

$$APV1 = 10000\left(\frac{0.1}{1.05}+\frac{0.1}{1.05^2}+\frac{0.091}{1.05^3}+\frac{0.0811}{1.05^4}+\frac{0.07192}{1.05^5}\right)=3876.23$$

(ii) 질병급부1에 대한 APV2를 구해보자. 질병상태(상태 1)를 벗어나는 것이 가능하므로 연도별 질병상태로 전이(enter)하는 확률은 사망처럼 계산할 수 없다.

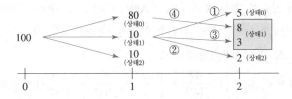

예를 들어 0시점에 100명의 건강한 피보험자가 출발했다고 하면 1차연도말에 10명의 피보

험자가 질병상태이다. 즉 $\pi_{11} = 0.1$이다. $\pi_{12} = 0.11$을 해석해보자.

$$\pi_{12} = \pi_{01}\, p^{01} + \pi_{11}\, p^{11} + \pi_{21}\, p^{21}$$

$$= \pi_{01}\, p^{01} + \pi_{11}\, p^{11} \quad (p^{21} = 0\text{이므로})$$

전이확률행렬 $P$ 에서 2번째 행은 상태 1에서 상태 0, 1, 2로 전이하는 확률을 나타낸다. 따라서

$$\pi_{12} = \pi_{01}\, p^{01} + \pi_{11}\, (1 - p^{10} - p^{12})$$

양변에 100을 곱하면

$$11 = 80 \times 0.1 + 10 \times (1 - 0.5 - 0.2)$$

$$= 8 + 10 - 5 - 2 = 8 + 3$$

여기서 8명은 2차연도에 $0 \rightarrow 1$로 전이하는 사람이다. 10명은 1차연도말에 상태 1에 있던 사람 수이고 $-5$는 2차연도에 $1 \rightarrow 0$으로 재진입하는 사람 수 5명을 의미하고 $-2$는 2차연도에 $1 \rightarrow 2$로 전이하는 사람 수 2명을 의미한다. 따라서 1시점에 질병상태에 있던 10명은 2시점에는 3명만 질병상태에 있게 된다. 11명(8명+3명)은 2차연도말 질병상태에 있는 사람 수이고, 100으로 나누면 $0.11 = \pi_{12}$가 된다. $100 \times (\pi_{12} - \pi_{11}) = 11 - 10 = 1$명은 2차연도에 질병상태로 전이하는 사람 수를 나타낼 수 없으므로 다음과 같은 방법을 이용하여 연도별 질병확률을 구한다.

매 연도별 질병확률은 매 연도초에 건강상태에 있을 확률에 연도말에 건강(상태 0)에서 질병상태(상태 1)로 전이할 확률(0.1)을 곱하면 된다. 즉 매 연도별 질병확률은 1차연도는 0.1, 2차연도는 $0.8 \times 0.1 = 0.08$, 3차연도는 $0.69 \times 0.1 = 0.069$, 4차연도는 $0.607 \times 0.1 = 0.0607$, 5차연도는 $0.5366 \times 0.1 = 0.05366$이 된다. 따라서 질병급부1에 대한 APV2는

$$\text{APV2} = \frac{(1000)(0.1)}{1.05} + \frac{(2000)(0.08)}{1.05^2} + \frac{(3000)(0.069)}{1.05^3} + \frac{(4000)(0.0607)}{1.05^4}$$

$$+ \frac{(5000)(0.05366)}{1.05^5} = 829.15\text{이다.}$$

(iii) 매 연도말 상태벡터의 $\pi_{1n}(n = 1, 2, 3, 4, 5)$은 $\boldsymbol{\pi}_0 = (1\ 0\ 0)$이므로 0시점에 건강상태에서 출발하여 매 연도말(다음 연도초)에 질병상태인 확률이다. 5년만기 보험이고 보험기간 동안만 질병급부2가 지급되므로 6년도 초에는 질병급부2가 지급되지 않는다. 따라서 질병급부2에 대한 APV3은

$$\text{APV3} = 1000 \left( \frac{0.1}{1.05} + \frac{0.11}{1.05^2} + \frac{0.102}{1.05^3} + \frac{0.0913}{1.05^4} \right) = 358.24\text{이다.}$$

따라서 이 보험의 총 APV는 APV = APV1 + APV2 + APV3 = 5063.62가 된다.

(b) 연납평준순보험료 $P$를 구하기 위한 연금의 EPV4($= \ddot{a}^{00}_{x:\overline{5}|}$)는 각 연도별 상태벡터의 $\pi_{0n}$ ($n = 1, 2, 3, 4$)을 이용하면 되므로

$$\text{EPV4} = \ddot{a}^{00}_{x:\overline{5}|} = \left( 1 + \frac{0.8}{1.05} + \frac{0.69}{1.05^2} + \frac{0.607}{1.05^3} + \frac{0.5366}{1.05^4} \right) = 3.35357$$

따라서 보험료는 수지상등의 원칙에 의하여

$$P = \frac{\text{APV}}{\text{EPV4}} = \frac{5063.62}{3.35357} = 1509.92$$

(c) (i) 3연도말에 건강상태에 있다는 조건하에서 다시 시작하므로 4연도말의 상태벡터는 (0.8 0.1 0.1)이 된다. 제4연도의 사망확률은 0.1, 제5연도의 사망확률은 0.2−0.1=0.1이다. 따라서 사망급부의 APV5는

$$\text{APV5} = 10000\left(\frac{0.1}{1.05} + \frac{0.1}{1.05^2}\right) = 1859.41$$

(ii) 제4연도의 질병확률은 0.1, 제5연도의 질병확률은 0.1×0.8 = 0.08이다. 따라서 질병급부1의 APV6은

$$\text{APV6} = 4000\left(\frac{0.1}{1.05}\right) + 5000\left(\frac{0.08}{1.05^2}\right) = 743.76$$

(iii) 각 연도초 질병상태에 있을 확률을 구해야 질병급부2에 대한 APV7을 구할 수 있다. 3연도말에 건강상태이므로 4연도초에는 질병급부2를 받을 수 없고 5연도초에만 가능하다. 3연도말에서 상태벡터(1 0 0)에서 다시 시작하므로 일년후의 상태벡터는 (0.8 0.1 0.1)이다. 따라서 질병급부2의 APV7은

$$\text{APV7} = 1000\left(\frac{0.1}{1.05}\right) = 95.24$$

제3연도말(제4연도초)에서 건강하다는 조건하에서 제4연도말(제5연도초)의 상태벡터는 (0.8 0.1 0.1)이므로 향후 보험료의 EPV8은

$$\text{EPV8} = P\left(1 + \frac{0.8}{1.05}\right) = 1509.92 \times \left(1 + \frac{0.8}{1.05}\right) = 2660.34$$

따라서 건강상태(상태 0)에 있는 피보험자의 제3연도말의 계약자적립액은

$$_3V^{(0)} = \text{APV5} + \text{APV6} + \text{APV7} - \text{EPV8}$$
$$= 1859.41 + 743.76 + 95.24 - 2660.34 = 38.07$$

### 예제 10.1.4.5

다음과 같이 4개의 상태를 갖는 이산시간 마르코프모형을 고려한다. 상태 0은 건강을, 상태 1은 질병을, 상태 2는 해약을, 상태 3은 사망을 나타낸다. 전이는 매년말에 발생하는 것으로 가정하고 전이확률은 다음과 같다.

| $i$ | $p_{x+k}^{i0}$ | $p_{x+k}^{i1}$ | $p_{x+k}^{i2}$ | $p_{x+k}^{i3}$ |
|---|---|---|---|---|
| 0 | 0.5 | 0.1 | 0.3 | 0.1 |
| 1 | 0.1 | 0.5 | 0.0 | 0.4 |
| 2 | 0.0 | 0.0 | 1.0 | 0.0 |
| 3 | 0.0 | 0.0 | 0.0 | 1.0 |

사망보험금은 사망하는 연도말에 1000원이 지급되는 3년만기 정기보험이며, 1시점

(1차연도 말, 2차연도 초)에서 질병상태(상태 1)인 피보험자를 고려한다. 2차연도초에서 이 보험의 미래사망급부의 APV를 구하시오. $i = 0.05$이다.

**풀이**

이 문제는 기존문제와는 다른 특징을 가지고 있다. 이 문제는 (i) 시작하는 상태가 건강상태(상태 0)가 아닌 질병상태(상태 1)로 시작하고, (ii) 0시점이 아니고 1시점(1차연도말, 2차연도초)에서 시작한다. 따라서 1시점의 상태벡터는 (0 1 0 0)이다. 1시점에서 출발하여 그 다음 해 즉, 두 번째 해에서 사망할 확률은 0.4이다. 2시점에서의 상태벡터는

$$(0\ 1\ 0\ 0)\begin{bmatrix} 0.5 & 0.1 & 0.3 & 0.1 \\ 0.1 & 0.5 & 0 & 0.4 \\ 0 & 0 & 1 & 0 \\ 0 & 0 & 0 & 1 \end{bmatrix} = (0.1\ 0.5\ 0\ 0.4) 이며$$

3시점에서의 상태벡터는

$$(0.1\ 0.5\ 0\ 0.4)\begin{bmatrix} 0.5 & 0.1 & 0.3 & 0.1 \\ 0.1 & 0.5 & 0 & 0.4 \\ 0 & 0 & 1 & 0 \\ 0 & 0 & 0 & 1 \end{bmatrix} = (0.1\ 0.26\ 0.03\ 0.61) 이다.$$

세 번째 해에서 사망할 확률은 $\pi_{33} - \pi_{32} = 0.61 - 0.4 = 0.21$ 또는 $0.1(0.1) + 0.5(0.4) = 0.21$이다. 따라서 1시점(2차연도초)에서 평가한 이 보험의 미래사망급부의 APV는

$$\text{APV} = 1000\left(\frac{0.4}{1.05} + \frac{0.21}{1.05^2}\right) = 571.42857 이다.$$

**예제 10.1.4.6**

다음과 같이 3개의 상태를 갖는 이산시간 마르코프모형을 고려한다. 상태 0은 건강을, 상태 1은 질병을, 상태 2는 사망을 나타낸다. 이 모형을 이용하여 사망시 1,000원의 보험금을 지급하는 3년납입 3년만기 정기보험을 고려한다. 보험료는 매년초에 납입되고 피보험자가 질병상태(상태 1)에 있으면 보험료납입면제를 받는다. 피보험자 (50)은 건강상태에서 출발한다. $k = 0, 1, 2$에 대하여 전이확률은 다음과 같다.

| 상태 $(i)$ | $p_{50+k}^{i0}$ | $p_{50+k}^{i1}$ | $p_{50+k}^{i2}$ |
|---|---|---|---|
| 건강(0) | 0.9 | 0.09 | 0.01 |
| 질병(1) | 0.3 | 0.68 | 0.02 |
| 사망(2) | 0 | 0 | 1 |

(a) 건강상태에 있는 피보험자만 보험료를 납부한다고 할 때 현재 건강상태에 있는 피보험자 (50)의 사망보험금에 대한 연납평준순보험료 $P1$을 구하시오. ($i = 0.05$)

(b) 건강상태에 있는 피보험자뿐만 아니라 질병상태에 있는 피보험자도 보험료를 납부한다고 할 때 현재 건강상태에 있는 피보험자 (50)의 사망보험금에 대한 연납

평준순보험료 $P2$를 구하시오. $(i = 0.05)$

(c) 질병상태에 있는 피보험자에게 주는 보험료납입면제를 급부라고 할 때 보험료납입면제 급부에 대한 연납평준순보험료를 구하시오. $(i = 0.05)$

**풀이**

(a) 제1연도말의 상태벡터는 $(0.9 \quad 0.09 \quad 0.01)$이고, 제2연도말의 상태벡터는

$$(0.9 \quad 0.09 \quad 0.01) \begin{bmatrix} 0.9 & 0.09 & 0.01 \\ 0.3 & 0.68 & 0.02 \\ 0 & 0 & 1 \end{bmatrix} = (0.837 \quad 0.1422 \quad 0.0208) \text{이다.}$$

보험금의 APV를 구하기 위하여 각 연도별 사망확률을 구해보자.

1차연도 사망확률: 0.01

2차연도 사망확률: $\pi_{22} - \pi_{21} = 0.0208 - 0.01 = 0.0108$

3차연도 사망확률: $(0.837)(0.01) + (0.1422)(0.02) = 0.011214$

따라서 사망급부 1000원에 대한 APV1은

$$\text{APV1} = 1000 \left( \frac{0.01}{1.05} + \frac{0.0108}{1.05^2} + \frac{0.011214}{1.05^3} \right) = 29.00680$$

매 연도초에 건강상태에 있을 확률은

1차연도초: $\pi_{00} = 1$

2차연도초: $\pi_{01} = 0.9$

3차연도초: $\pi_{02} = 0.837$이다.

보험료는 건강상태에 있는 사람만 납부하므로 보험료 1원에 대한 EPV2는

$$\text{EPV2} = 1 + \frac{0.9}{1.05} + \frac{0.837}{1.05^2} = 2.61633$$

APV1과 EPV2를 이용하여 연납평준순보험료 $P1$을 구하면

$$P1 = \frac{\text{APV1}}{\text{EPV2}} = \frac{29.00680}{2.61633} = 11.08683$$

(b) 사망급부 1000원에 대한 APV1은 변함이 없고, 달라지는 것은 보험료를 내는 확률이다. 매 연도초에 건강상태거나 질병상태에 있을 확률은

1차연도초: $\pi_{00} + \pi_{10} = 1$

2차연도초: $\pi_{01} + \pi_{11} = 0.9 + 0.09 = 0.99$

3차연도초: $\pi_{02} + \pi_{12} = 0.837 + 0.1422 = 0.9792$이므로

보험료 1원에 대한 EPV3은

$$\text{EPV3} = 1 + \frac{0.99}{1.05} + \frac{0.9792}{1.05^2} = 2.83102 \text{이다.}$$

따라서 $P2 = \dfrac{\text{APV1}}{\text{EPV3}} = \dfrac{29.00680}{2.83102} = 10.24606$이다.

(c) 보험료납입면제 급부의 가치는 두 연납평준순보험료의 차이이다.

따라서 $P1 - P2 = 11.08683 - 10.24606 = 0.84077$이다.

( 예제 10.1.4.7 )

다음과 같이 4개의 상태를 갖는 이산시간 마르코프모형을 고려한다. 상태 0은 건강한 그룹으로 독립거주하는 사람들이고, 상태 1은 일시간병, 상태 2는 영구간병, 상태 3은 사망을 나타낸다. 전이확률행렬은 다음과 같다.

$$\begin{bmatrix} 0.7 & 0.2 & 0.05 & 0.05 \\ 0.5 & 0.3 & 0.1 & 0.1 \\ 0 & 0 & 0.6 & 0.4 \\ 0 & 0 & 0 & 1 \end{bmatrix}$$

노인요양시설은 상태 0, 1, 2, 3을 관리하기 위한 독립된 시설들로 이루어져 있어서 한 상태에서 다른 상태로 이동은 연말에만 이루어지고, 이동비용이 발생하며 연말에 지급한다. 기본이동비용은 어느 상태로 이동해도 동일하게 1000원이고 상태 3으로 이동하는 경우 10,000원의 추가이동비용이 발생한다. H보험회사는 이런 비용들을 급부로 지급하는 보험금 연말급인 3년만기 보험을 판매하였다. 현재 상태 1에 있는 노인이 구입한 보험의 보험급부의 APV(즉, 상태 1에 있는 노인에게 향후 발생될 것으로 예상되는 이동비용 현가의 기대값)를 구하시오. $i = 5\%$이다.

**풀이**

이 보험급부의 APV를 기본이동비용의 현가의 기대값(APV1)과 추가이동비용의 현가의 기대값(APV2)으로 나누어 구하기로 하자. 전이확률행렬을 통해서 상태 0에서 다른 상태로 이동할 확률은 0.3, 상태 1에서 다른 상태로 이동할 확률은 0.7, 상태 2에서 다른 상태로 이동할 확률은 0.4임을 알 수 있다. 또한 상태 3에서는 다른 상태로 이동할 확률은 0이므로 상태 3은 흡수상태라는 것도 알 수 있다. 따라서 현재 상태 1에 있는 노인의 1년 후 다른 상태로 이동할 확률은 0.7이다.

현재부터 1년 후의 상태벡터는 (0.5  0.3  0.1  0.1)이며 현재부터 2년 후 다른 상태로 이동할 확률은 각각의 상태에 있을 확률에 다른 상태로 이동할 확률을 곱하여 합하면 0.5(0.3) + 0.3(0.7) + 0.1(0.4) = 0.4이다.

현재부터 2년 후의 상태벡터는

$$(0.5 \quad 0.3 \quad 0.1 \quad 0.1) \begin{bmatrix} 0.7 & 0.2 & 0.05 & 0.05 \\ 0.5 & 0.3 & 0.1 & 0.1 \\ 0 & 0 & 0.6 & 0.4 \\ 0 & 0 & 0 & 1 \end{bmatrix} = (0.5 \quad 0.19 \quad 0.115 \quad 0.195)$$

이며 현재부터 3년 후 다른 상태로 이동할 확률은 동일한 계산을 통하여

$$0.5(0.3) + 0.19(0.7) + 0.115(0.4) = 0.329$$이다.

따라서 현재부터 3년간 발생할 것으로 예상되는 기본이동비용의 현가의 기대값은

$$APV1 = 1000\left( \frac{0.7}{1.05} + \frac{0.4}{1.05^2} + \frac{0.329}{1.05^3} \right) = 1313.68103$$이다.

추가이동비용은 상태 3으로 이동하는 경우 발생하므로 각 해마다 상태 3으로 이동하는 확률을 구해야 한다.

현재 상태 1에 있으므로 현재부터 1년 후 상태 3으로 이동할 확률은 0.1이다.

제2보험연도 말에 상태 3으로 이동할 확률은 위에서 구한 상태벡터를 이용하면

$$0.5(0.05) + 0.3(0.1) + 0.1(0.4) = 0.095$$이다.

또한 제3보험연도 말에 상태 3으로 이동할 확률은 동일한 계산을 통하여

$$0.5(0.05) + 0.19(0.1) + 0.115(0.4) = 0.09$$임을 알 수 있다.

따라서 현재부터 3년간 발생할 것으로 예상되는 추가이동비용의 현가의 기대값은

$$\text{APV2} = 10000\left(\frac{0.1}{1.05} + \frac{0.095}{1.05^2} + \frac{0.09}{1.05^3}\right) = 2591.51280$$이다.

따라서 현재 상태 1에 있는 노인이 구입한 보험의 보험급부의 APV는

$$\text{APV} = \text{APV1} + \text{APV2} = 1313.68103 + 2591.51280 = 3905.19383$$이다.

**예제 10.1.4.8**

4개의 상태를 갖는 이산시간 마르코프모형을 이용한 보험을 고려한다. 상태공간은 {0(건강), 1(경증질병), 2(중증질병), 3(사망)}이다. 해약이 고려되지 않는 경우의 전이확률행렬은 시간동질이며 다음과 같다.

$$P_0 = P_1 = P_2 = \begin{bmatrix} 0.7 & 0.2 & 0.1 & 0 \\ 0.2 & 0.4 & 0.2 & 0.2 \\ 0 & 0 & 0.7 & 0.3 \\ 0 & 0 & 0 & 1 \end{bmatrix}$$

전이는 각 보험연도의 중간에 일어나며, 매 보험연도말에 피보험자가 상태 2에 있으면 보험금부 20,000원을 지급하고 사망시(상태 1, 2에서 상태 3으로 전이시) 사망보험금 10,000원을 지급한다. 보험기간은 3년이며 예정이율 $i = 0.05$이다. 또한 이 보험에 대하여 다음과 같은 가정을 한다.

(i) 이 보험은 건강한 피보험자만 가입하는 3년납입 보험이다.

(ii) 보험료는 상태 0과 상태 1에 있는 피보험자가 매 보험연도초에 $P$원을 납부한다.

(iii) 제2보험연도초와 제3보험연도초에 보험료를 납부하기 직전에 피보험자가 건강상태(상태 0)에 있으면 15%가, 경증질병상태에 있으면 7%가 해약을 한다.

이 때 다음을 구하시오.

(a) 보험가입시(0시점) 100명의 피보험자가 이 보험에 가입하였다. 3년 후(3시점)에 상태 2에 있을 것으로 예상되는 피보험자의 수

(b) 이 보험급부에 대한 APV

(c) 수지상등의 원칙을 이용하여 계산된 보험료 $P$

**풀이**

(a) 이 문제는 해약을 고려하므로 상태 3을 사망 및 해약으로 재정의하기로 하자. 해약은 보험연도말이 끝나고 보험연도초에 보험료를 납부하기 전에 발생하므로 제1보험연도말까지는

해약의 영향이 없으므로 제1보험연도는 전이확률행렬 $P_0$를 사용한다. 그러나 제2보험연도 초와 제3보험연도초에는 해약이 발생하므로 문제에서 주어진 전이확률행렬이 아닌 새로운 전이확률행렬을 사용해야 한다.

제1보험연도말을 기준으로 제2보험연도말까지의 새로운 전이확률행렬 $P_1^*$를 구해보자. $P_1^*$의 첫 번째 행과 두 번째 행을 구해보자.

(i) 제2보험연도초에 상태 0에서 15%의 해약이 발생하므로[1)]

$$p_1^{00*} = 0.85 \times 0.7 = 0.595, \qquad\qquad p_1^{01*} = 0.85 \times 0.2 = 0.17,$$
$$p_1^{02*} = 0.85 \times 0.1 = 0.085, \qquad\qquad p_1^{03*} = 0 + 0.15 = 0.15$$

이다. $p_1^{03*}$는 해약으로 전이하는 확률 0.15을 추가로 고려한 결과이다. 또한

$$p_1^{00*} + p_1^{01*} + p_1^{02*} + p_1^{03*} = 1$$

도 확인할 수 있다.

(ii) 제2보험연도초에 상태 1에서 7%의 해약이 발생하므로

$$p_1^{10*} = 0.93 \times 0.2 = 0.186, \qquad\qquad p_1^{11*} = 0.93 \times 0.4 = 0.372,$$
$$p_1^{12*} = 0.93 \times 0.2 = 0.186, \qquad\qquad p_1^{13*} = 0.93 \times 0.2 + 0.07 = 0.256$$

이다. $p_1^{13*}$는 해약으로 전이하는 확률 0.07를 추가로 고려한 결과이다. 또한

$$p_1^{10*} + p_1^{11*} + p_1^{12*} + p_1^{13*} = 1$$

도 확인할 수 있다.

따라서 새로운 전이확률행렬 $P_1^*$, $P_2^*$는

$$P_1^* = P_2^* = \begin{bmatrix} 0.595 & 0.17 & 0.085 & 0.15 \\ 0.186 & 0.372 & 0.186 & 0.256 \\ 0 & 0 & 0.70 & 0.30 \\ 0 & 0 & 0 & 1 \end{bmatrix}$$

로 나타낼 수 있다.

식 (10.1.2.9)의 채프만-콜모고로프 방정식을 이용하면

$$_2P_0^* = P_0\,P_1^* = \begin{bmatrix} 0.4537 & 0.1934 & 0.1667 & 0.1862 \\ 0.1934 & 0.1828 & 0.2314 & 0.3924 \\ 0 & 0 & 0.49 & 0.51 \\ 0 & 0 & 0 & 1 \end{bmatrix}$$

$$_3P_0^* = {_2P_0^*}\,P_2^* = \begin{bmatrix} 0.3059239 & 0.1490738 & 0.1912269 & 0.3537754 \\ 0.1490738 & 0.1008796 & 0.2124198 & 0.5376268 \\ 0 & 0 & 0.343 & 0.657 \\ 0 & 0 & 0 & 1 \end{bmatrix}$$

이다. 따라서 보험가입시 상태 0에 있는 피보험자가 3년 후에 상태 2에 있을 확률은 $_3p_0^{02*}$ $= 0.1912269$이므로, 보험가입시 100명의 건강한 피보험자 중 19.12269명이 3년후에 상태 2에 있을 것으로 예상된다.

---

1) 해약으로 인하여 상태 1이나 상태 2로 가는 사람들은 그만큼 줄어들기 때문에 $p_1^{00}$, $p_1^{01}$, $p_1^{02}$는 그만큼 줄 어드는 것을 반영해야 한다. 줄어든 것들의 합은 상태 3(해약)으로 간다.

(b) 상태 2에 있으면 발생하는 보험급부에 대한 APV1과 사망급부에 대한 APV2로 나누어서
보험급부의 APV를 구해보자.

중증질병에 대한 보험급부는 매 보험연도말에 상태 2에 있으면 발생하므로

전이확률행렬 $P_0$, $_2P_0^*$, $_3P_0^*$로부터 $\boldsymbol{\pi}_0 = (1 \ 0 \ 0)$일 때 $\pi_{21} = 0.1$, $\pi_{22} = 0.1667$, $\pi_{23} = 0.1912269$임을 알 수 있다. 따라서 APV1은

$$\text{APV1} = 20000 \left( \frac{0.1}{1.05} + \frac{0.1667}{1.05^2} + \frac{0.1912269}{1.05^3} \right) = 8232.58$$

사망급부에 대한 APV를 구하기 위한 각 보험연도말의 사망확률의 계산은 다음과 같이 두 가지 방법으로 구하기로 하자.

① 방법 1: (i) 보험가입시 상태 0에 있는 피보험자가 사망하려면(상태 3으로 전이하려면) 우선 상태 1 또는 상태 2에 있어야 한다. 제$i$보험연도말($i = 1, 2, 3$)의 사망확률을 제$i$보험연도말에 상태 1에서 상태 3으로 전이할 확률($\text{Pr}_{13i}$)과 제$i$보험연도말에 상태 2에서 상태 3으로 전이할 확률($\text{Pr}_{23i}$)로 나누어 구해보자. $P_0$로부터 제1보험연도말의 사망확률은 0이다. 제2보험연도말의 $\text{Pr}_{132}$을 구하기 위해서는 보험가입시 상태 0에 있던 피보험자가 제1보험연도말에 상태 1에 있어야 하고, 해약(7%)을 고려해야 하므로 $p_0^{01} \times 0.93 \times p_1^{13} = 0.2 \times 0.93 \times 0.2 = 0.2 \times (p_1^{13*} - p_1^{13*}(\text{해약})) = 0.2 \times (0.256 - 0.07) = 0.0372$이다. 제2보험연도말의 $\text{Pr}_{232}$는 보험가입시 상태 0에 있던 피보험자가 제1보험연도말에 상태 2에 있어야 하므로 $p_0^{02} \times p_1^{23} = 0.1 \times 0.3 = 0.03$이다.

따라서 제2보험연도말의 사망확률은 $\text{Pr}_{132} + \text{Pr}_{232} = 0.0372 + 0.03 = 0.0672$

(ii) 위와 동일하게 제3보험연도말의 $\text{Pr}_{133}$을 구하기 위해서는 보험가입시 상태 0에 있던 피보험자가 제2보험연도말에 상태 1에 있어야 하고, 해약(7%)을 고려해야 하므로 $_2P_0^*$를 이용하면 $_2p_0^{01*} \times 0.93 \times p_2^{13} = 0.1934 \times 0.93 \times 0.2 = 0.1934 \times (p_2^{13*} - p_2^{13*}(\text{해약})) = 0.1934 \times (0.256 - 0.07) = 0.0359724$이다. 제3보험연도말의 $\text{Pr}_{233}$은 보험가입시 상태 0에 있던 피보험자가 제2보험연도말에 상태 2에 있어야 하므로 $_2P_0^*$를 이용하면 $_2p_0^{02*} \times p_2^{23} = 0.1667 \times 0.3 = 0.05001$이다.

따라서 제3보험연도말의 사망확률은 $\text{Pr}_{133} + \text{Pr}_{233} = 0.0359724 + 0.05001 = 0.0859824$

② 방법 2: 상태공간을 {0(건강), 1(경증질병), 2(중증질병), 3(사망), 4(해약)}로 새롭게 정의하자. 앞에서는 상태 3을 사망 및 해약으로 고려하였지만 여기서는 사망과 해약을 다른 상태로 정의하고 고찰해 보자. 이 때 전이확률행렬은 다음과 같이 나타낼 수 있다.

$$P_0 = \begin{bmatrix} 0.7 & 0.2 & 0.1 & 0 & 0 \\ 0.2 & 0.4 & 0.2 & 0.2 & 0 \\ 0 & 0 & 0.7 & 0.3 & 0 \\ 0 & 0 & 0 & 1 & 0 \\ 0 & 0 & 0 & 0 & 1 \end{bmatrix} \qquad P_1 = P_2 = \begin{bmatrix} 0.595 & 0.17 & 0.085 & 0 & 0.15 \\ 0.186 & 0.372 & 0.186 & 0.186 & 0.07 \\ 0 & 0 & 0.70 & 0.30 & 0 \\ 0 & 0 & 0 & 1 & 0 \\ 0 & 0 & 0 & 0 & 1 \end{bmatrix}$$

이를 이용하여 경과기간별 상태벡터를 구하면, 보험가입시 상태벡터 $\boldsymbol{\pi}_0$는

$$\boldsymbol{\pi}_0 = (1 \ 0 \ 0 \ 0 \ 0),$$

$$\boldsymbol{\pi}_1 = (0.7 \ 0.2 \ 0.1 \ 0 \ 0)$$

$$\boldsymbol{\pi}_2 = (0.4537 \quad 0.1934 \quad 0.1667 \quad 0.0672 \quad 0.119)$$

$$\boldsymbol{\pi}_3 = (0.3059239 \quad 0.1490738 \quad 0.1912269 \quad 0.1531824 \quad 0.200593)$$

이다. 사망상태(상태 3)는 흡수상태이므로 각 보험연도별 사망확률은 당 연도 상태벡터의 $\pi_{3n}$과 전 연도 상태벡터의 $\pi_{3(n-1)}(n=1,2,3)$의 차이이다. 따라서 제1보험연도말의 사망확률은 $0-0=0$이고, 제2보험연도말의 사망확률은 $0.0672-0=0.0672$, 제3보험연도말의 사망확률은 $0.1531824-0.0672=0.0859824$이다.

방법 1과 방법 2 모두 동일한 결과가 나오는 것을 알 수 있다. 따라서 사망급부에 대한 APV2는

$$\text{APV2} = 10000\left(\frac{0.0672}{1.05^2} + \frac{0.0859824}{1.05^3}\right) = 1352.27$$

따라서 보험급부에 대한 APV는 APV = APV1 + APV2 = 8232.58 + 1352.27 = 9584.85

(c) 보험료의 EPV를 구하기 위해 필요한 전이확률을 다음과 같이 두 가지 방법으로 구하기로 하자.

① 방법 1: 해약을 고려하지 않는다면 제2보험연도초에 상태 0에 있을 확률($p_0^{00}$)은 $\boldsymbol{P}_0$로부터 0.7이다. 여기에 해약을 고려하면 $p_0^{00} \times 0.85 = 0.7 \times 0.85 = 0.595$

또한 해약을 고려하지 않는다면 제3보험연도초에 상태 0에 있을 확률($_2p_0^{00}$)은 식 (10.1.2.8)의 채프만-콜모고로프 방정식에 의해

$$_2p_0^{00} = p_0^{00} p_1^{00} + p_0^{01} p_1^{10} = 0.7 \times 0.7 + 0.2 \times 0.2$$

로 나타낼 수 있다. 이 확률에 해약을 고려한다면 다음과 같이 나타낸다.

$$_2p_0^{00*} \times 0.85 = p_0^{00} p_1^{00*} \times 0.85 + p_0^{01} p_1^{10*} \times 0.85$$
$$= (0.7) \times (0.85 \times 0.7) \times 0.85 + (0.2) \times (0.93 \times 0.2) \times 0.85 = 0.385645$$

동일한 방식으로 제2보험연도초에 상태 1에 있을 확률($p_0^{01}$)은 $\boldsymbol{P}_0$로부터 0.2이다. 여기에 해약을 고려하면 $p_0^{01} \times 0.93 = 0.2 \times 0.93 = 0.186$이다.

해약을 고려하지 않는다면 제3보험연도초에 상태 1에 있을 확률($_2p_0^{01}$)은 식 (10.1.2.8)의 채프만-콜모고로프 방정식에 의해

$$_2p_0^{01} = p_0^{00} p_1^{01} + p_0^{01} p_1^{11} = 0.7 \times 0.2 + 0.2 \times 0.4$$

로 나타낼 수 있다. 이 확률에 해약을 고려한다면 다음과 같이 나타낸다.

$$_2p_0^{01*} \times 0.93 = p_0^{00} p_1^{01*} \times 0.93 + p_0^{01} p_1^{11*} \times 0.93$$
$$= (0.7) \times (0.85 \times 0.2) \times 0.93 + (0.2) \times (0.93 \times 0.4) \times 0.93 = 0.179862$$

따라서 제2보험연도초 보험료의 EPV를 구하기 위한 확률은 $0.595 + 0.186 = 0.781$, 제3보험연도초 보험료의 EPV를 구하기 위한 확률은 $0.385645 + 0.179862 = 0.565507$

② 방법 2: $\boldsymbol{\pi}_1$, $\boldsymbol{\pi}_2$는 보험연도말의 상태벡터이다. 보험료는 보험연도말이 끝나고 해약이 발생한 후 납입하므로, 보험연도말의 상태벡터에 해약을 고려해야 한다. 따라서 제2보험연도초 보험료의 EPV를 구하기 위한 확률은

$$\pi_{01}\times0.85+\pi_{11}\times0.93 = (0.7)\times0.85+(0.2)\times0.93 = 0.781$$

이고, 제3보험연도초 보험료의 EPV를 구하기 위한 확률은

$$\pi_{02}\times0.85+\pi_{12}\times0.93 = (0.4537)\times0.85+(0.1934)\times0.93 = 0.565507$$

방법 1과 방법 2 모두 동일한 결과가 나오는 것을 알 수 있다. 따라서 보험료 1원에 대한 EPV는

$$\text{EPV} = 1+\frac{0.781}{1.05}+\frac{0.565507}{1.05^2} = 2.25674$$

수지상등의 원칙에 의하여 $P = \dfrac{\text{APV}}{\text{EPV}} = \dfrac{9584.85}{2.25674} = 4247.21$

## 5. 이산시간 마르코프모형과 보험상품의 설계

이산시간 마르코프모형을 이용하여 구체적인 보험상품을 설계하는 경우를 고찰해 보자. 앞에서 고찰한 이산시간 마르코프연쇄의 이론을 이용하여 보험료와 계약자적립액 등을 산정하는 방법에 대하여 케이스별로 예제를 통하여 살펴보기로 한다.

( 예제 10.1.5.1 )

A보험회사는 다음 그림과 같은 2개의 상태를 갖는 이산시간 마르코프모형을 이용하여 보험상품을 개발하려 한다. 상태 0은 건강, 상태 1은 사망을 나타낸다.

이 보험상품을 개발하기 위해 다음과 같은 가정들을 사용한다.

(i) 건강한 피보험자 (40)이 가입하는 3년납입 3년만기 정기보험이다.

(ii) 다중상태모형에서의 전이는 매 보험연도말에만 이루어지며, 피보험자가 매 보험연도말에 사망상태(상태 1)로 전이시 10,000원의 사망보험금을 지급한다.

(iii) $t = 0,\ 1,\ 2$에 대하여 전이확률행렬은 다음과 같다.

$$\boldsymbol{P}_{40+t} = \begin{bmatrix} 0.9 & 0.1 \\ 0 & 1 \end{bmatrix}$$

(iv) 보험료는 수지상등의 원칙이 적용되어 계산되며 건강상태에 있는 피보험자가 매 보험연도초에 납입한다.

(v) 예정이율 $i = 5\%$이다.

(a) 이 보험의 사망급부에 대한 APV를 구하시오.

(b) 이 보험의 연납평준순보험료를 구하시오.

(c) 상태 0에서의 계약자적립액 $_2V^{(0)}$를 구하시오.

> 풀이

(a) 40세의 건강한 피보험자들이 보험에 가입하므로 40세의 피보험자들의 상태벡터는 (1  0)이다. 매 보험연도말 상태벡터는 (0.9  0.1), (0.81  0.19), (0.729  0.271)이 된다. 사망상태는 흡수상태이므로 각 보험연도별 사망확률은 당 연도 상태벡터의 $\pi_{1n}$과 전 연도 상태벡터의 $\pi_{1(n-1)}(n=1,\ 2,\ 3)$의 차이이다. 따라서 사망급부에 대한 APV를 구하면

$$APV = 10000\left(\frac{0.1}{1.05} + \frac{0.19-0.1}{1.05^2} + \frac{0.271-0.19}{1.05^3}\right)$$
$$= 10000\left(\frac{0.1}{1.05} + \frac{0.09}{1.05^2} + \frac{0.081}{1.05^3}\right) = 2468.42$$

(b) 보험료는 건강상태에 있는 피보험자들만 납입하므로, 매 연도별 건강상태에 있을 확률을 이용하여 보험료 1원의 납입에 대한 EPV를 구하면

$$EPV = 1 + \frac{0.9}{1.05} + \frac{0.81}{1.05^2} = 2.591837$$

수지상등의 원칙에 의해

$$P = \frac{APV}{EPV} = \frac{2468.42}{2.591837} = 952.38$$

(c) 제2보험연도말에 건강상태에 있다는 조건하에서 계약자적립액을 고려하므로 제2보험연도말에서의 상태벡터는 (1  0)이다. 제3보험연도말에 사망할 확률은 0.1이다. 따라서 사망급부에 대한 APV는

$$APV = 10000\left(\frac{0.1}{1.05}\right) = 952.38$$

이다. 보험료는 제3보험연도초에 한번만 납입하면 되므로

$$_2V^{(0)} = APV - P = 952.38 - 952.38 = 0$$

---

> 예제 10.1.5.2

A보험회사는 다음 그림과 같은 3개의 상태를 갖는 마르코프모형을 이용하여 보험상품의 보험료를 산출하였다. 상태 0은 건강을, 상태 1은 영구장해를, 상태 2는 사망을 나타낸다.

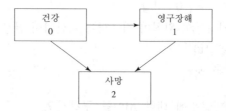

이 보험상품을 개발하기 위해 다음과 같은 가정들을 사용하였다.

(i) 건강한 피보험자가 가입하는 3년납입 보험이며 보험기간은 3년이다.

(ii) 다중상태모형에서의 전이는 매 보험연도말에만 이루어지며, 피보험자가 매 보험연도말에 영구장해상태(상태 1)에 있으면 장해급부 10,000원을 지급하고, 보험연도말에 사망상태(상태 2)로 전이시 사망보험금 30,000원을 지급한다

(iii) 시간동질(time homogeneous) 전이확률행렬은 다음과 같다.

$$\begin{bmatrix} 0.8 & 0.15 & 0.05 \\ 0 & 0.7 & 0.3 \\ 0 & 0 & 1 \end{bmatrix}$$

(iv) 보험료는 수지상등의 원칙이 적용되어 계산되며 건강상태에 있는 피보험자가 매 보험연도초에 납입한다.

(v) 예정이율 $i = 5\%$이다.

(a) 이 보험의 보험급부에 대한 APV를 구하시오.

(b) 이 보험의 연납평준순보험료를 구하시오.

(c) 상태 0에서의 계약자적립액 $_1V^{(0)}$와 상태 1에서의 계약자적립액 $_1V^{(1)}$를 구하시오.

**풀이**

(a) 보험급부의 APV는 장해급부의 APV(APV1)와 사망급부의 APV(APV2)로 나누어서 구하기로 한다. 이를 위해 보험가입 시점을 0시점이라고 하고 각 시점의 상태벡터를 구하면 다음과 같다.

0시점의 상태벡터는 (1  0  0), 1시점의 상태벡터는 (0.8  0.15  0.05), 2시점의 상태벡터는 (0.64  0.225  0.135), 3시점의 상태벡터는 (0.512  0.2535  0.2345)이다. 장해급부를 구하기 위하여는 매 보험연도말에 상태 1에 있을 확률, 즉, $\pi_{1n}(n = 1, 2, 3)$이 필요하다. 따라서 장해급부에 대한 APV1은

$$\text{APV1} = 10000 \left( \frac{0.15}{1.05} + \frac{0.225}{1.05^2} + \frac{0.2535}{1.05^3} \right) = 5659.22$$

각 보험연도말에 사망할 확률은 당 연도의 상태벡터의 $\pi_{2n}$과 전 연도의 $\pi_{2(n-1)}$의 차이이다. 2번째 해에 사망확률은 $0.135 - 0.05 = 0.085$이고, 3번째 해에 사망확률은 $0.2345 - 0.135 = 0.0995$이다. 따라서 사망급부에 대한 APV2는

$$\text{APV2} = 30000 \left( \frac{0.05}{1.05} + \frac{0.085}{1.05^2} + \frac{0.0995}{1.05^3} \right) = 6320.05$$

따라서 보험급부에 대한 APV는

$$\text{APV} = \text{APV1} + \text{APV2} = 5659.22 + 6320.05 = 11979.27$$

(b) 보험료 1원의 납입에 대한 EPV를 구하면

$$\text{EPV3} = \left( 1 + \frac{0.8}{1.05} + \frac{0.64}{1.05^2} \right) = 2.3424$$

수지상등의 원칙에 의하여 $P = \dfrac{\text{APV}}{\text{EPV3}} = \dfrac{11979.27}{2.3424} = 5114.10$

(c) 다음과 같이 두가지 방법을 이용해서 계약자적립액을 각각 구해보자.

① 방법 1: (i) 예를 들어 10,000명의 건강한 피보험자집단이 이 보험에 가입했다고 가정하자. ( )안의 숫자는 건강상태에 있는 피보험자 수를, [ ]안의 숫자는 영구장해상태에 있는 피보험자 수를, < >안의 숫자는 사망한 피보험자 수를 의미한다고 할 때, 시점별 각 상태에 있는 피보험자 수를 그림으로 나타내면 다음과 같다.

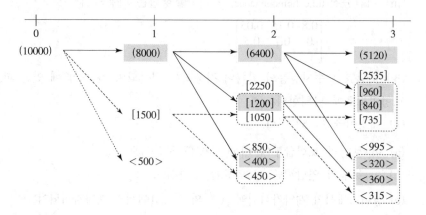

제1보험연도말 즉 1시점에 건강상태에 있는 피보험자 수는 8,000명이다. 이 8,000명에 대한 계약자적립액을 구하면 2시점에 1,200명에게 장해급부 10,000원을 지급해야 하고, 400명에게 사망보험금 30,000원을 지급해야 한다. 또한 3시점에는 2시점에 건강상태에 있던 6,400명 중 영구장해상태로 전이한 960명과 2시점에 영구장해상태에 있던 1,200명 중 3시점에도 영구장해상태에 있는 840명에게 장해급부를 지급해야하고, 2시점에 건강상태에 있던 6,400명 중 320명, 영구장해상태에 있던 1,200명 중 360명에게 사망보험금을 지급하여야 한다. 따라서 1시점에서 향후 지급하여야 하는 보험급부의 APV4는

$$\text{APV4} = 10000\left(\frac{1200}{1.05} + \frac{(960+840)}{1.05^2}\right) + 30000\left(\frac{400}{1.05} + \frac{(320+360)}{1.05^2}\right)$$

$$= 27755102.04 + 29931972.79 = 57687074.83$$

보험료는 1시점에 건강상태에 있는 8,000명과 2시점에 건강상태에 있는 6,400명이 납입하므로, 1시점에서 향후 납입하는 보험료의 EPV5는

$$\text{EPV5} = 5114.10\left(8000 + \frac{6400}{1.05}\right) = 72084457.14$$

따라서 1시점에 건강상태에 있는 8,000명에 대한 계약자적립액을 구하면 APV4 − EPV5 = −14,397,382.31이 되고, 상태 0에 있는 피보험자 1명에 대한 계약자적립액은

$$_1V^{(0)} = \frac{-14397382.31}{8000} = -1799.67$$

(ii) 제1보험연도말 즉 1시점에 영구장해상태에 있는 피보험자 수는 1,500명이다. 이 1,500명에 대한 계약자적립액을 구해보자. 1시점에서 향후 보험급부의 APV6은

$$\text{APV6} = 10000\left(\frac{1050}{1.05} + \frac{735}{1.05^2}\right) + 30000\left(\frac{450}{1.05} + \frac{315}{1.05^2}\right)$$

$$= 16666666.67 + 21428571.43 = 38095238.1$$

영구장해상태에 있으면 다시 건강상태로 돌아갈 수 없기 때문에 보험료를 내는 피보험자는 없다. 따라서 1시점에 영구장해상태에 있는 1,500명에 대한 계약자적립액을 구하면 APV6 $-0 = 38,095,238.1$이 되고, 상태 1에 있는 피보험자 1명에 대한 계약자적립액은

$$_1V^{(1)} = \frac{38095238.1}{1500} = 25396.83$$

② 방법 2: (i) 1시점에 건강상태에 있다는 조건하에서 계약자적립액을 고려하므로 1시점에서의 상태벡터는 $(1\ 0\ 0)$이다. 2시점의 상태벡터는 $(0.8\ 0.15\ 0.05)$가 되고, 3시점의 상태벡터는 $(0.64\ 0.225\ 0.135)$가 된다. 상태 2는 흡수상태이므로 제3보험연도에서의 사망확률은 $0.135 - 0.05 = 0.085$이다. 따라서 장해급부와 사망급부에 대한 APV는

$$APV7 + APV8 = 10000\left(\frac{0.15}{1.05} + \frac{0.225}{1.05^2}\right) + 30000\left(\frac{0.05}{1.05} + \frac{0.085}{1.05^2}\right)$$

$$= 3469.39 + 3741.50 = 7210.89$$

참고로 이 식에서 1시점에 건강상태에 있는(1시점의 상태벡터가 $(1\ 0\ 0)$임) 피보험자가 3시점에 영구장해상태에 있을 확률 $\pi_{13} = 0.225$는 다음과 같은 행렬계산을 통해 구할 수 있다.

$$(1\ 0\ 0)\begin{bmatrix} 0.8 & 0.15 & 0.05 \\ 0 & 0.7 & 0.3 \\ 0 & 0 & 1 \end{bmatrix}\begin{bmatrix} 0.8 & 0.15 & 0.05 \\ 0 & 0.7 & 0.3 \\ 0 & 0 & 1 \end{bmatrix}$$

$$= (0.8\ \ 0.15\ \ 0.05)\begin{bmatrix} 0.8 & 0.15 & 0.05 \\ 0 & 0.7 & 0.3 \\ 0 & 0 & 1 \end{bmatrix}$$

$$= (0.64\ \ 0.8\times0.15+0.15\times0.7\ \ 0.135)$$

$$= (0.64\ \ 0.225\ \ 0.135)$$

여기서 $0.8\times0.15+0.15\times0.7$에 8,000을 곱하면 $960+840$이 되어 방법 1에서 1시점에 건강상태에 있는 8,000명 중 2시점에 건강상태에 있던 6,400명(8,000명$\times0.8 = 6,400$명) 중 3시점에 영구장해상태로 전이한 960명(6,400명$\times0.15 = 960$명)과 2시점에 영구장해상태에 있던 1,200명(8,000명$\times0.15 = 1,200$명) 중 3시점에도 영구장해상태에 있는 840명(1,200명 $\times0.7 = 840$명)의 합과 같음을 알 수 있다.

1시점에 피보험자가 건강상태에 있으므로 1시점에서 향후 보험료의 현재가치는

$$EPV9 = 5114.10\left(1 + \frac{0.8}{1.05}\right) = 9010.56$$

따라서

$$_1V^{(0)} = APV7 + APV8 - EPV9 = 3469.39 + 3741.50 - 9010.56 = -1799.67$$

(ii) 1시점에 영구장해상태에 있다는 조건하에서 계약자적립액을 고려하므로 1시점에서의 상태벡터는 $(0\ 1\ 0)$이다. 2시점의 상태벡터는 $(0\ 0.7\ 0.3)$이 되고, 3시점의 상태벡터는 $(0\ 0.49\ 0.51)$이 된다. 상태 2는 흡수상태이므로 제3보험연도에서의 사망확률은 $0.51 - 0.3 =$

0.21이다. 따라서 장해급부와 사망급부에 대한 APV는

$$\text{APV10} = 10000\left(\frac{0.7}{1.05} + \frac{0.49}{1.05^2}\right) = 11111.11$$

$$\text{APV11} = 30000\left(\frac{0.3}{1.05} + \frac{0.21}{1.05^2}\right) = 14285.72$$

1시점에 피보험자가 영구장해상태에 있으므로 보험료의 납입은 없다. 따라서

$$_1V^{(1)} = \text{APV10} + \text{APV11} = 11111.11 + 14285.72 = 25396.83$$

방법 1, 방법 2 모두 동일한 결과가 나오는 것을 알 수 있다. 앞으로는 방법 2를 이용하여 계산하기로 한다. 방법 1과 방법 2를 연결시켜 동시에 고찰하면 전이행렬에 대한 이해를 확실히 할 수 있을 것이다.

### 예제 10.1.5.3

A보험회사는 다음 그림과 같은 3개의 상태를 갖는 이산시간 마르코프모형을 이용하여 보험상품을 개발하려고 한다. 상태 0은 건강을, 상태 1은 질병을, 상태 2는 사망을 나타낸다.

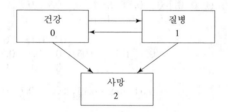

이 보험상품을 개발하기 위해 사용하는 가정은 다음과 같다.
(i) 건강한 피보험자 (50)이 가입하는 4년납입 건강보험이며 보험기간은 4년이다.
(ii) 다중상태모형에서의 전이는 매 보험연도말에만 이루어지며, 피보험자가 매 보험연도말에 질병상태(상태 1)에 있으면 10,000원의 질병급부를 지급하고, 보험연도말에 사망상태로 전이시 20,000원의 사망보험금을 지급한다.
(iii) $t = 0, 1, 2, 3$에 대하여 전이확률은 다음과 같다.

$$p_{50+t}^{01} = 0.35, \ p_{50+t}^{02} = 0.05, \ p_{50+t}^{11} = 0.3, \ p_{50+t}^{12} = 0.2$$

(iv) 보험료는 수지상등의 원칙이 적용되어 계산되며 매 보험연도초에 납입한다.
(v) 예정이율 $i = 5\%$이다.

(a) 이 보험급부에 대한 APV를 구하시오.
(b) 건강상태에 있는 피보험자만 보험료를 납입할 때, 이 보험의 연납평준순보험료를 구하시오.

(c) 건강상태에 있는 피보험자만 보험료를 납입할 때, 제2보험연도말에서 상태 0에서의 계약자적립액 $_2V^{(0)}$과 상태 1에서의 계약자적립액 $_2V^{(1)}$를 구하시오.

(d) 건강상태에 있는 피보험자와 질병상태에 있는 피보험자가 보험료를 납입할 때 연납평준순보험료를 구하시오.

**풀이**

(a) 주어진 전이확률과 $p^{i0}+p^{i1}+p^{i2}=1$ $(i=0,1,2)$를 이용하고, 상태 2가 흡수상태라는 사실을 이용하여 전이확률행렬을 만들면 다음과 같다.

$$\begin{bmatrix} 0.6 & 0.35 & 0.05 \\ 0.5 & 0.3 & 0.2 \\ 0 & 0 & 1 \end{bmatrix}$$

보험급부의 APV는 질병급부의 APV(APV1)와 사망급부의 APV(APV2)로 나누어서 구하기로 한다. 이를 위해 경과기간별 상태벡터를 구하면, 50세에서의 상태벡터는 $(1\ 0\ 0)$, 제1보험연도말의 상태벡터는 $(0.6\ 0.35\ 0.05)$, 제2보험연도말의 상태벡터는 $(0.535\ 0.315\ 0.15)$, 제3보험연도말의 상태벡터는 $(0.4785\ 0.28175\ 0.23975)$, 제4보험연도말의 상태벡터는 $(0.427975\ 0.252\ 0.320025)$이다.

질병급부는 매 보험연도말에 질병상태에 있으면 지급되므로 매 시점에 상태 1에 있을 확률, 즉 $\pi_{1n}$이 필요하다. 따라서 질병급부에 대한 APV는

$$\text{APV1} = 10000\left(\frac{0.35}{1.05} + \frac{0.315}{1.05^2} + \frac{0.28175}{1.05^3} + \frac{0.252}{1.05^4}\right) = 10697.55$$

보험연도별 사망확률은 당 연도의 상태벡터의 $\pi_{2n}$과 전 연도의 $\pi_{2(n-1)}$의 차이이므로

$$\text{APV2} = 20000\left(\frac{0.05}{1.05} + \frac{0.1}{1.05^2} + \frac{0.08975}{1.05^3} + \frac{0.080275}{1.05^4}\right) = 5637.88$$

따라서 보험급부에 대한 APV는

$$\text{APV} = \text{APV1} + \text{APV2} = 10697.55 + 5637.88 = 16335.43$$

(b) 보험료 1원의 납입에 대한 EPV를 구하면

$$\text{EPV} = 1 + \frac{0.6}{1.05} + \frac{0.535}{1.05^2} + \frac{0.4785}{1.05^3} = 2.47004$$

수지상등의 원칙에 의하여 $P = \dfrac{\text{APV}}{\text{EPV}} = \dfrac{16335.43}{2.47004} = 6613.43$

(c) (i) $_2V^{(0)}$는 제2보험연도말에 피보험자가 건강상태에 있다는 조건하에서의 계약자적립액이므로 제2보험연도말에서의 상태벡터는 $(1\ 0\ 0)$이다. 따라서 제3보험연도말에서의 상태벡터는 $(0.6\ 0.35\ 0.05)$이고, 제4보험연도말에서의 상태벡터는 $(0.535\ 0.315\ 0.15)$이다. 따라서 질병급부에 대한 APV3과 사망급부에 대한 APV4 및 제2보험연도말에서 향후 보험료의 EPV5는

$$\text{APV3} = 10000\left(\frac{0.35}{1.05} + \frac{0.315}{1.05^2}\right) = 6190.48$$

$$\text{APV4} = 20000\left(\frac{0.05}{1.05} + \frac{0.1}{1.05^2}\right) = 2766.44$$

$$\text{EPV5} = 6613.43\left(1 + \frac{0.6}{1.05}\right) = 10392.53$$

따라서

$$_2V^{(0)} = \text{APV3} + \text{APV4} - \text{EPV5} = 6190.48 + 2766.44 - 10392.53 = -1435.61$$

(ii) $_2V^{(1)}$는 제2보험연도말에 피보험자가 질병상태에 있다는 조건하에서의 계약자적립액이므로 제2보험연도말에서의 상태벡터는 (0  1  0)이다. 따라서 제3보험연도말에서의 상태벡터는 (0.5  0.3  0.2)이고, 제4보험연도말에서의 상태벡터는 (0.45  0.265  0.285)이다. 따라서 따라서 질병급부에 대한 APV6과 사망급부에 대한 APV7은

$$\text{APV6} = 10000\left(\frac{0.3}{1.05} + \frac{0.265}{1.05^2}\right) = 5260.77$$

$$\text{APV7} = 20000\left(\frac{0.2}{1.05} + \frac{0.085}{1.05^2}\right) = 5351.47$$

제2보험연도말에 피보험자가 질병상태에 있으므로 제3보험연도초에는 보험료를 납입하지 않지만, 제3보험연도말의 상태벡터는 (0.5  0.3  0.2)이므로, 제4보험연도초에 건강상태에 있을 확률은 0.5이다. 따라서 제2보험연도말에서 향후 보험료의 EPV8은

$$\text{EPV8} = 6613.43\left(\frac{0.5}{1.05}\right) = 3149.25$$

따라서

$$_2V^{(1)} = \text{APV6} + \text{APV7} - \text{EPV8} = 5260.77 + 5351.47 - 3149.25 = 7462.99$$

(d) 보험료를 건강상태(상태 0)에 있는 피보험자와 질병상태(상태 1)에 있는 피보험자가 납입하므로, 보험료 1원의 납입에 대한 EPV9는

$$\text{EPV9} = 1 + \frac{0.6+0.35}{1.05} + \frac{0.535+0.315}{1.05^2} + \frac{0.4785+0.28175}{1.05^3} = 3.33247$$

따라서 수지상등의 원칙에 의해서

$$P = \frac{\text{APV}}{\text{EPV9}} = \frac{16335.43}{3.33247} = 4901.90$$

예제 10.1.5.4

A보험회사는 45세의 회사원들을 대상으로 보험상품을 개발하였다. 보험상품 개발시 다음 그림과 같이 5개의 상태를 갖는 이산시간 마르코프연쇄를 이용하였다. 여기서 상태 0은 건강을, 상태 1은 암을, 상태 2는 암 이외의 질병을, 상태 3은 장해를, 상태 4는 사망을 나타낸다.

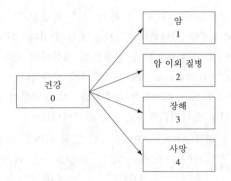

이 보험상품을 개발하기 위해 다음과 같은 가정들을 사용하였다.

(i) 건강한 피보험자 (45)가 가입하는 3년납입 3년만기 보험이다.

(ii) 다중상태모형에서의 전이는 매 보험연도말에만 이루어지며, 피보험자가 매 보험연도말에 암상태(상태 1)로 전이시 급부 20,000원을 지급하고, 암 이외의 질병상태(상태 2)로 전이시 급부 10,000원을 지급하고, 장해상태(상태 3)로 전이시 장해급부 5000원을 지급한다. 그리고 사망상태(상태 4)로 전이시 사망보험금으로 15,000원을 지급한다.

(iii) $t = 0,1,2$에 대하여 전이확률은 다음과 같다.

|  | $p_{45+t}^{00}$ | $p_{45+t}^{01}$ | $p_{45+t}^{02}$ | $p_{45+t}^{03}$ |
|---|---|---|---|---|
| $45+t$ | 0.8 | 0.02 | 0.1 | 0.05 |

(iv) 보험료는 수지상등의 원칙이 적용되어 계산되며 건강상태에 있는 피보험자가 매 보험연도초에 납입한다.

(v) 예정이율 $i = 5\%$이다.

(a) 전이확률행렬을 구하시오.

(b) 이 보험의 일시납순보험료를 구하시오.

(c) 이 보험의 연납평준순보험료를 구하시오.

**풀이**

(a) 주어진 전이확률을 이용하여 전이확률행렬을 구하면 다음과 같다.

$$\begin{bmatrix} 0.8 & 0.02 & 0.1 & 0.05 & 0.03 \\ 0 & 1 & 0 & 0 & 0 \\ 0 & 0 & 1 & 0 & 0 \\ 0 & 0 & 0 & 1 & 0 \\ 0 & 0 & 0 & 0 & 1 \end{bmatrix}$$

여기서 상태 1, 상태 2, 상태 3, 상태 4는 모두 흡수상태이다.

(b) 일시납순보험료는 보험급부의 APV와 같으므로, 보험급부의 APV를 구하면 된다. 이를 위

해 경과기간별 상태벡터를 구하면 다음과 같다. 피보험자는 보험 가입시 건강상태에 있어야 하므로 45세에서의 상태벡터는 (1 0 0 0 0)이다. 45+1세에서의 상태벡터는 (0.8 0.02 0.1 0.05 0.03)이다. 같은 방식으로 계산하면 45+2세에서의 상태벡터는 (0.64 0.036 0.18 0.09 0.054)이고, 45+3세에서의 상태벡터는 (0.512 0.0488 0.244 0.122 0.0732)이다. 상태 1, 2, 3, 4는 모두 흡수상태이므로 급부가 발생할 확률은 당 연도 상태벡터의 $\pi_{in}$과 전 연도 상태벡터의 $\pi_{i(n-1)}$의 차이이다($i=1, 2, 3, 4$). 따라서 각 상태($i$)별로 발생하는 급부에 대한 APV를 APV$i$($i=1, 2, 3, 4$)라고 하면,

$$\text{APV1} = 20000\left(\frac{0.02}{1.05} + \frac{0.036-0.02}{1.05^2} + \frac{0.0488-0.036}{1.05^3}\right) = 892.34$$

$$\text{APV2} = 10000\left(\frac{0.1}{1.05} + \frac{0.18-0.1}{1.05^2} + \frac{0.244-0.18}{1.05^3}\right) = 2230.86$$

$$\text{APV3} = 5000\left(\frac{0.05}{1.05} + \frac{0.09-0.05}{1.05^2} + \frac{0.122-0.09}{1.05^3}\right) = 557.72$$

$$\text{APV4} = 15000\left(\frac{0.03}{1.05} + \frac{0.054-0.03}{1.05^2} + \frac{0.0732-0.054}{1.05^3}\right) = 1003.89 \text{이다.}$$

따라서 보험급부에 대한 APV는 APV = APV1 + APV2 + APV3 + APV4 = 4684.81이다.

(c) 보험료 1원의 납입에 대한 EPV를 구해보면

$$\text{EPV} = 1 + \frac{0.8}{1.05} + \frac{0.64}{1.05^2} = 2.3424$$

수지상등의 원칙에 의하여 $P = \dfrac{\text{APV}}{\text{EPV}} = \dfrac{4684.81}{2.3424} = 2000$

■

## 예제 10.1.5.5

A보험회사는 다음 그림과 같은 4개의 상태를 갖는 마르코프모형을 이용하여 연생연금상품을 개발하려고 한다. 상태 0은 피보험자 $(x)$, $(y)$ 둘 다 생존을, 상태 1은 피보험자 $(x)$만 생존을, 상태 2는 피보험자 $(y)$만 생존을, 상태 3은 피보험자 $(x)$, $(y)$ 둘 다 사망을 나타낸다.

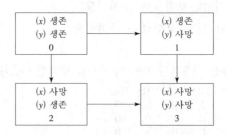

연생연금 상품개발시 사용된 공통적인 가정들은 다음과 같다.
(i) 상태 0에 있는 $x$세와 $y$세의 피보험자가 가입하는 3년 유기생명연금이다.

(ii) 다중상태모형에서의 전이는 매 보험연도말에만 이루어진다.

(iii) 시간동질(time homogeneous) 전이확률행렬은 다음과 같다.

$$\begin{bmatrix} 0.85 & 0.05 & 0.1 & 0 \\ 0 & 0.9 & 0 & 0.1 \\ 0 & 0 & 0.8 & 0.2 \\ 0 & 0 & 0 & 1 \end{bmatrix}$$

(iv) 보험료는 수지상등의 원칙이 적용되어 계산된다.

(v) 예정이율 $i=5\%$이다.

이 때 다음과 같은 연생연금의 일시납순보험료(NSP)를 구하시오.

(a) 매 보험연도말에 $(y)$가 사망한 상태에서 $(x)$가 생존해 있으면 5,000원을 연금급부로 지급하는 연생연금.

(b) 매 보험연도말에 $(x)$가 생존해 있으면 5,000원을 연금급부로 지급하는 연생연금.

(c) 매 보험연도말에 $(x)$, $(y)$가 모두 생존해 있으면 1,000원을 연금급부로 지급하는 연생연금.

(d) 매 보험연도말에 $(x)$, $(y)$ 중 한 명이라도 생존해 있으면 1,000원을 연금급부로 지급하는 연생연금.

**풀이**

보험가입시를 0시점이라고 하였을 때 각 시점의 상태벡터를 구하면 다음과 같다. 0시점의 상태벡터는 $(1\ 0\ 0\ 0)$, 1시점의 상태벡터는 $(0.85\ 0.05\ 0.1\ 0)$, 2시점의 상태벡터는 $(0.7225\ 0.0875\ 0.165\ 0.025)$, 3시점의 상태벡터는 $(0.614125\ 0.114875\ 0.20425\ 0.06675)$이다.

(a) 매 보험연도말에 $(y)$가 사망한 상태에서 $(x)$가 생존해 있으면 연금급부가 발생하므로 상태 1에 있으면 연금급부가 발생한다고 생각하면 된다. 즉 연금급부의 APV는 보험수리기호로 나타내면 $5000a_{y|x:\overline{3|}}$이다. 매 보험연도말에 상태 1에 있을 확률은 $\pi_{1n}(n=1,2,3)$이므로 연금급부에 대한 APV는

$$\text{APV} = 5000\left(\frac{0.05}{1.05} + \frac{0.0875}{1.05^2} + \frac{0.114875}{1.05^3}\right) = 1131.1$$

(b) 매 보험연도말에 $(x)$가 생존해 있으면 연금급부가 발생하므로 상태 0에 있거나 상태 1에 있으면 연금급부가 발생한다고 생각하면 된다. 즉 연금급부의 APV는 보험수리기호로 나타내면 $5000a_{x:\overline{3|}}$이다. 매 보험연도말에 상태 0 또는 상태 1에 있을 확률은 $\pi_{0n}+\pi_{1n}$ $(n=1,2,3)$이므로 연금급부에 대한 APV는

$$\text{APV} = 5000\left(\frac{0.85+0.05}{1.05} + \frac{0.7225+0.0875}{1.05^2} + \frac{0.614125+0.114875}{1.05^3}\right) = 11107.87$$

(c) 매 보험연도말에 $(x)$, $(y)$가 모두 생존해 있으면 연금급부가 발생하므로 상태 0에 있으면 연금급부가 발생한다고 생각하면 된다. 즉 연금급부의 APV는 보험수리기호로 나타내면 $1000a_{xy:\overline{3|}}$이다. 매 보험연도말에 상태 0에 있을 확률은 $\pi_{0n}(n=1,2,3)$이므로 연금급부에

대한 APV는

$$\text{APV} = 1000\left(\frac{0.85}{1.05} + \frac{0.7225}{1.05^2} + \frac{0.614125}{1.05^3}\right) = 1995.36$$

(d) 매 보험연도말에 $(x)$, $(y)$ 중 한명이라도 생존해 있으면 연금급부가 발생하므로 상태 0, 상태 1 또는 상태 2에 있으면 연금급부가 발생한다고 생각하면 된다. 즉 연금급부의 APV는 보험수리기호로 나타내면 $1000a_{\overline{xy}:\overline{3}|}$ 이다. 매 보험연도말에 상태 0, 상태 1 또는 상태 2에 있을 확률은 $1-\pi_{3n}(n=1,\ 2,\ 3)$이므로 연금급부에 대한 APV는

$$\text{APV} = 1000\left(\frac{1}{1.05} + \frac{1-0.025}{1.05^2} + \frac{1-0.06675}{1.05^3}\right) = 2642.91$$

**예제 10.1.5.6**

A보험회사는 다음 그림과 같은 4개의 상태를 갖는 마르코프모형을 이용하여 연생보험상품의 보험료를 산출하였다. 상태 0은 피보험자 $(x)$, $(y)$ 둘 다 생존을, 상태 1은 피보험자 $(x)$만 생존을, 상태 2는 피보험자 $(y)$만 생존을, 상태 3은 피보험자 $(x)$, $(y)$ 둘 다 사망을 나타낸다.

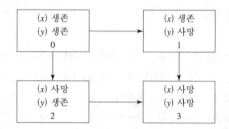

연생보험 상품개발시 다음과 같은 가정들을 공통적으로 사용하였다.

(i) 상태 0에 있는 $x$세와 $y$세의 피보험자가 가입하는 3년납입 3년만기 연생보험이다.

(ii) 다중상태모형에서의 전이는 매 보험연도말에만 이루어진다.

(iii) 상태간 전이확률은 다음과 같이 매해 동일하다. 현재 $(x)$, $(y)$가 생존한 경우 다음 해에 $(x)$만 사망할 확률은 0.15이고, 현재 $(x)$, $(y)$가 생존한 경우 다음 해에 $(y)$만 사망할 확률은 0.1이다. 현재 $(x)$만 생존한 경우 다음 해에 $(x)$가 사망할 확률은 0.2, 현재 $(y)$만 생존한 경우 다음 해에 $(y)$가 사망할 확률은 0.3이다.

(iv) 보험료는 수지상등의 원칙이 적용되어 계산되며 매 보험연도초에 납입한다.

(v) 예정이율 $i = 5\%$이다.

이 때 다음과 같은 연생보험의 연납평준순보험료를 구하시오.

(a) 보험연도말에 $(x)$가 사망한 상태에서 $(y)$가 사망시 사망보험금 10,000원을 지급하는 연생보험. 단, 상태 0에 있는 피보험자만 보험료를 납부한다.

(b) 보험연도말에 $(y)$가 사망한 상태에서 $(x)$가 사망시 사망보험금 10,000원을 지급하는 연생보험. 단, 상태 0에 있는 피보험자만 보험료를 납부한다.

(c) 보험연도말에 $(x)$, $(y)$ 모두 사망시 사망보험금 10,000원을 지급하는 연생보험. 단, 상태 0에 있는 피보험자만 보험료를 납부한다.

(d) 보험연도말에 $(x)$, $(y)$ 모두 사망시 사망보험금 10,000원을 지급하는 연생보험. 단, 상태 0, 1, 2에 있는 피보험자가 보험료를 납부한다.

**풀이**

주어진 전이확률을 이용하여 전이확률행렬을 구하면 다음과 같다.

$$\begin{bmatrix} 0.75 & 0.1 & 0.15 & 0 \\ 0 & 0.8 & 0 & 0.2 \\ 0 & 0 & 0.7 & 0.3 \\ 0 & 0 & 0 & 1 \end{bmatrix}$$

보험가입시의 시점을 0시점이라고 하였을 때, 각 시점의 상태벡터를 구하면 0시점의 상태벡터는 (1  0  0  0), 1시점의 상태벡터는 (0.75  0.1  0.15  0), 2시점의 상태벡터는 (0.5625  0.155  0.2175  0.065), 3시점의 상태벡터는 (0.421875  0.18025  0.236625  0.16125)이다.

(a) 보험연도말에 $(x)$가 사망한 상태에서 $(y)$가 사망시 사망급부가 발생하므로 상태 2에서 상태 3으로 전이시 사망급부가 발생한다고 생각하면 된다. 즉 사망급부의 APV는 보험수리기호로 나타내면 $10000A_{xy:\overline{3}|}^{2}$이다. 0시점에 상태 0에서 출발하므로 1시점에서는 사망급부는 발생하지 않는다. 사망급부가 발생하는 경우는

(i) 1시점에 상태 2에 있다가 2시점에 상태 3으로 전이하는 경우,

(ii) 2시점에 상태 2에 있다가 3시점에 상태 3으로 전이하는 경우

이렇게 두 가지 경우가 있다. 1시점에 상태 2에 있을 확률은 1시점 상태벡터로부터 0.15임을 알 수 있고, 상태 2에 있다가 그 다음 시점에 상태 3에 있을 확률은 0.3이므로 1시점에 상태 2에 있다가 2시점에 상태 3으로 전이하는 확률은 $0.15 \times 0.3 = 0.045$이다. 2시점에 상태 2에 있다가 3시점에 상태 3으로 전이하는 확률도 동일한 방법으로 구할 수 있으며 $0.2175 \times 0.3 = 0.06525$임을 알 수 있다. 따라서 사망급부에 대한 APV는

$$\text{APV1} = 10000A_{xy:\overline{3}|}^{2} = 10000\left(\frac{0.045}{1.05^2} + \frac{0.06525}{1.05^3}\right) = 971.82 \text{이다.}$$

보험료는 상태 0에 있는 경우만 납입하므로, 보험료 1원의 납입에 대한 EPV를 구하면

$$\text{EPV2} = 1 + \frac{0.75}{1.05} + \frac{0.5625}{1.05^2} = 2.22449$$

이것을 보험수리기호로 나타내면 $\ddot{a}_{xy:\overline{3}|}$이다. 수지상등의 원칙에 의하여

$$P = \frac{\text{APV1}}{\text{EPV2}} = \frac{971.82}{2.22449} = 436.87$$

(b) 보험연도말에 $(y)$가 사망한 상태에서 $(x)$가 사망시 사망급부가 발생하므로 상태 1에서 상태 3으로 전이시 사망급부가 발생한다고 생각하면 된다. 즉 사망급부의 APV는 보험수리기호로 나타내면 $10000A_{xy:\overline{3}|}^{2}$이다. 2시점에 사망급부가 발생할 확률은 $0.1 \times 0.2 = 0.02$, 3시

점에는 $0.155 \times 0.2 = 0.031$이므로 사망급부에 대한 APV는

$$\text{APV3} = 10000 \left( \frac{0.02}{1.05^2} + \frac{0.031}{1.05^3} \right) = 449.2$$

보험료 1원의 납입에 대한 EPV는 (a)에서 구한 EPV2와 동일하므로

수지상등의 원칙에 의하여 $P = \dfrac{\text{APV3}}{\text{EPV2}} = \dfrac{449.2}{2.22449} = 201.93$

(c) 보험연도말에 $(x)$, $(y)$ 모두 사망시 사망급부가 지급되므로 상태 3으로 전이시 사망급부가 발생한다고 생각하면 된다. 즉 사망급부의 APV는 보험수리기호로 나타내면 $10000A_{\overline{xy}:\overline{3|}}$ 이다. 이 문제는 다음과 같이 두 가지의 방법으로 풀 수 있다.

(i) 방법 1: (a)와 (b)의 경우를 모두 고려하는 경우

사망급부의 APV는 $10000A_{\overline{xy}:\overline{3|}} = 10000A^{2}_{xy:\overline{3|}} + 10000A^{2}_{xy:\overline{3|}}$ 이므로, 연납평준순보험료는 (a)와 (b)에서 구한 연납평준순보험료의 합과 같다. 따라서

$$P = 436.87 + 201.93 = 638.8$$

(ii) 방법 2: 상태벡터를 이용하여 직접 구하는 경우

1시점의 상태벡터는 $(0.75 \ 0.1 \ 0.15 \ 0)$, 2시점의 상태벡터는 $(0.5625 \ 0.155 \ 0.2175 \ 0.065)$, 3시점의 상태벡터는 $(0.421875 \ 0.18025 \ 0.236625 \ 0.16125)$ 이므로 1시점에서는 사망급부가 발생하지 않으며, 2시점의 사망확률은 $0.065$, 3시점의 사망확률은 $0.16125 - 0.065 = 0.09625$ 이다. 따라서 사망급부가 발생할 확률을 이용하여 사망급부에 대한 APV를 구하면,

$$\text{APV4} = 10000 \left( \frac{0.065}{1.05^2} + \frac{0.09625}{1.05^3} \right) = 1421.01$$

보험료 1원의 납입에 대한 EPV는 (a)에서 구한 EPV2와 동일하므로

수지상등의 원칙에 의하여 $P = \dfrac{\text{APV4}}{\text{EPV2}} = \dfrac{1421.01}{2.22449} = 638.8$

(d) 사망급부의 지급은 (c)에서 구한 APV4와 동일하므로 사망급부에 대한 APV는 1421.01이다. 보험료는 상태 0,1,2에 있는 피보험자가 납입하므로 보험료 1원에 대한 EPV는

$$\text{EPV5} = 1 + \frac{(0.75+0.1+0.15)}{1.05} + \frac{(0.5625+0.155+0.2175)}{1.05^2} = 2.80045$$

수지상등의 원칙에 의하여 $P = \dfrac{\text{APV4}}{\text{EPV5}} = \dfrac{1421.01}{2.80045} = 507.42$

---

**예제 10.1.5.7**

A보험회사는 다음 그림과 같은 4개의 상태를 갖는 마르코프모형을 이용하여 연생보험상품을 개발하려고 한다. 상태 0은 피보험자 $(x)$, $(y)$ 둘 다 생존을, 상태 1은 피보험자 $(x)$만 생존을, 상태 2는 피보험자 $(y)$만 생존을, 상태 3은 피보험자 $(x)$, $(y)$ 둘 다 사망을 나타낸다.

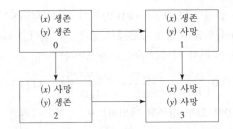

연생보험 상품개발시 사용하는 공통적인 가정들은 다음과 같다.

(i) 상태 0에 있는 $x$세와 $y$세의 피보험자가 가입하는 3년납입 3년만기 연생보험이다.

(ii) 다중상태모형에서의 전이는 매 보험연도말에만 이루어진다.

(iii) 시간동질(time homogeneous) 전이확률행렬은 다음과 같다.

$$\begin{bmatrix} 0.85 & 0.05 & 0.1 & 0 \\ 0 & 0.9 & 0 & 0.1 \\ 0 & 0 & 0.8 & 0.2 \\ 0 & 0 & 0 & 1 \end{bmatrix}$$

(iv) 예정이율 $i = 5\%$이다.

이 때 다음과 같은 연생보험의 연납평준순보험료를 구하시오.

(a) 보험연도말에 $(x)$가 생존한 상태에서 $(y)$가 사망시 사망보험금 10,000원을 지급 하며, 보험료는 수지상등의 원칙이 적용되어 계산되며 피보험자가 상태 0에 있는 경우만 매 보험연도초에 납입하는 연생보험.

(b) 보험연도말에 $(x)$, $(y)$ 중 첫 번째 사망자 발생시 사망보험금 10,000원을 지급 하며, 보험료는 수지상등의 원칙이 적용되어 계산되며 피보험자가 상태 0에 있는 경우만 매 보험연도초에 납입하는 연생보험.

(c) 보험연도말에 $(x)$, $(y)$ 모두 사망시 사망보험금 10,000원을 지급하며, 보험료는 수지상등의 원칙이 적용되어 계산되며 피보험자가 상태 0, 1, 2에 있는 경우 매 보험연도초에 납입하는 연생보험.

**풀이**

보험가입시의 시점을 0시점이라고 하였을 때 각 시점의 상태벡터를 구하면 다음과 같다. 0시점의 상태벡터는 (1 0 0 0), 1시점의 상태벡터는 (0.85 0.05 0.1 0), 2시점의 상태벡터는 (0.7225 0.0875 0.165 0.025), 3시점의 상태벡터는 (0.614125 0.114875 0.20425 0.06675) 이다.

(a) 보험연도말에 $(x)$가 생존한 상태에서 $(y)$가 사망시 사망급부가 발생하므로 상태 0에서 상태 1로 전이시 사망급부가 발생한다고 생각하면 된다. 즉 사망급부의 APV는 보험수리기호로 나타내면 $10000A_{xy:\,\overline{3}|}^{\,1}$ 이다. 제1보험연도말에 상태 1로 전이할 확률은 0.05이고, 제2보험연도말에 상태 1로 전이할 확률은 1시점에 상태 0에 있을 확률 0.85에서 상태 1로 전이

할 확률 0.05를 곱한 $0.85 \times 0.05 = 0.0425$이다. 제3보험연도말에 상태 1로 전이할 확률은 2시점에 상태 0에 있을 확률 0.7225에서 상태 1로 전이할 확률 0.05를 곱한 $0.7225 \times 0.05 = 0.036125$이다. 따라서 사망급부에 대한 APV는

$$\text{APV1} = 10000 \left( \frac{0.05}{1.05} + \frac{0.0425}{1.05^2} + \frac{0.036125}{1.05^3} \right) = 1173.74$$

보험료는 상태 0에 있는 경우만 납입하므로, 보험료 1원의 납입에 대한 EPV를 구하면

$$\text{EPV2} = 1 + \frac{0.85}{1.05} + \frac{0.7225}{1.05^2} = 2.46485$$

이다. 이것을 보험수리기호로 나타내면 $\ddot{a}_{xy:\overline{3}|}$이다. 수지상등의 원칙에 의하여

$$P = \frac{\text{APV1}}{\text{EPV2}} = \frac{1173.74}{2.46485} = 476.19$$

(b) 보험연도말에 $(x)$, $(y)$ 중 첫 번째 사망자 발생시 사망급부가 지급되므로 상태 0에서 벗어나면 사망급부가 발생한다고 생각하면 된다. 즉 사망급부의 APV는 보험수리기호로 나타내면 $10{,}000 A_{\overline{xy}:\overline{3}|}^{1}$이다. 제1보험연도말에 상태 0을 벗어날 확률은 상태 1로 전이할 확률 0.05와 상태 2로 전이할 확률 0.1을 더하면 된다. 같은 방식으로 제2보험연도말에 상태 0을 벗어날 확률은 $0.85 \times (0.05 + 0.1) = 0.0425 + 0.085$이며, 제3보험연도말에 상태 0을 벗어날 확률은 $0.7225 \times (0.05 + 0.1) = 0.036125 + 0.07225$이다. 따라서 사망급부에 대한 APV는

$$\text{APV3} = 10000 \left( \frac{0.05 + 0.1}{1.05} + \frac{0.0425 + 0.085}{1.05^2} + \frac{0.036125 + 0.07225}{1.05^3} \right) = 3521.22$$

보험료 1원의 납입에 대한 EPV는 (a)에서 구한 EPV2와 동일하므로

수지상등의 원칙에 의하여 $P = \dfrac{\text{APV3}}{\text{EPV2}} = \dfrac{3521.22}{2.46485} = 1428.57$

(c) 보험연도말에 $(x)$, $(y)$ 모두 사망시 사망급부가 지급되므로 상태 3으로 전이시 사망급부가 발생한다고 생각하면 된다. 즉, 사망급부의 APV는 보험수리기호로 나타내면 $10{,}000 A_{\overline{xy}:\overline{3}|}$이다.

1시점의 상태벡터는 $(0.85 \quad 0.05 \quad 0.1 \quad 0)$, 2시점의 상태벡터는 $(0.7225 \quad 0.0875 \quad 0.165 \quad 0.025)$, 3시점의 상태벡터는 $(0.614125 \quad 0.114875 \quad 0.20425 \quad 0.06675)$이므로 1시점에서는 사망이 발생하지 않으며, 2시점의 사망확률은 0.025, 3시점의 사망확률은 $0.06675 - 0.025 = 0.04175$이다. 따라서 사망급부에 대한 APV를 구하면

$$\text{APV4} = 10000 \left( \frac{0.025}{1.05^2} + \frac{0.04175}{1.05^3} \right) = 587.41$$

보험료는 상태 0, 상태 1 그리고 상태 2에 있는 경우에 납입하므로, 보험료 1원의 납입에 대한 EPV(보험수리기호로 나타내면 $\ddot{a}_{\overline{xy}:\overline{3}|}$)를 구하면

$$\text{EPV5} = 1 + \frac{1-0}{1.05} + \frac{1-0.025}{1.05^2} = 1 + \frac{1}{1.05} + \frac{0.975}{1.05^2} = 2.83673$$

수지상등의 원칙에 의하여 $P = \dfrac{\text{APV4}}{\text{EPV5}} = \dfrac{587.41}{2.83673} = 207.07$

⟨예제 10.1.5.8⟩

A보험회사는 다음 그림과 같은 4개의 상태를 갖는 마르코프모형을 이용하여 연생보험상품을 개발하였다. 상태 0은 피보험자 $(x)$, $(y)$ 둘 다 생존을, 상태 1은 피보험자 $(x)$만 생존을, 상태 2는 피보험자 $(y)$만 생존을, 상태 3은 피보험자 $(x)$, $(y)$ 둘 다 사망을 나타낸다.

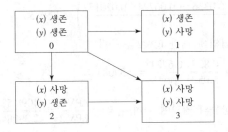

이 보험상품을 개발하기 위해 다음과 같은 가정들을 사용하였다.

(i) 상태 0에 있는 $x$세와 $y$세의 피보험자가 가입하는 3년납입 3년만기 연생보험이다.

(ii) 다중상태모형에서의 전이는 매 보험연도말에만 이루어진다.

(iii) 시간동질(time homogeneous) 전이확률행렬은 다음과 같다.

$$\begin{bmatrix} 0.82 & 0.05 & 0.1 & 0.03 \\ 0 & 0.9 & 0 & 0.1 \\ 0 & 0 & 0.8 & 0.2 \\ 0 & 0 & 0 & 1 \end{bmatrix}$$

(iv) 보험료는 수지상등의 원칙이 적용되어 계산되며 상태 0에 있는 피보험자가 매 보험연도초에 납입한다.

(v) 예정이율 $i = 5\%$이다.

이 때 다음과 같은 연생보험의 연납평준순보험료를 구하시오.

(a) 매보험연도초에 $(x)$, $(y)$가 동시에 생존한 상태에서 매보험연도말에 $(x)$, $(y)$ 중 한명이라도 사망시 사망보험금 10,000원을 지급하는 연생보험.

(b) 보험연도말에 $(x)$, $(y)$ 모두 사망시 사망보험금 10,000원을 지급하는 연생보험.

〈풀이〉

보험가입시의 시점을 0시점이라고 하였을 때 각 시점의 상태벡터를 구하면 다음과 같다. 0시점의 상태벡터는 (1 0 0 0), 1시점의 상태벡터는 (0.82 0.05 0.1 0.03), 2시점의 상태벡터는 (0.6724 0.086 0.162 0.0796), 3시점의 상태벡터는 (0.551368 0.11102 0.19684 0.140772)이다.

(a) 보험연도말에 $(x)$, $(y)$ 중 한 명이라도 사망시 사망급부가 발생하므로 상태 0에서 벗어나면 사망급부가 발생한다고 생각하면 된다. 예제 (10.1.5.7)의 (b)와 다른 점은 공통충격모형이므로 제1보험연도말에 상태 0을 벗어날 확률은 상태 1로 전이할 확률 0.05와 상태 2로 전이

할 확률 0.1을 그리고 상태 3으로 전이할 확률 0.03을 더해야 한다는 점이다. 같은 방식으로 제2보험연도말에 상태 0을 벗어날 확률은 $0.82 \times (0.05 + 0.1 + 0.03) = 0.041 + 0.082 + 0.0246$ 이며, 제3보험연도말에 상태 0을 벗어날 확률은 $0.6724 \times (0.05 + 0.1 + 0.03) = 0.03362 + 0.06724 + 0.020172$ 이다. 따라서 사망급부에 대한 APV1은

$$\text{APV1} = 10000 \left( \frac{0.05 + 0.1 + 0.03}{1.05} + \frac{0.041 + 0.082 + 0.0246}{1.05^2} \right.$$
$$\left. + \frac{0.03362 + 0.06724 + 0.020172}{1.05^3} \right) = 4098.58$$

보험료 1원의 납입에 대한 EPV2를 구하면

$$\text{EPV2} = 1 + \frac{0.82}{1.05} + \frac{0.6724}{1.05^2} = 2.39084$$

보험료는 수지상등의 원칙에 의하여 $P = \dfrac{\text{APV1}}{\text{EPV2}} = \dfrac{4098.58}{2.39084} = 1714.28$

(b) 보험연도말에 $(x)$, $(y)$ 모두 사망시 사망급부가 지급되므로 상태 3으로 전이시 사망급부가 발생한다고 생각하면 된다. 예제 (10.1.5.7)에서는 제1보험연도말에는 상태 3으로의 전이가 발생하지 않았지만, 여기서는 공통충격모형이기 때문에 제1보험연도말에서도 상태 3으로의 전이가 발생한다. 각 시점의 상태벡터를 이용하면 1시점의 사망확률은 0.03, 2시점의 사망확률은 $0.0796 - 0.03 = 0.0496$, 3시점의 사망확률은 $0.140772 - 0.0796 = 0.061172$ 이다. 따라서 사망급부에 대한 APV3을 구하면

$$\text{APV3} = 10000 A_{\overline{xy}: \overline{3|}} = 10000 \left( \frac{0.03}{1.05} + \frac{0.0496}{1.05^2} + \frac{0.061172}{1.05^3} \right) = 1264.03$$

보험료 1원의 납입에 대한 EPV는 (a)에서 구한 EPV2와 동일하므로

보험료는 수지상등의 원칙에 의하여 $P = \dfrac{\text{APV3}}{\text{EPV2}} = \dfrac{1264.03}{2.39084} = 528.7$

---

**예제 10.1.5.9**

A보험회사는 다음 그림과 같은 4개의 상태를 갖는 이산시간 마르코프모형을 이용하여 건강보험상품을 개발하려 한다. 상태 0은 건강을, 상태 1은 경증질병을, 상태 2는 중증질병을, 상태 3은 사망을 나타낸다.

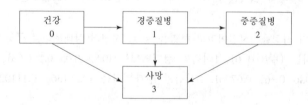

이 보험상품을 개발하기 위해 다음과 같은 가정들을 사용한다.

(i) 건강한 피보험자 (65)가 가입하는 3년납입 3년만기 건강보험이다.

(ii) 다중상태모형에서의 전이는 매 보험연도말에만 이루어지며, 피보험자가 매 보험연도 말에 경증질병상태(상태 1)로 전이시 10,000원의 질병급부를 지급하고, 중증질병상태(상태 2)로 전이시 20,000원의 질병급부를 지급한다. 매 보험연도 말에 사망상태(상태 3)로 전이시 50,000원의 사망보험금을 지급한다.

(iii) $t = 0$, 1에 대하여 전이확률행렬은 다음과 같다.

$$P_{65} = \begin{bmatrix} 0.65 & 0.3 & 0 & 0.05 \\ 0 & 0.6 & 0.3 & 0.1 \\ 0 & 0 & 0.7 & 0.3 \\ 0 & 0 & 0 & 1 \end{bmatrix}, \quad P_{66+t} = \begin{bmatrix} 0.55 & 0.35 & 0 & 0.1 \\ 0 & 0.5 & 0.3 & 0.2 \\ 0 & 0 & 0.6 & 0.4 \\ 0 & 0 & 0 & 1 \end{bmatrix}$$

(iv) 보험료는 수지상등의 원칙이 적용되어 계산되며 건강상태에 있는 피보험자가 매 보험연도초에 납입한다.

(v) 예정이율 $i = 5\%$이다.

(a) 이 보험급부에 대한 APV를 구하시오.

(b) 이 보험의 연납평준순보험료를 구하시오.

(c) 계약자적립액 $_2V^{(0)}$, $_2V^{(1)}$, $_2V^{(2)}$를 구하시오.

**풀이**

경과기간별 상태벡터를 구하면, 65세에서의 상태벡터는 (1 0 0 0)이고, 제1보험연도말의 상태벡터는 (0.65 0.3 0 0.05), 제2보험연도말의 상태벡터는 (0.3575 0.3775 0.09 0.175), 제3보험연도말의 상태벡터는 (0.196625 0.313875 0.16725 0.32225)이다.

(a) 보험급부의 APV는 경증질병급부의 APV(APV1), 중증질병급부의 APV(APV2)와 사망급부에 대한 APV(APV3)로 나누어서 구하기로 한다.

경증질병급부의 APV를 구해보자. 제1보험연도말에 경증질병상태로 전이할 확률은 0.3이다. 제2보험연도말에 경증질병상태로 전이할 확률은 제1보험연도말에 건강상태에 있을 확률인 0.65에 경증질병상태로 전이할 확률인 0.35를 곱한 $0.65 \times 0.35 = 0.2275$가 된다. 여기서 주의할 점은 제1보험연도에 적용되는 전이확률행렬은 $P_{65}$이고, 제2보험연도에 적용되는 전이확률행렬은 $P_{66}$이므로 전이확률이 달라진다는 점이다. 마찬가지로 제3보험연도말에 경증질병상태로 전이할 확률은 제2보험연도말에 건강상태에 있을 확률인 0.3575에 경증질병상태로 전이할 확률인 0.35를 곱한 $0.3575 \times 0.35 = 0.125125$가 된다. 따라서 경증질병급부의 APV1은

$$APV1 = 10000 \left( \frac{0.3}{1.05} + \frac{0.2275}{1.05^2} + \frac{0.125125}{1.05^3} \right) = 6001.51$$

$\pi_{21} = 0$이므로 중증질병급부는 제1보험연도말에 발생하지 않는다. 제2보험연도말에 중증질병상태로 전이할 확률은 $0.3 \times 0.3 = 0.09$이고, 제3보험연도말에 중증질병상태로 전이할 확률은 $0.3775 \times 0.3 = 0.11325$이다.

또한 제1보험연도말의 사망확률은 0.05이고, 제2보험연도말의 사망확률은 0.175 − 0.05

= 0.125이다. 제3보험연도말의 사망확률은 $0.32225-0.175=0.14725$이다.

따라서 중증질병급부의 APV2와 사망급부에 대한 APV3을 구하면 다음과 같다.

$$\text{APV2} = 20000\left(\frac{0.09}{1.05^2}+\frac{0.11325}{1.05^3}\right) = 3589.25$$

$$\text{APV3} = 50000\left(\frac{0.05}{1.05}+\frac{0.125}{1.05^2}+\frac{0.14725}{1.05^3}\right) = 14409.89$$

따라서 보험급부에 대한 APV는

$$\text{APV} = \text{APV1}+\text{APV2}+\text{APV3} = 6001.51+3589.25+14409.89 = 24000.65$$

(b) 보험료 1원의 납입을 위한 EPV를 구하면

$$\text{EPV4} = 1+\frac{0.65}{1.05}+\frac{0.3575}{1.05^2} = 1.943311$$

수지상등의 원칙에 의하여

$$P = \frac{\text{APV}}{\text{EPV4}} = \frac{24000.65}{1.943311} = 12350.39$$

(c) (i) $_2V^{(0)}$는 제2보험연도말에 건강상태에 있다는 조건하에서의 계약자적립액이므로 제2보험연도말에서의 상태벡터는 (1 0 0 0)이고 제3보험연도말에서의 상태벡터는 (0.55 0.35 0 0.1)이다. (0.55 0.35 0 0.1)로부터 중증질병상태로 전이할 확률은 0이라는 것을 알 수 있으므로 질병급부는 경증질병상태로 전이시에만 발생한다는 것을 알 수 있다. 따라서 질병급부에 대한 APV5와 사망급부에 대한 APV6은

$$\text{APV5} = 10000\left(\frac{0.35}{1.05}\right) = 3333.33$$

$$\text{APV6} = 50000\left(\frac{0.1}{1.05}\right) = 4761.90$$

보험료는 피보험자가 제2보험연도말에 건강상태에 있으므로 제3보험연도초에 납입한다. 따라서 건강상태에 있는 피보험자에 대한 계약자적립액 $_2V^{(0)}$는

$$_2V^{(0)} = \text{APV5}+\text{APV6}-P = 3333.33+4761.90-12350.39 = -4255.16$$

(ii) $_2V^{(1)}$은 제2보험연도말에 경증질병상태에 있다는 조건하에서의 계약자적립액이므로 제2보험연도말에서의 상태벡터는 (0 1 0 0)이고 제3보험연도말에서의 상태벡터는 (0 0.5 0.3 0.2)이다. 급부는 전이시만 발생하므로 경증질병급부는 발생하지 않으며 중증질병급부에 대한 APV7과 사망급부에 대한 APV8은

$$\text{APV7} = 20000\left(\frac{0.3}{1.05}\right) = 5714.29$$

$$\text{APV8} = 50000\left(\frac{0.2}{1.05}\right) = 9523.81$$

상태 1에서 보험료의 납입은 없다. 따라서

$$_2V^{(1)} = \text{APV7}+\text{APV8} = 5714.29+9523.81 = 15238.1$$

(iii) $_2V^{(2)}$는 제2보험연도말에 중증질병상태에 있다는 조건하에서의 계약자적립액이므로 제2보험연도말에서의 상태벡터는 (0 0 1 0)이고 제3보험연도말에서의 상태벡터는 (0 0 0.6 0.4)

이다. 급부는 전이시 발생하므로 이 경우 질병급부는 발생하지 않으며 사망급부만 확률 0.4
로 발생한다. 따라서 사망급부에 대한 APV9는

$$\text{APV9} = 50000\left(\frac{0.4}{1.05}\right) = 19047.62$$

상태 2에서 보험료의 납입은 없으므로

$$_2V^{(2)} = \text{APV9} = 19047.62$$

( **예제 10.1.5.10** )

A보험회사는 다음 그림과 같은 4개의 상태를 갖는 이산시간 마르코프모형을 이용하
여 보험상품을 개발하였다. 상태 0은 건강을, 상태 1은 일반병실에 입원한 상태를, 상
태 2는 중환자실에 입원한 상태를, 상태 3은 사망을 나타낸다.

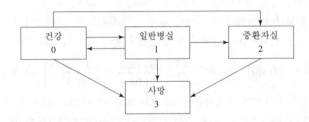

이 보험상품을 개발하기 위해 다음과 같은 가정들을 사용하였다.
(i) 건강한 피보험자 (60)이 가입하는 4년납입 보험이며 보험기간은 4년이다.
(ii) 다중상태모형에서의 전이는 매 보험연도말에만 이루어지며, 피보험자가 매 보험
연도말에 상태 1에 있으면 급부 10,000원을 지급하고, 상태 2에 있으면 급부 30,000
원을 지급한다. 매 보험연도말에 상태 3으로 전이시 사망보험금 20,000원을 지급한다.
(iii) $t = 0, 1, 2, 3$에 대하여 전이확률행렬은 다음과 같다.

$$P_{60+t} = \begin{bmatrix} 0.65 & 0.2 & 0.1 & 0.05 \\ 0.4 & 0.3 & 0.2 & 0.1 \\ 0 & 0 & 0.4 & 0.6 \\ 0 & 0 & 0 & 1 \end{bmatrix}$$

(iv) 보험료는 수지상등의 원칙이 적용되어 계산되며 건강상태에 있는 피보험자와 일
반병실에 입원한 상태(상태 1)에 있는 피보험자가 매 보험연도초에 납입한다. 단, 일
반병실에 입원한 상태에 있는 피보험자는 건강상태에 있는 피보험자가 납입하는 보
험료의 50%를 납입한다.
(v) 예정이율 $i = 5\%$이다.

(a) 이 보험의 급부에 대한 APV를 구하시오.
(b) 건강상태에 있는 피보험자가 납입하는 연납평준순보험료를 구하시오.

(c) 계약자적립액 $_2V^{(0)}$, $_2V^{(1)}$, $_2V^{(2)}$를 구하시오.

**풀이**

경과기간별 상태벡터를 구하면, 60세에서의 상태벡터는 (1 0 0 0)이고, 제1보험연도말의 상태벡터는 (0.65 0.2 0.1 0.05), 제2보험연도말의 상태벡터는 (0.5025 0.19 0.145 0.1625), 제3보험연도말의 상태벡터는 (0.402625 0.1575 0.14625 0.293625), 제4보험연도말의 상태벡터는 (0.32470625 0.127775 0.1302625 0.41725625)이다.

(a) 보험급부의 APV는 상태 1에서 발생하는 급부의 APV1, 상태 2에서 발생하는 급부의 APV2와 사망급부에 대한 APV3으로 나누어서 구하기로 한다.

매 보험연도말에 상태 1에 있으면 급부가 발생하므로 상태 1에서 급부가 발생할 확률은 $\pi_{1n}(n=1, 2, 3, 4)$이다. 따라서 상태 1에서 발생하는 급부의 APV1은

$$\text{APV1} = 10000\left(\frac{0.2}{1.05} + \frac{0.19}{1.05^2} + \frac{0.1575}{1.05^3} + \frac{0.127775}{1.05^4}\right) = 6039.87$$

매 보험연도말에 상태 2에 있으면 급부가 발생하므로 상태 2에서 급부가 발생할 확률은 $\pi_{2n}(n=1, 2, 3, 4)$이다. 따라서 상태 2에서 발생하는 급부의 APV2는

$$\text{APV2} = 30000\left(\frac{0.1}{1.05} + \frac{0.145}{1.05^2} + \frac{0.14625}{1.05^3} + \frac{0.1302625}{1.05^4}\right) = 13807.83$$

제2보험연도말에서의 사망확률은 $0.1625 - 0.05 = 0.1125$, 제3보험연도말에서의 사망확률은 $0.293625 - 0.1625 = 0.131125$, 제4보험연도말에서의 사망확률은 $0.41725625 - 0.293625 = 0.12363125$이다. 따라서 사망급부에 대한 APV3은

$$\text{APV3} = 20000\left(\frac{0.05}{1.05} + \frac{0.1125}{1.05^2} + \frac{0.131125}{1.05^3} + \frac{0.12363125}{1.05^4}\right) = 7292.85$$

따라서 보험급부에 대한 APV는

$$\text{APV} = \text{APV1} + \text{APV2} + \text{APV3} = 6039.87 + 13807.83 + 7292.85 = 27140.55$$

(b) 보험료는 상태 0과 상태 1에 있는 피보험자가 납입한다고 하였으므로, 매 연도별 상태 0과 상태 1에 있을 확률을 이용하여 보험료 납입에 대한 EPV를 구해야 한다. 건강상태에 있는 피보험자들이 납입하는 보험료를 $P$라고 하고, 보험료 1원의 납입에 대한 EPV4를 구하면

$$\text{EPV4} = \left(1 + \frac{0.65}{1.05} + \frac{0.5025}{1.05^2} + \frac{0.402625}{1.05^3}\right) + \frac{1}{2}\left(\frac{0.2}{1.05} + \frac{0.19}{1.05^2} + \frac{0.1575}{1.05^3}\right)$$
$$= 2.672066$$

수지상등의 원칙에 의하여 $P = \dfrac{\text{APV}}{\text{EPV4}} = \dfrac{27140.55}{2.672066} = 10157.14$

(c) (i) $_2V^{(0)}$은 제2보험연도말에 건강상태에 있다는 조건하에서의 계약자적립액이므로 제2보험연도 말에서의 상태벡터는 (1 0 0 0)이다. 시간동질적인 전이확률행렬이므로 제3보험연도말에서의 상태벡터는 (0.65 0.2 0.1 0.05)이고, 제4보험연도말에서의 상태벡터는 (0.5025 0.19 0.145 0.1625)이다. 따라서 향후 상태 1에서 발생할 급부의 APV5는

$$\text{APV5} = 10000\left(\frac{0.2}{1.05} + \frac{0.19}{1.05^2}\right) = 3628.12$$

향후 상태 2에서 발생할 급부의 APV6은

$$APV6 = 30000 \left( \frac{0.1}{1.05} + \frac{0.145}{1.05^2} \right) = 6802.72$$

향후의 사망급부에 대한 APV7은

$$APV7 = 20000 \left( \frac{0.05}{1.05} + \frac{0.1625 - 0.05}{1.05^2} \right) = 2993.20$$

향후 납입되는 보험료의 EPV는

$$EPV8 = 10157.14 \left( 1 + \frac{0.65}{1.05} \right) + 5078.57 \left( \frac{0.2}{1.05} \right) = 17412.24$$

따라서 제2보험연도말에 건강상태에 있는 피보험자에 대한 계약자적립액 $_2V^{(0)}$는

$$_2V^{(0)} = APV5 + APV6 + APV7 - EPV8 = -3988.2$$

(ii) $_2V^{(1)}$는 제2보험연도말에 상태 1에 있다는 조건하에서의 계약자적립액이므로 제2보험연도말에서의 상태벡터는 (0 1 0 0)이다. 제3보험연도말에서의 상태벡터는 (0.4 0.3 0.2 0.1)이고, 제4보험연도말에서의 상태벡터는 (0.38 0.17 0.18 0.27)이다. 향후 발생할 급부의 APV9를 구하면

$$APV9 = 10000 \left( \frac{0.3}{1.05} + \frac{0.17}{1.05^2} \right) + 30000 \left( \frac{0.2}{1.05} + \frac{0.18}{1.05^2} \right) + 20000 \left( \frac{0.1}{1.05} + \frac{0.17}{1.05^2} \right)$$
$$= 4399.09 + 10612.24 + 4988.66 = 19999.99$$

이다. 향후 납입되는 보험료의 EPV는 상태 0에 있을 확률과 상태 1에 있을 확률을 이용하여 구하면

$$EPV10 = 10157.14 \left( \frac{0.4}{1.05} \right) + 5078.57 \left( 1 + \frac{0.3}{1.05} \right) = 10398.98$$

따라서 제2보험연도말에 상태 1에 있는 피보험자에 대한 계약자적립액 $_2V^{(1)}$는

$$_2V^{(1)} = APV9 - EPV10 = 9601.01$$

(iii) $_2V^{(2)}$는 제2보험연도말에 상태 2에 있다는 조건하에서의 계약자적립액이므로 제2보험연도말에서의 상태벡터는 (0 0 1 0)이다. 제3보험연도말에서의 상태벡터는 (0 0 0.4 0.6)이고, 제4보험연도말에서의 상태벡터는 (0 0 0.16 0.84)이다. 향후 발생할 급부의 APV11을 구하면

$$APV11 = 30000 \left( \frac{0.4}{1.05} + \frac{0.16}{1.05^2} \right) + 20000 \left( \frac{0.6}{1.05} + \frac{0.84 - 0.6}{1.05^2} \right) = 31564.63$$

상태 2에 있으면 상태 1이나 건강상태로 돌아갈 수 없으므로 보험료의 납입은 없다. 따라서

$$_2V^{(2)} = APV11 - 0 = 31564.63$$

예제 10.1.5.11

A보험회사는 다음 그림과 같은 4개의 상태를 갖는 마르코프모형을 이용하여 CI보험 상품을 개발하려고 한다. 상태 0은 건강을, 상태 1은 피보험자가 CI진단을 받은 상태를, 상태 2는 CI진단을 받지 않은 피보험자의 사망을, 상태 3은 CI진단을 받은 피보험자의 사망을 나타낸다.

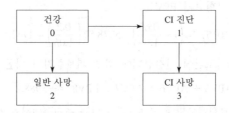

이 CI보험상품을 개발하기 위해서 다음과 같은 가정을 사용한다.

(i) 건강한 피보험자 (55)가 가입하는 4년납입 4년만기 CI보험이다.

(ii) 다중상태모형에서의 전이는 매 보험연도말에만 이루어지며, 피보험자가 매 보험연도말에 상태 1로 전이시 급부 25,000원을 지급하고, 상태 2로 전이시 사망보험금 50,000원을 지급한다. 매 보험연도말에 상태 3으로 전이시 사망보험금 25,000원을 지급한다.

(iii) $t = 0, 1, 2, 3$에 대하여 전이확률은 다음과 같다.

$$p^{01}_{55+t} = 0.1, \quad p^{02}_{55+t} = 0.05, \quad p^{13}_{55+t} = 0.4 + 0.1t$$

(iv) 보험료는 수지상등의 원칙이 적용되어 계산되며 건강상태에 있는 피보험자가 매 보험연도초에 납입한다.

(v) 예정이율 $i = 5\%$이다.

(a) 이 CI보험의 보험급부에 대한 APV를 구하시오.

(b) 이 CI보험의 연납평준순보험료를 구하시오.

(c) 계약자적립액 $_2V^{(0)}$, $_2V^{(1)}$를 구하시오.

풀이

경과기간별 상태벡터를 주어진 전이확률을 이용하여 구하면, 55세에서의 상태벡터는 (1  0  0  0)이고, 제1보험연도말의 상태벡터는 (0.85  0.1  0.05  0), 제2보험연도말의 상태벡터는 (0.7225  0.135  0.0925  0.05), 제3보험연도말의 상태벡터는 (0.614125  0.12625  0.128625  0.131), 제4보험연도말의 상태벡터는 (0.52200625  0.0992875  0.15933125  0.219375)이다.

(a) 이 보험급부의 APV는 상태 1로 전이시 발생하는 급부의 APV1, 상태 2로 전이시 발생하는 급부의 APV2, 상태 3으로 전이시 발생하는 급부의 APV3으로 나누어 구하기로 한다. 매 보험연도말에 상태 1로 전이시 급부가 발생하므로 급부가 발생할 확률은 제1보험연도말에

는 0.1, 제2보험연도말에는 $0.85 \times 0.1 = 0.085$, 제3보험연도말에는 $0.7225 \times 0.1 = 0.07225$, 제4보험연도말에는 $0.614125 \times 0.1 = 0.0614125$ 이다. 따라서 매 보험연도말에 상태 1로 전이시 발생하는 급부의 APV1은

$$\text{APV1} = 25000 \left( \frac{0.1}{1.05} + \frac{0.085}{1.05^2} + \frac{0.07225}{1.05^3} + \frac{0.0614125}{1.05^4} \right) = 7131.80$$

상태 2와 상태 3은 흡수상태이므로 급부가 발생할 확률은 당 연도 상태벡터의 $\pi_{in}$ 과 전 연도 상태벡터의 $\pi_{i(n-1)}$ 의 차이이다($i = 2, 3$). 따라서 제1보험연도말의 각각의 사망확률은 0.05, 0이고, 제2보험연도말의 사망확률은 각각 $0.0925 - 0.05 = 0.0425$, 0.05이다. 제3보험연도말의 사망확률은 각각 $0.128625 - 0.0925 = 0.036125$, $0.131 - 0.05 = 0.081$ 이며, 제4보험연도말의 사망확률은 각각 $0.15933125 - 0.128625 = 0.03070625$, $0.219375 - 0.131 = 0.088375$ 이다. 따라서 매 보험연도말에 상태 2와 상태 3으로 전이시 발생하는 급부의 APV를 각각 구하면

$$\text{APV2} = 50000 \left( \frac{0.05}{1.05} + \frac{0.0425}{1.05^2} + \frac{0.036125}{1.05^3} + \frac{0.03070625}{1.05^4} \right) = 7131.80$$

$$\text{APV3} = 25000 \left( \frac{0.05}{1.05^2} + \frac{0.081}{1.05^3} + \frac{0.088375}{1.05^4} \right) = 4700.72$$

따라서 이 보험급부의 APV는 APV = APV1 + APV2 + APV3 = 18964.32이다.

(b) 보험료 1원의 납입에 대한 EPV를 구하면

$$\text{EPV} = 1 + \frac{0.85}{1.05} + \frac{0.7225}{1.05^2} + \frac{0.614125}{1.05^3} = 2.99536$$

따라서 수지상등의 원칙에 의하여

$$P = \frac{\text{APV}}{\text{EPV}} = \frac{18964.32}{2.99536} = 6331.23$$

(c) (i) $_2V^{(0)}$ 는 제2보험연도말에 건강상태에 있다는 조건하에서의 계약자적립액이므로 제2보험연도말에서의 상태벡터는 (1  0  0  0)이다. 제3보험연도말에서의 상태벡터는 (0.85  0.1  0.05  0)이고, 제4보험연도말에서의 상태벡터는 (0.7225  0.115  0.0925  0.07)이다.

따라서 향후 상태 1, 상태 2, 상태 3에서 발생할 급부의 APV는

$$\text{APV4} = 25000 \left( \frac{0.1}{1.05} + \frac{0.085}{1.05^2} \right) = 4308.39$$

$$\text{APV5} = 50000 \left( \frac{0.05}{1.05} + \frac{0.0925 - 0.05}{1.05^2} \right) = 4308.39$$

$$\text{APV6} = 25000 \left( \frac{0.07}{1.05^2} \right) = 1587.30$$

향후 납입되는 보험료의 EPV7은

$$\text{EPV7} = 6331.23 \left( 1 + \frac{0.85}{1.05} \right) = 11456.51$$

따라서 제2보험연도말에 건강상태에 있는 피보험자에 대한 계약자적립액 $_2V^{(0)}$ 는

$$_2V^{(0)} = \text{APV4} + \text{APV5} + \text{APV6} - \text{EPV7} = -1252.43$$

(ii) $_2V^{(1)}$는 제2보험연도말에 상태 1에 있다는 조건하에서의 계약자적립액이므로 제2보험연도말에서의 상태벡터는 (0 1 0 0)이다. 제3보험연도말에서의 상태벡터는 (0 0.4 0 0.6)이고, 제4보험연도말에서의 상태벡터는 (0 0.12 0 0.88)이다. 따라서 향후 발생할 급부의 APV8은

$$\text{APV8} = 25{,}000\left(\frac{0.6}{1.05} + \frac{0.88-0.6}{1.05^2}\right) = 20634.92$$

향후 보험료의 납입은 없으므로 제2보험연도말에 상태 1에 있는 피보험자에 대한 계약자적립액 $_2V^{(1)}$는

$$_2V^{(1)} = \text{APV8} = 20634.92$$

예제 10.1.5.12

A보험회사는 다음 그림과 같은 4개의 상태를 갖는 마르코프모형을 이용하여 보험상품을 개발하였다. 상태 0은 건강을, 상태 1은 질병을, 상태 2는 사망을, 상태 3은 CI진단을 나타낸다.

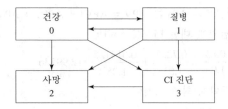

이 보험상품을 개발하기 위해서 다음과 같은 가정들을 사용하였다.
(i) 건강한 피보험자 (40)이 가입하는 4년납입 보험이며 보험기간은 4년이다.
(ii) 다중상태모형에서의 전이는 매 보험연도말에만 이루어지며, 피보험자가 매 보험연도 말에 질병상태에 있으면 10,000원을 질병급부로 지급하고, CI 진단을 받으면(상태 0, 1에서 상태 3으로 전이시) 급부 40,000원을 지급한다. 매 보험연도 말에 상태 0, 1, 3에서 사망상태(상태 2)로 전이시 사망보험금 25,000원을 지급한다.
(iii) 시간동질(time homogeneous) 전이확률행렬은 다음과 같다.

$$\begin{bmatrix} 0.4 & 0.3 & 0.1 & 0.2 \\ 0.2 & 0.2 & 0.2 & 0.4 \\ 0 & 0 & 1 & 0 \\ 0 & 0 & 0.8 & 0.2 \end{bmatrix}$$

(iv) 보험료는 수지상등의 원칙이 적용되어 계산되며 건강상태에 있는 피보험자가 매 보험연도초에 납입한다.
(v) 예정이율 $i = 5\%$이다.

(a) 이 보험급부에 대한 APV를 구하시오.

(b) 이 보험의 연납평준순보험료를 구하시오.

(c) 계약자적립액 $_2V^{(0)}$, $_2V^{(1)}$를 구하시오.

**풀이**

경과기간별 상태벡터를 주어진 전이확률을 이용하여 구하면, 40세에서의 상태벡터는 (1 0 0 0)이고, 제1보험연도말의 상태벡터는 (0.4 0.3 0.1 0.2), 제2보험연도말의 상태벡터는 (0.22 0.18 0.36 0.24), 제3보험연도말의 상태벡터는 (0.124 0.102 0.61 0.164), 제4보험연도말의 상태벡터는 (0.07 0.0576 0.774 0.0984)이다.

(a) 이 보험급부의 APV는 상태 1에 있으면 발생하는 질병급부의 APV1, 상태 2로 전이시 발생하는 사망급부의 APV2, 상태 3으로 전이시 발생하는 급부의 APV3으로 나누어 구하기로 하자. 매 보험연도말에 상태 1에 있으면 급부가 발생하므로 질병급부의 APV1은

$$\text{APV1} = 10000\left( \frac{0.3}{1.05} + \frac{0.18}{1.05^2} + \frac{0.102}{1.05^3} + \frac{0.0576}{1.05^4} \right) = 5844.79$$

상태 2는 흡수상태이므로 급부가 발생할 확률은 당 연도 상태벡터의 $\pi_{2n}$과 전 연도 상태벡터의 $\pi_{2(n-1)}$의 차이이다. 따라서 제1보험연도말의 사망확률은 0.1이고, 제2보험연도말의 사망확률은 $0.36-0.1=0.26$이다. 제3보험연도말의 사망확률은 $0.61-0.36=0.25$이며, 제4보험연도말의 사망확률은 $0.774-0.61=0.164$이다. 따라서 매 보험연도말에 상태 2로 전이시 발생하는 급부의 APV2는

$$\text{APV2} = 25000\left( \frac{0.1}{1.05} + \frac{0.26}{1.05^2} + \frac{0.25}{1.05^3} + \frac{0.164}{1.05^4} \right) = 17048.71$$

상태 3으로 전이시 발생하는 급부의 급부 발생확률은 제1보험연도말에는 0.2, 제2보험연도말에는 $0.4\times0.2+0.3\times0.4=0.2$, 제3보험연도말에는 $0.22\times0.2+0.18\times0.4=0.116$, 제4보험연도말에는 $0.124\times0.2+0.102\times0.4=0.0656$이다. 따라서 매 보험연도말에 상태 3으로 전이시 발생하는 급부의 APV3은

$$\text{APV3} = 40000\left( \frac{0.2}{1.05} + \frac{0.2}{1.05^2} + \frac{0.116}{1.05^3} + \frac{0.0656}{1.05^4} \right) = 21042.26$$

따라서 이 보험급부의 APV는

$$\text{APV} = \text{APV1} + \text{APV2} + \text{APV3} = 5844.79 + 17048.71 + 21042.26 = 43935.76$$

(b) 보험료 1원의 납입에 대한 EPV를 구하면

$$\text{EPV} = 1 + \frac{0.4}{1.05} + \frac{0.22}{1.05^2} + \frac{0.124}{1.05^3} = 1.68761$$

따라서 수지상등의 원칙에 의하여

$$P = \frac{\text{APV}}{\text{EPV}} = \frac{43935.76}{1.68761} = 26034.31$$

(c) (i) $_2V^{(0)}$는 제2보험연도말에 건강상태에 있다는 조건하에서의 계약자적립액이므로 제2보험연도말에서의 상태벡터는 (1 0 0 0)이다. 제3보험연도말에서의 상태벡터는 (0.4 0.3 0.1 0.2)이고, 제4보험연도말에서의 상태벡터는 (0.22 0.18 0.36 0.24)이다.

따라서 향후 상태 1, 상태 2, 상태 3에서 발생할 급부의 APV는

$$APV4 = 10000\left(\frac{0.3}{1.05} + \frac{0.18}{1.05^2}\right) = 4489.80$$

$$APV5 = 25000\left(\frac{0.1}{1.05} + \frac{0.36-0.1}{1.05^2}\right) = 8276.64$$

$$APV6 = 40000\left(\frac{0.2}{1.05} + \frac{0.4 \times 0.2 + 0.3 \times 0.4}{1.05^2}\right) = 14875.28$$

향후 납입되는 보험료의 EPV7은

$$EPV7 = 26034.31\left(1 + \frac{0.4}{1.05}\right) = 35952.14$$

따라서 제2보험연도말에 건강상태에 있는 피보험자에 대한 계약자적립액 $_2V^{(0)}$는

$$_2V^{(0)} = APV4 + APV5 + APV6 - EPV7 = -8310.42$$

(ii) $_2V^{(1)}$는 제2보험연도말에 상태 1에 있다는 조건하에서의 계약자적립액이므로 제2보험연도말에서의 상태벡터는 (0 1 0 0)이다. 제3보험연도말에서의 상태벡터는 (0.2 0.2 0.2 0.4)이고, 제4보험연도말에서의 상태벡터는 (0.12 0.1 0.58 0.2)이다. 따라서 따라서 향후 상태 1, 상태 2, 상태 3에서 발생할 급부의 APV는

$$APV8 = 10000\left(\frac{0.2}{1.05} + \frac{0.1}{1.05^2}\right) = 2811.79$$

$$APV9 = 25000\left(\frac{0.2}{1.05} + \frac{0.58-0.2}{1.05^2}\right) = 13378.68$$

$$APV10 = 40000\left(\frac{0.4}{1.05} + \frac{0.2 \times 0.2 + 0.2 \times 0.4}{1.05^2}\right) = 19591.84$$

향후 납입되는 보험료의 EPV11은

$$EPV11 = 26034.31\left(\frac{0.2}{1.05}\right) = 4958.92$$

따라서 제2보험연도말에 상태 1에 있는 피보험자에 대한 계약자적립액 $_2V^{(1)}$는

$$_2V^{(1)} = APV8 + APV9 + APV10 - EPV11 = 30823.39$$

## 연습문제 10.1

1. 다음 그림과 같은 미로를 생각하자. 미로 속에 있는 쥐는 한 방에서 인접한 다른 방으로 갈 때 균등분포를 따라서 움직인다. 예를 들어 방 0에서 1과 3으로 갈 확률은 각각 $\frac{1}{2}$이고, 방 4에서 인접한 방으로 갈 확률은 각각 $\frac{1}{3}$이다. $Y_n$을 $n$번 움직인 직후 쥐가 있는 방의 번호라고 하자. 이때의 전이확률행렬을 구하시오.

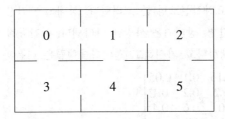

| 0 | 1 | 2 |
|---|---|---|
| 3 | 4 | 5 |

2. 상태공간이 {0(건강), 1(질병), 2(사망)}으로 주어진다. 전이는 연말에 한 번씩 발생하며 다음과 같은 조건이 주어졌다.

   (i) 매해 사망확률은 0.1이다.

   (ii) 연초에 건강한 사람들은 연말에 0.3의 확률로 질병상태가 된다.

   (iii) 연초에 질병상태인 사람들은 연말에 질병상태에서 건강상태로 회복될 확률이 0.2이다.

   (a) 현재 건강한 사람이 3년 말에 질병상태일 확률을 구하시오.

   (b) 현재 건강한 사람이 4년 안에 질병상태가 되고 회복될 확률을 구하시오.

3. H손해보험사는 0시점(첫 번째 해)에 운전자들을 A급(상태 0)과 B급(상태 1)으로 나누고 매년말에 재분류를 실시한다. 어떤 피보험자 C에 대한 시간비동질 마르코프연쇄의 전이확률들은 $k = 0, 1, 2, \cdots$에 대하여

$$p_k^{00} = 0.8 + \frac{0.1}{k+2}, \; p_k^{01} = 0.2 - \frac{0.1}{k+2}, \; p_k^{10} = 0.3 - \frac{0.1}{k+2}, \; p_k^{11} = 0.7 + \frac{0.1}{k+2}$$

   로 주어졌다. C는 두 번째 해 초에 A급으로 분류가 되었다. C가 네 번째 해 초에 A급으로 분류될 확률을 구하시오.

4. 노블카운티에는 다음과 같은 세 종류의 시설이 있다.

   시설 0(상태 0) = 건강한 사람들이 거주하는 시설

   시설 1(상태 1) = 일시간병이 필요한 사람들이 거주하는 시설

   시설 2(상태 2) = 영구간병이 필요한 사람들이 거주하는 시설

   전이는 연말에만 발생하는 시간동질 마르코프연쇄를 가정하고 연간 전이확률행렬은 다음과 같다.

$$\begin{bmatrix} 0.7 & 0.2 & 0.1 \\ 0.05 & 0.8 & 0.15 \\ 0 & 0 & 1 \end{bmatrix}$$

   시점 0에 100명의 건강한 사람들이 시설 0(상태 0)에서 시작한다. 이 사람들의 미래 상태는 각각 독립적이다. 100명의 건강한 사람들 중에서 3년 안에 시설 2(상태 2)로 전이할 사람 수의 분산을 구하시오.

5. 다중상태모형 9(노인요양시설모형)를 고려한다. 상태 0은 건강(독립거주), 상태 1은 일시간병, 상태 2는 영구간병, 상태 3은 사망을 나타낸다. 시간동질 마르코프모형을 고려한다. 전이는 매연말에 발생한다고 가정하고 전이확률행렬은 다음과 같다.

$$\begin{bmatrix} 0.7 & 0.15 & 0.1 & 0.05 \\ 0.5 & 0.2 & 0.2 & 0.1 \\ 0 & 0 & 0.6 & 0.4 \\ 0 & 0 & 0 & 1 \end{bmatrix}$$

노인요양시설에서는 각각의 상태에 따라 속해 있는 시설이 다르므로 노인요양시설의 거주자의 연간 비용은 거주자의 상태에 의존하며 다음과 같다. $(n = 0, 1, 2, 3, \cdots)$

| 상태 | 비용 |
|---|---|
| 건강(독립거주) | $100(1+0.05)^n$ |
| 일시간병 | $200(1+0.05)^n$ |
| 영구간병 | $300(1+0.05)^n$ |

모든 비용은 연초에 지불되며 이자율은 5%이다. 현재 일시간병상태(상태 1)에 있는 사람이 향후 4년간 거주하는 비용의 현가의 기대값을 구하시오.

6. 다음의 (a), (b)를 구하고, (a)와 (b)의 관련성을 설명하시오.

(a) 다음과 같이 4개의 상태를 갖는 이산시간 마르코프모형을 고려한다. 상태0은 건강을, 상태1은 질병을, 상태2는 장해를, 상태3은 사망을 나타낸다. 전이는 매보험연도말에만 이루어지며, 매보험연도의 전이확률행렬은 시간동질이며 다음과 같다.

$$P = \begin{bmatrix} 0.6 & 0.1 & 0.1 & 0.2 \\ 0.1 & 0.5 & 0.2 & 0.2 \\ 0 & 0 & 0.8 & 0.2 \\ 0 & 0 & 0 & 1 \end{bmatrix}$$

현재 건강상태(상태0)에 있는 피보험자 $(x)$가 가입한 전기납입 종신보험은 피보험자가 제$t$보험연도말에 사망하면 제$t$보험연도말에 $t$원을 사망급부로 지급한다. $(x \geq 0,\ t = 1, 2, 3, \cdots)$ 이때 이 보험의 일시납순보험료(NSP)를 구하시오.

(b) 다음과 같이 4개의 상태를 갖는 이산시간 마르코프모형을 고려한다. 상태0은 건강을, 상태1은 질병을, 상태2는 장해를, 상태3은 사망을 나타낸다. 전이는 매연도말에만 이루어지며, 매연도의 전이확률행렬은 시간동질이며 다음과 같다.

$$P = \begin{bmatrix} 0.6 & 0.1 & 0.1 & 0.2 \\ 0.1 & 0.5 & 0.2 & 0.2 \\ 0 & 0 & 0.8 & 0.2 \\ 0 & 0 & 0 & 1 \end{bmatrix}$$

현재 건강상태(상태0)에 있는 $x$세의 사람에 대하여$(x \geq 0)$, 이 사람이 사망상태(상태3)로 들어갈(enter) 때까지의 시간(기간)을 $T$라고 할 때 $E(T)$를 구하시오.

(c) (a)와 (b)의 관련성을 설명하시오.

7.  A보험회사는 질병을 보장하는 새로운 보험상품을 개발하려고 한다. 보험상품 개발시 다음 그림과 같이 2개의 상태를 갖는 이산시간 마르코프연쇄를 이용하려고 한다. 여기서 상태 0은 건강을, 상태 1은 질병을 나타낸다.

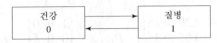

이 보험을 개발하기 위해 다음과 같은 가정들을 사용한다.

(i) 건강한 피보험자 (50)이 가입하는 4년납입 건강보험이며 보험기간은 4년이다.

(ii) 다중상태모형에서의 전이는 매 보험연도말에만 이루어지며, 피보험자가 매 보험연도말에 질병상태(상태 1)에 있으면 질병급부로 7,000원을 지급한다.

(iii) 전이확률은 다음 표를 따른다고 한다.

| $x$ | $p_x^{00}$ | $p_x^{01}$ | $p_x^{10}$ | $p_x^{11}$ |
|---|---|---|---|---|
| 50 | 0.80 | 0.20 | 0.70 | 0.30 |
| 51 | 0.78 | 0.22 | 0.67 | 0.33 |
| 52 | 0.76 | 0.24 | 0.64 | 0.36 |
| 53 | 0.74 | 0.26 | 0.61 | 0.39 |

(iv) 보험료는 수지상등의 원칙이 적용되어 계산되며 건강상태에 있는 피보험자가 매 보험연도초에 납입한다.

(v) 예정이율 $i = 5\%$이다.

(a) 이 보험의 질병급부에 대한 APV를 구하시오.

(b) 이 보험의 연납평준순보험료를 구하시오.

(c) 상태 0에서의 계약자적립액 $_2V^{(0)}$과 상태 1에서의 계약자적립액 $_2V^{(1)}$를 구하시오.

8.  A보험회사는 다음 그림과 같은 3개의 상태를 갖는 이산시간 마르코프모형을 이용하여 보험상품을 개발하려고 한다. 상태 0은 건강을, 상태 1은 영구장해를, 상태 2는 사망을 나타낸다.

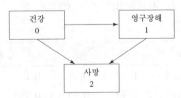

이 보험상품을 개발하기 위해 다음과 같은 가정들을 사용하였다.

(i) 건강한 피보험자 (45)가 가입하는 3년납입 보험이며 보험기간은 10년이다.

(ii) 다중상태모형에서의 전이는 매 보험연도말에만 이루어지며, 피보험자가 매 보험연도 말에 영구장해상태(상태 1)에 있으면 3,000원의 장해급부를 지급한다.

(iii) 전이확률행렬은 다음과 같다.

$$P_{45} = \begin{bmatrix} 0.75 & 0.15 & 0.1 \\ 0 & 0.75 & 0.25 \\ 0 & 0 & 1 \end{bmatrix}, \quad P_{46} = \begin{bmatrix} 0.7 & 0.17 & 0.13 \\ 0 & 0.70 & 0.30 \\ 0 & 0 & 1 \end{bmatrix},$$

$$P_{47} = \begin{bmatrix} 0.65 & 0.20 & 0.15 \\ 0 & 0.65 & 0.35 \\ 0 & 0 & 1 \end{bmatrix}, \quad P_{45+t} = \begin{bmatrix} 1 & 0 & 0 \\ 0 & 0 & 1 \\ 0 & 0 & 1 \end{bmatrix} \quad (t = 3, \cdots, 9)$$

(iv) 보험료는 수지상등의 원칙이 적용되어 계산되며 건강상태에 있는 피보험자가 매 보험연도초에 납입한다.

(v) 예정이율 $i = 5\%$이다.

(a) 이 보험급부에 대한 APV를 구하시오.

(b) 이 보험의 연납평준순보험료를 구하시오.

(c) 제2보험연도말 계약자적립액 $_2V^{(0)}$, $_2V^{(1)}$를 구하시오.

9. A보험회사는 건강보험상품을 개발하기 위해서 다음 그림과 같은 3개의 상태를 갖는 이산시간 마르코프모형을 이용하려고 한다. 상태 0은 건강을, 상태 1은 경중질병을, 상태 2는 중증질병을 나타낸다.

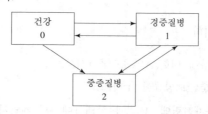

이 보험상품을 개발하기 위해 다음과 같은 가정들을 사용한다.

(i) 건강한 피보험자 (55)가 가입하는 4년납입 건강보험이며 보험기간은 4년이다.

(ii) 다중상태모형에서의 전이는 매 보험연도말에만 이루어지며, 피보험자가 매 보험연도 말에 경중질병상태(상태 1)에 있으면 질병급부로 10,000원을 지급하고, 중증질병상태(상태 2)에 있으면 질병급부로 20,000원을 지급한다.

(iii) 전이확률은 다음과 같다.

| $x$ | $p_x^{00}$ | $p_x^{01}$ | $p_x^{10}$ | $p_x^{11}$ | $p_x^{12}$ | $p_x^{21}$ |
|---|---|---|---|---|---|---|
| 55 | 0.65 | 0.30 | 0.55 | 0.25 | 0.20 | 0.15 |
| 56 | 0.60 | 0.30 | 0.50 | 0.35 | 0.15 | 0.10 |
| 57 | 0.55 | 0.30 | 0.45 | 0.45 | 0.10 | 0.05 |
| 58 | 0.50 | 0.30 | 0.40 | 0.55 | 0.05 | 0.05 |

(iv) 보험료는 수지상등의 원칙이 적용되어 계산되며 건강상태에 있는 피보험자가 매 보험연도초에 납입한다.

(v) 예정이율 $i = 5\%$이다.

(a) 이 보험의 질병급부에 대한 APV를 구하시오.

(b) 이 보험의 연납평준순보험료를 구하시오.

(c) 건강상태에 있는 피보험자만 보험료를 납입할 때, 제2보험연도말 $_2V^{(0)}$와 $_2V^{(1)}$를 구하시오.

(d) 건강상태에 있는 피보험자와 경중질병상태에 있는 피보험자가 보험료를 납입할 때 연납평준순보험료를 구하시오.

10. A보험회사는 다음 그림과 같은 4개의 상태를 갖는 마르코프모형을 이용하여 연생보험상품을 개발하려고 한다. 상태 0은 피보험자 $(x)$, $(y)$ 둘 다 생존을, 상태 1은 피보험자 $(x)$만 생존을, 상태 2는 피보험자 $(y)$만 생존을, 상태 3은 피보험자 $(x)$, $(y)$ 둘 다 사망을 나타낸다.

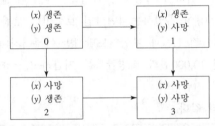

연생보험 상품개발시 사용하는 공통적인 가정들은 다음과 같다.

(i) 상태 0에 있는 $x$세와 $y$세의 피보험자가 가입하는 3년납입, 3년만기 연생보험이다.

(ii) 다중상태모형에서의 전이는 매 보험연도말에만 이루어진다.

(iii) 전이확률행렬은 다음과 같다.

$$P_0 = \begin{bmatrix} 0.77 & 0.15 & 0.08 & 0 \\ 0 & 0.8 & 0 & 0.2 \\ 0 & 0 & 0.83 & 0.17 \\ 0 & 0 & 0 & 1 \end{bmatrix}, \quad P_1 = P_2 = \begin{bmatrix} 0.70 & 0.19 & 0.11 & 0 \\ 0 & 0.75 & 0 & 0.25 \\ 0 & 0 & 0.80 & 0.20 \\ 0 & 0 & 0 & 1 \end{bmatrix}$$

(iv) 예정이율 $i = 5\%$이다.

이때 다음과 같은 연생보험의 연납평준순보험료를 구하시오.

(a) 보험연도말에 $(y)$가 생존한 상태에서 $(x)$가 사망시 사망보험금 20,000원을 지급하며, 보험료는 수지상등의 원칙이 적용되어 계산되며 피보험자가 상태 0에 있는 경우만 매 보험연도초에 납입하는 연생보험.

(b) 보험연도말에 $(x)$, $(y)$중 첫 번째 사망자 발생시 사망보험금 20,000원을 지급하며,

보험료는 수지상등의 원칙이 적용되어 계산되며 피보험자가 상태 0에 있는 경우만 매 보험연도초에 납입하는 연생보험.

(c) 보험연도말에 $(x)$, $(y)$ 모두 사망시 사망보험금 20,000원을 지급하며, 보험료는 수지상등의 원칙이 적용되어 계산되며 피보험자가 상태 0, 1, 2에 있는 경우 매 보험연도초에 납입하는 연생보험.

11. A보험회사는 다음 그림과 같은 4개의 상태를 갖는 이산시간 마르코프연쇄를 이용한 다중상태모형을 이용하여 보험상품을 개발하려고 한다. 상태 0은 건강을, 상태 1은 질병 1에 걸려있는 상태를, 상태 2는 질병 2에 걸려있는 상태를, 상태 3은 사망을 나타낸다.

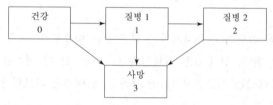

이 보험상품을 개발하기 위하여 사용하는 가정들은 다음과 같다.

(i) 건강한 피보험자 (50)이 가입하는 4년납입 보험이며 보험기간은 4년이다.

(ii) 다중상태모형에서의 전이는 매 보험연도말에만 이루어지며, 피보험자가 매 보험연도말에 상태 1에 있으면 10,000원의 질병급부를 지급하고, 상태 1에서 상태 2로 전이시 30,000원의 질병급부를 지급한다.

(iii) 전이확률은 다음과 같다.

| $x$ | $p_x^{00}$ | $p_x^{01}$ | $p_x^{11}$ | $p_x^{12}$ | $p_x^{13}$ | $p_x^{23}$ |
|---|---|---|---|---|---|---|
| 50 | 0.80 | 0.15 | 0.65 | 0.30 | 0.05 | 0.30 |
| 51 | 0.75 | 0.20 | 0.55 | 0.35 | 0.10 | 0.40 |
| 52 | 0.70 | 0.20 | 0.45 | 0.40 | 0.15 | 0.50 |
| 53 | 0.65 | 0.25 | 0.35 | 0.45 | 0.20 | 0.60 |

(iv) 보험료는 수지상등의 원칙이 적용되어 계산되며 건강상태에 있는 피보험자가 매 보험연도초에 납입한다.

(v) 예정이율 $i = 5\%$이다.

(a) 이 보험급부에 대한 APV를 구하시오.

(b) 이 보험의 연납평준순보험료를 구하시오.

(c) 제2보험연도말 계약자적립액 $_2V^{(0)}$, $_2V^{(1)}$, $_2V^{(2)}$를 구하시오.

12. A보험회사는 다음 그림과 같은 4개의 상태를 갖는 이산시간 마르코프모형을 이용하여

개발한 보험상품의 보험료를 산출하였다. 상태 0은 건강을, 상태 1은 일시적 간병상태를, 상태 2는 영구적 간병상태를, 상태 3은 사망을 나타낸다.

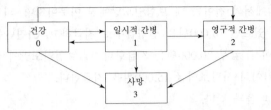

이 보험상품을 개발하기 위해 다음과 같은 가정들을 사용하였다.

(i) 건강한 피보험자 (75)가 가입하는 4년납입 보험이며 보험기간은 4년이다.

(ii) 다중상태모형에서의 전이는 매 보험연도말에만 이루어지며, 피보험자가 매 보험연도말에 상태 1에 있으면 급부 20,000원을 지급하고, 상태 2에 있으면 급부 40,000원을 지급한다. 매 보험연도말에 상태 3으로 전이시 사망보험금 50,000원을 지급한다.

(iii) 전이확률은 다음과 같다.

| $x$ | $p_x^{00}$ | $p_x^{01}$ | $p_x^{02}$ | $p_x^{10}$ | $p_x^{11}$ | $p_x^{12}$ | $p_x^{23}$ |
|---|---|---|---|---|---|---|---|
| 75 | 0.40 | 0.30 | 0.20 | 0.15 | 0.50 | 0.20 | 0.50 |
| 76 | 0.35 | 0.30 | 0.25 | 0.15 | 0.50 | 0.20 | 0.55 |
| 77 | 0.30 | 0.30 | 0.25 | 0.15 | 0.45 | 0.25 | 0.60 |
| 78 | 0.25 | 0.35 | 0.25 | 0.10 | 0.45 | 0.25 | 0.65 |

(iv) 보험료는 수지상등의 원칙이 적용되어 계산되며 건강상태에 있는 피보험자가 매 보험연도초에 납입한다.

(v) 예정이율 $i = 5\%$이다.

(a) 전이확률행렬 $\boldsymbol{P}_{75}$을 구하시오.

(b) 이 보험의 급부에 대한 APV를 구하시오.

(c) 이 보험의 연납평준순보험료를 구하시오.

(d) 제2보험연도말에서 계약자적립액 $_2V^{(0)}$, $_2V^{(1)}$, $_2V^{(2)}$를 구하시오.

13. A보험회사는 다음 그림과 같은 4개의 상태를 갖는 마르코프모형을 이용하여 보험상품을 개발하였다. 상태 0은 건강을, 상태 1은 질병을, 상태 2는 사망을, 상태 3은 CI진단을 나타낸다.

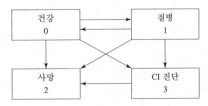

이 보험상품을 개발하기 위해서 다음과 같은 가정들을 사용하였다.

(i) 건강한 피보험자 (50)이 가입하는 3년납입 보험이며 보험기간은 3년이다.

(ii) 다중상태모형에서의 전이는 매 보험연도말에만 이루어지며, 피보험자가 매 보험연도말에 질병상태에 있으면 10,000원을 질병급부로 지급하고, CI진단을 받으면(상태 0, 1에서 상태 3으로 전이시) 급부 20,000원을 지급한다. 매 보험연도말에 상태 0, 1, 3에서 사망상태(상태 2)로 전이시 사망보험금 15,000원을 지급한다.

(iii) 전이확률은 다음과 같다.

| $x$ | $p_x^{01}$ | $p_x^{02}$ | $p_x^{03}$ | $p_x^{10}$ | $p_x^{12}$ | $p_x^{13}$ | $p_x^{32}$ |
|---|---|---|---|---|---|---|---|
| 50 | 0.40 | 0.05 | 0.03 | 0.50 | 0.10 | 0.10 | 0.85 |
| 51 | 0.43 | 0.07 | 0.05 | 0.47 | 0.13 | 0.12 | 0.87 |
| 52 | 0.45 | 0.10 | 0.07 | 0.45 | 0.15 | 0.14 | 0.90 |

(iv) 보험료는 수지상등의 원칙이 적용되어 계산되며 건강상태에 있는 피보험자가 매 보험연도초에 납입한다.

(v) 예정이율 $i = 5\%$이다.

(a) $P_{50}$, $P_{51}$, $P_{52}$를 구하시오.

(b) 이 보험급부에 대한 APV를 구하시오.

(c) 이 보험의 연납평준순보험료를 구하시오.

(d) 제2보험연도말에서 계약자적립액 $_2V^{(0)}$, $_2V^{(1)}$를 구하시오.

# Ⅱ. 일반이론

## 1. 다중상태모형의 가정

### (1) 연속시간 마르코프모형

연속시간 마르코프모형은 마르코프성질을 만족시키기 때문에 이산시간 마르코프연쇄와 유사하다. 즉 전이확률은 상태 $i$에 있었던 시간의 양이나, 상태 $i$에 들어온 경로 등에는 의존하지 않는다. 연속시간 마르코프모형에서 $Y(t)=i$는 확률변수 $Y(t)$가 상태공간의 0, 1, 2, $\cdots$, $n$ 중 하나의 값을 갖는 것을 표시하며 피보험자 $(x)$ 혹은 $x$세의 어떤 그룹 구성원들이 $x+t$세에 상태 $i$에 있는 것을 의미한다.

이산시간 마르코프모형과 달리 연속시간 마르코프모형에서는 전이가 어느 때나 일어날 수 있다. $n \geq 1$일 때 $n$번째 전이가 일어난 시점을 $T_n$, $n$번째 전이가 일어난 직후 $Y$의 상태를 $Y_n$이라고 표시하면 연속시간 마르코프모형의 표본경로는 그림 [10.2.1.1]과 같이 나타낼 수 있다. $T_n$은 전이 시간을 나타내는 확률변수이고 $T_0 = 0$, $Y_0 = Y(0)$이다.

다중상태모형을 표현하기 위하여 짧은 시간 동안($h$기간 내) 전이확률을 정의할 필요가 있다. 그러나 연속시간 마르코프모형에서는 전이확률을 정의하기보다 보통 전이력(轉移力, force of transition, transition intensity)을 정의한다. 연속시간 마르코프모형에서는 전이력을 이용하여 어떤 기간 동안 상태 간 전이확률을 계산할 수 있다.

그림 [10.2.1.1]　연속시간 마르코프모형의 표본경로(예)

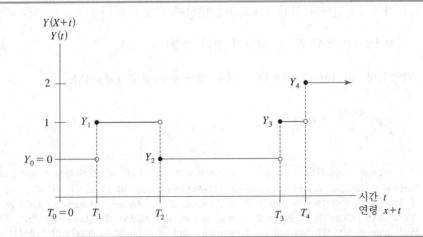

### (2) 기호의 정의[1]

전이확률을 보험에 적용하기 위하여 피보험자 $(x)$를 이용하여 나타내 보자.

(i) $_tp_x^{ij}$ : $_tp_x^{ij} = \Pr[Y(x+t)=j\,|\,Y(x)=i]$를 나타내며, $x$세(혹은 $x$시점)에 상태 $i$에 있는 사람이 $x+t$세(혹은 $x+t$시점)에 상태 $j$($j$는 $i$와 같을 수 있음)에 있을 확률.

(ii) $_tp_x^{\overline{ii}}$ : $_tp_x^{\overline{ii}} = \Pr[Y(x+s)=i,\ \text{모든}\ s\in[0,t]\,|\,Y(x)=i]$를 나타내며, $x$세에 상태 $i$에 있는 사람이 $x+t$세까지 계속 상태 $i$에 있을 확률.

(iii) $_tp_x^{ii}$ : $x$세에 상태 $i$에 있는 사람이 $x+t$세에 상태 $i$에 있을 확률로서, 상태 $i$를 떠났다가 다시 상태 $i$로 돌아오는 경우까지 포함하는 확률이다. 따라서 $_tp_x^{\overline{ii}} \le {_tp_x^{ii}}$이 성립한다.

(iv) $_0p_x^{ij}$ : $i=j$이면 $_0p_x^{ij}=1$이고 $i\ne j$이면 $_0p_x^{ij}=0$이다.

(v) 단일탈퇴모형에서 사용되었던 $_tp_x$는 다중상태모형에서 $_tp_x^{\overline{00}}$에 해당된다. 단일탈퇴모형에서는 상태 0으로 다시 돌아올 수 없으므로 $_tp_x^{00} = {_tp_x^{\overline{00}}}$이다.

(vi) 단일탈퇴모형에서 사용되었던 $_tq_x$는 다중상태모형에서 $_tp_x^{01}$로 표현된다. 다중상태모형에서는 $q$기호를 사용하지 않는다.

### (3) 다중상태모형의 가정

다중상태이론을 설명하기 위하여 기본적인 사항들을 가정하기로 한다.

(i) 가정 1 : $_tp_x^{ij}$는 미분 가능한 함수이다. 이 가정은 향후 이론 전개시 $_tp_x^{ij}$의 분석을 가능하게 한다.

(ii) 가정 2 : 임의의 기간 $h(h>0)$에 대하여

$$\Pr[h\text{기간 동안 두 번 이상의 전이 발생}] = o(h)$$

라고 가정한다. 여기서 $o(h)$는 다음 식을 만족하는 함수 $g(h)$이다.

$$\lim_{h\to 0}\frac{g(h)}{h} = 0 \tag{10.2.1.1}$$

---

1) 다중상태이론이 적용되는 국제적으로 공인된 보험수리기호는 아직 확정되지 않은 상태이다. 본서에서는 Sheldon M. Ross, *Introduction to Probability Models*(10th ed.), 2010. Elsevier.의 이론들을 기초자료로 이용하였다. 보험수리기호들의 사용은 David Dickson et. al., *Actuarial Mathematics for Life Contingent Risks*, 2009, Cambridge와 Robin J. Cunningham et. al., *Models for Quantifying Risk*, 2012, Actex Publications와 SOA시험(Notation and Terminology used on Exam MLC, 2014)에서 사용되는 보험수리기호들을 기준으로 작성하였다. 아직까지 교재마다 기호표시가 다르기 때문에 향후 다중상태이론이 더 발전된다면 통일된 보험수리기호가 필요할 것이다.

위 식으로부터 $h$가 0에 수렴하게 될 때 $h$보다 0에 더 빨리 수렴하는 함수인 $g(h)$를 $o(h)$라고 정의할 수 있다.

예를 들어 $g(h) = h^2$은 $o(h)$이고 $g(h) = h$는 $o(h)$가 아니다. $f$와 $g$가 $o(h)$이면 $f+g$, $f-g$, $fg$, $cf(c$는 상수$)$도 $o(h)$이다. 따라서 $o(h) \pm o(h) = o(h)$, $o(h) \times o(h) = o(h)$, $c \times o(h) = o(h)$가 성립한다.

가정 2는 아주 작은 기간 $h$에 대하여, $h$기간 동안 두 번 이상의 전이가 발생할 확률은 너무 작아서 무시할 수 있다는 가정이다. 그림 [10.1.3.1]과 같은 모형에서는 전이가 한번만 일어날 수 있기 때문에 이러한 가정은 필요가 없다. 그러나 그림 [10.1.3.2]와 그림 [10.1.3.3]과 같은 모형에서는 가정 2는 이론 설명에 중요한 가정이다.

이제 전이력 $\mu_x^{ij}$를 다음과 같이 정의한다.

$$\mu_x^{ij} = \lim_{h \to 0^+} \frac{{}_h p_x^{ij}}{h}, \ i \neq j \tag{10.2.1.2}$$

위 식은 다음 식과 같이 나타낼 수 있으며 앞으로 많이 이용되는 식이다.

$$_h p_x^{ij} = h\,\mu_x^{ij} + o(h) \tag{10.2.1.3}$$

식 (10.2.1.3)으로부터 아주 작은 $h$에 대하여

$$_h p_x^{ij} \approx h\,\mu_x^{ij} \tag{10.2.1.4}$$

로 근사치를 구할 수 있다. $o(t)$는 $t$기간 동안 두 번 이상의 전이가 발생할 확률이므로

$$_t p_x^{ii} = {}_t p_x^{\overline{ii}} + o(t) \tag{10.2.1.5}$$

가 성립하고 다음 식이 성립한다.

$$_t p_x^{\overline{ii}} \leq {}_t p_x^{ii} \tag{10.2.1.6}$$

다중상태모형에서 $1 - {}_h p_x^{\overline{ii}}$는 확률과정(process)이 [$x$세, $x+h$세] 즉, 기간 [$0, h$]에서 적어도 한번은 상태 $i$를 떠나는 확률이다. 연령 $x$세는 시간 0을 나타낸다. $1 - {}_h p_x^{\overline{ii}}$에는 $h$기간 동안에 상태 $i$를 떠났다가 상태 $i$로 되돌아오는 경우도 포함되어 있다. 확률과정 (process)이 [$x$세, $x+h$세]에 상태 $i$를 떠나는 것은

(i) 확률과정이 $x+h$세에 상태 $j(j \neq i)$에 있는 경우

(ii) 확률과정이 $x+h$세에 상태 $i$에 있는데 이 경우는 $h$기간 동안 적어도 2번 이상

의 전이가 발생한 경우의 두 가지를 포함하는 것이므로 (i)과 (ii)의 확률을 합하면 $1 - {}_h p_x^{\overline{ii}}$가 된다.

식 (10.2.1.3)과 가정 2를 이용하면[1])

$$1 - {}_h p_x^{\overline{ii}} = h \sum_{j=0, j \neq i}^{n} \mu_x^{ij} + o(h) \tag{10.2.1.7}$$

가 성립한다. 따라서 ${}_h p_x^{\overline{ii}}$은 다음과 같이 나타낼 수 있다.[2])

$$_h p_x^{\overline{ii}} = 1 - h \sum_{j=0, j \neq i}^{n} \mu_x^{ij} + o(h) \tag{10.2.1.8}$$

## 2. 다중상태모형 2

### (1) 다중상태모형 2와 ${}_t p_x^{\overline{ii}}$

본 절에서는 다중상태모형 2에서 사용되는 확률계산에 대하여 고찰해 본다. 다중상태모형 2(영구장해모형)에서는 상태 0과 상태 1은 재진입(reentry)이 불가능하다. 따라서 다중상태모형 2에서는 ${}_t p_x^{ii} = {}_t p_x^{\overline{ii}} (i = 0, 1)$이다. 다중상태모형 2에서 전이력이 주어진 조건 하에서 전이확률을 구하는 과정을 살펴보자. 연속시간 마르코프모형에서 전이확률은 전이력을 이용하여 나타내기 때문에 다중상태모형에서 전이력은 매우 중요하고 근본적인 정보이다. 제2장의 사력의 정의와 유사하게 다중상태모형에서는 ${}_t p_x^{\overline{ii}}$를 상태 $i$를 떠나는 모든 전이력(all the transition intensities out of state $i$)을 이용하여 다음과 같이 나타낸다.

$$_t p_x^{\overline{ii}} = \exp\left\{ -\int_0^t \sum_{j=0, j \neq i}^{n} \mu_{x+s}^{ij} \, ds \right\} \tag{10.2.2.1}$$

식 (10.2.2.1)은 앞으로 많이 사용되는 중요한 공식으로 공식의 유도는 다음과 같다. ${}_{t+h} p_x^{\overline{ii}}$는 확률과정이나 피보험자가 $x$세에 상태 $i$에 있다는 조건에서 확률과정(process)이 기간 $[0, t+h]$ 동안 계속 상태 $i$에 머무르는 확률이다. 이 확률의 사상(事象, event)은 다음의 두 가지 하부사상(sub-events)으로 구성되어 있다.

---

1) 식 (10.2.1.7)의 우변에서 $\sum_{j=0, j \neq i}^{n} {}_h p_x^{ij} = h \sum_{j=0, j \neq i}^{n} \mu_x^{ij} + o(h)$는 (i)을 나타내며, $o(h)$는 (ii)를 나타낸다. $o(h) + o(h) = o(h)$이다.

2) $o(h) \pm o(h) = o(h)$이며 $h \to 0$이면 $o(h) = 0$이 되므로 $o(h)$의 부호는 관심을 기울이지 않는다.

(i) 확률과정이 $x$세에 상태 $i$에 있었던 조건하에서 $x$세부터 적어도(at least) $x+t$세까지 상태 $i$에 머무르는 사상

(ii) 확률과정이 $x+t$세에 상태 $i$에 있었던 조건하에서 $x+t$세부터 적어도(at least) $x+t+h$세까지 상태 $i$에 머무르는 사상

이 두 가지 하부사상의 확률은 각각 $_tp_x^{\overline{ii}}$와 $_hp_{x+t}^{\overline{ii}}$이다. 조건부확률의 공식으로부터

$$_{t+h}p_x^{\overline{ii}} = {}_tp_x^{\overline{ii}} \; {}_hp_{x+t}^{\overline{ii}} \tag{10.2.2.2}$$

가 성립한다. 식 (10.2.1.8)을 이용하면

$$_{t+h}p_x^{\overline{ii}} = {}_tp_x^{\overline{ii}}\left(1 - h\sum_{j=0, j\neq i}^{n} \mu_{x+t}^{ij} + o(h)\right) \tag{10.2.2.3}$$

가 되고, 위 식을 정리하고 양변을 $h$로 나누어주면

$$\frac{_{t+h}p_x^{\overline{ii}} - {}_hp_x^{\overline{ii}}}{h} = -{}_tp_x^{\overline{ii}}\sum_{j=0, j\neq i}^{n} \mu_{x+t}^{ij} + \frac{o(h)}{h} \tag{10.2.2.4}$$

가 된다. 위 식의 양변을 $h \to 0$으로 하면

$$\frac{d}{dt}\,{}_tp_x^{\overline{ii}} = -{}_tp_x^{\overline{ii}}\sum_{j=0, j\neq i}^{n} \mu_{x+t}^{ij} \tag{10.2.2.5}$$

가 되고, 양변을 $_tp_x^{\overline{ii}}$로 나누어주면 부록 1의 식 (Ⅰ-26)에 의해

$$\frac{d}{dt}\ln({}_tp_x^{\overline{ii}}) = -\sum_{j=0, j\neq i}^{n} \mu_{x+t}^{ij} \tag{10.2.2.6}$$

가 된다. 위 식의 양변을 0부터 $t$까지 적분을 하면 부록 1의 식 (Ⅰ-28)을 이용하여

$$\ln({}_tp_x^{\overline{ii}}) - \ln({}_0p_x^{\overline{ii}}) = -\int_0^t \sum_{j=0, j\neq i}^{n} \mu_{x+s}^{ij}\,ds \tag{10.2.2.7}$$

가 된다. $_0p_x^{\overline{ii}} = 1$이므로 위 식으로부터 다음 식이 유도된다.

$$_tp_x^{\overline{ii}} = \exp\left(-\int_0^t \sum_{j=0, j\neq i}^{n} \mu_{x+s}^{ij}\,ds\right)$$

따라서 다중상태모형 2에서 $_tp_x^{\overline{00}}$과 $_tp_x^{\overline{11}}$은

$$_t p_x^{\overline{00}} = \exp\left(- \int_0^t \mu_{x+s}^{01} + \mu_{x+s}^{02} \, ds\right) \tag{10.2.2.8}$$

$$_t p_x^{\overline{11}} = \exp\left(- \int_0^t \mu_{x+s}^{12} \, ds\right) \tag{10.2.2.9}$$

로 나타낼 수 있다.

---

( 예제 10.2.2.1 ) (시간비동질 마르코프모형)

시간비동질 연속시간 마르코프모형이 적용되는 다중상태모형 2(영구장해모형)를 고려한다. 다음과 같은 조건을 만족시키는 $c$의 값을 구하시오. $(x \geq 0)$

(i) $_{10}p_0^{00} = 0.8$       (ii) $\mu_x^{01} = c$       (iii) $\mu_x^{02} = 0.001 + 0.002x$

**풀이**

영구장해모형이므로 한번 상태 0을 벗어나면 상태 0으로 다시 돌아올 수 없다.

따라서 $_t p_x^{00} = {_t p_x^{\overline{00}}}$이므로 $_t p_x^{\overline{00}} = \exp\left(- \int_0^t \mu_{x+s}^{01} + \mu_{x+s}^{02} \, ds\right)$ 을 이용하면

$$\begin{aligned}
_{10}p_0^{00} = {_{10}p_0^{\overline{00}}} &= \exp\left(- \int_0^{10} \mu_s^{01} + \mu_s^{02} \, ds\right) = \exp\left(- \int_0^{10} c + 0.001 + 0.002s \, ds\right) \\
&= \exp\left(- \left[ (c + 0.001)\, s + \frac{0.002}{2} s^2 \right]_0^{10}\right) \\
&= \exp\left(- \left[ (c + 0.001)(10) + \frac{0.002}{2}(10^2) \right]\right) \\
&= e^{-10c}\, e^{-0.11} = 0.8
\end{aligned}$$

이다. 이 식을 $c$에 대해 정리하면 다음과 같다.

$$e^{-10c} = 0.8\, e^{0.11}$$
$$e^{-c} = 0.8^{0.1}\, e^{0.011}$$

따라서

$$c = (-0.1)(\ln 0.8) - 0.011 = 0.011314$$

---

(2) 다중상태모형 2와 $_t p_x^{01}$

다중상태모형 2(영구장해모형)에서 $_t p_x^{01}$을 구해보자. $_t p_x^{01}$은 0시점에 상태 0에 있었던 확률과정 $Y$가 $t$시점에 상태 1에 있을 확률을 말한다. 0시점은 피보험자가 $x$세, $t$시점은 피보험자가 $x+t$세인 것을 의미한다.

그림 [10.2.2.1]  다중상태모형 2와 전이력

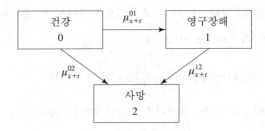

다중상태모형 2에서 0시점에 건강한(상태 0에 있는) 피보험자 $(x)$를 고려한다. $_tp_x^{01}$의 공식을 유도하기 위하여 다음 식을 생각해 보자.

$$_{s+h}p_x^{01} = {_sp_x^{01}} \, {_hp_{x+s}^{\overline{11}}} + {_sp_x^{\overline{00}}} \, h \, \mu_{x+s}^{01} + o(h) \tag{10.2.2.10}$$

$_{s+h}p_x^{01}$은 피보험자가 $x+s+h$세에 영구장해상태(상태1)에 있을 확률을 말한다. $_{s+h}p_x^{01}$은 피보험자가 $x+s$세에 있었던 상태를 기준으로 하면, 다음 두 가지 경우의 확률의 합으로 생각할 수 있다.

(i) 피보험자가 $x+s$세에 영구장해상태가 되고(확률은 $_sp_x^{01}$) $[x+s,\ x+s+h]$에서 영구장해상태로 계속 남아 있는 경우(확률은 $_hp_{x+s}^{\overline{11}}$)

(ii) 피보험자가 $x+s$세에 건강상태이고(확률은 $_sp_x^{\overline{00}}$) 그리고 $[x+s,\ x+s+h]$에서 영구장해상태가 되는 경우(확률은 $_hp_{x+s}^{01} = h\,\mu_{x+s}^{01} + o(h)$)

(ii)에서 피보험자가 $x+s$세에서 건강하고, $x+s+h$세 이전에 영구장해상태가 되었다가, $x+s+h$세 이전에 사망(상태 2)하는 경우는 $h$기간 동안 두 번의 전이가 발생한 경우이므로 그 확률은 $o(h)$이다. 앞에서 설명한 두 가지 경우의 확률의 합은 식 (10.2.2.10)에 나타나 있다. 식 (10.2.1.8)을 이용하면

$$\begin{aligned} _hp_x^{\overline{11}} &= 1 - h \sum_{j=0,\,j\neq1}^{2} \mu_x^{1j} + o(h) \\ &= 1 - h(\mu_x^{10} + \mu_x^{12}) + o(h) \end{aligned} \tag{10.2.2.11}$$

인데 다중상태모형 2(영구장해모형)에서는 상태 1에서 상태 0으로 재진입할 수 없으므로 $\mu_x^{10}=0$이다. 따라서 다중상태모형 2(영구장해모형)에서는

$$_hp_x^{\overline{11}} = 1 - h\mu_x^{12} + o(h) \tag{10.2.2.12}$$

가 되며 지금부터의 이론 전개는 상태 1에서 상태 0으로 재진입할 수 없다는 가정인 다중상태모형 2를 전제로 진행한다.[1] 다중상태모형 2에서는 ${}_s p_x^{00} = {}_s p_x^{\overline{00}}$, ${}_s p_x^{11} = {}_s p_x^{\overline{11}}$ 이다. 다중상태모형 2에서 식 (10.2.2.10)은

$$
{}_{s+h} p_x^{01} = {}_s p_x^{01} (1 - h \mu_{x+s}^{12}) + {}_s p_x^{\overline{00}} h \mu_{x+s}^{01} + o(h) \tag{10.2.2.13}
$$

로 나타낼 수 있으며, 위 식을 정리하고, $h$로 양변을 나누고, $h \to 0$으로 하면

$$
\frac{d}{ds} {}_s p_x^{01} + {}_s p_x^{01} \mu_{x+s}^{12} = {}_s p_x^{\overline{00}} \mu_{x+s}^{01} \tag{10.2.2.14}
$$

위 식의 양변에 $\exp\left\{ \int_0^s \mu_{x+u}^{12} du \right\}$를 곱하면[2]

$$
\frac{d}{ds} \left( {}_s p_x^{01} \exp\left\{ \int_0^s \mu_{x+u}^{12} \, du \right\} \right) = {}_s p_x^{\overline{00}} \mu_{x+s}^{01} \exp\left\{ \int_0^s \mu_{x+u}^{12} \, du \right\} \tag{10.2.2.15}
$$

위 식의 양변을 $s=0$에서 $s=t$까지 적분을 하고 ${}_0 p_x^{01} = 0$을 이용하면

$$
{}_t p_x^{01} \exp\left\{ \int_0^t \mu_{x+u}^{12} du \right\} = \int_0^t {}_s p_x^{\overline{00}} \mu_{x+s}^{01} \exp\left\{ \int_0^s \mu_{x+u}^{12} \, du \right\} ds \tag{10.2.2.16}
$$

위 식의 양변을 $\exp\left\{ \int_0^t \mu_{x+u}^{12} \, du \right\}$로 나누고 식 (10.2.2.9)를 이용하면

$$
\begin{aligned}
{}_t p_x^{01} &= \int_0^t {}_s p_x^{\overline{00}} \mu_{x+s}^{01} \exp\left\{ -\int_s^t \mu_{x+u}^{12} \, du \right\} ds \\
&= \int_0^t {}_s p_x^{\overline{00}} \mu_{x+s}^{01} {}_{t-s} p_{x+s}^{\overline{11}} \, ds
\end{aligned} \tag{10.2.2.17}
$$

가 된다.

---

[1] 식 (10.2.2.11) 대신 식 (10.2.2.12)를 사용하는 것은 다중상태모형 2의 가정이 적용되기 때문이다. 따라서 이러한 가정을 이용하여 유도한 식 (10.2.2.17)은 다중상태모형 2에서만 유효한 식이고 다중상태모형 3에서는 유효하지 않다.

[2] 식 (10.2.2.15)의 좌변은 부록 1의 식 (Ⅰ-29)와 식 (Ⅰ-27), 식 (Ⅰ-34)를 이용하면 식 (10.2.2.14)의 좌변에 $\exp\left\{ \int_0^s \mu_{x+u}^{12} du \right\}$를 곱한 값과 같음을 알 수 있다.

그림 [10.2.2.2]   다중상태모형 2에서 $_tp_x^{01}$의 해석

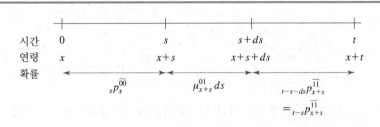

식 (10.2.2.17)을 해석하면 다음과 같다. 피보험자 $(x)$에 대한 확률과정이 $x$세에 상태 0에 있다가 $x+t$세에 상태 1에 있으려면,

(ⅰ) 피보험자의 확률과정이 어떤 나이 $x+s$세까지 상태 0에 머물러 있다가,

(ⅱ) $[x+s$세, $x+s+ds$세]에 상태 1로 이동하고($ds$는 아주 작은 구간),

(ⅲ) 그리고 $[x+s+ds$세, $x+t$세]에 상태 1에 계속 있어야 한다. 이러한 경로의 확률은 $ds$가 아주 작은 구간이므로

$$_sp_x^{\overline{00}}\; \mu_{x+s}^{01}\, ds\; _{t-s-ds}p_{x+s}^{\overline{11}} = {}_sp_x^{\overline{00}}\; \mu_{x+s}^{01}\; _{t-s}p_{x+s}^{\overline{11}}\, ds \qquad (10.2.2.18)$$

가 된다. 전이가 발생하는 연령 $x+s$는 $[x$세, $x+t$세]의 어느 연령에서나 가능하므로 총 확률인 $_tp_x^{01}$은 식 (10.2.2.18)을 $s=0$부터 $s=t$까지 적분한 값으로 다음 식과 같다.

$$_tp_x^{01} = \int_0^t {}_sp_x^{\overline{00}}\; \mu_{x+s}^{01}\; _{t-s}p_{x+s}^{\overline{11}}\, ds$$

식 (10.2.2.17)은 다중상태모형 2(영구장해모형)에서만 성립하는 식임에 유의하여야 한다. 다중상태모형 2는 콜모고로프 전진방정식을 고찰한 후 다른 관점에서 다시 설명될 것이다.

예제 10.2.2.2   (시간동질 마르코프모형)
다음 그림과 같은 시간동질 연속시간 마르코프모형을 이용한 다중상태모형을 고려한다.

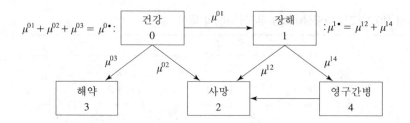

이 모형은 다중상태모형 2를 약간 일반화하였다. 즉 상태 0에서 나가는 경로는 3개이고, 상태 1에서 나가는 경로는 2개이다. $\mu^{0\bullet}$을 상태 0에서 나가는 모든 경로(all the exit paths from state 0)의 전이력의 합($\mu^{0\bullet}=\mu^{01}+\mu^{02}+\mu^{03}$)이라고 하고 $\mu^{1\bullet}$를 상태 1에서 나가는 모든 경로의 전이력의 합($\mu^{1\bullet}=\mu^{12}+\mu^{14}$)이라고 표시하자.[1] 모든 전이력이 상수라고 가정할 때 다음을 유도하시오.

(a) (i) $\mu^{0\bullet} \neq \mu^{1\bullet}$인 경우,

$$_{t}p_{0}^{01} = \mu^{01}\left(\frac{e^{-(\mu^{1\bullet})t} - e^{-(\mu^{0\bullet})t}}{\mu^{0\bullet} - \mu^{1\bullet}}\right) \tag{10.2.2.19}$$

$$= \mu^{01}\,e^{-(\mu^{1\bullet})t}\left(\frac{1 - e^{-(\mu^{0\bullet} - \mu^{1\bullet})t}}{\mu^{0\bullet} - \mu^{1\bullet}}\right) \tag{10.2.2.20}$$

(ii) $\mu^{0\bullet} = \mu^{1\bullet}$인 경우,

$$_{t}p_{0}^{01} = \mu^{01}\,e^{-(\mu^{1\bullet})t}\,t \tag{10.2.2.21}$$

(b) (a)의 모형에서 상태가 0, 1, 2만 존재하는 다중상태모형 2(영구장해모형)인 경우 (a)식이 다음과 같이 됨을 확인하시오.

(i) $\mu^{01}+\mu^{02} \neq \mu^{12}$ 인 경우,

$$_{t}p_{0}^{01} = \mu^{01}\,e^{-(\mu^{12})t}\left(\frac{1 - e^{-(\mu^{01}+\mu^{02}-\mu^{12})t}}{\mu^{01} + \mu^{02} - \mu^{12}}\right) \tag{10.2.2.22}$$

(ii) $\mu^{01}+\mu^{02} = \mu^{12}$ 인 경우,

$$_{t}p_{0}^{01} = \mu^{01}\,e^{-(\mu^{12})t}\,t \tag{10.2.2.23}$$

#### 풀이

(a) $\mu_{x+t} = \mu$이기 때문에 전이함수는 시간동질이다.

따라서 $_{t}p_{0}^{01}$의 표현은 $_{t}p_{x}^{01}$와 같다. 상태 1에서 상태 0으로 재진입할 수 없으므로, 식 (10.2.2.17)과 같이

---

[1] 본 예제에서 $\mu^{1\bullet} = \mu^{12} + \mu^{14}$이지만 일반적으로는 $\mu^{1\bullet} = \mu^{12} + \mu^{14} + \cdots$ 등 상태 1에서 나가는 모든 전이력의 합이다.

$$_tp_0^{01} = \int_0^t {}_sp_0^{\overline{00}}\, \mu_s^{01}\, {}_{t-s}p_s^{\overline{11}}\, ds$$

로 나타낼 수 있다.

$$_sp_0^{\overline{00}} = \exp\left(-\int_0^s \mu_u^{0\bullet}\, du\right) = e^{-(\mu^{0\bullet})s},$$

$$_{t-s}p_s^{\overline{11}} = \exp\left(-\int_0^{t-s} \mu_v^{1\bullet}\, dv\right) = e^{-(\mu^{1\bullet})(t-s)}\text{이므로}$$

$$_tp_0^{01} = \int_0^t e^{-(\mu^{0\bullet})s}\, \mu^{01}\, e^{-(\mu^{1\bullet})(t-s)}\, ds \quad (t\text{는 상수})$$

$$= \mu^{01}\, e^{-(\mu^{1\bullet})t} \int_0^t e^{-(\mu^{0\bullet}-\mu^{1\bullet})s}\, ds$$

여기서 $\mu^{0\bullet} \neq \mu^{1\bullet}$ 이라면

$$_tp_0^{01} = \mu^{01}\, e^{-(\mu^{1\bullet})t} \left(\frac{1-e^{-(\mu^{0\bullet}-\mu^{1\bullet})t}}{\mu^{0\bullet}-\mu^{1\bullet}}\right),$$

$\mu^{0\bullet} = \mu^{1\bullet}$ 이면

$$_tp_0^{01} = \mu^{01}\, e^{-(\mu^{1\bullet})t} \int_0^t e^{-(\mu^{0\bullet}-\mu^{1\bullet})s}\, ds = \mu^{01}\, e^{-(\mu^{1\bullet})t} \int_0^t 1\, ds$$

$$= \mu^{01}\, e^{-(\mu^{1\bullet})t}\, t \ \text{가 된다.}$$

(b) $\mu^{0\bullet}$ 대신 $\mu^{01}+\mu^{02}$를, $\mu^{1\bullet}$ 대신 $\mu^{12}$를 대입하면

$$_tp_0^{01} = \begin{cases} \mu^{01}\, e^{-(\mu^{12})t} \left(\dfrac{1-e^{-(\mu^{01}+\mu^{02}-\mu^{12})t}}{\mu^{01}+\mu^{02}-\mu^{12}}\right) & \mu^{01}+\mu^{02} \neq \mu^{12} \\[3mm] \mu^{01}\, e^{-(\mu^{12})t}\, t & \mu^{01}+\mu^{02} = \mu^{12} \end{cases}$$

임을 알 수 있다.

식 (10.2.2.22)를 기억하면 향후 문제를 풀 때 많은 도움이 될 것이다.

---

예제 10.2.2.3 (시간동질 마르코프모형)

시간동질 연속시간 마르코프모형인 다중상태모형 2(영구장해모형)를 가정한다. 전이력 $\mu_x^{01}=0.025$, $\mu_x^{02}=0.020$, $\mu_x^{12}=0.030$가 주어졌을 때($x \geq 0$)

(a) $_{10}p_{50}^{00}$, $_{10}p_{50}^{11}$, $_{10}p_{50}^{01}$, $_{10}p_{50}^{02}$를 구하시오.

(b) $_{10}p_{50}^{02}$(경로: $0 \to 2$)와 $_{10}p_{50}^{02}$(경로: $0 \to 1 \to 2$)를 구하고 이를 이용하여 $_{10}p_{50}^{02}$를 구하시오(경로 $0 \to 2$는 $0 \to 0 \to 2$를 의미함).

풀이

(a) 다중상태모형 2이므로 $_tp_x^{00} = {}_tp_x^{\overline{00}}$, $_tp_x^{11} = {}_tp_x^{\overline{11}}$이다. 따라서 식 (10.2.2.8), 식 (10.2.2.9), 식 (10.2.2.17)을 이용하면

$$_{10}p_{50}^{00} = {}_{10}p_{50}^{\overline{00}} = \exp\left(-\int_0^{10}(\mu_{50+t}^{01}+\mu_{50+t}^{02})dt\right) = \exp\left(-\int_0^{10}0.025+0.02\,dt\right)$$

$$= e^{-(0.045)(10)} = 0.63763,$$

$$_{10}p_{50}^{11} = {}_{10}p_{50}^{\overline{11}} = \exp\left(-\int_0^{10}\mu_{50+t}^{12}\,dt\right) = \exp\left(-\int_0^{10}0.03\,dt\right) = e^{-(0.03)(10)} = 0.74082$$

이다. 따라서

$$_tp_{50}^{01} = \int_0^t {}_sp_{50}^{\overline{00}}\,\mu_{50+s}^{01}\,{}_{t-s}p_{50+s}^{\overline{11}}\,ds \quad \left({}_{t-s}p_{50+s}^{\overline{11}} = \frac{{}_tp_{50}^{\overline{11}}}{{}_sp_{50}^{\overline{11}}} = \exp\left[-\int_s^t \mu_{x+r}\,dr\right]\right)$$

$$= \int_0^t e^{-(0.025+0.02)s}(0.025)\,e^{-0.03(t-s)}ds$$

$$= 0.025\,e^{-0.03t}\left[\frac{1-e^{-(0.025+0.02-0.03)t}}{0.025+0.02-0.03}\right] = 0.025\,e^{-0.03t}\left(\frac{1-e^{-0.015t}}{0.015}\right)$$

이며, $_{10}p_{50}^{01} = 0.025\,e^{-0.03(10)}\left(\dfrac{1-e^{-0.015(10)}}{0.015}\right) = 0.17198$임을 알 수 있다. 식 (10.2.2.22)를 이용하면 $_{10}p_{50}^{01}$가 0.17198이 되는 것을 확인할 수 있다. $_{10}p_{50}^{00} + {}_{10}p_{50}^{01} + {}_{10}p_{50}^{02} = 1$이므로 $_{10}p_{50}^{02} = 0.19039$이다.

(b) (a)에서 $_{10}p_{50}^{02}$를 $1 - {}_{10}p_{50}^{00} - {}_{10}p_{50}^{01}$로 구하였다. 보통은 (a)에서와 같은 방법으로 구하나 학습 목적상 여기서는 $_{10}p_{50}^{02}$를 직접 구해보기로 한다. 상태 0에서 상태 2로 가는 방법은 $0 \to 2$로 직접 가는 방법과 $0 \to 1 \to 2$로 상태 1을 거쳐서 가는 방법이 있다.

(i) $0 \to 2$로 직접 가는 경우

$$_{10}p_{50}^{02}(경로: 0 \to 2) = \int_0^{10} {}_sp_{50}^{\overline{00}}\,\mu_{50+s}^{02}\,ds = \int_0^{10}e^{-0.045s}(0.02)\,ds = 0.16105$$

(ii) $0 \to 1 \to 2$로 상태 1을 거쳐서 가는 경우

식 (10.2.2.17)을 이용하여 $_{10-s}p_{50+s}^{12}$를 구하면

$$_{10-s}p_{50+s}^{12} = \int_0^{10-s} {}_up_{50+s}^{\overline{11}}\,\mu_{(50+s)+u}^{12}\,{}_{(10-s)-u}p_{(50+s)+u}^{\overline{22}}\,du$$

$$= \int_0^{10-s}e^{-0.03u}(0.03)(1)\,du = 1-e^{-0.03(10-s)} \text{ 이므로}$$

$$_{10}p_{50}^{02}(경로: 0 \to 1 \to 2) = \int_0^{10} {}_sp_{50}^{\overline{00}}\,\mu_{50+s}^{01}\,{}_{10-s}p_{50+s}^{12}\,ds$$

$$= \int_0^{10}e^{-0.045s}(0.025)(1-e^{-0.03(10-s)})\,ds$$

$$= 0.025\int_0^{10}e^{-0.045s}\,ds - (0.025)\,e^{-0.03(10)}\int_0^{10}e^{-0.015s}\,ds$$

$$= 0.025\left(\frac{1-e^{-0.045(10)}}{0.045}\right) - 0.025\,e^{-0.03(10)}\left(\frac{1-e^{-0.015(10)}}{0.015}\right)$$

$$= 0.20132 - 0.17198 = 0.02934$$

따라서 $_{10}p_{50}^{02} = {}_{10}p_{50}^{02}$(경로: $0 \rightarrow 2$) $+ {}_{10}p_{50}^{02}$(경로: $0 \rightarrow 1 \rightarrow 2$) $= 0.19039$

이 값은 (a)에서 구한 값과 동일함을 알 수 있다.

---

**예제 10.2.2.4** (시간동질 마르코프모형)

시간동질 연속시간 마르코프모형을 적용한 다중상태모형 2(영구장해모형)를 고려한다. 다음과 같은 조건이 주어질 때 50세의 건강(상태 0)한 피보험자가 60세와 70세 사이에서 장해상태(상태 1)로 들어갈(enter) 확률을 구하시오.

(i) $\mu_x^{01} = 0.1$        (ii) $\mu_x^{02} = 0.05$        (iii) $\mu_x^{12} = 0.07$

**풀이**

60세와 70세에 장해상태로 들어갈 확률을 각각 구해야 한다. 현 시점(0 시점)에서 $t$시점까지 장해 상태로 들어갈 확률은 $\int_0^t {}_s p_0^{\overline{00}} \mu_s^{01} \, ds$이다. 이 문제의 경우 피적분함수에 $_{t-s}p_s^{\overline{11}}$이 들어가 있지 않는데 그 이유는 장해상태에 머물러 있는 것이 아니고 장해상태로 들어가는(enter) 확률을 구하기 때문이다.

50세와 60세 사이에 장해 상태로 들어갈 확률을 A, 50세와 70세 사이에 장해 상태로 들어갈 확률을 B라고 하면

$$A = \int_0^{10} e^{-(0.1+0.05)s}(0.1) \, ds = 0.1\left(\frac{1-e^{-0.15 \times 10}}{0.15}\right)$$

$$B = \int_0^{20} e^{-(0.1+0.05)s}(0.1) \, ds = 0.1\left(\frac{1-e^{-0.15 \times 20}}{0.15}\right)$$

따라서 60세와 70세 사이에서 장해상태로 들어갈 확률은

$$B - A = 0.1\left(\frac{e^{-0.15 \times 10} - e^{-0.15 \times 20}}{0.15}\right) = 0.11556 \text{이다.}$$

---

**예제 10.2.2.5** (시간동질 마르코프모형)

시간동질 연속시간 마르코프모형인 다중상태모형 2(영구장해모형)를 고려한다. 피보험자 $(x)$를 고려한다.

(a) 전이력이 다음과 같을 때 $_{20}p_x^{02}$를 구하시오.

    (i) $\mu_{x+t}^{01} = \begin{cases} 0.1, & t \le 10 \\ 0.2, & t > 10 \end{cases}$      (ii) $\mu_{x+t}^{02} = 0.03$      (iii) $\mu_{x+t}^{12} = 0.03$

(b) 전이력이 다음과 같을 때 $_{20}p_x^{02}$를 구하시오.

    (i) $\mu_{x+t}^{01} = \begin{cases} 0.1, & t \le 10 \\ 0.2, & t > 10 \end{cases}$      (ii) $\mu_{x+t}^{02} = 0.03$      (iii) $\mu_{x+t}^{12} = 0.06$

(c) (b)의 조건에서 $_{20}p_x^{01}$을 채프만-콜모고로프 방정식(CKE)을 이용하여 구하시오.

(d) (b)의 조건에서 $_{20}p_x^{02}$를 채프만-콜모고로프 방정식(CKE)을 이용하여 구하시오.

(e) (b)의 조건에서 상태 0에 있는 피보험자 (50)이 상태 0에 계속 남아 있을 기대시간(expected time)을 구하시오.

풀이

(a) 상태 0과 상태 1에서 상태 2로의 전이력이 0.03으로 같으므로 상태 1은 무시할 수 있다. 따라서

$$_{20}p_x^{02} = {}_{20}q_x = 1 - e^{-0.03(20)} = 0.45119 \text{이다.}$$

(b) $_{20}p_x^{02}$를 구하기 위해 $_{20}p_x^{00}$을 구해보자.

(i) $t \leq 10$일 때

$$_tp_x^{00} = {}_tp_x^{\overline{00}} = e^{-(0.1+0.03)t} = e^{-0.13t}$$

$x$세가 주어진 조건에서 $_tp_x^{00}$은 시간동질이므로 $x$세부터의 경과기간 $t$에만 의존한다.

(ii) $t > 10$일 때

다중상태모형 2이므로 $_tp_x^{ii} = {}_tp_x^{\overline{ii}}$이고, 식 (10.2.2.2)를 이용하면

$$_tp_x^{00} = {}_{10}p_x^{00} \; {}_{t-10}p_{x+10}^{00}$$

$$= \exp\left[-\int_0^{10}(0.1+0.03)\,dr\right] \exp\left[-\int_{10}^{t}(0.2+0.03)\,dr\right]$$

$$= \exp\left[-\int_0^{10}0.13\,dr - \int_{10}^{t}0.23\,dr\right]$$

$$= \exp\left[-0.13(10) - 0.23(t-10)\right] = e^{1-0.23t}$$

가 된다. 따라서 $_{20}p_x^{00} = e^{1-0.23(20)} = 0.02732$이다.

$_{20}p_x^{02}$를 구하기 위해 $_{20}p_x^{01}$을 구해보자.

$_{20}p_x^{01}$을 구할 때 전이력 $\mu_{x+t}^{01}$이 경과기간 $t = 10$에서 달라지므로 $t \leq 10$인 경우와 $t > 10$인 경우의 $_tp_x^{00}$을 각각 이용한다. 또한 전이력 $\mu_{x+t}^{12}$가 상수인 경우에는 $\mu_{x+t}^{12} = \dfrac{1}{\omega - x - t}$인 경우와는 다르게 $_{t-s}p_{x+s}^{11}$은 시간동질이므로 $x+s$세부터의 경과시간 $t-s$에만 의존하며 $x+s$에는 의존하지 않는다. 따라서

$$_{t-s}p_{x+s}^{11} = {}_{t-s}p_{x+s}^{\overline{11}} = \exp\left(-\int_0^{t-s}\mu_{x+r}^{12}\,dr\right) = e^{-0.06(t-s)}$$

다중상태모형 2이므로 식 (10.2.2.17)에 의하여

$$_{20}p_x^{01} = \int_0^{20} {}_sp_x^{\overline{00}} \; \mu_{x+s}^{01} \; {}_{20-s}p_{x+s}^{\overline{11}}\,ds$$

$$= \int_0^{10} {}_sp_x^{\overline{00}} \; \mu_{x+s}^{01} \; {}_{20-s}p_{x+s}^{\overline{11}}\,ds + \int_{10}^{20} {}_sp_x^{\overline{00}} \; \mu_{x+s}^{01} \; {}_{20-s}p_{x+s}^{\overline{11}}\,ds$$

$$= \int_0^{10} e^{-0.13s}(0.1)\,e^{-0.06(20-s)}\,ds + \int_{10}^{20} e^{1-0.23s}(0.2)\,e^{-0.06(20-s)}\,ds$$

$$= 0.1e^{-0.06(20)}\left(\frac{1 - e^{-0.07 \times 10}}{0.07}\right) + 0.2e^{-0.2}\left(\frac{e^{-0.17 \times 20} - e^{-0.17 \times 20}}{0.17}\right) = 0.36043$$

임을 알 수 있다. 따라서 $_{20}p_x^{02} = 1 - {}_{20}p_x^{00} - {}_{20}p_x^{01} = 0.61225$ 이다.

(c) 채프만-콜모고로프 방정식(CKE)을 이용하면

$$_{20}p_x^{01} = {}_{10}p_x^{00}\,{}_{10}p_{x+10}^{01} + {}_{10}p_x^{01}\,{}_{10}p_{x+10}^{11} + {}_{10}p_x^{02}\,{}_{10}p_{x+10}^{21}$$ 임을 알 수 있다.

$_{10}p_{x+10}^{21} = 0$ 이므로

$$_{20}p_x^{01} = {}_{10}p_x^{00}\,{}_{10}p_{x+10}^{01} + {}_{10}p_x^{01}\,{}_{10}p_{x+10}^{11}$$ 이다.

우변의 전이확률들을 계산하면 다음과 같다.

$$_{10}p_x^{00} = {}_{10}p_x^{\overline{00}} = e^{-0.13\times10} = 0.27253,$$

$$_{10}p_x^{01} = 0.1\,e^{-0.06\times10}\left(\frac{1 - e^{-(0.1+0.03-0.06)\times10}}{0.1+0.03-0.06}\right) = 0.39469$$

$$_{10}p_{x+10}^{01} = 0.2\,e^{-0.06\times10}\left(\frac{1 - e^{-(0.2+0.03-0.06)\times10}}{0.2+0.03-0.06}\right) = 0.52771$$

$$_{10}p_{x+10}^{11} = {}_{10}p_{x+10}^{\overline{11}} = e^{-0.06\times10} = 0.54881$$

위의 결과를 이용하면

$$_{20}p_x^{01} = 0.27253(0.52771) + 0.39469(0.54881) = 0.36043$$

(d) 채프만-콜모고로프 방정식(CKE)을 이용하면

$$_{20}p_x^{02} = {}_{10}p_x^{00}\,{}_{10}p_{x+10}^{02} + {}_{10}p_x^{01}\,{}_{10}p_{x+10}^{12} + {}_{10}p_x^{02}\,{}_{10}p_{x+10}^{22}$$ 임을 알 수 있다.

$_{10}p_{x+10}^{22} = {}_{10}p_{x+10}^{\overline{22}} = 1$ 이므로

$$_{20}p_x^{02} = {}_{10}p_x^{00}\,{}_{10}p_{x+10}^{02} + {}_{10}p_x^{01}\,{}_{10}p_{x+10}^{12} + {}_{10}p_x^{02}$$ 이다.

$_{10}p_x^{00},\ {}_{10}p_x^{01}$ 의 값은 (c)에서 구하였으므로 그대로 사용하면

$$_{10}p_x^{02} = 1 - {}_{10}p_x^{00} - {}_{10}p_x^{01} = 1 - 0.27253 - 0.39469 = 0.33278$$

또한

$_{10}p_{x+10}^{00} = {}_{10}p_{x+10}^{\overline{00}} = e^{-0.23\times10} = 0.10026$ 이고, $_{10}p_{x+10}^{01}$ 의 값은 (c)에서 구하였으므로

$_{10}p_{x+10}^{02} = 1 - {}_{10}p_{x+10}^{00} - {}_{10}p_{x+10}^{01} = 1 - 0.10026 - 0.52771 = 0.37203$ 이다.

$_sp_{x+10}^{11} = {}_sp_{x+10}^{\overline{11}} = e^{-0.06s}$ 임을 이용하면

$$_{10}p_{x+10}^{12} = \int_0^{10} {}_sp_{x+10}^{\overline{11}}\,\mu_{(x+10)+s}^{12}\,ds = \int_0^{10} e^{-0.06s}(0.06)\,ds = 0.06\left(\frac{1-e^{-0.06\times10}}{0.06}\right)$$
$$= 0.45119$$

따라서

$$_{20}p_x^{02} = 0.27253(0.37203) + 0.39469(0.45119) + 0.33278 = 0.61225$$ 이다.

(e) $\mu_{x+t}^{01}$ 이 $t=10$ 에서 값이 달라지므로 상태 0으로부터 나가는 전이력의 합을 구하면 다음과 같다.

$$\int_0^t \mu_{50+s}^{0\bullet}\,ds = \int_0^t 0.13\,ds = 0.13t \qquad\qquad 0\le t\le 10$$

$$= \int_0^{10} 0.13 \, ds + \int_{10}^t 0.23 \, ds = 0.13(10-0) + 0.23(t-10) \qquad t > 10$$

따라서 $_t p_{50}^{00} = {}_t p_{50}^{\overline{00}} = \exp\left(-\int_0^t \mu_{50+s}^{0\bullet} \, ds\right) = e^{-0.13t}$ $\qquad 0 \le t \le 10$

$$= e^{-0.13(10)} \, e^{-0.23(t-10)} \qquad t > 10$$

상태 0에 있는 피보험자 (50)이 상태 0에 계속 남아 있을 기대시간은

$$\int_0^\infty {}_t p_{50}^{00} \, dt = \int_0^{10} e^{-0.13t} \, dt + \int_{10}^\infty e^{-0.13(10)} \, e^{-0.23(t-10)} \, dt$$

$t - 10 = s$인 치환적분법을 이용하면(부록 1의 식 (I−32) 참조)

$$= \left(\frac{1 - e^{-0.13(10)}}{0.13}\right) + e^{-0.13(10)} \int_0^\infty e^{-0.23s} \, ds$$

$$= \left(\frac{1 - e^{-0.13(10)}}{0.13}\right) + e^{-0.13(10)} \left(\frac{1}{0.23}\right) = 6.78083$$

### 예제 10.2.2.6 (시간비동질 마르코프모형)

시간비동질 마르코프모형인 다중상태모형 2(영구장해모형)를 고려한다. 다음과 같은 조건이 주어졌을 때 상태 0(건강)에 있는 $x$세의 사람이 $x+t$세에 상태 1에 있을 확률을 구하시오. ($x < a$, $x+t < a$, $t \ge 0$)(가정 불성립)

(i) $\mu_x^{01} = \dfrac{1}{a-x}$ 　　　　　　(ii) $\mu_x^{02} = b$, $\mu_x^{12} = c$　($a, b, c$ 상수)

**풀이**

$\mu_{x+s}^{01} = \dfrac{1}{a-x-s}$, $\mu_{x+s}^{02} = b$이고, 다중상태모형 2이므로 $_t p_x^{00} = {}_t p_x^{\overline{00}}$이다. 따라서

$$_t p_x^{00} = {}_t p_x^{\overline{00}} = \exp\left(-\int_0^t \frac{1}{a-x-s} + b \ ds\right)$$

$$= \exp\left(-\int_0^t \frac{1}{a-x-s} \, ds - \int_0^t b \ ds\right)$$

$$= \left(\frac{a-x-t}{a-x}\right) e^{-bt}$$

가 된다. 다중상태모형 2이므로 식 (10.2.2.17)에 의해 $_t p_x^{01}$은 다음과 같다.

$$_t p_x^{01} = \int_0^t {}_s p_x^{\overline{00}} \, \mu_{x+s}^{01} \, {}_{t-s} p_{x+s}^{\overline{11}} \, ds = \int_0^t \left(\frac{a-x-s}{a-x}\right) e^{-bs} \left(\frac{1}{a-x-s}\right) e^{-c(t-s)} \, ds$$

$$= \frac{e^{-ct}}{a-x} \int_0^t e^{-(b-c)s} \, ds$$

$b$와 $c$의 관계에 따라 다음의 두 가지 경우로 나누어 $_t p_x^{01}$을 구하면 다음과 같다.

(i) $b \ne c$인 경우: $_t p_x^{01} = \dfrac{e^{-ct}}{a-x} \dfrac{(e^{-(b-c)t}-1)}{-(b-c)}$

$$= \frac{e^{-ct}}{(a-x)} \frac{(1-e^{-(b-c)t})}{(b-c)} = \frac{e^{-ct}-e^{-bt}}{(a-x)(b-c)} \tag{10.2.2.24}$$

(ii) $b=c$인 경우: ${}_t p_x^{01} = \frac{e^{-ct}}{a-x} t$ $\tag{10.2.2.25}$

■

---

(예제 10.2.2.7) (시간비동질 마르코프모형)

시간비동질 마르코프모형인 다중상태모형 2(영구장해모형)를 고려한다. 다음과 같은 조건이 주어졌을 때 상태 0(건강)에 있는 30세 사람이 40세에 상태 2에 있을 확률을 구하시오. $(x < 100)$ (가정 불성립)

(i) $\mu_x^{01} = \dfrac{1}{100-x}$ (ii) $\mu_x^{02} = 0.01$, $\mu_x^{12} = 0.05$

**풀이**

이 문제는 ${}_{10}p_{30}^{02}$를 구하는 문제이다. 예제 (10.2.2.3)과 같이 두 가지 방법을 이용하여 풀기로 한다.

(a) ${}_t p_x^{02} = 1 - {}_t p_x^{00} - {}_t p_x^{01}$로 구하는 방법:

다중상태모형 2이므로 식 (10.2.2.8), 식 (10.2.2.9), 식 (10.2.2.17)을 이용하여

$$\begin{aligned}
{}_s p_{30}^{00} = {}_s p_{30}^{\overline{00}} &= \exp\left(-\int_0^s (\mu_{30+t}^{01} + \mu_{30+t}^{02})\, dt\right) = \exp\left(-\int_0^s \frac{1}{70-t} + 0.01\, dt\right) \\
&= \frac{70-s}{70}\, e^{-0.01s}
\end{aligned}$$

$${}_{t-s} p_{30+s}^{11} = {}_{t-s} p_{30+s}^{\overline{11}} = \exp\left(-\int_0^{t-s} \mu_{(30+s)+u}^{12}\, du\right) = e^{-0.05(t-s)}$$

$$\begin{aligned}
{}_t p_{30}^{01} &= \int_0^t {}_s p_{30}^{\overline{00}}\, \mu_{30+s}^{01}\, {}_{t-s} p_{30+s}^{\overline{11}}\, ds \\
&= \int_0^t \left(\frac{70-s}{70}\right) e^{-0.01s} \left(\frac{1}{70-s}\right) e^{-0.05(t-s)}\, ds \\
&= \frac{1}{70}\, e^{-0.05t} \int_0^t e^{0.04s}\, ds = \frac{1}{70}\, e^{-0.05t} \left(\frac{1-e^{0.04(t)}}{-0.04}\right)
\end{aligned}$$

따라서

$${}_{10} p_{30}^{00} = \frac{70-10}{70}\, e^{-0.01 \times 10} = 0.77557$$

$${}_{10} p_{30}^{01} = \frac{1}{70}\, e^{-0.05 \times 10} \left(\frac{1-e^{0.04(10)}}{-0.04}\right) = 0.10654$$

${}_{10}p_{30}^{01}$은 식 (10.2.2.24)로부터 $a=100$, $x=30$, $b=0.01$, $c=0.05$, $t=10$이므로

$${}_{10} p_{30}^{01} = \frac{e^{-0.05 \times 10}}{(100-30)} \frac{(1-e^{0.04 \times 10})}{(0.01-0.05)} = 0.10654$$임을 확인할 수 있다.

따라서 $_{10}p_{30}^{02} = 1 - _{10}p_{30}^{00} - _{10}p_{30}^{01} = 1 - 0.77557 - 0.10654 = 0.11789$

(b) $0 \rightarrow 2$로 직접 가는 확률과 $0 \rightarrow 1 \rightarrow 2$로 상태 1을 거쳐서 가는 확률을 이용하여 $_tp_x^{02}$를 구하는 방법:

(i) $0 \rightarrow 2$로 직접 가는 경우

$$_{10}p_{30}^{02}(\text{경로: } 0 \rightarrow 2) = \int_0^{10} {_sp_{30}^{\overline{00}}} \, \mu_{30+s}^{02} \, ds = \int_0^{10} \frac{70-s}{70} e^{-0.01s} (0.01) \, ds$$

$u' = e^{-0.01s}$, $v = 70-s$로 놓고 부분적분법(부록 1. 식 ( I -31))을 적용하면

$$= \frac{0.01}{70} \int_0^{10} (70-s) \, e^{-0.01s} \, ds = 0.08848$$

(ii) $0 \rightarrow 1 \rightarrow 2$로 상태 1을 거쳐서 가는 경우

식 (10.2.2.17)을 이용하면

$$_{10-s}p_{30+s}^{12} = \int_0^{10-s} {_up_{30+s}^{\overline{11}}} \, \mu_{(30+s)+u}^{12} \, _{(10-s)-u}p_{30+s+u}^{\overline{22}} \, du$$

$$= \int_0^{10-s} e^{-0.05u} (0.05) (1) \, du = 1 - e^{-0.05(10-s)}$$

$$_{10}p_{30}^{02}(\text{경로: } 0 \rightarrow 1 \rightarrow 2) = \int_0^{10} {_sp_{30}^{\overline{00}}} \, \mu_{30+s}^{01} \, _{10-s}p_{30+s}^{12} \, ds$$

$$= \int_0^{10} \left(\frac{70-s}{70}\right) e^{-0.01s} \left(\frac{1}{70-s}\right) (1 - e^{-0.05(10-s)}) \, ds$$

$$= \frac{1}{70} \int_0^{10} e^{-0.01s} \, ds - \frac{1}{70} e^{-0.05(10)} \int_0^{10} e^{0.04s} \, ds = 0.02941$$

따라서 $_{10}p_{50}^{02} = {_{10}p_{50}^{02}}(\text{경로: } 0 \rightarrow 2) + {_{10}p_{50}^{02}}(\text{경로: } 0 \rightarrow 1 \rightarrow 2)$

$$= 0.08848 + 0.02941 = 0.11789$$

따라서 (a)에서 구한 값과 동일함을 알 수 있다.

---

( 예제 10.2.2.8 ) (시간비동질 마르코프모형)

시간비동질 마르코프모형이 적용되는 다중상태모형 2(영구장해모형)를 고려한다. 피보험자 (30)에 대하여 $\mu_x^{12} = \dfrac{1}{100-x}$, $x < 100$일 때

(a) $_sp_{30}^{11} = \dfrac{70-s}{70}$임을 보이시오.

(b) $_{t-s}p_{30+s}^{11} = \dfrac{70-t}{70-s}$임을 보이시오. ($t$는 상수임)

풀이

(a) 다중상태모형 2이므로 $_sp_{30}^{11} = {_sp_{30}^{\overline{11}}}$이고, 식 (10.2.2.9)에 의해

$$_sp_{30}^{11} = {}_sp_{30}^{\overline{11}} = \exp\left(-\int_0^s \mu_{x+t}^{12}\, dt\right) = \exp\left(-\int_0^s \frac{1}{70-t}\, dt\right) = \frac{70-s}{70}$$

이다.

따라서 연령 30세부터의 경과기간인 $s$는 $f(s) = \dfrac{1}{70}$인 균등분포를 따르는 것을 알 수 있다.

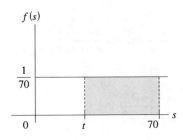 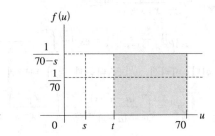

(b) $_{t-s}p_{30+s}^{11} = {}_{t-s}p_{30+s}^{\overline{11}} = \dfrac{_tp_{30}^{\overline{11}}}{_sp_{30}^{\overline{11}}} = \dfrac{\exp\left(-\displaystyle\int_0^t \frac{1}{70-u}\, du\right)}{\exp\left(-\displaystyle\int_0^s \frac{1}{70-u}\, du\right)} = \exp\left(-\int_s^t \frac{1}{70-u}\, du\right) = \dfrac{70-t}{70-s}$

연령 $30+s$세부터의 경과기간인 $u$는 $f(u) = \dfrac{1}{70-s}$인 균등분포를 따르는 것을 알 수 있다. 따라서 균등분포로부터 $\Pr(u>t) = \dfrac{70-t}{70-s}$인 것을 구할 수 있다. $\mu_x^{12} = \dfrac{1}{100-x}$로 주어졌고, 연령에 따라 전이함수가 다르기 때문에 전이함수는 시간비동질이다. $_{t-s}p_{30+s}^{11}$과 $_{t-s}p_{30}^{11}$은 고려하는 시작연령이 $30+s$세와 30세이기 때문에 $_{t-s}p_{30+s}^{11}$과 $_{t-s}p_{30}^{11}$은 다르다. 이러한 현상이 시간비동질임을 나타낸다. 따라서 $_{t-s}p_{30+s}^{11}$은 $_{t-s}p_{30}^{11} = \exp\left(-\displaystyle\int_0^{t-s} \mu_{30+s}^{12}\, ds\right) = \dfrac{70-(t-s)}{70}$ 가 아닌 것에 유의하여야 한다. 즉 $\mu_x^{12} = c\,(c$는 상수)인 경우인 예제 (10.2.2.3)과는 다름에 유의하여야 한다.

**예제 10.2.2.9** (시간비동질 마르코프모형)

시간비동질 마르코프모형인 다중상태모형 2(영구장해모형)를 고려한다. 다음과 같은 조건이 주어졌을 때 상태 0(건강)에 있는 $x$세 사람이 $x+t$세에 상태 1에 있을 확률을 구하시오. $(x<a,\ x+t<a,\ t\geq0)$

$$\mu_x^{01} = \frac{c_1}{a-x}, \qquad \mu_x^{02} = \frac{c_2}{a-x}, \qquad \mu_x^{12} = \frac{c_3}{a-x} \qquad (a,\ c_1,\ c_2,\ c_3 는 상수)$$

**풀이**

여기서는 앞의 예제들보다 조금 더 일반적인 경우를 고찰한다.

$$_sp_x^{00} = {}_sp_x^{\overline{00}} = \exp\left(-\int_0^s \mu_{x+u}^{01} + \mu_{x+u}^{02}\, du\right) = \exp\left(-\int_0^s \frac{c_1+c_2}{a-x-u}\, du\right)$$

$$= \left( \frac{a-x-s}{a-x} \right)^{c_1+c_2}$$

$$_t p_x^{01} = \int_0^t {}_s p_x^{\overline{00}} \; \mu_{x+s}^{01} \; _{t-s} p_{x+s}^{\overline{11}} \; ds$$

$\mu_{x+s+u}^{12} = \dfrac{c_3}{a-(x+s+u)}$ 이므로

$$_{t-s} p_{x+s}^{11} = {}_{t-s} p_{x+s}^{\overline{11}} = \exp\left( - \int_0^{t-s} \frac{c_3}{a-x-s-u} \; du \right) = \left( \frac{a-x-t}{a-x-s} \right)^{c_3}$$

이 된다. 따라서 $_t p_x^{01}$은 다음과 같이 나타낼 수 있다.

$$_t p_x^{01} = \int_0^t \frac{(a-x-s)^{c_1+c_2}}{(a-x)^{c_1+c_2}} \left( \frac{c_1}{a-x-s} \right) \frac{(a-x-t)^{c_3}}{(a-x-s)^{c_3}} \; ds$$

$$= \frac{c_1 (a-x-t)^{c_3}}{(a-x)^{c_1+c_2}} \int_0^t (a-x-s)^{c_1+c_2-c_3-1} \; ds$$

$c_1+c_2$와 $c_3$의 관계에 따라 다음의 두 가지 경우로 나누어 $_t p_x^{01}$을 구하면 다음과 같다.

(i) $c_1+c_2 = c_3$인 경우:

$$_t p_x^{01} = c_1 \left( \frac{a-x-t}{a-x} \right)^{c_3} \int_0^t \frac{1}{a-x-s} \; ds$$

$$= c_1 \left( \frac{a-x-t}{a-x} \right)^{c_3} \ln\left( \frac{a-x}{a-x-t} \right) \tag{10.2.2.26}$$

(ii) $c_1+c_2 \neq c_3$인 경우:

$$_t p_x^{01} = \frac{c_1}{c_1+c_2-c_3} \frac{(a-x-t)^{c_3}}{(a-x)^{c_1+c_2}} \left[ -(a-x-t)^{c_1+c_2-c_3} + (a-x)^{c_1+c_2-c_3} \right]$$

$$= \frac{c_1}{c_1+c_2-c_3} \left[ -\left( \frac{a-x-t}{a-x} \right)^{c_1+c_2} + \left( \frac{a-x-t}{a-x} \right)^{c_3} \right] \tag{10.2.2.27}$$

---

[ 예제 10.2.2.10 ] (시간비동질 마르코프모형)

시간비동질 마르코프모형인 다중상태모형 2(영구장해모형)를 고려한다. 다음과 같은 조건이 주어졌을 때 상태 0(건강)에 있는 30세 사람이 40세에 상태 2에 있을 확률을 구하시오. $(x < 100)$

$$\mu_x^{01} = \frac{0.8}{100-x} \qquad \mu_x^{02} = \frac{0.2}{100-x} \qquad \mu_x^{12} = \frac{1}{100-x}$$

풀이

이 문제는 $_{10} p_{30}^{02}$를 구하는 문제이다.

다중상태모형 2이므로 식 (10.2.2.8)을 이용하여

$$ {}_sp_{30}^{00} = {}_sp_{30}^{\overline{00}} = \exp\left(-\int_0^s (\mu_{30+t}^{01} + \mu_{30+t}^{02})\, dt\right) = \exp\left(-\int_0^s \frac{1}{70-t}\, dt\right) = \frac{70-s}{70} $$

따라서 ${}_{10}p_{30}^{00} = \dfrac{60}{70} = 0.85714$.

예제 (10.2.2.8)로부터 ${}_{t-s}p_{30+s}^{11} = \dfrac{70-t}{70-s}$ 임을 이용하면, 식 (10.2.2.17)에 의해서

$$ {}_tp_{30}^{01} = \int_0^t {}_sp_{30}^{\overline{00}}\ \mu_{30+s}^{01}\ {}_{t-s}p_{30+s}^{\overline{11}}\, ds $$

$$ = \int_0^t \left(\frac{70-s}{70}\right)\left(\frac{0.8}{70-s}\right)\left(\frac{70-t}{70-s}\right) ds $$

$$ = \frac{0.8\,(70-t)}{70}\int_0^t \frac{1}{70-s}\, ds = \frac{0.8\,(70-t)}{70}\ln\left(\frac{70}{70-t}\right) $$

따라서 ${}_{10}p_{30}^{01} = \dfrac{0.8\,(60)}{70}\ln\left(\dfrac{70}{60}\right) = 0.1057$

혹은 식 (10.2.2.26)에서 $c_1 = 0.8$, $c_2 = 0.2$, $c_3 = 1$인 경우이므로 $a = 100$, $x = 30$, $t = 10$을 대입하면

$$ {}_{10}p_{30}^{01} = 0.8\left(\frac{100-30-10}{100-30}\right)\ln\left(\frac{100-30}{100-30-10}\right) = 0.1057 $$

임을 확인할 수 있다.

$$ {}_{10}p_{30}^{00} + {}_{10}p_{30}^{01} + {}_{10}p_{30}^{02} = 1 \text{이므로} \quad {}_{10}p_{30}^{02} = 0.03716 $$

$0 \to 2$로 직접 가는 확률과 $0 \to 1 \to 2$로 상태 1을 거쳐서 가는 확률을 이용하여 ${}_{10}p_{30}^{02} = 0.03716$이 되는 것도 직접 확인해 보길 바란다.

( **예제 10.2.2.11** )  (시간비동질 마르코프모형)

시간비동질 마르코프모형인 다중상태모형 2(영구장해모형)를 가정한다. 전이력은 $\mu_x^{01}$ $= 0.0005\, e^{0.07\,x}$, $\mu_x^{02} = 0.000011\, e^{0.11x}$, $\mu_x^{12} = 0.0008\, e^{0.05x}$, $x \geq 0$으로 주어질 때, ${}_{10}p_{50}^{00}$, ${}_{10}p_{50}^{11}$, ${}_{10}p_{50}^{01}$, ${}_{10}p_{50}^{02}$를 구하시오.

**풀이**

전이력 $\mu_x^{01}$, $\mu_x^{02}$, $\mu_x^{12}$ 등이 상수가 아니고 일반식으로 주어진 경우는 예제 (10.2.2.3)처럼 쉽게 ${}_{10}p_{50}^{01}$을 구할 수 없고 수치해석 방법을 사용하여야 한다.

${}_{10}p_{50}^{01} = \displaystyle\int_0^{10} {}_sp_{50}^{\overline{00}}\ \mu_{50+s}^{01}\ {}_{10-s}p_{50+s}^{\overline{11}}\, ds$에서 피적분함수의 각 항목들을 구해보자.

$$ {}_sp_{50}^{00} = \exp\left(-\int_0^s \mu_{50+t}^{01} + \mu_{50+t}^{02}\, dt\right) $$

$$ = \exp\left[-\int_0^s 0.0005\, e^{0.07\times50}\, e^{0.07t}\, dt - \int_0^s 0.000011\, e^{0.11\times50}\, e^{0.11t}\, dt\right] $$

$$= \exp\left[-0.0005\, e^{0.07\times 50}\left(\frac{1-e^{0.07s}}{-0.07}\right) - 0.000011\, e^{0.11\times 50}\left(\frac{1-e^{0.11s}}{-0.11}\right)\right]$$

$s=10$을 대입하면 $_{10}p_{50}^{00}=0.74914$

$$_{10-s}p_{50+s}^{11} = \exp\left(-\int_0^{10-s} 0.0008\, e^{0.05\times(50+s)}\, e^{0.05t}\, dt\right)$$

$$= \exp\left[-0.016\, e^{0.05\times(50+s)}\,(e^{0.05(10-s)}-1)\right]$$

$k_1$, $k_2$, $k_3$, $k_4$를 상수라고 하면

$$_tp_{50}^{01} = \int_0^t {}_sp_{50}^{\overline{00}}\, \mu_{50+s}^{01}\, {}_{10-s}p_{50+s}^{\overline{11}}\, ds = \int_0^t k_1 \exp(k_2\, e^{0.05s}+k_3\, e^{0.07s}+k_4\, e^{0.11s})\, ds$$

의 형태로 되어서 적분하기가 어렵다. 따라서 $_tp_x^{01}$을 구하기 위하여 수치해석방법을 이용한다. $_sp_{50}^{00}$과 $_{10-s}p_{50+s}^{11}$을 이용하여 피적분함수(integrand) $f(s)=\,{}_sp_{50}^{00}\, \mu_{50+s}^{01}\, {}_{10-s}p_{50+s}^{11}$를 $s=0$, 2.5, 5, 7.5, 10에서 구하면 다음과 같다.

| $s$ | $_sp_{50}^{00}$ | $\mu_{50+s}^{01}$ | $_{10-s}p_{50+s}^{11}$ | $f(s)$ |
|---|---|---|---|---|
| 0 | 1.00000 | 0.01656 | 0.88074 | 0.01458 |
| 2.5 | 0.94840 | 0.01972 | 0.90400 | 0.01691 |
| 5 | 0.88952 | 0.02350 | 0.93110 | 0.01946 |
| 7.5 | 0.82309 | 0.02799 | 0.96279 | 0.02218 |
| 10 | 0.74914 | 0.03334 | 1.00000 | 0.02498 |

Trapezium rule을 이용하면

$$_{10}p_{50}^{01} \approx \frac{2.5}{2}\left\{f(a)+f(b)+2[f(x_1)+f(x_2)+f(x_3)]\right\}$$

$$\approx \frac{2.5}{2}\left\{0.01458+0.02498+2(0.01691+0.01946+0.02218)\right\} = 0.19583$$

4개의 하부구간($n=2$, $2n=4$)을 갖는 $h=2.5$인 Simpson's rule을 이용하면

$$_{10}p_{50}^{01} \approx \frac{2.5}{3}\left\{f(a)+f(b)+4[f(x_1)+f(x_3)]+2f(x_2)\right\}$$

$$\approx \frac{2.5}{3}\left\{0.01458+0.02498+4(0.01691+0.02218)+2(0.01946)\right\} = 0.19571$$

$_{10}p_{50}^{00}+{}_{10}p_{50}^{01}+{}_{10}p_{50}^{02}=1$이므로

$$_{10}p_{50}^{02} \approx 1-0.74914-0.19583 = 0.05503 \text{ (Trapezium rule)}$$

$$\approx 1-0.74914-0.19571 = 0.05515 \text{ (Simpson's rule)}$$

## (3) 다중상태모형 3과 $_tp_x^{01}$

**그림 [10.2.2.3] 다중상태모형 3과 전이력**

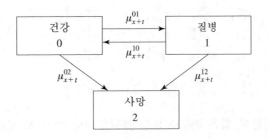

그림 [10.2.2.3]과 같은 다중상태모형 3에서는 상태 1에서 상태 0으로 재진입할 수 있으므로 $_tp_x^{01}$을 식 (10.2.2.17)과 같이 계산할 수 없다. 다중상태모형 3에서와 같이 상태 재진입이 가능한 조건에서 식 (10.2.2.17)은 상태 0에서 상태 1로의 한 번의 전이만을 나타내는 식이다. 즉 상태 0에서 $t$시점 전에 상태 1로 이동하여 $t$시점까지 머무는 확률은 식 (10.2.2.17)을 이용하여 계산할 수 있다. 그러나 이 확률은 다중상태모형 3에서 $_tp_x^{01}$이 아니다. 왜냐하면 다중상태모형 3에서의 $_tp_x^{01}$은 상태이동이 $0 \rightarrow 1 \rightarrow 0 \rightarrow 1$, 혹은 $0 \rightarrow 1 \rightarrow 0 \rightarrow 1 \rightarrow 0 \rightarrow 1$, $\cdots$ 등의 과정을 거쳐 $t$시점에 상태 1에 있는 확률도 포함하고 있기 때문이다. 다중상태모형 3에서의 $_tp_x^{01}$은 다음 절에서 고찰하는 콜모고로프 전진방정식을 이용하고 전진적 오일러방법을 사용하여 구할 수 있다.

## 3. 콜모고로프 전진방정식(KFE)

### (1) 전이력행렬과 전이확률행렬

연속시간 마르코프모형에서는 전이력(transition intensity)이 중요한 요소이다. 상태공간이 $\{0, 1, 2, \cdots, n\}$으로 $n+1$개의 상태가 존재하고 $\mu_{x+t}^{ij}$가 $t$시점에서 상태 $i$에서 상태 $j$로의($i \neq j$임) 순간전이율이라 하고, $\mu_{x+t}^{i\bullet}$를 탈상태 $i$(脫狀態 $i$)의 총전이력(總轉移力)(total force of transition out of state $i$), 혹은 상태 $i$를 떠나는 총탈상태율(總脫狀態率, total exit rate)이라고 하면[1]

$$\mu_{x+t}^{i\bullet} = \sum_{k=0, k \neq i}^{n} \mu_{x+t}^{ik} \qquad (10.2.3.1)$$

---

1) $Q$ 행렬에 관련된 것이므로 확률과정론에서는 $q_t$로 나타내고 있다.

로 정의된다. 순간전이율 $\mu^{ij}_{x+t}$와 총탈상태율 $\mu^{i\bullet}_{x+t}$를 전이력행렬($Q$)에 나타내면 다음과
같다.

$$Q_{x+t} = \begin{bmatrix} -\mu^{0\bullet}_{x+t} & \mu^{01}_{x+t} & \mu^{02}_{x+t} & \cdots & \mu^{0n}_{x+t} \\ \mu^{10}_{x+t} & -\mu^{1\bullet}_{x+t} & \mu^{12}_{x+t} & \cdots & \mu^{1n}_{x+t} \\ \mu^{20}_{x+t} & \mu^{21}_{x+t} & -\mu^{2\bullet}_{x+t} & \cdots & \mu^{2n}_{x+t} \\ \vdots & \vdots & \vdots & \ddots & \vdots \\ \mu^{n0}_{x+t} & \mu^{n1}_{x+t} & \mu^{n2}_{x+t} & \cdots & -\mu^{n\bullet}_{x+t} \end{bmatrix}$$

$Q_{x+t}$의 각 행의 성분의 합은 0이고 흡수상태는 해당 행의 모든 성분이 0으로 나타난다.
전이확률행렬($P$)은 ${}_tp^{ij}_x$가 각 성분으로 나타나며

$$_tP_x = \begin{bmatrix} {}_tp^{00}_x & {}_tp^{01}_x & {}_tp^{02}_x & \cdots & {}_tp^{0n}_x \\ {}_tp^{10}_x & {}_tp^{11}_x & {}_tp^{12}_x & \cdots & {}_tp^{1n}_x \\ {}_tp^{20}_x & {}_tp^{21}_x & {}_tp^{22}_x & \cdots & {}_tp^{2n}_x \\ \vdots & \vdots & \vdots & \ddots & \vdots \\ {}_tp^{n0}_x & {}_tp^{n1}_x & {}_tp^{n2}_x & \cdots & {}_tp^{nn}_x \end{bmatrix}$$

로 표시된다. ${}_tP_x$의 각 행의 성분의 합은 1이다. ${}_tP_x$에서 대각성분(對角成分, main diagonal)
${}_tp^{jj}_x$가 1이고, $j$행의 다른 성분들은 0으로 나타날 때, 상태 $j$를 흡수상태라고 한다. 전이
확률행렬과 전이력행렬의 예를 몇 가지 모형에 적용해 보자.

(a) 단일탈퇴모형
단일탈퇴모형에서는 2개의 상태만 존재한다.
(i) 상태 0: $(x)$가 생존
(ii) 상태 1: $(x)$가 사망(흡수상태)
이 모형에서는 $\mu^{01}_{x+t} = \mu_{x+t}$이고 $\mu^{10}_{x+t} = 0$이다. 단일탈퇴모형에서 전이확률행렬과 전이력
행렬을 나타내면 다음과 같다.

$$_tP_x = \begin{bmatrix} {}_tp^{00}_x & {}_tp^{01}_x \\ 0 & 1 \end{bmatrix} = \begin{bmatrix} {}_tp_x & {}_tq_x \\ 0 & 1 \end{bmatrix}$$

$$Q_{x+t} = \begin{bmatrix} -\mu^{01}_{x+t} & \mu^{01}_{x+t} \\ 0 & 0 \end{bmatrix} = \begin{bmatrix} -\mu_{x+t} & \mu_{x+t} \\ 0 & 0 \end{bmatrix}$$

(b) 이중탈퇴모형
이중탈퇴모형에는 3개의 상태가 존재한다.

(i) 상태 0: $(x)$가 생존

(ii) 상태 1: $(x)$가 사고로 사망(흡수상태)

(iii) 상태 2: $(x)$가 다른 원인으로 사망(흡수상태)

이중탈퇴모형에서는 상태 0에서 상태 1로, 상태 0에서 상태 2로만 전이가 가능하다. 이
중탈퇴모형에서 전이확률행렬과 전이력행렬은 다음과 같다.

$$
{}_tP_x = \begin{bmatrix} {}_tp_x^{00} & {}_tp_x^{01} & {}_tp_x^{02} \\ 0 & 1 & 0 \\ 0 & 0 & 1 \end{bmatrix} = \begin{bmatrix} {}_tp_x^{(\tau)} & {}_tq_x^{(1)} & {}_tq_x^{(2)} \\ 0 & 1 & 0 \\ 0 & 0 & 1 \end{bmatrix}
$$

$$
Q_{x+t} = \begin{bmatrix} -\mu_{x+t}^{01}-\mu_{x+t}^{02} & \mu_{x+t}^{01} & \mu_{x+t}^{02} \\ 0 & 0 & 0 \\ 0 & 0 & 0 \end{bmatrix} = \begin{bmatrix} -\mu_{x+t}^{(\tau)} & \mu_{x+t}^{(1)} & \mu_{x+t}^{(2)} \\ 0 & 0 & 0 \\ 0 & 0 & 0 \end{bmatrix}
$$

(c) 다중상태모형 2(영구장해모형)

다중상태모형 2(영구장해모형)에서 $\mu_{x+t}^{10}=0$이며 전이확률행렬과 전이력행렬은 다음
과 같다.

$$
{}_tP_x = \begin{bmatrix} {}_tp_x^{00} & {}_tp_x^{01} & {}_tp_x^{02} \\ 0 & {}_tp_x^{11} & {}_tp_x^{12} \\ 0 & 0 & 1 \end{bmatrix}, \qquad Q_{x+t} = \begin{bmatrix} -\mu_{x+t}^{01}-\mu_{x+t}^{02} & \mu_{x+t}^{01} & \mu_{x+t}^{02} \\ 0 & -\mu_{x+t}^{12} & \mu_{x+t}^{12} \\ 0 & 0 & 0 \end{bmatrix}
$$

(d) 다중상태모형 3(질병모형)

다중상태모형 3(질병모형)에서는 $\mu_{x+t}^{10}\neq0$이며 전이확률행렬과 전이력행렬은 다음과
같다.

$$
{}_tP_x = \begin{bmatrix} {}_tp_x^{00} & {}_tp_x^{01} & {}_tp_x^{02} \\ {}_tp_x^{10} & {}_tp_x^{11} & {}_tp_x^{12} \\ 0 & 0 & 1 \end{bmatrix}, \qquad Q_{x+t} = \begin{bmatrix} -\mu_{x+t}^{01}-\mu_{x+t}^{02} & \mu_{x+t}^{01} & \mu_{x+t}^{02} \\ \mu_{x+t}^{10} & -\mu_{x+t}^{10}-\mu_{x+t}^{12} & \mu_{x+t}^{12} \\ 0 & 0 & 0 \end{bmatrix}
$$

(2) 콜모고로프 전진방정식(KFE)

(a) 전이 행태에 대한 기본 가정

콜모고로프 전진방정식(前進方程式)을 유도하는데 필요한 기본 사항들을 살펴보자.
식 (10.2.1.3)은

$$
{}_hp_{x+t}^{ij} = h\,\mu_{x+t}^{ij} + o(h), \; i\neq j \tag{10.2.3.2}
$$

으로 표현할 수 있고 식 (10.2.3.1)과 식 (10.2.1.8)을 이용하면 다음이 성립한다.

$$_hp_{x+t}^{\overline{ii}} = 1 - h\sum_{j=0,j\neq i}^{n}\mu_{x+t}^{ij} + o(h) \tag{10.2.3.3}$$

$$= 1 - h\,\mu_{x+t}^{i\bullet} + o(h) \tag{10.2.3.4}$$

위 식들은 상태의 유지와 이동에 대하여 아주 작은 구간에서의 행태(local behavior)를 나타낸다. 이 식들을 이용하면 $_tp_x^{ij}$를 결정해 주는 콜모고로프 전진방정식(Kolmogorov's Forward Equation, KFE)의 체계를 구축할 수 있다.

### (b) 콜모고로프 전진방정식의 행렬형식과 성분형식

$\dfrac{d}{dt}(_tP_x)$를 각 성분이 $\dfrac{d}{dt}(_tp_x^{ij})$인 행렬로 정의하면 콜모고로프 전진방정식은 다음과 같다.[1)]

$$\frac{d}{dt}(_tP_x) = {_tP_x}\,Q_{x+t} \tag{10.2.3.5}$$

$$\frac{d}{dt}(_tp_x^{ij}) = \sum_{k=0,k\neq j}^{n}(_tp_x^{ik}\,\mu_{x+t}^{kj} - {_tp_x^{ij}}\,\mu_{x+t}^{jk}) \tag{10.2.3.6}$$

$$= \sum_{k=0,k\neq j}^{n}{_tp_x^{ik}}\,\mu_{x+t}^{kj} - {_tp_x^{ij}}\,\mu_{x+t}^{j\bullet} \tag{10.2.3.7}$$

행렬형식 $\dfrac{d}{dt}(_tP_x)$에서 초기조건은 $_0P_x = I$ (단위행렬)이고 성분형식 $\dfrac{d}{dt}(_tp_x^{ij})$에서 초기조건은 $_0p_x^{ii}=1$, $_0p_x^{ij}=0\,(i\neq j)$이다. 콜모고로프 전진방정식에서 $k$는 $i$를 포함한다.

### (c) 콜모고로프 전진방정식의 유도(1)

$x$세에 상태 $i$에 있다는 조건하에서 $x+t+h$세에 상태 $j$에 있을 확률은 $x+t$세에서의 상태를 기준으로

(i) $x+t$세에는 다른 상태 $k(k\neq j)$에 있다가 $x+t+h$세에 상태 $j$로 전이하거나

(ii) $x+t$세에 상태 $j$에 이미 있고 $x+t+h$세까지 계속 상태 $j$에 있는 두 확률의 합으로 생각할 수 있다. 즉

$$_{t+h}p_x^{ij} = \sum_{k=0,k\neq j}^{n}{_tp_x^{ik}}\,{_hp_{x+t}^{kj}} + {_tp_x^{ij}}\,{_hp_{x+t}^{\overline{jj}}} \tag{10.2.3.8}$$

이 성립한다. 식 (10.2.3.2), 식 (10.2.3.3)을 이용하면

---

1) KFE의 우변에서 행렬의 곱의 순서가 중요하다. $\dfrac{d}{dt}(_tP_x) = Q_{x+t}\,{_tP_x}$이면 콜모고로프 후진방정식(後進方程式, Kolmogorov's backward Equation)이라고 한다.

$$_{t+h}p_x^{ij} = h \sum_{k=0, k \neq j}^{n} {}_tp_x^{ik}\, \mu_{x+t}^{kj} + o(h) + {}_tp_x^{ij}\left(1 - h \sum_{k=0, k \neq j}^{n} \mu_{x+t}^{jk} + o(h)\right)$$

$$= {}_tp_x^{ij} + h \sum_{k=0, k \neq j}^{n} ({}_tp_x^{ik}\, \mu_{x+t}^{kj} - {}_tp_x^{ij}\, \mu_{x+t}^{jk}) + o(h) \qquad (10.2.3.9)$$

위 식에서 우변의 ${}_tp_x^{ij}$를 좌변으로 옮기고 $h$로 나눈 후, $h \to 0$으로 하면

$$\frac{d}{dt}\,{}_tp_x^{ij} = \sum_{k=0, k \neq j}^{n} ({}_tp_x^{ik}\, \mu_{x+t}^{kj} - {}_tp_x^{ij}\, \mu_{x+t}^{jk})$$

$$= \sum_{k=0, k \neq j}^{n} {}_tp_x^{ik}\, \mu_{x+t}^{kj} - {}_tp_x^{ij}\, \mu_{x+t}^{j\bullet}$$

를 유도할 수 있다.

### (d) 콜모고로프 전진방정식의 유도(2)

${}_{t+h}p_x^{ij}$는 $Y(x)=i$(0시점)에서 출발하여 $Y(x+t+h)=j$($t+h$시점)일 확률이다. 채프만-콜모고로프 방정식으로부터

$$_{t+h}p_x^{ij} = \sum_{k=0}^{n} {}_tp_x^{ik}\, {}_hp_{x+t}^{kj}$$

$$= \sum_{k=0, k \neq j}^{n} {}_tp_x^{ik}\, {}_hp_{x+t}^{kj} + {}_tp_x^{ij}\, {}_hp_{x+t}^{\overline{jj}} \qquad (10.2.3.10)$$

식 (10.2.3.2)와 식 (10.2.3.4)로부터

$$_{t+h}p_x^{ij} - {}_tp_x^{ij} = \sum_{k=0, k \neq j}^{n} {}_tp_x^{ik}\,[h\, \mu_{x+t}^{kj} + o(h)] + {}_tp_x^{ij}\,[1 - h\, \mu_{x+t}^{j\bullet} + o(h)] - {}_tp_x^{ij}$$

$$= h\left[\sum_{k=0, k \neq j}^{n} {}_tp_x^{ik}\, \mu_{x+t}^{kj} - {}_tp_x^{ij}\, \mu_{x+t}^{j\bullet}\right] + o(h) \qquad (10.2.3.11)$$

따라서 양변을 $h$로 나누면

$$\frac{{}_{t+h}p_x^{ij} - {}_tp_x^{ij}}{h} = \sum_{k=0, k \neq j}^{n} {}_tp_x^{ik}\, \mu_{x+t}^{kj} - {}_tp_x^{ij}\, \mu_{x+t}^{j\bullet} + \frac{o(h)}{h} \qquad (10.2.3.12)$$

$h \to 0$으로 하면 식 (10.2.3.6)과 식 (10.2.3.7)을 얻을 수 있다.

#### (e) 콜모고로프 전진방정식의 의미

식 (10.2.3.11)의 좌변은 확률과정 $Y$에 대하여,[1] $h$기간 동안 $_tp_x^{ij}$의 변화값이고 식 (10.2.3.11)의 우변은 $h$기간 동안 상태 $j$로 들어오는 확률에서 상태 $j$에서 나가는 확률을 차감한 값을 의미하는 것으로 해석할 수 있다. 즉

(i) 확률과정 $Y$가 상태 $j$를 제외한 다른 모든 상태 $k$ ($k$는 $i$를 포함한다)에서 상태 $j$로 이동하는 확률은 아주 작은 $h$기간 동안 대략 $h\sum_{k=0,k\neq j}^{n} {_tp_x^{ik}}\,\mu_{x+t}^{kj}$이고

(ii) 확률과정 $Y$가 아주 작은 $h$기간 동안 상태 $j$를 떠나는 총탈상태율(總脫狀態率, total exit rate)은 $h\,_tp_x^{ij}\,\mu_{x+t}^{j\bullet}$이다.

(iii) 가정 2에 의하여 아주 작은 $h$기간 동안 두 번 이상의 전이가 일어날 확률 $o(h)$는 무시할 수 있다.

따라서 식 (10.2.3.11)의 우변은 (i) - (ii)를 나타내고 있으며 (i) - (ii)는 $_{t+h}p_x^{ij} - {_tp_x^{ij}}$를 나타낸다.

그림 [10.2.3.1]   콜모고로프 전진방정식의 해석

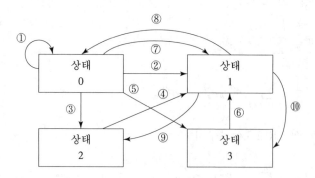

상태공간이 $\{0, 1, 2, 3\}$인 경우 콜모고로프 전진방정식의 의미를 그림을 통해 고찰해 보자. $_tp_x^{ij}$가 $_tp_x^{01}$인 경우

$$\frac{d}{dt}\,_tp_x^{01} = \sum_{k=0,k\neq 1}^{3} \left( {_tp_x^{0k}}\,\mu_{x+t}^{k1} - {_tp_x^{01}}\,\mu_{x+t}^{1k} \right) \tag{10.2.3.13}$$

이다. 식 (10.2.3.11)에서 아주 작은 $h$기간 동안 $j=1$로 들어오는 확률은

(i) $h\sum_{k=0,k\neq 1}^{3} {_tp_x^{0k}}\,\mu_{x+t}^{k1} = h\left( {_tp_x^{00}}\,\mu_{x+t}^{01} + {_tp_x^{02}}\,\mu_{x+t}^{21} + {_tp_x^{03}}\,\mu_{x+t}^{31} \right)$

---
1) $Y=\{Y(x+t)\}$

$$=(\text{화살표 ①, ②})+(\text{화살표 ③, ④})+(\text{화살표 ⑤, ⑥}) \tag{10.2.3.14}$$

아주 작은 $h$기간 동안 $j=1$에서 나가는 확률은

$$\text{(ii)}\ h\sum_{k=0,k\neq1}^{3}{}_{t}p_{x}^{01}\,\mu_{x+t}^{1k} = h({}_{t}p_{x}^{01}\,\mu_{x+t}^{10}+{}_{t}p_{x}^{01}\,\mu_{x+t}^{12}+{}_{t}p_{x}^{01}\,\mu_{x+t}^{13})$$
$$=(\text{화살표 ⑦, ⑧})+(\text{화살표 ⑦, ⑨})+(\text{화살표 ⑦, ⑩}) \tag{10.2.3.15}$$

을 의미하고,

(iii) 가정 2에 의하여 아주 작은 $h$기간 동안 두 번 이상의 전이가 일어날 확률 $o(h)$는 무시할 수 있다.[1]

그림 [10.2.3.1]은 이러한 과정을 표시하고 있다. 따라서 식 (10.2.3.14)에서 식 (10.2.3.15)를 차감하고 $h \rightarrow 0$으로 하는 식 (10.2.3.12)의 과정을 거치면 식 (10.2.3.13)이 됨을 알 수 있다. 콜모고로프 전진방정식은 특수한 경우에는 수식을 이용하여 간편하게 풀 수도 있으나 일반적인 경우에는 수치해석방법을 이용하여 원하는 값을 구하여야 한다.

## 4. 콜모고로프 전진방정식과 다중상태모형

콜모고로프 전진방정식을 이용하여 몇 가지 모형들을 다중상태모형의 관점에서 고찰해 보자.

### (1) 콜모고로프 전진방정식과 단일탈퇴모형

단일탈퇴모형에서 ${}_{t}p_{x}$를 콜모고로프 전진방정식을 이용하여 나타내보자. 단일탈퇴모형에서 $T_{x}$는 상태 0에 머물렀던 시간이다. 즉 $T_{x}$는 $Y(x+t)=1$을 만족하는 가장 작은 $t$이다. 콜모고로프 전진방정식을 이용하여 $T_{x}$의 생존함수와 분포를 찾아보자. 앞에서 살펴본 전이확률행렬과 전이력행렬을 이용하여 식 (10.2.3.5)에 적용하면

$$\frac{d}{dt}\begin{bmatrix}{}_{t}p_{x} & {}_{t}q_{x}\\ 0 & 1\end{bmatrix}=\begin{bmatrix}{}_{t}p_{x} & {}_{t}q_{x}\\ 0 & 1\end{bmatrix}\begin{bmatrix}-\mu_{x+t} & \mu_{x+t}\\ 0 & 0\end{bmatrix} \tag{10.2.4.1}$$

를 얻을 수 있다. 초기조건이 ${}_{0}p_{x}=1$, ${}_{0}q_{x}=0$이므로 위 행렬은 4개의 성분을 가지며 중요한 두 개의 성분은

$$\frac{d}{dt}{}_{t}p_{x}=-{}_{t}p_{x}\,\mu_{x+t}\ :(0,\,0)\text{성분}$$

---
1) 예제 (10.2.6.1)을 참고하기 바람.

$$\frac{d}{dt}\,_tq_x = \,_tp_x\,\mu_{x+t} \quad :(0,\,1)성분$$

이다. $(1,\,0)$성분은 $\dfrac{d}{dt}\,0 = 0$이고 $(1,\,1)$성분은 $\dfrac{d}{dt}\,1 = 0$이다. $(0,\,0)$성분의 양변을 $_tp_x$로 나누면

$$\frac{d}{dt}\ln\,_tp_x = -\mu_{x+t}$$

로 변형되며, 위 식의 양변을 0에서 $t$까지 적분을 하면

$$\ln\,_tp_x = -\int_0^t \mu_{x+s}\,ds$$

따라서

$$_tp_x = \exp\!\left(-\int_0^t \mu_{x+s}\,ds\right) \tag{10.2.4.2}$$

임을 알 수 있다. $(0,\,1)$성분의 양변을 0에서 $t$까지 적분을 하면, $(0,\,1)$성분의 좌변은

$$\int_0^t \frac{d}{ds}\,_sq_x\,ds = \,_tq_x - \,_0q_x = \,_tq_x - 0$$

이다(부록 1 식 ( I -38) 참조). 따라서

$$_tq_x = \int_0^t \,_sp_x\,\mu_{x+s}\,ds \tag{10.2.4.3}$$

를 얻을 수 있다.

(2) 콜모고로프 전진방정식과 다중탈퇴모형

$m$개의 탈퇴원인이 있는 다중탈퇴모형을 고려한다. 콜모고로프 전진방정식을 이용하여 $_tp_x^{(\tau)}$와 $_tq_x^{(j)}$를 구해보자. 다중탈퇴모형에서 전이력행렬 $Q$는

$$Q_{x+t} = \begin{bmatrix} -\mu_{x+t}^{(\tau)} & \mu_{x+t}^{(1)} & \cdots & \mu_{x+t}^{(m)} \\ 0 & 0 & \cdots & 0 \\ \vdots & \vdots & \ddots & \vdots \\ 0 & 0 & \cdots & 0 \end{bmatrix}$$

이므로 콜모고로프 전진방정식은 다음과 같다.

$$\frac{d}{dt} \begin{bmatrix} {}_tp_x^{(\tau)} & {}_tq_x^{(1)} & \cdots & {}_tq_x^{(m)} \\ 0 & 1 & \cdots & 0 \\ \vdots & \vdots & \ddots & \vdots \\ 0 & 0 & \cdots & 1 \end{bmatrix} = \begin{bmatrix} {}_tp_x^{(\tau)} & {}_tq_x^{(1)} & \cdots & {}_tq_x^{(m)} \\ 0 & 1 & \cdots & 0 \\ \vdots & \vdots & \ddots & \vdots \\ 0 & 0 & \cdots & 1 \end{bmatrix} \begin{bmatrix} -\mu_{x+t}^{(\tau)} & \mu_{x+t}^{(1)} & \cdots & \mu_{x+t}^{(m)} \\ 0 & 0 & \cdots & 0 \\ \vdots & \vdots & \ddots & \vdots \\ 0 & 0 & \cdots & 0 \end{bmatrix}$$

$$(10.2.4.4)$$

초기조건은 ${}_0p_x^{(\tau)} = 1$, ${}_0q_x^{(j)} = 0$이다. 행렬의 $(0, 0)$성분은

$$\frac{d}{dt} {}_tp_x^{(\tau)} = - {}_tp_x^{(\tau)} \mu_{x+t}^{(\tau)} \tag{10.2.4.5}$$

이며 식 (10.2.4.5)의 양변을 ${}_tp_x^{(\tau)}$로 나누면

$$\frac{d}{dt} \ln {}_tp_x^{(\tau)} = -\mu_{x+t}^{(\tau)} \tag{10.2.4.6}$$

로 변형되며 식 (10.2.4.6)의 양변을 0에서 $t$까지 적분을 하면

$$\ln {}_tp_x^{(\tau)} - \ln {}_0p_x^{(\tau)} = -\int_0^t \mu_{x+s}^{(\tau)} \, ds \tag{10.2.4.7}$$

따라서

$$\,{}_tp_x^{(\tau)} = \exp\left(-\int_0^t \mu_{x+s}^{(\tau)} \, ds\right) \tag{10.2.4.8}$$

가 된다. 행렬의 $(0, j)$성분$(j = 1, 2, \cdots, m)$은

$$\frac{d}{dt} {}_tq_x^{(j)} = {}_tp_x^{(\tau)} \mu_{x+t}^{(j)} \tag{10.2.4.9}$$

이며 ${}_0q_x^{(j)} = 0$을 사용하고 식 (10.2.4.9)의 양변을 0에서 $t$까지 적분을 하면

$$\,{}_tq_x^{(j)} = \int_0^t {}_sp_x^{(\tau)} \mu_{x+s}^{(j)} \, ds \tag{10.2.4.10}$$

가 성립한다.

(3) 콜모고로프 전진방정식과 다중상태모형 2

콜모고로프 전진방정식은 쉽게 해가 구해지지 않는 경우가 많다. 그러나 한번 탈상

태(脫狀態)하면 재진입이 허용되지 않는 상태 $i$에 대해서는 $_tp_x^{ii} = {_tp_x^{\overline{ii}}}$이고 $_tp_x^{\overline{ii}}$는 쉽게 구해지므로 콜모고로프 전진방정식을 쉽게 풀 수가 있다. 다중상태모형 2에서 $\boldsymbol{P}$는

$$_t\boldsymbol{P}_x = \begin{bmatrix} _tp_x^{00} & _tp_x^{01} & _tp_x^{02} \\ 0 & _tp_x^{11} & _tp_x^{12} \\ 0 & 0 & 1 \end{bmatrix}$$

이다. 상태 0과 상태 1은 일단 탈상태하면 다시 그 상태로 재진입(reentry)이 허용되지 않으므로

$$_tp_x^{00} = {_tp_x^{\overline{00}}} = \exp\left[ -\int_0^t (\mu_{x+s}^{01} + \mu_{x+s}^{02}) \, ds \right] \tag{10.2.4.11}$$

$$_tp_x^{11} = {_tp_x^{\overline{11}}} = \exp\left[ -\int_0^t \mu_{x+s}^{12} \, ds \right] \tag{10.2.4.12}$$

가 성립한다. 또

$$_tp_x^{00} + {_tp_x^{01}} + {_tp_x^{02}} = 1, \tag{10.2.4.13}$$

$$_tp_x^{11} + {_tp_x^{12}} = 1 \tag{10.2.4.14}$$

이 성립하므로 $_tp_x^{01}$을 구하면 $_t\boldsymbol{P}_x$의 모든 성분을 구할 수 있다. 다중상태모형 2의 분석에서

$$_tp_x^{01} = \int_0^t {_sp_x^{\overline{00}}} \, \mu_{x+s}^{01} \, {_{t-s}p_{x+s}^{\overline{11}}} \, ds \tag{10.2.4.15}$$

가 성립함을 고찰하였다. 식 (10.2.4.15)는 $t=0$인 경우 $_0p_x^{01}=0$이므로 초기조건을 만족한다. 다중상태모형 2의 콜모고로프 전진방정식은

$$\frac{d}{dt} \begin{bmatrix} _tp_x^{00} & _tp_x^{01} & _tp_x^{02} \\ 0 & _tp_x^{11} & _tp_x^{12} \\ 0 & 0 & 1 \end{bmatrix} = \begin{bmatrix} _tp_x^{00} & _tp_x^{01} & _tp_x^{02} \\ 0 & _tp_x^{11} & _tp_x^{12} \\ 0 & 0 & 1 \end{bmatrix} \begin{bmatrix} -\mu_{x+t}^{01} - \mu_{x+t}^{02} & \mu_{x+t}^{01} & \mu_{x+t}^{02} \\ 0 & -\mu_{x+t}^{12} & \mu_{x+t}^{12} \\ 0 & 0 & 0 \end{bmatrix}$$

$$\tag{10.2.4.16}$$

이다. 행렬의 $(0, 1)$성분을 구해보면

$$\frac{d}{dt} {_tp_x^{01}} = {_tp_x^{00}} \, \mu_{x+t}^{01} - {_tp_x^{01}} \, \mu_{x+t}^{12} \tag{10.2.4.17}$$

이다. 식 (10.2.4.15)가 식 (10.2.4.17)의 해인 것을 증명하기 위하여 식 (10.2.4.15)를 $t$에

대하여 미분을 한다. Leibniz 공식(부록 Ⅰ-41)은 다음과 같다.

$$\frac{d}{dt}\int_{\alpha(t)}^{\beta(t)} f(s,\,t)\,ds = f(\beta(t),\,t)\frac{d}{dt}\beta(t) - f(\alpha(t),\,t)\frac{d}{dt}\alpha(t) + \int_{\alpha(t)}^{\beta(t)}\frac{\partial}{\partial t}f(s,\,t)\,ds$$

Leibniz 공식을 적용하면

$$\frac{d}{dt}\int_0^t {}_sp_x^{\overline{00}}\ \mu_{x+s}^{01}\ {}_{t-s}p_{x+s}^{\overline{11}}\,ds$$

$$= {}_tp_x^{\overline{00}}\ \mu_{x+t}^{01}\ {}_{t-t}p_{x+t}^{\overline{11}} + \int_0^t \frac{\partial}{\partial t}\left({}_sp_x^{\overline{00}}\ \mu_{x+s}^{01}\ {}_{t-s}p_{x+s}^{\overline{11}}\right)ds$$

$$= {}_tp_x^{\overline{00}}\ \mu_{x+t}^{01} + \int_0^t {}_sp_x^{\overline{00}}\ \mu_{x+s}^{01}\left(\frac{\partial}{\partial t}\ {}_{t-s}p_{x+s}^{\overline{11}}\right)ds \qquad (10.2.4.18)$$

다중상태모형 2에서는 상태 1에서 상태 0으로 재진입이 되지 않으므로 $\mu_{x+t}^{10} = 0$이다.

$$\frac{\partial}{\partial t}\ {}_{t-s}p_{x+s}^{\overline{11}} = \frac{\partial}{\partial t}\exp\left(-\int_0^{t-s}\mu_{x+s+u}^{12}\,du\right)$$

$$= \exp\left(-\int_0^{t-s}\mu_{x+s+u}^{12}\,du\right)\frac{\partial}{\partial t}\left(-\int_0^{t-s}\mu_{x+s+u}^{12}\,du\right)$$

$$= {}_{t-s}p_{x+s}^{\overline{11}}\,(-\mu_{x+t}^{12}) \qquad (10.2.4.19)$$

따라서

$$\frac{d}{dt}\int_0^t {}_sp_x^{\overline{00}}\ \mu_{x+s}^{01}\ {}_{t-s}p_{x+s}^{\overline{11}}\,ds$$

$$= {}_tp_x^{\overline{00}}\ \mu_{x+t}^{01} + \int_0^t {}_sp_x^{\overline{00}}\ \mu_{x+s}^{01}\left(-\ {}_{t-s}p_{x+s}^{\overline{11}}\ \mu_{x+t}^{12}\right)ds$$

$$= {}_tp_x^{\overline{00}}\ \mu_{x+t}^{01} - \int_0^t {}_sp_x^{\overline{00}}\ \mu_{x+s}^{01}\ {}_{t-s}p_{x+s}^{\overline{11}}\,ds \times \mu_{x+t}^{12} \qquad (10.2.4.20)$$

위 식을 식 (10.2.4.17)과 비교하면

$$_tp_x^{01} = \int_0^t {}_sp_x^{\overline{00}}\ \mu_{x+s}^{01}\ {}_{t-s}p_{x+s}^{\overline{11}}\,ds$$

임을 알 수 있다.

$_tp_x^{01}$에 대한 해는 전이력이 상수인 경우에는 쉽게 구할 수 있으나 전이력이 시간에

따라 변하는 경우 $_tp_x^{01}$ 을 구하기 위해서는 수치적분(numerical integration)방법을 이용할 필요가 있다.

---

**예제 10.2.4.1** (시간동질 마르코프모형)

다중상태모형 2(영구장해모형)를 고려한다. 다음과 같은 조건하에서 $\dfrac{d}{dt}\,_{10}p_0^{01}$ 을 구하시오. $(x \geq 0)$

(i) $\mu_x^{01} = 0.10$         (ii) $\mu_x^{02} = 0.05$         (iii) $\mu_x^{12} = 0.15$

**풀이**

콜모고로프 전진방정식(KFE)를 이용하여 $\dfrac{d}{dt}\,_{10}p_0^{01}$ 을 구할 수 있다.

$\dfrac{d}{dt}\,_{10}p_0^{01} = \,_{10}p_0^{00}\,\mu_{10}^{01} - \,_{10}p_0^{01}\,\mu_{10}^{12}$ 이므로 $_{10}p_0^{00}$, $_{10}p_0^{01}$ 을 구하면

$$_{10}p_0^{00} = e^{-0.15 \times 10} = 0.22313$$

$\mu_x^{01} + \mu_x^{02} = \mu_x^{12}$ 이므로 식 (10.2.2.23)을 이용하여 $_{10}p_0^{01}$ 을 구하면

$$_{10}p_0^{01} = 0.1\,e^{-0.15 \times 10} \times 10 = 0.22313$$

따라서

$$\frac{d}{dt}\,_{10}p_0^{01} = 0.22313\,(0.1) - 0.22313\,(0.15) = -0.01116$$

## 5. 콜모고로프 전진방정식과 다중상태모형 3

이제 다중상태모형 3을 고찰해 보자. 다중상태모형 3(질병모형)은 상태 1에서 상태 0으로 재진입이 가능하기 때문에 앞에서 살펴본 다중탈퇴모형이나 다중상태모형 2(영구장해모형)와는 매우 다르다. 따라서

$$_tp_x^{01} \geq \int_0^t \,_sp_x^{\overline{00}}\,\mu_{x+s}^{01}\,_{t-s}p_{x+s}^{\overline{11}}\,ds \tag{10.2.5.1}$$

가 성립한다. 위 식 우변의 적분값은 상태 1에서 상태 0으로 재진입할 수 없는 경우의 $x$ 시점에 상태 0에서 시작하여 $x+t$ 시점에 상태 1에 있을 확률(다중상태모형 2에서의 $_tp_x^{01}$)이다. 다중상태모형 3에서는 상태 이동이 $0 \to 1 \to 0 \to 1$, $0 \to 1 \to 0 \to 1 \to 0 \to 1$ 등과 같은 경우의 확률도 포함하기 때문에 식 (10.2.5.1)이 성립한다.

다중상태모형 3은 콜모고로프 전진방정식을 이용하면 다음과 같이 나타낼 수 있다.

$$\frac{d}{dt}\,{}_tp_x^{00} = -\,{}_tp_x^{00}\,(\mu_{x+t}^{01}+\mu_{x+t}^{02}) + {}_tp_x^{01}\,\mu_{x+t}^{10} \tag{10.2.5.2}$$

$$\frac{d}{dt}\,{}_tp_x^{01} = {}_tp_x^{00}\,\mu_{x+t}^{01} - {}_tp_x^{01}\,(\mu_{x+t}^{10}+\mu_{x+t}^{12}) \tag{10.2.5.3}$$

이 때의 초기조건은 $_0p_x^{00}=1$, $_0p_x^{01}=0$이다. 또

$$\frac{d}{dt}\,{}_tp_x^{10} = -\,{}_tp_x^{10}\,(\mu_{x+t}^{01}+\mu_{x+t}^{02}) + {}_tp_x^{11}\,\mu_{x+t}^{10} \tag{10.2.5.4}$$

$$\frac{d}{dt}\,{}_tp_x^{11} = {}_tp_x^{10}\,\mu_{x+t}^{01} - {}_tp_x^{11}\,(\mu_{x+t}^{10}+\mu_{x+t}^{12}) \tag{10.2.5.5}$$

이 때의 초기조건은 $_0p_x^{10}=0$, $_0p_x^{11}=1$이다.

앞의 식들을 관찰하면 콜모고로프 전진방정식을 풀 때에는 하나의 미분방정식이 아니고 두 개의 미분방정식을 동시에 이용해야 함을 알 수 있다. 이와 같은 현상은 다중상태모형에서 확률을 계산하는 오일러방법을 적용할 때 나타나는 정형적인 형태이다. 일반적으로 다중상태모형의 상태 수가 증가할수록 이용하여야 하는 미분방정식의 수도 증가한다.

다중상태모형 3에서는 전이확률[1]을 어떤 공식(closed form)으로 나타내는 것은 쉽지 않다. 이런 경우 전이확률은 오일러방법(Euler's method)을 이용하여 구할 수 있다. 부록의 식 (Ⅰ-24)를 이용하여 식 (10.2.5.2)와 식 (10.2.5.3)을 표현하면

$$_{t+h}p_x^{00} \approx {}_tp_x^{00} + h\,[-\,{}_tp_x^{00}\,(\mu_{x+t}^{01}+\mu_{x+t}^{02}) + {}_tp_x^{01}\,\mu_{x+t}^{10}] \tag{10.2.5.6}$$

$$_{t+h}p_x^{01} \approx {}_tp_x^{01} + h\,[-\,{}_tp_x^{01}\,(\mu_{x+t}^{10}+\mu_{x+t}^{12}) + {}_tp_x^{00}\,\mu_{x+t}^{01}] \tag{10.2.5.7}$$

$t=0$인 초기값 $_0p_x^{00}=1$, $_0p_x^{01}=0$을 이용하여 $[_hp_x^{00}, {}_hp_x^{01}]$, $[_{2h}p_x^{00}, {}_{2h}p_x^{01}]$, … 등을 계속 계산할 수 있다. 여기서 오일러방법을 적용할 때 최종값에서부터 후진적(backwards)으로 적용하지 않고 초기값으로부터 전진적(forward)으로 재귀식을 이용하였다.[2] 그 이유는 미분방정식의 경계조건(boundary conditions)인 $_0p_x^{00}=1$, $_0p_x^{01}=0$을 이용하기 때문이다. $_tp_x^{11}$, $_tp_x^{10}$을 구하기 위해서는 다음을 이용한다(식 (10.2.3.8)의 형태임).

$$_{t+h}p_x^{10} \approx {}_tp_x^{10} + h\,[-\,{}_tp_x^{10}\,(\mu_{x+t}^{01}+\mu_{x+t}^{02}) + {}_tp_x^{11}\,\mu_{x+t}^{10}] \tag{10.2.5.8}$$

$$_{t+h}p_x^{11} \approx {}_tp_x^{11} + h\,[-\,{}_tp_x^{11}\,(\mu_{x+t}^{10}+\mu_{x+t}^{12}) + {}_tp_x^{10}\,\mu_{x+t}^{01}] \tag{10.2.5.9}$$

---

1) 미분방정식의 해(解)가 전이확률이 된다.
2) 다음 절에서 계약자적립액 $_tV^{(i)}$의 계산은 후진적 방법을 사용한다.

이 경우 초기값은 $_0p_x^{10}=0$, $_0p_x^{11}=1$이다. 다음 예제에서 오일러방법을 이용하여 $_tp_x^{00}$과 $_tp_x^{01}$ 등을 구해 보기로 한다.

**(예제 10.2.5.1)** (시간동질 마르코프모형)

연속시간 마르코프모형을 적용한 다중상태모형 3(질병모형)을 고려한다. 피보험자의 연령이 0시점에서 50세인 경우 다음과 같은 조건이 주어질 때 $\dfrac{d}{dt}\,_2p_{50}^{00}$를 구하시오.

| $ij$ | 01 | 02 | 10 | 12 |
|---|---|---|---|---|
| $_2p_{50}^{ij}$ | 0.23 | 0.12 | 0.08 | 0.065 |
| $\mu_{52}^{ij}$ | 0.065 | 0.03 | 0.02 | 0.015 |

**풀이**

콜모고로프 전진방정식(KFE)를 이용하면

$$\frac{d}{dt}\,_2p_{50}^{00} = -\,_2p_{50}^{00}(\mu_{52}^{01}+\mu_{52}^{02}) + \,_2p_{50}^{01}\,\mu_{52}^{10}$$

$_2p_{50}^{00}$은 상태 0에서 일어날 수 있는 전체 확률인 1에서 상태 1로 전이하는 확률 $_2p_{50}^{01}$과 상태 2로 전이하는 확률 $_2p_{50}^{02}$를 차감하면 구할 수 있다.

$$_2p_{50}^{00} = 1 - \,_2p_{50}^{01} - \,_2p_{50}^{02} = 1 - 0.23 - 0.12 = 0.65$$

따라서 $\dfrac{d}{dt}\,_2p_{50}^{00} = -0.65(0.065+0.03) + 0.23(0.02) = -0.05715$

**(예제 10.2.5.2)** (시간동질 마르코프모형)

시간동질 마르코프모형인 다중상태모형 3에서 각 상태 간 전이력이 다음과 같이 모든 연령($x$)에 동일하게 상수로 주어졌다고 가정하자. ($x \geq 0$)

(i) $\mu_x^{01} = 0.05$     (ii) $\mu_x^{02} = 0.02$     (iii) $\mu_x^{10} = 0.01$     (iv) $\mu_x^{12} = 0.1$

KFE를 이용하여 $_1p_{50}^{00}$, $_1p_{50}^{01}$을 구하시오. 구하는 방법은 $h = 0.25$인 전진적 오일러 방법을 이용하시오.

**풀이**

본 예제는 전이력이 모든 연령에서 동일하게 주어져서 실제 상황에는 맞지 않으나 KFE의 형태와 오일러방법이 쉽게 눈에 들어올 수 있는 예제로 전체 구조를 잘 이해하는데 도움이 될 수 있는 예제이다.

식 (10.2.5.6)과 식 (10.2.5.7)로부터 다음과 같은 식을 얻을 수 있다.

$$\begin{cases} _{t+h}p_{50}^{00} \approx \,_tp_{50}^{00} + h \times [-\,_tp_{50}^{00}(\mu_{50+t}^{01}+\mu_{50+t}^{02}) + \,_tp_{50}^{01}\,\mu_{50+t}^{10}] \\ _{t+h}p_{50}^{01} \approx \,_tp_{50}^{01} + h \times [-\,_tp_{50}^{01}(\mu_{50+t}^{10}+\mu_{50+t}^{12}) + \,_tp_{50}^{00}\,\mu_{50+t}^{01}] \end{cases}$$

$$\begin{cases} {}_{t+h}p_{50}^{00} \approx {}_{t}p_{50}^{00} + h \times [ - {}_{t}p_{50}^{00}(0.07) + {}_{t}p_{50}^{01}(0.01) ] \\ {}_{t+h}p_{50}^{01} \approx {}_{t}p_{50}^{01} + h \times [ - {}_{t}p_{50}^{01}(0.11) + {}_{t}p_{50}^{00}(0.05) ] \end{cases}$$

$h = 0.25$을 넣어 계산하면

$$\begin{cases} {}_{0.25}p_{50}^{00} \approx 1 + 0.25 \times [-1(0.07) + 0(0.01)] = 0.9825 \\ {}_{0.25}p_{50}^{01} \approx 0 + 0.25 \times [-0(0.11) + 1(0.05)] = 0.0125 \end{cases}$$

$$\begin{cases} {}_{0.5}p_{50}^{00} \approx 0.9825 + 0.25 \times [-0.9825(0.07) + 0.0125(0.01)] = 0.96534 \\ {}_{0.5}p_{50}^{01} \approx 0.0125 + 0.25 \times [-0.0125(0.11) + 0.9825(0.05)] = 0.02444 \end{cases}$$

$$\begin{cases} {}_{0.75}p_{50}^{00} \approx 0.96534 + 0.25 \times [-0.96534(0.07) + 0.02444(0.01)] = 0.94851 \\ {}_{0.75}p_{50}^{01} \approx 0.02444 + 0.25 \times [-0.02444(0.11) + 0.96534(0.05)] = 0.03583 \end{cases}$$

$$\begin{cases} {}_{1}p_{50}^{00} \approx 0.94851 + 0.25 \times [-0.94851(0.07) + 0.03538(0.01)] = 0.932 \\ {}_{1}p_{50}^{01} \approx 0.03538 + 0.25 \times [-0.03538(0.11) + 0.94851(0.05)] = 0.04626 \end{cases}$$

예제 10.2.5.3 (시간비동질 마르코프모형 – 다중상태모형 3)

시간비동질 마르코프모형인 다중상태모형 3(질병모형)을 고려한다. 전이력은 $\mu_x^{01} = 0.0005\,e^{0.07x}$, $\mu_x^{02} = 0.000011\,e^{0.11x}$, $\mu_x^{10} = 2\,e^{-0.05x}$, $\mu_x^{12} = 0.0008\,e^{0.05x}$, $x \geq 0$로 가정한다. KFE를 풀기 위하여 $h = \dfrac{1}{12}$년인 오일러방법을 이용하시오.

(a) 식 (10.2.5.6)과 식 (10.2.5.7)을 이용하여 ${}_{10}p_{50}^{00}$, ${}_{10}p_{50}^{01}$, ${}_{10}p_{50}^{02}$를 각각 구하시오.

(b) 식 (10.2.5.8)과 식 (10.2.5.9)를 이용하여 ${}_{10}p_{50}^{11}$, ${}_{10}p_{50}^{10}$, ${}_{10}p_{50}^{12}$를 각각 구하시오.

풀이

(a) 식 (10.2.5.6)과 식 (10.2.5.7)을 $x = 50$을 이용하여 나타내면

$${}_{t+h}p_{50}^{00} = {}_{t}p_{50}^{00} - h\,{}_{t}p_{50}^{00}(\mu_{50+t}^{01} + \mu_{50+t}^{02}) + h\,{}_{t}p_{50}^{01}\mu_{50+t}^{10}$$

$${}_{t+h}p_{50}^{01} = {}_{t}p_{50}^{01} - h\,{}_{t}p_{50}^{01}(\mu_{50+t}^{10} + \mu_{50+t}^{12}) + h\,{}_{t}p_{50}^{00}\mu_{50+t}^{01}$$

${}_{0}p_{50}^{00} = 1$, ${}_{0}p_{50}^{01} = 0$의 초기값을 이용하고, $t = 0,\ h,\ 2h, \cdots, 10-h$를 적용하면 $[{}_{h}p_{50}^{00}, {}_{h}p_{50}^{01}]$, $[{}_{2h}p_{50}^{00}, {}_{2h}p_{50}^{01}]$, $\cdots$ 등을 계속 계산할 수 있다. $h = \dfrac{1}{12}$년으로 계산한 결과는 표 [10.2.5.1]과 같다.

표 [10.2.5.1]  $h = \dfrac{1}{12}$ 인 오일러방법을 이용한 $_t p_{50}^{00}$ 과 $_t p_{50}^{01}$

| $t$ | $\mu_{50+t}^{01}$ | $\mu_{50+t}^{02}$ | $\mu_{50+t}^{10}$ | $\mu_{50+t}^{12}$ | $_t p_{50}^{00}$ | $_t p_{50}^{01}$ | $_t p_{50}^{02}$ |
|---|---|---|---|---|---|---|---|
| 0 | 0.01656 | 0.00269 | 0.16417 | 0.00975 | 1.00000 | 0.00000 | 0.00000 |
| $\dfrac{1}{12}$ | 0.01666 | 0.00272 | 0.16349 | 0.00979 | 0.99840 | 0.00138 | 0.00022 |
| $\dfrac{2}{12}$ | 0.01675 | 0.00274 | 0.16281 | 0.00983 | 0.99680 | 0.00275 | 0.00045 |
| $\dfrac{3}{12}$ | 0.01685 | 0.00277 | 0.16213 | 0.00987 | 0.99522 | 0.00410 | 0.00068 |
| $\dfrac{4}{12}$ | 0.01695 | 0.00279 | 0.16146 | 0.00991 | 0.99365 | 0.00544 | 0.00091 |
| $\vdots$ | $\vdots$ | $\vdots$ | $\vdots$ | $\vdots$ | $\vdots$ | $\vdots$ | $\vdots$ |
| 1 | 0.01776 | 0.00301 | 0.15616 | 0.01025 | 0.98141 | 0.01571 | 0.00288 |
| $\vdots$ | $\vdots$ | $\vdots$ | $\vdots$ | $\vdots$ | $\vdots$ | $\vdots$ | $\vdots$ |
| $9\dfrac{10}{12}$ | 0.61161 | 0.03296 | 0.00794 | 0.10041 | 0.01594 | 0.82284 | 0.12582 |
| $9\dfrac{11}{12}$ | 0.60906 | 0.03315 | 0.00801 | 0.09999 | 0.01600 | 0.82109 | 0.12686 |
| 10 | 0.60653 | 0.03334 | 0.00809 | 0.09957 | 0.01607 | 0.81933 | 0.12791 |

(b) (a)와 동일한 방법으로 식 (10.2.5.8)과 식 (10.2.5.9)를 $x = 50$ 을 이용하여 나타내면

$$_{t+h} p_{50}^{10} = {}_t p_{50}^{10} - h \, {}_t p_{50}^{10} (\mu_{50+t}^{01} + \mu_{50+t}^{02}) + h \, {}_t p_{50}^{11} \mu_{50+t}^{10}$$

$$_{t+h} p_{50}^{11} = {}_t p_{50}^{11} - h \, {}_t p_{50}^{11} (\mu_{50+t}^{10} + \mu_{50+t}^{12}) + h \, {}_t p_{50}^{10} \mu_{50+t}^{01}$$

(a)와 같은 방법으로 구하면 표 [10.2.5.2]와 같은 결과를 얻을 수 있다.

표 [10.2.5.2]  $h = \dfrac{1}{12}$ 인 오일러방법을 이용한 $_t p_{50}^{10}$ 과 $_t p_{50}^{11}$

| $t$ | $\mu_{50+t}^{01}$ | $\mu_{50+t}^{02}$ | $\mu_{50+t}^{10}$ | $\mu_{50+t}^{12}$ | $_t p_{50}^{10}$ | $_t p_{50}^{11}$ | $_t p_{50}^{12}$ |
|---|---|---|---|---|---|---|---|
| 0 | 0.01656 | 0.00269 | 0.16417 | 0.00975 | 0.00000 | 1.00000 | 0.00000 |
| $\dfrac{1}{12}$ | 0.01666 | 0.00272 | 0.16349 | 0.00979 | 0.01368 | 0.98551 | 0.00081 |
| $\dfrac{2}{12}$ | 0.01675 | 0.00274 | 0.16281 | 0.00983 | 0.02709 | 0.97130 | 0.00162 |
| $\dfrac{3}{12}$ | 0.01685 | 0.00277 | 0.16213 | 0.00987 | 0.04022 | 0.95736 | 0.00242 |
| $\dfrac{4}{12}$ | 0.01695 | 0.00279 | 0.16146 | 0.00991 | 0.05309 | 0.94370 | 0.00322 |
| $\vdots$ | $\vdots$ | $\vdots$ | $\vdots$ | $\vdots$ | $\vdots$ | $\vdots$ | $\vdots$ |
| 1 | 0.01776 | 0.00301 | 0.15616 | 0.01025 | 0.14715 | 0.84343 | 0.00942 |
| $\vdots$ | $\vdots$ | $\vdots$ | $\vdots$ | $\vdots$ | $\vdots$ | $\vdots$ | $\vdots$ |
| $9\dfrac{10}{12}$ | 0.61161 | 0.03296 | 0.00794 | 0.10041 | 0.59928 | 0.31502 | 0.08570 |
| $9\dfrac{11}{12}$ | 0.60906 | 0.03315 | 0.00801 | 0.09999 | 0.59987 | 0.31361 | 0.08651 |
| 10 | 0.60653 | 0.03334 | 0.00809 | 0.09957 | 0.60043 | 0.31224 | 0.08733 |

$t = \dfrac{1}{12}$ 단위의 $_tp_{50}^{00}$과 $_tp_{50}^{01}$ 등의 값을 구할 수 있으면 건강상태(상태 0)에 있는 동안 납입되는 월납보험료의 기대현가(EPV)와 질병상태(상태 1)에 있는 동안 매월 지급되는 질병급부의 기대현가(APV)를 구할 수 있다. 피보험자 (50)이 보험료 납입일에 건강상태(상태 0)에 있으면(conditional on the life being in the healthy state at the premium date) 매월초에 연액 1원의 보험료가 최대 10년 동안 납부되는 보험료의 EPV는 앞의 표를 이용하면 ($i=5\%$)

$$\ddot{a}_{50:\overline{10|}}^{(12)00} = \frac{1}{12}\left( 1 + v^{\frac{1}{12}}{}_{\frac{1}{12}}p_{50}^{00} + v^{\frac{2}{12}}{}_{\frac{2}{12}}p_{50}^{00} + \cdots\cdots + v^{9\frac{11}{12}}{}_{9\frac{11}{12}}p_{50}^{00} \right) \quad (10.2.5.10)$$

$$= 87.05530 \times \frac{1}{12} = 7.25461$$

이다. 건강상태(상태 0)에 있는 피보험자 (50)이 매달말에 질병상태(상태 1)에 있으면(if the life is in sick state at the payment date) 연액 1원의 질병급부가 매달말에 최대 10년간 제공되는 질병급부(sickness benefit)의 APV는 앞의 표를 이용하면 다음과 같다($i=5\%$).

$$a_{50:\overline{10|}}^{(12)01} = \frac{1}{12}\left( v^{\frac{1}{12}}{}_{\frac{1}{12}}p_{50}^{01} + v^{\frac{2}{12}}{}_{\frac{2}{12}}p_{50}^{01} + \cdots\cdots + v^{10}{}_{10}p_{50}^{01} \right) \quad (10.2.5.11)$$

$$= 5.84235 \times \frac{1}{12} = 0.48686$$

## 6. 다중상태모형의 보험료

다중상태모형에서의 보험료의 계산은 계산의 편의를 위하여 사업비는 없는 것으로 가정하고 수지상등의 원칙을 적용하여 계산하고자 한다. 다중상태모형에서 보험은 다른 상태로 전이할 때 보험급부를 지급한다. 예를 들어 사망급부는 사망이라는 상태로 전이되는 때 지급될 수 있다. 보험급부는 전이가 발생하는 즉시 지급될 수도 있고 전이가 발생한 해의 연말에 지급될 수도 있다. 후자의 경우는 이산시간 마르코프연쇄가 잘 적용될 수 있다.

보험급부를 지급하는 현금흐름(cash flow)은 다음의 세 가지를 고려할 수 있다.

(i) 특정 전이로부터 발생하는 현금흐름: 확률과정 $Y$가 0시점에(현재; currently) 상태 $i$에 있고 $t$시점(미래, future)[1]에 상태 $j$에서[2] 상태 $k$로의 전이(future transfer)가 발생하

---

1) $t \le m$
2) $j$는 $i$도 가능.

면[1] 보험급부 $b_t$가 $t$시점에 지급된다. $(t, t+dt)$에서 $b_t$를 받을 수 있는 확률은 $(t, t+dt)$에서 상태 $j$에서 상태 $k$로 전이가 있을 확률이며 이것은 $_tp_x^{ij}\, \mu_{x+t}^{jk}\, dt$이다. 이 경우 $t$시점 $(t \le m)$에 발생할 보험급부의 보험수리적 현가를 APV1이라 하면 APV1은

$$\text{APV1} = \int_0^m b_t\, v^t\, _tp_x^{ij}\, \mu_{x+t}^{jk}\, dt \tag{10.2.6.1}$$

이다. 위 공식을 해석해 보자. 보험급부가 $(t, t+dt)$에 지급된다고 하자. 보험급부가 지급되는 확률은 $Y$(혹은 피보험자)가 0시점에 상태 $i$에 있다는 조건에서 $(t, t+dt)$에 상태 $k$로 전이하는 확률이다. $(t, t+dt)$에 상태 $k$로 전이하기 위해서는 $Y$(혹은 피보험자)가 $t$시점 바로 전에(immediately before) 상태 $k$가 아닌 어떤 상태 $j$에 있어야만 하고(이 확률이 $_tp_x^{ij}$이다), 그런 다음에 $(t, t+dt)$에 상태 $j$에서 상태 $k$로 전이해야 한다.(이 확률이 $\mu_{x+t}^{jk}\, dt$이다) 따라서 보험급부의 현가 $b_t v^t$를 적용하고 모든 가능한 $t$에 대하여 적분을 하면 위 식이 된다.[2] 여기서 $j$는 $i$가 될 수도 있으며, 이 경우는 현재 판매되고 있는 일반적인 보험의 형태가 될 것이다.

상태공간이 {0(건강), 1(질병), 2(장해), 3(사망)} 으로 주어진 경우를 이용하여 예를 들어 보자. 여기서 상태 1과 상태 2는 서로 전이가 불가능하다고 가정하자. 0시점(현재)에 상태 0($i=0$, 건강상태)에 있고 $t$시점(미래, $t \le m$)에 ① 상태 1($j=1$, 질병상태)에서 상태 3($k=3$, 사망상태)으로 전이하면 보험금을 지급하는 경우나 ② 상태 2($j=2$, 장해상태)에서 상태 3($k=3$, 사망상태)으로 전이하면 보험금을 지급하는 경우를 생각할 수 있다.

또 0시점(현재)에 상태 0($i=0$, 건강상태)에 있고 $t$시점 (미래, $t \le m$)에 상태 0($j=i=0$, 건강상태)에서 ③ 상태 1($k=1$, 질병상태)로 전이하면 보험금을 지급하는 경우나 ④ 상태 2($k=2$, 장해상태)로 전이하면 보험금을 지급하는 경우나 ⑤ 상태 3($k=3$, 사망상태)으로 전이하면 보험금을 지급하는 각각의 경우 등을 고려할 수 있다. APV1은 ①, ②, ③, ④, ⑤ 중 특정 하나의 경우만을 의미한다.

(ii) 특정 상태를 떠날 때 발생하는 현금흐름: 확률과정 $Y$가 0시점(현재)에 상태 $i$에 있고 $t$시점(미래)에 상태 $j$를 떠나면 $t$시점에($t \le m$) 보험급부 $b_t$가 지급된다고 하자. 이 경우 $t$시점에 발생할 보험급부의 보험수리적 현가를 APV2라고 하면 APV2는

$$\text{APV2} = \int_0^m \sum_{k \ne j} b_t\, v^t\, _tp_x^{ij}\, \mu_{x+t}^{jk}\, dt$$

---

1) $j$와 $k$는 특정 상태 하나씩으로 한정됨.
2) 이산시간 마르코프연쇄의 경우 $\int$ 대신 $\sum$을 사용한다.

$$= \int_0^m b_t \, v^t \, {}_tp_x^{ij} \, \mu_{x+t}^{j\bullet} \, dt \tag{10.2.6.2}$$

으로 표시된다. $\sum$ 는 모든 $k\,(k\neq j)$ 를 합하는 것에 유의하여야 한다.

(iii) 특정 상태 $k$ 에 진입할 때마다(every time when $Y$ enters $k$) 발생하는 현금흐름: 확률과정 $Y$ 가 0시점에(현재; currently) 상태 $i$ 에 있고[1] $t$ 시점(미래)에 특정 상태 $k\,(k$ 는 고정)로[2] 들어가는[3] 각 전이마다(each future transfer into the state $k$) $t$ 시점에($t \leq m$) 보험급부 $b_t$ 가 지급된다고 하자. 이 경우 $t$ 시점에 발생할 보험급부의 보험수리적 현가를 APV3라고 하면 APV3는

$$\text{APV3} = \int_0^m \sum_{j \neq k} b_t \, v^t \, {}_tp_x^{ij} \, \mu_{x+t}^{jk} \, dt \tag{10.2.6.3}$$

가 된다. 상태 $j$ 에서 상태 $k$ 로 전이한다면 $j$ 는 $k$ 를 제외한 모든 상태를 포함하므로 APV3 계산시 $\sum$ 는 모든 $j\,(j \neq k)$ 를 합한다. 현재시점에 확률과정 $Y$ 가 $i = 0$ (건강)에 있고 $k = 3$ (사망)으로 설정하여 예를 들면, $i = 0$ (건강)에서 시작해서 $t$ 시점에 $k = 3$ (사망)으로 전이하는 경우는 $m = \infty$, $b_t = 1$ 인 경우 APV3는

$$\bar{A}_x^{03} = \int_0^\infty \sum_{j \neq 3} v^t \, {}_tp_x^{0j} \, \mu_{x+t}^{j3} \, dt \tag{10.2.6.4}$$

가 된다. 현재 시점에 확률과정 $Y$ 가 $i = 0$ (건강)에 있고 $k = 1$ (질병)로 설정하면, $i = 0$ (건강)에서 시작해서 $t$ 시점에 $k = 1$ (질병)로 전이하는 경우는 $m = \infty$, $b_t = 1$ 인 경우 APV3는

$$\bar{A}_x^{01} = \int_0^\infty \sum_{j \neq 1} v^t \, {}_tp_x^{0j} \, \mu_{x+t}^{j1} \, dt \tag{10.2.6.5}$$

가 된다. $k = 3$ 인 경우 한번 $k = 3$ 으로 들어가면 다시 나올 수 없지만 $k = 1$ 인 경우는 $0 \to 1 \to 0 \to 1$, $0 \to 2 \to 0 \to 1 \to 0 \to 1$, $0 \to 2 \to 0 \to 2 \to 0 \to 1 \to 0 \to 1$, $0 \to 0 \to 1 \to 0 \to 1 \to 0 \to 1$ 등과 같이 여러번 $k = 1$ 을 방문하는 것이 가능하다. 즉 $\bar{A}_x^{01}$ 은 이러한 모든 방문(enter) 각각에 대하여 보험금을 지급하는 개념이다.[4] 따라서 이 현금흐

---

1) $i$ 는 $k$ 도 가능.

2) $k$ 는 $i$ 도 가능.

3) $(t, t+dt)$ 에서 상태 $k$ 로 들어가기 위해서는 $Y$ 는 바로 전에 $k$ 가 아닌 상태 $j$ 에 있어야 하고(이 확률이 ${}_tp_x^{ij}$), $(t, t+dt)$ 에 상태 $j$ 에서 상태 $k$ 로 전이해야 한다(이 확률이 $\mu_{x+t}^{jk} \, dt$).

4) ${}_tp_x^{0j}$ 에서 $j = 1$ 인 경우 ${}_tp_x^{01}$ 은 0시점에 상태 0에서 출발하여 $t$ 시점에 상태 1에 있을 확률이며 그 경로는 상관없이 $t$ 시점에 상태 1에 있는 확률이다. 따라서 시간 $(0, t)$ 사이에서 그 경로는 $0 \to 1$, $0 \to 2 \to 0 \to 1$,

름을 "특정상태 $k$에 진입할 때마다 발생하는 현금흐름"으로 제목을 표시하였다. 0시점에 $i=1$에서 시작해서 $t$시점에 $k=i=1$로 다시 돌아오는 경우는

$$\text{APV3} = \int_0^m \sum_{j \neq 1} b_t \, v^t \, {}_tp_x^{1j} \, \mu_{x+t}^{j1} \, dt \tag{10.2.6.6}$$

가 된다.

$k$가 정해진 상태(예: $k=1$)에서 APV3은 $j$가 $k$를 제외한 모든 상태(예: $j=0, 2, 3$)를 포함하는 경우이다. $b_t = 1$일 때 APV3을

$$\bar{A}_{x:\overline{m}|}^{ik} = \int_0^m \sum_{j \neq k} e^{-\delta t} \, {}_tp_x^{ij} \, \mu_{x+t}^{jk} \, dt \tag{10.2.6.7}$$

로 표시하기로 한다. 식 (10.2.6.7)에서 $m \to \infty$이면 종신보험이 된다. 다중상태모형이 적용되는 보험과 연금에 대하여는 아직까지 표준화된 기호표시는 없다.

예제 10.2.6.1

특정상태에 진입할 때마다 발생하는 현금흐름의 APV3 계산을 위해

(a) $k=3$, $i=0$인 경우를 가정할 때 APV3을 구하기 위한 확률의 합 $\sum_{j \neq k} {}_tp_x^{ij} \, \mu_{x+t}^{jk} \, dt$ 를 구체적으로 표현하시오. 단, 상태 0과 상태 1, 상태 0과 상태 2는 서로 재진입이 가능하고 상태 1과 상태 2는 서로 전이가 불가능하다고 가정한다.

(b) $k=1$, $i=k$인 경우를 가정할 때 APV3을 구하기 위한 확률의 합 $\sum_{j \neq k} {}_tp_x^{ij} \, \mu_{x+t}^{jk} \, dt$ 를 구체적으로 표현하시오. 상태 0, 1, 2 사이에는 전이와 서로 재진입이 가능하다고 가정한다.

풀이

(a) 그림 [10.2.6.1] 특정 상태에 진입할 때마다 발생하는 현금흐름(1)

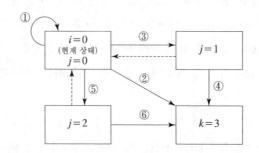

0→2→0→1→0→1, 0→0→1→0→1→0→1 등 모든 것이 포함되어 있는 개념이다. 따라서 ${}_tp_x^{0j}$ 를 사용하여 식 (10.2.6.5)처럼 표현되는 APV3을 미래의 모든 방문 각각에 대하여 보험금을 지급해야 하는 것으로 해석할 수 있고, 특정 경로 하나 혹은 한번만 지급하는 보험의 개념이 아니다.

다중상태모형의 상태공간을 {0(건강), 1(질병), 2(장해), 3(사망)} 라고 가정한다. 특정 상태에 진입할 때마다 발생하는 현금흐름을 그림 [10.2.6.1]을 이용하여 설명하면 다음과 같다. 상태 1과 2로부터 상태 0으로 재진입이 가능한 모형이면 $_t p_x^{00}$ 즉 ①은 상태 0과 상태 1혹은 2의 여러 번 전이가 발생한 후 상태 0에 있는 경우도 포함된다. $i=0$이고 $k=3$인 경우 0시점(현재)에 $i=0$상태에 있고 $t$시점에 $k=3$상태로 들어오는 확률의 합은

$$\sum_{j=0,j\neq3}^{3} {}_t p_x^{0j}\, \mu_{x+t}^{j3}\, dt = [{}_t p_x^{00}\mu_{x+t}^{03} + {}_t p_x^{01}\mu_{x+t}^{13} + {}_t p_x^{02}\mu_{x+t}^{23}]\, dt$$

$$= (①, ②)확률 + (③, ④)확률 + (⑤, ⑥)확률$$

③($= {}_t p_x^{01}$)으로 표현된 것은 $0 \to 1$, $0 \to 1 \to 0 \to 1$, $0 \to 2 \to 0 \to 1$, $0(0시점) \to 2 \to 0 \to 1 \to 0 \to 1(t시점)$ 등의 경로도 포함된 것을 의미한다. 어떤 경로를 거치든 0시점에 상태 0에서 출발하여 $t$시점에 상태 1에 있는 확률이 $_t p_x^{01}$이고 이를 화살표 ③으로 표시하였다. ①($= {}_t p_x^{00}$)로 표현된 것도 $0 \to 0 \to 0$, $0 \to 2 \to 0$, $0 \to 1 \to 0$, $0(0시점)$ $\to 1 \to 0 \to 2 \to 0 \to 2 \to 0(t시점)$ 등의 경로도 포함된 것을 의미한다. 어떤 경로를 거치든 0시점에 상태 0에서 출발하여 $t$시점에 상태 0에 있을 확률이 $_t p_x^{00}$이고 이를 화살표 ①로 표시하였다. ⑤($= {}_t p_x^{02}$)도 같은 의미를 갖는다.

(b) 그림 [10.2.6.2] 특정 상태에 진입할 때마다 발생하는 현금흐름(2)

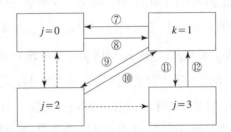

다중상태모형의 상태공간을 {0(건강), 1(질병), 2(장해), 3(사망)} 라고 가정한다. $k$에서 출발해서 다른 상태 $j$를 거쳐서 상태 $k$로 올 수도 있기 때문에 식 (10.2.6.3)에서 $i$는 $k$도 될 수 있다. 0시점(현재)에 상태 $k=1$에 있고 $t$시점(미래)에 상태 $k=1$으로 다시 들어오는 확률의 합은 상태 0, 1, 2간에 재진입이 가능하므로

$$\sum_{j=0,j\neq1}^{3} {}_t p_x^{1j}\, \mu_{x+t}^{j1}\, dt = [{}_t p_x^{10}\mu_{x+t}^{01} + {}_t p_x^{12}\mu_{x+t}^{21} + {}_t p_x^{13}\mu_{x+t}^{31}]\, dt$$

$$= (⑦, ⑧)확률 + (⑨, ⑩)확률 + (⑪, ⑫)확률$$

로 나타낼 수 있다. ⑨($= {}_t p_x^{12}$)로 표시된 것은 $(0시점)1 \to 2 \to 0 \to 2(t시점)$, $(0시점)$ $1 \to 0 \to 2 \to 1 \to 0 \to 2 \to 0 \to 2(t시점)$ 등 여러 가지 경로를 포함한다. ⑦($= {}_t p_x^{10}$)도 같은 의미를 갖는다. 화살표 ⑫는 갈 수 없으므로 $_t p_x^{13}\, \mu_{x+t}^{31} = 0$이 된다.

$$\sum_{j=0, j\neq1}^{3} {}_tp_x^{1j}\, \mu_{x+t}^{j1}\, dt$$ 은 $1\to0\to1$, $1\to0\to1\to0\to1$, $1\to2\to1\to2\to1$, $1\to0\to2$ $\to0\to2\to1$, $1\to2\to0\to2\to0\to1$ 등 $k=1$을 여러번 방문하는 것이 가능한 것을 포함하는 확률이다.

다중상태모형에서 $a^{ij}$로 표시되는 현금흐름은 확률과정 $Y$가 0시점에 상태 $i$에 있는 조건에서 $Y$가 $t$시점에 특정 상태 $j$에($j$는 $i$도 가능) 있는 경우에 발생한다. $Y$가 급부지급 시점인 $t$시점에 상태 $j$에 있으면(if the life is in the state $j$ at the payment date) 최대 $m$년간 연속적 연액 1원을 지급하는 급부의 APV를

$$\bar{a}_{x:\overline{m}|}^{ij} = \int_0^m v^t\, {}_tp_x^{ij}\, dt \tag{10.2.6.8}$$

으로 나타낸다. 급부가 매 연도 초에 지급될 때 APV는

$$\ddot{a}_{x:\overline{m}|}^{ij} = \sum_{t=0}^{m-1} v^t\, {}_tp_x^{ij} \tag{10.2.6.9}$$

로 나타낸다. 식 (10.2.6.8)과 식 (10.2.6.9)에서 $m=\infty$이면 급부지급기간이 종신이 된다. $\bar{a}_{x:\overline{m}|}^{ij}$에서 급부지급시점이 $t$라면, 급부지급 조건은 $x$세인 0시점에 상태 $i$에서 출발하여 $x+t$세인 $t$시점에 상태 $j$에 있으면 된다. 상태 $j$로 전이한 시점을 $s$라고 하면 $s<t$이고, 급부지급은 $x+m$세에 종료된다.[1] 다중상태모형 세계에서의 $\bar{a}_{x:\overline{m}|}^{ij}$는 연금기호로 표시되어 있지만 $j\neq i$인 경우 단생명모형의 연금개념과는 다른 의미를 갖는다.[2] $j=i$인 경우, 상태들간의 재진입이 허용되지 않는 조건에서는 동일한 의미를 갖는다.[3]

$i=0$, $j=1$인 경우를 고찰해보자. 다중상태모형 2(영구장해모형)에서 ${}_tp_x^{01}$은 식 (10.2.2.17)을 이용하면 된다. 다중상태모형 3(질병모형)에서 ${}_tp_x^{01}$은 KFE를 이용하여 구하여야 한다.

---

1) $t$의 최대값은 $m$이 된다. $m$=10년인 경우 상태 0에서 상태 1로 전이한 시점 $s$가 $s$=9.99년이면 일찍 전이한 $s$보다 급부받는 기간이 작을 것이므로 그 $s$에 해당하는 장해급부(9.99년과 10년 사이 사망하지 않아야 함)는 상대적으로 작은 값이 된다.

2) "$t$시점에 상태 1에 있으면"은 영구장해모형의 경우 $t$시점 전($s$시점)에 상태 1로 전이하여(전이시점이 $s$) 상태 1에 계속 있은 결과, $t$시점에 상태 1에 있는 것을 의미한다. 질병모형에서는 상태 1에서 상태 0으로 재진입이 가능하므로 "$t$시점에 상태 1에 있으면"을 충족시키는 것은 질병모형의 경우 (i) $t$시점 전($s$시점)에 상태 1로 전이하여 상태 1에 계속 있은 결과, $t$시점에 상태 1에 있는 것, 또는 (ii) $t$시점 전($s$시점)에 상태 1로 전이하고 상태 0으로 다시 진입하고(여러번 상태 0과 1을 왔다갔다 하는 것 가능), 그 후 상태 1로 돌아와 $t$시점에 상태 1에 있는 것을 모두 포함한다. 질병모형에서는 어떤 경로를 거치든간에 $t$시점에 상태 1에 있으면 급부가 지급된다.

3) $\bar{a}^{11}$의 경우, 다중상태모형 2(영구장해모형)에서는 상태 1에서 상태 0으로 재진입이 될 수 없으므로 동일한 의미이지만, 다중상태모형 3(질병모형)에서는 단생명모형의 연금의 개념과 동일한 의미가 아닐 수 있다.

다중상태모형 3(질병모형)에서 $\bar{a}_x^{01}$의 의미는 "피보험자 $(x)$가 급부지급시점(at the payment date)에 상태 1에 있으면 연속적 연액 1원을 지급한다"이다. 그러나 다중상태모형 3(질병 모형)하에서 만일 "피보험자 $(x)$가 급부지급시점에 상태 1에 있으면 연속적 연액 1원을 지급한다. 단, 급부지급조건이 첫 번째 질병기간 중으로만 한정한다"라는 조건이 주어지면 KFE를 이용하지 않고 다중상태모형 2(영구장해모형)와 유사하게 $_tp_x^{01}$을 구할 수 있다.

（예제 10.2.6.2　）（시간동질 마르코프모형）

연속시간 마르코프연쇄를 적용한 다중상태모형 2(영구장해모형)를 고려한다. 전이력은 $\mu_x^{01}$, $\mu_x^{02}$, $\mu_x^{12}$로 모두 상수로 주어졌다고 가정하자. 이력은 $\delta$이다. 다음을 전이력들과 이력을 이용하여 나타내시오.

(a) $\bar{a}_{x:\overline{n}|}^{00}$,　　　　　(b) $\bar{a}_{x:\overline{n}|}^{01}$,　　　　　(c) $\bar{a}_{x:\overline{n}|}^{11}$

(d) $\bar{A}_{x:\overline{n}|}^{01}$,　　　　　(e) $\bar{A}_{x:\overline{n}|}^{02}$　　　　　(f) $\bar{A}_{x:\overline{n}|}^{12}$

**풀이**

(a) 식 (10.2.2.8)에 의하여 $_tp_x^{00} = {}_tp_x^{\overline{00}} = \exp\left[-(\mu_x^{01}+\mu_x^{02})t\right]$이다.

또한 식 (10.2.6.8)을 이용하면

$$\bar{a}_{x:\overline{n}|}^{00} = \int_0^n e^{-\delta t}\,_tp_x^{\overline{00}}\,dt = \int_0^n \exp\left[-(\delta+\mu_x^{01}+\mu_x^{02})t\right]dt$$

$$= \frac{1-\exp\left[-(\delta+\mu_x^{01}+\mu_x^{02})n\right]}{\delta+\mu_x^{01}+\mu_x^{02}} \tag{10.2.6.10}$$

(b) 식 (10.2.2.17)을 이용하여 $_tp_x^{01}$을 구해보면,

$$_tp_x^{01} = \int_0^t {}_sp_x^{\overline{00}}\,\mu_{x+s}^{01}\,_{t-s}p_{x+s}^{\overline{11}}\,ds$$

$$= \mu_x^{01}\int_0^t \exp\left[-(\mu_x^{01}+\mu_x^{02})s-\mu_x^{12}(t-s)\right]ds$$

$$= \mu_x^{01}\exp(-\mu_x^{12}t)\int_0^t \exp\left[-(\mu_x^{01}+\mu_x^{02}-\mu_x^{12})s\right]ds$$

$$= \mu_x^{01}\exp(-\mu_x^{12}t)\left(\frac{1-\exp\left[-(\mu_x^{01}+\mu_x^{02}-\mu_x^{12})t\right]}{\mu_x^{01}+\mu_x^{02}-\mu_x^{12}}\right)$$

$$= \frac{\mu_x^{01}}{\mu_x^{01}+\mu_x^{02}-\mu_x^{12}}\left[\exp(-\mu_x^{12}t)-\exp\left[-(\mu_x^{01}+\mu_x^{02})t\right]\right] \tag{10.2.6.11}$$

따라서 식 (10.2.6.8)을 이용하면

$$\bar{a}_{x:\overline{n}|}^{01} = \int_0^n e^{-\delta t}\frac{\mu_x^{01}}{\mu_x^{01}+\mu_x^{02}-\mu_x^{12}}\left[\exp(-\mu_x^{12}t)-\exp\left[-(\mu_x^{01}+\mu_x^{02})t\right]\right]dt$$

$$= \frac{\mu_x^{01}}{\mu_x^{01} + \mu_x^{02} - \mu_x^{12}} \left( \frac{1 - \exp\left[-(\delta + \mu_x^{12})n\right]}{\delta + \mu_x^{12}} - \frac{1 - \exp\left[-(\delta + \mu_x^{01} + \mu_x^{02})\,n\,\right]}{\delta + \mu_x^{01} + \mu_x^{02}} \right)$$

$$(10.2.6.12)$$

(c) 식 (10.2.2.9)에 의하여 $_tp_x^{11} = {_tp_x^{\overline{11}}} = \exp\left[-\mu_x^{12}\,t\right]$ 이다.

또한 식 (10.2.6.8)을 이용하면

$$\bar{a}_{x:\,\overline{n}|}^{11} = \frac{1 - \exp\left[-(\delta + \mu_x^{12})\,n\,\right]}{\delta + \mu_x^{12}}$$

$$(10.2.6.13)$$

(d) 식 (10.2.6.1)을 이용하면

$$\bar{A}_{x:\,\overline{n}|}^{01} = \int_0^n e^{-\delta t}\,{_tp_x^{00}}\,\mu_{x+t}^{01}\,dt = \mu_x^{01}\int_0^n \exp\left[-(\delta + \mu_x^{01} + \mu_x^{02})\,t\right]dt$$

$$= \mu_x^{01}\left( \frac{1 - \exp\left[-(\delta + \mu_x^{01} + \mu_x^{02})\,n\,\right]}{\delta + \mu_x^{01} + \mu_x^{02}} \right)$$

$$(10.2.6.14)$$

(e) $\bar{A}_{x:\,\overline{n}|}^{02}$ 의 정의에 의하여

$$\bar{A}_{x:\,\overline{n}|}^{02} = \int_0^n e^{-\delta t}\,{_tp_x^{00}}\,\mu_{x+t}^{02}\,dt + \int_0^n e^{-\delta t}\,{_tp_x^{01}}\,\mu_{x+t}^{12}\,dt$$

$$= \mu_x^{02}\int_0^n \exp\left[-(\delta + \mu_x^{01} + \mu_x^{02})\,t\right]dt$$

$$+ \mu_x^{12}\int_0^n e^{-\delta t}\,\frac{\mu_x^{01}}{\mu_x^{01} + \mu_x^{02} - \mu_x^{12}}\left[\exp(-\mu_x^{12}\,t) - \exp\left[-(\mu_x^{01} + \mu_x^{02})\,t\,\right]\right]dt$$

$$= \mu_x^{02}\left( \frac{1 - \exp\left[-(\delta + \mu_x^{01} + \mu_x^{02})\,n\,\right]}{\delta + \mu_x^{01} + \mu_x^{02}} \right)$$

$$+ \mu_x^{12}\left( \frac{\mu_x^{01}}{\mu_x^{01} + \mu_x^{02} - \mu_x^{12}} \right)\left( \frac{1 - \exp\left[-(\delta + \mu_x^{12})\,n\,\right]}{\delta + \mu_x^{12}} - \frac{1 - \exp\left[-(\delta + \mu_x^{01} + \mu_x^{02})\,n\,\right]}{\delta + \mu_x^{01} + \mu_x^{02}} \right)$$

$$(10.2.6.15)$$

(f) $\bar{A}_{x:\,\overline{n}|}^{12}$ 의 정의에 의하여

$$\bar{A}_{x:\,\overline{n}|}^{12} = \int_0^n e^{-\delta t}\,{_tp_x^{\overline{11}}}\,\mu_{x+t}^{12}\,dt = \mu_x^{12}\int_0^n \exp\left[-(\delta + \mu_x^{12})\,t\right]dt$$

$$= \mu_x^{12}\left( \frac{1 - \exp\left[-(\delta + \mu_x^{12})\,n\,\right]}{\delta + \mu_x^{12}} \right)$$

$$(10.2.6.16)$$

**예제 10.2.6.3** (시간동질 마르코프모형)

시간동질 연속시간 마르코프모형인 다중상태모형 2(영구장해모형)를 고려한다.
$\mu_x^{01} = 0.025$, $\mu_x^{02} = 0.02$, $\mu_x^{12} = 0.03$, $\delta = 0.05$가 주어졌을 때 ($x \geq 0$)

(a) $\bar{a}_x^{00}$, $\bar{a}_x^{11}$, $\bar{a}_x^{01}$을 구하시오.

(b) 현재 건강상태에 있는 피보험자 $(x)$가(급부지급시점에: at the payment date) 영구장해 상태(상태 1)에 있을 때 연속적 연액 1,000원을 지급하는 급부를 고려한다. 보험료 는 보험료 납입시점에 피보험자가 건강상태(상태 0)에 있을 때(conditional on the life being in the healthy state at the premium date)만 연속적으로 납입된다. $\bar{a}_x^{01}$과 수지 상등의 원칙을 이용하여 연속적으로 납입되는 보험료 연액 $P$를 구하시오.

(c) 현재 상태 0에 있는 건강한 피보험자 $(x)$가 상태 1(영구장해상태)로 되는 즉시 1,000원을 지급하는 보험급부의 APV를 구하시오.

(d) $\bar{A}_x^{02}$를 구하시오.

**풀이**

(a) $\bar{a}_x^{00}$는 현재 상태 0에 있는 피보험자 $(x)$가 미래에 상태 0에 있을 때 연속적 연액 1원이 지급되는 연속연금의 보험수리적 현가이다. $\bar{a}_x^{00}$는 탈상태율이 $\mu = \mu^{01} + \mu^{02} = 0.025 + 0.02 = 0.045$이므로 탈퇴율이 $\mu$인 단일탈퇴모형처럼 생각할 수 있다. 따라서

$$\bar{a}_x^{00} = \frac{1}{\mu + \delta} = \frac{1}{\mu^{01} + \mu^{02} + \delta} \tag{10.2.6.17}$$

$$= \frac{1}{0.025 + 0.02 + 0.05} = \frac{1}{0.095} = 10.53$$

$\bar{a}_x^{11}$은 $\mu = \mu^{12} = 0.03$인 단일탈퇴모형으로 생각할 수 있으므로

$$\bar{a}_x^{11} = \frac{1}{\mu^{12} + \delta} \tag{10.2.6.18}$$

$$= \frac{1}{0.03 + 0.05} = \frac{1}{0.08} = 12.5$$

$\bar{a}_x^{01}$은 현재 상태 0에 있는 피보험자 $(x)$가 미래에 상태 1에 있을 때 연속적 연액 1원이 지급되는 급부의 보험수리적 현가이다. $\bar{a}_x^{01}$를 구하기 위해서는 $_tp_x^{01}$을 구해야 한다. 다중상 태모형 2이므로 식 (10.2.2.17)을 적용하면 $_tp_x^{01} = \int_0^t {_sp_x^{\overline{00}}} \, \mu_{x+s}^{01} \, {_{t-s}p_{x+s}^{\overline{11}}} \, ds$이므로

$$_tp_x^{01} = \int_0^t e^{-0.045s}(0.025) \, e^{-0.03(t-s)} \, ds = 0.025 \, e^{-0.03t}\left(\frac{1 - e^{-0.015t}}{0.015}\right)$$

또는 식 (10.2.2.22)를 이용하면

$$_tp_x^{01} = 0.025 \, e^{-0.03t}\left[\frac{1 - e^{-(0.025+0.02-0.03)t}}{0.025 + 0.02 - 0.03}\right] = 0.025 \, e^{-0.03t}\left(\frac{1 - e^{-0.015t}}{0.015}\right)$$

따라서

$$\bar{a}_x^{01} = \int_0^\infty e^{-\delta t} \, {_tp_x^{01}} \, dt$$

$$= \int_0^\infty e^{-0.05t}\, 0.025\, e^{-0.03t} \left( \frac{1 - e^{-0.015t}}{0.015} \right) dt$$

$$= \frac{0.025}{0.015} \int_0^\infty e^{-0.08t} (1 - e^{-0.015t})\, dt = \frac{0.025}{0.015} \left( \frac{1}{0.08} - \frac{1}{0.095} \right) = 3.29$$

(b) 수지상등의 원칙에 의하여

$$P\, \bar{a}_x^{00} = 1{,}000\, \bar{a}_x^{01}$$

$$P = \frac{1{,}000\, \bar{a}_x^{01}}{\bar{a}_x^{00}} = \frac{1000\,(3.29)}{10.53} = 312.44$$

(c) 상태 0에서 상태 1로 전이하는 밀도함수는 $_t p_x^{00}\, \mu_{x+t}^{01}$이다.

$$_t p_x^{00} = {_t p_x^{\overline{00}}} = \exp\left( - \int_0^t 0.045\, ds \right) = e^{-0.045t}$$

$$_t p_x^{00}\, \mu_{x+t}^{01} = e^{-0.045t}(0.025)$$

따라서

$$\text{APV} = 1000 \int_0^\infty e^{-0.05t}\, e^{-0.045t}(0.025)\, dt = 1000 \left( \frac{0.025}{0.095} \right) = 263.16$$

(d) $\bar{A}_x^{02}$의 정의에 의하여 다음과 같이 구할 수 있다.

$$\bar{A}_x^{02} = \int_0^\infty e^{-\delta t}\, _t p_x^{\overline{00}}\, \mu_{x+t}^{02}\, dt + \int_0^\infty e^{-\delta t}\, _t p_x^{01}\, \mu_{x+t}^{12}\, dt$$

$$= \int_0^\infty e^{-0.05t}\, e^{-0.045t}(0.02)\, dt + \int_0^\infty e^{-0.05t}\, 0.025\, e^{-0.03t} \left( \frac{1 - e^{-0.015t}}{0.015} \right)(0.03)\, dt$$

$$= 0.02 \int_0^\infty e^{-0.095t}\, dt + \left( \frac{0.025}{0.015} \right)(0.03) \int_0^\infty e^{-0.08t} - e^{-0.095t}\, dt$$

$$= \frac{0.02}{0.095} + \frac{0.025}{0.015}(0.03) \left( \frac{1}{0.08} - \frac{1}{0.095} \right) = 0.30921$$

---

**예제 10.2.6.4** (시간동질 마르코프모형)

시간동질 연속시간 마르코프모형인 다중상태모형 2(영구장해모형)를 고려한다.

$\mu_x^{01} = 0.025$, $\mu_x^{02} = 0.02$, $\mu_x^{12} = 0.03$, $\delta = 0.05$가 주어졌을 때$(x \geq 0)$, 다중상태모형의

$\bar{a}_x^{01}$과 $\bar{a}_{x:\,\overline{n}|}^{01}$을 다른 관점에서 해석하고 유도해 보자.

(a) $\bar{a}_x^{01}$을 $\bar{a}_{x+t}^{11}$과 $\bar{A}_x^{01}$을 이용하여 구하시오.

(b) $\bar{a}_{x:\,\overline{30}|}^{01}$을 $\bar{a}_{x+t:\,\overline{30-t}|}^{11}$과 $\bar{A}_{x:\,\overline{30}|}^{01}$을 이용하여 구하시오.

(c) $\bar{a}_x^{01}$을 $\bar{a}_{x+t}^{11}$과 $\bar{A}_x^{01}$을 이용하여 일반식으로 나타내시오.

(d) $\bar{a}_{x:\,\overline{n}|}^{01}$을 $\bar{a}_{x+t:\,\overline{n-t}|}^{11}$과 $\bar{A}_{x:\,\overline{n}|}^{01}$을 이용하여 일반식으로 나타내시오.

**풀이**

(a) 예제 (10.2.6.3)과 같은 방법으로 $\bar{a}_x^{01}$을 구하지 않고 다른 사고의 방법으로 $\bar{a}_x^{01}$을 구해보자. 예제 (10.2.6.3)에서는 $\bar{a}_x^{01} = \int_0^\infty e^{-\delta s}\,_s p_x^{01}\, ds$로 구하였다. $\bar{a}_x^{01}$을 구하는데 $_s p_x^{01}$을 이용하지 않고 $\bar{a}_x^{01} = $ (보험금액)$\times \bar{A}_x^{01}$의 개념을 이용해 보자. $t$를 피보험자가 장해상태가 된 시간이라고 하자. 상태 1에 들어간 후에는 사망(상태 2)만이 유일한 탈상태원인이고 $\mu^{12} = 0.03$이다. 피보험자가 $x+t$세에 장해상태가 되고, $t$시점에 장해상태가 되었다는 조건하에서 급부지급시점에 계속 장해상태에 있으면 연속적 연액 1원이 지급되는 연속연금의 APV는

$$\bar{a}_{x+t}^{11} = \frac{1}{\mu^{12}+\delta} = \frac{1}{0.03+0.05} = 12.5$$

이며, 이 값은 $x+t$에 의존하지 않는다.

다중상태모형의 세계에서의 $\bar{a}_x^{01}$을 다른 관점에서 해석하면 $t$시점에 장해가 발생한 경우 보험금이 12.5인 보험급부의 APV로 볼 수 있으므로, $\bar{a}_x^{01}$은

$$\bar{a}_x^{01} = 12.5\,\bar{A}_x^{01} = \int_0^\infty (12.5)\, e^{-\delta t}\,_t p_x^{\overline{00}}\, \mu_{x+t}^{01}\, dt \qquad (10.2.6.19)$$

$$= \int_0^\infty (12.5)\, e^{-0.05t}\, e^{-0.045t}\, (0.025)\, dt = 3.29$$

이 값은 예제 (10.2.6.3)의 (a)에서 구한 $\bar{a}_x^{01}$의 값과 동일하다는 것을 알 수 있다. $\bar{a}_x^{01} = $ (보험금액)$\times\bar{A}_x^{01}$이며, $t$시점의 보험금은 $t$시점의 장해연금급부의 보험수리적 현가($\bar{a}_{x+t}^{11} = 12.5$)로 나타나고 있다.

(b) (a)에서와 같이 $t$를 피보험자가 장해상태가 된 시간이라고 하자. 피보험자가 $x+t$세에 장해상태가 되고 급부시점에 장해상태에 있으면 연속적 연액 1원이 지급되는 연속연금의 APV는

$$\bar{a}_{x+t:\,\overline{30-t}}^{11} = \int_0^{30-t} e^{-\delta s}\,_s p_{x+t}^{\overline{11}}\, ds = \int_0^{30-t} e^{-0.05s}\, e^{-0.03s}\, ds = \frac{1-e^{-0.08(30-t)}}{0.08}$$

이며, 식 (10.2.6.13)으로부터도 확인할 수 있다. $\bar{a}_{x+t:\,\overline{30-t}}^{11}$은 장해상태가 된 $t$시점의 보험금이며, 이 값은 $t$에 의존함을 알 수 있다. 0시점에서 이 연속연금의 APV가 $\bar{a}_{x:\,\overline{30|}}^{01}$이므로 다음과 같이 구할 수 있다.

$$\bar{a}_{x:\,\overline{30|}}^{01} = \int_0^{30} \left(\bar{a}_{x+t:\,\overline{30-t}}^{11}\right) e^{-\delta t}\,_t p_x^{\overline{00}}\, \mu_{x+t}^{01}\, dt \qquad (10.2.6.20)$$

$$= \int_0^{30} \frac{(1-e^{-(0.08)(30-t)})}{0.08}\, e^{-0.05t}\, e^{-0.045t}\, (0.025)\, dt$$

$$= \frac{0.025}{0.08} \int_0^{30} (1-e^{-0.08\times30}\, e^{0.08t})\, e^{-0.095t}\, dt = 2.41$$

(c) (a)와 예제 (10.2.6.2)를 이용하여 구해보자. 예제 (10.2.6.2)로부터 $n\to\infty$이면 $\bar{a}_{x+t}^{11} = \dfrac{1}{\delta+\mu_x^{12}}$임을 알 수 있다.

(a)를 이용하면 $\bar{a}_x^{01}$는

$$\bar{a}_x^{01} = \int_0^\infty \left(\bar{a}_{x+t}^{11}\right) e^{-\delta t} \, {}_t p_x^{\overline{00}} \, \mu_{x+t}^{01} \, dt \tag{10.2.6.21}$$

$$= \int_0^\infty \left(\frac{1}{\delta + \mu_x^{12}}\right) e^{-\delta t} \, e^{-(\mu_x^{01}+\mu_x^{02})t} \, \mu_x^{01} \, dt = \frac{\mu_x^{01}}{\delta + \mu_x^{12}} \int_0^\infty e^{-(\delta+\mu_x^{01}+\mu_x^{02})t} \, dt$$

$$= \frac{\mu_x^{01}}{\delta + \mu_x^{12}} \left(\frac{1}{\delta + \mu_x^{01} + \mu_x^{02}}\right) = \frac{\mu_x^{01}}{\mu_x^{01} + \mu_x^{02} - \mu_x^{12}} \left(\frac{\mu_x^{01} + \mu_x^{02} - \mu_x^{12}}{(\delta + \mu_x^{12})(\delta + \mu_x^{01} + \mu_x^{02})}\right)$$

$$= \frac{\mu_x^{01}}{\mu_x^{01} + \mu_x^{02} - \mu_x^{12}} \left(\frac{\delta + \mu_x^{01} + \mu_x^{02} - (\mu_x^{12} + \delta)}{(\delta + \mu_x^{12})(\delta + \mu_x^{01} + \mu_x^{02})}\right)$$

$$= \frac{\mu_x^{01}}{\mu_x^{01} + \mu_x^{02} - \mu_x^{12}} \left(\frac{1}{\delta + \mu_x^{12}} - \frac{1}{\delta + \mu_x^{01} + \mu_x^{02}}\right) \tag{10.2.6.22}$$

으로 식 (10.2.6.12)에서 $n \to \infty$인 결과와 동일하다.

(d) (b)와 예제 (10.2.6.2)를 이용하여 구해보자.

예제 (10.2.6.2)로부터 $\bar{a}_{x+t:\,\overline{n-t|}}^{11} = \dfrac{1 - \exp\left[-(\delta + \mu_x^{12})(n-t)\right]}{\delta + \mu_x^{12}}$ 임을 알 수 있다.

(b)를 이용하면 $\bar{a}_{x:\,\overline{n|}}^{01}$ 은

$$\bar{a}_{x:\,\overline{n|}}^{01} = \int_0^n \left(\bar{a}_{x+t:\,\overline{n-t|}}^{11}\right) e^{-\delta t} \, {}_t p_x^{\overline{00}} \, \mu_{x+t}^{01} \, dt \tag{10.2.6.23}$$

$$= \int_0^n \frac{1 - \exp\left[-(\delta + \mu_x^{12})(n-t)\right]}{\delta + \mu_x^{12}} e^{-\delta t} \, e^{-(\mu_x^{01}+\mu_x^{02})t} \, \mu_x^{01} \, dt$$

$$= \frac{\mu_x^{01}}{\delta + \mu_x^{12}} \int_0^n \left(1 - \exp\left[-(\delta + \mu_x^{12})(n-t)\right]\right) e^{-(\delta + \mu_x^{01} + \mu_x^{02})t} \, dt$$

$$= \frac{\mu_x^{01}}{\delta + \mu_x^{12}} \left(\frac{1 - \exp\left[-(\delta + \mu_x^{01} + \mu_x^{02})n\right]}{\delta + \mu_x^{01} + \mu_x^{02}}\right.$$

$$\left. - \left(\exp\left[-(\delta + \mu_x^{12})n\right]\right) \times \frac{\left(1 - \exp\left[-(\mu_x^{01} + \mu_x^{02} - \mu_x^{12})n\right]\right)}{\mu_x^{01} + \mu_x^{02} - \mu_x^{12}}\right) \tag{10.2.6.24}$$

$$= \frac{\mu_x^{01}}{\mu_x^{01} + \mu_x^{02} - \mu_x^{12}} \left(\frac{\mu_x^{01} + \mu_x^{02} - \mu_x^{12}}{(\delta + \mu_x^{12})(\delta + \mu_x^{01} + \mu_x^{02})}\right.$$

$$\left. + \frac{\exp\left[-(\delta + \mu_x^{01} + \mu_x^{02})n\right]}{\delta + \mu_x^{01} + \mu_x^{02}} - \frac{\exp\left[-(\delta + \mu_x^{12})n\right]}{\delta + \mu_x^{12}}\right)$$

$$= \frac{\mu_x^{01}}{\mu_x^{01} + \mu_x^{02} - \mu_x^{12}} \left(\frac{1 - \exp\left[-(\delta + \mu_x^{12})n\right]}{\delta + \mu_x^{12}} - \frac{1 - \exp\left[-(\delta + \mu_x^{01} + \mu_x^{02})n\right]}{\delta + \mu_x^{01} + \mu_x^{02}}\right)$$

으로 식 (10.2.6.12)와 동일하다. (산식유도는 연습문제 참조)

다중상태모형의 세계에서는 상태 1에 있을 때 급부를 받는 것을[1] 연금기호 $\bar{a}^{01}$을 사용하

---

[1] $s$시점($s \le t$)에 상태 1로 전이하여 $t$시점에 상태 1에 있을 때 $t$시점에서 급부를 받음. 다중상태모형의 세계가 아닌 관점에서는 전이가 연금이 아니고 보험의 성격을 나타내는 특성으로 볼 수 있다.

지만 다중상태모형의 세계가 아닌 관점에서는 보험급부의 성격을 갖는 것을 알 수 있다. 따라서 급부표현시 정확한 표현이 되도록 주의하여야 한다.

**예제 10.2.6.5** (시간동질 마르코프모형)

시간동질 마르코프모형인 다중상태모형 2(영구장해모형)를 고려한다. 전이력은 예제 (10.2.6.3)과 같이 $\mu_x^{01} = 0.025$, $\mu_x^{02} = 0.02$, $\mu_x^{12} = 0.03$으로 주어지고 $i = 0.05$를 가정한다. 현재 상태 0에 있는 건강한 피보험자 $(x)$에 대하여 다음을 구하시오. $(x \geq 0)$

(a) 피보험자가 상태 0에 있는 동안 즉 피보험자가 건강한 상태에 있는 한(if the insured is healthy) 최대 20년동안 매달초에 100원씩 지급되는 기시급연금의 연금급부에 대한 APV를 구하시오.

(b) 매달초에 건강상태(상태 0)에 있는 피보험자가 (한 달 동안 전이가 발생한 결과) 매달말(최초 급부지급시점)에 상태 1에 있으면[1] 그 때부터 장해급부 지급이 시작된다. 장해급부는 장해상태가 계속되면 첫 번째 급부가 지급된 때부터 매달 100원씩 최대 5년간 지급된다. 보험기간은 종신이다. 이 보험급부의 APV를 구하시오.

**풀이**

(a) $\text{APV} = 100 \sum_{t=0}^{239} \dfrac{1}{(1.05)^{t/12}} e^{-0.045\,(t/12)}$

$= 100 \sum_{t=0}^{239} \left( \dfrac{e^{-0.045}}{1.05} \right)^{(t/12)} = 100 \left[ 1 - \left( \dfrac{e^{-0.045}}{1.05} \right)^{(240/12)} \right] \Big/ \left[ 1 - \left( \dfrac{e^{-0.045}}{1.05} \right)^{(1/12)} \right]$

$= 10876.38$

(b) (i) 우선 상태 0에서 매달말 상태 1에 있을 때 1원의 보험금을 지급하는 보험의 APV를 계산해 보자. $k$시점에 보험급부를 받는 확률은$\left( k = \dfrac{1}{12}, \dfrac{2}{12}, \cdots \right)$

$$\Pr(K = k) = {}_{k-(1/12)}p_x^{00} \; {}_{1/12}p_{x+k-(1/12)}^{01} \tag{10.2.6.25}$$

$$= e^{-0.045\left(k - \frac{1}{12}\right)} \times 0.025 \, e^{-0.03 \times \frac{1}{12}} \left( \dfrac{1 - e^{-0.015 \times \frac{1}{12}}}{0.015} \right)$$

이고,[2] $k$시점에 발생하는 보험금 1원에 대한 APV를 APV1이라고 하면, APV1은

$$\text{APV1} = A_x^{(12)01}$$

---

1) 즉 피보험자가 매달말(최초 급부지급시점)에 영구장해상태에 있으면(if the insured is permanently disabled at the end of the month).

2) ${}_{k-(1/12)}p_x^{00}$이기 때문에 매달초를 기준으로 상태 1로 전이하는 것을 다시 시작한다. ${}_{(1/12)}p_{x+k-(1/12)}^{01}$은 $\frac{1}{12}$년 동안에만 $p^{01}$의 성질이 적용된다. 즉 $k = \frac{1}{12}$인 경우 ${}_{(1/12)}p_x^{01}$에 공헌하는 $s$(전이시점)는 7/365, 14/365, 20/365 등 $0 < s < \frac{1}{12}$의 값이고, $\frac{1}{12}$년 동안 사망한 $s$는 ${}_{(1/12)}p_x^{01}$에 나타나지 않는다. 여기서 ${}_{(1/12)}p_x^{01}$은 대략적으로 $\frac{1}{12}$년 동안 상태 0에서 상태 1로 전이한 확률들을 합한 개념이다(상태 1에서의 사망 제외).

$$= \sum_{t=1}^{\infty} \frac{1}{(1.05)^{(t/12)}} e^{-0.045\left(\frac{t}{12}-\frac{1}{12}\right)} \times 0.025 \, e^{-0.03 \times \frac{1}{12}} \left(\frac{1-e^{-0.015 \times \frac{1}{12}}}{0.015}\right)$$

$$= 0.025 \, e^{-0.03 \times \frac{1}{12}} \left(\frac{1-e^{-0.015 \times \frac{1}{12}}}{0.015}\right) \frac{1}{(1.05)^{(1/12)}} \times \sum_{t=0}^{\infty} \frac{1}{(1.05)^{(t/12)}} e^{-\frac{0.045t}{12}}$$

$$= 0.025 \, e^{-0.03 \times \frac{1}{12}} \left(\frac{1-e^{-0.015 \times \frac{1}{12}}}{0.015}\right) \frac{1}{(1.05)^{(1/12)}} \times \frac{1}{1-(e^{-0.045}/1.05)^{(1/12)}}$$

$$= 0.26568 \text{ 이다.}$$

(ii) 상태 1에서 첫 번째 연금이 $k$시점부터 지급된다면 $k$시점에서 상태 1에 있는 한 지급되는 이 기시급연금의 연금급부의 APV를 APV2라고 하면 APV2는

$$\text{APV2} = 1200 \, \ddot{a}_{x+k\,:\,\overline{5}|}^{(12)\,11}$$

$$= 100 \sum_{t=0}^{59} \frac{1}{(1.05)^{t/12}} e^{-0.03\left(\frac{t}{12}\right)} = 100 \left(\frac{1-(e^{-0.03}/1.05)^{(1/12)\times60}}{1-(e^{-0.03}/1.05)^{(1/12)}}\right) = 4975.49$$

이 값은 $k$에 관계없이 일정하므로 연금급부는 상수이다. APV2가 $k$시점의 보험금이 되며, APV1은 $k$시점의 보험금 1원에 대한 APV이다.

(iii) 따라서 이 보험급부의 APV는

$$\text{APV} = \text{APV2} \times \text{APV1} = 4975.49 \times 0.26568 = 1321.89$$

**예제 10.2.6.6** (시간비동질 마르코프모형)

시간비동질 마르코프모형인 다중상태모형 2(영구장해모형)를 고려한다. 상태공간은 {0(건강), 1(장해), 2(사망)}이며 다음과 같은 조건이 주어졌다. ($x \geq 0$)

(i) $\mu_x^{01} = \begin{cases} 0.02, & x \leq 60 \\ 0.04, & x > 60 \end{cases}$ 　　　　(ii) $\mu_x^{02} = 0.01$

(iii) $\mu_x^{12} = 0.15$ 　　　　　　　　　　(iv) $\delta = 0.05$

피보험자 (50)이 가입한 20년납입 보험은 피보험자가 (급부지급시점에) 장해상태에 있으면 연속적 연액 1,000원을 장해급부로 지급한다. 보험기간은 종신이다. 보험료는 수지상등의 원칙이 적용되어 계산되며 건강상태에 있는 피보험자가 납입할 때, 연속납평준순보험료의 연액 $P$를 구하시오.

**풀이**

보험료 산출을 위하여 상태 0에 있을 때 최대 20년 동안 연액 1원을 지급하는 연속연금의 EPV를 구해보자.

$$\bar{a}_{50\,:\,\overline{10}|}^{00} = \int_0^{10} e^{-\delta s} \, {}_s p_{50}^{00} \, ds = \frac{1-e^{-(0.05+0.02+0.01)(10)}}{0.05+0.02+0.01} = 6.88339$$

$$_{10|}\bar{a}_{50\,:\,\overline{10}|}^{00} = v^{10} \, {}_{10}p_{50}^{00} \, \bar{a}_{60\,:\,\overline{10}|}^{00} = e^{-0.05(10)} \, e^{-(0.02+0.01)(10)} \int_0^{10} e^{-\delta s} \, {}_s p_{60}^{00} \, ds$$

$$= e^{-(0.05+0.02+0.01)(10)} \left( \frac{1-e^{-(0.05+0.04+0.01)(10)}}{0.05+0.04+0.01} \right) = 2.84030$$

또는 다음과 같이 $_{10|}\bar{a}^{00}_{50:\overline{10|}}$ 의 정의를 이용하여 구할 수 있다.

$t > 10$인 경우

$$v^t \,_t p^{00}_{50} = e^{-0.05(10)} \, e^{-0.05(t-10)} \, e^{-(0.02+0.01)(10)} \, e^{-(0.04+0.01)(t-10)}$$

$$= e^{-0.08(10)} \, e^{-0.1(t-10)}$$

이므로

$$_{10|}\bar{a}^{00}_{50:\overline{10|}} = \int_{10}^{20} v^t \,_t p^{00}_{50} \, dt = \int_{10}^{20} e^{-0.08(10)} \, e^{-0.1(t-10)} \, dt$$

$$= e^{-0.08(10)} \int_{10}^{20} e^{-0.1(t-10)} \, dt \qquad (t-10 = s \text{로 치환하면})$$

$$= e^{-0.08(10)} \int_{0}^{10} e^{-0.1s} \, ds = e^{-0.08(10)} \left( \frac{1-e^{-0.1(10)}}{0.1} \right) = 2.84030$$

따라서

$$\bar{a}^{00}_{50:\overline{20|}} = \bar{a}^{00}_{50:\overline{10|}} + \,_{10|}\bar{a}^{00}_{50:\overline{10|}} = 6.88339 + 2.84030 = 9.72369$$

장해급부의 APV를 구하기 위해서 먼저 $_t p^{01}_{50}$을 구해보자. $_t p^{01}_{50}$은 $\int_0^t \,_s p^{\overline{00}}_{50} \, \mu^{01}_{50+s} \,_{t-s} p^{\overline{11}}_{50+s} \, ds$ 이므로 장해상태가 되는 시간($s$)에 의존한다. $_t p^{01*}_{50}$를 장해가 10시점($s < 10$) 이전에 일어나고 $t$ ($0 < t < \infty$)시점에 상태 1에 있을 확률이라고 정의한다. 그리고 $_t p^{01**}_{50}$를 장해가 10시점 이후 ($s > 10$)에 발생하고 $t$시점에 상태 1에 있을 확률이라고 정의하자. 장해발생시점 $s$와 급부를 받는 시점 $t$와의 관계에 따라 다음의 3가지 경우로 나누어 생각하자.

(i) 장해가 10시점 이전에 발생($s < 10$)하고, $t \le 10$인 경우: 이 경우는 전이력이 상수인 일반적인 경우이므로 $s$를 0에서 $t$까지 적분한다.

$$_t p^{01*}_{50} = \int_0^t \,_s p^{\overline{00}}_{50} \, \mu^{01}_{50+s} \,_{t-s} p^{\overline{11}}_{50+s} \, ds = \mu^{01} \, e^{-\mu^{12}t} \left( \frac{1-e^{-(\mu^{01}+\mu^{02}-\mu^{12})t}}{\mu^{01}+\mu^{02}-\mu^{12}} \right)$$

$$= 0.02 \, e^{-0.15t} \left( \frac{1-e^{-(0.02+0.01-0.15)t}}{0.02+0.01-0.15} \right) = \frac{0.02}{-0.12} \, e^{-0.15t}(1-e^{0.12t})$$

(ii) 장해가 10시점 이전에 발생하고 급부 받는 시점이 10시점 이후인 경우($s < 10$, $t > 10$): $t$는 10보다 크므로 $s$를 0에서 $t$까지 적분할 수 없고 0에서 10까지 적분해야 한다. $s > 10$인 경우는 아래 (iii)으로 고려해야 한다.

$t_1$시점에 상태 1에 있다고 하자. 이 $_{t_1} p^{01}_{50}$은 (50)이 $t_1$시점에 상태 1에 있을 확률이다. (50)이 $t_1$시점에 상태 1에 있게 공헌하는 $s$(발생)는 $0 < s < t_1$ 사이의 모든 값들이다. 예를 들어 $t_1 = 15$이면 15시점에 상태 1에 있게 공헌하는 $s$는 0, 1, 2, 3, $\cdots$, 11, 12, 13, 13.1, $\cdots$등 수많은 $s$가 있을 수 있다. 그렇기 때문에 $_{t_1} p^{01}_{50}$을 구할 때 $s$를 0부터 $t_1$까지 적분한다. 따라서 $t_1 = 15$인 경우 $s$의 그룹은 $0 < s < 10$과 $10 < s < t_1$사이의 두 그룹으로 나눌 필요가 있다. 왜냐하면 $0 < s < 10$인 경우와 $10 < s < t_1$인 경우의 $_s p^{00}_{50}$이 다르고, 이 때문에 장해급부를 받는 확률

밀도$\left( \int_0^{t_1} {}_sp_{50}^{\overline{00}} \, \mu_{50+s}^{01} \, {}_{t_1-s}p_{50+s}^{\overline{11}} \, ds \right)$에 영향을 미치는 것이 달라지기 때문이다. $0 < s < 10$인 경우 ${}_sp_{50}^{00} = e^{-0.03s}$이고, $10 < s < t_1$인 경우 ${}_sp_{50}^{00} = {}_{10}p_{50}^{00} \, {}_{s-10}p_{60}^{00} = e^{-(0.02+0.01)\times 10} \times e^{-(0.04+0.01)(s-10)} = e^{-0.03 \times 10} \times e^{-0.05(s-10)}$이기 때문이다.

따라서 $s < 10, \ t > 10$인 경우

$$_tp_{50}^{01*} = \int_0^{10} e^{-0.03s} \, (0.02) \, e^{-0.15(t-s)} \, ds = 0.02 e^{-0.15t} \int_0^{10} e^{0.12s} \, ds \qquad (10.2.6.26)$$

$$= 0.38669 \, e^{-0.15t}$$

(iii) 장해가 10시점 이후에 발생하고 급부 받는 시점도 10시점 이후인 경우$(s > 10, \ t > 10)$:

$$_tp_{50}^{01**} = \int_{10}^t {}_sp_{50}^{\overline{00}} \, \mu_{50+s}^{01} \, {}_{t-s}p_{50+s}^{\overline{11}} \, ds \qquad (10.2.6.27)$$

$$= \int_{10}^t {}_{10}p_{50}^{\overline{00}} \, {}_{s-10}p_{60}^{\overline{00}} \, (0.04) \, e^{-0.15(t-s)} \, ds \qquad (10.2.6.28)$$

$$= \int_{10}^t e^{-0.03(10)} \, e^{-0.05(s-10)} \, (0.04) \, e^{-0.15(t-s)} \, ds$$

$$= 0.04 \, e^{0.2} \, e^{-0.15t} \int_{10}^t e^{0.1s} \, ds = 0.48856 \, e^{-0.15t} \, (e^{0.1t} - e)$$

이제 장해상태에 있을 때 연속적 연액 1원을 지급하는 장해급부의 APV를 구해보자.

$$\text{APV} = \int_0^\infty e^{-\delta t} \, {}_tp_{50}^{01} \, dt = \int_0^\infty e^{-\delta t} \, ({}_tp_{50}^{01*} + {}_tp_{50}^{01**}) \, dt$$

$$= \int_0^{10} e^{-\delta t} \, {}_tp_{50}^{01*} \, dt + \int_{10}^\infty e^{-\delta t} \, {}_tp_{50}^{01*} \, dt + \int_{10}^\infty e^{-\delta t} \, {}_tp_{50}^{01**} \, dt \qquad (10.2.6.29)$$

이다. 각 항의 적분을 나누어 계산하면

$$\text{APV1} = \int_0^{10} e^{-\delta t} \, {}_tp_{50}^{01*} \, dt = \int_0^{10} e^{-0.05t} \, \frac{2}{12} \, (e^{-0.03t} - e^{-0.15t}) \, dt = 0.42668,$$

$$\text{APV2} = \int_{10}^\infty e^{-\delta t} \, {}_tp_{50}^{01*} \, dt = \int_{10}^\infty e^{-0.05t} \, 0.38669 \, e^{-0.15t} \, dt \qquad (10.2.6.30)$$

$$= 0.26166,$$

$$\text{APV3} = \int_{10}^\infty e^{-\delta t} \, {}_tp_{50}^{01**} \, dt = 0.89866 \text{이므로}$$

$$\text{APV} = \text{APV1} + \text{APV2} + \text{APV3} = 1.587$$

상태 1에 있으면 연속적 연액 1,000원이 지급되는 장해급부의 APV는 $1,000 \times \text{APV} = 1,587$

따라서 연속납평준순보험료의 연액 $P$는

$$P = \frac{\text{APV}}{\text{EPV}} = \frac{1000 \, \text{APV}}{\overline{a}_{50}^{00}} = \frac{1587}{9.72369} = 163.20965$$

**예제 10.2.6.7**  (시간비동질 마르코프모형)

상태공간 {0(건강), 1(장해), 2(사망)}의 시간비동질 마르코프모형인 다중상태모형 2(영구장해모형)를 고려한다. 수지상등의 원칙으로 계산된 종신납, 연속납평준순보험료의 연액을 $P1$, $P2$, $P3$라고 표시한다. 이력은 $\delta = 0.05$이고, 모든 $x < 100$에 대하여 $\mu_x^{01} = \dfrac{1}{100-x}$, $\mu_x^{02} = 0.01$, $\mu_x^{12} = 0.05$일 때(가정 불성립)

(a) $\bar{A}_{50}^{12}$를 구하시오.  (b) $\bar{A}_{50}^{02}$를 구하시오.

(c) $\bar{A}_{50}^{02}$에 대하여 다음의 (i), (ii), (iii)을 구하시오.

(i) 피보험자가 상태 1에 있는 경우는 보험료 납입이 면제가 되어, 상태 0에 있는 경우만 보험료를 납입하는 경우의 보험료의 연액 $P1$

(ii) 피보험자가 상태 0이나 상태 1에 있는 경우에 보험료를 납입하는 경우(payable in both state 0 and state 1)의 보험료의 연액 $P2$

(iii) 보험료 납입면제를 하나의 급부로 볼 때 보험료 납입면제급부(disability waiver benefit)에 대한 보험료의 연액 $P3$

**풀이**

(a) 상태 1에서 상태 2로는 오직 하나의 경로만 있기 때문에 간단하다.

$$\bar{A}_{50}^{12} = \int_0^\infty e^{-\delta t}\,{}_tp_{50}^{\overline{11}}\,\mu_{50+t}^{12}\,dt = \frac{\mu_{50}^{12}}{\mu_{50}^{12}+\delta} = \frac{0.05}{0.1} = 0.5$$

(b) $\bar{A}_{50}^{02}$ 계산을 위해서는 예제 (10.2.6.1)의 그림 [10.2.6.1]에서 (화살표 ⑤, ⑥)이 없고 $k=2$라고 가정하면 알 수 있듯이 2개의 경로를 고려해야 한다. 그림 [10.2.6.1]에서 (화살표 ①, ②)와 (화살표 ③, ④)의 경로를 고려해야 한다. $\bar{A}_{50}^{02}$ 계산을 위해서 ${}_tp_{50}^{00}$과 ${}_tp_{50}^{01}$을 구해보자.

$$_tp_{50}^{00} = {}_tp_{50}^{\overline{00}} = \exp\!\left(-\int_0^t \mu_{50+s}^{01} + \mu_{50+s}^{02}\,ds\right)$$

$$= \exp\!\left(-\int_0^t \frac{1}{50-s}\,ds\right)\exp\!\left(-\int_0^t 0.01\,ds\right) = \left(\frac{50-t}{50}\right)e^{-0.01t}$$

$$_tp_{50}^{01} = \int_0^t {}_sp_{50}^{00}\,\mu_{50+s}^{01}\,{}_{t-s}p_{50+s}^{11}\,ds = \int_0^t \left(\frac{50-s}{50}\right)e^{-0.01s}\left(\frac{1}{50-s}\right)e^{-0.05(t-s)}\,ds$$

$$= \frac{e^{-0.05t}}{50}\int_0^t e^{0.04s}\,ds = \frac{e^{-0.05t}}{50}\left(\frac{1-e^{0.04t}}{-0.04}\right)$$

${}_tp_{50}^{01}$은 식 (10.2.2.24)로도 확인해 볼 수 있다. 따라서

$$\bar{A}_{50}^{02} = \int_0^\infty \sum_{j=0}^1 e^{-\delta t}\,{}_tp_{50}^{0j}\,\mu_{50+t}^{j2}\,dt = \int_0^\infty \left[(e^{-\delta t}\,{}_tp_{50}^{00}\,\mu_{50+t}^{02}) + (e^{-\delta t}\,{}_tp_{50}^{01}\,\mu_{50+t}^{12})\right]dt$$

피적분함수의 첫 번째 항은 그림 [10.2.6.1]에서 (화살표 ①, ②)에 해당되고 두 번째 항은 (화살표 ③, ④)에 해당된다. 상태 0에서 상태 2로 직접 전이하는 경우의 $\bar{A}_{50}^{02}$(피적분함수의

첫 번째 항)를 구하기 위해서 먼저 다음을 구해보자.

$u' = e^{-0.06t}$, $v = 50-t$라고 하고, 부분적분법을 사용하면

$$\int_0^\infty e^{-0.06t}(50-t)\,dt = \left[\frac{-1}{0.06}e^{-0.06t}(50-t)\right]_0^\infty - \int_0^\infty \frac{-1}{0.06}e^{-0.06t}(-1)\,dt = 555.55556$$

따라서

$$\bar{A}_{50}^{02}(\text{경로: } 0 \to 2) = \int_0^\infty e^{-\delta t}\,_tp_{50}^{00}\,\mu_{50+t}^{02}\,dt = \int_0^\infty e^{-0.05t}\left(\frac{50-t}{50}\right)e^{-0.01t}(0.01)\,dt$$

$$= \frac{0.01}{50}\int_0^\infty e^{-0.06t}(50-t)\,dt = \frac{0.01}{50}(555.55556) = 0.11111$$

상태 0에서 상태 1을 거쳐 상태 2로 가는 경우의 $\bar{A}_x^{02}$(피적분함수의 두 번째 항)는

$$\bar{A}_{50}^{02}(\text{경로: } 0 \to 1 \to 2) = \int_0^\infty e^{-\delta t}\,_tp_{50}^{01}\,\mu_{50+t}^{12}\,dt$$

$$= \int_0^\infty e^{-0.05t}\frac{e^{-0.05t}}{50}\left(\frac{1-e^{0.04t}}{-0.04}\right)(0.05)\,dt$$

$$= \frac{0.05}{50(0.04)}\int_0^\infty e^{-0.1t}(e^{0.04t}-1)\,dt$$

$$= \frac{0.05}{(50)(0.04)}\left(\frac{1}{0.06}-\frac{1}{0.1}\right) = 0.16667$$

이다. 따라서

$$\bar{A}_{50}^{02} = 0.11111 + 0.16667 = 0.27778$$

(c) (i) $\bar{a}_{50}^{00}$의 정의와 (b)에서 구한 $\int_0^\infty e^{-0.06t}(50-t)\,dt$를 이용하면

$$\bar{a}_{50}^{00} = \int_0^\infty e^{-\delta t}\,_tp_{50}^{00}\,dt = \int_0^\infty e^{-0.05t}\left(\frac{50-t}{50}\right)e^{-0.01t}\,dt$$

$$= \frac{1}{50}\int_0^\infty e^{-0.06t}(50-t)\,dt = \frac{1}{50}(555.55556) = 11.11$$

따라서 $P1 = \dfrac{\bar{A}_{50}^{02}}{\bar{a}_{50}^{00}} = \dfrac{0.27778}{11.11} = 0.025$

(ii) 상태 0이나 상태 1에 있을 때 보험료를 납입하므로, 연속적 연액 1원의 보험료에 대한 EPV를 구하기 위해 $\bar{a}_{50}^{01}$을 구해보자.

$$\bar{a}_{50}^{01} = \int_0^\infty e^{-\delta t}\,_tp_{50}^{01}\,dt = \int_0^\infty e^{-0.05t}\frac{e^{-0.05t}}{50}\left(\frac{1-e^{0.04t}}{-0.04}\right)dt = \frac{1}{50(0.04)}\left(\frac{1}{0.06}-\frac{1}{0.1}\right)$$

$$= 3.33$$

따라서 $P2 = \dfrac{\bar{A}_{50}^{02}}{\bar{a}_{50}^{00} + \bar{a}_{50}^{01}} = \dfrac{0.27778}{11.11+3.33} = 0.01924$

(iii) $P3 = P1 - P2 = 0.025 - 0.01924 = 0.00576$

---

**예제 10.2.6.8** (시간동질 마르코프모형)

아래 그림과 같은 세가지 질병단계를 갖는 시간동질 연속시간 마르코프모형을 고려한다.

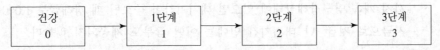

| 건강<br>0 | → | 1단계<br>1 | → | 2단계<br>2 | → | 3단계<br>3 |

피보험자 $(x)$는 2단계 질병상태에 있는 경우 연속적 연액 1원의 종신연속생명연금을 받는다. 다음과 같은 조건이 주어졌을 때 건강한 피보험자가 납부하는 이 생명연금의 NSP를 구하시오.

(i) 전이력은 모든 $t \geq 0$에 대하여 $\mu_{x+t}^{01} = 0.04$, $\mu_{x+t}^{12} = 0.10$, $\mu_{x+t}^{23} = 0.05$

(ii) $\delta = 0.05$

**풀이**

상태 2에 있는 동안 받는 연속적 연액 1원의 연금의 보험수리적 현가 APV1은

$$\text{APV1} = \frac{1}{\mu^{23} + \delta} = \frac{1}{0.05 + 0.05} = 10 \text{이다.}$$

상태 1에 있는 피보험자가 상태 2로 전이시 APV1을 보험금으로 지급하는 보험의 NSP를 APV2로 하면

$$\text{APV2} = (\text{APV1}) \frac{\mu^{12}}{\mu^{12} + \delta} = 10 \times \frac{0.1}{0.10 + 0.05} = \frac{100}{15} \text{이고,}$$

상태 0에 있는 피보험자가 상태 1로 전이시 APV2를 보험금으로 지급하는 보험급부의 APV가 NSP이므로

$$\text{NSP} = (\text{APV2}) \frac{\mu^{01}}{\mu^{01} + \delta} = \left( \frac{100}{15} \right) \frac{0.04}{0.04 + 0.05} = 2.96296$$

으로 구할 수 있다.

---

**예제 10.2.6.9** (시간동질 마르코프모형)

다중상태모형 2(영구장해모형)를 고려한다. 다음과 같은 가정들이 주어졌다. $(x \geq 0)$

$$\mu_x^{01} = 0.06, \ \mu_x^{02} = 0.02, \ \mu_x^{12} = 0.09, \ \delta = 0.05$$

보험기간은 종신이며, 피보험자 $(x)$는 보험 가입시 건강(상태 0)한 사람이다. 다음 급부의 APV를 구하시오.

(a) 피보험자가 영구장해상태가 된 후 3개월 내에 사망이 발생하는 경우 5,000원의 사망즉시급이 지급

(b) 피보험자가 보험가입 후 영구장해상태에 있을 때 연속적 연액 300원의 장해급부를 지급

(c) 피보험자가 보험가입 후 영구장해상태에 있으면 연속적 연액 400원의 장해급부를

지급. 단, 첫 번째 대기기간 3개월이 지나야 지급되고 대기기간 안에는 어떤 급부도 주어지지 않는다.

(d) 피보험자가 보험가입 후 영구장해상태로 전이하고, 대기기간 3개월이 종료될 때까지 계속 영구장해상태에 있으면 대기기간이 종료될 때 장해급부 1,000원이 일시금으로 지급. 단 대기기간 안에는 어떤 급부도 제공되지 않는다.

**풀이**

(a) 영구장해상태(상태 1)에 들어서는(enter) 시점을 $s$라고 하자. $x+s$시점에서 사망급부 5,000원의 APV는

$$5000\,\bar{A}^{12}_{x+s:\,\overline{0.25}|} = 5000\int_0^{0.25} e^{-\delta r}\,_r p^{\overline{11}}_{x+s}\,\mu^{12}_{x+s+r}\,dr = 5000\int_0^{0.25} e^{-0.05r}\,e^{-0.09r}\,0.09\,dr$$

$$= 5000\,(0.09)\left(\frac{1-e^{-0.14\times 0.25}}{0.14}\right) = 110.55$$

이 값은 $s$에 의존하지 않으며 이 사망보험금을 지급하는 보험급부의 APV는 $110.55\,\bar{A}^{01}_x$가 된다.

$$\bar{A}^{01}_x = \int_0^\infty e^{-\delta s}\,_s p^{\overline{00}}_x\,\mu^{01}_{x+s}\,ds = \int_0^\infty e^{-0.05s}\,e^{-0.08s}\,0.06\,ds = \frac{0.06}{0.13} = 0.46154$$

따라서 APV $= 110.55\,\bar{A}^{01}_x = 110.55\times 0.46154 = 51.02$

이와 같은 과정을 다시 나타내면 $5{,}000\bar{A}^{12}_{x+s:\,\overline{0.25}|}$ 가 상태 0에서 상태 1로 전이할 때 받는 보험금이므로 다음과 같이 나타낼 수 있다.

$$\text{APV} = \int_0^\infty (5000\bar{A}^{12}_{x+s:\,\overline{0.25}|})\,e^{-\delta s}\,_s p^{\overline{00}}_x\,\mu^{01}_{x+s}\,ds \qquad (10.2.6.31)$$

$$= 51.02$$

(b) 급부가 지급되는 시점을 $t$(피보험자의 연령은 $x+t$)라고 하고 시점 $t$가 첫 번째 질병기간안에 있는 확률을 구해보자. 상태 0에서 상태 1로 들어가는 시점을 $s(s<t)$라고 하면 (즉 $Y(x+s)=1$) $s$시점 이후부터 $Y$는 $t$시점까지 상태 1에 있어야 한다.

$$\int_0^t\,_s p^{\overline{00}}_x\,\mu^{01}_{x+s}\,_{t-s} p^{\overline{11}}_{x+s}\,ds = \int_0^t e^{-0.08s}\,0.06\,e^{-0.09(t-s)}\,ds = 0.06\,e^{-0.09t}\left(\frac{1-e^{0.01t}}{-0.01}\right)$$

따라서 APV는

$$300\int_0^\infty e^{-0.05t}\,0.06\,e^{-0.09t}\left(\frac{1-e^{0.01t}}{-0.01}\right)dt = \frac{300\,(0.06)}{-0.01}\int_0^\infty e^{-0.14t}(1-e^{0.01t})\,dt$$

$$= \frac{300\,(0.06)}{-0.01}\left(\frac{1}{0.14}-\frac{1}{0.13}\right) = 989.01$$

(c) 급부가 지급되는 시점을 $t$라고 하고 연속적 연액 400원의 급부가 지급되는 확률을 $_t p^{01}_x{}^*$라고 하자. 피보험자가 상태 1로 처음 들어가는 시간을 $s$라고 하면 $s$의 확률밀도는 $_s p^{\overline{00}}_x\,\mu^{01}_{x+s}$이 된다. $_t p^{01}_x{}^*$에 공헌하는 $s$는 $(0, t-0.25)$ 사이의 모든 $s$값들이다. $s$는 $t-0.25$보다 클

수 없다. 따라서 구하는 확률은

$$_t p_x^{01*} = \int_0^{t-0.25} {}_s p_x^{\overline{00}} \, \mu_{x+s}^{01} \, {}_{t-s} p_{x+s}^{\overline{11}} \, ds \qquad (10.2.6.32)$$

$$= \int_0^{t-0.25} e^{-0.08s} \, 0.06 \, e^{-0.09(t-s)} \, ds = 0.06 \, e^{-0.09t} \left( \frac{1-e^{0.01(t-0.25)}}{-0.01} \right)$$

연속적 연액 400원의 장해급부의 APV는

$$400 \int_{0.25}^{\infty} e^{-\delta t} \, {}_t p_x^{01*} \, dt = \frac{400(0.06)}{-0.01} \int_{0.25}^{\infty} e^{-0.14t} \, (1-e^{0.01(t-0.25)}) \, dt$$

$t-0.25 = r$로 치환하여 부록 1의 식 (Ⅰ-32) 치환적분법을 이용하면

$$= \frac{400(0.06)}{-0.01} \int_0^{\infty} e^{-0.14(r+0.25)} (1-e^{0.01r}) \, dr$$

$$= \frac{400(0.06)}{-0.01} e^{-0.14 \times 0.25} \int_0^{\infty} e^{-0.14r} (1-e^{0.01r}) \, dr$$

$$= \frac{400(0.06)}{-0.01} e^{-0.14 \times 0.25} \left( \frac{1}{0.14} - \frac{1}{0.13} \right) = 1273.33$$

(d) 급부가 지급되는 시점을 $t$라고 하면 이 급부에 대한 확률밀도는 피보험자가 $(t-0.25)$ 시점에 상태 1로 이동하고 0.25년 동안 상태 1에 머무는 확률이다. (d)에서는 $s$가 $(t-0.25)$라는 한 시점만 해당된다. (c)에서는 $_t p_x^{01*}$를 형성하는데 영향을 주는 $s$는 $(0, t-0.25)$ 구간 모두인데 반하여 (d)에서는 급부의 확률밀도에 영향을 주는 $s$는 $(t-0.25)$ 하나이다. 따라서 확률밀도는

$$g(t) = {}_{t-0.25} p_x^{\overline{00}} \, \mu_{x+t-0.25}^{01} \, {}_{0.25} p_{x+t-0.25}^{\overline{11}} \qquad (10.2.6.33)$$

$$= e^{-0.08(t-0.25)} \, 0.06 \, e^{-0.09 \times 0.25} = 0.06 \, e^{-0.01 \times 0.25} \, e^{-0.08t}$$

이 장해급부에 대한 APV는

$$1000 \int_{0.25}^{\infty} e^{-0.05t} \, 0.06 \, e^{-0.01 \times 0.25} \, e^{-0.08t} \, dt = 1000(0.06) \, e^{-0.01 \times 0.25} \left( \frac{e^{-0.13 \times 0.25}}{0.13} \right)$$

$$= 445.66$$

---

**예제 10.2.6.10** (시간비동질 마르코프모형 – 다중상태모형 3)

시간비동질 마르코프모형인 다중상태모형 3(질병모형)을 고려한다. 예제 (10.2.5.3)과 같이 전이력을 $\mu_x^{01} = 0.0005 \, e^{0.07x}$, $\mu_x^{02} = 0.000011 e^{0.11x}$, $\mu_x^{10} = 2 \, e^{-0.05x}$, $\mu_x^{12} = 0.0008 \, e^{0.05x}$, $x \geq 0$이라고 하자. 현재 건강상태(상태 0)에 있는 피보험자 (50)이 3년 안에 사망(상태 2)하면 1,000원을 지급하는 3년만기 정기보험의 APV를 구하시오. $\delta = 0.05$이다. 콜모고로프 전진방정식(KFE)을 풀기 위하여 $h = \frac{1}{4}$인 오일러방법을 이용하시오.

**풀이**

보험급부지급이 특정상태 $k$에 진입할 때마다 발생하는 현금흐름에 관한 문제이다.

$$\text{APV} = \int_0^3 \sum_{j=0}^1 1{,}000 \, e^{-\delta t} \, {}_t p_{50}^{0j} \, \mu_{50+t}^{j2} \, dt$$

$$= \text{APV1}(j=0\text{인 경우}) + \text{APV2}(j=1\text{인 경우})$$

${}_t p_{50}^{00}$과 ${}_t p_{50}^{01}$을 구하는 식과 방법은 예제 (10.2.5.3)과 동일하다. 다만 $h=\dfrac{1}{4}$로 예제 (10.2.5.3)과는 다른 $h$를 사용한다.

$$\text{APV1} = 1000 \bar{A}_{50:\,\overline{3}|}^{02} (\text{경로: } 0 \to 2) = \int_0^3 1000 \, e^{-\delta t} \, {}_t p_{50}^{00} \, \mu_{50+t}^{02} \, dt$$

이 적분의 값을 직접 구하는 것은 어렵기 때문에 예제 (10.2.5.3)과 같이 수치해석 방법을 사용하여야 한다. 예제 (10.2.5.3)에서 구한 전이력들의 결과를 이용하면 $t = 0,\ \dfrac{1}{4},\ \dfrac{2}{4},\ \cdots,\ 2\dfrac{3}{4},\ 3$에서 피적분함수 $f_1(t) = e^{-\delta t} \, {}_t p_{50}^{00} \, \mu_{50+t}^{02}$의 값들은 다음 표와 같다. 예제 (10.2.5.3)의 ${}_t p_{50}^{00}$과 본 예제의 ${}_t p_{50}^{00}$의 값이 약간 차이가 나는 것은 $h=\dfrac{1}{12}$, $h=\dfrac{1}{4}$로 다른 $h$를 사용하였기 때문이다. $n = 12$인 Traperzium rule을 이용하면

$$\bar{A}_{50:\,\overline{3}|}^{02} (\text{경로: } 0 \to 2) = \int_0^3 e^{-\delta t} \, {}_t p_{50}^{00} \, \mu_{50+t}^{02} \, dt$$

$$= \frac{0.25}{2} \{ 0.00269 + 0.00805 + 2(0.00272 + 0.00275 + \cdots + 0.00299 + 0.00302) \}$$

$$= 0.0086025$$

표 [10.2.6.1]   $h = \dfrac{1}{4}$인 ${}_t p_{50}^{00}$과 피적분함수 $f_1(t)$

| $t$ | $e^{-\delta t}(= e^{-0.05t})$ | ${}_t p_{50}^{00}$ | $\mu_{50+t}^{02}$ | $f_1(t)$ |
|---|---|---|---|---|
| 0 | 1.00000 | 1.00000 | 0.00269 | 0.00269 |
| $\frac{1}{4}$ | 0.98758 | 0.99519 | 0.00277 | 0.00272 |
| $\frac{2}{4}$ | 0.97531 | 0.99048 | 0.00284 | 0.00275 |
| $\frac{3}{4}$ | 0.96319 | 0.98585 | 0.00292 | 0.00278 |
| 1 | 0.95123 | 0.98131 | 0.00301 | 0.00281 |
| $1\frac{1}{4}$ | 0.93941 | 0.97683 | 0.00309 | 0.00283 |
| $1\frac{2}{4}$ | 0.92774 | 0.97242 | 0.00317 | 0.00286 |
| $1\frac{3}{4}$ | 0.91622 | 0.96806 | 0.00326 | 0.00289 |
| 2 | 0.90484 | 0.96374 | 0.00335 | 0.00293 |
| $2\frac{1}{4}$ | 0.89360 | 0.95946 | 0.00345 | 0.00296 |
| $2\frac{2}{4}$ | 0.88250 | 0.95522 | 0.00354 | 0.00299 |
| $2\frac{3}{4}$ | 0.87153 | 0.95099 | 0.00364 | 0.00302 |
| 3 | 0.86071 | 0.94679 | 0.00374 | 0.00305 |

$2n = 12$개의 하부구간을 갖는 $h = 0.25$인 Simpson's rule을 이용하면

$$\bar{A}^{02}_{50:\overline{3}|}(\text{경로: } 0 \to 2) = \int_0^3 e^{-\delta t} \,_t p^{00}_{50}\ \mu^{02}_{50+t}\ dt$$

$$= \frac{0.25}{3}\{0.00269 + 0.00305 + 4(0.00272 + 0.00278 + 0.00283 + 0.00289 + 0.00296$$

$$+ 0.00302) + 2(0.00275 + 0.00281 + 0.00286 + 0.00293 + 0.00299)\}$$

$$= 0.0086016$$

따라서

$$\text{APV1} = 1000\bar{A}^{02}_{50:\overline{3}|}(\text{경로: } 0 \to 2) = 8.6025\ (\text{Traperzium rule})$$

$$= 8.6016\ (\text{Simpson's rule})$$

$$\text{APV2} = 1000\bar{A}^{02}_{50:\overline{3}|}(\text{경로: } 0 \to 1 \to 2) = \int_0^3 1000\, e^{-\delta t} \,_t p^{01}_{50}\ \mu^{12}_{50+t}\, dt$$

APV1을 구하는 방법과 동일하게 계산을 하면 다음과 같은 피적분함수 $f_2(t) = e^{-\delta t} \,_t p^{01}_{50}\ \mu^{12}_{50+t}$ 의 결과를 얻을 수 있다.

표 [10.2.6.2]  $h = \dfrac{1}{4}$인 $_t p^{01}_{50}$과 피적분함수 $f_2(t)$

| $t$ | $e^{-\delta t}(= e^{-0.05t})$ | $_t p^{01}_{50}$ | $\mu^{12}_{50+t}$ | $f_2(t)$ |
|---|---|---|---|---|
| 0 | 1.00000 | 0.00000 | 0.00975 | 0.00000 |
| $\frac{1}{4}$ | 0.98758 | 0.00414 | 0.00987 | 0.00004 |
| $\frac{2}{4}$ | 0.97531 | 0.00815 | 0.00999 | 0.00008 |
| $\frac{3}{4}$ | 0.96319 | 0.01205 | 0.01012 | 0.00012 |
| 1 | 0.95123 | 0.01585 | 0.01025 | 0.00015 |
| $1\frac{1}{4}$ | 0.93941 | 0.01954 | 0.01038 | 0.00019 |
| $1\frac{2}{4}$ | 0.92774 | 0.02315 | 0.01051 | 0.00023 |
| $1\frac{3}{4}$ | 0.91622 | 0.02668 | 0.01064 | 0.00026 |
| 2 | 0.90484 | 0.03014 | 0.01077 | 0.00029 |
| $2\frac{1}{4}$ | 0.8936 | 0.03353 | 0.01091 | 0.00033 |
| $2\frac{2}{4}$ | 0.8825 | 0.03685 | 0.01104 | 0.00036 |
| $2\frac{3}{4}$ | 0.87153 | 0.04013 | 0.01118 | 0.00039 |
| 3 | 0.86071 | 0.04335 | 0.01132 | 0.00042 |

$n = 12$인 Traperzium rule을 이용하면

$$\bar{A}^{02}_{50:\overline{3}|}(\text{경로: } 0 \to 1 \to 2) = \int_0^3 e^{-\delta t} \,_t p^{01}_{50}\ \mu^{12}_{50+t}\ dt = 0.00066246$$

$2n = 12$개의 하부구간을 갖는 $h = 0.25$인 Simpson's rule을 이용하면

$$\bar{A}^{02}_{50:\,\overline{3}|}(\text{경로: } 0 \rightarrow 1 \rightarrow 2) = \int_0^3 e^{-\delta t} {}_t p^{01}_{50} \, \mu^{12}_{50+t} \, dt = 0.00066266$$

따라서

$$\text{APV2} = 1000 \bar{A}^{02}_{50:\,\overline{3}|}(\text{경로: } 0 \rightarrow 1 \rightarrow 2) = 0.66246 \ (\text{Traperzium rule})$$
$$= 0.66266 \ (\text{Simpson's rule})$$

따라서

$$\text{APV} = \int_0^3 \sum_{j=0}^1 1,000 \, e^{-\delta t} {}_t p^{0j}_{50} \, \mu^{j2}_{50+t} \, dt$$
$$= \text{APV1} + \text{APV2} = 9.26496 (\text{Traperzium rule})$$
$$= 9.26426 (\text{Simpson's rule})$$

## 7. 다중상태모형의 계약자적립액

제6장에서 $t$시점의 계약자적립액은 $t$시점에서 미래손실 확률변수(future loss random variable)의 기대값으로 정의하였다. $t$시점에서의 계약자적립액(reserve)의 정의는 제6장에서 사용되었던 계약자적립액(순보식 원가법책임준비금)의 정의와 동일하다. 다만 다중상태모형의 특징상 $t$시점에 피보험자가 어느 상태에 있느냐에 따라 계약자적립액이 달라질 수 있으므로 $t$시점에 피보험자의 상태를 구분하여 표시하여야 한다.

단일탈퇴모형에서 계약자적립액은 $_tV$로 표시하였는데 피보험자가 사망(상태 1)인 경우 계약자적립액은 구할 필요가 없으므로 생존자에(상태 0) 대하여만 계약자적립액을 구하였다. 즉 $_tV$는 생존자의 계약자적립액을 의미하였다. 다중상태모형에서 상태 $i$에서 $t$시점의 계약자적립액은 $_tV^{(i)}$로 표시한다. 첨자 $i$는 $t$시점에 피보험자가 속해있는 상태이다. 예를 들어 다중상태모형 2의 경우 $_tV^{(0)}$, $_tV^{(1)}$ 등으로 구별하여 계약자적립액을 구해야 한다. 계약자적립액을 구하는 일반식은 Thiele의 미분방정식(TDE: Thiele's differential equation)이다. Thiele의 미분방정식을 소개하기 전에 간단한 다중상태모형을 먼저 고찰해 보자.

### (1) 다중상태모형 2의 계약자적립액
다중상태모형 2(영구장해모형)에서의 계약자적립액을 다음 예제를 통하여 구해보도록 하자.

---

**예제 10.2.7.1** (시간동질 마르코프모형)

상태공간 {0(건강), 1(장해), 2(사망)}의 시간동질 마르코프모형인 다중상태모형 2

(영구장해모형)를 고려한다. $\mu_x^{01} = 0.025$, $\mu_x^{02} = 0.02$, $\mu_x^{12} = 0.03$, $\delta = 0.05$가 주어졌다 $(x \geq 0)$. 피보험자 $(x)$의 급부는 (ⅰ) 피보험자가 장해상태에 있을 때 연속적 연액 1,000 의 장해급부, (ⅱ) 사망 즉시 10,000의 보험금이다. 보험료는 상태 0에 있을 때만 납입 되고 10년납으로 보험료연액 $P$가 연속적으로 지급된다고 할 때 다음을 구하시오.

(a) 상태 0에 있는 피보험자의 제3연도말 계약자적립액

(b) 상태 1에 있는 피보험자의 제3연도말 계약자적립액

**풀이**

(a) 전이력이 상수이기 때문에 사망급부와 장해급부에 대한 제3연도말에서의 APV는 0시점에 서의 APV와 동일하다. 예제 (10.2.6.3)에서 $\bar{A}_x^{02} = 0.30921$, $\bar{a}_x^{01} = 3.29$의 값을 구하였다. 보 험료 계산을 위하여 $\bar{a}_{x:\overline{10|}}^{00}$ 의 값, 계약자적립액을 구하기 위하여 $\bar{a}_{x+3:\overline{7|}}^{00}$ 의 값을 구해야 한다.

$$\bar{a}_{x:\overline{10|}}^{00} = \int_0^{10} e^{-\delta t}\,_t p_x^{\overline{00}}\, dt = \int_0^{10} e^{-0.05t}\, e^{-0.045t}\, dt = \frac{1 - e^{-0.095 \times 10}}{0.095} = 6.46,$$

$$\bar{a}_{x+3:\overline{7|}}^{00} = \frac{1 - e^{-0.095 \times 7}}{0.095} = 5.11$$이므로

$$P = \frac{10000\,(0.30921) + 1000\,(3.29)}{6.46} = 987.94$$이다.

따라서 $_3V^{(0)} = 10000\,(0.30921) + 1000\,(3.29) - 987.94\,(5.11) = 1333.73$

(b) 상태 1에서는 미래 보험료 납입이 없다. 상태 1에서는 상태 2로만 갈 수 있기 때문에 단일 탈퇴모형과 동일하다. 따라서

$$\bar{A}_{x+3}^{12} = \frac{\mu_x^{12}}{\mu_x^{12} + \delta} = \frac{0.03}{0.03 + 0.05} = \frac{3}{8}$$

$$\bar{a}_{x+3}^{11} = \frac{1}{\mu_x^{12} + \delta} = \frac{1}{0.03 + 0.05} = \frac{100}{8}$$이다.

따라서 $_3V^{(1)} = 10000\,\bar{A}_{x+3}^{12} + 1000\,\bar{a}_{x+3}^{11} = 16250$

## (2) 다중상태모형 3의 계약자적립액

다중상태모형 3(질병모형)을 가정하여 계약자적립액을 구하는 식을 유도해 보자. 다 중상태모형 3을 고려하므로 상태 1(질병)에서 상태 0(건강)으로 재진입이 가능하다. 피보 험자 $(x)$에 대하여 다음과 같은 조건의 $n$년납입 보험을 고려한다. 보험기간은 $n$년이다.

　(ⅰ) 보험료는 피보험자가 상태 0(건강 상태)에 있으면 보험기간($n$년) 동안 연액 $P$가 연속적으로 납입되고,

　(ⅱ) 피보험자가 상태 1(질병 상태)에 있는 동안 연액 $B$의 연금급부가 연속적으로 지 급되고,

　(ⅲ) 보험기간($n$년) 안에 상태 2(사망 상태)로 전이가 발생하는 즉시 사망보험금 $S$가

일시금으로 지급된다.

(iv) 계산의 편의를 위해 비용(사업비)은 고려하지 않는다. 그러나 이러한 비용이 ① 피보험자가 어떤 주어진 상태에 있는 동안 연액 $E1$이 연속적으로 지급된다고 가정하거나, ② 상태들 간에 전이가 발생하는 즉시 일시금으로 $E2$가 지급된다고 가정한다면 이러한 비용들은 $B$나 $S$에 추가 급부(extra benefits)의 형태로 반영되거나 음수보험료(negative premium)로 $P$에 반영될 수 있다. 예를 들어 피보험자가 건강 상태에 있는 동안 연액 $E1$의 비용이 연속적으로 지급된다면 모형에 $P$ 대신 $P-E1$으로 대체하면 된다. $E1$이 $P$의 5%라고 가정하면 $P$ 대신 $0.95P$로 대체하면 된다. 또 피보험자가 상태 1에 있는 동안 연액 $E2$의 비용이 연속적으로 지급된다면 모형에 $B$ 대신 $B+E2$로 대체하면 된다. $E2$가 $B$의 5%라면 $B$ 대신 $1.05B$로 대체하면 된다. 또 상태들 간에 전이가 발생하는 즉시 일시금으로 $E3$이 지급된다면 모형에서 $S$ 대신 $S+E3$로 대체하면 된다. 따라서 제시하는 모형은 비용을 명시적으로 고려하지는 않지만 실질적으로 비용까지 고려하는 모형으로 볼 수 있다.

이제 $t$시점에서 $_tV^{(0)}$, $_tV^{(1)}$을 구해보자. $_tV^{(0)}$는 $t$시점에 상태 0에 있다는 조건에서 「미래 질병급부의 APV + 미래 사망급부의 APV − 미래 보험료의 APV」로 구할 수 있다. 따라서

$$_tV^{(0)} = B\,\bar{a}^{01}_{x+t:\overline{n-t}|} + S\,\bar{A}^{02}_{x+t:\overline{n-t}|} - P\,\bar{a}^{00}_{x+t:\overline{n-t}|} \tag{10.2.7.1}$$

이 성립한다. $_tV^{(1)}$도 이와 유사하게 구하면 다음과 같다.

$$_tV^{(1)} = B\,\bar{a}^{11}_{x+t:\overline{n-t}|} + S\,\bar{A}^{12}_{x+t:\overline{n-t}|} - P\,\bar{a}^{10}_{x+t:\overline{n-t}|} \tag{10.2.7.2}$$

다중상태모형 3에서의 $_tV^{(0)}$와 $_tV^{(1)}$의 미분방정식을 유도해 보자. $_tV^{(0)}$를 피보험자가 상태 0에 있다는 조건하에서 $t$시점에 보험자의 보유현금이라고 생각하자. 보험자의 관점에서 $_tV^{(0)}$는 미래의 손실을 제공하기에 정확하고도 충분한 금액이다. $t < t+h < n$이고 $h$를 아주 작은 기간이라고 하고 $(t, t+h)$에서 발생하는 현금흐름을 고려해 보자. $(t, t+h)$에서 보험료 수입과 이자 수입은 $t$시점에 보험자의 보유현금을

$$_tV^{(0)}\,e^{\delta h} + P\bar{s}_{\overline{h}|} \tag{10.2.7.3}$$

로 증가시킨다. $e^{\delta h} = 1 + \delta h + o(h)$, $\bar{s}_{\overline{h}|} = (e^{\delta h} - 1)/\delta = h + o(h)$이므로

$$_tV^{(0)}\,e^{\delta h} + P\bar{s}_{\overline{h}|} = {_tV^{(0)}}(1 + \delta h) + Ph + o(h) \tag{10.2.7.4}$$

가 된다. 이 금액은 보험자가 $t+h$시점에 필요하다고 예상되는 금액들을 지급하기에 충분하여야만 한다. $t+h$시점에 필요하다고 예상되는 금액들은 다음과 같다.

(i) $_{t+h}V^{(0)}$

(ii) 피보험자가 상태 2(사망)로 전이한다면

$$S - {}_{t+h}V^{(0)}(\text{확률: } h\,\mu_{x+t}^{02}+o(h))$$

(iii) 피보험자가 상태 1(질병)로 전이한다면

$$_{t+h}V^{(1)} - {}_{t+h}V^{(0)}(\text{확률: } h\,\mu_{x+t}^{01}+o(h))$$

따라서 다음 식이 성립한다. 식 (10.7.2.5)를 Thiele의 미분방정식의 해석 1로 부르기로 하자.

$$\begin{aligned}
&_{t}V^{(0)}(1+\delta h) + Ph \\
&= {}_{t+h}V^{(0)} + h\left\{\mu_{x+t}^{02}(S - {}_{t+h}V^{(0)}) + \mu_{x+t}^{01}({}_{t+h}V^{(1)} - {}_{t+h}V^{(0)})\right\} + o(h)
\end{aligned} \quad (10.2.7.5)$$

위 식을 정리하고 양변을 $h$로 나눈 후 $h \to 0$으로 하면

$$\frac{d}{dt}\,_{t}V^{(0)} = \delta\,_{t}V^{(0)} + P - \mu_{x+t}^{01}({}_{t}V^{(1)} - {}_{t}V^{(0)}) - \mu_{x+t}^{02}(S - {}_{t}V^{(0)}) \quad (10.2.7.6)$$

이와 유사하게 $_{t}V^{(1)}$에 대해서도 다음이 성립한다.

$$\frac{d}{dt}\,_{t}V^{(1)} = \delta\,_{t}V^{(1)} - B - \mu_{x+t}^{10}({}_{t}V^{(0)} - {}_{t}V^{(1)}) - \mu_{x+t}^{12}(S - {}_{t}V^{(1)}) \quad (10.2.7.7)$$

식 (10.2.7.6)과 식 (10.2.7.7)를 상태 0, 1, 2가 있는 다중상태모형 3하에서의 Thiele의 미분방정식이라고 한다. 식 (10.2.7.6)과 식 (10.2.7.7)은 오일러 방법을 이용하여 수치해석적으로 풀 수 있다. 전이확률의 미분방정식에 오일러 방법을 적용할 때 우리는 초기값으로부터 전진적(forward)으로 재귀식을 이용하였다. 그러나 계약자적립액에 오일러 방법을 적용할 때는 $_{n}V^{(0)} = {}_{n}V^{(1)} = 0$의 경계조건을 이용하여야 하기 때문에 후진적(backwards)으로 재귀식을 이용하여야 한다. 후진적 방법은 $n-h$, $n-2h$, $\cdots$, $h$, 0에서의 계약자적립액을 후진적으로 계속 계산한다. 후진적 방법을 적용하기 위해

$$\frac{d}{dt}\,_{t}V^{(0)} = ({}_{t}V^{(0)} - {}_{t-h}V^{(0)})/h + o(h)/h \quad (10.2.7.8)$$

$$\frac{d}{dt}{}_tV^{(1)} = ({}_tV^{(1)} - {}_{t-h}V^{(1)})/h + o(h)/h \tag{10.2.7.9}$$

를 정의하고 이 식들을 식 (10.2.7.6)과 식 (10.2.7.7)에 대입하고, 양변에 $h$를 곱하여 정리하면 오일러 방법을 적용하기 위한 다음과 같은 식들을 얻는다.

$${}_{t-h}V^{(0)} = {}_tV^{(0)}(1-\delta h) - Ph + h\mu_{x+t}^{01}({}_tV^{(1)} - {}_tV^{(0)}) + h\mu_{x+t}^{02}(S - {}_tV^{(0)}) \tag{10.2.7.10}$$

$${}_{t-h}V^{(1)} = {}_tV^{(1)}(1-\delta h) + Bh + h\mu_{x+t}^{10}({}_tV^{(0)} - {}_tV^{(1)}) + h\mu_{x+t}^{12}(S - {}_tV^{(1)}) \tag{10.2.7.11}$$

초기값 ${}_nV^{(0)} = {}_nV^{(1)} = 0$을 대입하면 $[{}_{n-h}V^{(0)}, {}_{n-h}V^{(1)}]$, $[{}_{n-2h}V^{(0)}, {}_{n-2h}V^{(1)}]$, $\cdots$, $[{}_tV^{(0)}, {}_tV^{(1)}]$, $\cdots$, $[{}_0V^{(0)}, {}_0V^{(1)}]$ 등의 값들을 구할 수 있다.

## (3) Thiele의 미분방정식

앞에서 고찰한 내용의 일반식을 고찰해 보기 위하여 피보험자 $(x)$, $n$년만기 정기보험, 상태공간이 $\{0, 1, \cdots, n\}$인 다중상태모형을 가정한다. 기호의 정의는

$\mu_{x+t}^{ij}$ : $x+t$세에 상태 $i$와 $j$사이의 전이력

$\delta_t$ : $t$시점의 이력

$B_t^{(i)}$ : 피보험자가 상태 $i$에 있는 동안 지급되는 급부의 연속적 연액

$S_t^{(ij)}$ : 상태 $i$에서 상태 $j$로 전이하는 즉시 $t$시점에서 지급되는 일시금형태의 급부

여기서 $\delta_t$, $B_t^{(i)}$, $S_t^{(ij)}$는 $t$의 연속함수이다. 식 (10.2.7.12)에서 보험료와 사업비가 명시적으로 나타나지는 않지만 보험료는 음수의 급부연액(보험료의 연액이 $P_t^{(i)}$이면 $B_t^{(i)}$는 $B_t^{(i)} - P_t^{(i)}$로 대체된다), 비용은 급부연액 $B_t^{(i)}$에 추가급부로 모형에 반영될 수 있다. 이러한 조건하에서 Thiele의 미분방정식(Thiele's differential equation, TDE)은 $i = 0, 1, \cdots, n$이고 $0 \le t \le n$일 때 다음과 같다.

$$\frac{d}{dt}{}_tV^{(i)} = \delta_t\,{}_tV^{(i)} - B_t^{(i)} - \sum_{j=0, j\neq i}^{n} \mu_{x+t}^{ij}(S_t^{(ij)} + {}_tV^{(j)} - {}_tV^{(i)}) \tag{10.2.7.12}$$

TDE의 해석은 다중상태모형 3의 Thiele의 미분방정식의 해석과 동일하다. 식 (10.7.2.5)에서 우리는 계약자적립액의 미분방정식에 대한 해석 1을 고찰하였다. 이제 TDE에 대한 해석 2를 고찰해보자. ${}_tV^{(i)}$를 피보험자가 상태 $i$에 있다는 조건하에서 상태 $i$를 위한 보험자의 $t$시점 보유현금이라고 생각하자. 식 (10.2.7.12)의 양변에 $h$를 곱하면 좌변은 근

사적으로 $_{t+h}V^{(i)} - _tV^{(i)}$이 되고, 이는 $h$기간 동안 보유현금(계약자적립액)의 차이이다. 우변은 차이를 발생시킨 항목들을 나타낸다. $h$기간 동안 상태 $i$의 보유현금은 다음 다섯가지 항목들만큼 변할 것으로 예상된다.

(i) $h\delta_t \,_tV^{(i)}$만큼 증가: 이자 수입이므로 보유현금을 증가시킨다.

(ii) $hB_t^{(i)}$만큼 감소: 지급된 급부이므로 보유현금을 감소시킨다.

보유현금(계약자적립액)의 변화는 피보험자의 상태가 $i$에서 다른 상태 $j$로 전이하면 발생한다. 상태변화에 대한 전이력은 $\mu_{x+t}^{ij}$이고 전이확률은 $h\mu_{x+t}^{ij}$이다. 상태 $i$를 기준으로 보유현금을 증가시키거나 감소시키는 항목들에 이 확률이 곱해져야 $h$기간 동안의 예상현금유출액과 예상현금유입액을 계산할 수 있다.

(iii) $h\mu_{x+t}^{ij} \, S_t^{(ij)}$만큼 감소: 상태 $i$에서 $j$로 변하면 보험자가 지급해야 하는 일시금으로 보유현금을 감소시킨다.

(iv) $h\mu_{x+t} \, _tV^{(j)}$만큼 감소: 보험자는 새로운 상태 $j$로 전이시 상태 $j$에서 적절한 계약자적립액을 적립해야 하므로 보유현금을 감소시킨다.

(v) $h\mu_{x+t}^{ij} \, _tV^{(i)}$만큼 증가: 식 (10.2.7.12)는 피보험자 1인에 대한 계약자적립액의 변화에 대한 식이다. 피보험자 1인이 아니고 피보험자 집단을 이용하여 설명해 보자. 설명의 편의상 $t$시점에 상태 0에 피보험자 집단 $l_{x+t}^0$명이 존재한다고 가정하자. $h$기간 동안 새로운 상태 1로 전이한 피보험자수는 $l_{x+t}^0 \, h\mu_{x+t}^{01}$로 생각해 볼 수 있다. 이 사람들이 새로운 상태 1에서 각각 $_tV^{(1)}$이 필요하므로 보유한 전체 보유현금에서 $l_{x+t}^0 \, h\mu_{x+t}^{01} \, _tV^{(1)}$만큼 감소하는 것으로 볼 수 있다. 따라서 상태 0에 있는 피보험자 집단의 보유현금에서 $h$기간 동안 $l_{x+t}^0 \, h\mu_{x+t}^{01} \, S_t^{(01)}$과 $l_{x+t}^0 \, h\mu_{x+t}^{01} \, _tV^{(1)}$이 유출되는 것으로 생각할 수 있다. 또 상태 1로 전이한 $l_{x+t}^0 \, h\mu_{x+t}^{01}$명에 대하여는 상태 0에서 더 이상 계약자적립액을 적립할 필요가 없으므로 $l_{x+t}^0 \, h\mu_{x+t}^{01} \, _tV^{(0)}$만큼은 상태 0에 있는 피보험자 집단의 보유현금으로 유입되는 것으로 생각할 수 있다. 보험료와 계약자적립액은 이러한 현금유출입이 적용되는 것을 확률적으로 예상하여 계산된 것이기 때문에 예정적으로는 전체적으로 정확하고 충분한 금액들이다. 상태 0에 있는 피보험자 집단을 피보험자 1인의 개념으로 전환하려면 유출과 유입되는 금액을 $l_{x+t}^0$으로 나누면 되고 TDE에서는 피보험자 1인 기준으로 $h\mu_{x+t}^{01} \, S_t^{(01)}$, $h\mu_{x+t}^{01} \, _tV^{(1)}$, $h\mu_{x+t}^{01} \, _tV^{(0)}$ 등이 나타나고 있다.

단일탈퇴모형에서는 사망이라는 오직 하나의 탈퇴원인이 존재하였다. 이 경우 $_tV^{(0)}$이 $_tV$가 되며, $_tV^{(2)} = 0$, $\mu_x^{01} = \mu_{x+t}$, $S_t^{(01)} = S_t$로 하면 6장과 7장의 TDE가 된다. 여기서

보험료와 사업비를 명시적으로 고려하면 $-B_t^{(i)}$는 $P_t - E_t$가 될 수 있고 $S_t^{(ij)}$는 $S_t + R_t$가 될 수 있을 것이다.

Thiele의 미분방정식을 풀기 위해 초기조건 $_nV^{(i)} = 0$을 이용하고 오일러 방법을 후진적(backwards)으로 사용하면 $n-h$, $n-2h$, $\cdots$, $h$, 0에서의 계약자적립액을 구할 수 있다. 오일러 방법을 이용하기 위한 TDE의 일반적인 재귀식 형태는 다음과 같다.

$$_{t-h}V^{(i)} = {}_tV^{(i)}(1 - \delta_t h) + h B_t^{(i)} + h \sum_{j=0, j \neq i}^{n} \mu_{x+t}^{ij} (S_t^{(ij)} + {}_tV^{(j)} - {}_tV^{(i)}) \quad (10.2.7.13)$$

위 식을 구체적으로 표현하면($k = 0, 1, 2, 3, \cdots$)

$$_{n-(k+1)h}V^{(0)} = {}_{n-kh}V^{(0)} - \begin{bmatrix} \text{식}(10.2.7.12)\text{의 우변에} \\ t = n-kh, \ i = 0\text{을 대입한 식} \end{bmatrix} \times h \quad (10.2.7.14)$$

$$_{n-(k+1)h}V^{(1)} = {}_{n-kh}V^{(1)} - \begin{bmatrix} \text{식}(10.2.7.12)\text{의 우변에} \\ t = n-kh, \ i = 1\text{을 대입한 식} \end{bmatrix} \times h \quad (10.2.7.15)$$

위 식들에

$$_nV^{(0)} = {}_nV^{(1)} = \cdots = 0 \quad (10.2.7.16)$$

을 처음 대입하고($k = 0$), $k$값을 증가시키면($k = 1, 2, 3, \cdots$)

$$[_{n-h}V^{(0)}, \ _{n-h}V^{(1)}, \ _{n-h}V^{(2)}, \cdots], \ [_{n-2h}V^{(0)}, \ _{n-2h}V^{(1)}, \ _{n-2h}V^{(2)}, \cdots], \ \cdots$$

를 재귀식으로 구할 수 있다.

**예제 10.2.7.2** (시간동질 마르코프모형)

시간동질 연속시간 마르코프모형이 다음과 같이 주어졌다.

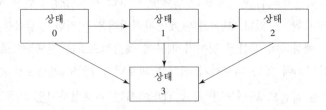

피보험자 $(x)$가 가입한 보험은 상태 1에 있을 때 연속적 연액 1,000원이 지급되며, 상태 2로 전이시 40,000원이 지급되며, 상태 3으로 전이시 50,000원이 지급된다. 보험료는 상태 0에 있는 경우 연액 300씩 연속납으로 납입된다. 다음과 같은 가정이 주어진 경우 $\dfrac{d}{dt}\,{}_{10}V^{(1)}$ 를 구하시오.

(i) $\mu^{01}_{x+10}=0.03$, $\mu^{03}_{x+10}=0.05$, $\mu^{12}_{x+10}=0.10$, $\mu^{13}_{x+10}=0.20$, $\mu^{23}_{x+10}=0.30$

(ii) ${}_{10}V^{(1)}=45{,}000$, ${}_{10}V^{(2)}=30{,}000$      (iii) $\delta=0.05$

**풀이**

모든 $t\ge 0$에 대하여 $\delta_t=\delta=0.05$이므로 Thiele의 미분방정식을 이용하면

$$\frac{d}{dt}\,{}_{10}V^{(1)}$$

$$= \delta_{10}\,{}_{10}V^{(1)}-B^{(1)}_{10}-\mu^{12}_{x+10}\left(S^{(12)}_{10}+{}_{10}V^{(2)}-{}_{10}V^{(1)}\right)-\mu^{13}_{x+10}\left(S^{(13)}_{10}+{}_{10}V^{(3)}-{}_{10}V^{(1)}\right)$$

$$= 0.05\,(45000)-1{,}000-0.1\,(40000+30000-45000)-0.2\,(50000-45000)$$

$$= -2250$$

---

**예제 10.2.7.3** (시간동질 마르코프모형)

시간동질 연속시간 마르코프모형인 다중상태모형 3(질병모형)을 고려한다. 피보험자 $(x)$가 가입한 보험은 질병상태(상태 1)에 있으면 연속적 연액 1,000원을 질병급부로 제공하고, 사망(상태 2)시 15,000원을 사망즉시급으로 지급한다. 연속납평준순보험료는 연속적 연액 200원씩 건강상태(상태 0)에 있는 피보험자들만 납부한다. 다음과 같은 조건하에서 ${}_9V^{(1)}$를 구하시오. Thiele의 미분방정식을 수치해석방법으로 풀기 위하여 $h=0.5$인 오일러방법을 후진적으로 이용하시오.

(i) $\mu^{01}_{x+t}=0.09$, $\mu^{02}_{x+t}=0.03$, $\mu^{10}_{x+t}=0.07$, $\mu^{12}_{x+t}=0.05$, $t\ge 0$

(ii) ${}_{10}V^{(0)}=2{,}000$, ${}_{10}V^{(1)}=10{,}000$      (iii) $\delta=0.05$

**풀이**

식 (10.2.7.10)과 식 (10.2.7.11)를 이용하면

$$\begin{aligned}{}_{9.5}V^{(0)} &= 2000\,[1-0.5\,(0.05)]-0.5\,(200)+0.5\,[(0.09)(10000-2000)\\&\quad+(0.03)(15000-2000)]=2405\end{aligned}$$

$$\begin{aligned}{}_{9.5}V^{(1)} &= 10000\,[1-0.5\,(0.05)]+0.5\,(1000)\\&\quad+0.5\,[(0.07)(2000-10000)+(0.05)(15000-10000)]=10095\end{aligned}$$

이다. 따라서

$$\begin{aligned}{}_{9}V^{(1)} &= 10095\,[1-0.5\,(0.05)]+0.5\,(1000)+0.5\,[(0.07)(2405-10095)\\&\quad+(0.05)(15000-10095)]=10196.1\end{aligned}$$

---

**예제 10.2.7.4** (시간동질 마르코프모형 – 다중상태모형 3)

시간동질 연속시간 마르코프모형인 다중상태모형 3(질병모형)을 고려한다. 전이력을

$\mu_x^{01} = 0.06$, $\mu_x^{02} = 0.01$, $\mu_x^{10} = 0.03$, $\mu_x^{12} = 0.02$, $x \geq 0$이라고 가정하고 KFE를 풀기 위해 오일러방법을 이용하여 0시점의 계약자적립액을 구하면 보험료가 400인 경우 $_0V^{(0)} = 23$이고 보험료가 500인 경우 $_0V^{(0)} = -573$이다. $_0V^{(0)} = 0$이 되는 보험료 $P$를 구하시오.

**풀이**

$P$를 수지상등의 원칙에 의하여 구한 보험료라고 하면 이 $P$를 이용하면 $_0V^{(0)} = 0$이 되어야 한다. $_0V^{(0)}$를 근사적으로 $P$의 일차함수로 보면[1]

$$\frac{P - 400}{500 - 400} \approx \frac{23 - 0}{23 - (-573)}$$

$$P = 400 + (500 - 400)\left(\frac{23}{23 + 573}\right) = 403.859$$이다.

실제로 $P = 403.859$인 경우 $_0V^{(0)} = 0.62$이다.

$_0V^{(0)} = 0$이 되는 $P$값은 $P = 403.9636$이다.

---

**예제 10.2.7.5**  (시간동질 마르코프모형 – 다중상태모형 3)

시간동질 마르코프모형인 다중상태모형 3(질병모형)을 가정한다. 이 모형이 적용된 보험은 피보험자 $(x)$가 질병(상태 1)상태에 있으면 연속적 연액 1000원을 질병급부로 지급하는 10년납, (소득상실보상)보험이며, 보험기간은 10년이다. 피보험자가 사망하면 사망보험금은 없다. 다음과 같은 조건이 주어지고 연속납평준순보험료의 연액은 200원이고 건강(상태 0)상태인 피보험자만 납부한다고 가정한다.

(i)  $\mu_{x+t}^{01} = 0.15$, $\mu_{x+t}^{02} = 0.02$, $\mu_{x+t}^{10} = 0.1$, $\mu_{x+t}^{12} = 0.1$, $t \geq 0$

(ii)  $\delta = 0.05$

초기준비금 $_9V^{(0)}$와 $_9V^{(1)}$를 각각 구하고 이를 기초로 $_8V^{(0)}$와 $_8V^{(1)}$를 구하시오. $_8V^{(i)}$를 구하는 방법은 Thiele의 미분방정식을 이용하고, 수치해석방법은 $h = 1$의 오일러방법을 이용하시오.

**풀이**

9시점에서의 각 상태에서의 계약자적립액을 생각하면 상태 0에서는 질병급부의 지급은 없고 보험료만 납입(연속적 납입)하게 된다. 상태 1에서는 1,000원의 질병급부를 지급하고 보험료의 납입은 없다. 따라서 연속납평준순보험료의 연액이 200원인 경우 9시점에서의 각 상태의 계약자적립액은 식 (10.2.7.10)과 식 (10.2.7.11)을 이용하면 $_{10}V^{(0)} = 0$, $_{10}V^{(1)} = 0$, $S = 0$이므로

$$_9V^{(0)} = 0(1 - (0.05)(1)) - 200(1) + (1)(0.15)(0 - 0) + (1)(0.02)(0 - 0)$$

$$= -200$$

---

[1] 그림을 그려보면 다음 식을 바로 유도할 수 있다.

$$_9V^{(1)} = 0(1 - (0.05)(1)) + 1000(1) + (1)(0.1)(0-0) + (1)(0.1)(0-0)$$
$$= 1000$$

8시점의 계약자적립액은 위에서 구한 $_9V^{(0)}$와 $_9V^{(1)}$를 이용하면

$$_8V^{(0)} = -200(1-0.05) - 200 + 0.15[1000-(-200)] + 0.02[0-(-200)]$$
$$= -206$$

$$_8V^{(1)} = 1000(1-0.05) + 1000 + 0.1(-200-1000) + 0.1(0-1000)$$
$$= 1730$$

### 예제 10.2.7.6   (시간동질 마르코프모형)

시간동질 연속시간 마르코프연쇄를 적용한 다중상태모형 2(영구장해모형)를 고려한다. 상태 0은 건강, 상태 1은 영구장해, 상태 2는 사망을 나타낸다. 건강상태 (상태 0)에 있는 피보험자 (30)이 10년납입 보험에 가입하였다. 보험기간은 10년이다. 이 보험은 피보험자가 사망하면 사망보험금 10,000원이 사망즉시 지급되고, (장해급부 지급시점에: at the payment date) 영구장해상태(상태 1)에 있으면 연속적 연액 300원의 장해급부가 지급된다.[1] 보험료는 피보험자가 건강상태(상태 0)에 있으면 연속적으로 납입된다. 다음과 같은 가정이 주어졌다. $(x \geq 30)$

(i) $\mu_x^{01} = 0.03$,  $\mu_x^{02} = 0.04$,  $\mu_x^{12} = 0.06$         (ii) $\delta = 0.05$

(a) 이 보험의 연속납평준순보험료의 연액 $P$를 구하시오.

(b) 계약자적립액 산출기준은 보험료 산출기준과 동일하다고 가정할 때 피보험자가 상태 0과 상태 1에 있을 때의 계약자적립액인 $_7V^{(0)}$와 $_7V^{(1)}$를 구하시오.

(c) $i = 0, 1$에 대하여 $_tV^{(i)}$의 변화율을 Thiele의 미분방정식으로 나타내시오.

(d) $t = 7$인 경우 $_7V^{(0)}$, $_7V^{(1)}$의 변화율을 구하시오

**풀이**

(a) 보험료의 EPV를 먼저 구해본다. 순보험료의 연액을 $P$라고 하면

$$P\,\bar{a}_{30:\overline{10|}}^{00} = P\int_0^{10} e^{-\delta t}\,_tp_{30}^{\overline{00}}\,dt = P\int_0^{10} e^{-0.05t}\,e^{-0.07t}\,dt$$

$$= P\left(\frac{1 - e^{-0.12 \times 10}}{0.12}\right) = 5.82338P$$

또는 식 (10.2.6.10)을 이용하여 $\bar{a}_{30:\overline{10|}}^{00} = \dfrac{1 - e^{-0.12\times 10}}{0.12} = 5.82338$임을 구할 수 있다.

모든 급부의 APV를 구해보자. 보험급부 계산시 $_tp_{30}^{01}$이 필요하므로 먼저 구해보자.

---

[1] 마르코프모형이 이용되는 다중상태모형의 세계(환경)가 아닌 입장에서 해석하면 $t$시점에 상태 1(장해상태)에 있는 피보험자 입장에서는 그 피보험자가 향후 계속 장해상태에 있으면 잔여 보험기간인 $30-t$년 동안 연속적 연액 300원의 장해연금을 받는 것으로 해석할 수 있다.

$$_t p_{30}^{01} = \int_0^t {}_s p_{30}^{\overline{00}}\ \mu_{30+s}^{01}\ {}_{t-s} p_{30+s}^{\overline{11}}\ ds = \int_0^t e^{-0.07s}\ 0.03\ e^{-0.06(t-s)}\ ds$$

$$= 0.03\ e^{-0.06t} \int_0^t e^{-0.01s}\ ds = 0.03\ e^{-0.06t} \left( \frac{1-e^{-0.01t}}{0.01} \right) = 3\ e^{-0.06t}\ (1-e^{-0.01t})$$

사망보험금급부의 APV를 구해보자

$$\bar{A}_{30:\overline{10|}}^{02} = \int_0^{10} e^{-\delta t}\ ({}_t p_{30}^{00}\ \mu_{30+t}^{02} + {}_t p_{30}^{01}\ \mu_{30+t}^{12})\ dt$$

$$= \int_0^{10} e^{-0.05t} [0.04\ e^{-0.07t} + 3\ (e^{-0.06t} - e^{-0.07t})\ 0.06]\ dt$$

$$= \int_0^{10} e^{-0.05t} [0.18\ e^{-0.06t} - 0.14\ e^{-0.07t}]\ dt$$

$$= 0.18 \left( \frac{1-e^{-0.11\times10}}{0.11} \right) - 0.14 \left( \frac{1-e^{-0.12\times10}}{0.12} \right) = 0.27639$$

또는 식 (10.2.6.15)를 이용하여

$$\bar{A}_{30:\overline{10|}}^{02} = 0.04 \left( \frac{1-e^{-0.12\times10}}{0.12} \right) + 0.06 \times \frac{0.03}{0.01} \left( \frac{1-e^{-0.11\times10}}{0.11} - \frac{1-e^{-0.12\times10}}{0.12} \right)\ .$$

$$= \frac{0.18}{0.11} (1-e^{-0.11\times10}) - \frac{0.14}{0.12} (1-e^{-0.12\times10}) = 0.27639$$

임을 구할 수 있다.

장해급부의 APV를 구해보자

$$\bar{a}_{30:\overline{10|}}^{01} = \int_0^{10} e^{-\delta t}\ {}_t p_{30}^{01}\ dt = 3 \int_0^{10} e^{-0.11t}\ (1-e^{-0.01t})\ dt$$

$$= 3 \left( \frac{1-e^{-0.11\times10}}{0.11} \right) - 3 \left( \frac{1-e^{-0.12\times10}}{0.12} \right) = 0.72428$$

또는 식 (10.2.6.12)를 이용하여

$$\bar{a}_{30:\overline{10|}}^{01} = 3 \left( \frac{1-e^{-0.11\times10}}{0.11} - \frac{1-e^{-0.12\times10}}{0.12} \right) = 0.72428$$

임을 확인할 수 있다.

수지상등의 원칙에 의하여

$$P\ \bar{a}_{30:\overline{10|}}^{00} = 10000\ \bar{A}_{30:\overline{10|}}^{02} + 300\ \bar{a}_{30:\overline{10|}}^{01}$$

$$5.82338P = 10000(0.27639) + 300(0.72428)$$

$$P = 511.93362$$

(b) (i) $t=7$시점의 계약자적립액 $_7V^{(0)}$를 구하기 위하여 $\bar{a}_{37:\overline{3|}}^{00}$, $\bar{A}_{37:\overline{3|}}^{02}$ 과 $\bar{a}_{37:\overline{3|}}^{01}$ 이 필요하다. 이 값들은 (a)의 결과를 이용하면 쉽게 구할 수 있다. (a)에서는 $t=10$을 사용하였고 여기서는 $t=3$을 사용하면 된다.

$\bar{a}_{30:\overline{10|}}^{00}$ 에서 $-1.2 = -(\delta + \mu^{01} + \mu^{02})\ t$ 이므로 $(t=10)$

$$\bar{a}_{37:\,\overline{3|}}^{00} = \left( \frac{1 - e^{-0.12 \times 3}}{0.12} \right) = 2.51936$$

$\bar{A}_{40:\,\overline{10|}}^{02}$ 에서 $-1.1 = -(\delta + \mu^{12})\,t$, $-1.2 = (\delta + \mu^{01} + \mu^{02})\,t$ 이므로 $(t = 10)$

$$\bar{A}_{37:\,\overline{3|}}^{02} = 0.18 \left( \frac{1 - e^{-0.11 \times 3}}{0.11} \right) - 0.14 \left( \frac{1 - e^{-0.12 \times 3}}{0.12} \right) = 0.10723$$

$\bar{a}_{30:\,\overline{10|}}^{01}$ 에서 $-1.1 = -(\delta + \mu^{12})\,t$, $-1.2 = (\delta + \mu^{01} + \mu^{02})\,t$ 이므로 $(t = 10)$

$$\bar{a}_{37:\,\overline{3|}}^{01} = 3 \left( \frac{1 - e^{-0.11 \times 3}}{0.11} \right) - 3 \left( \frac{1 - e^{-0.12 \times 3}}{0.12} \right) = 0.10762$$

위의 결과들을 이용하면

$$_{7}V^{(0)} = 10000\,\bar{A}_{37:\,\overline{3|}}^{02} + 300\,\bar{a}_{37:\,\overline{3|}}^{01} - P\,\bar{a}_{37:\,\overline{3|}}^{00}$$

$$= 10000\,(0.10723) + 300\,(0.10762) - 511.93362\,(2.51936) = -185.15908$$

(ii) $t = 7$시점에서 계약자적립액 $_{7}V^{(1)}$를 구하기 위하여 $\bar{a}_{37:\,\overline{3|}}^{11}$, $\bar{A}_{37:\,\overline{3|}}^{12}$ 이 필요하다.

$$\bar{a}_{37:\,\overline{3|}}^{11} = \int_{0}^{3} e^{-\delta t} \,_{t}p_{37}^{\overline{11}} \, dt = \int_{0}^{3} e^{-0.05t} \, e^{-0.06t} \, dt = \frac{1 - e^{-0.11 \times 3}}{0.11} = 2.55524$$

$$\bar{A}_{37:\,\overline{3|}}^{12} = \int_{0}^{3} e^{-\delta t} \,_{t}p_{37}^{\overline{11}} \, \mu_{37+t}^{12} \, dt = \int_{0}^{3} e^{-0.05t} \, e^{-0.06t} \, 0.06 \, dt$$

$$= 0.06 \left( \frac{1 - e^{-0.11 \times 3}}{0.11} \right) = 0.15331$$

상태 1에 있을 때 보험료납입은 없으므로

$$_{7}V^{(1)} = 10000\,\bar{A}_{37:\,\overline{3|}}^{12} + 300\,\bar{a}_{37:\,\overline{3|}}^{11} - 0$$

$$= 10000\,(0.15331) + 300\,(2.55524) = 2299.672$$

(c) $\dfrac{d}{dt}\,_{t}V^{(i)} = \delta_{t} \,_{t}V^{(i)} - B_{t}^{(i)} - \displaystyle\sum_{j=0,\,j \neq i}^{n} \mu_{x+t}^{ij} \left( S_{t}^{(ij)} + \,_{t}V^{(j)} - \,_{t}V^{(i)} \right)$

$$\frac{d}{dt}\,_{t}V^{(0)} = 0.05 \,_{t}V^{(0)} + 511.93362 - 0.03\,(_{t}V^{(1)} - \,_{t}V^{(0)}) - 0.04\,(10000 - \,_{t}V^{(0)})$$

$$\frac{d}{dt}\,_{t}V^{(1)} = 0.05 \,_{t}V^{(1)} - 300 - 0.06\,(10000 - \,_{t}V^{(1)})$$

(d) (c)의 결과를 이용하면

$_{7}V^{(0)}$의 변화율

$$= 0.05\,(-185.15908) + 511.93362 - 0.03\,(2299.672 + 185.15908)$$

$$- 0.04\,(10000 + 185.15908) = 20.72437$$

$_{7}V^{(1)}$의 변화율

$$= 0.05\,(2299.672) - 300 - 0.06\,(10000 - 2299.672) = -647.03608$$

## 8. 다중상태모형과 다중탈퇴모형

### (1) 다중상태모형하의 기호표시

다중탈퇴모형은 다중상태모형의 특수한 형태이며 보험수리학에서 광범위하게 사용되고 있다. 다중탈퇴모형은 하나의 출발상태(starting state)가 있고 여러개($m$개)의 출구상태(exit state)가 있다. 다중탈퇴모형에서는 출발상태에서 출구상태로 전이하는 것만이 가능하며 그 이후에 어떤 전이도 가능하지 않다. 따라서 다중탈퇴모형은 출구상태에서 출발상태로 돌아올 수 없다. 탈퇴원인이 $m$개인 다중탈퇴모형은 그림 [10.2.8.1]과 같다.

그림 [10.2.8.1] 출구가 $m$개인 다중탈퇴모형(다중상태모형 4)

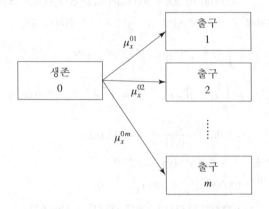

우리는 제9장에서 다중탈퇴모형에 대하여 자세히 고찰하였다. 다중상태모형하에서 다중탈퇴모형은 기호표시만 다를 뿐 그 내용은 다중탈퇴모형에서 고찰한 바와 거의 같다. 다중탈퇴모형의 기호와 다중상태모형의 기호를 비교하면 표 [10.2.8.1]과 같다.

표 [10.2.8.1] 다중탈퇴모형과 다중상태모형의 기호 비교

| 다중탈퇴모형의 기호 | | 다중상태모형의 기호 | |
|---|---|---|---|
| 탈퇴력 | $\mu_{x+t}^{(j)}$ | 전이력 | $\mu_{x+t}^{0j}$ |
| 총탈퇴력 | $\mu_{x+t}^{(\tau)}$ | 총전이력 | $\mu_{x+t}^{0\bullet}$ |
| 총생존확률 | $_tp_x^{(\tau)}$ | 종속생존확률 | $_tp_x^{00}$ |
| 탈퇴율 | $_tq_x^{(j)}$ | 종속전이확률 | $_tp_x^{0j}$ |
| 총탈퇴율 | $_tq_x^{(\tau)}$ | 종속총전이확률 | $_tp_x^{0\bullet}$ |
| 절대탈퇴율 | $_tq'^{(j)}_x$ | 독립전이확률 | |
| 절대생존율 | $_tp'^{(j)}_x$ | 독립생존확률 | |

다중상태모형의 기호를 이용하여 기본적인 기호를 정의하면 다음과 같다. $i = 1, 2, \cdots, m$ 이고 $j = 0, 1, \cdots, m\,(j \neq i)$ 이면

$$_t p_x^{00} = {_t p_x^{\overline{00}}} = \exp\left(-\int_0^t \sum_{i=1}^m \mu_{x+s}^{0i}\, ds\right) \tag{10.2.8.1}$$

$$_t p_x^{0j} = \int_0^t \exp\left(-\int_0^s \sum_{i=1}^m \mu_{x+r}^{0i}\, dr\right) \mu_{x+s}^{0j}\, ds$$

$$= \int_0^t {_s p_x^{00}}\, \mu_{x+s}^{0j}\, ds \tag{10.2.8.2}$$

다음의 예제를 통하여 $_t p_x^{0i}$를 구해보자.

예제 10.2.8.1 (시간비동질 마르코프모형)

현재 상태가 0이고 상태 1, 2, 3이 주어진 시간비동질 연속시간 마르코프모형을 적용한 다중상태모형 4($m = 3$인 다중탈퇴모형)를 고려한다. 다중탈퇴모형은 $0 \rightarrow 1$, $0 \rightarrow 2$, $0 \rightarrow 3$만 가능하고 0으로 다시 재진입할 수 없는 모형이다. 다음과 같은 조건이 주어질 때 $_{10} p_{50}^{00}$을 구하시오. ($x \geq 0$)

(i) $\mu_x^{01} = 0.01\,(1.01^x)$     (ii) $\mu_x^{02} = 0.02\,(1.02^x)$     (iii) $\mu_x^{03} = 0.03\,(1.03^x)$

풀이

상태 0으로 다시 재진입할 수 없으므로 $_{10} p_{50}^{00} = {_{10} p_{50}^{\overline{00}}}$이다.

식 (10.2.2.1)을 이용하면

$$_{10} p_{50}^{00} = \exp\left(-\int_0^{10} 0.01\,(1.01)^{50+s} + 0.02\,(1.02)^{50+s} + 0.03\,(1.03)^{50+s}\, ds\right)$$

$$= \exp\left(\left[-\frac{0.01\,(1.01)^{50+s}}{\ln 1.01} - \frac{0.02\,(1.02)^{50+s}}{\ln 1.02} - \frac{0.03\,(1.03)^{50+s}}{\ln 1.03}\right]_0^{10}\right)$$

$$= e^{-0.17292 - 0.59532 - 1.5302} = e^{-2.29844} = 0.10042$$

예제 10.2.8.2 (시간동질 마르코프모형)

시간동질 연속시간 마르코프모형을 적용한 다중상태모형 4($m = 4$인 다중탈퇴모형)를 고려한다. 5개의 상태가 존재하고 상태 0에서 상태 1, 2, 3, 4로만 전이가 가능하고 상태 0으로 재진입할 수 없다. 다음과 같은 조건하에서 $p_{50}^{03}$을 구하시오.

(i) $\mu_{50+t}^{01} = 0.03$        (ii) $\mu_{50+t}^{02} = 0.04$

(iii) $\mu_{50+t}^{03} = 0.05$        (iv) $\mu_{50+t}^{04} = 0.06, \quad t \geq 0$

**풀이**

다중탈퇴모형이므로 $p_{50}^{03} = \int_0^1 {}_sp_{50}^{00}\, \mu_{50+s}^{03}\, ds$

$${}_sp_{50}^{00} = {}_sp_{50}^{\overline{00}} = e^{-(0.03+0.04+0.05+0.06)s} = e^{-0.18s}$$

따라서

$$p_{50}^{03} = \int_0^1 e^{-0.18s}\, 0.05\ ds = 0.05\left(\frac{1-e^{-0.18\times1}}{0.18}\right) = 0.04576$$

다중탈퇴모형에서 $m=1$인 단일탈퇴모형을 고려해 보자.

그림 [10.2.8.2]  독립적 단일탈퇴모형

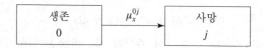

그림 [10.2.8.2]의 단일탈퇴모형에서는 상태 0과 상태 $j$의 두 상태만이 있다. 이 경우 제2장에서 고찰한 단생명의 생존확률과 전이확률(사망확률) 등이 적용될 수 있으며, 다중탈퇴모형에서 ${}_tp{'}_x^{(j)}$와 ${}_tq{'}_x^{(j)}$로 정의하여 사용하였다. ${}_tp_x^{00}$는 종속생존확률(dependent survival probability)이고, ${}_tp_x^{0j}$를 탈퇴원인 $j$의 종속전이확률(dependent transition probability)로 볼 수 있다. 왜냐하면 이 확률들은 다른 전이력의 값인 $\mu_{x+s}^{0k}\,(0 \le s \le t,\ k \ne j)$에 의존(dependent)한다. 이와는 달리 ${}_tp{'}_x^{(j)}$와 ${}_tq{'}_x^{(j)}$는 탈퇴원인 $j$의 독립생존확률(independent survival probability)과 독립전이확률(independent transition probability)이라고 볼 수 있다. 왜냐하면 이 값들은 다른 전이들의 영향에 의존하지 않고 독립적이기 때문이다.

(2) 다중탈퇴표

다중상태모형에서 다중탈퇴표의 작성과 해석은 다중탈퇴모형에서 고찰한 바와 동일하다. 다만 기호의 표시가 다르기 때문에 기호의 표시를 정확히 인식할 필요가 있다.

$l_{x_0}$를 시작연령이 $x_0$인 생존자수라고 하면

$$l_x = l_{x_0+t} = l_{x_0}\, {}_tp_{x_0}^{00} \tag{10.2.8.3}$$

이고, $j = 1, 2, \cdots, m$에 대하여

$$d_x^{(j)} = l_x \cdot p_x^{0j} \tag{10.2.8.4}$$

이다. 여기서 $l_x (x \geq x_0)$는 상태 0에 있는 $l_{x_0}$로부터 시작해서 $x$세가 된 생존자수의 예상치를 나타내고, $d_x^{(j)}$는 출발상태의 $l_{x_0}$로부터 시작해서 $(x, x+1)$에서 탈퇴원인 $j$로 인한 예상탈퇴자수를 나타낸다. 다중상태표를 이용하여 다중상태모형의 기호를 고찰해보자.

**예제 10.2.8.3**

예제 (9.2.5.1)의 다중탈퇴표를 이용한다.

| $x$ | $l_x^{(\tau)}$ | $d_x^{(\tau)}$ | $d_x^{(1)}$ | $d_x^{(2)}$ | $d_x^{(3)}$ |
|---|---|---|---|---|---|
| 55 | 100000.00 | 9232.00 | 1440.00 | 2903.00 | 4889.00 |
| 56 | 90768.00 | 9661.35 | 1734.58 | 2615.03 | 5311.74 |
| 57 | 81106.65 | 9770.10 | 1927.09 | 2318.84 | 5524.17 |
| 58 | 71336.55 | 9584.77 | 2023.10 | 2023.10 | 5538.57 |
| 59 | 61751.78 | 9151.62 | 2032.87 | 1737.70 | 5381.05 |

9장에서 정의하였듯이 탈퇴원인 확률변수를 $J$라고 하자. $J = 1$(사망), $J = 2$(장해), $J = 3$(해약)이라고 할 때 다음을 구하시오.

(a) $_2p_{55}^{00}$, $p_{55}^{01}$, $_3p_{56}^{03}$

(b) 55세에게 발행된 보험에서 58세 이전에 사망급부나 장해급부가 지급될 확률

(c) 55세에게 발행된 보험에서 57세에서 59세 사이에서 해약할 확률

**풀이**

(a) $_2p_{55}^{00} = \dfrac{l_{57}^{(\tau)}}{l_{55}^{(\tau)}} = \dfrac{81106.65}{100000.00} = 0.81107$

$p_{55}^{01} = \dfrac{d_{55}^{(1)}}{l_{55}^{(\tau)}} = \dfrac{1440.00}{100000.00} = 0.0144$

$_3p_{56}^{03} = \dfrac{d_{56}^{(3)} + d_{57}^{(3)} + d_{58}^{(3)}}{l_{56}^{(\tau)}} = \dfrac{5311.74 + 5524.17 + 5538.57}{90768.00} = 0.1804$

(b) $_3p_{55}^{01} + {}_3p_{55}^{02} = \dfrac{d_{55}^{(1)} + d_{56}^{(1)} + d_{57}^{(1)} + d_{55}^{(2)} + d_{56}^{(2)} + d_{57}^{(2)}}{l_{55}^{(\tau)}}$

$= \dfrac{1440.00 + 1734.58 + 1927.09 + 2903.00 + 2615.03 + 2318.84}{100000.00}$

$= \dfrac{12938.54}{100000.00} = 0.12939$

(c) $_2p_{55}^{00} \, _2p_{57}^{03} = \dfrac{d_{57}^{(3)} + d_{58}^{(3)}}{l_{55}^{(\tau)}} = \dfrac{5524.17 + 5538.57}{100000.00} = 0.11063$

**(3) 단수부분의 탈퇴가정**

주어진 정보나 자료가 다중탈퇴표의 $l_x$와 $d_x^{(j)}$와 같은 정수부분의 자료만 있는 경우 단수부분연령(fractional age)의 확률을 계산하기 위하여는 정수연령 사이의 탈퇴확률이나

탈퇴력에 대한 가정을 하여야 한다.

(a) UDTMD / UDDMD 가정

$0 \leq t \leq 1$에서 각 출구[1] $j$(each exit mode $j$)에 대하여

$$_t p_x^{0j} = t\, p_x^{0j} \tag{10.2.8.5}$$

를 가정하는 경우를 UDTMD(Uniform Distribution of Transition in the Multiple Decrements table) 또는 UDDMD라고 하며 다중탈퇴이론에서와 동일하다.

(b) CFTMD / CFDMD 가정

$0 \leq t \leq 1$에서 각 출구 $j$에 대하여

$$\mu_{x+t}^{0j} = \mu_x^{0j} \tag{10.2.8.6}$$

로 가정하는 경우를 CFTMD(Constant Force of Transition in the Multiple Decrement Table) 또는 CFDMD라고 하며 다중탈퇴이론에서와 동일하다.

$\mu_{x+t}^{0\bullet}$을 $x+t(0 \leq t < 1)$세에서 탈상태 0(脫狀態 0)의 총전이력(total force of transition out of state 0)을 나타낸다고 하면

$$\mu_{x+t}^{0\bullet} = \mu_x^{0\bullet} = \sum_{k=1}^{m} \mu_x^{0k} \tag{10.2.8.7}$$

이다. 연령 $(x, x+1)$에서 상태 0을 벗어나려는 총탈퇴확률(total exit probability from state 0)을 $p_x^{0\bullet}$으로 나타내면

$$p_x^{0\bullet} = 1 - p_x^{00} = \sum_{k=1}^{m} p_x^{0k} = 1 - e^{-\mu_x^{0\bullet}} \tag{10.2.8.8}$$

$$p_x^{00} = e^{-\mu_x^{0\bullet}} \tag{10.2.8.9}$$

가 된다. 모든 탈퇴에 대하여 정수연령구간 사이에서 CFTMD을 가정하면

$$_t p_x^{0j} = \frac{p_x^{0j}}{p_x^{0\bullet}} \left[ 1 - (p_x^{00})^t \right] \tag{10.2.8.10}$$

이 된다. 위 식은 기호표시만 다를 뿐 다중탈퇴모형에서 이미 고찰한 식과 동일하고 그 의미도 동일하다.

---

1) 탈퇴원인.

(4) 독립률(절대탈퇴율)의 계산

다중탈퇴율 즉 종속생존확률과 종속전이확률이 주어진 경우 이를 이용하여 독립생존확률과 독립전이확률 즉, 절대탈퇴율을 구해보자.

(a) UDTMD(UDDMD) 가정

다중탈퇴표상에서 각 출구로의 전이가 UDD를 가정할 때, 즉 UDDMD일 때, $0 \leq t < 1$ 에 대하여

$$_t p_x^{0k} = t \, p_x^{0k} \tag{10.2.8.11}$$

$$_t p_x^{00} = 1 - t \, p_x^{0\bullet} \tag{10.2.8.12}$$

$$_t p_x^{00} \, \mu_{x+t}^{0j} = p_x^{0j} \tag{10.2.8.13}$$

가 성립한다. 다중탈퇴모형에서 유도한 것과 동일하게 이론을 전개하면 다음 식들을 얻을 수 있고 기호만 다르게 표시되어 있을 뿐 다중탈퇴모형에서의 식과 동일하다.

$$\mu_{x+t}^{0j} = \frac{p_x^{0j}}{1 - t \, p_x^{0\bullet}} \tag{10.2.8.14}$$

$$p'^{(j)}_x = (p_x^{00})^{(p_x^{0j}/p_x^{0\bullet})} \tag{10.2.8.15}$$

(b) CFTMD(CFDMD) 가정

CFTMD 가정인 경우 식 (9.2.4.23)으로부터

$$\mu_x^{0j} = \mu_x^{0\bullet} \, \frac{p_x^{0j}}{p_x^{0\bullet}} \tag{10.2.8.16}$$

이므로

$$p'^{(j)}_x = (p_x^{00})^{(p_x^{0j}/p_x^{0\bullet})} \tag{10.2.8.17}$$

이 성립하고 다중탈퇴모형에서 유도한 식과 기호만 다를 뿐 동일하다. UDTMD와 CFTMD 가정하에서 유도한 독립률(절대탈퇴율)의 식은 동일하다.

( 예제 10.2.8.4 )
다음과 같은 이중탈퇴표가 주어졌다.

| $x$ | $p_x^{01}$ | $p_x^{02}$ |
|:---:|:---:|:---:|
| 45 | 0.002 | 0.02 |
| 46 | 0.003 | 0.03 |
| 47 | 0.004 | 0.05 |
| 48 | 0.005 | 0.06 |
| 49 | 0.006 | 0.07 |

탈퇴들은 이중탈퇴표하에서 균등분포(UDDMD)를 한다고 가정할 때 다음을 구하시오.

(a) $\mu_{46.6}^{01}$ 을 계산하시오.     (b) $p_{46.6}^{00}$ 을 계산하시오.

**풀이**

(a) 탈퇴들은 이중탈퇴표하에서 균등분포(UDDMD)를 한다고 가정하였으므로 식 (10.2.8.12)에 의하여

$$p_{46}^{00} = 1 - p_{46}^{0\bullet} = 1 - (p_{46}^{01} + p_{46}^{02})$$

$$_{0.6}p_{46}^{00} = 1 - 0.6\, p_{46}^{0\bullet} = 1 - 0.6\,(p_{46}^{01} + p_{46}^{02}) = 1 - 0.6\,(0.003 + 0.03) = 0.9802$$

이고, 식 (10.2.8.14)에 의해

$$\mu_{46.6}^{01} = \frac{p_{46}^{01}}{1 - 0.6\, p_{46}^{0\bullet}} \left(= \mu_{46+0.6}^{(1)} = \frac{q_{46}^{(1)}}{_{0.6}p_{46}^{(\tau)}}\right) = \frac{0.003}{0.9802} = 0.0030606$$

(b) $p_{46.6}^{00}$ 는 다음과 같이 두 확률의 곱으로 나타낼 수 있다.

$$p_{46.6}^{00} = {}_{0.4}p_{46.6}^{00}\; {}_{0.6}p_{47}^{00} = {}_{0.4}p_{46.6}^{(\tau)}\; {}_{0.6}p_{47}^{(\tau)}$$

식 (10.2.8.12)에 의하여

$$_{0.6}p_{47}^{00} = 1 - 0.6\, p_{47}^{0\bullet}\,(= {}_{0.6}p_{47}^{(\tau)} = 1 - 0.6\, q_{47}^{(\tau)}) = 1 - 0.6\,(0.054) = 0.9676$$

이고 $_{0.6}p_{46}^{00}\; {}_{0.4}p_{46.6}^{00} = p_{46}^{00}\;({}_{0.6}p_{46}^{(\tau)}\; {}_{0.4}p_{46.6}^{(\tau)} = p_{46}^{(\tau)})$ 이므로

(a)에서 구한 $_{0.6}p_{46}^{00}(= {}_{0.6}p_{46}^{(\tau)}) = 0.9802$ 를 이용하면

$$0.9802 \times {}_{0.4}p_{46.6}^{00} = 1 - 0.033$$

그러므로 $_{0.4}p_{46.6}^{00}(= {}_{0.4}p_{46.6}^{(\tau)}) = 0.98653$ 이며 따라서

$$p_{46.6}^{00} = {}_{0.4}p_{46.6}^{00}\; {}_{0.6}p_{47}^{00} = (0.98653)\,(0.9676) = 0.95457$$

(5) 다중탈퇴율의 계산

절대탈퇴율이 주어진 경우 다중탈퇴율을 계산하는 식을 구해보자.

(a) UDTMD(UDDMD) 가정과 CFTMD(CFDMD) 가정

식 (10.2.8.15)와 식 (10.2.8.17)로부터

$$p_x^{0j} = \frac{\ln p_x'^{(j)}}{\ln p_x^{00}} \, p_x^{0\bullet} \tag{10.2.8.18}$$

가 되고 $_t p_x^{00} = \prod_{j=1}^{m} {}_t p_x'^{(j)}$, $_t p_x^{0\bullet} = 1 - {}_t p_x^{00}$를 이용하면 $p_x^{0j}$를 구할 수 있다.

(b) UDTSD(UDDSD) 가정[1]

$0 \le t < 1$에서 절대탈퇴율이 UDD를 가정하므로

$$_t q_x'^{(j)} = t \, q_x'^{(j)} \tag{10.2.8.19}$$

$$_t p_x'^{(j)} \, \mu_{x+t}^{0j} = q_x'^{(j)} \tag{10.2.8.20}$$

이고 다중탈퇴모형에서 유도한 바와 같이

$m = 2$인 경우

$$p_x^{01} = q_x'^{(1)}\left(1 - \frac{1}{2} \, q_x'^{(2)}\right) \tag{10.2.8.21}$$

$m = 3$인 경우

$$p_x^{01} = q_x'^{(1)}\left[1 - \frac{1}{2} \, (q_x'^{(2)} + q_x'^{(3)}) + \frac{1}{3} \, q_x'^{(2)} q_x'^{(3)}\right] \tag{10.2.8.22}$$

가 된다. 식의 유도는 다중탈퇴모형을 참고하기 바란다.

(예제 10.2.8.5)

다음과 같은 이중탈퇴표가 주어졌다.

| $x$ | $p_x^{01}$ | $p_x^{02}$ |
|---|---|---|
| 45 | 0.002 | 0.02 |
| 46 | 0.003 | 0.03 |
| 47 | 0.004 | 0.05 |
| 48 | 0.005 | 0.06 |
| 49 | 0.006 | 0.07 |

탈퇴들은 매년 관련된 단일탈퇴표하에서 균등분포(UDDSD)를 따른다고 할 때,

(a) $q_{45}'^{(2)}$를 계산하시오.　　　　(b) $\mu_{45.6}^{02}$를 계산하시오.

(풀이)

(a) 탈퇴들은 매년 관련된 단일탈퇴표 하에서 균등분포(UDDSD)를 따른다고 가정하였으므로

---

1) UDTSD(Uniform Distribution of Transition in the Single Decrements table).

식 (10.2.8.20)에 의해

$$\mu^{02}_{45.6} = \mu^{(2)}_{45+0.6} = \frac{q'^{(2)}_{45}}{1 - {}_{0.6}q'^{(2)}_{45}} = \frac{q'^{(2)}_{45}}{1 - 0.6\, q'^{(2)}_{45}}$$

이다. 식 (10.2.8.21)에 의하여

$$0.002 = q'^{(1)}_{45}\left(1 - \frac{q'^{(2)}_{45}}{2}\right) \quad (\text{식 ①})$$

$$0.02 = q'^{(2)}_{45}\left(1 - \frac{q'^{(1)}_{45}}{2}\right) \quad (\text{식 ②})$$

임을 알 수 있고, (식 ② − 식 ①)을 하면 $0.018 = q'^{(2)}_{45} - q'^{(1)}_{45}$를 얻을 수 있다.

$q'^{(1)}_{45} = q'^{(2)}_{45} - 0.018$로 정리하여 식 ①에 대입하면

$$0.002 = \left(q'^{(2)}_{45} - 0.018\right)\left(1 - \frac{q'^{(2)}_{45}}{2}\right)$$

라는 2차방정식을 얻게 되어 이를 풀면 $q'^{(2)}_{45} = 1.99798$ 또는 $0.02002$를 얻는다.

$q'^{(2)}_{45}$는 확률이므로 $q'^{(2)}_{45} = 0.02002$이다.

(b) (a)의 결과와 식 (10.2.8.20)에 의해

$$\mu^{02}_{45.6} = \mu^{(2)}_{45+0.6} = \frac{q'^{(2)}_{45}}{1 - 0.6\, q'^{(2)}_{45}} \text{ 이므로}$$

$$\mu^{02}_{45.6} = \frac{0.02002}{1 - 0.6 \times 0.02002} = 0.02026$$

## 9. 다중상태모형과 연생모형

### (1) 종속적 연생모형

#### (a) 종속적 연생모형

다중상태모형은 종속적인 연합생명들(dependent lives)의 모형을 구축하는데 적합한 모형이다.

그림 [10.2.9.1] 다중상태모형 6(종속적 연생모형)

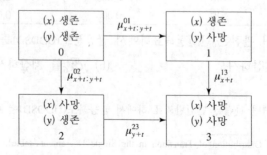

그림 [10.2.9.1]은 종속적 연합생명들의 연생모형(model with dependent future lifetimes)을 나타내고 있다. 종속적 연생모형에서는 예를 들어 어떤 생명 $(x)$의 전이력(사력)은 (i) 다른 생명 $(y)$가 생존해 있느냐에 의존하며,[1] (ii) $(y)$가 생존해 있으면, $(y)$의 연령에 의존하며,[2] 또한 (iii) $(x)$의 연령에는 당연히 의존한다. 만약 $(y)$가 사망하면 생존자 $(x)$의 전이력은 $(x)$의 연령과 상태에만 의존한다.[3] 그림 [10.2.9.1]에서 $\mu^{01}_{x+t:y+t}$는 $(x)$가 생존해 있고, $(x)$의 나이가 $x+t$세인 조건에서 $y+t$세에서의 $(y)$의 사력을 나타낸다. 그러나 $(x)$가 사망하면 $(y)$의 사력은 $(y)$의 연령과 $(x)$가 사망했다는 사실[4]에는 의존하지만 마르코프모형이 적용되므로 $(x)$가 사망상태에 속했던 기간에는 의존하지 않는다. $(x)$의 사망연령이 상태 2에서 상태 3으로 가는 전이력에 영향을 주지 않으므로 이 전이력은 $\mu^{23}_{y+t}$으로 나타난다.

$_tp^{0i}_{xy}$는 $(x)$, $(y)$가 동시에 생존해 있으며 연령은 각각 $x$세와 $y$세인 조건하에서, $t$시점에 과정이 상태 $i$에 있을(the 'process' is in state $i$ at time $t$) 확률을 나타낸다. $_tp^{13}_{x+s}$은 다른 쪽 생명 $(y)$가 이미 사망했고 $(x)$의 연령이 $x+s$세인 조건하에서 $(x)$가 $x+s+t$세에 사망상태에 있을(즉 $x+s+t$세 전에 사망하는) 확률을 의미한다. $_tp^{13}_{x+s}$에서 $(y)$의 사망연령은 $(x)$의 사망확률에 영향을 미치지 않으므로 기호에 나타나지 않는다.

다중상태모형 6은 연합생명들 사이의 종속관계(dependence)를 허용하는 모형이다. 이 모형에서는 $(x)$의 사망이 $(y)$의 전이력에 영향을 미칠 수 있다. 다중상태모형 6에서는 $(x)$와 $(y)$가 동시에 사망하는 것은 고려하지 않는다. 동시사망모형은 다중상태모형 7(공통충격모형)에서 고찰하기로 한다.

### (b) 다중상태모형 6의 기호

다중상태모형 6에서 사용되는 기호들을 정의해 보자. 다중상태모형은 상태들 간의 전이력을 이용하여 구체적으로 표시되고 이 전이력들은 알려져 있다고 가정한다. 따라서 상태들 간의 전이력은 다중상태모형의 가장 중요한 요소이다. $t$시점에 상태 0에서 벗어나는 총전이력(total force of transtion out of state 0)은 8장에서 $\mu_{x+t:y+t}$로 표시되었고 여기서는

$$\mu_{x+t:y+t} = \mu^{01}_{x+t:y+t} + \mu^{02}_{x+t:y+t} \tag{10.2.9.1}$$

---

1) 따라서 기호에 $(y)$의 상태가 나타난다. (예: $\mu^{01}_{x+t:y+t}$, 01: $(y)$의 상태가 0임)
2) 따라서 $\mu^{01}_{x+t:y+t}$에 $(y)$의 연령이 나타난다.
3) 따라서 $\mu^{13}_{x+t}$으로 나타난다. ($x+t$: 연령, 13: $(x)$의 상태가 1임)
4) $(x)$가 사망했다는 사실은 상태 2를 나타낸다. (즉, 상태 2에 있음: $\mu^{23}_{y+t}$)

로 표시한다. 8장에서 고찰했던 기호들을 다중상태모형 6의 기호들과 비교하면 표 [10.2.9.1]과 같다.

표 [10.2.9.1] 전통적 연생모형과 다중상태모형의 기호 비교

| 전통적 연생모형 | 다중상태모형 |
|:---:|:---:|
| $_tp_{xy}$ | $_tp_{xy}^{00}$ |
| $_tq_{xy}$ | $_tp_{xy}^{01} + {}_tp_{xy}^{02} + {}_tp_{xy}^{03}$ |
| $_tq_{xy}^{1}$ | 기호없음 |
| $_tq_{xy}^{2}$ | 기호없음 |
| $_tp_{\overline{xy}}$ | $_tp_{xy}^{00} + {}_tp_{xy}^{01} + {}_tp_{xy}^{02}$ |
| $_tq_{\overline{xy}}$ | $_tp_{xy}^{03}$ |
| $_tp_x$ | $_tp_{xy}^{00} + {}_tp_{xy}^{01}$ |
| $_tp_y$ | $_tp_{xy}^{00} + {}_tp_{xy}^{02}$ |

다중상태모형 6에서는 모든 상태들은 그 상태에서 한번 떠나면 그 상태로 재진입이 되지 않는다. 따라서

$$_tp_{xy}^{ii} = {}_tp_{xy}^{\overline{ii}}, \quad i = 0, 1, 2, 3 \tag{10.2.9.2}$$

이 항상 성립한다. 다중상태모형의 이론을 이용하면

$$_tp_{xy}^{00} = \exp\left(-\int_0^t (\mu_{x+s:y+s}^{01} + \mu_{x+s:y+s}^{02})\, ds\right) \tag{10.2.9.3}$$

$$_tp_x^{11} = \exp\left(-\int_0^t \mu_{x+s}^{13}\, ds\right) \tag{10.2.9.4}$$

$$_tp_y^{22} = \exp\left(-\int_0^t \mu_{y+s}^{23}\, ds\right) \tag{10.2.9.5}$$

이 성립하고 다중상태모형 2에서와 같이 다음이 성립한다.

$$_tp_{xy}^{01} = \int_0^t {}_sp_{xy}^{00}\, \mu_{x+s:y+s}^{01}\, {}_{t-s}p_{x+s}^{11}\, ds \tag{10.2.9.6}$$

$$_tp_{xy}^{02} = \int_0^t {}_sp_{xy}^{00}\, \mu_{x+s:y+s}^{02}\, {}_{t-s}p_{y+s}^{22}\, ds \tag{10.2.9.7}$$

다중상태모형 6에서 기호가 없는 $_tq_{xy}^1$과 $_tq_{xy}^2$를 다중상태모형의 기호들을 이용하여 나타

내 보자.

$_tq_{xy}^1$은 $(x)$가 $t$년 안에 사망하는데, $(x)$의 사망시점에 $(y)$는 생존하는 확률이다. $_tq_{xy}^1$은 $t$년 안에, $(x)$가 사망 후 $(y)$가 사망할 확률도 포함하는 개념이고 $_tp_{xy}^{02}$는 그런 확률을 포함하지 않는다. 이런 점에서 $_tq_{xy}^1$은 $_tp_{xy}^{02}$와는 다르다. $_tp_{xy}^{02}$는 $t$시점에서 $(x)$는 사망, $(y)$는 생존하는 확률을 의미한다. $t$년 안에, $(x)$가 사망하는데, $(x)$의 사망시점에 $(y)$가 생존하는 확률은 $_tq_{xy}^1$이며 다음과 같이 표현할 수 있다.

$$_tq_{xy}^1 = \int_0^t {_rp_{xy}^{00}} \; \mu_{x+r:y+r}^{02} \, dr \qquad (10.2.9.8)$$

$_tq_{xy}^2$는 $(x)$, $(y)$가 0시점에 동시에 생존인 것을 조건으로 $(x)$의 사망시 $(y)$가 이미 사망해 있고 $(x)$가 $t$년 안에 사망하는 확률이다. 그림 [10.2.9.1]에서 알 수 있듯이 과정은 0시점에 상태 0에서 출발해서 상태 1로 들어갔다가 그리고 나서 상태 3으로 $t$년 안에 이동하여야 한다.

$$_tq_{xy}^2 = \int_0^t {_rp_{xy}^{01}} \; \mu_{x+r}^{13} \, dr \qquad (10.2.9.9)$$

$_tq_x$를 다중상태모형의 기호를 이용하여 나타내 보자.

$$\begin{aligned} _tq_x &= {_tq_{xy}^1} + {_tq_{xy}^2} \\ &= \int_0^t {_sp_{xy}^{00}} \; \mu_{x+s:y+s}^{02} \, ds + \int_0^t {_sp_{xy}^{01}} \; \mu_{x+s}^{13} \, ds \end{aligned} \qquad (10.2.9.10)$$

( 예제 10.2.9.1 ) (시간비동질 마르코프모형)

시간비동질 연속시간 마르코프모형을 적용한 다중상태모형 6(연생모형)을 고려한다. 상태 0은 $(x)$, $(y)$ 둘 다 생존, 상태 1은 $(x)$만 생존, 상태 2는 $(y)$만 생존, 상태 3은 $(x)$, $(y)$ 둘 다 사망을 의미한다. 다음과 같은 조건이 주어질 때 $_{10}p_{50}^{13}$을 구하시오.

(i) $\mu_x^{01} = 0.0007\,x$,  (ii) $\mu_x^{13} = 0.0009\,x$,  (iii) $\mu_x^{02} = 0.0008\,x$

**풀이**

조건 (i)과 (iii)은 $_{10}p_{50}^{13}$을 구하는데 필요하지 않은 조건이다.

$$\begin{aligned} _{10}p_{50}^{13} &= 1 - {_{10}p_{50}^{11}} = 1 - \exp\left(-\int_{50}^{60} 0.0009\,s \, ds\right) \\ &= 1 - e^{-0.00045\,(60^2 - 50^2)} = 1 - e^{-0.495} = 0.39043 \end{aligned}$$

예제 10.2.9.2 (시간동질 마르코프모형)

시간동질 마르코프모형을 적용한 다중상태모형 6(연생모형)을 고려한다. 상태 0은 $(x)$, $(y)$ 둘 다 생존, 상태 1은 $(x)$만 생존, 상태 2는 $(y)$만 생존, 상태 3은 $(x)$, $(y)$ 둘 다 사망을 의미한다. 남편$(x)$의 나이는 55세, 부인$(y)$의 나이는 50세인 것을 가정한다. 다음과 같은 조건이 주어질 때 남편$(x)$과 부인$(y)$이 생존한 상태(상태 0)에서 10년 경과 후에 남편$(x)$이 생존하고 부인$(y)$이 사망한 상태(상태 1)가 되는 확률을 구하시오.

(i) $\mu_x^{01} = 0.01$     (ii) $\mu_x^{02} = 0.03$     (iii) $\mu_x^{13} = 0.05$     (iv) $\mu_x^{23} = 0.04$

**풀이**

남편의 나이가 55세, 부인의 나이가 50세인 시점을 시점 0이라고 하자. 그러면 구하고자 하는 확률은 $_{10}p_0^{01}$이 된다. 이 확률을 구하는데 조건 (iv)는 필요가 없다.

$$_s p_0^{00} = \exp\left(-\int_0^s 0.04 \, du\right) = e^{-0.04s}$$

$_{10-s}p_s^{11} = e^{-0.05(10-s)} = e^{-0.5} e^{0.05s}$이므로

$$_{10}p_0^{01} = \int_0^{10} {}_s p_0^{00} \, \mu_s^{01} \, {}_{10-s}p_s^{11} \, ds = \int_0^{10} e^{-0.04s} \, 0.01 \, e^{-0.5} e^{0.05s} \, ds$$

$$= 0.01 e^{-0.5} \int_0^{10} e^{0.01s} \, ds = e^{-0.5} (e^{0.1} - 1) = 0.06379$$

또는 식 (10.2.2.20)을 이용하면

$$_{10}p_0^{01} = 0.01 \, e^{-0.05 \times 10} \left(\frac{1 - e^{-(0.01 + 0.03 - 0.05) \times 10}}{0.01 + 0.03 - 0.05}\right) = e^{-0.5} (e^{0.1} - 1) = 0.06379$$

을 확인할 수 있다.

## (c) 다중상태모형 6의 연금과 보험

$(x)$와 $(y)$가 $t = 0$에 생존해 있다는 조건하에서 다중상태모형 6에서 연금과 보험의 APV를 구해보자. 연금과 관련된 공식들은 다음과 같다.

$$\bar{a}_y = \int_0^\infty e^{-\delta t} \left({}_t p_{xy}^{00} + {}_t p_{xy}^{02}\right) dt = \bar{a}_{xy}^{00} + \bar{a}_{xy}^{02} \tag{10.2.9.11}$$

$$\bar{a}_x = \int_0^\infty e^{-\delta t} \left({}_t p_{xy}^{00} + {}_t p_{xy}^{01}\right) dt = \bar{a}_{xy}^{00} + \bar{a}_{xy}^{01} \tag{10.2.9.12}$$

$$\bar{a}_{xy} = \int_0^\infty e^{-\delta t} \, {}_t p_{xy}^{00} \, dt = \bar{a}_{xy}^{00} \tag{10.2.9.13}$$

$$\bar{a}_{\overline{xy}} = \int_0^\infty e^{-\delta t} \left({}_t p_{xy}^{00} + {}_t p_{xy}^{01} + {}_t p_{xy}^{02}\right) dt \tag{10.2.9.14}$$

$$\bar{a}_{x|y} = \int_0^\infty e^{-\delta t} \, {}_t p_{xy}^{02} \, dt = \bar{a}_{xy}^{02} \qquad (10.2.9.15)$$

보험과 관련된 공식들은 다음과 같다.

$$\bar{A}_x = \int_0^\infty e^{-\delta t} \left( {}_t p_{xy}^{00} \, \mu_{x+t:y+t}^{02} + {}_t p_{xy}^{01} \, \mu_{x+t}^{13} \right) dt \qquad (10.2.9.16)$$

$$= \bar{A}_{xy}^1 + \bar{A}_{xy}^2 \qquad (10.2.9.17)$$

$$\bar{A}_{xy} = \int_0^\infty e^{-\delta t} \, {}_t p_{xy}^{00} \left( \mu_{x+t:y+t}^{01} + \mu_{x+t:y+t}^{02} \right) dt \qquad (10.2.9.18)$$

$$= \bar{A}_{xy}^{01} + \bar{A}_{xy}^{02} \qquad (10.2.9.19)$$

$$\bar{A}_{\overline{xy}} = \int_0^\infty e^{-\delta t} \left( {}_t p_{xy}^{01} \, \mu_{x+t}^{13} + {}_t p_{xy}^{02} \, \mu_{y+t}^{23} \right) dt \qquad (10.2.9.20)$$

$$\bar{A}_{xy}^{\,1} = \int_0^\infty e^{-\delta t} \, {}_t p_{xy}^{00} \, \mu_{x+t:y+t}^{02} \, dt = \bar{A}_{xy}^{02} \qquad (10.2.9.21)$$

$$\bar{A}_{xy:\overline{n|}}^{\,1} = \int_0^n e^{-\delta t} \, {}_t p_x^{00} \, \mu_{x+t:y+t}^{02} \, dt \qquad (10.2.9.22)$$

$$\bar{A}_{xy}^{\,2} = \int_0^\infty e^{-\delta t} \, {}_t p_{xy}^{01} \, \mu_{x+t}^{13} \, dt \qquad (10.2.9.23)$$

---

**예제 10.2.9.3**  (시간동질 마르코프모형)

시간동질 연속시간 마르코프모형을 적용한 다중상태모형 6(종속적 연생모형)을 고려한다. 상태공간은 {0, 1, 2, 3}이고 상태 0은 $(x)$, $(y)$ 둘 다 생존을, 상태 1은 $(x)$만 생존을, 상태 2는 $(y)$만 생존을, 상태 3은 $(x)$, $(y)$ 둘 다 사망상태를 나타낸다. $t \geq 0$에서 다음과 같은 가정이 주어졌다.

(i) $\mu_{x+t:y+t}^{01} = 0.06$      (ii) $\mu_{x+t:y+t}^{02} = 0.08$      (iii) $\mu_{x+t:y+t}^{03} = 0$

(iv) $\mu_{x+t}^{13} = 0.12$      (v) $\mu_{y+t}^{23} = 0.10$      (vi) $\delta = 0.05$

다음과 같은 연금들의 APV를 구하시오.

(a) $(x)$가 사망한 이후부터 $(y)$가 생존하는 동안 연금연액 1원을 연속적으로 지급하는 종신유족연금(reversionary annuity)

(b) $(y)$가 생존하는 동안 연금연액 1원을 지급하는 20년 유기연속연금

(c) $(x)$, $(y)$가 동시에 생존하는 경우 연금연액 1원을 최대 20년간 연속적으로 지급하는 동시생존자 연생연금

(d) $(x)$, $(y)$가 모두 사망할 때까지 연금연액 1원을 최대 20년간 연속적으로 지급하는 최종생존자 연생연금

**풀이**

(a) 식 (10.2.9.15)로부터 $\bar{a}_{x|y} = \int_0^\infty e^{-\delta t}\,{}_tp_{xy}^{02}\,dt$ 이므로 ${}_tp_{xy}^{02}$가 필요하다.

$$
{}_tp_{xy}^{02} = \int_0^t {}_sp_{xy}^{00}\,\mu_{x+s:y+s}^{02}\,{}_{t-s}p_{y+s}^{22}\,ds = \int_0^t e^{-0.14s}\,(0.08)\,e^{-0.1(t-s)}\,ds
$$

$$
= 0.08\,e^{-0.1t}\int_0^t e^{-0.04s}\,ds = 0.08\,e^{-0.1t}\left(\frac{1-e^{-0.04t}}{0.04}\right)
$$

이다. 따라서

$$
\bar{a}_{x|y} = \int_0^\infty e^{-\delta t}\,{}_tp_{xy}^{02}\,dt = \int_0^\infty e^{-0.05t}\,0.08\,e^{-0.1t}\left(\frac{1-e^{-0.04t}}{0.04}\right)dt
$$

$$
= 2\int_0^\infty e^{-0.15t} - e^{-0.19t}\,dt = 2\left(\frac{1}{0.15}-\frac{1}{0.19}\right) = 2.80702
$$

(b) $(y)$가 생존하는 동안 20년 지급하므로 식 (10.2.9.11)의 적분을 $\infty$가 아닌 20까지 하면 된다. 이를 위해 먼저 ${}_tp_y$를 구하면

$$
{}_tp_y = {}_tp_{xy}^{00} + {}_tp_{xy}^{02} = e^{-0.14t} + 0.08\,e^{-0.1t}\left(\frac{1-e^{-0.04t}}{0.04}\right) = 2e^{-0.1t} - e^{-0.14t}
$$

이다. 따라서

$$
\bar{a}_{y:\overline{20|}} = \int_0^{20} e^{-\delta t}\,{}_tp_y\,dt
$$

$$
= \int_0^{20} e^{-0.05t}(2e^{-0.1t}-e^{-0.14t})\,dt = \int_0^{20} 2e^{-0.15t}-e^{-0.19t}\,dt
$$

$$
= 2\left(\frac{1-e^{-0.15\times20}}{0.15}\right) - \left(\frac{1-e^{-0.19\times20}}{0.19}\right) = 7.52409
$$

(c) $(x)$, $(y)$가 동시에 생존하는 경우 최대 20년간 지급하므로 식 (10.2.9.13)에서 0부터 20까지 적분하면 된다. 앞에서 구한 ${}_tp_{xy}^{00}$을 이용하여 계산하면

$$
\bar{a}_{xy:\overline{20|}} = \int_0^{20} e^{-\delta t}\,{}_tp_{xy}^{00}\,dt = \int_0^{20} e^{-0.05t}\,e^{-0.14t}\,dt = \int_0^{20} e^{-0.19t}\,dt
$$

$$
= \left(\frac{1-e^{-0.19\times20}}{0.19}\right) = 5.14542
$$

(d) 8장에서 보았듯이 최종생존자 연생연금 $\bar{a}_{\overline{xy}:\overline{n|}}$은 $\bar{a}_{\overline{xy}:\overline{n|}} = \bar{a}_{x:\overline{n|}} + \bar{a}_{y:\overline{n|}} - \bar{a}_{xy:\overline{n|}}$으로 구할 수 있다. 따라서 계산에 필요한 ${}_tp_{xy}^{01}$, ${}_tp_x$를 구하면 다음과 같다.

$$
{}_tp_{xy}^{01} = \int_0^t {}_sp_{xy}^{00}\,\mu_{x+s:y+s}^{01}\,{}_{t-s}p_{x+s}^{11}\,ds = \int_0^t e^{-0.14s}\,(0.06)\,e^{-0.12(t-s)}\,ds
$$

$$
= 0.06\,e^{-0.12t}\int_0^t e^{-0.02s}\,ds = 0.06\,e^{-0.12t}\left(\frac{1-e^{-0.02t}}{0.02}\right)
$$

$$_tp_x = {_tp_{xy}^{00}} + {_tp_{xy}^{01}} = e^{-0.14t} + 0.06\,e^{-0.12t}\left(\frac{1-e^{-0.02t}}{0.02}\right) = 3e^{-0.12t} - 2e^{-0.14t}$$

따라서

$$\bar{a}_{x:\overline{20|}} = \int_0^{20} e^{-\delta t}\,{_tp_x}\,dt = \int_0^{20} e^{-0.05t}(3e^{-0.12t} - 2e^{-0.14t})\,dt$$

$$= \int_0^{20} 3e^{-0.17t} - 2e^{-0.19t}\,dt$$

$$= 3\left(\frac{1-e^{-0.17\times20}}{0.17}\right) - 2\left(\frac{1-e^{-0.19\times20}}{0.19}\right) = 6.76728$$

따라서 앞에서 구한 $\bar{a}_{xy:\overline{20|}}$과 $\bar{a}_{y:\overline{20|}}$을 이용하면

$$\bar{a}_{\overline{xy}:\overline{20|}} = \bar{a}_{x:\overline{20|}} + \bar{a}_{y:\overline{20|}} - \bar{a}_{xy:\overline{20|}} = 6.76728 + 7.52409 - 5.14542 = 9.14595$$

또는 식 (10.2.9.14)를 이용하여 계산하여도 같은 결과를 얻을 수 있다. ■

(예제 10.2.9.4) (시간동질 마르코프모형)

시간동질 연속시간 마르코프모형을 적용한 다중상태모형 6(종속적 연생모형)을 고려한다. 상태공간은 {0, 1, 2, 3}이고 상태 0은 $(x)$, $(y)$ 둘 다 생존을, 상태 1은 $(x)$만 생존을, 상태 2는 $(y)$만 생존을, 상태 3은 $(x)$, $(y)$ 둘 다 사망상태를 나타낸다. $t \geq 0$에서 다음과 같은 가정이 주어졌다.

(i) $\mu_{x+t:y+t}^{01} = 0.06$     (ii) $\mu_{x+t:y+t}^{02} = 0.08$     (iii) $\mu_{x+t:y+t}^{03} = 0$

(iv) $\mu_{x+t}^{13} = 0.12$     (v) $\mu_{y+t}^{23} = 0.10$     (vi) $\delta = 0.05$

다음과 같은 보험들의 APV를 구하시오.

(a) $(x)$가 생존한 상태에서 $(y)$가 사망할 때 사망즉시급 1원을 지급하는 종신보험

(b) $(y)$의 사망시 사망즉시급 1원을 지급하는 종신보험

(c) (i) $(x)$가 사망하고 그 이후에 $(y)$가 사망하며,

    (ii) $(y)$의 사망이 10년과 20년 사이에서 발생하는 경우

    사망즉시급 1원을 지급하는 10년거치, 10년만기 정기보험

(d) $(x)$, $(y)$ 중 첫 번째 사망이 발생할 때 사망즉시급 1원을 지급하는 종신보험

(e) $(x)$, $(y)$ 중 두 번째 사망이 발생할 때 사망즉시급 1원을 지급하는 종신보험

풀이

(a) 즉, 상태 0에서 상태 1로 전이시 보험급부가 발생하므로 식 (10.2.9.21)을 $y$에 대해서 생각하면

$$\bar{A}_{xy}^{\,1} = \int_0^\infty e^{-\delta t}\,{_tp_{xy}^{00}}\,\mu_{x+t:y+t}^{01}\,dt = \int_0^\infty e^{-0.05t}\,e^{-0.14t}\,(0.06)\,dt$$

$$= 0.06 \int_0^\infty e^{-0.19t}\, dt = \frac{0.06}{0.19} = 0.31579$$

(b) 두 가지 방법으로 구할 수 있다.

(i) 방법 1:

$$\bar{A}_{xy}^2 = \int_0^\infty e^{-\delta t}\, {}_tp_{xy}^{02}\, \mu_{y+t}^{23}\, dt = \int_0^\infty e^{-0.05t}\, 2\left(e^{-0.1t} - e^{-0.14t}\right)(0.1)\, dt$$

$$= 0.2 \int_0^\infty e^{-0.15t} - e^{-0.19t}\, dt = 0.2\left(\frac{1}{0.15} - \frac{1}{0.19}\right) = 0.28070$$

따라서

$$\bar{A}_y = \bar{A}_{xy}^1 + \bar{A}_{xy}^2 = 0.31579 + 0.28070 = 0.59649$$

(ii) 방법 2:

$$\bar{a}_y = \int_0^\infty e^{-\delta t}\, {}_tp_y\, dt = \int_0^\infty e^{-\delta t}\left({}_tp_{xy}^{00} + {}_tp_{xy}^{02}\right) dt = \int_0^\infty e^{-0.05t}\left(2e^{-0.1t} - e^{-0.14t}\right) dt$$

$$= \int_0^\infty 2e^{-0.15t} - e^{-0.19t}\, dt = 2\left(\frac{1}{0.15}\right) - \frac{1}{0.19} = 8.07018$$

따라서

$$\bar{A}_y = 1 - 0.05\, \bar{a}_y = 0.59649$$

(c) (b)의 방법 1과 비슷하게 하면

$$_{10|}\bar{A}_{xy:\overline{10|}}^2 = \int_{10}^{20} e^{-\delta t}\, {}_tp_{xy}^{02}\, \mu_{y+t}^{23}\, dt = \int_{10}^{20} e^{-0.05t}\, 2\left(e^{-0.1t} - e^{-0.14t}\right)(0.1)\, dt$$

$$= 0.2 \int_{10}^{20} e^{-0.15t} - e^{-0.19t}\, dt$$

$$= 0.2\left(\frac{1}{0.15}\left(e^{-0.15\times10} - e^{-0.15\times20}\right) - \frac{1}{0.19}\left(e^{-0.19\times10} - e^{-0.19\times20}\right)\right) = 0.09723$$

(d) $\bar{A}_{xy} = \int_0^\infty e^{-\delta t}\, {}_tp_{xy}^{00}\left(\mu_{x+t:\,y+t}^{01} + \mu_{x+t:\,y+t}^{02}\right) dt = \int_0^\infty e^{-0.05t}\, e^{-0.14t}\,(0.06+0.08)\, dt$

$$= 0.14 \int_0^\infty e^{-0.19t}\, dt = \frac{0.14}{0.19} = 0.73684$$

(e) $\bar{A}_{\overline{xy}} = \int_0^\infty e^{-\delta t}\left({}_tp_{xy}^{01}\, \mu_{x+t}^{13} + {}_tp_{xy}^{02}\, \mu_{y+t}^{23}\right) dt$

$$_tp_{xy}^{01}\, \mu_{x+t}^{13} = 3\left(e^{-0.12t} - e^{-0.14t}\right)(0.12)$$

$$_tp_{xy}^{02}\, \mu_{y+t}^{23} = 2\left(e^{-0.1t} - e^{-0.14t}\right)(0.1) \text{ 이므로}$$

$$_tp_{xy}^{01}\, \mu_{x+t}^{13} + {}_tp_{xy}^{02}\, \mu_{y+t}^{23} = 0.36e^{-0.12t} + 0.2e^{-0.1t} - 0.56e^{-0.14t}$$

따라서

$$\bar{A}_{\overline{xy}} = \int_0^\infty e^{-0.05t}\left(0.36e^{-0.12t} + 0.2e^{-0.1t} - 0.56e^{-0.14t}\right) dt$$

$$= \frac{0.36}{0.17} + \frac{0.2}{0.15} - \frac{0.56}{0.19} = 0.50361$$

∎

**예제 10.2.9.5** (시간동질 마르코프모형)

시간동질 연속시간 마르코프모형을 적용한 다중상태모형 6(종속적 연생모형)을 고려한다. 피보험자 $(x)$와 $(y)$는 보험금 1원 사망즉시급, 20년만기 10년납입 최종생존자 정기보험에 가입하였다. 보험료는 수지상등의 원칙에 의하여 결정되며 연속적 연액 $P$가 피보험자가 모두 사망하기 전까지(한명이 생존하는 한) 납입된다. $t \geq 0$에 대하여 다음과 같은 가정이 주어졌다.

(i) $\mu^{01}_{x+t:y+t} = 0.06$  (ii) $\mu^{02}_{x+t:y+t} = 0.08$  (iii) $\mu^{03}_{x+t:y+t} = 0$

(iv) $\mu^{13}_{x+t} = 0.12$  (v) $\mu^{23}_{y+t} = 0.10$  (vi) $\delta = 0.05$

(a) 이 보험의 연속납평준순보험료의 연액 $P$를 구하시오.

(b) $i = 0, 1, 2$에 대하여 ${}_tV^{(i)}$의 변화율을 Thiele의 미분방정식으로 나타내시오.

**풀이**

(a) 보험료는 수지상등의 원칙에 의하여 결정되므로 $P = \dfrac{\bar{A}^{\,1}_{xy\,:\,\overline{20|}}}{\bar{a}_{xy\,:\,\overline{10|}}}$ 이다.

최종생존자보험이므로 보험금 1원은 경로 $0 \to 1 \to 3$, $0 \to 2 \to 3$을 따를 때 지급된다. 따라서

$$\bar{A}^{\,1}_{xy\,:\,\overline{20|}} = \int_0^{20} e^{-\delta t}\left({}_tp^{01}_{xy}\,\mu^{13}_{x+t} + {}_tp^{02}_{xy}\,\mu^{23}_{y+t}\right) dt$$

$$= \int_0^{20} e^{-0.05t}\left[0.36\,(e^{-0.12t} - e^{-0.14t}) + 0.2\,(e^{-0.1t} - e^{-0.14t})\right] dt$$

$$= \int_0^{20} 0.36\,e^{-0.17t} + 0.2\,e^{-0.15t} - 0.56\,e^{-0.19t}\, dt$$

$$= 0.36\left(\frac{1 - e^{-0.17 \times 20}}{0.17}\right) + 0.2\left(\frac{1 - e^{-0.15 \times 20}}{0.15}\right) - 0.56\left(\frac{1 - e^{-0.19 \times 20}}{0.19}\right)$$

$$= 0.43249$$

보험료 계산을 위한 연금현가는

$$\bar{a}_{xy\,:\,\overline{10|}} = \int_0^{10} e^{-\delta t}\left({}_tp^{00}_{xy} + {}_tp^{01}_{xy} + {}_tp^{02}_{xy}\right) dt$$

$$= \int_0^{10} e^{-0.05t}\left[e^{-0.14t} + 3\,(e^{-0.12t} - e^{-0.14t}) + 2\,(e^{-0.1t} - e^{-0.14t})\right] dt$$

$$= 3\left(\frac{1 - e^{-0.17 \times 10}}{0.17}\right) + 2\left(\frac{1 - e^{-0.15 \times 10}}{0.15}\right) - 4\left(\frac{1 - e^{-0.19 \times 10}}{0.19}\right) = 6.87768$$

따라서

$$P = \frac{\bar{A}\frac{1}{xy:\overline{20|}}}{\bar{a}_{xy:\overline{10|}}} = \frac{0.43249}{6.87768} = 0.06288$$

(b) $\dfrac{d}{dt}\,_tV^{(i)} = \delta_t\,_tV^{(i)} - B_t^{(i)} - \displaystyle\sum_{j=0,\,j\neq i}^{n} \mu_{x+t}^{ij}(S_t^{(ij)} + \,_tV^{(j)} - \,_tV^{(i)})$

$i=0$일 때 $S_t^{(01)}=0$, $S_t^{(02)}=0$, $\mu_{x+t:y+t}^{03}=0$이므로

$$\frac{d}{dt}\,_tV^{(0)} = 0.05\,_tV^{(0)} + 0.06288 - 0.06\,(_tV^{(1)} - \,_tV^{(0)}) - 0.08\,(_tV^{(2)} - \,_tV^{(0)})$$

$i=1$일 때 $S_t^{(13)}=1$이다.

$$\frac{d}{dt}\,_tV^{(1)} = 0.05\,_tV^{(1)} + 0.06288 - 0.12\,(1 - \,_tV^{(1)}),\ \ 0<t<n$$

$i=2$일 때 $S_t^{(23)}=1$이다.

$$\frac{d}{dt}\,_tV^{(2)} = 0.05\,_tV^{(2)} + 0.06288 - 0.10\,(1 - \,_tV^{(2)}),\ \ 0<t<n$$

$i=3$일 때 $_tV^{(3)}=0$이다.

$$\frac{d}{dt}\,_tV^{(3)} = 0$$

(2) 공통충격모형

다중상태모형 6은 $(x)$와 $(y)$의 종속성을 포함하는 모형으로 각 생명의 전이력이 다른 생명이 생존해 있는지 여부에 의존하는 것을 반영하는 모형이다. 이러한 종속성 (dependence)을 더욱 확장하면 $(x)$와 $(y)$가 동시에 사망하는 것을 반영하는 공통충격모형 (common shock model)을 고려할 수 있다.

그림 [10.2.9.2]  **공통충격모형**

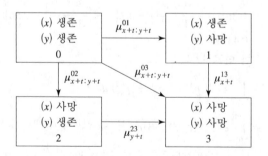

공통충격모형에서의 전이확률을 구해보자.

$$_sp_{xy}^{00} = \exp\!\left(-\int_0^s (\mu_{x+u\,:\,y+u}^{01} + \mu_{x+u\,:\,y+u}^{02} + \mu_{x+u\,:\,y+u}^{03})\,du\right) \tag{10.2.9.24}$$

$$_{t-s}p_{x+s}^{11} = \exp\!\left(-\int_s^t \mu_{x+u}^{13}\,du\right) \tag{10.2.9.25}$$

$$_{t-s}p_{y+s}^{22} = \exp\!\left(-\int_s^t \mu_{y+u}^{23}\,du\right) \tag{10.2.9.26}$$

위의 식들을 이용하면 다음을 구할 수 있다.

$$_tp_{xy}^{01} = \int_0^t {_sp_{xy}^{00}}\ \mu_{x+s\,:\,y+s}^{01}\ {_{t-s}p_{x+s}^{11}}\ ds \tag{10.2.9.27}$$

$$_tp_{xy}^{02} = \int_0^t {_sp_{xy}^{00}}\ \mu_{x+s\,:\,y+s}^{02}\ {_{t-s}p_{y+s}^{22}}\ ds \tag{10.2.9.28}$$

$$_tp_{xy}^{03} = 1 - {_tp_{xy}^{00}} - {_tp_{xy}^{01}} - {_tp_{xy}^{02}} \tag{10.2.9.29}$$

전이력이 상수로 주어지는 지수공통충격모형(exponential common shock model)을 고려해 보자. 본서에서는 지수공통충격모형을 다중상태모형 7로 부르기로 한다. 공통충격이 존재하지 않는 상황하에서 $T_x^*$와 $T_y^*$가 각각 모수 $\mu_x$와 $\mu_y$를 갖는 지수분포를 따르는 독립적인 확률변수라고 가정하자. 공통충격 확률변수 $Z$는 $T_x^*$ 및 $T_y^*$와 독립적이고 모수 $\lambda$를 갖는 지수분포를 따른다고 가정한다. 이런 가정하에서

$$T_x = \min(T_x^*, Z),\ T_y = \min(T_y^*, Z)$$

이 성립한다. $T_{xy}$와 $T_{\overline{xy}}$는

$$T_{xy} = \min(T_x^*, T_y^*, Z),\ T_{\overline{xy}} = \max(T_x^*, T_y^*, Z)$$

이다. $Z$가 $T_x^*$와 $T_y^*$보다 작은 경우 $T_x = T_y = Z$가 된다. 그림 [10.2.9.3]은 이러한 가정들을 표현하고 있다. 즉 $\mu_x$, $\mu_y$는 확률변수 $T_x^*$와 $T_y^*$가 독립적인 관계임을 나타내고 있다. 이 독립적인 관계가 공통충격 $\lambda$가 도입됨으로써 종속적인 관계가 된다.

확률변수 $X_1$, $X_2$, $\cdots$, $X_n$이 독립적이고 각각 모수가 $\mu_i(i = 1,\, 2,\, \cdots,\, n)$인 지수분포를 따르면 $Y = \min(X_1,\, X_2,\, \cdots,\, X_n)$은

$$\Pr(Y > t) = \prod_{i=1}^n \exp(-\mu_i t) = \exp\!\left[-\left(\sum_{i=1}^n \mu_i\right)t\right]$$

이므로 $Y$는 모수가 $\mu = \sum\limits_{i=1}^{n} \mu_i$인 지수분포를 따른다. 이런 성질을 이용하면 $T_x$는 모수가 $\mu_x + \lambda$인 지수분포를 따르며, $T_y$는 모수가 $\mu_y + \lambda$인 지수분포를 따르며, $T_{xy}$는 모수가 $\mu_x + \mu_y + \lambda$인 지수분포를 따른다.

그림 [10.2.9.3]  다중상태모형 7(지수공통충격모형)

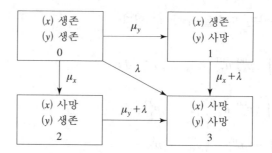

$_tp_{xy}^{00}$를 구하려면 $\mu_x^{0\bullet}$를 우선 구해야 한다. 그림 [10.2.9.3]을 고찰하면

$$\mu_t^{0\bullet} = \mu_{x+t} + \mu_{y+t} + \lambda = \mu_x + \mu_y + \lambda \qquad (10.2.9.30)$$

가 된다. 따라서 $_tp_{xy}^{00}$은

$$_tp_{xy}^{00} = \exp\left(-\int_0^t (\mu_x + \mu_y + \lambda)\, ds\right) = e^{-(\mu_x + \mu_y + \lambda)t}$$
$$= e^{-(\mu_x + \mu_y)t}\, e^{-\lambda t} < e^{-(\mu_x + \mu_y)t} \qquad (10.2.9.31)$$

가 된다. 공통충격이 없는 $T_x^*$와 $T_y^*$만 존재하는 모형(모형 1)에 공통충격 $Z$가 추가되면(모형 2), $e^{-\lambda t} < 1$이므로 모형 2의 $_tp_{xy}^{00}$은 모형 1의 $_tp_{xy}^{00}$보다 작아지는 것이 식 (10.2.9.31)에 나타나 있다.

$_tp_{xy}^{01}$을 구해보자. 상태 0에서 상태 1로 가려면 $T_y^*$(공통충격이 배제된 확률변수)가 먼저 종료되어야 한다. $(s, s+ds)$에서 상태 0에서 상태 1로 전이하는 확률은

$$_sp_{xy}^{00}\, \mu_{x+s:y+s}^{01}\, ds = e^{-(\mu_x + \mu_y + \lambda)s}\, \mu_y\, ds \qquad (10.2.9.32)$$

다중상태모형 2(영구장해모형)에서와 같이

$$_t p_{xy}^{01} = \int_0^t {_s}p_{xy}^{00} \ \mu_{x+s:y+s}^{01} \ {_{t-s}}p_{x+s}^{11} \ ds \tag{10.2.9.33}$$

$$= \int_0^t e^{-(\mu_x+\mu_y+\lambda)s} \ \mu_y \ e^{-(\mu_x+\lambda)(t-s)} \ ds = e^{-(\mu_x+\lambda)t} \int_0^t \mu_y \ e^{-\mu_y s} \ ds$$

$$= e^{-(\mu_x+\lambda)t}(1-e^{-\mu_y t}) \tag{10.2.9.34}$$

이와 유사하게

$$_t p_{xy}^{02} = e^{-(\mu_y+\lambda)t}(1-e^{-\mu_x t}) \tag{10.2.9.35}$$

앞에서 구한 $_t p_{xy}^{00}$, $_t p_{xy}^{01}$, $_t p_{xy}^{02}$의 결과를 이용하면 $_t p_{xy}^{03}(={_t}q_{\overline{xy}})$를 구할 수 있다.

$$_t p_{xy}^{03} = 1 - {_t}p_{xy}^{00} - {_t}p_{xy}^{01} - {_t}p_{xy}^{02}$$

$$= 1 - e^{-(\mu_x+\lambda)t} - e^{-(\mu_y+\lambda)t} + e^{-(\mu_x+\mu_y+\lambda)t} \tag{10.2.9.36}$$

이제 $T_{xy}$와 $T_x$의 분포를 구해보자.

$$_t p_{xy} = {_t}p_x^{00} = e^{-(\mu_x+\mu_y+\lambda)t} \tag{10.2.9.37}$$

이므로 $T_{xy}$는 모수가 $\mu_x+\mu_y+\lambda$인 지수분포를 따른다. 또

$$_t p_x = {_t}p_{xy}^{00} + {_t}p_{xy}^{01} = e^{-(\mu_x+\mu_y+\lambda)t} + e^{-(\mu_x+\lambda)t}(1-e^{-\mu_y t})$$

$$= e^{-(\mu_x+\lambda)t} \tag{10.2.9.38}$$

이므로 $T_x$는 모수가 $\mu_x+\lambda$인 지수분포를 따른다.

$$_t p_y = {_t}p_{xy}^{00} + {_t}p_{xy}^{02} = e^{-(\mu_x+\mu_y+\lambda)t} + e^{-(\mu_y+\lambda)t}(1-e^{-\mu_x t})$$

$$= e^{-(\mu_y+\lambda)t} \tag{10.2.9.39}$$

이므로 $T_y$는 모수가 $\mu_y+\lambda$인 지수분포를 따른다. 이와 같은 성질들을 이용하여 보험이나 연금급부의 APV를 구할 수 있다.

━━ 예제 10.2.9.6 ━━ (시간동질 마르코프모형)

시간동질 연속시간 마르코프모형을 적용한 다중상태모형 7(공통충격모형)을 가정한다. 전이력에 대한 가정은 그림 [10.2.9.3]의 지수공통충격모형을 이용한다. 지수공통충격모형에서 다음과 같은 급부에 대한 APV를 구하시오.

(a) $(y)$의 사망시 1원을 지급하는데 조건이 다음과 같은 종신보험

   (i) $(y)$의 사망시 $(x)$가 생존해 있거나,

   (ii) $(x)$와 동시사망시 지급

(b) $(y)$가 사망한 이후부터 $(x)$가 생존하는 동안 연금연액 1원을 최대 $n$년간 연속적으로 지급하는 유족연금(reversionary annuity)

**풀이**

(a) 문제에 대한 답은 $\bar{A}_{xy}^{01}+\bar{A}_{xy}^{03}$이 아니다. $\bar{A}_{xy}^{03}$는 경로가 $0 \to 3$, $0 \to 2 \to 3$, $0 \to 1 \to 3$인 것을 모두 포함하는 것이기 때문에 $\bar{A}_{xy}^{01}+\bar{A}_{xy}^{03}$(경로: $0 \to 3$)이 구하는 답이 된다.

$$\bar{A}_{xy}^{01} = \int_0^\infty v^t \, {}_tp_{xy}^{00} \, \mu_{x+t:y+t}^{01} \, dt = \int_0^\infty \exp\left[-\delta t - (\mu_x + \mu_y + \lambda) t\right] \mu_y \, dt$$

$$= \frac{\mu_y}{\delta + \mu_x + \mu_y + \lambda} \tag{10.2.9.40}$$

$\bar{A}_{xy}^{03}$(경로: $1 \to 3$)을 구하면

$$\bar{A}_{xy}^{03}(\text{경로: } 0 \to 3) = \int_0^\infty v^t \, {}_tp_x^{00} \, \mu_{x+t:y+t}^{03} \, dt = \int_0^\infty e^{-\delta t} e^{-(\mu_x + \mu_y + \lambda)t} \lambda \, dt$$

$$= \frac{\lambda}{\delta + \mu_x + \mu_y + \lambda} \tag{10.2.9.41}$$

따라서 구하는 답은

$$\bar{A}_{xy}^{01}+\bar{A}_{xy}^{03}(\text{경로: } 0 \to 3) = \frac{\mu_y + \lambda}{\delta + \mu_x + \mu_y + \lambda} \tag{10.2.9.42}$$

(b) $\bar{a}_{y|x:\overline{n}|} = \bar{a}_{xy:\overline{n}|}^{01} = \int_0^n e^{-\delta t} \, {}_tp_{xy}^{01} \, dt = \int_0^n e^{-\delta t} \left(e^{-(\mu_x + \lambda)t} - e^{-(\mu_x + \mu_y + \lambda)t}\right) dt$

$$= \frac{1 - \exp\left[-(\delta + \mu_x + \lambda)\,n\right]}{\delta + \mu_x + \lambda} - \frac{1 - \exp\left[-(\delta + \mu_x + \mu_y + \lambda)\,n\right]}{\delta + \mu_x + \mu_y + \lambda} \tag{10.2.9.43}$$

(3) 독립적 연생모형

앞에서 설명한 두 생명 $(x)$, $(y)$의 종속연생모형에서는 각 생명의 사망률은 다른 생명의 생존이나 사망에 의존한다고 가정하였다. 즉 $(x)$의 사력이 $(y)$가 계속 생존해 있느냐의 여부에 의존하는 가정을 하였다. 여기서는 $(x)$와 $(y)$의 사망률이 독립적인 것을 가정하는 독립적 연생모형을 고찰해 보자. 기호의 정의를 위하여 $(x)$를 남편, $(y)$를 부인이라고 하고 남편과 부인의 전이력을 $h$과 $w$를 각각 붙여서 나타내기로 한다. 독립적 연생모형을 그림으로 표시하면 그림 [10.2.9.4]와 같다. 본서에서는 독립적 연생모형을 다중상태모형 8로 부르기로 한다.

그림 [10.2.9.4]  다중상태모형 8(독립적 연생모형)

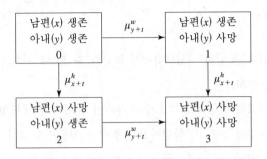

독립적 연생모형에서는 다음과 같은 독립가정을 하고 있다. 즉, 상태 0에서 상태 1로의 전이력과 상태 2에서 상태 3으로의 전이력은 동일하고 $(y)$의 연령에 의존하지만 $(x)$의 연령이나 $(x)$의 생존여부에는 의존하지 않는다. 또 상태 0에서 상태 2로의 전이력과 상태 1에서 상태 3으로의 전이력은 동일하고 $(x)$의 연령에 의존하지만 $(y)$의 연령이나 $(y)$의 생존여부에는 의존하지 않는다. 이러한 가정들은 두 생명 사이의 연관성을 전부 제거하는 것들이다. 이러한 단순한 가정을 전이력으로 표현하면

$$\mu_{x+t:y+t}^{01} = \mu_{y+t}^{23} = \mu_{y+t}^{w} \tag{10.2.9.44}$$

$$\mu_{x+t:y+t}^{02} = \mu_{x+t}^{13} = \mu_{x+t}^{h} \tag{10.2.9.45}$$

$\mu_{y+t}^{w}$와 $\mu_{x+t}^{h}$는 부인$(y)$과 남편$(x)$의 사력을 각각 나타내며 서로 확률적으로 독립적이다. 확률적으로 독립적이면 공통사상의 확률은 각 생명에 대한 사상의 확률의 곱으로 표현할 수 있다. 각 생명에 대한 사상의 확률은 단생명모델에서 구해진 확률들이다.

 예제 10.2.9.7 

종속적 연생모형과 독립적 연생모형을 비교 분석하려고 한다.

(a) 종속적 연생모형에서 전이력이 상수일 때 $_tp_{xy}^{01}$은

$$_tp_{xy}^{01} = \mu_{x+t:y+t}^{01} \; e^{-(\mu_{x+t}^{13})t} \left( \frac{1 - e^{-(\mu_{x+t:y+t}^{01}+\mu_{x+t:y+t}^{02}-\mu_{x+t}^{13})t}}{\mu_{x+t:y+t}^{01} + \mu_{x+t:y+t}^{02} - \mu_{x+t}^{13}} \right) \tag{10.2.9.46}$$

으로 표현된다. 독립적 연생모형에서 동일한 과정으로 $_tp_{xy}^{01}$을 구하고 식 (10.2.9.46)과 비교 설명하시오.

(b) 종속적 연생모형에서 $\bar{a}_{xy:\overline{n}|}^{01}$은

$$\bar{a}_{xy:\overline{n}|}^{01}$$

$$= \frac{\mu_{x+t:y+t}^{01}}{\mu_{x+t:y+t}^{01}+\mu_{x+t:y+t}^{02}-\mu_{x+t}^{13}} \left( \frac{1-\exp\left(-(\delta+\mu_{x+t}^{13})n\right)}{\delta+\mu_{x+t}^{13}} - \frac{1-\exp\left(-(\delta+\mu_{x+t:y+t}^{01}+\mu_{x+t:y+t}^{02})n\right)}{\delta+\mu_{x+t:y+t}^{01}+\mu_{x+t:y+t}^{02}} \right)$$

$$(10.2.9.47)$$

으로 표현된다. 독립적 연생모형에서 동일한 과정으로 $\bar{a}_{xy:\overline{n}|}^{01}$ 을 구하고 식 (10.2.9.47)과 비교 설명하시오.

(c) 독립적 연생모형에 공통충격 $\lambda$ 가 추가되면 종속적 연생모형이 된다. 공통충격이 배제된 확률변수 $T_x^*$, $T_y^*$ 가 독립이고 공통충격 확률변수 $Z$ 가 $T_x^*$ 와 $T_y^*$ 에 대해 독립적이라고 가정하자. $T_x^*$, $T_y^*$, $Z$ 는 서로 독립적이고 각각이 모수 $\mu_x$, $\mu_y$, $\lambda$ 를 갖는 지수분포를 따른다고 하면, $T_x = \min(T_x^*, Z)$, $T_y = \min(T_y^*, Z)$, $T_{xy} = \min(T_x^*, T_y^*, Z)$ 는 각각 지수분포를 따르는 것을 보이시오.

**풀이**

(a) 독립적 연생모형에 대하여 ${}_tp_{xy}^{00}$, ${}_{t-s}p_{x+s}^{11}$ 을 구해보자.

$${}_tp_{xy}^{00} = \exp\left(-\int_0^t (\mu_y+\mu_x)\,ds\right) = e^{-(\mu_y+\mu_x)t}$$

$${}_{t-s}p_{x+s}^{11} = \exp\left(-\int_0^{t-s}\mu_x\,du\right) = e^{-(\mu_x)(t-s)}$$

이므로

$$\begin{aligned}{}_tp_{xy}^{01} &= \int_0^t {}_sp_{xy}^{00}\,\mu_{x+s:y+s}^{01}\,{}_{t-s}p_{x+s}^{11}\,ds = \int_0^t e^{-(\mu_y+\mu_x)s}\,\mu_y\,e^{-(\mu_x)(t-s)}\,ds \\ &= \mu_y\,e^{-(\mu_x)t}\int_0^t e^{-(\mu_y+\mu_x)s}\,e^{\mu_x s}\,ds = \mu_y\,e^{-(\mu_x)t}\int_0^t e^{-(\mu_y+\mu_x-\mu_x)s}\,ds \\ &= \mu_y\,e^{-(\mu_x)t}\left(\frac{1-e^{-(\mu_y+\mu_x-\mu_x)t}}{\mu_y+\mu_x-\mu_x}\right)\end{aligned}$$

$$(10.2.9.48)$$

이다. 이 식은 식 (10.2.9.46)에 $\mu_{x+t:y+t}^{01}=\mu_y$, $\mu_{x+t:y+t}^{02}=\mu_x$, $\mu_{x+t}^{13}=\mu_x$ 로 대입한 결과와 동일하다. 위 식을 정리하면 다음과 같다.

$$\begin{aligned}{}_tp_{xy}^{01} &= \mu_y\,e^{-(\mu_x)t}\left(\frac{1-e^{-(\mu_y)t}}{\mu_y}\right) \\ &= e^{-(\mu_x)t}(1-e^{-(\mu_y)t}) = {}_tp_x\,{}_tq_y\end{aligned}$$

$$(10.2.9.49)$$

위 식은 식 (10.2.9.34)에서 $\lambda=0$ 인 경우와 동일하다. 공통충격모형과 독립적 연생모형에서는 $T_x^*$, $T_y^*$ 가 각각 독립적이라고 가정하기 때문이다.

(b) (a)에서 구한 ${}_tp_{xy}^{01}$ 을 이용하면

$$\bar{a}_{xy:\overline{n}|}^{01} = \int_0^n e^{-\delta t}\,{}_tp_{xy}^{01}\,dt$$

$$= \int_0^n e^{-\delta t}\, \mu_y\, e^{-(\mu_x)t} \left( \frac{1 - e^{-(\mu_y + \mu_x - \mu_x)t}}{\mu_y + \mu_x - \mu_x} \right) dt$$

$$= \frac{\mu_y}{\mu_y + \mu_x - \mu_x} \int_0^n \left( e^{-(\delta + \mu_x)t} - e^{-(\delta + \mu_y + \mu_x)t} \right) dt$$

$$= \frac{\mu_y}{\mu_y + \mu_x - \mu_x} \left( \frac{1 - \exp(-(\delta + \mu_x)n)}{\delta + \mu_x} - \frac{1 - \exp(-(\delta + \mu_y + \mu_x)n)}{\delta + \mu_y + \mu_x} \right)$$

이며, 식 (10.2.9.47)에 $\mu^{01}_{x+t:y+t} = \mu_y$, $\mu^{02}_{x+t:y+t} = \mu_x$, $\mu^{13}_{x+t} = \mu_x$로 대입한 결과와 동일하다. 위 식을 정리하면 다음과 같다.

$$\bar{a}^{01}_{xy:\overline{n}|} = \frac{1 - \exp(-(\delta + \mu_x)n)}{\delta + \mu_x} - \frac{1 - \exp(-(\delta + \mu_x + \mu_y)n)}{\delta + \mu_x + \mu_y} \qquad (10.2.9.50)$$

(c) 확률변수 $T_x^*$가 모수 $\mu_x$를 갖는 지수분포를 따르므로 확률변수 $T_x^*$의 확률밀도함수는 $\mu_x \exp(-\mu_x t)$이다. 동일하게 확률변수 $T_y^*$의 확률밀도함수는 $\mu_y \exp(-\mu_y t)$, 공통충격 확률변수 $Z$의 확률밀도함수는 $\lambda \exp(-\lambda t)$이다. $T_x = \min(T_x^*, Z)$에 대하여, $T_x^*$와 $Z$의 독립성을 이용하여 $T_x$의 생존함수를 구하면

$$\Pr(T_x > t) = \Pr(T_x^* > t,\, Z > t) = \Pr(T_x^* > t)\, \Pr(Z > t)$$

이다. $\Pr(T_x^* > t) = \exp(-\mu_x t)$, $\Pr(Z > t) = \exp(-\lambda t)$이므로

$$\Pr(T_x > t) = \exp(-\mu_x t) \exp(-\lambda t) = \exp(-(\mu_x + \lambda)t)$$

따라서 $T_x = \min(T_x^*, Z)$는 모수가 $(\mu_x + \lambda)$인 지수분포를 따른다. 같은 방법으로 $T_y = \min(T_y^*, Z)$는 모수가 $(\mu_y + \lambda)$, $T_{xy} = \min(T_x^*, T_y^*, Z)$는 모수가 $(\mu_x + \mu_y + \lambda)$인 지수분포를 따른다는 것을 알 수 있다.

## 10. 연속시간 마르코프모형과 보험상품의 설계

연속시간 마르코프모형을 이용하여 구체적인 보험상품을 설계하는 경우에 대하여 고찰해 보자. 보험상품의 설계는 앞에서 고찰한 마르코프모형의 이론을 이용하여 보험료와 계약자적립액 등을 산정하는 방법에 대하여 케이스별로 예제를 통하여 살펴보기로 한다.

( 예제 10.2.10.1 )

A보험회사는 다음 그림과 같은 2개의 상태를 갖는 시간동질 연속시간 마르코프모형을 이용하여 보험상품을 개발하려 한다. 상태 0은 건강을, 상태 1은 사망을 나타낸다.

이 보험상품을 개발하기 위해 다음과 같은 가정들을 사용한다.

(i) 건강한 피보험자 (30)이 가입하는 20년납입 종신보험이다.

(ii) 전이력은 모든 $x \geq 30$에 대하여 $\mu_x^{01} = 0.025$, 이력은 $\delta = 0.05$로 가정한다.

(iii) 피보험자가 사망하는 경우 사망보험금 10,000원을 사망즉시 지급한다.

(iv) 보험료는 수지상등의 원칙이 적용되어 계산되며 건강상태에 있는 피보험자만 연속적으로 납입한다.

(a) 이 보험의 사망급부에 대한 APV를 구하시오.

(b) 이 보험의 연속납평준순보험료의 연액 $P$를 구하시오.

(c) 상태 0에서 제10보험연도말 계약자적립액 $_{10}V^{(0)}$를 구하시오.

**풀이**

(a) 사망급부에 대한 APV를 구하기 위한 전이확률을 구해보자.

$$_t p_{30}^{00} = {}_t p_{30}^{\overline{00}} = \exp\left(-\int_0^t \mu_{30+s}^{01} \, ds\right) = e^{-0.025t}$$

따라서 사망급부에 대한 APV는

$$\text{APV} = 10000 \bar{A}_{30}^{01} = \int_0^\infty 10000 e^{-\delta t} \, {}_t p_{30}^{00} \, \mu_{30+t}^{01} \, dt$$

$$= 10000 \int_0^\infty e^{-0.05t} e^{-0.025t} (0.025) \, dt = 10000(0.025) \int_0^\infty e^{-0.075t} \, dt$$

$$= \frac{10000(0.025)}{0.075} = 3333.33$$

(b) 연속적 연액 1원의 보험료 납입에 대한 기대현가(EPV: Expected Present Value)를 구해보자.[1]

$$\text{EPV} = \bar{a}_{30:\overline{20}|}^{00} = \int_0^{20} e^{-\delta t} \, {}_t p_{30}^{00} \, dt = \int_0^{20} e^{-0.05t} e^{-0.025t} \, dt$$

$$= \frac{1 - e^{-0.075 \times 20}}{0.075} = 10.35826$$

수지상등의 원칙에 의하여 $P = \dfrac{\text{APV}}{\text{EPV}} = \dfrac{3333.33}{10.35826} = 321.80$

(c) 제10보험연도말 계약자적립액 $_{10}V^{(0)}$를 구하기 위해서 $\bar{A}_{40}^{01}$과 $\bar{a}_{40:\overline{10}|}^{00}$ 을 구해보자. 전이력이 상수이므로 사망급부에 대한 제10보험연도말에서의 APV는 0시점(보험가입시점)에서의 APV와 동일하다. 따라서 (a)의 결과에 의해 $10000 \bar{A}_{40}^{01} = 3333.33$

$$\bar{a}_{40:\overline{10}|}^{00} = \frac{1 - e^{-0.075 \times 10}}{0.075} = 7.03511 \text{이므로}$$

---

1) 보험료 납입에 대한 기대현가(보험수리적 현가)를 EPV로 표시하기로 한다. 보험급부에 대한 기대현가는 APV로 표시하기로 한다. EPV는 APV와 동일한 개념이다.

$$_{10}V^{(0)} = 10000\bar{A}^{01}_{40} - 321.80\,\bar{a}^{00}_{40:\overline{10|}} = 3333.33 - 321.80(7.03511) = 1069.43 이다. \quad ■$$

(예제 10.2.10.2)

다음과 같은 다중상태모형에서 (i) 전이시 발생하는 급부와 (ii) 어떤 상태에 있으면 지급하는 급부의 종류를 설명하고 그 급부의 APV를 나타내시오.

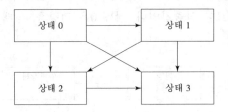

**풀이**

(i) 각 전이시 급부는 향후 보험료 계산시 일부 파트의 계산에 해당하는 경우가 많으므로 Part A부터 Part K로 표시하기로 한다. $x$를 $xy$로 대체하고 $\mu_{x+t}$를 $\mu_{x+t:y+t}$로 대체하면 연생보험에서도 사용이 가능하다. 전이시 발생하는 급부는 다음과 같다.

$$\text{APV(상태경로}:0 \to 0 \to 1) = \text{Part A} = \int e^{-\delta t}\,_t p^{00}_x\,\mu^{01}_{x+t}\,dt$$

$$\text{APV(상태경로}:0 \to 0 \to 2) = \text{Part B} = \int e^{-\delta t}\,_t p^{00}_x\,\mu^{02}_{x+t}\,dt$$

$$\text{APV(상태경로}:0 \to 0 \to 3) = \text{Part C} = \int e^{-\delta t}\,_t p^{00}_x\,\mu^{03}_{x+t}\,dt$$

$$\text{APV(상태경로}:0 \to 1 \to 2) = \text{Part D} = \int e^{-\delta t}\,_t p^{01}_x\,\mu^{12}_{x+t}\,dt$$

$$\text{APV(상태경로}:0 \to 1 \to 3) = \text{Part F} = \int e^{-\delta t}\,_t p^{01}_x\,\mu^{13}_{x+t}\,dt$$

$$\text{APV(상태경로}:0 \to 2 \to 3) = \text{Part G} = \int e^{-\delta t}\,_t p^{02}_x\,\mu^{23}_{x+t}\,dt$$

$$\text{APV(상태경로}:1 \to 1 \to 2) = \text{Part H} = \int e^{-\delta t}\,_t p^{11}_x\,\mu^{12}_{x+t}\,dt$$

$$\text{APV(상태경로}:1 \to 1 \to 3) = \text{Part I} = \int e^{-\delta t}\,_t p^{11}_x\,\mu^{13}_{x+t}\,dt$$

$$\text{APV(상태경로}:2 \to 2 \to 3) = \text{Part K} = \int e^{-\delta t}\,_t p^{22}_x\,\mu^{23}_{x+t}\,dt$$

(ii) 어떤 상태에 있으면 지급하는 급부의 APV는 다음과 같고 Part L, M, N으로 표시하기로 한다.

$$\text{APV(상태경로}:0 \to 0) = \text{Part L} = \int e^{-\delta t}\,_t p^{00}_x\,dt$$

$$\text{APV(상태경로}:0 \to 1) = \text{Part M} = \int e^{-\delta t}\,_t p^{01}_x\,dt$$

$$\text{APV(상태경로}:0 \to 2) = \text{Part N} = \int e^{-\delta t}\,_t p^{02}_x\,dt$$

Part A부터 Part N까지의 표시는 상태의 특성과는 상관없이 상태의 번호$(i, j)$를 위주로 작성하였다. 즉 상태 0→ 상태 1→ 상태 2의 경로로 표시되는 것은 모형의 특성과 상관없이 Part D로 나타내기로 한다.

( 예제 10.2.10.3 )

A보험회사는 다음 그림과 같은 3개의 상태를 갖는 연속시간 마르코프모형을 이용하여 보험상품의 보험료를 산출하였다. 상태 0은 건강을, 상태 1은 영구장해를, 상태 2는 사망을 나타낸다.

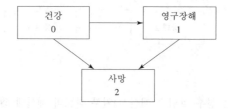

이 보험상품 발하기 위해 사용한 가정들은 다음과 같다.

(i) 건강한 피보험자 (40)이 가입하는 10년납입 보험이며 보험기간은 30년이다.

(ii) 전이력은 모든 $x \geq 40$에 대하여 $\mu_x^{01} = 0.03$, $\mu_x^{02} = 0.02$, $\mu_x^{12} = 0.15$, 이력은 $\delta = 0.05$로 가정한다.

(iii) 피보험자가 영구장해상태(상태 1)에 있으면 연속적 연액 10,000원을 지급하고, 사망하면 사망보험금 30,000원을 사망즉시 지급한다.

(iv) 보험료는 수지상등의 원칙이 적용되어 계산되며 건강상태에 있는 피보험자가 연속적으로 납입한다.

(a) 이 보험급부에 대한 APV를 구하시오.

(b) 이 보험의 연속납평준순보험료의 연액 $P$를 구하시오.

(c) 제5보험연도말 계약자적립액 $_5V^{(0)}$, $_5V^{(1)}$를 구하시오.

**풀이**

(a) 장해급부의 APV(APV1)과 사망급부의 APV(APV2)로 나누어서 보험급부의 APV를 구하기로 한다. 장해급부의 APV1을 구하기 위한 전이확률을 구해보자.

$$_s p_{40}^{00} = {}_s p_{40}^{\overline{00}} = \exp\left(-\int_0^s \mu_{40+u}^{01} + \mu_{40+u}^{02} \, du\right) = e^{-0.05 s}$$

$$_{t-s} p_{40+s}^{11} = {}_{t-s} p_{40+s}^{\overline{11}} = \exp\left(-\int_0^{t-s} \mu_{40+u}^{12} \, du\right) = e^{-0.15(t-s)}$$

$$_t p_{40}^{01} = \int_0^t {}_s p_{40}^{\overline{00}} \; \mu_{40+s}^{01} \; {}_{t-s} p_{40+s}^{\overline{11}} \, ds = \int_0^t e^{-0.05 s} (0.03) \, e^{-0.15(t-s)} ds$$

$$= 0.03\,e^{-0.15t}\left(\frac{1-e^{0.1t}}{-0.1}\right)$$

따라서 장해급부의 APV1은

$$\text{APV1} = 10000\,\bar{a}^{01}_{40:\,\overline{30|}} = 10000\int_0^{30} e^{-\delta t}\,{}_tp^{01}_{40}\ dt$$

$$= 10000\int_0^{30} e^{-0.05t}\,0.03\,e^{-0.15t}\left(\frac{1-e^{0.1t}}{-0.1}\right)dt = 3000\int_0^{30} e^{-0.2t}(e^{0.1t}-1)\ dt$$

$$= 3000\left(\frac{1-e^{-0.1\times30}}{0.1}-\frac{1-e^{-0.2\times30}}{0.2}\right) = 13543.57$$

사망급부의 APV2를 구하기 위해 다음의 Part B와 Part D를 구해보자.

$$\text{Part B} = \int_0^{30} e^{-\delta t}\,{}_tp^{00}_{40}\ \mu^{02}_{40+t}\ dt = \int_0^{30} e^{-0.05t}\,e^{-0.05t}\,(0.02)\ dt$$

$$= 0.02\int_0^{30} e^{-0.1t}\ dt = 0.02\left(\frac{1-e^{-0.1\times30}}{0.1}\right) = 0.190043$$

$$\text{Part D} = \int_0^{30} e^{-\delta t}\,{}_tp^{01}_{40}\ \mu^{12}_{40+t}\ dt = \int_0^{30} e^{-0.05t}(0.03)e^{-0.15t}\left(\frac{1-e^{0.1t}}{-0.1}\right)(0.15)\ dt$$

$$= \frac{(0.03)(0.15)}{0.1}\int_0^{30} e^{-0.2t}(e^{0.1t}-1)\ dt$$

$$= \frac{(0.03)(0.15)}{0.1}\left(\frac{1-e^{-0.1\times30}}{0.1}-\frac{1-e^{-0.2\times30}}{0.2}\right) = 0.203154$$

따라서 사망급부의 APV는

$$\text{APV2} = 30000\,\bar{A}^{02}_{40:\,\overline{30|}} = 30000\int_0^{30} e^{-\delta t}\left({}_tp^{00}_{40}\ \mu^{02}_{40+t} + {}_tp^{01}_{40}\ \mu^{12}_{40+t}\right)dt$$

$$= 30000(\text{Part B}+\text{Part D}) = 30000(0.190043+0.203154) = 11795.91$$

이며, 보험급부의 APV는

$$\text{APV} = \text{APV1} + \text{APV2} = 13543.57 + 11795.91 = 25339.48$$

(b) 연속적 연액 1원의 보험료 납입에 대한 EPV를 구해보자.

$$\text{EPV} = \bar{a}^{00}_{40:\,\overline{10|}} = \int_0^{10} e^{-\delta t}\,{}_tp^{00}_{40}\ dt = \int_0^{10} e^{-0.05t}\,e^{-0.05t}\ dt = \int_0^{10} e^{-0.1t}\ dt$$

$$= \frac{1-e^{-0.1\times10}}{0.1} = 6.32121$$

수지상등의 원칙에 의하여 $P = \dfrac{\text{APV}}{\text{EPV}} = \dfrac{25339.48}{6.32121} = 4008.64$

(c) (i) 5시점의 계약자적립액 ${}_5V^{(0)}$를 구하기 위하여 $\bar{a}^{01}_{45:\,\overline{25|}}$, $\bar{A}^{02}_{45:\,\overline{25|}}$와 $\bar{a}^{00}_{45:\,\overline{5|}}$을 구해보자. (a),

(b)에서의 계산방법과 동일하게 하면

$$\bar{a}^{01}_{45:\,\overline{25|}} = \int_0^{25} e^{-\delta t}\,{}_tp^{01}_{45}\ dt = \int_0^{25} e^{-0.05t}\,0.03\,e^{-0.15t}\left(\frac{1-e^{0.1t}}{-0.1}\right)dt$$

$$= \frac{0.03}{0.1} \int_0^{25} e^{-0.2t} \left( e^{0.1t} - 1 \right) \, dt = \frac{0.03}{0.1} \left( \frac{1 - e^{-0.1 \times 25}}{0.1} - \frac{1 - e^{-0.2 \times 25}}{0.2} \right)$$

$$= 1.263852$$

$\bar{A}^{02}_{45:\overline{25}|}$ 를 구성하는 part B와 part D를 구해보자.

$$\text{Part B} = \int_0^{25} e^{-\delta t} \, {}_t p^{00}_{45} \, \mu^{02}_{45+t} \, dt = \int_0^{25} e^{-0.05t} \, e^{-0.05t} \, (0.02) \, dt = 0.02 \left( \frac{1 - e^{-0.1 \times 25}}{0.1} \right)$$

$$= 0.183583$$

$$\text{Part D} = \int_0^{25} e^{-\delta t} \, {}_t p^{01}_{45} \, \mu^{12}_{45+t} \, dt = \int_0^{25} e^{-0.05t} (0.03) e^{-0.15t} \left( \frac{1 - e^{0.1t}}{-0.1} \right) (0.15) \, dt$$

$$= \frac{(0.03)(0.15)}{0.1} \left( \frac{1 - e^{-0.1 \times 25}}{0.1} - \frac{1 - e^{-0.2 \times 25}}{0.2} \right) = 0.189578$$

위의 결과를 이용하면

$$\bar{A}^{02}_{45:\overline{25}|} = \int_0^{25} e^{-\delta t} \left( {}_t p^{00}_{45} \, \mu^{02}_{45+t} + {}_t p^{01}_{45} \, \mu^{12}_{45+t} \right) dt = \text{Part B} + \text{Part D} = 0.373161$$

$$\bar{a}^{00}_{45:\overline{5}|} = \int_0^5 e^{-\delta t} \, {}_t p^{00}_{45} \, dt = \int_0^5 e^{-0.1t} \, dt = \frac{1 - e^{-0.1 \times 5}}{0.1} = 3.934693$$

따라서 5시점의 계약자적립액 ${}_5 V^{(0)}$는

$${}_5 V^{(0)} = 10000 \, \bar{a}^{01}_{45:\overline{25}|} + 30000 \, \bar{A}^{02}_{45:\overline{25}|} - 4008.64 \, \bar{a}^{00}_{45:\overline{5}|}$$

$$= 10000 (1.263852) + 30000 (0.373161) - 4008.64 (3.934693) = 8060.58$$

(ii) 5시점의 계약자적립액 ${}_5 V^{(1)}$를 구하기 위하여 $\bar{a}^{11}_{45:\overline{25}|}$와 $\bar{A}^{12}_{45:\overline{25}|}$를 구해보자.

$$\bar{a}^{11}_{45:\overline{25}|} = \int_0^{25} e^{-\delta t} \, {}_t p^{11}_{45} \, dt = \int_0^{25} e^{-0.05t} \, e^{-0.15t} \, dt$$

$$= \frac{1 - e^{-0.2 \times 25}}{0.2} = 4.966310$$

$$\bar{A}^{11}_{45:\overline{25}|} = \int_0^{25} e^{-\delta t} \, {}_t p^{11}_{45} \, \mu^{12}_{45+t} \, dt = \int_0^{25} e^{-0.05t} \, e^{-0.15t} \, (0.15) \, dt$$

$$= 0.15 \left( \frac{1 - e^{-0.2 \times 25}}{0.2} \right) = 0.744947$$

향후 보험료의 납입은 없으므로 5시점의 계약자적립액 ${}_5 V^{(1)}$는

$${}_5 V^{(1)} = 10000 \, \bar{a}^{11}_{45:\overline{25}|} + 30000 \, \bar{A}^{12}_{45:\overline{25}|}$$

$$= 10000 (4.966310) + 30000 (0.744947) = 72011.51$$

---

( 예제 10.2.10.4 )

A보험회사는 다음 그림과 같은 3개의 상태를 갖는 연속시간 마르코프모형을 이용하여 보험상품을 개발하였다. 상태 0은 건강을, 상태 1은 영구장해를, 상태 2는 사망을 나타낸다.

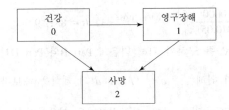

이 보험상품을 개발하기 위해 다음과 같은 가정들을 사용하였다(가정 불성립).

(i) 건강한 피보험자 (30)이 가입하는 15년납입 보험이며 보험기간은 30년이다.

(ii) 전이력은 모든 $30 \le x < 100$에 대하여 $\mu_x^{01} = \dfrac{1}{100-x}$, $\mu_x^{02} = 0.05$, $\mu_x^{12} = 0.1$, 이력은 $\delta = 0.05$로 가정한다.

(iii) 피보험자가 영구장해상태(상태 1)에 있으면 연속적 연액 10,000원을 지급하고, 사망하면 사망보험금 20,000원을 사망즉시 지급한다.

(iv) 보험료는 수지상등의 원칙이 적용되어 계산되며 건강상태에 있는 피보험자가 연속적으로 납입한다.

(a) 이 보험급부에 대한 APV를 구하시오.

(b) 이 보험의 연속납평준순보험료의 연액 $P$를 구하시오.

(c) 제5보험연도말 계약자적립액 $_5V^{(0)}$, $_5V^{(1)}$를 구하시오.

**풀이**

(a) 장해급부의 APV1과 사망급부의 APV2로 나누어서 보험급부의 APV를 구하기로 한다. 장해급부의 APV1을 구하기 위한 전이확률을 구해보자.

$$_s p_{30}^{00} = {}_s p_{30}^{\overline{00}} = \exp\left(-\int_0^s \mu_{30+u}^{01} + \mu_{30+u}^{02} \, du\right)$$

$$= \exp\left(-\int_0^s \frac{1}{70-u} + 0.05 \, du\right) = \left(\frac{70-s}{70}\right) e^{-0.05s}$$

$$_{t-s} p_{30+s}^{11} = {}_{t-s} p_{30+s}^{\overline{11}} = \exp\left(-\int_0^{t-s} \mu_{30+s+u}^{12} \, du\right) = e^{-0.1(t-s)}$$

$$_t p_{30}^{01} = \int_0^t {}_s p_{30}^{\overline{00}} \, \mu_{30+s}^{01} \, {}_{t-s} p_{30+s}^{\overline{11}} \, ds$$

$$= \int_0^t \left(\frac{70-s}{70}\right) e^{-0.05s} \left(\frac{1}{70-s}\right) e^{-0.1(t-s)} \, ds = \frac{e^{-0.1t}(1-e^{0.05t})}{70(-0.05)}$$

여기서 구한 $_t p_{30}^{01}$은 식 (10.2.2.24)로부터도 구할 수 있다.

따라서 장해급부의 APV1은

$$\text{APV1} = 10000 \, \bar{a}_{30:\overline{30}|}^{01} = 10000 \int_0^{30} e^{-\delta t} \, {}_t p_{30}^{01} \, dt = 10000 \int_0^{30} e^{-0.05t} \, \frac{e^{-0.1t}(1-e^{0.05t})}{70(-0.05)} \, dt$$

$$= \frac{10000}{70(0.05)} \int_0^{30} e^{-0.15t}(e^{0.05t}-1)\, dt = 8312.92$$

사망급부의 APV2를 구하기 위해 다음의 Part B와 Part D를 구해보자.

Part B를 구하기 위해 $\int_0^{30} e^{-0.1t}(70-t)\, dt$의 계산을 해보자.

$u' = e^{-0.1t}$, $v = 70-t$라고 하고, 부분적분법을 이용하면

$$\int_0^{30} e^{-0.1t}(70-t)\, dt = \left[\frac{-1}{0.1} e^{-0.1t}(70-t)\right]_0^{30} - \int_0^{30} \frac{-1}{0.1} e^{-0.1t}(-1)\, dt$$

$$= \left(\frac{-1}{0.1} e^{-0.1\times 30}(40) - \frac{-1}{0.1}(70)\right) - \frac{1}{0.1}\int_0^{30} e^{-0.1t}\, dt = 585.06388$$

따라서

$$\text{Part B} = \int_0^{30} e^{-\delta t}\, {}_tp_{30}^{00}\, \mu_{30+t}^{02}\, dt = \int_0^{30} e^{-0.05t}\left(\frac{70-t}{70}\right) e^{-0.05t}(0.05)\, dt$$

$$= \frac{0.05}{70}\int_0^{30} e^{-0.1t}(70-t)\, dt = \frac{0.05}{70}(585.06388) = 0.417903$$

$$\text{Part D} = \int_0^{30} e^{-\delta t}\, {}_tp_{30}^{01}\, \mu_{30+t}^{12}\, dt = \int_0^{30} e^{-0.05t}\, \frac{e^{-0.1t}(1-e^{0.05t})}{70(-0.05)}\,(0.1)\, dt$$

$$= \frac{0.1}{70(0.05)}\int_0^{30} e^{-0.15t}(e^{0.05t}-1)\, dt$$

$$= \frac{0.1}{70(0.05)}\left(\frac{1-e^{-0.1\times 30}}{0.1} - \frac{1-e^{-0.15\times 30}}{0.15}\right) = 0.08313$$

따라서 사망급부의 APV는

$$\text{APV2} = 20000\bar{A}_{30:\overline{30|}}^{02} = 20000\int_0^{30} e^{-\delta t}\left({}_tp_{30}^{00}\, \mu_{30+t}^{02} + {}_tp_{30}^{01}\, \mu_{30+t}^{12}\right) dt$$

$$= 20000(\text{Part B}+\text{Part D}) = 20000(0.417903 + 0.08313) = 10020.66$$

따라서 보험급부의 APV는

$$\text{APV} = \text{APV1} + \text{APV2} = 8312.92 + 10020.66 = 18333.58$$

(b) 연속적 연액 1원의 보험료 납입에 대한 EPV를 구해보자.

$$\text{EPV} = \bar{a}_{30:\overline{15|}}^{00} = \int_0^{15} e^{-\delta t}\, {}_tp_{30}^{00}\, dt = \int_0^{15} e^{-0.05t}\left(\frac{70-t}{70}\right) e^{-0.05t}\, dt$$

$$= \frac{1}{70}\int_0^{15} e^{-0.1t}(70-t)\, dt = 7.13702 \qquad (u' = e^{-0.1t},\ v = 70-t)$$

수지상등의 원칙에 의하여 $P = \dfrac{\text{APV}}{\text{EPV}} = \dfrac{18333.58}{7.13702} = 2568.80$

(c) (i) 제5보험연도말 계약자적립액 ${}_5V^{(0)}$를 구하기 위하여 $\bar{a}_{35:\overline{25|}}^{01}$, $\bar{A}_{35:\overline{25|}}^{02}$와 $\bar{a}_{35:\overline{10|}}^{00}$을 구해보자. (a), (b)에서의 계산방법과 동일하게 하면

$$\bar{a}_{35:\overline{25|}}^{01} = \int_0^{25} e^{-\delta t}\, {}_tp_{35}^{01}\, dt = \int_0^{25} e^{-0.05t}\, \frac{e^{-0.1t}(1-e^{0.05t})}{65(-0.05)}\, dt$$

$$= \frac{1}{65\,(0.05)} \int_0^{25} e^{-0.15t}\left(e^{0.05t} - 1\right)\, dt$$

$$= \frac{0.1}{65\,(0.05)} \left( \frac{1 - e^{-0.1 \times 25}}{0.1} - \frac{1 - e^{-0.15 \times 25}}{0.15} \right) = 0.82131$$

$\bar{A}^{02}_{35:\,\overline{25}|}$ 를 구성하는 Part B와 Part D를 구해보자.

$$\text{Part B} = \int_0^{25} e^{-\delta t}\,{}_t p_{35}^{00}\,\mu_{35+t}^{02}\, dt = \int_0^{25} e^{-0.05t}\left(\frac{65-t}{65}\right) e^{-0.05t}\,(0.05)\, dt$$

앞에서와 같이 $u' = e^{-0.1t}$, $v = 65 - t$ 라고 하고 부분적분법을 이용하면

$$\text{Part B} = \frac{0.05}{65} \int_0^{25} e^{-0.1t}\,(65-t)\, dt = \frac{0.05}{65}\,(525.37450) = 0.40413$$

$$\text{Part D} = \int_0^{25} e^{-\delta t}\,{}_t p_{35}^{01}\,\mu_{35+t}^{12}\, dt = \int_0^{25} e^{-0.05t}\,\frac{e^{-0.1t}\left(1 - e^{0.05t}\right)}{65\,(-0.05)}\,(0.1)\, dt$$

$$= \frac{0.1}{65\,(0.05)} \left( \frac{1 - e^{-0.1 \times 25}}{0.1} - \frac{1 - e^{-0.15 \times 25}}{0.15} \right) = 0.082131$$

위의 결과를 이용하면

$$\bar{A}^{02}_{35:\,\overline{25}|} = \int_0^{25} e^{-\delta t}\left({}_t p_{35}^{00}\,\mu_{35+t}^{02} + {}_t p_{35}^{01}\,\mu_{35+t}^{12}\right)\, dt = \text{Part B} + \text{Part D} = 0.486261$$

$$\bar{a}^{00}_{35:\,\overline{10}|} = \int_0^{10} e^{-\delta t}\,{}_t p_{35}^{00}\, dt = \int_0^{10} e^{-0.05t}\left(\frac{65-t}{65}\right) e^{-0.05t}\, dt$$

앞에서와 같이 $u' = e^{-0.1t}$, $v = 65 - t$ 라고 하고 부분적분법을 이용하면

$$\bar{a}^{00}_{35:\,\overline{10}|} = \frac{1}{65} \int_0^{10} e^{-0.1t}\,(65-t)\, dt = \frac{1}{65}\,(384.45425) = 5.91468$$

따라서 제5보험연도말 계약자적립액 ${}_5V^{(0)}$는

$$ {}_5V^{(0)} = 10000\,\bar{a}^{01}_{35:\,\overline{25}|} + 20000\,\bar{A}^{02}_{35:\,\overline{25}|} - 2568.80\,\bar{a}^{00}_{35:\,\overline{10}|}$$

$$= 10000\,(0.82131) + 20000\,(0.486261) - 2568.80\,(5.91468) = 2744.69$$

(ii) 계약자적립액 ${}_5V^{(1)}$를 구하기 위하여 $\bar{a}^{11}_{35:\,\overline{25}|}$ 와 $\bar{A}^{12}_{35:\,\overline{25}|}$ 를 구해보자.

$$\bar{a}^{11}_{35:\,\overline{25}|} = \int_0^{25} e^{-\delta t}\,{}_t p_{35}^{11}\, dt = \int_0^{25} e^{-0.05t}\,e^{-0.1t}\, dt = \frac{1 - e^{-0.15 \times 25}}{0.15} = 6.50988$$

$$\bar{A}^{12}_{35:\,\overline{25}|} = \int_0^{25} e^{-\delta t}\,{}_t p_{35}^{11}\,\mu_{35+t}^{12}\, dt = \int_0^{25} e^{-0.05t}\,e^{-0.1t}\,(0.1)\, dt$$

$$= 0.1\left(\frac{1 - e^{-0.15 \times 25}}{0.15}\right) = 0.650988$$

향후 보험료의 납입은 없으므로 5시점의 계약자적립액 ${}_5V^{(1)}$는

$$ {}_5V^{(1)} = 10000\,\bar{a}^{11}_{35:\,\overline{25}|} + 20000\,\bar{A}^{12}_{35:\,\overline{25}|}$$

$$= 10000\,(6.50988) + 20000\,(0.650988) = 78118.56$$

---

예제  10.2.10.5

A보험회사는 다음 그림과 같은 3개의 상태를 갖는 연속시간 마르코프모형을 이용하여 보험상품을 개발하여 보험료를 산출하였다. 상태 0은 건강을, 상태 1은 영구장해를, 상태 2는 사망을 나타낸다.

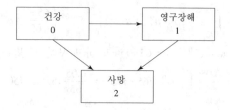

이 보험상품을 개발하기 위하여 사용한 가정들은 다음과 같다.

(i) 건강한 피보험자 (70)이 가입하는 4년납입 보험이며 보험기간은 4년이다.

(ii) 전이력은 모든 $70 \leq x < 100$에 대하여 $\mu_x^{01} = \dfrac{0.8}{100-x}$, $\mu_x^{02} = \dfrac{0.2}{100-x}$, $\mu_x^{12} = \dfrac{1}{100-x}$, $i = 0.05$로 가정한다.

(iii) 피보험자가 매 보험연도말에 영구장해상태에 있으면 연말에 3000원을 지급하고, 피보험자가 4년 안에 사망하면 사망한 해의 말에 20,000원의 사망보험금을 지급한다.

(iv) 보험료는 수지상등의 원칙에 의하여 결정되고, 보험료 납입시점에 건강상태에 있는 피보험자가 연초에 납입한다.

(a) 이 보험급부의 APV를 구하시오.

(b) 이 보험의 연납평준순보험료 $P$를 구하시오.

풀이

(a) (i) 장해급부의 APV1을 구하기 위한 전이확률을 구해보자.

$$_t p_{70}^{00} = {_t p_{70}^{\overline{00}}} = \exp\left(-\int_0^t (\mu_{70+s}^{01} + \mu_{70+s}^{02})\, ds\right) = \exp\left(-\int_0^t \frac{1}{30-s}\, ds\right) = \frac{30-t}{30}$$

$$_{t-s} p_{70+s}^{11} = {_{t-s} p_{70+s}^{\overline{11}}} = \frac{_t p_{70}^{\overline{11}}}{_s p_{70}^{\overline{11}}} = \frac{\exp\left(-\int_0^t \frac{1}{30-u}\, du\right)}{\exp\left(-\int_0^s \frac{1}{30-u}\, du\right)} = \exp\left(-\int_s^t \frac{1}{30-u}\, du\right)$$

$$= \frac{30-t}{30-s}$$

$$_t p_{70}^{01} = \int_0^t \left(\frac{30-s}{30}\right)\left(\frac{0.8}{30-s}\right)\left(\frac{30-t}{30-s}\right) ds = \frac{0.8(30-t)}{30} \int_0^t \frac{1}{30-s}\, ds$$

$$= \frac{0.8(30-t)}{30} \ln \frac{30}{30-t}$$

따라서

$$p_{70}^{01} = \frac{0.8\,(29)}{30} \ln\frac{30}{29} = 0.02622, \quad {}_2p_{70}^{01} = \frac{0.8\,(28)}{30} \ln\frac{30}{28} = 0.05151,$$

$${}_3p_{70}^{01} = \frac{0.8\,(27)}{30} \ln\frac{30}{27} = 0.07586, \quad {}_4p_{70}^{01} = \frac{0.8\,(26)}{30} \ln\frac{30}{26} = 0.09922$$

을 이용하면 장해급부에 대한 APV1은

$$\text{APV1} = 3000\left(\frac{0.02622}{1.05} + \frac{0.05151}{1.05^2} + \frac{0.07586}{1.05^3} + \frac{0.09922}{1.05^4}\right) = 656.56$$

(ii) 사망급부의 APV2를 구하기 위해 ${}_tp_{70}^{02}$를 구해보자. ${}_tp_{70}^{02}$는 상태 0에서 상태 2로 직접 가는 경로의 확률과 상태 0에서 상태 1을 거쳐 상태 2로 가는 경로의 확률을 각각 구해서 계산하는 방법도 있으나, 여기서는 $1 = {}_tp_{70}^{00} + {}_tp_{70}^{01} + {}_tp_{70}^{02}$를 이용하여 구하기로 한다. 이 식을 이용하면

$$p_{70}^{02} = 1 - \frac{29}{30} - 0.02622 = 0.00711, \quad {}_2p_{70}^{02} = 1 - \frac{28}{30} - 0.05152 = 0.01515,$$

$${}_3p_{70}^{02} = 1 - \frac{27}{30} - 0.07586 = 0.02414, \quad {}_4p_{70}^{02} = 1 - \frac{26}{30} - 0.09922 = 0.03411$$

사망상태는 흡수상태이기 때문에 매 보험연도별 사망확률은 ${}_{t+1}p_{70}^{02} - {}_tp_{70}^{02}\,(t=0,1,2,3)$이다. 따라서 사망급부에 대한 APV2는

$$\text{APV2} = 20000\left(\frac{0.00711}{1.05} + \frac{0.01515 - 0.00711}{1.05^2} + \frac{0.02414 - 0.01515}{1.05^3}\right.$$
$$\left. + \frac{0.03411 - 0.02414}{1.05^4}\right) = 600.64$$

따라서 보험급부에 대한 APV는

$$\text{APV} = \text{APV1} + \text{APV2} = 1257.22$$

(b) 보험료는 건강상태에 있는 피보험자들만 납입하므로 ${}_tp_{70}^{00} = \frac{30-t}{30}$ 로부터

$$p_{70}^{00} = \frac{29}{30}, \quad {}_2p_{70}^{00} = \frac{28}{30}, \quad {}_3p_{70}^{00} = \frac{27}{30}$$

이므로, 보험료 1원에 대한 EPV는

$$\text{EPV} = \left(1 + \frac{1}{1.05}\frac{29}{30} + \frac{1}{1.05^2}\frac{28}{30} + \frac{1}{1.05^3}\frac{27}{30}\right) = 3.54465$$

수지상등의 원칙에 의하여 $P = \dfrac{\text{APV}}{\text{EPV}} = \dfrac{1257.22}{3.54465} = 354.68$

**( 예제 10.2.10.6 )**

A보험회사는 다음 그림과 같은 3개의 상태를 갖는 연속시간 마르코프모형을 이용하여 두 종류의 보험상품을 개발하였다. 상태 0은 건강을, 상태 1은 영구장해를, 상태 2는 사망을 나타낸다.

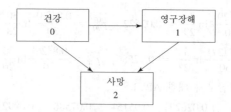

이 보험상품을 개발하기 위해 공통적으로 다음과 같은 가정들을 사용하였다.

(i) 건강한 피보험자 (40)이 가입하는 10년납입 보험이며 보험기간은 종신이다.

(ii) 전이력은 모든 $x \geq 40$에 대하여 $\mu_x^{01} = 0.1$, $\mu_x^{02} = 0.05$, $\mu_x^{12} = 0.15$, 이력은 $\delta = 0.05$로 가정한다.

(iii) 보험료는 수지상등의 원칙이 적용되어 계산되며 건강상태에 있는 피보험자가 연속적으로 납입한다.

이때 다음과 같은 보험의 연속납평준순보험료의 연액을 구하시오.

(a) 피보험자가 영구장해상태가 된 후 1개월 내에 사망이 발생하는 경우 50,000원의 사망즉시급이 지급되는 보험.

(b) 피보험자가 보험가입 후 영구장해상태로 전이하고, 대기기간 1개월이 종료될 때까지 계속 영구장해상태에 있으면 대기기간이 종료될 때 장해급부 50,000원이 일시금으로 지급되는 보험. 단, 대기기간 안에는 어떤 급부도 제공되지 않는다.

(c) (a)와 (b) 보험급부의 상호관련성을 설명하시오.

**풀이**

(a) (i) 보험급부의 APV를 구하기 위한 전이확률을 구해보자.

$$_s p_{40}^{00} = {}_s p_{40}^{\overline{00}} = \exp\left(-\int_0^s \mu_{40+u}^{01} + \mu_{40+u}^{02}\ du\right) = e^{-0.15s}$$

$$_r p_{40+s}^{11} = {}_r p_{40+s}^{\overline{11}} = \exp\left(-\int_0^r \mu_{40+s+u}^{12}\ du\right) = e^{-0.15r}$$

영구장해상태(상태 1)에 들어서는(enter) 시점을 $s$라고 하면, $40+s$시점에서 사망급부 50,000원의 APV1은

$$\text{APV1} = 50000\,\bar{A}_{40+s:\,\overline{(1/12)|}}^{12} = 50000\int_0^{1/12} e^{-\delta r}\,{}_r p_{40+s}^{\overline{11}}\,\mu_{40+s+r}^{12}\ dr$$

$$= 50000\int_0^{1/12} e^{-0.05r}\,e^{-0.15r}\,0.15\ dr$$

$$= 50000 \times 0.15\left(\frac{1-e^{-0.2\times(1/12)}}{0.2}\right) = 619.82$$

이 값은 $s$에 의존하지 않으며 이 사망보험금을 지급하는 보험급부의 APV는 $619.82\,\bar{A}_{40}^{01}$이 된다.

$$\bar{A}_{40}^{01} = \int_0^\infty e^{-\delta s} \, _s p_{40}^{\overline{00}} \, \mu_{40+s}^{01} \, ds = \int_0^\infty e^{-0.05s} \, e^{-0.15s} \, 0.1 \, ds = \frac{0.1}{0.2} = 0.5$$

따라서 $\text{APV} = 619.82 \, \bar{A}_x^{01} = 619.82 \times 0.5 = 309.91$

이와 같은 과정을 다시 나타내면 $50000 \bar{A}_{40+s:\,\overline{(1/12)|}}^{12}$ 가 상태 0에서 상태 1로 전이할 때 받는 보험금이므로 다음과 같이 나타낼 수 있다.

$$\text{APV} = \int_0^\infty (50000 \bar{A}_{40+s:\,\overline{(1/12)|}}^{12}) \, e^{-\delta s} \, _s p_{40}^{\overline{00}} \, \mu_{40+s}^{01} \, ds = 309.91$$

(ii) 연속적 연액 1원의 보험료 납입에 대한 EPV를 구해보자.

$$\text{EPV} = \bar{a}_{40:\,\overline{10|}}^{00} = \int_0^{10} e^{-\delta t} \, _t p_{40}^{00} \, dt = \int_0^{10} e^{-0.05t} \, e^{-0.15t} \, dt = 4.32332$$

따라서 수지상등의 원칙에 의하여 연속납평준순보험료의 연액 $P$는

$$P = \frac{\text{APV}}{\text{EPV}} = \frac{309.91}{4.32332} = 71.68$$

(b) (i) 장해급부의 APV를 구하기 위해 다음과 같이 생각해 보자. 장해급부가 지급되는 시점을 $t$라고 하면, 이 급부에 대한 확률밀도는 피보험자가 $(t-1/12)$ 시점에 상태 1로 이동하고 1개월 동안 상태 1에 머무는 확률이다. 급부의 확률밀도에 영향을 주는 $s$는 $(t-1/12)$ 하나이다. 따라서 확률밀도는

$$g(t) = \,_{t-(1/12)} p_{40}^{\overline{00}} \, \mu_{40+t-(1/12)}^{01} \, _{(1/12)} p_{40+t-(1/12)}^{\overline{11}}$$
$$= e^{-0.15[t-(1/12)]} \, (0.1) \, e^{-0.15 \times (1/12)} = 0.1 \, e^{-0.15t}$$

따라서 이 장해급부에 대한 APV는

$$\text{APV} = 50000 \int_{(1/12)}^\infty e^{-0.05t} \, 0.1 \, e^{-0.15t} \, dt = 50000 \, (0.1) \left( \frac{e^{-0.2 \times (1/12)}}{0.2} \right) = 24586.79$$

(ii) 연속적 연액 1원의 보험료 납입에 대한 EPV를 구해보자.

연속적 연액 1원의 보험료에 대한 EPV는 (a)에서의 EPV와 동일하게 4.32332이며, 수지상등의 원칙에 의해서 연속납평준순보험료의 연액 $P$는

$$P = \frac{\text{APV}}{\text{EPV}} = \frac{24586.79}{4.32332} = 5687.02$$

(c) 영구장해상태에 들어서는(enter) 시점을 $s$라고 하면 (i) $40+s$시점에서 $40+s+t$시점까지 영구장해상태에 계속 있을 확률은 $_t p_{x+s}^{\overline{11}}$이고 (ii) $(40+s, \, 40+s+t)$ 사이에서 사망할 확률은 $\int_0^t \,_r p_{x+s}^{\overline{11}} \, \mu_{x+s+r}^{12} \, dr$ 이다. 이 두 확률을 합하면 1이 되는 것을 증명해 보자$(x=40)$. $\mu_r^{12} = \alpha$ (상수)로 가정하면

$$_t p_{x+s}^{\overline{11}} = \exp\left(-\int_0^t \mu_{x+s+u}^{12} \, du\right) = e^{-\alpha t} \quad \cdots\cdots \text{①}$$

$$\int_0^t \,_r p_{x+s}^{\overline{11}} \, \mu_{x+s+r}^{12} \, dr = \int_0^t e^{-\alpha r} \, (\alpha) \, dr = \frac{\alpha}{\alpha} (1 - e^{-\alpha t}) = (1 - e^{-\alpha t}) \quad \cdots\cdots \text{②}$$

①과 ②의 확률을 합하면

$$① + ② = {}_tp_{x+s}^{\overline{11}} + \int_0^t {}_rp_{x+s}^{\overline{11}}\ \mu_{x+s+r}^{12}\ dr = e^{-\alpha t} + (1 - e^{-\alpha t}) = 1$$

$40+s$시점에 장해상태가 되었다는 조건하에서 (a)의 급부지급에 대한 확률은 ②이고 $(t=1/12)$, (b)의 급부지급에 대한 확률은 ①이다$(t=1/12)$. 다중상태모형의 세계가 아닌 관점에서 보면, (a)와 (b)의 급부는 $40+s$시점에 장해상태가 되었다는 조건하에서, 보험기간이 1/12년인 생사혼합보험의 형태가 되는 것을 알 수 있다.

예제 (10.2.10.7)~(10.2.10.9) A보험회사는 다음 그림과 같은 3개의 상태를 갖는 연속시간 마르코프모형을 이용하여 보험상품을 개발하려고 한다. 상태 0은 건강을, 상태 1은 질병을, 상태 2는 사망을 나타낸다.

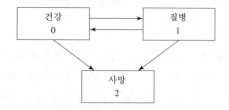

보험상품들을 개발하기 위해 공통적으로 다음과 같은 가정들을 사용한다.

(i) 건강한 40세의 피보험자가 가입하고, 보험기간은 2년이다.

(ii) 전이력은 모든 $x \geq 40$에 대하여 $\mu_x^{01} = 0.015 + 0.001x$, $\mu_x^{02} = 0.006\,e^{0.01x}$, $\mu_x^{10} = 0.01\,e^{-0.09x}$, $\mu_x^{12} = 0.02\,e^{0.015x}$, 이력은 $\delta = 0.05$로 가정한다.

(iii) 보험료는 수지상등의 원칙이 적용되어 계산되며 보험료 납입시점에 건강상태에 있는 피보험자가 납입한다.

예제 10.2.10.7

(a) 콜모고로프 전진방정식과 $h = \dfrac{1}{12}$인 오일러방법을 사용하여 전이확률 ${}_tp_{40}^{00}$, ${}_tp_{40}^{01}$, ${}_tp_{40}^{02}$, ${}_tp_{40}^{10}$, ${}_tp_{40}^{11}$, ${}_tp_{40}^{12}(0 \leq t \leq 2)$를 구하시오.

(b) 건강상태에 있는 피보험자가 월말에 질병상태에 있으면 월말에 1,000원을 지급하고, 피보험자가 사망하면 사망한 달의 말에 사망보험금 20,000원을 지급하는 보험급부에 대한 APV.

(c) (b)의 보험에 대하여 최대 2년 동안 매월초에 납입하는 월납평준순보험료 $P\,1$

풀이

(a) 본 문제의 마르코프모형은 다중상태모형 3으로써, 앞에서 고찰하였듯이 현재 상태 0에

있는 확률과정이 미래시점에 상태 1에 있을 확률은 식 (10.2.2.17)과 같이 $_t p_x^{01} = \int_0^t {}_s p_x^{\overline{00}} \mu_{x+s}^{01} {}_{t-s} p_{x+s}^{\overline{11}} ds$로 계산할 수 없다. 따라서 전이확률을 구하기 위해서는 콜모고로프 전진방정식을 이용해야 한다. 오일러방법을 이용하여 전이확률을 근사적으로 표현하면 다음과 같다.

$$_{t+h}p_x^{00} \approx {}_t p_x^{00} + h\left[ - {}_t p_x^{00}(\mu_{x+t}^{01} + \mu_{x+t}^{02}) + {}_t p_x^{01} \mu_{x+t}^{10}\right]$$

$$_{t+h}p_x^{01} \approx {}_t p_x^{01} + h\left[ - {}_t p_x^{01}(\mu_{x+t}^{10} + \mu_{x+t}^{12}) + {}_t p_x^{00} \mu_{x+t}^{01}\right]$$

$$_{t+h}p_x^{10} \approx {}_t p_x^{10} + h\left[ - {}_t p_x^{10}(\mu_{x+t}^{01} + \mu_{x+t}^{02}) + {}_t p_x^{11} \mu_{x+t}^{10}\right]$$

$$_{t+h}p_x^{11} \approx {}_t p_x^{11} + h\left[ - {}_t p_x^{11}(\mu_{x+t}^{10} + \mu_{x+t}^{12}) + {}_t p_x^{10} \mu_{x+t}^{01}\right]$$

이 식들은 식 (10.2.5.6)부터 식 (10.2.5.9)까지에 나타나 있다. 초기값은 $_0 p_{40}^{00} = 1$, $_0 p_{40}^{01} = 0$, $_0 p_{40}^{10} = 0$, $_0 p_{40}^{11} = 1$이고, 주어진 $h = 1/12$를 이용하여 전이확률을 구하면 다음의 표와 같이 나타낼 수 있다. 표 [10.2.10.1]에 나와 있는 값들은 소수점 5자리 또는 소수점 6자리로 반올림해서 표시한 값이다.

(b) 질병급부의 APV를 APV1, 사망급부의 APV를 APV2라고 하자.

$$\text{APV1} = 12000\, a_{40:\overline{2}|}^{(12)01} = \frac{12000}{12} \sum_{k=1}^{24} v^{(k/12)} {}_{(k/12)}p_{40}^{01}$$

$$= \frac{12000}{12}\left( v^{(1/12)} {}_{(1/12)}p_{40}^{01} + v^{(2/12)} {}_{(2/12)}p_{40}^{01} + \cdots + v^2 {}_2 p_{40}^{01}\right)$$

$$= \frac{12000}{12}\left((0.99584)(0.00458) + \cdots + (0.90484)(0.10147)\right) = 1218.72$$

매 달마다 사망급부가 발생할 확률은 $_{(k+1)/12}p_{40}^{02} - {}_{k/12}p_{40}^{02}(k = 0,\ 1,\ \cdots,\ 23)$이므로 사망급부의 APV는

$$\text{APV2} = 20000\, A_{40:\overline{2}|}^{(12)02} = 20000 \sum_{k=0}^{23} v^{(k+1)/12}\left( {}_{(k+1)/12}p_{40}^{02} - {}_{(k/12)}p_{40}^{02}\right)$$

$$= 20000\left( v^{(1/12)}\left( {}_{(1/12)}p_{40}^{02} - {}_0 p_{40}^{02}\right) + \cdots + v^2\left( {}_2 p_{40}^{02} - {}_{(23/12)}p_{40}^{02}\right)\right)$$

$$= 20000\left[0.99584(0.00075 - 0) + \cdots + 0.90484(0.02072 - 0.01974)\right] = 392.57$$

따라서 보험급부에 대한 APV는

$$\text{APV} = \text{APV1} + \text{APV2} = 1218.72 + 392.57 = 1611.29$$

(c) 보험료 납입의 EPV를 구하기 위하여 $\ddot{a}_{40:\overline{2}|}^{(12)00}$이 필요하다.

$$\ddot{a}_{40:\overline{2}|}^{(12)00} = \frac{1}{12} \sum_{k=0}^{23} v^{(k/12)} {}_{(k/12)}p_{40}^{00}$$

$$= \frac{1}{12}\left(1 + v^{(1/12)} {}_{(1/12)}p_{40}^{00} + \cdots\cdots + v^{(23/12)} {}_{(23/12)}p_{40}^{00}\right)$$

$$= \frac{1}{12}\left(1 + (0.99584)(0.99467) + \cdots + (0.90862)(0.88267)\right) = 1.79562$$

따라서 보험료의 EPV는

$$\text{EPV} = 12\,P1\ \ddot{a}^{(12)00}_{40:\overline{2}|} = 21.54744\,P1$$

수지상등의 원칙에 의하여 $P1 = \dfrac{\text{APV}}{21.54744} = \dfrac{1611.29}{21.54744} = 74.78$

표 [10.2.10.1]  KFE와 오일러방법을 이용한 전이확률의 계산

| $t$ | $_tp^{00}_{40}$ | $_tp^{01}_{40}$ | $_tp^{02}_{40}$ | $_tp^{10}_{50}$ | $_tp^{11}_{40}$ | $_tp^{12}_{40}$ |
|---|---|---|---|---|---|---|
| 0 | 1.00000 | 0.00000 | 0.00000 | 0.00000 | 1.00000 | 0.00000 |
| $\frac{1}{12}$ | 0.99467 | 0.00458 | 0.00075 | 0.00002 | 0.99694 | 0.00304 |
| $\frac{2}{12}$ | 0.98936 | 0.00914 | 0.00150 | 0.00005 | 0.99389 | 0.00607 |
| $\frac{3}{12}$ | 0.98408 | 0.01366 | 0.00227 | 0.00007 | 0.99084 | 0.00909 |
| $\frac{4}{12}$ | 0.97881 | 0.01814 | 0.00305 | 0.00009 | 0.98780 | 0.01211 |
| $\frac{5}{12}$ | 0.97356 | 0.02260 | 0.00383 | 0.00011 | 0.98476 | 0.01513 |
| $\frac{6}{12}$ | 0.96834 | 0.02703 | 0.00463 | 0.00013 | 0.98173 | 0.01814 |
| $\frac{7}{12}$ | 0.96313 | 0.03142 | 0.00544 | 0.00015 | 0.97871 | 0.02114 |
| $\frac{8}{12}$ | 0.95795 | 0.03579 | 0.00626 | 0.00017 | 0.97569 | 0.02414 |
| $\frac{9}{12}$ | 0.95279 | 0.04012 | 0.00709 | 0.00019 | 0.97267 | 0.02713 |
| $\frac{10}{12}$ | 0.94765 | 0.04442 | 0.00793 | 0.00021 | 0.96967 | 0.03012 |
| $\frac{11}{12}$ | 0.94253 | 0.04870 | 0.00878 | 0.00023 | 0.96667 | 0.03310 |
| 1 | 0.93743 | 0.05294 | 0.00964 | 0.00025 | 0.96367 | 0.03608 |
| $1\frac{1}{12}$ | 0.93235 | 0.05715 | 0.01051 | 0.00027 | 0.96068 | 0.03905 |
| $1\frac{2}{12}$ | 0.92729 | 0.06133 | 0.01139 | 0.00029 | 0.95770 | 0.04202 |
| $1\frac{3}{12}$ | 0.92225 | 0.06548 | 0.01228 | 0.00031 | 0.95472 | 0.04498 |
| $1\frac{4}{12}$ | 0.91723 | 0.06959 | 0.01318 | 0.00032 | 0.95175 | 0.04793 |
| $1\frac{5}{12}$ | 0.91223 | 0.07368 | 0.01408 | 0.00034 | 0.94878 | 0.05088 |
| $1\frac{6}{12}$ | 0.90725 | 0.07774 | 0.01500 | 0.00036 | 0.94582 | 0.05382 |
| $1\frac{7}{12}$ | 0.90230 | 0.08177 | 0.01593 | 0.00037 | 0.94286 | 0.05676 |

| | | | | | | |
|---|---|---|---|---|---|---|
| $1\frac{8}{12}$ | 0.89736 | 0.08577 | 0.01687 | 0.00039 | 0.93992 | 0.05969 |
| $1\frac{9}{12}$ | 0.89244 | 0.08974 | 0.01782 | 0.00041 | 0.93697 | 0.06262 |
| $1\frac{10}{12}$ | 0.88755 | 0.09368 | 0.01877 | 0.00042 | 0.93403 | 0.06554 |
| $1\frac{11}{12}$ | 0.88267 | 0.09759 | 0.01974 | 0.00044 | 0.93110 | 0.06846 |
| 2 | 0.87782 | 0.10147 | 0.02072 | 0.00045 | 0.92818 | 0.07137 |

콜모고로프 전진방정식(KFE)과 오일러방법(Euler's method)을 사용하여 전이확률을 계산한 후 APV를 구하는 경우 수치해석방법을 사용하여야 한다. 대표적인 수치해석방법으로는 Trapezium rule과 Simpson's rule이 있다.

Trapezium rule은 주어진 피적분함수 $f(x)$를 구간 $[a, b]$에서 적분한 값의 근사치를 구할 때 사용하며 다음과 같이 구할 수 있다.

$$\int_a^b f(x)\,dx = \sum_{i=1}^n \int_{x_{i-1}}^{x_i} f(x)\,dx \approx \sum_{i=1}^n \frac{f(x_i)+f(x_{i-1})}{2}\,h$$

$$= \frac{h}{2}\left[\{f(a)+f(b)\} + 2(f(x_1)+f(x_2)+\cdots+f(x_{n-1}))\right] \qquad (10.2.10.1)$$

여기서 $a=x_0$, $b=x_n$, $x_i=a+ih$, $h=\dfrac{b-a}{n}$이다.

Simpson's rule은 Trapezium rule과 동일하게 주어진 피적분함수 $f(x)$를 구간 $[a, b]$에서 적분한 값의 근사치를 구할 때 사용하며 다음과 같이 구할 수 있다.

$$\int_a^b f(t)\,dt \approx \frac{h}{3}\{f(a) + f(b) + 4[f(t_1)+f(t_3)+\cdots+f(t_{2n-1})]$$

$$+ 2[f(t_2)+f(t_4)+\cdots+f(t_{2n-2})]\} \qquad (10.2.10.2)$$

여기서 $a=t_0$, $b=t_{2n}$, $t_i=a+ih$, $h=\dfrac{b-a}{2n}$이다.

Trapezium rule과 Simpson's rule은 다음과 같이 계산방법에서 차이점이 있다.

(i) Trapezium rule은 구간 $[a, b]$를 $n$등분하여 각 구간에서의 피적분함수 $f(x)$를 직선으로 근사시켜서 계산한다.

(ii) Simpson's rule은 구간 $[a, b]$를 $2n$등분하여[1] 앞에서부터 차례대로 서로 겹치지

---

1) Trapezium rule에서의 $n$과는 다른 $n$이다. $h$ 계산시 Trapezium rule에서의 분모는 홀수와 짝수 모두 가능하지만, Simpson's rule에서의 분모는 $2n$이기 때문에 짝수만 가능하다. 즉, Simpson's rule을 사용하는 경

않게 두 구간씩을 묶어서 하나의 구간으로 고려할 때, 각 구간에서의 피적분함수 $f(x)$를 포물선으로 근사시켜서 계산한다.

Trapezium rule과 Simpson's rule에서 동일한 $h$값으로[1] 사용하는 경우(예: $h = \dfrac{1}{12}$, $a = 0$, $b = 2$), Trapezium rule에서는 $n = 24$로 $h = \dfrac{2-0}{24} = \dfrac{1}{12}$이며, Simpson's rule에서는 $2n = 24$로 $h = \dfrac{2-0}{24} = \dfrac{1}{12}$이다. 따라서 구간 $[a, b]$에서 동일한 $h$를 사용하는 경우 Trapezium rule과 Simpson's rule을 사용하여 주어진 피적분함수 $f(x)$를 적분한 값의 근사치를 비교하면, 일반적으로 Simpson's rule을 사용하여 얻은 근사치가 Trapezium rule을 사용하여 얻은 근사치보다 더 정확하다. 두 수치해석방법을 이용하여 다음 문제들을 살펴보자.

(예제 10.2.10.8)

(a) 건강상태에 있는 피보험자가 월말에 질병상태에 있으면 월말에 1,000원을 지급하고, 피보험자가 사망하면 사망보험금 20,000원을 사망즉시 지급하는 보험급부에 대한 APV.

(b) (a)의 보험에 대하여 최대 2년 동안 매 분기초에 납입하는 3개월납 평준순보험료 $P2$.

**풀이**

(a) 질병급부의 APV를 APV1, 사망급부의 APV를 APV2라고 하자. 먼저 질병급부는 예제 (10.2.10.7)의 질병급부와 동일하므로 APV1 = 1218.72이다.

APV2를 구하기 위해서

$$\bar{A}^{02}_{40:\,\overline{2}|} = \int_0^2 v^t \left( {}_tp^{00}_{40}\ \mu^{02}_{40+t} + {}_tp^{01}_{40}\ \mu^{12}_{40+t} \right) dt = \int_0^2 f_1(t)\ dt$$

를 구해보자. ${}_tp^{00}_{40}$과 ${}_tp^{01}_{40}$ 등은 콜모고로프 전진방정식과 오일러방법을 이용하여 $h$구간마다 구할 수 있으므로 APV2를 적분을 해서 구할 수는 없다. $h$구간마다의 값이 주어지는 경우 수치해석방법을 이용하면 APV2의 적분을 구할 수 있다.[2]

피적분함수 $f_1(t) = v^t \left( {}_tp^{00}_{40}\ \mu^{02}_{40+t} + {}_tp^{01}_{40}\ \mu^{12}_{40+t} \right)$의 값을 $h = \dfrac{1}{12}$ 구간마다 구하면 다음과 같다.

---

우, 주어진 적분 구간은 반드시 짝수 개의 하부구간으로 나누어 생각해야 한다.

1) 여기서의 문제들은 $h$가 먼저 주어지므로 동일한 $h$값이 이용된다.
2) 예제 (10.2.2.11)에서는 함수는 주어지는데 적분을 하기 어려운 경우에 수치해석방법을 이용하여 적분을 하였다. 여기서는 함수자체가 주어지지 않는 경우이므로 차이점을 비교하기 바란다.

표 [10.2.10.2]  사망급부의 APV를 구하기 위한 피적분함수 $f_1(t)$

| $t$ | $v^t$ | $_tp_{40}^{00}$ | $\mu_{40+t}^{02}$ | $_tp_{40}^{01}$ | $\mu_{40+t}^{12}$ | $f_1(t)$ |
|---|---|---|---|---|---|---|
| 0 | 1.00000 | 1.00000 | 0.008951 | 0.00000 | 0.036442 | 0.00895 |
| $\frac{1}{12}$ | 0.99584 | 0.99467 | 0.008958 | 0.00458 | 0.036488 | 0.00904 |
| $\frac{2}{12}$ | 0.99170 | 0.98936 | 0.008966 | 0.00914 | 0.036534 | 0.00913 |
| $\frac{3}{12}$ | 0.98758 | 0.98408 | 0.008973 | 0.01366 | 0.036579 | 0.00921 |
| $\frac{4}{12}$ | 0.98347 | 0.97881 | 0.008981 | 0.01814 | 0.036625 | 0.00930 |
| $\frac{5}{12}$ | 0.97938 | 0.97356 | 0.008988 | 0.02260 | 0.036671 | 0.00938 |
| $\frac{6}{12}$ | 0.97531 | 0.96834 | 0.008996 | 0.02703 | 0.036717 | 0.00946 |
| $\frac{7}{12}$ | 0.97125 | 0.96313 | 0.009003 | 0.03142 | 0.036763 | 0.00954 |
| $\frac{8}{12}$ | 0.96722 | 0.95795 | 0.009011 | 0.03579 | 0.036809 | 0.00962 |
| $\frac{9}{12}$ | 0.96319 | 0.95279 | 0.009018 | 0.04012 | 0.036855 | 0.00970 |
| $\frac{10}{12}$ | 0.95919 | 0.94765 | 0.009026 | 0.04442 | 0.036901 | 0.00978 |
| $\frac{11}{12}$ | 0.95520 | 0.94253 | 0.009033 | 0.04870 | 0.036947 | 0.00985 |
| 1 | 0.95123 | 0.93743 | 0.009041 | 0.05294 | 0.036993 | 0.00992 |
| $1\frac{1}{12}$ | 0.94727 | 0.93235 | 0.009048 | 0.05715 | 0.037039 | 0.01000 |
| $1\frac{2}{12}$ | 0.94334 | 0.92729 | 0.009056 | 0.06133 | 0.037086 | 0.01007 |
| $1\frac{3}{12}$ | 0.93941 | 0.92225 | 0.009064 | 0.06548 | 0.037132 | 0.01014 |
| $1\frac{4}{12}$ | 0.93551 | 0.91723 | 0.009071 | 0.06959 | 0.037179 | 0.01020 |
| $1\frac{5}{12}$ | 0.93162 | 0.91223 | 0.009079 | 0.07368 | 0.037225 | 0.01027 |
| $1\frac{6}{12}$ | 0.92774 | 0.90725 | 0.009086 | 0.07774 | 0.037272 | 0.01034 |
| $1\frac{7}{12}$ | 0.92389 | 0.90230 | 0.009094 | 0.08177 | 0.037318 | 0.01040 |
| $1\frac{8}{12}$ | 0.92004 | 0.89736 | 0.009101 | 0.08577 | 0.037365 | 0.01046 |
| $1\frac{9}{12}$ | 0.91622 | 0.89244 | 0.009109 | 0.08974 | 0.037412 | 0.01052 |
| $1\frac{10}{12}$ | 0.91241 | 0.88755 | 0.009117 | 0.09368 | 0.037458 | 0.01058 |
| $1\frac{11}{12}$ | 0.90862 | 0.88267 | 0.009124 | 0.09759 | 0.037505 | 0.01064 |
| 2 | 0.90484 | 0.87782 | 0.009132 | 0.10147 | 0.037552 | 0.01070 |

따라서 Trapezium rule을 사용하면

$$\bar{A}_{40:\,\overline{2|}}^{02} = \int_0^2 v^t\left(\,_tp_{40}^{00}\ \mu_{40+t}^{02} + \,_tp_{40}^{01}\ \mu_{40+t}^{12}\right)\,dt$$

$$\fallingdotseq \frac{(1/12)}{2}\left[(0.00895+0.01070)+2(0.00904+0.00913+\cdots \right.$$
$$\left. +0.01046+0.01052+0.01058+0.01064)\right]=0.01978322^{1)}$$

이며,

Simpson's rule을 사용하면 다음과 같다.

$$\bar{A}_{40:\,\overline{2|}}^{02} = \int_0^2 v^t\left(\,_tp_{40}^{00}\ \mu_{40+t}^{02} + \,_tp_{40}^{01}\ \mu_{40+t}^{12}\right)\,dt$$

$$\fallingdotseq \frac{(1/12)}{3}\left[(0.00895+0.01070)+4(0.00904+0.00921+\cdots \right.$$
$$\left. +0.01064)+2(0.00913+0.00930+\cdots+0.01058)\right]=0.01978344$$

따라서 $APV2 = 20000\,\bar{A}_{40:\,\overline{2|}}^{02} = 395.6$이며, 보험급부에 대한 APV는

$$APV = APV1 + APV2 = 1218.72+395.6 = 1614.32\text{이다.}$$

(b) 보험료 납입의 EPV3을 구하기 위하여 $\ddot{a}_{40:\,\overline{2|}}^{(4)00}$ 이 필요하다.

$$\ddot{a}_{40:\,\overline{2|}}^{(4)00} = \frac{1}{4}\sum_{k=0}^{7} v^{(k/4)}\,_{(k/4)}p_{40}^{00} = \frac{1}{4}\left(1+v^{(1/4)}\,_{(1/4)}p_{40}^{00}+\cdots+v^{(7/4)}\,_{(7/4)}p_{40}^{00}\right)$$

$$= \frac{1}{4}\left[1+(0.98758)(0.98408)+(0.97531)(0.96834)+\cdots \right.$$
$$\left. +(0.92774)(0.90725)+(0.91622)(0.89244)\right]=1.81286$$

따라서 보험료의 EPV3은

$$EPV3 = 4\times P2\,\ddot{a}_{40:\,\overline{2|}}^{(4)00} = 7.25144\ P2$$

수지상등의 원칙에 의하여 $P2 = \dfrac{APV}{7.25144} = \dfrac{1614.32}{7.25144} = 222.62$

(예제 10.2.10.9)

(a) 건강상태에 있는 피보험자가 질병상태에 있으면 연속적 연액 12,000원을 지급하고, 피보험자가 사망하면 사망보험금 20,000원을 사망즉시 지급하는 보험급부에 대한 APV.

(b) (a)의 보험에 대하여 최대 2년 동안 연속적으로 납입하는 연속납평준순보험료의 연액 $P3$.

(c) (a)의 보험에 대하여 최대 2년 동안 매 반기초에[2] 납입하는 6개월납 평준순보험

---

1) Simpson's rule을 사용하였을 때와의 차이점을 보여주기 위해 $\bar{A}_{40:\,\overline{2|}}^{02}$ 의 결과값은 소수점 8자리까지 보여주지만, APV 등의 계산을 할 경우에는 다시 소수점 6자리에서 반올림한 값을 사용한다.
2) 반기는 6개월을 의미함.

료 $P4$.

**풀이**

(a) 질병급부의 APV를 APV1, 사망급부의 APV를 APV2라고 하자. 먼저 사망급부는 예제 (10.2.10.8)의 사망급부와 동일하므로 APV2 = 395.6이다.

$$\text{APV1} = 12000 \, \bar{a}^{01}_{40:\overline{2}|} = 12000 \int_0^2 v^t \, {}_t p^{01}_{40} \, dt = 12000 \int_0^2 f_2(t) \, dt$$

여기서도 Trapezium rule과 Simpson's rule을 이용하여 구하기로 한다. 피적분함수 $f_2(t)$ $= v^t \, {}_t p^{01}_{40}$의 값을 $h = \dfrac{1}{12}$ 구간마다 구하면 다음과 같다. 여기서 뒤에서 보험료의 EPV 계산시 사용되는 피적분함수 $f_3(t) = v^t \, {}_t p^{00}_{40}$의 값도 $h = \dfrac{1}{12}$ 구간마다 미리 계산하기로 한다.

Trapezium rule을 사용하면

$$\bar{a}^{01}_{40:\overline{2}|} = \int_0^2 v^t \, {}_t p^{01}_{40} \, dt$$

$$\fallingdotseq \frac{(1/12)}{2} \left[ (0 + 0.09181) + 2(0.00456 + 0.00906 + 0.01349 + \cdots \right.$$
$$\left. + 0.07555 + 0.07891 + 0.08222 + 0.08547 + 0.08867) \right] = 0.09773379$$

이며, Simpson's rule을 사용하면 다음과 같다.

$$\bar{a}^{01}_{40:\overline{2}|} = \int_0^2 v^t \, {}_t p^{01}_{40} \, dt$$

$$\fallingdotseq \frac{(1/12)}{3} \left[ (0 + 0.09181) + 4(0.00456 + 0.01349 + \cdots \right.$$
$$\left. + 0.08867) + 2(0.00906 + 0.01784 + \cdots + 0.08547) \right] = 0.09774411$$

따라서 질병급부의 APV1은

$$\text{APV1} = 12000 \, \bar{a}^{01}_{40:\overline{2}|} = 1172.76 \ \text{(Trapezium rule)}$$
$$= 1172.88 \ \text{(Simpson's rule)}$$

보험급부의 APV3은

$$\text{APV3} = \text{APV1} + \text{APV2} = 1172.76 + 395.6 = 1568.36 \ \text{(Trapezium rule)}$$
$$= 1172.88 + 395.6 = 1568.48 \ \text{(Simpson's rule)}$$

(b) 보험료 납입의 EPV4를 구하기 위해 $\bar{a}^{00}_{40:\overline{2}|}$ 이 필요하다.

$\bar{a}^{00}_{40:\overline{2}|} = \displaystyle\int_0^2 v^t \, {}_t p^{00}_{40} \, dt$도 수치해석방법으로 구해야 하며, 표 [10.2.10.3]에서 구한 피적분함수 $f_3(t) = v^t \, {}_t p^{00}_{40}$의 값을 이용하여 Trapezium rule을 사용하면

$$\bar{a}^{00}_{40:\overline{2}|} = \int_0^2 v^t \, {}_t p^{00}_{40} \, dt$$

$$\fallingdotseq \frac{(1/12)}{2} \left[ (1 + 0.79428) + 2(0.99053 + 0.98115 + 0.97185 + \cdots \right.$$
$$\left. + 0.82561 + 0.81767 + 0.80981 + 0.80201) \right] = 1.78704821$$

이며, Simpson's rule을 사용하면 다음과 같다.

$$\bar{a}^{00}_{40:\overline{2}|} = \int_0^2 v^t \, {}_t p^{00}_{40} \, dt$$

$$\approx \frac{(1/12)}{3} \left[ (1+0.79428) + 4(0.99053+0.97185+\cdots \right.$$

$$\left. +0.80201) + 2(0.98115+0.96263+\cdots+0.80981) \right] = 1.78703563$$

따라서 보험료의 EPV4 = 1.78705 $P3$  (Trapezium rule)

$$= 1.78704 \, P3 \quad (\text{Simpson's rule})$$

수지상등의 원칙에 의하여 $P3 = \dfrac{\text{APV3}}{1.78705} = \dfrac{1568.36}{1.78705} = 877.63$  (Trapezium rule)

$$= \dfrac{\text{APV3}}{1.78704} = \dfrac{1568.48}{1.78704} = 877.70 \quad (\text{Simpson's rule})$$

표 [10.2.10.3]  질병급부의 APV와 보험료의 EPV를 구하기 위한 $f_2(t)$와 $f_3(t)$

| $t$ | $v^t$ | ${}_t p^{01}_{40}$ | $f_2(t)$ | ${}_t p^{00}_{40}$ | $f_3(t)$ |
|---|---|---|---|---|---|
| 0 | 1.00000 | 0.00000 | 0.00000 | 1.00000 | 1.00000 |
| $\frac{1}{12}$ | 0.99584 | 0.00458 | 0.00456 | 0.99467 | 0.99053 |
| $\frac{2}{12}$ | 0.99170 | 0.00914 | 0.00906 | 0.98936 | 0.98115 |
| $\frac{3}{12}$ | 0.98758 | 0.01366 | 0.01349 | 0.98408 | 0.97185 |
| $\frac{4}{12}$ | 0.98347 | 0.01814 | 0.01784 | 0.97881 | 0.96263 |
| $\frac{5}{12}$ | 0.97938 | 0.02260 | 0.02214 | 0.97356 | 0.95349 |
| $\frac{6}{12}$ | 0.97531 | 0.02703 | 0.02636 | 0.96834 | 0.94443 |
| $\frac{7}{12}$ | 0.97125 | 0.03142 | 0.03052 | 0.96313 | 0.93545 |
| $\frac{8}{12}$ | 0.96722 | 0.03579 | 0.03461 | 0.95795 | 0.92655 |
| $\frac{9}{12}$ | 0.96319 | 0.04012 | 0.03864 | 0.95279 | 0.91772 |
| $\frac{10}{12}$ | 0.95919 | 0.04442 | 0.04261 | 0.94765 | 0.90897 |
| $\frac{11}{12}$ | 0.95520 | 0.04870 | 0.04651 | 0.94253 | 0.90030 |
| 1 | 0.95123 | 0.05294 | 0.05035 | 0.93743 | 0.89171 |
| $1\frac{1}{12}$ | 0.94727 | 0.05715 | 0.05413 | 0.93235 | 0.88319 |
| $1\frac{2}{12}$ | 0.94334 | 0.06133 | 0.05785 | 0.92729 | 0.87474 |
| $1\frac{3}{12}$ | 0.93941 | 0.06548 | 0.06151 | 0.92225 | 0.86637 |

| | | | | |
|---|---|---|---|---|
| $1\frac{4}{12}$ | 0.93551 | 0.06959 | 0.06511 | 0.91723 | 0.85807 |
| $1\frac{5}{12}$ | 0.93162 | 0.07368 | 0.06865 | 0.91223 | 0.84985 |
| $1\frac{6}{12}$ | 0.92774 | 0.07774 | 0.07213 | 0.90725 | 0.84170 |
| $1\frac{7}{12}$ | 0.92389 | 0.08177 | 0.07555 | 0.90230 | 0.83362 |
| $1\frac{8}{12}$ | 0.92004 | 0.08577 | 0.07891 | 0.89736 | 0.82561 |
| $1\frac{9}{12}$ | 0.91622 | 0.08974 | 0.08222 | 0.89244 | 0.81767 |
| $1\frac{10}{12}$ | 0.91241 | 0.09368 | 0.08547 | 0.88755 | 0.80981 |
| $1\frac{11}{12}$ | 0.90862 | 0.09759 | 0.08867 | 0.88267 | 0.80201 |
| $2$ | 0.90484 | 0.10147 | 0.09181 | 0.87782 | 0.79428 |

(c) 보험료 납입의 EPV5를 구하기 위하여 $\ddot{a}_{40:\overline{2}|}^{(2)00}$ 이 필요하다.

$$\ddot{a}_{40:\overline{2}|}^{(2)00} = \frac{1}{2}\sum_{k=0}^{3} v^{(k/2)}{}_{(k/2)}p_{40}^{00}$$

$$= \frac{1}{2}\left(1 + v^{(1/2)}{}_{(1/2)}p_{40}^{00} + v^1{}_1p_{40}^{00} + v^{(3/2)}{}_{(3/2)}p_{40}^{00}\right)$$

$$= \frac{1}{2}\left(1 + (0.97531)(0.96834) + (0.95123)(0.93743) + (0.92774)(0.90725)\right)$$

$$= 3.67784 \text{이다.}$$

따라서 보험료의 EPV5는

$$\text{EPV5} = 2P4\ \ddot{a}_{40:\overline{2}|}^{(2)00} = 7.35568\ P4$$

수지상등의 원칙에 의하여 $P4 = \dfrac{\text{APV3}}{7.35568} = \dfrac{1568.36}{7.35568} = 213.22$ (Trapezium rule)

$$= \dfrac{\text{APV3}}{7.35568} = \dfrac{1568.48}{7.35568} = 213.23 \text{ (Simpson's rule)}$$

---

(예제 10.2.10.10)

A보험회사는 30세의 회사원들을 대상으로 보험상품을 개발하였다. 보험상품 개발시 다음 그림과 같이 5개의 상태를 갖는 연속시간 마르코프모형을 이용하였다. 여기서 상태 0은 건강을, 상태 1은 암을, 상태 2는 암 이외의 질병을, 상태 3은 장해를, 상태 4는 사망을 나타낸다.

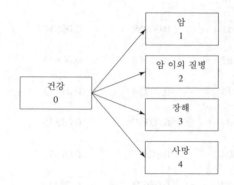

이 보험상품을 개발하기 위해 다음과 같은 가정들을 사용하였다.

(i) 건강한 피보험자 (30)이 가입하는 20년납입 보험이며, 보험기간은 40년이다.

(ii) 전이력은 모든 $x \geq 30$에 대하여 $\mu_x^{01} = 0.02$, $\mu_x^{02} = 0.03$, $\mu_x^{03} = 0.04$, $\mu_x^{04} = 0.05$, 이력은 $\delta = 0.05$이다.

(iii) 피보험자가 암에 걸리면 암급부 20,000원을 즉시 지급하고, 암 이외의 질병에 걸리면 질병급부 10,000원을 즉시 지급하고, 장해를 입으면 장해급부 7,000원을 즉시 지급한다. 그리고 사망하면 사망보험금 10,000원을 사망즉시 지급한다.

(iv) 보험료는 수지상등의 원칙이 적용되어 계산되며 건강상태에 있는 피보험자가 연속적으로 납입한다.

(a) 이 보험급부에 대한 APV를 구하시오.

(b) 이 보험의 연속납평준순보험료의 연액 $P$를 구하시오.

풀이

(a) 이 모형은 다중탈퇴모형으로 상태 1, 2, 3, 4는 모두 흡수상태이다. 따라서 상태 $i(i = 1, 2, 3, 4)$로의 전이시 발생하는 급부의 APV를 APV$i$라고 하면

$\mathrm{APV}i = b_i \int_0^{40} e^{-\delta t} \, {}_t p_{30}^{00} \, \mu_{30+t}^{0i} \, dt$로 구할 수 있다. 여기서 $b_i$는 상태 $i$로 전이시 발생하는 급부액이다. 상태 $i$로 전이가 발생하면 상태 0으로의 재진입은 없으므로 ${}_t p_{30}^{00} = {}_t p_{30}^{\overline{00}}$이다.

$${}_t p_{30}^{00} = {}_t p_{30}^{\overline{00}} = \exp\left( -\int_0^t (\mu_{30+s}^{01} + \mu_{30+s}^{02} + \mu_{30+s}^{03} + \mu_{30+s}^{04}) \, ds \right) = e^{-0.14t}$$

임을 이용하면,

$$\mathrm{APV1} = 20000 \int_0^{40} e^{-0.05t} \, e^{-0.14t} \, 0.02 \, dt = 20,000 \, (0.02) \int_0^{40} e^{-0.19t} \, dt$$

$$= 20000 \, (0.02) \left( \frac{1 - e^{-0.19 \times 40}}{0.19} \right) = 2104.21,$$

$$\mathrm{APV2} = 10000 \, (0.03) \int_0^{40} e^{-0.19t} \, dt = 1578.16,$$

$$APV3 = 7000\,(0.04) \int_0^{40} e^{-0.19t}\,dt = 1472.95,$$

$$APV4 = 10000\,(0.05) \int_0^{40} e^{-0.19t}\,dt = 2630.26$$

이다. 따라서 보험급부에 대한 APV는

$$APV = APV1 + APV2 + APV3 + APV4 = 7785.58$$

(b) 연속적 연액 1원의 보험료에 대한 EPV는

$$EPV = \bar{a}^{00}_{30:\,\overline{20}|} = \int_0^{20} e^{-\delta t}\,_tp^{00}_{30}\,dt = \int_0^{20} e^{-0.05t}\,e^{-0.14t}\,dt = 5.14542$$

이므로, 연속납평준순보험료의 연액 $P$는

$$P = \frac{APV}{EPV} = \frac{7785.58}{5.14542} = 1513.11$$

예제 10.2.10.11

A보험회사는 다음 그림과 같은 4개의 상태를 갖는 연속시간 마르코프모형을 이용하여 연생연금상품을 개발하였다. 상태 0은 피보험자 $(x)$, $(y)$ 둘 다 생존을, 상태 1은 피보험자 $(x)$만 생존을, 상태 2는 피보험자 $(y)$만 생존을, 상태 3은 피보험자 $(x)$, $(y)$ 둘 다 사망을 나타낸다.

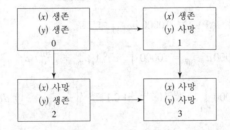

연생연금 상품개발시 사용된 공통적인 가정들은 다음과 같다.

(i) 상태 0에 있는 $x$세와 $y$세의 피보험자가 가입하는 연생연금이다.

(ii) 전이력은 모든 $t \geq 0$에 대하여 $\mu^{01}_{x+t:y+t} = 0.1$, $\mu^{02}_{x+t:y+t} = 0.15$, $\mu^{13}_{x+t} = 0.2$, $\mu^{23}_{y+t} = 0.25$, 이력은 $\delta = 0.05$이다.

다음과 같은 연생연금의 일시납순보험료(즉, 연금급부의 APV)를 구하시오.

(a) $(y)$가 사망한 이후부터 $(x)$가 생존하는 동안 연금연액 10,000원을 연속적으로 지급하는 종신유족연금(reversionary annuity)

(b) $(x)$가 생존하는 동안 연금연액 10,000원을 지급하는 30년 유기연속연금

(c) $(x)$, $(y)$가 동시에 생존하는 경우 최대 30년간 연금연액 10,000원을 연속적으로

지급하는 동시생존자 연생연금

(d) $(x)$, $(y)$가 모두 사망할 때까지 최대 30년간 연금연액 10,000원을 연속적으로 지급하는 최종생존자 연생연금

**풀이**

연금급부에 대한 APV를 구하기 위한 전이확률을 구해보자.

$$_t p_{xy}^{00} = \exp\left(-\int_0^t (\mu_{x+s:y+s}^{01} + \mu_{x+s:y+s}^{02})\,ds\right) = e^{-0.25t}$$

$$_t p_{xy}^{01} = \int_0^t {}_s p_{xy}^{00}\,\mu_{x+s:y+s}^{01}\,{}_{t-s}p_{x+s}^{11}\,ds$$

$$= \int_0^t e^{-0.25s}\,(0.1)\,e^{-0.2(t-s)}\,ds = 0.1\,e^{-0.2t}\left(\frac{1-e^{-0.05t}}{0.05}\right)$$

$$_t p_{xy}^{02} = \int_0^t {}_s p_{xy}^{00}\,\mu_{x+t:y+t}^{02}\,{}_{t-s}p_{y+s}^{22}\,ds = \int_0^t e^{-0.25s}\,(0.15)\,e^{-0.25(t-s)}\,ds = 0.15\,t\,e^{-0.25t}$$

(a) 연금급부에 대한 APV1은 $10000\,\bar{a}_{y|x}$이므로,

$$\text{APV1} = 10000\,\bar{a}_{y|x} = 10000\int_0^\infty e^{-\delta t}\,{}_t p_{xy}^{01}\,dt$$

$$= 10000\int_0^\infty e^{-0.05t}\,0.1\,e^{-0.2t}\left(\frac{1-e^{-0.05t}}{0.05}\right)dt$$

$$= 10000\,(2)\int_0^\infty e^{-0.25t} - e^{-0.3t}\,dt = 13333.33$$

(b) 연금급부에 대한 APV2는 $10000\,\bar{a}_{x:\overline{30|}}$이므로,

$$\text{APV2} = 10000\,\bar{a}_{x:\overline{30|}} = 10000\int_0^{30} e^{-\delta t}({}_t p_{xy}^{00} + {}_t p_{xy}^{01})\,dt$$

$$= 10000\int_0^{30} e^{-0.05t}\left(e^{-0.25t} + 0.1\,e^{-0.2t}\left(\frac{1-e^{-0.05t}}{0.05}\right)\right)dt$$

$$= 10000\int_0^{30} 2\,e^{-0.25t} - e^{-0.3t}\,dt = 46626.53$$

(c) 연금급부에 대한 APV3은 $10000\,\bar{a}_{xy:\overline{30|}}$이므로,

$$\text{APV3} = 10000\,\bar{a}_{xy:\overline{30|}} = 10000\int_0^{30} e^{-\delta t}\,{}_t p_{xy}^{00}\,dt$$

$$= 10000\int_0^{30} e^{-0.05t}\,e^{-0.25t}\,dt = 10000\int_0^{30} e^{-0.3t}\,dt = 33329.22$$

(d) 연금급부에 대한 APV4는 $10000\,\bar{a}_{\overline{xy}:\overline{30|}}$이므로,

$$\text{APV4} = 10000\,\bar{a}_{\overline{xy}:\overline{30|}} = 10000\int_0^{30} e^{-\delta t}({}_t p_{xy}^{00} + {}_t p_{xy}^{01} + {}_t p_{xy}^{02})\,dt$$

$$= 10000\int_0^{30} e^{-\delta t}({}_t p_{xy}^{00} + {}_t p_{xy}^{01})\,dt + 10000\int_0^{30} e^{-\delta t}\,{}_t p_{xy}^{02}\,dt$$

$$= 10000\,\bar{a}_{x:\overline{30}|} + 10000\int_0^{30} e^{-\delta t}\,{}_tp_{xy}^{02}\,dt$$

이다. 여기서 Part N $= \int_0^{30} e^{-\delta t}\,{}_tp_{xy}^{02}\,dt$를 구해보자.

$$\text{Part N} = \int_0^{30} e^{-\delta t}\,{}_tp_{xy}^{02}\,dt = \int_0^{30} e^{-0.05t}(0.15)\,t\,e^{-0.25t}\,dt = 0.15\int_0^{30} t\,e^{-0.3t}\,dt$$

이며, $u' = e^{-0.3t}$, $v = t$라고 하고, 부분적분법을 사용하면 Part N은

$$\text{Part N} = 0.15\int_0^{30} t\,e^{-0.3t}\,dt = 0.15\left[\left[\frac{-1}{0.3}e^{-0.3t}t\right]_0^{30} - \int_0^{30}\frac{-1}{0.3}e^{-0.3t}\,dt\right] = 1.66461$$

이다. 따라서 연금급부에 대한 APV4는

$$\text{APV4} = 10000\,\bar{a}_{x:\overline{30}|} + 10000(\text{Part N})$$
$$= 46626.53 + 10000(1.66461) = 63272.63$$

예제 10.2.10.12

A보험회사는 다음 그림과 같은 4개의 상태를 갖는 연속시간 마르코프모형을 이용하여 새로 개발한 연생보험의 보험료를 산출하였다. 상태 0은 피보험자 $(x)$, $(y)$ 둘 다 생존을, 상태 1은 피보험자 $(x)$만 생존을, 상태 2는 피보험자 $(y)$만 생존을, 상태 3은 피보험자 $(x)$, $(y)$ 둘 다 사망을 나타낸다.

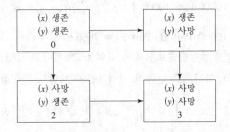

연생보험 상품개발시 다음과 같은 가정들을 공통적으로 사용하였다.

(i) 상태 0에 있는 $x$세와 $y$세의 피보험자가 가입하는 10년납입 연생보험이다.

(ii) 전이력은 모든 $t \geq 0$에 대하여 $\mu_{x+t:y+t}^{01} = 0.1$, $\mu_{x+t:y+t}^{02} = 0.15$, $\mu_{x+t}^{13} = 0.2$, $\mu_{y+t}^{23} = 0.25$, 이력은 $\delta = 0.05$이다.

(iii) 보험료는 수지상등의 원칙이 적용되어 계산되며 $(x)$, $(y)$ 모두 생존해 있는 경우만 연속적으로 납입한다.

이 때 다음과 같은 연생보험의 연속납평준순보험료의 연액을 구하시오.

(a) $(x)$의 사망시 사망즉시급 10,000원을 지급하는 종신보험

(b) (i) $(y)$가 사망하고 그 이후에 $(x)$가 사망하며, (ii) $(x)$의 사망이 15년과 25년 사

이에서 발생하는 경우 사망즉시급 10,000원을 지급하는 15년거치, 10년만기 정기보험

(c) $(x)$, $(y)$ 중 첫 번째 사망이 발생할 때 사망즉시급 10,000원을 지급하는 종신보험

(d) $(x)$, $(y)$ 중 두 번째 사망이 발생할 때 사망즉시급 10,000원을 지급하는 종신보험

**풀이**

(a) (i) 사망급부에 대한 APV1을 구하기 위한 전이확률을 구해보자.

$$_t p_{xy}^{00} = \exp\left(-\int_0^t (\mu_{x+s:y+s}^{01} + \mu_{x+s:y+s}^{02})\, ds\right) = e^{-0.25t}$$

$$_t p_{xy}^{01} = \int_0^t {}_s p_{xy}^{00}\, \mu_{x+s:y+s}^{01}\, {}_{t-s}p_{x+s}^{11}\, ds$$

$$= \int_0^t e^{-0.25s}\,(0.1)\, e^{-0.2(t-s)}\, ds = 0.1 e^{-0.2t}\left(\frac{1-e^{-0.05t}}{0.05}\right)$$

사망급부에 대한 APV1을 구하기 위해 다음과 같이 Part B, Part F를 구해보자.

$$\text{Part B} = \int_0^\infty e^{-\delta t}\, {}_t p_{xy}^{00}\, \mu_{x+t:y+t}^{02}\, dt = \int_0^\infty e^{-0.05t}\, e^{-0.25t}\,(0.15)\, dt = 0.5$$

$$\text{Part F} = \int_0^\infty e^{-\delta t}\, {}_t p_{xy}^{01}\, \mu_{x+t}^{13}\, dt = \int_0^\infty e^{-0.05t}\, 0.1 e^{-0.2t}\left(\frac{1-e^{-0.05t}}{0.05}\right)(0.2)\, dt$$

$$= \frac{(0.1)(0.2)}{0.05}\int_0^\infty e^{-0.25t} - e^{-0.3t}\, dt = \frac{(0.1)(0.2)}{0.05}\left(\frac{1}{0.25} - \frac{1}{0.3}\right) = 0.266667$$

따라서 사망급부에 대한 APV1은

$$\text{APV1} = 10000 \bar{A}_x = 10000\int_0^\infty e^{-\delta t}\,({}_t p_{xy}^{00}\, \mu_{x+t:y+t}^{02} + {}_t p_{xy}^{01}\, \mu_{x+t}^{13})\, dt$$

$$= 10000\,(\text{Part B} + \text{Part F}) = 7666.67$$

(ii) 이 보험의 연속납평준순보험료의 연액을 $P1$이라고 하면, 보험료는 $(x)$, $(y)$ 모두 생존해 있는 경우만 납입하므로 연속적 연액 1원의 보험료에 대한 EPV2는 $\bar{a}_{xy:\overline{10|}}$이다. 따라서

$$\text{EPV2} = \bar{a}_{xy:\overline{10|}} = \int_0^{10} e^{-\delta t}\, {}_t p_{xy}^{00}\, dt = \int_0^{10} e^{-0.05t}\, e^{-0.25t}\, dt = 3.16738$$

수지상등의 원칙에 의하여 $P1 = \dfrac{\text{APV1}}{\text{EPV2}} = \dfrac{7666.67}{3.16738} = 2420.51$

(b) (i) 사망급부에 대한 APV3은 $10000\,_{15|}\bar{A}_{xy:\overline{10|}}^{\,2}$이므로

$$\text{APV3} = 10000\,_{15|}\bar{A}_{xy:\overline{10|}}^{\,2} = 10000\int_{15}^{25} e^{-\delta t}\, {}_t p_{xy}^{01}\, \mu_{x+t}^{13}\, dt$$

$$= 10000\int_{15}^{25} e^{-0.05t}\, 0.1 e^{-0.2t}\left(\frac{1-e^{-0.05t}}{0.05}\right)(0.2)\, dt$$

$$= \frac{10000(0.1)(0.2)}{0.05}\int_{15}^{25} e^{-0.25t} - e^{-0.3t}\, dt = 204.65$$

(ii) 이 보험의 연속납평준순보험료의 연액을 $P2$라고 하면, 연속적 연액 1원의 보험료에 대한 EPV는 (a)에서의 EPV2와 동일하게 3.16738이며, $P2 = \dfrac{\text{APV3}}{\text{EPV2}} = \dfrac{204.65}{3.16738} = 64.61$

(c) (i) 사망급부에 대한 APV4는 $10000\bar{A}_{xy}$이므로

$$\text{APV4} = 10000\bar{A}_{xy} = 10000\int_0^\infty e^{-\delta t} \, _tp_{xy}^{00}(\mu_{x+t:y+t}^{01} + \mu_{x+t:y+t}^{02}) \, dt$$

$$= 10000\int_0^\infty e^{-0.05t} e^{-0.25t}(0.25) \, dt = 8333.33$$

(ii) 이 보험의 연속납평준순보험료의 연액을 $P3$이라고 하면, 연속적 연액 1원의 보험료에 대한 EPV는 (a)에서의 EPV2와 동일하게 3.16738이며,

$$P3 = \frac{\text{APV4}}{\text{EPV2}} = \frac{8333.33}{3.16738} = 2630.99$$

(d) (i) 사망급부에 대한 APV5는 $10000\bar{A}_{\overline{xy}}$이다. 사망급부에 대한 APV5를 구하기 위해 다음과 같이 Part F와 Part G를 구해보자.

$$\text{Part F} = \int_0^\infty e^{-\delta t} \, _tp_{xy}^{01} \, \mu_{x+t}^{13} \, dt = \text{(a)의 Part F} = 0.266667$$

$$_tp_{xy}^{02} = \int_0^t {_sp_{xy}^{00}} \, \mu_{x+t:y+t}^{02} \, _{t-s}p_{y+s}^{22} \, ds = \int_0^t e^{-0.25s}(0.15) \, e^{-0.25(t-s)} \, ds = 0.15 \, t \, e^{-0.25t}$$

이므로

$$\text{Part G} = \int_0^\infty e^{-\delta t} \, _tp_{xy}^{02} \, \mu_{y+t}^{23} \, dt = \int_0^\infty e^{-0.05t}(0.15) \, t \, e^{-0.25t}(0.25) \, dt$$

$$= (0.15)(0.25)\int_0^\infty t \, e^{-0.3t} \, dt$$

$u' = e^{-0.3t}$, $v = t$라고 하고, 부분적분법을 사용하면 위 식은

$$0.0375\int_0^\infty t \, e^{-0.3t} \, dt = 0.0375\left[\left[\frac{-1}{0.3}e^{-0.3t}t\right]_0^\infty - \int_0^\infty \frac{-1}{0.3}e^{-0.3t} \, dt\right]$$

$$= \frac{0.0375}{0.3}\int_0^\infty e^{-0.3t} \, dt = 0.416667$$

따라서 사망급부에 대한 APV5는

$$\text{APV5} = 10000\bar{A}_{xy} = 10000(\text{Part F} + \text{Part G}) = 6833.34$$

(ii) 이 보험의 연속납평준순보험료의 연액을 $P4$이라고 하면, 연속적 연액 1원의 보험료에 대한 EPV는 (a)에서의 EPV2와 동일하게 3.16738이며

$$P4 = \frac{\text{APV5}}{\text{EPV2}} = \frac{6833.34}{3.16738} = 2157.41$$

---

 예제 10.2.10.13 

A보험회사는 다음 그림과 같은 4개의 상태를 갖는 지수공통충격모형을 이용하여 연생보험상품을 개발하였다. 상태 0은 피보험자 $(x)$, $(y)$ 둘 다 생존을, 상태 1은 피보험자 $(x)$만 생존을, 상태 2는 피보험자 $(y)$만 생존을, 상태 3은 피보험자 $(x)$, $(y)$ 둘 다 사망을 나타낸다. 여기서 $\lambda$는 공통충격시의 전이력을 나타낸다.

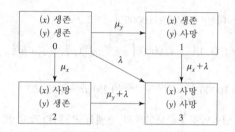

연생보험 상품개발시 다음과 같은 가정들을 공통적으로 사용하였다.

(i) 상태 0에 있는 $x$세와 $y$세의 피보험자가 가입하는 10년납입 종신연생보험이다.

(ii) 공통충격이 배제된 확률변수($T_x^*$, $T_y^*$)와 공통충격 확률변수($Z$)는 모두 서로 독립적이다. 따라서 전이력은 모든 $t \geq 0$에 대하여 $\mu_{x+t:y+t}^{01} = \mu_y = 0.1$, $\mu_{x+t:y+t}^{02} = \mu_x = 0.2$, $\mu_{x+t:y+t}^{03} = \lambda = 0.05$, $\mu_{x+t}^{13} = \mu_x + \lambda = 0.25$, $\mu_{y+t}^{23} = \mu_y + \lambda = 0.15$로 가정하고, 이력은 $\delta = 0.05$이다.

(iii) 사망보험금은 $(x)$의 사망시 $(y)$는 생존해 있거나, 또는 $(y)$와 동시사망시 사망보험금 10,000원을 사망즉시 지급한다.

(iv) 보험료는 수지상등의 원칙이 적용되어 계산되며 $(x)$, $(y)$ 모두 생존해 있는 경우만 연속적으로 납입한다.

이 종신연생보험의 연속납평준순보험료의 연액 $P$와 계약자적립액 $_5V^{(0)}$를 구하시오.

**풀이**

(i) 사망급부에 대한 APV를 구하기 위한 전이확률을 구해보자.

$$_t p_{xy}^{00} = \exp\left(-\int_0^t (\mu_{x+s:y+s}^{01} + \mu_{x+s:y+s}^{02} + \mu_{x+s:y+s}^{03}) \, ds\right)$$

$$= \exp\left(-\int_0^t (\mu_x + \mu_y + \lambda) \, ds\right) = e^{-0.35t}$$

$$_{t-s} p_{y+s}^{22} = \exp\left(-\int_0^{t-s} \mu_{y+s+u}^{23} \, du\right) = \exp\left(-\int_0^{t-s} (\mu_y + \lambda) \, du\right) = e^{-0.15t}$$

$$_t p_{xy}^{02} = \int_0^t {_s p_{xy}^{00}} \, \mu_{x+s:y+s}^{02} \, {_{t-s} p_{y+s}^{22}} \, ds$$

$$= \int_0^t e^{-0.35s} (0.2) \, e^{-0.15(t-s)} \, ds = 0.2 \, e^{-0.15t} \left(\frac{1 - e^{-0.2t}}{0.2}\right)$$

위에서 구한 전이확률을 이용해서 사망급부에 대한 APV를 구하기 위한 Part B와 Part C를 구해보자.

$$\text{Part B} = \int_0^\infty e^{-\delta t} \, {_t p_{xy}^{00}} \, \mu_{x+t:y+t}^{02} \, dt = \int_0^\infty e^{-0.05t} \, e^{-0.35t} (0.2) \, dt = 0.5$$

$$\text{Part C} = \int_0^\infty e^{-\delta t}\,_t p_{xy}^{00}\,\mu_{x+t:\,y+t}^{03}\,dt = \int_0^\infty e^{-0.05t}\,e^{-0.35t}\,(0.05)\,dt = 0.125$$

따라서 사망급부에 대한 APV는

$$APV = 10{,}000 \int_0^\infty e^{-\delta t}\,_t p_{xy}^{00}\,(\mu_{x+t:\,y+t}^{02} + \mu_{x+t:\,y+t}^{03})\,dt$$

$$= 10{,}000\,(\text{Part B} + \text{Part C}) = 10{,}000\,(0.5 + 0.125) = 6250$$

(ii) 연속적 연액 1원의 보험료에 대한 EPV를 구해보자.

$$EPV = \bar{a}_{xy:\,\overline{10|}}^{00} = \int_0^{10} e^{-\delta t}\,_t p_{xy}^{00}\,dt = \int_0^{10} e^{-0.05t}\,e^{-0.35t}\,dt = 2.45421$$

따라서 수지상등의 원칙에 의해 연속납평준순보험료의 연액 $P$는

$$P = \frac{APV}{EPV} = \frac{6250}{2.45421} = 2546.64$$

(iii) 계약자적립액 $_5 V^{(0)}$를 구하기 위해서 $\bar{a}_{x+5:\,y+5:\,\overline{5|}}^{00}$를 구해보자.

$$\bar{a}_{x+5:\,y+5:\,\overline{5|}}^{00} = \int_0^5 e^{-\delta t}\,_t p_{xy}^{00}\,dt = \int_0^5 e^{-0.05t}\,e^{-0.35t}\,dt = 2.16166$$

전이력이 상수이므로 제5보험연도말에서 보험급부에 대한 APV는 보험가입시점에서 구한 보험급부에 대한 APV와 동일하다. 따라서 제5보험연도말 계약자적립액 $_5 V^{(0)}$는

$$_5 V^{(0)} = APV - 2546.64\,\bar{a}_{x+5:\,y+5:\,\overline{5|}}^{00} = 6250 - 2546.64\,(2.16166) = 745.03$$

---

〔예제 10.2.10.14〕

A보험회사는 다음 그림과 같은 4개의 상태를 갖는 연속시간 마르코프모형을 이용하여 보험상품을 개발하려 한다. 상태 0은 건강을, 상태 1은 경증질병을, 상태 2는 중증질병을, 상태 3은 사망을 나타낸다.

이 보험상품을 개발하기 위해 다음과 같은 가정들을 사용한다.

(i) 건강한 피보험자 (35)가 가입하는 10년납입 보험이며 보험기간은 30년이다.

(ii) 전이력은 모든 $x \geq 35$에 대하여 $\mu_x^{01} = 0.1$, $\mu_x^{03} = 0.05$, $\mu_x^{12} = 0.25$, $\mu_x^{13} = 0.2$, $\mu_x^{23} = 0.4$, 이력은 $\delta = 0.05$로 가정한다.

(iii) 건강상태에 있는 피보험자가 경증질병상태(상태 1)에 있으면 연속적 연액 10,000원을 경증질병급부로 지급하고, 중증질병상태(상태 2)로 전이시 중증질병급부 20,000

원을 즉시 지급하며, 사망시 급부는 없다.

(iv) 보험료는 수지상등의 원칙이 적용되어 계산되며 건강상태에 있는 피보험자만 연속적으로 납입한다.

(a) 이 보험급부에 대한 APV를 구하시오.

(b) 이 보험의 연속납평준순보험료의 연액 $P$를 구하시오.

(c) 제5보험연도말 계약자적립액 ${}_5V^{(0)}$, ${}_5V^{(1)}$를 구하시오.

**풀이**

(a) 경증질병급부의 APV를 APV1, 중증질병급부의 APV를 APV2라고 하자.

APV1과 APV2를 구하기 위한 전이확률을 구해보자.

$$
{}_tp_{35}^{00} = {}_tp_{35}^{\overline{00}} = \exp\left(-\int_0^t (0.1+0.05)\,ds\right) = e^{-0.15t}
$$

$$
{}_{t-s}p_{35+s}^{\overline{11}} = \exp\left(-\int_0^{t-s}(0.25+0.2)\,du\right) = e^{-0.45(t-s)}
$$

$$
{}_tp_{35}^{01} = \int_0^t {}_sp_{35}^{00}\,\mu_{35+s}^{01}\,{}_{t-s}p_{35+s}^{\overline{11}}\,ds = \int_0^t e^{-0.15s}\,(0.1)\,e^{-0.45(t-s)}\,ds
$$

$$
= 0.1\,e^{-0.45t}\left(\frac{1-e^{0.3t}}{-0.3}\right) \quad (\text{식 }(10.2.2.20)\text{에서 } \mu^{0\bullet}=0.15,\ \mu^{1\bullet}=0.45\text{임})
$$

위 전이확률들을 이용하여 APV1과 APV2를 구해보자.

$$
\text{APV1} = 10000\,\bar{a}_{35:\overline{30|}}^{01} = 10000\int_0^{30} e^{-\delta t}\,{}_tp_{35}^{01}\,dt
$$

$$
= 10000\int_0^{30} e^{-0.05t}\,(0.1)\,e^{-0.45t}\left(\frac{1-e^{0.3t}}{-0.3}\right)dt
$$

$$
= \frac{10000}{-3}\int_0^{30} e^{-0.5t}-e^{-0.2t}\,dt = 9958.69
$$

$$
\text{APV2} = 20000\,\bar{A}_{35:\overline{30|}}^{02} = 20000\int_0^{30} e^{-\delta t}\,{}_tp_{35}^{01}\,\mu_{35+t}^{12}\,dt
$$

$$
= 20000\int_0^{30} e^{-0.05t}\,(0.1)\,e^{-0.45t}\left(\frac{1-e^{0.3t}}{-0.3}\right)(0.25)\,dt = 4979.34
$$

따라서 보험급부에 대한 APV는

$$
\text{APV} = \text{APV1} + \text{APV2} = 9958.69 + 4979.34 = 14938.03
$$

(b) 연속적 연액 1원의 보험료의 EPV를 구해보자.

$$
\text{EPV} = \bar{a}_{35:\overline{10|}}^{00} = \int_0^{10} e^{-\delta t}\,{}_tp_{35}^{00}\,dt = \int_0^{10} e^{-0.05t}\,e^{-0.15t}\,dt
$$

$$
= \frac{1-e^{-0.2\times10}}{0.2} = 4.32332
$$

수지상등의 원칙에 의하여 $P = \dfrac{\text{APV}}{\text{EPV}} = \dfrac{14938.03}{4.32332} = 3455.22$

(c) (i) 5시점의 계약자적립액 $_5V^{(0)}$를 구하기 위하여 $\bar{a}^{01}_{40:\overline{25|}}$, $\bar{A}^{02}_{40:\overline{25|}}$ 와 $\bar{a}^{00}_{40:\overline{5|}}$ 를 구해보자.

(a), (b)에서의 계산방법과 동일하게 하면

$$\bar{a}^{01}_{40:\overline{25|}} = \int_0^{25} e^{-\delta t}\,_tp^{01}_{40}\,dt = \int_0^{25} e^{-0.05t}(0.1)\,e^{-0.45t}\left(\frac{1-e^{0.3t}}{-0.3}\right)dt$$

$$= \frac{0.1}{0.3}\int_0^{25} e^{-0.5t}(e^{0.3t}-1)\,dt = 0.988773$$

$$\bar{A}^{02}_{40:\overline{25|}} = \int_0^{25} e^{-\delta t}\,_tp^{01}_{40}\,\mu^{12}_{40+t}\,dt = \int_0^{25} e^{-0.05t}\,_tp^{01}_{40}(0.25)\,dt = 0.25\,\bar{a}^{01}_{40:\overline{25|}} = 0.247193$$

$$\bar{a}^{00}_{40:\overline{5|}} = \int_0^5 e^{-\delta t}\,_tp^{00}_{40}\,dt = \int_0^5 e^{-0.05t}e^{-0.15t}\,dt = 3.160603$$

따라서 5시점의 계약자적립액 $_5V^{(0)}$는

$$_5V^{(0)} = 10000\,\bar{a}^{01}_{40:\overline{25|}} + 20000\,\bar{A}^{02}_{40:\overline{25|}} - 3455.22\,\bar{a}^{00}_{40:\overline{5|}}$$

$$= 10000(0.988773) + 20000(0.247193) - 3455.22(3.160603) = 3911.01$$

(ii) 5시점의 계약자적립액 $_5V^{(1)}$를 구하기 위하여 $\bar{a}^{11}_{40:\overline{25|}}$ 와 $\bar{A}^{12}_{40:\overline{25|}}$ 가 필요하다.

$$\bar{a}^{11}_{40:\overline{25|}} = \int_0^{25} e^{-\delta t}\,_tp^{11}_{40}\,dt = \int_0^{25} e^{-0.05t}e^{-0.45t}\,dt = \frac{1-e^{-0.5\times25}}{0.5} = 1.999993$$

$$\bar{A}^{12}_{40:\overline{25|}} = \int_0^{25} e^{-\delta t}\,_tp^{11}_{40}\,\mu^{12}_{40+t}\,dt = \int_0^{25} e^{-0.05t}e^{-0.45t}(0.25)\,dt$$

$$= 0.25\,\bar{a}^{11}_{40:\overline{25|}} = 0.499998$$

향후 보험료의 납입은 없으므로 5시점의 계약자적립액 $_5V^{(1)}$는

$$_5V^{(1)} = 10000\,\bar{a}^{11}_{40:\overline{25|}} + 20000\,\bar{A}^{12}_{40:\overline{25|}}$$

$$= 10000(1.999993) + 20000(0.499998) = 29999.89$$

### 예제 10.2.10.15

A보험회사는 다음 그림과 같은 4개의 상태를 갖는 마르코프모형을 이용하여 CI보험 상품을 개발하려고 한다. 상태 0은 건강을, 상태 1은 피보험자가 CI진단을 받은 상태를, 상태 2는 CI진단을 받지 않은 피보험자의 사망을, 상태 3은 CI진단을 받은 피보험자의 사망을 나타낸다.

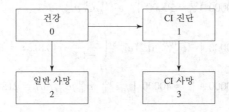

이 보험상품을 개발하기 위한 가정들은 다음과 같다.

(i) 건강한 피보험자 (50)이 가입하는 10년납입 보험이며, 보험기간은 종신이다.

(ii) 전이력은 모든 $x \geq 50$에 대하여 $\mu_x^{01} = 0.2$, $\mu_x^{02} = 0.3$, $\mu_x^{13} = 0.8$, 이력은 $\delta = 0.05$로 가정한다.

(iii) 건강상태에 있는 피보험자가 CI진단을 받으면 급부 20,000원을 즉시 지급하고, CI진단을 받은 피보험자가 사망하면 사망보험금 20,000원을 사망즉시 지급한다. 또한 CI진단을 받지 않은 피보험자가 사망하면 사망보험금 40,000원을 사망즉시 지급한다.

(iv) 보험료는 수지상등의 원칙이 적용되어 계산되며 건강상태에 있는 피보험자가 연속적으로 납입한다.

(a) 이 보험급부에 대한 APV를 구하시오.

(b) 이 보험의 연속납평준순보험료의 연액 $P$를 구하시오.

(c) 제5보험연도말 계약자적립액 $_5V^{(0)}$, $_5V^{(1)}$를 구하시오.

**풀이**

(a) 보험급부의 APV를 CI진단을 받으면 발생하는 급부의 APV1, CI진단을 받은 피보험자가 사망하면 발생하는 사망급부의 APV2, CI진단을 받지 않은 피보험자가 사망하면 발생하는 사망급부의 APV3으로 나누어서 구해보자. APV1과 APV2, APV3을 구하기 위한 전이확률은 다음과 같다.

$$_tp_{50}^{00} = {}_tp_{50}^{\overline{00}} = \exp\left(-\int_0^t (0.2+0.3)\,ds\right) = e^{-0.5t}$$

$$_{t-s}p_{50+s}^{\overline{11}} = \exp\left(-\int_0^{t-s} 0.8\,du\right) = e^{-0.8(t-s)}$$

$$_tp_{50}^{01} = \int_0^t {}_sp_{50}^{\overline{00}}\,\mu_{50+s}^{01}\,{}_{t-s}p_{50+s}^{\overline{11}}\,ds = \int_0^t e^{-0.5s}\,(0.2)\,e^{-0.8(t-s)}\,ds$$

$$= 0.2\,e^{-0.8t}\left(\frac{1-e^{0.3t}}{-0.3}\right) \quad (\text{식 } (10.2.2.20)\text{에서 } \mu^{0\bullet}=0.5,\ \mu^{1\bullet}=0.8\text{임})$$

위 전이확률들을 이용하여 APV1과 APV2, APV3을 구해보면

$$\text{APV1} = 20000\,\bar{A}_{50}^{01} = 20000\int_0^\infty e^{-\delta t}\,{}_tp_{50}^{00}\,\mu_{50+t}^{01}\,dt$$

$$= 20000\int_0^\infty e^{-0.05t}\,e^{-0.5t}\,(0.2)\,dt = 7272.73$$

$$\text{APV2} = 20000\,\bar{A}_{50}^{03} = 20000\int_0^\infty e^{-\delta t}\,{}_tp_{50}^{01}\,\mu_{50+t}^{13}\,dt$$

$$= 20000\int_0^\infty e^{-0.05t}\,(0.2)\,e^{-0.8t}\left(\frac{1-e^{0.3t}}{-0.3}\right)(0.8)\,dt = 6844.92$$

$$\text{APV3} = 40000\,\bar{A}_{50}^{02} = 40000\int_0^\infty e^{-\delta t}\,{}_tp_{50}^{00}\,\mu_{50+t}^{02}\,dt = 21818.18$$

따라서 보험급부에 대한 APV는

$$APV = APV1 + APV2 + APV3 = 7272.73 + 6844.92 + 21818.18 = 35935.83$$

(b) 연속적 연액 1원의 보험료의 EPV를 구해보자.

$$EPV = \bar{a}^{00}_{50:\overline{10}|} = \int_0^{10} e^{-\delta t}\,_t p^{00}_{50}\, dt = \int_0^{10} e^{-0.05t}\, e^{-0.5t}\, dt$$

$$= \frac{1 - e^{-0.55 \times 10}}{0.55} = 1.81075$$

수지상등의 원칙에 의하여 $P = \dfrac{APV}{EPV} = \dfrac{35935.83}{1.81075} = 19845.83$

(c) (i) 제5보험연도말 계약자적립액 $_5V^{(0)}$을 구하기 위하여 $\bar{a}^{00}_{55:\overline{5}|}$을 구해보자.

$$\bar{a}^{00}_{55:\overline{5}|} = \int_0^5 e^{-\delta t}\,_t p^{00}_{55}\, dt = \int_0^5 e^{-0.05t}\, e^{-0.5t}\, dt = 1.70195$$

전이력이 상수이므로 제5보험연도말에서 보험급부에 대한 APV는 보험가입시점에서 구한 보험급부에 대한 APV와 동일하다. 따라서 제5보험연도말 계약자적립액 $_5V^{(0)}$는

$$_5V^{(0)} = APV - 19845.83\, \bar{a}^{00}_{55:\overline{5}|}$$

$$= 35935.83 - 19845.83(1.70195) = 2159.22$$

(ii) 제5보험연도말 계약자적립액 $_5V^{(1)}$를 구하기 위해 $\bar{A}^{13}_{55}$을 구해보자.

$$\bar{A}^{13}_{55} = \int_0^\infty e^{-\delta t}\,_t p^{11}_{55}\, \mu^{13}_{55+t}\, dt = \int_0^\infty e^{-0.05t}\, e^{-0.8t}(0.8)\, dt = 0.94118$$

향후 보험료의 납입은 없으므로 제5보험연도말 계약자적립액 $_5V^{(1)}$는

$$_5V^{(1)} = 20000 \bar{A}^{13}_{55} = 20000(0.94118) = 18823.6$$

## 연습문제 10.2

1. 다중상태모형 2(영구장해모형)를 고려한다. 다음과 같은 조건이 주어질 때 $_{10}p^{\overline{00}}_{30}$를 구하시오.

   (i) $\mu^{01}_x = 0.0002\, x^{3/2}$    (ii) $\mu^{02}_x = 0.0001\, x^{3/2}$    (iii) $\mu^{12}_x = 0.0006 x^{3/2}$, $x \geq 0$

2. 다음과 같은 다중상태모형을 고려한다.

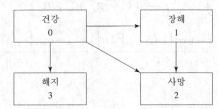

다음과 같은 조건하에서 건강(상태 0)한 50세의 피보험자가 60세에 장해상태(상태 1)에 있을 확률을 구하시오.

(i) $\mu_x^{01} = 0.05$    (ii) $\mu_x^{02} = 0.02$    (iii) $\mu_x^{03} = 0.10$    (iv) $\mu_x^{12} = 0.03$

3. 다중상태모형 2(영구장해모형)를 고려한다. 다음과 같은 조건이 주어질 때 40세의 건강 (상태 0)한 피보험자가 55세와 60세 사이에서 사망상태(상태 2)로 들어갈(enter) 확률을 구하시오.

(i) $\mu_x^{01} = 0.12$    (ii) $\mu_x^{02} = 0.08$    (iii) $\mu_x^{12} = 0.1$

4. 다중상태모형 2(영구장해모형)를 고려한다. 다음과 같은 조건이 주어졌을 때 상태 0(건강)에 있는 30세 사람이 40세에 상태 2에 있을 확률을 구하시오. $(x < 80)$

(i) $\mu_x^{01} = \dfrac{2}{80-x}$    (ii) $\mu_x^{02} = \mu_x^{12} = \dfrac{1}{80-x}$

5. 다중상태모형 2(영구장해모형)를 고려한다. 다음과 같은 조건이 주어질 때 0시점에서 건강(상태 0)한 50세의 피보험자가 50.2세에 장해상태(상태 1)에 있을 확률을 콜모고르프 전진방정식(KFE)을 이용하여 구하시오. 수치해석방법은 $h = 0.1$인 오일러방법을 사용하시오.

(i) $\mu_x^{01} = 0.006x$    (ii) $\mu_x^{02} = 0.005x$    (iii) $\mu_x^{12} = 0.007x$

6. $x < 90$에 대하여 다음과 같은 전이력을 갖는 다중상태모형 2를 생각한다(가정 불성립).

(i) $\mu_x^{01} = \dfrac{0.8}{90-x}$    (ii) $\mu_x^{02} = \dfrac{0.2}{90-x}$    (iii) $\mu_x^{12} = 0.2$

피보험자 (40)은 5년납입 보험에 가입하였다. 보험기간은 5년이다. 매년말에 피보험자가 장해상태에 있으면 장해급부 3,000원을 지급하고, 5년 안에 사망시 사망한 해의 말에 사망보험금 20,000원을 지급한다. 수지상등의 원칙에 따라 계산된 보험료는 건강한 피보험자가 연초에 납입한다. 이 보험의 연납평준순보험료를 구하시오. 단, $i = 0.05$이다.

7. 식 (10.2.6.23)의 우변 $\displaystyle \int_0^n \left( \bar{a}_{x+t:\overline{n-t|}}^{11} \right) e^{-\delta t} \,_t p_x^{\overline{00}} \, \mu_{x+t}^{01} \, dt$ 가

$$\frac{\mu_x^{01}}{\mu_x^{01} + \mu_x^{02} - \mu_x^{12}} \left[ \frac{1 - \exp\left[ -(\delta + \mu_x^{12})n \right]}{\delta + \mu_x^{12}} - \frac{1 - \exp\left[ -(\delta + \mu_x^{01} + \mu_x^{02})n \right]}{\delta + \mu_x^{01} + \mu_x^{02}} \right] = \bar{a}_{x:\overline{n|}}^{01}$$

과 같음을 증명하시오.

8. 상태공간 {0(건강), 1(질병), 2(사망)}의 시간비동질 마르코프모형인 다중상태모형 3(질병모형)을 고려한다. 피보험자 $(x)$가 가입한 소득상실보상보험은 피보험자가 질병상태에 있으면 연속적 연액 1,000원을 질병급부로 지급하고, 사망하면 10,000원을 사망즉시 지급한다. 보험기간은 10년이다. 연속납평준순보험료는 건강상태에 있는 사람만 최대 10년 동안 연속적으로 납입하며 보험료의 연액은 410원이다. 다음과 같은 가정들을 이용한다.

$$\mu_{x+10}^{01} = 0.06, \ \mu_{x+10}^{02} = 0.01, \ \mu_{x+10}^{10} = 0.03, \ \mu_{x+10}^{12} = 0.02$$

$$\mu_{x+9.9}^{01} = 0.059, \ \mu_{x+9.9}^{02} = 0.009, \ \mu_{x+9.9}^{10} = 0.029, \ \mu_{x+9.9}^{12} = 0.019$$

$$\mu_{x+9.8}^{01} = 0.058, \ \mu_{x+9.8}^{02} = 0.008, \ \mu_{x+9.8}^{10} = 0.028, \ \mu_{x+9.8}^{12} = 0.018$$

$\delta = 0.05$이다. $t = 9.7$에서 상태 0과 상태 1에서의 계약자적립액 $_{9.7}V^{(0)}$, $_{9.7}V^{(1)}$를 Thiele의 미분방정식(TDE)을 이용하여 구하시오. 구하는 수치해석방법은 $h = 0.1$인 오일러방법을 이용하시오.

9. 시간동질 연속시간 마르코프모형인 다중상태모형 3(질병모형)을 가정한다. 이 모형이 적용된 보험은 피보험자 $(x)$가 질병상태(상태 1)에 있으면 연속적 연액 1,000원을 질병급부로 지급하는 보험이며, 피보험자의 사망시 사망보험금은 주어지지 않는다. 보험기간은 2년이다. 다음과 같은 조건이 주어지고 보험료는 건강(상태 0)상태인 사람들만 최대 2년 동안 연속적으로 납부한다.

(i) $\mu_{x+t}^{01} = 0.20$, $\mu_{x+t}^{02} = 0.04$, $\mu_{x+t}^{10} = 0.15$, $\mu_{x+t}^{12} = 0.08$, $t \geq 0$　　　(ii) $\delta = 0.05$

연속납평준순보험료의 연액 90원과 120원을 이용하여 초기준비금 $_{0}V^{(0)}$를 각각 구하고 이를 기초로 수지상등의 원칙을 만족시키는 연속납평준순보험료의 연액을 구하시오. $_{0}V^{(0)}$를 구하는 방법은 Thiele의 미분방정식을 이용하고, 수치해석방법은 $h = 1$의 오일러방법을 이용하시오.

10. 상태공간이 {0, 1, 2, 3}인 다중상태모형 4를 고려한다. 이 모형에서 가능한 전이는 상태 0에서 상태 1, 상태 0에서 상태 2, 그리고 상태 0에서 상태 3뿐이다. 다음과 같은 가정을 이용하여 $p_x^{01}$를 구하시오($t \geq 0$).

(i) $\mu_{x+t}^{01} = 0.2$　　　(ii) $\mu_{x+t}^{02} = 0.3$　　　(iii) $\mu_{x+t}^{03} = 0.4$

11. 다음과 같은 이중탈퇴표가 주어졌다.

| $x$ | $p_x^{01}$ | $p_x^{02}$ |
|---|---|---|
| 25 | 0.003 | 0.01 |
| 26 | 0.004 | 0.03 |
| 27 | 0.005 | 0.05 |
| 28 | 0.006 | 0.07 |
| 29 | 0.007 | 0.09 |

탈퇴들은 이중탈퇴표 하에서 균등분포(UDDMD)를 한다고 가정할 때 다음을 구하시오.

(a) $\mu_{27.7}^{02}$를 계산하시오.    (b) $p_{27.7}^{00}$를 계산하시오.

12. 다중상태모형 6(종속적 연생모형)을 고려한다. 남편 $(x)$와 부인 $(y)$가 가입한 보험은 다음과 같은 급부를 제공한다.

(i) 첫 번째 사망자가 발생하면 1,000원을 사망즉시 지급

(ii) 첫 번째 사망자의 사망시점부터 연속적 연액 200원의 연속연금을 두 번째 사망 전까지 지급

(iii) 3,000원을 두 번째 사망시에 즉시 지급하는데 $(x)$가 두 번째에 사망하는 경우만 지급

$t \geq 0$에 대하여 다음과 같은 가정들이 주어졌다.

$$\mu_{x+t:y+t}^{01} = 0.06, \qquad \mu_{x+t:y+t}^{02} = 0.08, \qquad \mu_{x+t:y+t}^{03} = 0$$

$$\mu_{x+t}^{13} = 0.12, \qquad \mu_{y+t}^{23} = 0.10, \qquad \delta = 0.05$$

(a) 연속납평준순보험료는 첫 번째 사망자가 발생할 때까지 연속적으로 납입될 때 보험료의 연액 $P$를 구하시오.

(b) $i = 0, 1, 2$에 대하여 $_tV^{(i)}$의 변화율을 Thiele의 미분방정식으로 나타내시오.

13. 다중상태모형 7(공통충격모형)을 고려한다. 남편 $(x)$, 부인 $(y)$가 15년납입 연생종신보험에 가입하였다. 보험의 급부지급조건은 $(y)$가 먼저 사망하면 2,000원, $(x)$, $(y)$가 동시에 사망하면 4,000원이 지급된다.

$t \geq 0$에 대하여 다음과 같은 가정들이 주어졌다.

$$\mu_{x+t:y+t}^{01} = 0.07, \qquad \mu_{x+t:y+t}^{02} = 0.09, \qquad \mu_{x+t:y+t}^{03} = 0.03$$

$$\mu_{x+t}^{13} = 0.15, \qquad \mu_{y+t}^{23} = 0.20, \qquad \delta = 0.05$$

(a) 이 보험급부의 APV를 구하시오.

(b) 보험료는 $(y)$가 생존해 있는 한 연속적으로 납입될 때 연속납평준순보험료의 연액 $P$를 구하시오.

14. A보험회사는 다음 그림과 같은 2개의 상태를 갖는 연속시간 마르코프연쇄를 이용한 다중상태모형을 이용하여 보험상품을 개발하려 한다. 상태 0은 건강을, 상태 1은 사망을 나타낸다.

이 보험상품을 개발하기 위해 다음과 같은 가정을 사용한다.

(i) 건강한 피보험자 (40)이 가입하는 10년납입, 20년만기 정기보험이다.

(ii) 전이력은 모든 $40 \leq x < 110$에 대하여 $\mu_x^{01} = \dfrac{1}{110-x}$, 이력은 $\delta = 0.05$로 가정한다.

(iii) 피보험자가 사망하는 경우 사망보험금 10,000원을 사망즉시 지급한다.

(iv) 보험료는 수지상등의 원칙이 적용되어 계산되며 건강상태에 있는 피보험자가 연속적으로 납입한다.

(a) 이 보험의 사망급부에 대한 APV를 구하시오.

(b) 이 보험의 연속납평준순보험료의 연액 $P$를 구하시오.

(c) 제7보험연도말 계약자적립액 $_7V^{(0)}$를 구하시오.

15. A보험회사는 다음 그림과 같은 3개의 상태를 갖는 마르코프모형을 이용하여 보험상품의 보험료를 산출하였다. 상태 0은 건강을, 상태 1은 영구장해를, 상태 2는 사망을 나타낸다.

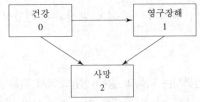

이 보험상품을 개발하기 위해 다음과 같은 가정들을 사용하였다.

(i) 건강한 피보험자 (30)이 가입하는 20년납입 보험이며 보험기간은 종신이다.

(ii) 전이력은 모든 $x \geq 30$에 대하여 $\mu_x^{01} = 0.1$, $\mu_x^{02} = 0.05$, $\mu_x^{12} = 0.2$, 이력은 $\delta = 0.05$로 가정한다.

(iii) 피보험자가 영구장해상태(상태 1)에 있으면 연속적 연액 12,000원을 장해급부로 지급하고, 사망하면 사망보험금 35,000원을 사망즉시 지급한다.

(iv) 보험료는 수지상등의 원칙이 적용되어 계산되며 건강상태에 있는 피보험자가 연속적으로 납입한다.

(a) 이 보험급부에 대한 APV를 구하시오.

(b) 이 보험의 연속납평준순보험료의 연액 $P$를 구하시오.

(c) 제15보험연도말 계약자적립액 $_{15}V^{(0)}$, $_{15}V^{(1)}$를 구하시오.

16. A보험회사는 다음 그림과 같은 3개의 상태를 갖는 연속시간 마르코프모형을 이용하여 보험상품을 개발하려고 한다. 상태 0은 건강을, 상태 1은 영구장해를, 상태 2는 사망을 나타낸다.

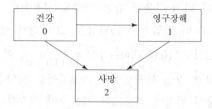

이 보험상품을 개발하기 위해 다음과 같은 가정들을 사용한다. 이 보험의 연속납평준순 보험료의 연액을 구하시오.

(i) 건강한 피보험자 (40)이 가입하는 10년납입 보험이며 보험기간은 종신이다.

(ii) 전이력은 모든 $x \geq 40$에 대하여 $\mu_x^{01} = 0.1$, $\mu_x^{02} = 0.06$, $\mu_x^{12} = 0.15$, 이력은 $\delta = 0.05$ 로 가정한다.

(iii) 피보험자가 보험가입 후 영구장해상태에 있으면 연속적 연액 600원의 장해급부를 지급한다. 단, 대기기간 1개월이 지나야 지급되고 대기기간 안에는 어떤 급부도 주어지지 않는다.

(iv) 보험료는 수지상등의 원칙이 적용되어 계산되며 건강상태에 있는 피보험자가 연속 적으로 납입한다.

※ 기본연습문제 17번부터 19번까지는 다음과 같은 상황하에서 답을 구하시오.

A보험회사는 다음 그림과 같은 3개의 상태를 갖는 연속시간 마르코프모형을 이용하여 보험 상품들을 개발하려고 한다. 상태 0은 건강을, 상태 1은 질병을, 상태 2는 사망을 나타낸다.

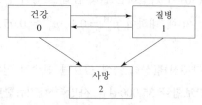

이 보험상품들을 개발하기 위해 공통적으로 다음과 같은 가정들을 사용한다.

(i) 건강한 피보험자 (50)이 가입하고, 보험기간은 6년이다.

(ii) 전이력은 모든 $x \geq 50$에 대하여

$\mu_x^{01} = 0.0005\, e^{0.07x}$, $\mu_x^{02} = 0.000011\, e^{0.11x}$, $\mu_x^{10} = 2\, e^{-0.05x}$, $\mu_x^{12} = 0.0008\, e^{0.05x}$,

이력은 $\delta = 0.05$로 가정한다.

(iii) 보험료는 수지상등의 원칙이 적용되어 계산되며 보험료 납입시점에 건강상태에 있는 피보험자가 납입한다.

17. (a) 콜모고로프 전진방정식과 $h = \dfrac{1}{4}$인 오일러방법을 사용하여 전이확률 $_tp_{50}^{00}$, $_tp_{50}^{01}$, $_tp_{50}^{02}$, $_tp_{50}^{10}$, $_tp_{50}^{11}$, $_tp_{50}^{12}$ $(0 \le t \le 6)$를 구하시오.

(b) 건강상태에 있는 피보험자가 분기말에 질병상태에 있으면 분기말에 3,000원을 지급하고, 피보험자가 사망하면 사망한 분기말에 사망보험금 90,000원을 지급하는 보험급부에 대한 APV.

(c) (b)의 보험에 대하여 최대 6년 동안 매 분기초에 납입하는 3개월납 보험료 $P1$

18. (a) 건강상태에 있는 피보험자가 분기말에 질병상태에 있으면 분기말에 3,000원을 지급하고, 피보험자가 사망하면 사망보험금 90,000원을 사망즉시 지급하는 보험급부에 대한 APV.

(b) (a)의 보험에 대하여 최대 6년 동안 매 반기초에 납입하는 6개월납 보험료 $P2$.

19. (a) 건강상태에 있는 피보험자가 질병상태에 있으면 연속적 연액 12,000원을 지급하고, 피보험자가 사망하면 사망보험금 90,000원을 사망즉시 지급하는 보험급부에 대한 APV.

(b) (a)의 보험에 대하여 최대 6년 동안 연속적으로 납입하는 연속납평준순보험료의 연액 $P3$.

(c) (a)의 보험에 대하여 최대 6년 동안 매년초에 납입하는 연납평준순보험료 $P4$.

20. A보험회사는 질병과 관련하여 보험상품을 개발하였는데, 다음 그림과 같이 4개의 상태를 갖는 연속시간 마르코프모형을 이용하였다. 여기서 상태 0은 건강을, 상태 1은 질병 1을, 상태 2는 질병 2를, 상태 3은 질병 3을 나타낸다.

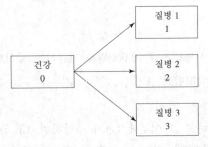

이 보험상품을 개발하기 위해 다음과 같은 가정들을 사용하였다(가정 불성립).

(i) 건강한 피보험자 (30)이 가입하는 20년납입 보험이며, 보험기간은 40년이다.

(ii) 전이력은 모든 $30 \le x < 80$에 대하여 $\mu_x^{01} = 0.1$, $\mu_x^{02} = \dfrac{0.4}{80-x}$, $\mu_x^{03} = \dfrac{0.6}{80-x}$, 이력은 $\delta = 0.05$이다.

(iii) 피보험자가 질병 1에 걸리면 질병급부 10,000원을 즉시 지급하고, 질병 2에 걸리면 질병급부 40,000원을 즉시 지급하며, 질병 3에 걸리면 질병급부 20,000원을 즉시 지급한다.

(iv) 보험료는 수지상등의 원칙이 적용되어 계산되며 건강상태에 있는 피보험자가 연속적으로 납입한다.

(a) 이 보험급부에 대한 APV를 구하시오.

(b) 이 보험의 연속납평준순보험료의 연액 $P$를 구하시오.

※ 기본연습문제 21번부터 23번까지는 다음과 같은 상황하에서 답을 구하시오.

A보험회사는 다음 그림과 같은 4개의 상태를 갖는 마르코프모형을 이용하여 연생보험상품을 개발하였다. 상태 0은 피보험자 $(x)$, $(y)$ 둘 다 생존을, 상태 1은 피보험자 $(x)$만 생존을, 상태 2는 피보험자 $(y)$만 생존을, 상태 3은 피보험자 $(x)$, $(y)$ 둘 다 사망을 나타낸다.

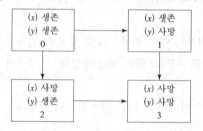

연생보험 상품개발시 사용한 공통적인 가정들은 다음과 같다.

(i) 상태 0에 있는 $x$세와 $y$세의 피보험자가 가입하는 10년납입 연생보험이다.

(ii) 전이력은 모든 $t \ge 0$에 대하여 $\mu_{x+t:y+t}^{01} = 0.05$, $\mu_{x+t:y+t}^{02} = 0.1$, $\mu_{x+t}^{13} = 0.2$, $\mu_{y+t}^{23} = 0.3$, 이력은 $\delta = 0.05$이다.

(iii) 보험료는 수지상등의 원칙이 적용되어 계산되며 $(x)$가 생존하는 한 연속적으로 납입한다.

21. 이 때 $(x)$의 사망시 사망즉시급 10,000원을 지급하는 종신보험에 대하여 연속납평준순보험료의 연액과 계약자적립액 $_5V^{(0)}$, $_5V^{(1)}$, $_5V^{(2)}$를 구하시오.

22. 이때 (i) $(y)$가 사망하고 그 이후에 $(x)$가 사망하며, (ii) $(x)$의 사망이 보험가입후 15년과 30년 사이에서 발생하는 경우 사망즉시급 20,000원을 지급하는 15년거치, 15년만기 정기보험에 대하여 연속납평준순보험료의 연액과 계약자적립액 $_{20}V^{(0)}$, $_{20}V^{(1)}$, $_{20}V^{(2)}$

를 구하시오.

23. $(x)$가 사망하고 그 이후에 $(y)$가 사망시 사망즉시급 10,000원을 지급하는 종신보험에 대하여 연속납평준순보험료의 연액과 계약자적립액 $_5V^{(0)}$, $_5V^{(1)}$, $_5V^{(2)}$를 구하시오.

24. A보험회사는 다음 그림과 같은 4개의 상태를 갖는 지수공통충격모형을 이용하여 연생보험상품을 개발하려고 한다. 상태 0은 피보험자 $(x)$, $(y)$ 둘 다 생존을, 상태 1은 피보험자 $(x)$만 생존을, 상태 2는 피보험자 $(y)$만 생존을, 상태 3은 피보험자 $(x)$, $(y)$ 둘 다 사망을 나타낸다. 여기서 $\lambda$는 공통충격시의 전이력을 나타낸다.

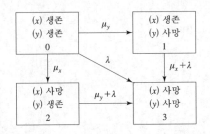

연생보험 상품개발시 사용하는 공통적인 가정들은 다음과 같다.

(i) 상태 0에 있는 $x$세와 $y$세의 피보험자가 가입하는 20년납입, 30년만기 연생보험이다.

(ii) 공통충격이 배제된 확률변수($T_x^*$, $T_y^*$)와 공통충격 확률변수($Z$)는 모두 서로 독립적이다. 따라서 전이력은 모든 $t \geq 0$에 대하여 $\mu_{x+t:y+t}^{01} = \mu_y = 0.15$, $\mu_{x+t:y+t}^{02} = \mu_x = 0.1$, $\mu_{x+t:y+t}^{03} = \lambda = 0.02$, $\mu_{x+t}^{13} = \mu_x + \lambda = 0.12$, $\mu_{y+t}^{23} = \mu_y + \lambda = 0.17$로 가정하고, 이력은 $\delta = 0.05$이다.

(iii) 사망보험금은 $(y)$의 사망시 $(x)$는 생존해 있거나, 또는 $(x)$와 동시사망시 사망보험금 10,000원을 사망즉시 지급한다.

(iv) 보험료는 수지상등의 원칙이 적용되어 계산되며 $(x)$가 생존해 있는 경우만 연속적으로 납입한다.

이 종신연생보험의 연속납평준순보험료의 연액 $P$와 계약자적립액 $_{10}V^{(0)}$를 구하시오.

25. 예제 10.2.2.6, 예제 10.2.2.7, 예제 10.2.6.7, 예제 10.2.10.4, 연습문제 6번, 20번의 경우 문제의 가정이 성립하지 않는데 그 이유를 설명하시오. (Hint: $_{\omega-x}P_x^{ij}$의 값이 0 또는 1의 값을 갖는지 확인)

제 **11** 장
# 보험부채 시가평가

# Ⅰ. 기초이론

## 1. 보험부채 시가평가 개요

11장과 12장에서는 보험부채 시가평가에 대하여 고찰하고자 한다. 보험부채 시가평가에서 장래현금흐름을 생성하려면 계약자적립액, 월별 다중탈퇴율 및 월별 할인율 시나리오 산출방법을 충분히 이해하고 있어야 한다. 보험부채 장래현금흐름 모형에는 계약자적립액이나 해약환급금이 장래현금(outcome)의 구성항목이기 때문에 산출방법을 이해하고 있어야 한다. 또 보험부채 시가평가에서는 월별로 장래현금흐름을 생성하고 월별 할인율을 이용하여 현가를 산출하므로 월별 다중탈퇴모형 및 월별 할인율 시나리오 산출방법을 필수적으로 알아야 한다. 11장에서는 장래현금흐름 모형에 대하여 고찰하고 12장에서는 보험부채의 변동분석에 대하여 고찰하기로 한다.

11장 기초이론에서는 다음의 세 가지를 고찰하고자 한다. 첫째, IFRS17 책임준비금의 정의 및 책임준비금의 구성항목들을 고찰한다. 책임준비금의 구성항목인 최선추정부채(BEL), 위험조정(RA), 보험계약마진(CSM)에 대한 기본 개념과 기준서의 주요 내용을 설명하고자 한다. 둘째, 장래현금흐름은 월별로 생성되므로 월별 유지자수, 납입자수, 사망자수, 해지자수의 산출과정을 명확히 설명하려고 한다. 기초율은 사용목적에 따라 그 값이 다르기 때문에 사용 목적에 대한 명확한 구별이 필요하다. 보험료와 적립액 산출용, 보험부채평가용(보증비용산출용), 상품구분(일반형, 저해지형)에 따라 적용되는 기초율이 다르므로 이에 대한 구분을 명확히 할 예정이다. 셋째, 할인율 산출을 위한 결정론적 시나리오와 확률론적 시나리오를 설명하고, 조정무위험금리 기간구조를 산출하는 방법을 설명하고자 한다. 이를 기초로 확률론적 시나리오 산출방법을 설명하고자 한다.

11장의 일반이론에서는 장래현금흐름 모형을 정의하고 BEL 산출식을 정의한다. 장래현금흐름 모형에서 사용되는 장래현금과 장래현금흐름을 기호들을 이용하여 정의하고 11장과 12장의 예시에서 이 기호들을 계속 사용하면서 분석하기로 한다. 장래현금흐름 가정과 계약의 종료시점과 소멸시점에 대한 가정을 기초로 금리확정형상품과 금리연동형상품의 보험부채 시가평가를 수행한다. 분석상품은 보험기간이 최장인 종신보험을 선정하여 긴 기간의 장래현금흐름의 큰 그림을 보여주고 분석하고자 한다.

12장에서는 3년만기 단기보험을 이용하여 금리확정형상품의 보험부채 시가평가를 위한 최초측정(최초인식)과 후속측정을 수행한다. 12장에서는 11장과 달리 모든 장래현금흐름을 보여주면서 보험부채 시가평가를 진행한다. 그 후 금리확정형상품의 보험부채 변동분석을 수행하고자 한다. 보험부채 변동분석은 기시BEL에서 후속측정 BEL로 변동되는 과정을 각 단계별로 분해하여 당기손익, 보험계약마진 및 기타포괄손익을 산출하는 과정을 말한다. 각 단계는 부채(CSM), 자본 및 손익의 변동과 관련이 있으며 포괄손익계산서의 항목을 계산하는데 사용된다. 또 CSM의 변동분석도 수행한다. BEL 변동분석과 CSM 변동분석을 이용하여 재무제표를 작성하는 과정을 예시하고자 한다.


## 2. IFRS17 책임준비금[1]

### (1) 개    요

IFRS17하에서 책임준비금은 보험계약부채, 재보험계약부채 및 투자계약부채로 구성된다. 유의적 보험위험이 존재하거나[2] 유의적 보험위험이 존재하지 않더라도 재량적 참가 특성이 존재하는 계약은 보험계약으로 분류하며, 이외 계약은 투자계약으로 분류한다. 보험계약부채와 재보험계약부채는 잔여보장요소와 발생사고요소로 구성된다. 잔여보장요소는 (i) 아직 발생하지 않은 보험사고(보험금), (ii) 지급사유가 발생하지 않은 투자요소(해약환급금, 만기보험금 등)에 대한 부채이다. 발생사고요소는 (i) 발생한 보험사고, (ii) 지급사유가 발생하였으나 지급되지 않은 투자요소에 대한 부채이다.

IFRS17하에서 부채의 회계모형은 보험계약의 유형에 따라 3가지 모형(일반모형,[3] 보험료배분접근법, 변동수수료접근법) 중 하나를 적용하여 보험부채를 측정한다. 잔여보장요소 회계모형 적용원칙[4]에 따르면, (i) 생명보험 및 장기손해보험의 회계모형은 일반모형을 적용하는 것을 원칙으로 한다. (ii) 일반손해보험 중 보험계약 보장기간이 1년 이하인 계약의 회계모형은 보험료배분접근법을 적용한다. (iii) 변동수수료접근법 적용기준[5]에 해당하는 보험계약은 변동수수료접근법을 적용해야 한다.

보험료배분접근법은 보험계약의 인식 및 측정을 간소화하기 위한 회계모형으로 주로 단기계약의 잔여보장부채(liability for remaining coverage)를 측정하는데 적용된다. 변동수수료접근법은 직접 참가특성이 있는 보험계약[6]에 적용가능한 모형이다. 일반모형이

1) 2절, 3절, 4절의 내용은 다음 논문을 참조하길 바람. 오창수·김경희, "IFRS17 보험부채와 손익인식의 구조분석", 「계리학연구」 제12권 제1호, 한국계리학회, 2020. 12.를 참조 인용하였음.
2) (보험업감독업무시행세칙 [별표35] 책임준비금 산출기준 2-2, 2-5) 부가급부금의 비율이 10% 이상인 경우 유의적인 보험위험이 있다고 간주하며, 부가급부금의 비율은 보험사고 미발생시 지급금 대비 부가급부금의 비율이다.
3) IFRS17 기준서를 기준으로 직접참가특성이 없는 보험계약에 적용되는 모형을 일반모형이라고 부르기로 한다. 일반모형은 IFRS17 기준서가 발표되기 전에 staff paper에서 사용되던 용어이었고(기준서에서는 사용하지 않음), 보험업감독업무시행세칙에서 사용하는 용어이다. 기준서에서는 직접참가특성이 있는 보험계약과 직접참가특성이 없는 보험계약으로 구분하고 있다. 직접참가특성이 있는 보험계약에 적용되는 모형을 변동수수료접근법으로 부르기로 한다.
4) 보험업감독업무시행세칙 [별표35] 책임준비금 산출기준 4-1.
5) 보험업감독업무시행세칙 [별표35] 책임준비금 산출기준 4-3.
6) [기업회계기준서 제1117호 보험계약 (BC238)] 직접참가특성이 있는 보험계약은 개시 시점에 다음과 같

나 변동수수료접근법를 적용할 경우 잔여보장부채는 BEL, RA 및 CSM으로 측정되어야
하지만, 보험료배분접근법을 적용할 경우 잔여보장부채는 이러한 측정이 요구되지 않
는다.

본서에서 책임준비금은 일반모형을 적용한 잔여보장요소에 대한 보험부채의 시가평
가액를 의미한다. 본서에서 이 시가평가액을 IFRS17 시가법책임준비금, IFRS17 책임준
비금, 책임준비금, 또는 보험부채 시가평가액, 부채시가평가액이라는 용어들로 정의하고,
상황에 따라 동의어로 혼용하여 사용하기로 한다.

### (2) 보험부채의 구성

IFRS17에서는 최초측정시점에 총보험부채를 이행현금흐름(FCF, Fulfillment Cash Flow)
과 보험계약마진(CSM, Contractual Service Margin)의 합계로 측정한다. 이행현금흐름은 장
래현금흐름에 대한 추정치(Estimates of future cash flow), 화폐의 시간가치, 미래의 불확실
성을 반영하기 위한 비금융위험에 대한 위험조정(RA, Risk Adjustment)으로 구성된다. 장
래현금흐름에 대한 추정치와 화폐의 시간가치가 결합하면 최선추정부채(Best Estimate
Liability, BEL)가 된다. 따라서 이행현금흐름은 BEL + RA이다.

$$IFRS17\ 보험부채 = 이행현금흐름(BEL+RA) + 보험계약마진(CSM) \quad (11.1.2.1)$$
$$이행현금흐름 = 장래현금흐름에\ 대한\ 추정치 + 화폐의\ 시간가치$$
$$+ 비금융위험에\ 대한\ 위험조정 \quad\quad\quad (11.1.2.2)$$

IFRS4 순보식 원가법책임준비금은 보험료산출 시의 기초율(적용이율 및 적용위험률)
을 적용하여 평가한 보험부채이고, IFRS17 시가법책임준비금은 매 결산시점마다 현행추
정치(현행위험률, 현행할인율, 현행해지율, 현행사업비율 등)를 적용하여 평가한 보험부채이
다. IFRS4에서는 마진(Risk와 이익)이 포함된 기초율(위험률)을 적용하여 순보식 원가법
책임준비금을 산출하기 때문에 산출된 순보식 원가법책임준비금(보험료적립금)은 마진
(Risk와 이익)이 포함되어 있으며, 최선추정치와 마진이 구분되지 않고 한꺼번에 표시된
다. IFRS17에서는 마진이 포함되지 않은 최선추정기초율(위험률, 사업비율 등)을 적용하
여 BEL을 평가하기 때문에 BEL에는 마진이 포함되어 있지 않고, Risk와 이익은 책임준
비금의 별도 항목으로 표시된다. 즉 Risk는 위험조정(RA)으로 표시되고 마진은 보험계
약마진(CSM)으로 표시된다.[1] IFRS17 책임준비금의 하위 구성항목은 BEL, RA 및

---

은 특성이 있는 보험계약이다. (1) 계약 조건에 보험계약자가 명확하게 식별된 기초항목 집단(pool)의 일
정 몫에 참여한다는 것이 명시되어 있다. (2) 기업은 보험계약자에게 기초항목에서 발생하는 공정가치 이
익 중 상당한 몫에 해당하는 금액을 지급할 것으로 예상한다. (3) 보험계약자에게 지급될 금액의 변동분
중 상당한 비율이 기초항목의 공정가치 변동에 따라 변동될 것으로 예상한다.
1) IFRS17 논의과정 초반에는 RA와 CSM을 마진으로 보는 two margin approach 개념이 있었으나, 최종으

CSM이다.

## 3. 책임준비금의 구성항목

### (1) 최선추정부채(BEL)

BEL은 측정시점의 현행 가정을 이용한 발생가능한 outcomes의 기댓값 또는 확률가중평균이다.[1] 각 시나리오하의 순장래현금의 보험수리적 현가를 각 시나리오하에의 모든 유출현금(outcomes)의 보험수리적 현가에서 모든 유입현금(outcomes)의 보험수리적 현가를 차감한 값으로 정의하면, BEL은 각 시나리오하의 순장래현금의 보험수리적 현가들(1,000개)에 대한 위험중립세계에서의 기댓값으로 정의될 수 있다. 현가를 구하는데 이용되는 할인율 산출방법은 후술하며, BEL을 구하는 자세한 방법들은 11장의 II. 일반이론과 12장에서 자세히 고찰하기로 한다.

### (2) 위험조정(Risk Adjustment, RA)

RA는 비금융위험에서 생기는 장래현금흐름의 금액과 시기에 대한 불확실성을 감수하는 대가이다. 비금융위험에 대한 위험조정은 금융위험보다는 보험계약에서 발생하는 위험과 관련이 있다. 금융위험은 장래현금흐름 추정치나 장래현금흐름 조정에 사용되는 할인율에 반영된다. 비금융위험에 대한 위험조정의 대상이 되는 위험은 보험위험과 그 밖의 비금융위험(예: 해약위험, 비용위험)이다. 비금융위험에 대한 위험조정의 목적은 금융위험에서 발생하는 불확실성 이외에 보험계약에서 발생하는 장래현금흐름의 불확실성 효과를 측정하는 것이다. 비금융위험에 대한 위험조정은 보험계약과 관련된 모든 비금융위험을 반영하여야 한다. 일반적인 운영위험과 같이 보험계약에서 발생하지 않는 위험은 반영하지 않는다.[2]

비금융위험에 대한 위험조정은 명시적인 방법으로 측정에 포함되어야 한다. 비금융위험에 대한 위험조정은 개념상 장래현금흐름의 추정치 및 이러한 장래현금흐름을 조정하는 할인율과는 별도로 구분된다. 예를 들면, 장래현금흐름 추정치 또는 할인율을 산정할 때 비금융위험에 대한 위험조정을 암묵적으로 포함하여 비금융위험에 대한 위험조정을 중복 계산해서는 안된다.[3]

IFRS17 기준서에서는 RA의 특성과 원칙만 제시하고 있으며, 위험조정의 측정방법, 측정의 기준이 되는 불확실성 수준에 대해서는 구체적인 기준을 제시하고 있지는 않다.

로는 CSM만 마진으로 보는 one margin approach로 결정되었다.
1) 기업회계기준서 제1117호 보험계약 (문단 B37).
2) 기업회계기준서 제1117호 보험계약 (B86, B89).
3) 기업회계기준서 제1117호 보험계약 (B90).

RA의 측정에는 일반적으로 신뢰수준기법, CTE기법, 자본비용기법의 3가지 방법의 사용이 가능하다.[1] 다만, 신뢰수준기법 이외의 다른 기법을 사용한 보험사는 사용된 기법과 그 기법의 결과에 상응하는 신뢰수준을 공시하여야 한다.

### (3) 보험계약마진(Contractual Service Margin, CSM)

#### (a) 개    요

CSM은 보험기간 동안 보험계약 서비스를 제공하면서 인식하게 될 미실현 이익으로, 일시적 이익 실현을 방지하기 위해 신계약 판매시점에 부채 형태로 적립되고, 전 보험기간에 걸쳐 이익으로 인식된다.

최초 측정시에는 BEL, RA와 CSM을 합한 총 보험부채가 0(zero)이 되도록 CSM을 산출[CSM = −(BEL + RA)]한다. 이행현금흐름(BEL + RA)이 음수인 경우 이익계약이며 CSM은 양수가 된다. 이 경우 보험기간이 경과함에 따라 CSM의 상각분 만큼 이익으로 실현되면서 CSM 잔액이 감소하게 된다.

최초측정시 이행현금흐름(BEL + RA)이 양수로 산출되는 경우가 있는데, 이는 장래예상수입(보험료 등)보다 장래예상지출(보험금, 해약환급금, 사업비 등)이 더 큰 경우이다. 이는 장래손실이 예상된다는 의미로 장래예상손실(양수 금액)은 P/L상의 당기손실(비용)로 즉시 반영된다. 이 경우 CSM은 0으로 처리하고, 보험부채는 (BEL + RA) 만큼 계상된다. 당기손실로 반영된 금액은 손실요소(LC, Loss Component)로 설정한다. 손실요소는 후속측정시 이행현금흐름의 변동에 따라 체계적인 방식으로 처리한다.

보험계약마진의 적용단위는 보험계약집합(group)이다. 최초측정시 보험계약별로 보험계약마진을 산출한 후, 수익성 수준 등에 따라 보험계약집합으로 통합하여 산출할 수 있다. 보험계약집합은 수익성 수준 등에 따라 최소한 다음과 같이 구분해야 하며, 같은 보험계약집합 내에 발행시점의 차이가 1년을 초과하는 계약은 포함시키지 않는다.

(i) 최초 인식시점에 손실을 부담하는 보험계약집합

(ii) 최초 인식시점에 후속적으로 손실을 부담하게 될 유의적인 가능성이 없는 보험계약집합

(iii) 기타 보험계약집합(손실가능성이 있는 보험계약집합)

#### (b) 보험계약마진의 후속측정

IFRS17에서는 매 결산시점마다 계리적 가정 및 경제적 가정 등을 업데이트하여 보험부채를 재측정하여야 한다. 최선추정부채(BEL)와 위험조정(RA)은 매 결산시점에 최신

---

1) ① 신뢰수준법(Confidence Level): 불확실성이 특정 구간내에 존재하고 있을 확률,
   ② 자본비용법(Cost of Capital): 불확실성에 대비하여 자본을 유지하는데 필요한 대가,
   ③ CTE법(Conditional Tail Expectation): 불확실성이 특정구간을 초과하는 값들의 평균.

정보를 활용하여 재측정한다. 즉, 계리적 가정(위험율, 사업비율 등) 및 경제적 가정(할인율) 등이 최초 계약체결 당시 또는 직전 회계연도와 비교하여 변경된 경우 변경사항을 반영한 가정을 적용하여 보험부채를 재평가한다. 반면, 보험계약마진(CSM)은 이행현금흐름과 달리 매 결산시점마다 재평가되는 것이 아니라, 3단계(보험금융비용 반영 → 보험계약마진 조정 → 보험계약마진 상각)로 산출된다. 후속측정시 보험계약마진(CSM)은 다음과 같은 단계로 산출된다.

① 보험금융비용 반영

보험계약마진(CSM)에 대한 화폐의 시간가치를 반영하는 단계로, 보험계약집합의 최초측정시점에 결정된 할인율을 사용한다. 즉, 보험계약마진의 보험금융비용은 Locked-in 할인율을 적용하여 산출한다.

② 보험계약마진 조정

미래서비스와 관련된 이행현금흐름의 변동은 CSM을 조정하며, 다음 4가지로 구성된다.

(i) 미래서비스와 관련하여 해당 기간에 수취한 보험료 및 관련 현금흐름에서 발생한 경험조정(예, 보험취득 현금흐름, 보험료 기반 세금) (CSM 변동분석 2단계)
(ii) 보험부채의 미래현금 현재가치 추정치 변동(CSM 변동분석 3, 4단계)
(iii) 당기에 지급될 것으로 예상된 투자요소와 당기에 지급된 실제 투자요소와의 차이(CSM 변동분석 2단계)
(iv) 미래서비스와 관련된 비금융위험에 대한 위험조정의 변동

앞에서 제시된 (i)과 (iii)의 경우 예정과 실제의 차이만큼 보험계약마진을 조정하고 (ii)의 경우 매 결산시점에 미래서비스와 관련된 이행현금흐름의 변동분이 발생한 경우 이행현금흐름의 변동분의 음수값만큼 보험계약마진을 조정한다. 그러나 후속측정시 미래서비스와 관련된 이행현금흐름의 불리한 변동으로 보험계약마진이 음수(−)가 된 경우에는[1] 0으로 조정하여 적용하고, 조정분에 대해서는 당기손실로 반영한다.

③ 보험계약마진 상각

보험계약마진 상각액은 해당 기간에 서비스를 제공함에 따라 보험수익으로 인식되는 금액을 말한다. 당기에 제공된 보장단위[2]와 미래에 제공될 것으로 기대되는 보장단위 각각에 배분하며, 당기에 제공된 보장단위에 배분된 금액이 보험계약마진 상각액이 되며

---

1) 보험계약마진은 음수가 될 수 없으므로 정확한 표현은 "이행현금흐름의 불리한 변동분이 보험계약마진(잔액)을 초과한 경우 초과금액을 당기손실로 반영한다."일 것이나 보험계약마진이 음수가 되는 것으로 표현하는 경우가 많다.
2) 보험계약집합 내의 보장단위를 식별한다. 집합 내의 보장단위의 수는 집합 내의 계약에서 제공되는 보장의 수량이며, 각 계약별로 계약에 따라 제공되는 급부의 수량 및 기대되는 보장의 듀레이션을 고려하여 산정된다.

이를 당기손익으로 인식한다. 이와 같은 방식으로 매기 보험계약마진(CSM) 상각을 통해 전 보험기간 동안 이익을 인식하게 된다.

## 4. IFRS4와 IFRS17의 보험부채 비교

### (1) IFRS4 보험부채

IFRS4에서는 원칙적으로 보험부채를 원가법으로 평가한다. 원가법이란 장래법 방식에서 최초 보험계약 체결시 보험료산출과 책임준비금 산출에 적용한 기초율(적용위험률, 적용이율)을 전 보험기간 동안 동일하게 적용하여 책임준비금을 산출하는 방식이다.[1] 과거법을 적용하는 보험상품(변액보험, 금리연동형보험 등)의 경우에는 매 경과시점의 펀드자산 수익률(또는 공시이율)을 원가법책임준비금 산출에 적용하지만, 적용위험률이나 적용사업비율은 원가법 기준을 적용한다. IFRS4 1단계에서는 매 평가시점의 가정을 적용하여 보험부채를 평가하지 않는다는 단점을 보완하기 위해, 부채적정성평가제도(LAT, Liability Adequacy Test)를 도입하여 운영하였다.

### (2) IFRS4와 IFRS17 기준의 보험부채 비교
#### (a) 순보험료식에서 영업보험료식으로 변경

IFRS4에서는 순보험료식 책임준비금 산출방법을 이용하여 보험부채(책임준비금)를 산출한다. IFRS4 기준에서는 순보험료와 장래급부만을 장래현금(outcomes)으로 고려하여 보험부채(책임준비금)를 산출한다. 반면, IFRS17 기준에서는 영업보험료식 책임준비금 산출방법을 이용하여 보험부채를 산출한다. 즉, 영업보험료와 장래급부 및 사업비 등의 모든 장래현금(outcomes)을 고려하여 보험부채(책임준비금)를 산출한다.

#### (b) 매 평가시점마다 업데이트한 가정을 이용하여 재측정

IFRS4 기준에서는 보험부채를 원가법으로 평가한다. 즉 최초 계약시점에 적용한 적용기초율(적용위험률, 적용이율)을 전 보험기간에 동일하게 적용하여 원가법책임준비금을 산출한다. 반면, IFRS17 기준에서는 보험부채를 시가법으로 평가함에 따라 매 평가시점마다 계리적 가정 및 경제적 가정을 업데이트한 현행추정치를 이용하여 시가법책임준비금을 산출한다.

#### (c) 최선추정치와 마진의 구분 표시

IFRS4 기준에서는 보험부채(책임준비금) 안에 최선추정치와 마진이 모두 포함되어 있으며, 구분하여 산출 및 표시되지 않는다. 따라서, 재무제표상 보험부채(책임준비금) 항

---

1) 실제 적용은 순보식 원가법책임준비금에 이연자산을 인정하여서 신계약비 이연 효과가 있음.

목만으로는 마진의 크기를 알 수 없다.

　반면, IFRS17 기준에서는 최선추정치와 마진을 구분하여 표시함에 따라, 보험사의 재무제표만 보더라도 보험계약으로부터 발생할 장래이익의 크기를 추정할 수 있다. 따라서, IFRS17에서는 재무정보가 더 충실히 표현될 수 있고, 재무정보에 대한 보험사별 비교가능성이 증대될 수 있다

## 5. 월별 다중탈퇴율 산출 개요[1]

　다중탈퇴율 산출은 일반형과 저해지형을 통합하여 설명하고자 한다. 본장에서는 저해지형보험을 고찰하지는 않지만 해지율 가정이 보험부채 시가평가시에는 사용되므로 모든 관련 탈퇴율을 한곳에서 설명하는 것이 탈퇴율의 이해에 도움이 될 것으로 판단된다.

　보험료 및 적립액 산출시와 보험부채평가시 계리적 가정을 다르게 적용하므로 분석을 위하여 이를 구분하여 표기할 필요가 있다. (i) 보험료산출 및 적립액산출시에는 보험료 및 적립액산출 목적의 탈퇴율($q'^{(1)}_{x+k}$(사망률), $q^{*(2)P저}_{x+k}$(해지율), $q^{*(3)}_{x+k}$(50%장해발생률))을 사용하고 (ii) 보험부채평가시에는 보험부채평가 목적의 탈퇴율($q'^{(1)V}_{x+k}$(최적사망률), $q^{*(2)V}_{x+k}$(최적해지율), $q^{*(3)V}_{x+k}$(최적50%장해발생률))을 사용한다. UL종신보험의 특성을 반영하는 가정2 적용시에는 계리적 가정인 납입률($\lambda_k$) 및 중도인출률($\gamma_k$)도 사용한다.

　보험부채 시가평가시에는 감독규정에 따라 월별 장래현금흐름을 산출하고 월별 누적할인율을 이용하여 현가를 산출한다. 따라서 주어진 탈퇴율 데이터를 이용하여 적립액산출 목적의 월별 다중탈퇴율과 보험부채평가 목적의 월별 다중탈퇴율을 구하는 것이 필요하다. 사망률이나 해지율의 경우 보험료산출 목적의 월별 다중탈퇴율과 보험부채평가 목적의 월별 다중탈퇴율이 다를 수 있다. 일반형과 저해지형의 해지율의 최초 데이터가 일반적으로 다르기 때문에 상품의 종류에 따라서도 여러 가지 월별 다중탈퇴율이 나타나게 된다. 각각의 목적에 맞는 월별 다중탈퇴율과 월별 유지자수 및 월별 납입자수의 산출은 보험부채 시가평가용 장래현금흐름을 생성하는데 필수적인 요소이다.

　본서에서는 $(x)$세 계약자의 보험가입 이후 경과년수($k$)와 경과월수($h$)를 구분하여 표기하기로 한다. $k$경과년도의 경과월수는 $t'$로 표기하기로 하며 $0 \le t' \le 11$이다.

$$k = \left[ \frac{h}{12} \right] \tag{11.1.5.1}$$

---

[1] 5, 6, 7절은 거의 동시에 발표된 오창수 · 김경희, "다중탈퇴율모형의 이론과 월별 다중탈퇴율에의 적용", 「계리학연구」 제15권 제1호, 한국계리학회, 2023. 6.을 참조 인용하였음.

## 6. 보험료산출 및 적립액산출 목적의 다중탈퇴율

### (1) 보험료산출 목적의 탈퇴율(연기준)

보험료산출 시는 연단위 탈퇴율을 적용하여 산출하므로 월기준의 탈퇴율은 이용되지 않는다. 보험료산출 목적의 탈퇴율은 연기준 절대탈퇴율($q'^{(1)}_{x+k}$) 및 연기준 상대탈퇴율($q^{*(2)P저}_{x+k}$, $q^{*(3)}_{x+k}$)로 이루어진다. 본장에서 보험료산출 목적의 사망률($q'^{(1)}_{x+k}$) 및 50%장해발생률($q^{*(3)}_{x+k}$)[1]은 제9회 참조순보험요율Ⅱ를 적용하며 금리연동형 UL종신보험 일반형(이하 일반형), 금리연동형 UL종신보험 저해지형(이하 저해지형)에 동일하게 적용한다.

$$q'^{(1)일}_{x+k} = q'^{(1)저}_{x+k} = q'^{(1)}_{x+k} \qquad\qquad (11.1.6.1)$$

$q^{*(2)}_{x+k}$ 가 이용되지 않는 일반형의 경우도 납입자($l'$) 계산에 $q'^{(1)}_{x+k}$, $q^{*(3)}_{x+k}$ 이 이용되기 때문에 다중탈퇴모형이 적용된다. 보험료산출 목적의 해지율($q^{*(2)P저}_{x+k}$)은 일반형에서는 사용하지 않고 저해지형의 보험료산출 및 적립액산출시 사용하는데 저해지형의 보험료산출 목적의 해지율($q^{*(2)P저}_{x+k}$)은 표 [11.1.6.1]과 같다고 가정한다.[2]

(i) $q'^{(1)}_{x+k}$(보험료산출 목적의 사망률): 제9회 참조순보험요율Ⅱ 적용[3]

(ii) $q^{*(2)P저}_{x+k}$(보험료산출 목적의 해지율): 회사별로 적용[4]

(iii) $q^{*(3)}_{x+k}$(50%장해발생률): 제9회 참조순보험요율Ⅱ 적용

표 [11.1.6.1]  보험료산출 목적의 해지율(저해지형, $q^{*(2)P저}_{x+k}$)

| 경과년도 | 0년 | 1년 | 2년 이상 | 완납후 |
|---|---|---|---|---|
| 해지율 | 5.0% | 8.8% | 3.0% | 0.0% |

---

1) $q^{*(3)}_{x+k}$ 은 보험급부 산출용으로는 사용하지 않고, 보험료 납입면제를 반영하는 납입자($l'$) 기수를 산출할 때 사용된다.

2) 보험료산출 목적(적립액산출 목적)은 $q^P_{x+k}$, 보험부채평가 목적은 $q^V_{x+k}$, 보증비용산출 목적은 $q^G_{x+k}$, 일반형은 $q^일_{x+k}$, 저해지형은 $q^저_{x+k}$ 로 기호를 표기하기로 한다. 보험료산출 목적(적립액산출 목적)의 $q^P_{x+k}$ 는 $P$ 를 생략하여 $q_{x+k}$ 로도 나타낸다.

3) 참조순보험요율Ⅱ는 안전할증이 고려되지 않은 참조순보험요율Ⅰ(조위험률)에 안전할증을 반영한 위험률이다.

4) 보험료산출 목적의 해지율은 저해지형에만 사용하는데 그 수준은 회사별로 상이하다.

### (2) 적립액산출 목적의 탈퇴율

### (a) 절대탈퇴율 및 상대탈퇴율(연기준)

적립액산출 목적의 절대탈퇴율 및 상대탈퇴율(연기준)은 보험료산출 목적의 절대탈퇴율 및 상대탈퇴율(연기준)과 동일하다. 연기준의 절대탈퇴율 및 상대탈퇴율을 이용하여 다음 단계를 거쳐 월기준 다중탈퇴율을 산출한다. 월기준 다중탈퇴율이 적립액 산출시 최종 사용되는 탈퇴율이다.

(i) 연기준 절대탈퇴율 및 상대탈퇴율을 월기준 절대탈퇴율 및 상대탈퇴율로 변환한다(월기준 다중탈퇴율 산출을 위한 중간과정).

(ii) 월기준 절대탈퇴율 및 상대탈퇴율을 이용하여 월기준 다중탈퇴율로 변환한다.

보험료산출 시는 연기준의 절대탈퇴율($q'^{(1)}_{x+k}$) 및 연기준의 상대탈퇴율($q^{*(2)P저}_{x+k}$, $q^{*(3)}_{x+k}$)이 사용되고 금리연동형 적립액 산출시에는 연기준의 탈퇴율이 사용되지 않고 월기준 다중탈퇴율($q^{(1)m일}_{x+k}$, $q^{(1)m저}_{x+k}$, $q^{(2)Pm저}_{x+k}$)이 사용된다.

### (b) 절대탈퇴율 및 상대탈퇴율(월기준)

월기준 절대탈퇴율 및 상대탈퇴율은 다음과 같이 간단하게 구한다.[1]

$$q'^{(1)m}_{x+k} (= q'^{(1)Pm}_{x+k}) = {}_{1/12}q'^{(1)}_{x+h/12} (= {}_{1/12}q'^{(1)P}_{x+h/12}) \quad \text{(기호 정의)} \quad (11.1.6.2)^{[2]}$$

$$= q'^{(1)}_{x+k} / 12 (= q'^{(1)P}_{x+k} / 12) \quad \text{(산출식)} \quad (11.1.6.3)$$

$$q^{*(2)Pm저}_{x+k} (= q^{*(2)m저}_{x+k}) = {}_{1/12}q^{*(2)P저}_{x+h/12} (= {}_{1/12}q^{*(2)저}_{x+h/12}) \quad \text{(기호정의)} \quad (11.1.6.4)$$

$$= q^{*(2)P저}_{x+k} / 12 (= q^{*(2)저}_{x+k} / 12) \quad \text{(산출식)} \quad (11.1.6.5)$$

### (c) 적립액산출 목적의 다중탈퇴율(월기준)

적립액 산출시 월별 위험보험료, 해지보험료 및 납입면제보험료[3]를 계산하여야 하며 이때 적립액산출 목적(위험보험료, 해지보험료산출 시)의 월기준 다중탈퇴율을 이용한다.

---

1) $q'^{(1)Pm}_{x+k} = q'^{(1)m}_{x+k}$ 또는 $q^{(1)Pm저}_{x+k}$ 등의 기호는 동일 $k$ 내에서 월별 탈퇴율이 동일한 경우에 한하여 사용할 수 있다. 동일 $k$ 내에서 월별 탈퇴율이 동일하지 않은 경우(예: UDD가정)에는 월별 탈퇴율로 $q'^{(1)m}_{x+k}$ 라는 기호를 사용할 수 없다. 위험보험료산출 시 사용되는 $q'^{(1)m}_{x+k} = q'^{(1)}_{x+k}/12$는 동일 $k$ 내에서 월별탈퇴율이 동일하지만 CFM 가정도 아니고 UDD 가정도 아니다.

2) $P$는 생략 가능하고 $P$가 없는 경우는 보험료 및 적립액산출 목적으로 이해하면 된다. 사망률의 경우 일반적으로 $P$를 생략하여 사용하기로 한다. 그러나 해지율의 경우 사용목적에 따라 해지율의 수준이 다르게 주어지므로 구별을 위하여 $P$를 생략하지 않고 사용하기로 한다.

3) 납입면제보험료는 $l_{x+k+t'/12}$를 산출할 때 $l_{x+k}$와 $l_{x+k+1}$를 직선보간(이 방법이 단수기간의 UDD가정임)하여 산출하므로 월단위 탈퇴율이 필요하지 않다($l'_{x+k+t'/12}$도 동일한 방법으로 직선보간하여 산출).

(i) 적립액산출 목적의 탈퇴원인1(사망)의 다중탈퇴율(월기준)

사망의 절대탈퇴율($q'^{(1)}_{x+k}$)은 일반형과 저해지형이 동일하다. 일반형의 위험보험료산출 시에는 해지율을 적용하지 않고, 저해지형의 위험보험료산출 시에는 해지율을 적용한다. 따라서 적립액 산출시(위험보험료산출 시) 일반형과 저해지형의 사망의 다중탈퇴율($q^{(1)m}_{x+k}$)은 동일하지 않다. 즉, $q^{(1)m일}_{x+k} \neq q^{(1)m저}_{x+k}$이다.

$$q^{(1)m일}_{x+k}(= q^{(1)mP일}_{x+k}) = {}_{1/12}q^{(1)일}_{x+h/12}(= {}_{1/12}q^{(1)P일}_{x+h/12}) \qquad \text{(기호 정의)} \qquad (11.1.6.6)$$

$$= q'^{(1)m}_{x+k} = q'^{(1)}_{x+k}/12 \qquad\qquad\qquad\qquad \text{(산출식)} \qquad (11.1.6.7)$$

$$q^{(1)m저}_{x+k}(= q^{(1)Pm저}_{x+k}) = {}_{1/12}q^{(1)저}_{x+h/12}(= {}_{1/12}q^{(1)P저}_{x+h/12}) \qquad \text{(기호 정의)} \qquad (11.1.6.8)$$

$$= q'^{(1)m}_{x+k} \times (1 - q^{*(2)Pm저}_{x+k}/2) \qquad\qquad \text{(산출식)} \qquad (11.1.6.9)$$

(ii) 적립액산출 목적의 탈퇴원인2(해지)의 다중탈퇴율(월기준)

일반형의 적립액 산출시(위험보험료산출 시)에는 탈퇴원인2(해지)의 다중탈퇴율(월기준)이 사용될 필요가 없다. 저해지형의 적립액 산출시(위험보험료 및 해지보험료산출 시)에는 탈퇴원인2(해지)의 다중탈퇴율(월기준: $q^{(2)Pm저}_{x+k}$)이 사용된다.

$$q^{(2)Pm저}_{x+k} = {}_{1/12}q^{(2)P저}_{x+h/12} \qquad\qquad\qquad\qquad \text{(기호 정의)} \qquad (11.1.6.10)$$

$$= q^{*(2)Pm저}_{x+k} = q^{*(2)P저}_{x+k}/12 \qquad\qquad \text{(산출식)} \qquad (11.1.6.11)$$

## 7. 부채평가 목적의 다중탈퇴율

### (1) 개  요

보험부채평가시에는 보험부채평가 목적의 탈퇴율 $q'^{(1)V}_{x+k}$(최적사망률), $q^{*(2)V}_{x+k}$(최적해지율), $q^{*(3)V}_{x+k}$(최적50%장해발생률)을 적용하는데 보험료산출 목적의 탈퇴율과는 다르다. $q'^{(1)V}_{x+k}$은 보험료산출 목적의 사망률($q'^{(1)}_{x+k}$)에 다음의 손해율(A/E Ratio)[1]을 곱한 값을 사용하는데 현행추정치(최선추정치)를 산출하기 위함이다. 납입자 계산에 사용하는 50%장해발생률에 대한 손해율은 '100%'를 적용한다.[2]

---

1) 보험개발원, 『2019 산업통계를 활용하여 산출한 생명보험 계리가정』, 2020, p. 93.
2) 장해 50% 발생률에 대한 A/E Ratio는 보험개발원에서 별도로 제공하지 않아 '100%'를 적용.

표 [11.1.7.1]  손해율(사망, 보장성 A/E Ratio)[1]

| 경과년도 | 0년 | 1년 | 2년 | 3년 | 4년 | 5년 |
|---|---|---|---|---|---|---|
| 손해율(%) | 36% | 73% | 91% | 94% | 96% | 99% |
| 경과년도 | 6년 | 7년 | 8년 | 9년 | 10년 이상 | |
| 손해율(%) | 104% | 106% | 104% | 103% | 98% | |

UL종신보험의 일반형은 보험료산출시에는 해지율을 적용하지 않고 보험부채평가시에는 해지율을 적용하는데 일반형의 보험부채평가 목적의 해지율($q_{x+k}^{*(2)V일}$)의 최선추정치는 표 [11.1.7.2]로 가정한다.

표 [11.1.7.2]  해지율($q_{x+k}^{*(2)V일}$)(일반형, 보험부채평가용)

| 경과년도 | 0년 | 1년 | 2년 | 3년 | 4년 |
|---|---|---|---|---|---|
| 해지율(%) | 19% | 25% | 9% | 8% | 7% |
| 경과년도 | 5년 | 6년 | 7년 | 8년 | 9년 |
| 해지율(%) | 7% | 7% | 6% | 5% | 5% |
| 경과년도 | 10년 | 11년 | 12년 | 13년 이상 | 납입후 |
| 해지율(%) | 4% | 4% | 3% | 2% | 2% |

저해지형은 납입기간 중 해약환급금이 작고 납입완료시점에 해약환급금이 급격히 증가하기 때문에 저해지형의 보험부채평가용 해지율($q_{x+k}^{*(2)V저}$)은 $q_{x+k}^{*(2)V일}$보다 납입기간 중에는 낮은 값을 적용하고 완납시점에 대량해지율을 적용하기도 한다. 저해지형의 보험부채평가 목적의 해지율($q_{x+k}^{*(2)V일}$)의 최선추정치는 표 [11.1.7.3]으로 가정한다. 저해지형의 경우 보험료산출 목적의 해지율인 $q_{x+k}^{*(2)P저}$와 보험부채평가 목적의 해지율 $q_{x+k}^{*(2)V저}$는 일반적으로 다른 가정을 적용한다.

표 [11.1.7.3]  해지율($q_{x+k}^{*(2)V저}$)(저해지형, 보험부채평가용)

| 경과년도 | 0년 | 1년 | 2년 | 3년 | 4년 | 5년 | 6년 | 7년 |
|---|---|---|---|---|---|---|---|---|
| 해지율 | 11.6% | 14.5% | 5.5% | 5.1% | 4.2% | 3.8% | 3.6% | 3.4% |
| 경과년도 | 8년 | 9년 | 10년 | 11년 | 12년 | 13년 | 14년 | 15년 |
| 해지율 | 3% | 2.6% | 2.2% | 2% | 1.6% | 1.5% | 1.3% | 1.2% |
| 경과년도 | 16년 | 17년 | 18년 | 19년 | 완납시점 | | 완납후 | |
| 해지율 | 1.1% | 1% | 1% | 1% | 50.0% | | 2% | |

---

1) 사망에 대한 A/E Ratio는 보장성과 저축성으로 구분하여 적용한다. 따라서 표 [11.1.7.1]은 UL종신보험의 일반형, 저해지형 및 변액종신보험에 동일하게 적용된다. 변액연금의 A/E Ratio는 저축성 A/E Ratio가 적용된다.

### (2) 절대탈퇴율 및 상대탈퇴율(연기준)

최적탈퇴율 중 최적사망률은 일반형과 저해지형에 적용하는 손해율이 다르지 않아 동일한 최적사망률($q_{x+k}'^{(1)V}$)을 적용하며, 납입자 계산에 사용하는 최적50%장해발생률 ($q_{x+k}^{*(3)V}$)은 보험료산출 목적의 50%장해발생률($q_{x+k}^{*(3)}$)과 동일하다. 보험부채평가 목적의 최적해지율은 일반형과 저해지형이 다르고 손해율(A/E Ratio)을 적용하지 않으며 $q_{x+k}^{*(2)V일}$, $q_{x+k}^{*(2)V저}$을 적용한다. 최적사망률과 최적50%장해발생률에 대한 표기는 다음과 같다.

(i) 최적사망률(연기준)

$$q_{x+k}'^{(1)V일} = q_{x+k}'^{(1)V저} = q_{x+k}'^{(1)V} = Min\,(q_{x+k}'^{(1)} \times A/E\ Ratio,\ 1) \tag{11.1.7.1)[1]}$$

(ii) 최적해지율(연기준)

$$q_{x+k}^{*(2)V일}: \text{표 [11.1.7.2]} \tag{11.1.7.2}$$

$$q_{x+k}^{*(2)V저}: \text{표 [11.1.7.3]} \tag{11.1.7.3}$$

(iii) 최적50%장해발생률(연기준)

$$q_{x+k}^{*(3)V일} = q_{x+k}^{*(3)V저} = q_{x+k}^{*(3)V} = q_{x+k}^{*(3)} \tag{11.1.7.4}$$

연기준의 절대탈퇴율 및 상대탈퇴율을 이용하여 다음 단계를 거쳐 월기준 다중탈퇴율을 산출한다. 월기준 다중탈퇴율이 보험부채평가에 최종 사용되는 탈퇴율이다.

(i) 연기준 절대탈퇴율 및 상대탈퇴율을 월기준 절대탈퇴율 및 상대탈퇴율로 변환한다(월기준 다중탈퇴율 산출을 위한 중간과정).

(ii) 월기준 절대탈퇴율 및 상대탈퇴율을 이용하여 월기준 다중탈퇴율로 변환한다.

### (3) 절대탈퇴율 및 상대탈퇴율(월기준)

월기준 절대탈퇴율 및 상대탈퇴율은 다음과 같이 구한다. 이 경우 단수부분에 대한 가정은 CFM가정이다. 월별 율을 $q_{x+k}'^{(1)Vm}\,({}_{1/12}q_{x+h/12}'^{(1)V})$, $q_{x+k}^{*(2)Vm일}\,({}_{1/12}q_{x+h/12}^{*(2)V일})$, $q_{x+k}^{*(2)Vm저}$ $({}_{1/12}q_{x+h/12}^{*(2)V저})$ 및 $q_{x+k}^{*(3)Vm}\,({}_{1/12}q_{x+h/12}^{*(3)V})$으로 표기하기로 하면 다음과 같다.[2]

---

1) A/E Ratio가 '100%'보다 높으면 최적위험률이 '1'보다 클 수 있어 '1'을 최소값으로 설정.

2) 연기준 탈퇴율을 월별 율로 변환해야 할 경우 산출 목적에 따라 보험실무에서는 연 미만 단수부분에 대한 가정을 다르게 적용하고 있다. 여기서는 보험실무에서 쓰는 가정을 그대로 사용하고자 한다. 그러나 단수부분에 대한 이러한 가정들을 명확한 기준이 없이 사용하는 것은 바람직하지 않으므로 향후 개선이 필요한 것으로 보인다.

① 보험료(월납보험료의 계산기수, 전통적(수학적) 근사치):

$$N_{(x,x+m)}^{(12)} = N_x - N_{x+m} - 11/24 \times (D_x - D_{x+m})$$

② 적립액(월대체보험료(위험보험료, 해지보험료)): $q_x^월 = q_x^연/12$ (UDD가 아님)

(i) 최적사망률(월기준)

$$q'^{(1)Vm}_{x+k} = {}_{1/12}q'^{(1)V일}_{x+h/12} = {}_{1/12}q'^{(1)V저}_{x+h/12} = {}_{1/12}q'^{(1)V}_{x+h/12} \quad \text{(기호정의)} \quad (11.1.7.5)$$

$$= 1 - (1 - q'^{(1)V}_{x+k})^{1/12} \quad \text{(산출식)} \quad (11.1.7.6)$$

(ii) 최적해지율(월기준)

$$q^{*(2)Vm일}_{x+k} = {}_{1/12}q^{*(2)V일}_{x+h/12} \quad \text{(기호정의)} \quad (11.1.7.7)$$

$$= 1 - (1 - q^{*(2)V일}_{x+k})^{1/12} \quad \text{(산출식)} \quad (11.1.7.8)$$

$$q^{*(2)Vm저}_{x+k} = {}_{1/12}q^{*(2)V저}_{x+h/12} \quad \text{(기호정의)} \quad (11.1.7.9)$$

$$= 1 - (1 - q^{*(2)V저}_{x+k})^{1/12} \quad \text{(산출식)} \quad (11.1.7.10)$$

(iii) 최적50%장해발생률(월기준)

$${}_{1/12}q^{*(3)V일}_{x+h/12} = {}_{1/12}q^{*(3)V저}_{x+h/12} = q^{*(3)m}_{x+k} = {}_{1/12}q^{*(3)}_{x+h/12} \quad \text{(기호정의)} \quad (11.1.7.11)$$

$$= 1 - (1 - q^{*(3)}_{x+k})^{1/12} \quad \text{(산출식)} \quad (11.1.7.12)$$

(4) 보험부채평가목적의 다중탈퇴율(월기준)

보험부채평가에 필요한 월단위의 유지자, 납입자, 해지자, 사망자 산출시 보험부채평가 목적의 월기준 다중탈퇴율을 이용한다. 보험부채평가 목적의 월기준 다중탈퇴율로 전환할 때는 다음 산식을 사용한다.

(i) 보험부채평가 목적의 탈퇴원인1(사망)의 다중탈퇴율(월기준)

사망의 절대탈퇴율에서는 $q'^{(1)V m일}_{x+k} = q'^{(1)Vm저}_{x+k}$ 이다. 그러나 $q^{*(2)Vm일}_{x+k} \neq q^{*(2)Vm저}_{x+k}$ 이기 때문에 사망의 다중탈퇴율에서는 $q^{(1)Vm일}_{x+k} \neq q^{(1)Vm저}_{x+k}$ 이다.

$$q^{(1)Vm일}_{x+k} = q'^{(1)Vm}_{x+k} \times (1 - q^{*(2)Vm일}_{x+k}/2) \quad (11.1.7.13)$$

$$= {}_{1/12}q^{(1)V일}_{x+h/12} = {}_{1/12}q'^{(1)V}_{x+h/12} \times (1 - {}_{1/12}q^{*(2)V일}_{x+h/12}/2) \quad (11.1.7.14)$$

---

③ 적립액(월대체보험료(납입면제보험료)): $l'_{x+k+t'}$ 계산시 $l'_{x+k}$ 와 $l'_{x+k+1}$ 를 직선보간한다. 이는 UDD 가정이므로 $0 \leq s \leq 1$이면, ${}_{1/12}q_{x+s} = (1/12) \times q_x/(1 - s \times q_x)$이 성립힌다($s$기 증가히면 ${}_{1/12}q_{x+s}$도 증가).

④ 부채평가(최적탈퇴율): $(1 - q^{월}_x)^{12} = (1 - q^{연}_x) \Rightarrow q^{월}_x = 1 - (1 - q^{연}_x)^{1/12}$, 이는 CFM가정이므로 ${}_{1/12}p_x = (p_x)^{1/12}$이고 ${}_{2/12}p_x = {}_{1/12}p_x \times ({}_{1/12}p_{x+1/12}) = (p_x)^{1/12} \times (p_x)^{1/12} = (p_x)^{2/12}$가 성립한다. 또한 $0 \leq s \leq 1$이면, ${}_{1/12}q_{x+s} = 1 - (p_x)^{1/12}$이 성립한다. ($s$에 관계없이 ${}_{1/12}q_{x+s}$가 일정).

④와 ②는 월별 사망률이 일정하기 때문에 $q^{(1)m일}_{x+k}$, $q'^{(1)Vm}_{x+k}$(해지율의 경우 $q^{(2)Pm저}_{x+k}$, $q^{*(2)Vm일}_{x+k}$)으로 기호에 $m$으로 표기가 가능하다. ④와 ②의 월별 사망률은 단수부분의 가정이 다르다(④는 CFM 가정이지만, ②는 단수부분 가정이 UDD도 아니고 CFM도 아니고 단순히 12로 나눈 것임).

$$q_{x+k}^{(1)\,Vm저} = q_{x+k}^{\prime\,(1)V\,m} \times (1 - q_{x+k}^{*\,(2)V\,m저}/2) \tag{11.1.7.15}$$

$$= {}_{1/12}q_{x+h/12}^{(1)V저} = {}_{1/12}q_{x+h/12}^{\prime\,(1)V} \times (1 - {}_{1/12}q_{x+h/12}^{*\,(2)V저}/2) \tag{11.1.7.16}$$

$$q_{x+k}^{(1)\,V\,m일} \neq q_{x+k}^{(1)\,Vm저} \tag{11.1.7.17}$$

(ii) 보험부채평가목적의 탈퇴원인2(해지)의 다중탈퇴율(월기준)

$$q_{x+k}^{(2)V\,m일} = {}_{1/12}q_{x+h/12}^{(2)V일} = {}_{1/12}q_{x+h/12}^{*\,(2)V일} = q_{x+k}^{*\,(2)V\,m일} \tag{11.1.7.18}$$

$$q_{x+k}^{(2)V\,m저} = {}_{1/12}q_{x+h/12}^{(2)V저} = {}_{1/12}q_{x+h/12}^{*\,(2)V저} = q_{x+k}^{*\,(2)V\,m저} \tag{11.1.7.19}$$

$$q_{x+k}^{(2)V\,m일} \neq q_{x+k}^{(2)V\,m저} \tag{11.1.7.20}$$

(5) 보험부채평가 목적의 유지자($l_{x+h/12}^V$) 및 납입자($l_{x+h/12}^{\prime V}$)

보험료산출 목적의 $h$시점 유지자를 계산하기 위한 총잔존율을 ${}_{h/12}p^{(\tau)P}_{x}({}_{h/12}p^{(\tau)}_{x})$라 하고 납입자를 계산하기 위한 총잔존율을 ${}_{h/12}p^{(\tau')P}_{x}({}_{h/12}p^{(\tau')}_{x})$로 표기하기로 한다. 보험부채평가 목적의 $h$시점 유지자를 계산하기 위한 총잔존율은 ${}_{h/12}p^{(\tau)V}_{x}$라 하고 납입자를 계산하기 위한 총잔존율을 ${}_{h/12}p^{(\tau')V}_{x}$로 표기하기로 한다.

본장에서는 직관적인 이해를 돕기 위해 ${}_{h/12}p^{(\tau)V}_{x}$를 유지자($l_{x+h/12}^V$)로, ${}_{h/12}p^{(\tau')V}_{x}$를 납입자($l_{x+h/12}^{\prime V}$)로 표기하고자 하는데, $l_x^V = l_x^{\prime V} = 1$인 경우, ${}_{h/12}p^{(\tau)V}_{x} = l_{x+h/12}^V$이고 ${}_{h/12}p^{(\tau')V}_{x} = l_{x+h/12}^{\prime V}$이다. 유지자는 사망률과 해지율의 2개의 탈퇴율로 계산되고 급부산출 목적으로 다중탈퇴율(${}_{1/12}q_{x+h/12}^{(1)V}$, ${}_{1/12}q_{x+h/12}^{(2)V}$)을 미리 구하기 때문에 식 (11.1.7.21), 식 (11.1.7.22) 및 식 (11.1.7.25)와 같이 다중탈퇴율로도 표현이 가능하다. 납입자는 사망률, 해지율 및 50%장해발생률의 3개의 탈퇴율로 계산되는데 다중탈퇴율로 표현하기 어렵다. 즉, ${}_{1/12}q_{x+h/12}^{(3)V}$를 급부산출 목적으로 미리 구하지 않기 때문에 그 값이 없다. 따라서 납입자를 $l_{x+h/12}^{\prime 일V} \times (1 - {}_{1/12}q_{x+h/12}^{(1)일V} - {}_{1/12}q_{x+h/12}^{(2)일V} - {}_{1/12}q_{x+h/12}^{(3)일V})$ 형태로 나타내기 어렵고 식 (11.1.7.27) 및 식 (11.1.7.28)과 같은 간편법을 사용한다.

(i) 보험부채평가 목적의 유지자

$$l_{x+(h+1)/12}^{V일} = l_{x+h/12}^{V일} \times (1 - {}_{1/12}q_{x+h/12}^{(1)V일} - {}_{1/12}q_{x+h/12}^{(2)V일}) \tag{11.1.7.21}$$

$$= l_{x+h/12}^{V일} \times (1 - q_{x+k}^{(1)Vm일} - q_{x+k}^{(2)Vm일}) \tag{11.1.7.22}$$

$$= l_{x+h/12}^{V일} \times (1 - {}_{1/12}q_{x+h/12}^{\prime(1)V}) \times \left(1 - \frac{{}_{1/12}q_{x+h/12}^{*\,(2)V일} \times (1 - 0.5 \times {}_{1/12}q_{x+h/12}^{\prime(1)V})}{(1 - {}_{1/12}q_{x+h/12}^{\prime(1)V})}\right)$$

$$\tag{11.1.7.23}$$

$$= l^{V일}_{x+h/12} \times (1 - q'^{(1)Vm}_{x+k}) \times (1 - \frac{q^{*(2)Vm일}_{x+k} \times (1 - 0.5 \times q'^{(1)Vm}_{x+k})}{(1 - q'^{(1)Vm}_{x+k})}) \tag{11.1.7.24}$$

$$l^{V저}_{x+(h+1)/12} = l^{V저}_{x+h/12} \times (1 - q^{(1)Vm저}_{x+k} - q^{(2)Vm저}_{x+k}) \tag{11.1.7.25}$$

$$= l^{V저}_{x+h/12} \times (1 - q'^{(1)Vm}_{x+k}) \times (1 - \frac{q^{*(2)Vm저}_{x+k} \times (1 - 0.5 \times q'^{(1)Vm}_{x+k})}{(1 - q'^{(1)Vm}_{x+k})}) \tag{11.1.7.26}$$

(ii) 보험부채평가 목적의 납입자

$$l'^{V일}_{x+(h+1)/12} = \left( \begin{array}{l} l'^{V일}_{x+h/12} \times (1 - q'^{(1)Vm}_{x+k}) \times (1 - \dfrac{q^{*(2)Vm일}_{x+k} \times (1 - 0.5 \times q'^{(1)Vm}_{x+k})}{(1 - q'^{(1)Vm}_{x+k})}) \\[4mm] \times (1 - \dfrac{q^{*(3)m}_{x+k} \times (1 - 0.5 \times q'^{(1)Vm}_{x+k})}{(1 - q'^{(1)Vm}_{x+k})}) \end{array} \right) \tag{11.1.7.27}$$

$$l'^{V저}_{x+(h+1)/12} = \left( \begin{array}{l} l'^{V저}_{x+h/12} \times (1 - q'^{(1)Vm}_{x+k}) \times (1 - \dfrac{q^{*(2)Vm저}_{x+k} \times (1 - 0.5 \times q'^{(1)Vm}_{x+k})}{(1 - q'^{(1)Vm}_{x+k})}) \\[4mm] \times (1 - \dfrac{q^{*(3)m}_{x+k} \times (1 - 0.5 \times q'^{(1)Vm}_{x+k})}{(1 - q'^{(1)Vm}_{x+k})}) \end{array} \right) \tag{11.1.7.28}$$

단, $l^{V일}_x = l'^{V일}_x = l^{V저}_x = l'^{V저}_x = 1$ [1)]

**예제 11.1.7.1**

금리연동형 UL종신보험의 부채평가 목적의 다음 표를 이용하여 $h = 15$인 경우 다음을 산출하시오.

(1) 월기준 절대탈퇴율과 월기준 상대탈퇴율 ${}_{\frac{1}{12}}q'^{(1)V}_{x+\frac{15}{12}}$, ${}_{\frac{1}{12}}q^{*(2)V일}_{x+\frac{15}{12}}$, ${}_{\frac{1}{12}}q^{*(3)V일}_{x+\frac{15}{12}}$

(2) 월기준 다중탈퇴율 ${}_{\frac{1}{12}}q^{(1)V일}_{x+\frac{15}{12}}$, ${}_{\frac{1}{12}}q^{(2)V일}_{x+\frac{15}{12}}$

(3) 월기준 유지자($l^{V일}_{x+16/12}$), 월기준 납입자($l'^{V일}_{x+16/12}$)

(4) 월기준 사망자수(${}_{1/12}d^{V일}_{x+15/12}$), 월기준 해지자수(${}_{1/12}dw^{V일}_{x+15/12}$)

---

1) $\tau1$를 일반형 유지자($q^{(1)일}$, $q^{(2)일}$ 적용), $\tau3$를 저해지형 유지자($q^{(1)저}$, $q^{(2)저}$ 적용), $\tau1'$를 일반형 납입자, $\tau3'$를 저해지형 납입자에 적용하는 기호인 경우, $l^{V일}_x = l'^{V일}_x = l^{V저}_x = l'^{V저}_x = 1$이면 다음의 식이 성립한다.

(i) $l^{V일}_{x+h/12} = {}_{h/12}p^{(\tau1)V}_x$, $\quad l'^{V일}_{x+h/12} = {}_{h/12}p^{(\tau1')V}_x$

(ii) $l^{V저}_{x+h/12} = {}_{h/12}p^{(\tau3)V}_x$, $\quad l'^{V저}_{x+h/12} = {}_{h/12}p^{(\tau3')V}_x$

표 [11.1.7.4]  월별 다중탈퇴율 산출(100,000명당 기준[1])

| $h$ | 유지자 / 납입자 | | 절대탈퇴율(사망) | | 상대탈퇴율(해지) | | 상대탈퇴율(장해) | | 다중탈퇴율 | |
|---|---|---|---|---|---|---|---|---|---|---|
| | | | | | | | | | 사망 | 해지 |
| | $l'^{V월}_{x+\frac{h}{12}}$ | $l'^{V월}_{x+\frac{h}{12}}$ | $q'^{(1)}_{x+k}$ | $\frac{1}{12}q'^{(1)V월}_{x+\frac{h}{12}}$ | $q^{*(2)V월}_{x+k}$ | $\frac{1}{12}q^{*(2)V월}_{x+\frac{h}{12}}$ | $q^{*(3)}_{x+k}$ | $\frac{1}{12}q^{*(3)V월}_{x+\frac{h}{12}}$ | $\frac{1}{12}q^{(1)V월}_{x+\frac{h}{12}}$ | $\frac{1}{12}q^{(2)V월}_{x+\frac{h}{12}}$ |
| 0 | 100,000 | 100,000 | 78 | 2.3 | 19,000 | 1,741 | 16.7 | 1.4 | 2.3 | 1,741 |
| 1 | 98,257 | 98,256 | 78 | 2.3 | 19,000 | 1,741 | 16.7 | 1.4 | 2.3 | 1,741 |
| 2 | 96,544 | 96,542 | 78 | 2.3 | 19,000 | 1,741 | 16.7 | 1.4 | 2.3 | 1,741 |
| 3 | 94,862 | 94,858 | 78 | 2.3 | 19,000 | 1,741 | 16.7 | 1.4 | 2.3 | 1,741 |
| 4 | 93,208 | 93,203 | 78 | 2.3 | 19,000 | 1,741 | 16.7 | 1.4 | 2.3 | 1,741 |
| 5 | 91,584 | 91,577 | 78 | 2.3 | 19,000 | 1,741 | 16.7 | 1.4 | 2.3 | 1,741 |
| 6 | 89,987 | 89,980 | 78 | 2.3 | 19,000 | 1,741 | 16.7 | 1.4 | 2.3 | 1,741 |
| 7 | 88,419 | 88,410 | 78 | 2.3 | 19,000 | 1,741 | 16.7 | 1.4 | 2.3 | 1,741 |
| 8 | 86,878 | 86,868 | 78 | 2.3 | 19,000 | 1,741 | 16.7 | 1.4 | 2.3 | 1,741 |
| 9 | 85,363 | 85,353 | 78 | 2.3 | 19,000 | 1,741 | 16.7 | 1.4 | 2.3 | 1,741 |
| 10 | 83,875 | 83,864 | 78 | 2.3 | 19,000 | 1,741 | 16.7 | 1.4 | 2.3 | 1,741 |
| 11 | 82,414 | 82,401 | 78 | 2.3 | 19,000 | 1,741 | 16.7 | 1.4 | 2.3 | 1,741 |
| 12 | 80,977 | 80,964 | 83 | 5.1 | 25,000 | 2,369 | 17.3 | 1.4 | 5.0 | 2,369 |
| 13 | 79,055 | 79,040 | 83 | 5.1 | 25,000 | 2,369 | 17.3 | 1.4 | 5.0 | 2,369 |
| 14 | 77,178 | 77,163 | 83 | 5.1 | 25,000 | 2,369 | 17.3 | 1.4 | 5.0 | 2,369 |
| 15 | 75,346 | 75,330 | 83 | 5.1 | 25,000 | 2,369 | 17.3 | 1.4 | 5.0 | 2,369 |
| 16 | 73,557 | 73,541 | 83 | 5.1 | 25,000 | 2,369 | 17.3 | 1.4 | 5.0 | 2,369 |
| 17 | 71,811 | 71,794 | 83 | 5.1 | 25,000 | 2,369 | 17.3 | 1.4 | 5.0 | 2,369 |
| … | … | … | … | … | … | … | … | … | … | … |
| 613 | 4,479 | 1,582 | 13,527 | 1,178 | 2,000 | 168 | 19,377 | 1,779 | 1,177 | 168 |
| 614 | 4,418 | 1,533 | 13,527 | 1,178 | 2,000 | 168 | 19,377 | 1,779 | 1,177 | 168 |
| 615 | 4,359 | 1,485 | 13,527 | 1,178 | 2,000 | 168 | 19,377 | 1,779 | 1,177 | 168 |
| 616 | 4,300 | 1,439 | 13,527 | 1,178 | 2,000 | 168 | 19,377 | 1,779 | 1,177 | 168 |
| 617 | 4,242 | 1,394 | 13,527 | 1,178 | 2,000 | 168 | 19,377 | 1,779 | 1,177 | 168 |
| 618 | 4,185 | 1,351 | 13,527 | 1,178 | 2,000 | 168 | 19,377 | 1,779 | 1,177 | 168 |
| 619 | 4,129 | 1,309 | 13,527 | 1,178 | 2,000 | 168 | 19,377 | 1,779 | 1,177 | 168 |
| 620 | 4,074 | 1,268 | 13,527 | 1,178 | 2,000 | 168 | 19,377 | 1,779 | 1,177 | 168 |
| 621 | 4,019 | 1,228 | 13,527 | 1,178 | 2,000 | 168 | 19,377 | 1,779 | 1,177 | 168 |
| 622 | 3,965 | 1,190 | 13,527 | 1,178 | 2,000 | 168 | 19,377 | 1,779 | 1,177 | 168 |
| 623 | 3,911 | 1,153 | 13,527 | 1,178 | 2,000 | 168 | 19,377 | 1,779 | 1,177 | 168 |
| 624 | 3,859 | 1,117 | 15,013 | 1,317 | 2,000 | 168 | 22,400 | 2,091 | 1,316 | 168 |
| … | … | … | … | … | … | … | … | … | … | … |

**풀이**

표 [11.1.7.4]에서 $h = 15(k = 1)$인 경우 산출과정을 나타내면 다음과 같다.[2]

(1) (i) $q'^{(1)}_{x+1} = 83/100000 = 0.00083$

$$q'^{(1)V}_{x+1} = Min(1, 0.00083 \times 73\%) = 0.000606$$

---

1) 100,000명당 기준이란 표의 각 숫자를 100,000으로 나눈 값을 적용한다는 의미이다.
2) 표의 값은 Full 값을 적용하여 예시값과 소수점 차이가 있을 수 있음.

$$\tfrac{1}{12}q'^{(1)V}_{x+\frac{15}{12}} = 1-(1-0.0006059)^{1/12} = 0.000050505 \quad \text{1)}$$

(ii) $q^{*(2)V일}_{x+1} = 25000/100000 = 0.25$

$$\tfrac{1}{12}q^{*(2)V일}_{x+\frac{15}{12}} = 1-(1-0.25)^{1/12} = 0.023688424 \quad \text{2)}$$

(iii) $q^{*(3)V일}_{x+1} = q^{*(3)V저}_{x+1} = q^{*(3)V}_{x+1} = q^{*(3)}_{x+1} = 17.3/100000 = 0.000173$

$$\tfrac{1}{12}q^{*(3)V일}_{x+\frac{15}{12}} = 1-(1-0.000173)^{1/12} = 0.0000144178 \quad \text{3)}$$

(2) (i) $\tfrac{1}{12}q^{(1)V일}_{x+\frac{15}{12}} = 0.000050505 \times (1-\dfrac{0.023688424}{2}) = 0.0000499068 \quad \text{4)}$

(ii) $\tfrac{1}{12}q^{(2)V일}_{x+\frac{15}{12}} = \tfrac{1}{12}q^{*(2)V일}_{x+\frac{15}{12}} = 0.023688424 \quad \text{5)}$

(3) (i)
$$l^{V일}_{x+\frac{16}{12}} = \left( l^{V일}_{x+\frac{15}{12}} \times (1-\tfrac{1}{12}q'^{(1)V}_{x+\frac{15}{12}}) \times \left(1- \frac{\tfrac{1}{12}q^{*(2)V일}_{x+\frac{15}{12}} \times (1-0.5\times \tfrac{1}{12}q'^{(1)V}_{x+\frac{15}{12}})}{(1-\tfrac{1}{12}q'^{(1)V}_{x+\frac{15}{12}})}\right) \right)$$

$$= \left( \begin{aligned} &75,346\times(1-0.000050505) \\ &\times(1-\frac{0.023688424\times(1-0.5\times0.000050505)}{(1-0.000050505)}) \end{aligned} \right) = 73,557$$

$$l^{V일}_{x+\frac{16}{12}} = \left( l^{V일}_{x+\frac{15}{12}} \times (1-\tfrac{1}{12}q^{(1)V일}_{x+\frac{15}{12}} - \tfrac{1}{12}q^{(2)V일}_{x+\frac{15}{12}}) \right)$$

$$= 75,346\times(1-0.0000499068-0.023688424) = 73,557$$

$l^{V일}_{x} = l'^{V일}_{x} = 1$ 이라고 가정하면 $l^{V일}_{x+\frac{16}{12}} = 0.73557$

(ii)
$$l'^{V일}_{x+\frac{16}{12}} = \left( \begin{aligned} &l'^{V일}_{x+\frac{15}{12}} \times (1-\tfrac{1}{12}q'^{(1)V}_{x+\frac{15}{12}}) \times \left(1- \frac{\tfrac{1}{12}q^{*(2)V일}_{x+\frac{15}{12}} \times (1-0.5\times \tfrac{1}{12}q'^{(1)V}_{x+\frac{15}{12}})}{(1-\tfrac{1}{12}q'^{(1)V}_{x+\frac{15}{12}})}\right) \\ &\times \left(1- \frac{\tfrac{1}{12}q^{*(3)}_{x+\frac{15}{12}} \times (1-0.5\times \tfrac{1}{12}q'^{(1)V}_{x+\frac{15}{12}})}{(1-\tfrac{1}{12}q'^{(1)V}_{x+\frac{15}{12}})}\right) \end{aligned} \right)$$

$$= \left( \begin{aligned} &75,330\times(1-0.000050505)\times(1-\frac{0.023688424\times(1-0.5\times0.000050505)}{(1-0.000050505)}) \\ &\times(1-\frac{0.0000144178\times(1-0.5\times0.000050505)}{(1-0.000050505)}) \end{aligned} \right)$$

$$= 73,541$$

---

1) 표 [11.1.7.4]에서는 5.1로 표기.
2) 표 [11.1.7.4]에서는 2,369로 표기.
3) 표 [11.1.7.4]에서는 1.4로 표기.
4) 표 [11.1.7.4]에서는 5.0으로 표기.
5) 표 [11.1.7.4]에서는 2,369로 표기.

$$l_x^{V\text{일}} = l'_x^{V\text{일}} = 1 \text{이라고 가정하면 } l'^{V}_{x+16/12} = 0.73541$$

(4) (i) $_{1/12}d_{x+15/12}^{V\text{일}}$ ($h = 15$에 적용되는 사망자수)

$$= l_{x+15/12}^{V\text{일}} \times _{1/12}q_{x+15/12}^{(1)V\text{일}} = 75,346 \times \frac{5.0}{100,000} = 3.7673 \qquad (11.1.7.29)$$

$$l_x^{V\text{일}} = l'^{V\text{일}}_x = 1 \text{이라고 가정하면 } _{1/12}d_{x+15/12}^{V\text{일}} = 0.00003767 \qquad (11.1.7.30)$$

(ii) $_{1/12}dw_{x+15/12}^{V\text{일}}$ ($h = 15$에 적용되는 해지자수)

$$= l_{x+15/12}^{V\text{일}} \times _{1/12}q_{x+15/12}^{(2)V\text{일}} = 75,346 \times \frac{2,369}{100,000} = 1784.946 \qquad (11.1.7.31)$$

$$l_x^{V\text{일}} = l'^{V\text{일}}_x = 1 \text{이라고 가정하면 } _{1/12}dw_{x+15/12}^{V\text{일}} = 0.01784946 \qquad (11.1.7.32)$$

## 8. IFRS17 기준과 감독규정상의 할인율 산출방법

### (1) IFRS17 회계기준서에 따른 할인율

IFRS17 부채평가시 장래현금흐름의 추정치에 화폐의 시간가치를 반영하기 위한 조정을 해야 한다.[1] 이때 적용되는 할인율은 화폐의 시간가치, 보험계약의 장래현금흐름의 특성 및 유동성 특성을 반영해야 하며 관찰 가능한 현행 시장가격과 일관성을 유지해야 한다.[2] IFRS17 기준서에서 할인율 결정에 특정 추정기법을 요구하지 않고 있으며, 무위험수익률 곡선에 보험부채의 비유동적 특성을 반영하는 상향식접근법(Bottom up approach)[3]과 참조자산 포트폴리오에서 보험계약과 관계없는 신용 및 시장위험 요소를 제거하는 하향식접근법(Top down approach)[4]을 제시하고 있다.

### (2) 감독규정상의 할인율 산출방법

감독규정상의 할인율 산출방법은 보험업감독업무시행세칙 별표35[5]에 명시되어 있으며, 기본무위험금리 기간구조에 유동성 프리미엄을 가산하여 산출하는 상향식접근법을 따른다. 결정론적 시나리오는 기본무위험금리 기간구조에 유동성프리미엄이 가산된 조정무위험금리 기간구조로 산출한다. 책임준비금 평가시 적용하는 확률론적 시나리오는 조정무위험금리 기간구조를 기반으로 이자율모형을 통해 산출한다.[6] 책임준비금의 옵션 및 보증가치를 평가하기 위하여는 확률론적 시나리오를 사용하여야 하며, 확률론적 시나

---

1) IFRS17 문단 32.
2) IFRS17 문단 36.
3) IFRS17 문단 B80.
4) IFRS17 문단 B81.
5) 9장 할인율 가정에 나타나 있다.
6) 보험업감독업무시행세칙 별표35 9-2 할인율 산출구조.

리오를 산출하기 위한 이자율모형은 Hull-White 1 factor 모형을 사용하도록 규정에 명시
되어 있다. 이하에서는 감독규정에 따른 결정론적 시나리오의 산출과 이를 기반으로 확
률론적 시나리오를 생성하는 과정을 고찰하기로 한다.

## 9. 결정론적 할인율 시나리오[1]

### (1) 무위험금리 기간구조의 3구간[2]

결정론적 할인율시나리오에서 사용되는 용어를 정의하면 다음과 같다.

표 [11.1.9.1]  결정론적 시나리오에서 사용되는 용어

| 모수 | 정의 |
|---|---|
| 장기선도금리(LTFR) | 장기적으로 수렴하게 되는 금리수준에 대한 가정으로, 실질이자율의 장기평균과 기대인플레이션의 합계로 산출된 값(22년도: 4.95%). |
| 최종관찰만기(LLP) | 전환된 조정현물금리 중 금리곡선을 보외하기 위해 사용될 시장관찰 금리의 최대 만기(22년도: 20년). |
| 최초수렴시점(CP) | LLP로부터 장기선도금리로 수렴하는 시점(22년도: 60년). |

결정론적 시나리오는 3개 구간으로 나누어져 있다.

### (a) 관찰기간(0년~LLP): 시장금리 + LP

시장정보에 기반하여 결정하는 구간으로, 시장에서 관찰가능한 무위험수익률에 유
동성 프리미엄(LP, Liquidity Premium)[3]을 가산한다.

### (b) 장기금리 적용기간(CP~): 장기선도금리

최초수렴시점(CP, Convergence Point) 이후 구간(장기금리 적용기간)에서는 장기선도금
리를 적용한다. 장기선도금리(LTFR, Long Term Forward Rate 혹은 UFR, Ultimate Forward
Rate)는 실질이자율의 장기평균과 장기 기대인플레이션의 합으로 산출하며 이때 실질이
자율의 장기평균은 국내 지표금리에 연간 소비자물가상승률을 차감 조정하여 산출한다.

---

1) 금리시나리오 산출방법에 주로 사용하는 일반적인 용어를 이용하여 설명하도록 한다. 9절과 10절은 본서
와 동시에 발표된 오창수·김경희, "IFRS17 기준하의 금리확정형상품의 보험부채 변동분석", 「계리학연
구」 제15권 제1호, 한국계리학회, 2023. 6.을 참조 인용하였음.
2) 각 구간의 산출방법은 오창수, "국제보험회계기준(IFRS17)하의 할인율 적용방법", 「계리학연구」, 제9권
2호, 한국계리학회, 2017. 12.를 참조
3) 기간에 관계없이 단일값을 산출하여 적용한다.

(c) 보외기간(LLP~CP) 또는 수렴기간

최종관찰만기(LLP, Last Liquid Point)부터 최초수렴시점(CP)까지의 구간에 적용될 금리는 보외법으로 추정한다.[1] LLP부터 거시경제 측면의 장기균형 이자율로 수렴하는 시점(CP, Convergence Point)까지의 기간을 수렴기간(convergence period)이라고 한다. 예를 들어 수렴기간이 10년인 경우와 40년인 경우 지급여력금액에 미치는 영향이 다를 수 있는데 연습문제를 참고하길 바란다.[2]

무위험금리 기간구조는 기본무위험금리 기간구조와 조정무위험금리 기간구조로 나눌 수 있다. 부채평가에 사용하는 할인율은 조정무위험금리 기간구조에 기반하여 산출하는 확률론적 시나리오이다. 무위험금리 기간구조를 그림으로 나타내면 그림 [11.1.9.1]과 같다.

그림 [11.1.9.1]  조정무위험금리 기간구조(21년 12월말 기준)

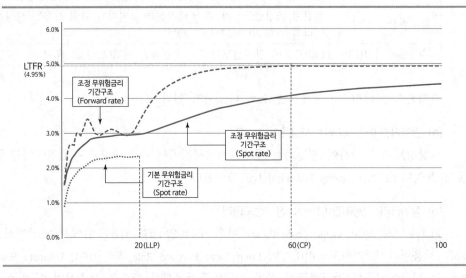

(2) 기본무위험금리 기간구조

유동성 프리미엄을 가산하기 전 무위험금리에 대한 기간구조를 의미하며, 아래의 과정을 통해 생성된다.

---

### (a) 금리데이터 수집

금융투자협회에서 공시되는 채권평가사 평균[1] 만기수익률(YTM)을 이용한다. 만기수익률(YTM: yield to maturity)이란 원화 국고채가 연 2회의 이자(coupon)를 지급하므로 이자까지 포함된 수익률을 의미한다. 할인율로 사용되는 금리는 이자가 지급되지 않는 무이표채의 금리이므로 만기수익률을 무이표채금리인 현물금리(Spot rate)로 변환해야 한다.

### (b) 현물금리 변환

만기별 무이표채의 가격(할인계수, 누적할인율) 산출을 위해서는 이자지급이 포함된 만기수익률(이표채이자율)을 현물금리(무이표채이자율)로 변환하는 과정이 필요하다. 연유효이자율로 주어지는 만기수익률을 현물금리($r_t^{sc}$, 연속복리)로 변환하기 위한 방법으로 금융감독원에서는 Generalized Smith-Wilson 방법[2]을 이용한다. 현물금리로 변환시에는 30년과 50년만기의 만기수익률도 변환용 데이터로 이용되지만, 최종관찰만기(LLP)가 20년이기 때문에 20년만기 수익률까지만 관찰금리로 나타난다.

### (3) 조정무위험금리 기간구조

조정무위험금리 기간구조란 보험부채의 비유동성을 반영하기 위해 현물금리에 유동성 프리미엄을 가산한 후 생성된 금리의 기간구조를 의미하며, 다음과 같은 과정을 통해 생성된다.

### (a) 유동성 프리미엄 가산

최종관찰만기(LLP) 내에 포함되는 현물금리에 유동성 프리미엄을 가산하며 이 금리를 조정현물금리라고 부르기로 한다.[3] 유동성 프리미엄(LP)은 보험산업 대표포트폴리오로부터 산출된 위험스프레드에서 신용위험프레드를 차감하여 산출한 값으로 감독원에서 매월 공시하고 있다.[4]

유동성 프리미엄은 연유효이자율 형태로 제공되기 때문에, 유동성 프리미엄을 가산하기 위해서는 (ⅰ) 16개의 연속복리 형태의 현물금리($r_t^{sc}$)를 연유효이자율(연실이율) 형태의 현물금리로 전환 후 유동성 프리미엄을 가산하고, (ⅱ) (ⅰ)을 다시 16개의 조정현물금리($r_t^{scLP}$, 연속복리)로 전환하는 과정(식 (11.1.9.1))이 필요하다. $r_t^{scLP}$는 유동성 프리미엄이 가산된 16개의 조정현물금리(연속복리)를 나타내며 c는 연속복리 형태, s는 spot rate을 의

---

1) 22. 12월 말까지는 4개사 평균 데이터를 사용하며, 23. 1월 말부터는 5개사 평균 데이터를 사용한다.
2) Generalized Smith-Wilson 방법이란 각 시점별 현금흐름(C Matrix)까지 고려하여 무이표채권의 시장가격을 산출하는 방법이다.
3) 유동성 프리미엄에 관한 자세한 이론적 설명은 다음 논문을 참조하기 바람. 오세경·오창수·박소정·최시열·박기남, "IFRS17 보험부채의 할인율 추정에 관한 연구", 「보험금융연구」 제29권 제3호, 2018. 8., pp. 45-75
4) 2021년말 LP = 62.1bp, 2022년말 LP = 98.4bp.

미한다.

$$\ln\left(e^{r_t^{sc}} + LP\right) = r_t^{scLP} \tag{11.1.9.1}[1]$$

### (b) 관찰기간(0년~LLP) 내의 보간

최종관찰만기(LLP, Last Liquidity Point) 내에서 관찰되지 않은 월별 시점의 금리곡선을 추정하는 것을 보간(Interpolation)이라고 한다. 관찰된 데이터에 기초한 조정현물금리($r_t^{scLP}$, 연속복리)는 16개밖에 없으므로 관찰기간 내 관찰되지 않은 월별 시점의 조정현물금리(연속복리)는 보간법을 이용하여 추정한다. 금융감독원에서는 Smith-Wilson 방법을 이용하여 관찰기간 내 관찰되지 않은 시점들의 금리곡선 즉 조정현물금리(연속복리)를 월별 단위로 추정한다.

### (c) 보외기간(LLP~CP)에 대한 보외

보험부채 평가 시 사용될 할인율을 구하기 위해서는 시장에서 관찰되지 않는 기간의 금리곡선을 추정해야 한다. 최종관찰만기(LLP)부터 장기선도금리(LTFR)의 최초수렴시점(CP) 기간까지의 금리곡선, 즉 조정현물금리(연속복리)를 추정하는 것을 보외(Extrapolation)라고 한다. 금융감독원에서는 Smith-Wilson 방법을 이용하여 관찰되지 않는 기간(LLP~CP) 전체의 금리곡선 즉 조정현물금리(연속복리)를 월별 단위로 추정한다.

### (d) 전구간 월($h$)별 선도금리(연유효이자율) 산출과 조정무위험금리 기간구조

금리곡선의 보간 및 보외를 완료하면 CP까지 월별 현물금리(연속복리) $r_h^{scLP}$ 를 구할 수 있다. CP까지의 $r_h^{scLP}$ 는 유동성 프리미엄이 가산된 월($h$)별 현물금리(연속복리)이다. $r_h^{scLP}$ 를 이용하여 월별 무이표채 가격(현가계수, 누적할인율) $P(0,h)$를 산출하고, $P(0,h)$를 이용하여 월($h$)별 선도금리(연유효이자율) $^{(y_0)}r_h$로 변환하고, 장기금리 적용구간은 장기선도금리(연유효이자율)를 사용하면 전구간 월($h$)별 선도금리(연유효이자율)를 구할 수 있다. 전구간(보통 1200개월 또는 1440개월) 월($h$)별 선도금리(연유효이자율) $^{(y_0)}r_h$의 집합을 조정무위험금리 기간구조라고 정의하기로 한다. $(y_0)$는 0시점의 조정무위험금리 기간구조를 의미한다. 금리확정형상품의 0시점의 부채평가시 실무에서는 $^{(y_0)}r_h$를 이용하여 누적할인율을 구하고 현가를 계산한다.

---

1) $\ln\left(e^{r_t^{sc}} + LP\right) = \ln\left[1 + \left(e^{r_t^{sc}} - 1 + LP\right)\right]$, $\left(e^{r_t^{sc}} - 1\right)$ 는 연속복리 형태의 현물금리가 연유효이자율 형태로 전환된 현물금리를 나타낸다.

그림 [11.1.9.2]  조정무위험금리 기간구조 $(y_0)$의 산출과정

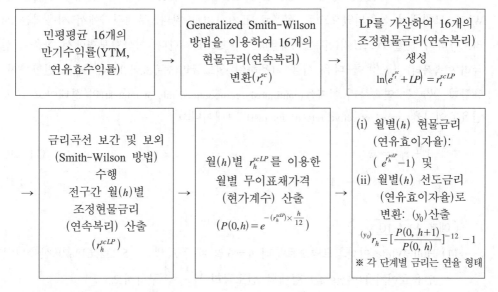

## 10. 확률론적 할인율 시나리오

### (1) 이자율모형(Hull-White 1 Factor)

금리연동형보험의 보증·옵션의 평가 및 부채평가를 수행하기 위하여 확률론적 시나리오를 사용한다. 최종 생성된 조정무위험금리 기간구조 $(y_0)$를 기반으로 Hull-White 1 factor 모형을 적용하여 1,000개(이상)의 시나리오를 생성한다.

Hull-White 모형은 아래와 같은 산식으로 나타낼 수 있다. 이산형모형에서 $\triangle t = 1$개월, $(t_i, t_{i+1})$ 구간은 한달이므로 $\theta(t_i, t_{i+1})$은 월별 $\theta$를 의미한다. $a_m$(수렴속도 모수, $m=1,2$)는 금리시나리오가 수익률곡선에 회귀하는 속도를 결정하며, $\sigma_k$(옵션만기별 변동성 모수, $k=1, 2, 3, 4, 5, 6, 7$)는 금리의 변동성을 결정하는 모수이다. $\theta$(수익률곡선 적합)은 수익률곡선이 복원가능하도록 설정하는 함수이다. 연속형모형은 이론적 모형이고 이산형모형은 실제 실무에 사용하기 위한 모형이다.

$$dr(t) = a(t)(\theta(t) - r(t))dt + \sigma(t)dW(t) \qquad \text{(연속형모형)} \qquad (11.1.10.1)$$

$$r_{t+1}^c = r_t^c + a_m(\theta(t_i, t_{i+1}) - r_t^c)\Delta t + \sigma_k\sqrt{\Delta t}\,\varepsilon_t \qquad \text{(이산형모형)} \qquad (11.1.10.2)$$

$$^{(j)}r_{t+1}^c = {}^{(j)}r_t^c + a_m(\theta(t_i, t_{i+1}) - {}^{(j)}r_t^c)\Delta t + \sigma_k\sqrt{\Delta t}\,\varepsilon_t \qquad (11.1.10.3)$$

$$\text{(이산형모형 - 시나리오}\, j\, \text{표기)}$$

Hull-White 이산형모형에서 산출된 $r_t^c$는 선도금리(연속복리)이다. 따라서 $r_t^c$는 Hull White 모형에서 산출되었으므로 $r_t^{cHW}$로 표기하기로 한다. 부채평가에서 사용되는 시나리오 $j$하의 월별 선도금리(연유효이자율)는 $^{(j)}r_h$로 표기한다. 이산형모형에서 산출된 선도금리(연속복리) $^{(j)}r_h^{cHW}$를 다음 식을 이용하여 선도금리(연유효이자율) $^{(j)}r_h$로 변환하여 사용한다. $^{(j)}r_h^c$는 연속복리 이자율(continuosly compounded rate of interest)의 형태이고, $^{(j)}r_h$는 연유효이자율(annual effective rate of interest) 형태이다.[1]

$$1 + r_t = e^{r_t^c} \tag{11.1.10.4}$$

$$^{(j)}r_h = e^{^{(j)}r_h^{cHW}} - 1 \tag{11.1.10.5}$$

( 예제 11.1.10.1 )

(1) Hull-White 이산형모형으로부터 $h = 3$일 때 $^{(2)}r_3^{cHW} = 5.232761\%$가 산출되었다. 연유효이자율(연실이율) 형태의 선도금리 $^{(2)}r_3$를 구하시오.

(2) $^{(1)}r_3 = 3.83638\%$가 표 [11.1.10.3]에 주어졌다. $^{(1)}r_3$로 변환되기 전단계인 연속복리 형태의 선도금리인 (Hull-White 이산형모형으로부터 산출된) $^{(1)}r_3^{cHW}$를 구하시오.

풀이

(1) $1 + {}^{(2)}r_3 = e^{^{(2)}r_3^{cHW}}$ 로부터

$^{(2)}r_3 = e^{^{(2)}r_3^{cHW}} - 1 = e^{0.05232761} - 1 = 0.05372090$ (5.372090%)

(표 [11.1.10.3]에서 확인할 수 있다)

(2) $^{(1)}r_3^{cHW} = \ln(1 + {}^{(1)}r_3) = \ln(1 + 0.0383638) = 0.0376462$ (3.76462%)

(2) 모수 산출 기준

감독원에서는 수렴속도 모수(회귀 모수)와 변동성 모수에 대해 아래와 같이 세부 산출요건을 정의하고 있다.

---

[1] $r^{(m)}$은 연율의 형태로 표시된 명목이자율(nominal rate of interest compounded m time per year)을 의미하며 $e^{r_h^c} = 1 + r_h = (1 + r^{(m)}/m)^m$의 관계가 성립한다. $\lim_{m \to \infty} r^{(m)} = r^c$이므로 $^{(j)}r_h^c$는 당연히 연율을 의미한다. $^{(j)}r_h^c$는 보험수리학에서 $h$시점의 이력($\delta_h$)과 동일한 의미이다.

표 [11.1.10.1]  Hull-White 모형 모수 산출기준

| 모수 | 산출기준 |
|---|---|
| 수렴속도 모수($a_m$) | • 관찰기간(~20년): 단일 회귀강도 모수 적용($m=1$)<br>• 관찰기간 이후(20년~): 10~20년 수렴속도 모수의 최근 월별 평균값(장기모수) 사용($m=2$) |
| 변동성 모수($\sigma_k$) | • 관찰기간(~10년): 옵션만기($k$) 구간별로 분리한 6개 모수 적용<br>  ($k=1,~2,~3,~4,~5,~6$)[1]<br>• 관찰기간 이후(10년~): 7~10년 변동성 모수의 최근 월별 평균값<br>  (장기모수) 사용 ($k=7$) |
| 장기모수 통계기간 | 감독원에서 장기모수 산출기준을 공시<br>• ~20년 12월: 최근 36개월<br>• 21년 1월~현재: 최근 120개월(추후 변경될 수 있음) |

(3) 모수 추정(calibration)

(a) 개    요

Hull WHite 모형에 나타나는 수렴속도 모수(회귀강도)와 변동성 모수를 추정해야 한다. 모수 추정은 스왑션 가격을 잘 복원하는 모수를 찾는 것으로 아래의 프로세스를 따라서 수행한다.

그림 [11.1.10.1]  Hull-White 1 factor 캘리브레이션 과정

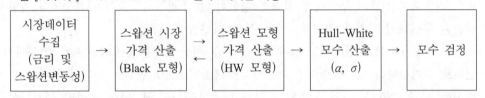

(b) 시장데이터 이용

금리 데이터는 만기수익률(연유효이자율)을 변환시킨 현물금리(연속복리) 데이터를 사용하며 스왑션 변동성 데이터는 원화 Receiver 스왑션의 ATM 내재변동성을 사용하고 있다. 스왑션은 옵션만기, 스왑테너 별 36개의 데이터[2]를 이용한다.

(c) 목표함수 설정 및 모수 추정

Levenberg Marquardt 반복법을 이용하며, 목표함수는 상대오차 제곱의 합계를 사용한

---

1) $\sigma_1$은 옵션만기 1년, $\sigma_2$은 옵션만기 2년, $\sigma_3$은 옵션만기 3년, $\sigma_4$은 옵션만기 5년, $\sigma_5$은 옵션만기 7년, $\sigma_6$은 옵션만기 10년, $\sigma_7$은 관찰기간 10년 이후의 변동성을 나타낸다.

2) 옵션만기($k$) 1, 2, 3, 5, 7, 10년 및 스왑만기 1, 2, 3, 5, 7, 10년에 해당하는 총 36개 데이터. 각 데이터를 $a \bullet b = 1, 2, ..., 36$으로 나타내기로 한다.

다. 상대오차 제곱의 합계란, 시장데이터를 기반으로 산출한 시장 스왑션 가격($P_{market}$)[1]과 Hull-White 모형으로부터 산출된 모형 스왑션 가격($P_{HW}(a_m,\sigma_k)$)의 시장가격 대비 오차의 제곱합을 의미하며, 이 합계가 최소화가 되도록 모수를 한번에 모두 추정한다.[2]

$$\text{목표함수} = \sum_{a \bullet b = 1}^{36} \left( \frac{P_{market} - P_{HW}(a_m, \sigma_k)}{P_{market}} \right)^2 \qquad (11.1.10.6)$$

(4) 수익률곡선 적합

수렴속도 모수와 변동성 모수가 산출되었다면, Hull-White 1 factor 모형의 목표금리곡선($\theta$)를 산출할 수 있다. $\theta$는 현재 시장에서 관찰되는 이자율의 기간구조에 정확히 일치시키기 위하여 선정된다($\theta$ is chosen so as to exactly fit the term structure of interest rates being currently observed in the market[3]). 보험부채평가에 적용시 $\theta$는 시나리오 $j$들의 ${}^{(j)}r_h^{cHW}$를 조정무위험금리 기간구조 $(y_0)$에 일치시키기 위하여 선정된 목표금리곡선이다. $\theta$는 조정무위험금리 기간구조 $(y_0)$하의 선도금리(${}^{(y_0)}r_h$)[4]와 이미 추정된 다른 모수들$(a,\sigma)$로부터 산출된다.[5]

$\theta(t_i, t_{i+1})$는 조정무위험금리 기간구조 $(y_0)$를 기반으로 산출되었으므로, 해당 금리곡선인 $(y_0)$와의 시장일관성을 만족해야 한다. 시장일관성 만족은 ① 확률론적 금리시나리오 기반으로 산출된 무이표채 가격의 평균이 ② 조정무위험금리 기간구조를 기반으로 산출된 무이표채 가격과 일치하는지를 통해 확인할 수 있다.

그러나, (i) HW 연속형모형(매시점 금리)을 이산형모형(월별 금리)으로 전환하여 월 단위로 금리시나리오를 산출하기 때문에 매시점$(t)$을 월$(h)$단위로 전환함에 따른 오차가 발생한다. 즉 $P(0,h)$ (②)와 ①과의 오차가 발생한다. (ii) 또 난수 생성의 부정확성으로 인하여 $P(0,h)$ (②)와 ①과의 오차가 발생할 수 있다. (iii) 모수$(a,\sigma)$ 추정에서 오차가 발생할 수 있다.

산식에서 $r_{h-1}^{cHW}$는 Hull White 이산형모형에서 산출된 $(h-1,h)$ 구간에 적용될 매달 초 시점($h-1$시점)의 선도금리(연속복리)를 의미한다(아래 식에서 $t$는 월기준).

---

1) Black 변동성 사용 시 Black 가격공식, Normal 변동성 사용 시 Bachelier 가격공식을 통해 산출.
2) 보험개발원(ESG 스터디그룹작업반), 「확률론적 자산시나리오 발생기 산출 방안」, 2012. 8, p. 89.
3) Damiano Brigo and, Fabio Mercurio, *Interest Rate Models - Theory and Practice*, 2006, Springer p. 73.
4) 금융공학이론에서 나오는 시장선도금리는($f^M$)는 여기서 $(y_0)$에 기반한 선도금리 ${}^{(y_0)}r_h$에 해당된다.
5) 구체적인 산식은 Damiano Brigo and, Fabio Mercurio, *Interest Rate Models - Theory and Practice*, 2006, Springer p. 73 참조.

$$P(0,h)$$

$$= E^Q\!\left(e^{-\int_0^h {}^{(j)}r_t^{cHW}\,dt}\right) \tag{11.1.10.7}$$

$$= E^Q\left[\left(e^{-\int_0^1 {}^{(j)}r_t^{cHW}\,dt}\right)\left(e^{-\int_1^2 {}^{(j)}r_t^{cHW}\,dt}\right)\cdots\left(e^{-\int_{h-1}^h {}^{(j)}r_t^{cHW}\,dt}\right)\right] \tag{11.1.10.8}$$

$$\approx E^Q\left[(e^{-{}^{(j)}r_0^{cHW}})^{1/12}(e^{-{}^{(j)}r_1^{cHW}})^{1/12}\cdots(e^{-{}^{(j)}r_{h-1}^{cHW}})^{1/12}\right],\ h\geq 1\ (P(0,0)=1) \tag{11.1.10.9}$$

(HW 연속형모형(매시점 금리)에서 이산형모형(월별 금리) 전환에 의한 오차)

$$= E^Q\left[\left(\frac{1}{(1+{}^{(j)}r_0)}\right)^{1/12}\left(\frac{1}{(1+{}^{(j)}r_1)}\right)^{1/12}\cdots\cdots\left(\frac{1}{(1+{}^{(j)}r_{h-1})}\right)^{1/12}\right] \tag{11.1.10.10}$$

$$= E^Q\left[\prod_{u=0}^h\left(\frac{1}{(1+{}^{(j)}r_{u-1})}\right)^{1/12}\right]\quad 단,\ \left(\frac{1}{(1+{}^{(j)}r_{-1})}\right)=1 \tag{11.1.10.11}$$

$$= ①$$

$$P(0,h)=\prod_{u=0}^h\left(\frac{1}{(1+{}^{(y_0)}r_{u-1})}\right)^{1/12}\quad 단,\ \left(\frac{1}{(1+{}^{(y_0)}r_{-1})}\right)=1 \tag{11.1.10.12}$$

$$= ②$$

　　실제 보험부채를 산출할 때 금리확정형상품은 (i) 장래현금흐름이 시나리오 $j$에 따라 변하지 않고 (ii) ① = ②이 성립하기 때문에 ②를 누적할인율로 이용하여 $h$시점 장래현금흐름을 할인할 수 있다. 그러나 금리연동형상품은 장래현금흐름이 시나리오 $j$에 따라 변하기 때문에(보증·옵션 평가) ②를 누적할인율로 이용하여 $h$시점 장래현금흐름을 할인할 수 없다.

(5) 난수 생성
　　확률론적 시나리오 산출을 위해서는 Hull-White 1 factor 모형의 $\varepsilon_t$ 부분에 적용하기 위한 정규난수가 필요하다. 적은 수로도 정규분포를 충족할 수 있도록 일반적으로 유사난수(Pseudorandom number) 생성기법을 사용한다.

(6) 시나리오 생성
(a) 월별 선도금리(연속복리)와 월별 선도금리(연유효이자율)
　　수렴속도 모수$(a)$와 변동성 모수$(\sigma)$ 및 월별 $\theta(t_i,t_{i+1})=\theta(h,h+1)$를 월별로 설정해 놓은 다음 $\Delta t=(t_{i+1}-t_i)=(h+1)-h=1=$한달로 정하고, 생성된 난수를 식 (11.1.10.2)의 Hull-White 이산형모형에 적용하면 월별 선도금리(연속복리)$({}^{(j)}r_t^{cHW})$가 산출된다. [1,440개월 × 1,000개 $(j)$]의 난수$(\varepsilon)$를 사용하여 시나리오$(j)$ 하나당$(j=1, 2, ..., 1000)$ 1,440개월 (또는 1200개월)의 선도금리(연속복리)를 생성할 수 있다. Hull-White 이산형모형에서 생성

된 선도금리(연속복리) $^{(j)}r_t^{cHW}$는 선도금리(연유효이자율)($^{(j)}r_h$)로 변환하여 실무에 사용된다.

### (b) 시나리오 결과적정성 검증

시장일관성을 확인하기 위해 시장일관성 만족은 ① 확률론적 금리시나리오 기반으로 산출된 무이표채 가격의 평균(①)이 조정무위험금리 기간구조를 기반으로 산출된 무이표채 가격(②)과 일치하는지를 검증해야 한다. 시나리오 결과적정성 검증을 마팅게일 테스트라고 한다. 마팅게일 테스트는 월($h$) 단위로 특정 신뢰수준에서 시나리오별 무이표채 가격의 평균이 ($y_0$)의 무이표채 가격과 특정 신뢰수준에서 일치하는지 검증하는 것을 말한다.

$$① = E^Q\left[\prod_{u=0}^{h}\left(\frac{1}{(1+{}^{(j)}r_{u-1})}\right)^{1/12}\right] \tag{11.1.10.13}$$

$$= \prod_{u=0}^{h}\left(\frac{1}{(1+{}^{(y_0)}r_{u-1})}\right)^{1/12} = ② \tag{11.1.10.14}$$

$$단, \left(\frac{1}{(1+{}^{(y_0)}r_{-1})}\right) = 1, \quad \left(\frac{1}{(1+{}^{(j)}r_{-1})}\right) = 1 \tag{11.1.10.15}$$

### (7) 실제 할인율 생성

최종관찰만기(LLP), 장기선도금리(LTFR) 및 최초수렴시점(CP)은 감독원이 연단위로 공시하며, 결정론적 시나리오는 감독원에서 제공한다. 각 보험회사는 할인율생성 프로그램을 통하여 확률론적 시나리오를 생성한다. 감독규정상 월단위로 산출한 장래현금흐름을 월단위 시나리오로 할인하는 것을 원칙으로 하고 있어 월단위 시나리오를 산출한다. 따라서 보험부채 시가평가에서는 장래현금흐름을 월단위로 생성하고 월단위로 할인하는 모형을 사용한다.

IFRS17의 전환일과 적용일인 21년말과 22년말 기준 할인율을 생성하면 다음 표와 같다. 다음 표의 값은 그 당시 실제 보험부채 시가평가에 사용되었던 할인율 시나리오이다. 생성 시 최종관찰만기(LLP)는 20년, 최초수렴시점(CP)은 60년이며 관찰된 시장정보는 각각 아래와 같다.

표 [11.1.10.2] 2021년 12월말과 2022년 12월말의 관찰 데이터

| | 20년(LLP)만기 국고채수익률(YTM) | 유동성 프리미엄 | 장기선도금리 |
|---|---|---|---|
| 2022년 12월말 (최초측정 가정) | 3.68% | 98.4bp | 4.95% |
| 2021년 12월말 (후속측정 가정) | 2.334% | 62.1bp | 4.95% |

표 [11.1.10.3]  월별 선도금리 할인율 $^{(j)}r_h$(2022년말, 단위: %)

| 월($h$) | 결정론적 시나리오 ($y_0$) | 시나리오 #1 | 시나리오 #2 | 시나리오 #3 | ... | 시나리오 #1,000 |
|---|---|---|---|---|---|---|
| 0 | 4.70561 | 4.70561 | 4.70561 | 4.70561 | ... | 4.70561 |
| 1 | 4.71428 | 4.2988 | 4.80849 | 4.5022 | | 4.40207 |
| 2 | 4.73157 | 4.10173 | 4.84357 | 4.73172 | | 4.78883 |
| 3 | 4.75473 | 3.83638 | 5.37209 | 5.42526 | | 4.70206 |
| 4 | 4.77283 | 4.08603 | 5.16395 | 5.66644 | | 4.80399 |
| 5 | 4.78314 | 3.4473 | 5.92834 | 5.19188 | | 4.37205 |
| 6 | 4.78697 | 3.26864 | 5.93897 | 6.02663 | | 4.49104 |
| 7 | 4.78963 | 2.7184 | 5.84026 | 6.56759 | | 4.90841 |
| 8 | 4.79245 | 2.68556 | 5.72781 | 6.68166 | | 4.42237 |
| 9 | 4.79472 | 1.86038 | 5.61295 | 7.0168 | | 4.31072 |
| 10 | 4.79365 | 1.79371 | 5.06154 | 7.16637 | | 3.92723 |
| 11 | 4.78854 | 1.662 | 5.38633 | 6.13476 | | 3.22041 |
| 12 | 4.78138 | 1.44862 | 5.12346 | 5.73438 | | 3.38505 |
| 13 | 4.78012 | 1.53798 | 5.07237 | 5.87165 | | 3.41721 |
| 14 | 4.78674 | 1.77776 | 5.20285 | 5.78819 | | 3.55129 |
| 15 | 4.80124 | 1.79703 | 5.35753 | 5.99821 | | 3.21139 |
| 16 | 4.82362 | 1.67618 | 5.33349 | 6.13247 | | 3.43602 |
| 17 | 4.85389 | 1.70213 | 5.03409 | 6.88974 | | 3.40288 |
| 18 | 4.88825 | 1.80376 | 4.98014 | 7.1922 | | 3.53284 |
| 19 | 4.91153 | 1.94375 | 5.37144 | 7.54909 | | 3.67415 |
| 20 | 4.91991 | 2.06421 | 5.42904 | 7.48436 | | 3.81335 |
| 21 | 4.9134 | 2.10338 | 5.13444 | 7.57144 | | 3.62484 |
| 22 | 4.892 | 2.05161 | 5.58475 | 7.84155 | | 3.72406 |
| 23 | 4.85572 | 2.11872 | 6.13165 | 8.07638 | | 3.9458 |
| 24 | 4.80696 | 2.142 | 6.12167 | 8.15221 | | 3.66694 |
| 25 | 4.75523 | 2.27356 | 6.04347 | 8.27011 | | 3.52332 |
| 26 | 4.70292 | 2.16278 | 5.78451 | 8.57299 | | 3.47317 |
| 27 | 4.65003 | 1.90217 | 5.67085 | 8.68174 | | 3.10695 |
| 28 | 4.59656 | 1.87178 | 5.64567 | 8.54258 | | 2.92714 |
| 29 | 4.54253 | 1.88792 | 5.55626 | 8.5334 | | 2.66737 |
| 30 | 4.49325 | 1.76633 | 5.5338 | 8.6491 | | 2.43886 |
| 31 | 4.46999 | 1.87263 | 5.62562 | 8.38671 | | 2.52255 |
| 32 | 4.47802 | 1.86575 | 5.30562 | 8.44622 | | 2.71971 |
| 33 | 4.51728 | 1.88846 | 5.12829 | 8.33501 | | 2.51638 |
| 34 | 4.5878 | 1.95757 | 5.22486 | 8.38932 | | 2.68676 |
| 35 | 4.68959 | 2.03379 | 5.41492 | 8.43535 | ... | 2.62134 |

...

표 [11.1.10.4]  월별 선도금리 할인율 $^{(j)}r_{h*}$ (2021년말, 단위: %)

| 월 $(h)$ | 월 $(h*)$ | 결정론적 시나리오 $(y_1)$ | 시나리오 #1 | 시나리오 #2 | 시나리오 #3 | ... | 시나리오 #1,000 |
|---|---|---|---|---|---|---|---|
| 0 | 12* | 1.5459 | 1.5459 | 1.5459 | 1.5459 | ... | 1.5459 |
| 1 | 13* | 1.60142 | 1.38529 | 1.65035 | 1.49114 | | 1.43904 |
| 2 | 14* | 1.70283 | 1.37469 | 1.76101 | 1.70282 | | 1.7325 |
| 3 | 15* | 1.83476 | 1.35539 | 2.15563 | 2.18318 | | 1.80716 |
| 4 | 16* | 1.93694 | 1.57807 | 2.14042 | 2.40148 | | 1.95291 |
| 5 | 17* | 1.99462 | 1.29551 | 2.58991 | 2.20731 | | 1.77974 |
| 6 | 18* | 2.02006 | 1.22474 | 2.61899 | 2.66439 | | 1.86508 |
| 7 | 19* | 2.06106 | 0.97438 | 2.60755 | 2.98454 | | 2.12223 |
| 8 | 20* | 2.12935 | 1.02277 | 2.61623 | 3.11104 | | 1.93508 |
| 9 | 21* | 2.21912 | 0.67397 | 2.64534 | 3.37397 | | 1.9648 |
| 10 | 22* | 2.30768 | 0.72586 | 2.44707 | 3.54152 | | 1.8523 |
| 11 | 23* | 2.38944 | 0.73852 | 2.70102 | 3.09152 | | 1.56411 |
| 12 | 24* | 2.46358 | 0.6465 | 2.5753 | 2.85984 | | 1.77215 |
| 13 | 25* | 2.52665 | 0.77932 | 2.59901 | 3.0307 | | 1.86036 |
| 14 | 26* | 2.57788 | 1.01401 | 2.74659 | 3.01154 | | 2.01105 |
| 15 | 27* | 2.61733 | 1.05592 | 2.89516 | 3.20306 | | 1.77002 |
| 16 | 28* | 2.64509 | 0.96886 | 2.88613 | 3.31759 | | 1.95659 |
| 17 | 29* | 2.66124 | 0.98094 | 2.64391 | 3.89922 | | 1.92212 |
| 18 | 30* | 2.6677 | 1.04044 | 2.5807 | 4.11347 | | 2.00347 |
| 19 | 31* | 2.67186 | 1.13667 | 2.87196 | 4.37632 | | 2.10007 |
| 20 | 32* | 2.67556 | 1.22839 | 2.91357 | 4.32294 | | 2.20612 |
| 21 | 33* | 2.6788 | 1.26663 | 2.69114 | 4.39889 | | 2.06504 |
| 22 | 34* | 2.68158 | 1.24373 | 3.06211 | 4.62841 | | 2.16189 |
| 23 | 35* | 2.68392 | 1.32628 | 3.51969 | 4.84202 | ... | 2.36652 |

예제 11.1.10.2

$h = 0$에서 출발하는 월단위($h$) 시간선을 고려한다. 표 [11.1.10.3]에서 $h = 3$인 경우 시나리오 #1의 $^{(1)}r_3 = 3.83638\%$를 의미한다. $^{(1)}r_3$은 (3, 4) 기간의 할인율로 사용되고, $h = 3$시점에 미리 결정된다. 시나리오 $j$하에서 각 시점($h$)에서 0시점까지의 누적 할인율을 $^{(j)}_0 pvf_h$로 나타내기로 한다.

(1) $j = 1$하에서 $h = 3$시점 1원의 0시점에서의 현가 $^{(1)}_0 pvf_3$를 구하시오.

(2) $j = 1$하에서 $h = 3.5$시점 1원의 0시점에서의 현가 $^{(1)}_0 pvf_{3.5}$를 구하시오.

풀이

(1) $^{(1)}r_0 = 4.70561\%$, $^{(1)}r_1 = 4.2988\%$, $^{(1)}r_2 = 4.10173\%$이므로

$$
{}_{0}^{(1)}pvf_3 = \prod_{u=1}^{3}\left(\frac{1}{(1+{}^{(1)}r_{u-1})}\right)^{1/12} = \left(\frac{1}{(1+{}^{(1)}r_0)}\right)^{1/12} \times \left(\frac{1}{(1+{}^{(1)}r_1)}\right)^{1/12} \times \left(\frac{1}{(1+{}^{(1)}r_2)}\right)^{1/12}
$$

$$
= (1+0.0470561)^{(-1/12)}(1+0.042988)^{(-1/12)}(1+0.0410173)^{(-1/12)}
$$

$$
= (0.99617546)\,(0.99649867)\,(0.99665574) = 0.98936772
$$

(2) ${}^{(1)}r_3 = 3.83638\%$이므로

$$
{}_{0}^{(1)}pvf_{3.5} = \left(\prod_{u=1}^{3}\left(\frac{1}{(1+{}^{(1)}r_{u-1})}\right)^{1/12}\right) \times \left(\frac{1}{(1+{}^{(1)}r_3)}\right)^{1/24}
$$

$$
= {}_{0}^{(1)}pvf_3 \times \left(\frac{1}{(1+{}^{(1)}r_3)}\right)^{1/24} = 0.98936772 \times (1+0.0383638)^{(-1/24)}
$$

$$
= 0.98936772 \times 0.99843264 = 0.98781702
$$

## 연습문제 11.1

1. 변동수수료접근법을 적용할 수 있는 조건을 구체적으로 설명하고, 우리나라에서 판매되고 있는 상품들 각각에 대하여 변동수수료접근법의 적용가능성에 대하여 논하시오.

2. RA를 산출하는 방법을 구체적으로 설명하시오.

3. IFRS17 기준하에서 포트폴리오(portfolio)와 보험계약집합(group)의 사용 용도를 설명하시오.

4. 손실요소(Loss component)의 설정 요건과 후속측정시 체계적인 처리방법을 설명하시오.

5. 보험계약마진(CSM)을 조정하는 4가지 요건을 구체적으로 설명하시오. 4가지 요건은 포괄손익계산서의 손익과 연결되어 있는데 이를 설명하시오.

6. 보험부채 시가평가시 또는 보증비용 산출시 보험료산출 탈퇴율을 사용하지 않고 별도의 탈퇴율을 사용하는데 그 이유를 설명하시오.

7. 연기준 탈퇴율을 월기준 탈퇴율로 변환해야 하는 다음의 4가지 경우 실무에서 사용하는 변환방법을 설명하고 그 차이점들을 설명하시오.
   (i) 월납보험료 산출목적으로 계산기수 사용시

(ii) 금리연동형보험의 적립액 산출시 월기준 위험보험료 및 해지보험료 산출시

(iii) 금리연동형 UL종신보험의 월대체보험료 중 월기준 납입면제보험료 산출시

(iv) 부채평가용 월기준 다중탈퇴율(최적탈퇴율) 산출시

8. 적립액산출 목적의 월별 다중탈퇴율을 이용하여 금리연동형 UL종신보험 일반형의 위험보험료를 구하는 산식과 저해지형의 위험보험료와 해지보험료를 구하는 산식을 설명하시오.

9. 표 [11.1.7.4]를 이용하여 $k=0$인 경우 $t'$=0, 1, 2, …, 11의 월별 사망자수와 월별 해지자수를 구하고 월별사망자수, 월별해지자수를 비교하시오. 동일 $k$ 내에서는 동일 월별 탈퇴율인 $q'^{(1)Vm}_{x+k}$ $(_{1/12}q'^{(1)V}_{x+h/12})$와 월별 사망자수의 관계, 동일 $k$ 내에서는 동일 월별 탈퇴율인 $q^{*(2)Vm}_{x+k}$일 $(_{1/12}q^{*(2)V}_{x+h/12}$일$)$와 월별 해지자수의 관계를 설명하시오.

10. GMDB 보증비용과 GMSB 보증비용을 구할 때의 보증비용 산출용 월별 다중탈퇴율 산출에 대하여 설명하시오.

11. 표 [11.1.7.4]를 이용한다. $h=11$인 경우 다음을 구하시오
    (1) 월기준 다중탈퇴율($_{\frac{1}{12}}q^{(1)V}_{x+\frac{11}{12}}$일, $_{\frac{1}{12}}q^{(2)V}_{x+\frac{11}{12}}$일)
    (2) 월기준 유지자($l^{V}_{x+12/12}$일) 및 납입자($l'^{V}_{x+12/12}$일)
    (3) 월기준 사망자수와 해지자수($_{\frac{1}{12}}d^{V}_{x+\frac{11}{12}}$일, $_{\frac{1}{12}}dw^{V}_{x+\frac{11}{12}}$일)

12. 표 [11.1.7.4]를 이용한다. $h=620$인 경우 다음을 구하시오
    (1) 월기준 다중탈퇴율($_{\frac{1}{12}}q^{(1)V}_{x+\frac{620}{12}}$일, $_{\frac{1}{12}}q^{(2)V}_{x+\frac{620}{12}}$일)
    (2) 월기준 유지자($l^{V}_{x+621/12}$일) 및 납입자($l'^{V}_{x+621/12}$일)
    (3) 월기준 사망자수와 해지자수($_{\frac{1}{12}}d^{V}_{x+\frac{620}{12}}$일, $_{\frac{1}{12}}dw^{V}_{x+\frac{620}{12}}$일)

13. 금리연동형 UL종신보험 저해지형의 보험부채평가용 해지율 가정시 완납시점의 대량해지율(완납shock 이라고 한다) 적용에 대하여 설명하시오(표 [11.1.7.3]). 완납shock을 적용하는 것은 해지율에 대한 계약자행동을 반영하는 것인지 설명하시오.

14. IFRS13(공정가치)의 가치평가기법 중 이익접근법 중 한가지 접근법이 현재가치기법이다. 현재가치기법은 할인율조정기법과 기대현재가치기법으로 나누어진다. IFRS13 기준하에서 다음을 설명하시오.[1]

(1) 할인율조정기법

(2) 기대현재가치법

(3) 기대현재가치법에서 위험프리미엄을 반영하는 두 가지 방법

(4) IFRS13의 기대현재가치기법과 IFRS17의 부채평가방법의 비교

(5) 부채의 공정가치 산출방법(장래현금흐름 현가의 기댓값, RM)

(6) 위험프리미엄인 RM(Risk Margin) 또는 MVM(Market Value Margin)의 산출방법(백분위접근법, 자본비용접근법)

(7) IFRS17 전환시 공정가치법을 적용한 경우 CSM 산출방법

15. 이자율모형은 균형모형(equilibrium model)과 무차익모형(arbitrage-free model)으로 나누어진다. 균형모형은 과거 데이터 및 경제·통계적인 예측기법을 활용하여 미래에 실현가능한 금리시나리오를 산출하는 모형이고, 무차익모형은 시장에서 주어진 정보를 활용하여 모형을 통해 산출된 자산가격과 실제 시장거래가격이 일치하도록 설계된 모형이다. 각 모형의 종류와 특징을 설명하시오.

16. 보험부채 시가평가에 사용되고 있는 Hull-White 1 factor model과 관련하여 다음에 답하시오

(1) 연속형모형과 이산형모형의 차이점

(2) 수렴속도($a_m$:회귀강도)와 변동성 모수($\sigma_k$) 산출방법

(3) 목표금리곡선($\theta$)

(4) 금리시나리오의 검증방법(할인율에 대한 시장일관성 검증)

(5) 이산형모형에서 산출된 연속복리 형태의 단기선도금리(instantaneous short rate)를 부채평가용 연유효이자율 형태의 선도금리($^{(j)}r_h$)로 전환하는 방법

17. IFRS17 문단 B79와 BC195에서는 보험부채의 비유동성 특성을 무시하면 안된다고 기술하고 있다. 기준시 BC193과 BC194를 이용히여 보험부채의 비유동성 특성에 대하여 설명하시오.[2]

---

1) 다음 논문을 참고하고 공정가치평가에 대하여 학습하길 바람. 본 논문에는 보험부채평가에 대한 기본적인 개념들이 모두 나오므로 전환시 이슈, RA와 RM의 차이, 시장가격과 시장과 일관된 가격 등 많은 이슈들을 학습할 수 있음. 오창수, "국제회계기준하의 보험계약부채 공정가치 산출에 관한 연구", 「보험금융연구」 제28권 제4호, 2017. 11., pp. 127-178.

2) 17번~21번은 다음 논문을 참조하길 바람. 오창수, "국제보험회계기준(IFRS17)하의 할인율 적용방법",

18. IFRS17 기준서에 나타나 있는 보험부채의 할인율 산출방법인 top down 방식과 bottom up 방식을 설명하시오.

19. 장기선도금리(LTFR, Long Term Forward Rate 혹은 UFR, Ultimate Forward Rate) 산출방법을 설명하시오.

20. LLP(Last Liquidity Point) 결정시 시장금리가 산출되는 시장을 평가하기 위한 DLT(Deep, Liquid and Transparent)시장을 설명하시오.

21. LLP부터 거시경제 측면의 장기균형 이자율로 수렴하는 시점(CP, Convergence Point)까지의 기간을 수렴기간(convergence period)이라고 한다. 예를 들어 수렴기간이 10년인 경우와 40년인 경우 지급여력금액에 미치는 영향을 비교 설명하시오.

22. 유동성 프리미엄은 연유효이자율로 제공되기 때문에, 유동성 프리미엄을 가산하기 위해서는 (i) 16개의 연속복리 형태의 현물금리($r_t^{sc}$)를 연유효이자율 형태의 현물금리로 전환 후 유동성 프리미엄을 가산하고, (ii) (i)을 다시 16개의 조정현물금리($r_t^{scLP}$, 연속복리)로 전환하는 과정이 필요하다. 표 [22]는 연유효이자율로 주어지는 만기수익률을 Generalized Smith-Wilson 방법을 이용하여 현물금리($r_t^{sc}$, 연속복리)로 변환한 값이다. 표 [22]의 16개의 현물금리(연속복리)를 이용하여 16개의 조정현물금리($r_t^{scLP}$, 연속복리)를 산출하시오. 2021년말 LP = 62.1bp(0.0062), 2022년말 LP = 98.4bp(0.00984)로 주어졌다.

표 [22]  2021년 12월말과 2022년 12월말의 현물금리(연속형, 단위: %)

| 구분 | 3월 | 6월 | 9월 | 1년 | 1년 6월 | 2년 | 2년 6월 | 3년 |
|---|---|---|---|---|---|---|---|---|
| 21말 | 0.991 | 1.142 | 1.241 | 1.348 | 1.546 | 1.668 | 1.741 | 1.792 |
| 22말 | 3.665 | 3.691 | 3.706 | 3.714 | 3.725 | 3.754 | 3.728 | 3.689 |
| 구분 | 4년 | 5년 | 7년 | 10년 | 15년 | 20년 | 30년 | 50년 |
| 21말 | 1.923 | 2.006 | 2.2 | 2.26 | 2.319 | 2.34 | 2.308 | 2.301 |
| 22말 | 3.762 | 3.701 | 3.755 | 3.695 | 3.697 | 3.625 | 3.638 | 3.649 |

23. 표 [11.1.10.3]의 결정론적 시나리오와 시나리오 #1, #2, ......, #1,000의 관계와 차이점을 설명하시오.

---

「계리학연구」, 제9권 2호, 한국계리학회, 2017. 12.를 참조.

24. 표 [11.1.10.3]의 시나리오 #1에서 $h=1$인 경우의 선도금리(연유효이자율) $^{(1)}r_1=$ 4.2988%이다. Hull-White 이산형모형에서 산출된 선도금리(연속복리) $^{(1)}r_1^{cHW}$를 구하시오.

25. 그림 [11.1.9.2]에서 조정무위험금리 최종단계는 다음의 월별 현물금리와 월별 선도금리의 두 가지로 제공되기 때문에 (i)월별$(h)$ 현물금리(연유효이자율)$(e^{r_h^{s:lP}}-1)$ 및 (ii)월별 $(h)$ 선도금리(연유효이자율)로 변환: $(y_0)$ 산출, $^{(y_0)}r_h=[\frac{P(0,\ h+1)}{P(0,\ h)}]^{-12}-1$으로 나타나 있다. (1) (i)과 (ii)의 차이점 (2) 실제 보험부채 시가평가시 사용하는 금리(할인율)에 대하여 설명하시오.

26. 표 [11.1.10.3]을 이용한다.
    (1) $j=1$하에서 $h=5$시점 100원의 0시점에서의 현가 $^{(1)}_0pvf_5$를 구하시오.
    (2) $j=1$하에서 $h=5.5$시점 100원의 0시점에서의 현가 $^{(1)}_0pvf_{5.5}$를 구하시오.

27. $(y_0)$는 0시점의 조정무위험금리 기간구조를 할인율로 이용하는 결정론적 시나리오를 의미한다. 다음의 (i)과 (ii)의 관계를 설명하시오. (표 [11.2.8.13] 참조)
    (i) $^{(y_0)}_0pvf_{14}$          (ii) $^{(1)}_0pvf_{14},\ ^{(2)}_0pvf_{14},\ ........,\ ^{(1000)}_0pvf_{14}$

# II. 일반이론

## 1. 보험부채 평가모형 개요

11장의 기초이론에서는 책임준비금의 의의 및 구성요소에 대하여 기준서와 규정등을 중심으로 고찰하였다. 장래현금흐름을 생성하려면 다음의 두 가지 분야에 대한 학습이 선행되어야 한다. 첫째, 장래현금흐름은 월별로 산출하므로 월별 유지자수, 납입자수, 사망자수, 해지자수를 산출하는데 필요한 계리적 가정 및 산출방법이다. 둘째, 장래현금흐름은 월별로 할인을 해야 하기 때문에 월별 할인율을 산출하는 이자율모형에 대한 이해와 할인율 산출방법이다. 이러한 두 가지 분야에 대한 산출방법을 기초이론에서 이해하였다면 이제 장래현금흐름을 생성하기로 한다.

장래현금흐름의 추정에 대하여는 IFRS17 기준서의 B37~B71에 상당한 분량의 내용이 기술되어 있다. 일반적 원칙으로서는 (i) outcome에 확률이 적용되어 가중된(weighted) 현금흐름 (ii) 현금흐름은 할인되어야 하고 (iii) 가능한 모든 현금흐름을 반영하기 위한 시나리오를 이용하며 (iv) 이러한 현금흐름을 추정하는 목적은 가능한 모든 현금흐름의 기댓값을 구하는 것이라고 기술하고 있다. 따라서 11장과 12장의 장래현금흐름 모형은 기준서의 이러한 원칙을 충실히 준수하여 모형을 정의하기로 한다.

기준서에서 시장변수의 추정치는 (i) 측정일의 관측가능한 시장가격과 일관되어야 하며 (ii) 자산의 운용성과에 기반하여 변동하는 현금흐름이 있는 경우 확률모형기법이 더 효과적(robust)이며, (iii) 옵션과 보증이 있는 경우 관측가능한 시장가격과 일관되도록 측정하는 측정기법이 사용되어야 한다고 기술하고 있다. 따라서 11장과 12장의 장래현금흐름 모형은 측정일의 시장이자율을 이용하여 할인율을 생성하며, 확률모형기법을 이용하기로 한다. 다만 11장의 기본분석에서는 보증·옵션이 없는 상품이므로 보증·옵션에 대한 측정기법은 사용하지 않고 연습문제에서 고찰하기로 한다.

기준서는 현행추정치 사용과 관련하여 비시장변수의 추정시 현행수준의 정보와 추세에 대한 정보, 인플레이션에 대한 현행추정치들이 반영되어 이행현금흐름을 결정해야 한다고 기술하고 있다. 11장과 12장의 예시에서는 기초학습이 목적이므로 평가시점마다 변경되는 현행수준의 정보만을 반영하여 장래현금흐름 모형을 정의하기로 한다.[1]

계약의 경계 내의 현금흐름과 관련하여 기준서는 현금흐름에 포함되어야 하는 많은 항목들을 기술하고 있으며, 그 중 하나가 갱신옵션, 해약옵션, 전환옵션 등의 계약자행동에 대한 현행추정치를 기댓값 기준으로 사용할 것을 기술하고 있다. 11장에서는 보험부

---

1) 아주 작은 분야에서 인플레이션은 반영하였으나 거의 대부분 현행수준의 정보만을 반영하였다.

채 시가평가에 대한 기초이론을 설명하고 있으므로 11장의 기본분석에서는 계약자행동
에 대한 가정을 반영하지 않는다. 계약의 경계를 충실히 수행하기 위하여 금리연동형상
품의 계약의 종료시점과 계약의 소멸시점에 대한 가정을 명확히 하여 장래현금흐름 모형
에 적용하기로 한다.

　11장과 12장의 장래현금흐름 모형은 기초학습용이므로 IFRS17 기준서에서 기술된
상위 레벨의 내용들은 반영하기 어렵다. 그러나 핵심적인 내용들은 충실히 반영하여 장
래현금흐름 모형을 정의하기로 한다. 11장과 12장의 장래현금흐름 모형과 예시에서 추구
하는 목표는 다음과 같다.

　(i) 2023년부터 IFRS17이 시행되었으므로, 보험부채 시가평가에 대한 모델링을 구체
적인 기호를 표기하면서 논리적으로 이론을 전개한 논문이나 교재는 저자가 발표한 수편
의 논문[1] 이외에 전세계적으로 아직까지 없는 것으로 보인다. 따라서 참고할 외부 교재
나 외부 논문이 없기 때문에 이론 전개에 필요한 새로운 용어와 기호를 저자가 정의하고
만드는 것이 필요하다. 11장과 12장에 등장하는 수많은 용어와 기호들은 저자가 만든 새
로운 용어와 기호들이다. 첫 번째 목표는 장래현금흐름 모형을 명확히 제시하고 그 모형
에서 사용될 용어와 기호들을 명확히 정의하는 것이다.[2] 또 장래현금흐름을 나타낼 때
필요한 월별 다중탈퇴율 관련 기호들과 할인율 기호들도 명확히 정의한다. 이 용어와 기
호들을 11장과 12장 예시를 분석하는 과정 내내 사용하면서 장래현금흐름을 설명하고
기댓값들을 산출한다.

　(ii) 보험부채 시가평가에서는 IFRS4 순보식 원가법책임준비금을 산출할 때와 같이
공식위주로 학습을 하는 것이 아니고 장래현금흐름을 보여주어야 한다. 시나리오에 따라
장래현금흐름이 변하고, 적용하는 가정에 따라 장래현금흐름이 변하는 것을 공식이 아니

---

1) 저자가 지난 15년 동안 작성한 논문에는 기호들이나 용어가 존재하지만 체계적으로 통일되어 있지는 않
　다. 오창수·김경희, "IFRS17 보험부채와 손익인식의 구조분석", 「계리학연구」 제12권 제1호, 한국계리학
　회, 2020. 12., 오창수·김경희·김지운·박호균·유인현, "GMSB 보증비용의 혼합부과방식 분석", 「계
　리학연구」 제13권 제1호, 한국계리학회, 2021. 12., 오창수·김경희, "IFRS17 보험부채평가모형과 적용에
　관한 연구", 「계리학연구」 제14권 제1호, 한국계리학회, 2022. 12. 등을 참조하였다. 또 오창수·김경희,
　"IFRS17 기준하의 금리확정형상품의 보험부채 변동분석", 「계리학연구」 제12권 제1호, 한국계리학회,
　2023. 6., 오창수·김경희, "다중탈퇴율모형의 이론과 월별 다중탈퇴율에의 적용", 「계리학연구」 제15권
　제1호, 한국계리학회, 2023. 6. 등은 본서와 거의 동시에 발표되었기 때문에 본서의 11장과 12장 작성에
　서 거의 대부분이 인용되었다.
2) 이러한 정의와 기호들은 그동안 저자가 발표한 논문들 외에는 찾을 수 없기 때문에 처음부터 끝까지 새
　롭게 창조하는 창의성을 요하는 상당히 어려운 작업이다. IFRS17 기준서, 우리나라 SAP, PAP, 국내 보
　험계리 관련 과거규정들과 변경된 현행규정들을 처음부터 끝까지 체계적으로 이해하고 정리되어야지만
　일관성 있는 기호와 용어를 명확히 정의할 수 있기 때문에 상당한 지식과 창의성과 용기가 필요한 작업
　이다. 또한 지식과 이해의 차원을 넘어서 보험부채 시가평가를 체계적으로 이해시키는 예시를 만드는 작
　업도 수많은 새로운 상품 관련 내용과 변화된 규정 들을 이해하고 있는 것을 전제로 알기 쉽고 논리적으
　로 예시를 전개하여야 하기 때문에 이 또한 어렵고 창의성이 필요한 작업이다. 11장과 12장에서 나타나
　는 기호들과 예시들은 수많은 시행착오를 경험하면서 나타난 결과들이다. 저자들이 이렇게 새롭게 정의
　하는 용어, 기호들과 예시들이 향후 발전적인 차원에서 진화하길 기대한다.

고 장래현금흐름표를 이용하여 보여주어야 한다. 따라서 11장과 12장의 모든 논리전개와
분석은 장래현금흐름표를 작성하여 보여주는 것을 기본적으로 수행한다.

(iii) 금리확정형 종신보험과 금리연동형 UL종신보험을 이용하여 생명표상 종국연령
까지 또는 계약의 소멸시점까지 장래현금흐름을 생성하는 과정과 기댓값을 구하는 과정
을 보여주고자 한다.

(iv) 금리연동형상품의 장래현금흐름은 할인율시나리오별로 달라지므로 특정 시나리
오를 선정하여 장래현금흐름을 보여주고자 한다. 시나리오가 달라지면 장래현금흐름과
기댓값이 달라지는 것을 나타내기 위하여 장래현금, 장래현금흐름, 첫 번째 기댓값을 나
타내는 기호에 시나리오 ($j$)를 첨자로 표기하여 기호들을 정의하고, 분석을 수행하고자
한다. 1,000개의 시나리오 ($j$)별로 기댓값이 다른 것을 보여주고, 1,000개의 첫 번째 기댓
값들을 이용하여 두 번째 기댓값을 구하는 과정(($j$)가 없어지는 과정)을 표를 통하여 명확
히 보여주고자 한다.

(v) 장래현금흐름을 이용하는 목적은 기준서의 표현대로 기댓값인 BEL을 구하기 위
한 것이므로 (i)에서 정의한 장래현금흐름 모형을 이용하여 두 번의 기댓값을 구하는 과
정을 명확히 보여주고자 한다. 첫 번째 기댓값의 기호와 두 번째 기댓값의 기호를 다르
게 표현하고 이론을 전개하기로 한다.

(vi) 금리확정형상품의 경우 결정론적 시나리오 ($y_0$)를 이용하여 BEL을 구하는 과
정을 제시하고, 이렇게 산출한 BEL과 확률론적 시나리오를 이용하여 산출한 BEL을 비
교분석하고자 한다.

11장에서는 보험기간이 장기인 종신보험을 이용하기 때문에 전기간의 장래현금흐름
을 보여줄 수 없다. 12장에서는 3년만기 생사혼합보험(금리확정형상품)을 이용하여 전기간
의 모든 장래현금흐름의 생성을 조금 더 구체적으로 보여주고 기댓값을 구하는 과정을
보여주고자 한다. 12장의 보험부채 시가평가 최초측정(최초인식) 부분과 후속측정 부분을
먼저 학습하는 것도 좋은 학습방법일 것이라고 판단된다.

## 2. 장래현금흐름 모형

### (1) 개    요

장래현금($C_h$)은 장래유출현금($CO_h$)과 장래유입현금($CI_h$)을 통칭하는 표현이다. 장래현
금($C_h$)은 IFRS17 기준서에 나타나는 outcomes를 의미한다.[1] $h$시점의 장래현금(outcomes)
은 장래유출현금($CO_h$)인 $h$시점의 급부·사업비(보험금, 해약환급금, 사업비 등)와 장래유입

---

[1] IFRS17 기준서 문단33~35, B36~B71에서 미래현금흐름의 추정에 대하여 기술하고 있다. B37과 B38은
장래현금흐름 모형과 직접적인 관련이 있다. 연습문제 참조.

현금($CI_h$)인 보험료 등을 의미한다. $^{(j)}N_h^V(=\,^{(j)}NC_h^V)$를 $j$번째 할인율시나리오에서 부채평가 목적(V로 표기)의 $h$시점($h$는 경과월) 순장래현금(NC: Net Cash)으로 정의하고, $_0^{(j)}PVN_h^V$ $(=\,_0^{(j)}PVNC_h^V)$를 $j$번째 할인율시나리오에서 $h$시점 순장래현금의 0시점 현가로 정의한다. $^{(j)}N_h^V$과 $_0^{(j)}PVN_h^V$를 다음과 같이 정의한다. 기호 좌측의 $(j)$는 그 기호가 할인율시나리오$j$ 하의 장래현금 또는 장래현금흐름인 것을 나타내고 할인율시나리오$j$의 영향을 받는다는 것을 표시하는 것이다.

$$^{(j)}N_h^V \;=\; ^{(j)}NC_h^V \;=\; ^{(j)}CO_h^V \;-\; ^{(j)}CI_h^V \tag{11.2.2.1}$$

$$_0^{(j)}PVN_h^V =\, _0^{(j)}PVNC_h^V \;=\; _0^{(j)}pvf_h \;\times\; ^{(j)}N_h^V \tag{11.2.2.2}$$

$$=\, _0^{(j)}PVCO_h^V \;-\; _0^{(j)}PVCI_h^V \tag{11.2.2.3}$$

$_0^{(j)}PVN_h^V$의 기댓값을 0시점의 BEL($BEL_0$)로 정의한다. 이행현금흐름은 BEL과 RA로 구성되며, BEL은 최선추정부채(Best Estimate Liability)를 의미한다. $_0^{(j)}PVN_h^V$의 기댓값을 구하기 위해서는 두 번의 기댓값($h$를 적용한 기댓값과 $j$를 적용한 기댓값)을 구하는 과정이 필요하다. $h$를 적용한 기댓값을 보험수리적 현가(Actuarial Present Value, APV)라고 표현하기로 하고 $j$를 적용한 기댓값을 위험중립평가(Risk Neutral Valuation)라고 표현하기로 한다.

$_0^{(j)}PVN_h^V$에 대한 두 번의 기댓값을 구하는 방법은 (i) $j$번째 시나리오 하에서 0시점에서의 보험수리적 현가를 먼저 구하고, 그 다음 1,000개($j$=1, 2, ..., 1,000)의 시나리오를 이용한 위험중립평가를 수행하는 방법과 (ii) $h$월별로 위험중립평가를 먼저 수행한 후 그 다음 보험수리적 현가를 구하는 방법이 있다.[1] 두 방법의 결과는 동일하다. 보험실무에서는 전자의 방법을 주로 사용하고 있기 때문에 전자의 방법으로 모델링을 수행하기로 한다.

기호 표기의 편의를 위하여 부채평가를 나타내는 V는 다른 목적의 평가(예:보증비용의 산출)가 본장에서는 없으므로 생략이 가능하다. 0시점도 명확할 경우 0을 표기하지 않고 생략이 가능하다. 즉 $_0^{(j)}PVN_h^V$ 등에서 현가의 목표(기준)시점이 0시점인 경우 0을 생략할 수 있으며 $_0^{(j)}pvf_h$에서 0을 생략할 수 있다. 현가의 목표시점이 1, 2 등인 경우 1, 2 등을 $_1^{(j)}pvf_h$, $_2^{(j)}pvf_h$에 구체적으로 명시한다.

---

[1] 이 방법으로 BEL을 구하는 경우 기호 표기를 다르게 정의해야 한다.

### (2) j번째 시나리오하의 APV(첫번째 기댓값)

장래현금($C_h$, outcomes)에 발생확률($\text{Prob}_h$)을 곱한 값을 장래현금흐름($TCF$)으로 정의한다.[1] 장래현금흐름($TCF$)은 장래현금지출흐름($TCOF$)과 장래현금수입흐름($TCIF$)으로 구성된다. 장래현금지출흐름을 간단히 장래현금지출($TCOF$)로 장래현금수입흐름을 장래현금수입($TCIF$)으로 나타내기로 한다.

$$^{(j)}TCOF_h = {}^{(j)}CO_h \times \text{Prob}_h \tag{11.2.2.4}$$

$$^{(j)}TCIF_h = {}^{(j)}CI_h \times \text{Prob}_h \tag{11.2.2.5}$$

장래현금지출의 0시점의 현가($^{(j)}_0PVTCOF_h$)와 장래현금수입의 0시점의 현가($^{(j)}_0PVTCIF_h$)를 다음과 같이 정의한다. $TCOF$에 $(j)$ 표기가 없어도[2] $^{(j)}_0PVTCOF_h$에는 $(j)$ 표기가 나타난다.

$$^{(j)}_0PVTCOF_h = {}^{(j)}_0pvf_h \times {}^{(j)}TCOF_h \tag{11.2.2.6}$$

$$^{(j)}_0PVTCIF_h = {}^{(j)}_0pvf_h \times {}^{(j)}TCIF_h \tag{11.2.2.7}$$

시나리오 $(j)$하에서 $^{(j)}_0PVN_h^V$의 기댓값을 $^{(j)}APVN_0^V$($^{(j)}APVN_0$)로 정의한다. $^{(j)}APVN_0$은 $j$번째 할인율시나리오하에서 $^{(j)}_0PVN_h$의 0시점의 기댓값이며 $^{(j)}N_h$의 0시점 보험수리적 현가를 의미한다. $^{(j)}_0PVN_h$의 첫 번째 기댓값을 수행한 후의 보험수리적 현가의 기호 $^{(j)}APVN_0$에는 $h$ 표기가 없어지고 $(j)$만 남아있다(두번째 기댓값을 수행하고 난 후에는 $j$ 표기도 없어진다). 첫 번째 기댓값을 수행한 후 현가의 기준시점(여기서는 0)을 기호의 우측 하단에 표기하기로 한다(BEL 표기와 동일).

$^{(j)}APVCOF_0$은 $j$번째 할인율시나리오하에서 장래유출현금($CO_h$, outcomes)의 0시점 보험수리적 현가를 의미하고, $^{(j)}APVCIF_0$은 $j$번째 할인율시나리오하에서 장래유입현금($CI_h$, outcomes)의 0시점 보험수리적 현가를 의미한다. $^{(j)}_0PVN_h$도 확률변수이지만, $j$번째 할인율시나리오하의 $^{(j)}APVN_0$($^{(j)}APVCO_0$, $^{(j)}APVCI_0$)도 위험중립평가를 수행하기 전 단계의 확률변수이다. 장래현금흐름의 최종시점을 $h(*)$로 표기할 때, 첫 번째 기댓값과 관련된 기호표기와 산식은 다음과 같다.

---

[1] 장래현금에 유지자, 사망자, 또는 해지자를 곱한 개념이므로 TCF(Total Cash Flow)로 기호를 표기하기로 한다. 순장래현금은 $N$, 순장래현금흐름은 $TN$으로 표기된다.

[2] 금리확정형상품에 적용되는 기술이다. 금리연동형상품의 경우 $CO$와 $TCOF$에 $(j)$ 표기가 있는 경우가 더 일반적이다.

$$^{(j)}APVN_0 = E\left[\, {}_0^{(j)}PVN_h \,\right] \tag{11.2.2.8}$$

$$= E\left[\, {}_0^{(j)}PVCO_h \,\right] - E\left[\, {}_0^{(j)}PVCI_h \,\right] \tag{11.2.2.9}$$

$$= \sum_{h=0}^{h(*)} {}_0^{(j)}pvf_h \times {}^{(j)}CO_h \times \mathrm{Prob}_h - \sum_{h=0}^{h(*)} {}_0^{(j)}pvf_h \times {}^{(j)}CI_h \times \mathrm{Prob}_h \tag{11.2.2.10}$$

$$= \sum_{h=0}^{h(*)} {}_0^{(j)}pvf_h \times {}^{(j)}TCOF_h - \sum_{h=0}^{h(*)} {}_0^{(j)}pvf_h \times {}^{(j)}TCIF_h \tag{11.2.2.11}$$

$$= \sum_{h=0}^{h(*)} {}_0^{(j)}PVTCOF_h - \sum_{h=0}^{h(*)} {}_0^{(j)}PVTCIF_h \tag{11.2.2.12}$$

$$= {}^{(j)}APVCO_0 - {}^{(j)}APVCI_0 \tag{11.2.2.13}$$

$$^{(j)}APVCO_0 = \sum_{h=0}^{h(*)} {}_0^{(j)}PVTCOF_h \tag{11.2.2.14}$$

$$= \sum_{h=0}^{h(*)} {}_0^{(j)}pvf_h \times {}^{(j)}CO_h \times \mathrm{Prob}_h \tag{11.2.2.15}$$

$$^{(j)}APVCI_0 = \sum_{h=0}^{h(*)} {}_0^{(j)}PVTCIF_h \tag{11.2.2.16}$$

$$= \sum_{h=0}^{h(*)} {}_0^{(j)}pvf_h \times {}^{(j)}CI_h \times \mathrm{Prob}_h \tag{11.2.2.17}$$

향후 장래현금흐름 분석표의 마지막 열에는 대부분 ${}_0^{(j)}PVTCOF_h$가 나타나고 마지막 열을 다 합하면 식 (11.2.2.14)의 ${}^{(j)}APVCO_0$가 되는 것을 나타내는 경우가 대부분이다.

### (3) 1,000개 시나리오를 이용한 위험중립평가[1] (두번째 기댓값)

$j$번째 시나리오하의 순장래현금(${}^{(j)}N_h^V$)의 보험수리적 현가 ${}^{(j)}APVN_0$는 1,000개의 시나리오를 이용하면 1,000개의 값이 나오는데 1,000개의 값을 이용한 위험중립측도(Risk neutral measure)하의 기댓값($E^Q[{}^{(j)}APVN_0]$)은 다음과 같다. 위험중립세계에서의 기댓값을 $E^Q[\bullet]$로 표기하기로 한다.[2]

$$E^Q[{}^{(j)}APVN_0] - E^Q[{}^{(j)}APVCO_0] - E^Q[{}^{(j)}APVCI_0] \tag{11.2.2.18}$$

첫 번째 기댓값과 두 번째 기댓값을 구분하여 표기할 목적과 향후 기호표기의 확장

---

1) 보험업감독업무시행세칙, [별표 35] 책임준비금 산출기준) 8-3. 다. (2) 확률론적 금리시나리오는 최소 1,000개 이상으로 한다.

2) 위험중립인 세계에서의 기대값이나 척도(numeraire) 등은 이재성, 「금융수학개론」 2판, 청문각, 2016년을 참고하길 바람. 특히 이자율과 채권 부분은 pp. 394-445를 참고하길 바람.

성을 위하여 두 번째 기댓값을 적용할 때, 다음과 같이 기호를 재정의하기로 한다.

$$^{(j)}APVN_0 = {}^{(j)}APVCO_0 - {}^{(j)}APVCI_0 \tag{11.2.2.19}$$

$$^{(j)}APVCO_0 = {}^{(j)}O_0 \tag{11.2.2.20}$$

$$^{(j)}APVCI_0 = {}^{(j)}I_0 \tag{11.2.2.21}$$

$$E^Q[^{(j)}O_0] = EO_0 \text{ (위험중립평가후 } j \text{가 없어지고 앞에 } E \text{ 표기)} \tag{11.2.2.22}$$

$$E^Q[^{(j)}I_0] = EI_0 \text{ (위험중립평가후 } j \text{가 없어지고 앞에 } E \text{ 표기)} \tag{11.2.2.23}$$

BEL을 구하기 위해서는 두 번의 기댓값을 적용해야 한다. 첫 번째 기댓값을 적용한 후의 표기를 $^{(j)}APV$로 표현하고, 두 번째 기댓값을 적용한 결과를 나타내는 기호표기를 기호앞에 $E$로 표기하기로 한다.

기호 $^{(j)}APV(^{(j)}O, {}^{(j)}I)$: 첫 번째 기댓값 표기(BEL 산출의 중간단계) (11.2.2.24)

기호앞에 $E(EO, EI)$: 두 번째 기댓값 표기(BEL 산출의 최종단계) (11.2.2.25)

새로운 기호를 이용할 경우 $BEL_0$는 다음과 같이 나타낼 수 있다.

$$BEL_0 = E^Q[^{(j)}APVN_0] \text{ }^{1)} \tag{11.2.2.26}$$

$$= E^Q[^{(j)}APVCO_0] - E^Q[^{(j)}APVCI_0] \tag{11.2.2.27}$$

$$= E^Q[^{(j)}O_0] - E^Q[^{(j)}I_0] \tag{11.2.2.28}$$

$$= EO_0 - EI_0 \tag{11.2.2.29}$$

$$EO_0 = \frac{1}{n}\sum_{j=1}^{n} {}^{(j)}O_0 \text{ } (n=1,000) \tag{11.2.2.30}$$

$$EI_0 = \frac{1}{n}\sum_{j=1}^{n} {}^{(j)}I_0 \text{ } (n=1,000) \tag{11.2.2.31}$$

## 3. BEL 산출식

### (1) BEL 산출식(Ⅰ)

0 시점의 $BEL$은 $E^Q[E[^{(j)}_0PVN_h^V]]$로 정의할 수 있다.

---

1) 모형의 기호에서 $E^Q[\bullet]$은 $E$로 나타내기 때문에 $E^Q[^{(j)}APVN_0] = EAPVN = EAPVCO - EAPVCI$로 표기할 수 있다. 그러나 본장에서는 기호표기의 향후 확장성을 위하여 $EAPVCO \rightarrow EO$, $EAPVCI \rightarrow EI$로 표기하기로 한다. $EAPVCO, EAPVCI, EAPVN$의 표기는 표기가 길고 기호가 전달하는 내용이 명확하지 않아서 확장성이 없으므로 사용하지 않기로 한다.

$$BEL_0 = E^Q[E[_0^{(j)}PVN_h^V]] = (\frac{1}{n})\sum_{j=1}^{n}\sum_{h=0}^{h(*)}{}_0^{(j)}pvf_h \times {}^{(j)}N_h^V \times \text{Prob}_h \qquad (11.2.3.1)$$

$j$번째 시나리오하의 장래유입현금($CI_h$) 현가 항목과 $h$시점 장래유출현금($CO_h$) 현가 항목들을 $_0^{(j)}PVP_h$(보험료현가), $_0^{(j)}PVS_h$(사망보험금현가), $_0^{(j)}PVW_h$(해약환급금현가), $_0^{(j)}PVM_h$ (만기(중도)보험금현가), $_0^{(j)}PVE_h$(사업비현가)로 나타내기로 하면, $BEL$ 산출식은 다음과 같다.

$$_0^{(j)}PVCI_h = {}_0^{(j)}PVP_h \qquad (11.2.3.2)$$

$$_0^{(j)}PVCO_h = {}_0^{(j)}PVS_h + {}_0^{(j)}PVW_h + {}_0^{(j)}PVM_h + {}_0^{(j)}PVE_h \qquad (11.2.3.3)$$

$$E[_0^{(j)}PVN_h] = {}^{(j)}APVN_0 \qquad (11.2.3.4)$$

$$= E[_0^{(j)}PVCO_h] - E[_0^{(j)}PVCI_h] \qquad (11.2.3.5)$$

$$= {}^{(j)}APVCO_0 - {}^{(j)}APVCI_0 \qquad (11.2.3.6)$$

$$= [{}^{(j)}APVS_0 + {}^{(j)}APVW_0 + {}^{(j)}APVM_0 + {}^{(j)}APVE_0]$$
$$- {}^{(j)}APVP_0 \qquad (11.2.3.7)$$

$$= {}^{(j)}O_0 - {}^{(j)}I_0 \qquad (11.2.3.8)$$

$$BEL_0 = E^Q[E[_0^{(j)}PVN_h]] = E^Q[{}^{(j)}APVN_0] \qquad (11.2.3.9)$$

$$= E^Q[{}^{(j)}O_0] - E^Q[{}^{(j)}I_0] \qquad (11.2.3.10)$$

$$= EO_0 - EI_0 \qquad (11.2.3.11)$$

$$= [EOS_0 + EOW_0 + EOM_0 + EOE_0] - EIP_0 \qquad (11.2.3.12)$$

### (2) BEL 산출식(Ⅱ)

$h$월별로 위험중립평가를 먼저 수행하고 그 다음 기댓값을 구하는 방법을 이용하여 $BEL$ 산출식을 유도해보자. 0시점의 $BEL$은 $E[E^Q[_0^{(j)}PVN_h^V]]$로도 정의할 수 있다.[1]

$$E^Q[_0^{(j)}PVN_h^V] = E^Q[{}^{(j)}pvf_h \times {}^{(j)}N_h^V] \qquad (11.2.3.13)$$

$$= (\frac{1}{n})\sum_{j=1}^{n}{}^{(j)}pvf_h \times {}^{(j)}N_h^V \qquad (11.2.3.14)$$

$$BEL_0 = E[E^Q[_0^{(j)}PVN_h^V]] = \sum_{h=0}^{h(*)}[(\frac{1}{n})\sum_{j=1}^{n}{}^{(j)}pvf_h \times {}^{(j)}N_h^V] \times \text{Prob}_h \qquad (11.2.3.15)$$

---

1) 표 [11.2.8.13]에 BEL 산출식(Ⅱ)가 나타나 있다.

## (3) BEL 산출식(III)

금리확정형상품의 경우 부채평가 시점의 조정무위험금리 기간구조 $(y_0)$를 이용하여 BEL을 산출할 수 있다. $(j)$는 확률론적 시나리오에서 $j$번째 할인율시나리오를 말하며 $(y_0)$는 0시점의 조정무위험금리 기간구조를 할인율로 이용하는 결정론적 시나리오를 의미한다.

$$BEL_0 = E[{}^{(y_0)}_0 PVN_h^V] = \sum_{h=0}^{h(*)} {}^{(y_0)}_0 pvf_h \times N_h^V \times \text{Pr}ob_h \qquad (11.2.3.16)$$

$$= \sum_{h=0}^{h(*)} {}^{(y_0)}_0 pvf_h \times TN_h^V \qquad (11.2.3.17)$$

$$= {}^{(y_0)}APVN_0^V \qquad (11.2.3.18)$$

$$= {}^{(y_0)}APVCO - {}^{(y_0)}APVCI \qquad (11.2.3.19)$$

## (4) BEL 산출식(IV)

장래공시이율을 1,000개의 확률론적 시나리오를 사용하지 않고 단일공시이율 $i_0^{ca'}$을 적용한 순장래현금 $N_h(i_0^{ca'})$를 이용하고 할인율은 단일할인율 $i_0^e$를 이용하는 결정론적 시나리오를 적용하는 경우의 0시점 BEL은 식 (11.2.3.20)과 같다. 단일공시이율 $i_1^{ca'}$을 적용한 순장래현금 $N_h(i_1^{ca'})$를 이용하고 할인율은 단일할인율 $i_1^e$를 이용하는 결정론적 시나리오를 적용하는 경우의 1시점 BEL은 식 (11.2.3.21)과 같다. ${}^{(e_0)}_{(c_0)}BEL_0$ ${}^{(e_1)}_{(c_1)}BEL_1$은 금리연동형상품의 1차년도 및 2차년도의 변동분석에 사용되는 BEL이다.

$${}^{(e_0)}_{(c_0)}BEL_0 = \sum_{h=0}^{h(*)} {}^{(e_0)}_0 pvf_h \times N_h^V(i_0^{ca'}) \times \text{Pr}ob_h \qquad (11.2.3.20)$$

$${}^{(e_1)}_{(c_1)}BEL_1 = \sum_{h=12}^{h(*)} {}^{(e_1)}_1 pvf_h \times N_h^V(i_1^{ca'}) \times \text{Pr}ob_h \qquad (11.2.3.21)$$

## (5) 보험수리이론 관점의 BEL과 재무제표 관점의 BEL

보험수리이론 관점의 $BEL$을 $BEL^{(1인)}$으로, 재무제표 관점의 $BEL$을 $BEL^{(FS)}$로 표기하기로 한다. $k=0$ 시점에서는 보험수리이론 관점의 $BEL_k^{(1인)}$과 재무제표 관점의 $BEL_k^{(FS)}$이 동일하고, $k=1$ 시점부터는 두 값이 다르다. 이러한 BEL의 개념은 BEL 변동분석에서 사용된다.

$$\text{보험수리이론 관점의 } BEL = \text{유지자 1인당 } BEL = BEL^{(1인)} \qquad (11.2.3.22)$$

재무제표 관점의 $BEL$ = 재무제표에 기표할 $BEL$ = $BEL^{(FS)}$ (11.2.3.23)

$k \geq 1$인 경우 두 $BEL$ 사이에는 다음의 관계가 성립한다. $p_{x+(k-1)}^{(\tau)(k-1\text{시점 예상})}$는 $k-1$시점($k=1, 2, ....$)에서 예상한 잔존율을 의미한다.

$$BEL_0^{(FS)} = BEL_0^{(1\text{인})}$$ (11.2.3.24)

$$BEL_k^{(1,2)(FS)} = BEL_k^{(1,2)(1\text{인})} \times p_{x+(k-1)}^{(\tau)(k-1\text{시점 예상})}$$ (11.2.3.25)

## 4. 장래현금 구성항목과 장래현금흐름

### (1) 장래현금 구성항목과 누적할인율

BEL 산출시 사용되는 장래현금($C_h$, outcomes)의 구성항목 및 적용 가정은 다음 표와 같다.

표 [11.2.5.1]  장래현금(Outcomes) 구성항목 및 적용 가정

| 장래현금 (Outcomes) | 구성항목 | 적용 가정 | 발생 시점 | outcomes 발생 확률 |
|---|---|---|---|---|
| $CI_h$ 장래유입현금 | 보험료 | 보험료 납입률 (유니버셜: $\lambda_h$) | 월초($h$) | 유지율 |
| $CO_h$ 장래유출현금 | 지급보험금 | | 월중($h+1/2$) | 위험률 |
| | 해약환급금 | | 월중($h+1/2$) | 해지율 |
| | 만기(중도)보험금 | | 월말($h+1$) | 유지율 |
| | 사업비 | 사업비율 | 월초($h$), 월말($h+1$) | 유지율 |

이자율모형에서 연속복리 형태의 $h$월 선도금리 $^{(j)}r_h^c$를 산출한 후 연유효이자율 형태의 $^{(j)}r_h$로 변환하여 부채평가시 할인율로 적용한다. $j$번째 시나리오하의 누적할인율 (Present Value Factor, $pvf$)은 $^{(j)}pvf$로 표기하고, $j$번째 시나리오하의 월($h$)별 선도금리 $^{(j)}r_h$를 이용하여 나타낸다. $^{(y)}r_h$는 조정무위험금리 기간구조($y$)하의 월($h$)별 선도금리를 의미한다. $^{(y)}r_h$를 이용한 $pvf$는 $^{(y)}pvf$로 표기한다. 평가시점이 0이면 ($y_0$)로 나타내고 평가시점이 1이면 ($y_1$)으로 나타낸다. 누적할인율에 나타나는 $^{(j)}r_h$, $^{(y_0)}r_h$은 연율로 나타낸 유효이자율(annual effective rate of interest)이다.

$$_{0}^{(j)}pvf_h = \prod_{u=0}^{h}\left(\frac{1}{(1+{}^{(j)}r_{u-1})}\right)^{1/12} \quad (\text{단}, \left(\frac{1}{(1+{}^{(j)}r_{-1})}\right)^{1/12} = 1)$$ (11.2.4.1)

$$
{}_0^{(j)}pvf_{h+\frac{1}{2}} = \left(\prod_{u=0}^{h}\left(\frac{1}{(1+{}^{(j)}r_{u-1})}\right)^{1/12}\right)\times\left(\frac{1}{(1+{}^{(j)}r_h)}\right)^{1/24} \tag{11.2.4.2}
$$

$$
{}_0^{(y_0)}pvf_h = \prod_{u=0}^{h}\left(\frac{1}{(1+{}^{(y_0)}r_{u-1})}\right)^{1/12} \left(\text{단, } \left(\frac{1}{(1+{}^{(y_0)}r_{-1})}\right)^{1/12} = 1\right) \tag{11.2.4.3}
$$

$$
{}_0^{(y_0)}pvf_{h+\frac{1}{2}} = \left(\prod_{u=0}^{h}\left(\frac{1}{(1+{}^{(y_0)}r_{u-1})}\right)^{1/12}\right)\times\left(\frac{1}{(1+{}^{(y_0)}r_h)}\right)^{1/24} \tag{11.2.4.4}
$$

(2) 장래현금, 장래현금현가 및 장래현금흐름

보험료, 보험금, 해약급부(해약환급금), 만기(중도)보험금 및 사업비로 나누어 장래현금, 장래현금현가 및 장래현금흐름의 기호를 정의하면 다음과 같다. 예를 들어 사망보험금의 경우, 장래현금흐름 모형의 기호 정의를 따를 경우 ${}^{(j)}S_{h+1/2}$는 장래현금, ${}_0^{(j)}PVS_{h+1/2}$는 장래현금현가, ${}^{(j)}TS_{h+1/2}$는 장래현금흐름(장래현금지출 중 사망보험금지출)을 나타낸다.

(a) 수입보험료[1]: 납입기간($h = 0, 1, 2, \ldots, 239$[2])

$$
P_h = {}_mP'^{\langle 12\rangle}_x \times \lambda_h \tag{11.2.4.5}
$$

$$
{}_0^{(j)}PVP_h = {}_0^{(j)}pvf_h \times P_h \tag{11.2.4.6}
$$

$$
{}^{(j)}APVP_0 = E[{}_0^{(j)}PVP_h] \tag{11.2.4.7}
$$

$$
= \sum_{h=0}^{m\times 12-1} {}_0^{(j)}pvf_h \times P_h \times l'^V_{x+\frac{h}{12}} \tag{11.2.4.8}
$$

$$
= \sum_{h=0}^{m\times 12-1} {}_0^{(j)}pvf_h \times TP_h = \sum_{h=0}^{m\times 12-1} {}_0^{(j)}PVTP_h \tag{11.2.4.9}
$$

(b) 사망보험금: 보험기간($h = 0, 1, 2, \ldots, h^*$)[3]

$$
{}_0^{(j)}PVS_{h+\frac{1}{2}} = {}_0^{(j)}pvf_{h+\frac{1}{2}} \times {}^{(j)}S_{h+\frac{1}{2}} \tag{11.2.4.10}
$$

$$
{}^{(j)}APVS_0 = E[{}_0^{(j)}PVS_{h+\frac{1}{2}}] \tag{11.2.4.11}
$$

$$
= \sum_{h=0}^{h^*} {}_0^{(j)}pvf_{h+\frac{1}{2}} \times {}^{(j)}S_{h+\frac{1}{2}} \times l^V_{x+\frac{h}{12}} \times \tfrac{1}{12}q^{(1)V}_{x+\frac{h}{12}} \tag{11.2.4.12}
$$

---

1) ${}_mP'^{\langle 12\rangle}_x$는 월납영업보험료를 의미(12는 월납을 < >는 영업보험료를 의미). $\lambda_h$: (실제 납입한 보험료 ÷ 보험가입시점 책정된 보험료)로 산출된 UL상품 보험료납입률 가정(의무납입 기간 내($h \leq 23$)에는 100%). 기본분석에서는 $\lambda_h = 100\%$이다.

2) 납입기간(m): 20년납 가정

3) $h^*$는 사망보험금 또는 해약환급금이 지급되는 마지막 기준월을 의미한다. $h(*) = h1(*)$인 경우 $h^* = h1(*)$, $h(*) = h3(*)$인 경우 $h^* = h3(*)-1$.

II. 일반이론  **1107**

$$= \sum_{h=0}^{h^*} {}_0^{(j)}pvf_{h+\frac{1}{2}} \times {}^{(j)}TS_{h+\frac{1}{2}} = \sum_{h=0}^{h^*} {}_0^{(j)}PVTS_{h+\frac{1}{2}} \qquad (11.2.4.13)$$

종국사망보험금[1]:  ${}^{(j)}PVTS_{h3(*)} = {}_0^{(j)}pvf_{h3(*)} \times {}^{(j)}S_{h3(*)} \times l^V_{x+h3(*)/12}$  (11.2.4.14)

(c) 해약급부(해약환급금)[2]: 보험기간($h = 0, 1, 2, ..., h(*)-1$)

$$ {}_0^{(j)}PVW_{h+\frac{1}{2}} = {}_0^{(j)}pvf_{h+\frac{1}{2}} \times {}^{(j)}W_{h+\frac{1}{2}} \qquad (11.2.4.15)$$

$$ {}^{(j)}APVW_0 = E[{}_0^{(j)}PVW_{h+\frac{1}{2}}] \qquad (11.2.4.16)$$

$$= \sum_{h=0}^{h(*)-1} {}_0^{(j)}pvf_{h+\frac{1}{2}} \times {}^{(j)}W_{h+\frac{1}{2}} \times l^V_{x+\frac{h}{12}} \times {}_{\frac{1}{12}}q^{(2)V}_{x+\frac{h}{12}} \qquad (11.2.4.17)$$

$$= \sum_{h=0}^{h(*)-1} {}_0^{(j)}pvf_{h+\frac{1}{2}} \times {}^{(j)}TW_{h+\frac{1}{2}} = \sum_{h=0}^{h(*)-1} {}_0^{(j)}PVTW_{h+\frac{1}{2}} \qquad (11.2.4.18)$$

(d) 만기(중도)보험금: 보험기간($h = 0, 1, 2, ..., T-1$)

$$ {}_0^{(j)}PVM_{h+1} = {}_0^{(j)}pvf_{h+1} \times {}^{(j)}M_{h+1} \qquad (11.2.4.19)$$

$$ {}^{(j)}APVM_0 = E[{}_0^{(j)}PVM_{h+1}] \qquad (11.2.4.20)$$

$$= \sum_{h=0}^{T-1} {}_0^{(j)}pvf_{h+1} \times {}^{(j)}M_{h+1} \times l^V_{x+\frac{h+1}{12}} \qquad (11.2.4.21)$$

$$= \sum_{h=0}^{T-1} {}_0^{(j)}pvf_{h+1} \times {}^{(j)}TM_{h+1} = \sum_{h=0}^{T-1} {}_0^{(j)}PVTM_{h+1} \qquad (11.2.4.22)$$

단, ${}^{(j)}M_{h+1} = $ 만기(중도)보험금[3]

$$T(보험기간(월수))[4] = (\omega-x) \times 12 \qquad (11.2.4.23)$$

(e) 사 업 비

$$ {}^{(j)}E_{(h)} = E_{1(h)} + E_{2(h)} + E_{3(h)} + E_{4(h)} + {}^{(j)}E_{5(h)} + E_{6(h)} \qquad (11.2.4.24)$$

---

1) $h(*) = h3(*)$일 경우에 한하여 존재하며, 그 외의 경우에는 산출 불필요. 종국사망보험금이 발생하는 경우에는 종국사망보험금의 ${}^{(j)}PVTS_{h3(*)}$를 ${}^{(j)}APVS_0$ 계산시 합산한다.

2) GMSB가 없는 본 예시의 경우 ${}^{(j)}W_{h+1/2}$(해약급부) = ${}_{h+1/2}^{(j)}W^s_x$(실제해약환급금)을 적용하면 된다. GMSB 가 있는 경우 ${}^{(j)}W_{h+1/2}$(해약급부) = $Max({}_{h+1/2}^{(j)}W^s_x, {}_{h+1/2}^{(j)}W^e_x)$ = $Max$(실제(s) 해약환급금, 예정(e) 해약환급금)가 적용된다. 따라서 해약관련 $CO_h$의 모델링은 해약환급금(${}_{h+1/2}^{(j)}W_x$)으로 하지 않고 해약급부(${}^{(j)}W_{h+1/2}$)로 한다.

3) 기본분석에서 분석하는 상품은 종신보험이므로 만기(중도)보험금이 0이나, 다른 부채평가시에는 만기(중도)보험금이 포함되어 있는 상품이 있으므로 나타냄.

4) 남자의 $\omega = 111$, 여자의 $\omega = 113$이며, 남자 40세일 경우 T = $(111-40) \times 12 = 852$, T $- 1 = 851$

① 수당: 36차월$(h = 0, 1, 2, ..., 35)$

$$E_{1(h)} = {}_mP'^{\langle 12 \rangle}_x \times e_{1(h)} \tag{11.2.4.25}$$

$${}^{(j)}_0PVE_{1(h)} = {}^{(j)}_0pvf_h \times E_{1(h)} \tag{11.2.4.26}$$

$${}^{(j)}APVE_{1(0)} = E[{}^{(j)}_0PVE_{1(h)}] \tag{11.2.4.27}$$

$$= \sum_{h=0}^{35} {}^{(j)}_0pvf_h \times E_{1(h)} \times l^V_{x+\frac{h}{12}} \tag{11.2.4.28}$$

$$= \sum_{h=0}^{35} {}^{(j)}_0pvf_h \times TE_{1(h)} = \sum_{h=0}^{35} {}^{(j)}_0PVTE_{1(h)} \tag{11.2.4.29}$$

② 계약체결비용1: 1차년$(h = 0, 1, 2, ..., 11)$

$$E_{2(h)} = {}_mP'^{\langle 12 \rangle}_x \times \lambda_h \times e_2 \tag{11.2.4.30}$$

$${}^{(j)}_0PVE_{2(h)} = {}^{(j)}_0pvf_h \times E_{2(h)} \tag{11.2.4.31}$$

$${}^{(j)}APVE_{2(0)} = E[{}^{(j)}_0PVE_{2(h)}] \tag{11.2.4.32}$$

$$= \sum_{h=0}^{11} {}^{(j)}_0pvf_h \times E_{2(h)} \times l'^V_{x+\frac{h}{12}} \tag{11.2.4.33}$$

$$= \sum_{h=0}^{11} {}^{(j)}_0pvf_h \times TE_{2(h)} = \sum_{h=0}^{11} {}^{(j)}_0PVTE_{2(h)} \tag{11.2.4.34}$$

③ 계약체결비용2: 1회차$(h = 0)$

$$E_{3(h)} = e_3 \tag{11.2.4.35}$$

$${}^{(j)}_0PVE_{3(h)} = E_{3(h)} \tag{11.2.4.36}$$

$${}^{(j)}APVE_{3(0)} = E[{}^{(j)}_0PVE_{3(h)}] = {}^{(j)}_0PVE_{3(h)} = E_{3(h)} \times l^V_x \tag{11.2.4.37}$$

④ 계약관리비용1: 납입기간$(h = 0, 1, 2, ..., 239)$

$$E_{4(h)} = {}_mP'^{\langle 12 \rangle}_x \times \lambda_h \times e_4 \tag{11.2.4.38}$$

$${}^{(j)}_0PVE_{4(h)} = {}^{(j)}_0pvf_h \times E_{4(h)} \tag{11.2.4.39}$$

$${}^{(j)}APVE_{4(0)} = E[{}^{(j)}_0PVE_{4(h)}] \tag{11.2.4.40}$$

$$= \sum_{h=0}^{m \times 12 - 1} {}^{(j)}_0pvf_h \times E_{4(h)} \times l'^V_{x+\frac{h}{12}} \tag{11.2.4.41}$$

$$= \sum_{h=0}^{m \times 12 - 1} {}^{(j)}_0pvf_h \times TE_{4(h)} = \sum_{h=0}^{m \times 12 - 1} {}^{(j)}_0PVTE_{4(h)} \tag{11.2.4.42}$$

⑤ 계약관리비용2: 보험기간($h = 0, 1, 2, ..., h(*)-1$) [1]

$$^{(j)}E_{5(h+1)} = {}^{(j)}_{h+1}W_x \times e_5 \tag{11.2.4.43}$$

$$^{(j)}_0 PVE_{5(h+1)} = {}^{(j)}_0 pvf_{h+1} \times {}^{(j)}E_{5(h+1)} \tag{11.2.4.44}$$

$$^{(j)}APVE_{5(0)} = E[\,{}^{(j)}_0 PVE_{5(h+1)}\,] \tag{11.2.4.44}$$

$$= \sum_{h=0}^{h(*)-1} {}^{(j)}_0 pvf_{h+1} \times {}^{(j)}E_{5(h+1)} \times l^V_{x+\frac{h+1}{12}} \tag{11.2.4.45}$$

$$= \sum_{h=0}^{h(*)-1} {}^{(j)}_0 pvf_{h+1} \times {}^{(j)}TE_{5(h+1)}$$

$$= \sum_{h=0}^{h(*)-1} {}^{(j)}_0 PVTE_{5(h+1)} \tag{11.2.4.46}$$

⑥ 계약관리비용3: 보험기간($h = 0, 1, 2, ..., h(*)-1$)

$$E_{6(h)} = e_6 \times (1+inf)^{h/12} \tag{11.2.4.47}$$

$$^{(j)}_0 PVE_{6(h)} = {}^{(j)}_0 pvf_h \times E_{6(h)} \tag{11.2.4.48}$$

$$^{(j)}APVE_{6(0)} = E[\,{}^{(j)}_0 PVE_{6(h)}\,] \tag{11.2.4.49}$$

$$= \sum_{h=0}^{h(*)-1} {}^{(j)}_0 pvf_h \times E_{6(h)} \times l^V_{x+\frac{h}{12}} \tag{11.2.4.50}$$

$$= \sum_{h=0}^{h(*)-1} {}^{(j)}_0 pvf_h \times TE_{6(h)} = \sum_{h=0}^{h(*)-1} {}^{(j)}_0 PVTE_{6(h)} \tag{11.2.4.51}$$

단, $inf$: 인플레이션율(연 2%)

## 5. 금리연동형 UL종신보험의 개요

### (1) 일반적인 금리연동형 UL종신보험

금리연동형 UL종신보험의 경우 3가지 보증이 있다. 공시이율에서 최저보증이율을 보증하는 GMIR(Guranteed Minimum Interest Rate), 사망보험금을 보증하는 GMDB, 해약환급금을 보증하는 GMSB의 3가지 보증이다. 우리나라에서는 GMIR의 경우, 계약자에게 GMIR을 제공하지만 명시직으로 보증비용을 산출해서 계약자에게 부과하지 않는다. GMDB와 GMSB의 경우 명시적으로 보증비용을 산출하고 보증비용을 계약자에게 부과한다. 보증이 추가되는 관점에서 금리연동형 UL(Universal Life)종신보험의 종류는 다음의 4가지가 있을 수 있다. 감독규정상 우리나라에서 판매가 허용되는 상품은 case3과 case4

---

[1] $h = h(*)-1$ 월말($h(*)^-$ 시점)에 최종 계약관리비용2가 발생하는 것을 가정한다.

이고, 주로 판매되는 상품은 case4이다.

   (i) Case1: 미보증형 (판매가 허용되지 않는 상품)

   (ii) Case2: 미보증형 + GMIR (판매가 허용되지 않는 상품)

   (iii) Case3: 미보증형 + GMIR + GMDB (해약환급금 미보증형, 판매)

   (iv) Case4: 미보증형 + GMIR + GMDB + GMSB (해약환급금 보증형, 판매)

부채평가를 수행하기 위한 가정을 가정1과 가정2로 구분해 보기로 한다. 실제 보험부채를 시가평가하는 경우 가정2까지 포함하여 산출한다.

   (i) 가정1: 위험률(및 손해율), 해지율, 공시이율 조정률, 사업비

   (ii) 가정2(추가 가정): 보험료납입률, 중도인출률, 보험계약대출 발생률 및 상환률

case4 부채평가를 고찰하기 위한 기본적인 내용을 설명해 보자. 금리연동형 UL종신보험의 적립액에는 실제적립액과 예정적립액이 있다. 실제적립액($_h^{(j)}F_x^s$)은 공시이율로 적립되는 금액이고 예정적립액($_hF_x^e$)은 고정된 적용이율(보험료산출시 적용한 이율)로 적립되는 금액을 말한다.[1] 예정은 e로 표기하고, 실제는 s로 표기하기로 한다. Case4 부채평가시에는 예정적립액과 실제적립액 모두를 산출해야 한다.

보험회사가 실제 UL상품을 운영할 때는 일자 기준으로 계산한다. 일복리로 공시이율을 적용하는 경우 월별 공시이율을 일복리 공시이율로 전환하여 사용하면 된다. $_h^{(j)}F_x^s$는 시나리오($j$)에 따라 변동되므로 시나리오별로 구분해야 하고, $_hF_x^e$는 적용이율 하나로 산출하지만 중도인출을 가정하는 경우에는 시나리오별 구분이 필요하다. 보험부채평가시 중도인출률을 고려하지 않는 가정1에서는 $_hF_x^e$와 $_hW_x^e$에 시나리오($j$) 구분이 필요하지 않다.[2] 가정1과 가정2에 적용할 수 있는 일반식은 다음과 같다.

$$_{h+1}^{(j)}F_x^s = Max((_h^{(j)}F_x^s + P_h^{(b)} + P_h^{(c')} - {}^{(j)}B_h^s - {}^{(j)}C_h^s + BN_h) \times (1 + {}^{(j)}i_h^{d'})^{365/12}, 0) \quad (11.2.5.1)$$

$$_{h+1}^{(j)}F_x^e = Max((_h^{(j)}F_x^e + P_h^{(b)} + P_h^{(c')} - {}^{(j)}B_h^e - {}^{(j)}C_h^e + BN_h) \times (1 + i)^{1/12}, 0) \quad (11.2.5.2)$$

단, $_0^{(j)}F_x^s = 0$, $_0^{(j)}F_x^e = 0$

   $i$: 보험료산출시 적용이율,   $^{(j)}i_h^{d'}$: 최저보증이율이 적용된 일복리 공시이율

   $^{(j)}C_h$: $h$시점 실제 중도인출금액 $= Max(_h^{(j)}F^s, _h^{(j)}F^e) \times \gamma_h^m$

---

1) $_h^{(j)}F_x^s$ 계산시에는 $\varepsilon_1$(GMDB 보증비용. 적립액비례)을 반영한다. $_hF_x^e$ 계산시에는 $\varepsilon_1$을 미반영한다. Case1과 Case2에서는 GMDB 보증이 없는 상품이므로 $\varepsilon_1$을 고려할 필요가 없다.

2) 중도인출 금액을 $Max(_h^{(j)}F^s, _hF^e)$의 일정 비율로 가정하면 $_h^{(j)}F^s > _hF^e$인 경우 $_hF_x^e$의 중도인출 금액이 시나리오($j$)마다 다를 수 있어 $_hF_x^e$도 시나리오($j$) 구분 표기가 필요하다.

$^{(j)}C_h^s$: $h$시점 $_h^{(j)}F_x^s$ 에서 차감하는 중도인출금액,

$^{(j)}C_h^e$: $h$시점 $_h^{(j)}F_x^e$ 에서 차감하는 중도인출금액

$P_h^{(b)}$: $h$시점 납입하는 보험료 중 기본보험료(귀속분)

$P_h^{(c)}$: $h$시점 납입하는 보험료 중 추가납입보험료(귀속분)

$P_h^{(c')}$: 추가납입 투입보험료($P_h^{(c)}$에서 추가납입보험료 사업비를 차감한 금액)

$^{(j)}B_h^s$: $_h^{(j)}F_x^s$의 월대체보험료,[1]  $^{(j)}B_h^e$: $_h^{(j)}F_x^e$의 월대체보험료[2]

$BN_h$: $h$시점에 가산하는 보너스금액

월대체보험료($^{(j)}B_h$)는 사망보장을 위한 위험보험료, 초과납입된 보험료(유지자당)를 상쇄하기 위한 납입면제보험료(유지자당), 계약체결 및 계약관리에 사용되는 평준비용, 사망보험금 및 해약환급금 보증[3]을 위한 보증비용의 합계액으로서 매월 월계약해당일[4]마다 산출하며, 유지자 기준의 적립액에서 차감하는 금액을 말한다. 월대체보험료 산출시 적립액에 투입되는 보험료가 순보험료인 경우와 영업보험료인 경우의 납입면제보험료가 다르게 정의되며, 사용된 납입면제보험료와 연결된 계약체결 및 계약관리에 사용되는 평준비용의 정의가 달라지게 된다.

해약환급금 산출식은 다음과 같다.

$$_h^{(j)}W_x^s = Max\left[_h^{(j)}F_x^s - Max(\frac{12\times7-h}{12\times7},0)\times Min(\alpha,\alpha^{(표해공)}),0\right] \quad (11.2.5.3)$$

$$_h^{(j)}W_x^e = Max\left[_h^{(j)}F_x^e - Max(\frac{12\times7-h}{12\times7},0)\times Min(\alpha,\alpha^{(표해공)}),0\right] \quad (11.2.5.4)$$

$$단, \ \alpha = \alpha_2\times_{20}P_x + \alpha_1 + 12\times\alpha_3\times_mP'^{\langle12\rangle}_x \quad (11.2.5.5)$$

$$\alpha^{(표해공)} = 5\%\times20\times_{20}P_x + 10/1000 \ (표해공:표준해약공제액) \quad (11.2.5.6)$$

GMDB(Guranteed Minimum Death Benefit) 보증이 있는 경우 $_h^{(j)}W_x^s=0$이 되더라도 $_hW_x^e>0$인 경우에는 사망시 사망보험금 지급을 보증하는데 보증하는 사망보험금을 최

---

1) 위험보험료($^{(j)}RP_h$), 적립액비례 보증비용($_h^{(j)}F^s\times\varepsilon_1$)이 시나리오($j$)별로 다르기 때문에 $^{(j)}B_h^s$가 시나리오($j$)별로 다르다.

2) (i) $^{(j)}B_h^e$는 적립액비례 보증비용($_h^{(j)}F^s\times\varepsilon_1$)을 포함하지 않고 시나리오($j$)가 아닌 적용이율로 계산하기 때문에 $^{(j)}B_h^s$와 $^{(j)}B_h^e$가 서로 다르다. (ii) 가정1에서는 시나리오($j$)에 따라 값이 다르지 않기 때문에 $B_h^e$로 표기가 가능하다. (iii) 가정2에서는 중도인출금액($^{(j)}C_h$)이 시나리오($j$)에 따라 다를 수 있기 때문에 $_h^{(j)}F_x$가 시나리오($j$)에 따라 다르고 $^{(j)}RP_h^e$가 시나리오($j$)에 따라 다르기 때문에 $^{(j)}B_h^e$도 시나리오($j$)별로 다르다.

3) Case1과 Case2에서는 GMDB, GMSB 보증비용이 월대체보험료에 포함되지 않는다.

4) 월계약해당일은 계약일부터 1개월마다 돌아오는 매월의 계약해당일을 말한다. 만약, 해당 월의 계약해당일이 없는 경우에는 해당 월의 마지막 날을 계약해당일로 한다.

저보증사망보험금(GMDB)이라고 한다. 이 때 $_h^{(j)}W_x^s=0$인 시점부터 $_hW_x^e>0(_hW_x^e=0)$인 시점까지를 최저사망보험금 보증기간(GMDB 보증기간)이라고 한다. GMSB(Guranteed Minimum Surrender Benefit)보증이 있는 경우 계약체결 이후 계약자가 계약을 해지할 때 $_h^{(j)}W_x^s$가 $_hW_x^e$보다 작으면 $_hW_x^e$를 계약자에게 지급하는 것을 보증한다. 이때 $_hW_x^e$를 최저보증해약환급금(GMSB)이라고 한다.

GMSB보증이 있는 Case4의 경우 $^{(j)}W_{h+1/2}$(해약급부) $=Max(_{h+1/2}^{(j)}W_x^s,\ _{h+1/2}^{(j)}W_x^e)=Max$(실제(s) 해약환급금, 예정(e) 해약환급금)가 적용되기 때문에 $_hF_x^e$와 $_hW_x^e$를 모두 산출해야 된다.

## (2) 각 Case에서 사용되는 가정과 적립액 산출식

금리연동형상품에서 기본분석은 가정1이 적용된 Case1을 의미한다. 기본분석에서는 교육 목적으로 GMIR보증, GMDB보증, GMSB보증이 없는 가상의 간단한 상품을 분석하고자 한다. GMSB보증이 없는 Case1이나 Case2의 경우 $^{(j)}W_{h+1/2}$(해약급부) $=_{h+1/2}^{(j)}W_x^s$(실제해약환급금)을 적용하면 되기 때문에 Case1과 Case2에서는 $_h^{(j)}F_x^s$와 $_h^{(j)}W_x^s$만 산출하면 된다.

기본분석에서 채택하는 가정1에는 보험료납입률과 중도인출률이 없기 때문에 식 (11.2.5.1)의 실제적립액 산식과는 별도로 가정1이 적용된 보험부채산출용 계약자적립액 산식은 식 (11.2.5.13)과 (11.2.5.14)과 같다. 보험료 납입률은 100%이고 중도인출률은 0%가 적용된 산식이다.

Case1의 최저보증이율이 적용되지 않은 일복리 공시이율을 $^{(j)}r_h^d$로, Case2, 3, 4의 최저보증이율이 적용된 일복리 공시이율을 $^{(j)}i_h^{d'}$로 나타내기로 한다. 다음의 관계식을 이용하여 일복리 공시이율을 구한다. 동일 $h$에서 일복리 공시이율은 일정한 값이다.

$$^{(j)}r_h^\alpha=\ ^{(j)}r_h\times\ \alpha\ (\text{Case1의 공시이율}) \tag{11.2.5.7}$$

$$^{(j)}r_h^d:\ ^{(j)}r_h^\alpha\text{에 대응되는 일복리 공시이율} \tag{11.2.5.8}$$

$$^{(j)}r_h^d=\ [1+^{(j)}r_h^\alpha]^{1/365}-1 \tag{11.2.5.9}$$

$$^{(j)}i_h^{\alpha'}=\ Max(^{(j)}r_h\times\ \alpha,\ 1\%)\ (\text{Case2,3,4의 공시이율}) \tag{11.2.5.10}$$

$$^{(j)}i_h^{d'}:\ ^{(j)}i_h^{\alpha'}\text{에 대응되는 일복리 공시이율} \tag{11.2.5.11}$$

$$^{(j)}i_h^{d'}=\ [1+^{(j)}i_h^{\alpha'}]^{1/365}-1 \tag{11.2.5.12}$$

$^{(j)}r_h^\alpha$, $^{(j)}r_h^d$를 적용한 Case1의 적립액 산식과 $^{(j)}i_h^{\alpha'}$, $^{(j)}i_h^{d'}$를 적용한 Case2, 3, 4의 적

립액 산식은 다음과 같다. $^{(j)}r_h^d(^{(j)}i_h^{d'})$를 이용하는 산식은 사업방법서를 충실히 표기한 식이고 $(1+^{(j)}r_{591}^d)^{(365/12)}$ 대신에 $(1+^{(j)}r_{591}^\alpha)^{1/12}$를 적용해도 동일한 값을 얻을 수 있다. 그 이유는 본예시의 부채평가 모델링에서 해지는 일단위로 발생하지 않고 월중에 한번만 발생하는 것으로 가정하고 있고, 또 본예시의 월중 해약환급금은 매월말 해약환급금의 평균값으로 산출하는 것으로 가정하기 때문에 일단위의 적립액이 사용되지 않기 때문이다. $BN_h$ 는 $h=35,59,60,119,120,180,239,240$ 시점에 $_h^{(j)}F_x^s$에 투입된다.

$$_{h+1}^{(j)}F_x^s = Max[(_h^{(j)}F_x^s + P_h^{(b)} - ^{(j)}B_h^s + BN_h) \times (1+^{(j)}r_h^d)^{365/12}, 0] \tag{11.2.5.13}$$

$$_{h+1}^{(j)}F_x^s = Max[(_h^{(j)}F_x^s + P_h^{(b)} - ^{(j)}B_h^s + BN_h) \times (1+^{(j)}r_h^\alpha)^{1/12}, 0] \tag{11.2.5.14}$$

$$_{h+1}^{(j)}F_x^s = Max[(_h^{(j)}F_x^s + P_h^{(b)} - ^{(j)}B_h^s + BN_h) \times (1+^{(j)}i_h^{d'})^{365/12}, 0] \tag{11.2.5.15}$$

$$_{h+1}^{(j)}F_x^s = Max[(_h^{(j)}F_x^s + P_h^{(b)} - ^{(j)}B_h^s + BN_h) \times (1+^{(j)}i_h^{\alpha'})^{1/12}, 0] \tag{11.2.5.16}$$

금리연동형 UL종신보험의 부채평가시 가정2가 적용되는 case4를 이용하면 장래현금흐름등이 상당히 복잡해진다. 그러나 가정1이 적용된 case1은 장래현금흐름이 단순하기 때문에 보험부채 시가평가를 이해하는데 좋은 가정과 상품이라고 판단된다. case1에서부터 case4까지 차례로 부채평가를 분석하면 보증비용이 부채평가에 미치는 영향들을 자세히 고찰할 수 있다.

## 6. 장래현금흐름 산출 가정

### (1) 사망보험금 지급의 특례조치

보험회사는 보험의 원리에 부합[1]하고자 기초서류상 아래와 같은 「사망보험금 지급의 특례조치」를 운영하고 있으므로 장래현금흐름 산출시 이를 반영한다.

(i) 보험기간 중 피보험자에게 사망보험금의 지급사유가 발생한 경우에는 사망보험금과 해약환급금 중에서 큰 금액을 사망보험금으로 보험수익자에게 지급한다. (ii) 보험기간 중 사망보험금의 지급사유가 발생한 경우에는 피보험자 사망시까지 산출방법서에서 정한 방법에 따라 적립한 유지보너스적립액 및 납입보너스적립액을 사망보험금에 추가하여 보험수익자에게 지급한다.

---

1) 보험사고 발생시 지급하는 보험금은 계약자가 계약을 중도 해지함에 따라 지급하는 해약환급금 이상이어야 보험이 성립하며, 보험계약의 유지가 유의미함.

### (2) 장래현금흐름 산출 종료시점 처리

제9회 경험생명표를 적용할 경우 적용위험률 기준으로 종국연령은 남자의 $\omega = 111$, 여자의 $\omega = 113$이다. 보험부채평가에 사용되는 최적위험률은 적용위험률에 손해율을 곱하여 적용하므로 남자(가입연령 $x = 40$세 가정)의 경우 종신(종국연령)에 해당하는 월($h3(*)$ $= 852^{1)}$)이 되어도 1로 수렴하지 않으며, 이로 인하여 유지자가 0이 되지 않는다.

종국연령에 도달시에는 장래현금흐름 산출을 종료하는 것으로 가정하며, 그 이후에 발생할 사망보험금은 $h3(*) = 852$ 시점에 일시에 발생하는 것으로 가정한다. $h3(*) = 852$ 시점 사망보험금을 종국사망보험금이라고 명명하기로 한다. 단, 사망보험금 지급기간을 표시할 때에는 일반사망보험금 지급기간을 기준으로 $h3(*) - 1/2 = 851.5$를 최종지급시점으로 표시하기로 한다.

### (3) 계약의 종료(소멸)

#### (a) 계약의 소멸 조건

유니버셜 기능이 있는 금리연동형 종신보험의 경우 종신보험이라 하더라도 보험료 과소납입 또는 중도인출이 있거나 공시이율이 적용이율보다 낮을 경우 해약환급금에서 월대체보험료($B_h$) 충당이 불가하여 계약이 중도에 소멸할 수 있다. 「약관상 월대체보험료 충당가능여부를 체크하는 "해약환급금"은 "해약환급금에서 보험계약대출의 원금과 이자를 차감한 금액"이다.」

앞에서 기술된 내용은 UL종신보험의 실제 운용에 대한 설명이고, 기본분석용 부채평가는 가정1에 따라 모델링을 한다. 실제운용에 과소납입이나 중도인출이 있어도 기본분석용 부채평가모형은 가정1이 적용되므로 보험료 납입률 $= 100\%$, 중도인출율$=0\%$가 적용되는 모형이다. 보험계약대출도 실제운용에는 존재하지만 가정1이 적용된 부채평가모형에서는 보험계약대출 이용률 $=0\%$를 적용한다. 이런 관점에서 기본분석용 부채평가모형에서의 실제(s) 계약자적립액 산식은 식 (11.2.5.13) 또는 (11.2.5.14)가 된다.

부채평가모형에 가정2를 적용한다면 보험료납입률, 중도인출률, 보험계약대출률, 상환률 등의 가정이 추가되고 가정1만을 적용한 경우보다 장래현금흐름이 훨씬 복잡해진다.

#### (b) $h1(*)$, $h3(*)$, $h(*)$의 정의

계약의 경계를 명확히 하기 위하여 계약의 소멸시점과 관련된 $h1(*)$, $h3(*)$, $h(*)$를 각각 아래와 같이 정의하고 장래현금흐름을 산출하기로 한다.[2] $x = 40$(남자)를 기준으로 정의하기로 한다.

---

1) 가입연령 $x = 40$세이므로 $h3(*) = (111-40) \times 12 = 852$.
2) $h2(*)$는 예정계약자적립액과 연관이 있기 때문에 여기서는 생략한다.

(i)  $h1(*)$: $_{h}^{(j)}W_{x}^{s}$에서[1] 월대체보험료($B_{h}$) 충당이 불가한 처음 시점(월)[2]

즉, $_{h}^{(j)}W_{x}^{s} < {}^{(j)}B_{h}^{s}$가 성립하는 처음 $h$시점(월)

종국연령($\omega$)의 1개월 전인 $h$시점(월)(남자일 경우 $h=851$)에서도 $_{h}^{(j)}W_{x}^{s} > {}^{(j)}B_{h}^{s}$ 일 경우 $h1(*)$는 발생하지 않는다. $h1(*)$이 발생하면 $h3(*)$를 적용하지 않는다.

(ii)  $h3(*)$: 종국연령($\omega$)에 해당하는 $h$시점(월) (남자일 경우 $h3(*) = 852$)

$h1(*)$가 발생하지 않을 경우에는 $h3(*)$를 적용한다.

(iii)  $h(*) = h1(*)$가 발생하면 $h1(*)$,

$h1(*)$가 발생하지 않고 $h3(*)$가 적용되면 $h3(*)$ (11.2.6.1)

## (c) Case1(또는 Case2)의 장래현금흐름 종료시점

상품의 Case에 관계없이 $_{h1(*)^-}^{(j)}W_{x}^{s}$를 $h1(*)$월의 월대체보험료로 사용하고 $h1(*)$월의 사망보장을 제공하며, 소멸해약환급금은 없다. 즉 $_{h1(*)^-}^{(j)}W_{x}^{s}$가 $h1(*)$월의 월대체보험료로 부족하더라도 $_{h1(*)^-}^{(j)}W_{x}^{s}$를 $h1(*)$월의 월대체보험료로 처리하고 $h1(*)$월의 사망보장은 제공하는 것으로 가정한다. $h1(*)^0$시점에서 $_{h1(*)^-}^{(j)}W_{x}^{s}$를 월대체보험료로 사용하였으므로 $h1(*)^+$ 시점에는 남아있는 계약자몫의 금액은 없으므로 소멸해약환급금은 없다. 소멸해약환급금은 계약이 종료될 시 계약자 몫으로 남아있는 금액을 의미한다(이 금액을 계약자에게 해약환급금의 형태로 지급하고 계약을 종료한다고 가정).

① $h1(*)$ 미발생, $h3(*)$ 적용인 경우

(i) 사망보험금: $h = h3(*) - 1/2$까지 보장

: 사망은 $h = h3(*) - 1/2$까지 보장하고, $h3(*)$(월초)에 잔존 유지자가 일시에 사망한 것으로 간주하여 종국사망보험금을 지급하고 장래현금흐름 산출을 종료한다.

(ii) 해약환급금: $h = h3(*) - 1/2$까지 일반해약환급금 지급

: $h3(*)$(월초)에 종국사망보험금을 지급하므로 소멸해약환급금은 없다.

(iii) 기타 장래현금흐름: 최대 $h = h3(*) - 1$까지 발생

② $h1(*)$ 발생, $h3(*)$ 미적용인 경우

(i) 사망보험금: $h = h1(*) + 1/2$까지 보장

: $_{h1(*)^-}^{(j)}W_{x}^{s} < {}^{(j)}B_{h1(*)}$일 때 ${}^{(j)}B_{h1(*)}$를 충당하기에는, $_{h1(*)^-}^{(j)}W_{x}^{s}$가 금액상으로 부족

---

1) $_{h}^{(j)}W_{x}^{s}$는 $h^-$시점(월대체보험료가 납입되기 전 시점)의 해약환급금을 나타낸다.

2) 가정1이 적용되는 기본분석에서는 보험계약대출 이용률=0%를 적용한다. 따라서 기본분석에서는 「해약환급금에서 보험계약대출의 원금과 이자를 차감한 금액」을 사용하지 않고 「해약환급금」을 사용한다.

하지만 $_{h1(*)^-}^{(j)}W_x^s$ 를 $h1(*)$월의 월대체보험료로 사용하고, $h1(*)$월의 사망보장을 제공하는 것으로 부채평가모형에서 가정한다.

(ii) 해약환급금: $h = h1(*) - 1/2$까지 일반해약환급금 지급

: $_{h1(*)^-}^{(j)}W_x^s$ 를 $h1(*)$월의 월대체보험료로 사용한 후의 $_{h1(*)^+}^{(j)}W_x^s = 0$이므로 소멸해약환급금은 없다.

(iii) 기타 현금흐름: 최대 $h = h1(*) - 1$까지 발생

장래현금 발생시점의 전후 구분을 보다 명확하게 그림으로 나타내면 다음과 같다.

표 [11.2.6.1]  장래현금 발생시점의 전후 구분

| 기호 | $_h^-F_x^s, \ _h^-W_x^s$ <br> $RP_h$산출용 기준금액 <br><br> $(B_h, P_h, E_h$등이 <br> 발생하기 전 금액) | $B_h(RP_h, WP_h, ..)$ <br><br><br> $B_h, P_h, E_h$ <br> 발생 시점 | $_h^+F_x^s, \ _h^+W_x^s$ <br><br><br> $(B_h, P_h, E_h$등이 <br> 발생한 후 금액) | $W_{h+1/2}$ <br><br> $S_{h+1/2}$ | $E_{5(h+1)}$ <br><br> $D_{h+1}$ <br> $M_{h+1}$ |
|---|---|---|---|---|---|
| 본서 구분 | $h^-$ | $h^0$ | $h^+$ | $h+1/2$ | $h+1$ |
| 일반적 표기 | 구별없이 $h$로 표기된다. | | | | |

## 7. 보험부채 시가평가 가정과 분석상품

### (1) 계리적 가정1

계리적 가정은 계리적 가정1(기본가정)과 계리적 가정2(추가가정)로 구분하기로 한다. 계리적 가정1은 부채평가를 수행하기 위한 가장 기본적인 가정만을 적용한 것이고, 계리적 가정2는 기본가정 외 계약자행동 가정까지 반영한 것으로, 실제 부채평가시 사용하는 가정이라고 볼 수 있다.

계리적 가정1(기본가정)은 (i) 탈퇴율과 관련된 제9회 경험생명표를 적용한 위험률과 손해율[1] 및 해지율 가정, (ii) 공시이율 조정률 가정, (iii) 사업비 가정이다. 그리고 (iv) 보험료납입률이 100%이기 때문에 추가납입도 없으므로 납입기간 20년 동안만 보험료가 납입된다(납입보너스도 20년만 적용).

---

1) 부채평가시 사용하는 위험률은 제9회 참조순보험요율Ⅱ[안전할증이 고려되지 않은 참조순보험요율Ⅰ(조위험률)에 안전할증을 반영한 위험률]에 손해율을 곱하여 반영.

표 [11.2.7.1]  기본가정(손해율, 해지율, 공시이율 조정률)

| 경과년($k$) | 손해율($A/E\ Ratio$) | | 해지율 ($q^{*(2)V일}_{x+k}$) | 공시이율 조정률($\alpha$)[1] |
|---|---|---|---|---|
| | 사망 | 장해 | | |
| 0년 | 36% | 100% | 19% | |
| 1 | 73 | 100 | 25 | |
| 2 | 91 | 100 | 9 | |
| 3 | 94 | 100 | 8 | |
| 4 | 96 | 100 | 7 | |
| 5 | 99 | 100 | 7 | |
| 6 | 104 | 100 | 7 | |
| 7 | 106 | 100 | 6 | |
| 8 | 104 | 100 | 5 | |
| 9 | 103 | 100 | 5 | |
| 10 | 98 | 100 | 4 | 55% |
| 11 | 98 | 100 | 4 | |
| 12 | 98 | 100 | 3 | |
| 13 | 98 | 100 | 2 | |
| 14 | 98 | 100 | 2 | |
| 15 | 98 | 100 | 2 | |
| 16 | 98 | 100 | 2 | |
| 17 | 98 | 100 | 2 | |
| 18 | 98 | 100 | 2 | |
| 19 | 98 | 100 | 2 | |
| (납입후) | 98 | 100 | 2 | |

사업비는 회사가 경험적으로 실제 사용한 총액을 계약체결과 계약유지에 필요한 비용으로 구분하고, 각각 적정한 기준(계약건수, 보험료 및 해약환급금 등의 일정비율)을 적용하여 산출한다.

표 [11.2.7.2]  기본가정(사업비)

| 수당 | 수당 이외 사업비 | | | | |
|---|---|---|---|---|---|
| | 계약체결비용 | | 계약관리비용 | | |
| | 체결비용1 | 체결비용2 | 관리비용1 | 관리비용2 | 관리비용3 |
| 월보험료의 | 월보험료의 | 건당 | 월보험료의 | 해약 환급금의 | 건당[2] |
| 수당률($e_1$) | 45%($e_2$) | 1,700원($e_3$) | 2%($e_4$) | 0.01%($e_5$) | 1,400원($e_6$) |
| (36개월) | (12개월) | (1회) | (납입기간) | (보험기간) | (보험기간) |
| (유지자) | (납입자) | (가입자) | (납입자) | (유지자) | (유지자) |

---

1) 업계 경험치 등을 반영하여 55%를 가정.
2) 인플레이션율: 연 2% 적용.

표 [11.2.7.3]  기본가정(수당률($e_{1(h)}$))

| 경과월($h$) | 수당률(%) | 경과월($h$) | 수당률(%) | 경과월($h$) | 수당률(%) |
|---|---|---|---|---|---|
| 0 | 620 | 12 | 35 | 24 | 15 |
| 1 | 15 | 13 | 35 | 25 | 15 |
| 2 | 15 | 14 | 20 | 26 | 15 |
| 3 | 15 | 15 | 20 | 27 | 15 |
| 4 | 15 | 16 | 20 | 28 | 15 |
| 5 | 15 | 17 | 20 | 29 | 10 |
| 6 | 15 | 18 | 15 | 30 | 10 |
| 7 | 15 | 19 | 15 | 31 | 10 |
| 8 | 15 | 20 | 15 | 32 | 10 |
| 9 | 15 | 21 | 15 | 33 | 10 |
| 10 | 15 | 22 | 15 | 34 | 10 |
| 11 | 15 | 23 | 15 | 35 | 10 |

(2) 경제적 가정

부채평가를 위한 할인율의 경우, (i) 조정무위험금리 기간구조 산출시 시장에서 관찰 가능한 만기구간(관측구간)의 국고채 금리는 금융투자협회에서 공시하는 2019년 12월 말 기준 국채의 수익률 민평평균(민간평가사의 평균)을 적용하였으며, 최종관찰만기(LLP),[1] 장기선도금리(LTFR)[2] 및 유동성 프리미엄(LP)[3]은 K-ICS QIS 3.0 기준을 적용하였다. (ii) 확률론적 할인율시나리오(1,000개) 산출시 이자율 모형은 Hull-White 1-factor 모형을 사용하였다. 할인율 $^{(j)}r_h$는 $(h, h+1)$에 적용되는 선도금리(연유효이자율)이다.[4]

공시이율의 경우, 확률론적 할인율(＝자산이익률) 시나리오에 공시이율 조정률($\alpha$)을 곱하여 적용하므로 공시이율 역시 1,000개의 시나리오가 사용된다.

---

1) (K-ICS QIS 3.0) 20년 적용.

2) (K-ICS QIS 3.0) 5.2% 적용.

3) (K-ICS QIS 3.0) 45.6bp 적용.

4) 이자율모형(Hull-White 1-factor)에서 산출된 연속복리이자율(연이율) $^{(j)}r_h^c$로부터 $e^{r_h^c} = 1 + {}^{(j)}r_h$ 식을 이용하여 $^{(j)}r_h$를 산출하여 부채평가시 사용한다.

그림 [11.2.7.1] 조정무위험금리 기간구조(2019년 말, Spot, Forward rate)

(3) 분석상품 가정

분석상품은 금리확정형 종신보험과 금리연동형 UL종신보험(일반형)을 선정하였다. 기초율은 적용(예정)이율 2.25%, 최저보증이율 1%(금리연동형에 한함), 적용(예정)사업비는 통상 종신보험에 부과하는 수준을 적용한다. 금리확정형 종신보험과 금리연동형 UL종신보험(보증비용 미부과)은 보험료산출 이율(적용이율)을 동일하게 적용시 보험료는 같게 산출된다.

표 [11.2.7.4] 분석상품 가정

| | 세부 내용 | | | |
|---|---|---|---|---|
| 상품유형 | • 금리확정형 종신보험<br>• 금리연동형 UL종신보험(Case 1, Case 2) | | | |
| 가입속성 | • 성별: 남자<br>• 가입금액: 1억원<br>• 납입기간: 20년 | | • 가입연령: 40세<br>• 납입방법: 월납<br>• 보험기간: 종신 | |
| 적용이율 | • 예정이율 2.25%, 최저보증이율 1.0%(금리연동형에 한함) | | | |
| 적용위험률 | • 제9회 참조순보험요율Ⅱ의 사망률 및 장해 50%이상 발생률 | | | |
| 사업비율 | 계약체결비용 | | • 초년도 보험가입금액의($\alpha_1$) | 14/1000 |
| | | | • 초년도 연납순보험료의($\alpha_2$) | 140% |
| | 계약<br>관리<br>비용 | 유지비 | • 매년 보험가입금액의(납입중)($\beta_1$) | 1.4/1000 |
| | | | • 매월 월납영업보험료의(납입중)($\beta_2$) | 8.7% |
| | | | • 매년 보험가입금액의(납입후)($\beta'$) | 0.6/1000 |
| | | 기타 | • 매월 월납영업보험료의(납입중)($\beta_c$) | 2.5% |

## 8. 금리확정형상품의 보험부채 시가평가

### (1) 부채평가 가정

표 [11.2.7.1]~표 [11.2.7.3]의 가정1을 적용하고, 표 [11.2.7.4]의 금리확정형상품의 세부내용을 적용한다. 금리확정형상품은 공시이율을 적용할 필요가 없으므로 위험률, 해지율, 사업비율의 기본가정만 적용한다.

### (2) 장래현금흐름 분석

장래현금 구성항목별 세부 장래현금흐름은 할인율 1,000개 시나리오 중 605번째($j=605$) 및 648번째($j=648$) 할인율시나리오(forward rate) 2개를 기준으로 분석하고자 한다. $j=605$ 시나리오는 기간이 경과할수록 우상향하는 모습의 높은 할인율시나리오 중 하나이고, $j=648$ 시나리오는 상승/하락(최저보증이율 미만으로도 하락)을 반복하다가 최종은 하락하는 모습의 낮은 할인율시나리오 중 하나이다.

금리확정형상품의 경우 특정 할인율시나리오가 장래현금흐름에 영향을 미치지 않으며, 현재가치에만 영향을 준다. 낮은 할인율시나리오일수록 현재가치가 커진다.

그림 [11.2.8.1]   $j$=605, 648 할인율($^{(j)}r_h$, 선도금리) 시나리오 비교

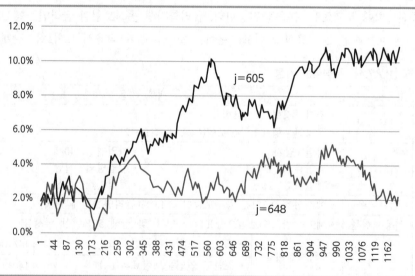

### (a) 수입보험료

$j = 605$와 $j = 648$ 할인율시나리오하의 장래현금인 보험료($P_h$)는 동일하며 할인율시나리오에 따라 $P_h$가 변하지 않는다.[1] 할인율시나리오에 따라 할인율이 변하면 보험료현가도 변하므로 보험료 현가는 $^{(j)}PVP_h$로 표기한다.

수입보험료, 사망보험금, 해약환급금의 표에서 $j = 605$의 음영부분은 장래현금($P_h$, $S_{h+1/2}$, $W_{h+1/2}^{일확}$)을, $j = 648$의 음영부분은 장래현금흐름(보험료수입($TP_h$), 사망보험금지출($TS_{h+1/2}$) 해약환급금지출($TW_{h+1/2}$))을 나타낸다.

### (b) 사망보험금

금리확정형상품은 계약자적립액이 보험료산출 이율(적용이율)로 계산되므로 할인율시나리오에 영향을 받지 않는다. 따라서 할인율시나리오에 관계없이 $h + 1/2 = 851.5$(종신)까지 계약자적립액이 적용이율로 부리되고 사망보험금이 보장된다. 즉, $j = 605$와 $j = 648$ 할인율시나리오하의 장래현금인 사망보험금($S_{h+1/2}$)은 동일하며 할인율시나리오에 따라 $S_{h+1/2}$이 변하지 않는다.[2] 금리확정형상품 구조상 금리연동형상품과 달리 사망보험금에 가산(보너스 등)되는 금액이나 차감(중도인출 등)되는 금액은 없다.

사망보험금 장래현금흐름은 주로 보험기간 후반부에서 더 크게 발생하므로 할인 효과가 커 $j$시나리오하의 사망보험금의 APV($^{(j)}APVS$)는 $j = 605$ 시나리오일 때 398만, $j = 648$ 시나리오일 때 641만으로 할인율시나리오에 따라 큰 차이가 발생할 수 있다.

### (c) 해약환급금

$W_{h+1/2}$는 해약급부를 나타내고 $_{h+1/2}W_x$은 해약환급금을 나타낸다. 해약급부는 주어진 조건에 따라 실제해약환급금과 다른 경우도 발생하므로 장래현금흐름을 나타낼 때 일반적으로 해약급부를 사용하기로 한다. 기본분석에서는 $W_{h+1/2} = {_{h+1/2}W_x}$ 이다. 해약환급금은 다음과 같이 산출하는 것으로 모델링하기로 한다.

$$_{h+1/2}W_x = [\ _hW_x + \ _{h+1}W_x]/2 \tag{11.2.8.1}$$

계약자적립액이 할인율시나리오에 관계없이 보험료산출 이율(적용이율)로 계산되고, 계약자적립액에서 해약공제금액을 차감한 금액이 해약환급금이므로 해약환급금 역시 종신까지 지급되며, 할인율시나리오와 무관하다. 즉, $j = 605$와 $j = 648$ 할인율시나리오하의 장래현금인 해약환급금(해약급부: $W_{h+1/2}$)은 동일하며 할인율시나리오에 따라 $W_{h+1/2}$이

---

1) 할인율시나리오에 따라 변하지 않기 때문에 $^{(j)}P_h$를 사용하지 않고 $P_h$를 사용한다.

2) 사망보험금도 할인율시나리오에 따라 변하지 않으므로 $^{(j)}S_{h+1/2}$로 나타내지 않고 $S_{h+1/2}$로 나타낸다. 해약환급금, 사업비도 동일한 설명이 가능하다.

변하지 않는다.

해약환급금지출($TW$)은 사망보험금지출($TS$)보다 보험기간 전반부에서 상대적으로 많이 발생하므로 할인율시나리오에 따른 해약환급금의 APV($^{(j)}APVW$) 차이가 상대적으로 작다. $^{(j)}APVW$는 $j$ = 605 시나리오일 때 764만, $j$ = 648 시나리오일 때 866만이다.

### 예제 11.2.8.1

보험부채 시가평가시 해약환급금은 별도로 미리 산출하고 장래현금흐름을 생성한다. 금리확정형상품의 해약환급금은 적용이율 2.25%와 적용기초율을 적용하여 산출한다. $k=6$일 때 $_k^{20}V_{40}^{일확}$ = 15,246,000, $k=7$일 때 $_k^{20}V_{40}^{일확}$ = 17,973,000, $_{20}P_{40}^{일확}$ = 0.02388545일 때 표 [11.2.8.3]과 표 [11.2.8.5]에 나타나는 계약자적립액과 해약환급금을 다음의 순서로 구하시오.

(1) $_{82}^{20}V_{40}^{일확}$, $_{82}^{20}W_{40}^{일확}$  (2) $_{83}^{20}V_{40}^{일확}$, $_{83}^{20}W_{40}^{일확}$  (3) $_{84}^{20}V_{40}^{일확}$, $_{84}^{20}W_{40}^{일확}$ (표 [11.2.8.3])

(4) $_{82+1/2}^{20}W_{40}^{일확}$, $_{83+1/2}^{20}W_{40}^{일확}$ (표 [11.2.8.5])

#### 풀이

납입기간중의 월단위 해약환급금 산식은 다음과 같다.[1]

$$_{k+t'/12}^{m}W_x^{일확} = Max\left[_{k+t'/12}^{m}V_x^{일확} - Max(\frac{12\times Min(m,7)-(12\times k+t')}{12\times Min(m,7)}, 0)\times\alpha', 0\right] \quad (11.2.8.2)$$

$$(1)\ _{82}^{20}V_{40}^{일확} = _{k6+10/12}^{20}V_{40}^{일확} = _{k6}^{20}V_{40}^{일확} + (10/12)\times(_{k7}^{20}V_{40}^{일확} - _{k6}^{20}V_{40}^{일확}) \quad (11.2.8.3)$$

$$= 15,246,000 + 10/12\times(17,973,000 - 15,246,000) = 17,518,500$$

$$\alpha = _{20}P_{40}^{일확}\times\alpha_2 + \alpha_1 \quad (11.2.8.4)$$

$$= 0.02388545\times140\% + 14/1000 \ (S=1 \ 기준)$$

$$= 0.04743963^{2)} \ (S=1억, \ 4,744,000)$$

$$\alpha^{표해공(일확)} = _{20}P_{40}^{일확}\times5\%\times20 + 가입금액(S)의 10/1000 \quad (11.2.8.5)$$

$$= 0.02388545\times100\% + 10/1000 \ (S=1 \ 기준)$$

$$= 0.03388545 \ (S=1억, \ 3,389,000)$$

$$\alpha' = Min(\alpha, \alpha^{표해공(일확)}) = 3,389,000 \quad (11.2.8.6)$$

$$Max(\frac{12\times Min(20,7)-(12\times6+10)}{12\times Min(20,7)}, 0)\times 3,389,000 \quad (11.2.8.7)$$

$$= (2/84)\times 3,389,000 = 80,690 \quad (11.2.8.8)$$

---

1) 납입기간 중의 해약환급금은 (i) 연단위 $_k^mV_x^{일확}$을 우선적으로 산출하고 (ii) $_k^mV_x^{일확}$을 월단위로 직선보간하여 $_{k+t'/12}^{m}V_x^{일확}$을 산출하고 (iii) $_{k+t'/12}^{m}V_x^{일확}$에서 월단위로 산출한 해약공제액을 차감하여 산출한다. $t'$는 $k$경과년에서의 경과월을 의미한다.($0\le t'\le11$) (금리연동형 종신보험은 일단위로 산출된 $_fF_x$에서 월단위로 산출한 해약공제액을 차감하여 산출).

2) 소숫점 5째짜리 까지 나타낸다(round 5: 여섯째자리에서 반올림).

$$_{82}^{20}W_{40}^{일확} = {}_{k6+10/12}^{20}W_{40}^{일확}$$

$$= Max\left[{}_{k6+10/12}^{20}V_{40}^{일확} - Max(\frac{12\times Min(20,7) - (12\times 6 + 10)}{12\times Min(20,7)}, 0)\times \alpha', 0\right]$$

$$= Max(17,518,500 - 80,690, 0) = 17,437,810 \qquad (11.2.8.9)$$

(2) $\quad _{83}^{20}V_{40}^{일확} = {}_{k6+11/12}^{20}V_{40}^{일확} = {}_{k6}^{20}V_{40}^{일확} + \frac{11}{12}\times ({}_{k7}^{20}V_{40}^{일확} - {}_{k6}^{20}V_{40}^{일확})$

$$= 15,246,000 + 11/12\times(17,973,000 - 15,246,000) = 17,745,750$$

$$_{83}^{20}W_{40}^{일확} = {}_{k6+11/12}^{20}W_{40}^{일확}$$

$$= Max\left[{}_{k6+11/12}^{20}V_{40}^{일확} - Max(\frac{12\times Min(20,7) - (12\times 6 + 11)}{12\times Min(20,7)}, 0)\times \alpha', 0\right]$$

$$= Max(17,745,750 - 40,345, 0) = 17,705,405$$

$$[(1/84)\times 3,389,000 = 40,345]$$

(3) $\quad _{84}^{20}V_{40}^{일확} = {}_{k6+12/12}^{20}V_{40}^{일확} = {}_{k7}^{20}V_{40}^{일확} = 17,973,000$

7년이 되었으므로 해약공제액은 0이 된다$[(0/84)\times 3,389,000 = 0]$.

$$_{84}^{20}W_{40}^{일확} = {}_{k6+12/12}^{20}W_{40}^{일확} = {}_{k6+12/12}^{20}V_{40}^{일확} - 0 \qquad (11.2.8.10)$$

$$= 17,973,000 - 0 = 17,973,000$$

(4) $\quad _{82+1/2}^{20}W_{40}^{일확} = ({}_{82}^{20}W_{40}^{일확} + {}_{83}^{20}W_{40}^{일확})/2$

$$= (17,437,810 + 17,705,405)/2 = 17,571,607.5$$

$$_{83+1/2}^{20}W_{40}^{일확} = ({}_{83}^{20}W_{40}^{일확} + {}_{84}^{20}W_{40}^{일확})/2$$

$$= (17,705,405 + 17,973,000)/2 = 17,839,202.5$$

## (d) 사 업 비

$j = 605$와 $j = 648$ 할인율시나리오하의 장래현금인 사업비($E_h$)는 동일하며 할인율시나리오에 따라 $E_h$가 변하지 않는다. 해약환급금 비례로 발생하는 계약관리비용2 외에는 금리연동형상품과 동일한 값으로 산출된다. 사업비 항목별 세부적인 장래현금흐름 분석은 금리연동형상품에서 다루고자 한다.

## (3) 장래현금흐름 산출표

### 표 [11.2.8.1]  $j=605$의 보험료의 보험수리적 현가($^{(j)}APVP_0$)

| $h$ (월) | $^{(j)}r_h$ (%) | $^{(j)}_0pvf_h$ (1) | $_mP'^{\langle12\rangle일확1)}_x$ (2) | $P_h$ (3) | $l'^V_{x+h/12}$ (4) | $^{(j)}_0PVTP_h$ (5) |
|---|---|---|---|---|---|---|
| 0 | 1.70 | 1.00000 | 272,000 | 272,000 | 1.00000000 | 272,000 |
| … | … | … | … | … | … | … |
| 119 | 2.77 | 0.78898 | 272,000 | 272,000 | 0.34412805 | 73,851 |
| 120 | 2.68 | 0.78719 | 272,000 | 272,000 | 0.34260345 | 73,357 |
| … | … | … | … | … | … | … |
| 238 | 4.32 | 0.62860 | 272,000 | 272,000 | 0.25822106 | 44,150 |
| 239 | 4.41 | 0.62639 | 272,000 | 272,000 | 0.25768126 | 43,903 |
| 240 | 4.36 | 0.62414 | 0 | 0 | 0.25714259 | 0 |

$$^{(j)}APVP_0 = \sum_{h=0}^{239} {}^{(j)}_0PVTP_h = \sum_{h=0}^{239} {}^{(j)}_0pvf_h \times TP_h = \sum_{h=0}^{239}(5) = 22,409,641(2,241만)$$

$$^{(j)}_0PVTP_h = {}^{(j)}_0pvf_h \times P_h \times l'^V_{x+h/12} = {}^{(j)}_0pvf_h \times TP_h = (1)\times[(3)\times(4)] = (5)$$

$$TP_h = P_h \times l'^V_{x+h/12} = [(3)\times(4)]\ (장래현금수입:\ 보험료수입)$$

$$P_h = {}_mP'^{\langle12\rangle일확}_x = (2) = (3)\ (장래유입현금:\ 보험료:\ outcome)$$

### 표 [11.2.8.2]  $j=648$의 보험료의 보험수리적 현가($^{(j)}APVP_0$)

| $h$ (월) | $^{(j)}r_h$ (%) | $^{(j)}pvf_h$ (1) | $_mP'^{\langle12\rangle일확}_x$ (2) | $P_h$ (3) | $l'^V_{x+h/12}$ (4) | $^{(j)}_0PVTP_h$ (5) |
|---|---|---|---|---|---|---|
| 0 | 1.70 | 1.00000 | 272,000 | 272,000 | 1.00000000 | 272,000 |
| … | … | … | … | … | … | … |
| 119 | 2.74 | 0.81501 | 272,000 | 272,000 | 0.34412805 | 76,287 |
| 120 | 2.87 | 0.81318 | 272,000 | 272,000 | 0.34260345 | 75,779 |
| … | … | … | … | … | … | … |
| 238 | 2.12 | 0.69432 | 272,000 | 272,000 | 0.25822106 | 48,766 |
| 239 | 2.26 | 0.69311 | 272,000 | 272,000 | 0.25768126 | 48,579 |
| 240 | 2.30 | 0.69182 | 0 | 0 | 0.25714259 | 0 |

$$^{(j)}APVP_0 = \sum_{h=0}^{239} {}^{(j)}_0PVTP_h = \sum_{h=0}^{239} {}^{(j)}_0pvf_h \times TP_h = \sum_{h=0}^{239}(5) = 22,823,314(2,282만)$$

1) $_mP'^{\langle12\rangle일확}_x$는 일반형(저해지가 아님) 금리확정형의 월납영업보험료를 의미.

표 [11.2.8.3]  $j$=605 사망보험금의 보험수리적 현가($^{(j)}APVS_0$)

| $h$ (월) | $^{(j)}r_h$ (%) | $^{(j)}_0puf_{h+\frac{1}{2}}$ (1) | $_{h+1}V_x^{일확}$ | $S_{h+\frac{1}{2}}^{1)}$ (2) | $l_{x+\frac{h}{12}}^V$ (3) | $\frac{1}{12}q_{x+\frac{h}{12}}^{(1)V}$ (4) | $^{(j)}_0PVTS_{h+\frac{1}{2}}$ (5) |
|---|---|---|---|---|---|---|---|
| 0 | 1.70 | 0.99930 | 201,083 | 100,000,000 | 1.00000000 | 0.00002320 | 2,318 |
| 1 | 1.87 | 0.99782 | 402,167 | 100,000,000 | 0.98256999 | 0.00002320 | 2,275 |
| … | … | … | … | … | … | … | … |
| 81 | 2.64 | 0.85605 | 17,518,500 | 100,000,000 | 0.41419661 | 0.00010721 | 3,801 |
| 82 | 2.46 | 0.85426 | 17,745,750 | 100,000,000 | 0.41165489 | 0.00010721 | 3,770 |
| 83 | 2.38 | 0.85255 | 17,973,000 | 100,000,000 | 0.40912876 | 0.00010721 | 3,739 |
| 84 | 2.45 | 0.85086 | 18,204,667 | 100,000,000 | 0.40661814 | 0.00011990 | 4,148 |
| … | … | … | … | … | … | … | … |
| 850 | 9.27 | 0.02148 | 99,912,833 | 100,000,000 | 0.00000014 | 0.27796221 | 0 |
| 851 | 9.39 | 0.02132 | 100,000,00 | 100,000,000 | 0.00000010 | 0.27796221 | 0 |

$$^{(j)}APVS_0 = \sum_{h=0}^{T-1} {}^{(j)}_0PVTS_{h+\frac{1}{2}} = \sum_{h=0}^{T-1}(5) = 3,981,382(398만)$$

$$^{(j)}_0PVTS_{h+\frac{1}{2}} = {}^{(j)}_0puf_{h+\frac{1}{2}} \times TS_{h+\frac{1}{2}} = (1) \times [(2)\times(3)\times(4)] = (5)$$

$$TS_{h+\frac{1}{2}} = S_{h+\frac{1}{2}} \times l_{x+\frac{h}{12}}^V \times \frac{1}{12}q_{x+\frac{h}{12}}^{(1)V} = [(2)\times(3)\times(4)] \text{ (장래현금지출: 사망보험금지출)}$$

$$S_{h+\frac{1}{2}} = (2) \text{ (장래유출현금: 사망보험금: outcome)}$$

표 [11.2.8.4]  $j$=648 사망보험금의 보험수리적 현가($^{(j)}APVS_0$)

| $h$ (월) | $^{(j)}r_h$ (%) | $^{(j)}_0puf_{h+\frac{1}{2}}$ (1) | $_{h+1}V_x^{일확}$ | $S_{h+\frac{1}{2}}$ (2) | $l_{x+\frac{h}{12}}^V$ (3) | $\frac{1}{12}q_{x+\frac{h}{12}}^{(1)V}$ (4) | $^{(j)}_0PVTS_{h+\frac{1}{2}}$ (5) |
|---|---|---|---|---|---|---|---|
| 0 | 1.70 | 0.99930 | 201,083 | 100,000,000 | 1.00000000 | 0.00002320 | 2,318 |
| 1 | 1.72 | 0.99788 | 402,167 | 100,000,000 | 0.98256999 | 0.00002320 | 2,275 |
| … | … | … | … | … | … | … | … |
| 81 | 2.05 | 0.87642 | 17,518,500 | 100,000,000 | 0.41419661 | 0.00010721 | 3,892 |
| 82 | 2.13 | 0.87491 | 17,745,750 | 100,000,000 | 0.41165489 | 0.00010721 | 3,861 |
| 83 | 2.25 | 0.87333 | 17,973,000 | 100,000,000 | 0.40912876 | 0.00010721 | 3,831 |
| 84 | 2.40 | 0.87166 | 18,204,667 | 100,000,000 | 0.40661814 | 0.00011990 | 4,250 |
| … | … | … | … | … | … | … | … |
| 850 | 3.45 | 0.14058 | 99,912,833 | 100,000,000 | 0.00000014 | 0.27796221 | 1 |
| 851 | 3.32 | 0.14019 | 100,000,000 | 100,000,000 | 0.00000010 | 0.27796221 | 0 |

$$^{(j)}APVS_0 = \sum_{h=0}^{T-1} {}^{(j)}_0PVTS_{h+\frac{1}{2}} = {}^{(j)}_0puf_{h+\frac{1}{2}} \times TS_{h+\frac{1}{2}} = \sum_{h=0}^{T-1}(5) = 6,408,811(641만)$$

---

1) 사망보험금=가입금액(S).

표 [11.2.8.5]  $j=605$ 해약환급금의 보험수리적 현가($^{(j)}APVW_0$)

| $h$ (월) | $^{(j)}r_h$ (%) | $^{(j)}_0 pvf_{h+\frac{1}{2}}$ (1) | $W^{일확}_{h+\frac{1}{2}}$ (2) | $l^V_{x+\frac{h}{12}}$ (3) | $_{\frac{1}{12}}q^{(2)V}_{x+\frac{h}{12}}$ (4) | $^{(j)}_0 PVTW_{h+\frac{1}{2}}$ (5) |
|---|---|---|---|---|---|---|
| 0 | 1.70 | 0.99930 | 0 | 1.00000000 | 0.01740681 | 0 |
| … | … | … | … | … | … | … |
| 13 | 2.02 | 0.97760 | 0 | 0.79054794 | 0.02368842 | 0 |
| 14 | 2.05 | 0.97596 | 122,465 | 0.77178165 | 0.02368842 | 2,185 |
| … | … | … | … | … | … | … |
| 82 | 2.46 | 0.85426 | 17,571,608 | 0.41165489 | 0.00602931 | 37,256 |
| 83 | 2.38 | 0.85255 | 17,839,203 | 0.40912876 | 0.00602931 | 37,517 |
| 84 | 2.45 | 0.85086 | 18,088,833 | 0.40661814 | 0.00514301 | 32,186 |
| … | … | … | … | … | … | … |
| 850 | 9.27 | 0.02148 | 99,869,250 | 0.00000014 | 0.00168214 | 0 |
| 851 | 9.39 | 0.02132 | 99,956,417 | 0.00000010 | 0.00168214 | 0 |

$$^{(j)}APVW_0 = \sum_{h=0}^{T-1} {}^{(j)}_0PVTW_{h+\frac{1}{2}} = \sum_{h=0}^{T-1} {}^{(j)}_0pvf_{h+\frac{1}{2}} \times TW_{h+\frac{1}{2}} = \sum_{h=0}^{T-1}(5) = 7{,}582{,}827(758만)$$

$$^{(j)}_0PVTW_{h+\frac{1}{2}} = {}^{(j)}_0pvf_{h+\frac{1}{2}} \times TW_{h+\frac{1}{2}} = (1) \times [(2)\times(3)\times(4)] = (5)$$

$$TW_{h+\frac{1}{2}} = W^{일확}_{h+\frac{1}{2}} \times [l^V_{x+\frac{h}{12}} \times {}_{\frac{1}{12}}q^{(2)V}_{x+\frac{h}{12}}] = [(2)\times(3)\times(4)] \text{ (장래현금지출: 해약환급금지출)}$$

$$W^{일확}_{h+\frac{1}{2}} = (2) \text{ (장래유출현금: 해약환급금: outcome)}$$

표 [11.2.8.6]  $j=648$ 해약환급금의 보험수리적 현가($^{(j)}APVW_0$)

| $h$ (월) | $^{(j)}r_h$ (%) | $^{(j)}_0 pvf_{h+\frac{1}{2}}$ (1) | $W^{일확}_{h+\frac{1}{2}}$ (2) | $l^V_{x+\frac{h}{12}}$ (3) | $_{\frac{1}{12}}q^{(2)V}_{x+\frac{h}{12}}$ (4) | $^{(j)}_0 PVTW_{h+\frac{1}{2}}$ (5) |
|---|---|---|---|---|---|---|
| 0 | 1.70 | 0.99930 | 0 | 1.00000000 | 0.01740681 | 0 |
| … | … | … | … | … | … | … |
| 13 | 1.78 | 0.98068 | 0 | 0.79054794 | 0.02368842 | 0 |
| 14 | 1.66 | 0.97929 | 122,465 | 0.77178165 | 0.02368842 | 2,193 |
| … | … | … | … | … | … | … |
| 82 | 2.13 | 0.87491 | 17,571,608 | 0.41165489 | 0.00602931 | 38,157 |
| 83 | 2.25 | 0.87333 | 17,839,203 | 0.40912876 | 0.00602931 | 38,431 |
| 84 | 2.40 | 0.87166 | 18,088,833 | 0.40661814 | 0.00514301 | 32,973 |
| … | … | … | … | … | … | … |
| 850 | 3.45 | 0.14058 | 99,869,250 | 0.00000014 | 0.00168214 | 0 |
| 851 | 3.32 | 0.14019 | 99,956,417 | 0.00000010 | 0.00168214 | 0 |

$$^{(j)}APVW_0 = \sum_{h=0}^{T-1} {}^{(j)}_0PVTW_{h+\frac{1}{2}} = \sum_{h=0}^{T-1} {}^{(j)}_0pvf_{h+\frac{1}{2}} \times TW_{h+\frac{1}{2}} = \sum_{h=0}^{T-1}(5) = 8{,}605{,}871(861만)$$

(4) 확률론적 시나리오를 이용한 $EI_0$와 $EO_0$의 산출

앞에서 표 [11.2.8.1]~표 [11.2.8.6]에서는 $j=605$와 $j=648$하에서의 $^{(j)}APVCI_0$ $(^{(j)}APVP_0)$와 $^{(j)}APVCO_0$ $(^{(j)}APVS_0, \ ^{(j)}APVW_0, \ ^{(j)}APVE_0$(별도산출))를 산출하였으며, 이 값들은 BEL을 산출하는 첫번째 기댓값(중간단계 기댓값)이다. 앞의 표에서 산출한 값들은 표 [11.2.8.7]의 음영부분에 해당된다. $^{(j)}APVCI_0 = {}^{(j)}I_0, \ ^{(j)}APVCO_0 = {}^{(j)}O_0 \ ^{(j)}APVP_0 = {}^{(j)}IP_0,$ $^{(j)}APVS_0 = {}^{(j)}OS_0, \ ^{(j)}APVW_0 = {}^{(j)}OW_0, \ ^{(j)}APVE_0 = {}^{(j)}OE_0$로 기호를 재정의하고 두번째 기댓값을 구해보자.

앞에서 고찰한 시나리오별 작업을 1,000번 수행한다. 1,000개의 시나리오의 $^{(j)}O_0 = {}^{(j)}APVCO_0$와 $^{(j)}I_0 = {}^{(j)}APVCI_0$를 구하고(표 [11.2.8.7]의 음영표시가 없는 부분을 구하는 것이 된다), 각각의 위험중립 기댓값인 $EO_0$와 $EI_0$를 구하면 다음과 같다. $EO_0$와 $EI_0$가 두번째 기댓값(최종단계 기댓값)이며, $EO_0$와 $EI_0$를 이용하여 $BEL_0$을 구한다. 표 [11.2.8.7]에 나타나 있는 기호들의 정의에 대하여는 식 (11.2.2.19)~(11.2.2.31)과 식 (11.2.10.10)~(11.2.10.26)을 참조하길 바란다. 확률론적 시나리오를 이용한 BEL 산출은 금리연동형상

표 [11.2.8.7] 할인율시나리오별 보험수리적 현가 및 BEL 산출결과

| 시나리오 (j) | $^{(j)}I_0$ | $^{(j)}O_0$ | | | |
|---|---|---|---|---|---|
| | $^{(j)}IP_0$ | $^{(j)}OS_0$ | $^{(j)}OW_0$ | $^{(j)}OE_0$ | |
| 1 | 2,361 | 565 | 873 | 516 | 1,955 |
| 2 | 2,193 | 383 | 728 | 500 | 1,612 |
| 3 | 2,168 | 562 | 828 | 508 | 1,898 |
| 4 | 2,050 | 158 | 535 | 483 | 1,176 |
| 5 | 2,224 | 247 | 651 | 495 | 1,393 |
| … | … | … | … | … | … |
| 605 | 2,241 | 398 | 758 | 504 | 1,660 |
| 606 | 2,324 | 596 | 899 | 517 | 2,012 |
| … | … | … | … | … | … |
| 648 | 2,282 | 641 | 861 | 513 | 2,015 |
| 649 | 2,008 | 242 | 575 | 485 | 1,301 |
| … | … | … | … | … | … |
| 999 | 2,387 | 701 | 950 | 522 | 2,174 |
| 1000 | 2,553 | 1,217 | 1,245 | 549 | 3,012 |
| $E^Q[\cdot]$ | $EI_0$ | $EO_0$ | | | |
| | $EIP_0$ | $EOS_0$ | $EOW_0$ | $EOE_0$ | $EO_0$ |
| | 2,273 | 492 | 807 | 509 | 1,808 |
| $BEL_0$ | $EO_0 - EI_0 = 1,808 - 2,273 = -465$(만) | | | | |

품의 보험부채 시가평가를 참조하길 바란다.

확률론적 시나리오를 이용한 $BEL_0$는 식 (11.2.3.11)에 의하여 다음과 같이 산출한다.

$$BEL_0 = EO_0 - EI_0 \qquad\qquad (11.2.8.11)$$
$$= 1,808 - 2,273 = -465(만)$$

(5) 결정론적 시나리오 $(y_0)$를 적용한 $^{(y_0)}APVCI$와 $^{(y_0)}APVCO$의 산출

결정론적 시나리오 $(y_0)$를 적용한 $^{(y_0)}APVCI$와 $^{(y_0)}APVCO$를 산출해 보면 다음 표와 같다.

표 [11.2.8.8] $(y_0)$ 적용 보험료의 보험수리적 현가($^{(y_0)}APVP_0$)

| $h$ (월) | $^{(y_0)}r_h$ (%) | $^{(y_0)}_0 pvf_h$ (1) | $_mP'^{\langle 12\rangle 일확}_x$ (2) | $P_h$ (3) | $l'^V_{x+h/12}$ (4) | $^{(y_0)}_0 PVTP_h$ (5) |
|---|---|---|---|---|---|---|
| 0 | 1.70 | 1.00000 | 272,000 | 272,000 | 1.00000000 | 272,000 |
| 1 | 1.72 | 0.99859 | 272,000 | 272,000 | 0.98255632 | 266,879 |
| ... | ... | ... | ... | ... | ... | ... |
| 119 | 2.22 | 0.78898 | 272,000 | 272,000 | 0.34412805 | 75,848 |
| 120 | 2.22 | 0.78719 | 272,000 | 272,000 | 0.34260345 | 75,374 |
| ... | ... | ... | ... | ... | ... | ... |
| 238 | 2.75 | 0.62860 | 272,000 | 272,000 | 0.25822106 | 45,898 |
| 239 | 2.78 | 0.62639 | 272,000 | 272,000 | 0.25768126 | 45,699 |
| 240 | 2.81 | 0.62414 | 0 | 0 | 0.25714259 | 0 |

$$^{(y_0)}APVP_0 = \sum_{h=0}^{239} {}^{(y_0)}_0 PVTP_h = \sum_{h=0}^{239} {}^{(y_0)}_0 pvf_h \times {}^{(y_0)}_0 TP_h = \sum_{h=0}^{239}(5) = 22,733,478\ (2,273만)$$

표 [11.2.8.9]  $(y_0)$ 적용 사망보험금의 보험수리적 현가($^{(y_0)}APVS_0$)

| $h$ (월) | $^{(y_0)}r_h$ (%) | $^{(y_0)}_0 pvf_{h+\frac{1}{2}}$ (1) | $_{h+1}V_x^{일확}$ | $S_{h+\frac{1}{2}}^{1)}$ (2) | $l_{x+\frac{h}{12}}^V$ (3) | $\frac{1}{12}q_{x+\frac{h}{12}}^{(1)V}$ (4) | $^{(y_0)}_0 PVTS_{h+\frac{1}{2}}$ (5) |
|---|---|---|---|---|---|---|---|
| 0 | 1.70 | 0.99930 | 201,083 | 100,000,000 | 1.00000000 | 0.00002320 | 2,318 |
| 1 | 1.72 | 0.99782 | 402,167 | 100,000,000 | 0.98256999 | 0.00002320 | 2,275 |
| … | … | … | … | … | … | … | … |
| 83 | 2.52 | 0.85255 | 17,973,000 | 100,000,000 | 0.40912876 | 0.00010721 | 3,802 |
| 84 | 2.50 | 0.85086 | 18,204,667 | 100,000,000 | 0.40661814 | 0.00011990 | 4,217 |
| … | … | … | … | … | … | … | … |
| 850 | 5.20 | 0.02148 | 99,912,833 | 100,000,000 | 0.00000014 | 0.27796221 | 0 |
| 851 | 5.20 | 0.02132 | 100,000,000 | 100,000,000 | 0.00000010 | 0.27796221 | 0 |

$$^{(y_0)}APVS_0 = \sum_{h=0}^{T-1}$$

$$^{(y_0)}_0 PVTS_{h+\frac{1}{2}} = \sum_{h=0}^{T-1} {}^{(y_0)}_0 pvf_{h+\frac{1}{2}} \times {}^{(y_0)}_0 TS_{h+\frac{1}{2}} = \sum_{h=0}^{T-1}(5) = 4,909,979(491만)$$

표 [11.2.8.10]  $(y_0)$ 적용 해약환급금의 보험수리적 현가($^{(y_0)}APVW_0$)

| $h$ (월) | $^{(y_0)}r_h$ (%) | $^{(y_0)}_0 pvf_{h+\frac{1}{2}}$ (1) | $W_{h+\frac{1}{2}}^{일확}$ (2) | $l_{x+\frac{h}{12}}^V$ (3) | $\frac{1}{12}q_{x+\frac{h}{12}}^{(2)V}$ (4) | $^{(y_0)}_0 PVTW_{h+\frac{1}{2}}$ (5) |
|---|---|---|---|---|---|---|
| 0 | 1.70 | 0.99930 | 0 | 1.00000000 | 0.01740681 | 0 |
| 1 | 1.72 | 0.99788 | 0 | 0.98256999 | 0.01740681 | 0 |
| … | … | … | … | … | … | … |
| 83 | 2.52 | 0.87333 | 17,839,203 | 0.40912876 | 0.00602931 | 38,143 |
| 84 | 2.50 | 0.87166 | 18,088,833 | 0.40661814 | 0.00514301 | 32,722 |
| … | … | … | … | … | … | … |
| 850 | 5.20 | 0.14058 | 99,869,250 | 0.00000014 | 0.00168214 | 0 |
| 851 | 5.20 | 0.14019 | 99,956,417 | 0.00000010 | 0.00168214 | 0 |

$$^{(y_0)}APVW_0 = \sum_{h=0}^{T-1} {}^{(y_0)}_0 PVTW_{h+\frac{1}{2}} = \sum_{h=0}^{T-1} {}^{(y_0)}_0 pvf_{h+\frac{1}{2}} \times {}^{(y_0)}_0 TW_{h+\frac{1}{2}} = \sum_{h=0}^{T-1}(5)$$
$$= 8,065,526(807만)$$

앞에서 산출한 $^{(y_0)}APVP$, $^{(y_0)}APVS$, $^{(y_0)}APVW$, $^{(y_0)}APVE$(별도 산출)는 첫 번째 기댓값

---

1) 사망보험금＝가입금액(S).

이다. $^{(y_0)}APVCI$와 $^{(y_0)}APVCO$는 다음과 같다.

$$^{(y_0)}APVCI = {}^{(y_0)}APVP \qquad (11.2.8.12)$$

$$^{(y_0)}APVCO = {}^{(y_0)}APVS + {}^{(y_0)}APVW + {}^{(y_0)}APVE \qquad (11.2.8.13)$$

$$= 4,909,979 + 8,065,526 + 5,085,392$$

$$= 18,060,898$$

결정론적 시나리오는 시나리오가 1개이며, 확률론적 시나리오를 이용하는 경우와 달리 BEL을 구하기 위하여 두 번째 기댓값을 구할 필요가 없다. 결정론적 시나리오를 이용한 $BEL_0$는 식 (11.2.3.19)에 의하여 다음과 같이 산출한다.

$$BEL_0 = {}^{(y_0)}APVCO - {}^{(y_0)}APVCI \qquad (11.2.8.14)$$

$$= 18,060,898 - 22,733,478 = -4,672,581(-467만)$$

(6) 부채평가분석

확률론적 시나리오를 이용한 보험부채 시가평가 결과 $BEL_0$은 $-465$(만)으로 산출된다. $(-)$의 $BEL_0$은 $EI_0 > EO_0$이란 의미이기 때문에 이익이 예상되는 상품인 것을 의미한다. 보험부채를 시가평가시 확률론적 시나리오를 사용하는 것이 원칙이나, 금리확정형 상품의 경우는 $(y_0)$를 이용한 결정론적 시나리오를 사용해도 된다. 금리확정형상품의 장래 현금흐름은 할인율과 무관하게 고정되어 있기 때문에, 금리확정형상품의 경우 확률론적 시나리오(1,000개)를 적용하여 산출한 $BEL_0^{STO}$과 결정론적 시나리오를 적용하여 산출한 $BEL_0^{DET}$은 이론적으로 동일해야 한다.

$$BEL_0^{STO} = EO_0 - EI_0$$

$$= {}^{(y_0)}APVCO - {}^{(y_0)}APVCI = BEL_0^{DET} \qquad (11.2.8.15)$$

그러나 Hull-White 이산형모형(월별 금리)을 사용하고, 난수 생성의 부정확성 등으로 인하여 어느 정도의 오차가 발생할 수 있다. 확률론적 시나리오를 사용한 $BEL_0^{STO}$과 결정론적 시나리오를 사용한 $BEL_0^{DET}$의 값을 구하면 다음과 같다. $EI_0$와 $^{(y_0)}APVCI$, $EO_0$의 세부내용과 $^{(y_0)}APVCO$의 세부내용들의 값을 비교해 보길 바란다.

표 [11.2.8.11]  확률론적 시나리오를 이용한 $BEL_0^{STO}$ 산출

| (단위: 원) | $EI_0$ | $EO_0$ | | | | $BEL_0^{STO}$ |
|---|---|---|---|---|---|---|
| | $EIP_0$ | $EOS_0$ | $EOW_0$ | $EOE_0$ | | |
| Stochastic | 22,734,316 | 4,924,264 | 8,071,032 | 5,085,863 | 18,081,158 | $-4,653,158$ |

표 [11.2.8.12]  조정무위험금리 기간구조 $(y_0)$를 이용한 $BEL_0^{DET}$ 산출

| (단위: 원) | $^{(y_0)}APVCI$ | $^{(y_0)}APVCO$ | | | | $BEL_0^{DET}$ |
|---|---|---|---|---|---|---|
| | $^{(y_0)}APVP$ | $^{(y_0)}APVS$ | $^{(y_0)}APVW$ | $^{(y_0)}APVE$ | | |
| Deterministic | 22,733,478 | 4,909,979 | 8,065,526 | 5,085,392 | 18,060,898 | $-4,672,581$ |

기초이론에서 설명한 할인율시나리오의 결과적정성 검증과 관련된 내용을 고찰해 보자. 표 [11.2.8.13]의 (5)와 (9)[$=(5)\times(8)$]을 이용하는 것은 BEL 산출식(Ⅱ)를 이용하 는 것이다. 표 [11.2.8.13]의 (5)와 (7)이 완전히 동일하지 않고, 따라서 (9)의 합과 (10) 의 합이 완전히 동일하지 않고, $h$가 커짐에 따라 오차가 약간씩 발생하는 것은 앞에서도 언급한 (i) 난수생성의 정확성, (ii) 연속형모형을 이산형모형으로 전환함에 따른 차이 등 으로 인한 것이다.

표 [11.2.8.13]  $E^Q[_0^{(j)}PVW_{h+1/2}]$와 $_0^{(y_0)}PVW_{h+1/2}$의 산출

| $h$ (월) | $j=605$ | | $j=648$ | | $\cdots$ | Stochastic | Deterministic | | 해지자 | $(5)\times(8)$ | $(7)\times(8)$ |
|---|---|---|---|---|---|---|---|---|---|---|---|
| | $^{(j)}r_h$ (%) | $_0^{(605)}PVW_{h+\frac{1}{2}}$ | $^{(j)}r_h$ (%) | $_0^{(648)}PVW_{h+\frac{1}{2}}$ | $\cdots$ | $\frac{1}{1000}\sum_{j=1}^{1000}{}_0^{(j)}PVW_{h+\frac{1}{2}}$ | $(y_0)$ (%) | $_0^{(y_0)}PVW_{h+\frac{1}{2}}$ | $l_{x+\frac{h}{12}}^V \times \frac{1}{12}q_{x+\frac{h}{12}}^{(2)V}$ | | |
| | (1) | (2) | (3) | (4) | $\cdots$ | (5) | (6) | (7) | (8) | (9) | (10) |
| 0 | 1.70 | 0 | 1.70 | 0 | $\cdots$ | 0 | 1.70 | 0 | 0.01740681 | 0 | 0 |
| 1 | 1.87 | 0 | 1.72 | 0 | $\cdots$ | 0 | 1.72 | 0 | 0.01710341 | 0 | 0 |
| 2 | 1.91 | 0 | 1.60 | 0 | $\cdots$ | 0 | 1.75 | 0 | 0.01680529 | 0 | 0 |
| $\cdots$ | $\cdots$ | $\cdots$ | $\cdots$ | $\cdots$ | $\cdots$ | $\cdots$ | $\cdots$ | $\cdots$ | $\cdots$ | $\cdots$ | $\cdots$ |
| 13 | 2.02 | 0 | 1.78 | 0 | $\cdots$ | 0 | 1.78 | 0 | 0.01872683 | 0 | 0 |
| 14 | 2.05 | 119,856 | 1.66 | 119,928 | $\cdots$ | 119,856 | 1.79 | 119,857 | 0.01828229 | 2,191 | 2,191 |
| $\cdots$ | $\cdots$ | $\cdots$ | $\cdots$ | $\cdots$ | $\cdots$ | $\cdots$ | $\cdots$ | $\cdots$ | $\cdots$ | $\cdots$ | $\cdots$ |
| 83 | 2.38 | 15,208,871 | 2.25 | 15,579,598 | $\cdots$ | 15,461,970 | 2.52 | 15,462,954 | 0.00246676 | 38,141 | 38,143 |
| 84 | 2.45 | 15,391,023 | 2.40 | 15,767,397 | $\cdots$ | 15,645,929 | 2.50 | 15,646,944 | 0.00209124 | 32,719 | 32,722 |
| $\cdots$ | $\cdots$ | $\cdots$ | $\cdots$ | $\cdots$ | $\cdots$ | $\cdots$ | $\cdots$ | $\cdots$ | $\cdots$ | $\cdots$ | $\cdots$ |
| 239 | 4.41 | 36,668,922 | 2.26 | 40,610,065 | $\cdots$ | 38,209,500 | 2.78 | 38,193,901 | 0.00043676 | 16,688 | 16,682 |
| 240 | 4.36 | 36,657,624 | 2.30 | 40,666,616 | $\cdots$ | 38,246,846 | 2.81 | 38,231,021 | 0.00043588 | 16,671 | 16,664 |
| $\cdots$ | $\cdots$ | $\cdots$ | $\cdots$ | $\cdots$ | $\cdots$ | $\cdots$ | $\cdots$ | $\cdots$ | $\cdots$ | $\cdots$ | $\cdots$ |
| 599 | 8.86 | 8,729,636 | 3.44 | 25,343,248 | $\cdots$ | 15,092,856 | 5.16 | 15,002,371 | 0.00008942 | 1,350 | 1,342 |
| 600 | 8.86 | 8,673,917 | 3.38 | 25,289,516 | $\cdots$ | 15,040,022 | 5.16 | 14,949,594 | 0.00008844 | 1,330 | 1,322 |

| $h$ (월) | $j = 605$ | | $j = 648$ | | $\cdots$ | Stochastic | Deterministic | | 해지자 | (5)×(8) | (7)×(8) |
|---|---|---|---|---|---|---|---|---|---|---|---|
| | $^{(j)}r_h$ (%) | $^{(605)}_0PVW_{h+\frac{1}{2}}$ | $^{(j)}r_h$ (%) | $^{(648)}_0PVW_{h+\frac{1}{2}}$ | $\cdots$ | $\frac{1}{1000}\sum_{j=1}^{1000}{}^{(j)}_0PVW_{h+\frac{1}{2}}$ | $^{(y_0)}$ (%) | $^{(y_0)}_0PVW_{h+\frac{1}{2}}$ | $l^V_{x+\frac{h}{12}}\times$ $_{\frac{1}{12}}q^{(2)V}_{x+\frac{h}{12}}$ | | |
| | (1) | (2) | (3) | (4) | $\cdots$ | (5) | (6) | (7) | (8) | (9) | (10) |
| $\cdots$ | $\cdots$ | $\cdots$ | $\cdots$ | $\cdots$ | $\cdots$ | $\cdots$ | $\cdots$ | $\cdots$ | $\cdots$ | $\cdots$ | $\cdots$ |
| 850 | 9.27 | 2,145,333 | 3.45 | 14,039,401 | $\cdots$ | 5,830,001 | 5.20 | 5,780,915 | 0.00000000 | 0 | 0 |
| 851 | 9.39 | 2,131,307 | 3.32 | 14,012,695 | $\cdots$ | 5,810,237 | 5.20 | 5,761,581 | 0.00000000 | 0 | 0 |
| | | | | | | | | | (합계) | 8,071,032 | 8,065,526 |

$$E^Q[{}^{(j)}_0PVW_{h+1/2}] = \frac{1}{1000}\sum_{j=1}^{1000}{}^{(j)}_0PVW_{h+1/2} = (5), \qquad {}^{(y_0)}_0PVW_{h+1/2} = (7)$$

$$E^Q[{}^{(j)}_0PVW_{h+1/2}] = (5) = (7) = {}^{(y_0)}_0PVW_{h+1/2} \text{ (어느 정도 오차 발생)}$$

$$E^Q[{}^{(j)}_0PVW_{h+1/2}]\text{ 기댓값} = \sum_{h=0}^{T-1}(9) = \sum_{h=0}^{T-1}(10) = {}^{(y_0)}_0PVW_{h+1/2}\text{ 기댓값(어느 정도 오차 발생)}$$

BEL산출식(II)의 $E^Q[{}^{(j)}_0PVW_{h+1/2}]$ 의 기댓값 $= E[E^Q({}^{(j)}_0PVW_{h+1/2})]$

$$= \sum_{h=0}^{T-1}[E^Q[{}^{(j)}_0PVW_{h+1/2}]\times\text{해지자}_h = \sum_{h=0}^{T-1}(5)\times(8) = \sum_{h=0}^{T-1}(9) = 8,071,032$$

BEL산출식(III)의 $^{(y_0)}_0PVW_{h+1/2}$ 의 기댓값 $= E[{}^{(y_0)}_0PVW_{h+1/2}] = {}^{(y_0)}APVW$

$$= \sum_{h=0}^{T-1}{}^{(y_0)}_0PVW_{h+1/2}\times\text{해지자}_h = \sum_{h=0}^{T-1}(7)\times(8) = \sum_{h=0}^{T-1}(10) = 8,065,526$$

## 9. 금리연동형상품의 사망보험금과 보너스적립액

### (1) 사망보험금의 종류와 기호 표기

금리연동형 UL종신보험의 (i) 사망보험금은 「(Max(기준사망보험금, 이미 납입한 보험료, 직전 월계약해당일 적립액의 101%)」이고, (ii) 사망보험금 지급의 특례조치에 따라 사망보험금과 해약환급금 중에서 큰 금액을 사망보험금으로 지급하며, 사망보험금에 보너스적립액($_{h+1/2}V^B_x$)을 더하여 지급한다. 이를 산식으로 표현하면 다음과 같다.

$$\text{특례후 사망보험금} = {}^{(j)}S_{h+1/2} = Max(\bar{S}^s_{h+1/2}, {}^{(j)}W_{h+1/2}) + {}_{h+1/2}V^B_x \qquad (11.2.9.1)$$

특례전 사망보험금 $^{(j)}\bar{S}^s_{h+1/2}$은 다음과 같다.[1]

$$^{(j)}\bar{S}^s_{h+1/2} = Max({}^{(j)}BS_{h+1/2}, INP_{h+1/2}, {}^{(j)}_hF^s_x\times101\%) \qquad (11.2.9.2)$$

---

1) GMDB보증이 적용되지 않는 사망보험금은($h\le h1(*)$인 경우 또는 $h1(*)$가 미발생한 경우) $^{(j)}\bar{S}^s_{h+1/2}$로 표기하고, GMDB보증이 적용되는 최저보증사망보험금은 $^{(j)}\bar{S}^{DB}_{h+1/2}$로 표기하기로 한다. $^{(j)}\bar{S}^{DB}_{h+1/2} = Max({}^{(j)}BS_{h+1/2}, INP_{h+1/2})$. GMDB보증은 Case3, 4에서 나타나고 Case1, 2에서는 나타나지 않는다.

(a) $^{(j)}BS1_{h+1/2}$ : 기준사망보험금

$$0 \le h \le (12 \times 2) - 1, \quad ^{(j)}BS1_{h+1/2} = S \tag{11.2.9.3}$$

$$h > (12 \times 2) - 1, \quad ^{(j)}BS1_{h+1/2} = S + EP_{h+1/2} - \sum_{s=24}^{h^+} {}^{(j)}C_s \tag{11.2.9.4}$$

단, $EP_{h+1/2}$ (초과납입액): 납입보험료 총액이 영업보험료가 매월 정상적으로 납입된 것으로 가정한 금액보다 큰 경우 그 초과액[1]

(b) $INP_{h+1/2}$ : 이미 납입한 보험료

$$INP_{h+1/2} = \sum_{s=0}^{h^+} (P_s^{(b)} + P_s^{(c)}) - \sum_{s=24}^{h^+} C_s \tag{11.2.9.5}$$

단, $P_s^{(b)}$: 기본보험료, $P_s^{(c)}$: 추가보험료, $C_s$: 중도인출

가정1을 보험부채 시가평가모형에 적용할 경우 초과납입액 =0, 중도인출=0이므로 기준사망보험금은 $S$(보험가입금액)가 된다. 가정1을 적용할 경우 추가보험료=0, 중도인출=0이므로 이미 납입한 보험료도 기본보험료 납입 합계액이 된다.

$$^{(j)}BS1_{h+1/2} = S \tag{11.2.9.6}$$

$$INP_{h+1/2} = \sum_{s=0}^{h^+} P_s^{(b)} \tag{11.2.9.7}$$

본예시에서는 구체적으로 고찰하지는 않지만 월대체보험료의 중요한 구성항목인 금리연동형 UL종신보험에 적용되는 위험보험료는 사망보험금이 $^{(j)}\overline{S}_{h+1/2}^s$ 이므로 다음과 같다($^{(j)}\overline{S}_{h+1/2}^s$ 와 $_{h+1/2}F_x^s$ 를 $h$ 시점에서 알 수 없기 때문에 $^{(j)}\overline{S}_h^s$ 와 $_hF_x^s$ 를 사용).

$$RP_h^s = (\overline{S}_h^s \times v^{(1/24)} - {}_hF_x^s) \times \frac{q_{x+k}'^{(1)}}{12} \tag{11.2.9.8}$$

일반적인 금리연동형상품에서 사망보험금이 $(S + 계약자적립액)$인 경우의 위험보험료는 다음과 같다.

$$RP_h^s = (\overline{S}_h^s \times v^{(1/24)}) \times \frac{q_{x+k}'^{(1)}}{12} \quad (\text{월단위 장래현금흐름 모형}) \tag{11.2.9.9}$$

$$RP_k^s = (\overline{S}_k^s \times v^{(1/2)}) \times q_{x+k}'^{(1)} \quad (\text{연단위 장래현금흐름 모형}) \tag{11.2.9.10}$$

---

1) 본 예시의 가정1 적용시에는 초과납입액 = 0.

(2) 보너스적립액

(a) 보너스 지급에 관한 사항

보험사에서 판매중인 금리연동형 UL종신보험은 특정시점에 유지보너스[1] 및 납입보너스[2]를 적립액에 가산해주는 형태로 상품을 운영하고 있는데, 보너스 지급을 위한 재원은 보험료 산출시 별도로 반영하지 않고 사업비에서 충당한다. 본 예시에서 적용하는 보너스율은 대형사에서 적용하고 있는 일반형 종신보험의 보너스율을 참고하여 다음과 같이 가정하였다.

표 [11.2.9.1] 유지보너스 발생시점 및 발생액

| 유지보너스 발생시점 | 유지보너스 발생액($YBonus_h^{B(1)}$) |
|---|---|
| 35개월 경과시점 월계약해당일 (h=35) | $12 \times 3 \times 3.0\% \times {}_mP'^{\langle 12 \rangle}_x$ |
| 59개월 경과시점 월계약해당일 (h=59) | $12 \times 2 \times 3.0\% \times {}_mP'^{\langle 12 \rangle}_x$ |
| 119개월 경과시점 월계약해당일 (h=119) | $12 \times 5 \times 4.5\% \times {}_mP'^{\langle 12 \rangle}_x$ |
| 239개월 경과시점 월계약해당일 (h=239) | $12 \times 10 \times 4.5\% \times {}_mP'^{\langle 12 \rangle}_x$ |

표 [11.2.9.2] 납입보너스 발생시점 및 발생액

| 납입보너스 발생시점[3] | 납입보너스 발생액($NBonus_{h+1}^{B(2)}$) |
|---|---|
| 5년 경과시점 연계약해당일 (h=60) | 3차년도부터 5차년도 기간 동안 납입한 보험료의 0.5% |
| 10년 경과시점 연계약해당일 (h=120) | 6차년도부터 10차년도 기간 동안 납입한 보험료의 0.5% |
| 15년 경과시점 연계약해당일 (h=180) | 11차년도부터 15차년도 기간 동안 납입한 보험료의 1.0% |
| 20년 경과시점 연계약해당일 (h=240) | 16차년도부터 20차년도 기간 동안 납입한 보험료의 1.5% |

보너스 발생일에 보너스 발생액을 적립액에 가산하기 위해 기초서류에서 정한 방법에 따라 회사는 미리 적립하는데, 이를 보너스적립액이라고 한다. 보너스 발생일 이전에 사망하게 될 경우 「사망시점까지 적립된 총보너스적립액(유지보너스 적립액과 납입보너스 적립액의 합계)」을 사망보험금에 추가하여 지급한다.[4] 단, 유지보너스 적립액 및 납입보

---

1) 보너스 발생일에 계약 유지시 보험료의 일정비율에 해당하는 금액을 적립액에 가산(보험료의 납입여부에 무관하게 지급).
2) 보너스 발생일까지 실제 납입한 보험료의 일정비율에 해당하는 금액을 적립액에 가산.
3) 약관상 피보험자의 100세 연계약해당일까지 매 5년 경과시점 연계약해당일에 납입보너스가 발생(보너스 비율은 20년 경과시점 이후 동일)하나, 본 예시의 가정1에서는 납입기간 이후에는 보험료 납입이 없다고 가정.
4) 사망보험금 지급의 특례조치 (ii).

너스 적립액은 보너스 발생일에는 소멸되고 적립액($F^s, F^e$)에 가산되기 때문에, 소멸된 보너스적립액은 사망보험금에 추가하여 지급되지 않는다. 또, 본 예시의 보너스 지급 가정(가정1)에 따라 $h = 240$ 이후에는 모든 유지보너스 및 납입보너스가 이미 발생하여 적립액에 투입되므로 더 이상 보너스적립액이 발생하지 않는다.

(b) $_{h+1}V_x^{B(1)}$ : $h+1$시점 유지보너스적립액

유지보너스/납입보너스 적립액 산출방법은 다음과 같다. 각 보너스 적립액 계산시의 이자율($i$)는 평균공시이율[1]을 적용한다. 본예시에서는 $i = 2.25\%$를 적용하기로 한다.

$$_0V_x^{B(1)} = 0 \tag{11.2.9.11}$$

$$_{h+1}V_x^{B(1)} = \left(_hV_x^{B(1)} + EP_h^{B(1)} - YBonus_h^{B(1)}\right) \times (1+i)^{1/12} \tag{11.2.9.12}$$

$$\text{단, } EP_h^{B(1)} = \frac{EYBonus_h^{B(1)} \times (1+i)^{-(12 \times n - 1)/12}}{12 \times \ddot{a}_{\overline{n}|}^{(12)}} \tag{11.2.9.13}$$

$$\ddot{a}_{\overline{n}|}^{(12)} = \frac{1-v^n}{d^{(12)}} = \frac{1-v^n}{12 \times (1-v^{1/12})}, \quad v = 1/(1+i) \tag{11.2.9.14}$$

표 [11.2.9.3] $h$에 따른 유지보너스 발생액과 예상액

| $YBonus_h^{B(1)}$(유지보너스 발생액) | | $EYBonus_h^{B(1)}$(유지보너스 예상액) | | |
|---|---|---|---|---|
| $h=35$ | $12 \times 3 \times 3.0\% \times {}_mP'^{\langle 12 \rangle}_x$ | $0 \leq h < 36$ | $n=3$ | $12 \times 3 \times 3.0\% \times {}_mP'^{\langle 12 \rangle}_x$ |
| $h=59$ | $12 \times 2 \times 3.0\% \times {}_mP'^{\langle 12 \rangle}_x$ | $36 \leq h < 60$ | $n=2$ | $12 \times 2 \times 3.0\% \times {}_mP'^{\langle 12 \rangle}_x$ |
| $h=119$ | $12 \times 5 \times 4.5\% \times {}_mP'^{\langle 12 \rangle}_x$ | $60 \leq h < 120$ | $n=5$ | $12 \times 5 \times 4.5\% \times {}_mP'^{\langle 12 \rangle}_x$ |
| $h=239$ | $12 \times 10 \times 4.5\% \times {}_mP'^{\langle 12 \rangle}_x$ | $120 \leq h < 240$ | $n=10$ | $12 \times 10 \times 4.5\% \times {}_mP'^{\langle 12 \rangle}_x$ |
| 그 외 $h$ | 0 | $h \geq 240$ | | 0 |

(c) $_{h+1}V_x^{B(2)}$ : $h+1$시점 납입보너스적립액

$$(s=1, 0 \leq h < 24) \quad _{h+1}V_x^{B(2)} = 0 \tag{11.2.9.15}$$

$$(s=1, 24 \leq h < 60) \quad _{h+1}V_x^{B(2)} = \frac{NBonus_{h+1}^{B(2)}}{\left(1+\dfrac{d_{h+1}}{365} \times i\right) \times (1+i)^{(t_1 - y_h)}} \tag{11.2.9.16}$$

$$(s \geq 2, t_{s-1} \times 12 \leq h < t_s \times 12)$$

---

1) 감독원장이 정하는 바에 따라 산정한 전체 보험회사 공시이율의 평균[보험업감독업무시행세칙 제 4-4조(평균공시이율)]으로 계약 체결시점의 평균공시이율을 적용하며, 평균공시이율은 금융감독원 홈페이지(www.fss.or.kr) 공시.

$$_{h+1}V_x^{B(2)} = \frac{NBonus_{h+1}^{B(2)}}{(1+\frac{d_{h+1}}{365}\times i)\times(1+i)^{(t_s-y_h)}}$$ (11.2.9.17)

$$NBonus_{h+1}^{B(2)} = SUMSNP_h^{(s)} \times \text{납입보너스 비율}(b_s)$$ (11.2.9.18)

$$= \left[\sum_g^h SNP_g^{(s)}\right] \times b_s$$ (11.2.9.19)

$h$: 가입후 경과월수(단, 월미만 일수에 대하여는 일수 계산)

$t_s$: 가입후 매 5년 경과시점(경과 20년까지)

$t_0 = 0,\ t_s = t_{s-1} + 5(\text{년}),\quad s = 1, 2, 3, 4$

$d_{h+1}$: $(h+1)$시점부터 $h$시점이 속한 해당 보험연도말$(k+1)$까지의 경과일수

$y_h$: $h$가 속한 보험연도(년수) $(=[\frac{h}{12}]+1=k+1),\ k=0, 1, ..., 19$

$,\ y_h=1, 2, ..., 20$

$SNP_g^{(s)}$: $s$에 따른 $g$시점(월) 실제 납입한 보험료, $y_h=1, 2, ..., 20$

$SUMSNP_h^{(s)}$: $s$에 따른 $h$시점(월)까지 실제 납입한 보험료의 합,[1]

$(s = 1, 2, 3, 4)$

표 [11.2.9.4]  $h$에 따른 실제 납입한 보험료의 합

| $h$ | $s$ | $SUMSNP_h^{(s)}$ | 납입보너스 비율$(b_s)$ |
|---|---|---|---|
| $24 \le h < t_1\times12$ | 1 | $\sum_{g=24}^h SNP_g^{(s)}$ | 0.5% |
| $t_{s-1}\times12 \le h < t_s\times12$ | 2 | $\sum_{g=t_{s-1}\times12}^h SNP_g^{(s)}$ | 0.5% |
| | 3 | | 1.0% |
| | 4 | | 1.5% |

(d) 보너스적립액 수준

$h+1$시점 총보너스적립액$(_{h+1}V_x^B)$은 유지보너스적립액$(_{h+1}V_x^{B(1)})$과 납입보너스적립액$(_{h+1}V_x^{B(2)})$을 합한 금액이다.

$$_{h+1}V_x^B = {_{h+1}V_x^{B(1)}} + {_{h+1}V_x^{B(2)}}$$ (11.2.9.20)

---

1) 실제 납입한 보험료의 합 계산시 추가납입 보험료도 포함이며, 중도인출을 하더라도 중도인출액은 차감하지 않는다. 앞의 설명은 실제 운용이고, 본예시의 가정1에서는 보험료납입률이 100%이므로, 추가납입 보험료도 없고, 따라서 기본보험료만 20년 동안 납입되며, 납입보너스 적용기간도 20년이 되며 이와 같은 상황이 보험부채 평가모형에 적용된다.

표 [11.2.9.5]  유지/납입보너스 발생액 및 적립액(가정1)

| $h$<br>(월) | 유지보너스적립액 | | 납입보너스적립액 | | 보너스적립액<br>$_{h+1}V_x^B$ |
|---|---|---|---|---|---|
| | $YBonus_h^{B(1)}$<br>(발생액) | $_{(h+1)^-}V_x^{B(1)}$<br>(적립액) | $NBonus_{h+1}^{B(2)}$<br>(발생액) | $_{h+1}V_x^{B(2)}$<br>(적립액) | |
| 0 | 0 | 7,913 | 0 | 0 | 7,913 |
| 1 | 0 | 15,840 | 0 | 0 | 15,840 |
| 2 | 0 | 23,782 | 0 | 0 | 23,782 |
| … | … | … | … | … | … |
| 22 | 0 | 185,755 | 0 | 0 | 185,755 |
| 23 | 0 | 194,013 | 0 | 0 | 194,013 |
| 24 | 0 | 202,285 | 0 | 1,275 | 203,560 |
| 25 | 0 | 210,574 | 0 | 2,554 | 213,127 |
| … | … | … | … | … | … |
| 33 | 0 | 277,434 | 0 | 12,959 | 290,394 |
| 34 | 0 | 285,862 | 0 | 14,282 | 300,144 |
| 35 | 293,760 | 0 | 0 | 15,610 | 15,610 |
| 36 | 0 | 8,002 | 0 | 16,942 | 24,944 |
| … | … | … | … | … | … |
| 57 | 0 | 179,518 | 0 | 46,067 | 225,585 |
| 58 | 0 | 187,853 | 0 | 47,512 | 235,364 |
| 59 | 195,840 | 0 | 48,960 | 48,960 | 48,960 |
| 60 | 0 | 11,604 | 0 | 1,219 | 12,823 |
| … | … | … | … | … | … |
| 117 | 0 | 709,896 | 0 | 78,585 | 788,481 |
| 118 | 0 | 722,818 | 0 | 80,090 | 802,907 |
| 119 | 734,400 | 0 | 81,600 | 81,600 | 81,600 |
| 120 | 0 | 10,959 | 0 | 2,438 | 13,397 |
| … | … | … | … | … | … |
| 177 | 0 | 670,448 | 0 | 157,171 | 827,618 |
| 178 | 0 | 682,651 | 0 | 160,180 | 842,831 |
| 179 | 0 | 694,877 | 163,200 | 163,200 | 858,077 |
| 180 | 0 | 707,126 | 0 | 3,657 | 710,783 |
| … | … | … | … | … | … |
| 237 | 0 | 1,444,222 | 0 | 235,756 | 1,679,978 |
| 238 | 0 | 1,457,861 | 0 | 240,269 | 1,698,131 |
| 239 | 1,468,800 | 0 | 244,800 | 244,800 | 244,800 |
| 240 | 0 | 0 | 0 | 0 | 0 |

유지보너스와 납입보너스의 보너스비율 차이가 크기 때문에, 보너스적립액의 규모
도 유지보너스 적립액이 납입보너스 적립액보다 훨씬 크다. 그림 [11.2.9.1]에 나타나 있

듯이 2가지 보너스 모두 해당 보너스가 발생하고 나면 보너스적립액은 소멸했다가, 다음 보너스 발생액을 위해 다시 적립되는 구조이다.

그림 [11.2.9.1] 유지/납입보너스적립액(가정1)

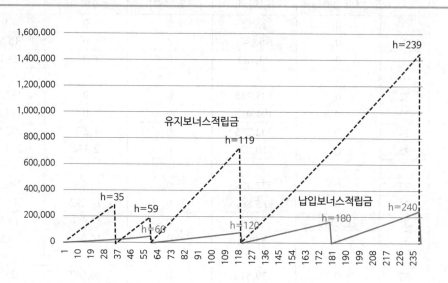

예제 11.2.9.1

표 [11.2.10.3]의 사망보험금 $^{(j)}S1_{1+1/2} = 100,011,876$로 가입금액(1억)을 초과한다. $^{(j)}S1_{1+1/2}$을 산출하시오.

풀이

1억 초과분(11,876)은 $h = 1 + 1/2$시점 총보너스적립액($_{1+1/2}V_x^B$)이다. $_{1+1/2}V_x^{B(1)}(= 11,876)$는 표 [11.2.9.5]의 $_1V_x^{B(1)} = 7,913$과 $_2V_x^{B(1)} = 15,840$의 평균값이며, $_{1+1/2}V_x^{B(2)} = 0$이다.

$$_{1+1/2}V_x^B = {}_{1+1/2}V_x^{B(1)} + {}_{1+1/2}V_x^{B(2)}$$
$$= (7,913 + 15,840)/2 + 0 = 11,876$$

예제 11.2.9.2

첫 번째 유지보너스 발생액인 $YBonus_{35}^{B(1)} = 293,760$를 표 [11.2.9.5]의 $_{35}V_x^{B(1)}$를 이용하여 산출하시오.

풀이

$_{35}V_x^{B(1)}$를 이용한 $YBonus_{35}^{B(1)}$는 다음과 같이 계산된다.

$0 \leq h \leq 35$에서

$$EYBonus_h^{B(1)} = 12 \times 3 \times 3.0\% \times 272{,}000 = 293{,}760$$

$$\ddot{a}_{\overline{3}|}^{(12)} = \frac{1-v^3}{d^{(12)}} = \frac{1-v^3}{12\times(\ 1-v^{1/12})} = \frac{1-(1.0225)^{-3}}{12\times(\ 1-1.0225^{-1/12})} = 2.90475522$$

$$EP_h^{B(1)} = \frac{293{,}760\times(1+i)^{-(12\times3-1)/12}}{12\times\ddot{a}_{\overline{3}|}^{(12)}} = 7{,}898\ (i\ =\ 2.25\%)$$

$$YBonus_{35^0}^{B(1)} = {}_{35^-}V_x^{B(1)}\ (h = 35^-월초)^{1)} + EP_{35^0}^{B(1)}\ (h = 35^0월초)$$
$$= 285{,}862 + 7{,}898 = 293{,}760$$

표 [11.2.9.3]의 유지보너스 발생액으로부터 구한 값과 동일함을 알 수 있다.

$$YBonus_{35^0}^{B(1)} = 12 \times 3 \times 3.0\% \times {}_mP_x'^{\langle12\rangle}$$
$$= 12 \times 3 \times 3.0\% \times 272{,}000 = 293{,}760$$

## 10. 금리연동형상품 Case1의 보험부채 시가평가

### (1) 분석상품 종류(Case)와 가정

금리연동형상품의 종류는 Case1~Case4의 4가지가 있을 수 있으며 기본분석에서는 Case1을 자세히 분석하기로 한다. 기본분석에서 부채평가 목적의 장래현금흐름 산출을 위한 가정은 가정1(기본가정)을 적용한다. 가정1(기본가정)은 위험률, 해지율, 사업비율 및 공시이율 조정률에 대한 가정이다.[2) 금리연동형상품의 보험부채 시가평가 기본분석에서는 가정1이 적용된 Case1 상품을 이용한다

### (2) 경과월별 사망자수와 해지자수

경과월별 유지자수는 지속적으로 감소하고 특히 연령이 많이 높아지면 유지자수는 아주 작아진다. 이 때문에 고연령에서 사망률은 높아도 $TS_h$, $PVTS_h$는 아주 작은 값을 가질 수 있으며 이러한 현상은 장래현금흐름을 이해하는데 필수적인 사항이다.

연령이 높아짐에 따라 절대사망률은 증가하지만, 절대사망률이 증가해도 $h$경과월 유지자가 감소하여 $h$경과월 사망자수는 감소할 수 있다. 사망자수는 점차 증가하다 88세 ($h = 576$) 이후는 감소한다. 연중에는 CFM 가정을 적용하므로 1년 단위로(동일 $k$에서) $t'$ 가 증가함에 따라 사망자수가 감소한다.[3) 표 [11.2.10.1]에서 $h = 576 \sim 587$에서 $q_{x+48}'^{(1)} = 0.09864$이고 $_{1/12}q_{x+(h/12)}^{(1)V} = 0.00842914$로 동일값이지만, $h = 576 \sim 587$에서(동일 $k = 48$

---

1) 따라서 $_{35^+}V_x^{B(1)} = 0\ (h = 35^+월초)$가 되고 $_{36^-}V_x^{B(1)} = 0$이다.

2) 보험료납입률=100%이므로 추가납입도 없고, 보험료는 20년 동안만 기본보험료만 납입되고 따라서 납입 보너스도 20년만 적용된다.

3) CFM 가정은 매월 동일 사망률을 가정하므로 연중에는 $t'$가 증가함에 따라 유지자수가 감소함에 따라 사 망자수(=유지자×동일사망률)가 감소한다.

그림 [11.2.10.1] 경과월별 유지자수

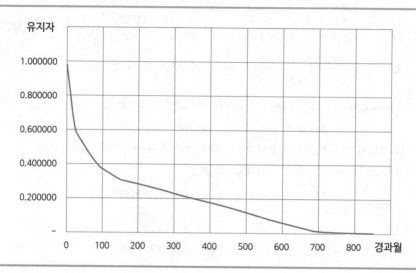

그림 [11.2.10.2] 경과월별 다중탈퇴 월사망률 및 월사망자수

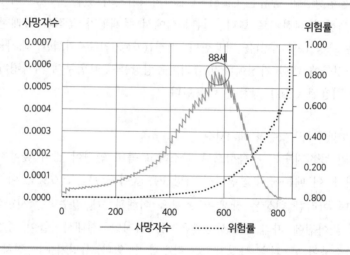

에서 $t'$가 증가함에 따라) 사망자수는 감소한다. 그러나 $q'^{(1)}_{x+49} = 0.10853$, $_{1/12} q^{(1)V}_{x+(h/12)} = 0.00931935$로 연령별 사망률이 증가하기 때문에 연령이 89세로 바뀌는 $h = 588$에서 사망자수는 증가한다. 그러나 $q^{*(2)V일}_{x+48} = q^{*(2)V일}_{x+49} = 0.02$로 일정하기 때문에 해지자수는 연령이 바뀌어도 계속 감소한다.

표 [11.2.10.1]  경과월별 다중탈퇴 월사망률/월해지율 및 월사망자수/월해지자수

| h | 연령 | 유지자 | 해지율(월) | 사망률(월) | 사망자수 | 해지자수 |
|---|---|---|---|---|---|---|
| … | … | … | (다중탈퇴율) | (다중탈퇴율) | … | … |
| 570 | 87 | 0.07169839 | 0.00168214 | 0.00753079 | 0.00053995 | 0.00012061 |
| 571 | 87 | 0.07103783 | 0.00168214 | 0.00753079 | 0.00053497 | 0.00011950 |
| 572 | 87 | 0.07038337 | 0.00168214 | 0.00753079 | 0.00053004 | 0.00011839 |
| 573 | 87 | 0.06973493 | 0.00168214 | 0.00753079 | 0.00052516 | 0.00011730 |
| 574 | 87 | 0.06909247 | 0.00168214 | 0.00753079 | 0.00052032 | 0.00011622 |
| 575 | 87 | 0.06845592 | 0.00168214 | 0.00753079 | 0.00051553 | 0.00011515 |
| 576 | 88 | 0.06782524 | 0.00168214 | 0.00842914 | 0.00057171 | 0.00011409 |
| 577 | 88 | 0.06713944 | 0.00168214 | 0.00842914 | 0.00056593 | 0.00011294 |
| 578 | 88 | 0.06646058 | 0.00168214 | 0.00842914 | 0.00056021 | 0.00011180 |
| 579 | 88 | 0.06578858 | 0.00168214 | 0.00842914 | 0.00055454 | 0.00011067 |
| 580 | 88 | 0.06512337 | 0.00168214 | 0.00842914 | 0.00054893 | 0.00010955 |
| 581 | 88 | 0.06446489 | 0.00168214 | 0.00842914 | 0.00054338 | 0.00010844 |
| 582 | 88 | 0.06381307 | 0.00168214 | 0.00842914 | 0.00053789 | 0.00010734 |
| 583 | 88 | 0.06316783 | 0.00168214 | 0.00842914 | 0.00053245 | 0.00010626 |
| 584 | 88 | 0.06252913 | 0.00168214 | 0.00842914 | 0.00052707 | 0.00010518 |
| 585 | 88 | 0.06189688 | 0.00168214 | 0.00842914 | 0.00052174 | 0.00010412 |
| 586 | 88 | 0.06127102 | 0.00168214 | 0.00842914 | 0.00051646 | 0.00010307 |
| 587 | 88 | 0.06065149 | 0.00168214 | 0.00842914 | 0.00051124 | 0.00010202 |
| 588 | 89 | 0.06003823 | 0.00168214 | 0.00931935 | 0.00055952 | 0.00010099 |
| 589 | 89 | 0.05937772 | 0.00168214 | 0.00931935 | 0.00055336 | 0.00009988 |
| … | … | … | … | … | … | … |

높은 해지율이 적용되는 초기 3년의 해지자수는 크지만 이후 감소한다. 해지율이 높은 초기 3년간은 유지자수가 급격히 감소하다가 이후 완만하게 감소한다.

그림 [11.2.10.3] 경과월별 다중탈퇴 월해지율 및 월해지자수

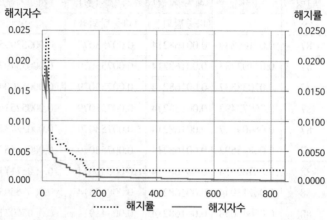

예제 11.2.10.1

표 [11.2.10.1]에서 $q'^{(1)}_{x+48} = 0.09864$, $q^{*(2)V일}_{x+48} = 0.02$(표 [11.1.7.2], 표 [11.2.7.1] 해지율 가정)이다. 다음을 구하시오.

(1) 월기준 사망의 절대탈퇴율 $q'^{(1)Vm}_{x+48} = {}_{1/12}q'^{(1)V일}_{x+h/12}$

(2) 월기준 해약의 상대탈퇴율 $q^{*(2)Vm일}_{x+48} = {}_{1/12}q^{*(2)V일}_{x+h/12}$

(3) 보험부채평가 목적의 사망의 다중탈퇴율(월기준) $q^{(1)Vm일}_{x+48}({}_{1/12}q^{(1)V일}_{x+h/12})$

$q^{(1)Vm일}_{x+48} = {}_{1/12}q^{(1)V일}_{x+h/12} = {}_{1/12}q'^{(1)V}_{x+h/12} \times (1 - {}_{1/12}q^{*(2)V일}_{x+h/12}/2)$를 이용하시오

(4) 보험부채평가 목적의 해지의 다중탈퇴율(월기준) $q^{(2)Vm일}_{x+48}({}_{1/12}q^{(2)V일}_{x+h/12})$

$q^{(2)Vm일}_{x+48} = {}_{1/12}q^{(2)V일}_{x+h/12} = {}_{1/12}q^{*(2)V일}_{x+h/12} = q^{*(2)Vm일}_{x+48}$ 를 이용하시오.

(5) $h = 576,587$의 사망자수. $h = 588$의 사망자수

   ($q'^{(1)}_{x+47} = 0.08856$   $q'^{(1)}_{x+49} = 0.10853$)

(6) $h = 576,587$의 해지자수. $h = 588$의 해지자수

(7) 표 [11.2.10.1]의 사망자수에 ${}_{1/12}d^{V일}_{x+576/12} = 0.00057171$로 나타나 있다. 표 [11.2.10.3]의 ${}^{(j)}_{0}PVTS1_{576+1/2}$의 값을 구하시오.

풀이

(1) 월기준 사망의 절대탈퇴율

$q'^{(1)V일}_{x+48} = q'^{(1)V저}_{x+48} = q'^{(1)V}_{x+48} = Min\,(q'^{(1)}_{x+48} \times A/E\,Ratio\,,\,1)$

$= 0.09864 \times 98\% = 0.09666720$

$$q'^{(1)Vm}_{x+48} = {}_{1/12}q'^{(1)V일}_{x+h/12} = 1 - (1 - q'^{(1)V}_{x+48})^{1/12}$$
$$= 1 - (1 - 0.09666720)^{1/12} = 0.00843623$$

(2) 월기준 해약의 상대탈퇴율 $q^{*(2)Vm일}_{x+48} = {}_{1/12}q^{*(2)V일}_{x+h/12}$

$$q^{*(2)Vm일}_{x+48} = {}_{1/12}q^{*(2)V일}_{x+h/12} = 1 - (1 - q^{*(2)V일}_{x+48})^{1/12} = 1 - (1 - 0.2)^{1/12} = 0.00168214$$

(3) 보험부채평가 목적의 사망의 다중탈퇴율(월기준) $q^{(1)Vm일}_{x+48}({}_{1/12}q^{(1)V일}_{x+h/12})$

$$q^{(1)Vm일}_{x+48} = {}_{1/12}q^{(1)V일}_{x+h/12} = {}_{1/12}q'^{(1)V}_{x+h/12} \times (1 - {}_{1/12}q^{*(2)V일}_{x+h/12}/2)$$
$$= 0.00843623 \times (1 - 0.00168214/2) = 0.00842914$$

(4) 보험부채평가 목적의 해지의 다중탈퇴율(월기준) $q^{(2)Vm일}_{x+48}({}_{1/12}q^{(2)V일}_{x+h/12})$

$$q^{(2)Vm일}_{x+48} = {}_{1/12}q^{(2)V일}_{x+h/12} = {}_{1/12}q^{*(2)V일}_{x+h/12} = q^{*(2)Vm일}_{x+48} = 0.00168214$$

(5) $h = 576, 587$의 사망자수, $h = 588$의 사망자수($q'^{(1)}_{x+49} = 0.10853$)

$$h = 576, \quad {}_{1/12}d^{V일}_{x+576/12} = 0.06782524 \times 0.00842914 = 0.00057171$$
$$h = 587, \quad {}_{1/12}d^{V일}_{x+587/12} = 0.06065149 \times 0.00842914 = 0.00051124$$
$$h = 588, \quad {}_{1/12}d^{V일}_{x+588/12} = 0.06003823 \times 0.00931935 = 0.00055952$$

(6) $h = 576, 587$의 해지자수, $h = 588$의 해지자수

$$h = 576, \quad {}_{1/12}dw^{V일}_{x+576/12} = 0.06782524 \times 0.00168214 = 0.00011180$$
$$h = 587, \quad {}_{1/12}dw^{V일}_{x+587/12} = 0.06065149 \times 0.00168214 = 0.00010202$$
$$h = 588, \quad {}_{1/12}dw^{V일}_{x+588/12} = 0.06003823 \times 0.00168214 = 0.00010099$$

(7) ${}^{(j)}_0PVTS1_{576+1/2} = 1억 \times {}_{1/12}d^{V일}_{x+576/12} \times {}^{(j)}_0pvf_{576+1/2}$
$$= 1억 \times 0.00057171 \times 0.29819 = 17,047.82$$

$h + 1/2 = 576.5$에서 사망자수가 최대인 것을 표 [11.2.10.3]에서 확인할 수 있다.

(3) Case1의 장래현금흐름 분석

Case1을 분석하므로 모든 기호에 1을 표기하기로 한다.

(a) 보 험 료

기본분석에서는 가정1(기본가정) 적용에 따라 정상납을 가정하므로 납입기간내 보험료납입률은 100%이고 추가납입도 없다. $j = 648$하에서 보험료의 보험수리적 현가인 ${}^{(j)}APVP1_0$는 2,282만으로 산출된다.

(b) 사망보험금

(i) $h(*)$ 관련 발생시점: 해약환급금과 월대체보험료를 비교한다. 7년 이후의 해약공제액은 0이므로 7년 이후에는 ${}^{(j)}_{h+1}W^s_x1 = {}^{(j)}_{h+1}F^s_x1$이다. ${}^{(648)}_{645-}W^s_x1(=1,130,532^{1)}) < {}^{(648)}B1^s_{645}$

---

1) ${}^{(648)}Wl^s_{645}$는 해약급부를 나타낸다. ${}^{(648)}Wl^s_{645} = 1,130,532, = {}^{(648)}_{645}W^s_x1$ (Case1의 해약환급금).
${}^{(648)}_{645-}W^s_x1 = {}^{(j)}_{(644+1)}F^s_x1$이므로 ${}^{(j)}_{h+1}F^s_x1$에서 확인할 수 있다.

$(=1,372,729)$이므로 $h1(*)=645$이다($h3(*)$ 미적용).

(ii) GMDB보증이 없는 경우 사망보험금 지급기간: $^{(j)}_{645}\text{-}W_x^s1$를 $h1(*)=645$의 월대체 보험료로 사용하고 $h1(*)+1/2=645.5$까지 사망보험금[1]이 지급된다. GMDB보증이 없으므로 사망보험금 지급기간 확대는 없다.

(iii) 사망보험금 수준과 $^{(j)}APVS1_0$: 경과월별 사망보험금 수준을 살펴보면, $h=239$까지는 사망보험금이 가입금액(1억)을 초과하는데, 유지보너스 및 납입보너스 적립액이 가산되기 때문이다. 예를 들어,

$$^{(648)}S1_{1.5} = Max(\bar{S}1_{1.5}^s, {}^{(648)}W1_{1.5}) + {}_{1.5}V_x^B \tag{11.2.10.1}$$

$$= \bar{S}1_{1.5}^s + {}_{1.5}V_x^B \tag{11.2.10.2}$$

$$= 1\text{억} + 11,876\text{원} = 100,011,876\text{이다.}[2]$$

$^{(j)}APVS1_0$는 583만으로 산출된다. $j=648$ 시나리오의 공시이율 수준이 낮아, 가정1을 적용(정상납입, 중도인출 미반영)하였음에도 계약이 중도에 소멸하였으나, 높은 공시이율 시나리오에서는 종신까지 계약 유지 및 사망 보장이 가능하다.

표 [11.2.10.3]의 $^{(j)}r_h$는 할인율시나리오에서 산출된 할인율(연유효이자율), $^{(j)}r_h^a$는 최저보증이율이 적용되지 않은 공시이율을 나타내고, $^{(j)}r_h^a = {}^{(j)}r_h \times$ 공시이율 조정률($\alpha=55\%$)이다.[3] Case1은 GMIR보증이 없으므로 공시이율은 $^{(j)}r_h^a$가 적용된다. 표 [11.2.10.3]의 $^{(j)}_{h+1}F_x^s1$는 Case1의 실제계약자적립액을 나타낸다.

**예제 11.2.10.2**

식 (11.2.5.13)의 $^{(j)}_{591}\text{-}F_x^s1$, $^{(j)}B1_{591}^s$, $^{(j)}r_{591}^d$를 이용하여 표 [11.2.10.3]과 표 [11.2.10.4]의 $^{(j)}_{592}\text{-}F_x^s1$와 $^{(j)}_{591+1/2}W_x^s1$를 구하시오.

**풀이**

식 (11.2.5.9을 이용하면 $h=591$에서 적용되는 일복리 공시이율을 구할 수 있다. $^{(j)}r_{591}=3.209\%$, $^{(j)}r_{591}^a = {}^{(j)}r_{591} \times 55\% = 1.77\%$이므로

$$^{(j)}r_{591}^d = [1 + {}^{(j)}r_{591}^a]^{1/365} - 1 \tag{11.2.10.3}$$

$$= (1+0.0177)^{1/365} - 1 = 0.004807\%[4]$$

---

1) 할인율시나리오($j$)에 따라 $W > \bar{S}^s$, $W < \bar{S}^s$가 발생할 수 있으므로 사망보험금을 $\bar{S}^s$로 표기하기 어렵다. 따라서 사망보험금은 특례후 사망보험금($S1_{h+1/2}$)으로 이해하면 된다.

2) $\bar{S}1^s = Max(BS1, \ INP, \ F_x^s \times 101\%) = BS1 = S = 1\text{억}$, $BS1 = S + EP - \sum C = S + 0 - 0 = S$.

3) 최저보증이율이 적용되는 공시이율은 $^{(j)}i_h^{a'}$로 나타낸다. $^{(j)}i_h^{a'} = Max({}^{(j)}r_h^a, \ \text{최저보증이율}(1\%))$.

4) $^{(j)}r_{591}^d$는 일(복리)실이율(daily effective rate of interest)이다. $^{(j)}r_{591}^a$은 연실이율(annual effective rate of

$h > 240$이므로 식 (11.2.5.13)의 $P_h^{(b)} = BN_h = 0$이 된다. 따라서

$$^{(j)}_{592^-}F_x^s 1 = (^{(j)}_{591^-}F_x^s 1 - B1_{591})(1 + ^{(j)}r_{591}^d)^{(365/12)} \qquad (11.2.10.4)1)$$

$$= (44{,}796{,}075 - 503{,}435)(1 + 0.00004807)^{365/12}$$

$$= 44{,}357{,}447 \text{ (표에는 } 44{,}357{,}273)$$

$$^{(j)}_{592^-}F_x^s 1 = (^{(j)}_{591^-}F_x^s 1 - B1_{591})(1 + ^{(j)}r_{591}^\alpha)^{1/12} \qquad (11.2.10.5)$$

$$= (44{,}796{,}075 - 503{,}435)(1 + 0.0177)^{1/12}$$

$$= 44{,}357{,}447 \text{ (표에는 } 44{,}357{,}273)$$

$$^{(j)}_{591+1/2}W_x^s 1 = (^{(j)}_{591^-}W_x^s 1 + ^{(j)}_{592^-}W_x^s 1)/2 \qquad (11.2.10.6)$$

$$= (44{,}796{,}075 + 44{,}357{,}273)/2 = 44{,}576{,}674$$

### (c) 해약환급금

$^{(648)}_{645^-}W_x^s 1 = 1{,}130{,}532$는 Case1의 해약환급금, $^{(648)}W1_{645}^s$는 해약급부를 나타낸다. 상품 Case에 따라(또 적용가정에 따라) 해약급부는 실제(s)해약환급금과 다를 수도 있다. 해약급부가 장래현금흐름에 나타나야 하기 때문에 장래현금(흐름)을 나타낼 때는 해약급부로 기호를 나타내기로 한다. 가정1이 적용된 Case1에서는 해약급부는 실제(s)해약환급금이다. 표 [11.2.10.4]의 $^{(j)}_{h+1/2}W_x^s 1$는 Case1의 실제해약환급금을 나타낸다.

$h + 1/2$ 시점의 해약환급금 $^{(j)}_{h+1/2}W_x^s 1$는 다음의 두 가지 방법으로 추정이 가능하다.

$$^{(j)}_{h+1/2}W_x^s 1 = ^{(j)}_h W_x^s 1 \times (1 + ^{(j)}r_h^d)^{(365/12)(1/2)} \qquad (11.2.10.7)$$

$$^{(j)}_{h+1/2}W_x^s 1 = ^{(j)}_h W_x^s 1 \times (1 + ^{(j)}r_h^\alpha)^{(1/12)(1/2)} \qquad (11.2.10.8)$$

$$^{(j)}_{h+1/2}W_x^s 1 = [^{(j)}_h W_x^s 1 + ^{(j)}_{(h+1)^-}W_x^s 1]/2 \qquad (11.2.10.9)2)$$

$^{(j)}_{h+1/2}W_x^s 1$는 식 (11.2.10.7)과 같이 추정하는 것이 정확하나 금리연동형 UL종신보험의 보증비용 산출시나 부채평가시 실무에서는 식 (11.2.10.9)를 많이 사용하고 있다. 식 (11.2.10.9)을 사용하는 경우 이미 산출해 놓은 월말 계약자적립액을 바로 이용할 수 있기 때문에 편리하다. 11장의 예시에서는 종신보험을 대상으로 하므로 식 (11.2.10.9)를 사

---

interest)이기 때문에 종가식이 다르다.

1) 이 산식은 사업방법서를 충실히 표기한 식이고 $(1+^{(j)}r_{591}^d)^{(365/12)}$ 대신에 $(1+^{(j)}r_{591}^\alpha)^{1/12}$를 적용해도 동일한 값을 얻을 수 있다. 모델링에서는 해지는 일단위로 발생하지 않고 월중에 한번만 발생하는 것으로 가정했기 때문이다. 또 월중앙 해약환급금도 매월말 해약환급금의 평균값으로 구하기 때문에 일단위의 적립액이 사용되지 않기 때문이다.

2) 실무에서는 식 (11.2.10.9)로 장래현금흐름을 생성하는 경우가 많으나 $^{(j)}_{h+1/2}W_x^s 1 = [^{(j)}_h W_x^s 1 + ^{(j)}_{(h+1)^-}W_x^s 1]/2$로 $^{(j)}_{h+1/2}W_x^s 1$를 추정하면 조금 더 정확한 해약환급금을 추정할 수 있을 것이다.

용하기로 한다.

(i) GMSB보증이 없는 경우 해약환급금 지급기간: GMSB보증이 없으므로 일반해약환급금은 $h1(*) - 1/2 = 644.5$까지 지급된다.

(ii) $h(*)$ 관련 발생시점 처리: $_{645^-}^{(j)}W_x^s1$를 $h1(*) = 645$의 월대체보험료로 사용한 후의 $_{645^+}^{(648)}W_x^s1 = 0$이므로 소멸해약환급금은 없다.[1]

(iii) 해약환급금 수준과 $^{(j)}APVW$: $^{(j)}APVW1_0 = 791$만으로 산출된다.

(d) 사 업 비

(i) 개요 및 특징: ① 수당은 $h = 35$(36개월)까지 발생하며, 수당 현가의 60%가 1차월에 지급된다. 수당은 전체 사업비의 54%이다. ② 계약체결비용1은 $h = 11$(12개월)까지 발생하며, 사업비 배부기준이 월납영업보험료이다. 전체 사업비의 26%이다. ③ 계약체결비용2는 1차월에 1회 발생하는 건당 비용이며, 금액의 수준은 미미하다. ④ 계약관리비용1은 사업비 배부기준이 월납영업보험료이고 납입기간 동안 발생하며, 전체 사업비의 9%이다. ⑤ 계약관리비용2는 사업비 배부기준이 해약환급금이고, 계약이 소멸되기 직전월말($(h1(*) - 1 + 1)^- = 645^-$)까지 발생하며, 수준은 전체 사업비의 6%이다. ⑥ 계약관리비용3은 건당 비용이며, 계약이 소멸되기 직전월($h1(*) - 1 = 644$)까지 발생한다. 건당비용은 물가상승률에 따라 매년 인상을 반영하며, 전체 사업비의 4%이다. 사업비의 표에서 음영부분은 장래현금(outcome)을 나타낸다.

(ii) $h(*)$ 관련 발생시점 처리: 계약이 소멸되기 직전월까지 발생하는 계약관리비용2와 계약관리비용3는 $h1(*) - 1 = 644$까지 적용되며 이후 $e_5 = 0$, $e_6 = 0$이 된다. 계약관리비용2는 월말에 발생하므로 최종발생시점은 $h + 1 = [h1(*) - 1] + 1 = h1(*)^- = 645^-$이다.

(4) Case1의 장래현금흐름 산출표

표 [11.2.10.2] $j = 648$ 보험료의 보험수리적 현가($^{(j)}APVP1_0$)

| $h$ (월) | $^{(j)}r_h$ (%) | $_0^{(j)}puf_h$ (1) | $_mP_x^{'\langle 12 \rangle}$ (2) | $\lambda_h$ (3) | $P1_h$ (4) | $l_{x+h/12}^{'V}$ (5) | $_0^{(j)}PVTP1_h$ (6) |
|---|---|---|---|---|---|---|---|
| 0 | 1.70 | 1.00000 | 272,000 | 100% | 272,000 | 1.00000000 | 272,000 |
| 1 | 1.72 | 0.99859 | 272,000 | 100% | 272,000 | 0.98255632 | 266,879 |
| ... | ... | ... | ... | ... | ... | ... | ... |
| 119 | 2.74 | 0.81501 | 272,000 | 100% | 272,000 | 0.34412805 | 76,287 |
| 120 | 2.87 | 0.81318 | 272,000 | 100% | 272,000 | 0.34260345 | 75,779 |

---

1) $_{645^+}^{(648)}W_x^s1^{[1]}$에서 $645^+$는 월대체보험료로 사용한 직후 시점을 나타낸다. $+$, $0$, $-$의 구분이 없는 경우 $_{645}^{(648)}F_x^s1^{[1]}$, $_{645}^{(648)}W_x^s1^{[1]}$은 월대체보험료를 차감($h = 645^o$)하기 전($h = 645^-$)의 실제적립액, 실제해약환급금을 의미하는 경우가 대부분이다.

| ... | ... | ... | ... | ... | ... | ... | ... |
|---|---|---|---|---|---|---|---|
| 239 | 2.26 | 0.69311 | 272,000 | 100% | 272,000 | 0.25768126 | 48,579 |
| 240 | 2.30 | 0.69182 | 0 | 0% | 0 | 0.25714259 | 0 |

$$^{(j)}APVP1_0 = \sum_{h=0}^{239} {}^{(j)}_0 PVTP1_h = \sum_{h=0}^{239} {}^{(j)}_0 pvf_h \times TP1_h = \sum_{h=0}^{239}(6) = 22,823,314 \ (2,282만)$$

$$^{(j)}_0 PVTP1_h = {}^{(j)}_0 pvf_h \times P1_h \times l'^{V}_{x+h/12} = {}^{(j)}_0 pvf_h \times TP1_h = (1)\times[(4)\times(5)] = (6)$$

$$TP1_h = P1_h \times l'^{V}_{x+h/12} = [(4)\times(5)] \ (장래현금수입: 보험료수입)$$

$$P1_h = {}_m P'^{\langle 12\rangle}_x \times \lambda_h = (2)\times(3) = (4) \ (장래유입현금: 보험료: outcome)$$

### 표 [11.2.10.3]  $j=648$ 사망보험금의 보험수리적 현가($^{(j)}APVS1_0$)

| $h$ (월) | $^{(j)}r_h$ (%) | $^{(j)}r^{\alpha}_h$ (%) | $^{(j)}_0 pvf_{h+\frac{1}{2}}$ (1) | $^{(j)}_{h+1}F^s_x 1$ | $^{(j)}B1^s_h$ | $^{(j)}S1_{h+\frac{1}{2}}$ (2) | $l^V_{x+\frac{h}{12}}$ (3) | $\frac{1}{12}q^{(1)V}_{x+\frac{h}{12}}$ (4) | $^{(j)}_0 PVTS1_{h+\frac{1}{2}}$ (5) |
|---|---|---|---|---|---|---|---|---|---|
| 0 | 1.70 | 0.94 | 0.99930 | 198,626 | 66,744 | 100,003,956 | 1.00000000 | 0.00002320 | 2318 |
| 1 | 1.72 | 0.95 | 0.99788 | 397,420 | 66,735 | 100,011,876 | 0.98256999 | 0.00002320 | 2,275 |
| ... | ... | ... | ... | ... | ... | ... | ... | ... | ... |
| 239 | 2.26 | 1.24 | 0.69246 | 54,256,909 | 78,273 | 100,971,465 | 0.25964561 | 0.00034008 | 6,174 |
| 240 | 2.30 | 1.27 | 0.69117 | 54,536,559 | 22,309 | 100,000,000 | 0.25912055 | 0.00037203 | 6,663 |
| ... | ... | ... | ... | ... | ... | ... | ... | ... | ... |
| 575 | 2.86 | 1.58 | 0.29888 | 50,495,470 | 103,605,575 | 100,000,000 | 0.06845592 | 0.00753079 | **15,408** |
| 576 | 2.81 | 1.54 | 0.29819 | 50,148,257 | 103,785,118 | 100,000,000 | 0.06782524 | 0.00842914 | **17,048** |
| ... | ... | ... | ... | ... | ... | ... | ... | ... | ... |
| 587 | 2.75 | 1.51 | 0.29072 | 46,103,301 | 105,781,320 | 100,000,000 | 0.06065149 | 0.00842914 | **14,863** |
| 588 | 2.80 | 1.54 | 0.29006 | 45,669,892 | 105,963,947 | 100,000,000 | 0.06003823 | 0.00931935 | **16,229** |
| 589 | 2.88 | 1.58 | 0.28938 | 45,233,574 | 106,146,897 | 100,000,000 | 0.05937772 | 0.00931935 | 16,013 |
| 590 | 3.05 | 1.68 | 0.28868 | 44,796,075 | 499,479 | 100,000,000 | 0.05872447 | 0.00931935 | 15,799 |
| 591 | 3.21 | 1.77 | 0.28794 | 44,357,273 | 503,435 | 100,000,000 | 0.05807842 | 0.00931935 | 15,585 |
| 592 | 3.35 | 1.84 | 0.28717 | 43,916,665 | 507,404 | 100,000,000 | 0.05743947 | 0.00931935 | 15,372 |
| ... | ... | ... | ... | ... | ... | ... | ... | ... | ... |
| 644 | 2.34 | 1.29 | 0.25541 | 1,130,532 | 1,353,998 | 100,000,000 | 0.02825799 | 0.01468984 | 10,602 |
| *645 | 2.35 | 1.29 | 0.25491 | 0 | 1,372,729 | 100,000,000 | 0.02779535 | 0.01468984 | 10,408 |
| 646 | 2.35 | 1.29 | 0.25442 | 0 | 1,388,384 | 0 | 0.02734029 | 0.01468984 | 0 |
| ... | ... | ... | ... | ... | ... | ... | ... | ... | ... |
| 851 | 3.32 | 1.83 | 0.14019 | 0 | 8,330,611 | 0 | 0.00000010 | 0.27796221 | 0 |
| 852 | 3.11 | 1.71 | 0.13982 | 0 | – | 0 | 0.00000007 | 0.00000000 | 0 |

$$^{(j)}APVS1_0 = \sum_{h=0}^{h1(*)} {}^{(j)}_0 PVTS1_{h+\frac{1}{2}} = \sum_{h=0}^{h1(*)} {}^{(j)}_0 pvf_{h+\frac{1}{2}} \times {}^{(j)}TS1_{h+\frac{1}{2}} = \sum_{h=0}^{h1(*)}(5) = 5,826,740 (583만)$$

$$^{(j)}_0 PVTS1_{h+\frac{1}{2}} = {}^{(j)}_0 pvf_{h+\frac{1}{2}} \times {}^{(j)}TS1_{h+\frac{1}{2}} = (1)\times[(2)\times(3)\times(4)] = (5)$$

$$^{(j)}TS1_{h+\frac{1}{2}} = {}^{(j)}S1_{h+\frac{1}{2}} \times [l^V_{x+\frac{h}{12}} \times \frac{1}{12}q^{(1)V}_{x+\frac{h}{12}}] = [(2)\times(3)\times(4)]$$

(장래현금지출: 보험금지출)

표 [11.2.10.4]  $j=648$의 해약환급금의 보험수리적 현가($^{(j)}APVW1_0$)

| $h$ (월) | $^{(j)}r_h$ (%) | $^{(j)}r_h^a$ (%) | $_0^{(j)}pvf_{h+\frac{1}{2}}$ (1) | $_{h+\frac{1}{2}}^{(j)}W_x^s1$ | $_{h+\frac{1}{2}}^{(j)}W_x^e1$ | $^{(j)}W1_{h+\frac{1}{2}}$ (2) | $l_{x+\frac{h}{12}}^V$ (3) | $\frac{1}{12}q_{x+\frac{h}{12}}^{(2)V}$ (4) | $_0^{(j)}PVTW1_{h+\frac{1}{2}}$ (5) |
|---|---|---|---|---|---|---|---|---|---|
| 0 | 1.70 | 0.94 | 0.99930 | 0 | 0 | 0 | 1.00000000 | 0.01740681 | 0 |
| ... | ... | ... | ... | ... | ... | ... | ... | ... | ... |
| 13 | 1.78 | 0.98 | 0.98068 | 0 | 0 | 0 | 0.79054794 | 0.02368842 | 0 |
| 14 | 1.66 | 0.91 | 0.97929 | 106,598 | 119,258 | 106,598 | 0.77178165 | 0.02368842 | 1,908 |
| ... | ... | ... | ... | ... | ... | ... | ... | ... | ... |
| 587 | 2.75 | 1.51 | 0.29072 | 46,296,499 | 105,689,774 | 46,296,499 | 0.06065149 | 0.00168214 | **1,373** |
| 588 | 2.80 | 1.54 | 0.29006 | 45,886,596 | 105,872,633 | 45,886,596 | 0.06003823 | 0.00168214 | **1,344** |
| 589 | 2.88 | 1.58 | 0.28938 | 45,451,733 | 106,055,422 | 45,451,733 | 0.05937772 | 0.00168214 | 1,314 |
| 590 | 3.05 | 1.68 | 0.28868 | 45,014,825 | 106,238,535 | 45,014,825 | 0.05872447 | 0.00168214 | 1,284 |
| 591 | 3.21 | 1.77 | 0.28794 | 44,576,674 | 106,421,972 | 44,576,674 | 0.05807842 | 0.00168214 | 1,254 |
| ... | ... | ... | ... | ... | ... | ... | ... | ... | ... |
| 644 | 2.34 | 1.29 | 0.25541 | 1,806,928 | 116,495,585 | 1,806,928 | 0.02825799 | 0.00168214 | 22 |
| *645 | 2.35 | 1.29 | 0.25491 | 0 | 116,692,136 | 0 | 0.02779535 | 0.00168214 | 0 |
| ... | ... | ... | ... | ... | ... | ... | ... | ... | ... |
| 851 | 3.32 | 1.83 | 0.14019 | 0 | 158,703,774 | 0 | 0.00000010 | 0.00168214 | 0 |
| 852 | 3.11 | 1.71 | 0.13982 | 0 | – | 0 | 0.00000007 | 0.00168214 | 0.000 |

$$^{(j)}APVW1_0 = \sum_{h=0}^{h1(*)-1} {}_0^{(j)}PVTW1_{h+\frac{1}{2}} = \sum_{h=0}^{h1(*)-1} {}_0^{(j)}pvf_{h+\frac{1}{2}} \times {}^{(j)}TW1_{h+\frac{1}{2}} = \sum_{h=0}^{h1(*)-1} (5)$$

$$= 7,906,348(791만)$$

$$_0^{(j)}PVTW1_{h+\frac{1}{2}} = {}_0^{(j)}pvf_{h+\frac{1}{2}} \times {}^{(j)}TW1_{h+\frac{1}{2}} = (1)\times[(2)\times(3)\times(4)] = (5)$$

$$^{(j)}TW1_{h+\frac{1}{2}} = {}^{(j)}W1_{h+\frac{1}{2}} \times [l_{x+\frac{h}{12}}^V \times \tfrac{1}{12}q_{x+\frac{h}{12}}^{(2)V}] = [(2)\times(3)\times(4)]$$

(장래현금지출: 해약환급금지출)

표 [11.2.10.5]  $j=648$ 사업비의 보험수리적 현가($^{(j)}APVE1_0$)

| $^{(j)}APVE_11$ | $^{(j)}APVE_21$ | $^{(j)}APVE_31$ | $^{(j)}APVE_41$ | $^{(j)}APVE_51$ | $^{(j)}APVE_61$ | $^{(j)}APVE1$ |
|---|---|---|---|---|---|---|
| 2,771,885 | 1,325,891 | 1,700 | 456,466 | 322,697 | 211,085 | 5,089,724 |

표 [11.2.10.6]  $j$=648 수당의 보험수리적 현가($^{(j)}APVE_11_0$)

| $h$ (월) | $^{(j)}r_h$ (%) | $^{(j)}_0 pvf_h$ (1) | $_m P'^{\langle 12 \rangle}_x$ (2) | $e_{1(h)}$ (3) | $E_11_h$ (4) | $l^V_{x+\frac{h}{12}}$ (5) | $^{(j)}_0 PVTE_11_h$ (6) |
|---|---|---|---|---|---|---|---|
| 0 | 1.70 | 1.00000 | 272,000 | 620% | 1,686,400 | 1.00000000 | 1,686,400 |
| 1 | 1.72 | 0.99859 | 272,000 | 15% | 40,800 | 0.98256999 | 40,032 |
| ... | ... | ... | ... | ... | ... | ... | ... |
| 11 | 1.84 | 0.98436 | 272,000 | 15% | 40,800 | 0.82413522 | 33,099 |
| ... | ... | ... | ... | ... | ... | ... | ... |
| 35 | 2.28 | 0.94025 | 272,000 | 10% | 27,200 | 0.55626786 | 14,226 |
| 36 | 2.52 | 0.93848 | 272,000 | 0% | 0 | 0.55187533 | 0 |

$$^{(j)}APVE_11_0 = \sum_{h=0}^{35} {}^{(j)}_0 PVTE_11_h = \sum_{h=0}^{35} (6) = 2{,}771{,}885(277만)$$

$$^{(j)}_0 PVTE_11_h = {}^{(j)}_0 pvf_h \times E_11_h \times l^V_{x+\frac{h}{12}} = {}^{(j)}_0 pvf_h \times TE_11_h = (1) \times [(4) \times (5)] = (6)$$

$$TE_11_h = E_11_h \times l^V_{x+\frac{h}{12}} = [(4) \times (5)] \text{ (장래현금지출: 사업비지출)}$$

$$E_11_h = {}_m P'^{\langle 12 \rangle}_x \times e_{1(h)} = (2) \times (3) = (4) \text{ (장래유출현금: 사업비: outcome)}$$

표 [11.2.10.7]  $j$=648 계약체결비용의 보험수리적 현가($^{(j)}APVE_21$, $^{(j)}APVE_31$)

| $h$ (월) | 계약체결비용1 | | | | | | | | 계약체결비용2 |
|---|---|---|---|---|---|---|---|---|---|
| | $^{(j)}r_h$ (%) | $^{(j)}_0 pvf_h$ (1) | $_m P'^{\langle 12 \rangle}_x$ (2) | $\lambda_h$ (3) | $e_2$ (4) | $E_21_h$ (5) | $l'^V_{x+\frac{h}{12}}$ (6) | $^{(j)}_0 PVTE_21_h$ (7) | $^{(j)}_0 PVTE_31_h$ |
| 0 | 1.70 | 1.00000 | 272,000 | 100% | 45% | 122,400 | 1.00000000 | 122,400 | 1,700 |
| 1 | 1.72 | 0.99859 | 272,000 | 100% | 45% | 122,400 | 0.98255632 | 120,096 | |
| 2 | 1.60 | 0.99717 | 272,000 | 100% | 45% | 122,400 | 0.96541692 | 117,833 | |
| ... | ... | ... | ... | ... | ... | ... | ... | ... | — |
| 11 | 1.84 | 0.98436 | 272,000 | 100% | 45% | 122,400 | 0.82400906 | 99,282 | |
| 12 | 1.80 | 0.98287 | 272,000 | 100% | 0% | 0 | 0.80963530 | 0 | |

$$^{(j)}APVE_21 = \sum_{h=0}^{11} {}^{(j)}_0 PVTE_21_h = \sum_{h=0}^{11} (7) = 1{,}325{,}891(133만)$$

표 [11.2.10.8]  $j$=648 계약관리비용1의 보험수리적 현가($^{(j)}APVE_41$)

| $h$ (월) | $^{(j)}r_h$ (%) | $^{(j)}_0pvf_h$ (1) | $_mP'^{\langle12\rangle}_x$ (2) | $\lambda_h$ (3) | $e_4$ (4) | $E_41_h$ (5) | $l'^V_{x+\frac{h}{12}}$ (6) | $^{(j)}_0PVTE_41_h$ (7) |
|---|---|---|---|---|---|---|---|---|
| 0 | 1.70 | 1.00000 | 272,000 | 100% | 2% | 5,440 | 1.00000000 | 5,440 |
| 1 | 1.72 | 0.99859 | 272,000 | 100% | 2% | 5,440 | 0.98255632 | 5,338 |
| … | … | … | … | … | … | … | … | … |
| 24 | 2.68 | 0.96236 | 272,000 | 100% | 2% | 5,440 | 0.60674911 | 3,176 |
| … | … | … | … | … | … | … | … | … |
| 238 | 2.12 | 0.69432 | 272,000 | 100% | 2% | 5,440 | 0.25822106 | 975 |
| 239 | 2.26 | 0.69311 | 272,000 | 100% | 2% | 5,440 | 0.25768126 | 972 |
| 240 | 2.30 | 0.69182 | 0 | 0% | 0% | 0 | 0.25714259 | 0 |

$$^{(j)}APVE_41 = \sum_{h=0}^{239} {}^{(j)}_0PVTE_41_h = \sum_{h=0}^{239}(7) = 456,466(46만)$$

표 [11.2.10.9]  $j$=648 계약관리비용2의 보험수리적 현가($^{(j)}APVE_51$)

| $h$ (월) | $^{(j)}r_h$ (%) | $^{(j)}pvf_{h+1}$ (1) | $^{(j)}_{h+1}W1_x$ (2) | $e_5$ (3) | $^{(j)}E_51_{h+1}$ (4) | $l^V_{x+\frac{h+1}{12}}$ (5) | $^{(j)}_0PVTE_51_{h+1}$ (6) |
|---|---|---|---|---|---|---|---|
| 0 | 1.70 | 0.99859 | 0 | 0.01% | 0 | 0.98256999 | 0 |
| 1 | 1.72 | 0.99717 | 0 | 0.01% | 0 | 0.96544379 | 0 |
| … | … | … | … | … | … | … | … |
| 591 | 3.21 | 0.28756 | 44,357,273 | 0.01% | 4,432 | 0.05743947 | 73 |
| … | … | … | … | … | … | … | … |
| 644 | 2.34 | 0.25516 | 1,130,532 | 0.01% | 113 | 0.02779535 | 1 |
| *645 | 2.35 | 0.25467 | 0 | 0% | 0 | 0.02734029 | 0 |
| … | … | … | … | … | … | … | … |
| 851 | 3.32 | 0.14000 | 0 | 0% | 0 | 0.00000007 | 0 |

$$^{(j)}APVE_51^{[1]} = \sum_{h=0}^{h1(*)-1} {}^{(j)}_0PVTE_51_{h+1} = \sum_{h=0}^{h1(*)-1}(6) = 322,697(33만)$$

표 [11.2.10.10]   $j=648$ 계약관리비용3의 보험수리적 현가($^{(j)}APVE_6 1$)

| $h$ (월) | $^{(j)}r_h$ (%) | $^{(j)}_0 pvf_h$ (1) | $e_6$ (2) | $(1+inf)^{h/12}$ (3) | $E_6 1_h$ (4) | $l^V_{x+\frac{h}{12}}$ (5) | $^{(j)}_0 PVTE_6 1_h$ (6) |
|---|---|---|---|---|---|---|---|
| 0 | 1.70 | 1.00000 | 1,400 | 100.00% | 1,400 | 1.00000000 | 1,400 |
| 1 | 1.72 | 0.99859 | 1,400 | 100.17% | 1,402 | 0.98256999 | 1,376 |
| ... | ... | ... | ... | ... | ... | ... | ... |
| 591 | 3.21 | 0.28832 | 1,400 | 265.19% | 3,713 | 0.05807842 | 62 |
| ... | ... | ... | ... | ... | ... | ... | ... |
| 644 | 2.34 | 0.25565 | 1,400 | 289.43% | 4,052 | 0.02825799 | 29 |
| *645 | 2.35 | 0.25516 | 0 | 0 | 0 | 0.02779535 | 0 |
| ... | ... | ... | ... | ... | ... | ... | ... |
| 851 | 3.32 | 0.14038 | 0 | 0 | 0 | 0.00000010 | 0 |

$$^{(j)}APVE_6 1 = \sum_{h=0}^{h1(*)-1} {}^{(j)}_0 PVTE_6 1_h = \sum_{h=0}^{h1(*)-1} (6) = 211,085(21만)$$

(5) $EO1_0$, $EI1_0$, $BEL1_0$의 산출

앞에서 표 [11.2.10.2]~표 [11.2.10.10]에서는 $j=648$하에서의 $^{(j)}APVCI1_0$ ($^{(j)}APVP1_0$) 와 $^{(j)}APVCO1_0$ ($^{(j)}APVS1_0$, $^{(j)}APVW1_0$, $^{(j)}APVE1_0$)를 산출하였다(표 [11.2.10.11]의 음영부분을 산출하였다). $^{(j)}APVCI1_0$와 $^{(j)}APVCO1_0$은 BEL을 산출하기 위한 첫번째 기댓값(중간단계 기댓값)이다. $^{(j)}APVCI1_0 = {}^{(j)}I1_0$, $^{(j)}APVCO1_0 = {}^{(j)}O1_0$ $^{(j)}APVP1_0 = {}^{(j)}IP1_0$, $^{(j)}APVS1_0 = {}^{(j)}OS1_0$, $^{(j)}APVW1_0 = {}^{(j)}OW1_0$, $^{(j)}APVE1_0 = {}^{(j)}OE1_0$로 기호를 재정의하고 두번째 기댓값을 구해보자.

앞에서 표를 통하여 제시한 과정은 $j=648$하에서 보험수리적 현가를 구하는 과정이다. 이러한 과정을 1,000번 수행하면 1,000개의 시나리오의 $^{(j)}O1_0 = {}^{(j)}APVCO1_0$와 $^{(j)}I1_0 = {}^{(j)}APVCI1_0$를 구할 수 있다(표 [11.2.10.11]의 음영이 없는 부분을 산출하는 것임). 1,000개의 $^{(j)}O1_0$와 1,000개의 $^{(j)}I1_0$ 각각의 위험중립 기댓값인 $EO1_0$와 $EI1_0$를 구하면 다음과 같다. $EO1_0$와 $EI1_0$가 두번째 기댓값(최종단계 기댓값)이며, $EO1_0$와 $EI1_0$를 이용하여 $BEL1_0$을 구한다.

표 [11.2.10.11]  할인율시나리오별 보험수리적 현가 및 BEL 산출결과

| 시나리오 (j) | $^{(j)}I1_0$ | $^{(j)}O1_0$ | | | |
|---|---|---|---|---|---|
| | $^{(j)}IP1_0$ | $^{(j)}OS1_0$ | $^{(j)}OW1_0$ | $^{(j)}OE1_0$ | |
| 1 | 2,361 | 554 | 820 | 513 | 1,887 |
| 2 | 2,193 | 417 | 741 | 501 | 1,659 |
| 3 | 2,168 | 544 | 754 | 504 | 1,802 |
| 4 | 2,050 | 226 | 617 | 488 | 1,331 |
| 5 | 2,224 | 321 | 709 | 499 | 1,529 |
| ... | ... | ... | ... | ... | 0 |
| 646 | 2,358 | 572 | 822 | 513 | 1,908 |
| 647 | 2,342 | 675 | 818 | 513 | 2,007 |
| 648 | 2,282 | 583 | 791 | 509 | 1,882 |
| 649 | 2,008 | 301 | 642 | 489 | 1,431 |
| 650 | 2,431 | 618 | 845 | 517 | 1,980 |
| ... | ... | ... | ... | ... | 0 |
| 999 | 2,387 | 641 | 836 | 515 | 1,992 |
| 1000 | 2,553 | 902 | 921 | 529 | 2,352 |
| $E^Q[\cdot]$ | $EI1_0$ | $EO1_0$ | | | |
| | $EIP1_0$ | $EOS1_0$ | $EOW1_0$ | $EOE1_0$ | $EO1_0$ |
| | 2,273 | 488 | 771 | 506 | 1,765 |
| $BEL1_0$ | $EO1_0 - EI1_0 = 1,765 - 2,273 = -508$ | | | | |

장래현금흐름 모형을 고찰할 때 Case1이 적용된 표 [11.2.10.11]에 나타난 기호들은 다음과 같이 정의할 수 있다. 표 [11.2.10.11]은 식 (11.2.10.18)~식 (11.2.10.21)을 구하는 과정을 보여주고 있다.

$$^{(j)}O1_0 = {}^{(j)}APVCO1_0 \tag{11.2.10.10}$$

$$^{(j)}I1_0 = {}^{(j)}APVCI1_0 \tag{11.2.10.11}$$

$$^{(j)}O1_0 = {}^{(j)}OS1_0 + {}^{(j)}OW1_0 + {}^{(j)}OE1_0 \tag{11.2.10.12}$$

$$^{(j)}I1_0 = {}^{(j)}IP1_0 \tag{11.2.10.13}$$

$$EO1_0 = E^Q[^{(j)}O1_0] = E^Q[^{(j)}OS1_0 + {}^{(j)}OW1_0 + {}^{(j)}OE1_0] \tag{11.2.10.14}$$

$$EI1_0 = E^Q[^{(j)}I1_0] = E^Q[^{(j)}IP1_0] \tag{11.2.10.15}$$

$$EO1_0 = EOS1_0 + EOW1_0 + EOE1_0 \tag{11.2.10.16}$$

$$EI1_0 = EIP1_0 \tag{11.2.10.17}$$

$$EOS1_0 = E^Q[^{(j)}OS1_0] = \frac{1}{n}\sum_{j=1}^{n}{}^{(j)}OS1_0 \ \ (n=1000) \tag{11.2.10.18}$$

$$EOW1_0 = E^Q[^{(j)}OW1_0] = \frac{1}{n}\sum_{j=1}^{n}{}^{(j)}OW1_0 \ \ (n=1000) \tag{11.2.10.19}$$

$$EOE1_0 = E^Q[^{(j)}OE1_0] = \frac{1}{n}\sum_{j=1}^{n}{}^{(j)}OE1_0 \ \ (n=1000) \tag{11.2.10.20}$$

$$EIP1_0 = E^Q[^{(j)}IP1_0] = \frac{1}{n}\sum_{j=1}^{n}{}^{(j)}IP1_0 \ \ (n=1000) \tag{11.2.10.21}$$

$$BEL1_0 = E^Q[E[_0^{(j)}PVN1_h]] = E^Q[^{(j)}APVN1_0] \tag{11.2.10.22}$$

$$= E^Q[^{(j)}APVCO1_0] - E^Q[^{(j)}APVCI1_0] \tag{11.2.10.23}$$

$$= E^Q[^{(j)}O1_0] - E^Q[^{(j)}I1_0] \tag{11.2.10.24}$$

$$= EO1_0 - EI1_0 \tag{11.2.10.25}$$

$$= [EOS1_0 + EOW1_0 + EOE1_0] - EIP1_0 \tag{11.2.10.26}$$

금리연동형상품 Case1의 0시점 $BEL1_0$은 식 (11.2.3.11)에 의하여 $EO1_0$에서 $EI1_0$를 차감하면 구할 수 있다.

$$BEL1_0 = EO1_0 - EI1_0 \tag{11.2.10.27}$$
$$= 1,765 - 2,273 = -508(만)$$

## 11. 보험부채 시가평가 정리

지금까지 금리확정형상품과 금리연동형상품의 보험부채를 시가평가하는 과정을 고찰하였다. IFRS17 보험부채의 시가평가는 IFRS4 보험부채평가와 달리 장래현금흐름을 보여주는 것이 필수적이므로 필요한 장래현금흐름은 [표]로 자세히 제시하였다. 지금까지 수행한 보험부채 시가평가의 기본분석 과정을 정리해 보면 다음과 같다.

(i) 장래현금흐름 모형을 정의하고, BEL 산출식을 정의하였다.

(ii) 보험부채 시가평가용 상품으로 금리확정형 종신보험과 금리연동형 UL종신보험을 선정하였다. 교육목적으로 가장 단순한 상품인 Case1을 선정하였다.

(iii) 장래현금흐름 산출을 위한 계리적 가정을 설정하였다. 계리적 가정은 가정1과 가정2로 구분하였고, 기본분석에서는 가정1을 적용하였다(가정2의 보험료납입률, 중도인출률, 보험계약관련 대출률과 상환률은 모두 0으로 가정하였다). 기초이론에서 고찰한 월별 다중

탈퇴율 산식을 이용하여 장래현금흐름을 생성하였다.

(iv) 장래현금흐름의 현가를 구하기 위한 할인율 시나리오를 산출하였다. 할인율 시나리오는 부채평가시점(2019년말)의 시장데이타를 이용한 결정론적 시나리오와 확률론적 시나리오를 모두 산출하였다. 기본분석에서는 장래현금흐름 산출시 적용하는 시나리오를 $(y_0)$, $j = 648$ 등으로 명확히 표기하였다.

(vi) 장래현금 구성항목과 장래현금흐름을 나타내는 기호를 명확히 정의하고 표기하였다. 그 후 BEL 산출식과 산출과정을 정의한 기호를 이용하여 나타냈다.

(vii) 계약의 경계를 명확히 하기 위하여 장래현금흐름 종료시점과 계약의 종료(소멸)시점을 명확히 정의하였다.

(viii) 모든 준비가 완료되었으므로 BEL 산출을 수행하였다. 산출1단계: 시나리오 $j = 648$하의 첫 번째 기대값인 $^{(j)}APVP_0$와 $^{(j)}APVS_0$, $^{(j)}APVW_0$, $^{(j)}APVE_0$를 구하였고 구하는 과정을 [표]를 이용하여 자세히 제시하였다. 이과정이 장래현금흐름을 생성하여 BEL을 구하는 가장 중요한 과정이다. 본예시에서는 $j = 648$ 시나리오 하나의 결과를 보여주었지만 1,000개의 시나리오별로 동일한 과정을 수행하면 1,000개의 시나리오별 $^{(j)}APVP_0$와 $^{(j)}APVS_0$, $^{(j)}APVW_0$, $^{(j)}APVE_0$를 구할 수 있다.

(ix) 기호의 확장성을 위하여 $^{(j)}APVP_0 = {}^{(j)}IP_0$, $^{(j)}APVS_0 = {}^{(j)}OS_0$, $^{(j)}APVW_0 = {}^{(j)}OW_0$, $^{(j)}APVE_0 = {}^{(j)}OE_0$로 재정의하였다.

(x) 산출 2단계: (viii)에서 구한 1,000개의 $^{(j)}IP_0$, 1,000개의 $^{(j)}OS_0$, 1,000개의 $^{(j)}OW_0$, 1,000개의 $^{(j)}OE_0$를 이용하여 두 번째 기댓값을 구하였다. 두 번째 기댓값은 $EOS_0 = \frac{1}{n}\sum_{j=1}^{n} {}^{(j)}OS_0$, $EOW_0 = \frac{1}{n}\sum_{j=1}^{n} {}^{(j)}OW_0$, $EOE_0 = \frac{1}{n}\sum_{j=1}^{n} {}^{(j)}OE_0$, $EIP_0 = \frac{1}{n}\sum_{j=1}^{n} {}^{(j)}IP_0$로 구하였고 두 번째 기댓값을 구하는 과정은 [표]에 나타나 있다.

(xi) 산출3단계: $BEL_0 = EO_0 - EI_0 = [EOS_0 + EOW_0 + EOE_0] - EIP_0$으로 산출하였다.

(xii) 금리연동형상품의 BEL은 (xi)의 식으로 산출하였다. 금리확정형상품의 경우는 (xi)의 확률론적 시나리오를 이용하여 산출함과 동시에, $(y_0)$를 이용한 결정론적 시나리오(시나리오 1개)를 이용하여 $^{(y_0)}APVP_0$, $^{(y_0)}APVS_0$, $^{(y_0)}APVW_0$, $^{(y_0)}APVE_0$를 구하고 $BEL_0 = [^{(y_0)}APVS_0 + {}^{(y_0)}APVW_0 + {}^{(y_0)}APVE_0] - {}^{(y_0)}APVP_0$로도 산출하였다. 금리확정형상품의 경우 (xii)의 결과와 (xi)의 결과를 비교 분석하였다.

기본분석에서는 보험기간이 최장인 종신보험을 분석상품으로 선정하였기 때문에 표에서 모든 장래현금흐름을 보여줄 수 없었지만 장래현금흐름을 조금 더 큰 그림에서 이해하는데 도움이 될 것으로 판단한다. 12장에서는 3년만기 단기보험을 이용하여 모든 장래현금흐름을 보여주면서 더 구체적으로 BEL을 산출하는 과정을 보여주고자 한다. 12장의 예시에서도 동일한 기호들을 사용하면서 설명하기로 한다.

## 연습문제 11.2

1. IFRS17 기준서는 장래현금흐름의 추정(Estimates of future cash flows)에 대하여 다음과 같은 분야에 대하여 많은 내용들을 기술하고 있다. 각각의 내용들을 요약하여 설명하시오.
   (1) 일반적 원칙(B37~B41)　　　　　　(2) 시장변수 및 비시장변수(문단 B42~B53)
   (3) 현행추정치의 사용(문단 B54~B60) (4) 계약의 경계 내의 현금흐름(문단 B61~B71)

2. 장래현금흐름의 추정에 대한 일반적 원칙에 대하여 IFRS17 기준서는 다음과 같이 기술하고 있다.

   B37. The objective of estimating future cash flows is to determine the expected value, or probability－weighted mean, of the full range of possible outcomes,(생략)

   B38. The starting point for an estimate of the cash flows is a range of scenarios that reflects the full range of possible outcomes. Each scenario specifies the amount and timing of the cash flows for a particular outcome, and the estimated probability of that outcome. The cash flows from each scenario are discounted and weighted by the estimated probability of that outcome to derive an expected present value.(생략)

   (1) B37의 outcome은 11장과 12장의 장래현금흐름 모형에서 어떤 용어로 사용되고 있는지 설명하시오.
   (2) The cash flows weighted by the estimated probability of that outcome은 11장과 12장의 장래현금흐름 모형에서 어떤 용어로 사용되고 있는지 설명하시오.
   (3) 11장과 12장의 1,000개의 할인율시나리오는 full range of possible outcomes를 반영할 수 있는 range of scenarios인지 설명하시오.
   (4) 11장과 12장의 예시에서 (i) 각 시나리오는 amount and timing of the cash flows for a particular outcome을 명확히 나타내고 있는지, (ii) 각시나리오는 그 outcome의 예상확률을 명확히 나타내고 있는지 금리확정형상품과 금리연동형상품으로 나누어 설명하시오.
   (5) 11장과 12장의 예시는 to derive an expected present value를 수행하기 위하여 시나리오별 cash flow가 (i) 할인이 적용되었는지 (ii) outcome에 예상확률을 적용한 cash

flow인지 설명하시오.

(6) B37에서 장래현금흐름을 추정하는 목표는 모든 가능한 outcomes에 대한 기댓값을 구하는 것이라고 기술하고 있는데 (i) 11장과 12장의 예시는 모든 가능한 outcomes를 이용하고 있는지, (ii)최종목표인 기댓값을 구하고 있는지, (iii)그 기댓값은 금리확정형상품과 금리연동형상품에 각각 어떠한 형태로 나타나고 있는지 설명하시오.

(7) 11장에서 제시된 장래현금흐름 모형과 예시는 B37과 B38의 기술을 100% 만족하는 모형인지 설명하시오.

3. B42에서는 IFRS17은 시장변수와 비시장변수의 두 유형의 변수를 식별한다고 기술하고 있다. 시장변수는 시장에서 관측될 수 있거나 시장에서 직접 추출될 수 있는 변수(예: 상장주식의 가격, 이자율)라고 정의하고 있다. B44에서는 시장변수의 추정치는 측정일의 관측가능한 시장가격과 일관되어야 한다고 기술하고 있다.

(1) 시장변수의 추정치가 측정일의 관측가능한 시장가격과 일관되어야 하는 이유를 설명하시오.

(2) 11장과 12장의 예시는 B42와 B44의 정의와 기술을 충족시키고 있는지 설명하시오.

4. 시장변수의 추정과 관련하여 B46에서는 자산의 복제포트폴리오 또는 복제자산(replicating portfolio of assets)에 대하여 설명하고 있다.

A replicating asset is one whose cash flows exactly match, in all scenarios, the contractual cash flows of a group of insurance contracts in amount, timing and uncertainty.

(1) "자산의 복제포트폴리오가 존재한다면 이행현금흐름을 측정하기 위하여 장래현금흐름, 할인율을 명시적으로 추정하는 대신에 복제자산의 공정가치를 이용할 수 있다." 라고 기술하고 있는데 이 기술의 의미를 설명하시오.

(2) 11장과 12장의 예시는 복제자산의 공정가치를 이용하고 있는지 설명하시오.

(3) 이용하고 있지 않다면 그 이유를 설명하시오.

5. 시장변수의 추정과 관련하여 B48에서는 "(i) 자산의 운용성과에 기반하여 변동하는 현금흐름과 다른 현금흐름 간에 유의적인 상호의존성이 있을 경우 복제자산 이외의 기법(예: 확률모형기법, stochastic modelling techniques)이 현금흐름을 추정하는데 더 효과적(robust)이거나 더 용이할 수 있다. ..... (ii) In particular, the technique used must result in the measurement of any options and guarantees included in the insurance contracts being consistent with observable market prices (if any)[1] for such options and guarantees."라고

---

1) (3)에서 설명하듯이 거의 모든 경우에 보험계약 내재옵션의 시장가격은 존재하지 않는다. 그래서 if any로

기술하고 있다.

(1) 11장과 12장의 예시에서 자산의 운용성과에 기반하여 변동하는 장래현금(흐름)이 존재하는지 설명하시오.

(2) 11장과 12장의 예시는 확률모형기법을 이용하고 있는지 설명하시오.

(3) 보험부채는 시장에서 거래가 되지 않기 때문에 시장가치(market value)를 구하기 힘들고 따라서 차선책으로 시장과 일관성 있는 가치평가기법(market consistent valuation technique)을 이용하여 산출한다.[1] 이러한 관점에서 (ii)는 보증·옵션의 가치평가도 시장가격과 일관성 있는 기법을 이용하여야 하는 것을 기술하는 내용이다. 보증·옵션의 시장과 일관성 있는 평가기법을 설명하시오.[2]

6. 현행추정치의 사용을 기술하는 B58과 B59에서 비시장변수의 추정시 현행수준에 대한 정보와 추세에 대한 정보, 미래인플레이션에 대한 현행추정치 등을 반영하여 이행현금흐름을 결정하여야 한다고 기술하고 있다.

(1) 11장과 12장의 예시는 앞의 기술을 반영하고 있는지 설명하시오.

(2) 12장 예시에서는 최초측정(최초인식)과 후속측정의 두 연도말에서 보험부채를 시가평가하는데 이 때 후속측정시 비시장변수의 변경되는 현행수준(현행추정치)를 반영하고 있는지 설명하시오.

(3) 이행현금흐름의 일부인 RA 산출시 추세의 반영에 대하여 설명하시오.

7. 계약의 경계와 관련하여 (1) 계약의 경계의 정의 (2) 계약의 경계와 장래현금흐름 추정과의 관계(문단 B61~B71) (3) 11장 계약의 종료(소멸)를 이용하여 계약의 경계가 11장 기본분석에서 구체적으로 어떻게 적용되었는지 설명하시오.

8. 계약의 경계 내의 현금흐름과 관련하여 B62에서 "많은 보험계약의 특성상 보험계약자는 자신이 받을 금액의 크기, 시기, 성격 또는 불확실성을 변동시키는 행동을 할 수 있다. 그러한 특성은 갱신옵션, 해약옵션, 전환옵션, 여전히 계약상 급부를 받으며 보험료 납입을

표현한 것임.

1) 복제자산과 시장과 일관성 있는 가치평가기법은 오창수, "국제회계기준하의 보험계약부채 공정가치 산출에 관한 연구", 「보험금융연구」 제28권 제4호, 2017. 11., pp. 137-142, 오창수·정종국, "IFRS 적용을 위한 종신보험의 보험계약부채 공정가치 산출에 관한 연구", 「보험금융연구」 제30권 제1호, 2019. 2. 참조.

2) 보증·옵션의 가치평가는 오창수·김수은, "IFRS 17의 계약자행동을 반영한 금리연동형보험의 GMSB 비용 분석", 「보험금융연구」 제29권 제1호, 2018. 2., pp. 35-65., 오창수·은재경, "IFRS 17 도입에 따른 종신보험의 보증형태별 보증비용 및 수익성 분석", 「보험금융연구」 제28권 제3호, 보험연구원, 2017. 8., pp. 25-52., 오창수·임현수, "IFRS 17 도입에 따른 금리연동형보험의 최저해지환급금 보증비용에 관한 연구", 「계리학연구」 제9권 제1호, 한국계리학회, 2017. 6., pp. 3-32., 오창수·김성수, "IFRS 17하에서 금리연동형 연금보험의 최저보증이율 보증비용에 관한 연구", 「계리학연구」 제9권 제1호, 한국계리학회, 2017. 6., pp. 33-60 등 관련 논문들을 참조하길 바람.

중단하는 옵션 등을 포함한다. 보험계약 집합의 측정치는, 기대가치 기준으로(on an expected value basis), 해당 집합의 보험계약자가 이용할 수 있는 옵션을 어떻게 행사할지에 관한 기업의 현행추정치를 반영해야 하고, 비금융위험에 대한 위험조정에 보험계약자의 실제행동이 예상했던 행동과 어떻게 달라질 수 있는지에 대한 기업의 현행추정치를 반영해야 한다.”고 명시하고 있다.

(1) 다른 옵션에 대한 연구는 거의 없는데 해약 관련 계약자행동(policyholder's behavior)에 대한 연구는 어느 정도 존재한다. 논문들로 발표된 계약자행동의 구체적인 모형들을 설명하시오.[1]

(2) 기대값 기준으로(on an expected value basis) 계약자행동을 반영한다는 의미를 (1)과 비교하여 설명하시오.

(3) 11장과 12장의 장래현금흐름 산출시 기대값 기준으로는 계약자행동에 대한 현행추정치를 반영하고 있는지 설명하시오.

9. 유지보너스와 관련하여 $36 \leq h \leq 59$에서 다음을 구하시오.

(1) $EYBonus_h^{B(1)}$        (2) $EP_h^{B(1)}$        (3) $_{59^-}V_x^{B(1)}$ ($h = 59^-$월초)

(4) $_{59^-}V_x^{B(1)} + EP_{59^0}^{B(1)}$        (5) $YBonus_{59^0}^{B(1)}$

10. 납입보너스와 관련하여 다음을 구하시오

(1) $NBonus_{35+1}^{B(2)}$        (2) $_{35+1}V_x^{B(2)}$

(3) $NBonus_{58+1}^{B(2)}$        (4) $_{58+1}V_x^{B(2)}$

11. 다음의 결정론적 시나리오 $(y_0)$는 2019년 말 기준으로 산출되었다. 금리확정형상품에서 부채평가시 결정론적 시나리오 $(y_0)$를 적용한다면 (1) $_0^{(y_0)}pvf_3$ (2) $_0^{(y_0)}pvf_{2+1/2}$ (3) $_0^{(y_0)}pvf_{6+1/2}$를 구하시오.

| $h$ | 0 | 1 | 2 | 3 | 4 | 5 |
|---|---|---|---|---|---|---|
| $^{(y_0)}r_h$ | 1.705% | 1.722% | 1.745% | 1.775% | 1.805% | 1.834% |
| $h$ | 6 | 7 | 8 | 9 | 10 | 11 |
| $^{(y_0)}r_h$ | 1.859% | 1.867% | 1.856% | 1.829% | 1.807% | 1.792% |

---

1) 앞에서 언급한 오창수·김수은., 오창수·은재경 논문과 오창수·박규서, “국제회계기준(IFRS 4) 하에서의 이율보증평가”, 「보험금융연구」 제27권 제1호, 보험연구원, 2016. 2., 오창수·김형조, “국제회계기준하의 계약자행동을 고려한 저해지환급형 종신보험의 보험부채평가”, 「계리학연구」 제11권 제1호, 한국계리학회, 2019. 12., 오창수·이용승, “무저해지환급형 변액종신보험의 보증·옵션 가치평가”, 「계리학연구」 제11권 제1호, 한국계리학회, 2019. 12. 등 발표된 논문들을 참조하길 바람.

12. 표 [11.2.8.5], 표 [11.2.8.6], 표 [11.2.10.4]에서
    (1) 금리확정형상품의 해약환급금은 할인율시나리오 ($j$)에 영향을 받는지 설명하시오.
    (2) 금리연동형상품의 해약환급금은 할인율시나리오 ($j$)에 영향을 받는지 설명하시오.

13. 금리확정형상품의 경우 확률론적 시나리오를 사용한 $BEL_0^{STO}$과 결정론적 시나리오를 사용한 $BEL_0^{DET}$의 세부항목(표 [11.2.8.11]과 표 [11.2.8.12]의 세부항목)을 서로 비교하여 설명하시오.

14. 표 [11.2.8.13]의 확률론적 시나리오를 이용한 BEL 산출식(Ⅱ)를 설명하고 표 [11.2.8.7] 또는 표 [11.2.10.11]과 같은 BEL 산출식(Ⅰ)과의 방법론상 차이점을 설명하시오.

15. 표 [11.2.8.13]에서 (1) $\dfrac{1}{1000}\sum_{j=1}^{1000}{}_0^{(j)}PVW_{h+1/2}$와 ${}_0^{(y_0)}PVW_{h+1/2}$의 관계를 설명하시오. (2) 동일 $h$월에서 두값을 서로 비교하여 작은 $h$월에서는 차이가 거의 없고 $h$가 커질수록 차이가 조금씩 더 나는 이유를 설명하시오.

16. 식 (11.2.5.1)에서 매월 차감되는 월대체보험료의 구성항목들을 구체적으로 설명하시오. 또 납입면제보험료의 형태와 이 형태와 연결된 평준사업비의 형태에 대하여 설명하시오.

17. 금리확정형 종신보험에서는 종신까지 사망보장이 제공된다. 그러나 금리연동형 UL종신보험에서는 GMDB보증이 없는 경우 표 [11.2.10.3]에서와 같이 $h=645$까지만 사망보험금이 지급되고 계약이 종료된다. 보험이라는 명칭이 부여되어 있고 보험료도 20년 납입을 완료했는데 이러한 상황이 발생될 수 있는지에 대하여 논하시오.

18. 2006년부터 보험료 산출이율과 최저보증이율을 분리한 종신보험(이율이원화 종신보험)이 도입되었는데 최저보증이율을 보험료 산출이율보다 낮게 설정하였다. 11장에서 제시된 예시도 보험료 산출이율은 2.25%이고 최저보증이율은 1.0%이다. 최저보증이율을 보험료 산출이율보다 낮게 설정하면 두가지 큰 문제점이 발생한다.
    (1) 이율이원화 종신보험의 도입배경을 설명하시오. (2) 두 가지 큰 문제점을 제시하고 (3) 이를 해결하기 위한 방안으로서의 GMDB와 GMSB를 설명하시오.

19. BEL을 구하기 위한 첫 번째 기댓값은 $E[{}_0^{(j)}PVN1_h]$로 표기하고 있고, 두 번째 기댓값은 $E^Q[{}^{(j)}APVN1_0]$로 표기하고 있다. 위험중립세계에서의 기댓값을 $E^Q[\bullet]$로 표기한 것이다.

위험중립가치평가를 설명하시오.

20. 금리연동형보험의 표 [11.2.10.3] $j = 648$ 사망보험금의 보험수리적 현가($^{(j)}APVS1_0$)를 산출하는 과정표에서 $^{(j)}S1_{h+1/2}$ 외에도 $^{(j)}_{h+1}F^s_x1$를 같이 산출하는 이유를 설명하시오.

21. 표 [11.2.10.4]에서 $^{(j)}_{h+1}W^e_x1$는 계속 증가하는데 $^{(j)}_{h+1}W^s_x1$는 어느 시점까지 증가하다가 계속 감소하여 $h = 645$에서 0이 되는 구조를 비교설명하시오.

22. 금리확정형상품의 경우는 $S_{h+1/2}$, $W^{일확}_{h+1/2}$ 으로 표기하고, 금리연동형상품의 경우는 $^{(j)}S1_{h+1/2}$, $^{(j)}W1_{h+1/2}$ 로 $(j)$를 명기하면서 표기하고 있다.
    (1) 두상품의 급부$(S,W)$를 $(j)$관점에서 비교설명하시오. 기준서 B48에서 자산의 운용성과에 기반하여 변동하는 장래현금흐름과 다른 장래현금흐름 간에 유의적인 상호의존성이 있을 경우 확률모형기법을 기술하고 있는데 (2) $^{(j)}S1_{h+1/2}$, $^{(j)}W1_{h+1/2}$ 등이 자산의 운용성과에 기반하여 변동하는 장래현금흐름에 해당하는지 (3) $^{(j)}W1_{h+1/2}$, $^{(j)}S1_{h+1/2}$은 다른 장래현금흐름에 해당되는지 설명하시오.

23. 표 [11.2.10.3]에서 $^{(j)}S1_{239+1/2} = 100,971,465$에 대하여 설명하시오.

24. 표 [11.2.10.3]에서 $^{(j)}S1_{239+1/2} = 100,974,465$에서 $^{(j)}S1_{240+1/2} = 100,000,000$로 변경되는 이유를 설명하시오.

25. 표 [11.2.10.3]에서 $h = 240$부터 계속 $^{(j)}S1_{h+1/2} = 100,000000$로 동일한데 $^{(j)}_0PVTS1_{h+1/2}$는 어느 시점까지 증가하다가 계속 감소하는 구조에 대하여 설명하시오.

26. 표 [11.2.10.3]에서 $h = 591,592$에서 $_{1/12}q^{(1)V}_{x+h/12} = 0.00931935$로 동일한데 $^{(j)}_0PVTS1_{h+1/2}$는 15,585, 15,372로 감소하는 이유를 설명하시오.

27. 종국사망보험금이 발생하는 경우를 설명하고 산출방법을 설명하시오.

28. 표 [11.2.7.4]에서 납입후 유지비는 매년 보험가입금액의(납입후)$(\beta')$ 0.6/1000으로 주어졌다.
    (1) $h = 646,647(k = 53)$에서의 $\beta'$를 구하시오.

(2) 표 [11.2.10.3]에서 $_{645+1}^{(j)}F_x^s1 = 0$이고 $^{(j)}B1_{646}^s = 1,388,384$이다. $h = 646$일 때의 위험보험료 $RP_{646}$를 구하시오.

(3) $^{(j)}B1_{647}^s$ 의 값을 구하시오.

(4) $^{(j)}B1_{648}^s = 1,534,748(k = 54)$이라면 $h = 649 \sim h = 659(k = 54)$의 $^{(j)}B1_h^s$를 구하시오.

29. 표 [11.2.10.3]에서 $B1_{239}^s = 78,273$에서 $B1_{240}^s = 22,309$로 크게 감소하는 이유를 설명하시오.

# 제12장
# 보험부채 변동분석과 손익인식

# Ⅰ. 기초이론

## 1. 참가특성의 의미[1]

IFRS17에서는 보험상품의 참가특성(participation features) 유무에 따라 보험부채 평가 및 보험금융비용의 처리 등에 대하여 회계처리를 다르게 적용하도록 요구하고 있으며, 특정한 요건을 충족하는 경우에는 별도의 회계모형(변동수수료모형)[2]을 적용하도록 하고 있다.

IFRS17에서 참가특성이 있는 보험계약은 기초항목(underlying item)의 성과에 따라 보험계약자에게 지급하는 지급금이 변동되는 계약을 의미한다. 즉, 참가특성이 있는 보험계약은 투자위험의 일부를 보험계약자가 가지고 있다는 의미이다. 반면, 참가특성이 없는 보험계약은 보험계약자에게 지급하는 지급금이 변동하지 않는 계약을 의미하며(기초항목의 성과와 무관), 보험사가 투자위험의 전부를 가지고 있다는 의미이다.

보험계약은 보험사건이 발생하는 경우 보험계약자에게 보험금을 지급하는 계약을 말하며, 보험사고 발생시 보험계약자에게 지급하는 보험금은 일반적으로 기초항목의 성과에 따라 변동되지 않는다. 그러나 기초항목의 성과에 따라 변동되는 지급금들을 가지는 보험계약도 많이 존재한다. 이러한 지급금들을 가지고 있는 보험계약들의 특성을 참가특성이 있다고 말한다.[3] 이러한 지급금을 추가급부(additional benefits)라로 표현할 수 있으며 추가급부는 계약상 정해질 수도 있고, 보험사의 재량일 수도 있다. 이러한 추가급부를 참가특성(participation feature)이라고 용어를 정의한다. 참가특성이란 회사가 추가보상(additional rewards)과 위험(risks)을 계약자와 공유(share)하는 구조(mechanism)이다. 참가특성이 있는 보험계약의 추가급부를 결정하는 여러 가지 요소가 있다. 예를 들면,[4]

(i) 어떤 계약은 시장변수(예: 자산 pool에 대한 수익 또는 자산 pool의 가치)와 지급될 금액 간의 관계를 명시한다. 이 관계는 특정 시장변수가 어떻게 추가급부의 현금흐름 산출에 영향을 주는지 명시하는 것에서부터 특정 시장변수의 변동이 추가급부의 현금흐름에 어떤 영향을 미치는지까지 포함한다.

(ii) 어떤 계약은 시장변수가 보험계약의 현금흐름에 미치는 영향과 재량(discretion)을 통하여 보험사가 보험계약자에게 지급하는 추가급부의 금액 및 시기를 변동

---

1) 기초이론의 많은 부분은 오창수·김경희, "IFRS17 보험부채와 손익인식의 구조분석", 「계리학연구」 제12권 제1호, 한국계리학회, 2020. 12.를 참조 인용하였음.
2) VFA(Variable Fee Approach)모형.
3) 2014년 5월 IASB Staff Paper 2A 문단 4.
4) 2015년 9월 IASB Staff Paper 2A 문단 9.

시킬 수 있는 능력을 가질 수 있으며, 재량의 수준은 보험계약마다 다를 수 있다.
(iii) 어떤 계약은 시장변수가 추가급부를 결정하는 유일한 요소가 아니다. 추가급부
   는 시장변수, 비용, 언더라이팅 이익 및 손실의 혼합일 수 있다.

현재 한국에서 판매되고 있는 보험계약 중에는 IFRS17의 참가특성과 유사한 성격을
가진 보험계약들이 많이 존재한다. 위의 3가지 유형을 한국 보험상품과 연결시켜 보면
(i)은 변액상품, (ii)는 금리연동형상품, (iii)은 유배당상품이 해당될 수 있다.

기초항목은 보험계약자에게 지급할 금액 중 일부를 결정하는 항목을 말하며, 특정한
제한을 두고 있지 않다. 즉, 참조자산 포트폴리오, 보험사의 순자산 등 다양하게 존재할
수 있으며, 심지어 보험사가 보유하고 있지 않은 항목도 포함될 수 있다.[1]

참가특성을 가진 보험계약은 일반적으로 다음 3가지의 특성을 가지고 있다.[2]

(i) 보험계약자는 보험료를 납입하고 보험회사에게 보험위험(insurance risk)을 전가한다.
(ii) 보험회사는 보험계약자가 납입한 보험료를 기초항목에 투자하고, 그 기초항목은
   재무제표에 포함된다(즉, 기초항목은 보험회사의 자산 및 부채로 처리된다).
(iii) 기초항목의 성과는 보험회사와 보험계약자 간에 공유된다(참가특성).

참가특성을 가진 보험계약은 국가별로 다양한 형태로 존재하는데 연습문제에서 살
펴보기로 한다.


## 2. 참가특성 유무에 따른 회계모형의 종류

IASB는 참가특성을 가진 보험계약의 보험손익 및 투자손익을 적절히 측정하기 위하
여 참가특성 유무에 따라 회계모형을 다르게 적용하도록 하였다. 즉, 참가특성이 없는 보
험계약은 일반모형을 적용해야 하고, 참가특성이 있는 보험계약은 원칙적으로 일반모형
을 적용하되, 특정한 요건(직접 참가특성)을 가진 보험계약에 대해서는 변동수수료모형을
적용하기로 결정하였다.[3]

변동수수료모형을 적용해야 하는 직접 참가특성을 가진 보험계약은 최초 인식시점
에 다음의 조건을 모두 충족하는 보험계약으로 한정하였다.

(i) 계약조건에 보험계약자가 명확하게 식별된 기초항목 집단(pool)의 일정 몫에 참
   여한다는 것이 명시되어 있다.
(ii) 기업은 보험계약자에게 기초항목에서 발생하는 공정가치 이익 중 상당한 몫에

---

1) IFRS17 기준서 Appendix A (Defined terms).
2) 2014년 5월 IASB Staff Paper 2A 문단 5.
3) 2015년 6월 IASB Staff Paper 2B 문단 2.

해당하는 금액을 지급할 것으로 예상한다.

(iii) 보험계약자에게 지급될 금액의 변동분 중 상당한 비율이 기초항목의 공정가치 변동에 따라 변동될 것으로 예상된다.

## (1) 일반모형

일반모형에서는 보험회사가 보험계약자에게 부과하는 보험료와 보험사고 발생으로 인해 보험계약자에게 지급하는 보험금 간의 차이를 보험손익(언더라이팅 결과)으로 보며, 투자손익은 이자비용(interest expense)과 할인율 변동효과로부터 발생한다고 본다(자산수익도 고려).[1] 일반모형에서 투자포트폴리오는 보험회사가 보유하고 통제한다. 따라서 보험계약자는 수익의 일부만 권한이 있고 나머지 수익은 보험회사 몫으로 귀속된다.

즉, 보험료에서 발생한 경제적 수익은 보험회사가 보유하고 통제하여 발생한 투자활동에 대한 이익이라는 개념이다.[2] 보험회사는 투자자산의 현금흐름을 통제하고, 심지어 보험회사가 보험계약자의 수탁자로 활동해야 하더라도 보험회사의 주요 목표는 보험회사의 몫을 증가시키는 것이다.[3]

## (2) 변동수수료모형

변동수수료모형은 보험계약으로부터 발생하는 보험회사의 수익은 투자자산에서 발생하는 수익에 대한 몫이 아니라, 보험계약이 제공하는 서비스에 대해 보험계약자에게 부과하는 보상의 일부(즉, 수수료)로 보아야 한다는 개념에서 출발한다.

변동수수료모형의 경우에는 보험회사가 투자자산에 대한 통제권을 행사하는 것이 종종 제한되어 있다. 이는 다음과 같은 이유 때문이다.[4]

(i) 투자의 규모는 전적으로 보험계약자가 납입한 보험료에 의해 결정된다.

(ii) 보험회사는 보험계약자의 보험료를 보험계약자의 이익을 위해 관리할 것으로 예상된다.

(iii) 보험회사는 계약상 명시된 투자전략을 따라야 한다.

(iv) 보험회사는 보험계약자의 수탁자로서 행동해야 한다.

이러한 이유들 때문에, 투자포트폴리오에 대한 보험회사의 몫은 자산을 직접적으로 보유하는 것과는 실질적으로 다르며 보험회사가 보험계약자에게 부과하는 변동수수료와 같다.

---

[1] 2015년 6월 IASB Staff Paper 2B 문단 5.
[2] 2015년 6월 IASB Staff Paper 2B 문단 6(b).
[3] 2015년 6월 IASB Staff Paper 2B 문단 7(b).
[4] 2015년 6월 IASB Staff Paper 2B 문단 10.

## 3. 회계모형별 보험부채의 보험금융비용

### (1) 보험부채의 보험금융비용 인식방법

IFRS17에서 보험부채의 보험금융비용을 인식하는 방법은 다음의 4가지가 있으며, 참가특성 유무 및 회계모형에 따라 적용방법이 상이하다. 보험부채의 보험금융비용을 인식하는 방법은 수익률곡선법(yield curve approach), 유효수익률법(effective yield approach),[1] 예상부리이율법(projected crediting rate approach)[2] 및 장부수익률법(book yield approach)[3]이다.

#### (a) 수익률곡선법(yield curve approach)

수익률곡선법은 최선추정부채(BEL) 산출시 적용한 수익률곡선을 기준으로 보험부채의 보험금융비용을 산출하는 방법이다. 수익률곡선법은 금융위험과 관련된 가정의 변동이 보험계약자에게 대한 지급금에 상당한 영향을 미치지 않는 참가 특성이 없는 보험계약집합에 적용하는 방법으로, 보험계약집합의 최초인식시점에 결정된 수익률곡선을 적용하여 보험부채의 보험금융비용을 산출하는 방식이다. 즉, 기시의 보험부채에 수익률곡선(yield curve, spot rate)에서 유도된 경과기간별 선도금리(forward rate)를 곱하여 보험금융비용을 산출한다.[4]

일반적으로 수익률곡선은 기간경과에 따라 우상향하는 형태를 보이는데, 이는 기간이 경과할수록 불확실성이 증대됨에 따라 위험프리미엄이 더 부가되기 때문이다. 따라서, 수익률곡선법을 적용하여 보험부채의 보험금융비용을 산출한다면 보험계약 초기에는 보험금융비용률이 낮으나, 기간이 경과할수록 보험금융비용률이 증가할 수 있다.

#### (b) 유효수익률법(effective yield approach)

보험회사는 할인율 변경효과와 관련된 자본(누적 OCI)을 계약기간 동안에 정확하게 인식(unwind)하기 위한 목적으로 사용될 단일할인율(constant rate)을 결정할 필요가 있다.[5] 이렇게 결정된 단일할인율을 기준으로 당해연도에 인식해야 할 보험금융비용을 산출하는 방법이며, 단일할인율을 사용하므로 잔여 계약기간 동안 동일한 할인율이 사용된다.

참가특성을 가진 보험계약은 투자수익률 변동에 따라 당해연도 및 미래의 장래현금흐름의 변동이 발생하게 된다. 장래현금흐름의 변동을 보험금융비용에 반영하기 위해 매년 새로운 단일할인율을 재산출할 필요가 있다. 따라서, 매년 유효수익률을 재산출함으로써 투자수익률 변동에 따른 장래현금흐름 변동을 전기간에 걸쳐서[6] 단일할인율로 반

---

1) IFRS17 적용사례-사례 15A.
2) IFRS17 적용사례-사례 15B.
3) IFRS17 적용사례-사례 16.
4) IFRS17 문단 B72(5)(가).
5) 2014년 5월 IASB Staff Paper 2B 문단 94~97.

영할 수 있다.[1]

유효수익률법을 지지하는 사람들은 이 방법이 (i) IFRS9의 상각후원가 및 FVOCI 요건과 일관되며, (ii) 상각후원가와 유사하여 쉽게 이해될 수 있는 방안이기 때문에 정보이용자들이 쉽게 이해할 수 있는 정보를 제공한다고 보았다.

### (c) 예상부리이율법(projected crediting rate approach)

참가특성이 있는 일부 계약의 경우, 보험계약별로 계정잔액과 부리이율에 따라 보험계약자에게 지급될 것으로 예상되는 장래현금흐름이 달라진다. 예상부리이율법을 주장하는 사람들은 계정잔액과 부리이율이 보험계약의 예상현금흐름에 미치는 영향이 유의적인 경우, 당기손익에 표시하는 보험금융비용이 부리이율 패턴을 반영해야 한다고 주장했다. 이렇게 되면 해당기간의 보험금융비용은 해당기간의 실제 부리이율을 반영할 것이고, 예상부리이율법을 적용하여 산출한 보험금융비용은 당기에 계약자적립금에 부리된 이율을 반영할 것이므로 예상부리이율법이 유효수익률법보다 원가측정을 더 충실하게 할 수 있다는 것이다.[2]

또한 이들은 예상부리이율법은 유효수익률법보다 회계불일치를 감소시키는 경우도 있다고 언급했는데, 특정기간의 부리이율이 해당기간에 지급받은 채권 이자에 의해 결정되었으며 당기손익에 인식된 투자수익이 채권이자와 비슷한 경우가 그런 사례에 해당한다고 한다.[3]

### (d) 장부수익률법(book yield approach)

장부수익률법은 손익계산서상 기초항목에서 인식한 당기손익과 일관되게 보험부채의 보험금융비용을 산출하는 방법을 말한다. 예를 들어, 기초항목이 당기손익-공정가치 측정 금융자산(FVPL, Fair value through profit or loss, 이하 FVPL 자산이라고 함)으로 인식하는 경우에는 보험부채의 보험금융비용 산출시 시장수익률을 적용하고, 기초항목이 상각후원가[4] 또는 기타포괄손익-공정가치 측정 금융자산(FVOCI, Fair Value through Other Comprehensive Income, 이하 FVOCI 자산이라고 함)으로 인식하는 경우에는 보험부채의 보험

---

6) 당기에 아주 큰 투자수익률이 발생하여서 장래현금흐름이 많이 좋아졌다 하더라도 좋아진 효과를 잔여기간 동안 반영하므로 다음기의 할인율이 크게 상승하지 않고 전기간의 할인율이 조금씩 상승한다. 당기의 투자수익률이 크게 낮아질 때도 마찬가지이다.

1) 기준서B72 (5)(나): 문단 B132(1)(가)를 적용함에 있어서 금융위험과 관련된 가정의 변경이 보험계약자에 대한 지급액에 상당한 영향을 미치는 보험계약집합의 경우에는 남아있는 수정된 기대금융비용(remaining revised expected finance income or expense)을 계약집합의 잔여만기 동안 배분하게 하는 할인율로서 단일률(constant rate)을 사용한다. 기준서B132(1)(가): 계약집합의 잔여 듀레이션에 걸쳐 수정된 잔여 기대금융비용을 단일률을 사용하여 배분한다.

2) IASB Staff Paper (Sep 2015 2A) Appendix 문단 A7.

3) IASB Staff Paper (Sep 2015 2A) Appendix 문단 A8.

4) 금융자산 또는 금융부채의 기대가격을 취득당시의 유효이자율로 할인하여 현재가치로 환산한 후 기간의 경과에 따라 그 가치를 조정한 장부상 가액.

금융비용 산출시 상각후원가를 적용하는 방법을 말한다.

만약 기초항목이 공정가치로 측정되는 상품이라면 보험부채의 보험금융비용률은 기초항목의 현행 시장수익률과 동일하게 산출될 것이다. 그리고, 만약 기초항목이 상각후원가로 측정되는 상품이라면 보험부채의 보험금융비용률은 상각후원가 자산의 유효이자율과 동일하게 산출될 것이다.

표 [12.1.3.1]  자산항목별 보험부채 장부수익률법 예시

| 자 산 | 보험부채 장부수익률법 |
|---|---|
| 공정가치로 측정하는 채무상품 | 현행 시장수익률 |
| 상각후원가 또는 FVOCI로 측정하는 채무상품[1] | 유효이자율 |

(2) 산출방법 예시

상기 4가지 방법을 예시를 들어 설명하면 다음과 같다.

표 [12.1.3.2]  선도금리를 이용한 BEL 산출(금리확정형상품)

| | | Y1 | Y2 | Y3 | Y4 | Y5 |
|---|---|---|---|---|---|---|
| BEL 산출 | 선도금리 (Forward Rate) | 2.0% | 2.5% | 3.0% | 3.5% | 4.0% |

표 [12.1.3.3]  보험금융비용 산출방법에 따른 기간별 보험금융비용률 예시

| | | | | | | |
|---|---|---|---|---|---|---|
| 보험금융 비용률 | (가)수익률곡선법 | 2.0% | 2.5% | 3.0% | 3.5% | 4.0% |
| | (나)유효수익률법 | 3.0% | 3.0% | 3.0% | 3.0% | 3.0% |
| | (다)예상부리이율법 | 2.2% | 2.6% | 3.0% | 3.4% | 3.8% |
| | (공시이율) | 1.6% | 2.0% | 2.4% | 2.8% | 3.2% |
| | (라)장부수익률법Ⅰ | 4.0% | 2.0% | 3.0% | 2.5% | 3.0% |
| | (공정가치 수익률) | 4.0% | 2.0% | 3.0% | 2.5% | 3.0% |
| | (마)장부수익률법Ⅱ | 3.0% | 3.0% | 3.0% | 3.0% | 3.0% |
| | (상각후원가 수익률) | 3.0% | 3.0% | 3.0% | 3.0% | 3.0% |

수익률곡선법은 BEL 산출시 적용한 경과기간별 선도금리(forward rate)에서 수익률을 그대로 가져와서 보험금융비용을 산출하는 방법이다. 따라서, 경과기간별 보험금융비용률은 경과기간별 선도금리와 동일한 값으로 산출된다.

유효수익률법은 수익률곡선에서 유도된 경과기간별 선도금리(forward rate)를 단일값으로 환산하여, 단일값을 기준으로 보험금융비용을 산출하는 방법이다. 이행현금흐름에

---

1) 장래현금흐름이 원금＋이자로 구성된 상품.

선도금리를 적용하여 산출한 BEL 값(금리확정형상품) 또는 1,000개의 할인율시나리오를 적용하여 산출한 BEL 값(금리연동형상품)과 이행현금흐름에 단일할인율 $r$을 적용하여 산출한 BEL 값이 일치되게 하는 단일할인율 $r$을 해찾기를 통해 구한다. 이렇게 구한 $r$을 유효수익률이라 한다. 유효수익률법을 적용할 경우 경과기간별 보험금융비용은 유효수익률(단일할인율)을 이용하여 산출된다.

예상부리이율법은 당기에 부리되는 금액과 미래 기간에 부리될 것으로 기대되는 금액에 기초하여 경과기간별 보험금융비용을 산출하는 방법이다.[1] 부리이율(이하 공시이율이라 한다.)에 따라 보험부채의 최초 장부금액이 장래현금흐름의 추정치(예, 만기시 계약자적립금)와 일치하도록 매 시점마다 보험금융비용 산출을 위한 할인율을 계산한다.[2] 여기서 할인율은 각 기간별 공시이율에 따라 변동하게 된다.

세부 적용기준을 단순화하면 다음과 같다. 먼저, 보험부채의 최초 장부금액이 장래현금흐름 추정치와 일치시키는 할인율을 계산하기 위해 상수(K)를 산출한다.[3]

$$\text{상수(K)} = \left[ \frac{\left( \dfrac{\text{만기시 장래현금흐름 추정치}}{\text{최초 장부금액}} \right)}{\prod_{t=0}^{5} (1+\text{실적 및 예상 공시이율})} \right]^{(1/5)} \tag{12.1.3.1}$$

이렇게 산출된 상수(K)를 매 시점의 공시이율에 곱하여 보험금융비용 산출을 위한 할인율을 재산출한다. 예를 들어, 최초측정시 수취보험료는 1,000이고, 할인율은 기간에 따라 (Y1: 2.0%, Y2: 2.5%, Y3: 3.0%, Y4: 3.5%, Y5: 4.0%)이고, 공시이율은 기간에 따라 (Y1: 1.6%, Y2: 2.0%, Y3: 2.4%, Y4: 2.8%, Y5: 3.2%)[4]이라고 가정하자. 그러면, 만기시 계약자적립금은 1,125.8[5]이 되고 최초 장부금액은 971.3[6]이 된다 그리고, 상수(K)의 분자는 1.159137,[7] 분모는 1.125814[8]가 되어, 상수(K)를 산출하면, K = $(1.029599)^{1/5}$ = 1.005851이 된다. 그러면, 각 기간별 할인율은 각 기간별로 [(1+공시이율) × K − 1]로 구할 수 있다. 할인율을 구하면, 할인율은 기간에 따라 (Y1: 2.2%, Y2: 2.6%, Y3: 3.0%,

---

1) IFRS17 B132(1)(나).
2) IFRS17 적용사례 사례15B 참조.
3) 만기 장래현금흐름 추정치는 매기 재산출될 것이므로, 이에 따라 K도 매기 달라질 수 있을 것으로 보인다. 또한, 본문에서 사용한 예시는 기준서 적용사례를 참고로 가장 간단한 사례로 작성한 것이다. 그러나 실제업무에 적용되는 보험상품은 상품구조가 복잡하여 만기에 지급하는 금액이 없을 수도 있고, 또 여러 가지 이유로, 실제 업무에서는 본문에서 소개한 바와 같은 방법으로 K를 산출해서 예상부리이율법을 사용하기는 어려울 것으로 보인다. 예상부리이율법을 사용하는 방법은 본 예시에서 나타난 방법으로 사용될 것으로 보인다.
4) 공시이율 = 할인율×80% 가정.
5) $1,125.8 = 1,000 \times (1+1.6\%) \times (1+2.0\%) \times (1+2.4\%) \times (1+2.8\%) \times (1+3.2\%)$.
6) $971.3 = 1,125.8 \div [(1+2.0\%) \times (1+2.5\%) \times (1+3.0\%) \times (1+3.5\%) \times (1+4.0\%)]$.
7) $1.159137 = 1,125.8$(만기시 계약자적립금) ÷ 971.3(최초장부금액).
8) $1.125814 = (1+1.6\%) \times (1+2.0\%) \times (1+2.4\%) \times (1+2.8\%) \times (1+3.2\%)$.

Y4: 3.4%, Y5: 3.8%)가 된다. 따라서, 예상부리이율법은 매년 실제 공시이율의 패턴을 반영하여 보험금융비용을 산출하는 방식으로서, 해당기간의 보험금융비용은 해당기간의 실제 공시이율을 반영하게 된다

　장부수익률법은 기초항목을 보유하는 경우에 적용하는 방법으로, 기초항목에서 발생하는 수익(비용)과 정확히 대응되는 비용(수익)을 보험부채의 보험금융비용으로 반영한다. 그 결과, 기초항목(투자수익)과 보험계약(보험금융비용)의 손익항목의 순액은 0이 된다. 즉, 장부수익률법을 적용한다면 기초항목의 수익률과 동일하게 보험금융비용이 산출된다.

### (3) 참가특성이 없는 보험계약의 보험금융비용

　2013년 IFRS4 공개초안(ED) 발표 당시에는 참가특성이 없는 보험계약의 보험금융비용 회계처리기준은 한 가지 방법만 허용되었다. 즉, 경제적 가정(예, 할인율) 변동에 따라 보험부채 평가손익의 변동이 발생하는 경우, 이 변동효과는 당기손익(P/L, profit or loss)이 아니라 기타포괄손익(OCI)으로만 처리하도록 하였다. 즉, 참가특성이 없는 보험계약의 장래현금흐름에 대해서는 계약 체결당시에 적용된 최초 할인율(locked-in discount rate)에 기초한 금액만 당기 보험금융비용(P/L)으로 인식해야 하며, 최초 할인율과 현행 할인율의 차이는 기타포괄손익(OCI)으로 인식하도록 했다.[1] 그 이유는 기타포괄손익(OCI)으로 처리하는 것이 전 보험기간 중에서 당해연도에 수행된 성과[2]를 더 적절히 표현함으로써, 보고의 투명성을 증가시킬 것으로 보았기 때문이다.

　이에 대해, 기타포괄손익(OCI)으로 처리하는 IASB 안이 적절하다고 주장하는 이해관계자들도 있었지만, 반대로, 기타포괄손익(OCI)을 강제하는 것이 문제[3]가 많다고 주장하는 이해관계자들도 있었다. 많은 논의를 거친 후에, IASB는 최종적으로 보험계약 부채 평가시 할인율의 변동효과를 당기손익(P/L) 또는 기타포괄손익(OCI)으로 처리[4]하는 것을 모두 허용하기로 결정하였다.

　또, 참가특성이 없는 보험계약에 대한 보험금융비용을 OCI로 처리하는 경우, 보험금융비용을 (당해연도) 당기손익으로 할당하는데 사용되는 할인율(discount rate used in the allocation of insurance finance income or expense to profit or loss)은 수익률곡선(yield curve) 또는 유효수익률(effective yield rate)로 강제되지 않으며 기초항목에 따라 변동하지 않는 명목현금흐름에 적용되는 할인율이면 된다고 함에 따라[5] 보험사는 회사의 회계정책에 따

---

1) 2014년 3월 IASB Staff Paper 2D 문단 7~12.
2) 할인율 가정 변동효과는 미래 전 보험기간에 해당되는 효과임.
3) 문제점은 회계적 불일치와 추가적인 복잡성을 예시하고 있다.
4) 2014년 3월 IASB Staff Paper 2D 문단13에 이러한 논의과정이 나와 있음.
5) IASB TRG Agenda Staff Paper Ar07 Log# S29 (2018년 5월). https://www.ifrs.org/news-and-events/calendar/2018/may/ifrs-17-transition-resource-group/ IASB TRG 회의에서는 참가특성이 없는 보험계약의 보험금융손익을 당기손익에 배분시 사용하기 위한 할인율에 대해서 논의한 바 있다. TRG 회의 결과,

라 보험금융비용을 다양한 방법으로 인식할 수 있게 되었다.

### (4) 참가특성이 있는 보험계약의 보험금융비용

참가특성이 있는 보험계약의 특성상 보험계약자에게 지급되는 금액에 변동을 야기하는 투자수익 추정치의 변동이 있을 때마다 할인율을 재설정(reset)해야 할 필요가 있다. 일반적으로 투자수익 추정치는 현행 할인율에도 반영되는 시장변수의 변동으로 인해 변동된다.

많은 이해관계자들은 만약 보험사가 보험부채의 평가손익을 당기손익(P/L)이 아니라 기타포괄손익(OCI)으로 인식하는 회계정책을 선택한다면, 보험계약의 보험금융비용을 결정하는 할인율은 재산출되어야 한다는 IASB 의견에 동의하였다. 즉, 투자수익의 변동으로 인해 장래 이행현금흐름이 변경되는 경우, 변경된 장래 이행현금흐름을 반영하여 할인율을 재산출하는 것이 적절하다고 판단한 것이다.[1]

IASB는 참가특성이 있는 보험계약에 대해서는 보험부채의 보험금융비용 산출시 장부수익률법, 유효수익률법 및 예상부리이율법 모두를 고려하였다.[2] 이 방법들은 기초항목의 성과와 일관성 있게 보험계약의 보험금융비용을 인식할 수 있으므로, 기초항목과 보험계약 간의 회계불일치를 감소시키거나 제거할 수 있으므로, 이는 결과적으로 유용한 정보를 제공할 것이기 때문이다.

그러나, 장부수익률법에 대해서 다음과 같이 일부 반대하는 의견도 있었다.[3]

(i) 일부는 기초항목이 보험계약자에게 전달되는 투자수익과 직접적으로 연계되어 있지 않을 수도 있다고 언급했다(예를 들어, 금액 및 시기에 대한 재량권이 있는 경우). 이러한 경우, 해당 투자수익률에 기반하여 보험금융비용을 표시하는 것이 보험금융비용을 충실히 반영하는지에 대해 의문을 제기했다.

(ii) 장부수익률법은 보험계약의 장래현금흐름에 적용하는 할인율과 다르다. 보험부채를 측정하기 위해 적용된 할인율과 연관성이 없는 할인율로 보험금융비용을 인식하는 것은 유용한 정보를 제공하지 않는다.

(iii) 기업은 이 방안을 적용하기 위해서 기초항목을 식별해야 할 것이며, 이를 위해서는 다른 중요한 이슈들을 해결해야 한다.

---

기업은 IFRS17 문단 B72(e)(i)를 적용하여, 기초항목의 수익에 따라 변동하지 않는 명목현금흐름에 대해 계약집합의 최초시점에 IFRS17 문단 36을 적용해서 산출된 할인율을 사용해야 하며, IFRS17 문단 B72(e)(i)는 유효수익률이나 수익률곡선에서 유도된 경과기간별 선도금리(forward rate)를 사용할 것을 의무화하고 있지 않으며, 기초항목에 따라 변동하지 않는 명목현금흐름에 적용되는 할인율이면 된다고 언급한 바 있다.

1) 2014년 5월 IASB Staff Paper 2B 문단 88(a).
2) 2014년 5월 IASB Staff Paper 2B 문단 88(b), 2014년 9월 IASB Staff Paper 2A 문단 40.
3) 2014년 5월 IASB Staff Paper 2B 문단 93.

결과적으로, IASB는 장부수익률법은 제한된 보험계약에만 적용할 수 있도록 하였다. 즉 보험회사가 보유하고 있는 기초항목에서 발생하는 성과의 상당분을 보험계약자에게 지급하는 직접 참가특성을 가진 보험계약에 대해서만 장부수익률법을 적용할 수 있도록 하였다.[1]

그림 [12.1.3.1]   참가특성 및 회계모형에 따른 보험금융비용 인식[2]

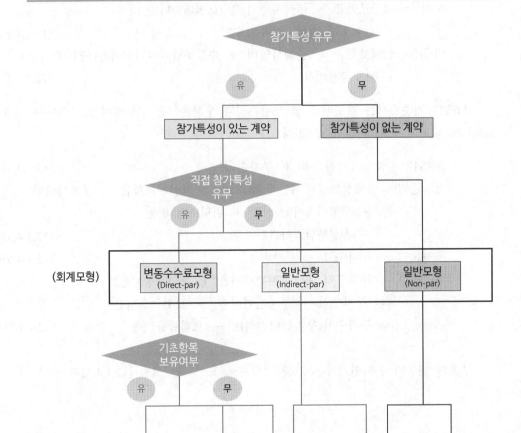

---

1) 2014년 6월 IASB Staff Paper 2D 문단 68.
2) 마지막 단계의 4가지 유형에서 좌로부터 근거는 다음의 기준서 문단이다. (i) IFRS17 문단 89, B134 (ii) IFRS17 문단 88, B132 (iii) IFRS17 문단 88, B132 (iv) IFRS17 문단 88, B131.

## 4. IFRS17 손익인식[1]

### (1) IFRS17 기준 손익 산출

IFRS17 기준의 손익은 다음과 같이 산출한다.

$$\text{IFRS17 손익} = \text{수익} - \text{비용}[2] \tag{12.1.4.1}$$

$$\text{수익} = \text{예상보험금} + \text{예상사업비} + \text{보험계약마진 상각}$$
$$+ \text{위험조정 변동} + \text{투자수익} \tag{12.1.4.2}$$

$$\text{비용} = \text{실제보험금} + \text{실제사업비} + \text{손실부담계약관련비용(환입)}[3]$$
$$+ \text{보험금융비용} \tag{12.2.4.3}$$

IFRS17 기준에서는 재무제표 상 보험손익과 투자손익을 구분하여 표시하도록 하고 있으므로 다음과 같이 나타낼 수 있다.

$$\text{IFRS17 손익} = \text{보험손익} + \text{투자손익} \tag{12.1.4.4}$$

$$\text{보험손익} = (\text{예상보험금} + \text{예상사업비}) - (\text{실제보험금} + \text{실제사업비})$$
$$+ \text{보험계약마진 상각} + \text{위험조정 변동}$$
$$- \text{손실부담계약관련비용} \tag{12.1.4.5}$$

$$\text{투자손익} = \text{투자수익} - \text{투자비용} \tag{12.1.4.6}$$
$$= \text{투자수익} - (\text{투자관련비용} + \text{보험금융비용})$$
$$= (\text{투자수익} - \text{투자관련비용}) - \text{보험금융비용}$$
$$= \text{투자수지(투자관련손익)}[4] - \text{보험금융비용} \tag{12.1.4.7}$$

부채의 변동과 손익인식의 구조를 그림으로 표시하면 그림 [12.1.4.1]과 같다.

---

1) 4절과 5절의 많은 부분은 오창수·김경희, "IFRS17 시행에 따른 계약자배당제도 운영방안",「계리학연구」제15권 제1호, 한국계리학회, 2023. 6.를 참조 인용하였음.

2) 재보험 관련 손익은 제외하고 간단히 표기하였다.

3) 손실부담계약관련비용(환입)은 (i) 장래 예상되는 손실분뿐만 아니라 (ii) 이후 가정의 변동으로 장래 손실이 일어나지 않거나 손실 규모가 작아질 것으로 예상시 손실분의 환입(음(−)의 비용)까지 포함하며, 본서에서 손실부담계약관련비용으로 표현하기로 한다.

4) 투자관련비용(ⓐ): 그림 [12.1.4.1]에서 손익계산서의 투자비용(④)에서 보험금융비용(ⓑ)을 제외한 나머지 비용을 말하며 재산관리비, 부동산관리비, 금융상품처분손실, 당기손익−공정가치측정 금융상품평가손실 등을 말한다(투자수익의 '−' 항목). 많은 분석에서 투자수익−투자관련비용=투자수지(투자관련손익)으로 나타내는 경우가 많다. 이렇게 하면 투자손익에서 비용은 보험금융비용만 남으므로 분석을 수행하기 편하다. 오창수·김경희, "IFRS17 시행에 따른 계약자배당제도 운영방안",「계리학연구」제15권 제1호, 한국계리학회, 2023. 6.에서도 배당제도 분석을 수행할 때 이와 같은 용어를 사용하고 있다.

그림 [12.1.4.1] 부채의 변동과 손익 인식

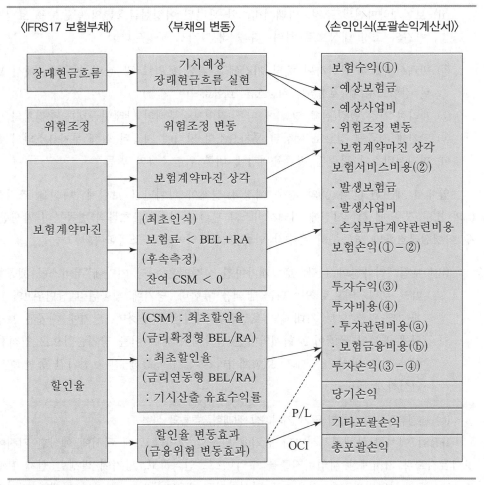

(2) IFRS17 기준 손익의 특성

IFRS17 기준 손익은 다음과 같은 특성이 있다.

(a) **보험계약마진(CSM)의 산출, 조정, 상각**

(i) 보험계약마진의 산출: 보험계약마진은 장래에 서비스를 제공함에 따라 인식하게 될 미실현이익을 의미하며, 최초측정시에는 이행현금흐름[1]과 보험계약마진을 합한 총 보험부채가 zero(0)가 되도록 보험계약마진을 산출한다. 이 값(장래 미실현이익)을 바로 수익으로 인식하지 않고, 책임준비금 항목 중 하나인 보험계약마진(CSM)으로 적립한다. 또한, 보험계약마진은 보험기간이 경과함에 따라 보험계

---

1) 이행현금흐름은 최적추정부채(BEL) 및 비금융위험에 대한 위험조정(RA)의 합이다.

약마진의 상각분만큼 이익으로 실현되면서 보험계약마진 잔액은 감소하게 된다.
(ii) 보험계약마진의 조정: 미래서비스와 관련된 이행현금흐름의 변동분을 보험계약
마진의 조정 대상으로 하며, 다음 네 가지로 구성된다.[1]

ⓐ 미래서비스와 관련하여 해당 기간에 수취한 보험료 및 관련 현금흐름에서 발생
한 경험조정(예, 보험취득 현금흐름, 보험료 기반 세금)
ⓑ 계리적 가정 변경(실제, 장래)에 따른 잔여보장부채의 장래현금흐름 추정치의 변동
ⓒ 당기에 지급될 것으로 예상된 투자요소와 당기에 지급된 실제 투자요소와의 차이
ⓓ 미래서비스와 관련된 비금융위험에 대한 위험조정의 변동

앞에서 제시된 ⓐ와 ⓒ의 경우 예정과 실제의 차이만큼 보험계약마진을 조정하고
ⓑ와 ⓓ의 경우 매 결산시점에 미래서비스와 관련된 이행현금흐름의 변동분이 발생한 경
우 이행현금흐름의 변동분의 음수값 만큼 보험계약마진을 조정한다.[2]

(iii) 보험계약마진의 상각: 보험계약마진 상각액은 해당 기간에 서비스를 제공함에
따라 보험수익으로 인식되는 금액을 말한다. 당기에 제공된 보장단위[3]와 미래
에 제공될 것으로 기대되는 보장단위 각각에 배분하며, 당기에 제공된 보장단
위에 배분된 금액이 보험계약마진 상각액이 되며 이를 당기손익으로 인식한다.
이와 같은 방식으로 매기 보험계약마진 상각을 통해 전 보험기간 동안 이익을
인식하게 된다.

(b) 현행추정치로 산출한 당기 기시예상 장래현금흐름의 실현
IFRS17에서는 부채평가시마다 당기에 발생할 것이라고 매 기시에 예상한 기시예상
보험금지출과 기시예상 사업비지출을 수익[4]으로 인식하고, 당기에 발생한 실제 보험금
지출과 실제 사업비지출을 비용으로 인식한다.[5] IFRS4에서는 매기에 발생할 것이라고

---

[1] 기업회계기준서 제1117호 B96.
[2] BEL 증가분＞잔여 CSM인 경우는 두 금액의 차액을 비용으로 인식한다.
[3] 보험계약집합내의 보장단위를 식별한다. 집합 내의 보장단위의 수는 집합 내의 계약에서 제공되는 보장
의 수량이며, 각 계약별로 계약에 따라 제공되는 급부의 수량 및 기대되는 보장의 듀레이션을 고려하여
산정된다.
[4] 기업회계기준서 제1117호 83 및 B121: 해당 기간에 인식한 보험수익은 약정된 서비스를 이전하고 그러
한 서비스에 대한 교환으로 받을 것으로 기대하는 대가를 반영하는 금액을 나타내야 한다. 보험계약집합
의 총 대가는 다음의 금액을 포괄한다.
(1) 서비스 제공과 관련된 금액. 이는 다음으로 구성된다.
　(가) 보험서비스비용, (나) 비금융위험에 대한 위험조정, (다) 보험계약마진
(2) 보험취득 현금흐름과 관련된 금액
단, 「(가) 보험서비스비용」은 IFRS17기준서 84의 발생한 보험서비스비용을 의미하는 것이 아닌 약정된 서
비스를 제공하고 이에 대해 받을 것으로 기대하는 대가를 반영하는 금액을 의미한다.
[5] 기업회계기준서 제1117호 84.

보험료 산출시 예상한 예상 보험금지출과 예상 사업비지출를 수익으로 인식하고 당기에 발생한 실제 보험금지출과 실제 사업비지출을 비용으로 인식한다.

IFRS17에서는 매기 현행추정치를 사용한다. 매 기시에 예상하는 기시예상 장래현금흐름이 매기마다 변동되기 때문에 본서에서는 기시예상이라는 용어를 사용하기로 한다. 그러나 IFRS4에서는 현행추정치가 매기 발생하는 것과 상관없이 보험료산출시에 미래의 매기 장래현금흐름이 사전에 결정되기 때문에 기시예상이라는 용어를 사용하지 않고 보험료산출시 예상(간단히 예상)이라는 용어를 사용하기로 한다.

표 [12.1.4.1]  IFRS4와 IFRS17의 수익인식의 기준

| 보험(부문)손익 | IFRS4 | IFRS17 |
|---|---|---|
| 수익: 예상 보험금지출,<br>예상 사업비지출 | (보험료산출시: 적용기초율)<br>보험료산출시 예상한<br>예상 보험금지출/사업비지출 | (부채평가시: 현행추정치)<br>부채평가시마다 매기 예상한 기시예상 보험금지출/사업비지출 |
| 비용: 실제 보험금지출,<br>실제 사업비지출 | 당기에 발생한<br>실제 보험금지출/사업비지출 | (좌 동) |

### (c) 장래현금흐름 변동에 따른 BEL 변동과 CSM 조정

IFRS17 기준 책임준비금 산출시 산출시점의 현행추정치를 사용한다. 즉, 책임준비금 산출시점마다 최선추정한 계리적 가정을 사용하므로 산출시점마다 예상하는 장래현금흐름이 달라진다. 계리적 가정 변동(실제+장래)은 미래서비스 제공에 영향을 미치기 때문에 계리적 가정 변동(실제+장래)에 따른 BEL 변동은 당기손익으로 인식하지 않고 보험계약마진(CSM)을 조정한다. 따라서, 계리적 가정 변동(실제+장래)에 따라 BEL이 변동되더라도 CSM이 조정되므로 총 보험부채는 변동이 없다. 계리적 가정의 변동으로 인한 장래현금흐름에 불리한 변동이 발생한 경우, 잔여 CSM이 있다면 변동분만큼 CSM을 감소시킬 뿐 당기손익에 미치는 영향은 없다.[1] 그러나, 잔여 CSM이 없거나 잔여 CSM을 초과하는 변동분은 당기에 즉시 비용으로 인식한다.

### (d) 손실의 인식과 처리

IFRS17에서 보험부채를 시가평가한 결과 손실부담계약이 되는 경우에는 장래손실을 당기에 즉시 비용으로 인식해야 한다. 손실부담계약집합에서 발생한 손실은 손실요소 (LC: Loss Component)를 통해 관리되며, 손실요소는 손실부담계약집합에 대한 손실의

---

1) BEL의 증가분만큼 CSM이 감소하여 책임준비금 총량은 동일하다. CSM이 감소하므로 잔여 보험기간 동안 CSM상각을 통하여 인식할 총 수익이 줄어들고, 당기의 CSM상각(수익) 또한 줄어든다. BEL의 증가분이 그대로 당기비용으로 인식되지는 않는다는 의미이다.

환입으로 당기손익에 표시되는 금액을 결정하며 결과적으로 정상적인 보험수익의 결정 과정에서 제외된다.[1]

손실부담계약은 다음의 2가지 경우에 발생할 수 있다.[2]

첫째, 최초측정시 장래현금흐름을 추정한 결과 장래지출이 장래수입을 초과하는 경우(즉, 장래수입<장래지출)에 해당되는 보험계약은 손실부담계약이 되며, 손실계약집합으로 분류된다. 손실계약집합으로 분류된 경우에는 장래손실액(초과금액)을 최선추정부채(BEL)로 계상하고 당기에 즉시 비용으로 인식한다. 이 경우 보험계약마진(CSM)은 0으로 처리하고, 총 보험부채는 양수가 된다.

둘째, 후속측정시 이행현금흐름의 불리한 변동으로 인해 이행현금흐름의 변동값이 잔여 보험계약마진(CSM)을 초과하는 경우에 그 보험계약은 이론적으로 손실부담계약이 될 수 있다. 그러나 후속측정시 CSM은 보험계약 별로 산출되는 것이 아니라, 보험계약집합 단위로 측정된다. 동일한 보험계약집합 내에 특정한 보험계약이 손실부담계약이 되었다 할지라도, 보험계약집합의 불리한 이행현금흐름의 변동값이 보험계약집합의 잔여 보험계약마진을 초과하기 전까지는 손실계약집합으로 분류하지 않으며, 보험계약집합의 불리한 이행현금흐름의 변동값이 보험계약집합의 잔여 CSM을 초과하는 경우 손실계약집합으로 인식되며, 초과분[3]을 당기에 즉시 비용으로 인식한다. 또한, 후속적으로 이익계약집합이 손실계약집합이 되었다 하더라도 후속적으로 보험계약집합의 구성을 다시 하지 않는다. 즉, 다른 손실계약집합과 통합되지 않는다.[4]

손실부담계약이 되면 손실부담계약집합의 잔여보장부채에서 손실요소(LC)를 정하고 이를 당기손실로 인식한다. 이행현금흐름의 유리한 변동으로 인한 이행현금흐름의 후속적 감소분은 손실요소가 0으로 줄어들 때까지 손실요소에만 배분하고 손실의 환입(reversals)으로 처리하여 당기손익에 표시하되 보험수익(insurance revenue)에서 제외하도록 명시하고 있다.[5] 당기손익에 이익으로 표시하되 보험수익에서 제외하고 있으므로 손실의 환입은 음(−)의 보험서비스 비용으로 표시된다. 손실요소를 초과하는 이행현금흐름의 유리한 변동액은 초과분만큼 CSM을 조정한다.[6]

---

1) 손실의 환입은 음의 보험서비스비용으로 표시한다. 따라서 유리한 가정변경으로 BEL이 감소하여 손실의 환입이 이루어질 경우 음의 보험서비스비용으로 처리된다. 즉, CSM을 증가시킨 후 상각되는 정상적인 보험수익(insurance revenue) 결정과정에서 제외된다.
2) 기업회계기준서 제1117호 문단 47, 48.
3) 초과분=이행현금흐름의 변동값−잔여 CSM.
4) 기업회계기준서 제1117호 문단 24.
5) 기업회계기준서 제1117호 문단 48(1), 문단 103(2)(라).
6) 기업회계기준서 제1117호 문단 49~50.

표 [12.1.4.2]  IFRS17 기준 후속측정 장래현금흐름 변동의 인식

| | | 책임준비금 | 손익인식 |
|---|---|---|---|
| 불리한 변동발생 | 잔여CSM>BEL변동 | BEL 증가<br>CSM 감소 | – |
| | 잔여CSM<BEL변동 | BEL 증가<br>CSM = 0[1] | (BEL증가분 – 잔여CSM)을 비용으로 인식 |
| 유리한 변동발생 | LC가 없는 경우 | BEL 감소<br>CSM 증가 | – |
| | LC가 있는 경우 | | |
| | 유리한 변동<LC | BEL 감소<br>CSM = 0[2] | 유리한 변동을 음(–)의 비용으로 인식 |
| | 유리한 변동>LC | BEL 감소<br>CSM 증가[3] | LC 초과분을 CSM으로 인식 |

(e) 보험금융비용의 인식

보험금융비용은 화폐의 시간가치 및 그 변동효과와 금융위험 및 그 변동효과로 발생하는 보험계약집합의 장부금액의 변동을 의미한다. 회계모형에 따라 보험부채의 보험금융비용을 인식하는 방법(수익률곡선법, 유효수익률법, 예상부리이율법, 장부가치법)이 다를 수 있다.

(i) 금리확정형상품: 금융위험과 관련된 가정 변동이 계약자에게 지급되는 금액에 상당한 영향을 미치치 않는 보험계약 집합의 경우, 체계적인 배분은 문단 B72(5)(가)에서 명시한 할인율(최초인식시점에 결정된 할인율)을 사용하여 결정한다.

(ii) 금리연동형상품: 금융위험과 관련된 가정 변동이 계약자에게 지급되는 금액에 상당한 영향을 미치는 보험계약의 집합의 경우, 다음과 같이 체계적으로 배분한다.

　(가) 유효수익률법: 계약 집합의 잔여 듀레이션에 걸쳐 수정된 잔여 기대금융수익(비용)을 단일률을 사용하여 배분한다.

　(나) 예상부리이율법: 보험계약자에게 지급해야 하는 금액을 결정하기 위해 부리이율을 사용하는 계약의 경우, 당기에 부리되는 금액과 미래 기간에 부리될 것으로 기대되는 금액에 기초하여 배분한다.

IFRS17 회계제도하에서는 보험사별로 회계정책(OCI 회계정책 또는 P/L회계정책)을 선택할 수 있다.[4] OCI 회계정책과 유효수익률법을 적용하는 경우, 매기 적용되는 유효수

---

1) 음수의 CSM은 없으므로, CSM을 0까지 감소시킨 후 부족분은 당기비용으로 인식.
2) 누적손실금액까지 손실의 환입으로 인식.
3) 누적손실금액까지 손실의 환입으로 인식하고, 초과분은 CSM으로 적립한다.
4) 기업회계기준서 제1117호 문단 88은 화폐의 시간가치 효과와 금융위험 효과에 따른 보험금융수익(비용)

익률을 사용하여 당기의 보험금융비용을 인식하고, 할인율 변동(또는 금융위험 변동)에 따른 이행현금흐름의 변동은 OCI로 처리한다.[1] 반면, P/L 회계정책을 선택한 경우에는 현행할인율을 사용한 당기의 보험금융비용뿐만 아니라 할인율 변동(금융위험 변동)에 따른 이행현금흐름의 변동도 보험금융비용(당기손익)으로 인식한다.

## 5. IFRS4와 IFRS17의 손익인식 비교[2]

### (1) 보험계약마진(CSM)의 별도 표시

IFRS4 보험부채는 원가와 마진이 구분되지 않고 책임준비금 항목으로 통합하여 산출된다. 반면, IFRS17에서는 원가와 마진을 구분하여 각각 최선추정부채(BEL), 위험조정(RA) 및 보험계약마진(CSM)으로 부채를 적립한다. IFRS17에서 기간별 손익은 서비스를 제공함에 따라 보험계약마진이 감소하면서 이익으로 인식되는 구조이다. 따라서, 재무상태표에 계상되는 보험계약마진을 통해 장래이익의 총액을 추정할 수 있다. 또한, 보고기간말의 보험계약마진을 언제 당기손익으로 인식할 것으로 기대하는지에 대해 정량적 또는 질적 정보를 주석 공시하도록 하고 있어 기간별 이익규모를 예측할 수 있다.[3] 따라서, IFRS17은 보험계약마진을 통해 보험사 이익구조에 대한 재무정보가 IFRS4보다 더 투명하게 제공된다고 볼 수 있다.

### (2) 수익인식대상 및 수익인식시점 상이

IFRS4에서는 보험계약과 관련하여 보험료가 납입되는 시점에 보험료 수익을 인식한다.[4] 여기서 보험료 수익이라 함은 계약자가 납입한 보험료 전액을 의미한다. 또한, 보험계약의 보장기간이 장기(종신인 경우도 있음)임에도 불구하고, 수익은 보험료가 납입되는 시점(예: 10년납)에 대부분 인식한다. 보험료 납입이 완료된 이후에는 더 이상 수익은 존재하지 않으며, 보험금 및 사업비에 대한 재원은 기 적립된 책임준비금의 감소를 통해 이루어지는 구조이다.

IFRS17에서는 타금융권(은행, 증권)과 재무정보의 비교가능성을 높일 수 있도록 수익인식기준(수익인식대상, 수익인식시점)이 변경되었다. IFRS17에서는 계약자가 납입하는 보험료 전액을 수익으로 인식하지 않고, 보험료 중에서 투자요소를 제외한 나머지 부분

---

을 ① 해당기간의 보험금융수익(비용)을 당기손익으로 인식하는 방법과 ② 체계적으로 배분하여 인식하는 방안 중 선택하도록 되어 있다. 본서에서는 ①을 P/L 회계정책, ②를 OCI 회계정책으로 명명하기로 한다.

1) 위험조정(RA) 변동을 체계적으로 배분하지 않는 회사의 경우 BEL의 변동만 OCI로 처리한다.

2) 더 자세한 IFRS4 손익인식과 IFRS17 손익의 특성 등은 오창수·김경희, "IFRS17 시행에 따른 계약자배당제도 운영방안", 「계리학연구」제15권 제1호, 한국계리학회, 2023. 6.를 참조하길 바람.

3) 기업회계기준서 제1117호 문단 109.

4) (구)보험업감독규정 제6-24의2(보험료의 수익인식 기준).

에 대해서만 수익으로 인식한다. 또한, IFRS17에서는 보험료를 납입하는 시점에 수익으로 인식하지 않고, 서비스를 제공하는 시점에 수익으로 인식한다. 기간이 경과함에 따라 최선추정부채가 감소하면서 예상보험금, 예상사업비 등을 수익으로 인식하게 된다. 즉, 보험계약 전 기간에 걸쳐 수익을 인식하는 구조이다.

### (3) 장래손실 예상시 인식방법의 차이

IFRS4는 보험부채를 원가평가하므로 평가년도 시점의 가정을 적용하여 장래이익 또는 장래손실을 추정하지 않는다. 즉, 보험계약 체결시에 적용된 적용기초율을 기준으로 전 보험기간에 걸쳐 수익 및 비용을 인식하므로 보험판매 후 불리한 상황이 되더라도(장래손실이 예상되어도) 회계상 손실로 인식하지 않는 점이 IFRS17과 비교하면 큰 차이점이다.

그러나 IFRS17에서는 보험부채를 시가평가하므로, 평가년도 시점의 현행추정치를 적용하여 장래이익 또는 장래손실을 추정한다. 최초측정시 장래현금흐름을 추정한 결과 장래지출이 장래수입을 초과하는 경우(즉, 손실계약집합인 경우), 초과금액을 최선추정부채(BEL)로 계상하고 당기에 즉시 비용으로 인식한다. 이 경우 보험계약마진(CSM)은 0으로 처리하고, 총 보험부채는 양수가 된다.[1] 또한, 후속측정시 평가년도 시점의 가정을 적용하여, 최선추정부채(BEL) 증가액이 잔여 보험계약마진(CSM)을 초과하는 경우(즉 손실계약집합이 되는 경우) 초과분을 당기에 즉시 비용으로 인식한다.

### (4) 보험금융비용 산출기준의 차이

IFRS4 보험부채는 원가법으로 평가되기 때문에 보험계약 체결시 적용된 예정이율(또는 공시이율 등)로 부리된다. 따라서, 보험부채 부담이율은 예정이율(또는 공시이율 등)이 된다.

그러나 IFRS17에서는 회계모형에 따라 보험부채의 보험금융비용을 산출하는 방법(수익률곡선법, 유효수익률법, 예상부리이율법, 장부수익률법)이 상이할 수 있으므로 보험사마다 기간별로 산출되는 보험금융비용이 상이할 수 있다. 또한, IFRS17에서는 보험사의 회계정책에 따라 보험금융비용 인식기준을 선택(P/L 회계정책, OCI 회계정책)[2]할 수 있으므로 보험사마다 보험금융비용률이 상이할 수 있다. 즉, IFRS17에서 OCI 회계정책과 유효수익률법을 적용하는 경우, 매기 적용되는 유효수익률을 사용하여 당기의 보험금융비용을 인식하고, 할인율 변동(또는 금융위험 변동)에 따른 이행현금흐름의 변동은 OCI로 처리

---

[1] 이익계약집합의 경우에는 보험계약마진(CSM)은 최선추정부채(BEL)의 음의 값을 적용하므로, 총 보험부채는 zero(0)이다. 여기서 위험조정(RA)는 고려하지 않았다.

[2] OCI 회계정책: 기업회계기준서 제1117호 문단 B130~B133을 적용하여 예상하는 총보험금융비용을 계약집합의 듀레이션에 걸쳐 체계적으로 배분하여 산정한 금액을 당기손익에 포함시키도록 해당 기간에 대한 보험금융비용으로 세분한다(기업회계기준서 제1117호 문단 88(2)).

P/L 회계정책: 해당 기간의 보험금융비용을 당기손익에 포함시킨다.

한다.[1] 반면, P/L 회계정책을 선택한 경우에는 현행할인율을 사용한 당기의 보험금융비용뿐만 아니라 할인율 변동(금융위험 변동)에 따른 이행현금흐름의 변동도 보험금융비용(당기손익)으로 인식한다.

또한, IFRS17 전환시점에 한해서 보험부채 보험금융비용률을 전환당시의 가정을 기준으로 산출할 수 있는 예외조항을 허용하고 있다.[2]

### (5) 기간별 부채, 자본 및 손익의 변동성

IFRS4에서는 책임준비금 산출시 최초 계약체결 시점에 적용된 적용기초율이 전 보험기간에 걸쳐서 동일하게 적용된다.[3] 따라서, 매 경과시점마다 책임준비금이 사전에 확정되어 있으므로 현행이자율 및 계리적 가정 변동이 손익, 부채 및 자본에 미치는 영향은 크지 않다.

그러나 IFRS17에서는 평가시점의 계리적 가정과 경제적 가정을 기초로 보험부채를 재평가하기 때문에 계리적 가정 및 경제적 가정 변동이 손익, 부채 및 자본에 미치는 영향이 크다. OCI 회계정책을 선택하는 경우 할인율 변동에 따른 손익변동성이 크지 않으나, P/L 회계정책을 선택하는 경우에는 할인율 변동에 따른 이행현금흐름의 변동을 당기손익으로 인식하므로, OCI 회계정책을 선택하는 경우에 비하여 손익변동성이 커질 수 있다.

## 6. 최선추정부채(BEL) 변동분석

보험부채 변동분석은 BEL 변동분석, RA 변동분석 및 CSM 변동분석을 총칭하는 용어이다. 보험부채 변동분석에서는 보험부채(BEL, RA, CSM)가 기시부터 기말까지 변동되는 과정을 단계별로 세분화하여 다음의 세가지 목적을 수행한다.

(i) BEL과 RA가 기시부터 기말까지 변동되는 과정을 단계별로 분석하면서 BEL과 RA에 대한 구조를 이해

(ii) BEL/RA 변동분석 단계중에서 CSM 조정과 관련 있는 단계를 이용하여 CSM에 미치는 영향을 분석

(iii) 보험부채(BEL, RA, CSM)가 변동되는 과정을 단계별로 분석하면서 손익 및 자본에 미치는 영향을 분석

기시 BEL에서 기말 BEL까지 변동하는 과정을 다음과 같이 요약할 수 있다. 각 단

---

1) 위험조정(RA) 변동을 체계적으로 배분하지 않는 회사의 경우 BEL의 변동만 OCI로 처리한다.
2) 기업회계기준서 제1117호 문단 C18.
3) 다만, 공시이율 적용 보험상품(또는 변액보험)은 예정이율 대신에 경과기간별 공시이율(또는 펀드수익률)을 적용한다.

계를 거치면서 기시 BEL이 변동되기 때문에 각 단계를 정확히 이해하는 것은 BEL의 구조를 이해하는데 도움이 된다.

1단계: 당기 기시예상 장래현금흐름의 실현과 보험수익 인식
2단계: BEL 보험금융비용 산출
3단계: 기말 보유계약 상태 변동에 따른 BEL 변동
4단계: 계리적 가정 변동에 따른 BEL 변동
5단계: 경제적 가정 변동에 따른 BEL 변동

### (1) 1단계(기시예상 장래현금흐름의 실현과 보험수익 인식)

당기에 발생할 것으로 예상했던 기시예상 장래현금흐름이 실현되는 단계이므로 기시 BEL[1] 평가시 사용했던 기시예상 장래현금흐름과 부호를 반대로 하여(보험료(+), 보험금(−), 해약환급금(−), 사업비(−) 등의 부호 적용) 기시예상 장래현금흐름을 실현하는 단계이다.

1단계에서 기시예상 보험료수입은 (+)로 인식되므로 기시예상 보험료수입은 보험료납입시 보험부채(BEL)로 인식된다. 즉, IFRS17에서는 보험료가 납입되는 시점에 수익으로 인식[2]되는 것이 아니라 납입보험료 전체가 부채로 인식된다. 기시예상 장래현금흐름 중에서 보험금지출, 사업비지출 등과 같이 당기에 서비스를 제공함에 따라 발생하는 부분은 BEL을 감소시키면서(보험금지출(−), 사업비지출(−) 적용) IFRS17 포괄손익계산서의 보험수익으로 인식된다.

반면, 기시예상 장래현금흐름 중에서 보험료 및 투자요소(investment component)와 관련된 기시예상 장래현금흐름은 보험수익으로 인식하지 않고, 기시예상 장래현금흐름과 실제 발생한 실제 장래현금흐름의 차액을 보험계약마진(CSM)의 조정으로 처리한다.[3] 투자요소라 함은 보험사건이 발생하지 않더라도 보험계약에 따라 보험자가 보험계약자에게 상환해야 하는 금액을 의미한다. 보험료와 투자요소는 미래서비스를 제공하기 위한 수익의 변동에 해당되기 때문에, 당기수익으로 인식하지 않고 보험계약마진(CSM)을 조정함으로써 수익을 장래로 이연하여 인식한다.

### (2) 2단계(BEL 보험금융비용 산출)

기시 BEL을 기말시점에 평가하면서 BEL에 대한 화폐의 시간가치 효과와 금융위험 변동효과를 반영하는 단계이다. 기시 BEL에 보험금융비용이 적용되어 기말 BEL이 증가하는 구조이다. BEL의 보험금융비용은 보험계약집합의 듀레이션에 걸쳐 체계적으로 배

---

1) 시가BEL이 아니고 기시BEL이다. 뒤에 설명되는 변동분석 참조.
2) IFRS4에서는 보험료는 납입시점에 수익으로 인식된다.
3) IFRS17 문단 44(3), B96(1), (3).

분하여 산정하도록 하고 있으며, 금융위험과 관련된 가정 변동이 보험계약자에게 지급되는 금액에 상당한 영향을 미치는지 여부에 따라 산출기준이 상이하다.[1)]

금융위험과 관련된 가정 변동이 보험계약자에게 지급되는 금액에 상당한 영향을 미치는 보험계약집합(예를 들어, 금리연동형보험)의 경우에는, 유효수익률법(effective yield approach) 또는 예상부리이율법(projected crediting rate approach)을 이용하여 보험금융비용을 결정할 수 있다.[2)]

또한, 금융위험과 관련된 가정 변동이 보험계약자에게 지급되는 금액에 상당한 영향을 미치지 않는 보험계약집합(예를 들어, 무배당 금리확정형보험)의 경우에는 최초 인식시점에 적용된 할인율(수익률곡선 또는 유효수익률)을 이용하여 보험금융비용을 산출한다.[3)]

### (3) 3단계(기말 보유계약 상태 변동에 따른 BEL 변동)

기시 예상한 기말시점의 보험계약 상태와 실제 기말시점의 보유계약 상태의 차이로 인한 BEL 변동을 반영하는 단계이다. 사망률, 해약률 등이 예상과 실제가 다른 것이 일반적이기 때문에 기말시점의 보유계약 상태는 예상과 실제간에 차이가 발생하게 된다. 이로 인하여 기시에 예상했던 기말 BEL과 실제 보유계약을 반영한 기말 BEL 간에 차이가 발생하게 된다.

보유계약 상태의 기시예상과 실제 차이로 인한 BEL 변동은 미래서비스 제공에 영향을 미치기 때문에, 당기수익으로 인식하지 않고 보험계약마진(CSM)을 조정함으로써 수익을 장래로 이연하여 인식한다.[4)] 따라서, 기말 보유계약 상태 변동에 따라 BEL이 변동되더라도 CSM이 조정되므로, 총 보험부채는 변동이 없다.

### (4) 4단계(계리적 가정 변동에 따른 BEL 변동)

과거 경험실적, 미래 추세변동 등을 반영하여 미래의 계리적 가정이 변동되는 경우로 인해 발생하는 BEL 변동을 반영하는 단계이다.

계리적 가정 변동은 당해연도에 서비스를 제공한 것이 아니라, 미래서비스 제공에 영향을 미치기 때문에, 계리적 가정 변동에 따른 BEL 변동은 당기수익으로 인식하지 않고 보험계약마진(CSM)을 조정한다.[5)] 따라서, 계리적 가정 변동에 따라 BEL이 변동되더라도 CSM이 조정되므로 총 보험부채는 변동이 없다. 다만, 3단계 및 4단계를 합산하여 BEL이 증가하였으나 그 증가분이 CSM을 초과하는 경우에는(손실부담계약이 되는 경우) 총 보험부

---

1) IFRS17 문단 87~88, B131, B132.
2) IFRS17 문단 B132.
3) IFRS17 문단 B131.
4) IFRS17 문단 44(3), B96(2).
5) IFRS17 문단 44(3), B96(2).

채가 증가하며, 총 보험부채의 증가분(BEL 증가분 – 잔여 CSM)은 당기손실로 처리된다.

(5) 5단계(경제적 가정 변동에 따른 BEL 변동)

공시이율, 할인율 등 경제적 가정 변동에 따른 BEL 변동을 반영하는 단계이다. IFRS17의 보험부채는 측정시점의 가정을 포함하여 그 시점에 존재하는 상황을 반영하여 산출한다. 즉, 경제적 가정이 기시와 비교하여 변동된 경우에는 이를 반영하여 보험부채를 산출한다.

IFRS17에서는 경제적 가정 변동에 따른 BEL 변동(보험금융비용)을 다음 2가지 중에서 선택하여 적용할 수 있다.[1]

방법1: 당기손익(P/L)으로 인식하는 방법(P/L 회계정책 선택)
방법2: 기타포괄손익(OCI)으로 인식하는 방법(OCI 회계정책 선택)

상기 2가지 방법중에 하나를 보험회사의 회계정책으로 선택할 수 있으며, 한번 정해진 방법(회계정책)은 만기 도래시까지 일관되게 적용되어야 한다. 포트폴리오는 회계정책을 적용하는 단위이므로, 경제적 가정 변동에 따른 BEL 변동효과를 반영하는 회계정책은 포트폴리오 단위로 선택이 가능하다. 포트폴리오는 유사한 위험을 가지고 있고 함께 관리되는 보험계약들을 통합한 단위를 말한다.[2]

그림 [12.1.6.1]은 12장 일반이론의 금리확정형상품의 BEL 변동분석의 결과를 그림

그림 [12.1.6.1]  최선추정부채(BEL) 변동분석

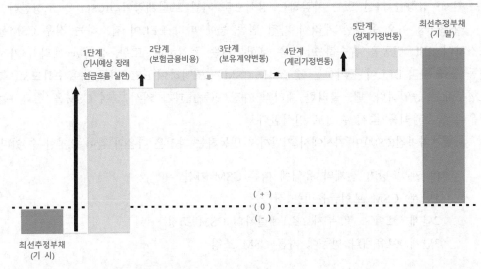

---

1) 어떠한 방법을 선택하더라도 시가BEL 금액은 동일하며, 보험금융비용을 인식하는 기준이 상이해진다.
2) IFRS17 문단 IN5(3), 14.

으로 나타낸 것이다.

## 7. 위험조정(RA) 변동분석

위험조정은 비금융위험에서 발생하는 장래현금흐름의 금액과 시기에 대한 불확실성을 감수하는 것에 대해 보험사가 요구하는 보상을 반영하는 보험부채를 말한다. 위험조정도 장래현금흐름 추정을 이용하여 산출되기 때문에, 최선추정부채(BEL)의 변동분석과 유사한 과정을 거치면서 단계별로 분석이 가능하다.

그러나, IFRS17에서는 위험조정에 대하여 보험손익과 투자손익(보험금융비용 산출)으로 손익을 구분하도록 요구하지는 않는다. 즉, 손익을 보험손익과 투자손익으로 세분하지 않고, 위험조정의 기시와 기말의 전체 변동분을 보험손익으로 처리하는 회계정책을 허용한다.[1]

## 8. 보험계약마진(CSM) 변동분석

보험계약마진(CSM)의 경우 최초측정시와 후속측정시의 산출방법이 상이하다. 보험계약마진(CSM)은 최초측정시에는 부채평가에서 산출된 이행현금흐름의 음수(−)값을 적용하여 산출하지만, 후속측정시에는 부채평가절차를 수행하여 재평가(재산출)하지 않는다. 후속측정시에는 기시 보험계약마진(CSM)에서 당해연도 BEL 변동분석의 단계별(관련 있는 단계) 영향을 가산 또는 차감하는 방식으로 기말 보험계약마진(CSM)을 조정한다.

최초측정 이후 유리한 계리적 가정 변동 등에 따라 BEL이 감소하는 경우 CSM을 조정하여 BEL 변동을 흡수하므로, 총 보험부채는 동일하다. 또한, 불리한 계리적 가정 변동 등에 따라 BEL이 증가하는 경우에도 CSM을 조정하여 BEL 변동을 흡수하므로, 총 보험부채는 동일하다. 단, 불리한 계리적 가정 변동효과가 커서 잔여 CSM을 초과하는 경우에는 초과액을 즉시 손실로 인식한다.

보험계약마진(CSM)이 기시에서 기말까지 변동하는 과정은 다음과 같이 요약할 수 있다.

0단계[2]: 당기 신계약 유입에 따른 CSM 가산
1단계: CSM 보험금융비용 산출
2단계: 보험료 및 투자요소 예실차의 CSM 조정
3단계: 보유계약 변동에 따른 CSM 조정

---

1) IFRS17 문단 81.
2) 사례 예시에는 신계약 유입이 없는 예시이므로 단계별 번호를 맞추기 위해 0단계로 표시한다.

4단계: 계리적 가정 변동에 따른 CSM 조정

5단계: CSM 상각

### (1) 0단계(당기 신계약 유입에 따른 CSM 가산)

당기에 신계약이 유입되면 신계약에서 발생할 장래이익마진을 해당 보험계약집합의 보험계약마진(CSM)에 가산하는 단계이다. 보험계약마진(CSM)은 최초측정시에는 보험계약별로 측정하나, 후속측정시에는 보험계약집합[1]별로 측정한다. 따라서, 신계약이 유입되면, 최초측정을 통해 보험계약마진(CSM)을 측정한 후, 그 보험계약이 해당되는 보험계약집합의 보험계약마진(CSM)에 가산한다.

### (2) 1단계(CSM 보험금융비용 산출)

기말 보험계약마진(CSM)을 산출하기 위해 기시 보험계약마진(CSM)에 화폐의 시간가치 효과를 반영하는 단계이다. CSM의 보험금융비용은 BEL의 보험금융비용[2]과는 달리, 보험계약집합의 최초 인식시점에 적용된 할인율을 이용한다.[3] 따라서, 최초측정 이후 기간이 경과 될수록 보험계약집합의 BEL 보험금융비용률과 CSM 보험금융비용률의 차이가 발생할 수 있다.

### (3) 2단계(보험료 및 투자요소 예실차의 CSM 조정)

보험료 및 투자요소와 관련된 장래현금흐름의 경우 당해연도 기시예상 장래현금흐름과 실제 장래현금흐름간에 차이가 발생하면 그 차액은 보험계약마진(CSM)을 조정하여 인식한다.

### (4) 3단계(보유계약 변동에 따른 CSM 조정)

기시에 예측한 기말시점의 보유계약 상태와 실제 기말시점의 보유계약 상태의 차이로 인한 BEL 변동을 CSM으로 조정하는 단계이다. 보유계약 상태의 예실차 차이로 인한 BEL 변동은 미래서비스 제공에 영향을 미치기 때문에 CSM 조정으로 흡수되며, 보험부채 총액은 변동이 없다(동일하다). 다만, BEL 증가액이 잔여 CSM을 초과하는 경우에는 CSM은 음수가 될 수 없으므로 보험부채 총액은 증가하게 된다.

---

[1] 보험계약집합은 최초측정시 보험계약의 수익성 등을 고려하여 구분되며, 판매연도가 1년을 초과하는 보험계약들은 동일한 보험계약집합에 포함할 수 없다.

[2] BEL 보험금융비용은 금융위험과 관련된 가정 변동이 보험계약자에게 지급되는 금액에 상당한 영향을 미치는지 여부에 따라 산출기준이 상이하다.

[3] IFRS17 문단 B72, B132(3).

### (5) 4단계(계리적 가정 변동에 따른 CSM 조정)

계리적 가정 변동에 따라 BEL 변동이 발생하는 경우, BEL 변동금액과 동일한 금액을 CSM으로 조정하는 단계이다. 계리적 가정 변동에 따른 BEL 변동도 미래서비스 제공에 영향을 미치기 때문에 CSM 조정으로 흡수되며, 보험부채 총액은 변동이 없다(동일하다). 다만, BEL 증가액이 잔여 CSM을 초과하는 경우에는 CSM은 음수가 될 수 없으므로 보험부채 총액은 증가하게 된다.

### (6) 5단계(CSM 상각)

4단계까지 보험계약마진(CSM) 조정이 완료된 후의 잔여 보험계약마진 금액을 기준으로 당기에 이익으로 인식할 CSM 상각액을 산출하는 단계이다. CSM 상각액은 보험계약자에게 서비스를 제공함에 따라 매기에 보험수익으로 인식되는 금액을 말하며, 당기 및 잔여 보험기간에 대해 배분하여 산출한다.[1] 이를 위해 보험계약집합의 보장단위를 식별해야 한다. CSM 상각액은 다음과 같은 산식으로 산출할 수 있다.[2]

$$당기\,CSM\,상각금액 = 상각전\,CSM \times \frac{당기\,보장단위}{잔여기간의\,보장단위\,합계} \qquad (12.1.8.1)$$

$$보장단위 = 보장금액 \times 듀레이션(유지율\,및\,할인율\,반영) \qquad (12.1.8.2)$$

그림 [12.1.8.1]는 12장 일반이론 예시의 금리확정형상품의 보험계약마진 변동분석 결과를 그림으로 표시한 것이다.

그림 [12.1.8.1] 보험계약마진(CSM) 변동분석

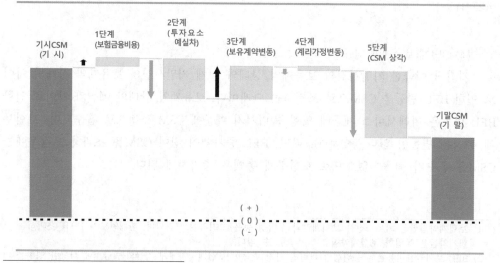

---

1) IFRS17 문단 44(5).
2) 자세한 내용은 12장 일반이론을 참고하기 바란다.

## 9. 보험부채의 변동과 손익 인식

IFRS17은 손익[1]을 보험서비스결과와 보험금융수익(비용)[2]으로 세분화 할 것을 요구[3]하고 있다. IAS 14[4] '재무제표 표시'의 요구사항과 일관되게 보험서비스결과와 보험금융수익(비용)을 구분하는 것이 회사의 성과에 대해 유용한 정보를 제공[5]하기 때문이다. 보험서비스결과(보험손익)는 보험수익에서 보험서비스비용을 차감하여 산출하며, 투자손익은 IFRS9에 따라 산출되는 투자수익(투자비용 차감)에서 보험금융수익(비용)[6]을 차감하여 산출되는 구조이다.

보험손익과 투자손익을 산출하기 위한 보험수익 및 보험금융비용은 장래현금흐름 유출입이 아닌 보험부채 장부금액 변동액으로 산출되기 때문에 보험부채에 대해서 기시부터 기말까지 세부적인 변동금액을 구분하여 분석하여야 한다. 이에 대해 IFRS17 기준서에서 보험수익은 회사가 대가를 수취할 것으로 기대하는 서비스와 관련된 해당기간의 부채의 변동액으로 분석[7]되며, 보험금융비용은 화폐의 시간가치(및 그 변동효과)와 금융위험(및 그 변동효과) 등에서 발생하는 부채의 변동으로 이루어지고 있음[8]을 명시하고 있다.

보험부채 및 손익인식의 구조분석을 설명하기 위하여 앞서 기술한 최선추정부채(BEL) 변동분석의 5단계와 보험계약마진(CSM) 변동분석 5단계를 통합하여 (1) 당기 기시예상 장래현금흐름 (2) 보험금융비용 (3) 미래서비스 관련 변동 (4) 경제적 가정 변동효과 (5) CSM 상각으로 구분하여 고찰한다. 구조분석에서는 보험부채 변동으로 인해 발생하는 효과를 손익계산서에서 인식하는 보험서비스결과(보험손익) 및 투자손익, 보험부채 전체금액에 대한 변동은 없이 BEL, RA 변동을 CSM에서 조정하는 부채 요소간 이전 및 자본(AOCI)에 직접 반영되는 내용에 대해서 설명하고자 한다.

---

1) 손익(Profit or Loss)=수익(Revenue) - 비용(Expense).
2) IFRS17 기준서 문단 80(1)에서 보험금융수익(비용)이라는 용어를 사용하여 본문과 같이 표현하고 있으나, IFRS9에 따라 산출되는 투자수익 고려시 실질적으로는 '투자손익'(투자수익(투자관련비용 차감) - 보험금융비용)를 의미한다고 판단된다. IFRS17 기준서가 보험계약에 대한 기준서이기 때문에 투자손익 대신에 보험금융수익(비용)으로 표현한 것으로 보인다. 따라서 IFRS17 손익은 보험서비스결과(보험손익)와 투자손익으로 구성된다. IFRS17 기준서에는 보험손익 대신에 보험서비스결과라는 용어가 나타나고, 투자손익이라는 용어는 나타나지 않는다. 본서에서는 보험서비스결과 대신에 감독규정에 나타나 있는 보험손익, 투자손익이라는 용어를 사용하기로 한다.
3) IFRS17 기준서 문단 80(1).
4) IAS(International Accounting Standards).
5) IFRS17 기준서 BC41.
6) 본서에서는 이해의 편의를 위해 보험금융수익(비용)을 보험금융비용으로 표현하기로 한다.
7) IFRS17 기준서 B124.
8) IFRS17 기준서 문단 87.

## 10. 보험부채 변동분석과 손익인식의 구조분석

### (1) 당기 기시예상 장래현금흐름(BEL 1단계[1]/CSM 2단계)

보험수익은 보험계약집합에서 발생하는 보장 및 기타 서비스를 제공하고 그러한 서비스에 대한 교환으로 받을 것으로 기대하는 대가를 반영하는 금액[2]으로 나타낸다. IFRS17 기준서는 보험계약집합의 총대가를 서비스 제공과 관련된 금액과 보험 취득 장래현금흐름과 관련된 금액으로 구분하고 있으며, 서비스제공과 관련된 금액은 (i) 보험서비스비용과 관련된 금액(보험수익을 의미), (ii) 비금융위험에 대한 위험조정(RA), (iii) 보험계약마진(CSM)의 3가지로 구성된다.[3] 이에 따라 총 대가인 보험수익은 BEL, RA, CSM의 변동액으로 분석할 수 있으며, BEL 변동액에 대해 우선 설명해 보기로 한다.

IFRS15(고객과의 계약에서 생기는 수익) 기준서에 따르면, 회사가 서비스를 제공한 때, 그러한 서비스의 수행의무를 제거하고 수익을 인식한다.[4] 이와 일관되게 IFRS17도 회사가 서비스를 제공한 때, 서비스의 수행의무인 보험부채를 감소시키고 보험수익을 인식한다. 보험부채는 보험만기까지 모든 장래현금흐름(보험료, 보험금, 해약환급금, 사업비 등)을 반영하여 현재가치로 할인하여 산출하는데, 모든 장래현금흐름 중 당해연도와 관련된 기시예상 장래현금지출 만큼 보험부채를 감소시키고(서비스의 수행의무를 제거하고) 보험수익을 인식하는 구조이다. 예를 들어, 당기에 지급이 예상된 기시예상 사망보험금지출 45 및 기시예상 사업비지출 76에 대한 금액이 기시에 부채 121로 계상되어 있었다면, 기시예상 보험금지출(당기분) 및 기시예상 사업비지출(당기분)과 관련된 부채(BEL)가 감소하면서 보험수익이 발생하는 것이다. 이를 분개로 나타내면 다음과 같다.

(차) 보험부채(BEL) 121  기시예상 사망보험금지출(보험수익) 45
기시예상 사업비지출(보험수익)  76

또한, 보험부채 변동과는 직접적인 관계는 없으나 실제로 발생한 실제사망보험금지출 47.3 및 실제 사업비지출 79.8를 현금으로 지급하는 경우에는 아래와 같이 분개로 나타낼 수 있으며, 보험금에서는 예상과 실제의 차이(예실차)에 따른 손실 -2.3(=수익 45-비용 47.3)이 발생하고 사업비에서는 예상과 실제의 차이에 따른 손실 -3.8(=수익 76-비용 79.8)이 발생하며, 이는 손익에 반영된다.

(차) 실제 사망보험금지출(보험서비스비용) 47.3  (대) 현금  47.3

1) 일반이론에서 설명할 BEL 변동분석의 단계를 의미.
2) IFRS17 기준서 문단 83.
3) IFRS17 기준서 B121.
4) IFRS17 기준서 B123.

|  | 실제 사업비지출(보험서비스비용) | 79.8 | (대) 현금 | 79.8 |

다만, 기시예상 장래현금흐름 중 보험료 및 투자요소(investment component)에 대하여는 보험부채가 감소(보험료는 보험부채를 증가시킴)하는 것은 동일하나, 보험수익이 아닌 미래서비스 관련 변동으로 처리된다. 보험료는 미래보장을 위해 수취하기 때문에 미래서비스와 관련되어 있으며,[1] 투자요소는 보험사건이 발생하지 않더라도 보험계약에 따라 보험자가 보험계약자에게 상환하는 금액으로 조기 상환 혹은 지연에 따라 당기 손실 혹은 이익으로 인식하는 것이 유용한 정보라고 보지 않았기 때문이다.[2] 예를 들어, 기시에 예상한 투자요소인 기시예상 해약환급금지출이 118.4이었으나, 실제로 발생한 실제 해약환급금지출 124.3을 현금으로 지급한 경우에는 예상과 실제 차이(예실차) 5.9가 CSM 감소로 처리된다. 또, 기시에 예상한 기시예상 보험료수입 금액이 668이었으나, 실제로 발생한 실제 보험료수입 650을 현금으로 받은 경우에는 예상과 실제 차이 18이 CSM 감소로 처리된다. 기시예상 보험료수입은 해약환급금과 달리 보험부채가 증가한다. 기시에 예상한 기시예상 계약체결비용지출이 45이었으나, 실제로 발생한 실제 계약체결비용지출(보험인수비용) 50를 현금으로 지급한 경우에는 예상과 실제 차이 5가 CSM 감소로 처리된다.

| (차) 보험부채(BEL) | 118.4 | (대) 현금(해약환급금 지급액) | 124.3 |
|---|---|---|---|
| 보험서비스마진(CSM) | 5.9 | | |
| (차) 현금(수입보험료) | 650 | (대) 보험부채(BEL) | 668 |
| 보험서비스마진(CSM) | 18 | | |
| (차) 보험부채(BEL) | 45 | (대) 현금(보험인수비용) | 50 |
| 보험서비스마진(CSM) | 5 | | |

### (2) 보험금융비용(BEL 2단계/CSM 1단계)

보험부채는 기시예상 장래현금흐름을 현재가치로 할인하여 산출하기 때문에 기간경과에 따라 화폐의 시간가치를 반영해야 한다(금리연동형상품의 경우 금융위험의 변동도 보험금융비용에 반영한다). 즉, 보험부채는 시간의 경과에 따라 이자비용이 부리되어 증가하는 구조이다. 이와 같이 시간가치를 반영하는 부분은 보험금융비용으로 당기손익(P/L, profit or loss)에 반영된다. 예를 들어, 보험부채에 대한 당기 화폐의 시간가치가 33.2인 경우, 보험부채 증가 33.2은 보험금융비용으로 당기손익(P/L)에 반영된다.[3]

---

1) IFRS17 기준서 BC233.
2) IFRS17 기준서 BC235.
3) 부채변동이 손익에 반영시 부채의 증가(감소)는 P/L상 비용(수익)으로 처리. 부채변동을 OCI에 반영시 부채의 증가(감소)는 OCI 감소(증가)로 처리.

　　(차) 보험금융비용　　　　　33.2　　　　(대) 보험부채(BEL)　　　　　33.2

　　경제적 가정 변동에 따른 BEL의 보험금융비용은 OCI 회계정책 또는 P/L 회계정책[1]에 따라 그 처리가 달라진다. OCI 회계정책 선택시 금리확정형상품은 최초 측정시 적용한 할인율로 보험금융비용을 인식하도록 규정하고 있다.[2] 즉, 금리확정형상품은 금리에 따라 장래현금흐름이 변경되지 않기 때문에 금리가 변동되더라도 이와 무관하게 최초 측정시 적용한 할인율을 보험계약 기간 계속해서 적용하여 보험금융비용이 원가법 기준으로 측정된다. 이는 보험부채를 시가기준으로 평가하기 위해서 경제적 가정 변동을 반영하였으나, 시가평가에 따른 부채금액의 변동은 당기손익이 아닌 OCI로 회계처리하여 회계상 당기손익으로 실현되지 않았기 때문이다.

　　OCI 회계정책 선택시 금리연동형상품은 금리에 따라 장래현금흐름이 변경되기 때문에 장래현금흐름이 변경되는 부분을 반영하여 보험금융비용을 산정하며, IFRS17 기준서는 다음과 같은 2가지 방법을 제시하고 있다.[3]

　　① 계약집합의 잔여 듀레이션에 걸쳐 수정된 잔여 기대금융비용을 단일률을 사용하여 배분(유효수익률법)
　　② 보험계약자에게 지급해야 하는 금액을 결정하기 위해 부리이율을 사용하는 계약의 경우, 당기에 부리되는 금액과 미래 기간에 부리될 것으로 기대되는 금액에 기초하여 배분(예상부리이율법)

　　OCI 회계정책 선택시 금리연동형상품의 경우에도 경제적 가정 변동에 따른 부채금액의 변동을 모두 보험금융비용에 반영하는 것은 아니다. 그러나 P/L 회계정책 선택시 시가평가에 따른 부채금액 변동을 당기손익으로 회계상 실현하였기 때문에 금리변동에 따른 부채금액 변동을 모두 보험금융비용에 반영한다.

　　앞에서 논의한 바와 같이 회계정책 선택 및 보험상품 유형에 따라 BEL의 보험금융비용을 산출하는 방법이 다르나, CSM의 보험금융비용 산출은 최초 측정시 적용한 할인율을 보험계약기간 동안 계속하여 적용한다.[4] CSM은 BEL과 달리 최초 인식시에만 측정되고 이후에는 장래현금흐름을 이용하여 측정되지 않기 때문이다.[5]

---

1) OCI 회계정책: IFRS17 문단 B130~B133을 적용하여 예상하는 총보험금융비용을 계약집합의 듀레이션에 걸쳐 체계적으로 배분하여 산정한 금액을 당기손익에 포함시키도록 해당기간에 대한 보험금융비용으로 세분한다.(IFRS17 문단 88(2)).
　　P/L 회계정책: 해당기간의 보험금융비용을 당기손익에 포함시킨다.
2) IFRS17 기준서 B131.
3) IFRS17 기준서 B132(1).
4) IFRS17 기준서 B132(3).
5) IFRS17 기준서 BC274.

(3) 미래서비스 관련 변동(BEL 3~4단계/CSM 3~4단계)

IFRS17 기준서에서는 미래서비스와 관련된 이행현금흐름(장래현금흐름 추정치+화폐의 시간가치+비금융위험에 대한 위험조정) 변동분을 CSM에서 조정하도록 규정[1]하고 있으며, 미래서비스와 관련된 이행현금흐름의 변동은 ① 미래서비스와 관련하여 해당기간에 수취한 보험료에서 발생한 경험조정, ② 보험부채의 장래현금흐름 현재가치 추정치 변동, ③ 해당기간에 지급될 것으로 예상된 투자요소와 해당기간에 지급된 실제 투자요소와의 차이, ④ 미래서비스와 관련된 비금융위험에 대한 위험조정의 변동으로 구성된다.[2]

여기서 ①,[3] ③[4]은 수입보험료 및 투자요소에 대한 예상과 실제의 차이분으로 1) 당기 예상현금흐름에서 설명하였다. ②,[5] ④는 미래서비스와 관련된 BEL, RA 변동액으로 미래서비스 관련 변동액은 보험계약집합의 미래 수익성에 영향을 미치기 때문에 CSM을 조정하는 것이고, 이는 미실현이익인 CSM에 대해서 재무정보 이용자에게 목적 적합한 정보를 제공하게 되는 것이다.[6]

미래서비스와 관련된 BEL, RA 변동은 보험부채 전체금액에 대한 변동을 발생시키지 않고 CSM을 조정하여 부채 요소간에 이전을 발생시킨다.[7] 즉, 미래서비스가 회사에 유리하게 변동되는 경우에는 장래 지급의무 감소로 인해 BEL이 감소하고 미래 수익성이 증가하여 CSM이 증가(BEL 감소금액과 동일 금액)하는 것이며, 반대로 미래서비스가 회사에 불리하게 변동되는 경우에는 장래 지급의무 증가로 인해 BEL이 증가하고 미래 수익성이 감소하여 CSM이 감소(BEL 증가금액과 동일 금액)하는 구조이다. 예를 들어, 보유계약 변동효과가 회사에 유리한 방향으로 6.9 발생하고 계리적 가정의 변동효과가 회사에 불리한 방향으로 5.1 발생하는 경우, BEL은 −1.8(=5.1−6.9) 감소하고 CSM은 1.8 증가한다.

(차) 보험부채(BEL)    1.8     (대) 보험서비스마진(CSM)    1.8

미래서비스가 회사에 유리하게 변동되는 경우 CSM 증가에는 상한액이 존재하지 않으며 장래 회사가 인식할 이익을 한도없이 증가시킨다.[8] 하지만, 미래서비스가 회사에 불리하게 변동되는 경우 CSM 감소는 0까지만 가능하며, 이를 초과하는 금액은 보험서비스비용으로 손실로 인식하게 된다. CSM을 초과하는 불리한 변동은 장래 손실을 의미하

1) IFRS17 기준서 문단 44(3).
2) IFRS17 기준서 B96.
3) 최선추정부채(BEL) 변동분석 1단계, 보험계약마진(CSM) 변동분석 2단계.
4) 최선추정부채(BEL) 변동분석 1단계, 보험계약마진(CSM) 변동분석 2단계.
5) 최선추정부채(BEL) 변동분석 3~4단계, 보험계약마진(CSM) 변동분석 3~4단계.
6) IFRS17 기준서 BC223(1).
7) IFRS17 기준서 BC224(5).
8) IFRS17 기준서 BC224(1).

며, 이와 같은 손실은 부채의 증가 및 비용으로 인식하여야 하는 것이다.[1] 즉, 미래서비스가 불리하게 변동되는 경우에도, BEL 증가액을 CSM에서 흡수하는 한도내에서는 전체 부채금액의 변동이 없고 즉시 인식해야 하는 손실도 없는 반면, BEL 증가액을 CSM에서 흡수할 수 없는 경우는 초과분(BEL증가액－CSM 잔액)만큼 전체 부채가 증가하고 초과분을 손실로 즉시 인식해야 하는 구조이다. CSM이 0으로 감소된 이후 보험계약집합에서 발생하는 기대손실에 대해서는 당기손실로 즉시 인식한다.

미래서비스와 관련된 ②를 산출할 사용하는 할인율은 보험계약마진의 변동을 측정하는 경우이므로 최초인식 시점에 결정된 할인율을 사용한다.[2]

### (4) 경제적 가정의 변동효과(BEL 5단계)

IFRS17은 금리 등 경제적 가정 변동에 따른 보험부채 변동액의 처리에 대하여 OCI 회계정책 혹은 P/L 회계정책을 모두 허용하고 있다. 기준서에서는 보험계약 포트폴리오별로 OCI 회계정책 혹은 P/L 회계정책을 선택할 수 있다고 명시하고 있다.[3] 예를 들어, 금리가 하락하여 할인율이 7%에서 3%로 감소하여 보험부채가 41.9 증가하는 경우 선택한 회계정책에 따라 OCI 감소 41.9 혹은 P/L 손실 41.9으로 처리할 수 있다.

(차) 기타포괄손익(OCI)      41.9      (대) 보험부채(BEL)           41.9

혹은

(차) 보험금융비용(P/L)      41.9      (대) 보험부채(BEL)           41.9

OCI 회계정책을 선택하는 경우 계약집합의 듀레이션에 걸쳐 OCI로 인식되는 (recognised) 금액의 총합은 0이며,[4] OCI누적금액(AOCI)은 계약집합의 장부금액과 체계적 배분을 적용했을 때 측정되었을 계약집합 금액의 차이이다.[5] 여기서 장부금액은 현행 할인율로 산출하여 재무상태표에 표시될 보험부채이며, 체계적 배분을 적용했을 때 측정되었을 계약집합의 금액은 금리확정형상품의 경우는 최초 할인율로 산출한 보험부채이고, 금리연동형상품의 경우는 보험부채 변동분석 2단계(BEL 보험금융비용)에 적용되는 할인율이 적용된 보험부채이다. 즉, AOCI는 CSM과 같이 기간경과에 따라 상각되는 것이 아

---

1) IFRS17 기준서 BC224(2).
2) B96(2), B72(3). 따라서 금리연동형상품의 2차년도 BEL 변동분석 3, 4단계에서 3단계 변동액과 4단계 변동액을 산출할 때 1차년도에 최초 측정한 유효수익률 $i_0^e$와 단일공시이율 $i_0^{a\prime}$를 이용한 원가BEL 산출 프로세스에서 구해야 한다.
3) IFRS17 기준서 B129.
4) 매년 인식되는 OCI는 5단계 변동액에 해당되며, 당기말과 전기말에 재무상태표에 계상되는 AOCI 금액의 차이임
5) IFRS17 기준서 B130(2).

니라, 매기 재측정되는 것이다.

국제회계기준위원회(IASB)는 경제적 가정 변동효과를 당기손익에 반영하는 것을 강제할지를 고려하였다. 이는 회사들이 당기손익 – 공정가치로 측정하는 자산의 금융수익과 회계적 일관성을 가질 수 있으며, 경제적 가정 변동효과를 OCI와 당기손익으로 세분화하는데에 따른 복잡성을 감소시킬 수 있기 때문이다. 그러나 많은 이해관계자들은 할인율 변동을 당기손익에 반영할 경우 할인율 변동에 따른 큰 손익 변동성 때문에 보험손익에 대한 효과가 모호해질 수 있다는 점을 우려하였고, 회사들은 금융자산을 기존에는 상각후원가와 기타포괄손익 – 공정가치로 측정였으나, 회계불일치를 회피하기 위해 당기손익 – 공정가치로 변경해야 할 것에 대해 우려하였다.[1]

IASB는 개별 포트폴리오별로 OCI 회계정책 혹은 P/L 회계정책을 선택해야 한다고 결정하였는데, 그 이유는 선택을 하는데 핵심요소는 기업이 어떤 자산을 보험계약을 뒷받침하기 위한 것으로 간주하느냐일 것이기 때문이다. IASB는 많은 기업들의 보험계약을 뒷받침하는 자산에 대한 전략 선택은 보험계약 포트폴리오 간의 차이에 의해 좌우된다는 의견을 받았다. 회사는 하나의 포트폴리오는 보험부채와 관련된 자산에 대해서 기타포괄손익-공정가치로 측정하는 금융자산을 보유하고, 다른 포트폴리오에 대해서는 당기손익-공정가치로 측정하는 금융자산을 보유할 수 있다. 결과적으로 보험계약의 포트폴리오에 적용되는 회계정책의 선택(option)으로 기업은 회계불일치를 줄일 수 있다.[2] 또한, IASB는 회계정책의 선택을 허용하더라도 동일 국가내 기업들은 유사한 상품을 판매하고 이들 상품에 유사하게 자산 전략을 채택할 것이므로 비교가능성은 유지될 가능성이 높다고 결론 내렸다. 따라서 기업들은 유사한 회계정책을 선택할 가능성이 높다고 보았다.[3]

### (5) CSM 상각(CSM 5단계)

이 단계는 당해연도 CSM 상각분만큼 보험수익으로 인식하는 단계이다. 즉, 보험부채(CSM)가 감소하면서 보험수익을 인식하는 것으로 1) 기시예상 장래현금흐름에서 당기 기시예상 보험금지출/사업비지출이 실현되는 경우, BEL이 감소하면서 보험수익을 인식하는 것과 유사한 구조이다. 예를 들어, CSM 상각액 12가 발생하는 경우 보험부채(CSM) 12가 감소하면서, 보험수익 12를 인식하는 것이다.

(차) 보험서비스마진(CSM)    12        (대) CSM 상각(보험수익)              12

---

1) IFRS17 기준서 BC340.
2) 현재 우리나라 보험사의 경우 사망(유배당, 무배당, 변액), 건강(유배당, 무배당, 변액), 연금, 저축등의 금융(유배당, 무배당, 변액)의 9개의 포트폴리오에 회사별로 몇 개의 추가 포트폴리오를 더하여 운영하고 있다. 포트폴리오별로 관리가 함께 되거나 포트폴리오별 자산의 성격이 다름을 알 수 있다. 포트폴리오별로 최소한 3개의 group이 연도별로 나누어서 운영되고 있다.
3) IFRS17 기준서 BC44.

이와 같은 CSM 상각은 CSM 변동분석 4단계인 미래서비스 관련 변동을 반영한 이후의 CSM 금액을 기준으로 이루어지는데, 이는 최근의 추정으로 조정된 CSM 금액을 기준으로 배분하는 것이 해당 기간에 제공된 서비스에서 얻는 이익과 미래서비스에서 얻을 이익에 대해 목적 적합한 정보를 제공하기 때문이다.[1]

또한 CSM 상각을 위해서는 보험계약집합에서 제공하는 서비스를 반영해야 한다. 이와 같은 서비스는 보험금이 지급되는 사건이 발생한 경우에만 제공한 것이 아니라, 전체 보장기간에 걸쳐 제공되기 때문에 보장이 제공되는 패턴을 반영하여 보장기간 동안 인식하여야 하는 것이다.[2] 구체적으로는 급부의 수량 및 기대되는 보장의 듀레이션을 반영하는 보장단위에 기초하여 산정하도록 규정하고 있다.[3]

## 연습문제 12.1

1. 참가특성을 가진 보험계약은 국가별로 다양하게 나타나고 있다. 국가별로 참가특성을 가진 보험계약을 예시하시오(2014년 5월 IASB Staff Paper 2A Appendix A 참조).

2. 수익률곡선법과 유효수익률법을 적용하는 경우 다음의 3가지 case에서 연도별 보험금융비용은 각각 어떤식으로 나타나는지 비교설명하시오.
   (1) 수익률곡선이 우상향하는 경우
   (2) 수익률곡선이 완전 평행인 경우
   (3) 수익률곡선이 우하향하는 경우

3. 변동수수료모형을 적용하는 경우
   (1) 적용하기 위한 3가지 조건을 구체적으로 설명하시오
   (2) 3번째 조건이 어떤 의미인지 예를 들어 설명하시오.
   (3) 한국의 보험상품들 중에서 금리연동형상품, 변액보험상품 등은 3번째 조건을 만족시키는지 설명하시오.

4. 예상부리이율법을 설명하는 본문에서 수취보험료가 1,000원이고 시가 할인율을 적용한 경우 최초 장부금액은 971.37로 나타나 있다. 수취보험료와 최초 장부금액의 차이는 무엇을 의미하는지 설명하시오.

---

1) IFRS17 기준서 BC279(2).
2) IFRS17 기준서 BC279.
3) IFRS17 기준서 문단 44(5), B119(1).

5. IFRS17에서 손실요소(LC)의 후속처리시 손실의 환입(reversals of loss)으로 처리되고 보험수익의 결정에서 제외된다는 기술(문단 49)을 자세히 설명하시오.

6. IFRS17에서는 손익의 변동성 완화를 위한 제도적 장치들이 마련되어 있는데 이를 설명하시오.

7. 위험조정 측정기법인 신뢰수준법, 자본비용법, CTE법을 구체적으로 설명하시오.

8. 12장의 기초이론과 일반이론에서는 RA 변동분석을 자세히 설명하고 있지 않다. RA 변동분석은 약간 더 복잡하다. RA 변동분석을 BEL 변동분석과 동일하게 5단계로 수행할 때 각 단계별 내용을 설명하시오.

9. 당기순이익, 기타포괄손익, 총포괄손익의 관계에 대하여 OCI 회계정책과 P/L 회계정책을 이용하여 설명하시오.

10. CSM 상각시 사용하는 보장단위를 산출하는 방법을 예를 들어 설명하시오.

11. 당기의 기시예상 장래현금흐름을 실현한다는 의미를
   (1) 기시BEL과 기말BEL을 이용하여 말로 설명하시오.
   (2) 기시BEL($^{(e_0)}BEL_0$)과 기말BEL($^{(e_0)}BEL_1^{(1,2)}$)의 산식에 나타난 구체적인 항목을 비교하여 설명하시오.

12. [그림 12.1.6.1] 최선추정부채(BEL) 변동분석에서 1단계에서 보험부채가 크게 증가하는 이유을 설명하시오.

13. 그림 [12.1.6.1] 최선추정부채(BEL) 변동분석의 그림만을 이용하여 BEL 변동분석의 전 과정을 설명하시오. BEL이 증가하면 증가하는 이유를, 감소하면 감소하는 이유를 설명해 보시오.

14. [그림 12.1.8.1] 보험계약마진(CSM) 변동분석의 그림만을 이용하여 CSM 변동분석의 전 과정을 설명하시오. CSM이 증가하면 증가하는 이유를, 감소하면 감소하는 이유를 설명해 보시오.

15. FRS17 기준서에서는 미래서비스와 관련된 이행현금흐름 변동분을 CSM에서 조정하도록
    규정(IFRS17 기준서 문단 44 (3))하고 있으며, 미래서비스와 관련된 이행현금흐름의 변
    동 중 ② 보험부채의 장래현금흐름 현재가치 추정치 변동(BEL 변동분석 3, 4단계)을 산
    출할 때 사용하는 할인율은 보험계약마진의 변동을 측정하는 경우이므로 최초인식 시점
    에 결정된 할인율을 사용한다(B96(2), B72(3)). OCI 회계정책을 선택하고 유효수익률법
    을 이용한다고 가정할 때 다음을 설명하시오.
    (1) 금리확정형상품의 2차년도 BEL 변동분석 3, 4단계에서 3단계 변동액과 4단계 변동
        액을 산출할 때 사용되는 단일할인율에 대하여 설명하시오.
    (2) 금리연동형상품의 2차년도 BEL 변동분석 3, 4단계에서 3단계 변동액과 4단계 변동
        액을 산출할 때 사용되는 단일할인율과 단일공시이율에 대하여 설명하시오.

16. 그림 [12.1.4.1]의 보험부채변동과 손익인식은 12장 전체를 통합적으로 이해하는데 유용
    한 그림이다. 그림 [12.1.4.1]만을 이용하여 각각의 보험부채변동이 손익인식과 각각 어떻
    게 유기적으로 관련이 있는지 설명하시오.

# Ⅱ. 일반이론

## 1. 개요[1]

　12장 일반이론에서는 금리확정형상품의 시가평가와 BEL 변동분석에 대하여 고찰한다. 11장의 예시에서는 금리연동형 UL종신보험을 분석상품으로 하였기 때문에 보험기간이 최장기이어서 모든 장래현금흐름을 보여줄 수 없었다. 12장 예시에서는 3년만기 생사혼합보험을 분석상품으로 선정하여 장래현금흐름을 모두 보여주면서 설명하고자 한다. 장래현금흐름을 모두 보여주기 위하여 급부와 보험료납입은 연단위를 기준으로 하고 할인은 감독규정에 따라 월단위로 할인하는 것을 기준으로 하여 설명을 진행하고자 한다.

　보험부채 시가평가는 1,000개 이상의 확률론적 할인율시나리오를 이용하여 산출하는 것이 감독규정상 원칙이다. 그러나 금리확정형상품의 보험부채 시가평가는 무위험조정금리 기간구조를 이용하는 결정론적 시나리오를 사용해도 된다. 12장 예시에서는 평가시점의 시장수익률곡선에 기반하여 산출한 조정무위험금리 기간구조를 적용하는 결정론적 시나리오를 이용하여 금리확정형상품의 최선추정부채(BEL)를 산출하는 것을 기본으로 하고, 확률론적 시나리오를 이용하여 산출한 BEL 결과와 비교하고자 한다. 보험부채 시가평가에서는 최초측정(최초인식) BEL과 후속측정 BEL을 산출하는 과정을 자세히 예시하고자 한다.

　0시점의 기시BEL에서 1시점의 후속측정 시가BEL로 변동되는 과정을 단계별로 나누어서 BEL의 변동액을 보여주는 과정을 BEL 변동분석이라고 한다. 또 기시CSM에서 기말CSM으로 변동되는 과정을 단계별로 나누어서 CSM의 변동액을 보여주는 과정을 CSM 변동분석이라고 한다. BEL 변동분석의 각 단계별 BEL 변동액과 CSM 변동분석의 각 단계별 CSM 변동액은 보험손익, 투자손익, 부채(CSM) 및 기타포괄손익 산출시 사용된다. 12장에서는 금리확정형상품의 각 단계별 BEL 변동액을 산출하는 과정과 각 단계별 CSM 변동액을 산출하는 과정을 자세히 예시하고, 각 단계별 변동액과 재무제표의 손익인식과의 관계에 대하여 구체적인 숫자를 이용하여 설명하고자 한다.

---

1) 12장 일반이론의 대부분 내용은 본서와 거의 동시에 발표된 오창수·김경희, "IFRS17 기준하의 금리확정형상품의 보험부채 변동분석",「계리학연구」제15권 제1호, 한국계리학회, 2023. 6., 오창수·김경희, "IFRS17 보험부채평가모형과 적용에 관한 연구",「계리학연구」제14권 제1호, 한국계리학회, 2022. 12., 오창수·김경희, "IFRS17 보험부채와 손익인식의 구조분석",「계리학연구」제12권 제1호, 한국계리학회, 2020. 12. 등을 참조 인용하였다.

## 2. 금리확정형상품의 분석가정과 보험료산출

금리확정형상품의 변동분석을 수행하기 위한 상품 내용과 보험료 및 계약자적립액 산출시 사용되는 적용기초율은 다음과 같다.

(1) 상품 내용
(a) 상품종류: 생사혼합보험
(b) 금리유형: 금리확정형
(c) 계약조건
   (i) 보험기간: 3년
   (ii) 가입나이: $x$세
   (iii) 사망보험금(가입금액과 동일): 1,000
   (iv) 만기보험금(만기까지 생존시 지급): 1,000
   (v) 보험료 납입기간: 2년
   (vi) 연납영업보험료: 487.7

(2) 보험료 및 계약자적립액 산출 시 적용기초율[1]
(a) 적용이율: 3%
(b) 적용위험률
   (i) 적용사망률: $q_{x+k}$, $k = 0, 1, 2$
(c) 적용사업비율
   (i) 계약체결비용(초년도): 가입금액의 2.5%
   (ii) 계약관리비용(납입중): 가입금액의 0.5%
   (iii) 계약관리비용(납입후): 가입금액의 0.5%

표 [12.2.2.1] 금리확정형상품의 적용기초율

| | 1차년도 $(k=0)$ | 2차년도 $(k=1)$ | 3차년도 $(k=2)$ |
|---|---|---|---|
| 적용사망률($q_{x+k}^{적용}$) | 0.010 | 0.020 | 0.030 |
| 계약체결비용: $E1_k^{적용}$ | 25.0 | – | – |
| 계약관리비용(납입중): $E2_k^{적용}$ | 5.0 | 5.0 | – |
| 계약관리비용(납입후): $E2_k^{적용}$ | – | – | 5.0 |
| 총적용사업비율($E_k^{적용}$) | 30.0 | 5.0 | 5.0 |

---

1) 산출방법서 상의 보험료 및 계약자적립액 산출시 적용한 기초율이다. 이하에서 '적용사망률, 적용이율, 적용사업비'와 같이 어두에 '적용'을 부가한 경우 보험료산출시 기초율을 의미하는 것으로 한다.

### (3) 보험료 산출

1차년도 적용(예정)사망자($d_x^{적용}$)는 1차년도의 기시 적용(예정)유지자($l_x^{적용}$)[1]에 적용사망률($q_x^{적용}$)을 곱하여 계산한다. 2차년도의 기시 적용유지자($l_{x+1}$)는 1차년도의 기시 적용유지자($l_x$)에서 1차년도의 적용사망자($d_x$)를 차감하여 산출한다. 적용기초율 중 사망률데이터가 생명표처럼 $q_{x+k}^{적용}$로 주어졌기 때문에, 보험료 산출을 위해서는 ${}_{k|}q_x^{적용}$ ($x$세 가입자의 $[x+k,\ x+k+1]$ 기간의 사망률)을 구할 필요가 있다. 다음 산식에서 원 문자는 표 [12.2.2.2]의 항목을 의미한다.

(i) ${}_kp_x$ : $x$세 가입자의 $k$년 경과후 생존율 $= \dfrac{l_{x+k}}{l_x}$      (12.2.2.1)

(ii) ${}_{k|}q_x = \dfrac{l_{x+k} - l_{x+k+1}}{l_x} = \dfrac{l_{x+k}}{l_x} \times \dfrac{l_{x+k} - l_{x+k+1}}{l_{x+k}} = {}_kp_x \times q_{x+k}$   (12.2.2.2)

(iii) $k+1$차년도 적용사망자($d_{x+k}$, $k+1$차년도의 ③) , $k=0,\ 1,\ 2$

$= l_{x+k} \times q_{x+k}$ ($k+1$차년도의 ①×②)     (12.2.2.3)

$= l_x \times {}_kp_x \times q_{x+k}$     (12.2.2.4)

$= l_x \times {}_{k|}q_x$     (12.2.2.5)

(iv) $x+k+1$ 세 기시 적용유지자 ($l_{x+k+1}$, $k+2$차년도의 ①) , $k=0,\ 1,\ 2$

$= l_{x+k} - d_{x+k}$ ($k+1$차년도의 ① $-$ ③)     (12.2.2.6)

$= l_{x+k} - l_{x+k} \times q_{x+k}$     (12.2.2.7)

$= l_{x+k} \times (1 - q_{x+k}) = l_{x+k} \times p_{x+k}$     (12.2.2.8)

기시 적용유지자를 1.000($l_x^{적용} = 1.0$)으로 시작하는 경우, 매시점 기시 적용유지자($l_{x+k}^{적용}$)는 생존율(${}_kp_x^{적용}$)이 되고, 기간(연)별 적용사망자($d_{x+k}^{적용}$)는 $x$세 가입자의 기간별 사망률(${}_{k|}q_x^{적용}$)이 된다.

(i) $l_{x+k} = {}_kp_x$     (12.2.2.9)

(ii) $d_{x+k} = {}_{k|}q_x$ ($k+1$차년도의 ③)     (12.2.2.10)

$= {}_kp_x \times q_{x+k}$ ($k+1$차년도의 ① × ②)     (12.2.2.11)

(iii) $l_{x+k+1} = {}_{k+1}p_x$ ($k+2$차년도의 ①)     (12.2.2.12)

$= {}_kp_x \times p_{x+k} = {}_kp_x \times (1 - q_{x+k})$     (12.2.2.13)

---

1) 적용기초율을 사용하여 산출한 유지자를 의미하며, 이하에서 '적용(예정)유지자, 적용(예정)사망자'와 같이 어두에 '적용(예정)'을 부가한 경우 적용기초율(CFP 이전 예정기초율)로 산출하였음을 의미한다.

$$= {}_k p_x - {}_k p_x \times q_{x+k} \tag{12.2.2.14}$$

$$= {}_k p_x - {}_k|q_x \; (k+1\text{차년도의 ① − ③}) \tag{12.2.2.15}$$

다음 표에서 유지자의 경우 k+1차년도 기시시점의 유지자를 의미한다. 사망자는 k+1차년 기간(1년)의 사망자이다. 만기시점의 유지자는 3차년말의 유지자이며 4차년도 초의 유지자($l_{x+3}$)와 같다.

표 [12.2.2.2]  보험료산출을 위한 시점별 장래현금과 장래현금흐름

| | | 1차년도 $(k=0)$ | 2차년도 $(k=1)$ | 3차년도 $(k=2)$ | 4차년도 $(k=3)$ |
|---|---|---|---|---|---|
| ① 적용유지자($l_{x+k}$) | ${}_k p_x$ | 1.00000 | 0.99000[1] | 0.97020 | 0.94109 |
| ② 적용사망률($q_{x+k}$) | $q_{x+k}$ | 0.01000 | 0.02000 | 0.03000 | |
| ③ 적용사망자($d_{x+k}$) | ${}_k|q_x$ | 0.01000 | 0.01980[2] | 0.02911 | |
| ④ 사망보험금($S_{k+1/2}$) | | 1,000.0 | 1,000.0 | 1,000.0 | |
| ⑤ 만기보험금($M_{k+1}$) | | 0.0 | 0.0 | 1,000.0 | |
| ⑥ 1인당 적용사업비($E_k^{적용}$) | | 30.0 | 5.0 | 5.0 | |
| ⑦ $TS_{k+1/2}$ = ③ × ④ | | 10.0 | 19.8 | 29.1 | |
| ⑧ $TM_{k+1}$ = $l_{x+k+1}$ × ⑤ | | 0.0 | 0.0 | 941.1 | |
| ⑨ $TE_k$ = ① × ⑥ | | 30.0 | 5.0 | 4.9 | |
| ⑩ 보험료($P$): 구하는 값 | | $P$ | $P$ | 0.0 | |

연실이율(연유효이자율) 형태의 단일할인율(적용이율)을 적용하여 장래현금흐름의 현가를 산출한다. 부채평가에서 사용하는 누적할인율의 형태로 표기하여 현가를 산출하기로 한다.

표 [12.2.2.3]  적용이율($i=3\%$)을 적용한 누적할인율

| | 1차년도 $k=0$ | 2차년도 $k=1$ | 3차년도 $k=2$ |
|---|---|---|---|
| 누적할인율(기시: $v^k$) | 1.0000 | 0.9709 | 0.9426 |
| 누적할인율(연중: $v^{k+1/2}$) | 0.9853 | 0.9566 | 0.9288 |
| 누적할인율(연말: $v^{k+1}$) | 0.9709 | 0.9426 | 0.9151 |

장래유출현금(장래급부·사업비)의 0시점에서의 보험수리적 현가를 $APVCO_0$로 표기

---

1) 0.99000(2차년도 기시적용유지자) = 1.00000(1차년도 기시적용유지자) − 0.01000(1차년도 적용사망자).
2) 0.01980(2차년도 적용사망자) = 0.99000(2차년도 기시적용유지자) × 0.020(2차년도 적용사망률).

하면 다음 식을 만족하는 $P$를 구하면 $P$가 2년납입 연납보험료가 된다.

$$APVCO_0 = \sum_{k=0}^{2} (v^{k+1/2} \,_{k|}q_x \, S_{k+1/2} + v^k \,_{k}p_x \, E_k) + v^3 \,_{3}p_x \, M_3 \qquad (12.2.2.16)$$

$$= \sum_{k=0}^{2} (v^{k+1/2} \, TS_{k+1/2} + v^k \, TE_k) + v^3 \, TM_3 \qquad (12.2.2.17)$$

$$= \sum_{k=0}^{2} (PVTS_{k+1/2} + PVTE_k) + PVTM_3 \qquad (12.2.2.18)$$

$$= \sum_{k=0}^{1} (v^k \,_{k}p_x) \, P \qquad (12.2.2.19)$$

$$= (1 + v \, p_x) \, P \; = \; APVCI_0 \qquad (12.2.2.20)$$

윗식을 풀면 2년납 연납보험료를 구할 수 있으며, 연납보험료는 $P = 487.7$이다.

## 3. 금리확정형상품의 보험부채 시가평가(0시점, 최초측정)

### (1) 보험부채 시가평가에서 사용되는 용어

보험부채의 시가평가에서 사용되는 용어를 정의하기로 한다. 후에 설명할 BEL 변동 분석에서 사용되는 용어와는 다를 수 있기 때문에 구분하여 정의하면 표 [12.2.3.1]과 같다.

표 [12.2.3.1]  보험부채 시가평가에서 사용되는 용어

|  |  | 기초율 | 장래현금흐름(TCF) | 시가평가 BEL |
|---|---|---|---|---|
| 0차년도 | 말 | 최초예상 기초율 | 최초예상 장래현금흐름 | 최초측정(최초인식)[1] BEL $= BEL_0$ |
| 1차년도 | 말 | 후속예상 기초율 | 후속예상 장래현금흐름 | 후속측정[2] BEL $= BEL_1$ |
| 2차년도 | 말 | 2후속예상 기초율 | 2후속예상 장래현금흐름 | 2후속측정[3] BEL $= BEL_2$ |

### (2) 장래 가정

### (a) 계리적 가정

IFRS17 부채평가를 위하여는 장래현금흐름과 장래현금흐름 현가 산출을 위한 계리적 가정과 경제적 가정이 필요하다. 계리적 가정에는 예상사망률, 예상사업비, 예상해약

---

1) 최초인식(initial recognition)은 기준서 문단 32에서 사용된 용어이고 본서에서는 최초측정이라는 용어를 주로 사용하기로 한다.

2) 후속측정(subsequent measurement)는 기준서 문단 40에서 사용된 용어이다.

3) 2후속측정은 2차년도말 부채평가를 나타내기 위하여 본서에서 사용되는 용어이다.

률 등이 있으며 최초측정시 예상사망률과 예상사업비는 보험료 산출시 적용사망률의 90%와 적용사업비의 95%로 가정한다. 이때의 사망률은 절대탈퇴율로 주어지고, 다중탈퇴율로 변환하여 사용하기로 한다.

예상사업비의 경우 해당 사업비의 성격에 따라 손익처리가 달라지는데[1] 본 예시의 1차년도 사업비 중 (i) 계약체결비용은 보험인수로 인하여 발생하는 보험료 및 관련 현금흐름(예: 보험취득현금흐름, 보험료기반세금)이며 (ii) 계약관리비용은 보험을 유지하는데 필요한 관리비, 인건비 등 보험료와 무관한 현금흐름으로 분류하기로 한다. 예상해약률은 부채평가 목적의 기초율이며, 보험료산출시는 해약률을 적용하지 않는다. 예상해약률은 다음 표와 같이 가정한다.[2]

(1) 최초예상 사망률 = 보험료 산출시 적용사망률 × 90%

$$q'^{(1)최초예상}_{x+k} = q'^{(1)최예}_{x+k} = q^{적용}_{x+k} \times 90\% \tag{12.2.3.1}$$

$$q^{(1)최예}_{x+k} = q'^{(1)최예}_{x+k} \times \left(1 - \frac{1}{2} \times q^{*(2)최예}_{x+k}\right) \tag{12.2.3.2}$$

$$= q^{적용}_{x+k} \times 90\% \times \left(1 - \frac{1}{2} \times q^{*(2)최예}_{x+k}\right) \tag{12.2.3.3}$$

(2) 최초예상 사업비 = 보험료 산출시 적용사업비 × 95%

$$E_k^{최초예상} = E_k^{최예} = E_k^{적용} \times 95\% \tag{12.2.3.4}$$

(3) 최초예상 해약률

$$q^{(2)최초예상}_{x+k} = q^{(2)최예}_{x+k} = q^{*(2)최예}_{x+k} \tag{12.2.3.5}$$

표 [12.2.3.2] **최초측정을 위한 최초예상 계리적 가정**

| | 1차년도 $(k=0)$ | 2차년도 $(k=1)$ | 3차년도 $(k=2)$ |
|---|---|---|---|
| 최초예상 사망률($q'^{(1)최예}_{x+k}$) | 0.00900 | 0.01800 | 0.02700 |
| 최초예상 사망률($q^{(1)최예}_{x+k}$) | 0.00810 | 0.01710 | 0.02570 |
| 최초예상 계약체결비용-($E1_k^{최예}$) | 23.75 | 0.00 | 0.00 |
| 최초예상 계약관리비용-($E2_k^{최예}$) | 4.75 | 4.75 | 4.75 |
| 최초예상 총사업비($E_k^{최예}$) | 28.5 | 4.75 | 4.75 |
| 최초예상 해약률($q^{*(2)최예}_{x+k}$) | 0.20000 | 0.10000 | 0.10000 |

---

1) '보험계약마진(CSM) 변동분석'을 참고하길 바란다.
2) 후술할 후속예상 계리적가정과 혼동을 없애기 위하여 최초측정시 예상한 계리적가정은 이하 최초예상 사망률, 최초예상 사업비, 최초예상 해약률로 명명한다. 최초예상 계리적가정을 통해 산출한 유지자, 사망자 또한 최초예상 유지자, 최초예상 사망자로 명명한다.

(b) 경제적 가정

할인율은 조정무위험금리 기간구조 ($y_t$)를 이용한다. 조정무위험금리 기간구조($y_0$)는 매월 할인율이 표 [12.2.3.3] 또는 표 [11.1.10.3]의 결정론적 시나리오와 같이 주어지는 경우 $h = 0, 1, 2, ..., 1339$(또는 1199) (120년 또는 100년)의 할인율들의 결합체를 의미한다. 할인율은 연실이율(연유효이자율) 형태의 선도금리로 나타내며, 월별 장래현금흐름을 할인하기 위하여 월별로 산출한다. 0시점의 조정무위험금리 기간구조가 반영된 월별 할인율을 $^{(y_0)}r_h$로 표기하기로 한다.

최선추정부채(BEL)는 보험계약 장래현금을 확률론적 시나리오로 할인한 현재가치의 가중평균으로 산출하는 것을 원칙으로 한다. 다만 보험부채의 특성상 확률론적 시나리오 적용이 필요하지 않은 보험계약에 대해서는 결정론적 시나리오를 적용할 수 있다. 즉 금리확정형상품의 경우는 결정론적 시나리오를 적용하여 최선추정부채(BEL)를 산출할 수 있다. 본 예시의 금리확정형상품의 경우 (i) 결정론적 시나리오를 이용한 보험부채 시가평가를 기본으로 하고, (ii) 확률론적 시나리오를 이용한 보험부채 시가평가도 동시에 수행하고 그 결과를 비교하고자 한다.

최초측정(최초인식) 시점시[1] 시장에서 관찰되는 실제의 수익률곡선을 기반으로 한 조정무위험금리 기간구조 ($y_0$)를 산출하고 ($y_0$)를 이용하여 금리확정형상품의 보험부채 시가평가를 수행하기로 한다. ($y_0$)를 감독규정을 준수하여 실제로 구하면 다음과 같다.

표 [12.2.3.3]  **최초측정시(0시점) 조정무위험금리 기간구조($y_0$)**　　　　　　(단위: %)

| $h$ | 0 | 1 | 2 | 3 | 4 | 5 | 6 | 7 | 8 | 9 | 10 | 11 |
|---|---|---|---|---|---|---|---|---|---|---|---|---|
| $^{(y_0)}r_h$ | 4.706 | 4.714 | 4.732 | 4.755 | 4.773 | 4.783 | 4.787 | 4.790 | 4.792 | 4.795 | 4.794 | 4.789 |
| $h$ | 12 | 13 | 14 | 15 | 16 | 17 | 18 | 19 | 20 | 21 | 22 | 23 |
| $^{(y_0)}r_h$ | 4.781 | 4.780 | 4.787 | 4.801 | 4.824 | 4.854 | 4.888 | 4.912 | 4.920 | 4.913 | 4.892 | 4.856 |
| $h$ | 24 | 25 | 26 | 27 | 28 | 29 | 30 | 31 | 32 | 33 | 34 | 35 |
| $^{(y_0)}r_h$ | 4.807 | 4.755 | 4.703 | 4.650 | 4.597 | 4.543 | 4.493 | 4.470 | 4.478 | 4.517 | 4.588 | 4.690 |

---

1) 최초측정시점은 2022년도말(0차년도말)이라고 가정하고, 후속측정시점(1차년도말)은 2021년말로 가정하기로 한다. 금리하락시의 영향을 보기 위하여 인위적으로 측정시점을 바꾸어서 조정하였다. 모든 자료는 실제 시장자료를 이용하여 당시의 조정무위험금리 기간구조가 실제로 나타나도록 정밀하게 자료를 산출하였다.

(3) 0시점에서 예상한 최초예상 계약자적립액[1]

금리확정형상품의 보험부채 시가평가시 $CO$(장래유출현금 = 장래급부·사업비)의 구성항목중에 해지시 보험계약자에게 지급하는 해약지급금이 있다. 금리확정형상품의 해약지급금을 본예시에서 다음과 같이 정의하기로 한다.

해약지급금 = 해약환급금 + 미경과보험료                    (12.2.3.6)

보험부채산출을 위한 표 [12.2.3.8]의 최초예상 장래현금과 장래현금흐름을 생성하기 위하여는 장래해약지급금($W_{k+1/2}$)을 별도로 먼저 산출할 필요가 있다. 다른 장래유출현금($CO$)은 대부분 산출할 필요가 없는데 해약지급금($W_{k+1/2}$)은 주어지지 않기 때문에 먼저 산출한 후 표 [12.2.3.8]의 장래현금 항목에 나타내어야 한다. 즉 해약지급금은 IFRS17 부채시가평가방식과는 다른 방식으로[2] 별도로 미리 구해서 부채평가용 장래현금 중 해약지급금($W_{k+1/2}$)에 기입해야 한다. 해약지급금($W_{k+1/2}$)은 보험연도 중앙에서 발생한다고 가정한다. 연중앙 해약환급금을 산출하기 위하여는 연중앙 계약자적립액을 먼저 산출하여야 한다.

금리확정형상품의 계약자적립액은 장래법을 기준으로 순보험료식으로 산출한다. 즉 장래급부의 보험수리적 현가에서 장래순보험료의 보험수리적 현가를 차감하여 산출한다. 그러나 우리나라에서는 감독당국의 지침에 따라 계약자적립액을 장래법으로 산출시 다른 사업비는 포함하지 않지만 완납후 유지비($\beta'$)는 장래급부에 포함하여 산출한다.[3] 이렇게 산출된 계약자적립액을 「완납후 유지비($\beta'$) 포함 계약자적립액」이라고 부르기로 한다. 장래법 계약자적립액 산출용 장래급부에 사업비인 완납후 유지비($\beta'$)가 포함되는 것은 표 [12.2.3.4]에 나타나 있다. 따라서 계약자적립액 산출용 장래급부는 사망보험금, 만

---

1) 해약환급금(해약환급금=계약자적립액－해약공제액)을 산출하기 위한 계약자적립액은 IFRS4 기준의 책임준비금 항목 중 보험료적립금(순보식 원가법책임준비금)과 동일하다. 보험료적립금은 순보식으로 산출하였다. 즉 보험료적립금 산출시 사업비가 포함되면 안된다. 그러나 IFRS4 기준 적용시에도 감독당국의 지침에 따라 장래법으로 보험료적립금을 구할 때 완납후 유지비($\beta'$)는 장래급부에 포함되었다. IFRS17 도입으로 보험료적립금이라는 용어는 폐기되었고, IFRS4기준의 보험료적립금은 보험업감독규정에서 계약자적립액으로 용어만 대체되었다. IFRS17 기준 계약자적립액도 순보식으로 산출하지만 장래법으로 계약자적립액을 구할 때 완납후 유지비($\beta'$)는 장래급부에 포함하도록 하고 있다.
2) IFRS17 책임준비금은 현행추정치 사용, 장래법, 영업보험료식으로 구한다. IFRS17 부채평가용 장래현금흐름 작성시 장래현금(outcome)에 해당하는 해약환급금(계약자적립액)은 다른 방식으로 별도로 구하고 그 값을 IFRS17 부채평가용 장래현금(outcome) 항목에 기입하여야 한다. 금리확정형상품이 경우 계약자적립액은 현행추정치를 사용하지 않고 적용기초율을 사용하여 순보식($\beta'$는 포함하지만)으로 구하므로 다른 방식으로 별도로 구하는 것이 된다. 금리연동형상품의 계약자적립액도 (i) 공시이율을 제외한 다른 항목(위험보험료, 차감하는 사업비 등)은 적용기초율을 적용하여 산출하므로 현행추정치를 전부 다 이용하는 것이 아니며, (ii) 순보식방식으로 구하며, (iii) 미래의 계약자적립액 산출도 그 미래까지 과거법 형태로 산출한다. 따라서 부채시가평가용 장래현금(outcome) 항목인 해약환급금(계약자적립액) 산출은 IFRS17 보험부채산출방식과는 다른 방식으로 별도로 구하는 것이 된다.
3) 금리확정형상품의 장래법방식에만 적용되고 금리연동형상품의 과거법방식에는 적용되지 않는다.

기보험금, 완납후 유지비($\beta'$)이다. 예시 상품의 2년납입 연납평준순보험료는 469.9이며 평준부가보험료는 17.7이며 연납평준영업보험료는 487.7인데, 계약자적립액 산출에 사용되는 보험료는 연납평준순보험료인 469.9이다.

산출하는 시점의 $l_{x+1} = 1.0$(1차년도말, 2차년도초)으로 가정하고 적용기초율을 사용하여 제1보험연도말(기말) 계약자적립액($_1V$)을 산출해보자. 1차년도말 이후 경과기간을 $U(u = 0,1)$라고 표기하기로 한다.

표 [12.2.3.4]  1차년도말 장래법 계약자적립액($_1V$) 산출($u = 0,1$)

| | | 1차년도 | 2차년도 ($u=0$) | 3차년도 ($u=1$) | 4차년도 ($u=2$) |
|---|---|---|---|---|---|
| ① 적용유지자($l_{x+1+u}$) | $_up_{x+1}$ | – | 1.00000 | 0.98000 | 0.95060 |
| ② 적용사망률($q_{x+1+u}$) | $q_{x+1+u}$ | – | 0.02000 | 0.03000 | |
| ③ 적용사망자($d_{x+1+u}$) | $_{u\|}q_{x+1}$ | – | 0.02000 | 0.02940 | |
| ④ 순보험료($P_{1+u}$) | | – | 470.0 | 0.0 | |
| ⑤ 사망보험금($S_{1+u+1/2}$) | | – | 1,000.0 | 1,000.0 | |
| ⑥ 만기보험금($M_{1+u+1}$) | | – | 0.0 | 1,000.0 | |
| ⑦ 완납후 적용유지비($\beta'$)($E\beta_{1+u}$) | | – | 0.0 | 5.0 | |
| ⑧ $TP_{1+u} = $ ① × ④ | | – | 469.9 | 0.0 | |
| ⑨ $TS_{1+u+1/2} = $ ③ × ⑤ | | – | 20.0 | 29.4 | |
| ⑩ $TM_{1+u+1} = l_{x+1+u+1}$ × ⑥ | | – | 0.0 | 950.6 | |
| ⑪ $TE\beta_{1+u} = $ ① × ⑦ | | – | 0.0 | 4.9 | |

연실이율(연유효이자율) 형태의 단일할인율($i$: 적용이율)을 적용하여 현가를 산출한다. 장래유입현금(outcome, $CI$)은 연납평준순보험료 $P_{1+u}$를 이용한다. 장래유출현금(outcome, $CO$)은 순보식을 이용하므로 원래 급부만을 사용하여야 하나 사업비중 완납후 유지비($\beta'$)만 포함하며 $S_{1+u+1/2}$, $M_{1+u+1}$, $E\beta_{1+u}$이다.

표 [12.2.3.5]  적용이율($i$)을 적용한 k1시점으로의 누적할인율

| | 1차년도 | 2차년도 $u=0$ | 3차년도 $u=1$ |
|---|---|---|---|
| 누적할인율(기시: $v^u$) | – | 1.0000 | 0.9709 |
| 누적할인율(연중: $v^{u+1/2}$) | – | 0.9853 | 0.9566 |
| 누적할인율(연말: $v^{u+1}$) | – | 0.9709 | 0.9426 |

$k+1$차년말의 계약자적립액을 $_{k+1}V$로 표기하면 금리확정형상품의 $_{k+1}V$는 장래법을 적용하면 다음과 같이 구할 수 있다.

$$_{k+1}V = \text{장래유출현금}(\beta' \text{포함})\text{의 보험수리적 현가}$$
$$- \text{장래유입현금}(\text{순보험료})\text{의 보험수리적 현가} \qquad (12.2.3.7)$$

표 [12.2.3.6]  장래법 적용시 보험연도말 계약자적립액($k=0,1,2$)

| | 1차년도말 $k=0$ | 2차년도말 $k=1$ | 3차년도말 $k=2$ |
|---|---|---|---|
| 보험연도말 계약자적립액($_{k+1}V$) | 478.7 | 976.3 | 1,000.0 |
| 장래유출현금($\beta'$포함)의 보험수리적 현가 | 948.6 | 976.3 | 1,000.0 |
| 장래유입현금(순보험료)의 보험수리적 현가 | 469.9 | 0.0 | 0.0 |

#### 예제 12.2.3.1

표 [12.2.3.6]에서 제1보험연도말 계약자적립액($_1V$)을 구하시오.

**풀이**

표 [12.2.3.4]의 장래현금흐름의 값과 표 [12.2.3.5]의 누적할인율을 이용한다.

1차년말 기준 장래유출현금($\beta'$포함)의 보험수리적 현가($APVCO_1^{(1인)}$)

$$= v^{1/2}TS_{1+1/2} + v^{1+1/2}TS_{2+1/2} + v^2 TM_3 + v^1 TE\beta_2$$
$$= (0.9853)(20.0) + (0.9566)(29.4) + (0.9426)(950.6) + (0.9709)(4.9)$$
$$= 19.706 + 28.124 + 896.03556 + 4.75741 = 948.62297$$

1차년말 기준 장래유입현금(순보험료)의 보험수리적 현가($APVCI_1^{(1인)}$) $= v^0 TP_1 = 469.9$

따라서 $_1V^{(1인)} = APVCO_1^{(1인)} - APVCI_1^{(1인)}$
$$= 948.62297 - 469.9$$
$$= 478.72297$$

기호에 (1인)의 의미는 유지자 1인당이라는 의미이며 후에 (FS)와 비교하기로 한다. ■

$_1V$를 구할 때 2차년초의 유지자를 1.0에서 출발하는 표를 작성하였다(표 [12.2.3.4]). $_2V$를 구하는 경우 표 [12.2.3.4]를 이용하지 못하고 3차년초의 유지자를 1.0에서 출발하는 표를 다시 작성하여야 한다. 앞의 기호에서 (1인)은 유지자 1인당을 의미하므로 유지자가 k1시점 기준 1.0에서 출발하는 것을 의미한다.[1] k1시점은 연단위 기준으로 1시점이

---

1) 후술할 보험수리이론 관점의 BEL과 재무제표 관점의 BEL을 참조.

라는 의미이다. 향후 월별 할인율을 이용하므로 월단위 기준으로 1시점($h=1$)과 구별하기 위하여 연기준인 경우 k를 사용하기로 한다.

연중앙 해약환급금은 연중앙 계약자적립액에서 해약공제를 차감하여 산출한다. 금리확정형상품에서 장래법을 적용하는 경우, $k+1$차년도 연중앙 계약자적립액($_{k+1/2}V$)은 기시계약자적립액($_{k^+}V$)[1]과 기말계약자적립액($_{k+1}V$)의 평균값이다. 식 (12.2.3.8)은 식 (11.2.8.3)을 적용하면 나타나는 식이다. 보험료 납입을 완료한 경우 기시계약자적립액($_{k^+}V$) = 전기말 계약자적립액($_kV$) − 완납후 유지비($\beta'$)'로 산출한다. 보험료 납입중에는 기시계약자적립액($_{k^+}V$) = 전기말 계약자적립액($_kV$)이다.[2]

$$_{k+1/2}V = \frac{1}{2} \times (_{k^+}V + _{k+1}V) \tag{12.2.3.8}$$

위 산식을 통해 $k+1$차년도 연중앙 계약자적립액($_{k+1/2}V$)과 연중앙 해약환급금을 산출할 수 있다.[3] 금리확정형상품의 경우 적용기초율로 산출한 1인당 해약환급금은 계약자에게 지급하기로 약정한 금액이므로, IFRS17 부채 산출 시 적용하는 현행추정치 가정과 관계없이 변경되지 않는 값이다. 금리확정형상품에서 연납보험료를 납입하는 경우 계약자적립액에 당해연도 연납보험료가 포함되지 않으므로 미경과보험료가 발생한다.[4] 따라서 계약자에게 최종지급되는 해약지급금은 해약환급금 + 미경과보험료이다. 미경과보험료는 연납평준영업보험료를 기준으로 아직 경과하지 않은 기간에 해당하는 보험료이므로 연중앙에 해약이 일어난다고 가정하면 연납평준영업보험료(487.7)의 6/12만큼 발생한다.

---

1) $_{k^+}V$에서 $k^-$, $k^0$, $k^+$는 동일시점이지만, $k^-$는 완납후 유지비($\beta'$)가 집행되기 전 시점을, $k^0$는 완납후 유지비($\beta'$)가 집행되는 시점을, $k^+$는 완납후 유지비($\beta'$)가 집행되고 난 후의 시점을 의미한다.

2) 금리확정형상품의 장래법 적용시, 납입중인 계약의 당기사업비는 당기에 납입되는 영업보험료에서 충당하지만 납입이 완료된 계약의 완납후 유지비($\beta'$)는 완납후 유지비($\beta'$) 포함 전기말계약자적립액에서 차감하기 때문이다. 계약자적립액은 순보식으로 산출하는 것이 원칙이지만, 이와 같은 용도로 사용하기 위하여 완납후 유지비($\beta'$)를 계약자적립액에 포함시켜 놓은 것이다. 완납후 유지비($\beta'$)는 기시유지자가 납입하는 것으로 가정하므로 해약환급금 산출 시 당해연도 완납후 유지비($\beta'$)를 차감한 계약자적립액을 기시계약자적립액($_{k^+}V$)으로 사용한다. 일시납의 경우 1차년도 기시계약자적립액($_{k^+}V$)은 일시납보험료에서 1차년도 사업비를 차감하여 산출한다.

3) 식 (12.2.3.8)은 금리확정형상품에 적용되고 월별 공시이율이 변동하는 금리연동형상품에는 적용되기 어렵다. 금리연동형상품의 경우 연중앙 계약자적립액은 월별 공시이율이 다르게 산출되므로 $_kV$에 6개월 동안 공시이율로 부리된 금액이다. 그러나 월중 해약환급금을 모델링하는 경우처럼 기간이 짧을(0.5개월) 경우 식 (11.2.10.9)와 같이 월말해약환급금의 평균값으로 모델링할 수도 있다(월별로 해약공제액이 계산되므로 월별로 월말해약환급금을 구하고 월중해약환급금은 월말해약환급금의 평균값으로 해약환급금을 구하는 것으로 모델링한다. 실제로 많이 사용된다).

4) 금리연동형상품의 경우는 당해연도 연납보험료가 계약자적립액에 포함되므로 미경과보험료가 발생하지 않는다. 금리확정형상품의 경우 당해연도 연납보험료가 계약자적립액에 포함되지 않으므로(계약자적립액 구할 때 당해연도 연납보험료가 순장래현금흐름의 (−) 항목인 보험료수입에 포함되어 있다) 당해연도 보험료가 납입되면 미경과보험료가 발생한다.

표 [12.2.3.7] 연중앙 계약자적립액($_{k+1/2}V$)과 해약지급금($W_{k+1/2}$) 산출

| | 1차년도<br>($k=0$) | 2차년도<br>($k=1$) | 3차년도<br>($k=2$) |
|---|---|---|---|
| ① 전기말 계약자적립액($_kV$)[1] | 0.0 | 478.7 | 976.3 |
| ② 완납후 유지비($\beta'$)' | 0.0 | 0.0 | 5.0 |
| ③ $_k{}^+V$(③=①-②) | 0.0 | 478.7 | 971.3 |
| ④ 당기말 계약자적립액($_{k+1}V$)[2] | 478.7 | 976.3 | 1,000.0 |
| ⑤ 연중앙 계약자적립액($_{k+1/2}V$)<br>⑤=(③+④)/2 | 239.3 | 727.5 | 985.7 |
| ⑥ 해약공제 | 18.8[3] | 6.3 | 0.0 |
| ⑦ 연중앙 해약환급금($_{k+1/2}W_x$)<br>⑦=⑤-⑥ | 220.6 | 721.2 | 985.7 |
| ⑧ 미경과보험료 | 243.8 | 243.8 | 0.0 |
| ⑨ 연중앙 해약지급금($W_{k+1/2}$)<br>⑨=⑦+⑧ | 464.4 | 965.1 | 985.7 |

이와 같은 과정을 거쳐 구한 연중앙 해약지급금 $W_{1/2}$, $W_{1+1/2}$, $W_{1+1/2}$은 표 [12.2.3.8]
의 ⑨ 1인당 해약지급금($W_{k+1/2}$)의 항목을 생성한다.


(4) 최초예상 장래현금흐름(0시점, 최초측정)

(a) 최초예상 기초율

각 기호의 관계는 보험료산출에서 고찰한 내용과 동일하게 다음 식들이 성립한다.
다음 식들에서 원 문자는 표 [12.2.3.8]의 항목을 의미한다.

$$k+1\text{차년도 최초예상 사망자(③)} = ① \times ② \qquad (12.2.3.9)$$
$$k+1\text{차년도 최초예상 해약자(⑤)} = ① \times ④ \qquad (12.2.3.10)$$
$$k+2\text{차년도 최초예상 유지자}(k+2\text{차년도 ①})$$
$$= k+1\text{차년도 ①}-③-⑤ \qquad (12.2.3.11)$$

최초예상 유지자를 $1.000(l_x^{최예}=1.0)$으로 시작하는 경우, 매시점 기시 최초예상 유지

---

1) 표 [12.2.3.6]에 나타나 있다.
2) 표 [12.2.3.6] 참조.
3) 연납보험료 납입하는 금리확정형상품의 경우 해약시 영업보험료 기준으로 미경과보험료를 지급하므로 경과기간(6개월)에 대한 계약체결비용만을 확보하였다. 이에 따라 해약공제는 잔여납입기간 18개월에 대하여 계산한다. 확보한 계약체결비용과 해약공제와의 관계에 대하여 금리연동형과 비교하기 바란다. 18.75 $=25 \times ((24-6)/24)$.

자($l_{x+k}^{최예}$)는 잔존율($_kp_x^{(\tau)최예}$)이 되고, 기간별 최초예상 사망자($d_{x+k}^{(1)최예}$)는 $x$세 가입자의 기간별 다중탈퇴사망률($_{k|}q_x^{(1)최예} = {}_kp_x^{(\tau)최예} \times q_{x+k}^{(1)최예}$), 기간별 최초예상 해약자($d_{x+k}^{(2)최예}$)는 $x$세 가입자의 기간별 다중탈퇴해약률($_{k|}q_x^{(2)최예} = {}_kp_x^{(\tau)최예} \times q_{x+k}^{(2)최예}$)이 된다. 앞으로 고찰할 장래현금흐름의 표에서는 최초예상 유지자를 1.0으로 시작하므로 보험료수입($TP$)을 구할 때 $l_{x+k}^{최예}$를 사용하든 $_kp_x^{(\tau)최예}$를 사용하든 결과는 동일하다. 또 사망보험금지출($TS$)을 구할 때 $d_{x+k}^{(1)최예}$을 사용하든 $_{k|}q_x^{(1)최예}$을 사용하든 결과는 동일하다. 표에서 다음 식이 성립한다.

$$l_{x+k}^{최예} = {}_kp_x^{(\tau)최예} \tag{12.2.3.12}$$

$$d_{x+k}^{(1)최예} = {}_{k|}q_x^{(1)최예} \tag{12.2.3.13}$$

$$d_{x+k}^{(2)최예} = {}_{k|}q_x^{(2)최예} \tag{12.2.3.14}$$

$$l_{x+k+1}^{최예} = {}_{k+1}p_x^{(\tau)최예} \tag{12.2.3.15}$$

### (b) 장래현금지출과 장래현금수입

IFRS17 보험부채 산출방법은 장래유출현금(outcome, $CO$)은 급부와 사업비 등 모든 장래유출현금항목을 포함하고 장래유입현금(outcome, $CI$)은 영업보험료를 이용하는 영업보험료식 책임준비금 산출방법이다. 장래유출현금과 장래유입현금을 통합하여 표현하고자 할 때는 장래현금이라고 표현하기로 하며 장래현금지출과 장래현금수입을 통합하여 표현하고자 할 때는 장래현금흐름이라고 표현하기로 한다. 장래현금흐름($TCF$)은 장래현금지출흐름 또는 간단히 장래현금지출($TCOF$)과 장래현금수입흐름 또는 간단히 장래현금수입($TCIF$)으로 구성되어 있다. 장래현금지출은 장래급부·사업비지출을 의미하고, 장래현금수입은 장래보험료등수입을 의미한다. 여기서는 두 용어들을 혼용하여 사용하기로 한다. 장래현금수입 항목은 최초예상 보험료수입($TP_k$)이다. 장래현금지출 항목은 최초예상 사망보험금지출($TS_{k+1/2}$), 최초예상 만기보험금지출($TM_{k+1}$), 최초예상 해약지급금지출($TW_{k+1/2}$), 최초예상 사업비지출($TE_k$)로 구성된다($k = 0, 1, 2$). 최초예상 TCF의 현가(PVTCF)는 할인율($y_0$)를 이용하여 산출하며 PVTCF를 TCF와 같이 표기하면 다음과 같다.

$$TP_k = l_{x+k} \times 영업보험료(P_k): {}^{(y_0)}PVTP_k \tag{12.2.3.16}$$

$$TS_{k+1/2} = d_{x+k}^{(1)} \times 사망보험금(S_{k+1/2}): {}^{(y_0)}PVTS_{k+1/2} \tag{12.2.3.17}$$

$$TM_{k+1} = l_{x+k+1} \times 만기보험금(M_{k+1}): {}^{(y_0)}PVTM_{k+1} \tag{12.2.3.18}$$

$$M_1 = M_2 = 0, M_3 = 1000 \tag{12.2.3.19}$$

$$TW_{k+1/2} = d_{x+k}^{(2)} \times 1인당 해약지급금(W_{k+1/2}): {}^{(y_0)}PVTW_{k+1/2} \tag{12.2.3.20}$$

$$W_{k+1/2} = \text{해약환급금} + \text{미경과보험료} \tag{12.2.3.21}$$

$$TE_k = l_{x+k} \times \text{1인당 최초예상 사업비}(E_k^{최예}): {}^{(y_0)}PVTE_k \tag{12.2.3.22}$$

표 [12.2.3.8]의 장래현금을 생성할 때, $W_{k+1/2}$ 이외에는 다 알려진 값이므로 $W_{k+1/2}$만 구하면 표 [12.2.3.8]의 모든 장래현금을 생성할 수 있다. 이런 이유 때문에 $W_{k+1/2}$를 표 [12.2.3.7]에서 별도로 미리 구한 후, 표 [12.2.3.8]의 장래현금과 장래현금흐름을 생성한다.

표 [12.2.3.8]  **최초예상 장래현금과 장래현금흐름**[최초측정, $(y_0)$: 할인율]

| | | 1차년도 $k=0$ | 2차년도 $k=1$ | 3차년도 $k=2$ | 4차년도 $k=3$ |
|---|---|---|---|---|---|
| ① 최초예상 유지자($l_{x+k}$) | $_kp_x^{(\tau)}$ | 1.00000 | 0.79190 | 0.69917 | 0.61132 |
| ② 최초예상 사망률($q_{x+k}^{(1)}$) | $q_{x+k}^{(1)}$ | 0.00810 | 0.01710 | 0.02565 | |
| ③ 최초예상 사망자($d_{x+k}^{(1)}$) | $_{k\|}q_x^{(1)}$ | 0.00810 | 0.01354 | 0.01793 | |
| ④ 최초예상 해약률($q_{x+k}^{(2)}$) | $q_{x+k}^{(2)}$ | 0.20000 | 0.10000 | 0.10000 | |
| ⑤ 최초예상 해약자($d_{x+k}^{(2)}$) | $_{k\|}q_x^{(2)}$ | 0.20000 | 0.07919 | 0.06992 | |
| ⑥ 영업보험료($P_k$) | | 487.7 | 487.7 | 0.0 | |
| ⑦ 사망보험금($S_{k+1/2}$) | | 1,000.0 | 1,000.0 | 1,000.0 | |
| ⑧ 만기보험금($M_{k+1}$) | | 0.0 | 0.0 | 1,000.0 | |
| ⑨ 1인당 해약지급금($W_{k+1/2}$) | | 464.4 | 965.1 | 985.7 | |
| ⑩ 1인당 최초예상 사업비($E_k^{최예}$) | | 28.50 | 4.75 | 4.75 | |
| ⑪ $TP_k = ① \times ⑥$ | | 487.7 | 386.2 | 0.0 | |
| ⑫ $TS_{k+1/2} = ③ \times ⑦$ | | 8.1 | 13.5 | 17.9 | |
| ⑬ $TM_{k+1} = l_{x+k+1} \times ⑧$ | | 0.0 | 0.0 | 611.3 | |
| ⑭ $TW_{k+1/2} = ⑤ \times ⑨$ | | 92.9 | 76.4 | 68.9 | |
| ⑮ $TE_k = ① \times ⑩$ | | 28.5 | 3.8 | 3.3 | |

금리확정형상품의 보험부채 시가평가시에는 평가시점의 조정무위험금리 기간구조(기호 좌측위에 $(y_t)$로 표기)를 이용하기로 한다. 조정무위험금리 기간구조는 1개의 결정론적 시나리오이다. 각 시점($h$)에서 0시점으로의 누적할인율($_0^{(y_0)}pvf_h$)을 이용하여 최초예상 순장래현금흐름의 현가를 산출한다. 누적할인율은 다음과 같이 정의할 수 있다.

$$
{}_0^{(y_0)}pvf_h = \prod_{u=0}^{h}\left(\frac{1}{\left(1+{}^{(y_0)}r_{u-1}\right)}\right)^{1/12} \quad \left(\text{단, } \left(\frac{1}{\left(1+{}^{(y_0)}r_{-1}\right)}\right)^{1/12} = 1\right) \quad (12.2.3.23)
$$

표 [12.2.3.8]에 나타난 시점별 장래현금지출($TCOF$: $TS_{k+1/2}$, $TM_{k+1}$, $TW_{k+1/2}$, $TE_k$)에 누적할인율을 곱하여 장래현금지출 현가($PVTCOF_h$)를 구하고, 시점별 장래현금수입($TCIF$: $TP_k$)에 누적할인율을 곱하여 장래현금수입 현가($PVTCIF_h$)를 구한다.

표 [12.2.3.9]  $(y_0)$를 적용한 0시점으로의 누적할인율(${}_0^{(y_0)}pvf_h$)

|  | 1차년도 $k=0$ | 2차년도 $k=1$ | 3차년도 $k=2$ |
|---|---|---|---|
| 누적할인율(기시) | ($h=0$) 1.000 | ($h=12$) 0.954 | ($h=24$) 0.910 |
| 누적할인율(연중) | ($h=6$) 0.977 | ($h=18$) 0.932 | ($h=30$) 0.890 |
| 누적할인율(기말) | ($h=12$) 0.954 | ($h=24$) 0.910 | ($h=36$) 0.870 |

(5) 최선추정부채(BEL) 산출(0시점, 최초측정(최초인식))

(a) 조정무위험금리 기간구조($y_0$)를 이용한 $BEL_0$ 산출

금리확정형상품의 시가보험부채의 산출은 1개의 결정론적 시나리오 $(y_0)$하에서 산출한다. 따라서 순장래현금 항목에 금리연동형상품에서 사용하는 시나리오 $j$를 표기할 필요가 없고 장래현금흐름 현가를 구하고 난 결과에만 조정무위험금리 기간구조를 이용한 것을 표시하기 위하여 $(y_0)$를 나타내기로 한다. 순장래현금의 0시점 현가를 ${}_0PVN_h$로 표기하면(순장래현금이 전부 $h$시점에 발생하는 것으로 표기. 실제로는 $h$, $h+1/2$, $h+1$에 발생)

$$
{}_0PVN_h = {}_0PVCO_h - {}_0PVCI_h \tag{12.2.3.24}
$$

조정무위험금리 기간구조 $(y_0)$하에서 ${}_0PVN_h$의 0시점에서의 기댓값을 ${}^{(y_0)}APVN_0$으로 표기하면 ${}^{(y_0)}APVN_0$는 $N_h$의 보험수리적 현가이다. 금리확정형상품의 0시점 BEL은 다음과 같이 정의된다.

$$
\begin{aligned}
BEL_0 &= {}^{(y_0)}APVN_0 = E({}_0PVN_h) \\
&= E[{}_0PVCO_h] - E[{}_0PVCI_h]
\end{aligned} \tag{12.2.3.25}
$$

$$
= \sum_{h=0}^{36} {}_0^{(y_0)}pvf_h \times CO_h \times \mathrm{Prob}_h - \sum_{h=0}^{36} {}_0^{(y_0)}pvf_h \times CI_h \times \mathrm{Prob}_h \tag{12.2.3.26}
$$

$$
= \sum_{h=0}^{36} {}_0^{(y_0)}pvf_h \times TCOF_h - \sum_{h=0}^{36} {}_0^{(y_0)}pvf_h \times TCIF_h \tag{12.2.3.27}
$$

$$= \sum_{h=0}^{36} {}^{(y_0)}_0 PVTCOF_h \ - \ \sum_{h=0}^{36} {}^{(y_0)}_0 PVTCIF_h \tag{12.2.3.28}$$

$$= {}^{(y_0)}APVCO_0 \ - \ {}^{(y_0)}APVCI_0 \tag{12.2.3.29}$$

식 (12.2.3.26)은 매월 장래현금(outcome)이 발생하는 것을 가정한 식이다. 본 예시의 가정은 장래현금이 연단위로 발생하므로 (i) 연초 발생 가정인 경우 $h = 0, 12, 24$ 에서만 장래현금이 발생하고, (ii) 연말 발생 가정인 경우 $h = 36$에만 장래현금이 발생하고, (iii) 연중앙 발생 가정인 경우 $h = 6, 18, 30$에서만 장래현금이 발생하고 이에 대응되는 확률 ($Prob_h$)은 그 $h$시점에 연간 발생이 모두 나타나고, (iv) 나머지 $h$시점의 장래현금과 $Prob_h$은 0으로 가정하고 있다. 따라서 식 (12.2.3.26)은 장래현금이 연단위로 발생하고 할인은 월단위로 수행하는 본 예시의 경우에도 사용할 수 있는 식이 된다.[1]

표 [12.2.3.8]은 식 (12.2.3.26)의 장래유출현금 $CO_h$와 장래유입현금 $CI_h$, $Prob_h$, 식 (12.2.3.27)의 장래현금지출 $TCOF_h$와 장래현금수입 $TCIF_h$를 나타낸 표이다. $CO_h$는 표 [12.2.3.8]의 ⑦, ⑧, ⑨, ⑩이며 $CI_h$는 ⑥이다. $Prob_h$는 표 [12.2.3.8]의 ①, ③, ⑤를 의미한다. $TCOF_h$는 표 [12.2.3.8]의 ⑫, ⑬, ⑭, ⑮를 의미하고, $TCIF_h$는 ⑪을 의미한다.

$TCOF_h$와 $TCIF_h$에 $(y_0)$를 이용한 누적할인율을 곱하면 ${}^{(y_0)}PVTCOF_h$와 ${}^{(y_0)}PVTCIF_h$ 가 된다. 모든 시점별 ${}^{(y_0)}PVTCOF_h$를 합하면 장래유출현금($CO_h$)의 보험수리적 현가인 ${}^{(y_0)}APVCO_0$가 되고 모든 시점별 ${}^{(y_0)}PVTCIF_h$를 합하면 장래유입현금($CI_h$)의 보험수리적 현가인 ${}^{(y_0)}APVCI_0$가 된다. 평가시점(0시점)의 조정무위험금리 기간구조 $(y_0)$하에서 순장래현금($N_h$)의 0시점에서의 보험수리적 현가인 ${}^{(y_0)}APVN_0$를 구하면 금리확정형상품의 $BEL_0$가 된다. 다음 예제에서 각각을 구하는 과정을 살펴보기로 한다.

표 [12.2.3.10]   $(y_0)$를 적용한 $BEL_0$ 산출

| ${}^{(y_0)}APVCO_0$ | ${}^{(y_0)}APVCI_0$ | $BEL_0 = {}^{(y_0)}APVN_0$ |
|---|---|---|
| 826.938 | 856.317 | $-29.379$ |

---

1) 식 (12.2.3.26)은 매월 장래현금이 발생하는 가정에 더 적합한 식이다. 월단위로 보험료가 납입되고 사업비가 차감되고 월단위로 사망보험금과 해약환급금이 지급되는 모델은 식 (12.2.3.26)을 사용하면 된다. 이런 현실적인 가정을 이용한 예시는 표로 나타내면서 설명하기가 불가능하여 여기서는 연단위로 보험료와 사업비, 보험금 등이 납입되고 지급되는 것으로 가정하고, 다만 할인은 감독규정을 준수하여 월단위로 수행하는 예시를 제시하고자 한다. 우리가 분석하는 예시는 장래현금과 장래현금흐름은 연단위로 발생하는데 할인은 감독규정에 따라 월단위로 할인하는 경우인데, 이 경우에도 식 (12.2.3.26)을 사용할 수 있다.

( 예제 12.2.3.2 )

(1) 표 [12.2.3.9]의 $_{0}^{(y_0)}pvf_6 = 0.977$을 표 [12.2.3.3]을 이용하여 산출하시오.

(2) $TP_{k1}$, $TS_{k2.5}$, $TM_{k3}$, $TW_{k2.5}$, $TE_{k2}$를 구하시오.

(3) $^{(y_0)}PVTP_{k1}$, $^{(y_0)}PVTS_{k2.5}$, $^{(y_0)}PVTM_{k3}$, $^{(y_0)}PVTW_{k2.5}$, $^{(y_0)}PVTE_{k2}$를 구하시오.

(4) $^{(y_0)}APVCO_0$, $^{(y_0)}APVCI_0$, $^{(y_0)}APVN_0$를 구하시오.

풀이

(1) $_{0}^{(y_0)}pvf_6 = \prod_{u=1}^{6}\left(\frac{1}{(1+^{(y_0)}r_{u-1})}\right)^{1/12} = (1.04706)^{-1/12} \times (1.04714)^{-1/12}$

$\times (1.04732)^{-1/12} \times (1.04755)^{-1/12} \times (1.04773)^{-1/12} \times (1.04783)^{-1/12}$

$= (0.99617515)(0.9961688)(0.99615454)$

$\times (0.99613631)(0.99612205)(0.99611412)$

$= (0.98854253) \times (0.98841749) = 0.97709272$

(2) $TP_{k1} = l_{x+1} \times P_1 = 0.79190 \times 487.7 = 386.2$

$TS_{k2.5} = d_{x+2}^{(1)} \times S_{k2.5} = 0.01793 \times 1,000 = 17.93$

$TM_{k3} = l_{x+3} \times M_{k3} = 0.61132 \times 1,000 = 611.32$

$TW_{k2.5} = d_{x+2}^{(2)} \times W_{k2.5} = 0.06992 \times 985.7 = 68.92$

$TE_{k2} = l_{x+2} \times E_2^{최예} = 0.69917 \times 4.75 = 3.321$

(3) $_{0}^{(y_0)}pvf_h$의 값은 표 [12.2.3.9]를 이용하고 장래현금흐름은 표 [12.2.3.8]을 이용한다.

$^{(y_0)}PVTP_{k1} = {}_{0}^{(y_0)}pvf_{12} \times TP_{k1} = (0.954)(386.2) = 368.4348 \ (h=12=k1)$

$^{(y_0)}PVTS_{k2+1/2} = {}_{0}^{(y_0)}pvf_{30} \times TS_{k2+1/2} = (0.890)(17.9) = 15.931 \ (h=30=k2.5)$

$^{(y_0)}PVTW_{k2+1/2} = {}_{0}^{(y_0)}pvf_{30} \times TW_{k2+1/2} = (0.890)(68.9) = 61.321 \ (h=30=k2.5)$

$^{(y_0)}PVTM_{k2+1} = {}_{0}^{(y_0)}pvf_{36} \times TM_{k3} = (0.870)(611.3) = 531.831 \ (h=36=k3)$

$^{(y_0)}PVTE_{k2} = {}_{0}^{(y_0)}pvf_{24} \times TE_{k2} = (0.910)(3.3) = 3.003 \ (h=24=k2)$

(4) 장래현금흐름 현가를 전부 산출하면 아래 표와 같다((3)에서 구한 값은 음영 표시).

표 [12.2.3.11] **최초예상 장래현금흐름 현가와 보험수리적 현가**(최초측정)

| | 1차년도 $k=0$ (1) | 2차년도 $k=1$ (2) | 3차년도 $k=2$ (3) | (4) $= (1) + (2) + (3)$ | $^{(y_0)}APVCI_0$ $^{(y_0)}APVCO_0$ |
|---|---|---|---|---|---|
| $^{(y_0)}PVTP_k$ | 487.7 | 368.43 | 0.0 | 856.13 | $^{(y_0)}APVCI_0 = 856.13$ |
| $^{(y_0)}PVTS_{k+1/2}$ | 7.91 | 12.58 | 15.93 | 36.43 (ⓐ) | |
| $^{(y_0)}PVTM_{k+1}$ | 0.0 | 0.0 | 531.83 | 531.83(ⓑ) | |

| | | | | | |
|---|---|---|---|---|---|
| $^{(y_0)}PVTW_{k+1/2}$ | 90.76 | 71.2 | 61.32 | 223.28(ⓒ) | |
| $^{(y_0)}PVTE_k$ | 28.25 | 3.63 | 3.0 | 34.88(ⓓ) | |
| | | | | $\sum$ = ⓐ+ⓑ+ⓒ+ⓓ | $\sum$ = $^{(y_0)}APVCO_0$<br>= 826.42 |
| $^{(y_0)}APVN_0$ = $^{(y_0)}APVCO_0 - {}^{(y_0)}APVCI_0$ = 826.42 − 856.13 = −29.71 | | | | | |

$$^{(y_0)}APVCO_0 = \sum_{h=0}^{36} {}^{(y_0)}_0PVTCOF_h = ⓐ+ⓑ+ⓒ+ⓓ,$$

$$^{(y_0)}APVCI_0 = \sum_{h=0}^{36} {}^{(y_0)}_0PVTCIF_h = \sum_{k=0}^{1} {}^{(y_0)}_0PVTP_k$$

로 구하면 된다. 표 [12.2.3.10]과 표 [12.2.3.11]의 값이 약간 차이가 나는 것은 소숫점 처리 때문에 발생한 것이다.

### (b) 확률론적 시나리오를 이용한 $BEL_0$의 산출

조정무위험금리 기간구조 $(y_0)$라는 결정론적 시나리오하에서 산출한 BEL과 확률론적 시나리오를 이용하여 산출한 BEL은 이론적으로 동일하여야 한다. 그러나 난수생성의 정확성, Hull White 연속형모형에서 1달 단위의 이산형모형으로 전환함에 따른 오차, 모수추정에서 발생할 수 있는 오차 등으로 인하여 두 BEL의 값은 약간의 차이가 발생한다. 본 예시에서는 기간이 짧은 3년만기 생사혼합보험을 대상으로 하여서 두 BEL의 차이가 거의 없으나 종신보험과 같이 기간이 긴 보험의 부채평가에서는 실제로 어느 정도의 차이가 발생한다.

IFRS17 보험부채는 원칙적으로 확률론적 시나리오를 이용하여 산출하지만 금리확정형상품의 BEL은 조정무위험금리 기간구조 $(y_0)$를 이용하여 산출해도 된다. 두 가지 방법으로 산출한 BEL을 비교하길 바란다. 조정무위험금리 기간구조 $(y_0)$를 이용하여 구한 $BEL_0$는 −29.4이다. $^{(y_0)}APVCO_0$와 $EO_0$ 의 비교, $^{(y_0)}APVCI_0$와 $EI_0$ 의 비교, $^{(y_0)}APVN_0$ 와 $BEL_0$ 의 비교를 해 보길 바란다.

표 [12.2.3.12]  1,000개 시나리오의 $^{(j)}APVN_0$ (금리확정형상품)

| 시나리오 | $^{(j)}APVCO_0$ | $^{(j)}APVCI_0$ | $^{(j)}APVN_0$ |
|---|---|---|---|
| $j = 1$ | 873.019 | 861.914 | 11.105 |
| $j = 2$ | 814.666 | 854.227 | −39.561 |
| ... | ... | ... | ... |
| $j = 41$ | 845.215 | 855.659 | −10.443 |
| ... | ... | ... | ... |

| j = 999 | 818.062 | 855.849 | − 37.787 |
| j = 1000 | 847.035 | 857.543 | − 10.508 |
| $E^Q(\ )$ | 1000개의 값을 이용한 위험중립 기대값 $EO_0 = 826.913$ | 1000개의 값을 이용한 위험중립 기대값 $EI_0 = 856.316$ | 1000개의 값을 이용한 위험중립 기대값 $BEL_0 = -29.403$ |

최초측정(최초인식) 시점에는 총 보험부채가 0이 되도록 보험계약마진(CSM)을 산출한다. 즉, 최초측정 시점의 보험계약마진은 이행현금흐름의 음수값이다.[1] 이행현금흐름 (본예시에서는 BEL)이 −29.4이므로 CSM은 29.4가 된다.

표 [12.2.3.13]  0시점의 $BEL_0$와 CSM

| $BEL_0$ | CSM | 0시점의 총부채 |
|---|---|---|
| − 29.4 | 29.4 | 0 |

(6) 최초측정(최초인식)시의 재무제표

최초측정(최초인식) 시점의 재무제표를 작성하면 다음과 같다.

표 [12.2.3.14]  **최초측정(최초인식)시의 재무제표**

재무상태표

| 자산 | 0.0 | 부채 | 0.0 |
|---|---|---|---|
| | | BEL | − 29.4 |
| | | CSM | 29.4 |
| | | 자본 | 0.0 |
| | | 이익잉여금 | 0.0 |

포괄손익계산서

반영사항 없음

## 4. 금리확정형상품의 보험부채 시가평가(k1시점, 후속측정)

(1) 1차년도 경험실적

(a) 1차년도 경험실적과 실제 장래현금흐름

1년 경과 후 측정한 실제 기초율이 아래와 같이 변동되었다고 가정한다. 즉, 사망률,

---

1) RA=0이라고 가정한다.

사업비, 해약률은 불리한 경험이 발생하여 최초예상 대비 105%가 발생하였다. 사망률은 절대탈퇴율 기준으로 105%가 발생하여 다중탈퇴사망률은 104%가 발생하였다. 실적 자산운용이익률은 금리하락으로 2.8%가 발생하였다고 가정한다. 기초율의 경험은 실제로 표현하고, 자산운영이익률의 경험은 실적으로 표현하기로 한다.

표 [12.2.4.1] 1차년도 최초예상 기초율과 실제 기초율

| | 1차년도 최초예상 $k=0$ | 1차년도 실제 $k=0$ | 예상 대비 변동 |
|---|---|---|---|
| 사망률($q'^{(1)}_{x+k}$: 절대탈퇴) | 0.00900 | 0.00945 | 105% |
| 사망률($q^{(1)}_{x+k}$: 다중탈퇴) | 0.00810 | 0.00846[1] | 104% |
| 사업비 – 계약체결비용($E1_k$) | 23.750 | 24.938 | 105% |
| 사업비 – 계약관리비용($E2_k$) | 4.750 | 4.988 | 105% |
| 총사업비($E_k$) | 28.5 | 29.926 | 105% |
| 해약률($q^{(2)}_{x+k} = q^{*(2)}_{x+k}$) | 0.20000 | 0.21000 | 105% |
| 자산운용이익률 | | 2.80% (1차년도 실적) | |

### (b) 1차년도말 계약자적립액

금리확정형상품의 1차년도말 계약자적립액은 1차년도 실적 자산운용이익률의 영향을 받지 않는다. 따라서 1차년도초에 작성한 표 [12.2.3.6]에 나타난 $_1V$과 동일하다.

### (c) 1차년도 실제 장래현금흐름

1차년도 실제경험을 이용하여 1차년도말 실제 유지자, 실제 사망자 및 실제 해약자를 산출하고, 최초예상 기초율 대신 실제 기초율을 사용하여 실제 장래현금수입과 실제 장래현금지출을 산출한다. 기호에서 *는 경험이 반영된 실제를 의미한다. 표 [12.2.4.2]에서 음영부분은 실제가 반영된 실제 기초율과 실제 장래현금흐름을 나타낸다.[2] 1차년도의 보험료는 1차년도초에 납입되므로 실제경험에 영향을 받지 않아서 음영표시가 없다. 1차년도 실제 장래현금흐름은 1차년도 손익산출시와 CSM 변동분석에서 사용된다.

---

1) 0.00846(1차년도 실제 다중탈퇴사망률)=0.00945(1차년도 최초예상 절대탈퇴율의 105%)×(1−0.5×0.0210).
2) 음영부분의 $^*l_{x+1}$은 $M_1$에 곱해져서 만기보험금의 1차년도 실적 $^*TM_1$을 생성한다.

표 [12.2.4.2]  실제 기초율을 적용한 1차년도 실제 장래현금흐름

| | | 1차년도 $k=0$ | 2차년도 $k=1$ |
|---|---|---|---|
| ① 실제 유지자($^*l_{x+k}$) | $_kp_x^{(\tau)}$ | 1.00000 | 0.78154 |
| ② 실제 사망률($^*q_{x+k}^{(1)}$) | $^*q_{x+k}^{(1)}$ | **0.00846** | |
| ③ 실제 사망자($^*d_{x+k}^{(1)}$) | $_{k\vert}q_x^{(1)}$ | 0.00846 | |
| ④ 실제 해약률($^*q_{x+k}^{(2)}$) | $^*q_{x+k}^{(2)}$ | **0.21000** | |
| ⑤ 실제 해약자($^*d_{x+k}^{(2)}$) | $_{k\vert}q_x^{(2)}$ | 0.21000 | |
| ⑥ 영업보험료($P_0$) | | 487.7 | |
| ⑦ 사망보험금($S_{1/2}$) | | 1,000.0 | |
| ⑧ 만기보험금($M_1 = 0$) | | 0.0 | |
| ⑨ 해약지급금($W_{1/2}$) | | 464.4 | |
| ⑩ 실제 사업비($^*E_0$) = 최초예상 × 105% | | **29.9** | |
| ⑪ 실제 $^*TP_0 = TP_0 =$ ① × ⑥ | | 487.7 | |
| ⑫ 실제 $^*TS_{1/2} =$ ② × ⑦ | | 8.5 | |
| ⑬ 실제 $^*TM_1 = \,^*l_{x+k+1}$ × ⑧ | | 0.0 | |
| ⑭ 실제 $^*TW_{1/2} =$ ⑤ × ⑨ | | 97.5 | |
| ⑮ 실제 $^*TE_0 =$ ① × ⑩ | | 29.9 | |

(2) 미래가정(1차년도말)

0시점에서 최초예상한 기초율 및 1차년도의 실제 기초율을 참고하여 다음과 같이 2차년 이후의 미래가정을 변경한다. 변경된 미래가정은 1차년도말 보험부채 산출시 적용된다.

(a) 계리적 가정

1차년도말에 미래에 적용될 새로운 계리적 가정인 후속예상 계리적 가정은 최초예상 계리적 가정 대비 105% 불리한 변동을 가정한다. 사망률의 경우 절대탈퇴율 기준 105%로 불리한 변동이다. 여기서 1차년도는 이미 지나간 과거이므로 실제 기초율을 의미하고, 2차년도 이후는 변경된 미래가정을 의미한다. $q'^{(1)후예}_{x+k}$, $q^{*(2)후예}_{x+k}$, $E_k^{후예}$는 k1시점에서 측정된 변경된 현행추정치이고 최선추정치이며 음영부분으로 표시되어 있다.

표 [12.2.6.6] 후속측정을 위한 후속예상 계리적 가정

| | 1차년도 (실제) | 2차년도 $k=1$ | 3차년도 $k=2$ |
|---|---|---|---|
| 후속예상 사망률($q'^{(1)후예}_{x+k}$) | 0.00945 | 0.01890 | 0.02835 |
| 후속예상 사망률($q^{(1)후예}_{x+k}$) | 0.00846 | 0.01791 | 0.02686 |
| 후속예상 계약체결비용 ($E1^{후예}_k$) | 24.94 | 0.00 | 0.00 |
| 후속예상 계약관리비용($E2^{후예}_k$) | 4.99 | 4.99 | 4.99 |
| 후속예상 총사업비($E^{후예}_k$) | 29.93 | 4.99 | 4.99 |
| 후속예상 해약률($q^{*(2)후예}_{x+k}$) | 0.21000 | 0.10500 | 0.10500 |

**예제 12.2.4.1**

표 [12.2.4.3.]에서 후속측정시 k1시점의 현행추정치(최선추정치)인 $q'^{(1)후예}_{x+k}$, $q^{(1)후예}_{x+1}$, $q^{*(2)후예}_{x+1}$, $E2^{후예}_1$를 적용기초율로부터 유도하시오.

**풀이**

$$q'^{(1)후예}_{x+1} = q'^{(1)최예}_{x+1} \times 105\% = (q^{적용}_{x+1} \times 90\%) \times 105\%$$
$$= (0.02 \times 90\%) \times 105\% = (0.018) \times 105\% = 0.01890$$
$$q^{(1)후예}_{x+1} = q'^{(1)후예}_{x+1} \times (1 - 0.5 \times q^{*(2)후예}_{x+1})$$
$$= (0.01890) \times (1 - 0.5 \times 0.105) = 0.01790775$$
$$E2^{후예}_1 = E2^{최예}_1 \times 105\% = (E2^{적용}_1 \times 95\%) \times 105\%$$
$$= (5.0 \times 95\%) \times 105\% = (4.75) \times 105\% = 4.9875$$
$$q^{*(2)후예}_{x+1} = q^{*(2)최예}_{x+1} \times 105\%$$
$$= (0.10) \times 105\% = 0.105$$

해지율의 경우 적용해지율은 존재하지 않고 최초측정(최초인식)시 예상한 $q^{*(2)최예}_{x+k}$부터 출발한다.

### (b) 경제적 가정

1차년도말(k1시점)의 조정무위험금리 기간구조가 반영된 월별 할인율을 $^{(y_1)}r_h$로 표기하기로 한다. $(y_1)$는 k1시점(연도표기로 k1시점)의 조정무위험금리 기간구조를 나타낸다. 후속측정시[1] 시장에서 관찰되는 실제의 수익률곡선을 기반으로 한 조정무위험금리 기간구조 $(y_1)$를 산출하고 $(y_1)$을 이용하여 금리확정형상품의 보험부채 시가평가를 수행하기

---

1) 후속측정시점은 2021년말이라고 가정하고 그 시점의 시장데이터를 이용하기로 한다.

로 한다.

$^{(y_1)}r_h$을 표기할 때 1차년말(k1시점, $h=12$시점)을 기준으로 $h$를 0부터 다시 시작할 수도 있으나 여기서는 1차년도초(0시점)를 기준으로 표기한 $h$를 이용하고자 한다. 그 이유는 장래현금흐름을 나타내는 기호의 표기와 동일한 기준(0시점 기준으로 표기)으로 표기하기 위함이다. 이 경우 $(y_1)$을 이용하는 누적할인율을 $^{(y_1)}_{k1}pvf_{h^*}$으로 표기하기로 한다. $(y_1)$을 적용하는 경우 $h$를 0으로 다시 시작하지 않고 그 대신 월별 할인율 기호에 $h^*$로 표기하기로 한다. $^{(y_1)}_{k1}pvf_{h^*}$에 $h^*$는 $(y_1)$을 적용하고 현가의 목표시점이 1차년도말(연도표기로는 k1으로 표기하고 월기준 표기로는 12로 표기한다)인 경우에 사용된다. 누적할인율 기호는 $^{(y_1)}_{k1}pvf_{h^*}$ 또는 $^{(y_1)}_{12}pvf_{h^*}$(12는 $h=12$를 의미)로 나타낼 수 있는데 $^{(y_1)}_{k1}pvf_{h^*}$을 주로 사용하기로 한다.

표 [12.2.4.4]  1차년도말(k1시점)의 조정무위험금리 기간구조 $(y_1)$      (단위: %)

| $h$ | 0 | 1 | 2 | 3 | 4 | 5 | 6 | 7 | 8 | 9 | 10 | 11 |
|---|---|---|---|---|---|---|---|---|---|---|---|---|
| $h^*$ | 12* | 13* | 14* | 15* | 16* | 17* | 18* | 19* | 20* | 21* | 22* | 23* |
| $^{(y_0)}r_{h^*}$ | 1.546 | 1.601 | 1.703 | 1.835 | 1.937 | 1.995 | 2.020 | 2.061 | 2.129 | 2.219 | 2.308 | 2.389 |
| $h$ | 12 | 13 | 14 | 15 | 16 | 17 | 18 | 19 | 20 | 21 | 22 | 23 |
| $h^*$ | 24* | 25* | 26* | 27* | 28* | 29* | 30* | 31* | 32* | 33* | 34* | 35* |
| $^{(y_0)}r_{h^*}$ | 2.464 | 2.527 | 2.578 | 2.617 | 2.645 | 2.661 | 2.668 | 2.672 | 2.676 | 2.679 | 2.682 | 2.684 |

(3) 1차년도말(k1시점)에서 예상하는 후속예상 계약자적립액과 해약지급금

금리연동형상품의 경우는 할인율시나리오 $j$에 따라 공시이율이 다르므로 시나리오 $j$별로 장래 계약자적립액을 생성하여야 한다. 그러나 금리확정형상품은 할인율시나리오 $j$에 따라 장래현금(해약환급금, 사망보험금 등)이 변동되지 않으므로 0시점에서 적용기초율을 이용하여 산출한 계약자적립액을 k1시점에서도 그대로 변경없이 사용한다. 따라서 계약자적립액은 표 [12.2.3.6]을, 해약지급금은 표 [12.2.3.7]을 후속측정시에도 그대로 사용한다.

(4) 1차년도말(k1시점)에서 예상하는 후속예상 장래현금흐름

최초예상 기초율 대신 변경된 후속예상 기초율을 사용하여 2차년도 이후의 후속예상 장래현금흐름(장래현금수입, 장래현금지출)을 생성한다. 표 [12.2.4.5]에서 음영부분은 변경된 현행추정치인 후속예상 기초율과 후속예상 장래현금흐름을 나타낸다.

표 [12.2.4.5]  1차년도말 후속예상 장래현금흐름[$(y_1)$ : 할인율]

| | | 1차년도 (실제) | 2차년도 $k=1$ | 3차년도 $k=2$ | 4차년도 $k=3$ |
|---|---|---|---|---|---|
| ① 후속예상 유지자($l_{x+k}$) | $_kp_x^{(\tau)}$ | 1.00000 | 0.78154 | 0.68548 | 0.59510 |
| ② 후속예상 사망률($q_{x+k}^{(1)}$) | $q_{x+k}^{(1)}$ | 0.00846* | 0.01791 | 0.02686 | |
| ③ 후속예상 사망자($d_{x+k}^{(1)}$) | $_{k\|}q_x^{(1)}$ | 0.00846 | 0.01400 | 0.01841 | |
| ④ 후속예상 해약률($q_{x+k}^{(2)}$) | $q_{x+k}^{(2)}$ | 0.21000* | 0.10500 | 0.10500 | |
| ⑤ 후속예상 해약자($d_{x+k}^{(2)}$) | $_{k\|}q_x^{(2)}$ | 0.21000 | 0.08206 | 0.07198 | |
| ⑥ 영업보험료($P_k$) | | 487.7 | 487.7 | 0.0 | |
| ⑦ 사망보험금($S_{k+1/2}$) | | 1,000.0 | 1,000.0 | 1,000.0 | |
| ⑧ 만기보험금($M_{k+1}$) | | 0.0 | 0.0 | 1,000.0 | |
| ⑨ 1인당 해약지급금($W_{k+1/2}$) | | 464.4 | 965.1 | 985.7 | |
| ⑩ 1인당 후속예상 사업비($E_k^{후예}$) | | 29.93*1) | 4.99 | 4.99 | |
| ⑪ $TP_k$ = ① × ⑥ | | 487.7 | 381.2 | 0.0 | |
| ⑫ $TS_{k+1/2}$ = ③ × ⑦ | | 8.5 | 14.0 | 18.4 | |
| ⑬ $TM_{k+1}$ = $l_{x+k+1}$ × ⑧ | | 0.0 | 0.0 | 595.1 | |
| ⑭ $TW_{k+1/2}$ = ⑤ × ⑨ | | 97.5 | 79.2 | 70.9 | |
| ⑮ $TE_k$ = ① × ⑩ | | 29.9 | 3.9 | 3.4 | |

각 시점($h$)에서 k1시점까지의 누적할인율($_{k1}^{(y_1)}pvf_{h*}$)을 이용하여 후속예상 장래현금흐름의 현가를 산출한다. 1차년도말에서 사용되는 누적할인율은 다음과 같이 정의할 수 있다.

$$_{k1}^{(y_1)}pvf_{h*} = \prod_{u=12*}^{h*}\left(\frac{1}{(1+{}^{(y_1)}r_{(u-1)*})}\right)^{1/12} \quad \left(단, \left(\frac{1}{(1+{}^{(y_1)}r_{11*})}\right)^{1/12} = 1\right) \quad (12.2.4.1)$$

1차년도말에 변경된 조정무위험금리 기간구조 $(y_1)$을 적용하여 장래현금흐름의 현재가치를 산출하기 위한 누적할인율을 산출한다. $(y_1)$을 적용하는 경우 할인의 목표시점은 연도기준으로 k1시점($h=12$시점)이다.

---

1) 1차년도의 *가 표시된 숫자는 1차년도의 실제경험치이다. 1차년도 실제사업비 $=23.938+4.988=29.926$ (표 [12.2.4.1] 참조).

표 [12.2.4.6]  $(y_1)$을 적용한 k1시점으로의 누적할인율$\binom{(y_1)}{k1}pvf_{h*}$)

| | 1차년도<br>$k=0$ | 2차년도<br>$k=1$ | 3차년도<br>$k=3$ |
|---|---|---|---|
| 누적할인율(기시) | − | $(h^*=12^*)$  1.000 | $(h^*=24^*)$  0.981 |
| 누적할인율(연중) | − | $(h^*=18^*)$  0.991 | $(h^*=30^*)$  0.968 |
| 누적할인율(기말) | − | $(h^*=24^*)$  0.981 | $(h^*=36^*)$  0.955 |

(5) 1차년도말(k1시점) 최선추정부채(BEL) 산출(후속측정)

1차년도말의 시가BEL을 산출하려면 (i) 1차년도말 시점의 변경된 현행추정치인 계리적 가정을 사용하고, (ii) 1차년말의 시장금리가 반영된 $(y_1)$을 기반으로 한 결정론적 시나리오나 확률론적 시나리오를 이용하여야 한다. 표 [12.2.4.5]는 계리적 가정이 현행추정치가 적용된 표이므로 표 [12.2.4.5]의 장래현금흐름을 $(y_1)$을 기반으로 한 시나리오로 할인하여 시가BEL을 구한다. 표 [12.2.4.5]와 표 [12.2.4.6]을 이용하여 장래현금흐름 현가를 구하고, 이를 이용하여 장래유입현금의 보험수리적 현가와 장래유출현금의 보험수리적 현가를 구하는 과정은 연습문제를 참조하길 바란다.

조정무위험금리 기간구조 $(y_1)$하에서 $_1^{(y_1)}PVN_h$의 k1시점에서의 기댓값을 $^{(y_1)}APVN_1$으로 표기하면 $^{(y_1)}APVN_1$은 $N_h$의 보험수리적 현가이다. 금리확정형상품의 k1시점 BEL은 다음과 같이 구할 수 있다.

$$BEL_1 = {}^{(y_1)}APVN_1 = E\left({}_1^{(y_1)}PVN_h\right) \tag{12.2.4.2}$$
$$= {}^{(y_1)}APVCO_1 - {}^{(y_1)}APVCI_1 \tag{12.2.4.3}$$

후속측정된 1차년도말의 BEL은 373.594이다.

표 [12.2.4.7]  조정무위험금리 기간구조$(y_1)$을 이용한 $BEL_1$ 산출

| $^{(y_1)}APVCO_1$ | $^{(y_1)}APVCI_1$ | $BEL_1 = {}^{(y_1)}APVN_1$ |
|---|---|---|
| 754.744 | 381.150 | 373.594 |

조정무위험금리 기간구조 $(y_1)$을 이용하여 후속측정된 $BEL_1$는 373.590이다. $^{(y_1)}APVCO_1$와 $EO_1$의 비교, $^{(y_1)}APVCI_1$와 $EI_1$의 비교, $^{(y_1)}APVN_1$와 $BEL_1$의 비교를 해 보길 바란다.

표 [12.2.4.8]  1,000개 시나리오의 $^{(j)}APVN_1$ (금리확정형상품)

| 시나리오 | $^{(j)}APVCO_1$ | $^{(j)}APVCI_1$ | $^{(j)}APVN_1$ |
|---|---|---|---|
| $j = 1$ | 769.883 | 381.150 | 388.733 |
| $j = 2$ | 751.474 | 381.150 | 370.324 |
| ... | ... | ... | ... |
| $j = 26$ | 746,149 | 381,150 | 364,999 |
| ... | ... | ... | ... |
| $j = 999$ | 752.227 | 381.150 | 371.077 |
| $j = 1000$ | 759.667 | 381.150 | 378.517 |
| $E^Q(\ )$ | 1,000개의 값 이용한 위험중립 기대값 $EO_1 = 754.740$ | 1,000개의 값 이용한 위험중립 기대값 $EI_1 = 381.150$ | 1,000개의 값 이용한 위험중립 기대값 $BEL_1 = 373.590$ |

## 5. 금리확정형상품의 1차년도 BEL 변동분석용 $i_0^e$와 $BEL_0^{변동출}$

### (1) 유효수익률법 적용시 체계적 배분을 위한 단일할인율(금리확정형상품)

본 예시의 금리확정형상품의 BEL 변동분석에서는 OCI 회계정책을 선택하고 유효수익률법을 적용하는 것을 전제로 모든 논의를 전개한다. P/L 회계정책을 선택한 경우의 처리는 필요한 경우 언급하며, 재무제표 작성시 한꺼번에 설명한다. 따라서 재무제표 작성시까지의 설명과 논의는 OCI 회계정책을 선택하고 유효수익률법을 적용하는 것을 전제로 한다. OCI 회계정책을 선택한 경우, 금융위험과 관련된 가정변동이 계약자에게 지급되는 금액에 상당한 영향을 미치지 않는 보험계약집합(금리확정형상품이 해당된다)의 경우 총기대금융비용을 잔여 듀레이션에 걸쳐 체계적으로 배분하기 위하여 최초인식시점에 결정된 할인율을 사용하여 당기손익으로 인식되는 보험금융비용(수익)을 결정한다.[1] 수익률곡선법을 적용하는 금리확정형상품의 경우 최초인식시점에 결정되어 적용되었된 $(y_0)$를 이용하여 unwind[2] 해서 보험금융비용을 산출할 수 있다. 그러나 유효수익률법을 적용하는 금리확정형상품의 경우 최초인식시점에 결정된 단일할인율 $i_0^e$를 이용하여 unwind 해서 보험금융비용을 산출한다. 본예시의 금리확정형상품의 경우 유효수익률법을 적용한다.

---

1) 기준서 B131, B72(5)(가), B130 등을 참조.
2) wind는 시계태엽 등을 감다는 뜻이며 unwind는 감은 것을 풀다라는 의미이다. 할인하는 것을 wind로 생각하면 wind 하면 PVTCF가 되고 태엽이 감긴 PVTCF에 할인할 때 사용하였던 이자율($i_0^e$)을 적용하여 1년 unwind 하는 경우 $(1 + i_0^e)$를 곱해주는 것이 감았던 할인을 푸는 unwind가 된다. 이 표현은 IFRS17 staff paper에 나오던 표현인데 적절한 표현인 것으로 생각되어 본서에서 계속 사용할 예정이다.

유효수익률법을 이용하는 경우 1차년도초에 산출되는 0시점의 단일할인율을 $i_0^e$으로 표기하기로 한다. $i_0^e$는 식 (12.2.5.1)을 만족시키는 단일할인율이며, $i_0^e$를 금리확정형상품의 유효수익률이라고 한다. 금리확정형상품의 0시점 시가보험부채인 $BEL_0$는 조정무위험금리 기간구조 ($y_0$)를 이용하여 먼저 산출되고, $i_0^e$는 선산출 된 $BEL_0$를 이용하여 Trial & Error 등의 방법을 이용하여 후산출 된다. 식 (12.2.5.1)을 만족하는 $i_0^e$ = 4.74%로 산출된다. $i_0^e$ = 4.74%를 매년 적용하여 보험금융비용을 산출하면 총기대금융비용을 잔여 듀레이션에 걸쳐 체계적으로 배분하게 되는 것이다. ($e_0$)는 $i_0^e$가 할인율로 적용된다는 의미이다. $N_h(i)$ [1]는 적용이율 $i$가 적용된 순장래현금(보험료, 사망보험금, 해약환급금 등)[2]을 의미하고 $\text{Prob}_h$는 $N_h(i)$가 발생할 확률이다.

$$BEL_0 = \sum_{h=0}^{36} {}_0^{(e_0)}pvf_h \times N_h(i) \times \text{Prob}_h \ (\to \ i_0^e = 4.74\%) \tag{12.2.5.1}$$

### (2) 변동분석용 출발점 $BEL_0^{변동출}$과 변동분석용 단일할인율($i_0^e$)

1차년도를 예시하기로 한다. 변동분석은 0시점(1차년도초) 기시BEL에서 k1시점(1차년도말) 후속측정 시가BEL까지 변동되는 과정을 다섯 단계의 단계별 BEL로 나타낸다. 단계별 BEL을 표시하면 다음과 같다.

(i) 동일 시점(0시점)에서 명칭과 내용을 변환한 출발점 BEL 정의
  : 시가BEL → 기시BEL(기시BEL로 명칭과 내용 변환)
(ii) 0시점(기시) → k1시점(기말)으로 시점 이동후 k1시점 기말BEL 산출
  : 기시예상 장래현금흐름 실현(1단계)과 보험금융비용 산출(2단계)
(iii) 동일 기말시점에서 1차년도 실제치와 후속예상 기초율 반영 BEL 산출
  : 보유계약변동 반영(3단계)과 장래 계리적 가정변동 반영(4단계)
(iv) 동일 기말시점에서 경제적 가정 변동 반영 시가BEL 산출
  : 경제적 가정 변동 반영(5단계), P/L 회계정책과 OCI 회계정책 선택

위에서 설명된 단계별 BEL을 기호를 이용하며 나타내면 다음과 같다.

---

1) $N_h(i)$, $\text{Prob}_h$의 구체적인 내용은 표 [12.2.6.1]에 대한 설명에 나타나 있다.
2) 해약환급금 계산시 적용이율 $i$가 적용된다. 사망보험금은 주어졌고, 보험료는 보험료산출시 적용이율 $i$가 적용되었지만 보험료산출후 장래현금에는 더 이상 적용이율 $i$가 적용되지 않는다. $N_h(i)$은 이자율이 적용되어 산출되는 장래유출현금이 있다면 적용이율 $i$가 적용된다는 의미이며 모든 장래현금 생성시 적용이율 $i$가 적용된다는 의미는 아니다.

그림 [12.2.5.1] 단계별 BEL의 기호

---

( i ) $BEL_0$(시가) $\rightarrow$ $^{(e_0)}BEL_0$ (기시BEL)

( ii ) $^{(e_0)}BEL_0$ $\rightarrow$ $^{(e_0)}BEL_1^{(1)}$, $^{(e_0)}BEL_1^{(1,2)}$

(iii) $\rightarrow$ $^{(e_0)}BEL_1^{(1,2,3)}$, $^{(e_0)}BEL_1^{(1,2,3,4)}$

(iv) $\rightarrow$ $BEL_1$ (시가)

---

향후 변동분석에서는 그림 [12.2.5.1]에 나타나 있는 단계별 BEL을 산출하고자 한다. 출발점과 종착점의 시가BEL인 $BEL_0$와 $BEL_1$은 금리확정형상품의 경우는 $(y_0)$와 $(y_1)$을 이용하여 산출하고 금리연동형상품의 경우는 할인율시나리오를 이용하여 산출한다. 두 시가BEL을 제외한 나머지 BEL들은 기호 좌측에 $(e_0)$가 나타나 있는데 $(e_0)$는 $i_0^e$가 변동분석용 기시BEL에 내재되어 있거나(기시 시점), 기말BEL 산출시(변동분석 2, 3, 4단계) 할인율로 적용되는 것을 나타낸다. 각 단계별 기호들에 나타나 있는 $(e_0)$는 변동분석용 기시BEL부터 4단계 BEL까지의 모든 BEL에서 단일할인율(유효수익률) $i_0^e$가 중요한 역할을 하는 것을 나타내고 있다. 중요한 역할이란 기시시점에서 기말시점으로 이동시 (1, 2단계) $i_0^e$를 이용하여 총기대금융비용을 체계적으로 배분하는 보험금융비용을 산출하고, 기말에 도착해서는 1차년도의 실제경험치와 후속예상 계리적 가정을 반영한 기말 BEL 산출시(3, 4단계) $i_0^e$를 할인율로 사용한다는 것을 말한다.

그림 [12.2.5.1]의 기호들을 이용하면서 변동분석을 수행하기 위하여 변동분석용 출발점 BEL을 정의할 필요가 있다. 1차년도 변동분석용 출발점 BEL을 $BEL_0^{변동출}$로 표기하기로 한다. 금리확정형상품의 경우 $(y_0)$가 내재되어 있는 $BEL_0$를 변동분석 출발점 BEL로 사용할 수 없는데 그 이유는 유효수익률법에서는 단일할인율을 이용하여 잔여보험금융비용을 체계적으로 배분하여야 하기 때문이다. $(y_0)$는 단일할인율이 아니다. 유효수익률법을 적용하는 경우 단일할인율 $i_0^e$를 이용하여 체계적인 배분을 수행하므로 $BEL_0^{변동출}$을 $i_0^e$가 내재되어 있는 $^{(e_0)}BEL_0$로 정의하기로 한다. 향후 출발점 BEL인 $BEL_k^{변동출}$을 매 연도초마다 정의하고 변동분석을 수행할 필요가 있다. $BEL_k^{변동출}$은 금리확정형상품과 금리연동형상품에 따라 그 정의가 달라질 수 있고, 연도별로도 달라질 수 있기 때문에 매 연도초마다 정의하는 것이 필요하다. 금리확정형상품의 $BEL_0^{변동출}$을 다음과 같이 정의한다.

$$BEL_0^{변동분석용 출발점(1차년도초)} = BEL_0^{변동출} \tag{12.2.5.2}$$

$$BEL_0{}^{변동출} = i_0^e가\ 내재된\ 기시BEL = {}^{(e_0)}BEL_0\ (금리확정형상품) \quad (12.2.5.3)$$

변동분석을 수행하기 위하여 $BEL_0$와 $BEL_0{}^{변동출}$을 구별하여 사용하기로 한다.

(i) $BEL_0$는 시가BEL이고, $BEL_0{}^{변동출}$은 변동분석의 출발점 BEL이다. $BEL_0$는 $N_h(i)$ 와 $(y_0)$를 이용하여 0차년도말에서 최초측정(최초인식)된 시가BEL이고 $BEL_0{}^{변동출}$ (${}^{(e_0)}BEL_0$)은 $N_h(i)$ 와 $i_0^e$가 내재된(적용된) 1차년도초 변동분석의 출발점 BEL이다. $i_0^e$를 적용하여 unwind 해서 보험금융비용을 산출할 것이기 때문에 $i_0^e$가 $BEL_0{}^{변동출}$ (${}^{(e_0)}BEL_0$)에 내재되어 있어야 한다. 즉 $BEL_0{}^{변동출}$(${}^{(e_0)}BEL_0$)은 $i_0^e$를 적용하여 wind 한 장래현금흐름 현가이어야 하는데, $BEL_0$는 $(y_0)$를 적용하여 wind한 장래현금흐름 현가이므로 $BEL_0$는 $BEL_0{}^{변동출}$이 될 수 없다.

(ii) 1차년도초의 $BEL_0{}^{변동출}$은 단일할인율 $i_0^e$가 적용되어 보험금융비용을 산출할 기시BEL이므로 ${}^{(e_0)}BEL_0$로 표기하기로 한다. 두 BEL의 기준시점은 0시점으로 동일하지만 $BEL_0$의 기준시점은 0차년도말이고 ${}^{(e_0)}BEL_0$의 기준시점은 1차년도초로 구분하여 표현하기로 한다. 0차년도말의 $BEL_0$를 1차년도초의 ${}^{(e_0)}BEL_0$로 시점명칭과 기호를 바꾸고, 내용을 변환시켜서(보험금융비용을 unwind 할 할인율로 변환) 변동분석을 출발한다.[1] 변환시키는 이유는 조정무위험금리 기간구조 $(y_0)$ 대신 단일할인율 $i_0^e$를 변동분석용 할인율로 이용하여 보험금융비용을 산출하기 위함이다.

(iii) ${}^{(e_0)}BEL_0$은 측정되거나 산출되는 것이 아니고 이미 0차년도말에 기산출된 $BEL_0$ 와 금액을 일치시키기 위하여 식 (12.2.5.1)을 이용하여 산출된 $i_0^e$와 $N_h(i)$ 가 적용된 1차년도초의 기시BEL이다. 산출되는 것은 $i_0^e$이고 ${}^{(e_0)}BEL_0$ 이 아니다. 금리확정형상품에서 $N_h(i)$ 에 $(y_0)$가 적용되면 $BEL_0$이 되고, $N_h(i)$ 에 $i_0^e$가 적용되면 ${}^{(e_0)}BEL_0$ 이 된다.

(iv) 식 (12.2.5.1)에서 $BEL_0$와 금액을 일치시키는 $i_0^e$가 적용된 BEL이 ${}^{(e_0)}BEL_0$ 이므로 두 BEL은 금액기준으로는 동일하다.[2] 그러나 두 BEL의 할인율이 다르기 때문에 그 내용은 다르다. $BEL_0$와 ${}^{(e_0)}BEL_0$ 은 순장래현금(net outcome)인 $N_h(i)$

---

[1] 금리연동형상품의 변동분석에서는 할인율뿐만 아니라 장래현금(흐름)까지 변환시켜서 출발한다.

[2] 2차년도의 BEL 변동분석의 출발점 $BEL_1{}^{변동출}$은 $BEL_1$이 아니다($BEL_1{}^{변동출}$값 ≠ $BEL_1$값). $BEL_1{}^{변동출}$은 금액기준으로는 1차년도 4단계 BEL이다. 그러나 금리연동형상품의 경우 1차년도 4단계 BEL과 비교할 때 내용, 시점명칭, 기호를 바꾸어서 출발한다. 금리확정형상품의 경우 1차년도 4단계 BEL과 비교할 때 내용은 동일하고 시점명칭, 기호만 바꾸어서 출발한다.

가 동일하지만(따라서 순장래현금흐름인 $TN_h(i)$도 동일) 적용된 할인율이 다르기 때문에 개별 $PVTCOF_h$와 $PVTCIF_h$는 일반적으로 다르다.

(v) 금리확정형상품의 경우 부채평가연도$(k+1)$와 상관없이 변동분석용 할인율은 최초측정시점에서 결정된 $i_0^e$로 고정된다. 따라서 0시점에서 산출한 유효수익률 $i_0^e$를 부채평가연도$(k+1)$와 상관없이 매연도 할인율로 적용하여 변동분석 2단계의 보험금융비용을 산출하고,[1] 변동분석 2, 3, 4단계의 기말BEL을 산출한다.

## (3) BEL 변동분석에서 사용되는 순장래현금

금리확정형상품의 경우는 매시점의 순장래현금$(N_h = CO_h - CI_h)$은 0시점에서 미리 확정되며 부채평가연도$(k+1)$마다 변경되지 않는다. 금리확정형상품의 경우 공시이율이 적용되지 않기 때문에 확률론적 시나리오를 이용하여 순장래현금을 생성할 필요가 없다. 금리확정형상품의 매시점 해약환급금 등의 장래유출현금$(CO)$은 적용기초율과 적용이율$(i)$이 적용된 금액이다. 따라서 금리확정형상품의 순장래현금은 $N_h(i)$로 나타낼 수 있다. $N_h(i)$의 $i$는 부채평가연도$(k+1)$별로 변경되지 않고 고정된 적용이율이다.

## (4) BEL 변동분석에서 사용되는 용어

변동분석시 사용되는 용어는 부채평가시 사용되는 용어와 구별이 필요하다. BEL 변동분석에서 사용되는 용어를 정의하면 다음과 같다.

(i) 기시의 TCF(장래현금흐름)는 최초예상 TCF 대신 기시예상 TCF라는 용어를 사용하기로 한다. 기시예상 TCF(변동분석)＝최초예상 TCF(부채평가)이나 적용할인율이 다르기 때문에 기시예상 PVTCF(변동분석) ≠ 최초예상 PVTCF(부채평가)이다. PVTCF를 unwind 해서 2단계 보험금융비용을 계산하므로 할인율이 포함된 장래현금흐름 현가까지 고려하여 용어를 정의하는 것이 기호를 이용한 산식 표현(1단계, 2단계)에도 바람직하다. 이런 관점에서 금리확정형상품도 변동분석용 장래현금흐름을 표현할 때 부채시가평가에서 사용되는 용어와 구별하여 기시예상 TCF(내재된 단일할인율 고려)라는 용어를 사용하기로 한다.[2]

(ii) 2단계~4단계: 단계별 기말BEL 산출을 수행하므로 기말예상 TCF라는 용어를 사용하기로 한다. 기말예상 TCF는 기시예상 TCF와 후속예상 TCF 중간에 위치

1) 1단계를 유도하는 과정 산식에 $i_0^e$가 내포되어 있다.

2) 금리연동형상품의 경우 기시예상 TCF(변동분석) ≠ 최초예상 TCF(부채평가)이기 때문에 변동분석용 TCF를 기시예상 TCF로 표현한다. 따라서 금리연동형상품과 금리확정형상품 모두 변동분석에서는 최초예상 TCF 대신 기시예상 TCF를 사용하기로 한다. 이와 같이 하면 보험손익등을 산출할 때도 금리확정형과 금리연동형상품 모두 동일 용어가 사용될 수 있어 통일성 측면에서 바람직하다.

한 단계별(2~4단계) 진행중인 TCF이다. 변동분석에서는 기시예상 TCF와 기말예상 TCF라는 용어를 사용한다. 따라서 변동분석의 TCF는 기시예상 TCF(출발점) → 기말예상 TCF(2,3,4단계) → 후속예상 TCF(5단계 시가평가)의 단계로 진행된다. 2단계의 경우 2단계 정의상 기말예상 TCF = 기시예상 TCF이다.

(iii) 5단계: 부채시가평가와 동일한 단계이기 때문에 후속예상 TCF라는 표현을 사용한다. 변경된 모든 가정이 적용된 후속예상 TCF는 시가BEL을 후속측정하는 데 사용된다

(iv) 3단계: 미래 기초율은 최초예상 사망률, 최초예상 해지율인데, 기시유지자가 보유계약 변동을 반영한 유지자이므로 최초예상 유지자, 최초예상 사망자, 최초예상 해지자는 아니다. 따라서 3단계 유지자. 3단계 사망자, 3단계 해지자라는 표현을 사용하기로 한다.

표 [12.2.5.1]  금리확정형상품의 변동분석에서 사용되는 용어

| 1차년도 | 기초율(계리적 가정) | 할인율 | 장래현금흐름(TCF) |
|---|---|---|---|
| 출발점 | 최초예상 | $i_0^e$ | 기시예상 TCF |
| 2단계 | 최초예상 | $i_0^e$ | 2단계 반영 기말예상(=기시예상) TCF |
| 3단계 | 보유 + 최초예상 (3단계 유지자, 사망자, 해지자) | $i_0^e$ | 3단계 반영 기말예상 TCF |
| 4단계 | 후속예상 | $i_0^e$ | 4단계 반영 기말예상 TCF |
| 5단계 | 후속예상 | $(y_1)$ | 후속예상 TCF(부채시가평가와 동일) 할인율을 $i_0^e$ → $(y_1)$ 사용 |
| 2차년도 | 1차년도말 후속예상 기초율을 용어만 변경하여 2최초예상 기초율 | | |
| 츨발점 | 2최초예상 | $i_0^e$ | 2기시예상 TCF |
| 2단계 | 2최초예상 | $i_0^e$ | 2단계 반영 2기말예상(=2기시예상) TCF |
| 3단계 | 보유 + 2최초예상 (3단계 유지자, 사망자, 해지자) | $i_0^e$ | 3단계 반영 2기말예상 TCF |
| 4단계 | 2후속예상 | $i_0^e$ | 4단계 반영 2기말예상 TCF |
| 5단계 | 2후속예상 | $(y_2)$ | 2후속예상 TCF(부채시가평가와 동일) 할인율을 $i_0^e$ → $(y_2)$ 사용 |

변동분석용 BEL은 시가BEL과 구별하여 다르게 표현할 필요가 있다.

(i) 변동분석의 출발점인 $BEL_0^{변동출} = {}^{(e_0)}BEL_0$ 을 기시BEL로 명명하기로 한다.[1] 기시BEL은 산출되거나 측정되지 않으며, 산출되는 것은 $i_0^e$이다.

---

1) 금리연동형상품의 경우는 변환기시BEL로 명명한다.

(ii) 2차년도의 경우, $BEL_1^{변동출}(={}^{(e_0)}BEL_1^{출})$은 1차년도 4단계 $BEL({}^{(e_0)}BEL_1^{(1,2,3,4)})$과 금액기준으로도 동일하고, 적용할인율도 $i_0^e$로 동일하고, 따라서 장래현금흐름도 동일하다. 하지만 2차년도의 변동분석을 수행하여야 하기 때문에 기호를 ${}^{(e_0)}BEL_1^{(1,2,3,4)} \rightarrow {}^{(e_0)}BEL_1^{출}$로 바꾸고 명칭은 1차년도 4단계 BEL → 2차년도 2기시BEL로 변경하여 명명한다. 금리확정형상품의 경우 1차년도말에서 2차년도 초로 시점 표현을 바꿀 때 내용은 동일하고, 기호와 명칭만 변경한다.[1]

(iii) 변동분석의 단계별 BEL은 기말BEL이라는 용어를 사용하기로 한다. 시가BEL의 경우 최초측정(최초인식), 후속측정이라는 용어를 사용하는데 기말BEL의 경우는 산출한다고 표현하기로 한다. 1차년도 변동분석에서 산출된 기말BEL은 기시BEL이 후속측정 시가BEL로 진행되는 단계별 BEL(중간단계의 BEL)을 나타내는 용어이다.

## 6. 금리확정형상품의 1차년도 BEL 변동분석

BEL 변동분석은 기시BEL에서 후속측정 시가BEL로 변동되는 과정을 각 단계별로 분해하여, 당기손익, 보험계약마진, 기타포괄손익을 산출하는 과정을 말한다. BEL 변동분석은 크게 5단계로 구분할 수 있으며, 1단계는 기시예상 장래현금흐름 실현, 2단계는 BEL 보험금융비용 산출, 3단계는 보유계약 변동으로 인한 BEL 변동, 4단계는 계리적 가정 변동으로 인한 BEL 변동, 5단계는 경제적 가정 변동으로 인한 BEL 변동이다. 각 단계는 부채(CSM), 자본(AOCI) 및 손익의 변동과 관련이 있다. 1단계는 보험손익 및 CSM 조정, 2단계는 보험금융비용(투자손익), 3단계와 4단계는 CSM 조정, 5단계는 OCI의 인식과 관련이 있다.

### (1) 변동분석용 기시예상 장래현금흐름(0시점, 1차년도초)

금리확정형상품의 $BEL_0$는 조정무위험금리 기간구조 $(y_0)$를 이용하여 산출하였다. 유효수익률법을 이용하는 경우 $(y_0)$를 이용하여 할인한 것을 unwund 해서 보험금융비용을 구하면 안되고, 단일할인율 $i_0^e$가 적용되어 할인한 것을 unwind 해서 보험금융비용을 구하여야 한다. 이런 이유 때문에 1차년도초에 변동분석 출발점 BEL을 $BEL_0^{변동출}={}^{(e_0)}BEL_0$로 변환하여 정의하고 변동분석을 수행하게 된다. ${}^{(e_0)}BEL_0$의 기호가 의미하는 바는 0시점(1차년도초)에서 유효수익률 $i_0^e$가 내재되어 있는 ${}^{(e_0)}BEL_0$는 $i_0^e$를 이용하여 unwind 해서

---

[1] 금리연동형상품의 경우 1차년도말에서 2차년도초로 시점 표현을 바꿀 때 내용도 변경되고 따라서 당연히 기호와 명칭도 변경되기 때문에 2변환기시 BEL로 명명한다.

1차년도의 보험금융비용을 산출하기 위한 준비가 되어 있는 BEL이라는 의미로 표기된 것이다.

금리확정형상품의 경우 1차년도초에 예상한 변동분석용 기시예상 장래현금흐름은 표 [12.2.6.1]과 같다. 식 (12.2.5.1)의 $N_h(i)$ 는 표 [12.2.6.1]의 ⑥, ⑦, ⑧, ⑨, ⑩을 의미하고, $\text{Prob}_h$는 표 [12.2.6.1]의 ①, ③, ⑤를 의미한다. $N_h(i) \times \text{Prob}_h$는 표 [12.2.6.1]의 ⑪, ⑫, ⑬, ⑭, ⑮를 의미한다. 표 [12.2.6.1]의 장래현금(⑥, ⑦, ⑧, ⑨, ⑩) 생성시 단일할인율 (유효수익률)을 이용하지는 않지만, 표 [12.2.6.1]에 나타난 기시예상 장래현금흐름(⑪, ⑫, ⑬, ⑭, ⑮)을 단일할인율(유효수익률 $i_0^e$)로 할인하고 모두 합하면 변동분석 출발점인 $^{(e_0)}BEL_0$ 이 된다. 표 [2.2.3.8](표 [12.2.6.1]와 동일)의 최초예상 장래현금흐름[1]을 $(y_0)$를 적용하여 할인하고 모두 합하면 $BEL_0$가 된다. $^{(e_0)}BEL_0$ 은 금액기준으로는 시가BEL인 $BEL_0$와 동일하지만 그 내용이 다르다. 즉 $^{(e_0)}BEL_0$ 는 잔여보험기간 동안 단일할인율 $i_0^e$ 를 이용하여 기대보험금융비용을 체계적으로 배분할 준비가 되어 있는 0시점의 기시BEL 이라는 의미를 기호로 나타내고 있다.

금리확정형상품의 경우 1차년도초에 예상한 보험부채 시가평가용 최초예상 장래현금흐름(TCF)은 표 [12.2.3.8]과 같다. 표 [12.2.6.1]과 표 [12.2.3.8]의 TCF는 동일하다. 즉 금리확정형상품의 경우 장래유출현금($CO$)이 공시이율의 영향을 받지 않기 때문에 1차년도초 변동분석용 기시예상 순장래현금과 0차년도말 부채평가용 최초예상 순장래현금이 동일하다. 그러나 각각의 장래현금흐름에 적용하는 할인율은 다르다. 변동분석용에는 $i_0^e$ 를 할인율로 사용하며, 부채평가용에는 $(y_0)$를 할인율로 사용한다. 보험부채 시가평가용 최초예상 TCF와 변동분석용 기시예상 TCF는 동일하지만 할인율이 반영된 장래현금흐름 현가(PVTCF)는 다르기 때문에 부채평가용 TCF와 변동분석용 TCF의 용어를 구별하여 사용하기로 한다. 용어를 구별하고자 하는 이유는 (i) 변동분석에서 $^{(e_0)}BEL_0$ 산식의 구성요소인 $i_0^e$가 적용된 장래현금흐름현가(PVTCF)가 동일한 $i_0^e$가 적용되어 unwind 되어서 변동분석 2단계의 보험금융비용을 산출하기 때문이다. 또 (ii) 식 (12.2.6.10)~(12.2.6.13)에서 알 수 있듯이 0시점 BEL에서 k1시점 BEL로 이동시 $PVTN$에서 $TN$을 분리하는 과정들이 있는데, 이때도 $i_0^e$가 사용된다. 즉 기시예상 TCF와 최초예상 TCF는 향후 적용될 할인율 이 다르기 때문에 처음부터 용어를 구별하여 사용하는 것이 나중에 산식을 유도하고 이용하는데 더 명확하고 편리해진다.

이런 관점에서 표 [12.2.6.1]의 ⑪~⑮는 기시예상 TCF로 용어를 정의한다. 기시예상 TCF의 현가(PVTCF)는 할인율 $i_0^e$를 이용하여 산출하며 표 [12.2.6.1]의 기시예상 TCF

---

1) 금리확정형상품의 경우 기시예상 장래현금흐름=최초예상 장래현금흐름이다.

와 PVTCF를 같이 표기하면 다음과 같다. 부채시가평가 최초측정시에 사용되는 최초예상 TCF인 식 (12.2.3.16)~(12.2.3.22)와 비교하길 바란다.

$$TP_k = l_{x+k} \times 영업보험료(P_k): {}^{(e_0)}PVTP_k \tag{12.2.6.1}$$

$$TS_{k+1/2} = d_{x+k}^{(1)} \times 사망보험금(S_{k+1/2}): {}^{(e_0)}PVTS_{k+1/2} \tag{12.2.6.2}$$

$$TM_{k+1} = l_{x+k+1} \times 만기보험금(M_{k+1}): {}^{(e_0)}PVTM_{k+1} \tag{12.2.6.3}$$

$$M_1 = M_2 = 0, \ M_3 = 1000 \tag{12.2.6.4}$$

$$TW_{k+1/2} = d_{x+k}^{(2)} \times 1인당\ 해약지급금(W_{k+1/2}): {}^{(e_0)}PVTW_{k+1/2} \tag{12.2.6.5}$$

$$W_{k+1/2} = 해약환급금\ +\ 미경과보험료 \tag{12.2.6.6}$$

$$TE_k = l_{x+k} \times 1인당\ 최초예상\ 사업비(E_k^{최예}): {}^{(e_0)}PVTE_k \tag{12.2.6.7}$$

표 [12.2.6.1]의 음영부분의 장래현금흐름을 $i_0^e$를 적용하여 0시점으로 할인하면 $BEL_0^{변동출} = {}^{(e_0)}BEL_0$ 이 되며 ${}^{(e_0)}BEL_0$ 이 변동분석의 출발점이다. 즉 2단계 BEL과 출발

표 [12.2.6.1] 변동분석용 기시예상 장래현금흐름($i_0^e = 4.74\%$를 단일할인율로 적용)

| | | 1차년도 $k=0$ | 2차년도 $k=1$ | 3차년도 $k=2$ | 4차년도 $k=3$ |
|---|---|---|---|---|---|
| ① 최초예상 유지자($l_{x+k}$) | $_kp_x^{(\tau)}$ | 1.00000 | 0.79190 | 0.69917 | 0.61132 |
| ② 최초예상 사망률($q_{x+k}^{(1)}$) | $q_{x+k}^{(1)}$ | 0.00810 | 0.01710 | 0.02565 | |
| ③ 최초예상 사망자($d_{x+k}^{(1)}$) | $_{k|}q_x^{(1)}$ | 0.00810 | 0.01354 | 0.01793 | |
| ④ 최초예상 해약률($q_{x+k}^{(2)}$) | $q_{x+k}^{(2)}$ | 0.20000 | 0.10000 | 0.10000 | |
| ⑤ 최초예상 해약자($d_{x+k}^{(2)}$) | $_{k|}q_x^{(2)}$ | 0.20000 | 0.07919 | 0.06922 | |
| ⑥ 영업보험료($P_k$) | | 487.7 | 487.7 | 0.0 | |
| ⑦ 사망보험금($S_{k+1/2}$) | | 1,000.0 | 1,000.0 | 1,000.0 | |
| ⑧ 만기보험금($M_{k+1}$) | | 0.0 | 0.0 | 1,000.0 | |
| ⑨ 1인당 해약지급금($W_{k+1/2}$) | | 464.4 | 965.1 | 985.7 | |
| ⑩ 1인당 최초예상 사업비($E_k^{최예}$) | | 28.5 | 4.8 | 4.8 | |
| ⑪ $TP_k = ① \times ⑥$ | | 487.7 | 386.2 | 0.0 | |
| ⑫ $TS_{k+1/2} = ③ \times ⑦$ | | 8.1 | 13.5 | 17.9 | |
| ⑬ $TM_{k+1} = l_{x+k+1} \times ⑧$ | | 0.0 | 0.0 | 611.3 | |
| ⑭ $TW_{k+1/2} = ⑤ \times ⑨$ | | 92.9 | 76.4 | 68.9 | |
| ⑮ $TE_k = ① \times ⑩$ | | 28.5 | 3.8 | 3.3 | |

점인 $^{(e_0)}BEL_0$ 의 차이를 분석하는 것이 1, 2단계 BEL 변동분석이다. 이 차이는 $^{(e_0)}BEL_0$ 에 내재되어 있는 유효수익률인 $i_0^e$를 이용하여 설명된다.

### (2) 변동분석 2단계 BEL

2단계 BEL은 기시예상 장래현금흐름을 전혀 변경시키지 않고 0시점에서 k1시점으로 평가시점만을 변경한 BEL이다. 따라서 표 [12.2.6.2]는 표 [12.2.6.1]의 기시예상 장래현금흐름을 이용하여 k1시점에서 평가한 BEL이다. 다른 점은 1차년도 자료는 이용되지 않으며(제거되고), 할인되어 평가되는 시점이 0시점에서 k1시점으로 변경된 것이다. 즉 표 [12.2.6.2]의 음영부분만의 자료를 기초로 한 k1시점의 BEL을 구하면 $^{(e_0)}BEL_1^{(1,2)}$이 된다. 기호에서 (1, 2)는 BEL에 반영된 단계이고 $(e_0)$는 적용된 할인율이 $i_0^e$인 것을 의미한다. 표 [12.2.6.1]을 기초로 한 $BEL_0^{변동출}=^{(e_0)}BEL_0$ 에서 1차년도의 음영부분 (⑪-⑮)의 현가($PVTN$(1차년)를 제거하고, unwind 해서 평가시점만 k1시점으로 변경하면 표 [12.2.6.2]에 기초한 $^{(e_0)}BEL_1^{(1,2)}$이 된다. 따라서 다음 식이 성립한다. 변동분석에서 사용되는 모든 BEL은 재무제표 관점의 BEL이다.[1] 식 (12.2.7.6)을 이용하면

$$^{(e_0)}BEL_1^{(1,2)} = [^{(e_0)}BEL_0 - PVTN(1차년)] \times (1 + i_0^e) \tag{12.2.6.8}$$

표 [12.2.6.2]  2단계 반영 기말예상(＝기시예상) 장래현금흐름($i_0^e = 4.74\%$)

| | | 1차년도 $k=0$ | 2차년도 $k=1$ | 3차년도 $k=2$ | 4차년도 $k=3$ |
|---|---|---|---|---|---|
| ① 최초예상 유지자($l_{x+k}$) | $_kp_x^{(\tau)}$ | 1.00000 | 0.79190 | 0.69917 | 0.61132 |
| ② 최초예상 사망률($q_{x+k}^{(1)}$) | $q_{x+k}^{(1)}$ | 0.00810 | 0.01710 | 0.02565 | |
| ③ 최초예상 사망자($d_{x+k}^{(1)}$) | $_{k|}q_x^{(1)}$ | 0.00810 | 0.01354 | 0.01793 | |
| ④ 최초예상 해약률($q_{x+k}^{(2)}$) | $q_{x+k}^{(2)}$ | 0.20000 | 0.10000 | 0.10000 | |
| ⑤ 최초예상 해약자($d_{x+k}^{(2)}$) | $_{k|}q_x^{(2)}$ | 0.20000 | 0.07919 | 0.06922 | |
| ⑥ 영업보험료($P_k$) | | 487.7 | 487.7 | 0.0 | |
| ⑦ 사망보험금($S_{k+1/2}$) | | 1,000.0 | 1,000.0 | 1,000.0 | |
| ⑧ 만기보험금($M_{k+1}$) | | 0.0 | 0.0 | 1,000.0 | |
| ⑨ 1인당 해약지급금($W_{k+1/2}$) | | 464.4 | 965.1 | 985.7 | |
| ⑩ 1인당 최초예상 사업비($E_k^{최예}$) | | 28.5 | 4.8 | 4.8 | |

---

1) 재무제표관점의 BEL과 보험수리이론 관점의 BEL에 대해서는 다음 절에서 설명한다.

| | | | |
|---|---|---|---|
| ⑪ $TP_k = ① \times ⑥$ | 487.7 | 386.2 | 0.0 |
| ⑫ $TS_{k+1/2} = ③ \times ⑦$ | 8.1 | 13.5 | 17.9 |
| ⑬ $TM_{k+1} = l_{x+k+1} \times ⑧$ | 0.0 | 0.0 | 611.3 |
| ⑭ $TW_{k+1/2} = ⑤ \times ⑨$ | 92.9 | 76.4 | 68.9 |
| ⑮ $TE_k = ① \times ⑩$ | 28.5 | 3.8 | 3.3 |

표 [12.2.6.3]  유효수익률($i_0^e = 4.74\%$)을 적용한 k1시점으로의 누적할인율

| | 1차년도 | 2차년도<br>$k = 1$ | 3차년도<br>$k = 2$ |
|---|---|---|---|
| 누적할인율(기시: $v^{k-1}$) | – | 1.000 | 0.955 |
| 누적할인율(연중: $v^{(k-1)+1/2}$) | – | 0.977 | 0.933 |
| 누적할인율(기말: $v^k$) | – | 0.955 | 0.911 |

단일할인율을 사용하는 변동분석용 누적할인율은 월별 할인율을 사용하는 부채평가용 누적할인율에 비하여 간단하게 나타낼 수 있다. 예를 들어 월기준으로 $h = 18$, 연기준으로 k1.5에서 할인목표시점이 월기준으로 $h = 12$, 연기준으로 k1인 경우의 누적할인율($_{k1}^{(e_0)}pvf_h$)은 다음과 같이 나타낼 수 있다.

$$_{k1}^{(e_0)}pvf_{18} = {}_{k1}^{(e_0)}pvf_{k1.5} = (1/(1+i_0^e))^{1/2} \tag{12.2.6.9}$$

표 [12.2.6.2]의 음영부분은 기말예상 장래현금흐름이지만 2단계의 정의상 기시예상 장래현금흐름과 동일하다. 즉 $^{(e_0)}BEL_1^{(1,2)}$은 k1시점에서 BEL을 평가하지만 0시점에서 평가하는 $^{(e_0)}BEL_0$과 2차년 이후의 장래현금흐름은 동일하며 이런 조건하에서만 식 (12.2.6.8)을 이용하여 0시점에서 k1시점으로 시점이동이 가능하다. BEL 1, 2단계 변동분석은 2차년 이후의 장래현금흐름을 동일하게 유지하면서(기말BEL 산출시 기시BEL과 동일한 계리적 가정 유지), 평가시점을 0시점에서 k1시점으로 이동하는 경우 BEL의 변동을 산출하는 것이다. 표 [12.2.6.2]와 표 [12.2.6.3]을 이용하여 k1시점에서 $^{(e_0)}BEL_1^{(1,2)}$를 구하면 346.8이다.

표 [12.2.6.4]  $^{(e_0)}BEL_1^{(1,2)}$ 산출

| $^{(e_0)}APVCO_1^{(1,2)}$ | $^{(e_0)}APVCI_1^{(1,2)}$ | $^{(e_0)}BEL_1^{(1,2)}$ |
|---|---|---|
| 733.0 | 386.2 | 346.8 |

표 [12.2.6.5]  2단계 BEL

| $^{(e_0)}BEL_0$  (①) | 1차년도 기시예상 장래현금흐름 실현(1단계)<br>+ 화폐의 시간가치 반영(2단계) (②) | $^{(e_0)}BEL_1^{(1,2)}$ (③) |
|---|---|---|
| $-29.4$ | ② = ③-① = 346.8-(-29.4) = 376.2 | 346.8 |

$^{(e_0)}BEL_1^{(1,2)}$ 와 $^{(e_0)}BEL_0$ 의 차이는 1차년도 기시예상 장래현금흐름 실현(1단계 변동액)과 화폐의 시간가치 반영(2단계 변동액)으로 구성된다. 1단계 변동액과 2단계 변동액을 직접 산출해 보자.

예제 12.2.6.1

(1) 표 [12.2.6.3]의 $^{(e_0)}_{k1}pvf_{18}(^{(e_0)}_{k1}pvf_{k1.5})$, $^{(e_0)}_{k1}pvf_{30}(^{(e_0)}_{k1}pvf_{k2.5})$를 산출하시오.

(2) $^{(e_0)}PVTP_{k1}$, $^{(e_0)}PVTS_{k2.5}$, $^{(e_0)}PVTM_{k3}$, $^{(e_0)}PVTW_{k2.5}$. $^{(e_0)}PVTE_{k2}$를 구하시오.

(3) $^{(e_0)}APVCO_1^{(1,2)}$, $^{(e_0)}APVCI_1^{(1,2)}$, $^{(e_0)}APVN_1^{(1,2)}$를 구하시오.

풀이

(1) $^{(e_0)}_{k1}pvf_{k1.5} = (1/(1+i_0^e))^{1/2} = (1/(1+0.0474))^{1/2} = 0.97711058$ (표 [12.2.6.3])

$^{(e_0)}_{k1}pvf_{k2.5} = (1/(1+i_0^e))^{1+1/2} = (1/(1+0.0474))^{1.5} = 0.93289152$ (표 [12.2.6.3])

(2) $^{(e_0)}_{k1}pvf_h$의 값은 표 [12.2.6.3]를 이용하고 장래현금흐름은 표 [12.2.6.2]를 이용한다.

$^{(e_0)}PVTP_{k1} = ^{(e_0)}_{k1}pvf_{12} \times TP_{k1} = (1.0)(386.2) = 386.2$  ($h=12=k1$)

$^{(e_0)}PVTS_{k2+1/2} = ^{(e_0)}_{k1}pvf_{30} \times TS_{k2+1/2} = (0.933)(17.9) = 16.7$  ($h=30=k2.5$)

$^{(e_0)}PVTW_{k2+1/2} = ^{(e_0)}_{k1}pvf_{30} \times TW_{k2+1/2} = (0.933)(68.9) = 64.2837$  ($h=30=k2.5$)

$^{(e_0)}PVTM_{k2+1} = ^{(e_0)}_{k1}pvf_{36} \times TM_{k3} = (0.911)(611.3) = 556.8943$  ($h=36=k3$)

$^{(e_0)}PVTE_{k2} = ^{(e_0)}_{k1}pvf_{24} \times TE_{k2} = (0.955)(3.3) = 3.1515$  ($h=24=k2$)

(3) 장래현금흐름 현가를 모두 산출하면 아래 표와 같다((3)에서 구한 값은 음영 표시).

표 [12.2.6.6]  2단계 반영 기말예상(= 기시예상) 장래현금흐름 현가[$i_0^e$ = 4.74%]

| | 1차년도<br>$k=0$<br>(1) | 2차년도<br>$k=1$<br>(2) | 3차년도<br>$k=2$<br>(3) | (4)<br>= (2) + (3) | ${}^{(e_0)}APVCI_1^{(1,2)}$<br>${}^{(e_0)}APVCO_1^{(1,2)}$ |
|---|---|---|---|---|---|
| ${}^{(e_0)}PVTP_k$ | – | 386.2 | 0.0 | 386.2 | ${}^{(e_0)}APVCI_1^{(1,2)}$ = 386.2 |
| ${}^{(e_0)}PVTS_{k+1/2}$ | – | 13.19 | 16.7 | 29.89 (ⓐ) | |
| ${}^{(e_0)}PVTM_{k+1}$ | – | 0.0 | 556.89 | 556.89 (ⓑ) | |
| ${}^{(e_0)}PVTW_{k+1/2}$ | – | 74.64 | 64.28 | 138.92 (ⓒ) | |
| ${}^{(e_0)}PVTE_k$ | – | 3.8 | 3.15 | 6.95 (ⓓ) | |
| | | | | $\sum$ = ⓐ+ⓑ+ⓒ+ⓓ | $\sum$ = ${}^{(e_0)}APVCO_1^{(1,2)}$<br>= 732.66 |
| ${}^{(e_0)}APVN_1^{(1,2)}$ = ${}^{(e_0)}APVCO_1^{(1,2)}$ − ${}^{(e_0)}APVCI_1^{(1,2)}$ = 732.66 − 386.2 = 346.44 | | | | | |

$$
{}^{(e_0)}APVCO_1 = \sum_{h=12}^{36} {}^{(e_0)}_0 PVTCOF_h = ⓐ+ⓑ+ⓒ+ⓓ,
$$

$$
{}^{(e_0)}APVCI_1 = \sum_{h=12}^{36} {}^{(e_0)}_0 PVTCIF_h = {}^{(e_0)}PVTP_{k1}
$$

로 구하면 된다. 표 [12.2.6.4]과 표 [12.2.6.6]의 값이 약간 차이가 나는 것은 소숫점 처리 때문에 발생한 것이다.

(3) 변동분석 1단계 변동액 – 1차년도 기시예상 장래현금흐름 실현

${}^{(e_0)}BEL_1^{(1,2)}$은 k1시점에서 산출하므로 ${}^{(e_0)}BEL_1^{(1,2)}$의 산식에는 ${}^{(e_0)}BEL_0$의 구성요소인 1차년도의 순장래현금흐름 현가 항목은 나타날 수 없다. 따라서 (i) 기시BEL인 ${}^{(e_0)}BEL_0$ 산식에 포함되어 있는 1차년도의 순장래현금흐름 현가($_0PVTN_{0(1/2)}$: $PVTCOF_0$, $PVTCOF_{1/2}$, $PVTCOF_1$, $PVTCIF_0$)는 각항목에 −부호를 붙여서 제거되어야 하고, (ii) 그 다음, 1차년도 순장래현금흐름 현가 항목들이 제거된 (${}^{(e_0)}BEL_0 - PVTN$(1차년))가 이자와 생존이 고려 되어 k1시점으로 이동하면 일정 조건하의 ${}^{(e_0)}BEL_1^{(1,2)}$이 된다. 재무제표 관점의 BEL이 이용되는 변동분석에서는 이자만 고려하여 k1시점으로 이동하면 된다.[1] 앞에서 기술한 일정조건이란 0시점과 k1시점 모두에서 2차년 이후에 동일한 계리적 가정(동일한 장래현 금흐름)과 동일한 할인율이 적용된다는 조건이다. 식 (12.2.6.10)에는 $PVTN$(1차년)이 나타 나 있는데 이것을 $TN$(1차년)으로 나타내서 변동분석 1단계와 2단계에 사용하기 때문에

---

1) 관련 내용에 대한 설명은 다음 절을 참조.

다음과 같은 과정을 거쳐서 조정한다.

$$^{(e_0)}BEL_1^{(1,2)} = [^{(e_0)}BEL_0 - PVTN(1차년)] \times (1 + i_0^e) \qquad (12.2.6.10)$$

$$^{(e_0)}BEL_1^{(1,2)} - {}^{(e_0)}BEL_0$$

$$= {}^{(e_0)}BEL_0 \times i_0^e - PVTN(1차년) \times (1 + i_0^e) \qquad (12.2.6.11)$$

$$= -TN(1차년) + {}^{(e_0)}BEL_0 \times i_0^e$$

$$- [PVTN(1차년) \times (1+i_0^e) - TN(1차년)] \qquad (12.2.6.12)$$

$$= -TN(1차년)$$

$$+ {}^{(e_0)}BEL_0 \times i_0^e - TN(1차년) \times [(1+i_0^e)^{1-t} - 1] \qquad (12.2.6.13)$$

$t(0 \le t \le 1)$는 순장래현금흐름 발생시점을 나타낸다. 본 예시에서는 기시발생은 $t=0$, 연중발생은 $t=1/2$, 연말발생은 $t=1$을 적용한다. 식 (12.2.6.11)은 $PVTN$(1차년) 기준으로 나타낸 식이며 식 (12.2.6.13)은 식 (12.2.6.11)을 변형하여 $TN$(1차년) 기준의 식으로 나타낸 것이다.

$$PVTN(1차년) = PVTCOF(1차년) - PVTCIF(1차년) \qquad (12.2.6.14)$$

$$TN(1차년) = TCOF(1차년) - TCIF(1차년) \qquad (12.2.6.15)$$

식 (12.2.6.13)을 1단계 변동액과 2단계 변동액으로 나타내면 다음과 같다.

1단계 BEL 변동액: $-TN(1차년)$ \qquad (12.2.6.16)

2단계 BEL 변동액: $^{(e_0)}BEL_0 \times i_0^e - TN(1차년) \times [(1+i_0^e)^{1-t} - 1]$ (12.2.6.17)

기시 $^{(e_0)}BEL_0$ 산식에 포함되어 있는 1차년도의 기시예상 순장래현금흐름($TN$(1차년))이 제거되는 것($-TN$(1차년))을 1차년도에 발생할 것으로 예상했던 「기시예상 장래현금흐름의 실현」이라고 표현한다. $BEL_0$에서 1차년도의 기시예상 장래현금흐름을 제거하려면 $BEL_0$의 산식에 (−) 1차년도 기시예상 장래현금흐름을 해주면 된다. 1차년도의 기시예상 장래현금수입($TCIF_0$)은 기시예상 보험료수입($TP_0$)이다. 1차년도의 기시예상 장래현금지출($TCOF_0$, $TCOF_{1/2}$, $TCOF_1$)은 기시예상 사망보험금지출($TS_{1/2}$), 기시예상 해약지급금지출($TW_{1/2}$), 기시예상 만기보험금지출($TM_1$), 기시예상 사업비지출($TE_0$)이다. 각 기시예상 장래현금수입과 기시예상 장래현금지출은 표 [12.2.6.1]의 1차년도값에서 확인할 수 있다. 식 (12.2.6.18)에서 +는 $^{(e_0)}BEL_1^{(1,2)}$을 증가시키고 −는 $^{(e_0)}BEL_1^{(1,2)}$을 감소시킨다. 따라서 1차년도 기시예상 보험료수입의 실현(487.7)은 $^{(e_0)}BEL_1^{(1,2)}$을 증가시키고, 식 (12.2.6.19)

에서 알 수 있듯이 기시예상 보험료수입에 대한 이자(23.12)도 $^{(e_0)}BEL_1^{(1,2)}$을 증가시키는 것을 알 수 있다. 기시예상 장래현금지출의 실현은 $^{(e_0)}BEL_1^{(1,2)}$를 감소시키는 것을 알 수 있다.

$$
\begin{aligned}
&\text{1차년도 기시예상 장래현금흐름 실현(358.2)}\\
&= +\text{기시예상 보험료수입}(+TP_0,\ +487.7)\\
&\quad -\text{기시예상 사망보험금지출}(-TS_{1/2},\ -8.1)\\
&\quad -\text{기시예상 만기보험금지출}(-TM_1,\ 0)\\
&\quad -\text{기시예상 해약지급금지출}(-TW_{1/2},\ -92.9)\\
&\quad -\text{기시예상 사업비지출}(-TE_0,\ -28.5)
\end{aligned}
\tag{12.2.6.18}
$$

1차년도 사망보험금지출과 사업비지출은 당해연도 서비스 이행을 위한 항목이므로 기시예상 사망보험금지출($TS_{1/2}$)은 당해연도 수익, 실제 사망보험금지출($^*TS_{1/2}$)은 당해연도 비용으로 처리하여 예상과 실제의 차이(예실차)를 당해연도 손익으로 인식한다. 그러나 보험료수입 및 해약지급금지출은 미래서비스와 관련된 항목이므로, 기시예상 보험료수입($TP_0$)과 실제 보험료수입($^*TP_0$)의 차이와 기시예상 해약지급금지출($TW_{1/2}$)과 실제 해약지급금지출($^*TW_{1/2}$)과의 차이(예실차)는 당해연도의 손익으로 인식하지 않고 보험계약마진(CSM)을 조정한다. 사업비의 경우, 보험인수비용 등 보험료 관련 현금흐름으로 분류한 항목(계약체결비용)은 미래서비스와 연관되어 있으므로 기시예상($TE1_0^{기예}=E1_0^{최예}\times 1$)과 실제($^*TE1_0={}^*E1_0$)의 차이(예실차)를 보험계약마진(CSM)으로 조정하고, 그 외 사업비(보험료 무관 사업비)인 계약관리비용의 기시예상($TE2_0^{기예}=E2_0^{최예}\times1$)과 실제($^*TE2_0={}^*E2_0$)의 차이(예실차)는 당해연도 손익으로 처리한다.

표 [12.2.6.7]  1단계 BEL 변동액

| 기시 BEL(①)<br>$^{(e_0)}BEL_0$ | 1차년도 기시예상 장래현금흐름 실현(②) | 1단계 BEL(③)<br>$^{(e_0)}BEL_1^{(1)}$ |
|---|---|---|
| −29.4 | +358.2 | ③ = ① + ② = 328.8 |

(4) 변동분석 2단계 변동액 – BEL 보험금융비용

화폐의 시간가치에 따른 BEL의 보험금융비용을 산출한다. 금리확정형상품의 경우 IFRS17에서는 최초측정(최초인식)시 적용한 Locked-in 할인율(유효수익률법을 사용시 유효수익률 $i_0^e$)로 보험금융비용을 산출한다.[1] 보험금융비용은 BEL 산식에 나타나 있었던 $PVTN$(1차년)을 $TN$(1차년) 기준으로 변경한 식 (12.2.6.13)을 이용하여 구하므로 이 식을 직관적으로 해석하기는 쉽지 않다.

1차년도 BEL의 보험금융비용은 식 (12.2.6.17)에 의하여 다음과 같이 산출된다. $i_0^e$는 1차년도 유효수익률이며 연실이율(연유효이자율)의 형태이다($i_0^e = 4.74\%$).

$$
\begin{aligned}
\text{보험금융비용(18.0)} = {}^{(e_0)}BEL_0\,(-29.4) \times i_0^e \\
+ TP_0(487.7) \times ((1+i_0^e)^{1-0} - 1) \\
- TS_{1/2}(8.1) \times ((1+i_0^e)^{1-1/2} - 1) \\
- TW_{1/2}(92.9) \times ((1+i_0^e)^{1-1/2} - 1) \\
- TM_1(0) \times ((1+i_0^e)^{1-1} - 1) \\
- TE_0(28.5) \times ((1+i_0^e)^{1-0} - 1) \quad\quad (12.2.6.19) \\
= (-29.4)(0.0474) + (487.7)(0.0474) - (8.1)[(1.0474)^{1/2} - 1] \\
- (92.9)[(1.0474)^{1/2} - 1] - (0)(0) - (28.5)(0.0474) \\
= (-1.39) + (23.12) - (0.19) - (2.18) - (0) - (1.35) \\
= 18.01
\end{aligned}
$$

표 [12.2.6.8] 2단계 BEL 변동액(1)

| 1단계 BEL(①) ${}^{(e_0)}BEL_1^{(1)}$ | 화폐의 시간가치 반영(②) | 2단계 BEL(③) ${}^{(e_0)}BEL_1^{(1,2)}$ |
|---|---|---|
| 328.8 | +18.0 | ③ = ① + ② = 346.8 |

표 [12.2.6.8]의 2단계 BEL은 표 [12.2.6.2]를 이용하여 산출한 ${}^{(e_0)}BEL_1^{(1,2)}$와 일치함을 알 수 있다. 2단계 BEL 변동액은 다음과 같이 산출할 수도 있다.

$$
\begin{aligned}
\text{2단계 BEL 변동액(2)} = {}^{(e_0)}BEL_1^{(1,2)} - {}^{(e_0)}BEL_1^{(1)} \quad\quad (12.2.6.17) \\
= 346.8 - 328.8 \\
= 18.0
\end{aligned}
$$

---

[1] B131, B72(5)(가) 참조. 보험금융비용 산출 시 locked-in 할인율을 적용할 때, 수익률곡선을 사용하거나, 평균할인율 개념인 유효수익률(EIR)을 적용하는 방법 두 가지 중 회사 정책에 따라 선택 가능하다. 본 예시에서는 유효수익률을 적용하여 보험금융비용을 산출한다.

표 [12.2.6.9]  $^{(e_0)}BEL_1^{(1,2)}$을 이용한 2단계 BEL 변동액(2)

| 1단계 BEL(①)<br>$^{(e_0)}BEL_1^{(1)}$ | 화폐의 시간가치 반영(②) | 2단계 BEL(③)<br>$^{(e_0)}BEL_1^{(1,2)}$ |
|---|---|---|
| 328.8 | ② = ③－① = ＋18.0 | 346.8 |

(5) 변동분석 3단계 – 보유계약 변동으로 인한 BEL 변동

보유계약변동이라는 것은 표 [12.2.6.10]에서 $q_x^{(1)최예}(0.0810) \to {}^*q_x^{(1)}(0.0846)$, $q_x^{(2)최예}(0.20) \to {}^*q_x^{(2)}(0.210)$으로 변경되는 것을 의미한다(볼드체로 되어 있음). 이로 인한 결과로 1차년도말 기말보유계약이 $l_{x+1}^{최예}(0.7910) \to {}^*l_{x+1}^{3단계}(078154)$로 변경되므로 보유계약변동이라고 한다. 1차년도의 실제사망률과 실제해약률은 최초예상 대비 105% 증가하였고[1] 이로 인하여 실제 기말유지건수($^*l_{x+1}^{3단계}$)는 최초예상 기말유지건수($l_{x+1}^{최예}$)에 비하여 감소하였다.

3단계에서는 $q_{x+2}^{(1)최예}$(②), $q_{x+2}^{(2)최예}$(④), $E_{x+2}^{최예}$(⑩)은 변경되지 않고 2－2단계와 동일하다(음영이 없음). 2차년도 기시유지자를 실제유지자($^*l_{x+1}^{3단계}$)로 시작하면 $q_{x+k}^{(1)최예}$, $q_{x+k}^{(2)최예}$를 최초예상 기초율로 적용하더라도 $d_{x+k}^{(1)}$, $d_{x+k}^{(2)}$가 변경되고(음영부분) 결과적으로 2차년과 3차년의 순장래현금흐름이 달라진다. 따라서 ①, ③, ⑤는 최초예상 유지자, 최초예상 사망자, 최초예상 해약자가 아니다. 따라서 3단계 유지자, 3단계 사망자, 3단계 해약자라고 표현하기로 한다. 표 [12.2.6.10]의 음영부분은 보유계약변동으로 인하여 영향을 받는 $l_{x+k}^{3단계}$, $d_{x+k}^{(1)3단계}$, $d_{x+k}^{(2)3단계}$(①, ③, ⑤)와 장래현금흐름(⑪~⑮)을 표시하고 있다. 변경된 음영부분의 장래현금흐름을 적용하여 3단계 BEL을 산출한다.

실제 보유계약($^*l_{x+1}^{3단계}$)이 예상보다 감소하였기 때문에 3단계 BEL은 2단계 BEL보다 감소할 것으로 추정된다. 그러나 3단계 $TCOF$는 2단계 $TCOF$보다 감소하지만, 3단계 $TCIF$인 $TP_2(381.2)$도 2단계 $TP_2(386.2)$보다 감소하기 때문에 BEL의 감소폭은 작아진다. 표 [12.2.6.10]과 표 [12.2.6.11]을 이용하여 [예제 12.2.6.1]와 같이 장래현금흐름 현가와 표 [12.2.6.6]과 같은 보험수리적 현가를 구하는 과정은 연습문제를 참조하길 바란다.

---

1) 사망률의 경우 해지율을 고려한 다중탈퇴율로 변환하면 104% 증가하였다.

표 [12.2.6.10]  3단계 반영 기말예상 장래현금흐름($i_0^e = 4.74\%$)

| | | 1차년도 (실제) | 2차년도 $k=1$ | 3차년도 $k=2$ | 4차년도 $k=3$ |
|---|---|---|---|---|---|
| ① 3단계 유지자($l_{x+k}^{3단계}$) | $_k p_x^{(\tau)}$ | 1.00000 | 0.78154 | 0.69002 | 0.60332 |
| ② 최초예상 사망률($q_{x+k}^{(1)}$) | $q_{x+k}^{(1)}$ | **0.00846** | 0.01710 | 0.02565 | |
| ③ 3단계 사망자($d_{x+k}^{(1)3단계}$) | $_{k\mid}q_x^{(1)}$ | 0.00846 | 0.01336 | 0.01770 | |
| ④ 최초예상 해약률($q_{x+k}^{(2)}$) | $q_{x+k}^{(2)}$ | **0.21000** | 0.10000 | 0.10000 | |
| ⑤ 3단계 해약자($d_{x+k}^{(2)3단계}$) | $_{k\mid}q_x^{(2)}$ | 0.21000 | 0.07815 | 0.06900 | |
| ⑥ 보험료($P_k$) | | 487.7 | 487.7 | 0.0 | |
| ⑦ 사망보험금($S_{k+1/2}$) | | 1,000.0 | 1,000.0 | 1,000.0 | |
| ⑧ 만기보험금($M_{k+1}$) | | 0.0 | 0.0 | 1,000.0 | |
| ⑨ 1인당 해약지급금($W_{k+1/2}$) | | 460.4 | 965.1 | 985.7 | |
| ⑩ 1인당 최초예상 사업비($E_k^{최예}$) | | 29.93 | 4.75 | 4.75 | |
| ⑪ $TP_k = ① \times ⑥$ | | 487.7 | 381.2 | 0.0 | |
| ⑫ $TS_{k+1/2} = ③ \times ⑦$ | | 8.5 | 13.4 | 17.7 | |
| ⑬ $TM_3 = ① \times ⑧$ | | 0.0 | 0.0 | 603.3 | |
| ⑬ $TM_{k+1} = l_{x+k+1} \times ⑧$ | | 97.5 | 75.4 | 68.0 | |
| ⑮ $TE_k = ① \times ⑩$ | | 29.9 | 3.7 | 3.3 | |

표 [12.2.6.11]  유효수익률($i_0^e = 4.74\%$)을 적용한 k1시점으로의 누적할인율

| | 1차년도 | 2차년도 $k=1$ | 3차년도 $k=2$ |
|---|---|---|---|
| 누적할인율(기시: $v^{k-1}$) | – | 1.000 | 0.955 |
| 누적할인율(연중: $v^{(k-1)+1/2}$) | – | 0.977 | 0.933 |
| 누적할인율(기말: $v^k$) | – | 0.955 | 0.911 |

표 [12.2.6.12]  $^{(e_0)}BEL_1^{(1,2,3)}$ 산출

| $^{(e_0)}APVCO_1^{(1,2,3)}$ | $^{(e_0)}APVCI_1^{(1,2,3)}$ | $^{(e_0)}BEL_1^{(1,2,3)}$ |
|---|---|---|
| 723.5 | 381.2 | 342.3 |

표 [12.2.6.13] 3단계 BEL

| 2단계 BEL<br>$^{(e_0)}BEL_1^{(1,2)}$ | 보유계약 변동 반영 | 3단계 BEL<br>$^{(e_0)}BEL_1^{(1,2,3)}$ |
|---|---|---|
| 346.8 | −4.5 | 342.3 |

(6) 변동분석 4단계 − 계리적 가정 변동으로 인한 BEL 변동

계리적 가정 변동으로 인한 BEL 변동을 산출하는 단계이다. 2차년도 이후 장래현금 흐름 산출시 계리적 가정은 변경된 미래가정(후속예상 기초율)을 적용하여 산출하며,[1] 변경된 미래가정은 최초측정시 최초예상 기초율 가정에 비해 105%로 불리한 변동을 가정하였다. 계리적 가정 변동이란 2차년도와 3차년도의 $q_{x+k}^{(1)}$, $q_{x+k}^{(2)}$, $E_k$ 가 변동되는 것을 말한다(볼드체로 표기). 표 [12.2.6.14]의 음영부분은 계리적 가정 변동으로 인하여 영향을 받는 부분들을 표시하고 있다. 4단계 산출시 할인율은 2,3단계와 동일하게 단일할인율 $i_0^e$ 를 이용한다.

예상보다 불리한 계리적 가정을 사용하기 때문에 4단계 BEL은 3단계 BEL보다 증가할 것으로 추정되나 $TM_3$가 감소하는 것을 고려해야 된다. 최초예상보다 불리한 계리적 가정을 적용하는 경우 4단계의 $TS_{k+1/2}$, $TW_{2+1/2}$은 3단계에 비하여 증가한다. 그러나, $l_{x+3}^{3단계}(0.60332) \rightarrow l_{x+3}^{후예}(0.59510)$로 감소하여서 4단계의 $TM_3$은 603.3에서 595.1로 3단계에 비해서 감소하기 때문에 결과적으로 4단계 BEL은 3단계 BEL에 비하여 0.5만큼만 증가한다.

표 [12.2.6.14] 4단계 반영 기말예상 장래현금흐름(단일할인율 $i_0^e$)

| | | 1차년도<br>(실제) | 2차년도<br>$k=1$ | 3차년도<br>$k=2$ | 4차년도<br>$k=3$ |
|---|---|---|---|---|---|
| ① 후속예상 유지자($l_{x+k}$) | $_k p_x^{(\tau)}$ | 1.00000 | 0.78154 | 0.68548 | 0.59510 |
| ② 후속예상 사망률($q_{x+k}^{(1)}$) | $q_{x+k}^{(1)}$ | 0.00846 | **0.01791** | **0.02686** | |
| ③ 후속예상 사망자($d_{x+k}^{(1)}$) | $_{k|}q_x^{(1)}$ | 0.00846 | 0.01400 | 0.01841 | |
| ④ 후속예상 해약률($q_{x+k}^{(2)}$) | $q_{x+k}^{(2)}$ | 0.21000 | **0.10500** | **0.10500** | |
| ⑤ 후속예상 해약자($d_{x+k}^{(2)}$) | $_{k|}q_x^{(2)}$ | 0.21000 | 0.08206 | 0.07198 | |
| ⑥ 보험료($P_k$) | | 487.7 | 487.7 | 0.0 | |

---

1) 3단계에서는 2차년도 이후의 현금흐름 산출시 최초예상 기초율＋3단계 유지자, 사망자, 해약자를 적용하였다.

| | | | | |
|---|---|---|---|---|
| ⑦ 사망보험금$(S_{k+1/2})$ | 1,000.0 | 1,000.0 | 1,000.0 | |
| ⑧ 만기보험금$(M_{k+1})$ | 0.0 | 0.0 | 1,000.0 | |
| ⑨ 1인당 해약지급금$(W_{k+1/2})$ | 464.4 | 965.1 | 985.7 | |
| ⑩ 1인당 후속예상 사업비$(E_k^{후예})$ | 29.93 | **4.99** | **4.99** | |
| ⑪ $TP_k = ① \times ⑥$ | 487.7 | 381.2 | 0.0 | |
| ⑫ $TS_{k+1/2} = ③ \times ⑦$ | 8.5 | 14.0 | 18.4 | |
| ⑬ $TM_{k+1} = l_{x+k+1} \times ⑧$ | 0.0 | 0.0 | 595.1 | |
| ⑭ $TW_{k+1/2} = ⑤ \times ⑨$ | 97.5 | 79.1 | 70.9 | |
| ⑮ $TE_k = ① \times ⑩$ | 29.9 | 3.9 | 3.4 | |

표 [12.2.6.15]  유효수익률$(i_0^e = 4.74\%)$을 적용한 k1시점으로의 누적할인율

| | 1차년도 | 2차년도<br>$k = 1$ | 3차년도<br>$k = 2$ |
|---|---|---|---|
| 누적할인율(기시: $v^{k-1}$) | – | 1.000 | 0.955 |
| 누적할인율(연중: $v^{(k-1)+1/2}$) | – | 0.977 | 0.933 |
| 누적할인율(기말: $v^k$) | – | 0.955 | 0.911 |

표 [12.2.6.16]  $^{(e_0)}BEL_1^{(1,2,3,4)}$ 산출

| $^{(e_0)}APVCO_1^{(1,2,3,4)}$ | $^{(e_0)}APVCI_1^{(1,2,3,4)}$ | $^{(e_0)}BEL_1^{(1,2,3,4)}$ |
|---|---|---|
| 724.0 | 381.2 | 342.8 |

표 [12.2.6.17]  4단계 BEL

| 3단계 BEL<br>$^{(e_0)}BEL_1^{(1,2,3)}$ | 계리적 가정 변동 반영 | 4단계 BEL<br>$^{(e_0)}BEL_1^{(1,2,3,4)}$ |
|---|---|---|
| 342.3 | + 0.5 | 342.8 |

(7) 변동분석 5단계 – 경제적 가정 변동으로 인한 BEL 변동

BEL 변동분석의 마지막 단계로서, 기말시점에 변경된 경제적 가정을 적용하여 시가
BEL을 산출한다. 금리확정형상품의 경우 경제적 가정은 할인율 가정만 존재하므로 변경
된 할인율을 적용하여 시가BEL을 산출한다. 할인율이 크게 감소하였으므로 5단계 BEL
(시가부채 후속측정과 동일)은 4단계 BEL보다 크게 증가할 것으로 추정된다.

시점별 후속예상 장래현금흐름은 4단계의 표 [12.2.6.14]와 동일하고 또 표 [12.2.6.14]

는 부채시가평가용 후속예상 장래현금흐름인 표 [12.2.4.5]와 동일하다. 변동분석 5단계는 보험부채의 후속측정이다. 따라서 금리확정형상품의 시가보험부채를 산출하는 5단계에서 적용되는 할인율은 1차년도말 시점의 시장금리를 반영한 조정무위험금리 기간구조($y_1$)을 적용한 결정론적 시나리오하의 할인율이다. 변동분석 5단계의 보험수리적 현가와 BEL을 구하는 과정은 보험부채 시가평가의 후속측정을 참고하길 바란다.

표 [12.2.6.18]  ($y_1$)을 적용한 k1시점으로의 누적할인율

|  | 1차년도 | 2차년도 $k=1$ | 3차년도 $k=2$ |
|---|---|---|---|
| 누적할인율(기시) | – | ($h^*=12^*$) 1.000 | ($h^*=24^*$) 0.981 |
| 누적할인율(연중) | – | ($h^*=18^*$) 0.991 | ($h^*=30^*$) 0.968 |
| 누적할인율(기말) | – | ($h^*=24^*$) 0.981 | ($h^*=36^*$) 0.955 |

표 [12.2.6.19]  $BEL_1 = {}^{(y_1)}APVN_1$ 산출

| ${}^{(y_1)}APVCO_1$ | ${}^{(y_1)}APVCI_1$ | $BEL_1 = {}^{(y_1)}APVN_1$ |
|---|---|---|
| 754.7 | 381.2 | 373.6 |

표 [12.2.6.20]  5단계 BEL

| 4단계 BEL ${}^{(e_0)}BEL_1^{(1,2,3,4)}$ | 경제적 가정 변동 | 5단계 BEL $BEL_1$ |
|---|---|---|
| 342.8 | +30.8 | 373.6 |

지금까지 분석한 단계별 과정을 요약하면 다음 표와 같다.

표 [12.2.6.21]  BEL 변동분석 5단계

|  | 기시BEL (0시점) | 1단계 (TCF실현) | 2단계 (보험금융비용) | 3단계 (보유계약변동) |
|---|---|---|---|---|
| BEL (증감) | −29.4 | 328.8 (+358.2) | 346.8 (+18.0) | 342.3 (−4.5) |

|  | 4단계 (계리가정변동) | 5단계 (경제가정변동) | 후속측정 시가BEL (k1시점) |
|---|---|---|---|
| BEL (증감) | 342.8 (+0.5) | 373.6 (+30.8) | 373.6 |

### (8) 5단계 BEL 변동액의 처리

경제적 가정 변동에 따른 BEL 변동을 처리하는 단계이다. 경제적 가정 변동에 따른 BEL 변동은 P/L(당기손익) 또는 OCI 중에서 선택할 수 있다. P/L 회계정책을 선택하는 경우 경제적 가정 변동에 따른 BEL 변동을 당기손익에 반영하고, OCI 회계정책을 선택한 경우 OCI로 반영한다. OCI로 처리하는 경우에는 경제적 가정 변동으로 인한 BEL 변동액 30.8이 OCI = − 30.8로 되고, AOCI가 0에서 − 30.8로 변동된다.

표 [12.2.6.22]  OCI 처리와 AOCI

|  | 0시점(①) | 경제적 가정 변동<br>(OCI로 처리(②)) | 1차년말(k1시점)(③)<br>③ = ① + ② |
|---|---|---|---|
| AOCI | 0.0 | OCI = − 30.8 | − 30.8 |

## 7. $BEL^{(1인)}$과 $BEL^{(FS)}$

$^{(e_0)}BEL_1^{(1,2)}$을 구하는 표 [12.2.6.2]에서, 최초예상 사망률과 해약률을 적용하고 1차년도말 유지자가 1.000이라는 가정하에 1차년도말의 BEL을 산출해보자. 표 [12.2.7.1]을 표 [12.2.6.2]와 비교하면 1차년도말(2차년도초) 유지자가 1.000로 변경된 것이 달라진 내용이다. 1차년도말 유지자가 1.000인 것을 가정하여 BEL을 산출하는 방법은 표 [12.2.3.4]의 계약자적립액(순보식 원가법책임준비금)의 산출방식과 동일하다. 이와 같이 산출된 BEL은 유지자 1인당 BEL이므로 $^{(e_0)}BEL_1^{(1,2)(1인)}$으로 표기하기로 한다. 표 [12.2.7.1]의 음영부분은 $l_{x+1} = 1.0$으로 설정한 경우 영향을 받아 표 [12.6.2]와 비교시 변경되는 부분을 나타낸다. $q_{x+k}^{(1)}$와 $q_{x+k}^{(2)}$는 변경되지 않고 동일하나, $l_{x+1} = 1.0$으로 설정하였기 때문에 $d_{x+k}^{(1)}$과 $d_{x+k}^{(2)}$는 영향을 받는 것을 확인할 수 있다.

표 [12.2.7.1]  $^{(e_0)}BEL_1^{(1,2)(1인)}$ 산출용 장래현금흐름(k1시점 유지자 1.0명 가정)

|  |  | 1차년도<br>$k = 0$ | 2차년도<br>$k = 1$ | 3차년도<br>$k = 2$ | 4차년도<br>$k = 3$ |
|---|---|---|---|---|---|
| ① (1인) 유지자($l_{x+k}$) | $_kp_x^{(\tau)}$ |  | 1.00000 | 0.88290 | 0.77196 |
| ② 최초예상 사망률($q_{x+k}^{(1)}$) | $q_{x+k}^{(1)}$ |  | 0.01710 | 0.02565 |  |
| ③ (1인) 사망자($d_{x+k}^{(1)}$) | $_{k|}q_x^{(1)}$ |  | 0.01710 | 0.02265 |  |
| ④ 최초예상 해약률($q_{x+k}^{(2)}$) | $q_{x+k}^{(2)}$ |  | 0.10000 | 0.10000 |  |
| ⑤ (1인) 해약자($d_{x+k}^{(2)}$) | $_{k|}q_x^{(2)}$ |  | 0.10000 | 0.08829 |  |

| | | | |
|---|---|---|---|
| ⑥ 보험료($P_k$) | | 487.7 | 0.0 |
| ⑦ 사망보험금($S_{k+1/2}$) | | 1,000.0 | 1,000.0 |
| ⑧ 만기보험금($M_{k+1}$) | | 0.0 | 1,000.0 |
| ⑨ 1인당 해약지급금($W_{k+1/2}$) | | 965.1 | 985.7 |
| ⑩ 1인당 최초예상 사업비($E_k^{최예}$) | | 4.75 | 4.75 |
| ⑪ (1인) $TP_k$ = ① × ⑥ | | 487.7 | 0.0 |
| ⑫ (1인) $TS_{k+1/2}$ = ③ × ⑦ | | 17.1 | 22.6 |
| ⑬ (1인) $TM_{k+1}$ = $l_{x+k+1}$ × ⑧ | | 0.0 | 772.0 |
| ⑭ (1인) $TW_{k+1/2}$ = ⑤ × ⑨ | | 96.5 | 87.0 |
| ⑮ (1인) $TE_k$ = ① × ⑩ | | 4.8 | 4.2 |

표 [12.2.7.1]의 장래현금흐름에 단일할인율 $i_0^e$를 적용한 누적할인율을 이용하면 유지자 1인당 BEL인 $^{(e_0)}BEL_1^{(1,2)(1인)}$을 구할 수 있다.

표 [12.2.7.2] 유효수익률($i_0^e$ : 4.74%)을 적용한 K1시점으로의 누적할인율

| | 1차년도 | 2차년도<br>$k = 1$ | 3차년도<br>$k = 2$ |
|---|---|---|---|
| 누적할인율(기시: $v^{k-1}$) | – | 1.000 | 0.955 |
| 누적할인율(연중: $v^{(k-1)+1/2}$) | – | 0.977 | 0.933 |
| 누적할인율(기말: $v^k$) | – | 0.955 | 0.911 |

표 [12.2.7.3] $^{(e_0)}BEL_1^{(1,2)(1인)}$ 산출

| $^{(e_0)}APVCO_1^{(1,2)(1인)}$ | $^{(e_0)}APVCI_1^{(1,2)(1인)}$ | $^{(e_0)}BEL_1^{(1,2)(1인)}$ |
|---|---|---|
| 925.7 | 487.7 | 438.0 |

표 [12.2.7.1]을 기반으로 장래유출현금($CO$)의 보험수리적 현가에서 장래유입현금($CI$)의 보험수리적 현가를 차감하면 $^{(e_0)}BEL_1^{(1,2)(1인)}$ = 438.0이 산출된다. 보험수리이론을 전개할 때는 보통 유지자 1인당 계약자적립액을 구하며 그 산출과정(표 [12.2.3.4] 참조)이 $^{(e_0)}BEL_1^{(1,2)(1인)}$의 산출과정과 동일함을 알 수 있다. 따라서 $^{(e_0)}BEL_1^{(1,2)(1인)}$은 보험수리이론 관점에서의 BEL이다. $^{(e_0)}BEL_1^{(1,2)(FS)}$을 구하기 위한 표 [12.2.6.2]는 1차년도말 기말유지자가 $l_{x+1}^{최예} = p_x^{(\tau)최예} = 0.79190$라는 가정하에서 생성한 장래현금흐름을 나타내는 표이다. 재무제표를 작성할 때는 1차년도말(2차년도초)의 유지자(보유계약)[1]를 적용한 기준으

로 BEL을 산출하며 이 BEL을 재무제표 관점의 BEL이라 정의하기로 하고 $^{(e_0)}BEL_1^{(1,2)(FS)}$ 로 표기하기로 한다.

표 [12.2.7.1]은 1차년도말 기말유지자(2차년도 기시유지자)를 1.0000로 가정하고 산출하였고 음영으로 표기한 부분들은 기시유지자가 1.0000으로 변경됨에 따라 표 [12.2.6.2]와 달라진 부분이다. 표 [12.2.7.1]의 기시유지자를 1.000 → 0.79190으로 변경하면 그 효과는 표 [12.2.7.1]의 음영부분에 0.79190을 곱한 것과 동일하다. 표 [12.2.7.1]의 ⑪부터 ⑮까지의 장래현금흐름을 이용하여 BEL을 산출한다. 표 [12.2.7.1]의 ⑪부터 ⑮까지의 각항목에 $p_x^{(\tau)최예}$=0.79190을 곱하면 표 [12.2.6.2]의 ⑪부터 ⑮까지의 각항목이 된다. 즉 $^{(e_0)}BEL_1^{(1,2)(1인)}$에 $p_x^{(\tau)최예}$=0.79190을 곱하면 $^{(e_0)}BEL_1^{(1,2)(FS)}$이 된다.

$$표\ [12.2.7.1]의\ [(1인)TCOF와\ (1인)TCIF] \times p_x^{(\tau)최예}(0.79190)$$
$$= 표\ [12.2.6.2]의\ [(FS)TCOF와\ (FS)TCIF\ ] \qquad (12.2.7.1)$$

표 [12.2.7.1]의 $(1인)TCOF$와 $(1인)TCIF$를 이용하여 산출한 BEL이 $^{(e_0)}BEL_1^{(1,2)(1인)}$이고 표 [12.2.6.2]의 $(FS)TCOF$와 $(FS)TCIF$를 이용하여 구한 BEL이 $^{(e_0)}BEL_1^{(1,2)(FS)}$이므로 다음 식이 성립한다.

$$^{(e_0)}BEL_1^{(1,2)(1인)}(438.0) \times p_x^{(\tau)최예}(0.79190) = {}^{(e_0)}BEL_1^{(1,2)(FS)}(346.8) \quad (12.2.7.2)$$

앞에서 고찰한 BEL 변동분석은 재무제표 관점의 BEL을 기준으로 고찰하였고 $^{(e_0)}BEL_1^{(1,2)(FS)}$는 $(FS)$를 생략하고 $^{(e_0)}BEL_1^{(1,2)}$로 나타냈었다. 본예시에서 특별한 언급이 없는 경우 변동분석에서 $BEL$은 재무제표 관점의 BEL을 의미한다. $^{(e_0)}BEL_0^{(1인)}$와 $^{(e_0)}BEL_1^{(1,2)(1인)}$의 관계로부터 시작해서 $^{(e_0)}BEL_0^{(FS)}$과 $^{(e_0)}BEL_1^{(1,2)(FS)}$의 관계를 유도해 보자.

$$^{(e_0)}BEL_1^{(1,2)(1인)} = [{}^{(e_0)}BEL_0^{(1인)} - PVTN(1차년)] \times \left(\frac{1}{{}_1E_x^{(\tau)최예}}\right) \quad (12.2.7.3)$$

$$= [{}^{(e_0)}BEL_0^{(1인)} - PVTN(1차년)] \times \left(\frac{1+i_0^e}{p_x^{(\tau)최예}}\right) \quad (12.2.7.4)$$

$$^{(e_0)}BEL_1^{(1,2)(1인)} \times p_x^{(\tau)최예} = [{}^{(e_0)}BEL_0^{(1인)} - PVTN(1차년)] \times (1+i_0^e) \quad (12.2.7.5)$$

---

1) BEL 변동분석의 3단계 이후부터는 실제 유지자가 적용되므로 최종적으로는 실제 유지자(실제 보유계약)를 기준으로 BEL을 산출한다. 다만 여기서는 모든 가정을 동일하게 하고(즉 최초예상 기초율로 가정하고) 먼저 0시점에서 k1시점으로 이동하고(1, 2단계) 3단계에서 1차년도의 최초예상 유지자(최초예상 보유계약)를 실제 유지자(실제 보유계약)로 변경한다. 따라서 일단 0시점에서 k1시점으로 이동할 때는 최초예상 유지자(최초예상 보유계약)인 상태로 이동하며 $p_x^{(\tau)최예}$를 이용한다. 여기서 고찰하는 단계는 1, 2단계이다. 3, 4단계의 관계에 대하여는 연습문제를 참조하길 바란다.

0시점의 $^{(e_0)}BEL_0^{(1인)}$와 $^{(e_0)}BEL_0^{(FS)}$와 동일하고 식 (12.2.7.5)의 좌변은 $^{(e_0)}BEL_1^{(1,2)(FS)}$ 이므로 다음이 성립한다.

$$^{(e_0)}BEL_1^{(1,2)(FS)} = [^{(e_0)}BEL_0^{(FS)} - PVTN(1차년)] \times (1+i_0^e) \qquad (12.2.7.6)$$

변동분석 1~2단계에서 $^{(e_0)}BEL_0^{(FS)}$에서 $^{(e_0)}BEL_1^{(1,2)(FS)}$으로 시점을 이동할 때 생존은 고려할 필요가 없고 이자만 고려하면 된다. 만일 $^{(e_0)}BEL_0^{(1인)}$에서 $^{(e_0)}BEL_1^{(1,2)(1인)}$으로 시점을 이동한다면 보험수리이론상 이자와 생존 모두를 고려해야 한다.

$^{(e_0)}BEL_0^{(1인)}$에서 $^{(e_0)}BEL_1^{(1,2)(1인)}$로 시점 이동시

$$: \times \frac{1+i_0^e}{p_x^{(\tau)최예}} (= {}_1E_x^{(\tau)최예}) \text{ (이자와 생존 고려)} \qquad (12.2.7.7)$$

$^{(e_0)}BEL_0^{(FS)}$에서 $^{(e_0)}BEL_1^{(1,2)(FS)}$으로 시점 이동시

$$: \times (1+i_0^e) \text{ (이자만 고려)} \qquad (12.2.7.8)$$

여기서 적용되는 이자율은 변동분석용 장래현금흐름을 할인한 것을 unwind 하는 개념이므로 wind(할인) 할 때 사용하였던 단일할인율인 유효수익률 $i_0^e$이다. 이러한 관계식이 성립하기 때문에 BEL 변동분석 2단계에서는 0시점에서 k1시점으로 이동할 때 이자(유효수익률)만 고려하여 보험금융비용이 산출된다.

## 8. 금리확정형상품의 1차년도 보험계약마진(CSM) 변동분석

보험계약마진은 최초측정시에는 이행현금흐름의 음수값으로 산출된다. 본 예시에서 RA=0이므로 최초측정(최초인식)시 보험계약마진은 최선추정부채(BEL)의 음수값으로 산출된다. 이후의 CSM은 단계별 조정(증감)을 통해 산출된다. 기말 CSM은 기시 CSM에서부터 5단계를 거쳐 산출된다. 0단계로 당기 신계약 유입에 따른 CSM 가산이 있는데 본 예시에서는 신계약 유입이 없다고 가정한다.

### (1) 1단계 – CSM 보험금융비용 산출

보험계약마진의 경우 최초측정(인식)시 산출된 단일할인율인 유효수익률 $i_0^e$를 적용하여[1] CSM 보험금융비용을 산출한다.[2]

---

1) $i_0^e$를 매년 변경하지 않고 계속 적용하므로 Locked-in 할인율이 된다.
2) 기준서 B132 (3), B72(2)에 명시되어 있다.

$$\text{CSM 보험금융비용}(1.4) = \text{기시 CSM}(29.4) \times i_0^e(4.74\%) \qquad (12.2.8.1)$$

표 [12.2.8.1]  1단계 CSM 변동액

| 기시 CSM | 화폐 시간가치 반영 | 1단계 CSM |
|---|---|---|
| 29.4 | +1.4 | 30.8 |

### (2) 2단계 – 예실차로 인한 CSM 변동

투자요소(해약환급금과 미경과보험료 등) 예실차는 당해연도에 손익으로 반영하지 않고, 보험계약마진을 조정한다. 기시예상 해약지급금지출($TW_{1/2}$)[1]은 92.9였으나, 실제 발생한 실제 해약지급금지출($^*TW_{1/2}$)[2]은 97.5로, 4.6만큼 해약지급금이 많이 발생하였다. 따라서, 보험계약마진은 4.6만큼 감소한다.

보험료 및 관련 현금흐름의 경험조정도 CSM에 반영한다. 본 예시에서 보험료는 연납보험료이고 기시에 전부 납입되므로 수입보험료 자체는 예실차가 발생하지 않는다. 보험료 외 보험료 관련 현금흐름의 경우, 보험취득현금흐름 등이 있는데, 1차년도 계약체결비용을 보험인수로 인하여 발생하는 것으로 가정하였으므로 보험취득현금흐름이 된다. 따라서 1차년도 계약체결비용의 예실차 해당금액만큼 보험계약마진을 조정한다. 기시에 예상한 기시예상 계약체결비용지출($TE1_0^{기예} = E1_0^{최예} \times 1$)은 23.75였으나, 실제 발생한 실제 계약체결비용지출($^*TE1_0 = {}^*E1_0$)[3]은 24.94로 1.2만큼 사업비를 더 집행하였다. 따라서 보험계약마진(CSM)은 1.2만큼 감소한다.

표 [12.2.8.2]  2단계 CSM 변동액

| 1단계 CSM | 투자요소 예실차 | 보험료 관련 현금흐름 예실차 | 2단계 CSM |
|---|---|---|---|
| 30.8 | -4.6 | -1.2 | 24.9 |

### (3) 3단계 – 보유계약 변동에 의한 CSM 변동

보유계약 변동으로 인한 BEL 변동값의 음수값을 CSM으로 조정하는 단계이다. 보유계약 변동은 미래서비스 변동을 가져오므로 보험계약마진을 조정한다. 즉, 보유계약 변동에 따른 BEL 변동액인 -4.5의 음수값인 +4.5 만큼 보험계약마진(CSM)을 조정한다. 따라서 보험부채 총액은 변동이 없다.

---

1) 표 [12.2.6.1] 참조.
2) 표 [12.2.4.2] 참조.
3) 표 [12.2.4.1] 참조.

표 [12.2.8.3]  3단계 CSM 변동액

| 2단계 CSM | 보유계약 변동 | 3단계 CSM |
|---|---|---|
| 24.9 | +4.5 | 29.5 |

(4) 4단계 – 계리적 가정 변동에 의한 CSM 변동

계리적 가정 변동으로 인한 BEL 변동값의 음수값을 CSM으로 조정하는 단계이다. 계리적 가정 변동은 미래서비스 변동을 가져오므로 보험계약마진을 조정한다. 즉, 계리적 가정 변동에 따른 BEL 변동액인 0.5의 음수값인 −0.5 만큼 보험계약마진(CSM)을 조정한다. 따라서 보험부채 총액은 변동이 없다.

표 [12.2.8.4]  4단계 CSM 변동액

| 3단계 CSM | 계리적 가정 변동 | 4단계 CSM |
|---|---|---|
| 29.5 | −0.5 | 29.0 |

(5) 5단계 – CSM 상각

CSM 변동분석의 4단계를 완료한 후의 CSM 금액에 당해연도의 CSM 상각률을 곱하여 산출한다. CSM 상각률은 보험계약을 통해 계약자에게 제공하는 보장의 크기(보장단위)를 기준으로 산출한다. 즉, 전 보험기간에 걸쳐 제공하는 보장의 크기 중 당기에 제공한 보장의 크기만큼 CSM을 상각한다.

본 예시에서 보장금액은 가입금액으로 정한다. 이때 제공하는 보장의 수량 및 시간가치를 고려하기 위하여 각 기간의 보장의 수량은 실제 기말유지자와 후속예상 기말유지자[1]로 정하고, 할인율을 적용한다. CSM 변동분석의 각 단계를 거쳐 1차년도말 마지막 단계에서 CSM 상각이 이루어지므로, 기말유지자는 실제보유계약을 기초로 후속예상 계리적 가정(표 [12.2.6.14] 적용)을 적용하고, 최초측정시 Locked-in 할인율($i_0^e$)을 사용한다.

표 [12.2.8.5]  1차년도 CSM 상각률 산출

|  | 1차년도 | 2차년도 | 3차년도 |
|---|---|---|---|
| ① 보장금액 | 1,000.0 | 1,000.0 | 1,000.0 |
| ② 기말유지자/후속예상유지자 | 0.78154 | 0.68548 | 0.59510 |
| ③ 할인율 | 1.000 | 0.955 | 0.911 |
| 보장단위(①×②×③) | 781.5 | 654.4 | 542.4 |
| 상각률 | 39.5% | 매년 재산출 | |

---

1) 표 [12.2.6.14] 참조.

$$CSM \text{ 상각률}(39.5\%) = \frac{\text{당기 보장단위}(781.5)}{\text{당기 및 장래 보장단위 합계}(1978.3)} \quad (12.2.8.2)$$

$$= \frac{781.5}{781.5 + 654.4 + 542.4} = \frac{781.5}{1978.3}$$

1차년도의 CSM 상각금액은 다음과 같이 구할 수 있다.

$$CSM \text{ 상각금액}(11.4) = \text{상각전 } CSM(29.0) \times CSM \text{ 상각률}(39.5\%) \quad (12.2.8.3)$$

표 [12.2.8.6]　5단계 CSM 변동액

| 4단계 CSM | CSM 상각 | 5단계 CSM |
|---|---|---|
| 29.0 | −11.4 | 17.5 |

지금까지 분석한 보험계약마진(CSM) 변동분석의 단계별 과정을 요약하면 다음 표와 같다.

표 [12.2.8.7]　CSM 변동분석 5단계

| | 기시 CSM (기시) | 1단계 (보험금융비용) | 2단계 (예실차) | 3단계 (보유계약 변동) |
|---|---|---|---|---|
| CSM (증감) | 29.4 | 30.8 (+1.4) | 24.9 (−5.8) | 29.5 (+4.5) |

| | 4단계 (계리가정 변동) | 5단계 (CSM 상각) | 기말 CSM (기말) |
|---|---|---|---|
| CSM (증감) | 29.0 (−0.5) | 17.5 (−11.4) | 17.5 |

## 9. 금리확정형상품의 1차년도 재무제표

### (1) IFRS17 재무제표

보험부채 변동분석의 단계별 과정을 거쳐서 계산된 항목들을 이용하여 IFRS17 기준의 재무제표를 작성할 수 있다. 경제적 가정 변동에 따른 BEL 변동액의 회계처리는 회사의 회계정책(OCI 또는 P/L)에 따라 다르게 작성될 수 있다.

### (a) 경제적 가정 변동효과를 OCI로 처리하는 경우(OCI 회계정책)

### (가) 보험손익

보험손익은 크게 사망보험금지출 예상실제차(예실차), 보험료와 무관한 사업비지출

예상실제차(예실차), 및 CSM 상각으로 구성된다. 이외에 위험조정 변동, 손실계약집합의 장래손실 인식 등도 보험손익의 구성요소이지만 본 예시에서는 없다고 가정하였다.

사망보험금지출 예상실제차는 기시에 예상한 기시예상 사망보험금지출과 실제 발생한 실제 사망보험금지출의 차이로 산출한다. 기시예상 사망보험금지출($TS_{1/2}$)은 표 [12.2.6.1]에 나타나 있고 실제 사망보험금지출($^*TS_{1/2}$)은 표 [12.2.4.2]에 나타나 있다. 보험료와 무관한 계약관리비용지출의 예실차는 표 [12.2.4.1]에 나타나 있다. CSM 상각은 당해연도에 제공한 서비스에 대한 대가로 CSM 상각률을 이용하여 산출한다.

$$\text{사망보험금지출 예상실제차}(-0.4)$$
$$= \text{기시예상 사망보험금지출}(TS_{1/2} = 8.1)$$
$$- \text{실제 사망보험금지출}(^*TS_{1/2} = 8.5) \tag{12.2.9.1}$$
$$\text{보험료와 무관한 사업비지출의 예상실제차}(-0.2)$$
$$= \text{기시예상 계약관리비용지출}(TE2_0^{기예} = E2_0^{최예} = 4.750)$$
$$- \text{실제 계약관리비용지출}(^*TE2_0 = {}^*E2_0 = 4.988) \tag{12.2.9.2}$$
$$\text{CSM 상각}(+11.4) = \text{상각전 CSM}(29.0) \times \text{당기상각률}(39.5\%) \tag{12.2.9.3}$$

상기 세 항목을 합하면 당기의 보험손익인 +10.8이 발생한다.

표 [12.2.9.1]  보험손익의 산출

| 보험손익 | 합계금액(ⓐ+ⓑ+ⓒ) | +10.8 |
|---|---|---|
| | ⓐ 사망보험금지출 예실차 | -0.4 |
| | ⓑ 보험료무관 사업비지출 예실차 | -0.2 |
| | ⓒ CSM 상각 | +11.4 |

(나) 투자손익

투자손익은 자산에서 발생한 투자수익(자산운용이익)에서 보험부채(BEL, CSM)에서 발생한 보험금융비용을 차감하여 산출한다.

투자수익(자산운용이익)은 표 [12.2.4.2]에 나타난 실제 보험료수입($^*TP_0 = TP_0$), 실제 사업비지출($^*TE_0$), 실제 사망보험금지출($^*TS_{1/2}$), 실제 해약환급금지출($^*TW_{1/2}$)과 1차년도 실적 자산운용이익률(2.8%)의 자료를 기초로 식 (12.2.9.4)를 적용하여 산출한다. 이때, 보험료 및 사업비는 기시에 발생하고 사망보험금 및 해약환급금은 연중에 발생한다고 가정하였으므로, 수입 및 지출시점을 고려하여 투자수익(자산운용이익)을 계산한다.

자산운용이익[1]

$$= (^*TP_0 - {}^*TE_0) \times 2.8\% - (^*TS_{1/2} + {}^*TW_{1/2}) \times [(1 + 0.028)^{1/2} - 1] \quad (12.2.9.4)$$

$$= (487.7\text{-}29.9) \times 2.8\% - (8.5 + 97.5) \times [(1 + 0.028)^{1/2} - 1]$$

$$= 11.3$$

보험금융비용은 BEL에서 발생한 보험금융비용과 CSM에서 발생한 보험금융비용을 합산한다.

$$\text{보험금융비용} = \text{BEL 보험금융비용} + \text{CSM 보험금융비용} \quad (12.2.9.5)$$

$$= 18.0 + 1.4$$

$$= 19.4$$

당기의 투자손익은 투자수익(자산운용이익)[2]에서 보험금융비용을 차감하여 −8.1이 발생한다.

표 [12.2.9.2]  **투자손익의 산출**(OCI 회계정책 선택시)

| 투자손익 | 차이금액 (ⓐ−ⓑ) | −8.1 |
|---|---|---|
| | ⓐ 투자수익 | 11.3 |
| | ⓑ 보험금융비용 | 19.4 |

(다) 당기손익과 IFRS17 재무제표

$$\text{당기손익} = \text{보험손익}(10.8) + \text{투자손익}(-8.1)$$

$$= +2.8 \quad (12.2.9.6)$$

$$\text{기타포괄손익(OCI)} = -(\text{5단계 BEL 변동액})$$

$$= -30.8 \quad (12.2.9.7)$$

$$\text{총포괄손익} = \text{당기손익} + \text{기타포괄손익} = 2.8 + (-30.8)$$

$$= -28.0 \quad (12.2.9.8)$$

$$\text{당기 AOCI} = \text{전기 AOCI} + \text{당기 OCI} = 0 + (-30.8)$$

$$= -30.8 \quad (12.2.9.9)$$

---

1) 이자 $= [(P-E)(1+i) - (S+W)(1+i)^{1/2}] - [(P-E) - (S+W)] = [\text{원리금}] - [\text{원금}]$
$\quad = (P-E)i - (S+W)[(1+i)^{1/2} - 1]$
2) 투자관련비용 = 0이라고 가정한다.

표 [12.2.9.3] IFRS17 재무제표(OCI 회계정책 선택)

재무상태표

| 자산 | 363.1[1] | 부채 | 391.1 |
|------|---------|------|-------|
| | | BEL | 373.6 |
| | | CSM | 17.5 |
| | | 자본 | −28.0 |
| | | 잉여금 | 2.8 |
| | | AOCI | −30.8 |

포괄손익계산서

| 당기손익 | 2.8 |
|---------|-----|
| 보험손익 | 10.8 |
| 투자손익 | −8.1 |
| 기타포괄손익 | −30.8 |
| 총포괄손익 | −28.0 |

**(b) 경제적 가정 변동효과를 P/L로 처리하는 경우(P/L 회계정책 선택)**

(가) 보험손익

보험손익은 경제적 가정 변동효과를 처리하는 방법과 무관하므로 OCI 회계정책 선택시와 동일하다.

표 [12.2.9.4] 보험손익의 산출

| 보험손익 | 합계금액 (ⓐ+ⓑ+ⓒ) | +10.8 |
|---------|-----------------|-------|
| | ⓐ 사망보험금지출 예실차 | −0.4 |
| | ⓑ 보험료무관 사업비지출 예실차 | −0.2 |
| | ⓒ CSM 상각 | +11.4 |

(나) 투자손익

자산운용이익의 경우에는 경제적 가정 변동효과를 처리하는 기준과 무관하게 결과값이 동일하나, 보험금융비용은 결과값이 달라지게 된다. P/L 회계정책 선택시, 경제적 가정 변동에 따른 BEL 변동을 보험금융비용에 추가하여 처리한다. 즉,

---

1) 보험료(487.7) − 실제보험금(8.5) − 실제해약환급금(97.5) − 실제사업비(29.9) + 투자수익(11.3).

P/L 회계정책 선택시 보험금융비용

$$= \text{OCI 회계정책 선택시 보험금융비용}$$
$$+ \text{경제적 가정 변동에 따른 BEL 변동액} \qquad (12.2.9.11)$$
$$= 19.4 + 30.8 = 50.2$$

당기의 투자손익은 투자수익(자산운용이익)에서 보험금융비용을 차감하여 $-38.8$이 발생한다.

표 [12.2.9.5]  투자손익의 산출(P/L 회계정책 선택시)

| 투자손익 | 차이금액 (ⓐ-ⓑ) | -38.8 |
|---|---|---|
| | ⓐ 투자수익 | 11.3 |
| | ⓑ 보험금융비용 | 50.2 |

(다) 당기손익과 IFRS17 재무제표

$$\text{당기손익} = \text{보험손익}(10.8) + \text{투자손익}(-38.8) = -28.0 \qquad (12.2.9.12)$$
$$\text{기타포괄손익} = 0.0 \qquad (12.2.9.13)$$
$$\text{총포괄손익} = \text{당기손익} + \text{기타포괄손익} = -28.0 + 0.0$$
$$= -28.0 \qquad (12.2.9.14)$$

표 [12.2.9.6]  IFRS17 재무제표(P/L 회계정책 선택)

재무상태표

| 자산 | 363.1 | 부채 | 391.1 |
|---|---|---|---|
| | | BEL | 373.6 |
| | | CSM | 17.5 |
| | | 자본 | -28.0 |
| | | 잉여금 | -28.0 |
| | | AOCI | 0.0 |

포괄손익계산서

| 당기손익 | -28.0 |
|---|---|
| 보험손익 | 10.8 |
| 투자손익 | -38.8 |
| 기타포괄손익(OCI) | 0.0 |
| 총포괄손익 | -28.0 |

OCI 회계정책을 선택하는 경우, 최초측정시 할인율($i_0^c$)이 적용된 보험금융비용만 1차년도의 당기손익에 반영하고, 할인율 변경에 따른 BEL 변동은 기타포괄손익으로 반영된다. 2차년도에도 1차년도와 동일하게 최초측정시 할인율($i_0^c$)을 동일하게 적용하여 보험금융비용을 산출한다. 즉, 매년 변경되는 시장금리에 기초한 할인율과 무관하게 매년 인식되는 보험금융비용 산출을 위한 할인율($i_0^c$)은 동일하다.

반면, P/L 회계정책을 선택하는 경우, 할인율 변경에 따른 BEL 변동도 1차년도의 당기손익에 반영된다. P/L 회계정책 선택시, 2차년도에는 변경된 할인율을 기준으로 보험금융비용을 인식하게 되므로 OCI 회계정책과 비교하면 경과기간별로 보험금융비용 산출을 위한 할인율(P/L 회계정책의 할인율을 현행할인율이라고 한다)은 차이가 발생하게 된다. 그러나 전체 보험기간 동안 인식되는 보험금융비용의 총 합계는 어느 회계정책을 선택해도 모두 동일하다.

### (2) IFRS4

1년 경과 시점에서 본 예시의 가정과 실적기초율에 따른 IFRS4 기준의 재무제표 금액을 계산하면 다음과 같다.

### (a) 수익구조와 비용구조
#### (가) 수익구조
IFRS4 수익은 보험료와 자산운용이익으로 구성된다.

표 [12.2.9.7] IFRS4 기준의 영업수익 산출

| 수익 | 합계금액(ⓐ+ⓑ) | 499.0 |
|---|---|---|
| | 수입보험료ⓐ | 487.7 |
| | 자산운용이익ⓑ | 11.3 |

#### (나) 비용구조
IFRS4 비용은 당기에 실제 지출된 사망보험금지출, 만기보험금지출, 해약환급금지출, 사업비지출 및 책임준비금전입액으로 구성된다. 사업비는 실제사용한 사업비, 이연신계약비, 신계약비 상각비로 이루어지는데, 먼저 실제 사용한 신계약비를 이연한 후 이연신계약비×납입기간(2년) 중 경과기간(1년)만큼 신계약비상각비용을 발생시킨다. 상각 후 잔여 이연신계약비는 자산항목으로 기표한다. 책임준비금전입액의 경우 기시와 기말의 책임준비금 차액으로 산출한다. 기말시점 책임준비금은 기말시점 계약자적립액에 기말시점 실제유지자를 곱하여 산출한다.

책임준비금전입액 = 실제 기말유지자 × 기말책임준비금$(_1V)$[1]

　　　　　　　　− 기시유지자 × 기시책임준비금

　　　　　　　　= 0.78154 × 478.7 − 0 = 374.1

표 [12.2.9.8]  IFRS4 기준의 영업비용 산출

| 비용 | 합계금액<br>(ⓐ+ⓑ+ⓒ+ⓓ+ⓔ) | 497.6 |
|---|---|---|
| | ⓐ 실제 사망보험금지출($^*TS_{1/2}$) | 8.5 |
| | ⓑ 실제 만기보험금지출($^*TM_1$) | 0.0 |
| | ⓒ 실제 해약지급금지출($^*TW_{1/2}$) | 97.5 |
| | ⓓ 사업비[2] | 17.5 |
| | 　실제 사업비지출($^*TE_0$) | 29.9 |
| | 　이연신계약비($^*TE1_0$) | −24.9 |
| | 　신계약비상각비[3] | 12.5 |
| | ⓔ 책임준비금전입액[4] | 374.1 |

(다) 당기손익

　　당기손익 = 수익(499.0) − 비용(497.6) = 1.5

**(b) IFRS4 재무제표**

표 [12.2.9.9]  IFRS4 재무제표

대차대조표(B/S)

| 자산 | 375.6[5] | 부채 | 374.1 |
|---|---|---|---|
| | | 　책임준비금 | 374.1 |
| (미상각신계약비) | (12.5)[6] | 자본 | 1.5 |
| | | 　잉여금 | 1.5 |

---

1) $_1V$는 IFRS17에서는 계약자적립액이며 IFRS4에서는 순보식 원가법책임준비금이다. 표 [12.2.3.6]에 $_1V$ = 478.7로 나타나 있다.

2) 사업비 = 실제사업비($^*TE_0$) − 이연신계약비($^*TE1_0$) + 신계약비 상각비.

3) 신계약비상각비 = 이연신계약비($^*TE1_0$: 24.9) × 경과기간(1)/납입기간(2) = 12.5.
  정확한 처리는 실제 사용한 신계약비를 계약별로 배부한 후, 당기에 소멸(사망, 해약)한 계약에 배부된 신계약비는 모두 당기에 상각하여 당기의 신계약비상각비가 조금 더 커지고 당기말의 미상각신계약비는 조금 더 작아지는 것이다. 본 예시에서는 세밀한 적용은 생략한다.(소멸된 계약이 없는 것처럼 처리했음)

4) 책임준비금전입액 = 실제 기말유지자(0.78154) × 기말준비금(478.7) − 기시유지자(1.000) × 기시준비금(0) = 374.1

| 손익계산서(P/L) | |
|---|---|
| 당기손익 | 1.5 |
| 영업수익 | 499.0 |
| 영업비용 | 497.6 |

## 10. 금리확정형상품의 2차년도 변동분석

### (1) 2차년도 변동분석에서 사용하는 할인율

금리연동형상품의 경우는 연도별 유효수익률을 재산출하여 사용하지만, 금리확정형 상품은 1차년도에서 산출한 $i_0^e$를 매연도에 동일하게 사용한다. 2차년도 BEL 변동분석의 출발점인 $BEL_1^{변동출} = {}^{(e_0)}BEL_1^{출}$에는 $i_0^e$가 내재되어 있으며, 2차년도 변동분석 2단계에서는 $i_0^e$를 이용하여 보험금융비용을 산정하고, 2, 3, 4단계에서는 $i_0^e$를 할인율로 적용하여 단계별 BEL값을 구한다.

### (2) 2차년도초에 예상한 2기시예상 장래현금흐름

1차년도의 변동분석용 장래현금흐름 표를 작성할 때 최초예상 기초율과 후속예상 기초율을 대비시키면서 단계별 산출을 수행하였다, 2차년 이후에도 이러한 용어를 매칭시켜서 사용하기 위하여 2차년도 변동분석을 수행하기 위한 용어를 다시 정의하기로 한다. 1차년말의 후속예상 기초율은 2차년초의 2최초예상 기초율로 용어만 변경하여 사용한다. 2차년말에 2후속예상 기초율이란 용어와 대비시키기 위함이다. 2차년도초에 2최초예상 기초율이 나타나는 표 [12.2.10.1]에서 사용되는 용어의 정의는 다음과 같다.

$$2차년도초의 \ 2최초예상 \ 유지자 \ = \ 1차년도말의 \ 후속예상 \ 유지자 \qquad (12.2.10.1)$$
$$2차년도초의 \ 2최초예상 \ 사망률 \ = \ 1차년도말의 \ 후속예상 \ 사망률 \qquad (12.2.10.2)$$
$$2차년도초의 \ 2최초예상 \ 해약률 \ = \ 1차년도말의 \ 후속예상 \ 해약률 \qquad (12.2.10.3)$$

표 [12.2.10.1]의 음영부분의 장래현금흐름과 단일할인율 $i_0^e$를 적용하면 2차년도 BEL 변동분석의 출발점인 $BEL_1^{변동출} = {}^{(e_0)}BEL_1^{출}$이 된다. 표 [12.2.10.1]은 1차년도 4단계 BEL 산출용인 표 [12.2.6.14]와 동일하다. 표 [12.2.6.14]의 장래현금흐름과 단일할인율

---

5) IFRS4 자산＝보험료(487.7) − 실제보험금(8.5) − 실제해약환급금(97.5) − 실제사업비(29.9) + 투자수익(11.3) + 미상각신계약비(12.5)＝IFRS17 자산(363.1) + 미상각신계약비(12.5)＝375.6.

6) 당기말 미상각신계약비(12.5)＝전기말 미상각신계약비(0) + 당기이연신계약비($^*TE1_0$: 24.9) − 당기신계약 비상각비(12.5).

$i_0^e$를 적용하여 산출한 BEL이 1차년도 변동분석 4단계 BEL인 $^{(e_0)}BEL_1^{(1,2,3,4)}$이다. 따라서 $BEL_1^{변동출} = {}^{(e_0)}BEL_1^{출}$은 $^{(e_0)}BEL_1^{(1,2,3,4)}$과 금액기준으로도 동일하고, 구성요소인 장래현금흐름도 동일하고 할인율도 동일하다.[1] 다만 식 (12.2.10.1)~(12.2.10.3)의 용어를 이용하고 식 (12.2.10.6)과 같은 용어를 사용하여 1차년도 변동분석과 유사한 구조를 만들기 위하여 시점명칭, 기호, 용어들을 2차년도초를 나타내기 위하여 변경할 필요가 있다. 2차년도 변동분석 출발점 BEL($BEL_1^{변동출}$)을 $^{(e_0)}BEL_1^{출}$로 표기하기로 한다.[2]

$$BEL_1^{변동출} = {}^{(e_0)}BEL_1^{출} = {}^{(e_0)}BEL_1^{(1,2,3,4)} = 342.8 \qquad (12.2.10.4)$$

$^{(e_0)}BEL_1^{출}$의 구성요소인 TCF (표 [12.2.10.1])

$$= {}^{(e_0)}BEL_1^{(1,2,3,4)} \text{ 산출용 TCF (표 [12.2.6.14])} \qquad (12.2.10.5)$$

1차년도말 4단계 반영 기말예상 TCF

$$\rightarrow \text{ 2차년도초 2기시예상 TCF (용어 변경)} \qquad (12.2.10.6)$$

따라서 표 [12.2.10.1]의 ①~⑤, ⑩은 2최초예상이라는 용어를 사용하고, ⑪~⑮는 2차년도 2기시예상 TCF로 명칭이 변경되어 2차년도 변동분석을 수행하기로 하며 이와 같은 구조는 1차년도 변동분석과 유사한 구조이다.

표 [12.2.10.1]  $^{(e_0)}BEL_1^{출}$의 구성요소인 2기시예상 장래현금흐름(할인율은 $i_0^e$)[3]

| | | 1차년도<br>(실제) | 2차년도<br>$k=1$ | 3차년도<br>$k=2$ | 4차년도<br>$k=3$ |
|---|---|---|---|---|---|
| ① 2최초예상 유지자($l_{x+k}$) | $_kp_x^{(\tau)}$ | 1.00000 | 0.78154 | 0.68548 | 0.59510 |
| ② 2최초예상 사망률($q_{x+k}^{(1)}$) | $q_{x+k}^{(1)}$ | 0.00846 | 0.01791 | 0.02686 | |
| ③ 2최초예상 사망자($d_{x+k}^{(1)}$) | $_{k|}q_x^{(1)}$ | 0.00846 | 0.01400 | 0.01841 | |
| ④ 2최초예상 해약률($q_{x+k}^{(2)}$) | $q_{x+k}^{(2)}$ | 0.21000 | 0.10500 | 0.10500 | |
| ⑤ 2최초예상 해약자($d_{x+k}^{(2)}$) | $_{k|}q_x^{(2)}$ | 0.21000 | 0.08206 | 0.07198 | |
| ⑥ 보험료($P_k$) | | 487.7 | 487.7 | 0.0 | |
| ⑦ 사망보험금($S_{k+1/2}$) | | 1,000.0 | 1,000.0 | 1,000.0 | |

---

1) 금리연동형상품의 경우 2차년도 변동분석용 $BEL_1^{변동출}$(2차년도 1단계 출발점 BEL)을 산출하는 장래현금흐름을 나타내는 표($i_1^{c\alpha}$ 사용)와 1차년도 4단계를 수행할 때의 장래현금흐름을 나타내는 표($i_0^{c\alpha}$ 사용)는 동일하지 않다.

2) $^{(e_0)}BEL_1^{(1,2,3,4)}$은 1차년도말을 나타내고 있으므로, 1차년도말에서 2차년도초로 출발점 명칭을 변경할 필요가 있다(두시점은 동일시점이다). $BEL_1^{변동출} = {}^{(e_0)}BEL_1^{출}$은 2차년도초를 나타낸다.

3) 1차년도 4단계 산출용 표 [12.2.6.14]와 동일하다.

| ⑧ 만기보험금($M_{k+1}$) | 0.0 | 0.0 | 1,000.0 |
|---|---|---|---|
| ⑨ 1인당 해약지급금($W_{k+1/2}$) | 464.4 | 965.1 | 985.7 |
| ⑩ 1인당 2최초예상 사업비($E_k^{2최예}$) | 29.93 | 4.99 | 4.99 |
| ⑪ $TP_k$ = ① × ⑥ | 487.7 | 381.2 | 0.0 |
| ⑫ $TS_{k+1/2}$ = ③ × ⑦ | 8.5 | 14.0 | 18.4 |
| ⑬ $TM_{k+1}$ = $l_{x+k+1}$ × ⑧ | 0.0 | 0.0 | 595.1 |
| ⑭ $TW_{k+1/2}$ = ⑤ × ⑨ | 97.5 | 79.2 | 70.9 |
| ⑮ $TE_k$ = ① × ⑩ | 29.9 | 3.9 | 3.4 |

### (3) 2차년도 변동분석 2단계 BEL

2차년도 BEL 1, 2단계 변동분석은 표 [12.2.10.1]의 3차년 이후의 장래현금흐름을 동일하게 유지하면서 평가시점을 k1시점에서 k2시점으로 이동하는 것이다. k2시점에서 $^{(e_0)}BEL_2^{(1,2)}$를 구하면 658.9이다.

표 [12.2.10.2]  $^{(e_0)}BEL_2^{(1.2)}$ 산출

| $^{(e_0)}APVCO_2^{(1.2)}$ | $^{(e_0)}APVCI_2^{(1.2)}$ | $^{(e_0)}BEL_2^{(1.2)}$ |
|---|---|---|
| 658.9 | 0.0 | 658.9 |

표 [12.2.10.3]  2차년도 2단계 BEL

| 2차년도 기시 BEL(①)<br>$BEL_1^{변동출}$ = $^{(e_0)}BEL_1^{출}$ | 2기시예상 장래현금흐름 실현(1단계)<br>+ 화폐의 시간가치 반영(2단계) (②) | 2단계 BEL(③)<br>$^{(e_0)}BEL_2^{(1,2)}$ |
|---|---|---|
| 342.8 | ② = ③-① = 658.9 - 342.8 = 316.0 | 658.9 |

### (4) 2차년도 1단계 변동액과 2단계 변동액

2차년도 1단계 변동액과 2단계 변동액을 구하는 과정은 1차년도와 유사하며 연습문제를 참조하길 바란다.

### (5) 2차년도 실적 및 2후속예상 가정

2차년도 경험을 반영한 실제 기초율이 아래와 같이 변동되었다고 가정한다. 즉, 사망률, 사업비, 해약률은 불리한 경험이 발생하여 예상대비 105%로 증가하였다.

표 [12.2.10.4]  2차년도 2최초예상 기초율과 실제 발생률

|  | 2차년도 2최초예상 | 2차년도 실제 | 예상 대비 변동 |
|---|---|---|---|
| 사망률($q'^{(1)}_{x+k}$ : 절대탈퇴) | 0.01890 | 0.01985 | 105% |
| 사망률($q^{(1)}_{x+k}$ : 다중탈퇴) | 0.01791 | 0.01875[1] | 104.7% |
| 사업비 – 계약체결비용($E1_k$) | 0.00 | 0.00 | 105% |
| 사업비 – 계약관리비용($E2_k$) | 4.99 | 5.237 | 105% |
| 총사업비($E_k$) | 4.99 | 5.237 | 105% |
| 해약률($q^{(2)}_{x+k} = q^{*(2)}_{x+k}$) | 0.105 | 0.11025 | 105% |

2후속예상 계리적 가정은 1차년도말 후속예상 (2차년도초 2최초예상)시 예상한 계리적 가정 대비 105%로 불리한 변동을 가정한다. 여기서 1차년도와 2차년도는 이미 지나간 과거이므로 실제 기초율을 의미하고, 3차년도는 변경된 미래가정을 의미한다.

표 [12.2.10.5]  2차년도말 2후속측정을 위한 2후속예상 계리적 가정

|  | 1차년도 (실제) | 2차년도 (실제) | 3차년도 $k=2$ |
|---|---|---|---|
| 2후속예상 사망률($q'^{(1)2후예}_{x+k}$) | 0.00945 | 0.01985 | 0.02977 |
| 2후속예상 사망률($q^{(1)2후예}_{x+k}$) | 0.00846 | 0.01875 | 0.02813 |
| 2후속예상 계약체결비용 ($E1^{2후예}_k$) | 24.94 | 0.00 | 0.00 |
| 2후속예상 계약관리비용($E2^{2후예}_k$) | 4.99 | 5.237 | 5.237 |
| 2후속예상 총사업비($E^{2후예}_k$) | 29.93 | 5.237 | 5.237 |
| 2후속예상 해약률($q^{*(2)2후예}_{x+k}$) | 0.21 | 0.11025 | 0.11025 |

( 예제 12.2.10.1 )

표 [12.2.10.10]에서  2후속측정시  k2시점의  현행추정치(최선추정치)인  $q'^{(1)2후예}_{x+2}$, $q^{(1)2후예}_{x+2}$, $q^{*(2)2후예}_{x+2}$, $E2^{2후예}_2$를 적용기초율로부터 유도하시오.

**풀이**

( )안의 숫자는 최초예상을 나타내고 [ ]안의 숫자는 후속예상(2최초예상)을 나타낸다. 최초예상 기초율은 표 [12.2.3.2]에, 후속예상 기초율은 표 [12.2.4.3]에 나타나 있다.

$$q'^{(1)2후예}_{x+2} = [q'^{(1)후예}_{x+2}] \times 105\% = [(q^{적용}_{x+2} \times 90\%) \times 105\%] \times 105\%$$

---

1) 0.01875(1차년도 실제 다중탈퇴사망률)=0.01985(1차년도 최초예상 절대탈퇴율의 105%)×(1−0.5× 0.11).

$$= [(0.03 \times 90\%) \times 105\%] \times 105\%$$
$$= [(0.027) \times 105\%] \times 105\%$$
$$= [0.002835] \times 105\% = 0.0297675$$

$$q_{x+2}^{(1)2후예} = q'^{(1)2후예}_{x+2} \times (1 - 0.5 \times q_{x+2}^{*(2)2후예})$$
$$= (0.0297675) \times (1 - 0.5 \times 0.11025) = 0.02812657$$

$$E2_2^{2후예} = [E2_2^{후예}] \times 105\% = [E2_1^{최예} \times 105\%] \times 105\%$$
$$= [(E2_1^{적용} \times 95\%) \times 105\%] \times 105\%$$
$$= [(12.2.0 \times 95\%) \times 105\%] \times 105\%$$
$$= [(4.75) \times 105\%] \times 105\%$$
$$= [4.9875] \times 105\% = 5.236875$$

$$q_{x+2}^{*(2)2후예} = [q_{x+2}^{*(2)후예}] \times 105\% = [q_{x+2}^{*(2)최예} \times 105\%] \times 105\%$$
$$= [(0.1) \times 105\%] \times 105\%$$
$$= [0.105] \times 105\% = 0.11025$$

해지율의 경우 적용해지율은 존재하지 않고 최초측정(최초인식)시 예상한 $q_{x+k}^{*(2)최예}$부터 출발한다.

### (6) 2차년도 BEL 변동분석 3단계

표 [12.2.10.6]의 음영부분은 보유계약변동으로 인하여 영향을 받는 $l_{x+3}^{3단계}$, $d_{x+2}^{(1)3단계}$, $d_{x+2}^{(2)3단계}$(①, ③, ⑤)와 장래현금흐름(⑪~⑮)을 표시하고 있다. 달라진 음영부분의 장래현금흐름을 적용하여 3단계 BEL을 산출한다. 3단계 산출시 할인율은 2, 3단계와 동일하게 단일할인율 $i_0^e$ 이용한다.

표 [12.2.10.6]  2차년도 3단계 반영 기말예상 장래현금흐름(할인율은 $i_0^e$)

| | | 1차년도 (실제) | 2차년도 (실제) | 3차년도 $k=2$ | 4차년도 $k=3$ |
|---|---|---|---|---|---|
| ① 3단계 유지자($l_{x+k}^{3단계}$) | $_k p_x^{(\tau)}$ | 1.00000 | 0.78154 | 0.68072 | 0.59096 |
| ② 2최초예상 사망률($q_{x+k}^{(1)}$) | $q_{x+k}^{(1)}$ | 0.00846 | **0.01875** | 0.02686 | |
| ③ 3단계 사망자($d_{x+k}^{(1)3단계}$) | $_{k|}q_x^{(1)}$ | 0.00846 | 0.01465 | 0.01829 | |
| ④ 2최초예상 해약률($q_{x+k}^{(2)}$) | $q_{x+k}^{(2)}$ | 0.21000 | **0.11025** | 0.10500 | |
| ⑤ 3단계 해약자($d_{x+k}^{(2)3단계}$) | $_{k|}q_x^{(2)}$ | 0.21000 | 0.08617 | 0.07148 | |
| ⑥ 보험료($P_k$) | | 487.7 | 487.7 | 0.0 | |
| ⑦ 사망보험금($S_{k+1/2}$) | | 1,000.0 | 1,000.0 | 1,000.0 | |
| ⑧ 만기보험금($M_{k+1}$) | | 0.0 | 0.0 | 1,000.0 | |

| ⑨ 1인당 해약지급금($W_{k+1/2}$) | 464.4 | 965.1 | 985.7 | |
|---|---|---|---|---|
| ⑩ 1인당 2최초예상 사업비($E_k^{2최예}$) | 29.93 | 5.24 | 4.99 | |
| ⑪ $TP_k$ = ① × ⑥ | 487.7 | 381.2 | 0.0 | |
| ⑫ $TS_{k+1/2}$ = ③ × ⑦ | 8.5 | 14.7 | 18.3 | |
| ⑬ $TM_{k+1}$ = $l_{x+k+1}$ × ⑧ | 0.0 | 0.0 | 591.0 | |
| ⑭ $TW_{k+1/2}$ = ⑤ × ⑨ | 97.5 | 83.2 | 70.5 | |
| ⑮ $TE_k$ = ① × ⑩ | 29.9 | 4.1 | 3.4 | |

표 [12.2.10.7]  유효수익률($i_0^e = 4.74\%$)을 적용한 k2시점으로의 누적할인율

| | 1차년도 | 2차년도 | 3차년도 $k=2$ |
|---|---|---|---|
| 누적할인율(기시: $v^{k-2}$) | – | – | 1.000 |
| 누적할인율(연중: $v^{(k-2)+1/2}$) | – | – | 0.977 |
| 누적할인율(기말: $v^{k-1}$) | – | – | 0.955 |

표 [12.2.10.8]  $^{(e_0)}BEL_2^{(1.2.3)}$ 산출

| $^{(e_0)}APVCO_2^{(1.2.3)}$ | $^{(e_0)}APVCI_2^{(1.2.3)}$ | $^{(e_0)}BEL_2^{(1.2.3)}$ |
|---|---|---|
| 654.3 | 0.0 | 654.3 |

표 [12.2.10.9]  2차년도 3단계 BEL

| 2단계 BEL(①) $^{(e_0)}BEL_2^{(1.2)}$ | 2차년도 3단계 BEL 변동액(②) 보유계약 변동에 따른 BEL 변동액 | 3단계 BEL(③) $^{(e_0)}BEL_2^{(1.2.3)}$ |
|---|---|---|
| 658.9 | ② = ③ − ① = −4.6 | 654.3 |

(7) 2차년도 BEL 변동분석 4단계

계리적 가정 변동으로 인한 BEL 변동을 산출하는 단계이다. 3차년도 이후 장래현금
흐름 산출시 계리적 가정은 변경된 미래가정(2후속예상 기초율)을 적용하여 산출한다.[1] 계
리적 가정 변동이란 3차년도의 $q_{x+2}^{(1)}$, $q_{x+2}^{(2)}$, $E_2$ 가 변동되는 것을 말한다(볼드체로 표기).
표 [12.2.10.10]의 음영부분은 계리적 가정 변동으로 인하여 영향을 받는 부분들을 표시
하고 있다. 4단계 산출시 할인율은 2, 3단계와 동일하게 단일할인율 $i_0^e$ 이용한다.

---

1) 3단계에서는 3차년도 이후의 현금흐름 산출시 2후속예상 기초율을 사용하지 않았고, 2최초예상 기초율 +
3단계 유지자, 사망자, 해약자를 적용하였다.

표 [12.2.10.10] 2차년도 4단계 반영 기말예상 장래현금흐름(할인율은 $i_0^e$)

| | | 1차년도 (실제) | 2차년도 (실제) | 3차년도 $k=2$ | 4차년도 $k=3$ |
|---|---|---|---|---|---|
| ① 2후속예상 유지자($l_{x+k}$) | $_kp_x^{(\tau)}$ | 1.00000 | 0.78154 | 0.68072 | 0.58653 |
| ② 2후속예상 사망률($q_{x+k}^{(1)}$) | $q_{x+k}^{(1)}$ | 0.00846 | 0.01875 | **0.02813** | |
| ③ 2후속예상 사망자($d_{x+k}^{(1)}$) | $_{k\vert}q_x^{(1)}$ | 0.00846 | 0.01465 | 0.01915 | |
| ④ 2후속예상 해약률($q_{x+k}^{(2)}$) | $q_{x+k}^{(2)}$ | 0.21000 | 0.11025 | **0.11025** | |
| ⑤ 2후속예상 해약자($d_{x+k}^{(2)}$) | $_{k\vert}q_x^{(2)}$ | 0.21000 | 0.08617 | 0.07505 | |
| ⑥ 보험료($P_k$) | | 487.7 | 487.7 | 0.0 | |
| ⑦ 사망보험금($S_{k+1/2}$) | | 1,000.0 | 1,000.0 | 1,000.0 | |
| ⑧ 만기보험금($M_{k+1}$) | | 0.0 | 0.0 | 1,000.0 | |
| ⑨ 1인당 해약지급금($W_{k+1/2}$) | | 464.4 | 965.1 | 985.7 | |
| ⑩ 1인당 2후속예상 사업비($E_k^{2후예}$) | | 29.93 | 5.24 | **5.24** | |
| ⑪ $TP_k = ① \times ⑥$ | | 487.7 | 381.2 | 0.0 | |
| ⑫ $TS_{k+1/2} = ③ \times ⑦$ | | 8.5 | 14.7 | 19.1 | |
| ⑬ $TM_{k+1} = l_{x+k+1} \times ⑧$ | | 0.0 | 0.0 | 586.5 | |
| ⑭ $TW_{k+1/2} = ⑤ \times ⑨$ | | 97.5 | 83.2 | 74.0 | |
| ⑮ $TE_k = ① \times ⑩$ | | 29.9 | 4.1 | 3.6 | |

표 [12.2.10.11] $^{(e_0)}BEL_2^{(1.2.3,4)}$ 산출

| $^{(e_0)}APVCO_2^{(1.2,3,4)}$ | $^{(e_0)}APVCI_2^{(1.2,3,4)}$ | $^{(e_0)}BEL_2^{(1.2.3,4)}$ |
|---|---|---|
| 654.5 | 0.0 | 654.5 |

표 [12.2.10.12] 2차년도 4단계 BEL

| 3단계 BEL(①) $^{(e_0)}BEL_2^{(1.2.3)}$ | 2차년도 4단계 BEL 변동액(②) 계리적 가정 변동에 따른 BEL 변동액 | 4단계 BEL(③) $^{(e_0)}BEL_2^{(1.2.3,4)}$ |
|---|---|---|
| 654.3 | ② = ③ − ① = 0.2 | 654.5 |

(8) 2차년도 BEL 변동분석 5단계와 이후 처리

2차년도 5단계 BEL 변동분석은 1차년도와 유사하다. 5단계 이후의 과정은 생략하기로 한다.

## 연습문제 12.2

1. 표 [12.2.2.2]를 이용하여 금리확정형상품의 (i) 일시납영업보험료 (ii) 3년납입 연납영업
   보험료를 구하시오.

2. 표 [12.2.3.6]에 나타나 있는 제2보험연도말 계약자적립액을 구하시오.

3. 표 [12.2.3.7]에서 2차년도의 값들을 구하는 과정을 설명하시오.

4. 금리확정형상품에서 보험부채 시가평가의 후속측정을 고려한다. 표 [12.2.4.4]의 조정무
   위험금리 기간구조 $(y_1)$을 이용한다.

   (1) 표 [12.2.4.6]의 $_{k1}^{(y_1)}pvf_{18*} = 0.991$을 표 [12.2.4.4]를 이용하여 산출하시오.

   (2) $^{(y_1)}APVCO_1$, $^{(y_1)}APVCI_1$, $^{(y_1)}APVN_1 = BEL_1$를 구하시오.

5. 금리확정형상품에서 1차년도 3단계 BEL을 산출한다.

   (1) 표 [12.2.6.11]의 $_{k1}^{(e_0)}pvf_{24}(_{k1}^{(e_0)}pvf_{k2})$, $_{k1}^{(e_0)}pvf_{36}(_{k1}^{(e_0)}pvf_{k3})$를 산출하시오.

   (2) $TP_{k1}$, $TS_{k2.5}$, $TM_{k3}$, $TW_{k2.5}$, $TE_{k2}$를 구하시오.

   (3) $^{(e_0)}APVCO_1^{(1,2,3)}$, $^{(e_0)}APVCI_1^{(1,2,3)}$, $^{(e_0)}BEL_1^{(1,2,3)}$를 구하시오.

6. 금리확정형상품에서 1차년도 4단계 BEL을 산출한다.

   (1) 표 [12.2.6.15]의 $_{k1}^{(e_0)}pvf_{18}(_{k1}^{(e_0)}pvf_{k1.5})$, $_{k1}^{(e_0)}pvf_{30}(_{k1}^{(e_0)}pvf_{k2.5})$를 산출하시오.

   (2) $TP_{k1}$, $TS_{k2.5}$, $TM_{k3}$, $TW_{k2.5}$, $TE_{k2}$를 구하시오.

   (3) $^{(e_0)}APVCO_1^{(1,2,3,4)}$, $^{(e_0)}APVCI_1^{(1,2,3,4)}$, $^{(e_0)}BEL_1^{(1,2,3,4)}$를 구하시오.

7. 보험수리이론 관점의 BEL과 재무제표 관점의 BEL의 관계에 대하여 고찰한다. 이 관계
   는 금리확정형상품과 금리연동형상품에 모두 동일하게 적용된다.

   (1) $^{(e_0)}BEL_0^{(1인)}$을 식 (12.2.5.1)[식 (12.2.3.26) 참조]과 같이 장래현금을 이용하여 나타내
       시오($\sum$를 사용하지 말고 전부 나타내시오)

   (2) $^{(e_0)}BEL_1^{(1,2)(1인)}$을 식 (12.2.5.1)[식 (12.2.3.26) 참조]과 같이 장래현금을 이용하여 나
       타내시오($\sum$를 사용하지 말고 전부 나타내시오)

(3) (1)과 (2)를 이용하여 $^{(e_0)}BEL_1^{(1,2)(1인)}$과 $^{(e_0)}BEL_0^{(1인)}$의 관계식을 유도하시오.

8. 금리확정형상품에서 보험수리이론 관점의 BEL인 $^{(e_0)}BEL_1^{(1,2)(1인)}$을 산출한다.

   (1) 표 [12.2.7.1]와 표 [12.2.7.2]를 이용하여 $^{(e_0)}PVTP_{k1}$, $^{(e_0)}PVTS_{k2.5}$, $^{(e_0)}PVTM_{k3}$, $^{(e_0)}PVTW_{k2.5}$, $^{(e_0)}PVTE_{k2}$를 구하시오.

   (2) $^{(e_0)}APVCO_1^{(1,2)(1인)}$, $^{(e_0)}APVCI_1^{(1,2)(1인)}$, $^{(e_0)}BEL_1^{(1,2)(1인)}$를 구하시오.

9. OCI 회계정책을 선택하고, 유효수익률법을 적용시, 금리확정형상품의 (총, 잔여)보험금융수익(비용)의 체계적인 배분방법에 대하여 IFRS17의 기준서 문단들을 이용하여 설명하시오.

10. 본문의 예시에서 보장단위를 구할 때 기준을 1차년도말 실제 기말유지자와 후속예상 기말유지자를 적용하여 각연도별 보장단위를 산출하였다. 본예시에는 최선이라고 생각되는 이와 같은 방법을 선택한 것이다. 보장단위를 구하는 다른 방법을 설명하고 장단점을 설명하시오(예: 기시유지자 기준, 기중유지자 기준 등).

11. BEL 변동분석 3단계, 4단계 설명시 미래서비스 변동과 관련된 경우 보험계약마진을 조정하는 것으로 설명한다.
    (1) CSM 조정이 발생하는 경우를 설명하시오.
    (2) 미래서비스 변동이란 어떤 의미인지 설명하시오.

12. 금리확정형상품의 보험손익을 구하는 과정에 대하여 관련된 IFRS17의 기준서 문단들을 이용하여 설명하시오.(문단 80, 81, 83, 84, 85, B121, B123, B124 등)

13. 그림 [12.1.4.1]에서 보험손익은 보험수익에서 보험서비스비용(insurance service expenses)을 차감하여 산출한다고 되어 있다. 기준서의 많은 문단들이 이와 같은 내용을 기술하고 있다. 예를 들어 문단 80 (1)에서 보험수익과 보험서비스비용(insurance service expenses)으로 구성된 보험서비스결과 등이다. 보험수익을 구체적으로 정의하는 B121에서 보험수익을 (1) insurance service expenses (2) risk adjustment for non-financial risk (3) the contractual service margin으로 기술하고 있다. 그런데 (1) insurance service expenses는 앞에서 수익에 대응되는 비용으로 정의되었었다. B121의 insurance service expenses는 어떤 의미로 사용되었는지 설명하고, 그림 [12.1.4.1]에서 보험수익과 보험서비스비용(insurance service expenses)은 어떻게 정의되는지 설명하시오.

14. 금리확정형상품에서 2차년도 2단계 BEL을 산출한다.

   (1) 2차년도 2단계 반영 2기말예상(=2기시예상) 장래현금흐름을 나타내는 표를 작성하시오.

   (2) 표 [12.2.10.3]의 $_{k2}^{(e_0)}pvf_{30}(_{k2}^{(e_0)}pvf_{k2.5})$, $_{k2}^{(e_0)}pvf_{36}(_{k2}^{(e_0)}pvf_{k3})$를 산출하시오.

   (3) $TS_{k2.5}$, $TM_{k3}$, $TW_{k2.5}$, $TE_{k2}$를 구하시오.

   (4) $^{(e_0)}APVCO_2^{(1,2)}$, $^{(e_0)}APVCI_2^{(1,2)}$, $^{(e_0)}BEL_2^{(1,2)}$를 구하시오.

15. 2차년도 1단계 BEL 변동액을 직접 구하시오.

16. 2차년도 2단계 BEL 변동액을 직접 구하시오.

17. 금리확정형상품에서 2차년도 3단계 BEL을 산출한다.

   (1) 표 [12.2.10.6] 2차년도 3단계 반영 기말예상 장래현금흐름(할인율은 $i_0^e$)에 대하여 1차년도 3단계에서 기술한 것과 같은 설명을 하시오.

   (2) $^{(e_0)}APVCO_2^{(1,2,3)}$, $^{(e_0)}APVCI_2^{(1,2,3)}$, $^{(e_0)}BEL_2^{(1.2.3)}$를 직접(계산기 이용) 구하시오.

18. 금리확정형상품에서 2차년도 4단계 BEL을 산출한다.

   (1) 표 [12.2.10.9] 2차년도 4단계 반영 기말예상 장래현금흐름(할인율은 $i_0^e$)에 대하여 1차년도 4단계에서 기술한 것과 같은 설명을 하시오.

   (2) 표 [12.2.10.7]의 $_{k2}^{(e_0)}pvf_{30}(_{k2}^{(e_0)}pvf_{k2.5})$, $_{k2}^{(e_0)}pvf_{36}(_{k2}^{(e_0)}pvf_{k3})$를 산출하시오.

   (3) $TS_{k2.5}$, $TM_{k3}$, $TW_{k2.5}$, $TE_{k2}$를 구하시오.

   (4) $^{(e_0)}APVCO_2^{(1,2,3,4)}$, $^{(e_0)}APVCI_2^{(1,2,3,4)}$, $^{(e_0)}BEL_2^{(1.2.3.4)}$를 직접(계산기 이용) 구하시오.

# 부 록

자주 사용되는 수학공식

다음은 보험수리학의 이론을 전개하는 데 자주 나오는 공식들을 정리한 것이다. (엄격한 가정은 생략하고 공식만 나열하였음)

## 1. 수    열

### (1) 등차수열

초항 $a$, 마지막 항 $l$, 공차 $d$, 항수 $n$인 등차수열의 합을 $S_n$이라고 하면

$$l = a + (n-1)d$$

$$S_n = \frac{n}{2}(a+l) = \frac{n}{2}\{2a+(n-1)d\} \qquad (\text{I-1})$$

### (2) 등비수열

초항 $a$, 마지막 항 $l$, 공비 $r$, 항수 $n$인 등비수열의 합을 $S_n$이라고 하면

(i) $r \neq 1$일 때

$$l = ar^{n-1}$$

$$S_n = \frac{a(1-r^n)}{1-r} \qquad (\text{I-2})$$

(ii) $r=1$일 때

$$S_n = na$$

(iii) 등비수열에서 $|r| < 1$이며 $n \to \infty$일 경우

$$S_n = \frac{a}{1-r} \qquad (\text{I-3})$$

### (3) 자연수의 합

(i) $1 + 2 + \cdots + n = \displaystyle\sum_{k=1}^{n} k = \frac{1}{2}n(n+1) \qquad (\text{I-4})$

(ii) $1^2 + 2^2 + \cdots + n^2 = \displaystyle\sum_{k=1}^{n} k^2 = \frac{1}{6}n(n+1)(2n+1) \qquad (\text{I-5})$

(iii) $1^3 + 2^3 + \cdots + n^3 = \displaystyle\sum_{k=1}^{n} k^3 = \frac{1}{4}n^2(n+1)^2 \qquad (\text{I-6})$

## 2. 차    분

(1)  $\Delta f(x) = f(x+1) - f(x)$  (Ⅰ-7)

(2)  $\Delta F(x) = f(x)$ 이면

$$f(1) = F(2) - F(1)$$

$$f(2) = F(3) - F(2)$$

$$\vdots \qquad \vdots$$

$$f(n) = F(n+1) - F(n)$$

이므로

$$\sum_{x=1}^{n} f(x) = F(n+1) - F(1)$$  (Ⅰ-8)

## 3. 이항정리

$$(1+x)^n = \sum_{k=0}^{\infty} \binom{n}{k} x^k$$  (Ⅰ-9)

여기서

$$\binom{n}{0} = 1, \quad \binom{n}{k} = \frac{n[n-1][n-2] \cdots [n-(k-1)]}{k!}, \quad k \geq 1$$

따라서

$$(1+x)^n = 1 + nx + \frac{n(n-1)}{2!} x^2 + \frac{n(n-1)(n-2)}{3!} x^3 + \cdots$$

## 4. 특수한 함수의 급수 전개(Series expansion)

(i)  $e^x = \sum_{n=0}^{\infty} \frac{x^n}{n!}$,   (모든  $x$)  (Ⅰ-10)

$$= 1 + x + \frac{x^2}{2!} + \frac{x^3}{3!} + \cdots$$

(ii)  $\log_e(1+x) = \ln(1+x) = \sum_{n=0}^{\infty} \frac{(-1)^n}{n+1} x^{n+1}$,  $(-1 < x < 1)$  (Ⅰ-11)

$$= x - \frac{x^2}{2} + \frac{x^3}{3} - \frac{x^4}{4} + \cdots$$

## 5. 테일러 급수(Taylor Series)

한 점  $a$ 에서  $f$ 의 모든 차수의 미분값이 존재할 때 원래의 함수  $f(x)$ 는

$$\sum_{n=0}^{\infty} \frac{f^{(n)}(a)}{n!}(x-a)^n \qquad (\text{I}-12)$$

으로 나타낼 수 있으며 Taylor의 $n$차 다항식 $P_n(x)$는

$$P_n(x) = f(a) + f'(a)(x-a) + \frac{f''(a)}{2!}(x-a)^2 + \cdots + \frac{f^{(n)}(a)}{n!}(x-a)^n \qquad (\text{I}-13)$$

이며 오차항을 $r_n(x)$라고 하면

$$r_n(x) = f(x) - P_n(x) = \frac{f^{(n+1)}(t_x)}{(n+1)!}(x-a)^{n+1} \qquad (\text{I}-14)$$

이다. $t_x$는 $a$와 $x$사이의 값이다.

## 6. Euler-Maclaurin공식

이 공식을 보험수리학에서 많이 쓰이는 형태로 표시하면

$$\int_a^b f(x)\,dx = \{f(a) + f(a+1) + \cdots + f(b)\} - \frac{1}{2}\{f(a) + f(b)\}$$
$$+ \frac{1}{12}[f'(x)]_a^b - \frac{1}{720}[f'''(x)]_a^b + \cdots \qquad (\text{I}-15)$$

## 7. Woolhouse공식

Euler-Maclaurin공식에서 $a,\ a+1,\ \cdots,\ b$ 대신에 차분의 간격을 세분화하여 $a,\ a+\dfrac{1}{m}$, $a+\dfrac{2}{m},\ \cdots,\ a+\dfrac{m-1}{m},\ a+1\left(=a+\dfrac{m}{m}\right),\ a+1\dfrac{1}{m}\left(=a+\dfrac{m+1}{m}\right),\ \cdots,\ b$로 하면 $\left(h=\dfrac{1}{m}\right)$

$$\int_a^b f(x)\,dx = \frac{1}{m}\left\{f(a) + f\left(a+\frac{1}{m}\right) + f\left(a+\frac{2}{m}\right) + \cdots + f(b)\right\}$$
$$- \frac{1}{2m}\{f(a)+f(b)\} + \frac{1}{12m^2}[f'(x)]_a^b - \frac{1}{720m^4}[f'''(x)]_a^b + \cdots$$
$$(\text{I}-16)$$

(I-15)와 (I-16)을 같게 하면 $\left([f'(x)]_a^b = f'(a) - f'(b)\right)$

$$f(a) + f\left(a+\frac{1}{m}\right) + f\left(a+\frac{2}{m}\right) + \cdots + f(b)$$
$$= m\{f(a) + f(a+1) + \cdots + f(b)\} - \frac{m-1}{2}\{f(a) + f(b)\}$$
$$+ \frac{m^2-1}{12m}[f'(x)]_a^b - \frac{m^4-1}{720m^3}[f'''(x)]_a^b + \cdots \qquad (\text{I}-17)$$

이 식을 Woolhouse공식이라고 한다. 보험수리학에서 근사치를 구할 때 많이 쓰인다.

( I -17)를 다시 쓰면

$$f\left(a+\frac{1}{m}\right)+f\left(a+\frac{2}{m}\right)+\cdots+f(b)$$

$$= m\{f(a+1)+f(a+2)+\cdots+f(b)\}+\frac{m-1}{2}\{f(a)-f(b)\}$$

$$+\frac{m^2-1}{12m}[f'(x)]_a^b-\frac{m^4-1}{720m^3}[f'''(x)]_a^b+\cdots \qquad (\text{I}-18)$$

이 되는데 ( I -18)도 많이 이용된다.

## 8. Lubbock의 공식

( I -17)에서 미분을 차분으로 대치하면

$$f(a)+f\left(a+\frac{1}{m}\right)+f\left(a+\frac{2}{m}\right)+\cdots+f(b)$$

$$= m\{f(a)+f(a+1)+\cdots+f(b)\}-\frac{m-1}{2}\{f(a)+f(b)\}$$

$$-\frac{m^2-1}{12m}\{\Delta f(b-1)-\Delta f(a)\}-\frac{m^2-1}{24m}\{\Delta^2 f(b-2)+\Delta^2 f(a)\}$$

$$-\frac{(m^2-1)(19m^2-1)}{720m^3}\{\Delta^3 f(b-3)-\Delta^3 f(a)\}-\cdots \qquad (\text{I}-19)$$

( I -19)을 Lubbock의 공식이라고 하며 약간 변형하면

$$f\left(a+\frac{1}{m}\right)+f\left(a+\frac{2}{m}\right)+\cdots+f(b)$$

$$= m\{f(a+1)+f(a+2)+\cdots+f(b)\}+\frac{m-1}{2}\{f(a)-f(b)\}$$

$$-\frac{m^2-1}{12m}\{\Delta f(b-1)-\Delta f(a)\}-\frac{m^2-1}{24m}\{\Delta^2 f(b-2)+\Delta^2 f(a)\}$$

$$-\frac{(m^2-1)(19m^2-1)}{720m^3}\{\Delta^3 f(b-3)-\Delta^3 f(a)\}-\cdots \qquad (\text{I}-20)$$

## 9. The Trapezium rule

$f(x)$를 $[a,\ b]$에서 적분한 값의 근사치를 다음과 같이 구할 수 있다.

$$\int_a^b f(x)\,dx = \sum_{i=1}^n \int_{x_{i-1}}^{x_i} f(x)\,dx \approx \sum_{i=1}^n \frac{f(x_i)+f(x_{i-1})}{2}h \qquad (\text{I}-21)$$

$$= \frac{h}{2}\{f(a)+f(b)+2[f(x_1)+f(x_2)+\cdots+f(x_{n-1})]\} \qquad (\text{I}-22)$$

여기서 $a = x_0$, $b = x_n$, $x_i = a + ih$, $h = \dfrac{b-a}{n}$ 이다.

## 10. Simpson's rule

$f(t)$ 를 $[a, b]$ 에서 적분한 값의 근사치를 다음과 같이 구할 수 있다.

$$\int_a^b f(t)\, dt \approx \frac{h}{3}\{f(a) + f(b) + 4[f(t_1) + f(t_3) + \cdots + f(t_{2n-1})]$$
$$+ 2[f(t_2) + f(t_4) + \cdots + f(t_{2n-2})]\} \qquad (\text{I-23})$$

여기서 $a = t_0$, $b = t_{2n}$, $t_i = a + ih$, $h = \dfrac{b-a}{2n}$ 이다.

## 11. Euler's method

상미분방정식(ODE) $\dfrac{dy}{dt} = f(t, y)$ (여기서 $y = y(t)$)에 대하여 초기값 $y(a) = y_a$, 또는 최종값 $y(b) = y_b$가 주어진 경우 $y(t)$ $(a \leq t \leq b)$를 구하는 방법.

(i) 초기값 $y(a) = y_a$가 주어진 경우 $y(b)$를 구하는 방법

구간 $[a, b]$를 $n$등분하여 $\{a, a+h, a+2h, \cdots, a+nh\}$의 부분구간을 만든다.
$\lim\limits_{h \to 0} \dfrac{y(t+h) - y(t)}{h} = f(t, y)$ 이고 $y = y(t)$ 이므로, 아주 작은 $h$에 대해서 $\dfrac{y(t+h) - y(t)}{h} \approx$
$f[t, y(t)]$가 되어,

$$y(t+h) \approx y(t) + h \times f[t, y(t)]. \qquad (\text{I-24})$$

이 식에 대해 $t = a$인 $y(a) = y_a$를 시작으로 재귀적으로 계산을 하면

$$y(a+h) \approx y_a + h \times f(a, y_a),$$
$$y(a+2h) \approx y(a+h) + h \times f[a+h, y(a+h)],$$
$$y(a+3h) \approx y(a+2h) + h \times f[a+2h, y(a+2h)],$$
$$\vdots$$
$$y(a+kh) \approx y[a+(k-1)h] + h \times f[a+(k-1)h, y(a+(k-1)h)],$$
$$\vdots$$

이 과정을 $y(a+nh)$까지 하면 $y(a+nh) = y(b)$가 된다. 중간값 $y(a+kh)$도 구할 수 있다.

(ii) 최종값 $y(b) = y_b$가 주어진 경우 $y(a)$를 구하는 방법

$$y(t-h) \approx y(t) - h \times f[t, y(t)] \qquad (\text{I-25})$$

이 식에 대해 $t = b$인 $y(b) = y_b$를 시작으로 재귀적으로 계산을 하면

$$y(b-h) \approx y_b - h \times f(b, y_b),$$

$$y(b-2h) \approx y(b-h) - h \times f[b-h, y(b-h)],$$

$$y(b-3h) \approx y(b-2h) - h \times f[b-2h, y(b-2h)],$$

$$\vdots$$

$$y(b-kh) \approx y[b-(k-1)h] - h \times f[b-(k-1)h, y(b-(k-1)h)],$$

$$\vdots$$

이 과정을 $y(b-nh)$까지 하면 $y(b-nh) = y(a)$가 된다. 중간값 $y(b-kh)$도 구할 수 있다.

## 12. 미분·적분

$\dfrac{d}{dt}f(t) = f'(t)$로 상황에 따라 사용하기로 한다.

(1) $\dfrac{d}{dt}\ln(f(t)) = \dfrac{f'(t)}{f(t)}$ ( I -26)

$\dfrac{d}{dt}e^{f(t)} = e^{f(t)}f'(t)$ ( I -27)

(2) $\displaystyle\int_a^b \dfrac{f'(t)}{f(t)}\, dt = [\ln f(t)]_a^b$

$$= \ln f(b) - \ln f(a) = \ln\left(\dfrac{f(b)}{f(a)}\right)$$ ( I -28)

(3) 곱의 미분법

$$\dfrac{d}{dt}f(t)g(t) = f'(t)g(t) + f(t)g'(t)$$ ( I -29)

(4) 몫의 미분법

$$\dfrac{d}{dt}\left(\dfrac{f(t)}{g(t)}\right) = \dfrac{f'(t)g(t) - f(t)g'(t)}{\{g(t)\}^2}$$ ( I -30)

(5) 합성함수 미분법

$$\dfrac{d}{dt}g(f(t)) = g'(f(t))f'(t)$$ ( I -31)

(6) 치환적분법

$g(a) = \alpha$, $g(b) = \beta$이고 $t = g(s)$라고 치환하면($g'(s)ds = dt$),

$$\int_a^b f(g(s))g'(s)\, ds = \int_\alpha^\beta f(t)\, dt$$ ( I -32)

(7) 부분적분법

$$\int_a^b u'v\, dt = [uv]_a^b - \int_a^b uv'\, dt$$ ( I -33)

여기서 $u = f(t)$, $v = g(t)$를 의미한다.

(8) $a$를 상수라고 하면,

$$\frac{d}{dt}\int_a^t f(s)\,ds = f(t) \tag{I-34}$$

$$\frac{d}{dt}\int_{h(t)}^{g(t)} f(s)\,ds = f(g(t))g'(t) - f(h(t))h'(t) \tag{I-35}$$

특히, $\dfrac{d}{dt}\displaystyle\int_t^{t+a} f(s)\,ds = f(t+a) - f(t)$ \hfill (I-36)

(9) $\displaystyle\int \frac{d}{dt}f(t)\,dt = f(t)$ \hfill (I-37)

$$\int_a^b \frac{d}{dt}f(t)\,dt = f(b) - f(a) \tag{I-38}$$

(10) 교환정리(Intercange Theorem)

$$\int_c^d \left\{\int_a^b f(s,\,t)ds\right\} dt = \int_a^b \left\{\int_c^d f(s,\,t)dt\right\} ds \tag{I-39}$$

(11) $F(t) = \displaystyle\int_a^b f(s,\,t)\,ds$라고 하면

$$F'(t) = \int_a^b \frac{\partial}{\partial t}f(s,\,t)\,ds \tag{I-40}$$

(12) Leibniz의 정리

$F(t) = \displaystyle\int_{\alpha(t)}^{\beta(t)} f(s,\,t)\,ds$이면

$$\frac{d}{dt}F(t) = \int_{\alpha(t)}^{\beta(t)} \frac{\partial}{\partial t}f(s,\,t)\,ds + f(\beta(t),\,t)\frac{d}{dt}\beta(t) - f(\alpha(t),\,t)\frac{d}{dt}\alpha(t)$$

$$\tag{I-41}$$

위의 공식들을 이용하는 예를 고찰해 본다.

(1) $_t p_x = \exp\left(-\displaystyle\int_0^t \mu_{x+s}\,ds\right)$ 식 (2.2.5.7)임을 보이시오.

먼저 사력의 정의에 의해 $\mu_{x+t} = \dfrac{-\dfrac{d}{dt}\,{}_t p_x}{{}_t p_x}$ 또는 식 (I-26)에 의해 $\mu_{x+t} = -\dfrac{d}{dt}\ln {}_t p_x$
로 나타낼 수 있다. 양변을 $s = 0$부터 $s = t$까지 적분을 하면

$$\int_0^t \mu_{x+s}\,ds = -\int_0^t \frac{d}{ds}\ln {}_s p_x\,ds$$

가 된다. 식 (Ⅰ-38)에 의해 위 식의 우변은

$$\int_0^t \mu_{x+s}\,ds = -(\ln {}_tp_x - \ln {}_0p_x) = -\ln {}_tp_x$$

가 된다. 따라서 ${}_tp_x = \exp\left(-\int_0^t \mu_{x+s}\,ds\right)$.

(2) $\dfrac{d}{dx}\,{}_tp_x = {}_tp_x(\mu_x - \mu_{x+t})$ 식 (2.2.5.14) 임을 보이시오.

먼저 ${}_tp_x$의 정의에 의해

$$= \frac{d}{dx}\exp\left(-\int_0^t \mu_{x+s}\,ds\right)$$

이고, 식 (Ⅰ-32)에 의해 $x+s = y$로 치환하면

$$\int_0^t \mu_{x+s}\,ds = \int_x^{x+t} \mu_y\,dy$$

이므로

$$\frac{d}{dx}\,{}_tp_x = \frac{d}{dx}\exp\left(-\int_x^{x+t} \mu_y\,dy\right)$$

이다. 여기서 식 (Ⅰ-27)를 이용하면

$$= \exp\left(-\int_x^{x+t} \mu_y\,dy\right)\left(-\frac{d}{dx}\int_x^{x+t} \mu_y\,dy\right)$$

가 되고, 식 (Ⅰ-36)에 의해

$$= \exp\left(-\int_x^{x+t} \mu_y\,dy\right)(-\mu_{x+t} + \mu_x)$$

$$= {}_tp_x(\mu_x - \mu_{x+t}).$$

(3) ${}_tp_x = \exp\left(-\int_0^t \dfrac{3}{50-s}\,ds\right)$를 구하시오.

식 (Ⅰ-28)에 의하여 $3\int_0^t \dfrac{-1}{50-s}\,ds = 3\left[\ln(50-s)\right]_0^t$

$$= 3(\ln(50-t) - \ln 50) = \ln\left(\frac{50-t}{50}\right)^3$$

따라서 ${}_tp_x = \exp\left[\ln\left(\dfrac{50-t}{50}\right)^3\right] = \left(\dfrac{50-t}{50}\right)^3$.

(4) $\int_0^1 (1+i)^{1-s}(1-2s)\,ds = \dfrac{i}{\delta}\left(1 - \dfrac{2}{\delta} + \dfrac{2}{i}\right)$임을 보이시오.

$u' = (1+i)^{1-s}$, $v = 1-2s$ 라고 하고 식 (Ⅰ-33)을 이용하자.

식 (Ⅰ-33)을 이용하기 위해 미분을 하면 $(1+i)^{1-s}$가 되는 $u$를 구해보자.

$(1+i)^{1-s} = e^{\ln(1+i)^{1-s}}$이므로 식 (Ⅰ-27)에 의해

$\dfrac{d}{ds} e^{\ln(1+i)^{1-s}} = e^{\ln(1+i)^{1-s}} \times -\ln(1+i) = (1+i)^{1-s} \times -\ln(1+i)$임을 알 수 있다.

$$\frac{d}{ds}(1+i)^{1-s} = (1+i)^{1-s} \times -\ln(1+i) \qquad\qquad\text{(식 ①)}$$

식 ①의 양변을 $s$에 대하여 적분을 하면(구하는 목표는 $u = \displaystyle\int (1+i)^{1-s} ds$임)

$$\int \frac{d}{ds}(1+i)^{1-s} \, ds = \int (1+i)^{1-s} \, ds \times (-\ln(1+i))$$

위 식의 우변은 식 (Ⅰ-37)을 이용하면

$$\int \frac{d}{ds}(1+i)^{1-s} \, ds = (1+i)^{1-s}$$가 된다.

따라서 $u = \displaystyle\int (1+i)^{1-s} \, ds = \frac{-1}{\ln(1+i)}(1+i)^{1-s}$이므로

$$\int_0^1 (1+i)^{1-s}(1-2s) \, ds$$

$$= \left[ \frac{-1}{\ln(1+i)}(1+i)^{1-s}(1-2s) \right]_0^1 - \int_0^1 \frac{-1}{\ln(1+i)}(1+i)^{1-s}(-2) \, ds$$

식 (1.1.5.8)에 의해서 $\ln(1+i) = \delta$이므로

$$= \frac{1}{\delta} - \frac{-(1+i)}{\delta} - \frac{2}{\delta} \int_0^1 (1+i)^{1-s} \, ds$$

$$= \frac{1}{\delta} - \frac{-(1+i)}{\delta} - \frac{2}{\delta} \left[ \frac{-1}{\delta}(1+i)^{1-s} \right]_0^1$$

$$= \frac{2}{\delta} + \frac{i}{\delta} - \frac{2i}{\delta^2} = \frac{i}{\delta}\left( 1 - \frac{2}{\delta} + \frac{2}{i} \right)$$

## 1. UDD

### (1) de Moivre의 법칙

de Moivre의 법칙이 성립하면 생명표상에 나타나지 않은 단수부분의 가정은 당연히 UDD이다. 그러나 생명표가 주어지고 각 연령의 단수부분의 가정이 UDD라고 할 때 de Moivre의 법칙이 항상 성립하는 것은 아니다.

$$q_x = \mu_x = \frac{1}{\omega - x}, \ 0 \le x < \omega$$

$$s(x) = S_0(x) = \frac{\omega - x}{\omega}, \ 0 \le x \le \omega \qquad l_x = \frac{l_0}{\omega}(\omega - x)$$

$$f_0(x) = \frac{1}{\omega}, \ 0 \le x \le \omega \qquad T_x = \frac{l_0}{\omega}\frac{(\omega - x)^2}{2}$$

$$F_0(x) = \frac{x}{\omega}, \ 0 \le x \le \omega \qquad Y_x = \frac{l_0}{\omega}\frac{(\omega - x)^3}{6}$$

$$S_x(t) = \frac{\omega - x - t}{\omega - x}, \ 0 \le t \le \omega - x \qquad \text{Median}(X) = \frac{\omega}{2} = E(X)$$

$$f_x(t) = \frac{1}{\omega - x}, \ 0 \le t \le \omega - x \qquad \text{Median}(T) = \frac{\omega - x}{2} = E(T)$$

$$F_x(t) = \frac{t}{\omega - x}, \ 0 \le t \le \omega - x \qquad L_x = \frac{1}{2}(l_x + l_{x+1})$$

$$_t q_x = t \cdot q_x, \ 0 \le t \le \omega - x \qquad m_x = \frac{2 d_x}{l_x + l_{x+1}}$$

$$_t p_x \, \mu_{x+t} = q_x = \frac{1}{\omega - x}, \ 0 \le t \le \omega - x \qquad _n m_x = \frac{1}{\omega - x - \frac{1}{2}n}$$

$$_{n|m}q_x = \frac{m}{\omega - x}, \ m + n \le \omega - x \qquad a(x) = \frac{1}{2}$$

$$E(X) = \frac{\omega}{2} \qquad E(T) = \frac{\omega - x}{2} \qquad E(K) = \frac{\omega - x - 1}{2} = E(T) - \frac{1}{2}$$

$$\text{Var}(X) = \frac{\omega^2}{12} \qquad \text{Var}(T) = \frac{(\omega-x)^2}{12} \qquad \text{Var}(K) = \frac{(\omega-x)^2-1}{12}$$

$$E(S) = \frac{1}{2}$$

$$E[T(xx)] = \mathring{e}_{xx} = \frac{\omega-x}{3} \qquad\qquad E[T(\overline{xx})] = \frac{2}{3}(\omega-x)$$

$$E[T(xy)] = \mathring{e}_{xy} = {}_{y-x}p_x \mathring{e}_{yy} + {}_{y-x}q_x \mathring{e}_y, \ \ x < y$$

$$\text{Var}[T(xx)] = \frac{(\omega-x)^2}{18} \qquad\qquad {}_\infty q^1_{xy} = \frac{1}{2}\frac{l_y}{l_x}, \ \ x < y$$

$$\text{Cov}[T(xx),\, T(\overline{xx})] = \frac{(\omega-x)^2}{36}$$

$$\text{Var}[T(\overline{xx})] = \frac{(\omega-x)^2}{18}$$

$$\bar{A}_x = \bar{a}_{\overline{\omega-x}|} \qquad\qquad\qquad A_x = \frac{a_{\overline{\omega-x}|}}{\omega-x}$$

$${}^2\bar{A}_x = \frac{\bar{a}_{\overline{2(\omega-x)}|}}{2(\omega-x)} \qquad\qquad {}^2A_x = \frac{a_{\overline{2(\omega-x)}|}}{(\omega-x)s_{\overline{2}|}}$$

$$\bar{A}^1_{x:\overline{n}|} = \frac{\bar{a}_{\overline{n}|}}{\omega-x} = \frac{i}{\delta}A^1_{x:\overline{n}|} \qquad\qquad A^1_{x:\overline{n}|} = \frac{a_{\overline{n}|}}{\omega-x}$$

$${}^2\bar{A}^1_{x:\overline{n}|} = \frac{\bar{a}_{\overline{2n}|}}{2(\omega-x)} \qquad\qquad {}^2A^1_{x:\overline{n}|} = \frac{a_{\overline{2n}|}}{(\omega-x)s_{\overline{2}|}}$$

## (2) 단수부분의 UDD

$$\mu_{x+t} = \frac{q_x}{1-t\cdot q_x}, \quad {}_tp_x\mu_{x+t} = q_x, \quad {}_sq_{x+t} = \frac{s\cdot q_x}{1-t\cdot q_x}, \qquad s+t \le 1$$

$K$와 $S$는 독립적이다.

$$\text{Var}(T) = \text{Var}(K) + \frac{1}{12}$$

$$\bar{A}_x = \frac{i}{\delta}A_x, \qquad \bar{A}^1_{x:\overline{n}|} = \frac{i}{\delta}A^1_{x:\overline{n}|}, \qquad \bar{A}_{x:\overline{n}|} = \frac{i}{\delta}A^1_{x:\overline{n}|} + A^{\ 1}_{x:\overline{n}|}$$

$$(I\bar{A})_x = \frac{i}{\delta}(IA)_x, \quad (I\bar{A})^1_{x:\overline{n}|} = \frac{i}{\delta}(IA)^1_{x:\overline{n}|}, \quad (\bar{I}\bar{A})_x = \frac{i}{\delta}\left[(IA)_x - \left(\frac{1}{d} - \frac{1}{\delta}\right)A_x\right]$$

$$\fallingdotseq \frac{i}{\delta}\left[(IA)_x - \frac{1}{2}A_x\right]$$

$$A_x^{(m)} = \frac{i}{i^{(m)}}A_x \qquad P(\bar{A}_x) = \frac{i}{\delta}P_x \qquad P(\bar{A}^1_{x:\overline{n}|}) = \frac{i}{\delta}P^1_{x:\overline{n}|}$$

$$P(\bar{A}_{x:\overline{n}|}) = \frac{i}{\delta}P^1_{x:\overline{n}|} + P^{1}_{x:\overline{n}|}$$

$$\alpha(m) = \frac{id}{i^{(m)}d^{(m)}} \fallingdotseq 1, \quad \beta(m) = \frac{i - i^{(m)}}{i^{(m)}d^{(m)}} \fallingdotseq \frac{m-1}{2m}, \quad \gamma(m) = \frac{d^{(m)} - d}{i^{(m)}d^{(m)}} \fallingdotseq \frac{m-1}{2m}$$

$$\ddot{a}_x^{(m)} = \ddot{a}_{\overline{1}|}^{(m)}\ddot{a}_x - \beta(m)A_x = \alpha(m)\ddot{a}_x - \beta(m)$$

$$\ddot{a}_{x:\overline{n}|}^{(m)} = \ddot{a}_{\overline{1}|}^{(m)}\ddot{a}_{x:\overline{n}|} - \beta(m)A^1_{x:\overline{n}|} = \alpha(m)\ddot{a}_{x:\overline{n}|} - \beta(m)(1 - {}_nE_x)$$

$$_{n|}\ddot{a}_x^{(m)} = \ddot{a}_{\overline{1}|}^{(m)}{}_{n|}\ddot{a}_x - \beta(m){}_{n|}A_x = \alpha(m){}_{n|}\ddot{a}_x - \beta(m){}_nE_x$$

$$a_x^{(m)} = s_{\overline{1}|}^{(m)}a_x + (1+i)\gamma(m)A_x = \alpha(m)a_x + \gamma(m)$$

$$a_{x:\overline{n}|}^{(m)} = s_{\overline{1}|}^{(m)}a_{x:\overline{n}|} + (1+i)\gamma(m)A^1_{x:\overline{n}|} = \alpha(m)a_{x:\overline{n}|} + \gamma(m)(1 - {}_nE_x)$$

$$_{n|}a_x^{(m)} = s_{\overline{1}|}^{(m)}{}_{n|}a_x + (1+i)\gamma(m){}_{n|}A_x = \alpha(m){}_{n|}a_x + \gamma(m){}_nE_x$$

$$D_x^{(m)} = \alpha(m)D_x - \beta(m)(D_x - D_{x+1})$$

$$\tilde{D}_x^{(m)} = \alpha(m)D_x - [\alpha(m) - \gamma(m)](D_x - D_{x+1})$$

$$\bar{D}_x = \alpha(\infty)D_x - \beta(\infty)(D_x - D_{x+1})$$

$$N_x^{(m)} = \alpha(m)N_x - \beta(m)D_x$$

$$\tilde{N}_x^{(m)} = \alpha(m)N_x - [\alpha(m) - \gamma(m)]D_x$$

$$\bar{N}_x = \alpha(\infty)N_x - \beta(\infty)D_x$$

$$_k^hV_{x:\overline{n}|}^{(m)} - {}_k^hV_{x:\overline{n}|} = \beta(m){}_hP_{x:\overline{n}|}^{(m)}{}_kV^1_{x:\overline{h}|}$$

$$_k^hV^{(m)}(\bar{A}_{x:\overline{n}|}) - {}_k^hV(\bar{A}_{x:\overline{n}|}) = \beta(m){}_hP^{(m)}(\bar{A}_{x:\overline{n}|}){}_kV^1_{x:\overline{h}|}$$

$$q^1_{xy} = q_x\left(1 - \frac{1}{2}q_y\right) \qquad\qquad {}_tp_{xy}\ \mu_{x+t:y+t} = q_{xy} + (1-2t)q_{\overline{xy}}$$

$$q^2_{xy} = \frac{1}{2}q_xq_y \qquad\qquad {}_tp_{xy}\ \mu_{x+t} = q^1_{xy} + \left(\frac{1}{2} - t\right)q_{\overline{xy}}$$

$$\bar{A}_{xy} = \frac{i}{\delta}A_{xy} + \frac{i}{\delta}\left(1 - \frac{2}{\delta} + \frac{2}{i}\right)\sum_{k=0}^{\infty}v^{k+1}\cdot{}_{k|}q_x\cdot{}_{k|}q_y$$

$$A^{(m)}_{xy} = \frac{i}{i^{(m)}}A_{xy} + \frac{i}{i^{(m)}}\left[1 + \frac{1}{m} - \frac{2}{d^{(m)}} + \frac{2}{i}\right]\sum_{k=0}^{\infty}v^{k+1}\cdot{}_{k|}q_x\cdot{}_{k|}q_y$$

$$\bar{a}_{xx} = a(\infty)\ddot{a}_{xy} - \beta(\infty) - \frac{i}{\delta^2}\left(1 - \frac{2}{\delta} + \frac{2}{i}\right)\sum_{k=0}^{\infty}v^{k+1}\cdot{}_{k|}q_x\cdot{}_{k|}q_y$$

$$\bar{A}^1_{xy} = \frac{i}{\delta}A^1_{xy} + \frac{i}{2\delta}\left(1 - \frac{2}{\delta} + \frac{2}{i}\right)\sum_{k=0}^{\infty}v^{k+1}\cdot{}_{k|}q_x\cdot{}_{k|}q_y$$

## 2. 지수분포

$$\mu_x = \mu = m_x = -\ln p_x \quad (\text{모든 } x)$$

$$s(x) = S_0(x) = e^{-\mu x} = {}_xp_0 \qquad\qquad l_x = l_0\, e^{-\mu x}$$

$$f_0(x) = \mu\, e^{-\mu x} = {}_xp_0\, \mu_x \qquad\qquad T_x = \frac{1}{\mu}l_0\, e^{-\mu x}$$

$$F_0(x) = 1 - e^{-\mu x} = {}_xq_0 \qquad\qquad Y_x = \frac{1}{\mu^2}l_0\, e^{-\mu x}$$

$$S_x(t) = e^{-\mu t} = {}_tp_x = (p_x)^t \qquad\qquad \text{Mode}[X] = 0 = \text{Mode}[T]$$

$$f_x(t) = \mu e^{-\mu t} = {}_tp_x\, \mu_{x+t} \qquad\qquad \text{Median}[X] = \frac{1}{\mu}\ln 2 = \text{Median}[T]$$

$$F_x(t) = 1 - e^{-\mu t} = {}_tq_x \qquad\qquad E[X] = \frac{1}{\mu} = E[T]$$

$$a(x) = \frac{1}{\mu} - \frac{p_x}{q_x}$$

$$E(X) = \mathring{e}_0 = \frac{1}{\mu} \qquad\quad E(T) = \mathring{e}_x = \frac{1}{\mu} \qquad\quad E(K) = e_x = \frac{1}{(e^{\mu} - 1)} = \frac{p_x}{q_x}$$

$$\text{Var}(X) = \frac{1}{\mu^2} \qquad \text{Var}(T) = \frac{1}{\mu^2} \qquad \text{Var}(K) = \frac{e^\mu}{(e^\mu - 1)^2} = \frac{p_x}{q_x^2}$$

$$E[T(xy)] = \overset{\circ}{e}_{xy} = \frac{1}{2\mu}, \quad E[T(\overline{xy})] = \overset{\circ}{e}_{\overline{xy}} = \frac{3}{2\mu}, \quad \text{Cov}[T(x), T(y)] = \frac{1}{4\mu^2}$$

$$\text{Var}[T(xy)] = \frac{1}{4\mu^2}, \qquad \text{Var}[T(\overline{xy})] = \frac{5}{4\mu^2}, \qquad \text{Cov}[T(x), T(y)] = \frac{3}{4\mu^2}$$

$$E[K(xy)] = e_{xy} = \frac{1}{(e^{2\mu} - 1)} = \frac{p_{xy}}{q_{xy}}, \qquad \text{Cov}[T(xy), T(\overline{xy})] = \frac{1}{4\mu^2}$$

$$\text{Var}[K(xy)] = \frac{1}{[e^\mu - e^{-\mu}]^2} = \frac{p_{xy}}{(q_{xy})^2}$$

$$\bar{A}_x = \frac{\mu}{\mu + \delta} \qquad A_x = \frac{q_x}{q_x + i} \qquad {}_nE_x = e^{-n(\mu + \delta)}$$

$${}^2\bar{A}_x = \frac{\mu}{\mu + 2\delta} \qquad {}^2A_x = \frac{q_x}{q_x + 2i + i^2} \qquad \frac{d}{dx}\bar{A}_x = \Delta A_x = 0$$

$$\bar{A}_{xy} = \frac{2\mu}{2\mu + \delta} \qquad A_{xy} = \frac{q_{xx}}{q_{xx} + i} \qquad {}_t\bar{V}(\bar{A}_x) = {}_kV_x = 0$$

$${}^2\bar{A}_{xy} = \frac{\mu}{\mu + \delta} \qquad {}^2A_{xy} = \frac{q_{xx}}{q_{xx} + 2i + i^2} \qquad {}_{n|}\bar{A}_x = \bar{A}_x \cdot {}_nE_x$$

$$\bar{a}_x = \frac{1}{\mu + \delta} \qquad \ddot{a}_x = \frac{1+i}{q_x + i} = \frac{1}{vq_x + d} \qquad a_x = \frac{p_x}{q_x + i}$$

$$\bar{a}_{xy} = \frac{1}{2\mu + \delta} \qquad \ddot{a}_{xy} = \frac{1+i}{q_{xx} + i} = \frac{1}{vq_{xx} + d} \qquad a_{xx} = \frac{p_{xx}}{q_{xx} + i}$$

$${}^2\bar{a}_x = \frac{1}{\mu + 2\delta} \qquad \frac{d}{dx}\bar{a}_x = \Delta a_x = 0 \qquad {}_{n|}\bar{a}_x = \bar{a}_x \cdot {}_nE_x$$

$${}^2\bar{a}_{xy} = \frac{1}{2\mu + 2\delta} \qquad\qquad\qquad\qquad \bar{a}_{x:\overline{n|}} = \bar{a}_x(1 - {}_nE_x)$$

$$P_x = vq_x \qquad \text{Var}[{}_tL] = {}^2\bar{A}_x = \frac{\mu}{\mu + 2\delta} \qquad \left(\begin{array}{c}\text{보험금 사망즉시급}\\ \text{연속납 보험료}\end{array}\right)$$

$$\bar{P}(\bar{A}_x) = \mu_x = \frac{1}{\overset{\circ}{e}_x} \qquad \text{Var}[{}_kL] = P \cdot {}^2A_x = \frac{p_x q_x}{q_x + 2i + i^2} \qquad \left(\begin{array}{c}\text{보험금연말급,}\\ \text{연납보험료}\end{array}\right)$$

$$_\infty q_{xy}^1 = {}_\infty q_{xy}^2 = \frac{1}{2}$$

$$\bar{A}_{xy}^1 = \frac{\mu}{2\mu+\delta} \qquad \bar{A}_{xy}^2 = \frac{\mu}{2\mu+\delta} \cdot \frac{\mu}{\mu+\delta} \qquad A_{xy}^1 = \frac{1}{2}\frac{q_{xx}}{q_{xx}+i}$$

$$\bar{a}_{x|y} = \bar{a}_y - \bar{a}_{xy} = \bar{A}_{xy}^1\,\bar{a}_y = \frac{\mu}{(2\mu+\delta)(\mu+\delta)}$$

$$(\bar{I}\bar{a})_x = \left[\frac{1}{\mu+\delta}\right]^2 = (\bar{a}_x)^2 \qquad\qquad (I\ddot{a})_x = (\ddot{a}_x)^2$$

$$(\bar{I}\bar{A})_x = \frac{\mu}{(\mu+\delta)^2} \qquad\qquad (Ia)_x = a_x\,\ddot{a}_x$$

$$(I\bar{a})_x = \ddot{a}_x\,\bar{a}_x \qquad\qquad (IA)_x = \ddot{a}_x\,A_x$$

$$(I\bar{A})_x = \ddot{a}_x\,\bar{A}_x$$

(1) $\dfrac{d}{dv}\delta = -\dfrac{1}{v}$

(2) $\dfrac{d}{di}d = v^2$

(3) $\dfrac{d}{dn}a_{\overline{n}|} = \dfrac{v^n}{s_{\overline{1}|}}$

(4) $\dfrac{d}{dn}\bar{a}_{\overline{n}|} = 1 - \delta\,\bar{a}_{\overline{n}|}$

(5) $\dfrac{d}{dn}\bar{s}_{\overline{n}|} = 1 + \delta\,\bar{s}_{\overline{n}|}$

(6) $\dfrac{d}{di}a_{\overline{n}|} = -v(Ia)_{\overline{n}|}$

(7) $\dfrac{d}{di}\bar{a}_{\overline{n}|} = -v(\bar{I}\,\bar{a})_{\overline{n}|}$

(8) $\dfrac{d}{dx}l_x = -l_x\,\mu_x$

(9) $\dfrac{d}{dx}\ln l_x = -\mu_x$

(10) $\dfrac{d}{dx}q_x = p_x(\mu_{x+1} - \mu_x)$

(11) $\dfrac{\partial}{\partial x}{}_tp_x = {}_tp_x(\mu_x - \mu_{x+t})$

(12) $\dfrac{\partial}{\partial t}{}_tp_x = -{}_tp_x\,\mu_{x+t}$

(13) $\dfrac{d}{dx}\overset{\circ}{e}_x = \mu_x\,\overset{\circ}{e}_x - 1$

(14) $\dfrac{d}{dt}({}_tp_x\,\overset{\circ}{e}_{x+t}) = -{}_tp_x$

(15) $\dfrac{d}{dx}L_x = -d_x$

(16) $\dfrac{d}{dx}\ln L_x = -m_x$

(17) $\dfrac{d}{dx}T_x = -l_x$

(18) $\dfrac{d}{dx}\dfrac{T_x}{l_x} = \mu_x\dfrac{T_x}{l_x} - 1$

(19) $\dfrac{d}{dx}Y_x = -T_x$

(20) $\dfrac{d}{dx}D_x = -D_x(\mu_x + \delta)$

(21) $\dfrac{d}{dx}\bar{M}_x = -\mu_x D_x$

(22) $\dfrac{d}{dx}\bar{A}_x = \bar{A}_x(\mu_x + \delta) - \mu_x$

(23) $\dfrac{d}{dx}{}_nE_x = {}_nE_x(\mu_x - \mu_{x+n})$

(24) $\dfrac{d}{dn}{}_nE_x = -{}_nE_x(\mu_{x+n} + \delta)$

(25) $\dfrac{d}{dx}\bar{A}_{x:\overline{n}|}^{1} = \bar{A}_{x:\overline{n}|}^{1}(\mu_x + \delta) + A_{x:\overline{n}|}^{\;\;1}\mu_{x+n} - \mu_x$

(26) $\dfrac{d}{di}A_x = -v(IA)_x$

(27) $\dfrac{d}{di}\bar{A}_x = -v(\bar{I}\,\bar{A})_x$

(28) $\dfrac{d}{dx}\bar{N}_x = -D_x$

(29) $\dfrac{d}{dx}\bar{a}_x = \bar{a}_x(\mu_x + \delta) - 1 = \mu_x\bar{a}_x - \bar{A}_x$

(30) $\dfrac{d}{dx}(l_x\bar{a}_x) = -l_x\bar{A}_x$

(31) $\dfrac{d}{dx}\bar{a}_{x:\overline{n}|} = \mu_x\bar{a}_{x:\overline{n}|} - \bar{A}_{x:\overline{n}|}^{1}$

(32) $\dfrac{d}{dx}\,\bar{A}_{x:\overline{n}|} = \delta\left(\bar{A}^{1}_{x:\overline{n}|} - \mu_x\,\bar{a}_{x:\overline{n}|}\right)$ 　　(33) $\dfrac{d}{dn}\,\bar{a}_{x:\overline{n}|} = A_{x:\overline{n}|}^{\;1}$

(34) $\dfrac{d}{dn}\,_{n|}\bar{a}_x = -\,_nE_x$ 　　(35) $\dfrac{d}{dx}\,(\bar{I}\bar{a})_{x:\overline{n}|} = \mu_x\,(\bar{I}\bar{a})_{x:\overline{n}|} - (\bar{I}\bar{A})^{1}_{x:\overline{n}|}$

(36) $\dfrac{d}{dx}\,(\bar{I}\bar{A})_x = -\bar{A}_x + (\delta + \mu_x)\,(\bar{I}\bar{A})_x$ 　　(37) $\dfrac{\partial}{\partial n}\,(\bar{D}\bar{a})_{x:\overline{n}|} = \bar{a}_{x:\overline{n}|}$

(38) $\dfrac{d}{dx}\,\bar{s}_{x:\overline{n}|} = \bar{s}_{x:\overline{n}|}\,\mu_{x+n} - \dfrac{1}{_nE_x}\bar{A}^{1}_{x:\overline{n}|}$ 　　(39) $\dfrac{d}{di}\,\ddot{a}_x = \dfrac{d}{di}\,a_x = -v(Ia)_x$

(40) $\dfrac{d}{di}\,\bar{a}_x = -v(\bar{I}\bar{a})_x$ 　　(41) $\dfrac{d}{d\delta}\,\bar{a}_x = -(\bar{I}\bar{a})_x$

(42) $\dfrac{d}{di}\,\bar{a}_{x:\overline{n}|} = -v(\bar{I}\bar{a})_{x:\overline{n}|}$ 　　(43) $\dfrac{d}{d\delta}\,\bar{a}_{x:\overline{n}|} = -(\bar{I}\bar{a})_{x:\overline{n}|}$

(44) $\dfrac{d}{dx}\,\bar{P}\left(\bar{A}_{x:\overline{n}|}\right) = \left[\bar{P}\left(\bar{A}_{x:\overline{n}|}\right) + \delta\right]\cdot\left[\bar{P}\left(\bar{A}^{1}_{x:\overline{n}|}\right) - \mu_x\right]$

(45) $\dfrac{d}{dx}\,\ln(l_x\,\bar{a}_x) = -\bar{P}(\bar{A}_x)$ 　　(46) $\dfrac{d}{dt}\,_t\bar{V}(\bar{A}_x) = \dfrac{\bar{A}_{x+t} - \mu_{x+t}\,\bar{a}_{x+t}}{\bar{a}_x}$

(47) $\dfrac{d}{dx}\,_t\bar{V}(\bar{A}_x) = -\dfrac{\bar{a}_{x+t}}{\bar{a}_x}(\mu_{x+t} - \mu_x) + \dfrac{1}{\bar{a}_x}\,_t\bar{V}(\bar{A}_x)$

(48) $\dfrac{d}{dt}\left[\,_tp_x\,v^t\,_t\bar{V}(\bar{A}_x)\right] = \,_tp_x\,v^t\left[\bar{P}(\bar{A}_x) - \mu_{x+t}\right]$

(49) $\dfrac{d}{dt}\,_t\bar{V}\left(\bar{A}^{1}_{x:\overline{n}|}\right) = \bar{P}\left(\bar{A}^{1}_{x:\overline{n}|}\right) + \delta - (\mu_{x+t} + \delta)\left[1 - \,_t\bar{V}\left(\bar{A}^{1}_{x:\overline{n}|}\right)\right]$

(50) $\dfrac{d}{dt}\,_t\bar{V}(\bar{A}_x) = \bar{P}(\bar{A}_x) + \delta - (\mu_{x+t} + \delta)\left[1 - \,_t\bar{V}(\bar{A}_x)\right]$

(51) $\dfrac{d}{dt}\,_t\bar{V}\left(\bar{A}_{x:\overline{n}|}\right) = \bar{P}\left(\bar{A}_{x:\overline{n}|}\right) + \delta - (\mu_{x+t} + \delta)\left[1 - \,_t\bar{V}\left(\bar{A}_{x:\overline{n}|}\right)\right]$

(52) $\dfrac{\partial}{\partial x}\,\overset{\circ}{e}_{xy} = \mu_x\,\overset{\circ}{e}_{xy} - \,_\infty q^{1}_{xy}$ 　　(53) $\dfrac{\partial}{\partial x}\,\bar{a}_{xy} = \mu_x\,\bar{a}_{xy} - \bar{A}^{1}_{xy}$

(54) $\dfrac{\partial}{\partial x}\,\bar{a}_{y|x} = \mu_x\,\bar{a}_{y|x} - \bar{A}^{2}_{xy}$

(표 1) 이자표($i = 3\%$)

| $n$ | $(1+i)^n$ | $v^n$ | $s_{\overline{n}\rceil}$ | $a_{\overline{n}\rceil}$ | $n$ |
|---|---|---|---|---|---|
| 1 | 1.030000 | 0.970874 | 1.000000 | 0.970874 | 1 |
| 2 | 1.060900 | 0.942596 | 2.030000 | 1.913470 | 2 |
| 3 | 1.092727 | 0.915142 | 3.090900 | 2.828611 | 3 |
| 4 | 1.125509 | 0.888487 | 4.183627 | 3.717098 | 4 |
| 5 | 1.159274 | 0.862609 | 5.309136 | 4.579707 | 5 |
| 6 | 1.194052 | 0.837484 | 6.468410 | 5.417191 | 6 |
| 7 | 1.229874 | 0.813092 | 7.662462 | 6.230283 | 7 |
| 8 | 1.266770 | 0.789409 | 8.892336 | 7.019692 | 8 |
| 9 | 1.304773 | 0.766417 | 10.159106 | 7.786109 | 9 |
| 10 | 1.343916 | 0.744094 | 11.463879 | 8.530203 | 10 |
| 11 | 1.384234 | 0.722421 | 12.807796 | 9.252624 | 11 |
| 12 | 1.425761 | 0.701380 | 14.192030 | 9.954004 | 12 |
| 13 | 1.468534 | 0.680951 | 15.617790 | 10.634955 | 13 |
| 14 | 1.512590 | 0.661118 | 17.086324 | 11.296073 | 14 |
| 15 | 1.557967 | 0.641862 | 18.598914 | 11.937935 | 15 |
| 16 | 1.604706 | 0.623167 | 20.156881 | 12.561102 | 16 |
| 17 | 1.652848 | 0.605016 | 21.761588 | 13.166118 | 17 |
| 18 | 1.702433 | 0.587395 | 23.414435 | 13.753513 | 18 |
| 19 | 1.753506 | 0.570286 | 25.116868 | 14.323799 | 19 |
| 20 | 1.806111 | 0.553676 | 26.870374 | 14.877475 | 20 |
| 21 | 1.860295 | 0.537549 | 28.676486 | 15.415024 | 21 |
| 22 | 1.916103 | 0.521893 | 30.536780 | 15.936917 | 22 |
| 23 | 1.973587 | 0.506692 | 32.452884 | 16.443608 | 23 |
| 24 | 2.032794 | 0.491934 | 34.426470 | 16.935542 | 24 |
| 25 | 2.093778 | 0.477606 | 36.459264 | 17.413148 | 25 |
| 26 | 2.156591 | 0.463695 | 38.553042 | 17.876842 | 26 |
| 27 | 2.221289 | 0.450189 | 40.709634 | 18.327031 | 27 |
| 28 | 2.287928 | 0.437077 | 42.930923 | 18.764108 | 28 |
| 29 | 2.356566 | 0.424346 | 45.218850 | 19.188455 | 29 |
| 30 | 2.427262 | 0.411987 | 47.575416 | 19.600441 | 30 |
| 31 | 2.500080 | 0.399987 | 50.002678 | 20.000428 | 31 |
| 32 | 2.575083 | 0.388337 | 52.502759 | 20.388766 | 32 |
| 33 | 2.652335 | 0.377026 | 55.077841 | 20.765792 | 33 |
| 34 | 2.731905 | 0.366045 | 57.730177 | 21.131837 | 34 |
| 35 | 2.813862 | 0.355383 | 60.462082 | 21.487220 | 35 |
| 36 | 2.898278 | 0.345032 | 63.275944 | 21.832252 | 36 |
| 37 | 2.985227 | 0.334983 | 66.174223 | 22.167235 | 37 |
| 38 | 3.074783 | 0.325226 | 69.159449 | 22.492462 | 38 |
| 39 | 3.167027 | 0.315754 | 72.234233 | 22.808215 | 39 |
| 40 | 3.262038 | 0.306557 | 75.401260 | 23.114772 | 40 |
| 41 | 3.359899 | 0.297628 | 78.663298 | 23.412400 | 41 |
| 42 | 3.460696 | 0.288959 | 82.023196 | 23.701359 | 42 |
| 43 | 3.564517 | 0.280543 | 85.483892 | 23.981902 | 43 |
| 44 | 3.671452 | 0.272372 | 89.048409 | 24.254274 | 44 |
| 45 | 3.781596 | 0.264439 | 92.719861 | 24.518713 | 45 |
| 46 | 3.895044 | 0.256737 | 96.501457 | 24.775449 | 46 |
| 47 | 4.011895 | 0.249259 | 100.396501 | 25.024708 | 47 |
| 48 | 4.132252 | 0.241999 | 104.408396 | 25.266707 | 48 |
| 49 | 4.256219 | 0.234950 | 108.540648 | 25.501657 | 49 |
| 50 | 4.383906 | 0.228107 | 112.796867 | 25.729764 | 50 |

(표 1) 이자표($i = 4\%$)

| $n$ | $(1+i)^n$ | $v^n$ | $s_{\overline{n}|}$ | $a_{\overline{n}|}$ | $n$ |
|---|---|---|---|---|---|
| 1 | 1.040000 | 0.961538 | 1.000000 | 0.961538 | 1 |
| 2 | 1.081600 | 0.924556 | 2.040000 | 1.886095 | 2 |
| 3 | 1.124864 | 0.888996 | 3.121600 | 2.775091 | 3 |
| 4 | 1.169859 | 0.854804 | 4.246464 | 3.629895 | 4 |
| 5 | 1.216653 | 0.821927 | 5.416323 | 4.451822 | 5 |
| 6 | 1.265319 | 0.790315 | 6.632975 | 5.242137 | 6 |
| 7 | 1.315932 | 0.759918 | 7.898294 | 6.002055 | 7 |
| 8 | 1.368569 | 0.730690 | 9.214226 | 6.732745 | 8 |
| 9 | 1.423312 | 0.702587 | 10.582795 | 7.435332 | 9 |
| 10 | 1.480244 | 0.675564 | 12.006107 | 8.110896 | 10 |
| 11 | 1.539454 | 0.649581 | 13.486351 | 8.760477 | 11 |
| 12 | 1.601032 | 0.624597 | 15.025805 | 9.385074 | 12 |
| 13 | 1.665074 | 0.600574 | 16.626838 | 9.985648 | 13 |
| 14 | 1.731676 | 0.577475 | 18.291911 | 10.563123 | 14 |
| 15 | 1.800944 | 0.555265 | 20.023588 | 11.118387 | 15 |
| 16 | 1.872981 | 0.533908 | 21.824531 | 11.652296 | 16 |
| 17 | 1.947900 | 0.513373 | 23.697512 | 12.165669 | 17 |
| 18 | 2.025817 | 0.493628 | 25.645413 | 12.659297 | 18 |
| 19 | 2.106849 | 0.474642 | 27.671229 | 13.133939 | 19 |
| 20 | 2.191123 | 0.456387 | 29.778079 | 13.590326 | 20 |
| 21 | 2.278768 | 0.438834 | 31.969202 | 14.029160 | 21 |
| 22 | 2.369919 | 0.421955 | 34.247970 | 14.451115 | 22 |
| 23 | 2.464716 | 0.405726 | 36.617889 | 14.856842 | 23 |
| 24 | 2.563304 | 0.390121 | 39.082604 | 15.246963 | 24 |
| 25 | 2.665836 | 0.375117 | 41.645908 | 15.622080 | 25 |
| 26 | 2.772470 | 0.360689 | 44.311745 | 15.982769 | 26 |
| 27 | 2.883369 | 0.346817 | 47.084214 | 16.329586 | 27 |
| 28 | 2.998703 | 0.333477 | 49.967583 | 16.663063 | 28 |
| 29 | 3.118651 | 0.320651 | 52.966286 | 16.983715 | 29 |
| 30 | 3.243398 | 0.308319 | 56.084938 | 17.292033 | 30 |
| 31 | 3.373133 | 0.296460 | 59.328335 | 17.588494 | 31 |
| 32 | 3.508059 | 0.285058 | 62.701469 | 17.873551 | 32 |
| 33 | 3.648381 | 0.274094 | 66.209527 | 18.147646 | 33 |
| 34 | 3.794316 | 0.263552 | 69.857909 | 18.411198 | 34 |
| 35 | 3.946089 | 0.253415 | 73.652225 | 18.664613 | 35 |
| 36 | 4.103933 | 0.243669 | 77.598314 | 18.908282 | 36 |
| 37 | 4.268090 | 0.234297 | 81.702246 | 19.142579 | 37 |
| 38 | 4.438813 | 0.225285 | 85.970336 | 19.367864 | 38 |
| 39 | 4.616366 | 0.216621 | 90.409150 | 19.584485 | 39 |
| 40 | 4.801021 | 0.208289 | 95.025516 | 19.792774 | 40 |
| 41 | 4.993061 | 0.200278 | 99.826536 | 19.993052 | 41 |
| 42 | 5.192784 | 0.192575 | 104.819598 | 20.185627 | 42 |
| 43 | 5.400495 | 0.185168 | 110.012382 | 20.370795 | 43 |
| 44 | 5.616515 | 0.178046 | 115.412877 | 20.548841 | 44 |
| 45 | 5.841176 | 0.171198 | 121.029392 | 20.720040 | 45 |
| 46 | 6.074823 | 0.164614 | 126.870568 | 20.884654 | 46 |
| 47 | 6.317816 | 0.158283 | 132.945390 | 21.042936 | 47 |
| 48 | 6.570528 | 0.152195 | 139.263206 | 21.195131 | 48 |
| 49 | 6.833349 | 0.146341 | 145.833734 | 21.341472 | 49 |
| 50 | 7.106683 | 0.140713 | 152.667084 | 21.482185 | 50 |

(표 1)  이자표($i = 5\%$)

| $n$ | $(1+i)^n$ | $v^n$ | $s_{\overline{n}\|}$ | $a_{\overline{n}\|}$ | $n$ |
|---|---|---|---|---|---|
| 1 | 1.050000 | 0.952381 | 1.000000 | 0.952381 | 1 |
| 2 | 1.102500 | 0.907029 | 2.050000 | 1.859410 | 2 |
| 3 | 1.157625 | 0.863838 | 3.152500 | 2.723248 | 3 |
| 4 | 1.215506 | 0.822702 | 4.310125 | 3.545951 | 4 |
| 5 | 1.276282 | 0.783526 | 5.525631 | 4.329477 | 5 |
| 6 | 1.340096 | 0.746215 | 6.801913 | 5.075692 | 6 |
| 7 | 1.407100 | 0.710681 | 8.142008 | 5.786373 | 7 |
| 8 | 1.477455 | 0.676839 | 9.549109 | 6.463213 | 8 |
| 9 | 1.551328 | 0.644609 | 11.026564 | 7.107822 | 9 |
| 10 | 1.628895 | 0.613913 | 12.577893 | 7.721735 | 10 |
| 11 | 1.710339 | 0.584679 | 14.206787 | 8.306414 | 11 |
| 12 | 1.795856 | 0.556837 | 15.917127 | 8.863252 | 12 |
| 13 | 1.885649 | 0.530321 | 17.712983 | 9.393573 | 13 |
| 14 | 1.979932 | 0.505068 | 19.598632 | 9.898641 | 14 |
| 15 | 2.078928 | 0.481017 | 21.578564 | 10.379658 | 15 |
| 16 | 2.182875 | 0.458112 | 23.657492 | 10.837770 | 16 |
| 17 | 2.292018 | 0.436297 | 25.840366 | 11.274066 | 17 |
| 18 | 2.406619 | 0.415521 | 28.132385 | 11.689587 | 18 |
| 19 | 2.526950 | 0.395734 | 30.539004 | 12.085321 | 19 |
| 20 | 2.653298 | 0.376889 | 33.065954 | 12.462210 | 20 |
| 21 | 2.785963 | 0.358942 | 35.719252 | 12.821153 | 21 |
| 22 | 2.925261 | 0.341850 | 38.505214 | 13.163003 | 22 |
| 23 | 3.071524 | 0.325571 | 41.430475 | 13.488574 | 23 |
| 24 | 3.225100 | 0.310068 | 44.501999 | 13.798642 | 24 |
| 25 | 3.386355 | 0.295303 | 47.727099 | 14.093945 | 25 |
| 26 | 3.555673 | 0.281241 | 51.113454 | 14.375185 | 26 |
| 27 | 3.733456 | 0.267848 | 54.669126 | 14.643034 | 27 |
| 28 | 3.920129 | 0.255094 | 58.402583 | 14.898127 | 28 |
| 29 | 4.116136 | 0.242946 | 62.322712 | 15.141074 | 29 |
| 30 | 4.321942 | 0.231377 | 66.438848 | 15.372451 | 30 |
| 31 | 4.538039 | 0.220359 | 70.760790 | 15.592811 | 31 |
| 32 | 4.764941 | 0.209866 | 75.298829 | 15.802677 | 32 |
| 33 | 5.003189 | 0.199873 | 80.063771 | 16.002549 | 33 |
| 34 | 5.253348 | 0.190355 | 85.066959 | 16.192904 | 34 |
| 35 | 5.516015 | 0.181290 | 90.320307 | 16.374194 | 35 |
| 36 | 5.791816 | 0.172657 | 95.836323 | 16.546852 | 36 |
| 37 | 6.081407 | 0.164436 | 101.628139 | 16.711287 | 37 |
| 38 | 6.385477 | 0.156605 | 107.709546 | 16.867893 | 38 |
| 39 | 6.704751 | 0.149148 | 114.095023 | 17.017041 | 39 |
| 40 | 7.039989 | 0.142046 | 120.799774 | 17.159086 | 40 |
| 41 | 7.391988 | 0.135282 | 127.839763 | 17.294368 | 41 |
| 42 | 7.761588 | 0.128840 | 135.231751 | 17.423208 | 42 |
| 43 | 8.149667 | 0.122704 | 142.993339 | 17.545912 | 43 |
| 44 | 8.557150 | 0.116861 | 151.143006 | 17.662773 | 44 |
| 45 | 8.985008 | 0.111297 | 159.700156 | 17.774070 | 45 |
| 46 | 9.434258 | 0.105997 | 168.685164 | 17.880066 | 46 |
| 47 | 9.905971 | 0.100949 | 178.119422 | 17.981016 | 47 |
| 48 | 10.401270 | 0.096142 | 188.025393 | 18.077158 | 48 |
| 49 | 10.921333 | 0.091564 | 198.426663 | 18.168722 | 49 |
| 50 | 11.467400 | 0.087204 | 209.347996 | 18.255925 | 50 |

(표 1) 이자표($i = 6\%$)

| $n$ | $(1+i)^n$ | $v^n$ | $s_{\overline{n}\rceil}$ | $a_{\overline{n}\rceil}$ | $n$ |
|---|---|---|---|---|---|
| 1 | 1.060000 | 0.943396 | 1.000000 | 0.943396 | 1 |
| 2 | 1.123600 | 0.889996 | 2.060000 | 1.833393 | 2 |
| 3 | 1.191016 | 0.839619 | 3.183600 | 2.673012 | 3 |
| 4 | 1.262477 | 0.792094 | 4.374616 | 3.465106 | 4 |
| 5 | 1.338226 | 0.747258 | 5.637093 | 4.212364 | 5 |
| 6 | 1.418519 | 0.704961 | 6.975319 | 4.917324 | 6 |
| 7 | 1.503630 | 0.665057 | 8.393838 | 5.582381 | 7 |
| 8 | 1.593848 | 0.627412 | 9.897468 | 6.209794 | 8 |
| 9 | 1.689479 | 0.591898 | 11.491316 | 6.801692 | 9 |
| 10 | 1.790848 | 0.558395 | 13.180795 | 7.360087 | 10 |
| 11 | 1.898299 | 0.526788 | 14.971643 | 7.886875 | 11 |
| 12 | 2.012196 | 0.496969 | 16.869941 | 8.383844 | 12 |
| 13 | 2.132928 | 0.468839 | 18.882138 | 8.852683 | 13 |
| 14 | 2.260904 | 0.442301 | 21.015066 | 9.294984 | 14 |
| 15 | 2.396558 | 0.417265 | 23.275970 | 9.712249 | 15 |
| 16 | 2.540352 | 0.393646 | 25.672528 | 10.105895 | 16 |
| 17 | 2.692773 | 0.371364 | 28.212880 | 10.477260 | 17 |
| 18 | 2.854339 | 0.350344 | 30.905653 | 10.827603 | 18 |
| 19 | 3.025600 | 0.330513 | 33.759992 | 11.158116 | 19 |
| 20 | 3.207135 | 0.311805 | 36.785591 | 11.469921 | 20 |
| 21 | 3.399564 | 0.294155 | 39.992727 | 11.764077 | 21 |
| 22 | 3.603537 | 0.277505 | 43.392290 | 12.041582 | 22 |
| 23 | 3.819750 | 0.261797 | 46.995828 | 12.303379 | 23 |
| 24 | 4.048935 | 0.246979 | 50.815577 | 12.550358 | 24 |
| 25 | 4.291871 | 0.232999 | 54.864512 | 12.783356 | 25 |
| 26 | 4.549383 | 0.219810 | 59.156383 | 13.003166 | 26 |
| 27 | 4.822346 | 0.207368 | 63.705766 | 13.210534 | 27 |
| 28 | 5.111687 | 0.195630 | 68.528112 | 13.406164 | 28 |
| 29 | 5.418388 | 0.184557 | 73.639798 | 13.590721 | 29 |
| 30 | 5.743491 | 0.174110 | 79.058186 | 13.764831 | 30 |
| 31 | 6.088101 | 0.164255 | 84.801677 | 13.929086 | 31 |
| 32 | 6.453387 | 0.154957 | 90.889778 | 14.084043 | 32 |
| 33 | 6.840590 | 0.146186 | 97.343165 | 14.230230 | 33 |
| 34 | 7.251025 | 0.137912 | 104.183755 | 14.368141 | 34 |
| 35 | 7.686087 | 0.130105 | 111.434780 | 14.498246 | 35 |
| 36 | 8.147252 | 0.122741 | 119.120867 | 14.620987 | 36 |
| 37 | 8.636087 | 0.115793 | 127.268119 | 14.736780 | 37 |
| 38 | 9.154252 | 0.109239 | 135.904206 | 14.846019 | 38 |
| 39 | 9.703507 | 0.103056 | 145.058458 | 14.949075 | 39 |
| 40 | 10.285718 | 0.097222 | 154.761966 | 15.046297 | 40 |
| 41 | 10.902861 | 0.091719 | 165.047684 | 15.138016 | 41 |
| 42 | 11.557033 | 0.086527 | 175.950545 | 15.224543 | 42 |
| 43 | 12.250455 | 0.081630 | 187.507577 | 15.306173 | 43 |
| 44 | 12.985482 | 0.077009 | 199.758032 | 15.383182 | 44 |
| 45 | 13.764611 | 0.072650 | 212.743514 | 15.455832 | 45 |
| 46 | 14.590487 | 0.068538 | 226.508125 | 15.524370 | 46 |
| 47 | 15.465917 | 0.064658 | 241.098612 | 15.589028 | 47 |
| 48 | 16.393872 | 0.060998 | 256.564529 | 15.650027 | 48 |
| 49 | 17.377504 | 0.057546 | 272.958401 | 15.707572 | 49 |
| 50 | 18.420154 | 0.054288 | 290.335905 | 15.761861 | 50 |

(표 2)  제7회 경험생명표(남)(참조위험률(할증후))

| x | $l_x$ | $d_x$ | $p_x$ | $q_x$ | $\mu_x$ | $\overset{\circ}{e}_x$ | x |
|---|---|---|---|---|---|---|---|
| 0 | 100000.00 | 416.00 | 0.99584 | 0.00416 | | 79.86 | 0 |
| 1 | 99584.00 | 40.83 | 0.99959 | 0.00041 | | 79.19 | 1 |
| 2 | 99543.17 | 32.85 | 0.99967 | 0.00033 | 0.000062 | 78.22 | 2 |
| 3 | 99510.32 | 25.87 | 0.99974 | 0.00026 | 0.000293 | 77.25 | 3 |
| 4 | 99484.45 | 19.90 | 0.99980 | 0.00020 | 0.000227 | 76.27 | 4 |
| 5 | 99464.55 | 16.91 | 0.99983 | 0.00017 | 0.000182 | 75.28 | 5 |
| 6 | 99447.64 | 14.92 | 0.99985 | 0.00015 | 0.000158 | 74.30 | 6 |
| 7 | 99432.73 | 13.92 | 0.99986 | 0.00014 | 0.000143 | 73.31 | 7 |
| 8 | 99418.81 | 13.92 | 0.99986 | 0.00014 | 0.000140 | 72.32 | 8 |
| 9 | 99404.89 | 12.92 | 0.99987 | 0.00013 | 0.000135 | 71.33 | 9 |
| 10 | 99391.96 | 12.92 | 0.99987 | 0.00013 | 0.000130 | 70.34 | 10 |
| 11 | 99379.04 | 11.93 | 0.99988 | 0.00012 | 0.000124 | 69.35 | 11 |
| 12 | 99367.12 | 12.92 | 0.99987 | 0.00013 | 0.000123 | 68.35 | 12 |
| 13 | 99354.20 | 14.90 | 0.99985 | 0.00015 | 0.000138 | 67.36 | 13 |
| 14 | 99339.30 | 18.87 | 0.99981 | 0.00019 | 0.000167 | 66.37 | 14 |
| 15 | 99320.42 | 24.83 | 0.99975 | 0.00025 | 0.000219 | 65.39 | 15 |
| 16 | 99295.59 | 29.79 | 0.99970 | 0.00030 | 0.000276 | 64.40 | 16 |
| 17 | 99265.80 | 34.74 | 0.99965 | 0.00035 | 0.000326 | 63.42 | 17 |
| 18 | 99231.06 | 38.70 | 0.99961 | 0.00039 | 0.000373 | 62.44 | 18 |
| 19 | 99192.36 | 40.67 | 0.99959 | 0.00041 | 0.000402 | 61.47 | 19 |
| 20 | 99151.69 | 42.64 | 0.99957 | 0.00043 | 0.000420 | 60.49 | 20 |
| 21 | 99109.06 | 44.60 | 0.99955 | 0.00045 | 0.000439 | 59.52 | 21 |
| 22 | 99064.46 | 47.55 | 0.99952 | 0.00048 | 0.000463 | 58.55 | 22 |
| 23 | 99016.91 | 51.49 | 0.99948 | 0.00052 | 0.000499 | 57.57 | 23 |
| 24 | 98965.42 | 55.42 | 0.99944 | 0.00056 | 0.000541 | 56.60 | 24 |
| 25 | 98910.00 | 58.36 | 0.99941 | 0.00059 | 0.000577 | 55.63 | 25 |
| 26 | 98851.64 | 60.30 | 0.99939 | 0.00061 | 0.000603 | 54.67 | 26 |
| 27 | 98791.34 | 60.26 | 0.99939 | 0.00061 | 0.000613 | 53.70 | 27 |
| 28 | 98731.08 | 59.24 | 0.99940 | 0.00060 | 0.000606 | 52.73 | 28 |
| 29 | 98671.84 | 58.22 | 0.99941 | 0.00059 | 0.000595 | 51.76 | 29 |
| 30 | 98613.62 | 57.20 | 0.99942 | 0.00058 | 0.000585 | 50.79 | 30 |
| 31 | 98556.43 | 56.18 | 0.99943 | 0.00057 | 0.000574 | 49.82 | 31 |
| 32 | 98500.25 | 56.15 | 0.99943 | 0.00057 | 0.000568 | 48.85 | 32 |
| 33 | 98444.10 | 58.08 | 0.99941 | 0.00059 | 0.000578 | 47.88 | 33 |
| 34 | 98386.02 | 60.02 | 0.99939 | 0.00061 | 0.000599 | 46.91 | 34 |
| 35 | 98326.01 | 63.91 | 0.99935 | 0.00065 | 0.000628 | 45.94 | 35 |
| 36 | 98262.09 | 68.78 | 0.99930 | 0.00070 | 0.000674 | 44.96 | 36 |
| 37 | 98193.31 | 74.63 | 0.99924 | 0.00076 | 0.000728 | 44.00 | 37 |
| 38 | 98118.68 | 82.42 | 0.99916 | 0.00084 | 0.000797 | 43.03 | 38 |
| 39 | 98036.26 | 92.15 | 0.99906 | 0.00094 | 0.000887 | 42.06 | 39 |
| 40 | 97944.11 | 103.82 | 0.99894 | 0.00106 | 0.000998 | 41.10 | 40 |

(표 2)  제7회 경험생명표(남)

| x | $l_x$ | $d_x$ | $p_x$ | $q_x$ | $\mu_x$ | $\overset{\circ}{e}_x$ | x |
|---|---|---|---|---|---|---|---|
| 41 | 97840.29 | 116.43 | 0.99881 | 0.00119 | 0.001124 | 40.15 | 41 |
| 42 | 97723.86 | 129.97 | 0.99867 | 0.00133 | 0.001260 | 39.19 | 42 |
| 43 | 97593.89 | 143.46 | 0.99853 | 0.00147 | 0.001400 | 38.25 | 43 |
| 44 | 97450.42 | 157.87 | 0.99838 | 0.00162 | 0.001545 | 37.30 | 44 |
| 45 | 97292.55 | 173.18 | 0.99822 | 0.00178 | 0.001699 | 36.36 | 45 |
| 46 | 97119.37 | 190.35 | 0.99804 | 0.00196 | 0.001869 | 35.42 | 46 |
| 47 | 96929.02 | 208.40 | 0.99785 | 0.00215 | 0.002055 | 34.49 | 47 |
| 48 | 96720.62 | 227.29 | 0.99765 | 0.00235 | 0.002249 | 33.57 | 48 |
| 49 | 96493.33 | 248.95 | 0.99742 | 0.00258 | 0.002465 | 32.64 | 49 |
| 50 | 96244.38 | 271.41 | 0.99718 | 0.00282 | 0.002700 | 31.73 | 50 |
| 51 | 95972.97 | 296.56 | 0.99691 | 0.00309 | 0.002954 | 30.82 | 51 |
| 52 | 95676.41 | 325.30 | 0.99660 | 0.00340 | 0.003244 | 29.91 | 52 |
| 53 | 95351.11 | 357.57 | 0.99625 | 0.00375 | 0.003576 | 29.01 | 53 |
| 54 | 94993.54 | 391.37 | 0.99588 | 0.00412 | 0.003939 | 28.12 | 54 |
| 55 | 94602.17 | 426.66 | 0.99549 | 0.00451 | 0.004322 | 27.23 | 55 |
| 56 | 94175.51 | 462.40 | 0.99509 | 0.00491 | 0.004721 | 26.35 | 56 |
| 57 | 93713.11 | 496.68 | 0.99470 | 0.00530 | 0.005117 | 25.48 | 57 |
| 58 | 93216.43 | 532.27 | 0.99429 | 0.00571 | 0.005518 | 24.61 | 58 |
| 59 | 92684.17 | 568.15 | 0.99387 | 0.00613 | 0.005933 | 23.75 | 59 |
| 60 | 92116.01 | 607.97 | 0.99340 | 0.00660 | 0.006376 | 22.90 | 60 |
| 61 | 91508.05 | 652.45 | 0.99287 | 0.00713 | 0.006876 | 22.04 | 61 |
| 62 | 90855.60 | 704.13 | 0.99225 | 0.00775 | 0.007449 | 21.20 | 62 |
| 63 | 90151.46 | 767.19 | 0.99149 | 0.00851 | 0.008139 | 20.36 | 63 |
| 64 | 89384.28 | 842.00 | 0.99058 | 0.00942 | 0.008979 | 19.53 | 64 |
| 65 | 88542.28 | 928.81 | 0.98951 | 0.01049 | 0.009979 | 18.71 | 65 |
| 66 | 87613.47 | 1025.95 | 0.98829 | 0.01171 | 0.011140 | 17.90 | 66 |
| 67 | 86587.51 | 1129.10 | 0.98696 | 0.01304 | 0.012431 | 17.11 | 67 |
| 68 | 85458.41 | 1240.00 | 0.98549 | 0.01451 | 0.013857 | 16.33 | 68 |
| 69 | 84218.41 | 1347.49 | 0.98400 | 0.01600 | 0.015371 | 15.56 | 69 |
| 70 | 82870.92 | 1449.41 | 0.98251 | 0.01749 | 0.016887 | 14.81 | 70 |
| 71 | 81421.50 | 1545.38 | 0.98102 | 0.01898 | 0.018395 | 14.06 | 71 |
| 72 | 79876.12 | 1643.05 | 0.97943 | 0.02057 | 0.019941 | 13.32 | 72 |
| 73 | 78233.07 | 1756.33 | 0.97755 | 0.02245 | 0.021693 | 12.59 | 73 |
| 74 | 76476.74 | 1885.15 | 0.97535 | 0.02465 | 0.023751 | 11.87 | 74 |
| 75 | 74591.59 | 2050.52 | 0.97251 | 0.02749 | 0.026297 | 11.16 | 75 |
| 76 | 72541.07 | 2254.58 | 0.96892 | 0.03108 | 0.029564 | 10.46 | 76 |
| 77 | 70286.49 | 2515.55 | 0.96421 | 0.03579 | 0.033764 | 9.78 | 77 |
| 78 | 67770.94 | 2862.64 | 0.95776 | 0.04224 | 0.039521 | 9.12 | 78 |
| 79 | 64908.29 | 3251.91 | 0.94990 | 0.05010 | 0.047090 | 8.50 | 79 |
| 80 | 61656.39 | 3608.13 | 0.94148 | 0.05852 | 0.055815 | 7.92 | 80 |

(표 2) 제7회 경험생명표(남)

| $x$ | $l_x$ | $d_x$ | $p_x$ | $q_x$ | $\mu_x$ | $\overset{\circ}{e}_x$ | $x$ |
|---|---|---|---|---|---|---|---|
| 81 | 58048.25 | 3861.37 | 0.93348 | 0.06652 | 0.064627 | 7.39 | 81 |
| 82 | 54186.88 | 4016.87 | 0.92587 | 0.07413 | 0.072944 | 6.88 | 82 |
| 83 | 50170.01 | 4108.42 | 0.91811 | 0.08189 | 0.081111 | 6.39 | 83 |
| 84 | 46061.59 | 4183.77 | 0.90917 | 0.09083 | 0.090024 | 5.91 | 84 |
| 85 | 41877.81 | 4268.61 | 0.89807 | 0.10193 | 0.100789 | 5.45 | 85 |
| 86 | 37609.21 | 4408.55 | 0.88278 | 0.11722 | 0.115632 | 5.01 | 86 |
| 87 | 33200.66 | 4370.20 | 0.86837 | 0.13163 | 0.132842 | 4.61 | 87 |
| 88 | 28830.45 | 4257.39 | 0.85233 | 0.14767 | 0.150069 | 4.24 | 88 |
| 89 | 24573.06 | 4065.86 | 0.83454 | 0.16546 | 0.169896 | 3.88 | 89 |
| 90 | 20507.20 | 3794.24 | 0.81498 | 0.18502 | 0.192303 | 3.56 | 90 |
| 91 | 16712.96 | 3440.20 | 0.79416 | 0.20584 | 0.217094 | 3.25 | 91 |
| 92 | 13272.76 | 3035.75 | 0.77128 | 0.22872 | 0.244481 | 2.97 | 92 |
| 93 | 10237.02 | 2598.16 | 0.74620 | 0.25380 | 0.275543 | 2.70 | 93 |
| 94 | 7638.86 | 2148.20 | 0.71878 | 0.28122 | 0.310699 | 2.45 | 94 |
| 95 | 5490.66 | 1708.09 | 0.68891 | 0.31109 | 0.350544 | 2.22 | 95 |
| 96 | 3782.57 | 1299.28 | 0.65651 | 0.34349 | 0.395750 | 2.01 | 96 |
| 97 | 2483.30 | 939.90 | 0.62151 | 0.37849 | 0.447117 | 1.82 | 97 |
| 98 | 1543.39 | 642.27 | 0.58386 | 0.41614 | 0.505632 | 1.64 | 98 |
| 99 | 901.13 | 411.25 | 0.54363 | 0.45637 | 0.572449 | 1.47 | 99 |
| 100 | 489.88 | 244.51 | 0.50087 | 0.49913 | 0.648887 | 1.32 | 100 |
| 101 | 245.37 | 133.54 | 0.45575 | 0.54425 | 0.736650 | 1.18 | 101 |
| 102 | 111.83 | 66.14 | 0.40851 | 0.59149 | 0.837625 | 1.05 | 102 |
| 103 | 45.68 | 29.26 | 0.35946 | 0.64054 | 0.954075 | 0.93 | 103 |
| 104 | 16.42 | 11.29 | 0.31272 | 0.68728 | 1.085644 | 0.83 | 104 |
| 105 | 5.14 | 3.76 | 0.26822 | 0.73178 | 1.216727 | 0.74 | 105 |
| 106 | 1.38 | 1.07 | 0.22544 | 0.77456 | 1.345198 | 0.66 | 106 |
| 107 | 0.31 | 0.25 | 0.18518 | 0.81482 | 1.457863 | 0.59 | 107 |
| 108 | 0.06 | 0.05 | 0.14821 | 0.85179 | 1.506564 | 0.54 | 108 |
| 109 | 0.01 | 0.01 | 0.11519 | 0.88481 | | | 109 |
| 110 | 0.00 | 0.00 | 0.00000 | 1.00000 | | | 110 |

(표 2)  제7회 경험생명표(여)(참조위험률(할증후))

| $x$ | $l_x$ | $d_x$ | $p_x$ | $q_x$ | $\mu_x$ | $\overset{\circ}{e}_x$ | $x$ |
|---|---|---|---|---|---|---|---|
| 0 | 100000.00 | 505.00 | 0.99495 | 0.00505 | | 85.78 | 0 |
| 1 | 99495.00 | 43.78 | 0.99956 | 0.00044 | | 85.21 | 1 |
| 2 | 99451.22 | 33.81 | 0.99966 | 0.00034 | 0.000011 | 84.25 | 2 |
| 3 | 99417.41 | 24.85 | 0.99975 | 0.00025 | 0.000292 | 83.28 | 3 |
| 4 | 99392.55 | 18.88 | 0.99981 | 0.00019 | 0.000216 | 82.30 | 4 |
| 5 | 99373.67 | 14.91 | 0.99985 | 0.00015 | 0.000167 | 81.31 | 5 |
| 6 | 99358.76 | 12.92 | 0.99987 | 0.00013 | 0.000138 | 80.33 | 6 |
| 7 | 99345.85 | 11.92 | 0.99988 | 0.00012 | 0.000124 | 79.34 | 7 |
| 8 | 99333.93 | 10.93 | 0.99989 | 0.00011 | 0.000116 | 78.35 | 8 |
| 9 | 99323.00 | 8.94 | 0.99991 | 0.00009 | 0.000100 | 77.36 | 9 |
| 10 | 99314.06 | 7.95 | 0.99992 | 0.00008 | 0.000083 | 76.36 | 10 |
| 11 | 99306.11 | 7.94 | 0.99992 | 0.00008 | 0.000078 | 75.37 | 11 |
| 12 | 99298.17 | 8.94 | 0.99991 | 0.00009 | 0.000083 | 74.37 | 12 |
| 13 | 99289.23 | 10.92 | 0.99989 | 0.00011 | 0.000099 | 73.38 | 13 |
| 14 | 99278.31 | 12.91 | 0.99987 | 0.00013 | 0.000120 | 72.39 | 14 |
| 15 | 99265.41 | 14.89 | 0.99985 | 0.00015 | 0.000139 | 71.40 | 15 |
| 16 | 99250.52 | 17.87 | 0.99982 | 0.00018 | 0.000165 | 70.41 | 16 |
| 17 | 99232.65 | 19.85 | 0.99980 | 0.00020 | 0.000190 | 69.42 | 17 |
| 18 | 99212.80 | 22.82 | 0.99977 | 0.00023 | 0.000214 | 68.44 | 18 |
| 19 | 99189.99 | 25.79 | 0.99974 | 0.00026 | 0.000245 | 67.45 | 19 |
| 20 | 99164.20 | 28.76 | 0.99971 | 0.00029 | 0.000275 | 66.47 | 20 |
| 21 | 99135.44 | 31.72 | 0.99968 | 0.00032 | 0.000306 | 65.49 | 21 |
| 22 | 99103.71 | 33.70 | 0.99966 | 0.00034 | 0.000331 | 64.51 | 22 |
| 23 | 99070.02 | 35.67 | 0.99964 | 0.00036 | 0.000351 | 63.53 | 23 |
| 24 | 99034.35 | 36.64 | 0.99963 | 0.00037 | 0.000368 | 62.55 | 24 |
| 25 | 98997.71 | 35.64 | 0.99964 | 0.00036 | 0.000366 | 61.58 | 25 |
| 26 | 98962.07 | 35.63 | 0.99964 | 0.00036 | 0.000360 | 60.60 | 26 |
| 27 | 98926.45 | 34.62 | 0.99965 | 0.00035 | 0.000355 | 59.62 | 27 |
| 28 | 98891.82 | 34.61 | 0.99965 | 0.00035 | 0.000349 | 58.64 | 28 |
| 29 | 98857.21 | 34.60 | 0.99965 | 0.00035 | 0.000349 | 57.66 | 29 |
| 30 | 98822.61 | 35.58 | 0.99964 | 0.00036 | 0.000354 | 56.68 | 30 |
| 31 | 98787.03 | 36.55 | 0.99963 | 0.00037 | 0.000364 | 55.70 | 31 |
| 32 | 98750.48 | 38.51 | 0.99961 | 0.00039 | 0.000379 | 54.72 | 32 |
| 33 | 98711.97 | 40.47 | 0.99959 | 0.00041 | 0.000401 | 53.74 | 33 |
| 34 | 98671.50 | 41.44 | 0.99958 | 0.00042 | 0.000415 | 52.76 | 34 |
| 35 | 98630.06 | 43.40 | 0.99956 | 0.00044 | 0.000429 | 51.79 | 35 |
| 36 | 98586.66 | 45.35 | 0.99954 | 0.00046 | 0.000450 | 50.81 | 36 |
| 37 | 98541.31 | 47.30 | 0.99952 | 0.00048 | 0.000469 | 49.83 | 37 |
| 38 | 98494.01 | 50.23 | 0.99949 | 0.00051 | 0.000494 | 48.86 | 38 |
| 39 | 98443.78 | 53.16 | 0.99946 | 0.00054 | 0.000525 | 47.88 | 39 |
| 40 | 98390.62 | 56.08 | 0.99943 | 0.00057 | 0.000553 | 46.91 | 40 |

(표 2)  제7회 경험생명표(여)

| x | $l_x$ | $d_x$ | $p_x$ | $q_x$ | $\mu_x$ | $\overset{\circ}{e}_x$ | x |
|---|---|---|---|---|---|---|---|
| 41 | 98334.53 | 60.97 | 0.99938 | 0.00062 | 0.000594 | 45.93 | 41 |
| 42 | 98273.57 | 65.84 | 0.99933 | 0.00067 | 0.000645 | 44.96 | 42 |
| 43 | 98207.72 | 70.71 | 0.99928 | 0.00072 | 0.000694 | 43.99 | 43 |
| 44 | 98137.01 | 76.55 | 0.99922 | 0.00078 | 0.000749 | 43.02 | 44 |
| 45 | 98060.47 | 82.37 | 0.99916 | 0.00084 | 0.000810 | 42.05 | 45 |
| 46 | 97978.10 | 88.18 | 0.99910 | 0.00090 | 0.000870 | 41.09 | 46 |
| 47 | 97889.92 | 94.95 | 0.99903 | 0.00097 | 0.000934 | 40.13 | 47 |
| 48 | 97794.96 | 102.68 | 0.99895 | 0.00105 | 0.001010 | 39.16 | 48 |
| 49 | 97692.28 | 110.39 | 0.99887 | 0.00113 | 0.001090 | 38.21 | 49 |
| 50 | 97581.89 | 119.05 | 0.99878 | 0.00122 | 0.001176 | 37.25 | 50 |
| 51 | 97462.84 | 126.70 | 0.99870 | 0.00130 | 0.001261 | 36.29 | 51 |
| 52 | 97336.13 | 135.30 | 0.99861 | 0.00139 | 0.001346 | 35.34 | 52 |
| 53 | 97200.84 | 142.89 | 0.99853 | 0.00147 | 0.001431 | 34.39 | 53 |
| 54 | 97057.95 | 151.41 | 0.99844 | 0.00156 | 0.001514 | 33.44 | 54 |
| 55 | 96906.54 | 160.86 | 0.99834 | 0.00166 | 0.001610 | 32.49 | 55 |
| 56 | 96745.68 | 171.24 | 0.99823 | 0.00177 | 0.001714 | 31.54 | 56 |
| 57 | 96574.44 | 183.49 | 0.99810 | 0.00190 | 0.001833 | 30.60 | 57 |
| 58 | 96390.95 | 197.60 | 0.99795 | 0.00205 | 0.001975 | 29.65 | 58 |
| 59 | 96193.34 | 211.63 | 0.99780 | 0.00220 | 0.002125 | 28.71 | 59 |
| 60 | 95981.72 | 228.44 | 0.99762 | 0.00238 | 0.002289 | 27.78 | 60 |
| 61 | 95753.28 | 246.09 | 0.99743 | 0.00257 | 0.002473 | 26.84 | 61 |
| 62 | 95507.20 | 268.38 | 0.99719 | 0.00281 | 0.002686 | 25.91 | 62 |
| 63 | 95238.82 | 294.29 | 0.99691 | 0.00309 | 0.002945 | 24.98 | 63 |
| 64 | 94944.53 | 326.61 | 0.99656 | 0.00344 | 0.003258 | 24.06 | 64 |
| 65 | 94617.92 | 366.17 | 0.99613 | 0.00387 | 0.003652 | 23.14 | 65 |
| 66 | 94251.75 | 409.05 | 0.99566 | 0.00434 | 0.004105 | 22.23 | 66 |
| 67 | 93842.70 | 457.01 | 0.99513 | 0.00487 | 0.004606 | 21.32 | 67 |
| 68 | 93385.69 | 509.89 | 0.99454 | 0.00546 | 0.005167 | 20.42 | 68 |
| 69 | 92875.80 | 569.33 | 0.99387 | 0.00613 | 0.005799 | 19.53 | 69 |
| 70 | 92306.47 | 634.15 | 0.99313 | 0.00687 | 0.006502 | 18.65 | 70 |
| 71 | 91672.33 | 712.29 | 0.99223 | 0.00777 | 0.007319 | 17.77 | 71 |
| 72 | 90960.03 | 804.09 | 0.99116 | 0.00884 | 0.008314 | 16.91 | 72 |
| 73 | 90155.95 | 905.17 | 0.98996 | 0.01004 | 0.009460 | 16.06 | 73 |
| 74 | 89250.78 | 1018.35 | 0.98859 | 0.01141 | 0.010751 | 15.21 | 74 |
| 75 | 88232.43 | 1146.14 | 0.98701 | 0.01299 | 0.012239 | 14.38 | 75 |
| 76 | 87086.29 | 1288.01 | 0.98521 | 0.01479 | 0.013940 | 13.57 | 76 |
| 77 | 85798.28 | 1452.56 | 0.98307 | 0.01693 | 0.015908 | 12.76 | 77 |
| 78 | 84345.72 | 1659.08 | 0.98033 | 0.01967 | 0.018328 | 11.97 | 78 |
| 79 | 82686.64 | 1943.14 | 0.97650 | 0.02350 | 0.021621 | 11.20 | 79 |
| 80 | 80743.50 | 2310.07 | 0.97139 | 0.02861 | 0.026188 | 10.46 | 80 |

(표 2)  제7회 경험생명표(여)

| $x$ | $l_x$ | $d_x$ | $p_x$ | $q_x$ | $\mu_x$ | $\overset{\circ}{e}_x$ | $x$ |
|---|---|---|---|---|---|---|---|
| 81 | 78433.43 | 2738.90 | 0.96508 | 0.03492 | 0.032075 | 9.75 | 81 |
| 82 | 75694.53 | 3210.21 | 0.95759 | 0.04241 | 0.039446 | 9.09 | 82 |
| 83 | 72484.33 | 3503.89 | 0.95166 | 0.04834 | 0.046516 | 8.47 | 83 |
| 84 | 68980.44 | 3799.44 | 0.94492 | 0.05508 | 0.052943 | 7.87 | 84 |
| 85 | 65180.99 | 4088.80 | 0.93727 | 0.06273 | 0.060539 | 7.30 | 85 |
| 86 | 61092.19 | 4361.98 | 0.92860 | 0.07140 | 0.069225 | 6.76 | 86 |
| 87 | 56730.21 | 4607.06 | 0.91879 | 0.08121 | 0.079151 | 6.24 | 87 |
| 88 | 52123.15 | 4811.49 | 0.90769 | 0.09231 | 0.090504 | 5.74 | 88 |
| 89 | 47311.66 | 4959.68 | 0.89517 | 0.10483 | 0.103488 | 5.28 | 89 |
| 90 | 42351.98 | 5036.92 | 0.88107 | 0.11893 | 0.118324 | 4.84 | 90 |
| 91 | 37315.06 | 5029.70 | 0.86521 | 0.13479 | 0.135291 | 4.42 | 91 |
| 92 | 32285.36 | 4925.78 | 0.84743 | 0.15257 | 0.154696 | 4.03 | 92 |
| 93 | 27359.58 | 4718.43 | 0.82754 | 0.17246 | 0.176883 | 3.67 | 93 |
| 94 | 22641.15 | 4406.42 | 0.80538 | 0.19462 | 0.202251 | 3.33 | 94 |
| 95 | 18234.73 | 3997.78 | 0.78076 | 0.21924 | 0.231253 | 3.01 | 95 |
| 96 | 14236.95 | 3508.98 | 0.75353 | 0.24647 | 0.264425 | 2.72 | 96 |
| 97 | 10727.97 | 2965.64 | 0.72356 | 0.27644 | 0.302357 | 2.45 | 97 |
| 98 | 7762.33 | 2400.50 | 0.69075 | 0.30925 | 0.345734 | 2.21 | 98 |
| 99 | 5361.83 | 1849.56 | 0.65505 | 0.34495 | 0.395347 | 1.98 | 99 |
| 100 | 3512.27 | 1347.38 | 0.61638 | 0.38362 | 0.452159 | 1.77 | 100 |
| 101 | 2164.89 | 920.84 | 0.57465 | 0.42535 | 0.517487 | 1.58 | 101 |
| 102 | 1244.05 | 584.29 | 0.53033 | 0.46967 | 0.592683 | 1.41 | 102 |
| 103 | 659.76 | 340.59 | 0.48377 | 0.51623 | 0.678677 | 1.26 | 103 |
| 104 | 319.17 | 180.18 | 0.43547 | 0.56453 | 0.776948 | 1.12 | 104 |
| 105 | 138.99 | 85.33 | 0.38605 | 0.61395 | 0.888798 | 0.99 | 105 |
| 106 | 53.66 | 35.61 | 0.33633 | 0.66367 | 1.015024 | 0.88 | 106 |
| 107 | 18.05 | 12.86 | 0.28721 | 0.71279 | 1.154630 | 0.78 | 107 |
| 108 | 5.18 | 3.94 | 0.23972 | 0.76028 | 1.302575 | 0.69 | 108 |
| 109 | 1.24 | 1.00 | 0.19491 | 0.80509 | 1.443219 | 0.61 | 109 |
| 110 | 0.24 | 0.20 | 0.15380 | 0.84620 | 1.535822 | 0.54 | 110 |
| 111 | 0.04 | 0.03 | 0.11726 | 0.88274 | | | 111 |
| 112 | 0.00 | 0.00 | 0.00000 | 1.00000 | | | 112 |

(표 3)  $i^{(m)}$, $d^{(m)}$, $\alpha(m)$, $\beta(m)$, $\gamma(m)$, $\ddot{a}_{\overline{1}|}^{(m)}$, $s_{\overline{1}|}^{(m)}$ (제7회 경험생명표(남), $i = 0.05$)

| $m$ | 2 | 4 | 12 | 365 | $\infty$ |
|---|---|---|---|---|---|
| $i^{(m)}$ | 0.04939015 | 0.04908894 | 0.04888949 | 0.04879343 | 0.04879028 |
| $d^{(m)}$ | 0.04819985 | 0.04849381 | 0.04869111 | 0.04878690 | 0.04879005 |
| $\alpha(m)$ | 1.00014879 | 1.00018599 | 1.00019701 | 1.00019839 | 1.00019839 |
| $\beta(m)$ | 0.25617377 | 0.38271733 | 0.46650802 | 0.50686193 | 0.50818186 |
| $\gamma(m)$ | 0.24397502 | 0.36746866 | 0.45035566 | 0.49059673 | 0.49191653 |
| $\ddot{a}_{\overline{1}|}^{(m)}$ | 0.98795004 | 0.98196135 | 0.97798234 | 0.97606211 | 0.97599925 |
| $s_{\overline{1}|}^{(m)}$ | 1.01234754 | 1.01855942 | 1.02271479 | 1.02472822 | 1.02479422 |

(표 4)   계산기수 I (제7회 경험생명표(남), $i = 0.05$)

| $x$ | $D_x$ | $N_x$ | $S_x$ | $N_x^{(12)}$ | $\bar{N}_x$ | $x$ |
|---|---|---|---|---|---|---|
| 0 | 100000.000 | 2034696.285 | 39120531.415 | 1988446.341 | 1984281.761 | 0 |
| 1 | 94841.905 | 1934696.285 | 37085835.130 | 1890832.933 | 1886883.173 | 1 |
| 2 | 90288.590 | 1839854.381 | 35151138.844 | 1798096.501 | 1794336.364 | 2 |
| 3 | 85960.757 | 1749565.790 | 33311284.464 | 1709809.092 | 1706229.188 | 3 |
| 4 | 81846.102 | 1663605.033 | 31561718.673 | 1625750.919 | 1622342.370 | 4 |
| 5 | 77933.079 | 1581758.931 | 29898113.640 | 1545714.149 | 1542468.558 | 5 |
| 6 | 74209.362 | 1503825.852 | 28316354.708 | 1469502.860 | 1466412.344 | 6 |
| 7 | 70664.982 | 1429616.490 | 26812528.856 | 1396932.360 | 1393989.449 | 7 |
| 8 | 67290.561 | 1358951.509 | 25382912.366 | 1327827.651 | 1325025.268 | 8 |
| 9 | 64077.276 | 1291660.948 | 24023960.857 | 1262022.857 | 1259354.290 | 9 |
| 10 | 61018.044 | 1227583.672 | 22732299.909 | 1199360.113 | 1196818.948 | 10 |
| 11 | 58104.868 | 1166565.628 | 21504716.237 | 1139689.068 | 1137269.222 | 11 |
| 12 | 55331.329 | 1108460.760 | 20338150.609 | 1082866.630 | 1080562.289 | 12 |
| 13 | 52689.653 | 1053129.431 | 19229689.849 | 1028756.763 | 1026562.434 | 13 |
| 14 | 50173.095 | 1000439.778 | 18176560.418 | 977230.724 | 975141.197 | 14 |
| 15 | 47774.821 | 950266.682 | 17176120.641 | 928166.558 | 926176.908 | 15 |
| 16 | 45488.455 | 902491.861 | 16225853.958 | 881448.933 | 879554.498 | 16 |
| 17 | 43309.341 | 857003.407 | 15323362.097 | 836968.091 | 835164.405 | 17 |
| 18 | 41232.555 | 813694.065 | 14466358.690 | 794619.055 | 792901.857 | 18 |
| 19 | 39253.785 | 772461.510 | 13652664.625 | 754301.488 | 752666.697 | 19 |
| 20 | 37369.230 | 733207.725 | 12880203.115 | 715919.130 | 714362.821 | 20 |
| 21 | 35574.439 | 695838.495 | 12146995.390 | 679379.822 | 677898.258 | 21 |
| 22 | 33865.172 | 660264.057 | 11451156.894 | 644595.762 | 643185.380 | 22 |
| 23 | 32237.063 | 626398.885 | 10790892.838 | 611483.444 | 610140.865 | 23 |
| 24 | 30686.000 | 594161.821 | 10164493.953 | 579963.613 | 578685.628 | 24 |
| 25 | 29208.396 | 563475.821 | 9570332.131 | 549960.881 | 548744.432 | 25 |
| 26 | 27801.108 | 534267.425 | 9006856.310 | 521403.242 | 520245.399 | 26 |
| 27 | 26461.094 | 506466.317 | 8472588.885 | 494221.784 | 493119.747 | 27 |
| 28 | 25185.670 | 480005.223 | 7966122.568 | 468350.473 | 467301.550 | 28 |
| 29 | 23971.960 | 454819.553 | 7486117.345 | 443726.046 | 442727.669 | 29 |
| 30 | 22816.968 | 430847.593 | 7031297.791 | 420288.176 | 419337.899 | 30 |
| 31 | 21717.842 | 408030.625 | 6600450.198 | 397979.464 | 397074.960 | 31 |
| 32 | 20671.870 | 386312.782 | 6192419.574 | 376745.297 | 375884.353 | 32 |
| 33 | 19676.273 | 365640.913 | 5806106.791 | 356533.809 | 355714.327 | 33 |
| 34 | 18728.252 | 345964.640 | 5440465.879 | 337295.919 | 336515.917 | 34 |
| 35 | 17825.550 | 327236.388 | 5094501.239 | 318985.095 | 318242.687 | 35 |
| 36 | 16965.679 | 309410.838 | 4767264.851 | 301557.170 | 300850.572 | 36 |
| 37 | 16146.479 | 292445.159 | 4457854.013 | 284970.312 | 284297.829 | 37 |
| 38 | 15365.912 | 276298.680 | 4165408.854 | 269184.792 | 268544.816 | 38 |
| 39 | 14621.910 | 260932.767 | 3889110.174 | 254162.936 | 253553.944 | 39 |
| 40 | 13912.538 | 246310.858 | 3628177.407 | 239869.073 | 239289.624 | 40 |

(표 4) 계산기수 I

| $x$ | $D_x$ | $N_x$ | $S_x$ | $N_x^{(12)}$ | $\bar{N}_x$ | $x$ |
|---|---|---|---|---|---|---|
| 41 | 13235.991 | 232398.320 | 3381866.549 | 226269.409 | 225718.134 | 41 |
| 42 | 12590.705 | 219162.329 | 3149468.230 | 213331.841 | 212807.440 | 42 |
| 43 | 11975.199 | 206571.623 | 2930305.901 | 201025.794 | 200527.026 | 43 |
| 44 | 11388.187 | 194596.424 | 2723734.278 | 189322.081 | 188847.760 | 44 |
| 45 | 10828.322 | 183208.237 | 2529137.854 | 178192.833 | 177741.827 | 45 |
| 46 | 10294.331 | 172379.916 | 2345929.616 | 167611.489 | 167182.722 | 46 |
| 47 | 9784.908 | 162085.585 | 2173549.701 | 157552.779 | 157145.228 | 47 |
| 48 | 9298.925 | 152300.677 | 2011464.116 | 147992.659 | 147605.347 | 48 |
| 49 | 8835.307 | 143001.752 | 1859163.439 | 138908.183 | 138540.179 | 49 |
| 50 | 8392.868 | 134166.445 | 1716161.687 | 130277.537 | 129927.959 | 50 |
| 51 | 7970.667 | 125773.577 | 1581995.242 | 122079.976 | 121747.981 | 51 |
| 52 | 7567.655 | 117802.910 | 1456221.665 | 114295.747 | 113980.536 | 52 |
| 53 | 7182.786 | 110235.255 | 1338418.755 | 106906.145 | 106606.963 | 53 |
| 54 | 6815.095 | 103052.469 | 1228183.500 | 99893.475 | 99609.606 | 54 |
| 55 | 6463.826 | 96237.374 | 1125131.031 | 93240.907 | 92971.667 | 55 |
| 56 | 6128.261 | 89773.548 | 1028893.657 | 86932.351 | 86677.087 | 56 |
| 57 | 5807.782 | 83645.287 | 939120.109 | 80952.389 | 80710.472 | 57 |
| 58 | 5501.906 | 77837.505 | 855474.823 | 75286.156 | 75056.978 | 58 |
| 59 | 5209.990 | 72335.599 | 777637.318 | 69919.348 | 69702.327 | 59 |
| 60 | 4931.479 | 67125.609 | 705301.719 | 64838.259 | 64632.838 | 60 |
| 61 | 4665.649 | 62194.130 | 638176.110 | 60029.820 | 59835.470 | 61 |
| 62 | 4411.793 | 57528.481 | 575981.980 | 55481.678 | 55297.901 | 62 |
| 63 | 4169.144 | 53116.688 | 518453.499 | 51182.213 | 51008.542 | 63 |
| 64 | 3936.824 | 48947.543 | 465336.811 | 47120.627 | 46956.632 | 64 |
| 65 | 3714.037 | 45010.719 | 416389.268 | 43286.959 | 43132.243 | 65 |
| 66 | 3500.073 | 41296.682 | 371378.549 | 39672.006 | 39526.201 | 66 |
| 67 | 3294.369 | 37796.609 | 330081.866 | 36267.206 | 36129.969 | 67 |
| 68 | 3096.581 | 34502.240 | 292285.257 | 33064.458 | 32935.459 | 68 |
| 69 | 2906.333 | 31405.659 | 257783.017 | 30056.018 | 29934.944 | 69 |
| 70 | 2723.649 | 28499.326 | 226377.358 | 27234.336 | 27120.870 | 70 |
| 71 | 2548.584 | 25775.676 | 197878.032 | 24591.820 | 24485.646 | 71 |
| 72 | 2381.154 | 23227.093 | 172102.356 | 22120.841 | 22021.641 | 72 |
| 73 | 2221.118 | 20845.939 | 148875.263 | 19813.877 | 19721.343 | 73 |
| 74 | 2067.860 | 18624.821 | 128029.325 | 17663.817 | 17577.667 | 74 |
| 75 | 1920.845 | 16556.961 | 109404.503 | 15664.133 | 15584.107 | 75 |
| 76 | 1779.087 | 14636.115 | 92847.543 | 13809.040 | 13734.919 | 76 |
| 77 | 1641.708 | 12857.028 | 78211.427 | 12093.691 | 12025.293 | 77 |
| 78 | 1507.572 | 11215.321 | 65354.399 | 10514.236 | 10451.425 | 78 |
| 79 | 1375.136 | 9707.748 | 54139.079 | 9068.149 | 9010.855 | 79 |
| 80 | 1244.039 | 8332.613 | 44431.330 | 7753.900 | 7702.067 | 80 |

(표 4)  계산기수 I

| $x$ | $D_x$ | $N_x$ | $S_x$ | $N_x^{(12)}$ | $\bar{N}_x$ | $x$ |
|---|---|---|---|---|---|---|
| 81 | 1115.465 | 7088.573 | 36098.718 | 6569.596 | 6523.120 | 81 |
| 82 | 991.6802 | 5973.108 | 29010.145 | 5511.658 | 5470.339 | 82 |
| 83 | 874.4447 | 4981.428 | 23037.036 | 4574.474 | 4538.039 | 83 |
| 84 | 764.6062 | 4106.983 | 18055.608 | 3751.097 | 3719.239 | 84 |
| 85 | 662.0543 | 3342.377 | 13948.625 | 3034.182 | 3006.596 | 85 |
| 86 | 566.2582 | 2680.323 | 10606.248 | 2416.687 | 2393.092 | 86 |
| 87 | 476.0775 | 2114.065 | 7925.925 | 1892.387 | 1872.550 | 87 |
| 88 | 393.7252 | 1637.987 | 5811.861 | 1454.634 | 1438.228 | 88 |
| 89 | 319.6036 | 1244.262 | 4173.874 | 1095.409 | 1082.092 | 89 |
| 90 | 254.0209 | 924.6584 | 2929.612 | 806.3378 | 795.7530 | 90 |
| 91 | 197.1638 | 670.6375 | 2004.953 | 578.7911 | 570.5754 | 91 |
| 92 | 149.1234 | 473.4737 | 1334.316 | 403.9997 | 397.7858 | 92 |
| 93 | 109.5390 | 324.3502 | 860.8420 | 273.3133 | 268.7489 | 93 |
| 94 | 77.84569 | 214.8113 | 536.4917 | 178.5380 | 175.2941 | 94 |
| 95 | 53.28945 | 136.9656 | 321.6805 | 112.1326 | 109.9120 | 95 |
| 96 | 34.96346 | 83.67613 | 184.7149 | 67.38188 | 65.92493 | 96 |
| 97 | 21.86082 | 48.71266 | 101.0387 | 38.52401 | 37.61305 | 97 |
| 98 | 12.93973 | 26.85184 | 52.32608 | 20.82064 | 20.28143 | 98 |
| 99 | 7.195231 | 13.91211 | 25.47424 | 10.55821 | 10.25838 | 99 |
| 100 | 3.725280 | 6.716875 | 11.56214 | 4.980325 | 4.825088 | 100 |
| 101 | 1.777029 | 2.991595 | 4.845260 | 2.163186 | 2.089135 | 101 |
| 102 | 0.771315 | 1.214566 | 1.853665 | 0.854981 | 0.822839 | 102 |
| 103 | 0.300086 | 0.443251 | 0.639098 | 0.303346 | 0.290841 | 103 |
| 104 | 0.102732 | 0.143165 | 0.195848 | 0.095268 | 0.090987 | 104 |
| 105 | 0.030597 | 0.040433 | 0.052683 | 0.026167 | 0.024892 | 105 |
| 106 | 0.007816 | 0.009836 | 0.012250 | 0.006192 | 0.005866 | 106 |
| 107 | 0.001678 | 0.002020 | 0.002414 | 0.001238 | 0.001168 | 107 |
| 108 | 0.000296 | 0.000342 | 0.000393 | 0.000204 | 0.000192 | 108 |
| 109 | 0.000042 | 0.000046 | 0.000051 | 0.000027 | 0.000025 | 109 |
| 110 | 0.000005 | 0.000005 | 0.000005 | 0.000002 | 0.000002 | 110 |

(표 4)  계산기수 I (제7회 경험생명표(남),  $i = 0.05$)

| $x$ | $C_x$ | $M_x$ | $R_x$ | $\bar{M}_x$ | $x$ |
|---|---|---|---|---|---|
| 0 | 396.1904762 | 3109.7006991 | 171813.836993 | 3186.8032891 | 0 |
| 1 | 37.0335057 | 2713.5102229 | 168704.136293 | 2780.7895808 | 1 |
| 2 | 28.3764140 | 2676.4767173 | 165990.626071 | 2742.8378584 | 2 |
| 3 | 21.2855208 | 2648.1003033 | 163314.149353 | 2713.7578734 | 3 |
| 4 | 15.5897337 | 2626.8147825 | 160666.049050 | 2691.9445948 | 4 |
| 5 | 12.6177366 | 2611.2250487 | 158039.234268 | 2675.9683259 | 5 |
| 6 | 10.6013375 | 2598.6073122 | 155428.009219 | 2663.0377424 | 6 |
| 7 | 9.4219976 | 2588.0059747 | 152829.401907 | 2652.1735531 | 7 |
| 8 | 8.9720747 | 2578.5839771 | 150241.395932 | 2642.5179445 | 8 |
| 9 | 7.9333770 | 2569.6119024 | 147662.811955 | 2633.3234142 | 9 |
| 10 | 7.5546150 | 2561.6785254 | 145093.200052 | 2625.1933353 | 10 |
| 11 | 6.6405564 | 2554.1239104 | 142531.521527 | 2617.4514096 | 11 |
| 12 | 6.8505455 | 2547.4833540 | 139977.397617 | 2610.6462059 | 12 |
| 13 | 7.5270933 | 2540.6328085 | 137429.914263 | 2603.6258065 | 13 |
| 14 | 9.0789410 | 2533.1057152 | 134889.281454 | 2595.9120847 | 14 |
| 15 | 11.3749574 | 2524.0267742 | 132356.175739 | 2586.6080385 | 15 |
| 16 | 12.9967014 | 2512.6518168 | 129832.148965 | 2574.9510479 | 16 |
| 17 | 14.4364470 | 2499.6551154 | 127319.497148 | 2561.6321036 | 17 |
| 18 | 15.3149490 | 2485.2186684 | 124819.842032 | 2546.8377161 | 18 |
| 19 | 15.3276685 | 2469.9037193 | 122334.623364 | 2531.1430449 | 19 |
| 20 | 15.3035893 | 2454.5760508 | 119864.719645 | 2515.4353389 | 20 |
| 21 | 15.2461881 | 2439.2724616 | 117410.143594 | 2499.7523092 | 21 |
| 22 | 15.4812214 | 2424.0262734 | 114970.871132 | 2484.1281038 | 22 |
| 23 | 15.9650219 | 2408.5450520 | 112546.844859 | 2468.2630376 | 23 |
| 24 | 16.3658667 | 2392.5800302 | 110138.299807 | 2451.9021756 | 24 |
| 25 | 16.4123369 | 2376.2141635 | 107745.719777 | 2435.1305300 | 25 |
| 26 | 16.1511198 | 2359.8018266 | 105369.505613 | 2418.3112621 | 26 |
| 27 | 15.3726358 | 2343.6507068 | 103009.703787 | 2401.7596880 | 27 |
| 28 | 14.3918112 | 2328.2780710 | 100666.053080 | 2386.0058998 | 28 |
| 29 | 13.4699586 | 2313.8862598 | 98337.775009 | 2371.2572549 | 29 |
| 30 | 12.6036587 | 2300.4163012 | 96023.888749 | 2357.4533192 | 30 |
| 31 | 11.7896859 | 2287.8126425 | 93723.472448 | 2344.5371627 | 31 |
| 32 | 11.2218721 | 2276.0229566 | 91435.659805 | 2332.4551608 | 32 |
| 33 | 11.0561916 | 2264.8010845 | 89159.636849 | 2320.9550511 | 33 |
| 34 | 10.8802223 | 2253.7448929 | 86894.835764 | 2309.6247300 | 34 |
| 35 | 11.0348642 | 2242.8646706 | 84641.090871 | 2298.4747411 | 35 |
| 36 | 11.3104528 | 2231.8298064 | 82398.226201 | 2287.1662761 | 36 |
| 37 | 11.6869755 | 2220.5193536 | 80166.396394 | 2275.5753895 | 37 |
| 38 | 12.2927299 | 2208.8323781 | 77945.877041 | 2263.5986446 | 38 |
| 39 | 13.0900904 | 2196.5396482 | 75737.044662 | 2251.0011261 | 39 |
| 40 | 14.0450384 | 2183.4495578 | 73540.505014 | 2237.5864772 | 40 |

(표 4)  계산기수 I

| x | $C_x$ | $M_x$ | $R_x$ | $\bar{M}_x$ | x |
|---|---|---|---|---|---|
| 41 | 15.0007900 | 2169.4045194 | 71357.055456 | 2223.1932031 | 41 |
| 42 | 15.9482264 | 2154.4037294 | 69187.650937 | 2207.8204802 | 42 |
| 43 | 16.7652793 | 2138.4555030 | 67033.247208 | 2191.4768300 | 43 |
| 44 | 17.5703450 | 2121.6902237 | 64894.791705 | 2174.2958688 | 44 |
| 45 | 18.3565834 | 2104.1198787 | 62773.101481 | 2156.2898808 | 45 |
| 46 | 19.2160840 | 2085.7632953 | 60668.981602 | 2137.4781604 | 46 |
| 47 | 20.0357648 | 2066.5472113 | 58583.218307 | 2117.7856286 | 47 |
| 48 | 20.8118789 | 2046.5114465 | 56516.671096 | 2097.2530927 | 48 |
| 49 | 21.7096110 | 2025.6995676 | 54470.159649 | 2075.9251996 | 49 |
| 50 | 22.5408463 | 2003.9899566 | 52444.460082 | 2053.6773158 | 50 |
| 51 | 23.4565345 | 1981.4491103 | 50440.470125 | 2030.5775869 | 51 |
| 52 | 24.5047875 | 1957.9925758 | 48459.021015 | 2006.5394661 | 52 |
| 53 | 25.6528059 | 1933.4877883 | 46501.028439 | 1981.4271016 | 53 |
| 54 | 26.7411363 | 1907.8349825 | 44567.540651 | 1955.1382546 | 54 |
| 55 | 27.7636714 | 1881.0938462 | 42659.705668 | 1927.7340928 | 55 |
| 56 | 28.6569158 | 1853.3301748 | 40778.611822 | 1899.2820429 | 56 |
| 57 | 29.3154718 | 1824.6732589 | 38925.281647 | 1869.9146013 | 57 |
| 58 | 29.9198868 | 1795.3577871 | 37100.608388 | 1839.8722753 | 58 |
| 59 | 30.4164192 | 1765.4379003 | 35305.250601 | 1809.2105484 | 59 |
| 60 | 30.9978683 | 1735.0214811 | 33539.812701 | 1778.0399780 | 60 |
| 61 | 31.6819774 | 1704.0236128 | 31804.791220 | 1746.2735419 | 61 |
| 62 | 32.5632349 | 1672.3416354 | 30100.767607 | 1713.8060347 | 62 |
| 63 | 33.7899234 | 1639.7784006 | 28428.425972 | 1680.4354200 | 63 |
| 64 | 35.3189342 | 1605.9884772 | 26788.647571 | 1645.8077019 | 64 |
| 65 | 37.1049996 | 1570.6695430 | 25182.659094 | 1609.6130624 | 65 |
| 66 | 39.0341500 | 1533.5645434 | 23611.989551 | 1571.5880735 | 66 |
| 67 | 40.9129245 | 1494.5303934 | 22078.425007 | 1531.5861024 | 67 |
| 68 | 42.7918043 | 1453.6174689 | 20583.894614 | 1489.6587740 | 68 |
| 69 | 44.2869826 | 1410.8256646 | 19130.277145 | 1445.8059805 | 69 |
| 70 | 45.3682176 | 1366.5386820 | 17719.451480 | 1400.4209369 | 70 |
| 71 | 46.0686829 | 1321.1704644 | 16352.912798 | 1353.9278499 | 71 |
| 72 | 46.6479370 | 1275.1017815 | 15031.742334 | 1306.7169301 | 72 |
| 73 | 47.4896096 | 1228.4538444 | 13756.640553 | 1258.9123941 | 73 |
| 74 | 48.5454866 | 1180.9642349 | 12528.186708 | 1210.2453169 | 74 |
| 75 | 50.2895633 | 1132.4187483 | 11347.222473 | 1160.4961830 | 75 |
| 76 | 52.6609768 | 1082.1291850 | 10214.803725 | 1108.9597295 | 76 |
| 77 | 55.9587778 | 1029.4682082 | 9132.674540 | 1054.9930650 | 77 |
| 78 | 60.6474806 | 973.5094304 | 8103.206332 | 997.6468332 | 78 |
| 79 | 65.6136166 | 912.8619498 | 7129.696901 | 935.4956459 | 79 |
| 80 | 69.3344631 | 847.2483332 | 6216.834951 | 868.2551912 | 80 |

(표 4) 계산기수 I

| x | $C_x$ | $M_x$ | $R_x$ | $\bar{M}_x$ | x |
|---|---|---|---|---|---|
| 81 | 70.6673620 | 777.9138702 | 5369.586618 | 797.2016345 | 81 |
| 82 | 70.0126244 | 707.2465082 | 4591.672748 | 724.7821307 | 82 |
| 83 | 68.1983616 | 637.2338838 | 3884.426240 | 653.0335982 | 83 |
| 84 | 66.1420732 | 569.0355222 | 3247.192356 | 583.1443117 | 84 |
| 85 | 64.2697057 | 502.8934490 | 2678.156834 | 515.3622977 | 85 |
| 86 | 63.2159828 | 438.6237434 | 2175.263385 | 449.4990751 | 86 |
| 87 | 59.6819830 | 375.4077606 | 1736.639641 | 384.7157016 | 87 |
| 88 | 55.3727573 | 315.7257776 | 1361.231881 | 323.5539507 | 88 |
| 89 | 50.3634382 | 260.3530203 | 1045.506103 | 266.8082692 | 89 |
| 90 | 44.7609078 | 209.9895820 | 785.153083 | 215.1961090 | 90 |
| 91 | 38.6516141 | 165.2286742 | 575.163501 | 169.3253896 | 91 |
| 92 | 32.4833427 | 126.5770601 | 409.934827 | 129.7154391 | 92 |
| 93 | 26.4771332 | 94.0937175 | 283.357767 | 96.4266974 | 93 |
| 94 | 20.8493006 | 67.6165843 | 189.264049 | 69.2930845 | 94 |
| 95 | 15.7883965 | 46.7672836 | 121.647465 | 47.9268418 | 95 |
| 96 | 11.4377147 | 30.9788872 | 74.880181 | 31.7469844 | 96 |
| 97 | 7.8800980 | 19.5411724 | 43.901294 | 20.0256805 | 97 |
| 98 | 5.1283245 | 11.6610744 | 24.360122 | 11.9502016 | 98 |
| 99 | 3.1273216 | 6.5327500 | 12.699047 | 6.6947244 | 99 |
| 100 | 1.7708560 | 3.4054284 | 6.166297 | 3.4898633 | 100 |
| 101 | 0.9210935 | 1.6345724 | 2.760869 | 1.6751003 | 101 |
| 102 | 0.4345003 | 0.7134789 | 1.126296 | 0.7311690 | 102 |
| 103 | 0.1830637 | 0.2789786 | 0.412818 | 0.2858956 | 103 |
| 104 | 0.0672436 | 0.0959148 | 0.133839 | 0.0982930 | 104 |
| 105 | 0.0213238 | 0.0286712 | 0.037924 | 0.0293821 | 105 |
| 106 | 0.0057655 | 0.0073474 | 0.009253 | 0.0075296 | 106 |
| 107 | 0.0013022 | 0.0015819 | 0.001905 | 0.0016211 | 107 |
| 108 | 0.0002401 | 0.0002797 | 0.000324 | 0.0002866 | 108 |
| 109 | 0.0000352 | 0.0000396 | 0.000044 | 0.0000405 | 109 |
| 110 | 0.0000044 | 0.0000044 | 0.000004 | 0.0000045 | 110 |

(표 5) 계산기수Ⅱ(연생)(제7회 경험생명표(남($x$) 여($y$)), $i=0.05$, $y=x-3$)

| $x$ | $l_{xy}$ | $p_{xy}$ | $d_{xy}$ | $x$ |
|---|---|---|---|---|
| 3 | 100000.0000000 | 0.99469 | 530.8687000 | 3 |
| 4 | 99469.1313000 | 0.99936 | 63.6514907 | 4 |
| 5 | 99405.4798093 | 0.99949 | 50.6910491 | 5 |
| 6 | 99354.7887602 | 0.99960 | 39.7381897 | 6 |
| 7 | 99315.0505705 | 0.99967 | 32.7713249 | 7 |
| 8 | 99282.2792456 | 0.99971 | 28.7897761 | 8 |
| 9 | 99253.4894695 | 0.99974 | 25.8042299 | 9 |
| 10 | 99227.6852396 | 0.99975 | 24.8053734 | 10 |
| 11 | 99202.8798663 | 0.99977 | 22.8153529 | 11 |
| 12 | 99180.0645134 | 0.99978 | 21.8184538 | 12 |
| 13 | 99158.2460596 | 0.99977 | 22.8052067 | 13 |
| 14 | 99135.4408529 | 0.99973 | 26.7650622 | 14 |
| 15 | 99108.6757907 | 0.99966 | 33.6947198 | 15 |
| 16 | 99074.9810709 | 0.99959 | 40.6174728 | 16 |
| 17 | 99034.3635982 | 0.99952 | 47.5319885 | 17 |
| 18 | 98986.8316097 | 0.99946 | 53.4470983 | 18 |
| 19 | 98933.3845114 | 0.99941 | 58.3633956 | 19 |
| 20 | 98875.0211158 | 0.99937 | 62.2827601 | 20 |
| 21 | 98812.7383557 | 0.99932 | 67.1824350 | 21 |
| 22 | 98745.5559208 | 0.99926 | 73.0593879 | 22 |
| 23 | 98672.4965328 | 0.99919 | 79.9098424 | 23 |
| 24 | 98592.5866904 | 0.99912 | 86.7438085 | 24 |
| 25 | 98505.8428819 | 0.99907 | 91.5906736 | 25 |
| 26 | 98414.2522083 | 0.99903 | 95.4402129 | 26 |
| 27 | 98318.8119955 | 0.99902 | 96.3302452 | 27 |
| 28 | 98222.4817503 | 0.99904 | 94.2723664 | 28 |
| 29 | 98128.2093838 | 0.99905 | 93.2009565 | 29 |
| 30 | 98035.0084274 | 0.99907 | 91.1526567 | 30 |
| 31 | 97943.8557706 | 0.99908 | 90.0888075 | 31 |
| 32 | 97853.7669631 | 0.99908 | 90.0059438 | 32 |
| 33 | 97763.7610193 | 0.99905 | 92.8548079 | 33 |
| 34 | 97670.9062114 | 0.99902 | 95.6954438 | 34 |
| 35 | 97575.2107676 | 0.99896 | 101.4534839 | 35 |
| 36 | 97473.7572838 | 0.99889 | 108.1678956 | 36 |
| 37 | 97365.5893881 | 0.99882 | 114.8603164 | 37 |
| 38 | 97250.7290718 | 0.99872 | 124.4449893 | 38 |
| 39 | 97126.2840824 | 0.99860 | 135.9348003 | 39 |
| 40 | 96990.3492821 | 0.99846 | 149.3157892 | 40 |

(표 5)  계산기수 II

| $x$ | $l_{xy}$ | $p_{xy}$ | $d_{xy}$ | $x$ |
|---|---|---|---|---|
| 41 | 96841.0334929 | 0.99830 | 164.5709841 | 41 |
| 42 | 96676.4625088 | 0.99813 | 180.7155519 | 42 |
| 43 | 96495.7469569 | 0.99796 | 196.7704700 | 43 |
| 44 | 96298.9764869 | 0.99776 | 215.6129846 | 44 |
| 45 | 96083.3635023 | 0.99755 | 235.2896516 | 45 |
| 46 | 95848.0738507 | 0.99732 | 256.7375771 | 46 |
| 47 | 95591.3362736 | 0.99707 | 279.9223086 | 47 |
| 48 | 95311.4139650 | 0.99681 | 303.8552658 | 48 |
| 49 | 95007.5586992 | 0.99652 | 330.4056967 | 49 |
| 50 | 94677.1530025 | 0.99621 | 358.5674300 | 50 |
| 51 | 94318.5855725 | 0.99586 | 390.1729276 | 51 |
| 52 | 93928.4126448 | 0.99547 | 425.1348363 | 52 |
| 53 | 93503.2778085 | 0.99503 | 464.2835132 | 53 |
| 54 | 93038.9942953 | 0.99459 | 503.7730322 | 54 |
| 55 | 92535.2212631 | 0.99411 | 545.3777114 | 55 |
| 56 | 91989.8435517 | 0.99363 | 586.2312468 | 56 |
| 57 | 91403.6123049 | 0.99315 | 626.2730553 | 57 |
| 58 | 90777.3392496 | 0.99264 | 668.1685482 | 58 |
| 59 | 90109.1707014 | 0.99211 | 710.8847550 | 59 |
| 60 | 89398.2859464 | 0.99151 | 758.7643760 | 60 |
| 61 | 88639.5215703 | 0.99083 | 812.4152084 | 61 |
| 62 | 87827.1063619 | 0.99007 | 872.3822561 | 62 |
| 63 | 86954.7241057 | 0.98913 | 945.1757819 | 63 |
| 64 | 86009.5483238 | 0.98803 | 1029.1722448 | 64 |
| 65 | 84980.3760790 | 0.98673 | 1127.7340438 | 65 |
| 66 | 83852.6420352 | 0.98524 | 1237.9849865 | 66 |
| 67 | 82614.6570487 | 0.98356 | 1357.7836529 | 67 |
| 68 | 81256.8733957 | 0.98168 | 1488.9384589 | 68 |
| 69 | 79767.9349368 | 0.97973 | 1616.9407112 | 69 |
| 70 | 78150.9942256 | 0.97773 | 1740.7996184 | 70 |
| 71 | 76410.1946072 | 0.97566 | 1859.5467066 | 71 |
| 72 | 74550.6479006 | 0.97343 | 1981.1019021 | 72 |
| 73 | 72569.5459985 | 0.97083 | 2116.5465787 | 73 |
| 74 | 70452.9994198 | 0.96777 | 2270.5923430 | 74 |
| 75 | 68182.4070768 | 0.96391 | 2460.4977333 | 75 |
| 76 | 65721.9093436 | 0.95919 | 2681.9768373 | 76 |
| 77 | 63039.9325062 | 0.95321 | 2949.7415816 | 77 |
| 78 | 60090.1909246 | 0.94532 | 3285.8099012 | 78 |
| 79 | 56804.3810234 | 0.93585 | 3643.9454312 | 79 |
| 80 | 53160.4355923 | 0.92554 | 3958.2865041 | 80 |

(표 5)　계산기수Ⅱ

| x | $l_{xy}$ | $p_{xy}$ | $d_{xy}$ | x |
|---|---|---|---|---|
| 81 | 49202.1490882 | 0.91512 | 4176.3547567 | 81 |
| 82 | 45025.7943315 | 0.90411 | 4317.4308904 | 82 |
| 83 | 40708.3634411 | 0.89184 | 4402.8996387 | 83 |
| 84 | 36305.4638023 | 0.87742 | 4450.2589985 | 84 |
| 85 | 31855.2048039 | 0.85998 | 4460.2749479 | 85 |
| 86 | 27394.9298560 | 0.84011 | 4380.2735510 | 86 |
| 87 | 23014.6563050 | 0.82054 | 4130.2060687 | 87 |
| 88 | 18884.4502363 | 0.79886 | 3798.3552635 | 88 |
| 89 | 15086.0949729 | 0.77495 | 3395.0676827 | 89 |
| 90 | 11691.0272902 | 0.74880 | 2936.8389665 | 90 |
| 91 | 8754.1883236 | 0.72085 | 2443.7221250 | 91 |
| 92 | 6310.4661987 | 0.69043 | 1953.5517346 | 92 |
| 93 | 4356.9144641 | 0.65745 | 1492.4417311 | 93 |
| 94 | 2864.4727330 | 0.62190 | 1083.0696185 | 94 |
| 95 | 1781.4031144 | 0.58380 | 741.4146297 | 95 |
| 96 | 1039.9884847 | 0.54329 | 474.9749240 | 96 |
| 97 | 565.0135607 | 0.50055 | 282.1950489 | 97 |
| 98 | 282.8185118 | 0.45585 | 153.8944110 | 98 |
| 99 | 128.9241008 | 0.40964 | 76.1114370 | 99 |
| 100 | 52.8126638 | 0.36241 | 33.6728529 | 100 |
| 101 | 19.1398109 | 0.31481 | 13.1144202 | 101 |
| 102 | 6.0253907 | 0.26759 | 4.4130295 | 102 |
| 103 | 1.6123613 | 0.22156 | 1.2551201 | 103 |
| 104 | 0.3572411 | 0.17970 | 0.2930433 | 104 |
| 105 | 0.0641979 | 0.14225 | 0.0550660 | 105 |
| 106 | 0.0091318 | 0.10906 | 0.0081359 | 106 |
| 107 | 0.0009959 | 0.08064 | 0.0009156 | 107 |
| 108 | 0.0000803 | 0.05722 | 0.0000757 | 108 |
| 109 | 0.0000046 | 0.03874 | 0.0000044 | 109 |
| 110 | 0.0000002 | 0.00000 | 0.0000002 | 110 |

(표 5)  계산기수 II

| $x$ | $D_{xy}$ | $N_{xy}$ | $C_{xy}$ | $M_{xy}$ | $x$ |
|---|---|---|---|---|---|
| 3 | 100000.0000000000 | 2012060.8253640800 | 505.5892380952 | 4187.5797445676 | 3 |
| 4 | 94732.5060000000 | 1912060.8253640800 | 57.7337784566 | 3681.9905064724 | 4 |
| 5 | 90163.7005072576 | 1817328.3193640800 | 43.7888340922 | 3624.2567280157 | 5 |
| 6 | 85826.4021252008 | 1727164.6188568200 | 32.6927070095 | 3580.4678939235 | 6 |
| 7 | 81706.7378884198 | 1641338.2167316200 | 25.6771905752 | 3547.7751869140 | 7 |
| 8 | 77790.2636555389 | 1559631.4788432000 | 21.4833741567 | 3522.0979963388 | 8 |
| 9 | 74064.4820120708 | 1481841.2151876600 | 18.3385844128 | 3500.6146221821 | 9 |
| 10 | 70519.2633318451 | 1407776.7331755900 | 16.7892530785 | 3482.2760377693 | 10 |
| 11 | 67144.4139201073 | 1337257.4698437500 | 14.7069799003 | 3465.4867846908 | 11 |
| 12 | 63932.3538963923 | 1270113.0559236400 | 13.3946379511 | 3450.7798047905 | 12 |
| 13 | 60874.5614538511 | 1206180.7020272500 | 13.3337320378 | 3437.3851668393 | 13 |
| 14 | 57962.4390811538 | 1145306.1405733900 | 14.9037881170 | 3424.0514348016 | 14 |
| 15 | 55187.4191463152 | 1087343.7014922400 | 17.8690293265 | 3409.1476466846 | 15 |
| 16 | 52541.5777766879 | 1032156.2823459300 | 20.5145838251 | 3391.2786173581 | 16 |
| 17 | 50019.0832987348 | 979614.7045692380 | 22.8636991572 | 3370.7640335330 | 17 |
| 18 | 47614.3584901140 | 929595.6212705030 | 24.4847315664 | 3347.9003343757 | 18 |
| 19 | 45322.5233542565 | 881981.2627803890 | 25.4637561684 | 3323.4156028094 | 19 |
| 20 | 43138.8442002664 | 836658.7394261320 | 25.8797732434 | 3297.9518466410 | 20 |
| 21 | 41058.7337508198 | 793519.8952258660 | 26.5863708301 | 3272.0720733976 | 21 |
| 22 | 39076.9695823316 | 752461.1614750460 | 27.5353149382 | 3245.4857025675 | 22 |
| 23 | 37188.6261920443 | 713384.1918927150 | 28.6830277816 | 3217.9503876293 | 23 |
| 24 | 35389.0562027367 | 676195.5657006700 | 29.6533597519 | 3189.2673598476 | 24 |
| 25 | 33674.2096904735 | 640806.5094979340 | 29.8192952054 | 3159.6140000957 | 25 |
| 26 | 32040.8566004837 | 607132.2998074600 | 29.5929473623 | 3129.7947048903 | 26 |
| 27 | 30485.5085769079 | 575091.4432069760 | 28.4465884058 | 3100.2017575281 | 27 |
| 28 | 29005.3711038874 | 544605.9346300680 | 26.5132296186 | 3071.7551691223 | 28 |
| 29 | 27597.6497264646 | 515600.5635261810 | 24.9637195232 | 3045.2419395036 | 29 |
| 30 | 26258.5122104431 | 488002.9137997170 | 23.2524627407 | 3020.2782199804 | 30 |
| 31 | 24984.8544043480 | 461744.4015892730 | 21.8867443558 | 2997.0257572397 | 31 |
| 32 | 23773.2126883566 | 436759.5471849250 | 20.8253456356 | 2975.1390128840 | 32 |
| 33 | 22620.3295956565 | 412986.3344965690 | 20.4614367218 | 2954.3136672484 | 33 |
| 34 | 21522.7096067606 | 390366.0049009120 | 20.0832359420 | 2933.8522305266 | 34 |
| 35 | 20477.7354371633 | 368843.2952941520 | 20.2777654750 | 2913.7689945847 | 35 |
| 36 | 19482.3274127758 | 348365.5598569880 | 20.5902780954 | 2893.4912291097 | 36 |
| 37 | 18534.0072578815 | 328883.2324442130 | 20.8230595326 | 2872.9009510142 | 37 |
| 38 | 17630.6124241641 | 310349.2251863310 | 21.4863501225 | 2852.0778914817 | 38 |
| 39 | 16769.5731014624 | 292718.6127621670 | 22.3525249320 | 2830.5915413592 | 39 |
| 40 | 15948.6694764608 | 275949.0396607050 | 23.3836536293 | 2808.2390164272 | 40 |

(표 5)　계산기수 II

| x | $D_{xy}$ | $N_{xy}$ | $C_{xy}$ | $M_{xy}$ | x |
|---|---|---|---|---|---|
| 41 | 15165.8253715715 | 260000.3701842440 | 24.5454276117 | 2784.8553627979 | 41 |
| 42 | 14419.0977834088 | 244834.5448126720 | 25.6698638657 | 2760.3099351863 | 42 |
| 43 | 13706.8042155713 | 230415.4470292640 | 26.6194244462 | 2734.6400713206 | 43 |
| 44 | 13027.4798284788 | 216708.6428136920 | 27.7794952524 | 2708.0206468744 | 44 |
| 45 | 12379.3441509179 | 203681.1629852130 | 28.8710757752 | 2680.2411516220 | 45 |
| 46 | 11760.9804965276 | 191301.8188342960 | 30.0026958429 | 2651.3700758468 | 46 |
| 47 | 11170.9311103739 | 179540.8383377680 | 31.1543757161 | 2621.3673800040 | 47 |
| 48 | 10607.8276341637 | 168369.9072273940 | 32.2076479059 | 2590.2130042878 | 48 |
| 49 | 10070.4853370119 | 157762.0795932300 | 33.3541955294 | 2558.0053563819 | 49 |
| 50 | 9557.5842206725 | 147691.5942562190 | 34.4734289338 | 2524.6511608525 | 50 |
| 51 | 9067.9877336114 | 138134.0100355460 | 35.7257601247 | 2490.1777319187 | 51 |
| 52 | 8600.4530337909 | 129066.0223019350 | 37.0733421929 | 2454.4519717940 | 52 |
| 53 | 8153.8343090366 | 120465.5692681440 | 38.5592883085 | 2417.3786296011 | 53 |
| 54 | 7726.9971964882 | 112311.7349591070 | 39.8466085790 | 2378.8193412926 | 54 |
| 55 | 7319.1983404574 | 104584.7377626190 | 41.0832256059 | 2338.9727327136 | 55 |
| 56 | 6929.5818605439 | 97265.5394221616 | 42.0578253593 | 2297.8895071077 | 56 |
| 57 | 6557.5439465873 | 90335.9575616177 | 42.7909844764 | 2255.8316817484 | 57 |
| 58 | 6202.4889646543 | 83778.4136150304 | 43.4795740549 | 2213.0406972719 | 58 |
| 59 | 5863.6527732350 | 77575.9246503761 | 44.0564149425 | 2169.5611232171 | 59 |
| 60 | 5540.3747976623 | 71712.2718771411 | 44.7844852192 | 2125.5047082746 | 60 |
| 61 | 5231.7629411258 | 66171.8970794788 | 45.6677273681 | 2080.7202230554 | 61 |
| 62 | 4936.9636451327 | 60940.1341383530 | 46.7034409894 | 2035.0524956873 | 62 |
| 63 | 4655.1666972322 | 56003.1704932203 | 48.1909338263 | 1988.3490546979 | 63 |
| 64 | 4385.3011587758 | 51348.0037959882 | 49.9748527465 | 1940.1581208716 | 64 |
| 65 | 4126.5024413256 | 46962.7026372124 | 52.1531866379 | 1890.1832681250 | 65 |
| 66 | 3877.8491384341 | 42836.2001958868 | 54.5255728985 | 1838.0300814871 | 66 |
| 67 | 3638.6640827531 | 38958.3510574527 | 56.9542498532 | 1783.5045085887 | 67 |
| 68 | 3408.4401146736 | 35319.6869746996 | 59.4816502705 | 1726.5502587355 | 68 |
| 69 | 3186.6517922758 | 31911.2468600261 | 61.5192536709 | 1667.0686084650 | 69 |
| 70 | 2973.3872151632 | 28724.5950677503 | 63.0777866758 | 1605.5493547941 | 70 |
| 71 | 2768.7195610986 | 25751.2078525871 | 64.1719823335 | 1542.4715681183 | 71 |
| 72 | 2572.7037901414 | 22982.4882914885 | 65.1112270741 | 1478.2995857848 | 72 |
| 73 | 2385.0828587749 | 20409.7845013471 | 66.2502614403 | 1413.1883587107 | 73 |
| 74 | 2205.2572231072 | 18024.7016425722 | 67.6876810996 | 1346.9380972704 | 74 |
| 75 | 2032.5572932882 | 15819.4444194651 | 69.8560680621 | 1279.2504161708 | 75 |
| 76 | 1865.9127826885 | 13786.8871261769 | 72.5181792653 | 1209.3943481087 | 76 |
| 77 | 1704.5416137715 | 11920.9743434883 | 75.9602770561 | 1136.8761688434 | 77 |
| 78 | 1547.4126884405 | 10216.4327297168 | 80.5852772897 | 1060.9158917873 | 78 |
| 79 | 1393.1410926536 | 8669.0200412764 | 85.1129878177 | 980.3306144976 | 79 |
| 80 | 1241.6880528048 | 7275.8789486227 | 88.0525419930 | 895.2176266799 | 80 |

(표 5)  계산기수 Ⅱ

| x | $D_{xy}$ | $N_{xy}$ | $C_{xy}$ | $M_{xy}$ | x |
|---|---|---|---|---|---|
| 81 | 1094.5075082973 | 6034.1908958180 | 88.4795195639 | 807.1650846869 | 81 |
| 82 | 953.9085835764 | 4939.6833875206 | 87.1126988543 | 718.6855651230 | 82 |
| 83 | 821.3716664565 | 3985.7748039443 | 84.6068568812 | 631.5728662687 | 83 |
| 84 | 697.6518730774 | 3164.4031374877 | 81.4446878761 | 546.9660093875 | 84 |
| 85 | 582.9856674357 | 2466.7512644103 | 77.7409437022 | 465.5213215114 | 85 |
| 86 | 477.4835014746 | 1883.7655969747 | 72.7109989758 | 387.7803778092 | 86 |
| 87 | 382.0351929048 | 1406.2820955001 | 65.2952064758 | 315.0693788333 | 87 |
| 88 | 298.5478343859 | 1024.2469025953 | 57.1894424070 | 249.7741723576 | 88 |
| 89 | 227.1418284368 | 725.6990682094 | 48.6832336729 | 192.5847299506 | 89 |
| 90 | 167.6423172193 | 498.5572397726 | 40.1071512391 | 143.9014962778 | 90 |
| 91 | 119.5521984935 | 330.9149225533 | 31.7836817617 | 103.7943450386 | 91 |
| 92 | 82.0755548988 | 211.3627240598 | 24.1984751760 | 72.0106632769 | 92 |
| 93 | 53.9687199657 | 129.2871691609 | 17.6064245019 | 47.8121881009 | 93 |
| 94 | 33.7923564179 | 75.3184491952 | 12.1686068265 | 30.2057635991 | 94 |
| 95 | 20.0145897619 | 41.5260927773 | 7.9333449420 | 18.0371567725 | 95 |
| 96 | 11.1281691169 | 21.5115030154 | 4.8403478074 | 10.1038118305 | 96 |
| 97 | 5.7579084945 | 10.3833338985 | 2.7388356877 | 5.2634640231 | 97 |
| 98 | 2.7448866880 | 4.6254254040 | 1.4224929972 | 2.5246283354 | 98 |
| 99 | 1.1916848009 | 1.8805387160 | 0.6700202238 | 1.1021353382 | 99 |
| 100 | 0.4649176818 | 0.6888539151 | 0.2823115224 | 0.4321151145 | 100 |
| 101 | 0.1604672222 | 0.2239362333 | 0.1047149012 | 0.1498035920 | 101 |
| 102 | 0.0481110247 | 0.0634690111 | 0.0335588383 | 0.0450886908 | 102 |
| 103 | 0.0122611852 | 0.0153579864 | 0.0090900462 | 0.0115298525 | 103 |
| 104 | 0.0025872730 | 0.0030968012 | 0.0020212650 | 0.0024398063 | 104 |
| 105 | 0.0004428045 | 0.0005095282 | 0.0003617312 | 0.0004185413 | 105 |
| 106 | 0.0000599874 | 0.0000667237 | 0.0000509001 | 0.0000568101 | 106 |
| 107 | 0.0000062308 | 0.0000067363 | 0.0000054555 | 0.0000059100 | 107 |
| 108 | 0.0000004785 | 0.0000005056 | 0.0000004297 | 0.0000004544 | 108 |
| 109 | 0.0000000261 | 0.0000000270 | 0.0000000239 | 0.0000000248 | 109 |
| 110 | 0.0000000010 | 0.0000000010 | 0.0000000009 | 0.0000000009 | 110 |

(표 6)  $\ddot{a}_x$, $1000A_x$, $1000(^2A_x)$ (제7회 경험생명표(남), $i=0.05$)

| $x$ | $\ddot{a}_x$ | $1000A_x$ | $1000(^2A_x)$ | $x$ |
|---|---|---|---|---|
| 0 | 20.346963 | 31.097007 | 6.909982 | 0 |
| 1 | 20.399172 | 28.610879 | 3.472702 | 1 |
| 2 | 20.377485 | 29.643576 | 3.420056 | 2 |
| 3 | 20.353076 | 30.805921 | 3.441747 | 3 |
| 4 | 20.326014 | 32.094562 | 3.535446 | 4 |
| 5 | 20.296374 | 33.505991 | 3.698568 | 5 |
| 6 | 20.264638 | 35.017244 | 3.908336 | 6 |
| 7 | 20.230904 | 36.623599 | 4.159564 | 7 |
| 8 | 20.195277 | 38.320144 | 4.446542 | 8 |
| 9 | 20.157863 | 40.101766 | 4.762980 | 9 |
| 10 | 20.118371 | 41.982312 | 5.121851 | 10 |
| 11 | 20.076900 | 43.957142 | 5.517558 | 11 |
| 12 | 20.033149 | 46.040523 | 5.963823 | 12 |
| 13 | 19.987405 | 48.218818 | 6.445953 | 13 |
| 14 | 19.939766 | 50.487332 | 6.957707 | 14 |
| 15 | 19.890534 | 52.831737 | 7.482294 | 15 |
| 16 | 19.840020 | 55.237133 | 8.001229 | 16 |
| 17 | 19.787958 | 57.716304 | 8.523912 | 17 |
| 18 | 19.734262 | 60.273215 | 9.050781 | 18 |
| 19 | 19.678650 | 62.921415 | 9.592227 | 19 |
| 20 | 19.620627 | 65.684417 | 10.169600 | 20 |
| 21 | 19.560069 | 68.568122 | 10.786622 | 21 |
| 22 | 19.496846 | 71.578738 | 11.447402 | 22 |
| 23 | 19.431016 | 74.713538 | 12.146591 | 23 |
| 24 | 19.362635 | 77.969759 | 12.878314 | 24 |
| 25 | 19.291570 | 81.353805 | 13.645983 | 25 |
| 26 | 19.217487 | 84.881575 | 14.463229 | 26 |
| 27 | 19.140037 | 88.569682 | 15.345071 | 27 |
| 28 | 19.058664 | 92.444557 | 16.317894 | 28 |
| 29 | 18.972981 | 96.524700 | 17.400919 | 29 |
| 30 | 18.882771 | 100.820419 | 18.605490 | 30 |
| 31 | 18.787807 | 105.342538 | 19.944121 | 31 |
| 32 | 18.687849 | 110.102424 | 21.430608 | 32 |
| 33 | 18.582834 | 115.103153 | 23.070396 | 33 |
| 34 | 18.472874 | 120.339311 | 24.859779 | 34 |
| 35 | 18.357716 | 125.823029 | 26.814263 | 35 |
| 36 | 18.237457 | 131.549688 | 28.931530 | 36 |
| 37 | 18.112008 | 137.523439 | 31.218865 | 37 |
| 38 | 17.981274 | 143.748860 | 33.684399 | 38 |
| 39 | 17.845328 | 150.222489 | 36.327565 | 39 |
| 40 | 17.704236 | 156.941139 | 39.147940 | 40 |

(표 6)  $\ddot{a}_x$, $1000A_x$, $1000(^2A_x)$

| $x$ | $\ddot{a}_x$ | $1000A_x$ | $1000(^2A_x)$ | $x$ |
|---|---|---|---|---|
| 41 | 17.558059 | 163.901932 | 42.145277 | 41 |
| 42 | 17.406676 | 171.110650 | 45.329110 | 42 |
| 43 | 17.249953 | 178.573685 | 48.710128 | 43 |
| 44 | 17.087569 | 186.306240 | 52.309812 | 44 |
| 45 | 16.919357 | 194.316344 | 56.142518 | 45 |
| 46 | 16.745131 | 202.612812 | 60.224326 | 46 |
| 47 | 16.564855 | 211.197400 | 64.563865 | 47 |
| 48 | 16.378311 | 220.080443 | 69.180398 | 48 |
| 49 | 16.185262 | 229.273257 | 74.095514 | 49 |
| 50 | 15.985768 | 238.772954 | 79.314937 | 50 |
| 51 | 15.779555 | 248.592633 | 84.864034 | 51 |
| 52 | 15.566633 | 258.731746 | 90.753024 | 52 |
| 53 | 15.347145 | 269.183557 | 96.984958 | 53 |
| 54 | 15.121207 | 279.942519 | 103.564283 | 54 |
| 55 | 14.888609 | 291.018642 | 110.514943 | 55 |
| 56 | 14.649106 | 302.423504 | 117.864293 | 56 |
| 57 | 14.402277 | 314.177290 | 125.652336 | 57 |
| 58 | 14.147372 | 326.315627 | 133.941591 | 58 |
| 59 | 13.884018 | 338.856278 | 142.775854 | 59 |
| 60 | 13.611659 | 351.825784 | 152.213447 | 60 |
| 61 | 13.330221 | 365.227575 | 162.286416 | 61 |
| 62 | 13.039705 | 379.061664 | 173.024438 | 62 |
| 63 | 12.740429 | 393.312922 | 184.438844 | 63 |
| 64 | 12.433257 | 407.940139 | 196.506092 | 64 |
| 65 | 12.119082 | 422.900872 | 209.198617 | 65 |
| 66 | 11.798805 | 438.152131 | 222.485347 | 66 |
| 67 | 11.473095 | 453.662121 | 236.347727 | 67 |
| 68 | 11.142042 | 469.426549 | 250.803851 | 68 |
| 69 | 10.805939 | 485.431488 | 265.858858 | 69 |
| 70 | 10.463654 | 501.730754 | 281.615234 | 70 |
| 71 | 10.113726 | 518.394003 | 298.206426 | 71 |
| 72 | 9.754554 | 535.497445 | 315.786207 | 72 |
| 73 | 9.385338 | 553.079155 | 334.464222 | 73 |
| 74 | 9.006807 | 571.104407 | 354.249711 | 74 |
| 75 | 8.619621 | 589.541833 | 375.157950 | 75 |
| 76 | 8.226756 | 608.249710 | 397.036164 | 76 |
| 77 | 7.831497 | 627.071580 | 419.696539 | 77 |
| 78 | 7.439325 | 645.746423 | 442.772254 | 78 |
| 79 | 7.059484 | 663.834097 | 465.582619 | 79 |
| 80 | 6.698029 | 681.046217 | 487.635370 | 80 |

(표 6)  $\ddot{a}_x$, $1000A_x$, $1000({}^2A_x)$

| x | $\ddot{a}_x$ | $1000A_x$ | $1000({}^2A_x)$ | x |
|---|---|---|---|---|
| 81 | 6.354815 | 697.389778 | 508.877507 | 81 |
| 82 | 6.023220 | 713.180000 | 529.756879 | 82 |
| 83 | 5.696676 | 728.729736 | 550.754381 | 83 |
| 84 | 5.371371 | 744.220434 | 572.171859 | 84 |
| 85 | 5.048494 | 759.595516 | 593.936750 | 85 |
| 86 | 4.733394 | 774.600300 | 615.637162 | 86 |
| 87 | 4.440589 | 788.543369 | 636.081438 | 87 |
| 88 | 4.160230 | 801.893821 | 655.998923 | 88 |
| 89 | 3.893141 | 814.612313 | 675.288694 | 89 |
| 90 | 3.640087 | 826.662507 | 693.850247 | 90 |
| 91 | 3.401423 | 838.027475 | 711.612430 | 91 |
| 92 | 3.175046 | 848.807355 | 728.710466 | 92 |
| 93 | 2.961049 | 858.997670 | 745.103320 | 93 |
| 94 | 2.759450 | 868.597633 | 760.756379 | 94 |
| 95 | 2.570219 | 877.608607 | 775.639150 | 95 |
| 96 | 2.393245 | 886.035966 | 789.728938 | 96 |
| 97 | 2.228309 | 893.890061 | 803.013136 | 97 |
| 98 | 2.075146 | 901.183511 | 815.484840 | 98 |
| 99 | 1.933518 | 907.927733 | 827.136704 | 99 |
| 100 | 1.803053 | 914.140353 | 837.974756 | 100 |
| 101 | 1.683481 | 919.834229 | 847.998818 | 101 |
| 102 | 1.574669 | 925.015777 | 857.199555 | 102 |
| 103 | 1.477080 | 929.662838 | 865.517392 | 103 |
| 104 | 1.393575 | 933.639292 | 872.678253 | 104 |
| 105 | 1.321481 | 937.072321 | 878.894136 | 105 |
| 106 | 1.258502 | 940.071348 | 884.351594 | 106 |
| 107 | 1.203987 | 942.667296 | 889.095247 | 107 |
| 108 | 1.156637 | 944.922025 | 893.225562 | 108 |
| 109 | 1.109705 | 947.156916 | 897.315851 | 109 |
| 110 | 1.000000 | 952.380952 | 907.029478 | 110 |

(표 7)  $\ddot{a}_{xy}, A_{xy}, {}^{2}A_{xy}, \ddot{a}_{xx}, A_{xx}$ (제7회 경험생명표(남$(x)$ 여$(y)$), $i=0.05$, $y=x-3$)

| $x$ | $\ddot{a}_{xy}$ | $1000A_{xy}$ | $1000({}^{2}A_{xy})$ | $\ddot{a}_{xx}$ | $1000A_{xx}$ | $x$ |
|---|---|---|---|---|---|---|
| 3 | 20.120608 | 41.875797 | 10.105197 | 20.073743 | 44.107470 | 3 |
| 4 | 20.183788 | 38.867234 | 5.863420 | 20.037849 | 45.816733 | 4 |
| 5 | 20.155875 | 40.196406 | 5.828238 | 19.997739 | 47.726698 | 5 |
| 6 | 20.123931 | 41.717558 | 5.918709 | 19.954410 | 49.789989 | 6 |
| 7 | 20.088162 | 43.420840 | 6.127865 | 19.908103 | 51.995108 | 7 |
| 8 | 20.049186 | 45.276849 | 6.428119 | 19.859068 | 54.330095 | 8 |
| 9 | 20.007447 | 47.264418 | 6.798994 | 19.807567 | 56.782517 | 9 |
| 10 | 19.963010 | 49.380494 | 7.237789 | 19.753081 | 59.377097 | 10 |
| 11 | 19.916139 | 51.612436 | 7.731611 | 19.695856 | 62.102114 | 11 |
| 12 | 19.866515 | 53.975485 | 8.296022 | 19.635361 | 64.982829 | 12 |
| 13 | 19.814199 | 56.466693 | 8.928340 | 19.572217 | 67.989664 | 13 |
| 14 | 19.759454 | 59.073626 | 9.615718 | 19.506679 | 71.110501 | 14 |
| 15 | 19.702746 | 61.774000 | 10.334135 | 19.439400 | 74.314299 | 15 |
| 16 | 19.644562 | 64.544667 | 11.057165 | 19.371054 | 77.568856 | 16 |
| 17 | 19.584819 | 67.389560 | 11.785389 | 19.301186 | 80.895919 | 17 |
| 18 | 19.523431 | 70.312831 | 12.519446 | 19.229703 | 84.299837 | 18 |
| 19 | 19.460109 | 73.328124 | 13.269913 | 19.156127 | 87.803454 | 19 |
| 20 | 19.394556 | 76.449703 | 14.048440 | 19.079576 | 91.448768 | 20 |
| 21 | 19.326458 | 79.692474 | 14.867857 | 18.999891 | 95.243283 | 21 |
| 22 | 19.255873 | 83.053669 | 15.722605 | 18.916907 | 99.194905 | 22 |
| 23 | 19.182860 | 86.530499 | 16.606584 | 18.830826 | 103.294019 | 23 |
| 24 | 19.107477 | 90.120159 | 17.513093 | 18.741853 | 107.530793 | 24 |
| 25 | 19.029593 | 93.828898 | 18.444592 | 18.649828 | 111.912954 | 25 |
| 26 | 18.948691 | 97.681368 | 19.423423 | 18.554207 | 116.466339 | 26 |
| 27 | 18.864420 | 101.694277 | 20.464389 | 18.454425 | 121.217869 | 27 |
| 28 | 18.776037 | 105.902978 | 21.603381 | 18.349526 | 126.213067 | 28 |
| 29 | 18.682771 | 110.344249 | 22.879904 | 18.238882 | 131.481812 | 29 |
| 30 | 18.584561 | 115.020920 | 24.298384 | 18.122204 | 137.037907 | 30 |
| 31 | 18.480972 | 119.953701 | 25.883238 | 17.999187 | 17.999187 | 31 |
| 32 | 18.371919 | 125.146696 | 27.641894 | 17.869512 | 149.070860 | 32 |
| 33 | 18.257308 | 130.604360 | 29.582598 | 17.733198 | 155.562018 | 33 |
| 34 | 18.137401 | 136.314260 | 31.695130 | 17.590608 | 162.351986 | 34 |
| 35 | 18.011918 | 142.289610 | 33.997417 | 17.441411 | 169.456631 | 35 |
| 36 | 17.881106 | 148.518766 | 36.480336 | 17.285946 | 176.859728 | 36 |
| 37 | 17.744853 | 155.007005 | 39.153306 | 17.124208 | 184.561500 | 37 |
| 38 | 17.602861 | 161.768509 | 42.036429 | 16.956183 | 192.562737 | 38 |
| 39 | 17.455341 | 168.793297 | 45.123273 | 16.782174 | 200.848864 | 39 |
| 40 | 17.302324 | 176.079830 | 48.416604 | 16.602481 | 209.405688 | 40 |

(표 7)    $\ddot{a}_{xy}, A_{xy}, {}^{2}A_{xy}, \ddot{a}_{xx}, A_{xx}$

| $x$ | $\ddot{a}_{xy}$ | $1000A_{xy}$ | $1000({}^{2}A_{xy})$ | $\ddot{a}_{xx}$ | $1000A_{xx}$ | $x$ |
|---|---|---|---|---|---|---|
| 41 | 17.143833 | 183.627023 | 51.919744 | 16.417391 | 218.219476 | 41 |
| 42 | 16.979880 | 191.434303 | 55.636674 | 16.226857 | 227.292500 | 42 |
| 43 | 16.810297 | 199.509676 | 59.581525 | 16.030814 | 236.627906 | 43 |
| 44 | 16.634733 | 207.869878 | 63.779527 | 15.828857 | 246.244890 | 44 |
| 45 | 16.453308 | 216.509140 | 68.230701 | 15.620871 | 256.149010 | 45 |
| 46 | 16.265805 | 225.437843 | 72.954191 | 15.406713 | 266.346980 | 46 |
| 47 | 16.072146 | 234.659703 | 77.962235 | 15.186522 | 276.832290 | 47 |
| 48 | 15.872233 | 244.179402 | 83.268880 | 14.960107 | 287.613937 | 48 |
| 49 | 15.665787 | 254.010137 | 88.899327 | 14.727249 | 298.702408 | 49 |
| 50 | 15.452816 | 264.151600 | 94.863736 | 14.488275 | 310.082145 | 50 |
| 51 | 15.233149 | 274.611943 | 101.183212 | 14.242905 | 321.766408 | 51 |
| 52 | 15.006886 | 285.386358 | 107.863942 | 13.991384 | 333.743626 | 52 |
| 53 | 14.774101 | 296.471395 | 114.913957 | 13.734187 | 345.991107 | 53 |
| 54 | 14.534978 | 307.858186 | 122.334656 | 13.471745 | 358.488346 | 54 |
| 55 | 14.289097 | 319.566792 | 130.164107 | 13.203908 | 371.242474 | 55 |
| 56 | 14.036278 | 331.605796 | 138.428054 | 12.930473 | 384.263176 | 56 |
| 57 | 13.775883 | 344.005576 | 147.182107 | 12.650924 | 397.575045 | 57 |
| 58 | 13.507225 | 356.798813 | 156.488760 | 12.364183 | 411.229367 | 58 |
| 59 | 13.229966 | 370.001637 | 166.393076 | 12.069836 | 425.245882 | 59 |
| 60 | 12.943578 | 383.639155 | 176.955243 | 11.767151 | 439.659457 | 60 |
| 61 | 12.648107 | 397.709194 | 188.203061 | 11.456232 | 454.465133 | 61 |
| 62 | 12.343647 | 412.207308 | 200.163063 | 11.137295 | 469.652597 | 62 |
| 63 | 12.030325 | 427.127358 | 212.861166 | 10.811083 | 485.186540 | 63 |
| 64 | 11.709117 | 442.423006 | 226.269178 | 10.479234 | 500.988835 | 64 |
| 65 | 11.380752 | 458.059409 | 240.372222 | 10.143398 | 516.981061 | 65 |
| 66 | 11.046381 | 473.981843 | 255.125501 | 9.805202 | 533.085630 | 66 |
| 67 | 10.706773 | 490.153658 | 270.505745 | 9.465854 | 549.245040 | 67 |
| 68 | 10.362420 | 506.551443 | 286.506212 | 9.125591 | 565.448069 | 68 |
| 69 | 10.014036 | 523.141127 | 303.103270 | 8.784960 | 581.668570 | 69 |
| 70 | 9.660563 | 539.973182 | 320.395390 | 8.442197 | 597.990613 | 70 |
| 71 | 9.300764 | 557.106465 | 338.501147 | 8.094994 | 614.524114 | 71 |
| 72 | 8.933204 | 574.609324 | 357.562928 | 7.740795 | 631.390699 | 72 |
| 73 | 8.557264 | 592.511222 | 377.675537 | 7.378255 | 648.654545 | 73 |
| 74 | 8.173514 | 610.785029 | 398.854406 | 7.008308 | 666.271042 | 74 |
| 75 | 7.783025 | 629.379757 | 421.079253 | 6.631634 | 684.207927 | 75 |
| 76 | 7.388816 | 648.151596 | 444.182082 | 6.252238 | 702.274359 | 76 |
| 77 | 6.993654 | 666.968855 | 468.000951 | 5.874324 | 720.270287 | 77 |
| 78 | 6.602268 | 685.606303 | 492.210759 | 5.505039 | 737.855270 | 78 |
| 79 | 6.222643 | 703.683654 | 516.207985 | 5.156731 | 754.441370 | 79 |
| 80 | 5.859667 | 720.968221 | 539.584072 | 4.837104 | 769.661691 | 80 |

(표 7)   $\ddot{a}_{xy}$ , $A_{xy}$ , $^{2}A_{xy}$ , $\ddot{a}_{xx}$ , $A_{xx}$

| $x$ | $\ddot{a}_{xy}$ | $1000A_{xy}$ | $1000(^{2}A_{xy})$ | $\ddot{a}_{xx}$ | $1000A_{xx}$ | $x$ |
|---|---|---|---|---|---|---|
| 81 | 5.513156 | 737.468751 | 562.300673 | 4.545386 | 783.553069 | 81 |
| 82 | 5.178361 | 753.411362 | 584.683809 | 4.272113 | 796.566047 | 82 |
| 83 | 4.852584 | 768.924583 | 606.922507 | 4.007906 | 809.147314 | 83 |
| 84 | 4.535791 | 784.009949 | 629.006469 | 3.746832 | 821.579445 | 84 |
| 85 | 4.231238 | 798.512464 | 650.657901 | 3.489242 | 833.845597 | 85 |
| 86 | 3.945195 | 812.133564 | 671.331045 | 3.240680 | 845.681914 | 86 |
| 87 | 3.681028 | 824.712971 | 690.684992 | 3.019007 | 856.237759 | 87 |
| 88 | 3.430763 | 836.630327 | 709.313691 | 2.811367 | 866.125390 | 88 |
| 89 | 3.194916 | 847.861142 | 727.135237 | 2.618063 | 875.330316 | 89 |
| 90 | 2.973934 | 858.384080 | 744.070692 | 2.439442 | 883.836091 | 90 |
| 91 | 2.767953 | 868.192692 | 760.065241 | 2.275567 | 891.639676 | 91 |
| 92 | 2.575221 | 877.370410 | 775.226709 | 2.123618 | 898.875311 | 92 |
| 93 | 2.395595 | 885.924071 | 789.532256 | 1.983280 | 905.558096 | 93 |
| 94 | 2.228861 | 893.863785 | 802.966288 | 1.854198 | 911.704878 | 94 |
| 95 | 2.074791 | 901.200424 | 815.516207 | 1.736024 | 917.332204 | 95 |
| 96 | 1.933068 | 907.949163 | 827.179063 | 1.628381 | 922.458029 | 96 |
| 97 | 1.803317 | 914.127765 | 837.958805 | 1.530840 | 927.102836 | 97 |
| 98 | 1.685106 | 919.756851 | 847.867036 | 1.442969 | 931.287180 | 98 |
| 99 | 1.578050 | 924.854741 | 856.913581 | 1.364412 | 935.028020 | 99 |
| 100 | 1.481669 | 929.444354 | 865.119195 | 1.294716 | 938.346841 | 100 |
| 101 | 1.395526 | 933.546365 | 872.503099 | 1.233512 | 941.261322 | 101 |
| 102 | 1.319220 | 937.180015 | 879.084474 | 1.180445 | 943.788356 | 102 |
| 103 | 1.252569 | 940.353834 | 884.865456 | 1.135344 | 945.935980 | 103 |
| 104 | 1.196936 | 943.003029 | 889.712047 | 1.099838 | 947.626785 | 104 |
| 105 | 1.150684 | 945.205506 | 893.756347 | 1.071943 | 948.955088 | 105 |
| 106 | 1.112296 | 947.033547 | 897.123862 | 1.050017 | 949.999176 | 106 |
| 107 | 1.081140 | 948.517156 | 899.864012 | 1.033351 | 950.792831 | 107 |
| 108 | 1.056502 | 949.690359 | 902.035038 | 1.021185 | 951.372164 | 108 |
| 109 | 1.036897 | 950.623952 | 903.762494 | 1.012637 | 951.779196 | 109 |
| 110 | 1.000000 | 952.380952 | 907.029478 | 1.000000 | 952.380952 | 110 |

## (표 8) 지수분포표($e^{-\lambda x}$의 값)

이 표는 편의상 $x$값 대신 $\lambda x$값에 대한 $e^{-\lambda x}$값을 나타낸다.
$e^{-\lambda x} = P(X \geq x)$이다.

예: $\lambda = 1/10$일 때 $X$가 10 이상일 확률은
$\lambda x = (1/10)(10) = 1$이므로
$P(X \geq 10) = e^{-\lambda x} = e^{-1} = 0.36879$이다.

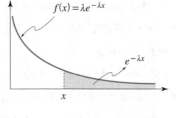

| $\lambda x$ | $e^{-\lambda x}$ | $\lambda x$ | $e^{-\lambda x}$ | $\lambda x$ | $e^{-\lambda x}$ |
|---|---|---|---|---|---|
| 0.00 | 1.000000 | 0.35 | 0.704688 | 0.70 | 0.496585 |
| 0.01 | 0.990050 | 0.36 | 0.697676 | 0.71 | 0.491644 |
| 0.02 | 0.980199 | 0.37 | 0.690734 | 0.72 | 0.486752 |
| 0.03 | 0.970446 | 0.38 | 0.683861 | 0.73 | 0.481909 |
| 0.04 | 0.960789 | 0.39 | 0.677057 | 0.74 | 0.477114 |
| 0.05 | 0.951229 | 0.40 | 0.670320 | 0.75 | 0.472367 |
| 0.06 | 0.941765 | 0.41 | 0.663650 | 0.76 | 0.467666 |
| 0.07 | 0.932394 | 0.42 | 0.657047 | 0.77 | 0.463013 |
| 0.08 | 0.923116 | 0.43 | 0.650509 | 0.78 | 0.458406 |
| 0.09 | 0.913931 | 0.44 | 0.644036 | 0.79 | 0.453845 |
| 0.10 | 0.904837 | 0.45 | 0.637628 | 0.80 | 0.449329 |
| 0.11 | 0.895834 | 0.46 | 0.631284 | 0.81 | 0.444858 |
| 0.12 | 0.886920 | 0.47 | 0.625002 | 0.82 | 0.440432 |
| 0.13 | 0.878095 | 0.48 | 0.618783 | 0.83 | 0.436049 |
| 0.14 | 0.869358 | 0.49 | 0.612626 | 0.84 | 0.431711 |
| 0.15 | 0.860708 | 0.50 | 0.606531 | 0.85 | 0.427415 |
| 0.16 | 0.852144 | 0.51 | 0.600496 | 0.86 | 0.423162 |
| 0.17 | 0.843665 | 0.52 | 0.594521 | 0.87 | 0.418952 |
| 0.18 | 0.835270 | 0.53 | 0.588605 | 0.88 | 0.414783 |
| 0.19 | 0.826959 | 0.54 | 0.582748 | 0.89 | 0.410656 |
| 0.20 | 0.818731 | 0.55 | 0.576950 | 0.90 | 0.406570 |
| 0.21 | 0.810584 | 0.56 | 0.571209 | 0.91 | 0.402524 |
| 0.22 | 0.802519 | 0.57 | 0.565525 | 0.92 | 0.398519 |
| 0.23 | 0.794534 | 0.58 | 0.559898 | 0.93 | 0.394554 |
| 0.24 | 0.786628 | 0.59 | 0.554327 | 0.94 | 0.390628 |
| 0.25 | 0.778801 | 0.60 | 0.548812 | 0.95 | 0.386741 |
| 0.26 | 0.771052 | 0.61 | 0.543351 | 0.96 | 0.382893 |
| 0.27 | 0.763379 | 0.62 | 0.537944 | 0.97 | 0.379083 |
| 0.28 | 0.755784 | 0.63 | 0.532592 | 0.98 | 0.375311 |
| 0.29 | 0.748264 | 0.64 | 0.527292 | 0.99 | 0.371577 |
| 0.30 | 0.740818 | 0.65 | 0.522046 | 1.00 | 0.367879 |
| 0.31 | 0.733447 | 0.66 | 0.516851 | | |
| 0.32 | 0.726149 | 0.67 | 0.511709 | | |
| 0.33 | 0.718924 | 0.68 | 0.506617 | | |
| 0.34 | 0.711770 | 0.69 | 0.501576 | | |

(표 9)  누적표준정규분포표($\Phi(z)$)

표 안의 값들은 표준정규분포의 누적확률을 나타내
며 그림의 파란색 부분을 나타낸다.

$P(Z \leq z) = \Phi(z)$

$P(Z \leq -z) = \Phi(-z) = 1 - \Phi(z)$

예: $\Pr(Z \leq z_\alpha) = \Phi(z_\alpha) = 1 - \alpha$

$\Pr(Z \leq z_{0.025}) = \Phi(z_{0.025}) = \Phi(1.96)$

$= 0.975$

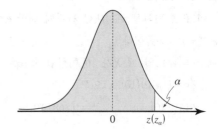

| z | 0.00 | 0.01 | 0.02 | 0.03 | 0.04 | 0.05 | 0.06 | 0.07 | 0.08 | 0.09 |
|---|---|---|---|---|---|---|---|---|---|---|
| 0.0 | 0.5000 | 0.5040 | 0.5080 | 0.5120 | 0.5160 | 0.5199 | 0.5239 | 0.5279 | 0.5319 | 0.5359 |
| 0.1 | 0.5398 | 0.5438 | 0.5478 | 0.5517 | 0.5557 | 0.5596 | 0.5636 | 0.5675 | 0.5714 | 0.5753 |
| 0.2 | 0.5793 | 0.5832 | 0.5871 | 0.5910 | 0.5948 | 0.5987 | 0.6026 | 0.6064 | 0.6103 | 0.6141 |
| 0.3 | 0.6179 | 0.6217 | 0.6255 | 0.6293 | 0.6331 | 0.6368 | 0.6406 | 0.6443 | 0.6480 | 0.6517 |
| 0.4 | 0.6554 | 0.6591 | 0.6628 | 0.6664 | 0.6700 | 0.6736 | 0.6772 | 0.6808 | 0.6844 | 0.6879 |
| 0.5 | 0.6915 | 0.6950 | 0.6985 | 0.7019 | 0.7054 | 0.7088 | 0.7123 | 0.7157 | 0.7190 | 0.7224 |
| 0.6 | 0.7257 | 0.7291 | 0.7324 | 0.7357 | 0.7389 | 0.7422 | 0.7454 | 0.7486 | 0.7517 | 0.7549 |
| 0.7 | 0.7580 | 0.7611 | 0.7642 | 0.7673 | 0.7704 | 0.7734 | 0.7764 | 0.7794 | 0.7823 | 0.7852 |
| 0.8 | 0.7881 | 0.7910 | 0.7939 | 0.7967 | 0.7995 | 0.8023 | 0.8051 | 0.8078 | 0.8106 | 0.8133 |
| 0.9 | 0.8159 | 0.8186 | 0.8212 | 0.8238 | 0.8264 | 0.8289 | 0.8315 | 0.8340 | 0.8365 | 0.8389 |
| 1.0 | 0.8413 | 0.8438 | 0.8461 | 0.8485 | 0.8508 | 0.8531 | 0.8554 | 0.8577 | 0.8599 | 0.8621 |
| 1.1 | 0.8643 | 0.8665 | 0.8686 | 0.8708 | 0.8729 | 0.8749 | 0.8770 | 0.8790 | 0.8810 | 0.8830 |
| 1.2 | 0.8849 | 0.8869 | 0.8888 | 0.8907 | 0.8925 | 0.8944 | 0.8962 | 0.8980 | 0.8997 | 0.9015 |
| 1.3 | 0.9032 | 0.9049 | 0.9066 | 0.9082 | 0.9099 | 0.9115 | 0.9131 | 0.9147 | 0.9162 | 0.9177 |
| 1.4 | 0.9192 | 0.9207 | 0.9222 | 0.9236 | 0.9251 | 0.9265 | 0.9279 | 0.9292 | 0.9306 | 0.9319 |
| 1.5 | 0.9332 | 0.9345 | 0.9357 | 0.9370 | 0.9382 | 0.9394 | 0.9406 | 0.9418 | 0.9429 | 0.9441 |
| 1.6 | 0.9452 | 0.9463 | 0.9474 | 0.9484 | 0.9495 | 0.9505 | 0.9515 | 0.9525 | 0.9535 | 0.9545 |
| 1.7 | 0.9554 | 0.9564 | 0.9573 | 0.9582 | 0.9591 | 0.9599 | 0.9608 | 0.9616 | 0.9625 | 0.9633 |
| 1.8 | 0.9641 | 0.9649 | 0.9656 | 0.9664 | 0.9671 | 0.9678 | 0.9686 | 0.9693 | 0.9699 | 0.9706 |
| 1.9 | 0.9713 | 0.9719 | 0.9726 | 0.9732 | 0.9738 | 0.9744 | 0.9750 | 0.9756 | 0.9761 | 0.9767 |
| 2.0 | 0.9772 | 0.9778 | 0.9783 | 0.9788 | 0.9793 | 0.9798 | 0.9803 | 0.9808 | 0.9812 | 0.9817 |
| 2.1 | 0.9821 | 0.9826 | 0.9830 | 0.9834 | 0.9838 | 0.9842 | 0.9846 | 0.9850 | 0.9854 | 0.9857 |
| 2.2 | 0.9861 | 0.9864 | 0.9868 | 0.9871 | 0.9875 | 0.9878 | 0.9881 | 0.9884 | 0.9887 | 0.9890 |
| 2.3 | 0.9893 | 0.9896 | 0.9898 | 0.9901 | 0.9904 | 0.9906 | 0.9909 | 0.9911 | 0.9913 | 0.9916 |
| 2.4 | 0.9918 | 0.9920 | 0.9922 | 0.9925 | 0.9927 | 0.9929 | 0.9931 | 0.9932 | 0.9934 | 0.9936 |
| 2.5 | 0.9938 | 0.9940 | 0.9941 | 0.9943 | 0.9945 | 0.9946 | 0.9948 | 0.9949 | 0.9951 | 0.9952 |
| 2.6 | 0.9953 | 0.9955 | 0.9956 | 0.9957 | 0.9959 | 0.9960 | 0.9961 | 0.9962 | 0.9963 | 0.9964 |
| 2.7 | 0.9965 | 0.9966 | 0.9967 | 0.9968 | 0.9969 | 0.9970 | 0.9971 | 0.9972 | 0.9973 | 0.9974 |
| 2.8 | 0.9974 | 0.9975 | 0.9976 | 0.9977 | 0.9977 | 0.9978 | 0.9979 | 0.9979 | 0.9980 | 0.9981 |
| 2.9 | 0.9981 | 0.9982 | 0.9982 | 0.9983 | 0.9984 | 0.9984 | 0.9985 | 0.9985 | 0.9986 | 0.9986 |
| 3.0 | 0.9987 | 0.9987 | 0.9987 | 0.9988 | 0.9988 | 0.9989 | 0.9989 | 0.9989 | 0.9990 | 0.9990 |

| $\alpha$ | 0.100 | 0.050 | 0.025 | 0.010 | 0.005 |
|---|---|---|---|---|---|
| $z_\alpha$ | 1.282 | 1.645 | 1.960 | 2.326 | 2.576 |

◎ 연습문제 1.1 ────────────────

1. 62.5
3. 10
5. A: 11500, B: 11550
7. 2.415267
13. 0.6018907997
17. 51.986
19. (a) 2.568529, (b) 38.9328
21. 0.57735
25. 1312.569971
27. 4877.01953

◎ 연습문제 1.2 ────────────────

1. 2025.13
2. 0.107566
5. 2017.50369
9. 1578.53
11. 511.3232
15. 68
17. 243.1315
19. 1756.065
25. 1088.083
29. 387.75

◎ 연습문제 2.1 ────────────────

1. (a) 0.56   (b) 0.44
3. $\dfrac{7}{9}$

9. $e_{92} = 0.857$, $\overset{\circ}{e}_{93} = 1.214$

13. (a) 0.995049   (b) 0.00794   (c) 0.0000013

15. (a) $\dfrac{32}{35}$   (b) $\dfrac{1}{10}$
17. 4800

◎ 연습문제 2.2 ────────────────

1. 0.103631
3. 0.8756

5. 15250
7. $\dfrac{2}{3}$

9. 0.6016
11. $\dfrac{-1}{16\sqrt{64-t}}$

13. (a) $\exp\left(-\dfrac{k\,x^{n+1}}{n+1}\right)$  (b) $\left[1+\dfrac{x}{b}\right]^{-a}$

18. (a) $1-\dfrac{t}{85}$  (b) 0.64706  (c) $\dfrac{1}{85}$

21. 0.079386  23. 0.048485

◎ 연습문제 3.1

3. $\dfrac{a\,M_x + b\,R_{x+1}}{D_x}$

11. $\dfrac{1000\,(R_0 - R_{10}) + 40000\,M_{51}}{D_0}$

13. 18342.86

15. $1000\left(\dfrac{R_0 + R_2 - 2R_6 + 40M_{21}}{D_0}\right)$

◎ 연습문제 3.2

1. 16666.67  7. 14

9. $1-\sqrt{\dfrac{a}{b}}$  11. 32850.36117

13. 237.901  15. 7070.99

17. 0.0695  19. 4.9878

21. 10.00525868  23. 0.0052

◎ 연습문제 4.1

5. (a) 1962.06  (b) 1953.12  7. 194.3693

11. 0.112  15. 904.4383

17. $10000\left(\dfrac{D_{25}}{N_{18} - N_{22}}\right)$  19. $500\left(\dfrac{N_{30} + N_{40}}{D_{30}}\right)$

23. (a) $\dfrac{10N_{24} + (S_{25} - S_{40})}{D_{24}}$  (b) $\dfrac{100N_{30} - 5S_{31} + 5S_{51}}{D_{30}}$

25. $\dfrac{100\,(S_{50} - S_{60} - 5N_{60})}{D_{50}}$  33. 3735.48913

35. (a) 0.074074  (b) 0.762  (c) 0.059642

◎ 연습문제 4.2

1. (a) 1.93  (b) 1.82  (c) 0.3347  3. 0.926471

5. (a) 6085.77    (b) 434.70          7. 0.48

9. 0.214715                          11. (a) 8.600181  (b) 8.739272

13. 6528.67                         15. 4.41%

19. 2434.5277                       21. 3610.932

◎ 연습문제 5.1 ————————————————————————————————

1. 9219.36                          3. 8.46699

5. 58.9447                          9. 21.8681

11. 0.015                           15. 179.13

22. 15.52

23. (a) 19.2846    (b) 29.1101    (c) 576.5094    (d) 973.2206

25. $\dfrac{1000\,D_{x+n}}{D_x - M_x + M_{x+n}}$          27. 206.55

◎ 연습문제 5.2 ————————————————————————————————

1. 0.222                            3. 0.033

5. 26.9976                          7. 17.74041

13. 218.31                          15. 384.68

17. 234719.44                       21. $\dfrac{3}{7},\ \dfrac{1}{2}$

23. 87.82

◎ 연습문제 6.1 ————————————————————————————————

3. (a) 1118.64    (b) 9274.78    (c) 15040.63

5. (a) 285.32     (b) 1995.23    (c) 2103.56     (d) 0

7. 0.64                             11. 273.93

13. (a) $\dfrac{3}{2}\,{}_tV_x$    (b) $\dfrac{1}{2}$          15. ${}_kV_{x:\overline{n|}} = \dfrac{1}{3},\ {}_{m-k}V_{x+k:\overline{n-k|}} = \dfrac{1}{2}$

17. 0.24                            21. 0.42

25. 0.6

◎ 연습문제 6.2

1. 0.19293        5. 97.100546

7. 90.20595851        9. (a) 0.667014284    (b) 0.1533

11. $-0.02565$        14. 0.008

17. (a) 1366.812    (b) 1366.4791        19. 349.190223

20. 35579.11051        23. 0.10

◎ 연습문제 7.1

5. $\left(P_{x+1:\overline{n-1}|} - P_{x:\overline{n}|}\right) \ddot{a}_{x:\overline{n}|}$

◎ 연습문제 7.2

3. 2416.28432        5. 9724.861901

7. 0.319        9. 1412.158006

11. 0.02643        13. 0.428571

19. 595.4506569

◎ 연습문제 8.1

1. $q_x - (q_x)^2 + \dfrac{1}{3}(q_x)^3$        9. $_n q_{yz}^{\,1} - {}_n q_{xyz}^{\,1} - {}_n p_z \left( {}_n q_y - {}_n q_{xy}^{\,1} \right)$

17. (a) 0.000018414361    (b) 8.107775887

25. $_1 V = 0.316007702$,    $_2 V = 0.648954101$,    $_3 V = 1$

27. $\bar{a}\,\underline{\frac{[4]}{wxyz}} + \dfrac{1}{2}\,\bar{a}\,\underline{\frac{[3]}{wxyz}} + \dfrac{1}{4}\,\bar{a}\,\underline{\frac{[2]}{wxyz}} + \dfrac{1}{8}\,\bar{a}\,\underline{\frac{[1]}{wxyz}}$

29. $\bar{A}\,^{1}_{x:\overline{t}|} + \dfrac{D_{x+t}}{D_x}\,\bar{A}\,^{1}_{x+t:y}$

◎ 연습문제 8.2

9. 0.15756056        11. $\dfrac{1}{4}$

13. 0.97260274

15. (a) 0.009187887    (b) 0.00003952990534,    0.000039535834

19. 24

21. (a) $\dfrac{\omega - x}{2}$  (b) $\dfrac{\omega - x}{3}$  (c) $\dfrac{2}{3}(\omega - x)$

◎ 연습문제 9.1 ──────────────────

3. 349.85929  7. 51523.32627

◎ 연습문제 9.2 ──────────────────

1. (a) 0.01975  (b) 0.4  (c) 0.4
3. $_{30}q_x^{(\tau)} = 0.753403$, $_{25|10}q_x^{(1)} = 0.050063$  9. 0.050779
13. 1406.25  23. (a) 3006.91  (b) 1410.92
29. 2829.34

◎ 연습문제 10.1 ──────────────────

3. 0.73333  5. 594.55
7. (a) 6195.43  (b) 2010.94  (c) 3122.22
10. (a) 1838.10  (b) 5114.29  (c) 925.74
11. (a) 13618.09  (b) 5102.45  (c) $_2V^{(0)} = -1928.12$, $_2V^{(1)} = 22653.07$, $_2V^{(2)} = 0$

◎ 연습문제 10.2 ──────────────────

1. 0.53646  3. 0.09906
5. 0.05735  6. 227.79
9. 116.96  11. 0.93055
13. (a) 1083.34  (b) 201.59  16. 336.16
21. $_5V^{(0)} = 2121.48$, $_5V^{(1)} = 3984.3383$, $_5V^{(2)} = 0$

◎ 연습문제 11.2 ──────────────────

2. $_1AS = 18285.88$,  $_2AS = 46381.04$,  $_3AS = 76064.81$,  $_4AS = 106975.48$
7. $_1AS = 18484.95$,  $_2AS = 46968.73$,  $_3AS = 77273.40$,  $_4AS = 109012.05$

| 기 호 | 페이지 | 기 호 | 페이지 |
|---|---|---|---|
| $a(t)$ | 2 | $_{m\mid n}\bar{a}_x$ | 336 |
| $a_{\overline{n}\mid}$ | 22 | $A_x$ | 201 |
| $\ddot{a}_{\overline{n}\mid}$ | 23 | $\bar{A}_x$ | 235 |
| $a_{\overline{n}\mid}^{(m)}$ | 30 | $A_x^{(m)}$ | 228 |
| $\bar{a}_{\overline{n}\mid}$ | 54 | $\bar{A}_x^{PR}$ | 431 |
| $\ddot{a}_{\overline{n}\mid}^{(m)}$ | 31 | $A_{x:\overline{n}\mid}$ | 207 |
| $\ddot{a}_{\overline{1}\mid}^{(m)}$ | 33 | $\bar{A}_{x:\overline{n}\mid}$ | 238 |
| $a_x$ | 268 | $A_{x:\overline{n}\mid}^{\;\;1}$ | 195 |
| $\bar{a}_x$ | 328 | $A_{x:\overline{n}\mid}^{1}$ | 198 |
| $\ddot{a}_x$ | 270 | $^{2}A_{x:\overline{n}\mid}^{\;\;1}$ | 221 |
| $\ddot{a}_x^{(m)}$ | 287 | $_{m\mid}A_{x:\overline{n}\mid}^{1}$ | 202 |
| $\overset{\circ}{a}_x^{(m)}$ | 352 | $_{m\mid n}A_x$ | 223 |
| $\ddot{a}_x^{\{m\}}$ | 357 | $^{2}\bar{A}_{x:\overline{n}\mid}^{\;\;1}$ | 234 |
| $a_{x:\overline{n}\mid}$ | 271 | $_{m\mid}A_x$ | 203 |
| $\bar{a}_{x:\overline{n}\mid}$ | 332 | $C_x$ | 199 |
| $\ddot{a}_{x:\overline{n}\mid}$ | 271 | $\bar{C}_x$ | 233 |
| $\ddot{a}_{x:\overline{n}\mid}^{(m)}$ | 290 | $d$ | 9 |
| $\overset{\circ}{a}_{x:\overline{n}\mid}^{(m)}$ | 355 | $d^{(m)}$ | 15 |
| $\ddot{a}_{x:\overline{n}\mid}^{\{m\}}$ | 358 | $(Da)_{\overline{n}\mid}$ | 40 |
| $^{2}\bar{a}_{x:\overline{n}\mid}$ | 334 | $(D\ddot{a})_{\overline{n}\mid}$ | 40 |
| $_{n\mid}a_x$ | 273 | $(\bar{D}\bar{a})_{\overline{n}\mid}$ | 64 |
| $_{n\mid}\bar{a}_x$ | 335 | $d_x$ | 108 |
| $_{n\mid}\ddot{a}_x$ | 272 | $D_x$ | 196 |
| $_{n\mid}\ddot{a}_x^{(m)}$ | 291 | $D_x^{(m)}$ | 340 |

| 기 호 | 페이지 | 기 호 | 페이지 |
|---|---|---|---|
| $_n d_x^{(\tau)}$ | 776 | $\mu_{x+t}^{(\tau)}$ | 765 |
| $_n d_x^{(j)}$ | 776 | $p_{x+t}^{(\tau)}$ | 751 |
| $l_{x+t}^{(\tau)}$ | 751 | $_t p_x^{(\tau)}$ | 765 |
| $m_x^{(j)}$ | 757 | $q_{x+t}^{(\tau)}$ | 751 |
| $m_x^{(\tau)}$ | 756 | $_n q_x^{(\tau)}$ | 776 |
| $\mu_{x+t}^{(j)}$ | 766 | $_t q_x^{(j)}$ | 765 |

## 저자 약력

### 오 창 수(吳昌洙)
- 연세대학교 행정학과 졸업
- 미국 University of Iowa, 보험수리학(통계학) 석사
- 미국 University of Iowa, 경영학 석사, 경영학 박사
- 미국 University of Iowa, 경영대학 강사(보험학·재무관리 강의)
- 미국보험계리사(ASA), 한국보험계리사
- 미국보험계리사협회(Society of Actuaries) 회원(1989~현재)
- 국민연금 대표계리사, 국민연금 재정추계자문위원, 수리추계자문위원(보건복지부)
- 금융공공기관 경영예산심의회위원, 금융발전심의회위원(금융위원회)
- 금융분쟁조정위원회위원, 금융감독자문위원회위원, 보험계리기준위원회위원(금융감독원)
- 국제회계기준 도입준비단위원(금융감독원)
- 한국리스크관리학회회장, 한국계리학회회장
- 보험자본건전성 선진화 추진단 위원(금융위원회)
- 한양대학교 경상대 명예교수

주요저서
- 「현대통계학」(공저), 박영사, 1995
- 「생명보험론」(공저), 박영사, 2001
- 「리스크와 보험」(공저), 문영사, 2013
- 「최신보험수리학 연습」(공저), 박영사, 2014 외 다수


### 김 경 희(金景嬉)
- 이화여자대학교 수학과 졸업
- 미국 University of Iowa 보험수리학 석사(M.S. in Actuarial Science)
- 미국 University of Iowa 대학원 박사과정(통계학) 수료
- 한양대학교 대학원 강사

주요저서
- 「보험수리학개론」(공저), 보험연수원, 1997
- 「생명보험론」(공저), 박영사, 2001
- 「최신보험수리학 연습」(공저), 박영사, 2014

제 4 판
최신보험수리학

초판발행       1992년  10월  15일
제 4 판발행    2023년   9월  10일
중판발행       2024년   8월  20일

공저자         오창수 · 김경희
펴낸이         안종만 · 안상준

편 집          김선민
기획/마케팅     조성호
표지디자인      권아린
제 작          고철민 · 조영환

펴낸곳         (주) **박영사**
              서울특별시 금천구 가산디지털2로 53, 210호(가산동, 한라시그마밸리)
              등록  1959. 3. 11. 제300-1959-1호(倫)

전 화          02)733-6771
f a x          02)736-4818
e-mail         pys@pybook.co.kr
homepage       www.pybook.co.kr
ISBN           979-11-303-1791-5  93320

정 가          67,000원